Münchener Vertragshandbuch
Band 4: Wirtschaftsrecht III

Münchener Vertragshandbuch

Band 4: Wirtschaftsrecht III

Herausgegeben von

Prof. Dr. Rolf A. Schütze

Rechtsanwalt und Notar in Stuttgart
Honorarprofessor der Universität Tübingen

Dr. Lutz Weipert

Rechtsanwalt, Fachanwalt für Steuerrecht
und Notar in Bremen

Bearbeitet von

Prof. Dr. Christoph Graf von Bernstorff, Rechtsanwalt in Bremen; *Prof. Dr. Peter Chrocziel*, Rechtsanwalt in Frankfurt/Main; *Prof. Dr. Dr. Michael Martinek*, Saarbrücken; *Dr. Burghard Piltz*, Rechtsanwalt und Notar in Gütersloh; *Vivienne E. Pitroff*, Solicitor in London; *Dr. Mansur Pour Rafsendjani*, Rechtsanwalt in München; *Dr. Günter Reiner*, Konstanz; *Dr. Wolfgang Rosener*, Rechtsanwalt in Berlin; *Prof. Dr. Rolf A. Schütze*, Rechtsanwalt und Notar in Stuttgart; *Dr. Franz-Jörg Semler*, Rechtsanwalt in Stuttgart; *Dr. Roderich C. Thümmel*, Rechtsanwalt in Stuttgart; *Dr. Lutz Weipert*, Rechtsanwalt und Notar in Bremen; *Dr. Friedrich Graf von Westphalen*, Rechtsanwalt in Köln; *Dr. Klaus Wiegel*, Rechtsanwalt und Justitiar in Hamburg

5., neubearbeitete Auflage

Verlag C. H. Beck München 2002

Die Deutsche Bibliothek – CIP-Einheitsaufnahme

Münchener Vertragshandbuch. – 5., neubearb. Aufl. –
München : Beck
Bd. 4. Wirtschaftsrecht. – 3 / hrsg. von Rolf A. Schütze.
Bearb. von Christoph Graf von Bernstorff . . . – 2001
    ISBN 3 406 47235 4

Band 4 der 5. A.:
ISBN 3 406 47235 4

Gesamtabnahme der Bände 1–6 der 5. A.:
ISBN 3 406 45228 0

© 2002 Verlag C. H. Beck oHG
Wilhelmstraße 9, 80801 München
Druck: Druckerei C. H. Beck Nördlingen
(Adresse wie Verlag)
Umschlag- und Einbandentwurf von Bruno Schachtner, Dachau

Gedruckt auf säurefreiem alterungsbeständigem Papier
(hergestellt aus chlorfrei gebleichtem Zellstoff)

Vorwort zur 5. Auflage
(2. Auflage dieses Bandes)

Im Zuge der 5. Auflage des Münchener Vertragshandbuchs erschien es sinnvoll, die Gliederung der drei wirtschaftsrechtlichen Bände behutsam zu reformieren und die bisherige Differenzierung zwischen „Handels- und Wirtschaftsrecht" (Band 2) einerseits und „Wirtschaftsrecht" (bisher Band 3, 1. und 2. Halbband) andererseits aufzugeben. Die dem Wirtschaftsrecht gewidmete Trilogie besteht von nun an aus Band 2 „Wirtschaftsrecht I", Band 3 „Wirtschaftsrecht II" und Band 4 „Wirtschaftsrecht III".

Der vorliegende Band 4 „Wirtschaftsrecht III" (früher Band 3/2), um den das Werk mit der Vorauflage erweitert wurde, trägt weiterhin der Tatsache Rechnung, daß im grenzüberschreitenden Wirtschaftsverkehr die englische Rechtssprache vorherrschend ist. Er umfaßt Formulare zu vertragsvorbereitenden und -begleitenden Maßnahmen (z. B. Letter of Intent und Non-Disclosure Agreement), Schiedsklauseln, Vertriebsverträgen (einschließlich Franchising), Lieferverträgen (z. B. Export Contract), Internationalem Handelskauf, Internationalem Industrieanlagengeschäft, Internationalen Bankgeschäften (z. B. Akkreditiv und SWAP-Geschäft), Seefrachtrecht (z. B. Time Charter und Liner Bill of Lading) sowie Lizenz- und Know-how-Verträgen.

In diesen Band neu aufgenommen bzw. übernommen wurden die Abschnitte über Schiedsklauseln, Handelskauf (nach UN-Kaufrecht) und Industrieanlagengeschäft. Alle Formulare wurden gründlich aktualisiert und auf den Stand vom Herbst 2001 gebracht.

Es erscheint folgerichtig, daß nunmehr alle drei wirtschaftsrechtlichen Bände, somit auch der vorliegende, von den Unterzeichnern gemeinsam herausgegeben werden.

Stuttgart und Bremen, im März 2002   Rolf A. Schütze
                                                                                                        Lutz Weipert

Inhaltsübersicht
(5. Auflage)*

Band 1: Gesellschaftsrecht
I. Gesellschaft des bürgerlichen Rechts, Partnerschaftsgesellschaft
II. Offene Handelsgesellschaft
III. Kommanditgesellschaft
IV. Gesellschaft mit beschränkter Haftung
V. Aktiengesellschaft
VI. Genossenschaft
VII. Stiftung
VIII. Stille Beteiligung, Unterbeteiligung, gesellschaftsrechtliche Treuhand
IX. Unternehmensverträge, Eingliederung
X. Verschmelzung
XI. Spaltung
XII. Formwechselnde Umwandlung
XIII. Europäische wirtschaftliche Interessenvereinigung

Band 2: Wirtschaftsrecht I
I. Vertriebsverträge
II. Franchising
III. Unternehmenskauf
IV. Unternehmenspacht
V. Kartellvertragsrecht
VI. Öffentlich-rechtliche Verträge – Bau- und Erschließungsrecht
VII. Öffentlich-rechtliche Verträge – Konzessionsverträge, Abfallentsorgung
VIII. Internationales Anlagengeschäft
IX. Internationales Transportrecht
X. Forschungs- und Entwicklungsverträge
XI. Qualitätssicherungsvertrag
XII. Energielieferungsverträge
XIII. Computerrecht
XIV. Telekommunikation, Online-Dienste, Internet

Band 3: Wirtschaftsrecht II
I. Kreditsicherungen
II. Finanzierungsverträge
III. Bankrecht
IV. Patent- und Know-how-Lizenzrecht
V. Arbeitnehmererfindungsrecht
VI. Markenrecht
VII. Urheber- und Verlagsrecht
VIII. Werbe- und Wettbewerbsrecht
IX. Sport- und Sendungssponsoring

Band 4: Wirtschaftsrecht III
(mit englischsprachigen Formularen)
I. Vertragsvorbereitende und -begleitende Maßnahmen
II. Schiedsklauseln
III. Vertriebsverträge

---

* Zur Aufteilung der 4. Auflage siehe S. VIII.

Inhaltsübersicht

    IV. Lieferverträge
    V. Internationaler Handelskauf
    VI. Internationales Anlagengeschäft
   VII. Internationale Bankgeschäfte
  VIII. Seefrachtrecht
    IX. Lizenz- und Know-how-Verträge

Band 5: Bürgerliches Recht I

     I. Grundstückskaufverträge
    II. Mietrecht
   III. Dienstleistungs- und Herstellungsverträge
   IV. Dienst- und Arbeitsvertragsrecht
    V. Betriebsvereinbarungen
   VI. Einheitsverträge und AGB

Band 6: Bürgerliches Recht II

   VII. Zuwendungsverträge
  VIII. Erbbaurechtsverträge
    IX. Wohnungseigentum
     X. Sachenrechtliche Verträge und Erklärungen
    XI. Eheverträge, Scheidungsvereinbarungen
   XII. Der Vertrag der nichtehelichen Lebensgemeinschaft
  XIII. Annahme als Kind
  XIV. Sonstige familienrechtliche Rechtsgeschäfte
   XV. Formelle Gestaltung der Verfügung von Todes wegen
  XVI. Zuwendung des Nachlasses im Ganzen oder zu Bruchteilen
 XVII. Unselbständige Stiftung
XVIII. Erb- und Pflichtteilsverzicht
  XIX. Erbauseinandersetzung
   XX. Erbschaftskauf

In der **4. Auflage** waren die Bände 2 ff. wie folgt benannt und aufgeteilt:

Band 2: Handels- und Wirtschaftsrecht

     I. Vertriebsverträge
    II. Unternehmenskauf/Unternehmenspacht
   III. Internationales Anlagengeschäft
   IV. Internationales Transportrecht (einschl. Lager- und Distributionsvertrag)
    V. Energielieferungsvertrag
   VI. Kartellvertragsrecht
  VII. Öffentliches Baurecht
 VIII. Forschungs- und Entwicklungsverträge

Band 3, 1. Halbband: Wirtschaftsrecht

     I. Kreditsicherungen
    II. Finanzierungsverträge
   III. Bankrecht
   IV. Franchising
    V. EDV-Recht
   VI. Patent- und Know-how-Lizenzvertragsrecht
  VII. Arbeitnehmererfindungsrecht
 VIII. Markenrecht
   IX. Urheber- und Verlagsrecht
    X. Werbe- und Wettbewerbsrecht
   XI. Sport- und Sendungssponsoring
  XII. Placement

Inhaltsübersicht

Band 3, 2. Halbband: Internationales Wirtschaftsrecht

- I. Vertragsvorbereitende und -begleitende Maßnahmen
- II. Vertriebsverträge
- III. Lieferverträge
- IV. Bankgeschäfte
- V. Seefrachtrecht
- VI. Lizenz- und Know-how-Verträge

Band 4: Bürgerliches Recht, 1. Halbband

- I. Grundstückskaufverträge
- II. Mietrecht
- III. Dienstleistungs- und Herstellungsverträge
- IV. Dienst- und Arbeitsvertragsrecht
- V. Betriebsvereinbarungen
- VI. Einheitsverträge und AGB

Band 4: Bürgerliches Recht, 2. Halbband

- VII. Zuwendungsverträge
- VIII. Erbbaurechtsverträge
- IX. Wohnungseigentum
- X. Sachenrechtliche Verträge und Erklärungen
- XI. Eheverträge, Scheidungsvereinbarungen
- XII. Der Vertrag der nichtehelichen Lebensgemeinschaft
- XIII. Annahme als Kind
- XIV. Sonstige familienrechtliche Rechtsgeschäfte
- XV. Formelle Gestaltung der Verfügung von Todes wegen
- XVI. Zuwendung des Nachlasses im Ganzen oder zu Bruchteilen
- XVII. Unselbständige Stiftung
- XVIII. Erb- und Pflichtteilsverzicht
- XIX. Erbauseinandersetzung
- XX. Erbschaftskauf

Inhaltsverzeichnis

Bearbeiterverzeichnis XI
Abkürzungsverzeichnis XIII

I. Vertragsvorbereitende und -begleitende Maßnahmen

1. Letter of Intent (Absichtserklärung) 1
2. Non-Disclosure Agreement (Geheimhaltungsvereinbarung) 17
3. Legal Opinion 30

II. Schiedsklauseln

1. Schiedsvereinbarung (institutionelles Schiedsgericht) 47
2. ICC Standardschiedsklausel 52
3. DIS Standardschiedsklausel 54
4. Wiener Standardschiedsklausel 56
5. Zürcher Standardschiedsklausel 58
6. LCIA Standardschiedsklausel 60
7. Stockholmer Standardschiedsklausel 62

III. Vertriebsverträge

1. Agency Contract (Handelsvertretervertrag) 65
2. Distributor Agreement (Vertragshändlervertrag) 86
3. Consignment Stock Agreement (Konsignationslagervertrag) 108

Internationale Vertriebsverträge, Vorbemerkung 143

Franchiseverträge

4. Contrat de Franchisage (Französischer Franchisevertrag) 144
5. Franchise Agreement/USA (US-amerikanischer Franchisevertrag) 257

IV. Lieferverträge

1. Export Contract (Exportvertrag Maschine) 369

Qualitätssicherung und AGB

2. Quality Assurance Contract (Qualitätssicherungsvertrag) 442
3. Standard Terms and Conditions for the Sale of Goods (Export)
   (Allgemeine Lieferbedingungen beim Warenverkauf) 483
4. Standard Terms and Conditions for the Purchase of Goods (Import)
   (Allgemeine Einkaufsbedingungen beim Warenkauf) 527

V. Internationaler Handelskauf

1. Sales agreement pursuant to the United Nations Convention on Contracts for the
   International Sale of Goods 551

Inhaltsverzeichnis

VI. Internationales Industrieanlagengeschäft

1. FIDIC: Conditions of Contract for Construction for Building and Engineering designed by the Employer (Vertragsbedingungen über die Errichtung von Bauwerken und Anlagen nach Entwürfen des Auftraggebers) 563
2. FIDIC: Conditions of Subcontract for Works of Civil Engineering Construction (Unterauftragsbedingung für Ingenieurbauarbeiten) 651
3. Agreement for external Consortium with Consortium Leader (Vertrag für ein Außenkonsortium mit Federführer) 681

VII. Internationale Bankgeschäfte

1. Irrevocable Documentary Credit (Unwiderrufliches Dokumentenakkreditiv) 713
2. Tender Guarantee (Bietungsgarantie) 727
3. Advance Payment Guarantee (Anzahlungsgarantie) 742
4. Performance Guarantee (Erfüllungsgarantie) 746
5. Warranty Guarantee (Gewährleistungsgarantie) 750
6. Retention Money Guarantee (Einbehaltsgarantie) 753
7. OTC Derivate nach dem 1992 ISDA 756
   Multicurrency-Cross Border Master Agreement 782
   Anhang 1: 1994 ISDA Credit Support Annex 882
   Anhang 2: 1995 ISDA Credit Support Deed 894
   Anhang 3: 1995 ISDA Credit Support Annex 910

VIII. Seefrachtrecht

1. Time Charter – NYPE 1946 and 1993 919
2. Cross Charterparty 977
3. Slot Charter Agreement 995
4. Liner Bill of Lading (Linien-Konnossement) 1001

IX. Lizenz- und Know-how-Verträge

1. Patent and Know-How License Agreement (Gemischter Patent- und Know-how-Lizenzvertrag) 1037
2. Patent License Agreement (Patentlizenzvertrag) 1085
3. Know-How License Agreement (Know-how-Lizenzvertrag) 1098
4. Trademark License Agreement (Markenlizenzvertrag) 1119
5. License Agreement (gemischter Lizenzvertrag im Konzern) 1137

Stichwortverzeichnis 1157

Bearbeiterverzeichnis

Prof. Dr. Christoph Graf v. Bernstorff	IV.3, IV.4 Lieferverträge
Prof. Dr. Peter Chrocziel	I.2 Vertragsvorbereitende und -begleitende Maßnahmen
	IX.1-5 Lizenz- und Know-how-Verträge
Prof. Dr. Dr. Michael Martinek (mit Dr. Mansur Pour Rafsendjani)	III.4-6 Vertriebsverträge
Prof. Dr. Burghard Piltz	IV.1 Lieferverträge
Vivienne E. Pitroff	VIII.1 Seefrachtrecht
Dr. Mansur Pour Rafsendjani (mit Prof. Dr. Dr. Michael Martinek)	III.4, III.5 Vertriebsverträge
Dr. Günter Reiner	VII.7 Internationale Bankgeschäfte
Dr. Wolfgang Rosener	VI.1-3 Internationales Industrieanlagengeschäft
Prof. Dr. Rolf A. Schütze	II.1-7 Schiedsklauseln
	VII.1-6 Internationale Bankgeschäfte
Dr. Franz-Jörg Semler	V. Internationaler Handelskauf
Dr. Roderich C. Thümmel	I.1, I.3 Vertragsvorbereitende und begleitende Maßnahmen
	III.3 Vertriebsverträge
Dr. Lutz Weipert	VIII.4 Seefrachtrecht
Dr. Friedrich Graf v. Westphalen	III.1, III.2 Vertriebsverträge
	IV.2 Lieferverträge
Dr. Klaus Wiegel	VIII.2, VIII.3 Seefrachtrecht
Isabella Bruhn	Sachverzeichnis

Abkürzungsverzeichnis

A. R.	Atlantic Reporters
AA	Arbitration Act
AAA	American Arbitration Association
aA.	andere Ansicht
aaO.	an anderem Ort
ABEI	Allgemeine Bedingungen für Entwicklungsverträge mit Industriefirmen
ABlEG	Amtsblatt der Europäischen Gemeinschaft
abgedr.	abgedruckt
Abk.	Abkommen
abl.	ablehnend
ABl.	Amtsblatt
Abs.	Absatz
Abschn.	Abschnitt
Abt.	Abteilung
abw.	abweichend
AC	Appeal Cases
A. C.	Law Reports, Appeal Cases, House of Lords and Privy Council, 1890 ff.
A/CONF.	United Nations Conference on Contracts for the International Sale of Goods, Official Records
AcP	Archiv für die civilistische Praxis (Band, Jahr und Seite)
ADR	Alternative Dispute Resolution
a. E.	am Ende
AFB	Association Française des Banques
AFMA	Australian Financial Markets Association
AFNOR	Association Française de Normation
AGB	Allgemeine Geschäftsbedingungen
AGBG	Gesetz zur Regelung des Rechts der Allgemeinen Geschäftsbedingungen (ab 1. 1. 2002 außer Kraft; s. dann §§ 305-310 BGB)
AGC	The Associated General Contractors of America
AIA	American Institute of Architects
AKA	Ausfuhrkreditgesellschaft
ALL E. R., All ER	All England Reports, 1936 ff.
allg	allgemein
A. L. R.	American Law Reports Annotated
Anm.	Anmerkung
AO	Abgabenordnung
App. Div.	Appellate Division
AR	Atlantic Reporters
ARGE	Arbeitsgemeinschaft (von Bauunternehmern)
Art.	Artikel
ASA	American Subcontractors Associated
ASBA	Association of Shipbrokers and Agents (USA) Inc.
ASC	Associated Speciality Contractors
Aufl.	Auflage
AWD/BB	Außenwirtschaftsdienst des Betriebs-Beraters
AWG	Außenwirtschaftsgesetz
AWV	Außenwirtschaftsverordnung
Az.	Aktenzeichen
BAFA	Bundesausfuhramt
BAG	Bundesarbeitsgericht

Abkürzungsverzeichnis

BAKred	Bundesaufsichtsamt für Kreditwesen
Bankr. C. D. Cal.	Bankruptcy Court, Central District of California
Bankr. D. N. J.	Bankruptcy District Court of New Jersey
Bankr. M. D. Ga.	Bankruptcy Court, Middle District of Georgia
Bankr. S. D. Ohio	Bankruptcy Court, Southern District of Ohio
BAnz	Bundesanzeiger
Baumbach/Hopt	Baumbach/Hopt, Handelsgesetzbuch, 30. Aufl. 2000
BB	Der Betriebs-Berater (Jahr und Seite)
BBA	British Bankers' Association
B/B/G/S	Bülow/Böckstiegel/Geimer/Schütze, Internationaler Rechtsverkehr in Zivil- und Handelssachen
BC	US-Bankruptcy Code of 1978
Bd.	Band
BdB	Bundesverband der deutschen Banken
Begr.	Begründung
Beil.	Beilage
Beschl.	Beschluß
bestr.	bestritten
betr.	betrifft
Betr.	Der Betrieb (Jahr und Seite)
BFA	British Franchise Association (UK)
BFH	Bundesfinanzhof
BGB	Bürgerliches Gesetzbuch
BGBl.	Bundesgesetzblatt
BGH	Bundesgerichtshof
BGHZ	Entscheidungen des Bundesgerichtshofes in Zivilsachen
BIA	Bankruptcy and Insolvency Act 1985 (Kanada)
BIMCO	Baltic International Maritime Council
BIS	Bank for International Settlements
BJIBFL	Butterworths Journal of International Banking and Financial Law
BKR	Zeitschrift für Bank- und Kapitalmarktrecht
Bl.	Blatt
BOCC	Bulletin officiel de la concurrence et de la consommation
BODACC	Bulletin officiel des annonces civiles et commercielles
BOT	Build, Operate and Transfer
BR	Bankruptcy Reporter
BStBl.	Bundessteuerblatt
Buchst.	Buchstabe
Bull. Civ.	Bulletin des arrêts de la cour da cassation (chambres civiles)
BVerfG	Bundesverfassungsgericht
BVerfGE	Entscheidungen des Bundesverfassungsgerichts (Band, Seite)
bzgl.	bezüglich
bzw.	beziehungsweise
c.	chapter
CA/C. A.	Court of Appeal
Cah. dr. entr.	Cahiers de droit de l'entreprise (complément du J. C. P., éd. E.)
Cal. Civ. Code	California Civil Code
Calif. Bus.	California Business and Professions Code
Cass. civ.	Arrêts de la Cour de cassation, chambre civile
Cass. com.	Arrêts de la Cour de cassation, chambre civile, section commerciale
Cass. crim.	Arrêts de la Cour de cassation, chambre criminelle
CBOE	Chicago Board of Exchange
CBOT	Chicago Board Options Exchange
CCAA	Companies' Creditors Arrangement Act (Kanada)
C. C. H.	Commerce Clearing House
CCP	Cross Charterparty
CD	Certificate of Deposit
CDIC	Canada Deposit Insurance Corporation

Abkürzungsverzeichnis

CEA	US-Commodity Exchange Act
cert. den.	(writ of) certiorari denied
CFR	US-Code of Federal Regulations
CFTC	US-Commodity Futures Trading Commission
CGI	Code Général des Impôts (Frankreich)
Ch.	Law Reports, Chancery Division, 1890 ff.
Ch. crim.	Chambre criminelle
Ch. D.	Law Reports, Chancery Division (1875–1890)
Chr. Dalloz	Chroniques Dalloz
CIDEF	Centre d'information de développement de la Franchise
CIF	Cost, Insurance, Freight
CIP	Carriage and Insurance Paid To
Cir.	Circuit (Court of Appeal (federal))
CISG	Convention on Contracts for the International Sale of Goods
CME	Chicago Mercantile Exchange
CMLR	Common Market Law Review
CMR	Übereinkommen über den Beförderungsvertrag im internationalen Straßengüterverkehr
Co.	Company
COB	Commission des Opérations de Bourse
COGSA	Carriage of Goods by Sea Act
Com. Cas.	Cour de Cassation, Chambre commerciale et financière
Cons. conc.	Conseil de la concurrence
CPT	Carriage Paid To
CR	Computer und Recht
D.	Recueil Dalloz de doctrines, de jurisprudence et de législation
D/A	Dokumenteninkasso
DAF	Delivered at Frontier
DB	Der Betrieb (Jahr und Seite)
DBA	Doppelbesteuerungsabkommen
D. 1987 chron.	Recueil Dalloz Chronique 1987
D. Colo.	District Court for the District of Colorado
DDP	Delivered Duty Paid
DDR	Deutsche Demokratische Republik, ehemalige
DDU	Delivered Duty Unpaid
Del.	Delaware Reports
DEQ	Delivered Ex Quay
ders.	derselbe
DES	Delivered Ex Ship
dies.	dieselbe/dieselben
DIN	Deutsche Industrienorm
Diss.	Dissertation
D. Mass.	District Court for the District of Massachussets
D/P	Dokumenteninkasso
Dr. soc.	Droit social
ECE	European Commission for Europe/United Nations
ECU	European Currency Union
Ed.	Editor
ed.	édition
E. D. Mo.	District Court for the Eastern District of Missouri
E. D. Pa	District Court for the Eastern District of Pennsylvania
E. D. S. C.	District Court for the Eastern District of South Carolina
E. D. Va.	District Court for the Eastern District of Virginia
eff. Nov.	effective November
EFTA	European Free Trade Association
EG	Europäische Gemeinschaft(en)
EGBGB	Einführungsgesetz zum Bürgerlichen Gesetzbuch

Abkürzungsverzeichnis

EGInsO	Einführungsgesetz zur Insolvenzordnung
Einf.	Einführung
Einl.	Einleitung
einschl.	einschließlich
EKG	Einheitliches Gesetz über den internationalen Kauf beweglicher Sachen (außer Kraft; s. jetzt CISG)
EMTA	Emerging Markets Traders Association
entspr.	entsprechend
E. Pa	Case in the Eastern District's Local Division of the Supreme Court of Pennsylvania
ERA	Einheitliche Richtlinien und Gebräuche für Dokumenten-Akkreditive
Erl.	Erläuterung
ERMA	Energy Risk Management Association
EStG	Einkommensteuergesetz
EU	Europäische Union
EUFISERV	European Financial Services Company SC
EuGH	Europäischer Gerichtshof
EuGHE	Entscheidungen des Europäischen Gerichtshofes
EuGVÜ	Europäisches Übereinkommen über die gerichtliche Zuständigkeit und die Vollstreckung gerichtlicher Entscheidungen in Zivil- und Handelssachen
EUV	Vertrag zur Gründung der Europäischen Union
EuZW	Europäische Zeitschrift für Wirtschaftsrecht
e. V.	eingetragener Verein
EWG	Europäische Wirtschaftsgemeinschaft (jetzt EG)
EWiR	Entscheidungen zum Wirtschaftsrecht
EXW	Ex Works
F.	Federal Reporter
f.	folgende
FALCA	Fast And Low Cost Arbitration
FAS	Free Alongside Ship
Fasc.	Fascicule
FCA	Free Carrier
FCC	Fonds Commun de Créances
FCL	Full Container Load
FCP	Fonds Commun de Placement
F. 2d	Federal Reporter, Second Series
FDIA	US-Federal Deposit Insurance Act
FDIC	US-Federal Deposit Insurance Corporation
FDICIA	US-Federal Deposit Insurance Corporation Improvement Act
Fed Reg.	Federal Register
ff.	fortfolgende
FFF	Féderation francaise de Franchisage
FFR	Französischer Franc (bis 2001; jetzt Euro)
FIDIC	Féderation Internationale des Ingénieurs-Conseils
FIEC	Féderation Internationale Européene de la Construction
fio	free in and out
fios	free in and out stowed
FIRREA	US-Financial Institutions Reform, Recovery, and Enforcement Act of 1989
Fn.	Fußnote
FOB	Free on Board
FOF	Futures and Options Fund (UK)
FONASBA	Federation of National Associatons of Shipbrokers and Agents
Form.	Formular
FRA	Forward Rate Agreement
FS	Festschrift

Abkürzungsverzeichnis

FSA, F. Supp.	Federal Supplement
FTC	Federal Trade Commission
FTC Advisory Op. Dig.	Federal Trade Commission – Advisory Operator Digest
FTPA	US-Futures Trading Practices Act of 1992
Ga. App.	Georgia Appeals Advisory Operator Digest
Gaz. Pal.	Gazette du Palais
GBP	Britisches Pfund
GefahrgutVO	Gefahrgutverordnung
GEFI	Gesellschaft zur Finanzierung von Industrieanlagen
gem.	gemäß
GewStG	Gewerbesteuergesetz
Ges.	Gesetz
gez.	gezeichnet
GFOF	Geared Futures and Options Fund (UK)
ggf.	gegebenenfalls
GMAA	German Maritime Arbitration Association
GOA	Gebührenordnung für Architekten
G. P.	Gazette du palais
GRUR	Gewerblicher Rechtsschutz und Urheberrecht (Jahr und Seite)
GRUR Int	Gewerblicher Rechtsschutz und Urheberrecht, Auslands- und internationaler Teil (Jahr und Seite)
GVO	Gruppenfreistellungsverordnung
GWB	Gesetz gegen Wettbewerbsbeschränkungen (Kartellgesetz)
Hans. OLG Bremen	Hanseatisches Oberlandesgericht Bremen
Hans. OLG Hbg	Hanseatisches Oberlandesgericht Hamburg
HANSA	Zentralorgan für Schiffahrt, Schiffbau, Hafen
HGB	Handelsgesetzbuch
Hdb.	Handbuch
hL.	herrschende Lehre
HL	House of Lords
hM.	herrschende Meinung
HOAI	Verordnung über die Honorare für Leistungen der Architekten und Ingenieure
Hrsg.	Herausgeber
ICC	International Chamber of Commerce
ICE	Institute of Civil Engineers
ICOM	International Currency Options Market
idF.	in der Fassung
idR	in der Regel
IFA	International Franchise Association
IFEMA	International Foreign Exchange Master Agreement
IFLR	International Financial Law Review
IFR	International Financing Review
IHK	Industrie- und Handelskammer
IKÜ	Internationales Übereinkommen zur einheitlichen Feststellung von Regeln über Konnossemente – Haager Regeln vom 25. 8. 1924
Ill. Comp. Stat.	Illinois Compiled Statutes
IMDG-Code	International Maritime Dangerous Goods Code
INCOTERMS	International Commercial Terms
INDI	Institut National de la Propriété Industrielle
inf. rap.	informations rapides
InsO	Insolvenzordnung
IOC-Klausel	Identity of Carrier-Klausel
IPR	Internationales Privatrecht
IPrax	Praxis des internationalen Privat- und Verfahrensrechts (Jahr und Seite)

Abkürzungsverzeichnis

IRCEA	ISDA Interest Rate and Currency Exchange Master Agreement
IREFF	Institut de recherche et de formation de la Franchise
IRS	US-Internal Revenue Service
iS.	im Sinne
iSd	im Sinne des/der
iSv.	im Sinne von
ISDA	International Swaps and Derivatives Association
ISMA	International Securities Market Association
ISO	International Organization for Standardization
IÜK	Internationales Übereinkommen zur einheitlichen Feststellung von Regeln über Konnossemente – Haager Regeln vom 25. 9. 1910
IÜZ	Internationales Übereinkommen zur einheitlichen Feststellung von Regeln über den Zusammenstoß von Schiffen vom 23. 9. 1910
i. V. m.	in Verbindung mit
IWF	Internationaler Währungsfonds
Jan.	Januar
J. Cl. Fasc.	Juris-Classeur Fascicule
JCP	Juris-Classeur périodique, La Semaine juridique
JIBL	Journal of International Banking Law
J. O. C. E.	Journal officiel des Communautés Européennes
JR	Juristische Rundschau (Seite und Jahr)
Jura	Juristische Ausbildung (Jahr und Seite)
Jurispr.	Jurisprudence
JuS	Juristische Schulung (Jahr und Seite)
JZ	Juristen-Zeitung (Jahr und Seite)
KaAG	Kommanditgesellschaft auf Aktien
KB	King's Bench
KO	Konkursordnung (ehem.; s. jetzt InsO)
KOM	Kommission (so zitiert in Dokumenten)
KOM ABl.	Kommission – Amtsblatt
KOME	Kommission der Europäischen Gemeinschaften, Entscheidungen
Komm.	Kommentar
KSt	Körperschaftsteuergesetz
KWG	Gesetz über das Kreditwesen
L/C	Letter of Credit
LCL	Less than full Container Load-charge
L. Ed.	Lawyer's Edition Supreme Court Reports
lfd.	laufend
Lfg.	Lieferung
LG	Landgericht
LGDJ	Librairie générale de droit et jurisprudence
LIFFE	London International Financial Futures and Options Exchange
Liner B/L	Liner Bill of Lading
LJ	Lord Justice
Ll. L. Rep.	Lloyd's List Law Reports (Jahr, Band und Seite)
Lloyd's Rep	Lloyd's List Law Reports
LM	Lindenmaier/Möhring, Nachschlagewerk des Bundesgerichtshofs
LMAA	London Maritime Arbitrator's Association
L. T.	Law Times Report (1859–1947)
Ltd.	Limited Company
LugÜ	Lugano-Übereinkommen
LW	Law Weekly
MA	1992 ISDA Master Agreement (Multicurrency-Cross Border)
MarkenG	Gesetz über den Schutz von Marken und sonstigen Kennzeichen (Markengesetz)

Abkürzungsverzeichnis

MAS	ISDA-Marketing Advisory Service
MATIF	Marché à Terme International de France
MDR	Monatsschrift für Deutsches Recht (Jahr und Seite)
Mic.	Michigan Reports
Mio.	Million
Misc.	Miscellaneous
MMA	Madrider Markenrechtsabkommen
mN.	mit Nachweisen
MONEP	Marchédes Options Négotiables de Paris
MünchVertrHdb / MVH	Münchener Vertragshandbuch
mwBsp.	mit weiteren Beispielen
mwN.	mit weiteren Nachweisen
N.	Northeastern Reporter
NASAA	North American Administration Association
NCPC	Nouveau code de procedure civile
N. D. Cal.	Northern District of California
N. D. Ill.	Northern District of Illinois
N. E.	North Eastern Reporters
N. E.2 d	North Eastern Reporter, Second Series
Nev.	Nevada
nF.	neue Fassung
NJW	Neue Juristische Wochenschrift
NJW-RR	Neue Juristische Wochenschrift – Rechtsprechungs-Report Zivilrecht
N. L. R. B.	National Labor Relations Board
N. M.	New Mexico Reports
No.	number
Nr.	Nummer
NVOCC	Non-Vessel-Operating Common Carrier
N. Y.	Reports of Cases decided in the Court of Appeals of the State of New York (1877–1921)
NYBL	New York Banking Law
NYGOL	New York General Obligations Law
N. Y.2 d	New York Reporter, Second Series
NYPE	New York Product Exchange Time Charter
N. Y. S.2 d	New York Supplement, Second Series
N. Y. Sup. Ct.	New York Supreme Court
NYUCC	New York Uniform Commercial Code
o.	oben
oa.	oben angegeben
OECD	Organization for Economic Coopration and Development
ÖJBL	Österreichische Juristische Blätter
o. J.	ohne Jahr
Okt.	Oktober
OLG	Oberlandesgericht
OPCVM	Organismes de Placement Collectif en Valeurs Mobilières
ORGALIME	Organisme de Liaison des Industries Métalliques Européennes
O. R. S.	Obligationenrecht (Schweiz)
OTC	over-the-counter
P.2 d	Pacific Reporter, Second Series
PIBD	Bulletin documentaire de la propriété industrielle
P & I-Versicherung	Protection & Indemnity – Versicherung
P. L.	Public Laws
PLC	public limited company
POB	Post Office Box
ProdHaftG	Produkthaftungsgesetz

Abkürzungsverzeichnis

Prof. Code Div.	Profession Code Division
PSA	Public Securities Association
QB	Queen's Bench
QBD	Queen's Bench Division
QFC	qualified financial contract(s)
RabelsZ	Rabels Zeitschrift für ausländisches und internationales Privatrecht (Band, Jahr und Seite)
R. C. W.	Revised Code of Washington
Rdnr.	Randnummer
Rec. Dalloz Sirey	Receuil Dalloz Sirey
RegE	Regierungsentwurf
Revue Jurispr. com.	Revue de jurisprudence commerciale (ancien journal des agréés)
RGBl.	Reichsgesetzblatt
RGRK	Reichsgerichtsräte-Kommentar (zum BGB)
RGRK-HGB	Reichsgerichtsräte-Kommentar (zum Handelsgesetzbuch)
RGZ	Entscheidungen des Reichsgerichts in Zivilsachen
RICO	US-Racketeer Influenced and Corrupt Organizations Act
RIW	Recht der Internationalen Wirtschaft (Jahr und Seite)
RIW/AWD	Recht der Internationalen Wirtschaft, Außenwirtschaftsdienst des Betriebs-Beraters
Rn.	Randnummer
RNM	Registre national de la marque
R. S. C.	Revised Statutes of Canada
Rspr.	Rechtsprechung
RSVÜ	Römisches Schuldvertragsübereinkommen
R. T. D.	Revue trimestrielle de droit
RTD civ.	Revue trimestrielle de droit civil
Rz.	Randziffer
S.	Seite; Satz
s.	siehe
S. C.	Statutes of Canada
S. Ct.	Supreme Court Reporter
S. D. N. Y.	Southern District of New York
SEA	US-Securities and Exchange Act of 1934
SEC	US-Securities and Exchange Commission
SICAV	Société d'Investissement à Capital Variable
Slg.	Sammlung der Rechtsprechung des Gerichtshofes des Europäischen Gemeinschaften
S. N. Y.	New York State Court
sog.	sogenannt
SOFFEX	Swiss Options and Financial Futures Exchange
somm.	sommaire
Stat.	Statistics
str.	strittig
S. W.	South Western Reporter
SWIFT	Society For Worldwide Interbank Financial Telecommunication
T. com.	Tribunal de commerce
TEU	Twenty Foot Equivalent Unit
TGI	Tribunaux de Grandes Instances
THC	Terminal Handling Charges
TKHP	Turnkey Contracts for Heavy Plants
Trade Cas.	bound as Trade Cases
Trade Reg. Rep.	Trade Regulation Reporter
TransportR	Transportrecht
TÜV	Technischer Überwachungsverein e. V.

Abkürzungsverzeichnis

u.	unten
u. a.	unter anderem
U. C. C.	Uniform Commercial Code (USA)
UCP	Uniform Customs and Practice of Documentary Credits
UFOC	Uniform Franchise Offering Circular (USA)
UK	United Kingdom
UNCITRAL	United Nations Commission on International Trade Law
UNCTAD	United Nations Conference on Trade and Development
UNIDO	United Nations Industrial Development Organization
UNO	United Nations Organization
unstr.	unstreitig
U. S.	United States; United States Supreme Court Reports
USA	United States of America
U. S. C.	United States Code
U. S. C. Ch.	United States Code, Chapter
USD	US-Dollar
UStG	Umsatzsteuergesetz
U. S. Sup. Ct.	U. S. Supreme Court
usw.	und so weiter
uU.	unter Umständen
UWG	Gesetz gegen den unlauteren Wettbewerb
v.	versus; von
VAT	Value Added Tax
VBI	Verband Beratender Ingenieure
VDMA	Verband Deutscher Maschinen- und Anlagenbau e. V.
VerBAV	Veröffentlichungen des Bundesaufsichtsamtes für Versicherungswesen
VerbrKG	Verbraucherkreditgesetz (ab 1. 1. 2002 außer Kraft; s. dann §§ 655 a–e BGB)
VersR	Versicherungsrecht (Jahr und Seite)
vgl.	vergleiche
VO	Verordnung
VOB/A, VOB/B	Verdingungsordnung für Bauleistungen, Teil A, B
VOL	Verdingungsordnung für Leistungen
Vol.	Volume
WährG	Währungsgesetz
Wash. Rev. Code	Revised Code of Washington
Washington L. R.	Washington Law Review
W. D. Pa.	Western District of Pennsylvania
WiB	Wirtschaftsrechtliche Beratung (seit 1998 vereinigt mit NZG)
WIPO	World Intellectual Property Organization
WiR	Wirtschaft und Recht (Jahr und Seite)
WL	Westlaw
WLR	Weekly Law Reports
WM	Wertpapier-Mitteilungen (Jahr und Seite)
WUA	Winding-Up Act (Kanada)
WuW/E	Wirtschaft und Wettbewerb, Entscheidungssammlung zum Kartellrecht
YAR	York-Antwerp-Rules
zB.	zum Beispiel
ZBB	Zeitschrift für Bankrecht und Bankwirtschaft
ZgS/JITE	Zeitschrift für die gesamte Staatswissenschaft
ZHR	Zeitschrift für das gesamte Handels- und Konkursrecht (Band, Jahr und Seite)
Ziff.	Ziffer

Abkürzungsverzeichnis

ZIP	Zeitschrift für Wirtschaftsrecht und Insolvenzpraxis (Seite und Jahr)
ZPO	Zivilprozeßordnung
zust.	zuständig
ZVglRWiss	Zeitschrift für vergleichende Rechtswissenschaft
ZZP	Zeitschrift für Zivilprozeß
zZt.	zur Zeit

I. Vertragsvorbereitende und -begleitende Maßnahmen

1. Letter of Intent[1–3]

(Absichtserklärung)

This Letter of Intent is made on the ... day of ... 20 .. by and between

(1) A-GmbH, a limited liability company duly organized under the laws of the Federal Republic of Germany with its corporate headquarters at Siemensstraße 5, 70167 Stuttgart, Germany (hereinafter referred to as „A");

(2) B Pte. Ltd., a closely held limited liability company duly organized under the laws of the Republic of Singapore with its registered office at 6 Keng Yang Road, # 1020, Singapore 1426 (hereinafter referred to as „B"); and

(3) Mr. C, a national and resident of the Republic of Singapore with his address at 860 Harbour Road, Singapore 1234.

Preamble[1]

A is in the business of developing, manufacturing and distributing certain coatings which are used for the protection and colouring of indoor wood applications (the „Products"). It owns extensive Know-how and proprietary information with regard to the composition, manufacturing, application, distribution and after-sale-service of the Products.

B is the manufacturer of a variety of chemicals which are used in the construction industry. It has extensive Know-how and management skills with regard to the marketing of various chemical products in the Southeast Asian construction industry.

Mr. C is a civil engineer and, for a long period of time, has served as an independent agent for B with regard to B's chemical products. He is extremely knowledgeable about the market situation as to chemicals used in the Southeast Asian construction industry, maintains close contacts to customers and is skilled in the necessary marketing techniques.

The parties wish to cooperate with regard to the manufacturing and marketing of the Products in Southeast Asia. To this end, they intend to enter into a joint venture (the „Joint Venture"). They are in the process of negotiating the terms and conditions of the Joint Venture. In order to facilitate such negotiations and to enable the parties to make initial investments, the parties wish to summarize their discussions and record their preliminary understandings as follows:

§ 1 Purpose of Joint Venture[1, 2, 5, 6]

(1) It is the intention of the parties to jointly manufacture and market the Products in the Southeast Asian countries Singapore, Indonesia, Malaysia and Thailand (the „Territory"). Other countries of the region may be included in the Territory at a later point in time. The parties will enter into a joint venture agreement and necessary ancillary agreements (collectively referred to as the „Agreement") setting forth the terms and conditions of their cooperation.

(2) The manufacturing and marketing of the Products shall in the final stage of the cooperation be entirely conducted and administered by a Singapore based limited liability company to be jointly formed by the parties (the „Joint Venture Company"). In a

first step, A will grant to the Joint Venture Company the exclusive right to distribute the Products in the Territory and will provide sufficient quantities of the Products. In a second step, A will license its know how and proprietary information regarding the Products to the Joint Venture Company, which will manufacture the Products from raw material supplied by A. B will make available to the Joint Venture Company its production facilities pursuant to a production contract. The final step will be the local sourcing of raw material by the Joint Venture Company.

(3) Mr. C shall act as Managing Director of the Joint Venture Company. In the initial phase of the cooperation, the Joint Venture Company will use skilled employees of B for its marketing activities on a cost basis. A will train those employees and Mr. C with respect to the Products. At some future point, the Joint Venture Company shall use its own personnel for marketing purposes.

(4) The Joint Venture Company shall in the final stage of the cooperation be free to determine whether and to what extent it will require the services and support of A and B. Within their capacities and to the extent there is no conflict with their obligations vis-à-vis third parties, A and B are prepared to offer to the Joint Venture Company their goods and services on an arm's length basis. Any support obligations expressly set forth in this Letter of Intent shall remain unaffected.

§ 2 Structure of Joint Venture Company

(1) The Joint Venture Company shall be formed as a private company by shares (Pte. Ltd.) pursuant to the laws of the Republic of Singapore. Its issued and paid-up capital shall amount to Sing.–$ 500.000, represented by 500.000 shares at Sing.–$ 1 each. A will subscribe 200.000 shares (representing 40% of the issued share capital), B will subscribe 200.000 shares (representing 40% of the issued share capital) and Mr. C will subscribe 100.000 shares (representing 20% of the issued share capital).

(2) The shares shall be issued at par for cash. However, A shall have the right to make its contribution in kind by transferring ownership to the Joint Venture Company of certain machinery still to be determined. The value to be allotted to such machinery shall be its resale market value as determined by a sworn expert agreed upon by the parties.

(3) The Memorandum and Articles of Association of the Joint Venture Company shall be in compliance with all of the terms and conditions of the Agreement to be negotiated. In particular, it will provide for a list of business transactions which will require the prior unanimous approval of the shareholders or directors.

(4) The number of directors of the Joint Venture Company shall not exceed five. A shall be entitled to nominate two directors, B shall be entitled to nominate two directors and Mr. C himself shall be one of the directors. In addition, Mr. C shall hold the office of Managing Director.

(5) The name of the Joint Venture Company shall be A (ASIA) Pte. Ltd., or a similar name subject to the approval of the Registrar of Companies.

§ 3 Exploratory Phase[7]

(1) Upon the signing of this Letter of Intent A will disclose to B and Mr. C certain technical information regarding the composition, manufacture and application of the Products in order to enable B and Mr. C to assess the marketability of the Products in the Territory and to determine necessary adjustments in B's production facilities. The selection of the information to be disclosed shall be at A's discretion.

(2) A will allow two qualified chemists in the employ of B to visit, together with Mr. C, A's plants in Germany for up to four days, to have access to the production facilities during their stay and to become acquainted with certain technical information as afore-

1. Letter of Intent (Absichtserklärung)   I. 1

mentioned. Upon the prior approval of A's management and after the execution of A's standard individual confidentiality agreement, the visiting employees of B and Mr. C shall be entitled to take notes and to copy documents which are released by A.

(3) A shall bear the cost of suitable accommodation and reasonable living expenses of B's personnel and Mr. C during their stay in Germany, whereas B shall bear the travel cost and the continuing salary and other benefits of its employees. Mr. C shall bear its own travel cost.

(4) On the basis of the information received and their general market knowledge, B and Mr. C shall prepare a feasibility study formulating a detailed opinion with respect to (a) their views on the marketability of the Products in the Territory in general; (b) a business plan for, and the likely budget of, the Joint Venture Company for the first five years of its activity; (c) governmental subsidies which might be obtainable (e. g. subsidies from the Economic Development Board – EDB – or the Trade Development Board – TDB –); and (d) the likely amount of cost and time necessary to implement the Joint Venture. B and Mr. C will provide A with a copy of the feasibility study. A will contribute to the cost of this study by paying an amount of EURO 50.000 (fifty thousand Euro) to B. The payment shall be due immediately after the signing of this Letter of Intent.

§ 4 Time Frame[8]

(1) The exploratory phase as outlined in § 3 of this Letter of Intent shall be completed by 31 December 20. . At such time, B and Mr. C shall have furnished A with the feasibility study.

(2) If following the feasibility study all of the parties agree to proceed with the Joint Venture, the parties shall execute the Agreement on or before 30 April 20. . The Joint Venture Company shall be established immediately thereafter; the Joint Venture shall begin operation on or before 30 June 20. .

§ 5 Confidentiality[9]

(1) The parties hereto shall keep in strict confidence and shall not disclose to any third party information which is received in connection with the implementation of the intended Joint Venture and which is of a technical, financial or business nature and concerns the composition, the manufacture, the application, the distribution or the service of the Products, the sources of supply of raw material for the Products, information on customers or any details of the businesses of the parties (the „Information"). In addition to the foregoing, no party shall be entitled to use the Information for purposes other than those expressly set forth in this Letter of Intent. The confidentiality obligation contained in this paragraph shall not apply to Information which the parties hereto lawfully received from third parties or which is in the public domain.

(2) The parties shall ensure that all of their employees, agents or other persons having access to the Information will be under the same confidentiality obligation set forth in subparagraph (1) above.

(3) Any party which breaches one or more of the obligations set forth in the foregoing subparagraphs (1) and (2) shall be obligated to pay to the party or parties injured by such breach liquidated damages in an amount of EURO . . . . . . (. . . . . . Euro) for each individual such breach. Any rights of the party concerned to claim additional damages caused by the breach shall remain unaffected.

§ 6 Exclusivity[10]

None of the parties hereto will enter into negotiations with third parties with regard to any cooperation concerning the manufacture and/or distribution in the Territory of products being entirely or partly in competition with the Products. The exclusivity obligation under this Letter of Intent shall terminate upon the execution of the Agreement or upon the withdrawal of one of the parties from the intended Joint Venture in accordance with § 7 below.

§ 7 Withdrawal from Joint Venture[11, 12]

(1) Nothing in this Letter of Intent shall be understood or construed as obligating the parties hereto to enter into the Joint Venture or to execute the Joint Venture Agreement. Instead, all parties hereto are free without cause to declare their withdrawal from the Joint Venture and from further negotiations at any time until the Agreement ist signed. A party's notification of withdrawal shall be in writing and properly served upon all other parties. Subject to subparagraph (2) below, a party's withdrawal shall be effective at the end of the month during which the party's withdrawal notification was served to the last party to receive such notification. If Mr. C should decide to withdraw, negotiations under this Letter of Intent shall continue between A and B.

(2) The withdrawal under the foregoing subparagraph (1) shall not in any way affect the continuing applicability of the provisions of §§ 5, 7 para. (3), 8 and 10 of this Letter of Intent, which shall remain binding on the parties hereto.

(3) If A should notify B and Mr. C of its intention to withdraw, A shall be obligated to compensate B and Mr. C for their cost incurred in connection with the negotiations under this Letter of Intent in the amount of EURO 10.000 to be paid to B and EURO 2.000 to be paid to Mr. C. If B should notify A and Mr. C of its intention to withdraw, B shall be obligated to compensate A for its negotiation cost in the amount of EURO 30.000. Possible additional claims for compensation granted by law as a consequence of the withdrawal from further negotiations shall remain unaffected.

§ 8 Cost[14]

Subject to the provisions of §§ 3 para. (3) and 7 para. (3) above which shall remain unaffected, each one of the parties hereto shall bear its own cost in connection with this Letter of Intent and the negotiation of the Joint Venture, including but not limited to cost of experts, consultants, lawyers or travel expenses.

§ 9 Notices[14]

(1) Any notices which can or have to be given under this Letter of Intent shall be directed to the parties at the addresses mentioned in the heading hereof.

(2) The parties hereto will notify each other without delay of any changes occurring with regard to their addresses or means of communication.

§ 10 Governing Law[4] and Jurisdiction[13]

(1) This Letter of Intent and all of the obligations contained herein, including possible claims for damages arising from the withdrawal of one of the parties from the Joint Venture (§ 7 para. (3) above), shall be governed in its entirety by the laws of the Federal Republic of Germany.

(2) In the event of any disputes arising under this Letter of Intent or the negotiations hereunder the local courts of Stuttgart, Germany shall have exclusive jurisdiction. The plaintiff shall also be entitled to bring suit in the courts at the defendant's place of business.

....
           A-GmbH   B Pte. Ltd.

                                                    ....
                                                              Mr. C

1. Letter of Intent (Absichtserklärung) I. 1

*Übersetzung**

Letter of Intent

Dieser Letter of Intent ist am .... 20 .. von folgenden Parteien unterzeichnet worden:

(1) A-GmbH, einer Gesellschaft mit beschränkter Haftung, die nach dem Recht der Bundesrepublik Deutschland ordnungsgemäß errichtet wurde und ihren Sitz in Siemensstraße 5, 70167 Stuttgart, Bundesrepublik Deutschland hat (im folgenden als „A" bezeichnet);

(2) B Pte. Ltd., einer Gesellschaft mit beschränkter Haftung, die nach dem Recht der Republik Singapur ordnungsgemäß errichtet wurde und ihren Sitz in 6 Keng Yang Road, # 1020, Singapore 1426 hat (im folgenden als „B" bezeichnet); und

(3) Herrn C, Staatsbürger der Republik Singapur mit seinem Wohnsitz in 860 Harbour Road, Singapore 1234.

Präambel

A ist im Bereich der Entwicklung, der Herstellung und des Vertriebes bestimmter Lacke tätig, die für die Behandlung von Holzapplikationen in Innenräumen Verwendung finden (im folgenden „Vertragsprodukte" genannt). A ist im Besitz von erheblichem Know-how und vertraulichen Informationen, die die Zusammensetzung, die Herstellung, die Anwendung, den Vertrieb und den after-sales-service der Vertragsprodukte betreffen.

B ist Hersteller verschiedener Chemikalien, die in der Baubranche Verwendung finden. B besitzt ebenfalls erhebliches Know-how und Managementerfahrung in bezug auf den Vertrieb verschiedener chemischer Vertragsprodukte in der südostasiatischen Bauindustrie.

Herr C ist Bauingenieur und war für einen erheblichen Zeitraum als Handelsvertreter für B bezüglich der chemischen Produkte von B tätig. Er hat erhebliche Marktkenntnis in bezug auf Chemikalien, die in der südostasiatischen Bauindustrie Verwendung finden, unterhält enge Verbindungen zu Kunden und kennt die erforderlichen Marketing-Techniken.

Die Parteien beabsichtigen, bezüglich der Herstellung und des Vertriebes der Vertragsprodukte in Südostasien zusammenzuarbeiten. Zu diesem Zwecke wollen sie ein Joint Venture gründen (im folgenden das „Joint Venture"). Zum gegenwärtigen Zeitpunkt befinden sie sich in Verhandlungen über die Bedingungen des Joint Ventures. Um diese Verhandlungen voranzubringen und sich wechselseitig in die Lage zu versetzen, gewisse Anfangsinvestitionen vorzunehmen, möchten die Parteien die bisherigen Verhandlungsergebnisse zusammenfassen und ihre vorläufigen Vereinbarungen wie folgt niederlegen:

§ 1 Zweck des Joint Ventures

(1) Die Parteien beabsichtigen, die Vertragsprodukte gemeinschaftlich herzustellen und in den südostasiatischen Ländern Singapur, Indonesien, Malaysia und Thailand (im folgenden das „Vertragsgebiet") zu vertreiben. Weitere Länder der Region können zu einem späteren Zeitpunkt in das Vertragsgebiet aufgenommen werden. Die Parteien werden einen Joint Venture-Vertrag und erforderliche zusätzliche Vereinbarungen (gemeinschaftlich als der „Joint Venture-Vertrag" bezeichnet) abschließen, aus denen sich die Bedingungen ihrer Zusammenarbeit im einzelnen ergeben.

---

* Diese Übersetzung dient ausschließlich dem besseren Verständnis des englischen Originals; sie erhebt keinen Anspruch auf Verbindlichkeit.

(2) Die Herstellung und der Vertrieb der Vertragsprodukte wird in der Endstufe der Zusammenarbeit durch eine in Singapur ansässige Gesellschaft mit beschränkter Haftung, die von den Parteien gemeinschaftlich errichtet wird (im folgenden die „Joint Venture-Gesellschaft"), betrieben und administriert werden. In einem ersten Schritt wird A der Joint Venture-Gesellschaft das exklusive Recht zum Vertrieb der Vertragsprodukte in dem Vertragsgebiet einräumen und die Vertragsprodukte in ausreichenden Mengen zur Verfügung stellen. In einem zweiten Schritt wird A das bei ihr befindliche Knowhow und sämtliche vertraulichen Informationen, die die Vertragsprodukte betreffen, der Joint Venture-Gesellschaft im Wege eines Lizenzvertrages vermitteln; diese wird dann die Vertragsprodukte auf der Grundlage von Rohmaterialien herstellen, welche von A geliefert werden. B wird der Joint Venture-Gesellschaft Produktionskapazität entsprechend einem abzuschließenden Produktionsvertrag zur Verfügung stellen. In einem letzten Schritt soll die Joint Venture-Gesellschaft dann auch das Rohmaterial lokal beschaffen.

(3) Herr C wird als Managing Director der Joint Venture-Gesellschaft tätig. In der Eingangsphase der Zusammenarbeit wird die Joint Venture-Gesellschaft für ihren Vertrieb ausgebildete Mitarbeiter von B auf Kostenbasis verwenden. A wird diese Mitarbeiter und Herrn C bezüglich der Vertragsprodukte schulen. Zu einem späteren Zeitpunkt wird die Joint Venture-Gesellschaft dann auf eigenes Personal zurückgreifen.

(4) Die Joint Venture-Gesellschaft bestimmt in der Endstufe der Zusammenarbeit selbst, ob und in welchem Umfange sie die Unterstützung von A und B in Anspruch nimmt. Innerhalb ihrer Möglichkeiten und soweit kein Konflikt mit Verpflichtungen gegenüber Dritten besteht, sind A und B bereit, der Joint Venture-Gesellschaft Waren und Dienstleistungen zu Konditionen, wie sie unter fremden Dritten üblich sind, anzubieten. Von dieser Regelung bleiben die Verpflichtungen unberührt, die in diesem Letter of Intent ausdrücklich geregelt sind.

§ 2 Struktur der Joint Venture-Gesellschaft

(1) Die Joint Venture-Gesellschaft wird als Gesellschaft mit beschränkter Haftung (Pte. Ltd.) nach den Gesetzen der Republik Singapur gegründet. Das einzuzahlende Stammkapital wird Sing-$ 500.000,- betragen, aufgeteilt in 500.000 Anteile zu jeweils Sing-$ 1,-. A übernimmt 200.000 Anteile (was 40% des Kapitals entspricht), B 200.000 Anteile (was ebenfalls 40% des Kapitals entspricht) und Herr C 100.000 Anteile (was 20% des Kapitals entspricht).

(2) Die Anteile werden zu Pari und gegen Bareinzahlung ausgegeben. A hat jedoch das Recht, seine Einlageverpflichtung dadurch zu erfüllen, daß maschinelle Anlagen, welche im einzelnen noch zu bestimmen sind, von A in die Joint Venture-Gesellschaft eingebracht werden. Der den maschinellen Anlagen zuzuordnende Wert hat dem Marktwert zu entsprechen und ist von einem vereidigten Sachverständigen festzustellen, auf den sich die Parteien einigen.

(3) Das Memorandum und die Articles of Association der Joint Venture-Gesellschaft müssen sämtlichen Bestimmungen des noch zu verhandelnden Joint Venture-Vertrages entsprechen. Insbesondere wird eine Liste von Geschäften enthalten sein, die der vorherigen einstimmigen Zustimmung der Anteilseigner oder Direktoren der Joint Venture-Gesellschaft bedürfen.

(4) Die Zahl der Direktoren der Joint Venture-Gesellschaft beträgt im Höchstfalle fünf. A hat das Recht, zwei Direktoren zu benennen, B wird ebenfalls zwei Direktoren benennen und Herr C selbst wird einer der Direktoren sein. Zusätzlich wird Herr C das Amt des Managing Directors übernehmen.

(5) Der Name der Joint Venture-Gesellschaft wird A (ASIA) Pte. Ltd. oder ein ähnlicher Name je nach den Anforderungen der Registerbehörde sein.

1. Letter of Intent (Absichtserklärung)   I. 1

§ 3 Erkundungszeitraum

(1) Unmittelbar im Anschluß an die Unterzeichnung dieses Letter of Intent wird A gegenüber B und Herrn C bestimmte technische Informationen offenlegen, die die Zusammensetzung, die Herstellung und die Verwendung der Vertragsprodukte betreffen; der Zweck der Offenlegung liegt darin, B und Herrn C in die Lage zu versetzen, die Vermarktbarkeit der Vertragsprodukte in dem Vertragsgebiet zu ermitteln und etwa erforderliche Anpassungen im Hinblick auf B's Produktionseinrichtungen festzustellen. Der Umfang der offenzulegenden Informationen liegt im Ermessen von A.

(2) A wird zwei qualifizierten Chemikern von B erlauben, zusammen mit Herrn C die Produktionsstätten von A in Deutschland für einen Zeitraum von bis zu vier Tagen zu besuchen. A wird den betreffenden Personen Zugang zu ihren Produktionsanlagen während ihres Aufenthaltes gewähren, damit sich diese mit bestimmten technischen Informationen der oben erwähnten Art vertraut machen können. Nach vorheriger Genehmigung des Managements von A und nach Unterzeichnung des von A üblicherweise verwendeten Textes einer Vertraulichkeitsvereinbarung haben die Mitarbeiter von B und Herr C die Möglichkeit, Notizen zu machen und Unterlagen zu kopieren, soweit diese von A freigegeben werden.

(3) A trägt die Kosten der angemessenen Unterbringung und des Lebensunterhaltes der Mitarbeiter von B und des Herrn C während ihres Aufenthaltes in Deutschland; B trägt die Reisekosten sowie das fortlaufende Gehalt (einschließlich sonstiger Leistungen) ihrer Mitarbeiter. Herr C trägt seine eigenen Reisekosten.

(4) Auf der Grundlage der so erhaltenen Informationen sowie ihrer generellen Marktkenntnis werden B und Herr C eine Machbarkeitsstudie fertigen, die (a) ihre Auffassung zu der generellen Vermarktbarkeit der Vertragsprodukte in dem Vertragsgebiet wiedergibt; (b) eine Planung und das voraussichtliche Budget der Joint Venture-Gesellschaft für die ersten fünf Jahre ihrer Tätigkeit enthält; (c) staatliche Förderungsmöglichkeiten benennt, die erhältlich sein könnten (z. B. Fördermittel des Economic Development Board – EDB – oder des Trade Development Board – TDB); (d) die für die Durchführung des Joint Ventures erforderlichen voraussichtlichen Kosten und den voraussichtlichen Zeitaufwand benennt. B und Herr C werden A ein Exemplar der Machbarkeitsstudie übergeben. A wird zu den Kosten dieser Studie einen Beitrag in Höhe von EURO 50.000,– (fünfzigtausend Euro) leisten, der an B zu zahlen ist. Die Zahlung ist mit Unterzeichnung dieses Letter of Intent fällig.

§ 4 Zeitplan

(1) Die Erkundungsphase nach § 3 dieses Letter of Intent ist bis 31. Dezember 20 . . abzuschließen. Bis zu diesem Zeitpunkt haben B und Herr C die vorgenannte Machbarkeitsstudie an A zu übergeben.

(2) Wenn die Parteien auf der Grundlage der Machbarkeitsstudie die Fortsetzung des Joint Ventures beschließen, so soll der Joint Venture-Vertrag bis 30. April 20 . . unterzeichnet sein. Die Joint Venture-Gesellschaft wird unmittelbar im Anschluß hieran gegründet; sie soll ihre Tätigkeit bis 30. Juni 20 . . aufnehmen.

§ 5 Vertraulichkeit

(1) Die Parteien sind verpflichtet, sämtliche Informationen, die sie in Zusammenhang mit der Durchführung des beabsichtigten Joint Ventures erhalten und die technischer, finanzieller oder sonst geschäftlicher Natur sind und die Zusammensetzung, die Herstellung, die Anwendung, den Vertrieb oder, den Service der Vertragsprodukte, die Bezugsquellen für Rohmaterialien, die Kunden der Vertragsprodukte oder sonstige Einzelheiten des Geschäftsbetriebes der Parteien (im folgenden die „Informationen") betreffen,

streng geheim zu halten und nicht an Dritte weiterzugeben. Ferner ist es den Parteien untersagt, die Informationen zu anderen als denjenigen Zwecken zu verwenden, die in diesem Letter of Intent ausdrücklich genannt sind. Die in diesem Absatz enthaltene Vertraulichkeitsvereinbarung ist nicht auf solche Informationen anwendbar, die die Parteien in gesetzlich zulässiger Weise von dritter Seite erhalten haben oder die offenkundig sind.

(2) Die Parteien werden dafür sorgen, daß ihre Mitarbeiter, Vertreter oder sonstige Personen, die Zugang zu den Informationen haben, derselben Vertraulichkeitsverpflichtung unterliegen wie sie in vorstehendem Abs. (1) niedergelegt ist.

(3) Jede Partei, die eine oder mehrere der in den vorgenannten Abs. (1) und (2) erwähnten Verpflichtungen verletzt, ist verpflichtet, der jeweils durch die entsprechende Pflichtverletzung geschädigten Partei in jedem Einzelfall einen Betrag von EURO...... (Euro ....) als Mindestschaden zu bezahlen. Das Recht der betroffenen Partei, einen durch die Pflichtverletzung entstandenen weitergehenden Schaden ersetzt zu verlangen, bleibt unberührt.

§ 6 Exklusivität

Die Parteien verpflichten sich, mit Dritten in keinerlei Verhandlungen über eine mögliche Zusammenarbeit in bezug auf die Herstellung und/oder den Vertrieb solcher Vertragsprodukte in dem Vertragsgebiet einzutreten, die ganz oder teilweise im Wettbewerb mit den Vertragsprodukten stehen. Die Verpflichtung zur Ausschließlichkeit nach diesem Letter of Intent endet mit der Unterzeichnung des Vertrages oder mit der Abstandnahme von dem Joint Venture durch eine der Parteien gemäß dem nachfolgenden § 7.

§ 7 Abstandnahme vom Joint Venture

(1) Die Bestimmungen dieses Letter of Intent begründen keine Verpflichtung der Parteien, in das Joint Venture einzutreten oder den Joint Venture-Vertrag zu unterzeichnen. Vielmehr haben sämtliche Parteien bis zu Unterzeichnung des Joint Venture-Vertrages das Recht, jederzeit ohne Angabe von Gründen von den weiteren Verhandlungen Abstand zu nehmen. Die Erklärung der Abstandnahme seitens einer Partei bedarf der Schriftform und muß sämtlichen anderen Parteien ordnungsgemäß zugestellt werden. Die Erklärung einer Partei wird – soweit sich aus dem nachfolgenden Abs. (2) nichts anderes ergibt – zum Ende des Monats wirksam, währenddessen sie der letzten der beiden anderen Parteien zugestellt worden ist. Soweit Herr C Abstand nehmen sollte, werden die Verhandlungen nach diesem Letter of Intent zwischen A und B fortgesetzt.

(2) Die Abstandnahme nach vorstehendem Abs. (1) läßt die Anwendbarkeit der Bestimmungen der §§ 5, 7 Abs. (3), 8 und 10 dieses Letter of Intent unberührt; diese Bestimmungen bleiben für die Parteien verbindlich.

(3) Soweit A Abstand nimmt, ist A verpflichtet, B und Herrn C von deren Kosten im Zusammenhang mit den Verhandlungen nach diesem Letter of Intent einen Pauschalbetrag von EURO 10.000,–, zahlbar an B, und EURO 2.000,–, zahlbar an Herrn C zu erstatten. Soweit die Abstandnahme von B ausgeht, ist B verpflichtet, A deren Verhandlungskosten in Höhe eines Pauschalbetrages von EURO 30.000,– zu ersetzen. Weitergehende Ansprüche auf Kosten- oder Schadensersatz, die sich nach den anwendbaren gesetzlichen Bestimmungen aus der Abstandnahme von den weiteren Verhandlungen ergeben, bleiben unberührt.

§ 8 Kosten

Vorbehaltlich der Bestimmungen der §§ 3 Abs. (3) und 7 Abs. (3) dieses Letter of Intent, die unberührt bleiben, trägt jede Partei ihre eigenen Kosten im Zusammenhang mit diesem Letter of Intent und den Verhandlungen bezüglich des Joint Ventures einschließlich etwaiger Kosten von Gutachtern, Beratern, Anwälten oder Reisekosten.

1. Letter of Intent (Absichtserklärung) I. 1

§ 9 Benachrichtigungen

(1) Benachrichtigungen, die nach diesem Letter of Intent erfolgen können oder müssen, sind den Parteien an den im Rubrum dieses Letter of Intent genannten Adressen zuzustellen.

(2) Die Parteien werden sich wechselseitig unverzüglich über etwaige Änderungen unterrichten, die sich in bezug auf ihre Adressen oder Kommunikationseinrichtungen ergeben.

§ 10 Anwendbares Recht und Gerichtsstand

(1) Dieser Letter of Intent und sämtliche Verpflichtungen, die sich daraus ergeben, einschließlich möglicher Schadensersatzansprüche aus der Abstandnahme einer der Parteien von dem Joint Venture (oben § 7 Abs. (3)) unterliegen in ihrer Gesamtheit dem Recht der Bundesrepublik Deutschland.

(2) Ausschließlicher Gerichtsstand für etwaige Streitigkeiten, die sich aus diesem Letter of Intent ergeben, ist Stuttgart, Bundesrepublik Deutschland. Der Kläger ist im übrigen berechtigt, eine Klage auch bei den für den Geschäftssitz des Beklagten zuständigen Gerichten anzubringen.

....
A-GmbH   B Pte. Ltd.

                         ....
                         Herr C

Schrifttum: Blaurock, Der Letter of Intent, ZHR 147 (1983) S. 334; *Hertel,* Rechtsgeschäfte im Vorfeld eines Projekts, BB 1983, 1824; *Lutter,* Der Letter of Intent – Zur rechtlichen Bedeutung von Absichtserklärungen, 3. Aufl. 1998; *Siebourg,* Der Letter of Intent, Diss. Bonn 1979; *Weber,* Der Optionsvertrag, JuS 1990, 249, 252.

Übersicht

	Seite
1. Zweck und Anwendungsbereich	10
a) Begriff	10
b) Zweck	10
c) Bindungswirkung	10
d) Geschäftsarten	11
2. Sachverhalt	11
3. Wahl des Formulars	11
4. Anwendbares Recht	12
5. Hauptvertrag	12
6. Stand der Vertragsverhandlungen	13
7. Vorleistungen	13
8. Fortgang der Verhandlungen	13
9. Vertraulichkeitsvereinbarung	14
10. Exklusivität	14
11. Bindungswirkung	15
12. Haftung	15
a) Überblick	15
b) Culpa in Contrahendo	16
c) Regelungen im Letter of Intent	16
13. Gerichtsstandsklausel	17
14. Sonstiges	17

Anmerkungen

1. Zweck und Anwendungsbereich. a) Begriff. Der Letter of Intent ist kein Rechtsbegriff, sondern eine Erfindung der Wirtschaftspraxis. Er reiht sich in eine größere Zahl vertraglicher oder quasi-vertraglicher Regelungswerke ein, die **im Vorfeld** wirtschaftlich bedeutsamerer oder auch komplexerer Geschäftsabschlüsse häufig verwendet werden. Die Bezeichnungen sind vielfältig. Neben dem Letter of Intent gibt es Vorverträge, Optionen, Grundsatzvereinbarungen, Traktate, Punktationen, Rahmenverträge, Memoranda of Understanding, Heads of Agreement, Instructions to Proceed oder Gentlemen Agreements (vgl. die Zusammenstellung bei *Hertel* BB 1983, 1824, 1825). Die Begriffe werden nicht in einheitlichem Sinne verwendet und überschneiden sich vielfältig. Ein bestimmter rechtlicher Inhalt läßt sich ihnen daher – bis auf den klassischen Vorvertrag oder die Option – kaum zuordnen. Gemeinsames Merkmal sämtlicher der vorgenannten Schöpfungen ist aber, daß das eigentlich beabsichtigte Geschäft noch nicht abgeschlossen wurde, sondern erst vorbereitet werden soll. Die Parteien wollen typischerweise zwar gewisse Festlegungen treffen, um mit den Vertragsverhandlungen fortfahren zu können, gleichzeitig aber nur in beschränktem Maße gebunden sein. Sie schaffen in aller Regel nicht mehr als ein „**verdichtetes Rechtsverhältnis**" (vgl. etwa *Blaurock* ZHR 147 (1983), 334, 337). Art und Umfang der gewünschten Bindungswirkung variieren und hängen vom Einzelfall ab.

b) **Zweck.** Der Letter of Intent hat in der Regel das Ziel, den erreichten Verhandlungsstand festzuhalten, den weiteren Gang der Verhandlungen zu strukturieren, offene Vertragspunkte zu benennen, Einigungen über zu erbringende Vorleistungen und deren Vergütung zu dokumentieren und gewisse gegenseitige Rücksichtnahmepflichten (z.B. Exklusivität der Verhandlungen, Vertraulichkeit) zu begründen (vgl. *Lutter,* Der Letter of Intent, 3. Aufl., S. 10 ff.; *Weber* JuS 1990, 249, 252; MünchKomm/*Kramer,* BGB, 3. Aufl., Vor § 145 Rdn. 34). Nützlich ist dies bei schwierigeren Geschäften, die mehrere Verhandlungsrunden unter Beiziehung der jeweiligen technischen und kaufmännischen Fachleute sowie eine umfangreiche Vorbereitung mit gewissen Vorleistungen (z.B. Planungsleistungen, Offenlegung vertraulicher Informationen) erfordern. Abgesehen von dem praktischen Vorteil einer schriftlichen Dokumentation des Verhandlungsstandes kann der Letter of Intent in derartigen Fällen vor allem auch **wechselseitige Sicherungsbedürfnisse** der Parteien berücksichtigen und einer angemessenen Regelung zuführen. Schließlich sind auch gewisse psychologische Wirkungen nicht zu übersehen: Eckpunkte von Verhandlungen, die schon einmal zu Papier gebracht wurden, lassen sich nicht mehr ganz so leicht aus der Welt schaffen und bewirken wenn auch keine rechtliche (s. hierzu aber Anm. 6), so möglicherweise aber doch eine faktische Bindung der Beteiligten.

c) **Bindungswirkung.** Die Reichweite der rechtlichen Bindungswirkung des Letter of Intent liegt in der Hand der Parteien. Sie können den getroffenen Regelungen beidseits bindende Wirkung im Sinne eines Vorvertrages oder eine einseitige Bindungswirkung nach Art einer Option beigeben oder aber auf jede Bindung verzichten. Die Verwendung des Begriffes „Letter of Intent" hat für Art und Umfang der Bindung keine Aussagekraft (vgl. *K. Schmidt,* Handelsrecht, 4. Aufl., S. 609). Entscheidend ist vielmehr die **Auslegung des Inhaltes** der niedergelegten Erklärungen. Geht man allerdings von dem oben beschriebenen typischen Zweck eines Letter of Intent aus, so ergibt sich für die Bindungswirkung folgendes: Bezüglich des Hauptvertrages wollen die Parteien in der Regel noch keine rechtliche Bindung schaffen, weil die Vertragsbedingungen im Detail noch gar nicht festliegen. Es soll daher nach wie vor Abschlußfreiheit herrschen. Soweit der Letter of Intent jedoch sog. Vorfeldverabredungen enthält (s. hierzu *Lutter,* Der Letter of Intent, 3. Aufl., S. 39 ff.; MünchKomm/*Kramer,* BGB, 3. Aufl., Vor § 145 Rdn. 34), sollen diese bindend sein. Hierzu gehört etwa die Verpflichtung einer oder beider Parteien zur Erbringung von Vorleistungen im Hinblick auf den zukünftigen Vertragsabschluß, zur Geheimhaltung von im Rahmen der Verhandlungen erhaltenen Informationen oder zur Unterlassung von Parallelverhandlungen. Die Notwendigkeit einer Bindung der Parteien in diesem Falle ergibt sich aus der wechselseitigen Schutzbedürftigkeit. Ohne Bindung wären die Vorfeldverpflichtungen rechtlich nicht erzwingbar. Würden sie nicht eingehalten, bliebe der jeweilige Partner, der auf die Erfüllung der Verpflichtungen vertraute und sich seinerseits vereinbarungsgemäß verhielt, schutzlos.

d) **Geschäftsarten.** Die Art der Geschäftsvorfälle, für die der Letter of Intent in Betracht kommt, ist nicht begrenzt. Deswegen kann ein Muster wie das vorliegende Form. immer nur ein Beispiel liefern. Meist handelt es sich um Geschäfte eines gewissen Umfanges und einer gewissen Komplexität, die in mehreren Stufen abgewickelt werden. Typisch ist im übrigen der Einsatz des Letter of Intent **im Auslandsgeschäft**, wenn er auch hierauf nicht beschränkt ist. Häufig werden Joint Ventures (so das Beispiel des Form.), Unternehmensakquisitionen (vgl. hierzu *Günther*, Münchener Vertragshandbuch Bd. 2, 4. Aufl., Form. II. 1 Anm. 5), größere Maschinenlieferungen, Lizenz- oder Franchisingverträge oder Verträge über die Lieferung und Montage ganzer Industrieanlagen mit einem Letter of Intent vorbereitet. Im anglo-amerikanischen Rechtskreis, wo der Letter of Intent auch seinen Ursprung hat, ist seine Verwendung verbreiteter als in anderen Rechtsordnungen.

2. Sachverhalt. Dem Form. zugrunde liegt ein geplantes Joint Venture zwischen einem deutschen Hersteller von Lacken, einem in Singapur ansässigen Unternehmen der chemischen Industrie und dessen ebenfalls dort beheimateten Handelsvertreter. Ziel des Joint Ventures ist es, die Produkte des deutschen Partners im südostasiatischen Raum zu vermarkten. Zu diesem Zweck soll eine Kapitalgesellschaft nach dem Recht des Staates Singapur gegründet werden (siehe hierzu etwa *Klötzel*, in: Lutter (Hrsg.), Die Gründung einer Tochtergesellschaft im Ausland, 3. Aufl., S. 689 ff.), an der die drei Partner beteiligt sind. Die Gesellschaft wird in der Anfangsphase als Vertragshändler des deutschen Herstellers agieren, später aber auch selbst produzieren. Der genaue Ablauf des Joint Ventures soll in einem Joint Venture Agreement niedergelegt werden, über dessen Inhalt noch verhandelt wird. Dies ist der „**Hauptvertrag**", auf den der Letter of Intent sich bezieht. Die weiteren Verhandlungen erfordern die Offenlegung von Know how durch den deutschen Partner sowie die Zurverfügungstellung von Unterlagen und gewissen finanziellen Mitteln. Der Letter of Intent soll die grobe Struktur der geplanten Zusammenarbeit fixieren und eine Basis für die ins Auge gefaßten Vorleistungen abgeben.

3. Wahl des Formulars. Das Form. ist in der Art eines Vertrages gestaltet, und zwar vor dem Hintergrund des deutschen Rechtes und deutscher Vertragsformen (vgl. zu den im anglo-amerikanischen Rechtskreis üblichen Vertragsformen etwa das Form. II. 3 in diesem Band – Konsignationslagervertrag). Wie der Begriff „Letter of Intent" verdeutlicht, wird auch häufig die **Form eines Briefes** gewählt, den der eine Verhandlungspartner dem anderen übermittelt. Welche Form man verwendet ist im wesentlichen Geschmackssache, hängt aber auch vom gewünschten Detaillierungsgrad der ins Auge gefaßten Regelung und von der Frage ab, in welchem Umfang bindende Erklärungen enthalten sein sollen. Je umfänglicher der Letter of Intent ist und je mehr verbindliche Regelungen er enthalten soll, desto eher wird man auch äußerlich zur Vertragsform übergehen. Bevorzugt man im letzteren Falle dennoch die Briefform, muß sichergestellt werden, daß der andere Vertragspartner den Inhalt auch tatsächlich akzeptiert. Da die Regeln über das kaufmännische Bestätigungsschreiben trotz der vereinbarten Anwendbarkeit deutschen Rechts (§ 10 Abs. 1 des Form.) im grenzüberschreitenden Rechtsverkehr möglicherweise wegen Fehlens entsprechender Usancen am Sitz des ausländischen Verhandlungspartners nicht zur Anwendung kommen (vgl. Art. 31 Abs. 2 EGBGB, so z. B. nach niederländischem Recht, s. *Kegel/Schurig*, IPR, 8. Aufl., S. 538 f.), empfiehlt es sich in diesem Falle, eine ausdrückliche Rückbestätigung einzuholen.

Im übrigen ist die Wahl des Form. wesentlich von dem beabsichtigten Geschäft (vorliegend z. B. Joint Venture) und dem erreichten Verhandlungsstand bestimmt. Von daher ist das Form. nur mit Vorsicht auf andere Konstellationen übertragbar; dies gilt selbst dann, wenn ebenfalls ein Joint Venture in Rede steht. Immerhin läßt sich ein **typischer Grundaufbau** feststellen: Geboten ist zunächst eine Beschreibung des Projektes, auf das sich der Letter of Intent bezieht (Präambel des Form.). Sodann sollte der erreichte Verhandlungsstand festgehalten werden (§§ 1, 2 des Form.). Sind konkrete weitere Schritte im Rahmen der Verhandlungen geplant, wären diese im Anschluß zu fixieren (§ 3 des Form.), wobei die Vereinbarung eines Zeitplanes zweckmäßig ist (§ 4 des Form.). Fast immer enthalten sind Vertraulichkeitsvereinbarungen (§ 5 des Form.), oft auch Regelungen zur Exklusivität der Verhandlungen (§ 6 des Form.). In jedem Falle sinnvoll ist eine ausdrückliche Festlegung dahin, ob und in welchem Umfang den getroffenen Absprachen Bindungswirkung zukommt (§ 7 des Form.). Den Abschluß bilden verschiedene Schlußbestimmungen, zu denen neben der Kostenregelung vor allem eine Rechtswahl- und Gerichtsstandsklausel (§ 10 des Form.) gehört (vgl. hierzu die folgenden Ausführungen).

4. Anwendbares Recht. Soweit der Letter of Intent vertraglich bindende Verpflichtungen enthält (z. B. Vorleistungspflichten, Kostenübernahmen, Vertraulichkeitsvereinbarungen, vgl. §§ 3, 5 bis 8 des Form.) bestimmt sich das anwendbare Recht nach den am jeweiligen Forum geltenden **Kollisionsregeln zu vertraglichen Schuldverhältnissen.** Aus deutscher Sicht sind dies die Art. 27 ff. EGBGB. Danach kommt mangels Rechtswahl das Recht des Staates zur Anwendung, zu dem der Vertrag – d. h. der Letter of Intent – die engsten Verbindungen aufweist (Art. 28 Abs. 1 EGBGB; Abs. 2 wird selten anwendbar sein, weil der Letter of Intent meist wechselseitige „charakteristische Leistungen" vorsieht). Welches dies ist, wird in vielen Fällen Zweifeln unterliegen. Deshalb ist eine Rechtswahlklausel (§ 10 Abs. 1 des Form.) besonders sinnvoll. Zu klären bleibt in diesem Fall, ob jedes in Betracht kommende Forum die Rechtswahlklausel nach seinem IPR akzeptiert. Hier bietet sich die Verbindung mit einer Gerichtsstandsvereinbarung (§ 10 Abs. 2 des Form., hierzu unten Anm. 13) an.

Aufwendungen, die eine Verhandlungspartei im Vertrauen auf die Fortsetzung der Verhandlungen und den zu erwartenden Abschluß des Geschäftes getätigt hat, können aus deutscher Sicht (im übrigen auch aus der Sicht des US-amerikanischen und, zurückhaltender, des englischen Rechts, vgl. *Lutter,* Der Letter of Intent, 3. Aufl. S. 111 ff.) als **Vertrauensschaden** ersatzfähig sein (culpa in contrahendo, s. näher hierzu unten Anm. 12). Auf derartige Ansprüche kommt im deutschen IPR nach h. M. (etwa *Kegel/Schurig,* IPR, 8. Aufl., S. 535, 596; *Reithmann/Martiny,* Internationales Vertragsrecht, 5. Aufl., Rdn. 261 ff.) das Geschäftsrecht zur Anwendung. Das ist die Rechtsordnung, welche den abzuschließenden Hauptvertrag beherrscht. Auch hier ergibt sich wiederum die Möglichkeit zur Rechtswahl (Art. 27 EGBGB), die wegen der Unsicherheiten bei der Bestimmung der engsten Verbindung des Hauptvertrages (Art. 28 EGBGB) genutzt werden sollte. Die Aufnahme einer Rechtswahlklausel in den Letter of Intent ist daher auch dann empfehlenswert, wenn dieser ansonsten keine bindenden Verpflichtungen der Parteien enthält. Die Rechtswahlklausel des Form. (§ 10 Abs. 1) erwähnt zur Klarstellung mögliche Ansprüche auf Ersatz des Vertrauensschadens ausdrücklich.

5. Hauptvertrag. Der Letter of Intent findet seinen Bezugspunkt in dem abzuschließenden Geschäft, dem Hauptvertrag. Auf diesen hin verdichtet er das zwischen den Verhandlungspartnern bestehende und mit Beginn der Verhandlungen eingeleitete Rechtsverhältnis. Im Form. ist der Hauptvertrag das **Joint Venture Agreement** (erwähnt in § 1 Abs. 1 des Form.), welches die beabsichtigte Zusammenarbeit zwischen den Parteien umfassend regelt. Hierzu gehört nach dem Beispiel des Form. die Gründung einer Kapitalgesellschaft in Singapur mit bereits festgelegten Beteiligungsverhältnissen (§ 2 des Form.), der Abschluß eines Vertragshändlervertrages sowie eines Lizenzvertrages zwi-

1. Letter of Intent (Absichtserklärung)   I. 1

schen dem deutschen Hersteller und der neuen Gesellschaft (§ 1 Abs. 2 des Form.), der Abschluß eines Managing Director Agreements (§ 1 Abs. 3 des Form.), der Abschluß eines Produktionsvertrags (§ 1 Abs. 2 des Form.) und der Abschluß weiterer support agreements (§ 1 Abs. 4 des Form.). Das Joint Venture Agreement nimmt die entsprechenden Verpflichtungen der Parteien in der Art eines Rahmenvertrages (*„Master Agreement"*) auf und wird damit ein komplexerer Vertrag, der die Verwendung eines Letter of Intent in der Verhandlungsphase nahelegt (vgl. oben Anm. 1).

6. Stand der Vertragsverhandlungen. Ein wesentlicher Zweck des Letter of Intent liegt darin, den erreichten Verhandlungsstand zu dokumentieren (s. oben Anm. 1). Damit wird ein psychologisches, aber auch ein rechtliches Ziel verfolgt: Mit der Anerkennung des niedergelegten Verhandlungsstandes wird es für die Parteien bereits faktisch deutlich schwieriger, ihre Positionen im Laufe der weiteren Verhandlungen noch einmal zu ändern. Rechtlich beschränken die Parteien damit die möglichen Begründungen für eine einseitige Aufgabe der weiteren Verhandlungen; denn werden diese wegen eines Positionswechsels (entgegen dem niedergelegten Verhandlungsstand) nicht weitergeführt, drohen **Schadensersatzansprüche** aus culpa in contrahendo (s. unten Anm. 12). Je nach Intention bietet sich daher eine mehr oder minder detaillierte Fixierung des Erreichten an. Während etwa die Präambel des Form. und § 1 Abs. 1 noch relativ unbestimmt formuliert sind, gehen § 1 Abs. 2 bis 4 und insbesondere § 2 des Form. weit mehr ins Detail. Die Parteien werden jeweils abwägen, wie feststehend die bisherigen Verhandlungsergebnisse sind und wie sehr sie sich selbst damit binden wollen.

7. Vorleistungen. Nimmt der Letter of Intent bestimmte Vorleistungen der Parteien auf, die diese während des weiteren Laufs der Verhandlungen erbringen sollen, so handelt es sich hierbei um **echte vertragliche Verpflichtungen** im Vorfeld des Hauptvertrages (s. *Lutter*, Der Letter of Intent, 3. Aufl., S. 39 ff.; MünchKomm/*Kramer*, BGB, 3. Aufl., Vor § 145 Rdn. 34). Der Letter of Intent hat insoweit den Charakter eines selbständigen Vertrages. Entsprechend sorgfältig sollten die Regelungen ausfallen. Neben einer klar umrissenen Beschreibung der Leistungspflichten (welche Vorleistung ist von wem wann zu erbringen?) geht es hierbei auch um angemessene Vergütungsregelungen.

Im Form. enthält § 3 Vorleistungsverpflichtungen. Der deutsche Hersteller soll den singapurischen Partnern Produktinformationen zur Verfügung stellen, damit diese die Marktchancen des Vertragsproduktes und notwendige Anpassungsmaßnahmen beurteilen können. Er wird Mitarbeiter der Partner für eine gewisse Zeit bei sich aufnehmen und die Aufenthaltskosten übernehmen (§ 3 Abs 2 und 3 des Form.). Die Partner wiederum haben es übernommen, die Reisekosten zu tragen und eine Machbarkeitsstudie zu erarbeiten (§ 3 Abs. 4 des Form.). Die wechselseitigen Leistungen werden bei einem Scheitern der weiteren Verhandlungen pauschal vergütet (§ 7 Abs. 3 des Form.); ansonsten bleiben sie unbezahlt.

8. Fortgang der Verhandlungen. Regelmäßig enthält der Letter of Intent Aussagen dazu, wie die Vertragsverhandlungen weitergeführt werden sollen. Bereits aus der Beschreibung des Verhandlungsstandes wird sich meist ergeben, welche Bereiche des Geschäftes noch nicht behandelt sind. Soweit es der Verhandlungsstand zuläßt, kann es auch sinnvoll sein, die offenen Fragen ausdrücklich zu benennen (*„list of open issues"*). Insoweit dominiert die **psychologische Komponente** des Letter of Intent: Die Parteien treiben sich gegenseitig an, die nicht geklärten Punkte offensiv anzugehen. Vernünftig ist meist auch die Aufstellung eines Zeitplanes (s. § 4 des Form.), vor allem wenn Vorleistungen vereinbart sind. Wenn die Fortsetzung der Verhandlungen von weiteren Prüfungen der Parteien, die technischer, finanzieller oder marktorientierter Art sein können (z. B. Bodenuntersuchung, Marktstudie, Investitionsrechnung), abhängig ist, sollte der mögliche Einfluß des Ergebnisses der Prüfung auf die Vertragsverhandlungen geklärt werden. Dies kann dadurch geschehen, daß den Parteien das Recht zur für sie **folgenlosen Aufsage** des beabsichtigten Geschäftes eingeräumt wird, wenn bestimmte (insbesondere quantifizierbare) Ergebnisse nicht erreicht werden. Die Regelung des § 4 Abs. 2 des Form. geht im Hinblick auf die vereinbarte Machbarkeitsstudie einen anderen Weg, indem sie deren Bewertung in das Ermessen der Parteien stellt und diesen damit vollkommene Abschlußfreiheit (und ein Schlupfloch) bewahrt.

9. Vertraulichkeitsvereinbarung. Fast immer nehmen die Verhandlungspartner eine Geheimhaltungsabrede in den Letter of Intent auf (§ 5 des Form.). Auch hierbei handelt es sich wie bei den Vorleistungen um eine vom Hauptvertrag unabhängige **eigenständige vertragliche Verpflichtung**, die ihren Grund allein in dem Letter of Intent findet. Sie ist von großer praktischer Bedeutung, denn die Verhandlung komplexerer Geschäfte ist häufig mit einem gewissen Know-how-Transfer verbunden. Dabei sind manche Geschäftsarten besonders gefahrgeneigt, wie z. B. die Verhandlung von Vertriebs-, Joint Venture- oder Lizenzverträgen. Bei diesen wird daher oft auch eine eigenständige Geheimhaltungsvereinbarung in Betracht kommen (vgl. Form. I. 2), vor allem dann, wenn die eigentlichen Verhandlungen noch gar nicht begonnen haben und für eine Zusammenfassung des Verhandlungsstandes deshalb kein Raum ist.

Die Vertraulichkeitsvereinbarung als einer der Kernpunkte des Letter of Intent sollte **möglichst detailliert** sein und die Art von Informationen, um deren Geheimhaltung es geht, exakt bezeichnen. Bei grenzüberschreitenden Verhandlungen sollten die verwendeten Begriffe aus der Sicht aller beteiligten Rechtsordnungen verständlich sein. Der Grund hierfür liegt darin, daß bei Geheimhaltungsverletzungen die betroffene Partei sich nur dann wirksam wehren kann, wenn sie in der Lage ist, am Ort der Verletzungshandlung selbst gerichtliche Hilfe (**einstweiligen Rechtsschutz**) in Anspruch zu nehmen. Maßnahmen einstweiligen Rechtsschutzes werden durch die getroffene Gerichtsstandsvereinbarung grundsätzlich nicht gehindert. Eine preliminary injunction gegen den Verletzer wird ein ausländisches Gericht auf der Basis des Letter of Intent aber nur erlassen, wenn die Regelung eindeutig und dem Richter verständlich ist. Auf die Rechtsbegriffe der Rechtsordnung des Verhandlungspartners muß daher Rücksicht genommen werden.

Dennoch helfen gerichtliche Unterlassungsverfügungen nur beschränkt, weil der Geheimhaltungsverstoß schon stattgefunden hat und nicht mehr rückgängig gemacht werden kann. Eine Kompensation von erlittenen Schäden ist meist nicht möglich, weil der Verletzte einen konkreten Schadensnachweis nicht führen kann. Aus diesem Grunde ist die Aufnahme einer **Vertragsstrafenregelung** überlegenswert. Nach dem anwendbaren deutschen Recht ist die Vereinbarung einer Vertragsstrafe zulässig (§§ 339 ff. BGB); in ausländischen Rechtsordnungen vor allem des anglo-amerikanischen Rechtskreises gibt es gelegentlich Schwierigkeiten. Man kann dort auf die Konstruktion eines **pauschalierten Schadensersatzes** ausweichen (so in § 5 Abs. 1 des Form. vorgesehen). Abgesehen von rechtlichen Überlegungen scheitert die Vertragsstrafenregelung bei ausländischen Partnern allerdings in der Praxis oft an mangelnder Akzeptanz und Vermittelbarkeit.

10. Exklusivität. Häufig wird mit einem Letter of Intent die Absicht verbunden, den Verhandlungspartner von **Parallelverhandlungen** mit Dritten abzuhalten. Hierzu genügt oft schon die Dokumentation des erreichten Verhandlungsstandes und des Willens, die Verhandlungen fortzusetzen. Beides gibt dem Partner das Gefühl, wesentliche Fortschritte erreicht zu haben und auf dem richtigen Wege zum Ziel zu sein, was Parallelverhandlungen unnötig macht. Je nach Umfang der geschaffenen Vertrauenslage muß der Partner bei Aufnahme von Parallelverhandlungen auch **Schadensersatzansprüche aus culpa in contrahendo** (hierzu unten Anm. 12) befürchten. Einen Schritt weiter geht § 6 des Form., der die ausdrückliche Verpflichtung der Parteien enthält, bis zu einer förmlichen Aufsage der Verhandlungen (§ 7 Abs. 1 des Form.) keine Gespräche über denselben Gegenstand mit Dritten zu führen. Eine solche Regelung ist bei sensitiven Verhandlungsgegenständen und/oder erheblichen, nicht extra vergüteten Vorleistungen zu empfehlen. Ein Verstoß hiergegen stellt eine **positive Forderungsverletzung** dar und führt damit zu entsprechenden vertraglichen Schadensersatzansprüchen des Verletzten, ohne

1. Letter of Intent (Absichtserklärung) I.1

daß es eines Rückgriffes auf das Rechtsinstitut der culpa in contrahendo bedürfte. Der Schaden wird regelmäßig in den Aufwendungen liegen, die der Verletzte im Vertrauen auf die Exklusivität der Verhandlungen getätigt hat. Der Ersatz des positiven Interesses am Abschluß des Hauptvertrages wird dagegen nur in Betracht kommen, wenn die Exklusivitätsvereinbarung in Wahrheit bereits eine Abschlußverpflichtung i.S. eines Vorvertrages enthielt. Ob sie so gemeint war, muß die Auslegung des Vereinbarungstextes ergeben.

11. Bindungswirkung. Die Bindungswirkung der getroffenen Abreden ist ein zentraler Problembereich des Letter of Intent (s. *Blaurock* ZHR 147 (1983), 334, 337; *Lutter,* Der Letter of Intent, 3. Aufl., S. 19 ff.; vgl. oben Anm. 1). Zu unterscheiden sind **mehrere Ebenen:** Vereinbarungen über zu erbringende **Vorleistungen** (oben Anm. 7) enthalten in der Regel (wechselseitig) bindende Verpflichtungen, die mit ihrer Erfüllung erledigt sind. In den Letter of Intent aufgenommene **Unterlassungspflichten** (z.B. Geheimhaltung, Exklusivität) werden im Regelfall ebenfalls bindenden Charakter haben, da ihre Vereinbarung ansonsten wenig Sinn machen würde. Allerdings bedarf die zeitliche Erstreckung solcher Verpflichtungen genauerer Überlegung. Eine Pflicht zur Geheimhaltung wird nach dem Willen der Parteien auf unbestimmte Dauer bzw. bis zum Offenkundigwerden der betreffenden Informationen Geltung beanspruchen. Eine Exklusivitätsvereinbarung dagegen benötigt naturgemäß eine von den Parteien zu setzende zeitliche Grenze (z.B. förmliche Aufsage der weiteren Verhandlungen, vgl. § 6 des Form.). Bleibt noch der **Abschluß des Hauptvertrages:** Diesbezüglich besteht im typischen Fall keine bindende Verpflichtung der Parteien (vgl. *Lutter,* Der Letter of Intent, 3. Aufl. S. 35 f.; *Blaurock* ZHR 147 (1983), 334, 338; MünchKomm/*Kramer,* BGB, 3. Aufl., Vor § 145 Rdn. 34; *Staudinger/Dilcher,* BGB, 12. Aufl., Vorbem. zu §§ 145 ff., Rdn. 30; *Weber* JuS 1990, 249, 252); diese behalten vielmehr – im Rahmen möglicher Ansprüche auf Ersatz des Vertrauensschadens (s. Anm. 12) – ihre volle Abschlußfreiheit. Ein hiervon abweichender Wille der Parteien (i.S. eines Vorvertrages) müßte sich deutlich aus dem Wortlaut des Letter of Intent ergeben.

Die Regelung des Form. folgt der beschriebenen Differenzierung. § 7 Abs. 1 des Form. stellt klar, daß keine Verpflichtung zum Abschluß des Hauptvertrages besteht. Die Parteien können sich vielmehr von der Fortsetzung der Verhandlungen ohne Angabe von Gründen lossagen, wobei die entsprechende Erklärung einer der drei Parteien (außer derjenigen des Herrn C) genügt, um die Verhandlungen insgesamt zu beenden. § 7 Abs. 2 des Form. benennt die fortgeltenden und die Parteien auch nach Beendigung der Verhandlungen weiterhin bindenden Regelungen (Geheimhaltungsverpflichtung, finanzieller Ausgleich, Kostentragung, anwendbares Recht und Gerichtsstand). Die zeitliche Schranke der Exklusivitätsvereinbarung ergibt sich aus §§ 6, 7 Abs. 1 des Form.: Das der förmlichen Verhandlungsaufsage folgende Monatsende ist maßgeblich.

12. Haftung. a) Überblick. Die mögliche wechselseitige Haftung der Verhandlungspartner aus dem Letter of Intent hängt zunächst eng mit der Frage nach dem Rechtsbindungswillen zusammen (oben Anm. 11). Soweit bindende Verpflichtungen bestehen (z.B. Vorleistungen, Vertraulichkeit) begründet deren Verletzung Schadensersatzansprüche des anderen Teils aus positiver Forderungsverletzung. Aber auch außerhalb vertraglicher Absprachen können sich Schadensersatzansprüche ergeben. Der Letter of Intent schafft, auch ohne daß vorvertragliche Abschlußpflichten begründet werden, ein **verdichtetes Rechtsverhältnis** (*Blaurock* ZHR 147 (1983), 334, 337) i.S. eines gesetzlichen Schuldverhältnisses, aus dem sich **Verhaltenspflichten der Verhandlungspartner** ergeben. Deren Verletzung begründet eine Haftung aus culpa in contrahendo (*Lutter,* Der Letter of Intent, 3. Aufl. S. 65 ff.; MünchKomm/*Kramer,* BGB, 3. Aufl., Vor § 145 Rdn. 34; *Hertel* BB 1983, 1824, 1826; *K. Schmidt,* Handelsrecht, 4. Aufl., S. 609; näher hierzu im folgenden). Daneben können im Einzelfall Ansprüche aus Geschäftsführung ohne Auftrag oder nach Bereicherungsrecht bestehen (vgl. *Lutter,* Der Letter of Intent,

3. Aufl. S. 53 ff., 94 ff.; *Hertel* BB 1983, 1824, 1826). Zur Frage des anwendbaren Rechtes s. oben Anm. 4.

b) **Culpa in contrahendo.** Das sich aus der Vertragsanbahnung ergebende gesetzliche Schuldverhältnis erzeugt **gegenseitige Schutz- und Treuepflichten** der Verhandlungspartner. Diese sind im Falle des Letter of Intent, der das bestehende Verhandlungsverhältnis gewissermaßen „formalisiert" und das gegenseitige Vertrauen erhöht, tendenziell von gesteigerter Intensität. Zu den Pflichten der Verhandlungspartner gehört es danach insbesondere, den Abschluß des Hauptvertrages nach Kräften zu fördern, den Partner vor Schäden im Zusammenhang mit den Verhandlungen zu bewahren und ihn über Umstände, die für ihn erkennbar von Bedeutung sind, aufzuklären (vgl. etwa *Staudinger/Dilcher,* BGB, 12. Aufl., Vorbem zu §§ 145 ff. Rdn. 34 ff.). Eine Verletzung dieser Pflichten kann etwa darin liegen, daß der eine Partner dem anderen seine Erkenntnisse über Schwierigkeiten mit dem ins Auge gefaßten Projekt nicht mitteilt, Parallelverhandlungen mit Dritten führt, obwohl er den Eindruck exklusiver Verhandlungen erweckte (hierzu oben Anm. 10), den Abschluß des Hauptvertrages nicht mehr ernsthaft verfolgt und insbesondere die Verhandlungen ohne hinreichenden Grund abbricht (vgl. hierzu z. B. BGH NJW 1975, 1774; *Staudinger/Dilcher,* BGB, 12. Aufl., Vorbem zu §§ 145 ff., Rdn. 34 mwN). Gerade der letzte Fall ist von besonderer praktischer Bedeutung: Der Letter of Intent erweckt in aller Regel bei den Partnern ein weitreichendes **Vertrauen auf das Zustandekommen des Hauptvertrages.** Kommt dieser nicht zum Abschluß, weil einer der Verhandlungspartner von den im Letter of Intent getroffenen Festlegungen nichts mehr wissen will, wird das Vertrauen des anderen Partners enttäuscht. Hieraus ergibt sich der Anspruch aus culpa in contrahendo. Etwas anderes gilt dann, wenn eine Einigung über die in dem Letter of Intent ausdrücklich offengehaltenen oder sich aus dem Gesamtzusammenhang heraus noch als offen ergebenden Punkte nicht erzielt werden kann oder aber objektive Hinderungsgründe (z. B. ungeeigneter Standort, Im- oder Exportbeschränkungen) das Projekt scheitern lassen. Letzterenfalls droht demjenigen Verhandlungspartner wiederum die Haftung, der von solchen Hinderungsgründen Kenntnis hat, sie aber nicht offenbart.

Schadensersatzansprüche aus culpa in contrahendo sind grundsätzlich auf das **negative Interesse** gerichtet (s. etwa *Blaurock* ZHR 147 (1983), 334, 337). Hieraus folgt, daß der Verletzer der beschriebenen Schutz- und Treuepflichten dem Verhandlungspartner die Aufwendungen zu ersetzen hat, die dieser im Vertrauen auf das Zustandekommen des Hauptvertrages tätigte. Hierzu können die Kosten nicht ausdrücklich vergütungspflichtiger Vorleistungen, Beratungskosten, Reisekosten und eigener Zeitaufwand gehören. In der Regel (mangels anderweitiger Absprachen im Letter of Intent) nicht ersatzfähig ist der Schaden, der dem Verhandlungspartner daraus entsteht, daß der Hauptvertrag nicht zum Abschluß kommt (entgangener Gewinn etc.).

c) **Regelungen im Letter of Intent.** Aus der beschriebenen Rechtslage folgt, daß das Haftungsrisiko der Verhandlungspartner wesentlich von der Gestaltung des Letter of Intent abhängt. Eine vertragliche Haftung kann nur dann entstehen, wenn der Letter of Intent bindende vertragliche Absprachen enthält. Ist dies der Fall, kann das Risiko, falls gewünscht, mit vertraglichen Haftungsbeschränkungsklauseln (z. B. keine Haftung für entgangenen Gewinn oder Produktionsausfall, Haftung nur bei grober Fahrlässigkeit, betragsmäßige Höchstgrenze) begrenzt werden. Die Haftung aus culpa in contrahendo basiert auf Vertrauen, welches durch die textliche Gestaltung des Letter of Intent **abgeschwächt** oder **verstärkt** werden kann. Je präziser das bisher erreichte Verhandlungsergebnis beschrieben wird, desto höher ist das Risiko für die Partei, die sich lösen möchte. Je mehr offene Punkte es gibt und je stärker die Abschlußfreiheit der Parteien betont wird, desto geringer ist deren Risiko. Im übrigen kann der Letter of Intent auch zu Ansprüchen aus culpa in contrahendo (oder aus anderen Rechtsgründen) Haftungsbeschränkungsklauseln enthalten. In Betracht kommen werden hier vor allem betragsmäßige Beschränkungen.

2. Non-Disclosure Agreement (Geheimhaltungsvereinbarung)   I. 2

Das Form. wählt in § 7 Abs. 3 den Weg einer zwingenden **pauschalen Abgeltung** voraussehbarer Vertrauensschäden (Vergütung erbrachter Vorleistungen). Einzige Voraussetzung ist die Aufsage der Verhandlungen; auf die Gründe kommt es nicht an. Der Anspruch nach § 7 Abs. 3 des Form. besteht daher auch dann, wenn gar keine Verletzung der Abschlußförderungspflicht vorliegt. **Weitergehende Ansprüche**, etwa aus culpa in contrahendo, werden ausdrücklich vorbehalten. Das Risiko solcher Ansprüche ist allerdings nach der Konzeption des Form. nicht allzu hoch. §§ 4 Abs. 2 und 7 Abs. 1 betonen die Ausstiegsmöglichkeiten der Parteien, so daß die Reichweite ihres möglichen Vertrauens auf den Abschluß des Joint Venture Agreement von vornherein beschränkt ist. Im Falle des Ausstiegs sind erbrachte Vorleistungen pauschal zu vergüten, so daß auch weitergehende Schäden eher unwahrscheinlich sind.

13. Gerichtsstandsklausel. Die Gerichtsstandsklausel des § 10 Abs. 2 des Form. soll dem deutschen Partner ein ausländisches Forum ersparen und im übrigen die Anwendung der Rechtswahlklausel sicherstellen. Aus der Sicht eines deutschen Gerichtes würde sie akzeptiert (Art. 27 Abs. 1 EGBGB); ob dies auch in einem ausländischen Forum der Fall ist, muß im Einzelfall geprüft werden (vgl. dazu näher Form. II. 3 Anm. 24). Der Vorbehalt der Klagemöglichkeit am Sitz des Beklagten wird relevant, wenn ein im vereinbarten Gerichtsstand ergangenes Urteil nicht ohne weiteres im Sitzstaat des Beklagten anerkannt und vollstreckt würde.

14. Sonstiges. Die **Kostenregelung** des § 8 des Form. ergänzt die sonstigen Regelungen zur Vergütung und Kostenübernahme in dem Letter of Intent (§§ 3 Abs. 3 und 7 Abs. 3 des Form.). Sie besagt, daß über diese Bestimmungen hinaus die Parteien die jeweils bei ihnen anfallenden Kosten selbst tragen. Ansprüche auf Ersatz von Kosten als Vertrauensschäden sind wegen des Verweises auf § 7 Abs. 3 des Form. nicht ausgeschlossen. – Die Regelung zu **Mitteilungen und Zustellungen** (§ 9 des Form.) ist nützlich, weil sie den Parteien jeweils die Pflicht auferlegt, eingetretene Adressänderungen mitzuteilen oder zumindest geeignete Vorkehrungen dafür zu treffen, daß Zustellungen sie dennoch erreichen. Eine Verletzung dieser Pflichten kann Schadensersatzansprüche auslösen oder auch die Annahme einer Zustellungsfiktion rechtfertigen.

2. Non-Disclosure Agreement[1,2]

(Geheimhaltungsvereinbarung)

By and between
A
Germany
                                                    (hereinafter referred to as „A")[3]
and
B
United States of America
                                                    (hereinafter referred to as „B")

Whereas[4], A is designing and manufacturing machines to produce packaging devices and distributes such machines throughout the European market;
Whereas, B is a manufacturer of assembly lines in the United States and desires to add machines for packaging devices to its line of products;
Whereas, A is the owner of secret know-how for the manufacture of machines for packaging devices;

Whereas, in extending its product line to machines for packaging devices, B wants to make use of the secret know-how of A;

Whereas, the Parties have entered into a letter of intent on May 1, 2000, which letter of intent foresees that A shall make available to B information, including secret know-how, for evaluation of the further relationship of the Parties;

Whereas, the Parties have agreed that before such secret know-how is made available, a non-disclosure agreement has to be entered into;

Now, therefore, the Parties agree as follows:

Article 1. Definitions[5]

1. „Affiliated Companies" means companies as defined in Section 15 et subseq. of the German Code on Share Companies (Aktiengesetz)[6], which are in existence as affiliated companies at the time of entering into this Agreement.
2. „Know-how" means the secret know-how of A on the Technology and any related know-how of A, regardless of the means of fixation, provided, however, that the know-how of A in connection with the design and manufacture of small sized packaging devices („series 173 B") shall not be covered by this Agreement[7].
3. „Letter of Intent" means the letter of intent entered into between the Parties on May 1, 2000 covering the basic understanding of a possible licensing relationship between the Parties.
4. „Technology" means the design and manufacture of machines for packaging devices to be used for fastening of straps, made from various materials, around boxes[8].

Article 2. Access to know-how

1. A is the owner of the know-how to which B desires to obtain access[9]. B declares that at the time of entering into this Agreement it does not have any knowledge, secret or otherwise, on the Technology, but wants to obtain such knowledge from A[10].
2. To enable B to evaluate the Technology before entering into a license agreement with A, A shall make available the know-how to B[11].
3. A shall also make available any further know-how which might be developed by A relating to the Technology until a license agreement is entered into or until the Parties have declared their negotiations to have ended, as set forth in the Letter of Intent[12].
4. To have B acceed to the know-how, A shall at the premises of A make available to B all documentation relating to the know-how. Furthermore, A shall have such employees of A available to B which are knowledgeable on the know-how. B shall not be entitled to make any copies of the documentation nor shall B be entitled to request any additional documentation to be prepared for its evaluation[13].

Article 3. Secrecy Obligation

1. B shall keep all know-how of A confidential and shall provide the necessary means to prevent unauthorized disclosure of the know-how[14].
2. B shall allow access to the know-how only to those employees who have signed a secrecy obligation in the form as set forth in Annex 1 to this Agreement before they gain access to the know-how. The originals of such signed secrecy obligations shall be forwarded to A. For the purpose of this Agreement, the term „B" does also include any and all employees of B gaining access to the know-how[15].
3. Subject to the secrecy obligation is the know-how, including but not limited to, all documents, material, drawings, data, articles etc. which already have been or will be provided to B or of which B gains knowledge of otherwise. Verbal explanations by the employees of A in regard of the know-how are also included in the secrecy obliga-

2. Non-Disclosure Agreement (Geheimhaltungsvereinbarung) I. 2

tion. This secrecy obligation also extends to any further know-how which may be developed by A according to Article 2 paragraph 3.[16]
4. Notwithstanding B's evaluation of the Technology, B shall not use the know-how for its own or third Parties' purposes and shall not file for any intellectual right protection for the know-how, or parts of it.[17]
5. For each single case of violation of this secrecy obligation B shall pay a penalty of DM 50.000.– which shall not be accounted to any damages suffered by A as a result of such violation.[18]
6. The secrecy obligation does not apply to any know-how which at the time of access by B is already in the possession of B, is developed by B independently of such access, is disclosed to B by a third party without breach of any secrecy obligation of such third party, or is part of the public domain at the time of access. B has the burden of proof that any of such exceptions apply.[19]

Article 4. Affiliated Companies[20]

1. To the extent necessary for evaluating the Technology, the Affiliated Companies of B may gain access to the know-how under the terms and conditions of this Agreement, which apply mutatis mutandis.
2. The secrecy obligation set forth in this Agreement does also apply to the Affiliated Companies of B. B will impose the secrecy obligation to any Affiliated Company that will come in contact with the know-how. B warrants that the Affiliated Companies of B will fulfill the terms and conditions of this Agreement.
3. B agrees to hold A harmless (as set forth in Article 6) from any violation of the secrecy obligation on the side of such Affiliated Companies.

Article 5. No Further Rights[21]

B acknowledges that nothing contained in this Agreement is intended or shall be construed to convey to B any rights or license under the know-how or any intellectual property rights of A.

Article 6. Reimbursement[22]

B shall hold A harmless from any damages, costs or expenses incurred (including court costs and reasonable attorney's fees) in case of a violation of the secrecy obligation. This obligation is also applicable to any breach of the secrecy agreement by any of the employees of B.

Article 7. Governing Law and Jurisdiction[23]

1. This Agreement shall be governed by and construed in accordance with the laws of the Federal Republic of Germany.
2. Any dispute arising out of or in connection with this Agreement shall be exclusively adjudicated by the Landgericht Frankfurt am Main.

Article 8. Severability

In case one or more of the provisions contained in this Agreement should be or become fully or in part invalid, illegal or unenforceable in any respect under any applicable law, the validity, legality, and enforceability of the remaining provisions of this Agreement shall not in any way be affected or impaired. Any provision which is fully or in part invalid, illegal or unenforceable shall be replaced by a provision which best meets the purpose of the replaced provision; the same applies in case of an omission.

Article 9. Term of this Agreement[24]

1. The Parties agree that this Agreement is concluded for a term of 6 months.
2. At the expiration of this term this Agreement shall be extended for an additional 6 months if not terminated in writing by one of the Parties with one month notice to the end of the initial term.
3. This Agreement automatically terminates if the Letter of Intent is terminated.

Article 10. Survival[25]

The secrecy obligation imposed on B under this Agreement shall survive the expiration or termination of this Agreement and shall remain binding as long as the know-how has not become part of the public domain, for which B has the burden of proof.

Article 11. Language, Amendments

1. This Agreement has been drawn up in the English language. Any German translation is made available for reading purposes only and the English version prevails in case of any discrepancies in the wording.[26]
2. All amendments to this Agreement shall be made in writing and shall be signed by the Parties[27]. This also applies to an amendment of this form requirement.

Date: .... Date: ....
....
A   B

Annex 1. Secrecy Obligation[15]

The undersigning ......, employee of B („the Employee"), declares that he/she is aware of the secrecy obligation of B under the Non-Disclosure Agreement with A.

By signing this secrecy obligation, the Employee obliges himself/herself to keep the know-how of A confidential and to prevent unauthorized disclosure of the know-how.

The Employee is also bound by this secrecy obligation after leaving the employment of B as long as the know-how remains secret.

Date:
....
Employee

Übersetzung

Geheimhaltungsvereinbarung*

zwischen
A
Deutschland

– im folgenden „A" –

und
B
Vereinigte Staaten von Amerika

– im folgenden „B" –

Präambel

A entwickelt und produziert Maschinen zur Herstellung von Verpackungsgeräten und vertreibt diese Geräte innerhalb des Europäischen Marktes.

---

* Diese Übersetzung dient ausschließlich dem besseren Verständnis des englischen Originals; sie erhebt keinen Anspruch auf Verbindlichkeit.

2. Non-Disclosure Agreement (Geheimhaltungsvereinbarung)   I. 2

B ist Hersteller von Fabrikationsstraßen in den USA und beabsichtigt, seiner Produktpalette Herstellungsmaschinen für Verpackungsgeräte beizufügen.

A ist der Inhaber von geheimem Know-how für die Produktion von Maschinen zur Herstellung von Verpackungsgeräten.

B wünscht, das geheime Know-how von A zu nutzen, um seine Produktpalette um Maschinen für Verpackungsgeräte zu erweitern.

Die Parteien haben am 1. Mai 2000 eine Absichtserklärung abgeschlossen, die vorsieht, daß B von A Informationen (einschließlich des geheimen Know-hows) zugänglich gemacht werden, um so eine Einschätzung der zukünftigen Beziehung zwischen den Parteien zu ermöglichen.

Die Parteien sind sich darin einig, daß eine Geheimhaltungsvereinbarung abgeschlossen werden soll, bevor das geheime Know-how zur Verfügung gestellt wird.

Die Parteien vereinbaren daher folgendes:

Artikel 1. Definitionen

1. „Verbundene Unternehmen" bedeutet Unternehmen im Sinne von §§ 15 ff Aktiengesetz, die zum Zeitpunkt des Vertragsschlusses als verbundene Unternehmen existieren.
2. „Know-how" bedeutet das geheime Know-how von A über die Technologie und das dazugehörige Know-how, unabhängig von dessen Verkörperung. Der Begriff schließt allerdings nicht das Know-how von A zur Entwicklung und Herstellung von kleinen Verpackungsgeräten („Serie 173 B") ein, das von diesem Vertrag nicht erfaßt wird.
3. „Absichtserklärung" bedeutet die Absichtserklärung, die am 1. Mai 2000 von den Parteien unterzeichnet wurde und die das grundlegende Verständnis einer möglichen Lizenzvereinbarung zwischen den Parteien enthält.
4. „Technologie" bedeutet die Entwicklung und Herstellung von Maschinen für Verpackungsgeräte, die zum Befestigen von Bändern (aus den verschiedensten Materialien) um Kartons verwendet werden.

Artikel 2. Zugang zum Know-how

1. A ist der Inhaber des Know-hows, zu dem B Zugang erhalten möchte. B erklärt, daß B zum Zeitpunkt des Vertragsabschlusses selbst über die Technologie keine Kenntnisse, seien diese geheim oder nicht, besitzt, sondern diese Kenntnisse von A erhalten möchte.
2. Um B zu ermöglichen, vor Abschluß des Lizenzvertrages mit A die Technologie zu überprüfen, stellt A das Know-how B zur Verfügung.
3. A wird darüber hinaus zusätzliches Know-how zur Verfügung stellen, das von A in Bezug auf die Technologie bis zum Abschluß eines Lizenzvertrages noch entwickelt wird, oder bis zu dem Zeitpunkt, zu dem die Parteien ihre Verhandlungen als beendet erklärt haben, wie dies in der Absichtserklärung vorgesehen ist.
4. Um B den Zugang zum Know-how zu ermöglichen, wird A in seinem Geschäftslokal B die Dokumentation zur Verfügung stellen, die sich auf das Know-how bezieht. Weiterhin wird A die Arbeitnehmer von A bereithalten, die Kenntnisse über das Know-how besitzen. B ist weder berechtigt, Kopien der Dokumentation anzufertigen, noch hat B einen Anspruch darauf, daß zusätzliches Material für die Überprüfung hergestellt wird.

Artikel 3. Geheimhaltungsverpflichtung

1. B verpflichtet sich, das Know-how von A geheimzuhalten. Dazu wird B die erforderlichen Schritte unternehmen, um eine unzulässige Offenlegung des Know-hows zu verhindern.

2. B darf das Know-how nur den Arbeitnehmern zugänglich machen, die eine Geheimhaltungsvereinbarung gemäß dem Muster in Anlage 1 unterzeichnet haben, bevor sie Zugang zum Know-how erhalten. Die Originale der unterschriebenen Geheimhaltungserklärungen sind A zur Verfügung zu stellen. Für die Zwecke dieses Vertrages umfaßt der Begriff „B" auch die Arbeitnehmer von B, die Zugang zum Know-how erhalten.
3. Die Geheimhaltungsverpflichtung umfaßt das Know-how, einschließlich aller Dokumente, Materialien, Zeichnungen, Daten und Artikel, die B bereits zur Verfügung gestellt wurden oder noch werden oder von denen B auf andere Art und Weise Kenntnis erlangt. Mündliche Erklärungen durch die Arbeitnehmer von A im Hinblick auf das Know-how werden von der Geheimhaltungsverpflichtung ebenso erfaßt. Diese Geheimhaltungsverpflichtung erstreckt sich auch auf alles zusätzliche Know-how, das von A noch entsprechend Artikel 2 Nr. 3 entwickelt wird.
4. Abgesehen von der Überprüfung der Technologie ist B nicht berechtigt, das Know-how für eigene Zwecke oder die Zwecke Dritter zu nutzen. Ebenso ist es B untersagt, für das Know-how oder Teile davon gewerbliche Schutzrechte anzumelden.
5. Für jeden einzelnen Fall der Verletzung der Geheimhaltungsabrede verpflichtet sich B zur Zahlung einer Vertragsstrafe von DM 50 000, die auf etwaige Schäden, die A als Folge der Verletzung der Geheimhaltungsabrede erleidet, nicht angerechnet wird.
6. Die Geheimhaltungsabsprache erfaßt nicht solches Know-how, das sich zum Zeitpunkt der Zurverfügungstellung bereits im Besitz von B befindet, von B unabhängig entwickelt wird, B von dritter Seite ohne Bruch einer Geheimhaltungsabrede zur Verfügung gestellt wird, oder bereits offenkundig ist. B trägt die Beweislast für das Vorliegen dieser Ausnahmen.

Artikel 4. Verbundene Unternehmen

1. Soweit dies zur Überprüfung der Technologie erforderlich ist, darf B auch verbundenen Unternehmen entsprechend den Bedingungen dieses Vertrages Zugang zum Know-how verschaffen.
2. Die in diesem Vertrag enthaltene Geheimhaltungsverpflichtung gilt auch für verbundene Unternehmen von B. B verpflichtet sich, diese Geheimhaltungsverpflichtung allen verbundenen Unternehmen aufzuerlegen, die Zugang zum Know-how erhalten. B sichert zu, daß die verbundenen Unternehmen von B die Bestimmungen dieses Vertrages einhalten werden.
3. B verpflichtet sich, A (wie in Artikel 6 vorgesehen) für etwaige Verletzungen der Geheimhaltungsverpflichtung auf seiten der verbundenen Unternehmen schadlos zu halten.

Artikel 5. Keine weitere Rechtseinräumung

B erkennt an, daß diese Vereinbarung weder beabsichtigt noch dahin ausgelegt werden kann, daß B irgendwelche Rechte oder eine Lizenz an dem Know-how oder anderen gewerblichen Schutzrechten von A eingeräumt wird.

Artikel 6. Freistellung

B wird A von allen Schadensersatzansprüchen oder Kosten freistellen (einschließlich Gerichtsgebühren und angemessenen Anwaltsgebühren), die sich aus einer Verletzung der Geheimhaltungsvereinbarung ergeben. Diese Verpflichtung erstreckt sich auch auf eine etwaige Verletzung der Geheimhaltungsvereinbarung durch die Arbeitnehmer von B.

Artikel 7. Anwendbares Recht und Gerichtsstand

1. Dieser Vertrag unterliegt dem Recht der Bundesrepublik Deutschland.
2. Alle Streitigkeiten aus oder im Zusammenhang mit diesem Vertrag werden der ausschließlichen Zuständigkeit des Landgerichtes Frankfurt am Main unterstellt.

2. Non-Disclosure Agreement (Geheimhaltungsvereinbarung)

Artikel 8. Salvatorische Klausel

Falls eine oder mehrere Vorschriften dieses Vertrages ganz oder teilweise unwirksam sind oder werden, ist die Wirksamkeit der übrigen Bestimmungen dieses Vertrages davon nicht beeinflußt. Eine entsprechend unwirksame Klausel wird durch eine Klausel ersetzt werden, die dem Zweck der unwirksamen Bestimmung am nächsten kommt; dasselbe gilt im Fall einer Lücke.

Artikel 9. Laufzeit

1. Die Parteien vereinbaren, daß dieser Vertrag eine Laufzeit von 6 Monaten hat.
2. Nach 6 Monaten verlängert sich dieser Vertrag um weitere 6 Monate, falls er nicht von einer der Parteien mit einmonatiger Kündigungsfrist schriftlich gekündigt wird.
3. Dieser Vertrag endet automatisch, sobald die Absichtserklärung gekündigt wird.

Artikel 10. Weitergeltung

Die Geheimhaltungsverpflichtung, die B in diesem Vertrag auferlegt wird, gilt auch nach Beendigung dieses Vertrages weiter, solange das Know-how nicht offenkundig geworden ist, wofür B die Beweislast trägt.

Artikel 11. Sprache des Vertrages und Ergänzungen

1. Dieser Vertrag wurde in englischer Sprache erstellt. Eine deutsche Übersetzung wird nur zu Verständniszwecken zur Verfügung gestellt. Sollte die deutsche Version einen anderen Inhalt haben, geht die englische Version vor.
2. Alle Ergänzungen zu diesem Vertrag müssen schriftlich erfolgen und von den Parteien unterzeichnet sein. Dies gilt auch für eine Änderung dieser Schriftformklausel.

Datum: .... Datum: ....

....
A B

Anlage 1. Geheimhaltungsverpflichtung

Der unterzeichnende ...., Arbeitnehmer von B (im folgenden „Arbeitnehmer") erklärt hiermit, daß er von der Geheimhaltungsverpflichtung von B unter dem Geheimhaltungsvertrag mit A Kenntnis genommen hat.

Durch Unterzeichnung dieser Geheimhaltungserklärung verpflichtet sich der Arbeitnehmer persönlich, das Know-how von A geheimzuhalten und jede nicht erlaubte Offenlegung des Know-hows zu verhindern.

Der Arbeitnehmer ist an diese Geheimhaltungserklärung auch nach Beendigung des Arbeitsverhältnisses mit B gebunden, solange das Know-how noch geheim ist.

Datum:
....
Arbeitnehmer

Übersicht

	Seite
1. Allgemeines	24
2. Sachverhalt	25
3. Vertragsparteien	25
4. Präambel	25
5. Definitionen	25
6. Verbundene Unternehmen	25
7. Know-how	26

	Seite
8. Technologie	26
9. Eigentümer	26
10. Kenntnisse des Know-how-Empfängers	26
11. Zweck	26
12. Weiterentwicklungen	26
13. Zugang zum Know-how	27
14. Geheimhaltungsverpflichtungen	27
15. Arbeitnehmer	27
16. Weiteres Know-how	27
17. Umfang der Nutzung	28
18. Vertragsstrafe	28
19. Grenzen der Geheimhaltungsverpflichtung	28
20. Verbundene Unternehmen	28
21. Nutzungsbeschränkung	29
22. Kostenerstattung	29
23. Anwendbares Recht und Zuständigkeit	29
24. Laufzeit	29
25. Dauer der Geheimhaltungspflicht	29
26. Sprachversionen	30
27. Vertragsänderung	30

Anmerkungen

1. Allgemeines. Das Non-Disclosure Agreement hat sich als Geheimhaltungsvereinbarung im internationalen Geschäftsverkehr zu einem Standardinstrument entwickelt. Auf diese Weise soll es den Parteien ermöglicht werden, Zugang zu geheimem Know-how zu erhalten. Der Hintergrund für diesen Wunsch beider Parteien kann sehr vielfältig sein. So kann es dem Know-how-Inhaber daran gelegen sein, einen Betriebsteil (oder das gesamte Unternehmen) zu verkaufen, ein Gemeinschaftsunternehmen mit der anderen Partei zu gründen, das Know-how selbst zu verkaufen oder daran eine Nutzungsberechtigung einzuräumen. In allen Fällen wird die andere Partei Wert darauf legen, vorab, d. h. noch vor Abschluß der entsprechenden Verträge, Zugang zu dem geheimen Wissen zu erlangen, um so abzuklären, ob das vom Inhaber des Wissens Behauptete tatsächlich vorliegt und inwieweit sich dieses Know-how für den interessierten Vertragspartner nutzen läßt.

Da auf der anderen Seite die „Verletzlichkeit" des Know-how-Inhabers evident ist, sobald er sein Know-how dem anderen zugänglich macht und auch zu diesem Zeitpunkt noch nicht abgesehen werden kann, ob es tatsächlich zu einem Vertragsschluß kommen wird, muß sich der Know-how-Inhaber schützen.

Der gesetzliche Geheimnisschutz, insbesondere §§ 17, 18 UWG (aber auch die strafrechtlichen Vorschriften, §§ 202a ff StGB) sind für den Know-how-Inhaber nicht ausreichend. Für die strafrechtlichen Regelungen, ebenso wie für § 17 UWG folgt dies schon daraus, daß es in der Regel an den tatbestandlichen Voraussetzungen hinsichtlich der Kenntniserlangung des geheimen Know-hows fehlen wird, da dieses, jedenfalls unter den üblichen Umständen, dem Vertragspartner vom Know-how-Inhaber offengelegt wird. Aber auch § 18 UWG, der davon ausgeht, daß die entsprechenden Unterlagen dem Vertragspartner vom Know-how-Inhaber selbst anvertraut wurden, reicht insoweit nicht. Dies schon deswegen nicht, weil § 18 UWG in seiner tatbestandsmäßigen Anwendbarkeit auf „Vorlagen oder Vorschriften technischer Art" begrenzt ist (zum strafrechtlichen Schutz des Know-hows vergleiche allgemein *Lampe*, Der strafrechtliche Schutz des Know-how gegen Veruntreuung durch den Vertragspartner (§§ 18, 20 UWG), BB 77, 1477 ff.).

Das Non-Disclosure Agreement versucht den erforderlichen Schutz zu erreichen. Nicht übersehen werden darf jedoch, daß auch trotz Abschluß eines Non-Disclosure

Agreements der Know-how-Inhaber sich einer letztlich nicht auszuräumenden Gefährdung aussetzt. Sofern es dem anderen Vertragspartner von vornherein darauf ankommt, das Know-how für eigene Zwecke zu nutzen, ohne zu einem Vertragsschluß zu kommen, sind letztlich die Schutzmöglichkeiten des Know-how-Inhabers begrenzt. In einem solchen Falle kann der Know-how-Inhaber nur darauf hoffen, daß er mit der gewählten Vertragsstrafensumme (Artikel 3 Paragraph 5) einen Betrag getroffen hat, der für den anderen Vertragspartner abschreckend wirkt. Selbstverständlich bleibt darüber hinaus die Möglichkeit, gerichtliche Hilfe (einschließlich einstweiligen Rechtsschutzes) in Anspruch zu nehmen.

2. Sachverhalt. Das Muster geht davon aus, daß A für einen bestimmten Industriebereich über wertvolles geheimes Know-how verfügt, das allerdings nicht nur für den Bereich eingesetzt werden kann, der den anderen Vertragspartner interessiert. Aus diesem Grund heraus muß das Muster eine Abschichtung der verschiedenen technischen Bereiche vornehmen. Weiterhin wird unterstellt, daß die interessierte andere Vertragspartei nicht nur selbst, sondern auch durch mit ihr verbundene Unternehmen (Artikel 4) eine Prüfung des Know-hows vornehmen will.

Die Parteien haben zum Zeitpunkt des Abschlusses der Geheimhaltungsvereinbarung bereits eine Absichtserklärung (Letter of Intent) unterzeichnet (siehe dazu Form. I. 1), die allgemeine Regeln über den Umgang miteinander, eine eigene Laufzeit und eigene Beendigungsmöglichkeiten enthält. Auf diese Absichtserklärung bezieht sich das Muster, auch hinsichtlich der Laufzeit.

3. Vertragsparteien. Eine „Definition" der Vertragspartei empfiehlt sich grundsätzlich. Sie ist dann unabdingbar, wenn mehr als zwei Partner am Vertrag beteiligt sind (wenn z. B. auf seiten des Know-how-Gebers zwei separate juristische Personen auftreten).

4. Präambel. Die Verwendung einer Präambel („Whereas"-Klauseln) ist im internationalen Zusammenhang üblich und auch für nationale Verträge zu empfehlen. Wenn auch davon auszugehen ist, daß solche Whereas-Klauseln noch „vor" dem Vertrag stehen und somit selbst nicht bindender Vertragsinhalt werden, ergibt sich doch für die Partner mit solchen Whereas-Klauseln in der Präambel die Möglichkeit, das niederzuschreiben und für beide verbindlich festzulegen, was die Parteien bei Abschluß des Vertrages in ihrem Handeln bestimmt. Hier findet sich in zeitlich geordneter und logischer Folge eine Beschreibung des Hintergrundes der Beziehung der Parteien, der u. U. bestehenden sonstigen Verträge und der jeweiligen Motivation bei Abschluß des Vertrages, d. h. der von jeder Partei mit diesem Vertrag angestrebten Ziele. Auf diese Weise bietet (jedenfalls für das deutsche Recht) die Präambel eine wichtige Auslegungsgrundlage bei späteren Streitigkeiten hinsichtlich der Historie und der Auslegung nach Sinn und Zweck.

5. Definitionen. Eine separate Klausel nur zu den Definitionen hat sich ebenso eingebürgert, um den Vertragstext selbst schlanker und kürzer halten zu können. Wenn nicht jedesmal eine erneute Umschreibung der einzelnen Begriffe in jedem Paragraphen in ihrem vollen Bedeutungsumfang vorgenommen werden soll, empfiehlt es sich, mit allgemein gültigen Definitionen zu arbeiten. Dies schließt nicht aus, daß im einzelnen Paragraphen auch ein bereits vorab definierter Begriff nur für den Zweck dieses Paragraphen eine neue Definition erfährt. Dies sollte jedoch mit äußerster Vorsicht erfolgen und muß im entsprechenden Kontext klargestellt werden. Soweit vorab Definitionen gegeben werden, muß sichergestellt sein, daß im Vertrag diese Definitionen konsistent verwendet werden.

6. Verbundene Unternehmen. Die Definition der verbundenen Unternehmen im Sinne des § 15 AktienG erweist sich im Umgang mit einem Partner, dem das Deutsche Recht nicht vertraut ist, als sinnvoll und letztlich auch vertrauensbildend.

7. Know-how. Es ist unabdingbar, den Begriff Know-how genau zu definieren. Üblicherweise wird sich um diesen Begriff eine Diskussion zwischen den Parteien ergeben, die sehr hilfreich dafür ist, festzustellen, was nun tatsächlich beiderseits zur Offenlegung angeboten bzw. gewünscht wird. Es empfiehlt sich bereits an dieser Stelle, etwaige Ausschlüsse von der Offenbarungspflicht auszunehmen, um frühzeitig Mißverständnisse zu vermeiden.

Als geheimes Know-how kann jede Tatsache angesehen werden, die nicht offenkundig ist. Dabei ist es unerheblich, daß diese Tatsache einem begrenzten Personenkreis bereits bekannt ist, wenn dennoch der Know-how-Inhaber ein berechtigtes wirtschaftliches Interesse an der Geheimhaltung hat und der Wille des Geschäftsinhabers vorliegt, daß die Tatsache geheimgehalten werden soll (vgl. BGH GRUR 1955, 424 – Möbelwachspaste, BGH GRUR 1961, 40 – Wurftaubenpresse). Dabei ist der Geheimnisbegriff nicht nur auf absolute Geheimnisse zu beziehen, sondern er erstreckt sich auch auf solche Tatsachen, die zwar nicht absolut geheim sind, die aber einem Dritten nicht ohne weiteres (d.h. ohne Mühen und Anstrengungen) zugänglich sind. Es kann auch ein Betriebsgeheimnis darstellen, daß ein an sich offenkundiges Verfahren für eine bestimmte Herstellungstätigkeit in einem Unternehmen verwendet wird, wenn diese Tatsache der Verwendung nicht allgemein bekannt ist (insoweit kann auf die allgemeinen Ausführungen zu § 17 UWG verwiesen werden, vgl. *Baumbach/Hefermehl*, § 17 UWG Rdnr. 2ff.). Eine dem Geheimnisschutz entgegenstehende Offenkundigkeit liegt erst dann vor, wenn der Fachmann im einzelnen die genaue Beschaffenheit von Stoffen oder den genauen Ablauf von Verfahren kennt (vgl. BGH GRUR 1980, 750 – Pankreaplex II).

8. Technologie. Die separate Definition des Begriffes „Technologie" erfolgt, um festzuschreiben, in welchem technischen Bereich das Know-how anzutreffen ist. Dem Partner ist es möglich, über diesen technischen Bereich Erklärungen abzugeben (wie z.B. hinsichtlich Nutzungswunsch des Know-hows oder Angabe, daß eigenes Wissen nicht existiert), ohne daß der Partner zum Zeitpunkt des Vertragsschlusses schon wüßte, wie denn nun das Know-how aussieht und was sich dahinter verbirgt.

9. Eigentümer. Die deklaratorisch erscheinende Feststellung der Eigentümerstellung erhält dann Bedeutung, wenn A (z.B. im Konzern) selbst nur Lizenznehmer des Know-hows ist.

10. Kenntnisse des Know-how-Empfängers. Diese Formulierung findet ihren Hintergrund darin, daß damit der Inhaber des Know-hows von vornherein klarstellen möchte, daß sein Vertragspartner zur Zeit des Abschlusses der Geheimhaltungsvereinbarung nicht über eigenes Wissen in diesem Bereich verfügt. Damit eröffnet sich dem Know-how-Inhaber eine leichtere Möglichkeit zur späteren Durchsetzung seiner Ansprüche. Wenn der andere Vertragspartner bereit ist, zu unterschreiben, daß er selbst über keine Kenntnisse verfügt, kann er sich zu einem späteren Zeitpunkt nur noch sehr eingeschränkt damit verteidigen, daß er das ihm zugänglich gemachte Know-how doch bereits selbst zur Verfügung hatte. In diesem Zusammenhang ist der Hinweis auf die Technologie von Bedeutung, da der Vertragspartner insoweit in bindender Weise zum Know-how noch keine Aussage treffen kann.

11. Zweck. Damit wird die Zweckbeschreibung der Zurverfügungstellung des Know-hows gegeben und der andere Vertragspartner auf diesen Zweck der Verwendung des Know-hows festgelegt.

12. Weiterentwicklungen. Es muß genau überlegt werden, ob eine solche Klausel aufgenommen werden soll. Sie dient dem unter Umständen bestehenden Interesse der Parteien, bis zum Abschluß des angestrebten Lizenzvertrages miteinander im Gespräch bleiben zu können. Dem Vertragspartner wird damit die Gelegenheit eröffnet, Neuentwicklungen in seine Überlegung mit einzubeziehen. Die Klausel ist für den Know-how-Inhaber insoweit gefährlich, als er damit aktuelle und besonders wettbewerbsrelevante

2. Non-Disclosure Agreement (Geheimhaltungsvereinbarung) I. 2

Entwicklungen seinem Vertragspartner offenlegen muß. Aus diesem Grund schlägt das Formular vor, daß die Verpflichtung klar begrenzt wird bis zum Abschluß des Lizenzvertrages, in der Annahme, daß dieser Vertrag selbst über die Know-how-Zurverfügungstellung Regelungen treffen wird. Alternativ dazu endet die Verpflichtung dann, wenn nach den Regeln des Letter of Intent eine der Parteien die beabsichtigte Zusammenarbeit für beendet erklärt hat. Sollte eine entsprechende Verpflichtung nicht eingegangen werden, so empfiehlt es sich klarzustellen, daß der Know-how-Inhaber neues Wissen dem Vertragspartner vorenthalten darf.

13. Zugang zum Know-how. Das Muster geht davon aus, daß der Vertragspartner B keine Unterlagen über das Know-how zur Verfügung gestellt bekommt, sondern lediglich in den Räumen von A Zugang zu dem Know-how erhält und auch dort nur Einsicht nehmen darf. Dies kann im Einzelfall zu restriktiv und (insbesondere bei sehr komplexer Technik) nicht praktikabel sein und es daher erforderlich sein, dem Vertragspartner tatsächlich Dokumentation über das Know-how auszuhändigen. In einem solchen Fall muß der Vertrag regeln, daß nach Überprüfung des Know-hows (auf alle Fälle aber bei Nichtzustandekommen des Lizenzverhältnisses und der Beendigung des Letter of Intent) alle Unterlagen, einschließlich etwaiger angefertigter Kopien wieder an den Know-how-Inhaber herauszugeben sind. Aufgrund der Annahme, daß hier der Vertragspartner keine Unterlagen erhält, sieht das Muster folgerichtig vor, daß dann jedenfalls die Arbeitnehmer des Know-how-Inhabers zur Verfügung stehen müssen, um dem Vertragspartner über das Know-how Rede und Antwort zu stehen.

14. Geheimhaltungsverpflichtung. Artikel 3 regelt das „Herzstück" der Geheimhaltungsvereinbarung. Durch Absatz 1 soll der Vertragspartner noch einmal darauf hingewiesen werden, daß er alles zu tun hat, um zu verhindern, daß das ihm anvertraute Know-how offenkundig wird. Damit schafft es der Know-how-Inhaber, einen über den gesetzlichen Umfang hinausgehenden Schutz seines Know-hows zu erreichen.

15. Arbeitnehmer. Es ist sinnvoll, die Arbeitnehmer des Vertragspartners unmittelbar in die Geheimhaltungsvereinbarung mit aufzunehmen. Sicherlich obliegt den Arbeitnehmern allein aufgrund ihres Arbeitsverhältnisses mit B eine mittelbare Pflicht, insoweit Schaden von B abzuwenden, daß nicht durch eine Offenkundigmachung des Knowhows B direkt Schadensersatzansprüchen ausgesetzt wird. Durch die ausdrückliche Regelung wird der Vertragspartner noch einmal auf die Verpflichtung seiner Arbeitnehmer hingewiesen (vgl. auch *Vortmann*, Lizenzverträge richtig gestalten, 3. Auflage 1995, Ziffer 5.11, Anmerkung 3). Zum anderen kann sich der Know-how-Inhaber insbesondere durch die Verpflichtung zum Abschluß von schriftlichen Vereinbarungen gemäß eines bereits vorgegebenen Texts aber auch sicher sein, daß die Arbeitnehmer von B noch einmal ausdrücklich auf ihre Verpflichtung hingewiesen werden (ein Umstand, der auch zur Beweiserleichterung dienen kann). Letztlich hat es damit der Know-how-Inhaber unter seiner Kontrolle, nur solche Arbeitnehmer von B zuzulassen, die nachweisen können, daß sie die Geheimhaltungsverpflichtung in der vorgeschriebenen Form abgegeben haben. Die hin und wieder in internationalen Verträgen anzutreffende Ausgestaltung, daß in der Geheimhaltungsvereinbarung, die von den Arbeitnehmern ausgestellt wird, der Know-how-Inhaber direkte Rechte erhält und sich auch die Arbeitnehmer mit eigener Vertragsstrafe gegenüber dem Know-how-Inhaber binden, scheint dagegen für den Regelfall zu weitreichend zu sein (und kann im Einzelfall einen Verstoß gegen die Fürsorgepflicht des Arbeitgebers darstellen).

16. Weiteres Know-how. An sich ist diese Regelung durch die Definition in Artikel 1 Nr. 2 bereits erfaßt. Sie wird dennoch vorgeschlagen, um den Vertragspartnern noch einmal vor Augen zu führen, wie weitreichend seine Geheimhaltungsverpflichtung ist. Substantiell erforderlich ist die Regelung hinsichtlich ihres letzten Satzes, um so auch das zusätzlich entwickelte Know-how nach Artikel 2 Nr. 3 mit einzubeziehen.

17. Umfang der Nutzung. Dem Vertragspartner sollen hinsichtlich seiner Nutzungsmöglichkeiten für die erlangten Kenntnisse noch einmal klare Schranken gesetzt werden. Jenseits der Überprüfung des Know-hows für den angestrebten Vertrag wird ihm jede Nutzung des Know-hows verboten.

18. Vertragsstrafe. Aufgrund der bereits oben in Anmerkung 1 angesprochenen Gefährdung des Know-how-Inhabers empfiehlt es sich in der Regel, in Geheimhaltungsvereinbarungen eine Vertragsstrafe für den Fall der unerlaubten Verwendung oder des Offenlegens des Know-hows vorzusehen. Letztlich ist dies die einzige für den Vertragspartner sofort sichtbare Sanktion für eine mögliche Verletzung der Geheimhaltungsabsprache. Da auch der Nachweis eines durch die Offenkundigmachung des Geheim-Know-hows entstandenen Schadens oftmals schwierig, wenn nicht gar unmöglich sein wird, empfiehlt sich eine solche Vertragsstrafenabsprache. Die Höhe der Vertragsstrafe muß im Einzelfall so gewählt werden, daß der Abschreckungseffekt tatsächlich eintreten kann. Eine Vertragsstrafe von DM 50.000,00 für den Fall der Zuwiderhandlung zwischen großen Unternehmen stellt eine solche Abschreckung nicht dar. Hier kann unter Umständen ein Vertragsstrafenversprechen auch deutlich im siebenstelligen Bereich liegen. Gegenüber einem kleineren Unternehmen oder einer Einzelperson kann dagegen eine hohe Vertragsstrafe unter Umständen als sittenwidrig im Sinne von § 138 BGB angesehen werden. Der hier gewählte Betrag von DM 50.000,00 sollte aber auch bei kleinen Unternehmen und Einzelpersonen im zulässigen Bereich liegen. Es ist wichtig, im Zusammenhang mit der Vertragsstrafenregelung anzusprechen, ob die Vertragsstrafe auf einen zusätzlich entstandenen Schaden anzurechnen ist oder nicht. Das Muster geht aus dem Abschreckungsgedanken heraus wieder davon aus, daß der Vertragspartner zusätzlich zum Schadensersatz verpflichtet ist, so daß die Regelung nach § 343 Abs. 2 BGB der Anrechnung der Vertragsstrafe abbedungen wird.

Es ist zweifelhaft, ob die im Muster vorgeschlagene Formulierung „für jeden Fall der Verletzung" dazu führt, daß auch mehrere Verstöße hinsichtlich der Vertragsstrafe addiert werden können. Zunächst ist in formularmäßigen Vertragsstrafeversprechen der Verzicht auf die Einrede des Fortsetzungszusammenhanges unwirksam (BGHZ 121, 18; vgl. aber auch BGH NJW 1993, 1786). Generell ist eine solche Formulierung auch nicht nach festen Regeln für alle einschlägigen Fälle auslegbar – wie sie etwa aus einem Rechtsbegriff des „Fortsetzungszusammenhanges", einem Grundsatz für die Verhängung von Ordnungsmitteln bei der Unterlassungsvollstreckung nach § 860 ZPO, herleitbar wären. Der Bundesgerichtshof hat in der Entscheidung „Trainingsvertrag" (WRP 2001, 702) festgehalten, daß nicht ohne weiteres davon ausgegangen werden kann, daß die Parteien eines Unterlassungsvertrages die Verwirkung der Vertragsstrafe entsprechend den Voraussetzungen für die Verhängung eines zivilprozessualen Ordnungsmittels hätten regeln wollen. Damit muß der Vertrag im Einzelfall ausgelegt werden. Es ist dabei jedoch möglich, diese Auslegung wegen des typischen Charakters von Unterlassungsverträgen regelmäßig nach denselben Grundsätzen zu beurteilen, wobei dann z. B. die Höhe der Vertragsstrafe ebenso wie das Sicherungsinteresse des Gläubigers zu berücksichtigen sind.

19. Grenzen der Geheimhaltungsverpflichtung. Dieser Absatz enthält Einschränkungen der absoluten Geheimhaltungsverpflichtung. Diese Einschränkungen sind nicht zuletzt aus kartellrechtlichen Gründen erforderlich, um so zu verhindern, daß ein tatsächlich offenkundiges Wissen gegenüber einem Marktbeteiligten mit einer Geheimhaltungsverpflichtung belegt wird und so dieser Marktbeteiligte nicht mehr im Wettbewerbsgeschehen mit diesem Wissen tätig werden kann. Wissen, das daher bereits offenkundig ist, kann von einer Geheimhaltungserklärung nicht erfaßt werden (vgl. hierzu auch BGH GRUR 1958, 349 – Spitzenmuster; BGH GRUR 1960, 554 – Handstrickverfahren). Unabhängig von der Laufzeit der Geheimhaltungsvereinbarung entfällt die Verpflichtung zur Geheimhaltung dann, wenn nach Bekanntgabe des Know-hows dieses

2. Non-Disclosure Agreement (Geheimhaltungsvereinbarung) I. 2

(ohne Vertragsverletzung durch den Vertragspartner oder einen Dritten) offenkundig wird (vgl. hierzu BGH GRUR 1960, 554 – Handstrickverfahren, *Immenga/Mestmäcker*, GWB Kommentar zum Kartellgesetz, 3. Auflage 2001, § 18 Rdnr. 27).

Die Umkehr der Beweislast ist ein sinnvolles Mittel, um zu verhindern, daß der Vertragspartner sich allzu leichtfertig auf das Vorliegen der Ausnahmen beruft. Nach der gesetzlichen Regelung (§ 18 UWG) müßte sonst der Know-how-Inhaber den Geheimnischarakter beweisen, da er gegen den Vertragspartner Ansprüche geltend macht. Die hier vorgesehene Beweislastumkehr ändert dies zugunsten des Know-how-Inhabers (in diesem Sinne auch *Vortmann*, a.a.O., Ziffer 5.11, Anmerkung 6).

20. Verbundene Unternehmen. Das Muster sieht zugunsten des Vertragspartners vor, daß dieser auch mit ihm verbundene Unternehmen (so wie diese in Artikel 1, Nummer 1 definiert sind) mit dem geheimen Know-how in Kontakt bringt. Dies hat seinen Hintergrund darin, daß davon ausgegangen wird, daß auch für das spätere Lizenzverhältnis die verbundenen Unternehmen mit berechtigt werden sollen. Hieraus entsteht für den Know-how-Inhaber ein erhöhtes Risiko, dem die Regelungen in Artikel 4 Rechnung zu tragen versuchen. Durch die Beschränkung auf die zum Zeitpunkt des Vertragsschlusses bestehenden verbundenen Unternehmen bleibt der Kreis für den Know-how-Inhaber überschaubar (hier empfiehlt es sich oftmals, mit einer Liste im Anhang zu arbeiten, die die verbundenen Unternehmen im einzelnen aufführt). In einer Reihe von Geheimhaltungsvereinbarungen findet sich diese Öffnung auf verbundene Unternehmen nicht; stattdessen erlaubt die vertragliche Regelung oftmals, daß der Vertragspartner seinen Zulieferern Kenntnis vom Know-how verschafft (um es so dem Vertragspartner zu ermöglichen, seine Produktionstätigkeit in der erforderlichen Weise zu organisieren). Die in Artikel 4 vorgeschlagenen Regelungen können auf diesen Fall entsprechend angewendet werden.

21. Nutzungsbeschränkung. Hiermit wird klargestellt, daß der Vertragspartner vom Know-how-Inhaber nicht bereits durch die Geheimhaltungsvereinbarung berechtigt wird, das ihm zur Verfügung gestellte Know-how (auch nicht für andere eigene Zwecke) zu nutzen.

22. Kostenerstattung. Nach deutschem Recht zwar eine Selbstverständlichkeit, empfiehlt es sich doch, in internationalen Verträgen den Vertragspartner darauf aufmerksam zu machen, daß er in diesem Umfang zum Schadensersatz verpflichtet ist. Gerade gegenüber amerikanischen Unternehmen ist der Hinweis auf Erstattung von Anwaltsgebühren erforderlich, da nach dem Rechtssystem der US-amerikanischen Bundesstaaten eine solche Kostenerstattung nur in seltenen Ausnahmefällen vorgesehen ist.

23. Anwendbares Recht und Zuständigkeit. Wie jeder internationale Vertrag muß auch die Geheimhaltungsvereinbarung Vorschriften zum anwendbaren Recht und zur Zuständigkeit für Streitigkeiten enthalten. Das Muster empfiehlt, die Zuständigkeit bei den nationalen Gerichten anzusiedeln. Oftmals wird dies aufgrund der geforderten Neutralität der Regelungen zwischen den Parteien nicht vereinbart werden können. In einem solchen Fall muß entweder auf ein neutrales Rechtssystem und eine neutrale Gerichtszuständigkeit ausgewichen werden oder (insbesondere, wenn es sich um komplexes und besonders schutzbedürftiges Know-how handelt) eine Streitschlichtung durch ein Schiedsverfahren vorgesehen werden.

24. Laufzeit. Bei dem für das Muster gewählten Sachverhalt empfiehlt es sich, den Vertrag mit einer kurzen Laufzeit zu versehen, nicht zuletzt, um zu verhindern, daß der Know-how-Inhaber ständig das bei ihm neu entstehende Know-how dem Vertragspartner offenlegen muß. Die Geheimhaltungsvereinbarung mit dieser laufenden Verpflichtung muß ihr Ende finden, sobald die Absichtserklärung selbst aus den in ihr vorgesehenen Gründen endet. Es findet sich häufig in Mustern eine begrenzte Laufzeit der Geheimhaltungsvereinbarung von 5 Jahren. Dies hat seinen Hintergrund zum einen darin, daß man davon ausgeht, daß nach 5 Jahren das Know-how oftmals veraltet ist.

Zum anderen will man aber auch durch eine feste Laufzeit die ordentliche Kündigung ausschließen, die bei einer unbegrenzten Laufzeit sonst möglich wäre.

25. Dauer der Geheimhaltungspflicht. Auch ohne ausdrückliche Regelung besteht die Verpflichtung zur Geheimhaltung so lange, wie das Geheimnis selbst noch nicht offenkundig geworden ist (vgl. BGH GRUR 1980, 750 – Pankreaplex II; Immenga/Mestmäcker, a. a. O., § 18 Rdnr. 22). Eine dauernde Pflicht zur Geheimhaltung kann jedoch dem Vertragspartner nicht auferlegt werden. Sobald das Know-how offenkundig wird, endet die ihm obliegende Geheimhaltungspflicht (vgl. BGH GRUR 1960, 554 – Handstrickverfahren; Immenga/Mestmäcker, a. a. O., § 18 Rdnr. 23 m. w. N.). Das Freiwerden des Vertragspartners infolge der eintretenden Offenkundigkeit des Know-hows liegt damit im Kartellrecht begründet.

Wiederum trifft den Know-how-Inhaber die Beweislast dafür, daß über die Vertragsdauer hinaus das zugängig gemachte Know-how noch geheim ist. Das Muster erleichtert diese Situation zugunsten des Know-how-Inhabers dadurch, daß insoweit dem Vertragspartner die Beweislast auferlegt wird (zur Zulässigkeit dieser Umkehr: WUWE BKartA 465, 477 f.).

26. Sprachversionen. Die Praxis, neben dem „internationalen" Vertragstext, der in Englisch erstellt wird, auch mit einer deutschen Lesekopie zu arbeiten (die oftmals zusätzlich unterschrieben wird), macht es erforderlich, in den Vertragsdokumenten eine Hierarchie zwischen beiden Versionen zu bestimmen.

27. Vertragsänderung. Die an sich nach deutschem Rechtsverständnis überflüssige Formulierung, daß eine Änderung des Vertrages nicht nur schriftlich, sondern auch unterschrieben sein muß (die deutsche Schriftform nach § 126 BGB erfordert immer die Unterschrift), ist insbesondere im Umgang mit US-amerikanischen Unternehmen keine leere Floskel, da dort die Schriftform entsprechend definiert wird.

3. Legal Opinion[1, 2, 7, 12]

B Corporation[3, 5]
135 West 86th Street
New York, N. Y. 10037
U. S. A.

Gentlemen:

We[4] have represented Mr. X, the executor of the estate of Ms. Y (the „Estate"), as counsel in connection with the negotiation and the preparation of a certain Sale and Transfer Agreement together with all of the exhibits, schedules and ancillary agreements relating thereto (the „Agreement") executed on July 15, 20... The Agreement provides for the sale and transfer of all of the Estate's shares in A-GmbH, a limited liability company organized under the laws of the Federal Republic of Germany with its headquarters in Stuttgart, by Mr. X to B Corp. (the „Transaction"). You informed us that closing is scheduled for August 20, 20...[2]

According to Sec. 23 of the Agreement and as a condition of closing, Mr. X is required to have an Opinion Letter prepared with respect to certain aspects of the Transaction. Mr. X has asked us to provide you with such Opinion Letter as requested.

We have examined[8] the Agreement and any ancillary documents, the corporate documents of A-GmbH as filed with the Commercial Register (Handelsregister) in Stuttgart, certified excerpts from the Land Title Register (Grundbuchamt) as to A-GmbH's premises in Stuttgart, the draft bank guarantee of Z-Bank, Stuttgart, in B Corp.'s favor, an official copy (Ausfertigung) of the letters testamentary empowering Mr. X to act for

3. Legal Opinion

the Estate, a certified copy of Ms. Y's last will and testament, an official copy of the certificate of inheritance and such other documents which we have considered necessary or appropriate for the purposes of this Opinion Letter.

Legal Opinions:[9]

Based on the understandings statet above and on the assumptions, reservations and provisos made below, we are of the opinion:

1.[9i] Mr. X ist duly empowered to act for and to obligate the Estate and to dispose of its assets unless such disposal is not supported by consideration (§§ 2205, 2206 BGB – German Civil Code). We base this opinion on the certified copy of the last will and testament of Ms. Y and official copies of the certificate of inheritance and the letters testamentary which we have in our possession. All of these documents name Mr. X as executor of the Estate with the powers provided for in §§ 2205, 2206 BGB. In accordance with §§ 2368, 2366 BGB third parties may rely on the official copy of the letters testamentary and are protected unless the document is a forgery or they positively know that its contents are incorrect, or if the document is called for withdrawal by the Surrogate's Court. Although we have no indication that any of those circumstances are present, we are unable to formulate a firm statement in this regard.

2.[9b, c] A-GmbH is a limited liability company duly incorporated for an unlimited duration, validly existing under the laws of the Federal Republic of Germany and in good standing. It has the power and authority to own its assets and to conduct its business as presently being conducted. We have not examined whether the conduct of such business is in compliance with applicable administrative laws and orders and whether A-GmbH on this basis could be forced to cease all or part of its business activities. To our knowledge, no insolvency or composition proceedings have been instituted as to A-GmbH's assets as of the date hereof.

3.[9i] A-GmbH's stated capital amounts to EURO 3.000.000 (three million Euro) and consists of five shares with a nominal value of EURO 1.000.000, EURO 720.000, EURO 580.000, EURO 400.000 and EURO 300.000. All of these shares were validly acquired by Ms. Y and, accordingly, form part of her Estate unlesss they were disposed of by Ms. Y or one of her predecessors in title at an earlier point in time. Although we have no indication that any such transfer occurred, we are unable to formulate a firm statement in this regard.

4.[9i] The transfer of the shares in A-GmbH will require the execution of a notarial deed duly recorded by a German notary public. The draft deed presented to us by you which shall be executed at closing is in compliance with the requirements of German law and would, if notarially recorded, effect the transfer of all of the shares in A-GmbH from the Estate to B Corp. unless the Estate would not be the lawful owner of those shares.

5.[9d] The Agreement as executed and delivered constitutes legally valid and binding obligations of the Estate and is enforceable in accordance with its terms under German law. We are not qualified to give an opinion as to the validity of the Agreement under New York law which is the law applicable to the Agreement under the stipulation contained therein.

6.[9e] The execution and delivery by Mr. X as executor for the Estate of, and the performance of the Estate's obligations contained in, the Agreement do not violate applicable provisions of German statutory law or regulations, the Articles of Incorporation (Gesellschaftsvertrag) of A-GmbH or any known order of any judicial or other German authority or governmental commission or agency. All authorisations, approvals, consents, licenses, exemptions, filings, registrations, notarisations and other requirements under German law which are required in connection with the execution, delivery and performance of the Agreement have been duly obtained.

7.⁹ᶠ A-GmbH is the lawful owner of the properties located at L-Straße 5–12, Stuttgart, which is the company's corporate headquarters, including land, buildings and fixtures. The total encumbrance of those properties amounts to EURO 1.000.000, with S-Bank and R-Bank being the secured creditors. As of the date hereof, no applications for the registration of any transfer of ownership in, or of additional encumbrances of, the properties have been made.

8.⁹ᵍ The resolution of any disputes between the Estate and B Corp. arising out of the Agreement would be regarded by the German courts as not being a matter within their jurisdiction. German courts, if confronted with a claim by the Estate or B Corp., would accept the jurisdiction clause contained in the Agreement in favor of New York courts and would reject such claim on the ground of lack of jurisdiction.

9.⁶ Even if the circumstances were such as to convince the courts of Germany to accept jurisdiction over disputes arising from the Agreement, they would not look to German substantive law but would apply New York law to any claim raised as stipulated in the Agreement.

10.⁹ʰ German courts would generally allow a judgment entered by New York courts under the Agreement in favor of B Corp. to be executed in Germany according to its terms against the assets of the Estate, unless the Estate as defendant of B Corp.'s action did not have sufficient opportunity to defend itself, the judgment would be in conflict with an earlier German judgment, with an earlier foreign judgment which will be recognised in Germany or with German legal proceedings instituted earlier than the New York proceedings, the judgment would violate German public policy or a German judgment under similar circumstances would not be recognised and enforced in New York.

11.⁹ⁱ The bank guarantee to be provided by the Estate as a condition of closing which will cover potential warranty claims of B Corp. under the Agreement is, as drafted by B Corp.'s counsel, enforceable against the bank on first demand in accordance with its terms. The Estate and Mr. X will not be in a position to stop or prevent payments due under the bank guarantee unless there is clear and convincing evidence that B Corp. is not entitled to any payment under the Agreement. We base our opinion on the draft bank guarantee which forms an annex to the executed and delivered Agreement.

12.⁹ⁱ There are, to the best of our knowledge, no actions or proceedings against A-GmbH pending before any court, governmental agency or arbitrator or overtly threatened which seek to affect the enforceability of the Agreement, except as disclosed in the Agreement. We base our opinion on documents and information provided to us by A-GmbH. Although we have no indication to the contrary, we are not in a position to formulate a firm statement to the effect that no such proceedings exist.

Assumptions, Qualifications, Limitations and Exceptions:[10]

For the purposes of the opinions herein expressed we have assumed (a) the genuineness of all signatures, (b) the authenticity of all documents submitted to us as originals and the conformity to original documents of all documents submitted to us as certified, conformed or reproduction copies, and (c) the due authorization, execution and delivery of, and the validity and bindung effect of the Agreement with regard to all parties involved. In this connection we understand that the Agreement is governed by the laws of the State of New York and that any and all obligations and stipulations contained therein are valid, binding and fully enforceable under the substantive laws of New York as applied by New York courts. We further understand that the Agreement entrusts New York courts with exclusive jurisdiction with regard to any disputes arising from the Agreement and that those courts will accept such stipulation and exercise their jurisdictional powers accordingly.

3. Legal Opinion

The above opinions are based on the laws of the Federal Republic of Germany and do not purport to express any views on any other legal order's position[6]. No opinions are expressed regarding, and our opinions are subject to the effect of, applicable bankruptcy, moratorium, or similar laws affecting the rights of creditors generally.

The opinions expressed herein are limited to the matters stated herein and no opinion may be implied or inferred beyond the matters expressly stated herein. We assume no obligation to update or supplement these opinions to reflect any facts or circumstances which may after the date hereof come to our attention or any changes in law which may hereafter occur.

We provide you with this Opinion Letter on the express conditions that (a) any claims based on incorrect or incomplete statements contained in this Opinion Letter shall be solely subject to German law; (b) the Stuttgart courts shall have exclusive jurisdiction for such claims; and (c) our professional liability[11] to you shall not exceed EURO 10.000.000 (ten million Euro) unless we or our employees can be charged with gross negligence or intentional misconduct. You are deemed to have accepted these conditions when you accept this Opinion Letter.

This Opinion Letter may be relied upon by you only in connection with the Transaction and may not be used or relied upon by you or any other person for any other purpose whatsoever. You may not deliver this Opinion Letter nor disclose its terms to any third party without our prior written consent.

Very truly yours,

*Übersetzung**

Legal Opinion

B Corporation
135 West 86th Street
New York, N.Y. 10037
U.S.A.

Sehr geehrte Damen und Herren,

wir haben Herrn X, den Testamentsvollstrecker des Nachlasses der Frau Y (der „Nachlaß"), im Zusammenhang mit der Vorbereitung eines Verkaufs- und Übertragungsvertrages einschließlich sämtlicher Anlagen und zusätzlichen Vereinbarungen hierzu (im folgenden der „Vertrag"), welcher am 15. Juli 20.. abgeschlossen wurde, sowie der Verhandlungen hierüber anwaltlich vertreten. Der Vertrag regelt den Verkauf und die Übertragung sämtlicher Geschäftsanteile des Nachlasses an der A-GmbH, einer Gesellschaft mit beschränkter Haftung nach dem Recht der Bundesrepublik Deutschland mit ihrem Geschäftssitz in Stuttgart, durch Herrn X auf die B Corp. (im folgenden die „Transaktion"). Sie haben uns mitgeteilt, daß das closing für 20. August 20.. vorgesehen ist.

Gemäß Sect. 23 des Vertrages und als eine Bedingung für das closing ist Herr X gehalten, einen Opinion Letter bezüglich bestimmter Aspekte der Transaktion vorzulegen. Herr X hat uns gebeten, Ihnen den erforderlichen Opinion Letter zur Verfügung zu stellen.

Wir haben den Vertrag und sämtliche dazugehörigen Unterlagen, die seitens der A-GmbH bei dem Handelsregister in Stuttgart eingereichten Unterlagen, beglaubigte

---

* Diese Übersetzung dient ausschließlich dem besseren Verständnis des englischen Originals; sie erhebt keinen Anspruch auf Verbindlichkeit.

Grundbuchauszüge bezüglich des der A-GmbH gehörenden Geländes in Stuttgart, den Entwurf der Bankgarantie der Z-Bank in Stuttgart zugunsten der B Corp., Ausfertigungen des Testamentsvollstreckerzeugnisses von Herrn X, eine beglaubigte Kopie des Testaments von Frau Y und eine Ausfertigung des Erbscheines sowie weitere Unterlagen, welche wir für die Zwecke dieses Opinion Letters als erforderlich oder nützlich angesehen haben, geprüft.

Legal Opinions:

Auf der Grundlage der obigen Ausführungen und der Annahmen sowie Vorbehalte, welche unten niedergelegt sind, treffen wir folgende Feststellungen:

(1) Herr X ist ordnungsgemäß ermächtigt, für den Nachlaß zu handeln, diesen zu verpflichten und über Vermögensgegenstände des Nachlasses zu verfügen, es sei denn, derartige Verfügungen erfolgten ohne Gegenleistung (§§ 2205, 2206 BGB). Wir gründen diese Feststellung auf die beglaubigte Abschrift des Testaments von Frau Y und die Ausfertigungen des Erbscheins sowie des Testamentsvollstreckerzeugnisses, die wir bei unseren Akten haben. Sämtliche dieser Unterlagen bezeichnen Herrn X als Testamentsvollstrecker des Nachlasses mit den Rechten nach §§ 2205, 2206 BGB. Gemäß §§ 2368, 2366 BGB können Dritte auf die Ausfertigung des Testamentsvollstreckerzeugnisses vertrauen und sind in ihrem guten Glauben an die Richtigkeit des Dokumentes geschützt, es sei denn, es läge eine Fälschung vor oder der entsprechende Dritte hätte positive Kenntnis davon, daß der Inhalt unzutreffend ist oder das Nachlaßgericht hätte die Rückgabe des Dokuments wegen Unrichtigkeit verlangt. Obwohl wir keinerlei Anzeichen dafür haben, daß eine der genannten Umstände gegeben ist, können wir diesbezüglich keine verbindlichen Erklärungen abgeben.

(2) A-GmbH ist eine Gesellschaft mit beschränkter Haftung, die für einen unbeschränkten Zeitraum ordnungsgemäß errichtet wurde und nach dem Recht der Bundesrepublik Deutschland rechtlichen Bestand hat. A-GmbH ist berechtigt, das Eigentum an den ihr zugewiesenen Vermögensgegenständen innezuhaben und in der Weise geschäftlich tätig zu sein, wie dies gegenwärtig der Fall ist. Wir haben nicht geprüft, ob die Geschäftstätigkeit mit anwendbaren verwaltungsrechtlichen Bestimmungen und Verfügungen in Übereinstimmung steht und ob die A-GmbH auf dieser Grundlage gezwungen werden könnte, ihren Geschäftsbetrieb ganz oder teilweise aufzugeben. Nach unserer Kenntnis ist bis zum heutigen Tage weder ein Vergleichs- noch ein Konkursantrag über das Vermögen der A-GmbH gestellt worden.

(3) Das Stammkapital der A-GmbH beträgt EURO 3.000.000 (drei Millionen Euro) und besteht aus fünf Geschäftsanteilen mit Nominalbeträgen von EURO 1.000.000, EURO 720.000, EURO 580.000, EURO 400.000 und EURO 300.000. Sämtliche dieser Geschäftsanteile wurden von Frau Y ordnungsgemäß erworben und gehören dementsprechend zu ihrem Nachlaß, soweit sie nicht von Frau Y oder einer der vorangehenden Inhaber der Geschäftsanteile zu einem früheren Zeitpunkt abgetreten worden sind. Obwohl wir keinerlei Anhaltspunkte dafür haben, daß eine solche Abtretung erfolgt ist, können wir diesbezüglich keine verbindlichen Erklärungen abgeben.

(4) Die Übertragung der Geschäftsanteile an der A-GmbH erfordert die Aufnahme einer notariellen Urkunde durch einen deutschen Notar. Der Entwurf einer solchen Urkunde, der uns von Ihnen vorgelegt wurde und der bei dem closing Gegenstand der Beurkundung sein wird, entspricht den Anforderungen des deutschen Rechtes und würde im Falle der notariellen Beurkundung den Übergang sämtlicher Geschäftsanteile an der A-GmbH aus dem Nachlaß auf die B Corp. bewirken, es sei denn, der Nachlaß wäre nicht wirksam Inhaber dieser Geschäftsanteile gewesen.

(5) Der Vertrag in der unterzeichneten Fassung beinhaltet rechtlich wirksame und bindende Verpflichtungen des Nachlasses und ist nach deutschem Recht entsprechend

3. Legal Opinion

seinen Bestimmungen durchsetzbar. Wir sind nicht in der Lage, Feststellungen im Hinblick auf die Wirksamkeit des Vertrages nach dem New Yorker Recht zu treffen, welches nach der entsprechenden Rechtswahlbestimmung des Vertrages anwendbar ist.

(6) Die Unterzeichnung des Vertrages durch Herrn X als Testamentsvollstrecker des Nachlasses und die Erfüllung der in dem Vertrag enthaltenen Verpflichtungen des Nachlasses durch Herrn X verletzen keine anwendbaren gesetzlichen Bestimmungen des deutschen Rechtes, des Gesellschaftsvertrages der A-GmbH oder etwaiger bekannter Verfügungen gerichtlicherseits oder von seiten deutscher Behörden oder sonstiger Körperschaften des öffentlichen Rechtes. Sämtliche Ermächtigungen, Genehmigungen, Zustimmungen, Freistellungen, Registrierungen, Beurkundungen oder Beglaubigungen oder sonstige nach deutschem Recht erforderlichen Erklärungen, die mit dem Abschluß und der Erfüllung des Vertrages zusammenhängen, sind ordnungsgemäß eingeholt worden.

(7) A-GmbH ist Eigentümerin der Liegenschaften an der L-Straße 5–12 in Stuttgart, auf denen sich der Geschäftssitz des Unternehmens befindet, einschließlich des Grund und Bodens, der Gebäude und des Zubehörs. Die Gesamtbelastung dieser Liegenschaften beträgt EURO 1.000.000, wobei die S-Bank und die R-Bank die gesicherten Gläubiger sind. Bis zum heutigen Tage sind beim Grundbuchamt Anträge auf Eintragung einer Eigentumsänderung oder zusätzlicher Belastungen der Liegenschaften nicht eingereicht worden.

(8) Die Entscheidung etwaiger Streitigkeiten zwischen dem Nachlaß und B Corp. aus dem Vertrag werden deutsche Gerichte nicht als ihrer Zuständigkeit unterliegend ansehen. Deutsche Gerichte würden, wenn sie mit einem Anspruch des Nachlasses oder der B Corp. konfrontiert werden, die Gerichtsstandsklausel in dem Vertrag zugunsten New Yorker Gerichte anerkennen und dementsprechend solche Ansprüche mangels Zuständigkeit abweisen.

(9) Selbst wenn die deutschen Gerichte nach den maßgeblichen Umständen ihre eigene Zuständigkeit bezüglich etwaiger Streitigkeiten aus dem Vertrag annähmen, so würden sie nicht deutsches materielles Recht, sondern New Yorker Recht entsprechend der Rechtswahlklausel in dem Vertrag auf die geltend gemachten Ansprüche anwenden.

(10) Deutsche Gerichte würden ein nach dem Vertrag ergangenes Urteil der New Yorker Gerichte zugunsten der B Corp. in Deutschland entsprechend seinem jeweiligen Inhalt gegen das Vermögen des Nachlasses für vollstreckbar erklären, es sei denn, der Nachlaß als Beklagter hätte keine ausreichende Gelegenheit der Verteidigung gehabt, das Urteil würde mit einem früheren deutschen Urteil oder mit einem früheren ausländischen Urteil, das in Deutschland anerkannt würde, oder mit einem in Deutschland anhängigen Prozeß, der früher als das New Yorker Verfahren anhängig gemacht worden ist, in Konflikt stehen, das Urteil würde den deutschen ordre public verletzen oder ein deutsches Urteil würde unter ähnlichen Umständen in New York nicht anerkannt und für vollstreckbar erklärt werden.

(11) Die von dem Nachlaß als Bedingung des closing bereitzustellende Bankgarantie, die mögliche Gewährleistungsansprüche der B Corp. nach dem Vertrag abdecken soll, ist – so wie sie von dem Rechtsvertreter der B Corp. entworfen wurde – gegenüber der Bank auf erste Anforderung und nach den in der Bankgarantie aufgeführten näheren Bestimmungen durchsetzbar. Der Nachlaß und Herr X sind nicht in der Lage, eine Zahlung der Bank auf die Bankgarantie zu verhindern, es sei denn, es lägen liquide Beweismittel dafür vor, daß die B Corp. nach dem Vertrag zu keinerlei Zahlungen berechtigt wäre. Wir gründen unsere Feststellungen auf den Entwurf der Bankgarantie, der dem unterzeichneten Vertrag als Anlage beigefügt ist.

(12) Nach unserem besten Wissen sind zum gegenwärtigen Zeitpunkt keine Klagen oder sonstigen Verfahren gegenüber der A-GmbH vor Gericht, Behörden oder Schiedsrichtern anhängig, die geeignet sind, die Durchsetzbarkeit des Vertrages zu beeinträchtigen; auch gibt es keine Androhungen solcher Verfahren. Ausnahmen hierzu sind in dem Vertrag offengelegt. Wir gründen unsere Feststellungen auf die Unterlagen und Informationen, die uns die A-GmbH übermittelt hat. Obwohl wir keinerlei Anhaltspunkte für das Gegenteil haben, sind wir nicht in der Lage, eine verbindliche Erklärung dahin abzugeben, daß solche Verfahren nicht existieren.

Annahmen, Einschränkungen und Ausschlüsse:

Im Hinblick auf die in diesem Schreiben genannten Feststellungen haben wir folgendes angenommen: (a) Die Echtheit sämtlicher Unterschriften, (b) die Echtheit sämtlicher Unterlagen, die uns im Original übergeben wurden, und die Übereinstimmung sämtlicher uns übergebener beglaubigter Abschriften oder Kopien mit den jeweiligen Originaldokumenten, und (c) die Unterzeichnung, die Wirksamkeit und die Bindungswirkung des Verkaufs- und Übertragungsvertrages bezüglich sämtlicher beteiligten Parteien. Diesbezüglich gehen wir davon aus, daß der Vertrag dem Recht des Staates New York unterfällt und daß sämtliche Verpflichtungen und Erklärungen, die hierin enthalten sind, nach dem New Yorker Recht, so wie es von New Yorker Gerichten angewendet wird, wirksam, bindend und durchsetzbar sind. Wir gehen ferner davon aus, daß der Vertrag den New Yorker Gerichten bezüglich etwaiger Streitigkeiten aus dem Vertrag die ausschließliche Zuständigkeit zuweist und daß diese Gerichte eine solche Regelung akzeptieren und ihre Zuständigkeit entsprechend ausüben würden.

Die obigen Feststellungen beruhen auf dem deutschen Recht; Einschätzungen aus der Sicht anderer Rechtsordnungen sind hiermit nicht verbunden. Sämtliche Feststellungen stehen unter dem Vorbehalt anwendbarer Bestimmungen des Konkurs- oder Vergleichsrechtes, die die Rechte von Gläubigern generell beeinträchtigen.

Die in diesem Opinion Letter enthaltenen Feststellungen sind auf die Materien beschränkt, die hierin ausdrücklich angesprochen sind; Feststellungen zu Materien, die nicht ausdrücklich angesprochen sind, können aus dem Opinion Letter nicht abgeleitet werden. Wir übernehmen keine Verpflichtung, die Feststellungen im Hinblick auf tatsächliche Umstände, die nach dem Datum dieses Opinion Letters zu unserer Kenntnis gekommen sind oder Rechtsänderungen, die danach eingetreten sind, auf den neuesten Stand zu bringen oder zu ergänzen.

Wir stellen Ihnen diesen Opinion Letter unter der ausdrücklichen Bedingung zur Verfügung, daß (a) etwaige Ansprüche, die sich auf unzutreffende oder unvollständige Aussagen in diesem Opinion Letter gründen, ausschließlich deutschem Recht unterliegen; (b) ausschließlicher Gerichtsstand für derartige Ansprüche Stuttgart ist; und (c) unsere Berufshaftung Ihnen gegenüber auf den Betrag von EURO 10.000.000 (zehn Millionen Euro) beschränkt ist, es sei denn, uns oder unseren Erfüllungsgehilfen fiele Vorsatz oder grobe Fahrlässigkeit zur Last. Mit der Annahme dieses Opinion Letters gelten diese Bedingungen als von Ihnen akzeptiert.

Ihr Vertrauen auf diesen Opinion Letter ist nur im Zusammenhang mit der Transaktion geschützt; er darf von Ihnen oder von einem Dritten zu keinerlei anderem Zweck verwendet werden bzw. Sie dürfen und ein Dritter darf zu keinerlei anderem Zweck hierauf vertrauen. Eine Offenlegung des Opinion Letters gegenüber Dritten ist ohne unsere vorherige schriftliche Zustimmung unzulässig.

Mit freundlichen Grüßen

Schrifttum (Auswahl): Adolff, Die zivilrechtliche Verantwortlichkeit deutscher Anwälte bei der Abgabe von Third Party Legal Opinions, 1997; American Bar Association (Section of Business Law), Third Party Legal Opinion Report, 47 The Business Lawyer

3. Legal Opinion   I. 3

167 (1991); *Babb/Barnes/Gordon/Kjellenberg,* Legal Opinions to Third Parties in Corporate Transactions, Bus. Lawyer 32 (1977) 553; *v. Bernstorff,* Die Bedeutung der Legal Opinion in der Außenhandelsfinanzierung, RIW 1988, 680; *Döser,* Gutachten für den Gegner: Third Party Legal Opinions im deutschen Recht, FS Nirk, 1992, S. 151; *Field/ Ryan,* Legal Opinions in Corporate Transactions, 1991; *Fuld,* Legal Opinions in Business Transactions – An Attempt to bring Some Order out of Some Chaos, Bus. Lawyer 28 (1973) 915; *Gottwald,* Haftung für Auskunftsgutachten gegenüber Dritten: England, Deutschland, Schweiz, 1994; *Gruson,* Opinion of Counsel on Agreements Governed by Foreign Law, 1986; *Gruson/Hutter/Kutschera,* Legal Opinions in International Transactions, 2nd ed. 1989; *Harries,* Bona Fide Reliance on Legal Opinions, Int. Bus. Lawyer 1985, 480; *Jander/Du Mesnil de Rochement,* Die Legal Opinion im Rechtsverkehr mit den USA, RIW 1976, 332; *Meyrier,* Legal Opinions in Financial Transactions Involving Foreign Law, Int. Bus. Lawyer 1985, 410. Weiteres Schrifttum zur Haftung des Ausstellers bei Anm. 11.

Übersicht

	Seite
1. Zweck und Anwendungsbereich	37
2. Sachverhalt	38
3. Wahl des Formulars	39
4. Aussteller	40
5. Adressat	40
6. Anwendbares Recht	40
7. Standesrechtliche Erwägungen	41
8. Documents	41
9. Operativer Teil	42
a) Allgemeines	42
b) Legal Existence and Good Standing	42
c) Power Clause	42
d) Binding Agreement Clause	42
e) No Violation Clause	43
f) Lawful Owner Clause	43
g) Denial of Jurisdiction Clause	43
h) Enforcement of Judgment Clause	43
i) Sonstiges	43
10. Assumptions, Reservations and Qualifications	44
11. Haftung des Ausstellers	44
a) Schrifttum	44
b) Auskunftshaftung	45
c) Haftungsumfang	45
12. Kosten	46

Anmerkungen

1. Zweck und Anwendungsbereich. Allgemein betrachtet handelt es sich bei einer Legal Opinion um die gutachtliche Äußerung zu bestimmten rechtlichen Fragestellungen. Soweit diese im Rahmen eines Geschäftsbesorgungs(Mandats-)verhältnisses abgegeben wird, bestehen keine Besonderheiten: Der Beauftragte hat die vertragliche Verpflichtung zur sorgfältigen Erstellung des Gutachtens, erhält hierfür in der Regel von seinem Auftraggeber eine Vergütung und muß diesem gegenüber für eine etwaige Schlechtleistung nach den allgemeinen Regeln einstehen. Soweit es sich um einen Anwalt handelt, gelten im übrigen die berufsrechtlichen Bindungen.

Die Legal Opinion hat aber ausgehend vom anglo-amerikanischen Rechtskreis eine hierüber hinausgehende Bedeutung, auf die allein das Form. sich bezieht. Sie dient im

Rahmen komplexerer oder hochwertiger wirtschaftlicher Transaktionen dazu, den **jeweiligen Vertragspartnern** Sicherheit und einen weiteren Haftpflichtigen bezüglich bestimmter wertbildender Grundvoraussetzungen des Geschäftes zu verschaffen (vgl. etwa *Adolff*, Die zivilrechtliche Verantwortlichkeit deutscher Anwälte bei der Abgabe von Third Party Legal Opinions, 1997, S. 4 ff.; *Jander/Du Mesnil de Rochemont* RIW/AWD 1976, 332 ff.; *v. Bernstorff* RIW 1988, 680 ff.; *Döser* FS Nirk, S. 151, 158 ff.). Dabei handelt es sich typischerweise um solche Faktoren, die von dem interessierten Vertragspartner nicht ohne weiteres überprüft werden können und die sich in der Regel im Einflußbereich des anderen Vertragspartners befinden oder diesen betreffen (vgl. *Harries* FS Zweigert, S. 450, 451). Die Legal Opinion in diesem Sinne richtet sich **nicht an den Auftraggeber.** Vielmehr bestätigt der rechtliche Berater des Auftraggebers gegenüber dessen (prospektivem) Vertragspartner bestimmte den Auftraggeber, sein Unternehmen oder seine Verpflichtungen aus dem abzuschließenden Geschäft betreffende Umstände. Die Legal Opinion wird daher klarstellend auch als „*Third-Party Legal Opinion*" oder als „*Opinion Letter*" bezeichnet (vgl. *Adolff*, aaO., S. 5).

Die besondere Bedeutung der Legal Opinion für den **anglo-amerikanischen Rechtskreis** ergibt sich daraus, daß dort verschiedene, für den deutschen Juristen ohne weiteres feststellbare Grundvoraussetzungen einer Transaktion nur mit gewisser Mühe ermittelbar sind und oft auch von rechtlichen Bewertungen abhängen. So gibt es in den U.S.A. weder eine dem Handelsregister noch dem Grundbuch vollständig vergleichbare Institution. Die rechtliche Existenz von Gesellschaften, die Vertretungsberechtigung der handelnden Personen oder das Eigentum an Liegenschaften muß daher aus den *Corporate Books* (Gründungsurkunde, Vereinbarungen der Gesellschafter, Beschlüsse etc.) oder aus den *Transfer Documents* (Urkunden zur Grundstücksübertragung und -belastung) und weiteren zur Verfügung stehenden Informationen erschlossen werden (vgl. *v. Bernstorff* RIW 1988, 680; *Jander/Du Mensil de Rochemont* RIW/AWD 1976, 332, 333; für Immobiliarsicherheiten auch *Thümmel*, in: Assmann/Bungert, Handbuch des US-amerikanischen Handels-, Gesellschafts- und Wirtschaftsrechts, 2001, 5. Kap., Abschnitt C.I.). Hinzu kommt, daß das *common law* von seinem Ausgangspunkt her Fallrecht ist und Kodifikationen mit tatbestandsmäßig klar umrissenen Regelungen (z.B. Vermutungen zugunsten des Rechtsverkehrs) in den angelsächsisch geprägten Ländern weit weniger verbreitet sind als im kontinentaleuropäischen Rechtskreis. Auch von daher erklärt sich das Bedürfnis nach einer über die eigenen Erklärungen des Vertragspartners hinausgehenden Sicherheit.

Das im anglo-amerikanischen Rechtskreis ausdifferenzierte Rechtsinstitut der Legal Opinion ist im Rahmen internationaler Unternehmens- und Finanztransaktionen weltweit exportiert worden. Dies erklärt sich zunächst daraus, daß US-amerikanische oder englische Vertragsparteien, gewohnt im Umgang mit dem Instrument der Legal Opinion und im grenzüberschreitenden Rechtsverkehr naturgemäß noch unsicherer als im eigenen Recht, wie selbstverständlich auch von den Anwälten ihrer ausländischen Partner Opinion Letters erwarteten, die vor allem zu den ihnen **unbekannten Fragen des jeweiligen ausländischen Rechtes** Stellung nehmen sollen. Aber auch in anderen Ländern ist das Instrument – jedenfalls für grenzüberschreitende Transaktionen gewisser Größenordnung – als nützlich erkannt worden, weil es zeitaufwendige Recherchen und die kostenträchtige Einschaltung eigener Anwälte im Ausland erspart. So sind auch deutsche Anwälte, soweit sie im grenzüberschreitenden Rechtsverkehr tätig sind, durchaus gewohnt, Opinion Letters herauszulegen. Diese Bereitschaft steht in einem überraschenden Gegensatz zu der bisher eher stiefmütterlich behandelten Frage nach den rechtlichen Konsequenzen derartiger Erklärungen (so zurecht *Harries* FS Zweigert, S. 451, 452 ff.; *Döser* FS Nirk, S. 151, 157 ff.).

2. Sachverhalt. Dem Form. zugrunde liegt der Erwerb sämtlicher Geschäftsanteile an einer deutschen GmbH durch eine im US-Bundesstaat New York domizilierte Kapitalge-

3. Legal Opinion

sellschaft US-amerikanischem Rechts (B Corp.). Der **Gründungsstaat** der B Corp. ist nicht näher bestimmt; Registrierungs- und Sitzstaat müssen nicht identisch sein, sondern können auseinanderfallen. Häufig werden US-Corporations aus Gründen geringen Kosten- und Formalaufwandes nach dem Recht des Staates Delaware gegründet. Sie bleiben dann Delaware-Gesellschaften, auch wenn sich ihr tatsächlicher Sitz woanders befindet oder ändert. Veräußerer ist vorliegend der Testamentsvollstrecker der verstorbenen Frau Y, zu deren Nachlaß die Geschäftsanteile gehören. Das schuldrechtliche Veräußerungsgeschäft wurde bereits abgeschlossen, und zwar nach New Yorker Recht. US-amerikanischem Vertragsgebrauch entsprechend ist ein gesondertes **Closing** vorgesehen, zu dem die Parteien ihre beiderseitigen Leistungspflichten erfüllen. Der Veräußerer hat zu diesem Zeitpunkt u. a. die Übertragung der Geschäftsanteile zu bewirken sowie eine Bankgarantie zur Abdeckung seiner Gewährleistungsverpflichtungen und die Legal Opinion vorzulegen. Die Legal Opinion ist **condition of closing**, d. h. erst mit ihrer Beibringung hat der Veräußerer seine Leistungspflichten voll erfüllt und erwirbt den Anspruch auf die Gegenleistung (Kaufpreiszahlung).

Der **Text** der erforderlichen Legal Opinion kann in dem zugrundeliegenden Vertrag (Veräußerungsgeschäft) bereits in vollem Umfange festgelegt sein; meist geschieht dies in Form einer Anlage zu dem Vertrag. Der Veräußerer kann seine Leistungspflicht dann nur durch Vorlage genau dieses Textes erfüllen, es sei denn der Käufer wäre nachträglich mit Änderungen einverstanden. Im Regelfalle ist daher notwendig, daß der mit der Erstellung der Legal Opinion befaßte (ausländische) Anwalt an den Vertragsverhandlungen beteiligt war und den Entwurf für die Legal Opinion mitgestaltet hat (instruktiv zur Aushandelung des Textes die Guidelines for the Negotiation and Preparation of Third-Party Legal Opinions der Section of Business Law der American Bar Association, Third-Party Legal Opinion Report, 1991, S. 48 ff.). Eine andere Möglichkeit, von der das Form. ausgeht, besteht darin, daß der Vertrag lediglich die wesentlichen Fragestellungen skizziert, zu denen die Legal Opinion Stellung nehmen soll, und die Erfüllungswirkung at closing von der „Abnahme" der Legal Opinion durch den Käufer abhängig macht. Hierbei versteht sich, daß der Käufer die Abnahme nicht grundlos verweigern darf („... which shall be acceptable to Purchaser in its form and substance on the understanding that such acceptance shall not be unreasonably withheld.").

3. Wahl des Formulars. Die Legal Opinion ist ein rechtliches Instrument, welches im anglo-amerikanischen Rechtskreis nicht nur seinen Ursprung genommen hat, sondern nach wie vor entscheidend von den Usancen dieses Rechtskreises geprägt ist. Dementsprechend basiert auch das Form. auf den Gepflogenheiten der US-amerikanischen und englischen Praxis, welche im Laufe der Zeit detaillierte **Standards** entwickelt haben. Die Legal Opinion wird in der Regel von den Anwälten des Auftraggebers in Form eines Briefes an dessen Vertragspartner, gelegentlich auch an die Anwälte des Vertragspartners aufgesetzt.

Die Formulierungen sind zu einem guten Teil standardisiert (vgl. auch die Textvorschläge bei *Jander/Du Mesnil de Rochement* RIW/AWD 1976, 332, 339 f., *v. Bernstorff* RIW 1988, 680, 683 und *Harries* FS Zweigert, S. 451, 452), im wesentlichen aber von den besonderen **Anforderungen der jeweiligen Transaktion** abhängig. Muster sind daher immer nur von beschränktem Wert; auch das Form. ist in seinen zentralen Aussagen lediglich ein Beispiel für eine mögliche Gestaltung. Der Rahmen – insbesondere der Eingang des Opinion Letter und die Assumptions etc. am Ende – sind dagegen allgemein verwendbar.

Typisch ist der **Aufbau des Opinion Letter** (vgl. auch *Adolff*, aaO., S. 7 ff.; *v. Bernstorff* RIW 1988, 680, 681): Er beginnt mit einer kurzen Beschreibung der zugrundeliegenden Transaktion und erläutert, woraus sich die Verpflichtung zur Erstellung der Legal Opinion ergibt. In einem weiteren Schritt werden die wesentlichen Unterlagen benannt, die dem Anwalt bei der Formulierung zur Verfügung standen und auf die er sein Urteil stützt. Daran schließen sich die *„views"*, d. h. die gutachtlichen Äußerungen an, die den Kern der Legal Opinion ausmachen. Handelt es sich hierbei lediglich um thesenartige Zusammenfassungen, spricht man von *„Non-Explained Opinions"*. Ist eine rechtliche Analyse enthalten, wird hierfür der Begriff *„Explained Opinion"* verwendet (vgl. ABA, Section of Business Law, Third-Party Legal Opinions, 1991, S. 55). Die Unterscheidung kann für die Haftung des Ausstellers Bedeutung haben (vgl. unten Anm. 11). Non-explained Opinions enthalten z. B. die Ziff. 2, 5 bis 9 des Form., während es sich bei Ziff. 1 bis 4 und 10 bis 12 des Form. eher um explained Opinions handelt. Am Schluß, ggf. auch innerhalb der views, werden die Annahmen („assumptions") kenntlich gemacht, auf denen die Opinion beruht, und im übrigen notwendige Einschränkungen (hinsichtlich des Inhaltes der Opinion, ihrer Benutzung sowie der Haftung des Ausstellers) vorgenommen. Bei allen Unterschieden im Detail bleibt diese Grobstruktur meist unverändert: Description of transaction, views, assumptions and reservations.

4. Aussteller. Wie bereits erwähnt ist der Aussteller der Legal Opinion typischerweise ein Anwalt, der von der Partei beauftragt wurde, die die Opinion beim closing vorzulegen hat. Im Form. ist dies die Verkäuferseite, d. h. Herr X als Testamentsvollstrecker. Dabei kann es sich – was in der Praxis meist der Fall ist – um denjenigen Anwalt handeln, der die Opinion-pflichtige Partei (d. h. den Auftraggeber) während der gesamten Vertragsverhandlungen beraten und den Vertragstext mit ausgehandelt hat. Möglich ist auch, daß ein neuer, bisher nicht mit der Sache betrauter Anwalt beauftragt wird, und zwar allein zum Zwecke der Ausstellung der Legal Opinion. Dies kommt vor, wenn eine Transaktion mehrere Rechtsordnungen berührt und dementsprechend Opinion Letters verschiedener lokaler Anwälte eingeholt werden müssen. Die Koordination übernimmt hier regelmäßig der *„lead counsel"* des Auftraggebers. In jedem Falle bestehen **vertragliche Beziehungen** zwischen der zur Vorlage der Legal Opinion verpflichteten Partei und dem Aussteller, in der Regel aber nicht zwischen diesem und dem Adressaten der Legal Opinion (vgl. etwa die Eingangsbemerkungen des Third-Party Legal Opinion Report, dort S. (iii), der ABA, Section of Business Law). Hieraus folgt, daß der Aussteller allein seinem Auftraggeber zur Erstellung der Legal Opinion verpflichtet ist und von diesem hierfür bezahlt wird, nicht aber dem Adressaten gegenüber.

5. Adressat. Der Adressat der Legal Opinion ist in der Regel der (zukünftige) **Vertragspartner** derjenigen Partei, die zur Vorlage der Legal Opinion verpflichtet ist. Im Form. ist das die B Corp., die die Geschäftsanteile an der A-GmbH erwerben will. Gelegentlich werden stattdessen die Anwälte dieser Partei als Adressaten benannt. Bei komplexeren Transaktionen können auch beide Vertragsparteien zur wechselseitigen Vorlage von Opinion Letters verpflichtet sein und damit zu Adressaten werden. Der jeweilige Adressat hat lediglich gegenüber seinem Vertragspartner, d. h. der Opinionpflichtigen Partei, aus der zugrundeliegenden Transaktion einen Anspruch auf Zurverfügungstellung der Legal Opinion, nicht aber gegenüber dem Aussteller (vgl. *Döser*, FS Nirk S. 151, 157 ff.; zur zutreffenden Ablehnung eines berechtigenden Vertrages zugunsten Dritter nach § 328 BGB etwa *Schwichtenberg* ZVglRWiss 91 (1992) 290, 312 f.). Über die aus Haftungsgründen immer wieder bemühte Konstruktion eines selbständigen Auskunftsvertrages zwischen Adressat und Aussteller vgl. unten Anm. 11.

6. Anwendbares Recht. Die Frage des anwendbaren Rechts hat bei der Legal Opinion zwei Aspekte: Zu bestimmen ist zunächst die Rechtsordnung, auf die sich **die im operativen Teil der Legal Opinion enthaltenen rechtlichen Aussagen** beziehen (vgl. *Harries* FS Zweigert, S. 451, 453). Dies ist wichtig, weil etwa die Feststellung, daß eine Gesellschaft rechtlich existent (s. Ziff. 2 des Form.) oder ein im vereinbarten Gerichtsstand ergangenes Urteil anerkennungsfähig ist (s. Ziff. 10 des Form.), aus der Sicht einer bestimmten Rechtsordnung zutreffend und aus derjenigen einer anderen falsch sein kann. Häufig ergibt sich die in Bezug genommene Rechtsordnung bereits aus der jeweiligen rechtlichen

3. Legal Opinion   I. 3

Aussage selbst (so z. B. bei Ziff. 2, 4 bis 6, 8 bis 10 des Form.). In jedem Falle empfehlenswert ist aber ein entsprechender genereller Hinweis wie im viertletzten Absatz des Form. (dort der erste Satz) vorgesehen.

Unabhängig hiervon zu beantworten ist die Frage nach der Rechtsordnung, die auf etwaige **Haftungsansprüche** gegenüber dem Aussteller, die wegen Mängeln der Legal Opinion von dem Adressaten geltend gemacht werden, zur Anwendung kommt (vgl. hierzu unten Anm. 11). Entscheidend ist hier das internationale Privatrecht des jeweiligen Forumstaates. Im Form. wird davon ausgegangen, daß deutsche Anwälte die Legal Opinion fertigen und Adressat eine New Yorker corporation ist. Bei dieser Sachlage ist für Schadensersatzansprüche gegen die Anwälte jedenfalls ein deutscher Gerichtsstand gegeben (§§ 12, 13 ZPO). Nicht ganz ausgeschlossen werden kann, daß auch New Yorker Gerichte aufgrund der dortigen *long arm jurisdiction* sich für zuständig halten würden, obwohl dies angesichts des deutlichen Schwerpunktes der gesamten Transaktion in Deutschland eher unwahrscheinlich ist.

Deutsche Gerichte stünden vor der Aufgabe, die geltend gemachten Ansprüche **vertragsrechtlich** oder **deliktsrechtlich** zu qualifizieren (vgl. zu den verschiedenen möglichen Anspruchsgrundlagen etwa *Damm* JZ 1991, 373 ff. sowie die weiteren Literaturangaben bei Anm. 11). Ginge man von einem vertraglichen Anspruch aus, gelangte man über Art. 28 Abs. 1, 2 EGBGB unschwer zur Anwendung deutschen Rechts. Bei deliktsrechtlicher Qualifikation hingegen käme es nach der *lex loci delicti commissi* auf den Tatort an, der nach Wahl des Gläubigers der **Handlungs- oder Erfolgsort** sein kann (vgl. *Kegel/Schurig*, IPR, 8. Aufl., S. 626 ff.). Der Handlungsort liegt sicherlich in Deutschland, wenn die Legal Opinion hier abgegeben wird. Nachdem der Schaden aber bei der B Corp. in New York eintritt, könnte dort der Erfolgsort liegen, womit in den Grenzen des Art. 38 EGBGB auch New Yorker Recht in Betracht zu ziehen wäre, wenn sich die B Corp. hierauf beriefe.

Bei diesen Unsicherheiten im Bereich des anwendbaren Rechtes (vgl. auch *Döser* FS Nirk, S. 151, 157) wird häufig versucht, Regelungen hierzu (und zum Gerichtsstand) in den Text der Legal Opinion aufzunehmen. So enthält der vorletzte Absatz des Form. eine vertragliche Konstruktion, nach der die Legal Opinion nur unter der Bedingung abgegeben wird, daß der Adressat **mit ihrer Annahme** im Hinblick auf mögliche Haftungsansprüche eine bestimmte Gerichtsstandsvereinbarung und eine Rechtswahl zugunsten deutschen Rechts akzeptiert. Man muß sich allerdings klar darüber sein, daß ein derartiger Text gerade bei anglo-amerikanischen Adressaten Akzeptanzprobleme bereiten wird, weil die Legal Opinion – jedenfalls ihr Rahmen – weitgehend standardisiert und nach US-Usancen eine Regelung des anwendbaren Rechtes und des Gerichtsstandes in aller Regel nicht vorgesehen ist. Im übrigen hängt die rechtliche Wirksamkeit der Regelung davon ab, daß über sie tatsächlich eine vertragliche Vereinbarung zustandekommt (Problem der Erklärungsfiktion).

7. Standesrechtliche Erwägungen. Die Ausstellung einer Legal Opinion bringt den Anwalt ohne Zweifel in die Nähe einer **Interessenkollision**, die er nach standesrechtlichem Selbstverständnis und jedenfalls nach § 356 StGB zu meiden hat (vgl. *Döser* FS Nirk, S. 151, 158). Denn die in der Legal Opinion enthaltenen Aussagen müssen einerseits zutreffend sein, um den Anwalt nicht einem Haftungsrisiko auszusetzen, andererseits dürfen sie nicht dem Interesse des Mandanten, welches der Anwalt infolge des Mandatsverhältnisses wahrzunehmen hat, zuwiderlaufen. Die Lösung liegt darin, daß das **Mandatsverhältnis** mit dem Auftrag zur Fertigung der Legal Opinion **modifiziert** wird (so auch *Jander/Du Mesnil de Rochemont* RIW/AWD 1976, 332, 338). Der Anwalt wird partiell von seiner Schweigepflicht entbunden und ermächtigt, auch dem Mandanten ungünstige Sachverhalte in Abstimmung mit ihm offenzulegen. Dennoch ist für alle Beteiligten klar, daß der Anwalt **allein im Interesse des Mandanten** und für diesen tätig wird, so daß sich die Einwilligungsproblematik bei § 356 StGB mangels Erfüllung des objektiven Tatbestandes der Norm gar nicht stellt (anders *Döser* FS Nirk, S. 151, 158).

8. Documents. Der dritte Absatz des Form. enthält eine Aufzählung verschiedener Unterlagen, die der Aussteller der Legal Opinion eingesehen hat. Vorliegend handelt es sich um die verhältnismäßig leicht zugänglichen Register-, Grundbuch- und Nachlaßakten sowie die Vertragsdokumente (Purchase and Sale Agreement mit Anlagen, Entwürfe für Bankgarantie und Abtretung der Geschäftsanteile). Der Zweck der Auflistung liegt in der **Klarstellung der Beurteilungsgrundlagen.** Soweit etwa lediglich Entwürfe vorlagen und dies festgehalten ist, gehen Fehler der Opinion, die auf späteren Änderungen der Entwürfe beruhen, nicht zulasten des Ausstellers. Lagen gewisse Unterlagen gar nicht vor (und sind deshalb bei den documents nicht erwähnt) und ergeben sich aus ihrem späteren Auftauchen Änderungen der Beurteilung, so trifft den Aussteller ebenfalls keine Haftung.

9. Operativer Teil. a) **Allgemeines.** Der operative Teil der Legal Opinion besteht aus den **rechtlichen Aussagen und Feststellungen** (den *„views"*), die im Form. in den Ziff. 1 bis 12 enthalten sind. Der Inhalt dieser Aussagen hängt wesentlich von den Anforderungen ab, die von dem Grundgeschäft an die Legal Opinion gestellt werden. Regelmäßig enthalten sind allerdings gewisse Grundaussagen, die die Handlungsfähigkeit des Geschäftspartners und die rechtliche Durchsetzbarkeit seiner vertraglichen Verpflichtungen betreffen. Sie werden im folgenden näher dargestellt. Oft sind die maßgeblichen Feststellungen nur thesenartig festgehalten (*Non-Explained Opinions,* vgl. oben Anm. 3). Je nach Art der Aussage empfiehlt sich aber die Verwendung einer **Explained Opinion,** um die Herleitung der rechtlichen Schlußfolgerung zu verdeutlichen und auf (den Aussteller entlastende) Unsicherheiten bei der Bewertung hinzuweisen.

b) **Legal Existence and Good Standing.** Dies ist eine Standardaussage und in Ziff. 2 des Form. enthalten. Sie bezweckt die Feststellung der rechtlichen Existenz einer Vertragspartei oder – im Falle eines Unternehmenskaufes im Wege des share deal – auch des vertragsgegenständlichen Unternehmens. Im Form. geht es um letzteren Fall. Die Frage nach der **rechtlichen Existenz** spielt nur bei Kapitalgesellschaften eine Rolle, weil deren Entstehen und Fortbestand als juristische Person in der Regel von bestimmten Formalien (etwa Registrierungen) abhängig ist. Das *Good Standing* ist eine Besonderheit vieler anglo-amerikanisch geprägter Gesellschaftsrechte und bedeutet, daß Unternehmenssteuern und Registergebühren bezahlt sind. Dies ist wichtig, weil andernfalls u. U. der Bestand der Gesellschaft als juristische Person gefährdet ist. Aus deutscher Sicht kann die rechtliche Existenz schnell und zuverlässig mit Hilfe des Handelsregisters beurteilt werden, so daß die Abgabe dieses Teils der Opinion in der Regel keine Schwierigkeiten bereitet und auch kein wesentliches Haftungsrisiko begründet.

c) **Power Clause.** Hierbei handelt es sich ebenfalls um eine Standardformulierung. Sie ist im zweiten Teil der Ziff. 2 des Form. enthalten und bestätigt, daß die betreffende Vertragspartei (oder das vertragsgegenständliche Unternehmen) die Kompetenz und Berechtigung hat, Vermögensgegenstände rechtswirksam innezuhaben und ihrer gegenwärtigen geschäftlichen Tätigkeit nachzugehen. Hinzu kommt, sofern (anders als im Form.) die Vertragspartei eine juristische Person ist, die Erklärung, daß sie zum Abschluß der Transaktion ermächtigt ist („... duly authorized by corporate action to perform the Agreement.") Aus der Sicht des anglo-amerikanischen Juristen geht es um den **Ausschluß von ultra-vires-Bedenken** (vgl. hierzu *Merkt,* US-amerikanisches Gesellschaftsrecht, 1991, S. 182 ff.) sowie die Feststellung **ausreichender Board-Beschlüsse.** Aus deutscher Sicht ist zu prüfen, ob die handelnden Personen die Gesellschaft wirksam verpflichten können, die Transaktion mit der **Gegenstandsklausel** des Gesellschaftsvertrages übereinstimmt und gesellschaftsrechtliche **Zustimmungsvorbehalte** beachtet wurden (vgl. auch *Döser* FS Nirk, S. 151, 154). Die beiden letzten Punkte sind zwar grundsätzlich im Außenverhältnis irrelevant, können aber über die Lehre vom **Vollmachts-**

3. Legal Opinion

mißbrauch (vgl. etwa *Baumbach/Hueck/Zöllner*, GmbHG, 17. Aufl., § 37 Rdn. 25 ff. mwN. zur Rechtslage bei der GmbH; s. auch *Ruter/Thümmel*, Beiräte in mittelständischen Familienunternehmen, 1994, Rdn. 167) für die Wirksamkeit des Geschäfts Bedeutung gewinnen. Einschränkungen der Opinion sollten hinsichtlich der Zulässigkeit der Geschäftätigkeit vorgenommen werden, weil die Einhaltung **öffentlich-rechtlicher Vorschriften** (man denke etwa an das Umweltrecht) in ihrer Gesamtheit kaum übersehbar ist (vgl. Satz 3 der Ziff. 2 des Form.).

d) **Binding Agreement Clause.** Weithin üblich ist auch die Bestätigung, daß der Grundvertrag insgesamt wirksam ist und bindende, gegen die jeweils betroffene Vertragspartei durchsetzbare Verpflichtungen begründet (Ziff. 5 des Form.). Zu prüfen ist hier, ob die **Grenzen der Vertragsfreiheit** eingehalten sind. Soweit ausländisches Recht auf den Vertrag zur Anwendung kommen soll (wie nach dem Form. vorgesehen), ist die Prüfung darauf beschränkt, ob zwingende inländische Normen (öffentlich-rechtliche Bestimmungen, insbesondere Kartellrecht, Vorschriften i. S. des Art. 34 EGBGB, zum *ordre public* gehörende Normen) der Wirksamkeit des Vertrages oder der Geltendmachung von Ansprüchen hieraus entgegenstehen. Zum Prüfungsumfang kann auch gehören, ob die getroffene Rechtswahl von einem etwa zuständigen inländischen Gericht akzeptiert wird (vgl. Ziff. 9 des Form.). Empfehlenswert ist der **Vorbehalt insolvenzrechtlicher Schranken**; dies gilt vor allem für Finanzierungstransaktionen, bei denen häufig die Gleichrangigkeit der Vertragsansprüche mit anderen Verbindlichkeiten des Schuldners *(Pari Passu Clause)* bestätigt werden soll (s. *Döser FS Nirk*, S. 151, 155). Der viertletzte Absatz der Legal Opinion nimmt diese Einschränkung ausdrücklich auf.

e) **No Violation Clause.** Häufig zu finden ist auch die in Ziff. 6 des Form. enthaltene Opinion, daß der Abschluß des Grundvertrages und seine Erfüllung weder mit anwendbaren gesetzlichen Vorschriften, noch mit Regelungen des Gesellschaftsvertrages oder mit Verwaltungs- und Gerichtsentscheidungen unvereinbar ist. Hinzu kommt meist die Feststellung, daß sämtliche erforderlichen behördlichen Genehmigungen etc. vorliegen. Zwischen dieser Bestimmung und der *Binding Agreement Clause* sowie der *Power Clause* bestehen weitgehende Überschneidungen. Erneut sind vor allem öffentlich-rechtliche Regelungen sowie die **Beschränkungen des Gesellschaftsvertrages** bei der betreffenden Vertragspartei zu prüfen.

f) **Lawful Owner Clause.** Gelegentlich wird die Bestätigung gefordert, daß die Opinion-pflichtige Vertragspartei **Eigentümerin bestimmter Vermögensgegenstände** ist, welche nicht mit Rechten Dritter belastet sind. Insbesondere für die Besicherung von Darlehen in Finanzierungstransaktionen spielt dies eine Rolle. Derartige Opinions sind jedenfalls bei beweglichen Sachen problematisch, da die Eigentumslage und etwaige Belastungen kaum mit hundertprozentiger Sicherheit ermittelt werden können. Vorbehalte sind erforderlich. Mit Hilfe des Grundbuches kann die Bestätigung für Grundstücke aber relativ leicht abgegeben werden (Ziff. 7 des Form.).

g) **Denial of Jurisdiction Clause.** Diese Opinion (Ziff. 8 des Form.) bezweckt die Feststellung, daß eine vertraglich **vereinbarte Gerichtsstands- oder Schiedsklausel** von den Gerichten am Sitz der zur Vorlage der Legal Opinion verpflichteten Partei **akzeptiert** wird und eine dort dennoch angebrachte Klage mangels Zuständigkeit abgewiesen würde. Dies sichert die andere Vertragspartei vor unliebsamen Überraschungen – etwa im Hinblick auf das anwendbare Recht, das nach dem IPR des Forums bestimmt wird – in einem vertraglich ausgeschlossenen Gerichtsstand.

h) **Enforcement of Judgment Clause.** Diese Bestimmung (Ziff. 10 des Form.) ist wichtig, wenn im zugrundeliegenden Vertrag ein Gerichtsstand oder Schiedsort vereinbart wurde, der nicht am Sitz der zur Vorlage der Legal Opinion verpflichteten Partei belegen ist. Für die Durchsetzbarkeit von Ansprüchen gegen diese Partei kommt es dann entscheidend darauf an, daß ein in dem vereinbarten Gerichtsstand ergangenes Urteil oder ein Schiedsspruch auch tatsächlich am Sitz der Opinion-pflichtigen Partei (oder dort, wo

Vermögen belegen ist) **vollstreckt** werden kann. Vorbehalte hinsichtlich der Voraussetzungen des § 328 ZPO sind empfehlenswert.

i) **Sonstiges.** Im Form. vorgesehen ist eine Opinion zur **Verfügungsbefugnis** des Verkäufers (Ziff. 1 des Form.), die sich aus der besonderen Konstellation des Verkaufs durch den Testamentsvollstrecker ergibt. Auf die Grundlagen der Verfügungsbefugnis des Testamentsvollstreckers und ihre Grenzen sollte hingewiesen werden. – Die Opinion zur **Inhaberschaft an den Geschäftsanteilen** (Ziff. 3 des Form.) ist problematisch, weil ein redlicher Erwerb von GmbH-Anteilen nicht möglich ist und deshalb nie mit vollkommener Sicherheit feststeht, daß der Verkäufer (hier der Nachlaß) Inhaber der Beteiligung ist bzw. diese dem Käufer auch tatsächlich verschaffen kann. Geprüft werden müssen die Kette der (bekannten) Abtretungen seit Gründung sowie die zum Handelsregister eingerichteten Gesellschafterlisten (§ 40 GmbHG). Ein Vorbehalt ist aber auch bei positivem Ausgang der Prüfung erforderlich. – Ziff. 4 des Form. macht deutlich, daß die Übertragung der Anteile der **notariellen Form** bedarf (§ 15 Abs. 3 GmbHG, zwingend anwendbar, weil es sich um eine deutsche GmbH mit Sitz im Inland handelt und Gesellschaftsstatut demgemäß deutsches Recht ist, vgl. *Staudinger/Großfeld*, BGB, Neubearb. 1998, IntGesR, Rdn. 38 ff., 452 ff.), wobei auf einen bereits vorliegenden Entwurf der Abtretungsurkunde Bezug genommen wird. Die Formvorschrift des § 15 Abs. 4 GmbHG ist im übrigen nicht anwendbar, weil der schuldrechtliche Vertrag New Yorker Recht untersteht. – Ferner enthält das Form. in Ziff. 11 Aussagen zur Durchsetzbarkeit der im Entwurf vorliegenden **Gewährleistungsgarantie** mit dem notwendigen Vorbehalt einstweiligen Rechtsschutzes bei mißbräuchlicher Inanspruchnahme (vgl. etwa *Wieczorek/Schütze/Thümmel*, ZPO, 3. Aufl., § 940 Rdn. 29 ff. mwN.). – In Ziff. 12 werden schließlich Feststellungen zu gegen das vertragsgegenständliche Unternehmen anhängigen **Prozessen** getroffen, die allerdings auf den Kenntnisstand des Ausstellers der Opinion reduziert sind.

10. Assumptions, Reservations and Qualifications. Eine wesentliche Aufgabe für den Aussteller einer Legal Opinion liegt in der Aufnahme **geeigneter Vorbehalte und Beschränkungen** hinsichtlich der getroffenen Aussagen. Vorbehalte, die Einzelaussagen des operativen Teils der Legal Opinion betreffen, müssen dort erwähnt werden. Der Schluß der Legal Opinion ist dagegen der richtige Ort für generelle Vorbehalte. In den Text der Opinion sind zunächst assumptions zur Echtheit von Unterschriften und vorgelegten Dokumenten aufgenommen. Ferner wird angenommen, daß auf die zugrundeliegende Transaktion New Yorker Recht zur Anwendung kommt, die in dem Vertrag enthaltenen Regelungen und Verpflichtungen danach in vollem Umfang wirksam und durchsetzbar sind und New Yorker Gerichte sich aufgrund der getroffenen Gerichtsstandsklausel für zuständig halten würden. Diese Annahmen werden **als zutreffend unterstellt** und der Beurteilung zugrundegelegt. Sollten sie unzutreffend sein und die Legal Opinion deshalb falsch werden, so wäre der Aussteller hierfür nicht einstandspflichtig.

Ferner wird im Form. festgestellt, daß die enthaltenen Opinions **auf der Basis nur des deutschen Rechtes** getroffen wurden (drittletzter Absatz des Form.) und sich lediglich an den ausdrücklich benannten Adressaten richten, der allein die Legal Opinion benutzen und auf die in ihr enthaltenen Aussagen vertrauen darf (letzter Absatz). Damit wird verhindert, daß **Dritte**, die die Opinion zur Kenntnis erhalten haben, hieraus Ansprüche herleiten. Auch die **betragsmäßige Haftungsbegrenzung** des vorletzten Absatz des Form. ist ein, allerdings nur bei vertraglicher Vereinbarung wirksamer (vgl. oben Anm. 6) Vorbehalt. Aufgenommen ist schließlich der Ausschluß einer etwaigen Verpflichtung zur späteren Ergänzung der Opinion (viertletzter Absatz) sowie der allgemeine **Konkursvorbehalt** (vgl. oben Anm. 9 d).

11. Haftung des Ausstellers. a) **Schrifttum** zur Auskunftshaftung gegenüber Dritten, soweit für die Legal Opinion relevant (Auswahl): *Aring/Assmann/Bergmann/Brinkmann*, Die Anwaltsauskunft, JuS 1973, 39; *v. Bar*, Liability for Information and Opinions

3. Legal Opinion

Causing Pure Economic Loss to Third Parties: a Comparison of English and German Case Law, in: *Markesinis*, The Gradual Convergence, Foreign Ideas, Foreign Influence and English Law on the Eve of the 21st Century, 1994, S. 98; *Damm*, Entwicklungstendenzen der Expertenhaftung, JZ 1991, 373; *v. Gierke*, Die Dritthaftung des Rechtsanwalts – Eine rechtsvergleichende Untersuchung zum amerikanischen und deutschen Recht unter Berücksichtigung der Rechtslage in England, 1984; *Grunewald*, Die Haftung des Experten für seine Expertise gegenüber Dritten, AcP 187 (1987) S. 285; *Harries*, Die Rechtsscheinhaftung für fehlerhafte Rechtsgutachten bei internationalen Verträgen, FS Zweigert, 1981, S. 451; *Honsell*, Probleme der Haftung für Auskunft und Gutachten, JuS 1976, 626; *Jost*, Vertragslose Auskunfts- und Beratungshaftung, 1991; *Lammel*, Zur Auskunftshaftung, AcP 179 (1979) S. 337; *Lorenz*, Das Problem der Haftung für primäre Vermögenschäden bei der Erteilung einer unrichtigen Auskunft, FS Larenz, 1973, S. 575; *Müssig*, Falsche Auskunftserteilung und Haftung, NJW 1989, 1697; *Schwichtenberg*, Anwaltshaftung im Niemandsland zwischen Vertrag und Delikt – Ein rechtsvergleichender Beitrag zur Anwaltshaftung gegenüber Dritten im englischen und deutschen Recht, ZVglRWiss 91 (1992), 290.

b) **Auskunftshaftung.** Die Inanspruchnahme des Ausstellers einer Legal Opinion auf Schadensersatz wegen unzutreffender Aussagen ist bisher von der deutschen obergerichtlichen Rechtsprechung, soweit erkennbar, nicht behandelt worden. Dies mag – neben der verhältnismäßig geringen Verbreitung des Instruments der Legal Opinion bei uns – damit zusammenhängen, daß die für Opinion Letters gewünschten Aussagen aus deutscher Sicht häufig einfach (z.B. rechtliche Existenz einer Gesellschaft) sind oder, wenn dies nicht der Fall ist, mit weitgehenden Vorbehalten versehen werden. Ein weiterer Grund ist möglicherweise, daß die in dem zugrundeliegenden Vertrag getroffenen Regelungen und Ansprüche in der Regel zum Schutz der von der unzutreffenden Aussage betroffenen Vertragspartei ausreichen, so daß das „Sicherheitsnetz" der Legal Opinion gar nicht bemüht zu werden braucht. Jedenfalls reiht sich die Haftung des Ausstellers gegenüber dem Adressaten für eine fehlerhafte Legal Opinion aus deutscher Sicht problemlos in den größeren Zusammenhang der **Auskunftshaftung gegenüber Dritten** ein. Ob auf derartige Haftungsansprüche deutsches Recht zur Anwendung kommt, bedarf allerdings gesonderter Prüfung und mag im Einzelfalle zweifelhaft sein (vgl. oben Anm. 6).

Das Recht der Auskunftshaftung gegenüber Dritten ist im Fluß. In Rechtsprechung und Schrifttum werden im wesentlichen fünf Meinungen zur anwendbaren Haftungsgrundlage vertreten (vgl. die Darstellungen von *Lammel* AcP 179 (1979) S. 337, 339 ff.; *Grunewald* AcP 187 (1987), 285, 288 ff., *Damm* JZ 1991, 373, 375 ff.; *Vollkommer*, Anwaltshaftungsrecht, 1989, Rdn. 225 ff.; *Adolff*, aaO., S. 83 ff., jeweils mit Nachweisen zur Rechtsprechung): Haftung aus **selbständigem Auskunftsvertrag** mit dem Adressaten, Haftung aus **Vertrag mit Schutzwirkung** zugunsten des Adressaten, **culpa in contrahendo** wegen Inanspruchnahme besonderen persönlichen Vertrauens gegenüber dem Adressaten, **allgemeine Vertrauenshaftung** und **deliktische Haftung** (§§ 823 Abs. 2 BGB iVm 263 StGB, 826 BGB). Das gemeinsame Element dieser unterschiedlichen (und im Detail durchaus angreifbaren) theoretischen Ansätze besteht darin, daß der Auskunftgeber dem Adressaten für die Richtigkeit seiner Auskunft jedenfalls dann einstandspflichtig sein soll, wenn dieser **erkennbar hierauf vertraut hat.** Auch nach US-amerikanischem und englischem Recht wird unter dieser Voraussetzung dem Adressaten im Grundsatz ein Schadensersatzanspruch zuerkannt (vgl. *v. Gierke*, Die Dritthaftung des Rechtsanwalts, S. 84 ff., 146 ff.; *Schwichtenberg* ZVglRWiss 91 (1992), 290, 294 ff.; *v. Bar*, in: Markesinis, The Gradual Convergence, S. 98 ff.).

Ein solches Vertrauen ist bei der Legal Opinion bereits definitionsgemäß gegeben: Die Opinion hat gerade den Zweck, den Adressaten bezüglich gewisser Voraussetzungen des Geschäftes abzusichern. Im Vertrauen auf das Vorliegen dieser Voraussetzungen erbringt er beim *closing* seine Leistung. An der **grundsätzlichen Einstandspflichtigkeit** des

Ausstellers – soweit dieser **schuldhaft falsche Aussagen** getroffen hat – besteht daher kein Zweifel, wobei die rechtliche Grundlage eher sekundär ist. Immerhin liegt aber bei der Legal Opinion wegen des engen Kontaktes zwischen Aussteller und Adressat und der besonderen Zweckbestimmung der Opinion die Annahme eines gesonderten Auskunftsvertrages näher als bei anderen Auskunftsfällen.

c) **Haftungsumfang.** Der Aussteller haftet dem Adressaten bei fehlerhaften Feststellungen in der Legal Opinion, soweit diese zumindest auf **Fahrlässigkeit** beruhen, auf Ersatz des Schadens, den der Adressat **durch sein Vertrauen** hierauf erleidet. Ist die Legal Opinion eine *condition of closing* wird der Schaden in der Regel im Abschluß des Geschäftes (zu den gegebenen Konditionen) liegen. Der Aussteller wäre dann verpflichtet, den Adressaten im Wege der Naturalrestition (§ 249 BGB) von den ihn belastenden Auswirkungen des Geschäftes zu befreien oder zumindest ihn so zu stellen wie er stünde, wenn er das Geschäft unter Berücksichtigung einer zutreffenden Legal Opinion abgeschlossen hätte.

Das **Haftungsrisiko** ist daher **erheblich,** seine Eingrenzung wäre dementsprechend wünschenswert. Haftungsbegrenzungsklauseln sind jedoch problematisch, weil sie eine vertragliche Vereinbarung zwischen Aussteller und Adressat voraussetzen. Die im Form. (vorletzter Absatz) vorgesehene Regelung einer betragsmäßigen Grenze (vorstellbar wäre auch eine allein am Verschuldensgrad orientierte Begrenzung, etwa Haftung nur bei grober Fahrlässigkeit) versucht, eine solche Vereinbarung zu schaffen (vgl. zum Problem der Erklärungsfiktion oben Anm. 6). Da bei der Legal Opinion die Annahme eines gesonderten Auskunftsvertrages nicht ganz fern liegt (vgl. auch *Döser* FS Nirk, S. 151, 160), ließe sich die Haftungsbeschränkungsklausel in diesen Auskunftsvertrag einbetten. Abgesehen von rechtskonstruktiven Schwierigkeiten beinhaltet die Haftungsbeschränkung aber auch das Problem der Akzeptanz beim Adressaten. Gerade US-amerikanische oder englische Adressaten sind derartige Klauseln nicht gewohnt und werden sie häufig unter Hinweis auf die weitgehend standardisierte Form von Legal Opinions zurückweisen. Gelegentlich hilft das Argument, daß die „deutschen Standards" nicht notwendig den anglo-amerikanischen entsprechen.

12. Kosten. Die Kosten der Legal Opinion fallen in aller Regel dem Auftraggeber, d. h. der zur Vorlage der Opinion verpflichteten Partei zur Last. Die Erstellung der Legal Opinion ist wegen ihrer besonderen Zielrichtung (vgl. auch oben Anm. 7) grundsätzlich ein **eigenständiger Auftrag,** der getrennt von der sonstigen Beratungstätigkeit des Anwaltes im Hinblick auf die Transaktion abzurechnen ist. Anwendbar können die Gebührentatbestände der §§ 21 oder 118 BRAGO sein (s. auch *Döser* FS Nirk, S. 151, 162). Häufig wird auch ein an der Bedeutung der Legal Opinion oder dem Haftungsrisiko des Anwaltes orientiertes Pauschalhonorar vereinbart. Die Vereinbarung von Zeithonoraren ist dagegen selten und wird vor allem dem im Verhältnis zum meist übersichtlichen Zeitaufwand hohen Haftungsrisiko des Anwalts nicht gerecht.

II. Schiedsklauseln

1. Schiedsvereinbarung

(institutionelles Schiedsgericht)

1. All disputes arising out of or in connection with the present contract shall be finally settled under the Rules of Arbitration of the . . . . . . Court of Arbitration.
2. The Arbitral Tribunal shall consist of three Arbitrators. The chairman must be a lawyer admitted to the bar of . . . . . . having command of the Language of Arbitration.
3. Place of Arbitration is . . . . . .
4. Language of the Arbitration is . . . . . .
5. The Arbitral Tribunal shall apply . . . . . . substantive law. Regarding the procedure, specially with respect to taking evidence, the Arbitral Tribunal shall apply . . . . . . law.
6. A dissenting opinion shall not be permissible.

. . . . . ., the . . . . . . (signature) (signature)

Übersetzung

1. Alle sich aus oder im Zusammenhang mit dem gegenwärtigen Vertrag ergebenden Streitigkeiten nach der Schiedsordnung des . . . . . . Schiedsgerichts endgültig entschieden.
2. Das Schiedsgericht besteht aus drei Schiedsrichtern. Der Vorsitzende muß ein bei den . . . . . . Gerichten zugelassener Rechtsanwalt sein, der die Schiedssprache beherrscht.
3. Sitz des Schiedsgerichts ist . . . . . .
4. Die Schiedssprache ist . . . . . .
5. Das Schiedsgericht soll . . . . . . materielles Recht anwenden. Hinsichtlich des Verfahrens soll das Schiedsgericht – insbesondere im Hinblick auf die Beweiserhebung – . . . . . . Recht anwenden.
6. Eine dissenting opinion ist nicht zulässig.

. . . . . ., den . . . . . . (Unterschrift) (Unterschrift)

Schrifttum: van den Berg (Herausg.), Planning Efficient Arbitration Proceedings – The Law Applicable in International Arbitration, 1996; *Berger,* Internationale Wirtschaftsschiedsgerichtsbarkeit, 1992 (englische Ausgabe: International Economic Arbitration, 1993); *Glossner/Bredow/Bühler,* Das Schiedsgericht in der Praxis, 3. Aufl., 1990; *Henn,* Schiedsverfahrensrecht, 3. Aufl., 2000; *Lachmann,* Handbuch für die Schiedsgerichtspraxis, 1998; *Raeschke-Kessler/Berger,* Recht und Praxis des Schiedsverfahrens, 3. Aufl., 1999; *Schütze,* Die Vereinbarung der Zuständigkeit eines institutionellen Schiedsgerichts – Probleme der Redaktion der Schiedsklausel, RPS-BB-Beil., 9/1998, S. 2 ff.; *Schütze,* Qui legit arbitrum tertium elegit processum, FS Grossfeld, 1999, S. 1047 ff.; *Schütze,* Dissenting opinions im Schiedsverfahren, FS Nakamura, 1996, S. 525 ff.; *Schütze,* Schiedsgericht und Schiedsverfahren, 3. Aufl., 1999; *Schütze/Tscherning/Wais,* Handbuch des Schiedsverfahrens, 2. Aufl., 1990; *Schwab/Walter,* Schiedsgerichtsbarkeit, 6. Aufl., 2000; *Wolf,* Die institutionelle Schiedsgerichtsbarkeit, 1992.

II. Schiedsklauseln

Übersicht

	Seite
1. Vorbemerkung	48
2. Vereinbarung der Schiedsordnung der Institution	48
3. Qualifikation der Schiedsrichter	48–49
4. Schiedsort	49
5. Schiedssprache	49
6. Anwendbares materielles Recht	49–50
7. Anwendbares Schiedsverfahrensrecht	50
8. Form	50–51
9. Dissenting opinion	51

Anmerkungen

1. Vorbemerkung. Schiedsvereinbarungen finden sich in den meisten internationalen Verträgen von einiger Bedeutung. Cohn spricht schon 1974 von einer „Flucht zu den Schiedsgerichten" (vgl. Cohn, Die Englische Schiedsgerichtsbarkeit, AWD 1974, 65 ff.). Dabei wird ganz überwiegend die institutionelle Schiedsgerichtsbarkeit gewählt, die durch die Zurverfügungstellung einer Organisation und einer gewissen Überwachung und Verwaltung des Schiedsverfahrens Vorteile gegenüber der ad hoc Schiedsgerichtsbarkeit bietet (vgl. dazu *Schütze/Tscherning/Wais* Rdn. 29 ff.).

Institutionelle Schiedsgerichte sind „vorfabrizierte" Schiedsgerichte (*Gentinetta,* Die lex fori internationaler Handelsschiedsgerichte, 1973, S. 36) in dem Sinne, daß sie den Parteien eine Organisation für die Durchführung des Schiedsverfahrens zur Verfügung stellen, die Bestellung der Schiedsrichter, ihr Rechtsverhältnis zu den Parteien, insbesondere im Hinblick auf die Honorierung, regeln und in einer Schiedsordnung die Grundzüge des Verfahrens bestimmen.

Die institutionellen Schiedsgerichte empfehlen regelmäßig eine Standardschiedsklausel, die sowohl die Schiedsvereinbarung als auch den Schiedsgerichtsorganisationsvertrag enthält (vgl. dazu *Wolf* S. 84 ff.). Das verführt die Beteiligten anzunehmen, sie hätten mit deren Vereinbarung alles getan. Sie übersehen jedoch dabei, daß die Schiedsordnungen viele wichtige Probleme, insbesondere im Hinblick auf Verfahrensfragen und das anwendbare Recht offenlassen und bei Nichteinigung der Parteien der Regelung durch das Schiedsgericht oder der Institution anheimgeben. Auch bei Vereinbarung eines institutionellen Schiedsgerichts empfiehlt es sich deshalb dringend, die Standardschiedsklausel zu ergänzen oder – wie hier vorgeschlagen – eine besondere Vereinbarung zu treffen (vgl. dazu *Schütze,* RPS-BB-Beil. 9/1998, 2 ff.).

2. Vereinbarung der Schiedsordnung der Organisation. Die Schiedsordnung der Organisation muß ausdrücklich vereinbart werden. Dabei ist auf eine genaue Bezeichnung zu achten, etwa: Vergleichs- und Schiedsgerichtsordnung der Internationalen Handelskammer Paris oder Schiedsgerichtsordnung der Deutschen Institution für Schiedsgerichtsbarkeit e. V. (DIS). In der Praxis finden sich häufig Ungenauigkeiten wie: Schiedsordnung des Internationalen Schiedsgerichts Genf (gemeint war: Vergleichs und Schiedsgerichtsordnung der Internationalen Handelskammer Paris mit Schiedsort Genf), die zu langem Zuständigkeitsstreit führen können.

3. Qualifikation der Schiedsrichter. Schiedsrichter bedürfen keiner besonderen Qualifikation, wenn die Schiedsvereinbarung nicht eine solche vorsieht, etwa Befähigung zum Richteramt, Zulassung als Sachverständiger für ein bestimmtes Sachgebiet pp.

Bei internationalen Streitigkeiten ist es sinnvoll zu vereinbaren, daß der Einzelschiedsrichter oder der Vorsitzende des Dreierschiedsgerichts des anwendbaren Rechts kundig ist. Nur so kann verhindert werden, daß ein parteiernannter Schiedsrichter letztlich den Rechtsstreit entscheidet (vgl. dazu *Schütze,* FS Grossfeld, S. 1047 ff.), wie das früher in den deutsch-sowjetischen Schiedsfällen in Stockholm häufig der Fall war, wo bei regel-

1. Schiedsvereinbarung (institutionelles Schiedsgericht) **II. 1**

mäßiger Ernennung eines schwedischen Vorsitzenden und Anwendbarkeit sowjetischen Rechts (vgl. dazu *Stumpf/Lindstaedt*, AWD 1972, 228 ff.) der schwedische Vorsitzende bei Streit über den Inhalt des sowjetischen Rechts sich dem sowjetischen Schiedsrichter anschloß. Das war verständlich, da es schließlich das Recht war, das dieser studiert hatte, führte aber in der Praxis zu unerwünschten Folgen, jedenfalls für die westliche Seite (vgl. dazu *Schütze*, FS Grossfeld, S. 1047 ff. (1072 ff.); *ders.*, RPS-BB-Beil. Nr. 9/1998, 2 ff.).

4. Schiedsort. Nach dem nunmehr auch in Deutschland geltenden Territorialitätsprinzip (vgl. dazu *Lachmann* Rdn. 366; *Schütze*, Schiedsgericht und Schiedsverfahren, Rdn. 133) bestimmt der Schiedsort das anwendbare Schiedsverfahrensrecht und die Nationalität des Schiedsspruchs. Damit kann der Schiedsort für die Anerkennung und Vollstreckbarerklärung des Schiedsspruchs entscheidend sein.

Darüber hinaus darf seine verfahrensrechtliche Bedeutung nicht unterschätzt werden. Auch wenn die Schiedsordnung der Institution und die Vereinbarung der Parteien das Schiedsverfahren weitgehend regeln können, so können die zwingenden Bestimmungen des Schiedsverfahrensrechts am Schiedsort nicht ausgeschlossen werden. Diese können auch nicht durch die Fiktion eines Schiedsortes ausgeschlossen werden (vgl. *Schütze*, Schiedsgericht und Schiedsverfahren Rdn. 142; *ders.*, RPS-BB-Beil. Nr. 9/1998, 2 ff. (3)).

Auch bestimmt der Schiedsort das Verfahren und die Zuständigkeit der ordentlichen Gerichte für Hilfsfunktionen im Schiedsverfahren, soweit das Schiedsgericht oder die Institution gewissen Handlungen nicht vornehmen können, z.B. Beeidigung von Zeugen und Sachverständigen. Gerade in diesem Bereich sind in der Effizienz der Gerichte international große Unterschiede und ein Qualitätsgefälle festzustellen.

Die Parteien können jeden Schiedsort wählen, soweit das Recht des Schiedsortes dies überhaupt zuläßt. Sie sollten bei der Wahl des Schiedsortes Bedacht nehmen auf die Nähe der Beweismittel, die Verkehrsverbindungen und – was häufig vergessen wird – die Einreisebestimmungen. Es muß gesichert sein, daß Parteien, Verfahrensbevollmächtigte, Zeugen und Sachverständige ohne Visum einreisen können oder jedenfalls problemlos und schnell ein Visum erhalten.

5. Schiedssprache. Die Schiedsordnungen institutioneller Schiedsgerichte bestimmen regelmäßig die Schiedssprache nicht. Die Parteien können – und sollten – hier eine Regelung treffen und dies nicht der Institution (so Art. 16 ICC Rules und § 22.1 DIS SchO) oder dem Schiedsgericht (so § 23 Stockholmer SchO) überlassen, die die Bestimmung sonst vornehmen.

Die Schiedssprache kann Schnelligkeit und Kosten des Verfahrens beeinflussen, aber auch Vor- und Nachteile für die taktische Position der Parteien bringen:
– Urkunden und Dokumente in der Schiedssprache brauchen nicht übersetzt zu werden. Das spart Zeit und teilweise erhebliche Übersetzungskosten. Schriftsätze müssen in der Schiedssprache abgefaßt werden. Hier hat diejenige Partei (und ihr Verfahrensbevollmächtigter) Vorteile, die die Schiedssprache beherrscht.
– Dasselbe gilt für Plädoyers. Ein Plädoyer in einer Sprache, die ein Anwalt nicht beherrscht wird weniger überzeugend ausfallen. Besonders problematisch ist es, wenn das Plädoyer durch einen Dolmetscher übersetzt werden muß. Hier geht viel von der Überzeugungskraft verloren, insbesondere, wenn der Dolmetscher kein Jurist ist (vgl. dazu *Schütze*, Rechtsverfolgung im Ausland, 2. Aufl., 1998, Rdn. 2).
– Die Probleme bei der Beweisaufnahme sind noch größer als bei Schriftsätzen und Plädoyers. Zeugen, die sich in ihrer Muttersprache ausdrücken können sind konzeptionell bessere Zeugen als solche, die nur über Dolmetscher gehört werden können.

6. Anwendbares materielles Recht. Die Parteien können nach den Schiedsordnungen institutioneller Schiedsgerichte das anwendbare materielle Recht regelmäßig bestimmen (vgl. dazu *Böckstiegel*, Die Anerkennung der Parteiautonomie in der internationalen Schiedsgerichtsbarkeit, FS Schütze, 1999, S. 141 ff.). Unterlassen die Parteien eine Rechtswahl, dann bestimmt das Schiedsgericht das anwendbare materielle Recht. Man sollte nun meinen, daß das Schiedsgericht das materielle Recht nach dem am Schiedsort geltenden Kollisionsrecht zu bestimmen habe, auch wenn man das Bestehen einer lex fori im Schiedsverfahren – was hier nicht entschieden werden soll – leugnet. Das ist aber nicht der Fall. Nach Art. 17 ICC-Rules wendet das Schiedsgericht das Recht an, das es für „angemessen" hält. Ähnlich ist die Regelung nach § 24 Stockholmer SchO. Klarer ist § 23.2 DIS-SchO. Danach hat das Schiedsgericht bei mangelnder Rechtswahl das Recht anzuwenden, „mit dem der Gegenstand des Verfahrens die engsten Verbindungen aufweist". Beide Regelungen stellen die Eckpunkte möglicher Lösungen dar. Dazwischen finden sich in den Schiedsordnungen institutioneller Schiedsgerichte eine Fülle von Zwischenlösungen.

Die Zulässigkeit und der Umfang der Rechtswahl bestimmen sich nach dem Kollisionsrecht am Schiedsort (vgl. dazu *Martiny*, Die Bestimmung des anwendbaren Sachrechts durch das Schiedsgericht, FS Schütze, 1999, S. 529 ff. (535 ff.)). Bei Schiedsort in Deutschland kommt § 1051 ZPO als Kollisionsnorm zur Anwendung. § 1051 ZPO (vgl. dazu *Junker*, Deutsche Schiedsgerichte und Internationales Privatrecht (§ 1051 ZPO), FS Sandrock, 2000, S. 443 ff.; *Sandrock*. Die objektive Anknüpfung von Verträgen nach § 1051 Abs. 2 ZPO, RIW 2000, 321 ff.) ist Art. 27 EGBGB nachgebildet (vgl. dazu auch *Salomon*, RIW 1997, 981 ff.). Das war wegen der völkerrechtlichen Verpflichtungen, die Deutschland im Rahmen des EG-Übereinkommens über das auf vertragliche Schuldverhältnisse anwendbare Recht v. 19. 6. 1980 übernommen hat, unausweichlich (vgl. Begründung zum Schiedsverfahrensneuregelungsgesetz, BTDrucks. 13/5274, 52).

7. Anwendbares Schiedsverfahrensrecht. Nach § 1025 ZPO bestimmt der Sitz des Schiedsgerichts das Schiedsverfahren. Ähnliche Regelungen werden weltweit favorisiert, jedenfalls dort, wo der Territorialitätsgrundsatz gilt. Es ist jedoch zu beachten, daß die ZPO – in anderen Rechtsordnungen ist es ähnlich – das Schiedsverfahrensrecht nur unvollkommen regelt und im Sinne einer Flexibilisierung den Parteien und den Schiedsrichtern große Freiheit in der Verfahrensgestaltung gibt.

In erster Linie bestimmen die Parteien den Gang des Verfahrens (§ 1042 Abs. 3 ZPO). Ihre Regelungsbefugnis ist nur durch einige Normen der ZPO und internationale Übereinkommen begrenzt. So muß rechtliches Gehör gewährt werden (§ 1042 Abs. 1, S. 2 ZPO, Art. 103 Abs. 1 GG), es muß eine überparteiliche Rechtspflege durch das Schiedsgericht gewährleistet sein (vgl. dazu *Walter*, Überparteiliche Rechtspflege durch das Schiedsgericht, Jahrbuch für die Praxis der Schiedsgerichtsbarkeit 3 (1989), 140 ff.) und die Parteien sind gleich zu behandeln (§ 1042 Abs. 1 S. 1 ZPO). Innerhalb dieser Grenzen sind die Parteien in ihrer Regelungsbefugnis frei.

Machen die Parteien von ihrer Regelungsbefugnis keinen Gebrauch, so bestimmt das Schiedsgericht das Verfahren im einzelnen. Das ist die Regelung nach deutschem Schiedsverfahrensrecht (§ 1042 Abs. 4 S. 1 ZPO), aber auch die nach den meisten Schiedsordnungen institutioneller Schiedsgerichte. Das Ermessen des Schiedsgerichts ist zwar nicht völlig frei. Sie müssen das Verfahren in Übereinstimmung mit den Grundprinzipien des Prozeßrechts der lex fori gestalten (vgl. *Schütze*, Schiedsgericht und Schiedsverfahren Rdn. 131), dürfen also bei Schiedsort in Deutschland nicht eine Beweisaufnahme nach common law mit examination in chief, crossexamination und re-examination durchführen, erst recht keine pre trial discovery anordnen. Das wird aber nicht allenthalben so gesehen. Die Parteien tun gut daran, zur Vermeidung böser Überraschungen zumindest zu regeln, wie die Beweisaufnahme durchzuführen ist. Sonst finden sie sich mit einer Art der Beweisaufnahme konfrontiert, die ihnen unbekannt ist und die verfahrensverlängernd und -verteuernd wirkt.

8. Form. Nach deutschem Schiedsverfahrensrecht ist die Schiedsvereinbarung nach § 1031 ZPO formbedürftig. Jedoch gelten für Schiedsvereinbarungen im gewerblichen Bereich – und nur um solche handelt es sich im internationalen Handelsverkehr – Formerleichterungen. Sind die Parteien der Schiedsvereinbarung juristische Personen oder ist das der Schiedsvereinbarung zugrunde liegende Geschäft (Hauptvertrag) der gewerb-

1. Schiedsvereinbarung (institutionelles Schiedsgericht) **II. 1**

lichen oder selbständigen beruflichen Tätigkeit der Parteien zuzurechnen (z.B. Verträge von Rechtsanwälten, Steuerberatern, Ärzten im Rahmen ihrer Praxis), so bestehen folgende Formerleichterungen:
- Die Schiedsvereinbarung bedarf nicht der Niederlegung in besonderer, von beiden Parteien unterschriebener Urkunde. Es genügt der Abschluß durch Briefwechsel, Telegramm, Telefax oder anderer Form der Nachrichtenübermittlung (§ 1031 Abs. 1 ZPO). Die Willenserklärung muß jedoch unterschrieben sein, im Telegramm auf dem Formular. Deshalb genügt der Abschluß durch Swift nicht.
- Es genügt halbe Schriftform in dem Sinne, daß ein schriftliches Angebot auf Abschluß einer Schiedsvereinbarung in jeder Form – auch mündlich oder konkludent – angenommen werden kann (§ 1031 Abs. 2 ZPO). Auch Schweigen auf ein kaufmännisches Bestätigungsschreiben genügt (vgl. Begründung BTDrucks. 13/5274, S. 36 f.).
- Die Bezugnahme auf andere Schriftstücke, die eine Schiedsvereinbarung enthalten, genügt (§ 1031 Abs. 3 ZPO). Diese Regelung gewinnt besondere Bedeutung für Schiedsvereinbarungen in AGB. Voraussetzung ist, daß die Bezugnahme selbst Vertragsinhalt wird.
- Die Aufnahme einer Schiedsvereinbarung in einen Chartervertrag ist auch mit Wirkung für das vom Charterer eingegangene Konnossementrechtsverhältnis ausreichend, wenn hierauf in einem Konnossement ausdrücklich Bezug genommen wird (§ 1031 Abs. 4 ZPO) (vgl. zu Schiedsvereinbarungen in Konnossementen *Schmidt*, Schiedsklauseln in Konnossementen unter einer Charterpartie, FS Herber 1999, S. 281 ff.; *Trappe*, Zur Schiedsklausel im Konnossement, ebenda S. 305 ff.).
- Nicht ausreichend ist es, daß die Schiedsklausel Handelsbrauch ist (vgl. *Schütze*, Schiedsgericht und Schiedsverfahren Rdn. 104), was unter der Geltung des § 1027 Abs. 2 a. F. ZPO anders war.

Bei internationalen Schiedsvereinbarungen ist Art. 11 EGBGB anwendbar (vgl. *Basedow*, Vertragsstatut und Arbitrage nach neuem IPR, Jahrbuch für die Praxis der Schiedsgerichtsbarkeit 1 (1987), S. 3 ff. (12); *Wieczorek/Schütze*, ZPO, 3. Aufl., § 1027 Rdn. 25). Geschäftsrecht und Ortsrecht gelten alternativ. Das Formstatut bestimmt (vgl. *Schütze/Tscherning/Wais* Rdn. 561)
- ob Formbedürftigkeit vorliegt,
- welche Form einzuhalten ist und
- ob die rügelose Einlassung den Formmangel heilt.

Im Geltungsbereich des UN-Übereinkommens über die Anerkennung und Vollstreckung ausländischer Schiedssprüche von 1958 (Deutschland ist Mitgliedstaat, vgl. BGBl. 1961 III 161) ist zu beachten, daß Art. II ein Schriftformerfordernis vorsieht, das von dem des § 1031 ZPO abweicht. Art. II verdrängt im Rahmen seines Geltungsbereichs nationales Recht. Gleiches gilt für das Europäische Übereinkommen über die internationale Handelsschiedsgerichtsbarkeit von 1961 (Deutschland ist Mitgliedstaat, vgl. BGBl. 1964 II 107), das in Art. I Abs. 2 ein besonderes Formerfordernis vorsieht.

9. Dissenting opinion. Die Zulässigkeit einer dissenting opinion ist streitig (vgl. dazu *Peltzer*, Die Dissenting opinion in der Schiedsgerichtsbarkeit, Diss Tübingen 1999; *Schütze*, Dissenting opinion im Schiedsverfahren, FS Nakamura, 1996, S. 525 ff.). Die Schiedsordnungen institutioneller Schiedsgerichte haben das Problem dadurch „gelöst", daß sie die Frage nicht regeln. Auch die deutsche ZPO hat die Chance einer Regelung im Schiedsverfahrensneuregelungsgesetz ungenutzt gelassen und die Frage „ausgeklammert" (vgl. Begründung BTDrucks. 13/5274, S. 56).

Es gibt gute Argumente für und gegen eine Zulassung der dissenting opinion. Die Parteien sollten das Problem aber nicht ungeregelt lassen, insbesondere weil – nach bestrittener Ansicht – die unzulässige dissenting opinion einen Aufhebungsgrund für den Schiedsspruch darstellen kann.

2. ICC Standardschiedsklausel

All disputes arising out of or in connection with the present contract shall be finally settled under the Rules of Arbitration of the International Chamber of Commerce by one or more arbitrators appointed in accordance with the said Rules.

Übersetzung

Alle aus oder im Zusammenhang mit dem gegenwärtigen Vertrag sich ergebenden Streitigkeiten werden nach der Schiedsgerichtsordnung der Internationalen Handelskammer von einem oder mehreren gemäß dieser Ordnung ernannten Schiedsrichtern endgültig entschieden.

Schrifttum: Böckstiegel u. a., Die ICC-Schiedsgerichtsordnung 1998, DIS-MAT II (1998) (mit Beiträgen von Briner, Bühler, Grigera Naón und Kuckenburg); *Calvo*, The New ICC Rules of Arbitration, JIntArb. 1997, 41 ff.; *Craig/Park/Paulsson*, Annotated Guide to the 1998 ICC Arbitration Rules, 1998; *Derains/Schwartz*, A Guide to the New ICC Rules of Arbitration, 1998; *Koch*, Die neue Schiedsgerichtsordnung der Internationalen Handelskammer, RIW 1999, 105 ff.; *Lionnet*, ICC Rules of Arbitration 1998, RPS BB-Beil. 13/1997, 15 ff.; *Rainer*, Le règlement d'arbitrage de la CCI, version 1998, Rev-Arb. 1998, 25 ff.; *Schäfer/Verbist/Imhoos*, Die ICC Schiedsgerichtsordnung in der Praxis, 2000; *Seppala*, The new (1998) Rules of Arbitration of the International Chamber of Commerce, ICLR 1997, 589 ff.; *Verbist/Imhoos*, The New 1998 ICC Rules of Arbitration, International Business Law Journal, 1997, 989 ff.; (das wohl beste Buch zur ICC SchO ist leider schon veraltet, aber immer noch eine Fundgrube: *Rainer*, ICC Schiedsgerichtsbarkeit, 1989 (zu SchO 1988)).

Übersicht

	Seite
1. Schiedsgerichtsbarkeit der ICC	52
2. Ergänzende Empfehlungen zur Standardschiedsklausel	53
3. Regelungsbedürftige Fragen	53–54
a) Anzahl der Schiedsrichter	53
b) Anwendbares materielles Recht	53
c) Anwendbare Verfahrensregeln	53–54
d) Schiedsort	54

1. Schiedsgerichtsbarkeit der ICC. Die Schiedsgerichtsbarkeit der Internationalen Handelskammer geht auf das Jahr 1922 zurück. Das Schiedsgericht der ICC ist wohl das bedeutendste institutionelle Schiedsgericht der westlichen Hemisphäre. Die Internationalität wird durch die Statistik eindrucksvoll belegt. 1997 kamen 1.290 beteiligte Parteien aus 103 Ländern. 1998 war das Verhältnis ähnlich: 1.151 beteiligte Parteien aus 104 Ländern (vgl. für statistisches Material *Schäfer/Verbist/Imhoos* S. 239 ff.)

Das Schiedsgericht hat seinen Sitz in Paris. Adresse:
ICC International Cour of Arbitration
38, Cours Albert 1er
FR 75008 Paris
Tel.: 0033/1/49 53 28 28
Fax.: 0033/1/49 53 29 33

Der Sitz der Institution ist jedoch nicht notwendigerweise Schiedsort. 1997 lagen 373 Schiedsorte in 33 Ländern. 1998 waren die Zahlen ähnlich.

2. Ergänzende Empfehlungen zur Standardschiedsklausel. Im Zusammenhang mit der Standardschiedsklausel weist die ICC die Parteien darauf hin, „daß es in ihrem Interesse sein kann, unmittelbar in der Schiedsklausel das auf den Vertrag anwendbare materielle Recht, die Anzahl der Schiedsrichter, den Schiedsort und die Sprache des Schiedsverfahrens zu vereinbaren".

Weiterhin erklärt die ICC:

Die freie Wahl der Parteien im Hinblick auf das anwendbare Recht, den Schiedsort und die Verfahrenssprache wird durch die Schiedsgerichtsordnung der ICC nicht beschränkt.

Wir möchten auch darauf hinweisen, daß nach der Gesetzgebung einiger Länder die Schiedsklausel von den Parteien ausdrücklich akzeptiert werden muß oder sogar einer besonderen Form bedarf.

3. Regelungsbedürftige Fragen.

a) Anzahl der Schiedsrichter. Die Parteien können die Zahl der Schiedsrichter bestimmen.

Einigen sich die Parteien nicht, was auch später geschehen kann, dann bestimmt die ICC die Anzahl der Schiedsrichter nach Art. 8 ICC Rules. Nach Art. 8 Abs. 2 ICC Rules ist der Einzelschiedsrichter die Regel. Nur bei Schiedssachen von besonderer Bedeutung soll ein Dreierschiedsgericht bestellt werden. Zu den Umständen, die zu berücksichtigen sind, zählen insbesondere die Schwierigkeit und Komplexität von Sachverhalt und Rechtslage. Auch sind die Kosten im Verhältnis zum Streitwert in die Überlegungen einzubeziehen. Als Faustregel gilt, daß bei Streitwerten bis zu 1 Mio. US$ die Entscheidung durch einen Einzelschiedsrichter bestimmt wird, darüber hinaus die durch ein Dreierschiedsgericht (vgl. *Schäfer/Verbist/Imhoos* S. 68).

Im Falle eines Mehrparteienschiedsverfahrens sollten die Parteien nicht nur die Zahl der Schiedsrichter bestimmen, sondern – im Fall des Dreierschiedsgerichts – auch den Bestellungsmodus. Einigt sich nämlich die Mehrparteienseite nicht auf einen Schiedsrichter, so verliert auch die andere Seite mangels abweichender Regelung der Parteien ihr Ernennungsrecht (Art. 10 Abs. 2 ICC Rules). Die Aufnahme dieser Regelung in die ICC Rules ist eine Folge der Dutco-Entscheidung der Cour de Cassation (vgl. dazu *Grigera Naón*, DIS-Mat. II (1998), S. 45 ff. (52 ff.). Danach kann nicht eine Partei ihren Schiedsrichter bestimmen, wenn die anderen Parteien sich nicht auf einen Schiedsrichter einigen können. Die Parteien haben es aber in der Hand, eine eigene Regelung zu vereinbaren und sollten diese Chance nutzen.

b) Anwendbares materielles Recht: Art. 17 Abs. 1 S. 1 ICC Rules geht vom Grundsatz der Parteiautonomie aus. Die Rechtswahl wird ausdrücklich zugelassen. Bestimmen die Parteien das anwendbare Recht nicht, dann erfolgt die Bestimmung des anwendbaren Rechts nach der Neufassung zum 1. 1. 1998 durch „voie directe" (vgl. dazu *Derains*, Les normes d'application immédiate dans la jurisprudence arbitrale internationale, FS Goldmann, 1982, S. 29 ff.). Das Schiedsgericht soll das Recht anwenden, das es für angemessen hält. Darin wird zuweilen ein Freibrief für das Schiedsgericht gesehen (vgl. z.B. *Derains/Schwartz*, S. 217 ff., die die Wahlmöglichkeiten des Schiedsgerichts als unbegrenzt ansehen), obwohl eine restriktive Auslegung notwendig und geboten ist (vgl. *Schütze*, Die Bestimmung des anwendbaren Rechts im Schiedsverfahren und die Feststellung seines Inhalts, FS Böckstiegel, erscheint 2001). Angesichts der Ungewißheit der Interpretation des Art. 17 ICC Rules ist eine ausdrückliche Rechtswahl anzuraten.

c) Anwendbare Verfahrensregeln. Art. 15 ICC Rules überläßt die Wahl des anwendbaren Verfahrensrechts den Parteien. Mangels Parteivereinbarung legt das Schiedsgericht die Verfahrensregeln fest, und zwar ohne an eine nationale Prozeßordnung gebunden zu sein (Art. 15 Abs. 1 ICC Rules). Grenze des Ermessens ist lediglich die Beachtung der Grundsätze von Fairness, Unparteilichkeit und Gewährung rechtlichen Gehörs (Art. 15 Abs. 2 ICC Rules). Die Bestimmung der Verfahrensregeln hängt in der Praxis weitgehend davon ab, aus welcher Rechtsordnung die Schiedsrichter kommen (vgl. dazu *Schütze,* FS Grossfeld, S. 1067 ff.). Das ist u. U. gravierender als die Bestimmung materiellen Rechts durch das Schiedsgericht. So können sich die Parteien plötzlich in einer von ihnen unerwarteten und unerwünschten pre-trial discovery oder Beweisaufnahme mit examination in chief, crossexamination und reexamination finden. Deshalb ist die Wahl der Verfahrensregeln in ICC Verfahren besonders angezeigt. Diese kann auch gegen den Willen des Schiedsgerichts erfolgen (str. vgl. *Schäfer/Verbist/Imhoos,* S. 107 f.). So können die Parteien vereinbaren, daß die Beweisregeln des deutschen Zivilprozesses entsprechend anzuwenden sind, auch wenn die Abfassung eines Beweisbeschlusses den Schiedsrichtern lästig und unzweckmäßig erscheint. Eine andere Frage ist es, ob die Schiedsrichter von ihrem Amt zurücktreten können, wenn sie gezwungen werden, ihnen fremde prozessuale Regeln anzuwenden (vgl. dazu *Schäfer/Verbist/Imhoos,* S. 107 f.).

d) Schiedsort. Die Parteien können den Schiedsort bestimmen. Machen sie von ihrem Bestimmungsrecht keinen Gebrauch, so bestimmt der Gerichtshof den Schiedsort nach Art. 14 Abs. 1 ICC Rules. Die Bestimmung erfolgt nach Anhörung der Parteien. Dabei werden alle Gesichtspunkte berücksichtigt, z. B. Sitz der Parteien, Kommunikationsmöglichkeiten, Infrastruktur, Einreisebestimmungen etc. . . . Vom Schiedsort zu unterscheiden ist der Verhandlungsort. Mangels abweichender Vereinbarung der Parteien kann das Schiedsgericht an jedem angemessen erscheinenden Ort beraten (Art. 14 Abs. 3 ICC Rules). Dabei muß das Schiedsgericht sachliche Gesichtspunkte berücksichtigen, darf nicht etwa in Hawaii beraten, weil die Mitglieder des Schiedsgerichts gerne Golf spielen.

3. DIS Standardschiedsklausel

All disputes arising in connection with the contract (. . . description of the contract . . .) or its validity shall be finally settled in accordance with the Arbitration Rules of the German Institution of Arbitration e. V. (DIS) without recourse to the ordinary courts of law.

Übersetzung

Alle Streitigkeiten, die sich im Zusammenhang mit dem Vertrag (. . . Bezeichnung des Vertrages . . .) oder über seine Gültigkeit ergeben, werden nach der Schiedsordnung der Deutschen Institution für Schiedsgerichtsbarkeit e. V. (DIS) unter Ausschluß des ordentlichen Rechtsweges endgültig entschieden.

Schrifttum: Bredow, Deutsche Institution für Schiedsgerichtsbarkeit, RPS BB-Beil. 15/1992, 4 ff.; *ders.,* Die Mitwirkung der Deutschen Institution für Schiedsgerichtsbarkeit bei der Durchführung von Schiedsverfahren, FS Glossner, 1994, S. 51 ff,; *ders.,* Die DIS-Schiedsgerichtsordnung 1998, DIS-MAT IV (1998), S. 111 ff.; *Glossner,* 75 Jahre institutionelle Schiedsgerichtsbarkeit in Deutschland, RPS BB-Beil. 5/1996, 3 ff.

Übersicht

	Seite
1. Schiedsgerichtsbarkeit der DIS	55
2. Ergänzende Empfehlungen zur Standardschiedsklausel	55
3. Regelungsbedürftige Fragen	55–56
a) Anzahl der Schiedsrichter	55
b) Anwendbares materielles Recht	55–56
c) Anwendbare Verfahrensregeln	56
d) Schiedsort	56

3. DIS Standardschiedsklausel

1. Schiedsgerichtsbarkeit der DIS. Die DIS stellt in Deutschland eine effiziente branchenunabhängige Schiedsgerichtsorganisation zur Verfügung. Sie steht für internationale und nationale Verfahren unabhängig von der Nationalität der Parteien zur Verfügung. Die DIS hat u.a. auch die Funktion der „Ernennenden Stelle" nach den UNCITRAL-Rules und der ECE-SchO. Die DIS SchO orientiert sich an den Arbeiten der UNCITRAL.

Das Schiedsgericht hat seinen Sitz in Bonn. Adresse:
Deutsche Institution für Schiedsgerichtsbarkeit e. V. (DIS)
Adenauerallee 148
D 53113 Bonn
Tel.: 0049/228/1 04 27 11
Fax.: 0049/228/1 04 27 14
Eine Geschäftsstelle befindet sich in Berlin. Adresse:
DIS-Geschäftsstelle Berlin
Breitestr. 29
D 10178 Berlin
Tel.: 0049/30/31 51 05 89
Fax.: 0049/30/31 51 01 20

2. Ergänzende Empfehlungen zur Standardschiedsklausel. Die DIS empfiehlt im Zusammenhang mit der Standardschiedsklausel folgende Ergänzungen:
– The place of arbitration is ...
– The arbitral tribunal consists of ...
– The substantive law of ... is applicable to the dispute
– The language of the arbitral proceedings is ...

Übersetzung

– Der Ort des schiedsrichterlichen Verfahrens ist ...
– Die Anzahl der Schiedsrichter beträgt ...
– Das anwendbare materielle Recht ist ...
– Die Sprache des schiedsrichterlichen Verfahrens ist ...

3. Regelungsbedürftige Fragen

a) Anzahl der Schiedsrichter. Treffen die Parteien keine abweichende Bestimmung, so besteht das Schiedsgericht aus drei Schiedsrichtern (§ 3 DIS SchO). Jede Partei hat das Recht zur Benennung eines Schiedsrichters. Die Schiedsrichter sollen sich auf den Vorsitzenden einigen. Im Falle der Nichtbenennung eines Schiedsrichters durch eine Partei oder die Nichteinigung der Schiedsrichter auf einen Vorsitzenden wird die Ernennung durch die DIS vorgenommen (§ 12 DIS SchO).

Einigen sich die Parteien bei Vereinbarung eines Einzelschiedsrichters nicht auf dessen Person, so kann jede Partei dessen Ernennung durch die DIS beantragen (§ 14 DIS SchO).

Eine umfassende Regelung der Mehrparteienschiedsgerichtsbarkeit trifft § 13 DIS SchO, der schon der Dutco Entscheidung der Cour de Cassation (vgl. dazu *Grigera Naón*, DIS-Mat. II (1998), S. 45 ff. (52 ff.) Rechnung trägt. Die Parteien sollten sich auf den Bestellungsmodus einigen. Andernfalls wird eine durch den Schiedskläger vorgenommene Bestellung eines Schiedsrichters hinfällig wenn die Schiedsbeklagten sich nicht auf einen Schiedsrichter einigen. In diesem Fall ernennt die DIS beide Schiedsrichter (§ 13.2 DIS SchO).

b) Anwendbares materielles Recht. § 23.1 DIS SchO geht von der Parteiautonomie aus. Die Parteien können das anwendbare materielle Recht bestimmen. Die Standardschiedsklausel legt den Parteien ausdrücklich nahe, dies zu tun. Treffen die Parteien keine Rechtswahl, so verweist § 23.2 DIS SchO auf das Recht des Staates, „mit dem der Gegenstand des Verfahrens die engsten Verbindung aufweist". Die DIS SchO folgt damit der deutschen gesetzlichen Regelung (vgl. *Bredow,* DIS-MAT IV (1998, S. 111 ff. (117)). Art. 28 Abs. 1 S. 1 EGBGB ist übernommen worden.

c) Anwendbare Verfahrensregeln. § 24.1 DIS SchO überläßt den Parteien – in den Grenzen der zwingenden Vorschriften des Rechts am Schiedsort – die Bestimmung der Verfahrensregeln. Machen die Parteien von ihrem Bestimmungsrecht keinen Gebrauch, so bestimmt das Schiedsgericht das Verfahren. Auch in der sonst so vorzüglichen DIS SchO fehlt eine Regelung darüber, wie Beweis zu erheben ist: nach kontinentaler Übung oder common law Grundsätzen. Zumindest diese Frage sollten die Parteien nicht offenlassen.

d) Schiedsort. Nach § 21.1 DIS SchO können die Parteien den Schiedsort festlegen. Mangels einer Vereinbarung wird der Ort des schiedsrichterlichen Verfahrens durch das Schiedsgericht bestimmt. Dieses hat auf die Umstände des Verfahrens (Beweisnähe, Kostengünstigkeit, Erreichbarkeit für Parteien und Zeugen pp.) Bedacht zu nehmen. Unabhängig vom Schiedsort kann das Schiedsgericht – mangels abweichender Parteivereinbarung – auch an anderen Orten die mündliche Verhandlung und/oder Beweisaufnahme durchführen.

4. Wiener Standardschiedsklausel

All disputes arising out of this contract or related to its violation, termination or nullity shall be finally settled under the Rules of Arbitration and Conciliation of the International Arbitral Centre of the Austrian Federal Economic Chamber in Vienna (Vienna Rules) by one or more arbitrators appointed in accordance with these rules.

Übersetzung

Alle Streitigkeiten, die sich aus diesem Vertrag ergeben oder auf dessen Verletzung, Auflösung oder Nichtigkeit beziehen, werden nach der Schieds- und Schlichtungsordnung des Internationalen Schiedsgerichts der Wirtschaftskammer Österreich in Wien (Wiener Regeln) von einem oder mehreren gemäß diesen Regeln ernannten Schiedsrichtern endgültig entschieden.

Schrifttum: Aden, Internationale Handelsschiedsgerichtsbarkeit, 1988, S. 144 ff.; *Heller,* Die Rechtsstellung des Internationalen Schiedsgerichts der Wirtschaftskammer Österreich, WBL 1994, 105 ff.; *Melis,* Das Schiedsgericht der Bundeskammer der gewerblichen Wirtschaft, Wien, Jahrbuch für die Praxis der Schiedsgerichtsbarkeit 2 (1988), S. 174 ff.; *ders.,* Die neue Schieds- und Schlichtungsordnung des Internationalen Schiedsgerichts der Bundeskammer der gewerblichen Wirtschaft, Wien, öAnwBl. 1991, 776 ff.; *ders.,* Die neue Schieds- und Schlichtungsordnung des Internationalen Schiedsgerichts der Bundeskammer der gewerblichen Wirtschaft, Wien, Jahrbuch für die Praxis der Schiedsgerichtsbarkeit 4 (1990), S. 171 ff.; *Schütze,* Die Schiedsgerichtsbarkeit der Bundeskammer der gewerblichen Wirtschaft Wien, WPM 1987, 609 ff.; *Schütze/Tscherning/Wais,* Handbuch des Schiedsverfahrens, 2. Aufl., 1990, Rdn. 872 ff.

Übersicht

	Seite
1. Schiedsgerichtsbarkeit der Wirtschaftskammer Österreich	57
2. Ergänzende Empfehlungen zur Standardschiedsklausel	57
3. Regelungsbedürftige Fragen	57–58
a) Anzahl der Schiedsrichter	57
b) Anwendbares materielles Recht	57
c) Anwendbares Verfahrensrecht	57–58
d) Rechtsmittelausschluß	58

4. Wiener Standardschiedsklausel

1. Schiedsgerichtsbarkeit der Wirtschaftskammer Österreich. Das Schiedsgericht war ursprünglich schwerpunktmäßig für Ost-West Streitigkeiten errichtet worden. Es hat dann aber schnell Bedeutung für die gesamte internationale Schiedsgerichtsbarkeit erlangt. Es ist heute eines der wichtigen internationalen Schiedsgerichte nicht nur für Europa. Es zeichnet sich durch eine effiziente Organisation aus und hat wohl die besten technischen Möglichkeiten (Räume, Simultanübersetzungen pp.), die ein institutionelles Schiedsgericht nur bieten kann und ist damit auch in der Lage, logistisch Mammutverfahren in den eigenen Räumen zu „bewältigen". Die aktuelle Schiedsordnung ist am 1. 9. 1991 in Kraft getreten (die Kostenordnung am 1. 1. 1997).

Das Schiedsgericht hat seinen Sitz in Wien. Adresse:
Wiedner Hauptstraße 63
1045 Wien
Tel.: 0043/1/5 01 05/43 97, 43 98, 43 99
Fax.: 0043/1/5 02 06-2 16

2. Ergänzende Empfehlungen zur Standardschiedsklausel. Die Empfehlungen zur Ergänzung der Standardschiedsklausel beziehen sich nicht nur auf das Verfahren – wie bei den meisten anderen institutionellen Schiedsgerichten – sondern betreffen auch den möglichen Ausschluß von Rechtsmitteln gegen den Spruch:
(a) The number of arbitrators shall be ... (one or three);
(b) the substantive law of ... shall be applicable;
(c) the language to be used in the arbitral proceedings shall be ...
(d) Pursuant to para. 598 (2) of the Austrian Code of Civil Procedure (ZPO), parties expressly waive the application of para. 595 (1) figure 7 of the said code.

Übersetzung

(a) Die Anzahl der Schiedsrichter beträgt ... (einer oder drei);
(b) es ist ... materielles Recht anzuwenden;
(c) die im Schiedsverfahren zu verwendende Sprache ist ...
(d) Auf die Anwendung des § 595 Abs. 1 Z. 7 der österreichischen Zivilprozeßordnung (ZPO) wird gemäß § 598 Abs. 2 ZPO verzichtet.

3. Regelungsbedürftige Fragen.
a) Anzahl der Schiedsrichter. Nach Art. 9 (1) Wiener Regeln können die Parteien zwischen einem Einzelschiedsrichter und einem Dreierschiedsgericht wählen. Fehlt eine solche Vereinbarung, so bestimmt das Präsidium der Institution, ob der Rechtsstreit durch einen oder drei Schiedsrichter zu entscheiden ist (Art. 9 (2)).

b) Anwendbares materielles Recht. Art. 16 Abs. 1 SchO geht von der Parteiautonomie aus. Die Parteien können das anwendbare Recht bestimmen. Die Standardschiedsklausel legt den Parteien eine Rechtswahl ausdrücklich nahe. Treffen die Parteien keine Rechtswahl, so verweist Art. 16 Abs. 1 S. 2 SchO auf die Kollisionsnormen, die die Schiedsrichter für „maßgeblich erachten". Die Freiheit der Bestimmung der Kollisionsnormen bezieht sich in Wahrheit auf die Bestimmung der lex fori. Die Schiedsrichter sind nicht völlig frei in der Bestimmung der anwendbaren Kollisionsnormen. Sie können nur zwischen den Kollisionsnormen des Schiedsortes oder des anwendbaren Schiedsverfahrensrechts wählen (vgl. *Schütze*, Die Bestimmung des anwendbaren Rechts im Schiedsverfahren und die Feststellung seines Inhalts, FS Böckstiegel, erscheint 2001). Einzelheiten sind jedoch streitig.

c) Anwendbares Verfahrensrecht. Art. 14 SchO enthält eine für eine institutionelle Schiedsordnung ausführliche Regelung des Verfahrens. Das Verfahren kann mündlich oder schriftlich durchgeführt werden. Eine mündliche Verhandlung hat stattzufinden, wenn eine Partei dies beantragt oder das Schiedsgericht sie für notwendig erachtet. Das Verfahren ist nicht öffentlich. Es ist ein Ergebnisprotokoll anzufertigen. Die Parteien können sich durch Bevollmächtigte ihrer Wahl vertreten lassen (Art. 15 SchO). Die Parteiherrschaft des Verfahrens ist durch den Grundsatz der zügigen Erledigung des Verfahrens begrenzt. Auch wenn die Parteien gemeinsam unzulässig lange Unterbrechungen des Verfahrens oder solche auf unbestimmte Zeit beantragen, darf das Schiedsgericht dem nicht folgen (Art. 17 SchO). Das Präsidium kann Verfahren, die von den Parteien nicht gehörig fortgesetzt werden, von der Falliste streichen. Nicht geregelt ist die Art der Beweisaufnahme. Hier ist den Parteien anzuraten, auf ein Verfahrensrecht zu verweisen, etwa das österreichische Zivilprozeßrecht. Sonst finden sie sich plötzlich im common law Beweisverfahren. Ungeregelt ist in der SchO auch die Urkundenvorlage. Hier gilt dasselbe wie für das Beweisverfahren allgemein.

d) Rechtsmittelausschluß. Für die kaufmännische Schiedsvereinbarung läßt § 598 Abs. 2 öZPO den Verzicht der Anfechtung eines Schiedsspruchs aus den Gründen zu, aus denen ein gerichtliches Urteil mit der Wiederaufnahmeklage angefochten werden könnte. Die Bestimmung lautet: *Haben beide Parteien den Schiedsvertrag als Unternehmer (§ 1 Abs. 1 Z. 1 KSchG) geschlossen, so können sie auf die Anwendung des § 595 Abs. 1 Z. 7 verzichten.* Die Standardschiedsklausel sieht eine entsprechende Empfehlung vor.

5. Zürcher Standardschiedsklausel

A. Mit Ernennung der Schiedsrichter durch die Zürcher Handelskammer:
All disputes arising out of or in connection with the present agreement, including disputes on its conclusion, binding effect, amendment and termination, shall be resolved, to the exclusion of the ordinary courts by an Arbitral Tribunal (or: by a three-person Arbitral Tribunal/a sole arbitrator) in accordance with the International Arbitration Rules of the Zurich Chamber of Commerce.

Übersetzung

Alle sich aus oder im Zusammenhang mit dem vorliegenden Vertrag ergebenden Streitigkeiten, einschließlich solcher über sein gültiges Zustandekommen, seine Rechtswirksamkeit, seine Abänderung oder Auflösung, werden durch ein Schiedsgericht (eventuell: durch ein Dreierschiedsgericht/durch einen Einzelschiedsrichter) gemäß der Internationalen Schiedsgerichtsordnung der Zürcher Handelskammer unter Ausschluß der ordentlichen Gerichte entschieden.

B. Mit Ernennung je eines Schiedsrichters durch die Parteien:
Alle disputes arising out of or in connection with the present agreement, including disputes on its conclusion, binding effect, amendment and termination shall be resolved, to the exclusion of the ordinary courts by a three-person Arbitral Tribunal in accordance with the International Arbitration Rules of the Zurich Chamber of Commerce. If there are not more than two parties involved in the procedure, each party nominates an arbitrator.

Übersetzung

Alle sich aus oder im Zusammenhang mit dem vorliegenden Vertrag ergebenden Streitigkeiten, einschließlich solcher über sein gültiges Zustandekommen, seine Rechtswirksamkeit, seine Abänderung oder Auflösung, werden durch ein Dreierschiedsgericht gemäß der Internationalen Schiedsgerichtsordnung der Zürcher Handelskammer unter Ausschluß der ordentlichen Gerichte entschieden; jede Partei ernennt, wenn nicht mehr als zwei Parteien am Verfahren beteiligt sind, einen Schiedsrichter.

5. Zürcher Standardschiedsklausel

Schrifttum: Bachmann, The Court of Arbitration of the Zurich Chamber of Commerce, in: *Cohn/Domke/Eisemann,* Handbook of Institutional Arbitration in International Trade, 1977, S. 203 ff.; *Briner,* Internationale Schiedsgerichtsordnung der Zürcher Handelskammer, schweizJZ 1989, 20 ff.; *Glattfelder,* Die internationale Schiedsgerichtsbarkeit der Zürcher Handelskammer, 1979; *Schütze/Tscherning/Wais,* Handbuch des Schiedsverfahrens, 2. Aufl., 1990, Rdn. 848 ff.

Übersicht

	Seite
1. Schiedsgerichtsbarkeit der Zürcher Handelskammer	59
2. Ergänzende Empfehlungen zur Standardschiedsklausel	59
3. Regelungsbedürftige Fragen	59–60
a) Anwendbares materielles Recht	59–60
b) Anwendbare Verfahrensregeln	60
c) Bestellung der Schiedsrichter	60

1. Schiedsgerichtsbarkeit der Zürcher Handelskammer. Die Schweiz erfreut sich als Schiedsort besonderer Beliebtheit. Das Schiedsgericht der Zürcher Handelskammer ist für internationale Streitigkeiten das bedeutendste seiner Art in der Schweiz. Es besteht seit dem Jahre 1911. Die aktuelle Schiedsordnung datiert vom 1. 1. 1989.

Das Schiedsgericht hat seinen Sitz in Zürich. Adresse:
Bleicherweg 5
CH 8022 Zürich
Tel.: 0041/1/2 21 07 42
Fax.: 0041/1/2 11 76 15

Die Zürcher Schiedsgerichtsbarkeit ist durch eine Besonderheit gekennzeichnet. Der Vorsitzende wird bei einem Dreierschiedsgericht immer von der Institution bestellt, und zwar aus einer Liste ständiger Vorsitzender, die mindestens acht Personen umfaßt. Behalten sich die Parteien die Bestellung „ihres" Schiedsrichters vor, so unterliegt ihre Bestimmung keiner Beschränkung. Machen sie keinen entsprechenden Vorbehalt, so bestimmt der Vorsitzende seine Mitschiedsrichter. Ein Einzelschiedsrichter wird immer von der Institution aus der vorerwähnten Liste bestimmt.

2. Ergänzende Empfehlungen zur Standardschiedsklausel. In der Standardschiedsklausel A empfiehlt die Zürcher Handelskammer eine Regelung über die Zahl der Schiedsrichter. Regeln die Parteien dies nicht, so wird bei einem Streitwert von über 1 Mio. sfr. ein Dreierschiedsgericht gebildet, darunter entscheidet ein Einzelschiedsrichter (Art. 10 SchO).

Darüber hinaus wird eine Eventualregelung angeboten:
The decision of the Arbitral Tribunal shall be final, and the parties waive all challenges of the award in accordance with Art. 192 Private International Law Statute.

Übersetzung

Das Schiedsgericht entscheidet endgültig; die Parteien verzichten gemäß Art. 192 IPRG auf jegliche Anfechtung.

Art. 192 IPRG läßt bei Parteien, von denen keine Wohnsitz, gewöhnlichen Aufenthalt oder eine Niederlassung in der Schweiz haben, den Verzicht auf jegliche Rechtsmittel oder Anfechtungsgründe zu. Auch die Beschränkung auf einzelne Anfechtungsgründe ist zulässig.

3. Regelungsbedürftige Fragen.
a) Anwendbares materielles Recht. Art. 4 Abs. 1 Zürcher SchO geht vom Grundsatz der Parteiautonomie aus. Die Rechtswahl wird ausdrücklich zugelassen. Bestimmen die

Parteien das anwendbare Recht nicht, so hat das Schiedsgericht das anwendbare Recht aufgrund der Kollisionsnormen des IPRG zu bestimmen (Art. 116 ff.). Nach Art. 117 IPRG kommt bei Fehlen einer Rechtswahl das Recht zur Anwendung, zu dem der Vertrag die engste Verbindung hat. Es wird vermutet, daß der engste Zusammenhang zu dem Staat besteht, in dem die Partei, die die charakteristische Leistung zu erbringen hat, ihren gewöhnlichen Aufenthalt hat, oder, wenn sie den Vertrag aufgrund einer beruflichen oder gewerblichen Tätigkeit geschlossen hat, in dem sich ihre Niederlassung befindet. Art. 177 Abs. 3 IPRG bestimmt die charakteristische Leistung für einige wichtige Vertragstypen (vgl, dazu *Keller/Kren Kostkiewicz*, in: *Heini* u. a., IPRG, 1993, Anm. zu Art. 177 m.w.N.). Art. 187 IPRG wiederholt die Regelung des Art. 117 IPRG für das Schiedsverfahren, ohne Kriterien für die engste Verbindung aufzustellen.

b) Anwendbare Verfahrensregeln. Nach Art. 3 lit. c Zürcher SchO sind die Parteien in der Bestimmung des Verfahrens frei. Grenze sind das Gesetz und die Zürcher SchO. Machen die Parteien von ihrem Bestimmungsrecht keinen Gebrauch so findet neben der Zürcher SchO das 12. Kapitel des IPRG (Art. 176 ff.) Anwendung (Art. 3 lit. a Zürcher SchO). Nach Art. 182 Abs. 2 IPRG bestimmt das Schiedsgericht die Verfahrensregeln selbst, soweit eine Bestimmung durch die Parteien fehlt. In jedem Fall ist die Gleichbehandlung der Parteien und die Gewährung rechtlichen Gehörs im kontradiktorischen Verfahren zu beachten (Art. 182 Abs. 3 IPRG).

c) Bestellung der Schiedsrichter. Die Parteien können die Zahl der Schiedsrichter bestimmen. Üben sie ihr Bestimmungsrecht nicht aus, so erfolgt die Bestimmung durch den Präsidenten der Zürcher Handelskammer, und zwar unabhängig davon, ob der Schiedskläger „seinen" Schiedsrichter bereits benannt hat. Bei einem Streitwert über 1 Mio. sfr. ist – soweit die Parteien nicht die Entscheidung durch einen Einzelschiedsrichter bestimmt haben, eine Entscheidung durch ein Dreierschiedsgericht vorgesehen (Art. 10 SchO). Wegen der Besonderheiten der Bestellung des Obmanns (vgl. oben Anm. 1) kann dieser nicht durch die Parteien oder die Schiedsrichter bestimmt werden (vgl. *Schütze/Tschernig/Wais* Rdn. 851).

6. LCIA Standardschiedsklausel

Any dispute arising out of or in connection with this contract, including any question regarding its existence, validity or termination, shall be referred to and finally resolved by arbitration under the LCIA-Rules, which Rules are deemed to be incorporated by reference into this clause.

*Übersetzung**

Alle sich aus oder in Zusammenhang mit diesem Vertrag ergebenden Streitigkeiten, einschließlich aller Fragen über sein Bestehen, seine Gültigkeit oder Beendigung, werden endgültig entschieden in einem Schiedsgerichtsverfahren nach der LCIA Schiedsgerichtsordnung. Diese Schiedsgerichtsordnung gilt als durch Verweisung in diese Klausel eingefügt.

Schrifttum: Cohn/Domke/Eisemann, Handbook of Institutional Arbitration in International Trade, 1977, S. 227 ff.; *Craig,* Rules of the London Court of International Arbitration, ArbJ 1989, 33 ff.; *Hunter/Paulsson,* A Commentary on the 1985 Rules of the London Court of International Arbitration, Yearbook Commercial Arbitration X

---

* Übersetzung mit freundlicher Genehmigung der DIS.

6. LCIA Standardschiedsklausel

(1985), S. 167 ff.; *Schütze/Tscherning/Wais,* Handbuch des Schiedsverfahrens, 2. Aufl., 1990, Rdn. 882 ff.; *Vigrass,* The London Court of International Arbitration, in: *Uff/Jones* (Herausg.), International and ICC Arbitration, 1990, S. 271 ff. (jeweils zum Rechtszustand vor 1998).

Übersicht

	Seite
1. Schiedsgerichtsbarkeit des LCIA	61
2. Ergänzende Empfehlungen zur Standardschiedsklausel	61
3. Regelungsbedürftige Fragen	61
a) Anzahl der Schiedsrichter	61
b) Schiedsort	61
c) Schiedssprache	61
d) Anwendbares materielles Recht	61
e) Anwendbares Verfahrensrecht	61

1. Schiedsgerichtsbarkeit des LCIA. Der London Court of International Arbitration ist 1892 als London Chamber of Arbitration auf Initiative der Corporation of the City of London gegründet worden. Es handelt sich damit um das älteste institutionelle Schiedsgericht überhaupt.

Das Schiedsgericht hat seinen Sitz in London. Adresse:
LCIA Arbitration International
Hulton House 6th Floor
161–166 Fleet Street
GB London EC4A2DY
Tel.: 0041/71/9 36 35 30
Fax.: 0041/71/9 36 35 33

Die gegenwärtige Schiedsordnung ist seit dem 1. 1. 1998 in Kraft. Sie trägt den Reformen des englischen Schiedsverfahrensrechts 1996 Rechnung (vgl. dazu *Triebel/Plassmeier,* Das neue englische Schiedsgerichtsgesetz, RPS BB-Beil. 13/1997, 2 ff.).

Eine Besonderheit der LCIA Schiedsgerichtsbarkeit ist die Gebührenregelung. Es werden keine streitwertabhängigen Gebühren für Verwaltungskosten und Schiedsrichterhonorare in Ansatz gebracht, sondern Zeitvergütungen. Das kann bei der zeitaufwendigen Beweisaufnahme nach common law mit examination in chief, crossexamination und reexamination teuer werden. Jedenfalls sind die Kosten nur schwer vor Abschluß des Verfahrens kalkulierbar.

2. Ergänzende Empfehlungen zu Standardschiedsklausel. Der LCIA empfiehlt im Zusammenhang mit der Standardschiedsklausel folgende Ergänzungen:

The number of arbitrators shall be ... (one/three)
The Place of Arbitration shall be ... (City and/or Country)
The language to be used in the arbitral proceedings shall be ...
The governing law of the contract shall be the substantive law of ...

Übersetzung

Die Anzahl der Schiedsrichter beträgt ... (eins/drei)
Der Ort des Schiedsgerichtsverfahrens ist ... (Stadt und/oder Land)
Die Sprache des Schiedsgerichtsverfahrens ist ...
Das auf den Vertrag anwendbare Recht ist das materielle Recht von ...

Die Standardschiedsklausel differenziert zwischen künftigen und entstandenen Streitigkeiten. Hier ist nur die Standardschiedsklausel für künftige Streitigkeiten behandelt, da sie vornehmlich für den Kautelarjuristen Bedeutung hat.

3. Regelungsbedürftige Fragen.

a) **Anzahl der Schiedsrichter.** Die Parteien können die Anzahl der Schiedsrichter (Einzelschiedsrichter, Dreierschiedsgericht pp.) bestimmen. Liegt keine Parteivereinbarung vor, so entscheidet die Institution, wobei in der Regel ein Einzelschiedsrichter bestellt wird. Nur der LCIA Schiedsgerichtshof ist befugt Schiedsrichter zu bestellen, auch die parteibenannten. Der Vorsitzende wird immer vom LCIA Schiedsgerichtshof benannt (vgl. *Schütze/Tscherning/Wais*, Rdn. 885).

b) **Schiedsort.** Die Parteien sind in der Bestimmung des Schiedsortes frei (Art. 16.1 LCIA SchO). Üben sie ihr Bestimmungsrecht nicht aus, so ist Schiedsort London, es sei denn der LCIA Schiedsgerichtshof setzt unter Berücksichtigung der Umstände des Falles einen anderen Schiedsort als angemessener frei.

c) **Schiedssprache.** Die Parteien können die Schiedssprache bestimmen (Art. 17.1 LCIA SchO). Mangels einer Bestimmung ist die Sprache, in der die Schiedsvereinbarung abgefaßt ist, Eingangssprache des Schiedsverfahrens. Ist die Schiedsvereinbarung in mehr als einer Sprache abgefaßt (was insbesondere bei zweisprachigen Verträgen vorkommt), so entscheidet die Institution über die Schiedssprache.

d) **Anwendbares materielles Recht.** Nach Art. 22.3 ist eine Rechtswahl zulässig. Mangels Rechtswahl hat das Schiedsgericht das Recht anzuwenden, das es für „angemessen erachtet". Auch diese Regelung muß restriktiv interpretiert werden. Das Schiedsgericht kann nicht frei wählen. Das angewendete Recht muß eine Beziehung zum Streitfall haben (vgl. *Schütze*, FS Böckstiegel erscheint 2001).

e) **Anwendbares Verfahrensrecht.** Art. 14.1 LCIA SchO läßt verfahrensregelnde Vereinbarungen der Parteien zu. Die Regelung muß lediglich die wesentlichen Grundsätze eines fairen und zügigen Verfahrens beachten (Art. 14.1 (i) und (ii)). Machen die Parteien von ihrer Regelungsbefugnis keinen Gebrauch, so finden sie sich im common law Verfahren, insbesondere im Hinblick auf die Beweisaufnahme (vgl. Art. 20 ff. LCIA SchO).

7. Stockholmer Standardschiedsklausel

Any dispute, controversy or claim arising out of or in connection with this contract, or the breach, termination or invalidity thereof, shall be finally settled by arbitration in accordance with the Rules of the Arbitration Institute of the Stockholm Chamber of Commerce.

Übersetzung

Alle Streitigkeiten, aus oder im Zusammenhang mit diesem Vertrag oder auf dessen Verletzung, Auflösung oder Nichtigkeit beziehen, werden durch ein Schiedsverfahren nach den Regeln des Schiedsgerichtsinstitutes der Stockholmer Handelskammer endgültig entschieden.*

Schrifttum: Aden, Internationale Handelsschiedsgerichtsbarkeit, 1988, S. 184 ff.; *Alley,* International Arbitration: The Alternative of the Stockholm Chamber of Commerce, The International Lawyer 1988, 837 ff.; *Benigni,* Arbitrato commerciale in base al nuovo Regolamento dell'Instituto Arbitrale della Camera di Commercia di Stoccolma, Rassegna dell arbitrato 1989, 101 ff.; *Hober,* Neue Regeln für das Schiedsgerichtsinstitut

---

* Die deutsche Fassung der Stockholmer Standardschiedsklausel ist nicht identisch mit der englischen Fassung. Sie enthält die Erweiterung von Vertragsverletzung, Auflösung, Nichtigkeit nicht.

7. Stockholmer Standardschiedsklausel

der Handelskammer Stockholm, DIS-Mitt. 1/1989, 13 ff.; *Schütze/Tscherning/Wais* aaO. Rdn. 858 ff.; *Wetter*, Institutional Arbitration in Sweden, Arbitration Journal 43 (1988), S. 5 ff. (jeweils zum Rechtszustand vor dem 1. 4. 1999).

Übersicht

	Seite
1. Schiedsgerichtsbarkeit des Schiedsgerichtsinstitutes der Stockholmer Handelskammer	63
2. Ergänzende Empfehlungen zur Standardschiedsklausel	63
3. Regelungsbedürftige Fragen	63–64
a) Anzahl der Schiedsrichter	64
b) Anwendbares materielles Recht	64
c) Anwendbares Verfahrensrecht	64
d) Schiedsort	64
e) Schiedssprache	64

1. Schiedsgerichtsbarkeit des Schiedsgerichtsinstituts der Stockholmer Handelskammer. Das Schiedsgerichtsinstitut der Stockholmer Handelskammer ist 1917 gegründet worden. Seine internationale Bedeutung hat es insbesondere im Ost-West Handel erlangt. Die sowjetischen Außenhandelsorganisationen favorisierten Stockholm nicht zuletzt deswegen, weil das schwedische IPR bei fehlender Rechtswahl in der Praxis der Abwicklung von Ostgeschäften regelmäßig zur Anwendung sowjetischen Rechts führte (vgl. dazu *Schütze*, Rechtsverfolgung im Ausland, 2. Aufl., 1998, Rdn. 328; *Stumpf/Lindstaedt*, AWD 1972, 228 ff.).

Die Schiedsordnung ist in jüngerer Zeit nach umfassenden Vorarbeiten modernen Erfordernissen angepaßt worden und am 1. 1. 1999 in der Neufassung in Kraft getreten (abgedruckt auch Yearbook Commercial Arbitration XXIVa (1999), S. 420 ff.).

Das Schiedsgericht hat seinen Sitz in Stockholm. Adresse:
Schiedsgerichtsinstitut der Stockholmer Handelskammer
Jakobs Torg 3
Postfach 1 60 50
SE 103 21 Stockholm
Tel.: 0046/8/55 51 00 50
Fax.: 0046/8/56 63 16 50

2. Ergänzende Empfehlungen zur Standardschiedsklausel. Im Zusammenhang mit der Standardschiedsklausel empfiehlt das Schiedsgerichtsinstitut Ergänzungen, die in einem eigenen Faltblatt – das auch Erläuterungen enthält – zusammengefaßt sind. Für den Normalfall wird empfohlen:

The arbitral tribunal shall be composed of ... arbitrators (a sole arbitrator),
The place of arbitration shall be ...
The language to be used in the arbitral proceedings shall be ...
This contract shall be governed by the substantive law of ...

Übersetzung

Die Anzahl der Schiedsrichter beträgt ... (oder Einzelschiedsrichter)
Der Ort des Schiedsverfahrens ist ...
Die Sprache des Schiedsverfahrens ist ...
Dieser Vertrag unterliegt dem materiellen Recht ...

3. Regelungsbedürftige Fragen.

a) *Anzahl der Schiedsrichter.* Die Parteien können die Anzahl der Schiedsrichter bestimmen. Tun sie dies nicht, so trifft das Institut die Bestimmung (§ 13 SchO). Mangels Bestimmung durch die Parteien ist das Dreierschiedsgericht Regelschiedsgericht. Das Institut kann jedoch unter Berücksichtigung der Schwierigkeit des Falles, des Streitwertes und anderer relevanter Umstände beschließen, daß ein Einzelschiedsrichter bestellt wird (§ 16 Abs. 1 SchO).

b) Anwendbares materielles Recht. Die Parteien können das anwendbare Recht bestimmen (§ 24 Abs. 1 SchO). Bestimmen die Parteien das anwendbare Recht nicht, so erfolgt die Bestimmung durch die Schiedsrichter durch „voie directe". Die Regelung in § 24 Abs. 1 SchO entspricht der in Art. 17 Abs. 1 S. 1 ICC Rules. Hinsichtlich der Beschränkung der Wahlmöglichkeiten des Schiedsgerichts vgl. oben sub II. 2, Anm. 3 b. Die Regelung ist nicht besonders glücklich, führt aber immerhin zu besseren Ergebnissen als die frühere Rechtslage, bei der das Schiedsgericht die schwedischen Kollisionsnormen anwendete, die wegen der besonderen Verhältnisse im Ost-West Handel regelmäßig zur Anwendung des Rechts am Sitz der sozialistischen Außenhandelsorganisation – deshalb die Vorliebe der Sowjets für Stockholm – also sowjetischen Rechts führte (vgl. dazu *Stumpf/Lindstaedt,* AWD 1972, 228 ff. (228); *Schütze,* FS Grossfeld, S. 1067 ff. (1072)).

c) Anwendbares Verfahrensrecht. §§ 25 und 26 SchO enthalten Regelungen über die mündliche Verhandlung und die Beweisaufnahme. Die Regelungen sind nur Rahmenbestimmungen, die durch Parteivereinbarung abgeändert und ausgefüllt werden können. Im übrigen entscheidet das Schiedsgericht. § 20 Abs. 1 SchO statuiert recht sybillinisch, daß das Schiedsgericht bei der Festlegung der Verfahrensregeln „auf die Wünsche der Parteien Rücksicht zu nehmen" hat.

d) Schiedsort. Bestimmen die Parteien den Schiedsort nicht, so erfolgt die Bestimmung durch das Institut (§ 13.3 SchO).

e) Schiedssprache. Die Schiedssprache kann durch die Parteien bestimmt werden. Mangels einer Vereinbarung bestimmt das Schiedsgericht die Schiedssprache nach Anhörung der Parteien.

III. Vertriebsverträge

1. Agency Contract[1,2]

(Handelsvertretervertrag)

XY-GmbH
Street
City
(hereinafter referred to as „Principal")

and

Mister Joseph Z
Street
City
(hereinafter referred to as „Agent")

Whereas, the Principal designs, manufacturers and sells certain products (hereinafter referred to as „Products);
whereas, the Agent has established certain relations with customers in the Territory;
whereas, the Principal ist willing to engage the Agent in order to enlarge his business opportunities within the Territory;
now, in consideration of all the terms and conditions set out hereunder, the parties convene and agree as follows:

Art. 1 – Appointment[3]

(1) The Principal hereby appoints the Agent as his sole agent for the Territory set out in Annex 1.

(2) The Agent shall solicit the sale of the following Products within the Territory (insert and specify).

(3) The Agent is presently acting as agent for the following principals (insert names and addresses) and solicits sales for the following products (insert particulars).

Art. 2 – Obligations of the Agent[4]

(1) The Agent shall endeavour to obtain business in the name and for the account of the Principal and shall serve the interests of the Principal to the best of his ability. He shall not be entitled to enter into any sales contracts with third parties thereby binding the Principal.

(2) He shall provide all information necessary for the purpose of promoting business, and shall inform the Principal immediately about every order received, thereby transmitting the original of the order so solicited to the Principal for acceptance.

(3) He shall not deviate from the prices, delivery and payment conditions of the Principal without his prior written consent.

(4) He shall not in any way whatsoever compete in the sale of the Products, unless the Principal has consented in writing.

Art. 3 – Obligations of the Principal[5]

(1) The Principal shall provide to the Agent all necessary samples as well as printed and advertising material free of charge, customs, duties and cost for carriage. The samples remain the property of the Principal, provided that they are not intended for consumption, and will be returned by the Agent on request and at the expense of the Principal.

(2) The Principal shall supply to the Agent at regular intervals all information for the conduct of his business. Furthermore he will inform him without delay, if any order placed has been accepted or refused. He will also inform the Agent without delay, if it is likely that he can only accept orders in parts.

(3) The Principal shall supply copies of all correspondence, including invoices with customers in the Territory.

Art. 4 – Commission[6, 7]

(1) The commission will be ...... in words (...... %) of all invoiced amount for all business transactions, be they direct or indirect with customers in the Territory.

(2) If, due to legal regulations, commission will be subject to turnover tax either at the Principal's place of business or at Agent's place of business, then the respective commission shall be calculated from the amount invoices excluding turnover tax.

(3) The Principal will furnish to the Agent a statement of commission due for all deliveries of Products executed during each calendar month, but not later than the 15th of the following month. The commission, to which the Agent shall be entitled in accordance therewith, shall fall due on the day the statement has been forwarded to the Agent.

(4) The Agent's right to claim commission shall not be honoured with respect to such deliveries of Products which the customer has not effected any payments; commission fees already received by the Agent in these instances will be taken into account upon issuing the next commission statement.

(5) The Agent shall be entitled to a commission, if there is evidence that the Principal has failed to execute any transaction or has not executed some in the manner agreed upon. This shall not apply if the Principal can demonstrate that he is not responsible for such nonexecution.

Art. 5 – No Authority of the Agent to collect Monies[8]

The Agent shall not be entitled to collect monies from Principals's customers, unless the Principal has granted such authority to the Agent.

Art. 6 – Reimbursement[9, 10]

The Principal shall reimburse the Agent the following expenses and costs (insert details).

Art. 7 – Infringement of Property Rights and Claims

(1) All claims that might be brought against the Agent because of an alleged infringement of a patent right or any other industrial property right shall fall within the exclusive responsibility of the Principal. He shall be obligated to grant to the Agent the necessary advance payments for any legal proceedings and shall, at the request of the Agent, furnish all such information as may be reasonably required. The Principal shall, furthermore, reimburse the Agent for all expenses reasonably incurred.

(2) This shall also apply when and insofar claims have been asserted against the Agent for any infringement of any third party's right concerning labelling and packaging

1. Agency Contract (Handelsvertretervertrag)

of the Products or because of any product liability claims relating to the sale and the use of the Products.

Art. 8 – Duration[11]

(1) The Contract shall come into force at the date set forth hereunder.

(2) It shall have a duration of ...... (insert) years.

(3) It may be terminated by either party by giving written notice, at least six months at the end of a calendar year.

(4) The right of either party to terminate this Contract in case of a fundamental breach of contract[12] shall not be impaired by the foregoing.[13]

Art. 9 – Miscellaneous[14, 15]

(1) This Contract shall be governed by German law.

(2) Place of jurisdiction shall be Cologne.[16]

(3) If any term or condition of this Contract is null and void or will become null and void, then all other terms and conditions shall remain in full force and effect.

(4) All modifications, alterations or amendments to this Contract shall be binding upon the parties hereto provided that they have been signed by the parties hereto.

Cologne, ...　　　　　　　　　　　　　　　　　　　　　Paris, ...
(For the Principal)　　　　　　　　　　　　　　　　　　　(For the Agent)

Schrifttum: Ankele, Das deutsche Handelsvertreterrecht nach der Umsetzung der EG-Richtlinie, DB 1989, 2211 ff.; *Berndt,* Von der Scheinselbständigkeit zur Förderung der Selbständigkeit, NJW 2000, 464 ff.; *Eberstein,* Der Handelsvertretervertrag, 7. Aufl., Heidelberg 1991; *Freund,* Handelsvertreterverträge und EG-Kartellrecht, EuZW 1992, 408 ff.; *Hopt,* Handelsvertreterrecht, München 1992; *Kindler,* Neues deutsches Handelsvertreterrecht aufgrund der EG-Richtlinien, RiW 1990, 358 ff.; *Küstner/Thume,* Handbuch des gesamten Außendienstrechts, Bd. 1, Rechte des Handelsvertreters, 3. Aufl., Heidelberg 2000; *Küstner/von Manteuffel/Evers,* Bd. 2, Der Ausgleichsanspruch des Handelsvertreters, 6. Aufl., Heidelberg 1995; *ders.,* Die Änderungen des Handelsvertreterrechts aufgrund der EG-Harmonisierungsrichtlinie vom 18. 12. 1986, BB 1990, 291 ff.; RGRK-BGB (Verfasser) 4. Aufl., Berlin, New York 1983; *Westphal,* Provisionskollisionen durch Zusammenwirkungen mehrerer Handelsvertreter für einen Vertragsabschluß, BB 1991, 2027 ff.; *ders.,* Die Handelsvertreterrichtlinie und deren Umsetzung in den Mitgliedstaaten der Europäischen Union, Diss. Köln 1994; *Graf von Westphalen,* Handbuch des Handelsvertreterrechts in der EU, Köln 1996; *Weimar/Goebel,* Neue Grundsatzfragen um Scheinselbständigkeit und arbeitnehmerähnliche Selbständigkeit, ZIP 1999, 217 ff.

Übersicht

	Seite
1. Der Handelsvertreter als selbständiger Gewerbetreibender	67–69
2. Abgrenzung zu verwandten Erscheinungsformen	69–71
3. Tätigkeitspflichten des Handelsvertreters	71–72
4. Wesentliche Pflichten	72–73
5. Dispositions-Informationspflicht	73–74
6. Provisionsanspruch	74–76
7. Abrechnungsanspruch	76–78
8. Delkredere-Provision	78
9. Aufwendungserstattung	78

	Seite
10. Verjährungsbestimmungen	78–79
11. Ordentliche Kündigungsklauseln	79
12. Fristloses Kündigungsrecht	79–81
13. Der Ausgleichsanspruch	81–84
14. Der ausländische Handelsvertreter	84
15. Wettbewerbsabreden	84–86
16. Gerichtsstandsvereinbarungen	86

Anmerkungen

1. Der Handelsvertreter als selbständiger Gewerbetreibender. a) Gemäß § 84 Abs. 1 HGB ist der Handelsvertreter **selbständiger Gewerbetreibender**. Die **Rechtsprechung** bejaht oder verneint die nach § 84 Abs. 1 HGB **erforderliche Selbständigkeit** aufgrund einer alle Einzelfallumstände erfassenden **Gesamtbetrachtung** (BGH VersR 1964, 331; BGH BB 1982, 1877; BAG BB 1983, 1398; OLG Nürnberg VersR 1961, 1090; OLG München BB 1957, 1053; *Hopt* § 84 Rdnr. 35 f.). Unter diesem Gesichtswinkel ist – über die Legaldefinition von § 84 Abs. 1 HGB hinausgehend – entscheidend für die Bejahung der **Selbständigkeit** des Handelsvertreters: Er ist nur in eingeschränktem Maß weisungsgebunden; er trägt ein **eigenes unternehmerisches Risiko** (BAG BB 1972, 1096; OLG Celle BB 1958, 246). Entscheidend ist, ob er seine Tätigkeit im wesentlichen frei bestimmen und seine Arbeitszeit auch frei einteilen kann (LAG Nürnberg ZIP 1999, 768). Darin eingeschlossen ist als **Indiz**, ob der Handelsvertreter darüber bestimmen kann, ob und welche Angestellten/Hilfskräfte er zur Erfüllung seiner Aufgaben beschäftigt, und ob – insbesondere – der Handelsvertreter alle **Betriebskosten** aus der verdienten Provision bestreiten muß (BGH VersR 1964, 331; *Hopt* § 84 Rdnr. 36). Ist nach alledem die Selbständigkeit eines Handelsvertreters zu **verneinen,** so ist es mit § 9 Abs. 2 Nr. 1 AGBG **unvereinbar,** sein Geschäft durch eine entsprechende Formulierung im Vertrag in die Kategorie der Selbständigkeit gemäß § 84 Abs. 1 HGB „aufzuwerten". Im übrigen gilt der Schutz der **zwingenden Bestimmungen** der §§ 84 ff. HGB ohnehin uneingeschränkt.

b) § 84 Abs. 2 HGB setzt die Verneinung der Selbständigkeit im Sinn von § 84 Abs. 1 Satz 2 HGB gleich mit der Bejahung eines **Angestelltenverhältnisses** (BGH NJW 1998, 2057, 2058; *Hopt* § 84 Rdnr. 39). Dabei kommt es nicht entscheidend darauf an, ob der Beauftragte als „Handelsvertreter" oder als „Freier Mitarbeiter" bezeichnet ist (LAG Frankfurt VersR 1966, 236) und ob die ihm zugestandene Vergütung als „Provision" oder als „Entgelt" bezeichnet ist (*Hopt* § 84 Rdnr. 36). Entscheidend ist und bleibt eine alle Umstände des Einzelfalls einschließende **Gesamtwertung** (BGH NJW 1998, 2057/2058; RGRK-HGB/Brüggemann § 84 Rdnr. 14). § 84 Abs. 2 HGB ist als soziale Schutznorm mit ihren Konsequenzen für das Arbeits- und Sozialrecht zwingend (*Hopt* § 84 Rdnr. 39). Dabei ist freilich zu beachten, daß die Vermutungsregel von § 7 IV Satz 1 SGB IV für Handelsvertreter nicht gilt (vgl. *Berndt* NJW 2000, 464 ff.). Doch ist damit noch nichts darüber gesagt, daß ein Handelsvertreter nicht dennoch nach § 2 Nr. 9 SGB VI rentenversicherungspflichtig ist (vgl. auch *Graf von Westphalen* ZIP 1999, 1083 ff.). Ist der Handelsvertreter in Wirklichkeit Angestellter und damit Arbeitnehmer, dann sind nicht die ordentlichen Gerichte, sondern gemäß § 5 Abs. 1 Satz 1 ArbGG das **Arbeitsgericht** zuständig (BGH NJW 1998, 2057/2058).

c) Soweit Unternehmen ihren Vertrieb über Handelsvertreter organisieren, sind Handelsvertreterverträge grundsätzlich als **Formularverträge** gemäß § 1 Abs. 1 AGBG aufgebaut. Folglich ist ein „Aushandeln" der Bestimmungen im Sinn von § 1 Abs. 2 AGBG (BGH ZIP 2000, 314/316 – grundlegend) **selten**, weil die Unternehmen – nicht zuletzt unter Berücksichtigung von § 26 Abs. 2 GWB – großen Wert darauf legen, ihre Handelsvertreter **gleich zu behandeln** (vgl. BGH NJW 1989, 3010 – Staatslotterie). Auf vor-

1. Agency Contract (Handelsvertretervertrag)   III. 1

formulierte Verträge sind gemäß § 24 AGBG die Bestimmungen der §§ 2, 10, 11 und 12 AGBG **nicht anwendbar**. Vorformulierte Preisabreden unterliegen jedoch nicht der Inhaltskontrolle gemäß § 9 AGBG. Dies gilt etwa auch für die Klausel, daß der Handelsvertreter „für die Alleinvertriebsrechte in seinem Vertragsgebiet einen Pauschalbetrag von DM 66 000,00 zzgl. MwSt" zahlt (BGH NJW-RR 1993, 375). Andererseits ist mit Recht geltend gemacht worden, daß die Zahlung einer bereits **vorformulierten** „Vertragssumme" nicht dem Typenbild des Handelsvertretervertrages entspricht, da ihr auch **keine** Gegenleistung des Prinzipals entspricht. Derartige Klauseln sind daher nach § 9 Abs. 1 AGBG zu beanstanden (OLG Frankfurt NJW-RR 1987, 548; LG Paderborn NJW-RR 1987, 672 sittenwidrig: Zahlung von DM 3420,00). So gesehen ist entscheidend im Sinn von § 1 Abs. 1 AGBG, daß auch die Ausfüllung eines **Blanketts** nicht nach § 1 Abs. 2 AGBG zu beurteilen ist (OLG Frankfurt a. a. O.).

In der **Literatur** ist die Frage streitig, ob für den sozialschutzbedürftigen **Einfirmenvertreter** eine Ausnahme gerechtfertigt ist (so *Ulmer/Brandner/Hensen* AGBG, 9. Aufl., § 23 Rdnr. 10). Wegen seiner sozialen Schutzbedürftigkeit, so wird geltend gemacht, sei der Einfirmenvertreter in Wirklichkeit – jedenfalls in bestimmten Beziehungen – einem **Arbeitnehmer** gleichzustellen, so daß die Schutzvorschriften des Gesetzes uneingeschränkt für anwendbar erklärt werden. Angesichts des eindeutigen Wortlauts aus § 24 AGBG ist dieser Auffassung jedoch nicht zu folgen (*Löwe/Graf von Westphalen* § 23 Rdnr. 7; *Wolf/Horn/Lindacher* § 23 Rdnr. 38). Dies wirft die Frage auf, ob die zwingenden Schutzvorschriften der §§ 2, 10, 11, 12 AGBG auch dann Anwendung finden, wenn der Handelsvertreter, ohne zuvor ein Gewerbe dieser Art ausgeübt zu haben, **erstmals** den Handelsvertretervertrag unterzeichnet. Da jedoch die Kaufmannseigenschaft erst durch den Abschluß des Handelsvertretervertrages begründet wird, ist § 24 AGBG auf den unten Vertragsabschluß **nicht** anwendbar (*Wolf/Horn/Lindacher* § 9 H 101; *ders.*, § 24 Rdnr. 6; *Soergel/Stein* § 9 Rdnr. 82). Die Auffassung in der **Judikatur** ist geteilt (wie hier OLG Koblenz NJW 1987, 74; a.M. OLG Oldenburg NJW-RR 1989, 1081). Die Unterschiede beider Auffassungen sind – praktisch gewertet – gering; sie beziehen sich im Ergebnis vor allem darauf, ob die strengen **Einbeziehungsvoraussetzungen** von § 2 AGBG beachtet sind. Da jedoch Handelsvertreterverträge für gewöhnlich **Formularverträge** im Sinn von § 1 Abs. 1 AGBG sind, bestehen grundsätzlich gemäß § 2 AGBG keine durchgreifenden Bedenken: Der Handelsvertreter ist bei Abschluß des Vertrages in der Lage, die einzelnen vorformulierten Vertragsbestimmungen zur Kenntnis zu nehmen, bevor er den Kontrakt unterzeichnet. Im übrigen kann in ausreichender Weise im Rahmen der Wertungskriterien von § 9 AGBG auf die besondere **Schutzbedürftigkeit** des Handelsvertreters Rücksicht genommen werden: Ob es sich im Einzelfall um einen Einfirmenvertreter oder um einen Handelsvertreter handelt, der erstmals dieses Gewerbe ausübt, gilt gleich. Doch ist der Abschluß des Vertrages – für sich allein genommen – nicht geeignet, die teils hohe Schutzbedürftigkeit des Handelsvertreters gemäß § 9 AGBG unter voller Ausschöpfung der §§ 10 und 11 AGBG zu berücksichtigen. Dies deckt sich auch mit der parallel zu schaltenden Wertung gemäß § 1 Abs. 1 VerbrKrG: Die Begründung des „ausgeübten" Gewerbes ist nicht deckungsgleich mit dem Abschluß des Vertrages.

2. Abgrenzung zu verwandten Erscheinungsformen. a) Handelsvertreter im Sinn von § 84 Abs. 1 HGB ist nur, wer aufgrund der mit einem Prinzipal getroffenen Vereinbarung verpflichtet ist, sich ständig um die **Vermittlung** oder um den **Abschluß von Geschäften** für diesen zu bemühen. Vermitteln von Geschäften heißt, daß der Handelsvertreter deren Abschluß durch Einwirkung auf den Kunden **fördert** (*Hopt* § 84 Rdnr. 22); es genügt insoweit eine **Mitursächlichkeit** (BGH NJW 1980, 1793). Beschränkt sich die Tätigkeit des Beauftragten lediglich auf den Nachweis, so liegt darin keine Vermittlung im Sinn von § 84 Abs. 1 HGB (OLG Bamberg MDR 1966, 55; *Hopt* § 84 Rdnr. 23).

aa) Neben die Vermittlung stellt § 84 Abs. 1 HGB den **Abschluß** eines Geschäfts im Namen des Prinzipals. Hierfür bedarf der Handelsvertreter eines besonderen **Auftrags**, einschließlich einer entsprechenden Vollmacht (*Hopt* § 84 Rdnr. 24).

bb) Die **Art des Geschäfts** ist im Rahmen von § 84 Abs. 1 HGB irrelevant; es genügt jedes „Unternehmen", wie etwa die Vermittlung von Anzeigen (OLG Celle HVR 436), die Vermittlung eines Grundstücks (BGH DB 1982, 590) oder die Tätigkeit im Rahmen eines Reisebüros (BGH BB 1982, 2008) oder einer Lotto-/Toto-Bezirksstelle (BGH DB 1972, 1624). Die vom Handelsvertreter ausgeübte Tätigkeit muß für einen **anderen Unternehmer** (principal) vorgenommen werden. Fest steht dabei, daß **jeder Unternehmer** – ohne Rücksicht auf seine Rechtsform – diese Tatbestandsvoraussetzungen des § 84 Abs. 1 HGB erfüllen kann: Erfaßt werden auch öffentliche Unternehmen, die sich am rechtsgeschäftlichen Verkehr in den Formen des Privatrechts beteiligen (BGH DB 1972, 1624); aber auch der Immobilienmakler unterfällt dieser Kategorie (BGH DB 1982, 590). Entscheidend ist, daß der Begriff „Unternehmer" im Sinn von § 84 Abs. 1 HGB weit auszulegen ist (BGH a. a. O.; *Hopt* § 84 Rdnr. 27).

cc) Ein **ständiges Betrauen** im Sinn von § 84 Abs. 1 HGB deckt sich mit dem Begriff des Beauftragen gemäß §§ 611 ff., 675 BGB (*Hopt* § 84 Rdnr. 41). Es schließt eine **Tätigkeitspflicht** des Handelsvertreters ein; diese ist gekoppelt an seine allgemeine **Interessenwahrungspflicht**, wie sich aus § 86 Abs. 1 HGB ergibt. Doch muß das Betrauen im Sinn von § 84 Abs. 1 HGB auf **gewisse Dauer** gerichtet sein; allerdings reicht z. B. eine Messe oder sonstige Ausstellungsveranstaltung aus. Wichtig ist allein, daß sich der Handelsvertreter in dieser Zeit um eine **unbestimmte Anzahl** von Abschlüssenzu bemühen hat (OLG Bamberg MDR 1966, 55; *Hopt* § 84 Rdnr. 42).

b) **Zum Franchisenehmer:** Hierzu Form. II. 4.

c) **Zum alleinbeauftragten Makler.** Die Trennlinie zwischen Handelsvertreter und **alleinbeauftragtem Makler** im Sinne von § 652 BGB ist abhängig von den jeweiligen Umständen des Einzelfalls (BGH BB 1992, 2178 f.). Für den Handelsvertreter im Sinn der §§ 84 ff. HGB ist die **beiderseitige,** auf Dauer berechnete Bindung entscheidend (BGH BB 1992, 2178). Unbestimmtheit und Vielzahl der zu veräußernden Gegenstände/ Objekte und das Interesse an dadurch bewirkter Umsatzförderung sprechen dafür, daß es sich um einen Handelsvertreter im Sinn von § 84 Abs. 1 HGB handelt. Demgegenüber ist der Makler **weisungsunabhängig,** und zwar auch dann, wenn er einen Alleinauftrag erfüllt (BGH BB 1992, 2178/2179). Für die Bejahung des Maklervertrages ist deshalb entscheidend, ob er neben dem Alleinauftrag noch weitere Kunden betreut, um auf diese Weise sein Geschäft zu machen, während die Übernahme von Konkurrenzprodukten nicht unbedingt für den Handelsvertreter typisch ist (BGH a. a. O.).

d) **Unterschied zum Handelsmakler.** Gemäß § 93 HGB übernimmt es der **Handelsmakler** gewerbsmäßig für andere Personen, ohne daß ein ständiges Betrauungsverhältnis vorliegt, Verträge über Anschaffung oder Veräußerung von Waren/Wertpapieren zu vermitteln, einschließlich von Verträgen über Versicherungen, Güterbeförderungen, Schiffsmiete oder sonstige Gegenstände des Handelsverkehrs. Diese Geschäfte schließt er gewerbsmäßig im **fremden Namen** ab, ohne ständig damit betraut zu sein (*Hopt* § 84 Rdnr. 20). Im Unterschied zum Makler gemäß §§ 652 ff. BGB schuldet der Handelsmakler die **Vermittlung** des Geschäfts und nicht nur die Nachweistätigkeit.

e) **Zum Kommissionär.** Der Unterschied zwischen Handelsvertreter und **Kommissionär** besteht gemäß §§ 383 ff. HGB darin, daß der Kommissionär im **eigenen Namen** Waren/Wertpapiere für Rechnung eines Dritten, des Kommittenten, kauft oder verkauft (BGH BB 1964, 823). Die Trennlinie zwischen beiden Erscheinungsformen wird dann schwierig, wenn der Kommissionär aufgrund eines ständigen Betrauungsverhältnisses für einen bestimmten Unternehmer tätig wird (*Küstner/Thume,* Handbuch des gesamten Außendienstrechts, Rdnr. 96). Soweit dies der Fall ist, ist von einem **Kommissionsagenten** die Rede (*Baumbach/Hopt* § 383 Rdnr. 2). Auf das Vertragsverhältnis zu einem Kommissionsagenten finden deshalb die Rechtsregeln des Handelsvertreterrechts entsprechende Anwendung (*Hopt* § 84 Rdnr. 19), was insbesondere auch für den **Ausgleichsanspruch** gemäß § 89b HGB Bedeutung besitzt.

3. Tätigkeitspflichten des Handelsvertreters. a) Die Hauptpflicht des Handelsvertreters besteht gemäß § 86 Abs. 1 HGB darin, sich um die Vermittlung oder um den Abschluß von Geschäften zu **bemühen** (vgl. BGHZ 30, 98, 102). So gesehen ist der Handelsvertreter verpflichtet, gewisse „**Mindestumsätze**" zu realisieren (*Hopt* § 86 Rdnr. 12; RGRK-HGB/*Brüggemann* § 86 Rdnr. 21). Von praktisch weitreichender Bedeutung ist in diesem Zusammenhang, inwieweit der Handelsvertreter verpflichtet ist, die **Bonität** seiner Kunden zu prüfen (RGRK-HGB/*Brüggemann* § 86 Rdnr. 12). Als Faustregel wird man hier davon ausgehen können: Bei neuen Kunden ist der Handelsvertreter grundsätzlich verpflichtet, eine **strenge Bonitätsprüfung** durchzuführen, sofern weder er noch sein Prinzipal ausreichende Kenntnisse über die Bonität dieses Kunden besitzen. Bei **alten** Kunden besteht nur dann Anlaß zu einer Bonitätsprüfung, wenn besondere Anhaltspunkte dafür vorliegen, wie etwa säumige Zahlung, Wechselproteste etc.

b) Aus § 86 Abs. 4 HGB folgt, daß die in § 86 Abs. 1 HGB und in § 86 Abs. 2 HGB verankerten Pflichten in der Weise **unabdingbar** sind, daß hiervon nicht in wirksamer Weise abgewichen werden kann. Indessen wird allgemein eine **Konkretisierung** dieser Pflichten als wirksam angesehen (*Küstner/von Manteuffel* BB 1990, 291/294; *Hopt* § 86 Rdnr. 50; *Kuther* NJW 1990, 304).

aa) Soweit der Prinzipal vom Handelsvertreter **bestimmte Mindestumsätze verbindlich** erwartet, verstößt eine solche Klausel gegen das **Leitbild** des § 86 Abs. 1 HGB. Sie ist daher gemäß § 86 Abs. 4 HGB unwirksam; die gleiche Rechtsfolge leitet sich aus § 9 Abs. 2 Nr. 1 AGBG ab (*Ulmer/Brandner/Hensen/Schmidt* Anh. zu §§ 9–11 Rdnr. 413). Dies gilt auch dann, wenn der Handelsvertreter bestimmte Mindestumsätze „**garantiert**" (a.M. *Hopt* § 86 Rdnr. 14). Dabei kommt es selbstverständlich gemäß § 9 Abs. 2 Nr. 1 AGBG auch entscheidend darauf an, welche **Sanktionsfolgen** für den Fall vorgesehen werden, daß der Handelsvertreter diese „Garantie" nicht erreicht. Zielen sie etwa auf Ersatz des dem Prinzipal dadurch entstehenden Schadens, so ist der Kernbestand des in § 86 Abs. 1 HGB bezeichneten **Bemühens** berührt. Gleiches gilt dann, wenn als Sanktionsfolge eine außerordentliche **Kündigung** des Handelsvertretervertrages vorgesehen ist (a.M. *Hopt* § 86 Rdnr. 14; wie hier *Ulmer/Brandner/Hensen/Schmidt* a.a.O.). Daraus folgt: Jegliche Sanktion, welche an das Nichterfüllen einer solchen „Garantie" geknüpft ist, verstößt gegen § 86 Abs. 4 HGB und ist deshalb gemäß § 9 Abs. 2 Nr. 1 AGBG **unwirksam**. Aber auch dann, wenn im Vertrag selbst **keine Sanktion** verankert ist, wird man eine so bedungene Mindestumsatz-Garantie als Verstoß gegen § 86 Abs. 4 HGB – bei gleichzeitiger Unwirksamkeit gemäß § 9 Abs. 2 Nr. 1 AGBG – einstufen müssen, weil in diesen Fällen zwangsläufig die allgemeinen **Rechtsfolgen** eingreifen, welche die Konsequenz eines nicht eingehaltenen Garantieversprechens sind. Regelmäßig zielen diese auf Schadensersatz gemäß §§ 249ff. BGB. Ob der Prinzipal dem Handelsvertreter im Hinblick auf eine derartige Mindestumsatz-Garantie eine **zusätzliche** oder eine **erhöhte** Provision zahlt, ist in der Sache unerheblich, weil der Provisionsanspruch des Handelsvertreters an sein in § 86 Abs. 1 HGB niedergelegtes **Bemühen** und an den daran anschließenden Erfolg geknüpft ist. Das Form. sieht deshalb davon ab, solche – problematischen – Pflichten niederzulegen (Mindestumsatz etc.).

bb) Grundsätzlich sind auch alle **sonstigen Bestimmungen** nach § 86 Abs. 4 HGB sowie gemäß § 9 Abs. 2 Nr. 1 AGBG unwirksam, welche zum Nachteil des Handelsvertreters Leistungen vorschreiben, die über die seinem Berufsbild entsprechenden typischen Aufgaben hinausreichen und nicht durch eine besondere Gegenleistung ausgeglichen werden (AGB-Klausel-Werke/*Graf von Westphalen* – Handelsvertreter Rdnr. 19; *Ulmer/Brandner/Hensen/Schmidt* Anh. zu §§ 9–11 Rdnr. 413). Ist z.B. der Handelsvertreter zur **Lagerhaltung** verpflichtet, so ist dies nicht zu beanstanden, wenn er hierfür eine **zusätzliche Provision** erhält. Gleiches gilt dann, wenn der Prinzipal den Handelsvertreter

uneingeschränkt verpflichtet, bei jedem Kunden – gleichgültig, ob es sich um Neu- oder Altkunden handelt – eine Bonitätsprüfung vorzunehmen (AGB-Klauselwerke/*Graf von Westphalen* a. a. O.). Verpflichtet der Prinzipal den Handelsvertreter dazu, einen **Untervertreter** einzusetzen, so gelten hier die gleichen Grundsätze, welche ganz allgemein für die **Änderungsbefugnisse** des Prinzipals gelten.

c) Das Form. geht davon aus, daß der Handelsvertreter als **Bezirksvertreter** gemäß § 87 Abs. 2 HGB tätig werden soll. Dies ergibt sich daraus, daß der Handelsvertreter für ein bestimmtes Gebiet als alleiniger Handelsvertreter eingesetzt wird. Hier wird man immer genau untersuchen müssen, ob diese Konstellation den Interessen beider Vertragsparteien entspricht.

d) Des weiteren empfiehlt es sich dringend, die konkrete **Wettbewerbssituation** des Handelsvertreters zu umschreiben, um von vornherein Zweifelsfragen auszuschalten. Dafür ist zum einen erforderlich, daß die jeweilige Produktionspalette, für deren Absatz der Handelsvertreter tätig werden soll, im Vertrag bezeichnet ist. Zum anderen ist es angeraten, den Ist-Zustand festzuschreiben und zu bestimmen, für welche sonstigen Prinzipale der Handelsvertreter tätig ist.

4. Wesentliche Pflichten. a) § 86 Abs. 2 HGB geht davon aus, daß der Handelsvertreter verpflichtet ist, „**unverzüglich**" dem Prinzipal die erforderlichen Nachrichten zu geben, namentlich ihm von jeder Geschäftsvermittlung und von jedem Geschäftsabschluß Mitteilung zu machen. Sofern der Handelsvertreter verpflichtet ist, diese Mitteilungen unter Berücksichtigung bestimmter **Formulare** vorzunehmen, verstößt dies nicht gegen § 86 Abs. 4 HGB oder gegen § 9 Abs. 2 Nr. 1 (*Wolf/Horn/Lindacher* § 9 H 103; *Ulmer/ Brandner/Hensen/Schmidt* Anh. zu §§ 9–11 Rdnr. 413). Die Grenze des § 86 Abs. 2 HGB ist jedoch überschritten, wenn starre Berichtsinvervalle vorgeschrieben werden, soweit dadurch die in § 84 Abs. 1 HGB als für den Handelsvertreter charakteristische **Selbständigkeit** beeinträchtigt wird (AGB-Klauselwerke/*Graf von Westphalen* – Handelsvertreter Rdnr. 20). Die Pflicht, regelmäßig alle 14 Tage Bericht zu erstatten, verstößt jedoch nicht gegen den Kern der in § 86 Abs. 2 HGB konkretisierten Pflicht, weil man davon ausgehen kann, daß solches zeitiges Intervall sich ohnehin mit der aus § 86 Abs. 2 HGB resultierenden Berichtspflicht deckt.

b) Das zwischen Prinzipal und Handelsvertreter bestehende Treueverhältnis, insbesondere die Pflicht des Handelsvertreters, die Interessen des Prinzipals zu wahren, schließen eine Tätigkeit des Handelsvertreters im Geschäftsbereich des Prinzipals für einen **Dritten** aus (RGRK-HGB/*Brüggemann* § 86 Rdnr. 34; *Hopt* § 86 Rdnr. 20 ff.). Ein Verstoß gegen den **Grundsatz der Interessenwahrung** liegt immer dann vor, wenn sich das Angebot des Prinzipals als Waren/Dienstleistungen mit dem Angebot eines Dritten **überschneidet** (*Küstner/Thume* Bd. 1 Rdnr. 496 ff.). Hierbei gelten **strenge Maßstäbe;** es kommt entscheidend darauf an, ob die weitere Tätigkeit des Handelsvertreters die **Vertrauensbasis** zwischen ihm und dem Prinzipal stören wird (BGH BB 1968, 60).

aa) Deshalb ist es gemäß § 9 Abs. 2 Nr. 1 AGBG nicht zu beanstanden, wenn der Prinzipal die **Aufnahme** einer Wettbewerbstätigkeit seines Handelsvertreters davon abhängig macht, daß er hierzu seine **ausdrückliche Zustimmung** erteilt (BGHZ 42, 59/61; RGRK-HGB/*Brüggemann* § 86 Rdnr. 37). Davon geht das Form aus. Gleiches gilt, soweit der Prinzipal seinen Handelsvertreter verpflichtet, ihn von einer etwaigen Konkurrenzabsicht rechtzeitig zu benachteiligen, weil der Handelsvertreter schon in Zweifelsfällen verpflichtet ist, seinen Prinzipal zu befragen, ob gegen die beabsichtigte Übernahme einer weiteren Vertretung etwas einzuwenden ist (BGH DB 1958, 512). Grundsätzlich besteht **keine Pflicht** des Prinzipals, den Wettbewerb seines Handelsvertreters zu dulden. Doch zeichnet der Grundsatz von Treu und Glauben gemäß § 242 BGB auch hier eine zu beachtende Grenze (vgl. BGH BB 1968, 60). Soweit der Handelsvertreter **vertragsbrüchig** für ein Konkurrenzunternehmen tätig wird, schuldet er Auskunft (BGH BB 1996, 118); entsprechend der erteilten Auskunft ist Schadensersatz zu leisten (BGH a. a. O.).

1. Agency Contract (Handelsvertretervertrag) III. 1

bb) Soweit es sich um eine nicht vom Prinzipal genehmigte Konkurrenztätigkeit des Handelsvertreters handelt, steht dem Prinzipal das Recht zur **fristlosen Kündigung** des Handelsvertretervertrages zu (BGH BB 1968, 60; BGH BB 1974, 353; BAG NJW 1988, 438). Darüber hinaus macht sich der Handelsvertreter, soweit das Vertragsverhältnis aus wichtigem Grund gekündigt worden ist, gemäß § 89a Abs. 2 HGB **schadensersatzpflichtig**. Die Höhe dieses Schadensersatzes bemißt sich nach dem Zeitpunkt der nächstmöglichen **ordentlichen** Kündigung (BGH NJW 1993, 1386). Auch bestehen grundsätzlich keine Bedenken dagegen, das Wettbewerbsverbot dadurch abzustützen, daß zugunsten des Prinzipals eine **Vertragsstrafe** gemäß §§ 339 ff. BGB vereinbart wird; freilich sind in diesem Fall die allgemeinen Grenzen der Vertragsstrafe zu berücksichtigen (AGB-Klauselwerke/*Graf von Westphalen* – Vertragsstrafeklauseln Rdnr. 8 ff.). Zur Folge hat dies, daß die Vertragsstrafe zum einen die Schwere des Wettbewerbsverstoßes des Handelsvertreters berücksichtigen muß, zum anderen muß sie eine Begrenzung nach oben enthalten (BGH ZIP 1993, 703/706 – Forderung einer Vertragsstrafe von DM 250,00 für jede unbefugte Weitergabe von Kundenanschriften an Dritte; vgl. a. OLG München NJW-RR 1996, 1181). Gerade bei Wettbewerbsverstößen ist stets der Gesichtspunkt des **Fortsetzungszusammenhangs** im Auge zu behalten: Vertragsstrafeklauseln, die darauf abzielen, die gleiche Verpflichtung bei mehreren Verstößen entstehen zu lassen, sind grundsätzlich nicht nach § 9 Abs. 2 Nr. 1 AGBG zu beanstanden (BGH ZIP 1993, 703, 705). Deshalb wird man in diesen Fällen – trotz Bestehens eines Fortsetzungszusammenhangs – die Vertragsstrafe für jeden Einzelfall der Zuwiderhandlung als verwirkt ansehen können, ohne daß dies gegen § 9 Abs. 1 AGBG verstößt, weil und soweit der Prinzipal ein **besonderes Interesse** an der Durchsetzung des Wettbewerbsverbots hat (BGH ZIP 1993, 703, 706). Regelmäßig wird man eine Vertragsstrafe in Höhe einer durchschnittlichen Provision als mit § 9 Abs. 2 Nr. 1 AGBG vereinbar bewerten können; der dem Prinzipal entstehende Schaden ist regelmäßig beträchtlich größer, so daß eine so ausgestaltete Vertragsstrafe lediglich als **Mindestschaden** eingeordnet werden kann (vgl. OLG Hamm MDR 1984, 404: Doppelte Monatsprovision für jeden Fall der Zuwiderhandlung ist allerdings nach § 9 Abs. 1 AGBG unwirksam; großzügiger OLG München BB 1994, 1104 – DM 10 000,00 für jeden Fall des Abwerbens anderer Mitarbeiter des Prinzipals).

cc) Wettbewerbsverbote sind stets auch darauf zu überprüfen, ob sie mit dem **deutschen** und dem **europäischen Kartellrecht** im Einklang stehen. Soweit es sich um einen echten Handelsvertretervertrag im Sinn der §§ 84 ff. HGB handelt – davon geht das Form. aus –, gilt das Preis- und Konditionenbindungsverbot des § 15 GWB nicht (BGHZ 97, 317). Deshalb ist auch die im Artikel 2 Abs. (3) vorgesehene Klausel insoweit **unbedenklich**. Entscheidend ist in diesem Zusammenhang, daß der Prinzipal das typische **Geschäftsrisiko** der vermittelten Verträge trägt.

dd) Soweit es sich um **grenzüberschreitende** Handelsvertreterverträge handelt, ist auch stets im einzelnen zu untersuchen, inwieweit das Kartellverbot des Art. 81 EG eingreift (hierzu *Pukall* NJW 2000, 1374/1376), was im Zweifel zu verneinen ist. Es gilt die GruppenfreistellungsVO für Vertriebsbindungen (AblEG Nr. L 336/21 v. 29. 12. 1999).

5. Dispositionsrecht – Informationspflicht. a) Als Grundsatz ist festzuhalten, daß der Prinzipal die Dispositionsfreiheit gegenüber dem Handelsvertreter besitzt (RGRK-HGB/*Brüggemann* § 86a Rdnrn. 19 ff.). Soweit der Prinzipal beabsichtigt, einen **weiteren Handelsvertreter** in dem Vertragsgebiet zu engagieren, gelten bei Verwendung von **AGB-Klauseln** die Grundsätze der Daihatsu-Entscheidung des BGH (BGH ZIP 1994, 461/466). Es sind dies die gleichen Grundsätze, wie sie für den Vertragshändlervertrag entwickelt worden sind (Vertragshändlervertrag Anm. 5).

b) Ist allerdings der Handelsvertreter ein **Bezirksvertreter** im Sinn von § 87 Abs. 2 HGB, bedarf die Einsetzung eines weiteren Handelsvertreters einer **Änderungskündi-**

gung, so daß die Kündigungsfristen gemäß § 89 b HGB zu beachten sind. Eine Teilkündigung ist unzulässig, soweit sie nicht individualvertraglich vereinbart ist.

c) Doch sind – anders als beim Vertragshändlervertrag – Herstellung, Vertrieb, Qualität und Preis der Ware ausschließlich Sache des Prinzipals (BGHZ 26, 161; *Hopt* § 86 a Rdnr. 13). Änderungen in diesem Bereich unterliegen in weitem Umfang dem Dispositionsrecht des Prinzipals. Zur Änderung der Provision Anm. 6.

d) Allerdings ergibt sich aus der Pflicht des Prinzipals, die Interessen des Handelsvertreters angemessen zu wahren, eine **Einschränkung**: Willkürlich und ohne triftigen Grund ist der Prinzipal nicht berechtigt, die Produktion einzustellen oder sein Vertriebssystem zu ändern (BGHZ 49, 39), ohne zuvor mit **ausreichender Frist** den Handelsvertreter informiert zu haben. Verletzt er diese Pflicht, macht er sich **schadensersatzpflichtig** (vgl. RGRK-HGB/*Brüggemann* § 86 Rdnr. 10).

e) Aus § 86 Abs. 3 HGB folgt im übrigen, daß von § 86 a HGB abweichende Vereinbarungen **nichtig** sind: Es sind weder eine Erweiterung noch eine Einschränkung der Pflichten zulässig, weil § 86 a Abs. 3 HGB zwingendes Recht enthält (*Hopt* § 86 b Rdnr. 18).

f) Die in Art. 3 Abs. (1) aufgeführten Pflichten ergeben sich unmittelbar aus § 86 a HGB.

aa) Gemäß § 86 a Abs. 2 Satz 2 HGB ist der Prinzipal darüber hinaus verpflichtet, dem Handelsvertreter **unverzüglich** die Annahme oder Ablehnung oder die Nichtausführung eines vom Handelsvertreter vermittelten Geschäfts mitzuteilen. Dies gilt nur insoweit nicht, als der Handelsvertreter **Bezirksvertreter** ist und es sich um ein Geschäft im Sinn von § 87 Abs. 2 HGB handelt, welches ohne Mitwirkung des Handelsvertreters zustande gekommen ist.

bb) Gemäß § 86 a Abs. 2 Satz 3 HGB ist der Prinzipal schließlich auch verpflichtet, den Handelsvertreter unverzüglich davon zu unterrichten, wenn ein vermitteltes Geschäft nur in **eingeschränktem Umfang** angenommen wird. Dabei ist es gleichgültig, ob es sich um eine freiwillige oder eine unfreiwillige, eine quantitative oder eine qualitative Beschränkung bei der Annahme der Bestellung handelt (*Hopt* § 86 a Rdnr. 11). Verletzt der Prinzipal schuldhaft diese Pflicht, macht er sich gegenüber dem Handelsvertreter schadensersatzpflichtig. Dabei ist jedoch im Auge zu behalten, daß – wie bereits angedeutet – der Prinzipal trotz des Tätigwerdens des Handelsvertreters in seiner Entschließungsfreiheit **ungebunden** bleibt.

6. Provisionsanspruch. a) Bei der nach § 87 Abs. 1 HGB geschuldeten Provision handelt es sich um eine **Erfolgsvergütung**, welche in der Regel tätigkeitsbezogen ausgestaltet ist (*Hopt* § 87 Rdnr. 2). Erforderlich ist, daß die Tätigkeit des Handelsvertreters die zum Abschluß führenden Verhandlungen veranlaßt hat (BAG BB 1971, 492; BAG BB 1969, 178). Das Entstehen des Provisionsanspruchs setzt lediglich **Mitursächlichkeit** der Tätigkeit des Handelsvertreters voraus (RGRK-HGB/*Brüggemann* § 87 Rdnr. 15 ff.). Ob diese vorliegt, ist danach zu beurteilen, welche Art von Mitwirkung nach dem Handelsvertretervertrag zu erwarten war (BAG BB 1971, 492; *Hopt* § 87 Rdnr. 11). Notwendig ist dabei grundsätzlich, daß ein **endgültiger, rechtswirksamer Vertragsabschluß** zwischen Prinzipal und dem vom Handelsvertreter vermittelten Kunden vorliegt (*Hopt* § 87 Rdnr. 7). Dabei ist zu berücksichtigen, daß der Prinzipal **frei** darüber befinden kann, ob er den vom Handelsvertreter vermittelten Vertrag annimmt oder ablehnt (*Hopt* § 86 a Rdnr. 13).

b) **Zweifelhaft** ist, ob der Prinzipal überhaupt berechtigt ist, während der Laufzeit des Handelsvertretervertrages die **Provisionssätze einseitig zu ändern**. Dies ist grundsätzlich zu verneinen; einseitige Änderungsbefugnisse verstoßen regelmäßig gegen § 9 Abs. 2 Nr. 1 AGBG und sind daher **unwirksam** (*Küstner/Thume* Bd. 1 Rdnr. 1058 ff. – Problem der Teilkündigung). Dies gilt auch dann, wenn formularmäßig vereinbart wird, daß der Provisionssatz „bis auf weiteres" gelten soll (a. M. *Küstner* RVR 1968, 149, 150). Das darin liegende einseitige Ermessen gemäß § 315 BGB entbehrt des sachlich gerechtfertigten Grundes (BGH ZIP 1994, 461/466); das Vertrauen des Handelsvertreters auf den Fortbestand des festgesetzten Provisionsssatzes überwiegt. Daraus folgt: Will der Prinzipal die einmal festgesetzte Provision einseitig während der Dauer des Handelsvertretervertrages ändern, ist er darauf angewiesen, eine **Änderungskündigung** auszusprechen (vgl. auch *Ulmer/Brandner/Hensen/Schmidt* Anh. zu §§ 9–11 Rdnr. 414). Etwas anderes gilt nur, soweit formularmäßig die Voraussetzungen und Rechtsfolgen einer Änderung der Provision konkret und sachgerecht vereinbart sind (BGH a.a.O.).

c) Umstritten ist, ob der Anspruch des Handelsvertreters auf **Inkassoprovision** gemäß § 87 Abs. 4 HGB formularmäßig abbedungen werden kann. Das Form. berücksichtigt diesen Fall nicht. Gemäß § 87 Abs. 4 HGB steht dem Handelsvertreter eine Inkassoprovision für die auftragsgemäße Einziehung von Geldern zu. Zutreffend erscheint es, den formularmäßigen Ausschluß der Inkassoprovision als nach § 9 Abs. 1 AGBG **unwirksam** zu halten (a.M. *Ulmer/Brandner/Hensen/Schmidt* Anh. zu §§ 9–11 Rdnr. 414). Denn der Handelsvertreter leistet in diesen Fällen mehr als nach dem gesetzlichen Erscheinungsbild des § 84 HGB bedungen (vgl. RGRK-HGB/*Brüggemann* § 87 Rdnr. 51; für Abdingbarkeit wohl auch *Hopt* § 87 Rdnr. 47).

d) Der Anspruch auf Zahlung einer **Überhangprovision** gemäß § 87 Abs. 3 HGB ist grundsätzlich abdingbar (OLG Nürnberg BB 1963, 203; RGRK-HGB/*Brüggemann* § 87 Rdnr. 44; *Hopt* § 87 Rdnr. 48). Ob allerdings eine **formularmäßige Abbedingung** wirksam ist, erscheint unter Berücksichtigung der Neufassung von § 87 Abs. 3 Satz 1 Nr. 2 HGB zweifelhaft (a.M. *Ulmer/Brandner/Hensen/Schmidt* Anh. zu §§ 9–11 Rdnr. 414). Es überzeugt nicht, darauf abzustellen, daß dem Handelsvertreter jedenfalls der **Ausgleichsanspruch** gemäß § 89b HGB verbleibt, weil dieser Anspruch gemäß § 89b Abs. 4 HGB ohnehin **unabdingbar** ist. Darüber hinaus ist es nicht überzeugend, die Wirksamkeit einer solchen Abbedingung davon abhängig zu machen, ob die dem Handelsvertreter gemäß § 87 Abs. 3 HGB zustehende Überhangprovision einen größeren oder einen geringeren Umfang hat (so aber *Ulmer/Brandner/Hensen/Schmidt* a.a.O.). Denn es kann nicht entscheidend darauf ankommen, ob der Handelsvertreter seinerseits – bei Beginn des Vertragsverhältnisses – Provisionen erhalten hat, welche streng genommen Überhangprovisionen des – ausgeschiedenen/früheren – Handelsvertreters gemäß § 87 Abs. 3 HGB waren. Die nach § 9 Abs. 1 AGBG zu beanstandende unangemessene Benachteiligung kann nicht durch die Gewährung **wirtschaftlicher** Vorteile kompensiert werden, sofern diese ihrerseits dem ausgeschiedenen/früheren Handelsvertreter **rechtlich und wirtschaftlich nachteilig** waren (zur gerichtlichen Billigkeitskontrolle vgl. auch BAG DB 1972, 2113; BAG DB 1973, 2405).

e) Soweit in einem Handelsvertretervertrag formularmäßig bestimmt ist, daß der Handelsvertreter sich verpflichtet, sich mit seiner Provisionsforderung an einem **Preisnachlaß des Prinzipals gegenüber dessen Kunden zu beteiligen,** bestehen gegen die Wirksamkeit einer solchen Vereinbarung durchgreifende Bedenken gemäß § 9 Abs. 1 AGBG. Das Form. verzichtet daher auf eine solche Klausel. Es überzeugt nicht, wenn in diesem Zusammenhang auf Umfang und Häufigkeit der Provisionskürzung abgestellt wird (*Ulmer/Brandner/Hensen/Schmidt* Anh. zu §§ 9–11 Rdnr. 414), weil diese Kriterien der generell-abstrakten Bewertung von AGB-Klauseln widerstreiten. Damit ist freilich nichts darüber gesagt, daß es dem Handelsvertreter nicht **freisteht,** bei einem etwaigen Preisnachlaß des Prinzipals auch **freiwillig** auf einen Teilbetrag seiner Provision zu verzichten. Dies wird der Handelsvertreter in der Regel schon deswegen – aus freien Stücken – tun, um so das Geschäft seinem Prinzipal und sich selbst den Provisionsanspruch im **Einzelfall** zu sichern.

f) Da die Provision grundsätzlich nicht als Leistungs-, sondern als **Erfolgsvergütung** gewährt wird, entsteht keine Provision ohne Abschluß des Geschäfts im Sinn von § 87 HGB, was § 87a HGB dahin konkretisiert, daß es auf die **Ausführung** des Geschäfts durch den Prinzipal oder durch den Dritten entscheidend ankommt (*Hopt* § 87a

Rdnr. 1). Der Provisionsanspruch **entsteht** folglich mit dem **Abschluß des Vertrages** zwischen Prinzipal und Kunden zunächst aufschiebend bedingt (BGH BB 1961, 147). Diese Bedingung tritt jedoch dann ein, wenn der Prinzipal das Geschäft ausführt. Eine **abweichende Vereinbarung** kann gemäß § 87a Abs. 1 Satz 2 HGB getroffen werden: Soweit dies geschieht, hat der Handelsvertreter einen **unabdingbaren Anspruch** auf Leistung eines angemessenen Vorschusses, der mit **Ausführung des Geschäfts** durch den Prinzipal entsteht (*Hopt* § 87a Rdnr. 9; RGRK-HGB/*Brüggemann* § 87a Rdnr. 10).

aa) Es verstößt nicht gegen § 9 Abs. 2 Nr. 1 AGBG, wenn im Handelsvertretervertrag vereinbart wird, daß der Prinzipal dem Handelsvertreter die Provision erst dann schuldet, wenn der **Dritte** das Geschäft ausführt (*Schlegelberger/Schröder* § 87a Rdnr. 13; *Hopt* § 87a Rdnr. 10). Konkret bedeutet dies: Soweit die Zahlung des Kunden beim Prinzipal **eingegangen** ist, hat der Dritte das Geschäft ausgeführt, so daß in diesem Zeitpunkt der Anspruch des Handelsvertreters auf Provision entsteht. Ziel und Zweck einer solchen Absprache ist es, dem Handelsvertreter provisionsmäßig das volle Risiko der Ausführung des Geschäfts durch den Dritten aufzuerlegen (*Schlegelberger/Schröder* a. a. O.).

bb) Gemäß § 87a Abs. 5 HGB sind alle Vereinbarungen – also: auch formularmäßige Abreden – **unwirksam**, welche das Entstehen des Provisionsanspruchs an Voraussetzungen knüpfen, die von § 87a Abs. 3 HGB abweichen und für den Handelsvertreter **nachteilig** sind (*Hopt* § 87a Rdnr. 33; *Ulmer/Brandner/Hensen/Schmidt* Anh. zu §§ 9–11 Rdnr. 414). Maßgebend kommt es also darauf an, ob Klauseln irgendwelche Abweichungen/Änderungen gegenüber den Tatbestandsmerkmalen des § 87a Abs. 3 HGB enthalten, welche für den Handelsvertreter nachteilig sind. Von besonderem praktischen Belang sind in diesem Zusammenhang Klauseln, welche die vom Prinzipal nicht zu vertretenden **Umstände** im Sinn von § 87a Abs. 3 Satz 2 HGB modifizieren. Nicht zu vertreten im Sinn dieser Bestimmung sind nur solche Ereignisse, die aus dem Rahmen der §§ 275, 276 BGB fallen; auf das Kriterium der **fehlenden Zumutbarkeit** kommt es deshalb nur in sehr eingeschränkter Weise an (vgl. *Palandt/Heinrichs* § 276 Rdnr. 7). Die frühere Judikatur zu § 87a Abs. 3 HGB ist praktisch überholt.

cc) Problematisch bleibt die Frage, ob das Risiko der **Zahlungsunfähigkeit** des Kunden ein Umstand ist, der gemäß § 87a Abs. 3 Satz 2 HGB die Provision **entfallen** läßt (*Küstner/Thume* Bd. 1 Rdnr. 1139 ff.). Hier kommt es entscheidend darauf an, ob in der Klausel sichergestellt ist, daß der Prinzipal alle organisatorischen Vorkehrungen getroffen hat, welche ein Vorsorge- und Übernahmeverschulden ausschließen. Diese Anforderungen sind hoch. Das gilt nicht zuletzt für die Darlegungs- und Beweislast des Prinzipals. Unproblematisch sind demgegenüber alle Klauseln, welche dem Raster entsprechen, daß für Höhere-Gewalt-Klauseln entwickelt wurde (AGB-Klauselwerke/ *Graf von Westphalen* – Höhere-Gewalt-Klausel Rdnr. 1 ff.).

g) § 87a Abs. 4 HGB bestimmt, daß der Anspruch auf Provision am **letzten Tag des Monats fällig** wird, in dem nach § 87c Abs. 1 HGB über den Provisionsanspruch **abzurechnen** ist. Es handelt sich hierbei um eine **zwingende Regelung** (*Hopt* § 87a Rdnr. 31). Der **Abrechnungszeitraum** beträgt gemäß § 87c Abs. 1 HGB höchstens **drei Monate**. Daraus folgt des weiteren, daß etwaige **Stornoklauseln** wegen Verstoßes gegen § 87a Abs. 5 HGB gemäß § 9 Abs. 2 Nr. 1 AGBG **unwirksam** sind: Die nachträgliche Stornierung – gleichgültig, ob sie auf Wunsch des Kunden oder auf Wunsch des Prinzipals erfolgt – führt nicht zum Wegfall des Provisionsanspruchs des Handelsvertreters (*Küstner/von Manteuffel* BB 1990, 294, 296; *Ulmer/Brandner/Hensen/Schmidt* Anh. zu §§ 9–11 Rdnr. 414). Abzugrenzen sind diese Fälle freilich stets von dem Tatbestand der **Nichtausführung** im Sinn von § 87a Abs. 3 Satz 2 HGB: Wie gezeigt (Anm. f) cc)), kommt es in diesem Zusammenhang stets darauf an, ob die Nichtausführung auf einem Umstand beruht, die **nicht** vom Prinzipal zu vertreten ist.

7. Abrechnungsanspruch. a) Der Anspruch des Handelsvertreters, daß der Prinzipal ihm **Abrechnung über die verdiente Provision** erteilt, ist gemäß § 87c HGB **unabding-**

1. Agency Contract (Handelsvertretervertrag) **III. 1**

bar. Gleiches gilt für den Anspruch des Handelsvertreters, gemäß § 87c Abs. 2 HGB einen **Buchauszug** über alle Geschäfte zu verlangen, für die ihm Provision gebührt. Ferner kann der Handelsvertreter gemäß § 87c Abs. 2 HGB **Mitteilung** über alle Umstände verlangen, welche für den Provisionsanspruch, seine Fälligkeit und seine Berechnung **wesentlich** sind. Die durch die Einsichtnahme in die Geschäftsbücher des Prinzipals erlangten Kenntnisse darf der Handelsvertreter nur dazu verwerten, die Richtigkeit und Vollständigkeit der ihm erteilten Abrechnung oder die des Buchauszugs zu überprüfen (*Schlegelberger/Schröder* § 87c Rdnr. 17c).

b) Ob **Kostentragungsklauseln** gemäß § 9 Abs. 1 AGBG wirksam oder unwirksam sind, hängt entscheidend davon ab, ob die Klausel ausreichend differenziert: Soweit nämlich der Handelsvertreter deswegen in die Bücher des Prinzipals Einsicht nimmt, weil der ihm erteilte Buchauszug im Sinn von § 87c Abs. 4 HGB – aufgrund **begründeter Zweifel** – unrichtig oder unvollständig war, so fallen diese Kosten notwendigerweise dem Prinzipal zur Last; sie dürfen nicht auf den Handelsvertreter überwälzt werden, ohne daß dies gemäß § 9 Abs. 1 **unwirksam** wäre (vgl. BGH BB 1959, 935; *Ulmer/Brandner/ Hensen/Schmidt* Anh. zu §§ 9–11 Rdnr. 415). Etwas **anderes** gilt freilich in den Fällen, in denen der Handelsvertreter – ohne daß die Voraussetzungen von § 87c Abs. 4 HGB vorliegen – Einsicht durch einen Steuerberater/Wirtschaftsprüfer verlangt; unter dieser Voraussetzung sind Kostentragungsklauseln nach § 9 Abs. 1 AGBG nicht zu beanstanden (vgl. auch *Schlegelberger/Schröder* § 87c Rdnr. 17c). Die nach § 9 Abs. 1 AGBG erforderliche Differenzierung ist allerdings auch dann gewahrt, wenn die Klausel grundsätzlich die Kosten für Bucheinsicht pp. dem Handelsvertreter überwälzt, diesem aber das Recht vorbehält, bei Unvollständigkeit oder Unrichtigkeit der erteilten Abrechnung/des Auszugs Regreß beim Prinzipal zu nehmen. **Nicht ausreichend** im Sinn des Differenzierungsgebots von § 9 Abs. 1 AGBG ist es, wenn die Klausel keine Aussage über den Regreß gegenüber dem Prinzipal macht, so daß dann – streng genommen – lediglich eine **Schadensersatzpflicht** des Prinzipals besteht, weil dieser eine unvollständige/ unrichtige Abrechnung oder Auszug erteilt hat. Denn eine solche Klausel gibt dem Prinzipal die Möglichkeit, im außergerichtlichen Bereich Rechte gegenüber dem Handelsvertreter geltend zu machen, die ihm so nicht zustehen.

c) Die **Erteilung einer Abrechnung** ist ein Schuldanerkenntnis im Sinn der §§ 781, 782 BGB (vgl. OLG München VersR 1961, 1090). Ergibt sich nachträglich, daß die erteilte Abrechnung **unrichtig** war, dann ist sowohl der Prinzipal als auch der Handelsvertreter berechtigt, das erteilte Schuldanerkenntnis gemäß § 812 Abs. 2 BGB **zurückzufordern**. Selbst die jahrelange, widersprüchliche Entgegennahme von Provisionsabrechnungen führt nicht zu einem negativen Schuldanerkenntnis, so daß dem Handelsvertreter durchaus weitere Ansprüche auf Provision zustehen (BGH ZIP 1996, 129 – Änderung der bisherigen Rechtsprechung).

aa) Daraus folgt: **Anerkenntnisklauseln**, welche an das Schweigen des Handelsvertreters – nach Erhalt der Abrechnung – anknüpfen, sind sowohl gemäß § 87c Abs. 5 HGB als auch gemäß § 9 Abs. 2 Nr. 1 AGBG **unwirksam** (BGH BB 1964, 409; OLG Hamm BB 1979, 442; OLG Karlsruhe BB 1980, 226; OLG Frankfurt DB 1983, 1951). Dies gilt insbesondere für alle Anerkenntnisklauseln, welche – mangels fristgemäßen Widerspruchs – die erteilte Abrechnung/den erteilten Auszug als „genehmigt" betrachten (BAG BB 1973, 141; *Hopt* § 87c Rdnr. 29; *Ulmer/Brandner/Hensen/Schmidt* Anh. zu §§ 9–11 Rdnr. 415). Im Ergebnis muß also klargestellt werden, daß dem Handelsvertreter der **Konditionsanspruch** gemäß § 812 Abs. 2 BGB ungekürzt verbleibt. Folglich ist jede Fiktion zu vermeiden.

bb) Da die Erteilung einer Abrechnung – rechtlich gewertet – ein Schuldanerkenntnis gemäß §§ 781, 782 BGB ist, liegt die Rechtsfolge auf der Hand: Stellt sich nachträglich heraus, daß die erteilte Abrechnung **unrichtig** ist, dann ist jeder Vertragsteil berechtigt, das erteilte Schuldanerkenntnis gemäß § 812 Abs. 2 BGB zurückzufordern (vgl. OLG München VersR 1961, 1090). Dabei gilt die allgemeine **Beweislastregel**: Diejenige Partei, welche Rechte aus § 812 Abs. 2 BGB herleitet, ist gehalten, die dafür erforderlichen Voraussetzungen darzulegen und zu beweisen (OLG Karlsruhe BB 1980, 226). Die widerspruchslose Hinnahme von Buchauszügen ist regelmäßig keine Zustimmung (BGH NJW 1996, 388). Etwas anderes kann aber dann gelten, wenn der Handelsvertreter die Abrechnung jahrelang stillschweigend angenommen hat (BGH a. a. O.).

8. Delkredere Provision. Gemäß § 86 b Abs. 1 HGB kann der Handelsvertreter eine besondere **Delkredere-Provision** beanspruchen, sofern er sich verpflichtet hat, für die Erfüllung der Verbindlichkeiten aus einem Geschäft **einzustehen.** Es handelt sich hierbei regelmäßig um die Begründung einer einfachen, nicht selbstschuldnerischen Bürgschaft (RGRK-HGB/*Brüggemann* § 86 b Rdnr. 3; *Hopt* § 86 b Rdnr. 6). Gemäß § 86 b Abs. 1 Satz 1 HGB ist der Anspruch auf Delkredere-Provision **zwingend.** Dies ist auch gemäß § 9 Abs. 2 Nr. 1 AGBG zu beachten. Umgekehrt: Ist dem Handelsvertreter **keine Delkredere-Provision** gemäß § 86 b HGB geschuldet, dann verstößt es gegen § 9 Abs. 2 Nr. 1 AGBG, wenn der Prinzipal den Handelsvertreter gleichwohl verpflichtet, für die Zahlungsfähigkeit des Kunden einzustehen. Bei Vereinbarung eines unangemessen niedrigen Satzes gilt der **übliche Satz**, was entweder gemäß § 87 b Abs. 1 HGB oder gemäß § 354 HGB zu begründen ist (*Hopt* § 86 b Rdnr. 10).

9. Aufwendungserstattung. Gemäß § 87 d HGB ist der Handelsvertreter berechtigt, Ersatz seiner im regelmäßigen Geschäftsbetrieb entstandenen Aufwendungen zu verlangen, wenn und soweit dies **handelsüblich** ist. Aus diesem Grund geht das Form. davon aus, daß es zweckmäßig und erforderlich ist, Inhalt und Umfang dieses Aufwendungserstattungsanspruchs im Detail vertraglich zu regeln.

10. Verjährungsbestimmungen. a) Gemäß § 88 HGB verjähren die Ansprüche des Handelsvertreters, welche aus dem Vertragsverhältnis zum Prinzipal resultieren, in **vier Jahren**, beginnend mit dem Schluß des Jahres, in welchem sie fällig geworden sind. Damit werden **alle** Ansprüche erfaßt, welche aus dem Handelsvertretervertrag resultieren (*Hopt* § 88 Rdnr. 1). Die Regelung des § 88 HGB gilt für **beide Vertragsteile** gleichermaßen. Eine **Verkürzung** der Verjährungsfrist des § 88 HGB ist gemäß § 225 Satz 2 BGB grundsätzlich nicht zu beanstanden; sie muß jedoch für beide Teile in gleicher Weise gelten.

b) AGB-Klauseln, welche einseitig zum Nachteil des Handelsvertreters die Verjährungsfrist des § 88 HGB verkürzen, sind gemäß § 9 Abs. 2 Nr. 1 AGBG **unwirksam** (BGHZ 75, 218; RGRK-HGB/*Brüggemann* § 88 Rdnr. 3; im einzelnen auch *Stötter* NJW 1978, 799; *Ulmer/Brandner/Hensen/Schmidt* Anh. zu §§ 9–11 Rdnr. 416). **Wirksam** ist hingegen eine Klausel, wonach die Verjährungsfrist **sechs Monate** beträgt, gerechnet ab **Kenntnis** von der Entstehung des Anspruchs (BGH ZIP 1990, 1469). Eine solche Frist dient dem legitimen Interesse beider Vertragsteile, das Vertragsverhältnis zügig abzuwickeln und die beiderseitigen Rechte und Pflichten rasch zu klären (BGH ZIP 1990, 1469, 1471). Die Verjährungsfrist für **Provisionsansprüche** kann jedoch nur dann gemäß § 9 Abs. 2 Nr. 1 AGBG wirksam sein, wenn sie von dem Zeitpunkt der **Endabrechnung** zu laufen beginnt (BGH ZIP 1990, 1469/1470/1471). Das gleiche gilt für Schadensersatz- und **Ausgleichsansprüche** gemäß § 89 b HGB. Auch die Frist von einem Jahr ist als Verjährungsfrist nach § 9 Abs. 2 Nr. 1 AGBG nicht zu beanstanden (OLG Hamm NJW-RR 1988, 674 – Provisionsanspruch). **Unwirksam** gemäß § 9 Abs. 2 Nr. 1 AGBG ist es jedoch, wenn eine derart kurze Verjährungsfrist für den Provisionsanspruch festgelegt ist, daß diese bereits in dem Zeitpunkt der **Abrechnungserteilung** gemäß § 87 c Abs. 1 HGB beginnt. Auch die kurze Verjährungsfrist von sechs Monaten ist nur dann nicht als unangemessene Benachteiligung im Sinn von § 9 Abs. 2 Nr. 1 AGBG zu bewerten, wenn **durch die Klauselfassung** sichergestellt ist, daß der Handelsvertreter vom Inhalt und Umfang des jeweiligen Anspruchs tatsächlich konkrete Kenntnis erhalten hat (vgl. OLG München NJW-RR 1996, 991/992; a.M. OLG Celle NJW-RR 1988, 1064 – sechs Monate ab Fälligkeit zu kurz, da Provisionsansprüche laufend

1. Agency Contract (Handelsvertretervertrag)   III. 1

entstehen). Es ist unter allen Umständen nach § 9 Abs. 2 Nr. 1 AGBG zu beanstanden, wenn die kurze Verjährungsfrist so ausgeprägt ist, daß Ansprüche des Handelsvertreters verjähren, bevor er überhaupt Gelegenheit hatte, sie – abgesehen von einer Feststellungsklage gemäß § 256 ZPO – durch Klage geltend zu machen.

11. Ordentliche Kündigungsklauseln. a) § 89 HGB betrifft nur die ordentliche Kündigung von Verträgen, die auf **unbestimmte Zeit** abgeschlossen worden sind. Gemäß § 89 Abs. 1 HGB ist demnach zu differenzieren, ob der Vertrag mit **Probezeit** mit Ablauf der Zeit, für die er abgeschlossen wurde, automatisch beendet ist, oder ob ein Vertretervertrag mit **vorgeschalteter Probezeit** gewollt ist – mit der Konsequenz, daß der Inhalt des Vertrages darauf abzielt, den Handelsvertreter nach erfolgreich überstandener Probezeit weiter zu beschäftigen. Der auf bestimmte Zeit abgeschlossene Probe-Handelsvertretervertrag ist – ausgenommen: im Fall einer fristlosen Kündigung – **unkündbar.** Demgegenüber gilt § 89 HGB für den Handelsvertretervertrag, dem eine Probezeit vorgeschaltet ist. Folglich sind auch in diesem Fall die **gesetzlichen Kündigungsfristen** des § 89 HGB zu beachten (BGHZ 40, 235; BAG BB 1971, 1282; *Hopt* § 89 Rdnr. 19). Soweit der Prinzipal in diesen Fällen bestimmt, daß der Handelsvertreter zur Entrichtung einer **Gebühr** bei Abschluß des Vertrages verpflichtet ist, verstößt es gegen § 9 Abs. 1 AGBG sowie gegen § 9 Abs. 2 Nr. 1 AGBG (vgl. auch OLG Karlsruhe BB 1980, 226), wenn das **Rückforderungsrecht** des Handelsvertreters für den Fall ausgeschlossen wird, daß das Vertragsverhältnis bereits während der Probezeit vom Handelsvertreter gekündigt wird (BGH BB 1982, 72). Voraussetzung ist freilich, daß der Prinzipal während der Dauer des Vertragsverhältnisses keine angemessene Gegenleistung erbracht hat (BGH a. a. O.).

b) Eine **Teilkündigung** ist grundsätzlich **unzulässig** (BGH ZIP 2000, 515; BGH WM 1977, 589, 590; BAG BB 1958, 194; *Hopt* § 89 Rdnr. 18); sie benachteiligt den Handelsvertreter entgegen des Gebots des § 9 Abs. 1 AGBG, weil sie den Ausgleichsanspruch nach § 89 b HGB beschneidet (BGH NJW 2000, 515/517 – Kawasaki). Der Grundsatz der Unzulässigkeit von Teilkündigungen schließt jedoch eine ausdrückliche vertragliche **Gestattung** einer Teilkündigung – bezogen auf einen abgrenzbaren Teil der Tätigkeit des Handelsvertreters – nicht aus (BAG a. a. O.; OLG Karlsruhe DB 1978, 298; BGH WM 1977, 589, 590), solange dies den Ausgleichsanspruch nach § 89 b HGB nicht gefährdet oder erschwert (BGH NJW 2000, 515/517 – Kawasaki), was regelmäßig der Fall sein dürfte. Etwas anderes gilt dann, wenn ein Gesamtvertragsverhältnis sich aus **mehreren Teilverträgen** zusammensetzt und diese Teilverträge selbst nach dem Gesamtbild des Vertrages – jeweils für sich genommen – als nach dem Vertrag selbständig lösbar qualifiziert werden können und müssen (BGH WM 1977, 589/590 – Kündigung des Vertrages als Bezirksleiter; Fortbestand des Vertrages als Verkaufsvertreter). Jedoch sind in diesen Fällen die **Schranken** von § 9 Abs. 1 AGBG zu beachten. Dies ist insbesondere auch dann der Fall, wenn das dem Handelsvertreter zugewiesene **Vertragsgebiet** aufgrund einer Teilkündigung geändert werden kann (vgl. auch *Hopt* § 89 Rdnr. 18). In diesem Fall ist eine Teilkündigung nur dann zulässig, wenn im übrigen die Voraussetzungen eines **einseitigen Änderungsrechts** des Prinzipals vorliegen (BGH NJW 2000, 515 ff. – Kawasaki). Ist dies zu bejahen, dann ist allemal insoweit, als die Teilkündigung zulässig ist, ein **Ausgleichsanspruch** gemäß § 89 b HGB geschuldet.

12. Fristloses Kündigungsrecht. a) Gemäß § 89 a HGB kann das Vertragsverhältnis von beiden Seiten aus **wichtigem Grund** – ohne Einhaltung einer Kündigungsfrist – gekündigt werden. Dieses Recht darf gemäß § 89 a Abs. 1 Satz 2 HGB weder ausgeschlossen noch beschränkt werden. Soweit § 89 a Abs. 1 HGB eingreift, handelt es sich um eine **Sonderregelung**, welche den allgemeinen Bestimmungen der §§ 626–628 BGB vorgeht (*Schlegelberger/Schröder* § 89 a Rdnr. 1; *Hopt* § 89 a Rdnr. 2). Dies ist im Hinblick auf die Frist des § 626 Abs. 2 BGB bedeutsam, welche hier nicht anzuwenden ist (*Schlegelberger/Schröder* § 89 a Rdnr. 13; RGRK-HGB/*Brüggemann* § 89 a Rdnr. 16;

BGH WM 1982, 429/431; BGH NJW-RR 1993, 682/683). Unter Berücksichtigung aller Umstände ist in diesen Fällen stets zu prüfen, ob die Kündigung im Hinblick auf den **Zeitablauf** nach Treu und Glauben zulässig ist. Stets entscheiden die Umstände des Einzelfalls; eine Frist von allenfalls **zwei Monaten** darf noch als vertretbar bezeichnet werden (BGH WM 1982, 429/431). Im Ergebnis kommt es – außerhalb von § 626 Abs. 1 BGB – darauf an, ob eine **Verwirkung** des fristlosen Kündigungsrechts vorliegt (BGH NJW-RR 1993, 682/684).

b) Die Beendigung des Handelsvertretervertrages aus wichtigem Grund setzt voraus, daß dem Kündigenden eine Fortsetzung des Vertragsverhältnisses **schlechterdings nicht zumutbar** ist, und zwar selbst nicht bis zu dem Zeitpunkt, in welchem eine ordentliche Kündigung möglich wäre (RGRK-HGB/*Brüggemann* § 89a Rdnr. 6; *Hopt* § 89a Rdnr. 6). Dies ist stets zu bejahen, soweit der Handelsvertreter nicht genehmigten **Wettbewerb** zum Prinzipal betreibt (Anm. 4). Es ist grundsätzlich **empfehlenswert,** wenn im Handelsvertretervertrag besondere Umstände im einzelnen spezifiziert werden, bei deren Vorliegen ein Recht zur fristlosen Kündigung des Vertragsverhältnisses besteht. Dabei gilt freilich ein **strenger Maßstab.** In jedem Einzelfall ist zu prüfen, inwieweit das Kriterium der Unzumutbarkeit erfüllt ist. Trifft dies nicht zu, ist stets zu erwägen, ob – bei formularmäßiger Textierung – die gesamte Klausel oder nur das **Einzeltatbestandselement** wegen Verstoßes gegen § 9 Abs. 2 Nr. 1 AGBG unwirksam ist; letzteres setzt freilich voraus, daß die Klausel **teilbar** ist (AGB-Klauselwerke/*Graf von Westphalen* – Salvatorische Klausel Rdnr. 4f.). Umgekehrt: Sind die Kündigungsgründe auf einzelne besonders gravierende Tatbestände **beschränkt,** so ist zu prüfen, ob nicht deswegen ein Verstoß gegen § 89a Abs. 1 Satz 2 HGB vorliegt, weil darin eine unzulässige **Beschränkung** des fristlosen Kündigungsrechts liegt (*Alff,* Handelsvertreterrecht, Rdnr. 211 m.w.N.).

c) Im Zusammenhang mit **Formular-Klauseln** ist vor allem zu berücksichtigen, daß **kein fristloses Kündigungsrecht** darin liegt, wenn der Handelsvertreter sich weigert, der Verkleinerung seines Bezirks zuzustimmen (*Hopt* § 89a Rdnr. 18). Gleiches gilt dann, wenn der Handelsvertreter sich weigert, die vom Prinzipal gewünschten Mitteilungen/Informationen auf besonderen Formblättern zu erfüllen, sofern er auf andere Weise sicherstellt, daß der Prinzipal die ihm gebührenden Mitteilungen/Informationen erhält (BGH ZIP 1987, 1543). Auch **Umsatzrückgang** ist nicht ohne weiteres ein Grund zur fristlosen Kündigung (BGH NJW 1990, 2889/2890), sofern kein schuldhaftes Verhalten des Handelsvertreters hierfür ursächlich ist (OLG Karlsruhe DB 1971, 572). Aus diesem Grund verstößt es auch gegen § 9 Abs. 2 Nr. 1 AGBG, wenn dem Handelsvertreter **Mindestumsätze** – mit dem Recht zur fristlosen Kündigung – vorgegeben werden, weil der Handelsvertreter lediglich gemäß § 84 HGB ein **Bemühen** schuldet (OLG Karlruhe a.a.O.). Daraus folgt: Die Vernachlässigung der vom Handelsvertreter geschuldeten Bemühungen ist nur dann als wichtiger Grund zur fristlosen Kündigung zu werten, wenn sie einen anhaltenden und **schweren Grad** erreicht hat (OLG Stuttgart BB 1960, 956). **Stets** liegt ein fristloser Kündigungsgrund jedoch darin, daß der Handelsvertreter die **ungenehmigte Vertretung** eines **Wettbewerbsunternehmens** übernimmt (BGH DB 1984, 289; BGH NJW 1987, 57). Die Ausübung unzulässigen Wettbewerbs stellt regelmäßig einen schweren **Treueverstoß** dar (*Hopt* § 89a Rdnr. 19). Auch müssen die formularmäßigen **Fristen,** innerhalb derer die fristlose Kündigung auszusprechen ist, gemäß § 9 Abs. 1 AGBG **angemessen** sein. Eine Frist von zwei Monaten verstößt allemal gegen § 9 Abs. 1 AGBG und ist daher **unwirksam** (BGH DB 1983, 1590). Eine Frist von vier Wochen/einem Monat erscheint gemäß § 9 Abs. 1 AGBG vertretbar, gerechnet ab Kenntnis des fristlosen Kündigungsgrundes (BGH a.a.O.; *Hopt* § 89a Rdnr. 30).

d) Eine fristlose Kündigung berechtigt den Kündigenden, Schadenersatz wegen Nichterfüllung geltend zu machen. Doch ist dieser Anspruch (zeitlich) bis zum nächstmöglichen Kündigungstermin begrenzt (BGH NJW 1993, 1386). Die **Darlegungs- und Beweislast** für die Höhe des Schadensersatzanspruches obliegt dem Prinzipal, sofern

1. Agency Contract (Handelsvertretervertrag) III. 1

der Handelsvertreter Anlaß zur fristlosen Kündigung gegeben hat (BGH NJW-RR 1990, 171).

e) Schadensersatzansprüche **verjähren** innerhalb von vier Jahren nach § 88 HGB. Eine Verkürzung der Verjährungsfrist in AGB auf 12 Monate ist jedoch nach § 9 Abs. 2 Nr. 1 AGBG unwirksam (BGH BB 1996, 1188).

13. Der Ausgleichsanspruch. a) Sinn und Zweck des Ausgleichsanspruchs gemäß § 89 b HGB ist es, dem Handelsvertreter für einen auf seiner Tätigkeit beruhenden Vorteil – dieser liegt in der Schaffung des Kundenstamms – eine Gegenleistung zu gewähren, weil nunmehr der Prinzipal diesen Vorteil allein nutzen kann (BGHZ 24, 214/222; *Hopt* § 89 b Rdnr. 2). Der Ausgleichsanspruch ist kein reiner Vergütungsanspruch, weil er weitgehend durch Gesichtspunkte der **Billigkeit** bestimmt ist (BGH a.a.O.). Der Anspruch entsteht mit der **Beendigung** des Vertragsverhältnisses; der Beendigungsgrund spielt gemäß § 89 b Abs. 1 Satz 1 HGB keine Rolle (*Schlegelberger/Schröder* § 89 b Rdnr. 4; BGHZ 24, 214/216).

aa) Auch eine **Teilbeendigung** des Vertragsverhältnisses kann einen Ausgleichsanspruch gemäß § 89 b HGB auslösen (BGH NJW 2000, 515, 517 – Kawasaki; *Alff*, Handelsvertreterrecht, Rdnr. 229; *Hopt* § 89 b Rdnr. 10; vgl. BGH BB 1965, 434). Ob in diesen Fällen eine – zulässige – Teilkündigung oder eine Änderungskündigung vorliegt, gilt gleich. Da die konkrete Berechnung des Ausgleichsanspruchs in diesen Fällen jedoch sehr schwierig ist, muß stets die Grenze des § 88 b Abs. 4 HGB beachtet werden. Auch eine **einvernehmliche Aufhebung** des Vertragsverhältnisses führt zum Ausgleichsanspruch gemäß § 89 b HGB (RGRK-HGB/*Brüggemann* § 89 b Rdnr. 14). Kein Ausgleichsanspruch steht dem als Immobilienmakler tätigen Handelsvertreter zu, da keine Folgegeschäfte zu erwarten sind (LG Frankfurt NJW-RR 1980, 1181).

bb) Soweit der Prinzipal eine **Altersversorgung** des Handelsvertreters finanziert, entfällt der Ausgleichsanspruch auf Grund einer Anrechnung im Rahmen der individuellen Billigkeit nach § 89 d Abs. 1 Nr. 3 HGB, nachdem auch der Rohausgleich nach § 89 b Abs. 1 Nr. 1 und Nr. 2 HGB ermittelt wurde (BGH NJW 1998, 66; BGH NJW 1998, 71; kritisch *Schreiber* NJW 1998, 3737ff.), es sei denn, die Fälligkeiten beider Ansprüche liegen zeitlich weit auseinander (BGH BB 1994, 594 – Frist von 21 Jahren: keine Anrechnung; 1590 mit Anm. *Küstner*).

b) Gemäß § 89 b Abs. 3 HGB ist der Ausgleichsanspruch dann **ausgeschlossen**, wenn der **Handelsvertreter kündigt**. Ob es sich um eine ordentliche oder um eine außerordentliche Kündigung handelt, gilt gleich (*Hopt* § 89 b Rdnr. 53). Dies gilt auch dann, wenn im Anschluß an eine Kündigung des Handelsvertreters der Vertrag einvernehmlich aufgehoben wird (BGH VersR 1960, 1111; OLG Hamm BB 1987, 1761).

c) § 89 b Abs. 3 HGB normiert **zwei Ausnahmen**, welche den Ausgleichsanspruch gemäß § 89 b Abs. 1 HGB bestehen lassen. Die Bestimmung ist eng auszulegen (BGH NJW 1995, 1958). Dies ist zunächst dann zu bejahen, wenn der Handelsvertreter das Vertragsverhältnis deswegen kündigt, weil hierzu ein „begründeter Anlaß" im Verhalten des Prinzipals besteht. Anlaß bedeutet hier – entgegen dem Wortlaut – **nicht Ursächlichkeit** (*Hopt* § 89 b Rdnr. 56). Der in § 89 b Abs. 3 HGB genannte „begründete Anlaß" ist **nicht identisch** mit dem Vorliegen eines „wichtigen Grundes" im Sinn von § 89 a HGB (BGHZ 40, 13, 15; RGRK-HGB/*Brüggemann* § 89 b Rdnr. 95; *Hopt* § 89 b Rdnr. 57). Auch ein unverschuldetes (RGRK-HGB/*Brüggemann* a.a.O.) oder ein rechtmäßiges Verhalten (BGH BB 1987, 221) kann als „begründeter Anlaß" verstanden werden, wie z.B. Betriebsstillegung, Produktionseinschränkung, erhebliche wirtschaftliche Schwierigkeiten des Prinzipals (*Hopt* a.a.O.). Schafft der Prinzipal eine Konstellation, so daß der Handelsvertreter in **Interessenkollision** gerät, dann kann darin ein begründeter Anlaß zur Kündigung liegen (BGH BB 1987, 221). Ein begründeter Anlaß kann ferner darin liegen, daß der Prinzipal Provisionen zurückhält und der Handelsvertreter befürchten muß, der Prinzipal werde dieses Verhalten auch künftig fortsetzen (BGH NJW-RR

1989, 862). Dabei ist stets zu beachten, daß der Ausschluß des Ausgleichsanspruchs unmittelbar in das Grundrecht der **Berufsfreiheit** des Handelsvertreters gemäß Art. 12 GG eingreift. Folglich ist eine **verfassungskonforme Auslegung** (BVerfG WM 1995, 1761 – keine Aufhebung) mit dem Ziel erforderlich (vgl. LG Koblenz NJW 1992, 72), die Voraussetzungen an einen „begründeten Anlaß" im Sinn von § 89 b Abs. 3 HGB möglichst weit zu fassen, die Anforderungen an den Ausschluß des Anspruchs möglichst hoch anzusetzen (LG Koblenz DB 1992, 2182). Auch mehr oder weniger geringfügige Meinungsverschiedenheiten zwischen Prinzipal und Handelsvertreter reichen deshalb aus, den **Ausnahmetatbestand** von § 89 b Abs. 3 HGB – und damit die Erhaltung des Ausgleichsanspruchs gemäß § 89 b HGB – zu sanktionieren (LG Koblenz a. a. O.).

d) Gemäß § 89 b Abs. 3 HGB **entfällt** der Anspruch des Handelsvertreters auf Ausgleich auch dann **nicht**, wenn ihm eine Fortsetzung seiner Tätigkeit wegen seines Alters oder wegen Krankheit **nicht zugemutet** werden kann (BGH NJW-RR 1993, 996). Auch hier ist die Ursächlichkeit für die Kündigung nicht nötig (*Hopt* § 89 b Rdnr. 60). Eine altersbedingte Kündigung ist immer dann zu bejahen, wenn der Handelsvertreter das Rentenalter erreicht hat (RGRK-HGB/*Brüggemann* § 89 b Rdnr. 17); eine **Krankheitskündigung** ist dann anzunehmen, wenn die Krankheit schwerwiegend und von nicht absehbarer Dauer ist, so daß dadurch auch eine mit Ersatzkräften nicht behebbare nachhaltige Verhinderung der Tätigkeit des Handelsvertreters eintritt (RGRK-HGB/*Brüggemann* § 89 b Rdnr. 18). Berufsunfähigkeit ist nicht erforderlich (*Hopt* § 89 b Rdnr. 62).

e) Gemäß § 89 b Abs. 3 Nr. 2 HGB ist der Ausgleichsanspruch des Handelsvertreters auch dann **ausgeschlossen**, wenn für die Kündigung ein **wichtiger Grund** auf seiten des Handelsvertreters vorlag (RGRK-HGB/*Brüggemann* § 89 b Rdnr. 98; *Hopt* § 89 b Rdnr. 64). Es werden nur die Fälle erfaßt, die auf einem **schuldhaften** Verhalten des Handelsvertreters beruhen (*Schlegelberger/Schröder* § 89 b Rdnr. 32; RGRK-HGB/*Brüggemann* § 89 b Rdnr. 99; *Hopt* § 89 b Rdnr. 65). Zwar ist das Tatbestandselement „wichtiger Grund" in § 89 a HGB und in § 89 b Abs. 3 Nr. 2 HGB identisch; doch ist § 89 b Abs. 3 Nr. 2 HGB zugunsten des Handelsvertreters **enger** als § 89 a HGB, wonach ein wichtiger Grund zur Kündigung eben nicht immer Verschulden des Handelsvertreters voraussetzt (*Hopt* § 89 b Rdnr. 65). Deshalb verstößt es auch gegen § 9 Abs. 2 Nr. 1 AGBG, wenn der Prinzipal als AGB-Verwender im Handelsvertretervertrag bestimmt, daß der Ausgleichsanspruch immer dann in Fortfall gerate, wenn der Prinzipal das Vertragsverhältnis kündigt. Unbedenklich ist es freilich, wenn der Prinzipal die Tatbestandselemente des „wichtigen Grundes" präzisiert. Werden sie allerdings zugunsten des Prinzipals **modifiziert**, so verstößt dies gegen § 9 Abs. 2 Nr. 1 AGBG.

f) Der Ausgleichsanspruch gemäß § 89 b HGB **entfällt** gemäß § 89 b Abs. 3 Nr. 3 HGB auch dann, wenn ein Dritter anstelle des Handelsvertreters in das Vertragsverhältnis **eintritt** und dies aufgrund einer Vereinbarung zwischen dem Prinzipal und dem Handelsvertreter geschieht. Allerdings kann diese Vereinbarung **nicht vor Vertragsende** getroffen werden (*Hopt* § 89 b Rdnr. 68). **Vorformulierte** Zustimmungserklärungen des Handelsvertreters verstoßen deshalb gegen § 89 b Abs. 3 Nr. 3 HGB und sind gemäß § 9 Abs. 2 Nr. 1 AGBG **unwirksam** (*Ulmer/Brandner/Hensen/Schmidt* Anh. zu §§ 9–11 Rdnr. 418). Liegen die Voraussetzungen von § 89 b Abs. 3 Nr. 3 HGB **nicht** vor, so kommt eine befreiende Schuldübernahme des **Nachfolgers** des ausgeschiedenen Handelsvertreters in Betracht, sofern dieser sich gegenüber dem Prinzipal verpflichtet, die eigentlich von diesem geschuldete Ausgleichszahlung gemäß § 89 b HGB zu bewirken (vgl. *Schlegelberger/Schröder* § 89 b Rdnr. 34 c). Eine solche Vereinbarung ist lediglich als Individualabrede zu akzeptieren – vorausgesetzt, sie wird **nach Vertragsende** geschlossen (BGH BB 1968, 927; BGH NJW 1975, 1926; *Hopt* § 89 b Rdnr. 75). Als **formularmäßige Klausel** verstößt sie jedoch gegen § 9 Abs. 1 AGBG und ist daher unwirksam, zumal sie nur das **Innenverhältnis** zwischen Prinzipal und neuem Handelsvertreter erfaßt, es sei denn, der alte Handelsvertreter habe nach Beendigung des Handelsvertretervertrages – zugestimmt.

1. Agency Contract (Handelsvertretervertrag)

g) Ist in diesen Fällen – gleichgültig, ob die Voraussetzungen von § 89b Abs. 3 Nr. 3 HGB vorliegen – vereinbart, daß **keine Rückzahlungsansprüche** zugunsten des – neuen – Handelsvertreters bestehen, sofern der (neue) Handelsvertretervertrag durch den Prinzipal gekündigt wird, dann ist eine Individualabrede grundsätzlich gemäß § 138 Abs. 1 BGB kritisch zu würdigen, weil es an der äquivalenten Gegenleistung fehlt. Handelt es sich hingegen um eine **vorformulierte Klausel**, so verstößt sie gegen § 9 Abs. 1 und ist daher **unwirksam** (vgl. *Schlegelberger/Schröder* § 89b Rdnr. 34d).

h) Zur Berechnung des Ausgleichsanspruchs nach § 89b HGB (BGH NJW 1985, 860 – verwaltende Tätigkeiten: Lagerhaltung, Inkasso, Auslieferung, bleiben außer Betracht; BGH NJW-RR 1988, 1081 – Tankstellenpächter; umfassend BGH NJW 1998, 66; BGH NJW 1998, 71; BGH NJW-RR 1993, 221 – Begrenzung nach § 89b Abs. 2 HGB; OLG Frankfurt NJW-RR 1996, 548 – Handelsbrauch). Zu berücksichtigen sind im Rahmen von § 89b Abs. 1 Nr. 2 HGB die **Mehrfachkunden**, d.h. die Kunden, die in einem überschaubaren Zeitraum mehr als ein Mal kontaktiert haben oder voraussichtlich kontraktieren werden (BGH NJW 1998, 66, 68). Die Abgrenzung zwischen vermittelnder, d.h. provisionspflichtiger Tätigkeit und verwaltender Tätigkeit ist eine Rechtslage (BGH NJW 1998, 66, 69). Bezogen auf den Zeitpunkt der Beendigung des Handelsvertretervertrages ist eine **Prognose** anzustellen, wie sich die Provisionseinnahmen in der Zukunft entwickelt hätten (BGH NJW 1998, 71).

i) Gemäß § 89b Abs. 4 Satz 2 HGB ist eine **zwingende Ausschlußfrist** von einem Jahre, gerechnet ab Vertragsende vorgesehen: Innerhalb dieser Frist muß der Ausgleichsanspruch, ohne daß es einer besonderen Form bedarf, gegenüber dem Prinzipal geltend gemacht werden. Nach **früherem Recht** war eine Verkürzung der dreimonatigen Ausschlußfrist bereits gemäß § 89b Abs. 4 Satz 1 HGB unwirksam (*Schlegelberger/Schröder* § 89b Rdnr. 37; RGRK-HGB/*Brüggemann* § 89b Rdnr. 109). Würde man unter Berücksichtigung der **Neugeltung** von § 89b Abs. 4 Satz 2 HGB es als gemäß § 9 Abs. 1 AGBG wirksam erachten, wiederum eine Ausschlußfrist von drei Monaten formularmäßig zu verankern, so würden damit auf dem Umweg über eine Formularklausel exakt die Ungereimtheiten eingeführt, die zu verhindern die Novellierung von § 89b Abs. 4 Satz 2 HGB im Auge hatte (vgl. *Kindler* RIW 1990, 358, 362). **Unbedenklich** erscheint es jedoch, die Ausschlußfrist von § 89b Abs. 4 Satz 2 HGB auf **sechs Monate** zu verkürzen (*Ulmer/Brandner/Hensen/Schmidt* Anh. zu §§ 9–11 Rdnr. 418). Dabei ist zu berücksichtigen, daß die Geltendmachung des Ausgleichsanspruchs gemäß § 89b HGB keiner besonderen Form, insbesondere keiner Substantiierung bedarf (BGH NJW 1996, 2100, 2101 – Auskunftsanspruch); erforderlich ist lediglich, daß der Wille des Handelsvertreters, den Ausgleichsanspruch gemäß § 89b HGB geltend zu machen, klar und eindeutig zu Ausdruck gelangt.

k) Gemäß § 89b Abs. 4 Satz 1 HGB ist der dem Handelsvertreter zustehende Ausgleichsanspruch insoweit **unabdingbar, als er nicht im voraus** ausgeschlossen werden kann (BGH NJW 1990, 2889). Unter diesen Verbotstatbestand fallen alle Abreden, die in irgendeiner Weise – zum Nachteil des Handelsvertreters – das Entstehen oder die Höhe des Ausgleichsanspruchs beeinträchtigen oder modifizieren (RGRK-HGB/*Brüggemann* § 89b Rdnr. 5; *Schlegelberger/Schröder* § 89b Rdnr. 34; *Hopt* § 89b Rdnr. 70). Alle ausgleichsberechtigten Klauseln sind jedoch **wirksam**, wenn sie nach Beendigung des Handelsvertretervertrages oder in einer Aufhebungsvereinbarung getroffen werden, die gleichzeitig den Vertrag beenden (BGH NJW 1990, 2889). Kein Ausgleichsanspruch entsteht bei Abschluß eines **Aufhebungsvertrages** nach vorangegangener Kündigung durch den Handelsvertreter (OLG Hamm NJW-RR 1988, 45). Der Schutzzweck des § 89b Abs. 4 HGB soll den Handelsvertreter vor der Gefahr bewahren, sich aufgrund seiner wirtschaftlichen Abhängigkeit von dem Prinzipal auf ihn benachteiligende Abreden einzulassen (BGH NJW 1967, 248/249; BGH NJW 1990, 2889). Deshalb verstoßen auch alle Klauseln gegen § 9 Abs. 2 Nr. 1 AGBG, in denen in irgendeiner Weise eine quantitative Beschränkung des Ausgleichsanspruchs oder sonstige Regelungen vereinbart werden, welche – bezogen auf die Höhe oder die Fälligkeit des Ausgleichsanspruchs – diesen in abweichender Weise zum Nachteil des Handelsvertreters regeln (*Hopt* § 89b Rdnr. 71).

14. Der ausländische Handelsvertreter. a) Gemäß § 92c HGB kommt es ausschließlich darauf an, ob der Handelsvertreter seine Tätigkeit für den Prinzipal „innerhalb des Gebietes der **Europäischen Gemeinschaft**" ausübt: Trifft dies zu, so gelten die zwingenden Bestimmungen der §§ 84ff. HGB **uneingeschränkt** (hierzu *Wittmann* BB 1994, 2295ff.). **Rechtswahlklauseln** sind in diesem Zusammenhang allerdings uneingeschränkt zulässig (AGB-Klauselwerke/*Graf von Westphalen* – Rechtswahlklauseln Rdnr. 1ff.); dasselbe gilt für Vereinbarungen eines **Schiedsgerichts** (AGB-Klauselwerke/*Graf von Westphalen* – Schiedsgerichtsvereinbarung Rdnr. 1ff.). Soweit keine Rechtswahl zwischen den Parteien vereinbart ist, ist gemäß Art. 28 Abs. 2 EGBGB an das Recht am Ort der **Niederlassung** des Handelsvertreters anzuknüpfen; soll das Recht des Prinzipals gelten, muß es ausdrücklich oder stillschweigend gemäß Art. 27 EGBGB vereinbart werden.

b) **Umstritten** ist die Antwort auf die Frage, ob der Ausschluß des Ausgleichsanspruchs gemäß § 89b HGB – deutsches Recht als anwendbar vereinbart – gemäß § 9 Abs. 1 AGBG **unwirksam** ist, sofern der Handelsvertreter seine Tätigkeit außerhalb des EG-Gebietes sowie als EWR-Gebietes ausübt (*Ulmer/Brandner/Hensen/Schmidt* Anh. zu §§ 9–11 Rdnr. 418a; a.M. *Hepting/Detzner* RIW 1989, 339/344).

aa) Sofern das **Heimatrecht/Wohnsitzrecht** des Handelsvertreters einen (zwingenden) Ausgleichsanspruch nicht kennt, bestehen keine Bedenken dagegen, eine Ausschlußklausel gemäß § 9 Abs. 1 AGBG als **wirksam** einzustufen (*Hepting/Detzner* a.a.O.; *Ulmer/Brandner/Hensen/Schmidt* a.a.O.). Die gleiche Erwägung gilt dann, wenn der Ausschluß des Ausgleichsanspruchs nach dem Heimat- und Aufenthaltsrecht des Handelsvertreters als **branchenüblich** zu qualifizieren ist (*Ulmer/Brandner/Hensen/Schmidt* a.a.O.). Kennt das Heimat- und Aufenthaltsrecht des Handelsvertreters den Ausgleichsanspruch als **dispositive Norm,** so ist nicht zu erkennen, aus welchen Gründen die Sperrwirkung von § 9 Abs. 1 AGBG eingreifen sollte, weil ja dann der Prinzipal nur von den gesetzlichen Möglichkeiten Gebrauch macht, auf die sich der Handelsvertreter ohnehin im vorhinein einstellen kann (a.M. *Ulmer/Brandner/Hensen/Schmidt* a.a.O.). Eine unangemessene Benachteiligung im Sinn von § 9 Abs. 1 AGBG ist dann nicht festzustellen.

bb) **Umgekehrt:** Sofern ein **inländischer Handelsvertreter** seine Tätigkeit **außerhalb** des EU-Gebietes oder des EWR-Gebietes ausübt, gilt § 92c HGB nicht. Es bestehen daher keine durchgreifenden Bedenken, zu seinem Nachteil den Ausgleichsanspruch gemäß § 89b HGB durch eine vorformulierte Klausel abzubedingen (a.M. *Ulmer/Brandner/Hensen/Schmidt* a.a.O.). Dies gilt freilich dann **nicht,** wenn auf dieses Vertragsverhältnis gemäß Art. 27 EGBGB **deutsches Recht** vereinbart worden ist; dann kann der (inländische) Handelsvertreter davon ausgehen, daß er in den Genuß des Ausgleichsanspruchs gemäß § 89b HGB gelangt. Es ist also der durch die Rechtswahl bewirkte **Vertrauenstatbestand,** der hier zugunsten des Handelsvertreters durchschlägt und den Ausschluß des Ausgleichsanspruchs als unangemessene Benachteiligung des Handelsvertreters im Sinn von § 9 Abs. 1 AGBG erscheinen läßt. Folglich gilt in diesen Fällen nur dann etwas anderes, wenn ein Recht gemäß Art. 27 EGBGB vereinbart worden ist, welches außerhalb der Europäischen Gemeinschaft gilt; gleiches trifft dann zu, wenn an das **Niederlassungsrecht** des Handelsvertreters gemäß Art. 28 EGBGB angeknüpft wird. Nur in diesen Fällen ist der inländische Handelsvertreter nicht schutzbedürftig und auch nicht schutzwürdig.

15. Wettbewerbsabreden. a) Das Form. **verzichtet** auf die Textierung einer nachvertraglichen Wettbewerbsabrede.

aa) Die **Wettbewerbsabrede** ist eine Vereinbarung, die den Handelsvertreter nach Beendigung des Vertragsverhältnisses in seiner gewerblichen Tätigkeit beschränkt (*Hopt* § 90a Rdnr. 4). Die **Neufassung** von § 90a HGB setzt jedem Wettbewerbsverbot enge

Grenzen: Gemäß § 90a Abs. 1 Satz 1 HGB ist **Schriftform** erforderlich, also: eigenhändige Unterzeichnung einer Urkunde, welche den Inhalt der gesamten Vereinbarung wiedergibt. Darüber hinaus ist die **Aushändigung** dieser Urkunde erforderlich. § 90a Abs. 1 Satz 2 HGB beschränkt die **Zeitdauer** des Wettbewerbsverbots auf höchstens zwei Jahre, gerechnet ab Beendigung des Vertrages. Dabei ist zwingend, daß sich das Wettbewerbsverbot nur auf den dem Handelsvertreter zugewiesenen **Bezirk** oder **Kundenkreis** beziehen darf sowie auf die **Gegenstände**, welche Inhalt des Handelsvertretervertrages waren.

bb) Gemäß § 90a Abs. 1 Satz 3 HGB ist der Prinzipal verpflichtet, dem Handelsvertreter für die Dauer der Wettbewerbsbeschränkung eine **Karenzentschädigung** zu zahlen. Diese ist nicht Schadensersatz, sondern Entgelt für die Abrede der Wettbewerbsenthaltung (BGH DB 1975, 298). Die Entschädigungspflicht folgt aus dem Gesetz; sie braucht nicht besonders vereinbart zu werden. Kommt eine Einigung zwischen den Parteien nicht zustande, ist die angemessene Entschädigung vom Gericht festzusetzen (OLG Nürnberg BB 1960, 1261). Stets schuldet der Prinzipal eine **angemessene** Entschädigung (*Hopt* § 90a Rdnr. 19); sie muß unter Berücksichtigung aller Umstände der **Billigkeit** entsprechen (BGHZ 63, 353; BGH DB 1975, 288).

b) Die gesetzliche Bestimmung des § 90a HGB ist grundsätzlich nicht zum Nachteil des Handelsvertreters abdingbar. Erst nach Beendigung des Vertragsverhältnisses hat der Grundsatz der Vertragsfreiheit wieder seine Berechtigung (*Hopt* § 90a Rdnr. 11). Es ist **umstritten**, ob der Rechtsgedanke von § 74a HGB auch im Bereich von § 90a HGB gilt, soweit **formularmäßig** eine Wettbewerbsbeschränkung vereinbart wird (bejahend: RGRK-HGB/*Brüggemann* § 90a Rdnr. 4; a.M. *Schlegelberger/Schröder* § 90a Rdnr. 11a). Unter Berücksichtigung der Wertungskriterien von § 9 Abs. 1 AGBG ist dies in der Sache zu **bejahen**: Eine Wettbewerbsabrede ist also **unwirksam**, als sie nicht zum Schutz von berechtigten geschäftlichen Interessen des Prinzipals erforderlich ist. Ist z.B. die Verwertung von Kundenanschriften dem Handelsvertreter **ausnahmslos** untersagt, so verstößt die Geheimhaltungsabrede gegen § 9 Abs. 1 AGBG (OLG Koblenz NJW-RR 1987, 95/97). Jedenfalls Kunden, die die Geschäftsbeziehung zum Prinzipal **nicht** fortsetzen wollen, müssen vom Verbot ausgenommen werden (OLG Koblenz a.a.O.). Gleiches gilt dann, wenn die Wettbewerbsabrede unter Berücksichtigung der gewährten Entschädigung nach Ort, Zeit und Gegenstand eine **unbillige Erklärung des Fortkommens des Handelsvertreters** darstellt. Dem steht nicht entgegen, daß im Verhältnis zwischen Prinzipal und Handelsvertreter kein sozialrechtliches Abhängigkeitsverhältnis besteht, daß vielmehr Rechtsbeziehungen vorliegen, welche zwei selbständige Unternehmer miteinander verbinden (hierzu *Schlegelberger/Schröder* a.a.O.; wie hier auch im Ergebnis *Ulmer/Brandner/Hensen/Schmidt* Anh. zu §§ 9–11 Rdnr. 419). Entscheidend ist letzten Endes, daß der Prinzipal die Vertragsgestaltungsfreiheit nur dann für sich im Rahmen von § 90a HGB in Anspruch nehmen kann, wenn er dabei auch die berechtigten Belange des Handelsvertreters im Auge behält. Nach § 9 Abs. 2 Nr. 1 AGBG ist es auch nicht zu beanstanden, wenn der Prinzipal – gemessen an § 90a Abs. 1 Satz 3 HGB – im **voraus** eine angemessene Entschädigung vereinbart.

c) Verstößt ein Wettbewerbsverbot gegen § 9 Abs. 1 AGBG, so ist es im Zweifel **insgesamt** gemäß § 6 Abs. 2 AGBG **unwirksam**. Eine Reduktion auf das gesetzliche Schutzmaß findet nicht statt (vgl. aber BGHZ 40, 235/239). Dies gilt auch dann, wenn eine Wettbewerbsabrede für einen Zeitraum vereinbart wird, der zwei Jahre übersteigt (a.M. *Hopt* § 90a Rdnr. 31; *Schlegelberger/Schröder* § 90 Rdnr. 31). Jedenfalls gilt eine Wettbewerbsabrede, die für die Dauer des Vertrages vereinbart war, nicht nach dieser Beendigung fort (LG Krefeld NJW-RR 1991, 1063).

d) Zur Sicherung der Wettbewerbsabrede kann der Prinzipal gegenüber dem Handelsvertreter eine **Vertragsstrafe** vereinbaren. Dies gilt auch für den Fall, daß der Handelsvertreter das Wettbewerbsverbot **umgeht**, z.B. bei Tätigwerden seiner Ehefrau (vgl. BGH BB 1970, 1347; RGRK-HGB/*Brüggemann* § 90a Rdnr. 26). In diesen Fällen kann eine Vertragsstrafe für **jeden Fall** der **Zuwiderhandlung** vorgesehen werden, ohne daß dies gegen § 9 Abs. 1 verstößt (BGH NJW 1984, 919, 921; BGH ZIP 1993, 703/705). Dabei ist im Auge zu behalten, daß die Vertragsstrafe – wie stets – zum einen die Funktion hat, als Druckmittel zu dienen, um die Sicherung ordnungsgemäßer Leistungserbringung zu gewährleisten und zum anderen dem AGB-Verwender im Verletzungsfall die Möglichkeit eröffnen soll, den ihm entstandenen Schaden – ohne Einzelnachweis – leichter zu führen (BGH ZIP 1993, 703, 705 f.). Freilich muß die Vertragsstrafe das jeweilige Verhalten des Schuldners berücksichtigen; es ist der objektiven Schwere des Verstoßes und dem Grad des Verschuldens Rechnung zu tragen (OLG München NJW-RR 1996, 1181). Darüber hinaus muß sie eine Begrenzung nach oben aufweisen (BGH NJW 1981, 1509/1510 – Bauvertrag; im übrigen AGB-Klauselwerke/*Graf von Westphalen* – Vertragsstrafeversprechen Rdnr. 8 f.). Bei Anwendung dieser Kriterien ist ein Vertragsstrafeversprechen in Höhe von DM 250,00 für jeden Fall der Zuwiderhandlung mit § 9 Abs. 2 Nr. 1 AGBG vereinbar, die sich auf dem Handelsvertreter zugängliche Kundenanschriften bezieht, sofern er sich „bei Beendigung des Vertrages Aufzeichnungen" hierüber „zurückbehält" (BGH ZIP 1993, 703). Verstößt nämlich ein Handelsvertreter gegen ein so ausgestaltetes Verbot, so liegt ein regelmäßig **vorsätzliches** Verhalten vor, welches Schadensersatzansprüche des Prinzipals auslöst (BGH ZIP 1993, 703/706). Deshalb liegt auch in diesem Fall kein Fortsetzungszusammenhang vor, obwohl die uneingeschränkte Abbedingung der Einrede des Fortsetzungszusammenhangs in AGB regelmäßig nach § 9 Abs. 2 Nr. 1 AGBG unwirksam ist (BGH ZIP 1993, 292). Soweit eine **Kumulierung** von Vertragsstrafe und Schadensersatz als Sanktionsinstrument des Prinzipals vorgesehen ist (BGH NJW 1992, 1096/1097 – Verlust von Stornoreserven und Schadenersatz bei fristloser Kündigung) gelten im übrigen die allgemeinen Grundsätze nach § 9 Abs. 2 Nr. 1 AGBG.

16. Gerichtsstandsvereinbarungen. Innerhalb der EU ist Art. 17 EuGVÜ zu beachten. Dies bedeutet grundsätzlich beiderseitige Schriftlichkeit. Davon geht das Form. aus. Im übrigen ist § 38 ZPO – außerhalb des Anwendungsbereichs des EuGVÜ – zu beachten.

2. Distributor Agreement[1]

(Vertragshändlervertrag)

between
XY-GmbH
Street
City
(hereinafter referred to as "Principal")
and
Z S.A.
Street
City
(hereinafter referred to as "Distributor")

Whereas, the Principal is designing, manufacturing and selling certain products (hereinafter referred to as "Products") to third parties;
whereas, the Distributor is selling and distributing certain products to third parties within the territory of France (hereinafter referred to as the "Territory");
whereas, the Principal is willing to expand his business in the Territory by appointing the Distributor as his sole and exclusive distributor for the sale of the Products to third parties residing in the Territory;

2. Distributor Agreement (Vertragshändlervertrag)

whereas, the Distributor is willing to act as Distributor for the Products in the Territory; now, in consideration of the terms and conditios set forth hereunder, the parties convene and agree as follows:

Art. 1 – Appointment of the Distributor[2]

(1) The Principal hereby appoints the Distributor as his distributor for the sale of the Products within the Territory.

(2) The Distributor shall buy and sell the Products directly from the Principal in his own name and his own account, and he then shall sell them to third parties domiciling within the Territory in his own name and on his own account.[3]

(3) Nothing in this Agreement shall constitute the right of the Distributor to act as agent of the Principal or to represent the Principal in any way whatsoever. The Distributor shall have no authority whatsoever to enter into any obligations on behalf of the Principal.

Art. 2 – Exclusivity[4]

(1) The Distributor shall act as Principal's sole and exclusive Distributor within the Territory.[5]

(2) The Distributor shall not be entitled to act as agent, representative or distributor, dealer or alike for products being held competitive to the Products sold within the Territory.

(3) The Distributor shall not solicit any sales of the Products outside of the Territory. He shall restrict his efforts to advertise and solicit sales of the Products to activities executed within the Territory. However, he may sell the Products to third parties residing outside of the Territory.

(4) The Distributor shall not be entitled to engage subcontractors or any other third party as his subagent without having obtained Principal's prior written approval to do so. Such approval shall not be unreasonably withheld.

(5) The Distributor shall not change his place of business without having informed the Principal in advance.

Art. 3 – Purchase and Sale of the Products

(1) The Principal shall sell to the Distributor Products[6] on the basis of the General Conditions attached hereto as Exhibit 1.

(2) The Distributor shall not be bound in any way whatsoever by the prices paid to the Principal, but shall determine at his own risk the prices for the sale of the Products to third parties. In selling the Products to third parties the Distributor shall incorporate the General Conditions of Sale, attached hereto as Exhibit 2.

(3) The term „Product" shall also incorporate spare parts, designed, manufactured and sold to third parties by the Principal.

(4) The Distributor shall inform the Principal of any and all sales effected to third parties by sending copies of the respective order confirmation.

Art. 4 – Sales Forecast

(1) The parties shall convene from time to time in order to reasonably agree the sales forecast for the forthcoming calendar quarter.[7] Such sales forecast, if confirmed by the Distributor, will not be binding upon the parties hereto.

(2) The Distributor acknowledges and accepts the following discounts[8] for the purchase of the Products as attached as Exhibit 3.

(3) Every and each purchase order shall become binding upon the Principal for the sale of Products, if it has been transmitted to the Principal using the form attached hereto as Exhibit 4. The Principal shall be bound to execute such order on the basis of the General Conditions attached hereto as Exhibit 1, unless the Principal has rejected any order received within two working days, thereby giving due reasons for not accepting and executing the respective order.

Art. 5 – Trademarks – Sales Promotion

(1) The Principal shall grant to the Distributor the non-exclusive license to use any and all trademarks, logos and other markings used by the Principal in order to promote the sale of the Products. The grant of such license shall be free of any charge whatsoever.

(2) All major marketing and advertising activities of the Distributor relating to the sale of the Products shall be coordinated by the Principal in order to not divulge the identity and image of the Product. The Distributor shall comply with the guidelines[9] issued by the Principals, as attached in Exhibit 5.

(3) The Distributor shall be obligated to display the trademark, logo or any other marking relevant to the sale of the Products at his premises, thereby complying with the relevant terms and conditions of Exhibit 5.

(4) The Distributor shall be obliged to reasonably promote the sale of the Products by keeping such number of Products at his shop as has been agreed upon with the Principal.

Art. 6 – After Sales Activities

(1) In order to promote the sale of the Products the Distributor shall be obligated to effect after sales activities to his customers in line with the requirements laid down in Exhibit 6.

(2) The Distributor shall be obligated to secure that his personnel is in the possession of the relevant know-how for the due performance of such after sales activities. Therefore he is obligated to send a reasonable number of his staff for adequate training to seminars held by the Principal. The costs incurred thereby shall be borne by the Distributor.

(3) The Distributor shall duly perform any and all warranty obligations[10] in line with the requirements set forth in Exhibit 7. The costs incurred for such activities shall be reimbursed by the Principal on the basis of the prices laid down in said Exhibit.

(4) The Distributor shall order the necessary spare parts[11] and any other machinery deemed necessary for the due and proper performance of any warranty claims. The necessary quantities of spare parts will be incorporated in the respective sales forecasts.

Art. 7 – Information Requirements

(1) The Distributor shall be obligated to transmit to the Principal its attested annual balance sheet at the latest by June 30 of the following year.[12] Furthermore, the Principal shall be entitled to check the books and records of the Distributor inasmuch as reasonable, provided that the legitimate interests of the Distributor are not impaired thereby.

(2) The Distributor shall not change the structure of his company and/or its ownership without having informed the Principal beforehand in writing of any such prospective undertaking.[13] If the legitimate interests of the Principal are likely to be unreasonably impaired by such undertaking, then the parties shall convene and agree a reasonable solution. Failing to do so within a reasonable time, the Principal, at his option, may terminate this Agreement, thereby reasonably compensating any losses incurred by the Distributor in consideration of such termination.

2. Distributor Agreement (Vertragshändlervertrag)

Art. 8 – Duration – Termination

(1) This Agreement shall become effective upon signing of the two parties. The Agreement then shall run for an indefinite period of time.[14]

(2) The Agreement may be terminated by either party at the following dates. During the first three years the termination period shall be twelve months, becoming effective at the end of a calendar year. If the Agreement has run for a period of more than three consecutive years, then the termination period shall be eighteen months, becoming effective at the end of a calendar year. If this Agreement has run for a period of more than five consecutive years, then the termination period shall be two years, becoming effective at the end of a calendar year.

(3) This Agreement shall be terminated forthwith if any party to this Agreement has fundamentally breached any of the obligations of the Agreement. The party being in breach of its contractual obligations shall be obligated to compensate to the other party any damages incurred due to such breach.[15]

(4) The same shall apply, if bancruptcy proceedings have been initiated or if a liquidator has been appointed.

(5) If the Principal has terminated the Agreement in line with subsection (2), then the Distributor shall no longer be obligated to act as Principal's sole and exclusive Distributor but shall be dissolved from his obligation to not compete with the Principal's Products.

(6) The Principal shall be obligated to repurchase any and all spare parts from the Distributor upon expiry of this Agreement at the prices shown in Exhibit 7, provided that the respective spare parts are still unpacked, unused and can reasonably be used by any other third party having reasonable expertise in doing any necessary repair work for the Products. This obligation shall elapse if there is evidence that the Principal has terminated this Agreement with cause.[16, 17]

(7) The Principal shall be obligated to reasonably compensate the prospective losses of the Distributor on the basis of the agency law (Art. 89b Commercial Code).[18]

Art. 9 – Miscellaneous

(1) This Agreement shall not be altered or modified, unless in writing and signed by the parties hereto.[19]

(2) If any term or condition of this Agreement is null and void or will become null and void during its course, then the validity and effectiveness of all other terms and conditions shall not be impaired thereby. All terms and conditions of this Agreement are separable.

(3) This Agreement shall be governed by German Law.[20]

(4) Place of jurisdiction shall be Hamburg.[21]

Schrifttum: Bechthold, Ausgleichsansprüche für Eigenhändler, dargestellt am Beispiel des Automobilvertriebs, NJW 1983, 1393 ff.; *ders.,* Rechtstatsachen zum Ausgleichsanspruch des Automobil-Händlers, Eine rechtliche Untersuchung auf der Grundlage einer demoskopischen Befragung der Automobilkäufer, BB 1984, 1262 ff.; *Bunte,* Das Urteil des BGH zur Gestaltung von Automobilvertragshändlerverträgen, NJW 1985, 600 ff.; *Creutzig,* Fabrikneue Fahrzeuge vom „Grauen Markt": Ein Widerspruch?, BB 1987, 283 ff.; *Ebel,* Die Wiederverkäuferklausel in Kfz-Vertragshändlerverträgen, DB 1984, 101 ff.; *Ebel/Genzow,* Freistellung der selektiven Vertriebssysteme der Automobilbranche vom Kartellverbot des Artikel 85 EWGV, DB 1985, 741 ff.; *Ebenroth,* Absatzmittlungsverträge im Spannungsverhältnis von Kartell- und Zivilrecht, Konstanz 1980;

Ebenroth/Abt, Beendigung von Absatzmittlungsverhältnissen nach dem Recht des EWGV, EWS 1993, 81 ff.; *Ebenroth/Parche,* Kartell- und zivilrechtliche Schranken bei der Umstrukturierung von Absatzmittlungsverhältnissen, BB-Beilage Nr. 10/1988; *Ebenroth/Obermann,* Zweitvertretungsanspruch in Absatzmittlungsverhältnissen aus § 26 Abs. 2 GWB?, DB 1981, 829 ff.; *Foth,* Der Investitionsanspruch des Vertragshändlers, BB 1987, 1270 ff.; *Genzow,* Vertragshändlervertrag, 1996; *Gutbrod,* Der Vertragshändlervertrag zwischen Kartell- und AGB-Recht EuZW 1991, 235 ff.; *Immenga/Mestmäcker,* Gesetz gegen Wettbewerbsbeschränkungen, 2. Aufl., München 1992; *Martinek,* Aktuelle Fragen des Vertriebsrechts, 3. Aufl., Köln 1992; *Martinek/Semler,* Handbuch des Vertreterrechts, München 1996; *Niebling,* Das Recht des Automobilvertriebs, Heidelberg 1996; *Pfeffer,* Die Neuordnung der Vertragshändlerverträge in der Automobilbranche, NJW 1985, 1241 ff.; *Reuter,* Die Original-Ersatzteile der Kraftfahrzeughersteller, DB 1979, 293 ff.; *C. Stumpf,* Vertragshändlerausgleich analog § 89b HGB – praktische und dogmatische Fehlvertretung, NJW 1998, 12 ff.; *Stumpf/Hesse,* Der Ausgleichsanspruch des Vertragshändlers, BB 1987, 1474 ff.; *Stumpf/Jeletzke/Schultze,* Der Vertragshändlervertrag, 3. Aufl., Heidelberg, 1997; *Ulmer,* Der Vertragshändler, München 1969; *Ulmer/Brandner/Hensen,* AGBG, 9. Aufl., Köln 1999; *Ulmer/Schäfer,* Zum Anspruch des Kfz-Vertragshändlers gegen den Hersteller auf Zustellung zur Übernahme einer Zweitvertretung, ZIP 1994, 753 ff.; *Graf von Westphalen,* Das Dispositionsrecht des Prinzipals im Vertragshändlervertrag, NJW 1982, 2465 ff.; *ders.,* Die analoge Anwendbarkeit des § 89b HGB auf Vertragshändlerverträge der Kfz-Branche, DB-Beilage 12/1981; *ders.,* Die analoge Anwendbarkeit von § 89b HGB auf Vertragshändler unter besonderer Berücksichtigung spezifischer Gestaltungen in der Kfz-Branche, DB-Beilage 24/1984; *ders.,* Der Ausgleichsanspruch des Vertragshändlers in der Kfz-Branche gemäß § 89b HGB analog unter Berücksichtigung der neuesten BGH-Judikatur, DB-Beilage Nr. 8/1988; *Wolf/Horn/Lindacher,* AGBG, 4. Aufl., München 1994.

Übersicht

	Seite
1. Der maßgebende Vertragstyp	91
2. Anwendbarkeit des GWB	91–92
3. Europäisches Kartellrecht	92–94
4. Vertragshändlerverträge als AGB-Klauselwerke	94–95
5. Alleinvertriebsrecht – Marktverantwortungsgebiet – Änderungsvorbehalte	95–98
6. Belieferungspflicht – Modellpolitik	98
7. Mindestabnahmen	89–99
8. Rabatte – Änderungen	99
9. Richtlinien	99–100
10. Gewährleistungsarbeiten – Herstellungsgarantien – Rückvergütungspauschalen	100
11. Ersatzteilbindung	100–101
12. Einblick in Geschäftsbücher, Bilanzen	101
13. Geschäftsveräußerung – Inhaberwechsel – Erbfolge	101
14. Die ordentliche Kündigung	101–102
15. Das fristlose Kündigungsrecht	102–103
16. Rücknahmepflichten	103–104
17. Erstattung nichtamortisierter Investitionen	104–105
18. Der Ausgleichsanspruch	105–107
19. Schriftformklausel	107
20. Rechtswahl	107
21. Gerichtsstandsvereinbarung	107

2. Distributor Agreement (Vertragshändlervertrag)

Anmerkungen

1. Der maßgebende Vertragstyp. a) Es ist weitgehend anerkannt, daß Vertragshändlerverträge als **Dienstverträge** zu qualifizieren sind, denen eine **Geschäftsbesorgung** im Sinn der §§ 675, 611 ff. BGB zukommt (*Ulmer* S. 241 ff.; *Stumpf* Rdnr. 4; *Evans/von Krbek* S. 94; *Ebenroth* S. 33). Dieser Ansatzpunkt ist auch von der **Judikatur** bestätigt (BGHZ 29, 33/37; BGHZ 34, 283/285; BGHZ 54, 338/340 f; BGHZ 68, 340/343). Es handelt sich hierbei um ein **Dauerschuldverhältnis** (*Ulmer* S. 251 ff.; RGRK-HGB/*Brüggemann* vor § 84 Rdnr. 7), das dem Vertragshändler die Verpflichtung zur selbständigen Wahrnehmung fremder Vermögensinteressen auferlegt (*Ulmer* S. 276 ff.), der ihrerseits spiegelbildlich die **besondere Treuepflicht** und Rücksichtnahme des Herstellers korrespondiert (BGH NJW-RR 1993, 682; *Ulmer* S. 411 ff., 422 ff.; *Bunte* ZIP 1982, 1166/1168 f.). Damit ist gleichzeitig gesagt, daß der Vertragshändlervertrag ein typischer **Rahmenvertrag** ist. Sein Regelungsgehalt bezieht sich darauf, die grundlegenden Rechte und Pflichten zu normieren, die zwischen den Parteien zu beachten sind. Der Vertragshändlervertrag ist damit sozusagen die „Verfassung" zwischen dem Hersteller und seinem Vertragshändler (*Martinek*, Aktuelle Fragen des Vertriebsrechts, 3. Aufl., Rdnr. 35). Durch diese Kategorisierung ist aber auch klargestellt, daß der Hersteller verpflichtet ist, dem Vertragshändler die Vertragserzeugnisse („Products") zum Kauf anzubieten; der Vertragshändler ist verpflichtet, diese vom Hersteller abzukaufen – mit der Konsequenz, daß diese Kaufverträge integraler Bestandteil des Vertragshändlervertrages sind. Erst auf diese Weise – verbunden mit der Absatzpflicht, die der Vertragshändler zu erfüllen hat – erhält der Vertragshändlervertrag seine wirtschaftliche Dimension. Sieht man alle diese Elemente zusammen, so liegt es nahe, den Vertragshändlervertrag in seiner **Gesamtheit** als einen typenkombinierten Vertrag zu qualifizieren.

b) Mit der Klassifizierung dieses Vertragstyps als eines Geschäftsbesorgungsvertrages, auf den Dienstvertragsrecht gemäß §§ 675, 611 ff. BGB Anwendung findet, ist freilich nicht viel gewonnen (RGRK-HGB/*Brüggemann* vor § 84 Rdnr. 12). Im **Vordergrund** praktischer Erwägungen steht deshalb regelmäßig die Frage, inwieweit die Bestimmungen des Handelsvertreterrechts gemäß §§ 84 ff. HGB auch analog auf den Vertragshändler Anwendung finden (RGRK-HGB/*Brüggemann*, vor § 84 Rdnr. 11 ff.). Dies gilt in erster Linie für die **Interessenwahrnehmungspflicht** des Vertragshändlers, wie sie für den Handelsvertreter in § 86 HGB normiert ist. Im engen Zusammenhang hierzu steht die **Loyalitätspflicht** des Herstellers im Sinn von § 86a HGB, das dem Vertragshändler eingeräumte Vertriebsrecht zu sichern (BGH NJW-RR 1993, 682; im einzelnen Anm. 5). Unproblematisch ist daher die analoge Anwendung von § 89a HGB für den Fall der **fristlosen Kündigung** aus wichtigem Grund (Anm. 5). Höchst bedeutsam ist auch, daß der BGH in ständiger Rechtsprechung dem Vertragshändler einen **Ausgleichsanspruch** in analoger Anwendung von § 89b HGB zuerkannt hat, soweit der Vertragshändler – wie ein Handelsvertreter – in die Absatzorganisation des Herstellers eingegliedert ist, so daß er – wirtschaftlich betrachtet – in erheblichem Umfang Aufgaben übernimmt, die denen des Handelsvertreters vergleichbar sind, vorausgesetzt, er ist zudem verpflichtet, seinem Hersteller den von ihm geworbenen Kundenstamm zu übertragen, so daß der Hersteller in der Lage ist, die Vorteile des Kundenstamms (sofort) und ohne weiteres zu nutzen (BGH NJW 1982, 2819; BGH NJW 1983, 2877; BGH NJW 1985, 623; BGH NJW-RR 1988, 42; BGH NJW-RR 1988, 1305; BGH NJW-RR 1993, 678; BGH BB 1993, 1312; im einzelnen Anm. 18).

2. Anwendbarkeit des GWB. a) Nach der Rechtsprechung des BGH ist ein Vertragshändler – hier: ein Kfz-Vertragshändler mit Ausschließlichkeitsbindung – regelmäßig vom Hersteller **sortiments- und unternehmensbedingt** im Sinn von § 20 Abs. 2 Satz 2 **GWB abhängig** (*Schiele*, Kraftfahrzeugvertrieb, 1994, S. 42 ff.), sofern sein Geschäftsbetrieb so stark auf die Produkte des Herstellers ausgerichtet ist, daß er nur unter Inkaufnahme erheblicher Wettbewerbsnachteile auf die Vertretung eines anderen Herstellers überwechseln könnte (BGH DB 1988, 1690 – Opel-Blitz). Die damit angeschnittene Frage ist zum einen dann bedeutsam, wenn der Hersteller beabsichtigt, einen **neuen Vertragshändlervertrag** abzuschließen (BGH a.a.O.). Zum anderen ist das in § 20 Abs. 2 Satz 2 GWB enthaltene Diskriminierungsverbot dann zu berücksichtigen, wenn – unter Beachtung der beiderseitigen Interessen der Parteien – eine unterschiedliche Behandlung – gleichgültig, ob während des Vertragshändlervertrages oder im Zusammenhang mit der **Kündigung** – stattfindet, ohne daß hierfür ein sachlich gerechtfertigter Grund vorliegt.

b) Praktische Bedeutung hat das Diskriminierungsverbot des § 20 Abs. 2 Satz 2 GWB vor allem im Zusammenhang mit Fragen des **Kfz-Leasing** erhalten. Danach gilt grundsätzlich, daß ein marktbeherrschender Kfz-Hersteller nicht verpflichtet ist, Fahrzeugverkäufe seiner Vertragshändler an ein sehr großes – fremdes – Leasingunternehmen ebenso durch Zahlung von Zuschüssen zu fördern, wie Verkäufe an seine eigene, im Leasinggeschäft tätige Tochtergesellschaft (BGH ZIP 1992, 428). Denn in diesem Fall liegt ein sachlich gerechtfertigtes Interesse des Herstellers vor, die Gestaltung seiner Abgabebedingungen an seine – konzerneigene – Leasinggesellschaft anders zu gestalten als gegenüber fremden Leasinggesellschaften, die hierzu in Wettbewerb stehen, zumal in diesen Fällen zwischen Hersteller und konzerneigener Leasinggesellschaft eine „unternehmerische Einheit" besteht (BGH ZIP 1992, 428/430). Folglich unterliegen Maßnahmen innerhalb eines Konzerns – etwa: zwischen einem Hersteller und einer herstellereigenen Leasinggesellschaft – grundsätzlich nicht der kartellrechtlichen Beurteilung gemäß § 20 Abs. 2 Satz 2 GWB (OLG Frankfurt ZIP 1989, 1425 – Toyota II). Ob **Art. 81 Abs. 1 EG-Vertrag** verletzt ist, wenn ein führender inländischer Kfz-Hersteller seinen Vertragshändlern untersagt, **Leasingverträge** an andere, nicht herstellereigene Leasinggesellschaften zu vermitteln oder an diese zu verkaufen, ist vom EuGH schließend beantwortet wurden: die VW-AG darf ihren Vertriebshändlern keine Bindungen auferlegen, Leasinggeschäfte ausschließlich über die V.A.G. Leasing abzuwickeln (EuGH EuZW 1995, 795). Des weiteren: Die BMW-AG darf ihre Vertriebshändler nicht verpflichten, keine Fahrzeuge an Fremd-Leasinggesellschaften zu liefern, soweit der Endabnehmer seinen Wohnsitz außerhalb des Vertragsgebietes des jeweiligen Vertriebshändlers hat (EuGH EuZW 1995, 797). In beiden Fällen spielt die inzwischen aufgegebene GVO 128/85 für die Interpretation von Art. 85 EGV eine Rolle. Durch die inzwischen in Kraft getretene GVO 1475/95 hat sich an dem Ergebnis jedoch nichts geändert.

3. Europäisches Kartellrecht. a) **Alleinvertriebsverträge** unterfallen dem Kartellverbot von Art. 81 Abs. 1 EG-Vertrag, sofern sie geeignet sind, den Handel zwischen Mitgliedstaaten zu beeinträchtigen. Für diese Verträge gilt jedoch – freilich **nicht** mehr nach dem 1. 1. 2000 – zum einen die EG-VO Nr. 1983/83 der Kommission vom 22. 6. 1983 über die Anwendung von Art. 85 Abs. 3 des Vertrages auf Gruppen von **Alleinvertriebsvereinbarungen**; zum anderen gilt die EG-VO Nr. 1984/83 der Kommission vom 22. 6. 1983 über die Anwendung von Art. 85 Abs. 3 des Vertrages auf Gruppen von **Alleinbezugsvereinbarungen** (hierzu im einzelnen *Wiedemann*, Kommentar zu den Gruppenfreistellungsverordnungen des EWG-Kartellrechts, Bd. II S. 1 ff., 93 ff.; *Bunte/Sauter*, EG-Gruppenfreistellungsverordnungen, 1988, III 1, S. 287 b ff., III, 2, S. 266 ff.). Das Verhältnis dieser beiden EG-VOs ist eindeutig: Die EG-VO 1983/83 stellt in Art. 2 Abs. 2b die Verpflichtung des Alleinvertriebshändlers frei, Vertragswaren zum Zwecke des Weiterverkaufs nur von dem anderen Vertragspartner zu beziehen. Eine solche Verpflichtung ist auch zentraler Bestandteil von Alleinbezugsvereinbarungen, welche in der EG-VO Nr. 1984/83 geregelt sind (*Wiedemann*, a.a.O., EG-VO 1983/83 Rdnr. 11). Hinzu kommt, daß Art. 16 EG-VO 1984/83 klarstellt, daß diese EG-VO keine Anwendung auf Vereinbarungen findet, in denen sich der Lieferant dem Wiederverkäufer ge-

2. Distributor Agreement (Vertragshändlervertrag) III. 2

genüber verpflichtet hat, zum Zwecke des Weiterverkaufs im „Gesamtgebiet oder in einem abgegrenzten Teilgebiet der Gemeinschaft bestimmte Ware nur an ihn zu liefern, und der Wiederverkäufer sich dem Lieferanten gegenüber verpflichtet, diese Waren nur von ihm zu beziehen." Daraus folgt: Für die hier allein zu behandelnden Alleinvertriebsvereinbarungen ist dem Vertragshändler – dort „Wiederverkäufer" genannt – ein bestimmtes Vertragsgebiet zugewiesen (vgl. Art. 1 EG-VO Nr. 1983/83). Bei **Alleinbezugsvereinbarungen** handelt es sich jedoch um einen grundlegend anderen Vertragstyp; bei ihm ist ein abgegrenztes Vertragsgebiet weder vorgesehen noch erforderlich.

aa) Die durch Art. 1 EG-VO 1983/83 freigestellte Wettbewerbsbeschränkung ist die **Alleinvertriebs-Verpflichtung** des Herstellers gegenüber dem Vertragshändler, zum Zweck des Weiterverkaufs im Vertragsgebiet bestimmte Waren **„nur an ihn"** zu liefern. Freigestellt ist – korrespondierend hierzu – in Art. 2 Abs. 1 EG-VO 1983/83 die Verpflichtung des Herstellers, im Vertragsgebiet auch keine **Endverbraucher** zu beliefern. Damit wird in der Sache das **Alleinbezugsrecht** des Vertragshändlers abgesichert (*Wiedemann*, a.a.O., EG-VO 1983/83 Art. 1 Rdnr. 17).

bb) Aus Art. 2 Abs. 2 EG-VO Nr. 1983/83 folgt, daß dem Vertragshändler nur bestimmte **Wettbewerbsbeschränkungen** auferlegt werden können. **Freigestellt** ist daher gemäß Art. 2 Abs. 2 lit. a) EG-VO Nr. 1983/83 die Verpflichtung des Vertragshändlers, mit den Vertragswaren *(Products)* im Wettbewerb stehende Waren nicht herzustellen oder zu vertreiben; maßgebend ist also eine exakte Festlegung der sachlichen Reichweite des Begriffs *Products,* auf die bei der Abfassung von Verträgen große Sorgfalt verwendet werden sollte. Dieses Wettbewerbsverbot bezieht sich jedoch nur auf die **Laufzeit** des Vertrages (*Wiedemann,* a.a.O., EG-VO Nr. 1983/83 Art. 2 Rdnr. 14). Es spricht einiges dafür, zugunsten des Vertragshändlers das Wettbewerbsverbot jedenfalls von dem Zeitpunkt für gegenstandslos zu erklären, in welchem das Vertragsverhältnis **gekündigt** ist (Anm. 14). **Freigestellt** ist des weiteren, wie bereits kurz erwähnt, die ausschließliche Bezugspflicht gemäß Art. 2 Abs. 2 b. Auch diese Pflicht korrespondiert mit der Alleinbelieferungspflicht des Herstellers. Sie ist integraler Bestandteil des Alleinvertriebsrechts.

cc) **Freigestellt** ist schließlich auch gemäß Art. 2 Abs. 2 c die Verpflichtung des Vertragshändlers, außerhalb seines Vertragsgebiets für die *Products* keine Kunden zu werben, keine Niederlassungen einzurichten und keine Auslieferungslager zu unterhalten. Eingeschränkt ist mithin die **aktive Vertriebspolitik** des Vertragshändlers; diese ist auf das ihm zugewiesene Vertragsgebiet konzentriert. Umgekehrt: **Passive Verkäufe** dürfen dem Vertragshändler nicht verboten werden. Folglich muß ihm das Recht zustehen, Kunden außerhalb seines Vertragsgebiets auf deren **Anfrage** zu beliefern, selbst wenn dies dazu führt, eine Wettbewerbssituation mit einem anderen Alleinvertriebshändler zu schaffen. Das Form. sieht dies in Art. 2 Abs. (3) vor. Freilich ist damit nicht die Frage beantwortet, ob das Verbot passiver Verkäufe auch **innerhalb** eines Mitgliedstaates der EU gilt oder nur auf Vereinbarungen beschränkt ist, die den Handel **zwischen** den einzelnen Mitgliedstaaten betreffen (vgl. *Wiedemann,* a.a.O., EG-VO Nr. 1983/83 Art. 2 Rdnr. 17). Man kann hier auch **restriktiver** textieren und jedenfalls für Alleinvertriebsverträge, welche lediglich innerhalb eines Mitgliedstaates der EU praktiziert werden, eine weitergehende Beschränkung vorsehen. Allerdings gilt dies sicherlich dann nicht, wenn gleiche *Products* auch in einem anderen, angrenzenden EU-Mitgliedstaat von anderen Alleinvertriebshändlern vertrieben werden. Hinsichtlich der in Art. 2 Abs. (3) Satz 2 des Form. angesprochenen Verbots von **Werbemaßnahmen,** die außerhalb des Vertragsgebiets durchgeführt werden, empfiehlt sich stets eine sorgfältige Prüfung: Abhängig von den Verkaufsaktivitäten für die *Products* kann es durchaus hilfreich sein, eine Vertragsbestimmung aufzunehmen, wonach eine **Gemeinschaftswerbung** der in den angrenzenden Vertragsgebieten residierenden Vertragshändler zulässig ist, um auf diese Weise größere Verkaufserfolge zu sichern. Dies gilt z.B. auch für Werbemaßnahmen im Regionalfernsehen, soweit diese auch andernorts von Kunden empfangen werden können. Es ist also sicherzustellen, daß in solchen – verkaufsfördernden – Maßnahmen des

Vertragshändlers kein Vertragsverstoß liegt, welcher – eng ausgerichtet an den Bestimmungen der EG-VO 1983/83 – die aktive Verkaufspolitik auf das Vertragsgebiet konzentriert und begrenzt. Angesichts dieser Konstellation ist der Versuch unternommen worden, in Art. 2 Abs. (3) des Form. eine Art „Kompromiß" zwischen aktiver und passiver Verkaufstätigkeit anzustreben.

dd) **Unbedenklich** im Sinn von Art. 2 Abs. 3 EG-VO 1983/83 sind die Verpflichtungen des Vertragshändlers, vollständige Warensortimente oder **Mindestmengen** abzunehmen (Anm. 7). Das gleiche gilt gemäß Art. 2 Abs. 3 b EG-VO 1983/83 für die Verpflichtung des Vertragshändlers, die „Products" nur mit dem **Warenzeichen** oder in der Ausstattung zu vertreiben, die der Hersteller „**vorschreibt**" (vgl. Art. 5 des Form.). Nichts anderes gilt gemäß Art. 2 Abs. 3 lit. c) auch für sonstige **vertriebsfördernde Maßnahmen,** insbesondere für die Werbung, für die Verpflichtung des Vertragshändlers, ein Ersatzteillager zu unterhalten (vgl. Art. 6 des Form.). Gleiches gilt für die Gewährung von Kundendienst- und Garantieleistungen (vgl. Art. 6 des Form.) sowie für die Verpflichtung des Vertragshändlers, fachlich und technisch geschultes Personal einzusetzen (vgl. Art. 6 des Form.).

b) Diese VO's sind mit Wirkung vom **1. Januar 2000** außer Kraft getreten und durch eine umfassende **EU-Gruppenfreistellungs-VO für Vertriebsbindungen** ersetzt (AB1EG Nr. L 336/21 v. 29. 12. 1999) worden (hierzu *Pukall* NJW 2000, 1375 ff.; *Bien* DB 2000, 2309 ff.; *Enstaler/Funk* BB 2000, 1685 ff.). Doch sind die vorstehend aufgezeigten Bestimmungen immer noch ein gewisser Anhalt für die kartellrechtliche Beurteilung von Vertragshändlerverträgen. Allerdings ist zu beachten, daß Art. 81 EGV nur dann eingreift, wenn der **Marktanteil** des Lieferanten/Herstellers 30% ausmacht (*Pukall* NJW 2000, 1375, 1376); bis zu dieser Grenze gilt die EU-Gruppenfreistellungs-VO.

c) Seit dem 1. Juli 1995 gilt die GVO 1475/95 für Vertriebs- und Kundendienstvereinbarungen im Kfz-Bereich (EuZW 1995, 732 ff.). Die damit zusammenhängenden Fragen haben in der Literatur bislang ein Echo gefunden (*Creutzig* EuZW 1995, 723 ff.; *ders.,* EuZW 1996, 197 ff.; *Ebel* BB 1995, 1701 ff. – Ersatzteilhandel; im einzelnen auch *Niebling,* Das Recht des Automobilvertriebs, Heidelberg 1996, S. 66 ff.). Die Kommission hat zu dieser VO einen Leitfaden veröffentlicht – IV/9509/95 – (hierzu *Creutzig* EuZW 1996, 197 ff.). Ob diese EG-VO über den 30. 9. 2002 Bestand haben wird, ist derzeit zweifelhaft (*Enstaler/Funk* a. a. O.).

4. Vertragshändlerverträge als AGB-Klauselwerke. Vertragshändlerverträge sind **typischerweise** AGB-Verträge im Sinn von § 1 Abs. 1 AGBG. Dies folgt schon daraus, daß der Hersteller ein berechtigtes Interesse daran hat, die Beziehungen zu seinen Vertragshändlern **einheitlich** zu gestalten; darüber hinaus ist der Hersteller verpflichtet, alle seine Vertragshändler im Sinn von § 20 Abs. 2 GWB **gleich zu behandeln** (*Ebenroth* S. 86 ff.). Auch wenn der Inhalt der Vertragshändlerverträge – dies entspricht der regeltypischen Erfahrung – zwischen dem Hersteller und etwaigen „Beiräten", „Kommissionen" oder „Ausschüssen" beraten und gemeinsam beschlossen wird, so ändert dies für sich genommen nichts daran, daß es sich um ein AGB-Klauselwerk im Sinn von § 1 Abs. 1 AGBG handelt (BGH BB 1985, 218 – Opel; BGH ZIP 1994, 461 – Daihatsu). Auch soweit diese „Beiräte", „Kommissionen" oder „Ausschüsse" **Änderungen** im vorformulierten Text durchgesetzt haben, bleibt es im Ergebnis dabei, daß diese Verträge nicht im Sinn von § 1 Abs. 2 AGBG „ausgehandelt" sind und **individualvertraglichen Charakter** besitzen (*Ulmer/Brandner/Hensen,* § 1 Rdnr. 59). Ob dann etwas anderes gilt, wenn diese „Beiräte" pp. maßgebenden Einfluß auf die inhaltliche Gestaltung des Vertragshändlervertrages genommen haben, erscheint **zweifelhaft** (a. M. *Ulmer/Brandner/Hensen* a. a. O.). Freilich sind die Grenzen hier fließend: Wie durch § 1 Abs. 2 AGBG vorgegeben (BGH ZIP 2000, 314/316), wird es zunächst entscheidend darauf ankommen, wie weit die jeweiligen „Beiräte" pp. **Vertretungsmacht** hatten, den Text des Vertragshändlervertrages im einzelnen mit bindender Wirkung für die Beteiligten zu gestalten

2. Distributor Agreement (Vertragshändlervertrag)

(*Heinrichs* NJW 1977, 1505/1509; *Wolf/Horn/Lindacher* § 1 Rdnr. 40). Ist dies der Fall und sind vom Hersteller vorformulierte AGB-Klauseln tatsächlich inhaltlich **abgeändert** worden, so wird man nicht umhin können, darin wichtige Teile für ein „Aushandeln" im Sinn von § 1 Abs. 2 AGBG zu sehen. Es kommt dann auf die jeweilige **Einzelklausel** an, ob sie noch vorformuliert oder abgeändert worden ist. Dabei entscheidet das **Gesamtbild**.

5. Alleinvertriebsrecht – Marktverantwortungsgebiet – Änderungsvorbehalte. a) Der Vertragshändlervertrag ist regelmäßig – und davon geht auch das Form. aus – dadurch charakterisiert, daß zum einen ein Alleinvertriebsrecht, zum anderen ein Marktverantwortungsgebiet dem Vertragshändler zugewiesen wird. Beides dient dem Zweck, die exklusive Bindung des Vertragshändlers an den Hersteller zu sichern; beides ist Teil des **selektiven Vertriebssystems**. Bei der Gestaltung des dem Vertragshändler zugewiesenen **Vertragsgebiets** ist darauf zu achten, ob dieses so ausgestaltet ist, daß dem Vertragshändler – innerhalb des Vertragsgebiets – lediglich das **Organisationsrecht** zusteht, dort exklusiv seinen Betrieb zu errichten und zu unterhalten, oder ob die vertragliche Regelung darauf hinausläuft, das Vertragsgebiet praktisch als „Schutzbezirk" für potentielle Kunden des Vertragshändlers zu normieren. Das Form. geht davon aus, daß letztere Alternative gewählt ist.

b) Es ist weiter darauf zu achten, daß der Vertragshändlervertrag klarstellt, ob dem Hersteller ein **Direktbelieferungsrecht** zusteht oder ob das dem Vertragshändler zugewiesene Alleinvertriebsrecht als abschließende Regelung zu verstehen ist (BGH ZIP 1994, 461/462 f.). Denn das Alleinvertriebsrecht folgt nicht zwingend aus der Natur des Vertragshändlervertrages (BGH ZIP 1994, 461/463). Je umfassender die Einbindung des Vertragshändlers ist, desto eher ist – unter Berücksichtigung des allgemeinen Treuegedankens – davon auszugehen, daß der Hersteller dem Vertragshändler **keine** Konkurrenz machen darf (BGH a.a.O.). Soweit dies aber gestattet ist, schuldet der Hersteller einen angemessenen Ausgleich (BGH a.a.O.). Um dem Alleinvertriebsrecht des Vertragshändlers zu genügen, ist die **Belieferungspflicht** des Herstellers unabdingbar; sie ist nach § 9 Abs. 2 Nr. 2 AGBG eine unwesentliche Pflicht (BGH ZIP 1994, 461/464 ff.).

c) Das dem Vertragshändler jeweils – individualvertraglich – zugewiesene **Marktverantwortungsgebiet** gehört zum wesentlichen Kern des Vertragshändlervertrages (BGH BB 1984, 233 – Ford; BGH BB 1985, 218/223 f. – Opel). Denn die ihm zustehenden Gewinnchancen sind unmittelbar davon abhängig, wie ertragreich das ihm zugewiesene Marktverantwortungsgebiet und damit der dort vorhandene **Kundenkreis** ist. Dabei ist – jedenfalls im Rahmen von Kfz-Vertragshändlerverträgen – im Auge zu behalten, daß das dem Vertragshändler zugewiesene Marktverantwortungsgebiet nur das – ausschließliche oder nicht-ausschließliche – **Organisationsrecht** des Vertragshändlers begründet (*Pfeffer* NJW 1985, 1241/1244 f.; vgl. auch *Ebel/Genzow* DB 1985, 741 ff.). Dies besagt: Der Vertragshändler ist berechtigt, innerhalb des ihm zugewiesenen Marktverantwortungsgebiets seine gewerbliche Niederlassung zu unterhalten und – abhängig von der Zustimmung des Herstellers – Zweigniederlassungen zu errichten. Doch trägt allemal der Vertragshändler für das ihm zugewiesene Marktverantwortungsgebiet die unmittelbare **Verantwortung**. Er muß im Interesse des Herstellers dafür Sorge tragen, daß das Kundenpotential des jeweiligen Marktverantwortungsgebiets optimal zugunsten der „Marke" ausgenutzt wird.

d) Vertragshändlerverträge sind dadurch charakterisiert, daß sie an verschiedenen Stellen **Änderungsvorbehalte** zugunsten des Herstellers aufweisen (BGH BB 1980, 1481; BGH BB 1982, 146/147; BGH BB 1984, 233/234; BGH BB 1985, 218/219 f.; BGH ZIP 1988, 1182/1185; BGH ZIP 1994, 461/466; BGH NJW 2000, 515/518). Dabei ist im Auge zu behalten, daß die – nachträgliche – Kontrolle gemäß § 315 Abs. 3 BGB regelmäßig nicht ausreichend ist, die nach § 9 Abs. 1 erforderliche **Konkretisierung** der Voraussetzungen und des Umfangs des Änderungsvorbehalts formularmäßig zu verankern

(BGH BB 1980, 1480/1481; BGH BB 1982, 146/147; BGH BB 1984, 233/234; BGH BB 1985, 218/219; BGH ZIP 1994, 461/466; a. M. BGH DB 1985, 224 – Preisanpassungsklauseln: Veedol-Öle). Dabei ist zwischen der **Einräumung** eines Leistungsbestimmungsrechts und den Maßstäben für seine Ausübung zu differenzieren (*Wolf/Horn/Lindacher* § 9 L 92). Soweit es also um die **Einräumung** eines Leistungsbestimmungsrechts geht, ist – auch im unternehmerischen Verkehr – eine **Konkretisierung** der Voraussetzungen und des Umfangs des Änderungsvorbehalts erforderlich (BGH BB 1980, 1480/1481; BGH BB 1985, 218/219; BGH NJW 2000, 515/518). Seine Voraussetzungen dürfen weder „einschränkungslos" (BGH BB 1985, 218/219) sein, noch dürfen sie auf rein subjektiven Wertungskriterien des AGB-Verwenders aufbauen (BGH BB 1984, 233/234). Sie müssen schwerwiegende Änderungsgründe nennen (BGH ZIP 1994, 461/466). Des weiteren müssen sie – bezogen auf die **Folgen** – **die Interessen des Rechtspartners angemessen berücksichtigen** (BGH a. a. O.; BGH NJW 2000, 515/518).

aa) Das **Änderungsrecht** des Herstellers, das dem Vertragshändler – individualvertraglich – zugewiesene Marktverantwortungsgebiet zu ändern und gegebenenfalls einen weiteren Vertragshändler einzusetzen, ist nur dann mit § 9 Abs. 1 AGBG vereinbar, wenn die **Voraussetzungen,** bei deren Vorliegen der Hersteller zu einer Änderung berechtigt ist, ausreichend **transparent** umschrieben und **sachlich angemessen** sind (BGH BB 1984, 233 – Ford; BGH ZIP 1988, 1182/1185 – Peugeot). Dabei ist wie stets entscheidend, daß es Sache des Herstellers ist, den erforderlichen Nachweis betreffend die jeweiligen Voraussetzungen zu führen. So läßt z.B. die Anknüpfung an die „Sicherung des Marktanteils" in keiner Weise erkennen, welcher Maßstab hier an die den Vertragshändler in erheblichem Maß treffende Veränderung seines Marktverantwortungsgebiets angelegt werden soll (BGH ZIP 1988, 1182/1186 – Peugeot). Dies gilt auch dann, wenn formularmäßig darauf hingewiesen wird, daß in diesen Fällen eine „angemessene Berücksichtigung" der Interessen des Vertragshändlers erfolgt (BGH a. a. O.).

bb) Mithin besteht eine Verpflichtung des Herstellers, das dem Vertragshändler **ausschließlich** zugewiesene Marktverantwortungsgebiet jedenfalls nicht ohne schwerwiegende, dem Risikobereich des Vertragshändlers zuzurechnende Gründe durch Einsetzung eines weiteren Vertragshändlers zu schmälern (BGH a. a. O.). Anders gewendet: Der Hersteller ist – gerade bei Ausübung eines solchen Änderungsvorbehalts – verpflichtet, in besonderer Weise **Rücksicht** auf die sachlich angemessenen Belange des Vertragshändlers zu nehmen (BGH NJW-RR 1993, 678/681). Er muß die für den Vertragshändler eintretenden **nachteiligen** Folgen angemessen im Auge behalten (BGH a. a. O.). Insbesondere ist es dem Hersteller verwehrt, unter Berufung auf derartige Änderungsvorbehalte sein Vertriebssystem **einseitig** umzustrukturieren. Die unternehmerische Entscheidungs- und Dispositionsfreiheit findet darin ihre Grenze, daß der Hersteller – auch in diesen Fällen – verpflichtet ist, das **besondere Treueverhältnis** zwischen ihm und dem Vertragshändler zu honorieren (vgl. BGH NJW-RR 1993, 678/682).

cc) Diese Erwägungen gelten auch dann, wenn dem Vertragshändler ein **Alleinvertriebsrecht** oder eine dem nahekommende Position zugewiesen ist (BGH NJW-RR 1993, 678/681). Deshalb verhält sich auch der Hersteller **vertragswidrig,** wenn er einen parallelen Direktvertrieb aufnimmt, weil er damit die Treuepflicht gegenüber dem Vertragshändler verletzt (BGH a. a. O.).

dd) Ist jedoch dem Vertragshändler **kein** bestimmtes **Marktverantwortungsgebiet** zugewiesen, mithin auch **kein Alleinvertriebsrecht,** so ist nach Auffassung des BGH ein einseitiges Änderungsrecht des Herstellers nach § 9 Abs. 1 AGBG nicht zu beanstanden, weil das Interesse des Herstellers hier gegenüber dem Interesse des Vertragshändlers der **Vorrang** gebührt (BGH BB 1985, 218/223 – Opel). Dies gilt jedoch nur, wenn der Hersteller **sachlich gerechtfertigte Gründe** hierfür nachweist (*Pfeffer* NJW 1985, 1241/1246). Es bleibt deshalb bei den Grundaussagen, wie sie in der Ford-Entscheidung des BGH formuliert (BGH BB 1984, 233/234) und in der Peugeot-Entscheidung übernommen worden sind (BGH ZIP 1988, 1182/1185 f.).

2. Distributor Agreement (Vertragshändlervertrag)   III. 2

ee) Es ist kein Grund ersichtlich, daß diese auch von der Interessenabwägung gemäß § 9 Abs. 1 AGBG umfaßten Gesichtspunkte nicht auch für alle **anderen Vertragshändlerverträge** (außerhalb der Kfz-Branche) gelten, auf welche die EG-VO Nr. 1475/95 keine Anwendung findet. Denn die engeren Schranken, an die der Änderungsvorbehalt des Herstellers gebunden ist, sind im Ergebnis **Reflex** der beiderseitigen gesteigerten Treuepflichten, wie sie das Verhältnis von Herstellern und Vertragshändlern als eines auf Dauer angelegten Vertragsverhältnisses prägen.

ff) Dabei ist stets im Auge zu behalten, daß es keinen sachlichen Unterschied macht, ob das einem Vertragshändler zugewiesene Marktverantwortungsgebiet – geographisch betrachtet – verkleinert oder ob das Marktpotential – im Gegensatz zu seiner früheren Struktur – weiteren Vertragshändlern eröffnet wird (umfassend BGH NJW 2000, 515/518). Denn im einen wie im anderen Fall ergibt sich daraus eine tendenzielle **Schmälerung** der Gewinnchancen des Vertragshändlers (BGH NJW-RR 1993, 678/681). Schließlich bleibt zu beachten, ob die Klausel einen von § 89 b HGB unabhängigen Ausgleich bewirkt (BGH NJW 2000, 515/518), um den Nachteil gegenüber dem Vertragshändler auszugleichen.

e) Ein besonderes Problem in der Vertragsgestaltung, insbesondere aber in der **Vertragsabwicklung** ergibt sich, wenn es darauf geht, die Voraussetzungen festzulegen, bei deren Vorliegen der Vertragshändler berechtigt ist, eine **Zweitvertretung** zu übernehmen (hierzu *Ulmer/Schäfer*, ZIP 1994, 753 ff.). Das Form. regelt diesen Gesichtspunkt nicht. Unter Berücksichtigung der besonderen Treue- und Loyalitätspflichten, welche Hersteller und Vertragshändler miteinander verbinden, wird man jedoch folgendes Schema im Auge behalten können, um eine angemessene Regelung zu finden: **Unproblematisch** ist eine Vertragsregelung, wonach die Übernahme einer Zweitvertretung der schriftlichen **Zustimmung** des Herstellers bedarf. Diese ist dann an die inhaltlichen Schranken des § 242 BGB gebunden. Dies bedeutet, daß die Zustimmung nicht unbillig verweigert werden darf. Hierbei sind alle Umstände des Einzelfalls – unter besonderer Berücksichtigung der beiderseitigen Rechte und Pflichten – zu berücksichtigen. Eine generelle Antwort verbietet sich. **Problematisch** ist hingegen eine Formulierung, die darauf abstellt, dem Vertragshändler immer dann das Recht einzuräumen, eine Zweitvertretung – in Konkurrenz zu den „*Products*" des Herstellers – zu übernehmen, sofern der ihm zugewiesene exklusive Vertrieb die Rentabilität seines Vertriebs nicht mehr sichert (BGH NJW 2000, 515/518 – Teilkündigungsrechte). Denn unter dieser Voraussetzung entsteht sicherlich nur dann eine Zustimmungspflicht des Herstellers, wenn abgeklärt ist, daß die fehlende Rentabilität des Vertriebs des Vertragshändlers nicht auf Umstände zurückzuführen ist, welche der Vertragshändler – im weitesten Sinn verstanden – zu vertreten hat, etwa mangelnder Einsatz, schlecht geschultes Personal, schlechte Führung der Werkstatt etc. Mit anderen Worten: Eine solche Klausel „funktioniert" nur dann, wenn sie von vornherein sicherstellt, daß die fehlende Rentabilität **ausschließlich** auf Umstände zurückzuführen ist, welche der Hersteller – wiederum: im weitesten Sinn verstanden – zu vertreten hat, etwa verfehlte Modellpolitik, schlechtes Image etc. **Möglich** erscheint jedoch eine Formulierung, daß der Hersteller verpflichtet ist, seine Zustimmung zur Übernahme einer Zweitvertretung zu erteilen (hierzu im einzelnen *Ulmer/Schäfer*, a.a.O.), wenn der Vertragshändler in der Lage ist, hierfür „**sachlich gerechtfertigte Gründe**" nachzuweisen. Dies ist insbesondere dann zu bejahen, wenn das wirtschaftliche Überleben des Betriebs des Vertragshändlers nur gewährleistet werden kann, wenn der Hersteller ihm gestattet, eine Zweitvertretung zu übernehmen. Gleiches gilt dann, wenn der Hersteller den Vertragshändler zu **Investitionen** veranlaßt hat, welche sich im Rahmen der exklusiven Bindung nicht oder nicht ausreichend amortisieren, ohne daß hierfür Umstände maßgebend sind, welche der Vertragshändler zu vertreten hat. Wie immer man die Dinge formulieren mag, fest steht des weiteren: Der Vertragshändler hat keinen Anspruch darauf, eine Zweitvertretung schon dann zu übernehmen, wenn er nachweist, daß hierfür „sachlich gerechtfertigte Gründe" vorliegen, ohne daß der Hersteller überhaupt in der Lage war, deren Berechtigung zu prüfen und seine Zustimmung zu erteilen. Folglich ist der Vertragshändler grundsätzlich darauf angewiesen, die **Zustimmung** des Herstellers – notfalls im Wege einer Klage – herbeizuführen, so daß dann die Rechtskraft des Urteils die Zustimmung gemäß § 894 ZPO ersetzt. Schwerwiegende Nachteile, die in der Zwischenzeit eintreten, können dadurch überbrückt werden, daß der Vertragshändler im Wege eines vorläufigen Rechtsschutzes die Zustimmung des Herstellers gemäß §§ 935, 940 ZPO im Rahmen einer einstweiligen Verfügung erwirkt. Etwas **anderes** gilt sicherlich dann, wenn das Vertragsverhältnis im Wege einer **ordentlichen Kündigung** beendet worden ist. Denn das dann einsetzende Abwicklungsverhältnis ist keineswegs in so starkem Maße von Interessen- und Loyalitätspflichten geprägt, so daß – bezogen auf den Kündigungszeitraum – **Interessenkonflikte** dem Hersteller durchaus zumutbar sind. Das Form. berücksichtigt diesen Zusammenhang in Art. 7 Abs. (5).

6. Belieferungspflicht – Modellpolitik. a) Der Vertragshändler hat einen Anspruch darauf, daß der Hersteller ihn mit „*Products*" beliefert. Da der Vertragshändler in seiner wirtschaftlichen Existenz hiervon abhängig ist, ist die Belieferungspflicht eine „wesentliche" Vertragspflicht. Dies hat zur Konsequenz, daß der Hersteller nicht berechtigt ist, in AGB-Klauseln Vertragsbestimmungen niederzulegen, welche von den §§ 286 ff., 326 BGB erheblich abweichen (BGH ZIP 1994, 461/465 – Daihatsu). Die gesamte Belieferungspflicht, die der Hersteller gegenüber dem Vertragshändler zu erfüllen hat, wird durch **Allgemeine Geschäftsbedingungen** geregelt; diese sind integraler Bestandteil eines jeden Vertragshändlervertrages. Für ihre Ausformulierung gelten keinerlei Besonderheiten verwiesen werden kann. Vertragstechnisch empfiehlt es sich, die Verkaufs- und Lieferbedingungen als Anlage zum Vertragshändlervertrag vorzusehen.

b) Man wird dem Hersteller – auch in seinem Verhältnis zum Vertragshändler – das Recht einräumen müssen, seine **Modellpolitik** frei festlegen zu können. Dies schließt ein, daß der Vertragshändler in ganz erheblichem Maße von der erfolgreichen Modellpolitik seines Herstellers abhängig ist (BGH BB 1985, 218/220 f. – Opel). Gleichwohl ist der Hersteller gehalten, auf die berechtigten Interessen des Vertragshändlers Rücksicht zu nehmen. Im Rahmen von § 9 Abs. 1 AGB ergeben sich deshalb folgende Erwägungen. Einen wesentlich **weiterreichenden** Freiraum besitzt der Hersteller, soweit es um Änderungen seiner **Modellpolitik** geht (BGH BB 1985, 218/222 f. – Opel). Der Hersteller hat ein genuines Interesse daran, die Modellpolitik für seine „Products" so zu gestalten, daß ein möglichst hoher **Markterfolg** gewährleistet wird. Doch es ist nach § 9 Abs. 1 AGBG geboten, daß der Hersteller den Vertragshändler rechtzeitig im voraus darüber unterrichtet, daß Änderungen von Modellen anstehen, weil nur so der Vertragshändler in der Lage ist, seine Dispositionen entsprechend einzurichten. Daraus ergibt sich auch eine weitere, nach § 9 Abs. 1 AGBG zu berücksichtigende **Einschränkung**, als der Hersteller verpflichtet ist, bei Änderung seiner Modellpolitik auf alle die Fälle angemessen Rücksicht zu nehmen, in denen der Vertragshändler bereits eine **feste Vertragsbindung** gegenüber seinen Kunden begründet hat (BGH BB 1985, 218/222 f. – Opel). In der Sache muß verhindert werden, daß eine „Deckungslücke" zwischen dem Hersteller einerseits und dem Endabnehmer andererseits entsteht, so daß der Vertragshändler in unangemessener Weise in die Zange genommen wird (BGH a. a. O.). Das bedeutet auch, daß eine solche Änderung der Modelle nicht Verträge betreffen darf, die der Vertragshändler bereits wirksam mit seinen Kunden abgeschlossen hat.

7. Mindestabnahmen. a) Es entspricht üblicher Praxis in Vertragshändlerverträgen zu bestimmen, daß – pro Geschäftsjahr – **Mindestabnahmen** für Vertragsprodukte, Ersatzteile etc. vorgesehen werden (BGH ZIP 1994, 461/467 – Daihatsu). Diese Vereinbarungen werden grundsätzlich **individualvertraglich** kontrahiert, weil sie zwischen den Vertragsparteien im einzelnen diskutiert und dann festgelegt werden. Doch kommt es auch hier entscheidend darauf an festzustellen, ob und inwieweit der Vertragshändler auf die inhaltliche Gestaltung der Abnahmemenge tatsächlich **Einfluß** nehmen konnte. Denn

2. Distributor Agreement (Vertragshändlervertrag)

nur dann liegt eine Individualabrede gemäß § 1 Abs. 2 AGBG vor (BGH ZIP 2000, 314/316). Formularmäßige Festlegungen entziehen sich im übrigen **nicht** der richterlichen Inhaltskontrolle, weil sie im Rahmenvertrag vereinbart, nicht aber Gegenstand des kaufvertraglichen Leistungsaustauschverhältnisses im Sinn von § 8 AGBG sind. Soweit aber **Sanktionen** wegen Unterschreitens der Mindestabnahme vorgesehen werden, müssen diese – im Blick auf Pflichtverletzung und Verschulden – angemessen sein (BGH ZIP 1994, 461/467 – Daihatsu).

b) Dies gilt vor allem dann, wenn der Hersteller **einseitig** etwaige Mindestabnahmen dem Vertragshändler bindend vorschreibt, ohne daß dieser in der Lage ist, auf deren Festlegung Einfluß zu nehmen. Bei solchen **einseitigen Leistungsvorgaben** greift § 9 Abs. 1 AGBG ein. Dies ist zum Schutz des Vertragshändlers erforderlich, weil regelmäßig **weitreichende Sanktionen** daran geknüpft werden, daß die vorgegebenen Mindestabnahmen nicht erreicht werden. In diesen Fällen steht dem Hersteller auch nicht das Recht zu, sich auf sein unternehmerisches Dispositionsrecht mit Erfolg zu berufen (hierzu BGH NJW 1982, 644 – Pressegrossist). Da es sich in der Sache um ein **einseitiges Leistungsbestimmungsrecht** handelt, ist es – **jedenfalls nachträglich** – auch der Kontrolle des § 315 Abs. 3 BGB im Rahmen der Angemessenheit der bedungenen Mindestabnahme unterworfen.

c) Dies gilt vor allem dann, wenn der Vertragshändlervertrag **Sanktionen** für den Fall vorsieht, daß sich Hersteller und Vertragshändler nicht über die jeweils festzusetzende Mindestabnahme einigen. Entscheidend ist und bleibt für die Kontrolle gemäß § 315 Abs. 3 BGB stets der Rechtsgedanke, daß die beiderseitige – gesteigerte – **Treuepflicht** es gebietet, daß der Hersteller bei Festsetzung der Mindestabnahme auf die berechtigten Belange des Vertragshändlers Rücksicht nimmt.

8. Rabatte – Änderungen. (1) Der dem Vertragshändler zugewiesene Rabatt ist das Entgelt im Rahmen der §§ 675, 611 ff. BGB. Oft werden auch **Boni** verschiedener Art in einem Vertragshändlervertrag vorgesehen (Mengen-, Zulassungsboni etc.) (*Niebling*, Das Recht des Automobilvertriebs, S. 149 ff.). Die **Vertragsgestaltung** in diesem Punkt ist nicht einfach, sie muß folgendes berücksichtigen: Der Vertragshändler ist berechtigt und verpflichtet, die Preise, welche er für den Verkauf der *„Products"* verlangt, autonom festzusetzen. Das dem Vertragshändler zustehende Entgelt, sein „Unternehmerlohn", besteht also regelmäßig in der Differenz zwischen Einkaufpreis und unverbindlicher Preisempfehlung. Bei etwaigen Preisänderungen, welche der Vertragshändler von seinen Kunden fordert, wird es regelmäßig so sein, daß die „Handelsspanne" des Vertragshändlers **ungeschmälert** erhalten bleibt. Notwendig ist dies jedoch nicht.

b) **Änderungen** von Rabatten sind wie Änderungen des Preises als **einseitiges** Leistungsbestimmungsrecht des Herstellers nach § 9 Abs. 1 AGBG nur wirksam (grundlegend BGH NJW 2000, 515/520 – Kawasaki), wenn die Klausel schwerwiegende Änderungsgründe benennt und in ihren Voraussetzungen verbindlich und angemessen umschreibt (BGH ZIP 1994, 461/466 – Daihatsu). Etwas anderes gilt jedoch in all den Fällen, in denen die Änderungsbefugnis nicht eine Preisnebenabrede darstellt, sondern sich unmittelbar auf freiwillig gewährte Boni oder Rabatte bezieht (BGH ZIP 1994, 461/467 f. – Daihatsu).

9. Richtlinien. a) Es entspricht gängiger Praxis in Vertragshändlerverträgen, daß der Hersteller Wert darauf legt, daß der Vertragshändler seinen Betrieb so einrichtet, daß gewisse Mindeststandards eingehalten werden. Sie beziehen sich auf die Bevorratung von Ersatzteilen, auf die Verfügbarkeit von Vorführprodukten, aber auch auf die Ausstattung der Räumlichkeiten, insbesondere etwaiger Werkstätten sowie die Schulung des Personals des Vertragshändlers.

b) Wenn derartige Richtlinien einseitig aufgrund einer Formularklausel des Herstellers geändert werden sollen, dann gelten hier im Grundsatz die gleichen Kriterien wie zuvor dargestellt (Anm. 8 b)).

c) Soweit der Hersteller vom Vertragshändler verlangt, daß dieser bestimmte Investitionen tätigt, um den jeweiligen Richtlinien zu entsprechen, so kann darin die Begründung eines Vertrauenstatbestandes gesehen werden. Dieser kann dazu führen, daß dem Vertragshändler bei vorzeitiger Beendigung des Vertragsverhältnisses Ersatzansprüche aus § 242 BGB erwachsen (Anm. 17).

10. Gewährleistungsarbeiten – Herstellergarantien – Rückvergütungspauschalen. a) In Vertragshändlerverträgen ist es üblich, daß der Hersteller den Vertragshändler dazu verpflichtet, Gewährleistungs- und Garantiearbeiten durchzuführen (BGH NJW 1985, 623/627). Soweit eine **Herstellergarantie** in Rede steht, übernimmt der Hersteller unmittelbar gegenüber dem Endabnehmer eine rechtsgeschäftliche Garantie für die Mängelfreiheit und Funktionstüchtigkeit seines *„Product"* während der Garantiezeit (AGB-Klauselwerke/*Graf von Westphalen* – Garantieklauseln Rdnr. 15 ff.). Üblicherweise ist der Vertragshändler verpflichtet, Garantiearbeiten gegenüber dem Endkunden durchzuführen. Jedenfalls bei Vorliegen einer Herstellergarantie ist davon auszugehen, daß der Vertragshändler als **Erfüllungsgehilfe** des Herstellers gemäß § 278 BGB tätig wird. Diese Garantie steht in Konkurrenz zu den **kaufvertraglichen Gewährleistungsansprüchen**, welche dem Endkunden gegenüber dem Vertragshändler unmittelbar zustehen (*Graf von Westphalen* NJW 1980, 2227 ff.; BGH ZIP 1988, 577 – Sony). Das Rangverhältnis zwischen Herstellergarantie einerseits und Gewährleistungspflichten des Vertragshändlers andererseits ist ein generelles Problem und nicht auf Vertragshändlerverträge beschränkt (*Graf von Westphalen* a.a.O. Rdnrn. 16 f.; 20 ff.). Gegenüber dem rechtlich nicht vorgebildeten Durchschnittskunden ist in diesem Zusammenhang das **Transparenzgebot** im Sinn von § 9 Abs. 1 zu berücksichtigen (*Graf von Westphalen* a.a.O. Rdnrn. 5 ff.). Dies besagt: Es darf nicht der Eindruck erweckt werden, die Herstellergarantie verdränge die gesetzlichen Gewährleistungsansprüche gegenüber dem Vertragshändler.

b) Soweit im Vertragshändlervertrag eine **Rückvergütungspauschale** für etwa durchgeführte Garantie- oder Gewährleistungsarbeiten zugunsten des Vertragshändlers vorgesehen ist, steht nach der hier vertretenen Auffassung dem Vertragshändler ein Anspruch auf Aufwendungserstattung (BGH ZIP 1994, 461/468), einschließlich eines angemessenen Gewinns zu (AGB-Klauselwerke/*Graf von Westphalen* – Mangelbeseitigung Rdnr. 25 m.w.N.). Im übrigen gelten im Hinblick auf die Gewährleistungsbestimmungen die Vorschriften von § 11 Nr. 10 AGBG unmittelbar, weil nur so verhindert werden kann, daß der Vertragshändler vom Hersteller „in die Zange" genommen wird (a.M. *Gutbrod* EuZW 1991, 235/241 f.). Der Hersteller ist nicht berechtigt, die Pauschale einseitig zu ändern, ohne die Preisfaktoren verbindlich und angemessen zu konkretisieren (BGH a.a.O.).

c) Soweit die EU-Richtlinie zum **Verbrauchsgüterkauf** umgesetzt wird – 1.1.2002 – ist deren Auswirkungen auf das deutsche Recht zu beachten, und zwar betreffend die Gewährleistungsfrist von mindestens 2 Jahren und die Regreßmöglichkeit des Händlers (*Ernst/Gsell* ZIP 2000, 1410 ff.; *Schmidt-Räntsch* ZIP 2000, 1639 ff.; *Staudenmayer* NJW 1999, 2393 ff.; *Reich* NJW 1999, 2397 ff.).

11. Ersatzteilbindung. a) Die Bezugsbindung für etwaige Ersatzteile kann wirksam nur in den Grenzen vorgesehen werden, soweit konkurrierende Teile nicht den Qualitätsstandard der Original-Teile erreichen. Darüber hinaus ist der Hersteller berechtigt, eine **Ersatzteilbindung** für die Verwendung von Teilen bei Gewährleistungs-, Garantie- oder Kulanzarbeiten vorzusehen, welche auf Kosten des Herstellers vorgenommen werden (vgl. Pfeffer NJW 1985, 1241/1243). Im übrigen sind auch stets die Bestimmungen des EG-VO 1983/83 zu beachten. Wegen des **Vorrangs** des EG-Kartellrechts gegenüber den Bestimmungen des GWB kann deshalb die abweichende BGH-Judikatur (BGH WuW/E 1455 – BMW-Direkthändler I; OLG Stuttgart WuW/E 1846 – BMW-Direkthändler II) nicht aufrechterhalten werden (*Bunte/Sauter* III 4 Rdnr. 44; *Ebel/Genzow* DB 1985, 741/743; *Pfeffer* NJW 1985, 1241/1243; insbesondere auch *Ulmer* ZHR 152 (1988) 564/598; zu GVO 1475/95 *Creutzig* EuZW 1995, 723, 724).

2. Distributor Agreement (Vertragshändlervertrag)

b) Man wird hier die Wertung von Art. 10 Nr. 6 GVO 1475/95 auch für andere Vertragshändlerverträge einschlägig ansehen dürfen (*Ebel* BB 1995, 1701 ff.), so daß man die gleiche Wertung – orientiert an den Kriterien von § 9 Abs. 1 AGBG – aufrechterhalten kann, weil sonst der Händler in seiner Dispositionsfreiheit unangemessen eingeschränkt wird: Verwendet er bei Wartungs- und Reparaturarbeiten **Identteile** Dritter, so ist ihm dies unbenommen, zumal auch eine etwa nach § 823 Abs. 1 BGB eingreifende **Produzentenhaftung** den Vertragshändler (BGH BB 1987, 707 – Honda) – insbesondere in seiner Funktion als Reparaturwerkstatt – nur soweit belastet, als ihm eine **Pflichtverletzung** nachzuweisen ist.

12. Einblick in Geschäftsbücher, Bilanzen. Unbedenklich im Sinn von § 9 Abs. 1 AGBG ist des weiteren, wenn sich der Hersteller das Recht ausbedingt, in die **Geschäftsbücher** des Vertragshändlers Einblick zu nehmen. Gleiches gilt dann, wenn der Vertragshändler verpflichtet ist, dem Hersteller die jeweiligen **Bilanzen** sowie die **Jahresabschlüsse** in testierter Form zu überlassen. Denn es ist selbstverständlich, daß der Hersteller im Sinn von § 9 Abs. 1 AGBG ein legitimes Interesse daran hat, daß die Bonität des Vertragshändlers nicht notleidend wird, ohne daß der Hersteller hierüber rechtzeitig Warnsignale erhalten hat. Etwaige **Geheimhaltungsinteressen** des Vertragshändlers rangieren deutlich niedriger. Dies gilt insbesondere auch dann, wenn der Hersteller – dies entspricht üblicher Vertragspraxis – einen **Beratungsservice** unterhält, der den Vertragshändler in allen finanziellen Fragen – insbesondere bei etwaigen Neuinvestitionen – unterstützt.

13. Geschäftsveräußerung – Inhaberwechsel – Erbfolge. a) Im Rahmen von § 9 Abs. 1 ist es nicht zu beanstanden, wenn der Vertragshändlervertrag im Hinblick auf eine etwaige Geschäftsveräußerung, einen Inhaberwechsel oder eine eingetretene Erbfolge Regelungen enthält, die geeignet sind, die berechtigten Belange des Herstellers zu schützen (BGH BB 1985, 218/219 f. – Opel). Dies gilt unabhängig davon, ob der Vertragshändler eine Einzelfirma oder eine Kapitalgesellschaft ist. Denn in jedem Fall hat der Hersteller ein legitimes Interesse daran, daß der Gewerbebetrieb des Vertragshändlers von zuverlässigen, ihm bekannten Persönlichkeiten geführt wird, daß insbesondere auch die wesentlichen Besitz- und Eigentumsverhältnisse während der Dauer des Vertragshändlervertrages unverändert bleiben. Allerdings müssen etwaige Änderungen in diesen Beziehungen wegen der **Selbständigkeit** des Vertragshändlers **einschränkungslos** zulässig sein, solange dadurch nicht die berechtigten Belange des Herstellers beeinträchtigt werden (BGH a.a.O.). Daran fehlt es, wenn ein etwaiger **Zustimmungsvorbehalt** des Herstellers daran geknüpft wird, daß der Vertragshändler die Absicht verfolgt, Anteile an seinem Unternehmen zu veräußern, die nicht über 10% des Eigenkapitals hinausgehen (BGH BB 1985, 218/219 f., 224 – Opel).

b) Notwendigerweise sind auch hier die **Voraussetzungen** einschließlich der **schwerwiegenden Änderungsgründe** (BGH ZIP 1994, 461/466 – Daihatsu) zu konkretisieren und im Einzelfall nachzuweisen, bei deren Vorliegen der Hersteller verpflichtet ist, seine Zustimmung zu erteilen; es muß sich/wie stets – um objektivierbare, nachprüfbare Kriterien handeln, weil auch hier ein einschränkungsloses „Ermessen" des Herstellers an § 9 Abs. 1 AGBG scheitert. Gleiches gilt erst Recht in den Fällen, in denen der Hersteller sich für diese Fälle das Recht vorbehält, das Vertragsverhältnis **fristlos** zu kündigen (BGH a.a.O.). Denn ein solches Recht setzt unter Berücksichtigung der Kriterien von § 242 BGB voraus, daß die berechtigten Belange des Herstellers in ganz schwerwiegender Weise – und dies bedeutet auch: konkret nachweisbar – beeinträchtigt sind (vgl. BGH NJW-RR 1993, 682).

14. Die ordentliche Kündigung. a) Im Fall einer ordentlichen Kündigung eines Vertragshändlervertrages stellt sich stets zunächst die Frage, ob sie sachlich gerechtfertigt ist, weil insoweit etwa bei einem Autohändler eine Abwägung nach § 20 Abs. 2 GWB erforderlich ist (BGH NJW-RR 1988, 1502 – Opel-Blitz). Darüber hinaus ist zu fragen, ob die vertraglich vereinbarte **Kündigungsfrist** im Sinn von § 9 Abs. 1 AGBG angemessen ist. Der BGH meint, eine Frist von einem Jahr sei mit § 9 AGBG vereinbar (BGH BB 1995, 1657 – Citroen).

b) Dies wirft freilich unter Berücksichtigung der Wertung des Art. 5 Abs. 2 Nr. 2 GVO 1475/95 (EuZW 1995, 732/733) – Zwei-Jahres-Frist – die Frage auf, welche Kündigungsfristen bei Vertragshändlerverträgen unter Berücksichtigung der **Dauer** des Vertrages – auch außerhalb der Kfz-Industrie – als angemessen im Sinn von § 9 Abs. 1 AGBG anzusehen sind: Regelmäßig erscheint eine Frist von zwei Jahren als ausreichend, aber auch erforderlich (*Ulmer/Brandner/Hensen* Anh. zu §§ 9–11 Rdnr. 891a; *Wolf/Horn/Lindacher* § 9 V Rdnr. 42). Die in der Vorauflage vertretene Ansicht, eine nach Laufzeit und Amortisation gestaffelte Frist sei erforderlich, wird aufgegeben.

c) Soweit in Vertragshändlerverträgen die Kündigungsfristen gemäß § 9 Abs. 1 AGBG **unwirksam** sind, stellt sich regelmäßig im Sinn von § 6 Abs. 2 AGBG die Frage, in welcher Weise hier auf das Instrumentarium der **ergänzenden Vertragsauslegung** gemäß §§ 133, 157 BGB deswegen mit Erfolg zurückgegriffen werden kann, weil der Vertragshändlervertrag keinem gesetzlichen Typenbild entspricht, so daß insoweit dispositives Recht nicht zur Verfügung steht. Dies ist zu bejahen (vgl. BGH ZIP 2000, 314/319f.).

15. Das fristlose Kündigungsrecht. a) Da Vertragshändlerverträge typische Dauerschuldverhältnisse sind, auf welche im Zweifel die Bestimmungen der §§ 84ff. HGB **analog** anwendbar sind, ist das fristlose Kündigungsrecht des Herstellers – in Anlehnung an die Bestimmung des § 89a HGB – nur dann wirksam, wenn unter Berücksichtigung von Wesen und Zweck des Vertragshändlervertrags und der durch diesen begründeten Rechte und Pflichten einem der beiden Vertragsteile die weitere Fortsetzung des Vertragshändlervertrages unzumutbar ist. Grundsätzlich muß es sich dabei um **wesentliche** Vertragsverletzungen des Vertragshändlers handeln, welche die legitimen Interessen des Herstellers gröblich mißachten. Auch hierbei fällt ins Gewicht, daß der Vertragshändlervertrag in besonderem Maße durch gegenseitige Treue- und Rücksichtspflichten geprägt ist (BGH NJW-RR 1993, 682).

b) In erster Linie kommt hier ein Verstoß gegen das auch durch § 86 HGB analog geschützte **Wettbewerbsverbot** in Betracht (BGH NJW-RR 1993, 682/683). Aber auch andere Kündigungsgründe sind denkbar, etwa die Vorlage gefälschter Bilanzen oder Jahresabschlüsse oder Manipulationen bei der Abrechnung von Garantie- oder Gewährleistungsarbeiten. Regelmäßig ist in allen diesen Fällen **formularmäßig** eine Abmahnung vorzusehen, damit die Klausel nicht unter Berücksichtigung des Rechtsgedankens von § 553 BGB wegen Verstoßes gegen § 9 Abs. 2 Nr. 1 AGBG unwirksam ist. Freilich können im Einzelfall die Verstöße so gravierend sein, daß es der Abnahme nicht bedarf. Es gelten die zu § 326 BGB entwickelten Rechtsgrundsätze entsprechend (vgl. *Palandt/Heinrichs* § 326 Rdnr. 20), die bei einer Erfüllungsvereinbarung die Setzung einer Nachfrist entbehrlich machen.

c) Nach der zutreffenden Auffassung des BGH muß eine Kündigung aus wichtigem Grund weder sofort nach Kenntnisnahme vom Kündigungsgrund noch in der **Zweiwochenfrist** des § 626 Abs. 2 BGB erklärt werden (BGH WM 1982, 429/431; BGH NJW-RR 1993, 682/683f.). Vielmehr ist unter Würdigung aller Umstände zu prüfen, ob die Kündigung im Hinblick auf den Zeitablauf nach Treu und Glauben zulässig ist, weil dem Hersteller jedenfalls eine angemessene Überlegungsfrist verbleibt (*Ebenroth* S. 155ff.; BGH WM 1982, 429/431). Eine Frist von allenfalls zwei Monaten, gerechnet ab Kenntnisnahme des Kündigungsgrundes, erscheint gerade nicht vertretbar (BGH WM 1982, 429/431); doch kommt alles entscheidend auf die Umstände des Einzelfalls an, weil der Gedanke der **Verwirkung** hier Bedeutung erlangt (BGH NJW-RR 1993, 682/684).

d) Soweit die Kündigung eines Vertragshändlervertrages **unzulässig** war, steht dem Vertragshändler oder dem Hersteller ein Schadensersatzanspruch zu, der aus positiver Vertragsverletzung oder aus § 326 BGB abzuleiten ist (OLG Stuttgart BB 1990, 1015/1016). Zum gleichen Ergebnis gelangt man, wenn man für diese Fälle § 89a Abs. 2

2. Distributor Agreement (Vertragshändlervertrag)

HGB **analog** anwendet (BGH NJW 1967, 248; BGH WM 1982, 429/430; *Hopt* § 89 b Rdnr. 40).

16. Rücknahmepflichten. a) Es muß in jedem Einzelfall geklärt werden, ob die Rücknahmepflichten sich auch auf die „Products" beziehen (*Martinek*, a. a. O., Rdnr. 233 ff.). Dies hängt entscheidend davon ab, ob die „Products" während der Laufzeit des Vertragshändlervertrages bereits in das Eigentum des Vertragshändlers übergegangen sind. Dies ist geschehen, trägt aber eher das Vertriebs- und **Absatzrisiko**. Indessen kann die Interessenkonstellation anders sein, wenn es sich um Ausstellungsware, insbesondere – in der Kfz-Industrie – um Vorführwagen handelt. In diesen Fällen kann ein berechtigtes Interesse des Vertragshändlers bestehen, diese *„Products"* zurückzugewähren. Eine solche Verpflichtung ist im Form. **nicht vorgesehen**. Notfalls ist daher das Form. entsprechend zu ergänzen. Geschieht dies, so ist auch darauf zu achten, zu welchem **Preis** die „*Products*" zurückgenommen werden müssen. Soweit eine Pauschale – bezogen auf Wertminderung oder Aufwendungsersatz – vereinbart wird, ist die Regelung des § 11 Nr. 5 AGBG auch im unternehmerischen Verkehr gemäß § 9 Abs. 2 Nr. 1 AGBG zu berücksichtigen (BGH ZIP 1994, 461/473). Dies bedeutet, daß auch im kaufmännischen Verkehr der an § 11 Nr. 5 b AGBG ausgerichtete **Gegenteilsbeweis** formuliert wird (BGH a. a. O.). Das Form. berücksichtigt derartige Nutzungs- und Aufwandsentschädigungen nicht. Die Rücknahmepflicht des Herstellers ist nur dann ausgeschlossen, wenn allein der Vertragshändler für die Beendigung des Vertragsverhältnisses verantwortlich ist.

b) Als unmittelbare Folge der **Kündigung** des Vertragshändlervertrages ist der Hersteller verpflichtet, die vom Vertragshändler bezogenen **Ersatzteile** zurückzukaufen (BGH ZIP 1994, 461/470 – Daihatsu; BGH ZIP 1995, 222 – Suzuki; BGH NJW 1971, 29; OLG Frankfurt WM 1986, 139; OLG Frankfurt WM 1986, 141; a. M. OLG Köln BB 1987, 148/149 f.). Grundlage dieser Verpflichtung ist die **nachvertragliche Treuepflicht** des Vertragshändlers; es kommt deshalb nicht entscheidend darauf an, ob eine entsprechende Vertragsbestimmung vereinbart ist (BGH ZIP 1995, 222/223 – Suzuki). Daraus folgt weiter: Der Hersteller ist verpflichtet, das Ersatzteillager zurückzunehmen, wenn ihn für die Vertragsbeendigung keinerlei Verantwortlichkeit trifft (BGH ZIP 1988, 1182/1188 – Peugeot). Eine so gefaßte Klausel verstößt gegen § 9 Abs. 1 AGBG und ist unwirksam, weil sie – unter Verletzung des Äquivalenzprinzips – die Interessen des Vertragshändlers unberücksichtigt läßt (BGH a. a. O.). Folglich ist der Hersteller auch dann verpflichtet, das Ersatzteillager zurückzunehmen, wenn die Kündigung von beiden Seiten zu vertreten ist (BGH ZIP 1988, 1182 – Peugeot). Insoweit ist dann an § 254 BGB anzuknüpfen; dies bedeutet, daß entsprechend der beiderseitigen Verantwortlichkeit die vom Hersteller zu zahlende Vergütung für die Rücknahme des Ersatzteillagers berechnet wird (BGH ZIP 1988, 1182/1188 – Peugeot). Im Sinn des durch § 9 Abs. 1 AGBG gestützten **Transparenzgebots** muß folglich der Vertragshändlervertrag diese Risikoverteilung **ausdrücklich** reflektieren.

c) Hinsichtlich der **Preisgestaltung** für die Rücknahme von Ersatzteilen, Werkzeugen etc. ist der Hersteller keineswegs frei. Vielmehr ergeben sich im Sinn von § 9 Abs. 1 AGBG wesentliche Bindungen: Da der Hersteller den Vertragshändler verpflichtet, ein **Ersatzteillager** während der Dauer des Vertragsverhältnisses zu unterhalten, ist er grundsätzlich verpflichtet, das gesamte Ersatzteillager – bei Beendigung des Vertrages – käuflich zurückzunehmen. Für die Ermittlung des Rückkaufpreises ist vom jeweils gültigen **Listenpreis** des Herstellers auszugehen; notwendigerweise sind Skonto und Rabatte so wie sonstige Sondervergütungen in Abzug zu bringen, weil diese Nachlässe ja auch den vom Vertragshändler entrichteten **Kaufpreis** bestimmt haben. Es ist nicht einzusehen, daß von diesem so ermittelten Listenpreis ein weiterer Preisabschlag zugunsten des Herstellers gemacht werden darf, ohne daß dies gegen § 9 Abs. 1 AGBG verstößt. Allerdings wird man eine **Bearbeitungsgebühr** in angemessener Höhe berücksichtigen können; diese kann auch pauschaliert werden. Keinesfalls aber darf die Grenze von 10%

überschritten werden (vgl. BGH ZIP 1988, 1182/1187 – Peugeot; BGH ZIP 1995, 222/224 – Suzuki: 25%: unwirksam). Da jedoch die Höhe der Bearbeitungsgebühr nicht in unmittelbarer Relation zum Rücknahmepreis des Ersatzteillagers steht, wird man eine etwa in Ansatz gebrachte Bearbeitungsgebühr an § 10 Nr. 7b AGBG oder an § 11 Nr. 5 AGBG messen müssen. Dies bedeutet, daß dem Vertragshändler nicht der Nachweis abgeschnitten werden darf, daß im konkreten Einzelfall eine **geringere Bearbeitungsgebühr** angefallen ist (BGH ZIP 1994, 461/472; *Palandt/Heinrichs* § 11 Rdnr. 27). **Unbedenklich** ist freilich in diesem Zusammenhang, wenn der Hersteller dem Vertragshändler die durch die Rücknahme verursachten **Transportkosten** anlastet (vgl. BGH ZIP 1988, 1182/1183 – Peugeot). Zwar ist die Rücknahmepflicht im Sinn von § 269 BGB eine Holschuld, doch belasten regelmäßig die dabei anfallenden Transportkosten den Vertragshändler nicht unangemessen im Sinn von § 9 Abs. 1 AGBG.

d) **Rücknahmepflichtig** sind nur solche Ersatzteile, die nachweislich vom jeweiligen Hersteller bezogen worden sind. Es muß sich also um **Original-Ersatzteile** handeln. Unbedenklich im Sinn von § 9 Abs. 1 AGBG ist es, wenn der Hersteller verlangt, daß diese Ersatzteile **originalverpackt** (BGH ZIP 1994, 461/471 – Daihatsu) und noch in den gängigen Preis- und Lieferlisten des Herstellers aufgeführt sein müssen (OLG Köln BB 1987, 148/149). Sie müssen sich in einem „wiederverkaufsfähigen Zustand" befinden (BGH ZIP 1994, 461/470 – Daihatsu). Aber auch dann, wenn die Ersatzteile nicht mehr originalverpackt sind, besteht eine Rücknahmepflicht, soweit die Teile ohne weiteres verwendbar sind. Indessen erfaßt die Rücknahmepflicht **das gesamte Ersatzteillager**; es verstößt gegen § 9 Abs. 1 AGBG, die zurückzunehmende Menge auf 25% des Jahreseinkaufs zu begrenzen (a. M. OLG Köln BB 1987, 148/149), es sei denn, die gewöhnliche Umschlaghäufigkeit des Ersatzteillagers entspricht dieser Größenordnung. Maßstab ist hierbei: Zum einen kann die Rücknahmepflicht des Herstellers nicht eingeschränkt werden, zum anderen ist der Hersteller vor **Fehldispositionen** des Händlers zu schützen. Auch eine „Altersgrenze" von drei Jahren für das Alter der zurückzunehmenden Ersatzteile ist nicht nach § 9 Abs. 1 AGBG hinzunehmen (BGH ZIP 1995, 222/224 – Suzuki).

e) Soweit für die Geltendmachung des Rückkaufsanspruchs eine **Ausschlußfrist** gesetzt ist, muß diese gemäß § 9 Abs. 1 AGBG angemessen sein. Fristen, die unter **drei Monaten** liegen, verstoßen gegen § 9 Abs. 1 AGBG und sind daher unwirksam (BGH ZIP 1995, 222/224 – Suzuki). Wägt man die beiderseitigen Interessen, so wird man eine Ausschlußfrist von sechs Monaten als angemessen ansehen können; denn es sind keine vitalen Interessen des Herstellers berührt, die eine kürzere Frist rechtfertigen: Solange nämlich die von der Rückkaufpflicht erfaßten Ersatzteile **marktgängig** sind, hat der Hersteller kein anerkennenswertes Interesse daran, den Vertragshändler – wegen einer zu kurz bemessenen Ausschlußfrist – auf diesen Teilen „sitzen" zu lassen. Dieser Gesichtspunkt wird auch durch die **nachvertragliche Treuepflicht** unterstrichen, welche die Depotabrede charakterisiert.

f) Soweit die Rücknahmepflicht für **Spezialwerkzeuge** in Rede steht, gelten die weiter unten darzustellenden Grundsätze, welche für **nicht-amortisierte** Investitionen des Vertragshändlers gelten. **Unbedenklich** im Sinn von § 9 Abs. 1 AGBG sind freilich solche Klauseln, in denen der Hersteller den Händler verpflichtet, Spezialwerkzeuge an ihn zu einem angemessenen Preis zurückzuübereignen (*Ulmer/Brandner/Hensen* Anh. zu §§ 9 bis 11 Rdnr. 89b).

17. Erstattung nichtamortisierter Investitionen. a) Strukturell steht die **Kündigungsfrist** sowie der **Ausgleichsanspruch** in analoger Anwendung von § 89b HGB in unmittelbarer Relation zu den aus § 242 BGB abzuleitenden Erwägungen, ob und inwieweit die Kündigung eines Vertragshändlervertrages zur Konsequenz hat, daß die vom Händler auf Veranlassung des Herstellers getätigten Investitionen zu kompensieren sind, soweit sie während der Dauer des Vertragshändlervertrages nicht amortisiert sind. Der Amortisierungsanspruch ergibt sich aus § 242 BGB und ist auf den **Einzelfall** begrenzt, kann aber durchaus generell eingreifen, wenn der Hersteller etwa das Händlernetz **insgesamt** einstellt.

b) Soweit im **Einzelfall** dem Vertragshändler ein Anspruch darauf zusteht, die noch nicht amortisierten, vom Hersteller veranlaßten Investitionen kompensiert zu erhalten, sind folgende Erwägungen maßgebend: Kardinale Voraussetzung ist, daß der Hersteller durch sein Verhalten einen **Vertrauenstatbestand** geschaffen hat. Dieses liegt grundsätzlich nicht schon darin begründet, daß ein auf unbestimmte Dauer abgeschlossener Vertragshändlervertrag kontrahiert wurde. Maßgebend kommt es vielmehr darauf an, ob und in welchem Umfang der Hersteller **Investitionen** des Vertragshändlers veranlaßt hat, wie z. B. die Errichtung von Lagerhallen, Werkstätten, Anstellung von Personal, Anschaffung von Spezialwerkzeugen etc. Mithin ist das gestaltende Merkmal dieses Vertrauenstatbestandes darin zu sehen, daß diese Investitionen **fremdbestimmt** sind (*Ebenroth* S. 175; *Ebenroth/Parche* BB-Beilage Nr. 10/1988 S. 26; *Foth* BB 1987, 1270/1272). Dieser Vertrauenstatbestand kann nicht durch formularmäßige Erklärungen negiert werden, wonach etwa der Vertragshändler „bestätigt", daß die vom Hersteller veranlaßten Investitionen „in seinem eigenen Interesse" liegen; denn eine solche Vertragsgestaltung verstößt gegen § 11 Nr. 15a AGBG und ist daher gemäß § 9 Abs. 2 Nr. 1 AGBG **unwirksam**. Sie widerstreitet auch dem **Vorrangprinzip** des Individualvertrages gemäß § 4 AGBG, so daß insoweit eine Kongruenz zwischen dem vom Hersteller veranlaßten Vertrauenstatbestand besteht. Damit ist gleichzeitig klar, daß solche Investitionen nicht geschützt sind, welche der Vertragshändler aus eigenen unternehmerischen Erwägungen heraus tätigt.

c) In der Praxis wird hier häufig eine **Gemengelage** vorliegen, weil sich Hersteller und Vertragshändler im Ergebnis darüber einig sind, daß Investitionen erforderlich sind, um das *„Product"* angemessen zu vermarkten. Folglich kommt hier alles auf die Umstände des jeweiligen Einzelfalls an, weil der dem Vertragshändler zustehende Erstattungsanspruch im Ergebnis aus § 242 BGB resultiert und damit **voraussetzt**, daß das Verhalten des Herstellers – von ihm veranlaßte Investitionen und gleichwohl von ihm ausgesprochene Kündigungen des Vertragshändlervertrags –als **widersprüchliches Verhalten** zu klassifizieren ist. Dabei liegt es freilich zunächst nahe, unter diesen Voraussetzungen die aus § 242 BGB abzuleitende **Rechtsbegrenzung** darin zu sehen, daß die ordentliche Kündigung im Einzelfall als **Kündigung zur Unzeit** und damit als unzulässig bewertet wird (*Ebenroth/Parche* BB-Beilage Nr. 10/1988 S. 27). Doch ist dem entgegenzuhalten, daß letzten Endes das dem Hersteller anzulastende widersprüchliche Verhalten darin besteht, daß er bei Ausspruch der Kündigung keine Rücksicht darauf nimmt, ob die von ihm veranlaßten, vom Vertragshändler vorgenommenen Investitionen tatsächlich amortisiert sind (*Foth* BB 1987, 1240/1242). Es ist also die Nichtberücksichtigung des Ersatzanspruchs, welche hier – bei Wirksamkeit der Kündigung im übrigen – den **Amortisationsanspruch** des Vertragshändlers begründet.

d) Der **Umfang** dieses Anspruchs erfaßt sowohl den **Minderwert** der nicht-amortisierten, aber fremdveranlaßten Investitionen des Vertragshändlers als auch den darauf aufbauenden **Geschäftsgewinn** (*Ebenroth/Parche* BB-Beilage Nr. 10/1988 S. 27f.; a.M. *Foth* BB 1987, 1270/1273). Unter Berücksichtigung des vom Hersteller veranlaßten **Vertrauenstatbestandes** ist es nicht überzeugend, die **Gewinnerwartung** des Vertragshändlers seiner eigenen unternehmerischen Risikosphäre zuzuweisen, so daß sich der Ersatzanspruch lediglich auf die nichtamortisierten, fremdbestimmten Investitionen bezieht (*Ulmer*, Festschrift für Möhring, 1975, 295, 310). Denn die Motivation des Vertragshändlers, die vom Hersteller veranlaßten Investitionen tatsächlich zu tätigen, umschließen notwendigerweise auch den Gewinn, den er bei Fortsetzung seiner Geschäftstätigkeit unter Ausnutzung der vorgenommenen Investitionen erzielt hätte (*Ebenroth/Parche* a.a.O.).

18. Der Ausgleichsanspruch. a) In der BGH-Judikatur ist es anerkannt, daß einem Vertragshändler in entsprechender Anwendung von § 89b HGB ein Ausgleichsanspruch dann zuzubilligen ist, wenn zwischen ihm und dem Hersteller ein Rechtsverhältnis besteht, das sich nicht in einer bloßen Käufer-Verkäufer-Beziehung erschöpft, sondern den Vertragshändler aufgrund **vertraglicher Abmachungen** so in die Absatzorganisation des Herstellers eingliedert, daß er – wirtschaftlich betrachtet – in erheblichem Umfang dem Handelsvertreter **vergleichbare Aufgaben** zu erfüllen hat, und er des weiteren verpflichtet ist, bei Beendigung des Vertragshändlervertrages dem Hersteller seinen Kundenstamm zu übertragen, so daß sich dieser die Vorteile des Kundenstamms sofort und ohne weiteres nutzbar machen kann (BGH NJW 1982, 2819; BGH NJW 1983, 2877; BGH NJW 1984, 2101; BGH NJW-RR 1988, 42; BGH NJW-RR 1993, 678; BGH ZIP 1996, 1131; BGH NJW 1997, 1503; kritisch C. *Stumpf* NJW 1998, 12 ff.; *Kirsch* NJW 1999, 2779 ff.).

b) Das Form. geht hier davon aus, daß die Voraussetzungen des Ausgleichsanspruchs in analoger Anwendung von § 89 b HGB insoweit vertraglich geschaffen sind, als Art. 3 Abs. (4) die Verpflichtung des Vertragshändlers zum Gegenstand hat, den Hersteller über die jeweiligen Vertragsabschlüsse zu informieren, indem der Vertragshändler dem Hersteller Kopien der Bestellungen/Auftragsbestätigungen übersendet. Will man die Voraussetzungen des Ausgleichsanspruchs gemäß § 89 b HGB analog nicht vertraglich fixieren, so ist hier die „**Sollbruchstelle**". Es ist dann unbedingt erforderlich, diese Vertragsformulierung **ersatzlos** zu streichen. So gesehen ist dieses Form. auf die Interessen des **Vertragshändlers** zugeschnitten (hierzu auch BGH ZIP 1996, 1131 – Toyota).

c) Eine der Stellung eines Handelsvertreters vergleichbare Eingliederung in die Absatzorganisation des Herstellers ist dann zu bejahen, wenn der Vertragshändler sich für den Vertrieb der Produkte des Herstellers wie ein Handelsvertreter einzusetzen hat und auch sonst Bindungen und Verpflichtungen unterworfen ist, wie sie für einen Handelsvertretervertrag typisch sind (BGH NJW-RR 1993, 678/679). Dazu reicht es nicht schon aus, wenn dem Vertragshändler ein Alleinvertriebsrecht sowie eine ausschließliche Bezugsverpflichtung auferlegt ist, so daß er sich „intensiv" um den Verkauf der Produkte des Herstellers bemühen muß; denn damit ist der Umfang der für einen Handelsvertreter typischen Verpflichtungen noch nicht ausreichend konkretisiert (BGH NJW-RR 1988, 1305).

Ob der Vertragshändler tatsächlich in die **Absatzorganisation** des Herstellers – wie ein Handelsvertreter – eingegliedert ist, entscheidet sich stets unter Berücksichtigung des **Gesamtbildes** der vertraglichen Beziehungen, wobei es entscheidend auf die dem Vertragshändler auferlegten **Pflichten** ankommt (BGH NJW 1983, 2877/2878). In Betracht kommt hier in erster Linie: Zuweisung eines Absatzgebietes, auch wenn kein Gebietsschutz besteht und der Vertragshändler berechtigt ist, auch außerhalb des Vertragsgebiets das „Product" abzusetzen. Bestehen eines Konkurrenzverbots, Pflicht zur Förderung des Absatzes und zur Wahrung der Interessen des Herstellers, Pflege des Erscheinungsbildes der Marke, Auferlegung von Werbeaufwand, Lagerhaltung, Vorhalten von Vorführwagen, Personalschulung, Pflicht zur Erhaltung eines Kundenstammes für Wartung und Reparatur, einschließlich eigener Werkstatt mit Ersatzteillager, Preisempfehlungen über Listenpreise (BGH NJW-RR 1993, 678). Fehlen Kontroll- und Überwachungspflichten, ist der Vertragshändler insbesondere in der **Beweisgestaltung** frei, so spricht dies gegen eine vertragliche Einbindung des Vertragshändlers (BGH NJW-RR 1988, 1305).

d) Für die **vertragliche Verpflichtung** des Vertragshändlers, den von ihm **geschaffenen Kundenstamm** dem Hersteller zu überlassen, kommt es nicht darauf an, welchem Zweck die Verpflichtung des Vertragshändlers dient (BGH NJW 1997, 1503), seine Kundendaten dem Hersteller zu offenbaren (BGH NJW-RR 1993, 678). Entscheidend ist allein, ob der Hersteller sich bei Beendigung des Vertragshändlervertrages die Vorteile des Kundenstammes sofort und ohne weiteres nutzbar machen kann (BGH BB 1992, 596/597; BGH NJW-RR 1993, 678). Dabei ist es unerheblich, ob die Verpflichtung zur Überlassung des Kundenstamms erst im Zeitpunkt der Beendigung des Vertrages oder schon während der Dauer des Vertrages durch laufende Unterrichtung des Herstellers über die

2. Distributor Agreement (Vertragshändlervertrag) III. 2

Geschäftsentwicklung und Geschäftsabschlüsse zu erfüllen ist (BGH NJW-RR 1993, 678/680). So ist z.B. die Übersendung von Abrechnungsunterlagen (BGH NJW 1983, 1789/1790), von Rechnungskopien (BGH NJW 1964, 1952/1953; BGH NJW 1997, 1503), von Verkaufsberichten (BGH NJW 1984, 2102), von Tagesverkaufsberichten (BGH NJW 1981, 1961/1962), von Meldekarten (BGH NJW 1983, 2877/2878) sowie eines wöchentlichen Statusreports über getroffene Kundenvereinbarungen (BGH NJW-RR 1983, 678/680) der Gewährleistungsmeldungen als ausreichend angesehen worden. Die Möglichkeit der Nutzung reicht aus (BGH NJW 1997, 1503). **Nicht ausreichend** ist es, wenn dem Hersteller lediglich die **Reklamationen** zugänglich gemacht werden (BGH NJW-RR 1988, 1305). Gleiches gilt dann, wenn die Kunden des Vertragshändlers branchenbekannt sind (OLG Hamm NJW-RR 1988, 550), weil dann keine Überlassung des Kundenstamms gegeben ist. Welchen Zweck der Hersteller mit dieser Berichtspflicht verbindet, ist im Rahmen von § 89b HGB analog gleichgültig (BGH NJW-RR 1993, 678). Auch wenn der Hersteller hiermit nur statistische Zwecke oder Maßnahmen der Verkaufsförderung verbinden sollte, ist dies irrelevant (BGH NJW 1982, 2819/2829; *Bamberger* NJW 1985, 33/34 f.).

e) Auf die **besondere Schutzbedürftigkeit** des Vertragshändlers kommt es zur Begründung einer analogen Anwendung von § 89b HGB nicht an (BGH BB 1992, 596, 597; a.M. *Eckert* WM 1991, 1237/1244; *Stumpf/Hesse* BB 1987, 1474/1477 f.).

f) Auch die Vorschrift des § 89b Abs. 3 Satz 2 HGB ist **analog** auf den Vertragshändler anwendbar (BGH BB 1993, 1312).

g) Bei der **Berechnung** des Ausgleichsanspruchs eines Kfz-Vertragshändlers (BGH NJW 1997, 1503/1504 f.) sind nach Auffassung des BGH regelmäßig Umsätze mit **Stammkunden/Mehrfachkunden** innerhalb des Prognosezeitraums zu berücksichtigen (BGH a.a.O.), nicht die Umsätze mit Ersatzteilen im **Werkstattbereich** (BGH NJW-RR 1988, 42; a.M. wohl auch BGH WM 1991, 1513 – Ersatzteile und Leasinggeschäfte; *Horn* ZIP 1988, 137/143 f.; *Graf von Westphalen* DB-Beilage Nr. 8/1988). Einzubeziehen sind aber die Umsätze, die organisatorisch eingebundene **Unterhändler** erzielen (BGH NJW-RR 1988, 42). Weil das **Ersatzteilgeschäft** vor allem in der Kfz-Branche wesentlich die werbende Tätigkeit des Vertragshändlers bestimmt (*Graf von Westphalen* a.a.O.), ist der gegenteiligen Ansicht des BGH nicht zu folgen. Nach Meinung des BGH sind jedenfalls auch die Ersatzteilgeschäfte in die Berechnung des Ausgleichsanspruchs des Vertragshändlers einzubeziehen, wenn hierfür besondere werbliche Leistungen des Vertragshändlers Anlaß sind (BGH BB 1991, 1210/1211). Dies wird man regelmäßig als gegeben ansehen dürfen, etwa auch in der Kfz-Branche. Zum Zweck der Berechnung des Ausgleichsanspruchs muß der dem Vertragshändler zustehende Rabatt auf das Niveau eines Handelsvertreters abgesenkt werden (BGH NJW 1959, 144). Doch gestattet der BGH auch eine **alternative** Bezeichnung auf Beweis des statistisch ermittelten Mehrfachkundenanteils (BGH NJW 1997, 1503, 1505). Zu den Einzelheiten der Berechnungen (vgl. *Küstner/von Manteuffel* BB 1988, 1972 ff.; auch *Ekkenga* AG 1992, 345 ff.; aber auch die so genannte „Münchener Formel" *Kümmel* DB 1998, 2407 ff.; kritisch *Intveen* BB 1999, 1881 ff.).

h) Es verstößt gegen § 9 Abs. 2 Nr. 1 AGBG, wenn entgegen § 89b Abs. 4 Satz 1 HGB der Ausgleichsanspruch des Vertragshändlers formularmäßig oder durch Individualvertrag ausgeschlossen wird (BGH BB 1985, 218, 224/225; BGH BB 1985, 1084). Hierzu auch *Weirichkuhn* BB 1996, 1517 ff.

19. Schriftformklausel.
Vergleiche hierzu Form. I.2 Anm. 27.

20. Rechtswahl.
Hierzu Form. I.2 Anm. 23, II.3 Anm. 23.

21. Gerichtsstandsvereinbarung.
Siehe dazu Form. III.3 Anm. 24.

3. Consignment Stock Agreement[1-5, 26]

(Konsignationslagervertrag)

This Agreement is made on the ...... day of ...... 20.. by and between A-GmbH, a limited liability company duly organized under the laws of the Federal Republic of Germany with its business premises in Stuttgart, Germany (hereinafter referred to as "Consignor"), and B Inc., a corporation duly organized under the laws of the State of Delaware with its business premises in Milwaukee, WI, U.S.A. (hereinafter referred to as "Consignee").

WHEREAS,
- the parties to this Agreement entered into a Distributorship Agreement on ...... 20.. on the basis of which Consignee is marketing certain of Consignor's products in the Contractual Territory;
- Consignee's customers in the Contractual Territory expect the availability of Contractual Products on short notice;
- there is a need for Consignee to demonstrate and exhibit Contractual Products individually on customer demand and for the general public at trade shows;
- Consignee is, according to the terms of the Distributorship Agreement, responsible for the after-sale-service of the Contractual Products in the Contractual Territory;
- Consignee is unable to purchase and maintain a sufficient stock of Contractual Products on his own account and risk in order to meet the aforementioned customer demands; and
- Consignor, therefore, is willing to place on consignment with Consignee a certain quantity of Contractual Products;

NOW, THEREFORE, the parties hereto in consideration of the premises and the mutual covenants, agreements, representations and warranties contained herein, with the intention to be legally bound record their agreement as follows:

I. Introductory Provisions[6]

§ 1 Definitions

The following terms used in this Agreement shall have the following meaning unless otherwise expressly indicated:

Agreement	This consignment stock agreement together with any and all exhibits as entered into by the parties;
Consignee	B Inc., including all of its successors and assigns;
Consignee's Premises	B Inc.'s premises and warehouses at 23rd Street E 234, Milwaukee, WI, U.S.A.;
Consignor	A-GmbH, including all of its successors and assigns;
Contractual Products	Certain of the products manufactured by A-GmbH as more closely described in the Distributorship Agreement;
Contractual Territory	The Territory covered by and more closely described in the Distributorship Agreement;
Customer	Any customer of Consignee with regard to Contractual Products;
Distributorship Agreement	That certain agreement entered into by the parties to this Agreement on ...... 20.. entrusting Consignee with the

3. Consignment Stock Agreement (Konsignationslagervertrag)   III. 3

	marketing of certain of Consignor's products in the Contractual Territory;
Goods	Those Contractual Products, fixtures, spare parts and accessories actually placed on consignment.

§ 2 Scope of Agreement[5]

(1) The relationship between the parties to this Agreement is governed by the Distributorship Agreement to the extent the marketing of the Contractual Products in the Contractual Territory including after-sale-service is concerned. This Agreement shall be limited in its scope to the establishment of a consignment stock and shall regulate the rights and obligations of the parties hereto with regard to the Goods.

(2) This Agreement shall be construed in light of the terms and purposes of the Distributorship Agreement. Any incomplete provision of this Agreement and any unintentional gap shall be supplemented, to the extent possible, by appropriate provisions of the Distributorship Agreement.

II. Establishment of Consignment Stock

§ 3 Creation of Consignment

(1) Consignor will place at Consignee's disposal a certain quantity of Contractual Products on consignment in order to enable Consignee to deliver Contractual Products to customers in the Contractual Territory on short notice, to demonstrate and exhibit Contractual Products and to adequately service Contractual Products which are in the field. The consignment stock will be established on Consignee's premises. Consignee will make available the necessary space and facilities free of charge.

(2) Consignee shall dispose of the Goods only in accordance with the terms of this Agreement.

§ 4 Goods, Quantities[7]

(1) The selection of Contractual Products (including any fixtures) to be sent on consignment is specified in Exhibit 1 to this Agreement. Exhibit 1 also specifies the relative quantities of each item. In addition to the products listed, Consignor will make available, on request of Consignee, reasonable quantities of spare parts and accessories necessary to service Contractual Products.

(2) The value of the stocks on consignment including transportation but excluding any applicable taxes, customs and other duties shall not exceed an amount of EURO 2.000.000 (Euro two million). The applicable value shall be calculated at the original cost of Consignee.

(3) The parties may from time to time by mutual agreement alter or amend the list of Goods and/or the maximum value of the stock. In addition, Consignor reserves the right unilaterally to delete certain items from the list of Goods if their production and/or distribution is discontinued or their delivery to Consignee would be impossible, impracticable or unduly burdensome for reasons not within the control of Consignor. Consignor shall give Consignee six (6) months' prior written notice of any such unilateral deletion, unless such notice period cannot be observed by Consignor for reasons not within Consignor's control. In such a case Consignor shall give Consignee the longest possible notice period under the circumstances.

§ 5 Taxes, Customs Duties, Import Licenses etc.

(1) Consignee shall be responsible for the importation of the Goods and their transportation to its premises. Any cost involved with the importation, any customs du-

ties, any taxes levied on the Goods in connection with their importation and the cost of transportation shall be borne by Consignee. Necessary import licenses and any other official documents or permits required by authorities for the importation or its facilitation or for the payment of monies due under this Agreement shall be obtained by Consignee. Consignee will keep Consignor informed about such requirements and upcoming changes.

(2) The parties may agree to use a bonded warehouse[8] for the stock on consignment instead of Consignee's premises. They will do so if the use of a bonded warehouse is permissible under local laws and regulations, if it is in compliance with the logistical requirements of Consignee's distribution task and if the importation of the entire consignment stock would be unduly burdensome for Consignee in light of the volume of applicable tax and customs duties. The allocation of cost and responsibilities set forth in the foregoing subparagraph (1) shall remain unaffected hereby. Any additional cost in connection with the use of a bonded warehouse shall be borne by Consignee.

§ 6 Title to Goods[9, 10]

(1) The Goods remain the sole and exclusive property of Consignor until they are withdrawn from the consignment stock in accordance with the terms of this Agreement and title to them is effectively transferred to Customers (or Consignee, respectively). Consignee has the rights and duties of a bailee with regard to the Goods. Subject to § 14 para. (1) below, nothing in this Agreement or in the performance of this Agreement shall be construed as a transfer of title from Consignor to Consignee.

(2) Consignee will keep the Goods separate from its own property. If possible, the Goods will be stored in a separate room within Consignee's warehouses. In any event, the Goods will have to be clearly marked as property of Consignor and stored at a designated area within Consignee's warehouses which is reserved only for the Goods.

(3) Consignor has the right to inspect the Goods at any time during normal business hours of Consignee. Consignee shall grant Consignor access to its warehouses and, if necessary and not unduly burdensome, give necessary technical support for such inspection.

(4) Consignee will immediately notify Consignor of any acts or threatening acts of third parties which tend to dishonor or violate Consignor's ownership in the Goods, including but not limited to trespassing, acts of execution by creditors of Consignee or a Court appointed receiver or taking under eminent domain. Consignee will take all measures necessary to protect Consignor's property until Consignor is in a position to act on its own. Consignee will give Consignor any and all support it needs to defend or recover its property. The cost of such defensive or recovering measures will be borne by Consignor unless the third party interference with Consignor's ownership in the Goods was caused by Consignee's fault; then, Consignee shall bear the cost.

(5) If according to applicable local laws[3,11], an effective protection of Consignor's ownership in the Goods would need any registration or filing (of Consignor's ownership rights or of a protective measure, e.g. a security interest), Consignee shall explore the legal situation, inform Consignor accordingly and – after consultation with and on request of Consignor – arrange the filing or registration in Consignor's favor.

§ 7 Risk of Loss etc.[12]

The risk of any accidental loss or deterioration of the Goods shall pass to Consignee on its taking over of the Goods from customs.

3. Consignment Stock Agreement (Konsignationslagervertrag)

III. Duties of Consignee

§ 8 Warehouse[12, 13]

(1) Consignee will make available free of charge sufficient space for the consignment stock in its warehouse(s) located on Consignee's premises. The warehouse space shall be adequate in terms of size, humidity, cleanliness, security, and support functions (e.g. hoisting equipment, etc.) and shall allow the storage of the Goods for an indefinite period of time without any impairment of their condition and quality. Furthermore, easy access to the Goods and their easy removal shall be warranted.

(2) Consignee will supply Consignor with a ground plan of the warehouse(s) used for the storage of the Goods showing their exact location in the building(s).

§ 9 Duty of Care[12, 13]

(1) Consignee shall store and administer the Goods with the care of a prudent businessman. § 690 BGB (German Civil Code) shall not be applicable.

(2) Consignee shall separate the Goods from its own property (see § 6 para. (2) above) and provide for a kind of storage which secures that the condition and the quality of the Goods, especially their usability and saleability will not suffer even if the Goods are stored over a longer period of time. Consignee will maintain the Goods in good repair and bear the necessary maintenance expenses. Consignee will take all measures necessary to protect the Goods against any deterioration.

(3) Consignee will keep separate books showing at any given time the inventory of Goods and the fact that those are in Consignor's ownership. On request, Consignee shall allow Consignor access to such books.

(4) Consignee shall not be entitled to alter or change the Goods as long as they are on consignment unless he obtained the prior written approval of Consignor which shall not be unreasonably withheld.

§ 10 Insurance[12, 13]

(1) Consignee shall, at its own expense, obtain and, during the term of this Agreement, maintain an insurance policy adequately protecting the Goods against loss or damage by fire, burglary and theft, storm, water and other basic risks typically covered by property insurance. The terms of the insurance coverage actually obtained by Consignee shall require the written approval of Consignor which shall not be unreasonably withheld. Consignee will provide Consignor with a copy of the insurance policy at its earliest convenience.

(2) Consignee is obligated immediately to inform Consignor of any facts coming to its attention which might impair the validity of the insurance coverage or the enforceability of possible insurance claims. Consignee further agrees to bear all applicable expenses and to fulfil all incidental obligations under the insurance contract, especially to file all due declarations with the insurer in a timely manner.

(3) Consignee shall assign to Consignor any and all of his insurance claims and provide Consignor with a declaration of his insurance carrier to the effect that the insurance carrier (a) will make payments relating to damages in the Goods only to Consignor; (b) will not accept a termination or request for an alteration of the insurance contract by the Consignee without the written consent of the Consignor; (c) will inform Consignor immediately if Consignee should default in the payment of any premiums due; and (d) shall allow Consignor to continue the insurance contract in case Consignee defaults with any premium payments.

§ 11 Examination of Goods[14]

(1) Consignee shall be obligated to inspect and examine the Goods immediately on their arrival at Consignee's warehouses or at the bonded warehouse, respectively. In case of any defects in the Goods or in case of an otherwise faulty or mistaken delivery, Consignee shall notify Consignor without delay. If no such notification is received by Consignor within one month from the arrival of the Goods as aforementioned, the Goods shall be deemed approved by Consignee and free of defects to the extent such defects could have been detected on inspection. Defects which could not be detected on inspection have to be notified to Consignor immediately after they became apparent; otherwise the Goods shall be deemed approved with regard to such defects as well.

(2) To the extent the Goods are deemed approved, Consignee is no longer entitled to reject the Goods or to invoke any warranty claims (e.g. remedying of defects, reduction of price, cancellation of contract, damages) on the basis of defects or an otherwise mistaken delivery. Such rights and claims of Consignee are excluded irrespective of whether they are based on the terms of the Distributorship Agreement or on applicable statutory law. § 13 para. (1) shall be applicable with regard to Goods which are deemed approved.

(3) As to defects which are notified in a timely manner in accordance with para. (1) above, Consignee shall be entitled immediately to invoke the rights granted to it under the Distributorship Agreement. Statutory rights and claims shall only apply to the extent they are not excluded by the Distributorship Agreement. The applicable Statute of Limitations for any such rights and claims – whether based on the Distributorship Agreement or staturory law – shall run from the arrival of the Goods at the Consignee's warehouses or the bonded warehouse, respectively.

IV. Right to Withdraw

§ 12 Withdrawal of Goods[15]

(1) Consignee is entitled to withdraw Goods from the consignment stock in the usual course of business for the purposes of (a) performing sales contracts concluded with Customers; (b) demonstrating Goods to potential Customers; (c) exhibiting Goods at trade shows; or (d) servicing Contractual Products in the field. With regard to alternatives (a) and (d), Consignee shall further be authorized to transfer title in the Goods to the Customer (§ 185 para. (1) BGB – German Civil Code). The value of Goods taken from the consignment stock according to alternatives (b) and (c) during the same or an overlapping period of time shall in no event exceed the amount of EURO 100.000 (one hundredthousend Euro); the value is to be calculated in accordance with § 4 para. (2) above. Consignee must not withdraw Goods from the stock for any other than the aforementioned purposes.

(2) Goods taken from the consignment stock according to the aforementioned para. (1), alternatives (b) or (c) may be returned by Consignee to the stock if and to the extent the condition and quality of those Goods did not deteriorate in the meantime.

(3) Consignee shall notify Consignor of any withdrawals and returns made according to the foregoing para. (1) and (2) on a monthly basis. To this end, Consignee will provide Consignor with a list of all Goods withdrawn and/or returned during the course of each calendar month. The list is due until the end of the following month. It shall state in detail the specifications of the Goods withdrawn and/or returned, their quantity and the balance of each item still on stock.

(4) Consignor has the right, at any time, to revoke the authorization of Consignee to make withdrawals from the consignment stock and/or to transfer title in the Goods to third parties. The revocation, if not expressly restricted to certain of the purposes set

3. Consignment Stock Agreement (Konsignationslagervertrag)

forth in the foregoing para. (1), is of a general nature and has the effect that Consignee will no longer be entitled to remove any of the Goods for whatever purpose from the stock. The revocation shall be in writing and to be served to Consignee by registered mail.

§ 13 Implied Withdrawal[16]

(1) Any Goods which are still on consignment stock after a period of two years from their arrival at Consignee's warehouse(s) or at the bonded warehouse, respectively, are regarded as withdrawn by Consignee at such time. Goods taken from the stock for demonstration or exhibition purposes but returned or to be returned at a later time according to § 12 para. (2) above are considered as Goods still on consignment in the meaning of the foregoing sentence.

(2) Any Goods lost or deteriorated after the risk of loss passed to Consignee (§ 7 above) are also regarded as withdrawn at the time the loss or the deterioration occurred.

(3) Consignor has the right to take back Goods which are regarded as withdrawn according to the foregoing para. (1) and (2) unless such Goods are physically no longer on the stock. If Consignor wishes to invoke this right, it will notify Consignee in writing of its intention. Unless the exception stated in the first sentence of this paragraph is met, Consignee will within one month return the Goods at the risk and cost of Consignor.

§ 14 Legal Effect of Withdrawal

(1) The withdrawal of Goods according to § 12 para. (1), alternatives (a) and (d) and the implied withdrawal according to § 13 para. (1) and (2) above shall have the effect that the Goods concerned are considered to have been sold to Consignee at the time of the withdrawal pursuant to the terms and conditions of the Distributorship Agreement. Title to the Goods shall directly pass to the Customer (see §§ 6 para. (1), 12 para. (1) above). In case of an implied withdrawal title shall, to the extent possible, pass to Consignee.

(2) The withdrawal according to § 12 para. (1), alternatives (b) and (c) shall not change the legal relationship between the parties. Specifically, §§ 8 and subs. setting forth Consignee's duties shall remain applicable.

V. Duties of Consignor

§ 15 Delivery of Goods[17]

(1) Consignor shall be obligated to deliver Goods to Consignee as more specifically described in § 4 for the purpose of establishing the consignment stock (see § 3 above). At the request of Consignee and to the best of its ability in terms of production capacity and other delivery obligations, Consignor will refill the consignment stock after withdrawals have been made by Consignee and keep the stock on the level provided by § 4 above during the term of this Agreement.

(2) Deliveries shall be made free U.S. border.

(3) To the extent this Agreement does not expressly provide otherwise, the delivery obligation of Consignor shall be governed by the terms of the Distributorship Agreement. This shall especially apply to the quality standards required, Consignor's warranties, necessary accompanying documentation and delivery periods.

(4) Consignor's obligation to perform under the foregoing paragraphs shall only become absolute after Consignee provided Consignor with adequate proof that an insurance policy as outlined in § 10 above (with the required declarations of the insurance carrier) and any applicable licenses and permits according to § 5 para. (1) above are in

place and that the collateralization according to § 19 below is perfected. Consignor may cease further deliveries if Consignee is in breach of any of its obligations under this Agreement or the Distributorship Agreement.

§ 16 Support to Consignee[17]

Unless expressly stated to the contrary in this Agreement, Consignor shall at its discretion provide Consignee with any support necessary to make it possible for Consignee to import the Goods or to facilitate their importation. In particular, Consignor will prepare necessary documentation and give explanations required by authorities.

VI. Payment and Collateral

§ 17 Payment for Goods[18]

(1) The prices to be charged for the Goods are those listed in the Distributorship Agreement or mutually agreed upon by the parties from time to time.

(2) Payment shall become due sixty (60) days after the date of invoice unless the Distributorship Agreement provides for a different payment target. Goods will be invoiced after the date of withdrawal (§ 14 para (1) above).

(3) The currency to be used for payment shall be EURO. Payment shall be effected by wire transfer to Consignor's account with X-Bank in Stuttgart, account number ......, bank identification code (BLZ) ...... Late payments shall entitle Consignor to charge interest of 4% above the official base rate from the due date. Consignor is not barred from claiming damages exceeding the agreed interest rate if it can be shown that the delay in payment resulted in higher damages. Deviating terms of the Distributorship Agreement shall prevail.

§ 18 Remuneration of Consignee[19]

Consignee shall not be entitled to a special remuneration with regard to the obligations performed by it under this Agreement.

§ 19 Collateralization[20]

(1) Consignee herewith assigns and transfers to Consignor any and all future receivables it will obtain vis-à-vis Customers from the sale of the Goods. Consignor accepts such assignment. Consignee will take all acts and make all declarations necessary to validate the assignment, including but not limited to the notification of Customers or the registration or filing of the assignment with official authorities. Consignee will provide Consignor in monthly intervals with a list of Customers showing names and addresses of the Customers, the volume of each account receivable and its due date. Consignee shall be authorized to collect the receivables assigned. Consignor is entitled to revoke this authority at any time with immediate effect; the revocation must be in writing delivered to Consignee by registered mail. If such revocation is effected, Consignor may notify Customers of the assignment and ask them to make payment in Consignor's favor.

(2) If the assignment as aforementioned should not be permissible under applicable local laws[3] or should be impracticable, Consignee will provide Consignor with another adequate security available under local laws, e.g., a security interest in the receivables. The scope of such security shall be agreed upon by the parties. Consignee will produce appropriate proof for the valid implementation of such security in Consignor's favor.

(3) In addition to the foregoing, Consignee will provide Consignor with the guarantee of a major German bank in an amount of EURO ...... (Euro ......). The bank guaran-

3. Consignment Stock Agreement (Konsignationslagervertrag)

tee shall be due for payment on first demand of Consignor. The demand shall be in writing (telefax or e-mail are sufficient) and shall state that Consignee breached its duties under this Agreement or under the Distributorship Agreement. Form and contents of the bank guarantee will require the written approval of Consignor which shall not be unreasonably withheld.

(4) The assignment or other security according to para. (1) to (3) above shall serve as security for any and all of Consignor's claims for payment from the sale of Goods effected or implied under this Agreement (§ 14 para. (1) above) or under the Distributorship Agreement. In addition, it shall serve as security for any and all of Consignor's claims for damages arising out of Consignee's breach of any of its obligations under this Agreement or under the Distributorship Agreement. Consignor is entitled to invoke the security as soon as Consignee is in default of payments due or in breach of any other of its obligations as aforesaid. Consignor is unrestricted, to the extent warranted by applicable local laws, as to how it makes use of the security.

(5) Should the realisable value of the securities according to para. (1) to (3) above exceed the value of the consignment stock (as calculated according to § 4 para. (2) above) by more than 20% for a period of more than two (2) consecutive months, Consignor shall be, at Consignee's request, obligated to release an adequate portion of such securities.

VII. Term and Termination

§ 20 Term of Agreement[21]

(1) This Agreement shall be effective as of the date first above written. Its term shall be limited to the term of the Distributorship Agreement. Thus, any incident terminating the Distributorship Agreement (e.g. end of fixed term, termination with or without notice) shall automatically cause the termination of this Agreement effective simultaneously with the termination of the Distributorship Agreement.

(2) Irrespective of para. (1) above, the parties shall be entitled to terminate this Agreement by observing a three (3) months period of notice upon the end of each calendar quarter. The notice of termination shall be in writing and served to the other party by registered mail.

§ 21 Termination for Cause

(1) In addition to § 20 above, each party reserves the right to terminate this Agreement without notice for cause.

(2) "Cause" in the meaning of para. (1) shall mean all significant incidents beyond the control of the terminating party which render the continuation of the Agreement unacceptable to the terminating party, including but not limited to severe and/or repeated breaches of contract by the other party. For the Consignor cause justifying the termination of this Agreement shall include but not be limited to the default of Consignee with two successive payments, any jeopardizing of Consignor's ownership in the Goods by not protecting them adequately or otherwise, any unauthorized withdrawal from the consignment stock, the default of Consignee in providing for or maintaining adequate insurance coverage for the Goods (see § 10 above) or the default of Consignee in providing adequate collateral (see § 19 above).

§ 22 Effect of Termination[22]

(1) Any termination of this Agreement obligates Consignee to return to Consignor all Goods still on consignment which are not withdrawn or regarded as withdrawn (§§ 12,

13 above). Consignee shall return the Goods at its own risk and cost. If Consignor should direct Consignee to send the Goods to another location than Consignor's premises, the transport shall be at Consignor's risk and cost.

(2) Consignor may reject the return of Goods which are in a defective, unsaleable or otherwise impaired condition, unless Consignee had notified Consignor of such defects in a timely manner (§ 11 above). In the event of such a valid rejection, those Goods shall be regarded to have been sold to Consignee at the time of rejection on the terms and conditions of the Distributorship Agreement.

(3) Consignee is not entitled to a right of retention as to Goods to be returned which is based on alleged counterclaims unless such counterclaims are reduced to judgment or are undisputed between the parties.

(4) Consignee is not entitled to any kind of compensation in connection with the termination of this Agreement, the Distributorship Agreement or the return of Goods.

VIII. Miscellaneous Provisions

§ 23 Governing Law[3, 23]

This Agreement shall be governed by the laws of the Federal Republic of Germany. The Vienna Convention on the International Sale of Goods (CISG) shall be inapplicable.

§ 24 Jurisdiction[24]

In the event of any disputes arising out of this Agreement, the local courts of Stuttgart, Germany shall have exclusive jurisdiction. The claimant shall also be entitled to bring a complaint in the courts at the defendant's place of business.

§ 25 Notices[25]

(1) Any notices which can or have to be given in accordance with this Agreement shall be directed to the parties at the following addresses:

Consignor	A-GmbH
	Geschäftsleitung
	Kolbestr. 3
	70190 Stuttgart
	Fed. Rep. of Germany
Consignee	B Inc.
	23rd Street E 234
	Milwaukee, WI
	U.S.A.

(2) The parties will notify each other without delay of any changes occurring with regard to their addresses or means of communication.

§ 26 Entire Agreement

This Agreement is the entire understanding between the parties as to the establishment of a consignment stock. There are no other oral or written agreements except the Distributorship Agreement. Any changes or amendments to this Agreement must be in writing.

§ 27 Severability

If one or more provisions of this Agreement should be or become invalid or unenforceable, the balance of the Agreement shall remain unaffected thereby and remain in full

3. Consignment Stock Agreement (Konsignationslagervertrag)   III. 3

force and effect. In this event, the parties shall substitute the invalid or unenforceable provision by a valid one which as closely as possible achieves the economic purpose of the invalid or unenforceable provision.

IN WITNESS WHEREOF, the parties as abovenamed have set their hands under this Agreement on the date first above written

....
      A-GmbH
      Geschäftsführer

....
      B Inc.
      President

Übersetzung *

Konsignationslagervertrag

Dieser Vertrag ist am ...... 20.. zwischen der A-GmbH, einer Gesellschaft mit beschränkter Haftung, die nach dem Recht der Bundesrepublik Deutschland ordnungsgemäß errichtet wurde und ihren Sitz in Stuttgart, Bundesrepublik Deutschland hat (im folgenden als „Hersteller" bezeichnet), und B-Inc., einer corporation, die nach dem Recht des Staates Delaware ordnungsgemäß errichtet wurde und ihren Sitz in Milwaukee, Wisconsin, USA unterhält (im folgenden als „Händler" bezeichnet), abgeschlossen worden.

Ausgehend davon, daß

– die Parteien dieses Vertrages unter dem Datum des ...... 20.. einen Vertragshändlervertrag abgeschlossen haben, auf dessen Basis der Händler bestimmte Produkte des Herstellers im Vertragsgebiet vermarktet;
– die Kunden des Händlers in dem Vertragsgebiet die kurzfristige Verfügbarkeit von Vertragsprodukten erwarten;
– es für den Händler erforderlich ist, Vertragsprodukte im einzelnen vorzuführen und auszustellen, und zwar entweder auf entsprechende Kundenanfrage oder auf Messen;
– der Händler nach den Bestimmungen des Vertragshändlervertrages für den after-sale-service bezüglich der Vertragsprodukte in dem Vertragsgebiet verantwortlich ist;
– der Händler nicht in der Lage ist, auf eigene Rechnung und eigenes Risiko ein ausreichend umfangreiches Lager an Vertragsprodukten aufzubauen, um die vorgenannten Kundenwünsche zu befriedigen;
– der Hersteller aus diesem Grunde bei dem Händler ein Konsignationslager einrichten und dort gewisse Mengen an Vertragsprodukten vorhalten möchte;

vereinbaren die Parteien im Hinblick auf die wechselseitigen Zusagen und Versprechen, die in diesem Vertrag enthalten sind, hiermit verbindlich folgendes:

I. Einleitende Bestimmungen

§ 1 Definitionen

Die folgenden Begriffe, die in diesem Vertrag verwendet werden, haben die folgende Bedeutung, es sei denn, anderes wäre ausdrücklich vereinbart:

---

* Diese Übersetzung dient ausschließlich dem besseren Verständnis des Originals; sie erhebt keinen Anspruch auf Verbindlichkeit.

Vertrag	Dieser Konsignationslagervertrag zusammen mit allen Anlagen so wie er von den Parteien abgeschlossen wurde;
Händler	B-Inc. einschließlich ihrer Rechtsnachfolger;
Geschäftssitz des Händlers	B Inc.'s Geschäftssitz und Lager in 23rd Street E 234 Milwaukee Wisconsin USA;
Hersteller	A-GmbH einschließlich ihrer Rechtsnachfolger;
Vertragsprodukte	Bestimmte von der A-GmbH hergestellte Produkte, so wie sie näher in dem Vertragshändlervertrag beschrieben sind;
Vertragsgebiet	Das Gebiet, welches näher in dem Vertragshändlervertrag beschrieben ist;
Kunde	jeder Kunde des Händlers bezüglich der Vertragsprodukte;
Vertragshändlervertrag	Der Vertrag, der von den Parteien am ...... 20.. abgeschlossen worden ist und den Händler mit dem Vertrieb bestimmter Produkte des Herstellers in dem Vertragsgebiet betraut;
Waren	Die Vertragsprodukte, Zubehör- und Ersatzteile, die tatsächlich in das Konsignationslager eingebracht werden.

§ 2 Regelungsgegenstand des Konsignationslagervertrages

(1) Das Rechtsverhältnis zwischen den Parteien dieses Vertrages wird durch den Vertragshändlervertrag geregelt, soweit der Vertrieb von Vertragsprodukten in dem Vertragsgebiet einschließlich des after-sale-service betroffen ist. Die Regelungen des Konsignationslagervertrages beschränken sich auf die Einrichtung eines Konsignationslagers und die Beschreibung der Rechte und Pflichten der Parteien bezüglich der eingelagerten Waren.

(2) Die Auslegung dieses Vertrages soll sich an den Bestimmungen und dem Zweck des Vertragshändlervertrages orientieren. Jede unvollständige Bestimmung dieses Vertrages und jede unbeabsichtigte Lücke soll, soweit möglich, durch die entsprechenden Bestimmungen des Vertragshändlervertrages ergänzt werden.

II. Konsignationslager

§ 3 Errichtung eines Konsignationslagers

(1) Der Hersteller wird dem Händler eine bestimmte Menge an Vertragsprodukten auf Konsignationslager zur Verfügung stellen, um den Händler in die Lage zu versetzen, kurzfristig Vertragsprodukte an Kunden in dem Vertragsgebiet zu liefern, solche Produkte vorzuführen und auszustellen und in dem erforderlichen Umfange Vertragsprodukte, die bereits im Markt sind, zu warten. Das Konsignationslager wird am Geschäftssitz des Händlers errichtet. Der Händler wird entsprechende Räumlichkeiten kostenlos zur Verfügung stellen.

(2) Der Händler ist berechtigt, entsprechend den Bestimmungen dieses Vertrages über die Waren zu verfügen.

§ 4 Waren, Mengen

(1) Die Auswahl an Vertragsprodukten (einschließlich Zubehör), die in das Konsignationslager eingebracht werden, ergeben sich aus der Anlage 1 zu diesem Vertrag. Anlage 1 beschreibt ferner die jeweiligen Mengen jeder einzelnen Produktart. Zusätzlich zu den angegebenen Vertragsprodukten wird der Hersteller auf entsprechende Anforderung des Händlers angemessene Mengen an Ersatzteilen und sonstigem Zubehör bereitstellen, welche für den Service der Vertragsprodukte erforderlich sind.

(2) Der Wert des Konsignationslagers einschließlich Transport, aber exklusive Steuern, Zöllen und anderen Abgaben soll den Betrag von EURO 2.000.000 (zwei Millionen Euro) nicht überschreiten. Der entsprechende Wert ist anhand der Anschaffungskosten des Händlers zu ermitteln.

(3) Die Parteien können die Warenliste und/oder den Höchstbetrag für den Wert des Lagers durch Vereinbarung abändern. Ferner behält sich der Hersteller das Recht vor, einseitig einzelne Gegenstände von der Warenliste zu streichen, wenn ihre Produktion oder ihr Vertrieb aufgegeben wird oder ihre Lieferung an den Händler aus nicht von dem Hersteller zu vertretenden Gründen unmöglich, undurchführbar oder unzumutbar wird. Der Hersteller wird den Händler mit einer Ankündigungsfrist von sechs Monaten schriftlich von derartigen einseitigen Veränderungen informieren, es sei denn, die Ankündigungsfrist kann aus Gründen, die der Hersteller nicht zu vertreten hat, nicht eingehalten werden. In diesem Falle wird der Hersteller die unter den Umständen längstmögliche Ankündigungsfrist einhalten.

§ 5 Steuern, Zölle, Importgenehmigungen etc.

(1) Der Händler ist für den Import der Waren und ihren Transport an seinen Geschäftssitz verantwortlich. Sämtliche Kosten, die mit dem Import zusammenhängen, sämtliche Zölle und Steuern, die im Zusammenhang mit dem Import erhoben werden sowie die Transportkosten werden von dem Händler getragen. Notwendige Importgenehmigungen und andere Bescheinigungen oder Genehmigungen, die von den Behörden zum Zwecke des Importes oder seiner Erleichterung oder hinsichtlich der Zahlung von Geldern nach den Bestimmungen dieses Vertrages gefordert werden, sind von dem Händler zu beschaffen. Der Händler hält den Hersteller über die Anforderungen und etwaige Änderungen unterrichtet.

(2) Die Parteien können vereinbaren, daß sie für die Lagerung der Ware ein Freilager anstelle von Räumlichkeiten am Geschäftssitz des Händlers verwenden. Sie werden eine entsprechende Regelung treffen, wenn die Verwendung eines Freilagers nach den örtlichen Regelungen und Gegebenheiten zulässig ist, wenn es sich mit den logistischen Anforderungen an die Vertriebsaufgabe des Händlers vereinbaren läßt und wenn der Import des gesamten Konsignationslagers für den Händler in Anbetracht der anfallenden Steuern und Zölle unzumutbar wäre. Eine solche Regelung führt jedoch zu keiner Veränderung der im vorangegangenen Abs. (1) beschriebenen Kostenlast sowie der Verantwortlichkeiten. Etwaige Zusatzkosten, die durch die Verwendung eines Freilagers entstehen, werden von dem Händler getragen.

§ 6 Eigentum an der Ware

(1) Die gelieferte Ware verbleibt im alleinigen Eigentum des Herstellers, bis sie aus dem Konsignationslager entsprechend den Bestimmungen dieses Vertrages entnommen wird und das Eigentum hieran auf die jeweiligen Kunden (oder den Händler selbst) übergeht. Der Händler hat bezüglich der Ware die Rechte und Pflichten eines Treuhänders, dem die Verwahrung aufgegeben ist. Weder die Bestimmungen dieses Vertrages noch deren tatsächliche Handhabung sollen dazu führen, daß das Eigentum an der Ware von dem Hersteller auf den Händler übergeht; § 14 Abs. (1) dieses Vertrages bleibt unberührt.

(2) Der Händler wird die Ware getrennt von seinem Eigentum halten. Soweit möglich, soll die Ware in einem abgeschlossenen Raum innerhalb des Lagers des Händlers aufbewahrt werden. In jedem Falle ist die Ware eindeutig als Eigentum des Herstellers zu kennzeichnen und auf einem bezeichneten Gelände innerhalb des Lagers des Händlers aufzubewahren, welches für die Ware reserviert ist.

(3) Der Hersteller hat das Recht, die Ware jederzeit während der üblichen Geschäftszeiten des Händlers zu untersuchen. Der Händler wird dem Hersteller Zugang zu seinem

Lager und, soweit notwendig und nicht unzumutbar, etwa erforderliche technische Hilfe bei der Untersuchung gewähren.

(4) Der Händler unterrichtet den Hersteller unverzüglich von etwaigen Handlungen oder drohenden Handlungen Dritter, die zu einer Beeinträchtigung des Eigentums des Herstellers an der Ware führen können; hierzu gehören unter anderem Diebstähle, Vollstreckungsakte von Gläubigern des Händlers oder von einem Konkursverwalter oder Enteignungsakte. Der Händler unternimmt alle notwendigen Maßnahmen, um das Eigentum des Herstellers zu schützen, bis der Hersteller selbst tätig werden kann. Der Händler unterstützt den Hersteller in jeder erforderlichen Weise, um sein Eigentum zu verteidigen oder wiederzubeschaffen. Die Kosten solcher Maßnahmen werden von dem Hersteller getragen, soweit nicht von dritter Seite erfolgte Eingriffe in das Eigentum des Herstellers an der Ware durch das Verschulden des Händlers verursacht wurden; in diesem Falle trägt der Händler die Kosten.

(5) Soweit nach den anwendbaren örtlichen Bestimmungen ein effektiver Schutz des Herstellereigentums an der Ware eine Registrierung (der Rechte des Herstellers oder eines Sicherungsrechtes) erfordert, so ist es die Aufgabe des Händlers, die Rechtslage zu ermitteln, den Hersteller entsprechend zu informieren und – in Abstimmung mit dem Hersteller – die entsprechende Registrierung zugunsten des Herstellers zu bewirken.

§ 7 Gefahrenübergang etc.

Die Gefahr des zufälligen Unterganges oder der zufälligen Verschlechterung der Ware geht auf den Händler in dem Augenblick über, zu dem er die Ware von den Zollbehörden übernimmt.

III. Pflichten des Händlers

§ 8 Lager

(1) Der Händler stellt kostenfrei ausreichende Räumlichkeiten für das Konsignationslager innerhalb der Lagerräume an seinem Geschäftssitz zur Verfügung. Die Räumlichkeiten müssen im Hinblick auf ihre Größe, die Feuchtigkeit, die Sauberkeit, die Sicherheit und etwaige Hilfsfunktionen (z.B. Krananlagen etc.) geeignet sein und müssen die Lagerung der Ware für einen unbestimmten Zeitraum ohne die Gefahr der Beeinträchtigung ihres Zustandes oder ihrer Qualität erlauben. Ferner ist sicherzustellen, daß die Ware ohne weiteres zugänglich und entfernbar ist.

(2) Der Händler übergibt dem Hersteller einen Grundriß des Lagers, welches für die Einlagerung der Waren verwendet wird; der Grundriß soll deren genaue Position innerhalb der Gebäude zeigen.

§ 9 Sorgfaltspflichten

(1) Der Händler hat die Ware mit der Sorgfalt eines ordentlichen Kaufmannes aufzubewahren und zu verwalten. § 690 BGB ist nicht anwendbar.

(2) Der Händler hält die Ware von seinem Eigentum getrennt (vgl. oben § 6 Abs. (2)) und sorgt für eine Lagerung, die sicherstellt, daß der Zustand und die Qualität der Ware insbesondere im Hinblick auf ihre Verwendbarkeit und Verkäuflichkeit nicht leidet, und zwar auch wenn die Ware über einen längeren Zeitraum aufbewahrt wird. Der Händler wird einen einwandfreien Erhaltungszustand der Ware sicherstellen und die entsprechenden Kosten der Unterhaltung tragen. Der Händler ergreift sämtliche Maßnahmen, die erforderlich sind, um die Ware gegen Verschlechterungen aller Art zu schützen.

(3) Der Händler führt getrennte Bücher, die zu jedem Zeitpunkt den Warenbestand und die Tatsache, daß dieser sich im Eigentum des Herstellers befindet, aufzeigt. Auf

entsprechenden Wunsch des Herstellers wird der Händler diesem Einsicht in die Bücher gestatten.

(4) Der Händler ist nicht berechtigt, Änderungen an der Ware vorzunehmen, solange sich diese auf Konsignationslager befindet, es sei denn, er habe zuvor die schriftliche Zustimmung des Herstellers erhalten, welche nicht ohne wichtigen Grund versagt werden darf.

§ 10 Versicherung

(1) Der Händler wird während der Laufzeit dieses Vertrages auf eigene Kosten eine Versicherung unterhalten, die die Ware angemessen gegen Verlust, Feuerschaden, Diebstahl, Sturm, Wasser und sonstige Elementarschäden sichert, die typischerweise durch Sachversicherung abgedeckt werden können. Die Bedingungen der Versicherungspolice, die der Händler erwirbt, bedürfen der vorherigen schriftlichen Zustimmung des Herstellers, die nicht ohne wichtigen Grund versagt werden darf. Der Händler übergibt dem Hersteller zum frühestmöglichen Zeitpunkt eine Kopie der Versicherungspolice.

(2) Der Händler ist verpflichtet, den Hersteller unverzüglich über sämtliche ihm bekannt werdenden Umstände zu informieren, die die Gültigkeit der Versicherungsdeckung oder die Geltendmachung möglicher Versicherungsansprüche beeinträchtigen können. Der Händler verpflichtet sich ferner, sämtliche Kosten im Zusammenhang mit dem Versicherungsvertrag zu tragen, und alle ihm danach obliegenden Verpflichtungen zu erfüllen, insbesondere sämtliche erforderlichen Erklärungen dem Versicherer gegenüber rechtzeitig abzugeben.

(3) Der Händler tritt an den Hersteller seine sämtlichen zukünftigen Versicherungsansprüche ab und übergibt dem Hersteller eine Erklärung des Versicherers, daß der Versicherer (a) sämtliche Zahlungen, die sich auf Schäden an der Ware beziehen, ausschließlich an den Hersteller leisten wird; (b) eine Kündigung oder einen Änderungsantrag bezüglich des Versicherungsvertrages durch den Händler ohne die schriftliche Zustimmung des Herstellers nicht annehmen wird; (c) den Hersteller unverzüglich informieren wird, wenn der Händler mit der Zahlung fälliger Prämien in Verzug gerät; und (d) dem Hersteller zugesteht, den Versicherungsvertrag fortzusetzen, wenn der Händler mit Prämien in Verzug gerät.

§ 11 Untersuchung der Ware

(1) Der Händler ist verpflichtet, die Ware unverzüglich nach ihrer Ankunft am Lager des Händlers oder im Freilager zu untersuchen. Soweit Mängel der Ware vorliegen oder sonst eine Fehllieferung erfolgt ist, unterrichtet der Händler den Hersteller unverzüglich hiervon. Soweit dem Hersteller nicht innerhalb eines Monates gerechnet ab der Ankunft der Ware (wie vorstehend) eine Mängelanzeige zugeht, gilt die Ware als durch den Händler genehmigt und mangelfrei, soweit derartige Mängel bei der Untersuchung hätten festgestellt werden können. Mängel, die bei der Untersuchung nicht festgestellt werden konnten, müssen dem Hersteller unverzüglich nach ihrer Entdeckung mitgeteilt werden; andernfalls gilt die Ware auch in bezug auf solche Mängel als genehmigt.

(2) Soweit die Ware als genehmigt gilt, ist der Händler nicht mehr berechtigt, die Ware zurückzuweisen oder Gewährleistungsansprüche (z.B. Nachbesserung, Ersatzlieferung, Minderung, Wandelung, Schadensersatz) aufgrund von Mängeln oder der sonst fehlerhaften Lieferung geltend zu machen. Derartige Rechte und Ansprüche des Händlers sind unabhängig davon ausgeschlossen, ob sie sich aus den Bedingungen des Vertragshändlervertrages oder den anwendbaren gesetzlichen Regelungen ergeben. Auf Ware, die als genehmigt zu behandeln ist, kommt § 13 Abs. (1) zur Anwendung.

(3) Bezüglich solcher Mängel, die nach dem vorstehenden Abs. (1) rechtzeitig gerügt worden sind, ist der Händler berechtigt, unverzüglich die Rechte geltend zu machen, die

ihm nach dem Vertragshändlervertrag zustehen. Gesetzliche Rechte und Ansprüche sind nur gegeben, soweit sie durch den Vertragshändlervertrag nicht ausgeschlossen sind. Die anwendbare Verjährungsfrist für derartige Rechte und Ansprüche – unabhängig davon, ob diese auf dem Vertragshändlervertrag oder gesetzliche Regelungen gegründet werden – beginnt zu dem Zeitpunkt zu laufen, zu dem die Ware am Lager des Händlers oder am Freilager eintrifft.

IV. Entnahmerecht

§ 12 Entnahme von Ware

(1) Der Händler ist berechtigt, Ware aus dem Konsignationslager im Rahmen seines üblichen Geschäftsverkehrs zu entnehmen, und zwar, um (a) Lieferverträge mit Kunden zu erfüllen; (b) Ware potentiellen Kunden vorzuführen; (c) Ware bei Messen auszustellen; oder (d) Serviceleistungen zu erbringen. Bezüglich der Alternativen (a) und (d) ist der Händler im übrigen ermächtigt, das Eigentum an der Ware auf den jeweiligen Kunden (§ 185 Abs. 1 BGB) zu übertragen. Der Wert der Ware, der nach den Alternativen (b) und (c) während derselben oder einer überlappenden Zeitspanne aus dem Konsignationslager entnommen wird, darf in keinem Falle den Betrag von EURO 100.000 (einhunderttausend Euro) übersteigen; der Wert ist entsprechend § 4 Abs. (2) dieses Vertrages zu ermitteln. Dem Händler ist es untersagt, Ware aus dem Lager zu anderen als den oben genannten Zwecken zu entnehmen.

(2) Ware, die nach den Alternativen (b) oder (c) des vorstehenden Abs. (1) aus dem Konsignationslager entnommen worden ist, kann von dem Händler in das Lager wieder eingelegt werden, wenn in der Zwischenzeit keine Verschlechterung des Zustandes und der Qualität dieser Ware eingetreten ist.

(3) Der Händler wird den Hersteller über etwaige Entnahmen und Einlagen in das Lager nach den vorstehenden Abs. (1) und (2) monatlich unterrichten. Der Händler wird zu diesem Zwecke dem Hersteller eine Liste sämtlicher während eines jeden Kalendermonates entnommenen und/oder wieder eingelegten Waren übergeben. Die Übergabe der Liste hat bis zum Ende des jeweils folgenden Monates zu erfolgen. Sie soll die Spezifikationen der entnommenen und/oder wieder eingelegten Ware, ihre Menge und den auf Lager verbliebenen Restbestand einer jeden Warenkategorie wiedergeben.

(4) Der Hersteller hat das Recht, die Ermächtigung des Händlers zur Vornahme von Entnahmen aus dem Lager und/oder zur Übertragung des Eigentums an Waren auf Dritte zu jedem beliebigen Zeitpunkt zu widerrufen. Der Widerruf betrifft regelmäßig sämtliche der in Abs. (1) genannten Entnahmezwecke und hat die Wirkung, daß der Händler nicht mehr berechtigt ist, Ware – zu welchem Zweck auch immer – aus dem Lager zu entnehmen. Der Widerruf kann ausdrücklich auf einzelne der in Abs. (1) genannten Entnahmezwecke beschränkt werden. Der Widerruf bedarf der Schriftform und ist dem Händler per Einschreiben zuzustellen.

§ 13 Entnahmefiktion

(1) Ware, die sich noch nach Ablauf von zwei Jahren ab ihrer Ankunft am Lager des Händlers oder am Freilager auf Konsignationslager befindet, gilt zu diesem Zeitpunkt als von dem Händler entnommen. Zu der Ware, die sich noch immer auf Konsignationslager befindet, gehören auch die Stücke, die zu Vorführ- oder Ausstellungszwecken entnommen und später nach § 12 Abs. (2) dieses Vertrages wieder eingelegt werden sollen (oder bereits wieder eingelegt wurden).

(2) Ware, bezüglich derer nach Gefahrübergang (§ 7 dieses Vertrages) eine Verschlechterung oder der Verlust eingetreten ist, gilt ebenfalls als zum Zeitpunkt des Verlustes oder der Verschlechterung entnommen.

(3) Der Hersteller hat das Recht, Ware zurückzunehmen, die nach den vorstehenden Abs. (1) oder (2) als entnommen gilt, es sei denn, die entsprechende Ware wäre im Lager tatsächlich nicht mehr vorhanden. Wenn der Hersteller von seinem Rücknahmerecht Gebrauch machen will, unterrichtet er den Händler schriftlich hiervon. Der Händler wird dann innerhalb eines Monates die Ware auf Kosten und Risiko des Herstellers zurückschicken, soweit nicht der in Satz (1) dieses Absatzes erwähnte Ausnahmefall vorliegt.

§ 14 Rechtliche Wirkung der Entnahme

(1) Die Entnahme von Ware nach vorstehendem § 12 Abs. (1), Alternativen (a) und (d) und die fingierte Entnahme nach vorstehendem § 13 Abs. (1) und (2) bewirken den Verkauf der entsprechenden Ware an den Händler zum Zeitpunkt der Entnahme nach den Bedingungen des Vertragshändlervertrages. Das Eigentum an der Ware geht unmittelbar auf den Kunden über (siehe oben §§ 6 Abs. (1), 12 Abs. (1)). Im Falle der fingierten Entnahme geht das Eigentum, soweit möglich, auf den Händler über.

(2) Eine Entnahme noch vorstehendem § 12 Abs. (1) Alternativen (b) und (c) führt zu keiner Änderung des zwischen den Parteien bestehenden Rechtsverhältnisses. Insbesondere die Bestimmungen der §§ 8 ff., die die Pflichten des Händlers regeln, bleiben anwendbar.

V. Pflichten des Herstellers

§ 15 Lieferverpflichtung

(1) Der Hersteller ist verpflichtet, an den Händler Ware nach den Bestimmungen des § 4 dieses Vertrages zum Zwecke der Errichtung eines Konsignationslagers (siehe § 3 dieses Vertrages) zu liefern. Auf Wunsch des Händlers und nach bestem Vermögen des Herstellers (unter Berücksichtigung der Kapazitäten des Herstellers und seiner sonstigen Lieferverpflichtungen) wird dieser das Konsignationslager – nach entsprechenden Entnahmen durch den Händler – wieder auffüllen und während der Laufzeit dieses Vertrages auf dem in obigem § 4 geregelten Stand halten.

(2) Die Lieferung erfolgt frei Grenze (USA).

(3) Soweit dieser Vertrag keine anderen Bestimmungen enthält, gelten für die Lieferverpflichtungen des Herstellers die Regelungen des Vertragshändlervertrages. Dies gilt insbesondere für die vereinbarte Qualität, die Gewährleistung des Herstellers, die erforderliche Begleitdokumentation und anwendbare Lieferfristen.

(4) Die Lieferverpflichtung des Herstellers nach vorstehenden Regelungen steht unter der Bedingung, daß der Händler geeignete Nachweise über den Abschluß einer Sachversicherung nach vorstehendem § 10 (zusammen mit der erforderlichen Erklärung des Versicherers), über das Vorliegen etwa erforderlicher Genehmigungen nach vorstehendem § 5 Abs. (1) sowie über die rechtswirksame Einräumung von Sicherungsrechten nach § 19 dieses Vertrages vorlegt. Der Hersteller ist berechtigt, weitere Lieferungen einzustellen, wenn der Händler eine seiner Verpflichtungen nach diesem Vertrag oder nach dem Vertragshändlervertrag verletzt.

§ 16 Unterstützung des Händlers

Der Hersteller wird nach seinem Ermessen und soweit nicht dieser Vertrag ausdrücklich anderes vorsieht den Händler im Hinblick auf den Warenimport unterstützen. Insbesondere wird der Hersteller Unterlagen zusammenstellen und Erläuterungen geben, soweit diese von den Behörden gefordert werden.

VI. Zahlung und Zahlungssicherung

§ 17 Zahlung

(1) Die auf die Ware zur Anwendung kommenden Preise ergeben sich aus dem Vertragshändlervertrag oder aus den von den Parteien getroffenen besonderen Vereinbarungen.

(2) Zahlungsfälligkeit tritt 60 Tage nach Rechnungsdatum ein, soweit nicht der Vertragshändlervertrag ein anderes Zahlungsziel enthält. Rechnungsstellung erfolgt nach dem gemäß § 14 Abs. 1 dieses Vertrages angenommenen Zeitpunkt des Verkaufs der Ware.

(3) Die Rechnungstellung erfolgt in EURO. Zahlungen sind durch telegraphische Überweisung auf das Konto des Herstellers bei der X-Bank in Stuttgart, Kontonummer ......, Bankleitzahl (BLZ) ...... zu bewirken. Zahlungsverzug berechtigt den Hersteller zur Berechnung von Zinsen in Höhe von 4% über dem Basiszinssatz ab Fälligkeit. Diese Regelung hindert den Hersteller nicht, einen höheren Zinssatz zu fordern, wenn er nachweisen kann, daß der Zahlungsverzug bei ihm zu einem höheren Schaden geführt hat. Abweichende Bestimmungen des Vertragshändlervertrages gehen der vorstehenden Regelung vor.

§ 18 Vergütung des Händlers

Der Händler hat keinen Anspruch auf eine gesonderte Vergütung für die Tätigkeit, die er nach diesem Vertrag ausübt.

§ 19 Zahlungssicherung

(1) Der Händler tritt hierdurch an den Hersteller seine sämtlichen zukünftigen Forderungen ab, die er aus dem Verkauf der Ware gegenüber Kunden erwirbt. Der Hersteller nimmt die Abtretungen an. Der Händler wird sämtliche Maßnahmen ergreifen und Erklärungen abgeben, die etwa erforderlich sind, um die Abtretungen wirksam werden zu lassen; hiervon betroffen sein kann unter anderem die Benachrichtigung von Kunden oder die Registrierung der Abtretung bei Behörden. Der Händler wird dem Hersteller monatlich eine Kundenliste zur Verfügung stellen, die die Namen und Adressen der entsprechenden Kunden, die Höhe der einzelnen Forderungen und die Fälligkeitsdaten enthält. Der Händler ist berechtigt, die abgetretenen Forderungen einzuziehen. Der Hersteller kann die Einziehungsermächtigung zu jedem Zeitpunkt mit sofortiger Wirkung widerrufen; der Widerruf bedarf der Schriftform und ist dem Händler per Einschreiben zuzustellen. Im Fall des Widerrufs ist der Hersteller berechtigt, Kunden von der Abtretung zu unterrichten und diese zur Zahlung an ihn aufzufordern.

(2) Soweit die vorstehende Abtretung nach dem anwendbaren Recht unzulässig oder undurchführbar sein sollte, wird der Händler dem Hersteller ein nach dem anwendbaren Recht zulässiges Sicherungsrecht – z.B. ein security interest – an den Kundenforderungen verschaffen. Gegenstand und Reichweite dieses Sicherungsrechtes unterliegen der Vereinbarung zwischen den Parteien. Der Händler wird einen geeigneten Nachweis über die wirksame Bestellung eines solchen Sicherungsrechtes zugunsten des Herstellers vorlegen.

(3) Zusätzlich wird der Händler dem Hersteller die Garantie einer deutschen Großbank im Betrage von EURO ...... (Euro ......) übergeben. Die Zahlung aus der Bankgarantie soll auf erstes Anfordern des Herstellers fällig sein. Die Zahlungsanforderung bedarf der Schriftform (Telefax oder e-mail sind ausreichend) und muß zum Ausdruck bringen, daß der Händler seinen Verpflichtungen nach diesem Vertrag oder nach dem Vertragshändlervertrag nicht nachgekommen ist. Form und Inhalt der Bankgarantie be-

dürfen der schriftlichen Genehmigung des Herstellers, die nicht ohne wichtigen Grund versagt werden darf.

(4) Die Abtretung bzw. die sonstigen Sicherungsrechte nach vorstehenden Abs. (1) bis (3) dienen der Besicherung sämtlicher Zahlungsansprüche des Herstellers aus Warenverkäufen, die nach diesem Vertrag (§ 14 Abs. 1) oder nach dem Vertragshändlervertrag abgeschlossen worden sind oder als abgeschlossen gelten. Zusätzlich dienen sie der Besicherung sämtlicher Ansprüche des Herstellers auf Schadensersatz, die sich aus der Verletzung von Verpflichtungen nach diesem Vertrag oder nach dem Vertragshändlervertrag durch den Händler ergeben. Der Hersteller ist berechtigt, die Sicherungsrechte geltend zu machen, sobald der Händler in Zahlungsverzug geraten ist oder eine seiner Verpflichtungen wie vorstehend beschrieben verletzt hat. Der Hersteller unterliegt bei der Verwertung der Sicherheiten keinen Beschränkungen, soweit sich nicht aus dem anwendbaren Recht anderes ergibt.

(5) Soweit der realisierbare Wert der Sicherheiten nach vorstehenden Abs. (1) bis (3) den Wert des Konsignationslagers (ermittelt nach der Bestimmung des § 4 Abs. (2) dieses Vertrages) um mehr als 20% für einen Zeitraum von mehr als zwei aufeinanderfolgenden Monaten übersteigt, ist der Hersteller auf entsprechende Anforderung des Händlers verpflichtet, Sicherheiten in angemessenem Umfange freizugeben.

VII. Laufzeit des Vertrages und Vertragsbeendigung

§ 20 Laufzeit des Vertrages

(1) Dieser Vertrag tritt zu dem im Rubrum genannten Zeitpunkt in Kraft. Seine Laufzeit entspricht derjenigen des Vertragshändlervertrages. Jeder Tatbestand, der zu einer Beendigung des Vertragshändlervertrages (z.B. Ende einer festen Laufzeit, Kündigung unter Einhaltung einer Kündigungsfrist, fristlose Kündigung) führt, bewirkt automatisch die Beendigung dieses Vertrages zu dem Zeitpunkt, zu dem der Vertragshändlervertrag endet.

(2) Unabhängig von vorstehendem Abs. (1) können die Parteien diesen Vertrag durch Kündigung unter Einhaltung einer Kündigungsfrist von drei Monaten zum Ende eines jeden Kalendervierteljahres kündigen. Die Kündigungserklärung bedarf der Schriftform und ist der jeweils anderen Partei per Einschreiben zuzustellen.

§ 21 Fristlose Kündigung aus wichtigem Grunde

(1) Unabhängig von vorstehendem § 20 bleibt das Recht jeder Partei zur fristlosen Kündigung dieses Vertrages aus wichtigem Grunde unberührt.

(2) Ein wichtiger Grund im Sinne des Abs. (1) ist jeder schwerwiegende Umstand außerhalb des Verantwortungsbereiches der kündigenden Partei, welcher die Fortsetzung des Vertrages für die kündigende Partei unzumutbar macht. Hierzu gehören unter anderem schwere oder wiederholte Vertragsverletzungen der jeweils anderen Partei. Für den Hersteller besteht ein wichtiger Grund zur fristlosen Kündigung dieses Vertrages unter anderem dann, wenn der Händler mit zwei aufeinanderfolgenden Zahlungen in Verzug gerät, das Eigentum des Herstellers an der Ware nicht ausreichend schützt und damit gefährdet, nicht genehmigte Entnahmen aus dem Konsignationslager vornimmt, keine ausreichende Versicherungsdeckung für die Ware (siehe § 10) beschafft oder erforderliche Sicherheiten (siehe § 19) nicht rechtzeitig zur Verfügung stellt.

§ 22 Wirkung der Vertragsbeendigung

(1) Zum Zeitpunkt der Beendigung dieses Vertrages ist der Händler verpflichtet, an den Hersteller sämtliche Waren zurückzugewähren, die sich noch auf dem Konsignationslager befinden und weder entnommen wurden (§ 12 dieses Vertrages) noch der

Entnahmefiktion des § 13 dieses Vertrages unterliegen. Der Händler hat die Ware auf sein Risiko und seine Kosten zurückzusenden. Sollte der Hersteller den Händler auffordern, die Ware an einen anderen Ort als den Geschäftssitz des Herstellers zu versenden, so erfolgt der Transport auf das Risiko und die Kosten des Herstellers.

(2) Der Hersteller kann die zurückgegebene Ware zurückweisen, wenn sich diese in einem mangelhaften, unverkäuflichen oder sonst beschädigten Zustand befindet, soweit nicht der Händler dem Hersteller derartige Mängel rechtzeitig angezeigt hatte (§ 11 dieses Vertrages). Die wirksame Zurückweisung bewirkt den Verkauf der entsprechenden Ware an den Händler zum Zeitpunkt der Zurückweisung nach den näheren Bestimmungen und zu den Bedingungen des Vertragshändlervertrages.

(3) Dem Händler steht wegen behaupteter Gegenansprüche an der zurückzugewährenden Ware kein Zurückbehaltungsrecht zu, soweit nicht derartige Gegenansprüche rechtskräftig zuerkannt oder unbestritten sind.

(4) Dem Händler steht keinerlei Anspruch auf irgendeine Art von Ausgleich oder Entschädigung im Zusammenhang mit der Beendigung dieses Vertrages oder des Vertragshändlervertrages oder im Zusammenhang mit der Rückgabe der Ware zu.

VIII. Schlußbestimmungen

§ 23 Anwendbares Recht

Dieser Vertrag unterliegt dem Recht der Bundesrepublik Deutschland. Das Wiener UN-Übereinkommen über Verträge über den internationalen Warenkauf (CISG) kommt nicht zur Anwendung.

§ 24 Gerichtsstand

Ausschließlicher Gerichtsstand für etwaige Streitigkeiten, die sich aus diesem Vertrag ergeben, ist Stuttgart, Bundesrepublik Deutschland. Der Kläger ist im übrigen berechtigt, eine Klage auch bei den für den Geschäftssitz des Beklagten zuständigen Gerichten anzubringen.

§ 25 Benachrichtigungen

(1) Benachrichtigungen, die nach diesem Vertrag abgegeben werden können oder müssen, sind den Parteien an folgende Adressen zuzustellen:

Hersteller	A-GmbH Geschäftsleitung Kolbestraße 3 70190 Stuttgart Federal Republic of Germany
Händler	B-Inc. 23rd Street E 234 Milwaukee, WI U.S.A.

(2) Die Parteien werden sich wechselseitig unverzüglich über etwaige Änderungen informieren, die sich in bezug auf ihre Adressen oder Kommunikationseinrichtungen ergeben.

§ 26 Schriftform

Dieser Vertrag enthält sämtliche Vereinbarungen der Parteien im Hinblick auf die Errichtung eines Konsignationslagers. Mündliche oder schriftliche Nebenabreden existieren mit Ausnahme des Vertragshändlervertrages nicht. Sämtliche Änderungen oder Ergänzungen dieses Vertrages bedürfen der Schriftform.

§ 27 Salvatorische Klausel

Sollten eine oder mehrere Bestimmungen dieses Vertrages unwirksam oder undurchführbar sein oder werden, so sollen die übrigen Bestimmungen dieses Vertrages hiervon unberührt und in vollem Umfange wirksam bleiben. In diesem Falle werden die Parteien die unwirksame oder undurchführbare Bestimmung durch eine solche wirksame Bestimmung ersetzen, die den wirtschaftlichen Zweck der unwirksamen oder undurchführbaren Bestimmung weitestmöglich erfüllt.

Demgemäß haben die Parteien zu dem oben genannten Zeitpunkt ihre Unterschriften unter diesen Vertrag gesetzt

....
            A-GmbH
         Geschäftsführer

....
            B-Inc.
          President

Übersicht

	Seite
1. Sachverhalt	128
2. Wahl des Formulars	128–129
3. Anwendbares Recht	129–130
a) Grundsatz	129
b) Sachenrechtliche Verhältnisse	129–130
c) Sicherungsrechte	130
d) Öffentlich-rechtliche Regelungen	130
4. AGB-Beschränkungen	130–131
5. Vertragscharakter	131
6. Definitionen	131
7. Art und Umfang des Lagers	131–132
8. Freilager	132
9. Eigentum an der Ware	132–133
a) Eigentum des Herstellers	132
b) Eigentumsvorbehalt statt Verwahrung	132–133
10. Eigentum und Lageort	133–134
a) Grundsatz	133
b) Folgerungen für die Verwahrungslösung	133
c) Folgerungen für die Eigentumsvorbehaltslösung	133–134
11. Zusätzliches Sicherungsrecht des Herstellers an der ihm gehörenden Ware	134
12. Schutz der Ware vor Verlust etc.	134–136
a) Grundsatz	134
b) Gefahrtragungsregelung	135
c) Versicherung	135
d) Berichtspflichten, Kontrollrechte	135
e) Vollstreckungszugriff Dritter	135–136
13. Pflichten des Händlers	136
14. Haftung für Sachmängel	136–137
15. Entnahmerecht	137
a) Umfang und Grenzen	137
b) Rechtliche Wirkung der Entnahme	137
16. Übernahmepflicht bei längerfristig nicht entnommener Ware	137–138
17. Pflichten des Herstellers	138

III. 3

III. Vertriebsverträge

	Seite
18. Zahlung	138
19. Vergütung des Händlers	138
20. Weitergehende Besicherung des Herstellers	138–139
21. Vertragsdauer	139
22. Rechtsfolgen der Vertragsbeendigung	139–140
23. Gerichtsstand	140–141
24. Rechtswahl	141
25. Benachrichtigungen	141
26. Produkthaftung	141–142

Anmerkungen

1. Sachverhalt. Der Konsignationslagervertrag ist ein zwar rechtlich selbständiger, der Sache nach aber abhängiger Vertrag, der ein bereits bestehendes oder jedenfalls gleichzeitig mit seinem Abschluß zu begründendes Vertriebsmittlungsverhältnis zwischen den Parteien voraussetzt. Typischerweise ist die Grundlage ein Vertragshändlervertrag (vgl. *Baumbach/Hopt,* HGB, 30. Aufl., Überbl. v. § 373, Rdn. 15); in Betracht kommen aber auch Handelsvertreter- oder Kommissionsverträge. Vorliegend zugrundegelegt wird eine **Vertragshändlerbeziehung** (Distributorship Agreement) mit einem in den U.S.A. domizilierten Händler, der u. a. den U.S.-amerikanischen Markt zu bearbeiten hat und zu diesem Zweck Ware von dem in Deutschland ansässigen Hersteller bezieht. In dem Form. ist der Hersteller als „Consignor", der Händler als „Consignee" bezeichnet.

Bei grenzüberschreitenden Vertriebsmittlungsverhältnissen entsteht häufig das Problem, daß der vor Ort tätige Händler kurzfristig lieferfähig sein muß, um gegenüber der Konkurrenz bestehen zu können. Dies ist nicht ohne weiteres gewährleistet, wenn die Ware beim Hersteller erst bestellt werden muß. Hinzu kommt, daß der Kunde im Regelfall erwartet, vom Händler Ansichtsstücke zu erhalten oder die Ware zumindest vorgeführt zu bekommen. Schließlich muß der Händler meist auch auf Fachmessen präsent sein. All dies ist nur möglich, wenn er die von ihm zu vertreibende Ware **unmittelbar zur Verfügung** hat. Dies gilt in noch stärkerem Maße für Ersatzteile, wenn der Händler, wie bei grenzüberschreitenden Vertriebssystemen üblich, für den after-sale-service zuständig ist. Gewährleistungs- und Reparaturarbeiten dulden keinen Aufschub, weswegen der Zugriff auf die notwendigen Ersatzteile unmittelbar gegeben sein muß.

Herstellen läßt sich die sofortige Verfügbarkeit von Ware und Ersatzteilen durch die Einrichtung eines Lagers direkt beim Händler. Allerdings liegt die Schwierigkeit für den Händler darin, daß er in aller Regel ein solches Warenlager, welches, um seinen Zweck erfüllen zu können, einen gewissen Umfang benötigt, nur schwer finanzieren kann. Deswegen ist die Praxis seit langem weitgehend dazu übergegangen, daß nicht der Händler Ware für das Lager kauft, sondern der Hersteller beim Händler ein „Außenlager" einrichtet. Dies wird als **Konsignationslager** bezeichnet. Anders ist die Regelung bei der sog. Depotabrede, die den Händler im Rahmen der Vertriebsbeziehung zur Unterhaltung eines *eigenen* Lagers verpflichtet (vgl. etwa den Fall BGHZ 54, 338). Bei dem Konsignationslager handelt es sich also um einen dem Hersteller gehörenden, aber dem Händler zur Verwendung im Rahmen seiner Vertriebsaufgabe überlassenen Warenbestand (vgl. *Semler,* Münchener Vertragshandbuch Bd. 2, 4. Aufl., Form. I. 10, Anm. 1). Typische Regelungsgegenstände des Konsignationslagervertrages sind damit die Einrichtung und der Umfang des Lagers, die Eigentums- und Sicherungsverhältnisse, die Sorgfaltspflichten des Händlers im Hinblick auf die Ware, Art und Umfang von Entnahmen aus dem Lager sowie die Rückgabe von Ware an den Hersteller.

2. Wahl des Formulars. Das Form. geht von einem eigenständigen Konsignationslagervertrag aus, der neben dem zugrundeliegenden Vertragshändlervertrag abgeschlossen

3. Consignment Stock Agreement (Konsignationslagervertrag)   III. 3

wird. Möglich wäre auch, die Konsignationslagerabrede als **Teil des Vertriebsvertrages** zu gestalten. Dies empfiehlt sich bei kleineren Lagern (z. B. nur Ersatzteile), wenn von vornherein feststeht, daß das Lager während der gesamten Vertragslaufzeit Bestand haben soll. Wird das Lager erst später oder nur für einen Teil der Vertragslaufzeit eingerichtet oder hat es einen erheblichen Umfang, liegt ein **gesonderter Vertrag** näher. Ein solcher erlaubt im übrigen eine detaillierte Regelung der Sorgfaltspflichten des Händlers, seiner Entnahmerechte und der Sicherung des Eigentums des Herstellers. Diese Gesichtspunkte sind für die Rechtsposition des Herstellers von erheblicher Bedeutung, werden in Vertriebsverträgen, für die das Außenlager lediglich ein Regelungsgegenstand am Rande ist, regelmäßig aber nur kurz abgehandelt.

Das Form. ist vor dem Hintergrund des **deutschen Rechtes** konzipiert (vgl. die Rechtswahlklausel des § 23). Dennoch enthält es in der Formulierung verschiedentlich Anlehnungen an den anglo-amerikanischen Sprach- und Vertragsgebrauch. Dies gilt etwa für das Rubrum, die Gestaltung der Präambel, die Eingangs- und Schlußformeln oder die Regelungen der §§ 1 und 25 ff. Der Vorteil solcher Anlehnungen liegt in der **erhöhten Akzeptanz** des Textes insgesamt für den ausländischen Vertragspartner. Die Praxis zeigt, daß es häufig leichter ist, dem Partner bestimmte Regelungen (einschließlich der Rechtswahl zugunsten des eigenen Rechtes) zu vermitteln, wenn das Vertragsdokument in einer ihm gewohnten Form präsentiert wird. Ebenso möglich wäre, in vollem Umfange die deutsche Vertragsform zugrundezulegen, wie dies etwa bei dem Muster des VDMA (Abteilung Recht und Wettbewerbsordnung, Konsignationslagervertrag, deutsch/englisch/französisch, Fassung 6/90) der Fall ist.

3. Anwendbares Recht. a) Grundsatz. Auf den Vertrag und die sich aus ihm ergebenden schuldrechtlichen Rechte und Pflichten der Parteien kommt im Grundsatz deutsches Recht zur Anwendung. § 23 des Form. enthält die entsprechende Rechtswahlklausel, wobei stillschweigend davon ausgegangen wird, daß auch der zugrundeliegende Vertragshändlervertrag deutschem Recht unterliegt. Andernfalls wäre mit **unerwünschten Kollisionen** bei den beiden im Grunde zusammengehörigen Verträgen zu rechnen. Die Rechtswahl zugunsten deutschen Rechtes wird von dem als zuständig vereinbarten deutschen Gericht (§ 24 des Form.) ohne weiteres akzeptiert (Art. 27 Abs. 1 EGBGB). Ist ein ausländisches Gericht zuständig – etwa weil jenes die getroffene Gerichtsstandsvereinbarung nicht akzeptiert und seine Zuständigkeit nach den prozessualen Bestimmungen der *lex fori* bejaht oder weil § 24 Satz 2 des Form. zur Anwendung kommt – hängt die Hinnahme der Rechtswahl von den international-privatrechtlichen Regelungen des Forumstaates ab. So wird etwa aus der Sicht des US-Staates New York eine „reasonable relationship" des Sachverhalts zum gewählten Recht verlangt, es sei denn der Wert des Vertrages übersteigt den Betrag von US-$ 250.000 (vgl. das New Yorker Gesetz vom 19. 7. 1984 sowie *Kegel/Schurig*, Internationales Privatrecht, 8. Aufl., S. 570). Es empfiehlt sich daher zur Vermeidung unliebsamer Überraschungen, das **jeweilige IPR** der möglichen Forumstaaten (in der Regel sind dies der Sitzstaat von Hersteller und Händler sowie ggf. ein hiervon abweichender Tätigkeitsstaat des Händlers) daraufhin zu befragen, ob die getroffene Rechtswahl akzeptiert und das vereinbarte Recht tatsächlich zur Anwendung gebracht wird.

b) Sachenrechtliche Verhältnisse. Mit der Rechtswahl erfaßt wird allerdings nur die schuldrechtliche Seite der Rechtsbeziehung zwischen Hersteller und Händler. Die **sachenrechtlichen Verhältnisse** dagegen unterliegen grundsätzlich nicht der vertraglichen Dispositionsfreiheit der Parteien. Hier gilt aus der Sicht des deutschen IPR (und nach dem IPR der meisten anderen Staaten) der Grundsatz der *lex rei sitae* (Art. 43 Abs. 1 EGBGB). Rechtsverhältnisse an Sachen unterliegen danach dem Recht des jeweiligen **Lageortes**, ohne daß die Parteien dies durch Rechtswahl beeinflussen könnten (vgl. etwa *Staudinger/Stoll*, BGB, 13. Aufl., IntSachenR Rdn. 282; MünchKomm/*Kreuzer*, BGB, 3. Aufl., Nach Art. 38 Anh. I, Rdn. 72 ff.; *Kegel/Schurig* IPR, 8. Aufl., S. 661 f., jeweils auch mit Hinweisen auf die Kritik an der starren Situs-Regel). Dabei ist – jedenfalls aus deutscher Perspektive – unerheblich, ob es sich um unbewegliche Sachen oder Fahrnis handelt. Im Falle des Konsignationslagers bedarf die sachenrechtliche Seite genauerer Betrachtung, weil mit der Einrichtung des Lagers sich **der Lageort der Ware ändert** und damit ein Statutenwechsel eintritt. Anwendbar auf die Berechtigung an der Ware ist zunächst deutsches Recht, später das Recht am Sitz des ausländischen Händlers. Dennoch muß sichergestellt werden, daß das Eigentum an der Ware beim Hersteller bleibt und erst mit der erlaubten Entnahme aus dem Lager die Rechtszuständigkeit wechselt (s. im einzelnen hierzu unten Anm. 9).

c) **Sicherungsrechte.** Ebenfalls nicht von der Rechtswahl des § 23 des Form. betroffen sind Sicherungsrechte wie die Sicherungsabtretung von Kundenforderungen durch den Händler (§ 19 Abs. 1 des Form.) bzw. das security interest an diesen Forderungen (§ 19 Abs. 2 des Form.) oder die Bankgarantie (§ 19 Abs. 3 des Form.). Letztere ist selbständig anzuknüpfen, da es sich um einen eigenständigen Vertrag zwischen Bank und Hersteller handelt. Die Rechte des Herstellers aus der Garantie richten sich damit nach dem **für die Bankgarantie gewählten Recht** (Art. 27 Abs. 1 EGBGB, meist das Recht am Sitz der Bank), ansonsten nach dem Recht des Staates, zu dem die Bankgarantie die engsten Verbindungen aufweist (Art. 28 Abs. 1 EGBGB); mit der Vermutung des Art. 28 Abs. 2 EGBGB ist dies das Recht am Sitz der Bank. Die **Abtretung der Kundenforderungen** (oder das security interest hieran) und ihre Rechtsfolgen im Verhältnis des Herstellers (= neuer Gläubiger bzw. Sicherungsberechtigter) zum Kunden des Händlers (= bisheriger Gläubiger), insbesondere auch die Frage ihrer Abtretbarkeit und der befreienden Wirkung von Leistungen an den bisherigen Gläubiger bestimmen sich aus deutscher Perspektive nach dem Recht, dem die Kundenforderung selbst unterliegt (Art. 33 Abs. 2 EGBGB). Dies wird zumeist das Recht des Staates sein, in dessen Territorium der Händler seiner Vertriebstätigkeit nachgeht, im Falle des Form. also das Recht verschiedener US-Bundesstaaten. Eine zuverlässige Evaluierung der Werthaltigkeit dieser Sicherungsmittel erfordert daher die Prüfung des jeweils anwendbaren (ausländischen) materiellen Rechts.

d) **Öffentlich-rechtliche Regelungen.** Schließlich sind auch öffentlich-rechtliche Bindungen **nicht durch Rechtswahl** regelbar. Vielmehr bestimmt jeder Staat in seinem Territorium selbst, welche Eingriffe und Beschränkungen er zur Anwendung bringen will (**Territorialitätsprinzip,** vgl. *Kegel/Schurig,* IPR, 8. Aufl., S. 938 ff.). Im Zusammenhang mit der Einrichtung eines Konsignationslagers müssen hier Importrestriktionen und (wegen der Bezahlung) Devisenbeschränkungen des Staates, in dem der Händler seinen Sitz hat und das Lager entstehen soll, bedacht werden (vgl. hierzu auch § 5 des Form.). Ferner sind kartellrechtliche Regelungen des Zielstaates zu beachten, wobei dies mehr den Vertragshändlervertrag als die Konsignationslagerabrede betrifft (vgl. für das deutsche Recht §§ 14 ff. GWB, für das europäische Recht Art. 81 Abs. 1 EGV sowie die GruppenfreistellungsVO für Alleinvertriebsvereinbarungen).

4. AGB-Beschränkungen. Das Form. ist auf eine individualvertragliche Regelung zugeschnitten. Jedoch gerät der Hersteller schnell in das Risiko, AGB-rechtlichen Beschränkungen zu unterfallen. Es genügt, daß der Hersteller beabsichtigt, das Form. **in einer Mehrzahl von Fällen** zu verwenden und dem jeweiligen Händler vorzulegen (§ 1 Abs. 1 AGB-Gesetz). Die grundsätzliche Anwendbarkeit des AGB-Gesetzes ist unproblematisch (und unabhängig von Art. 29a EGBGB gegeben), weil nach § 23 des Form. deutsches Recht vereinbart ist. Will ein Hersteller das Form. mehrfach verwenden, kann er die Anwendung des AGB-Gesetzes nur vermeiden, wenn er die Bestimmungen individuell mit dem Händler aushandelt (§ 1 Abs. 2 AGB-Gesetz).

Der Konsignationslagervertrag betrifft allein den **kaufmännischen Geschäftsverkehr,** so daß die Klauselverbote des AGB-Gesetzes nicht direkt zur Anwendung kommen (§ 24 AGB-Gesetz). Anwendbar bleibt aber die Generalklausel des § 9 AGB-Gesetz; immer zu

3. Consignment Stock Agreement (Konsignationslagervertrag) III. 3

beachten ist auch das Verbot überraschender Klauseln (§ 3 AGB-Gesetz). An diesen Bestimmungen wären die vertraglichen Regelungen zu messen. Dabei ist allerdings zu bedenken, daß es für den Konsignationslagervertrag **kein gesetzliches Leitbild** gibt (vgl. hierzu im folgenden Anm. 5), von dem abgewichen werden kann. Dies erleichtert die AGB-Problematik, da sich eine unangemessene Benachteiligung auf diesen Gesichtspunkt jedenfalls nicht stützen läßt. Von daher sollten die Regelungen des Form. im Grundsatz auch den Maßstäben des AGBG entsprechen, wobei folgende Regelungen im Grenzbereich liegen: § 4 Abs. 3 (einseitiges Recht des Herstellers, die Zusammensetzung des Lagers zu ändern), § 7 (Gefahrübergang ohne Übergang der Nutzungen), § 9 Abs. 1 (Verschärfung des Haftungsmaßstabes für den Händler), §§ 13, 14 (fingierte Erklärungen) und § 22 (keine Kompensation für Investitionen des Händlers in das Lager, fingierte Erklärung). Entsprechende Änderungen wären, falls das Form. als AGB Verwendung fände, empfehlenswert.

5. Vertragscharakter. Der Konsignationslagervertrag ist ein Vertrag *sui generis*, der Elemente verschiedener Vertragstypen in sich aufnimmt. Neben dem vor allem für den zugrundeliegenden Vertragshändlervertrag kennzeichnenden Geschäftsbesorgungscharakter (§ 675 BGB) weist der Konsignationslagervertrag Verwahrungsvertragselemente (§§ 688 ff. BGB) auf. Die entsprechenden Vorschriften können daher zur Lückenfüllung herangezogen werden. Im übrigen sind die Bestimmungen des Vertragshändlervertrages, der sozusagen der „Hauptvertrag" ist, im Zweifelsfalle auf die Konsignationslagerabrede zu übertragen bzw. diese im Lichte des Händlervertrages auszulegen. Der Vorrang des Händlervertrages ist in § 2 des Form. zu Klarstellungszwecken ausdrücklich niedergelegt. Er bedeutet, daß der Konsignationslagervertrag „händlervertragsfreundlich" auszulegen ist und Änderungen des Händlervertrages damit nicht beabsichtigt sind, es sei denn dies ist im Konsignationslagervertrag ausdrücklich so vorgesehen.

6. Definitionen. Die Zusammenstellung von Definitionen in § 1 des Form. lehnt sich an anglo-amerikanische Gebräuche an. Sie erleichtert die textliche Gestaltung des Vertrages und hilft, langatmige Wiederholungen zu vermeiden. Zweckmäßigerweise benutzt man für die definierten Begriffe die Großschreibung, wenn sie im Text verwendet werden; auf diese Weise werden sie als Schlüsselbegriffe kenntlich.

7. Art und Umfang des Lagers. Für die Bestimmung von Art und Umfang des Warenlagers gibt es verschiedene Möglichkeiten. Entscheidend ist hier, in welchem Maße die Zurverfügungstellung des Lagers für den Hersteller **Recht oder Pflicht** ist. Das Form. geht davon aus, daß der Hersteller grundsätzlich verpflichtet ist, beim Händler ein Lager einer bestimmten Größenordnung zu errichten und zu erhalten (§§ 3 Abs. 1, 15 des Form.). Dies dürfte für die Mehrzahl der Fälle zutreffen, da der Händler auf das Lager zur Ausübung seiner Vertriebstätigkeit regelmäßig angewiesen ist. Dann ist es aber auch erforderlich, die Art und Menge der zur Verfügung zu stellenden Ware zu definieren. § 4 Abs. 1 des Form. sieht als Anlage zu dem Vertrag eine **Warenliste** vor, wobei nicht notwendig sämtliche Vertragsprodukte des Händlervertrages in der Liste auftauchen müssen. Entscheidend ist, welche Produkte oder Ersatzteile der Händler häufig benötigt. Die Warenliste bestimmt auch den „Warenmix", d. h. den prozentualen (oder anderweit bestimmten) Anteil der verschiedenen Waren am Gesamtlagerbestand. § 4 Abs. 2 des Form. enthält eine wertmäßige Schranke (nach Einkaufspreisen), welche auch die nicht in der Warenliste aufgeführten Ersatzteile mit umfaßt. Änderungen der Warenliste sind einvernehmlich immer möglich; nach § 4 Abs. 3 des Form. kann der Hersteller unter bestimmten Umständen auch einseitig Änderungen vornehmen, was dem Händler unter Einhaltung von Fristen mitzuteilen ist.

Ist die Einrichtung des Lagers eher Recht des Herstellers bedarf es keiner allzugenauen Bezeichnung der einzulagernden Ware. Die Auswahl kann in diesem Fall weitgehend dem Hersteller überlassen werden. Festgehalten werden sollte lediglich, daß der Händler für ein bestimmtes Volumen Platz vorzuhalten hat und der Hersteller berechtigt ist, Ware bis zu einer bestimmten Menge oder einem bestimmten Wert bei dem Händler einzulagern. Auch kann in diesem Falle ein jederzeitiges Rücknahmerecht des Herstellers vorgesehen werden (vgl. etwa Münchener Vertragshandbuch Bd. 2, 4. Aufl., Form. I. 10, § 6 Abs. 1 Satz 2). Im Form. besteht ein solches nur nach Vertragsbeendigung, was der dort aufgenommenen Verpflichtung des Herstellers zur Errichtung und Unterhaltung des Lagers entspricht.

8. **Freilager.** Da das Konsignationslager typischerweise im Interesse des Händlers errichtet wird (der auf diese Weise einen Marktvorsprung erwirbt), während die Finanzierung des Lagers den Hersteller trifft, werden üblicherweise die mit der Einrichtung des Lagers verbundenen Kosten dem Händler auferlegt. Hierzu gehören Transportkosten (vom Hersteller zum Händler oder, wie in § 5 Abs. 1 des Form. vorgesehen, von der Landesgrenze des Importlandes zum Händler), Einfuhr(umsatz)steuern und Zoll (§ 5 Abs. 1 des Form.). Die Verzollung bedeutet nicht selten eine erhebliche Investition für den Händler, weswegen das Konsignationslager gelegentlich als Freilager eingerichtet wird. Das Freilager ist ein auf dem Freihafengelände befindliches, **unverzolltes Lager**; die Verzollung erfolgt bei Entnahme der jeweiligen Ware. Ob ein Freilager eingerichtet werden kann, hängt von den örtlichen Gegebenheiten ab. Im übrigen sind die erschwerte Zugänglichkeit, die Kosten sowie die u. U. erhöhten logistischen Probleme beim Versand mitzubedenken. Im Form. ist das Freilager als Option des Händlers bei Vorliegen bestimmter Voraussetzungen ausgestaltet (§ 5 Abs. 2 des Form.).

9. **Eigentum an der Ware.** a) **Eigentum des Herstellers.** Ein zentrales Merkmal der Konsignationslagerabrede besteht darin, daß der Hersteller das Eigentum an der eingelagerten Ware behält. Das Form. erreicht dieses Ergebnis, indem es in der Einlagerung lediglich einen **Verwahrungsvorgang** zugunsten des Herstellers, nicht aber eine Übereignung (auch nicht im Sinne einer bedingten Übereignung) sieht. Dies ergibt sich aus § 14 des Form., der erst mit der (erlaubten) Entnahme aus dem Lager ein Kaufgeschäft zustandekommen läßt, im Zusammenspiel mit § 6 Abs. 1, der das Eigentum bis zur (erlaubten) Entnahme durch den Händler dem Hersteller zuordnet.

Nach §§ 6, 12 des Form. erwirbt der Händler an der weiterveräußerten Ware **zu keinem Zeitpunkt Eigentum**. Vielmehr verfügt er als Nichtberechtigter aufgrund der ihm erklärten Zustimmung (§ 185 Abs. 1 BGB) wirksam über das Eigentum des Herstellers, welches direkt auf den Kunden des Händlers übergeht. Die Zustimmung gilt nur für Entnahmen und Verfügungen, die sich im Rahmen des § 12 Abs. 1 des Form. (Weiterveräußerung oder Einbau im ordnungsgemäßen Geschäftsverkehr) halten. Der Händler erwirbt selbst Eigentum im Falle der fingierten Entnahme nach § 13 (§ 14 Abs. 1 des Form.), es sei denn der Hersteller nimmt die entsprechende Ware zurück. Durch die Verpflichtung des Händlers zur Separierung der Ware (§§ 6 Abs. 2, 8 Abs. 2 und 3 des Form.) sowie zur Unterlassung von Bearbeitungen (§ 8 Abs. 4 des Form.) soll ein Eigentumserwerb des Händlers oder Dritter kraft Gesetzes weitestgehend ausgeschlossen werden.

b) **Eigentumsvorbehalt statt Verwahrung.** Denkbar wäre statt der im Form. enthaltenen Verwahrungsvereinbarung bezüglich des unangetasteten Herstellereigentums auch eine klassische Eigentumsvorbehaltsabrede (vgl. *Baumbach/Hopt*, HGB, 30. Aufl., Überbl. v. § 373, Rdn. 15). Diese würde voraussetzen, daß bereits vor oder spätestens **mit Einlagerung ein Kaufvertrag** zwischen den Parteien über das gesamte Lager abgeschlossen wird. Die Zahlung des Kaufpreises wäre bis zur Entnahme gestundet. Die Übereignung des Warenbestandes erfolgte im Zeitpunkt der Einlagerung, jedoch unter der aufschiebenden Bedingung der vollständigen Bezahlung des Kaufpreises.

Der wesentliche Unterschied beider Konstruktionen liegt in dem nur bei der Eigentumsvorbehaltsabrede entstehenden **Anwartschaftsrecht des Händlers**. Im übrigen beruht das Recht zum Besitz des Händlers im einen Falle auf dem abgeschlossenen Kauf-

3. Consignment Stock Agreement (Konsignationslagervertrag)

vertrag, im anderen allein auf der Konsignationslagerabrede. Dies hat Konsequenzen für das Schicksal des Lagers bei Beendigung des Vertriebsvertrages: Recht und Pflicht des Herstellers zur Rücknahme folgen bei der vom Form. gewählten Konstruktion aus seinem Eigentum an der Ware sowie der Beendigung der Konsignationslagerabrede. Bei der Eigentumsvorbehaltsabrede bedarf es dazuhin einer **Rückabwicklung des abgeschlossenen Kaufvertrages**, andernfalls müßte dieser vom Händler auch nach dem Ende der Vertriebsbeziehung noch erfüllt werden.

10. Eigentum und Lageort. a) Grundsatz. In diesem Zusammenhang sind die bereits beschriebenen (oben Anm. 3) international-privatrechtlichen Fragestellungen zu beachten. Solange sich die Ware im Inland befindet, entscheidet über die Eigentumslage deutsches Recht; sobald sie aber den ausländischen Händlerstaat erreicht hat, kommt das entsprechende ausländische Recht zur Anwendung (Grundsatz der *lex rei sitae*, Art. 43 Abs. 1 EGBGB). In der Zwischenphase (res in transitu) wird man zweckmäßigerweise auch bereits das Recht des Bestimmungslandes anzuwenden haben (vgl. *Kegel/Schurig*, IPR, 8. Aufl. S. 669f.; *Staudinger/Stoll*, BGB, 13. Aufl., IntSachenR, Rdn. 368f., allerdings mit Präferenz für Rechtswahl, die jedoch im Zweifel zu keinem anderen Ergebnis führen würde). Im übrigen gilt für den bei der Relokation des Warenlagers notwendig eintretenden **Statutenwechsel**, daß abgeschlossene Tatbestände unberührt bleiben und von dem neuen Statut hingenommen werden, wobei sich die aus dem bestehenden Rechtsverhältnis ergebenden Rechte und Pflichten der Betroffenen (z.B. welchen konkreten Inhalt das vom neuen Statut anerkannte Eigentum hat, welche Abwehransprüche sich hieraus ergeben etc.) allerdings nach dem Recht des neuen Lageortes richten (*Kegel/Schurig*, IPR, 8. Aufl., S. 669f.; MünchKomm/*Kreuzer*, BGB, 3. Aufl., Nach Art. 38 Anh. I, Rdn. 59ff., 71; *Staudinger/Stoll*, BGB, 13. Aufl., IntSachenR, Rdn. 354ff.). Im Zeitpunkt des Statutenwechsels nicht abgeschlossene Tatbestände werden dagegen insgesamt von der Rechtsordnung des Staates beurteilt, innerhalb dessen Territorium sich die betroffene Sache bei Verwirklichung des letzten Tatbestandsmerkmales befindet (Art. 43 Abs. 3 EGBGB, vgl. auch *Kegel/Schurig*, IPR, 8. Aufl., S. 668).

b) **Folgerungen für die Verwahrungslösung.** Hieraus folgt für das Konsignationslager, daß das Eigentum des Herstellers von der Rechtsordnung des Händlerstaates **grundsätzlich respektiert** wird (vgl. auch Art. 43 Abs. 2 EGBGB). Voraussetzung ist allerdings, daß weder im Herstellerstaat (bis zur Absendung) noch im Händlerstaat (seit der Ankunft) ein Übereignungsvorgang nach dem jeweiligen lokalen Recht stattgefunden hat. Für den Herstellerstaat dürfte dies bei der im Form. vorgesehenen Konstruktion (§ 6 Abs. 1) unproblematisch sein. Erwerbsvorgänge im Händlerstaat sind jedoch nicht ausgeschlossen und können vom Hersteller nur begrenzt kontrolliert werden. In Betracht kommen vor allem redlicher Dritterwerb oder Erwerb kraft Gesetzes (z.B. Vermischung etc.). Der Hersteller hat daher trotz seines Eigentums ein **weitergehendes Sicherungsinteresse**, welches das Form. in § 19 anspricht.

c) **Folgerungen für die Eigentumsvorbehaltslösung.** Problematisch wäre im übrigen die als Alternative zum Form. gelegentlich gewählte und oben beschriebene Eigentumsvorbehaltslösung. Der Eigentumsvorbehalt wird international-privatrechtlich überwiegend nicht als gestreckter, und damit zum Zeitpunkt des Statutenwechsels nicht abgeschlossener Erwerbstatbestand qualifiziert (so aber mit guten Gründen *Schurig* IPRax 1994, 27, 28), sondern als ein **Sicherungsrecht** zugunsten des Verkäufers (vgl. z.B. BGHZ 45, 95 „Strickmaschine"; OLG Koblenz IPRax 1994, 46, 47; MünchKomm/*Kreuzer*, BGB, 3. Aufl., Nach Art. 38 Anh. I, Rdn. 91; *Staudinger/Stoll*, BGB, 13. Aufl., IntSachenR, Rdn. 334ff.). Hieraus folgt, daß die Wirksamkeit des Eigentumsvorbehaltes zunächst nach dem Recht des Herstellerstaates zu beurteilen ist, weil sich die Ware zum Zeitpunkt der Eigentumsvorbehaltsvereinbarung noch auf dem Territorium dieses Staates befand. Ist der Eigentumsvorbehalt wirksam entstanden, muß geprüft werden, welchen

Inhalt er nach erfolgtem Statutenwechsel als Sicherungsrecht nach dem dann anwendbaren Recht des Händlerstaates hat, d.h. ob er **als Sicherungsrecht dort anerkannt wird** und welche Rechte der Hersteller hieraus herleiten kann (MünchKomm/*Kreuzer*, BGB, 3. Aufl., Nach Art. 38 Anh. I, Rdn. 91 m.w.N.). An dieser Hürde wird der Hersteller häufig scheitern, weil viele ausländische Rechte einen Eigentumsvorbehalt im Sinne des deutschen Rechtes nicht kennen und vergleichbare Sicherungsrechte andere Entstehungsvoraussetzungen, insbesondere im Hinblick auf die Publizität (Registrierungspflichten) haben (vgl. die Übersicht bei *Staudinger/Stoll*, BGB, 13. Aufl., IntSachenR, Rdn. 324 ff., für die vorliegend interessierenden Rechte der U.S.A. Rdn. 271 f.). Infolge der bestehenden Unterschiede scheidet eine Angleichung (zum Begriff *Kegel/Schurig*, IPR, 8. Aufl., S. 306 ff.) aus. Das Ergebnis liegt dann darin, daß die wirksame Bestellung eines Sicherungsrechtes verneint wird, das Eigentum an der Ware daher ohne Sicherung des Herstellers als übergegangen gilt (zu Recht kritisch hierzu *Schurig* IPRax 1994, 27, 30 ff.). Von der Aufnahme einer Eigentumsvorbehaltsabrede in den Konsignationslagervertrag ist daher abzuraten.

11. Zusätzliches Sicherungsrecht des Herstellers an der ihm gehörenden Ware. In die Konsignationslagerabrede aufgenommen werden kann die Verpflichtung des Händlers, zusätzlich ein nach dem anwendbaren lokalen Recht (oben Anm. 10) zulässiges Sicherungsrecht an der Ware zu bestellen (so in § 6 Abs. 5 des Form. vorgesehen). Dies empfiehlt sich dann, wenn nach dem Recht des Händlerstaates die Anerkennung des Herstellereigentums an dem Lager zweifelhaft ist oder sich Ansprüche aus dem Eigentum nur schwer (oder jedenfalls schwerer als das Sicherungsrecht) durchsetzen lassen. In jedem Fall ist eine solche Regelung bei der Verwendung der beschriebenen (oben Anm. 9) Eigentumsvorbehaltslösung nötig. Im vorliegend ins Auge gefaßten Falle eines in den U.S.A. ansässigen Händlers kommt das **security interest** des Art. 9 des Uniform Commercial Code (UCC) in Betracht (vgl. hierzu ausführlich *Thümmel*, in: Assmann/Bungert, Handbuch des US-amerikanischen Handels-, Gesellschafts- und Wirtschaftsrechts, 2001, 5. Kap., Abschnitt C.II.). Der UCC gilt als einzelstaatliches Recht im wesentlichen gleichlautend in sämtlichen US-Bundesstaaten. Das security interest wirkt Dritten gegenüber grundsätzlich **nur nach Registrierung.** Diese erfolgt durch Einreichung („filing") eines *financial statement* bei der zuständigen Behörde, meist dem *Secretary of State* des jeweiligen US-Bundesstaates. Das financial statement enthält eine Beschreibung des Sicherungsgutes, wobei Vermögensgegenstände aller Art in Betracht kommen wie z.B. einzelne Gegenstände, ein ganzes Warenlager (auch mit wechselndem Bestand) oder gegenwärtige und zukünftige Forderungen. Ferner sind die Parteien sowie der Sicherungszweck zu bezeichnen. Für das financial statement werden üblicherweise einfache Formulare verwendet. Der Rang des security interest bestimmt sich nach der zeitlichen Priorität der Registrierung, so daß an demselben Sicherungsgut auch mehrere security interests bestehen können. Der jeweilige Gläubiger ist durch die Möglichkeit der Einsichtnahme in das Register geschützt. Auch der Rangrücktritt einzelner Gläubiger ist möglich und kommt vor allem bei Bankengläubigern vor, die – ausgestattet mit globalen security interests – zugunsten von Warenlieferanten zurücktreten.

12. Schutz der Ware vor Verlust etc. a) Grundsatz. Mit der rechtlichen Absicherung der Eigentümerstellung des Herstellers (oben Anm. 9 ff.) ist nur ein Teil des Risikos abgedeckt, das der Hersteller bei der Einrichtung eines Konsignationslagers im Ausland trägt. Der andere Teil liegt in mehr **praktischen Gefährdungen** wie etwa dem unerlaubten Entfernen der Ware durch den Händler, seine Angestellten oder Dritte, dem Vollstreckungszugriff von Gläubigern des Händlers oder der Zerstörung der Ware durch Naturereignisse. Diesen Gefahren wird in dem Form. mit verschiedenen Regelungen begegnet, wobei man sich klar darüber sein muß, daß es einen lückenlosen Schutz nicht gibt. Auch aus diesem Grunde ist die in § 19 Abs. 3 des Form. vorgesehene Bankgarantie unbedingt erwägenswert.

3. Consignment Stock Agreement (Konsignationslagervertrag)

b) **Gefahrtragungsregelung.** Soweit kriminelle Dritteinwirkung oder die Zerstörung durch Naturgewalten in Rede stehen, kommt zunächst die Gefahrtragungsregelung des § 7 des Form. zur Anwendung. Ab Übernahme aus dem Zoll trägt der Händler die Gefahr des zufälligen Untergangs oder der zufälligen Verschlechterung. Der Gefahrübergang könnte ggf. auch schon auf den Zeitpunkt der Absendung der Ware beim Hersteller vorverlegt werden, was sich jedenfalls bei der Einrichtung eines Freilagers (§ 5 Abs. 2 des Form. und oben Anm. 8) empfiehlt. Die Folge der Gefahrtragung durch den Händler liegt darin, daß der Hersteller **Anspruch auf Bezahlung** der verlorengegangenen oder beschädigten Ware hat. Das Form. sieht bei verlorengegangenen oder beschädigten Stücken vor, daß diese als entnommen gelten (§ 13 Abs. 1 Satz 1 und Abs. 2 des Form.). Die fiktive Entnahme bewirkt den Abschluß entsprechender Kaufverträge (§ 14 Abs. 1 des Form.). Der Zahlungsanspruch wird – Rechnungstellung durch den Hersteller vorausgesetzt – im Falle des Verlustes 60 Tage danach, im Falle der Beschädigung spätestens 60 Tage nach Ablauf von zwei Jahren ab Einlagerung fällig (§§ 13 Abs. 1 Satz 1 und 3, 14 Abs. 1, 17 Abs. 2 des Form.).

c) **Versicherung.** Allerdings kann der genannte Zahlungsanspruch nur realisiert werden, wenn der Händler solvent ist. Da dies, jedenfalls bei großen Warenlagern und einem dementsprechend großen Schadenspotential, nicht ohne weiteres gesichert ist und im übrigen die Rechtsverfolgung gegenüber dem Händler mühsam sein kann (vgl. hierzu unten Anm. 23), empfiehlt sich eine **Versicherungslösung** (§ 10 des Form.). Erforderlich ist dabei, daß der Händler zur Unterhaltung einer ausreichend hohen Deckung verpflichtet wird. Außerdem muß sichergestellt sein, daß die Deckungssituation nicht vom Händler einseitig ohne Kenntnis des Herstellers verschlechtert werden kann. Schließlich sollte, soweit möglich, dem Hersteller der Anspruch auf Auszahlung der Versicherungsleistung zustehen. Um dies zu erreichen, ist im Form. vorgesehen, daß der Hersteller nur nach Vorlage einer ausreichenden, von ihm genehmigten Versicherungspolice Ware zu liefern hat (§§ 10 Abs. 1, 15 Abs. 4 des Form.), der Händler den Hersteller laufend über den Stand der Versicherung zu informieren und sämtliche Maßnahmen zu ergreifen hat, die zu einem Erhalt der Deckung erforderlich sind (§ 10 Abs. 2 des Form.). Ferner geht das Form. von einer **Abtretung der Sachversicherungsansprüche** des Händlers an den Hersteller aus und sieht dementsprechend bestimmte Erklärungen des Versicherers zugunsten des Herstellers – insbesondere, daß er direkt an den Hersteller zahlen wird – vor (so auch das oben zitierte Vertragsmuster des VDMA). Ohne Vorlage dieser Erklärungen ruht wiederum die Lieferverpflichtung des Herstellers (§§ 10 Abs. 3, 15 Abs. 4 des Form.). Derartige Erklärungen werden von Versicherungsgesellschaften üblicherweise in Form sogenannter Sicherungsbestätigungen abgegeben.

d) **Berichtspflichten, Kontrollrechte.** Kriminelle Machenschaften des Händlers selbst sind kaum beherrschbar, da Schadensersatzansprüche am Ende schwer realisierbar sein werden. Ein Stück weit helfen die Aufzeichnungs- und Berichtspflichten des Händlers (§§ 8 Abs. 2, 9 Abs. 3, 12 Abs. 3 des Form.) im Zusammenhang mit dem Recht des Herstellers, das Lager jederzeit zu inspizieren (§ 6 Abs. 3 des Form.). Die Kontrollmöglichkeiten sollten im Interesse des Herstellers möglichst weit ausgedehnt werden. Im übrigen kann die in § 19 Abs. 3 des Form. vorgesehene Bankgarantie, sofern sie denn erlangbar ist, durch eigene Einwirkungen des Händlers entstandenen Schaden vom Hersteller abwenden.

e) **Vollstreckungszugriff Dritter.** Dem Vollstreckungszugriff Dritter kann aus deutscher Sicht mit der Drittwiderspruchsklage des § 771 ZPO begegnet werden. Da die Ware sich im Ausland befindet, müssen die prozessualen Rechtsbehelfe des Rechts am jeweiligen Lage- (und Vollstreckungs-)ort bemüht werden. Dies ist nicht selten zeit- und kostenaufwendig. Zur Vermeidung von Vollstreckungshandlungen Dritter sieht das Form. in §§ 6 Abs. 2, 9 Abs. 2 und 3 eine deutliche **Separierung der Ware** des Herstellers vor. Außerdem kann die Bestellung eines lokal anerkannten **Sicherungsrechtes** an der eigenen Ware helfen (§ 6 Abs. 5 des Form.). Schließlich ist dem Händler mit § 6 Abs. 4

des Form. die Verpflichtung auferlegt, den Hersteller über bereits vollzogene oder drohende Vollstreckungsmaßnahmen oder sonstige Eingriffe Dritter in sein Eigentum an der Ware zu informieren und sämtliche erforderlichen **Schutzmaßnahmen** im Namen des Herstellers zu ergreifen bis dieser selbst handlungsfähig ist. Die Kosten solcher Maßnahmen werden vom Hersteller getragen, es sei denn der Händler hätte die Dritteingriffe verschuldet.

13. Pflichten des Händlers. Die zentralen Pflichten des Händlers aus dem Konsignationslagervertrag liegen in der Bereitstellung geeigneter Lagerflächen, in der Übernahme der Transportkosten zum Lager (einschließlich Zoll), in der Pflege, dem Schutz und der Erhaltung der Ware sowie in deren angemessener Versicherung gegen übliche Risiken. Diese Pflichten sind in den §§ 3 Abs. 1, 5 Abs. 1, 6 Abs. 2–5, 8 bis 10 und 12 Abs. 3 des Form. konkretisiert. Über die konsignationslagertypischen Pflichten hinaus geht § 17 des Form., der die **Zahlungspflicht** regelt. Diese gehört sachlich zum zugrundeliegenden Vertriebsvertrag und ist hier allein der Vollständigkeit halber mitaufgenommen. Bei der **Erhaltungspflicht** geht es einerseits um die erforderlichen Vorkehrungen zur Verhinderung von Qualitätseinbußen der Ware durch Beeinträchtigungen von außen (z. B. Korrosion infolge von Feuchtigkeitseinwirkungen), andererseits um Maßnahmen, die zur Erhaltung ihrer Brauchbarkeit und Verkäuflichkeit notwendig sind (z. B. regelmäßige Wartung von Maschinen). Verletzungen dieser Pflichten machen den Händler aus dem rechtlichen Gesichtspunkt der positiven Forderungsverletzung schadensersatzpflichtig. Der Sorgfalts- und Verschuldensmaßstab ist derjenige eines ordentlichen Kaufmanns (§ 9 Abs. 1 des Form.). Die in § 690 BGB für die unentgeltliche Verwahrung vorgesehene Haftungserleichterung (eigenübliche Sorgfalt) ist ausdrücklich abbedungen.

14. Haftung für Sachmängel. Die Haftung des Herstellers für Fehler oder das Fehlen zugesicherter Eigenschaften der in das Lager gelieferten Ware richtet sich nach den Bestimmungen des zugrundeliegenden Vertragshändlervertrages und, soweit dort keine Regelungen enthalten sind, nach den §§ 459 ff. BGB sowie den ergänzenden Regeln des HGB zum Handelskauf. Allerdings setzt diese Haftung das Vorliegen eines Kaufvertrages bezüglich der mangelhaften Ware voraus, der nach dem Grundkonzept des Form. erst **mit deren vertragsgemäßer Entnahme** aus dem Lager zustandekommt (§ 14 Abs. 1 des Form.). Der Händler könnte daher die Prüfung der Ware und die Rüge etwaiger Mängel auf diesen Zeitpunkt vertagen, obwohl sich die Ware möglicherweise dann schon lange Zeit in seinem Einflußbereich befindet. Das Interesse des Herstellers geht dagegen dahin, bald nach Anlieferung der Ware am Lager des Händlers Klarheit über mögliche Mängelansprüche zu gewinnen.

Aus diesem Grunde ist § 11 in das Form. aufgenommen, der die Verpflichtung des Händlers zur Untersuchung und Rüge **vorverlegt** und bestimmte Rügefristen statuiert. Der Händler ist nun nicht aufgrund eines Kaufvertrages, sondern aufgrund entsprechender Anordnung in dem Konsignationslagervertrag zur Untersuchung der Ware unmittelbar nach ihrer Anlieferung bei ihm (oder im Freilager) verpflichtet. Festgestellte Mängel muß er sogleich anzeigen. Ihm stehen dann sofort die sich aus der Vertriebsvereinbarung ergebenden Rechte wie etwa die Zurückweisung oder ein Anspruch auf Neulieferung zu (§ 11 Abs. 3 des Form.). Wird nicht rechtzeitig – d. h. nicht spätestens innerhalb eines Monats ab Anlieferung (§ 11 Abs. 1 des Form.) – gerügt, **gilt die Ware** in Anlehnung an § 377 Abs. 2 HGB **als genehmigt**; der Händler verliert sämtliche Gewährleistungsansprüche. Ferner gilt die Ware spätestens nach Ablauf von zwei Jahren ab Anlieferung als aus dem Lager entnommen und muß unter Beachtung der Zahlungsziele des § 17 Abs. 2 des Form. bezahlt werden, auch wenn sie mangelhaft ist. Die Genehmigungsfiktion erstreckt sich auf sämtliche bei einer Untersuchung erkennbaren Mängel. Nicht erkennbare Mängel müssen sogleich nach Auftreten gerügt werden. Entsprechende Gewährleistungsansprüche verjähren innerhalb der im Vertriebsvertrag vereinbarten (oder ge-

3. Consignment Stock Agreement (Konsignationslagervertrag)

setzlichen Frist), die allerdings bereits ab Anlieferung der Ware am Lager des Händlers läuft (§ 11 Abs. 3 des Form.).

15. Entnahmerecht. a) Umfang und Grenzen. Da das Konsignationslager im Eigentum des Herstellers steht und dieser daher die alleinige Verfügungsbefugnis über die Ware hat, muß das Zugriffsrecht des Händlers in dem Vertrag geregelt werden. § 12 des Form. sieht entsprechend dem wirtschaftlichen Ziel des Konsignationslagers vor, daß der Händler **im ordnungsgemäßen Geschäftsgang** zum Zwecke des Weiterverkaufs, zu Ausstellungs- und Vorführzwecken und zum Zwecke der Wartung und Reparatur **entnehmen darf.** Letzterer Fall ist vor allem in der Maschinenbau-Branche relevant. Soweit der Weiterverkauf oder die Entnahme von Ersatzteilen zum Einbau in Kundengeräte in Rede steht, besitzt der Händler auch die Ermächtigung zur Verfügung über die Ware nach § 185 Abs. 1 BGB bzw. nach den entsprechenden Bestimmungen des anwendbaren ausländischen Rechts. Er kann damit dem Kunden wirksam Eigentum verschaffen, ohne selbst Eigentum an der Ware zu erwerben (**kein Durchgangseigentum**). Bei Ausstellungsware ist diese Ermächtigung nicht erforderlich, da nicht verfügt wird. Im übrigen kann der Händler Ausstellungsware auch wieder in das Lager einlegen, wenn ihre Qualität durch die zwischenzeitliche Benutzung nicht beeinträchtigt ist (§ 12 Abs. 2 des Form.). Die Ermächtigung zur Entnahme und Verfügung über die Ware kann im übrigen nach § 12 Abs. 4 des Form. von dem Hersteller jederzeit widerrufen werden. Allerdings ist die praktische Wirkung des Widerrufs eher beschränkt, weil die faktische Zugriffsmöglichkeit des Händlers nicht entfällt und auch redlicher Dritterwerb möglich bleibt.

Wichtig ist, daß der Händler ausschließlich zu den vertraglich **vereinbarten Zwecken** entnehmen darf (so ausdrücklich festgestellt in § 3 Abs. 2 des Form.). Insbesondere die Verfügungsermächtigung sollte eng umgrenzt sein, um vertragsfremde Verfügungen wie z. B. die Verpfändung der Ware zu verhindern. Zweckmäßig ist auch, den Händler zu einer präzisen **Dokumentation der Entnahmen** (und erneuten Einlagen) sowie ihrer Zwecke zu veranlassen (so § 12 Abs. 3 des Form.), um dem Hersteller die Kontrolle über den Stand des Lagers zu ermöglichen. Im übrigen muß an die Sicherung der sich aus der Entnahme ergebenden Ansprüche des Herstellers gedacht werden (Zahlungsansprüche nach § 17 des Form. oder Schadensersatzansprüche bei Beschädigung oder Verlust), denn die Ware steht ihm als Sicherungsmittel nach Entnahme nicht mehr ohne weiteres zur Verfügung. Das Form. sieht hierzu die **Vorausabtretung von Kundenforderungen** seitens des Händlers bzw., falls diese nach dem anwendbaren Recht (s. oben Anm. 3) nicht möglich ist, die Einräumung eines anderen geeigneten Sicherungsrechts an den Forderungen vor (§ 19 Abs. 1 und 2 des Form.). Bei Entnahmen zu Vorführ- und Ausstellungszwecken scheidet dieser Weg aus, weswegen für derartige Entnahmen eine wertmäßige Grenze in § 12 Abs. 1 des Form. festgelegt ist. Ansonsten wäre das entsprechende Risiko durch eine Bankgarantie abzudecken (§ 19 Abs. 3 des Form.).

b) Rechtliche Wirkung der Entnahme. Die Wirkung der Entnahme zum Zwecke des Weiterverkaufs (oder des Einbaus beim Kunden) liegt nach der Konzeption des Form. im Zustandekommen eines Kaufvertrages über die entnommene Ware zwischen Hersteller und Händler zu den Bedingungen des zugrundeliegenden Vertragshändlervertrages und dessen gleichzeitiger Erfüllung seitens des Herstellers (§ 14 Abs. 1 des Form.). Es handelt sich um einen durch die Entnahme **aufschiebend bedingten Kaufvertrag**; seine Erfüllung seitens des Herstellers liegt in der Einräumung der Verfügungsmacht über die Ware. Alternativ wäre möglich, von vornherein einen unbedingten Kaufvertrag über den gesamten im Lager enthaltenen Warenbestand abzuschließen und gleichzeitig eine klassische Eigentumsvorbehaltsabrede zu treffen. Die Vor- und Nachteile der beiden Konzeptionen wurden oben bereits diskutiert (Anm. 9, 10).

16. Übernahmepflicht bei längerfristig nicht entnommener Ware. Regelungsbedürftig ist die Frage, was mit längerfristig nicht entnommener Ware geschehen soll. Denkbar wäre einerseits eine **Rücknahmepflicht** des Herstellers, andererseits eine **Übernahmepflicht** des Händlers. Das Form. entscheidet sich für den letzteren Weg, der jedenfalls bei Waren mit relativ hoher Umschlagsgeschwindigkeit angemessen ist. Nach § 13 Abs. 1 des Form. gelten Waren, die sich nach Ablauf eines Zeitraumes von zwei Jahren ab Anlieferung noch im Lager befinden oder lediglich zu Ausstellungszwecken das Lager vorübergehend verlassen haben, zu diesem Zeitpunkt als entnommen. Die Folge ist, daß der Händler hierfür zahlungspflichtig wird (§ 17 Abs. 2 des Form.). Dem Hersteller ist aber das Recht zur Rücknahme vorbehalten (§ 13 Abs. 2 des Form.), welches er jedenfalls bei drohender Insolvenz des Händlers ausüben wird.

17. **Pflichten des Herstellers.** Die vertraglichen Hauptpflichten des Herstellers beschränken sich regelmäßig auf die Verpflichtung zur **Einrichtung des Lagers** und zur **Aufrechterhaltung** eines bestimmten Lagerbestandes (§§ 3 Abs. 1, 15 Abs. 1 des Form.). Bereits aus dem Vertragszweck ergeben sich verschiedene Nebenpflichten wie etwa die Pflicht zur Unterstützung des Händlers bei der Zollabfertigung (so ausdrücklich § 16 des Form.). Weitere wesentliche Vertragspflichten des Herstellers ergeben sich meist aus dem zugrundeliegenden Vertriebsvertrag. Gelegentlich werden Einrichtung und Aufrechterhaltung des Lagers auch nur als Recht des Herstellers ausgestaltet (vgl. oben Anm. 7), was dann naheliegt, wenn das Lager mehr den Interessen des Herstellers als des Händlers dient. Wird eine Bestückungspflicht vereinbart, sollte die einzulagernde Ware nach Art und Wert möglichst genau beschrieben werden (so etwa § 4 des Form.). Im übrigen empfiehlt es sich, die Voraussetzungen exakt festzulegen, unter denen seitens des Herstellers Ware geliefert werden muß. Hierzu gehört in der Regel der Nachweis einer ausreichenden Versicherung sowie der Bestellung der vereinbarten Sicherheiten. Begeht der Händler während der Vertragslaufzeit Pflichtverletzungen, sollte dies den Hersteller zur Einstellung der weiteren Belieferung berechtigen (so § 15 Abs. 4 des Form.).

18. **Zahlung.** Die Zahlungspflicht des Händlers findet typischerweise seine Grundlage in dem Vertragshändlervertrag. Dort sind regelmäßig auch Preise und Zahlungsbedingungen vereinbart. Die Regelungen des § 17 des Form. sind daher eher als Merkposten gedacht und zumeist verzichtbar. Wegen der eigentümlichen Konstruktion aufschiebend bedingter Kaufverträge (die im Zeitpunkt der vertragsgemäßen Entnahme zustandekommen, vgl. oben Anm. 16) ist jedoch der **Zeitpunkt der Rechnungstellung** erwähnenswert (nicht nach Lieferung, sondern nach Entnahme, § 17 Abs. 2 des Form.). Aus zolltechnischen Gründen wird der Hersteller allerdings der Lieferung meist eine pro-forma-Rechnung beizufügen haben.

19. **Vergütung des Händlers.** Im Form. ist eine gesonderte Vergütung des Händlers für die Betreuung des Lagers nicht vorgesehen (§ 18 des Form.). Wegen § 689 BGB bedarf dieser Umstand im Vertrag ausdrücklicher Erwähnung. Dabei wird davon ausgegangen, daß die dem Händler aufgrund des Vertragshändlervertrages eingeräumte Handelsspanne die Lagerhaltung mit abdeckt. Bei einer Lagerhaltung vor allem im Interesse des Herstellers wird eine besondere Vergütung eher in Betracht kommen.

20. **Weitergehende Besicherung des Herstellers.** Die Grundkonzeption der Konsignationslagerabrede geht davon aus, daß das Eigentum an der Ware bis zu ihrer vertragsgerechten Entnahme aus dem Lager beim Hersteller liegt. Auf den ersten Blick ist daher kaum ein Bedürfnis für eine weitergehende Absicherung des Herstellers erkennbar. Bei genauerer Betrachtung ergeben sich jedoch **eine Reihe von Risikofeldern:** Die vertragsgerechte Entnahme verbunden mit der Weiterveräußerung der Ware führt bestimmungsgemäß zum Verlust des Eigentums beim Hersteller. Die vertragswidrige Entnahme kann ebenfalls den Eigentumsverlust herbeiführen (z.B. durch redlichen Erwerb eines Dritten). Schließlich mag das nach dem Recht des Absendestaates begründete Eigentum des Herstellers im Bestimmungsstaat gegenüber Gläubigern des Händlers nach

dem dort geltenden Recht nur schwer durchsetzbar sein (vgl. oben Anm. 10). Diese Überlegungen lassen es ratsam erscheinen, weitere Sicherheiten in den Konsignationslagervertrag mit aufzunehmen. Zur Einräumung von Sicherheiten am eigenen Gut vgl. oben Anm. 11.

Das Form. sieht in § 19 Abs. 1 zunächst die stille **Vorausabtretung von Kundenforderungen** im Sinne des deutschen verlängerten Eigentumsvorbehaltes vor. Diese Regelung ist zwar nach deutschem Recht wirksam und empfehlenswert, mag aber nach dem anwendbaren ausländischen Recht (Recht der abgetretenen Forderung, vgl. oben Anm. 3) so nicht möglich sein. Deswegen ist der Händler nach § 19 Abs. 2 des Form. alternativ verpflichtet, dem Hersteller nach dem anwendbaren Recht zulässige Sicherheiten an den Kundenforderungen einzuräumen (in den U.S.A. z.B. das *security interest*, vgl. oben Anm. 11). Außerdem ist die Stellung einer **Bankgarantie** vorgesehen (§ 19 Abs. 3), die vor allem das kaum beherrschbare Restrisiko eines sich nicht vertragskonform verhaltenden Händlers abdeckt. Sämtliche Sicherheiten dienen nach der getroffenen Sicherungsabrede (§ 19 Abs. 4 des Form.) der Absicherung von **Zahlungs- und Schadensersatzansprüchen** des Herstellers aus dem Konsignationslager- und dem Vertragshändlervertrag.

21. Vertragsdauer. Der Konsignationslagervertrag sollte als „Hilfsvertrag" zu dem zugrundeliegenden Vertragshändlerverhältnis grundsätzlich **an dessen Laufzeit** angepaßt werden. In jedem Fall muß sichergestellt werden, daß mit dem Ende des Vertriebsvertrages auch die Konsignationslagerabrede entfällt (so geregelt in § 20 Abs. 1 des Form.), da diese für sich allein genommen keinen Sinn hat (vgl. BGHZ 54, 338, 344). Daneben können besondere Kündigungsmöglichkeiten vereinbart sein, die eine **vorzeitige Beendigung** des Konsignationslagervertrages ermöglichen. In Betracht kommt die Verankerung eines ordentlichen Kündigungsrechtes, das von den Parteien unter Einhaltung bestimmter Fristen auszuüben ist (vgl. § 20 Abs. 2 des Form.). Das Recht zur außerordentlichen und fristlosen Kündigung aus wichtigem Grund bleibt ohnehin wie bei jedem Dauerschuldverhältnis unberührt. Allerdings erweist es sich immer wieder als hilfreich, wenn bestimmte Sachverhalte ausdrücklich benannt werden, die nach Auffassung der Parteien die Kündigung aus wichtigem Grund rechtfertigen sollen. Im Kontext des Konsignationslagervertrages kämen hier Verstöße des Händlers gegen seine Obhutspflichten oder unberechtigte Entnahmen in Betracht (vgl. die Formulierung bei § 21 Abs. 2 des Form.).

22. Rechtsfolgen der Vertragsbeendigung. Die Auswirkungen der Vertragsbeendigung auf das Lager bedürfen genauerer Überlegung und Regelung. In Betracht kommen im Grundsatz zwei Möglichkeiten: Zum einen kann der Hersteller zur Rücknahme berechtigt und verpflichtet werden. Zum anderen kann der Händler verpflichtet werden, das Lager zum Zeitpunkt der Vertragsbeendigung zu übernehmen, wobei entweder der in dem Vertriebsvertrag vereinbarte volle Preis oder aber ein reduzierter Übernahmepreis vereinbart werden könnte. Als Mittellösung in Betracht käme, daß Teile des Lagers zurückgenommen werden (z.B. der unbeschädigte und weiterhin verkäufliche Warenbestand), andere dagegen beim Händler verbleiben (z.B. beschädigte Ware und Ersatzteile).

Welches Konzept gewählt wird, hängt auch von den **weiteren Verwertungsmöglichkeiten des Händlers** ab. So hat die Rechtsprechung (vgl. BGHZ 54, 338, 344ff. mit zust. Anm. *Finger* NJW 1971, 555; BGH WM 1988, 1344, 1349f.; OLG Frankfurt WM 1986, 141) verschiedentlich – allerdings bezogen auf ein ins Eigentum des Händlers übergegangenes Lager – eine Rücknahmeverpflichtung angenommen, wenn dem Händler eine angemessene Verwertung des Lagers nach Vertragsende nicht mehr möglich war. Umso weniger wird man dem Händler ein ihm noch gar nicht gehörendes Lager aufdrängen können, wenn er dieses wegen der Beendigung seiner Vertriebsrechte nicht mehr ohne weiteres verwenden (Ersatzteile) oder absetzen (Ware) kann. Etwas anderes mag gelten, wenn er das Vertragsende verschuldet hat (vgl. BGHZ 54, 338, 346f.; *Baumbach/Hopt*, HGB, 30. Aufl., Überbl. v. § 373 Rdn. 15; a.A. *Finger* NJW 1971, 555, 556) oder angemessene Ausgleichsregelungen getroffen sind, die z.B. in erheblichen Preisreduzierungen oder in der Unterstützung des Händlers bei der Verwertung liegen könnten.

Das Form geht in § 22 Abs. 1 von einer **grundsätzlichen Rücknahmepflicht** des Herstellers aus. Auch für den Händler ist die Rückgabe als Pflicht ausgestaltet. Ebenso möglich wäre, ihm ein Rückgaberecht einzuräumen, womit die Entscheidung bei ihm läge, ob zurückgegeben werden soll. Die im Form. verankerte Pflicht zur Rückgabe bedeutet für den Händler auch die Übernahme von Gefahr und Kosten des Rücktransportes, es sei denn das Lager würde auf Veranlassung des Herstellers an einen Dritten versandt. Keine Rücknahmeverpflichtung (sondern eine Verpflichtung des Händlers zur Bezahlung) besteht hinsichtlich mangelhafter, beschädigter oder sonst unverkäuflicher Ware, es sei denn, es handelte sich um bereits bei Anlieferung vorhandene Mängel, die vom Händler rechtzeitig gerügt wurden (§ 22 Abs. 2 des Form.). Dies ist eine Folge der vereinbarten Gefahrtragungs- und Gewährleistungsregelungen. Keine Rücknahmeverpflichtung besteht auch für Ware, die sich länger als 2 Jahre im Lager befindet und deswegen als entnommen gilt (§ 13 Abs. 3 des Form.); hier hat der Hersteller allerdings ein Rücknahmerecht.

Dem Händler sollte bei Vertragsbeendigung an der Ware **kein Zurückbehaltungsrecht** zustehen (§ 22 Abs. 3 des Form.). Auch empfiehlt es sich, Ersatz- und Ausgleichsansprüche ausdrücklich auszuschließen (§ 22 Abs. 4 des Form.). Solche könnten sich einerseits aus § 89b HGB in analoger Anwendung ergeben (vgl. etwa zu den Voraussetzungen *Baumbach/Hopt*, HGB, 30. Aufl., § 89b Rdn. 7ff.), wobei dieser Ausgleichsanspruch, soweit er überhaupt auf den Vertragshändler zur Anwendung kommt, nach § 92c Abs. 1 HGB abbedungen werden kann, wenn das Tätigkeitsgebiet des Vertragshändlers außerhalb der Europäischen Union liegt. Der entsprechende Ausschluß wird regelmäßig bereits in dem Vertragshändlervertrag enthalten sein. Andererseits ist teilweise die Auffassung vertreten worden, dem Vertragshändler, der ein Lager unterhält, müßte wegen seiner Investitionen in das Lager (und ggf. in Ausstellungsräume etc.) ein „**Investitionsersatzanspruch**" zustehen (so *Foth* BB 1987, 1270ff.; dagegen *Baumbach/Hopt*, HGB, 30. Aufl., Überbl. v. § 373, Rdn. 15). Obwohl die Rechtsprechung dieser Auffassung bisher nicht gefolgt ist, sollte sicherheitshalber eine entsprechende Klarstellung in den Vertrag aufgenommen werden (§ 22 Abs. 4 des Form.).

23. Gerichtsstand. § 24 des Form. begründet einen deutschen ausschließlichen Gerichtsstand für sämtliche Streitigkeiten aus dem Vertragsverhältnis. Die Möglichkeit einer Klage am Sitz des Beklagten ist vorbehalten, um etwaigen Anerkennungs- und Vollstreckungsproblemen im voraussichtlichen Vollstreckungsstaat hinsichtlich eines am vereinbarten Gerichtsstand ergangenen Urteiles aus dem Wege gehen zu können.

Die Wirksamkeit und praktische Eignung einer **Gerichtsstandsklausel** ist unter mehreren Aspekten zu prüfen: Soweit ein ansonsten gegebener EU-Gerichtsstand abbedungen wird (was bei dem Sachverhalt, der dem Form. zugrundeliegt, nicht der Fall ist), müssen die Voraussetzungen des Art. 17 Abs. 1 EuGVÜ erfüllt sein (vgl. zum Anwendungsbereich des Art. 17 EuGVÜ etwa *Kropholler*, Europäisches Zivilprozeßrecht, 6. Aufl., Art. 17 Rdn. 1ff.; *Geimer/Schütze*, Europäisches Zivilverfahrensrecht, 1997, Art. 17 Rdn. 15ff.). In der Regel notwendig ist dann die Einhaltung der beiderseitigen Schriftform. Ansonsten ist nach der *lex fori* des prorogierten Gerichtsstandes zu prüfen, **ob die Prorogation akzeptiert** wird. Vorliegend anwendbar ist § 38 Abs. 1 und 2 ZPO, der eine Gerichtsstandsvereinbarung unter Kaufleuten grundsätzlich unbeschränkt zuläßt, ansonsten auch eine Prorogation zugunsten inländischer Gerichte akzeptiert, wenn eine Ver-

3. Consignment Stock Agreement (Konsignationslagervertrag)

tragspartei ihren Sitz im Ausland hat und das prorogierte Gericht dasjenige am Sitz der inländischen Partei ist. Ferner zu prüfen ist, ob die **Derogation** ansonsten gegebener ausländischer Gerichtsstände nach der jeweils anwendbaren ausländischen *lex fori* **zulässig ist** und die entsprechenden Gerichte ihre Zuständigkeit auf der Basis der getroffenen Gerichtsstandsvereinbarung verneinen würden. Erst wenn dies sichergestellt ist, können sich die Parteien auf die Gerichtsstandsklausel verlassen. Überlegen sollten sie im übrigen immer, ob ein in dem vereinbarten Gerichtsstand ergangenes Urteil auch dort vollstreckungsfähig ist, wo sich voraussichtlich Vermögen des späteren möglichen Beklagten befindet (s. etwa die Übersicht bei *Geimer/Schütze*, Internationale Urteilsanerkennung, § 246; zum US-Bundesstaat North Carolina z. B. *Thümmel* IPRax 1986, 256).

Eine Alternative zur Gerichtsstandsvereinbarung bietet die **Schiedsklausel,** mit der Streitigkeiten aus dem Vertrag der staatlichen Gerichtsbarkeit entzogen und einem privaten Schiedsgericht zugewiesen werden. In Betracht kommen sog. *ad hoc*-Schiedsgerichte, die einer detaillierten Regelung hinsichtlich ihrer Zusammensetzung und dem einzuhaltenden Verfahren bedürfen, sowie institutionelle Schiedsgerichte (wie die Internationale Handelskammer in Paris), bei denen die Parteien sich auf existierende Verfahrensordnungen verlassen können. Schiedsgerichte haben im internationalen Handel den erheblichen Vorteil, daß ihre Entscheidungen nach dem New Yorker UN-Übereinkommen über die Anerkennung und Vollstreckung ausländischer Schiedssprüche vom 10. 6. 1958 (der Konventionstext ist etwa bei *Jayme/Hausmann*, Internationales Privat- und Verfahrensrecht, 9. Aufl., S. 554 ff. abgedruckt) in einer großen Anzahl von Staaten anerkennungs- und vollstreckungsfähig sind. Trotz u. U. höherer Kosten (welche allerdings dadurch relativiert werden, daß der Instanzenzug entfällt) ist die Vereinbarung eines Schiedsgerichtes daher immer dann erwägenswert, wenn die Vollstreckung des Urteiles eines inländischen staatlichen Gerichtes in dem betreffenden ausländischen Staat zweifelhaft ist.

24. Rechtswahl. Die in § 23 des Form. enthaltene Rechtswahlklausel unterwirft den Konsignationslagervertrag in seiner Gesamtheit **deutschem materiellem Recht.** Das Wiener Kaufrecht (CISG) ist ausdrücklich ausgeschlossen, weil es wegen des Charakters der Konsignationslagerabrede als typengemischtem Vertrag nicht paßt. Seine Anwendbarkeit wäre wegen Art. 3 Abs. 2 CISG ohnehin zweifelhaft. Die Grenzen der Rechtswahl sind in Anm. 3 ausführlich dargestellt.

25. Benachrichtigungen. Die Aufnahme von bestimmten Adressen, an die nach dem Vertrag erforderliche oder mögliche Zustellungen und Benachrichtigungen erfolgen, entspricht anglo-amerikanischem Vertragsgebrauch. Der Vorteil liegt darin, daß sich der Absender von Nachrichten auf die Richtigkeit der angegebenen Adresse verlassen kann, solange ihm keine Änderungen bekannt gemacht wurden. Zustellungen können daher in jedem Falle dort vorgenommen werden. Zuweilen sehen derartige Bestimmungen zusätzlich vor, daß bereits die Absendung einer Nachricht an die benannte Adresse innerhalb eines festgelegten Zeitraumes (meist einige Tage) deren ordnungsgemäße Zustellung bewirkt (Zustellungsfiktion).

26. Produkthaftung. Der Export von Waren ins Ausland wirft auch immer die Frage nach den Haftungsrisiken des Warenherstellers für Schäden auf, die Produktfehler bei Benutzern verursachen. Insbesondere im Warenverkehr mit den U.S.A., auf den das Form. sich bezieht, ist das ein Thema (vgl. zu den US-typischen Risiken etwa *Hoechst*, Die US-amerikanische Produzentenhaftung, 1986; ausführlich *Knapp*, Die US-amerikanische Produkthaftung in der Praxis der deutschen Automobilindustrie, 1996; *Thümmel*, RIW 1988, 359 ff.; *ders.*, WM 1987, 1087 f.). Da Produkthaftung außervertragliche Haftung ist und die Geschädigten meist auch in keiner vertraglichen Beziehung zum Hersteller des schadensstiftenden Produktes stehen, sind **vertragliche** Haftungsbegrenzungsregelungen etwa in Vertriebsverträgen, wenn sie überhaupt zulässig sind (vgl. § 14 ProdHaftG), **meist wirkungslos.** Der Hersteller wird allerdings versuchen, seinem Vertriebspartner gewisse Untersuchungs-, Marktbeobachtungs- und Instruktionspflichten den Kunden gegenüber aufzuerlegen, um bei ihm notfalls Regreß nehmen zu können. An der primären Einstandspflicht des Herstellers dem Geschädigten gegenüber ändern solche Regelungen nichts. Im übrigen wird man sie regelmäßig nicht in einem Konsignationslagervertrag, sondern in dem zugrundeliegenden Vertragshändlervertrag finden. Deshalb ist im Form. keine gesonderte Bestimmung enthalten.

Vertriebsverträge:
Internationale Franchiseverträge

Vorbemerkung

Im folgenden werden ein französischer und ein U.S.-amerikanischer Franchisevertrag vorgestellt und kommentiert. Sie sind im wesentlichen für einen deutschen Franchisegeber gedacht, der in Frankreich bzw. in den USA ein vertragliches Vertriebssystem nach der Methode des Franchising für den Absatz von Waren und/oder Dienstleistungen aufbauen möchte. Die Vertragsformulare und Kommentierung sind um die Einbeziehung aller praktisch wichtigen Fragen des Vertragsrechts, des Kartell- und Wettbewerbsrechts sowie des Gewerblichen Rechtsschutzes und des internationalen Privatrechts bemüht. Die zwei fremdsprachigen Formulare folgen in ihrem sachlichen Inhalt und in ihrer äußeren Gestaltung jeweils der kautelarjuristischen Praxis des jeweiligen Landes. Dabei unterliegen diese beiden internationalen Franchiseverträge durchweg dem Recht desjenigen Landes, für dessen Märkte sie eingesetzt werden, weil in den Verträgen eine entsprechende Rechtswahlklausel zu finden ist. Auch bei fehlender Rechtswahlklausel gälte nach deutschem internationalen Privatrecht sowie nach dem internationalen Privatrecht Frankreichs und des jeweiligen U.S.-Bundesstaats das hier jeweils zugrunde gelegte Recht. Denn nach ganz herrschender Ansicht in der Rechtsprechung bestimmt sich das auf systematische Vertriebsverträge anwendbare Recht nicht nach dem Sitz der Systemzentrale, sondern nach dem Sitz des Franchisenehmers, der den Schwerpunkt des Vertragsverhältnisses begründet. In allen Fällen ist also ausländisches und nicht deutsches Recht anwendbar.

Dies weicht von der ansonsten im Band „Internationales Wirtschaftsrecht" des Münchener Vertragshandbuchs geübten Praxis ab, derzufolge die vorgestellten Verträge zu allermeist nach deutschem bzw. „autonomen" Recht ausgerichtet sind. Diese Abweichung ist indes sachlich geboten. Gewiss ist theoretisch denkbar, dass die hier behandelten internationalen Franchiseverträge unter Verwendung einer entsprechenden Rechtswahlklausel ausdrücklich dem deutschen Recht unterworfen werden. Insbesondere kann sowohl nach U.S.-amerikanischer (vgl. Form. III.5 Anm. 75, 76 zum U.S.-amerikanischen Franchisevertrag) wie französischer Rechtsordnung (vgl. Form. III.4 Anm. 70 bis 72 zum französischen Franchisevertrag) von den Parteien die Anwendung fremden (deutschen) Rechts vereinbart werden. Selbst wenn man als Franchisegeber auf der Grundlage einer Rechtswahl- und Gerichtsstandsklausel ein Urteil in der Bundesrepublik Deutschland erstritten haben sollte, ist indes nicht auszuschließen, dass spätestens bei der Vollstreckung mit Überraschungen zu rechnen ist, weil dem Urteil die Anerkennung im Land des Franchisenehmers wegen des ordre public- bzw. public policy-Vorbehalts versagt bleibt, insbesondere wenn das deutsche Gericht ausländisches zwingendes Recht unberücksichtigt gelassen hat. In der Praxis kommt es denn auch so gut wie niemals vor, dass auf grenzüberschreitende Franchiseverträge deutscher Franchisegeber mit ausländischen Franchisenehmern schlicht deutsches Recht für anwendbar erklärt wird, wenn man von ganz besonders gelagerten Ausnahmekonstellationen absieht. Vielmehr werden Franchiseverträge von deutschen Franchisegebern, die im Ausland operieren und mit ausländischen Franchisenehmern abgeschlossen werden, in aller Regel dem Heimatrecht der Franchisenehmer und damit dem Recht des Operationslandes und des Zielmarkts unterstellt. Dies gilt unabhängig davon, ob der deutsche Franchisegeber unmittelbar grenzüberschreitende Franchiseverträge abschließt oder von einer ausländischen Tochtergesellschaft als Franchisegeberin die Verträge mit ausländischen Franchisenehmern abschließen lässt.

Der Grund hierfür ist, dass Franchiseverträge die sensibelsten unter den Vertriebsverträgen darstellen. Schon zivilrechtlich sind sie durch Gesetz und Rechtsprechung eines jeden Landes einer weitgehenden Regulierung unterworfen, die sich zum Gutteil als Ausdruck des „ordre public international" bzw. der „public policy" des betreffenden Staates versteht und sich damit ohnehin gegenüber jeder Rechtswahl durchsetzt. Das wird etwa durch die zwingende Geltung von Ausgleichsansprüchen des Franchisenehmers bei Vertragsbeendigung, aber schon durch viele nationale Spezialbestimmungen zu den Aufklärungs- und Offenbarungspflichten des Franchisegebers deutlich. Gerade Aufklärungs- und Offenbarungspflichten des Franchisegebers sind in den USA ebenso wie in Frankreich spezialgesetzlich zwingend zugunsten sämtlicher inländischen Franchisenehmer geregelt (vgl. Form. III.5 Anm. 3 zur U.S.-amerikanischen Rechtslage und Form. III.4 Anm. 16 zur französischen Rechtslage). Damit können wesentliche Bereiche des Franchisevertragsrechts, die ein erhebliches Streitpotential aufweisen, nicht mit Erfolg dem deutschen Recht unterworfen werden. Vor allem aber sind Franchiseverträge hochgradig kartellrechtsrelevant, denn sie zeichnen sich durch eine Vielzahl von Vertikalbindungen (Absatzbindungen, Vertriebsbindungen, Verwendungsbindungen, Koppelungsbindungen, wenn nicht gar Preis- und Konditionenbindungen) aus, für die das jeweilige nationale Kartellrecht des betroffenen Marktes nach dem Marktauswirkungsprinzip zwingende Anwendung findet, u.U. in Ergänzung zum EU-Kartellrecht der Art. 81 f. EGV. Die Kartellrechtsrelevanz des Franchising beschränkt sich dabei nicht auf materielle Fragen des Rechts der Wettbewerbsbeschränkungen; vielmehr stellen die jeweiligen nationalen Kartellrechtsvorschriften schon zahlreiche formelle Bedingungen auf, von denen die zivilrechtliche Wirksamkeit der im jeweiligen nationalen Markt wirksamen Franchiseverträge abhängt. Dies reicht von einfachen Schriftformerfordernissen bis hin zur nationalen kartellbehördlichen Anmeldung der Franchiseverträge mit ihren wettbewerbsbeschränkenden Vereinbarungen. Schon weil ein Franchisesystem in einem fremden Land kaum ohne enge Abstimmung mit der nationalen Kartellbehörde aufgebaut werden kann, ist die entsprechende Fremdrechtswahl tunlich. Hinzu kommen Gründe des Markenrechts und anderer Gebiete des Immaterialgüterrechts, die es gleichfalls als unausweichlich, jedenfalls aber als höchst opportun erscheinen lassen, einen Franchisevertrag von vornherein dem jeweiligen nationalen Recht desjenigen Landes zu unterstellen, dessen Markt von dem vertraglichen Vertriebssystem betroffen ist. Die Problematik der vertraglichen Rechtswahl wird in den Anmerkungen zu den verschiedenen Franchiseverträgen nochmals gesondert kommentiert (vgl. hierzu Form. III.5 Anm. 75, 76 zur U.S.-amerikanischen und Form. III.4 Anm. 70 bis 72 zur französischen Rechtslage). Die folgende Bearbeitung ist auf dem Stand vom 1. März 2001. Sie wurde von *Mansur Pour Rafsendjani* auf der Grundlage der Vorauflage von *Michael Martinek* vorgenommen.

4. Französischer Vertragstext
Contrat de franchisage[1-17]

ENTRES LES SOUSSIGNÉES

La Société A, ayant son siège social dans la ville de . . . . . . en . . . . . ., représentée aux présentes par M. X ayant pouvoir, ci-après dénommée „Le Franchiseur"
et
La Société B, ayant son siège social dans la ville de . . . . . . en . . . . . ., représentée par M. Y ayant pouvoir, ci-après dénommée „Le Franchisé"

4. Contrat de franchisage (Französischer Franchisevertrag) III. 4

Préambule.[18]

Le Franchiseur dispose d'une notoriété et d'un savoir-faire reconnus, d'une réputation commerciale bien établie et d'une clientèle actuelle et potentielle importante. En plus il possède des marques et d'autres droits intellectuels qui concernent son acitivité dans la grande distribution (respectivement la prestation de service). Le Franchiseur a l'intention de concéder au Franchisé son système de franchisage sous les conditions suivantes du contrat présent.

Le Franchisé reconnaît avoir été informé des possibilités et des exigences de la formule du Franchiseur. Il a visité le ...... et le ...... à ...... deux magasins franchisés et il a eu la faculté d'examiner leurs documents comptables, et il a suivi du ...... au ...... un stage d'information au siège du Franchiseur.

Il exprime en conséquence son désir de bénéficier de l'expérience et du savoir-faire du Franchiseur.

Il déclare prendre risque d'ouvrir un commerce à son compte, sous sa responsabilité, sans garantie formelle de succès, et sans qu'aucune des deux parties puisse prétendre, en dehors des stipulations financières contenues au contrat, de partager son profit ou ses pertes avec l'autre.

Art. 1 Indépendance des parties.[19, 20]

Le contrat est conclu par le Franchiseur en considération expresse et déterminante de la personalité du Franchisé, de sa situation de dirigeant effectif dans l'acitivité objet du contrat et à cause du contrôle qu'il détient grâce à la majorité des parts et des droits de vote de la société soussignée.

Le Franchisé dispose, dans le respect des dispositions du présent contrat, de l'indépendance de sa gestion exclusive de lien de subordination ou de représentation sous quelque forme que ce soit.

Cette indépendance s'applique notamment tant au recrutement et à la rémunération du personnel qu'il juge adapté, qu'à ses recettes, y incluant la récupération des créances que lui sont dues, dépenses et charges, notamment fiscales et sociales.

Art. 2 Clause de confidentialité.[21]

Le Franchisé reconnaît que tous les éléments du système, contenus ou non dans le manuel, comme tous documents, motifs publicitaires, méthodes commerciales, techniques ou comptables, droits privatifs ou non de propriété industrielle, sans que la présente liste soit limitative, sont de la propriété du Franchiseur.

En conséquence, le Franchisé s'engage:
- à en cesser l'emploi du seul fait de la perte, pour quelque cause et à quelque moment que ce soit, de la qualité de Franchisé;
- ne pas divulguer à des personnes étrangères au réseau, les méthodes, procédés ou techniques qui lui sont ou qui lui seront connus du fait du présent contrat et de son exécution;
- à faire signer à tous les membres de son personnel appelés à travailler dans l'établissement franchisé une lettre contenant de leur part les mêmes engagements que les énoncés au paragraphe ci-dessus, et contenant reconnaissance personnnelle par eux que toute violation de cette obligation de confidentialité constituerait le délit de divulgation de secret de fabrique.

Art. 3 Clause de répartition des responsabilités.[22]

Le Franchisé est seul responsable des prestations qu'il aura effectuées ou qu'il fait effectuer pour le compte de sa clientèle. Le Franchisé supportera donc seul les conséquences de toute action éventuelle dirigée contre le Franchiseur du fait d'une prestation défectueuse, y compris la charge de frais juridiques que le Franchiseur serait éventuellement appelé à engager pour sa défense.

Art. 4 Obligations du Franchiseur.[23]

4.1 Concession des droits de propriété intellectuelle.[24]

Dans le délai de huits jours de la signature du contrat le Franchiseur s'engage à effectuer les concessions suivantes au Franchisé:

4.1.1 Marque et nom commercial.[25]

Le Franchiseur concède au Franchisé pour le territoire de la ville de ...... et le département ...... et pour la durée convenue, la jouissance exclusive du nom commercial et de la marque ...... dont le Franchiseur est le propriétaire, ainsi que des annexes actuelles ou futures bulletins, procédés, suppléments, formules, éléments publicitaires, dispositifs, marques, marques de service ou marques commerciales, slogans, faisant partie occasionnellement, accessoirement ou de façon permannence du concept du Franchiseur.

4.1.2 Transmission du savoir-faire.[26]

Le Franchiseur s'engage à fournir au Franchisé selon les modalités convenues dans le présent contrat, l'ensemble de son savoir-faire technique et commercial, tel que précisé en annexe.

4.2 Protection des droits de la propriété intellectuelle.[27]

Le Franchiseur s'oblige de défendre les droits de la propriété intellectuelle comme il lui convient, qu'il soit demandeur ou défendeur. Le Franchisé lui apportera toute assistance raisonnable dans ces actions. Le Franchisé pourra s'il le souhaite, se joindre à ces actions en ce qui concerne le respect de ses droits et la réparation des dommages qu'il aurait subis.

4.3 Prestations de service.[28]

4.3.1 Service avant l'ouverture.

Le Franchiseur s'engage à collaborer à l'ouverture et au lancement de l'acitivité franchisée en apportant les services suivants:
- Communication du cahier des charges d'une entreprise franchisée, concernant l'aménagement du local;
- Communication de l'assortiment type du stock nécessaire et conseils pour son adaptation au marché local, en vue de la passation de la première commande;
- Assistance et conseils pour la préparation et la mise en place de l'ouverture;
- Formation du Franchisé par stage théorique et pratique de 9 semaines.
- Conseils publicitaires de lancement.

Les susdits services seront rémunérés par le droit d'entrée.

4.3.2 Service en cours de l'ouverture.

Le Franchiseur se mettra à la disposition du Franchisé pour l'ouverture de l'acitivité franchisée et assurera une présence effective sur place de trois jours, de manière à aider et à conseiller le Franchisé pendant la période d'ouverture et de lancement. Ce service sera rémunéré par le droit d'entrée.

4.3.3 Service après l'ouverture.

Le Franchiseur s'oblige à mettre à la disposition du Franchisé les services suivants:
- Information technique du Franchisé par des mises à jour régulières sur les services techniques que peut lui apporter le Franchiseur, sur les nouvelles techniques utilisables, qui constitue en fait la mise à jour du savoir-faire communiqué;
- Conception et gestion de la publicité nationale;
- Information commerciale du Franchisé, notamment par l'envoi d' un bulletin contentant les nouvelles de la concurrence, les nouveautés, les idées de promotion etc.;

4. Contrat de franchisage (Französischer Franchisevertrag) III. 4

– Formation permanente par la visite d'un conseiller et par des possibilités de séjours techniques auprès du Franchiseur.

Tous ces services seront rémunerés par des redevances périodiques proportionnelles prévues dans le présent contrat.

4.4 Publicité.[29]

Le Franchiseur s'engage de promouvoir le système franchisé à l'échelle nationale et internationale pour son propre bénéfice et pour le bénéfice mutuel de toutes les personnes ou sociétés franchisées.

Le Franchiseur s'engage en plus d'effectuer une publicité groupée pour tous les membres de la chaîne sur le plan national ou international.

Art. 5 L'exclusivité de la Franchise.[30]

Les droits exclusifs attachés au présent contrat sont accordés par le Franchiseur au Franchisé pour son magasin situé à ...... Le Franchiseur garantit au Franchisé l'exclusivité d'exploitation desdits droits pour toute la zone géographique comprise dans un rayon de ...... kilomètres autour du point de vente.

Dans la zone définie au-dessus, le Franchiseur reconnaît au Franchisé l'exclusivité d'appartenance au réseau de Franchise. Il s'engage pendant toute la durée du contrat et dans cette zone:
– à n'instituer aucun Franchisé et, en conséquence,
– à n'autoriser aucune autre personne physique ou morale à utiliser l'enseigne du réseau,
– à ne communiquer à aucune autre personne physique ou morale le système franchisé.

Mais en revanche les produits fabriqués ou diffusés (distribués) par le Franchiseur pourront cependant être proposés au public dans cette zone, sous leur marque habituelle, par d'autres revendeurs.

Le Franchisé ne pourra pas accorder dans le territoire concédé de sous-licences ou tout autre droit à un tiers, à quelque titre ce soit, sauf accord écrit préalable du Franchiseur.

Art. 6 Le point de vente.[31, 32]

Le présent contrat prévoit que le point de vente soit exploité dans un immeuble appartenant au Franchiseur, demeurant ...... et loué au Franchisé, selon bail à usage commercial en date du ...... dont une copie est jointe au présent contrat de Franchise en annexe.

Le point de vente ne peut servir qu'à l'exploitation du présent contrat et aucune marchandise autre que celles vendues au Franchisé par le Franchiseur ou les fournisseurs désignés par celui-ci ne peut être détenue ou vendue.

Art. 7 Obligations du franchisé.[33]

7.1 Obligation de diligence et de meilleur effort.[34]

Le Franchisé consacrera toute diligence et toute son activité à l'exploitation de la présente, de façon à donner pleine satisfaction à la clientèle.

Compte tenu des droits qui sont reconnus au Franchisé dans son secteur, celui-ci a l'obligation de consacrer tout son temps et de déployer tous les efforts nécessaires pour permettre une exploitation convenable de l'établissement. Il ne pourra à cet égard s'intéresser en aucun cas, directement ou indirectement, à toute autre activité concurrente de celle du réseau du Franchiseur. Toute adjonction d'activité nouvelle devra être agréée par le Franchiseur.

Il s'engage à ouvrir son magasin durant les jours et les heures d'ouverture en usage dans la profession et la localité.

7.2 Obligation financière du Franchisé.[35]

7.2.1 Droit d'Entrée.[36]

Le Franchisé s'oblige à verser au Franchiseur un droit d'entrée fixe et ferme se montant à ...... FF, payable en une seule fois à la date de signature du contrat. Il demeure irrévocablement acquis au Franchiseur.

7.2.2 Redevances périodiques de Franchise.[37]

Pendant toute la durée du contrat, le Franchisé s'engage à verser au Franchiseur une redevance mensuelle en pourcentage du montant net global des ventes (ou services) facturé par le Franchisé hors taxe sous la seule déduction des remises, rabais et soldes raisonnables consentis par le Franchisé payable dans les 8 jours suivant la fin de chaque période.

7.2.2.1 Mode de calcul.

Le terme „montant net global des ventes (*respectivement des services*)" s'entend de tous les produits reçus au titre des ventes de biens et de services réalisés dans le cadre de la Franchise sans aucune réserve et avant (*respectivement après*) déduction du montant de tous impôts directs ou indirects sur les revenus.

(*oder: Ce montant net s'entend après déduction de toutes taxes, ainsi que des rabais ou remises bénéficiant aux clients, mais non des commissions versées aux intermédiaires*).

La rémunération sera égale à .... % du montant net global des ventes du Franchisé.

7.2.2.2 Le paiement.

Cette redevance est payable au plus tard le 25 de chaque mois sur le chiffre d'affaires du mois précédent (oder: sur les facturations du mois précédent), étant observé que la redevance est due, pour chaque contrat entre le Franchisé et un consommateur, à partir de la date de sa signature. Elle sera versée au Franchiseur par chèque ou virement bancaire.

Le paiement sera accompagné d'un bordereau récapitulatif ventilant le décompte des sommes relatives à chaque facturation suivant le modèle fourni par le Franchiseur cité dans le présent contrat.

7.2.2.3 Inexécution de paiement.[38]

Faute du paiement parvenu le 25 de chaque mois, la somme due portera de plein droit des intérêts au taux légal ...... pour cent annuels à compter de la date de leur exigibilité, et ceci sans préjudice de tous autres dommages-intérêts et du droit du Franchiseur de mettre fin au contrat un mois après une mise en demeure, par lettre recommandée avec accusé de réception, contenant d'indication précise des griefs retenus contre le Franchisé, et le rappel que le contrat se trouvera résilié au seul gré du Franchiseur si les comportements défectueux du Franchisé ne sont pas intégralement corrigés dans les 30 jours de la présentation de la lettre recommandée.

7.2.2.4 Bordereau Récapitulatif.

Le Franchisé devra remplir et remettre au Franchiseur un état écrit mensuel selon le modèle prescrit par le Franchiseur sur le montant net des ventes réalisées au cours du mois précédent et sur toute information requise par le Franchiseur.

Ce bordereau récapitulatif sera adressé dans les mêmes délais que le versement de la redevance stipulée précédemment. Si le Franchiseur demande des rapports plus fréquents, le Franchisé s'engage à les fournir.

7.3 Respect des Normes d'Acitivités – Manuel –.[39]

Le Franchiseur a élaboré un manuel d'opérations dans l'intention que les Franchisés alignent leurs activités sur ces dernières. Ce manuel vaut recommandation et guide tant au plan technique, commercial et adminstratif que dans les rapports avec la clientèle.

Le Franchisé s'engage à respecter ce manuel d'opération qui constitue un document fixant contractuellement les modes opérationnels que le Franchisé s'engage à suivre et que le Franchiseur s'engage à modifier chaque fois que nécessaire pour mettre à jour le système d'exploitation de la Franchise.

7.4 Obligation d'Information.[40]

Le Franchisé tiendra informé le Franchiseur, et il lui formulera toutes remarques quant à l'état du marché et aux attentes de la clientèle notamment. En outre une information préalable du Franchiseur doit être faite par le Franchisé avant toute opération sur le fonds de commerce du Franchisé.

Le franchisé informera aussi promptement le Franchiseur de toute violation réelle ou supposée de la marque dont il pourra avoir connaissance.

7.5 L'Emploi Obligatoire des Signes de Ralliement de la Clientèle.[41]

Le Franchisé doit utiliser pour la signalisation de son magasin, et dans toute sa publicité, les mots composant la dénomination de la chaîne, et les caractéristiques distinctives du système, suivant la combinaison, la disposition et la manière qui figurent dans le manuel d'opérations, et qui peuvent être vérifiées dans les magasins pilotes dont la liste figure en tête du manuel d'opérations, de telle sorte que le magasin du Franchisé soit aisément reconnaissable par le public comme étant un élément de la chaîne. La marque de la chaîne doit être utilisée sur le papier à lettre, le matériel publicitaire suivant la combinaison, la disposition et la manière qui figurent dans le manuel d'opérations.

7.6 Standard d'Aménagement du Point de Vente.[42]

Afin de respecter l'image commune de tous les points de vente du réseau de Franchise étudiée par le Franchiseur et dont il s'engage à faire bénéficier le Franchisé, le magasin doit être aménagé en parfaite conformité avec les prescriptions du cahier des charges annexé au présent contrat. Le Franchiseur apporte son savoir-faire en matière d'aménagement, présentation et entretien du magasin au Franchisé.

Le Franchiseur fournira au Franchisé un catalogue complet et détaillé de tous ces éléments, matériaux, mobiliers, accessoires et fournitures avec l'indication des fournisseurs, prix et délais de livraison. Le Franchisé en pourra faire directement l'acquisition chez les fournisseurs indiqués.

Le Franchisé devra également effectuer toutes les démarches en vue d'obtenir l'autorisation d'apposer la ou les enseignes sur la façade de son magasin.

L'ouverture du magasin est subordonnée à l'agrément du Franchiseur que les partenaires reconnaissent expressément comme étant seul juge de la conformité du magasin à l'image commune de la Franchise.

Les travaux d'aménagement et de décoration du magasin devront débuter dans les soixante jours de la signature des présentes et devront être terminés dans les cent quatre-vingt jours de cette signature.

Faute par le Franchisé de respecter les délais précités, et sauf force majeure, le présent contrat sera automatiquement résilié si dans les trente jours de la reception d'une mise en demeure émanant de Franchiseur, il n'a pas été remédié à la satisfaction du Franchiseur, à la carence dénoncée.

Durant tout le temps du contrat, le Franchisé s'engage à maintenir son magasin en parfait état d'entretien et de conformité à l'image commune de la Franchise.

Au cours du contrat, le Franchiseur a la faculté d'apporter toute modification qu'il jugerait utile à l'image commune de la Franchise et donc à l'aménagement et à la présentation du magasin.

Le Franchisé s'engage à réaliser ces modifications dans les six mois de la notification qui lui en aura été faite par le Franchiseur, qui lui fournira son assistance pour la réalisation de ces modifications.

7.7 Stock Minimum.[43]

Le Franchisé s'engage à détenir en permanence un stock minimum disponible fixé au manuel.

7.8 Clause d'Objectif.[44]

Le Franchisé s'engage à réaliser un chiffre d'affaires hors de taxe annuel minimum de 1.000.000 FF à compter de la deuxième année contractuelle, objectif qui, sauf accord contraire des parties, sera revisé en fonction de variation de l'indice sectoriel des prix I.N.S.E.E.

Nonobstant toute disposition contraire dans le contrat, dans le cas où le Franchisé ne parviendrait pas, à l'issue d'une année commerciale donnée, à remplir l'objectif défini dans le présent contrat, le Franchiseur sera en droit de résilier le contrat immédiatement sans indemnité ou compensation au Franchisé.

7.9 Revente des Marchandises.[45, 46]

Le Franchisé n'est autorisé à revendre les marchandises au détail qu'à des consommateurs finals ou autres franchisés sans préjudice de droit pour le Franchisé.

7.10 Publicité et Promotion.[47]

Le Franchisé s'engage à participer aux campagnes promotionnelles menées par le Franchiseur et visant à développer l'ensemble du réseau et participer à leur financement ainsi qu'indiqué dans l'article 7.2.

De plus le Franchisé s'engage à consacrer à des actions publicitaires locales une somme au moins égale à 2% de son chiffre d'affaires local, dont les modalités et les périodes d'utilisation seront décidées par le Franchisé.

Le Franchisé s'oblige à consulter au préalable le Franchiseur et à obtenir son accord exprès sur les mesures de publicité envisagées par lui dans le cadre de l'obligation susvisée.

7.11 Interdiction de faire de la Publicité en dehors de la Zone Attribuée.[48]

Le Franchiseur se réserve le droit de demander au Franchisé de déplacer, modifier ou de supprimer tous panneaux de signalisation ou de publicité routière que s'avéreraient préjudiciables, soit à l'ensemble de la chaîne, soit à un certain nombre d'établissements voisins.

Le Franchisé s'interdit de faire de la publicité en faveur de l'objet du présent contrat, notamment par affichage et par distribution de tracts, dans la zone d'influence incontestable d'un autre établissement de la chaîne.

7.12 Clause de Non Concurrence.[49]

Le Franchisé, pendant toute la durée du présent contrat, s'interdit expressément d'entreprendre aucune activité susceptible de concurrencer directement ou indirectement ce réseau et de lui porter préjudice en France ou à l'étranger.

Il est notamment entendu par concurrence indirecte l'action concurrentielle qui serait faite par une personne morale ou physique autre que le Franchisé, en utilisant les connaissances, l'assistance, ou les moyens financiers du Franchisé.

Sont notamment considérés comme concurrence, sans que cette énumération soit limitative:
- toute participation directe ou indirecte à l'exploitation de tous magasins de la même catégorie que ceux du réseau,
- toute affiliation ou collaboration avec tout réseau de magasin de la même catégorie que les établissements du réseau,
- toute communication aux tiers de documents, manuels, ratios, relatifs à la gestion du réseau.

7.13 Assurance.[50]

Le Franchisé s'engage à contracter toute assurance couvrant les risques divers. Il devra assurer sa responsabilité du fait de tous actes entraînés par l'exercice du commerce et/ou

4. Contrat de franchisage (Französischer Franchisevertrag)

l'exécution de prestations techniques, assurer son stock et ses installations contre tout risque (incendies, vols, dégâts des eaux, bris des glaces).

Les contrat d'assurance doivent être communiqués au Franchiseur qui peut exiger des couvertures complémentaires, en rapport avec l'activité du Franchisé.

En cas de sinistre, le Franchiseur et les fournisseurs agréés recevront l'indemnité afférente aux marchandises sinistrées non payées directement.

Il est convenu d'autre part que chaque partie ne pourra être considérée responsable de manquements au contrat provoqués par la grève, par l'incendie, par le fait de guerre ou tous autres cas de force majeure.

Art. 8 Clause d'approvisionnement exclusif.[51]

En conséquence de l'exlusivité qui lui est consentie, le Franchisé s'engage à s'approvisionner avec 80% en produits exclusivement auprès du Franchiseur ou auprès des fabricants désignés par celui-ci.

Toutefois, s'il advient que le Franchisé juge opportun de créer un rayon d'articles complémentaires et non concurrents à la collection réunie par le Franchiseur, il pourra le faire après demande préalable au Franchiseur. Si celui-ci accepte cet élargissement de l'assortiment du Franchisé, ce dernier ne pourra y consacrer plus de 20% du montant de ses achats hors taxe et devra adresser au Franchiseur un exemplaire de chacun des modèles mis en vente dans la boutique franchisée avec un double de la facture d'achat.

Art. 9 Prix des marchandises.[52]

Le prix des marchandises se constituera par les tarifs du franchiseur ou de tiers distributeurs agréés par le franchiseur étant en vigueur au moment de l'achat. A défaut d'accord sur le prix il sera fait appel à un tiers qui déterminera le prix. Le tiers arbitre sera désigné par le Président du Tribunal de Commerce de ...... statuant en référé, à la requête de la partie la plus diligente.

Art. 10 Règles de contrôle.[53]

Le Franchiseur peut à tout moment faire procéder au contrôle de la clause d'exclusivité et du maintien des normes d'activités.

Les mandataires du Franchiseur pourront entrer à tout moment raisonnable dans les locaux du Franchisé et inspecter en détail, vérifier les méthodes de vente ainsi que l'organisation générale comptable et adminstrative, et cela au minimum 4 fois par an.

S'il découle de la visite qu'une intervention de formation complémentaire sur place est nécessaire à la bonne mise en oeuvre du concept franchisé par le Franchisé, cette intervention sera, pour la première fois, faite gratuitement par le Franchiseur, à concurrence de deux jours d'intervention.

Le Franchisé s'engage à modifier les couleurs, l'enseigne, le logo, l'aménagement intérieur et extérieur du magasin lorsque le Franchiseur en aura ainsi décidé.

Cette transformation de l'aménagement intérieur et des couleurs étant nécessaire à une évolution éventuelle du marché, le Franchisé reconnaît l'importance de cette clause, et s'engage expressément à la respecter avec rigueur.

Art. 11 Durée et renouvellement,[54,55]

Le contrat est conclu pour une durée de 5 années commerciales. Il sera renouvelé par période de 5 (cinq) années commerciales successives, sauf si l'une des parties notifie à l'autre sa volonté contraire au moins un an avant l'échéance considérée, sans qu'aucune indemnité ne puisse être due au Franchisé de ce seul fait.

Le renouvellement n'entraîne pas un nouveau versement de la redevance initiale.

Art. 12 Termination anticipée.[56, 57, 58, 59, 60]

12.1 Dissolution.

La disparition par dissolution de la société franchisée ou la dissolution de la société du Franchiseur met fin au contrat même avant l'expiration du terme convenu.

12.2 Résiliation.

En cas d'inexécution par l'une des parties de l'une quelconque des obligations résultant du contrat, le contrat pourra être résilié à l'initiative de l'autre partie, en le notifiant 30 jours après mise en demeure par lettre recommandée avec accusé de réception précisant l'inexécution visée en lui indiquant très exactement le comportement fautif et les remèdes à y apporter ainsi que l'intention de résilier le contrat, l'expiration du délai étant restée infructueuse.

Art. 13 Conséquence de la termination du contrat.[61, 62, 63, 64]

13.1 Cessation d'usage des signes de ralliement.[65]

Le Franchisé s'engage à cesser immédiatement tout usage des droits de la propriété intellectuelle et du savoir-faire lui étant concédés.

A la fin du présent contrat, à quelque moment et pour quelque cause qu'elle intervienne, le Franchisé devra immédiatement cesser tout usage de la dénommination et des logos symbolisant la Franchise.

Il reconnaît que tout usage de ces signes de ralliement de la clientèle, survenue la fin du contrat, que ce soit à titre d'enseigne, comme motif publicitaire, dans la décoration du magasin, sur ses papiers commerciaux, ou autrement, constituerait une contrefaçon, justiciable de sanctions civiles et pénales.

13.2 Reprise des marchandises en stock.[66]

Dans le cas où l'interruption de la relation de la Franchise ne serait pas le fait direct ou indirect du Franchisé, tenant notamment en l'inexécution de l'une de ses obligations, le Franchisé disposerait d'un délai complémentaire de 3 mois, à compter de la résiliation pour liquider la marchandise en stock dans les conditions et sous l'enseigne de la Franchise, à moins que le Franchiseur ne préfère reprendre l'ensemble des stocks restant à leur prix d'achat.

13.3 Retournement des signes de ralliement.

Le Franchisé s'engage à retourner au Franchiseur tous documents liés à la description du savoir-faire et des méthodes du Franchiseur, sans pouvoir en garder aucune copie, directement ou indirectement, ainsi que tout document promotionnel portant la marque en sa possession, ainsi que tout produit qu'il n'aurait pas payé à cette date, sans droit de rétention à leur ègard.

13.4 Clause de non-concurrence post-contractuelle.[67, 68]

En cas de termination du présent contrat, pour quelque cause que ce soit, ou de résiliation judiciaire, quels que soient les torts et griefs prononcés, le Franchisé personnnellement, et la société franchisée s'engagent à ne pas s'intéresser, sous quelque forme que ce soit, fut-ce comme conseil, directement ou indirectement, à une entreprise similaire et cependant une période d'un an dans le territoire autour de point de vente consenti au Franchisé.

Toute infraction constatée à la présente clause sera sanctionnée par une somme forfaitaire de ...... FF par jour de retard à compter de ladite infraction et à partir du moment où le Franchisé aura été mis en demeure par le Franchiseur.

Pendant 1 (un) an après la rupture du contrat, à quelque moment et pour quelque cause qu'elle intervienne, les parties s'interdisent réciproquement de recruter à titre salarié ou d'utiliser à quelque titre que ce soit, directement ou indirectement, les salariés ou anciens salariés de l'autre partie.

4. Contrat de franchisage (Französischer Franchisevertrag) III. 4

Art. 14 Transmission du Contrat.[69]

Ce contrat est incessible et intransmissible sauf l'agrément préalable écrit du Franchiseur, que ce soit du fait de cession ou de mutation par héritage ou autrement, de location-gérance ou location-vente du fonds de commerce du Franchisé ou de la modification des organes dirigeants, de la cession de la majorité des droits de vote dans la société franchisée, ou encore par suite de sa fusion ou absorption, scission apport partiel ou autrement.

Pour instruire la demande du Franchisé, le Franchiseur dispose d'un temps de reflexion d'un mois à compter de la réception de la notification pour y répondre, sans avoir à motiver sa décision. Le silence du Franchiseur vaut approbation de la transmission du contrat.

Art. 15 Attribution de droit applicable.[70]

Le contrat est soumis au droit français. Ca vaut également pour les contrats d'application successives.

Art. 16 Attribution de Compétence.[71, 72, 73]

Tout différend pouvant s'élever relativement à la négociation, à l'exécution ou à l'interprétation des présentes sera soumis au tribunal compétent de . . . . . ., a . . . .

Art. 17 Annulation des Accords antérieurs.[74]

Le présent contrat contient l'intégralité de l'accord des parties sur son objet et annule et remplace dans toutes ses dispositions les accords écrits ou verbaux ayants pu exister antérieurement entre les parties.

Fait en deux exemplaires,
A Saarbrücken, le . . . .

. . . .
Signature du Franchiseur   Signature du Franchisé

Übersetzung

Franchisevertrag[1-17]

zwischen den Unterzeichnern
Gesellschaft A mit Hauptsitz in der Stadt . . . . . ., in . . . . . ., vertreten durch den Bevollmächtigten Herrn M. X., nachfolgend als Franchisegeber bezeichnet,
und
Gesellschaft B mit Hauptsitz in . . . . . ., ..., vertreten durch den Bevollmächtigten Herrn M. Y., nachfolgend als Franchisenehmer bezeichnet,

Präambel[18]

Der Franchisegeber verfügt über einen beachtlichen Bekanntheitsgrad, ein anerkanntes Know-how sowie über ein gewachsenes geschäftliches Ansehen und über eine bedeutende bestehende und potentielle Klientel. Des weiteren ist er Inhaber von Markenrechten und sonstigem geistigen Eigentum im Bereiche des Großhandels bzw. des Dienstleistungssektors. Der Franchisegeber beabsichtigt, sein Franchisesystem auf den Franchisenehmer zu den folgenden, im vorliegenden Vertrag festgelegten Bedingungen zu übertragen.

Der Franchisenehmer erklärt hiermit, über die Chancen und Anforderungen des Geschäftskonzepts des Franchisegebers informiert worden zu sein. Er hat zwei Franchisegeschäfte am . . . . . . und am . . . . . . in . . . . . . besucht, wobei ihm die Möglichkeit eingeräumt war, die einschlägigen Buchungsunterlagen einzusehen. Des weiteren hat er am ...... am Sitz des Franchisegebers ein Einführungsseminar besucht.

Infolgedessen wünscht er, von der Erfahrung und dem Know-how des Franchisegebers zu profitieren.

Er erklärt, das Risiko der Eröffnung eines eigenen Geschäftes auf eigene Rechnung auf sich nehmen und dies auf eigene Verantwortung ohne förmliche Erfolgsgarantie betreiben zu wollen, ohne dass über die im Vertrag enthaltenen, die finanziellen Regelungen betreffenden Klauseln hinaus eine der Parteien eine Teilung von Gewinn und Verlust beanspruchen könnte.

Art. 1 Unabhängigkeit der Parteien[19, 20]

Der Vertrag wurde vom Franchisegeber abgeschlossen in ausdrücklicher und entscheidender bestimmter Würdigung der Persönlichkeit des Franchisenehmers, seiner Stellung als Führungskraft in bezug auf die Tätigkeit, die Gegenstand des vorliegenden Vertrages ist, die von ihm gehaltene Kontrolle in der unterzeichnenden Gesellschaft, die er wegen seiner Mehrheit an den Gesellschaftsanteilen und der Stimmrechte ausübt.

Der Franchisenehmer genießt gemäß den Bestimmungen des vorliegenden Vertrages die Unabhängigkeit in seiner Geschäftsführung und ist von jeglicher Art von Bindungen frei, die zu einer Unterordnung bzw. einer Einschränkung seiner Vertretungsmacht führen könnten.

Diese Unabhängigkeit bezieht sich sowohl auf die Rekrutierung und Entlohnung des von ihm für geeignet gehaltenen Personals, als auch auf seine Einnahmen, einschließlich der Eintreibung ihm zustehender offener Forderungen sowie auf seine Ausgaben und insbesondere Steuer- und Sozialabgaben.

Art. 2 Vertraulichkeitsklausel[21]

Der Franchisenehmer erkennt an, dass alle Elemente des Franchisesystems, und zwar unabhängig davon, ob sie im Handbuch erwähnt sind oder nicht, wie z.B. alle Dokumente, Werbemotive, Handelsmethoden, Methoden der Technik und Buchführung, ausschließliche und nicht ausschließliche Rechte gewerblichen Eigentums, ohne dass diese Auflistung abschließend ist, Eigentum des Franchisegebers sind.

Infolgedessen verpflichtet sich der Franchisenehmer:
- bei Verlust der Eigenschaft als Franchisenehmer – aus welchem Grund und zu welcher Zeit auch immer – die Nutzung (der Rechte des Franchisegebers) einzustellen;
- die Methoden, Verfahrensweisen und Techniken, die ihm aufgrund des vorliegenden Vertrages und seiner Ausführung zu seiner Kenntnis gelangt sind, nicht an systemfremde Personen preiszugeben;
- von allen zur Tätigkeit im Franchisegeschäft berufenen Mitgliedern seiner Belegschaft ein Schreiben unterzeichnen zu lassen, welches die gleichen, zuvor genannten Verpflichtungen sowie die persönliche Anerkenntnis enthält, dass jede Verletzung dieser Vertraulichkeitspflicht den Tatbestand einer unerlaubten Offenbarung von Betriebsgeheimnissen darstellt.

Art. 3 Haftung[22]

Der Franchisenehmer ist allein verantwortlich für die von ihm für seine Kunden bewirkten bzw. von ihm veranlassten Leistungen. Der Franchisenehmer trägt damit allein die Konsequenzen einer eventuell gegen den Franchisegeber gerichteten Klage aufgrund einer fehlerhaften Leistung. Er übernimmt auch die Kostenlast der Rechtsverfolgung, die der Franchisegeber gegebenenfalls zu seiner Verteidigung aufbringen muss.

4. Contrat de franchisage (Französischer Franchisevertrag)

Art. 4 Verpflichtungen des Franchisegebers[23]

4.1 Einräumung von Immaterialgüterrechten[24]

Innerhalb einer Frist von acht Tagen nach Vertragsunterzeichnung erteilt der Franchisegeber dem Franchisenehmer folgende Lizenzen:

4.1.1 Marke und Handelsname[25]

Der Franchisegeber überträgt dem Franchisenehmer für das Gebiet der Stadt ...... und für das Departement ...... für die vereinbarte Vertragsdauer das ausschließliche Nutzungsrecht an dem Handelsnamen und dem Markenrecht ......, deren rechtmäßiger Inhaber der Franchisegeber ist. Der Franchisenehmer erhält gleichfalls aktuelle bzw. zukünftige Anlagen, Berichte, Verfahren, Zusätze, Formeln, Elemente der Werbung, Marken, Dienstleistungsmarken oder Handelsmarken sowie Slogans, die gelegentlich oder dauerhaft als Zubehör zum Konzept des Franchisegebers gehören.

4.1.2 Übertragung des Know-how[26]

Der Franchisegeber verpflichtet sich, dem Franchisenehmer gemäß den im vorliegenden Vertrag vereinbarten Modalitäten sein gesamtes technisches und gewerbliches Know-how zu übertragen, das im Annex zu diesem Vertrag genau bezeichnet ist.

4.2 Schutz der Immaterialgüterrechte[27]

Der Franchisegeber verpflichtet sich, soweit er es für angebracht hält, zum Schutz der Immaterialgüterrechte, sei es als Kläger, sei es als Beklagter. Der Franchisenehmer gewährt ihm hierzu angemessenen Beistand. Der Franchisenehmer kann auf eigenen Wunsch den Klagen im Hinblick auf seine Rechte sowie von ihm möglicherweise erlittene Schäden beitreten.

4.3 Dienstleistungen[28]

4.3.1 Dienste vor Geschäftseröffnung

Der Franchisegeber verpflichtet sich zur Zusammenarbeit für die Eröffnung und den Beginn des Franchisebetriebs, indem er folgende Leistungen erbringt:
– Übermittlung des Lastenheftes eines Franchiseunternehmens, welches Aussagen über die Ausstattung des Geschäftslokals enthält;
– Übermittlung des standardisierten Grundwarenbestandes mit Ratschlägen für dessen Anpassung an die Gegebenheiten des lokalen Marktes im Hinblick auf die erste Auftragserteilung;
– Hilfestellung und Beratung für die Vorbereitung und Durchführung der Geschäftseröffnung;
– Ausbildung des Franchisenehmers in einem neunwöchigen Kursus in Theorie und Praxis;
– werbetechnische Beratung zur Markteinführung.
Die vorstehend genannten Leistungen sind durch die Eintrittsgebühr abgegolten.

4.3.2 Dienstleistung im Verlaufe der Geschäftseröffnung

Der Franchisegeber hält sich beim und für den Beginn der Franchisetätigkeit zur Verfügung des Franchisenehmers und sichert ihm eine dreitägige Anwesenheit vor Ort zu, wobei er dem Franchisenehmer mit Rat und Tat während dieser Zeit der Geschäftseröffnung und der Markteinführung zur Seite steht. Diese Serviceleistung ist mit der Eintrittsgebühr vergütet.

4.3.3 Serviceleistung nach Geschäftseröffnung

Der Franchisegeber verpflichtet sich, für den Franchisenehmer folgende Dienstleistungen bereitzuhalten:
– technische Informationen des Franchisenehmers im Wege laufender Aktualisierungen der vom Franchisegeber erbringbaren technischen Dienstleistungen sowie neuartiger Einsatztechniken, was praktisch auf die laufende Aktualisierung des übermittelten Know-hows hinausläuft;

- Planung und Durchführung der landesweiten Werbung;
- gewerbliche Information des Franchisenehmers, insbesondere durch Übersendung eines Informationsblattes, das Nachrichten über die Mitbewerber, Marktneuheiten, Werbeideen usw. enthält;
- ständige Ausbildung durch Besuch eines Beraters sowie durch die Ermöglichung von Schulungsaufenthalten beim Franchisegeber.

All diese Dienstleistungen werden durch die wiederkehrenden Gebühren abgedeckt, so wie es im vorliegenden Vertrag vorgesehen ist.

4.4 Werbung[29]

Der Franchisegeber verpflichtet sich, im Eigeninteresse wie im gemeinsamen Interesse aller franchisierten Einzelpersonen und Gesellschaften das Franchisesystem weiterzuentwickeln und zu fördern, sowohl national als auch international.

Er verpflichtet sich weiterhin zur Durchführung einer gemeinsamen Werbung für alle Mitglieder des Franchisesystems auf der Grundlage eines nationalen oder internationalen Werbekonzepts.

Art. 5 Exklusivität der Franchise[30]

Die mit diesem Vertrag verbundenen exklusiven Rechte werden vom Franchisegeber dem Franchisenehmer für sein Ladenlokal in . . . . . . eingeräumt. Der Franchisegeber garantiert dem Franchisenehmer die Exklusivität der Nutzung der besagten Rechte für den gesamten räumlichen Bereich in einem Umkreis von . . . . . . Kilometern um das Ladenlokal.

Der Franchisegeber erkennt dem Franchisenehmer in dem so definierten Bereich das exklusive Auftreten im Franchisenetz zu. Er verpflichtet sich daher, für die gesamte Vertragsdauer innerhalb dieser Zone:

- keine anderen Franchisenehmer einzusetzen und infolgedessen
- keinen anderen natürlichen oder juristischen Personen die Nutzung der Kennzeichen des Systems zu gestatten;
- keinen anderen natürlichen oder juristischen Personen das Franchisesystem zugänglich zu machen.

Im Gegenzug können allerdings die vom Franchisegeber hergestellten oder vertriebenen Waren unter ihrer gewöhnlichen Marke von anderen Wiederverkäufern der Kundschaft in dem geschützten Vertragsgebiet angeboten werden.

Außer im Falle des vorherigen schriftlichen Einverständnisses des Franchisegebers ist der Franchisenehmer nicht berechtigt, auf welcher Grundlage auch immer, Unterlizenzen bzw. andere Rechte (aus diesem Franchiseverhältnis) an Dritte zu gewähren.

Art. 6 Ladenlokal[31, 32]

Der vorliegende Vertrag sieht vor, dass das Ladenlokal in einem dem Franchisegeber gehörenden Gebäude in . . . . . . untergebracht und dem Franchisenehmer auf der Grundlage einer Geschäftsraummiete überlassen wird. Der diesbezügliche Mietvertrag vom . . . . . . ist in Kopie dem vorliegenden Franchisevertrag als Annex beigefügt.

Das Ladenlokal darf lediglich zu Zwecken des vorliegenden Vertrages genutzt werden. Es dürfen dort vom Franchisenehmer nur solche Waren vorrätig gehalten oder verkauft werden, die ihm vom Franchisegeber oder von durch diesen bestimmten Lieferanten verkauft wurden.

Art. 7 Verpflichtungen des Franchisenehmers[33]

7.1 Sorgfaltspflicht und Besteinsatz[34]

Der Franchisenehmer verpflichtet sich, seine gesamte Aufmerksamkeit und seine volle Einsatzkraft der Ausübung des Franchisebetriebes zu widmen, so dass er seinen Kunden

4. Contrat de franchisage (Französischer Franchisevertrag) III. 4

Anlass zur vollsten Zufriedenheit gibt. Jedwede neue zusätzliche Tätigkeit (des Franchisenehmers) bedarf der Zustimmung des Franchisegebers.

Angesichts der dem Franchisenehmer in seinem Vertragsgebiet zuerkannten Rechte, hat dieser die Verpflichtung, all seine Zeit zu investieren und alle notwendigen Anstrengungen zu unternehmen, um eine geeignete Ausübung des Franchisegeschäfts sicherzustellen. In dieser Hinsicht wird es ihm unter keinem Umstand gestattet, direkt oder indirekt irgendeine andere Tätigkeit auszuüben, die mit dem Franchisesystem in Wettbewerb steht.

Er verpflichtet sich, sein Ladenlokal an den berufs- und ortsüblichen Tagen zu öffnen sowie berufs- und ortsübliche Öffnungszeiten einzuhalten.

7.2 Finanzielle Verpflichtungen des Franchisenehmers[35]

7.2.1 Eintrittsgebühr[36]

Der Franchisenehmer verpflichtet sich, an den Franchisegeber eine einmalige Eintrittsgebühr in Höhe von . . . . . .– FF, insgesamt fällig bei Unterzeichnung des Vertrages, zu zahlen. Sie verbleibt unwiderruflich beim Franchisegeber.

7.2.2 Wiederkehrende Franchisegebühren[37]

Der Franchisenehmer verpflichtet sich für die gesamte Vertragsdauer, dem Franchisegeber eine monatliche Franchisegebühr zu zahlen. Diese errechnet sich aus dem Nettoumsatz der in Rechnung gestellten Verkäufe (bzw. Dienstleistungen) ohne die darauf zu leistenden Steuern. Abgezogen werden hiervon lediglich die Rücknahmen, Rabatte und die angemessenen, mit dem Franchisenehmer abgestimmten Schluss(Räumungs)-verkäufe. Der Betrag wird acht Tage nach dem Ende einer jeden Abrechnungsperiode fällig.

7.2.2.1 Berechnungsmodalität

Der (vorstehende) Begriff der Nettosumme aller Verkäufe (oder: Dienstleistungen) umfasst alle im Rahmen des Franchisegeschäfts getätigten Verkäufe von Gütern bzw. jede im Rahmen des Franchisegeschäfts erbrachten Dienstleistungen ohne Vorbehalt und vor (bzw. nach) Abzug der sich aus direkten bzw. indirekten Besteuerung der Einnahmen ergebenden Beträge.

(oder: Der Nettobetrag versteht sich nach Abzug aller Steuern, Rabatte oder zugunsten von Kunden getätigten Rücknahmen, jedoch ohne die an Vermittler gezahlten Provisionen).

Die Vergütung beträgt . . . . . . % des Nettoumsatzes des Franchisenehmers.

7.2.2.2 Zahlung

Die laufende Gebühr ist spätestens am 25. eines jeden Monats auf der Grundlage des Geschäftsergebnisses des Vormonats fällig (bzw. auf der Grundlage der Rechnungsausgänge des Vormonats). Entscheidend hierfür ist das Datum der Unterzeichnung des zwischen Franchisenehmer und Kunden geschlossenen Vertrages. Die Gebühr ist per Scheck oder Banküberweisung an den Franchisegeber zu zahlen.

Der Zahlung soll eine zusammenfassende Aufstellung beigefügt werden, aus der genau die in Rechnung gestellten Beträge hervorgehen und zwar nach Maßgabe des vom Franchisegeber im vorliegenden Vertrag spezifizierten Abrechnungsmodells.

7.2.2.3 Zahlungsverzug[38]

Wenn die vereinbarte Zahlung nicht am 25. jeden Monats erfolgt, wird auf die geschuldete Summe ein Zinssatz von . . . . . . % jährlich, gerechnet ab Fälligkeit, erhoben. Dem Franchisegeber bleibt in diesem Falle die Geltendmachung weiteren Schadensersatzes sowie das Recht zur Vertragsbeendigung nach Ablauf einer Verzugsfrist von einem Monat vorbehalten. Die Fristsetzung soll per Einschreiben mit Rückschein erfolgen und die genaue Bezeichnung der gegen den Franchisenehmer erhobenen Vorwürfe enthalten. Des weiteren muss der Hinweis enthalten sein, dass der Vertrag vom Franchisegeber einseitig gekündigt werden kann, falls das fehlerhafte Verhalten des Franchisenehmers nicht innerhalb von 30 Tagen nach Erhalt des Einschreibens wiedergutgemacht wird.

7.2.2.4 Sammelbericht

Der Franchisenehmer ist verpflichtet, einen schriftlichen Monatsbericht nach dem vom Franchisegeber vorgegebenen Muster zu erstellen und an diesen zu senden. Er muss Aufschluss über die im Monatsverlauf getätigten Nettoabschlüsse sowie alle sonstigen vom Franchisegeber gewünschten Informationen enthalten.

Dieser Sammelbericht ist innerhalb der Fristen zu übersenden, die zuvor für die Zahlung der laufenden Gebühren vereinbart wurden. Auf Verlangen des Franchisegebers verpflichtet sich der Franchisenehmer, diese Sammelberichte häufiger zu erstellen.

7.3 Beachtung der Tätigkeitsrichtlinien – Handbuch –[39]

Der Franchisegeber hat ein Betriebshandbuch erstellt, an dem die Franchisenehmer ihre Tätigkeiten auszurichten haben. Dieses Handbuch dient als Empfehlung und Führung sowie als Anleitung für den technischen, kaufmännischen und betriebswirtschaftlichen Umgang mit der Kundschaft.

Der Franchisenehmer verpflichtet sich zur Beachtung dieses Betriebshandbuchs als eines Dokuments, das die Betriebsmodalitäten vertraglich festhält, die der Franchisenehmer einzuhalten hat. Der Franchisegeber verpflichtet sich im Gegenzug, so oft wie nötig Änderungen vorzunehmen, um die laufende Anpassung des Franchisekonzepts und seiner Nutzbarkeit zu gewährleisten.

7.4 Informationsverpflichtung[40]

Der Franchisenehmer ist verpflichtet, den Franchisegeber informiert zu halten und ihm alles mitzuteilen, was die Gegebenheiten des Marktes und insbesondere die Erwartungen der Kundschaft anbetrifft. Darüber hinaus ist der Franchisenehmer verpflichtet, dem Franchisegeber von jeder den „Fonds de Commerce" des Franchisenehmers betreffenden Maßnahme zu unterrichten.

Der Franchisenehmer informiert ebenso umgehend den Franchisegeber von jeder tatsächlichen oder vermuteten Verletzung des Markenrechts, die ihm zur Kenntnis gelangt ist.

7.5 Verpflichtung zur Verwendung der zugkräftigen System-Kennzeichen[41]

Der Franchisenehmer ist verpflichtet, für die Kennzeichnung seines Ladenlokals und bei jeder Werbung, die Schlagworte zur Bezeichnung des Franchisesystems und die unterscheidungskräftigen System-Merkmale in der im Handbuch beschriebenen Kombination sowie Art und Weise zu benutzen. Diese können anhand der Pilotbetriebe überprüft werden, die am Anfang des Handbuches aufgelistet sind. Die Verwendung der Kennzeichen des Franchisesystems soll in der Weise erfolgen, dass das Geschäft des Franchisenehmers von der Öffentlichkeit leicht als ein Glied der Franchisekette erkennbar ist. Die Marke der Franchisekette ist sowohl auf dem Briefpapier, als auch auf dem Werbematerial zu verwenden und zwar in der im Handbuch beschriebenen Kombination, Anordnung und Art.

7.6 Standardeinrichtung des Ladenlokals[42]

Um das vom Franchisegeber angestrebte einheitliche Erscheinungsbild aller Ladenlokale des Franchisenetzes zu gewährleisten, von dem auch der Franchisenehmer Nutzen trägt, muss das Ladenlokal in vollständiger Übereinstimmung mit den Vorschriften des als Annex zu diesem Vertrag beigefügten Lastenheftes eingerichtet werden. Der Franchisegeber überträgt dem Franchisenehmer auch sein Know-how in bezug auf Einrichtung, Präsentation und Unterhaltung des Ladenlokals.

Der Franchisegeber liefert dem Franchisenehmer einen vollständigen und detaillierten Katalog, aus dem all diese Elemente, Materialien, Einrichtungsgegenstände, Zubehörteile und Zutaten hervorgehen, verbunden mit der Angabe der Lieferanten, der Preise und der Lieferfristen. Der Franchisenehmer kann direkt den Einkauf bei den angegebenen Lieferanten tätigen.

Der Franchisenehmer ist weiterhin gehalten, alle Anstrengungen zu unternehmen, um die Erlaubnis zur Anbringung des oder der Kennzeichen an der Geschäftsfassade zu erhalten.

Die Eröffnung des Ladenlokals ist an die vorherige Zustimmung des Franchisegebers gebunden, den alle Systempartner ausdrücklich als alleinige Entscheidungsinstanz über die Systemkonformität des Ladenlokals und das einheitliche Erscheinungsbild anerkennen.

Die Einrichtungs- und Ausstattungsarbeiten im Ladenlokal müssen innerhalb von sechzig Tagen nach Vertragsunterzeichnung beginnen und innerhalb von 190 Tagen nach Vertragsunterzeichnung abgeschlossen sein.

Hält der Franchisenehmer diese Fristen nicht ein und liegt kein Fall höherer Gewalt vor, wird der vorliegende Vertrag automatisch dreißig Tage nach Empfang einer Inverzugsetzung durch den Franchisegeber aufgelöst, sofern nicht eine den Franchisegeber zufriedenstellende Abhilfe innerhalb der genannten Karenzfrist erfolgt.

Der Franchisenehmer verpflichtet sich während der genannten Vertragslaufzeit, sein Ladenlokal in tadellosem Betriebszustand und systemkonformem Erscheinungsbild zu halten.

Während der Laufzeit des Vertrages soll es dem Franchisegeber frei bleiben, jede von ihm für das gemeinsame Erscheinungsbild des Franchisesystems nützliche Änderung anzuregen. Dies kann auch die Einrichtung und Außendarstellung des Ladenlokals betreffen.

Der Franchisenehmer verpflichtet sich, diese Änderungen innerhalb von sechs Monaten nach Bekanntgabe durch den Franchisegeber vorzunehmen, der seinerseits Hilfe zur Umsetzung dieser Änderung leisten wird.

7.7 Mindestwarenbestand[43]

Der Franchisenehmer ist zur Lagerhaltung eines wie im Handbuch beschriebenen ständig verfügbaren Mindestwarenbestandes verpflichtet.

7.8 Mindestumsatz[44]

Der Franchisenehmer verpflichtet sich, ab dem zweiten Vertragsjahr einen jährlichen Mindestumsatz von ...... – FF vor Steuern zu erwirtschaften. Dieses Ziel soll, sofern die Parteien nichts anderes vereinbaren, nach Maßgabe des sich ändernden Lebenserhaltungsindex (I.N.S.E.E) angepasst werden.

Ohne einer anderweitigen Vorschrift dieses Vertrages entgegenzustehen, ist der Franchisegeber zur sofortigen Kündigung dieses Vertrages ohne Leistung von Schadensersatz oder Entschädigung berechtigt, wenn es dem Franchisenehmer nicht gelingt, am Ende des betreffenden Geschäftsjahres das in diesem Artikel festgesetzte Mindestumsatzziel zu erreichen.

7.9 Wiederverkauf der Vertragswaren[45, 46]

Der Franchisenehmer ist lediglich zum Wiederverkauf der Vertragswaren an Endverbraucher oder zum Verkauf an andere Franchisenehmer berechtigt, sofern er keinen Schaden an eigenen Rechten erleidet.

7.10 Öffentlichkeitsarbeit und Werbung[47]

Der Franchisenehmer verpflichtet sich, an vom Franchisegeber geleiteten Werbekampagnen mitzuwirken und sich im Hinblick auf die Weiterentwicklung des Systems auch an der Finanzierung zu beteiligen.

Darüber hinaus verpflichtet sich der Franchisenehmer, einen Betrag von mindestens ...... % seines Geschäftsumsatzes für die lokale Werbung vorzusehen, über deren Art und Weise sowie zeitlichen Einsatz der Franchisenehmer selbst entscheidet.

Der Franchisenehmer ist im Rahmen der vorgenannten Aufgabe verpflichtet, hinsichtlich der von ihm vorgesehenen Werbemaßnahmen den Franchisegeber vorher zu konsultieren und dessen ausdrückliche Zustimmung einzuholen.

7.11 Werbeverbot außerhalb der dem Franchisenehmer zugewiesenen Zone[48]

Der Franchisegeber behält sich das Recht vor, dem Franchisenehmer aufzugeben, jede Beschilderung und jede Straßenwerbung zu entfernen, zu ändern oder zu unterlassen, die sich schädlich für das gesamte System oder auch nur für eine bestimmte Anzahl benachbarter Franchisebetriebe erweisen könnte.

Dem Franchisenehmer ist es untersagt, für die Vertragswaren dieses Franchisevertrags in der Schutzzone eines anderen Unternehmens des Franchisesystems Werbung, insbesondere durch Plakatierung und Verteilung von Flugblättern zu betreiben.

7.12 Konkurrenzschutzklausel[49]

Dem Franchisenehmer ist es für die gesamte Laufzeit des vorliegenden Vertrages ausdrücklich untersagt, irgendwelche Aktivitäten zu entwickeln, die geeignet sind, direkt oder indirekt in dem Franchisesystem zu konkurrieren oder diesem in Frankreich bzw. im Ausland Nachteile zuzufügen.

Als indirekte Konkurrenz ist insbesondere jede Tätigkeit zu verstehen, die von einer vom Franchisenehmer verschiedenen juristischen oder natürlichen Person ausgeübt wird, die sich die Kenntnisse, die Hilfe oder finanzielle Mittel des Franchisenehmers zunutze macht.

Insbesondere wird als Konkurrenztätigkeit – ohne dass diese Aufzählung abschließend wäre – verstanden:
- jede direkte oder indirekte Beteiligung am Betrieb eines Ladenlokals, das in derselben Branche wie das Franchisesystem angesiedelt ist;
- jede Beteiligung an bzw. Zusammenarbeit mit anderen Geschäftssystemen derselben Branche des vorliegenden Franchisesystems;
- jede Mitteilung an Dritte von Dokumenten, Handbüchern oder sonstige Information, die die Leitung des Franchisesystems betreffen.

7.13 Versicherung[50]

Der Franchisenehmer verpflichtet sich, sämtliche Versicherungen zur Abdeckung der verschiedenen Risiken abzuschließen. Er hat seine Haftungsrisiken zu versichern, die aus allen Tätigkeiten bei Ausübung des Gewerbes bzw. bei der Ausführung technischer Leistungen entstehen. Er hat auch den Warenbestand und die Ladeneinrichtung gegen jedes denkbare Risiko (Brandstiftung, Diebstahl, Wasserschäden, Glasbruch) zu versichern.

Der Versicherungsvertrag ist dem Franchisegeber bekanntzugeben. Dieser kann zusätzliche Deckung im Hinblick auf die Aktivitäten des Franchisenehmers verlangen.

Im Schadensfall sind der Franchisegeber bzw. die von ihm zugelassenen Lieferanten berechtigt, den ihnen gebührenden Schadensersatz für die beschädigten und noch nicht bezahlten Waren zu erhalten.

Es gilt jedoch als vereinbart, dass keine Partei für mangelnde Vertragserfüllung haftbar gemacht wird, welche durch Streik, Brand, Krieg oder sonstige Fälle höherer Gewalt verursacht worden ist.

Art. 8 Ausschließliche Bezugsverpflichtung[51]

Im Gegenzug für die ihm gewährte (territoriale) Exklusivität erklärt sich der Franchisenehmer mit der Verpflichtung in Höhe von 80% zum ausschließlichen Bezug der Vertragswaren beim Franchisegeber bzw. bei von diesem bestimmten Herstellern einverstanden.

Wenn es der Franchisenehmer dennoch für opportun hält, ein zusätzliches Sortiment von Artikeln aufzunehmen, die freilich nicht mit der Kollektion des Franchisegebers konkurrieren dürfen, so kann er dies tun, wobei er zuvor die Erlaubnis des Franchisegebers einzuholen hat. Wenn dieser der Sortimentserweiterung zustimmt, ist der Franchisenehmer nur unter der Voraussetzung dazu berechtigt, dass er höchstens 20% des Geschäftsumsatzes (Steuer nicht inbegriffen) hierfür ansetzt. Er ist darüber hinaus verpflichtet, dem Franchisegeber ein Musterexemplar all derjenigen Waren zukommen zu lassen, welche im Ladenlokal des Franchisenehmers verkauft werden, und eine Zweitausfertigung der jeweiligen Rechnung mitzuliefern.

Art. 9 Preis der Vertragswaren[52]

Der Preis der bezogenen Ware soll anlässlich jeder Lieferung frei ausgehandelt werden. Erfolgt keine Einigung über den Preis, so wird eine dritte Person zur Bestimmung des Preises berufen. Diesen Schiedsrichter soll der Präsident des Tribunal de Commerce in . . . . . . im vorläufigen Rechtsschutzverfahren auf Antrag der ersthandelnden Partei bestimmen.

Art. 10 Kontrollregel[53]

Der Franchisegeber ist jederzeit berechtigt, die Einhaltung der Bedingungen bezüglich der Exklusivität und der Umsetzung der Richtlinien im Betrieb des Franchisegeschäftes zu kontrollieren.

Die Bevollmächtigten des Franchisegebers sind berechtigt, mindestens viermal im Jahr zu angemessenen Zeiten die Lokalitäten des Franchisenehmers zu betreten und detaillierte Untersuchungen vorzunehmen sowie die Einhaltung der vorgegebenen Verkaufsmethoden und die allgemeine Buchführung und Verwaltung zu überwachen.

Stellt sich im Verlaufe der Inspektion heraus, dass eine zusätzliche Schulung vor Ort notwendig ist, um eine fachgerechte Umsetzung des Franchisekonzepts zu gewährleisten, so soll diese Maßnahme bei erstmaliger Erforderlichkeit mit einer Dauer von zwei Tagen vom Franchisegeber kostenlos bereitgestellt werden.

Auf Verlangen des Franchisegebers ist der Franchisenehmer dann verpflichtet, die farbliche Ausstattung, das Kennzeichen, das Logo, die Außen- sowie die Inneneinrichtung des Ladenlokals zu verändern.

In Anbetracht der Notwendigkeit der Umgestaltung der Inneneinrichtung und der farblichen Gestaltung zwecks Anpassung an eine allfällige Weiterentwicklung der Marktgegebenheiten, erkennt der Franchisenehmer die Wichtigkeit dieser Klausel an und verpflichtet sich ausdrücklich, sich streng an diese Vorgaben zu halten.

Art. 11 Vertragsdauer und Vertragserneuerung[54, 55]

Der Vertrag ist für eine Dauer von fünf Geschäftsjahren geschlossen. Er verlängert sich um weitere fünf Geschäftsjahre, es sei denn, dass eine Vertragspartei der anderen ihren gegenteiligen Willen mindestens ein Jahr vor dem ordentlichen Vertragsablauf mitteilt, wobei dem Franchisenehmer allein aufgrund dieser Tatsache keine Entschädigung zustehen soll.

Die Vertragsverlängerung erfordert nicht die erneute Zahlung einer Eintrittsgebühr.

Art. 12 Vorzeitige Beendigung[55, 56, 57, 58, 59]

12.1 Gesellschaftsauflösung

Die Auflösung der Franchisenehmer- bzw. Franchisegebergesellschaft führt zur sofortigen Beendigung des Vertrages, auch wenn der Vertrag noch nicht ausgelaufen sein sollte.

12.2 Kündigung

Im Falle der Nichterfüllung irgendeiner der sich aus diesem Vertrag ergebenden Pflichten einer Partei, ist der Vertrag durch die andere Vertragspartei kündbar. Dabei muss dies 30 Tage nach Inverzugsetzung per Einschreiben mit Rückschein angedroht werden. In diesem Schreiben ist die betreffende Nichterfüllung genau zu bezeichnen und das vertragswidrige Verhalten mit den hierfür vorgesehenen Heilungsmöglichkeiten genau anzugeben sowie die Absicht anzuzeigen, den Vertrag bei fruchtlosem Fristablauf zu kündigen.

Art. 13 Folgen der Vertragsbeendigung[60, 61, 62, 63, 64]

13.1 Einstellung der Verwendung von Kennzeichen[65]

Der Franchisenehmer verpflichtet sich, umgehend jede Verwendung von Immaterialgüterrechten sowie des ihm übertragenen Know-hows einzustellen.

Bei Eintritt des Vertragsendes, zu welcher Zeit und aus welchem Grund dies auch geschehen mag, muss der Franchisenehmer umgehend jede Verwendung der Bezeichnung des Franchisegeschäfts und der dieses symbolisierenden Logos einstellen.

Er erkennt an, dass jede Verwendung dieser die Kunden anziehenden Kennzeichen als Werbemotiv, in der Geschäftsdekoration, auf den Geschäftsbriefen oder in anderer Weise nach Vertragsbeendigung einen mit zivil- und strafrechtlichen Sanktionen bedrohten Missbrauch darstellen.

13.2 Rücknahme des Warenbestandes[66]

Für den Fall, dass die Beendigung der Vertragsbeziehung nicht direkt oder indirekt vom Franchisenehmer verursacht worden ist, insbesondere durch Nichterfüllung einer seiner Pflichten, soll der Franchisenehmer über eine zusätzliche Frist von drei Monaten, gerechnet ab Kündigung des Vertrages, verfügen können, um den Restwarenbestand zu den Bedingungen und unter den Kennzeichen des Franchisegeschäfts zu veräußern, es sei denn, dass der Franchisegeber es vorzieht, den gesamten Restwarenbestand zum Einkaufspreis zurückzunehmen.

13.3 Rückgabe der Kennzeichen des Franchisegeschäfts

Der Franchisenehmer ist verpflichtet, dem Franchisegeber alle Dokumente über die Beschreibung des Know-how und der Methode des Franchisegebers zurückzugeben, ohne auch nur direkt oder indirekt eine Kopie behalten zu dürfen. Desgleichen hat er jedes in seinem Besitz befindliche Werbedokument mit der Franchisemarke sowie jedes zu diesem Zeitpunkt unbezahlte Franchiseprodukt zurückzugeben, ohne diesbezüglich ein Zurückbehaltungsrecht geltend machen zu dürfen.

13.4 Nachvertragliches Wettbewerbsverbot[67, 68]

Für den Fall der Beendigung des vorliegenden Vertrages, aus welchem Grund auch immer, und für den Fall der gerichtlichen Auflösung des Franchiseverhältnisses, aus welchen vorgebrachten Klagegründen auch immer, sind sowohl der Franchisenehmer persönlich als auch die Franchisenehmergesellschaft verpflichtet, sich jeder direkten oder indirekten Beteiligung, in welcher Form auch immer, an einem ähnlichen Unternehmen innerhalb seines Vertragsgebietes für die Dauer von einem Jahr zu enthalten und von seinem ehemaligen Standort aus zu betreiben.

Jeder festgestellte Verstoß gegen die vorgenannte Klausel ist pauschal mit einer Summe von . . . . . . – FF pro Tag zu bestrafen, gerechnet ab dem Tag des besagten Verstoßes bzw. nach Inverzugsetzen durch den Franchisegeber.

Die Parteien verpflichten sich gegenseitig, für einen Zeitraum von einem Jahr nach Vertragsbeendigung – unabhängig vom Zeitpunkt und Grund der Beendigung – weder direkt noch indirekt, auf welcher Grundlage auch immer, Mitarbeiter bzw. ehemalige Mitarbeiter der anderen Vertragspartei abzuwerben oder zu beschäftigen.

Art. 14 Übertragung des Vertrages[69]

Ohne vorherige schriftliche Zustimmung des Franchisegebers ist dieser Vertrag nicht abtretbar bzw. übertragbar, und zwar weder im Wege einer Abtretung, Vererbung, Verpachtung oder eines Mietkaufs des „Fonds de Commerce" des Franchisenehmers, noch im Wege einer Änderung der Organe der Franchisenehmergesellschaft oder einer Abtretung der mehrheitlichen Stimmrechte in der Franchisenehmergesellschaft, noch schließlich im Wege einer Abtretung im Rahmen einer Fusion, einer Verschmelzung oder einer teilweisen Abspaltung oder dergleichen.

Um der Initiative des Franchisenehmers Folge zu leisten, verfügt der Franchisegeber über eine Bedenkzeit von mindestens einem Monat, gerechnet ab dem Erhalt der Mitteilung, wobei er bei seiner Antwort zu keiner Begründung seiner Entscheidung verpflichtet ist. Stillschweigen des Franchisegebers kommt einer Zustimmung zur Übertragung des Vertrages gleich.

Art. 15 Rechtswahl[70]

Der Vertrag ist dem französischen Recht unterworfen. Dies gilt auch für die einzelnen Sukzessivlieferungsverträge.

Art. 16 Gerichtsstandsvereinbarung[71, 72, 73]

Alle sich aus der Vertragsverhandlung, der Vertragsausführung oder der Vertragsinterpretation ergebenden Differenzen sollen vor dem zuständigen Gericht in Saarbrücken (Paris) verhandelt werden.

Art. 17 Annullierung vorheriger Vereinbarungen[74]

Der vorliegende Vertrag enthält die vollständige Vereinbarung der Vertragsparteien hinsichtlich des Vertragsobjekts und annulliert und ersetzt in allen Vorschriften vorher zwischen den Parteien getroffene Vereinbarungen schriftlicher oder mündlicher Art.

Gefertigt in zwei Exemplaren,

Saarbrücken, den ....

....
Unterschrift des Franchisegebers   Unterschrift des Franchisenehmers

Schrifttum. Allgemeiner Literaturhinweis. Für das Verständnis der allgemeinen Grundlagen des Vertriebsrechts und der rechtlichen Besonderheiten der Vertriebsmethode des Franchising sei auf die umfassenden Darstellungen in *Martinek/Semler/ Habermeier* (Hrsg.), Handbuch des Vertriebsrechts, 2. Aufl. 2002 (C. H. Beck-Verlag) hingewiesen. Einen Überblick über das französische Franchiserecht und zu Fragen der Beendigung des Franchiseverhältnisses erhalten Sie auch in *Pour Rafsendjani*: Der Goodwillausgleichsanspruch des Franchisenehmers: Ein Vergleich des deutschen, französischen und US-amerikanischen Franchiserechts, 1999.

Literatur zum französischen Franchiserecht. Amedee-Manesme, Franchise et propriéte commerciale: quand le contrat de franchise tient la clientèle du réseau en l'etat, La Gazette du Palais, Nr. 315, 1996, S. 3–6; *Amiel-Cosme, Laurence,* Les Résaux de Distribution, Paris 1995; *Anstett-Gardea,* Französisches Handels- und Wirtschaftsrecht, RIW 1993, S. 243 ff.; *dies.,* in: Martinek/Semler, Handbuch des Vertriebsrechts; *Atias,* Le contentieux de la franchise, in: Annales des loyers Nr. 8–9, 1996, S. 1101–1248; *Azema,* Définition juridique du know-how, Actualités de droit de l'entreprise, 1975; *Barbier,* Distribution intégrée, fonds de commerce désintégré, AdMinistrer, Nr. 259, 1994, S. 2–8; *Baschet,* La propriété de la clientèle dans le contrat de franchise et la distribution intégrée, La Gazette du Palais, 10. September 1994; *ders.,* A qui appertient le clientèle, Franchise Magazine, Okt. 1994, S. 26 ff.; *ders.,* La franchise est en deuil, La Gazette du Palais, Nr. 152, S. 22–24; *ders.,* La propriété de la clientèle dans le contrat de franchise ou la franchise en danger de mort, La Gazette du Palais, Nr. 313, 1994, S. 2–8; *Batteur,* La théorie du mandat apparant et la protection des tiers contractant, Les Petites Affiches, Nr. 51, 1996, S. 13–17; *Baudenbacher/Klauer,* Der Tatbestand der „concurrence déloyale" des französischen Rechts und der Vertrieb selektiv gebundener Ware durch einen Außenseiter, GRUR Int. 1991, S. 799–806; *Bayreuther,* Die Reform der EG-Wettbewerbspolitik gegenüber vertikalen Wettbewerbsbeschränkungen, EWS 2000, S. 106 ff.; *Behar-Touchais/Virassamy,* Les Contrats de la Distribution, Paris 1999; *Belot,* Franchise et droit au renouvellment du bail après l'arrêt de la siezième chambre de la Cour d'appel de Paris de 16 février 1996, Administrer 1996, Nr. 279, S. 6–19; *ders.,* Franchise et droit au renouvellment du bail après l'arrêt de la siezième chambre de la Cour d'appel de Paris de 16 février 1996, La Gazette du Palais 1996, Nr. 152 S. 16–21; *Ben Soussen/Grosz* , Baux commerciaux: menaces sur les franchisés, Les Echos v. 16. und 17. März 1996; *Bénabent,* Droit civil – Les contrats spéciaux, 1993; *Bénabent,* Les Obligations, 1999; *Bensoussan,* Droit de la Franchise (1997); *Berlin,* Droit international et distribution internationale, D.P.C.I. 1993, S. 6 ff.; *Berthault,* Un franchisé a-t-il droit au renouvellement de son bail, Revue des loyers et de fermages, Nr. 769, 1996, S. 333–338; *Bidan/Le Bras,* La responsabilité civile et économique du Franchiseur dans la gestion du franchisé, Rev. Jurispr. com. 1986, S. 1–18 und 41–50; *Blanc,* Les contrats de distribution concernés par la loi Doubin, Dalloz 1993, S. 218 ff.; *Boccara,* Le fonds de commerce, la clientèle et la distribution intégrée, La Gazette du Palais, 9. September 1994, S. 98 ff.; *Boularan,* Propriété commerciale et franchising, J.C.P. 1985 -EdE-II-Nr. 14.416, S. 97 ff.; *Boursican,* La Franchise commerciale et les possibilités qu'elle offre à la petite et moyenne entreprise, Diss. Toulouse 1972; *Bout/Prieto/Cas,* Lamy Droit Économique: Concurrence, Distribution, Consommation, Paris 1997 und 2000; *Brunet/Ghozi,* D. 1998, S. 1 ff, Licari; *Bucelle,* Le contrat de Franchise, Mémoire Montpellier 1970; *Burst,* Eléments de ralliements de clientèle et Franchise, Cahiers de droit de l'entreprise Nr. 2, 1988, S. 40 ff.; *Camerlynck,* G.H., La nouvelle définition du représentant de commerce „statuaire" (Loi du 7 mars 1957, J.C.P. 1957, éd. G., I. 1369; *Cas,* Le Juge de Droit Commun Confronté au Droit de la Concurrence, in: Université de Droit d'Économie et des Sciences D'Aix-Marseille, Institut de Droit des Affaires (Hrsg.); Ententes et Abus de Domination Devant le Juge de Droit Commun, Aix-en-Provence 1995; *Casel,* Refus de vente. Clauses d'exclusivité, 1960; *Catoni,* J., La rupture du contrat d'agent commercial et le décret du 23. 12. 1958, Paris L.G.D.J. 1970; *Champaud,* La concession commerciale, Rev. trim. dr. com. 1963, S. 451; *Corol,* Le livre blanc de la franchise, 1989, S. 47; *Cosnard,* Le refus de vente, Dr. soc 1961, S. 515; *Cousi/Marion,* Les intermédiaires de la commerce, 1979; *D'Harcourt,* A propos du contrat de franchisage: de l'apparance de qualification à la qualification des apparances, JCP E Semaine Juridique (édition entreprise), 1996, Nr. 11–12, S. 114; *Delestraint/Légier,* Droit civil – les obligations, 11. Aufl. 1988; Dictionnaire Permanent Droit des Affaires, Distribution Commerciale, Feuillets 125, Formule 27, Oktober 1991, S. 4431 ff.; *Deringer,* Stellungnahme zum Weissbuch de Europäischen Kommission über die Modernisierung der Vorschriften zur Anwendung der Art. 85 und 86 EG-Vertrag (Art. 81 und 82 EG), EuZW 2000, S. 5; *Dewolf,* H. La fidelisation de la clientèle, Thèse Clermont-Ferrand 1994.; *Diener,* Contrats internationaux de propriété indurstrielle, Litec 1986; *Dircks/Fichna,* Ausländisches Handelsvertreterrecht, in: Stumpf (Hrsg.) Internationales Handelsvertreterrecht, Teil 2, S. 130–159, Verlagsgesellschaft Recht und Wirtschaft mbH, Heidelberg 1986; *Ebenroth/Auer,* Grenzüberschreitende Verlagerung von unternehmerischen Leitungsfunktionen im Zivil- und Steuerrecht, RIW 1992, Beilage 1, S. 13 ff.; *Ebenroth/Strittmatter,* Französisches Wettbewerbs- und Kartellrecht im Markt der Europäischen Union, 1995; *Endrös,* Das französische Sprachenschutzgesetz und seine Unvereinbarkeit mit dem EG-Recht, RIW 1995, S. 17–25.; *Enghusen,* Rechtliche Probleme der Franchiseverträge in den Vereinigten Staaten von Amerika und in Europa unter besonderer Berücksichtigung des Kartellrechts, 1977; *Fabre,* La clientèle dans la franchise, JCP Semaine Juridique (édition entreprise) 1996, Nr. 36, S. 17–20; *ders.* Contrat de savoir-faire-Réservation, J.Cl. Contrats-Distribution, fasc. 600 (1989), S. 96 ff.; *Ferrier,* Appartenance de la clientèle et clause de non-concurrence, Cah. dr. entr. 1983, S. 21 ff.; *ders.,* La rupture du contrat de franchisage, J.C.P. 1977, éd. C. I., II. 12441

4. Contrat de franchisage (Französischer Franchisevertrag) III. 4

n° 29 ff.; *Ferrier,* Franchise (Recueil V° Franchisage), Rép.com.Dalloz 1996, S. 1 ff.; *ders.,* Droit de la Distribution, Litec 1995 und 2000; *ders.,* L'information précontractuelle des concessionaires, Cah. dr. entr. 1988/4, S. 10 ff.; *ders.,* La franchise internationale, J.D.I. 1988, spéc., S. 648 ff.; *Flessner,* Entwicklungen im internationalen Konkursrecht, besonders im Verhältnis Frankreich – Deutschland, ZIP 1989, S. 749–757; *Flohr,* Eckhard, Die konkreten Auswirkungen der neuen europäischen Verordnung auf Vertragsgestaltungen und Vertragspraxis beim Franchising, http://cgla.org./canada/documents/franchise_recht.htr; *Garrigou,* Le Franchising – une strategie de croissance, Diss. Paris 1972; *Gast/Lanciaux,* La propriété commerciale: une nécessaire réforme, Les Petites Affiches, Nr. 101 1994, S. 16–20; *Gaucher-Piola,* L'indemnité de clientèle des V.R.P. du commerce et de l'industrie, Thèse Bordeaux 1941; *Ghestin,* Le mandat d'intérêt commun, Mél. Deruppé, Litec 1991; *ders.,* Réflexions sur le domaine et le fondement de la nullité pour indétermination du prix, Chronique Dalloz 1993, S. 251 ff.; *Ghestin/Billiau,* Traité de Droit Civil: Les Obligation, Paris 1992: *Grollemund*/Loustalot/Forest, L'obligation d'information entre contractants dans les contras de distribution, Rev. de Jurisprudence commerciale 1993, S. 60 ff.; *Grosz,* Dernières contribution jurisprudentielles à la franchise, La Gazette du Palais 1996, Nr. 33, S. 2–8; *Guyénot,* La Franchise commerciale. Etude comparée des systèmes de distribution interenterprises constitutifs de groupments de concessionaires, Rev. trim. dr. comp. 1973, S. 161; *ders.,* Licensing et franchising, La revue des Huissiers des Justices, Nov. 1976, S. 290; *ders.,* Concessionaires et commercialisation des marques. La Distribution integrée, 1975; *Gyon,* Droit des Affaires, Tome 1, 8. Aufl. 1994; *Hémard,* J. Anmerkung zu Cass. com. 21. 10. 1970, J.C.P. 1971, II, 16789; *ders.,* Le nouveau statut des agents commerciaux, Dr. soc. 1959, n° 9, S. 201 ff.; *Hiestand,* Die internationalprivatrechtliche Beurteilung von Franchiseverträgen ohne Rechtswahlklausel, RIW 1993, S. 173 ff.; *Husson-Dumontier/de Montarlot,* Guide pratique du franchising, 1974; *Ittenbach,* Handelsrechtssysteme in Deutschland, Frankreich und England – Entwicklung, Ausgestaltung und Zukunftsperspektiven, Dissertation Saarbrücken, 1994; *Jamin/Mazeaud,* Les clauses abusives entre professionnels, 1998; *Jauffret/Mestre,* Manuel du droit commercial, LGDJ, 21. Aufl. 1990; *Jayme,* Rechtswahlklausel und zwingendes ausländisches Recht beim Franchise-Vertrag, IPrax 1983, S. 105 ff.; *Jeantet,* Réfexions sur l'application du droit des ententes aux contrats comportant une clause d'exclusvité, J.C.P. 1963/1, No. 1743; *Jouhanneaud,* Le Franchising, éd. Hommes et Techniques 1974, S. 117; *Kropholler,* Kommentar zum EuGVÜ, 3. Auflage 1991; Lamy Droit Commercial, 1995; *Lardeux,* La Lutte contre le Retard de Paiement dans les Transactions commerciales, Contr.-Conc.-Cons., 2000, – Chroniques – S. 5 ff.; *Le Tourneau,* Franchisage, Fasciscule 565, 566 u. 577, November 1993, Jurisclasseur, Editions Technique; *Lefebre, Francois,* Mementoz Dalloz Distribution, 1992; *ders.,* Mementoz Dalloz, Droit des Affaires; Concurrence-Consommation 1997, Levallois 1996, *ders.* Mementoz Dalloz, Droit des Affaires; Contrats et Droits de l'entreprise 1997, Levallois 1996; *Legeais,* La détermination du prix d'achat des marchandises dans les contrats de Franchise: l'espoir decu, JCP éd. E 1992, I, S. 135 ff.; *Leloup, Jean-Marie,* Les agents commerciaux, éd. Delmas, 1995, S. 112; *ders.,* Les représentants de commerce *in:* La force de vente de l'entreprise et le droit du travail, S. 110 ff. Litec 1992; *ders.,* La Franchise Droit et Pratique, 1991; *Leveneur, Laurant,* Anmerkung zu Arrêt der Cour de Cassation, Chambre Commerciale, vom 3. Mai 1995, SA Bata ./. Eheleute Castelin, JCP E Semaine Juridique (édition entreprise), Nr. 41, 1995, S. 237 f.; *Liebscher/Petsche,* Franchising nach der neuen Gruppenfreistellungsverordnung (EG) Nr. 2790/99 für Vertikalvereinbarungen; *Lob,* Exklusive und selektive Vertriebssysteme im französischen Wettbewerbsrecht, WuW 1985, S. 852; *ders.,* Der französische Wettbewerbsrat, RIW 1995, S. 272–280; *Malaurie et Aynes,* Droit Civil, les contrats speciaux, 1993; *dieselb.,* Droit Civil, les obligations, 1993–1994; *Marot,* Prolongements de l'arrêt de la Chambre comerciale du 10 février 1998 sur l'information précontractuelle en matière de contrat de franchise, D. chron. 1999, S. 431 ff.; *ders.* Entreprise franchisée et propriété de la clientèle: l'incertitude ne peut plus durer, Les annonces de la Seine, Nr. 52, 1995, S. 2 ff. und Nr. 54, 1995, S. 2 ff.; *ders.*, Location-gérance et franchise, Les Petites Affiches, 1995, Nr. 102, S. 8–11; *Martinek,* Das europäische Bankgeschäft der Finanzierung von Franchisesystemen, ZBB 1990, S. 190 ff.; *ders.*, Franchising 1987, insbes. S. 70 f.; *Meissner,* Das Institut des „Refus de Vente" im französischen Recht, RIW 1991, S. 13–18; *Mercadal/Janin,* Les contrats de coopération interentreprises, 1974; *Meresse,* L'étude de marché est la quintessence du savoir-faire du franchiseur, RJ com. 1997, S. 260 ff; *Metzlaff,* Franchisesysteme und EG-Kartellrecht – neueste Entwicklungen, BB 2000, S. 1201 ff.; *Meyssan,* „Le fondement juridique de l'indemnité de clientèle des V.R.P.", R.T.D. com. 1962, 21; *Meysson,* Rév. trim. dr. com. 1962, S. 61; *Mousseron/Burst/Chollet/Lavabre/Leloup/Seube,* Droit de la distribution, 1975; *Muth,* Moniteur du commerce internationale, S. 17–19; *Nagel,* Internationales Zivilprozeßrecht, 3. Aufl. 1991, Rdnr. 191; *Niggemann,* Zustandekommen des Kaufvertrages, Einbeziehung und Inhaltskontrolle von Allgemeinen Geschäftsbedingungen, in *Witz/Bopp* (Hrsg.), Französisches Vertragsrecht für deutsche Exporteure, S. 20–27; *Oechsler,* Internationales Vertriebsrecht in: Martinek/Semler (Hrsg.), Handbuch des Vertriebsrechts, § 59; *Opatz,* Die Vertragsbeendigung im Bereich des Integrierten Vertriebs als wettbewerbswidrige Handlung – Ein Vergleich des deutschen mit dem französischen Wettbewerbsrecht unter Berücksichtigung wettbewerbspolitischer Konzeptionen, 1993; *Paisant,* Les clauses abusives et la présentation des contrats dans la loi n° 95–96 du 1er fevrier 1995, D. 1995, S. 99–108; *Pariser Anwaltskammer,* Droit Pratique de L'Homme d'Affaire, 1994; *Pédamont,* Droit commercial, 1994; *Peukert,* Abschlußverweigerung und Abschlußzwang im Kartellrecht, 1968; *Picod, Yves,* L'obligation de non-concurrence de pein droit et les contrats n'emportant pas transfert de clientèle, JCP Semaine Juridique (édition entreprise), Nr. 14, 1994, S. 195–206; *Piotraut,* Les contrats de distribution et la détermination du prix, Revue de Jurisprudence commerciale, 1992, S. 16 ff.; *Poillot-Peruzzetto,* La Cour de cassation valide une obligation de non-concurrence d'un contrat de franchise, Contr.-Conc.-Cons. 2000, Nr. 99, S. 22; *Ripert et Roblot,* Traite élementaire de droit commercial; *Risselet, Xavier,* La nature juridique du contrat de succursale, Petites Affiches, 23. Mai 1986, N. 62; *Rolland,* La Situation juridique des concessionaires et des franchisés membres d'un réseau commercial, Thèse, Rennes 1976; *Savatier,* Agents commerciaux et V.R.P., J.C.P. 1959, éd. G., I. 1512, n° 9; *Schaack,* L'indemnité de clientèle des voyageurs, représentants, placiers, Thèse Nancy 1970, S. 179 ff.; *Schmidt,* La Sanction de la faute précontractuelle RTD civ. 1974, S. 46 ff.; *Schmidt-Szalewski,* Die theoretischen Grundlagen des französischen Urheberrechts im 19. und 20. Jahrhundert, GRUR Int. 1993, S. 187–194; *Scholtissek,* Franchising in Frankreich, Die Wirtschaftsprüfung 1975, S. 209; *Sériaux,* Droit des obligation, 1998, *Serra,* La vialidité de la clause de non-concurrence: De la vente du fonds de commerce au contrat de franchisage: D. 1987 chron., S. 113 ff.; *Signe Veigne,* Le Droit à la Clientèle dans les nouvelles structures juridiques de la distribution commerciale, Dissertation Orléans 1992, Identifikations-Nr.: 920RLE0003; *Skaupy,* Wirtschaftliche und rechtliche Probleme der Franchise-Systeme in USA und Europa, AWD/BB 1973, S. 296; *ders.*, Die neue EG-Gruppen-Freistellungsverordnung für Franchisevereinbarungen, DB 1989, S. 705 ff.; *ders,* Franchising, Handbuch für die Betriebs- und Rechtspraxis, 1995; *Sölter,* Franchising weiter im Aufwind, WuW 1983, S. 955; *Sonnenberger/Dammann,* Französisches Handels- und Wirtschaftsrecht, 2. Aufl. 1991; *Sonnenberger/Schweinberger,* Einführung in das französische Recht, 1986; *Sousi,* La spécifité juridique de l'obligation de somme de l'argent, RTD civ. 1982, S. 514 ff.; *Teston/Teston,* Le franchising et les concessionaires, 1973; *Thréard, J.,* Gaz. Pal. 1975, 1 doctr., S. 30; *Thierr,* Das französische Markengesetz Nr. 91–7 vom 4. Januar 1991, GRUR Int. 1991, S. 516–527; *Tietz,* Handbuch Franchising – Zukunftsstrategien für die Marktbearbeitung, 2. Aufl. 1991; *Tietz/Mathieu,* Das Franchising als Kooperationsmo-

4. Contrat de franchisage (Französischer Franchisevertrag) III. 4

dell für den mittelständischen Groß- und Einzelhandel, 1979, insbes. S. 44 ff. und 158 ff.; *Ulmer,* Die Stellung des Vertragshändlers im französischen Recht, 1968; *Vogel,* Neue Verpflichtungen für deutsche Vertriebsfirmen in Frankreich, RIW 1991, S. 801–804; *ders.,* Ein neues Risiko für den Vertrieb in Frankreich: Unlösbare Vertragsbeziehungen, RIW 1992, S. 795 ff.; *ders.,* Plaidoyer pour un revirement: contre l'obligation de détermination du prix dans les contrats de distribution, Receuil Dalloz Sirey, 1995, Heft 21, S. 156–161; *von Bernstorff,* Vertragsgestaltung im Auslandsgeschäft, 1991; *Weltrich,* Die EG-Gruppenfreistellungsverordnung für Franchisevereinbarungen, RIW 1989, 90; *ders.,* Die Anpassung von Franchiseverträgen an die neue EG-Gruppenfreistellungsverordnung, DB 1988, 1481; *ders.,* Franchising im EG-Kartellrecht – Eine kartellrechtliche Analyse nach Art. 85 EWGV, 1992; *Willke,* Lehrbuch des internationalen Steuerrechts, 5. Aufl. 1994; *Winkel,* Die Alleinvertriebsverträge im französischen, deutschen und europäischen Recht, 1968; *Witz/Bopp* (Hrsg.), Französisches Vertragsrecht für deutsche Exporteure, 1989; *Witz/Wolter,* Die Umsetzung der EG-Richtlinie über mißbräuchliche Klauseln in Verbraucherverträgen, ZEUP 1996 (im Druck); *Zilles,* Die Auflösung von Konzessionsverträgen auf unbestimmte Zeit in Frankreich, RIW 1993, S. 716 f.

Übersicht

	Seite
Sachverhalt	168–169
1. Entwicklung des Franchiserechts in Frankreich	169–170
2. Franchiseorganisationen	170
3. Rechtsgrundlagen	170–171
4. Typologisierung	171
5. Rechtsnatur des Franchisevertrags	172
6. Franchise-Definition	172–173
7. Allgemeine Wirksamkeitsvoraussetzungen für den Franchisevertrag	173–175
8. Essentialia negotii des Franchisevertrags	175–176
9. Grundlage der Wirksamkeitskontrolle im Falle von Vertragsungleichgewichten	176–177
10. Sprachschutzregelung	177–178
11. Formvorschriften	178–179
12. Publizitätspflicht für ausländische Zweigniederlassungen	178–180
13. Kartellrechtliche Zulässigkeit von Franchiseverträgen	180–189
14. Die neue Gruppenfreistellungsverordnung für Vertikalvereinbarungen (Vertikal-GVO Nr. 2790/99)	189–200
15. Zusammenfassender Überblick über die nach europäischem Kartellrecht zulässigen Klauseln	200–202
16. Vorvertragliche Aufklärungspflichten des Franchisegebers	202–205
17. Marktanalysen, Standortanalysen und Wirtschaftlichkeitsberechnungen des Franchisegebers	205–206
18. Präambel	206–207
19. Parteien	207–210
20. Marktzutrittsmodalitäten	210–211
21. Vertraulichkeitsklausel	211–212
22. Haftungsfragen	212–213
23. Pflichten des Franchisegebers	213–214
24. Übertragung der Nutzungsrechte an gewerblichen Schutzrechten	214–215
25. Markenlizenz	215–216
26. Übertragung des „savoir-faire" (Know-how)	216–218
27. Schutz der gewerblichen Schutzrechte	219–220
28. Beistands- Informations- und Unterstützungspflichten des Franchisegebers	220–221
29. Werbung des Franchisegebers	221
30. Territoriale Exklusivität	221–222
31. Standort des Ladenlokals	222–223

	Seite
32. Besonderheiten der frz. Geschäftsraummiete/Ausgleichsanspruch	223–227
33. Pflichten des Franchisenehmers	228
34. Besteinsatzklausel	228
35. Zahlungsverpflichtungen des Franchisenehmers	228
36. Einstandsgebühr	228
37. Wiederkehrende Gebühren	229
38. Zahlungsverzug	229
39. Verpflichtung zu systemkonformen Verhalten	229
40. Verpflichtung zur Information des Franchisegebers	229–230
41. Verpflichtung des Franchisenehmers zur Benutzung von Systemkennzeichen	230
42. Standardausstattung des Geschäftslokals	230
43. Mindestwarenbestand (*stock minimal*)	230
44. Mindestumsatz	230–231
45. Wiederverkaufsbeschränkungen	231
46. Preisbindungsverbot	231
47. Beschränkungen der Werbung/Verantwortlichkeit des Franchisenehmers	231–232
48. Werbeverbot außerhalb des Vertragsgebietes	232
49. Vertragliches Wettbewerbsverbot	232
50. Versicherungspflicht	232–233
51. Bezugsbindung des Franchisenehmers	233
52. Preisklausel bzgl. Sukzessivlieferungen	233–235
53. Kontrollrechte des Franchisegebers	236
54. Dauer des Franchisevertrages	236–237
55. Vertragsverlängerung bzw. Vertragsweiterführung	237–239
56. Beendigung des Vertrages – Überblick	239
57. Wirksamkeitsanforderungen an vorzeitige Vertragsbeendigung des befristeten Franchisevertrags	239–240
58. Wirksamkeitsanforderungen bzgl. Beendigung eines unbefristeten Franchisevertrags	240–241
59. Die Nichtverlängerung des abgelaufenen Franchisevertrages (*non renouvellement*)	241–242
60. Der Tatbestand des *abus de droit* – Einschränkung der vertraglichen Beendigungsfreiheit	242
61. Folgen der Vertragsbeendigung	243–244
62. Rückzahlung der Eintrittsgebühr	244–245
63. Goodwillausgleich	245–246
64. Investitionsersatzanspruch	246–247
65. Einstellung des Gebrauchs der gewerblichen Schutzrechte	247
66. Rücknahme der verbleibenden Warenbestandes	247
67. Nachvertragliches Wettbewerbsverbot	247–249
68. Vertragsstrafen	249
69. Veräußerung des Franchisegeschäftes durch den Franchisenehmer	249–250
70. Rechtswahlklauseln	250
71. Gerichtsstandsvereinbarung	250–251
72. Überlegungen zur Vereinbarung der Anwendung deutschen Rechts und eines deutschen Gerichtsstands	251–256
73. Schiedsgerichtsvereinbarung	256
74. Ablöseklausel	256

Anmerkungen

Sachverhalt. Ein deutsches Unternehmen beliebiger gesellschaftsrechtlicher Rechtsform hat für den Absatz seiner anspruchsvollen Produkte des Heimwerker- und Hobbybedarfs bereits in Deutschland und in einigen Nachbarländern mit großem Erfolg ein Franchisesystem aufgebaut. Die besondere Geschäftsidee besteht in einer eigenartigen Kombination von Produkten und Serviceleistungen, die unter der Marke des Franchisesystems in den Regionen der bisherigen Präsenz schnell einen hohen Bekanntheitsgrad erlangt hat. Dieses Unternehmen sucht nun den Eintritt in den französischen Markt und schließt über eine französische Repräsentanz (in Paris) mit verschiedenen bislang freien Einzelhändlern in und um Paris Franchiseverträge ab, nachdem es für seine Immaterialgüterrechte die notwendigen Schutzvorkehrungen getroffen hat. Diese Franchiseverträge sollen dem französischen Recht unterstellt werden sowie – im Hinblick auch auf weitere Expansionspläne – EG-kartellrechtskonform sein. Die Franchisenehmer sollen weitgehenden Bezugsbindungen für die Vertragswaren unterliegen, die teils vom Franchisegeber selbst, teils von durch ihn eingeschalteten Lieferanten hergestellt worden sind. Den Franchisenehmern wird auf der Grundlage eines Raumordnungsplans des Franchisegebers relativer Gebietsschutz im Sinne von exklusiven Marktverantwortungsbereichen eingeräumt. – Der hierfür vorgeschlagene Vertragsentwurf ist auch für andersartige Sachverhalte einsetzbar; auf Besonderheiten bei abweichender Interessenlage und auf Gestaltungsalternativen wird teilweise bereits im Vertragstext, vor allem aber in den Anmerkungen aufmerksam gemacht.

1. Entwicklung des Franchiserechts in Frankreich. In Frankreich lässt sich annähernd die gleiche Entwicklung des Franchiserechts feststellen, wie sie in den Vereinigten Staaten von Amerika und in Deutschland stattgefunden hat. In Europa übernahm Frankreich insoweit eine Vorreiterrolle (vgl. *Guyénot*, Rev. trim. dr. com. 1973, S. 161 ff.; *Skaupy*, AWD/BB 1973, S. 296, 299; *Scholtissek*, Die Wirtschaftsprüfung, S. 209; *Enghusen*, S. 130 ff.). Die Vorläufer des Franchising stammen aus den Filialsystemen des Warenhaus- und Dienstleistungsbereiches zu Anfang des 20. Jahrhunderts (*Ecole Pigier*). Diese Systeme waren zunächst als Direktvertriebssysteme der Hersteller geplant, wandelten sich aber durch die Einschaltung von Absatzmittlern zu vertraglichen Vertriebssystemen (*Tietz*, S. 95). Das bekannte *Rodier*-System (Damenoberbekleidung) geht bereits auf eine Gründung im Jahre 1928 zurück und hatte sich schon vor der aus den USA kommenden Franchise-Welle ganz nach Art eines Franchisesystems entwickelt. Überhaupt ist Frankreich das klassische Land der Vertriebssysteme in Europa, wo vor allem auf den Gebieten des Handels mit Spirituosen, Wein, Parfümerie-Artikeln und Erzeugnissen der Haute Couture schon sehr früh die „concession" zur Stütze des Markenartikel-Vertriebs wurde (*Sölter*, WuW 1983, 1983, S. 955 f.). Der sogenannte Babyboom nach dem 2. Weltkrieg führte mit dem im Textilbereich für Schwangere bekannten Unternehmen „*Prénatal*" zum ersten eigentlichen Franchisesystem. Viele bekannte Franchisesysteme folgten, wie z.B. „*Roche Bobois*" (Innenausstattung) im Jahre 1960 und „*Pronuptia*" (Hochzeitskleidung) im Jahre 1962. In den 70er Jahren begann (auch) in Frankreich eine kräftige Auf- und Ausbauphase für Franchisesysteme. In diese Zeit fallen die ersten größeren Niederlassungen ausländischer Franchisegeber, wie z.B. aus den USA die bekannte Hotelkette „*Holiday Inn*" (*Tietz*, S. 95). Es folgten die ersten vertieften Auseinandersetzungen in der juristischen Literatur mit der Thematik des Franchising. Im Jahre 1971 wurde der französische Verband der Franchisegeber (FFF = *Fédération francaise de la Franchise*) gegründet, der sich bereits nach wenigen Monaten einen Ehrenkodex (*code de déontologie*) gab, der mit Wirkung vom 1. Januar 1991 vom europäischen Ehrenkodex des Europäischen Franchiseverbandes abgelöst wurde. Der Europäische Franchiseverband wurde 1972 gegründet. Seine Mitglieder sind die nationalen Franchiseverbände, die sich in Europa konstituiert haben. Allein durch die Mitgliedschaft im jeweiligen Franchiseverband verpflichten sich die Mitglieder zur Einhaltung des Ehrenkodex. Die Entwicklungsphase ab 1977 führte zu einem regelrechten Franchiseboom in Frankreich, da große Filialunternehmen ihre Distributionssysteme auf Franchisesysteme umstrukturierten (*Tietz*, S. 95). Mitte der 80er Jahre kam es zum Erfolgseinbruch, nachdem betrügerische Systeme auf dem französischen Markt auftauchten. Als Reaktion hierauf versteht sich die Schaffung neuer Organisationen wie die der IREFF und der CIDEF (vgl. dazu Anmerkung 2). In Anlehnung an die US-amerikanische Gesetzgebung der „*disclosure* *laws*" wurde schließlich im Jahre 1989 ein Gesetz erlassen (*Loi Doubin;* vgl. hierzu Anmerkung 16), aus dem sich die gegenseitigen Aufklärungs- und Offenbarungspflichten des Franchisegebers sowie des Franchisenehmers ergeben. In Paris findet schließlich jedes Jahr eine Franchisemesse – der „Salon International de la Franchise" – statt, der 2001 zum 18. Male in Paris stattgefunden hat. Der Franchisesalon dient überwiegend dem Abschluss bzw. der Anbahnung von Franchiseverhältnissen (vgl. *Skaupy,* Franchising, Handbuch für die Rechts- und Betriebspraxis, S. 242) (zur aktuellen Resonanz vgl. auch *Muth,* S. 17–19).

2. Franchiseorganisationen. Rund um das Franchising haben sich Organisationen entwickelt, die sich die Information, Finanzierung, Versicherung, Interessenvertretung und Ausbildung zur Aufgabe gemacht haben. Auskünfte über Finanzierungshilfen sind bei einer eigens hierfür gegründeten Franchise-Bank erhältlich, welche Informationen über den französischen Bildschirmtext „Minitel" unter dem Code 3615 FRAN bereithält. Spezielle Franchisebanken sind z.B. die „Franchise Expansion" sowie die „Société de caution mutuelle nationale de la Franchise" (vgl. *Le Tournereau,* Fasc. 566, S. 13; vgl. auch zu den Problemen der Finanzierung von Franchisesystemen und Franchisebetrieben in Frankreich, England und Deutschland *Martinek,* ZBB 1990, S. 190 ff.). Informationen über das Franchising erhält man auch über das „Institut de recherche et de formation de la Franchise" (IREFF), welches im Jahre 1981 gegründet wurde, sowie über das im Jahre 1985 geschaffene „Institut de promotion de la Franchise" (IPF). Mit dem internationalen Franchising beschäftigt sich das „Centre d'études internationales de la Franchise" (CETIF) in Straßburg. Von herausragender Bedeutung für die Praxis des Franchising in Frankreich ist aber vor allem die „Fédération francaise de la Franchise" (FFF), die 1971 gegründet wurde und ihren Sitz in Paris hat (die Anschrift lautet: 60 Rue de la Boétie, F-75008 Paris, Tel.: 0033 (1) 53752225, Fax: 0033 (1) 53752220). Auch die FFF ist über Minitel erreichbar und repräsentiert etwa 25% der Franchisegeber in Frankreich (*Le Tourneau,* Fasc. 566, S. 13 m.w.N.). Sie gibt monatlich ein Bulletin („La lettre de la Franchise"; früher „Franchise Actualitées") heraus. Zeitschriften, die sich darüber hinaus speziell mit dem Franchising auseinandersetzen sind: „Franchise Magazin", Défis, Entreprendre, PIC und ICF (vgl. hierzu *Skaupy,* Franchising, Handbuch für die Rechts- und Betriebspraxis, S. 240). Die Interessenvertretungen der Franchisenehmer haben sich wiederum im „Centre d'information et de développement de la Franchise" (CIDEF) – ebenfalls mit Sitz in Paris – organisiert. Es entspricht nunmehr gefestigter Rechtsprechung, dass solche Interessenvertretungen prinzipiell keinen Akt der „concurrence déloyale" darstellen (TGI Paris, 8. Dezember 1986; PIBD 1987, III, S. 183).

3. Rechtsgrundlagen. Das französische Franchiserecht ist auch in Frankreich – insoweit unterscheidet sich die Rechtslage kaum von derjenigen in anderen Staaten – eine zersplitterte Rechtsmaterie. In Frankreich wurde bis dato kein spezielles Franchisegesetz erlassen, das die Rechtsbeziehungen der beteiligten Parteien explizit und umfassend regelt. In den 70iger und 80iger Jahren wurde zwar eine Reihe von Vorschlägen für ein spezielles Franchisegesetz eingebracht (vgl. z.B die Gesetzesvorschläge der Abgeordneten *Glon* und *Cousté*, n° 891, 1er session ordinaire, 1973–1974; *Turco,* n° 979, ebenfalls 1er session ordinaire 1973–1974 sowie *Lauriol* und *Ansquer,* n° 529, 2ème session ordinair 1977–1978, von *Lauriol,* 14. 1. 1982 nochmals aufgenommen). Diese Vorschläge wurden jedoch nicht in geltendes Recht umgesetzt (vgl. auch *Pour Rafsendjani,* Kapitel 23 A, S. 377 f.). Für die Erarbeitung bzw. Überprüfung von Franchiseverträgen sind daher unterschiedliche Rechtsgrundlagen zu beachten. Dies sind: Allgemeines Schuld- und Vertragsrecht (*droit commun*), Handelsrecht, nationales bzw. europäisches Wettbewerbs- und Kartellrecht sowie auch das Fallrecht der französischen Judikatur (*droit prétorien*). Die Schwierigkeit für den Vertragsjuristen liegt darin, dass gerade in den wichtigen Bereichen des Handels-, Gesellschafts-, Wettbewerbs- und Kartellrechts unterschiedliche

4. Contrat de franchisage (Französischer Franchisevertrag)   III. 4

Einzelgesetze und Anwendungsdekrete zu beachten sind, wenn auch nunmehr die Mehrzahl dieser Dekrete und Gesetze in die Neukodifikation des frz. Handelsgesetzbuches aufgenommen worden sind (*Nouveau Code de Commerce*). Das neue frz. Handelsgesetzbuch wurde durch die *Ordonnance* Nr. 2000-912 vom 18. September 2000 *relative à la partie Législative du Code de Commerce* eingeführt. Diese *Ordonnance* beruht wiederum auf dem Gesetz Nr. 99-1071 vom 16. Dezember 1999, das die Regierung entsprechend zum Erlass einer *Ordonnance* für die Neukodifikation des Handelsgesetzbuches ermächtigt. Die Regelungen sind im wesentlichen identisch mit den Regelungen der einzelnen Gesetze und Dekrete. Dennoch hat der frz. Gesetzgeber die Kodifikation des neuen Handelsgesetzbuches zum Anlass genommen, einige Regelungen (vor allem im Wettbewerbsrecht), die als veraltet galten, herauszunehmen. Von Bedeutung für den Franchisenehmer ist im weiteren franchispezifisches Ordnungsrecht: Eine *Arrêt* vom 21.02 1991 sieht gewisse Informationspflichten gegenüber dem Verbraucher vor, die die Eigenschaft als Franchisenehmer betreffen (vgl. hierzu auch Anmerkung Nr. 19). Als Rechtsquelle ist auch das Richterrecht (*droit pretorien*) zu nennen. Dabei können neben den franchisespezifischen Entscheidungen auch diejenigen Entscheidungen herangezogen werden, die zum Vertragshändlerrecht (*concession*) ergangen sind (vgl. hierzu *Sonnenberger/Dammann*, S. 53 mit Hinweis auf Cass. Com. vom 24. 6. 1986, Rev. trim. dr civ 1987, S. 94 ff. sowie Cass. Com. vom 12. 1. 1988, Bull. Civ. 1988 IV Nr. 31, S. 21 ff). Ergänzend kann schließlich auch sogenanntes *Softlaw* herangezogen werden. Die Judikatur stützt sich teilweise auf die „*Norme AFNOR NFZ 20-000*" vom 16. 7. 1987 sowie den Ehrenkodex des französischen bzw. europäischen Franchiseverbandes (*Code de déontologie*). Dieses *Softlaw* besitzt allerdings nur Empfehlungscharakter. Rechtsverbindliche Wirkung kann es aber durch vertragliche Inbezugnahme entfalten (*Leloup*, La Franchise, S. 91; *Anstett-Gardea*, in: Martinek/Semler (Hrsg.), Vertriebsrechtshandbuch, § 46 Frankreich, Rdnr. 63). Die Verhaltenscodices des Europäischen Franchiseverbandes und der nationalen Franchiseverbände verstehen sich gleichfalls als Empfehlungen für die Verbandsmitglieder, denen bei Nichteinhaltung jedoch allenfalls der Verbandsausschluss droht.

4. Typologisierung. In Frankreich haben sich die klassischen Typologisierungen und vor allem die Unterscheidung nach Warenvertriebs-, Dienstleistungs-, Produktions- oder Industriefranchising durchgesetzt (vgl. *Ferrier*, Rép. com. Dall. 1996, S. 5 Anm. 25 ff.; *Leloup*, La Franchise, S. 55 ff.; *Fabre/Pigassou/Sales/Bonnafous/Bonnet-Desplan*, Franchisage, in Fasc. 577, S. 2 m. w. N.; *Lefebvre*, Distribution, Rdnr. 1212 ff.; *Le Tourneau*, Franchisage, J.Cl. 1993, Fasc. 565, S. 14 ff., Anm. 32 ff.; *Bout/Prieto/Cas*, Lamy Droit Économique 1998, S. 1397, n° 3939). Eine macht- und interessengerichtete Typologisierung von Franchisesystemen wird in Frankreich hingegen kaum diskutiert. In der rechtswissenschaftlichen Literatur sind allerdings Ansätze zu einer solchen Form der Typologisierung erkennbar. So wird z. B. von *Ferrier* nicht von vornherein ausgeschlossen, dass Franchisenehmer und Franchisegeber eine „*société de fait*" bilden und somit einen partnerschaftlich strukturierten Zweierbund eingehen (*Ferrier*, J.C.P. 77 – ed. CI–II n° 12.441, S. 269, 278; *Saint-Alary*, Le contrat de franchising, S. 246). Derartige vom gesellschaftsrechtlichen Gedanken der *affectio societatis* getragene Franchisesysteme seien zwar rar, jedoch nicht völlig von franchiserechtlichen Betrachtungen auszuschließen (*Ferrier*, J.C.P. 77 – ed. CI–II n° 12.441, S. 269, 278). In Frankreich wird das Franchising vornehmlich als ein ausschließlich subordinativ strukturiertes Vertriebsvertragssystem verstanden. Partnerschaftlich-partizipativ strukturierte Franchisetypen wurden deshalb in Frankreich dogmatisch noch nicht aufgearbeitet. Die zum Franchiserecht ergangenen Entscheidungen und rechtswissenschaftlichen Werke befassen sich ausnahmslos mit Problemen des Subordinationsfranchising, so dass sich für den Bereich des partnerschaftlich-partizipativ strukturierten Franchising kaum verlässliche Aussagen, allenfalls Spekulationen, treffen lassen.

5. Rechtsnatur des Franchisevertrags. Das Wissen um die Rechtsnatur eines Franchisevertrags ist für den Vertragsjuristen gerade dann von Bedeutung, wenn keine spezialgesetzlichen Vorschriften über den Inhalt für den betreffenden Vertrag existieren, denn aus der Rechtsnatur eines Vertrags kann sich der relevante Normenkomplex ergeben, der als Prüfungsrahmen dient.

(1) Vertrag sui generis. Der Franchisevertrag wurde zunächst als eine bloße Unterart des Vertragshändlervertrages verstanden (vgl. beispielsweise *Le Tourneau,* Le franchisage, JCP (N) 85, I, 13; *Malaurie/Aynès,* Les contrats speciaux, 2ᵉ éd., n° 832.). Neuerer Auffassung zufolge wird der Franchisevertrag jedoch nunmehr als ein eigenständiger Vertrag (sui generis) betrachtet, dessen Sinn im wesentlichen in der Wiederholbarkeit (*réiteration*) des geschäftlichen Erfolges liege (*Ferrier,* Droit de la distribution, S. 319.). Diese Unterscheidung hilft jedoch für sich gesehen nicht weiter, da mit der Feststellung, dass ein Vertrag sui generis vorliegt, noch keine Aussage über die relevanten Normen getroffen ist.

(2) Innominatvertrag. Franchiseveträge werden nach herrschender Rechtsauffassung mangels spezialgesetzlicher Regelung durchweg als Innominatvertrag (*contrat innommé*) verstanden, dem es an einer gesetzlichen Ausdifferenzierung, wie man sie beispielsweise für den Kauf- oder Werkvertrag vorfindet, fehlt. Der Franchisevertrag unterliegt überdies nicht notwendigerweise dem Handelsrecht (vgl. hierzu auch *Bout/Prieto/Cas,* Lamy Droit Économique 1998, S. 1397, n° 3937). Eine sogenannte *„franchise commerciale"* liegt nur dann vor, wenn der Franchisevertrag zwischen Kaufleuten geschlossen wird oder beide Vertragsparteien spätestens mit Abschluss des Franchisevertrages Kaufleute werden (Cass. com., 25. 10. 1994, Contr.-Cons.-Conc., Febr. 1995, Nr. 27 für ein Fingernagelstudio; *Jauffret et Mestre,* Manuel du Droit Commercial, Nr. 40). In allen anderen Fällen wird der Franchisevertrag als zivilrechtlicher Franchisevertrag (*franchise civile*) eingestuft (vgl. hierzu *Teston/Teston,* Le franchising et les concessionaires, S. 12; *Enghusen,* Rechtliche Probleme der Franchiseverträge, S. 131). Eine derartige Unterscheidung ist einerseits relevant für die Frage der Anwendbarkeit handelsrechtlicher Vorschriften sowie andererseits für die Frage der Zuständigkeit der angerufenen Gerichte und gegebenenfalls für die Frage der Wirksamkeit einer Gerichtsstandsklausel im Rahmen des nationalen französischen Zivilprozessrechts. Aus der Eigenschaft *Innominatkontrakt* ist der Rückschluss zu ziehen, dass für eine vertragsrechtliche Beurteilung die Regeln des allgemeinen Schuldrechts herangezogen werden müssen.

(3) Rahmenvertrag und Dauerschuldverhältnis. Übereinstimmend mit der deutschen Rechtsauffassung wird auch im französischen Recht der Franchisevertrag als Rahmenvertrag (*contrat-cadre*) aufgefasst. Es wird auch in Frankreich anerkannt, dass eine komplexe Beziehung wie das Franchiseverhältnis, das auf Dauer angelegt ist, es erlauben muss, die prinzipiellen Verpflichtungen in einem Rahmenvertrag festzuhalten und die konkrete Umsetzung einzelnen Ausführungsverträgen (*contrat à exécution successive*) zu überlassen. Die Ausführungsverträge über die Lieferung der Vertragswaren werden wiederum selbständig beurteilt (*Sonnenberger/Dammann,* Französisches Handels- und Wirtschaftsrecht, S. 95; *Licari,* La Protection du Distributeur intégré, S. 44 ff). Eine mögliche Nichtigkeit des Rahmenvertrags berührt dabei nicht ohne weiteres die Wirksamkeit der einzelnen Ausführungsverträge. Dies gilt auch für den umgekehrten Fall.

6. Franchise-Definition. Für den Franchise-Begriff sind unterschiedliche Franchisedefinitionen vorhanden, die mehr oder weniger Übereinstimmungen aufweisen. Die nationale Judikatur lehnt sich entweder an die bereits in der Franchise-GFVO Nr. 4077/87 enthaltene Definition an oder stützt sich auf eine in einer der ersten Entscheidungen zum Franchising vom *TGI Bressuire* aufgestellten Definition (TGI Bressuire, 19. Juni 1973, D. 1974, S. 105 mit Anm. *Bories*). Diese lautet wie folgt (vgl. hierzu auch z.B. CA Colmar, 9. Juni, 1982, D. 1982, S. 553 mit Anm. *J.-J. Burst;* CA Paris, 22. September 1992, D. 1992, IR 272):

4. Contrat de franchisage (Französischer Franchisevertrag)   III. 4

„Une entreprise créatrice d'un procédé secret de fabrication peut vendre le fruit de ses études et il est admis qu'une entreprise peut faire payer ses conseils et sa collaboration lorsqu'elle est propriétaire d'une marque et qu'elle offre une collection de produits ou de services spécifiquement originaux et exploités obligatoirement et totalement selon des techniques commerciales expérimentées, constamment mises au point et périodiquement recyclées, ce qui dénommé contrat de Franchising".

Die von der *Féderation Francaise de la Franchise* (FFF) vorgeschlagene Definition gleicht dieser Definition des *TGI Bressuire* und unterscheidet sich lediglich im Detaillierungsgrad der Formulierung:

„La Franchise est une méthode de collaboration entre une entreprise: le Franchiseur et plusieurs entreprises: les Franchisés, pour exploiter un CONCEPT DE FRANCHISE.

Le concept de Franchise, mis au point par le Franchiseur, est composé de 2 éléments:
- *la propriété ou le droit d'usage de signes de ralliement de la clientèle: Enseigne, marques, signes, symbols, logos, etc.*
- *l'usage d'une expérience et la mise au point d'un savoir-faire*
- *une collection de produits et/ou services et/ou technologies.*

La Franchise s'inscrit parmi les alternatives de mise en oeuvre d'une stratégie. Elle peut correspondre à une stratégie de développement, de diversification ou de consolidation."

Teilweise wird auch auf die in der *„Norme AFNOR NFZ 20-000"* vom 16. 7. 1987 enthaltene Definition zurückgegriffen. Die *„Norme AFNOR"* wurde von der *„Association Francaise de Normalisation"* entwickelt und besitzt lediglich Empfehlungscharakter. Sie kann aber per vertraglicher Inbezugnahme rechtliche Verbindlichkeit erlangen. Die *„Association Francaise de Normalisation"* (AFNOR) mit Sitz in Paris wurde vom *„Secretaire d'état au Commerce"* zur Ausarbeitung einer einheitlichen Normierung des Franchising ersucht, weil ihm die Regelungen des französischen Ehrenkodex der Franchisegeber nicht ausreichend erschienen (*Leloup*, La Franchise, S. 91; *Anstett-Gardea*, in: Martinek/Semler (Hrsg.), Vertriebsrechtshandbuch, § 46 Frankreich, Rdnr. 63). Die Definition der *„Norme AFNOR NFZ 20-000"* lautet wie folgt:

„Une méthode de collabortation entre une entreprise franchisante d'une part et une ou plusieurs entreprises franchisées, d'autre part. Le franchisage implique, préalablement, pour l'entreprise franchisante la propriété ou la jouissance d'un ou de plusieurs signes de ralliement de la clientèle (tels que dénomination sociale, nom commercial, enseigne, marque de fabrique, de commerce ou de service [...]) ainsi que la détention d'un savoir-faire transmissible aux entreprises franchisées se caractérisant par une collection de produits et/ou un ensemble de service:
- *présentant un caractère original et spécifique;*
- *exploité selon les techniques préalablement expérimentées."*

Im Gegensatz zur der Definition des Deutschen Franchiseverbandes fehlt diesen Definitionen das Merkmal der „Vertikalkooperation". Per definitionem wird damit nicht vorausgesetzt, dass die beteiligten Parteien eines Franchiseverhältnisses verschiedenen Wirtschaftsstufen zugehörige Unternehmen sind. Dennoch wird in Frankreich die Franchisemethode von den sich horizontal organisierenden Verbundgruppen des Handels (*regroupement*) unterschieden, die entweder als Käufer- oder als Verkäufergemeinschaft am Markt auftreten (vgl. hierzu *Ferrier*, Droit de la Distribution, S. 351 ff.).

7. Allgemeine Wirksamkeitsvoraussetzungen für den Franchisevertrag. (1) Überblick. Das Zustandekommen und die generellen Inhaltsanforderungen, die an Verträge allgemein gestellt werden und somit auch für den Franchisevertrag von Bedeutung sind, bestimmen sich nach den allgemeinen Regeln des französischen Schuldrechts (*droit commun des obligations*). Danach müssen zur Vertragsbegründung gem. Artt. 1108 u. 1129 *Code civil* vier Voraussetzungen vorliegen: Geschäftsfähigkeit (*capacité*), Willensübereinstimmung (*consentement*), hinreichend bestimmter Vertragsgegenstand (*objet* *certain*) und eine erlaubte Geschäftsgrundlage (*cause licite*) (vgl. *Bout/Prieto/Cas*, Lamy Droit Économique 1998, S. 1406, n° 3966). Die Rechtsfolgen eines Verstoßes gegen diese Prinzipien bestimmen sich nach den Regeln der *responsabilité contractuelle*. Diese Regeln sehen im wesentlichen zwei Rechtsfolgen vor: Mangelnder Vertragswille, fehlender oder unerlaubter Vertragsgegenstand, fehlende oder unerlaubte Geschäftsgrundlage sowie ein schwerwiegender Irrtum (*erreur obstacle*) führen in gravierenden Fällen zur *Nichtigkeit* des Vertrages (*Ferrier*, Droit de la distribution, S. 332 ff; vgl. auch Cass. com. 11. 10. 1978, J.C.P. 1979 II 19034 mit Anm. *Loussuarn*; Cass. com 11. 10. 1978, D. 1979, S. 135 mit Anm. *Houin*). In manchen Fällen (z.B. Irtumsfall bei Verstoß gegen Aufklärungspflichten) wird eine relative Nichtigkeit angenommen, d.h., der Franchisevertrag ist nicht automatisch nichtig, sondern nur dann, wenn sich der Franchisenehmer auf die Nichtigkeit des Franchisevertrags wegen Einigungsmangel (*vice de consentement*) beruft (vgl. hierzu Anmerkung Nr. 16). In weniger gravierenden Fällen kann stets Schadensersatz verlangt werden (vgl. *Bénabent*, Les Obligations (1999), Rn. 399).

(2) Bestimmtheitserfordernis. Von den unter (1) aufgeführten allgemeinen Wirksamkeitsvoraussetzungen kommt Art. 1129 *Code civil* für die Auseinandersetzungen um die Wirksamkeit von Franchiseverträgen eine herausragende Bedeutung zu (TGI Paris, 19. Juni 1986, RDPI 1986-7, 121; Paris, 2. Februar 1983 PIBD 1982, III, 67). Das Bestimmtheitsgebot bezieht sich dabei auf das dem Franchisevertrag zugrundeliegende Produkt, den Preis der Franchise sowie der vom Franchisenehmer zu beziehenden Produkte, auf das kaufmännische und technische *„savoir-faire"* sowie auf die bestehenden Immaterialgüterrechte des Franchisegebers (*Ferrier*, Droit de la Distribution, S. 332; vgl. auch Cass. com. 19. 11. 1991, Bull.Civ. IV Nr. 356, D. 1993, S. 379 mit Anm. *Gesthin*; Cass. Com., 8. 11. 1994, Contr.-Conc.-Cons. 1995, Fasc. 565; CA Paris, 24. 3. 1995, D. 1995).

a) Zulässigkeitsvoraussetzungen für Tarifklauseln. Heftige Diskussionen wurden hier über die verschiedentlich von Franchisegebern verwendeten Tarifpreisklauseln (*prix de catalogue*) zur Bestimmung der einzelnen Kaufpreise in den späteren Sukzessivlieferungen geführt. Nach älterer Judikatur war das Bestimmtheitserfordernis des Art. 1129 *Code civil* erst erfüllt, wenn der Produktbezugspreis bereits mit Abschluss des Franchisevertrages feststand (Cass. com. 19. 11. 1991, Bull.Civ. IV Nr. 356, D. 1993, S. 379 mit Anm. *Gesthin*; Cass. Com., 8. 11. 1994, Contr.-Conc.-Cons. 1995, Fasc. 565; CA Paris, 24. 3. 1995, D. 1995). Diese von Seiten der Literatur (vgl. z.B. *Vogel*, RIW 1991, S. 156 m.w. N.) heftig als wirtschaftlich inkompatibel kritisierte Entscheidungspraxis wurde aber mittlerweile von der Judikatur aufgegeben (vgl. hierzu in Sachen ALCATEL: Cass. ass. plén., 1er décembre 1995 (4 arrêts): D. 1996, S. 13 mit Anm. *Aynès*; instruktiv hierzu *Witz/Wolter*, ZEuP 1996, S. 656 f. m.w.N.; bestätigt durch Cass.com., 21. 1. 1997, D. Aff. 1997, S. 313 = D. 1997, S. 414; Cass. com 4. 2. 1997, D. 1998, Somm., S. 335 mit Anm. *Ferrier*). Sie hat damit für den Bereich des Vertriebsrechts insgesamt das starre Bestimmtheitsgebot des Art. 1129 *Code civil* dahingehend abgemildert, dass im Franchisevertrag bezüglich der Warenpreise auf die am Tage der Lieferung gültige Preisliste des Franchisegebers verwiesen werden darf (*Witz/Wolter*, ZEuP 1996, S. 648, 655.). Für den Franchisenehmer ist dies nicht unproblematisch, denn der Preis für die einzelnen Sukzessivlieferungen kann nunmehr einseitig durch den Franchisegeber bestimmt werden, ohne dass die Regeln des Marktes eine Preisregulierung ermöglichen. Der Franchisegeber verfügt innerhalb des Systems über ein Preismonopol. Eine dem § 315 Abs. 3 BGB vergleichbare Norm, die es dem Richter ermöglicht, anstatt des unangemessenen Preises einen angemessenen Preis festzulegen, fehlt dem französischen Recht. Eine Gemeinsamkeit besteht jedoch darin, dass die Preisfestlegung durch den Franchisegeber einer Billigkeitskontrolle unterliegt. Es wird die Schranke des Rechtsmissbrauchs (*abus de droit*) in Kombination mit der *rule of reason* herangezogen. Der Preis muss danach vernünftig sein. Umstritten ist, wer die Beweislast für die Unangemessenheit des Preises bzw. für den Rechtsmissbrauch trägt. Der Judikatur zufolge ist der Franchisenehmer

4. Contrat de franchisage (Französischer Franchisevertrag) III. 4

beweisbelastet. Die Literatur verlangt hingegen unter Berufung auf Art. 1315 Abs. 2 Code civil sowie auf Art. 146 NCPC eine Beweislastumkehr zugunsten des Franchisenehmers (*Brunet/Ghozi*, D. 1998, S. 1 ff.; *Licari*, S. 386). Es bleibt allerdings die Frage, welche Kriterien für einen vernünftigen Preis heranzuziehen sind. Insoweit fehlen klare Konturen und eindeutige Entscheidungen (vgl. hierzu Bestimmungsversuche bei *Licari*, S. 381 ff.). Ein Unterschied zum deutschen Recht besteht allerdings in der Rechtsfolge des Verstoßes gegen die Festelegung eines vernünftigen Preises: Der französische Richter kann hier nicht den von ihm nach Billigkeitsgesichtspunkten für angemessen erachteten Preis festlegen, sondern er kann nur zwischen der Auflösung des Franchisevertrags und der Zusprechung von Schadensersatz wählen (*Licari*, S. 387) In gravierenden Fällen, d. h. in Fällen eines erheblich unangemessenen Preises, besteht die Möglichkeit der *résiliation*. Diese Lösung wird in der Literatur zu Recht als nicht praktikabel kritisiert (*Licari*, S. 387).

b) Bestimmtheitsgebot bzgl. savoir-faire. Das Bestimmtheitsgebot des Art. 1129 *Code civil* repräsentiert aber auch eine neuralgische Stelle, was die Bestimmtheit in bezug auf das *„savoir-faire"* betrifft, auch wenn die Judikatur keine besonders hohen Anforderungen an die Originalität des kaufmännischen und technischen *„savoir-faire"* stellt (vgl. hierzu Collmar 9. März 1990, D. 1990, 232 mit Anmerkung *Burst;* Paris 18. Juni 1992 und 29. September 1992, D. 1995, somm. 78; Com 10. Mai 1994, RJDA 1994-10; zum Begriff des *savoir-faire* im Rahmen des Franchising vgl. ausführlich *Leloup*, La franchise, S. 27 ff.). Die Wirksamkeit des gesamten Franchisevertrages hängt aber von einem identifizierbaren *„savoir-faire"* ab (vgl. hierzu *Bout/Prieto/Cas*, Lamy Droit Économique 1998, S. 1410, n° 3977 ff. sowie nachfolgende Anmerkung Nr. 8 zu den essentialia negotii des Franchisevertrags).

8. Essentialia negotii des Franchisevertrags. Es werden überwiegend drei Elemente des Franchisevertrages als schlechthin konstitutiv angesehen (vgl. hierzu *Ferrier*, Rép. com. Dalloz 1996, S. 3 ff., Anm 8 ff.; *Diener*, Contrats internationaux de propriété industrielle, S. 305.).

(1) Übertragung gewerblicher Schutzrechte. Erforderlich ist zum einen, dass der Franchisegeber dem Franchisenehmer seine unterscheidungskräftigen Systemkennzeichen, wie Marken, Handelsnamen, Logos u. ä. zur Verfügung stellt (CA Paris, 28. April 1978, BT 1978, S. 277). Diese Kennzeichen müssen überdies bei den beteiligten Verkehrskreisen einen gewissen Bekanntheitsgrad aufweisen (CA Bordeaux, 1. Juni 1988, Petites Affiches, 12. Juni 1989.). Fehlt dem Kennzeichen die erforderliche Unterscheidungskraft, kann der Franchisevertrag hinsichtlich seiner Wirksamkeit in Frage gestellt werden (CA Paris, 11. Juni 1992, D. 1992 mit Anm. *Ferrier*). Nach Auffassung des Kassationshofes ist in derartigen Fällen, in denen es sich um ein verhältnismäßig neues Franchisesystem handelt, dessen Markenbekanntheit noch auszubauen ist, eine verstärkte Werbeverpflichtung des Franchisegebers gegeben (Cass. com 12. 7. 1993, Nr. 91-20.530, Contr.-Conc.-Cons. 1993, Nr. 207, S. 5)

(2) Übertragung des *savoir-faire*. Von besonderer Wichtigkeit ist nach französischer Rechtsauffassung die Übertragung des *savoir-faire* (*Ferrier*, Rép.com.Dalloz, 1996, S. 3 f. Anm. 13 ff.; *Le Tourneau*, J.-Cl. Fasc. 566, Nr. 18 ff, S. 14; *Leloup*, La Franchise, S. 29 m. w. N.; *Azema*, Définition juridique du know-how, S. 73; TGI Bressuire, 19. 6. 1973, D. 1974, S. 105 mit Anm. *Bories.*). Damit ist die Übertragung des systemspezifischen, erprobten und originellen Know-hows des Franchisegebers gemeint. Die Übertragung des *savoir-faire* ist somit eine Schlüsselstelle des gesamten Franchisekonzepts, von dem die Wirksamkeit des Franchisevertrages abhängt. Gerade die Wiederholbarkeit des geschäftlichen Erfolgs macht nach französischer Rechtsauffassung das Wesen des Franchisevertrages aus. Fehlendes *savoir-faire* ist verschiedentlich von der Judikatur als Nichtigkeitsgrund anerkannt worden. Es kommt insoweit eine Annullierung wegen *absence de cause* bzw. wegen *dol* aber auch die Nichtigkeit mangels Einhaltung des Be-

stimmtheitsgrundsatzes in Betracht (vgl. Cass. com., 10. 5. 1994, RJDA, Oktober 1994, Nr. 1016, S. 803, zitiert in *Dictionnaire Permanent Droit Des Affaires,* Bulletin 394, S. 1486; Cass. com., 19. 2. 1991: D. 1992, somm. 3 mit Anm. *Ferrier;* CA Paris, 25. 2. und 11. 6. 1992, D. 1992, somm. 3.; *Ferrier,* Droit de la distribution, S. 333). Überdies kann auch wettbewerbsrechtlich der Franchisevertrag bei fehlendem *savoir-faire* wegen irreführender Werbung (*publicité trompeuse*) sowie wegen Betruges (*escroquerie*) nach Maßgabe des Art. 44 des Gesetzes vom 27. 12. 1973 angegriffen werden (vgl. hierzu *Le Tourneau,* J.-Cl. Fasc. 566, Nr. 68 ff., S. 15 ff.).

(3) Beistands- und Unterstützungspflicht des Franchisegebers. Als drittes Element werden die Unterstützungsleistungen (*assistance continue*) des Franchisegebers für wesentlich erachtet, die zum einen der umfassenden Betreuung und Eingliederung des Franchisenehmers in das System dienen und zum anderen der Qualitätssicherung des Franchisekonzepts zugute kommen (*Ferrier,* Rép.com.Dalloz, 1996, S. 5 Anm. 22 ff.; TGI Paris, 20. 11. 1989, Lettre de la distribution 1989-3.; *Bout/Prieto/Cas,* Lamy Droit Économique 1998, S. 1414, n° 3989 ff). Hierin wird wie in der Bundesrepublik Deutschland der wesentliche Unterschied zum Lizenzvertrag gesehen (*Ferrier,* Rép.com.Dalloz, 1996, S. 5 Anm. 24 m. w. N.; *Leloup,* La Franchise, S. 34 m. w. N.).

(4) Rechtsfolge bei Fehlen eines wesentlichen Merkmals. Die Judikatur zeigt hier ein uneinheitliches Bild, das sich in zwei Strömungen gliedern lässt. In manchen Entscheidungen wird der Franchisevertrag mangels Fehlen eines lizenzfähigen Know-hows sowie wegen Fehlen der notwendigen Unterstützungsleistung auf der Grundlage des Art. 1131 Code civil für nichtig erachtet (CA Versailles, 9. 3. 1989, BRDA 1989, n° 14, S. 8; Cass.com, 9. 10. 1990, RJDA 1991, Nr. 19 = J.C.P. 1991, Ed. E., I, 39, Nr. 5; Cass.com., 10. 5. 1994, RJDA 1994, Nr. 1016; Cass.com 30. 1. 1996, RJDA 1996, Nr. 775; Cass. com 28. 4. 1997, D.1998, Somm., 338 mit Anm. *Ferrier*) mit der Folge, dass der Franchisenehmer gem. Artt. 1382, 1383 *Code civil* Schadensersatz wegen vorvertraglichem Fehlverhaltens verlangen kann (*Malauries/Aynes,* Les Obligations (1998), Nr. 598). Andere Entscheidungen nehmen eine Umqualifizierung des Franchisevertrags vor: Der Franchisevertrag wird weiterhin als wirksamer Rahmenvertriebsvertrag eingestuft (Cass. com., 24 nov. 1992, n° 90-18.003; voir n° 4218) und eine Qualifikation als reine Marken- bzw. Know-how-Lizenz angenommen, wenn Unterstützungsleistungen des Franchisegebers nicht im Vertrag verankert sind (T. com., Paris, 3 mai 1993, Gaz. Pal. 27 et 28 juill. 1994, p. 7).

9. Grundlage der Wirksamkeitskontrolle im Falle von Vertragsungleichgewichten.
(1) Nichtigkeit auf der Grundlage des allgemeinen Zivilrechts (*droit commun*). Im deutschen Franchiserecht werden Vertragsungleichgewichte, vor allem Knebelungsverträge oder Wucherverträge über die Generalklauseln des § 138 Abs. 2 BGB aufgelöst (vgl. hierzu *Martinek* in Martinek/Semler, Vertriebsrecht (1996), § 14 m. w. N.) Im französischen Recht findet man jedoch keine dem § 138 Abs. 2 BGB entsprechende Generalklausel. Eine Sittenwidrigkeits- besser Wirksamkeitskontrolle unter dem Gesichtspunkt der wirtschaftlichen Knebelung des Franchisenehmers (*franchise strangulatoire*) kann natürlich auch nach französischem Recht durchgeführt werden. Es sind einige untergerichtliche Entscheidungen anzutreffen, die den Franchisevertrag wegen wirtschaftlichen Ungleichgewichts und Missbrauchs der wirtschaftlichen Abhängigkeit des Franchisenehmers für nichtig erklärt haben (Paris 10. 3. 1989, G.P. 1989, 3, jur., 544), interessanterweise jedoch ohne sich auf die an sich einschlägige Norm des Art 8-2 der französischen Wettbewerbsverordnung aus dem Jahre 1986 zu berufen. Einseitig (den Franchisegeber) begünstigende Verträge können unter dem Gesichtspunkt des im französischen Recht geltenden allgemeinen Proportionalitätsprinzips angegriffen werden (vgl. z.B. Cass.com 17. 6. 1997, RTD civ. 1998, 157 mit Anm. *Crocq*). In der Literatur wird auch die analoge Anwendung des Art. 1844-1 Code civil empfohlen, wonach eine Klausel in einem Gesellschaftsvertrag unwirksam ist, wenn sie einem Gesellschafter den

4. Contrat de franchisage (Französischer Franchisevertrag)

gesamten Gewinn und einem anderen Gesellschafter den gesamten Verlust auferlegt (*Licari*, S. 298; *Sériaux*, Droit des obligation (1998), Nr. 30). Vertragsungleichgewichte werden des weiteren auf der Grundlage des Art. 1131 *Code civil* gelöst, wenn es an einer tatsächlichen (*réelle*) und/oder ernstzunehmenden, werthaltigen (*sérieuse*) Gegenleistung (*contrepartie*) fehlt. Derartige Verträge werde wegen *absence de cause* für nichtig erklärt mit der Folge des Ausgleichs des entstandenen Schadens auf der Grundlage der Artt. 1382, 1383 Code civil. Diese Fälle treten vor allem dann auf, wenn dem Franchisegeber und damit dem Franchisevertrag das erforderlich zu übertragende Know-how fehlt (vgl. hierzu Anmerkung Nr. 8).

(2) Umqualifizierung von Franchiseverträgen. In einigen Fällen werden Vertragsungleichgewichte durch eine Umqualifizierung des Franchisevertrags gelöst. Dies sind vor allem Fälle des Verstoßes gegen das Übermaßverbot in Bezug auf vertraglich aufgenommene Kontrollbefugnisse des Franchisegebers. In diesen Fällen werden von der Judikatur arbeits- bzw. sozialrechtliche Regelungen herangezogen (vgl. Anmerkung Nr. 53).

(3) Keine Kontrolle durch spezialgesetzliche Normen bzgl. der Verwendung missbräuchlicher Klauseln (*clauses abusives*). Franchiseverträge unterliegen nach französischer Rechtsauffassung trotz ihres Formularcharakters nicht einer speziellen gesetzlichen Schranke, wie sie für Allgemeine Geschäftsbedingungen in der Bundesrepublik Deutschland nach Maßgabe des AGBG gehandhabt wird (vgl. hierzu *Ekkenga*, Die Inhaltskontrolle von Franchiseverträgen, 1990). Die französische Rechtsordnung kennt zwar besondere Schutzgesetze, die vor Übervorteilung durch missbräuchliche Vertragsklauseln schützen sollen (Gesetz Nr. 78-23 vom 10. 1. 1978, reformiert durch Gesetz Nr. 95–96 vom 1. 2. 1995 zur Umsetzung der Richtlinie 93/13 EWG vom 5. 4. 1993 über missbräuchliche Klauseln in Verbraucherverträgen, nunmehr kodifiziert in Art. L-132-1 *Code de la consommation*; vgl. hierzu *Paisant*, D. 1995, S. 99–108 sowie *Licari*, S. 305 ff.). Der Franchisenehmer *in spe* untersteht jedoch nicht dem Schutzbereich dieses Gesetzes. Der persönliche Anwendungsbereich erfasst nämlich nur Vertragsverhältnisse zwischen einerseits Verbrauchern (*consommateurs*) bzw. Geschäftsleuten einer anderen als der im Vertrag vorgesehenen Fachrichtung (*non-professionnel*) und andererseits Geschäftsleuten derselben Fachrichtung auf der anderen Seite (*professionnel*). Der Begriff des *„non-professionnel"* wird von der Judikatur zur Zeit eng ausgelegt, nachdem sie durch eine vielbeachtete Grundsatzentscheidung zunächst den Begriff des *„non professionnel"* weit gefasst hatte (Cass. civ 1ère, 28. 4. 1987, JCP 1987 II. 20893). Sobald der Vertrag jedoch einen direkten Bezug zur ausgeübten Berufstätigkeit aufweist – dies ist bei Franchiseverträgen in der Regel der Fall – fällt er nicht mehr unter das französische Verbraucherschutzgesetz (Cass.civ. 1ère, 24. 1. 1995, D. 1995, S. 327f, mit Anm. *Paisant*; siehe auch Cass.com. 23. 4. 1999, Contr-Conc.-Cons. 2000, S. 12*)*. Dies bedeutet allerdings nicht, dass zwischen Unternehmern jegliche Klausel verwendet werden darf. Auch unter Unternehmern kann eine Rechtmäßigkeitskontrolle von den Gerichten durchgeführt werden. Die Judikatur nimmt hier eine Klauselkontrolle im Hinblick auf Ungleichgewichte überwiegend auf der Grundlage des Wettbwerbsrechts und des allgemeinen Zivilrechts vor (Cass.com. 23. 4. 1999, Contr-Conc.-Cons. 2000, S. 12; in der Literatur sind aber Stimmen erkennbar, die für eine Anwendung der verbraucherschützenden Normen gegen missbräuchliche Klauseln unter Geschäftsleuten plädieren – vgl. hierzu *Licari*, S. 305 ff.; *Jamin/Mazeaud*, Les clauses abusives entre professionnels, S. 33 ff.).

10. Sprachschutzregelung. (1) Die offizielle Verwendung des aus dem anglo-amerikanischen Sprachgebiet stammenden Wortes „Franchising" und der Ableitungen wie „Franchisor", „Franchisee", „Franchise System" usw. ist bereits auf der Grundlage des Gesetzes vom 31. 12. 1975 verboten worden. Dieses Gesetz ist wiederum durch das neue Gesetz Nr. 94/665 vom 4. 8. 1994 zum Schutz der französischen Sprache – die sog. „Loi Toubon" – verschärft worden. Sie stellt die nach Frankreich exportierenden Unternehmen vor erhebliche Schwierigkeiten. Hersteller, die eine euoropaweite Werbekampagne mit einem unterscheidungskräftigen Slogan durchführen wollen oder ihre Produktpalette unter einer aus mehreren nicht-französischen Worten zusammengesetzten Marke in Frankreich vertreiben wollen, geraten mit dem vorgenannten Gesetz in Konflikt.

(2) Die Regelung des Art. 2 des Gesetzes Nr. 94/665 vom 4. 8. 1994 schreibt den alleinigen Gebrauch der französischen Sprache bei der Offerte und der Beschreibung von Waren und Dienstleistungen, in den dazugehörigen Gebrauchsanweisungen sowie in den Garantiebedingungen zwingend vor. Das gleiche gilt für Zusätze und Angaben, die mit einer Marke eingetragen sind. Der Begriff „franchising" wird daher in den Verträgen durch das französische Substantiv „franchisage" oder „Franchise" ersetzt (vgl. dazu *Guyénot*, Rev. trim. dr. com. 1973, S. 161 ff., 164; *ders.*, La Revue des Huissiers de Justice Nov. 1976, S. 292; *Mercadal/Janin*, S. 352).

(3) Die Missachtung dieser Vorschrift wird als ein Verstoß gegen die Informationspflicht des Anbieters erachtet (*Endrös*, S. 19). Zuwiderhandlungen können als Ordnungswidrigkeit mit einer Geldbuße bis zu 20 000 FF pro Verstoß geahndet werden. Vor allem der ausländische Franchisegeber muss somit, abgesehen von inhaltlich-rechtlichen Besonderheiten, für eine sorgfältige französische Sprachgestaltung seiner Vertragstexte sorgen. Auch Werbekampagnen sind der französischen Sprache anzupassen. Es wird in der Literatur allerdings die Auffassung vertreten, dass dieses Sprachenschutzgesetz gegen das EG-Recht verstößt, da es eine zumindest mittelbare Handelsbeschränkung i. S. d. Art. 30 EG-Vertrag darstelle und so ausländische Produkte diskriminiere (vgl. *Endrös*, S. 17 u. 21 ff.). Diese hier ausdrücklich unterstützte Rechtsauffassung ist freilich bislang folgenlos geblieben.

11. Formvorschriften. Aufgrund des im französischen Vertragsrecht vorherrschenden Konsens- oder Konsentialprinzips ist für den Franchisevertrag grundsätzlich keine besondere Form als Wirksamkeitsvoraussetzung vorgeschrieben (vgl. *Anstett-Gardea*, in: Martinek/Semler, Rn. 65). Jedoch ergeben sich für die Vertragsparteien mittelbar Formzwänge. Das französische Zivilrecht verlangt nämlich gem. Art. 1341 Code Civil die Schriftlichkeit als Beweisform, wenn es sich um zivilrechtliche Verträge handelt, die den durch Dekret Nr. 80-533 vom 15. 7. 1980 festgelegten Wert von 5000 FF übersteigen. Weiterhin verlangt Art. 1325 Code Civil, dass für jede Partei eine Ausfertigung des Vertrages unter Angabe des Datums zu erstellen ist. Die Vorschrift des Art. 1341 Code Civil, welche die Schriftform zu Beweiszwecken vorsieht, ist nicht Bestandteil des ordre public und somit sowohl ausdrücklich als auch konkludent abdingbar (Civ. 1re, 5. 11. 1952, Bull. civ. I, Nr. 256). Abweichungen von diesem Formerfordernis ergeben sich für Kaufleute. Wie im deutschen Recht hat nämlich das französische Handelsrecht die Einhaltung von Formalitäten reduziert (vgl. dazu allgemein *Ittenbach*, S. 126 ff., 155 ff.). So gilt nach Art. 109 *Code de Commerce* in bezug auf Handelsgeschäfte der Freibeweis, d.h., dass Handelsgeschäfte mit allen Mitteln bewiesen werden können (Com. 21. 6. 1988, J.C.P. 1989 II 21170). Allerdings werden die Parteien schon aufgrund des Umfangs der gegenseitigen Rechte und Pflichten in der Praxis durchweg die Schriftform wählen. Auch der europäische Ehrenkodex verlangt die schriftliche Abfassung des Franchisevertrages (Annex Nr. 9). Die Schriftform ist schließlich zwingend erforderlich, wenn im Rahmen des Franchiseverhältnisses eine Exklusiv-Lizenz an gewerblichen Schutzrechten übertragen wird und die Registrierung des Franchisevertrages in das *Registre nationale de la marque* (RNM) nach Maßgabe des Art. L 714-7 des *Code de propriété intellectuelle* erforderlich wird (vgl. *Anstett-Gardea*, in: Martinek/Semler, Rn. 66). Dabei erfasst die Registrierungspflicht den gesamten Franchisevertrag (*Le Tourneau*, Fasc. 566, S. 3). Der europäische Ehrenkodex sieht darüber hinaus vor, dass dem Franchisenehmer ein Vertragsexemplar in seiner eigenen Landessprache geliefert wird. Hieraus ist inzwischen eine gesetzliche Verpflichtung geworden, da das Gesetz Nr. 94/665 vom 4. 8. 1994 zum Schutz der französischen Sprache (Loi Toubon) die Verwendung der bereits mit Verfassungsrang ausgestatteten französischen Sprache zwingend vorschreibt (vgl. *Endrös,* S. 19). Gem. Art. 1443 NCPC ist ein *acte sous seing privé* auch bei der Aufnahme einer Schiedsgerichtsklausel (*clause compromissoire*) erforderlich. Die Einhaltung besonderer Formvorschriften wird auch bei Verträgen von außergewöhnlicher Tragweite verlangt (*Sonnenberger/Dammann,* S. 53). Dies ist immer dann der Fall, wenn z. B. die Immobilie an den Franchisenehmer verkauft wird, in der der Franchisenehmer das Geschäft betreiben soll (*Leloup,* S. 166). In diesem Fall ist die notarielle Beurkundung des Vertrages notwendig (*Delestraint/Legier,* S. 38). Die Nichteinhaltung der Schriftform führt in diesen Fällen prinzipiell zur Nichtigkeit des Vertrages (*Delestraint/ Legier,* S. 38). Es lassen sich im Ergebnis praktisch kaum Ausnahmefälle vorstellen, in denen es Gründe dafür geben könnte, von einem schriftlich ausgearbeiteten Franchisevertrag abzusehen. Schließlich wird in der Literatur die analoge Anwendung des dem § 85 HGB verwandten Art. L. 134-2 *Nouveau Code de commerce* diskutiert, wonach der Franchisegeber auf Verlangen des Franchisenehmers einen schriftlich formulierten Vertrag aushändigen müsste (*Licari,* S. 270 ff.). Diese Diskussion dürfte allerdings nur für wenige Fälle eine Rolle spielen, da in der Regel Franchiseverträge in Schriftdokumenten festgehalten werden. Freilich wird man die modernen Entwicklungen im Auge behalten müssen, die es nunmehr ermöglichen, beispielsweise Verträge auch in elektronischer Form via Internet abzuschließen.

12. Publizitätspflicht für ausländische Zweigniederlassungen. (1) Rechtsgrundlagen. a) Mit dem Dekret Nr. 92-521 vom 16. 6. 1992 (abgedruckt in Journal Officiel 1992, S. 7894) wurde die 11. Gesellschaftsrechtsrichtlinie der EG vom 21. 12. 1989 in innerstaatliches Recht umgesetzt, welche die Publizitätspflichten von Zweigniederlassungen behandelt, die in einem Mitgliedstaat von einem Unternehmen mit Sitz in einem anderen Mitgliedstaat unterhalten werden. Nach Art. 1.1 dieser EG-Gesellschaftsrechtsrichtlinie ist das Recht des Mitgliedstaates anzuwenden, in dem die Zweigniederlassung ihren Sitz hat.
b) Für den vorliegenden Sachverhalt ergeben sich somit die Publizitätspflichten aus dem Dekret Nr. 92-521. Danach sind sog. „établissements" publizitätspflichtig. Unter „établissements" sind Zweigniederlassungen im weiten Sinne zu verstehen (Mitteilung in RIW 1993, S. 245). Zu beachten ist, dass auch Repräsentationsbüros, die steuerrechtlich keine Betriebsstätten sind, ebenfalls der Publizitätspflicht unterfallen. Die Nichtbeachtung der Vorschriften des Dekrets Nr. 92-521 ist bußgeldbewehrt.
(2) Publizitätspflichtige Unternehmen. Art. 5 des Dekrets Nr. 92-521 führt in seinem Anhang die ausländischen (deutschen) Gesellschaftsformen auf, deren Zweigniederlassungen im weiten Sinne publizitätspflichtig sind. Dies sind die AG, die GmbH sowie die Kommanditgesellschaft auf Aktien (KaAG). Niederlassungen von Personenhandelsgesellschaften (GdBR, OHG, KG) sind demzufolge nicht zur Publizität nach Maßgabe des Dekrets Nr. 92-521 verpflichtet (Mitteilung in RIW 1993, S. 245).
(3) Verfahren. a) Die französische Niederlassung muss ihre Eintragung in das Handelsregister („registre du commerce et des sociétés") beim Gerichtsbeamten (greffe) des zuständigen Handelsgerichts der Niederlassung beantragen. Die Eintragung wird als „immatriculation" bezeichnet. Dabei ist zwingend das „Centre de formalités des entreprises" einzuschalten, welches die handels-, sozial-, steuer- und verwaltungsrechtlich vorgeschriebenen Veröffentlichungen organisiert und zentralisiert (*Sonnenberger/ Dammann,* S. 80). Nach Art. 15 b des Dekrets Nr. 92-521 sind dem „greffe" u. a. das Firmenzeichen, die Tätigkeitsbereiche der Niederlassung sowie die vollständigen Angaben bzgl. des Leiters der Niederlassung anzugeben. Soweit eine ausländische Gesellschaft die im Annex zum Dekret bezeichnete Form hat (GmbH, AG, KaAG), besteht für diese allerdings nur eine eingeschränkte Informationspflicht. Mitgeteilt und veröffent-

licht werden nur folgende Angaben: Name und Firma der Gesellschaft sowie das Firmenzeichen; Datum des Jahresabschlusses für publizitätspflichtige Gesellschaften; vollständige Angaben bzgl. der Identität der Gesellschaftsorgane; Angabe des Ortes und der Nummer der Handelsregistereintragung. Bei Errichtung der Niederlassung besteht darüber hinaus gem. Art. 55 des Dekrets Nr. 92-521 die weitere Verpflichtung, die Satzung und alle späteren Änderungen der Satzung in beglaubigter Form (in französischer Sprache) beim Handelsgericht der Niederlassung zu hinterlegen. Weiterhin besteht nunmehr auch eine Hinterlegungspflicht für Jahresabschlüsse der ausländischen Gesellschaften. Jedes Jahr sind zwei Exemplare des geprüften und veröffentlichten Jahresabschlusses in französischer Übersetzung beim Handelsgericht zu hinterlegen. Das Dekret Nr. 92-521 verlangt schließlich, dass auch auf den Geschäftspapieren der Niederlassung in Frankreich Angaben bzgl. der ausländischen Stammgesellschaft enthalten sein müssen. Dies sind gem. Art. 72 des Dekrets Nr. 92-521 die Firmenbezeichnung, die Rechtsform und der Sitz sowie die Handelsregisternummer und gegebenenfalls Angaben über eine Liquidation.

b) Besondere Informationspflichten bestehen allerdings für börsennotierte Gesellschaften, da die COB (Commission des Opérations de Bourse) in ihrem Jahresbericht 1991 festgestellt hat, dass sie von ausländischen Gesellschaften, deren Aktien an einer französischen Börse gehandelt werden, so umfassende Informationen erwartet, wie sie für diese Gesellschaft in ihrem Mutterland veröffentlicht werden. Neben dem Jahresbericht werden daher umfangreiche Auszüge aus Bilanzen sowie Erklärungen erwartet (Mitteilung in RIW 1993, S. 245).

13. Kartellrechtliche Zulässigkeit von Franchiseverträgen. Franchiseverträge enthalten eine Vielzahl von Regelungen, die den Franchisenehmer in seiner Absatzmittlungsaktivität während der Laufzeit des Vertrages wie auch nach Beendigung des Vertrages einschränken sollen. Der Grund hierfür liegt auf der Hand: Diese wettbewerbsbeschränkenden Maßnahmen dienen einerseits dem Schutz anderer Systembeteiligter (beispielsweise durch Gebietsbeschränkungen hinsichtlich der dem Franchisenehmer erlaubten Geschäftsaktivität). Andererseits dienen sie dem Schutz der Verwertbarkeit und des Werterhalts der Geschäftsidee und des Know-hows des Franchisegebers. Denn anders als durch eine vertraglich verankerte Geheimhaltung kann der Franchisegeber sein Know-how, das per definitionem (vgl. z.B. Art 1f Vertikal-GVO Nr. 2790/99 = Verordnung vom 22. 12. 1999 – Abl. L 336 vom 29. 12. 1999, 21 = Abdruck auch in EWS 2000, S. 116 ff) nicht eintragungsfähiges geheimes Wissen umfasst, nicht schützen. Im übrigen dienen Wettbewerbsbeschränkungen, wie z. B. das Wettbewerbsverbot während der Vertragslaufzeit der Sicherstellung des finanziellen und persönlichen Einsatzes des Franchisenehmers, als flankierende Maßnahme zu den Besteinsatzverpflichtungen, die mehrheitlich in Franchiseverträgen als Standardformulierung auftauchen. Franchiseverträge weisen darüber hinaus zahlreiche Vertikalbindungen und Elemente des selektiven Vertriebs bzw. des Alleinvertriebs auf. Dies führt dazu, dass andere potentielle Nachfrager von der Belieferung ausgeschlossen werden und somit der Wettbewerb formell beschränkt wird. Die Zulässigkeit derartiger Vereinbarungen richtet sich nach unterschiedlichen Normen.

(1) Anwendbare Rechtsordnungen. In grenzüberschreitenden Franchiseverträgen stellt sich die Frage, nach welcher Rechtsordnung wettbewerbsbeschränkende Maßnahmen zu beurteilen sind, wenn wie in der vorliegenden Fallkonstellation, eine Auslandsberührung mit Frankreich gegeben ist. Eine in den Franchisevertrag aufgenommene Rechtswahlklausel, wonach beispielsweise das deutsche Recht Anwendung finden soll, hilft nicht weiter, denn sie stößt hier an die Grenzen ihrer Wirkungsentfaltung. Die Materie des Wettbewerbs- und Kartellrechts wird als Vorschriftenkomplex des *ordre public* bzw. *lois de police* im Sinne des Art. 6 EGBGB = Art. Xx EVÜ verstanden, der selbst für den Fall der wirksamen Wahl einer ausländischen Rechtsordnung weiterhin Beachtung und An-

wendbarkeit finden muß (*Courbe,* J-Cl., S. 111). Wird also wie in der vorliegenden Fallkonstellation davon ausgegangen, dass der Franchisevertrieb in Frankreich aufgenommen werden soll, wird man kaum umhinkommen, die französische Wettbewerbs- und Kartellordnung beachten zu müssen.

a) Französisches Kartell- und Wettbewerbsrecht. aa) Rechtsgrundlagen im Überblick. Die wettbewerbsrechtliche Beurteilung des Franchisevertrages nach französischem Wettbewerbsrecht erfolgt nach Maßgabe des *Code de Commerce*. Das französische Handelsrecht ist mittlerweile reformiert worden. Der neue *Code de Commerce* enthält nunmehr eine Zusammenfassung der ehemals in Einzelgesetzen geregelten Vorschriften des Wettbewerbsrechts. Die am 1. 12. 1986 erlassenen und am 1. 1. 1987 in Kraft getretenen Vorschriften der Verordnung Nr. 86-1243 (*Ordonnance relative à la liberté des prix et de la concurrence;* veröffentlicht im Journal Officiel vom 8. 12. 1986; im folgenden: WettbewerbsVO Nr. 86-1243) sind durch das neue französische Handelsgesetzbuch außer Kraft gesetzt worden. Der wettbewerbs- und kartellrechtliche Teil des neuen französischen Handelsgesetzbuches enthält aber inhaltlich weitgehende Übereinstimmungen mit der früheren französischen Wettbewerbsverordnung Nr. 86-1234. Als Ausnahme hiervon ist das Entfallen des Art. 36 Abs. 2 der Wettbewerbsverordnung Nr. 86-1234 (*refus de vente*) zu nennen, der als überflüssig erachtet wurde. Die wettbewerbsrechtlichen Vorschriften des neuen französischen Handelsgesetzbuches gelten gemäß Art. L. 410-1 *Code com.* für alle Maßnahmen, deren Wettbewerbsschädlichkeit sich auf den französischen Markt auswirkt, gleichgültig, ob der Sitz der Beteiligten innerhalb oder außerhalb des französischen Staatsgebietes liegt oder diese eine Betriebsstätte innerhalb Frankreichs unterhalten. Wettbewerbs- und kartellrechtliche Grenzen ergeben sich für Franchiseverträge aus den Artt. L 330 ff *Code com.*, wonach Grenzen für Exklusivvereinbarungen gegeben sind sowie aus den Art. 410 ff. *Code com.*, die wettbewerbsschädliche Praktiken verbieten. Dabei unterfallen dem Tatbestand des Art. L 420-1 und 2 *Code com.* sowohl horizontale als auch vertikale Absprachen von Unternehmen (zur älteren Rechtslage vgl. *Ebenroth/Strittmatter,* S. 39 Rn. 46 m. w. N.). Wettbewerbsbeschränkende Vereinbarungen zwischen kleinen und mittleren Unternehmen, die das Ziel haben, diesen Unternehmen Zutritt zu einem Markt zu verschaffen (und somit den Wettbewerb intensivieren), sind auch weiterhin vom Anwendungsbereich des Art. L 420 *Code com.* ausgeschlossen, da diese Verhaltensweisen nicht die geforderte „Finalität" der Wettbewerbsbeschränkung aufweisen. Dies ist vergleichbar mit dem im europäischen Kartellrecht geforderten Merkmal der „Spürbarkeit" i. S. d. Art. 81 EG-Vertrag.

bb) Beschränkungen hinsichtlich Exklusivvereinbarungen. Gemäß Art L. 330-1 *Code com.* unterliegen Exklusivvereinbarungen einer zeitlichen Beschränkung von 10 Jahren. Überdies entstehen gemäß Art. 330-3 *Code com.* weitreichende Aufklärungspflichten (früher *Loi Doubin;* vgl. hierzu Anmerkung Nr. 16).

cc) Wettbewerbsschädliche Praktiken gem. Art. 420-1 und 420-2 *Code com.* Unter den Begriff der wettbewerbsschädlichen Praktiken (*pratiques anticoncurrentielles*) fallen nach Art. 420-1 *Code com.* (früher Art. 7 der Wettbewerbsverordnung Nr. 86-1243) alle Vereinbarungen und abgestimmten Verhaltensweisen, (1) die den freien Marktzutritt behindern oder den freien Wettbewerb verhindern, (2) die die Preisbildung durch freies Wirken des Marktes beschränken, (3) die die Produktion, Investition oder den technischen Fortschritt zu behindern bzw. zu kontrollieren versuchen, (4) die zu einer Aufteilung des Marktes oder der Bezugsquellen führen sollen. Des weiteren werden als wettbewerbsschädlich gemäß Art. 420-2 *Code com.* angesehen die missbräuchliche Ausnutzung (1) einer marktbeherrschenden Stellung, (2) eines Abhängigkeitsverhältnisses eines Unternehmens, das über keine anderweitige Alternative verfügt. Als Missbrauch im Sinne des Art. 420-2 Abs. 1 *Code com.* wird gemäß Art. 420-2 Abs. 2 *Code com.* insbesondere die Belieferungsverweigerung (*refus de vente*), das Kopplungsgeschäft (*vente lié*), diskriminierende Verkaufsbedingungen sowie der Abbruch der Vertragsbeziehung im Falle der Weigerung des Vertragspartners, sich auf ungerechtfertigte Forderungen einzulassen. Enthält der Franchisevertrag derartige gegen Art. 420-1 und 420-2 *Code com.* verstoßende Regelungen, so führt dies gemäß Art. 420-3 *Code com.* zur vollständigen Nichtigkeit des Vertrags. Der Verstoß gegen Art. 420-1 und 420-2c ist nach Art. 420-6 *Code com.* überdies mit der Androhung einer Geldstrafe von 500 000 FF und einer Freiheitstrafe von 4 (vier) Jahren versehen.

dd) Ausnahmsweise zulässige Wettbewerbsbeschränkungen. Nach Art. 420-4 *Code com.* sind gewisse – im Grundsatz wettbewerbsbeschränkende – Verfahrensweisen erlaubt, (1) wenn sie entweder spezialgesetzlich oder per Verordnung erlaubt wurden, (2) die dem wirtschaftlichen Fortschritt dienen, dem Urheber einen angemessenen Anteil am Gewinn belassen, ohne jedoch den Wettbewerb vollständig auszuschalten. Für den Bereich der Franchiseverträge wurde bisher noch keine nationale Gruppenfreistellung per Dekret erlassen. Für die wettbewerbsbeschränkungsrechtliche Zulässigkeit von Franchiseverträgen kommt es somit entscheidend darauf an, ob sie die Voraussetzungen des Art. L-420-4 Nr. 2 *Code com.* erfüllen. Dabei muss geprüft werden, welche wirtschaftlichen Nachteile der Verbesserung der wirtschaftlichen Verhältnisse gegenüberstehen. Die Freistellung erfolgt nur dann, wenn die Vorteile wirklich überwiegen; eine Gleichgewichtigkeit von Vor- und Nachteilen reicht also nicht aus (*Hertslet*, Rn. 65). Dies ist wohl für jedes Franchisesystem individuell zu überprüfen. Eine vorherige Anmeldung des Franchisevertrages bei der französischen Wettbewerbsbehörde ist nicht erforderlich. Das französische Kartellrecht kennt auch nicht die Methode der Einzelfreistellungsentscheidung oder des Negativattests. Der *Conseil de la concurrence* wird vielmehr nur auf eigene Initiative oder auf Antrag des Wirtschaftsministers oder eines der von den wettbewerbsschädigenden Praktiken Betroffenen oder eines der im französischen Handelsgesetzbuch genannten Interessenvertreter tätig (zur Stellung des französischen Wettbewerbsrates vgl. *Lob*, RIW 1995, S. 272 ff.). Von daher ist es Aufgabe der Unternehmen, die Vereinbarkeit des Franchisevertrages an die Erfordernisse des französischen Wettbewerbs- und Kartellrechtes anzupassen und für eine positive *bilan économique* zu sorgen.

ee) Verfahren. Das französische Kartellrecht kennt keine vorherige Pflicht zur Anmeldung von Distributionsverträgen, die wettbewerbsbeschränkende Vereinbarungen enthalten. Zwar besteht gemäß Art. 420-4 *Code com.* die Möglichkeit der Gruppenfreistellung sowie der Individualfreistellung, doch werden diese Verfahren praktisch nicht angewandt (vgl. hierzu auch *Behar-Touchais/Virassamy*, S. 557 f.). Privatunternehmen können den *Conseil de la concurrence*, die oberste französische Wettbewerbs- und Kartellbehörde, nicht anrufen. Streitigkeiten bezüglich wettbewerbsbeschränkender Praktiken werden daher meist in Gerichtsverfahren nachträglich überprüft.

b) Europäisches Kartellrecht. Grenzüberschreitende Franchiseverträge sind des weiteren auf ihre Vereinbarkeit mit europäischem Kartellrecht zu überprüfen. Hier sind insbesondere die Artt. 81 und 82 EG-Vertrag von Relevanz, die sich auf vertikale und horizontale Wettbewerbsbeschränkungen beziehen. Für die hier zu untersuchenden Subordinations-Franchiseverträge steht dabei der mögliche Verstoß gegen Art. 81 EG-Vertrag im Vordergrund (hierzu unten (2)). Nach Art. 227 EG-Vertrag erstreckt sich der räumliche Anwendungsbereich des EG-Vertrags und damit auch der des Kartellrechts auf das Territorium aller Mitgliedstaaten. Der sachliche Anwendungsbereich umfasst sämtliche Bereiche der Wirtschaft und somit auch das Franchising als Vertriebsform. Ausnahmen ergeben sich aus Art. 42 und Art. 90 Abs. 2 EG-Vertrag, wonach Unternehmen der Landwirtschaft sowie solche (öffentlichen oder privaten) Unternehmen nicht dem EG-Kartellrecht unterfallen, die von staatlichen Stellen mit Dienstleistungen von allgemeinem wirtschaftlichen Interesse betraut sind (*Basedow*, S. 359 ff.; *Möschel*, S. 1709 ff.). Neben den vorgenannten Ausnahmen bestehen für eine Reihe von Wirtschaftszweigen wettbewerbsrechtliche Besonderheiten in unterschiedlichem Umfang (vgl. hierzu *Habermeier*, in: Martinek/Semler (Hrsgb.), Handbuch des Vertriebsrechts, § 29). Auch wenn der Sitz des Franchise-Unternehmens im europäischen Ausland liegt, kommt

4. Contrat de franchisage (Französischer Franchisevertrag) III. 4

europäisches Kartellrecht zur Anwendung, sobald sich die Wettbewerbsbeschränkungen innerhalb der Gemeinschaft auswirken. Dies entspricht ständiger Kommissionspraxis, die jedenfalls im Ergebnis durch die Rechtsprechung des EuGH bestätigt wurde (*Groeben/Thiesing/Ehlermann/Meng*, vor Art. 85 Rdnr. 32; *Gleiss/Hirsch*, Einl. Rdnr. 27 ff.; *Grabitz/Koch*, vor Art. 85 Rdnr. 11; EuGH Slg. 1988, 5193 ff. – Zellstoff)..

c) Verhältnis zu nationalem Recht. Führen die wettbewerbsbeschränkenden Maßnahmen zu einer wettbewerbsrechtlich relevanten Einschränkung des zwischenstaatlichen Handels des europäischen Marktes, so gelangt sowohl französisches Recht als auch das EG-Recht zur Anwendung (EuGH *Walt Wilhelm;* EG-Kommission J.O.C.E. vom 8. 2. 1982 Nr. C 30, S. 14; siehe auch *Cass.com.* 14. 12. 1999 Contr.-Conc.-Cons. 2000, S. 18). Um widersprüchliche Entscheidungen zu vermeiden, die aufgrund des Vorrangs des EG-Rechts entstehen könnten, setzen die französischen Aufsichtsorgane gegebenenfalls das Verfahren unter Verweisung an die europäisch zuständigen Organe in Brüssel aus, es sei denn, dass bereits eine Vorprüfung zum Ergebnis gelangt, dass die beanstandete Maßnahme nicht gem. Art. 81 Abs. 3 EG-Vertrag freigestellt werden kann (*Hertslet*, Rn. 18). Nationales (französisches) Recht bleibt darüber hinaus alleine anwendbar, wenn die Voraussetzungen für die Anwendung des europäischen Kartellrechts nicht vorliegen, insbesondere, wenn der Franchisevertrag nicht den Anwendungsbereich des Art. 81 EG-Vertrag erfasst, weil die hierfür erforderlichen Voraussetzungen nicht gegeben sind (CA Paris, 6. 7. 1995, Petites Affiches, 29. 7. 1996, Nr. 91 mit Anm. *Marot*).

(2) Zulässigkeit von Franchiseverträgen nach europäischem Kartellrecht. Subordinations-Franchiseverträge sind von ihren Verfassern unter dem Blickwinkel des europäischen Rechts auf eine Vereinbarkeit mit Art. 81 EG-Vertrag zu überprüfen. Art. 81 Abs. 1 EG-Vertrags verbietet Vereinbarungen zwischen Unternehmen, die geeignet sind, den zwischenstaatlichen Handel zu beeinträchtigen und eine Wettbewerbsbeschränkung bezwecken oder bewirken. Art. 81 EG-Vertrag findet Anwendung auf vertikale Vereinbarungen, die den Handel zwischen Mitgliedstaaten zu beeinträchtigen geeignet sind und die den Wettbewerb verhindern, einschränken oder verfälschen. Vereinbarungen, die nicht geeignet sind, den Handel zwischen Mitgliedstaaten spürbar zu beeinträchtigen, oder die keine spürbare Einschränkung des Wettbewerbs bezwecken oder bewirken, fallen nicht unter Art. 81 Abs. 1 EG-Vertrag. Während Art. 81 Abs. 1 EG-Vertrag Vereinbarungen verbietet, die den Wettbewerb spürbar einschränken oder verfälschen, können nach Art. 81 Abs. 3 EG-Vertrag Vereinbarungen aus wirtschaftlichen Gründen, die mehr Effizienzgewinne als wettbewerbswidrige Wirkungen mit sich bringen, von diesem Verbot freigestellt werden.

a) Anwendungsvoraussetzungen des Art. 81 EG-Vertrag. aa) Vereinbarung zwischen Unternehmen. Art. 81 Abs. 1 EG-Vertrag erfasst sowohl vertikale als auch horizontale Wettbewerbsbeschränkungen, da der Grundsatz der Wettbewerbsfreiheit für alle Wirtschaftsstufen und für alle Erscheinungsformen des Wettbewerbs gilt (EuGHE 1966, 321, 387 = WuW/E EWG, 125 – Grundig-Consten). Die horizontalen oder vertikalen Absprachen müssen zwischen Unternehmen, d.h. zwischen selbständigen Gewerbetreibenden getroffen werden, weshalb z.B. auf die Tätigkeit von Handelsvertretern Art. 81 EG-Vertrag nur sehr eingeschränkt anwendbar ist. Der Franchisenehmer aber handelt, auch wenn er einer gewissen Weisungsgebundenheit gegenüber dem Franchisegeber unterworfen ist, in eigenem Namen und auf eigene Rechnung. Vor allem trägt er das unternehmerische Risiko und nimmt am Markt eigenverantwortlich seine Chancen wahr. Die Tätigkeit des Franchisenehmers ist daher unternehmerische Tätigkeit (*Metzlaff*, S. 44; *Kurtenbach*, S. 103 ff. m.w.N.).

bb) Zwischenstaatlichkeit. Das EG-Kartellrecht ist nur anwendbar, wenn das unternehmerische Verhalten geeignet ist, den Handel zwischen den Mitgliedstaaten zu beeinträchtigen. Diese als „Zwischenstaatlichkeitsklausel" bezeichnete Formulierung wird von den Behörden und dem EuGH weit ausgelegt. Sie setzt eine hinreichende Wahrscheinlichkeit voraus, dass eine Maßnahme unmittelbar oder mittelbar, tatsächlich oder potentiell den Handel zwischen Mitgliedstaaten in einer Weise zu beeinflussen vermag, die sich nachteilig auf den Gemeinsamen Markt auswirkt (*Metzlaff*, S. 45; EuGH Slg. 1980, S. 3375 ff.; EuGH 1969, 295 ff. Völk v. Verwaecke; vgl. auch *Habermeier*, a.a.O. mit weiteren Beispielen für die weite Auslegung dieser Zwischenstaatlichkeitsklausel). Auch Vereinbarungen an denen sich nur ein Unternehmen aus einem Mitgliedsstaat und ein Unternehmen aus einem Nichtmitgliedsstaat (etwa die USA) beteiligen, können das Merkmal der Eignung zur zwischenstaatlichen Handelsbeeinträchtigung im Sinne des Art. 81 Abs. 1 EG-Vertrag erfüllen. Ferner ist die Eignung zu zwischenstaatlicher Handelsbeeinträchtigung gegeben, wenn die betroffenen Produkte aus einem anderen Mitgliedstaat stammen (EuGH, Slg. 1976, 1663 Suiker Unie; Kommission, ABlEG 1982 L 314, 34, in welchem der grenzüberschreitende Verkehr zwischen Großbritannien und Deutschland betroffen war; *Bellamy/Child*, Common Market Law of Competition, 2-129 m.w.N.) oder wenn sich die fragliche Vereinbarung auf das gesamte Hoheitsgebiet eines Mitgliedstaates erstreckt (EuGH, Slg. 1989, 2117, 2190, Belasco; s. *Gleiss/Hirsch*, Kommentar zum EG-Kartellrecht, 4. Aufl. 1993, Rn. 248 m.w.N.) oder wenn ein Vertragspartner eine Mutter- oder Tochtergesellschaft eines Unternehmens ist, welches einen Sitz in einem anderen Mitgliedstaat hat (Kommission, ABlEG 1987 L 43, 51; ABlEG 1990 L 13, 34 TEKO). Die Zwischenstaatlichkeit ist bei Franchiseverträgen jedenfalls stets gegeben, wenn die Parteien ihren Sitz in verschiedenen Mitgliedstaaten haben. Aber auch wenn der Sitz beider Parteien in demselben Mitgliedstaat liegt, kann Zwischenstaatlichkeit zu bejahen sein, etwa wenn der Franchisegeber gleichzeitig Franchisenehmer eines im Ausland ansässigen Master-Franchisegebers ist (*Metzlaff*, S. 46 m.w.N.). Zwischenstaatlichkeit besteht bereits dann, wenn der Franchisevertrag sich auf nur einen Mitgliedstaat erstreckt und es zu einer Abschottung dieses Marktes kommt (EuGHE 1972, S. 977 ff.). Gleiches gilt, wenn der Franchisenehmer gehindert wird, in einem anderen Mitgliedstaat eine Niederlassung zu errichten (EuGHE 1986, S. 353 ff. – Pronuptia), oder wenn es ihm verboten wird, aktiv um Kunden in einem anderen Mitgliedstaat zu werben (vgl. KOM ABl. 1988 L 332, 42 Ziff. 23 – Service Master). Auch wenn die Vertragswaren aus einem anderen Mitgliedstaat stammen, die Franchisevereinbarung Export- bzw. Reimportverbote enthält oder Bezugsbeschränkungen im Hinblick auf Lieferanten aus anderen Mitgliedstaaten aufweist, ist das Zwischenstaatlichkeitserfordernis erfüllt (*Kurtenbach*, S. 109; *Metzlaff*, S. 47; EuGH Slg. 1980, 3125 ff., 3275 – Heintz van Landewyck u.a. v. Kommission).

cc) Wettbewerbsbeschränkung. Geschützt ist der legale Wettbewerb in allen seinen Elementen, Mitteln und Stufen, und zwar nicht nur der aktuelle, sondern auch der potentielle Wettbewerb (*Metzlaff*, S. 47). Eine Beschränkung des Wettbewerbs i.S. des Art. 81 EG-Vertrag liegt beispielsweise vor, wenn die Handlungsfreiheit der Marktteilnehmer beeinträchtigt wird, z.B. beim Aushandeln von An- oder Verkaufspreisen oder Geschäftsbedingungen, bei der Wahl herzustellender oder zu verkaufender Erzeugnisse oder anzubietender Dienstleistungen, bei der Bestimmung ihrer Anzahl oder Eigenschaften, bei der Wahl der Absatzorganisation oder der Finanzierung, bei Vornahme von Investitionen, bei dem Betreiben von Forschung für und Entwicklung von neuen Erzeugnissen, bei der Erschließung neuer Märkte, bei der Wahl der Werbeträger etc. (KOME 70/346/EWG – Elektrisch geschweißte Rohre). Keine Wettbewerbsbeschränkung im Sinne des EG-Kartellrechts stellt aber der gemeinschaftliche Gebrauch einheitlicher Gütezeichen oder technischer Normen dar (KOME 78/156/EWG – Video-Cassetten Recorder), auch nicht die gemeinsame Verwendung von Kalkulationsschemata (KOME 75/497/EWG IFTRA – Aluminium), der Austausch statistischer Daten ohne Firmenidentifizierung (KOME 77/592/EWG – Cobelpa VNP; 78/252/EWG – Pergamentpapier) oder der bloße Zusammenschluss zu Inkassogemeinschaften. Als wettbewerbsbeschränkend eingestuft werden z.B. vor allem folgende, für Franchiseverträge nicht untypische Vereinbarungen: die Verpflichtung zu individualisierendem Austausch von Preisinfor-

4. Contrat de franchisage (Französischer Franchisevertrag) III. 4

mationen (KOME 74/292/EWG – IFTRA- Verpackungsglas; 75/497/EWG – IFTRA-Aluminium; 77/592/EWG – Cobelpa/VNP; 78/252/EWG – Pergamentpapier; 82/367/EWG – Hasselblad), die Verpflichtung zum Austausch aller Geschäftsunterlagen (KOME 75/77/EWG – Pilzkonserven) und die Verpflichtung zur Lizenzierung oder Mitteilung künftiger Erfindungen (KOME 72/41/EWG – Henkel/Colgate; 76/172/EWG – Bayer/Gist-Brocades; 76/248/EWG – United Reprocessors; 76/743/EWG – Reuter BASF; 77/781/EWG GEC-WEIR; 79/298/EWG – Beecham/Parke, Davis).

dd) Spürbarkeit der Wettbewerbsbeschränkung. Allerdings unterfällt nicht jede Wettbewerbsbeschränkung dem Verbot des Art. 81 EG-Vertrag. Nur Beschränkungen von einer gewissen Relevanz für das Marktgeschehen führen zur Anwendung dieser Regeln. Hierbei handelt es sich um ein ungeschriebenes, durch die Entscheidungspraxis der Kommission und die Rechtsprechung des EuGH entwickeltes zusätzliches Tatbestandsmerkmal (EuGH 1969, S. 295 – Völk v. Vervaeke), das sich auf den allgemeinen Rechtsgrundsatz *„de minimis non curat praetor"* zurückführen lässt und für das sowohl quantitative als auch qualitative Aspekte des Wettbewerbs von Bedeutung sind.

aaa) Quantitative Mindesterfordernisse – Bagatellbekanntmachung (De minimis). In einer ersten sogenannten „Bagatellbekanntmachung" (Bekanntmachung vom 3. 9. 1986 über Vereinbarungen von geringer Bedeutung, die nicht unter Art. 85 Absatz 1 des Vertrages zur Gründung der Europäischen Wirtschaftsgemeinschaft fallen, ABl. 1986 Nr. C 231/2) hatte die Kommission schon einmal dargelegt, dass das EG-Kartellrecht unter bestimmten Umständen grundsätzlich nicht angewandt wird. Dies war der Fall, wenn die von der Wettbewerbsbeschränkung betroffenen Waren oder Dienstleistungen der beteiligten Unternehmen nicht mehr als 5% des sachlich und räumlich relevanten Marktes dieser Waren oder Dienstleistungen ausmachen (Marktanteilsschwelle) und wenn zudem der Gesamtumsatz der beteiligten Unternehmen innerhalb eines Jahres 200 Mio. ECU (1 ECU = ca. 2,00 DM) nicht überschritt (vgl. hierzu *Martinek/Habermeier*, ZHR Bd. 158 (1994), 107ff., 109 mit Fußn. 3). In einer zweiten, nunmehr geltenden Bagatellbekanntmachung (Bagatellbekanntmachung vom Januar 1997, AblEG 1997 C 372, 13ff.) hat die Kommission neue Kriterien vorgegeben. Die „Bagatellbekanntmachung" versteht sich lediglich als eine Auskunft der Kommission über ihre wahrscheinlichen Beurteilungsmaßstäbe. Sie bindet daher weder die Kommission, noch insbesondere den EuGH oder gar die nationalen Gerichte. Dennnoch: Ein willkürliches Abweichen durch die Kommission wäre unzulässig, und speziell im Bußgeldverfahren gewährt die „Bagatellbekanntmachung" weitreichenden Vertrauensschutz. Die neuen Kriterien der zweiten Bagatellbekanntmachung lauten wie folgt: (1) Die Spürbarkeit und damit ein potentielles Verbot sind nach Art. 81 EG-Vertrag gegeben, wenn eine der Parteien über einen Marktanteil von mehr als 10% verfügt. Damit liegt die Kommission auf der Linie des EuGH, der aus einer schwachen Marktstellung der Beteiligten jeweils die fehlende Spürbarkeit einer Wettbewerbsbeschränkung abgeleitet hat (EuGHE 1969, 225, 302; EuGHE 1971, 351, 356; EuGH NJW 1971, 949, 960). Diese 10%-Schwelle gilt jedoch nicht immer. In Ausnahmefällen kann auch bereits bei einem geringeren Marktanteil ein Verstoß gegen Art. 81 Abs. 1 EG-Vertrag vorliegen. Dies gilt insbesondere für Preisbindungen und Gebietsschutzabreden, soweit im Einzelfall eine spürbare Beeinträchtigung vorliegt. Hierbei sind die Grundsätze der Rechtsprechung (vgl. EuGH, Slg. 169 Völk v. Vervaeke; Slg. 1971, 351 Cadillion v. Höss; Slg. 1998, 1983-1 Ziff. 16 u. 18 Yves Saint Laurent) und der Kommission, die in den Leitlinien zu den Gruppenfreistellungsverordnungen für die Feststellung der Spürbarkeit im Einzelfall festgelegt sind, zu beachten. Andererseits gibt es aber keine Vermutung, dass vertikale Vereinbarungen von Unternehmen mit einem höheren Marktanteil als 10% auch automatisch gegen das Kartellverbot verstoßen. Es ist durchaus möglich, dass auch Vereinbarungen in Fällen, in denen die Marktanteilsschwelle von 10% überschritten wird, keine spürbaren Folgen für den Handel zwischen Mitgliedsstaaten haben oder keine spürbare Wettbewerbsbeschränkung darstellen (Urteil des Gerichts erster Instanz vom 8. Juni 1995 in der Rechtssache

T-7/93, Langnese-Iglo GmbH/Kommission, Slg. 1995, II-1533, Randnr. 98). (**2**) Die Bagatellbekanntmachung der EG-Kommission sieht als zweites Kriterium eine Ausnahme für kleine und mittlere Unternehmen (KMU) vor (Bagatellbekanntmachung vom Januar 1997, ABlEG 1997 C 372, 13 ff. Ziff. 19). Als solche werden Unternehmen bezeichnet, die weniger als 250 Personen beschäftigen und einen Jahresumsatz von höchstens 40 Millionen Euro (= ca. 80 Millionen DM) oder eine Jahresbilanzsumme von höchstens 27 Millionen Euro haben (vgl. Bekanntmachung der EG-Kommission Nr. 96/280/EC vom 3. 4. 1996 zur Definition der „kleinen und mittleren Unternehmen", ABlEG L 107 vom 30. 4. 1996, 4). Voraussetzung ist aber, dass die kleinen und mittleren Unternehmen nicht zu 25% oder mehr im Besitz von anderen Unternehmen sind, welche die Definition der kleinen und mittleren Unternehmen nicht mehr erfüllen. Nach Auffassung der Kommission fallen Vereinbarungen zwischen KMU regelmäßig nicht unter Art. 81 Abs. 1 EG-Vertrag, da sie nur selten geeignet sind, den zwischenstaatlichen Handel spürbar zu beeinträchtigen (vgl. Tz. 11 Leitlinien/2000/C 291 zur Vertikal-GVO Nr. 2790/99; zur Vertikal-GVO Nr. 2790/99 selbst siehe unten (3)). Falls ausnahmsweise doch eine Spürbarkeit gegeben sein sollte, wird die Kommission kein Verfahren einleiten, selbst wenn die Marktanteilsschwelle von 10% überschritten sein sollte (Tz. 10 Leitlinien/2000/C 291 zur Vertikal-GVO Nr. 2790/99). Ein Einschreiten zieht die Kommission nur dann in Betracht, wenn die Vereinbarung der kleineren und mittleren Unternehmen den Wettbewerb auf einem wesentlichen Teil des relevanten Marktes behindert oder wenn sich parallele Netze mit gleichartigen Vereinbarungen in kumulativer Weise negativ auf den Wettbewerb auswirken (vgl. Ziffer 20 der Bagatellbekanntmachung vom Januar 1997, ABlEG, 1997, C 372 sowie TZ 10 Leitlinien/2000/C 291).

bbb) Qualitative Aspekte (rule of reason). Der EuGH hat aus unterschiedlichen Anlässen und in verschiedenem Umfang im Hinblick auf eine volkswirtschaftliche Nützlichkeit des wettbewerbsrelevanten Verhaltens nach Maßgabe der sog. *„rule of reason"* ungeschriebene Ausnahmen vom Kartellverbot begründet (EuGHE 1985, S. 2566 ff. – Rema/Nutricia). Er hat wiederholt betont, dass bei der Anwendung der Kartellgesetze alle für den betroffenen Markt charakteristischen wirtschaftlichen Umstände zu berücksichtigen sind. Vor allem für Wettbewerbsbeschränkungen, die aus Vertriebsverträgen (Vertikalvereinbarungen) hervorgehen und die einem Hersteller das Eindringen in fremde Märkte erleichtern sollen (Markterschließung), hat der EuGH die Legitimität einer einschränkenden Auslegung des Kartellverbots anerkannt. Andererseits ist es der Judikatur des EuGH zufolge zwingend erforderlich, dass ein wirksamer interbrand-Wettbewerb (produktinterner Wettbewerb) der Absatzmittler bestehen bleibt und dass Parallelimporte möglich bleiben (EuGH Slg. 1966, 281 ff., 304 – Maschinenbau Ulm; vgl. auch aus der Kommissionspraxis KOME 68/317/EWG – Machines outils; 69/477/EWG – Dunlopp/Pirelli; 72/23/EWG – SAFCO).

b) Rechtsfolgen bei Vorliegen eines Verbot gem. Art. 81 EG-Vertrages. Ist der Tatbestand des Art. 81 EG-Vertrages erfüllt, so sieht Art. 81 Abs. 1 EG-Vertrag als Rechtsfolge die Nichtigkeit der wettbewerbsbeschränkenden Vereinbarungen vor, sofern nicht eine Freistellung bzw. eine andere Maßnahme befreiender Wirkung nach Art. 81 Abs. 3 EG-Vertrag dem Franchisevertrag zugute kommt.

aa) Nichtigkeit gemäß Art. 81 Abs. 2 EG-Vertrag. Gemäß Art. 81 Abs. 2 EG-Vertrag sind die nach Art. 81 Abs. 1 EG-Vertrag verbotenen Vereinbarungen oder Beschlüsse *ipso iure* nichtig. Einer Aufhebung der verbotenen Maßnahme bedarf es daher nicht. *Die Nichtigkeit erstreckt sich allerdings nur auf die Bestandteile der Vereinbarungen und Beschlüsse, die mit Art. 81 Abs. 1 EG-Vertrag unvereinbar sind. Die Rechtswirkung der Nichtigkeit beurteilt sich dabei nach nationalem Recht.*

bb) Strafmaßnahmen der Kommission. Neben den zivilrechtlichen Nichtigkeitsfolgen drohen den Unternehmen auch Zwangsgelder und Geldbußen, zu deren Androhung und Festsetzung die Kommission durch die Artikel 15 und 16 der VO Nr. 17/62 des Rates (sog. „Kartellverordnung", Abl. 1962, S. 204) ermächtigt wurde. Die europäische

4. Contrat de franchisage (Französischer Franchisevertrag)   III. 4

Kommission hat am 27. 9. 2000 allerdings einen Verordnungsvorschlag zur Anwendung der Artt. 81 und 82 EG-Vertrag angenommen, deren Ziel es ist, sowohl die Kommission als auch die einzelstaatlichen Behörden und Gerichte in die Pflicht zur Anwendung der Artt. 81 und 82 EG-Vertrag zu nehmen. Durch VO Nr. 2988/74 des Rates wurde für diese Zwangsgelder und Geldbußen eine Verfolgungs- und Vollstreckungsverjährung eingeführt, deren Frist drei bis – fünf Jahre beträgt. Schließlich kann die Kommission auch ein Untersagungsverfahren gem. Art. 3 VO 17/62 einleiten. Zu diesem Untersagungsverfahren kommt es insbesondere regelmäßig dann, wenn von einem Bußgeldverfahren abgesehen wird, weil das Unternehmen nicht schuldhaft gehandelt hat (*Metzlaff*, S. 52).

c) Freistellung. aa) Überblick. Auch wenn ein Vertrag den Tatbestand des Art. 81 Abs. 1 EG-Vertrag erfüllt, kann gem. Art. 81 Abs. 3 EG-Vertrag unter bestimmten Voraussetzungen die Kommission eine Freistellung aussprechen. Zuständig ist bislang ausschließlich die Kommission (Art. 9 Abs. 1 der VO Nr. 17/62). Die Freistellung ist als eine Entscheidung der Kommission zu verstehen, mit der Art. 81 Abs. 1 EG-Vertrag für nicht anwendbar erklärt wird (*Metzlaff*, S. 52). Sie erfolgt entweder in Form einer Einzelfreistellung (unten bb)) oder einer Gruppenfreistellung (unten cc)). Daneben sind die Institute des Negativattests (unten dd)) und des einfachen Verwaltungsschreibens (*comfort letter*) (unten ee)) zu beachten.

bb) Einzelfreistellung. Formelle Voraussetzung einer Einzelfreistellung gemäß Art. 41 der VO Nr. 17/62 ist die Anmeldung der wettbewerbsbeschränkenden Vereinbarung bei der Kommission. Die Formalien und die inhaltlichen Anforderungen hierfür ergeben sich insbesondere aus Art. 6 i.V.m. Art. 4 Abs. 1 der VO Nr. 17/62 sowie aus der VO Nr. 27/62 (zuletzt geändert durch Verordnung Nr. 2526/85, Abl. 1985 Nr. L 172/1). Materielle Voraussetzungen für die individuelle Nichtanwendbarkeitserklärung sind, dass die Maßnahmen des Vertrages zur Verbesserung der Warenerzeugung oder Warenverteilung beitragen oder zur Förderung des technischen oder wirtschaftlichen Fortschritts beitragen und die Verbraucher angemessen an dem entstehenden Gewinn beteiligt werden. Mit dem letztgenannten Passus sind nicht nur finanzielle Gewinne, sondern auch andere Verbesserungen gemeint (*Metzlaff*, S. 54). Durch die Freistellung soll aber das Verbot von Wettbewerbsbeschränkungen nicht unterlaufen werden. Daher verlangt der EuGH (EuGHE 1975, 563 ff. – Frubo), dass die im Vertrag vereinbarten Wettbewerbsbeschränkungen unerlässlich sein müssen, um das betreffende Vertriebssystem funktionsfähig erhalten zu können. Ein Franchisesystem ist daher grundsätzlich nur dann freistellbar, wenn die Beschränkungen des Wettbewerbs unerlässlich sind, um die in Art 81 EG-Vertrag beschriebenen Ziele zu erreichen. Da die Kommission mit der Bearbeitung der Anträge überlastet ist und die Einzelfreistellung zeit- und kostenaufwendig ist, empfiehlt es sich für die Franchise-Praxis, die Verträge an die Bestimmungen der einschlägigen Gruppenfreistellungsverordnungen anzupassen. Dies gilt umso mehr, als nicht sicher ist, ob überhaupt mit einer Einzelfreistellung gerechnet werden kann, wenn es auf einem Rechtsgebiet eine einschlägige Gruppenfreistellungsverordnung gibt.

cc) Negativattest. Als schneller und praktischer gegenüber einer Einzelfreistellung erweist sich oft ein Negativattest, auch wenn es nicht denselben Verbindlichkeitsgrad wie eine Einzelfreistellung aufweist. Das Negativattest wird von der Kommission gemäß Art. 2 der VO Nr. 17/62 auf Antrag ausgestellt. Darin bescheinigt sie dem Antragsteller, dass nach den ihr bekannten Tatsachen kein Anlass besteht, gegen eine Maßnahme aufgrund von Art. 81 Abs. 1 EG-Vertrag einzuschreiten. Das Negativattest hat jedoch nicht die Wirkung einer Nichtanwendbarkeitserklärung im Sinne des Art. 81 Abs. 3 EG-Vertrag. Infolgedessen gewährt er keine Rechtssicherheit über die Vereinbarkeit bzw. Nichtvereinbarkeit einer Wettbewerbsbeschränkung mit Art. 81 EG-Vertrag. Als verwaltungsbehördliche Auskunft bindet das Negativattest indes die Kommission bei gleichbleibendem Sachverhalt (*Metzlaff*, S. 54).

dd) Verwaltungsschreiben (comfort letter). Um eine Maßnahme von ähnlicher Wirkung wie ein Negativattest handelt es sich bei dem sogenannten formlosen Verwaltungsschreiben (engl.: *comfort letter*), das sich in der Kommissionspraxis seit einigen Jahren als ein vereinfachtes Verfahren für die Behandlung von Anträgen auf ein Negativattest etabliert hat. Auch das Verwaltungsschreiben bewirkt wegen seines bloßen Ankündigungscharakters keine Freistellung der angemeldeten Verträge. Es bindet weder die nationalen Behörden noch die nationalen Gerichte. Jedoch darf die Kommission nicht willkürlich entgegen ihrer Ankündigung einschreiten. Das Verwaltungsschreiben hat insoweit eine dem Negativattest vergleichbare Wirkung der Selbstbindung der Verwaltung. Nach der Rechtsprechung des EuGH sollen Verwaltungsschreiben nationale Stellen nicht hindern, strengeres nationales Wettbewerbsrecht anzuwenden (EuGH Slg. 1980, 2327 ff.).

ee) Gruppenfreistellung. aaa) Zweck der Gruppenfreistellung. Würde jedes Unternehmen, das grenzüberschreitend tätig ist, im Wege der Einzelfreistellung, des Negativattestes oder des *Comfort Letter* sich an die Kommission im Wege der vorherigen Anmeldung des Franchisevertrags richten, würde dies zwangsläufig zum Kollabieren des Systems führen (vgl. hierzu auch die Erwägungen der Kommission in den Leitlinien/2000/C 291 zur Vertikal-GVO Nr. 2790/99). Daher kommt der Gruppenfreistellung eine große Bedeutung zu. Danach bedarf es keiner Einzelfreistellung, wenn ein Franchisesystem den Anforderungen einer der Gruppenfreistellungsverordnungen entspricht. Art. 81 Abs. 3 EWG-Vertrag eröffnet dem Europäischen Rat die Möglichkeit, Vereinbarungen zwischen Unternehmen, deren wettbewerbsbeschränkende Wirkungen durch die dort bezeichneten positiven volkswirtschaftlichen Effekte überlagert werden, von dem Kartellverbot in Art. 81 EWG-Vertrag nicht nur im Einzelfall, sondern auch allgemein freizustellen. Diese Vorschrift bildet die Grundlage für den Erlass von Gruppenfreistellungsverordnungen, in denen die Voraussetzungen formuliert sind, unter denen bestimmte Gruppen von Verträgen durch die EG-Kommission vom Verbot des Art. 81 Abs. 1 EG-Vertrag generell freigestellt sind. Die Befugnis steht primär dem Rat zu, der sie jedoch durch entsprechende Ermächtigungen überwiegend auf die Kommission übertragen hat. Behörden und Gerichte sowohl der Gemeinschaft als auch der Einzelstaaten sind unmittelbar an die Gruppenfreistellungsverordnung gebunden. Allerdings besteht aufgrund der generalklauselartigen Fassung von Gruppenfreistellungsverordnungen ein beachtlicher Interpretationsspielraum. Nationale Gerichte haben insoweit bei Auslegungszweifeln weitreichende Vorlagebefugnisse und Vorlagepflichten (Art. 234 EG-Vertrag).

bbb) Franchisespezifische Gruppenfreistellungsverordnungen. Das EG-Kartellrecht hat für den Bereich des Franchising bereits durch eine vielbeachtete und heftig diskutierte Entscheidung des Europäischen Gerichtshofs vom 28. 1. 1986 zur Vereinbarung eines Franchisevertrags des Pronuptia-Brautmoden-Systems mit Art. 81 EWGV klarere Konturen gewonnen (EuGH WuW/E EWG/MUV 693 = WuW 1986, 523 = NJW 1986, 1415 = ZIP 1986, 329 = GRUR Int. 1986, 193 = JuS 1986, 558 (*Emmerich*) = EWiR Art. 85 EWGV Nr. 2/86, 269 (*Bunte*); vgl. dazu *Bunte*, NJW 1986, S. 1406; *Neumann*, RIW 1985, S. 612; *Skaupy* WuW 1986, S. 445; *Kevekordes*, BB 1987, S. 74; *Joerges*, ZHR Bd. 151 (1987), S. 195; *Niederleithinger/Ritter*, Die kartellrechtliche Entscheidungspraxis, S. 162 ff.; *Cockborne*, in: Joerges (Hrsg.), Franchising and the Law, S. 281 ff., 290 ff.). In dieser sogenannten *Pronuptia*-Entscheidung, die aufgrund eines Vorlagebeschlusses des deutschen BGH ergangen ist (BGH, GRUR Int. 1984, 521 = ABl. EG vom 19. 7. 1984 Nr. C 191/11), hat der EuGH praktisch alle Wettbewerbsbeschränkungen, die er für die Funktion des Franchisesystems für „unerlässlich" hielt, vom Verbot des damaligen Art. 85 Abs. 1 EWGV ausgenommen (vgl. zum weiteren Schicksal des Pronuptia-Falles BGH, EWiR Art. 85 EWGV 5/86, 797 (*Bunte*) = WuW/E BGH 2288 („Pronuptia I"); BGH EWiR § 15 GWB 1/94, 575 (*Martinek*) = WiB 1994, 697 (*Bergmann*) („Pronuptia II"); *Martinek*, Moderne Vertragstypen Bd. II, 1992, S. 199 ff.).

4. Contrat de franchisage (Französischer Franchisevertrag) III. 4

Daran anschließend hat die EG-Kommission für Franchiseverträge des Waren- wie des Dienstleistungsabsatzes – eine spezielle GVO, nämlich die Franchise-GVO Nr. 4087/88 vom 30. 11. 1988 erlassen, die am 1. 2. 1989 in Kraft getreten ist (ABl. EG Nr. L 359/46 vom 28. 12. 1988, abgedruckt z. B. in WuW 1989, S. 306 ff. und in franchise report 1989/1, S. 3 ff. so wie in: Kramer (Hrsg.), Neue Vertragsformen der Wirtschaft, 2. Aufl. 1992, Anhang, S. 408 ff.; zur Vorgeschichte vgl. *Skaupy*, RIW 1988, S. 86 und *Cockborne*, in: Joerges (Hrsg.), Franchising and the Law, S. 281 ff., 289 ff.; *Metzlaff*, Franchiseverträge und EG-Kartellrecht, 1993, S. 58 ff.). Diese ältere Gruppenfreistellungsverordnung für Franchiseverträge enthielt detaillierte Vorgaben zum wesentlichen Inhalt eines Franchisevertrages. In der Literatur wurde dies vielfach als Zwangsjacken-Effekt kritisiert, der kreative Ausgestaltungen von Franchisesystemen behinderte (vgl. *Nolte*, BB 1998, 2429; *Semler/Bauer*, DB 2000, 193). Für den Fall, dass die Franchiseverträge nicht unter die ältere Gruppenfreistellungsverordnung fielen, drohte die Nichtigkeit des gesamten Vertrags und damit ein erhebliches wirtschaftliches Risiko für die Vertragsparteien. Weiterhin erfasste die ältere Franchise-GVO nicht die Zwischenerzeugnisse und Waren in Be- und Verarbeitung. Schließlich stellte die ältere Franchise-GVO auch Franchisesysteme frei, die aufgrund ihrer Marktmacht zu erheblichen Wettbewerbsverzerrungen führen konnten. Unternehmen ohne erhebliche Marktmacht unterlagen hingegen unnötiger Regulierung (vgl. *Metzlaff*, BB 2000, 1201, f.). Die Kommission hat das Auslaufen dieser und anderer Gruppenfreistellungsverordnungen zum Anlass genommen, eine „Schirmgruppenfreistellungsverordnung" zu verfassen. Es handelt sich dabei um die Gruppenfreistellungsverordnung „Vertikale Vereinbarungen und aufeinander abgestimmte Verhaltensweisen" (Verordnung EG Nr. 2790/1999 vom 22. 12. 1999-Abl. L 336 vom 29. 12. 1999, 21; im folgenden: Vertikal-GVO Nr. 2790/99). Gem. Art. 12 Abs. 1 dieser Vertikal-GVO Nr. 2790/99 gelten die in der Verordnung (EWG) Nr. 4087/88 (Abl. C 359 vom 28. 12. 1988, 46) der Kommission vorgesehenen Freistellungen bis zum 31. 5. 2000 weiter. Genauer: Gem. Art. 12 Abs. 2 gilt das in Art. 81 Abs. 1 des EG-Vertrags geregelte Verbot vom 1. 6. 2000 bis zum 31. 12. 2000 nicht für Vereinbarungen, die am 31. 5. 2000 bereits in Kraft waren und die die Voraussetzungen für eine Freistellung nach der Verordnung (EWG), 4087/88 erfüllen, nicht aber nach der vorliegenden Ordnung die Voraussetzungen einer Freistellung erfüllen. Zum besseren Verständnis der Vertikal-GVO Nr. 2790/99 hat die Kommission darüber hinaus Leitlinien erlassen (veröffentlicht in Abl. C291/8 vom 13. 10. 2000, S. 1 ff.; im folgenden: Leitlinien). In diesen Leitlinien zur Vertikal-GVO Nr. 2790/99 werden die Grundsätze für die Beurteilung vertikaler Vereinbarungen nach Maßgabe des Art. 81 EG-Vertrag dargelegt. Die Leitlinien berühren die Auslegung nicht, die das Gericht erster Instanz und der EuGH zur Anwendung des Art. 81 auf vertikale Vereinbarungen vornimmt (Tz. 4 Leitlinien/2000/C 291). Dennoch werden sie eine gewisse Präzendenzwirkung entfalten.

14. Die neue Gruppenfreistellungsverordnung für Vertikalvereinbarungen (Vertikal-GVO Nr. 2790/99). Die Vertikal-GVO Nr. 2790/99 gilt branchenübergreifend für den Alleinvertrieb, den Alleinbezug, das Franchising, Zulieferverträge, selektive Vertriebssysteme und Dienstleistungen. Mit der Aufgabe der unterschiedlichen rechtlichen Behandlung verschiedener Vertriebssysteme soll eine Bevorzugung oder Benachteiligung bei der von den Unternehmen getroffenen Wahl der Vertriebsform verhindert werden.

(1) Grundsätzliche Freistellung von Vertikalvereinbarungen gemäß Art. 2 Abs. 1 Vertikal-GVO Nr. 2790/99. Gemäß Art. 2 Abs. 1 Vertikal-GVO Nr. 2790/99 werden Vertikalvereinbarungen in Franchiseverträgen grundsätzlich freigestellt, soweit sie die in der Verordnung aufgeführten Grenzen nicht überschreiten. Eine *„weiße Liste"*, wie sie noch in der älteren Franchise-GVO enthalten war, wird also als solches nicht mehr aufgeführt. Die Verordnung konkretisiert vielmehr, welche Vereinbarungen unter keinen Um-

ständen gruppenfreistellungsfähig sind (Art. 3 u. 4 Vertikal-GVO Nr. 2790/99). Für bestimmte Arten von Vertikalvereinbarungen konkretisiert sie darüber hinaus die Voraussetzungen, die erfüllt werden müssen, damit eine Gruppenfreistellung für die betreffende Vertikalvereinbarung eintreten kann (Art. 5 Vertikal-GVO Nr. 2790/99). Enthält eine vertikale Vereinbarung eine oder mehrere solcher Kernbeschränkungen des Art. 4 Vertikal-GVO Nr. 2790/99, so wird der gesamte Franchisevertrag nicht gruppenfreigestellt, da diese Beschränkungen nicht abtrennbar sind (Tz. 66 Leitlinien/2000/C 291). Dies kann die vollständige Nichtigkeit des Franchisevertrags zur Folge haben, es sei denn, dass eine Einzelfreistellung des Franchisevertrags erfolgt, was allerdings nach Auffassung der Kommission eher unwahrscheinlich sein soll, wenn eine hardcore-restriction von den Parteien vereinbart wird. Die in Art. 5 Vertikal-GVO Nr. 2790/99 aufgeführten Verpflichtungen sind dagegen abtrennbar. Das heißt, dass der Rechtsvorteil der Gruppenfreistellung nur in Bezug auf den Teil der vertikalen Vereinbarung verloren geht, der die Bedingungen des Art. 5 nicht erfüllt (Tz. 67 Leitlinien/2000/C 291). Der Franchisevertrag bleibt dann im übrigen wirksam, sofern keine weitere Kernbeschränkung des Art. 4 Vertikal-GVO Nr. 2790/99 enthalten ist.

(2) Begriffsbestimmung „Vertikalvereinbarung". a) Definition. Gemäß der Legaldefinition des Art. 2 Abs. 1 Vertikal-GVO Nr. 2790/99 sind dies *„Vereinbarungen und/oder aufeinander abgestimmte Verhaltensweisen zwischen zwei oder mehreren Unternehmen, von denen jedes zwecks Durchführung der Vereinbarung auf einer unterschiedlichen Produktions- oder Vertriebsstufe tätig ist, und welche die Bedingungen betreffen, zu denen die Parteien bestimmte Waren oder Dienstleistungen beziehen, verkaufen oder weiterverkaufen können."* Es werden aber nicht nur Vertikalvereinbarungen freigestellt, die den Bezug, Verkauf oder Weiterverkauf von Waren und/oder Dienstleistungen betreffen, sondern gemäß Art. 2 Abs. 3 Vertikal-GVO Nr. 2790/99 auch solche Vertikalvereinbarungen, die Bestimmungen über die *Übertragung oder die Nutzung von Rechten an geistigem Eigentum auf bzw. durch den Käufer (= Franchisenehmer)* enthalten. Letztere Vertikalvereinbarungen werden aber nur dann freigestellt, wenn sie unmittelbar mit dem Verkauf oder dem Weiterverkauf von Waren und/oder Dienstleistungen durch den Franchisenehmer oder dessen Kunden zusammenhängen. Reine Lizenzverträge sind nicht nach der Gruppenfreistellung der Vertikal-GVO Nr. 2790/99 freistellungsfähig (vgl. Tz. 32 Leitlinien/2000/C 291).

b) Vertikalvereinbarungen und Franchising. Derartige, zuvor beschriebene Vertikalvereinbarungen, die die Voraussetzung für den Bezug, Verkauf oder Weiterverkauf von Waren und/oder Dienstleistungen betreffen bzw. die Übertragung oder die Nutzung von Rechten an geistigem Eigentum auf bzw. durch den Franchisenehmer enthalten, sind regelmäßig in Franchiseverträgen enthalten (so ausdrücklich auch Tz. 30 Leitlinien/2000/C 291 Tz.). Ein Franchisevertrag ist stets eine Vereinbarung zwischen zwei und mehr Unternehmen im Sinne der Vertikal-GVO Nr. 2790/99. Damit ist klargestellt, dass die Vertikal-GVO Nr. 2790/99 auch mehrseitige Vereinbarungen zwischen Franchisegeber, Master-Franchisenehmer und dessen Franchisenehmer erfasst (*Metzlaff*, BB 2000, 1201, 1203). Daneben ist die Vertikal-GVO Nr. 2790/99 auch auf Franchisevereinbarungen zwischen dem Franchisegeber, einer GmbH als Franchisenehmer und einer natürlichen Person anwendbar, die als kontrollierender Gesellschafter hinter dem Franchisenehmer steht und dem Franchisevertrag als persönlich haftende Person beitritt (*Metzlaff*, BB 2000, S. 1201, 1203). Die Vertriebspartner müssen auf unterschiedlichen Produktions- und Vertriebsstufen tätig sein. Problematisch ist dies dort, wo Großhandelsfranchisen werden nur unter Großhändlern geschlossen werden. Das Tatbestandsmerkmal der unterschiedlichen Produktions- oder Vertriebsstufe dient aber allein der Abgrenzung zwischen vertikalen und horizontalen Vereinbarungen. Art. 2 Abs. 1 Vertikal-GVO Nr. 2790/99 will alle vertikalen Vereinbarungen erfassen, welche sich auf den Vertrieb von Waren und/oder Dienstleistungen beziehen. Somit sind auch diejenigen Großhandelsfranchisen von der Vertikal-GVO Nr. 2790/99 erfasst, bei denen der Franchisevertrag nur unter Großhändlern geschlossen wird. Beim Subordinations-Franchising stehen Franchisegeber und Franchisenehmer auf einer unterschiedlichen Vertriebsstufe. Art. 2 Abs. 1 Vertikal-GVO Nr. 2790/99 erfasst daher alle Arten von Franchiseverträgen (vgl. auch den Erwägungsgrund Nr. 10 der Ermächtigungsverordnung Nr. 1215/99 des Rates vom 10. 6. 1999, ABl. L 1999, 1; dieser versteht unter „vertikaler Vereinbarungen" im Sinne von Art. 1 VGVO auch Franchisevereinbarungen). Problematisch könnte möglicherweise die Anwendung der Vertikal-GVO Nr. 2790/99 auf Franchiseverträge sein, in denen der Franchisegeber weder als Hersteller auftritt noch Dritte als Lieferanten benennt. Betroffen sind hierbei Franchisesysteme, die nur durch ein Verkaufskonzept für bestimmte Warengattungen gekennzeichnet sind, bei denen der Franchisenehmer die einzelnen Waren aber von selbst ausgewählten Lieferanten bezieht (*Metzlaff*, BB 2000, 1201, 1203 mit Hinweis auf das Franchisesystem *Computerland:* Das Franchisesystem Computerland ist ein Vertriebsfranchisesystem, bei dem EDV-Produkte unter der Geschäftsbezeichnung Computerland vertrieben werden. Keines der vertriebenen Produkte trägt jedoch das Markenzeichen Computerland, vielmehr werden ausschließlich Markenwaren anderer Unternehmen vertrieben, KOM Abl. 1987 L 222, 12. Computerland). Denn aus Art. 2 Abs. 3 Vertikal-GVO Nr. 2790/99 ergibt sich, dass reine Lizenzverträge von der Gruppenfreistellung der Vertikal-GVO Nr. 2790/99 ausgeschlossen sind (vgl. Tz. 32 Leitlinien/2000/C 291). Die Vertikal-GVO Nr. 2790/99 ist nach der Vorstellung der Kommission auf vertikale Vereinbarungen mit einem Lizenzelement nur dann anwendbar, wenn die Lizenz *nicht* der primäre Vertragsgegenstand ist, das lizensierte Schutzrecht aber für eine entsprechende vertikale Vertriebsvereinbarung erforderlich ist. Nach Auffassung in der Literatur soll jedoch aber auch für Franchisesysteme nach dem Vorbild von *Computerland,* die Vertikal-GVO Nr. 2790/99 anwendbar bleiben, da neben der Lizenz (über eine oder mehrere Marken sowie über Know-how) ein Geschäftskonzept einschließlich Vermarktungs-Know-how für den Vertrieb von Waren oder Dienstleistungen im Vordergrund steht (*Metzlaff*, BB 2000, 1201, 1203). Hiergegen könnte möglicherweise Tz. 34 Leitlinien/2000/C 291 sprechen, wonach der *„eigentliche Vertragsgegenstand der Bezug oder der Vertrieb von Waren oder Dienstleistungen"* sein muss. In denjenigen Fällen, in denen „reine" Lizenzverträge anzunehmen sind, kommt allerdings entweder eine Einzelfreistellung oder die Anwendung einer anderen Gruppenfreistellungsverordnung in Betracht.

(3) Bedeutung und Grund der Freistellung. Der Begriff der „Freistellung" bedeutet gemäß Art. 2 Abs. 1 S. 1 Vertikal-GVO Nr. 2790/99, dass Art. 81 Abs. 1 EG-Vertrag für nicht anwendbar erklärt wird. Dies ist vor dem Hintergrund zu verstehen, dass vertikale Vereinbarungen, die wettbewerbsbeschränkende Wirkungen enthalten und den zwischenstaatlichen Handel spürbar beeinträchtigen, gegen Art. 81 Abs. 1 EG-Vertrag verstoßen und somit nichtig sind. Gemäß Art. 81 Abs. 3 EG-Vertrag besteht jedoch die Möglichkeit für den Rat, der diese Kompetenz auf die Kommission übertragen hat, Art. 81 Abs. 1 EG-Vertrag für unanwendbar zu erklären, mit anderen Worten, bestimmte wettbewerbsbeschränkende Vertikalvereinbarungen vom Verbot des Art. 81 Abs. 1 EG-Vertrag auszunehmen. Der Grund: Gewisse vertikale Vereinbarungen werden trotz ihres wettbewerbsbeschränkenden Charakters zugelassen, da von ihnen angenommen wird, dass sie die wirtschaftliche Effizienz innerhalb einer Produktions- oder Vertriebskette erhöhen (durch Reduktion des intrabrand-Wettbewerbs), weil sie eine bessere Koordinierung zwischen den beteiligten Unternehmen ermöglichen. Sie können nach Auffassung der Kommission insbesondere die Transaktions- und Distributionskosten der Beteiligten verringern und deren Umsätze und Investitionen optimieren sowie eine angemessene Beteiligung des Verbrauchers an dem daraus entstehenden Gewinn ermöglichen (vgl. Erwägungsgrund Nr. 6 und 8 Vertikal-GVO Nr. 2790/99).

(4) Ausschlüsse bzw. Einschränkungen der Freistellung. Vertikalvereinbarungen können von der Gruppenfreistellung gänzlich ausgenommen werden oder unter gewisse Wirksamkeitsvoraussetzungen gestellt werden. Damit wird durch die Vertikal-GVO

Nr. 2790/99 selbst die grundsätzliche Freistellung von Vertikalvereinbarungen konkret wie nachfolgend eingeschränkt:

a) Horizontale Wettbewerbsbeschränkungen. aa) Überblick. Gem. Art. 2 Abs. 1 Satz 2 Vertikal-GVO Nr. 2790/99 gilt die Freistellung, soweit Vereinbarungen unter Art. 81 Abs. 1 EG-Vertrag fallen. Nach Art. 2 Abs 4 Vertikal-GVO Nr. 2790/99 sind vertikale Vereinbarungen zwischen Wettbewerbern ausdrücklich von der Freistellung ausgeschlossen. Das bedeutet, dass eine Freistellung nach Art. 81 Abs. 3 EG-Vertrag nicht das Verbot nach Art. 82 EG-Vertrag ausschließt, der Vereinbarungen zwischen Wettbewerbern auf horizontaler Ebene betrifft.

bb) Freistellung für Dualdistribution. Die Regelungen des Art. 2 Abs. 1 S. 2 und Art. 2 Abs. 4 Vertikal-GVO Nr. 2790/99 werfen die Frage auf, ob Franchiseverträge nach der Vertikal-GVO Nr. 2790/99 freistellungsfähig sind, wenn der Franchisegeber seine Absatzpolitik auf eine Dualdistribution ausgerichtet hat, in der er sowohl über Franchisenehmer als auch über den Eigen- bzw. Filialbetrieb seine Waren und/oder Dienstleistungen vertreibt. Art. 2 Abs. 4 Nr. 2 Vertikal-GVO Nr. 2790/99 sieht jedoch diesbezüglich eine Ausnahme vom Ausschluss der Gruppenfreistellung vor, wenn der Lieferant (= Franchisegeber) zugleich Hersteller und Händler von Waren, der Käufer (= Franchisenehmer) dagegen nur ein Händler ist, der keine konkurrierenden Waren herstellt. Dies ist der klassische Fall der Dualdistribution.

b) Überschreiten der 30%-Marktschwelle. aa) Überblick. Vereinbarungen von Unternehmen, deren Anteil auf dem relevanten Markt, auf dem sie Vertragswaren oder Dienstleistungen verkaufen, 30% überschreitet, werden gemäß Art. 3 Abs. 1 Vertikal-GVO Nr. 2790/99 nicht von der Gruppenfreistellung erfasst. Bei der Ermittlung des Marktanteils von 30% wird gemäß Art. 9 Vertikal-GVO Nr. 2790/99 der Absatzwert der gesamten Produkt- und/oder Dienstleistungspalette zugrundegelegt. Dies betrifft Waren und oder Dienstleistungen, die *„vom Käufer aufgrund ihrer Eigenschaften, ihrer Preislage und ihres Verwendungszwecks als austauschbar oder substituierbar angesehen werden."* Fehlen Angaben über den Absatzwert, so können gemäß Art. 9 Abs. 1 S. 2 Vertikal-GVO Nr. 2790/99 zur Ermittlung des Marktanteils Schätzungen vorgenommen werden. In Art. 9 Abs. 2 a) bis e) werden weitere Details zur Ermittlung des Marktanteils wiedergegeben. Der sachlich relevante Markt richtet sich dabei nach der Austauschbarkeit der in Frage stehenden Waren aus der Sicht der Marktgegenseite (Bedarfsmarktkonzept). Entscheidend ist, welche Waren oder Dienstleistungen der Abnehmer aufgrund ihrer Eigenart, ihres Preises und ihres Verwendungszweckes als ohne weiteres austauschbar ansieht. Alle austauschbaren Produkte oder Dienstleistungen gehören zum selben Markt (Art. 9 Vertikal-GVO Nr. 2790/99). Werden auf der Grundlage des Franchisevertrages verschiedene Waren oder Dienstleistungen verkauft, so muss der Markt für jedes Produkt oder jede Dienstleistung ermittelt werden (Leitlinien/2000/C 291). Der räumlich relevante Markt umfasst das Gebiet, in dem die beteiligten Unternehmen mit der Lieferung der relevanten Erzeugnisse oder Dienstleistung beschäftigt sind. In den Fällen, in denen die Franchisevereinbarung keine Alleinbelieferung eines Franchisenehmers vorsieht, sind die Marktanteile des Franchisegebers auf dem Markt, auf dem er die Waren oder Dienstleistungen verkauft (Anbietermarkt), entscheidend (Leitlinien/2000/C 291). Hierzu folgendes Beispiel: Bei einem Teeladen-Franchisesystem kommt es darauf an, welchen Anteil der Franchisegeber an allen Verkäufern von Tee gegenüber sämtlichen Wiederverkäufern (= Fachhändler, Franchisenehmer etc.) hält (Beispiel aus *Metzlaff,* BB 2000, 1201, 1205 FN 56). Für die Berechnung der Marktanteile bei Franchisevereinbarungen mit Alleinbelieferungspflicht kommt es dagegen auf die Marktanteile des Franchisenehmers auf dem Markt, auf dem er Waren einkauft, an. Bei der Alleinbelieferung wird nur ein einziger Käufer beliefert. Je größer die Marktposition des Käufers, desto eher wird es für den Lieferanten schwierig sein, einen Alleinbelieferungsvertrag abzuschlagen, selbst wenn er lieber freie Hand behalten möchte, andere Kunden zu beliefern (Leitlinien/2000/C 291; zur Kritik an der Marktanteilsschwellen-Argumentation

4. Contrat de franchisage (Französischer Franchisevertrag)   III. 4

vgl. *Metzlaff*, BB 2000, 1201, 1205 m.w.N.). Ab 30% Marktanteil scheidet also zukünftig eine Gruppenfreistellung aus. Oberhalb der Schwelle gibt es aber keine Vermutung der Illegalität. Vielmehr sind drei Alternativen möglich: negatives Attest, Einzelfreistellung oder Verbot, falls die Bedingungen des Art. 81 Abs. 3 EGV nicht erfüllt sind.

bb) Prozedere bei Franchiseverträgen mit marktmächtiger Partei. Die Tatsache, dass eine marktmächtige Partei im Sinne des Art. 3 Abs. 1 Vertikal-GVO Nr. 2790/99 als Partei des Franchisevertrags vorhanden ist, bedeutet nicht die per-se-Unwirksamkeit des betreffenden Franchisevertrags. Eine vorherige Anmeldungsverpflichtung für derartige Verträge besteht jedenfalls nicht. Sie ist daher auch keine Wirksamkeitsvoraussetzung. Die Kommission verfährt vielmehr nach dem Prinzip der Mißbrauchsaufsicht, wobei sie die Beweislast für das Vorliegen einer unzulässigen Wettbewerbsbeschränkung trägt. Dennoch tragen Franchisegeber- und Franchisenehmer-Unternehmen das aus Art. 81 EG-Vertrag resultierende Risiko einer möglichen Nichtigkeit des Franchisevertrags. Es bleibt diesen Unternehmen die Möglichkeit, den Franchisevertrag dennoch vorab bei der Kommission anzumelden und eine Einzelfreistellung oder einen *Comfort-Letter* zu erwirken. Eine Einzelfreistellung bzw. ein *Comfort-Letter* sind jedoch nach Auffassung der Kommission in denjenigen Fällen unwahrscheinlich, in denen der Franchisevertrag eine nach Art. 4 Vertikal-GVO Nr. 2790/99 nicht gruppenfreistellungsfähige Kernbeschränkung enthält.

c) Kernbeschränkungen (Art. 4 Vertikal-GVO Nr. 2790/99). In Art. 4a) bis e) Vertikal-GVO Nr. 2790/99 sind Vertikalbeschränkungen aufgeführt, die bewirken, dass jede vertikale Vereinbarung, die solche Bestimmungen enthält, als Ganzes nicht freigestellt werden kann. Nach Auffassung der Kommission ist eine Einzelfreistellung solcher Vereinbarung vom Kartellverbot unwahrscheinlich (Tz. 46 Leitlinien/2000/C 291). Derartige „schwarze" und nicht freistellungsfähige Klauseln sind:

aa) Mindestpreisbindung gem. Art. 4a) Vertikal-GVO Nr. 2790/99. Preisbindungen in der Form von Fest- und/oder Mindestpreisen für den Weiterverkauf sind unzulässig. Der Franchisenehmer soll in der Lage sein, seinen Verkaufspreis selbst festzulegen. Erlaubt sind hingegen die Festlegung von Höchstpreisen sowie Preisempfehlungen, sofern diese nicht durch Druck oder Gewährung von Anreizen tatsächlich auf Fest- und Mindestpreise hinauslaufen. Nach der älteren Franchise-Freistellungsverordnung Nr. 4087/88 war hingegen jede Art der Preisbindung, also auch die Festlegung von Höchstpreisen verboten. Eine verbotene Preisbindung wird auch in mittelbaren Beschränkungen gesehen, wie z.B. die Festsetzung einer bestimmten Marge oder einer Obergrenze für Rabatte, die der Händler/Franchisenehmer bei einer bestimmten Preishöhe gewähren kann. Zu den vertikalen Preisbindungen gehören Vereinbarungen, die im wesentlichen bewirken, dass der Käufer verpflichtet oder dazu verleitet wird, nicht unterhalb eines bestimmten Preises bzw. zu einem bestimmten Preis zu verkaufen (vgl. Leitlinien/2000/C 291 Tz. 111). Vertikale Preisfestsetzungen haben nach Auffassung der Kommission vor allem zwei negative Folgen für den Wettbewerb: (1) Eine Verringerung des marktinternen Preiswettbewerbs und (2) eine erhöhte Transparenz der Preise mit der Folge, dass in stark konzentrierten Märkten der Interbrand-Wettbewerb zurückgehe (Leitlinien/2000/C 291 Tz. 112). Beispiele für indirekte Preisbindungen sind Abmachungen über Absatzspanne oder über Nachlässe, die der Vertriebshändler auf ein vorgegebenes Preisniveau höchstens gewähren darf, Bestimmungen, denen zufolge die Gewährung von Nachlässen oder die Erstattung von Werbeaufwendungen von der Einhaltung eines vorgegebenen Preisniveaus abhängig gemacht wird oder der vorgeschriebene Wiederverkaufspreis an die Preise von Wettbewerbern gebunden wird, sowie Drohungen, Einschüchterungen, Warnungen, Strafen, Verzögerung oder Aussetzung von Lieferungen oder Vertragskündigung bei Nichteinhaltung eines bestimmten Preisniveaus. Als unzulässige Preisbeschränkung werden auch Preisüberwachungssysteme erachtet oder Verpflichtungen für Franchisenehmer, andere Mitglieder des Franchisenetzes zu melden, die vom Standardpreisniveau abweichen (Tz. 47 Leitlinien/2000/C 291). Gleiches gilt, wenn der Franchisegeber dem Franchisenehmer weniger Anreiz zur Senkung des Wiederverkaufspreises gibt, z. B. durch das Aufdrucken des empfohlenen Abgabepreises auf das Produkt. Nach Auffassung der Kommission soll jedoch der Umstand, dass der Franchisegeber dem Käufer eine Liste mit Preisempfehlungen oder Preisobergrenzen übergibt, für sich genommen nicht als Tatbestand gesehen werden, der eine vertikale Preisbindung bewirkt (Tz. 47a E Leitlinien/2000/C 291). Da Art. 4a Vertikal-GVO Nr. 2790/99 nur Preisbindungsvereinbarungen zu Lasten des Franchisenehmers als schwarze Klauseln erfasst, sind alle Formen der Preisbindung zu Lasten des Franchisegebers freigestellt. Meistbegünstigungsklauseln zugunsten des Franchisenehmers sind daher – anders als im deutschen Kartellrecht – zulässig (vgl. hierzu *Metzlaff,* BB 2000, 1201, 1206; *Semler/Bauer,* DB 2000, 197; *Ackermann,* EuZW 1999, 741, 743). Ein möglicher Widerspruch zwischen europäischen und nationalem Recht wird über den Vorrang des Gemeinschaftsrechts gelöst.

bb) Beschränkungen des Gebiets und/oder des Kundenkreises gem. Art. 4 b) Vertikal-GVO Nr. 2790/99. aaa) Prinzipiell unzulässige Gebiets- und Kundenbeschränkungen. Art. 4b) Vertikal-GVO Nr. 2790/99 betrifft Gebiets- und Kundenbeschränkungen. Dies sind der Art nach Beschränkungen, die eine Marktaufteilung bezwecken. Derartige Beschränkungen sind grundsätzlich nicht freistellungsfähig. Bisher war es nach der älteren Gruppenfreistellungsverordnung für Franchiseverträge erlaubt, dem Franchisenehmer zu verbieten, außerhalb des Vertragsgebietes Kunden zu werben (Art. 2d der Franchise-GVO Nr. 4077/87). Das galt auch für diejenigen Gebiete, die noch nicht mit Franchisenehmern besetzt waren. Zukünftig kann es Franchisenehmern jedoch nicht verboten werden, die Vertragswaren oder Dienstleistungen in „freie", also anderen Franchisenehmern nicht exklusiv zugewiesene, Gebiete zu verkaufen. Denn unmittelbare und mittelbare Beschränkungen des Weiterverkaufs sind gem. Art. 4b Vertikal-GVO Nr. 2790/99 prinzipiell unzulässig. Eine unzulässige Marktaufteilung kann durch direkte Verpflichtung bewirkt werden. Sie lässt sich aber auch durch indirekte/mittelbare Maßnahmen erreichen, mit denen der Vertriebshändler dazu gebracht werden soll, nicht an die betreffenden Franchisenehmer zu verkaufen: z. B. durch Verweigerung oder Reduzierung von Prämien oder Nachlässen, Lieferverweigerungen oder Verringerung der Liefermenge, Beschränkungen der Liefermenge auf die Nachfrage im zugeteilten Gebiet bzw. Kundenkreis, Androhung der Vertragskündigung oder Gewinnausgleichsverpflichtungen, Fehlen gemeinschaftsweiter Garantieleistungen. Besonders kritisch wird es von der Kommission dann gesehen, wenn diese Praktiken gleichzeitig vom Franchisegeber mit einem Überwachungssystem kombiniert werden, z. B. durch Verwendung unterschiedlicher Etiketten oder von Seriennummern, mit dem der tatsächliche Bestimmungsort der gelieferten Ware überprüft werden soll. Ein an alle Franchisenehmer gerichtetes Verbot des Verkaufs an bestimmte Endbenutzer ist dagegen nicht als Kernbeschränkung einzustufen, wenn es in Bezug auf das Produkt sachlich begründet ist. Dies gilt z. B. für das grundsätzliche Verbot, gefährliche Stoffe aus Sicherheits- oder Gesundheitsgründen nicht an bestimmte Kunden abzugeben. Ein derartiges Verbot bedeutet nämlich, dass auch der Lieferant nicht an solche Kunden verkauft. Im Ergebnis kann der Franchisenehmer nicht mehr daran gehindert werden, außerhalb des ihm zugewiesenen Vertragsgebietes aktives Marketing zu betreiben. Damit ist möglicherweise ein Kannibalisierungseffekt der Franchisenehmer untereinander nicht ausgeschlossen.

bbb) Ausnahmsweise zulässige Gebiets- und Kundenbeschränkungen. Die Kommission sieht **fünf Ausnahmen** von diesem Verbot vor. Vier davon sind in der Gruppenfreistellungsverordnung selbst geregelt.

(1) Ein an alle Vertriebshändler gerichtetes Verbot des Verkaufs an bestimmte Endbenutzer ist nicht als Kernbeschränkung einzustufen, wenn es in Bezug auf das Produkt **sachlich begründet** ist. Diese Ausnahme ist zwar nicht in der Vertikal-GVO Nr. 2790/99 selbst geregelt jedoch als Ausnahme in den Leitlinien aufgeführt (vgl. Tz.49). Eine derartige Ausnaheme gilt danach z. B. für das grundsätzliche Verbot, gefährliche

4. Contrat de franchisage (Französischer Franchisevertrag) III. 4

Stoffe aus Sicherheits- und/oder Gesundheitsgründen nicht an bestimmte Kunden abzugeben.

(2) Beschränkungen des aktiven Verkaufs in Gebiete oder an Gruppen von Kunden, die der Lieferant sich **selbst vorbehalten oder ausschließlich einem anderen Käufer zugewiesen hat**. Danach ist die Vereinbarung von territorialen bzw. kundenorientierten Exklusivitätsklauseln zulässig. Der Franchisegeber kann damit auch die entsprechenden Schutzvorkehrungen in den Franchisevertrag aufnehmen, die notwendig sind, um dieses System der Exklusivität und Marktverteilung aufrecht zu erhalten und zu schützen. Dieses Schutzsystem darf jedoch nur soweit gehen, dass **aktive Verkäufe** beschränkt werden dürfen. Aktiver Verkauf bedeutet die aktive Ansprache individueller Kunden in Gebieten bzw. die Ansprache von Mitgliedern einer bestimmten Kundengruppe, die ausschließlich einem anderen Franchisenehmer zugewiesen wurden. Eingeschränkt werden dürfen z. B. Direktmarketingmaßnahmen, speziell auf den geschützten Kunden oder das geschützte Gebiet ausgerichtete Werbemaßnahmen, aber auch die Errichtung eines Lagers oder einer Vertriebsstätte in dem Gebiet, das einem anderen Franchisenehmer exklusiv übertragen wurde (vgl. Leitlinien/2000/C 291 Tz. 50). Unzulässig ist die Beschränkung des **passiven Verkaufs**. Dies ist die Erfüllung unaufgeforderter Bestellungen individueller Kunden. Der Franchisegeber darf nach Auffassung der Kommission darüber hinaus weder allgemeine Werbemaßnahmen noch Verkaufsförderungsmaßnahmen in den Medien oder dem Internet verbieten, die auch Kunden in geschützten Gebieten oder geschützte Kundengruppen erreichen. Jeder Vertriebshändler soll nach Auffassung der Kommission die Freiheit haben, im Internet für Produkte zu werben und auf diesem Wege auch Produkte zu verkaufen (Leitlinien/2000/C 291 Tz. 51). Fraglich ist, ob es zulässig ist, dass der Franchisegeber von Anfang an sämtliche Märkte exklusiv sich selbst und/oder bestimmten Franchisenehmern zuweist. Dies muss möglich sein, um so die systemische Expansion zu ermöglichen, denn das Franchising beruht gerade auf das Zugewinnen von Systemteilnehmern (a. A. *Liebscher/Petsche*, EuZW 2000, 400, 403). Schließlich sind Beschränkungen des Wiederverkaufs nur gegenüber dem unmittelbaren Vertragspartner des Lieferanten, also gegenüber dem Franchisenehmer gültig.

(3) Zulässig sind des weiteren Beschränkung des Verkaufs an Endbenutzer durch Franchisenehmer, die auf der **Großhandelsstufe** tätig sind. Diese Ausnahme wird vor allem Master-Franchisenehmer betreffen (*Liebscher/Petsche*, EuZW 2000, 400, 403).

(4) Zulässig sind auch Beschränkungen, wonach **Bestandteile, die zwecks Einfügung in andere Erzeugnisse** vom Franchisegeber geliefert werden, an Kunden zu verkaufen, welche diese Bestandteile für die Herstellung der selben Art von Erzeugnissen verwenden würden, wie sie der Franchisegeber herstellt.

(5) Ausnahmsweise sind schließlich auch **Beschränkungen des Verkaufs an nicht zugelassene Händler** zulässig, die Mitgliedern eines selektiven Vertriebssystems auferlegt werden. Art. 1 d) Vertikal-GVO Nr. 2790/99 definiert **selektive Vertriebssysteme** als „Vertriebssysteme, in denen sich der Lieferant verpflichtet, die Vertragswaren oder Vertragsdienstleistungen unmittelbar oder mittelbar nur an Händler zu verkaufen, die aufgrund festgelegter Merkmale ausgewählt werden und in denen sich diese Händler verpflichten, die betreffenden Waren oder Dienstleistungen nicht an Händler zu verkaufen die nicht zum Vertrieb zugelassen sind". Die europäische Kommission vertritt die Auffassung, dass **Franchising ein selektives Vertriebssystem sein kann**. Nach den Leitlinien/ 2000/C 291 bestehen Franchisevereinbarungen „*häufig aus einer Verbindung von Selektivvertrieb, Wettbewerbsverbot und Alleinvertrieb oder schwächeren Formen hiervon.*" Auch wenn Franchisesysteme eigenständige Vertriebsvertragssysteme sind (vgl. hierzu EuGH in seiner grundlegenden Pronuptia-Entscheidung, der Vertriebs-Franchiseverträge von den übrigen Vertriebsvereinbarungen und Selektivvertriebssystemen unterscheidet, EuGH NJW 1986, 1415/Pronuptia), weisen Franchisesysteme Elemente des Selektivvertriebs auf. Typischerweise wird im Rahmen von Franchisesystemen nur eine begrenzte Zahl von Franchisenehmern zugelassen. Nicht jeder, der die festgelegten Kriterien er-

füllt, kann Franchisenehmer werden. Letztere werden darüber hinaus in der Regel verpflichtet, das gesamte Sortiment zu führen und Mindestumsätze zu erzielen. Damit weist der Franchisevertrieb Merkmale des quantitativen bzw. qualitativen und somit nach der Vertikal-GVO Nr. 2790/99 zu beurteilenden selektiven Vertriebs auf. Für das Vorliegen eines quantitativen Selektivvertriebs kann nach der Judikatur schon das vertragliche Erfordernis ausreichen, dass andere Produkte nicht mehr als 40% der Verkaufsfläche des Händlers einnehmen dürfen (EuGH, Slg. 1996, II/1851 Rn. 148–151-EDONARD LECLERC/Kommission). Anzumerken bleibt, dass eine Freistellung dann ausgesprochen werden kann, wenn der quantitative Selektivvertrieb von einem Franchisegeber ohne marktbeherrschende Stellung angewandt wird.

cc) Beschränkung des aktiven und passiven Weiterverkaufs gem. Art. 4c) Vertikal-GVO Nr. 2790/99 durch Mitglieder eines selektiven Vertriebsnetzes. Art. 4c) Vertikal-GVO Nr. 2790/99 betrifft Beschränkungen des aktiven und passiven Weiterverkaufs an gewerbliche oder sonstige Endbenutzer oder Endverbraucher durch Mitglieder eines selektiven Vertriebsnetzes. Wie bereits festgestellt, sind die Regelungen, die zu den Selektivvertriebsverträgen getroffen worden sind, auch für Franchiseverträge relevant. Die Kommission stellt dies ausdrücklich in ihren Leitlinien fest.

aaa) Unzulässige Klauseln. Art. 4c Vertikal-GVO Nr. 2790/99 sieht die Unzulässigkeit von Beschränkungen des aktiven oder passiven Verkaufs an Endverbraucher vor, soweit diese Beschränkungen Mitgliedern eines selektiven Vertriebssystems auferlegt werden, welche auf der Einzelhandelsstufe tätig sind (zum Begriff des aktiven und passiven Weiterverkaufs vgl. Leitlinien/2000/C 291 Tz. 50).

bbb) Ausnahmsweise zulässige Klauseln. Zulässig ist hingegen die (1) **Wahl des Standorts von einer Genehmigung des Franchisegebers** abhängig zu machen, (2) dem Händler zu **verbieten, von einer anderen als der genehmigten Verkaufsstelle seine Verkaufsaktivitäten** zu entwickeln und (3) für **mobile Verkaufsstellen** ein begrenztes Verkaufsgebiet festzulegen.

dd) Querlieferungsverbot gem. Art 4 d Vertikal-GVO Nr. 2790/99. Gem. Art. 4d Vertikal-GVO Nr. 2790/99 sind Beschränkungen des Vertragshändlers innerhalb eines selektiven Vertriebssystems unzulässig, die Querlieferungen zwischen den Vertragshändlern unterbinden sollen. Das Verbot von Querlieferungsbeschränkungen war schon in der vorangegangenen Franchise-GVO als unzulässig erachtet worden, so dass dies für Franchisesysteme keine Neuerung darstellt. Es soll den ausgewählten Händlern freistehen, die Vertragsprodukte von anderen Franchisenehmern zu beziehen, die auf der selben oder einer anderen Handelsstufe tätig sind. Dies bedeutet, dass der Selektivvertrieb nicht mit vertikalen Beschränkungen einhergehen darf, mit denen die Händler wie etwa beim Alleinbezug gezwungen werden sollen, die Vertragsprodukte ausschließlich aus einer bestimmten Lieferquelle zu beziehen. Es bedeutet aber auch nach Auffassung der Kommission, dass zugelassene Großhändler in einem selektiven Vertriebssystem nicht in Bezug auf den Verkauf des Produkts an zugelassene Einzelhändler beschränkt werden dürfen (Leitlinien/2000/C 291 Tz. 55).

ee) Beschränkungen bzgl. Reparatur- und Wartungsprodukten. Unzulässig sind gem. Art. 4e Vertikal-GVO Nr. 2790/99 Beschränkungen, die zwischen dem Lieferanten und dem Käufer von Bestandteilen, welche dieser in andere Erzeugnisse einfügt, vereinbart werden und die den Lieferanten hindern, diese Bestandteile als Ersatzteile an Endverbraucher oder an Reparaturwerkstätten oder andere Dienstleistungserbringer zu verkaufen, die der Käufer nicht mit der Reparatur oder Wartung seiner eigenen Erzeugnisse betraut hat (vgl. hierzu auch Leitlinien/2000/C 291 Tz. 56).

d) Bedingt unzulässige Klauseln (Art. 5 Vertikal-GVO Nr. 2790/99). Auch Art. 5 Vertikal-GVO Nr. 2790/99 enthält Klauseln, die als nicht freistellungsfähig erachtet werden. Doch im Unterschied zu den nicht freistellungsfähigen Klauseln des Art. 4 Vertikal-GVO Nr. 2790/99 führt die Verwendung einer nach Art. 5 Vertikal-GVO Nr. 2790/99 unzulässigen Klausel nicht zur vollständigen Unwirksamkeit des Franchisevertrags.

4. Contrat de franchisage (Französischer Franchisevertrag) III. 4

Vielmehr wird nur die betreffende Klausel nicht freigestellt, wobei der Franchisevertrag im übrigen wirksam bleibt. Die Freistellung gilt damit weiterhin für den übrigen Teil der betreffenden vertikalen Vereinbarungen, wenn sich die fragliche Verpflichtungen abtrennen lassen. Art. 5 Vertikal-GVO Nr. 2790/99 sieht hinsichtlich einiger an sich unzulässiger Beschränkungen des Absatzmittlers bestimmte Ausnahmen und damit freistellungsfähige Klauseln vor:

aa) Vertragliche Wettbewerbsverbote Art. 5 a) Vertikal-GVO Nr. 2790/99. aaa) Prinzipielle Einschränkung bzgl. Dauer. Die Vertikal-GVO Nr. 2790/99 führt im Vergleich zur älteren Franchise-GVO Nr. 4087/88 zu einer umfassenden Neuregelung des vertraglichen (und auch nachvertraglichen) Wettbewerbsverbots. Die Vereinbarung eines unmittelbaren oder mittelbaren vertraglichen Wettbewerbsverbots für eine **unbestimmte Dauer** oder für einen Zeitraum von **mehr als fünf Jahren** ist nach Art. 5 a) Vertikal-GVO Nr. 2790/99 unzulässig. Wettbewerbsverbote, deren Dauer sich über den Zeitraum von fünf Jahren **stillschweigend** verlängert, gelten dabei als für eine unbestimmte Dauer vereinbart. Der Begriff des Wettbewerbsverbotes ist in Art. 1 b) Vertikal-GVO Nr. 2790/99 definiert. Als solches werden unmittelbare oder mittelbare Verpflichtungen des Franchisenehmers angesehen, *keine Waren oder Dienstleistungen herzustellen, zu beziehen, zu verkaufen oder weiterzuverkaufen, die mit den Vertragswaren oder -dienstleistungen im Wettbewerb stehen* sowie alle Verpflichtungen des Franchisenehmers, *mehr als 80% der Vertragswaren und -dienstleistungen sowie deren Substitute*, gemessen am Beschaffungswert des vorangegangenen Jahres, von dem Franchisegeber oder einem von diesem bezeichneten Unternehmen zu beziehen. Sieht der Franchisevertrag hingegen vor, dass der Franchisenehmer genau 80% (oder weniger) der Vertragswaren und -dienstleistungen sowie deren Substitute beziehen muss, dann gilt die 5-Jahres-Beschränkung nicht. Dies ergibt sich aus dem **Umkehrschluss** zu Art. 1 b) Vertikal-GVO Nr. 2790/99.

bbb) Ausnahmsweise längere Dauer. Ausnahmsweise kann der Franchisegeber aber ein längeres Wettbewerbsverbot (i. S. d. Art. 1 b Vertikal-GVO Nr. 2790/99) in den Franchisevertrag aufnehmen. Dies gilt, wenn **die Waren oder Dienstleistungen vom Franchisenehmer in Räumlichkeiten und auf Grundstücken verkauft werden, die Eigentum des Franchisegebers oder durch diesen von dritten, nicht mit dem Franchisenehmer verbundenen Unternehmen gemietet oder gepachtet** worden sind. In solchen Fällen kann das Wettbewerbsverbot so lange gelten, wie der Franchisenehmer die Verkaufsstelle nutzt (Art. 5 a Vertikal-GVO Nr. 2790/99; Leitlinien/2000/C 291 Tz. 59). Der Grund für diese Ausnahmebestimmung liegt darin, dass von einem Franchisegeber normalerweise nicht erwartet werden kann, dass er den Verkauf konkurrierender Produkte in den Räumlichkeiten und auf den Grundstücken, die sein Eigentum sind, ohne seine Erlaubnis zulässt. Die Kommission macht allerdings in Tz. 59 der Leitlinien/2000/C 291 darauf aufmerksam, dass künstliche Konstruktionen in Bezug auf die Eigentumsverhältnisse, mit denen die 5-Jahres Frist umgangen werden sollen, nicht als freistellungsfähige Ausnahme erachtet werden sollen. Durch diese Regelung wird im Vergleich zur älteren Franchise-GVO Nr. 4087/88 das Recht, Wettbewerbsverbote zu vereinbaren, wesentlich eingeschränkt. Das Verbot der Beteiligung an konkurrierenden Unternehmen wird hingegen nach wie vor zulässig sein. Zulässig ist des weiteren auch die Verlängerung des Wettbewerbsverbots auf der Grundlage einer erneuten beiderseitigen Zustimmung, vorausgesetzt, dass der Franchisenehmer diese erneute Wettbewerbsverbotsvereinbarung nach Ablauf des 5-Jahreszeitraums aufkündigt (Leitlinien/2000/C 291 Tz. 58).

bb) Nachvertragliche Wettbewerbsverbote gem. Art. 5 b) Vertikal-GVO Nr. 2790/99. aaa) Grundsätzliche Nichtfreistellungsfähigkeit. Die zweite Ausschlussbestimmung (Art. 5 b) Vertikal-GVO Nr. 2790/99) betrifft Wettbewerbsverbote nach Vertragsbeendigung. Als nachvertragliche Wettbewerbsverbote gelten alle unmittelbaren oder mittelbaren Verpflichtungen, Waren oder Dienstleistungen nach Beendigung der Vereinbarung nicht herzustellen bzw. zu erbringen, zu beziehen, zu verkaufen oder weiter zu verkaufen. Derartige Beschränkungen sind in der Regel nicht nach der Vertikal-GVO Nr. 2790/99 vom Kartellverbot freigestellt. Sie sind mithin grundsätzlich verboten.

bbb) Ausnahmsweise Zulässigkeit. Nachvertragliche Wettbewerbsverbote sind jedoch in zwei Fällen **ausnahmsweise** zugelassen. (1) Zum einen sind sie zulässig, wenn sie die vier folgenden Voraussetzungen erfüllen: (a) Es muss sich um nachvertragliche Wettbewerbsverbote handeln, die sich auf Waren oder Dienstleistungen beziehen, die mit den Vertragsarten oder Vertragsdienstleistungen im Wettbewerb stehen, (b) das Wettbewerbsverbot muss sich territorial auf Räumlichkeiten und Grundstücke beschränken, von denen aus der Franchisenehmer seine Geschäfte betrieben hat, (c) das Wettbewerbsverbot muss eine sachliche Rechtfertigung dahingehend aufweisen, dass es unerlässlich ist, um ein dem Franchisenehmer vom Franchisegeber übertragenes Know-how zu schützen und (d) das nachvertragliche Wettbewerbsverbot muss spätestens 1 (ein) Jahr nach Beendigung der Vereinbarung auslaufen. (2) Dem Wortlaut des Art. 5 b) Vertikal-GVO Nr. 2790/99 nach soll es desweiteren möglich sein, die *Nutzung* und Offenlegung von nicht allgemein bekannt gewordenem *Know-how* zeitlich unbegrenzten Beschränkungen zu unterwerfen. Der Begriff des Know-how ist wiederum definiert in Art. 1 f Vertikal-GVO Nr. 2790/99: *„Know-how" ist die Gesamtheit nicht patentierter praktischer Kenntnisse, die der Lieferant durch Erfahrung und Erprobung gewonnen hat und die geheim, wesentlich und identifiziert sind; hierbei bedeutet „geheim", dass das Know-how als Gesamtheit oder in der genauen Gestaltung und Zusammensetzung seiner Bestandteile nicht allgemein bekannt und nicht leicht zugänglich ist; wesentlich bedeutet, dass das Know-how Kenntnisse umfasst, die für den Käufer zum Zwecke der Verwendung des Verkaufs oder des Weiterverkaufs der Vertragswaren oder -dienstleistungen unerlässlich sind; „identifiziert" bedeutet, dass das Know-how so beschrieben ist, so dass überprüft werden kann, ob es die Merkmale „geheim" und „wesentlich" erfüllt.*

f) Vertikalvereinbarungen ohne die Wettbewerbsbeschränkung kompensierende Vorteile (Art. 6 Vertikal-GVO Nr. 2790/99). Die Kommission kann gem. Art. 6 Vertikal-GVO Nr. 2790/99 in Verbindung mit Art. 7 Abs. 1 der Verordnung Nr. 19/65/EWG im Einzelfall den Vorteil der Gruppenfreistellung entziehen, wenn eine vertikale Vereinbarung, die an sich gruppenfreistellungsfähig ist, dennoch zu nicht gewünschten Wettbewerbsbeschränkungen – Beschränkung des Marktzugangs oder erhebliche Beschränkung aufgrund kumulativer Wirkung nebeneinanderstehender Netze – führt, weil sie objektiv keine Vorteile erbringt, die geeignet sind, den Schaden für den Wettbewerb zu kompensieren. Betroffen sind hiervon vor allem Vereinbarungen mit Endverbrauchern (vgl. Leitlinien/2000/C 291 Tz. 71 und 73).

g) Marktverschlusswirkungen auf nationalen Märkten (Art. 7 Vertikal-GVO Nr. 2790/99). Gemäß Art. 7 Vertikal-GVO Nr. 2790/99 können die nationalen Behörden des betreffenden Mitgliedsstaates die Gruppenfreistellung entziehen, wenn Vertikalvereinbarungen zu Marktverschlusswirkungen auf nationalen Märkten oder aber auch auf Teilen von diesen ergehen. Insoweit besteht eine konkurrierende Zuständigkeit von nationaler Behörde und Kommission (vgl. Leitlinien/2000/C 291 Tz. 77). Fehlt dem betreffenden Mitgliedstaat die Rechtsgrundlage zur direkten Anwendung des Art. 7 Vertikal-GVO Nr. 2790/99, so kann er sich auch an die Kommission direkt wenden mit dem Ersuchen, entsprechende Schritte zu unternehmen (vgl. Tz. 76 Leitlinien/2000/C 291). Entzugsentscheidungen auf der Ebene der Mitgliedstaaten werden nach dem Verfahren des jeweiligen nationalen Rechts erlassen und haben Rechtswirkung nur auf dem Gebiet des betreffenden Staates (Leitlinien/2000/C 291 Tz. 78). Die Entzugsentscheidung darf aber nicht die einheitliche Anwendung der gemeinschaftlichen Wettbewerbsregeln beeinträchtigen (vgl. EuGH, 13. 2. 1969, Walt Wilhelm, Slg. 1969, 1 sowie Leitlinien/2000/C 291 Tz.78).

h) Gleichartige Netze bei 50%iger Markterfassung (Art. 8 Vertikal-GVO Nr. 2790/99). Gemäß Art. 8 Vertikal-GVO Nr. 2790/99 in Verbindung mit Art. 1a der Verordnung Nr. 19/65/EGW kann die Kommission durch eine Verordnung erklären,

4. Contrat de franchisage (Französischer Franchisevertrag) III. 4

dass in Fällen, in denen mehr als 50% des betroffenen Marktes von nebeneinander bestehenden Netzen gleichartiger vertikaler Vereinbarungen erfasst werden, die Vertikal-GVO Nr. 2790/99 keine Anwendung findet. In diesem Fall wird das Einzelfreistellungsverfahren entsprechend angewandt (zu weiteren Einzelheiten und dem Prozedere vgl. Leitlinien/2000/C 291 Tz. 80–87).

(5) *Konsequenz fehlender Gruppenfreistellung.* Vertikalvereinbarungen, die nicht unter die Vertikal-GVO Nr. 2790/99 fallen, sind nicht automatisch rechtswidrig und führen daher auch nicht per se zur Nichtigkeit des Franchisevertrags bzw. zur Anwendung des Art. 81 Abs. 1 EG-Vertrag (vgl. Leitlinien/2000/C 291 Tz. 62). Es können vielmehr unterschiedliche Folgen eintreten. Die Differenzierung hängt zum einen von der Art der betreffenden Vertikalvereinbarung, den wirtschaftlichen Folgen der betreffenden Vereinbarung und zum anderen von der Marktmacht der Unternehmen ab. Eine vorherige Anmeldungsverpflichtung für derartige Verträge besteht nicht. Die Kommission verfährt vielmehr nach dem Prinzip der Missbrauchsaufsicht, wobei sie die Beweislast für das Vorliegen einer unzulässigen Wettbewerbsbeschränkung trägt (Tz. 62 Leitlinien/2000/C 291). Werden spürbare wettbewerbswidrige Wirkungen von der Kommission nachgewiesen, müssen die Unternehmen Belege für ihre behaupteten Effizienzgewinne vorbringen. Franchisegeber- und Franchisenehmer-Unternehmen tragen damit weiterhin das aus Art. 81 EG-Vertrag resultierende Risiko einer möglichen Nichtigkeit des Franchisevertrags, auch wenn dies gegenüber dem System der alten Franchise-GVO Nr. 4077/87 abgeschwächt wurde. Es bleibt den betreffenden marktmächtigen Unternehmen jedoch die Möglichkeit, den Franchisevertrag vorab bei der Kommission anzumelden und eine Einzelfreistellung, Negativattest oder einen *Comfort-Letter* zu erwirken. Seit Juni 1999 können Einzelfreistellungen nach Maßgabe der Verordnung (EG) Nr. 1216/1999 (Abl. L 148 vom 15. 6. 1999, S. 5) nunmehr rückwirkend zum Zeitpunkt des Abschlusses erteilt werden, während nach der älteren Gruppenfreistellungsverordnung für Franchiseverträge die Freistellung nur auf Antragstellung möglich war. Eine Einzelfreistellung bzw. ein Comfort-Letter ist jedoch nach Auffassung der Kommission in denjenigen Fällen unwahrscheinlich, in denen der Franchisevertrag eine nach Art. 4 Vertikal-GVO Nr. 2790/99 nicht gruppenfreistellungsfähige Kernbeschränkung enthält (vgl. Leitlinien/2000/C 291 Tz. 46). Sollte ein Gericht mit der Prüfung des Franchisevertrags auf einen möglichen Verstoß gegen Art. 81 EG-Vertrag befasst sein, so hat es nach Auffassung der Kommission die Möglichkeit einer Freistellung nach Art. 81 Abs. 3 EG-Vertrag zu untersuchen. Das Gericht kann in diesem Fall das Verfahren auch aussetzen (vgl. Leitlinien/2000/C 291 Tz. 64). Bis zur Klärung durch die Kommission dürfen nationale Gerichte nach Auffassung des EuGH einstweilige Anordnungen erlassen (EuGH, 28. 2. 1991, Delimitis/Henninger Bräu, Slg. 1991, 1-934, Rn 52).

(6) *Zeitlicher Anwendungsbereich.* Gem. Art. 13 ist die Vertikal-GVO Nr. 2790/99 am 1. 1. 2000 in Kraft getreten. Sie ist seit dem 1. 6. 2000 anwendbar (mit Ausnahme des Art. 12 Abs. 1 der Vertikal-GVO Nr. 2790/99, der bereits ab dem 1. 1. 2000 anwendbar war). Die Laufzeit der Vertikal-GVO Nr. 2790/99 beträgt 10 Jahre. Sie endet am 31. 5. 2010. Die Vertikal-GVO Nr. 2790/99 ist in allen ihren Teilen verbindlich und gilt unmittelbar in jedem Mitgliedsstaat. Art. 12 der Vertikal-GVO Nr. 2790/99 sieht eine Übergangsfrist für diejenigen vertikalen Vereinbarungen vor, die am 1. 6. 2000 wirksam sind und die nicht unter die Voraussetzungen für eine Freistellung nach der neuen Vertikal-GVO Nr. 2790/99 fallen, aber wohl die Voraussetzungen der älteren Franchise-GVO Nr. 4087/88 erfüllen. Auf solche Vereinbarungen können die außer Kraft tretenden Verordnungen noch bis zum 31. 12. 2001 angewandt werden. Vereinbarungen mit Lieferanten mit einem Marktanteil von nicht mehr als 30%, die den Käufern ein Wettbewerbsverbot für mehr als 5 Jahre auferlegen, sind nach der Vertikal-GVO Nr. 2790/99 freigestellt, wenn das Verbot am 1. 1. 2002 eine Restlaufzeit von höchstens 5 Jahren hat. *Fazit:* Bestehende Verträge müssen also bis zum Ablauf des 31. 12. 2001

an die neue Vertikal-GVO Nr. 2790/99 angepasst werden. Bis dahin gilt für diese vor dem 31. 5. 2000 abgeschlossenen Franchiseverträge das alte Recht und damit die Regelung der älteren Gruppenfreistellungsverordnung noch fort. Neuverträge müssen ab dem 1. 6. 2000 nach der neuen Vertikal-GVO Nr. 2790/99 abgeschlossen werden.

(7) Verhältnis zu anderen GVO. Für das Franchising können zahlreiche GVO Bedeutung erlangen; keineswegs ist eine Freistellung nur nach der speziellen GVO möglich. Die Parteien eines Franchisevertrags können sich vielmehr auf sämtliche einschlägigen Verordnungen berufen, von denen auch zwei oder mehrere nebeneinander zur Freistellung eines Vertriebssystems führen können (zu den Konkurrenzproblemen im GVO-Recht vgl. *Martinek/Habermeier*, ZHR Bd. 158 [1994], S. 107ff.). Gem. Art. 2 Abs. 5 gilt allerdings die Vertikal-GVO Nr. 2790/99 nicht für vertikale Vereinbarungen, deren Gegenstand in den Geltungsbereich einer anderen Gruppenfreistellungsverordnung fällt. Die Vertikal-GVO Nr. 2790/99 gilt somit nicht für vertikale Vereinbarungen, die relevant sind für den Technologietransfer (Nr. 240/96, Abl. L 31 v. 9. 2. 1996, S. 2), den Kfz-Vertrieb (Nr. 1475/95, Abl. L 145 v. 29. 6. 1995, S. 25) oder die unter die Verordnung für vertikale Vereinbarungen fallen, die in Zusammenhang mit horizontalen Vereinbarungen geschlossen werden (vgl. hierzu Leitlinien/2000/C 291 Tz. 45).

(8) Zuständigkeiten von Kommission, EuGH und nationalen Behörden/Gerichten. Für die Freistellung vertikaler Vereinbarungen, die den Wettbewerb in räumlich relevanten Merkmalen einschränken, welche größer sind als das Gebiet eines Mitgliedsstaats, ist ausschließlich die Kommission zuständig (Tz. 77 Leitlinien/2000/C 291). Handelt es sich bei dem räumlich relevanten Markt um das Gebiet eines einzelnen Mitgliedsstaates oder einen Teil davon, so haben die Kommissionen und der betreffende Mitgliedsstaat konkurrierende Zuständigkeit für den Entzug. Die Kommission behält sich hier das Recht vor, bestimmte Fälle selbst aufzugreifen, die für die Gemeinschaft von besonderem Interesse sind und z.B. eine neue Rechtsfrage aufwerfen (Tz. 77 Leitlinien/2000/C 291). Entzugsentscheidungen auf der Ebene der Mitgliedsstaaten sind gem. des Verfahrens des jeweiligen nationalen Rechts zu erlassen und haben Rechtswirkung nur auf dem Gebiet des betreffenden Staates. Solche einzelstaatlichen Entscheidungen dürfen jedoch die einheitliche Anwendung der Wettbewerbsregeln der Gemeinschaft und die volle Wirksamkeit der zur Durchsetzung dieser Regeln ergriffenen Maßnahmen nicht beeinträchtigen (siehe EuGH, 13. Februar 1969, Walt Wilhelm u.a./Bundeskartellamt, Rechtssache 14/68, Slg. 1969, 1, Randnr. 4, und EuGH, De limitis/Henninger Bräu, Slg. 1991, 1-934, Rn 52). Die Einhaltung dieses Grundsatzes bedingt, dass die nationalen Wettbewerbsbehörden die kartellrechtliche Bewertung nach Art. 81 EG-Vertrag mittels der vom EuGH und vom Gericht erster Instanz entwickelten einschlägigen Kriterien sowie der Bekanntmachung bzw. Mitteilungen von der bisherigen Entscheidungspraxis der Kommission vornehmen müssen (Tz. 78 Leitlinien/2000/C 291). Das Risiko widersprüchlicher Entscheidungen und paralleler Verfahren sollte durch die Anwendung von Konsultationsmechanismen vermieden werden, die in der Bekanntmachung der Kommission über die Zusammenarbeit zwischen den Wettbewerbsbehörden, der Mitgliedsstaaten und der Kommission dargelegt sind (ABl. C 313 vom 15. 10. 1997, S. 3 Randnr. 49–53).

15. Zusammenfassender Überblick über die nach europäischem Kartellrecht zulässigen Klauseln. Anders als die ältere Gruppenfreistellungsverordnung Nr. 4087/88 sieht die Vertikal-GVO Nr. 2790/99 keine Beschränkungen vor, die kartellrechtlich völlig unbedenklich sind (weiße Liste). Die neue Vertikal-GVO Nr. 2790/99 tätigt vielmehr Aussagen über verbotene Vereinbarungen (schwarze Liste) und über Vereinbarungen, die unter bestimmten Bedingungen zulässig sind (graue Liste). Aus dem zuvor Beschriebenen lässt sich jedoch eine Zusammenstellung von erlaubten Klauseln erstellen (vgl. hierzu auch *Liebscher/Petsche*, EuZW 2000, 400, 404 sowie Leitlinien/2000/C 291 Tz. 44). Nach wie vor sind zulässig:

4. Contrat de franchisage (Französischer Franchisevertrag) III. 4

1. Wettbewerbsverbot, sofern die Schranken des Art. 5 Vertikal-GVO Nr. 2790/99 eingehalten sind,
2. Verpflichtung des Franchisegebers, nicht mit dem Franchisenehmer in Wettbewerb zu treten,
3. Verpflichtung des Franchisegebers, im Vertragsgebiet dritten Unternehmen die Nutzung der Franchise weder ganz noch teilweise zu gestatten,
4. Verpflichtung des Franchisegebers, die Franchise im Vertragsgebiet nicht selbst zu nutzen und Waren und Dienstleistungen, die Gegenstand der Franchise sind, nicht unter Verwendung einer ähnlichen Methode zu vermarkten und im Vertragsgebiet Waren nicht selbst an Dritte zu liefern (früher Art. 2a der Franchiseverordnung Nr. 4087/88),
5. Verpflichtung des Franchisenehmers,
    a) weder unmittelbar noch mittelbar in einem ähnlichen Geschäftsfeld tätig zu werden
    b) keine Anteile am Kapital eines konkurrierenden Unternehmens zu erwerben, sofern dies dem Franchisenehmer ermöglichen würde, das geschäftliche Verhalten des Unternehmens zu beeinflussen
    c) das vom Franchisegeber mitgeteilte Know-how nicht an Dritte weiterzugeben, solange dieses Know-how kein Gemeingut ist
    d) dem Franchisegeber alle bei der Nutzung der Franchise gewonnenen Erfahrungen mitzuteilen und ihm sowie anderen Franchisenehmern, die nicht ausschließliche Nutzung des auf diesen Erfahrungen basierenden Know-hows zu gestatten
    e) dem Franchisegeber Verletzungen seiner Rechte an geistigem Eigentum mitzuteilen, für die er Lizenzen gewährt hat,
    f) gegen Rechtsverletzer selbst Klage zu erheben oder den Franchisegeber in einem Rechtsstreit zu unterstützen
    g) das vom Franchisegeber mitgeteilte Know-how nicht für andere Zwecke als die Nutzung der Franchise zu verwenden
    h) Rechte und Pflichten aus der Franchisevereinbarung nur mit der Erlaubnis des Franchisegebers auf Dritte zu übertragen
    i) mit Dritten außerhalb des Vertragsgebietes keine Franchisevereinbarung zu schließen, sofern die restlichen Gebiete dem Franchisegeber und/oder einem anderen (Haupt)franchisenehmer ausschließlich zugewiesen wurden,
    j) ausschließlich Erzeugnisse zu verkaufen oder bei der Erbringung von Dienstleistungen zu verwenden, die eine vom Franchisegeber festgelegte Mindestqualität erreichen,
    k) sich nach besten Kräften um den Absatz der Waren oder die Erbringung der Dienstleistungen zu bemühen,
    l) ein Mindestsortiment von Waren zum Verkauf anzubieten,
    m) einen Mindestumsatz zu erzielen,
    n) Bestellungen im Voraus zu planen,
    o) ein Mindestlager zu unterhalten sowie Kundendiensten Garantieleistungen zu gewähren,
    p) dem Franchisegeber einen bestimmten Teil seines Einkommens für Werbezwecke zu überweisen und eigene Werbemaßnahmen durchzuführen, wobei der die Zustimmung des Franchisegebers zur Art der Werbung einholen muss,
    q) das vom Franchisegeber mitgeteilte Know-how nicht an Dritte weiter zu geben, dies auch für die Zeit nach Beendigung des Franchisevertrags,
    r) an den vom Franchisegeber durchgeführten Ausbildungslehrgängen selbst teilzunehmen oder sein Personal daran teilnehmen zu lassen,
    s) die Anforderungen des Franchisegebers hinsichtlich der Einrichtung und Gestaltung des vertraglich bezeichneten Geschäftslokals und/oder der vertraglich bezeichneten Transportmittel zu erfüllen,

t) dem Franchisegeber zu gestatten, das vertraglich bezeichnete Geschäftslokal und/oder die vertraglich bezeichneten Transportmittel, den Umfang der verkauften Waren und der erbrachten Dienstleistung sowie das Inventar und die Bücher des Franchisegebers zu überprüfen,

u) das vertraglich bezeichnete Geschäftslokal nur mit Erlaubnis des Franchisegebers zu verlegen.

16. Vorvertragliche Aufklärungspflichten des Franchisegebers. Eine vorvertragliche Aufklärungspflicht des Franchisegebers gegenüber dem Franchisenehmer ist auch nach französischem Recht gegeben. Hierzu können unterschiedliche Rechtsgrundlagen für die Prüfung in Betracht kommen:

(1) Rechtsgrundlagen. a) Keine Anwendung von Verbraucherschutzvorschriften. Im Vergleich zur Rechtslage in Deutschland sind keine verbraucherschützenden Normen wie z.B ein Verbraucherkreditgesetz, das dem Franchisenehmer ein Widerrufsrecht verschaffen könnte, zu beachten. Denn in Frankreich wird weder in der einschlägigen Literatur noch in den Entscheidungen der Judikatur der Schutz des Franchisenehmers nach Maßgabe von Verbraucherschutzvorschriften ernsthaft in Betracht gezogen. Widerrufsrechte ergeben sich in Frankreich eher theoretisch aus dem Gesetz zur Regelung von Haustürwiderrufsgeschäften und den *Lois Scrivennaire* (diese regeln das Verbraucherkreditgeschäft). Der persönliche Anwendungsbereich dieser Gesetze erstreckt sich allerdings auf das Verhältnis zwischen dem Verbraucher (*consommateur*), dem unternehmerischen Laien (*non-professionnel*) und den beruflich gebildeten Unternehmern (*professionnel*). Diejenigen, die Verträge zu Berufszwecken abschließen, unterfallen somit nicht den einschlägigen Verbraucherschutzvorschriften, weshalb sich aus diesen Vorschriften des französischen Rechts kein Widerrufsrecht des Franchisenehmers ergibt.

b) Norme AFNOR und Ehrenkodex des Europäischen Franchiseverbandes. Neben der Norme AFNOR (dazu Anmerkung Nr. 3) sieht auch der Ehrenkodex des europäischen Franchiseverbandes in Art. 4 Abs. 2 besondere vorvertragliche Aufklärungspflichten des Franchisegebers vor. Danach muss der Franchisegeber dem potentiellen Franchisenehmer eine ausführliche Unterrichtung über das Franchisesystem zukommen lassen, insbesondere über dessen Vorzüge, die zu erwartenden Ergebnisse, welche ihrerseits auf Marktstudien und Pilotbetriebe gestützt sein müssen, sowie über die erforderlichen Investitionen (vgl. *Anstett-Gardea*, in: Martinek/Semler, Rn. 65). Diese Vorschriften stellen allerdings nur sogenanntes *soft law* dar. Sie sind nicht rechtsverbindlich und haben auch keine Gesetzeskraft.

c) Gesetz Nr. 89-1008 vom 31. 12. 1989 – Loi Doubin und Ausführungsdekret Nr. 91-337 vom 4. 4. 1991. Zwingende Aufklärungsverpflichtungen ergeben sich dagegen aus dem Gesetz Nr. 89-1008 vom 31. 12. 1989 (*Loi Doubin*), das durch das Ausführungsdekret Nr. 91-337 vom 4. 4. 1991 ergänzt wurde. Dieses Dekret regelt Verfahren, Umfang und Inhalt der ordnungsgemäßen Aufklärung. Die *Loi Doubin* und das entsprechende Dekret sind dabei keine speziellen Franchisegesetze, sondern sie erfassen auch andere Vertriebsverträge. Jedoch unterfallen praktisch alle Franchiseverträge diesen Aufklärungsverpflichtungen, denn Art. L-330 *Code com.* verlangt, dass alle Personen, die einer anderen Person einen Handelsnamen, eine Marke oder eine Geschäftsbezeichnung (*enseigne*) zur Benutzung überlassen und ihr dabei bestimmte Ausschließlichkeitsbindungen oder Quasi-Ausschließlichkeitsbindungen auferlegen, dieser dritten Person vor Unterzeichnung des Vertrages ein Dokument mit genauen Informationen übergeben, damit diese ihre Verpflichtungen in voller Kenntnis aller relevanten Tatsachen eingehen kann (vgl. Mitteilung in GRUR Int. 1991, S. 837; ausführlich dazu *Grollemund/Loustalot/Forest*, Rev. de Jurispr. com. 1993, S. 60 ff.; *Blanc*, Dalloz 1993, S. 218).

d) Artt. 1382, 1383 Code civil. Die speziellen Aufklärungsformalitäten und Aufklärungspflichten gelten nur für diejenigen Franchiseverträge, die in irgendeiner Form eine Exklusivitätsverpflichtung vorsehen. Die Formulierung von Exklusivitätspflichten ist je-

4. Contrat de franchisage (Französischer Franchisevertrag)

doch nach französischer Rechtsauffassung nicht notwendiger Bestandteil eines Franchisevertrags (Cass. Com., 9. 11. 1993, Bull. civ IV n° 403; D. 1995, Somm. 77 mit Anm. *Ferrier*). Dies bedeutet jedoch nicht, dass der Franchisegeber keiner Aufklärungsverpflichtung unterliegt. Denn Aufklärungspflichten können sich unter dem Gesichtspunkt der vorvertraglichen Haftung ergeben. Nach französicher Rechtsauffassung handelt es sich dabei um eine deliktische Haftung auf der Grundlage der Artt. 1382, 1383 *Code civil* (Licari, S. 275).

(2) Form, Rechtzeitigkeit und Inhalt der Aufklärung gem. Art. L-330 *Code com.*
a) Schriftform. Der Franchisegeber hat zur ordnungsgemäßen Aufklärung des Franchisenehmers umfangreich Offenlegungen vorzunehmen, die in einem Offenlegungsdokument (*Document d'informations précontractuelles* = DIP) zu fixieren sind (Musterbeispiel abgedruckt in *Dictionnaire Permanent Droit des Affaires, Distribution Commerciale* F 27, S. 4431). Verfahren, Umfang und Inhalt hinsichtlich der Erstellung des Dokuments zur ordnungsgemäßen Aufklärung des Franchisenehmers ergeben sich aus dem Ausführungsdekret Nr. 91-337. Der Franchisegeber hat dieses Dokument dem Franchisenehmer zu übergeben, damit dieser außerhalb der Franchisegebersphäre, in Ruhe die Angaben des Franchisegebers überprüfen kann.

b) Rechtzeitigkeit der Aufklärung. Nach Art. 2 des Dekrets Nr. 91-337 vom 4. 4. 1991 muss das Dokument mit den erforderlichen Informationen sowie der Text des Franchisevertrages wenigstens *zwanzig* Tage vor der Unterzeichnung dem Franchisenehmer zugänglich gemacht worden sein. Zuwiderhandlungen werden mit Geldstrafe bedroht.

c) Inhalt der Aufklärung. Aus Art. 1 des Aufklärungs-Dekrets ergeben sich die inhaltlich erforderlichen Angaben. Danach muss der Franchisegeber die Adresse des Hauptsitzes des Franchisegebers, die Art seiner Aktivitäten, Rechtsform, Inhaber bzw. Geschäftsführer des franchisegebenden Unternehmens sowie die Höhe des Eigenkapitals angeben. Des weiteren sind die Nummern von Registereintragungen des Unternehmens, Rollennummern bzw. Aktenzeichen der Anmeldungen von Marken aufzuführen und Angaben über die Laufzeiten entsprechender Lizenzen zu machen. Der Franchisegeber ist auch zu Offenlegung der (fünf) wichtigsten Bankverbindungen verpflichtet. Der Gründungstag des Unternehmens und die wichtigsten Stationen der Unternehmensgeschichte sind zu beschreiben; dabei ist auch auf die Entwicklung des Unternehmens des Franchisegebers einzugehen, damit der Franchisenehmer die Erfahrung des Unternehmens bzw. die seiner Geschäftsleitung einzuschätzen vermag (vgl. Mitteilung in GRUR Int. 1991, S. 837). Diese Informationen können sich auf die letzten fünf Jahre vor dem beabsichtigten Vertragsschluss beschränken. Sie müssen einen Aufschluss über den Status quo des generellen bzw. des jeweils örtlichen Marktes sowie über dessen Entwicklungsperspektiven geben, und zwar für die Waren bzw. Dienstleistungen, die Gegenstand des Franchisevertrages sein sollen. Es müssen auch die Geschäftsberichte der letzten zwei Jahre beigefügt werden. Weiterhin sind auch Angaben zur Verkaufsstellendichte des Franchisesystems zu machen. Der Franchisegeber hat daher eine Liste der Unternehmen beizufügen, die Mitglied des Franchisesystems sind. Auch die Art der Mitgliedschaft ist anzugeben. Die Adresse von Unternehmen in Frankreich, mit denen der Franchisegeber Verträge ähnlicher Art wie dem anvisierten geschlossen hat, sind ebenso von Bedeutung wie die Angaben über Vertragsverlängerungen bzw. über die Vertragsschlussmodalitäten. Umfasst das Franchisesystem mehr als fünfzig Unternehmen, so kann sich der Franchisenehmer auf diejenigen fünfzig Unternehmen beschränken, die dem beabsichtigten Standort am nächsten liegen. Weiterhin ist die Zahl der Unternehmen zu nennen, die Mitglied des Franchisesystems mit gleichartigen Verträgen waren und die innerhalb des Jahres vor Übergabe des Dokuments ausgeschieden sind. Dabei muss angegeben werden, ob der Vertrag auslief oder ob er gekündigt oder für nichtig erklärt wurde. Ferner ist die Angabe von anderen Geschäftsstellen erforderlich, die mit der ausdrücklichen Genehmigung des Franchisegebers diejenigen Waren und Dienstleistungen, welche Gegenstand des Vertrages sind, in dem Gebiet des abzuschließenden Vertrages anbieten. Schließlich bedarf es der Mitteilung der Dauer des Vertrages, der Bedingungen für eine Verlängerung, eine Kündigung und Rechtsübertragung sowie der Bezeichnung des Umfangs des exklusiven Vertragsgebiets. Darüber hinaus sind Art und Umfang von Ausgaben und Investitionen offenzulegen, die der Franchisenehmer vor der Aufnahme seines Geschäftsbetriebes tätigen muss.

(3) Rechtsfolgen (teilweise) unterbliebener Aufklärung. Die Rechtsfolgen einer unterbliebenen bzw. teilweise unterbliebenen Aufklärung waren lange umstritten.

a) Versteckte Haftungsausschlussklauseln. In manchen Franchiseverträgen sind Klauseln anzutreffen, die einen Haftungsausschluss des Franchisegebers bewirken sollen, indem der Franchisenehmer erklärt, dass er alle notwendigen Informationen, die die *Loi Doubin* vorschreibt, erhalten habe. Diese Klauseln werden in der Literatur teilweise als Überrumpelungsversuche kritisiert und dürften auch vor Gericht wenig Aussicht auf Erfolg versprechen (vgl. hierzu *Marot*, Dalloz, S. 431, 433). Denn die *Loi Doubin* verlangt, dass ein entsprechendes Dokument in Schriftform dem Franchisenehmer vorgelegt wird (sog. *DIP*).

b) Zivil- und strafrechtliche Folgen. Unklarheit über die Rechtsfolgen einer mangelhaften Aufklärung ergaben sich deshalb, weil die Loi Doubin keine Regelung bzgl. dieser Rechtsfrage enthält und das Aufklärungs-Dekret gem. Art. 2 für die nicht ordnungsgemäßer Aufklärung nur eine strafrechtliche Sanktion in Form einer Geldstrafe (*contravention*) vorsieht.

aa) Nichtigkeit. Diskutiert wurden für die zivilrechtlichen Folgen einer nicht ordnungsgemäßen Aufklärung zwei Varianten: Automatische Nichtigkeit und Nichtigkeit für den Fall, dass der Franchisenehmer einen Einigungsmangel infolge unsachgemäßer Aufklärung beweisen kann (instruktiv hierzu *Marot*, Dalloz, 1999, S. 431 ff.). Richtungsweisend, jedoch nicht in allen Punkten aufschlussreich, ist ein höchstrichterliches Urteil der Cour de Cassation aus dem Jahre 1998 (Cass. com., 10. févr. 1998, Bull. civ. IV, n° 71, D. 1998, Somm. S. 334, obs. *Ferrier;* Dalloz Affaires 1998, S. 373; JCP éd. E 1998, S. 894 mit Anm. *Leveneur*). Die Handelskammer der *Cour de Cassation* entschied hier, dass der Verstoß gegen Aufklärungspflichten nicht automatisch zur Nichtigkeit des Vertrages führe, sondern dass der Franchisenehmer einen Einigungsmangel *(vice de consentement)* vortragen müsse, für den er die Darlegungs- und Beweislast trage. Der Franchisegeber trage hingegen die Beweislast für die Vollständigkeit und Richtigkeit der Aufklärung. Der Franchisevertrag ist also nichtig, wenn der Franchisenehmer dem Gericht darlegen und beweisen kann, dass er aufgrund der (teilweise) unterbliebenen bzw. nicht korrekten Aufklärung, einen Einigungsmangel aufweist. Ein Einigungsmangel kann wiederum unter zwei juristischen Aspekten vorliegen: Der Franchisenehmer könnte sich einerseits auf Arglist *(dol)* des Franchisegebers oder auf einen Irrtum *(erreur)* berufen. Diese Rechtsprechung hat die *Cour de Cassation* in späteren Urteilen bestätigt (*Arrêt* vom 13. April 1999 RJDA 1999, n° 660 in der Angelegenheit *Spaghezza*). Die Problematik ist aber immer noch lebendig. Denn die unter/obergerichtliche Judikatur ist dieser Auffassung der *Cour de Cassation* nur teilweise gefolgt (so z.B. *Cour d'Appel de Lyon*, 3 e *chambre*, Urteil vom 16. 10. 1998, nicht veröffentlicht). Teilweise wird weiterhin an der automatischen Nichtigkeit des Vertrages festgehalten, wenn keine ordnungsgemäße Aufklärung vorliege (*Marot*, D. 1999, S. 431, 433 mit Hinweis auf nicht veröffentlichte Entscheidungen der Cour d'appel de Montpellier vom 2. 4. 1998 und 12. 11. 1998 sowie auf eine Entscheidung des Tribunal de Commerce de Brest vom 11. 12. 1998). Zur Begründung wird angeführt, dass ausweislich der im Ausführungs-Dekret vorgesehenen strafrechtlichen Sanktion die Verpflichtung zur Aufklärung einen ordnungspolitischen Charakter einer *loi de police* habe und somit nicht zur Disposition der Parteien stehe und von daher nur die automatische Nichtigkeit des gesamten Vertrages in Frage komme. Anzumerken ist aber folgendes: Es bleibt die Frage, ob die betreffenden Gerichte das Urteil der *Cour de cassation* bewusst angreifen oder unbewusst mangels Kenntnis der Entscheidung eine gegenteilige Auffassung vertreten.

bb) Schadensersatz. Schadensersatz ist unter dem Gesichtspunkt des Deliktsrechts gem. Artt. 1382, 1383 Code civil denkbar. Den Franchisenehmer trifft aber nach französischer Rechtsauffassung eine selbständige Nachforschungspflicht. Vernachlässigt er diese, muss er sich eine Teilschuld anrechnen lassen. Er muss sich selbst die ihm zumutbaren Informationsquellen erschließen und sich über die Lage des Marktes in Kenntnis setzen, um so sein unternehmerisches Risiko abschätzen zu können (Cass. Civ. vom 25. 2. 1986, J.C.P. 1988 II 20995 zum Vertragshändlervertrag). Hier zeigt sich, dass der Franchisenehmer als Unternehmer und nicht als schützenswerter Verbraucher verstanden wird. Informationen über den Franchisegeber kann der Franchisenehmer zum Beispiel dem Handelsregister (*registre du commerce et des sociétes*) entnehmen, das im Unterschied zum deutschen Handelsregister erheblich umfangreichere Eintragungen enthält. Eingetragen sind z.B. familien- und personenstandsrechtliche Verhältnisse, die Auskunft über die Verpflichtungsfähigkeit und die Vermögenssituation des Kaufmanns Aufschluss geben. Eingetragen werden auch relevante Straftaten des Kaufmanns (*Sonnenberger/Dammann*, S. 80). Wer Auskunft über einen Geschäftspartner benötigt, kann sich darüber hinaus über das *Bulletin officiel des annonces civiles et commercialles* (BODACC) kundig machen, welches einen Anhang des „Journal Officiel" bildet. Darüber hinaus führt auch das *Institut National de la Propriété Industrielle* (INPI) ein nationales Handels- und Gesellschaftsregister, von dem Interessenten auf der Grundlage des Art. 35-1 der *Arrêté* vom 9. 2. 1988 Auskunft über Bilanzen etc. erhalten können (*Sonnenberger/Dammann*, S. 81).

(4) Rechtslage bei Vertragsverlängerung bzw. Anschluss-Franchiseverträgen. Umstritten ist die Frage, ob die von der Loi Doubin bzw. Art. L-330 *Code com.* vorgeschriebenen Aufklärungsverpflichtungen auch anlässlich der Verlängerung bzw. des Abschlusses eines Anschluss-Franchisevertrages bestehen. Teilweise wird die Auffassung vertreten, dass die Offenlegungserfordernisse nach Maßgabe der *Loi Doubin* und des entsprechenden Ausführungsdekrets auch bei der Verlängerung des Franchisevertrages nach dessen Ablauf greifen (Urteil des Trib. de Toulouse vom 6. 12. 1995, D. aff. 1996, S. 392; das Gericht ist hier der Auffassung, dass automatische Nichtigkeit wegen fehlerhafter Aufklärung vorliege). Dieser Ansicht zufolge handelt es sich auch bei einer „Verlängerung" – unabhängig von der Bezeichnung der Parteien – um einen neuen Franchisevertrag (Cass. Com., 13. 3. 1990: Bull. civ. IV, Nr. 77; *Le Tourneau*, Fasc. 565, S. 28). In der obergerichtlichen Judikatur lassen sich allerdings auch Entscheidungen finden, die die gegenteilige Auffassung vertreten. In einem von der Cour d'appel de Paris am 6. 11. 1998 entschiedenen Fall (nicht veröffentlicht, jedoch erwähnt von *Marot*, D. 1999, S. 431, 435 sowie Erwähnung in BRDA 2/99 sowie von *Mainguy, Grignon und Respaud* in JCP 1999, S. 31) vertrat die Cour d'Appel die Auffassung, dass im Falle der Verlängerung eines Franchisevertrags die Aufklärungspflichten der *Loi Doubin* zwar wiederaufleben könnten, aber zu bedenken sei, dass selbst im Falle des Wiederauflebens der Aufklärungs- und Offenbarungsverpflichtung nach der höchstrichterlichen Judikatur der Franchisevertrag nicht per se nichtig ist, sondern der Franchisenehmer einen Willensmangel vortragen müsse. Dies dürfte für den Franchisenehmer insoweit erschwert sein, wenn sich seit dem ersten Vertragsschluss keine gravierenden und für den Franchisenehmer nachteiligen Änderungen ergeben haben (so auch *Mainguy, Grignon und Respaud* in JCP 1999, S. 31).

17. Marktanalysen, Standortanalysen und Wirtschaftlichkeitsberechnungen des Franchisegebers. (1) Verpflichtung nur zur Erstellung von Marktrecherchen. Ein Schwerpunkt franchiserechtlicher Fragen war in den vergangenen Jahren die Frage, ob der Franchisegeber zur Erstellung von Standortanalysen, Marktrecherchen und/oder Wirtschaftlichkeitsberechnungen verpflichtet ist. Der Judikatur zufolge besteht keine originäre Verpflichtung des Franchisegebers zur Lieferung von Wirtschaftlichkeitsberechnungen und/oder Standortanalysen. Der Franchisegeber soll hingegen verpflichtet sein, Marktrecherchen und Marktanalysen dem Franchisenehmer zu überlassen, die Aussagen über die Wiederholbarkeit des Erfolgs zulassen (Cass. 2e civ., 21 mai 1997, n° 95-17.743, RTD civ. 1998, p. 115, obs. *Mestre* J., D. 1998, jur., p. 150, Anm. Fages B., JPC éd. G 1998, II, n° 10057, Anm. *Mauger-Vielpeau*). Der Franchisegeber macht sich schadensersatzpflichtig, wenn er eine unsachgemäße Marktanalyse dem Franchisenehmer überreicht. Überdies kann sich der Franchisenehmer aufgrund fehlerhafter Marktanalysen auf die Nichtigkeit des Franchisevertrages berufen, sofern er einen bedeutenden Einfluss der fehlerhaften Marktanalyse auf seine Willenserklärung darlegen und beweisen kann. Ist die Marktanalyse nach Abschluss des Franchisevertrags durchgeführt worden, kann der Franchisenehmer aufgrund einer fehlerhaften Analyse die Vertragskündigung verlangen (CA Paris, 28 avr. 1978, BT 1978, p. 277; TGI Bressuire, 19 juin 1973, D. 1974, jur., p. 105, notes Bories; CA Colmar, 10 juin 1982, D. 1982, jur., p. 553, note Burst J.-J.).

(2) Pflichtenmaßstab. Vielfach werden von Franchisegeberseite Wirtschaftlichkeitsberechnungen und Standortanalysen als Leistungen des Franchisevertrags bzw. als vorvertragliche Leistungen angeboten. In diesen Fällen geht der Franchisegeber jedoch nur eine Dienstleistungsverpflichtung (*obligation de moyen*) ein und schuldet keinen Erfolg, es sei denn er garantiert einen solchen ausdrücklich im Franchisevertrag (Ca Paris, 4 oct. 1991, D. 1991, I.R., p. 293). Dies dürfte jedoch nur selten der Fall sein. Der Franchisegeber haftet also nach französischer Rechtsauffassung nicht per se für den Eintritt der von ihm prognostizierten Zahlen. Er ist jedoch verpflichtet, „seriöse" Prognosen anzustellen. Standortanalysen, Marktrecherchen und/oder Wirtschaftlichkeitsberechnungen, die Phantasieresultate vorspiegeln, die Werte vortäuschen, die über 40% des tatsächlich Erreichten liegen, werden als grobe Verletzung der vorvertraglichen Informationspflicht verstanden (Cass. com., 24 févr. 1998, n° 95-20.438, Rev. Lany dr. aff. 1998, n° 290, obs. Storrer P.). Voraussetzung ist allerdings, dass das Nichterreichen der Werte nicht auf Geschäftsführungsfehlern des Franchisenehmers beruht (*Lamy Droit Commercial* 2000, S. 1485, Rn. 4190). Die Judikatur ist darüber hinaus zurückhaltend mit dem Zusprechen von Schadensersatzansprüchen, wenn es sich um einen erfahrenen Franchisenehmer handelt, der über eine eigene langjährige geschäftliche, unter Umständen in der selben Branche, bestehende Erfahrung verfügt (Cass. com., 12. Oct. 1993, n° 91-16.312; Cass. com., 10. Janv. 1995, n° 92-17.892). Aus der Erstellung von Standortanalysen/Marktrecherchen und/oder Wirtschaftlichkeitsberechnungen resultiert allerdings auch eine Pflicht des Franchisegebers zur Reaktion und Modifikation seines Systems, wenn ihm ein Sonderwissen zuzurechnen ist, das ihn dazu verpflichtet, seine Geschäftspolitik an die Geschäftsumgebung bzw. an die einschlägige Klientel anzupassen (Cass. com., 30. janv. 1996, n° 94-13.799, JCP éd. E 1996, II, n° 825, obs. Jamin Ch., RJ com. 1996, p. 282, obs. Clément J.-P.; Cass. com., 30 janv. 1996 n° 94-13.799, JCP éd. G 1996, I, n° 3929, obs. Jamin Ch.; ebenso CA Douai, 6. oct. 1992, Lettre distrib. 1993; CA Toulouse, 6 déc. 1995, D. aff. 1996 n° 13, chr., p. 392; CA Versailles, 12e ch., 29 juin 1995, D. 1997, som., p. 55, obs. Ferrier D.). Die Darlegungs- und Beweislast für die Fehlerhaftigkeit trägt der Franchisenehmer (Cass. com., 29 nov. 1994, n° 93-10.414). Dem Franchisegeber ist es aber durchaus erlaubt, optimistisch die Zahlenbasis zu formulieren. Er macht sich nicht schadensersatzpflichtig, wenn diese optimistischen Zahlen nicht erreicht werden, sofern seine Studie sorgfältig auf nichtbeschrittenen Zahlen nach einer ernsthaften Untersuchung entstanden ist (Cass. com., 19 mai 1992, n° 90-16.872). Die Erstellung einer unrichtigen Standortanalyse kann schließlich auch als eine Form des unlauteren Wettbewerbs verstanden werden (CA Paris, 18 mars 1982, Juris-Data, n° 021486; Cass. crim., 19 avr. 1983, n° 82-91.709).

18. Präambel. Die Präambel dient der kurzen einführenden Erläuterung des Vertragszwecks. Aus ihr ergeben sich nicht unmittelbar Rechte und Pflichten der Parteien. Dennoch kann der Präambel eine vertragsrechtliche Bedeutung zukommen, die über eine bloße Auslegungshilfe in Zweifelsfällen hinausgeht. In ihr kann nämlich aufgeführt werden, dass der Franchisenehmer die Pilotbetriebe des Franchisegebers besichtigt hat und dass ihm die erforderlichen Informationen nach Maßgabe der „Loi Doubin" mitgeteilt worden sind. Sollte es gegebenenfalls zu einem Rechtsstreit zwischen Franchisenehmer und Franchisegeber kommen, führt dies zu einer Erleichterung des Beweises, dass der Franchisenehmer entsprechend den Anforderungen des Art. L 330-3 *Code com* (= *Loi Doubin*; vgl. Anmerkung 16) aufgeklärt worden ist (*Leloup*, S. 168).

19. Parteien. (1) Juristische Unabhängigkeit des Franchisenehmers. Parteien des Franchisevertrages können sowohl juristische als auch natürliche Personen sein, die natürlich verschiedener Nationalität sein dürfen. Der Franchisevertrag ist ein Vertrag, dessen Verpflichtungen im Grundsatz höchstpersönlicher Natur sind (intuitu personae), so dass ein Austausch der Parteien im Verlaufe des Vertrages nicht gestattet ist, sofern nicht ausdrücklich eine Abtretung vertraglich gestattet wird (CA Paris, 23. 1. 1992, D. 1992 inf. rap., S. 126). Das Konzept des Franchising baut im übrigen darauf auf, dass beide Parteien trotz ihrer wirtschaftlichen Abhängigkeit juristisch unabhängig bzw. juristisch selbständig sind. Dabei spielen sowohl arbeitsrechtliche als auch haftungsrechtliche Motive eine Rolle. Die Judikatur hat insoweit ihre Rechtsprechung zum Vertragshändler (*concessionaire*) und zum Vertragshändlervertrag (*contrat de concession*), in der die Verantwortungs- und Haftungssphären zwischen Absatzmittler und Systemzentrale abgegrenzt wurden, auf das Franchising übertragen. Zum einen wurde entschieden, dass der Franchisegeber prinzipiell nicht für die Verbindlichkeiten des Franchisenehmers haftet, die im Verhältnis zu dessen Lieferanten entstanden sind (Cass. com., 3. 7. 1990, Bull civ. IV, Nr. 201). Zum anderen liegt eine höchstrichterliche Entscheidung der Strafkammer des Kassationshofes vor, wonach der Franchisenehmer (und nicht der Franchisegeber) wegen irreführender Werbung (*publicité trompeuse*) verurteilt wurde. In der Entscheidung wurde festgelegt, dass der Franchisenehmer sich zu seiner Entlastung nicht darauf berufen kann, dass er das Werbematerial von seinem Franchisegeber geliefert bekommen hat (Cass. crim. 27. 11. 1990, D. 1991, inf. rap. S. 35). Im Unterschied zum Zweigstellen- bzw. Filialsystem (*succursalisme*) agiert der Franchisenehmer auf eigene Kosten und auf eigene Rechnung und somit eigenverantwortlich (vgl. dazu § 2 Abs. 5 der Norme AFNOR). Mit dieser Konzeption wollen Franchisegeber den finanziellen Nachteilen des Filialsystems ausweichen, die vor allem darin bestehen, dass erhebliche Kosten für Personal aufgewandt werden müssen und dadurch mittelbar weitere Kosten aufgrund arbeitsrechtlicher Schutzvorschriften entstehen. In den Franchiseverträgen wird aus diesem Grund ausdrücklich die juristische Unabhängigkeit der Parteien hervorgehoben. Die Vielzahl von Klauseln zur Einbindung des Franchisenehmers in das System ist dabei zulässig und beeinträchtigt nicht die Qualifizierung des Franchisenehmers als selbständigen Unternehmer. Hierzu gehören die franchiseüblichen Vertragsbestimmungen zum Inspektionsrecht des Franchisenehmers, zur Mitteilungspflicht des Franchisenehmers bzgl. des Warenbestands und der Umsätze sowie zu den Vorgaben der Buchführung entsprechend den für das System einheitlichen Gesichtspunkten (*Leloup*, S. 106 m.w.N.). Wird die prinzipiell zulässige Kontrolle seitens des Franchisegebers allerdings exzessiv gehandhabt, so kann dies gegebenenfalls zur Auflösung des Franchisevertrages führen (CA Paris, 10. 3. 1991 in Gaz. Pal. 1989, S. 544 mit Anmerkung *C. Jamin*). Im Regelfall ist der Franchisenehmer Kaufmann, so dass auf ihn auch die Regeln des Handelsrechts anwendbar sind (vgl. zu den Pflichten eines Kaufmanns *Lefebre*, Mementoz De Droit des Affaires, Nr. 950 ff.).

(2) Franchising und Arbeitsrecht. Wenn der Franchisenehmer aber tatsächlich in einem „zu" starken juristischen Abhängigkeitsverhältnis zum Franchisegeber steht, so haben die französischen Gerichte die Möglichkeit der *disqualification* des Franchisevertrages nach Maßgabe des Art. 781 Abs. 1 des *Code du Travail*, welcher aufgrund des

Gesetzes vom 21. 3. 1941 in das Arbeitsgesetzbuch Frankreichs aufgenommen wurde. Danach sollen diejenigen Personen in den Schutzbereich des Arbeitsrechtes einbezogen werden, deren Tätigkeit darin besteht, Waren zu verkaufen, die ihnen von einem einzigen Unternehmen exklusiv bzw. nahezu exklusiv geliefert wurden und zwar in einem von diesem Unternehmen zur Verfügung gestellten Ladenlokal zu vorgegebenen Bedingungen und Preisen (die Festlegung der Preise ist seit dem Dekret vom 24. 6. 1958 prinzipiell verboten; erlaubt ist lediglich die Festlegung des erlaubten Höchstpreises; vgl. *Leloup*, S. 108). Das bedeutet im Ergebnis, dass das Gericht den Franchisevertrag wie einen Arbeitsvertrag behandeln kann (vgl. dazu *Husson-Dumoutier/de Montarlot*, S. 91 ff.; *Teston/Teston*, S. N 8 ff.; *Guyénot*, S. 294, Rn. 24; *Leloup*, S. 49 und 117 m.w.N.), wenn es an der unternehmerischen Selbständigkeit des Franchisenehmers mangelt (Cass.com. 3. 5. 1995, Nr. 93-12.981, D.1997, Somm., S. 57 mit Anm. *Ferrier*). Dies wird vor allem dann der Fall sein, wenn der Franchisevertrag dem Franchisenehmer nur formal die Stellung eines Selbständigen einräumt, aber dem Franchisegeber gleichzeitig soviele Kontrollrechte und Weisungsrechte einräumt, dass letztendlich jede eigenwirtschaftliche Betätigungsfreiheit des Franchisenehmers stranguliert ist. Dies gilt auch dann, wenn der Franchisenehmer kein nennenswertes Eigenkapital zur Ausführung seiner Tätigkeit besitzt und wenn er nirgends als selbständiger Unternehmer registriert wurde (Cour de Paris, 28. 4. 1978 in Cahiers de droit de l'entreprise 1980, Nr. 5). Das Erfordernis der juristischen Unabhängigkeit bedeutet allerdings nicht, dass auch eine wirtschaftliche Unabhängigkeit bestehen müsse (*Le Tourneau*, Fasc. 565, S. 28). Kommt das Gericht zum Ergebnis, dass die erforderliche Selbständigkeit des Franchisenehmers nicht vorliegt, so führt dies dazu, dass dem „Franchisenehmer" die arbeits- und sozialrechtlichen Schutzvorschriften zugute kommen. Dies bedeutet insbesondere, dass er Anspruch auf den gesetzlichen Mindestlohn SMIC (*Salaire Minimum de Croissance* nach Maßgabe des Gesetzes vom 2. 1. 1970) sowie einen Anspruch auf bezahlten Urlaub hat. Daneben werden auch die entsprechenden Sozialabgaben fällig (vgl. zu Fallbeispielen hierzu *Lefebre*, Nr. 1213, S. 399).

(3) Bekanntgabe der Selbständigkeit des Franchisenehmers gegenüber Kunden. Es besteht nach einer *arrêté* des Finanzministers vom 21. 2. 1991 die Verpflichtung, die Selbständigkeit bzw. die juristische Unabhängigkeit des Franchisenehmers auf allen Dokumenten, in jeglicher Werbung und sowohl im Innen- als auch im Außenbereich des Franchisestandorts sichtbar zu machen. Auch Art. 4c Franchise-GVO 1988 verlangt eine solche Kennzeichnung. Die Eintragung im Handelsregister (*registre de commerce*), die Höhe der getätigten Investitionen, das somit übernommene wirtschaftliche Risiko sowie die eigenverantwortliche Einstellung des Personals sind Indizien, die die Judikatur heranzieht, um die erforderliche Selbständigkeit des Franchisenehmers festzustellen (*Leloup*, S. 107 m.w.N.; *Enghusen*, S. 147). Einzelheiten zu diesen ordnungsrechtlichen Hinweispflichten des Franchisenehmers sind in der Bekanntmachung der DGCCRF Nr. 5724 vom 21. 5. 1991 enthalten (vgl. hierzu Details in Lamy droit économique, Nr. 4718).

(4) Franchisenehmer als juristische Person. Zur Vermeidung der erläuterten arbeitsrechtlichen Problematik ist in den Franchiseverträgen vielfach vorgesehen, dass der Franchisenehmer in gesellschaftsrechtlicher Organisationsform als juristische Person dem Franchisesystem beitritt. Ist der Franchisenehmer eine juristische Person (personne morale), so kann der Franchisegeber die Unabhängigkeit des Franchisenehmers dadurch „unterwandern", dass er an der Gesellschaft des Franchisenehmers Anteile erwirbt, die es ihm faktisch ermöglichen, bedeutenden Einfluss auf die Geschäftspolitik des Franchisenehmers auszuüben. Es besteht dann die Gefahr, dass es zu einer unerlaubten Einmischung in die Geschäftsführung des Franchisenehmers kommt (Cour de Rouen, 23. 5. 1978 in JCP 1979, 19235). Missbraucht der Franchisegeber seinen Einfluss, indem er z.B. die Gesellschaft in ihren Entscheidungen blockiert (*verrouillage des biens sociaux*), so kann dies strafrechtliche Folgen nach sich ziehen. Das Gesetz vom 24. 7. 1966 stellt

4. Contrat de franchisage (Französischer Franchisevertrag) III. 4

den sog. „abus de biens sociaux" unter Strafe. Daneben können zivilrechtliche Nichtigkeitsklagen sowie Schadensersatzklagen auf den Franchisegeber zukommen (*Leloup*, S. 113). Darüber hinaus besteht dann auch für Dritte die Möglichkeit, sich angesichts ihrer Forderungen gegen den Franchisenehmer an den Franchisegeber zu halten, wenn nach außen hin der Eindruck erweckt wird, dass es sich bei dem Franchisenehmer um einen Repräsentanten des Franchisegebers handelt (vgl. zur Haftung des Franchisegebers *Leloup*, S. 114).

(5) Selektionsrecht des Franchisegebers. a) Überblick. Die Selektionsfreiheit des Franchisegebers, und damit auch seine Vertragsabschlussfreiheit, ist nach einer neueren Entscheidung der *Cour de Cassation* insoweit eingeschränkt worden, dass eine Selektion von Bewerbern zwar nicht per se als rechtsmissbräuchlich eingestuft wird, jedoch der Absatzherr kein freies Ermessen hinsichtlich der Auswahl seiner zukünftigen Systemteilnehmer hat (Cass.com. 25. 1. 2000, Contr.-Conc.-Cons. 2000 Nr. 64, S. 16 zum Vertragshändlerrecht). Der Franchisegeber hat vielmehr seine quantitativen und qualitativen Kriterien objektiv und präzise festzulegen. Die Frage der Selektion fiel nach älterer Rechtslage noch unter die Problematik des Art. 36 Abs. 2 der französischen Wettbewerbsverordnung, wonach eine Belieferungsverweigerung (*refus de vente*) unter bestimmten Umständen für rechtsmissbräuchlich und wettbewerbswidrig erachtet wurde. Diese Rechtslage hat sich insoweit geändert, dass per Gesetz Nr. 96-588 vom 1. 7. 1996 die Regelungen des Art. 36 Abs. 2 der Wettbewerbsverordnung aufgehoben wurden. Diese Norm wurde als überflüssig erachtet, da die Problematik des *refus de vente* sowohl auf der Grundlage der allgemeinen Regeln des Wettbewerbsrechts (*pratiques discriminatoires* – Art. L 420-2 II *code com.*) als auch nach den allgemeinen Regeln des Zivilrechts (Art. 1134 und Art. 1382 Code civil) behandelt werden kann. Danach führt eine nichtgerechtfertigte Belieferungsverweigerung zur Haftung des Absatzherrn (vgl. hierzu Cass.com. 23. 5. 2000, Jurisdata Nr. 002219 sowie Dijon, 25. 6. 1998, BRDA Nr. 21, S. 15; Paris, 22. 9. 1999, Contr.Conc.Cons. 1999, Nr. 179). Der Judikatur zufolge besteht ein Handelsbrauch, dass der Hersteller nicht zur Ablehnung eines Angebots auf Abschluss eines Wiederverkaufsvertrages berechtigt ist, wenn der Antragsteller die vom Hersteller gesetzten Verkaufsbedingungen akzeptiert und einzuhalten vermag (Cour de Cass., 16. 10. 1983, Bull civ. IV-244 R.T.D. com. 1984-715).

b) Rechtmäßigkeitsvoraussetzungen. Die frühere WettbewerbsVO Nr. 86-1243 hatte die ehemals kategorisch strafbewehrte Belieferungsverweigerung depönalisiert und unter gewissen Voraussetzungen für zulässig gehalten. Die nach früherem Recht angewandten Kriterien dürften auch nach neuer Rechtslage, wonach der Franchisegeber sowohl seine qualitativen wie auch quantitativen Kriterien zu präzisieren hat, weiterhin Geltung haben. Die Belieferungsverweigerung ist danach nicht schlechthin unzulässig. Vielmehr ist sie gegenüber systemfremden Nachfragern zulässig, wenn ein Rechtfertigungsgrund vorliegt, der die Belieferungsverweigerung legitimiert. Für die Formulierung des Franchisevertrages haben die Rechtfertigungsgründe des ehemaligen Art. 36 Abs. 2, 3. Fall und Art. 10 WettbewerbsVO Nr. 86-1243, diese wiederum ergänzt durch das Rundschreiben „Fontanet" vom 31. 3. 1960 (dazu *Enghusen*, S. 134f.) weiterhin Bedeutung. Danach darf die Selektionspraktik des Absatzherrn nicht zu einem völligen Ausschluss des Wettbewerbs in bezug auf einen erheblichen Teil des im Wettbewerb stehenden Produktes führen. Weiterhin ist der Grundsatz der Verhältnismäßigkeit zu wahren. Die Judikatur hat darüber hinaus Kriterien für selektiven Vertrieb und Alleinvertrieb aufgestellt, wonach eine Belieferungsverweigerung aus Gründen der „rechtlichen Unmöglichkeit (indisponibilité juridique)" zulässig ist, weil der Systemkopf sich z.B. vertraglich verpflichtet hat, nicht an andere zu liefern. Diese für den Exklusiv- bzw. Selektivvertrieb entwickelten Grundsätze gelten auch für das Franchiserecht (*Teston/Teston*, S. M 19; *Jeantet*, J.C.P. 1963/I, No. 1743; *Winkel*, S. 98f., 170f.; *Meissner*, S. 13, 17; Cour d'appel de Paris vom 10. 5. 1978 [Inter Flora/Telefleurs] in Encyclopedie pratique de la franchising commerciale et industrielle, les Problèmes juridique, Fascile 54). Die Zulässigkeit von Selektion war an fünf Voraussetzungen geknüpft (vgl. hierzu insbes. *Nicolas,* Soc. Brandt Fréres et Soc. Photo Radio Club, Cour de Cass. (Ch. crim.), 11. 6. 1962, D. 1962, 497; Seeclauze et thurin, Cass. crim. 21. 3. 1972, J.C.P. 1972/II, 222; Cour de Nime, 9. 11. 1972, J.C.P. 1974/II, 17661 mit Anm. *Guérin; Meissner,* S. 17f. m.w.N.; *Enghusen,* S. 136ff.): (a) Die Beschränkung der Handelsfreiheit im Selektivvertriebsvertrag muss gegenseitig und gleichwertig sein. Das bedeutet, dass jedem der Vertragsparteien eine komplementäre Handelsbeschränkung aufgebürdet wird. Eine solche Konstellation liegt regelmäßig vor, wenn der Franchisenehmer keine Konkurrenzprodukte vertreiben darf und der Franchisegeber dem Franchisenehmer im Gegenzug ein territorial abgegrenztes Exklusivrecht gewährt und seine Produkte nicht an andere Interessenten verkauft (Reziprozität der Exklusivität). Zur Erfüllung dieser Voraussetzung ist es allerdings erforderlich, dass das Exklusivgebiet des Franchisenehmers exakt festgelegt ist (*Meissner,* S. 16 m.w.N.). (b) Des weiteren muss gemäß Art. L 420-1 Nr. 2 (vormals Art. 34 und Art. 7 der Ordonnance vom 1. 12. 1986) die Preisgestaltungsfreiheit gewahrt bleiben (vgl. hierzu auch *Arrêt du Conseil d'Etat,* vom 1. 2. 1985, G.P. 1986-2-565). (c) Die Handelsbeschränkung des Franchisesystems muss der Serviceverbesserung dienen und somit einem verbesserten Kundendienst und Verbraucherschutz Rechnung tragen. (d) Das Diskriminierungsverbot ist zu beachten (dazu ausführlich *Opatz,* aaO., S. 85ff.), insbesondere dürfen Dritte nicht absichtlich ohne rechtfertigenden Grund benachteiligt werden. Der Lieferant muss seine Vertragspartner nach objektiven qualitativen Kriterien ohne Diskriminierung und ohne quantitative Begrenzung auswählen (Cass. Crim., 3. 11. 1982, Gaz. Pal., S. 658). Als qualitative Kriterien zählen etwa Fachausbildung der Vertragspartner oder entsprechende technische Einrichtungen. Bei Franchiseverträgen dürfte diese Problematik allerdings dadurch abgeschwächt sein, dass der Franchisegeber für die systemgerechte Einrichtung sorgt und der Franchisenehmer zugleich eine Ausbildung erhält, die Bestandteil der Serviceleistung des Franchisegebers ist. (e) Die Aufrechterhaltung eines produktinternen (intrabrand-) Restwettbewerbs muss gewahrt bleiben, d.h., dass es nicht zu einem vollständigen Ausschluss des Wettbewerbs der Systempartner kommen darf. Aus diesem Grund ist auch die Gewährung eines absoluten Gebietsschutzes nicht gestattet (Cour d'appel de Nîmes, 9. 11. 1972, J.C.P. 1974-II-17661). Insbesondere darf einem Franchisenehmer nicht verboten werden, Kunden zu bedienen, die von außerhalb seines Vertragsgebietes kommen, um z.B. regionale Preisunterschiede zu nutzen. Aktive Geschäftstätigkeiten des Franchisenehmers außerhalb seines Vertragsgebietes können allerdings verboten werden.

20. Marktzutrittsmodalitäten. (1) Grundsätzliche Strategieüberlegungen. Es bieten sich verschiedene Strategien an, um auf dem französischen Franchisemarkt Fuß zu fassen. Zum einen besteht die Möglichkeit, ein eigenes Unternehmen als Tochterunternehmen mit eigener Rechtspersönlichkeit auszustatten, das dann als Franchisegeber auf dem französischen Markt auftritt. Der Franchisegeber kann aber auch Verträge direkt mit den französischen Franchisenehmern schließen, ohne dass er eigens ein Unternehmen in Frankreich gründet. Dann empfiehlt es sich, zumindest eine Repräsentanz zu eröffnen, um eine Abwicklungsmöglichkeit vor Ort zu schaffen und um den Franchisenehmern einen Ansprechpartner am Platz oder in der Nähe des Standortes bereitzustellen. Die Repräsentanz ist i.d.R. nicht rechtsfähig, sondern lediglich unselbständiger Bestandteil des Hauptunternehmens. Schließlich besteht auch die Möglichkeit, mit einem französischen Unternehmen ein „joint venture" zu gründen. Dann sind allerdings die Voraussetzungen des europäischen bzw. französischen Kartellrechts zu beachten (Art. 81 und 82 EWG-Vertrag und WettbewerbsVO Nr. 86-1243).

(2) Steuerrechtliche Überlegungen. Bei einem gesellschaftsrechtlichen Engagement mit einem französischen Handelspartner spielen vor allem Gesichtspunkte des nationalen sowie internationalen Steuerrechts eine Rolle (vgl. hierzu *Ebenroth/Auer,* S. 13ff.). Nach § 1 Körperschaftsteuergesetz der Bundesrepublik Deutschland (KStG) ist eine Kapitalge-

4. Contrat de franchisage (Französischer Franchisevertrag)   III. 4

sellschaft subjektiv unbeschränkt körperschaftsteuerpflichtig, wenn entweder der Sitz gem. § 11 Abgabenordnung (AO) oder die Geschäftsleitung gem. § 10 AO in der Bundesrepublik Deutschland liegt. Hat die Gesellschaft weder ihren Sitz noch ihre Geschäftsleitung im deutschen Inland, so ist sie gem. § 2 KStG nur beschränkt körperschaftsteuerpflichtig. Es werden dann nur die inländischen Einkünfte gem. § 49 Einkommensteuergesetz versteuert. Gem. § 2 EStG werden jedoch sämtliche Einkünfte besteuert, wenn sich entweder der Sitz oder die Geschäftsleitung im Inland befinden (Welteinkommensprinzip; BFH, 27. 2. 1991, BStBl II S. 444). Aufgrund der Gebietshoheit des französischen Staates ist dieser allerdings gleichfalls berechtigt, alle auf seinem Territorium verwirklichten Steuertatbestände zum Anlass einer Besteuerung zu nehmen (Territorialprinzip). Daraus ergibt sich im Grundsatz die Konkurrenz der Steueransprüche Deutschlands und Frankreichs. Zur Vermeidung von Doppelbesteuerungen bei unbeschränkter Steuerpflichtigkeit wurde mit Frankreich ein Doppelbesteuerungsabkommen (vom 21. 7. 1959 in der Fassung des Revisionsprotokolls vom 9. 6. 1969, zuletzt geändert 1989 – im folgenden: DBA) abgeschlossen. Nach Art. 4 Abs. 1 dieses DBA mit Frankreich erfolgt die Besteuerung der Unternehmensgewinne im Sitzstaat des Unternehmens, sofern nicht der Gewinn durch eine Betriebsstätte im anderen Verfassungsstaat erzielt wurde. Ist dies der Fall, so darf der Betriebsstättenstaat den Betriebsstättengewinn besteuern (*Wilke*, S. 125 Rn. 257). Unter einer Betriebsstätte ist eine Geschäftseinrichtung zu verstehen, die eine feste Beziehung zur Erdoberfläche aufweist, die von einer gewissen Dauer ist und durch die die Tätigkeit eines Unternehmens ganz oder teilweise ausgeübt wird (*Wilke*, S. 125, Rn. 259). Werden jedoch nur Hilfs- oder Nebentätigkeiten vorbereitender oder lediglich unterstützender Art vorgenommen (wie z. B. bei einer Repräsentanz), so erfolgt hier ausnahmsweise keine Besteuerung (*Wilke*, S. 125 Rn. 270). Nach Art. 5 DBA darf bei verbundenen Unternehmen eine Gewinnkorrektur vorgenommen werden. Lizenz- bzw. Franchisegebühren werden gem. Art. 15 Abs. 1 i.V.m. Art. 15 Abs. 2 des DBA nur in dem Vertragsstaat besteuert, in dem der Bezugsberechtigte, hier der Franchisegeber, ansässig ist. Eine Ausnahme ergibt sich allerdings aus Art. 15 Abs. 4 DBA. Danach hat der Vertragsstaat das Besteuerungsrecht, in dem der Franchisegeber eine Betriebsstätte oder feste Geschäftseinrichtung unterhält und die Vergütungen dieser Betriebsstätte zuzurechnen sind. Hier zählen also die Lizenzgebühren zum Betriebsstättengewinn bzw. zu den Einkünften aus selbständiger Arbeit, wofür nach Art. 4 und Art. 13 DBA die Besteuerung im Quellenstaat aufrechterhalten bleibt.

21. Vertraulichkeitsklausel. (1) Eine Vertraulichkeitsvereinbarung ist bereits im vorvertraglichen Stadium von Nutzen. Denn der Franchisegeber überlässt dem Franchisenehmer wegen seiner umfassenden Aufklärungsverpflichtung i.d.R. vertrauliche Informationen über sein Know-how und tritt somit in Vorleistung. Dies ist für den Franchisegeber eine gefährliche Situation, da der Franchisenehmer das so zur Kenntnis erlangte Know-how im Prinzip für sich nutzbar machen könnte. Der Franchisegeber ist daher bestrebt, seine gewerblichen Schutzrechte sowie das *„savoir-faire"* angemessen zu schützen. Dazu bedient man sich sowohl im vorvertraglichen Bereich als auch im Franchisevertrag selbst der *„clause de confidentialité"* (Vertraulichkeitsklausel).

(2) Außerdem besteht auch ein gesetzlicher Schutz des Franchisegebers. Danach kommt eine Haftung des Franchisenehmers gegenüber dem Franchisegeber neben den allgemeinen Vertragsgrundsätzen vor allem dann in Betracht, wenn er sich in betrügerische Weise in das System einschleicht. Dies geschieht in der Regel dadurch, dass der Franchisenehmer dem Franchisegeber vortäuscht, dauerhaft dem System beitreten zu wollen, letztlich jedoch nur die Absicht verfolgt, sich das Know-how des Franchisegebers anzueignen, um später ohne (nennenswerte) eigene Investitionen aus dem System auszuscheiden. Dies ist ein wettbewerbsrechtlicher Verstoß (*concurrence déloyale*) und wird zivilrechtlich – auch ohne vertraglich vorgesehene Konsequenzen – sanktioniert. Auch wenn die Vertragsparteien keine Vertraulichkeitsklausel aufgenommen haben soll-

ten, steht es im Ermessen der Judikatur, in einen Franchisevertrag die Verpflichtung des Franchisenehmers zur Geheimhaltung des erworbenen Wissens hineinzulesen und dem Franchisenehmer außerdem zu verbieten, das erschlichene Wissen zu nutzen (*Leloup*, S. 121 m. w. N.).

22. Haftungsfragen. (1) Eigenverantwortlichkeit des Franchisenehmers gegenüber Dritten. Es entspricht den Gepflogenheiten französischer Kautelarjuristen, die geschäftliche und juristische Selbständigkeit des Franchisenehmers an mehreren Stellen zu betonen. Hierzu gehört auch die prinzipielle Eigenverantwortlichkeit des Franchisenehmers für seine Geschäftstätigkeit. Der Franchisenehmer haftet nach allgemeinen Grundsätzen des französischen Rechts gegenüber seinen Kunden für die Qualität der Produkte und die Sicherheit des Geschäftslokals. Es bestehen allerdings umfangreiche Möglichkeiten, sich gegen eine Vielzahl in Betracht kommender Gefahren zu versichern (vgl. hierzu *Droit Pratique de L'homme d'Affaire*, Nr. 1526 ff.). Üblicherweise wird daher in den Franchiseverträgen eine Verpflichtung des Franchisenehmers vorgesehen, sich gegen diese Vielzahl von Risiken zu versichern (vgl. Anmerkung Nr. 50). Derartige Klauseln sind wettbewerbsrechtlich unbedenklich, solange keine unzulässige Koppelung vorliegt, die in Betracht kommen würde, wenn der Franchisegeber zugleich als Versicherungsgeber auftreten würde.

(2) Haftungsfreistellungsklauseln. In manchen Franchiseverträgen sind weitreichende Haftungsfreistellungsklauseln (*clause d'irresponsabilité*) zugunsten des Franchisegebers anzutreffen. Der Judikatur zufolge sind derartige Haftungsfreistellungsklauseln grundsätzlich zulässig. Schranken ergeben sich allerdings unter dem Gesichtspunkt des Rechtsmissbrauchs (*abus de droit*), der sich wiederum aus wettbewerbsrechtlichen Gesichtspunkten der Art. 420-1, 420-2 C. com. (ehemals Art. 8 der Wettbewerbsverordnung 1986) sowie aus Art. 1134 *Code civil* ergeben kann (vgl. hierzu Cass.com. 23. 4. 1999, Contr-Conc.-Cons. 2000, S. 12). In wettbewerbsrechtlicher Hinsicht ist allerdings erforderlich, dass die Verwendung der betreffenden Klausel sich auf den Wettbewerb auswirkt (vgl. hierzu Entscheidung des frz. Wettbewerbsrates Nr. 89-D-16 vom 2. 5. 1989 in der Angelegenheit *société Chaptal SA ./. Mercedes-Benz, France*, B. O.C.C. 30. 5. 1989 sowie Paris 12. 6. 1990, D. 1990, IR 224; Paris 5. 7. 1991, D. 1991, IR, 247; Paris, 16. 10. 1992, D. 1992, IR 28; Cass. com. 2. 6. 1992, Bull.civ., IV, Nr. 224 = Contr.-Conc.-Cons. 1992, Nr. 229; Cass. com. 12. 1. 1999, RJDA Nr. 482).

(3) Haftung des Franchisegebers gegenüber Dritten/Verbrauchern – ausnahmsweise Durchgriffshaftung –. Prinzipiell haftet der Franchisegeber nicht für die für ein Verschulden seiner Franchisenehmer. Es gilt hier das Prinzip der Vermögens- und Haftungstrennung (Cass. com., 21. 1. 1980, JCP éd. E 1981, II, 13680; Cass. com., 3. 7. 1990; Bull. civ. IV, Nr. 201). Eine Ausnahme hiervon macht die Judikatur dann, wenn ein spezielles Fehlverhalten – Tun oder Unterlassen – des Franchisegebers vorliegt (vgl. CA Bordeaux, 1. 6. 1988 in *Petites Affiches* vom 12. 6. 1989; Cass. com., 3. 71990, Bull. civ. IV, Nr. 201 sowie *Le Tourneau*, Fasc. 566, S. 29 m. w. N.). Ein derartiges Fehlverhalten wird z. B. angenommen, wenn der Franchisegeber seiner Beistands- bzw. Unterstützungspflicht nicht ordnungsgemäß nachkommt (Cass. com, 21. 5. 1997 J.C.P. 1998, éd. G. II 19057 = Contr. Conc. Cons. 1997, Nr. 128 = D. 1998, S. 150). Eine weitere Ausnahme des direkten Haftungsdurchgriffs ergibt sich auch aus *Rechtsscheinsgrundsätzen*, wenn z.B. der Franchisegeber sich ungerechtfertigt in die geschäftlichen Angelegenheiten des Franchisenehmers eingemischt hat und somit faktisch die Geschäftsführung (*dirigeant de fait*) innehat (CA Rouen, 23. 5. 1978, JCP 1979, éd. G, II, 19235). Dritte haben dann die Möglichkeit einer *action directe*, einer Art Durchgriffshaftung gegen den Franchisegeber (*Bidan/Le Bras*, Rev. Jurispr. com. 1986, S. 48). Diese Durchgriffshaftung basiert auf der deliktischen Haftung des Art. 1382 *Code civil*. Daneben haftet der Franchisegeber direkt gegenüber Verbrauchern nach Maßgabe der Produzentenhaftung auf der Grundlage des Gesetzes Nr. 98-389 vom 19. 5. 1998 (*relative à la re-*

4. Contrat de franchisage (Französischer Franchisevertrag) III. 4

sponsabilité du fait des produits défectueux, J.C.P. 1998, éd. E, S. 908), wenn er der Hersteller der vom Franchisenehmer bezogenen Produkte ist. Schließlich kann der Franchisegeber von dritter Seite zur Verantwortung gezogen werden, wenn er es unterlässt, seinen Franchisenehmer ordnungsgemäß zu *kontrollieren* und gerade hierdurch Dritten ein Schaden entsteht (Cass. 2^e civil, 14. 12. 1956, Bull. civ. II, Nr. 694; Cass. com., 6. 11. 1961, D. 1962, S. 186; diese Urteile sind für den Bereich des Vertragshändlerrechts getroffen worden, sie sind allerdings auf das Franchising übertragbar *Le Tourneau,* J.-Cl. Fasc. 566, Nr. 157, S. 27). Von Bedeutung ist an dieser Stelle auch die Haftung für unlautere Werbemaßnahmen. Nach einer neueren Entscheidung, die von der früheren Judikatur abweicht, ist der Franchisegeber für unlautere Werbemaßnahmen des Franchisenehmers verantwortlich, wenn dieser Werbematerialien (z.B. Broschüren, Flyer etc.) verwendet, die vom Franchisegeber konzeptioniert wurden (= Verstoß gegen frz. Wettbewerbsstrafrecht gem. Art. 121-5 *code de la consommation;* vgl. hierzu Cass. crim., 3. 4. 1996, Dr. Pénal 1996, Nr. 225).

(4) Haftung des Franchisegebers gegenüber Franchisenehmer. a) Allgemeine Vertragshaftung *(responsabilité contractuelle).* Der Franchisegeber haftet mit Abschluss des Franchisevertrags gemäß Art. 1147 *Code civil* für die Einhaltung seiner vertraglichen Zusagen (so auch der Franchisenehmer gegenüber Franchisegeber). Die Haftung hängt wiederum vom Inhalt der Verpflichtung ab. Zum einen ist eine Erfolgshaftung gegeben, wenn eine werkvertragliche Leistung *(obligation de resultat)* versprochen wurde. Zum anderen kann auch eine bloße Dienstleistung *(obligation de moyen)* geschuldet sein, die den Franchisegeber zur ordnungsgemäßen Erbringung seiner Dienstleistung verpflichtet, jedoch nicht für den Eintritt des Erfolgs. Während nach deutschem Recht eine Anspruchskonkurrenz zwischen Vertrags- und Deliktshaftung besteht, wird in Frankreich eine solche nicht anerkannt *(principe de non cumul).* Art. 1382 *Code civil,* der für die deliktische Haftung gilt, ist nicht anwendbar für den Fall eines Schadensersatzanspruches wegen Vertragsverletzung (Cass. 1re, 11. 1. 1989, JCP 199 II. 21326; Cass. civ. 2^e, 9. 6. 1993, JCP 1994 II, 22264). Dieser Grundsatz wird jedoch zunehmend aufgeweicht. Gerade in wettbewerbsrechtlichen und vorvertraglichen Fällen sind heute deliktische Schadensersatzansprüche denkbar. Eine Haftung ist nach Art. 1147 Code civil nur dann ausgeschlossen, wenn sich die betreffende Vertragspartei auf höhere Gewalt beruft *(force majeure)* und kein bösgläubiges Verhalten vorliegt.

b) Rechtsmängelhaftung des Franchisegebers *(garantie d'éviction).* Eine spezielle Haftung ergibt sich im Zusammenhang mit der Übertragung von Nutzungsrechten an den gewerblichen Schutzrechten. Dem Franchisegeber obliegt hier die Pflicht, den Franchisenehmer vor jeder unberechtigten Nutzung der übertragenen gewerblichen Schutzrechte durch Dritte zu schützen *(Lamy Droit Commercial,* 1995, S. 917). Er ist demzufolge gegenüber dem Franchisenehmer verpflichtet, die erforderlichen juristischen Schritte einzuleiten, wenn es darum geht, die aus der Marke oder einem sonstigen gewerblichen Schutzrecht resultierenden Rechte zu verteidigen (vgl. hierzu Anmerkung Nr. 27).

23. Pflichten des Franchisegebers. Die Klauseln zu den Pflichten des Franchisegebers bilden den ersten Hauptteil eines Franchisevertrages. Sie werden den Klauseln zu den Pflichten des Franchisenehmers, die als zweiter Hauptteil folgen, regelmäßig vorangestellt. Daraus darf indes nicht gefolgert werden, dass die Pflichten des Franchisegebers im Vordergrund des Vertragsverhältnisses stünden und diesem das Gepräge gäben. Richtiger Ansicht nach sind es weniger die lizenzvertraglichen Pflichten des Franchisegebers als die Absatzförderungspflichten und Interessenwahrungspflichten des Franchisenehmers, die das Rechts- und Pflichtengefüge eines Franchisevertrages dominieren (vgl. dazu ausführlich *Martinek,* in: Martinek/Semler (Hrsgb.), Handbuch des Vertriebsrechts, 1996, §§ 1 bis 4 sowie 18 bis 21). Die französische Judikatur nimmt hier einen gegenteiligen Standpunkt ein. Sie betrachtet gerade in der Verpflichtung des Franchisegebers zur Lizenzierung der gewerblichen Schutzrechte *(propriété industrielle)* und des savoir-faire sowie in den Beistandspflichten des Franchisegebers die dominierenden Merkmale eines Franchisevertrags (CA Paris, 28. 4. 1978 BT 1978, S. 277). Relevanz wird diese Frage erhalten, wenn die Parteien keine oder eine nur unwirksame Rechtswahl für ihren Franchisevertrag getroffen haben (vgl. hierzu Anmerkung Nr. 70 zu Rechtswahl).

24. Übertragung der Nutzungsrechte an gewerblichen Schutzrechten. (1) Die Pflicht des Franchisegebers zur Übertragung der Nutzungsrechte an den Marken und an anderen Immaterialgüterrechten, die nach Auffassung der Judikatur für die Kernfähigkeit des Franchisekonzepts konstitutiv sind, ist eine der Hauptleistungspflichten des Franchisegebers. Sie ist ebenso für die Gewinnung von Absatzmittlern als Franchisenehmern wie für die Akquisition der Klientel durch die Franchisenehmer von zentraler Bedeutung (*Burst*, S. 40 ff.). Verfügt der Franchisegeber nicht wie von ihm erwartet über aussagekräftige und kennzeichenkräftige gewerbliche Schutzrechte, so wird ihm der Tatbestand des unerlaubten Wettbewerbs vorzuwerfen sein (T. corr. Tarbes, 26 avr. 1985, BID 1986, n° 3, p. 57). Sollte es der Marke an Bekanntheitsgrad fehlen bzw. sollte kein schutzwürdiges Know-how bestehen, kommen unterschiedliche zivilrechtliche Sanktionen in Betracht: (1) Annullierung des Vertrages gem. Art. 1131 Code civil wegen Fehlen des Vertragszwecks (*absence de cause*) (Cass. com., 9 oct. 1990, n° 89-13.384). (2) Der Franchisenehmer kann den Vertrag wegen Irrtums (*erreur*) in Bezug auf die Eigenschaft und Person des Franchisegebers hinsichtlich seiner Geschäftserfahrung anfechten. Dem Franchisenehmer kann hierbei unter Umständen eine eigene langjährige Geschäftserfahrung vorgehalten werden, die ihn dazu verpflichtet, eigene Nachforschungen anzustellen (CA Aix-en Provence, 8^e ch., 30. 11. 1995). (3) Schadensersatzverpflichtung wegen List (*Dol*). Derartige Entscheidungen wurden von der Judikatur gefällt in Fällen von Partnerschaftsvermittlungs-Franchisen, in denen unzureichende Kundenkarteien und unseriöse Kundenkarteien übergeben wurden (Cass. com., 4 nov. 1986, n° 85-10.663, D. 1988, som., p. 22, 2e espéce; Cass. com., 30 mai 1989, n°s 87-16.245 et 87-16.246) sowie in Fällen, in denen Franchisegeber von Modeketten-Franchisen den Franchisenehmern veraltete Waren geliefert hatten (CA Paris, 2 mars 1982, Juris-Data, n° 024665). Die Judikatur erachtet dies als eine Methode unzulässiger Verleitung des Franchisenehmers zum Vertragsschluss (Cass. com. 2 déc. 1997, n° 95-22.261, RJDA 1998, n° 4, n° 417), die zur Rückzahlungspflicht des Franchisegebers bzgl. aller erhaltenen Zahlungen des Franchisenehmers führt (Cass. com., 30 mai 1989; T. com. Lyon, 10 oct. 1988, Act. Fid. Févr. 1989, p. 44, Petites affiches 30 nov. 1988 mit Anm. *Nérot*). Der Franchisenehmer ist dann so zu stellen, als habe er nie den Vertrag geschlossen. Darüber hinaus kann dies zu erheblichen Schadensersatzforderungen führen (vgl. CA Versailles, 13e ch., 12 oct. 1995, JCP éd. E 1996, pan., n° 171; CA Versailles, 13e ch., 19 oct. 1995, n° 11-275.93). Eine Erleichterung besteht in dieser Hinsicht für neue Franchisesysteme, deren Markenbekanntheit durch den Franchisenehmer noch weiterentwickelt werden muss. In diesen Fällen ist der Franchisegeber zu einer intensivierten Werbung verpflichtet und selbstverständlich zu einer entsprechenden Aufklärung des Franchisenehmers (Cass. com 12. 7. 1993, Nr. 91-20.530, Contr.-Conc.-Cons. 1993, Nr. 207, S. 5).

(2) Bei der Vertragsgestaltung ist zu beachten, dass die Schutzdauer der übertragenen Immaterialgüterrechte den Zeitraum des Franchisevertrages abdeckt. Der Franchisegeber muss Inhaber dieser Rechte oder zumindest Lizenzinhaber für das von ihm franchisierte Gebiet sein. Dies verlangt auch § 3.2.2.2.1 der Norme AFNOR. Liegt keine entsprechende Registrierung der Rechte des Franchisegebers vor, so ist der Franchisevertrag nichtig, auch wenn es bisher in der Praxis offenbar nur in geringem Umfang zu Problemen hinsichtlich der Markennutzung gekommen ist (vgl. *Leloup*, S. 40 m.w. N. auf bisher nicht veröffentlichte Rechtsprechung). Patente genießen eine Schutzdauer von zwanzig Jahren vom Zeitpunkt des *dépôt de demande* (Eintragungsantrag) an. Für das Franchising nur am Rande bedeutsame literarische oder künstlerische Werke sind bis zu

einem Zeitraum von fünfzig Jahren nach dem Tod des Autors geschützt. Musikalische Werke genießen einen siebzigjährigen Schutz (*Leloup*, S. 35). Die Schutzdauer der Marke beträgt zehn Jahre. Ist der Franchisegeber nur Lizenznehmer einer Marke, so sollte auch die Abtretung der gewerblichen Schutzrechte an den Franchisegeber im nationalen Markenregister veröffentlicht sein. Dies gilt insbesondere für das Master-Franchising. Versäumt der Franchisegeber die Verlängerung seiner gewerblichen Schutzrechte, so hat der Franchisenehmer das Recht, den Vertrag mit dem Franchisegeber zu kündigen (Versailles, 9. 12. 1987, in cahiers de droit de l'entreprise Nr. 2 S. 42 mit Anm. *Burst*).

(3) In der Literatur wird das Problem der Rechtsnatur der Übertragung der gewerblichen Schutzrechte diskutiert. Es gibt Stimmen, die diese als *prêt à l'usage*, also als leiheähnliche Nutzungsüberlassung, qualifizieren. Dies hätte dann aber zur Folge, dass der „Verleiher" gem. Art. 1989 *Code civil* noch vor Beendigung des Franchisevertrages die übertragenen Ausstattungselemente zurückverlangen könnte. Die Leihe setzt im übrigen auch im französischen Recht die Unentgeltlichkeit der Gebrauchsüberlassung voraus. Daher empfiehlt es sich, im Franchisevertrag klarzustellen, dass die Überlassung der Schutzrechte und der Ausstattung entgeltlich erfolgt. Dies hat dann zur Folge, dass das Rechtsverhältnis als Miete (*louage*) betrachtet wird und dass der Franchisegeber grundsätzlich bis zum Ablauf des Franchisevertrags an seine Übertragungspflicht gebunden bleibt (*Leloup*, S. 44).

25. Markenlizenz. (1) Überblick zum frz. Markenrecht. Das französische Markenrecht wurde 1991 umfassend reformiert, und zwar auf der Grundlage der EG-Richtlinie Nr. 89/104 vom 21. 12. 1988 zur Angleichung der Rechtsvorschriften der Mitgliedstaaten über die Marken. Das französische Markengesetz Nr. 91-7 vom 4. 1. 1991 ist am 28. 12. 1991 in Kraft getreten (instruktiv hierzu *Thrierr*, GRUR Int. 1991, S. 516 ff.). Für den Erwerb des Rechts an der Marke ist nach Art. 5 dieses Gesetzes die Eintragung in das nationale Markenregister (*registre national de la marque*) erforderlich. Die konstitutive Eintragungswirkung beginnt mit dem Zeitpunkt der Hinterlegung der Anmeldung. Das Recht an der Marke ist dann für zehn Jahre geschützt. Nach Art. 9 des Gesetzes Nr. 91-7 ist die Verlängerung der Schutzdauer möglich, wenn sie weder mit einer Änderung des Zeichens noch mit einer Erweiterung des Waren- oder Dienstleistungsverzeichnisses verbunden ist. Das System der Verlängerung im französischen Recht entspricht damit weitgehend der Regelung des Art. 7 Madrider Markenabkommen (*Thrierr*, S. 519). Das *Institut National de la Propriété Industrielle* (INPI) führt das nationale Markenregister. Ihm obliegt insbesondere gem. Art. 6 und 10 des Gesetzes Nr. 91-7 die Prüfungskompetenz hinsichtlich der Anmeldung der Marke. Zuständig ist nach Art. 33 der Direktor des INPI.

(2) Lizenzvertragliche Regelungen. In einem Franchisevertrag kann im Prinzip das gewerbliche Schutzrecht selbst übertragen werden. Dies ist nur in seltenen Fällen, etwa im Rahmen des Hersteller-Franchising angebracht. Denn hierbei tritt der Franchisegeber sämtliche Rechte des gewerblichen Schutzrechtes an den Franchisenehmer ab, der alleiniger neuer Rechtsinhaber wird. Dies bedeutet dann, dass der Franchisegeber von der weiteren Benutzung seines Schutzrechtes ausgeschlossen bleibt. Bevorzugt wird daher die Lizenzierung der Marke, denn dies erlaubt dem Franchisegeber, weiterhin als Inhaber von gewerblichen Schutzrechten gegenüber anderen aufzutreten. Dieses lizenzvertragliche Element des Franchisevertrages unterliegt den allgemeinen Regeln des *droit commun*, ergänzt durch die Regeln des *Code de propriété industrielle*. Voraussetzung für eine wirksame Markenlizenz ist gem. Art. L 714-7 *Code de propriété intellectuelle*, dass das lizenzierte Recht im *registre nationale de la marque* eingetragen ist (*dépôt*), da ansonsten der Lizenzvertrag nichtig ist (Lamy Droit Commercial 2000, S. 1493 m. w. N. auf einschlägige Judikatur). In gleicher Weise unterliegt auch der Franchisevertrag selbst der Registrierungverpflichtung (*Le Tourneau*, Fasc. 566, S. 3 mit Hinweis auf Art.

L 740-1 *Code de propriété intellectuelle*). Der Gegenstand und die Reichweite des zu übertragenden Markenrechts kann vertraglich beschränkt werden (*Le Tourneau*, Fasc. 566, S. 3). Überschreitet der Franchisenehmer die im Vertrag vorgesehenen Grenzen, so kann der Franchisegeber mit der *action en contrefaçon* gegen den Franchisenehmer vorgehen (*Lamy Droit Commercial*, 1995, S. 917). Derartige lizenzvertragliche Bestimmungen sind von der Vertikal-GVO Nr. 2790/99 grundsätzlich freistellungsfähig, da sie dem Franchisenehmer helfen, die Produkte, die ihm entweder der Franchisegeber selbst oder ein von diesem beauftragtes Unternehmen liefert, weiterzuverkaufen oder zu nutzen und die daraus resultierenden Waren oder Dienstleistungen weiterzuverkaufen (Tz. 43 Leitlinien/2000/C 291).

(3) Haftung des Franchisegebers. Der Franchisegeber haftet dem Franchisenehmer für die Disponibilität des lizenzierten Rechtes. Soweit nichts anderes vertraglich vereinbart wurde, haftet der Franchisegeber allerdings nicht für die Bekanntheit seiner Marke (*Le Tourneau*, Fasc. 566, S. 3 mit Hinweis auf CA Dijon, 10. 10. 1990). Jedoch ist der Franchisegeber gehalten, den einmal erreichten Bekanntheitsgrad aufrecht zu erhalten und dementsprechende Werbemaßnahmen zu ergreifen. Bei Nichterfüllung dieser Werbeverpflichtung des Franchisegebers ist der Franchisenehmer berechtigt, den Franchisevertrag aufzukündigen (Cass. com. 12. 7. 1993: Contrats, conc., consom. 1993 Nr. 207 mit Anmerkung *Vogel*). Eine weitere Sorgfaltspflicht des Franchisegebers ist die Überprüfung, ob dem Markenrecht (oder sonstigem Immaterialgüterrecht) des Franchisegebers kein früheres Recht vorgeht (*antériorité*), also keine vorherige Eintragung und keine andere vorrangige Benutzung des in Rede stehenden Markenzeichens besteht. Der Prioritätsschutz unterliegt aber einem Spezialitätsprinzip, wonach der Schutz der Marke grundsätzlich nur für Waren und Dienstleistungen gilt, die im entsprechenden Verzeichnis (*dépôt*) eingetragen sind. Eine Ausnahme macht das französische Markenrecht allerdings für sog. notorisch bekannte Marken aufgrund ihres weitreichenden Renommees (TGI Paris, 21. 5. 1987 PIBD III, S. 507).

(4) Aktivlegitimation.

Der Lizenznehmer bzw. der Franchisenehmer ist gem. Art. L 716-5 des *Code de propriété intellectuelle* zur Geltendmachung seiner Markenrechte auch gegenüber Dritten befugt, wenn die Markenlizenz exklusiv (ausschließlich) erteilt wurde. Die Vorschrift des Art. 19 des französischen Markengesetzes Nr. 91-7 vom 4. 1. 1991 knüpft dies jedoch an die Voraussetzung, dass der Franchisenehmer den Franchisegeber von der Verletzung der Markenrechte durch einen Dritten in Kenntnis setzt und der Franchisegeber trotz dieser Anzeige nicht tätig wird. Erforderlich ist darüber hinaus, dass der Franchisegeber vom Franchisenehmer in Verzug gesetzt wird (*mise en demeure*). Den Franchisenehmer trifft indes eine Anzeigepflicht. Ist der Franchisenehmer nicht ausschließlicher Lizenznehmer, so kann er dem vom Franchisegeber geführten Prozess beitreten, um seine Schadensersatzansprüche geltend zu machen (*Leloup*, S. 41). Mit der Gewährung des lizenzierten Rechtes korrespondiert die Verpflichtung des Franchisenehmers, diese auch zu nutzen.

26. Übertragung des „savoir-faire" (Know-how). Auch die Verpflichtung des Franchisegebers zur Übertragung seines systemspezifischen Know-hows ist nach Auffassung der frz. Judikatur eine der charakteristischen Hauptleistungspflichten des Franchisevertrages. Von der wirksamen Übertragung des *savoir-faire* hängt die Wirksamkeit des gesamten Franchisevertrages ab.

(1) Definition des *savoir-faire*. Das *savoir-faire* ist der französische Ausdruck für den aus dem anglo-amerikanischen Sprachkreis stammenden Begriff des *Know-how*. Allgemein wird das *savoir-faire* wie folgt definiert (vgl. *Le Tourneau*, J.-Cl. Fasc. 566, Nr. 18 ff, S. 14 oder Lamy Droit économique 2000, S. 1494 Nr. 4217): „*Connaissance pratique, transmissible, non immédiatement accessible au public, non breveté et conférant à celui qui la maîtrise un avantage concurrentiel.*" Diese Definition ist nahezu

4. Contrat de franchisage (Französischer Franchisevertrag) III. 4

gleichlautend mit derjenigen der Gruppenfreistellungsverordnung Nr. 4087/88 für Franchiseverträge. Art. 1 Abs. 3f dieser Franchise-GVO beschreibt das Know-how als eine Gesamtheit nicht patentierter, praktischer Kenntnisse von bestimmtem kommerziellen Wert, der dadurch entsteht, dass die Kenntnisse geheim, wesentlich und identifiziert sind und auf Erfahrungen des Franchisegebers sowie Erprobungen durch diesen beruhen. Eine gleichlautende Definition findet man in der Norme AFNOR Z 20-000 aus dem Jahre 1987. Das dem Franchisenehmer übermittelte Wissen muss folgende Elemente aufweisen, um als *savoir-faire* anerkannt zu werden:

(a) Es muss sich um ein Immaterialgut intellektueller Natur (*bien mobilier incorporel*) handeln (*Leloup*, S. 28).

(b) Das *savoir-faire* muss einen operativen Nutzen aufweisen (*connaissance pratique bzw. technique*). Erforderlich ist also, dass es sich insoweit um anwendbares Wissen handelt, wobei der Begriff des technischen Wissens (*connaissance technique*) im weiten Sinne zu verstehen ist (*Le Tourneau*, J.-Cl. Fasc. 566, Nr. 19, S. 14). Es genügt aber auch geschäftliches Wissen (z. B. Kundenlisten, Art der Präsentation von Produkten oder Dienstleistungen etc.).

(c) Entscheidend für den operativen Nutzen ist hierbei die Übertragbarkeit des *savoir-faire* (*transmissible*). Es unterscheidet sich insoweit von angeborenen Handfertigkeiten und Talenten, die streng an die Person gebunden sind und nicht per Vertrag übertragen werden können (*Azema*, S. 73).

(d) Das *savoir-faire* muss geheim sein (*non immédiatement accessible au public*), ohne dass dies für jedes einzelne Element gelten muss. Es genügt, wenn die Kombination der Elemente geheim ist (TGI Bressuire, 19. 6. 1973, D. 1974, S. 105 mit Anm. *Bories*). Ein Geheimnis liegt nach allgemeiner Auffassung vor, wenn das Interesse am Know-how des Franchisegebers nur auf Kosten langwieriger Recherchen befriedigt werden kann (Cass. com. 13. 7. 1966, JCP 1967, 15131 mit Anm. *Durand*).

(e) Weiterhin muss es sich beim *savoir-faire* um nicht patentiertes Wissen handeln (*non brevetée*). Dies bedeutet allerdings nicht, dass das eine oder andere Element des *savoir-faire* nicht patentierbar wäre. Wird es aber patentiert, so unterliegt es einer anderen juristischen Konzeption; der Schutz eines Patents richtet sich dann nach Art. L. 611ff. *Code de propriété industrielle*.

(f) Das *savoir-faire* setzt schließlich voraus, dass es von einem gewissen geschäftlichen Wert ist, indem Wettbewerbsvorteile irgendwelcher Art geschaffen werden (*conférent à celui qui la maîtrise un avantage concurrentiel*), etwa die Produktionskosten gesenkt oder die Qualität der Produkte gesteigert werden (*Leloup*, S. 29).

(g) Das *savoir-faire* muss eine hinreichende Substanz als originelles und spezifisches Wissen (*original et specifique*) aufweisen. Wenn dieses Wissen beim Franchisenehmer schon vorhanden ist, so hat das *savoir-faire* keinen wirtschaftlichen Wert. Jedoch bedeutet Originalität nicht, dass das *savoir-faire* in allen Einzelheiten ausschließlich vom Franchisegeber stammen müsste. Es genügt, wenn das Franchisepaket in seiner Gesamtheit eine gewisse Originalität aufweist (*Leloup*, S. 31).

(h) Entscheidend ist ferner, dass das *savoir-faire* erprobt und bewährt (*éprouvé*) ist, sich also nicht auf eine lediglich theoretische Idee beschränkt, die dann dem Franchisenehmer quasi zur Erprobung verkauft wird. Vielmehr muss das Franchisesystem so ausgestaltet sein, dass der Franchisenehmer den Erfolg des Franchisesystems auch wiederholen kann. Die französische Judikatur hat hierbei mehrere Kriterien aufgestellt, die ein hinreichend erprobtes savoir-faire ausmachen. Danach muss die Erfahrung aus einem längeren Zeitraum stammen. In der Regel werden sechs Monate an Erprobung des Systems für nicht ausreichend erachtet (*Leloup*, S. 33). Die Erfahrung muss sich darüber hinaus auch auf die Ausgangsbedingungen beziehen, in die der Franchisenehmer einsteigt, um den Erfolg des Systems zu wiederholen. Insbesondere müssen das Verbraucherverhalten und die Populationsdichte des Pilotbetriebs mit denen des franchisierten Betriebs in etwa vergleichbar sein (*Leloup*, S. 33). Es wird daher von der Judikatur gefordert, dass das „savoir-faire" vom Franchisegeber in einem Pilotbetrieb erprobt worden ist. Fehlt ein solcher Pilotbetrieb wird dies als ein vertraglicher Fehler (*faute contractuelle*) angesehen, der die Verantwortlichkeit des Franchisegebers nach sich zieht (Le Tourneau, J.-Cl. Fasc. 566, Nr. 51, S. 10 mit Hinweis auf T. com. Paris, 9. 12. 1985, Expertises 1986, S. 168). In der Literatur wird besonders darauf hingewiesen, dass im Bereich des internationalen Franchising der Erfolg in einem Land nicht zugleich die hinreichende „Erprobtheit" in einem anderen Land bedeutet (*Leloup*, S. 33).

(2) Übertragung als Wirksamkeitsvoraussetzung. Die Übertragung des *savoir-faire* ist eine Schlüsselstelle des gesamten Franchise-Konzeptes, von dem die Wirksamkeit des Franchisevertrages abhängt. Das *savoir-faire* muss dem Franchisenehmer in einer angemessenen Zeit nach Unterzeichnung des Vertrages zur Verfügung gestellt werden. Die Überlassung entsprechender Dokumente erst ein Jahr nach Vertragsschluss hat das tribunal de commerce de Paris als eine schwerwiegende Pflichtverletzung betrachtet (T. com. Paris, 10. 3. 1989, Gaz. Pal. 1989, II, S. 554). Das EG-Recht betrachtet die Übertragung des *savoir-faire* ebenfalls als unabdingbar, damit überhaupt ein nach der Franchise-GVO Nr. 4078/88 bzw. Vertikal-GVO Nr. 2790/99 freistellbarer und mit dem EG-Wettbewerbs-und Kartellrecht vereinbarer Franchisevertrag vorliegt. Auch der EuGH sieht auf der Grundlage seiner Pronuptia-Entscheidung den Unterschied zwischen selektiven Vertriebssystemen und Franchise-Verträgen gerade in der Übertragung des Know-hows (EuGHE 1986, S. 353, 381 ff. = NJW 1986, S. 1415 = DB 1976, S. 637 = ZIP 1986, S. 329 = GRUR Int. 1986, S. 193 = WuW 1986, S. 523 = WuW/E EWG/MUV S. 693 = EWiR Art. 85 EWGV Nr. 1/86 m. Anm. *Bunte*).

(3) Rechtsfolgen bei Fehlen des *savoir-faire*. Fehlt dem Franchisegeber das savoir-faire oder misslingt die Übertragung so führt dies in der Regel zur Nichtigkeit des Franchisevertrags. Lediglich in einer vereinzelt gebliebenen Entscheidung wurde der Vertrag als *contrat d'approvisionnement et fourniture exklusif* – Exklusivlieferungsvertrag – eingestuft (CA Paris, 7. 6. 1990: D. 1990, inf. rap., S. 176). Die überwiegende Judikatur tendiert aber zur Auflösung des Vertragsverhältnisses entweder durch *resiliation* (Kündbarkeit) oder *nullité* (Nichtigkeit) des Vertrages (vgl. Leloup, S. 29 m. w. N.). Die Judikatur ist insoweit offenbar uneinheitlich. Die höchstrichterlichen Entscheidungen tendieren zur Nichtigkeit wegen *absence de cause* gem. Art. 1131 Code civil bzw. wegen *dol* gem. Art. 1116 Code Civil, wenn kein substantielles und spezifisches Know-how übertragen wird, zu Beginn des Franchisevertrages kein kommerzielles Absatznetz existiert und der Franchisegeber dem Franchisenehmer nicht den versprochenen Beistand zu leisten im Stande ist (Cass. com., 10. 5. 1994, RJDA, Oktober 1994, Nr. 1016, S. 803, zitiert in *Dicitionnaire Permanent Droit des Affaires*, Bulletin 394, S. 1486; Cass. com., 19. 2. 1991: D. 1992, Somm. 3 mit Anm. *Ferrier*; CA Paris, 25. 2. und 11. 6. 1992, D. 1992, somm. 3). Auch kann nach Art. 44 des Gesetzes vom 27. 12. 1973 eine Klage wegen täuschender Werbung (*publicité trompeuse*) und wegen Betruges (*escroquerie*) in Betracht kommen (Le Tourneau, J.-Cl. Fasc. 566, Nr. 68 ff., S. 15 ff.). Dies gilt insbesondere für vorwärtsintegrierte Franchisesysteme (sog. Pyramidal- und Schneeballsysteme (*boule-de-neige*)), deren eigentliches Ziel nicht die Übertragung franchisefähigen Know-hows, sondern die Rekrutierung von Unter-Franchisenehmern ist, um so von diesen erhebliche Eintrittsgebühren zu kassieren, ohne dass eine eigentliche Gegenleistung erfolgt. Um der Gefahr einer möglichen Nichtigkeit vorzubeugen, ist es in der französischen Franchisevertragspraxis allgemein üblich, in den Vertrag eine Klausel aufzunehmen, wonach der Franchisenehmer im Vertrag ausdrücklich anerkennt, dass ein *savoir-faire* des Franchisegebers existiert und dass dieses, neben der erforderlichen Ausstattung und Unterstützung, dem Franchisenehmer auch übertragen worden ist. Dies führt dann im Streitfall zu einer Umkehr der Beweislast (Cass. com. vom 10. 5. 1994, Nr. 1073, *Allemand*, zitiert in *Dictionnaire Permanent Droit des Affaires*, Bulletin 383, S. 1750).

27. Schutz der gewerblichen Schutzrechte. Der Franchisegeber ist gegenüber dem Franchisenehmer zum vollumfänglichen Schutz vor unberechtigter Benutzung der gewerblichen Schutzrechte durch Dritte verpflichtet (vgl. Anmerkung Nr. 27). Gerade hiervon hängt auch der Erfolg des Franchisesystems ab. Verletzt der Franchisegeber diese Pflicht, so kann dies zu erheblichen Schadensersatzforderungen des Franchisenehmers führen. Aufgrund der vom Franchisenehmer eingebrachten erheblichen Investitionen besteht ein gesteigertes Amortisationsinteresse des Franchisenehmers. Die Existenz und die ungestörte Ausübung der ihm übertragenen Rechte ist daher nochmals vertraglich festgehalten. Die *garantie d'eviction* (Rechtsmängelhaftung; vgl. Anmerkung Nr. 22) verlangt daher auch, dass der Franchisegeber auf die rechtzeitige Verlängerung der Schutzdauer des eingetragenen gewerblichen Schutzrechts achtet. Versäumt er dies, so ist der Franchisenehmer zur Aufkündigung des Franchisevertrages berechtigt (CA Versailles, 9. 12. 1987: Cah. dr. entr. 1988/2, S. 42 mit Anmerkung *Burst*).

(1) Schutz des Markenrechts. a) Vindikationsklage. Der Franchisegeber kann zum einen die Vindikationsklage (*action en revendication de propriété*) nach Art. 9 des Gesetzes Nr. 91-7 vom 4. 1. 1991 erheben. Das Markenrecht ist nach französischem Rechtsverständnis eine Form des „Eigentums" (*Thierr*, S. 520). Nach Art. 9 des Gesetzes Nr. 91-7 kann daher derjenige, der glaubt, ein Recht an der Marke zu haben, sein Recht gerichtlich geltend machen, wenn die Anmeldung entweder bösgläubig gegenüber den Rechten eines Dritten oder unter Verletzung einer gesetzlichen oder vertraglichen Verpflichtung erfolgt ist. Zweck der Vindikationsklage ist es, den bösgläubigen Eigentümer durch den wirklichen Eigentümer zu ersetzen. Sie erspart es daher dem Rechtsinhaber, in einem ersten Schritt die Löschung herbeiführen zu müssen, um dann in einem zweiten Schritt das Verfahren auf Eintragung der Marke einzuleiten. Die Vindikationsklage verjährt in drei Jahren nach der Bekanntmachung der Anmeldung.

b) Zivilrechtliche Verletzungsklage und Unterlassungsklage. Über die Vindikationsklage hinaus kann die zivilrechtliche Verletzungsklage (*action en contrefaçon*) nach Maßgabe der Art. 14, 15 und 19 des Gesetzes Nr. 91-7 vom 4. 1. 1991 erhoben werden. Nach Art. 20 des französischen Markengesetzes besteht auch die Möglichkeit, eine Unterlassungsklage zu erheben. Der Gerichtspräsident des TGI kann auf Antrag im Wege des vorläufigen Rechtsschutzes das sog. *référé*-Verfahren einleiten und ein vorläufiges, strafbewehrtes Verbot anordnen oder aber auch die Fortsetzung der angeblichen Verletzungshandlung von der Beibringung einer Sicherheitsleistung abhängig machen.

c) Beschlagnahme. Art. 21 des französischen Markengesetzes räumt darüber hinaus dem Inhaber der eingetragenen oder angemeldeten Marke bzw. dem ausschließlichen Lizenznehmer die Befugnis ein, entweder eine detaillierte Beschreibung oder eine echte Beschlagnahme der angeblich verletzenden Waren vornehmen zu lassen. Die tatsächliche Beschlagnahme kann von der Erbringung einer Sicherheitsleistung durch den Antragsteller abhängig gemacht werden. Der Antragsteller muss dann allerdings gem. Art. 26 des französischen Markengesetzes innerhalb von zwei Wochen Straf- bzw. Zivilklage erheben, da ansonsten die Beschlagnahme unwirksam wird. Eine weitere Form der Beschlagnahme ist die Zollbeschlagnahme nach Art. 22 des Gesetzes Nr. 91-7 vom 4. 1. 1991 im Falle der bevorstehenden Einfuhr nachgeahmter Waren. Der Antragsteller verfügt über eine zehntägige Frist, beginnend mit dem Datum der Zurückhaltung der Ware durch die Zollbehörde, um den Zollbehörden entweder die Entscheidung des TGI im Eilverfahren oder die Klageerhebung unter Beibringung der Sicherheitsleistung vorzuweisen. Nach fruchtlosem Ablauf dieser Frist wird die zollrechtliche Beschlagnahme von Amts wegen wieder aufgehoben (*Thierr*, S. 524). Das Beschlagnahmerecht entfällt dem Grunde nach, wenn gem. Art. 15 des französischen Markenrechtes die gemeinschaftsweite Erschöpfung eingetreten ist. Der Inhaber einer Marke kann sich dann weder dem Weitervertrieb einer gekennzeichneten Ware auf französischem Territorium widersetzen, wenn er sie in Frankreich in Verkehr gebracht hat, noch kann er der Einfuhr einer Ware nach Frankreich Einhalt gebieten, wenn die Ware in irgendeinem Mitgliedstaat der EG unter dieser Marke durch den Markeninhaber selbst oder durch einen anderen mit der Zustimmung des Markeninhabers in Verkehr gebracht wurde. Eine Ausnahme gilt allerdings für den selektiven Vertrieb von Waren, und damit auch für Franchiseverträge (*Thierr*, S. 520; vgl. auch Anmerkung 14 und 15 zur kartellrechtlichen Zulässigkeit von Franchiseverträgen).

(2) **Schutz des *savoir-faire*.** Für den Schutz des „*savoir-faire*" besteht kein spezifisches Gesetz. Das französische Urheberrecht (zu den theoretischen Grundlagen des französischen Urheberrechts vgl. *Schmidt-Szalewski*, S. 187 ff.) ist hierauf nach ständiger Judikatur nicht anwendbar, da weder Ideen noch Erfahrungen isoliert in den Schutzbereich des Urheberrechts fallen (Ca Paris, 15. 1. 1990, D. 1990, inf. rap., S. 67). Urheberrechtlich geschützt ist lediglich die Manifestation der Idee oder Erfahrung (z. B. das Handbuch). Der Schutz des *savoir-faire* beurteilt sich daher nach den allgemeinen Rechtssätzen. In Betracht kommt dafür zum einen der strafrechtliche Schutz des *savoir-faire*. Gem. Art. 418 *Code pénal* steht die Verletzung von Produktionsgeheimnissen (*divulgation de secret de fabrique*) unter Strafe. Daneben besteht auch ein zivilrechtliches Instrumentarium zum Schutz des *savoir-faire* (vgl. hierzu *Leloup*, S. 29). So kann in den Vertrag eine *clause de non-concurrence* aufgenommen werden, die vor unlauterem Wettbewerb (*concurrence déloyale*) ausgeschiedener Franchisenehmer schützen soll. Denkbar ist auch eine *clause de confidentialité*, in der noch einmal ausdrücklich die Vertraulichkeit der Geschäftsgeheimnisse des Franchisegebers festgehalten wird (*Le Tourneau*, J.-Cl. Fasc. 566, Nr. 33, S. 6). Diese Klauseln können zusätzlich mit Vertragsstrafen (vgl. hierzu Anmerkung Nr. 68) abgesichert werden. Werden die Vertragsverhandlungen abgebrochen, so ist der Franchisegeber quasi-deliktisch geschützt. Der Franchisenehmer darf weder die ihm vom Franchisegeber anvertrauten Geheimnisse an andere verraten, noch darf er das so erworbene Wissen für sich ausnutzen (T. com. Meaux, 3. 11. 1987, Expertises 1988, S. 122; Cass. com. 3. 10. 1978, Bull. civ. IV, Nr. 208, Cass. com., 3. 6. 1986, Bull. civ. IV, Nr. 110).

28. Beistands- Informations- und Unterstützungspflichten des Franchisegebers. Der Franchisevertrag unterscheidet sich auch in Frankreich von einem rein lizenzvertraglichen Verhältnis sowie von dem reinen Vertragshändlerverhältnis gerade durch die Vielzahl von Serviceleistungen des Franchisegebers, die zum einen der umfassenden Betreuung und Eingliederung des Franchisenehmers in das System dienen und zum anderen der Qualitätssicherung des Franchisekonzepts zugutekommen. Gewöhnlich wird eine Dreiteilung der Betreuungsleistungen vorgenommen. Man unterscheidet danach Serviceleistungen vor Eröffnung des Franchisegeschäfts, Serviceleistungen anlässlich der Eröffnung und schließlich Leistungen, die während der Laufzeit des Vertrages erbracht werden. Der Franchisvertrag enthält damit wesensprägende Merkmale eines Beratungs- bzw. Consultingvertrags (*contrat de conseil*). Kommt der Franchisegeber seinen Beratungsverpflichtungen nicht oder nicht ordnungsgemäß nach, so ist der Franchisenehmer zur einseitigen Kündigung des Franchisevertrags berechtigt (Cass. com. 7. 3. 1995, Nr. 93-10.368 = Lamy Droit économique 2000, S. 1500, Nr. 4230; TGI Lyon, 24. 4. 1989, Lettre distrib. 1991, Nr. 3). Der Inhalt der Beratungs- und Beistandspflichten ist jedoch nicht gesetzlich festgelegt. Hier obliegt es zunächst einmal den Vertragsparteien, einen sinnvollen Inhalt festzulegen. Die Beistandsverpflichtungen werden dabei nicht als Werkleistungen, sondern vielfach als Dienstleistungen verstanden (Cass. com., 19 mai 1992, n° 90-16.872, JCP éd E 1993, II, n° 387, Anm. *Leveneur*, Contr.-Conc.-Cons. 1992, n° 153; Cass. com., 3. 12. 1985 in Bull. civ. IV, Nr. 284). Dies bedeutet, dass der Franchisegeber nicht für den Erfolg seiner Beratung, sondern nur für die sachgerechte und richtige Ausführung haftet (*Le Tourneau*, Fasc. 566, S. 25 m. w. N.). Eine Ausnahme hiervon wird von der Judikatur in den Fällen gemacht, in denen es sich um eine Beratungsleistung handelt, die eine einfache technische Verrichtung zum Gegenstand hat (Cass. 1re civ., 8. 1. 1985, Bull. civ. I, Nr. 12; RTD civ. 1986, S. 141 mit Anmerkung

4. Contrat de franchisage (Französischer Franchisevertrag)   III. 4

Huet). Eine weitere Ausnahme besteht für den Fall eines *Turnkey*-Vertrages. Auch hier kann gegebenenfalls eine *obligation de résultat* (Werkleistung) geschuldet sein (Cass. com., 12. 12. 1984; Bull. civ. IV, Nr. 346, RTD civ. 1986, S. 141 mit Anmerkung *J. Huet*). Eine Beistandsverpflichtung des Franchisegebers besteht im Prinzip nur, wenn sie auch im Vertrag entsprechend vorgesehen ist (CA Paris, 25 avr. 1989, RTD civ. 1989, p. 747, obs. Mestre J.). Doch sind auch Entscheidungen anzutreffen, die dem Franchisegeber Beistands- und Unterstützungsverpflichtungen auferlegt haben, ohne dass dies so konkret im Franchisevertrag vereinbart war. Mittelbar ergeben sich daher notwendige Inhalte der Beratungsleistungen aus Entscheidungen der Judikatur: (1) Zum einen ist hier die Verpflichtung des Franchisegebers zu nennen, das *savoir-faire* ständig zu aktualisieren und weiterzuentwickeln, um mit dem Verbraucherverhalten, dem Stand der technischen Entwicklung sowie mit anderen Faktoren gesetzlicher oder sozialer Art Schritt zu halten (sog. *reyclage*; vgl. hierzu *Leloup*, S. 34 m.w.N.; TGI Bressuire, 19. 6. 1973, D. 1974, jur., S. 105 mit Anm. Bories; CA Paris, 28. 4. 1978 BT 1978, S. 77). (2) Nach Richterrecht ist der Franchisegeber darüber hinaus zur ständigen Information des Franchisenehmers verpflichtet (CA Colmar 10. 6. 1982, D. 1982, jur., S. 553). (3) Als notwendige Serviceleistung des Franchisegebers wird auch die Erstellung einer Marktanalyse betrachtet (vgl. hierzu Anmerkung Nr. 17).

29. Werbung des Franchisegebers. Die vertragliche Verpflichtung des Franchisegebers zur Durchführung von Werbemaßnahmen dient der Förderung des Bekanntheitsgrads des Franchisesystems und der Steigerung der Anziehungskraft der Marke. In der Regel übernimmt der Franchisegeber nach der systemspezifischen Marketingkonzeption die überörtliche, landesweite Werbung, die sämtlichen Systempartnern zugute kommt, während der einzelne Franchisenehmer sich auf regionale Werbekampagnen in seinem Vertragsgebiet und auf Spontanwerbung am und im Ladenlokal konzentriert. Der Franchisenehmer ist nicht nur berechtigt, sondern gleichfalls verpflichtet, geeignete Werbemaßnahmen zu ergreifen, wenn es sich um ein verhältnismäßig junges System handelt (Cass. com 12. 7. 1993, Nr. 91-20.530, Contr.-Conc.-Cons. 1993, Nr. 207, S. 5). Die Werbeverpflichtungen verstehen sich mithin als gegenseitige Unterstützungsverpflichtung bei der Durchsetzung der Marketingkonzeption. Ein Versäumnis des Franchisegebers in diesem wichtigen Punkt kann die Aufkündigung des Franchisevertrages durch den Franchisenehmer rechtfertigen (Cass. com., 12. 7. 1993: Contr.-Conc.-Cons. 1993, Nr. 207 mit Anm. *Vogel*). Soweit der Franchisenehmer verpflichtet wird, dem Franchisegeber bestimmte Geldbeträge für die überörtliche Werbung zur Verfügung zu stellen, kann er nach Auffassung der Literatur von ihm Nachweise und Rechnungslegung über die Mittelverwendung verlangen (vgl. *Anstett-Gardea*, in: Martinek/Semler, Rn. 72). Der Franchisegeber haftet für die von ihm konzipierte und vom Franchisenehmer verwendeten Werbematerialien unter dem Gesichtspunkt seiner Verpflichtung zur ordnungsgemäßen Erfüllung seiner Beistands- und Unterstützungspflicht (Art. 121-5 *code de la consommation*; vgl. hierzu Cass. crim., 3. 4. 1996, Dr. Pénal 1996, Nr 225).

30. Territoriale Exklusivität. (1) Überblick. Franchiseverträge enthalten in der Regel Wettbewerbsbeschränkungen in Form von Exklusivitätsklauseln. Damit werden vor allem Fragen des nationalen sowie des europäischen Kartell- und Wettbewerbsrechtes aufgeworfen (vgl. zur kartellrechtlichen und wettbewerbsrechtlichen Zulässigkeit von Franchisesystemen Anmerkungen 14 und 15). Gemäß Art. L. 330-1 *Code com.* (ehemals das Gesetz vom 14. 10. 1943) ist die zulässige Höchstdauer von Exklusivitätsklauseln auf zehn Jahre beschränkt (vgl. zur Vertragsdauer Anmerkung Nr. 54, 55 u. 56).

(2) Zulässigkeit von Marktverantwortungsbereichen. Die Gewährung absoluter territorialer Exklusivität ist nach nationalem und nach EG-Kartellrecht unzulässig, weil sie den produktinternen Wettbewerb der Franchisenehmer desselben Systems völlig ausschalten würde; denn jeder Franchisenehmer würde in seinem Gebiet eine absolute Monopolstellung für das Produkt der Marke genießen. Seit der Grundig-Entscheidung des

EuGH ist zumindest die Querlieferung innerhalb des Systems (Lieferung an andere Franchisenehmer) zuzulassen (EuGH Slg. 1966, S. 322 ff. (387) – Grundig/Consten). Inzwischen hat sich im Franchisevertrieb – gefördert durch die Franchise-GVO und Vertikal-GVO Nr. 2790/99 – weithin das System einer relativen territorialen Exklusivität durchgesetzt. Dabei werden den einzelnen Franchisenehmern aufgrund des Raumordnungsplans für das Gesamtsystem sogenannte Marktverantwortungsbereiche eingeräumt. Jedem Franchisenehmer wird sein Marktverantwortungsbereich als geschütztes Gebiet zur vorrangigen aktiven Bearbeitung anvertraut und überlassen, doch bleibt der Verkauf an Kundschaft aus anderen Gebieten ohne aktive Bewerbung zulässig. Eine sehr sorgsame geographische Abgrenzung der exklusiven Vertragsgebiete im Sinne dieser Marktverantwortungsbereiche und eine genaue Formulierung des inhaltlichen Schutzumfangs ist zu beachten, da die Gerichte dazu neigen, diese Gebietsschutzabreden wörtlich und eng auszulegen. Wird beispielsweise Exklusivität in einem bestimmten Stadtviertel versprochen, so kann sich der Franchisenehmer nicht darüber beklagen, dass ein anderer Franchisenehmer nur 1, 5 km von ihm entfernt einen anderen Laden eröffnet hat, wenn sich dieser in einem anderen Stadtviertel befindet (*Leloup*, S. 71 m. w. N.).

(3) Keine Exklusivitätspflicht. In Literatur und Judikatur war lang umstritten, ob es dem Franchisegeber auch ohne ausdrückliche Selbstverpflichtung im Vertrag verwehrt ist, durch die Eröffnung einer Filiale in Konkurrenz mit dem Franchisenehmer zu treten oder durch die Franchisierung eines anderen Franchisenehmers die Gewinnchancen des benachbarten ersteingesetzten Franchisenehmers zu verknappen. Es wurde teilweise die Forderung nach zwingender Einräumung territorialer Exklusivrechte erhoben. Man sprach insoweit von der „garantie du fait personnel" des Franchisegebers (Entscheidung des Cour de Paris vom 20. 4. 1978 in Cahiers de droit de l'entreprise Nr. 5, 1980). Nach einer höchstrichterlichen Entscheidung der *Cour de Cassation* (Arrêt vom 16. 1. 1990) und nach Maßgabe des Ehrencodex' des Europäischen Franchiseverbandes ist freilich die Konkurrenz durch den Franchisegeber selbst nicht verboten. Auch hat danach der Franchisenehmer keinen Anspruch auf ausschließliche Zuweisung eines Marktverantwortungsbereichs. Es besteht somit keine Verpflichtung des Franchisegebers, dem Franchisenehmer territoriale Exklusivität im Sinne der Freiheit von jeder aktiv werbenden Konkurrenz im Vertragsgebiet zu gewähren. In der Literatur sind indes Auffassungen vertreten, die auf der Grundlage des Gebots von Treu und Glauben des Art. 1134 *code civil* die Auffassung vertreten, dass es diesem Gebot widerspreche, wenn der Franchisegeber selbst oder ein anderer Franchisenehmer in unmittelbarer Nähe des Franchisenehmers ein Konkurrenzgeschäft eröffnete (*Leloup*, S. 42). Dies ergebe sich auch aus Art. 3-1° des Verhaltenscodex des französischen Franchiseverbandes, der vom Franchisegeber verlangt, dass er die geschäftlichen Interessen des Franchisenehmers respektiert und die Entwicklung des Franchisesystems fördert. Die Judikatur steht dieser Betrachtung allerdings restriktiv gegenüber und hat dahingehende Klagen der Franchisenehmer ablehnend beschieden (*Leloup*, S. 41 ff. m. w. N.). Sie vertritt die Auffassung, dass die Einräumung eines territorialen Exklusivrechtes zwar zulässig sei, jedoch nicht zum Wesensgehalt des Franchisevertrages gehöre, vorbehaltlich anderweitiger Parteivereinbarung. Das Fehlen einer solchen territorialen Exklusivitätsklausel führe daher nicht zur Nichtigkeit des Franchisevertrages (CA Paris, 16. 12. 1992, Cass. Com. 9. 11. 1993 sowie CA Paris, 12. 1. 1994 in Receuil Dalloz Sirey 1995, S. 78).

31. Standort des Ladenlokals. (1) Auswahl des Standorts. Die Auswahl des Standortes für jeden einzelnen franchisierten Betrieb ist ein Schlüssel für den Erfolg des Franchisesystems. Es empfiehlt sich daher, den Standort im Franchisevertrag hinreichend bestimmt zu vermerken. Es steht den Parteien frei, wie sie die Frage der Auswahl des Standortes regeln. Die Auswahl des Standortes kann dem Franchisegeber ausschließlich überlassen werden. Sie wird gewöhnlich von der Erstellung einer Standortanalyse des Franchisegebers begleitet, auch wenn dies nicht zu den notwendigen Beistandspflichten des Franchisegebers gehört (vgl. Anmerkung Nr. 28). Denkbar ist aber auch, dass die Auswahl des Standorts dem Franchisenehmer überlassen wird, wobei die Lage des endgültigen Standorts in der Regel von der Zustimmung des Franchisegebers abhängig gemacht wird. Diese Regelung wird bevorzugt, wenn die Gewährung territorialer Exklusivität mittels der Übertragung eines Marktverantwortungsbereiches erfolgt (vgl. hierzu Anmerkung 30). In diesem Fall trägt der Franchisenehmer aber auch das Risiko, einen ungünstigen Standort ausgewählt zu haben (Cass. com, 3. 10. 1989, JCP éd. E 1989, 19205). Etwas anderes gilt nur dann, wenn der Franchisegeber sich vertraglich verpflichtet hat, den Franchisenehmer bei der Auswahl des Standort zu unterstützen (CA Aix-en-Provence, 20. 7. 1990, Bull. Aix. 1990 Nr. 2, S. 12; CA Aix-en-Provence, 12. 1. 1988, Bull Aix 1988, Nr. 2, S. 66).

(2) Beschränkungen. Die Verpflichtung des Franchisenehmers, an seinem Standort nur die franchisierte Verkaufs- und Servicetätigkeit auszuüben und sich konkurrierender Tätigkeiten zu enthalten, ist offenbar in der französischen Judikatur verschiedentlich anerkannt worden (*Leloup*, S. 194 m. Nachweis auf unveröffentlichte Entscheidungen) und war bereits von der Franchise-GVO Nr. 4078/88 freigestellt. Auch die neue Vertikal-GVO Nr. 2790/99 lässt Beschränkungen hinsichtlich der Auswahl und Verlegung des Standortes zu (vgl. hierzu Anmerkung Nr. 13 bis 15). Verlegt der Franchisenehmer den Franchise-Standort ohne die Zustimmung des Franchisegebers (*agrément*), so stellt dies einen wichtigen Kündigungsgrund dar, der zur vorzeitigen Beendigung des Franchisevertrages durch den Franchisegeber berechtigt. (*Leloup*, S. 194).

(3) Ladenlokal. Das Ladenlokal kann (u.U. mit allen Einrichtungsgegenständen) Eigentum des Franchisegebers sein, der dieses dann an den Franchisenehmer verpachtet. In diesem Fall sind die Besonderheiten der Vorschriften über die frz. Geschäftsraummiete (*bail commercial*) zu beachten, die traditionell dem Mieter/Pächter einen größeren Schutz bietet als es im deutschen Geschäftsraummietrecht der Fall ist (vgl. Anmerkung 32). Eine andere Möglichkeit ist, dass der Franchisegeber das Ladenlokal von einem Dritten mietet und dann an den Franchisenehmer untervermietet (*sous-location*). Die Untervermietung ist gem. Art. L. 145-31 *Code com.* zulässig. Der Franchisenehmer genießt auch in diesen Fällen den Schutz des frz. Geschäftsraummietrechts, soweit ein gleichartiger Schutz des hauptmietenden Franchisegebers gegenüber seinem Vermieter besteht (Art. L. 145-22 *Code com.*). Die zuvor beschriebenen Konstellationen haben sowohl strategische wie auch rechtliche Vorzüge. Zum einen ermöglichen sie dem Franchisegeber, die Kontrolle über das vom Franchisenehmer entwickelte Gebiet zu behalten, ohne die hohen Anfangsinvestitionen für den Grunderwerb tätigen zu müssen. Zum anderen sind sie auch unter dem Gesichtspunkt der Wirksamkeit von Bezugsbindungen, vertraglichen und nachvertraglichen Wettbewerbsverboten von Bedeutung, wenn es sich um einen europäischen, grenzüberschreitenden Franchisevertrag handelt, der die Voraussetzungen des Eingreifens der Vertikal-GVO Nr. 2790/99 erfüllt (vgl. hierzu Anmerkung Nr. 13 bis 15). Die Aufnahme dieser wettbewerbsbeschränkenden Klauseln ist gem. Art. 5 Vertikal-GVO Nr. 2790/99 erleichtert, wenn der Franchisegeber entweder Eigentümer oder Mieter/Pächter der Geschäftsräume ist (vgl. hierzu auch Anmerkung Nr. 32).

32. Besonderheiten der frz. Geschäftsraummiete/Ausgleichsanspruch. (1) Rechtsgrundlagen. Wie jeder Mietvertrag unterliegt auch die Geschäftsraummiete dem Mietrecht des Code Civil. Für die Geschäftsraummiete sind jedoch vorrangig die speziellen Vorschriften der Art. 145-1 bis 145-60 *Code com.* (ehemals Dekret vom 30. 6. 1953 – vormalig geändert durch die Gesetze vom 5. 1. 1988 und 31. 12. 1989 –) zu beachten, durch das die Geschäftsraummiete (*bail commercial*) einem weitgehenden Bestandsschutz unterworfen wurde, der auch für EU-Angehörige gilt (*Sonnenberger*, S. 203). Diese Schutzvorschriften gelten gem. Art. 145-1 *Code com.* für Kaufleute, die für ihr Unternehmen einen Mietvertrag abschließen. Sie können damit sowohl im Verhältnis

Franchisegeber (Vermieter) – Franchisenehmer (Mieter), wie auch im Verhältnis zwischen Franchisegeber bzw. Franchisenehmer (Mieter) und einem Dritten (Vermieter) von Bedeutung sein. Der französische Gesetzgeber hat bereits zu Beginn dieses Jahrhunderts einen besonderen sondergesetzlichen Schutz zugunsten des Mieters gewerblich genutzter Räumlichkeiten vorgesehen. Bereits 1911 wurde ein entsprechender Gesetzesvorschlag zur Diskussion gestellt (vgl. näher hierzu *Deruppé*, Baux Commerciaux, S. 2 f.). Diese Tendenz der Inschutznahme des Mieters wurde aufgrund der Wirren des Ersten und Zweiten Weltkrieges zwar mehrfach eingedämmt, aber unmittelbar nach dem jeweiligen Kriegsende nochmals als gesetzgeberische Idee aufgenommen. Als gesetzliche Grundlage des besonderen Mietschutzes hat sich schließlich ein Mietschutzdekret Nr. 53-960 für gewerbliche Mieten aus dem Jahre 1953 herauskristallisiert, das inhaltlich auch heute das aktuelle gesetzliche Fundament darstellt, nunmehr allerdings im *Code com.* geregelt ist. Seitdem wurde dieser sondergesetzliche Schutz für Mieter gewerblich genutzter Räume zwar erheblich kritisiert (vgl. hierzu *Deruppé*, Baux Commerciaux, S. 5 m. w. N.). Der französische Gesetzgeber verstärkte jedoch im Verlaufe der weiteren Jahrzehnte seine Schutzbemühungen und weitete mehrfach die Schutzbestimmungen zugunsten des gewerblichen Mieters aus. Wer in Frankreich einen Mietvertrag über gewerblich genutzte Räumlichkeiten abschließt, genießt damit als Mieter bzw. Pächter einen sondergesetzlichen Bestandsschutz, von dem erst nach Einzug des Mieters vertraglich und nur einvernehmlich abgewichen werden darf.

(2) Bestandsschutz. Die Vorschriften der Artt. 145-1 ff. *Code com.* dienen der Substanzsicherung des *fonds de commerce*. Der Schutz erfolgt vor allem dadurch, dass dem Mieter ein Anspruch auf Verlängerung bzw. Erneuerung des Geschäftsraummietvertrages gewährt wird (dazu sogleich). Dies gestattet somit eine langfristige Standortsicherung. Die Geschäftsraummiete hat dadurch eigentumsähnlichen Charakter (*propriété commerciale*). Dies wird dadurch untermauert, dass das Mietrecht im Falle einer Veräußerung des Unternehmens abgetreten werden kann. Der Vermieter kann indes eine von der Veräußerung des Unternehmens losgelöste Abtretung des Geschäftsraummietvertrages vertraglich unterbinden (*Lefebvre*, Affaires Nr. 367). Der Schutz des frz. Geschäftsraummietrechts greift allerdings erst ab einer Laufzeit des Mietvertrages von zwei Jahren ein (Art. L-145-5 *Code com.*). Treffen die Parteien keine Vereinbarung über einen derartigen Kurzmietvertrag so beträgt die gesetzlich vorgeschriebene Mindestdauer gem. Art. 145-4 Abs. 1 *Code com.* 9 (neun) Jahre. Die Schutzwirkung beginnt mit Abschluss des Geschäftsraummietvertrages. Der Vermieter hat jedoch nach Ablauf einer jeden Dreijahresperiode gem. Art. 145-4 Abs. 1 *Code com.* die Möglichkeit unter den von Art. 145-9 *Code com.* näher beschriebenen Voraussetzungen den Mietvertrag zu kündigen. Dieses spezielle Kündigungsrecht kann jedoch vertraglich abbedungen werden. Ein Kündigungsrecht besteht gem. Art. 145-4 Abs. 2 in Verbindung mit Artt. 145-18, 145-21, 145-24 *Code com.* auch dann, wenn der Vermieter Umbau- oder Erweiterungsmaßnahmen vorsieht. Besondere formelle Anforderungen sind zu wahren, wenn die Laufzeit der Geschäftsraummiete mehr als zwölf Jahre beträgt. In diesem Fall bedarf der Vertrag der notariellen Beurkundung sowie der Eintragung in das Immobiliarregister, damit er auch Dritten gegenüber entgegengehalten werden kann (*Sonnenberger*, S. 205). Gemäß Art. 145-8 und 145-12 *Code com.* (ehemals Regelungen der Art. 4 ff. des Dekretes vom 30. 6. 1953) hat der Mieter nach Ablauf des Mietvertrages nach neun Jahren ein Erneuerungsrecht für die Dauer von weiteren mindestens neun Jahren, sofern er Eigentümer des Unternehmens ist und dieses in den vergangenen drei Jahren effektiv betrieben hat. Der Vermieter kann nur unter eng begrenzten Voraussetzungen der Artt. 145-14 bis 145-30 *Code com.* (ehemals Art. 9 des Dekrets vom 30. 6. 1953) die Verlängerung des Mietvertrags verweigern. Hierzu ist ein besonderes formales Verfahren einzuhalten. Wird der Geschäftsraummietvertrag nicht gekündigt, so verlängert er sich gem. Art 145-9 Abs. 2 *Code com.* stillschweigend auf unbestimmte Dauer fort (*tacite reconduction*). Nach Art. 145-10 *Code com.* (ehemals Art. 6 des Dekretes vom 30. 6.

4. Contrat de franchisage (Französischer Franchisevertrag) III. 4

1953) kann der Mieter sechs Monate vor Ablauf des Geschäftsraummietvertrages vom Vermieter die Zustimmung zur Vertragsverlängerung verlangen. Dem Vermieter verbleibt eine Frist von drei Monaten, um zu entscheiden, ob er die Miete verlängern oder die Erneuerung ablehnen möchte. Lässt er die Frist fruchtlos verstreichen, wird der Vertrag automatisch um weitere neun Jahre verlängert (Art. 145-10 Abs. 4 *Code com.*). Der Vermieter kann die Verlängerung des Geschäftsraummietvertrags verweigern. Hierzu muss er jedoch eine sechsmonatige Kündigungsfrist einhalten. Die Verlängerungsverweigerung (*refus de renouvellement*) ist allerdings nur dann entschädigungsfrei möglich, wenn der Vermieter gem. Art. 145-17 *Code com.* einen schwerwiegenden Grund (*motif grave et légitime*) anführen kann. Fehlt es an einem solch schwerwiegenden Grund, so kann das Gericht nach Art. 145-10 Abs. 5 in Verbindung mit Art. 145-14 *Code com.* eine Räumungsentschädigung festlegen, die erhebliche Ausmaße annehmen kann, da die Höhe dieser Entschädigung dem Schaden entspricht, den der Mieter durch Ablehnung der Erneuerung erlitten hat (vgl. hierzu *Sonnenberger* S. 207).

(3) Ausgleichsanspruch (*Indemnité d'Eviction*). a) Überblick. Ist die Verlängerungsverweigerung des Vermieters gegenüber dem Mieter nicht statthaft, so kann der Vermieter dennoch die Verlängerung des Mietvertrages vermeiden, indem er gem. Art. 145-14 *Code com.* (früher Art. 8 des Dekrets Nr. 53-960 vom 30. September 1953) an den gewerblichen Mieter eine Ausgleichszahlung, die sogenannte *indemnité d'éviction*, leistet. *Eviction* stammt von dem Verb *évincer* = verdrängen, vertreiben und bedeutet daher Verdrängung. Der Ersatz wird also für die Verdrängung und Besitzentziehung durch den Vermieter gezahlt. Der Mieter muss die Räumlichkeiten erst dann verlassen, wenn die Ausgleichszahlung entweder an ihn oder antragsgemäß an einen vom Gericht bestellten Sequester bewirkt wird. Die *indemnité d'éviction* soll den Schaden ausgleichen, den der Mieter infolge der Nichtverlängerung bzw. Beendigung des Mietvertrages erleidet (Art. 145-14 Abs. 2 *Code com.* = früherer Art. 8 Abs. 1 a.E. des Dekrets Nr. 53-960). Die *indemnité d'éviction* orientiert sich dabei an dem nach den Gepflogenheiten des jeweiligen Berufsstandes sich bestimmenden Verkehrswert des *fonds de commerce*. Ersatzfähig sind nach Art. 145-14 Abs. 2 *Code com.* ebenfalls Umzugs- und Wiedereinrichtungskosten. Im Streitfalle wird dem Richter ein weitgreifender Ermessensspielraum zugestanden (*Deruppé*, Baux, Commerciaux, S. 82). Meistens wird der Verkehrswert des *fonds de commerce* anhand des durchschnittlichen Geschäftsergebnisses (*chiffre d'affaire*) ermittelt, das mit einem bestimmten Koeffizienten multipliziert wird. Diese *indemnité d'éviction* gleicht damit im wesentlichen den Verlust der Klientel aus, der dadurch entsteht, dass der Mieter den bis dahin wirtschaftlich genutzten Standort verlassen muss. Dem Gedanken der *indemnité d'éviction* liegt die Auffassung zugrunde, dass sich die Klientel an den Standort eines Geschäftes gewöhnt und diesem Standort auch dann treu bleibt, wenn der ursprüngliche Mieter einen anderen Standort bezieht (*Deruppé*, Baux Commerciaux, S. 2). Deshalb ist es auch gerechtfertigt, bei der *indemnité d'éviction* von einem „Goodwillausgleich" des Mieters zu sprechen, auch wenn die *indemnité d'éviction* streng genommen ihrer Rechtsnatur nach einen Entschädigungsanspruch darstellt, der neben dem Goodwillausgleich auch andere Schadenspositionen umfasst (vgl. hierzu auch *Sine Veigne*, Le droit de la clientèle dans les structures juridiques, Thèse 1992, S. 3).

b) Kontroverse um die Anwendbarkeit auf den Franchisenehmer. In Frankreich ist mittlerweile eine heftige Kontroverse um die Anwendbarkeit des früheren Art. 8 des Dekrets Nr. 53-960 vom 30. September 1953 zugunsten des Franchisenehmers entbrannt. Die Judikatur ist uneinheitlich. Bis dato sind drei Entscheidungen ergangen, von denen zwei mit unterschiedlichen Begründungen sich gegen einen derartigen Ersatzanspruch zugunsten des Franchisenehmers ausgesprochen haben. Von einer gefestigten Judikatur kann indes noch nicht gesprochen werden, zumal eine höchstrichterliche Entscheidung in dieser Angelegenheit noch aussteht. Die Literatur lässt ebenfalls kein einheitliches Meinungsbild erkennen. Die dominierende Auffassung in der rechtswissenschaftlichen

Literatur spricht sich allerdings für die Anerkennung einer *indemnité d'eviction* zugunsten des Franchisenehmers aus (*Amedee-Manesme,* La Gazette du Palais, Nr. 315, 1996, S. 3–6 *Baschet,* La Gazette du Palais, 10. September 1994; *ders.,* Franchise Magazine, Okt. 1994, S. 26 ff.; *ders.,* La Gazette du Palais, Nr. 152, S. 22–24; *ders.,* La Gazette du Palais, Nr. 313, 1994, S. 2–8; *Ben Soussen/Grosz,* Les Echos v. 16. und 17. März 1996; *Berthault,* Revue des loyers et de fermages, Nr. 769, 1996, S. 333–338; *Boccara,* La Gazette du Palais, 9. September 1994; *Burst,* Cahiers de droit de l'entreprise Nr. 2, 1988, S. 40 ff.; *Fabre,* JCP Semaine Juridique (édition entreprise) 1996, Nr. 36, S. 17–20; *Gast/Lanciaux,* Les Petites Affiches, Nr. 101 1994, S. 16–20; *Marot,* Les annonces de la Seine, Nr. 52, 1995, S. 2 ff. und Nr. 54, 1995, S. 2 ff.; a.A. *Belot,* Administrer 1996, Nr. 279, S. 6–19; *ders.,* La Gazette du Palais 1996, Nr. 152 S. 16–21.). Der Streit resultiert daraus, dass nur derjenige Mieter unter den persönlichen Anwendungsbereich des Sondermietschutzdekrets fällt, der einen eigenen *fonds de commerce* unterhält. Der Begriff des *fonds de commerce* lässt sich nicht ohne weiteres ins Deutsche übersetzen, da es sich hier um ein typisch französisches Rechtsinstitut handelt und nach deutscher Rechtsauffassung kein eigentliches Äquivalent als Rechtsinstitut vorhanden ist. Der *fonds de commerce* ist vergleichbar mit dem Handelsbetrieb bzw. dem Handelsgeschäft des deutschen Rechts, unterscheidet sich von diesem aber dadurch, dass grundsätzlich vom *fonds de commerce* weder Forderungen noch Verbindlichkeiten erfasst sind. Diese bleiben untrennbar mit der Person des Inhabers des *fonds de commerce* verbunden (*Deruppé,* Fonds de Commerce, S. 1, 2 u. 8 f.) Ausnahmen bestehen insoweit, als bei einem Verkauf des *fonds de commerce* Arbeits- und Versicherungsverträge gesetzlich mitübergehen (*Deruppé,* Fonds de Commerce, S. 9.). Es erstaunt auf den ersten Blick, warum für den Franchisenehmer die Inhaberschaft eines eigenen *fonds de commerce* angezweifelt wird, wo doch nach nahezu einheitlicher Auffassung der Franchisenehmer als juristisch selbständige Person eingestuft wird. Die Problematik hängt mit dem Verständnis der wesentlichen Elemente eines *fonds de commerce* zusammen. Eine gesetzliche Definition dieses Rechtsinstituts exisitiert nicht, obgleich sich die *Loi* vom 17. März 1909 *„relative à la vente et au nantissement du fonds de commerce"* mit der Verpfändung und dem Verkauf des *fonds de commerce* beschäftigt. Auch später ergangene Gesetze haben keine Legaldefinition des *fonds de commerce* mit sich gebracht (Gesetz vom 29. Juli 1935 *relative au règlement du prix de vente des fonds de commerce;* Gesetz Nr. 56-277 vom 20. März 1956 *relative à la location-gérance des fonds de commerce et des établissement artisanaux*). Die Judikatur bedient sich überwiegend einer traditionellen auf dem Gesetz vom 17. März 1909 beruhenden Auffassung, die drei Gruppen von Elementen unterscheidet, die den *fonds de commerce* ausmachen: Immaterialgüterrechte (*droits incorporels*), die Warenausstattung (*marchandises*) sowie Arbeitsgerätschaften (*matériel*). Dabei wird als essentialium eines *fonds de commerce* innerhalb der Gruppe der inkorporellen Elemente vorausgesetzt, dass der Anspruchsteller das Vorhandensein einer eigenen Klientel darlegen und beweisen kann. Weitere inkorporelle Elemente sind: Kennzeichnungsrechte (*signes distinctives*), Erfindungen (*créations intellectuelles*) sowie die aus dem Gewerberaummietvertrag resultierenden Rechte (vgl. hierzu *Deruppé,* Fonds de commerce, S. 7 f.). Der Franchisenehmer muss also ein *clientèle propre et autonome* darlegen und beweisen können. Wer vom Klientel eines Dritten abhängt, hat keinen Verlängerungsanspruch und somit kein Anrecht auf eine *indemnité d'éviction* (Cass. 3e civ. 9. Juli 1979, Bull. civ. III, Nr. 153). Die hierzu erforderlichen Feststellungen stehen im Ermessen des Tatrichters (Cass. 3e civ., 24. 1. 1996, Dalloz Affaires 10/96 Nr. 1, S. 1). Diese Problematik der Eigenständigkeit der Klientel hat sich nicht erst bei Franchisenehmern gestellt. Bereits Tankstellenpächter und auch Inhaber von Handelsbetrieben, die in einem Einkaufszentrum integriert waren, sahen sich damit konfrontiert (vgl. hierzu *Barreau-Saliou,* JCP Semaine Juridique 93 – Ed. N. I., S. 195 ff.). Für den Bereich des Tankstellengeschäfts, bei dem der Absatzherr das Geschäft vollumfänglich ausstattet, geht die Tendenz in der Judikatur dahin, aus dem Sondermietschutz des vor-

4. Contrat de franchisage (Französischer Franchisevertrag) III. 4

maligen Dekrets Nr. 53-960 resultierende Ausgleichsansprüche abzulehnen, weil hier die Sogwirkung der Marke im Vordergund stehe, weshalb der Pächter (*locataire-gérant*) keine eigene Klientel entwickelt haben könne. Diese Tendenz scheint sich nach einer neueren Entscheidung der *Cour d'Appel de Paris* (CA Paris, 6. Februar 1996 (Sté Paris Sud location c/Mme Agopyan), Dalloz Affaires 1996, Nr. 15, S. 446 ff.) aus dem Jahre 1996 auch im Bereich des Franchising fortzusetzen, obwohl die Judikatur als uneinheitlich bezeichnet werden muss (a. A TGI Paris, 24. 11. 1992; TGI Rodez, 23. August 1995 zitiert von Ben Soussen/Grosz in: les Echos vom 17. 3. 1996). Eine höchstrichterliche Entscheidung steht zu dieser Frage noch aus. Die *Cour d'Appel de Paris* versagt hier unter Bestätigung einer Entscheidung des *TGI d'Évry* aus dem Jahre 1993 der Franchisenehmerin den mietrechtlichen Goodwillentschädigungsanspruch. Die Franchisenehmerin konnte nicht zur Überzeugung des Gerichts darlegen und beweisen, dass sie durch eigene Leistung eine eigenständige Klientel habe erarbeiten können. Diese Entscheidung ist in der rechtswissenschaftlichen Literatur erheblich kritisiert worden. Einige Autoren sehen durch dieses Urteil der *Cour d'Appel de Paris* die Franchisemethode selbst in Gefahr und gleichsam an einer Existenzschwelle angelangt (*Baschet*, La franchise est en deuil, La Gazette du Palais, Nr. 152, S. 22–24; ders., La propriété de la clientèle dans le contrat de franchise ou la franchise en danger de mort, La Gazette du Palais, Nr. 313, 1994, S. 2–8; *Ben Soussen/Grosz*, Baux commerciaux: menaces sur les franchisés, Les Echos v. 16. und 17. März 1996.). Ein Großteil der Literatur vertritt die Auffassung, dass auch nach dem klassischen Verständnis vom Institut des *fonds de commerce* der Franchisenehmer eigenständige Klientel aufbaue. Der unmittelbare Kundenkontakt sei hier das ausschlaggebende Argument (*Rolland*, La Situation juridique des concessionaires et des franchisés membres d'un réseau commercial, Thèse, Rennes 1976, S. 116; *Amédée Manesme/Clément*, Gaz. du Pal. 1978, 1, doctr., S. 220; *Amédée Manesme*, Gaz. du Pal. 1996, 1, doctr., S. 3 ff.; *Thréard*, Gaz. du Pal. 1975, 1, doctr., S. 30 ff.). Es sei der Franchisenehmer, der *in concreto* die Dienstleistung erbringe bzw. die Ware an den Endverbraucher absetze, so dass aufgrund dieses unmittelbaren Kundenkontakts die Klientel diejenige des Franchisenehmers sei. Andere wiederum vertreten wie das *TGI d'Évry* und die *Cour d'Appel de Paris* die Auffassung, die Klientel „gehöre" dem Franchisegeber. Sie argumentieren hier mit der Sogwirkung der Franchisemarke und dass der Franchisenehmer keine eigenständige Dienstleistung erbringe, sondern lediglich die Vorgaben des Franchisegebers umsetze (*Belot*, Administrer 1996, Nr. 279, S. 6–19; ders., La Gazette du Palais 1996, Nr. 152 S. 16–21.). Eine Mittelansicht vertritt dagegen die Auffassung, dass die Klientel Franchisenehmer und Franchisegeber gemeinsam gehöre (*copropriété de clientèle*), weil jeder von beiden einen Beitrag zur Kundenbindung leiste. Diese Auffassung führt allerdings zu einer Kollision mit dem klassischen Verständnis, das zur Erfüllung des Eigenständigkeitsmerkmals nach außen verlangt, dass es sich hier insoweit um „ungeteilte" Klientel (*clientèle indivisé*) handelt. Neuere Strömungen in der Literatur verlangen gerade angesichts der neueren Erscheinungsformen des integrierten Vertriebs ein Umdenken hinsichtlich der gesetzlichen Anforderungen. Für die Bejahung eines eigenen *fonds de commerce* solle nicht die Inhaberschaft bzgl. der Klientel ausschlaggebend sein, sondern es soll nach dieser neueren Auffassung bereits genügen, wenn der Franchisenehmer ein Nutzungsrecht am gemeinsamen Systemgoodwill habe, das er sich im Regelfall mit der von ihm an den Franchisegeber entrichteten Eintrittsgebühr (*droit d'entrée*) erkaufe (*Barbier*, Distribution intégrée, fonds de commerce désintégré, Administrer, Nr. 259, 1994, S. 2–8; *Boccara*, Le fonds de commerce, la clientèle et la distribution intégrée, Gaz. Pal, 9. 7. 1994, S. 98 ff.). In diesem Falle könne er dann auch seine *indemnité d'éviction* gegen den Vermieter geltend machen. Es bleibt abzuwarten, ob die Judikatur diesen Weg einschlagen wird. Selbst wenn die vorangegangenen Entscheidungen eine derartige Tendenz noch nicht erkennen lassen, darf aber nicht außer Betracht bleiben, dass eine abschließend höchstrichterliche Entscheidung noch aussteht und von daher eine franchisenehmergünstige Entwicklung noch im Bereich des Möglichen liegt.

33. Pflichten des Franchisenehmers. Die Klauseln zu den Pflichten des Franchisenehmers bilden den zweiten Hauptteil eines Franchisevertrages. Sie werden den Klauseln zu den Pflichten des Franchisegebers, die im ersten Hauptteil niedergelegt sind, regelmäßig nachgestellt. Daraus darf indes nicht gefolgert werden, dass die Pflichten des Franchisegebers im Vordergrund des Vertragsverhältnisses stünden und diesem das Gepräge gäben. Richtiger Ansicht nach sind es weniger die lizenzvertraglichen Pflichten des Franchisegebers als die Absatzförderungspflichten und Interessenwahrungspflichten des Franchisenehmers, die das Rechts- und Pflichtengefüge eines Franchisevertrages dominieren (vgl. dazu ausführlich *Martinek,* in: Martinek/Semler (Hrsgb.), Handbuch des Vertriebsrecht, 1996, §§ 1 bis 4 sowie 18 bis 21).

34. Besteinsatzklausel. Die sogenannte Besteinsatzklausel, die den „best efforts"-Klauseln der anglo-amerikanischen Vertragspraxis nachempfunden ist, verpflichtet den Franchisenehmer zum vollumfänglichen Einsatz seiner Arbeitkraft für sein Franchisegeschäft. Damit soll die Funktionsfähigkeit des Systems sowie die Bewahrung des Renommees und nicht zuletzt die Sicherung von Umsatz und Ertrag gefördert werden. Diese Klausel ist bislang nicht von der Judikatur beanstandet worden, solange der Franchisenehmer seine rechtliche Selbständigkeit behält. Der Verstoß gegen diese Klausel kann zur vorzeitigen Auflösung des Vertragsverhältnisses führen, wenn der Franchisenehmer trotz Abmahnung dieses Verhaltens nicht den vollumfänglichen Einsatz bietet (*Leloup,* S. 238 m.w.N. auf T.com. de Bordeaux, 1. 6. 1989).

35. Zahlungsverpflichtungen des Franchisenehmers. Die meisten Franchiseverträge sehen zwei Formen finanzieller Gegenleistungen des Franchisenehmers vor. Zum einen wird zu Beginn des Franchiseverhältnisses eine Einstiegs- oder Eintrittsgebühr verlangt; zum anderen werden während der Laufzeit des Vertrages fortlaufende Gebühren (Franchisegebühren, Tantiemen) verlangt, deren Höhe sich zumeist am Umsatz orientiert (vgl. *Anstett-Gardea,* in: Martinek/Semler, Rn. 71). Diese Gebühren unterliegen der Mehrwertsteuer (vgl. hierzu *Le Tourneau,* J.-Cl. Fasc. 566, Nr. 199, S. 34). Die Mehrwertsteuerpflicht beginnt nach Art. 259 B CGI, sobald der Franchisenehmer sich in Frankreich niedergelassen hat und Zahlungen seitens des Franchisenehmers für Lieferungen oder Dienstleistungen des Franchisegebers erfolgen. Es obliegt gem. Art. 266 Abs. 1a CGI dem Franchisegeber, die Mehrwertsteuer abzuführen. Er kann nach Art. 269 Abs. 2c CGI die Mehrwertsteuer vom Franchisenehmer verlangen, sobald die Zahlung der Franchisegebühren fällig wird. Die Festlegung der Höhe der Franchisegebühren und der Einstandsgebühr liegt im Ermessen der Vertragsparteien. Eine Beschränkung dieser Vertragsfreiheit ergibt sich hingegen in Fällen des Mißbrauchs der Abhängigkeit des Vertragspartners (*abus de dépendance économique*), die allerdings sowohl für Franchisenehmer wie auch Franchisegeber gilt.

36. Einstandsgebühr. Die Eintrittsgebühr (*droit d'entrée*), die zu Beginn der Aufnahme in das Franchisesystem, oftmals bereits mit Vertragsschluss, gelegentlich auch bei Geschäftseröffnung fällig wird, ist nur dann zulässig, wenn sie im Vertrag besonders erläutert und gerechtfertigt wird (*Sonnenberger/Dammann,* S. 96). Für das Franchising erklärt und rechtfertigt sich die Eintrittsgebühr als Entgelt für die Systemeingliederungsmaßnahmen, die der Franchisegeber zugunsten des Franchisenehmers trifft. Sie ist auch der Preis für die vom Franchisegeber angebotenen Dienstleistungen und die Übertragung des *savoir-faire* (*Behar-Touchais/Virassamy,* S. 204). Allerdings kann die Einstandsgebühr erst nach Erfüllung der sich aus der *Loi Doubin* und dem ausführenden Dekret ergebenden Pflichten erhoben werden (Art. 4 des Ausführungsdekrets; vgl. hierzu auch Anmerkung Nr. 16). Es unterliegt der Vertragsgestaltungsfreiheit der Parteien, die Fälligkeit und den Zahlungsmodus zu regeln (*Le Tourneau,* J.-Cl. Fasc. 566, Nr. 179, S. 30; zur Frage der Rückzahlung der Eintrittsgebühr bei vorzeitiger Vertragsbeendigung vgl. Anmerkung Nr. 62).

37. Wiederkehrende Gebühren. Die Regelung der wiederkehrenden Franchisegebühren (*redevances périodiques*), die der Franchisenehmer während der Vertragslaufzeit an den Franchisegeber zu entrichten hat, unterliegt der Vertragsgestaltungsfreiheit der Parteien. Häufig findet man in Franchiseverträgen die Koppelung der periodischen Tantieme an den vom Franchisenehmer erwirtschafteten Umsatz. Dabei wird bisweilen eine Degression vereinbart, bei der der Franchisenehmer bei höheren Umsätzen einen niedrigeren Prozentsatz an Franchisegebühren zu entrichten hat. Auf diese Weise soll ihm ein zusätzlicher Anreiz zur Umsatzsteigerung gegeben werden. Es versteht sich, dass der Franchisenehmer dem Franchisegeber gegenüber verpflichtet ist, die entsprechenden Informationen an den Franchisegeber weiterzuleiten. Es besteht insoweit ein Auskunftsanspruch des Franchisegebers (*Le Tourneau*, J.-Cl. Fasc. 566, Nr. 185, S. 31). Die Höhe der Tantiemen muss allerdings nach Maßgabe des Art. 1129 Code Civil im Vertrag bestimmt werden oder zumindest anhand objektiver Kriterien bestimmbar sein. Sie darf nicht der einseitigen Feststellungsmacht des Franchisegebers anheimgestellt sein (Cass. com. 12. 12. 1989, B.R.D.A. 1990/3, S. 5; vgl. *Anstett-Gardea,* in: Martinek/Semler, Rn. 33; *Piotraut,* Rev. Jurispr. com. 1992, S. 16 ff.; *Ghestin,* Chr. Dalloz 1993, S. 251 ff.).

38. Zahlungsverzug. Kommt der Franchisenehmer seiner Zahlungsverpflichtung nicht nach, so droht ihm die Kündigung des Franchisevertrages durch den Franchisegeber und eine Verpflichtung zur Leistung von Schadensersatz (Art. 1147 *Code Civil,* 2. Fall). Der Franchisegeber ist insbesondere berechtigt, seinen Verzugsschaden geltend zu machen (vgl. hierzu *Lardeux,* Contr.-Conc.-Cons., 2000, S. 5 ff. – Chroniques). Dazu kann er vorbehaltlich anderweitiger vertraglicher Regelung in der Regel nach Art. 3 des Gesetzes Nr. 75-611 vom 11. 7. 1975 einen Schaden von fünf Prozentpunkten über dem gesetzlichen Zinssatz geltend machen (*Leloup,* S. 245). Der Verzug beginnt prinzipiell mit der Inverzugsetzung gem. Art. 1153 Code Civil (Cass. Civ., 3^e ch., 16. 12. 1987, Bull. civ. III, Nr. 208, S. 123 RTD civ. 1988, S. 748 mit Anm. *Mestre*), welche in der Regel (vgl. Artt. 1139, 1146 und 1153 Code Civil) durch die sog. *lettre missive* bewerkstelligt wird. Nach Art. 1139 Code Civil kann allerdings die Inverzugsetzung (*mise en demeure*) abbedungen werden (*échéance de terme*) (vgl. *Niggemann,* S. 27). Der einfache Rücktritt bedarf keiner *mise en demeure* (*Niggemann,* S. 27).

39. Verpflichtung zu systemkonformen Verhalten. Der Franchisenehmer ist verpflichtet, sich nach Maßgabe der Marketingkonzeption des Franchisegebers systemkonform zu verhalten, damit nach außen hin das systemspezifische einheitliche Auftreten und die Wahrung des Images gesichert werden können. Die Anforderungen hierzu kann der Franchisenehmer im allgemeinen dem Handbuch (*manuel*) entnehmen, das in der Regel mit der Unterzeichnung des Vertrages ausgehändigt wird. Wer sich als Franchisenehmer nicht systemkonform verhält, riskiert die vorzeitige Beendigung des Vertragsverhältnisses (*Leloup,* S. 238 m.w.N. auf T. com. de Bordeaux, 23. 3. 1989 und T. com. de Paris, 13. 12. 1988).

40. Verpflichtung zur Information des Franchisegebers. Der Franchisenehmer kann per Vertrag zur ständigen Unterrichtung des Franchisegebers über seine Absatzförderungstätigkeit, über seine Betriebsführung und über seine Ausnutzung der Franchise verpflichtet werden. Diese Verpflichtung stellt eine Ergänzung zu den Kontrollrechten des Franchisegebers dar (zu den Kontrollrechten vgl. Anmerkung 53) und wird wettbewerbsrechtlich nicht beanstandet, solange nicht die Durchsetzung von Mindestpreisen gewollt ist, die sowohl gegen europäisches wie auch national französisches Recht verstoßen würde. Die Information durch den Franchisenehmer ist gerechtfertigt, weil sie der Steuerung und Weiterentwicklung des Systems dient. Dies betrifft nicht nur diejenigen Informationspflichten, die sich auf die regelmäßige Zusendung von Unterlagen beziehen, sondern auch die Berichtspflichten des Franchisenehmers über außergewöhnliche Ereignisse auf dem Markt, die den Franchisegeber zur Veranlassung von Marketingmaßnahmen bewegen können (vgl. hierzu auch *Behar-Touchais/Virassamy,* S. 552 f.).

Der Franchisenehmer kann sich schadensersatzpflichtig machen, wenn er den Franchisegeber trotz Kenntnis nicht von Umständen unterrichtet, die geeignet sind, dem System Schaden zuzufügen (*Leloup*, S. 213f.).

41. Verpflichtung des Franchisenehmers zur Benutzung von Systemkennzeichen. Bereits nach Art. 1 Abs. 3b Franchise-GVO war die Verpflichtung des Franchisenehmers freigestellt, zwecks einheitlichen Auftretens aller Partner des Franchisesystems die vom Franchisegeber vorgegebenen Ausstattungsmittel und Kennzeichen einzusetzen. Daran hat sich nichts geändert. Diese Klausel ist nach wie vor wettbewerbsrechtlich zulässig. Dies gilt auch nach französischem Recht. Darüber hinaus rechtfertigt sich die Verpflichtung zum ständigen Einsatz der Marke auch nach dem Markenrecht, da sonst nach Art. 27 des französischen Markengesetzes der Verfall wegen Nichtbenutzung droht (vgl. hierzu *Thierr*, S. 525f. und Lamy Droit Commercial, 1995, S. 917).

42. Standardausstattung des Geschäftslokals. Diese Klausel versteht sich als Ergänzung zur voranstehenden Klausel und betont besonders die Systemkonformität des Erscheinungsbildes und der Ausstattung des Geschäftslokals. Dies ist für die franchisespezifische Betriebstypenfixierung unerlässlich. Der Franchisenehmer kann die zur Ausstattung erforderlichen Waren vom Franchisegeber oder von designierten Lieferanten erwerben bzw. mieten. Ob der Franchisenehmer hierzu rechtlich verpflichtet werden kann, ist indes problematisch. Denn eine Bezugsverpflichtung ist nach französischem Recht nur dann zulässig, wenn aufgrund der Natur der betreffenden Produkte eine objektive Spezifizierung der Eigenschaften nicht möglich ist (vgl. hierzu Anmerkung Nr. 51). In der Literatur sind darüber hinaus Auffassungen vertreten, wonach sich die Bezugsbindungspflicht nur auf das Franchiseprodukt und nicht auf Nebenprodukte beziehen dürfe (z.B. Registrierkassen; vgl. hierzu *Behar-Touchais/Virassamy*, S. 601). Bejaht man allerdings eine wettbewerbsrechtlich zulässige Bezugsbindung des Franchisenehmers, so entsteht bei Beendigung des Franchisevertrages diesbezüglich eine mit der Rückgabeverpflichtung korrespondierende Rücknahmepflicht des Franchisegebers (vgl. hierzu Anmerkung 66).

43. Mindestwarenbestand (*stock minimal*). Die Verpflichtung des Franchisenehmers, einen gewissen Mindestwarenbestand zu halten wird für zulässig erachtet (*Behar-Touchais/Virassamy*, S. 606). Diese Klausel enthält zwei Zielvorgaben. Zum einen soll die Kundennachfrage stets bedienbar sein, zum anderen wird mittelbar ein gewisser Mindestumsatz gewahrt, was das Geschäft für den Franchisegeber planbar macht (siehe hierzu auch nachfolgende Anmerkung Nr. 44). Vielfach sind Mindestwarenbestandsklauseln auch mit der Verpflichtung verbunden, dem Kunden die gesamte Angebotspalette zu unterbreiten (sog. *full line forcing* oder frz. *disponibilité de la gamme complète*). Derartigen Klauseln wird mit Argwohn begegnet. Sie sind nur dann zulässig, wenn sie auch verhältnismäßig sind und sich dadurch rechtfertigen, dass sie für das Image des Franchisesystems relevant sind (vgl. CA Paris, 31. 3. 1995, R.J.D.A. 1995, S. 566).

44. Mindestumsatz. Klauseln, die einen Mindestumsatz des Franchisebetriebes vorsehen und bei Nichterreichen dieses Ziels die Kündigung des Franchisevertrages ermöglichen, werden nach nahezu einheitlicher Auffassung als zulässig erachtet (vgl. *Behar-Touchais/Virassamy*, S. 601f. m.w.N.). Oftmals werden diese Klauseln in den Franchisevertrag aufgenommen, wenn Bezugsbindungsklauseln unzulässig sind (siehe hierzu auch Anmerkung Nr. 51). Mindestumsatzklauseln können so formuliert werden, dass sie eine gewisse Mindestabnahmemenge (*clause de quota* oder *clause d'approvisionnement minimum*) oder dass sie eine gewisse Mindestverkaufsmenge bzgl. Kundenumsatz (*clause d'objectif*) vorsehen. Solche Klauseln stellen nach Auffassung der europarechtlichen Judikatur allerdings nur Dienstleistungs- und nicht Werkleistungsverpflichtungen dar (C.J.C.E., 30. 4. 1998, Cabour SA und Nord Distribution Automobile SA c/Arnor „SOCO" SARL, aff. C-230/96 contr.conc.cons. 1998 Nr. 2). Der Gerichtshof hält jedoch die Kündigung des Vertriebsvertrags im Falle der Missachtung der Mindestumsatzklausel für zulässig. Voraussetzung ist allerdings, dass das Verkaufsziel eine gemeinsame Formulierung von Absatzherr und Vertriebsmittler enthält (*Behar-Touchais/Virassamy*, S. 603). Mindestumsatzklauseln (*clause d'approvisionnement minimum*) sind nur zulässig, wenn sie verhältnismäßig sind (Fall ESTEE LAUDER, Cass. com., 13. 5. 1997, Dalloz Affaires 1997, S. 733 = R. J. D.A. 10/97 Nr. 1185).

45. Wiederverkaufsbeschränkungen. Die Klausel stellt eine besondere Erscheinungsform von Vertikalbindungen, nämlich eine Kundenbindung, dar und beschränkt in zulässiger Weise den potentiellen Abnehmerkreis (hier: auf Verbraucher) für den Verkauf der franchisierten Waren. Dies verstößt nicht gegen wettbewerbsrechtliche Vorschriften, wenn diese Restriktion dem Schutz des Franchisesystems dient und dem Franchisegeber die Einhaltung der Exklusivvereinbarungen gegenüber anderen Franchisenehmern ermöglicht (*Behar-Touchais/Virassamy*, S. 596).

46. Preisbindungsverbot. Die Preisbindung des Wiederverkäufers (Preisbindung der „zweiten Hand"), hier also des Franchisenehmers, ist nach Art. 420-1 Nr. 2 *Code com.* (Art. 34 und 7 WettbewerbsVO Nr. 86-1243) untersagt. Dabei geht es nicht um die Verkaufspreise in den Sukzessivlieferungsverträgen zwischen dem Franchisegeber und dem Franchisenehmer, sondern um die Verträge (Zweitverträge) im Verhältnis zwischen dem Franchisenehmer und seinen Kunden. Der *Conseil de la Concurrence* überprüft in diesem Zusammenhang, ob rechtswidrige Preisabsprachen getroffen wurden und in den individuellen Preisfindungsprozess eingreifen (*Ebenroth/Strittmatter*, S. 47 Rn. 61). Der Preisbildungsprozess ist nur frei, wenn sich keine Anhaltspunkte dafür ergeben, dass eine kollektive Orientierung an gewissen Eckwerten stattfindet. Dabei können bereits Preislisten eine per se-Beschränkung darstellen, ohne dass es der tatsächlichen Befolgung des Franchisenehmers bedarf. Dies ist jedenfalls die Entscheidungspraxis der französischen Wettbewerbsbehörden für die Preisabsprachentaktik von Berufsverbänden (vgl. *Avis Commission de la Concurrence*, 17. 5. 1977, Receuil Lamy Nr. 121; Conseil de la Concurrence, 23. 9. 1989, Receuil Lamy Nr. 355). Der bloße Austausch von Informationen über Preise und Preisbildung in Marktinformationsverfahren ist demgegenüber gestattet, sofern damit die freie Preisbildung nicht beeinflusst wird. Letzteres ist aber der Fall, wenn die Informationen derart präzise und individualisiert sind, dass eine Orientierung der Wettbewerber wahrscheinlich ist, vorausgesetzt, die Substitutionsfähigkeit der von den Konkurrenten angebotenen Güter reicht für einen Preiswettbewerb aus (*Ebenroth/Strittmatter*, S. 48 Rn. 62 m.w.N.). Zulässig ist allerdings nach französischem Wettbewerbsrecht die Festsetzung von Höchstpreisen, sofern sie nicht zu einem gezielten Verdrängungswettbewerb durch Dumping-Geschäfte führt (*Lefebre*, Nr. 1154, S. 373). Gleichfalls zulässig sind unverbindliche Preisempfehlungen für Markenwaren.

47. Beschränkungen der Werbung/Verantwortlichkeit des Franchisenehmers. Die Klausel zur Beschränkung des Franchisenehmers hinsichtlich seiner Werbeaktivitäten ist (auch EG-kartellrechtlich) zulässig, wenn sie verhältnismäßig und unerlässlich für den Schutz des Franchisesystems ist. Dem Franchisenehmer kann also verboten werden, aktive Werbemaßnahmen außerhalb seines Vertragsgebiets durchzuführen, wenn dies zum Schutz der übrigen Systemmitglieder erforderlich ist. Verletzt der Franchisenehmer die vom Franchisegeber gesetzten Schranken, so begeht er eine *faute contractuelle*. Die Judikatur stellt allerdings hohe Anforderungen. Bloße vom Franchisenehmer nicht beabsichtigte supraregionale Reflexe seiner regionalen Werbeaktivität sollen beispielsweise keinen Vertragsverstoß darstellen (Cass. com., 27. 2. 1996, Bull. civ. IV, Nr. 63, S. 49). Die Beschränkung der Werbeaktivität ist daher regelmäßig als eine Absicherung der Exklusivität anderer Systemteilnehmer zu verstehen (*Behar-Touchais/Virassamy*, S. 560). Übliche flankierende Maßnahme hierzu ist die Berechtigung des Franchisegebers, die Werbeaktivitäten des Franchisenehmers zu kontrollieren. Der Franchisenehmer ist für seine örtlichen Werbemaßnahmen im geschützten Vertragsgebiet eigenverantwortlich.

Nach einer höchstrichterlichen Entscheidung der Strafkammer des Kassationshofes ist der Franchisenehmer wegen irreführender Werbung (*publicité trompeuse*) zu verurteilen, wenn er in irreführender Weise Werbung betreibt. Er kann sich nicht darauf berufen, dass er das Werbematerial von seinem Franchisegeber geliefert bekommen habe (Cass. crim., 27. 11. 1990, D. 1991, inf. rap. S. 35). Franchisegeber und Franchisenehmer haften in diesem Fall gemeinschaftlich (vgl. hierzu auch Anmerkung Nr. 22).

48. Werbeverbot außerhalb des Vertragsgebietes. Dem Franchisenehmer kann nach französischem nationalen Wettbewerbsrecht eine Beschränkung seiner geschäftlichen Aktivitäten (*commercialisation active*) auf das ihm übertragene Vertragsgebiet auferlegt werden. Auch das europäische Kartellrecht lässt derartige wettbewerbsbeschränkende Maßnahmen zu, sofern es sich um ein Verbot aktiver Bewegung handelt (vgl. hierzu Anmerkung Nr. 13 bis 15; ausdrücklich bereits zugelassen durch gem. Art. 2 d der älteren Franchise-GVO). Eine solche Vereinbarung ist bei einem relativen Gebietsschutzsystem von Marktverantwortungsbereichen heute geradezu franchisetypisch. Danach darf der Franchisenehmer außerhalb seines geschützten Gebiets keinen weiteren Geschäftsstandort errichten, keine aktive Kundenakquisition betreiben und auch nicht um Kunden außerhalb seines Vertragsgebietes werben. Allerdings kann dem Franchisenehmer nicht verboten werden, dass er Kunden bedient, die nicht aus seinem Vertragsgebiet stammen und die sich an den Franchisenehmer wenden (*commercialisation passive*). Der Franchisegeber kann damit nur **aktive Verkäufe** des Franchisenehmers beschränken (vgl. Leitlinien/2000/C 291 Tz. 50 sowie Anmerkung Nr. 13 bis 15). Hat der Franchisegeber innerhalb seines Systems exklusive Franchisen vergeben, so ist er zur Kontrolle der Einhaltung der Grenzen der Marktverantwortungsbereiche verpflichtet. Diese Verpflichtung wird sowohl in der Literatur (*Behar-Touchais/Virassamy*, S. 478) als auch in der Judikatur angenommen (Cass. com., 2. 10. 1973, J.C.P. 1974, éd. G. II. 17699; CA Aix, 25. 4. 1985, Bull. Aix. 1985, Nr. 2, S. 63).

49. Vertragliches Wettbewerbsverbot. Das vertragliche Wettbewerbsverbot, das „unlauteren" Wettbewerb (*concurrence déloyale*) während der Laufzeit des Vertrages untersagt, resultiert bereits aus Art. 1134 Code Civil: *„Les conventions doivent être exécutées de bonne foi"*. Dies ist eine mit § 242 BGB vergleichbare Klausel, wonach die Leistung nach Treu und Glauben zu erbringen ist. Dem Franchisenehmer kann also untersagt werden, mit Konkurrenten zusammenzuarbeiten, Anteile an Konkurrenzunternehmen zu erwerben und Dokumente den Konkurrenten zugänglich zu machen. Auch wenn vertraglich eine solche Konkurrenzklausel nicht vorgesehen ist, unterliegt der Franchisenehmer somit einem Konkurrenzverbot während der Laufzeit des Vertrages. Die Rechtsprechung geht ohne weiteres auch ohne ausdrückliche Vereinbarung im Franchisevertrag von einem Wettbewerbsverbot für die Dauer der Vertragslaufzeit aus (*Leloup*, S. 85 und S. 121 m.w.N. sowie mit Beispielen für vertragliche Wettbewerbsverbote). Gleichwohl empfiehlt sich zur Klarstellung und zur Warnung für den Franchisenehmer eine ausdrückliche Aufnahme dieser Klausel in den Vertragstext. Besonderheiten für das Wettbewerbsverbot des Franchisenehmers sind nach dem EG-Kartellrecht zu beachten, wonach ihr zulässiger Umfang im Kern davon abhängt, inwieweit sie zum Betreiben des Franchisesystems, insbesondere zur Aufrechterhaltung des Goodwills und zum Schutz von Immaterialgüterrechten erforderlich sind (vgl. *Anstett-Gardea*, in: Martinek/Semler, Rn. 72). Das EG-Kartellrecht sieht überdies für vertragliche Wettbewerbsverbote gem. Art. 5 a Vertikal-GVO Nr. 2790/99 eine zeitliche Beschränkung von 5 Jahren vor. Eine Verlängerung des Wettbewerbsverbots ist nur zulässig, wenn beide Parteien aufgrund einer ausdrücklichen neuen Vereinbarung ein derartiges Wettbewerbsverbot vereinbaren. Stillschweigende Verlängerungen sind nach neuem EG-Kartellrecht nicht zulässig (vgl. Anmerkung Nr. 13 bis 15 zu EG-Kartellrecht).

50. Versicherungspflicht. Einige Franchisegeber haben inzwischen eigene Versicherungskonzepte für ihre Systeme unter Einbeziehung aller Systempartner entwickelt. Indes dürfen die Franchisenehmer weder direkt noch indirekt dazu gezwungen werden, einem solchen Versicherungssystem beizutreten, sondern müssen in der Wahl ihrer Versicherer grundsätzlich frei bleiben.

51. Bezugsbindung des Franchisenehmers. Vertragsklauseln, die den Franchisenehmer verpflichten, Waren oder Dienstleistungen ausschließlich vom Franchisegeber oder von Dritten zu beziehen, die von Franchisegeberseite vorgegeben werden, erfüllen nach neuerer Gesetzgebung den Verbotstatbestand des Art. 420-1 Nr. 4 *Code com.* Bezugsbindungen (*clauses d'approvisionnement*) und erfüllten bereits den Tatbestand des älteren Wettbewerbsrechts des Art. 7 WettbewerbsVO Nr. 86-1243 (*Ebenroth/Strittmatter*, S. 48 Rn. 63). Sie waren jedoch nach Maßgabe des Art. 10 WettbewerbsVO Nr. 86-1243 freistellungsfähig. Nach heutiger Normenlage ergibt sich die Ausnahme vom grundsätzlichen Verbot aus Art. 420-4 Abs. 2 *Code com.*, wonach wettbewerbsbeschränkende Vereinbarungen i. S. d. Artt. 420-1 und 420-2 *Code com.* ausnahmsweise zulässig sind, wenn der Verwender sie damit rechtfertigen kann, dass sie wirtschaftlich sinnvoll sind und nicht zu einem vollständigen Ausschluss des Wettbewerbs führen. Der Franchisegeber kann daher den Franchisenehmer verpflichten, seine Produkte bzw. Dienstleistungen, die er im Rahmen der Franchise anbietet, nur beim Franchisegeber selbst oder bei von ihm autorisierten Drittlieferanten zu beziehen. Der *Conseil de la concurrence* (frz. Wettbewerbsrat) hat hierzu entschieden, dass Bezugsbindungen in Franchiseverträgen den Wettbewerb regelmäßig nicht beschränken, da solche Klauseln notwendig sind, das Image und den Erfolg des Franchisesystems zu wahren (Cons. conc., 24. 5. 1994, Jean Louis David Diffusion, BOCC, 14. 7. 1994, zitiert in *Dictionnaire Permanent Droit Des Affaires*, Bulletin 386, S. 1664). Umgekehrt ist eine Bezugsbindungsklausel unzulässig, wenn die betreffenden Produkte, die einer Bezugsverpflichtung unterliegen, keinen wesentlichen Beitrag für das Image und die Identität des Franchisenetzes darstellen (Cass. com., 10. 1. 1995 Gaz. Pal. 1995, 2, Jur. 502 = R.J.D.A. 1995, Nr. 561; vgl. hierzu auch *Gast*, Les Petites Affiches, 5. 5. 1995, Nr. 54, S. 13 ff.). Des weiteren sind Bezugsbindungsklauseln nur dann zulässig, wenn es wegen der Natur des Produktes nicht möglich ist, für die betreffenden Produkte objektive Qualitätsmerkmale zu formulieren (Cons. conc., déc n° 96-D-36, 28 mai 1996, Fall *Zannier*, BOCCRF 20 auût. P. 408, bestätigt durch: CA Paris, 1re ch., 18 mars 1997, BOCCRF 22. 4. 1997, S. 267, Contr.-Conc.-Cons. 1997, Nr. 5, Nr. 82 und 83, Anm. *Vogel*, aff. 1997, Nr. 20, chr., S. 25 und Cass. com., 12 janv. 1999, n° 97-10.808, BOCCRF 29.01, S. 38). Diskutiert wurden Bezugsverpflichtungen auch im Zusammenhang mit dem Vorwurf des Missbrauchs wirtschaftlicher Abhängigkeit des Franchisenehmers im Sinne des Art. L 420-2 II C. com. (Cass. com., 16. 12. 1997, Bull. civ., IV, Nr. 337, = RJDA 1998, Nr. 521 = D. 1998, Somm., 338 mit Anm. *Ferrier*). Der Kassationshof hat in dieser Entscheidung allerdings klargestellt, dass das Bestehen einer wirtschaftlichen Abhängigkeit für sich gesehen nicht ausreicht, um eine Wettbewerbswidrigkeit reklamieren zu können. Erforderlich sei vielmehr der Missbrauch der Übermachtstellung durch den Franchisegeber (Cass. com., 16. 12. 1997, Bull. civ., IV, Nr. 337, = RJDA 1998, Nr. 521 = D. 1998, Somm., 338 mit Anm. *Ferrier*). Art. L-420-2 II *Code com.* zählt wiederum beispielhaft auf, welche Maßnahmen einen Missbrauch darstellen können. Dies sind ausweislich des Gesetzestextes: Ungerechtfertigte Belieferungsverweigerung, Koppelungsverkäufe, diskriminierende Verkaufsbedingungen oder Bruch bestehender Geschäftsbeziehungen, die dadurch motiviert sind, dass sich der Geschäftspartner sachlich nicht gerechtfertigten Bedingungen nicht unterwerfen möchte.

52. Preisklausel bzgl. Sukzessivlieferungen. (1) Zulässigkeitsvoraussetzungen. Bezugsbindungen werden vielfach mit Vereinbarungen verknüpft, die den Einkaufspreis für die jeweiligen Bezüge durch den Franchisenehmer betreffen. Da das Franchiseverhältnis eine längerfristige Beziehung ist, ist es naturgemäß schwierig bzw. wirtschaftlich kaum sinnvoll, den Preis der jeweiligen Lieferung für die gesamte Laufzeit des Franchisevertrags festzulegen. Vielfach wurde in Franchiseverträgen die Preisfrage entweder offen gelassen oder mit Klauseln versehen, die den Preis bestimmbar machen sollten. Diese Methoden wurde in der älteren Judikatur jedoch als Verstoß gegen das in Artt. 1129 bzw. 1591 *Code civil* aufgeführte Bestimmtheitsgebot erachtet mit der Folge, dass der Rahmenvertrag mangels Einigung für nicht geschlossen und insgesamt per se für nichtig erklärt wurde, sofern der Richter eine Preiseinigung nicht per Auslegung des Vertrages ermitteln konnte (*Cass. com.* 11. 10. 1978, J.C.P. 1979 II 19034 mit Anm. *Loussuarn; Cass. com.* 11.10 1978, D. 1979, S. 135 mit Anm. *Houin; Cass. com.* 19. 11. 1991, Bull.Civ. IV Nr. 356, D. 1993, S. 379 mit Anm. *Gesthin; Cass. Com.,* 8. 11. 1994, Contr.-Conc.-Cons. 1995, Fasc. 565; CA Paris, 24. 3. 1995, D. 1995, inf. rap., S. 127; vgl. hierzu auch Anmerkung Nr. 7 zum Bestimmtheitserfordernis). Die Judikatur hat jedoch mittlerweile diese strenge Haltung aufgegeben und Klauseln zugelassen, die eine Bestimmbarkeit des Preises ermöglichen. Die *Cour de Cassation* hat so z.B. Tarifklauseln (*clauses du tarif*) unter der Voraussetzung für zulässig erachtet, dass keine missbräuchliche Ausnutzung der Exklusivitätsposition des Franchisegebers (*abus de l'exclusivité*) vorliegt und die Vertragsleistung nach Treu und Glauben (*exécuté de bonne fois*) erfolgt (vgl. *Vogel,* D. 1995, S. 156 mit Hinweis auf *Cass. com.,* JCP 1995 II, 22371 mit Anm. *Gesthin* = D. 1995, S. 122 mit Anm. *Aynès*). Diese Entscheidungen zu Tarifklauseln ergingen zwar für Telekommunikationsverträge. Es wird allerdings die Auffassung vertreten, dass diese Entscheidungen auf Vertriebsverträge übertragbar seien (*Vogel,* D. 1995, S. 156). Demgemäß ist der Preis hinreichend bestimmbar, wenn anhand objektiver Kriterien, die nicht in der einseitigen Gestaltungsmacht des Franchisegebers liegen, die Höhe des Preises bestimmt werden kann (*Lefebre,* Nr. 1153, S. 373; vgl. *Anstett-Gardea,* in: Martinek/Semler, Rn. 33 und 81; *Piotraut,* Rev. Jurispr. com. 1992, S. 16 ff.; *Ghestin,* Chr. Dalloz 1993, S. 251 ff.). Zulässig sind auch Marktpreisklauseln, unter der Voraussetzung, dass die Mitbewerber eindeutig bestimmt werden können und dass tatsächlich auch ein Wettbewerb besteht. Es dürfen keine unzulässigen Absprachen zwischen den Verkäufern vorliegen, die zu einer Wettbewerbsverfälschung führen (Cass. com., 16. 6. 1987, B.R.D.A. 1987/13, S. 12). Eine weitere Möglichkeit, die Preisbestimmungen nach offenen, aber objektiven Anhaltspunkten zu bestimmen, ist die sog. Indexklausel (*clause d'indexation*), wonach der Preis anhand eines von den Parteien zugrundegelegten Index errechnet wird (*Vogel,* D., S. 156). Den Vertragsparteien nicht es jedoch nicht gestattet, irgendeinen generellen Preisindex zu verwenden. Vielmehr ist eine Indizierung nur dann zulässig, wenn für das jeweilige Produkt ein eigenständiger Preisindex vorliegt. Die Bezugnahme auf einen generellen Preisindex ist insoweit unzulässig. Die Indexklausel scheitert damit in den meisten Fällen daran, dass kein Index vorliegt, der einen direkten Bezug zum Vertragsgegenstand hat.

(2) Verbot einseitiger Preisbestimmung durch den Franchisegeber. Anders als im deutschen Recht, welches die einseitige Fixierung des Preises gem. §§ 315, 316 BGB zulässt, ist nach französischer Rechtsauffassung eine einseitige Festlegung des Preises durch den Franchisegeber unwirksam. Die einseitige Preisfixierung wird in Frankreich als Verstoß gegen Art. 1174 Code Civil betrachtet, wonach eine Potestativbedingung unzulässig ist, die vom Willen desjenigen abhängt, der sich *in concreto* verpflichtet hat (*Niggemann,* S. 21). Es soll damit vermieden werden, dass derjenige, der einer Bezugsbindung unterliegt, der einseitigen Gestaltungsmacht des Verkäufers ausgesetzt ist.

(3) Bestimmung des Preises durch Dritte. Die Parteien können allerdings die Frage des Preises für jede Sukzessivlieferung zunächst offen lassen und vereinbaren, dass der Kaufpreis anlässlich jeder einzelnen Warenlieferung frei ausgehandelt werden soll (*Cass. com.,* 24. 5. 1994, Contr., conc., consom., Okt. 1994, Nr. 190; *Cass. com.,* 19. 11. 1991: Bull. civ. IV Nr. 356; D. 1993, S. 379 mit Anmerkung *Gesthin; Cass. com.,* 8. 11. 1994, Nr. 2013, Bressand c/Div., zitiert in Dictionnaire Permanent Droit des Affaires, Bulletin 394, S. 1486 = Contr., cons., consom. 1995, S. 5 mit Anm. *Leveneur*). Problematisch ist hierbei, dass über dem Franchisevertrag das Damokles-Schwert der Unwirk-

4. Contrat de franchisage (Französischer Franchisevertrag)

samkeit schwebt, wenn sich die Vertragsparteien nicht über den Preis einigen können oder das Gericht nicht mittels Vertragsauslegung zu einem Preis gelangt (vgl. hierzu *Cass.com.* 14. 12. 1999: Nichtigkeit gem. Art. 1591 *Code civil*, wenn sich die Vertragsparteien nicht über den Kaufpreis einig werden, Contr.-Conc.-Cons. 2000, Nr. 60, S. 18). Überdies kann mit dieser Methode dem Bedürfnis gerade des internationalen Handels nach einer für beide Seiten langfristigen und zuverlässigen Regelung nicht nachgekommen werden. Denn solche Klauseln zerlegen den Franchisevertrag in viele in regelmäßigen Abständen aufeinanderfolgende Verträge. Damit wird aber das Vertrauen in den Franchisevertrag als Basis einer langfristigen Zusammenarbeit erschüttert. In den meisten Fällen wird daher versucht, eine etwas offenere Preisgestaltung festzuschreiben. Diese muss sich dann an dem Bestimmbarkeitserfordernis messen lassen. Dieses Problem können die Vertragsparteien dadurch umgehen, dass sie im Vertrag die Möglichkeit vorsehen, den Preis für die Sukzessivlieferungen durch einen Dritten festsetzen zu lassen (*clause à dire expert*). Dies ist gem. Art. 1592 *Code civil* möglich (vgl. hierzu *Niggemann*, S. 21).

(4) Zulässigkeit von Tarif- bzw. Katalogklauseln (*prix catalogue*). Nach älterer Judikatur war das Bestimmtheitserfordernis des Art. 1129 *Code civil* erst erfüllt, wenn der Produktbezugspreis bereits mit Abschluss des Franchisevertrages feststand (*Cass. com.* 19. 11. 1991, Bull.Civ. IV Nr. 356, D. 1993, S. 379 mit Anm. *Gesthin; Cass. Com.*, 8. 11. 1994, Contr.-Conc.-Cons. 1995, Fasc. 565; CA Paris, 24. 3. 1995, D. 1995). Diese von Seiten der Literatur (vgl. z.B. *Vogel*, RIW 1991, S. 156 m.w. N.) heftig als wirtschaftlich inkompatibel kritisierte Entscheidungspraxis wurde aber mittlerweile von der Judikatur aufgegeben (vgl. hierzu in Sachen ALCATEL: Cass. ass. plén., 1er décembre 1995 (4 arrêts): D. 1996, S. 13 mit Anm. *Aynès*; instruktiv hierzu *Witz/Wolter*, ZEuP 1996, S. 656 f. m.w.N.; bestätigt durch *Cass. com.*, 21. 1. 1997, D. Aff. 1997, S. 313 = D. 1997, S. 414; *Cass. com.* 4. 2. 1997, D. 1998, Somm., S. 335 mit Anm. *Ferrier*). Sie hat damit für den Bereich des Vertriebsrechts insgesamt das starre Bestimmtheitsgebot des Art. 1129 *Code civil* dahingehend abgemildert, dass im Franchisevertrag bezüglich der Warenpreise auf die am Tage der Lieferung gültige Preisliste des Franchisegebers verwiesen werden darf (*Witz/Wolter*, ZEuP 1996, S. 648, 655). Für den Franchisenehmer ist dies nicht unproblematisch, denn der Preis für die einzelnen Sukzessivlieferungen kann nunmehr einseitig durch den Franchisegeber bestimmt werden, ohne dass die Regeln des Marktes eine Preisregulierung ermöglichen. Der Franchisegeber verfügt innerhalb des Systems über ein Preismonopol. Eine dem § 315 Abs. 3 BGB vergleichbare Norm, die es dem Richter ermöglicht, anstatt des unangemessenen Preises einen angemessenen Preis festzulegen, fehlt dem französischen Recht. Eine Gemeinsamkeit besteht jedoch darin, dass die Preisfestlegung durch den Franchisegeber einer Billigkeitskontrolle unterliegt. Es wird die Schranke des Rechtsmissbrauchs (*abus de droit*) in Kombination mit der *rule of reason* herangezogen. Der Preis muss danach vernünftig sein. Umstritten ist, wer die Beweislast für die Unangemessenheit des Preises bzw. für den Rechtsmissbrauch trägt. Der Judikatur zufolge ist der Franchisenehmer beweisbelastet. Die Literatur verlangt hingegen unter Berufung auf Art. 1315 Abs. 2 Code civil sowie auf Art. 146 NCPC eine Beweislastumkehr zugunsten des Franchisenehmers (*Brunet/Ghozi*, D. 1998, S. 1 ff.; *Licari*, S. 386). Es bleibt allerdings die Frage, was den Preis zu einem vernünftigen Preis macht. Insoweit fehlen klare Konturen und eindeutige Entscheidungen (vgl. hierzu Bestimmungsversuche bei *Licari*, S. 381 ff.). Ein Unterschied zum deutschen Recht besteht allerdings in der Rechtsfolge des Verstoßes gegen die Festelegung eines vernünftigen Preises: Der französische Richter kann hier nicht den von ihm nach Billigkeitsgesichtspunkten für angemessen erachteten Preis festlegen, sondern er kann nur zwischen der Auflösung des Franchisevertrags und der Zusprechung von Schadensersatz wählen (*Licari*, S. 387). In gravierenden Fällen, d.h. in Fällen eines erheblich unangemessenen Preises, besteht die Möglichkeit der *résiliation*. Diese Lösung wird in der Literatur zu Recht als nicht praktikabel kritisiert (*Licari*, S. 387).

53. Kontrollrechte des Franchisegebers. (1) Zulässige Kontrollmaßnahmen. Franchisegeber lassen sich üblicherweise möglichst umfassende Kontrollrechte mit Sanktionsmöglichkeiten einräumen, um Image und Funktionsfähigkeit des Systems sicherstellen zu können. Eine Kontrolle des Franchisenehmers ist aber nicht nur aus Gründen der Wahrung des Images des Franchisesystems unerlässlich. Denn unter gewissen Umständen (vgl. zu Haftungsfragen Anmerkung 22) haftet der Franchisegeber gegenüber Dritten (Kunden oder Lieferanten des Franchisenehmers) nach Maßgabe des Art. 1382 *Code Civil,* wenn es an einer ordnungsgemäßen Kontrolle des Franchisenehmers gemangelt hat und dadurch ein Schaden bei der dritten Person entstanden ist (*Le Tourneau,* J. Cl. Fasc. 577, S. 12, Anm. 13). Seine Kontrollbefugnisse bestehen regelmäßig zunächst aus einem Inspektionsrecht bezüglich des franchisierten Geschäftslokals, gegebenenfalls der vom Franchisenehmer eingesetzten Transportmittel, der Vertragswaren und der Dienstleistungen, des Inventars und der Buchführung (ein solches Inspektionsrecht war ausdrücklich durch Art. 3 Abs. 2 h Franchise-GVO freigestellt). Hierzu hat der Franchisenehmer den Zutritt des Franchisegebers in die Geschäftsräume zu dulden und ihm die Bilanzen sowie die Gewinn- und Verlustrechnung zu übermitteln. Gestattet ist auch die Kontrolle und Überwachung von Werbeaktivitäten des Franchisenehmers. Verstößt der Franchisenehmer gegen zulässige Kontrollauflagen des Franchisegebers, so steht diesem ein Recht zur Beendigung des Vertragsverhältnisses zu. Dabei sind die besonderen Voraussetzungen der ordnungsgemäßen Vertragsbeendigung zu beachten (vgl. zur Vertragsbeendigung Anmerkung Nr. 56 u 57).

(2) Grenzen der Kontrollbefugnis. Grenzen der Kontrollbefugnis können sich einerseits aus wettbewerbs- bzw. kartellrechtlichen Gesichtspunkten – hier inbesondere unter dem Blickwinkel verbotener vertikaler Preisabsprachen – sowie unter dem Gesichtspunkt des Übermaßverbotes ergeben.

a) Wettbewerbs- und kartellrechtliche Grenzen der Preiskontrolle. Die Kontrolle des Franchisegebers darf nicht zu einer Preisbindung des Franchisenehmers führen. Derartige Maßnahmen verstoßen gegen Art. 420-1 Nr. 2 *Code com.* und können gemäß Art 420-3 *Code com.* zur Nichtigkeit des gesamten Franchisevertrags führen (vgl. hierzu auch Anmerkung Nr. 14).

b) Gebot der Verhältnismäßigkeit. Im Rahmen der Formulierung und Ausübung von Kontroll- und Inspektionsbefugnissen sollte berücksichtigt werden, dass der Franchisenehmer als selbständiger Unternehmer tätig ist und eine Kontrolle nicht letztendlich zu einer Bevormundung bzw. unternehmerischen Entmündigung führen darf. Überschreitet der Franchisegeber den Rahmen einer angemessenen Kontrolle, so dass der Franchisenehmer faktisch seine juristische Selbständigkeit einbüßt, so kann sich die Rechtsstellung des Franchisenehmers der Judikatur zufolge gem. Art. 781 Abs. 1 und Abs. 2 Code du Travail nach arbeitsrechtlichen Maßstäben beurteilen (CA Paris, 10. 3. 1989, Gaz. Pal. 1989, 2, S. 544 mit Anmerkung *Jamin;* Cass. com., 3. 5. 1995, n° 95-44.096, D. 1997, jur., S. 10 mit Anm. *Amiel-Cosme*) mit den entsprechenden kostspieligen sozialrechtlichen Folgen für den Franchisenehmer. In diesen von der Judikatur entschiedenen Fällen hatte der vermeintliche Franchisenehmer quasi keine unternehmerische Freiheit, die Preise der Waren waren starr fixiert, überdies sah der Vertrag eine Alleinbezugsverpflichtung von gelieferten Waren vor, für die sich der Franchisegeber auch noch einen Eigentumsvorbehalt ausbedungen hatte (Lamy Droit Commercial 2000, S. 1492, Rn. 4212).

54. Dauer des Franchisevertrages. (1) Prinzip der freien Vertragsgestaltung. Den Parteien steht es grundsätzlich frei, wie sie ihren Vertrag in zeitlicher Hinsicht gestalten. Der Franchisevertrag kann sowohl befristet als auch unbefristet geschlossen werden. Die meisten Verträge sehen eine Vertragsdauer von zunächst fünf Jahren vor, wobei sich der Vertrag mangels entgegenstehender Erklärung einer der Parteien stillschweigend verlängert, falls nicht ein ausdrückliches Optionsrecht zur Verlängerung für

4. Contrat de franchisage (Französischer Franchisevertrag)   III. 4

eine der beiden Vertragsparteien (mit Erklärungspflicht) vorgesehen ist (*Leloup*, S. 223 m. w. N.).

(2) Beschränkung der Vertragsautonomie. Das Prinzip der Vertragsgestaltungsfreiheit wird allerdings durch das Gesetz vom 14. 10. 1953 begrenzt, das bei der Vereinbarung von Exklusivitätsklauseln lediglich eine Vertragsdauer von zehn Jahren zulässt (vgl. dazu Société Française de Pétroles B. et Soc. Parisienne des Nouveaux Garages Citroen-Nord, C. A. Paris, 26. 1. 1966, D.S. 294, J.C.P. 1966/II, 14588; Ruer et Soc. des Grandes Brasseries des Charmes, C. A. Colmar, 5. 11. 1958, 1959 D. 183; *Casel*, S. 89). Der Wortlaut des Gesetzes sieht diese Begrenzung zwar nur bei *usage de biens meubles* (Gebrauchsüberlassung von beweglichen Gegenständen) vor. Seit 1971 findet die vorgenannte Vorschrift jedoch auch auf Lieferverträge aller Art Anwendung (*Cass. com.*, 27. 4. 1971, D. 1972, 353 mit Anmerkung *Ghestin; Enghusen*, S. 140). Sieht der Vertrag eine längere Laufzeit als 10 Jahre vor, so führt dies allerdings nicht zur Unwirksamkeit des gesamten Franchisevertrags. Der höchstrichterlichen Judikatur zufolge wird die Wirksamkeit des Franchisevertrags lediglich auf 10 Jahre beschränkt (*Cass. com.*, 10. févr. 1998, Bull. civ. IV, n° 71, D. 1998, Somm. p. 334, obs. *Ferrier*). Ist die erste Frist abgelaufen, so ist eine Vertragsverlängerung um (weitere) zehn Jahre zulässig (*Cass. com.*, 11. 3. 1981, D. 1982, I.R. 108 sowie *Cass. com.*, 30. 3. 1981, JCP 1981, IV, S. 219). Die zeitliche Begrenzung der Laufzeit auf zehn Jahre gilt prinzipiell nur für Lieferverträge, die Exklusivvereinbarungen enthalten, was bei Franchiseverträgen in der Regel immer der Fall sein dürfte. Die übrigen Vereinbarungen sind von der gesetzlichen Begrenzung nicht erfasst, so dass insoweit in gewissen Fallkonstellationen auch eine unbefristete Frachisevereinbarung theoretisch denkbar bleibt.

(3) Steuerrechtlicher Aspekt. Eine Begrenzung der Vertragsdauer kann sich zudem auch aus steuerrechtlichen Gesichtspunkten als erforderlich erweisen. Bei Verträgen von unbestimmter Dauer kann gem. Art. 719 CGI eine besondere Steuer für die Übertragung geistigen Eigentums fällig werden (*tax au droit proportionnel*), weil dann angenommen wird, dass es sich nicht mehr um einen Lizenzvertrag handelt, sondern um eine faktische Zession des Markenrechts (*Le Tourneau*, J.-Cl. Fasc. 566, Nr. 131, S. 23).

(4) Tod des Franchisenehmers. Der Franchisevertrag endet aufgrund seines höchstpersönlichen Charakters mit dem Tod des Franchisenehmers. Seine Erben haben keinen Anspruch auf die Übernahme des Franchisegeschäftes, sofern nicht etwas anderes unter den Parteien vereinbart wurde (CA Portiers, 17. 6. 1981, JCP 1984, éd. G, II, 20184 mit Anmerkung *Bouchard*).

55. Vertragsverlängerung bzw. Vertragsweiterführung. (1) Rechtsgrundlagen. Wird ein befristeter Vertrag vom Franchisegeber nicht mehr verlängert oder ein unbefristeter Vertrag nicht mehr weitergeführt, sondern gekündigt, so führt dies zu Konflikten zwischen den Vertragsparteien, da der Franchisenehmer zumeist erhebliche Investitionen getätigt hat, die sich unter Umständen noch nicht amortisiert haben. Es ist den Vertragsparteien zu empfehlen, dieses Konfliktpotential vertraglich möglichst zu entschärfen, zumal sich die Entscheidungspraxis der Judikatur hierzu erst in einem Anfangsstadium befindet. Die Parteien können aufgrund ihrer Vertragsautonomie grundsätzlich die Modalitäten einer Vertragsverlängerung bzw. Vertragsweiterführung regeln. Ohne eine ausdrückliche oder konkludente vertragliche Vereinbarung besteht prinzipiell kein gesetzlicher oder in richterlicher Rechtsfortbildung entstandener Verlängerungs- bzw. Vertragsweiterführungsanspruch (*Leloup*, S. 234; *Le Tourneau*, J.-Cl. Fasc. 566 Nr. 127 S. 22; *Cass. com.*, 5. 7. 1994, Contr., Conc., Cons., November 1994, S. 7 Nr. 219). Aus Entscheidungen zum Vertragshändlerrecht, die im allgemeinen auf das Franchising übertragen werden, geht allerdings hervor, dass die Beendigung des Franchisevertrages ohne den erforderlichen *préavis* (*rupture brusque*) oder die missbräuchliche Ausnutzung des Vertragsbeendigungsrechts zu einer Schadensersatzpflicht des Franchisegebers führen kann (*Le Tourneau*, J.-Cl. Fasc. 566 Nr. 127 S. 22, vgl. zu den Konsequenzen der Vertragsbeendigung Anmerkungen 60 bis 68).

(2) Konzeptionen zur Vertragsverlängerung. Zur Fortführung des Vertrages nach Ablauf der im Vertrag vorgesehenen Laufzeit (meist nach fünf Jahren) sind verschiedene Konzeptionen denkbar: Die Parteien können den Vertrag stillschweigend weiterführen, indem sie ihn nach Ablauf fortführen und weiterhin ihre Leistungen austauschen. Dann wandelt sich der befristete Vertrag in einen Vertrag auf unbestimmte Dauer um (*Leloup*, S. 235; *Malaurie/Aynes*, Obligations, S. 177, Nr. 322), wenn keine exakte Fortführungsdauer festgelegt wird. Die stillschweigende Fortführung des Vertrages *(tacite reconduction)* wird als allgemeines Prinzip des *droit commun* aus dem Mietrecht nach Maßgabe des Art. 1738 Code Civil abgeleitet (*Malaurie/Aynes*, Obligations, S. 177, Nr. 322). Das bedeutet, auch wenn die Parteien keine ausdrückliche Regelung über die Fortführung in den Franchisevertrag aufgenommen haben, gilt dieser als stillschweigend erneuert, wenn nach Ablauf der vertraglich vorgesehenen Laufzeit die Parteien weiterhin ihre Leistungen austauschen. Eine Ausnahme hiervon besteht nur, wenn die Parteien ausdrücklich im Vertrag die *tacite reconduction* ausgeschlossen haben (*Malaurie/Aynes*, obligations, S. 177, Nr. 322). Der auf unbestimmte Zeit verlängerte Vertrag ist wiederum unter Einhaltung einer Frist von mindestens drei Monaten (*préavis*) kündbar. Dies wurde für den Bereich der Vertragshändlerverträge (*contrat de concession*) von der Judikatur entschieden (*Leloup*, S. 234) und ist auf das Gebiet des Franchiserechts übertragbar (vgl. auch *Leloup*, S. 234, der ebenfalls eine Kündigung unter Einhaltung einer Frist von drei Monaten für zulässig hält; zur Angemessenheit des *préavis* (vgl. Anmerkung 54, 55 u. 56 zur Vertragsbeendigung). Eine weitere Möglichkeit ist die Abgabe einer neuen Vertragsofferte, die dann allerdings den Erfordernissen an die vorvertraglichen Aufklärungspflichten des Art. L-330 *Code com.* (= ehemals *Loi Doubin*) genügen muss (*Cass. com.*, 13. 3. 1990: Bull. civ. IV, Nr. 77; *Le Tourneau*, Fasc. 565, S. 28). Hier bestehen umfangreiche Aufklärungs- und Offenlegungspflichten. Insbesondere müssen dem Franchisenehmer zwanzig Tage vor der erneuten Vertragsunterzeichnung die für die Erfüllung seiner Pflichten notwendigen Dokumente zugesandt werden (*Leloup*, S. 234). Schließlich kann im Vertrag ausdrücklich vereinbart werden, unter welchen Voraussetzungen eine Verlängerung des Vertrages vorgenommen werden soll (z.B. Erreichen eines gewissen Mindestumsatzes etc). Es wird dann ein entsprechender Ablaufplan festgelegt. Denkbar ist z.B folgende Konstellation: Sechs Monate vor Beendigung des Vertrages Manifestation des Verlängerungswillens durch den Franchisenehmer; dann ein Monat später die Antwort des Franchisegebers und wiederum ein Monat später die Unterzeichnung des Vertrages durch die Vertragsparteien (*Leloup*, S. 234). Kommt es nicht zur Unterzeichnung des neuen Vertrages, so wird das Franchiseverhältnis entsprechend beendet. Ein Erneuerungsrecht in abgeschwächter Form (weil keine Erneuerung des Franchisevertrages an sich) kann sich aber auch aus der Besonderheit des *fonds de commerce* und dem Recht der Geschäftsraummiete ergeben. Wenn sowohl der Franchisegeber als auch der Franchisenehmer den Goodwill (weiter)entwickelt haben, dann kann keine der Vertragsparteien den Goodwill für sich alleine beanspruchen. In diesem Fall kann der Franchisenehmer die Erneuerung der Geschäftsraummiete verlangen, wenn er die Geschäftsräume vom Franchisegeber gemietet hat. Dies ergibt sich aus den Artt. 145ff *Code com.* Ist der Aufbau des Goodwill das alleinige Ergebnis der Bemühungen des Franchisegebers, dann besteht der Erneuerungsanspruch der Geschäftsraummiete des Franchisenehmers (*renouvellement du bail*) nicht (TGI Paris, 24. 11. 1992; TGI Evry, 9. 12. 1993, Gaz. Pal. 31. 3. 1994 mit Anmerkung *Belot*; vgl. hierzu auch Anmerkung Nr. 32).

(3) Aufklärungspflichten. Der Franchisegeber ist verpflichtet, gravierende Änderungen dem Franchisenehmer mitzuteilen. Fraglich ist allerdings, ob die strengen Aufklärungsverpflichtungen der *Loi Doubin* und des Aufklärungs-Dekrets 1991 wiederaufleben. Dies wird in Literatur und Judikatur kontrovers behandelt. Die Rechtslage ist insoweit

unklar. Wollen die Parteien Rechtssicherheit in dieser Frage, ist die erneute Zusendung des Aufklärungs- und Offenlegungsdokuments (DIP) anzuraten (zum Stand der Diskussion vgl. auch Anmerkung Nr. 16)

56. Beendigung des Vertrages – Überblick –. Der Vertrag endet durch Ablauf der Vertragszeit sowie vor Ablauf der Vertragslaufzeit durch die Kündigungserklärung einer der Parteien nach den Grundsätzen für die ordentliche, fristgerechte und für die außerordentliche, fristlose Kündigung, ferner durch die Auflösung der Franchisenehmergesellschaft bzw. durch den Tod des Franchisenehmers; da der Vertrag *intuitu personae* geschlossen wird, ist eine erbrechtliche Nachfolge im Sinne einer Weiterführung des Franchisebetriebs durch den oder die Erben grundsätzlich ausgeschlossen, sofern nicht vertraglich etwas anderes vereinbart worden ist. In der Regel ist auch die Einhaltung einer Frist vor Beendigung des Franchisevertrags (*préavis*) gefordert (vgl. Anmerkung Nr. 58). Die fristlose Kündigung ist nur in Fällen vorsätzlichen Fehlverhaltens einer Partei zulässig, das es unzumutbar macht, das Vertragsverhältnis fortzuführen (*Cass. com.* 14. 4. 1992, Cont.-Conc-Cons. 1992, Nr. 152 mit Anm. *Leveneur; Cass. com.* 6. 7. 1999, RJDA 1999, Nr. 1197). Im Fall der außerordentlichen Kündigung aus wichtigem Grund ist danach zu unterscheiden, ob das zur Kündigung berechtigende Fehlverhalten der betreffenden Partei vorsätzlich oder fahrlässig erfolgt ist (vgl. Anmerkung 56). Die Parteien können aufgrund ihrer Vertragsgestaltungsfreiheit bereits im Vertrag selbst Auflösungsgründe festlegen. Hierbei können allerdings Vorschriften des *ordre public* die Gestaltungsfreiheit der Parteien begrenzen. Die Beendigung des Franchisevertrags braucht nicht begründet zu werden (Cass.com, 7. 4. 1998, RJDA 1998, Nr. 713 = D.1998 Somm., 332 mit Anm. *Ferrier*), jedoch hat der Franchisenehmer im Falle einer „verhaltensbedingten" Beendigung des Vertragsverhältnisses ein Anhörungsrecht (Cass.com 26. 4. 1994, Bull Joly 1994, S. 831, § 221 = J.C.P. 1995, Ed. G., II 22639; Cass. com. 3.1196, Bull. Joly 1996, S. 388, § 133).

57. Wirksamkeitsanforderungen an vorzeitige Vertragsbeendigung des befristeten Franchisevertrages. (1) Erfordernis des gravierenden Fehlverhaltens (*faute grave*). Der befristete Franchisevertrag kann nur aus wichtigem Grund bzw. wegen gravierenden Fehlverhaltens einer Vertragspartei (*faute grave*) einseitig gekündigt werden. In diesem Zusammenhang wird danach differenziert, ob das zur Kündigung berechtigende Fehlverhalten der betreffenden Partei vorsätzlich oder fahrlässig erfolgt ist. Die Parteien des Franchisevertrages können aufgrund ihrer Vertragsgestaltungsfreiheit bereits im Franchisevertrag selbst einige Auflösungsgründe festlegen, solange nicht Vorschriften des *ordre public* die Gestaltungsfreiheit der Parteien begrenzen. Zulässig ist beispielsweise die vorzeitige Kündigung des Vertrags, wenn der Franchisenehmer ohne vorherige Zustimmung des Franchisegebers versucht, seine Franchise auf einen Dritten zu übertragen (vgl. hierzu auch *Le Tourneau*, J.-Cl. Fasc. 566, Nr. 170, S. 29.). Fehlen vertragliche Bestimmungen, beurteilt sich die Vertragsbeendigung nach Maßgabe des Art. 1184 Code civil (*Sine Veigne*, S. 80). Danach kann die vertragstreue Partei nur die gerichtliche Auflösung des Vertrages aus wichtigem Grund verlangen (vgl. hierzu auch *Anstett-Gardea*, in: Martinek/Semler (Hrsg.), Vertriebsrechtshandbuch, § 46 Frankreich, Rdnr. 49; *Bout/Prieto/Cas*, Lamy Droit Économique 1998, S. 1425, n° 4017). Der befristete Franchisevertrag kann auch in diesem Fall nur unter der Voraussetzung einer schuldhaft schwerwiegenden Verfehlung (*faute grave*) des Franchisenehmers vorzeitig durch Kündigung des Franchisegebers beendet werden (*Cass. com.* 31. 5. 1969 Bull.civ. IV N° 188; Cass.com. 27. 5. 1981 Bull cass., S. 199; Paris 6. 3. 1987 Gaz. Pal. 1987 II. Som. 382). Ein wichtiger Grund im Sinne einer *faute grave* liegt vor, wenn der Franchisenehmer in erheblichem Maße gegen seine franchisevertraglichen Pflichten verstößt und ein Abwarten bis zum regulären Ablauf des Franchisevertrages für den Franchisegeber unzumutbar ist (Colmar 23. 3. 1979 J.C.P. 1979 IV 335; *Cass. com.* 2. 3. 1982 J.C.P. (CI) 1982. 10649; Paris 14. 11. 1990 D.S. 1990 IR. 7). Dies ist beispielsweise anzunehmen im Falle wiederholter Zahlungsversäumnisse seitens des Franchisenehmers (CA Lyon, 26. 2. 1993, Annonces de la Seine, 12. 7. 1993; zu weiteren Fällen vgl. *Bout/Prieto/Cas,* Lamy Droit Économique 1998, S. 1425, n° 4017a) oder im Falle der Aufnahme einer unerlaubten Konkurrenztätigkeit oder des Verrates von Dienstgeheimnissen (*divulgation*) (vgl. hierzu *Sine Veigne,* S. 82).

(2) Verschulden und Frist. Des weiteren ist für eine vorzeitigen Beendigung eines befristeten Franchisevertrages schuldhaftes Verhalten der betreffenden Vertragspartei erforderlich. Das die Vertragsbeendigung auslösende Fehlverhalten kann insoweit absichtlich bzw. vorsätzlich herbeigeführt worden sein (*dolosiv*) oder aber auf Fahrlässigkeit (*negligence*) beruhen. Die Rechtsfolgen, die hieran geknüpft werden, sind unterschiedlich. Liegt vorsätzliches bzw. absichtliches Verhalten vor, so kann der Vertrag ohne Einhaltung einer Kündigungsfrist (*préavis*) sofort gekündigt werden. Wurde der Fehler nur fahrlässig verursacht, so muss der Vertragspartei eine Wiedergutmachungsmöglichkeit eingeräumt und dazu eine angemessene Frist bereitgestellt werden. Erst wenn diese Frist fruchtlos verstrichen ist, kann dem sich fehlverhaltenden Vertragspartner der Vertrag aufgekündigt werden (*Leloup,* La Franchise, S. 239). Der Rechtsgrund für die Einhaltung einer Frist beruht zum einen auf dem mit § 242 BGB vergleichbaren Grundgedanken der Loyalität des Art. 1134 Abs. 3 *Code civil* (Paris, 8. 12. 1994, RJDA 1995, Nr. 272 = D. 1997, Somm., 53 mit Anm. *Ferrier*), zum anderen auf Art. L-442-6 Abs. 1, Nr. 4 *Code com.,* wonach sich jeder Produzent, Kaufmann, Industrielle oder Handwerker schadensersatzpflichtig macht, wenn er die bestehende geschäftliche Verbindung beendet, ohne diese vorher rechtzeitig und schriftlich bekannt gegeben zu haben (ehemals Art. 36 Abs. 5 der französischen Wettbewerbsverordnung 1986). Dies gilt auch für Fälle der Teilbeendigung (vgl. hierzu *Bout/Prieto/Cas,* Lamy Droit Économique 1998, S. 1290 n° 3643). Eine Ausnahme ist ausweislich des Gesetzestextes nur in Fällen eines gravierenden Fehlverhaltens der Gegenseite oder in Fällen höherer Gewalt zulässig. Leider hat es der französische Gesetzgeber versäumt, seine Vorstellungen über Angemessenheit einer Frist im Gesetz niederzulegen. In der Literatur wird empfohlen, die für Handelsvertreter (agent commercial) geltenden Vorschriften des Art. L-131-11 Abs. 1 *Code com.* entsprechend anzuwenden (*Licari,* S. 452f.). Danach würden die Fristen wie folgt betragen: 1 Monat für Kündigung im ersten Jahr, 2 Monate für Kündigung im zweiten Jahr, mindestens 3 Monate für Kündigungen ab dem 3. Jahr. Den Parteien soll es aber unbenommen bleiben, längere Kündigungsfristen zu vereinbaren (*Licari,* S. 453).

58. Wirksamkeitsanforderungen bzgl. Beendigung eines unbefristeten Franchisevertrags. (1) Grundsatz der Kündbarkeit. In allgemeiner Form ist der Grundsatz der jederzeitigen Kündbarkeit von Dauerschuldverhältnissen in Art. 1134 Abs. 2 *Code Civil* enthalten. Aus diesem Grundsatz folgt, dass bei Franchiseverträgen von unbestimmter Dauer jeder Partei das Recht zusteht, den Vertrag einseitig zu kündigen (*Vogel,* RIW 1992, S. 795: CA Paris, 14. 2. 1962, D. 1962, S. 514 mit Anm. Hémard; CA Paris, 22. 12. 1966, JCP éd. G 1967, II, 15058; *Cass. com.* 15. 1. 1985, n° 83-13.208.). Der Franchisegeber ist nicht verpflichtet, die von ihm ausgesprochene Kündigung zu begründen (*Cass. com.,* 5. 4. 1994, Bull. civ. IV, Nr. 149, D. 1995, S. 356; vgl. auch *Anstett-Gardea,* in: Martinek/Semler (Hrsg.), Vertriebsrechtshandbuch, § 46 Frankreich, Rdnr. 48; *Cass. com,* 7. 4. 1998, RJDA 1998, Nr. 713 = D.1998 Somm., 332 mit Anm. *Ferrier*), jedoch hat der Franchisenehmer im Falle einer „verhaltensbedingten" Beendigung des Vertragsverhältnisses ein Anhörungsrecht (*Cass. com.* 26. 4. 1994, Bull. Joly 1994, S. 831, § 221 = J.C.P. 1995, Ed. G., II 22639; *Cass. com.* 3.1196, Bull. Joly 1996, S. 388, § 133). Voraussetzung ist indes, dass das Kündigungsrecht nicht missbräuchlich ausgeübt wird und dass die üblichen Fristen (*préavis*) eingehalten werden (Cour de Cassation, 8. 4. 1986, Bull. civ. IV, Nr. 58; Einschränkungen hinsichtlich der Kündbarkeit unbefristeter Franchiseverträge ergeben sich allerdings bei Vorliegen eines Insolvenzfalles des Franchisenehmers).

(2) Frist. Der Rechtsgrund für die Einhaltung einer Frist ergibt sich, wie in Anmerkung Nr. 58 bereits ausgeführt, einerseits aus dem Loyalitätsgedanken des *droit commun* (Art. 1134 Abs. 2 *Code civil*), andererseits aus Art. L 442-6 Abs. 2 Nr. 4 *Code com*. Die Frage der Rechtzeitigkeit bzw. Angemessenheit des *préavis* bemisst sich nach den Gegebenheiten der betreffenden Branche und den Umständen des jeweiligen Einzelfalles. Eine wesentliche Rolle spielt nicht zuletzt die Dauer des in Rede stehenden Vertrages. Die Angemessenheit der Vorankündigung orientiert sich letztendlich an Sinn und Zweck einer *préavis*. Die den Vertrag auflösende Partei soll aus Gründen der Verhältnismäßigkeit ihrem Vertragspartner genügend Zeit lassen, sich auf die neue Situation einzustellen (vgl. hierzu Cour d'Appel Paris, 16. 6. 1960, Rev. trim. dr. com. 1961, S. 423, No. 11 sowie 14. 6. 1961, Rev. trim. dr. com. 1961, S. 905, No. 10; Soc. Rheinstahl Hanomag à Hanovre-Linden [Allemagne-Federal] et Soc. Française Rheinstahl Hanaomag à Leval; *Lois-Perret* [France] et Soc. d'Exploitation de Machinisme Agricole, C. A. Paris, 14. 2. 1962, D. 514 mit Anm. *Hémard; Zilles,* RIW 1993, S. 717; *Guyénot*, Concessionaires et commercialisation des marques, S. 82 ff.). Im Normalfall wird hierfür von der Judikatur ein Zeitraum von sechs Monaten für ausreichend gehalten (*Cass. com.* 3. 1. 1980 Gaz. Pal. 1980 I. pan. 24; *Cass. com.* 9. 12. 1986 D. S. 1988 Som. 19). In der Literatur wird die analoge Anwendung des für Handelsvertreter geltenden Art. L-131-11 Abs. 1 *Code com.* empfohlen (vgl. *hierzu Licari,* S. 452). Die Einhaltung einer Frist ist der Judikatur zufolge jedoch entbehrlich, wenn ein schwerwiegender Verhaltensfehler einer Vertragspartei vorangegangen ist *(faute dolosive* bzw. *faute grave)* (*Leloup*, La franchise, S. 237 m. w. N.; *Cass. com.* 14. 4. 1992, Cont.-Conc-Cons. 1992, Nr. 152 mit Anm. *Leveneur*; *Cass. com.* 6. 7. 1999, RJDA 1999, Nr. 1197)). Die Frage des schwerwiegenden Fehlers kann, wie bereits geschildert, dabei grundsätzlich vertraglich vereinbart werden. Im Regelfall werden solche Verhaltensweisen als schwerwiegende Verfehlung angesehen, welche die Höchstpersönlichkeit des Franchisevertrages betreffen. Handelt es sich z. B. beim Franchisenehmer um eine Gesellschaft, so verstößt eine Veräußerung von Gesellschaftsanteilen, die zu einer Änderung des Geschäftsleiters (*dirigeant*) führt, gegen die Höchstpersönlichkeit des Franchisevertrages. Die Judikatur erachtet dies als einen Vertragsbruch, der zur vorzeitigen Aufkündigung des Vertrages berechtigt (CA Paris, 6. 2. 1992, D. 1992, Somm., S. 388 mit Anmerkung *Ferrier,* 2^e esp.). Auch illoyales Verhalten (z. B. Verstoß gegen das Wettbewerbsverbot) ist anerkanntermaßen ein schwerwiegender Vertragsbruch.

59. Die Nichtverlängerung des abgelaufenen Franchisevertrages (*non renouvellement*). Im Bereich des Selektivvertriebs gewährt die Judikatur dem Absatzmittler einen Anspruch auf Vertragsverlängerung solange sich dieser nichts zu schulden kommen lässt (vgl. hierzu *Bout/Prieto/Cas,* Lamy Droit Économique 1998, n° 3645 u. 4057; *Vogel,* Contrats, conc., cons. 1991, n° 7, S. 1 ff.). Diese Judikatur wurde jedoch, soweit ersichtlich, bis dato nicht auf Franchisevertragsverhältnisse übertragen, obwohl auch das Franchisesystem Merkmale der Selektivdistribution aufweist. Nach derzeit praktizierter Rechtslage steht dem Franchisenehmer nach Vertragsablauf im Grundsatz nach *droit commun* kein Anspruch auf Verlängerung des Franchisevertrages zu, ohne dass eine entsprechende Verlängerungsoption in den Franchisevertrag aufgenommen wurde. Die Judikatur begründet dies mit dem Prinzip der Vertragsfreiheit (*liberté contractuelle*). Es müsse den Parteien vorbehalten bleiben, mit wem und wie lange sie eine Kooperation beabsichtigten. In Anbetracht des Art. 1134 *Code civil* ende daher das Franchiseverhältnis mit Auslaufen des Franchisevertrages (*Cass. com.* 9. 7. 1952 R. T. D. Com. 53, 720; Paris 14. 6. 1961 R. T. D. Com. 1961, 905; Paris 14. 2. 1962 D. 1962, 514; vgl. hierzu auch *Sine Veigne,* S. 85). Der Franchisenehmer kann sich auch nicht auf eine bereits lange währende Geschäftsbeziehung als Vertrauenstatbestand berufen, auch wenn diese mehrere Jahrzehnte angedauert haben sollte (Paris 12. 11. 1962 D. 1963 Somm. 25; *Cass. com.* 30. 11. 1982 J.C.P. 1983 IV, 54). Desgleichen bestehen für den Franchisenehmer wenig Aussichten, die Verlängerung des Franchisevertrags mit Hilfe des nationalen Kartellrechts zu begründen. Der früher schon in diesen Fällen vorgetragene Art. 36 WettbewerbsVO Nr. 86-1243 kann allenfalls zu einer nachvertraglichen Umstellungsfrist führen (vgl. dazu *Bout/Prieto/Cas*, Lamy Droit Économique 1998, S. 1292, n° 3652; es bleibt abzuwarten, wie sich die Judikatur im Hinblick auf ihre Rechsprechungspraxis zu Selektivsystemen auf diese Neuerung des Kartellrechts einstellt.). Diskutiert wird auch eine Begründung des Verlängerungsanspruchs über den dem § 20 Abs. 2 GWB nachempfundenen Missbrauchstatbestand des Art. 420-2 *Code com.* (= füherer 8 Nr. 2 WettbewerbsVO Nr. 86-1243). Denn Art. 420-2 *Code com.* verlangt diesbezüglich, dass der wettbewerbsbeschränkende Effekt der Vertragsbeendigung nachgewiesen wird. Ein derartiger, sich auf den Wettbewerb nachteilig auswirkender Effekt wird jedoch abgelehnt, wenn für den Absatzmittler zumutbare Alternativen bereitstehen (*Bout/Prieto/Cas*, Lamy Droit Économique 1998, S. 1292, n° 3653 m.w.N.; *Opatz*, Die Vertragsbeendigung im Bereich des Integrierten Vertriebs als wettbewerbswidrige Handlung, Diss. 1993).

60. Der Tatbestand des *abus de droit* – Einschränkung der vertraglichen Beendigungsfreiheit. Der Franchisegeber genießt wie zuvor aufgezeigt eine weitreichende Beendigungsfreiheit. Er braucht in der Regel weder die einseitige Kündigung des Franchisevertrags noch die Weigerung, den abgelaufenen Franchisevertrag zu verlängern, dem Franchisenehmer gegenüber zu begründen (*Cass. com.* 9. 7. 1952 R.T.D. Com. 53, 720; CA Paris 12. 11. 1962, D. 1963, Somm., S. 25; vgl. hierzu auch *Bout/Prieto/Cas*, Lamy Droit Économique 1998, S. 1290, n° 3644 m.w.N.; *Cass. com.*, 5. 4. 1994, Bull. civ. IV, Nr. 149, D. 1995, S. 356; vgl. auch *Anstett-Gardea*, in: Martinek/Semler (Hrsg.), Vertriebsrechtshandbuch, § 46 Frankreich, Rdnr. 48). Dennoch behält sich die Judikatur das Recht vor, die Beendigung des Vertragsverhältnisses auf das Vorliegen eines Rechtsmissbrauchs (*abus de droit*) zu überprüfen (*Bout/Prieto/Cas*, Lamy Droit Économique 1998, n° 3706 ff.). Damit wurde von der Judikatur mittelbar, *via negationis*, das Erfordernis einer sachlichen Rechtfertigung für eine Verlängerungsverweigerung ins Felde geführt (vgl. hierzu *Cass. com.* 22. 3. 1994, L. Distr., 5/1994, S. 3; *Cass. com.* 28. 6. 1994, R.J.D.A. 1994 n° 1258, S. 978). Denn sie überprüft die Vertragsbeendigung auf das Vorliegen eines sachlichen Rechtfertigung (*motif légitime*) (*Cass. com.* 31.5199, n° 67-14.585, Bull. civ. IV, S. 188; *Cass. com.* 27. 10. 1969, n° 67-12.575, Bull. civ. IV, S. 298; *Cass. com.* 27. 5. 1981, n° 80-10.696, Bull. civ. IV, S. 199; vgl. hierzu auch *Grignon*, Le fondement de l'indemnisation, Thèse, Montpellier 1996, S. 193 sowie *Bout/Prieto/Cas*, Lamy Droit Économique 1998, n° 3706 ff. m.w. N auf Judikatur). Es besteht keine gesicherte Judikatur darüber, welche Gründe konkret als rechtsmissbräuchlich eingestuft werden. Die *Cour de Cassation* hält jedenfalls eine Beendigung des Franchiseverhältnisses wegen Änderung der Absatzpolitik und Umgestaltung des Vertriebssystems für zulässig (*Cass. com.* 9. 3. 1970 Bull. Civ. IV N° 89, 84; *Cass. com.* 29. 3. 1989 D.P.D.A. 1990, S. 595 f.). Desgleichen wird eine Beendigung des Vertriebsvertrags für nicht rechtsmissbräuchlich erachtet, wenn der Misserfolg des Vertriebssystems absehbar ist (T. com. Strasbourg, 30. 11. 1988, Lettre distrib. 1989, n° 2; zu weiteren Fällen der zulässigen Beendigung des Vertriebsvertrags durch den Absatzherrn *Bout/Prieto/Cas*, Lamy Droit Économique 1998, S. 1300, n° 3680 m.w.N.). Stellt sich die Vertragsbeendigung jedoch als Ausdruck einer willkürlichen Handlung des Franchisegebers dar, oder hat der Franchisegeber dem Franchisenehmer zuvor Hoffnung auf eine Vertragsverlängerung gemacht, oder wird der Franchisevertrag ohne ersichtliche sachliche Rechtfertigungen einseitig abgeändert, so wird dies als eine missbräuchliche Vertragsbeendigung verstanden, die zu Schadensersatzforderungen des betreffenden Absatzmittlers führt (vgl. hierzu *Cass. com.* 31. 3. 1978, Bull. IV. n° 102, S. 84; *Cass. com.* 25. 10. 1994, R.J.D.A. 1995, n° 225; vgl. hierzu auch *Grignon*, S. 225 m.w.N.; zu weiteren Beispielen vgl. auch *Bout/Prieto/Cas*, Lamy Droit Économique 1998, S. 1295, n° 3662).

4. Contrat de franchisage (Französischer Franchisevertrag) III. 4

61. Folgen der Vertragsbeendigung. Wird der Franchisevertrag beendet, so gibt es für die Rückabwicklung keine speziellen gesetzlichen Vorschriften. Die Judikatur wird erst allmählich mit Streitigkeiten befasst, die die Beendigung des Franchisevertrages betreffen und hat noch kaum verallgemeinerungsfähige Rechtsgrundsätze hierzu entwickelt. Es empfiehlt sich daher, diese Fragen vertraglich nach den Gesichtspunkten der Zweckmäßigkeit und Angemessenheit zu regeln. Die Konsequenzen der Vertragsbeendigung werden dabei gewiss auch vom Beendigungsgrund bzw. Parteiverhalten abhängig zu machen sein (vgl. zur Vertragsbeendigung *Mousseron et al.*, S. 263 ff.; *Enghusen*, S. 142 f.; *Opatz*, aaO. und *Martinek*, RabelZ Bd. 59 (1995), S. 779).

(1) Reguläre Vertragsbeendigung. Nach bislang herrschender Rechtsprechungspraxis kann der Franchisenehmer weder einen echten Goodwill-Ausgleichsanspruch geltend machen, noch kann er sich auf einen Schadensersatzanspruch berufen, wenn der Franchisevertrag vom Franchisegeber regulär beendet wird (vgl. hierzu *Bout/Prieto/Cas*, Lamy Droit Économique 1998, S. 1426, n° 4019 u. S. 1306, n° 3702; *Cass. com.*, 21. 10. 1970, n° 69-14.122, JCP éd. G 1971, II n° 16632; CA Paris, 28. 6. 1958, Gaz. Pal. 1958, II, S. 253; CA Paris, 14. 6. 1961, RTD com. 1962, S. 905 mit Anm. *Hémard*; *Cass. com.* 9. 3. 1976, n° 74-12.543 Bull. civ. IV, S. 76 für den Fall eines Vertragshändlers; CA Aix, 2. 5. 1975 sowie CA Paris 9. 11. 1975, D. 1976, jur., S. 344 mit Anmerkung *Hémard*.). Die wirksame Beendigung des Franchisevertrags stellt nach französischem Recht nicht per se eine haftungsbegründende Handlung des Franchisegebers dar. Insoweit unterscheidet sich die Rechtslage des selbständigen Franchisenehmers von der eines *agent commercial*. Dort führt auch die wirksame Vertragsbeendigung zu einer Schadensersatzverpflichtung des Franchisegebers, in der auch ein Ausgleich für den vom *agent commercial* aufgebauten und entwickelten Goodwill enthalten ist (vgl. hierzu *Pour Rafsendjani*, Goodwillausgleichs-Anspruch, 17. Kapitel B III).

(2) Irreguläre Vertragsbeendigung. Eine Ausnahme von den unter (1) genannten Grundsätzen ergibt sich jedoch in bestimmten Fällen einer irregulären Beendigung des Franchisevertrags. Das französische Vertriebsrecht sieht diesbezüglich verschiedene, bei Verstoß zum Schadensersatz führende Einschränkungen der ansonsten weitreichenden Vertragsbeendigungsfreiheit des Franchisegebers vor. Es werden hierbei zwei verschiedene Entschädigungsformen unterschieden: Zum einen ist hier die *indemnité de rupture brusque* zu nennen, die dem Franchisenehmer für den Fall zusteht, dass der Franchisevertrag für den Franchisenehmer überraschend, d. h., ohne Einhaltung angemessener Fristen (*préavis*) gekündigt wird. Zum anderen sieht das französische Vertriebsrecht eine *indemnité de rupture abusive* vor, wenn der Beendigung des Vertrags rechtsmissbräuchliche Motive des Prinzipals zugrunde liegen. Die Darlegungs- und Beweislast für eine irreguläre Vertragsbeendigung in Form der *rupture abusive* bzw. in Form der *rupture brusque* obliegt dem Franchisenehmer (*Cass. com.*, 5. 7. 1994, Contr., conc., Consom., Nov. 1994, S. 7 Nr. 219; *Cass. com.*, 4. 1. 1994, Bull. civ. IV Nr. 13, D. 1995 und S. 355; *Cass. com.*, 5. 4. 1994, Bull. civ. IV Nr. 149, D. 1995, S. 356 mit Anmerkung *Virassamy*; vgl. hierzu auch *Zilles*, RIW 1993, S. 716 f. S. 716 m. w. N.). Der Franchisenehmer kann in bestimmten Ausnahmefällen eine *indemnité de clientèle* im Wege des Schadensersatzes unter dem Gesichtspunkt der *responsabilité contractuelle* und des Rechtsmissbrauchs (*abus de droit*) geltend machen (vgl. hierzu *Zilles*, RIW 1993, S. 717 m. w. N. und *Sine Veigne*, S. 80; *Bout/Prieto/Cas*, Lamy Droit Économique 1998, S. 1426, n° 4019; *Cass. com.*, 5. 7. 1994, n° 92-17.918, Contrats, conc. cons. 1994, n° 219, mit *Anm. Leveneur*.).

a) *Indemnité de Rupture Brusque*. Die *indemnité de rupture brusque* wird fällig, wenn der Franchisegeber den Franchisevertrag beendet, ohne die erforderlichen Fristen einzuhalten (vgl. hierzu *Grignon*, S. 222 ff. sowie Anmerkung Nr. 57). Die *indemnité de brusque rupture* erfasst allerdings nur den entgangenen Gewinn bis zum Zeitpunkt, in dem die Vertragsbeendigung rechtswirksam wird. Hier ergibt sich – insoweit stimmt dies mit der Rechtslage in der Bundesrepublik Deutschland überein – eine zeitliche Grenze für die „*indemnité de brusque rupture*".

b) *Indemnité de Rupture Abusive.* Die *indemnité de rupture abusive* wird fällig, wenn sich die Beendigung des Franchisevertrags als die Manifestation einer Schädigungsabsicht (*intention de nuire*) oder eines sonstigen Rechtsmissbrauchs (*abus de droit*) herausstellt (Cass. com. 15. 12. 1974 Bull. Civ. N° 286; *Cass. com.* 30. 11. 1982 Bull. civ. IV, 326; *Cass. com.* 10. 6. 1986 J.C.P. 1986 IV, 243; Cass. com. 9. 12. 1986 D.S. 1988 Som. 19; *Cass. com.* 6. 1. 1987 IR. 13; *Cass. com.* 28. 6. 1994, R.J.D.A. 1994, n° 1258, S. 978; Paris 17. 3. 1993, R.J.D.A. 1993, n° 689, S. 611 = D. 1995, Somm., S. 70 mit Anm. *Ferrier*). *Abus de droit* bedeutet ein vorsätzliches bzw. willkürliches von mit Schädigungsabsicht getragenes Verhalten (*Cass. com.* 13. 11. 1972, Bull. IV. n° 286, S. 269; Paris, 11. 5. 1989, D. 1989, I.R., S. 188). Dogmatisch wird der Ersatzanspruch wegen *abus de droit* aus einer Art Treuepflicht (*loyauté*) des Franchisegebers hergeleitet, diese wiederum aus Art. 1134 Abs. 2 *Code civil* (vgl. hierzu auch *Grignon*, S. 236 m.w.N.). Eine *indemnité de rupture abusive* kommt jedoch nur in wenigen Ausnahmefällen vor. Denn der Franchisegeber verfügt nach *droit commun* über eine weitreichende Beendigungsfreiheit (vgl. hierzu *Bout/Prieto/Cas,* Lamy Droit Économique 1998, S. 1289 n° 3642; *Mestre*, Résiliation unilatérale et non-renouvellement dans les contrats de distribution, in: La cessation des relations contractuelles d'affaires, PUAM 1997, S. 13). Inhalt und Umfang der *indemnité du rupture abusive* richten sich nach den allgemeinen Regeln der *responsabilité civile* des *droit commun* (Art. 1147 *Code civil*) (*Bout/Prieto/Cas,* Lamy Droit Économique 1998, S. 1309, n° 3715). Dem Tatrichter steht diesbezüglich ein weiter Ermessensspielraum zu (*Cass. com.,* 19. 7. 1978, n° 76-13.752, Bull. civ. IV, S. 167). Ersetzt wird in diesem Fall zum einen der entgangene Gewinn unter der Fiktion einer regulären Beendigung des Vertrags (*Sine Veigne,* S. 80 mit Hinweis auf *Cass. com.* 20. 10. 1982 Bull soc. Mars 1983, S. 255, N° 120). Der Franchisenehmer kann aber auch zusätzlich den Verlust seines Kundenstamms geltend machen (vgl. hierzu Paris 23. 2. 1979 Petites Affiches 23. 7. 1979, S. 3 für den Fall einer „rupture abusive" eines Vertragshändlervertrages). Dieser ist im Rahmen des Franchising auf der Grundlage der erzielbaren Handelsspanne (*terme de marge*) zu errechnen (Paris, 17. 2. 1993, R.J.D.A. 1993 n° 689, S. 611; D. 1995, Somm., S. 65 mit Anm. *Ferrier*). Der hieraus resultierende Schadensersatz erfasst schließlich auch die aus der Vertragsbeendigung resultierenden Kosten, die auf den Franchisenehmer zukommen (*Grignon*, S. 230 f.). Auf der Grundlage des *abus de droit* können dem Franchisenehmer demnach qualitativ unterschiedliche Schadensersatzansprüche zustehen, die insgesamt in Anspruchskonkurrenz stehen und daher vom Franchisenehmer nebeneinander geltend gemacht werden können (*Lamy droit économique,* n° 3294, S. 1118; *Grignon*, S. 187). Hierzu zählt ein Investitionsersatzanspruch, wenn der Franchisegeber bei seiner Vertragsbeendigung nicht genügend das Amortisationsinteresse des Franchisenehmers beachtet hat (*Cass. com.,* 5. 7. 1994, Contr., conc., Consom., Nov. 1994, S. 7 Nr. 219; *Cass. com.,* 4. 1. 1994, Bull. civ. IV Nr. 13, D. 1995 und S. 355; *Cass. com.,* 5. 4. 1994, Bull. civ. IV Nr. 149, D. 1995, S. 356 mit Anmerkung *Virassamy*). Nach herrschender Auffassung kann der Vertriebsmittler auch einen Goodwillausgleich für den Fall einer irregulären Vertragsbeendigung aus dem Gesichtspunkt der *responsabilité contractuelle* und deren Unterfall des Rechtsmissbrauchs (*abus de droit*) geltend machen (vgl. hierzu *Zilles*, RIW 1993, S. 717 m.w.N. und *Sine Veigne,* S. 80; *Bout/Prieto/Cas,* Lamy Droit Économique 1998, S. 1426, n° 4019; *Cass. com.,* 5. 7. 1994, n° 92-17.918, Contrats, conc. cons. 1994, n° 219, obs. *Leveneur.*). Der Franchisenehmer kann insoweit über die *indemnité de rupture abusive* eine *indemnité de clientèle* geltend machen, die im Ergebnis einem Goodwillausgleich entspricht (vgl hierzu auch Anm. Nr. 63).

62. Rückzahlung der Eintrittsgebühr. Die Rückzahlung der Eintrittsgebühr kann immer dann verlangt werden, wenn der Vertrag rückwirkend als nichtig erachtet wird (*Lefebre*, Nr. 1236, S. 413 mit Hinweis auf *Cass. com.* 30. 5. 1989). Dies ist z.B. der Fall, wenn dem Franchisenehmer nicht das erforderliche *savoir-faire* übertragen wurde und der

4. Contrat de franchisage (Französischer Franchisevertrag) III. 4

Vertrag daraufhin wegen *absence de cause* oder *dol* für nichtig erklärt wird. Die Rückzahlung der Eintrittsgebühr kann hingegen nicht verlangt werden, wenn der Franchisevertrag lediglich mit ex-nunc Wirkung aufgekündigt wird (*Lefebre*, Nr. 1236, S. 413).

63. Goodwillausgleich. Auch in Frankreich entwickelt sich mittlerweile ein immer mehr in den Vordergrund rückender Streit um den Franchise-Goodwill, der lebhafte, zeitweise turbulente Diskussionen ausgelöst hat (vgl. z.B *Belot*, Gaz. du Pal. 1996, Nr. 152 S. 16–21, der seine Kollegen *Boccara* und *Baschet,* die, anders als *Belot* selbst, einen Pro-Franchisenehmerstandpunkt einnehmen, nach einem Urteil der *Cour d'Appel* Paris mit zeitweise starker Kritik konfrontiert). Sowohl die rechtswissenschaftliche Literatur (umfangreiche Nachweise bei *Pour Rafsendjani*, Goodwill-Ausgleichsanspruch, S. 376) als auch die nationale Gerichtsbarkeit (T. com. Paris, 14. 7. 1979: Cah. dr. entr. 1979-6; Com. 30. 11. 1982: Bull. civ. IV n. 236; *Cass. com.*, 27. 10. 1970, JCP 1971, II, 16688; Paris, 28. 6. 1958, Gaz. Pal. 1958, S. 253; Trib. com. Seine 16. Nov. 1959, Rev. Jur. Com. 1960, S. 156; Paris, 14. 6. 1961, Rév. trim. de droit com. 1961, S. 905 mit Anm. *Hémard*; Paris 14. 21962, D. 1962, S. 514, mit Anm. *Hémard; Cass. com.* 5. 7. 1962, Gaz. Pal. 1962, S. 161; *Cass. com.* 24. 11. 1992, Bull. IV., n° 371, S. 262; Paris, 3. 3. 1995, L. Distr. 3/1995, S. 3; TGI Évry vom 9. Dezember 1993, D. 1995 Somm. 154 mit Anm. *Rozès;* Gaz. du Pal. 1994, I, S. 203 mit Anm. *Belot*; Petites Affiches, 24. August 1994, S. 16 mit Anm. *Gast/Lanciaux.*; CA Paris, 6. Februar 1996 (Sté Paris Sud location c/Mme Agopyan), Dalloz Affaires 1996, Nr. 15, S. 446 ff.) haben bereits mehrfach zu der Frage eines Goodwillausgleichs eines rechtlich vom Absatzherrn unabhängigen Absatzmittlers Stellung genommen. Eine endgültige richterliche Entscheidung zum Franchiserecht steht allerdings noch aus. Doch können die Entscheidungen, die zum Vertragshändler bereits ergangen sind, entsprechend auf die franchiserechtliche Problematik übertragen werden. Die Judikatur hat danach einem Goodwill-Ausgleich eine Absage erteilt, wenn der Franchisevertrag vom Franchisegeber regulär beendet wird und der Vertrag keine entsprechenden Regelungen vorsieht (vgl. hierzu *Bout/Prieto/Cas*, Lamy Droit Économique 1998, S. 1426, n° 4019 u. S. 1306, n° 3702; *Cass. com.*, 21. 10. 1970, n° 69-14.122, JCP éd. G 1971, II n° 16632; CA Paris, 28. 6. 1958, Gaz. Pal. 1958, II, S. 253; CA Paris, 14. 6. 1961, RTD com. 1962, S. 905 mit Anm. *Hémard; Cass. com.* 9. 3. 1976, n° 74-12.543 Bull. civ. IV, S. 76 für den Fall eines Vertragshändlers; CA Aix, 2. 5. 1975 sowie CA Paris 9. 11. 1975, D. 1976, jur., S. 344 mit Anmerkung *Hémard.*). Das Goodwill-Ausgleichsproblem hat sich aber mittlerweile auch in einer Rechtssparte festgesetzt, die für den deutschen Juristen zunächst einmal ungewöhnlich erscheint. Denn die Diskussion um den Goodwill des Franchisenehmers wird vor allem vor dem Hintergrund des Pachtrechts geführt (vgl. hierzu Anmerkung Nr. 32). Zur Begründung des Goodwill-Ausgleichs werden aber im übrigen hinsichtlich der in Betracht zu ziehenden Rechtsinstitute die gleichen Überlegungen wie in der Bundesrepublik Deutschland und den USA angestellt. Trotz dieser vergleichbaren Ausgangspunkte werden infolge der Unterschiede des kodifizierten Rechts, aber auch wegen der unterschiedlichen Einstellungen zu Fragen der Rechtsfindung und Rechtsanwendung Unterschiede zur deutschen Rechtslage erkennbar. Zwar wurden an verschiedenen Stellen spezifisch vertriebsrechtliche Goodwill-Ausgleichsansprüche kodifiziert: Dem *V. R. P.* steht diesbezüglich über Art. 751-9 *Code travail* und dem *agent commercial* nach Maßgabe des Art. L-134-12 *Code com.* (ehemals Art. 12 der *Loi* Nr. 91-953 vom 25. 6. 1991) ein spezifischer Goodwill-Ausgleichsanspruch zu. Im Schrifttum wird die analoge Anwendung dieser Normen auf selbständige Vertriebsmittler, wie dem Vertragshändler oder Franchisenehmer, gefordert (vgl. z.B. *Licari*, S. 509 ff.). Die Judikatur lehnt dagegen die analoge Erstreckung dieser Normen auf den Franchisenehmer ab. Sie verneint die Vergleichbarkeit mit dem Argument, dass der Franchisenehmer selbständiger Unternehmer sei und die Ausgleichsproblematik für ihn von Anfang an zu erkennen sei. Er müsse daher zur Berufung auf einen Goodwill-Ausgleichsanspruch entsprechende vertragliche Vorsorge treffen. In Frankreich wird angesichts dieser restriktiven Haltung zur Analogie auch eine Herleitung des Goodwillausgleichs auf der Grundlage allgemeingültiger Rechtsgrundlagen des *droit commun,* diskutiert. Die Vorschläge reichen von auftragsrechtlichen über bereicherungsrechtlichen bis hin zu schadensersatzrechtlichen Erwägungen. Nach herrschender Ansicht lässt sich der Goodwill-Ausgleichsanspruch des Franchisenehmers jedoch weder über das Auftragsrecht (*mandat*), noch über das Bereicherungsrecht (*enrichissement sans cause*) begründen. In eng begrenzten Fällen wird von der Judikatur ein schadensersatzrechtlicher Goodwillausgleich (*indemnité de clientèle*) für den Fall der rechtsmissbräuchlichen Vertragsbeendigung (*rupture abusive*) anerkannt. Es besteht jedoch keine gesicherte Spruchpraxis darüber, welche Fälle konkret als *rupture abusive* einzustufen sind (vgl. hierzu auch Anm. Nr. 61). Die absatzpolitisch motivierte Beendigung des Franchisevertrags durch den Franchisegeber wird jedenfalls nicht als unzulässig betrachtet. In diesen Fällen steht dem Franchisenehmer daher auch schadensersatzrechtlich kein Goodwillausgleichsanspruch zu. Heftig diskutiert wird die Frage eines miet- bzw. pachtrechtlichen Goodwillausgleichs nach Maßgabe des Art. 145-14 *Code com.* (früher Art. 8 des Dekrets Nr. 53-960). Wer in Frankreich einen Miet- bzw. Pachtvertrag über einen Geschäftsraum abschließt, der eine längere Laufzeit als zwei Jahre aufweist, erhält damit das Recht auf einen mit besonderen Rechten ausgestatteten Mietvertrag (*bail commercial*). Hierzu gehört auch ein Goodwillausgleich (*indemnité d'éviction*) für den Fall, dass der Vermieter bzw. Verpächter sich weigert, den Mietvertrag nach Vertragsablauf zu verlängern. Voraussetzung ist allerdings, dass der Franchisenehmer sich auf ein eigenständiges Klientel berufen kann, das als elementarer Bestandteil des *fonds de commerce* verstanden wird. Diesbezüglich werden in Literatur und Rechtsprechung unterschiedliche Standpunkte vertreten. Die Spruchpraxis lässt jedenfalls keine einheitliche Linie erkennen (vgl. hierzu Anmerkung Nr. 32 zur Geschäftsraummiete).

64. Investitionsersatzanspruch. Erst seit kurzer Zeit setzen sich die Gerichte mit der Frage der Ansprüche des Franchisenehmers bei Beendigung des Vertragsverhältnisses auseinander. Für die Frage des Investitionsersatzanspruches kann vor allem auf die Entscheidungspraxis des Kassationshofes zu den Vertragshändlerverträgen zurückgegriffen werden. Vereinzelt findet man aber auch Entscheidungen speziell zum Franchiserecht. Als Quintessenz kann festgehalten werden, dass sowohl Vertragshändlerverträge als auch Franchiseverträge nahezu identischen Kriterien unterliegen (*Cass. com.,* 5. 7. 1994, Contr.- Conc.-Cons., Nov. 1994 Nr. 219, S. 7) und auch nach französischem Recht dem Franchisenehmer für seine nicht amortisierten Investitionen ein Investitionsersatzanspruch bestehen kann (vgl. z.B. Paris, 11. 12. 1989, D. 1989, IR, S. 188). Zur Begründung eines Investitionsersatzanspruches muss danach der Franchisenehmer einen Rechtsmissbrauch (*abus de droit*) gem. Art. 1382 i.V.m. Art. 1134 *Code Civil* darlegen und beweisen (*Cass. com.,* 5. 7. 1994, Contr., conc., Consom., Nov. 1994, S. 7 Nr. 219; *Cass. com.,* 4. 1. 1994, Bull. civ. IV Nr. 13, D. 1995 und S. 355; *Cass. com.,* 5. 4. 1994, Bull. civ. IV Nr. 149, D. 1995, S. 356 mit Anmerkung *Virassamy*). Es muss dargelegt und bewiesen werden, dass der Franchisegeber sein Recht zur Verweigerung der Vertragsverlängerung bzw. sein Kündigungsrecht missbräuchlich ausgeübt hat. Jedoch genügt die Tatsache erheblicher noch nicht amortisierter Investitionen für sich alleine noch nicht, einen Investitionsersatzanspruch zu rechtfertigen (Cass. com., 4. 1. 1994, Bull. civ. IV, Nr. 13, D. 1995, S. 355). Auch die Tatsache, dass der Franchisegeber seine Entscheidung gegenüber dem Franchisenehmer nicht begründet hat, stellt keinen *abus de droit* dar. Es besteht keine Begründungspflicht seitens des Franchisegebers (*Cass. com.,* 5. 4. 1994, Bull. civ. IV, Nr. 149, D. 1995, S. 356). Erforderlich ist vielmehr, dass der Franchisegeber den Franchisenehmer durch ein ihm zurechenbares Verhalten zu Investitionen veranlasst hat (Paris, 8. 12. 1978, RJ com 1980, S. 186 mit Anm. *Tourneau*). Weitere Voraussetzung ist, dass die vom Franchisenehmer getätigten Investitionen nicht mehr rückgangig gemacht werden können (*irréversibilité*) (Paris, 21. 12. 1994, Let. Distri. 1995/2), da es sich um bedeutende Investitionen (*investissements importants*) handelt (Paris, 11. 5. 1989, D. 1989, IR, S. 188, Versaille, 3. 5. 1990, D. 1990, Somm., 367 mit Anm. *Ferrier*), die nur durch ein Fortbestehen des Vertrags Sinn gemacht hätten, weil die Investitionen in Güter erfolgten, die zwingend an die Nutzung der Franchisemarke gebunden sind (*investissements spécifiques*) (Paris, 20. 12. 1990, Contr.-Conc-Cons. 1991, Nr. 50).

65. Einstellung des Gebrauchs der gewerblichen Schutzrechte. Die Verpflichtung des Franchisenehmers zur Einstellung des Gebrauchs der lizenzierten Immaterialgüterrechte des Franchisegebers nach Vertragsbeendigung war bereits durch Art. 3 Abs. 2a Franchise-GVO freigestellt. Sie ist aus heutigem europäischen Kartellrecht zulässig. Sie dient dem Schutz des Images des Franchisesystems sowie dem Schutz der gewerblichen Schutzrechte des Franchisegebers. Weigert sich der Franchisenehmer, den Gebrauch der *Signes,* Logos oder sonstigen Werbematerials einzustellen, so kann der Franchisegeber mit Hilfe eines Eilverfahrens (*référé*) die vorgenannte Verpflichtung durchsetzen. Die Judikatur erkennt in diesen Fällen die Dringlichkeit dieser Fälle an (T. com. Aix, 30. 9. 1986; T. com. Paris, 13. Dez. 1984, PLBD 1985, III, S. 208; T. com. Colmar, 6. 12. 1977, Cahier de droit de l'entreprise 1978, 4, mit Anm. *Ferrier*). Verstößt der Franchisenehmer gegen seine Verpflichtung zur Einstellung des Gebrauchs der gewerblichen Schutzrechte, kommt sogar eine strafrechtliche Verfolgung wegen *contrefaçon* sowie wegen *abus de confiance* in Betracht (*Leloup,* S. 241 f. m. w. N.). Darüber hinaus macht sich der Franchisenehmer auf zivilrechtlicher Ebene schadensersatzpflichtig wegen *concurrence déloyale* (*Leloup,* S. 242 mit Hinweis auf *Cass. com.,* 22. 10. 1985, arrêt 860).

66. Rücknahme des verbleibenden Warenbestandes. Soweit vertraglich nichts anderes vorgesehen ist, besteht nach Auffassung der Judikatur keine Verpflichtung des Franchisegebers, seinem ehemaligen Franchisenehmer das Werbematerial und den Restbestand an Waren und Ausstattungsgegenständen abzukaufen (*Guyon,* S. 855 zu Konzessionsverträgen m. Hinweis auf *Cass. com.,* 26. 10. 1982, Bull. civ. IV, Nr. 328, S. 275 sowie *Cass. com.* 23. 6. 1992, RJDA 1992, Nr. 1119; kritisch und a. A. z. B. *Licari,* S. 550 ff.). Sie verbleiben im Eigentum des Franchisenehmers, und dieser ist konsequenter Weise berechtigt, den Restwarenbestand weiter zu veräußern. Allerdings darf er ohne eine anderweitige vertragliche Vereinbarung den Verkauf der Ware nicht unter Benutzung der gewerblichen Schutzrechte des Franchisegebers, z. B. durch Verwendung der *Signes* oder Logos in der Werbung, durchführen, da er sich ansonsten einer *concurrence déloyale* schuldig macht.

67. Nachvertragliches Wettbewerbsverbot. (1) Wirksamkeitsvoraussetzungen nach nationalem Recht. Das nachvertragliche Wettbewerbsverbot bedarf ausdrücklicher Regelung im Franchisevertrag, da das französische Recht auch hierfür keine spezielle gesetzliche Regelung bereithält (*Le Tourneau,* J.-Cl. Fasc. 565, S. 29 Nr. 108 mit Nachweis auf *Y. Serra,* Nr. 170). Der Judikatur zufolge ist die Aufnahme eines nachvertraglichen Wettbewerbsverbotes in Franchiseverträgen grundsätzlich zulässig (CA Colmar, 9. 6. 1982, PIBD 1952, Nr. 308, III, S. 191; CA Paris, 4. 3. 1991, D. 1991, inf. rap., S. 103; siehe zuletzt *Cass. com.* 22. 2. 1999, Contr.-Conc.-Cons. 2000, S. 15 Nr. 92). Das nachvertragliche Wettbewerbsverbot ist jedoch an gewisse Bedingungen geknüpft, die in die Klausel aufgenommen werden müssen: **(a)** Die nachvertragliche Konkurrenzschutzklausel muss zeitlich und örtlich beschränkt werden (vgl. *Cass. com.,* 26. 4. 1987, Gaz. Pal. 1987, 2 pan. jur. 166, *Tourneau,* J.-Cl. Fasc. 565, S. 29 Nr. 109; *Cass. com.* 22. 2. 1999, Contr.-Conc.-Cons. 2000, S. 15 Nr. 92: Beschränkung auf 1 Jahr und 5 km), **(b)** das nachvertragliche Wettbewerbsverbot darf nicht zu einem Berufsverbot des Franchisenehmers führen (*Cass. com.* 22. 2. 1999, Contr.-Conc.-Cons. 2000, S. 15 Nr. 92), **(c)** das nachvertragliche Wettbewerbsverbot muss sachlich dadurch gerechtfertigt sein, dass es zum Schutz des Systems erforderlich ist (*Cass. com.* 14. 11.

1995, D. 1997, Somm., S. 59, mit Anm. *Ferrier;* Cass. soc., 14. 5. 1992, JCP 1992, E, II, 134 mit Anmerkung *Amiel-Donat* für nachvertragliche Wettbewerbsverbote in Arbeitsverträgen; *Cass. com.* 22. 2. 1999, Contr.-Conc.-Cons. 2000, S. 15 Nr. 92), (d) das nachvertragliche Wettbewerbsverbot muss verhältnismäßig sein (*Cass. com.*, 22. 2. 1999, Contr.-Conc.-Cons. 2000, Nr. 92, S. 15). Klauseln über nachvertragliche Wettbewerbsverbote, die hiergegen verstoßen, sind nichtig (vgl. *Cass. com.*, 20. 5. 1980, Bull. civ. IV, Nr. 220; *Cass. com.*, 28. 4. 1987, Bull. civ. IV, Nr. 95; *Cass. com.* 12. 01. 1988, Bull. Civ. IV, Nr. 31 = D. 1989, Somm, S. 269 mit Anm. *Serra;* Paris, 31. 11. 1989, G.P. 1985, 2, Jur., 447). In der Literatur wird darüber hinaus die Aufnahme einer Kompensationsleistung zugunsten des Absatzmittlers gefordert (*Ferrier*, S. 21), da ansonsten ein Missbrauch gem. Art. L-420-2 II *Code com.* (ehem. Art. 8 WettbewerbsVO Nr. 86-1243) vorliege (*Le Tourneau*, J.-Cl., Fasc. 565, S. 30 Nr. 114).

(2) Wirksamkeitsvoraussetzungen nach europäischem Kartellrecht. Gem. Art. 5 b Vertikal-GVO Nr. 2790/99 sind nachvertragliche Wettbewerbsverbote zugelassen, wenn sie 4 bestimmte Voraussetzungen erfüllen: (a) Es muss sich um nachvertragliche Wettbewerbsverbote handeln, die sich auf Waren oder Dienstleistungen beziehen, die mit den Vertragsarten oder Vertragsdienstleistungen im Wettbewerb stehen, (b) die Wettbewerbsverbote müssen sich auf Räumlichkeiten und Grundstücke beschränken, von denen aus der Franchisenehmer seine Geschäfte betrieben hat, (c) Wettbewerbsverbote müssen eine sachliche Rechtfertigung dahingehend aufweisen, dass sie unerlässlich sind, um ein dem Franchisenehmer vom Franchisegeber übertragenes Know-how zu schützen und (d) nachvertragliche Wettbewerbsverbote müssen spätestens 1 Jahr nach Beendigung der Vereinbarung auslaufen, unbeschadet der Möglichkeit, die Nutzung und Offenlegung von nicht allgemein bekannt gewordenem Know-how zeitlich unbegrenzten Beschränkungen zu unterwerfen. Nach der neuen Regelung ist also nicht mehr darauf abzustellen, in welchem Gebiet (so noch die ältere Franchise-GVO Nr. 4078/88 – Art. 3 I c), sondern von wo aus der Franchisenehmer nach Ablauf des Vertrages tätig wird. Nachvertragliche Wettbewerbsverbote sind nach der Vertikal-GVO Nr. 2790/99 darüber hinaus nur insoweit gültig, als sie sich auf die vom Franchisenehmer genutzten Geschäftsräumlichkeiten beschränken (vgl. hierzu auch *Poillot-Peruzzetto,* Contr.-Conc.-Cons. 2000, Nr. 99, S. 22)

(3) Karenzentschädigung. Eine Karenzentschädigung braucht der Judikatur zufolge nicht in die Klausel aufgenommen zu werden (CA Colmar, 9. 6. 1982, PIBD 1952, Nr. 308, III, S. 191; CA Paris, 4. 3. 1991, D. 1991, inf. rap., S. 103). Auch die Vertikal-GVO Nr. 2790/99 sieht keine zwingende Entschädigung des Absatzmittlers/Franchisenehmers vor. Eine Karenzentschädigung erhält der Franchisenehmer nach französischem Recht daher nur, wenn eine solche in den Franchisevertrag aufgenommen wird (vgl. hierzu auch Rep. Min. J.O.A.N. 30. 10. 1989, S. 4553). Eine Ausnahme gilt in dieser Hinsicht nur für die Gruppe der arbeitsrechtlich einzustufenden Absatzmittler, den V.R.P., denen gemäß Art. 17 der *convention collective interprofessionnelle* vom 3. 10. 1975 (*Convention collective interprofessionnelle* vom 1. 10. 1975, geändert und erweitert mit den nachfolgenden Tarifverträgen vom 20. 6. 1977 und vom 5. 10. 1983; zum Anwendungsbereich vgl. Cass. soc. 5. 1. 1995, Rev. Juris. Soc., 1995 n° 165.) eine tarifliche Karenzentschädigung für den Fall der Aufnahme eines nachvertraglichen Konkurrenzverbotes im V.R.P.-Vertrag zusteht. Die *indemnité de non-concurrence* kann hierbei vom V.R.P. kumulativ neben der *indemnité de clientèle* des Art. 751-9 *Code du travail* geltend gemacht werden. Die Judikatur hat bislang eine analoge Anwendung dieser Norm auf Franchisenehmer abgelehnt. Sie hält einen nachvertraglichen Konkurrenzschutz für grundsätzlich zulässig, auch ohne dass eine finanzielle Entschädigung hierfür geleistet wird (CA Colmar, 9. 6. 1982, PIBD 1952, Nr. 308, III, S. 191; CA Paris, 4. 3. 1991, D. 1991, inf. rap., S. 103). In der Literatur wird hingegen die Aufnahme einer Entschädigungsklausel als Wirksamkeitsvoraussetzung gefordert (*indemnité de concurrence*) (*Ferrier,* Cah. Dr. entr. 1993, S. 21; *ders.*, J.C.P. 1977, éd. C.I., II. 12441,

n° 29 ff.). Eine nachvertragliche Konkurrenzschutzklausel ohne eine derartige Entschädigung verstoße gegen das wettbewerbsrechtliche Missbrauchsverbot (*Le Tourneau*, J.-Cl., Fasc. 565, S. 30 Nr. 114).

68. Vertragsstrafen. Vertragsstrafeklauseln, die einen pauschalisierten Schadensersatzanspruch vorsehen, können sowohl zu Lasten des Franchisenehmers als auch zu Lasten des Franchisegebers aufgenommen werden (vgl. hierzu auch *von Bernstorff*, S. 140). Die Zulässigkeit solcher Klauseln bestimmt sich nach Maßgabe des Art. 1152 Code Civil: „*Lorsque la convention porte que celui qui manquera de l'executer payera une certaine somme à titre de dommage-interêts, il ne peut être alloué à l'autre partie une somme plus forte, ni moindre*". Wenn eine Vereinbarung vorsieht, dass derjenige, der die Erfüllung einer Verpflichtung versäumt, eine bestimmte Summe als Schadensersatz zahlen soll, dann kann dem anderen Teil weder eine höhere noch eine geringere Summe gewährt werden. Wie im deutschen Recht wird also vorausgesetzt, dass der Schuldner sich im Verzug mit der Erfüllung einer Verbindlichkeit befindet bzw. eine vertragliche Pflicht verletzt hat. Der Gläubiger kann freilich nicht gleichzeitig die Erfüllung der Verbindlichkeit verlangen (*Delestrin/Legier*, S. 70). Auch ist die Geltendmachung eines weiteren Schadens prinzipiell ausgeschlossen. Durch die *clause pénale* wird der Gläubiger lediglich davon befreit, die Existenz und die Höhe des konkreten Schadens zu beweisen (*Delestrin/Legier*, S. 70). Mit dem Gesetz Nr. 75-957 vom 9. 7. 1975 wurde eingeführt, dass der Richter die Vertragsstrafe sowohl verringern als auch erhöhen kann, wenn der geltend gemachte Schaden in keinem Verhältnis zum tatsächlich entstandenen Schaden steht. Nach Maßgabe des Gesetzes Nr. 85-1097 vom 11. 10. 1985 kann der Richter auch von Amts wegen eine Erhöhung oder Absenkung der Vertragsstrafe vornehmen, wenn sie offenkundig exzessiv oder der Höhe nach zu gering entworfen wurde. Hierbei kommt es auf den Zeitpunkt der Entscheidung des Richters an (Civ. 1re, 19. 3. 1980, Bull. civ. l, Nr. 95).

69. Veräußerung des Franchisegeschäftes durch den Franchisenehmer. Wegen der grundsätzlich höchstpersönlichen Natur (*intuitu personae*) des Franchisevertrags berechtigt eine Veräußerung des Franchisegeschäftes durch den Franchisenehmer vorbehaltlich anderweitiger vertraglicher Vereinbarung den Franchisegeber zur Auflösung des Franchisevertrages. Es unterliegt der Vertragsautonomie der Parteien, eine Veräußerung des Franchisegeschäftes zuzulassen, die zumeist an die Zustimmung des Franchisegebers (agrément) gebunden wird. Für den Fall, dass die Geschäftsveräußerung zugelassen wird, sind allerdings einige Vorschriften zwingenden Rechts zu beachten. Nach Art. 1165 Code Civil besteht prinzipiell eine strenge Relativität der Schuldverhältnisse, die teilweise nur spezialgesetzlich durchbrochen werden kann. Dies gilt z.B. für das Arbeitsrecht, wenn die bestehenden Arbeitsverträge anlässlich einer Betriebsveräußerung auf den neuen Arbeitgeber übergehen (vgl. Art. L 122-12 *Code de Travail*); es gilt auch im Falle der Geschäftsraummiete (vgl. Anmerkung Nr. 32 zu den Besonderheiten der Geschäftsraummiete). Bei einer Fusion oder Abspaltung einer Gesellschaft ist der Schutz Dritter nach Maßgabe eines Gesetzes vom 24. 7. 1966 in besonderer Weise geregelt. Nach Artt. 381–386 dieses Gesetzes haben die Gläubiger ein Widerrufsrecht, über das im Streitfalle das Tribunal de Commerce entscheidet. Die Frist hierfür beträgt dreißig Tage nach Veröffentlichung der unternehmerischen Maßnahme in der *JAL* und im *BALO*. Das Tribunal de Commerce kann im Falle des Widerspruchs entweder zur sofortigen Zahlung der offenstehenden Schulden verurteilen oder die Stellung einer Sicherheit verlangen. Erfolgt eine Annullierung der Fusion oder Spaltung der Gesellschaft des Franchisenehmers, so haften die an dieser Operation beteiligten Unternehmen solidarisch für diejenigen Forderungen, die in dieser Phase entstanden sind, nach Art. 386-1 des Gesetzes vom 24. 7. 1966 sowie nach Maßgabe des Gesetzes Nr. 88-17 vom 5. 1. 1988 (*Leloup*, S. 219.). Dem Franchisegeber ist für die Erteilung seiner Zustimmung zur Veräußerung des Franchisegeschäftes eine angemessene Überlegungsfrist einzuräumen

(*Leloup*, S. 220). Es steht im freien Ermessen des Franchisegebers, seine Zustimmung zur Veräußerung des Franchisegeschäftes zu erteilen. Dennoch darf die Zustimmung nur aus sachlichen Gründen verweigert werden, da die Vertragsparteien gem. Art. 1134 Code Civil an den Grundsatz von Treu und Glauben gebunden sind. Die Zustimmung darf daher verweigert werden, wenn etwa das Image des Systems oder der Schutz des *savoir-faire* sonst nicht gewährleistet werden könnte (*Leloup*, S. 224 m. w. N.; *Le Tourneau*, J.-Cl. Fasc. 566, Nr. 171, S. 30). Die berechtigte Verweigerung kann die sofortige Beendigung des Franchisevertrages nach sich ziehen, sofern dies vertraglich vereinbart wurde.

70. Rechtswahlklauseln. (1) Rechtsgrundlagen. Die Frage der Zulässigkeit einer Rechtswahl unterliegt den Vorschriften des französischen bzw. deutschen internationalen Privatrechts (zu Fragen des internationalen Vertriebsrechts vgl. auch *Oechsler* in: Martinek/Semler § 59 Rn 1–38). Im Prinzip sind sowohl in Deutschland als auch in Frankreich dieselben IPR-Normen anwendbar. Beide Länder sind Unterzeichnerstaaten des Römischen Schuldvertragsübereinkommens (RSVÜ). In Frankreich gilt dieses Übereinkommen seit dem 1. April 1991. Die Bundesrepublik Deutschland hat das RSVÜ im Jahre 1986 durch ein Änderungsgesetz in das EGBGB (Art. 27–35 EGBGB) integriert. Für grenzüberschreitende Geschäfte innerhalb des Binnenmarkts bedeutet dies, dass in den einzelnen Mitgliedstaaten nicht mehr divergierende kollisionsrechtliche Regeln angewandt werden. Die Gerichte der einzelnen Vertragsstaaten wenden vielmehr die gleiche Rechtsordnung an. Das RSVÜ hat somit für vertragliche Schuldverhältnisse einheitliche Kollisionsregeln geschaffen, die allseitig gelten und daher in ihrem sachlichen Anwendungsbereich abweichende Vorschriften des deutschen bzw. französischen internationalen Privatrechts verdrängen. Es kommt somit für die Frage der kollisionsrechtlichen Behandlung nicht mehr darauf an, in welchem Vertragsstaat das Gericht angerufen wird. Einschränkungen dieses Grundsatzes können sich allerdings aus möglichen unterschiedlichen Interpretationen ausfüllungsbedürftiger Generalklauseln ergeben.

(2) Schranken der Rechtswahlfreiheit. Das RSVÜ gestattet die Aufnahme einer Rechtswahlklausel in den Franchisevertrag. Die Grenze bildet allerdings der jeweilige *ordre public* des betreffenden Staates, in dem das Franchisegeschäft betrieben wird (*Leloup*, S. 299 m. w. N.). Vorschriften des *ordre public* können sich aus dem Aspekt des Verbraucherschutzes, des Markenrechts, des Steuerrechts sowie des Wettbewerbsrechts ergeben (vgl. *Leloup*, S. 300 sowie *Jayme*, S. 105 ff.). Fehlt es an einer Rechtswahl oder ist die Rechtswahl nicht gültig erfolgt, unterliegt der Franchisevertrag dem Recht, zu dem er die engste Verbindung aufweist (Art. 28 Abs. 1 EGBGB = Art. 4 Abs. 1 RSVÜ). Die engste Verbindung wird dabei am Niederlassungsort der zur „charakteristisch Leistung" verpflichteten Partei vermutet (Art. 28 Abs. 2 Satz 1 und 1 EGBGB). Es ist (auch) im französischen Recht überaus umstritten, ob hierfür der Ort des Franchisenehmers oder der des Franchisegebers maßgeblich ist (vgl. hierzu *Berlin*, S. 6; Ferrier, J.D.I., 1988, spéc., S. 648 ff.). Gerichtliche Entscheidungen aus der französischen Judikatur liegen hierzu, soweit ersichtlich, nicht vor (vgl. *Anstett-Gardea*, in: Martinek/Semler, Rn. 81; zur Rechtslage in Deutschland vgl. *Hiestand*, S. 173 ff.). Die Gesamtumstände des Einzelfalles können darüber hinaus ausnahmsweise eine engere Verbindung zu einem anderen Staat und somit zur Anwendung dessen nationalen Rechts führen (*Oechsler* in: Martinek/Semler § 59 Rn. 1).

71. Gerichtsstandsvereinbarung. (1) Franchising und sachliche Gerichtszuständigkeit. Bei Streitigkeiten, die in bezug auf das Franchiseverhältnis zwischen Franchisegeber und Franchisenehmer entstehen, ist im Regelfall erstinstanzlich das Handelsgericht (*Tribunal de Commerce*) gem. Art. 631 Abs. 3 Code de commerce sachlich zuständig. Zivilrechtliche Klagen in Markensachen sind gem. Art. 34 des Gesetzes Nr. 91-7 vor den *Tribunaux de Grande Instance (TGI)* zu erheben. Das französische Recht sieht hier die ausschließliche Zuständigkeit des TGI für Klagen vor, die auf Marken und damit zusammenhängende Ansprüche wegen unlauteren Wettbewerbs gestützt sind (*Thierr*,

4. Contrat de franchisage (Französischer Franchisevertrag)   III. 4

S. 527). Ausgeweitet wird diese Zuständigkeit auch auf das Modell-Musterrecht (*Thierr*, S. 527). Hinsichtlich der sachlichen Zuständigkeit sind keine Gerichtsstandsvereinbarungen zulässig.

(2) Vereinbarungen über die internationale und örtliche Gerichtszuständigkeit. Mit Hilfe der Gerichtsstandsklauseln können die Vertragsparteien die internationale bzw. die örtliche Zuständigkeit des sachlich zuständigen Gerichtes festlegen. Die Rechtsgrundlage für die Zulässigkeit von Gerichtsstandsvereinbarungen in deutsch-französischen Franchiseverträgen ergibt sich aus Art. 17 des Übereinkommens der Europäischen Gemeinschaften über die gerichtliche Zuständigkeit und die Vollstreckung gerichtlicher Entscheidungen in Zivil- und Handelssachen (Brüsseler Übereinkommen, EuGVÜ) vom 27. 9. 1968 in der Fassung des 2. Beitrittsübereinkommens vom 25. 10. 1982 (vgl. hierzu auch *Behar-Touchais/Virassamy*, S. 341 ff.). Nach nationalem französischen Recht sind Gerichtsstandsvereinbarungen (Art. 48 *NCPC*) nur unter Kaufleuten zulässig. Diese Beschränkung des nationalen französischen Prozessrechts werden – dies ergibt sich aus Art. 1 EuGVÜ – durch das EuGVÜ verdrängt (*Kropholler*, Kommentar zum EuGVÜ, 3. Auflage 1991, Einleitung Rn. 12 und vor Art. 2 Rn. 15 f. und Art. 17 Rn. 15). Für rein nationale Sachverhalte – dies ist der Fall, wenn Franchisegeber und Franchisenehmer ihren Sitz in Frankreich haben, auch wenn es sich nur um Tochterunternehmen handeln sollte – gilt weiterhin das nationale französische Recht (*von Bernstorff*, S. 140 u.144). Nach Art. 17 EuGVÜ ist für die Wirksamkeit der Gerichtsstandsklausel die Schriftform erforderlich. Die Gerichtsstandsklausel gilt dabei nicht nur für den Franchise-Rahmenvertrag, sondern auch für die einzelnen Sukzessivlieferungsverträge, es sei denn, dass die Parteien entweder ausdrücklich oder nach den Umständen des Einzelfalles etwas anderes gewollt haben (*Behar-Touchais/Virassamy*, S. 352).

72. Überlegungen zur Vereinbarung der Anwendung deutschen Rechts und eines deutschen Gerichtsstands. Wie zuvor festgestellt, ist es grundsätzlich möglich, einen deutschen Gerichtsstand sowie die Anwendung deutschen Rechts im Franchisevertrag zu vereinbaren. Nachfolgend soll überprüft werden, inwieweit derartige Vereinbarungen zum gewünschten Ergebnis führen können. Hierzu sollen zwei unterschiedliche Fallkonstellationen untersucht werden.

(1) Erste Fallkonstellation. Ein deutscher Franchisegeber mit Geschäftssitz in Deutschland klagt gegen einen französischen Franchisenehmer, der seinen Geschäftssitz in Frankreich unterhält und auf dem französischen Markt seine Absatzmittlungstätigkeit entfaltet. Der Vertrag enthält eine Gerichtsstandsvereinbarung, nach der ein deutsches Gericht zuständig sein soll sowie eine Rechtswahlvereinbarung, wonach deutsches Recht angewandt werden soll. Der Franchisenehmer klagt aber entgegen der vertraglichen Vereinbarung vor einem Gericht in Frankreich.

a) Prüfung der Gerichtszuständigkeit über Art. 17 EuGVÜ. Der französische Richter wird zunächst seine Zuständigkeit prüfen und dabei vor allem die Frage aufgreifen, ob die Parteien wirksam vertragliche Zuständigkeitsregelungen treffen können. Die prinzipielle Zulässigkeit von Gerichtsstandsvereinbarungen ergibt sich hier aus den dem französischen Verfahrensrecht vorrangigen Regelungen des europäische Verfahrensrechts, mithin nach Maßgabe des Brüsseler EWG-Übereinkommens über die gerichtliche Zuständigkeit und die Vollstreckung gerichtlicher Entscheidungen in Zivil- und Handelssachen (EuGVÜ) in der Fassung des 4. Beitrittsübereinkommens vom 29. 11. 1996 (Cass. civ., Urteil v. 11. 12. 1997, Nr. 95-10.485, Bull. civ. F, Nr. 50, S. 32). Der Wirksamkeit der Gerichtsvereinbarung steht dabei nicht ohne weiteres die Unwirksamkeit des Hauptvertrages entgegen. Die Gerichtsstandsvereinbarung ist ein eigenständig zu beurteilendes Rechtsgeschäft (EuGH, Urteil vom 3. 7. 1997, Rs. C 269/95-„Benincasa/ Dentalkit", EuGHE 1997, I 3767 = RIW 1997, 775 ff.). Im einzelnen sind folgende Voraussetzungen zu erfüllen:

aa) Art. 17 Abs. 1 EuGVÜ setzt im Wortlaut voraus, dass eine der Parteien ihren Wohnsitz in einem der Vertragsstaaten hat und dass ein Gerichtsstand in einem Vertragsstaat vereinbart wird (vgl. Bericht *Jenard,* ABl. EG 5. 3. 1979 Nr. C 59/1; *Kropholler,* Europäisches Zivilprozessrecht, Art. 17, Rz. 1–10). Dabei wird gemäß Art. 53 Abs. 1 EuGVÜ der Sitz von Gesellschaften und juristischen Personen für die Anwendung des Übereinkommens dem Wohnsitz gleichgestellt.

bb) Nach dem Wortlaut des Art. 17 Abs. 1 S. 1 EuGVÜ müssen die Parteien die Zuständigkeit *vereinbart* haben. Der Vorschrift lässt sich jedoch kein Anhaltspunkt für die Beurteilung der Konserserfordernisse und der Beachtlichkeit von Willensmängeln per se entnehmen. Wegen der stark unterschiedlichen Regelungen in dieser Frage der Sachrechte der Mitgliedsstaaten muss das Zustandekommen der Gerichtsstandsvereinbarung nationalem Recht unterstellt werden, soweit Art. 17 EuGVÜ nicht spezielle Erfordernisse, z. B. für die Form, aufstellt (*Hoffmann,* Internationales Privatrecht, S. 136; *Kropholler,* IPR, S. 530–531; OLG Koblenz, Urteil vom 9. 1. 1987 NJW-RR 1988, 1334). Das Vorliegen einer Vereinbarung wird demgemäß nach nationalen Vorschriften der *lex fori,* vorliegend also auf der Grundlage der Vorschriften des *Code civil* geprüft, wenn, wie hier angenommen, die Klage in Frankreich erhoben wird.

cc) Es darf nur die Zuständigkeit eines Gerichtes eines Vertragsstaates vereinbart werden (Art. 17 Abs. 1 S. 1 EuGVÜ). Die Derogation bzw. Prorogation an ein Forum, das nicht im Vertragsstaat sitzt (z. B. Schweiz) ist nach EuGVÜ nicht wirksam.

dd) Regelungsgegenstand muss in der vorliegenden Sachverhaltskonstellation eine zukünftige Rechtsstreitigkeit über ein bestimmtes Rechtsverhältnis sein (Art. 17 Abs. 1 S. 1 EuGVÜ).

ee) Es sind die Formvorschriften des Art. 17 Abs. 1 S. 2 Buchstaben a) bis c) (alternativ) einzuhalten. Schriftform genügt gem. Art. 17 Abs. 1 S. 2 a) 1. Alt. EuGVÜ.

ff) Eine inhaltliche Begrenzung von Gerichtsstandsvereinbarungen ergibt sich schließlich aus Art. 17 Abs. 3 EuGVÜ, wonach Gerichtsstandsvereinbarungen, die Zuständigkeit von Gerichten abbedingen können, die aufgrund des Art. 16 EuGVÜ ausschließlich zuständig sind. Eine denkbare Fallkonstellation wäre beispielsweise eine Regelung im Franchisevertrag, die Streitigkeiten des zwischen Franchisenehmer und Franchisegeber bestehenden Mietverhältnisses betrifft und die einen anderen Gerichtsstand als den in Art. 16 EuGVÜ vorgesehenen ausschließlichen Gerichtsstand des Gerichtes der belegenen Sache (Immobilie) vorsieht.

b) Zwischenergebnis. Sind die vorgenannten Voraussetzungen des Art. 17 EuGVÜ erfüllt, so führt dies dazu, dass das derogierte Gericht unzuständig und das prorogierte Gericht ausschließlich zuständig ist. Der französische Richter müsste sich also in der vorliegenden Angelegenheit gemäß Art 20 Abs. 2 EuGVÜ für unzuständig erklären und die Klage des französischen Franchisenehmers abweisen.

c) Hilfsüberlegung: Anwendung deutschen Rechts durch ein französisches Gericht? Die Zuständigkeit des französischen Gerichts angenommen (z. B. infolge rügeloser Einlassung gemäß Art 18 EuGVÜ), würde auf die vorliegende Fallkonstellation dann aber deutsches Recht angewandt, weil die Parteien vertraglich die Anwendung deutschen Rechts vereinbart haben?

aa) Der deutsche Franchisegeber kann nicht beispielsweise durch eine negative Feststellungsklage in Deutschland, die deutsche Gerichtsbarkeit wiederherstellen, da gemäß Art. 21 Abs. 1 EuGVÜ das später angerufene Gericht das Verfahren von Amts wegen auszusetzen hat bzw. gemäß Art. 21 Abs. 2 EuGVÜ das später angerufene (deutsche) Gericht zugunsten des erstangerufenen (französischen) Gerichts sich für unzuständig zu erklären hat, sobald die Zuständigkeit des zuerst angerufenen (französischen) Gerichts feststeht.

bb) Der französische Richter würde die in der Hilfsüberlegung gestellte Frage nun nach Maßgabe des Römischen EWG-Übereinkommens über das auf vertragliche Schuldverhältnisse anzuwendende Recht, in der Fassung des 3. Beitrittsübereinkommens vom 29. 11. 1996 (EVÜ), beantworten müssen.

4. Contrat de franchisage (Französischer Franchisevertrag) III. 4

aaa) Gemäß Art. 3 Abs. 1 EVÜ (= Art. 27 EGBGB) können die Parteien das anwendbare Recht wählen. Auf das Zustandekommen und die Wirksamkeit der Einigung der Parteien über das anzuwendende Recht sind gemäß Art. 3 Abs. 4 (= Art. 27 Abs. 4 EGBGB) die Artt. 8, 9 und 11 EVÜ (= Artt. 11, 12, 29 Abs. 3 und Art. 31 EGBGB) anzuwenden. Das heißt, dass die Frage des Vorliegens einer vertraglichen Vereinbarung gem. Art. 8 EVÜ (= Art. 31 EGBGB) nach dem im Vertrag vorgesehenen Recht, mithin deutschem Recht, zu beurteilen ist. Art. 8 Abs 2 EVÜ (= Art. 31 Abs. 2 EGBGB) sieht zwar vor, dass sich aus Umständen des Einzelfalles heraus auch Konstellationen ergeben können, wonach die Partei sich auf der Grundlage des Rechts des gewöhnlichen Aufenthaltortes (hier Frankreich) darauf berufen könnte, sie habe der Rechtswahlvereinbarung nicht zugestimmt.

bbb) Bestehen jedoch keine Zweifel an einer Willenseinigung, ist also die vertragliche Wahl deutschen Rechts grundsätzlich zulässig. Die Anwendung deutschen Rechts kann jedoch vom französischen Richter gem. Art. 7 EVÜ abgelehnt werden, wenn diese entweder gegen den französischen *ordre public* verstößt (Art. 7 Abs. 2 EVÜ; vgl. *Courbe*, S. 10), oder international zwingende Vorschriften (*ordre public international*) die Anwendung deutschen Rechts verdrängen (Art. 7 Abs. 1 EVÜ; vgl. *Courbe*, S. 17). Zu diesen zwingenden Vorschriften des französischen Rechts (*lois de police*) zählen vor allem die Vorschriften des französischen Wettbewerbs- und Kartellrechts (*Courbe*, S. 18 m. w. N.) – eine für Franchiseverträge erhebliche Schranke, da derartige Verträge üblicherweise eine Fülle von wettbewerbsbeschränkenden Vertikalvereinbarungen enthalten.

ccc) Im Ergebnis zu der Hilfsüberlegung würde die Vereinbarung der Anwendung deutschen Rechts in wesentlichen Teilen des Franchisevertrags (Kartellrecht, Wettbewerbsrecht) nicht greifen, da hier die international zwingenden Vorschriften des französischen Rechts die Anwendung deutscher Regelungen verdrängen würden. Die vertraglich vorgesehene Wahl deutschen Rechts führt also nur teilweise zum gewünschten Erfolg, nämlich soweit es um diejenigen Rechtsbereiche der Franchisebeziehung geht, die von den nicht international zwingenden Normen des Code civil üblicherweise geregelt würden.

(2) Zweite Fallkonstellation. Ein deutscher Franchisegeber mit Sitz in Deutschland klagt in Deutschland gegen einen französischen Franchisenehmer mit Sitz in Frankreich. Der Franchisevertrag enthält wie in Fall 1 eine Gerichtsstandsvereinbarung, wonach ein deutsches Gericht zuständig ist, sowie eine Rechtswahlvereinbarung, wonach deutsches Recht anwendbar sein soll.

a) Zuständigkeit. Der deutsche Richter prüft hier wiederum im Rahmen der Zulässigkeit der Klage seine Zuständigkeit und wird diese wegen Art. 17 EuGVÜ bejahen müssen (vgl. hierzu Anmerkung Nr. 71).

b) Anwendbares Recht. Der deutsche Richter prüft anschließend im Rahmen der Begründetheitsprüfung das anwendbare Recht und gelangt nach Maßgabe des Art. 27 EGBGB zur grundsätzlichen Anwendung des deutschen Rechts. Ausländische international zwingende Normen werden nur ausnahmsweise von der Judikatur berücksichtigt. Dies geschieht mittelbar über § 138 BGB, da eine kollisionsrechtliche Grundlage hierfür nicht vorhanden ist. Art. 7 Abs. 1 EVÜ hätte zwar als kollisionsrechtliche Grundlage dienen können, jedoch hat die BRD insoweit einen Vorbehalt gemäß Art. 22 EuGVÜ erklärt und somit die Frage der Anwendung ausländischer international zwingender Normen der Rechtsentwicklung durch Judikatur und Literatur überlassen. Die Auswertung der bisher nur wenig ergangenen Entscheidungen ergibt, dass ausländische international zwingende Vorschriften nur dann berücksichtigt werden, wenn (a) die betreffenden Normen auch mittelbar deutsche Interessen schützen (BGH 34, 169, 177 – US. Embargo) oder (b) wenn gemeinschädliches Verhalten vorliegt, das die Verständigung zwischen den Nationalstaaten behindert (BGHZ 59, 82 ff.; BGHZ 116, S. 77 ff. – griechische Devisenkontrollbestimmungen). In der Literatur wird diese Problematik der Anwendung ausländischer international zwingender Normen über die Lehre der Eingriffsnormen gelöst (vgl. z. B. *Hoffmann*, S. 240 ff.).

c) Anerkennung und Vollstreckung in Frankreich. Hier stellt sich die Frage, ob der in Deutschland errungene deutsche Titel von wirtschaftlichem Nutzen ist, wenn dieser in Frankreich anerkannt und vollstreckt werden muss, weil z. B. der Gegner, gegen den das Urteil erstritten wurde, nicht über Vermögen in Deutschland verfügt.

aa) Verfahren der Anerkennung nach EuGVÜ. Anerkennung bedeutet Wirkungserstreckung. Durch die Anerkennung werden die nach dem Recht des Erststaates – im vorliegenden Beispiel Deutschland – entstandenen Wirkungen des Urteils auf den Zweitstaat – im vorliegenden Beispiel Frankreich – erstreckt (*Geimer/Schütze*, Europäisches Zivilverfahrensrecht, Art. 27 Rn. 1). Die Anerkennung in einem anderen Vertragsstaat ergangener Entscheidungen erfolgt nach Art. 26 I EuGVÜ (wie in der ZPO auch) ohne ein besonderes Verfahren. Gemäß Art. 26 II EuGVÜ ist aber bei entsprechendem Rechtschutzbedürfnis eine eigene Feststellungsklage oder nach Art. 26 III EuGVÜ die inzidente Überprüfung der Anerkennungsfähigkeit in einem gerichtlichen Verfahren möglich. Gemäß Art. 29 EuGVÜ findet eine inhaltliche Prüfung des Urteils des Erststaates aber nicht statt. Gemäß Art. 28 III EuGVÜ darf auch die internationale Zuständigkeit des Erststaates – anders als in § 328 I Nr. 1 ZPO – grundsätzlich nicht nachgeprüft werden. Eine Ausnahme macht Art. 28 I EuGVÜ nur für die ausschließlichen Zuständigkeiten der Art. 7–16 EuGVÜ und für Art. 59 EuGVÜ, nicht aber für Gerichtsstandsvereinbarungen nach Art. 17 EuGVÜ.

bb) Verfahren der Vollstreckung nach EuGVÜ (Art. 31 ff. EuGVÜ). Die Vollstreckbarkeitserklärung nach EuGVÜ erfolgt in einem gegenüber der ZPO vereinfachten einseitigen Verfahren. Eingeleitet wird das Verfahren durch Antrag des Gläubigers an den Vorsitzenden einer Kammer des Landgerichts (Art. 32 Abs. 1 EuGVÜ). Das örtlich ausschließlich zuständige *Tribunal de Grande Instance* (im folgenden: *TGI*) bestimmt sich nach Art. 32 Abs. 2 EuGVÜ. Der Vorsitzende der betreffenden Zivilkammer entscheidet gem. Art. 34 Abs. 1 EuGVÜ ohne Anhörung des Schuldners und in der Regel auch ohne mündliche Erörterung mit dem Antragsteller. Das rechtliche Gehör des Antragsgegners wird aber nicht endgültig verweigert, sondern auf das Rechtsbehelfsverfahren verlagert. Im ersten Verfahrensabschnitt prüft der Vorsitzende, ob die Entscheidung nach dem Recht des Urteilsstaates vollstreckbar ist (Art. 31 Abs. 1 EuGVÜ) und ob sie dem Schuldner zugestellt wurde (Art. 47 Nr. 1 EuGVÜ). Diese Überprüfung wird durch die vom Antragsteller gem. Art. 33 Abs. 3 EuGVÜ vorzulegenden Urkunden erleichtert. Daneben dürfen dem Urteil keine Anerkennungshindernisse im Sinne von Art. 27, 28 EuGVÜ entgegen stehen (Art. 34 Abs. 2 EuGVÜ). Eine *révision au fond* findet nicht statt (Art. 34 Abs. 3 EuGVÜ). Wurde dem Antrag stattgegeben, so ordnet der Vorsitzende an, den ausländischen Schuldtitel mit der Vollstreckungsklausel zu versehen. Daraufhin ist dann eine beglaubigte Abschrift des mit der Vollstreckungsklausel versehenen Schuldtitels dem Schuldner von Amts wegen zuzustellen. Gegen die Vollstreckbarkeitserklärung steht dem Schuldner die Möglichkeit der Beschwerde (Art. 36 Abs. 1 und 37 Abs. 1 EuGVÜ) und gegen dessen Beschluss wiederum die Rechtsbeschwerde des Art. 37 II EuGVÜ zu.

cc) Relevante Anerkennungs- und Vollstreckungshindernisse. Anerkennungshindernisse ergeben sich aus den Artt. 27 und 28 EuGVÜ. Gemäß Art. 34 Abs. 2 EuGVÜ gelten diese Hindernisse auch für die Vollstreckung. Die Anerkennung bzw. Vollstreckung kann daher unter bestimmten Gründen verweigert werden. Der Richter darf jedoch gemäß Artt. 29 und 34 Abs. 3 EuGVÜ keine *révision au fond* durchführen. D.h., die Richtigkeit der deutschen Entscheidung darf sowohl im Anerkennungs- wie auch Vollstreckungsverfahren nicht in Frage gestellt werden (*Geimer/Schütze*, Europäisches Zivilverfahrensrecht, Art. 29 Rn. 1; anders das frühere französische Anerkennungsrecht). Weder das Verfahren, auf dem das Urteil beruht, noch die tatsächlichen und rechtlichen Feststellungen im Urteil selbst dürfen überprüft werden (Paris, 8. 5. 1979: Gaz. Pal. 1980, 2. 344; Civ 1re, 29. 5. 1985, Gaz. Pal. 1986; JCP 1985 IV 277). Auch mögliche Abweichungen des IPR Frankreichs sind kein Grund, die Anerkennung zu ver-

4. Contrat de franchisage (Französischer Franchisevertrag) III. 4

sagen (*Geimer/Schütze*, Europäisches Zivilverfahrensrecht, Art. 30 Rn. 2). Eine Ausnahme vom Verbot der *révision au fond* ergibt sich jedoch aus Art. 27 Nr. 4 EuGVÜ, der die Verweigerung der Anerkennung und gemäß Art. 34 Abs. 2 EuGVÜ auch der Vollstreckungsentscheidung ermöglicht aus Gründen des Verstoßes gegen den *ordre public*.

aaa) Gerichtsbarkeit des Erststaates. Der französische Zweitrichter wird zunächst die Wirksamkeit der anzuerkennenden Entscheidung nach dem Recht des Erststaates überprüfen. Hier wird insbesondere die *Gerichtsbarkeit* Deutschlands überprüft (*Geimer/Schütze*, Europäisches Zivilverfahrensrecht, Art. 27 Rn. 2). Dieser Punkt wird jedoch eine eher geringe Rolle spielen.

bbb) Wahrung der Verteidigungsrechte (Art. 27 Nr. 2 EuGVÜ). Im Unterschied zu § 328 I Nr. 2 ZPO nennt der Wortlaut von Art. 27 Nr. 2 EuGVÜ die Anerkennungshindernisse der nicht ordnungsgemäßen und nicht rechtzeitigen Zustellung kumulativ und nicht alternativ. Der EuGH hat dennoch zutreffend entschieden, dass die Anerkennung zu versagen sei, wenn die Zustellung nicht ordnungsgemäß oder nicht rechtzeitig war (EuGH 3. 7. 1990, Rs. C-305/88 – „Lancray/Peters" –, EuGHE 1990 I, 2725 = IPRax 1991, 177 m. Anm. Rauscher 155–159 = EuZW 1990, 352). Abweichend von § 328 I Nr. 2 ZPO ist Art. 27 Nr. 2 EuGVÜ auch von Amts wegen zu berücksichtigen (vgl. hierzu Art. 46 Nr. 2 EuGVÜ; vgl. hierzu auch *Schack*, IZVR, Rz. 844; *Hoffmann*, Internationales Privatrecht, S. 140).

ccc) Entgegenstehende Entscheidungen (Art. 27 Nr. 3 und 5 EuGVÜ). Art. 27 Nr. 3 EuGVÜ betrifft die Frage, wann Entscheidungen des Anerkennungsstaates der Anerkennung der Entscheidung eines anderen Vertragsstaates entgegen stehen. Art. 27 Nr. 5 EuGVÜ erfasst den Fall, dass nicht ein Urteil des Anerkennungsstaates selbst, sondern ein dort ebenfalls Anerkennung beanspruchendes Urteil eines Drittstaates entgegensteht. Im Unterschied zu § 328 I Nr. 3 ZPO stellt die Nichtbeachtung einer früheren Rechtshängigkeit im Anerkennungsstaat nach Art. 21 EuGVÜ im Rahmen des Art. 27 EuGVÜ keinen Versagungsgrund dar. Der EuGH bestimmt die Unvereinbarkeit autonom dahingehend, dass die Rechtsfolgen der Urteile sich gegenseitig ausschließen müssen (EuGH 4. 2. 1988, 145/86 – „Hoffmann/Krieg" –, EuGHE 1988, 645 = NJW 1989, 663 = IPRax 1989, 159 m. Anm. Schack 139–142 = RIW 1988, 820 m. Anm. Linke 822–826). Dieses Hindernis wird jedoch nur dann in Frage kommen, wenn in Frankreich zuvor eine Klage erfolgreich ausgefochten wurde.

ddd) Kollisionsrechtliche Kontrolle für Vorfragen (Art. 27 Nr. 4 EuGVÜ). Gem. Art. 27 Nr. 4 EuGVÜ kann die Anerkennung verweigert werden, wenn bestimmte kollisionsrechtliche, statusrechtliche Vorfragen (Handlungsfähigkeit, Rechtsfähigkeit, gesetzliche Vertretung einer natürlichen Person) aus Sicht des Anerkennungsstaates nach einem anderen materiellen Recht zu beurteilen wären als dem IPR des Erststaates. Möglicherweise können darüber hinaus Unterschiede aufgrund unterschiedlicher Interpretation auslegungsbedürftiger Begriffe durch die Gerichte auftreten. Im Ergebnis ist das autonome deutsche Recht des § 328 ZPO anerkennungsfreundlicher als das EuGVÜ.

eee) Ordre public-Vorbehalt (Art. 27 Abs. 1 Nr. 1 EuGVÜ). Dem Richter des Zweitstaates wird hier die Möglichkeit eröffnet, zu überprüfen, ob die Anerkennung der Entscheidung des Erststaates gegen den *ordre public* des Zweitstaates verstößt (Paris, 28. 1. 1994, D. 1994 IR. 66). Gem. Art. 27 Nr. 1 EuGVÜ stellt der *ordre public* ein Anerkennungshindernis bzw. gemäß Art. 34 Abs. 2 EuGVÜ, der auf Art. 27 EuGVÜ verweist, ein Vollstreckungshindernis dar. Was im Einzelnen zum *ordre public* des Anerkennungsstaates zählt, bestimmt sich nach der *lex fori* des Anerkennungsgerichts. Es sind in Frankreich hierzu nur wenige Entscheidungen veröffentlicht worden. Die wenigen Entscheidungen betreffen überdies eher verfahrensrechtliche Verstöße. So wird es als fundamentaler Verstoß gegen den frz. *ordre public* erachtet, wenn der Entscheidung eine Begründung fehlt und eine solche sich auch nicht aus anderen gleichwertigen Dokumenten ergibt (Civ 1re, Urteil v. 17. 5. 1978, JDI 1979, 380; Paris, Urteil v. 18. 1. 1980, Rev.

Crit. DIP 1981, S. 113). Problematisch wird damit die Vollstreckung von Versäumnisurteilen in Frankreich, da hier regelmäßig der deutsche Richter auf eine Urteilsbegründung verzichten kann. Die fehlende internationale Zuständigkeit des Erststaates stellt nach h. A. hingegen keinen *ordre public* Verstoß dar (vgl. z. B. *Hoffmann*, Internationales Privatrecht, S. 141). Die in Art. 28 EuGVÜ vorgesehene Ausnahme für die Verbrauchergerichtsstände dürfte in Frankreich nicht zum Zuge kommen, da der Franchisenehmer nicht als Verbraucher, sondern als Kaufmann eingestuft wird (vgl. hierzu Anmerkung Nr. 9). Auch die Behauptung, dass zu Unrecht ausländisches Recht angewandt wurde, kann auf der Grundlage des EuGVÜ nicht gerügt werden (OLG Düsseldorf, NJW-RR 1997, S. 572). Kollisionsrechtliche Rügen sind nur für bestimmte Vorfragen möglich (vgl. hierzu Anmerkung Nr. 70). Der *ordre public* Vorbehalt kann sowohl *verfahrensrechtlichen* wie auch *materiellrechtlichen ordre public* betreffen. Dies gilt aber nur für fundamentale Verstöße (vgl. OLG Düsseldorf, NJW-RR 1997, S. 572; OLG Köln NJW-RR 1995, S. 448; BGH NJW 1990, 2201; NJW 1978, 1114f.). Franchisespezifische Entscheidungen zu diesem Thema sind bislang nicht veröffentlicht worden. Dennoch eröffnet sich hier ein gewisser Ermessensspielraum für den französischen Richter, der möglicherweise zu einer Umgehung des Verbots der *révision au fond* des Art. 29 EuGVÜ verleitet, wenn international zwingende Normen des französischen Rechts vom Gericht des Erststaates – wie in Deutschland häufig der Fall – nicht angewandt wurden.

73. Schiedsgerichtsvereinbarung. Auch im französischen Recht besteht die Möglichkeit, Streitigkeiten von der Ebene der staatlichen Judikatur auf die private Schiedsgerichtsbarkeit zu verlegen. Dies geschieht vielfach in französischen Franchiseverträgen (vgl. *Anstett-Gardea*, in: Martinek/Semler, Rn. 81). Das Schiedsverfahren ist in einem Dekret vom 14. 5. 1980 geregelt worden. Es sind zwei Formen von Schiedsklauseln möglich. Zum einen kann von Anfang an in den Franchisevertrag eine Schiedsgerichtsklausel aufgenommen werden, wonach zukünftig entstehende Konflikte vor das Schiedsgericht gebracht werden sollen *(clause compromissoire)*. Zum anderen kann nach Abschluss des Franchisevertrages ohne Schiedsgerichtsklausel eine bereits bestehende oder gar gerichtlich anhängige Streitigkeit durch nachträgliche Schiedsgerichtsvereinbarung vor das Schiedsgericht gebracht werden *(compromis d'arbitrage)*. Dies kann auch noch während des laufenden Prozesses geschehen *(Leloup,* S. 171). Beide Klauseln bedürfen aber der Schriftform. Der Schiedsspruch ist dann vollstreckbar, wenn das TGI die Vollstreckungsklausel *(exequatur)* erteilt. Der Schiedsspruch kann dann nur mit dem Rechtsmittel des *appel* (Berufung) angegriffen werden. Denkbar ist auch eine Annullationsklage gem. Art. 44 des Dekrets vor der *Cour d'appel,* die dann in der Sache zu einer eigenen Entscheidung befugt ist *(Leloup,* S. 171).

74. Ablöseklausel. Üblicherweise werden bereits im Stadium vor Unterzeichnung des eigentlichen Franchisevertrages Verträge – teilweise in Form von Vorverträgen *(avant contrat)* – geschlossen, die zum einen den Vertrauensschutz für den Franchisegeber *(contrat de confidentialité)* und zum anderen die Reservierung der Franchise für den zukünftigen Franchisenehmer bis zum Abschluss der Überprüfung der Informationen *(contrat de réservation)* zum Ziel haben. Die Ablösung dieser Verträge durch den Franchisevertrag kann zum Beispiel in der Präambel festgehalten werden *(Leloup,* S. 188 m. w. N.) oder wie hier durch eine eigene Ablöseklausel am Ende des Franchisevertrages vorgesehen werden. Damit soll verhindert werden, dass sich eine der Parteien in einem Streitverfahren auf Abreden beruft, die nicht im Franchisevertrag enthalten sind. Die gemeinsame Grundlage der Rechtsbeziehung soll also auf nur *ein* Dokument konzentriert werden und einen Abschluss unter die (Vor-)Verhandlungsphase setzen.

5. U.S.-amerikanischer Franchisevertrag

I. US-amerikanischer Vertragstext

Franchise Agreement[1-7]

Recitals[8]

The FRANCHISOR is a German corporation who holds the rights under various registered trademarks, service marks, trade names and styles including distinctive logos and also certain copyrighted material embodying the use of such marks and has promoted the use of and acceptance of such marks through its own operations and the operations of licenses and has developed a franchise system identified with its marks which has public acceptance and goodwill. *(Insert: description of the nature of the franchise system in question)*

FRANCHISEE desires to become a part of the franchise system and to establish and operate the franchised BUSINESS using such marks and goodwill.

1. Parties[9]

The PARTIES referred to herein are the FRANCHISOR and the FRANCHISEE.

1.1 FRANCHISOR
(name) ....
(form of enterprise) ....
(principal place of business/office) ....

1.2 FRANCHISEE
(name) ....
(street address) ....
(city) ....
(state) ....

2. Definitions[10]

All references made to words listed in the list of definitions shall have the sole and absolute meaning as defined herein. References to the singular shall include the plural and vice versa. No other meaning shall be implied unless the PARTIES agree to it in writing.

2.1 TERRITORY
The TERRITORY referred to in this AGREEMENT is the geographical area for which the Franchise herein specified is extended by the FRANCHISOR.

2.2 BUSINESS
The commencement and undertaking of the franchised BUSINESS at the LOCATION within the TERRITORY in accordance with the BUSINESS SYSTEM, in compliance with the METHOD and in adherence to the MANUAL.

2.3 GROSS TURNOVER
The gross takings of the BUSINESS in respect of the PRODUCTS sold, the SERVICES supplied and business dealings entered into during each accounting month. All payments received under any insurance policy covering loss of profits shall be included for the relevant accounting month. All Value Added Tax (VAT) and any benefit arising from or accruing to the BUSINESS solely attributable to any sale of equipment permitted by this Agreement shall be excluded.

2.4 INTELLECTUAL PROPERTY

The trademarks, trade names, trade secrets, insignia, patents and copyrights of the FRANCHISOR.

2.5 KNOW-HOW

All confidential, technical and commercial information relating to the operation of the BUSINESS SYSTEM, including, without limitation, all specifications and information contained in the MANUAL or other documents together with unrecorded information known to individuals who are office bearers or employees of THE FRANCHISEE.

2.6 LOCATION

Premises to be used for the BUSINESS or a site approved by THE FRANCHISOR within the TERRITORY as described in the Agreement.

2.7 MANUAL[11]

THE FRANCHISOR's ordinary operating manual, as updated from time to time and supplemented by further written directions and regulations, giving details of the BUSINESS SYSTEM and INTELLECTUAL PROPERTY, revealing the METHOD and imparting the KNOW-HOW. The serial number of the MANUAL is ...... *(insert exact number).*

2.8 PRODUCT

The Products described in detail in the MANUAL or other Products substituted in accordance with this Agreement.

2.9 SERVICES

The services forming part of the BUSINESS and described in detail in the MANUAL.

2.10 LEASE

The agreement between the FRANCHISEE and the landlord, pertaining to the premises of the FRANCHISEE'S business.

3. Grant of the Franchise[12–17]

The FRANCHISOR hereby grants to the FRANCHISEE a license, within the following TERRITORY, to operate the franchised BUSINESS and to use the INTELLECTUAL PROPERTY of the FRANCHISOR during the term of this agreement and any renewal thereof.

4. FRANCHISEE'S Obligations[18]

4.1 Acknowledgment of FRANCHISOR'S Ownership of the INTELLECTUAL PROPERTY[19]

The FRANCHISEE acknowledges that the FRANCHISOR is the sole and exclusive owner of the INTELLECTUAL PROPERTY. He agrees hereby not to register or attempt to register such INTELLECTUAL PROPERTY rights in the FRANCHISEE'S name or that of any other firm, person or corporation, and not to use the INTELLECTUAL PROPERTY or any part thereof as a part of a corporate name without the previous written consent of the FRANCHISEE.

4.2 Restrictions on PRODUCTS or SERVICES associated with the INTELLECTUAL PROPERTY

The FRANCHISEE agrees to use the FRANCHISOR'S INTELLECTUAL PROPERTY in connection with, and exclusively for, the promotion and conduct of the franchised BUSINESS, as provided herein.

4.3 Obligation to Protect and Defend the FRANCHISOR'S INTELLECTUAL PROPERTY[20]

The FRANCHISEE agrees that for the purpose of protecting and enhancing the value and goodwill of the FRANCHISOR'S INTELLECTUAL PROPERTY and of insuring that the public may rely upon foresaid INTELLECTUAL PROPERTY as identifying quality, type and standard of the franchised BUSINESS, that said license is subject to the continued faithful adherence by the FRANCHISEE to the standards, terms and conditions set forth in, or established in accordance with, this agreement and the MANUAL referred to herein and that the FRANCHISEE will operate its franchised BUSINESS in accordance with the rules and procedures prescribed by the FRANCHISOR from time to time. The FRANCHISEE agrees to report promptly to the FRANCHISOR any possible mark infringement which comes to the attention of the FRANCHISEE.

4.4 LOCATION[21, 22]
The FRANCHISEE shall operate only from LOCATIONS approved by the FRANCHISOR within the TERRITORY. The FRANCHISEE may not operate the franchised BUSINESS from any other location without the prior written consent of the FRANCHISOR. The FRANCHISOR shall not unreasonably withhold its approval of an application by the FRANCHISEE to relocate the office to another LOCATION within the TERRITORY.

4.5 LEASE[23]
The FRANCHISEE shall obtain the LEASE of the premises in the FRANCHISEE'S name, subject to the FRANCHISOR'S prior approval. The FRANCHISEE agrees that the LEASE will provide:
(i) for notice to the FRANCHISOR by the landlord of any default by the FRANCHISEE;
(ii) for the FRANCHISOR'S right to remedy the FRANCHISEE'S default under said LEASE;
(iii) for FRANCHISEE'S right to transfer the LEASE to the FRANCHISOR without the landlord's consent;
(iv) that upon termination of the franchise agreement, the FRANCHISOR has an option to take over or renew the LEASE.
The FRANCHISEE agrees to deliver a complete copy of the signed LEASE to the FRANCHISOR within 8 (eight) business days after the execution of the LEASE for the premises. The FRANCHISEE may not execute the LEASE or agree to any modification of the LEASE without the prior consent of the FRANCHISOR.

4.6 Appearance of the Premises[24]
The FRANCHISEE'S premises shall be suitable for the operation of a public franchised BUSINESS, shall be maintained in a clean and presentable condition at all times and shall be adequately manned by competent personnel with 24 (twenty-four) hour coverage on telephones either through the FRANCHISEE'S personnel or answering services.

4.7 Use of Specified Furniture, Fixtures and Equipment
The FRANCHISEE agrees to use for his outlet only the furniture, fixtures and equipment of the franchise system. The FRANCHISEE shall prominently display at the premises the FRANCHISOR'S then current signs, insignia, symbols, slogans and other forms and devices as specified from time to time by the FRANCHISOR for uniform system and INTELLECTUAL PROPERTY recognition by the public.

4.8 Commencement Date[25]
The FRANCHISEE shall commence operations within ninety (90) days from the date of this agreement.

4.9 Adherance to the Franchise Method[26]
The FRANCHISEE shall operate the franchised BUSINESS in accordance with the standard procedures and methods established and modified from time to time by the FRANCHISOR, and set forth in the FRANCHISOR'S MANUAL. The FRANCHISEE acknowledges that it has been furnished and has examined a copy of said manual. Such

manual shall at all times remain the property of the FRANCHISOR and the FRANCHISEE hereby agrees that it will not disclose or cause to be disclosed the contents of such MANUAL to anyone without the express prior written consent of the FRANCHISOR. Upon termination or expiration of this agreement, the FRANCHISEE shall return said MANUAL to the FRANCHISOR.

4.10 Payments to the FRANCHISOR[27]
4.10.1 Initial Fee[28]

In consideration of the opportunity to establish and maintain the franchised BUSINESS as provided herein the FRANCHISEE shall pay to the FRANCHISOR an initial fee of $ ...... upon signing of the agreement, which shall be payable in cash or by certified check. The FRANCHISEE acknowledges that such fee is reasonable and it is expressly understood that such fee will not be refunded to the FRANCHISEE upon expiration or termination of this agreement for any reason whatsoever.

4.10.2 Royalties[29]

The FRANCHISEE shall pay to the FRANCHISOR monthly royalties in the amount of ......% percent of the FRANCHISEE'S GROSS TRUNOVER (excluding sales tax). Royalties shall be paid on or before the fifteenth day of each month and shall be based upon sales of the preceding calendar month. The payment of royalties shall be accompanied by the FRANCHISEE'S statement of his GROSS TURNOVER during the aforesaid calendar month.

4.10.3 Consulting Fee

If the presence or the service of any employee(s) or representative(s) of the FRANCHISOR is necessary to aid the operation of the FRANCHISEE'S BUSINESS, then the FRANCHISEE shall be obliged to pay a consulting fee of $ ...... per day or part thereof for each person assigned by the FRANCHISOR.

4.10.4 Advertising Fee[30]

The FRANCHISEE is obliged to pay to the FRANCHISOR a monthly advertising and sales promotion contribution in the amount of ...... % of the FRANCHISEE'S GROSS TURNOVER. The advertising fee shall be paid on the fifteenth day of each month and shall be based on sales of the preceding calendar month. The payment shall be accompanied by the FRANCHISEE'S statement of his GROSS TURNOVER during the aforesaid calendar month. The advertising fee shall be paid into a promotion fund in a separate account which is to be held in trust by the FRANCHISOR. The contents of the promotion fund shall be expended by the FRANCHISOR at its discretion for advertising and sales promotion in the FRANCHISEE'S TERRITORY and on a national basis.

4.10.5 Payment for Supplies or Inventory[31]

Supplies or inventory furnished by the FRANCHISOR shall be paid for at the wholesale prices being in force and effect at the time of delivery, as established by the FRANCHISOR for all FRANCHISEES of the FRANCHISOR.

4.11 Accounting and Record Keeping[32]

The FRANCHISEE shall prepare and maintain true and accurate records, reports, accounts, books and data which shall accurately reflect all particulars relating to the FRANCHISEE'S BUSINESS in compliance with the standard procedures and specifications which are or may be prescribed from time to time by the FRANCHISOR for record keeping and reporting.

The FRANCHISEE shall permit the FRANCHISOR and its representatives to examine and audit said records, reports, accounts, books, and data at any reasonable time. The FRANCHISEE shall utilize in its franchised BUSINESS only forms which are in compliance with the FRANCHISOR'S standard specifications and which have been approved by the FRANCHISOR.

The FRANCHISEE shall furnish such information and make such standard reports as the FRANCHISOR shall request for the proper administration of the franchise system within a reasonable period of time after such a request.

The FRANCHISEE acknowledges that it has been furnished copies of the FRANCHISOR'S forms and that it has been advised of the standard procedures and specifications referred to in this paragraph.

4.12 Best Effort[33]

The FRANCHISEE shall devote its primary and best efforts towards the development of the whole TERRITORY and each severable part thereof, to establish and maintain an adequate number of franchised BUSINESS LOCATIONS to serve the available market.

The FRANCHISEE shall at all times render prompt and courteous service and conduct its franchised BUSINESS in such a fashion that it reflects favorably on the FRANCHISOR and the franchise system and the good name, goodwill and reputation thereof and shall avoid all deceptive, misleading and unethical practices.

The FRANCHISEE shall not use or cause to be used any franchised INTELLECTUAL PROPERTY in any advertisement(s) or promotion(s) without the prior written approval of the FRANCHISOR.

4.13 Training[34]

The FRANCHISEE is obliged to train in the main office of the FRANCHISOR at the FRANCHISEE'S own expense and cost (no charge for training) for a period of ...... days prior to the FRANCHISEE'S outlet opening in order to become acquainted with the method of the franchise system. The FRANCHISEE shall successfully complete such training.

If in any way the FRANCHISEE fails to maintain the standards of quality or services established by the FRANCHISOR, the FRANCHISOR shall have the right to assign such person(s) as it deems necessary for the training of the FRANCHISEE or the FRANCHISEE'S personnel to ensure the maintenance of the aforesaid standards.

4.14 Personnel

All personnel employed by the FRANCHISEE in connection with the franchised BUSINESS shall maintain such standards as established by the FRANCHISOR.

The FRANCHISEE agrees to employ only trained personnel to carry out and perform diligently all obligations and responsibilities of the FRANCHISEE under this agreement.

All personnel performing supervisory functions and all personnel receiving special training and instructions shall sign noncompetitive agreements.

4.15 Purchasing of Inventory or Supplies[35]

In order to safeguard the integrity of the franchise system, the FRANCHISEE agrees to purchase the equipment, the inventory and all PRODUCTS sold at the franchised premises only from the FRANCHISOR or suppliers approved by the FRANCHISOR.

4.16 Minimum BUSINESS Volume[36]

As a condition of retaining the franchise the FRANCHISEE is required to deliver a minimum BUSINESS volume of $ ...... for each year of the term.

4.17 Advertisement and Promotion[37]

During the term of this agreement the FRANCHISEE shall participate in the cooperative advertising programs of the FRANCHISOR for national and (or) regional advertising created for the benefit of the entire franchise system.

The FRANCHISEE shall provide and maintain regional advertisements in appropriate media within the TERRITORY. Such advertisements shall comply with the standard specifications established by the FRANCHISOR from time to time.

All local advertising and promotions to be arranged by the FRANCHISEE shall be submitted to and approved in writing by the FRANCHISOR prior to the use thereof.

4.18 Insurance[38]

The FRANCHISEE agrees to carry at its sole expense and cost workers' compensation, public liability and products liability insurance with accredited insurance companies to an amount of not less than $ ......, naming the FRANCHISOR as additional insured.

4.19 Indemnification[39, 40, 41]

The FRANCHISEE agrees, during and after the term of this agreement, to indemnify the FRANCHISOR and its officers, agents and employees against all loss, damage, liability and expenses incurred as a result of a violation of this agreement and from all claims, damages, causes of action or suits of any persons, firms or corporations arising from the operation of the FRANCHISEE'S BUSINESS.

4.20 Compliance with Laws

The FRANCHISEE shall be solely responsible for compliance with all laws, statutes, ordinances, orders or codes of any public or governmental authority pertaining to the FRANCHISEE and its BUSINESS, and for payment of all taxes, permits, license and registration fees and other charges or assessments arising out of the establishment and operation of the FRANCHISEE'S BUSINESS.

4.21 Compliance with MANUAL

The FRANCHISEE acknowledges having received one copy of the MANUAL on loan from the FRANCHISOR for the term of this agreement. The FRANCHISEE agrees to operate the franchised BUSINESS strictly in compliance with the provisions, standards and procedures set forth in the FRANCHISOR'S MANUAL which may be amended from time to time by supplementary materials and documents.

4.22 Inspection of Books and Premises[42]

The FRANCHISEE shall at all reasonable times permit the FRANCHISOR to enter the LOCATION or any other premises used in connection with BUSINESS and for the inspection of books and premises.

5. FRANCHISOR'S Obligations[43]

During the term of this agreement or any renewal hereof the FRANCHISOR agrees to do the following subject to its right to determine the extent and scope of its activities, but in all events the FRANCHISOR shall give due consideration to the FRANCHISEE'S recommendations:

5.1 Protection of INTELLECTUAL PROPERTY RIGHTS[44]

The FRANCHISOR shall maintain the INTELLECTUAL PROPERTY during the term of this agreement and not cause or permit anything which may damage or endanger it.

5.2 TERRITORY[45]

The FRANCHISEE may use the franchise in *(full geographical area to be stipulated)* ...... The FRANCHISOR will neither authorize nor permit the use of its INTELLECTUAL PROPERTY by anyone other than the FRANCHISEE in the TERRITORY.

5.3 Initial Supply[46]

The FRANCHISOR shall supply at no charge initial quantities of business advertising and promotional material and provide additional material at reasonable prices.

5.4 Advertising and Promotion[47]

The FRANCHISOR shall provide for maintenance and promotion of a national franchise system identified with the INTELLECTUAL PROPERTY and maintenance of a national advertising program.

5.5 Supply of Identifying Material

The FRANCHISOR shall provide signs, business forms, stationery, uniforms and other standardized items at reasonable prices.

5.6 Services and Assistance[48]

5.6.1 Training[49]

The FRANCHISOR agrees to make available to the FRANCHISEE and his employees the FRANCHISOR'S following training courses:

(a) Before the commencement date initial training of not less than ...... days shall take place at the main office of the FRANCHISOR in the City of ......

(b) Thereafter and within ...... days following the commencement of the franchised BUSINESS of the FRANCHISEE, the FRANCHISOR agrees to provide qualified and experienced personnel to assist at the premises of the FRANCHISEE for a period of ...... day(s) for consultation purposes, if necessary.

(c) The FRANCHISOR shall provide additional training during the term, if the FRANCHISEE requires further instruction to that already provided by the FRANCHISOR, as set forth in this agreement.

5.6.2 Consulting[50]

The FRANCHISOR shall make available to the FRANCHISEE, upon request, the FRANCHISOR'S management consultant facilities, KNOW-HOW and trade secrets in establishing, operating and promoting the franchised BUSINESS regarding:

(1) the selection of premises and the establishment of LOCATIONS;

(2) the institutions and maintenance of office management systems and business operation procedures;

(3) the institutions and maintenance of advertising and marketing programs and promotion campaigns.

6. Term and Renewal[51, 52, 53]

This agreement shall be in effect from the date of signature hereof by both PARTIES and continue for 5 (five) years unless terminated sooner as provided herein, and may be renewed automatically for additional successive periods of 5 (five) years, unless either PARTY hereto shall give written notice to the other PARTY of his desire to terminate this agreement not later than 3 (three) months prior to the end of the then current term.

7. Resiliation of the Agreement[54, 55, 56, 57, 58]

The PARTIES may resiliate this agreement by notice in writing upon the occurrence of any of the following events:

7.1 Resiliation by the FRANCHISEE

The FRANCHISEE being in good standing, may terminate this AGREEMENT at any time by giving 90 (ninety) days' written notice to the FRANCHISOR, except that such termination shall not relieve the FRANCHISEE of any obligation to the FRANCHISOR that shall have matured under or survived this agreement or under any collateral written agreement of the PARTIES.

7.2 Resiliation by the FRANCHISOR

The FRANCHISOR may resiliate this AGREEMENT prior to the expiration of the term only with good cause. Good cause for termination prior to expiration is given, if the FRANCHISEE fails to comply with the term and conditions of this agreement after being given notice thereof by the FRANCHISOR, unless the non-performance results from strikes, war or other conditions beyond the control of the FRANCHISEE.

7.2.1 Grounds for Termination (with opportunity to cure; not limited)

The FRANCHISEE shall have the right, if rectifiable, to remedy a failure or default within 30 (thirty) days following the mailing of the written notification of the FRANCHISOR.

(a) If the FRANCHISEE defaults in payment of royalties or the other fees stipulated in this agreement or

(b) if the FRANCHISEE fails to submit the financial statements provided herein and fails to rectify within 30 (thirty) days after notification thereof;

(c) if the FRANCHISEE ceases the active conduct of its business;

(d) if the FRANCHISEE fails to maintain the standards as set forth in this agreement, and as may be supplemented by the MANUAL, and said failure or default should not be remedied to the satisfaction of the FRANCHISOR within the time provided herein after notification or such later time as the FRANCHISOR may specify in a written notice.

7.2.2 Grounds for Termination (without opportunity to cure)

(a) Transfer or Assignment

Upon the transfer or assignment of any part of the FRANCHISEE'S BUSINESS or assets unless consented to in writing by the FRANCHISOR.

(b) Bankruptcy of FRANCHISEE[59]

Upon the insolvency, the making of an assignment for benefit of creditors, appointment of a receiver or trustee of any part of the assets of the FRANCHISEE'S business, the service of a warrant of attachment upon any of the assets of the business or upon service of an execution.

(c) Death or Incapacity of FRANCHISEE[60]

In the event of death or in the event of incapacity for more than 2 (two) months of the FRANCHISEE.

8. Consequences of the Termination[61–63]

8.1 Return of FRANCHISOR'S Elements of INTELLECTUAL PROPERTY[64]

Immediately upon the expiration or termination of this agreement or any renewal thereof, the FRANCHISEE agrees to cease and abstain from using the INTELLECTUAL PROPERTY and shall return to the FRANCHISOR or effectively destroy all documents, instructions, display items, and the like bearing any of the INTELLECTUAL PROPERTY.

8.2 Disposal of Fixtures, Equipment and Inventory[65]

Fixtures and equipment may be returned to the FRANCHISOR *(or to the approved supplier)*. The remaining inventory shall be repurchased by the FRANCHISOR at market price at the time of repurchase less 10% for depreciation.

8.3 Settlement of Accounts

Upon termination of this AGREEMENT, the FRANCHISOR shall be entitled to recover from the FRANCHISEE all moneys due in terms of this agreement, together with interest at the highest legal contract rate; as well as all costs and expenses, including reasonable attorney's fees and disbursements, incurred or accrued by the FRANCHISOR in enforcing its rights under this agreement.

8.4 Assignment of the LEASE[28]

The FRANCHISEE hereby grants to the FRANCHISOR an option for the assignment of any LEASE to the premises at any LOCATION which the FRANCHISEE may establish. This option shall be exercisable upon termination of the LEASE only through the assumption by the FRANCHISOR of liability for payment of rent in terms of the LEASE.

8.5 Return of all Confidential Material

The departing FRANCHISEE is obliged to return all written materials (e.g. plans, MANUALS etc.), whether originals or reproductions, which contain information subject to the FRANCHISOR'S INTELLECTUAL PROPERTY rights.

9. Miscellanous Provisions[66]

9.1 PARTIES as Independent Contractors[67]

The FRANCHISOR and the FRANCHISEE are not and shall not be considered as joint ventures, partners, agents, servants, employees or fiduciaries of each other, and neither shall have the power to bind or obligate the other except as set forth in this agreement. There shall be no liability on the part of the FRANCHISOR to any person for any debts incurred by the FRANCHISEE unless the FRANCHISOR agrees in writing to pay such debts.

9.2 Convenants not to Compete[68–70]

During the term of this agreement and for a period of 2 (two) years after the expiration or termination of this agreement or any renewal thereof, neither the FRANCHISEE nor the FRANCHISEE'S principals or associates, whether individually or through a partnership or corporation, will engage, either within the TERRITORY, or in any event within a radius of 5 (five) miles of the franchised BUSINESS, any business similar to the franchised BUSINESS operated pursuant to this agreement.

9.3 Confidentiality Clause[71]

The FRANCHISEE shall not during the term of this agreement or thereafter, communicate, divulge, or use for the benefit of any other person, partnership, association or corporation any trade secret, knowledge, or KNOW-HOW concerning the methods of the franchised BUSINESS which may be communicated to the FRANCHISEE, or of which the FRANCHISEE may be informed, by virtue of the FRANCHISEE'S operation in terms of this agreement.

9.4 Transfer, Assignment and Sublicence[72]

The FRANCHISOR'S rights under this agreement shall devolve onto its successors and assignees. Such rights may be assigned provided that the assignee shall agree in writing to assume all of the FRANCHISOR'S obligations herein and notice thereof is served upon the FRANCHISEE. Such assignment shall discharge the FRANCHISOR from any further obligation herein.

The license herein granted is personal to the FRANCHISEE and cannot be transferred, assigned or sublicensed without the prior written consent of the FRANCHISOR, which consent shall not be unreasonably withheld.

Where the FRANCHISOR consents in writing to a transfer, assignment or sublicense, the transferee, assignee or sublicensee shall be bound by each and every limitation and condition contained herein and shall have no right to the further transfer of this license except with the prior written consent of the FRANCHISOR.

9.5 Venue[73, 74]

The venue for any proceeding relating to the provisions of this agreement shall be ......

9.6 Governing Law[75, 76]

This agreement shall be construed and governed under and in accordance with the laws of ...... *(insert state)*.

9.7 Waiver

The failure of either PARTY to enforce at any time any of the provisions of this agreement or to exercise any option or remedy herein provided shall in no way be construed to be a waiver of such provisions or to affect in any way the validity of this agreement. The exercise by either party of any of their rights herein or of any options or remedies under the terms or limitations herein shall not prejudice them from later exercising the same or any other rights such party may have in terms of this agreement. Irrespective of any previous action or proceeding taken by the PARTIES hereto, all remedies contained herein are cumulative and severable.

9.8 Headings

The headings of the paragraphs used herein are for convenience only and do not affect the substance of the paragraphs themselves.

9.9 Severability

In the event that any provision herein contravenes the law of any state or jurisdiction, such provision shall be deemed not to be a part of this agreement in that jurisdiction.

9.10 Integration, No representation and no reliance[77]

The parties intend this agreement to be a fully integrated agreement. It contains no other terms and it supersedes all previous agreements oral or written between the parties. The parties further agree that this agreement may be altered only by a writing signed of both parties. In addition the parties further agree that there were no representations, oral or written, other than set forth herein to induce either party to enter this agreement, and both parties warrant that they are not relying on any representations not set forth in this agreement.

SIGNED AT ...... ON THIS THE ...... DAY OF ......
On behalf of the FRANCHISEE
....
1. WITNESS   ....
2. WITNESS   ....

SIGNED AT ...... ON THIS THE ...... DAY OF ......
On behalf of the FRANCHISOR
....
1. WITNESS   ....
2. WITNESS   ....

Übersetzung

Franchisevertrag[1-7]

Präambel[8]

Der FRANCHISEGEBER ist ein deutsches Unternehmen und Inhaber verschiedener registrierter Warenzeichen, Dienstleistungsmarken, Handelsnamen und Designs einschließlich unterscheidungskräftiger Logos sowie von bestimmten urheberrechtlich geschütztem Material, welches ebenfalls die Benutzung derartiger Marken umfaßt. Er hat die Verwendung und Akzeptanz der vorgenannten Marken sowohl durch eigene geschäftliche Tätigkeit als auch durch die Tätigkeit von Lizenznehmern gefördert. Des weiteren hat der Franchisegeber ein Franchisesystem entwickelt, das durch die Marken gekennzeichnet ist, das inzwischen öffentliche Aufnahme gefunden hat und das einen Goodwill repräsentiert. *(Einzufügen ist eine nähere Beschreibung der Natur des fraglichen Franchisesystems)*

Der FRANCHISENEHMER wünscht die Mitgliedschaft in diesem Franchisesystem. Er beabsichtigt, unter Benutzung der vorgenannten Marken und des Goodwill ein FRANCHISEGESCHÄFT zu gründen und zu führen.

5. U.S.-amerikanischer Franchisevertrag

1. Vertragsparteien[9]

1.1 Franchisegeber
(Name) ....
(Gesellschaftsform) ....
(Hauptsitz) ....

1.2 Franchisenehmer
(Name) ....
(Straße) ....
(Stadt) ....
(Bundesstaat) ....

2. Begriffsbestimmungen[10]

Alle Bezugnahmen auf die in der Liste der Definitionen enthaltenen Begriffe sollen ausschließlich die vorliegend festgelegte Bedeutung haben. Bezugnahmen auf den Singular schließen den Plural mit ein und umgekehrt. Eine andere Auslegung bedarf des gemeinsamen schriftlichen Einverständnisses beider VERTRAGSPARTEIEN.

2.1 VERTRAGSGEBIET
Unter dem im vorliegenden VERTRAG genannten VERTRAGSGEBIET ist der geographische Bereich zu verstehen, auf den der FRANCHISEGEBER die Nutzung der im vorliegenden Vertrag definierten Franchise erstreckt.

2.2 FRANCHISEGESCHÄFT
Die Errichtung und der Betrieb des FRANCHISEGESCHÄFTS am STANDORT im VERTRAGSGEBIET im Einklang mit dem GESCHÄFTSSYSTEM, in Übereinstimmung mit der METHODE und unter den Voraussetzungen des HANDBUCHS.

2.3 BRUTTO-UMSATZ
Die Bruttoeinkünfte des FRANCHISEGESCHÄFTS, die aus dem Verkauf von VERTRAGSWAREN oder der Erbringung von DIENSTLEISTUNGEN und aus Handelsgeschäften im Laufe jedes Abrechnungsmonats erzielt werden. Alle Zahlungen, die im Zusammenhang mit den Versicherungspolicen für Gewinnausfälle erhalten werden, sind in den jeweiligen Abrechnungsmonat einzuschließen. Ausgeschlossen sind die gesamten Mehrwertsteuerbeträge und alle Einkünfte aus dem FRANCHISEGESCHÄFT, die allein aufgrund von vertraglich genehmigten Veräußerungen von Einrichtungsgegenständen erwachsen.

2.4 IMMATERIALGÜTERRECHTE
Die Marken, Handelsbezeichnungen, Geschäftsgeheimnisse, Patente, Kennzeichen und Urheberrechte des FRANCHISEGEBERS.

2.5 KNOW-HOW
Alle vertraulichen technischen oder kaufmännischen Wissensbestände zur Durchführung des GESCHÄFTSSYSTEMS, worin einschränkungslos alle Ausführungen und Mitteilungen eingeschlossen sind, die im HANDBUCH oder in anderen Unterlagen enthalten sind oder die ohne schriftliche Grundlage den vom FRANCHISENEHMER angestellten oder eingeschalteten Personen bekannt sind.

2.6 STANDORT
Die Geschäftsräume und das Grundstück, die für das FRANCHISEGESCHÄFT genutzt werden sollen, oder der vom FRANCHISEGEBER genehmigte Platz innerhalb des vertraglich festgelegten VERTRAGSGEBIETES.

2.7 HANDBUCH/BETRIEBSHANDBUCH[11]
Das übliche Betriebshandbuch des FRANCHISEGEBERS, das von Zeit zu Zeit aktualisiert und durch weitere schriftliche Weisungen und Vorgaben ergänzt wird und das

die Einzelheiten des GESCHÄFTSSYSTEMS und der IMMATERIALGÜTERRECHTE enthält, die METHODE offenlegt und das KNOW-HOW vermittelt. Die Seriennummer des HANDBUCHS lautet ...... *(genaue Angabe der Nummer einfügen).*

2.8 VERTRAGSWARE
Die Waren, die im einzelnen im HANDBUCH bezeichnet sind, oder andere Waren, die in Übereinstimmung mit diesem Vertrag an deren Stelle treten.

2.9 DIENSTLEISTUNGEN
Die Dienstleistungen, die einen Bestandteil des FRANCHISEGESCHÄFTS bilden und im einzelnen im HANDBUCH beschrieben sind.

2.10 MIETVERTRAG
Der Vertrag zwischen FRANCHISENEHMER und Vermieter, der zu dem Grundstück des Geschäfts des FRANCHISENEHMERS gehört.

3. Gewährung der Franchise[12-17]

Der FRANCHISEGEBER gewährt dem FRANCHISENEHMER hiermit für die gesamte Laufzeit des Vertrages einschließlich seiner Verlängerung(en) die Lizenz für den Betrieb des FRANCHISEGESCHÄFTS und die Nutzung der IMMATERIALGÜTERRECHTE des FRANCHISEGEBERS, innerhalb des nachfolgend festgelegten VERTRAGSGEBIETS.

4. Verpflichtungen des FRANCHISENEHMERS[18]

4.1 Anerkennung der IMMATERIALGÜTERRECHTE des FRANCHISEGEBERS[19]

Der FRANCHISENEHMER erkennt den FRANCHISEGEBER als alleinigen Inhaber der IMMATERIALGÜTERRECHTE an. Er verpflichtet sich hiermit, diese IMMATERIALGÜTERRECHTE weder im Namen des FRANCHISENEHMERS noch im Namen einer anderen Firma, natürlichen oder juristischen Person registrieren zu lassen oder dieses anzustreben und die IMMATERIALGÜTERRECHTE oder Teile davon, nicht ohne vorherige schriftliche Zustimmung des FRANCHISEGEBERS als Bestandteil seines Gesellschaftsnamens zu verwenden.

4.2 Beschränkungen hinsichtlich der mit den IMMATERIALGÜTERRECHTEN verbundenen VERTRAGSWAREN und DIENSTLEISTUNGEN

Der FRANCHISENEHMER verpflichtet sich, die IMMATERIALGÜTERRECHTE des FRANCHISEGEBERS (nur) im Zusammenhang mit dem FRANCHISEGESCHÄFT und ausschließlich zu dessen Förderung und zu dessen Betrieb im Sinne des vorliegenden Vertrages zu verwenden.

4.3 Verpflichtung zum Schutz und zur Verteidigung der IMMATERIALGÜTERRECHTE des Franchisegebers[20]

Zum Schutz sowie zur Mehrung des Werts und des Goodwills der IMMATERIALGÜTERECHTE des FRANCHISEGEBERS sowie zur Sicherstellung, daß die Öffentlichkeit den vorbezeichneten IMMATERIALGÜTERRECHTEN als einer Verkörperung der Qualität, der Art und des Standards des FRANCHISEGESCHÄFTS vertraut, erklärt sich der FRANCHISENEHMER damit einverstanden, daß die vorliegende Lizenz von der getreuen Befolgung des Standards, der Regelungen und Bedingungen abhängt, die im vorliegenden Vertrag bzw. dem HANDBUCH aufgestellt worden sind, auf die hiermit Bezug genommen wird. Des weiteren verpflichtet sich der FRANCHISENEHMER, sein FRANCHISEGESCHÄFT entsprechend den Regeln und Verfahren zu betreiben, die vom FRANCHISEGEBER im Laufe der Zeit vorgegeben werden. Der FRANCHISENEHMER erklärt sich bereit, dem FRANCHISEGEBER unverzüglich jedwede mögliche Markenverletzung anzuzeigen, die ihm zur Kenntnis gelangt.

4.4 STANDORT[21, 22]

Der FRANCHISENEHMER darf das FRANCHISEGESCHÄFT nur von STANDORTEN innerhalb des VERTRAGSGEBIETS betreiben, denen der FRANCHISEGEBER vorher schriftlich zugestimmt hat. Der FRANCHISEGEBER darf nicht ohne triftigen Grund seine Zustimmung zum Antrag des FRANCHISENEHMERS auf Verlegung seines Geschäfts an einen anderen STANDORT innerhalb des VERTRAGSGEBIETS verweigern.

4.5 Miete der Geschäftsräume[23]

Der FRANCHISENEHMER schließt den MIETVERTRAG über die Geschäftsräume nach vorheriger Zustimmung des FRANCHISEGEBERS in seinem eigenen Namen ab. Der FRANCHISENEHMER verpflichtet sich, im MIETVERTRAG folgende Vorkehrungen zu treffen:

(a) Der Vermieter wird den FRANCHISEGEBER über jedwede Vertragsverletzung des FRANCHISENEHMERS unterrichten;

(b) Der FRANCHISEGEBER wird berechtigt, jedweden Verstoß des FRANCHISENEHMERS gegen den MIETVERTRAG zu beheben;

(c) Der FRANCHISENEHMER soll berechtigt sein, den MIETVERTRAG an den FRANCHISEGEBER zu übertragen, ohne daß es einer Zustimmung des Vermieters bedarf.

(d) Dem FRANCHISEGEBER soll im Falle der Beendigung des Franchisevertrages eine Option zur Übernahme oder Verlängerung des MIETVERTRAGES eingeräumt werden.

Der Franchisenehmer verpflichtet sich, dem Franchisegeber innerhalb von 8 (acht) Werktagen nach dem Inkrafttreten des MIETVERTRAGES über die Geschäftsräume eine vollständige Kopie des unterzeichneten MIETVERTRAGES auszuhändigen. Dem FRANCHISENEHMER ist es nicht gestattet, ohne die vorherige Zustimmung des FRANCHISEGEBERS den MIETVERTRAG zu vollziehen oder irgendwelchen Änderungen des MIETVERTRAGES zuzustimmen.

4.6 Erscheinungsbild der Geschäftsräume[24]

Die Geschäftsräume des FRANCHISENEHMERS sollen für den öffentlichen Betrieb des FRANCHISEGESCHÄFTS geeignet sein, sich jederzeit in einem sauberen und vorzeigbaren Zustand präsentieren und mit einer ausreichenden Anzahl kompetenter Mitarbeiter besetzt werden, und zwar rund um die Uhr mit einer telefonischen Erreichbarkeit entweder des Personals des FRANCHISENEHMERS oder mittels telefonischem Anrufbeantworter.

4.7 Verwendung von spezifischem Mobiliar, Zubehör und Ausstattungsmaterial

Der FRANCHISENEHMER verpflichtet sich, für seinen Betrieb nur Mobiliar, Zubehör und Ausstattung des Franchisesystems zu verwenden. Der FRANCHISENEHMER soll an den Geschäftsräumen die aktuellen Schilder, Kennzeichen, Symbole, Slogans und sonstige Formen und Muster anbringen, wie sie von Zeit zu Zeit vom FRANCHISEGEBER für die Wiedererkennung der Systemeinheitlichkeit und der IMMATERIALGÜTERRECHTE durch das Publikum vorgegeben werden.

4.8 Geschäftsbeginn[25]

Der FRANCHISENEHMER wird den Geschäftsbetrieb innerhalb von 90 (neunzig) Tagen nach Vertragsschluß aufnehmen.

4.9 Befolgung der Franchisemethode[26]

Der FRANCHISENEHMER verpflichtet sich, das FRANCHISEGESCHÄFT in Übereinstimmung mit den vom FRANCHISEGEBER festgelegten und im Laufe der Zeit veränderten Standardverfahren und Methoden zu betreiben, die im HANDBUCH des FRANCHISEGEBERS niedergelegt sind. Der FRANCHISENEHMER bestätigt, eine Kopie des HANDBUCHS geliefert und geprüft zu haben. Dieses HANDBUCH verbleibt zu jeder Zeit im Eigentum des FRANCHISEGEBERS, und der FRANCHISENEHMER verpflichtet sich, den Inhalt eines solchen HANDBUCHES ohne die vorherige Zustimmung des FRANCHISEGEBERS weder offenzulegen noch eine Offenlegung herbeizuführen. Bei Beendigung oder Ablauf des vorliegenden Vertrages, hat der FRANCHISENEHMER das besagte HANDBUCH an den FRANCHISEGEBER zurückzugeben.

4.10 Zahlungen an den Franchisegeber[27]

4.10.1 Eintrittsgebühr[28]

Als Gegenleistung für die Möglichkeit, das FRANCHISEGESCHÄFT wie hier vorgesehen zu gründen und zu betreiben, zahlt der FRANCHISENEHMER dem FRANCHISEGEBER eine Eintrittsgebühr in Höhe von $ ......, fällig mit Unterzeichnung des Vertrages und zahlbar in bar oder mittels bestätigtem Scheck. Der FRANCHISENEHMER erkennt an, daß diese Gebühr angemessen ist und daß sie ihm bei Auslaufen des Vertrages oder im Falle der Vertragsbeendigung, aus welchem Grund auch immer, nicht zurückerstattet wird.

4.10.2 Lizenzgebühren[29]

Der FRANCHISENEHMER zahlt dem FRANCHISEGEBER monatliche Lizenzgebühren in Höhe von ......% vom BRUTTO-UMSATZ (Umsatzsteuer nicht inbegriffen). Die Lizenzgebühren sind am 15. eines jeden Monat fällig und beruhen auf den Umsätzen des vorangehenden Kalendermonats. Der Zahlung der Lizenzgebühren ist die Aufstellung des FRANCHISENEHMERS über seinen BRUTTO-UMSATZ für den vorgenannten Abrechnungszeitraum von einem Monat beizufügen.

4.10.3 Beratungsgebühr

Sollten die Anwesenheit oder die Dienste eines oder mehrerer Angestellten bzw. Repräsentanten des FRANCHISEGEBERS erforderlich sein, um Hilfe im FRANCHISEGESCHÄFT des FRANCHISENEHMERS zu leisten, so ist der FRANCHISENEHMER verpflichtet, eine Beratungsgebühr in Höhe von $ ...... pro Tag oder (gegebenenfalls) einen entsprechenden Anteil hiervon für jede vom FRANCHISEGEBER zu diesem Zweck bereitgestellte Person zu entrichten.

4.10.4 Werbegebühr[30]

Der FRANCHISENEHMER ist verpflichtet, dem FRANCHISEGEBER eine monatliche Werbe- und Verkaufsförderungsgebühr in Höhe von ......% des BRUTTO-UMSATZES zu zahlen. Die Werbegebühr ist am 15. eines jeden Monats zu entrichten und beruht auf der Grundlage der Umsätze des vorangehenden Monats. Der Zahlung der Werbegebühren ist die Aufstellung des FRANCHISENEHMERS über seinen BRUTTO-UMSATZ für den vorgenannten Abrechnungsmonat beizufügen. Die Werbegebühr wird in einen Werbefonds auf ein separates Konto eingezahlt, das der FRANCHISEGEBER treuhänderisch verwaltet. Die Beträge aus dem Werbefonds werden vom FRANCHISEGEBER nach eigenem Ermessen zu Werbezwecken und zur Verkaufsförderung im VERTRAGSGEBIET des FRANCHISENEHMERS sowie auf nationaler Ebene eingesetzt.

4.10.5 Zahlung für Warenlieferung bzw. Inventar[31]

Vom FRANCHISEGEBER gelieferte Waren oder Inventar sind zu den zum Zeitpunkt der Lieferung geltenden Großhandelspreisen zu zahlen, wie sie vom FRANCHISEGEBER für sämtliche FRANCHISENEHMER festgesetzt sind.

4.11 Buchführung und Aufbewahrung von Unterlagen[32]

Der FRANCHISENEHMER ist verpflichtet, ordnungsgemäße Aufzeichnungen, Berichte, Rechnungsabschlüsse, Bücher und Unterlagen anzufertigen und aufzuheben. Diese sollen alle das FRANCHISEGESCHÄFT betreffende Einzelheiten enthalten entsprechend den vom FRANCHISEGEBER im Laufe der Zeit für die Aufbewahrung und Aufzeichnung sowie Übermittlung von Berichten vorgegebenen Verfahren und Angaben.

5. U.S.-amerikanischer Franchisevertrag

Der FRANCHISENEHMER gestattet dem FRANCHISEGEBER und seinen Repräsentanten, die vorbenannten Aufzeichnungen, Berichte, Rechnungsabschlüsse, Verzeichnisse und Unterlagen, wann immer es angemessen erscheint, einzusehen und zu prüfen. Dem FRANCHISENEHMER ist im Rahmen seines FRANCHISEGESCHÄFTS nur die Verwendung von Formularen gestattet, die mit den Standardangaben des FRANCHISEGEBERS übereinstimmen und die vom FRANCHISEGEBER genehmigt wurden.

Der FRANCHISENEHMER ist verpflichtet, innerhalb einer angemessenen Zeit nach Anforderung durch den FRANCHISEGEBER solche Informationen zu liefern und solche Standardberichte anzufertigen, wie sie der FRANCHISEGEBER für die ordentliche Verwaltung des Franchisesystems verlangt.

Der FRANCHISENEHMER bestätigt, daß ihm Kopien der Formulare des FRANCHISEGEBERS übergeben wurden und daß er über die in diesem Paragraph angesprochenen Standardverfahren und Standardangaben unterrichtet worden ist.

4.12 Besteinsatz[33]

Der FRANCHISENEHMER soll seine ersten und besten Kräfte der Entwicklung des gesamten VERTRAGSGEBIETS und aller seiner Einzelbereiche widmen und so eine angemessene Anzahl von STANDORTEN zum Betrieb des FRANCHISEGESCHÄFTS bei Bedienung der vorhandenen Nachfrage schaffen und unterhalten.

Der FRANCHISENEHMER soll stets prompten und aufmerksamen Service erbringen und sein FRANCHISEGESCHÄFT in einer Weise führen, die sich auf den FRANCHISEGEBER, das franchise system, seinen guten Namen, seinen Goodwill und sein Ansehen günstig auswirkt. Desgleichen enthält sich der FRANCHISENEHMER aller täuschenden, irreführenden und unsittlichen Methoden.

Der FRANCHISENEHMER wird ohne die vorherige schriftliche Zustimmung des FRANCHISEGEBERS keinerlei franchisierte IMMATERIALGÜTERRECHTE bei Werbe- oder Verkaufsförderungsmaßnahmen jedweder Art verwenden oder eine solche Verwendung zulassen.

4.13 Training[34]

Der FRANCHISENEHMER ist verpflichtet, am Hauptgeschäftssitz des FRANCHISEGEBERS auf eigene Kosten (keine Trainingsgebühr) für einen Zeitraum von ...... Tagen vor Eröffnung der Verkaufsstelle des FRANCHISENEHMERS ein Training zu absolvieren, um sich mit den Methoden des Franchise-Systems vertraut zu machen. Der FRANCHISENEHMER wird ein solches Training erfolgreich beenden.

Sollte der FRANCHISENEHMER in welcher Art auch immer die vom FRANCHISEGEBER aufgestellten Richtlinien für Qualität oder DIENSTLEISTUNGEN nicht erfüllen, so ist der FRANCHISEGEBER berechtigt, geeignete Mitarbeiter zur Ausbildung des FRANCHISENEHMERS bzw. seines Personals zu entsenden, um die Aufrechterhaltung der vorbezeichneten Standards sicherzustellen.

4.14 Personal

Alle vom FRANCHISENEHMER in Verbindung mit dem FRANCHISEGESCHÄFT eingestellten Mitarbeiter haben die vom FRANCHISEGEBER aufgestellten Standards zu wahren.

Der FRANCHISENEHMER verpflichtet sich, zur Erfüllung und Ausübung seiner aus dem vorliegenden Vertrag resultierenden Pflichten und Obliegenheiten ausschließlich ausgebildetes Personal zu beschäftigen.

Alle Mitarbeiter mit Kontrollfunktionen sowie sämtliche Mitarbeiter, die ein spezielles Ausbildungsprogramm absolviert haben oder spezielle Instruktionen erhalten haben, müssen Wettbewerbsschutzvereinbarungen unterzeichnen.

4.15 Kauf des Inventars bzw. der Waren[35]

Zum Schutze der Integrität des Franchisesystems, verpflichtet sich der FRANCHISENEHMER, Ausstattung, Inventar und sämtliche VERTRAGSWAREN, die im FRAN-

CHISEGESCHÄFT verkauft werden, ausschließlich vom FRANCHISEGEBER oder von Lieferanten zu beziehen, die vom FRANCHISEGEBER zugelassen wurden.

4.16 Mindestumsatz[36]

Als Bedingung für den Bestand seiner Franchise ist der FRANCHISENEHMER gehalten, für sein FRANCHISEGESCHÄFT ein Mindestvolumen von ...... $ pro Vertragsjahr zu erreichen.

4.17 Werbung und Verkaufsförderung[37]

Während der Laufzeit des Vertrages soll sich der FRANCHISENEHMER gemeinsam mit dem FRANCHISEGEBER an einem Werbeprogramm für die nationale und (oder) regionale Werbung beteiligen, das zugunsten des gesamten Franchisesystems geschaffen wurde.

Der FRANCHISENEHMER soll für laufende regionale Werbung in geeigneten Medien innerhalb seines VERTRAGSGEBIETS sorgen. Die Werbemaßnahmen sollen den Standardanforderungen entsprechen, die vom FRANCHISEGEBER im Laufe der Zeit aufgestellt werden.

Jede lokale Werbung und Verkaufsförderungsmaßnahme, die vom FRANCHISENEHMER arrangiert wird, ist vor ihrer Verwendung dem FRANCHISEGEBER bekanntzugeben und bedarf seiner Zustimmung.

4.18 Versicherung[38]

Der FRANCHISENEHMER verpflichtet sich, auf eigene Kosten eine Arbeitsunfallversicherung, eine allgemeine Haftpflicht sowie eine Produkthaftpflichtversicherung bei amtlich zugelassenen Versicherungsgesellschaften zu unterhalten und für einen Mindestdeckungsbetrag in Höhe von ...... $ unter Benennung des FRANCHISEGEBERS als Mitversicherten zu sorgen.

4.19 Haftungsfreistellung[39, 40, 41]

Der FRANCHISENEHMER verpflichtet sich, während der Vertragsdauer und für die Zeit danach, den FRANCHISEGEBER sowie seine leitenden Angestellten, Agenten und sonstigen Arbeitnehmer von Verlust, Schaden, Haftung und Kosten jeglicher Art freizustellen, die aus der Verletzung des vorliegenden Vertrages resultieren; das gleiche gilt für Ansprüche, Schäden, Klagegründe oder Klagen jedweder natürlicher Personen, Firmen oder Gesellschaften, die aus dem Betrieb des FRANCHISEGESCHÄFTS herrühren.

4.20 Befolgung von Recht und Gesetz

Der FRANCHISENEHMER ist allein verantwortlich für die Befolgung sämtlicher staatlicher oder behördlichen Vorschriften, Gesetze, Verordnungen, Verfügungen oder Gesetzeswerke, die den FRANCHISENEHMER und sein FRANCHISEGESCHÄFT betreffen; das gleiche gilt für die Entrichtung sämtlicher Steuern, Genehmigungsgebühren, Lizenz- und Registrierungsgebühren sowie sonstiger Kosten oder Abgaben, die mit der Gründung und dem Betrieb des FRANCHISEGESCHÄFTS verbunden sind.

4.21 Befolgung des Handbuches

Der FRANCHISENEHMER bestätigt hiermit, leihweise vom FRANCHISEGEBER eine Kopie des BETRIEBSHANDBUCHES für die Dauer des Franchisevertrages erhalten zu haben. Der FRANCHISENEHMER verpflichtet sich, das FRANCHISEGESCHÄFT streng in Übereinstimmung mit den Vorschriften, Richtlinien und Verfahren zu betreiben, die im Betriebshandbuch des FRANCHISEGEBERS niedergelegt sind, das im Laufe der Zeit mit zusätzlichen Materialien und Unterlagen ergänzt werden kann.

4.22 Kontrolle der Geschäftsbücher und des Geschäftslokals[42]

Der FRANCHISENEHMER wird zu allen vernünftigen Zeiten dem FRANCHISEGEBER das Betreten des STANDORTS oder anderer im Zusammenhang mit dem FRANCHISEGESCHÄFT benutzter Grundstücke erlauben, um eine Kontrolle der Geschäftsbücher und des Geschäftslokals vorzunehmen.

5. Pflichten des FRANCHISEGEBERS[43]

Während der Laufzeit des vorliegenden Vertrags sowie seiner Verlängerung verpflichtet sich der FRANCHISEGEBER zu folgenden Leistungen, vorbehaltlich seines Rechts, Umfang und Reichweite seiner Aktivitäten selbst zu bestimmen, wobei er die Empfehlungen des FRANCHISENEHMERS gewissenhaft in seine Überlegungen einzuziehen hat:

5.1. Schutz der IMMATERIALGÜTERRECHTE[44]

Der FRANCHISEGEBER wird seine IMMATERIALGÜTERRECHTE während der Vertragsdauer aufrechterhalten und nichts veranlassen oder erlauben, das diese IMMATERIALGÜTERRECHTE beeinträchtigen oder gefährden könnte.

5.2 Exklusives VERTRAGSGEBIET[45]

Der FRANCHISENEHMER ist befugt, die Franchise für *(Bestimmung des geographischen Bereiches)* ...... zu nutzen. Der FRANCHISEGEBER darf innerhalb dieses VERTRAGSGEBIETS außer dem FRANCHISENEHMER keinem anderen die Nutzung seiner IMMATERIALGÜTERRECHTE gestatten.

5.3 Erstlieferung[46]

Der FRANCHISEGEBER wird gebührenfrei einen Grundstock an Geschäftswerbung und Materialien zur Verkaufsförderung liefern und zusätzliches Material zu angemessenen Preisen bereitstellen.

5.4 Werbung und Verkaufsförderung[47]

Der FRANCHISEGEBER wird für die Aufrechterhaltung und die Förderung eines nationalen Franchisesystems, das durch die IMMATERIALGÜTERRECHTE identifiziert wird, sowie für die Unterhaltung eines nationalen Werbeprogramms Sorge tragen.

5.5 Lieferung zugkräftigen Erkennungsmaterials

Der FRANCHISEGEBER wird für die Bereitstellung von Schildern, Geschäftsformularen, Briefpapier, Dienstkleidung und anderer standardisierter Elemente zu angemessenen Preisen sorgen.

5.6 Dienstleistungen und Unterstützung[48]

5.6.1 Training[49]

Der FRANCHISEGEBER verpflichtet sich, dem FRANCHISENEHMER sowie dessen Beschäftigten folgende Trainingskurse anzubieten:

(a) Vor Geschäftseröffnung findet ein erstes Training von mindestens ...... Tagen am Sitz des FRANCHISEGEBERS in ...... statt.

(b) Anschließend und zwar innerhalb von ...... Tagen nach dem Tag der Eröffnung des FRANCHISEGESCHÄFTS des FRANCHISENEHMERS verpflichtet sich der FRANCHISEGEBER, qualifiziertes und erfahrenes Personal zur Unterstützung und Beratung für die Dauer von ...... Tagen in den Geschäftsräumen des FRANCHISENEHMERS zur Verfügung zu stellen, falls nötig.

(c) Der FRANCHISEGEBER sorgt für zusätzliche Trainingsmöglichkeiten während der Laufzeit des Vertrages, falls der FRANCHISENEHMER weitere, als die im vorliegenden Vertrag vom FRANCHISEGEBER vorgesehenen Instruktionen verlangt.

5.6.2 Beratung[50]

Auf Anfrage erhält der FRANCHISENEHMER die Möglichkeit, sich im Bereich der Unternehmensführung vom FRANCHISEGEBER beraten zu lassen. Ihm werden KNOW-HOW und Geschäftsgeheimnisse zu Zwecken der Gründung, des Betriebs und der Förderung des FRANCHISEGESCHÄFTS zugänglich gemacht. Hierunter fallen:

(1) Auswahl der Geschäftsräume und Schaffung von STANDORTEN;

(2) Einrichtung und Unterhaltung von Systemen zur Büroorganisation und von geschäftlichen Betriebsabläufen;

(3) Entwicklung und Unterhaltung von Werbe- und Marketingprogrammen sowie von Verkaufsförderungskampagnen.

6. Vertragslaufzeit und Verlängerung[51, 52, 53]

Der vorliegende Vertrag soll mit dem Zeitpunkt der Unterschrift beider PARTEIEN in Kraft treten und für einen Zeitraum von 5 (fünf) Jahren gelten, sofern er nicht vorzeitig, gemäß den Bestimmungen des vorliegenden Vertrages beendet wird. Er verlängert sich automatisch um weitere 5 (fünf) Jahre, es sei denn, daß eine VERTRAGSPARTEI der anderen mindestens 3 (drei) Monate vor Vertragsablauf schriftlich kündigt.

7. Kündigung des Vertrages[54, 55, 56, 58]

Die PARTEIEN können den vorliegenden Vertrag unter schriftlicher Ankündigung in folgenden Fällen kündigen:

7.1 Kündigung seitens des FRANCHISENEHMERS

Der FRANCHISENEHMER, der gutes Ansehen genießt, ist berechtigt, den vorliegenden Vertrag jederzeit unter Einhaltung einer Frist von 90 (neunzig) Tagen gegenüber dem FRANCHISEGEBER schriftlich zu kündigen; jedoch soll diese Vertragsbeendigung den FRANCHISENEHMER nicht von irgendeiner dem FRANCHISEGEBER geschuldeten Verpflichtung befreien, die im Rahmen des vorliegenden oder eines sonstigen gegenseitigen schriftlichen Vertrages der PARTEIEN entstanden ist oder fortbesteht.

7.2 Kündigung seitens des FRANCHISEGEBERS

Der FRANCHISEGEBER darf den vorliegenden Vertrag nur aus triftigen Gründen beenden. Ein triftiger Grund für die vorzeitige Vertragsbeendigung liegt dann vor, wenn der FRANCHISENEHMER trotz Abmahnung durch den FRANCHISEGEBER die Bestimmungen und Bedingungen des vorliegenden Vertrags nicht erfüllt, es sei denn, die Nichterfüllung hat ihre Ursache in einem Streik, Krieg oder einem anderen, sich der Kontrolle des FRANCHISENEHMERS entziehenden Grund.

7.2.1 Gründe für eine Vertragsbeendigung mit Heilungsmöglichkeit (nicht abschließend)

Der FRANCHISENEHMER hat die Möglichkeit, das vorbezeichnete Fehlverhalten innerhalb von 30 (dreißig) Tagen nach Absendung der schriftlichen Abmahnung zu korrigieren, sofern eine Heilung möglich ist. Als heilbares Fehlverhalten gilt:

(a) Wenn der FRANCHISENEHMER die Zahlung der Lizenzgebühren oder anderer vertraglich vereinbarter Gebühren versäumt;

(b) wenn der FRANCHISENEHMER es versäumt, die vertraglich vorgesehenen Finanzberichte zu übersenden;

(c) wenn der FRANCHISENEHMER den aktiven Geschäftsbetrieb einstellt;

(d) wenn der FRANCHISENEHMER die im vorliegenden Vertrag festgehaltenen und vom BETRIEBSHANDBUCH zusätzlich geforderten Richtlinien nicht einzuhalten vermag und besagtes Fehlverhalten oder Versäumnis nicht behoben wird, und zwar zur Zufriedenheit des FRANCHISEGEBERS innerhalb der hierfür vorgesehenen Frist nach Abmahnung oder innerhalb eines längeren, vom FRANCHISEGEBER in der schriftlichen Abmahnung festgelegten Zeitraums.

7.2.2. Gründe für eine Beendigung ohne Heilungsmöglichkeit für den Franchisenehmer

(a) Ungenehmigter Franchise-Transfer und Abtretung

Im Falle der vollständigen oder teilweisen Übertragung oder Abtretung des FRANCHISEGESCHÄFTS respektive seiner Aktiva, sofern dies nicht schriftlich vom FRANCHISEGEBER gestattet wurde.

(b) Konkurs des FRANCHISENEHMERS[59]

Im Falle der Insolvenz, des Abschlusses eines Liquidationsvergleichs, der Bestellung eines Zwangsverwalters oder Treuhänders über irgendeinen Teil des Vermögens des Geschäfts des FRANCHISENEHMERS, der Beschlagnahme des Geschäftsvermögens oder im Falle einer Einzelvollstreckung.

(c) Tod und Geschäftsunfähigkeit des FRANCHISENEHMERS[60]
Im Falle des Todes oder der Geschäftsunfähigkeit des FRANCHISENEHMERS für mehr als 2 (zwei) Monate.

8. Folgen der Vertragsbeendigung[61–63]

8.1 Einstellung der Nutzung der IMMATERIALGÜTERRECHTE[64]

Nach Ablauf oder Beendigung des vorliegenden Vertrages hat der FRANCHISENEHMER die Nutzung der IMMATERIALGÜTERRECHTE unverzüglich einzustellen und jede weitere Nutzung zu unterlassen; des weiteren sind dem FRANCHISEGEBER sämtliche sich auf IMMATERIALGÜTERRECHTE erstreckende Dokumente, Instruktionen, Ausstellungsgegenstände und ähnliche Unterlagen zurückzugeben.

8.2 Übergabe des Zubehörs, der Ausstattung und des Inventars an den Franchisegeber[65]

Zubehör und Ausstattung sind dem FRANCHISEGEBER *(bzw. dem designierten Lieferanten)* zurückzugeben. Das verbleibende Inventar soll vom FRANCHISEGEBER zum Zeitpunkt des Rückkaufs geltenden Marktpreises abzüglich eines 10%igen Abschlags wegen Wertverlusts zurückgenommen werden.

8.3 Endabrechnung

Bei Beendigung des vorliegenden Vertrages ist der FRANCHISEGEBER berechtigt, vom FRANCHISENEHMER alle auf der Grundlage des vorliegenden Vertrages geschuldeten Beträge zuzüglich des höchstmöglichen gesetzlichen Vertragszinses einzufordern; das gleiche gilt für sämtliche Kosten und Auslagen, einschließlich angemessener Anwaltshonorare und Auslagen, die dem FRANCHISEGEBER in Folge der Durchsetzung der aus diesem Vertrag resultierenden Rechte entstanden sind.

8.4 Übernahme des MIETVERTRAGES[28]

Der FRANCHISENEHMER gewährt hiermit dem FRANCHISEGEBER eine Option zur Übernahme sämtlicher MIETVERTRÄGE bezüglich der an allen STANDORTEN vorhandenen Geschäftsräume. Diese Option gilt bei der Beendigung des MIETVERTRAGES nur dann, wenn der FRANCHISEGEBER die Haftung für den noch ausstehenden Mietzins für die Dauer des MIETVERTRAGES übernimmt.

8.5 Rückgabe jedweden vertraulichen Materials

Der ausscheidende FRANCHISENEHMER ist verpflichtet, jedwedes schriftliche Material (z.B. Pläne, HANDBÜCHER etc.), sei es als Original, sei es als Reproduktion, zurückzugeben, das Informationen in bezug auf die IMMATERIALGÜTERRECHTE des FRANCHISEGEBERS enthält.

9. Sonstige Bestimmungen[66]

9.1 VERTRAGSPARTEIEN als selbständige Unternehmer[67]

FRANCHISEGEBER und FRANCHISENEHMER sind weder Beteiligte im Rahmen eines Joint venture noch Partner, gegenseitige Stellvertreter, Bedienstete, Angestellte oder Treuhänder und sind auch nicht als solche zu betrachten. Keine der VERTRAGSPARTEIEN ist außer in den vertraglich vorgesehenen Fällen dazu berechtigt, die andere PARTEI zu binden oder zu verpflichten. Der FRANCHISEGEBER haftet gegenüber Dritten nicht für Schulden des FRANCHISENEHMERS, es sei denn, der FRANCHISEGEBER habe der Übernahme dieser Schulden schriftlich zugestimmt.

9.2 Wettbewerbsverbote[68–70]

Während der Laufzeit des Vertrages, respektive jeder diesbezüglichen Verlängerung, sowie für einen Zeitraum von 2 (zwei) Jahren danach dürfen, innerhalb des VERTRAGSGEBIETS oder im Umkreis von 5 (fünf) Meilen um das FRANCHISEGESCHÄFT, weder der FRANCHISENEHMER noch die Gesellschafter oder Teilhaber des FRANCHISENEHMERS, sei es als Einzelperson oder im Rahmen einer Partnerschaft oder Kapitalgesellschaft, irgendwelche dem FRANCHISEGESCHÄFT ähnlichen Geschäfte betreiben, wie sie Gegenstand des vorliegenden Vertrages sind.

9.3 Vertraulichkeitsklausel[71]

Der FRANCHISENEHMER darf während der Laufzeit des vorliegenden Vertrages und im Anschluß daran keinerlei vertrauliche Information, Kenntnisse oder KNOW-HOW, weitergeben, preisgeben oder zugunsten irgendeiner sonstigen Person, Partnerschaft, Gemeinschaft oder Gesellschaft verwenden, sofern diese die Methoden des FRANCHISEGESCHÄFTS betreffen, die dem FRANCHISENEHMER möglicherweise im Rahmen seiner Tätigkeit nach Maßgabe des vorliegenden Vertrages bekannt oder weitergegeben worden sind.

9.4 Übertragung, Abtretung und Unterlizenz[72]

Die im Rahmen des vorliegenden Vertrages bestehenden Rechte des FRANCHISEGEBERS sollen auf seine Erben und Rechtsnachfolger übergehen. Derartige Rechte können abgetreten werden, vorausgesetzt, daß der Zessionar sich schriftlich dazu bereiterklärt, alle vorliegenden Pflichten des FRANCHISEGEBERS zu übernehmen und der FRANCHISENEHMER hiervon in Kenntnis gesetzt wird. Eine derartige Abtretung soll den FRANCHISEGEBER von allen sonstigen bestehenden Verpflichtungen entbinden.

Die hier übertragene Lizenz ist persönlich in Ansehung des FRANCHISENEHMERS und kann ohne die vorherige schriftliche Zustimmung des FRANCHISEGEBERS, die nur aus triftigem Grund verweigert werden darf, nicht übertragen, abgetreten oder unterlizenziert werden.

Gibt der FRANCHISEGEBER seine schriftliche Zustimmung zu einer Übertragung, Abtretung oder Unterlizenzierung, so sind Übernehmer, Zessionar oder Unterlizenznehmer an jede im vorliegenden Vertrag enthaltene Begrenzung und Bedingung gebunden und nicht zu einer weiteren Übertragung dieser Lizenz berechtigt, es sei denn der FRANCHISEGEBER habe dem zuvor schriftlich zugestimmt.

9.5 Gerichtsstand[73, 74]

Gerichtsstand für jedwede Verfahren, die sich auf Bestimmungen des vorliegenden Vertrags beziehen, ist ......

9.6 Rechtswahl[75, 76]

Auslegung und Anwendung des vorliegenden Vertrages unterliegt dem Recht des Bundesstaates von ...... *(Bundesstaat einfügen).*

9.7 Nichtausübung von Rechten/Rechtsverzicht

Versäumt es einer der VERTRAGSPARTEIEN zu irgendeinem Zeitpunkt, irgendeiner Bestimmung des vorliegenden Vertrags Geltung zu verschaffen oder eine hierin enthaltene Option oder einen Rechtsbehelf auszuüben oder einzulegen, so gilt dies in keiner Weise als Verzicht auf diese Bestimmungen und berührt nicht die Wirksamkeit des vorliegenden Vertrages. Übt eine der VERTRAGSPARTEIEN irgendeines ihrer Rechte oder eine Option aus oder legt sie einen Rechtsbehelf ein, gemäß den Beschränkungen oder Bestimmungen des vorliegenden Vertrages, so ist sie nicht daran gehindert, zu einem späteren Zeitpunkt erneut das gleiche Recht oder sonstige Rechte auszuüben, die ihr aufgrund des vorliegenden Vertrages zustehen. Ungeachtet irgendwelcher vorangegangener Klagen oder Verfahren, die die VERTRAGSPARTEIEN bereits angestrengt haben, sind alle hierin enthaltenen Rechtsbehelfe kumulativ und abtrennbar.

9.8 Überschriften

Die im vorliegenden Vertrag verwandten Überschriften zu den (einzelnen) Paragraphen dienen lediglich der Übersicht und berühren nicht den Inhalt der Paragraphen selbst.

9.9 Trennbarkeit

Sollte eine Bestimmung des vorliegenden Vertrages im Widerspruch zu den Gesetzen oder der Gerichtsbarkeit eines Bundesstaates stehen, so soll eine derartige Vertragsbestimmung für die entsprechende Gerichtsbarkeit nicht gelten.

9.10 Vollständigkeit[77]

Die PARTEIEN betrachten den vorliegenden Vertrag als die Gesamtheit ihrer Vereinbarungen. Andere Vereinbarungen existieren nicht und vorherige mündliche oder schriftliche Vereinbarungen werden durch diesen Vertrag abgelöst. Die PARTEIEN vereinbaren weiterhin, daß dieser Vertrag nur durch eine von beiden PARTEIEN schriftlich verfaßte und unterzeichnete Übereinkunft abgeändert werden kann. Darüber hinaus vereinbaren die PARTEIEN, daß keine anderen als die in diesem Vertrag enthaltenen Angaben, mündlicher oder schriftlicher Natur, getätigt wurden, die Anlass dieses Vertragsschlusses waren und dass ihr Entschluß nicht auf Angaben beruht, die nicht in diesem Vertrag niedergelegt sind.

Vertragsunterzeichnung am ....
Unterschrift des FRANCHISENEHMERS ....
als Zeugen ....
Vertragsunterzeichnung am ....
Unterschrift des FRANCHISEGEBERS ....
als Zeugen ....

Allgemeiner Literaturhinweis: Für das Verständnis der allgemeinen Grundlagen des Vertriebsrechts und der Besonderheiten der Vertriebsmethode des Franchising sei auf die umfassenden Darstellungen in *Martinek/Semler* (Hrsg.), Handbuch des Vertriebsrechts, 1996 (C.H. Beck-Verlag) hingewiesen sowie auf *Pour Rafsendjani*: Der Goodwillausgleichsanspruch des Franchisenehmers: Ein Vergleich des deutschen, französischen und US-amerikanischen Franchiserechts, 2000 (Peter Lang Verlag).

Literatur zum Franchiserecht der Vereinigten Staaten von Amerika: Abrams, The Implied Convenant of Good Faith and Fair Dealing in Franchise Relationships, ABA Forum on Franchising, Eleventh Annual Forum, Vol. 1 (1988); *ders.,* The Implied Convenant of Good Faith and Fair Dealing as a Doctrine that Limits the Exercise of Discretion, American Bar Association (Hrsg.), Forum on Franchising, 1995; *Adams,* Franchising – A Case of Long-term Contracts, ZgS/JITE Bd. 144 (1988), 145; *Alexander,* Franchinsing and you – Unlimited opportunities for success, 1970; *Arquit/Wolfram,* Die internationalen US-Kartellrichtlinien von 1995 und ihre Bedeutung für deutsche Unternehmen, WIB, S. 939 ff.; *Asbill/Scott,* Meineke Revised: The Specter of Individual Liability, Fran. Law Journal, Fall 1999, S. 6 ff.; *Behr,* Der Franchisingvertrag, 1976; *Benett,* Franchisors cautious about termination, Franchise Buyer, June 1995, S. 22; *Berg,* The New York Arbitration Convention of 1958, 1981; *Bierce/Barbier,* US-rechtliche Rahmenbedingungen für die Betätigung deutscher Computer-Software-Unternehmen auf dem amerikanischen Markt, RIW 1985, S. 194 ff.; *Blechmann,* in: Frankfurter Kommentar zum GWB, Stand 1995, Band 1, Auslandsteil; *Blumenwitz,* Einführung in das angloamerikanische Recht, 5. Aufl. 1994; *Bodewig,* Der Entwurf neuer Kartellrichtlinien für den Erwerb und die Lizenzierung geistigen Eigentums an den USA, GRUR Int. 1995, S. 142 ff. ders. USA, Kein Beitritt zum Protokoll zum MMA, Mitteilung in GRUR Int. 1994, S. 542, ders. USA-Änderung der Kartellrechtspolitik angekündigt, GRUR Int. 1993, S. 977 ff.; *Borchers,* Forum Selection Agreements in the Federal Courts after Carnival Cruise: A Proposal for Congressional Reform, Washington L.R. 1992, S. 67 ff.; *Borges,* Extraterritorial Application of State Law, Fran. Law Journal, Winter 1999, S. 102 ff.; *Born,* Principie v. Mc Donald's – Neue Kriterien für Franchising in den USA?, GRUR Int 1981, S. 213 ff.; *Born/Westin,* International Civil Litigation in United States Courts, 2 nd ed, 1994; *Brown,* Franchising – A Fiduciary Relationship, 49 Tex. L. Rev. 650 ff. (1971); *ders.,* Staturoy Conduct Controls, N.Y. L.J. Okt. 1990, S. 1, 3; *ders.* Franchising – Trap for the trusting, 1969; *ders.* Franchising – Realities and Remedies, 1981; *Bungert,* Gesellschaftsrecht in den USA, 1994; *Burton,* Breach of Contract and the Common Law Duty to Perform in Good Faith, 94 Harv. L. Rev., S. 369 (1980);

Byers, Making a Case for Federal Regulation of Franchise Terminations – A Return-of-Equity-Approach, The Journal of Corporation Law, Spring 1994, S. 607–664; *Caffey,* Franchise Termination and Renewal Legislation, American Bar Association Antitrust Law Journal Vol. 49 (1980), 1317; *Caine,* Termination of Franchise Agreements: Some Remedies for Franchisees Under the Uniform Commercial Code, 3 Cumb. L. Rev., S. 347 ff. (1972); *Calamari/Perillo,* Contracts, 3rd Edition 1987; *Casagrande,* Using the Lanham Act to Ward Off Preliminary Injunctions, Franchise Law Journal, Winter 1999, S. 87; *Chase,* If Termination Looms, Don't Delay – Start Fighting Now, Automotive News, Juli 1, 1991, S. 14; *Cise van,* Franchising – From Power to Partnership, in: Antitrust Bulletin, Vol. 15 (1970), 443; *Clark/Boardman/Callaghan (CBC);* Deerfield, Il, New York, NY, Rochester NY, 1994, zitiert als: Franch. & Bus. Law & Prac.; *Costello/Levin/Wieczorek,* Encroachment and the Duty of Good Faith: Camp Creek Resurrects Scheck, Franchise Law Journal, Spring 1998, S. 140 ff.; *Curry/Larkworthy et al,* Partners for Profit. A Study of Franchising, 2nd ed., 1966; *Dicke,* Franchising in America, S. 35 ff.; *Donath,* Die Statutes of Frauds der US-amerikanischen Bundesstaaten aus der Perspektive des deutschen Kollisionsrechts, IPRax 1994, S. 333 ff.; *Donavan,* The Implied Convenant of Good Faith and Fair Dealing as a Doctrine of Contract and Tort Law, American Bar Association (Hrsg.), Forum on Franchising, 1995, Supplement vom 26. September 1995; *Dreher,* Die US-amerikanischen Horizontal Merger Guidelines 1992 – Kartellrecht jenseits von Reagonmics?, RIW 1995, S. 376 ff.; *Dunhum,* Enforcing Contract Terms Designed to Manage Franchisor Risk, Fran. Law Journal, Winter 2000, S. 91 ff.; *Duval/Mandel,* Exemptions for Experienced Franchisors and Knowledgeable Franchisees: Law and Policy, Franchise Law Journal, Winter 1997, S. 99 ff.; *Dyhrkopp/Kim,* Prospecting the Last Frontier: Legal Considerations for Franchisors Expanding into Inner Cities, Franchise Law Journal, Winter 2000, S. 89 ff.; *Eaton,* State Regulation of Franchise and Dealership Termination, American Bar Association Antitrust Law Journal Vol. 49 (1980), 1331; *Ebke,* Neuere Entwicklungen im US-amerikanischen Handels- und Wirtschaftsrecht, RIW 1995, S. 64 ff.; *Ehrenzweig,* Conflicts in a Nutshell, 3. Aufl. 1974; *Emerson,* Franchising and the Collective Rights of Franchisees, 43 Vand. L. Rev. 1503, 1512 (1990); ders. Franchising Convenants Against Competition, Iowa Law Review 1995, S. 1049–1107; *Emmons,* The American Franchise Revolution, 1970; *Enghusen,* Rechtliche Probleme der Franchiseverträge in den Vereinigten Staaten von Amerika und in Europa unter besonderer Berücksichtigung des Kartellrechts, 1977; *Farnsworth,* Contracts, 2nd Ed. 1990; *Feirman/Lowell/Wieczorek,* Effects of State Oil Co. v. Khan On Franchising, Fran. Law Journal Winter 1998, S. 95 ff.; *Felstead,* The social organization of the franchise: a case of „controlled self-employment", Work, Employment and Society Vol. 5 (1991), 37; *Fern/Klein,* Restrictions on Termination and Non Renewal of Franchises: A Policy Analysis, 36 Bus. Law 1041 (1981); *Fisch,* Die Vorteilsausgleichung im amerikanischen und deutschen Recht, Schriftenreihe der Gesellschaft für Rechtsvergleichung, Bd. 63, Frankfurt am Main 1974; *Fox/Hoppenfield,* A Review of NASAA's Model Franchise Investment Act, Franchise L.J., Fall 1989, S. 7 f.; *Garner,* (Hrsg.), Franchise and Distribution Law and Practice, 3 Bände; *Gellhorn,* Limitations in Contract Termination Rights – Franchise Cancellations, Duke L.J. 1967, 465 ff., 467; *Geurts/Stevens,* Grundzüge des Doppelbesteuerungsabkommens USA – Niederlande 1992 und USA – Deutschland 1989, RIW 1995, S. 382 ff.; *Glickman et al.,* Franchising, 4 Bände, Loseblattwerk, Stand Juli 1995; *Goetz/Scott,* Principles of Relational Contracts, VA L. Rev. 1981, S. 1089, 1144; *Goodrich/Scoles,* Handbook of the Conflict of Laws, 1964; *Goodwinn,* Business Lawyer 1970, S. 25 ff.; *Greco,* Adjusting the Equities in Franchise Termination: A Sui Generis Approach, Cleveland State Law Review 1981, S. 523–569; *Hadfield,* Problematic Relations: Franchising and the Law of Incomplete Contracts, Stan. L. Rev. (1990) S. 927, 945–951; *Hefter/Cundiff,* Protecting New Ideas: What every Franchise Lawyer should know, in: American Bar Association, Forum on Franchising, 1995; *Hewitt,* Good Faith or Unconscionability Franchise Remedies for Termination, 29 Bus. Law., S. 227, 230 (1973); *ders.* Termination of Dealer Franchises – Mixing Classified and Coordinated Uncertainty with Conflict, 1967; *Joerges (Hrsg.),* Franchising and the Law – Theoretical and Comparative Approaches in Europe and the United States. Das Recht des Franchising – Konzeptionelle, rechtsvergleichende und europarechtliche Analysen, 1991; *Jordan/Gitterman,* Franchise Agreements: Contracts of Adhesion?, Fran. Law Journal, Summer 1996, S. 1 ff.; *Joseph,* Vertical Maximum Price Fixing After State Oil Company v. Khan, Fran. Law Journal, Winter 1998, S. 73 ff.; *Juenger,* Vereinbarungen über den Gerichtsstand nach amerikanischem Recht, RabelZ 35 (1971), S. 288 ff.; *Kaufman,* Franchising is Alive and Well, so Let's Kill It, N.J. Sep. 25, 1990, S. 2 ff. *ders.,* An Introduction to Franchising and Franchise Law, in: Franchising 1992: Business and Legal Issues – Commercial Law Practice Course Handbook Series No. 603, 1992; *Keating,* Franchising Adviser, (1987); *Kessler,* Automobile Dealer Franchises, Vertical Integration by Contract, 66 Yale L.J. 1135, 1149 (1957); *ders.,* Der Konflikt zwischen Antitrustrecht und Vertragsfreiheit im Automobilvertrieb im nordamerikanischen Recht, in: Festschrift für L. Raiser, 1974, 437; *Kessler,* Contracts of Adhesion – Some Thoughts About Freedom of Contract, 43 Colum. L. Rev. 629 (1943); *King,* Fairness in Franchising, The Need for a Good Cause Termination Requirement in California, 13 U.C. Davis L. Rev. S. 780, 784 (1990); *König,* Ungerechtfertigte Bereicherung: Tatbestände und Ordnungsprobleme in rechtsvergleichender Sicht, Heidelberg 1985; *Krämer;* Die Berechnung des Nichterfüllungsschadens bei Sachmängelhaftung im amerikanischen Recht des Warenkaufs, RIW 1994, S. 123 ff.; *Kuner,* Die neuen internationalen Handelsschiedsgesetze der US-amerikanischen Einzelstaaten, RIW 1994, S. 368 ff.; *Kursh,* The Franchise Boom, 2nd ed. 1969; *Lagarias,* The Misuse of Integration, No Representation, and No Reliance Clauses in the Name of Contract Certainty, Franchise Law Journal, Summer 1998, S. 3 ff.; *Levin/Morrison,* Kubis and the Changing Landscape of Forum Selection Clauses, Fran. Law Journal, Winter 1997, S. 97 ff.; *Levin/Morrison,* Who Owns Goodwill at the Franchise Location, Fran. Law Journal, Winter 1999, S. 85 ff.; *Lewis/Hancock,* The Franchise System of Distribution, 1963; *Lightman,* Economic Aspects of Trademarks in Franchising, (1970–1971); *Litwinn,* New York Jurisprudence 2nd, Band 60, 1987, S. 385 ff.; *Lockerby,* Franchise Termination Restrictions: A Guide for Practitioners and Policy Makers, 30 Antitrust Bull. 791, 871 (1985); *Lockerby/Locker/Modell,* Implied Duty of Good Faith and Fair Dealing, Fran. Law Journal, Summer 1998, S. 31 ff.; *Lokker/Blair,* Judicial Update, in: American Bar Association, Forum on Franchising 1995; *Lorenz,* in: Staudinger: Kommentar zum Bürgerlichen Gesetzbuch mit Einführungsgesetz und Nebengesetzen, §§ 812–822 BGB; *Macauly,* in Joerges (Hrsg.), Franchising and the Law, S. 179 ff., S. 193 ff.; *ders.,* Law and the Balance of Power – The Automobile Manufactures and their Dealers, 1966; *Makar,* In Defense of Franchisors: the Law and Economics of Franchise Quality Assurance Mechanisms, 33 Vill. L. Rev. 721, 729 (1988); *Mark,* Amerikanische Class Action und deutsches Zivilprozeßrecht, EuZW 1994, S. 238 ff.; *Martinek,* Franchising – Grundlagen der zivil- und wettbewerbsrechtlichen Behandlung der vertikalen Gruppenkooperation beim Absatz von Waren und Dienstleistungen, 1987; *ders.,* Moderne Vertragstypen, Band II, 1992; *Martinek/Semler (Hrsg.),* Handbuch des Vertriebsrechts, 1996; *McCarthy,* Trademarks and Unfair Competitions, 1984; *Mc Laughlin/Jacobs,* Termination of Franchises: Application of the Implied Convenant of Good Faith and Fair Dealing, Franchise L.J. (Summer 1987); *Merkt,* US-amerikanisches Gesellschaftsrecht, 1991; *Michael,* Editors Column, 11 Franchise L.J. Summer 1991, S. 26; *Model,* Drafting Exclusive Territory Provisions in Franchise Agreements, Fran. Law Journal, Fall 1996, S. 74 ff.; *Moskowitz,* New Iowa Law Provides More Clout for Franchisees, Wash. Post, June 22, 1992, S. 11; *Müller,* Anmerkung zum Urteil des Supreme Court vom 8. Juni 1992 (Kodak), GRUR Int. 1995, S. 86 ff.; *Müller-Graff,* Franchising – A Case of Long-term Contracts, ZgS/JITE Bd. 144 (1988), 122; *Neale,* The Antitrust Laws of the United States of America, 1970; *Oehl/Reimann,*

Franchising, in: Münchener Vertragshandbuch Bd. III, Hrsg. von Schütze und Weipert, 2. Aufl. 1987 und 3. Aufl. 1992; *Patterson,* The Delivery of al Life-Insurance Policy, 33 Harv. L. Rev. 198, 222 (1919); *Pitegoff,* Franchise Relationship Laws: A Minefield for Franchisors, The Business Lawyer, November 1989, S. 289 ff.; *Pitegoff/Blinn,* Praktische Erfahrungen mit Franchiseverträgen in den Vereinigten Staaten von Amerika, WuW 1989, S. 904 ff.; *Pruitt,* Disclosure and Good Cause Legislation: „Where's the Beef in Franchise Regulation?, 90 Com. L. J. 563 f. (1984); *Rabel,* The Conflict of Laws, A Comparative Study, 2. Aufl. 1960; *Rahmann,* Ausschließlich staatliche Gerichtszuständigkeit – Eine rechtsvergleichende Untersuchung des Rechts der Gerichtsstands- und Schiedsvertragsvereinbarungen in der Bundesrepublik Deutschland und den USA, 1984; *Rapore/Stockel,* Selecting the Proper Forum to enforce One's Choice of Forum, Fran. Law Journal, Summer 1998, S. 7 ff.; *Reese,* Agency in Conflict of Laws, in: XXth Century Comparative an Conflicts Law, Festschr. für Hessel E. Yntema, 1961; *Reichmann,* State and Federal Trademark Dilution, Franchise Law Journal, Spring 1998, S. 111 ff.; *Report of the House of Representatives,* H. R. Rep. No. 2850, 84th Cong, 2 d Sess., 1956 U.S. Code, Cong. And Admin. News, Vo. 3, S. 4596 u. 4603; *Ruijsenaars,* Die Verwertung des Werbewerts bekannter Marken durch den Markeninhaber, Teil 2: Die Rechtslage in den Vereinigten Staaten von Amerika, GRUR Int. 1989, S. 280 ff.; *Saddler,* Enterprise – Washington Update: Franchising Fracas, Wall St. J. Sept. 6, 1990 at B2; *Saltzman/Klaric,* Franchising – whose goodwill?, Law Institute Journal, 1991, S. 81–83; *Sandifer,* Loss of Business Goodwill, Westlaw C898 ALI-ABA 217; *Sandrock/Jung,* Handbuch der internationalen Vertragsgestaltung, Band 1, 1980; *Santoni,* Franchising: A Critical Assessment of State and Federal Regulation, 14 CREIGHTON L. REV. 67, 97 (1980–1981); *Schantz/Jackson,* Business Law, 2nd ed. 1987; *Schurtmann/Detjen,* Das Handelsvertreter- und Eigenhändlerrecht in den USA, 1983; *Scoles/Hay,* Conflicts of Laws, 12. Aufl. 1992; *Selz,* Lessons in Business: Many Ex-Executives Turn to Franchising, Often Frustration, Wall ST. J., Oct. 14, 1992 at A1; *Server,* Mc Donald's Conquers the World, Fortune 1994, 17, S. 59 ff.; *Shubart,* Franchising means high risks, high rewards, Franchise Buyer, June 1995, S. 27 f.; *Skaupy,* Franchising – Handbuch für die Betriebs- und Rechtspraxis, 1. Aufl. 1987, 2. Aufl. 1995; *ders.,* Franchising – Exporting for international partnerships, WuW 1981, 17; *ders.,* Das „Franchising" als zeitgerechte Vertriebskonzeption, DB 1982, 2446; *ders.,* Der Franchisingvertrag – ein neuer Vertragstyp, BB 1969, 113; *ders.,* Wirtschaftliche und rechtliche Probleme der Franchise-Systeme in den USA und Europa, AWD 1973, 296; *Stevens,* When Should a Confidentiality Agreement Contain a Time Limit?, Fran. Law Journal Summer 1999, S. 3 ff.; *Stiefel/Diemann,* Firmengründung in den USA, DB, 1987, S. 1131 ff.; *Terry,* Freedom of Contract, Business Format Franchising and the Problem of Goodwill, Australien Business Law Review, August 1995, S. 241–258; *Thompson,* Franchise Operation and Antitrust Law, 1971; *Towle/Sutton,* Representing a Franchisor in Litigation with the FTC, Franchise Law Journal, Summer 1997, S. 9; *Treumann/Peltzer/Kuehn,* US-amerikanisches Wirtschaftsrecht – US Business Law, 2. Aufl. 1990; *Vandenburgh,* Trademark Law Procedure, 1968; *Vaughn,* Franchising, 2nd edition, 1992; *von Bernstorff,* Vertragsgestaltung im Auslandsgeschäft, 1989; *von Samson/Himmelstjerna,* Die U.S.-Corporation und ihre Besteuerung – Eine systematische Darstellung des Gesellschafts- und Steuerrechts der Kapitalgesellschaften in den Vereinigten Staaten von Amerika, 1981; *Walker/Etzel,* The Internationalization of U. S. Franchise-Systems, Journal of Marketing 1973, S. 46 ff.; *Ward,* Restitution for Consumer Under the Federal Trade Commission Act: Good Intentions or Congressional Intentions?, 41 AM. U.L. Rev. 1139, 1179–1184 (1992); *Whittemore,* Winds of Change in Franchising, Nations Business, Januar 1994, S. 49 ff.; *Wieczoreck/Feirman,* Extraterritorial Application of FTC Rule, Franchise Law Journal, Fall 1999, S. 75 ff.

5. U.S.-amerikanischer Franchisevertrag

Übersicht

	Seite
Sachverhalt	282
1. Vorbemerkung	282–290
2. Rechtsgrundlagen im Überblick	290–293
3. Vorvertragliche Aufklärungs- und Offenbarungspflichten	293–300
4. Registrierungspflicht von Franchiseverträgen	300–301
5. Form	301
6. Kartellrechtliche Fragen und Grenzen	301–306
7. Marktzutrittsmodalitäten	306
8. Präambel	306–307
9. Parteien	307
10. Begriffsbestimmungen	307–308
11. Handbuch	308
12. Einräumung der Franchise und der damit verbundenen gewerblichen Schutzrechte	308–309
13. Übertragung von Nutzungsrechten an Franchise-Marken	309–311
14. Übertragung von Urheberrechten	311–312
15. Patent-Lizenzverträge	312
16. Lizenz zum Gebrauch von Geschäftsgeheimnissen	312–313
17. Handelsname	314
18. Pflichten des Franchisenehmers	314
19. Anerkennung des Franchisegebers als Inhaber des gewerblichen Eigentums	314
20. Schutz des gewerblichen Eigentums des Franchisegebers/Informationspflichten	314
21. Gebietsbindungen	314–316
22. Standortklauseln	316–317
23. Anmietung von Geschäftsräumlichkeiten durch den Franchisenehmer	317
24. Ausstattung der Geschäftsräumlichkeiten	317–318
25. Eröffnungsdatum	318
26. Befolgung der Franchisemethode und Mindeststandard des Franchisebetriebes	318–319
27. Zahlungsverpflichtungen	319
28. Eintrittsgebühr	319–320
29. Laufende Gebühren	320
30. Werbegebühren	320
31. Zahlungen für Lieferungen des Franchisegebers	320–321
32. Berichterstattung	321–322
33. Besteinsatzverpflichtung	322
34. Training	322
35. Bezugsverpflichtungen	322–324
36. Mindestumsatz	324–325
37. Werbung	325
38. Versicherung	325–326
39. Haftungsfragen – Rechtsgrundlagen der Haftung und Haftungszurechnung	326–327
40. Haftungsbeschränkungsklauseln *(Damage Caps)* und pauschalierter Schadensersatz *(Liquidated Damage)*	327–328
41. Haftungsfreistellungsklauseln	328
42. Kontrollrechte des Franchisegebers	328–329
43. Pflichten des Franchisegebers	329
44. Gewährleistung, Aufrechterhaltung und Schutz des geistigen Eigentums	329
45. Territoriale Exklusivität (Gebietsschutz zugunsten des Franchisenehmers)	329–332
46. Unterstützung vor Eröffnung des Franchisegeschäfts	332
47. Werbung und Verkaufsförderung	332
48. Die Beistandspflichten des Franchisegebers während der Vertragslaufzeit	332
49. Training	332
50. Assistenz während der Laufzeit des Vertrages	333

III. 5

	Seite
51. Vertragsdauer	333
52. Beendigung des Franchisevertrags	334–335
53. Nichtverlängerung des Franchisevertrags	335–336
54. Kündigung des Franchisevertrags	336–337
55. Erfordernis der angemessenen Vertragslaufzeit *(reasonable duration)*	337–338
56. Kündigungsfrist *(Notification)*	338
57. Erfordernis der sachlichen Rechtfertigung *(good cause)*	338–343
58. Vertragsbeendigung nach *Common Law*	343–346
59. Insolvenz des Franchisenehmers	346–348
60. Tod bzw. Geschäftsunfähigkeit des Franchisenehmers	348–349
61. Konsequenzen der Vertragsbeendigung	349
62. Goodwillausgleich	349–353
63. Investitionsersatzansprüche bei unzulässiger vorzeitiger Kündigung	353–354
64. Rückgabe der Franchiseausstattung und Beendigung der Markennutzung	354–355
65. Rückkauf von Restwarenbeständen und Ausstattungsmaterial durch den Franchisegeber	356
66. Sonstige Bestimmungen	356
67. Klarstellung des Rechtsverhältnisses der Parteien	356
68. Vertraglicher Wettbewerbsschutz	356–357
69. Nachvertragliches Wettbewerbsverbot	357–358
70. Vertragsstrafen	358–359
71. Vertraulichkeits- und Verschwiegenheitsklauseln	359
72. Abtretung der Franchise	359–360
73. Gerichtsstandsvereinbarung	360–362
74. Außergerichtliche Konfliktregelung	362–364
75. Rechtswahl	364–365
76. Überlegungen zu Wahl eines deutschen Gerichtsstands und der Wahl deutschen Rechts	365–367
77. Vollständigkeitsklausel und Schriftformerfordernis	367–368

Sachverhalt. Der Franchisegeber, ein deutscher Unternehmer, hatte mit seiner Geschäftsidee bereits großen Erfolg in Europa. Er hat ein besonderes Einzelhandelskonzept entwickelt, das mit einer besonderen Ausstattung verbunden ist. Unter seinem Handelsnamen betreibt er in verschiedenen Großstädten Europas Franchisegeschäfte. Daneben besteht auch ein Filialsystem. Der Franchisegeber strebt den Eintritt in den US-Markt an. Hierzu schließen die Parteien einen Franchisevertrag, der seiner Konzeption nach die Bereiche des Produkt- oder Waren-Franchising, des Dienstleistungs- oder Service-Franchising sowie des sogenannten Business Format Franchising abdeckt (vgl. zu den Typen und Untertypen des Franchising ausführlich *Martinek*, Franchising, S. 1 ff.; *ders.*, Moderne Vertragstypen Bd. II, S. 1 ff.; *ders.*, Handbuch des Vertriebsrechts, §§ 3, 4 und 18; *Pour Rafsendjani*, Der Goodwillausgleichsanspruch, S. 26 ff.). Das Vertragsformular ist nicht an einem bestimmten Typus des Franchisegeschäfts oder an einer bestimmten Branche orientiert, sondern – mit interessen- und situationsspezifischen Modifikationen – vielseitig einsetzbar. Es werden darin die essentiellen Punkte eines typisch U.S-amerikanischen Franchisevertrages wiedergegeben, die mit den individuellen Unternehmenskonzeptionen in Einklang gebracht werden können (vgl. hierzu Anmerkung Nr. 1). Als Franchisenehmer soll ein US-amerikanischer Unternehmer fungieren. Der nachfolgende Vertrag soll dem US-amerikanischen Franchiserecht unterliegen (vgl. hierzu Vorwort zur zweiten Auflage sowie Anmerkung 76).

Anmerkungen

1. Vorbemerkung. (1) Aufbau des Franchisevertrages. Der vorliegende Franchisevertrag läßt sich in etwa sieben sachlich wichtige und praktisch typische Einheiten untergliedern. Am Anfang des Franchisevertrages wird nach Bekanntgabe der Parteien des Franchisevertrages eine Präambel vorangestellt, in der kurz die Ziele der Vertragsparteien sowie die Konzeption des Franchisesystems dargestellt werden. Es folgen die Begriffsbestimmungen der im Franchisevertrag verwendeten Termini, die die Parteien als besonders wichtig und klärungsbedürftig ansehen. Dem deutschen Juristen ist dies noch fremd. Doch einerseits entspricht dies weitgehend der kauterlarjuristischen Tradition des anglo-amerikanischen Vertragswesens, andererseits aber auch immer öfter in Erscheinung tretenden Gepflogenheiten des internationalen Geschäftsverkehrs. Das vorliegende Vertragsmuster enthält nur einen kurzen Definitionenkatalog. Es folgt sodann die Gewährung oder Einräumung der Franchise *(Grant of Franchise)*. Den nächsten Hauptteil bilden die Pflichten des Franchisenehmers gefolgt von den Pflichten des Franchisegebers. Der letzte Abschnitt des Vertrages beschäftigt sich mit den Bestimmungen zur Beendigung des Franchisevertrages und den sonstigen Regelungen, die unter anderem die Rechtswahl und den Gerichtsstand betreffen (vgl. dazu allgemein und ausführlich *Martinek*, in: Martinek/Semler (Hrsg.), Handbuch des Vertriebsrecht, 1996, §§ 1 bis 4 sowie 18 bis 21).

(2) **Vertragsschluß und Vertragsgestaltung. a) Betonung der Vertragsfreiheit.** US-amerikanische Franchiseverträge enthalten meist sehr detaillierte Bestimmungen, in denen die Rechte und Pflichten der Vertragsparteien bis in die letzten Einzelheiten festgelegt sind. Unklarheiten bzw. mißverständliche Formulierungen werden von den Gerichten gewöhnlich zu Lasten der Vertragspartei ausgelegt, die den Vertragstext aufgesetzt hat (*Semmes Motors, Inc. v. Ford Motor Co.*, 429 F. 2d 1197, 1207 [2d Cir. 1970]). Es gilt hier der Grundsatz: *Inclusio unius est exclusio alterius*. Haben die Vertragsparteien ausdrückliche Vereinbarungen getroffen, so wird angenommen, daß nicht in den Vertrag aufgenommene Bestimmungen absichtlich ausgelassen wurden. Die Parteien genießen eine besonders hohe Vertragsfreiheit. Dennoch kann unter Umständen ein bestimmter Vertragsinhalt vorgeschrieben sein, so daß bestimmte Verpflichtungen auch dann Vertragsinhalt werden, wenn sie nicht ausdrücklich Erwähnung im Vertrag gefunden haben (*Hay*, S. 94; dies gilt beispielsweise für Versicherungsverträge – vgl. hierzu *North Carolina Statutes* §§ 58-44-1 bis 58-44-20 (1990); *New York CLS Insurance Law* §§ 3201-3220). Insoweit können die Regelungen der jeweiligen Franchisegesetze auf den Vertragsinhalt durchschlagen.

b) **Franchiseverträge als Standardverträge.** Die Tatsache, daß Franchiseverträge in der Regel von Franchisegeberseite als standardisierte Vorformulierung auf einer *take it or leave it*-Basis dem Franchisenehmer zur Unterzeichnung vorgelegt werden, spricht nach US-amerikanischer Auffassung nicht per se gegen die Wirksamkeit des Franchisevertrags (*Blalock Mach & Equip Co. v. Iowa* Co., 576 F. Supp. 774, 779 [N.D. Ga. 1983]). Eine dem deutschen AGBG vergleichbare und ausdifferenzierte Regelung zur Behandlung allgemeiner vorformulierter Geschäftsbedingungen existiert nicht (zur deutschen Rechtslage vgl. *Ekkenga*, Inhaltskontrolle von Franchiseverträgen). Dies bedeutet jedoch nicht, daß keine Inhaltskontrolle stattfindet. Standardverträge werden auch nach *Common Law* gesondert beurteilt. Ausgangspunkt ist die *Adhesion Contract Doctrine*. Der Begriff des *adhesion contract*, tauchte erstmals 1919 in einem Artikel auf, der sich mit vorformulierten Lebensversicherungsverträgen auseinandersetzte (*Patterson*, 33 Harv. L. Rev. 198, 222 [1919]), und hierunter Verträge mit einseitig vorformulierten und aufgegebenen Bedingungen verstand. Rechtswissenschaftliche Vertiefung erfuhr das Thema der *Adhesion Contracts* 1943 durch *Friedrich Kessler* (43 Colum. L. Rev. 629 [1943]). Die Behandlung derartiger Standardverträge im Franchiserecht durch die Judikatur ist teilweise konfus. Grundsätzlich wird anerkannt, daß Standardformulierungen nicht schädlich sind, da der Franchisenehmer einerseits als Kaufmann zu qualifizieren sei und andererseits stets das Recht habe, den Vertrag abzulehnen und sich einem anderen Franchisesystem anzuschließen. Die Grenze der Wirksamkeit von Standardformulierungen ergeben sich der Judikatur zufolge einerseits aus den speziellen franchisenehmerschützenden *Statutes,* wobei hiervon wieder von einigen Gerichten abgewichen wird, wenn auf der Franchisenehmerseite ein erfahrener Geschäftsmann steht oder wenn der Franchisenehmer im Zeitraum der Vertragsverhandlungen mit dem Franchisegeber anwaltlich vertreten war (instruktiv hierzu *Jordan/Gitterman,* Fran. Law Journal Summer 1996, S. 1 ff. mit Hinweisen auf das *Case Law*). Liegt ein Verstoß gegen franchisenehmerschützende Gesetzesvorschriften vor, so führt dies lediglich zur Unwirksamkeit der entsprechenden Klausel, nicht des gesamten Franchisevertrags (*Corbin on Contracts,* § 559 A (1994 Supp.); *Wright v. Newman,* 598 F. Supp. 1178 [W. D.Mo. 1984]; *Estring Constr. Co., Ic., v. Aetna Cas. & Sur. Co.,* 612 S.W.2 d 413, 420 [Mo. App. 1981]). Es sind aber auch Entscheidungen zu finden, die auf allgemein schuldrechtlichen Erwägungen eine Inhaltskontrolle vornehmen. Hier wird dann geprüft, ob der Franchisevertrag vernünftigen Erwartungen der Parteien entspricht und ob er Klauseln enthält die sittenwidrig sind *(oppressive and unconscionable)* (*Brown v. Kare More International, Inc.* Bus. Fran. Guide (CCH), Tenn. Ct. App. § 11,620).

c) **Formfragen.** Die Einhaltung einer Schriftform wird ebenfalls nicht gefordert. Franchiseverträge können auch mündlich abgeschlossen werden. Allgemein vorgeschrieben ist die Schriftform lediglich für Verträge, die unter das traditionelle, englische *Statute of Frauds* aus dem Jahre 1677 fallen. Indirekte Formzwänge ergeben sich allerdings aus den umfangreichen Aufklärungs- und Offenlegungsvorschriften, die letztendlich die Beifügung eines schriftlichen Franchisevertrages verlangen. Auch aus Gründen des Beweisrechts ist die Schriftform empfehlenswert, da nach Art. 2–201 *U. C. C.* für Warenverträge ab einem Wert von fünfhundert Dollar die Schriftform erforderlich ist, um sie vor Gericht einklagen zu können. Verbraucherschutzvorschriften werden im Unterschied zur Rechtslage in der Bundesrepublik Deutschland in nahezu keinem Bundesstaat zugunsten des Franchisenehmers angewandt. Bemerkenswert ist allerdings, daß im Bundesstaat *Ohio* ein fünfzehntägiges Widerrufsrecht des Franchisenehmers vorgesehen ist (vgl. *Ohio Business Opportunity Law, Ohio Revised Code Title* 13, *Chapter* 1334, §§ 1334.01–99, abgedruckt bei *Glickmann,* Franchising, Bd. IV, 1 OH-1).

d) **Die Bedeutung von Treu und Glauben** *(implied convenant of good faith and fair dealing).* Ist für einen bestimmten sozialen Konflikt im Franchiseverhältnis keine ausdrückliche Formulierung aufgenommen worden oder ist eine bestimmte Formulierung unklar, so wird vielfach von Franchisenehmern auf eine gegenseitige Treue- bzw. Fairnisverpflichtung abgestellt, die stillschweigend Vertragsbestandteil sei *(implied convenant of good faith and fair dealing).* Diese Argumentation entstammt dem *equity*-Recht. Diese gegenseitige *good faith and fair dealing*-Verpflichtung ist eine dem römischen Recht entliehene Doktrin des Vertragsrechts (vgl. *Corbin on Contracts,* § 654 A (Supp. 1994), Anm. 10). Die Diskussion um die *implied convenant of good faith and fair dealing* hat in den USA nicht zuletzt aufgrund der spezifisch vertriebsrechtlichen Konfliktsituationen an Raum gewonnen (instruktiv: *Burton,* Breach of Contract and the Common Law Duty to Perform in Good Faith, 94 Harv. L. Rev. 369ff.; *Abrams,* The Implied Convenant of Good Faith and Fair Dealing in Franchise Relationships, ABA Forum on Franchising, 1988, Vol. 1, Tab. 2; *Abrams/Donavan,* Clever Cameleon: Good Faith and Fair Dealing, ABA Forum on Franchising, 1995, S. 4). Der *New York Court of Appeals* war eines der ersten Gerichte, das in seiner Entscheidung *Kirk La Shelle Co. v. Paul Armstrong Co.* die stillschweigend vereinbarte Pflicht des guten Glaubens und zu redlicher Handlungsweise anerkannt hat (*Kirke La Shelle Co. v. Armstrong Co.,* 263 N.Y. 79, 87, 188 N.E. 163, 167 [1933]). Diese stillschweigende Redlichkeitsverpflichtung ist mittlerweile ein sich festigender Bestandteil des *Common law* geworden (vgl. *Burton,* Breach of Contract and the Common Law Duty To Perform in Good Faith, 94 Harv L Rev 369, 404 [1980]). Sie kann als ein für das gesamte Gebiet der USA anerkanntes Rechtsinstitut bezeichnet werden. Dies zeigt letztendlich auch die Tatsache, daß die allgemeine Redlichkeitsverpflichtung sowohl in *UCC § 1–203* als auch in den *Restatements (Second) of Contracts (Restatement (2 d), Contracts,* 3205) erwähnt ist. Sie wurde schließlich auch zum Bestandteil der meisten speziellen Franchisegesetze. Diese legen nahezu sämtlich eine allgemeine Verpflichtung zu vertragstreuem und fairem Verhalten der beteiligten Franchisevertragsparteien fest. Die *implied convenant of good faith and fair dealing* bietet jedoch nur einen begrenzten Schutz. Die Franchiseparteien bleiben weiterhin eigenverantwortlich für die Vollständigkeit und Richtigkeit des Vertragswortlauts. Zur Lösung eines Konflikts, der auf einem vertraglichen Verhältnis beruht, richten sich die Gerichte immer noch grundsätzlich streng am Wortlaut des Vertrags *(language of the contract)* aus. Adressiert die entsprechende Klausel das Problem, wenden die Gerichte die bestehende vertragliche Regelung an. In vielen Fällen werden Franchiseverträge dazu extrem weit ausgelegt, bevor die *implied convenant of good faith and fair dealing* zum Tragen kommt (*Donavan*, The implied convenant of good faith and fair dealing, Forum on Franchising, S. 4 m.w.N.). Sieht der Vertrag keine entsprechende Regel vor, wird auch in den USA die aufgetretene Lücke von den Gerichten durch Auslegung der Parteiinteressen *(reasonable expectations)* ausgefüllt (*Calamari/Perillo*, Contracts, §§ 3–13, n. 53). Funktion, Inhalt und Umfang der *implied convenant of good faith and fair dealing* sind weitgehend umstritten (vgl. hierzu *Abrams/Donavan*, Clever Cameleon: Good Faith and Fair Dealing, ABA Forum on Franchising, 1995, S. 7 m.w.N.). Die Bedeutung der *implied convenant of good faith and fair dealing* verändert sich je nach Kontext. Von manchen Gerichten wird zwar im Grundsatz anerkannt, daß die *implied convenant of good faith and fair dealing* durchaus als eigenständiger Klagegrund bzw. eigenständige Klageart *(independant cause of action)* zu fungieren vermag (*Scheck v. Burger King Corp.*, 798 F. Supp. 692, 694 (S.D. Fla. 1992); *Anthony Distribs. v. Miller Brewing Co.*, 882 F. Supp. 1024 [M.D. Fla. 1995]). Andere Gerichte sind indes der Auffassung, daß die Redlichkeitsverpflichtung eine bloße Auslegungshilfe *(tool in interpreting)* sei, welche nur für den Fall eines mehrdeutigen, unklaren Vertragstextes Verwendung finde (*Burger King v. Weaver*, No. 90-2191-CIV-MARCUS slip op. [S. D. Fla. Sept. 18, 1995]). Ein Großteil der Judikatur ist auch der Auffassung, daß mit der *implied convenant of good faith and fair dealing* keine neuen Vertragspflichten begründet werden, wenn die Parteien das betreffende Problem bei Vertragsschluß nicht bedacht haben (*Physicians Weight Loss Centers of America v. Creighton*, 1992 WL 176992, RICO Bus. Disp. Guide 8000 [N.D. Ohio Mar. 30, 1992]). In der Literatur wird schließlich auch die Auffassung vertreten, daß die *implied convenant of good faith and fair dealing* prinzipiell nur auf die Frage der Erfüllung des Franchisevertrages und nicht auf Fragen der Beendigung oder Begründung des Franchiseverhältnisses anwendbar sei (vgl. hierzu *Franch & Distr Law & Prac*, § 8:17). Es entspricht mittlerweile wohl gefestigter Rechtsprechung, daß die *implied convenant of good faith and fair dealing* nicht die ausdrücklich zwischen den Vertragsparteien vereinbarten Vertragspflichten abzuändern vermag (*Domed Stadium Hotel Inc. v. Holiday Inns*, Inc., 732 F2d 480, Bus Franchise Guide (CCH), § 8176 (CA51984); *Bonanza International, Inc. v. Restaurant Management Consultants, Inc.* 625 F Supp 1431, 1445 (ED La 1986); *Murphy v. American Home Products Corp.*, 58 NY2d 293, 461 NYS2d 232, 448 NE2d 86 [1983]). Es gilt diesbezüglich der Vorrang der Vertragsfreiheit *(freedom of contract)*. Nach traditioneller Rechtsauffassung, die von einem Großteil der Judikatur vertreten wird, darf eine Partei ein vertraglich ausbedungenes Recht ohne Rücksicht auf irgendwie geartete Motive ausüben (*Donavan*, The implied convenant of good faith and fair dealing, Forum on Franchising, Supplement, S. 4; *Piantes v. Pepperidge Farm, Inc.*, 875 F. Supp. 929 [D. Mass. 1995]). Ist von der Vertragspartei ein Recht vertraglich ausbedungen worden, kann dies auch zu Lasten der Gegenseite und dies nach traditioneller Auffassung sogar arglistig *(bad faith)* geschehen (*Carma Developers v. Marathon Dev. Cal.*, 6 Cal. Rprtr. 2d 467, 826 P.2d 710, 728 (1992); *Siegel Transfer Inc., v. Carrier Express Inc.*, 856 F. Supp. at. 1008; *Corenswet Inc. v. Amana Refrigeration, Inc.*, 594 F. 2d 129, 137 (5th Cir.), cert. denied, 444 U.S. 938 (1979); vgl. hierzu auch *Donavan*, The implied convenant of good faith and fair dealing, Forum on Franchising, S. 18). Ein Rechtsmißbrauch wird hierin nicht gesehen. In der Entscheidung *Piantes v. Pepperidge Farm*, die auf der Grundlage des Rechts des Bundesstaats *Massachussets* ergangen ist, war im Franchisevertrag vorgesehen, daß der Franchisegeber das Franchiseverhältnis gegen Zahlung von 12,5 % des unabhängig geschätzten Wertes der Franchise beenden konnte. Der Franchisenehmer wehrte sich in diesem Fall gegen die Beendigung mit dem Argument, der Franchisegeber handle aus subjektiv bösgläubigen Motiven. Wer ein vertraglich ausbedungenes Recht in Anspruch nimmt, begeht nach US-amerikanischer Rechtsauffassung keinen Rechtsmißbrauch. Die Parteien haben hier auf das *good cause*-Erfordernis verzichtet. Das Gericht trat dem Argument des Verstoßes gegen die *implied convenant of good faith and fair dealing* entgegen.

(2) **Entwicklung und Stand des Franchising und des Franchiserechts in den USA.** Nach nahezu einheitlicher Auffassung werden die USA als Ausgangspunkt der modernen Franchisebewegung gesehen (instruktiv hierzu: *Martinek*, Moderne Vertragstypen, Bd. II, S. 6 ff.; *Tietz*, Handbuch Franchising, S. 7 ff., 109; *Pour Rafsendjani*, S. 24 ff.). Es hat sich hier eine Entwicklung vollzogen, die von *Martinek* als eine Dreiteilung beschrieben wird und zu deren Beginn zunächst einmal ein Vertriebssystem steht, das nach europäischer Auffassung eigentlich nicht dem Franchisebegriff zuzurechnen ist. Als Franchisesysteme der ersten Generation werden die bereits um die Jahrhundertwende als *straight product franchising* (reines Produkt-Franchising) bezeichneten Vertriebssysteme genannt. Dieses *Franchising der ersten Generation* entspricht praktisch dem, was heute bei uns als Vertragshandel oder Alleinvertrieb bzw. Selektivvertrieb bekannt ist. Eines der ersten US-amerikanischen Franchisegeber-Unternehmen war die Maschinenfabrik *Singer*. Dieses Unternehmen schuf direkt nach dem amerikanischen Bürgerkrieg 1863 ein weltweites Vertriebsnetz, indem die Absatzmittler insoweit gebunden wurden, nur das Produktprogramm von *Singer* zu führen, Werkstätten zu unterhalten und bestimmte Dienstleistungen durchzuführen. Ende des 19. Jahrhunderts etablierten sich dann vor allem Franchisesysteme im Soft-Drink-Bereich – angeführt von *Coca Cola* – sowie im Bereich des Automobilhandels *(General Motors)*. Die Franchise-Idee wurde anschließend auch von der Mineralölindustrie aufgegriffen, die ihren Tankstelleninhabern Franchisen erteilte und dadurch schnell flächendeckende Versorgungsnetze aufbauen konnte. Das *Franchising der zweiten Generation* entwickelte sich nach dem zweiten Weltkrieg und wird als *entire business franchising* oder aber auch als *business format franchising* bezeichnet. Charakteristisch ist hier, daß sich die vertragliche Bindung nicht mehr auf ein einzelnes Produkt bezieht, sondern auf den gesamten Betrieb des Franchisenehmers ausgerichtet ist. Der Franchisegeber erbringt für den Handelsbetrieb des Franchisenehmers ein umfassendes Leistungsbündel *(package)*, das sich auf weite Bereiche der Ausstattung des Betriebs, auf die Konzeption der Geschäftspolitik und die Organisation der Betriebsführung erstreckt und so zur weitreichenden Integration des Partners in das jeweilige Franchisesystem führt. Mit der Entwicklung zum *business format franchising* (Betriebsfranchising oder Leistungsprogrammfranchising) erhielt das Franchising sein bis heute typisches Gepräge als moderne Absatzmethode und Medium zur Multiplizierung einer Geschäftsidee. Gegen Ende der 60er Jahre boomte das Franchising in den USA. Dieser Franchise-Boom mündete allerdings in eine Krise, weil zahlreiche Mißbräuche und Entartungen der Franchise-Idee zu einem massiven Image-Einbruch führten und das Franchising zu einem Politikum werden ließen. Unseriöse Franchisegeber haben zeitweilig in großem Stil den aus der Armee entlassenen Korea- und Vietnam-Heimkehrern ihre Abfindungssummen unter der Vorspiegelung einer attraktiven Existenzgründungsmöglichkeit abgeschwindelt. Dies führte sowohl auf Bundesebene als auch in den Einzelstaaten zu einer Kodifikationswelle und zur Ausformung eines eigenständigen Franchisegesetzesrechts. Anliegen des in sich zwar zersplitterten aber doch als einheitliche Materie behandelten Franchiserechts ist vor allem der Schutz der Franchisenehmer vor betrügerischen und ungeeigneten Franchisegebern durch die Verpflichtung der Systemzentralen zur Offenlegung *(disclosure)* von Informationen über die erforderliche

Investitionshöhe und die Erfolgsaussichten der Franchisen sowie durch die amtliche Registrierung und Kontrolle von Franchise-Offerten an das Publikum. Des weiteren beabsichtigen diese Vorschriften, den Schutz der wirtschaftlichen Existenz der von den Franchisegebern *(franchisors)* abhängigen Franchisenehmer *(franchisees)* anläßlich der Beendigung oder Nichterneuerung von Franchiseverträgen zu sichern. Die Eindämmung der meist überstarken Verhandlungsmacht von Franchisegebern, die leicht zur Übervorteilung der Franchisenehmer führt, wurde dabei zur zentralen Ordnungsaufgabe. Diese Kodifikationsbemühungen der US-amerikanischen Legislative stärkten wieder das Vertrauen in die Franchisemethode und führten zu einer Überwindung der Franchise-Krise. Das Franchising erlebte eine Periode weiterer Expansion und Konsolidierung. Es entstand nun ein neuer Franchisetypus mit eher partnerschaftlich-partizipativen Strukturen, in denen den Franchisenehmern gewisse Mitspracherechte eingeräumt wurden. Franchisegeber und Franchisenehmer seien *partner for profit*. Diese Entwicklungstendenzen spiegeln sich zum Teil in einzelstaatlichen Franchisegesetzen wider, in denen von einer *community of interest* zwischen Franchisegeber und Franchisenehmer gesprochen wird. Diese Entwicklung vollzog sich jedoch ausschließlich im wirtschaftlich-praktischen Bereich. Eine entscheidende Veränderung des schuldrechtlichen Ordnungsrahmens hat sich nicht vollzogen. Insbesondere für den Bereich des Koalitionsfranchisings, das nach deutscher Rechtsauffassung von Strukturen der BGB-Innengesellschaft getragen wird, kann kein gesellschaftsrechtlich praktiziertes Äquivalent in den USA ausgemacht werden. Das Konzept einer reinen Innengesellschaft ist hier fremd. Die Erfolgsaussichten für einen weiteren Anstieg in der Beliebtheitsskala des systemischen Vertriebs stehen gut für das Franchising. In den USA wurde bereits vor zehn Jahren ein Drittel des Einzelhandelumsatzes über Franchisesysteme erwirtschaftet (*Handelsblatt*, Beilage Franchising, 7. 5. 1992, S. B2). Die wirtschaftlichen Prognosen für den gesamten Franchisebereich bleiben äußerst günstig (vgl. hierzu *Whittemore*, S. 49; für den Erfolg im Bereich des Fast Food am Beispiel von McDonalds – vgl. *Server*, S. 59). Es darf daher damit gerechnet werden, daß das Franchising auch in den USA künftig weiter an Bedeutung gewinnen wird. Der lethargische Arbeitsmarkt Anfang der neunziger Jahre hatte auch in den USA zu einer verstärkten Verbreitung der Franchisemethode geführt. Begünstigt wird dieser Wachstumsprozeß durch die fortschreitenden Internationalisierungsbestrebungen US-amerikanischer Franchiseketten.

(3) Typologische Unterscheidungen. In den USA werden drei Franchiseformen unterschieden: *straight product franchising, business format franchising* und das *manufacturing-* oder auch *processing plant franchising.* Das *straight product franchising* ist vergleichbar mit dem europäischen Produkt – oder Vertriebsfranchising. Es unterscheidet sich aber hinsichtlich seiner Reichweite vom europäischen Rechtsverständnis, da hier auch reine Vertragshändlersysteme sowie Selektiv- und Alleinvertriebsverträge als Franchiseverträge erfaßt werden, sofern ein Marketingplan oder ein gemeinsames wirtschaftliches Interesse *(community of interest)* der Rechtsbeziehung zugrunde liegt. Eine echte Differenzierung nach subordinativ strukturierten und partnerschaftlich-partizipativ strukturierten Franchisesystemen wird kaum diskutiert, auch wenn in einigen Fällen derartige Typen von Franchisesystemen zunächst in den USA als dritte Generation in Erscheinung getreten sind und Vorbild für partnerschaftlich-partizipativ strukturierte Franchisesysteme in der Bundesrepublik Deutschland waren. Eine Anpassung des rechtlichen Ordnungsrahmens an diese neuartige Erscheinung des Franchising hat nicht stattgefunden. Die Anwendung gesellschaftsrechtlicher Normen wird generell verneint. Franchising wird strikt unterschieden von Formen des *joint venture* oder der *partnership,* die theoretisch als gesellschaftsrechtliche Ordnungsrahmen für partnerschaftlich-partizipative Franchisesysteme in Betracht kämen (*Glickmann*, Bd. I, § 2.03[7] u. § 2.03[8]). Das von einigen Franchisegesetzen verwandte Tatbestandsmerkmal der *community of interest,* das zumindest ein gemeinsames wirtschaftliches Interesse zwischen den Parteien des Franchisevertrags konstatiert, erfüllt hier lediglich eine Auffangfunktion. Franchiseverträge werden nämlich überwiegend anhand eines vom Franchisegeber vorgegebenen Marketingplans identifiziert. Fehlt es an einem derartigen speziellen Marketingplan, so soll in einigen Bundesstaaten nach Maßgabe ihrer Franchisegesetze das Vorhandensein einer *community of interest* ausreichen, um einen Vertriebskontrakt den Bestimmungen des betreffenden Franchisegesetzes zu unterwerfen.

(4) Definition des Franchising. Die Vielfalt der Erscheinungsformen des Franchising, aber auch die Zerrissenheit des Franchiserechts, spiegeln sich in der Mannigfaltigkeit der zahlreichen Franchise-Definitionen wider. Das frühe *case law* sah ursprünglich in jedem Vertriebsvertrag, dem eine reine Markenlizenz zugrunde lag, ein Franchiseverhältnis (*E. I. du Pont de Nemours & Co v. Celanese Corp.*, 3 A. L. R.2 d 213 (1949), 167 F. 2d, 484, 489 (1948). In neueren Definitionen wird dagegen eine differenziertere Formulierung vorgegeben, wobei die verschiedenen Definitionen je nach Gesetzestypus, Branche und Bundesstaat variieren. Die Art der Bezeichnung durch die Parteien spielt jedenfalls keine Rolle. Entscheidend ist die inhaltliche Ausgestaltung des Vertrags (*Palazetti Import/Export Inc. v. Morson Group*, Inc. 98, Civ. 0722, 1999 U. S. Dist. LEXIS 9350 (S.D.N.Y. v. 22. 7. 1999).

a) **Automobile Dealers Franchise Act.** Eine der ersten Legaldefinitionen des Franchising enthält der *Automobile Dealers Franchise Act*. Diese ist recht weit gefaßt; nach 15 U.S.C. § 1221 (b) unterfällt jedes schriftliche Vertriebsübereinkommen zwischen einem Kfz-Hersteller und einem Kfz-Händler unter den Franchisebegriff des *Automobile Dealers Franchise Act*. Diese Franchisedefinition erfaßt nicht die unterschiedlichen Ausprägungen des Franchising und ist vor ihrem rein branchenspezifischen Hintergrund zu verstehen. Dem Wortlaut nach fallen nahezu sämtliche Vertriebsverträge im Bereich des Kfz-Vertriebs unter die vorbezeichnete Franchisedefinition. Im Laufe der Zeit tendierte dann die Judikatur zu einer einschränkenden Betrachtungsweise. Danach sollten Kfz-Franchiseverträge von Formen des bloßen Exklusivvertriebs und von Alleinbezugs- bzw. Alleinvertriebsverträgen abgegrenzt werden (*Artmann v. International Harvester Co.,* 355 F. Supp. 476 [W.D. Pa. 1973]). Als wesentliches Unterscheidungskriterium gilt hier die Kontrolle des Herstellers (Franchisegeber) über Geschäftspraktiken des Händlers (Franchisenehmer).

b) *Federal Marketing Petroleum Practices Act.* Eine gleichfalls branchenspezifische, bundesweit geltende Franchisedefinition ist für den Bereich des Kfz-Kraftstoffs im *Federal Marketing Petroleum Practices Act* enthalten (15 U.S.C. § 2801). Danach fallen Verträge über den Vertrieb von Kfz-Vertriebsstoffen unter den Franchisebegriff, sofern eine Anbindung an eine Markenlizenz gegeben ist. Andere zwischen Franchisegeber und Franchisenehmer bestehende Vertragsbeziehungen wie z. B. Finanzierungsverträge, Kreditkartenvereinbarungen oder Abkommen über den Verkauf von Zubehör sollen dagegen nicht dem sachlichen Anwendungsbereich des *Petroleum Marketing Practices Act* unterliegen. Diese Verträge können jedoch im Einzelfall von branchenübergreifenden, einzelstaatlichen Franchisegesetzen erfaßt sein.

b) **FTC-Rule.** Eine differenzierte Franchisedefinition enthält die *FTC – Rule* (§ 436.2(a). Das Ziel der *FTC-Rule* liegt darin, unerlaubte Wettbewerbshandlungen des Franchisegebers anläßlich des Verkaufs von Franchisen *(misrepresentations)* zu unterbinden. Hierzu werden umfangreiche und bundeseinheitlich geltende Aufklärungspflichten *(disclosures)* verlangt. Diese gelten sowohl für franchisevertragliche Rechtsbeziehungen wie auch für sogenannte *business opportunities*, einem reinen Auffangtatbestand. Die Franchisedefinition der *FTC-Rule* ist besonders detailliert ausgefallen. Dies versteht sich vor dem Hintergrund, daß die *FTC-Rule* branchenübergreifend gilt. Sie erfaßt sowohl das Produkt- als auch das Dienstleistungsfranchising. Vom sachlichen Anwendungsbereich der *FTC-Rule* sind Abteilungsmietverträge *(lease department)* sowie bloße Erweiterungen eines bestehenden Franchisevertrags *(fractional franchises)* ausgenommen. Der Franchisegeber bietet hier lediglich eine weitere Produkt- oder Servicelinie dem Franchisenehmer an (vgl. hierzu 1 *Glickmann,* Franchising, § 2.02[2], Fußnote 27

5. U.S.-amerikanischer Franchisevertrag

mit Hinweis auf FTC-Rule, § 436.2(a)(3)(i), (h)). Desgleichen fallen *per definitionem* Vertriebskooperationen aus dem Franchisebegriff heraus, denen keine Lizenz eines eingetragenen Markenzeichens des Franchisegebers zugrunde liegt. Franchising und systemzentrales Markenimage sind hier also untrennbar miteinander verbunden. Im übrigen fällt jede vertriebsvertragliche Kooperation unter die *FTC-Rule,* in deren Rahmen dem Franchisenehmer Beistands- und Unterstützungsleistungen des Franchisegebers versprochen werden und/oder der Franchisenehmer einer Bezugsverpflichtungen unterworfen ist und als Gegenleistung hierfür Franchisegebühren zu entrichten hat.

c) **Einzelstaatliche Franchisegesetze.** Von besonderer Bedeutung sind die Franchisedefinitionen, wie sie in den verschiedenen einzelstaatlichen *disclosure-* und *termination and non renewal laws* enthalten sind. Der Inhalt der verschiedenen Legaldefinitionen variiert von Bundesstaat zu Bundesstaat. Die im *California Franchise Investment Act* enthaltene Legaldefinition gilt hierbei als *basic definition* mit Vorbildcharakter (*Cal. Bus. & Prof. Code* § 20001; vgl. hierzu *Skaupy,* Franchising, S. 4 und 1 *Glickmann,* Franchising, § 2.02[4], Fußnote Nr. 50). Ihr folgen beispielsweise die Franchisedefinitionen in den Bundesstaaten *Illinois* und *Indiana.* Sie beruhen im wesentlichen auf den Empfehlungen der IFA und lauten:

Franchise means a contract or agreement, either expresssed or implied, whether oral or written, between two persons by which:

(a) A franchisee is granted the right to engage in the business of offering, selling or distributing goods or services under a marketing plan or system prescribed in substantial part by a franchisor; and

(b) The operation of the franchisee's business pursuant to such plan or system is substantially associated with the franchisor's trademark, service mark, trade name, logotype, advertising or commercial symbol designating the franchisor or its affiliate; and

(c) The franchise is required to pay, directly or indirectly a franchise fee.

Die deutsche Übersetzung (mit geringfügigen Änderungen übernommen von *Skaupy,* Franchising, S. 4) lautet:

(a) Franchise bedeutet einen Vertrag oder eine Vereinbarung, gleichgültig, ob ausdrücklich oder stillschweigend, ob mündlich oder schriftlich, zwischen zwei oder mehreren Personen geschlossen; dabei

(a) wird einem Franchisenehmer das Recht gewährt, nach einem Marketingplan oder -system, das zum wesentlichen Teil von dem Franchisegeber vorgeschrieben wird, Waren oder Dienste anzubieten, zu verkaufen oder zu verteilen; und

(b) ist die Führung des nach einem solchen Plan oder System betriebenen Unternehmens wesentlich verbunden mit dem Warenzeichen, der Dienstleistungsmarke, dem Handelsnamen, dem Logo (der Verfasser) und dem Werbungs- oder sonstigen geschäftlichen Symbol, die den Franchisegeber oder seine angeschlossenen Unternehmen kennzeichnen; und

(c) ist der Franchisenehmer verpflichtet, direkt oder indirekt eine Franchisegebühr zu zahlen.

Ein Franchiseverhältnis ist damit an *vier* Elementen identifizierbar: (1) Das Vorliegen einer ausdrücklich oder konkludent zustandegekommenen Vereinbarung, (2) die Ausrichtung des Franchisenehmer-Unternehmens an einen vom Franchisegeber vorgegebenen Marketing- bzw. Systemplan, (3) die Verbindung der Geschäftätigkeit des Franchisenehmers mit dem Markenzeichen oder einem anderen vergleichbaren, kommerzialisierten Symbol des Franchisegebers und (4) schließlich die Verpflichtung des Franchisenehmers zur direkten bzw. indirekten Bezahlung von Franchisegebühren. Die Anbindung an einen Marketingplan ist auch in einigen anderen Legaldefinitionen aufgegriffen worden (so z.B. die Legaldefinitionen in *Connecticut, Virginia, Missouri, Montana* und *New Jersey*). In den Bundesstaaten *Hawaii, Minnesota, Wisconsin, Washington* und dem *District of Columbia* wird dagegen kein Marketingplan des Franchisegebers verlangt. Hier wird das Franchiseverhältnis lediglich als eine Vertragsbeziehung definiert, der ein gemeinsames Interesse *(community of interest)* zugrunde liegt und in welcher dem Franchisenehmer das Recht eingeräumt wird, die Marke oder ein vergleichbares, kommerzialisierbares Symbol des Franchisegebers zu nutzen. Das Element der *community of interest* schwächt die strenge Anforderung des Vorliegens eines Marketingplans ab. Es genügt hier bereits, wenn dem betreffenden Vertragsverhältnis ein gemeinsames finanzielles Interesse zugrunde liegt. Erforderlich ist schließlich auch die direkte bzw. indirekte Verpflichtung des Franchisenehmers zur Entrichtung von Franchisegebühren. Im Bundesstaat *Deleware* wird insoweit gefordert, daß die Franchisegebühr mindestens einhundert Dollar beträgt. Die Zahlung einer Franchisegebühr wird jedoch nicht in allen Bundesstaaten als konstitutives Element eines Franchisevertragsverhältnisses erachtet. In *Missouri, Montana* oder *New Jersey* wird das Franchiseverhältnis in Anlehnung an die frühe Judikatur als ein reines Lizenzvertragsverhältnis *(trademark license)* beschrieben, ohne daß eine konkrete Zahlungsverpflichtung gefordert wäre (*Miss. Code Ann.* § 75–24–51(6); *Mo. Rev. Stat* § 407 400(1); *NJ. Rev. Stat.* § 56:10–3(a).

(5) **Rechtsnatur des Franchisevertrages.** Die einzelnen Franchisegesetze enthalten keinen Hinweis auf die Rechtsnatur des Franchisevertrags. Der Franchisevertrag wird lediglich morphologisch-deskriptiv umrissen (instruktiv: *Martinek,* Franchising, S. 173). Die Literatur bemühte sich daher um die schuldrechtliche Zuordnung *(approaches)* des Franchisevertrags zu bereits bestehenden Vertragstypen, um so den Anwendungsbereich einschlägiger Präjudizien zu eröffnen. Diese *approaches* scheiterten aber letztendlich an der Vielgestaltigkeit des Franchising. Zudem fehlte es an einer ausdifferenzierten Betrachtung des Franchisephänomens. Franchising war ein Sammelbegriff für alle Erscheinungsformen des Vertriebs, denen ein Marketingkonzept zugrunde lag. Die heutige in den USA vorherrschende Rechtsauffassung sieht im Franchisevertrag einen Vertrag *sui generis,* welcher letztendlich die Merkmale verschiedener Vertragstypen aufweist (*Behr,* S. 56; *Hewitt,* S. 204; 1 *Glickmann,* Franchising, Bd. I, § 2.03; *Marinam Medical Supply, Inc. v. Fort Dodge Serum* Co., 47 F. 2d 458 [1931]; *La Porte Heinekamp Motor Co. v. Ford Motor Co.,* 24 F. 2d 861 [1928]; *Bendix Home Appliances, Inc., v. Radio Accessories Co.,* 129 F. 2d 177 [1942]). Es spielen vor allem Elemente des Lizenz-, des Kauf- und des Agenturvertrags eine Rolle, wobei das Gewicht der einzelnen Elemente angesichts der Vielzahl an Varianten von Franchisevereinbarungen recht unterschiedlich ausfällt. Die schuldrechtliche Behandlung partnerschaftlich-partizipativer Franchiseverträge differiert im Unterschied zum Recht der Bundesrepublik Deutschland nicht von der schuldrechtlichen Behandlung subordinativ strukturierter Franchiseverträge. Der *Uniform Partnership Act* kennt nicht die in der Bundesrepublik Deutschland für Koalitionsfranchiseverträge übliche Figur der reinen Innengesellschaft.

2. Rechtsgrundlagen im Überblick. (1) Besonderheiten des US-amerikanischen Rechtssystems und seine Rechtsquellen. Das US-amerikanische Franchiserecht ist eine Mischung von Gesetzesrecht *(statute law)* und Fall- bzw. Richterrecht *(case law)*. Das *case law* beruht wiederum auf zwei unterschiedlichen Rechtsquellen: *common law* und *equity*. Diese Differenzierung entstammt dem traditionellen englischen Rechtssystem, das in den USA weithin übernommen wurde. Danach war *common law* das gemeine Recht, das von reisenden Richtern des Königlichen Gerichts gesprochen wurde (*Blumenwitz,* S. 15 ff.). Das ursprüngliche *common law* war ein Aktionensystem ähnlich dem klassischen römischen Recht. Die Durchsetzung eines Anspruchs erforderte die Existenz einer speziell dafür vorgesehenen Klageform *(writ)*. Das materielle Bestehen eines Anspruchs hing davon ab, ob es einen *writ* hierfür gab. Dieses Aktionensystem erstarrte allerdings durch ein Verbot der Schaffung neuer *writs* im *Provision of Oxford* aus dem Jahre 1258. Diese engen Grenzen des Aktionensystems und die zu seltene Präsenz der königlichen, reisenden Richter führte zu der Entwicklung des *equity*-Rechts, einem allgemeinen Billigkeitsrecht, auf dessen Grundlage ein Kanzler des Königs entscheiden durfte (*Hay,* S. 6). Die Konkurrenz von *common law* und *equity* spiegelt sich bis heute in den verschiedenen Rechtsbehelfen zur Durchsetzung des Anspruchs *(remedies)* und von Gerichtszuständigkeiten wider. Diese strenge Differenzierung verliert jedoch allmählich an Bedeutung. Beide Rechtssysteme sind in vielen Rechtsordnungen der Einzelstaaten bereits verschmolzen. *Common law* und *equity*-Recht werden durch neues Gesetzesrecht rezipiert. Das *statute law* gewinnt innerhalb der Rechtsquellen zunehmend an Gewicht. Es verdrängt gegenteiliges früheres Fallrecht. Das *case law* hat jedoch seine Bedeutung nicht verloren. *Statute law* kann weiterhin von neuem Fallrecht im Rahmen der Auslegung oder Lückenfüllung überlagert werden (*Hay,* S. 71). Bislang steht noch der Richter und weniger der Gesetzgeber im Mittelpunkt des anglo-amerikanischen Rechtsdenkens. Das von der Legislative geschaffene Recht bleibt im Prinzip nur Rechtsquelle zweiten Ranges. Das kodifizierte Recht hat im anglo-amerikanischen System lediglich die Aufgabe, den Normenkomplex des Richterrechts *(case law)* zu ergänzen oder Korrekturen infolge der gesellschaftsbedingten Weiterentwicklungen vorzunehmen. Der Inhalt dieser Gesetze wird nach ihrem Erlaß von einer Reihe von interpretierenden Entscheidungen der Judikatur verbindlich festgelegt. *Statutes* werden im Grundsatz einschränkend ausgelegt. Das Prinzip der Gewaltentrennung wird in den USA strikt beachtet. Nach anglo-amerikanischem Verständnis ist es nicht Aufgabe der Richter, schlechte Gesetze zu ändern oder ihre zweckmäßigen Bestimmungen durch Analogie auf im Gesetz nicht geregelte Fälle zu übertragen. Das *Präjudizienrecht (case law)* bleibt daher für das Franchising weiterhin von entscheidender Bedeutung, auch wenn spezialgesetzliche Regelungen vorliegen. Das Präjudiziensystem baut auf einer Grundnorm auf, welche die Verbindlichkeit der Vorentscheidung gebietet *(stare decisis*-Doktrin). Zur Entscheidung einer franchiserechtlichen Streitigkeit bleibt es weiterhin von Nutzen, eine zitierfähige Entscheidung *(authority)* zu finden, die das eigene rechtliche Begehren vor Gericht unterstützt. Eine Vorentscheidung ist ein Präzendenzfall *(precedent oder authority),* wenn der entschiedene Fall für die Entscheidung künftiger Fälle maßgeblich sein soll. Dies setzt voraus, daß der betreffenden Entscheidung eine abstrakte und objektivierbare *ratio decidendi (holding)* innewohnt. Für die rechtliche Würdigung von Franchiseproblemen ist hierbei problematisch, daß im Gegensatz zu der in England durch die Krone bewirkten Konzentration der Judikative, in den USA die Dezentralisation der Gerichtssysteme vorherrscht. Die *stare decisis*-Doktrin entfaltet ihre Wirkung grundsätzlich nur in dem jeweils selbständigen Jurisdiktionsbereich (Bund/Einzelstaat). Die Bundesgerichte werden nur durch die Entscheidungen höherer Bundesgerichte gebunden. Die Gerichte der einzelnen Bundesstaaten werden nur durch Entscheidungen der im staatlichen Instanzenzug folgenden höheren Gerichte gebunden, nicht aber durch Entscheidungen der Bundesgerichte oder der Obergerichte anderer Bundesstaaten. Soweit die Bundesgerichte das *common law* der einzelnen Bundesstaaten anzuwenden haben, sind sie an die maßgeblichen Entscheidungen der Gerichte des betreffenden Bundesstaates gebunden. Andererseits vermag der *U.S. Supreme Court* die Verfassungswidrigkeit von Gliedstaatenrecht für die Gerichte des betreffenden Bundesstaates verbindlich festzustellen (*Blumenwitz,* S. 28). Im Ergebnis sind zur Beurteilung franchiserechtlicher Fragen in den USA mehrere Rechtsebenen zu durchforsten. Neben dem Bundesrecht gilt es, das jeweilige Recht der fünfzig einzelnen Bundesstaaten zu beachten. Dies ist mühsam, da das Franchiserecht auch in den jeweiligen Bundesstaaten sich als eine zersplitterte Materie präsentiert. Zum Teil existieren branchenspezifische Franchisegesetze, die bisweilen mit branchenübergreifenden Franchisegesetzen konkurrieren. Dort wo im Einzelfall kein *statute law* greift, ist auf das *common law* der jeweiligen Bundesstaaten zu rekurrieren.

(2) **Spezielle Franchisegesetze.** Das Franchising berührt auch in den USA aufgrund seiner Komplexität und Vielgestaltigkeit eine Vielzahl von Vorschriften verschiedener Rechtsbereiche. Wie in den zuvor beschriebenen Rechtssystemen der Bundesrepublik Deutschland und Frankreich ist das Franchiserecht auch hier in ein Konglomerat vertrags-, wirtschafts-, handels- und kartellrechtlicher Normen eingebettet. Im Unterschied jedoch zu den meisten europäischen Ländern wurde das Franchiserecht in den USA zu-

sätzlich spezialgesetzlich geregelt. Jedoch erfassen diese Gesetze nicht den gesamten Franchisebereich, sondern entweder nur gewisse Branchen *(special industry laws)* oder nur bestimmte Problemkomplexe des Franchising, die entweder den Bereich der Vertragsbeendigung *(termination and non renewal laws)* oder ausschließlich Fragen der vorvertraglichen Offenlegungspflichten regeln *(disclosure laws)*. Die Franchisegesetzgebung ist weithin Sache der einzelnen Bundesstaaten geblieben. In denjenigen Bundesstaaten, in denen kein spezielles Franchisegesetz einschlägig ist, gilt insoweit das *common law* des jeweiligen Bundesstaates und allgemeines Gesetzesrecht, das allerdings nur in begrenztem Umfang dem Franchisenehmer Schutz gewährt. Trotz der vorhandenen spezialgesetzlichen Regelungen können also für den Rechtsraum der USA einheitliche Aussagen nur in eingeschränktem Maße getroffen werden. Die Ursache hierfür liegt in dem ausgeprägten föderalistischen Staatsorganisationsprinzip. Das US-amerikanische Franchiserecht ist letztendlich eine zersplitterte Materie. Dies erschwert für alle Beteiligten den Umgang und die praktische Umsetzung des Franchising im gesamten Rechtsraum der USA. Verschiedene Versuche, das Franchiserecht bundesweit zu vereinheitlichen, sind bislang erfolglos geblieben. Beispielsweise wurden zur Angleichung der verschiedenen einzelstaatlichen Regelungen sowohl von der *National Conference of Commissionars on Uniform State Laws* als auch von der *North American Administrators Association (NASAA)* Modellgesetze erarbeitet. Die *Uniform State Laws Commissionars* entwarfen den *Uniform Franchise and Opportunites Act*, die *NASAA* den *Model Franchise Investment Act*. Beide Gesetzesentwürfe haben für die Beurteilung von Franchiseverträgen eine nur eingeschränkte Bedeutung, da bislang erst ein Bundesstaat die Vorgaben eines Einheitsgesetzes – die des *Model Franchise Investment Act* – umgesetzt hat.

(3) **Bundesrecht. a) Branchenspezifische Gesetze.** Einzelne Teilbereiche des Franchising – dies betrifft die vorvertragliche Aufklärung sowie einige spezielle Branchen – wurden in den USA bundeseinheitlich geregelt. Diese Regelungen konkurrieren zum Teil mit einzelstaatlichen Regelungen. In einem derartigen Fall der Gesetzeskonkurrenz wird entweder der Vorrang des Bundesgesetzes ausgewiesen oder es wird ausdrücklich der Vorrang der einzelstaatlichen Regelung vorgegeben. Von den branchenspezifischen Franchisegesetzen, den *special industry laws,* stellt der *Automobile Dealer's Franchise Act* das älteste Gesetzeswerk dar und diskutiert, wie der Name verrät, den Handel und Vertrieb mit Kraftfahrzeugen. Desgleichen wurde auch der Handel mit Kfz-Betriebsstoffen durch den *Petroleum Marketing Practices Act* sondergesetzlich geregelt.

b) **FTC-Rule.** Für den Bereich der gegenseitigen vorvertraglichen Aufklärung und Offenbarung *(disclosure)* wurde seitens der *Federal Trade Commission* eine spezielle Rechtsverordnung, die *FTC-Franchise and Business Opportunity Rule* (im folgenden: *FTC-Rule*) erlassen, welche bundeseinheitlich Mindesterfordernisse bzgl. der Art und Weise die zwingend vorgeschriebenen, vorvertraglichen Aufklärungs- und Offenbarungspflichten regelt (vgl. hierzu Anmerkung 3). Die *FTC-Rule* findet in denjenigen Bundesstaaten Anwendung, die kein eigenes Offenlegungsrecht erlassen haben oder deren *disclosure laws* nicht den von der *Federal Trade Commission* gesetzten Mindeststandard erreichen (vgl. § I. D. 1, 44 Fed Reg. 166, p. 49970 mit den zur *FTC-Rule* erlassenen Richtlinien, den *Interpretive Guides to Compliance with the FTC Franchising Rule*). Im übrigen gilt vorrangig das Offenlegungsrecht der einzelnen Bundesstaaten (*Glickmann*, Franchising, Bd. I, § 8.02[1][a]).

c) **Uniform Commercial Code.** Bundesgesetzliche Vorschriften werden auch zur Auslegung von Franchiseverträgen herangezogen. Als eines der wichtigsten bundeseinheitlichen Gesetzeswerke ist hier der *Uniform Commercial Code (U.C.C.)* zu nennen, der in erster Linie den Warenaustausch regelt, dessen Vorschriften aber auch teilweise analog auf das Dienstleistungsfranchising übertragen werden können (*Schurtmann/Detjen,* S. 103). Die entscheidende Rolle wird der *U.C.C.* allerdings in den Durchführungsverträgen spielen. Desweiteren ist der U.C.C. vor allem bei Fragen der Vertragsbeendigung von Bedeutung. Er gilt sowohl für *product-* als auch *business format-*Franchiseverträge (vgl. hierzu *Byers*, S. 628 m.w.N). Für den internationalen Warenkauf gelten überdies die Vorschriften des Wiener UN-Übereinkommens (*UNCITRAL*-Abkommen), das in den Vereinigten Staaten seit 1988 in Kraft ist und insoweit abweichendes Bundesrecht und einzelstaatliches Recht verdrängt (*Hay*, S. 71), es sei denn, daß die Vertragsparteien gem. Art. 6 CISG die Anwendung des CISG ausgeschlossen haben.

(4) **Einzelstaatliches Recht.** Auch auf einzelstaatlicher Ebene findet man branchenspezifische *special industry laws* sowie branchenübergreifende *termination and non renewal laws* bzw. *disclosure laws*. Der Gesetzestypus der *disclosure and registration laws* regelt vorvertragliche Aufklärungspflichten. In einigen Bundesstaaten der USA ist darüber hinaus auch eine spezielle Registrierung der Franchiseverträge erforderlich (vgl. hierzu Anmerkung Nr. 4). Teilweise werden in den *disclosure laws* auch Fragen des unlauteren Wettbewerbs geregelt. Sie werden teilweise auch als *little anti trust laws* bezeichnet. Die zweite Kategorie einzelstaatlicher Franchisegesetze verfügt ebenfalls über einen branchenübergreifenden Anwendungsbereich, visiert jedoch fast ausschließlich Fragen der Vertragsbeendigung. Sie werden daher als *termination and non renewal laws* bezeichnet. In manchen Bundesstaaten der USA fallen Franchiseverträge auch unter den Regelungsbereich sogenannter *business opportunity laws*, die wie die vorerwähnten *disclosure laws* den vorvertraglichen Aufklärungsbereich sowie Fragen des unlauteren Wettbewerbs betreffen. *Business opportunity laws* enthalten allerdings keine Regelungen über Vertragsbeendigung und Vertragsabwicklung. Für derartige Fragen ist daher das *common law* des betreffenden Bundesstaates oder aber ein möglicherweise einschlägiges *special industry law* zu bemühen. *Special industrie laws* wurden für eine Vielzahl besonderer Distributionsbereiche wie z.B. dem Automobilhandel (*motor vehicle*), dem Handel mit Kfz-Betriebsstoffen (*motor fuel*), der Ausstattung von Farmen (*farm equipment*) sowie dem Handel mit Wein, Bier und Spirituosen (*beer, wine and liquor distribution*) erlassen. Diese Gesetzeswerke regeln meist umfassend die schuldrechtliche Beziehung zwischen Franchisegeber und Franchisenehmer, angefangen von den vorvertraglichen Aufklärungs- und Offenbarungspflichten bis hin zu Fragen der Beendigung von Franchiseverträgen. Sonderregeln bestehen schließlich für das sogenannte passive Franchising. Hierbei geht es in erster Linie um eine Wertanlage oder stille Beteiligung an einer Franchisegesellschaft (*security*). Derartige Franchiseverträge fallen unter den Anwendungsbereich des *Securities Act 1933*. Dieses Gesetz enthält vor allem spezielle Offenlegungsvorschriften.

3. **Vorvertragliche Aufklärungs- und Offenbarungspflichten.** (1) **Bundes- und einzelstaatliche Rechtsgrundlagen und ihr Verhältnis zueinander.** Der Bereich der vorvertraglichen Aufklärungs- und Offenbarungspflichten ist in den USA ausdifferenziert in *disclosure laws* kodifiziert worden. Wenn sich das angestrebte Absatzmittlungsverhältnis unter die Franchise-Definition eines *disclosure law* subsumieren läßt, ist der Franchisegeber als Systemzentrale im Vorfeld der Vertragsabwicklung verpflichtet, eine Reihe von Informationen zu liefern, die es dem potentiellen Franchisenehmer erlauben sollen, die Erfolgsaussichten, die Marketingkonzeption, die Rentabilität und Kostenlage der beabsichtigten Franchise-Unternehmung zu überprüfen. Diese Offenlegungsverpflichtung gilt auch für den Fall, daß der Franchisegeber nicht persönlich die Franchise-Lizenzen anbietet, sondern sich Mittelsmännern (*broker*) bedient, die entweder als Makler oder selbständige Lizenzgeber auftreten. Diese unterliegen ebenfalls den Offenlegungs- und Registrierungsvorschriften, denen auch der Franchisegeber als Systemzentrale ausgesetzt ist (*Glickmann*, Bd. 1, § 8.02 und § 8.03[6]). Hierbei ist der Franchisegeber bzw. der *Franchise-Broker* an die Einhaltung gewisser Formalien gebunden; er unterliegt gewissermaßen einem Prospektzwang.

a) **Bundesrecht.** Auf Bundesebene sind zwei Regelwerke zu beachten. Zum einen der *Federal Trade Commission Act* und zum anderen die *FTC – Franchise and Business Opportunity Rule (FTC-Rule)*, eine Rechtsverordnung der *Federal Trade Commission* selbst.

b) Einzelstaatliches Recht. Diese bundesstaatlichen Regelungen konkurrieren mit einzelstaatlichen *disclosure laws*, die in verschiedenen, jedoch nicht allen Bundesstaaten, die Frage der vorvertraglichen Aufklärung und Offenlegung eigenständig regeln. Zu diesen Staaten zählen: *California, Hawaii, Illinois, Indiana, Maryland, Michigan, Minnesota, New York, North Dakota, Oregon, Rhode Island, South Dakota, Virginia, Washington* und *Wisconsin.* Die *FTC-Rule* findet in denjenigen Bundesstaaten Anwendung, die kein eigenes Offenlegungsrecht erlassen haben oder deren *disclosure laws* nicht den von der *Federal Trade Commission* gesetzten Mindeststandard erreichen (vgl. § I.D. 1, 44 Fed Reg. 166, p. 49970 mit den zur *FTC-Rule* erlassenen Richtlinien, den sogenannten *Interpretive Guides to Compliance with the FTC Franchising Rule.* Ansonsten ist das Recht der einzelnen Bundesstaaten vorrangig (*Glickmann*, Franchising, Bd. I, § 8.02[1][a]). Aus den einzelstaatlichen *disclosure laws* können sich damit zusätzliche oder von der *FTC-Rule* unterschiedliche Anforderungen an eine Aufklärung bzw. Offenbarung zugunsten des Franchisenehmers ergeben, die der potentielle Franchisegeber zu beachten hat.

c) Security Act. Besondere Offenlegungs- und Registrierungsvorschriften bestehen für Franchisen, die lediglich als Kapitalbeteiligung *(passiv investment)* dienen, deren Kennzeichen ist, daß der Profit des Franchisenehmers allein von den Bemühungen des Franchisegebers abhängt (*Glickmann*, Bd. I, § 8.05[1]; *Enghusen*, S. 80; *Goodwinn*, S. 1403 f.). Die Franchise hat damit die Funktion einer Wertpapieranlage (*Security Enghusen*, S. 77). Rechtsgrundlagen hierfür sind der bundesgesetzliche *Federal Securities Act (1933)* sowie die jeweiligen einzelstaatlichen *Securities Laws.* Nach der Definition des § 2 (1) *Securities Act* bedeutet security: *Any note, stock, treasury stock, bonds, debenture, evidence of indebtedness, certificate of interest or participation in any profitsharing agreement, collateral trust certificate, preorganization certificate or subscription, transferable share, investment contract, voting trust certificate, certificate of deposit for a security, fractional individed interest in oil, gas or instrument commonly known as a security, or any certificate of interest or participation in, temporary or interim certificate for, receipt for, guarantee of, or warrant of right to subscribe to purchase, any of the foregoing.* Franchisevereinbarungen fallen hierbei unter die Kategorie der *Investment Contracts* (vgl. hierzu *Glickmann*, Bd. I, § 8.05[1] m.w.N.; *Enghusen*, S. 80; *Goodwinn*, 1970, S. 25 f.; *SEC v. W.J. Howey Co.*, 328 U.S. 293, 66 S. Ct. 1100, 90 L. Ed. 1244, 163 A.L.R. 1043 [1946]).

(2) **Ausnahmen von der Offenlegungsverpflichtung.** Sowohl das Bundesrecht *(Section 18g FTC-Act = 15 U.S.C. § 57 a[g])* als auch einzelstaatliches Recht (z.B. *California Franchise Investment Law § 31101*) lassen Ausnahmen von dem Erfordernis der umfangreichen Offenlegung auf Antrag des Franchisegebers zu, wenn es angesichts der Reputation des Franchisegebers nicht erforderlich ist, vor täuschendem oder unfairen Geschäftsgebaren des Franchisegebers zu warnen. Eine Ausnahme wird in der Regel von den zuständigen Wettbewerbsbehörden bewilligt, wenn eindeutig feststeht, daß der potentielle Franchisenehmer zu einer Gruppe höchst qualifizierter und technisch versierter Mitglieder des Franchisesystems gehören wird, deren finanzielle Aussichten vorzüglich sind (*Glickmann*, Franchising, Bd. I, § 8.02[1][c] m.N. auf *FTC* in Angelegenheit Nr. R 511003, *Mercedes Benz of North America, Inc.;* instruktiv auch *Duvall/Mendel*, Fran. Law Journal 1997, S. 99 ff.).

(3) **Form und Verfahren.** Die Modalitäten der Aufklärung bzw. Offenbarung sind streng formalisiert. Der Franchisegeber hat in einer ganz bestimmten, von der *FTC-Rule* bzw. von den einzelstaatlichen *disclosure laws* vorgeschriebenen Art die Aufklärung des Franchisenehmers vorzunehmen, welche teilweise die Verwendung eines bestimmten Wortlauts gebieten. Hierzu muß der Franchisegeber ein bestimmtes Formular *(offering circular)* erstellen und dem Franchisenehmer innerhalb einer ebenfalls gesetzlich bestimmten Zeit vor Vertragsabschluß oder Aktualisierung des Vertrages – dies ist unterschiedlich geregelt – zukommen lassen. Die *FTC-Rule* verlangt z.B. die Übersendung des

5. U.S.-amerikanischer Franchisevertrag

offering circulars an den Franchisenehmer 10 Werktage vor Aktualisierung des Franchisevertrages *(FTC-Rule § 436.1(a))* oder 10 Tage vor der Zahlung einer Franchisegebühr *(FTC-Rule § 436.2(g))*.

a) Das Uniform Franchise Offering Circular (UFOC). aa) Um eine weitgehende Harmonisierung der bundes- und einzelstaatlichen *disclosures* herbeizuführen, hat die *North American Securities Administrators Association (NASAA)* – dies eine Organisation der Vorstände der einzelstaatlichen Justizministerien, die die Einhaltung der Rechte der einzelnen Bundesstaaten überwacht – das sogenannte *Uniform Franchise Offering Circular (UFOC)* entwickelt. Die Verwendung dieses Formulars ist sowohl von der *FTC-Rule* als auch vom jeweiligen einzelstaatlichen Offenlegungsrecht zugelassen *(Glickmann, Band 1, § 8.01)*. Es empfiehlt sich daher stets, dieses Offenlegungsformular zu benutzen.

bb) Die NASAA hat für die Anfertigung des *UFOC* auch Richtlinien *(Uniform Franchise Offering Circular Guidelines and Instructions,* im folgenden: *Guidelines)* erlassen, die mittlerweile in der zweiten Fassung vorliegen und seit dem 1. 1. 1995 in Kraft sind *(Guidelines: General Instructions Nr. 265)*. Diese Richtlinien spezifizieren die Offenlegungserfordernisse für das UFOC und sind unbedingt bei der Anfertigung des *UFOC* zu beachten *(Glickmann, Band 1, § 8.02[3])*. Der Franchisegeber ist auch hier teilweise gehalten, einen bestimmten Wortlaut bei der Erstellung des *UFOC* zu verwenden. Eine zusätzliche Hilfestellung bieten die *Guidelines*, die vorformulierte Beispiele *(sample answers)* bereitstellen und die bei der Erstellung des UFOC von großem Nutzen sind. Der Franchisegeber kann diesen *sample answers* entnehmen, wie eine ordnungsgemäß formulierte Aufklärung auszusehen hat.

cc) Bei der Erstellung des *UFOC* sind gegebenenfalls zusätzliche besondere Richtlinien und Instruktionen von Bundesstaaten zu beachten, bei denen z.B. der Franchisegeber verpflichtet wird, zusätzliche oder von den *Guidelines* abweichende Hinweise auf zwingendes einzelstaatliches Recht aufzunehmen (vgl. *Glickmann,* Band 1, § 8.03[3][c]). So kann z.B. die Aufnahme des Hinweises auf spezielle einzelstaatliche *termination and non renewal*-Gesetze erforderlich sein, die bestimmte Klauseln (beispielsweise nachvertragliche Wettbewerbsverbote, vgl. Anmerkung Nr. 69) für nicht durchsetzbar erklären (vgl. *California Special Instructions for UFOC; Glickmann,* Band 1, § 8.02[3][c] m. w. Bsp.).

dd) Unter Umständen kann die Anfertigung verschiedener *offering circulars* erforderlich sein, weil mehrere, verschiedene einzelstaatliche Rechte zu beachten sind. Dies kann der Fall sein, wenn das Franchisegeschäft entweder in mehreren Bundesstaaten betrieben wird oder die zum Vertragsschluß erforderlichen Rechtshandlungen der Vertragsparteien in unterschiedlichen Einzelstaaten vorgenommen werden oder die Vertragsparteien ihren Sitz in unterschiedlichen Bundesstaaten haben (vgl. *Glickmann,* Band 1, § 8.02[2][b]). Die Frage dieser interstaatlichen Kollisionen kann nicht einheitlich beantwortet werden, da sie von den jeweiligen Bundesstaaten unterschiedlich geregelt wird und auf ein einheitliches Kollisionsrecht insoweit nicht zurückgegriffen werden kann. *New Yorker* Franchiserecht ist z.B. zwingend anzuwenden, wenn (alternativ) entweder das Franchisegeschäft im Staat *New York* betrieben wird oder die Vertragsparteien eine der zum Vertragsschluß erforderlichen Rechtshandlungen im Staat *New York* vorgenommen haben oder eine der Vertragsparteien ihren Sitz im Staat *New York* hat *(Mon-Shore Management, Inc. v. Family Media, Inc. 584 F. 2d 186 [S.D.N.Y. 1984])*. Andere Staaten formulieren es auf dem via negationis: Danach sehen sie von einer Anwendbarkeit ihres Franchiserechtes ab, wenn keine der Vertragsparteien ihren Sitz im jeweiligen Bundesstaat hat und das Franchisegeschäft nicht in diesem Staat betrieben wird (vgl. z.B. *California Franchise Investment Law Regulations § 310100.1)*.

b) Umfang der Offenlegung im Rahmen des *UFOC*. Den Franchisegeber treffen in erheblichem Maße Verpflichtungen zur Offenlegung und Aufklärung des Franchisenehmers. Er muß über insgesamt 23 Themen *(items)* Rechenschaft ablegen und den Franchisenehmer gesondert über jedes denkbare Risiko des Franchisegeschäfts aufklären:

1. Auskunft über die Person des Franchisegebers, seines Vorgängers *(predecessor)* sowie Aufklärung über die dem Franchisegeber angegliederten Unternehmen *(affiliates)*, welche ebenfalls Franchisen anbieten oder den Franchisenehmer mit Franchiseprodukten oder Dienstleistungen versorgen. Darüber hinaus werden in allen Einzelheiten Auskünfte über die geschäftlichen Erfahrungen des Franchisegebers und der ihm gleichgestellten Personen erwartet sowie die Angabe einer Geschäftsanschrift und gegebenenfalls die Benennung eines Zustellungsbevollmächtigten *(agent for service of process)*, wenn der Franchisegeber in mehreren Staaten Franchisen anbietet.
2. Name und Stellung der mit dem Management beauftragten Personen und deren Tätigkeiten während der letzten fünf Jahre.
3. Angaben über anhängige oder bereits abgeurteilte Gerichts- oder Verwaltungsverfahren gegen den Franchisegeber oder der ihm vom *UFOC* gleichgestellten Personen während der letzten zehn Jahre. Hierunter fallen auch Schieds- bzw. Schlichtungsverfahren.
4. Insolvenzrechtlich relevante Vorkommnisse auf seiten des Franchisegebers und der ihm gleichgestellten Personen während der letzten zehn Jahre, wie z.B. Konkurse, Konkursanträge des Franchisegebers oder Dritter *(unvolontary petition)* oder Restschuldbefreiungen auf der Grundlage des *U.S. Bankruptcy Code*.
5. Angabe der Höhe sowie der Zahlungsmodalitäten der Eintrittsgebühr *(initial fee)* und gegebenenfalls Angaben über die Voraussetzungen einer Rückerstattung der Eintrittsgebühr.
6. Tabellarische Auflistung der sonstigen, vom Franchisenehmer an den Franchisegeber oder an Dritte zu entrichtenden Gebühren unter Aufführung der Bezeichnung, Höhe, Fälligkeit und Berechnungsgrundlagen.
7. Angaben – ebenfalls tabellarisch – des Zwecks, der Höhe und Fälligkeit der (voraussichtlichen) Anfangsinvestitionen, die dem Verwendungszweck entsprechen, und zwar unter Angabe der Personen oder Unternehmen, an die die aufgeführten Beträge zu entrichten sind. Erfaßt werden alle Kosten des Franchisenehmers, die während der Startphase des franchisenehmenden Unternehmens (diese Startphase umfaßt in der Regel drei Monate) anfallen (Kommentar der *NASAA* zu den *Instructions für item 7*). Sofern der Franchisegeber Finanzierungshilfen anbietet, sind auch die Kosten hierfür tabellarisch aufzuführen. Dem Franchisenehmer soll damit die Möglichkeit gegeben werden, sich einen Überblick über die insgesamt anfallenden Investitionen zu verschaffen (*Glickmann*, Band 1, § 8.02[3]).
8. Beschränkungen, die dem Franchisenehmer auferlegt werden im Hinblick auf den Bezug und die Veräußerung oder Produktion von Franchisewaren bzw. Beschränkungen hinsichtlich der Erbringung seiner Dienstleistungen. Hierbei ist der Franchisegeber sogar zur Offenlegung der von ihm erreichten Umsätze verpflichtet, die er aufgrund der Bezugsverpflichtungen des Franchisenehmers erwirtschaftet.
9. Tabellarische Auflistung der Verpflichtungen des Franchisenehmers unter Hinweis auf die jeweiligen Fundstellen im Franchisevertrag. Der Franchisenehmer ist hierbei für jede einzelne Verpflichtung auf entsprechende items des UFOC hinzuweisen, aus denen sich die detaillierten Anforderungen über die vom Franchisegeber zu leistende Aufklärung ergibt.
10. Angaben über die Bedingungen, zu denen der Franchisegeber oder ihm gleichgestellte Personen dem potentiellen Franchisenehmer finanzielle Hilfe bereitstellen. Dabei ist aufzuschlüsseln, welche Posten im Detail finanziert werden. Des weiteren sind dem Franchisenehmer auch die Folgen eines eventuell notleidenden Kredits darzulegen. Kreditverträge sind gegebenenfalls als Kopie dem UFOC beizufügen.
11. Auflistung und detaillierte Beschreibung des Leistungsspektrums (respektive der Verpflichtungen) des Franchisegebers, das vor der Eröffnung des Franchisegeschäfts,

5. U.S.-amerikanischer Franchisevertrag

während der Laufzeit des Vertrages, als auch danach zum Tragen kommt. Gefordert werden beispielsweise die Offenlegung von bzw. Aufklärung über:
- Kriterien der Auswahl des Franchisestandorts
- Baurechtliche Anforderungen hinsichtlich der Räumlichkeiten des Franchisegeschäfts
- Einzelheiten über operativen und administrativen Beistand des Franchisegebers
- Funktionsweise des Werbekonzepts
- Anforderungen hinsichtlich zu verwendender Computersysteme oder Kassenbücher und der damit verbundenen weiterführenden Pflichten (z. B. Aktualisierung von Programmen oder Buchungsmethoden)
- Trainings- bzw. Ausbildungsmöglichkeiten.
12. Beschreibung des Vertragsgebiets, das gegebenenfalls dem Franchisenehmer exklusiv übertragen wird, sowie der Beschränkungen hinsichtlich der Nutzung der Franchise im Vertragsgebiet. Darlegung der Voraussetzungen, unter denen gegebenenfalls die exklusive Übertragung nachträglich entfallen oder sich die Reichweite des Vertragsgebietes ändern kann.
13. Marken und andere gewerbliche Schutzrechte, die dem Franchisenehmer zur Disposition gestellt werden. Gegebenenfalls Aufnahme eines Warnhinweises *(caveat)*, daß Rechte bzw. Marken nicht vom Franchisegeber zum Register – geführt beim *United States Patent and Trade Mark Office* – angemeldet wurden. Aufklärung gegebenenfalls über anhängige Rechtsstreitigkeiten in bezug auf die (zur Nutzung) übertragenen Marken. Darlegung der dem Franchisenehmer respektive dem Franchisegeber diesbezüglich obliegenden Schutzverpflichtungen.
14. *Item* 13 entsprechende Verpflichtungen in Anbetracht von Patenten (beim Hersteller-Franchising) und Urheberrechten.
15. Darlegung der Überwachungs- und Führungsanforderungen in bezug auf die Leitung des Franchisegeschäfts.
16. Beschränkungen, denen der Franchisenehmer in bezug auf den Warenabsatz respektive der Erbringung von Dienstleistungen unterliegt.
17. Tabellarische Auflistung der im Franchisevertrag vorgesehenen Bedingungen im Hinblick Verlängerung bzw. Erneuerung, Beendigung, Übertragung des Franchisevertrages sowie der im Franchisevertrag vorgesehenen Möglichkeiten zur Entspannung von Kontroversen zwischen den Beteiligten des Franchisesystems. Der Franchisenehmer ist auf eine vom Franchisevertrag abweichende Regelung in einzelnen Bundesstaaten hinzuweisen, die gegebenenfalls den Regelungen des Franchisevertrages vorgehen, ohne daß dies zur Nichtigkeit des Vertrages an sich führt (vgl. *Guidelines, Item 17, Sample Answer 17, Note 1*).
18. Aufklärung über Abkommen in bezug auf die Verwendung des Abbilds einer in der Öffentlichkeit bekannten Person und der diesbezüglich bestehenden Vereinbarungen.
19. Mit Verdienstaussichten des potentiellen Franchisenehmers *(earning claims)* darf nur unter Einhaltung besonders strenger Voraussetzungen geworben werden. Insbesondere werden nur solche Vorhersagen zugelassen, die aufgrund einer vernünftigen Berechnungsgrundlage (reasonable basis) gemacht werden. Als solche wird das Richtmaß *(standards)* des *American Institute of Certified Public Accountants (AICPA)* erachtet. In einigen Staaten wird die Beachtung der *standards* des *AICPA* überdies gesetzlich vorausgesetzt (vgl. beispielsweise *New York Franchise Sales Act Regulation § 200.4(a)(19)* oder *Alberta Securities Commission Franchise Policy Statement Nr. 4.3*).
20. Offenlegung der übrigen Verkaufsstellen – unter Benennung der Franchisenehmer, ihrer Adressen und Telefonnummern –, welche in franchisierter Form oder anderweitiger Vertriebsform betrieben werden (*NASAA* Kommentar zu *item* 20 der *Guidelines*). Bei größeren Franchisesystemen sind mindestens 100 Verkaufsstellen zu

nennen, die sich in nächster Umgebung des Franchisenehmers befinden. Der Franchisegeber hat darüber hinaus auch diejenigen Franchisenehmer namentlich unter Angabe der betreffenden Adressen anzugeben, die im letzten Steuerjahr aus dem Franchisesystem ausgeschieden sind. Des weiteren ist der Franchisenehmer über die voraussichtliche Anzahl der noch zu vergebenden Franchisen bzw. Verkaufsstellen zu informieren.

21. Stellungnahme zu der finanziellen Situation innerhalb des Unternehmens des Franchisegebers. Vorzulegen sind Bilanzen, welche prinzipiell von einem unabhängigen, staatlich zugelassenen Buchprüfer erstellt worden sein müssen. Aus ihnen müssen der *cash-flow* des Unternehmens innerhalb der letzten drei Jahre und gegebenenfalls das Unternehmen des Franchisegebers betreffende Aktienbewegungen innerhalb dieses Zeitraums hervorgehen.
22. Beizufügen sind Fotokopien aller Abkommen, die mit der Praxis des Franchisegeschäftes in Zusammenhang stehen (Mietverträge für Inventar oder Geschäftsräume, Vertraulichkeitsabkommen, Kaufverträge, Darlehensverträge etc.).
23. Die letzte Seite des *UFOC* hat die Funktion einer vom Franchisenehmer zu unterzeichnenden Quittung und muß ebenfalls einen bestimmten Wortlaut aufweisen. Der Franchisenehmer wird hier noch einmal auf die Bestandteile des *UFOC* aufmerksam gemacht und darauf hingewiesen, daß er sich für den Fall unrichtiger, nicht rechtzeitiger oder nicht vollständiger Aufklärung an die *Federal Trade Commission Washington, D. C. 20580* sowie an die entsprechende einzelstaatliche Wettbewerbsbehörde wenden kann.

(4) Rechtsfolgen unterbliebener bzw. regelwidriger Offenlegung. Unterläßt der Franchisegeber auch nur teilweise die geforderten Offenlegungen oder lanciert er diesbezüglich falsche Angaben, so hat dies gravierende Konsequenzen. Falsche bzw. unvollständige Angaben gegenüber dem Franchisenehmer können sich schnell aufgrund der Rechtszersplitterung einschleichen. Am besten läßt sich dies am Beispiel der *start-up*-Kosten aufzeigen. Während die *FTC-Rule* nur die Darlegung derjenigen Kosten und Gebühren verlangt, die der Franchisenehmer gegenüber dem Franchisegeber aufzubringen hat, verlangen viele einzelstaatliche Offenlegungsvorschriften und das *UFOC* auch die Bekanntgabe derjenigen Kosten, die dem Franchisenehmer im Verhältnis zu Dritten entstehen (instruktiv hierzu *Beyer/Scott,* Fran. L. J. 2000, S. 103 ff.).

a) **Schadensersatzansprüche des Franchisenehmers.** Die Zuwiderhandlung gegen die vorbezeichneten Offenlegungs- und Aufklärungspflichten führen einerseits zu Schadensersatzansprüchen des Franchisenehmers. In einigen Staaten unterliegt der Franchisegeber dabei einer Garantiehaftung *(strict liablity)*, d. h., seine Verteidigungsmöglichkeiten sind eingeschränkt. Dem Franchisenehmer bieten sich unterschiedliche Rechtsgrundlagen und Klagemöglichkeiten *(cause of actions),* um seine Schadensersatzansprüche geltend zu machen. Zum einen kann er den Verstoß gegen kodifiziertes Bundes- bzw. Einzelstaatenrecht, wie auch den Vertragsverstoß *(breach of contract)* sowie Klagegründe des *Common Law* – *misrepresentation* und *fraud* – geltend machen. Voraussetzung hierfür ist, daß der Franchisegeber über Tatsachen täuscht *(Vaughn v. General Foods Corp. and Burger Chef Systems, Inc. 797 F. 2 d 1403 [7th Cir. 1986]).* Bloße Anpreisungen *(mere puffings)* bzw. Meinungsäußerungen stellen insoweit keine *representations* dar, auch wenn bisweilen die Abgrenzung zwischen Tatsachenäußerung *(representation)* und bloßer Meinungsäußerung schwer fallen mag.

b) **Klagen der Wettbewerbsaufsichtsbehörden gegen den Franchisegeber.** Überdies können sowohl die bundes- wie auch die einzelstaatlichen Wettbewerbsaufsichtsbehörden gegen Verfehlungen im Bereich der Offenlegung vorgehen und die Unterlassung falscher bzw. unvollständiger *disclosures* durch eine *permanent injunction* sowie Schadensersatz *(consumer redress)* durch Klagen vor den *District Courts* erreichen.

aa) Klagemöglichkeiten der Behörden auf der Grundlage Federal Trade Commission Act und FTC-Rule. Gemäß *Section 5* des *Federal Trade Commission Act (FTC-Act = 15*

U.S.C. § 45) ist die *Federal Trade Commission* berechtigt, unfaire oder betrügerische Handelspraktiken *(unfair and deceptive practices in commerce)* mittels eigenständiger Unterlassungsverfügungen *(cease and desist order)* zu unterbinden. Darüber hinaus ist die *FTC* auf der Grundlage des *Magnuson-Moss Warranty Act* berechtigt, diejenigen mit einer drastischen Zivilstrafe zu versehen, die gegen die Unterlassungsverfügung der *FTC* verstoßen. Zudem ist die *FTC* berechtigt, Regreß für geschädigte natürliche und juristische Personen einzuklagen (vgl. hierzu *Glickmann,* Band 1, § 8.06[1]). Anlaß zu derartigen Klagen haben in der Vergangenheit oft sog. *false earning claims* gegeben, also Fälle, in denen dem Franchisegeber vorgeworfen wurde gegenüber dem Franchisenehmer falsche Angaben hinsichtlich seines zu erwartenden Profits aus dem Franchisegeschäft getätigt zu haben. In einem solchen Fall erhebt die *Federal Trade Commission* vor dem zuständigen *District Court* eine Klage auf der Grundlage des *Section 5* des *Federal Trade Commission Act (FTC-Act = 15 U.S.C. § 45)* sowie auf der Grundlage von 16 C.F.R. § 436–1 der *Franchise-Rule (= FTC-Rule).* Die *FTC* verlangt in der Regel die Unterlassung im Wege einer *preliminary oder permanent injunction* (Entscheidungen in einem Eil- bzw. Vorverfahren) auf der Grundlage des *Section 13 (b)* des *FTC-Acts.* Voraussetzung ist hierfür unter anderem, daß eine Wiederholungsgefahr in Zukunft besteht. Daneben werden von der *FTC* Geldstrafen in Form einer Wiedergutmachung für den Verbraucher *(consumer redress)* geltend gemacht. Hilfsweise können auch andere Rechtsmittel *(ancillary relief)* geltend gemacht werden. So läßt *Section 13 (b)* des *FTC-Act* die sog. *equitable reliefs der restitution* (Rückerstattung), *rescission* (Vertragsauflösung) und der *payment of damage* (Schadensersatz) zu. Diese Klagen können sowohl gegen das Franchisegeber-Unternehmen selbst *(corporate liabilty)* wie auch gegen maßgebliche Führungskräfte des Franchisegeber-Unternehmens *(individual liability)* gerichtet werden, wenn diese eine maßgebliche Rolle aufgrund ihrer Kontroll- oder Durchführungsfunktion gespielt haben (zu franchisegeberseitigen Verteidigungsstrategien vgl. *Towle/Sutton,* Fran. Law. J., Summer 1997, S. 9 ff.). Für die Unterlassungsklagen des *FTC-Act* und der *FTC-Rule* gilt eine prozessuale Verjährungsfrist von 3 Jahren *(Section 19 b (d) des FTC-Act).* Unklar ist, ob dies auch für die *equitable reliefs* der *FTC* gilt, denn hierfür gibt es keine eigenständige Regelung einer Verjährungsfrist (gegen eine analoge Anwendung des Section 19 b (d) des FTC-Act eine Entscheidung des District Court von Massechussetts: The Building Inspector, 984 F. Supp at 513–14 [D.Mass. 1995]; für eine analoge Anwendung: *P. Ward,* 41 Am. U. L. Rev. 1139, 1179–84 (1992)).

bb) Klagemöglichkeiten der Behörden auf der Grundlage einzelstaatlicher False Advertising Statutes. In einigen Einzelstaaten ist der *state attorney general* berechtigt, gegen unlautere täuschende Werbemaßnahmen *(false advertising)* vorzugehen, indem er Verwender bzw. Verursacher mit Zivilstrafen und Unterlassungsverfügungen belegt (vgl. z.B. Cal. Bus. & Prof. Code §§ 17500, 17535). In manchen Staaten wird auch die Unterlassung der gesetzlich geforderten Aufklärung als *false advertising* eingestuft (vgl. z.B. N.Y. Gen. Bus. Law § 350a). Einige Bundesstaaten haben den *Uniform Deceptive Trade Practices Act,* eine Art Modellgesetz für den unlauteren Wettbewerb, umgesetzt, wobei ein Teil dieser Staaten über die Anforderungen dieses Modellgesetzes hinausgeht. Diese Gesetze werden auch als *Little FTC-Acts* bezeichnet. Im Unterschied zum bundesgesetzlichen *FTC-Act* können sich hier auch Privatpersonen auf diese Gesetze berufen (*Glickmann,* Band 1, § 8.06[4] m.N. auf *Waldo v. North American Van Lines, Inc.,* 669 F. Supp. 722 [W.D. Pa. 1987]).

(5) Problem der Anwendung der FTC-Rule auf internationale Sachverhalte. In der Entscheidung Nieman v. Dryclean U.S.A. Franchise Co., Bus. Fran. Guide, CCH, § 11, 644 [11th Cir. June 1999]) weigerte sich das Appelationsgericht von *Florida* die Aufklärungs- und Offenlegungsvorschriften der *FTC-Rule* zugunsten eines argentinischen Franchisenehmers anzuwenden, der für Argentinien eine Masterfranchise erwerben wollte. Als Begründung führt der Appelationsgerichtshof an, daß eine internationale Wirkung der *FTC-Rule* vom Kongreß nicht gewollt gewesen sei. Der Appelationsgerichtshof führt hierbei zur Begründung auch den Wortlaut der *FTC-Rule* an, aus der sich ergebe, daß eine internationale Anwendung der FTC-Rule nicht gewollt sei. Die Entscheidung *Niemann v. Dryclean U.S.A. Franchise Co* wird in in der Literatur kritisiert und man ist hier der Meinung, daß in dieser Angelegenheit noch nicht das letzte Wort gesprochen sei (*Wiezcorek/Feirman*, Fran. Law. Journal, Fall 1999, S. 75). Der *United States Supreme Court* hat einen von *Nieman* hingegen eingereichten Antrag zur neuerlichen Überprüfung der Entscheidung abgelehnt im Hinblick auf eine zukünftige neue Version der FTC-Rules, die in ihrem Wortlaut nunmehr einen Ausschluß der Anwendbarkeit für Auslandsfälle vorsieht (*Niemann v. Dryclean U.S.A. Franchise Co.,* Inc. Dkt. No. 99-823).

4. Registrierungspflicht von Franchiseverträgen. **(1) Rechtsgrundlagen.** Die *FTC-Rule* selbst verlangt keine Registrierung der Franchise. Jedoch ist in einigen Bundesstaaten neben der Offenlegung zusätzlich die Registrierung spezialgesetzlich gefordert und zwar bevor das erste verbindliche Angebot an den Franchisenehmer ergeht. Diese Staaten sind *Kalifornien, Hawaii, Illinois, Indiana, Maryland, Minnesota, New York, North Dakota, Rhode Island, South Dakota, Virginia, Washington und Wisconsin.*

(2) **Formalien.** Die Registrierung erfolgt auf Antrag des Franchisegebers und ist gebührenpflichtig. Die betreffenden Bundesstaaten – außer *Hawaii* – gestatten die Verwendung eines einheitlichen Formulars zur Beantragung der Registrierung (*Uniform Franchise Registration Application;* zum Inhalt dieses Formulars vgl. *Glickmann*, Band 1, § 8.03[1]). Mit dem Antrag sind zwei bzw. drei Kopien des *UFOC* sowie zwei Kopien des vom Franchisegeber verwendeten Werbematerials beizufügen. Desgleichen ist die *affirmation* eines staatlich geprüften unabhängigen Buchprüfers notwendig. Sobald diese Dokumente bei der zuständigen Behörde hinterlegt sind, verfügt diese in der Regel über einen Zeitraum von 10–15 Tagen zur Überprüfung. Gegebenenfalls erläßt sie einen *deficiency letter,* in dem das Fehlen bestimmter Angaben aufgelistet ist und eine bestimmte Frist für eine nachträgliche Ablieferung des erforderlichen Materials gewährt wird. Daran anschließend wird die Eintragung der Franchise verfügt. Sie gilt für einen Zeitraum von einem Jahr und ist verlängerbar.

(3) **Zuständige Behörden.** Die Registrierung erfolgt durch sogenannte *regulators* der jeweiligen Einzelstaaten. Das *UFOC* verlangt darüber hinaus, daß der Franchisegeber die jeweilige einzelstaatliche Registrierungsbehörde *(regulatory authority)* zum sogenannten *agent for service* bestellt. Die Adressen der einzelstaatlichen *Franchise Regulators* lauten:

a) **Kalifornien:** Corporations Commissioner, Department of Corporations, 3700 Wilshire Boulevard, 6th Floor, Los Angeles, California 90010–3001, Tel.: (213) 736-2741.

b) **Hawaii:** Commissionar of Securities, 1010 Richards Street, Honolulu, Hawaii 96813, Tel: (808) 586-2744.

c) **Illinois:** Illinois Attorney General, 500 South Second Street, Springfield, Ilinois 62706, Tel.: (217) 782-4465.

d) **Indiana:** Chief Deputy Commissioner, Securities Division, 302 West Washington Street, Indianapolis, Indiana 46204, Tel: (317) 232-6685.

e) **Maryland:** Securities Commissioner, Division of Securities, 200 St. Paul Place, 20th Florr, Baltimore, Maryland 21202-6360, Tel.: (301) 576-6360.

f) **Michigan:** Franchise Administrator, 670 Law Building, Lansing, Michigan 48913, Tel.: (517) 373-7117.

g) **Minnesota:** Deputy Commissioner, Minnesota Department of Commerce, 133 East Seventh Street, St. Paul, Minnesota 55101, Tel.: (612) 295-2284.

h) **New York:** Principal Attorney, New York State Department of Law, 120 Broadway, Room 23-122, New York, New York 10271, Tel.: (212) 341-211.

i) **North Dakota:** Franchise Examiner, 600 East Boulevard, 5th Floor, Bismarck, North Dakota 58505, Tel: (701) 224-4712.

j) **Rhode Island:** Associate Director and Superintendent of Securities, Division of Securities, 233 Richmond Street, Suite 232, Providence, Rhode Island 02903–4232, Tel: (401) 277–3048.

k) **South Dakota:** Franchise Administrator, Division of Securities, 500 East Capital, Pierre, South Dakota 57501, Tel.: (605) 773–4823.

l) **Virginia:** Chief Examiner, State Corporation Commission, 1220 Bank Street, 4th Floor, Richmond, Virginia 23219, Tel.: (804) 371–9051.

m) **Washington:** Securities Administrator, Securities Division, 405 Black Lake Boulevard, S.W., 2nd floor, P.O. Box 9033, Olympia, Washington 98502, Tel: (206) 753–6928.

n) **Wisconsin:** Commissioner of Securities or Franchise Administrator, 111 West Wilson Street, P.O. Box 1768, Madison, Wisconsin 53701, Tel. (608) 266–3431 (Commissioner) und (608) 266–8559 (Administrator).

(4) Rechtsnatur. Die Registrierungsvorschriften stellen reine Ordnungsvorschriften dar. Verstößt der Franchisegeber gegen Registrierungsvorschriften, so berechtigt dies den Franchisenehmer nach einer Entscheidung im Bundesstaat Kalifornien nicht zu einer Klage wegen *breach of contract* (Metro All Snax, Inc. v. All Snax Inc., Bus. Fran. Guide (CCH) D.C. Minn. § 10,885).

5. Form. Bis auf wenige Ausnahmen bedürfen Verträge nach anglo-amerikanischem Recht in der Regel zu ihrer Wirksamkeit keiner Schriftform. Allgemein vorgeschrieben ist die Schriftform lediglich für Verträge, die unter das alte englische *Statute of Frauds* (1677) fallen (vgl. hierzu *Hay*, S. 78 und *Donath*, S. 333–340). Auch der Franchisevertrag unterliegt an sich keinem bestimmten Formerfordernis (zu den Formvorschriften im U.S.-amerikanischen Recht vgl. *Hay*, S. 84; vgl. auch § 20001 *California Franchise Relations Act*). Indirekte Formzwänge ergeben sich allerdings aus den umfangreichen Aufklärungs- und Offenlegungsvorschriften (vgl. hierzu Anmerkung Nr. 3), die letztendlich die Beifügung eines schriftlichen Franchisevertrages verlangen. Auch aus Gründen des Beweisrechts ist die Schriftform empfehlenswert, da nach Art. 2–201 *U.C.C.* für Warenverträge mit einem Wert von 500 $ und mehr die Schriftform erforderlich ist, um sie vor Gericht einklagen zu können.

6. Kartellrechtliche Fragen und Grenzen. (1) Grundlagen. Die kartellrechtliche Dimension des Franchiseverhältnisses tritt immer wieder in den Mittelpunkt der Diskussion in franchiserechtlichen Fragen. Der markttypische Franchisevertrag ist durch zahlreiche Vertikalbindungen gekennzeichnet. Diesen Vertikalbindungen begegneten sowohl die Judikatur als auch die mit der Kartellkontrolle betrauten Wettbewerbsbehörden zunächst mit Skepsis (vgl. hierzu *Enghusen*, Rechtliche Probleme der Franchiseverträge in den Vereinigten Staaten von Amerika und Europa, S. 12 ff.). Die Skepsis wurde dadurch verstärkt, daß die Parteien des Franchisevertrages unter bestimmten Voraussetzungen auch in horizontale Wettbewerbsgefüge eingebunden sein können. Es müssen hier also verschiedene Wettbewerbsverhältnisse unterschieden werden. Ein Wettbewerbsverhältnis besteht zum einen zwischen dem Franchisegeber und seinen Konkurrenten, die ein vergleichbares Produkt auf dem gemeinsamen Markt anbieten; hier spricht man vom sogenannten *interbrand*-Wettbewerb. Zum anderen stehen die Franchisenehmer innerhalb des jeweiligen Systems bezogen auf das konkrete Franchiseprodukt im Wettbewerb untereinander; hier spricht man vom sogenannten *intrabrand*-Wettbewerb. Aber auch Franchisegeber und Franchisenehmer desselben Systems können im Wettbewerb stehen, wenn der Franchisegeber mit eigenen Filialsystemen auf dem Markt präsent ist und neben seinen Franchisenehmern Produkte oder Dienstleistungen anbietet (*hybrid organisation* oder auch *dual distribution*). Über die Systembeteiligten hinaus entfalten Franchiseverhältnisse wettbewerbsrechtlich relevante Drittwirkung auf andere, systemfremde Marktteilnehmer, die nicht in Konkurrenz treten, sondern mit den Beteiligten des Franchisesystems in kooperationswirtschaftlichen Kontakt treten wollen (vgl. hierzu auch

Martinek, Moderne Vertragstypen, Band II, S. 171 ff.). Mit Skepsis wird insbesondere der Tendenz in den Systemzentralen zu gemischten Vertriebskonzepten begegnet. Im Ergebnis kann aber heute die Aussage getroffen werden, daß Franchiseverträge in rein vertikal strukturierten Systemen tendenziell heute weitgehend für kartellrechtlich zulässig erachtet werden (vgl. z.B. *Generac Corp. v. Caterpillar Inc.*, Bus. Fran. Guide (CCH) §§ 11, 610 [7th Cir. vom 30. 3. 1999]). Voraussetzung hierfür ist – auf einen einfachen Nenner gebracht –, daß die Vereinbarungen des Franchisevertrages nicht zu einer erheblichen Verringerung des Wettbewerbs führen oder dazu geeignet sein können, ein Monopol in einem bestimmten Handelszweig zu begünstigen (*Schurtmann/Detjen*, S. 59). Die Grenze für die Zulässigkeit eines Franchisevertrages liegt somit dort, wo sich Kunden-, Gebiets- und Absatz- bzw. Beschaffungsrestriktionen als exzessiv darstellen.

(2) **Kartellrechtliche Berührungspunkte.** Berührungspunkte mit dem Wettbewerbs- und Kartellrecht ergeben sich speziell durch Beschränkungen in Form von Gebiets- und Vertriebsbindungen *(territorial and customer restrictions),* Bezugsbindungen und Bedarfsdeckungsverträgen *(exclusiv dealing and requirement contracts),* Geschäftsverweigerung *(refusal to deal),* Preisbindungen *(resale price maintainance),* Preisdiskriminierungen *(price discrimination)* und Koppelungsvereinbarungen *(tying agreements)* (vgl. hierzu *Enghusen,* S. 16; *Martinek,* Moderne Vertragstypen, Bd. II, S. 171–173; *Glickmann,* Franchising, Bd. I, §§ 4.01–4.03[7]). Diese fast jedem Franchisesystem immanenten, wettbewerbsbeschränkenden Verhaltensweisen sind Gegenstand sowohl bundesstaatlichen als auch einzelstaatlichen Kartellrechts (*Antitrust*-Gesetze). Die Aufgabe des Antitrustrechts liegt vor allem darin, das möglichst ungehinderte Wirken der freien Kräfte des Marktes zu gewährleisten und zu fördern, vgl. hierzu *Enghusen,* Rechtliche Probleme der Franchiseverträge in den Vereinigten Staaten von Amerika und Europa, S. 17; *Blechmann,* in: Frankfurter Kommentar zum GWB, Auslandsteil USA, Rz. 1–13. Insbesondere werden hierbei folgende drei Ziele verfolgt: der Schutz und die Aufrechterhaltung besonders bedrohter Märkte, die Verhinderung der Monopolisierung und schließlich der Schutz kleiner bzw. mittelständischer Unternehmen vor unfairem Wettbewerb großer Hersteller und ihrer bevorzugten Abnehmer; vgl. hierzu auch *Treumann/Peltzer/Kuehn,* US-amerikanisches Wirtschaftsrecht, S. 286. Der *Sherman Act* verbietet Vereinbarungen zur Beschränkung des Wettbewerbs und zur Monopolbildung. Der *Clayton Act* verbietet bestimmte Ausschließlichkeitsbindungen, Überkreuzverflechtungen von Verwaltungsratssitzen zwischen großen Gesellschaften, die miteinander im Wettbewerb stehen, sowie Fusionen, Übernahmen und Gemeinschaftsunternehmen zwischen Gesellschaften, die den Wettbewerb beschränken. Der *Robinson Patman Act* untersagt bestimmte Formen der Preispolitik. Der *FTC-Act* zeichnet sich durch das Hauptziel aus, unlautere Geschäftsmethoden bzw. unlauteren Wettbewerb *(unfair methods of competition in commerce)* zu bekämpfen.

(3) **Maßstab der Beurteilung von Wettbewerbsbeschränkungen.** Die kartellrechtliche Zulässigkeit des Franchisevertrages ist bzgl. jeder einzelnen Maßnahme der Wettbewerbsteilnehmer zu überprüfen. Hierbei werden zwei unterschiedliche Beurteilungskategorien angewandt.

a) **Per se-Rule (kategorisch unzulässige Klauseln).** Einige dieser wettbewerbsbeschränkenden Maßnahmen werden als *per se* illegal, also kategorisch unzulässig, erachtet (*Leading Case = Northern Pacific Railway Co. v. United States* 356, U.S. 1, 5 [1958]). Dem Richter steht in diesen Fällen kein Ermessensspielraum zur Verfügung, um die entsprechende Maßnahme auf etwaige positive wettbewerbliche Auswirkungen zu überprüfen, um daran anschließend eine etwaige Wirksamkeit festzustellen. Als per se illegal werden dabei horizontale Preisabsprachen zwischen Konkurrenten gemäß § 1 *Sherman Act* angesehen (vgl. hierzu *U.S. v. Socony Vacuum Oil,* 310 U.S. 150 [1940]). Erfaßt werden hierbei sowohl ausdrückliche als auch konkludente Vereinbarungen, die sich unmittelbar oder mittelbar auf den Marktpreis auswirken (siehe auch *Treumann/*

Pelzer/Kühn, US-amerikanisches Wirtschaftsrecht, S. 296) und Marktaufteilungskartelle (= per se-Verletzung nach Maßgabe des *Sherman Act;* vgl. hierzu die Entscheidung des Supreme Courts in: *Timken Roller Bearing Co. v. United States,* 341 U.S. 593 [1981]; *United States v. Topco Associates, Nc.,* 405, 596 [1972]), aber auch Gruppenboykottmaßnahmen. Unter dem Begriff des Gruppenboykott *(group boycott)* ist eine geschäftlich motivierte, von Wettbewerbern abgestimmte Weigerung zu verstehen, mit einer anderen Partei Geschäfte abzuschließen. Dies ist nach Maßgabe des Sherman Act per se rechtswidrig (vgl. hierzu *Klor's Inc. v. Broadway-Hale Stores Inc.,* 359 U.S. 207 [1959]; näher zum *group boykott* Treumann/Pelzer/Kühn, US-amerikanisches Wirtschaftsrecht, S. 298). Eine Änderung der Rechtsprechung hat sich im Bereich vertikaler Preisbindungen vollzogen. Seit den Leitentscheidungen *Dr. Miles v. Medical Co., v. John D. Park & Sons Co.* und *Albrecht v. Herold* waren vertikale Mindest- wie Höchstpreisbindungen per se illegal. Eine Auflockerung dieser Rechtsprechung trat bereits durch die Entscheidung Atlantic Richfield v. USA Petroleum Co (ARCO) ein. Dort wandte die Judikatur erstmals auf Preisbindungsklauseln die *rule of reason* an. Die untere Gerichtsbarkeit folgte diesem Trend und ließ Lieferantenrabattprogramme, Mengenrabatte sowie Preisempfehlungen zu. Diese Entscheidungspraxis ist nunmehr durch die 1997 erfolgte Entscheidung *State Oil v. Khan* bestätigt worden, die endgültig eine Wende in der Kartellrechtsprechung zu vertikalen Preisbindungen herbeigeführt hat. Zukünftig sind Höchstpreisbindungen der Franchisenehmer zulässig. Als entscheidend sah das Gericht die positiven Effekte für Verbraucher an (instruktiv hierzu *Feirman/Lowell/Wieczorek,* Fran. Law Journal Winter 1998, S. 95 ff.; *Joseph,* Fran. Law Journal, Winter 1998, S. 73 ff.). Der Franchisegeber ist des weiteren berechtigt, Preisempfehlungen auszusprechen. Wird jedoch versucht, durch flankierende Maßnahmen – z.B. durch Drohung mit der Vertragsbeendigung – Druck auf die Einhaltung der Preisempfehlungen auszuüben, wird dies als Wettbewerbsverstoß geahndet *(Adolph Coors Co.* [FTC] Trade Reg. Reptr., § 20,403 [1973], aff'd Adolph Coors Co. v. FTC, 497 F.2d 1178 [10th Cir. 1974], cert. den., 419 U.S. 1105 [1975]; *United States v. Parke, Davis & Co.,* 362 U.S. 29 [1960]).

b) Rule of Reason. Die mit Abstand meisten wettbewerbsbeschränkenden Maßnahmen werden freilich nicht von vornherein und ohne weiteres als illegal betrachtet, sondern unterliegen der in der Standard Oil-Entscheidung entwickelten allgemeinen Auslegungsregel der *rule of reason (Standard Oil Co. of New Jersey v. U.S.,* 221 U.S. 1 [1911]) und können danach zulässig sein. Obwohl das Antitrustrecht dem Wortlaut nach zunächst einmal jede Form einer Wettbewerbsbeschränkung für rechtswidrig erklärt, hat der *U.S. Supreme Court* als oberstes amerikanisches Bundesgericht mit der *rule of reason* eine einschränkende Vernünftigkeits- und Relevanzklausel entwickelt, um sich einen differenzierten Maßstab für die Beurteilung von Wettbewerbsbeschränkungen zu schaffen *(Enghusen,* S. 17): Es sollen nur solche Handlungen verboten sein, die den Wettbewerb unangemessen bzw. unvernünftig *(unreasonable)* beeinträchtigen. Dies bedeutet im Kern, daß eine Handlung einen nachweisbaren, schädlichen, wettbewerbswidrigen Einfluß haben muß, um als unangemessene Wettbewerbsbeschränkung und somit als eine Verletzung des Antitrustrechts angesehen zu werden. Um zu bestimmen, ob eine Beschränkung unvernünftig ist, muß das Gericht eine Marktanalyse vornehmen und die Umstände des der Beschränkung zugrundeliegenden Einzelfalles, die Lage vor und nach der Auferlegung der Beschränkung, die Natur der Beschränkung und ihre wahrscheinlichen Auswirkungen würdigen sowie den Zweck und die Geschichte der Wettbewerbsbeschränkung überprüfen *(Chicago Board of Trade v. United States,* 246 U.S. 231, 238 [1918]). Die Beschränkung des Wettbewerbs darf hierbei im Prinzip nur aus ökonomischen und nicht aus sozialen bzw. anderen nicht-ökonomischen Gründen gerechtfertigt werden *(Blechmann,* mit Hinweis auf *FTC v. Superior Court Trial Lawyers Ass'n,* 493 U.S. 411, 110 S.Ct. 768, 107 L.Ed.2d 851, 866 [1990]). Die meisten Wettbewerbsbeschränkungen in Franchiseverträgen und -systemen werden nach der *rule of reason* beurteilt und im Ergebnis als unschädlich angesehen, da man erkannt hat, daß durch derartige Vertriebssysteme der interbrand-Wettbewerb zwischen den Marken häufig angeregt wird und diese positiven Effekte die intrabrand-Wettbewerbsbeschränkungen innerhalb einer Marke aufwiegen. Die beiden signifikanten Ausnahmen sind die Bindung von Wiederverkaufspreisen *(resale price maintenance)* und exzessive Ausschließlichkeitsbindungen.

(4) Internationale Kartellkontrolle. a) Die Beurteilung der kartellrechtlichen Zulässigkeit von Franchiseverträgen erfolgt gerade in den Bereichen der vertikalen Wettbewerbsbeschränkungen regelmäßig auf der Grundlage der *rule of reason*. Hierbei wird eine begrenzte Marktanalyse durchgeführt, um festzustellen, ob spürbar schädliche Auswirkungen auf den Wettbewerb vorliegen. Bei international tätigen Franchiseunternehmen kommt allerdings insoweit eine Verschärfung der Kartellkontrolle durch die sogenannte *effects doctrine* (Auswirkungsprinzip) zum Tragen. Bei der Überprüfung der Auswirkungen auf den US.-amerikanischen Wettbewerb können nämlich auch Verhaltensweisen außerhalb der USA relevant werden. Dies geht u. a. aus einer Entscheidung des *U. S. Supreme Court* hervor, die in bezug auf den US-Importhandel gefällt wurde. Danach wird der *Sherman Act* auf solches ausländisches Verhalten angewandt, von dem lediglich anzunehmen ist, daß es spürbare Auswirkungen auf die Märkte in den Vereinigten Staaten hat (*Hartford Fire Ins. Co. v. California*, 113 S.Ct. 2891, 2909 [1993]). Dieser Auffassung schließen sich nunmehr auch die für die Kartellkontrolle zuständigen Bundesbehörden – die Antitrustabteilung des Justizministeriums und die *Federal Trade Commission* – an. Nachdem die US-amerikanische Regierung 1988 die internationale Kartellkontrolle zunächst eingestellt hatte, bemüht sie sich nunmehr um eine Verschärfung und wendet amerikanisches Kartellrecht auch auf Verhaltensweisen außerhalb der Vereinigten Staaten an, wenn die im Ausland stattfindende Verhaltensweise amerikanischer oder nicht-amerikanischer Unternehmen den US-Handel berühren (zur Entwicklung der internationalen Kartellkontrolle in den Vereinigten Staaten vgl. *Arquit/Wolfram*, S. 939 ff.). Sobald eine ausländische Firma ein Mindestmaß an Kontakten mit den Vereinigten Staaten unterhält, ist nach amerikanischer Rechtsauffassung die Gebietshoheit der U.S.-Judikatur gegeben (*Arquit/Wolfram*, S. 941).

b) Die für die Kartellkontrolle zuständigen Bundesbehörden haben am 5. 4. 1995 neue Kartellrichtlinien, die *Antitrust Enforcement Guidelines for International Operations,* erlassen, die die Politik der U.S.-Regierung in bezug auf die internationale Kartellkontrolle verdeutlichen sollen. Ziel der internationalen Kartellkontrolle ist es vor allem, von der amerikanischen Industrie nachhaltige Schäden abzuwenden, die dadurch entstehen könnten, daß das Ausland seine Märkte gegenüber U. S.-amerikanischen Produkten abschottet (*Arquit/Wolfram*, S. 940). Diese internationalen Kartellkontrollrichtlinien behandeln u. a. die sachliche Zuständigkeit der U. S.-Kartellbehörden sowie die Anerkennung ausländischer Entscheidungen *(comity).* Flankierend hierzu wurde bereits der *International Antitrust Enforcement Assistance Act* erlassen, der Regelungen über den gegenseitigen Informationsaustausch enthält und Rechtsgrundlagen für sonstige gegenseitige Abkommen zur Regelung des Rechtshilfeverfahrens unter Beteiligung nichtamerikanischer Behörden bereitstellt.

(5) Rechtsfolgen des Verstoßes gegen kartellrechtliche Vorschriften. Der Kartellrechtsverstoß ist für den Franchisegeber gefährlich. Bei Mißachtung stehen dem Franchisegeber verschiedene Parteien und vor allem der US-amerikanische Bundesstaat wie auch die einzelstaatlichen Behörden als Gegner gegenüber. Die Befugnis zur Durchsetzung wettbewerbs- bzw. kartellrechtlicher Vorschriften obliegt in teilweise überschneidender Kompetenz der *Antitrust*-Abteilung des Bundesjustizministerium *(Department of Justice)*, der Bundeskartellbehörde *(FTC)*, den Generalstaatsanwälten der einzelnen Bundesstaaten *(state attorneys)* sowie denjenigen, die durch Kartellverstöße in ihren Rechten verletzt sind. Die *Antitrust*-Abteilung des *Department of Justice* kann gemäß 15 U.S.C. §§ 4 und 25 bei Verstößen gegen den *Sherman Act* vor einem Bundesgericht eine strafrechtliche Anklage oder eine zivilrechtliche Unterlassungsklage erheben. Die *Federal Trade Commission* kann wegen Verletzung des *FTC-Act* oder des *Clayton Act* ein Verwaltungsverfahren einleiten und Unterlassungsanordnungen erlassen, die der Kontrolle durch die Bundesgerichte unterliegen (15 U.S.C. § 45). Nach amerikanischem *Antitrustrecht* können darüber hinaus auch Privatpersonen und Unternehmen gemäß 15 U.S.C. §§ 15, 16 (= *Section* 4 und 16 des *Clayton Act*) auf Erlaß richterlicher Handlungs- oder Unterlassungsverfügungen sowie auf Ersatz des ihnen entstandenen Schadens klagen. Dabei kommt die anglo-amerikanische Spezialität der Klage auf dreifachen Schadensersatz *(punitive damages; triple damages)* zum Tragen. Für den Franchisegeber gefährlich ist darüber hinaus die Möglichkeit der einzelnen Franchisenehmer, sich zu solidarisieren und in einer *class-action* gegen den Franchisegeber vorzugehen (amerikanisches Bundesprozeßrecht in den *Federal Rules of Civil Procedure, Rule 23*). Die *class action* ist auch dem Prozeßrecht der meisten Bundesstaaten bekannt (vgl. z. B. *New York Civil Practice Law and Rules* §§ 901 ff.; vgl. hierzu auch *Mark*, S. 238 ff.). Private Kläger können auf dieser Grundlage eine Klage im Interesse einer Gruppe (z. B. von Franchisenehmern) einbringen. Der Kläger klagt dann nicht nur in eigenem Namen, sondern auch als Vertreter aller Franchisenehmer, die sich in einer ähnlichen Rechtslage befinden, auf Erlaß richterlicher Handlungs- oder Unterlassungsverfügungen sowie auf Ersatz des ihnen entstandenen (dreifachen) Schadens. Wenn z. B. mehrere Franchisenehmer durch dieselbe Verletzung von Kartellrechtsbestimmungen beeinträchtigt werden, können sie gemeinsam diese spezielle Form der Klage erheben, in der einige Mitglieder der Gruppe der Franchisenehmer *(class representatives)* die Gruppeninteressen vertreten. Die übrigen Mitglieder dieser Gruppe *(class members)* sind dann an das Ergebnis des Rechtsstreits gebunden (zur *Class Action* und der Klasseneinteilung vgl. auch *Collins, et al. V. International Diary Queen, Inc.* et al., CCH § 11, 291 [U.S.D.C.Goergia vom 3. 9. 1997] sowie *Broussard v. Meineke Discount Muffler Shops*, Bus. Fran. Guide (CCH) CA-4, § 11, 459). Schließlich hat jeder Bundesstaat die Möglichkeit, gemäß 15 U.S.C. §§ 15 und 15 a auf dreifachen Schadensersatz zu klagen, wenn er selbst oder die in seinem Gebiet ansässigen Bürger aufgrund einer Verletzung des Antitrustrechts einen Schaden erlitten haben *(parens-patriae-Konzept)*. Bei Verstößen gegen das *Antitrustrecht* können die Gerichte zudem Verträge für nichtig erklären (*Blechmann*, S. 5, Tz. 162). Das amerikanische Recht sieht bei *Antitrust*-Verstößen erhebliche Sanktionen vor. Eine Verletzung des *Sherman Acts* kann mit einer Freiheitsstrafe von bis zu drei Jahren sowie mit einer Geldstrafe bis zu $ 100000 für Einzelpersonen und $ 1 Mio. für Unternehmen oder in Höhe des zweifachen Gewinns oder Geldschadens geahndet werden (15 U.S.C. §§ 1 und 18 U.S.C. § 3571 [d]). Die Gerichte haben also vielfältige Möglichkeit, bei Verstößen gegen das Antitrustrecht die Nichtigkeit der Franchiseverträge auszusprechen und darüber hinaus erhebliche Geld- und Freiheitsstrafen zu verhängen (vgl. hierzu *Blechmann*, Rz. 10; *Ebke*, RIW 1995, S. 70; *Bodewig*, GRUR Int. 1991, S. 170).

7. Marktzutrittsmodalitäten. Für den Franchisegeber kommen mehrere Möglichkeiten in Frage, um in den U.S.-amerikanischen Franchisemarkt einzutreten. Dabei spielen Aspekte der Unternehmensform, des internationalen Gesellschaftsrechts sowie des internationalen Steuerrechts eine Rolle (vgl. hierzu *Geurts/Stevens*, S. 392 ff.).

(1) **Direct Licencing.** Aufgrund moderner Telekommunikationsmöglichkeiten ist es theoretisch vorstellbar, den Systemkopf für den U.S-Markt von der Bundesrepublik Deutschland aus zu leiten und von hier aus die Franchisenehmer direkt zu lizenzieren. Oft wird dieser Weg als Probelauf, manchmal auch aus Kapitalmangel oder Risikoscheu, gewählt (*Bierce/Barbier*, S. 195). In den meisten Fällen ist es jedoch empfehlenswert, auf dem amerikanischen Markt mit einer eigenen Zweigstelle oder gar mit einem Tochterunternehmen eigener Rechtsfähigkeit in kapitalgesellschaftlicher Gesellschaftsform präsent zu sein. Denn der Nachteil der direkten Lizenzierung liegt darin, daß man sich schwerlich angemessen um eine Aktualisierung und Weiterentwicklung des Franchi-

sekonzepts kümmern und sich kaum schnell genug an veränderte Bedürfnisse des Verbrauchers anpassen kann.

(2) **Joint Venture.** Wenn der Franchisegeber mit den U.S.-amerikanischen Gepflogenheiten noch nicht vertraut ist, so kann es unter Umständen nützlich sein, sich die Erfahrungen eines bereits auf dem U.S.-Markt tätigen Unternehmens durch eine Joint Venture-Gründung nutzbar zu machen. Hierfür wird im allgemeinen die Form einer Kapitalgesellschaft gewählt, an deren Kapital die deutschen und amerikanischen Joint Venture-Partner beteiligt sind und deren Verwaltungsrat (board of directors) von Vertretern beider Partner besetzt wird (vgl. *Bungert,* Gesellschaftsrecht in den USA, S. 1ff.; *v. Samson/Himmelstjerna,* S. 4; *Merkt,* Rz. 116–119; vgl. allgemein zu den Erscheinungsformen und Abgrenzungen von Joint Ventures *Martinek,* Moderne Vertragstypen, Band 3, S. 276 ff.). Diese Unternehmensform kann allerdings zu Problemen führen, wenn jede Seite Anspruch auf die beherrschende Rolle in der Geschäftsführung der gemeinsamen Gesellschaft erhebt (*Schurtmann/Detjen,* S. 27). Das Franchising über ein im Exportland zu gründendes Gemeinschaftsunternehmen (joint venture company) hat sich aber dennoch als Internationalisierungsstrategie besonders bewährt (*Skaupy,* Franchising, S. 218).

(3) **Master Franchising.** Das Master Franchising ist die wohl vorherrschende Internationalisierungsstrategie. Hierbei wird der inländische Master-Franchisenehmer vom ausländischen Master-Franchisegeber durch eine Generallizenz beauftragt und berechtigt, mit inländischen Sub-Franchisenehmern Franchiseverträge zu schließen. Der Vorteil dieser Strategie liegt darin, daß der Master-Franchisenehmer in einer starken Abhängigkeit vom Master-Franchisegeber gehalten werden kann. Auch bleibt das finanzielle Risiko für den Franchisegeber relativ gering. Die Master-Franchise kann dem inländischen Unternehmen für das ganze Land oder für regionale Bezirke erteilt werden. Der Master-Franchisenehmer baut im Einvernehmen mit der Systemzentrale selbst ein Franchisenetz auf. Übernimmt der Franchisegeber an dem Unternehmen seines Master-Franchisenehmers Geschäftsanteile, vermischt sich das Master-Franchising mit dem Joint-Venture-Modell.

8. Präambel. In der Präambel des Franchisevertrags wird regelmäßig das Franchisekonzept in seinen Grundzügen und Eigenarten kurz vorgestellt und beschrieben. Der wirtschaftliche Hintergrund des Vertrages, die Geschichte des Unternehmens und die Interessen der Parteien werden hier angesprochen. Summarisch und programmatisch wird das Kooperationsziel umschrieben sowie der Kern der Franchise, die Philosophie des Systems fixiert. Diese Skizze kann für die Auslegung des Vertrages Bedeutung gewinnen, falls über Inhalt und Umfang einzelner Rechte und Pflichten Unklarheit besteht. Denn aus der einleitenden Beschreibung des Franchisekonzepts lassen sich gelegentlich wichtige Rückschlüsse auf die Erwartungshaltungen, Ziele und Absichten der Vertragsparteien ziehen. Die Präambel enthält oft neben der Beschreibung des Franchisesystems Ausführungen zum Wert der Marken, zu den Handelsnamen oder zu dem vom Franchisor bereits entwickelten Goodwill. Die Ausführungen der Präambel sollten aber recht kurz und bündig gehalten werden, um nicht unnötig Gefahr zu laufen, einen Widerspruch zu den späteren Vertragsklauseln zu produzieren.

9. Parteien. (1) **Bezeichnung.** Die Parteien des Franchisevertrags werden grundsätzlich als *franchisor* und *franchisee* bezeichnet. Der *Franchisor* ist der Kopf des Franchisesystems, der Franchisegeber, die Systemzentrale, der Marketingführer und der Absatzherr. Der *franchisee* ist der Franchisenehmer, der Systempartner, der Absatzmittler, der auf einer konsumnäheren Wirtschaftsstufe als der Franchisegeber steht (vgl. auch die Definitionen in §§ 20002 und 20003 California Franchise Relations Act).

(2) **Aspekte des Selektivvertriebs/Auswahl des Franchisenehmers.** Der typische Franchisevertrag ist für den Franchisegeber zugleich ein Instrument des selektiven Vertriebs,

da sich der Franchisegeber seine Systempartner unter qualitativen und quantitativen Gesichtspunkten aussucht und nur bestimmte Personen als Franchisenehmer zu seinem System zuläßt (vgl. im einzelnen *Martinek,* Moderne Vertragstypen, Bd. 2, S. 19; *ders.,* Handbuch des Vertriebsrechts, § 2). Unter Umständen können Anti-Diskriminierungsgesetze sowie wettbewerbsrechtliche Vorschriften diese Vertragsfreiheit beschränken. Wettbewerbsrechtliche Belange sind etwa berührt, wenn die Weigerung des Vertragsabschlusses gegenüber einem beitrittswilligen Systemanwärter in konspirativer Weise dazu gedacht ist, ein bestimmtes Unternehmen bzw. eine bestimmte Firmengruppe zu boykottieren (Klor's, Inc. v. Broadway-Hale Stores Inc., 359 U.S. 207, 79 S. Ct. 705, 3 L. Ed.2d 741 [1959]). Der Selektivvertrieb wird im übrigen nach der *rule of reason* beurteilt (United States v. Arnold Schwinn & Co., 388 U.S. 365 [1967]). Der Franchisegeber kann danach einen Franchisebewerber ablehnen *(refusal to deal),* wenn dies der Effizienzsteigerung des Franchisesystems dient und vor Übersättigung des Systems schützen soll. Erfüllt der Franchisebewerber nicht die sachlich gerechtfertigten qualitativen Anforderungen, so ist eine Ablehnung ohnehin gerechtfertigt (Klors Inc., v. Broadway Hale Stores Inc., 359 U.S. 207, 79 S.Ct. 705, 3 L.ED. 2d 741 [1959]; United Shoppers Exclusive v. Broadway Hale Stores, Inc., 1966 Trade Cas, P 71727 [N.D. Cal.]). Allerdings darf nach der sogenannten Colgate-Doktrin des U.S. Supreme Court die Weigerung des Vertragsabschlusses nicht den Aufbau oder die Aufrechterhaltung einer Monopolstellung bezwecken (*Enghusen,* S. 21 m.w.N.). Es ist daher im Einzelfall zu überprüfen, ob der Franchisegeber über eine beachtliche Marktmacht bzw. einen beachtlichen, wettbewerbsschädlichen Marktanteil verfügt (Ron Tonkin Gran Turismo, Inc., v. Fiat Distribution, Inc., 631 F2d 1376 [9th Cir. 1981]). Weitere Einschränkungen können sich durch bundesstaatliche bzw. einzelstaatliche Antidiskriminierungsgesetze ergeben, die es dem Franchisegeber z.B. generell verbieten, allein aus rassistisch oder religiös motivierten Gründen einen Bewerber abzulehnen (vgl. z.B. Federal Civil Rights Act, 42 U.S.C. § 2000e sowie California Fair Dealership Law, Cal. Civ. Code §§ 81–86).

10. Begriffsbestimmungen. In der anglo-amerikanischen Vertragsgestaltungspraxis werden in der Regel Schlüsselbegriffe *(key concepts)* des Vertrags vorab definiert. Schlüsselbegriffe sind solche Bezeichnung und Formulierungen des Vertrags, die die Parteien für besonders wichtig und klärungsbedürftig erachten und aus diesen Gründen auch definiert wissen möchten. Dabei werden die Definitionen meist alphabetisch geordnet, wenn sie wegen ihrer Vielzahl unübersichtlich zu werden drohen, oder in der Reihenfolge ihrer Wichtigkeit aufgelistet, wenn sie der Zahl nach überschaubar bleiben. Diese für den deutschen Juristen ungewöhnliche Praxis erklärt sich zum einen aus dem strengen Erfordernis der inhaltlichen Bestimmtheit im anglo-amerikanischen Vertragsrecht. Zum andern soll durch einen eindeutigen Wortlaut des Vertragstextes allfälligen Überraschungen einer späteren gerichtlichen Auslegung vorgebeugt werden. Schließlich soll der eigentliche Vertragskern mit der Regelung der gegenseitigen Rechte und Pflichten durch die Entlastung von Begriffsbestimmungen übersichtlich gehalten werden. Der einleitende Vertragsteil zu den Begriffsbestimmungen stellt oft hohe Anforderungen an die kautelarjuristische Gestaltungskraft; gerade hier können sich Fehler verhängnisvoll auswirken.

11. Handbuch. (1) Zweck. Zur Entlastung des Franchisevertrags werden die genauen Richtlinien zum Betrieb und zur Führung des Franchisegeschäfts in sogenannten Handbüchern *(manuals)* niedergelegt, die auch genauer als Betriebs-Handbücher *(operation manuals)* bezeichnet werden. Der Inhalt des Handbuchs wird regelmäßig durch eine hierauf bezugnehmende Klausel zum Bestandteil des Franchisevertrages gemacht. Das Handbuch enthält ein Kompendium des Franchisekonzepts in Worten, Bildern, technischen Zeichnungen. Es legt vor allem die Verfahrensweisen fest, die vom Franchisenehmer bei der Betriebsführung des Franchisegeschäfts zu beobachten sind. Regelmäßig beschreibt es auch die einzelnen Vertragswaren und/oder Dienstleistungen. In manchen Franchisesystemen werden sogar mehrere Franchise-Handbücher, etwa zur Betriebsorganisation, zu den Vertragswaren, zur Personalschulung, zur Werbung etc. eingesetzt. Zu einseitigen konzeptionellen oder verwaltungstechnischen Änderungen, Erweiterungen und Verbesserungen des Handbuchs nach Maßgabe des sich verbessernden Franchisekonzepts bleibt der Franchisegeber jedoch nach dem Vertrag berechtigt, ja sogar als Systemführer und Marketingführer verpflichtet.

(2) **Rechtschutz.** Das Handbuch genießt urheberrechtlichen Schutz, wozu eine Registrierung beim *Copyright Office* erforderlich ist (vgl. zum Urheberrecht der Vereinigten Staaten auch Anmerkung Nr. 14). Der Franchisenehmer erhält hiervon zumeist eine numerierte Kopie, damit erkenntlich ist, wie viele und welche Handbücher im Umlauf sind. Zur weiteren Absicherung wird in der Regel bereits im Franchisevertrag die Rückgabe des Handbuchs bei Beendigung des Franchisevertrages sowie eine Verpflichtung zur vertraulichen Behandlung des Handbuchinhalts aufgenommen (sogenannte *Confidentiality-Klausel*).

12. Einräumung der Franchise und der damit verbundenen gewerblichen Schutzrechte.
(1) **Hauptpflicht des Franchisegebers.** Der Kernpunkt eines typischen Franchisevertrags ist nach amerikanischem Verständnis die Übertragung der Franchise. Nicht die Indienstnahme des Franchisenehmers für die Durchsetzung der Marketingkonzeption des Franchisegebers, nicht die Einschaltung des Franchisenehmers als interessenwahrender, weisungsgebundener Absatzmittler, nicht das agenturvertragliche Element der vertriebsvertraglichen Zusammenarbeit steht mithin nach amerikanischem Verständnis im Vordergrund. Vielmehr erscheint der Franchisenehmer zuvörderst als der durch eine Franchise begünstigte Lizenznehmer. Seit jeher versuchen die Franchisegeber und ihre Verbände, die Position des Franchisenehmers als eines privilegierten Teilhabers an den Immaterialgüterrechten des Franchisegebers zu betonen und die Vorstellung vom Franchisenehmer als wirtschaftlich abhängigem und weisungsgebundenen Absatzmittler zu bekämpfen. Die von den Franchisegebern beherrschte Franchise-Vertragspraxis ist daher in ihren Sprachregelungen nicht frei von einem gewissen schönfärberischem Geist.

(2) **Lizenzierungsaspekt.** Die Gewährung der Franchise *(grant of franchise)* besteht regelmäßig aus der Lizenzierung von Warenzeichen, Dienstleistungsmarken, Namensrechten, Mustern und Modellen oder Patenten des Franchisegebers sowie aus der Vermittlung des systemspezifischen Know-hows, um dem Franchisenehmer die Führung des Franchisegeschäftes sowie den erfolgreichen Verkauf der Franchiseprodukte zu ermöglichen. Auch insoweit ist die Dualität von Bundesrecht und Recht der einzelnen Bundesstaaten zu beachten. Dabei sind in gewissem Umfang auch Exklusivabkommen zu den übertragenen Schutzrechten zulässig, sofern nicht kartellrechtliche bzw. wettbewerbsrechtliche Belange berührt werden (vgl. Anmerkung Nr. 45). In den meisten Fällen wird nicht das gewerbliche Schutzrecht selbst übertragen. Der Franchisenehmer erhält vielmehr ein Nutzungsrecht in Form einer Lizenz. Dies hat den Vorteil, daß der Franchisegeber weiterhin seine Rechte behält und über das gewerbliche Schutzrecht verfügen kann (vgl. hierzu auch Anmerkung Nr. 13 zur Markenlizenz). Die *Antitrust Division* des *U.S. Department of Justice* hat am 8. 8. 1994 den Entwurf der *Antitrust Guidelines for the Licensing and Acquisition of Intellectual Property* veröffentlicht, der die Grundsätze der Wettbewerbspolitik des Justizministeriums in bezug auf die Lizenzierung und den Erwerb geistigen Eigentums wiedergibt, das nach Patent- und dem Urheberrecht sowie nach dem Recht der Betriebs- und Geschäftsgeheimnisse geschützt ist. Markenlizenzen werden von diesen Richtlinien zwar nicht expressis verbis erfaßt. Doch geht aus den Richtlinien hervor, daß hierauf letztlich dieselben wettbewerbsrechtlichen Regeln Anwendung finden sollen (vgl. hierzu instruktiv *Bodewig*, GRUR Int. 1995, S. 142–144). Lizenzverträge werden diesen Richtlinien zufolge als im allgemeinen wettbewerbsfördernd angesehen, da sie der Verbreitung und Anwendung neuer Technologien dienen.

Lizenzvereinbarungen im Franchiseverhältnis sind nach Maßgabe dieser Richtlinien als wettbewerbsrechtlich zulässig zu behandeln, solange es nicht zu Marktverschlüssen oder zu gravierenden Wettbewerbsverzerrungen kommt. Im Regelfall ist freilich mit der Einschränkung des Intrabrand-Wettbewerbs eine Steigerung des Interbrand-Wettbewerbs verbunden, solange sich die Marktstruktur auf der Lizenzgeberseite nicht zum engen Oligopol verdichtet.

(3) **Vertraglicher Numerus clausus.** Gewöhnlich sind die vom Franchisegeber entwickelten und benutzten gewerblichen Schutzrechte im Franchisevertrag aufzuzählen, sofern sie sich nicht aus dem Handbuch ergeben. Mit dieser Auflistung eines *numerus clausus* der lizensierten Rechtspositionen kann der Franchisegeber darauf abzielen, nicht seine gesamte Palette gewerblicher Schutzrechte in das Franchisegeschäft einzubringen, sondern einen Teil dieser Rechte für andere Geschäftszweige zu nutzen. Verbreitet sind auch Klauseln, wonach der Franchisegeber verspricht, für die Entwicklung von weiteren Patenten und Marken etc. zu sorgen und diese nach Registrierung dem Franchisenehmer zukommen zu lassen (zu Formulierungsbeispielen vgl. *Glickmann*, Band 1, § 10.2).

13. Übertragung von Nutzungsrechten an Franchise-Marken. Kernpunkt eines Franchisevertrags ist die Übertragung von Markennutzungsrechten durch eine entsprechende Lizenz (*Susser v. Carvel Corp.*, 206 F. Sup. 636 (S.D.N.Y. 1962), aff'd 332 F 2d 505 [2 d Cir. 1964], cert. dissmissed, 381 U.S. 125, 85 S.Ct. 1364 (1965): *The cornerstone of a franchise system must be the trademark or trade name of the product*). Desgleichen wird in vielen Franchisedefinitionen auch die Übertragung von Nutzungsrechten an einer Franchisemarke als Merkmal eines Franchiseverhältnisses vorausgesetzt (vgl. hierzu Anmerkung Nr. 1 Franchise-Definitionen).

(1) **Rechtsgrundlagen des Markenrechts im Überblick.** In der Regel wird dem Franchisenehmer durch den Franchisevertrag eine Markenlizenz übertragen, die dem erfolgreichen Absatz der Franchiseprodukte dient. Das Markenrecht ist sowohl auf Bundesebene als auch auf einzelstaatlicher Ebene geregelt. Die gesetzliche Grundlage des Erwerbs und des Schutzes vor einer Markenrechtsverletzung bilden auf Bundesebene der *Lanham Act* (1946) (15 U.S.C. Ch. 22) ergänzt durch den *Law Revision Act* 1988 (P.L. 100–667, 102 Stat. 3947, eff. Nov. 16, 1989; zu den Verwertungsmöglichkeiten von Marken nach U.S.-amerikanischen Recht vgl. auch *Ruijsenaars*, S. 280–293). Schutz vor Markenverwässerung *(trademark dilution)* bieten sowohl einzelstaatliche Markengesetze wie auch der bundesstaatliche *Federal Dilution Trademark Act* von 1995. Der *Federal Dilution Trademark Act* ist allerdings erst am 16. Januar 1998 in Kraft getreten (15 U.S.C.A. § 1125 (c); zur Vertiefung von Fragen der Markenverwässerung vgl. *Reichmann*, Fran. Law Journal, Spring 1998, S. 111 ff.).

(2) **Definition.** Der Begriff der *trademark* ist gleichbedeutend mit dem deutschen Begriff des Warenzeichens bzw. der Marke oder Handelsmarke. Gemäß Lanham Act, § 15 U.S.C.A. § 1127) sind hierunter alle Worte, Namen, Symbole oder Muster oder deren Kombination zu verstehen, die von einem Hersteller oder Händler angenommen und verwandt werden, um seine Erzeugnisse zu kennzeichnen und sie von den Erzeugnissen anderer Hersteller oder Händler zu unterscheiden. Erforderlich ist also eine entsprechende Kennzeichenkraft (instruktiv hierzu *Reichmann*, Franchise Law. Journal, Spring 1988, S. 111). Unter einer *service mark* (Dienstleistungsmarke) ist ein Zeichen zu verstehen, das beim Verkauf von oder in der Werbung für Dienstleistungen dazu verwandt wird, die Dienstleistungen einer Person zu kennzeichnen und sie von den Dienstleistungen anderer zu unterscheiden. Beide werden in Verträgen gewöhnlich unter dem Oberbegriff *marks* zusammengefaßt.

(3) **Erwerb des Markenschutzes.** a) Das Recht an einer Marke erwirbt nach *Common Law* derjenige, der als erster eine Marke für seine Erzeugnisse oder Dienstleistungen verwendet, um deren Herkunft zu kennzeichnen (vgl. *Treumann/Peltzer/Kuehn*, S. 352). Markenrechte entstehen also nicht erst durch Eintragung, sondern bereits mit der Benut-

zung des unterscheidungskräftigen Zeichens (*Atlantic Monthly Co. v. Frederick Ungar Publishing Co.*, 197 F. Supp. 524 [S.D.N.Y. 1961]). Rechte an der Marke sind nach *Common Law* zeitlich nicht beschränkt, sofern sie ihrem Zweck entsprechend gebraucht werden, d.h. zur Kennzeichnung von Erzeugnissen oder Dienstleistungen dienen. Die Eintragung hat jedoch eindeutige Vorteile für den Franchisegeber, da spätere Benutzer sich die Kenntnis der Eintragung zurechnen lassen müssen und damit die Priorität des Erstbenutzers manifest ist (*Schurtmann/Detjen*, S. 171; *Dawn Donut Co. v. Hart's Food Stores, Inc.*, 267 F. 2d 358 [2d Cir. 1959]). Die Eintragung der Markenrechte kann sowohl auf Bundes- als auch auf einzelstaatlicher Ebene erfolgen. Nach dem *Federal Trade Mark Statute – Lanham Act,* der die bundesgesetzliche Grundlage hierfür bildet, kann die Eintragung erfolgen, wenn die Marke über die Grenzen des Bundesstaates hinaus oder im internationalen Außenhandel benutzt wird oder wenn sich die Verwendung innerhalb eines Bundesstaates über dessen Grenzen hinaus auswirkt. Hat der Inhaber einer im Hauptregister eingetragenen Marke diese zugleich bei der US-Zollbehörde registrieren lassen, werden Einfuhren in die Vereinigten Staaten, die diese Marke verletzen, zurückgewiesen (*Treumann/Peltzer/Kuehn*, S. 362).

b) Ein ausländischer Antragsteller, der eine ihm gehörige Marke im Handel über die Grenzen eines Bundesstaates hinaus oder im Außenhandel der USA verwendet, ist berechtigt, diese wie jeder US-Bürger in den USA anzumelden (*Treumann/Peltzer/Kuehn*, S. 356). Die USA sind bisher noch kein Mitgliedstaat des Madrider Übereinkommens, das ein vereinfachtes Eintragungsverfahren für den internationalen Verkehr vorsieht (*Bodewig*, GRUR Int. 1994, S. 542). Die Vereinigten Staaten sind allerdings Unterzeichner der Pariser Verbandsübereinkunft zum Schutz des gewerblichen Eigentums. Nach der Pariser Verbandsübereinkunft kann ein Angehöriger eines anderen Unterzeichnerstaates, der seine Marke nicht im Handel über die Grenzen eines Bundesstaates hinaus oder im Außenhandel verwendet, diese Marke in den USA auf der Grundlage einer früheren Eintragung in seinem Heimatland oder einer dort vorgenommen Anmeldung zur Eintragung registrieren lassen. Die Öffentlichkeit wird über die Registrierung informiert, indem unmittelbar neben der Marke in einem Kreis der Buchstabe R für *Registered* oder die Worte *Registered in US Patent and Trademark Office* angebracht werden. Vor der Eintragung sind die Kürzel *SM (service mark)* oder *TM (trade mark)* gebräuchlich.

(4) **Übertragung von Markennutzungsrechten.** Es bestehen zwei Arten der Übertragung von Rechten an Marken: zum einen das sogenannte *Assignment* (Abtretung) und zum anderen der Lizenzvertrag *(licence).* Beide Übertragungsarten sind Gegenstand eigener Regeln, wobei die Eintragung der Marke keine besondere Rolle spielt. In Franchiseverträgen wird regelmäßig die Konzeption der Lizenzierung vorgezogen. Denn bei der Abtretung der Marke besteht die Verpflichtung, auch den *Goodwill* einer Firma zu übertragen, mit dem die Marke verbunden ist (*Treumann/Peltzer/Kuehn*, S. 358). Der Versuch, die Marke ohne den Goodwill abzutreten, würde als dessen Aufgabe durch den Zedenten angesehen und bewirkt den Verlust aller erworbenen Rechte des Zedenten an der Marke. In diesem Fall erwirbt der Zessionar das Recht an der Marke durch Annahme und Gebrauch der Marke, ohne befürchten zu müssen, die Rechte des Zedenten zu verletzen. Bei der Übertragung einer Markenlizenz im Rahmen des Franchisevertrages muß der Franchisegeber darauf achten, daß er sich gemäß sec. 15 U.S.C. § 1065 die Kontrolle über die Art und Qualität seiner Markenprodukte einräumen läßt und daß er diese Kontrolle auch tatsächlich durchführt (*McCarthy*, §§ 3.4 und 18.13–16; *Ruijsenaars*, S. 283; *Glickmann*, Band 1, § 3 A.02[4]). Eine Übertragung der Lizenz ohne diese Kontrollmöglichkeit des Franchisegebers wird als unzulässig und rechtsunwirksam nach Maßgabe des 15 U.S.C. §§ 1055 und 1065 erachtet (*Ron Matusalem & Matusa v. Ron Matusalem*, Inc., 872 F. 2d 1547 [11th Cir. 1989]; *Arthur Murray, Inc. v. Horst*, 110 F. Supp. 678 [D. Mass. 1953]). Damit befindet sich der Franchisegeber häufig in einer tendenziell schwierigen Situation. Zum einen verpflichtet ihn der *Lanham Act*, den Franchisenehmer zu kontrollieren, andererseits besteht die Gefahr eines *Antitrust*-Verstoßes

5. U.S.-amerikanischer Franchisevertrag III. 5

durch zu intensive Kontrolle des Franchisenehmers. Der Franchisegeber bewegt sich allerdings in wettbewerbsrechtlich zulässigem Rahmen, solange die von ihm ausgeübte Kontrolle nicht zu einer Verzerrung bzw. Behinderung des Interbrand-Wettbewerbs führt (vgl. hierzu *Glickmann*, Band 1, § 3 A.02[4][b]). Nach Beendigung des Franchisevertrags ist der Franchisenehmer regelmäßig verpflichtet, den Gebrauch der Franchisemarke einzustellen. Benutzt der Franchisenehmer trotz Beendigung des Franchisevertrags die Franchisemarke weiter, so begeht er gem. sec. 15 U.S.C.A. §§ 1114, 1125 *Lanham Act* eine Markenrechtsverletzung *(= trademark infringement).* Beachtlich ist hierbei, daß das Gesetz und damit auch die Judikatur nicht so sehr auf den Schutz des Franchisegebers abstellt, sondern eher den Verbraucher im Auge hat und verlangt, daß eine Wahrscheinlichkeit der Verbraucherdesorientierung bestehe *(likelyhood of consumer confusion;* vgl. hierzu *James Burrough, Ltd. V. Sign of Beefeater, Inc.,* 540 F. 2 d 1034 [7th Cir. 1976]). Der Franchisegeber kann sich also auf der Grundlage des *Lanham Act* gegen den markenrechtsverletzenden Franchisenehmer gerichtlich wehren. Voraussetzung ist allerdings eine ordnungsgemäße Beendigung des Franchisevertrags (*Southland Corp. v. Froelich,* Bus. Fran. Guide (CCH), § 11, 629 (E.D.N.Y. vom 19. 3. 1999; Mr. Rooter Corp. v. Cottone, Bus. Fran. Guide (CCH), § 11, 655 (C.D. Ill. vom 16. 6. 1999); vgl. hierzu auch Anmerkung Nr. 61 ff. = Konsequenzen der Vertragsbeendigung). Dem Franchisegeber steht für eine schnelle Lösung insoweit der Rechtsweg im einstweiligen Rechtsschutzverfahren *(interlocutory injunction)* zur Verfügung, indem er den Franchisenehmer zur Unterlassung der Fortführung der Markennutzung zwingen kann. Voraussetzung hierfür ist allerdings, daß der Franchisegeber darlegt und beweist, daß er durch eine weitere Markenbenutzung durch den Franchisenehmer irreparablen Schaden erleidet (*Isphani v. Allied Domecq Retailing USA,* Bus. Fran. Guide (CCH), § 11,619 (N.J. Sup. Ct. App. Div. vom 22. 4. 1999).

14. Übertragung von Urheberrechten. (1) Rechtsgrundlage. Der Urheberrechtsschutz wird ausschließlich nach dem *Federal Copyright Act* (17 U.S.C. §§ 101 ff.) gewährt, der zuletzt 1992 nochmals erheblich verschärft worden ist (vgl. hierzu *Bodewig*, GRUR Int. 1993, S. 96). Das Urheberrecht ist das von diesem Gesetz dem Urheber verliehene Recht, andere Personen für eine Anzahl von Jahren von der Veröffentlichung und Verbreitung seines Werkes auszuschließen. Wie im deutschen Recht schützt das US-amerikanische Urheberrecht geistiges Eigentum wie z.B. Bilddarstellungen, Tonaufnahmen, Graphiken, Computerprogramme etc. Der Urheberrechtsschutz kann aber grundsätzlich nicht für Ideen, Verfahren, Herstellungsprozesse und Know-how beansprucht werden. Da auch Deutschland Signatarstaat des Welturheberrechtsabkommens ist, genießen auch in Deutschland erstveröffentlichte Werke den Copyrightschutz nach U.S.-amerikanischem Recht.

(2) Urheberrechtslizenz. Urheberrechte können vollständig oder teilweise durch Abtretung oder durch Lizenzvertrag übertragen werden. Damit der Zessionar seine Rechte aus der Abtretung geltend machen kann, müssen diese beim Copyright Office (Urheberrechtsamt) der Vereinigten Staaten eingetragen werden. Es können auch einzelne Verwertungsrechte gesondert übertragen werden, wenn die Übertragung ausschließlich erfolgt *(Treumann/Peltzer/Kuehn,* S. 368). Bei einer Abtretung genießt der Zessionar vollen Rechtsschutz. Anders ist dies bei der Übertragung durch Lizenzvertrag. Dies ist vor allem deshalb relevant, weil gegenüber Dritten nur der Inhaber selbst seine Schutzrechte geltend machen kann *(Treumann/Peltzer/Kuehn,* S. 368).

(3) Formalien. Gemäß 17 U.S.C. §§ 410 (c) und 405 muß auf den Exemplaren des Werkes (z.B. dem Handbuch des Franchisegebers) der Copyright-Vermerk enthalten sein. Dies ist bei Druckwerken das Zeichen © unter Hinzufügung des Jahres der Erstveröffentlichung und des Namens des Inhabers des Copyrights. Bei Tonaufnahmen ist der Buchstabe p anstelle des Buchstabens c im Kreis zu verwenden (17 U.S.C. § 402(b)). Um Streitigkeiten bzgl. der Inhaberschaft am Copyright vorzubeugen, sollte daher in den Franchiseverträgen klargestellt werden, daß der Franchisegeber Inhaber des Copyrights ist.

15. Patent-Lizenzverträge. Einige wenige Franchiseverträge, insbesondere im Bereich des Produktions- oder Industriefranchising haben auch Patentlizenzen zum Gegenstand. Eine Patentlizenz ist notwendig, wenn die Franchise ein patentiertes Erzeugnis oder eine patentierte Formel umfaßt (*Glickmann,* Band 1, § 3 a.02). Der Franchisegeber als Patentinhaber hat das gesetzlich geschützte Recht, sein Patent durch Lizenzvergabe zu verwerten. Unter einem US-Patent versteht man den staatlichen Verleihungsakt, der den Erfinder berechtigt, Dritte für die Patentlaufdauer daran zu hindern, den Gegenstand der Erfindung innerhalb der USA herzustellen, zu gebrauchen oder zu verkaufen (*Treumann/Peltzer/Kuehn,* S. 328). Der Erfinder muß als Gegenleistung für die Gewährung dieser rechtlichen Monopolstellung die Erfindung veröffentlichen und zulassen, daß sie nach Ablauf der Patentzeit von jedermann genutzt werden kann. Gegenstand eines Patentes sind gewerblich verwertbare Erfindungen und Gebrauchsmuster. Die Anmeldung und Eintragung des Patents erfolgt beim United States Patent and Trademark Office (US-Patent- und Markenamt), kurz Patent Office genannt. Nach den Bestimmungen des Zollgesetzes (Tariff Act) kann die Einfuhr eines Erzeugnisses verhindert werden, das ein Patentrecht verletzt. Amerikanische Unternehmen können darüber hinaus gemäß Section 337 Trade Act vor der International Trade Commission ein Verfahren anstrengen, um Produkte vom U.S.-Markt fernzuhalten, die geistige Eigentumsrechte in den U.S.A. verletzen (vgl. hierzu *Bodewig,* GRUR Int. 1994, S. 767). Wie die Markenlizenz kann auch die Patentlizenz hinsichtlich des Absatzgebietes und des Gebrauches beschränkt werden (vgl. *Glickmann,* Band 1, § 8A.02[2]). Der Franchisegeber verstößt jedoch gegen Antitrustrecht, wenn er hierbei versucht, seinem Lizenznehmer unangemessene Beschränkungen aufzuerlegen, die für die wirtschaftliche Verwertung des Patentes nicht notwendig (reasonable) sind. Das Schutzrecht, das aus dem eingetragenen Patent resultiert, ist zeitlich begrenzt (17 Jahre). Diese Beschränkung wirkt sich freilich auch auf die übertragene Patentlizenz aus (vgl. *Glickmann,* Band 1, § 3 A.03). Die Verletzung des Patents kann nur durch Erhebung einer Klage innerhalb von sechs Jahren nach der Verletzung geltend gemacht werden. Aus diesem Grunde wird in den Franchiseverträgen die Verpflichtung des Franchisenehmers aufgenommen, den Franchisegeber von allen ihm bekannt werdenden Patentverletzungen unverzüglich zu unterrichten.

16. Lizenz zum Gebrauch von Geschäftsgeheimnissen. (1) Werbestrategische Gesichtspunkte. Für manche Erfindungen empfiehlt sich der Patentschutz nicht, da der Franchisegeber in diesem Fall seine Erfindung vollumfänglich offenzulegen hat. Erfinder können daher nicht sowohl ein Patent beantragen als auch gleichzeitig versuchen, bestimmte wichtige Einzelheiten ihrer Erfindung geheimzuhalten. Der Erfinder muß sich deshalb entscheiden, ob er den Schutz für seine Erfindung nach dem Patentrecht bewerkstelligen möchte oder ob er die wesentlichen Elemente seiner Erfindung als Betriebsgeheimnis *(trade secrets)* schützen will. Manche Produkte lassen sich aus wettbewerbstaktischen Gründen nur in Form eines Betriebsgeheimnisses schützen. Als ein berühmtes Beispiel für ein Produkt, das als Betriebsgeheimnis im Rahmen des Franchising geschützt ist, gilt die Zusammensetzung des bei der Herstellung von Coca-Cola verwendeten Sirups (*Schurtmann/Detjen,* S. 187). Im übrigen sind technische Betriebsgeheimnisse oftmals unterhalb der für einen Patentschutz erforderlichen Erfindungshöhe angesiedelt und nicht schutzfähig. Nicht-technische, insbesondere kommerzielle oder organisatorische Betriebsgeheimnisse sind ohnehin nicht patentrechtlich schutzfähig. Hier kommt nur ein Schutz des Betriebsgeheimnisses als solches in Betracht.
(2) Umfang des Schutzes. Der Schutz von Betriebsgeheimnissen *(trade secrets)* erfolgt zum einen nach *Common Law* und zum anderen nach Maßgabe einzelstaatlicher Trade

Secrets Acts, die den Formulierungen des *Uniform Trade Secret Act* folgen, welcher in § 1 (4) den Begriff des trade secret wie folgt definiert:
Information, including formula, pattern, compilation programm, device, method, technique, or process that:

(a) Derives independent economic value, actual or potential, from not being generally known to, and not being readily ascertainable by proper means by, other persons who can obtain economic value from its disclosure or use and

(b) Is the subject of efforts that are reasonable under the circumstances to maintain its secrecy.

Bei Betriebs- und Geschäftsgeheimnissen handelt es sich also um Erfahrungswissen technischer oder wirtschaftlicher Art, das vom Inhaber dazu bestimmt ist, geheimgehalten zu werden. Beim Franchising kommen hierfür vor allem Handbücher, Kundenlisten, Computerprogramme, Formeln, technisches und betriebliches Know-how, Liefer- und Bezugsquellen sowie die Vertriebsmethoden des Franchisegebers in Frage (*Great Expectation Franchise Corp. v. V.L.P. Enterprise*, Inc., Bus. Fran. Guide (CCH) DC Cal. § 111, 434). Denn diese Mittel werden im Franchisesystem eingesetzt, um dem Unternehmen einen Wettbewerbsvorteil vor der Konkurrenz zu sichern, die die Betriebsgeheimnisse nicht kennt oder nicht verwendet (*Schurtmann/Detjen*, S. 195; *Aronson v. Quick Point Pencil Company*, 440 U.S. 257 [1979]). Der Inhaber des Betriebsgeheimnisses ist vor unbefugter Weitergabe respektive unbefugter Verwendung von Betriebs- und Geschäftsgeheimnissen rechtlich geschützt (*W.R. Grace & Co. v. Hargadine*, 392 F. 2d 9 [6th Cir 1968]; *Structural Dynamics Research Corp. v. Engineering Mechanics Research Corp.*, 401 F. Supp 1102, 110 [E.D. Mich. 1975]). Der Schutz währt so lange, wie es sich bei der Erfindung um ein Geheimnis handelt (*Taco Cabana Intenational, Inc. v. Two Pesos, Inc.*, 932 F. 2d 1113 [9th Cir 1991]). Der Franchisegeber genießt demnach die rechtmäßig erlangte Monopolstellung, bis seine Konkurrenten auf rechtmäßigem Wege die entscheidenden Einzelheiten des Betriebsgeheimnisses aufgedeckt haben (*Big o Tires, Inc. v. Granada Enterprises Corp.*, Bus. Fran. Guide (CCH) D.C. Cal. § 11, 607).

(3) **Flankierende Vertragsmaßnahmen.** Der Schutz des Betriebsgeheimnisses kann durch flankierende Vertragsmaßnahmen abgesichert werden. Hierzu dient zum einen die Vertraulichkeitsklausel und zum anderen die Konkurrenzschutzklausel (vgl. Anmerkung Nr. 68–70). Vom Franchisegeber als Inhaber der Geschäfts- oder Betriebsgeheimnisse wird allerdings verlangt, daß er dem Franchisenehmer, dem er solche Geheimnisse anvertraut hat, auch ausdrücklich mitteilt, daß es sich um Geschäfts- oder Betriebsgeheimnisse handelt (*Treumann/Peltzer/Kuehn*, S. 350). Der Franchisegeber sollte daher routinemäßig alle vertraulich zu behandelnden Unterlagen mit dem Stempelaufdruck *confidential* versehen, ehe sie dem Franchisenehmer überlassen werden (*Schurtmann/ Detjen*, S. 189).

17. Handelsname. Unter dem *trade name* eines Franchisesystems versteht man die meist schlagwortartige Bezeichnung des Systems in seiner Gesamtheit, das heißt den Namen, unter welchem das System und die franchisierten Betriebe in der Öffentlichkeit auftreten. Der Handelsname garantiert das einheitliche Auftreten am Markt. Er fördert die Erweiterung des Goodwill des Franchisesystems im ganzen. Der trade name genießt urheberrechtlichen und gegebenenfalls auch markenrechtlichen Schutz. Beschränkungen des Franchisenehmers zum Schutz des trade names z.B. durch Informationspflichten werden als kartellrechtlich zulässig erachtet.

18. Pflichten des Franchisenehmers. (1) Stellung im Vertrag. Die Klauseln zu den Pflichten des Franchisenehmers bilden hier einen weiteren Hauptteil des Franchisevertrages nach der Einräumung der Franchise durch den Franchisegeber (Anmerkung Nr. 1 zum Vertragsaufbau). Sie werden den Klauseln zu den Pflichten des Franchisegebers, die als dritter Hauptteil folgen, vorangestellt. Denkbar ist freilich auch eine umgekehrte Reihenfolge, die den bisweilen erwünschten vertragsstrategischen Vorteil hat, daß dem Franchisenehmer die Pflichten des Franchisegebers als vorrangig und prägend für das Vertragsverhältnis erscheinen. Richtiger Ansicht nach sind es allerdings weniger die lizenzvertraglichen Pflichten des Franchisegebers als die Absatzförderungspflichten und Interessenwahrungspflichten des Franchisenehmers, die das Rechts- und Pflichtengefüge eines Franchisevertrages dominieren (vgl. dazu ausführlich *Martinek,* in: *Martinek/Semler* (Hrsg.), Handbuch des Vertriebsrecht, 1996. §§ 1 bis 4 sowie 18 bis 21).

(2) **Formulierungsanforderungen an den Kautelarjuristen.** Bei der Konzeption von Franchiseverträgen für den U.S.-amerikanischen Rechtsraum ist es besonders wichtig, daß die Pflichten und Obliegenheiten des Franchisenehmers detailliert aufgeführt und beschrieben werden, da in der Regel keines der U.S.-amerikanischen Gerichte durch Heranziehung einer sinngemäßen Auslegung von Rechtsvorschriften dem Franchisenehmer wesentliche Pflichten auferlegen wird, die über die allgemeine Verpflichtung hinausgehen, sich angemessen um die Interessen des Unternehmers zu bemühen (*Schurtmann/Detjen,* S. 83). Das Verständnis des Begriffs der angemesseneren Bemühungen (reasonable efforts) kann dabei erheblich von der Vorstellung des Franchisegebers differieren.

19. Anerkennung des Franchisegebers als Inhaber des gewerblichen Eigentums. Es ist zu empfehlen, in den Franchisevertrag eine Klausel aufzunehmen, in der der Franchisenehmer ausdrücklich erklärt, daß der Franchisegeber Inhaber der Immaterialgüterrechte ist, unter dem die Franchiseprodukte bzw. Franchisedienstleistungen angeboten werden. Dies ist vor allem von Bedeutung, weil anläßlich einer Vertragsbeendigung Meinungsverschiedenheiten zwischen den Parteien entstehen könnten, wer eigentlich der Inhaber von Immaterialgüterrechten ist (*Vandenburgh,* § 7.32; *Schurtmann/Detjen,* S. 175).

20. Schutz des gewerblichen Eigentums des Franchisegebers/Informationspflichten. Dem Franchisegeber obliegt es, Immaterialgüterrechtsverletzungen durch Dritte abzuwehren. Versäumt der Franchisegeber über einen längeren Zeitraum hinweg, für einen entsprechenden Schutz zu sorgen, läuft er Gefahr, seinen Markenrechtsanspruch auf Unterlassung wegen Verwirkung zu verlieren (Carl Zeiss Stiftung v. V.E.B. Carl Zeiss, Jena, 293 F. Supp. 892, 917 [S.D.N.Y. 1968], aff'd 433 F. 2d 686 [2d Cir. 1970], cert. den., 403 U.S. 905 [1971]; *Schurtmann/Detjen,* S. 175; *Glickmann,* Band 2, § 13.3[3]). Dies erfordert eine ständige Überwachung auf mögliche Rechtsverletzungen durch Dritte. Vielfach lassen sich Franchisegeber deshalb vom Franchisenehmer zusichern, daß sie unverzüglich von jeder Verletzung eines Schutzrechts in Kenntnis gesetzt werden. Derartige Klauseln werden als kartellrechtlich zulässige Vertragsklauseln verstanden, da sie dem Schutz des Systems und des Images dienen.

21. Gebietsbindungen. (1) Vertragliche Konzeptionen im Überblick. Franchiseverträge enthalten in aller Regel bestimmte geographische Beschränkungen *(territorial restrictions),* die den Franchisenehmer verpflichten, die mit der Franchise in Zusammenhang stehenden Waren oder Dienstleistungen nur innerhalb seines ihm zugewiesenen Vertragsgebietes zu vertreiben. Dabei kann der Gebietsschutz unterschiedlich ausgestaltet werden. Insbesondere kann der Standort der Verkaufsstelle vom Franchisegeber bestimmt werden (vgl. Anmerkung Nr. 22).

(2) **Rechtliche Beurteilung.** Die frühere Judikatur hielt ausweislich des *Arnold Schwinn*-Falles Gebietsschutzklauseln für *per se* illegal, wenn – wie im Bereich des Franchising üblich – das Eigentum *(title),* die Verfügungsgewalt *(dominium)* und das Risiko an der Ware auf den Franchisenehmer übergegangen ist (*United States v. Arnold, Schwinn & Co.,* 388 U.S. 365 [1967] = GRUR Int. 1967, S. 416). Der Hersteller durfte sich in diesem zum Produktfranchising entschiedenen Fall keine weiteren Rechte in

Form von Wiederverwendungsbeschränkungen *(restraints upon alienation)* vorbehalten. Diese strenge Linie wurde von der Judikatur allerdings aufgegeben. Die Zulässigkeit von Gebietsschutzklauseln wird nunmehr differenziert behandelt (vgl. ausführlich *Martinek*, Franchising, S. 517 ff., 514 ff.):

a) **Horizontale Vereinbarungen.** *Gebietsschutzklauseln,* die eine *Marktaufteilung auf horizontaler* Ebene darstellen, sind nach wie vor *per se* illegal (*Timken Roller Bearing Co. v. United States,* 341 U.S. 593, 71 S. Ct. 971, 95 L.Ed. 1199 [1951]; *United States v. Sealy,* 388 U.S. 350, 87 S. Ct. 1847 [1967]; *United States v. Topco Associates,* 405 U.S. 596 [1972], 32 L. Ed 2 d 515, 92 S. Ct. 1126). Eine Ausnahme hiervon wird lediglich für sogenannte *hybrid organisations* gemacht, bei denen es weniger auf die Unterscheidung horizontal-vertikal als auf die Unterscheidung zwischen intrabrand- und interbrand- Wettbewerb ankommen soll (*Krehl v. Baskin-Robbins Ice Cream Co.,* 78 F.R.D. 108 [C.D. Calif. 1979]).

b) **Vertikale Vereinbarungen.** *Vertikale Gebietsschutzklauseln* werden, sofern keine unzulässigen Preisabsprachen getroffen werden bzw. sofern sie nicht dazu dienen, ein gewisses Mindestpreisniveau aufrechtzuerhalten, nach Maßgabe der *rule of reason* beurteilt (*Superior Bedding Company v. Serta Associates, Inc.,* 353 F. Supp. 1143 [1972]; *GTE Silvania v. Continental T.V. Inc.,* 537 F. 2 d 980 [9th Cir. 1976]; *Cernuto, Inc., v. United Cabinet Corporation,* 595 F. 2 d 164 [3c Cir. 1979]). Danach sind Gebietsschutzklauseln im wesentlichen zulässig, wenn sie zwar den intrabrand-Wettbewerb reduzieren, dies aber zu einer Verstärkung des interbrand-Wettbewerbs führt. Voraussetzung hierfür ist wiederum, daß der Franchisegeber lediglich über einen Marktanteil verfügt, der einen funktionsfähigen interbrand-Wettbewerb überhaupt zuläßt. Dies bedeutet im Kern, daß auf seinem Markt kein enges Oligopol oder gar Monopol bestehen darf.

c) **Rechtslage zu absoluten Gebietsschutzklauseln.** Die Gewährung *absoluten Gebietsschutzes* – die strengste Form einer Gebietsbindung – wird mehrheitlich für unzulässig *(unreasonable restraint)* erachtet (vgl. *La Fortune v. Ebie,* 26 Cal. App. 3d 72 [Cal. App. 1972] – wegen eines Verstoßes gegen *State's Cartright Act,* Business & Professions Code § 16600 et seq.; *Coca Cola Co. et al., FTC Opinion* Doc. No. 8855 [April 25, 1978] – wegen eines Verstoßes gegen Section 5 FTC – Act] Absoluter Gebietsschutz bedeutet, daß es jedem Franchisenehmer nach dem Franchisevertrag verboten ist, an solche Abnehmer zu verkaufen, die nicht innerhalb seines Vertragsgebietes ansässig sind oder dort keine Geschäftsniederlassung haben. Hier hat jeder Franchisenehmer in seinem Vertragsgebiet eine Monopolstellung, die von den anderen Franchisenehmern der Nachbarbezirke zu respektieren ist, was unter Umständen durch Vertragsstrafen oder Gewinnabführungsvereinbarungen *(profit pass-over clauses)* gerne abgesichert wird, aber wie beschrieben unzulässig ist. Eine solche Vereinbarung darf nach heutigem Recht nicht in den Franchisevertrag aufgenommen werden.

d) **Marktverantwortungsbereiche.** Das vorliegende Vertragsformular enthält ein *area of prime responsibility agreement*. Eine solche Vereinbarung von Marktverantwortungsbereichen wird ganz überwiegend als zulässig betrachtet (*United States v. Philco Corp.,* 1956, Trad. Cas. § 68409 [E.D.Pa.]; *Colorado Pump and Supply Co. v. Febco, Inc.,* 472 F. 2 d 637 [10th Cir. 1973], cert. den. 93 S. Ct., 2274 [1973]). Danach ist der Franchisenehmer verpflichtet, in seinem Vertragsgebiet den Verkauf der Franchiseprodukte bzw. der Franchisedienstleistungen angemessen zu fördern. Tut er dies nicht, kann der Franchisegeber den Vertrag aufkündigen (*United States v. Topco Associates, Inc.,* 1973 Trad. Cas., § 74, 391; 74, 485 [N.D. Ill.]). Der Franchisenehmer soll sich auf den Wettbewerb mit anderen Marken innerhalb seines Vertragsgebietes konzentrieren (*Enghusen*, S. 28). Dem Franchisenehmer wird die Verantwortung für sein Absatzgebiet übertragen, ohne daß er daran gehindert ist, auch außerhalb dieses Gebietes seine Leistungen abzusetzen (*Thompson*, S. 64), wenn er dort auch nicht aktiv werben darf. Diese Vereinbarung ist meist mit einem *zone of influence agreement* gekoppelt, die es dem Franchisenehmer verbietet, außerhalb seines Einflußgebietes eine weitere Verkaufsstelle zu eröffnen (*Enghusen*, S. 28). Häufig wird versucht, Gebietsbindungen mittelbar dadurch Nachdruck zu verleihen, daß dem Franchisenehmer, der außerhalb seines Zuständigkeitsbereiches tätig wird, eine Ausgleichszahlung *(profit pass-over)* auferlegt wird, die bei grenzüberschreitender Verkaufstätigkeit an den für das jeweilige Gebiet zuständigen Franchisenehmer zu zahlen ist (*Martinek*, Moderne Vertragstypen, Band 2, S. 172). Dies ist jedoch nur sehr eingeschränkt zulässig, soweit damit lediglich ein Ausgleich für den fremden Akquisitionsaufwand verfolgt wird und eine unbillige Ausnutzung fremder Marketinganstrengungen vermieden werden soll. Wird die *pass-over* so hoch bemessen, daß sie bis zur vollen Händlerspanne geht, kommt sie einer absoluten Gebietsbindung gleich und kann keinesfalls mehr als *reasonable* eingestuft werden (*Enghusen*, S. 47).

22. Standortklauseln. Standortklauseln *(location clauses)* sind eine besondere Form von Gebietsbindungen. Sie werden als eine Form der vertikalen Wettbewerbsbeschränkung seit der *Silvania*-Entscheidung (*GTE Silvania v. Continental T. V. Inc.*, 537 F. 2d 980 [9th Cir. 1976]) ebenfalls nach den Anforderungen der *rule of reason* beurteilt und weitgehend für rechtmäßig erachtet (*Glickmann*, Band 1, § 4.03 [2][d]; vgl. Anmerkung Nr. 21 zu den Gebietsbindungen). Der Franchisegeber wird sich, je nach Art des Franchisegeschäftes, zumindest ein gewisses Mitspracherecht bei der Auswahl der Lage der Betriebsstätte ausbedingen. Denkbar ist auch eine Klausel, in der der Franchisegeber dem Franchisenehmer zwar die freie Wahl des Standortes beläßt, sich aber dafür ein Vetorecht vorbehält und dieses davon abhängig macht, ob die vom Franchisevertrag geforderten Erfordernisse an Größe und Erscheinung vom Franchisenehmer beachtet wurden. Oftmals wird der Grundbesitz vom Franchisegeber erworben und dem Franchisenehmer zum Betrieb seines Franchisegeschäftes vermietet. Diskutiert wurde in diesem Zusammenhang, ob ein unzulässiges Koppelungsgeschäft vorliege (zu Koppelungsverträgen vgl. Anmerkung Nr. 6). Nach einer Entscheidung des U.S. Court of Appeals dürfte diese Frage nun geklärt sein (vgl. *Principe v. Mc. Donalds Corp.*, U.S. Court of Appeals, Fourth Circuit, vom 26.9. 1980, 1980–2 Trad. Cas., § 63, 556). Hier wurde entschieden, daß Mietvertrag und Franchisevertrag Bestandteil eines umfassenden Franchisepakets sind und somit keine unzulässige Koppelung vorliegt (vgl. auch *Born*, S. 213–218). Darüber hinaus wurde inzwischen erkannt, daß Geschäftsstellen- und Gebietsschutzklauseln generell geeignet sind, die Franchisenehmer gegen einen exzessiven Intrabrand-Wettbewerb zu schützen. Dies kommt auch dem Interesse des Franchisegebers zugute, weitere Franchisen zusätzlich an andere Händler zu veräußern. Bleibt der Erfolg aus, so kann dies in vielen Fällen auch auf einer unzureichenden oder aber auch unglücklichen Standortwahl beruhen. Von seiten der Franchisenehmer werden vielfach Fahrlässigkeitsklagen gegen den Franchisegeber erhoben. Die Klagen haben jedoch möglicherweise wenig Aussicht auf Erfolg, wenn der Franchisegeber im Franchisevertrag eine Haftungsfreistellung derart einfügt, daß mit der Zustimmung zu einem bestimmten Standort oder dem Abschluß des Franchisevertrags keine Umsatzvolumina garantiert sind *(not incure any liabilty for approving or disapproving the site)*. Der US-Richter fühlt sich hier traditionell an den Wortlaut des Vertrags gebunden. Gerade in Fragen der Standortwahl sollte der Franchisenehmer zum eigenen Schutze darauf achten, daß schriftlich die Verpflichtung und die Reichweite der Rechtswirkungen einer vom Franchisegeber durchgeführten Markt/Standortanalyse in den Franchisevertrag aufgenommen wird (vgl. *Flynn v. Roaster*, Ltd., DC GA. Bus. Fran. Guide, § 10, 875).

23. Anmietung von Geschäftsräumlichkeiten durch den Franchisenehmer. Das vorliegende Vertragsformular sieht vor, daß der für die Geschäftsräumlichkeiten notwendige Grundbesitz vom Franchisenehmer angemietet wird, und zwar nicht vom Franchisegeber als Vermieter und Eigentümer der Geschäftsräumlichkeiten, sondern von einem Dritten als Vermieter. Dadurch wird das Kostenrisiko auf den Franchisenehmer übertragen. Dies ist eine weitverbreitete Gestaltungsform, bei der sich freilich der Franchisegeber meist gewisse Einflußmöglichkeiten auf das Mietverhältnis zwischen dem Franchisenehmer und dem Dritten (Vermieter) ausbedingt. Hieraus ergibt sich für den Franchisegeber gegenüber einer eigenen Beschaffung und Vermietung von Geschäftsräumen zwar ein anfänglicher Kostenvorteil, doch kann die Fremdanmietung von Geschäftsräumen Probleme aufwerfen, wenn das Franchiseverhältnis bei fortbestehendem Mietvertrag beendet wird. Dann kann der Ex-Franchisenehmer den Standort für andere Geschäftstätigkeiten ausnutzen und dem Franchisegeber unter Umständen eine entwickelte Klientel und Goodwill entziehen. Um sich den von dritter Seite angemieteten Standort auch nach Beendigung des Franchiseverhältnisses zu sichern, werden daher in den Franchisevertrag oft Regelungen aufgenommen, denen zufolge der Franchisenehmer zum Abschluß nur eines solchen Mietvertrages verpflichtet wird, in dem der Franchisenehmer und der Vermieter dem Franchisegeber für den Fall der Beendigung des Franchiseverhältnisses eine Option zur Übernahme des Mietvertrages gewähren. Zum Schutz des Images des Franchisesystems wird der Franchisenehmer weiterhin verpflichtet, im Mietvertrag mit seinem Vermieter dem Franchisegeber die Möglichkeit zu verschaffen, eventuelles Fehlverhalten des Franchisenehmers selbständig zu korrigieren. Diese Klauseln sind von der Judikatur, soweit ersichtlich, nicht beanstandet worden. Es wird hier mehrheitlich die Auffassung vertreten, daß es dem Franchisegeber ermöglicht werden müsse, seinen Goodwill zu schützen, der an die Franchisemarke gebunden sei (*Snelling and Snelling Inc. v. Martin*, Bus. Fran. Guide (CCH) 3 11,84 [N. d. Cal. vom 28. 1. 1998]; *Dunkin' Donuts, Inc. v. Trpko Taseki*, Bus. Fran. Guide (CCH) § 11,375 [E. D. Mich. vom 5. 2. 1998]; *Dunkin' Donuts, Inc. v. Dowco, Inc.* Bus. Fran. Guide (CCH) § 11,374 [N. D. N. Y. vom 31. 3. 1998]; *Dunkin' Donuts of America v. Middletown Donut Corp.* 495 A.2 d at 66). Vielfach tritt auch eine Tochterfirma des Franchisegebers auf, die den Mietvertrag mit dem Franchisenehmer als *sublease agreement* abschließt. Es werden dann sog. *cross-default*-Klauseln eingebaut, wonach das Mietverhältnis beendet werden kann, wenn der Franchisenehmer gegen Verpflichtungen des Franchisevertrags verstößt. Diese Klauseln werden von der Judikatur für zulässig erachtet (*We Care Hair Development, Inc. v. Engen*, Bus. Franchise Guide (CCH), § 11, 646 [7th Cir. vom 11. 6. 1999]). Zulässig ist aber auch, daß der Franchisegeber selbst als Vermieter der Geschäftsräumlichkeiten auftritt. Diese Konstellation wird nicht als verbotenes Koppelungsgeschäft betrachtet. Zu beachten ist jedoch, daß die Beendigung des Mietvertrags dann unter den Einschränkungen der *termination and non renewal laws* steht, wenn das Franchisegeschäft sich in einem Staat mit derartigen den Franchisenehmer schützenden Gesetzen befindet (z.B. in *Hawaii, Arkansas, Nebraska u. New Jersey*) (instruktiv hierzu *Becker/Boxman*, Fran. Law Journal, Fall 1999, S. 70).

24. Ausstattung der Geschäftsräumlichkeiten. Um die Einheitlichkeit des Erscheinungsbildes des Franchisesystems zu wahren, wird der Franchisenehmer in der Regel verpflichtet, das Franchisegeschäft gemäß den Richtlinien des Franchisesystems auszustatten und einzurichten, die gegebenenfalls im mitgelieferten Handbuch detailliert niedergelegt sind. Den Parteien stehen auch hier verschiedene Regelungsmöglichkeiten zur Verfügung. Das Ausstattungsmaterial kann vom Franchisegeber an den Franchisenehmer vermietet bzw. verpachtet werden. Dies hat für den Franchisegeber den Vorteil, daß er im Falle der Vertragsbeendigung die Kontrolle über das Ausstattungsmaterial behält und vor einem Zugriff Dritter (z.B. Gläubigern des Franchisenehmers) geschützt ist. Die Vermietungsvereinbarungen können, müssen aber nicht, in einem separaten Nebenvertrag ausgehandelt werden. Sofern diesbezüglich wettbewerbsrechtliche Bedenken im Hinblick auf eine unzulässigen Koppelungsabrede geäußert werden, kann auf das Urteil des *U.S. Court of Appeals* aus dem Jahre 1980 verwiesen werden, wonach der Mietvertrag und der Franchisevertrag als Bestandteile einer einheitlichen Leistung des Franchisegebers, des Franchisepakets, betrachtet werden (vgl. hierzu *Principe v. McDonalds Corp., U.S. Court of Appeals,* Fourth Circuit, vom 26. 9. 1980, 1980–2 Trad. Cas., § 63, 556). Schließlich kann der Franchisevertrag auch vorsehen, daß der Franchisenehmer das Geschäftslokal auf Empfehlung bzw. Vorschlag des Franchisegebers von einem Dritten kaufen oder mieten bzw. pachten soll. Solche Koppelungsverträge wurden zwar zunächst als per se unzulässige *Ty-in* Sales angesehen. Die Rechtsprechung hat aber inzwischen dem Umstand Rechnung getragen, daß die Franchisenehmer selbst vielfach das komplette Geschäftslokal *(equipment)* als einen Teil der Franchisevereinbarung wünschen oder gar erwarten, und diese Vereinbarung als wettbewerbsrechtlich zulässig erachtet (vgl. *Ungar v. Dunkin Donats of America Inc.,* 1976–1 Trad.Cas., § 60, 763 [3rd Cir.], cert. den. U.S. Sup. Ct. [Oct. 16, 1976]). Die Verpflichtung, das Equipment vom Franchisegeber oder von einem von diesem empfohlenen Dritten zu kaufen bzw. zu mieten, wird darüber hinaus für gerechtfertigt erachtet, wenn der Franchisegeber einen stichhaltigen geschäftlichen Grund hierfür hat (vgl. hierfür *Engbrecht v. Dairy Queen Co.,* 203 F. Supp. 714, Cas. 1962).

25. Eröffnungsdatum. Es gibt mehrere Gründe, warum das Eröffnungsdatum für das Franchisegeschäft spezifiziert werden sollte. Zum einen dient dies als Richtpunkt für alle Vorbereitungshandlungen, wie z.B. Werbung, Kapitalbeschaffung, Einrichtung etc. und sichert einen effektiven Start des Franchisevorhabens. Zum anderen dient es der Absicherung von Vertragsklauseln, die die vorzeitige Beendigung des Franchisevertrages vorsehen, falls das Franchiseunternehmen nicht innerhalb einer bestimmten Frist den Betrieb des Franchisegeschäfts aufnimmt. Diese Frist beginnt dann ab dem vertraglich festgelegten Eröffnungsdatum zu laufen. Relevant ist dieser Zeitpunkt damit auch für eventuelle Schadensersatzansprüche des Franchisenehmers oder des Franchisegebers bei Verstoß gegen vertragliche Pflichten bis zum Zeitpunkt der Geschäftseröffnung.

26. Befolgung der Franchisemethode und Mindeststandard des Franchisebetriebes. Zu den wichtigsten Zielen des Franchisegebers gehört, daß jeder Franchisenehmer das Image des Franchisesystems wahrt, verbessert und gegenüber den Verbrauchern, künftigen, neuen Franchisenehmern und Lieferanten tadellos präsentiert. Hierfür wird ein gewisser Mindeststandard erwartet, der sich an dem vom Franchisegeber entwickelten Betriebstyp orientiert. Unterstützt wird diese Betriebstypenfixierung durch die Handbücher, durch die periodisch erscheinenden Informationsschriften und Zeitschriften für die Franchisenehmer des Systems und durch Seminarveranstaltungen. Die Betriebstypenfixierung ist für die Reputation und für die marketingtechnische Kernfähigkeit des Franchisesystems von essentieller Bedeutung. Abhängig von der jeweiligen Konzeption des Franchisesystems können daher vom Franchisenehmer eine adäquate Höhe des Anfangskapitals, eine bestimmte Ausstattung, Einrichtung und Unterhaltung des Geschäftsgebäudes sowie das laufende Angebot eines bestimmten Mindestwarenbestands gefordert werden. Für die Sicherung des von den Systemkunden in jedem Franchisegeschäft erwarteten Mindestwarenbestandes werden in vielen Branchen vom Franchisegeber computerisierte Warenbestandskontrollen angeboten. Außerdem kann der Franchisenehmer zum Gebrauch standardisierter Verkaufs- und Auftragsformulare und anderer Materialien, die die Marken und Logos des Franchisegebers tragen, verpflichtet werden. Sofern wettbewerbsrechtliche Einwände wegen einer unzulässigen Koppelung erhoben werden (vgl. hierzu *Seagel v. Chicken Delight, Inc.,* 448 F. 2d 43 [9th Cir., 1971]), muß der Franchisegeber darlegen, daß die Verwendung dieser Materialien und Formulare der Einheitlichkeit des Franchisesystems dient und weder auf die Aufrechterhaltung irgendeines Preisniveaus noch auf die Schaffung einer Monopolstellung abzielt. Der Verstoß gegen die in den Handbüchern festgelegten Systemstandards berechtigt den Franchisegeber zur Kündigung des Vertragsverhältnisses (*Mc Donalds Corp. v. Robertson,* Bus. Fran. Guide (CCH) CA-11 § 11, 457).

27. Zahlungsverpflichtungen. (1) Vertragsautonomie der Parteien/vorvertragliche Offenlegungspflichten. Die Regelung der Zahlungsverpflichtungen unterliegt prinzipiell der Privatautonomie der Vertragsparteien. Die Gestaltung der Zahlungsverpflichtungen ist daher in den Franchiseverträgen unterschiedlich formuliert, wenn sich auch in der Franchisepraxis gewisse Usancen durchgesetzt haben. Die Gebühren können verschiedene Aspekte erfassen. Sie können zum einen als kommerzialisierte Gegenleistung für die Gestattung des Eintritts in das Franchisesystem, des Betriebs des Geschäfts mit den geschützten Rechten aus den Lizenzen sowie für besondere zusätzliche Dienstleistungen des Franchisegebers erhoben werden. Sowohl die *FTC-Disclosure Rules*, das *UFOC* als auch die verschiedenen einzelstaatlichen Offenlegungsgesetze verlangen hierbei, daß der Franchisegeber alle Gebühren und Kosten beschreibt und auflistet, die an ihn vom Franchisenehmer zu entrichten sind (vgl. hierzu Anmerkung Nr. 3 zu Aufklärungspflichten).

(2) **Diskriminierungsverbot.** a) Die Preisgestaltungsfreiheit des Franchisegebers gegenüber seinen Franchisenehmern ist allerdings insoweit eingeschränkt, als er diese nicht ohne sachlich gerechtfertigten Grund unterschiedlich behandeln darf. Für Güter oder Dienstleistungen gleicher Art und Qualität dürfen im Grundsatz den Franchisenehmern sowie auch (bei mehrgleisigem Vertrieb) anderen Absatzmittlern, die keine Franchisenehmer sind, keine unterschiedlichen Preise berechnet werden, da eine derartige Preisdifferenzierung zu unerwünschten Wettbewerbsverzerrungen führen könnte (*Schurtmann/Detjen*, S. 73). Für den Bereich des Warenverkaufs ergibt sich dies aus den Vorschriften des *Robinson-Patman Act* (Ch. 592, 49 Stat. 1526, 15 U.S.C. §§ 13, 13a, 13b, 21A). Werden keine Waren, sondern Serviceleistungen vom Franchisegeber angeboten, kann eine unterschiedliche Behandlung der Franchisenehmer gegen die Vorschriften der §§ 1 und 3 des *Sherman Act* bzw. gegen § 5 *FTC-Act* verstoßen (vgl. *Behr*, S. 89). Wo eine einzelstaatliche Regelung des Preisdiskriminierungsverbots besteht, gehen diese Vorschriften dem *Robinson-Patman Act* vor (*Gyott Co. v. Texaco, Inc.*, 261 F. Supp. 947 [1966]). Das Diskriminierungsverbot gilt auch für Vermittlungs-, Verkaufsförderungs- und Werbezuschüsse oder -leistungen, die in unterschiedlicher Weise den konkurrierenden Absatzmittlern zugestanden werden (*Schurtmann/Detjen*, S. 79).

b) Preisdifferenzierungen sind freilich nicht schlechthin unzulässig. Der *Robinson-Patman Act* sieht vielmehr insoweit eine Vielzahl von Ausnahmen vor. Voraussetzung einer unzulässigen Preisdiskriminierung ist stets, daß eine spürbare wettbewerbsschädliche Auswirkung vorliegt (*FTC v. Anheuser-Busch, Inc.*, 363 U.S. 542, 80 S. Ct. 1267 [1960]; *Crest Auto Supplies, Inc. v. Ero Mfg. Co.*, 360 F. 2d 896 [7th Cir. 1966]; *Bounty v. Shell Oil Co.*, 1972 Trade Cas. § 74, 252 [Nev. 1972]. Zulässig sind natürlich verbilligte Lieferungen des Franchisegebers an eigene Filialen (*Glickmann*, Band 1, § 4.03[6][b] m. N. auf *Eximco, Inc. v. Trane Co.*, 731 F. 2d 505 [5th Cir. 1984]). Eine Preisdifferenzierung ist weiterhin gestattet, wenn sie sich aufgrund unterschiedlicher Abnahmemengen oder unterschiedlicher Belieferungsmethoden ergibt (*Glickmann*, Band 1, § 4.03[6][a]; *Schurtmann/Detjen*, S. 79).

28. Eintrittsgebühr. Bei der entry fee oder initial fee handelt es sich um eine einmalig erhobene Gebühr für den Eintritt in das Franchisesystem, für die Übertragung der Franchise und für die damit verbundene Lizenzierung des geistigen Eigentums des Franchisegebers. Die Höhe der Eintrittsgebühr kann für den jeweiligen Franchisenehmer unterschiedlich ausgestaltet werden, soweit die Preisdifferenzierung sachlich legitimiert ist. Sachlich gerechtfertigter Grund hierfür kann die jeweilige Reichweite des Gebiets- oder Produktschutzes sein. Werden von den Franchisenehmern unterschiedliche Eintrittsgebühren erhoben, so muß dies im *UFOC* aufgeschlüsselt dargestellt werden, und zwar verbunden mit einer Erklärung zur Berechnungsgrundlage für die verschiedenen Franchisegebühren (vgl. zu den Erfordernissen für die Vorbereitung einer *UFOC* Anmerkung Nr. 3). Eine besondere Rolle bei der Festsetzung der Eintrittsgebühr spielen freilich die

Kosten des Franchisegebers, die bei der Begründung eines neuen Franchiseverhältnisses anfallen (z.B. für Werbung, Beratung, Erwerb von Grundeigentum, Lieferung von Ausstattungsgegenständen, Bereitstellung von Trainingseinheiten usw.).

29. Laufende Gebühren. Neben der Eintrittsgebühr erhebt der Franchisegeber in aller Regel periodische Zahlungen, die gewöhnlich umsatzabhängig berechnet werden. Diese laufenden Gebühren *(royalties; continuing fees)* können unabhängig vom Bestehen eines Schutzrechts für Waren erhoben werden *(Ohio-Sealy Matress Mfg. Co. v. Sealy Inc.,* 1978-2 Trade Cas., § 62, 229 [7th Cir., 1978]; das Gericht hat in diesem Fall besonders betont, daß der Franchisegeber die royalties unabhängig von der Benutzung der eingetragenen Lizenzen erheben durfte). *Royalties* können damit auch als Gegenleistung *(consideration)* für sonstige Dienstleistungen des Franchisegebers (z.B. Beratung, Werbung etc.) erhoben werden *(Glickmann,* Band 1, § 4.03[4]). Die Erhebung von laufenden Franchisegebühren hängt somit nicht von dem Vorhandensein einer Lizenz ab, sondern dient als Entgelt für alle nicht gesondert abgerechneten Leistungen des Franchisegebers während der laufenden Franchisebeziehung; sie bildet eine Art Auffangtatbestand für alle Gebühren und Kosten, die nicht in der Eintrittsgebühr enthalten sind *(Int. Ref. Reg.* § 1.61-8 [a], 1543-1 [b] [3]).

30. Werbegebühren. Die Erhebung von Werbegebühren, die der Franchisenehmer anteilig für die vom Franchisegeber für alle Franchisenehmer organisierte Werbung als Werbebeitrag entrichten muß, erfordert eine entsprechende vertragliche Klausel. Das Franchiserecht von *Indiana* verbietet es beispielsweise, Werbegebühren *gegen den Willen* des Franchisenehmers zu erheben (vgl. *Indiana Deceptive Franchise Practices Act* § 23-2-2-7-1 [11]). Der Franchisegeber veranlaßt gewöhnlich die nationale bzw. übernationale Werbung, während die regionale bzw. lokale Werbung am Standort von den Franchisenehmern übernommen wird. Wird der Franchisenehmer zur Teilnahme an einem kooperativen Werbefeldzug verpflichtet, so ist bei der Erhebung der Werbegebühr darauf zu achten, daß alle Franchisenehmer den gleichen Preisbedingungen nach Maßgabe des *Robinson-Patman Act* unterliegen (vgl. *Ohio- Sealy Matress Mfg. Co. v. Sealy,* Inc., 1978 Trad. Cas., § 62, 299 [7th Cir., 1978]). Desgleichen sind Werbepläne zu vermeiden, die den Preiswettbewerb beeinträchtigen (*Mt. Vernon Sundat, Inc. v. Nissan Motor Corp. in U.S.A.* 1976-1 Trade Cas., § 60, 842 [I.V.a. 1975]).

31. Zahlungen für Lieferungen des Franchisegebers. (1) Zulässigkeit sogenannter *open price terms.* Der Preis der vom Franchisegeber an den Franchisenehmer zu liefernden Waren bzw. zu erbringenden Dienstleistungen braucht in der Regel im Franchisevertrag noch nicht angesprochen werden. Nur vereinzelt wird dieser Punkt im Sinne von Rahmenvereinbarungen vertraglich geregelt. Wenn sich die Parteien hierzu nicht äußern, gilt der jeweilige zum Zeitpunkt der Lieferungen oder Leistungen angemessene Preis (reasonable price) als stillschweigend vereinbart, es sei denn, daß ein gegenteiliger Parteiwille feststellbar ist, weil die Parteien z.B. noch keine Bindung ohne die Klärung der Preisfrage eingehen wollten. Für Warenverträge gilt insoweit der U.C.C. § 2-305(1), dessen Regelungen entsprechend auf Dienstleistungsverträge angewandt werden (*Schantz/Jackson,* S. 73). Die Parteien können die Preisfrage entweder offenlassen (U.C.C. § 2-305(1)(a)) oder die Bestimmung des Preises auf einen späteren Zeitpunkt verschieben. Zulässig ist auch die einseitige Bestimmung des Preises durch eine Partei oder durch einen Dritten. Wird die Bestimmung einer Partei überlassen, so besteht gemäß U.C.C. § 2-305(2) die Verpflichtung, dies nach Treu und Glauben zu tun *(good faith).*

(2) **Verbot der Preisdiskriminierung.** Der *Robinson-Patman Act* verbietet es dem Franchisegeber, seine Absatzmittler und Abnehmer von Waren hinsichtlich der Preisbedingungen dadurch zu diskriminieren, daß mehreren Abnehmern von Waren gleicher Art und Qualität während desselben Zeitraums unterschiedliche Preise berechnet wer-

5. U.S.-amerikanischer Franchisevertrag

den. Sowohl der Verkäufer, der den niedrigeren Preis berechnet, als auch der bevorzugte Käufer, der das Vorzugsangebot in Kenntnis von dessen Ungesetzlichkeit bewirkt, sind nach dem Gesetz verantwortlich. Dies versteht sich vor dem Hintergrund der Zielsetzung des *Robinson-Patman Act*, neben der Erhaltung des Wettbewerbs im allgemeinen auch die gerechte Behandlung der Wettbewerber selbst auf allen Wettbewerbsebenen sicherzustellen. Das Gesetz bezieht sich allerdings nur auf Kaufverträge und Warenkäufe. Dienstleistungen und der Austausch immaterieller Güter werden hiervon nicht erfaßt. Hingegen können Preisdiskriminierungen bei Dienstleistungen und immateriellen Gütern nach § 1 des *Sherman Act* oder nach § 5 des *FTC Act* angegriffen werden.

(3) **Eigentumssicherung bis zur vollständigen Bezahlung des Kaufpreises.** Dem U.S.-amerikanischen Recht ist ein mit dem deutschen Recht vergleichbares Institut des Eigentumsvorbehalts nicht bekannt (*Schurtmann/Detjen*, S. 149). Nach dem U.C.C. kann der Franchisegeber bzw. der von ihm designierte Lieferant sein Eigentum an den gelieferten Waren dadurch sichern, daß er ein Sicherungsrecht an diesen Waren bestellt und dieses registrieren läßt. Die Bestellung des Sicherungsrechts kann (fakultativ) bereits im Franchisevertrag erfolgen. Um den Vorrang des Sicherungsrechts gegenüber den Rechten anderer Gläubiger an den Warenbeständen zu sichern, muß eine sogenannte Finanzierungserklärung *(financing statement)* bei den zuständigen Behörden unter Verwendung eines bestimmten Formulars (U.C.C. – 1) eingereicht werden, wodurch alle übrigen Gläubiger als davon in Kenntnis gesetzt gelten, daß ein Sicherungsrecht des Franchisegebers bzw. des von ihm designierten Lieferanten an einem Teil der im Besitz des Franchisenehmers befindlichen Warenbestände und an den Erlösen aus ihnen besteht (*Matthews v. Arctic Tire, Inc.*, 262 A. 2d 831 [R.I. 1970]). Auch diese Erklärung muß bei der zuständigen Behörde des Staates registriert werden (*Secretary of State* in der jeweiligen Hauptstadt des Bundesstaates; zu den Einzelheiten dieses Verfahrens vgl. (*Schurtmann/Detjen*, S. 147ff. und *Schantz/Jackson*, S. 824–861).

32. **Berichterstattung.** Die Berichterstattungspflicht des Franchisenehmers spielt unter mehreren Gesichtspunkten eine bedeutende Rolle für jedes Franchisesystem. Zum einen stellt der Franchisenehmer für den Franchisegeber die Verbindungsstelle zum Markt und zu den Kunden dar. Der Franchisenehmer registriert als Distributor an vorderster Absatzfront die Entwicklung des Verbraucherverhaltens und sammelt dort wertvolle Erfahrungen, die der Franchisegeber für die Weiterentwicklung der Systemkonzeption nutzen will. Zum anderen dient die Berichterstattung auch der Kontrolle der Geschäftstätigkeit des Franchisenehmers. Aus beiden Gründen sind Berichte des Franchisenehmers etwa über die Entwicklung der Umsätze, des Kunden- und Wartungsdienstes sowie über die Lagerbestände etc. sehr wertvoll. In manchen Franchisesystemen bietet der Franchisegeber einen Computerservice an, der die geforderten Geschäftsberichte und Geschäftsdaten standardisiert und mit den Berichtsformen zugleich den Zahlungsmodus zwischen Franchisegeber und Franchisenehmer erleichtert. Hierzu wurde die Frage aufgeworfen, ob die Verpflichtung des Franchisenehmers, die computerisierte Buchhaltung zu benutzen, eine kartellrechtliche unzulässige Koppelung darstellt (vgl. *Green v. General Foods Corp.* 1975-2 Trad.Cas. 60,444 [5th Cir. 1975]; *Bender v. Southland Corp.*, 1983-2 Trad.Cas., 65, 479 I. Mich. [1983]). Nach heutiger Auffassung dürfte die computerisierte Berichterstattung nicht als unzulässige Koppelung, sondern als Bestandteil des *franchise package* anzusehen und somit für zulässig zu erachten sein. Denkbar ist allerdings, daß die computerisierte Abrechnung überhaupt nur für bestimmte, vom Franchisegeber vorgegebene Preise funktioniert. Eine solche Praxis würde zu einer rechtswidrigen indirekten Preisbindung des Franchisenehmers *(price fixing)* führen (vgl. hierzu Anmerkung Nr. 6).

33. **Besteinsatzverpflichtung.** Selbst ohne eine entsprechende Bestimmung im Franchisevertrag ist der Franchisenehmer verpflichtet, sich zumindest in angemessener Weise

um den Absatz der Produkte des Franchisegebers zu bemühen (*Wood v. Lucy, Lady Duff-Gordon,* 222 N.Y. 88, 118 N.E. 214 [1917]). Eine vertragliche Fixierung einer Verpflichtung, sich in bester Weise und mit vollem Einsatz für das Systemprodukt einzusetzen, ist aber dennoch notwendig, da die Auffassungen über die Frage der Angemessenheit der Absatzförderung naturgemäß variieren können (vgl. hierzu *Schurtmann/ Detjen,* S. 83). Oft werden nicht nur Besteinsatzklauseln, sondern auch Mindestumsatzverpflichtungen (vgl. hierzu Anmerkung Nr. 36) in den Franchisevertrag aufgenommen. Das Besteinsatzgebot, das sich letztlich als Konkretisierung der allgemeinen Absatzförderungs- und Interessenwahrungspflicht des Franchisenehmers versteht, ergänzt und erweitert die Klausel zum system- und methodenkonformen Verhalten. Während die Verpflichtung zu system- und methodenkonformem Verhalten ihren Schwerpunkt im objektiven Bereich des Systemstandards hat, betont die Besteinsatzverpflichtung mehr die subjektive Seite der akquisitorischen Anstrengungen des Franchisenehmers. Die Konkretisierung der Besteinsatzverpflichtung kann in verschiedener Weise erfolgen. Insbesondere ist der Franchisegeber frei, diejenigen Verhaltensweisen des Franchisenehmers herauszuheben, an denen ihm nach Maßgabe des Systemzuschnitts besonders gelegen ist, um darauf die gesteigerte Aufmerksamkeit seines Vertragspartners zu lenken.

34. Training. Die Vereinbarung von Schulungsmaßnahmen schon vor Aufnahme des Betriebs des Franchisegeschäfts dient in erster Linie der Qualitätssicherung des Franchisesystems: Es sollen nur diejenigen Franchisenehmer ihre Tätigkeit aufnehmen dürfen, die selbst und dessen Angestellte die systemspezifischen Geschäftsprinzipien und Geschäftspraktiken des Franchisegebers beherrschen. Der Franchisegeber ist im Rahmen seiner Offenlegungspflichten zu einer detaillierten Beschreibung des Trainingsprogramms und der damit verbundenen Kosten für den Franchisenehmer verpflichtet (vgl. hierzu Anmerkung Nr. 3).

35. Bezugsverpflichtungen. (1) Überblick. In der Regel wird der Franchisenehmer verpflichtet, keine anderen Waren als die des Franchisegebers bzw. der von ihm autorisierten Lieferanten und Bezugsquellen *(approved suppliers)* zu beziehen. Der Franchisevertrag ist somit als sogenanntes *exclusiv dealing agreement* bzw. als *requirement contract* ausgestaltet. Die wettbewerbsrechtliche Problematik solcher Alleinbezugsbindungen liegt darin, daß der Franchisenehmer in der Auswahl der Lieferanten beschränkt wird und Konkurrenten des Franchisegebers vom Handel mit dem Franchisenehmer ausgeschlossen werden (*Enghusen,* S. 22). Dies wirkt sich vor allem dann in wettbewerbsrechtlich bedenklicher Weise auf den Markt aus, wenn mit den Alleinbezugsverpflichtungen Koppelungsbindungen einhergehen. Die Absatzförderung des gekoppelten Produktes beruht dann unter Umständen nicht auf der besseren Leistung im Wettbewerb, sondern auf der sich auf die Koppelungswirkung gründenden Machtübertragung von dem einen Produktmarkt auf den anderen (*Enghusen,* S. 57 m.w.N.). Im Ergebnis werden jedoch Bezugsbindungen des Franchisenehmers als zulässig erachtet (vgl. z.B. *Queren Pizza, Inc. v. Dominos Pizza* Inc., Bus. Fran. Guide (CCH) CA-3 § 11, 224).

(2) Bezugsbindung und *competitive impact*-Klausel. Zur Verhinderung einer drohenden Marktverschlußwirkung unterliegt eine wettbewerbsbeschränkende Bezugsbindung den Vorschriften der *Sections* 1 und 2 des *Sherman Act* sowie der *Section* 5 des *FTC-Act.* Als Spezialnorm ist auch *Section* 3 des *Clayton Act* einschlägig. Danach dürfen Bindungen auferlegt werden, den gesamten Bedarf an einer bestimmten Ware nur von einem bestimmten Anbieter zu beziehen, sofern der Wettbewerb dadurch nicht erheblich beeinträchtigt wird oder vom Franchisegeber ein Monopol geschaffen oder aufrechterhalten wird (*Brown Shoe Co. v. United States* (370 U.S. 294, 329, 330 (1961)). Die vorgenannte Einschränkung wird auch als *competitive impact*-Klausel bezeichnet (*Enghusen,* S. 22). Bezugsbindungen sind nach der höchstrichterlichen Judikatur des Supreme Court nicht per se illegal, wenn Wettbewerber noch Zugang zu anderen Quellen des Marktes haben (*Tampa Electric Co. v. Nashville Coal Co.*, 365 U.S 320 [1961]) und ein positiver Effekt für den künftigen Wettbewerb zu erwarten ist (*Elder-Beerman Stores Corp. v. Federated Department Stores*, Inc., 446 F. 2d 825 [9th Circ. 1971], cert. den., 404 U.S. 1049 [1972]). Hinsichtlich der Frage des Einflusses auf den Wettbewerb wird auf die relative Stärke der Parteien auf dem Markt, auf das Verhältnis des durch Alleinbezugsverträge gebundenen Marktanteils zu dem gesamten relevanten Markt sowie auf die zukünftigen Auswirkungen auf die Wettbewerbswirksamkeit abgestellt. Diese im *Tampa Electric* Fall aufgestellten Kriterien wurden später im Fall *Susser v. Carvel Corp.*, 332 F. 2d 505, 516 [1964]) übernommen und auch später vom Supreme Court in verschiedenen Fällen aufrechterhalten (vgl. auch *Jefferson Parish Hosp. Dist. No 2 v. Hyde*, 466 U.S. 2, 45 [1984]). Bei der Überprüfung der wettbewerbsschädlichen Folgen für den U.S.-amerikanischen Wettbewerb werden hierbei auch Verhaltensweisen außerhalb der Vereinigten Staaten mitberücksichtigt, wenn z.B. von einem oder mehreren ausländischen Herstellern Wettbewerbsabreden getroffen werden, die darauf abzielen, ihre Märkte für U.S. Unternehmen zu verschließen (*Arquit/Wolfram*, S. 943; vgl. zur internationalen Kartellkontrolle auch Anmerkung Nr. 6). Die Verpflichtung des Franchisenehmers, allein bei vom Franchisegeber autorisierten Lieferanten Einrichtungsgegenstände und Waren zu erwerben, wurde von der Judikatur als zulässig erachtet, wenn der Franchisegeber hieran kein eigenes finanzielles Interesse hat (z.B. in Form von Provisionen), sondern die Bezugsbindung lediglich aus dem Gesichtspunkt der Qualitätskontrolle erforderlich erscheint (vgl. *Glickmann*, Band 1, § 4.03[4][f] m.w.N.).

(3) **Bezugsbindungen unter dem Gesichtspunkt der Koppelungsvertragsproblematik (Ty-ins).** Die in den Franchiseverträgen festgehaltenen Verpflichtungen des Franchisenehmers, seinen Warenbestand ausschließlich vom Franchisegebers bzw. von Lieferanten zu beziehen, die vom Franchisegeber hierzu autorisiert sind, *(full-line forcing)* führte natürlich zu der Frage, ob derartige Bezugsverpflichtungen unzulässige Koppelungsverträge *(Ty-ins)* darstellen.

a) **Begriffsbestimmung.** Ein Koppelungsvertrag *(ty-in agreement)* liegt vor, wenn eine Partei ein (gewünschtes) Produkt nur unter der Bedingung verkauft, daß der Käufer gleichzeitig auch ein anderes, gekoppeltes (nicht gewünschtes) Produkt kauft oder zumindest einwilligt, dieses Produkt von keinem anderen Anbieter zu erwerben (*Nothern Pacific R. Co. v. United States*, 356 U.S. 1, 5–6 [1958]). Eine solche Abrede kann Section 1 des *Sherman Act*, Section 3 des *Clayton Act* sowie die Generalklausel der *Section 5* des *FTC-Act* verletzen, wenn der Verkäufer spürbare wirtschaftliche Macht *(sufficient economic power)* auf dem Markt für das gekoppelte Produkt innehat und wenn die Vereinbarung ein erhebliches Geschäftsvolumen auf dem gekoppelten Markt berührt (*Fortner Enterprises, Inc. v. United States Steel Corp.*, 394 U.S. 495, 503 [1969]).

b) **Qualifizierte per se-Illegalität.** Koppelungsverträge unterliegen einer qualifizierten per se-Illegalität, wonach unter gewissen Voraussetzungen Koppelungsabreden auf der Grundlage der *rule of reason* als gerechtfertigt erscheinen können (*Stokes Equipement Co. Inc. v. Otis Elevator Co.*, 340 F. Supp. 937 [E.D.Pa. 1972]; vgl. auch *Enghusen*, S. 54ff.). Eine Koppelungsvereinbarung liegt dabei nur vor, wenn auch tatsächlich mindestens zwei verschiedene Produkte der Vereinbarung zugrundeliegen. Wird der Franchisenehmer lediglich verpflichtet, von einem bestimmten Produkt höhere Quoten abzunehmen, so bedeutet diese quantitative Restriktion noch keine unzulässige Koppelung (*Unijax Inc. v. Champion International, Inc.* 516 F. Suppl 941 [S.N.Y. 1981] aff'd 683 F. 2d 678 [2d Cir.]).

c) **Rechtslage für Franchiseverträge. aa) Ältere Judikatur.** Für den Bereich des Franchising wurde zunächst angenommen, daß bei einer Bezugsbindung regelmäßig ein Koppelungsverhältnis vorliege. Als koppelndes Produkt *(tying item)* wurde die Marke des Franchisegebers eingestuft, wenn sie nicht nur die Funktion eines Herkunftsnachweises hatte, sondern aufgrund ihres Bekanntheitsgrades und ihrer Unterscheidungskraft wie ein eigenes Produkt behandelt wurde (*Church Bratwursthaus v. Bratwursthaus Mana-*

gement Corp., 354 F. Supp. 1287 [E.D. Va. 1973]; *Susser v. Carvel* 206 F. Supp. 636 [S.D.N.Y. 1962] aff'd 332 F. 2d 505 [2d Cir. 1964], cert. dism. 381 U.S. 125 [1965]; *Siegel v. Chicken Delight*, Inc. 311 F. supp. 847 [N.D. Cal. 1970] aff'd in part, rev. in part and remanded 448 F. 2d 43 [9th Cir. 1971], cert. den. Feb. 28, 1972). Als Rechtfertigungsgrund für ein solches Koppelungsverhältnis wurde die Verpflichtung des Franchisegebers gemäß Section 5 und 14 des *Lanham Act* angeführt, Vertrieb und Herstellung des Franchiseproduktes zu kontrollieren, um die Marke nicht zu verlieren (*Susser v. Carvel* 206 F. Supp. 636 [S.D.N.Y. 1962] aff'd 332 F. 2d 505 [2d Cir. 1964], cert. dism. 381 U.S. 125 [1965]). Voraussetzung war allerdings, daß kein milderes Mittel als eine Koppelungsvereinbarung zur Verfügung stand (vgl. *Siegel v. Chicken Delight*, Inc. 311 F. supp. 847 [N.D. Cal. 1970] aff'd in part, rev. in part and remanded 448 F. 2d 43 [9th Cir. 1971], cert. den. Feb. 28, 1972).

bb) **Neuere Judikatur.** Die moderne Judikatur hat jedoch einen Wandel vollzogen und stellt sich auf den Standpunkt, daß der Franchisegeber ein Paket mit einer Vielzahl von Leistungen erbringt, so daß nicht verschiedene Produkte, sondern letztendlich nur *ein* Produkt – eben das Franchisepaket – verkauft wird (*Principe v. Mc Donald's Corp.*, 631 F. 2d 303 [4th Cir. 1980], cert. den. 101 S. Ct. 2947 [1981]; *Krehl v. Baskin-Robbins Ice Cream Co.*, 664 F. 2d 1348 [9th Cir. 1982]; *Kypta v. Mc Donald's Corp.*, 671 F. 2d 282 [11th Cir. 1982], cert. den. U.S., Sup. Ct., 10/4/82; *Queren Pizza, Inc. v. Dominos Pizza, Inc.* Bus. Fran. Guide (CCH) CA-3 § 11, 224). Damit werden die franchisetypischen Koppelungspraktiken als zulässig angesehen, sofern kein wettbewerbswidriger Zwang auf den Franchisenehmer ausgeübt wird (*Ungar v. Dunkin Donuts of America, Inc.*, 531 F. 2d 1211 [3d Cir.], cert. den. U.S. Supl Ct., Oct. 10, 1976). Für die Annahme eines wettbewerbswidrigen Zwangs genügt es nicht, daß der Franchisegeber gegenüber dem Franchisenehmer der wirtschaftlich stärkere Part ist (*Kentucky Fried Chicken Corp. v. Diversified Packaging Corp.*, 376 F. Supp. 1136 [S.D. Fla., 1974], aff'd 549 F. 2d 368 [5th Cir.]). Eine verbotene Koppelung liegt jedenfalls nicht vor, wenn Wettbewerber in ihrem Absatz nicht gravierend behindert werden, kein Preisdiktat des Franchisegebers besteht und auch der Verbraucher hierdurch auf dem entsprechenden Markt nicht mit unnatürlichen Preiserhöhungen belastet wird (*Southern Carvel and Novelty Inc., v. Lawson Mardon Label Inc.*, Bus. Fran. Guide (CCH) CA-3 § 11, 424; *Campbell v. Irving Oil Corp.*, Bus. Fran. Guide (CCH) D.C. Mo § 11, 411). Solange der Franchisegeber sachliche Rechtfertigungsgründe qualitativer Natur für die Bezugsverpflichtung des Franchisenehmers hat, wird hierin keine unzulässige Wettbewerbsbeschränkung in Form einer unzulässigen Koppelungsbindung angenommen.

36. Mindestumsatz. Die Mindestumsatzklausel ist eine Konkretisierung der vertraglichen Absatzförderungspflicht des Franchisenehmers. Zwar gilt die Angemessenheit der Absatzförderung als *implied term* stets als stillschweigend vereinbar, jedoch können die Vorstellungen der Vertragsparteien hierzu sowie im Streitfall die Vorstellungen des Gerichts differieren (vgl. hierzu auch Anmerkung zur Besteinsatzklausel Nr. 33). Um dies Problem einzudämmen, werden daher gern sogenannte Mindestumsatzklauseln in den Franchisevertrag aufgenommen. Sie dienen dem Franchisegeber auch als eine Kontrolle, ob der Franchisenehmer überhaupt in der Lage ist, das ihm zugewiesene Vertragsgebiet effektiv zu bearbeiten und zu entwickeln. Erreicht der Franchisenehmer nicht den geforderten Mindestumsatz, so ist der Franchisegeber je nach Vertragsgestaltung berechtigt, den Vertrag zu beenden, das Vertragsgebiet des Franchisenehmers zu verkleinern oder das Exklusivrecht des Franchisenehmers aufzuheben. Es sollte daher auch in allen Einzelheiten festgelegt werden, unter welchen Umständen der Franchisenehmer vom Erreichen des vorgegebenen Mindestumsatzes befreit ist (hier: Fälle der höheren Gewalt). Die amerikanische Judikatur folgt auch insoweit in der Regel dem Grundsatz: *Inclusio unius est exclusio alterius*. Haben die Vertragsparteien ausdrückliche Vereinbarungen getroffen, so wird angenommen, daß nicht in den Vertrag aufgenommene Bestimmungen absichtlich ausgelassen wurden (*Schurtmann/Detjen*, S. 85). Die Vereinbarung einer Mindestumsatzgrenze wird sich vor allem dort empfehlen, wo dem Franchisegeber nur eingeschränkte Mittel zur dauernden Anleitung und Überwachung des Franchisenehmers zu Gebote stehen und der Franchisenehmer dementsprechend gewisse Verhaltens- und Gestaltungsfreiräume genießt. Der Franchisenehmer kann nämlich versucht sein, für sich selbst das persönliche Nutzenoptimum zu erwirtschaften oder seinen höchsten Gewinn aus dem Franchisegeschäft zu erzielen, anstatt für den Franchisegeber optimale Absatzförderung und maximale Umsatzsteigerung anzustreben. Nicht vergessen werden darf, die Rechtsfolgen für den Fall vertraglich zu klären, daß der Mindestumsatz nicht erreicht wird. Denkbar ist eine Reduzierung der Mindestumsatzklausel oder die Beendigung des Vertragsverhältnisses bzw. der Einsatz von Managementsubstituten durch den Franchisegeber.

37. Werbung. Der Franchisegeber kann grundsätzlich auch Regelungen in den Vertrag aufnehmen, die die Teilnahme des Franchisenehmers an gemeinsamen Werbekampagnen unter Kostenbeteiligung, die Belieferungen von Werbematerial gegen Kostenbeteiligung oder die Pflicht zur jährlichen Einzahlung eines bestimmten Geldbetrags in einen Werbefonds vorsehen. Diese Vereinbarungen werden gleichfalls als kartellrechtlich zulässig erachtet (*Glickmann*, Band 1, § 10.07[4]). In gewissen Staaten verbietet allerdings das Gesetz den Franchisegebern, die Franchisenehmer zur Teilnahme an Werbemaßnahmen und zur Bezahlung von Werbemaßnahmen gegen deren erklärten Willen anzuhalten (z. B.: Indiana Deceptive Franchise Practises Act, § 23-2-2.7-1 (11)). In der Regel ist der Franchisenehmer zur Betreibung der örtlichen Werbung verpflichtet, während dem Franchisegeber die überörtliche Systemwerbung obliegt. Die Werbungsklauseln dienen vor allem der Durchführung der lokalen bzw. regionalen Werbemaßnahmen am Standort und im Vertragsgebiet des Franchisenehmers. Diese örtliche Werbung liegt im Verantwortungsbereich des Franchisenehmers, der hierfür auch allfällige Aufwendungen zu tätigen hat, allerdings das Werbematerial zum großen Teil vom Franchisegeber zur Verfügung gestellt erhält. Es ist sinnvoll, dem Franchisenehmer den Einsatz eines Mindestbetrags für seine örtliche Werbung vorzuschreiben und diesen an einem bestimmten Prozentsatz des Bruttoumsatzes auszurichten. Hierbei treffen den Franchisegeber umfangreiche Offenlegungspflichten (vgl. hierzu Anmerkung Nr. 3). Die Art der örtlichen Werbemaßnahmen differiert je nach dem Systemzuschnitt und ist meist im Handbuch näher erläutert.

38. Versicherung. Eine Verpflichtung zur Versicherung des Franchisegebers durch den Franchisenehmer – und umgekehrt – kann nur dann entstehen, wenn eine derartige Verpflichtung in den Franchisevertrag aufgenommen wird (In re Sizzler Restaurants International, Inc. Bank Ct. Cal., Bus. Fran. Guide § 11,408). Die Verpflichtung des Franchisenehmers, sich angemessen bei einer zuverlässigen Versicherungsgesellschaft zu versichern, ist von der Judikatur im Prinzip nicht beanstandet worden. Sie dient den Interessen beider Parteien und dem Schutz des Franchisesystems. Angesichts vergleichsweise hoher Schadensersatzforderungen in den USA erscheint eine angemessene Risikoabsicherung gegen einen Liquiditätsabfluß in Schadensfällen auch erforderlich. Tritt allerdings der Franchisegeber selbst gleichzeitig auch als Versicherer auf, so ist dies unter dem Gesichtspunkt des Koppelungsverbots wettbewerbsrechtlich bedenklich (vgl. Rental Car of New Hampshire v. Westinghouse Electric Corp., 1980-2 Trade Cas., § 63, 406 [Mass. 1980]). Solche Koppelungsabreden unterliegen einer qualifizierten per se-Illegalität (vgl. Anmerkung Nr. 6), können also nur unter bestimmten Umständen gerechtfertigt sein. Der Franchisenehmer ist sowohl nach Bundesrecht als auch nach einzelstaatlichem Recht als Arbeitgeber gesetzlich zum Abschluß einer Worker's Compensation Insurance sowie einer *Disability Insurance* verpflichtet (*Glickmann*, Band 1, § 9.03[9][b]). Hierdurch werden Arbeitsunfälle und Berufskrankheiten der Angestellten und Arbeiter abgesichert. In einigen Einzelstaaten besteht für den Arbeitgeber diesbezüglich eine Gefährdungshaftung *(Strict Liability)* *(Black,* S. 1106).

39. Haftungsfragen – Rechtsgrundlagen der Haftung und Haftungszurechnung. (1) Rechtsgrundlagen. Die Haftung von Franchisenehmer und Franchisegeber ist nicht spezialgesetzlich geregelt. Es gelten daher die Regeln des *Common Law.* Danach gilt für Franchisenehmer und Franchisegeber zunächst gleichermaßen der Grundsatz, daß jeder für sein eigenes Verhalten, das zu Schädigungen des jeweils anderen oder zu Schädigungen Dritter führt, zu verantworten hat *(Bushey & Sons Inc. v. United States,* 398 F. 2 d 167 [2 d Cir 1968]). Kritischer ist hingegen die Frage einer möglichen Haftung des Franchisegebers gegenüber Dritten für schädigendes Verhalten – d. h. Tun und Unterlassen – des Franchisenehmers *(vicarious liability).* Diese Zurechnungsfrage wird gleichfalls nach den Grundsätzen des *Common Law* beurteilt. Das *Common Law* kennt drei unterschiedliche Klagegründe für eine Zurechnungs- bzw. Stellvertreterhaftung. Die Judikatur gelangte anfänglich auf der Grundlage der sog. *superior respondeat*-Theorie zur Haftungszurechnung an den Franchisegeber. Diese Theorie, die traditionell auf das Verhältnis zwischen Arbeitgeber und Arbeitnehmer *(employer* und *employee* – auch bekannt als *master* and *servant*-Verhältnis) sowie im Recht der Stellvertretung und Handelsvertretung *(principal-agent*-Verhältnis) angewandt wurde, fand nun Anwendung im Franchiserecht. Danach haftet der Arbeitgeber/Prinzipal gegenüber Dritten für seinen Arbeitnehmer/Agenten, wenn dieser im Rahmen seines Arbeits- bzw. Beschäftigungsverhältnisses *(scope of employment)* Dritte schädigt. Eine Haftungszurechnung wird hierbei vorgenommen, wenn der Arbeitnehmer bzw. der Agent mit Vollmacht des Arbeitgebers bzw. Prinzipals handelt *(actual authority).* Eine Haftung gegenüber Dritten wurde aber auch nach den Grundsätzen einer Rechtsscheinhaftung vorgenommen *(apparent authority).* Diese traditionellen Haftungsschemata wurden direkt in das Franchiserecht übertragen. Diese undifferenzierte Betrachtungsweise beruhte auf einem mangelnden Verständnis der Gerichte des Franchisegeschäfts. Es setzte sich aber dann im weiteren Verlauf die Erkenntnis durch, daß der Franchisenehmer weder Arbeitnehmer noch als typischer Agent einzustufen ist. Als Reaktion auf die frühe Rechtsprechung enthielten Franchiseverträge nunmehr standardmäßig die Klausel, daß der Franchisenehmer als unabhängiger Unternehmer *(independant contractor)* und nicht als Arbeitnehmer oder Agent fungiere. Die Gerichte knüpften daher an eine weitere – auf den Grundsätzen der Garantiehaftung *(strict liabilty)* beruhende – Haftungstheorie an, die eine Haftungszurechnung zuläßt, wenn eine substantielle Kontrolle des Franchisegebers über das Geschäft des Franchisenehmers vorliegt. Es genügte den Gerichten dabei, daß der Franchisegeber überhaupt Kontrolle über das Franchisegeschäft ausübte. Anknüpfungspunkte fanden sich hierzu in den Franchiseverträgen selbst, aber auch in den einzelnen Franchisedefinitionen der Franchisegesetzgebung, die die Kontrolle des Franchisegebers als ein das Franchisegeschäft definierendes Kriterium aufführen. Die Judikatur hat aber auch diese Rechtsprechung weiterentwickelt und legt – weiterhin auf der Grundlage der Kontroll-Theorie – ein differenziertes Kontrollverständnis an den Tag. Danach sind Entscheidungen erkennbar, wonach eine Haftungszurechnung auf den Franchisegeber nur dann vorgenommen wird, wenn dieser eine ausdifferenzierte und permanente tägliche Kontrolle über das Franchisegeschäft vornimmt. Eine Haftungszurechnung wird diesen Entscheidungen zufolge noch nicht vorgenommen, wenn der Franchisegeber nicht das Maß an Kontrolle überschreitet, um seinen Goodwill sowie seine gewerblichen Schutzrechte zu schützen *(Jones v. Filler, Inc.* 1999 WL 239908 [W.D. Ark.]; *Moore v. Vantil,* Bus. Fran. Guide (CCH) § 11,589 [N.D.Ill. 1999]) bzw. die notwendige Systemeinheit aufrechtzuerhalten *(Felson v. Burger King,* Bus. Fran. Guide (CCH) Wash. Sup. Ct § 11, 483). Diese Grenzziehung beruht auf der Auffassung, daß der Franchisegeber durch die Markengesetzgebung des *Lanham Act* gezwungen ist, Kontrolle über den Franchisenehmer auszuüben, damit er seine Markenrechte nicht ver-

5. U.S.-amerikanischer Franchisevertrag

liert. Daher sei dies eine zulässige Kontrolle, die noch nicht eine Haftung des Franchisegebers auslöse. Diese Auffassung scheint sich mehr und mehr durchzusetzen. Eine Haftung des Franchisegebers ist danach gegeben, wenn der Franchisenehmer in exzessiver Weise den Franchisenehmer kontrolliert und eine *day-to-day-business-control* für die Gerichte erkennbar wird, die dem Franchisenehmer seine unternehmerische Freiheit raubt (vgl. *Arthur Murray, Inc. v. Parris*, 243 AR 441, 420 S.W. 2d 518 1967]; *Wingert v. Dr. Quick, Inc.*, 109 Ill. 2d 236, 486 N.E. 2d 908 [1985]; *Lockard v. Pizza Hut Inc.*, Bus. Fran. Guide (CCH) CA-10 § 11, 553; *Wilson v. Wendy's International Inc.*, Bus. Fran. Guide (CCH) D.C. Miss. § 11, 499) bzw. wenn der Franchisegeber von einem schadensbegründenden Fehlverhalten des Franchisenehmers Kenntnis erlangt, ohne hiergegen vorzugehen (Urteil des Supreme Court vom 22. 3. 99 US v. Days Inn of America, Inc. Pocket N° 98–757).

(2) **Haftung des Franchisegebers für Zahlungsverpflichtungen des Franchisenehmers.** Für Schulden des Franchisenehmers haftet der Franchisegeber nur dann, wenn er sich selbst ausdrücklich verpflichtet hat, die Schulden des Franchisenehmers zu begleichen, oder wenn der Franchisenehmer de facto lediglich abhängiger Vertreter des Franchisegebers ist (*Mc Guire v. Madisson Hotels International*, 435 S.E. 2d 51 [Ga. App. 1993]). Dies gilt auch für Verpflichtungen des Franchisenehmers aus Arbeitsverträgen mit seinen Angestellten (*Wirtz v. Charlton Coca-Cola Bottling Co.*, 16 Wage & Hour Cas. 857 [E.D.S.C. 1965]). Eine Haftung des Franchisegebers für Schulden des Franchisenehmers kann auch bei Übernahme des Franchisebetriebes durch den Franchisegeber auf der Grundlage eines *collective bargaining agreements* begründet werden. Darunter ist eine Vereinbarung zwischen einer *labor union* (Arbeitnehmervertretung) und dem Arbeitgeber zur Regelung von Arbeitsbedingungen zu verstehen (*Blacks*, S. 180).

40. **Haftungsbeschränkungsklauseln *(Damage Caps)* und pauschalierter Schadensersatz *(Liquidated Damage)*.** In führenden Werken zum Franchiserecht wird empfohlen, daß der Franchisevertrag Regelungen enthalten soll, die Schadensersatzansprüche des Franchisenehmers im Streitfalle begrenzen sollen (so z.B. *Garner*, Franchise Law and Practice, § 356). In der Praxis ist dies jedoch nicht so einfach umzusetzen. Sowohl der einzelstaatliche Gesetzgeber als auch die Judikatur nehmen gegen Haftungsbeschränkungsklauseln eine eher skeptische und ablehnende Haltung ein. Vielfach werden derartige Klauseln nicht durchsetzbar sein. Denn in 11 Bundesstaaten verstoßen derartige Klauseln gegen zwingende, den Franchisenehmer schützende Statutes (*Cal. Bus & Prof. Code* §§ 20010, 20040; *Conn. Gen. Stat.* §§ 42–133 f, 42–133 g; *1987 Ill. Laws Ch. 815* §§ 705&41, 705/26; *Ind. Code Ann.* §§ 23–2–2.7, 23–2–28; *Iowa Code* §§ 523 H.4, 523 H.14; *MD. Ann. Bus. Occ. & Prof.* §§ 14–226, 14–227; *Mich. Comp. Laws* §§ 445.1527 (b), 445.1531; *Minn. R.* §§ 80 C.17 (*Minnesota*): *R.I. Gen. Laws* §§ 19–28.1–15,19–28.–21; *S.D. Codified Laws* §§ 37–5A-86, 37–5A-83, 37–5A-85; *Wis. Stat. Ann.* §§ 135025, 135.06). In denjenigen Staaten, in denen kein einzelstaatliches Verbot besteht, unterliegen Haftungsbeschränkungsklauseln einer intensiven Einzelfallanalyse. Faktoren für eine derartige Einzelfallanalyse sind: Maß der Risikoverteilung, Fachkenntnis und Herkunft der Vertragsparteien, ihre Vertragsmacht, Klarheit des Vertragswortlauts (instruktiv, *Dunham*, Fran. Law. Journal, Winter 2000, S. 97). Für die Judikatur spielt es vor allem eine Rolle, ob diese Haftungsbeschränkungsklausel tatsächlich ausgehandelt *(fair bargaining)* wurde, was eine entsprechende Vertragsmacht des Franchisenehmers voraussetzt (*Dunham*, Fran. Law Journal, Winter 2000, S. 98 mit Hinweis auf *Ditajo I*, 66 F. 3d at 451). Haftungsbeschränkungsklauseln bzw. Schadenspauschalierungsklauseln *(liquidated damage)* werden danach anerkannt, wenn es sich um eine Vereinbarung unter Kaufleuten handelt und diese Klauseln bei einem angemessenen Vertragsgleichgewicht ausgehandelt wurden (*Cognitest Corp. v. Riverside Publishing Co.* 107 F. 3d 493, Bus. Fran. Guide (CCH) § 11,117 [7th Cir 1997]). Die Anforderungen an ein Gleichgewicht der Vertragskräfte variieren allerdings vor man-

chen Gerichten. Manche Gerichte reduzieren diese Anforderung erheblich, wenn auf beiden Seiten Geschäftsleute stehen (*Stanley A. Klopp., Inc. v. John Deere Co.* CIV NO 87–2790, 1988 WL 66194, Bus. Fran. Guide (CCH) § 9, 214 (D.D.C. vom 17. Juni 1988). Der Franchisenehmer wird dabei nicht als verletzbarer Verbraucher, sondern als gestandener Geschäftsmann *(businesspeople)* verstanden (*Original Great Am. Chocolate Cookie Co. v. River Valley Cookies, Ltd.* 970 F. 2 d 273, 281, Bus. Fran. Guide (CCH), § 10, 042 [7th Cir. 1992]).

41. Haftungsfreistellungsklauseln. Eine *Indemnity*-Klausel soll den Franchisegeber vor Schäden aufgrund einer Inanspruchnahme durch Dritte schützen, die in geschäftlichem Kontakt mit dem Franchisenehmer stehen. Derartige Klauseln sind üblich und zulässig. Zwar ist der Franchisenehmer ein selbständiger Unternehmer, der seine Geschäfte auf eigene Rechnung und eigenes Risiko tätigt. Dennoch sind Situationen denkbar, die zu einer Inanspruchnahme des Franchisegebers führen können. Eine Haftung des Franchisegebers (vgl. zu den Haftungsfragen Anmerkung Nr. 39 bis 41) kommt vor allem dann in Betracht, wenn der Franchisenehmer nach außen hin den Eindruck eines Vertreters des Franchisegebers erweckt. Dies ist z.B. der Fall, wenn die Kontrolle des Franchisegebers über den Franchisenehmer so stark ist, daß der Franchisenehmer de facto seine Stellung als unabhängiger Unternehmer verliert (*Arthur Murray, Inc. v. Parris*, 243 AR 441, 420 S.W. 2d 518 [1967]; *Mc Guire v. Madisson Hotels International*, 435 S.E. 2 d 51 [Ga. App. 1993]; zur Inanspruchnahme des Franchisegebers durch Arbeitnehmer des Franchisenehmers vgl. *Wirtz v. Charlton Coca-Cola Bottling Co.*, 16 Wage & Hour Cas. 857 [E.D.S.C. 1965]). Die Haftungsfreistellungsklausel *(indemnity clause)* beinhaltet zunächst die Verpflichtung des Franchisenehmers, allen geforderten Zahlungsverpflichtungen, die mit dem Betrieb des Franchisegeschäftes in Verbindung stehen, Folge zu leisten (z.B. die fälligen Zahlungen an Lieferanten, Arbeitnehmer des Franchisenehmers und andere Dienstleister vorzunehmen sowie Steuern und sonstige Abgaben zu entrichten). Daneben wird der Franchisenehmer verpflichtet, den Franchisegeber von allen Ansprüchen jedweder Natur, die im Zusammenhang mit dem Betrieb des Franchisegeschäftes stehen, schadlos zu halten. Diese Klausel entfaltet allerdings keine Außenwirkung gegenüber Dritten. Sie verpflichtet bzw. berechtigt lediglich die Vertragsparteien im Innenverhältnis (*Glickmann*, Band 1, § 4.04).

42. Kontrollrechte des Franchisegebers. Zur Gewährleistung des einheitlichen Auftretens und des Funktionierens des Franchisesystems nach außen sowie zur Realisierung der Gebührenansprüche des Franchisegebers werden umfangreiche Kontrollrechte des Franchisegebers in den Vertrag aufgenommen. Franchiseverträge sind gerade in diesem Punkt als unangemessene Beschränkung des Wettbewerbs kritisiert worden, vor allem dann, wenn die Kontrollen zur Durchsetzung eines Mindestpreisniveaus von Franchisegeberseite mißbraucht werden. Der Franchisegeber befand sich damit – vor allem im Rahmen des Produktionsfranchising – in einem Dilemma. Denn die Übertragung einer Lizenz ohne diese Kontrollmöglichkeit des Franchisegebers *(naked licence)* wird als unzulässig und rechtsunwirksam nach Maßgabe des 15 U.S.C. §§ 1055 und 1065 erachtet. Der Inhaber einer Marke hat sowohl das Recht als auch die Pflicht, seine Lizenzen zu überwachen, um den Qualitätsstandard seiner Waren und Dienstleistungen, die unter der Marke angeboten werden, sicherzustellen und den Gebrauch bei Verkauf von nonkonformen Waren und Dienstleistungen zu verbieten (*Mc Carthy*, §§ 3.4 und 18.13–16; *Ruijsenaars*, S. 283; *Glickmann*, Band 1, § 3 A.02[4]; 15 U.S.C. §§ 1055 u. 1065; siehe auch *Susser v. Carvell*, 206 F Supp. 636 [S.d. N.Y. 1962]). Die Judikatur hat dies inzwischen anerkannt und gewährt daher dem Lizenzgeber einen breiten Spielraum bei der Durchführung der notwendigen Kontrollen und bei der Sicherstellung der Qualität (*Ron Matusalem & Matusa v. Ron Matusalem, Inc.*, 872 F. 2d 1547 [11th Cir. 1989]; *Arthur Murray, Inc. v. Horst*, 110 F. Supp. 678 [D. Mass. 1953]). Diese Qualitätskontrolle

5. U.S.-amerikanischer Franchisevertrag

dient u. a. dem Schutz des Verbrauchers vor Täuschungsgefahr. Der Franchisegeber hat deshalb dafür zu sorgen, daß die Produkte des Franchisenehmers die gleiche Qualität aufweisen, die die betreffenden Verkehrskreise bisher mit diesen Produkten unter der Marke des Franchisegebers assoziiert haben. Das Maß der Kontrolle hängt dabei vom jeweiligen Einzelfall ab (*Ruijsenaars*, S. 284; *Glickmann*, Band 1, § 9.03[8][a])). Der Umfang der Prüfung erstreckt sich aber in der Regel auf die Art und Qualität der Markenprodukte (15 U.S.C. § 1065; *Susser v. Carvel* 206 F. Supp. 636 [S.D. N.Y. ,1962], aff'd 332 F. 2d 505 [2d Cir. 1964], cert. dies., 381 U.S. 125 [1965]). Eine zu weitgehende Kontrolle kann über die wettbewerbsrechtliche Problematik hinaus auch dazu führen, daß das Franchiseverhältnis als ein Arbeitsverhältnis eingestuft wird (vgl. z.B. *California Department of Employment Tax Manual*, § 7005.30, C.C.H. Unemp. Ins. Rep. [Cal.] § 1332 289 [May 30, 1946]; *Perry v. Amerada Hess Corp.*, 427f. Supp. 667 [N.D. Ga. 1977]). Bei der Formulierung der Kontrollrechte sind diese Grenzen zu beachten. Quantitativ wie auch qualitativ exzessive und unangemessene Inspektionen des Franchisegebers werden als Vertragsbruch des Franchisegebers aufgefaßt (*Discovery Point Franchising Inc., v. Miller* Bus. Fran. Guide (CCH), GA Ct. App. § 11, 476).

43. Pflichten des Franchisegebers. Die Klauseln zu den Pflichten des Franchisegebers bilden hier einen weiteren Hauptteil des Franchisevertrages (vgl. dazu Anmerkung Nr. 1 zum Vertragsaufbau sowie Anmerkung Nr. 18).

44. Gewährleistung, Aufrechterhaltung und Schutz des geistigen Eigentums. Die im Franchisepaket verkörperten Immaterialgüterpositionen sind für den Wert der Franchise und für die Marktstellung des Franchisesystems von zentraler Bedeutung, weshalb beiden Parteien des Franchisevertrags an einer Sicherung und einem Schutz des geistigen Eigentums des Franchisegebers gelegen ist. In den diesbezüglichen vertraglichen Regelungen sagt einerseits der Franchisegeber zu, daß er alle zur Aufrechterhaltung und Bestandssicherung der Immaterialgüterpositionen erforderlichen Schritte unternehmen, insbesondere gerichtlich gegen Verletzungen einschreiten wird. Nach 15 U.S.C. § 1114 (*Lanham Act*) ist der registrierte Inhaber einer Marke oder eines Handelsnamens berechtigt, Verletzungen seines Rechts am geistigen Eigentum zu verhindern und/oder vom Verletzer Schadensersatz zu verlangen (vgl. hierzu Arthur Treacher's Fish & Chips v. A. & B Management Corp., 1981–2 Trade Cas., § 64, 289 [E. Pa. 1981]; instruktiv hierzu *Glickmann*, Band 2, § 13.03[3] m.w.N.). Betriebsgeheimnisse sind über den *Uniform Trade Secret Act* geschützt, den die meisten Bundesstaaten (darunter auch Kalifornien und Washington, nicht jedoch New York) mittlerweile übernommen haben. Der Franchisegeber ist vor jeder unberechtigten Verwendung des Betriebsgeheimnisses geschützt (*misappropriation*). In den Bundesstaaten, die den *Uniform Trade Secret Act* nicht übernommen haben, stellt die Mißachtung eines Betriebsgeheimnisses eine unerlaubte Handlung (tort) nach *Common law*-Gesichtspunkten dar (*Glickmann*, Band 2, § 13.04[9]). Andererseits verpflichtet sich der Franchisenehmer dazu, seinem Vertragspartner unverzüglich Kenntnis von Verletzungs- oder Gefährdungstatbeständen zu geben und Schutzmaßnahmen gegen Verletzungen oder Gefährdungen von Immaterialgüterrechten, insbesondere durch Hinweise und Kennzeichnungen auf den Verpackungen und Werbemitteln zu ergreifen.

45. Territoriale Exklusivität (Gebietsschutz zugunsten des Franchisenehmers). (1) Kartellrechtliche Zulässigkeit von Exklusivvereinbarungen. Dem Franchisenehmer wird im Regelfall auferlegt, daß er sich bei der Nutzung der Franchise auf das von den Parteien bestimmte Vertragsgebiet beschränkt (zu den Gebietsbindungen vgl. Anmerkung Nr. 21). Gleichsam zum Ausgleich hierfür sowie als Anreiz für die vom Franchisenehmer in seinem Marktverantwortungsbereich zu tätigenden Investitionen kann der Franchisegeber nun seinerseits Beschränkungen akzeptieren und das Vertragsgebiet des Franchisenehmers vor Konkurrenz schützen. Insbesondere kann er sich verpflichten, im Vertragsgebiet das Systemprodukt weder selbst abzusetzen noch einen anderen Franchisenehmer dort einzusetzen. Das Franchisesystem kann durch solche Selbstbeschränkungen des Franchisegebers nicht nur als selektives, sondern sogar als exklusives Vertriebssystem ausgestaltet werden. Das vorliegende Formular sieht vor, daß der Franchisegeber seine Produkte nicht an andere Händler in dem dem Franchisenehmer zugewiesenen Gebiet verkauft und auch selbst nicht im Gebiet des Franchisenehmers tätig wird. Damit werden sowohl der Franchisegeber als auch Dritte vom Wettbewerb mit dem Franchisenehmer im Vertragsgebiet ausgeschlossen. Dieses auch als *exclusive franchising* bezeichnete Absatzmodell wird allgemein für zulässig erachtet, solange die Marktverantwortungsbereiche *(areas of primary responsibility)* nicht mit absolutem Gebietsschutz versehen werden (vgl. Anmerkung Nr. 21). Die wettbewerbs- bzw. kartellrechtliche Zulässigkeit beurteilt sich hierbei nach der *rule of reason* (*Schwing Motor Company v. Hudson Sales Corp.*, m 138 F. Supp. 899, at 906–907; cert. den., 355 U.S. 823 [1957]; *Beacher Viking Sewing Mashine Co., Inc.*, 1986–1 Trade Cas. 66, 967 [6th Cir. 1986]). Zulässigkeitsvoraussetzung ist danach im wesentlichen, daß es aufgrund der Reduzierung des intrabrand-Wettbewerbs zu einer Verstärkung des interbrand-Wettbewerbs kommt. Die Grenze liegt dort, wo der Marktanteil des Franchisegebers so hoch ist, daß kein Restwettbewerb mehr verbliebe.

(2) **Keine Verpflichtung des Franchisegebers zur Gewährung von Exklusivrechten.** Die Exklusivvereinbarung ist kein notwendiger Bestandteil des Franchisevertrages (*Modell*, Fran. Law Journal, S. 74). Sie muß daher, wenn gewollt, von den Parteien ausdrücklich vereinbart werden. Weder gibt es einen gesetzlichen Anspruch des Franchisenehmers hierauf, noch erkennen die Gerichte ein Exklusivrecht des Franchisenehmers als Ausdruck eines *implied term* an. Ohne weiteres ist ein Franchisevertrag daher dann wirksam, wenn keine Exklusivvereinbarung zugunsten des Franchisenehmers getroffen wurde. Es ist dann durchaus zulässig, daß der Franchisegeber mit einem eigenen Filialsystem im Vertragsgebiet des Franchisenehmers tätig wird, auch wenn dies an bestimmte Voraussetzungen geknüpft ist (vgl. zu Anmerkung Nr. 6).

(3) *Encroachment.* a) Sinngemäß kann *encroachment* als das Übergreifen, Vordringen oder Einbrechen in das Marktgebiet des Franchisenehmers verstanden werden. Dieses Problem taucht auf, wenn der Franchisevertrag keine territoriale Exklusivität zugunsten des Franchisenehmers vorsieht, oder wenn es der Franchisevertrag ausdrücklich dem Franchisegeber gestattet, im Marktgebiet oder in der Nachbarschaft des betreffenden Franchise-Outlets neue Franchisen zu verteilen (*Hoffmann v. Midas International Corp.*, Ill. App. Ct Bus. Fran. Guide (CCH), § 11, 555). Das Ziel eines jeden Franchisegebers ist es natürlich, die Marktdurchdringung seiner Marke und seiner Produkte zu maximieren, um so den Marken- und Systemauftritt sowie seine Gebühreneinnahmen zu erhöhen. Dies hat natürlich mögliche negative Auswirkungen auf die Franchise-Outlets anderer Franchisenehmer (zu den praktischen Konsequenzen vgl. auch *Fieldstone*, Franchise Law Journal, Winter 1998, S. 75 ff.) Franchisenehmer versuchen hier mit deliktischen Klagen *(tortious interference)*, Vertragsbruch-Klagen *(breacht of contract)* sowie mit dem Rechtsinstitut des Verstoßes gegen das stillschweigend vereinbarte Treuegebot, die *implied convenant of good faith and fair dealing*, gegen den Franchisegeber vorzugehen. Diese Klagen sind jedoch überwiegend fehlgeschlagen (umfassende Analyse des hierzu ergangenen *Case Law* bei *Fieldstone*, Franchise Law Journal, Winter 1998, S. 75 ff.; zum Treuegebot vgl. auch Anmerkung Nr. 1 sowie *Costello/Levin/Wieczorek*, Fran. Law Journal, Spring 1998, S. 140 ff.). Fehlt die territoriale Exklusivitätsklausel zugunsten des Franchisenehmers, dann ist der Franchisegeber nach Auffassung der neueren Judikatur berechtigt, durch eigene Filialen auch Kunden des Franchisenehmers zu beliefern (*Caribe Industrial Systems Inc. v. National Storch and Chemicals*, D.C. P.R., (CCH) § 11, 603). Desgleichen stellt die Eröffnung neuer Franchise-Outlets in unmittelbarer Nähe des Franchisenehmers dann keine Verletzungs-

5. U.S.-amerikanischer Franchisevertrag   III. 5

handlung dar *(Nibel v. Mc. Donald's Corp.*, CCH, § 11, 480; *Linquist and Croug Holls Resort v. Holiday Inns Franchising*, D.C. Cal., Bus. Fran. Guide (CCH), § 11, 514). In einer älteren Entscheidung *(Scheck v. Burger King*, 756 F. Supp. 543 (S.D. Fla. 1992) war hier noch ein Verstoß gegen Treuepflichten des Franchisegebers gesehen worden. In späteren Entscheidungen ist *Scheck v. Burger King* dann jedoch wieder aufgehoben worden *(Burger King Corp. v. Weaver*, Bus. Franchise Guide (CCH), § 10, 762 [S.D. Fla. 1995]; Caribe Industrial Systems, Inc. v. National Starch and Chemical Co., Bus. Fran. Guide (CCH) § 11, 603 [D.P.R. vom 23. 2. 1999]).

b) Wird dem Franchisenehmer ein exklusives Vertragsgebiet zugestanden, so bedeutet dies nicht, daß der Franchisegeber schlechthin von jeder Tätigkeit innerhalb des Vertragsgebietes ausgeschlossen ist. Der Judikatur zufolge bezieht sich das Exklusivrecht lediglich auf das jeweilige Franchiseprodukt, so daß der Franchisegeber andere Produkte innerhalb des Vertragsgebietes anbieten darf, sofern nicht auch dies ausdrücklich vertraglich ausgeschlossen worden ist (*Good Potato Chips Co. v. Frito Lay, Inc.*, 324 F. Supp. 280 [E.D. Mo., 1971], aff'd 462 F. 2d 239 [8th Cir. 1972]. Dennoch wird in der Literatur empfohlen, hier vertragliche Vorkehrungen zu treffen (vgl. *Modell*, Drafting Exclusive Territory Provisions in Franchise Agreements, Fran. Law. Journal, Fall 1996, S. 75 ff.) und sich das Betätigungsrecht vertraglich ausdrücklich auszubedingen.

c) Fehlt eine vertragliche und eindeutige Vereinbarung hat der Franchisenehmer auch kein Recht auf eine Erweiterung seines Vertragsgebiets. Insoweit besteht *kein* Vertrauensschutz des Franchisenehmers *(commercially reasonable expectation)* (vgl. hierzu *Burger King Corp. v. Weaver*, Bus. Franchise Guide (CCH), § 10, 762 [S.D. Fla. 1995]). Erweitert der Franchisenehmer ohne eine entsprechende Vereinbarung mit dem Franchisegeber sein Franchisegebiet, so wird hierin eine Verletzung des Franchisevertrags gesehen *(Two Men and a Truck International, Inc. v. Fernsler*, CA-6, § 11, 595).

(4) **Rechtliche Zulässigkeit hybrider Absatzorganisation.** Die Rechtslage kann allerdings abweichend beurteilt werden, wenn der Franchisegeber mit eigenen Filialen außerhalb des Vertragsgebiets des Franchisenehmers den Absatz seiner Produkte oder Dienstleistungen vornimmt, er also eine Absatzstrategie des *dual distribution* durch *branchising and franchising* betreibt. Denn hierbei kann es unter Umständen zu direkten oder indirekten Marktaufteilungen kommen, die streng genommen unter die *per se*-Illegalität fallen müßten. Im Falle einer solchen hybriden Absatzorganisation zeichnet sich jedoch die Tendenz ab, daß die wettbewerbsrechtliche Beurteilung von Gebietsabsprachen hybrider Organisationen nicht mehr nach *per se-rule* vorgenommen wird, sondern von einer Gesamtwürdigung nach Maßgabe der *rule of reason* abgelöst wird. Sowohl das *Justice Department* als auch die Judikatur untersuchen in diesem Fall, in welchem Maße der Wettbewerb tatsächlich beeinträchtigt wird. Zugrundegelegt wird hierbei die Auffassung, daß zwischen Franchisegeber und Franchisenehmer ein intrabrand-Wettbewerb besteht, der aufgrund der Marktverteilungsabrede zwar reduziert wird, jedoch den interbrand-Wettbewerb mit anderen Systemen fördert *(Red Diamond Supply, Inc. v. Liquid Carbonic Corp.*, 637 F. 2d 1001[5th Cir. 1981], cert. den. sub. nom *Red Diamond Supply, Inc. v. Acme Weld & Supply, Inc.*, 454 U.S. 827, 102 S.Ct. 119 [U.S. Sup.Ct. 1981]). Voraussetzung ist dabei freilich, daß ein solcher interbrand-Wettbewerb überhaupt besteht. Es ist daher im einzelnen zu überprüfen, wie groß der Marktanteil des Franchisegebers im konkreten Falle ist. Desweiteren darf das Verhalten des Franchisegebers nicht zu einer Monopolstellung oder zu einem konspirativen Verhalten mit anderen selbständigen Teilnehmern am Wettbewerb führen *(Glickmann*, Band 1, § 7.03).

(5) **Aufkündigung der Exklusivität.** Hier ist Vorsicht geboten. Nach einer kürzlich ergangen Entscheidung kann möglicherweise im Endergebnis die Exklusivität nur durch vollständige Aufkündigung des Franchisevertrags beendet werden. Ein Gericht in Texas hatte in diesem Fall entschieden, daß es unzulässig sei, den Franchisevertrag hinsichtlich der Exklusivität teilzukündigen, obwohl sich im vorliegenden Fall der Franchisenehmer

mit der Begleichung seiner Franchisegebühren sich im Rückstand befand (*Remax of Texas, Inc. v. The Katar Corp.*, Tex. Ct. App. (CCH) § 11, 414). Anders die Entscheidung Collin Entertainment Corp. v. Drews Distributing Inc., Bus. Fran. Guide (CCH) § 11, 591 (4th Cir. 1999). Dort wurde eine Aufkündigung der Exklusivität wegen Nichterreichens der Mindestumsatzzahlen des Franchisevertrags als zulässig erachtet.

46. Unterstützung vor Eröffnung des Franchisegeschäfts. Der Inhalt der Unterstützungsverpflichtung des Franchisegebers gegenüber dem Franchisenehmer vor Eröffnung des Franchisegeschäfts unterliegt der Vertragsgestaltungsfreiheit der Parteien. In der Regel umfaßt diese Verpflichtung die Auswahl des Geschäftsstandortes bzw. eine Beratung des Franchisenehmers bei der Auswahl des Geschäftsstandortes, wenn dieser seinen Standort frei wählen darf. Hierfür können umfangreiche Marktanalysen erforderlich sein. Nach *item* 11 der *UFOC-Instructions* (vgl. dazu Anmerkung Nr. 3) ist der Franchisegeber allerdings verpflichtet, die von ihm bei der Auswahl des Standortes benutzten Methoden und Grundlagen seiner Standortanalyse ausführlich darzulegen. Sieht der Vertrag ausdrücklich vor, daß mit der Zustimmung oder Ablehnung eines Standorts durch den Franchisegeber keine Umsatzvolumen garantiert sind, und enthält der Vertrag darüber hinaus einen vollständigen Haftungsausschluß, hat die Klage des Franchisenehmers wegen negligence nach einer Entscheidung im Bundesstaat Georgia keine Aussicht auf Erfolg (*Flynn v. Roaster, Ltd* Bus. Fran. Guide (CCH), D.C. GA § 10, 875). Als weitere Unterstützungsmaßnahmen vor der Geschäftseröffnung kommen in Betracht: Hilfe zur Erlangung der notwendigen Ausstattung, Organisation einer Eröffnungswerbekampagne, Lieferung der Anfangsausstattung sowie beratende Präsenz während der Eröffnungsphase. Nicht alle diese Punkte müssen dabei von der Eintrittsgebühr gedeckt sein. Denn auch dies bleibt letztendlich der Vertragsgestaltungsfreiheit der Parteien des Franchiseverhältnisses überlassen.

47. Werbung und Verkaufsförderung. Die Aufnahme eines neuen Franchisenehmers in das System und insbesondere die Eröffnung seines Franchisegeschäfts wird in der Franchisepraxis meist vom Franchisegeber in besonderer Weise unter Einsatz der Medien bekannt gemacht. Diese Einführungswerbung ist Ausdruck seiner Pflicht zur Eingliederung des Franchisenehmerbetriebs in das System (Betriebseingliederungspflicht). Daneben ist der Franchisegeber auch zu allgemeinen Werbemaßnahmen im Verlaufe des Vertragsverhältnisses verpflichtet, was Ausdruck seiner laufenden Betriebsförderungspflicht ist. Während der Franchisenehmer für die örtliche (regionale und lokale) Werbung in seinem Vertragsgebiet verantwortlich ist, obliegt dem Franchisegeber die allgemeine, überörtliche (nationale) Systemwerbung. Die allgemeine Systemwerbung wird meist nicht allein vom Franchisegeber, sondern zumindest teilweise von den Franchisenehmern finanziert, die hierzu Werbebeiträge (vgl. hierzu Anmerkung Nr. 30) in einen vom Franchisegeber treuhänderisch verwalteten Werbefonds einzuzahlen haben. Im Franchisevertrag ist eine dementsprechende Regelung mit dem Ziel vorzusehen, einen vom Vermögen des Franchisegebers separaten Vermögensbestand zu schaffen und zu garantieren, daß die von den Franchisenehmern erhaltenen Gelder auch tatsächlich für Werbemaßnahmen des Franchisegebers eingesetzt werden. Der Franchisegeber verwaltet diesen Fonds zu treuen Händen aller Franchisenehmer.

48. Die Beistandspflichten des Franchisegebers während der Vertragslaufzeit. Ein wesentliches Merkmal des Franchiseverhältnisses sind die dem Franchisegeber obliegenden Beistands- bzw. Förderungspflichten zugunsten des Franchisenehmers. Diese begründen einen wichtigen Unterschied zum reinen Lizenzvertragsverhältnis (vgl. *Glickmann*, Band 1, § 2.03[5]). Der Franchisegeber ist im Rahmen seiner Aufklärungspflicht zur Offenlegung sämtlicher angebotenen Dienstleistungen gehalten (vgl. hierzu Item 11 der *Instructions for Preparation of Uniform Franchise Offering Circular*; vgl. hierzu auch

5. U.S.-amerikanischer Franchisevertrag

Anmerkung Nr. 3). Der Franchisegeber hat demnach detailliert Umfang, Art und Weise der dem Franchisenehmer versprochenen Überwachung, Unterstützung und Förderung aufzulisten (*Glickmann*, Band 1, § 9.06).

49. Training. Die Schulungs- oder Trainingsprogramme von Franchisegebern waren Gegenstand vieler Klagen von Franchisenehmern, weil kleinere, neue und unerfahrene Franchisegeber schlecht geplante Programme mit unqualifizierten Trainern anboten und oftmals nicht in den vereinbarten Zeiträumen die Trainingsprogramme veranstalten konnten. Deshalb verlangen die UFOC-Instructions in item 11 (vgl. dazu Anmerkung Nr. 3), daß der Franchisegeber über das Trainingsprogramm detailliert Auskunft erteilt: Standort, Dauer und Inhalt des Trainings, Zeitpunkt der Durchführung sowie die vom Franchisenehmer zu entrichtenden Gebühren und sonstige Kosten müssen dargelegt werden. Ist die Teilnahme am Trainingsprogramm für die Franchisenehmer nicht obligatorisch, so hat der Franchisegeber den Prozentsatz der Franchisenehmer anzugeben, die in den letzten zwölf Monaten vor der Erstellung des UFOC am Training bereits teilgenommen haben. Schließlich ist dem Franchisenehmer offenzulegen, welche zusätzlichen Trainingsprogramme der Franchisegeber (z.B. *refreshment courses* zu Auffrischungszwecken) zu belegen hat.

50. Assistenz während der Laufzeit des Vertrages. Bei der laufenden Betriebsförderungspflicht des Franchisegebers gegenüber dem Franchisenehmer stehen oft Beratungs- und Betreuungspflichten im Mittelpunkt. Dazu können etwa die Überwachung der Buchhaltung oder die Einweisung in technische oder betriebliche Neuerungen des Systems gehören. Häufig wird solche laufende Hilfestellung auch durch systemeigene Zeitschriften oder durch Bulletins, Memos und dergleichen geleistet und nur in Notfällen hierfür eigenes Franchisegeber-Personal eingesetzt. Zur Assistenz während der Laufzeit des Vertrages gehören oft auch gemeinschaftliche Werbemaßnahmen, Erneuerungen der Ausstattung, Versorgung mit Verpackungsmaterial usw.

51. Vertragsdauer. (1) Befristete Franchiseverträge. Franchiseverträge können hinsichtlich der Vertragsdauer unterschiedlich ausgestaltet sein. In der Regel wird der Franchisevertrag formal befristet, wobei eine Verlängerung des Franchisevertrages *(renewal)* vorgesehen werden kann, die ihrerseits unterschiedlich von den Parteien geregelt werden kann. Je größer die Investitionen des Franchisenehmers sind, desto größer ist auch sein Interesse an einer langfristigen Vereinbarung (*Behr*, S. 98). Eine grundsätzliche Begrenzung der maximalen Vertragsdauer sieht das U.S.-amerikanische Recht nicht vor. In einigen Bundesstaaten gilt hingegen eine gesetzlich vorgeschriebene Mindestdauer (so z.B. Conn.- Conn. G. En. Strt. tit. 42 §§ 42–133f (d), der eine Mindestdauer von drei Jahren vorsieht). Kurzfristige Verträge, die keine Verlängerungsoption enthalten, werden vielfach als problematisch und unredlich i.S.d. §§ 2–302(1) und 2–309(3) U.C.C. eingestuft (2 *Glickmann* § 13.04[5][e]). Franchiseverträge müssen daher eine angemessene Mindestdauer aufweisen, die es dem Franchisenehmer erlaubt, zumindest seine Investitionen amortisieren zu können (vgl. hierzu auch Anmerkung Nr. 63). Die Judikatur hat im übrigen eine Qualifizierung kurzfristiger Franchiseverträge als Arbeitsverträge diskutiert (*Clark Oil & Refining Corp.*, 129 N.L.R.B. 750 [1960]). Dieser *approach* hat sich jedoch nicht durchgesetzt.

(2) Unbefristete Franchiseverträge. Den Parteien steht es aber auch frei, unbefristete Verträge abzuschließen. Sehen die Parteien von einer Formulierung der Vertragsdauer ab, so gilt der Vertrag entweder als unbefristet abgeschlossen (*Glickmann*, Band 1, § 4.03[7]) oder zumindest als für eine bestimmte angemessene Dauer abgeschlossen, wobei u.a. das Amortisationsinteresse des Franchisenehmers Berücksichtigung findet (vgl. für Kalifornien: *Alpha Distributing Co. v. Jack Daniels Distillary*, 1972 Trade Cas., 73, 798 [9th Cir. 1972]; *Sinkoff Beverage Co. v. Jos. Schlitz Brewing Co.*, 51 Misc.

2d 446, 273 N.Y.S.2d 364 [N.Y.Sup.Ct. 1966]). Die Judikatur stützt sich teilweise auf *U.C.C.* § 2–309(2), der ausdrücklich die Geltung für eine angemessene Zeit anordnet, wenn der Vertrag keine Bestimmungen über die Vertragsdauer enthält (vgl. *Glickmann,* Band 2, § 13.04[5][e]).

52. Beendigung des Franchisevertrags. (1) Überblick über die Entwicklung des Franchisenehmerschutzrechts. a) In der Anfangsphase des Franchiserechts verfügte der Franchisegeber über weitreichende Möglichkeiten der Vertragsbeendigung. Das *Common Law* ließ die sog. *termination at will* zu, wonach der Franchisegeber zur einseitigen Beendigung des Franchisevertrags berechtigt war, und zwar ohne Einhaltung irgendwelcher Fristen und ohne Angabe oder Bestehen von Kündigungsgründen. Selbst in den neunziger Jahren sind derartige Rechtsauffassungen in der Judikatur geäußert worden (*Traumann v. Southland Corp.* 858 F. Supp. 979 [N.D. Cal. 1994]). Die Judikatur gab hier stets der Vertragsfreiheit den Vorrang. Die Franchisenehmerschaft befand sich daher anfänglich in einer äußerst ungesicherten Rechtsstellung, denn sie konnte sich weder auf schützende Gesetze noch auf zur Abwehr geeignete Präzedenzfälle stützen. Im Vordergrund der Gerichtsentscheidungen stand zunächst die auf einem weiten Verständnis von Vertragsfreiheit *(doctrine of enforcement of contract)* beruhende Auffassung, daß alleine der Franchisevertrag das Rechtsverhältnis zwischen den Vertragsparteien regele. Diese Haltung änderte sich jedoch in den darauf folgenden Jahren. Die Gerichte waren mehr und mehr mit Fällen konfrontiert, in denen US-amerikanische Franchisenehmer nicht selten ihre gesamten Ersparnisse *(life savings)* für den Eintritt in das Franchisesystem aufwendeten und sich dann durch die Beendigung des Franchisevertrags vor dem finanziellen persönlichen Ruin befanden. Es wurde erkannt, daß vor allem der Franchisegeber und die übrigen im System verbleibenden Absatzmittler von der Beendigung des Franchisevertrags profitieren (*Mobil Oil Corp. v. Rubenfeld,* 1973 Trade Cas. § 74, 306 (N.Y. Civ. Ct. 1972), aff'd, 1974–1 Trade Cas., § 75, 066, 72 Misc. 2d 392 (N.Y. App. Term 1974), rev'd 1975 Trade Cas. § 60, 389 (N.Y. App. Div. 1975); dies sei der *economic death sentence* (das wirtschaftliche Todesurteil) des Franchisenehmers, der sein gesamtes Kapital investiert habe, ohne irgendeine Rückvergütung erhalten zu haben; so *Kessler,* 66 Yale L.J. 1135, 1149 (1957); vgl. hierzu auch *Fern/Klein,* 36 Bus. Law 1041 (1981)). Die Strategie mancher Franchisegeber, den Marktbereich erst durch den Franchisenehmer entwickeln zu lassen und später das Vertriebssystem umzustrukturieren und beispielsweise mit angestellten Vertriebsmittlern den Waren- bzw. Dienstleistungsabsatz zu bewerkstelligen, entpuppte sich auch als US-amerikanisches Phänomen (*Pepsi Co. Inc.,* die Muttergesellschaft der Firma *Pizza Hut,* plante bereits 1991 ca. 60% der Franchise betriebenen Geschäfte zu akquirieren und in Filialunternehmen umzuwandeln; vgl. hierzu *Byers,* The Journal of Corporation Law 1994, S. 607, 637 Fn. 191: *Boyd,* The Journal of Corporation Law, S. 607, 621; *King,* 13 U.C. Davis L. Rev. S. 780, 784 (1990)).

b) In vielen Bundesstaaten wurde daher ein eigenständiges und allgemeines Franchisenehmerschutzrecht in sog. *termination and non renewal laws* entwickelt. Überdies sind Franchisenehmer-Schutzvorschriften in den sog. *special industry laws* implementiert worden (vgl. hierzu auch Anmerkung Nr. 1). Aber auch das *Common Law* entwickelte Präzedenzfälle zum Schutz des Franchisenehmers vor einer unangemessenen Vertragsbeendigung. Für Fragen der Vertragsbeendigung ist daher generell zu überprüfen, ob das betreffende Franchiseverhältnis in den Anwendungsbereich eines Franchisenehmerschutzgesetzes fällt *(statute law).* Fehlt ein derartiges Schutzgesetz, so sind Fragen der Vertragsbeendigung nach *Common Law* zu überprüfen. Den größeren Schutz genießt der Franchisenehmer allerdings in denjenigen Bundesstaaten, die entweder über allgemeine oder spezielle Franchisegesetze die Beendigung des Franchisevertrags regeln, auch wenn *Common law* und *statute law* sich in den vergangenen Jahren angenähert haben.

c) Zieht man Resümee, so ist die Vertragsbeendigung von folgenden Faktoren abhängig: (1) Es muß eine angemessene Vertragslaufzeit *(reasonable duration)* eingehalten worden sein. (2) Die Beendigung des Franchisevertrags erfordert das Vorliegen eines triftigen Grundes *(good cause)*. (3) Die Beendigung des Franchisevertrags erfordert das Einhalten einer angemessenen Kündigungsfrist *(notice)*. (4) Die Beendigung des Franchisevertrags ist in manchen Staaten an die Zahlung eines Ausgleichs *(compensation)* gebunden (vgl. hierzu Anmerkung Nr. 62 zum Goodwillausgleich). (5) In manchen Staaten unterliegt die Beendigung des Franchisevertrags dem Verbot der Diskriminierung *(antidiscrimination)* (vgl. hierzu Anmerkung Nr. 53 zur Nichtverlängerung).

(2) **Die unterschiedlichen Formen der Vertragsbeendigung.** Der Begriff der *Termination* umschreibt oberbegrifflich zunächst einmal die Vertragsbeendigung im allgemeinen. Franchiseverträge können aber auf verschiedenen Wegen beendet werden. Die Beendigung durch Auslaufen der Vertragslaufzeit eines befristeten Franchisevertrags wird als *expiration* bezeichnet. Die zum Schutz des Franchisenehmers eines befristeten Franchisevertrags erlassenen Regelungen knüpfen hierbei an den Tatbestand der Nichtverlängerung des Franchisevertrags *(non renewal)* an. Hiervon zu unterscheiden ist die Kündigung eines unbefristeten oder befristeten Vertragsverhältnisses *(resiliation)*. Für die Kündigung eines Franchisevertrags wird auch der Begriff der *cancellation* verwendet, wenn es sich um eine Kündigung wegen Vertragsbruchs handelt. Diese Differenzierung ist der Begrifflichkeit des U.C.C. entnommen, der in *Section 2–106* die *termination* von der *cancellation* unterscheidet. *Termination* bedeutet danach, daß eine Partei den Vertrag aus einem anderen Grund als Vertragsbruch *(breach of contract)* beendet. Dies hat dann zur Folge, daß alle noch nicht erfüllten Vertragspflichten *(executory obligations)* von diesem Zeitpunkt an suspendiert sind (UCC § 2–106(3)). Dagegen liegt eine *cancellation* vor, wenn der Vertrag wegen eines Vertragsbruches der anderen Partei einseitig beendet wird. Alle Vertragspflichten bleiben hier gem. *Section* 2–106(4) UCC weiterhin bestehen (instruktiv hierzu *Cantor*, § 7.02, S. 317). Diese begrifflichen Differenzierungen werden von den *Franchise-Statutes* jedoch nicht immer konsequent eingehalten. Darüber hinaus fehlen klare Differenzierungen zwischen befristeten und unbefristeten Franchiseverträgen. Vielfach wird lediglich die vorzeitige Kündigung und Nichtverlängerung des befristeten Franchisevertrags ausdrücklich geregelt. Die hierfür geltenden Vorschriften werden jedoch entsprechend auf unbefristete Franchiseverträge übertragen (*Carl A. Haas Auto Imports, Inc. v. Lola Cars*, Ltd. 933 F. Supp. 1381 (N.D. Ill. 1996)).

53. Nichtverlängerung des Franchisevertrags. (1) Rechtslage bei ausdrücklichen Vertragsregelungen, die eine Verlängerung vorsehen. Franchiseverträge werden in der Regel als befristete Verträge abgeschlossen. Bis auf wenige Ausnahmen, die sich aus einzelnen *Franchise-Statutes* ergeben können, unterliegt diese Regelung der Vertragsdauer der Vertragsfreiheit der Parteien (vgl. Anmerkung Nr. 51 u. 52). Der Franchisenehmer sollte allerdings auf eine ausdrückliche Implementierung von Verlängerungsmöglichkeiten im Franchisevertrag *(prolongation* oder *renewal)* achten. Die Erneuerungsklausel wird meistens mit der Regelung über die Vertragsdauer gekoppelt. Die inhaltliche Ausgestaltung der *renewal clause* unterliegt der Vertragsfreiheit der Parteien (vgl. *Behr*, S. 100). So können sie die automatische Verlängerung des Vertrages bei Erreichen des Endes der Laufzeit vereinbaren. Denkbar und zulässig ist es auch, die Verlängerung an eine Option des Franchisenehmers zu binden. Ob für die Verlängerung erneut Franchisegebühren *(renewal fee)* fällig werden sollen, obliegt ebenfalls der Vertragsgestaltungsfreiheit der Parteien (*Louis/Hancock*, S. 60 ff.). Ist eine Vertragsverlängerung in den Franchisevertrag aufgenommen worden, so ist dies zwar keine Garantie einer Vertragsverlängerung. Doch ergibt sich hieraus immer die Verpflichtung des Franchisegebers, die Vertragsverlängerung nach Treu und Glauben zu behandeln und verhindert so eine willkürliche und einseitige Weigerung der Vertragsverlängerung (*Vylene Enterprises, Inc. v. Naugles, Inc.*, 90 F. 3d 1472 [9th Cir. 1996, Bus. Fran. Guide (CCH), § 10, 981]).

(2) **Rechtslage bei Fehlen einer Verlängerungsklausel. a) Common Law.** Nach *Common Law* steht es dem Franchisegeber frei, von einer Verlängerung des Franchisevertrages abzusehen. Im Unterschied zu den kodifizierten Schadensersatzansprüchen *(statutory remedies)* im Rahmen spezieller Franchisegesetze spielt daher die Differenzierung zwischen befristeten und unbefristeten Franchiseverträgen eine weitaus größere Rolle. Ist der befristete Franchisevertrag erst einmal ausgelaufen, hat der Franchisenehmer nach *Common Law* keinen Verlängerungsanspruch *(Baxter Healthcare Corp. v. O.R. Concepts, Inc.,* 69 F. 3d 785 (7th Cir. 1995); *Barn-Chesnut, Inc. v. CFM Corp. BFG,* § 10, 670 (W. Va. Sup. Ct. App. 1995). Nach dem Common law der überwiegenden Bundesstaaten ist die Verlängerungsklausel kein notwendiger Bestandteil eines Franchisevertrags. In der rechtswissenschaftlichen Literatur wird diese Rechtsauffassung kritisiert. Sie möchte die Grundsätze des *Equity*-Rechts, das eine unredliche Weigerung, den Franchisevertrag zu verlängern, verbietet, entgegensetzen (vgl. *Glickmann,* Band 2, § 13.04[8]); *Byers,* The Journal of Corporation Law 1994, S. 607ff.; *Greco,* Cleveland State Law Review 1981, S. 523ff.). Vereinzelte Gerichtsentscheidungen spiegeln diese Rechtsauffassung der Literatur wider, und lesen die *renewal clause* als stillschweigend zwischen den Parteien vereinbart in den Vertrag hinein *(implied term),* wenn der Franchisegeber eine deutlich höhere Vertragsmacht aufgrund seiner wirtschaftlichen Macht hat und diese Machtposition unter Verwendung von Standardverträgen gegenüber dem Franchisenehmer dazu benutzt, dem Franchisenehmer seine Bedingungen zu diktieren (vgl. *Shell Oil Co. v. Marinello,* 1972, Trade Cas., § 74, 178 [N.J. Supp. 1972], aff'd 1973 Trade Cas. § 74, 604 [N.J. Sup. 1973]; *Mobil Oil Corp. v. Rubenfeld,* 1973 Trade Cas., § 75, 306, 72 Misc. 2d 392 [N.Y. Civ. Ct. 1972], aff'd, 1974–1 Trade Cas., § 75, 066, 72 Mic. 2d 392 [N.Y. App.Term. 1974]). Doch das Common Law der meisten Bundesstaaten steht einer derartigen weiten Anwendung der *doctrine of implied terms* skeptisch und zurückhaltend gegenüber. In denjenigen Bundesstaaten, in denen die Beendigung des Franchisevertrags nicht gesetzlich geregelt ist, sollte der Franchisenehmer daher besonders auf klare Vertragsregelungen in Fragen der Vertragsverlängerung achten.

b) Statute Law. Unter Umständen kann jedoch die Frage der Vertragsbeendigung mittels Nichtverlängerung des Franchisevertrages von allgemeinen Franchisegesetzen sowie der verschiedenen *Special Industry Laws* zwingend und unabdingbar vorgegeben sein. Als Nichtverlängerung wird von manchen *Franchise Statutes* auch das Abhängigmachen der Vertragsverlängerung von substantiellen Änderungen des Franchisevertrags angesehen (*Iowa Code* § 30–523 H.8.2.; *Nebrask Rev. Stat.* § 87–404; *California. Bus. Prof. Code* § 200025(f)). Die meisten spezialgesetzlichen Vorschriften sehen hier vor, daß es dem Franchisegeber verboten ist, ohne triftigen Grund *(good cause)* eine Verlängerung des Franchisevertrags zu verweigern (vgl. z.B. *California Franchise Relations Act, Calif. Bus. and Prof. Code Div..* 8, Ch. 5,5, § 20000–20043). Des weiteren ist der Franchisegeber verpflichtet, seine Absicht, von einer Verlängerung des Franchisevertrages abzusehen, rechtzeitig und schriftlich (§ 20030 *California Franchise Relations Act)* dem Franchisenehmer anzukündigen *(notice)* (vgl. § 20025 *California Franchise Relations Act,* welcher eine Frist von 180 Tage vorsieht). Als triftige Gründe werden alle diejenigen Gründe angesehen, die auch zu einer vorzeitigen Beendigung des Vertrages berechtigen (vgl. hierzu Anmerkung Nr. 57 zu *good cause*). In einigen Bundesstaaten ist jedoch zu beachten, daß der Franchisenehmer nicht anders als seine anderen im System befindlichen Franchisekollegen behandelt werden darf. Für alle Franchisenehmer muß hier ein gleicher Maßstab gelten (vgl. hierzu *Becker/Boxman,* Fran. Law Journal, Fall 1999, S. 64).

54. Kündigung des Franchisevertrags. Sowohl befristete als auch unbefristete Franchiseverträge sind nach *Common Law,* nach den allgemeinen Gesetzen und auf der Grundlage der speziellen Franchisegesetze der Einzelstaaten und des Bundes prinzipiell von beiden Parteien kündbar (*Glickmann,* Band 2, § 13.04[5][e]; *Enghusen,* S. 91; *Ace Beer Distrib., Inc., v. Kohn Inc.,* 318 F. 2d 283 [6th Cir. 1963]; *United States v. Colgate & Co.,* 250 U.S. 300, 39 S. Ct. 465, 63 2 Ed. 992, 199; *United States v. Arnold Schwinn & Co.,* 237 F. Supp. 323 [N.D.Ill. 1965]; *Richetti v. Meister Brau Inc.,* 1970 Trade Cas., § 73, 326 [9th Cir.]). Ausgehend von der sogenannten *enforcement of contract*-Theorie war der älteren Judikatur zufolge der Franchisevertrag sogar jederzeit und ohne Einhaltung weiterer Voraussetzungen kündbar, wenn die Parteien vertraglich nichts Gegenteiliges vereinbart hatten (*Ford Motor Co. v. Kirkmyer Motor Co.,* 65 F. 2d 1001, 1006 [1933]; *Bushwick-Decatur Motors, Inc. v. Ford Motor Co.,* 116 F. 2d 675 [1940]). Die Gerichte fühlten sich insoweit an die Privatautonomie der Parteien gebunden. Hiervon ist die Judikatur inzwischen abgewichen (vgl. *Behr,* S. 102 m.w.N.; vgl. hierzu auch Anmerkung Nr. 52). Judikatur und Legislative des Bundes sowie der einzelnen Bundesstaaten haben die Privatautonomie der Parteien zum Schutze des Franchisenehmers und seines Amortisationsinteresses eingeschränkt und die Frage der Kündbarkeit von Franchiseverträgen von bestimmten Voraussetzungen abhängig gemacht, die für jeden einzelnen Bundesstaat allerdings unterschiedlich sein können. In der Regel sind Franchiseverträge daher nur innerhalb einer vertraglich bzw. gesetzlich vorgesehenen Kündigungsfrist (vgl. hierzu Anmerkung Nr. 56 zur Kündigungsfrist), die je nach Kündigungsgrund von unterschiedlicher Dauer sein kann, durch schriftliche Kündigung mittels *certified* oder *registered mail* bzw. durch *forehand delivery* kündbar. Die Kündigung unterliegt darüber hinaus dem Verhältnismäßigkeitsgrundsatz. Ausdruck dieses Verhältnismäßigkeitsgrundsatzes ist das Erfordernis, dem Franchisenehmer die Möglichkeit zu belassen, innerhalb einer bestimmten Frist einfache Vertragsverletzungen wiedergutzumachen. Zum anderen erfordert jede Kündigung das Vorliegen einer sachlichen Rechtfertigung (*good cause;* vgl. *Shell Oil Company v. Marinello,* 307 A.2d 598 [1973], cert. den. 94 S.Ct. 1421 [1974]; vgl. auch z.B. *California Franchise Relations Act* § 20020; gleichlautende Erfordernisse ergeben sich auch aus den *Special Industry Laws*). Verstößt der Franchisegeber gegen diese zwingenden Vorschriften zur Kündigung von Franchiseverträgen, so hat der Franchisenehmer einen Anspruch auf Weiterführung des Franchisevertrages. Daneben können Schadensersatzansprüche wegen *breach of contract* entstehen, wobei auf Unterschiede in den einzelnen Bundesstaaten zu achten ist (vgl. *Behr,* S. 110; *Pour Rafsendjani,* S. 480 ff. sowie Anmerkung Nr. 52 ff. zur Vertragsbeendigung).

55. Erfordernis der angemessenen Vertragslaufzeit *(reasonable duration).* Franchiseverträge unterliegen einer Wirksamkeitsvoraussetzung, die den Schutz des Amortisationsinteresses des Franchisenehmers in bezug auf die von ihm getätigten Investitionen zum Gegenstand hat. Danach darf der Franchisevertrag erst nach Ablauf einer angemessenen Mindestlaufzeit (*reasonable duration* oder *reasonable term*) beendet werden (Franch Prac & Distr Law, § 10:12; *Ag-Chem Equipment Co., Inc., v. Hahn, Inc.,* 480 F2d 482 (CA81973); *Allied Equipment Co. v. Weber Engineered Products, Inc.,* 237 F2d 879, 882 (CA41956), *Jack's Cookie Co. v. Brooks,* 227 F2d 935, 939 (CA41955), cert den 351 S 908 (1956)). Dieses Erfordernis steht selbständig neben der Einhaltung einer angemessenen Kündigungsfrist. Diese muß nochmals selbständig beachtet werden (vgl. hierzu *McGinnis Piano & Organ Co v. Yamaha Internatinal corp.,* 480 F2d 474, 479 (CA81973); *Clausen & Sons Inc., v. Theo Hamm Brewing Co.,* 395 F2d 388, 391 (CA81968)). Diese Voraussetzung ist allerdings nur in wenigen Bundesstaaten spezialgesetzlich vorgeschrieben (z.B. in *Georgia:* Hier wird der Amortisationsschutz dadurch bewerkstelligt, daß der *Gasoline Marketing Practices Act, Ga. Laws* 1973, Ch. 213 eine Mindestlaufzeit des Franchisevertrags von drei Jahren vorschreibt; vgl. hierzu *Glickmann,* Franchising, Bd. III, 3 GA-3). Der Amortisationsschutz des Franchisenehmers ergibt sich in den übrigen Bundesstaaten, die keinen spezialgesetzlichen Amortisationsschutz vorsehen, aus dem jeweiligen *Common Law.* Der Franchisenehmer kann hier mit der *remedy* des *breach of contract* sowie über die deliktsrechtliche Anspruchsgrundlage der *tortious interference with contractual relationships* gegen den Franchisegeber vorgehen (vgl. hierzu auch Anmerkung Nr. 63 zum Investitionsersatzanspruch). Die Angemessenheit der Vertragslaufzeit bestimmt sich wiederum nach den Umständen des Einzelfalles (*Official Comment Nr. 7* zum UCC Section 2-309(2)). In der Judikatur wird hierbei ein Zeitraum von einem bis zu drei Jahren veranschlagt (*J. C. Millett Co., v. Park & Tilford Distillers Corp.*, 123 F. Supp. 484 (ND Cal 1954); *Hall v. Hall*, 158 Tex 95, 308 SW2d 12 (1958)). Kündigt der Franchisegeber vor dieser Amortisationszeit, hat der Franchisenehmer zwei Möglichkeiten: Er kann im einstweiligen Rechtsschutzverfahren (*injunction*) die Aufrechterhaltung des Franchiseverhältnisses und damit die Weiterbelieferung durch den Franchisegeber beantragen oder über das *remedy* der *recoupment*, einem Unterfall der *remedy* wegen *breach of contract*, Schadensersatzklage erheben und den Ersatz der noch nicht amortisierten Investitionen fordern (vgl. hierzu Anmerkung Nr. 63 zum Investitionsersatzanspruch).

56. Kündigungsfrist *(Notification)*. (1) Spezialgesetzliche Regelungen. Die Kündigung des Franchisevertrages ist prinzipiell nur unter Einhaltung einer angemessenen Kündigungsfrist gestattet, die abhängig vom Kündigungsgrund von unterschiedlicher Dauer sein kann und gegebenenfalls spezialgesetzlich geregelt ist (zur Rechtslage nach *Common Law* vgl. Anmerkung Nr. 53). Die Parteien des Franchisevertrages müssen sich daher zunächst vergewissern, ob nicht ein spezielles Franchisegesetz in ihrem Fall die Dauer der Kündigungsfrist vorgibt. Ein Vertrag jedenfalls, der eine solche Kündigungsfrist nicht vorsieht, wird von der Judikatur als unredlich eingestuft (*Bunty v. Shell Oil Co.*, 19712 Trade Cas. § 73,687 [Nev. 1971]). Für Warenfranchiseverträge ergibt sich die notwendige Kündigungsfrist aus *U.C.C.* § 2-302(1) und § 2-309(3), sofern keine anderweitigen spezielleren Franchisegesetze einschlägig sind. Aus Gründen der Verhältnismäßigkeit ist dem Franchisenehmer in bestimmten Fällen die Möglichkeit zu belassen, innerhalb der im Vertrag bestimmten Frist seine Vertragsfehler wiedergutzumachen (*to cure*, z.B. innerhalb einer Frist von dreißig Tagen nach *California Franchise Relations Act* § 20020). Erst wenn der Franchisenehmer diese Frist fruchtlos verstreichen lässt oder wiederholt das gleiche vertragswidrige Verhalten an den Tag legt, kann von der Einhaltung dieser Frist abgesehen werden (*California Franchise Relations Act* § 20021). Von der Fristeinhaltung kann der Franchisegeber auch in folgenden, nicht abschließend aufgezählten Fällen absehen: Konkurs des Franchisenehmers, Geschäftsaufgabe durch Franchisenehmer bzw. Nichtbetreiben des Franchisegeschäfts über einen Zeitraum von mehr als fünf Geschäftstagen (außer im Falle höherer Gewalt), bei Verurteilung des Franchisenehmers wegen einer Straftat (vgl. *California Franchise Relations Act* § 20021; je nach Bundesstaat kann dies variieren).

(2) Rechtsfolgen bei Mißachtung der Einhaltung einer angemessenen Kündigungsfrist. Werden die Vorschriften hinsichtlich der *notification* verletzt, so führt dies nicht zu einer Unwirksamkeit der Kündigung. Vielmehr verlängert sich der Franchisevertrag um den Zeitraum der nicht eingehaltenen Kündigungsfrist. Der Vertrag verlängert sich also nicht auf unbestimmte Zeit (*Becker/Boxerman*, Fran. Law. Journal, Fall 1999, S. 70). Alternativ kann der Franchisenehmer auch Schadensersatz verlangen. Die Nichteinhaltung der angemessenen Kündigungsfrist löst die Ersatzpflicht hinsichtlich des entgangenen Geschäftsgewinns *(loss of profits)* aus. Hierbei besteht jedoch eine zeitliche Grenze, welche sich an dem Ablauf einer ordnungsgemäßen *notification* orientiert (*American Motor Sales Corp. v. Semke*, 384 F.2d 192 (10th Cir. 1967); zu den Anforderungen einer ordnungsgemäßen Begründung der Schadensersatzklage vgl. *Cecil Corley Motor Co. v. General Motors Corp.*, 380 F. Supp. 819 (M.D. Tenn. 1974) sowie *Shor-Line Rambler, Inc. v. American Motors Sales Corp.*, 543 F.2d 601 (7th Cir. 1976)). Ersatzfähig ist hierbei lediglich der Rein- oder Nettogewinn *(net profits)* (*Martin Motor Sales v. Saab Scania of America*, 452 F. Supp. 1047 (S.D.N.Y. 1978), aff'd., 1595 F.2d 1209 (2d Cir. 1979)).

57. Erfordernis der sachlichen Rechtfertigung *(good cause)*. **(1) Überblick.** Die Beendigung des Franchisevertrags setzt das Vorliegen eines sachlich gerechtfertigten Grundes *(good cause)* voraus. Dies gilt auch für den Fall der Weigerung des Franchisegebers, nach Ablauf der Vertragslaufzeit, den Franchisevertrag zu verlängern *(non renewal)*. Eine Ausnahme macht hier insoweit Section 24 des *Illinois Franchise Disclosure Act* (1987), demzufolge der *good cause*-Standard nicht für die verweigerte Vertragsfortführung *(nonrenewal)* gilt. Es ist für den Franchisegeber gefährlich, das Vertragsverhältnis ohne das Vorliegen eines anerkannten Rechtfertigungsgrundes zu beenden und quasi eine schadensersatzrechtliche Kompensationszahlung in Kauf zu nehmen. Denn häufig ist das vom Franchisenehmer angerufene Gericht ermächtigt, gegenüber dem Franchisegeber bei festgestelltem willkürlichen Verhalten neben dem tatsächlich erlittenen Schaden *(actual damage)* auch zusätzlichen Strafschadensersatz *(punitive* bzw. *exemplary damage)* auszusprechen. Überdies trägt der Franchisegeber in diesen Fällen auch Kostenlast für die angefallenen Anwalts- und Verfahrenskosten (vgl. z.B. 15 U.S.C. § 2805(d)(C)).

(2) Spezialgesetzliche Regelungen. a) In nahezu sämtlichen Bundesstaaten der USA wird mittlerweile für die Zulässigkeit der Beendigung des Franchisevertrags vorausgesetzt, daß der Franchisegeber für seine Entscheidung einen triftigen, d.h., sachlich gerechtfertigten Grund *(good cause)* darlegen und beweisen kann (vgl. hierzu *Fran Prac & Distr Law*, § 10:16 m.w.N.). Die Terminologie ist diesbezüglich in den verschiedenen Franchisegesetzen uneinheitlich. Synonym werden auch die Begriffe *good faith, reasonable cause, due cause* oder *justly termination* gebraucht. Damit ist die vormals nach *Common Law* bestehende Vertragsbeendigungsfreiheit des Franchisegebers, der sich in den Franchiseverträgen vielfach die jederzeitige Kündigung des Franchiseverhältnisses *(termination at will)* vorbehalten hatte, erheblich eingeschränkt worden. Mit dieser Konzeption näherten sich die einzelstaatlichen Gesetzgeber der ursprünglichen Forderung der Franchisenehmerschaft, daß der Franchisenehmer solange vor einer Beendigung des Franchisevertrags durch den Franchisegeber zu schützen sei, wie der Franchisenehmer seine Vertragspflichten tadellos erfülle. Dies wurde vereinzelt von der Judikatur auch bestätigt (*Shell Oil co. v. Marinello*, 1972 Trade Cas. 74, 178 (N.J. Super. 1972), aff'd, 1974-1 TradeCas., § 75,066, 72 Misc. 2d 392 (N.Y. App. Term. 1974)).

(b) Das *statute law* verfolgt mehrheitlich sowohl in seinen bundeseinheitlichen Gesetzen – dem *Automobile Dealers Franchise Act* und dem *Petroleum Marketing Act* – als auch in den verschiedenen, einzelstaatlichen Franchisegesetzen die Konzeption der Restriktion der Vertragsbeendigung. Sie gilt – was den Bereich der einzelstaatlichen Franchisegesetze anbetrifft – in den Bundesstaaten *Alabama, Alaska, Arizona, Arkansas, California, Colorado, Connecticut, Delaware, District of Columbia, Florida, Georgia, Hawaii, Idaho, Iowa, Maine, Michigan, Minnesota, Mississippi, Missouri, Montana, Maryland, Nebraska, Nevada, New Hampshire, New Jersey, New Mexico, New York, North Carolina, North Dakota, Ohio, Oklahoma, Oregon, Pennsylvania, Puerto Rico, Rhode Island, South Dakota, Tennessee, Texas, Vermont, Virginia, Washington* und *Wyoming* und wird sowohl von branchenspezifischen als auch branchenübergreifenden Franchisegesetzen erfaßt (umfassend hierzu *Pour Rafsendjani*, S. 485ff.). Jedoch steht nicht die Entschädigung des Franchisenehmers, sondern der Schutz vor einer Beendigung des Franchisevertrags durch den Franchisegeber im Vordergrund der Bemühungen um einen Franchisenehmerschutz. Dies ist für den anglo-amerikanischen Rechtsraum eine recht ungewöhnliche Entwicklung. Denn die Aufrechterhaltung des vertraglichen Erfüllungsinteresses *(specific performance)* bildet eigentlich die Ausnahme in der anglo-amerikanischen Rechtsordnung. Die *specific performance* ist eine *equitable remedy*. Sie kommt immer nur subsidiär gegenüber den remedies des *Common law* (auch: *legal remedies*) zum Zuge, wenn diese nicht geeignet sind, den Schaden angemessen wiedergutzumachen. Im Kaufrecht ist dies z.B. gem. *Section* 2-716(1) U.C.C. der Fall, wenn es sich um einzigartige Waren handelt; vgl. hierzu *Fessler*, Contracts, S. 7-39; zur *specific performance* in Dauerschuldverhältnissen vgl. auch *Laclede Gas Co. v. Amoco Oil Co.,* 522 F. 2 d 33 (8th Cir 1975)). Vorrangig ist in der Regel die Entschädigung der jeweiligen Vertragspartei (vgl. *Fessler,* Contracts, S. 7–36: *When money fails to right the wrong).* In den speziellen Franchisegesetzen wird indes überwiegend das Ziel angestrebt, dem Franchisenehmer einen Bestandsschutz zu vermitteln, solange er seinen vertraglich übernommenen Verpflichtungen nachkommt. Eine Vertragsbeendigung ist danach nur zulässig, wenn sich der Franchisegeber auf einen sachlich gerechtfertigten Grund *(good cause)* berufen kann. In manchen Bundesstaaten gilt dies auch für den Fall, daß das jeweilige Franchiseverhältnis nicht in den Anwendungsbereich eines speziellen Franchisegesetzes fällt.

a) **Divergierende** *good-cause*-**Maßstäbe.** Trotz dieses gemeinsamen konzeptionellen Ansatzes der Restriktion der Vertragsbeendigungsfreiheit ist nicht für alle Bundesstaaten eine einheitliche Aussage darüber zu treffen, in welchen Fällen nun konkret eine sachliche Rechtfertigung zur Beendigung des Franchisevertrags vorliegt. Denn diesbezüglich besteht in den USA kein einheitliches Verständnis über Inhalt und Reichweite der *good cause.* Der hier zugrunde gelegte Maßstab divergiert je nach Bundesstaat und Franchisegesetz. Teilweise wird ein abschließender Katalog von Rechtfertigungsgründen bzw. Beendigungsgründen erstellt (so im *Petroleum Marketing Practices Act),* teilweise geschieht dies nur enumerativ. In vielen Fällen wird das *good-cause*-Erfordernis sogar nur pauschal beschrieben. Dies führt naturgemäß zu erheblichen Unwägbarkeiten, zumal auch das *Common law* der verschiedenen Bundesstaaten keine einheitliche Linie vorgibt.

aa) **Automobile Dealers Franchise Act.** Nach *Section* 1222 des *Automobile Dealers Franchise Act* ist der Franchisenehmer berechtigt, gegen den Franchisegeber vor jedem *District Court* am Geschäftssitz des Herstellers (Franchisegeber) zu klagen, wenn dieser durch die Beendigung des Franchisevertrags gegen die in *Section* 1221 (e) U.S.C. kodifizierte Treuepflicht verstößt. Der Begriff *good faith* wird in 15 U.S.C. § 1221(e) lediglich als pauschales Mißbrauchsverbot definiert. Die zum *Automobile Dealers Franchise Act* ergangene, bundesrechtliche Judikatur hat keine eindeutige Entscheidungspraxis erkennen lassen, in welchen Fällen die Vertragsbeendigung einen Treuepflichtsverstoß darstellt. Denn auch hier zieht man sich lediglich auf allgemeine beschreibende Formeln zurück. Danach stellt die Beendigung des Franchisevertrags einen Treuepflichtsverstoß dar, wenn sie zur Drohung, der Ausübung von Zwang oder als Mittel zur Diskriminierung eingesetzt wird *(short of evidence of a pattern of coercion, intimidation, threats, and discrimination)* (*American Motor Sales Corp. v. Semke* 384 F. 2 d 192 (10th Cir. 1967); *Diehl & Sons, Inc. v. International Harvester Co.,* 426 F. Supp. 11 (E.D.N.Y. 1976); vgl. hierzu auch *Glickmann,* Franchising, Bd. III, 3 13.03[2][a]). Eine treuwidrige Vertragsbeendigung wurde beispielsweise in dem Versuch des Franchisegebers gesehen, mit der Beendigung des Franchisevertrags den Franchisenehmer zu einer Abnahme unbestellter Kraftfahrzeuge zu zwingen, obwohl im Franchisevertrag keine derartige Mindestabnahmepflicht aufgenommen worden ist (*American Motor Sales Corp. v. Semke* 384 F. 2 d 191 (10th Cir. 1967), *Diehl & Sons, Inc. v. International Harvester Co.,* 426 F. Supp. 11 (E.D.N.Y. 1976)). Problematisch sind diejenigen Fälle, in denen dem Franchisenehmer weitere Investitionen abverlangt werden, die dieser aber nicht aufzubringen in der Lage ist. Teilweise wird dies als sachliche Rechtfertigung einer Vertragsbeendigung anerkannt (vgl. *Daigle-Mc Innis, Inc. v. American Motors Sales Corp.,* 1974–2 Trade Cas., § 75,195 (M.D.La.1974)). So z.B. in einem Fall, in dem der Franchisenehmer es unterließ, trotz mehrfacher Forderung seitens des Franchisegebers bestehende Unzulänglichkeiten abzubauen, und der Umsatz des Franchisenehmers im Vergleich zu den anderen Franchisenehmern drastisch unter dem Durchschnitt lag, und ferner eine Unterkapitalisierung sowie ungenügende Werbung und Absatzbemühungen feststellbar waren (vgl. auch *Garvin v. American Motor Sales Corp.,* 318 F. 2 d 518 (3 d Cir. 1963); *Universale Sales Ltd. V. World-Wide Volkswagen Corp.,* 299 F. Supp. 1365 (S.D.N.Y. 1969); zur wettbewerbsrechtlichen Dimension vgl. *Pour Rafsendjani,* 21. Kapitel C II).

5. U.S.-amerikanischer Franchisevertrag

Es sind aber auch Entscheidungen anzutreffen, die eine Beendigung des Franchisevertrags in dem vorher beschriebenen Fall für unzulässig erachten (*Shor-Line Rambler, Inc. v. American Motor Sales Corp.*, 543 F. 2d 601 (7th Cir. 1976); *H.C. Blackwell Co. v. Kenworth Truck Co.*, 1980–2 Trade Cas., § 63,409 (5th Cir 1980)). Im übrigen legt die Judikatur den Begriff der *good cause* aber recht großzügig aus (*Byers*, Tue Journal of Corporation Lau 1994, S. 609, 626; *Autohaus Brugger, Inc. v. SAAB Motors*, Inc. 567 F. 2d 901, 911 (9th Cir); cert denied, 436 U.S. 946 (1978); *Garvin v. American Motors Sales Corp.*, 318 F. 2d 518 (3d Cir. 1963); *Woodwarrd v. General Motors Corp.*, 298 F. 2d 121,123 (5th Cir.), cert. denied, 369 U.S. 887). Im Bereich des Automobilhandels sind letztendlich vor allem Gründe als sachgerecht anerkannt worden, die ein Fehlverhalten des Franchisenehmers zur Grundlage haben, wie z.B. die Nichterfüllung von Mindestumsatzklauseln *(minimum sales quota)* (*Albany Motor Sales v. Ford Co.*, 338 F. 2d 732 (8th Cir. 1964)) oder die Nichteinhaltung der Systemrichtlinien *(quality standards)* (*Milos v. Ford Motor Co.*, 206 F. Supp. 86 (W.D. Pa. 1962), aff'd 317 F. 2d 712 (3rd Cir. 1963)). Selbst wenn die Vertragsbeendigung in diesem Fall auf Druck der übrigen Franchisenehmer erfolgt, ist eine Kündigung wegen Nichteinhaltung der Systemrichtlinien zulässig (*Monsanto Co. v. Spray-Rite Corp.* 465 U.S. 752, 104 S. Ct. 1464, 7 L. Ed. 2d 775 (1984); vgl. hierzu auch *Glickmann*, Franchising, Bd. I, § 4.03[7][c] und *Glickmann*, Franchising, Bd. III, § 13[1][a]). Desgleichen wurde eine Kündigung wegen ungenügender Investitionsbemühungen des Franchisenehmers zugelassen. Den Franchisenehmern gelingt es daher nur selten, eine *wrongful termination* vor den Gerichten durchzusetzen (vgl. hierzu *Glickmann*, Franchising, Bd. III, § 13.03[2][a], Fn. 138 m.w.N.). Im Ergebnis führt damit das Erfordernis, sich in Fragen der Beendigung des Franchisevertrags an Treu und Glauben zu halten, zu keinem echten Schutz des Franchisenehmers. Teilweise wird nicht einmal eine vom Franchisegeber zu verfassende, schriftliche Begründung für die Vertragsbeendigung verlangt (*Howard v. Chrysler Corp.*, 705 F. 2d 1285 (10th Cir 1983)). Der Franchisenehmer kann sich im Bereich des Kfz-Vertriebs also nicht unbedingt darauf verlassen, daß sein Vertrag solange bestehen bleibt, wie er sich auch treuegemäß verhält.

bb) Petroleum Marketing Practices Act. Der *Petroleum Marketing Practices Act* enthält hingegen eine ausdifferenzierte Regelung in bezug auf die Frage der Rechtmäßigkeit der Beendigung bzw. Nichtverlängerung von *Petroleum-Product*-Franchiseverträgen. Der Franchisevertrag darf hier gemäß Section 2802(1)(B) U.S.C nur aus den im Gesetz enumerativ aufgeführten Gründen beendet werden. Überdies ist der Franchisegeber verpflichtet, sein Beendigungsvorhaben zu begründen und innerhalb einer angemessenen Frist dem Franchisenehmer anzukündigen (15 U.S.C. § 2802(1)(A) i.V.m. § 2804). Das Franchiseverhältnis vermag daher z.B. nur dann vom Franchisegeber beendet werden, wenn der Franchisenehmer in der Vergangenheit trotz Abmahnung systemschädigenderweise gegen ihm obliegende Ordnungs- bzw. Vertragspflichten verstoßen hat. Auf dieser Grundlage wird auch das Nichterreichen des Mindestabsatzvolumens als *good cause* anerkannt. Zu den weiteren Beendigungsgründen zählen die mangelnden Absatzbemühungen des Franchisenehmers, vorausgesetzt, daß diese mindestens 180 Tage zuvor angemahnt wurden und der Franchisenehmer diese Frist fruchtlos hat verstreichen lassen. Auch die Beendigung des Franchiseverhältnisses aufgrund eines Aufhebungsvertrags ist hier aufgeführt. Voraussetzung ist auch hier, daß die Aufhebungsvereinbarung mindestens 180 Tage vor dem Auslaufen des Franchisevertrags abgeschlossen wurde (15 U.S.C. § 2802(2)(D); dem Franchisenehmer steht diesbezüglich gemäß § 2802(2)(D)(iii) ein siebentägiges Widerrufsrecht zu.). Weitere Beendigungsgründe sind Fälle höherer Gewalt und die mangelnde Einigung über die Voraussetzungen einer Vertragsverlängerung, falls es sich insoweit um übliche und angemessene Vertragsbedingungen handelt. Desgleichen können Ereignisse, die ausschließlich in den Risikobereich des Franchisenehmers fallen, wie z.B. die Insolvenz und der Bankrott des Franchisenehmers, eine sachliche Rechtfertigung zur Beendigung des Franchisevertrags begründen. Hierbei können allerdings Kollisionen mit dem ebenfalls bundesgesetzlich geregelten Insolvenzrecht auftreten. Weiterreichende, einzelstaatliche Regelungen, wie sie z. B. im Bundesstaat *Connecticut* existieren, sind nachrangig *(overruled)* (vgl. hierzu *Marini v. Atlantic Richfield Co.*, 475 F. Supp. 142 (N.J. 1979)).

cc) Sonstige franchisespezifische Beendigungsgesetze (termination and nonrenewal laws). Im Bereich der einzelstaatlichen Franchisegesetze zählen zu den klassisch anerkannten Beendigungsgründen Vertragspflichtverletzungen des Franchisenehmers, soweit es sich um schwerwiegende Pflichtverletzungen handelt oder wenn wiederholt obliegende Vertragspflichten nicht eingehalten werden. Einfache Pflichtverletzungen gereichen nur dann zur Kündigung des Franchisenehmers, wenn der Franchisenehmer zuvor eine angemessene Frist zur Behebung seines Fehlers *(opportunity to cure)*, die von den Franchisegesetzen teilweise vorgegeben wird und in der Regel dreißig Tage beträgt, fruchtlos hat verstreichen lassen (z. B. § 20020 *California Business and Profession Code; Iowa Code Ann.* § 523 H.8; *Wash. Rev. Code Ann.* § 19 100 180(j)). Eine fristlose Kündigung des Franchisevertrags ist nur in Ausnahmefällen gestattet, wenn eine schwerwiegende Pflichtverletzung *(misrepresentation,* wiederholte Nichteinhaltung ihm obliegender Pflichten) des Franchisenehmers vorliegt oder wenn es um Ereignisse geht, die ausschließlich in seinen unternehmerischen Risikobereich fallen (Insolvenz, Verurteilung wegen Unterschlagung) bzw. wenn Ereignisse eintreten, die wegen der Gefährdung der öffentlichen Sicherheit und Gesundheit die Einstellung des Franchisegeschäfts selbst erfordern (z. B. § 20021 *California Business and Profession Code*). Zulässig ist auch die Beendigung des Franchisevertrags im beiderseitigen Einverständnis per Aufhebungsvereinbarung (z. B. § 20025(d) *California Business and Profession Code*). Desgleichen stellen der Mißbrauch der Franchise-Marke, die Übertragung der Franchise ohne Zustimmung des Franchisegebers, der Verstoß gegen das vertragliche Wettbewerbsverbot sowie der Verrat von Betriebsgeheimnissen sachliche Gründe dar, die eine Beendigung des Franchisevertrags rechtfertigen (vgl. hierzu auch *Byers*, The Journal of Corporation Law 1994, S. 625, Fn. 115).

b) Grenzfragen der sachlichen Rechtfertigung: Vertragsbeendigung aus unternehmenspolitischen Gründen. Die Rechtfertigungskataloge weisen in Grenzfragen bezüglich einer Vertragsbeendigung, in denen gerade kein schuldhaftes bzw. vertragswidriges Verhalten des Franchisenehmers vorliegt, bedeutende Unterschiede auf. Zu diesen prekären Beendigungsgründen zählen die Vertragsbeendigung aus absatzpolitischen Gründen des Franchisegebers sowie die Beendigung wegen Tod, Krankheit oder Insolvenz des Franchisenehmers (vgl. hierzu Anmerkungen 59 u. 60). Besonders deutlich werden die Divergenzen in bezug auf die Beendigung von Franchiseverträgen aus unternehmenspolitischen Gründen. Einheitliche Aussagen über die Zulässigkeit und damit auch Ausgleichspflichtigkeit derartiger Vertragsbeendigungen lassen sich jedoch nicht für alle Franchisekategorien treffen. Die gesetzlichen Fassungen sind diesbezüglich unterschiedlich ausgestaltet, die Entscheidungspraxis der Judikatur uneinheitlich (ausführlich hierzu *Pour Rafsendjani*, S. 421 ff.). Die Beendigung des Franchiseverhältnisses aus Gründen des vollständigen Rückzugs des Franchisegebers aus dem Vertriebsgeschäft in bezug auf das konkret dem Franchiseverhältnis zugrundeliegende Produkt *(market withdrawl)* wird von der Judikatur überwiegend als sachliche Rechtfertigung einer Vertragsbeendigung anerkannt (z. B. *Iowa* Franchise Code: § 523 H.8.23). Der Franchisenehmer muß in diesem Fall, ohne für den von ihm entwickelten Goodwillsurplus ausgeglichen worden zu sein, aus dem Franchiseverhältnis ausscheiden. Dies gilt jedoch nicht, wenn der Franchisegeber auch nach Vertragsbeendigung die vom Franchisenehmer entwickelten Vertriebsoutlets weiterhin für sich nutzt *(Kealey Pharmacy & Home Care Serv. V. Walgreen Co.*, 761 F. 2d 345 (7th Cir. 1985); *General Motors Corp. v. Gallo GMC Truck Sales, Inc*) 711 F. Supp. 810 (N.J. 1989)). Größere Divergenzen treten auf, wenn die Beendigung des Franchisevertrags wegen Umstrukturierungen des Produkt- bzw. Dienstleistungsabsatzes erfolgt. Die Rechtslage differiert diesbezüglich in den einzelnen Bundesstaaten. In

5. U.S.-amerikanischer Franchisevertrag
III. 5

einigen Bundesstaaten wie *California, Minnesota* und *Puerto Rico* gilt das Motiv der Umstrukturierung des Produkt- bzw. Dienstleistungsabsatzes nicht als sachliche Rechtfertigung. Der Franchisenehmer kann in diesen Fällen die Aufrechterhaltung des Franchisevertrages durchsetzen und für die Zeit bis zu Wiederherstellung Schadensersatz für den entgangenen Gewinn *(loss of profits)* verlangen (§ 20025 *California Business and Profession Code; Minnesota Franchise Law, Minnesota Statutes,* Chapter 80C, Section 80C.14 Subdivision 4 Satz 2; *Puerto Rico Dealers' Contracts Act, Puerto Rico Laws Anotated,* Title 10, Ch. 278, § 278 a-1(b)(1)). Alternativ kann er aber von einer Wiederherstellung des Franchiseverhältnisses absehen und Schadensersatz für das Wegbrechen seines Unternehmensbereiches fordern. Hier kommt dann auch ein Goodwillausgleich des Franchisenehmers in Betracht. In *Hawaii* ist dagegen die Beendigung des Franchisevertrags zwecks Umstrukturierung des Franchiseverhältnisses erlaubt, sofern der Franchisegeber einen angemessenen Goodwillausgleich leistet (branchenübergreifend gem. *Hawaii Revised Statutes,* Title 26, Chapter 482E, Section 482E-6 und speziell für Automobilhändler: *Automobile Dealers Act, Hawaii Rev. Stat.* § 437–28(b), abgedr. bei *Glickmann,* Franchising, Bd. III, 4 HI-5).

Der *Marketing Petroleum Practices Act* schränkt gleichfalls die unternehmerische Freiheit des Franchisegebers erheblich ein. Dieser kann sein Absatzsystem nicht unbedingt so gestalten, wie er es für richtig und vernünftig hält. Gemäß 15 U.S.C. §§ 2802(2)(E)(ii) und 2802(3)(D) stellt die Absicht des Franchisegebers, das Franchiseverhältnis aus absatzpolitischen Gründen zu beenden, um beispielsweise das Franchisesystem in ein Filialsystem umzuwandeln, keinen anerkannten Beendigungsgrund dar. Der Franchisegeber kann damit *de facto* und *de jure* das Franchiseverhältnis nur noch in Fallkonstellationen rechtmäßig beenden, in denen es ihm praktisch unmöglich ist, den vom Franchisenehmer erarbeiteten Goodwillsurplus zu nutzen, oder es ihm erlaubt ist, den Goodwill kompensationsfrei zu nutzen, weil der Franchisenehmer durch sein Verhalten die Vertragsbeendigung heraufbeschworen hat. Dies könnte der Grund sein, weshalb kein legislatorisches Bedürfnis gesehen wurde, dem Franchisenehmer einen Goodwillausgleichsanspruch nach Vorbild des § 89b HGB zu gewähren. Wirtschaftliche und absatzpolitische Gründe berechtigen den Franchisegeber nur dann zur Vertragsbeendigung, wenn er den vollständigen Marktrückzug *(market withdrawl)* beabsichtigt oder den Wechsel zum Vertrieb eines anderen Produkts anstrebt (15 U.S.C. § 2802(2)(E) und § 2802(3)(D)(i)(I)). In diesem Fall ist der Franchisegeber allerdings verpflichtet, eine Kündigungsfrist von mindestens 180 Tagen einzuhalten. Überdies hat er Marktrückzugspläne zu erstellen, die dem *govenor* des jeweiligen Bundesstaates, in dem ein Franchise-outlet betrieben wird, zugesandt werden muß. Schließlich hat er vor der Beendigung des Vertrags dem Franchisenehmer ein *bona fide*-Angebot über das betreffende Franchise-outlet abzugeben, in dem dann auch ein Betrag für den immateriellen Firmenwert des Franchisenehmerbetriebs enthalten ist (15 U.S.C. § 2802(b)(3)(D)(iii); über die Anforderungen an ein *bona-fide-offer* vgl. *Glickmann,* Franchising, Bd. I, § 4.03[7][e] und *Tobias v. Shell Oil Co.,* 1986 Trade Cas., § 66,964 (4th Cir. 1986)).

58. Vertragsbeendigung nach *Common Law*. (1) Nichtverlängerung des Franchisevertrags. Nach überwiegendem *Common Law* der meisten Bundesstaaten verfügt der Franchisenehmer nicht über ein Verlängerungsrecht, wenn er nicht entsprechende Vorkehrungen im Franchisevertrag getroffen hat (*Baxter Healthcare Corp. v. O.R. Concepts, Inc.,* 69 F. 3d 785 (7th Cir. 1995); *Barn-Chesnut, Inc. v. CFM Corp. BFG,* § 10, 670 (W. Va. Sup. Ct. App. 1995). Die Verlängerungsklausel ist kein notwendiger Bestandteil des Franchisevertrags (vgl. hierzu Anmerkung Nr. 1 zur Definition des Franchisevertrags).

(2) Kündigung des Franchisevertrags. a) Rechtslage bei Vorhandensein ausdrücklicher Vertragsregelungen. Sieht der Vertrag ausdrücklich die jederzeitige, im Ermessen des Franchisegebers stehende, vorzeitige Beendigung des Franchisevertrags *(termination at* *will)* (so z. B. die Situation bei den *Subway Sandwiches & Salads*-Verträgen: Vertrag kann jederzeit gekündigt werden ohne sachlich gerechtfertigten Grund und mit einer Kündigungsfrist von lediglich 30 Tagen.; *Benett, Julie,* Franchise Buyer, June 1995, S. 22) vor, so bestehen für den Franchisenehmer kaum Chancen, auf der Grundlage des *Common Law* die Beendigung des Franchisevertrags abzuwehren bzw. einen Goodwillausgleich auf dem Wege des Schadensersatzes wegen unzulässiger Vertragsbeendigung zu fordern (vgl. z. B. *Traumann v. Southland Corp.* 858 F. Supp. 979 (N.D. Cal. 1994); *Byers,* The Journal of Corporation Law 1994, S. 607, 633). Zwar wird teilweise über die *implied convenant of good faith and fair dealing* das Ermessen des Franchisegebers eingeschränkt (vgl. hierzu *Abrams,* ABA Forum on Franchising 1995, S. 1; vgl. auch *TCBY Sys., Inc. v. RSP Co.,* 33 F. 3d 925, 928–29 (8th Cir. 1994); *Traumann v. Southland Corp.,* 858 F. Supp. 979, 893 (N.D. Cal. 1994); *James v. Whirlpool Corp.,* 806 F. Supp. 835, 843 (E.D. Mo. 1992); *Transmissions, Inc.,* 708 F. Supp. 867, 884–85 (N.D. Ill. 1989); *Dayan v. Mc. Donalds Corp.,* 125 Ill. App. 3d 972, 990, 466 N.E. 2d 985, 971–72 (1st Dist. 1984); *Burger King Corp. v. Austin,* 805 F. Supp. 1007, 1014 (S.D. Fla. 1992)). Jedoch bewirkt diese Ermessensbegrenzung lediglich ein Hinauszögern der Vertragsbeendigung, da hierdurch lediglich eine angemessene Mindestlaufzeit des Franchisevertrags und die Einhaltung einer angemessenen Kündigungsfrist verlangt werden kann (*Wester Oil & Fuel co. v. Kemp,* 245 F. 2d 633 (8th Cir. 1957)). In der Regel kommt die *implied convenant of good faith and fair dealing* nur dort zum Tragen, wo der Vertrag zu der Frage der Beendigung des Franchiseverhältnisses schweigt oder doppeldeutig ist (*Domed Stadium Hotel Inc. v. Holiday Inns, Inc.,* 732 F 2d 480, Bus Franchise Guide (CCH), § 8176 (CA51984); *Bonanza International, Inc. v. Restaurant Management Consultants, Inc.* 625 F Supp 1431, 1445 (ED La 1986); *Murphy v. American Home Products Corp.,* 58 NY 2d 293, 461 NYS 2d 232, 448 NE 2d 86 (1983)). Die *implied convenant of good faith and fair dealing* habe nicht die Aufgabe, einen bestehenden Vertrag im nachhinein zu modifizieren (*C. Pappas Co., Inc. v. E&J Gallo Winery,* 1985–1 Trade Cas., § 66,641 (E.D. Calif. 1985); *Mc. Donald's Corp. v. Watson,* 69 F. 3d 36 (5th Cir. 1995)). Einen Umschwung könnte diesbezüglich in der Rechtsprechung zugunsten des Franchisenehmers die Entscheidung *Burger King Corp. v. Austin* (Florida) bedeuten, die eine weitreichende Anwendung der *implied convenant of good faith and fair dealing* propagiert und die letztendlich für jeden Fall der Vertragsbeendigung das Vorliegen einer sachlichen Rechtfertigung verlangt (Burger King Corp. v. Austin, 805 F. Supp. 1007, 1014 (S.D. Fla. 1992)): Es bleibt abzuwarten, inwieweit diese Entscheidung einen durchbrechenden Umschwung in der Rechtsprechung zugunsten des Franchisenehmers bewirken wird.

b) Rechtslage bei Fehlen ausdrücklicher Beendigungsregelungen im Franchisevertrag. aa) Ältere Judikatur. Schweigt der Vertrag jedoch zu der Frage der Vertragsbeendigung, hängt nach herrschender Auffassung in der Rechtsprechung die Vertragsbeendigung nach Vorbild der speziellen Franchisegesetze davon ab, ob der Franchisegeber für seinen Entschluß eine sachliche Rechtfertigung *(good cause)* darlegen und beweisen kann. Die ältere Judikatur hat hierzu noch eine sehr strenge Auffassung vertreten. Hatten die Parteien keine Regelung über die Zeitdauer und die Beendigung des Franchisevertrages getroffen, war nach Auffassung dieser Rechtsprechung der Vertrag nach *Common law* jederzeit kündbar (*Purest Ice Cream v. Kraft,* Inc., 806 F 2d 323 (CA 11986); *Tim W. Koerner & Associates, Inc. v. Aspen Labs, Inc.,* 492 F. Supp. 294, 303 (SD Tex 1980); *BBCI, Inc. v. Canada Dry Deleware Valley Bottling Co.,* 393 F. Supp. 299 (ED Pa 1975)). Derartige offene Verträge waren danach von beiden Parteien ohne das Erfordernis einer *good cause* und einer *notification* kündbar (*Willcox & Gibbs Sewing Mach. Co v. Ewing,* 141 US 627, 637, 35 L Ed 882, 12 S Ct 94 (1981); *Meredith v. John Deere Plow Co.,* 185 F 2d 481 (CA 81950), cert. den 341 US 936 (1951); *Purest Ice Cream v. Kraft, Inc.,* 806 F 2d 323 (CA 11986); *Century Refining Co. v. Hall,* 316 F 2d 15 (CA 10 1963)).

bb) Neuere Judikatur (reasonable duration, notification, good cause). Diese strenge Linie wurde vor allem durch das *Common Law* im Bundesstaat *New York* praktiziert (vgl. z. B. *Haines v. City of New York,* 41 NY 2 d 769, 772–773, 396 NYS2 d 155, 158, 346 NE2 d 820 (1977)). In einem ersten Schritt wurde schließlich in einigen Staaten eine Abmilderung dieser rigorosen Haltung vorgenommen, indem auch bei Verträgen *terminable at will* eine angemessene Kündigungsfrist vor Beendigung des Franchisevertrages eingehalten werden mußte *(reasonable notice)* (*W. K. T. Distributing Co. v. Sharp Electronics Corp.,* 746 F2 d 1333 (CA1984) – Minnesota –; *Joe Regueira, Inc. v. American Distilling Co.,* 642 F2 d 826, 829 (CA51981) – Florida –). Im Laufe der Zeit wurde schließlich auch das Erfordernis der sachlichen Rechtfertigung zum Schutze des Franchisenehmers herangezogen. Diese Rechtsprechung setzte sich vor allem im Bereich der Exklusivverträge durch. Derartige Verträge sollten bei Vorliegen einer *good cause* kündbar sein, solange der *distributor* sich vollumfänglich und mit besten Kräften *(best efforts)* für den Absatzherrn einsetzte (*Burgermeister Brewing Corp. v. Bowman,* 227 Cal App 2 d 274, 38 Cal Rptr 597 (1967); *Mangini v. Wolfschmidt, Ltd,* 192 Cal App 2 d 64, 13 Cal Rptr 503 (1961). Zum Erfordernis der *good cause* nach *Common Law* vgl. *Franch Prac & Distr Law,* § 10.15, S. 32 mit einer Auflistung von Beispielen). Die h. M. begründet das Erfordernis der sachlichen Rechtfertigung einer Vertragsbeendigung mit der Figur der *implied convenant of good faith and fair dealing.* (*C. & J. Delivery, Inc. v. Emery Air Fraight Corp.,* 647 F. Supp. 867, 875 (E. D. MO. 1986); *Beneficial Commercial Corp. v. Murray Glick Datsun, Inc.* 601 F. Supp. 770, 772 (S.D.N.Y. 1985); *Picture Lake Campground v. Holiday Inns, Inc.* 497 F. Supp. 858, 869 (E. D. Va. 1980); *Lippo v. Mobil Oil Corp.,* 776 F. 2 d 706, 714 n.14 (7th Cir. 1985); *Seegmiller v. Western Men., Inc.* 437 P. 2 d 892, 894 (Utah 1986); *Atlantic Richfield co. v. Razumic,* 390 A.2 d 736, 742–44 (Pa. 1978); *Shell Oil Co. v. Marinello,* 307 A. 2 d 598 (N. J. 1973)). Diesen Weg wählt auch ein Großteil der rechtswissenschaftlichen Literatur zur Begründung des *good cause*-Erfordernisses (*Mc Laughlin/Jacobs,* Franchise L. J. (Summer 1987); *Burton,* 94 Harv. L. Rev., S. 369 (1980); *Byers,* The Journal of Corporation Law 1994, S. 607, 632). Die Judikatur begründet diese Figur zum Teil auch aus einer entsprechenden Anwendung der §§ 2–103(1)(b) und 2–203 des U.C.C. Die Anwendung der Vorschriften des U. C. C. auf Franchiseverträge ist jedoch nicht unproblematisch. Denn dem Wortlaut des Art. 2 U. C. C. zufolge sind diese Vorschriften nur auf Verträge anwendbar, welche die Veräußerung von Waren *(sale of goods)* zum Gegenstand haben. Die entsprechende Anwendung des U.C.C bejahend: *Sinkoff Beverage Co. v. Jos. Schlitz Brewing Co.,* 51 Misc. 2d 446, 273 N.Y.S.2d 364 (N.Y. Sup. Ct. 1966); *Division of Triple T. Serv., Inc., v. Mobil Oil corp.,* 60 Misc. 2d 720, 304 N.X.S. 2d 191 (Sup. Ct. 1969), aff'd 311 N.Y.S.2d 830 (1970). Gegen eine Anwendung dieser Vorschriften auf Franchiseverträge, welche die Vermietung der Geschäftsräume durch den Franchisegeber mitumfassen: *Mobil Oil Corp. v. Rubenfeld,* 1973 Trade Cas., § 74, 306 (N. Y. Civ. Ct. 1972), aff'd 1974–1 Trade Cas. § 75, 066, 72 Misc. 2d 392 (N. Y. App. Term. 1974), reversed 1975–2 Trade Cas. § 60,389 (N. Y. App. Div. 1975). Mit großen Unsicherheiten ist allerdings die Frage behaftet, in welchen Fällen konkret eine sachliche Rechtfertigung zur Beendigung angenommen werden kann. Das *Common Law* der verschiedenen Bundesstaaten läßt hier keine einheitliche Linie erkennen. Besonders gravierend ist dies im Fall der Beendigung aus absatzpolitischen Gründen. In *Wisconsin* und *Virginia* sind Entscheidungen anzutreffen, welche eine Beendigung aus Gründen der Reorganisation des Absatzsystems als unzulässig erachten (*Morley-Murphy Co. v. Zenith Electronics Corp.,* 910 F. Supp. 450 (W.D. Wis. 1996); *Sims Wholesale Co., Inc. v. Brown-Forman Corp., et. al.* BFG, § 10, 908 (Va. Sup. Ct. 1996). Dem Franchisenehmer steht nach dem *Common Law* dieser beiden Staaten damit dem Grunde nach ein Schadensersatzanspruch wegen *wrongful termination* zu. Vielfach sind aber auch Entscheidungen ergangen, wonach die Beendigung des Franchisevertrags aus absatzpolitischen Gründen der Umstrukturierung als zulässig erachtet wurde *(Ship & Shore Mortors, Inc. v. British*

Leyland Motors Inc., 1974–1 Trade Cas., § 75, 102 (D.N.J. 1974); *Bushie v. Stenocord Corporation*, 460 F. 2d 116 (9th Cir. 1972); *Carllamarca v. Miami Herald Publishing Co.*, 388 F. Supp. 1002 (S. Fla. 1975); *Hardin v. Houston Chronicle Publishing Co.*, 1977–2 Trade Cas., § 61,561 (S. Tex. 1977); *Naify v. Mc Clatchy Newspapers*, 599 F. 2d 355 (N. Cal. 1977), aff'd 1978–2 Trade Cas. § 62, 723 (9th Cir. 1979); *Hewlett Packard Co. v. Arch. Associates Corp.*, BFG § 10, 810 (E.D. Pa. 1995); *Florida Seed Co. Inc. v. Monsanto Co.*, 1995–2 Trade Cas. § 71, 240 (M.D. Ala. 1995); *Knutson v. Daily Review, Inc.* 1974–2 Trade Cas. § 75, 273 (N..D. Cal. 1974), aff'd, 1976–2 Trade Cas. § 61, 196 (9th Cir. 1976); *Neugebauer v. A.S. Abell Co.*, 474 F. Supp. 1053 (Md. 1979); *Oreck Corp. v. Whirlpool Copr.*, 563 F. 2d 54 (2d Cir. 1977), confirmed 1978–1 Trade Cas. § 62, 026, cert. denied, U.S. Sup. Ct., Oct. 30, 1978.). Der Franchisenehmer konnte sich in diesen Fällen weder auf die vertragsrechtliche *remedy* des *breach of the implied convenant of good faith and fair dealing* noch auf die deliktsrechtliche *remedy* der *tortious interference with contractual relationships* berufen. Die Gerichte erkennen immer häufiger das Recht des Franchisegebers an, in Anlehnung an eine entsprechende Vertragsformulierung die Verlängerung des Franchisevertrags wegen einer Änderung des Vertriebskonzepts zu verweigern (*Bushie v. Stenocord Corporation*, 460 F. 2d 116 (9th Cir. 1972); *Carllamarca v. Miami Herald Publishing Co.*, 388 F. Supp. 1002 (S. Fla. 1975); *Hardin v. Houston Chronicle Publishing Co.*, 1977–2 Trade Cas., § 61, 561 (S. Tex. 1977); *Naify v. Mc Clatchy Newspapers*, 599 F. 2d 355 (N. Cal. 1977), aff'd 1978–2 Trade Cas. § 62, 723 (9th Cir. 1979)). Es sei wesentlicher Bestandteil der unternehmerischen Freiheit des Franchisegebers, sein Vertriebssystem einseitig zu ändern (*Hewlett Packard Co. v. Arch. Associates Corp.*, BFG § 10,810 (E.D. Pa. 1995)). Der Franchisegeber ist danach berechtigt, seine Absatzpolitik zu ändern und neue Marketingmethoden zu verfolgen (*Florida Seed Co. Inc. v. Monsanto Co.*, 1995–2 Trade Cas. § 71, 240 (M.D. Ala. 1995)). Akzeptiert der Franchisenehmer keine Änderung des Marketingkonzepts, so ist der Franchisegeber berechtigt, den Franchisevertrag zu beenden (*Mc George Car Co., Inc. v. Leyland Motor Sales, Inc.* 504 F. 2d 52 (4th Cir 1974), dem folgend *Sargent Welch Scientific Co. v. Ventron Corp.*, 1976–2 Trade Cas., § 61, 146 (N. Ill. 1976), aff'd 1977–2 Trade Cas., § 61, 761 (7th Cir 1977), cert. denied, U.S. Sup. Ct., Oct. 2, 1978.). Auch die Umwandlung vom Franchisesystem in ein Filialsystem, verbunden mit dem Angebot an den Franchisenehmer als Arbeitnehmer tätig zu werden, wurde bereits als zulässig angesehen (*Knutson v. Daily Review, Inc.* 1974–2 *Trade Cas.* § 75, 273 (N..D. Cal. 1974), aff'd, 1976–2 Trade Cas. § 61, 196 (9th Cir. 1976)). Gleiches gilt für Vertragsbeendigungen wegen Umwandlung des Franchisesystems in ein *Agency*-System. Dies sei kein Fall einer *wrongful termination (Neugebauer v. A. S. Abell Co.*, 474 F. Supp. 1053 (Md. 1979); *Oreck Corp. v. Whirlpool Corp.*, 563 F. 2d 54 (2d Cir. 1977), confirmed 1978–1 Trade Cas. § 62, 026, cert. denied, U.S. Sup. Ct., Oct. 30, 1978). In der gleichen Linie liegt eine Entscheidung, in der die Beendigung des Franchisevertrags wegen Übernahme des Großhandelssektors durch den Franchisegeber als regelgerechte Beendigung eingestuft wurde (*Auborn News Co. v. Providence Journal Co.*, 6512 F. 2d 273 (1st Cir. 1981) cert. denied Jan. 15, 1982).

59. Insolvenz des Franchisenehmers. Eine Klausel der vorliegenden Art zur Insolvenz des Franchisenehmers findet man immer wieder in amerikanischen Franchiseverträgen. Denn ein insolventer Franchisenehmer gefährdet nicht nur die finanziellen Ansprüche des Franchisegebers, sondern darüber hinaus das Ansehen des Franchisesystems. Obwohl in einigen Bundesstaaten die Insolvenz als fristloser Kündigungsgrund anerkannt wird, kann eine Beendigung des Franchisevertrags anläßlich des Insolvenzfalles nach U.S.-amerikanischem Bundesinsolvenzrechts unzulässig sein.

(1) Überblick. a) Am 22. Oktober 1994 ist der *Bankruptcy Reform Act* mit der Unterzeichnung von Präsident Clinton in Kraft getreten, der die Stellung der Vertragsparteien im Insolvenzfalle erheblich beeinflußt und der das im 11. Titel des United States

Code (Bankruptcy) inkorporierte Insolvenzrecht reformiert bzw. ergänzt. Gerät eine der Vertragsparteien in die Insolvenz, so sieht der U.S.C. verschiedene Verfahren zur Lösung dieses Konfliktes vor. So besteht – neben vielen anderen Verfahrensweisen – die Möglichkeit der Eröffnung eines Liquidationsverfahrens gemäß Chapter 7 oder die Möglichkeit einer Reorganization gemäß Chapter 11, die der Wiederherstellung ordentlicher Verhältnisse und der Weiterführung des Unternehmens (des Franchisegeschäfts oder des Franchisegeber-Unternehmens) dient (vgl. hierzu *Glickmann*, Band 2, § 13A.01[1]).

b) Im Falle des reorganization-Verfahrens wird das Vermögen des insolvent gewordenen Schuldners (z. B. des Franchisegebers oder des Franchisenehmers) gemäß 11 U.S.C. § 1101 (1) Bankruptcy Code zunächst vom Schuldner selbst als debtor in possession verwaltet. Auf besonderen Antrag, der an den zuständigen Bankruptcy Court zu stellen ist, können die Gläubiger allerdings die Bestellung eines trustee (Sequester bzw. Konkursverwalter) gemäß § 1104 (b) Bankruptcy Code i.V.m. § 211 Bankruptcy Reform Act 1994 beantragen. Dieser löst sodann den debtor in possession in seiner Funktion als Treuhänder gemäß 11 U.S.C. § 1101 (1) ab. Die Eröffnung des Insolvenzverfahrens hat gemäß 11 U.S.C. § 362 den *automatic stay* zur Folge. Dies bedeutet die vorläufige Einstellung aller Vollstreckungsmaßnahmen sowie aller Maßnahmen, die in irgendeiner Weise Einfluß auf das Vermögen des Schuldners haben. Das Ziel des *automatic stay* liegt darin, dem *debtor in possession* bzw. dem *trustee* eine Atempause *(breathing time)* zu gewähren, damit entweder das Unternehmen zum Zwecke der Weiterführung reorganisiert werden kann oder damit die Liquidation des Unternehmens betrieben werden kann, falls die Prognosen darauf hindeuten, daß eine Weiterführung nicht möglich ist. Jede Rechtshandlung, die gegen den *automatic stay* verstößt, ist nichtig und kann zur Verpflichtung zum Schadensersatz *(actual oder punitiv damage)* führen (*Glickmann*, Band 2, § 13A.03[1][a]).

c) Gemäß Section 365 des Bankruptcy Code gilt der Franchisevertrag im Insolvenzfalle einer Partei als sogenannter *executory contract* (noch laufender Vertrag). Der Begriff des *executory contract* ist nicht gesetzlich definiert. Sein Inhalt bestimmt sich nach Richterrecht (vgl. hierzu Lubrizol Enters., Inc. v. Richmond Metal Finishers [In re Richmond Metal Finishers, Inc.], 756 F. 2d 1043 [4th Cir. 1985], cert. denied, 475 U.S. 1057 [1986]). Die Bedeutung der Einstufung des Franchisevertrages als *executory contract* liegt darin, daß der *Bankruptcy Court* dem *debtor in possession* bzw. dem *trustee* die Erlaubnis erteilen kann, den Franchisevertrag weiterzuführen *(assume)*, zu verweigern *(reject)* oder abzutreten *(assign)*. Auch wenn der Franchisevertrag die Abtretung beschränken oder sogar verbieten sollte, steht dies gemäß 11 U.S.C. § 365 (f) (1) einer Abtretung im Rahmen des Insolvenzverfahrens nicht entgegen (*Glickmann*, Band 2, § 13A.02[1][d]; In re Sunrise Restaurants, Inc., 135 B.R. 149, 152–53 [Bankr. M.D. Fla. 1991]). Die Weiterführung bzw. Abtretung kommt beispielsweise in Betracht, wenn das Franchisegeschäft sich trotz der Insolvenzsituation als weiterhin rentabel herausstellt. Der Franchisegeber kann allerdings unter bestimmten Voraussetzungen beim *Bankruptcy Court* eine Befreiung *(relief)* vom *automatic stay* erhalten, um das Franchiseverhältnis zu beenden (dazu sogleich).

(2) Eingeschränkte Beendigungsmöglichkeit. a) Wird beim Gericht die Einleitung eines Insolvenzverfahrens beantragt, so hindert dies zwar nicht die Beendigung des Franchisevertrages infolge Ablaufs der Vertragszeit (*Glickmann*, Band 2, § 13A.03[1][a]), doch ist der Franchisegeber gemäß 11 U.S.C. § 362 (a) (1)-(3) gehindert, anläßlich der Insolvenz eine fristgemäße Kündigung auszusprechen (Amoco Oil Co. v. Joyner [In re Joyner] 46 B.R. 130, 135 [Bankr. M.D. Ga. 1985]). Eine Kündigung, die noch vor Einleitung des Insolvenzverfahrens ausgesprochen wurde, soll dagegen, vorbehaltlich anderweitiger gerichtlicher Verfügung *(injunction)*, die ordentliche Kündigung nicht behindern (Turnpike Nissan, Inc. v. Nissan Motor Corp., 150 B.R. 345, 346 [Bankr. S.D. Ohio 1992].

b) Auch wenn in den Franchiseverträgen für den Insolvenzfall die automatische Beendigung des Vertragsverhältnisses bzw. ein einseitiges Kündigungsrecht der jeweiligen

Vertragspartei vorgesehen ist, sind diese Vertragsbestimmungen in der Regel nicht durchsetzbar, da der Franchisevertrag im Insolvenzfall infolge des *automatic* stay per Gesetz der diesbezüglichen Disposition der Vertragsparteien entzogen ist (*Glickmann*, Band 2, § 13A.03[1][b]). Dies gilt auch, wenn einzelstaatliche Vorschriften einer solchen Vertragsbestimmung an sich nicht entgegenstehen oder sie sogar ausdrücklich gestatten (vgl. hierzu *Glickmann*, Band 2, § 13A. 03[1][b]). Der Franchisevertrag wird insoweit gemäß Section 541 (a) *Bankruptcy Code* Bestandteil der Konkursmasse (*Glickmann*, Band 2, § 13A.03 [1] [e]; Computer Communications, Inc. v. Codex Corp. [In re Computer Communications Inc.], 824 F. 2 d 725 [9th Cir. 1987]). Daher sehen die meisten einzelstaatlichen *Guidelines* zur Erstellung des *UFOC* die Aufnahme eines besonderen Warnhinweises vor, in dem der Franchisenehmer darauf aufmerksam gemacht werden soll, daß Vertragsbestimmungen, die die Beendigung des Franchisevertrages anläßlich des Insolvenzfalles vorsehen, nicht im Rahmen des Bankruptcy Code durchsetzbar sind (vgl. z.B. California Instruction for UFOC Nr. 5 B i). Der Franchisevertrag kann somit in der Insolvenz nur dann beendet werden, wenn die betreffende Vertragspartei auf Antrag vom Bankruptcy Court gemäß 11 U.S.C. § 362 (a)(3) eine Befreiung von der Regelung des *automatic stay* erhält. Dies hat allerdings nur in extremen Ausnahmefällen (Notsituationen) Aussicht auf Erfolg. Die betreffende Partei muß hierbei darlegen und beweisen, daß ihr ohne die gerichtliche Befreiung ein irreparabler Schaden entstände (*Glickmann*, Band 2, § 13 A.02[1][a] m.w.N.). Als Befreiungsgrund zählt auch die treuwidrige (bad faith) Einleitung des Insolvenzverfahrens nach Chapter 11 (reorganization; vgl. hierzu Duggan v. Highland-First Ave. Corp., 25 B.R. 955, 961–62 [Bankr. C.D. Cal. 1982]).

60. Tod bzw. Geschäftsunfähigkeit des Franchisenehmers. (1) Der Tod des Franchisenehmers führt nicht automatisch zur Beendigung des Franchisevertrages, sofern die Parteien dies nicht im Rahmen ihrer Vertragsgestaltungsfreiheit vertraglich vorgesehen haben. In einigen Bundesstaaten wird die Vertragsautonomie der Parteien allerdings für den Todesfall des Franchisenehmers eingeschränkt. Danach wird der Tod nicht als sachliche Rechtfertigung für eine Beendigung des Franchiseverhältnisses anerkannt, wenn nicht besondere Umstände hinzukommen (vgl. z.B. § 19.1000 180 (1)u.(2)(c)-(j) des Washingtoner *Franchise Investment Protection Act*). Als besonderer Umstand gilt der Fall, daß die Ausübung des Franchisegeschäfts eine spezielle Ausbildung oder besondere Fähigkeiten oder Talente des Franchisenehmers voraussetzt und diese nicht innerhalb einer angemessenen Zeit nach dem Tod des Franchisenehmers vom zukünftigen Franchisenehmer erlangt werden können (*Glickmann*, Band 1, § 9.03 Fn. 135; Stellungnahme des *Washingtoner Policy Dept. of Licencing Securities Division*, Vol. 2, No. 83–3D vom 14. 3. 1983, abgedruckt in *Glickmann*, Band 1, § 9.03[14]). In diesen Fällen kann das Franchiseverhältnis von einem designierten Nachfolger oder von den Erben des Franchisenehmers weitergeführt werden (vgl. z.B. § 20027 *Franchise Relations Act*). In der Literatur wird teilweise die Auffassung vertreten, daß auch der Todesfall des Franchisenehmers die Beendigung des Franchiseverhältnisses rechtfertige (*Glickmann*, Franchising, Bd. I, § 4.03[7][e]). Dort, wo eine spezialgesetzliche Regelung über die sachliche Rechtfertigung der Beendigung des Franchisevertrags bezüglich Todesfall oder Insolvenz fehlt, gewinnt vor allem die Privatautonomie und die daraus resultierende Vertragsbeendigungsfreiheit des Franchisegebers an Bedeutung. Die Frage der sachlichen Legitimation im Todes- bzw. Krankheitsfalle des Franchisenehmers wurde hingegen im *Marketing Petroleum Practices Act* geregelt. Danach geht die Krankheit des Franchisenehmers zu Lasten desselben. Dauert sie länger als drei Monate mit dem Effekt, daß er seinen Absatzbemühungen nicht mehr nachkommen kann, ist der Franchisegeber berechtigt, den Franchisevertrag zu kündigen, ohne daß hierfür ein Goodwillausgleich zu zahlen ist (Lanham v. Amoco Oil Co., 481 F. Supp. 405 (Md. 1979)).

(2) Ist die franchisenehmende Partei eine juristische Person (z. B. eine Corporation-Kapitalgesellschaft), führt auch der Wechsel der Inhaberschaft an den Gesellschaftsanteilen nicht notwendigerweise zur Beendigung des Franchisevertrages, da die Person des Franchisenehmers sich nicht durch eine Änderung der *stockholders* ändert (vgl. z. B. für Washington R. C.W 19 100 180 (2)(c)). Wenn jedoch eine gesetzliche Regelung im jeweiligen Bundesstaat fehlt, unterliegt auch dies der Vertragsautonomie der Parteien. Der Franchisegeber hat unter Umständen ein Interesse, daß die Gesellschaftsanteile nicht in das Vermögen eines potentiellen Konkurrenten fallen. Vertraglich kann er daher Kontrollmechanismen einbauen, wie z. B. das Vorkaufsrecht oder ein Konkurrenzverbot, das dem franchisenehmenden Gesellschafter verbietet, seine Geschäftsanteile an Konkurrenten zu veräußern. Als flankierende Maßnahme wird auch das Recht des Franchisenehmers in Betracht kommen, die Veräußerung von seiner vorherigen schriftlichen Zustimmung abhängig zu machen.

61. Konsequenzen der Vertragsbeendigung. (1) Mit der Beendigung des Franchisevertrages entsteht ein kompliziertes Abwicklungsverhältnis. Der Franchisegeber ist hier insbesondere am Schutz seiner Marken und lizenzierten Logos interessiert, über die der Franchisenehmer neben den vertraulichen Marktinformationen während der Vertragsdauer verfügen durfte. Der Franchisegeber wird daher zum Schutz seines Systems die Einstellung des Gebrauchs der gewerblichen Schutzrechte fordern und die Rückgabe allen kennzeichnungskräftigen Materials verlangen. Darüber hinaus wird er vor allem bei Dienstleistungsfranchisen die Herausgabe der Kundenliste veranlassen. Zur Absicherung seines Systems wird für den Fall der Vertragsbeendigung ein nachvertragliches Wettbewerbsverbot aufgenommen.

(2) Der Franchisenehmer wird gegebenenfalls Restwarenbestände und Ausstattungsmaterial gelagert haben. Sein Interesse besteht darin, daß diese Gegenstände entweder vom Franchisegeber selbst angekauft werden oder die Veräußerung zumindest des Warenbestandes unter den Kennzeichen des Franchisesystems für eine angemessene Zeit nach Vertragsbeendigung gestattet wird. Schließlich kann auch eine Veräußerung des Geschäfts in Frage kommen. Unter bestimmten Voraussetzungen hat der Franchisenehmer auch einen Investitionsersatzanspruch (vgl. Anmerkung Nr. 63). Diskutiert wird desgleichen das Bestehen eines Goodwill-Ausgleichsanspruchs (Anmerkung Nr. 62).

62. Goodwillausgleich. Literaturhinweis zur Vertiefung vgl. *Pour Rafsendjani*, Goodwill-Ausgleichsanspruch, 2000, eine rechtsvergleichende Darstellung der Rechtslage zum Goodwillausgleich in Deutschland, den Vereinigten Staaten von Amerika sowie Frankreich.

(1) **Überblick.** Im Ergebnis kann sich nur der in den USA tätige Franchisenehmer auf einen spezialgesetzlichen Goodwillausgleich gegenüber seinem Franchisegeber berufen, vorausgesetzt, er fällt in den Anwendungsbereich eines speziellen Schutzgesetzes, das ausdrücklich einen Goodwillausgleich vorsieht, denn das derzeitige *Common Law* läßt diesbezüglich keine gesicherte Rechtsposition des Franchisenehmers erkennen. Dies liegt zum einen an der von den Gerichten besonders respektierten Vertragsfreiheit der Parteien. Dort, wo kein spezielles Franchisegesetz den notwendigen Inhalt eines Franchisevertrags regelt, wird von den Gerichten keine Rechtsschöpfung betrieben. Vielfach sehen Franchiseverträge eine Klausel vor, in der erklärt wird, daß der vom Franchisenehmer geschaffene Goodwill entschädigungsfrei dem Franchisegeber verbleiben solle. Derartige Klauseln sind wirksam, sofern es sich nicht um einen Franchisevertrag handelt, der unter den Anwendungsbereich eines der nachfolgend aufgeführten, speziellen Franchisegesetze fällt, die explizit einen Goodwillausgleich vorsehen. Der Franchisenehmer kann sich somit zur Erlangung eines Goodwillausgleichs nicht auf eine *remedy* des *Common Law* berufen (vgl. z. B. die Entscheidung des *New Jersey Supreme Court*, in welcher er die erstinstanzliche Entscheidung über eine Kompensation nach Maßgabe des Wertes der

beendeten Franchise ablehnt; *Dunkin Donut's of America Inc., v. Middletown Donut Corp.*, 495 A.2d 66 (N.J. 1985)). Der spezialgesetzlich kodifizierte Goodwillausgleich basiert dabei auf zwei unterschiedlichen Konzeptionen. In einigen wenigen Bundesstaaten gilt die Konzeption eines echten, generellen Goodwill-Ausgleichsanspruchs, der für jeden Fall der Vertragsbeendigung vorgesehen ist. In der Mehrzahl der Bundesstaaten wird der Goodwillausgleich indes als die Position eines Schadensersatzanspruchs wegen unzulässiger Vertragsbeendigung *(wrongful modification)* verstanden (*Pour Rafsendjani*, Kapitel 21 C I). Die einzelstaatlichen Gesetzgeber sind aufgrund massiver Mißbräuche im Zusammenhang mit der Franchisemethode, vor allem in den sechziger Jahren, auf die Schutzbedürftigkeit der Franchisenehmerschaft aufmerksam geworden. Dies hat in 19 Staaten der USA zu den sogenannten *termination and non renewal laws* geführt, die dem Franchisenehmer – in unterschiedlichem Maße – einen gewissen Beendigungsschutz gewähren. Für die übrigen Bundesstaaten gilt das jeweilige *Common Law* des betreffenden Einzelstaates. Mangels spezialgesetzlicher Regelungen ist ein Konglomerat verschiedener Rechtsgrundlagen einschlägig, das wiederum in unterschiedlichem Maße einen mehr oder weniger effektiven Schutz des Franchisenehmers gewährleistet. Die Vertreter der Rechtswissenschaft (*Bodewig*, BB 1997, S. 637ff.; *Byers*, Franchise Terminations: A Return-of-Equity Approach, The Journal of Corporation Law 1994, S. 607, 642ff.; *Goetz & Scott*, Principles of Relational Contracts, VAL. Rev. 1981, S. 1089, 1144; *Lockerby*, Franchise Termination Restrictions: A Guide for Practicioners and Policy Makers, 30 Antitrust Bull. 791, 871 (1985); *Gillhorn*, Limitations in Contract Termination Rights – Franchise Cancellations, Duke L.J. 1967, 465ff., 467) verlangen mit großer Mehrheit einen Goodwillausgleich – auf der Basis unterschiedlicher Rechtsgrundlagen argumentierend – postulieren, während die Judikatur in bezug auf die Akzeptanz eines Goodwillausgleichs zugunsten des Franchisenehmers eher zurückhaltend agiert (U.S. District Court, District of Columbia, Civil No. H-87–459 (PCD) = Bus. Franchise Guide (CCH), § 9306; Bellmore v. Mobil Oil Corp., 783 F. 2d 300 (2d Cir. 1986); Dunkin Donut's of America Inc., v. Middletown Donut Corp., 495 A.2d 66 (N.J. 1985); Shaheen Hyundai Motors Inc. v. Hyundai Motor America, Bus. Franchise Guide (CCH), § 10, 325 (WD Mich 1993); Jiffy Lube International Inc. v. Jiffy Lube of Pensylvania Inc., RICO Business Disputes Guide (CCH), § 8499 (ED Pa 1994); Hoff Supply Co. v. Allen Bradley Co., 768 F. Supp. 132, Bus. Franchise Guide (CCH) § 9877 (MD Pa 1991); James v. Whirlpool Corp., 806 F. Supp. 835 (E.D. MO. 1992). Bevilaque v. Ford Motor Co., 1986–2 Trade Cas., § 67, 390 (NY App. Div. 1987)).

(2) **Allgemeine Rechtsgrundlagen.** In den USA war das Geschäftsbesorgungsrecht nie Gegenstand ernsthafter Diskussion. Die bereicherungsrechtlichen Theorien werden von den herrschenden Auffassungen unisono abgelehnt, da diesbezüglich die Voraussetzung des fehlenden Rechtsgrunds nicht erfüllt ist (Shaheen Hyundai Motors Inc. v. Hyundai Motor America, Bus. Franchise Guide (CCH), § 10, 325 (WD Mich. 1993); Jiffy Lube International Inc. v. Jiffy Lube of Pensylvania Inc., RICO Business Disputes Guide (CCH), § 8499 (ED Pa 1994); Hoff Supply Co. v. Allen Bradley Co., 768 F. Supp. 132, Bus. Franchise Guide (CCH) § 9877 (MD Pa 1991)). Die Beendigung des Franchisevertrags bedeutet nicht notwendigerweise den Wegfall des Rechtsgrundes (Efco Importers v. Halsobrunn, 500 F. Supp. 152, 158 (ED Pa 1980); Sutter Home Winery, Inc. v. Vintage Selections, Ltd., 971 F2d 401, Bus. Franchise Guide, § 10, 002 (CA91992)). Der Franchisevertrag bleibt auch nach seiner Beendigung weiterhin die wirksame Grundlage für den beim Franchisegeber verbleibenden Vorteil, der aus der vorangehenden Tätigkeit des Franchisenehmers resultiert. Die gemeinsame Nutzung des Goodwills beruht auf der Grundlage des Franchisevertrags. Beiden Parteien ist von Anfang an klar, daß damit auch ein Vorteil auf Seiten des Franchisegebers entsteht, der in die Zukunft, über die Vertragsbeendigung hinaus, hinein reicht. Die Beendigung des Franchisevertrags berührt nicht dieses generelle Übereinkommen zwischen Franchisenehmer und Franchisegeber.

5. U.S.-amerikanischer Franchisevertrag III. 5

(3) **Spezialgesetzliche Rechtsgrundlagen des Schadensersatzrechts.** In den USA ist der Goodwillausgleich als schadensersatzrechtliche Lösung spezialgesetzlich in einer ganzen Reihe von Bundesstaaten verankert worden. Dort ist der Goodwill ausdrücklich als ersatzfähige Schadensposition in den jeweiligen speziellen bzw. branchenübergreifenden *Franchise-Statutes* festgeschrieben (so in *Alaska*: Gasoline Products Leasing Act, Alaska Statutes, Title 45, Chapter 50, §§ 45.50800–45.50845 *Glickmann*, Franchising, Bd. III, 1 AK-3; in *California*: California Petroleum Dealers and Distribution Act, California Business and Profession Code §§ 20999–21203 *Glickmann*, Franchising, Bd. III, 7 CA-7; *Conneticut*: Automobile Dealership Act, Conn. Gen. Stat. §§ 42–133r-42–133ee, as amended by Pub. Acts 1983, P. A. 83–198 and P. A. 83–804, and P. A. 1993 93–134; Zusammenfassung bei *Glickmann*, Franchising, Bd. III, 4 CT-1 ff.; *Deleware*: § 2553 (b) Prohibited Trade Practices Act, Deleware Code Annotated, Title 6 Chapter 25, Subchapters 5; *Florida*: Beer Distributors and Manufacturers Law, Fla. Stat. Anno. § 563022, Laws 1987, ch. 87–63; *Hawaii*: Automobile Dealers Act, Hawaii Rev. Stat. § 437–28(b); *Iowa*: Beer Brewers and Wholesalers Act, Iowa Code, Ch. 123A, §§ 123A.1–123A.12; *Maine*: Farm Machinery Dealership, Me. Rev. Stat. Tit. 29 §§ 29–481–494 und Malt Liquors, Wine and Beverage Wholesalers, Me. Rev. Stat. Tit. 28A, §§ 28A 1451–1465; *Michigan*: Beer and Wine Wholesalers. Mich. Comp. Laws §§ 346.30a-436.30d.; *Minnesota*: Brewers and Beer Wholesalers. Minn. Stat. §§ 325B.01–325B.17; *Maryland*: Maryland Gasohol and Gasoline Products Marketing Act, § 11–304 (i); *Nebraska*: Motor Fuel Dealers Succession Act, Neb. Rev. Stat. §§ 87–411 bis 87–414; *New Hampshire*: Beverage Distributor Agreements, N.H. Rev. Stat. Ann. §§ 180.1–180-12; *Puerto Rico*: Puerto Rico Dealers' Contracts Act No. 75 of June 24, 1964, as amended, 10 L.P.R.A. § 278b; *Tennessee*: Petroleum Trade Practices Act., Tenn. Code Ann. §§ 47–25601–4125626; *Virginia*: Beer Franchise Act, Va. Code §§ 4–118.3–4–118.30, as amended through 1989 und Heavy Equipment Dealer Act, Va. Code §§ 59.1–353 bis 59.1–363 sowie Wine Franchise Act of 1989, Va. §§ 4.118–42–4–118–63; *North Dakota*: Beer Wholesaler and Brewer Relationship Act = N.D. Century Code §§ 5.04–01–5.04–17; *Wyoming*: Malt Beverage Distributors and Manufacturers Act = Wyoming Statutes Annotated §§ 12–9–101—12–9–119, eff. July 1, 1996)). Haftungsbegründender Umstand ist hierbei die *wrongful termination*. Diese liegt vor, wenn der Franchisegeber keinen sachlich gerechtfertigten Grund *(good cause)* für die Beendigung des Franchisevertrags darlegen kann. Diese Restriktion der Vertragsbeendigung wird mehrheitlich sowohl in bundeseinheitlichen Gesetzen – dem *Automobile Dealers Franchise Act* und dem *Petroleum Marketing Act* – als auch in den verschiedenen einzelstaatlichen Franchisegesetzen verfolgt. Sie gilt – was den Bereich der einzelstaatlichen Franchisegesetze anbetrifft – in den Bundesstaaten *Alabama, Alaska, Arizona, Arkansas, California, Colorado, Connecticut, Deleware, District of Columbia, Florida, Georgia, Hawaii, Idaho, Iowa, Maine, Michigan, Minnesota, Mississipi, Missouri, Montana, Maryland, Nebraska, Nevada, New Hampshire, New Jersey, New Mexico, New York, North Carolina, North Dakota, Ohio, Oklahoma, Oregon, Pennsylvania, Puerto Rico, Rhode Island, South Dakota, Tennessee, Texas, Vermont, Virginia, Washington* und *Wyoming* und wird sowohl von branchenspezifischen als auch branchenübergreifenden Franchisegesetzen erfaßt. In einigen Bundesstaaten wie *Connecticut, Hawaii* und *California* werden keine einheitlichen Konzeptionen verfolgt, so daß Variationen innerhalb ein und desselben Bundesstaats feststellbar sind. Es läßt sich allerdings keine generelle Aussage darüber treffen, in welchen Fällen eine sachlich gerechtfertigte Beendigung des Franchisevertrags angenommen wird. Die einzelnen *Franchise-Statutes* und das *Common Law* der betreffenden Bundesstaaten lassen keine einheitlichen Aussagen zu. Die Rechtfertigungskataloge der *Franchise-Statutes* weisen in Grenzfragen einer Vertragsbeendigung, in denen gerade kein schuldhaftes bzw. vertragswidriges Verhalten des Franchisenehmers vorliegt, bedeutende Unterschiede auf. Dies wird vor allem in Fällen der Beendigung des Franchisevertrags wegen Umstrukturierungen des Produkt- bzw.

Dienstleistungsabsatzes deutlich (vgl. hierzu Anmerkung Nr. 52 ff. zur Vertragsbeendigung). Im Falle der regulären Kündigung erhält der Franchisenehmer unter dieser schadensersatzrechtlichen Konzeption keinen Goodwill-Ausgleich. Wenn man diese Fälle allerdings genauer betrachtet, wird man feststellen, daß dies in der Mehrzahl Fälle sind, in denen auch nach deutschem Recht über § 89b HGB kein Goodwillausgleich zu zahlen wäre. Damit erreicht man einen annähernd vergleichbaren Schutz des Franchisenehmers.

(4) **Goodwillausgleich als Zulässigkeitsvoraussetzung von nachvertraglichen Wettbewerbsklauseln.** Vielfach ist in einzelstaatlichen Franchise-Statutes ein Goodwillausgleich als Zulässigkeits- bzw. Wirksamkeitsvoraussetzung eines nachvertraglichen Wettbewerbsverbots vorgesehen (instruktiv hierzu Levin/Morrison, Fran. Law. Journal, Winter 1999, S. 85, 118). Das nachvertragliche Wettbewerbsverbot ist damit an die Zahlung eines Goodwillausgleichs durch den Franchisegeber gebunden (vgl. *Washington Franchise Investment Law, Rev. Code* § 19.10ss0180(2)(i); Iowa Code § 523 H.11 (1998); Illinois Rev. Stat ch. 815 § 715/20 [1998]; Puerto Rico Laws Ann. Tit 10, § 278b (1998) vgl. hierzu auch Anmerkung Nr. 69 zu nachvertraglichem Wettbewerbsverbot). Auffallend ist, daß damit in den USA keine exakte Differenzierung zwischen Goodwill-Ausgleichsanspruch und Karenzentschädigung vorgenommen wird (zur Abgrenzung im deutschen Recht vgl. *Pour Rafsendjani,* S. 311 ff).

(5) **Vertraglicher Ausschluß des Goodwillausgleichsanspruchs.** Wurde im Franchisevertrag der Ausschluß eines Goodwillausgleichs vorgesehen, kann dies nicht mit der Redlichkeitsverpflichtung des Franchisegebers angegriffen werden. Es gilt diesbezüglich der Vorrang der Vertragsfreiheit *(freedom of contract)*. Nach traditioneller Rechtsauffassung, die von einem Großteil der Judikatur vertreten wird, darf eine Partei ein vertraglich ausbedungenes Recht ohne Rücksicht auf irgendwie geartete Motive ausüben *(Donavan,* The implied convanent of good faith and fair dealing, Forum on Franchising, Supplement, S. 4; Piantes v. Pepperidge Farm, Inc., 875 F. Supp. 929 (D. Mass. 1995)). Ist von der Vertragspartei ein Recht vertraglich ausbedungen worden, kann dies auch zu Lasten der Gegenseite und dies nach traditioneller Auffassung sogar arglistig *(bad faith)* geschehen (Carma Developers v. Marathon Dev. Cal., 6 Cal. Rprtr. 2d 467, 826 P.2d 710, 728 (1992); Siegel Transfer Inc., v. Carrier Express Inc., 856 F. Supp.. at. 1008; Corenswet Inc. v. Amana Refrigeration, Inc., 594 F. 2d 129, 137 (5th Cir.), cert. denied, 444 U.S. 938 (1979); vgl. hierzu auch *Donavan,* The implied convanent of good faith and fair dealing, Forum on Franchising, S. 18). Ein Rechtsmißbrauch wird hierin nicht gesehen. Wer ein vertraglich ausbedungenes Recht in Anspruch nimmt, begeht nach US-amerikanischer Rechtsauffassung keinen Rechtsmissbrauch. Das anglo-amerikanische Recht ist hier sehr stark von einer weitreichenden Vertragsfreiheit *(freedom of contract)* der beteiligten Vertragsparteien geprägt. Die Gerichte achten die von den Parteien unterzeichneten Vertragsklauseln in besonderem Maße. Auslegende bzw. ergänzende Vertragsauslegungen werden von den US-amerikanischen Gerichten nur sehr zurückhaltend vorgenommen. Eine von den Parteien im Vertrag ausdrücklich vorgesehene Regel wird von den Gerichten nur in Ausnahmefällen außer Kraft gesetzt. Das Bestehen eines Goodwillausgleichsanspruchs wird daher auch durch den Grad der Ausformulierung des Franchisevertrags beeinflusst. Sieht also der Franchisevertrag ausdrücklich vor, daß der Goodwill ausschließlich dem Franchisegeber zustehe, stehen die Chancen schlecht für einen Franchisenehmer, einen Goodwillausgleich gegen den Franchisegeber geltend zu machen, wenn es sich um eine ordentliche Vertragsbeendigung handelt und kein spezielles Franchisegesetz, das einen derartigen echten Goodwillausgleich vorsieht, einschlägig ist. Ein vertraglicher Ausschluß des Goodwill-Ausgleichs wird auch nicht als sittenwidrig erachtet. Die Judikatur verwirft Franchiseverträge nur selten aufgrund dieser Doktrin. Die in vielen Fällen zwischen Franchisegeber und Franchisenehmer divergierende Vertragsmacht ist von den Gerichten unter dem Gesichtspunkt der Sittenwidrigkeit nicht beanstandet worden *(James v. Whirlpool Corp.,* 806 F. Supp. 835 (E.D. MO. 1992)) Sie sind der Auffassung, daß ein Franchisevertrag zwischen Geschäftsleuten ge-

schlossen wird, die in der Lage sind, ihre Interessen ausreichend zu vertreten und dies nach freiem Willen tun (*Blalock Mach. & Equip. Co. v. Iowa MfG. Co.*, 576 F. Supp. 774, 779 (n. D. Ga. 1983); *Blinn Wholesale Drug v. Eli Lilly & Co.*, 648 F. Supp. 1433 UE. D. N.Y. 1986); *Zapatha v. Dairy Mart, Inc.*, 408 N.E.2d 1370 (Mass. 1980)). Teilweise wird in der Judikatur auch die Auffassung vertreten, daß über die *doctrine of unconscionability* kein Schadensersatz mit der Folge einer Goodwillkompensationszahlung zu erlangen sei. § 203-2(1) U.C.C. sehe lediglich vor, daß sittenwidrige Klauseln nicht vor Gericht durchgesetzt werden können. Nach einer vereinzelt gebliebenen Entscheidung eines New Yorker Gerichts bildet dies allerdings lediglich eine Grundlage gegen eine Durchsetzung der Vertragsbeendigung aufgrund einer solchen sittenwidrigen Klausel. Schadensersatz könne hierüber hingegen nicht gefordert werden (vgl. *Bevilaque v. Ford Motor Co.*, 1986–2 Trade Cas., § 67,390 [NY App. Div. 1987]).

(6) **Bemessung des Goodwillausgleichs.** Eindeutige höchstrichterliche Entscheidungen, die umfassend Grund und Höhe des Goodwillausgleich-Anspruchs des Franchisenehmers aufgreifen, stehen bis dato noch aus. Dies liegt daran, daß viele Parteien den Beginn oder aber den Ausgang eines Goodwill-Ausgleichsprozesses fürchten und sich daher entweder im außergerichtlichen Schlichtungs- bzw. Vergleichsverfahren einigen oder aber noch während des Prozesses eine derartige Einigung herbeiführen. Eine Ausnahme gilt insoweit für Puerto Rico (§ 278 *Puerto Rico Law. Ann. Title* 10). Doch die dort aufgeführten Merkmale sind eher allgemeiner Natur (z. B. Marktanteil des Franchisenehmers, Zeitraum der Franchisenehmertätigkeit etc.). In Franchiseverträgen wird oftmals der Durchschnitt des Jahresverdienstes der vergangenen 5 Jahre als Bemessungsgrundlage gewählt (vgl. *Snelling and Snelling, Inc. v. Martin*, Bus. Fran. Guide (CCH), § 11, 385 [N.D. Cal. vom 28. 1. 1998]).

63. **Investitionsersatzansprüche bei unzulässiger vorzeitiger Kündigung.** Der Amortisationsschutz des Franchisenehmers ergibt sich in denjenigen Bundesstaaten, die keinen spezialgesetzlichen Amortisationsschutz vorsehen, aus dem jeweiligen *Common Law*. Der Franchisenehmer kann hier mit der *remedy* des *breach of contract* sowie über die deliktsrechtliche Anspruchsgrundlage der *tortious interference with contractual relationships* gegen den Franchisegeber vorgehen. Dieses setzt gleichfalls zum Schutz des Franchisenehmers eine angemessene Mindestlaufzeit des Franchisevertrags voraus bis die wesentlichen *(substantial)* Investitionen sich amortisiert haben *(to recoup the investments)* (*Ag-Chem Equipment Co. v. Hahn*, 480 F. 2d 482 (8th Cir. 1973); *Allied Equipment Co. v. Weber Engineered Products, Inc.*, 237 F. 2d 879 (4th Cir. 1956); *Jacks Cookie Co. v. Brooks*, 227 F. 2d 935 (4th Cir. 1955); *RJM Sales & Marketing, Inc. v. Banfi Products, Corp.* (DC Minn 1982) 1980–1983 BFG, § 7905, 546 F. Supp. 1368; *Bronkens's Good Time Co. v. J. W. Brown & Associates* (Mont. Super Ct. 1983) 1983–1985 BFG § 7980; instruktiv hierzu CCH *Franchise Business Guide*, § 1230, S. 1111). Dieser richterrechtliche Investitionsschutz entstammt einer Entscheidung, die bereits Ende des letzten Jahrhunderts im Staate *Missouri* getroffen wurde (*Glover v. Henderson*, 120 Mo 367, 25 SW 175 (1884). Man bezeichnet diese Doktrin daher als *Missouri Doctrine* oder auch *doctrine of recoupment*. Sie wurde später in den *U.C.C* und in die einzelnen Franchisegesetze aufgenommen (der *U.C.C.* sieht diesbezüglich in Section 2-309 (2) folgende Regelung vor: *Where the contract provides for successive performances but is indefinite in duration, it is valid for a reasonable time but unless otherwise agreed may be terminated at any time by either party.*). Die *recoupment doctrine* und der *U.C.C.* werden auf Franchiseverhältnisse angewandt, sofern es keine speziellere Franchiseregelung gibt (*Dady/Garner*, Life after death, S. 8). Der Franchisenehmer hat danach einen Anspruch auf eine angemessene Laufzeit *(reasonable duration)* des Franchisevertrags (*Franch. Prac. & Distr. Law*, § 10:12; *Ag-Chem Equipment Co., Inc., v. Hahn, Inc.*, 480 F2d 482 (CA81973); *Allied Equipment Co. v. Weber Engineered Products, Inc.*, 237 F2d 879, 882 (CA41956), *Jack's Cookie Co. v. Brooks*, 227 F2d

935, 939 (CA41955), cert den 351 S 908 (1956)). Dieses Erfordernis steht selbständig neben der Einhaltung einer angemessenen Kündigungsfrist. Diese muß nochmals selbständig beachtet werden (vgl. hierzu *Mc Ginnis Piano & Organ Co v. Yamaha International corp.*, 480 F2d 474, 479 (CA81973); *Clausen & Sons Inc., v. Theo Hamm Brewing Co.*, 395 F2d 388, 391 (CA81968)). Die Angemessenheit der Vertragslaufzeit bestimmt sich wiederum nach den Umständen des Einzelfalles (*Official Comment* Nr. 7 zum *UCC Section* 2–309(2)). In der Judikatur wird hierbei ein Zeitraum von einem (*J. C. Millett Co., v. Park & Tilford Distillers Corp.*, 123 F. Supp. 484 (ND Cal 1954)) bis zu drei Jahren veranschlagt (*Hall v. Hall,* 158 Tex 95, 308 SW2d 12 (1958)). Kündigt der Franchisegeber vor dieser Amortisationszeit, hat der Franchisenehmer zwei Möglichkeiten: Er kann im einstweiligen Rechtsschutzverfahren *(injunction)* die Aufrechterhaltung des Franchiseverhältnisses und damit die Weiterbelieferung durch den Franchisegeber beantragen (*CCH Franchise Business Guide,* § 1230, S. 1111; *Fran Prac & Distr Law,* § 10.13, S. 27 und § 17) oder über die *remedy* der *recoupment,* einem Unterfall der *remedy* wegen *breach of contract,* Schadensersatzklage erheben und den Ersatz der noch nicht amortisierten Investitionen fordern (*CCH Franchise Business Guide,* § 1230, S. 1111; *Franch. Prac. & Distr. Law,* § 10.13, S. 27; *Gibbs v. Bardahl Oil Co.,* 331 SW2d 614 (Mo 1960)). Schließlich setzt die Beendigung des Franchisevertrags das Vorliegen eines sachlich gerechtfertigten Grundes *(good cause)* voraus. Dies gilt auch für den Fall der Weigerung des Franchisegebers, nach Ablauf der Vertragslaufzeit den Franchisevertrag zu verlängern *(non renewal).* Eine Ausnahme macht hier insoweit *Section* 24 des *Illinois Franchise Disclosure Act* (1987), demzufolge der good *cause*-Standard nicht für die verweigerte Vertragsfortführung *(nonrenewal)* gilt. Erfolgt die Erklärung der Beendigung des Franchisevertrags noch bevor sich die Investitionen des Franchisenehmers haben amortisieren können, entsteht der Investitionsersatzanspruch. Ersatzfähig sind hierbei solche Investitionen, die kurz vor Vertragsbeendigung, gegebenenfalls auf Wunsch des Franchisegebers, vorgenommen wurden oder die getätigt wurden, weil der Franchisegeber eine Verlängerung des Franchisevertrages in Aussicht gestellt hatte (vgl. hierzu *Behr,* S. 117 m.w.N.). Ersparte Aufwendungen und sonstige Vorteile *(benefits),* die dem Franchisenehmer verbleiben, werden hierbei reduzierend in die Schadensberechnung eingebracht (*Ag-Chem Equipment Co., Inc. v. Hahn, Inc.*, 480 F2d 482, 489 (CA81973)). Der Ersatzanspruch wegen Verstoßes gegen das Erfordernis der Mindestlaufzeit erfaßt nur Investitionen, die noch nicht amortisiert sind (*CCH Franchise Business Guide,* § 1230, S. 1111. Die mittleren Investitionskosten betragen in den *USA* 140 000 $. Darin inbegriffen sind auch die besonders teuren Franchisen, wie z.B. Hotel- und Motel-Franchisen, bei denen Kosten von 1Mio $ nicht unüblich sind. Für Franchise-Betriebe kann daher im allgemeinen ein mittleres Investitionsvolumen von etwa 60 000 $ angesetzt werden (vgl. hierzu *Shubart,* Franchising means high risks, high rewards, Franchise Buyer, June 1995, S. 27f.). Dieser Investitionsersatzanspruch ist dogmatisch vom Goodwill-Ausgleichsanspruch des Franchisenehmers zu unterscheiden. Über die *doctrine of recoupment* kann der Goodwillausgleich nicht begründet werden. Denn zukünftig erwartete Einkommensverluste werden hierüber nicht ausgeglichen. Es werden nur die in der Vergangenheit getätigten Investitionen ersetzt (Sofa Gallery, Inc. v. Stratford Co. (CA-81989) 1989–1990 BFG § 9366). Das US-amerikanische Recht unterscheidet sich unter diesem Gesichtspunkt nicht vom deutschen Recht.

64. Rückgabe der Franchiseausstattung und Beendigung der Markennutzung. (1) Es müssen im Franchisevertrag auch Regelungen vorgesehen werden für die Rückübertragung aller Materialien, die mit den Marken des Franchisegebers versehen sind, sowie für die Rückgabe aller vertraulichen Informationen (instruktiv hierzu *Casagrande,* Fran. Law. Journal, Winter 1999, S. 87ff.). Hierzu zählen auch Kundenlisten und vor allem das Franchise-Handbuch. Diese sind Eigentum des Franchisenehmers, wenn nicht im Franchisevertrag eine entsprechende Vorbehaltsregelung zugunsten des Franchisegebers aufgenommen wird, wonach die Kundenliste und das Franchise-Handbuch zum Eigentum des Franchisegebers gehören und für den Fall der Beendigung des Franchisevertrages eine Übergabe an den Franchisegeber stattfinden soll (*Glickmann,* Band 1, § 9.03[14]).

(2) Nach Beendigung des Franchisevertrags ist der Franchisenehmer regelmäßig verpflichtet, den Gebrauch der gewerblichen Schutzrechte des Franchisesystems, insbesondere den Gebrauch der Franchisemarke einzustellen. Benutzt der Franchisenehmer trotz Beendigung des Franchisevertrags die Franchisemarke weiter, so begeht er gem. 15 U.S.C.A. §§ 1114, 1125 *Lanham Act* eine Markenrechtsverletzung (= *trademark infringment*), die in den meisten Fällen auch zugleich unlauteren Wettbewerb und somit eine Verletzung einzelstaatlicher *Little FTC-Acts* darstellen (*Warner Lambert Co. v. Schick U.S.A., Inc.*, 935 f. Supp. 130, 144 [D.Conn. 1996]; *Nabisco Brands, Inc. v. Kave*, 760 f. Supp. 25, 29 [D.Conn. 1991] – hier in beiden Fällen Verstoß gegen den *Connecticut Unfair Trade Practices Act*). Der *Lanham Act* bietet zudem eine Reihe von Klagemöglichkeiten des Franchisegebers, der seine Markenrechte verletzt sieht (15 U.S.C.A. § 1051 et seq. (West 1982 and Supp. 1992).

a) Die rechtswidrige Nutzung der Franchisemarke kann so z.B. zu empfindlichen Schadensersatzverpflichtungen des Franchisenehmers führen (vgl. z.B. *Burger King Corp. v. Weaver*, D.C. Florida Bus. Fran. Guide (CCH), §§ 11, 511: 5 Mio. Dollar). Der Franchisegeber vermag hier den entgangenen Gewinn sowie einen dreifachen Schadensersatz nach *Lanham Act* geltend zu machen (*McDonald's Corp. v. CB Management,* Inc., D.C. Ill. Bus. Fran. Guide (CCH), § 11, 490; *McDonald's Corp. v. Robertson* Bus. Fran. Guide (CCH), CA-11, § 11, 457).

b) Neben diesen Schadensersatzklagen spielen aber Unterlassungsklagen im Verfahren des einstweiligen Rechtsschutzes (*interlocutary* oder *preliminary injunctions*) eine große Rolle. Der Franchisegeber kann so vom Franchisenehmer die Unterlassung der Weiterbenutzung der Franchisemarke nach Beendigung des Franchisevertrags erreichen. Voraussetzung ist allerdings eine ordnungsgemäße Beendigung des Franchisevertrags (*Southland Corp. v. Froelich,* Bus. Fran. Guide (CCH), § 11,629 (E.D.N.Y. vom 19.3.1999); *Mr. Rooter Corp. v. Cottone,* Bus. Fran. Guide (CCH), § 11, 655 (C.D. Ill. vom 16.6.1999); *McDonald's Corp. v. Robertson,* 147 F. 3d 1301, 1307–08 (11th Cir. 1998; *Pappan Enters., Inc. v. Hardee's Food Sys., Inc.,* 143 F. 3d 800, 803 (3d Cir. 1998); *Blue Cross & Blue Shield Mut. v. Blue Cross and Blue Shield Ass'n,* 110 F. 3d 318 (6th Cir 1997); *Two Men and a Truck,* 949 F. Supp. At 504–08; *Jiffy Lube Int'l, Inc. v. Weiss Bros., Inc.,* 834 F. Supp. 683, 690 (D.N.J. 1993); *Littler Cesar Enters., Inc. v. R-J-L Foods, Inc.,* 796 F. Supp. 1026, 1033–34 (E.D. Mich. 1992); *Leonetti Furniture Mfg. Co. v. Sealy, Inc.,* Bus. Fran. Guide (CCH), § 9756). Weitere Voraussetzung ist, daß der Franchisegeber darlegt und beweist, daß er durch eine weitere Markenbenutzung seitens des Franchisenehmers irreparablen Schaden erleidet (*Isphani v. Allied Domecq Retailing USA,* Bus. Fran. Guide (CCH), § 11, 619 (N.J. Sup. Ct. App. Div. vom 22.4.1999). Schließlich ist von Franchisegeberseite darzulegen, daß durch die Weiterbenutzung der Franchisemarke seitens des Franchisenehmers öffentliche Interessen verletzt werden. In der Regel werden hier zwei Perspektiven beleuchtet: Zum einen die Wahrscheinlichkeit der Verbraucherdesorientierung (*likelyhood of consumer confusion*) (*James Burrough, Ltd. V. Sign of Beefeater, Inc.,* 540 F. 2d 1034 [7th Cir. 1976]; *Amoco Prod. Co. v. Village of Gambell,* 480 U.S. 531, 545 (1987); *Weinberger,* 456 U.S. at 312; *Big O Tires, Inc., v. Granada Enterprises Corp.,* Bus. Fran. Guide (CCH), D.C. Cal. § 11, 607). Zum anderen sieht die Judikatur auch dann das öffentliche Interesse verletzt, wenn die Reputation der authorisierten Franchisenehmer gefährdet ist (*Paisa, Inc. v. N & G Auto, Inc.,* 928 F. Supp. 1009, 1013 (C.D. Cal. 1996); *Pappan Enterprises, Inc. v. Hardee's Food Systems, Inc.,* Bus. Fran. Guide (CCH), CA-3 § 11, 429).

65. Rückkauf von Restwarenbeständen und Ausstattungsmaterial durch den Franchisegeber. In einigen Bundesstaaten der USA ist der Franchisegeber bereits gesetzlich verpflichtet, nach Beendigung des Franchisevertrags das materielle Vermögen des Franchisenehmerbetriebs *(tangible assets)* zurückzukaufen. Diese Verpflichtung wird als *buy back* oder *buy out* bezeichnet und umschreibt die Rückkaufspflicht des Franchisegebers. Sie gilt vielfach für jeden Fall der Vertragsbeendigung (vgl. z.B. *Conn. Gen. Stat. Ann.* § 42–133f (b) (West 1993); *Haw. Rev Stat.* § 482 E-6(3) (1992); *Wis. Stat. Ann.* § 135045 (West 1993); § 20035 *Calif. Fran. Rel. Act; Minn. Stat.*, Ch. 80C § 80C.14, Subd. 2(c); *Franchise Disclosure Act, Ill. Comp. Stat.*, Ch. 815 § 705/20, *Franchise Investment Protection Act, Wash. Rev. Code,* Tit. 19, Ch. 19100180 (j)). In anderen Bundesstaaten ist der Franchisegeber dagegen nur für den Fall einer *wrongful termination* zum Rückkauf des Warenbestands verpflichtet (so z.B. Ark. *Code Ann.* § 4–72–209; *Cal. Bus. & Prof. Code* § 20035 (West 1993)). In denjenigen Bundesstaaten, in denen keine gesetzliche Regelung besteht, empfiehlt es sich, diesen Teil der Rückabwicklung in den Vertrag aufzunehmen. Die typische Regelung sieht dabei vor, daß der Franchisegeber den neuen ungebrauchten und unbeschädigten Warenbestand zurückkauft. Maschinen, Werkzeug und Zubehör müssen zu 100% der Nettokosten zurückgekauft werden. Andere Teile werden üblicherweise nur zu 85% des Nettopreises zuzüglich 5% für das Verpacken und Verladen bezahlt, falls der Franchisegeber diese Dienstleistung nicht selbst erbringt.

66. Sonstige Bestimmungen. In diesem Schlußteil des Franchisevertrags sind Regelungen aufgeführt, die sich in keinen der bisherigen Hauptteile einordnen lassen und die von allgemeiner Bedeutung sind oder zusammenfassenden und ergänzenden Charakter haben. Üblicherweise wird hier nochmals die Position beider Vertragsparteien als selbständiger Unternehmer klargestellt. Zusätzlich sind die in der anglo-amerikanischen Vertragspraxis gängigen Auslegungsklauseln (heading, severability, no oral representation) aufgeführt. Schließlich werden in diesem Teil Fragen des Konkurrenzschutzes aufgegriffen.

67. Klarstellung des Rechtsverhältnisses der Parteien. Nicht zuletzt aus haftungsrechtlichen Gründen wird in den Franchisevertrag eine Klarstellungsklausel zur Selbständigkeit der Parteien aufgenommen. Dem Franchisenehmer wird es expressis verbis untersagt, als Vertreter, Arbeitnehmer oder Partner bzw. Gesellschafter des Franchisegebers aufzutreten. Diese Klausel entfaltet allerdings nur Wirkung im Innenverhältnis zwischen Franchisegeber und Franchisenehmer. Als flankierende Maßnahme wird zusätzlich eine Klausel über die gegenseitige Haftungsfreistellung für den Fall der Inanspruchnahme durch Dritte in den Vertrag aufgenommen. Um die juristische Selbständigkeit der Parteien zu untermauern, wird der Franchisenehmer in der Regel verpflichtet, als juristische Person, meist in Form einer *Corporation,* im Rechtsverkehr aufzutreten (vgl. hierzu auch *Stiefel/Dielmann,* S. 1131–1134 und *Bungert,* S. 1ff.).

68. Vertraglicher Wettbewerbsschutz. Die Aufnahme eines vertraglichen Wettbewerbsverbots, wonach es dem Franchisenehmer z.B. verboten wird, eigene oder fremde Produkte zu veräußern, die in Konkurrenz zu den Franchiseprodukten des Franchisegebers stehen, ist prinzipiell nach U.S.-amerikanischem Recht zulässig (vgl. *McDonald's Sys. Inc. v. Sandy's Inc.,* 45 Ill. App. 2d 57, 195 N.E. 2d 22 [1963]). Vertragliche Wettbewerbsverbote werden als quid pro quo für den dem Franchisenehmer besonders gewährten vertraglichen Schutz angesehen (*Neal,* S. 204). Sie müssen allerdings ebenso wie nachvertragliche Konkurrenzschutzklauseln ausdrücklich in den Vertrag aufgenommen werden, da die Judikatur Konkurrenzschutzklauseln in der Regel nicht als stillschweigend vereinbart *(implied terms)* betrachtet (*Kellam Energy, Inc. v. Duncan,* 1987–2 Trade Cas. § 67, 731 [Del. 1987]). Die rechtliche Zulässigkeit bestimmt sich

5. U.S.-amerikanischer Franchisevertrag

nach *Section 3* des *Clayton Act*, wonach Verträge oder Abmachungen verboten sind, die eine Abgabe von Produkten an einen Kunden an die Bedingung knüpfen, daß dieser Kunde keine Produkte der Konkurrenz erwirbt oder vertreibt. Dieses Verbot gilt jedoch nur in Fällen, in denen ein derartiger Vertrag zu einer erheblichen Verringerung des Wettbewerbs führt oder dazu geeignet ist, eine Monopolbildung in einem bestimmten Handelszweig zu begünstigen (*Schurtmann/Detjen*, S. 59). Für den Bereich des Dienstleistungsfranchising ist insoweit auf Section 1 des *Sherman* Act abzustellen, für den sinngemäß das gleiche gilt. In den überwiegenden Fällen wird diese Konkurrenzschutzklausel für kartellrechtlich zulässig erachtet. Solange genügend andere Absatzmittler auf dem Markt präsent sind, die in der Lage sind, den Vertrieb von Artikeln konkurrierender Hersteller zu organisieren, bestehen keine kartellrechtlichen Bedenken (*Tampa Electronic Co. v. Nashville Coal Co.*, 365 U.S. 320 [1961]; *Pearsall Butter Co. v. F.T.C.*, 292 F. 720 [7th Cir. 1923]). Unzulässig wäre die Klausel wohl in dem – eher theoretischen – Fall, daß ein Franchisevertrag zwischen einem großen, den jeweiligen Markt beherrschenden Absatzmittler und einem Franchisegeber über den Alleinvertrieb der Produkte des Franchisegebers geschlossen würde und dadurch anderen Unternehmern der Zugang zu dem betreffenden Markt unangemessen erschwert bzw. unmöglich gemacht würde. In diesem Fall könnte der mit dem Franchisegeber konkurrierende Unternehmer ein zivilrechtliches Antitrustverfahren anstrengen und Schadensersatz in dreifacher Höhe (*treble damage*) verlangen (*Schurtmann/Detjen*, S. 61).

69. Nachvertragliches Wettbewerbsverbot. Nachvertragliche Wettbewerbsverbote können nach *Common Law* durchaus Rechtskraft erlangen. In einigen Staaten sind jedoch nachvertragliche Wettbewerbsverbote entweder gänzlich verboten oder an die Zahlung eines Goodwillausgleichs geknüpft (vgl. hierzu auch Anmerkung Nr. 62 zum Goodwillausgleich).

(1) Es sind nur wenige Entscheidungen des *Common Law* zu finden, die der Durchsetzbarkeit von nachvertraglichen Wettbewerbsklauseln grundsätzlich ablehnend gegenüber stehen. Begründet wird die Ablehnung aber damit, daß der Goodwill von Franchisenehmerseite erarbeitet worden sei und daß daher zumindest der lokale Goodwill nicht dem Franchisegeber, sondern dem Franchisenehmer zuzurechnen sei (*O.V. Marketing Assoc., Inc.* 766 F. Supp at 966–67). Die weitaus überwiegende Mehrheit der Entscheidungen des *Common Law* erachtet nachvertragliche Konkurrenzschutzklauseln für zulässig, sofern diese hinsichtlich der zeitlichen Dauer wie auch der territorialen Ausdehnung begrenzt werden und zum Schutz des Know-hows des Franchisegebers (ausdrücklich) in den Vertrag aufgenommen werden (vgl. *Arthur Murray Dance Studios v. Witter* 62 Ohio L. Abs. 17, 105 N.E. 2d 685 [1952]). Der Franchisegeber kann sich in einem Prozeß nicht darauf berufen, daß die Konkurrenzschutzklausel stillschweigend als *implied term* vereinbart worden sei (*Kellam Energy, Inc. v. Duncan*, 1987-2 Trade Cas. § 67, 731 [Del. 1987]). Die Zulässigkeit nachvertraglicher Wettbewerbsklauseln wird damit begründet, daß dem Franchisegeber das Recht zustehe, den an seine Marke gebundenen Goodwill zu schützen (*Jiffy Lube Int'l, Inc.* 834 F. Supp. At 692; *Giampa v. Carvel Corp.* Bus. Fran. Guide (CCH) § 11, 441 [D.N.J. vom 18.6.1998]; *Domino's Pizza Inc.* Bus. Fran. Guide (CCH) § 10, 976; *Greasy Monkey Int'l, Inc. v. Watkings*, 808 F. Supp. 111,120 (D. Conn. 1992); *Economou v. Physicians Weight Loss Ctrs. Of Am.* 756 F. Supp. 1024, 1032 (N.D. Ohoi 1992); *Sparks Tune-up Centers, Inc. v. White*, Bus. Fran. Guide (CCH) § 9410 (E.D.Pa. vom 1.5.1989); *Watson v. Waffle House, Inc.*, 324 S.E. 2d 175 (Ga.1985); *Gafnea v. Pasquale Food Co.*, 454 So. 2d 1366 [Ala. 1984]). Zwar wird anerkannt, daß der Franchisenehmer den lokalen Goodwill erarbeitet habe, doch sei er hierzu auch vertraglich verpflichtet gewesen (*Novus Franchising, Inc. v. Taylor*, 795 F. Supp. 122, 126 (M.D. Pa. 1992). Die Zulässigkeitsprüfung erfolgt anhand eines Testes, der sachliche Rechtfertigung und die Ausgewogenheit der Klausel überprüft. Konkurrenzschutzklauseln dürfen mithin keine *unreasonable*

restraint of trade darstellen. Begünstigend wirkt es sich auf die Zulässigkeit einer Konkurrenzschutzklausel aus, wenn auf Franchisenehmerseite ein erfahrener Kaufmann steht (vgl. hierzu im einzelnen *DAR & Associates Inc. v. Uniforce Services, Inc.,* Bus. Fran. Guide (CCH), § 11, 580 (E.D.N.Y. 1999). Konkurrenzschutzklauseln unterliegen darüber hinaus dem Bestimmtheitserfordernis. Eine Klausel mit nachvertraglichen Wettbewerbsbeschränkungen auf *similar fields* (ähnliche Geschäftsbereiche) gilt als nicht genügend konkretisiert und stellt somit einen *unreasonable restraint* dar (*FTC Advisory Op. Dig. No. 18* [March 23, 1966], Trade Rig. Rep. CCH, § 17, 471). Eine teleologische Reduktion unzulässiger Klauseln wird von den Gerichten nicht vorgenommen (*Cheese Shop Int'l Inc. v. Henry H. Wirth* [1971]). Unklar ist, in welchem Maße die zeitlichen und territorialen Begrenzungen erforderlich sind. Eine einheitlich gefestigte Rechtsprechung hat sich diesbezüglich noch nicht entwickelt. Es kommt letztlich auf die Umstände des Einzelfalles an (vgl. zu Entscheidungen der Judikatur *Glickmann,* Band 1, § 9.03[15]). Im allgemeinen können Franchisegeber davon ausgehen, daß Klauseln in der Regel von den Gerichten als angemessen eingestuft werden, die den Wettbewerb in dem geographischen Gebiet, in dem der Franchisenehmer bisher tätig war (Vertragsgebiet), für höchstens drei Jahre und nur für Produkte beschränken, die der Franchisenehmer im Rahmen des Franchiseverhältnisses veräußert hat (*Schurtmann/Detjen,* S. 217). Unzulässig ist wohl die räumliche Ausdehnung der nachvertraglichen Konkurrenzschutzklausel auf alle Gebiete, in denen der Franchisegeber Franchisen übertragen hat (*Rita Personnel Services Int'l v. Kot,* 191 S.E.2d 79 [Ga. Sup. Ct. 1972] cf. *Williams v. Shrimps Boats, Inc.,* 191 S.E.2d 50 [Ga. Sup. Ct. 1972]). Der nachvertragliche Konkurrenzschutz darf letztlich auch nicht zu einem faktischen Berufsverbot führen (*Gafnea v. Pasquale Food Co. Inc.,* 1984–2 Trade Cas. [CCH], § 66, 200 [Ala. Sup. Ct., 1984]; *Candleman Corp. v. Farrow* Bus. Fran. Guide (CCH), § 11, 730 [Minn. Dist. 1999]). Möchte der Franchisegeber auf der Grundlage eines vertraglich vereinbarten nachvertraglichen Wettbewerbsverbots, die Aufnahme geschäftlicher Aktivitäten seines früheren Franchisenehmers verhindern, so ist er darlegungs- und beweisbelastet dafür, daß durch die Aktivitäten seines ehemaligen Franchisenehmers Kunden und/oder Mitarbeiter verloren gehen und ihm dadurch gravierender geschäftlicher Schaden entsteht (*Snelling and Snelling, Inc. v. Ryvis, Inc.,* et al (1999 WL 1032799).

(2) In einigen Bundesstaaten unterliegen nachvertragliche Konkurrenzschutzklauseln zusätzlichen Beschränkungen (vgl. *Califonia Business and Profession Code* §§ 16600; *Florida Statutes* § 542, 12; *Michigan Competition Laws* § 445, 761; Iowa Code § 523 H.11 (1998); Illinois Rev. Stat ch. 815 § 715/20 [1998]). So sind unter gewissen Umständen nachvertragliche Wettbewerbsverbote in einigen Bundesstaaten entweder nicht durchsetzbar *(not enforcable)* (vgl. z.B. §§ 20025(b)(2) und 20025(e)(1) *California Franchise Relations Act*) oder an die Zahlung eines Goodwillausgleichs gebunden (vgl. *Washington Franchise Investment Law, Rev. Code* § 19.100180(2)(i); Iowa Code § 523 H.11 (1998); Illinois Rev. Stat ch. 815 § 715/20 [1998]; Puerto Rico Laws Ann. Tit 10, § 278b (1998) vgl. hierzu auch Anmerkung Nr. 62). Zum Teil existieren auch verbindliche Regeln für die zulässige Höchstdauer und Reichweite von nachvertraglichen Wettbewerbsverboten (vgl. z.B. *Indiana Deceptive Franchise Practices Act, Inc.* Code 1971, Ch. 2.7 § 23–2–2.7–1(9), welcher eine Höchstdauer von drei Jahren vorsieht und die räumliche Ausdehnung des Wettbewerbsschutzes auf das dem Franchisenehmer zugestandene Vertragsgebiet begrenzt).

70. Vertragsstrafen. Nach US-amerikanischer Rechtsauffassung sind Vertragsstrafen nicht einklagbar, da ein vertraglicher Anspruch auf Erfüllung *(special performance)* nur in Ausnahmefällen durchsetzbar ist (vgl. hierzu *von Bernstorff,* S. 138). Auch Vereinbarungen von Schadenspauschalierungen *(liquidated damages)* sind nur eingeschränkt möglich. Es muß streng darauf geachtet werden, daß sie keinen Strafcharakter aufweisen. Ein vertraglicher Schadensersatzanspruch soll dem Grundsatz nach nur den Nachteil, der dem anderen Teil durch die Nichterfüllung entstanden ist, ausgleichen. Pauschalierungen werden daher nur anerkannt, wenn die Schadenshöhe *fair and reasonable* geschätzt wird und bei Vertragsschluß ein potentiell entstehender Schaden noch nicht eindeutig bezifferbar ist (*Foran v. Wisconsin & Arcansas Lumber Co.*, 246 S. W. 848 [1923]). Zu Pauschalierungsklauseln vgl. auch Anmerkung 39–41 zur Haftung.

71. Vertraulichkeits- und Verschwiegenheitsklauseln. (1) Vertraulichkeitsklauseln sollen sowohl während wie auch nach Beendigung des Franchisevertrags davor schützen, daß das systemtragende Wissen an Dritte weitergegeben wird. Vertraulichkeitsklauseln sind von nachvertraglichen Wettbewerbsverboten zu differenzieren. Sie verfolgen zwar hinsichtlich des Schutzes vor Nachahmung gleiche Ziele, doch geschieht dies auf unterschiedlichen Wegen. Nachvertragliche Wettbewerbsverbote müssen sowohl hinsichtlich ihrer räumlichen wie auch hinsichtlich ihrer zeitlichen Reichweite beschränkt werden (vgl. hierzu Anmerkung 69). Nachvertragliche Verschwiegenheitsklauseln dürfen hingegen ohne eine derartige Zeit-Raum-Beschränkung verfaßt werden.

(2) Eine hiervon abweichende Rechtslage gilt derzeit in den Bundesstaaten *Georgia* und *Wisconsin*. Hier ist bei der Verfassung von nachvertraglichen Verschwiegenheitsklauseln auf folgende Unterscheidung zu achten, die Bedeutung für die Wirksamkeit der Klausel hat. Danach können nachvertragliche Verschwiegenheitsklauseln ohne Zeit-Raum-Beschränkung verfaßt werden, sofern hier nur diejenigen Inhalte betroffen sind, die durch einzelstaatliche *Trade Secret Acts* gesetzlich geschützte Geschäftsgeheimnisse (*trade secrets*) darstellen. Abzugrenzen ist von bloßen einfach-vertraulichen Informationen (*confidential information*), die nicht den weitreichenden Schutz der einzelstaatlichen *Trade Secret Acts* genießen. Hierunter sind solche Inhalte zu verstehen, die vom Franchisegeber nicht mit den gemäß *Trade Secret Acts* erforderlichen Sicherheitsmaßnahmen versehen sind (UTSA [ULA] § 1(4)(ii)) bzw. die keinen besonders hohen Geheimnisgrad aufweisen oder die leicht vom Endprodukt aus rekonstruiert werden können (*Stevens*, Fran. Law Journal, Summer 1999, S. 3). Bezieht sich die Verschwiegenheitsklausel für den Zeitraum nach Vertragsende auf derartige einfach-vertrauliche Informationen, wird von einigen Gerichten – vor allem in *Georgia* und *Wisconsin* – verlangt, daß die nachvertragliche Verwendungs- und Offenbarungsbeschränkung des Franchisenehmers zeitlich und räumlich – wie bei nachvertraglichen Wettbewerbsbeschränkungen auch – beschränkt wird (*Nalco Chemical Co. v. Hydro Technologies, Inc.*, 984 F. 2d 801 [7th Cir 1993]; *Allen v. Hub Cap Heaven Inc.*, 484 S. E. 2d 259, 265 [Ga. Ct. App. 1997] dort zitierend *U3S Corp. v. Parker* 414 S. E. 2d 513 [Ga. Ct. App. 1991]). Das Fehlen einer derartigen Zeit-Raum-Beschränkung wird als kartellrechtlicher Verstoß der unangemessenen Wettbewerbsbeschränkung (*unreasonable restraint*) erachtet mit der Folge der Nichtigkeit der Klausel (*Gary Van Zeeland Talent, Inc. v. Sandas* 267 N. W. 2d 242, 250 [Wisc. Ct. App. 1978]; *Wright v. Power Indus. Consultants, Inc.* 508 S. E. 2d 191 [Ga. Ct. App. 1998]; *Equifax Serv. Inc. v. Examination Management Services Inc.*, 453 S.E.2d 488, 490 [Ga. Ct. App. 1994]). Die vorliegende Klausel müßte daher für den Rechtsraum von *Georgia* oder *Wisconsin* zweigeteilt formuliert werden. Im ersten Part bezöge sie sich auf die Verschwiegenheitsverpflichtung von *trade secrets* nach Maßgabe der einzelstaatlichen *Trade Secrets Acts*, die auf der Grundlage eines Bundes-Modellgesetzes, dem *Uniform Trade Secrets Act*, von den Einzelstaaten erlassen worden sind. Im zweiten Absatz würden sodann diejenigen Geschäftsgeheimnisse angesprochen, die einfach-vertrauliche Geschäftsvorgänge (*confidential information*) umfassen.

72. Abtretung der Franchise. Der Franchisegeber behält sich gewöhnlich die Kontrolle über die Veräußerung der Franchise vor. Hierzu wird in der Regel vereinbart, daß die Veräußerung bzw. Abtretung der Franchise nicht ohne die vorherige schriftliche Zustimmung erfolgen darf. Diese Klausel ist von der Judikatur für zulässig erachtet worden (vgl. *Seligson v. The Plumtree Inc.*, 1973–2 Trade Cas. [CCH], 74, 644 [E.Pa. 1973]).

Der Franchisegeber hat danach das Recht, den Charakter, die Kontinuität sowie die Reputation und Geschäftskapazität des Franchisesystems zu schützen. Der Franchisenehmer kann sich gegen diese vertragliche Zustimmungsberechtigung des Franchisegebers auch nicht mit dem Argument des Verstoßes gegen Treu und Glauben wehren (Conningham Implement Co. v. Deere & Co., Bus. Fran. Guide (CCH), Miss. Ct. App. § 10,859). Auch wettbewerbsrechtlich ist die Zustimmungsklausel vertretbar (*Tunis Bros. Co. v. Ford Motor Co.* 1984-2 Trade Cas. [CCH], 66, 068 [E.Pa., 1984]). Der Franchisegeber darf allerdings seine Zustimmung nur aus sachlich gerechtfertigten Gründen verweigern (*reasonable witholding*) (vgl. hierzu *Glickmann*, Band 1, § 9; *Zuckermann v. McDonald's Corp.*, Bus. Fran. Guide (CCH) D.C. Mass. § 11, 584). Zum Teil folgt dies aus der Verpflichtung des Franchisegebers, den Franchisevertrag gegenüber dem Franchisenehmer nach Treu und Glauben zu erfüllen (RCW 19100180 (1) Washington Franchise Investment Act). In einigen Bundesstaaten ist dies aber auch speziell geregelt worden. Die ungerechtfertigte bzw. willkürliche Ablehnung eines interessierten Vertriebsmittlers wird als deliktische Verhaltensweise des Franchisegebers erachtet (*tortious interference*), es sei denn, der Franchisegeber kann darlegen und beweisen, daß der zukünftige Franchisenehmer vorhatte, sich nicht systemtreu zu verhalten (*Schomar v. Snyder's of Hanover, Inc.*, Bus. Fran. Guide (CCH), CA-3 § 10–880). Zulässig ist so z.B. die Weigerung des Franchisegebers, wenn der Franchisenehmerbewerber das Trainingsprogramm des Franchisegebers nicht zufriedenstellend absolviert (*Perez v. McDonald's Corp.*, Bus. Fran. Guide (CCH), DC Cal. § 11, 538).

73. Gerichtsstandsvereinbarung. (1) Bedeutung und Rechtsgrundlagen. Mit der Vereinbarung der internationalen oder interstaatlichen Gerichtszuständigkeit (*venue*) soll das Prozeßrisiko zu einer kalkulierbaren Größe im Rahmen der gesamten Risikoverteilung gemacht werden. Dies ist vor allem deshalb von Bedeutung, weil die Gerichtszuständigkeit Einfluß auf Fragen des Beweisrechts sowie der Urteilsanerkennung und Urteilsvollstreckung haben kann (*Ochsenfeld*, S. 633). Grundsätzlich gilt auch für das U.S.-amerikanische Recht der Grundsatz des internationalen Verfahrensrechtes: *forum regit processum*. Anzuwendendes Prozeßrecht ist auch in den Vereinigten Staaten die *lex fori* (*Ochsenfeld*, S. 633). Die Zulässigkeit und Rechtswirksamkeit von Gerichtsstandsvereinbarungen ist somit prinzipiell nach dem Verfahrensrecht des angerufenen Gerichts zu überprüfen. Probleme können sich allerdings aus der föderalen Gerichtsverfassung der Vereinigten Staaten ergeben (vgl. hierzu *Juenger*, S. 288 ff.; *Sandrock/Jung*, S. 861 ff.). Denn das Franchiserecht einiger Einzelstaaten schränkt die Zulässigkeit von Gerichtsstandsklauseln erheblich ein. So verbietet der *Franchise Relations Act* § 20040.5 die Vereinbarung eines Gerichtsstandes außerhalb Kaliforniens, wenn das Franchisegeschäft innerhalb Kaliforniens betrieben wird. Unklar ist in diesem Zusammenhang, ob die Rechtmäßigkeit von Gerichtsstandsklauseln nach einzelstaatlichem Recht oder nach Bundesrecht zu bewerten ist. Es ist nicht damit getan, Bundesrecht für anwendbar zu erklären, sobald ein Bundesgericht mit der Rechtsstreitigkeit befaßt ist (vgl. *Ochsenfeld*, S. 634). Soweit Bundesgerichte nämlich in den gerade für das Franchising relevanten Bereich der *diversity of citizenship jurisdiction* über Fragen einzelstaatlicher Problematik zu entscheiden haben, sind sie auf der Grundlage der *Erie-doctrine* verpflichtet, in materieller Hinsicht das *common law* und die Gesetze der betreffenden Staaten anzuwenden (Erie Railroad Co. v. Tompkins, 304 U.S. 64, 78 [1938)]. Auf prozessuale Fragen wird hingegen Bundesrecht angewandt (*Ochsenfeld*, S. 634). Unklar bleibt aber damit, ob Gerichtsstandsklauseln dem materiellen oder dem Prozeßrecht zuzuordnen sind. Die Qualifikation wird diesbezüglich gleichfalls nach der *lex fori* des angerufenen Gerichts zu beantworten sein (*Ochsenfeld*, S. 634). Die Judikatur ist hinsichtlich dieser Qualifikationsproblematik uneinheitlich. Während einzelne Entscheidungen diesbezüglich die Gerichtsstandsklausel als eine Frage des materiellen Rechts einstufen und somit zum Recht der Einzelstaaten gelangen, kommen neuere Entscheidungen zum gegenteiligen Ergebnis und wenden Bundesrecht an (*Ochsenfeld*, S. 634). Eine abschließend klärende Stellungnahme des *U.S. Supreme Court* steht insoweit noch aus. Es ist aber eine Entscheidung des *United States Supreme Court* indes zitiert, wonach Bundesrichter in Fällen bundesrechtlicher Entscheidungskompetenz autorisiert sind, entgegen einzelstaatlichen Rechtsvorbehalten Gerichtsstandsklauseln anzuerkennen und den Rechtsstreit an das von den Parteien derogierte Bundesgericht zu verweisen (vgl. *Glickmann*, Band 2, § 13.02[1][a][ii] m.N. auf Stewart Organisation, Inc. v. Ricoh Corp., 487 U.S. 22, 108 S.Ct. 2239, 101 L. Ed. 2d 22 [1988]). Dies bedeutet allerdings nicht, daß in jedem Falle die vertragliche Bestimmung der Parteien anerkannt wird. Dem Gericht wird vielmehr gemäß 28 U.S.C. § 1404a ein Ermessensspielraum zugestanden, bei dem der Parteiwille lediglich ein gewichtiger Faktor hinsichtlich der örtlichen Zuständigkeit der Gerichtsbarkeit ist (*Glickmann*, Band 2, § 13.02[1][ii]). Unklar ist jedoch weiterhin die Rechtslage, sobald nicht Fragen der *interstaatlichen* sondern der *internationalen* Zuständigkeit betroffen sind (*Born/Westin*, S. 245f.). Lediglich *Louisiana* gibt den Parteien völlige Freiheit bzgl. der Gerichtsstands- und Gerichtswahlklauseln. Für den Fall, daß keine Wahl getroffen wird, soll allein das Recht des Staates *Louisiana* anwendbar sein (vgl. La. Rev. Strt., § 12: 1042 und 1991, Act No. 855; vgl. *Glickmann*, Band 2, 9–54).

(2) **Auslegung.** Wenn eine Gerichtsstandsvereinbarung anerkannt wird, so wird eine derartige Klausel von den Bundesgerichten extensiv ausgelegt, so daß die Derogation für sämtliche Streitigkeiten gilt, die anläßlich des Franchiseverhältnisses zwischen den Parteien entstehen (*Ochsenfeld*, S. 636 m.w.N.; *Scoles/Hay*, S. 371, *Borchers*, S. 84). Das bedeutet, daß damit nicht nur Rechtsstreitigkeiten des Rahmenvertrags, sondern auch der einzelnen Ausführungsverträge gemäß der Gerichtsstandsklausel behandelt werden, es sei denn, die Parteien haben einen anders lautenden Willen in den Vertrag aufgenommen.

(3) **Allgemeine Zulässigkeitsvoraussetzungen nach US-amerikanischem Recht.** Nach Bundesrecht ist eine Gerichtsstandsklausel zulässig, wenn sie sich nicht ausnahmsweise als unangemessen *(unreasonable)* erweist. *Leading case* ist insoweit die aus dem Jahre 1972 stammende Entscheidung M/S Bremen and Unterweser Reederei GmbH v. Zapata Off-Shore Co., 407 U.S.1, 15 [1972]. Folgende Kriterien müssen erfüllt sein:

a) Die Gerichtsstandsvereinbarung darf mithin nicht das Ergebnis einer Täuschung, Drohung, Übervorteilung oder Ausnutzung einer übermächtigen Verhandlungsposition sein. Sie muß vielmehr zwischen erfahrenen Geschäftspartnern frei ausgehandelt sein (*Vorpeil*, S. 405 m.N. auf Pearcy Marine, Inc., v. Seacor Marine, Inc., and Glen H. Fornell, Urteil vom 28. 6. 1993, 847 F. Supp. 57 [S.D. Texas 1993]; vgl. hierzu auch instruktiv und ausführlich *Ochsenfeld*, S. 637–641).

b) Voraussetzung für die Zulässigkeit einer Gerichtsstandsvereinbarung ist weiterhin, daß die Derogation zur ausschließlichen Zuständigkeit führt (*Rahmann*, S. 47; *Born/Westin*, S. 224ff.; Docksider, Ltd. v. Sea Technology, Ltd., 875 F. 2d 76,764 [9th Cir. 1989]; *Vorpeil*, S. 406 m.w.N.).

c) Für die Überlassung des Rechtsstreits an eine ausländische Gerichtsbarkeit ergibt sich eine weitere Schranke aus dem U.S.-amerikanischen *ordre public (public policy)*, wonach ein gesetzlich zwingend vorgeschriebener Gerichtsstand nicht abbedungen werden kann (z.B. für Patentrechts- und Urheberrechtsklagen, *Ochsenfeld*, S. 639 m.w.N.).

d) Die Gerichtsstandsvereinbarung darf keine unzumutbaren Schwierigkeiten der Rechtsverfolgung im vereinbarten Forum bringen.

e) Die Gerichtsstandsvereinbarung muß eine Beziehung zum gewählten Forum aufweisen.

f) Das prorogierte Gericht muß zur Annahme der Prorogation bereit sein, d.h., es darf kein negativer Kompetenzkonflikt auftreten.

(2) **Sachliche Zuständigkeit.** Mittels einer Gerichtsstandsvereinbarung wird letztendlich nur die Frage der örtlichen Zuständigkeit geregelt. Die sachliche Gerichtszuständigkeit im Rahmen der Verbandskompetenz (Bundes- oder Staatengerichte) kann nicht de-

rogiert werden. Die allgemeine sachliche Zuständigkeit liegt dabei zunächst einmal bei den Gerichten der einzelnen Bundesstaaten. Gemäß Art. III, § 2 der Bundesverfassung besteht jedoch eine originäre Bundeszuständigkeit, die nach Maßgabe der 28 U.S.C. § 1330 ff. geregelt ist. Unterschieden wird dabei in ausschließliche und in konkurrierende Bundesgerichtsbarkcit. Ausschließliche Bundesgerichtsbarkeit ist in den Bereichen des Insolvenz-, Patent und Urheberrechts gegeben. Konkurrierende Gerichtsbarkeit besteht in den vor allem für das Franchiserecht maßgeblichen Rechtsgebieten des Kartellrechts und der *Civil Rights*. Hier werden zwei Formen der sachlichen Zuständigkeit der Bundesgerichte unterschieden. Dies sind *federal question jurisdiction* (Gerichtsbarkeit in Bundesangelegenheiten) und die *diversity citizenship jurisdiction* (Gerichtsbarkeit des Bundes für den Fall, daß Bürger verschiedener Bundesstaaten oder aber auch Ausländer involviert sind) (vgl. hierzu *Glickmann*, Band 2, § 13.02 und *Schack*, S. 28).

(3) **Internationale/Interstaatliche Zuständigkeit bei Unwirksamkeit oder Fehlen der Gerichtswahl.** Wenn der Franchisevertrag keine oder eine unwirksame Rechtswahl enthält, so bestimmt sich der Gerichtsstand nach den speziellen Franchisegesetzen des betreffenden Bundesstaates, in dem der Franchisenehmer lebt (Stradling v. Southland Corp., DC Pa., Bus. Fran. Guide § 10, 887). Fehlen derartige spezialgesetzliche Regelungen, so ist nach einer zum *Common Law* ergangenen Entscheidung das Gericht desjenigen Bundesstaates/Staates zuständig, indem der kontinuierliche und systematische Kontakt zwischen Franchisegeber und Franchisenehmer (z.B. durch Aufnahme von Verhandlungen) entstanden ist (vgl. Best Buy Co. Inc. V. Smith & Alster, Inc. Minn Ct. App., Bus. Fran. Guide § 11, 556).

74. Außergerichtliche Konfliktregelung. Die außergerichtliche Konfliktregelung ist gerade für Franchisegeber in den USA zu einem wichtigen Vertragsbestandteil geworden. Sie ist Teil des Risikomanagements des Franchisegebers. Denn hier kann der Multiplikationseffekt von Franchisesystemen sich für den Franchisegeber nachteilig auswirken, wenn sich viele Franchisenehmer gegen den Franchisegeber solidarisieren und in sog. *class actions* gegen den Franchisegeber gerichtlich vorgehen. Riskant wird es dann für den Franchisegeber, wenn ein Präzendenz-Urteil gegen den Franchisegeber ergeht. Die Vertragsklauseln zur außergerichtlichen Konfliktlösung zielen daher darauf ab, vor der Einleitung eines Gerichtsverfahrens die Mediation, die Schlichtung oder das Schiedsverfahren vorzuschreiben. In vielen Franchiseverträgen findet man zur Stützung der außergerichtlichen Verfahren auch die *waiver of judicial trial*, die wohl schärfste Form der Urteilsvermeidungsstrategie. Ziel dieser Klausel ist die Vermeidung der Laiengerichtsbarkeit *(jury)*, die die Gefahr der Vorurteilsbildung in sich birgt und/oder bei komplexen rechtlichen Fragen möglicherweise überfordert ist (vgl. hierzu *Schurtmann/Detjen*, S. 281). Bei diesen Klauseln, die im Franchisevertrag selbst oder in Nebenverträgen enthalten sein können, kollidiert das Prinzip der Vertragsfreiheit *(liberty of contract)* mit dem Prinzip der Rechtsweggarantie, die sowohl in der Bundesverfassung wie auch in einzelstaatlichen Verfassungen enthalten ist.

(1) **Vertragliches Verbot der Anrufung der Laiengerichtsbarkeit *(waiver of judicial trial)*.** Die wohl problematischste dieser Klauseln ist die *waiver of jurdicial trial*. In einigen einzelstaatlichen Franchisegesetzen ist diese Klausel verboten (so z.B. NEV. REV. STAT § 482 3638 [1997], N. J. STAT. Ann. § 56:10–7.2 [West 1997] hier für den Automobilhandel sowie ARIZ. REV. STAT. § 44–1560 [West 1997] und W. VA. CODE § 47–11C-3). Selbst dort, wo kein franchisegesetzliches Verbot besteht, bereitet diese Klausel vor Gericht Probleme, denn sie wird als Verstoß gegen die Garantie des Rechtswegs erachtet (so z.B. in Georgia; Bank S.N.A. v. Howard, 444, S.E. 2d 799, 800 [Ga.1994] unter Berufung auf GA CONST. 1983, art. I, § XI). In den anderen Einzelstaaten kann das Verbot der Anrufung der Laiengerichtsbarkeit hingegen erfolgreich vor Gericht durchgefochten werden. Dazu muß sie einen Test bestehen, der in der Entscheidung *National Equipment Rental, Ltd. V. Hendrix (565 F. 2d 255 [2d Cir. 1977])* auf-

5. U.S.-amerikanischer Franchisevertrag

gestellt worden ist und von der Judikatur schließlich weiterentwickelt wurde (vgl. *KMC Co. v. Irving Trust Co.* 757 F. 2 d 752 [6th Cir. 1985]). Hierzu müssen fünf Voraussetzungen erfüllt sein: (1) Die Klausel darf nicht in überraschender Weise und versteckt in den Vertrag aufgenommen sein. (2) Die Klausel muß verhandelbar gewesen sein. (3) In diesem Zusammenhang wird auch die gegenseitige Verhandlungsmacht und (4) die jeweilige Geschäftserfahrung des Franchisenehmers untersucht. (5) Von Belang ist auch, ob dem Franchisenehmer kompetenter Rat zur Seite stand. Das franchisevertragliche Verbot der Anrufung der Laiengerichtsbarkeit wird damit in diesen Einzelstaaten im Ergebnis keinen Bestand haben, wenn es als Standardklausel eines Formularvertrags verwandt wird und auf der Gegenseite ein noch geschäftsunerfahrener Franchisenehmer gegenübersteht.

(2) *Mediation*, **innerbetriebliche Schlichtung** *(grievance procedure)* **und Schiedsgerichtsbarkeit** *(arbitration)*. Diese Verfahren können als rechtssicher bezeichnet werden. Sie werden von der Judikatur als sinnvolle Konfliktlösungsmodelle anerkannt (vgl. *Zerbach v. Chrisler Corp.*, 235 F. Supp. 130 [D.Colo., 1964]; *Devalk Lincoln Mercury v. Ford Motor Co.* 811 F. 2 d 326 Bus. Fran. Guide [CCH] § 8760 [7th Cir 1987]; *KKW Enterprises Inc. v. Gloria Jean's Gourmet Coffees Franchising Corp.*, 1999 U.S. App. LEXIS 16671 [1st Cir. v. 19. 7. 1999]; *We Care Hair Development, Inc. v. Engen*, Bus. Fran. Guide (CCH), § 11, 646 [7th Cir. v. 11. 6. 1999]; *Security Watch, Inc. v. Sentinel Systems, Inc.*, Bus. Franchise Guide (CCH) § 11, 631 [6th Cir vom 10. 3. 1999]). In vielen Fällen können diese Verfahren jedoch zur Falle für den Franchisenehmer werden. Denn vielfach sehen Franchiseverträge in Kombination zu den vor- und außergerichtlichen Verfahren Ausschlußfristen für die gerichtliche Geltendmachung von Ansprüchen vor, die von den Gerichten auch anerkannt werden. In diesen Fällen wird von Franchisenehmern oft das Argument geäußert, der Franchisegeber habe auf sein Recht der vorherigen außergerichtlichen Regelung durch die Aufnahme der gerichtlichen Verhandlung verzichtet. Diese Argumentation wird jedoch gerade bei geschäftserfahrenen Franchisenehmern von den Gerichten nicht anerkannt *(Devalk Lincoln Mercury v. Ford Motor Co. 811 F. 2 d 326 Bus. Fran. Guide [CCH] § 8760 [7th Cir 1987])*. Unklar ist die Situation allerdings, wenn hier ein geschäftsunerfahrener Franchisenehmer agiert. Hierzu ist noch keine gesicherte Judikatur ersichtlich.

(3) **Besonderheiten des Schiedsverfahrens. a) Vorteile und Rechtsgrundlagen.** Als Vorteile des Schiedsverfahrens gegenüber einem Gerichtsprozeß werden die geringeren Kosten, die schnellere Entscheidungsfindung und der Ausschluß der Öffentlichkeit angeführt. Zudem wird die Beteiligung von Experten an der Entscheidungsfindung geschätzt, die das technische Verständnis mitbringen und speziell bei internationalen Streitigkeiten die Möglichkeit zur Diskussion auf tatsächlicher Grundlage unter Verzicht auf die jeweiligen Rechtsexperten ermöglichen. Für die Franchisegeberseite, die in der Regel den Franchisevertrag aufsetzt, ergibt sich ein weiterer Vorteil darin, daß Vereinbarungen über den Gerichtsstand und das anwendbare Recht, die in vielen Fällen von den speziellen einzelstaatlichen Franchisegesetzen für unzulässig erklärt werden, von der Judikatur als zulässig erachtet werden, wenn sie die Abhaltung des Schiedsverfahrens betreffen (*KKW Enterprises Inc. v. Gloria Jean's Gourmet Coffees Franchising Corp.*, 1999 U.S. App. LEXIS 16671 [1st Cir. v. 19. 7. 1999]). Für den deutschen Unternehmer, der in den Vereinigten Staaten als Franchisegeber auftritt, liegen die Vorteile auch darin, daß bei Schiedsverfahren in aller Regel die besonderen förmlichen und für ihn ungewohnten Beweiserhebungsverfahren *(pre-trial discovery)* nicht stattfinden. Die Schiedsgerichtsbarkeit kann von den Parteien auch nachträglich im Laufe eines Rechtsstreits vereinbart werden, nämlich durch ein sogenanntes *submission agreement* (vgl. hierzu *Glickmann*, Band 2, § 13.02[3]). Grundlage für die internationale Handelsschiedsgerichtsbarkeit sind der Federal Arbitration Act (9 U.S.C. §§ 1–15, 201–208, 301–307) und das New Yorker Übereinkommen über die Anerkennung und Vollstreckung ausländischer Schiedssprüche vom 10. 6. 1958, das als Abschnitt 2 dem Federal Arbitration Act hin-

zugefügt wurde (*Kuner*, S. 368; *Berg*, S. 410). Nach einer Entscheidung des *Supreme Court* ist das Recht desjenigen Einzelstaates anzuwenden, in dem das Schiedsverfahren stattfindet, sofern das Bundesrecht keine Anwendung auf diese Angelegenheit findet und das Recht des Einzelstaates das Schiedsverfahren nicht derart belastet, daß der *ordre public* des Bundesrechts zugunsten der Schiedsgerichtsbarkeit beeinträchtigt wäre *(Volt Information Services v. Board of Trustees of Stanford University, 489 U.S. 468 [1989])*. Einzelstaatliche Handelsschiedsgesetze finden auch dort Anwendung, wo im Bundesrecht die Regelung eine Lücke aufweist (*Kuner*, S. 368).

b) **Gebräuchliche Schiedsgerichtsklauseln.** Die zwei gebräuchlichsten Schiedsklauseln sehen Schiedsverfahren nach den Schiedsordnungen der *American Arbitration Association (AAA)* oder der Internationalen Handelskammer in Paris vor *(ICC)*. Vorliegend wurde die Schiedsklausel der *AAA* in den Franchisevertrag aufgenommen. Das Verfahren der *AAA* ist in den *Commercial Rules* festgehalten. Während es in Europa üblich ist, daß jede Partei ihren eigenen Schiedsrichter ernennt, wird in den Vereinigten Staaten gewöhnlich die *AAA* ersucht, je nach Schwierigkeit des Falles einen oder drei Schiedsrichter zu benennen (*Schurtmann/Detjen*, S. 277). Die Parteien können aber auch selbst ihre Schiedsrichter benennen. Während nach europäischer Rechtsauffassung die gewählten Schiedsrichter sich neutral zu verhalten haben, wird in den USA von den Parteien gewählten Schiedsrichtern erwartet, daß sie die Interessen derjenigen Partei vertreten, die sie gewählt haben. Wollen die Parteien ein neutrales Schiedsgremium, so müssen sie dies in den Schiedsvertrag aufnehmen (*Schurtmann/Detjen*, S. 277).

c) **Kosten des Schiedsverfahrens.** Die *American Arbitration Association (AAA)* verlangt eine Verwaltungsgebühr für die Bearbeitung eines Falles. Diese richtet sich nach dem Streitwert. Die Schiedsvereinbarung kann hierbei vorsehen, daß diese Gebühren unter Franchisegeber und Franchisenehmer geteilt werden oder vollständig von der unterliegenden Partei getragen werden. Gewöhnlich zahlt jedoch jede Partei ihre eigenen Experten, Zeugen und juristischen Berater, die sie bemüht hat.

75. Rechtswahl. (1) Franchising und IPR in den Vereinigten Staaten. Der Frage der Rechtswahl kommt in zweifacher Hinsicht besondere Bedeutung zu. Zum einen ergeben sich kollisionsrechtliche Probleme, wenn das Franchisegeschäft in mehreren Bundesstaaten der USA betrieben wird. Zum anderen werden kollisionsrechtliche Fragen infolge des internationalen Rechtsverkehrs zwischen den USA und der Bundesrepublik Deutschland auftreten. Das internationale Privatrecht in den USA ist überwiegend Angelegenheit der jeweiligen Einzelstaaten, so daß man es mit verschiedenen internationalen Privatrechten der jeweiligen Bundesstaaten der USA zu tun hat ⟨*Behr*, S. 123⟩. Die Regeln des internationalen Privatrechts finden dabei gleichermaßen im Rechtsverkehr der einzelnen Bundesstaaten untereinander (*interstate*) wie im Verhältnis zum Ausland (international) Anwendung (*Restatement of the Law Second*, Conflict of Laws, 2 d § 10). Trotz der unterschiedlichen internationalen Privatrechte der USA hat sich das internationale Vertragsrecht in den USA in weiten Bereichen einheitlich entwickelt. Grund hierfür sind die sogenannten *restatements*, in denen die von den Gerichten entwickelten und angewandten Grundsätze zusammengefaßt worden sind. Den restatements kommt zwar keine Gesetzeskraft zu, doch werden sie von vielen Gerichten zur Urteilsbegründung herangezogen (vgl. hierzu *Behr*, S. 123 f.).

(2) **Zulässigkeit der Rechtswahl durch die Vertragsparteien.** Die Rechtswahl der Vertragsparteien wird in der Regel sowohl von h.M. in der Literatur (*Ehrenzweig*, S. 148; *Goodrich/Scoles*, S. 213; *Behr*, S. 124 m.w.N., *Hay*, S. 165) als auch von der Rechtsprechung (*Haag v. Barnes*, 9 N.Y. 2d 544 [1961]; *Perrin v. Pearlstein*, 314 F. 21d 863 [1963]; *Atkins, Knoll & Co. v. Broadway Lumber Co.*, 35 Ca. Rtpr. 385 [1963]; *Snapper Inc., v. Redan*, Bus. Fran. Guide CA-11, § 11,615) anerkannt. Die Rechtswahl gilt auch für Klagen mit dem Klagegrund der unerlaubten Handlung (*tort-claims*), wenn diese in einer Beziehung zum Franchisevertrag steht und der Franchisevertrag die Rechts-

5. U.S.-amerikanischer Franchisevertrag

wahl auch für derartige Klagen vorsieht (DFO Inc. V. Northeast In of Meridian Ing., DC AL, § 11,552). Grundlagen für die Zulässigkeit der Rechtswahl ergeben sich aus §§ 186–188 der zweiten Fassung der *restatements* und dem U.C.C. § 1–105. Darüber hinaus sind jedoch mögliche Einschränkungen bzw. Rechtswahlverbote einzelstaatlicher Franchisegesetze zu beachten, die zum Schutz des Franchisenehmers ergangen sind. Die Judikatur achtet darüber hinaus penibel auf die von den Parteien gewählten Formulierungen (vgl. hierzu Heating & Air Specialist, Inc. V. Jones, Bus. Fran. Guide (CCH), § 111, 635 (8th Cir., Urteil vom 7. 6. 1999). Voraussetzung einer wirksamen Rechtswahl ist darüber hinaus, daß das gewählte Recht in einer Beziehung zu dem betreffenden Franchisevertrag oder zu den aus diesem Vertrag resultierenden Rechtshandlungen steht (vgl. hierzu *Hay*, S. 165). Dies bedeutet, daß nicht das Recht eines neutralen Drittstaates gewählt werden darf, mit dem das Franchisegeschäft keinerlei Verbindung aufweist (Restatement of the Law, Second, Conflict of the Laws 2d, § 187 Abs. 2 a). Die Rechtswahl darf darüber hinaus auch nicht im Widerspruch zum ordre public des betreffenden Bundesstaates stehen, in dem das Franchisegeschäft betrieben wird bzw. dessen Gericht angerufen worden ist (*Behr*, S. 129 und Restatement of the Law Second, Conflict of Laws 2d, § 187 Abs. 2 b).

(3) **Anwendbares Recht mangels Rechtswahl.** In Ermangelung einer (wirksamen) Rechtswahl, ist die lex fori des Bundesstaates anzuwenden, zu der der Franchisevertrag die most significant relationship aufweist (Restatement of the Law Second, Conflict of Laws 2d, § 188 Abs. 1). Was im einzelnen die most significant relationship eines Franchiseverhältnisses zu einem Staat konstituiert, bleibt indes umstritten und unklar. Es wird zum Teil die Auffassung vertreten, daß dies das Recht des Bundesstaates sei, in dem der Franchisenehmer überwiegend tätig ist (vgl. hierzu *Behr*, S. 129f. m.w.N.). Zur Begründung wird § 196 der restatements herangezogen, wo diese Lösung für Dienstverträge vorgesehen ist. Der Franchisevertrag falle unter diese Kategorie, weil der Begriff des Dienstvertrages nach Ansicht der Kommentatoren der restatements weit auszulegen sei (Restatements of the Law Second, Conflict of Laws 2d, § 196, Comment a)). Er umfasse gleichermaßen Verträge mit abhängigen und unabhängigen Vertragspartnern. Gegen diese Auffassung sind zu Recht Vorbehalte laut geworden. Mehrere Entscheidungen gelangen entgegen den restatements zum Recht des Geschäftsherrn (*Behr*, S. 130 m.w.N.). Eine dritte Auffassung verlangt, daß die *most significant relationship* unter Abwägung aller Umstände des Einzelfalles zu bestimmen sei, wobei der Abschluß- und Erfüllungsort von herausragender Bedeutung seien. (*Reese*, S. 409, 411).

76. Überlegungen zur Wahl eines deutschen Gerichtsstands und zur Wahl deutschen Rechts. (1) **Erste Fallkonstellation.** Ein deutscher Franchisegeber klagt gegen einen US-Franchisenehmer, der seinen Geschäftssitz in den USA unterhält und auf dem amerikanischen Markt seine Absatzmittlungstätigkeit durchführt. Der Vertrag enthält eine Gerichtsstandsvereinbarung, nach der ein deutsches Gericht zuständig sein soll sowie eine Rechtswahlvereinbarung, wonach deutsches Recht angewandt werden soll. Der Franchisenehmer klagt aber entgegen der vertraglichen Vereinbarung vor einem Gericht in den USA.

a) **Zuständigkeit des US-Gerichts.** Der US-Richter prüft zunächst seine Zuständigkeit und wird dabei vor allem die Frage aufgreifen, ob die Parteien vertragliche Regelungen hierzu treffen können. Da die Klage in den USA erhoben wurde, wird der Richter nach der *lex fori* des betreffenden Bundesstaates die Zulässigkeit von Gerichtsstandsvereinbarungen prüfen. Und hier wird unter Umständen schon das erste Problem für den Franchisegeber auftauchen, denn in manchen Bundesstaaten (z.B. Kalifornien) sind Gerichtsstandsvereinbarungen verboten, wenn diese eine Gerichtszuständigkeit außerhalb des Bundesstaates vorsehen, in dem der Franchisenehmer seinen Sitz hat bzw. die Absatzmittlungstätigkeit ausübt. Die Wahl eines deutschen Gerichtsstands kann daher möglicherweise vor US-amerikanischen Gerichten nicht durchgreifen (vgl. hierzu auch Anmerkung Nr. 75).

b) **Anwendbares Recht.** Das internationale Privatrecht in den USA ist überwiegend Angelegenheit der jeweiligen Einzelstaaten, so daß man es mit verschiedenen internationalen Privatrechten der jeweiligen Bundesstaaten der USA zu tun hat (*Behr*, S. 123). Die Rechtswahl der Vertragsparteien wird in der Regel sowohl von h. M. in der Literatur (*Ehrenzweig*, S. 148; *Goodrich/Scoles*, S. 213; *Behr*, S. 124 m. w. N., *Hay*, S. 165) als auch von der Rechtsprechung (*Haag v. Barnes*, 9 N.Y. 2d 544 [1961]; *Perrin v. Pearlstein*, 314 F. 21d 863 [1963]; *Atkins, Knoll & Co. v. Broadway Lumber Co.*, 35 Ca. Rtpr. 385 [1963]). anerkannt. Grundlagen für die Zulässigkeit der Rechtswahl ergeben sich aus §§ 186–188 der zweiten Fassung der *restatements* und dem *U.C.C.* § 1–105. Voraussetzung ist allerdings, daß das gewählte Recht in einer Beziehung zu dem betreffenden Franchisevertrag oder zu den aus diesem Vertrag resultierenden Rechtshandlungen steht (vgl. hierzu *Hay*, S. 165). Dies bedeutet, daß nicht das Recht eines neutralen Drittstaates gewählt werden darf, mit dem das Franchisegeschäft keinerlei Verbindung aufweist (*Restatement of the Law*, Second, Conflict of the Laws 2d, § 187 Abs. 2a). Die Rechtswahl darf darüber hinaus auch nicht im Widerspruch zum *ordre public* des betreffenden Bundesstaates stehen, in dem das Franchisegeschäft betrieben wird bzw. dessen Gericht angerufen worden ist (*Behr*, S. 129 und *Restatement of the Law Second*, Conflict of Laws 2d, § 187 Abs. 2b). Zur public policy zählen hier vor allem die franchisenehmerschützenden *termination*- und *non-renewal laws* sowie die Vorschriften der FTC-Rule, die eine extensive Aufklärung des US-amerikanischen Franchisenehmers vorsehen, wenn die Absatzmittlung auf dem US-amerikanischen Markt erfolgen soll.

(2) **Zweite Fallkonstellation.** Der deutsche Franchisegeber klagt in Deutschland gegen den US-amerikanischen Franchisenehmer. Der Franchisenehmer verfügt nicht über Vermögen in Deutschland. Aus diesem Grund soll das Urteil in den USA vollstreckt werden.

a) **Zuständigkeit des deutschen Gerichts.** Die deutschen Gerichte wenden bei anhängigen Verfahren nur deutsches Verfahrensrecht an (BGH, NJW 1985, S. 552f. = IPRax 1985, 224). Für eine Anwendung des lex-fori-Prinzips sprechen vor allem Praktikabilitätserwägungen. Zum einen sind die Gerichte mit der Anwendung der *lex-fori* vertraut, zum anderen entsprechen sich Gerichtsaufbau und Verfahrensregeln (*Hoffmann*, Internationales Privatrecht, S. 63; *Geimer*, IZPR, Rz. 322f.).

aa) **Zustandekommen der Gerichtsstandsvereinbarung.** Die Gerichtsstandsvereinbarung wird nach herrschender Auffassung als ein materiell-rechtlicher Vertrag über ein Prozeßrechtsverhältnis verstanden (vgl. z.B. *Hüsstege*, IPR, S.45; BGH NJW 1986, S.1438). Deshalb beurteilt sich das Zustandekommen der Gerichtsstandsvereinbarung nach dem speziell für diese Frage zu ermittelnden Vertragsstatut. Streitig ist indes, wie dieses zu bestimmen ist. Nach Auffassung des BGH und des überwiegenden Schrifttums (BGHZ 49, S. 384; Kropholler, Handbuch d. IZVR I, Kap. III, Rn. 482) beurteilt sich das Zustandekommen der Gerichtsstandsvereinbarung nach dem für den Hauptvertrag maßgeblichen Recht. In der vorliegenden Konstellation beurteilt sich das Zustandekommen der Gerichtsstandsvereinbarung nach deutschem Recht, weil die Parteien deutsches Recht vereinbart haben.

bb) **Prozessuale Zulässigkeit.** Die prozessuale Zulässigkeit und die Wirkungen einer wirksamen Vereinbarung richten sich nach herrschender Auffassung nach dem Recht des Gerichtsstaates, der *lex fori* (BGH NJW 1989, S. 1431f.) – also auch, wenn die Parteien die Anwendung eines fremden Rechts gewählt hätten –. Die Rechtsgrundlage ergibt sich nach Auffassung der Judikatur aus den §§ 38ff. ZPO. Art. 17 EuGVÜ ist nicht anwendbar, weil der persönliche Anwendungsbereich des EuGVÜ nicht eröffnet ist. Nach der herrschenden Reduktionstheorie, die den weiten Wortlaut des Art. 17 EuGVÜ einschränkt, dient das EuGVÜ der Erleichterung des Rechtsverkehrs zwischen den Vertragsstaaten des EuGVÜ. Demgemäß sind die Voraussetzungen der §§ 38ff. ZPO hinsichtlich der Zulässigkeit von Gerichtsstandsvereinbarungen im deutsch-amerikanischen

Rechtsverkehr die zu beachtende Rechtsgrundlage für die Zulässigkeit von deutschamerikanischen Gerichtsstandsvereinbarungen (BGH IPRax 1992, S. 377f.; OLG München IPRax 1991, S. 46f.; OLG Düsseldorf NJW 1991, S. 1492). Danach sind Gerichtsstandsvereinbarungen nur unter Kaufleuten zulässig.

b) **Anerkennung des deutschen Urteils in den USA. aa) Überblick.** Die Wirkungserstreckung ausländischer Zivilurteile ist in den USA nicht bundeseinheitlich geregelt. Es gilt hier das Recht der jeweiligen Einzelstaaten, in denen das Urteil anerkannt und vollstreckt werden soll. Je nach Bundesstaat können unterschiedliche Rechtsgrundlagen eine Rolle spielen. In manchen Bundesstaaten wurden in Bezug auf die Anerkennung und Vollstreckung von Urteilen auf Geldzahlung Mustergesetze *(Uniform Acts)* übernommen (vgl. hierzu *Schütze*, Deutsch-amerikanische Urteilsanerkennung, S. 11). Außerhalb des Geltungsbereichs statuarischer Regelungen werden ausländische Urteile auf der Grundlage der *comity doctrine* für vollstreckbar erklärt (vgl. hierzu Re Estate of Steffke 222 N.W.2d 628 [Wis 1974]). *Leading case* ist eine aus dem Jahre 1895 stammende Entscheidung (*Hilton v. Guyot* 159 U.S. 113 S.Ct. 139, 40 L. Ed. 95), die erstmals die Grundlagen der Anerkennung und Vollstreckung bestimmt hat. Als Orientierung dienen des weiteren die *restatements* 2d *Conflict of Laws* und 3rd *Foreign Relations*, die zwar keine Gesetzeskraft haben, jedoch geben sie die von der Praxis angewandten Grundlagen des *common law* wieder.

bb) **Voraussetzungen der Anerkennung.** Voraussetzung für die Anerkennung sind unter anderem die Einhaltung eines rechtsstaatlichen Verfahrens *(due process)* (§ 482 Abs. 1a Restatements 3rd *Foreign Relations*, § 4a Nr. 1 *Uniform Foreign Money-Judgement Recognition Act*) und die *international jurisdiction* (§ 482 Abs. 1b Restatement 3rd Foreign Relations, § 92a Restatement 2nd Conflict of Laws, § 4b Nr. 6 *Uniform Foreign Money-Judgement Recognition Act*), einem Zuständigkeitsverständnis, das weitergehender ist als der im deutschen Recht verstandene Begriff der internationalen Zuständigkeit, weil hier alle Zuständigkeitsformen erfaßt werden (vgl. hierzu *Weinschenk*, S. 42ff. sowie *Schütze*, S. 14f.). Zuständigkeitsbegründend kann auch eine wirksame internationale Gerichtsstandsklausel wirken, die seit der 1972 ergangen Entscheidung *MS Bremen & Unterweser GmbH v. Zapata Off-Shore Company* grundlegend für zulässig erklärt wird. Probleme können hier allerdings in Einzelstaaten auftauchen, die zum Schutz des Franchisenehmers Gerichtsstandsklauseln verbieten, die einen anderen Gerichtsstand als den Ort des Franchisenehmersitzes zum Inhalt haben (vgl. Anmerkung Nr. 75). Als weiteres Hindernis der Anerkennung bzw. Vollstreckung kann der Fall auftreten, daß die Wirkungserstreckung der ausländischen Entscheidung nicht gegen den zweitstaatlichen *ordre public* verstoßen darf (§ 482 Abs. 2c und d Restatement 3rd *Foreign Relations*, § 4b Nr. 3 und 4 *Uniform Foreign Money-Judgement Recognition Act*; vgl. hierzu *Schütze*, Deutsch-amerikanische Urteilsanerkennung, S. 17). Hier entsteht ein Ermessensspielraum für das Anerkennungsgericht, der möglicherweise die Vollstreckung und den Nutzen des in Deutschland errungenen Titels in Frage stellen könnte.

77. Vollständigkeitsklausel und Schriftformerfordernis. Die vorliegende Klausel, die mittlerweile auch in deutschen Franchiseverträgen anzutreffen ist, wird von Franchisegeberseite unter zwei Aspekten in den Franchisevertrag eingeführt. Zum einen soll diese Klausel dem Vertrag Interpretationssicherheit verleihen, zum anderen soll sie den Franchisegeber vor Klagen des Franchisenehmers schützen, die auf der Behauptung vorheriger oder nachträglicher mündlicher oder schriftlicher Vereinbarungen bzw. Vertragsänderungen beruhen. Diese Klausel ist vor dem Hintergrund der *parol evidence rule* zu verstehen, einem Rechtssatz des anglo-amerikanischen *Vertrags*rechts (restatements of contracts 2d, § 213). Diese Regel bestimmt, daß ein Schriftstück, das die Parteien als ihren endgültigen Vertrag betrachten, die Berücksichtigung vor- bzw. nebenvertraglicher Absprachen ausschließt (*Gianni v. R. Russel & Co., Inc.*, 281 Pa. 320, 126 A. 791

[1924]; *Hay*, S. 76; *Schantz/Jackson*, S. 319). Die vorliegende Klausel ist vor diesem Hintergrund von der Judikatur als zulässig anerkannt worden (*Central Massechusetts Television, Inc. v. Amplican, Inc.*, 930 F. Supp. 16 [D. Mass. 1966]; *Banco di Brazil, S.A. v. Lation, Inc.*, 234 Cal. App. 3d 973, 285 Cal. Rprtr. 852 [1984]; *Waymann v. Amoco Oil Co.*, 923 F. Supp. 1322 [D. Kann 1996]; *Alphagraphics Franchising Inc. v. Whaler Graphics Inc.*, Bus. Fran. Guide [CCH], § 10, 299 [D. Ariz]). Ihre Grenzen ergeben sich jedoch aus den Grenzen der *parol evidence rule* selbst. Dem Franchisenehmer bleibt es damit unbenommen, sich in einem Rechtsstreit auf vorsätzliche Täuschung, Betrug seitens des Franchisegebers, also auf *misrepresentation, fraud* oder auf einen Verstoß gegen die *public policy* eines Einzelstaates zu berufen. Hierzu folgendes Beispiel des kalifornischen Rechts: *All contracts which have for their object, directly or indirectly, to exempt anyone from responsibility for his own fraud, or willful injury to the person or property of another, or violation of law, whether willful or negligent, are against the policy of law* (Cal. Civ. Code § 1168; vgl. hierzu auch Thrifty Rent-A-Car v. Brown Flight Rental One, 24 F. 3d 1190 [10th Cir. 1994]). Diese Verteidigungsmöglichkeiten des Franchisenehmers betreffen jedoch nur falsche Angaben von Tatsachen *(factual fraud)* seitens des Franchisegebers. Der Franchisenehmer kann sich *nicht* darauf berufen, daß ihm im Vorfeld inhaltlich ein anderes Versprechen abgegeben worden sei *(promissory fraud)* (zu dieser Unterscheidung vgl. Scott v. Minuteman Press Int'l Inc. Bus. Fran. Guide [CCH], § 10, 344 S. 25101 [N.D. Cal. 1993]). Um der Geltendmachung ungerechtfertigter Ansprüche seitens des Franchisenehmers zu begegnen, wird daher die Aufnahme dieser Vertragsklausel empfohlen, die nachvertragliche mündliche Vereinbarungen oder Abmachungen ausschließt (*Schurtmann/Detjen*, S. 44). Der Franchisenehmer steht solchen Vertragsklauseln nicht schutzlos gegenüber (*Lagarias*, S. 3 ff.).

IV. Lieferverträge

1. Exportvertrag (Maschine)[1, 2, 3]

This
Contract[4] of Sale[5]
made this 3rd day of March, 2001[6]

BY AND BETWEEN

ALPHA GmbH, a corporation organized and existing under the laws of the Federal Republic of Germany and having its principal place of business at ALPHA-street, ALPHA-town, Federal Republic of Germany, Telecopier-No. ......
hereinafter referred to as the "Seller"

and

BRAVO S.A.[7], a corporation organized and existing under the laws of BRAVO-state and having its principal place of business at BRAVO-street, BRAVO-town, BRAVO-state, Telecopier-No. ......[8]
hereinafter referred to as the "Buyer"

WHEREAS[9]

– the Seller carries on the business of manufacturing and marketing woodworking-machines;
– the Buyer carries on the business of manufacturing furniture and intends to extend and improve its manufacturing capacity;

NOW THEREFORE, in consideration[10] of the premises and the mutual agreements and covenants herein contained, the parties hereto hereby covenant and agree as follows:

I. Obligations of the Seller

Article 1 Contract Products[11]

1.1 The Seller agrees to sell to the Buyer and the Buyer agrees to buy from the Seller two machining centers rotary-tablemachine type no. RHO 105 including software, manuals and spare parts all of which are detailed in this agreement and hereinafter referred to as "Contract Products".

1.2 The rotary-tablemachine type no. RHO 105 consists of subsystems ...... and has the following special characteristics: ......[12]

1.3 The Contract Products include software for ......[13]

1.4 The Contract Products include instructions for installation and maintenance and operating manuals in English.[14]

1.5 The Contract Products include spare parts for machining centers rotary-tablemachine type no. RHO 105 as follows: ......[15]

Article 2 Delivery and Transfer of Title

2.1 The Seller must deliver the Contract Products to the Buyer and transfer the title to the Contract Products. The Seller is not obliged to deliver accessories not specified explicitly or to advise the Buyer.[16]

2.2 The Seller undertakes to deliver[17] the Contract Products Free Carrier (FCA) Seaport Hamburg[18] Full Container Load (FCL).[19, 20] If the Buyer does not give the Seller sufficient notice of the carrier in due time, the Seller may contract for carriage on usual terms at the Buyer's risk and expense.[21] Notification to the Buyer of the Contract Products being delivered is not required.[22]

2.3 Risk as to price and performance passes to the Buyer as soon as the Contract Products have been delivered in accordance with Article 2.2, or the title in the Contract Products has passed to the Buyer.[23]

2.4 The Seller retains the title to the Contract Products until settlement of all accounts receivable and other claims by the Seller against the Buyer which have accrued under this Contract of Sale, including those which will only fall due in the future.[24]

Article 3 Delivery Date

3.1 Delivery shall be effected four to five weeks after this Contract of Sale has been signed by both parties and the Seller's receipt of the confirmation of Letter of Credit as required by Article 8.[25]

3.2 Without prejudice to its continuing legal rights, the Seller is entitled to fulfil its obligations after the delivery time agreed upon, if it informs the Buyer of exceeding the delivery time limit and of the time period for late performance. The Buyer can object to late performance within reasonable time. Such objection is only effective, if it is received by the Seller before delivery has been effected. The Seller will reimburse necessary additional expenditure incurred by the Buyer as a result of exceeding the delivery time to the extent that the Seller is responsible for the delay as provided for in Section VI.[26]

Article 4 Other Obligations

4.1 Except as provided in Article 3.2, the Seller is only obliged to inform the Buyer of delay or non-performance as soon as these become certain.[27]

4.2 The Seller undertakes to procure licences, permits, approvals or consents required for the export of the Contract Products. The Seller is entitled to avoid this Contract of Sale in whole or in part without compensation, if the required export licences, permits, approvals or consents are not granted by the German authorities.[28]

4.3[29] The Seller is not obliged to perform any additional obligations not mentioned in this Contract of Sale. In particular the Seller is not obliged to insure the Contract Products,[30] to procure certificates or documents not expressly agreed upon,[31] except as provided in Article 4.2 to obtain required licences, permits, approvals, consents or other formalities or to procure customs clearance,[32] to bear levies, dues, taxes, duties and other charges accruing outside the Federal Republic of Germany[33] or to comply with weight and measuring systems, packaging, labelling or marking requirements applicable outside the Federal Republic of Germany.[34]

Article 5 Suspending Performance

Without prejudice to its continuing legal rights, the Seller is entitled to suspend the performance of its obligations or to prevent the handing over of the Contract Products to the Buyer so long as there are grounds for concern that the Buyer may completely or partly fail to fulfil its obligations in accordance with this contract.[35]

II. Obligations of the Buyer

Article 6 Price

6.1 The total Purchase Price for the Contract-Products is EUR 245.000,00.[36]

6.2 The Purchase Price includes packing of the Contract-Products for export and freight to seaport Hamburg (inland shipment), but not the cost of terminal handling, export shipment and insurance.[37]

6.3 Except as provided in this Contract of Sale all levies, dues, taxes, duties and other charges shall be borne by the Buyer.[38]

Article 7 Payment

7.1 The payment to be made by the Buyer is in any event due at the time delivery of the Contract Products is effected.[39] The due time for payment arises without any further pre-condition.[40]

7.2 The payment to be made by the Buyer is to be transferred in EURO-currency[41] to the banking account No. .... at the ...... Bank AG, ALPHA-town[42] without deduction and free of expenses and costs for the Seller.

7.3 In the event of delay in payment[43] the Buyer will pay to the Seller – without prejudice to compensation for further losses – the costs of judicial and extra-judicial means and proceedings as well as interest at the rate of 5% over the base interest rate of the European Central Bank.[44]

Article 8 Letter of Credit[45, 46]

8.1 Ten days after this Contract of Sale has been signed by both parties the Buyer shall open an irrevocable and transferable Letter of Credit in favour of the Seller in the amount of EUR 245.000,00.[47]

8.2 The Letter of Credit shall be issued or confirmed by and available with a German bank in ALPHA-town[48] and shall stipulate an expiry date for the presentation of the documents[49] of at least three months from the date this Letter of Credit has been issued/confirmed. The Letter of Credit shall be available by sight payment[50] upon presentation of a terminal- or interchange-receipt stating the handing over for shipment to (Bestimmungshafen) to a terminal handling agent in Hamburg of two 40` containers said to contain one machining center rotary-tablemachine type no. RHO 105 each,[51] a commercial invoice and a packing list.[52] Instead of the terminal- or interchange-receipt the Seller may present an ocean bill of lading indicating Hamburg as port of loading and (Bestimmungshafen) as port of discharge.[53]

8.3 The Letter of Credit shall be issued/confirmed subject to the current ICC Uniform Customs and Practice for Documentary Credits (UCP 500).[54]

Article 9 Other Obligations

9.1 The Buyer shall arrange for usual transport insurance of the Contract Products covering both the inland and the export shipment (from-house-to-house).[55]

9.2 The Buyer shall take delivery[56] and perform all obligations imposed by this Contract of Sale or by the applicable laws.[57]

Article 10 Set off, Suspending Performance

10.1 Legal rights of the Buyer to set-off against claims of the Seller for payment are excluded, except where the corresponding claim of the Buyer has either been finally judicially determined or recognised by the Seller in writing.[58]

10.2 Legal rights of the Buyer to suspend payment and to raise defences are excluded except where despite written warning the Seller has committed a fundamental breach of its obligations to deliver or transfer the title to the Contract Products arising out of this Contract of Sale, and has not offered any adequate assurance.[59]

III. Conformity of the Contract Products[60]

Article 11 Non-conforming Contract Products

11.1 The Contract Products do not conform with this Contract of Sale if at the time the risk passes they are clearly different to the specifications laid down in this contract,[61] or in the absence of agreed specifications, the Contract Products are not fit for the purpose usual in ALPHA-town.[62]

11.2 The Seller is in particular not liable for the Contract Products being fit for a particular purpose to which the Buyer intends to put them[63] or for their compliance with the legal requirements existing outside the Federal Republic of Germany.[64]

11.3 Irrespective of the legal requirements applicable in the Federal Republic of Germany, the Contract Products conform with this Contract of Sale, to the extent the legal requirements applicable at the place of business of the Buyer do not impede the usual use of the Contract Products.[65]

11.4 The Seller is not liable for any damage in transit of the Contract Products which could be covered by the insurance provided for in Article 9.1.[66]

Article 12 Examination and Notice of Lack of Conformity

12.1 The Buyer must examine the Contract Products as required by law and in so doing check every delivery in every respect for any lack of conformity with the contract.[67]

12.2 The Buyer shall give notice of any lack of conformity with this Contract of Sale to the Seller as required by law, and in any event directly and in writing and by the quickest possible means by which delivery is guaranteed (e.g. by telefax).[68]

Article 13 Consequences of Delivering non-conforming Contract Products

13.1 Following due notice of lack of conformity with the contract, the Buyer can rely on the remedies provided for by the UN Sales Convention having regard to the terms laid down in this contract.[69] In the event of notice not having been properly given, the Buyer may only rely on the remedies if the Seller has fraudulently concealed the lack of conformity with the contract.[70]

13.2 The Buyer is entitled to demand delivery of substitute Contract Products[71] or repair[72] or reduction of the purchase price[73] as set forth in and in accordance with the terms of the UN Sales Convention.

13.3 Irrespective of the Buyer's remedies, the Seller is entitled in accordance with the provision in Article 3.2 to repair non-conforming Contract Products or to supply substitute goods.[74]

IV. Third Party Claims and Product Liability

Article 14 Third Party Claims

14.1 Without prejudice to further legal requirements, third parties' rights or claims founded on industrial or other intellectual property only found a defect in title to the extent that the industrial or intellectual property is registered and made public in the Federal Republic of Germany.[75]

14.2 The Buyer's claims for defects in title including those founded on industrial or intellectual property will be time-barred according to the same rules as the claims for delivery of non-conforming Contract Products.[76]

14.3 Third parties not involved in the conclusion of this Contract of Sale in particular those purchasing from the Buyer, are not entitled to demand delivery to themselves[77], to rely on any remedy provided for in this Contract of Sale or to raise claims against the Seller, founded on delivery of non-conforming Contract Products or defect in title.[78]

Article 15 Product Liability

Without prejudice to the Seller's continuing legal rights and waving any defence of limitation the Buyer will indemnify the Seller without limit against any and all claims of third parties which are brought against the Seller on the grounds of product liability, to the extent that the claim is based on circumstances which were caused after risk passed by the Buyer.[79]

V. Avoidance

Article 16 Avoidance by the Buyer

Without prejudice to comply with the respective applicable legal requirements,[80] the Buyer is only entitled to declare this Contract of Sale avoided after he has notified the Seller in writing of his intention to do so and an additional period of time of reasonable length for performance has expired to no avail.[81]

Article 17 Avoidance by the Seller

Without prejudice to its continuing legal rights, the Seller is entitled to avoid this Contract of Sale in whole or in part without compensation[82]
a) if insolvency proceedings relating to the assets of the Buyer are applied for or commenced;[83]
b) if the Buyer does not open the Letter of Credit properly or in time;[84]
c) if the Seller does not receive the price properly or in time;[85]
d) if required export licences, permits, approvals or consents are not granted by the German authorities;[86]
e) if for other reasons the Seller cannot be expected to fulfil its obligations by means which are unreasonable in particular in relation to the agreed counterperformance.[87]

VI. Damages[88]

Article 18 Obligation to Pay Damages

18.1 The Seller is only obliged to pay damages pursuant to this Contract of Sale if it deliberately or in circumstances amounting to gross negligence breaches obligations owed to the Buyer.[89] This limitation of liability does not apply if the Seller commits a fundamental breach of its obligations.[90]

18.2 Without prejudice to its continuing legal rights, the Seller is not liable for a failure to perform any of its obligations if the failure is due to impediments which occur, e. g. as a consequence of natural or political events, acts of state, industrial disputes, sabotage, accidents or similar circumstances and which can not be controlled by the Seller with reasonable means.[91]

18.3 The Buyer is required in the first instance to rely on other remedies and can only claim damages in the event of a continuing deficiency.[92]

Article 19 Amount of Damages

19.1 In the event of contractual liability the Seller will compensate the loss of the Buyer to the extent that it was foreseeable to the Seller at the time of the formation of the contract.[93]

19.2 The amount of damages for late delivery is limited to 0,5% of the respective delivery value for each full week, up to a maximum of 5% of the respective delivery value, and for other breaches of contract is limited to the delivery value.[94]

Article 20 Limitation

20.1. In relation to the limitation of extra contractual claims of the Buyer against the Seller, which are concurrent with contractual claims for delivery of non-conforming Contract Products or for defects in title including those founded on industrial or intellectual property, the provisions of sections 477–479 German BGB (German civil code) apply.[95]

20.2 To the extent that the Seller's liability is excluded or limited, this also applies to the personal liability of the employees, servants, members of staff, representatives of the Seller and those employed by the Seller in the performance of its obligations.[96]

VII. General Provisions

Article 21 Place of performance

Without prejudice to Article 2.2 of this Contract of Sale the place of performance and payment for all obligations arising from the legal relationship between the Seller and the Buyer is ALPHA-town. In particular, this provision also applies in the case of restitution of performances already rendered.[97]

Article 22 Applicable law

22.1 The legal relationship with the Buyer is governed by the United Nations Convention of 11 April 1980 on Contracts for the International Sale of Goods (UN Sales Convention/CISG) in the English version.[98] Where standard terms of business are used, the INCOTERMS 1990 of the International Chamber of Commerce and the provisions stipulated in this respect in this Contract of Sale apply.[99]

22.2 Outside the application of the UN Sales Convention, the legal relationship between the parties is governed by the non-uniform German law, namely by the BGB/HGB (German civil and commercial code).[100]

Article 23 Jurisdiction

23.1 Without prejudice to Art. 23.2 of this Contract of Sale the parties submit for all contractual and extra contractual disputes arising from this Contract of Sale to the local and international exclusive jurisdiction of the courts having jurisdiction for ALPHA-town.[101]

23.2 The Seller shall have the right to bring a claim at the principal place of business of the Buyer as well or before other courts competent according to any national or foreign laws.[102]

Article 24 Miscellaneous

24.1 All communications, declarations, notices etc. are to be drawn up exclusively in the German or English language.[103] Communications by means of e-mail, fax or telemessage fulfil the requirement of being in writing.[104]

24.2 If provisions of this Contract of Sale should be or become partly or wholly void, the remaining conditions will continue to apply. The parties are bound to replace the void provision or the void part of the provision by a legally valid arrangement, which comes as close as possible to the commercial meaning and purpose of the void provision or void part of the provision.

IN WITNESS WHEREOF, the parties hereto have signed[105] this agreement as of the day and year first above written.

Schrifttum: d'Arcy/Murray/Cleave, Schmitthoff's Export Trade, The Law and Practice of International Trade, 10. Auflage, London, 2000; *Graf von Bernstorff,* Vertrags-, Kauf-, Handels- und Gesellschaftsrecht in den Mitgliedstaaten der Europäischen Union, Köln, 1998; *Bieneck,* Handbuch des Außenwirtschaftsrechts, Münster, 1998; *Bredow/ Seiffert,* INCOTERMS 2000, Bonn, 2000; *Bridge,* The International Sale of Goods, Oxford, 1999; *Bundesamt für Wirtschaft und Ausfuhrkontrolle,* HADDEX Handbuch der deutschen Exportkontrolle, 2 Bände, Köln, Loseblatt; *Diez-Picazo y Ponce de Leon*

1. Exportvertrag (Maschine)   IV. 1

(Hrsg.), La Compraventa internacional de mercaderías, Madrid, 1998; *Esplugues Mota* (Hrsg.), Contratación Internacional, 2. Auflage, Valencia, 1999; *Gozlan,* International Letters of Credit, 2. Auflage, The Hague, 1999; *Häberle,* Handbuch der Außenhandelsfinanzierung, 2. Auflage, München, 1998; *Häuslschmid/Ullrich,* Internationale Verträge nach UN-Kaufrecht, Frankfurt, 1997; *Herber/Czerwenka,* Internationales Kaufrecht, UN-Übereinkommen über Verträge über den internationalen Warenkauf, Kommentar, München, 1991; *Hocke/Berwald/Maurer/Friedrich,* Außenwirtschaftsrecht, 3 Bände, Heidelberg, Loseblatt; *Hoeren/Florian,* Rechtsfragen des internationalen Dokumentenakkreditivs und -inkassos, Berlin, 1996; *Honnold,* Uniform Law for International Sales, 3. Auflage, The Hague, 1999; *Honsell* (Hrsg.), Kommentar zum UN-Kaufrecht, Berlin, 1997; *Huber/Schäfer,* Dokumentengeschäft und Zahlungsverkehr im Außenhandel, 3. Auflage, Frankfurt, 1995; *ICC,* Retention of Title, A Practical Guide to 19 National Legislations (ICC Publikation Nr. 467), Paris, 1989; *ICC,* INCOTERMS 2000 (ICC Publikation Nr. 560), Köln, 1999; *ICC,* The ICC Model International Sale Contract (ICC Publikation Nr. 556), Paris, 1997; *ICC,* Einheitliche Richtlinien und Gebräuche für Dokumentenakkreditive ERA 500 (ICC Publikation Nr. 500), Köln, 1993; *IHK (Die Industrie- und Handelskammern in Nordrhein-Westfalen),* Praktische Arbeitshilfe Export/Import (Basisinformationen und Hinweise zu Formularen), 10. Auflage, Bielefeld, 2000; *Kaye,* The New Private International Law of Contract, London, 1993; *Kegel/Schurig,* Internationales Privatrecht, 8. Auflage, München, 2000; *Klotz/Barrett,* International Sales Agreements, The Hague, 1998; *Kropholler,* Internationales Privatrecht, 3. Auflage, Tübingen, 1997; *Lehr,* Der Exportvertrag, Köln, 1998; *Moecke,* Zur Aufstellung von Exportbedingungen nach UNCITRAL-Kaufrecht, Köln, 1991; *Nielsen,* Neue Richtlinien für Dokumenten-Akkreditive, Heidelberg, 1994; *Piltz,* UN-Kaufrecht, Gestaltung von Export- und Importverträgen, 3. Auflage, Heidelberg 2001; *Piltz,* Internationales Kaufrecht, München, 1993; *Ramberg,* International Commercial Transactions (ICC publication N° 588), Paris, 1997; *Ramberg,* ICC Guide to Incoterms 2000 (ICC publication N° 629), Paris, 1999; *Reithmann/Martiny,* Internationales Vertragsrecht, 5. Auflage, Köln, 1996; *Reuter,* Außenwirtschafts- und Exportkontrollrecht Deutschland/Europäische Union, München, 1995; *Schlechtriem* (Hrsg.), Kommentar zum Einheitlichen UN-Kaufrecht, Das Übereinkommen der Vereinten Nationen über Verträge über den internationalen Warenkauf – CISG – Kommentar –, 3. Auflage, München, 2000; *Schröder/Wenner,* Internationales Vertragsrecht, 2. Auflage, Köln, 1998; *Schütze,* Das Dokumentenakkreditiv im Internationalen Handelsverkehr, 5. Auflage, Heidelberg, 1999; *Shippey,* Internationale Verträge vorbereiten und durchsetzen, Köln, 2000; *Staudinger/Magnus,* Kommentar zum Bürgerlichen Gesetzbuch mit Einführungsgesetz und Nebengesetzen, Wiener UN-Kaufrecht (CISG), Neubearbeitung, Berlin, 1999; *Graf von Westphalen* (Hrsg.), Handbuch des Kaufvertragsrechts in den EG-Staaten einschließlich Österreich, Schweiz und UN-Kaufrecht, Köln, 1992; *Witte,* Zollkodex (Kommentar), 2. Auflage, München, 1998; *Witz/Salger/Lorenz,* International Einheitliches Kaufrecht, Heidelberg, 2000.

Übersicht

	Seite
1. Sachverhalt	377
2. Wahl des Formulars	377–379
3. Vertragsmuster	379
4. Vertrag	379–380
5. Kaufvertrag	380
6. Vertragsdatum	380–381
7. Käufer	381
8. Anschrift des Käufers	381
9. Präambel	381–382
10. Consideration	382

IV. 1
IV. Lieferverträge

	Seite
11. Vertragsprodukte	382
12. Kaufgegenstand	382–383
13. Software	383
14. Anleitungen	383
15. Ersatzteile	383
16. Lieferung und Eigentumsübertragung	383–384
17. Liefer-Handlung	384–385
18. Lieferort	385
19. FCA	385–386
20. INCOTERMS	386–389
21. Transport der Ware	389–390
22. Liefer-Mitteilung	390–391
23. Gefahrübergang	391–392
24. Eigentumsvorbehalt	392–393
25. Lieferzeit	393–384
26. Zweite Andienung	394–395
27. Anzeige von Hindernissen	395–396
28. Exportfreimachung	396–397
29. Keine Verantwortung der Exporteure	397–398
30. Versicherung	398
31. Beschaffung von Dokumenten	398–399
32. Durchfuhr- und Importfreimachung	399
33. Abgabentragung	399–400
34. Verpackung, Kennzeichnung, Markierung	400
35. Zurückhalterecht	400–401
36. Kaufpreis	401
37. Gegenleistung	401–402
38. Abgaben	402
39. Fälligkeit	402–403
40. Zahlungsaufforderung	403
41. Währung	403–404
42. Zahlungsort	404–405
43. Verspätete Zahlung	405
44. Zinsen und Rechtsverfolgungskosten	405–406
45. Akkreditiv	406–407
46. Zahlungssicherung	407–409
47. Akkreditiv-Eröffnung	409–410
48. Zahlstelle und bestätigtes Akkreditiv	410
49. Verfallfristen	410–411
50. Nutzbarkeit des Akkreditivs	411–412
51. Vorzulegende Dokumente	412–413
52. Handelsrechnung und Packliste	413
53. Transportdokument	413–414
54. Einheitliche Richtlinien und Gebräuche für Dokumentenakkreditive	414
55. Transportversicherung	414–415
56. Abnahme	415
57. Sonstige Käuferpflichten	415
58. Aufrechnungsausschluss	415–416
59. Einredenausschluss	416–417
60. Vertragsgemäßheit der Ware	417–418
61. Vereinbarte Anforderungen	418–419
62. Inländischer Verwendungszweck	419
63. Bestimmter Verwendungszweck	419
64. Inländisches Produktrecht	419–420
65. Ausländisches Produktrecht	420
66. Transportschäden	420
67. Untersuchung auf Vertragswidrigkeiten	420–421
68. Anzeige von Vertragswidrigkeiten	421–422

1. Exportvertrag (Maschine) IV. 1

	Seite
69. Rechtsbehelfe im Falle vertragswidriger Lieferung	422
70. Arglistiges Verschweigen	422–423
71. Ersatzlieferung	423–424
72. Nachbesserung	424
73. Kaufpreisherabsetzung	424–425
74. Abhilfe des Verkäufers	425
75. Schutzrechte Dritter	425–426
76. Verjährung	426–427
77. Leistungsanspruch zugunsten Dritter	427–428
78. Rechtsbehelfe zugunsten Dritter	428
79. Produkthaftung	428–429
80. Vertragsaufhebung	429–430
81. Abmahnung	430
82. Erweiterte Aufhebung	430
83. Insolvenzverfahren des Käufers	430
84. Nichteröffnung des Akkreditivs	430
85. Nichtzahlung	431
86. Ausfuhrgenehmigung	431
87. Unzumutbarkeit	431
88. Schadensersatz	431–432
89. Verschulden	432–433
90. Verschuldensunabhängiger Schadensersatz	433
91. Nicht kontrollierbare Hindernisse	433–434
92. Verhältnis zu anderen Rechtsbehelfen	435
93. Schadensumfang	435
94. Schadensobergrenze	435–436
95. Verjährungsverkürzung	436
96. Haftung von Mitarbeitern	436
97. Erfüllungsort	436–437
98. UN-Kaufrecht	437–438
99. INCOTERMS	438
100. Deutsches BGB/HGB	438–439
101. Ausschließliche Zuständigkeit	439
102. Zuständigkeitsvorbehalt	439–440
103. Vertragssprache	440
104. Schriftform	440–441
105. Unterschriften	441

Anmerkungen

1. Sachverhalt. Die in Deutschland ansässige ALPHA GmbH und die ausländische BRAVO S. A. sind übereingekommen, dass die ALPHA GmbH der BRAVO S. A. zwei kurzfristig verfügbare computergesteuerte Holzbearbeitungs-Maschinen verkauft und die ALPHA GmbH zu diesem Zweck einen ausformulierten Kaufvertrag vorlegt, der das zwischen den Parteien ausgehandelte Verhandlungsergebnis zusammenfasst. Die ALPHA GmbH ist bemüht, ihr Risiko überschaubar zu halten. Die BRAVO S. A. hat ihre grundsätzliche Bereitschaft erklärt, zur Sicherung der aus dem Kaufvertrag erwachsenden Zahlungsansprüche der ALPHA GmbH ein Akkreditiv zu stellen.

2. Wahl des Formulars. Sofern die Parteien nicht mit hinreichender Deutlichkeit etwas anderes vereinbaren, gilt für Exportgeschäfte aus deutscher Sicht praktisch immer (*Piltz*, UN-Kaufrecht, Rdnr. 96) das Übereinkommen der Vereinten Nationen über Verträge über den internationalen Warenkauf vom 11. April 1990, nachfolgend als UN-Kaufrecht bezeichnet (BGBl. 1989 II 588, 1990 II 1699; zum Geltungsstand zuletzt BGBl. 2000 II, 15). Zudem ist es im internationalen Handel in weitem Umfang üblich, INCOTERMS-Klauseln zu verwenden. Die von der Internationalen Handelskammer (ICC) mit Hauptsitz in Paris aufgestellten und zuletzt 2000 revidierten INCOTERMS regeln länderübergreifend und branchenunabhängig primäre Käufer- und Verkäuferpflichten, die bei grenzüberschreitenden Lieferverträgen typischerweise aufkommen (vgl. *Piltz* RIW 2000, 485 ff.). Das Formular ist demzufolge auf der Basis des UN-Kaufrechts (Anm. 98) und der INCOTERMS 2000 (Anm. 99) erstellt. Des weiteren ist für die nähere Ausgestaltung des Formularvertrages vorausgesetzt, dass der Käufer dem Exporteur ein Akkreditiv (Anm. 45) stellt. Wenn diese Eckpunkte nicht gewährleistet sind, ist der Formularvertrag nur mit Einschränkungen verwendbar.

Als Alternative zur Geltung des UN-Kaufrechts ist denkbar, die Maßgeblichkeit des deutschen, unvereinheitlichten Rechts, namentlich des BGB/HGB, vorzusehen. Ein solcher Vorschlag wird von rechtlich sensibilisierten ausländischen Kunden erfahrungsgemäß – wenn überhaupt – nur widerwillig hingenommen. Die zur Vermeidung einer solchen Situation zuweilen praktizierte Wahl des unvereinheitlichten Rechts eines dritten, unbeteiligten Staates (in der Praxis vorherrschend etwa Österreich, Schweiz, England und Schweden) birgt für beide Parteien erhebliche Risiken, da vielfach nur allgemeine Vorstellungen von dem Inhalt der ausländischen Rechtsordnung existieren und es bei später aufkommenden Differenzen nicht einfach sein wird, innerhalb der verfügbaren Zeit eine kompetente Auskunft zu Detailfragen zu erhalten (näher zu den rechtlichen Grundlagen von Exportverträgen *Piltz* RIW 1999, 897 ff.). Auch die Verwendung der INCOTERMS enthebt nicht der Notwendigkeit, sich Gedanken über das dem Vertrag zugrundeliegende Recht zu machen, da die INCOTERMS lediglich einzelne Aspekte der primären Verkäufer- bzw. Käuferpflichten regeln und insbesondere keine Aussagen zu den die juristische Praxis beschäftigenden Konsequenzen von Leistungsstörungen vorsehen.

In dieser, für Exportverträge typischen Situation bietet sich das UN-Kaufrecht als parteineutrale und damit ungleich konsensfähigere Lösung an. Die – weitgehend „automatische" – Geltung des UN-Kaufrechts befreit zudem von allen Risiken, die mit der Vereinbarung eines nationalen oder auch eines transnationalen Rechts wie etwa der UNIDROIT-Principles verbunden sein können. Zudem ist das UN-Kaufrecht nicht nur in den sechs Amtssprachen der UNO (Arabisch, Chinesisch, Englisch, Französisch, Russisch und Spanisch, zusammen mit der italienischen und der deutschen Fassung sämtlichst abgedruckt bei *Bianca/Bonell,* Commentary on the International Sales Law, Mailand 1987, 683 ff.), sondern aufgrund der nationalen Zustimmungsgesetze in den Sprachen aller Vertragsstaaten verfügbar. Ein weiterer Vorzug des UN-Kaufrechts besteht in seiner übersichtlichen, eine rechtliche Orientierung ganz erheblich erleichternden Gliederung und seiner komplizierte Rechtsbegriffe weitgehend vermeidenden Ausdrucksweise.

Die Bestimmungen des UN-Kaufrechtes sind bis auf Art. 12 (Formvorbehalt eines Vertragsstaates), Art. 28 (Durchsetzbarkeit von Erfüllungsansprüchen) und Art. 89 ff. (Schlussbestimmungen) abdingbar. Abweichende Regelungen können durch entsprechende Absprachen der Parteien, Art. 6 UN-Kaufrecht, aber auch aufgrund zwischen ihnen praktizierter Gepflogenheiten oder aufgrund beachtlicher Gebräuche, Art. 9 UN-Kaufrecht, getroffen werden. Die INCOTERMS sind ohnehin nicht automatisch verbindlich, sondern bedürfen zu ihrer Geltung der Einbeziehung in den Vertrag. In dem Vertrag vereinbarte spezifische Bestimmungen gehen anderslautenden Aussagen der INCOTERMS zudem vor. Sowohl das UN-Kaufrecht wie auch die INCOTERMS eröffnen damit einen großzügigen Freiraum für die inhaltliche Ausgestaltung des Exportvertrages.

Nationales Recht setzt der rechtlichen Gestaltungsfreiheit erst Grenzen, wenn die Gültigkeit der zwischen den Parteien vereinbarten Regelungen in Frage steht, vgl. Art. 4 Satz 2 Buchst. a UN-Kaufrecht (näher hierzu *Schluchter,* Die Gültigkeit von Kaufverträgen unter dem UN-Kaufrecht, 1996, 180, 183). In diesem Sinne ist von dem Regelungsbereich des UN-Kaufrechts namentlich die inhaltliche Überprüfung von Allgemeinen Geschäftsbedingungen ausgenommen (vgl. *Frense,* Grenzen formularmäßiger Freizeichnung im Einheitlichen Kaufrecht, 1992, 44 ff.). Für das Formular wird allerdings davon aus-

1. Exportvertrag (Maschine)

gegangen, dass die dort getroffenen Regelungen nicht als Allgemeine Geschäftsbedingungen qualifiziert werden und nicht einer AGB-rechtlichen Inhaltskontrolle unterliegen.

3. Vertragsmuster. Muster-Kaufverträge zum UN-Kaufrecht sind veröffentlicht bei: *ICC*, The ICC Model International Sale Contract (ICC Publikation Nr. 556); *Lehr*, Der Exportvertrag, 221 ff.; *Piltz*, UN-Kaufrecht, 143 ff.; *Wilhelm*, UN-Kaufrecht, Wien, 1993, 61 ff.; *Stadler*, Internationale Lieferverträge, 1998, 13 ff.; *Witz/Salger/Lorenz*, International Einheitliches Kaufrecht, 592 ff.

Die Wirtschaftskommission der Vereinten Nationen für Europa (englische Abkürzung: ECE) hat in den 50er Jahren „Allgemeine Lieferbedingungen der ECE für den Export von Maschinen und Anlagen" ausgearbeitet. Die ECE-Bedingungen existieren in einer Westfassung (Nr. 188) und in einer Ostfassung (Nr. 574) und werden ergänzt durch Zusatzbestimmungen für Montagen und eine Anlage der deutschen metallverarbeitenden Industrie. Ferner gibt es ECE-Bedingungen auch für andere Erzeugnisse. Die ECE-Bedingungen sind jedoch seit Jahrzehnten nicht mehr überarbeitet worden und berücksichtigen insbesondere nicht die durch das UN-Kaufrecht geschaffene neue Rechtslage, obwohl die Rechtswahlklausel nach Ziffer 13.2 der Lieferbedingungen für den Export von Maschinen und Anlagen seit Inkrafttreten des UN-Kaufrechts für den deutschen Exporteur grundsätzlich die Geltung des UN-Kaufrechts zur Folge hat (vgl. *BGH* NJW 1999, 1259 ff. = TranspR-IHR 1999, 18 ff.).

4. Vertrag. Das Formular geht davon aus, dass die für den Vertragsabschluss konstitutiven Angebots- und Annahmeerklärungen unmittelbar in dem Vertragstext zusammenfließen. Diese Lösung hat den Vorzug, dass typische Probleme des Vertragsabschlusses wie insbesondere die abweichende und/oder verspätete Annahmeerklärung, die wirksame Einbeziehung von Allgemeinen Geschäftsbedingungen sowie die Bedeutung konkludenten Verhaltens für den Vertragsabschluss weitestgehend vermieden werden.

In der Praxis kommen jedoch auch andere Gestaltungen vor:

(1) Auf die – häufig in Zusammenarbeit mit dem lokalen Handelsvertreter des Exporteurs erstellte – spezifizierte Bestellung des Kunden (Vertragsangebot) antwortet der Exporteur mit seiner Auftragsbestätigung (Vertragsannahme). In diesem Fall ist mit Sorgfalt darauf zu achten, dass die Vertragsannahme rechtzeitig, Art. 18 Abs. 2 UN-Kaufrecht, erfolgt und den Inhalt der Bestellung ohne wesentliche Abweichungen, Art. 19 Abs. 2 UN-Kaufrecht, wiedergibt. Andernfalls ist der Vertragsabschluss noch nicht perfekt (zum Vertragsabschlussmechanismus nach UN-Kaufrecht vgl. Art. 14 ff. UN-Kaufrecht sowie *Ludwig*, Der Vertragsschluß nach UN-Kaufrecht im Spannungsverhältnis von Common Law und Civil Law, Frankfurt am Main, 1994 und *Piltz*, Internationales Kaufrecht, § 3). Aus Sicherheitsgründen sollte sich der Exporteur die Zustimmung des Kunden zu dem Inhalt der Auftragsbestätigung daher unterschriftlich bestätigen lassen.

(2) Zuweilen wird der Vertragsabschluss dadurch eingeleitet, dass der Kunde zunächst ein Proforma-Invoice für die von ihm näher angeführten Waren erbittet, um danach seine Kaufentscheidung zu treffen. Das Proforma-Invoice ist eine Erklärung des Exporteurs, die in Form einer Rechnung für die gewünschte Ware unter der Voraussetzung aufgemacht ist, dass es zu einem Vertragsabschluss kommt, und neben der Bezeichnung der Ware und ihres Preises auch die der Transaktion zugrundezulegenden Liefer- und Zahlungsbedingungen ausweist. Um das Proforma-Invoice nicht als ohne weiteres annahmefähiges Vertragsangebot zu qualifizieren (dahin tendierend Urteil der *Cámara Nacional en lo Comercial – Sala E*, Buenos Aires vom 14. 10. 1993, El Derecho 157 (1994), 129 ff. sowie OLG Stuttgart, zitiert bei *Piltz* NJW 1996, 2770), sollte der Exporteur klarstellen, dass die Bestellung des Kunden auf jeden Fall noch seiner Auftragsbestätigung bedarf. Auf das Proforma-Invoice antwortet der Kunde mit seiner Bestellung (purchase order), die dann anschließend von dem Exporteur bestätigt wird (acknowledgement of order). Die zu der vorherigen Variante angesprochenen Vertragsabschlussproblematiken gelten bei dieser Gestaltung entsprechend.

(3) Der aus dem deutschen Recht bekannte Vertragsabschluss durch Schweigen auf kaufmännisches Bestätigungsschreiben kann unter der Geltung des UN-Kaufrechts nur ausnahmsweise Berücksichtigung finden (*Schlechtriem/Schlechtriem*, Kommentar zum Einheitlichen UN-Kaufrecht, Anm. 4 vor Art. 14–24) und sollte daher im Auslandsgeschäft grundsätzlich nicht praktiziert werden. Auch wenn anstelle des UN-Kaufrechts die Maßgeblichkeit des deutschen BGB/HGB vorgesehen wird, ist das Institut des Schweigens auf kaufmännisches Bestätigungsschreiben im internationalen Geschäftsverkehr wegen des nicht einseitig abdingbaren Art. 31 Abs. 2 EGBGB weitgehend unbrauchbar (vgl. OLG Karlsruhe NJW-RR 1993, 567 ff.).

5. Kaufvertrag. Der Kaufvertrag ist gekennzeichnet durch die Pflicht des Verkäufers zur Lieferung von und zur Eigentumsverschaffung an der Ware und durch die Pflicht des Käufers zur Zahlung in Geld. Nicht behandelt werden demzufolge Kompensationsgeschäfte (vgl. *Füllbier* DB 1992, 977 ff.). Soll ohne Einsatz monetärer Mittel Ware gegen Ware getauscht werden (barter bzw. countertrade), bedarf es umsichtiger Erfassung der sich aus dieser Konstellation zusätzlich ergebenden Rechtsprobleme (vgl. etwa *van Dort* International Business Lawyer (London) 1989, 366 ff. sowie *Montague* ebenda, 360 ff.).

Verpflichtet sich hingegen jede Partei in einem eigenen Vertrag zur Lieferung von Ware gegen Bezahlung durch die jeweils andere Partei und werden beide Verträge miteinander verknüpft, liegen zwei gegenläufige, rechtlich miteinander verbundene Verkaufverträge vor (counterpurchase). Die sich für den Exporteur aus der Pflicht zur Abnahme von in der Regel nur schwer absatzfähiger Ware ergebenden Probleme lassen sich relativieren, wenn das Gegengeschäft zeitlich vorgezogen werden kann: Zunächst liefert der ausländische Kunde an den deutschen Exporteur, der sich um den Absatz der Ware bemüht und erzielte Erlöse auf einem Treuhandkonto in Deutschland verwahren lässt. Sobald auf diese Weise genügend Liquidität angesammelt ist, kann das Exportgeschäft umgesetzt werden und der Exporteur erhält Zahlung aus dem Treuhandkonto (zu dem counterpurchase als Sicherungsinstrument des Exporteurs vgl. *Julius/Decker* RIW 1999, 594 ff.).

Neben dem eigentlichen Kaufvertrag erfordert die Abwicklung eines Exportgeschäftes den Abschluss einer Reihe weiterer Verträge, die entweder von dem Exporteur oder von dem Käufer mit Transport- und Versicherungsunternehmen, Banken und ggf. weiteren Institutionen, die bei der Durchführung des Kaufvertrages eingeschaltet werden, abzuschließen sind. Die Regelungsinhalte dieser weiteren Verträge ergeben sich jedoch letztlich aus dem Exportvertrag. Daher sollte der Exportvertrag präzise die inhaltlichen Eckpunkte der ergänzend abzuschließenden Verträge vorgeben und mit besonderer Umsicht abgefasst werden. Gleichermaßen ist darauf zu achten, dass die ergänzend abzuschließenden Verträge in jeder Hinsicht auf den Inhalt des Exportvertrages abgestimmt sind. Andernfalls muss mit unerfreulichen Überraschungen gerechnet werden: So erhält etwa der Exporteur, der – in der Praxis durchaus gängig – von dem Käufer ein gegen Vorlage des Konnossementes zahlbares Akkreditiv gestellt bekommt, nur eine vermeintliche Sicherheit für die Zahlung, wenn der Exportvertrag vorsieht, dass die Beförderung der Ware von dem Käufer zu veranlassen ist und die Parteien zu diesem Zweck die INCOTERM-Klausel FOB verwenden. Versäumt nun der Käufer, den Transportvertrag rechtzeitig abzuschließen, ist der Exporteur nicht in der Lage, die Ware wie nach FOB vorgesehen an Bord des Schiffes zu liefern. Letzteres ist jedoch Voraussetzung dafür, dass der Verkäufer das Konnossement erhält, ohne das wiederum das Akkreditiv nicht genutzt werden kann.

6. Vertragsdatum. Der Vertrag ist zu dem Zeitpunkt geschlossen, zu dem beide Parteien den Vertrag unterzeichnen oder die in der nachfolgenden Unterzeichnung durch die letzte Partei liegende Annahme des Vertrages wirksam wird, vgl. Art. 23 UN-Kaufrecht. Der Zeitpunkt des Vertragsabschlusses ist in einer Reihe von Vorschriften des UN-Kaufrechts angesprochen (Art. 33 Buchst. c, 35 Abs. 2 Buchst. b und Abs. 3, 42 Abs. 1 und

Abs. 2 Buchst. a, 55, 57 Abs. 2, 58 Satz 1 und 3, 71 Abs. 1, 73 Abs. 3, 74 Satz 2, 79 Abs. 1 und 100 Abs. 2) und daher nicht ohne Bedeutung.

7. **Käufer.** Die zutreffende Bezeichnung der Firma der Käuferin und die exakte Erfassung ihrer Rechtsform ist zum einen im Hinblick auf eventuelle künftige Rechtsstreitigkeiten von Bedeutung. Vor allem braucht der Exporteur diese Angaben aber, um die für die Abwicklung des dokumentären Zahlungsverkehrs vorzulegenden Dokumente (vgl. Anm. 51) so aufmachen zu können, dass sie nicht zurückgewiesen werden (vgl. *Schütze*, Das Dokumentenakkreditiv im internationalen Handelsverkehr, Rdnr. 372 ff., 388 f. und 401 ff. und *Nielsen*, Neue Richtlinien für Dokumenten-Akkreditive, Rdnr. 86 ff.).

8. **Anschrift des Käufers.** Die zutreffende Erfassung der Adresse des Käufers ist zum einen aus den in Anm. 7 wiedergegebenen Gründen erforderlich. Zum anderen muss der Exporteur wissen, unter welcher Anschrift seine Mitteilungen den Käufer erreichen können. Namentlich das für den Verkäufer außerordentlich bedeutsame „Recht der zweiten Andienung" nach Art. 48 Abs. 2 und 3 UN-Kaufrecht (Anm. 26) setzt voraus, dass der Käufer die Aufforderung oder Anzeige des Verkäufers erhalten hat, Art. 48 Abs. 4 UN-Kaufrecht. Gleiches gilt für die Mitteilungen nach Art. 79 Abs. 4 UN-Kaufrecht (Anm. 27) sowie nach Art. 65 Abs. 1 und 2 UN-Kaufrecht (vgl. Anm. 12).

Nachdem es heute in weitem Umfang üblich ist, Nachrichten über Telefax oder E-Mail abzusetzen, empfiehlt sich, auch die Telefaxnummer und/oder E-Mail-Adresse des Käufers unmittelbar in den Vertrag aufzunehmen. Per Telefax versandte Mitteilungen erfüllen zudem das Schriftformerfordernis nach Art. 13 UN-Kaufrecht, während die Beurteilung von E-Mail-Erklärungen noch nicht abgeschlossen ist (vgl. Anm. 104 und *Schlechtriem/Schlechtriem*, Kommentar zum Einheitlichen UN-Kaufrecht, Anm. 2 zu Art. 13). Die Regel des Art. 13 gilt auch im Verhältnis zu den Staaten, die hinsichtlich der förmlichen Erfordernisse des Kaufvertrages den Vorbehalt nach Art. 96 UN-Kaufrecht erklärt haben und nach ihrem nationalen Recht die Einhaltung der Schriftform vorschreiben (*Staudinger/Magnus*, Wiener UN-Kaufrecht, Anm. 8 zu Art. 13).

Je nach Lage des Falles mag es angebracht sein, vertraglich vorzusehen, dass Anschriftenänderungen erst wirksam werden, wenn der anderen Partei hiervon Kenntnis gegeben worden ist, etwa: „All notices of change of either address or telecopier number, or both, shall only be effective upon the actual receipt by the party to whom such notice of change of address or telecopier number, or both, is being given in writing.".

Lässt sich absehen, dass zur Durchführung des Vertrages weitere, rechtserhebliche Erklärungen an den Käufer zu richten sind, kann sich empfehlen, in dem Vertrag die Bestellung von inländischen Zustellungsbevollmächtigten vorzusehen oder zu vereinbaren, dass Zustellungen an die letzte mitgeteilte Anschrift als wirksam zugegangen gelten. Zustellungsregelungen dieser Art liegen namentlich nahe, wenn der Vertragspartner in einem Land ansässig ist, das nicht über ein ohne weiteres zugängliches und ausgebautes Melde- und Registerwesen verfügt. Nach dem dem Formular zugrundegelegten Sachverhalt (Anm. 1) besteht keine Notwendigkeit für weitergehende Vorkehrungen, da der Zahlungsanspruch des Verkäufers durch ein Akkreditiv gesichert wird (Anm. 2 und 45).

9. **Präambel.** Nach anglo-amerikanischer Übung wird dem eigentlichen Vertragstext eine Präambel, die sogenannten „Recitals", vorangestellt. Diese Aufmachung findet sich häufig auch im internationalen Geschäftsverkehr. Auch die Verordnungen und Richtlinien der Kommission der Europäischen Union werden durchgängig mit vergleichbaren Erwägungsgründen eingeleitet.

In der Präambel wird üblicherweise die Ausgangssituation/Geschäftsgrundlage geschildert, aus der heraus die Parteien den Vertrag abschließen. Zwar besteht nach dem UN-Kaufrecht keine rechtliche Notwendigkeit, eine Präambel zu formulieren. Wird jedoch auf diese Übung zurückgegriffen, sind die dort niedergelegten Erklärungen für die Auslegung des Vertrages nicht ohne Bedeutung (vgl. *Klotz/Barrett*, International Sales

Agreements, 47 ff.). Je nach den Gegebenheiten mag sich daher empfehlen, weitere Angaben in die Präambel aufzunehmen, die zum Verständnis des Hintergrunds des Vertrages von Bedeutung sind.

10. Consideration. Nach anglo-amerikanischen Common Law bleibt ein nicht „under seal", also nicht in gesiegelter Urkunde erklärtes Leistungsversprechen wirkungslos, wenn die andere Vertragspartei nicht eine „consideration" abgibt (näher hierzu *Zweigert/ Kötz,* Einführung in die Rechtsvergleichung auf dem Gebiete des Privatrechts, 3. Aufl., 367 ff.). Sofern nicht ein nach Art. 96 UN-Kaufrecht erklärter Vorbehalt zu beachten ist, gilt nach Art. 11, 29 UN-Kaufrecht für den Abschluss und die Änderung von UN-Kaufverträgen jedoch der Grundsatz der Formfreiheit. Insoweit bedarf es daher auch nicht der anglo-amerikanischen „consideration" (*Herber/Czerwenka,* Internationales Kaufrecht, Anm. 2 zu Art. 29). In dem Formular wird der Begriff gleichwohl verwandt, da diese Art der Formulierung im internationalen Geschäftsverkehr gern praktiziert wird. Wer es einfacher halten möchte, mag texten: „NOW THEREFORE, the parties have agreed as follows: ...".

11. Vertragsprodukte. Funktion der kommentierten Bestimmung ist es, die von dem Exporteur zu liefernde Ware nach Art, Anzahl und Eigenschaften positiv zu umschreiben. An den hierzu getroffenen Absprachen wird später gemessen, ob der Exporteur seiner Lieferpflicht nachgekommen und ob die gelieferte Ware vertragsgemäß ist (vgl. Anm. 61). Sowohl Art. 35 Abs. 1 UN-Kaufrecht wie auch die INCOTERMS (A.1 der Erläuterungen zu der jeweiligen Klausel) verweisen zur Umschreibung des Vertragsgegenstandes auf die vertraglichen Absprachen der Parteien.

Unklarheiten hinsichtlich der Bestimmung des Vertragsgegenstandes, die ihre Ursache häufig in einem unterschiedlichen Vorverständnis und in unbewusst divergierenden, bei den Vertragsverhandlungen jedoch nicht näher angesprochenen Vorstellungen der Parteien über die Ware haben, führen nicht selten zu Streitigkeiten (*Allmendinger,* Gestaltung von Liefer-(Kauf-)Verträgen im Auslandsgeschäft (Sonderreihe der Bundesstelle für Außenhandelsinformation), 1984, 7). Je präziser und umsichtiger die Parteien die Angaben zu dem Vertragsgegenstand formulieren, um so weniger bieten sich daher später Ansätze für Meinungsunterschiede.

12. Kaufgegenstand. Die heute weitgehend eingesetzte, computergestützte Schreibtechnik gestattet es ohne großen Aufwand, die konkrete Beschreibung des Kaufgegenstandes unmittelbar in den eigentlichen Vertragstext aufzunehmen. Gegenüber der Verweisung auf Anlageblätter erfordert diese Vorgehensweise ein neuerliches Durchdenken der Warenbeschreibung und schafft damit einen Filter gegenüber einem unbemerkten Einfließen von Aussagen, die in für allgemeine Darstellungszwecke aufgemachten Beilagen enthalten sind, sich für den konkreten Sachverhalt jedoch nicht eignen. Auch unterbindet der Exporteur mit dieser Vorgehensweise jede Argumentation des Käufers, bestimmte Anlagen mit für den Exporteur wichtigen Aussagen seien dem Vertrag nicht beigefügt gewesen. Soll gleichwohl zur Beschreibung des Kaufgegenstandes auf eine Anlage verwiesen werden, kann formuliert werden: „The rotary-tablemachine type no. RHO 105 is detailed in Schedule 1 to this Contract of Sale, which is an integral part of this Contract of Sale.".

Die nähere Umschreibung des Kaufgegenstandes hängt von den Umständen jedes Einzelfalles ab und kann für das Formular nicht näher vorgegeben werden. Bei dem zugrundegelegten Sachverhalt empfehlen sich neben einer zusammenfassenden Beschreibung der Maschine bzw. ihrer Teilaggregate und ihrer Funktion und Ausstattung namentlich Angaben zu technischen Daten, wie etwa: Arbeitsbreite, Arbeitshöhe, Arbeitsgeschwindigkeit, Arbeitsleistung, Werkstückstärke, Motorleistung, Druckleistung, Luftverbrauch, Energieverbrauch, Maschinengewicht, Maschinenabmessungen, Lackierung usw.

Besondere Sorgfalt ist bei der Verwendung von Maßen und Gewichten angebracht. So sind etwa der Rauminhalt des amerikanischen „barrel" und der amerikanischen „gal-

1. Exportvertrag (Maschine)   IV. 1

lon" nicht identisch mit ihren englischen Synonymen. Auch die Gewichtsangabe „ton" ist mehrdeutig; während 1 metric ton = 1.000 kg ausmacht, beträgt 1 britische ton gar 1.016 kg, 1 US ton hingegen nur 907,18 kg.

Sieht der Vertrag vor, dass der Käufer bestimmte Merkmale der zu liefernden Ware zu späterem Zeitpunkt erst noch bestimmen soll („to be specified by the Buyer in due time"), eröffnet Art. 65 UN-Kaufrecht dem Verkäufer die Möglichkeit, diese Spezifikation selbst vorzunehmen, wenn der Käufer seiner Bestimmungspflicht nicht nachkommt. Das Recht des Verkäufers zur Selbstspezifikation nach Art. 65 UN-Kaufrecht ist jedoch nicht ohne Risiken (näher hierzu *Piltz*, Internationales Kaufrecht, § 4 Rdnr. 31). Hinzu kommt, dass der Verkäufer unter Umständen Gefahr läuft, wegen der ausbleibenden Mitwirkung des Käufers nicht rechtzeitig vor Verfall des Akkreditivs (Anm. 49) die zu seiner Auszahlung erforderlichen Dokumente präsentieren zu können.

13. Software. Nach Art. 1 Abs. 1 gilt das UN-Kaufrecht für Kaufverträge über Waren und erfasst mit diesem Begriff nach h. A. vorbehaltlich der Abgrenzung nach Art. 3 UN-Kaufrecht grundsätzlich auch Computersoftware (*Schlechtriem/Ferrari*, Kommentar zum Einheitlichen UN-Kaufrecht, Anm. 38 zu Art. 1, weitergehend Cox Business Law International 2000, 359 ff.). Wenig erörtert ist bislang allerdings, ob die Lieferung von Software überhaupt einen Kaufvertrag im Sinne des UN-Kaufrechts darstellt, wenn die Software urheberrechtlich geschützt ist und der Käufer demzufolge keine uneingeschränkte Verfügungs- und Verwertungsbefugnis erlangt.

Möchte der Verkäufer die Software nicht verkaufen (vgl. Art. 2.1 Satz 1 des Formularvertrages), sondern dem Käufer lediglich lizenzweise zur Verfügung stellen, sollte anstelle von Art. 1.3 des Formulars die Überlassung der Software in einem eigenen Artikel oder gar in einem eigenen Vertrag geregelt werden (vgl. hierzu Form. IX.5). Für den Verkäufer mag etwa von Bedeutung sein, dem Käufer jede Nutzung und Verwertung der Software ohne unmittelbaren Zusammenhang mit der gelieferten Maschine zu untersagen. In dem Exportvertrag kann dann getextet werden: „The Seller hereby grants to the Buyer the right to obtain a non-transferable licence to operate the rotary-tablemachine type no. RHO 105. The terms and conditions of such a licence shall be separately negotiated and agreed upon".

14. Anleitungen. Anleitungen zur Installation, Wartung und Bedienung der Maschine sind Teil der zu liefernden Ware und unterliegen daher anders als die in Art. 34 UN-Kaufrecht angesprochenen Dokumente den für vertragswidrige Waren zu beachtenden Untersuchungs- und Rügeobliegenheiten (vgl. *Staudinger/Magnus*, Wiener UN-Kaufrecht, Anm. 7 zu Art. 34).

15. Ersatzteile. Können die von dem Verkäufer zu liefernden Ersatzteile zum Zeitpunkt des Vertragsabschlusses noch nicht im einzelnen bezeichnet werden und wird demzufolge vorgesehen, dass die Parteien sich hierüber noch abzustimmen haben („... to be agreed upon by the parties in due time"), hängt die weitere Durchführung des Vertrages teilweise noch von dem Verhalten des Käufers ab. Oberstes Anliegen des Exporteurs muss es jedoch sein, den Kaufvertrag soweit als eben möglich durchführen und die für die Inanspruchnahme des Akkreditivs erforderlichen Dokumente beschaffen zu können, ohne dass es hierzu weiterer Mitwirkungshandlungen des Käufers bedarf. Andernfalls riskiert der Verkäufer die mit der Gestellung des Akkreditivs bezweckte Absicherung seines Zahlungsanspruchs (Anm. 45). Im Hinblick auf eine noch vorzunehmende Benennung der zu liefernden Ersatzteile hilft auch Art. 65 UN-Kaufrecht (Anm. 12) kaum weiter. In solcher Situation empfiehlt es sich daher, die noch nicht endgültig spezifizierten Ersatzteile aus dem vorliegenden Vertrag ganz herauszunehmen und zum Gegenstand eines eigenständigen Kaufvertrages zu machen.

16. Lieferung und Eigentumsübertragung. Die Pflicht des Verkäufers zur Lieferung der Ware und zur Übertragung des Eigentums an ihr ist die den Typus Kaufvertrag charakterisierende Aufgabe des Verkäufers (näher hierzu *Staudinger/Magnus*, Wiener

UN-Kaufrecht, Anm. 14 zu Art. 1). Mit der Aussage in Art. 2.1 Satz 1 des Formularvertrages werden die Grundlage für die rechtliche Qualifizierung des Vertrages als Kaufvertrag und damit für die Anwendung des UN-Kaufrechts gelegt und die Hauptleistungspflichten des Verkäufers positiv umschrieben. Aus der positiven Formulierung kann gefolgert werden, dass der Exporteur zu in der Klausel nicht angesprochenen Tätigkeiten, die über die Lieferung und Eigentumsverschaffung hinausgehen, nicht ohne weiteres verpflichtet ist. Zur zusätzlichen – negativen – Klarstellung sind in Art. 2.1 Satz 2 des Formulars einzelne Tatbestände angesprochen, die nicht dem Pflichtenkreis des Verkäufers zuzurechnen sind.

Das UN-Kaufrecht enthält keine dem § 314 BGB vergleichbare Bestimmung. Andererseits ersetzt das UN-Kaufrecht innerhalb seines Anwendungsbereiches das nationale, unvereinheitlichte Recht des BGB, so dass unter der Geltung des UN-Kaufrechts ein Rückgriff auf § 314 BGB verschlossen ist (vgl. *Piltz*, Internationales Kaufrecht, § 2 Rdnr. 114 ff., 125; a. A. ohne Begründung *Stadler*, Internationale Lieferverträge, 22). Zur Vermeidung nationalrechtlich eingefärbter Interpretationen des UN-Kaufrechtes sollte daher herausgestellt werden, dass der Verkäufer zur Lieferung nicht ausdrücklich bezeichneten Zubehörs nicht verpflichtet ist.

Die im deutschen, unvereinheitlichten Recht von der Rechtsprechung entwickelten und für den Verkäufer folgenreichen Pflichten zur Beratung und Aufklärung (vgl. *Thamm/ Pilger* BB 1994, 729 ff.) verlieren unter der Geltung des UN-Kaufrechts zwar an Bedeutung (vgl. *Staudinger/Magnus*, Wiener UN-Kaufrecht, Anm. 35 zu Art. 35). Gleichwohl empfiehlt sich die vorgeschlagene Klarstellung, wenn der Exporteur die weiteren Gründe und Motive des Käufers für den Erwerb der Vertragsprodukte nur ansatzweise erfährt und nicht eine über den Verkauf hinausgehende gezielte Beratung unternimmt. Sie ergänzt zugleich die Regelung in Art. 4.3 des Formularvertrages.

Je nach Lage des Falles kann angeraten sein auch vorzusehen, dass der Verkäufer – jedenfalls aufgrund des vorliegenden Vertrages – nicht zur Montage bzw. Aufstellung der gelieferten Maschine, nicht zu ihrer Inbetriebnahme und nicht zur Einweisung oder sonstiger zusätzlicher technischer Hilfe verpflichtet ist, etwa: „The Seller is not obliged to assist the Buyer at installation and starting up of the Contract Products or to render additional instructions or technical assistance.".

17. Liefer-Handlung. Die Lieferung besteht in der Vornahme der gebotenen Liefer-Handlung am rechten Ort (Anm. 18) und zur rechten Zeit (zur Lieferzeit vgl. Art. 3 des Formularvertrages). Während nach § 433 Abs. 1 BGB der Verkäufer stets verpflichtet ist, die Kaufsache dem Käufer zu übergeben, differenzieren sowohl das UN-Kaufrecht wie auch die INCOTERMS im Hinblick auf die dem Verkäufer obliegende Liefer-Handlung: Bei Vereinbarung der Klauseln FCA (in der Gestaltung, dass der Lieferort beim Verkäufer liegt), FOB, CFR, CIF, CPT und CIP hat der Verkäufer die Ware zu übergeben, bei Geltung der übrigen Klauseln sowie bei FCA (in der Gestaltung, dass der Lieferort nicht beim Verkäufer liegt) hingegen hat der Verkäufer die Ware lediglich zur Verfügung zu stellen (A.4 der Erläuterungen zu der jeweiligen Klausel, abgedruckt bei *Bredow/Seiffert*, INCOTERMS 2000, 113 ff. sowie *Piltz* RIW 2000, 487 f.). Außerhalb der INCOTERMS sieht Art. 31 Buchst. a UN-Kaufrecht für den Fall des Beförderungskaufs (Anm. 21) vor, dass der Verkäufer die Ware zu übergeben hat, in den Fällen des Art. 31 Buchst. b und c UN-Kaufrecht hat der Verkäufer die ihm obliegende Liefer-Handlung dagegen bereits erfüllt, wenn die Ware bloß zur Verfügung gestellt ist. Während die Lieferung durch Übergabe („handing over to ..." oder „delivering into the custody of ...") voraussetzt, dass der Käufer oder eine autorisierte Empfangsperson den Gewahrsam an der Ware erlangt, erfüllt der Verkäufer die Liefer-Handlung des Zurverfügungstellens („placing at the Buyer's disposal") bereits, wenn er alles getan hat, damit der Käufer die Ware in Besitz nehmen und abtransportieren kann (näher hierzu *Piltz*, Internationales Kaufrecht, § 4 Rdnr. 13 ff.).

1. Exportvertrag (Maschine) IV. 1

Mit der in dem Formular verwandten FCA-Klausel in Verbindung mit der Lieferort-Regelung in Art. 2.2 (vgl. Anm. 18) ist die Art der von dem Exporteur vorzunehmenden Liefer-Handlung folglich präzisiert (vgl. Anm. 20 (4)). Der Verkäufer ist danach verpflichtet, die Ware an dem vereinbarten Lieferort Seehafen Hamburg dem FCA-Beförderer unentladen zur Verfügung zu stellen (*Bredow/Seiffert*, INCOTERMS 2000, 150).

18. Lieferort. Sowohl die INCOTERMS wie auch das UN-Kaufrecht sehen unterschiedliche Lieferort-Varianten vor. Der Lieferort kennzeichnet in aller Regel die Schnittstelle, an der über die bloße Gefahrtragung hinaus in einem weiteren Sinn die Verantwortung für die Ware von dem Verkäufer auf den Käufer übergeht. Im Exportgeschäft kommt dem Lieferort ganz besondere Bedeutung zu (umfassend hierzu *Piltz* AW-Prax 2001, 273 ff.), da nicht nur größere Entfernungen als im Inlandsgeschäft zu überwinden sind, sondern zusätzliche, aus dem reinen Inlandsgeschäft gar nicht bekannte Risikofaktoren (Exportgenehmigungen, Importgenehmigungen, Lizenzen und Meldepflichten; Steuern und Zölle (Erklärungs- und Zahlungspflichten); Beförderungsverantwortung und Transportrisiken; Gebühren, Urkunden, Dokumente usw.) aufkommen. Diese Risikobereiche müssen im Verhältnis zwischen Exporteur und Käufer letztlich einer der beiden Parteien zugeordnet werden. Soweit der Exportvertrag keine besonderen Absprachen vorsieht, wird die Zuordnung in weitem Umfang über den Lieferort gesteuert (vgl. *Staudinger/Magnus*, Wiener UN-Kaufrecht, Anm. 30 zu Art. 31 sowie *Staub/Koller*, HGB-Großkommentar, Anm. 661 vor § 373 HGB; im Ansatz anders *Schlechtriem/Huber*, Kommentar zum Einheitlichen UN-Kaufrecht, Anm. 88 ff. zu Art. 31).

Vorbehaltlich individueller Absprachen wie etwa der Vereinbarung einer „frei Haus"-Lieferung (vgl. aber *BGHZ* 114, 248 ff. und *OLG Saarbrücken* NJW 2000, 670 f.) oder beachtlicher Gebräuche oder Gepflogenheiten, vgl. Art. 9 UN-Kaufrecht, bieten das UN-Kaufrecht und die INCOTERMS folgende Lieferort-Varianten an:
– EXW sowie Art. 31 b und c UN-Kaufrecht: Niederlassung des Verkäufers bzw. Lage- oder Herstellungsort der Ware;
– FAS, FCA, FOB: Ort der Übergabe bzw. Zurverfügungstellung der Ware an den von dem Käufer auf eigene Kosten bestellten Hauptfrachtführer;
– Art. 31 a, 32 Abs. 2 UN-Kaufrecht: Ort der Übergabe der Ware an den von dem Exporteur auf Kosten des Käufers bestellten Hauptfrachtführer;
– CFR, CIF, CPT, CIP: Ort der Übergabe der Ware an den von dem Verkäufer auf eigene Kosten bestellten Hauptfrachtführer;
– DAF, DES, DEQ, DDU, DDP: Bestimmungsort des Haupttransportes.

Mit fortschreitender Stufe nimmt die Verantwortung des Exporteurs zu. Die Entscheidung für eine der Lieferort-Varianten hat daher nicht nur eine kaufmännische, sondern insbesondere auch eine juristische Dimension. In dem Formular wird davon ausgegangen, dass die Parteien sich auf die Liefermodalitäten der FCA-Klausel mit einem Lieferort außerhalb der Niederlassung des Verkäufers (Anm. 19) verständigt haben. Wenn die Parteien eine andere Klausel absprechen oder ohne Verwendung einer INCOTERM lediglich den Lieferort bezeichnen, werden daher weitergehende Anpassungen bzw. Ergänzungen des Exportvertrages auch an anderen Stellen erforderlich, deren Ausmaß letztlich von der gewählten Lieferort-Variante und der konkret beabsichtigten Zuordnung der einzelnen Risikobereiche abhängt (vgl. Anm. 29 ff.).

19. FCA. Die erstmals in den INCOTERMS 1990 neu aufgearbeitete FCA-Klausel (free carrier – frei Frachtführer) ist anders als die vergleichbaren Klauseln FAS und FOB für jede Transportart einschließlich der multimodalen Beförderung geeignet und insbesondere für die Verwendung von Containern konzipiert (vgl. *Bredow/Seiffert*, INCOTERMS 2000, 45). Wie bei FAS und FOB schließt zwar grundsätzlich der Käufer den Transportvertrag ab. Anders als bei FAS und FOB kann unter bestimmten Voraussetzungen jedoch auch der Verkäufer den Transportvertrag auf Kosten und Gefahr des Käufers eingehen. Mit der Übergabe bzw. Zurverfügungstellung der Ware an den Frachtführer des Haupttransportes gehen Gefahr und Kosten auf den Käufer über (Anm. 20).

Grundsätzlich empfiehlt es sich, bei Verwendung der FCA-Klausel außer dem Lieferort (Anm. 18) auch die Transportart festzulegen, damit der Verkäufer in der Lage ist, sich entsprechend einzurichten, namentlich die Ware transportgerecht zu verpacken (vgl. Anm. 34; *Bredow/Seiffert,* INCOTERMS 2000, 60). Mit der in dem Formular verwandten Formulierung ist klargestellt, dass der Verkäufer die Ware dem Seefrachtführer im Seehafen Hamburg bzw. dem dort für den Seefrachtführer handelnden Betreiber eines Containerterminals unentladen zur Verfügung zu stellen hat (*Bredow/Seiffert,* INCOTERMS 2000, 45). Die Transportart kann auch unmittelbar formuliert werden (etwa: „FCA Bahn Gütersloh"). Die Angabe der Beförderungsart ist bei der FCA-Klausel jedoch nicht zwingend notwendig. Vereinbaren die Parteien etwa lediglich „FCA Hamburg" kann der Käufer unter den in Hamburg verfügbaren Transportarten die von ihm favorisierte durch Benennung eines entsprechenden Frachtführers wählen.

Der Zusatz „FCL" (Full Container Load) besagt, dass die Ware in einem – oder mehreren – Container geliefert wird und der Container nicht auch noch Ware enthält, die nicht Gegenstand des konkreten Vertrages, sondern für einen anderen Adressaten bestimmt ist. Wenn die Ware nicht eine volle Containerladung ausmachen oder nicht in einen Container verladen werden soll, wird „LCL" (Less than Container Load) formuliert (vgl. *Bredow/Seiffert,* INCOTERMS 2000, 45 ff.). Die Absprache „FCL" oder „LCL" ist namentlich im Hinblick auf die weitere Behandlung der Ware am Bestimmungsort wesentlich und sollte daher zwischen Exporteur und Käufer abgestimmt werden.

In der Vorbemerkung der Erläuterungen zu der FCA-Klausel ist herausgestellt, dass Frachtführer ist, wer sich durch einen Beförderungsvertrag verpflichtet, die Beförderung entweder selbst durchzuführen oder durch einen Unterfrachtführer ausführen zu lassen. Typisches Merkmal des Transportvertrages ist die Verpflichtung des Beförderers, die Verantwortung für die Verbringung der Ware zu dem jeweiligen Bestimmungsort zu übernehmen. Dieses Merkmal unterscheidet den Frachtführer vom Spediteur, der lediglich die Transportausführung durch Dritte besorgt, § 453 HGB. Weist der Käufer den Verkäufer jedoch an, die Ware an eine Person, die nicht Frachtführer ist, zu liefern, erfüllt der Verkäufer nach der FCA-Klausel seine Lieferverpflichtung durch Übergabe der Ware in die Obhut dieser Person (einleitende Erläuterungen zu der FCA-Klausel, abgedruckt bei *Bredow/Seiffert,* INCOTERMS 2000, 148).

20. INCOTERMS. Die Revision 1990 hat zu einer grundsätzlichen, bei der Erarbeitung der INCOTERMS 2000 beibehaltenen Neustrukturierung der INCOTERMS geführt (vgl. Anm. 99). Die INCOTERMS sind nunmehr – auch äußerlich durch entsprechende Anfangsbuchstaben gekennzeichnet – in vier Gruppen eingeteilt. Zudem sind die Erläuterungen zu den INCOTERMS jetzt identisch gegliedert, so dass die jeweiligen Verkäufer- und Käuferpflichten in symmetrischer Aufbereitung unter je zehn, immer gleichen Überschriften dargestellt werden. Auf diese Weise wird der Vergleich und die Entscheidung für die Auswahl einer der Klauseln erheblich erleichtert.

Nach Kosten- und Risikotragung differenzierend steigt die Verantwortung des Exporteurs von der E- über die F- und die C- bis zu den D-Klauseln immer weiter an, während in gleichem Maße der Käufer entlastet wird:

– EXW (Abhol-Klausel): Der Käufer hat die Ware bei dem Verkäufer abzuholen.
– F-(Versendungs-)Klauseln: Der Käufer bestellt und bezahlt den Hauptfrachtführer, Kosten und Gefahr gehen grundsätzlich mit Übergabe bzw. Zurverfügungstellung der Ware an den Hauptfrachtführer auf den Käufer über.
– C-(Zweipunkt-)Klauseln: Der Verkäufer hat zwar den Haupttransport auf eigene Kosten abzuschließen, die Gefahr geht jedoch bereits mit Übergabe der Ware an den Hauptfrachtführer auf den Käufer über.

1. Exportvertrag (Maschine)   IV. 1

– D-(Ankunfts-)Klauseln: Der Verkäufer übernimmt die Kosten und Risiken der Beförderung der Ware bis zu dem bezeichneten Bestimmungsort.

Zwischen den Klauseln innerhalb jeder Gruppe bestehen weitere Unterschiede, etwa im Hinblick auf die Erledigung von Formalitäten, die Versicherung, die Zollfreimachung usw. Die Klauseln FAS, FOB, CFR, CIF, DES und DEQ sind nur für den Schiffstransport gedacht, während die sonstigen Klauseln für alle Transportarten unter Einschluss auch der Schiffsbeförderung einsetzbar sind. Zuweilen sind staatliche Vorgaben zu beachten, die namentlich aus devisenrechtlichen Gründen etwa für – aus Sicht des ausländischen Käufers gesehen – Importe den Abschluss auf E- oder F-Basis vorschreiben. Ansonsten sind die Parteien frei, die für ihre Zwecke geeignet erscheinende INCOTERM zu wählen (näher hierzu *Bredow/Seiffert*, INCOTERMS 2000, 22 ff.). Die Klauselinhalte sind zudem sämtlichst dispositiv (vgl. Ziffer 11 der Einleitung zu den INCOTERMS, abgedruckt bei *Bredow/Seiffert*, INCOTERMS 2000, 133 f.), so dass auch bei Verwendung von INCOTERMS die kaufvertraglichen Pflichten der Parteien ganz auf den jeweiligen Einzelfall zugeschnitten werden können.

Nachstehend wird in erster Linie die dem Formular zugrundeliegende FCA-Klausel erläutert. Zusätzlich werden unter der zugehörigen Überschrift Parallelen oder wesentliche Abweichungen zu anderen Klauseln angesprochen (näher hierzu vgl. *Bredow/Seiffert*, INCOTERMS 2000, *Lehr* VersR 2000, 549 ff. und *Piltz* RIW 2000, 485 ff.):

(1) A.1/B.1: In allen INCOTERMS findet sich in identischer Weise die Aussage, dass der Verkäufer verpflichtet ist, die Ware in Übereinstimmung mit dem Kaufvertrag zu liefern und die Handelsrechnung zu erbringen, und der Käufer verpflichtet ist, den Kaufpreis vertragsgemäß zu zahlen. Die nähere Ausgestaltung dieser Pflichten bleibt dem jeweiligen Exportvertrag vorbehalten (vgl. Anm. 11 und Anm. 39).

(2) A.2/B.2: Unter diesem Gliederungspunkt ist durchgängig geregelt, welche Partei des Exportvertrages sich um vor allem aufgrund öffentlichen Rechts erforderliche Lizenzen, Bewilligungen und Genehmigungen zu kümmern hat, und für die Zollformalitäten verantwortlich ist. Bei der FCA-Klausel liegt in diesem Sinne die Verantwortung für die Ausfuhr bei dem Verkäufer, wohingegen die Einfuhr und ggf. die Durchfuhr durch ein drittes Land Sache des Käufers ist. Der FCA-Exporteur schuldet demzufolge exportfreie Ware. Gleiches gilt für die sonstigen F-, C- und D-Klauseln. Lediglich bei der EXW-Klausel ist der Verkäufer nicht einmal für die Exportfreimachung verantwortlich. Das Gegenstück auf Käuferseite ist die DDP-Klausel, die die gesamte Verantwortung dem Exporteur zuschlägt, während bei allen sonstigen INCOTERMS der Käufer auf jeden Fall für die Importfreimachung verantwortlich ist. Lizenzen, Genehmigungen und Formalitäten sowie Zollangelegenheiten, die bei der Durchfuhr durch ein drittes Land anfallen, sind ausgenommen die D-Klauseln immer Sache des Käufers.

(3) A.3/B.3: Der Abschluss des Vertrages über die Beförderung der Ware von dem benannten Ort ist bei den F-Klauseln grundsätzlich Pflicht des Käufers. Nach dem Formular ist der Seefrachtvertrag demzufolge von dem Käufer einzugehen. Bei der FCA-Klausel kann jedoch auch der Exporteur den Beförderungsvertrag auf Kosten und Gefahr des Käufers abschließen, wenn der Käufer dies verlangt oder es der Handelspraxis entspricht und der Verkäufer nicht ablehnt (vgl. Anm. 21). Die C- und D-Klauseln hingegen sehen vor, dass der Verkäufer grundsätzlich selbst und auf eigene Kosten zum Abschluss des Vertrages zum Transport der Ware bis zu dem Bestimmungsort verpflichtet ist. Bei Einigung auf die DAF-Klausel kann der Verkäufer auf Kosten und Gefahr des Käufers auch einen Durchfrachtvertrag abschließen, wenn dies vom Käufer gewünscht wird. Bei Verwendung von CIF oder CIP besteht zusätzlich die Pflicht des Exporteurs, die Ware im Interesse des Käufers zu 110% des Kaufpreises gegen Verlust zu versichern. Die Versicherung muss die Mindestdeckung der Institute Cargo Clauses des Institute of London Underwriters oder eines ähnlichen Bedingungswerkes erfüllen. Zu weitergehenden Versicherungen über den Bereich der CIF- oder CIP-Klausel hinaus bedarf es hingegen besonderer Absprachen.

(4) A.4/B.4: Die Lieferung erfolgt bei FCA mit Lieferort an der Niederlassung des Verkäufers, FOB und den C-Klauseln durch Übergabe und bei den E- und D-Klauseln sowie bei FCA mit Lieferort außerhalb der Niederlassung des Verkäufers durch Zurverfügungstellung an dem bezeichneten Ort (Anm. 17 und Anm. 18). Nach der in dem Formular verwandten FCA-Klausel hat der Exporteur die Ware in Hamburg dem Frachtführer oder seinem Beauftragten, etwa dem ein Containerterminal betreibenden Kaibetrieb, demzufolge unentladen zur Verfügung zu stellen. Bei entsprechender Weisung des Käufers kann auch die Übergabe an einen Spediteur ausreichen (Anm. 19). Da es sich bei der FCA-Klausel ebenso wie bei FOB und FAS um Versendungsklauseln handelt, kann der Abgangsort des Transportes (Hamburg) nicht in dem Bestimmungsland liegen. Anders als in der Fassung 1990 differenzieren die INCOTERMS 2000 nicht mehr danach, auf welche Art und Weise die Ware transportiert wird. Die FCA-Klausel trägt namentlich den Abwicklungsmechanismen des Containerverkehrs Rechnung (vgl. *Lehr* VersR 2000, 548 ff., 549, 551 sowie *Bredow/Seiffert,* INCOTERMS 2000, 61 und 66).

(5) A.5/B.5: Der Gefahrübergang ist in allen Klauseln grundsätzlich in Anlehnung an die Lieferung geregelt. Auch bei den C-Klauseln geht ungeachtet der Tatsache, dass der Verkäufer die Kosten des Haupttransports selbst zu tragen hat, die Gefahr bereits mit der Übergabe an den Beförderer des Haupttransports über, so dass der Exporteur im Hinblick auf die Lieferung keine weiteren Pflichten jenseits dieser Zäsur übernehmen sollte. Formulierungen wie „CFR arrival New York not later than..." bleiben daher letztlich unklar (vgl. RIW 1985, 328 f.) und sind zu vermeiden.

(6) A.6/B.6: Ebenso wie für den Gefahrübergang (Anm. 20 (5)) ist auch für die Tragung von Kosten, Zöllen, Steuern und sonstigen öffentlichen Abgaben die maßgebliche Schnittstelle grundsätzlich der Lieferort (Anm. 20 (4)). Nach der in dem Formular gewählten Klausel FCA hat der Exporteur daher alle bis zur Übergabe des Containers an den Frachtführer oder seinen Beauftragten in Hamburg anfallenden Kosten zu übernehmen. Dazu zählen auch die Kosten der Containergestellung, während die Kosten für die Behandlung des Containers im Hafenterminal (Terminal Handling Charges – THC) bereits zu Lasten des Käufers gehen. Soll nach den Vorstellungen der Parteien der Exporteur auch diese Kosten tragen, kann die FCA-Klausel entsprechend ergänzt werden: „costs up to ship's side on seller's account unless included in the freight" (näher hierzu *Bredow/Seiffert,* INCOTERMS 2000, 53f.). Bei FAS-, FCA- und FOB-Geschäften hat der Verkäufer die bei der Ausfuhr anfallenden Abgaben auch dann zu tragen, wenn sich der Lieferort (Ort der Übergabe bzw. Zurverfügungstellung an den Hauptfrachtführer) wie in dem Formular vorgesehen im Inland befindet. Auf diese Weise wird die Zuordnung der Abgaben der Verantwortung für die Besorgung der Lizenzen, Genehmigungen und Zollformalitäten (Anm. 20 (2)) gleichgeschaltet. Bei den C-Klauseln obliegen dem Verkäufer gleichermaßen die bei der Ausfuhr anfallenden Zölle, Steuern und sonstigen öffentlichen Abgaben sowie darüber hinaus die Kosten des üblichen Transportes an den vereinbarten Bestimmungsort und bei CIF- und CIP-Geschäften zusätzlich die Kosten der von dem Exporteur einzugehenden Versicherung (Anm. 20 (3)). Ungewöhnliche Kosten des Transports hingegen wie etwa Umleitungen infolge kriegerischer Ereignisse gehen zu Lasten des Käufers. Unter der Geltung der DDP-Klausel hat der Exporteur auch die bei der Einfuhr anfallenden Abgaben und Kosten zu tragen. Die bei der Durchfuhr durch ein drittes Land erhobenen Zölle, Steuern und sonstigen Abgaben obliegen grundsätzlich dem Käufer, bei Geschäften mit D-Klauseln hingegen dem Exporteur.

(7) A.7/B.7: Sämtliche Klauseln sehen Benachrichtigungen vor, die zwischen den Parteien des Kaufvertrages zu erfolgen haben (näher hierzu *Piltz* RIW 2000, 487). Im Falle der dem Formular zugrundeliegenden FCA-Klausel hat der Käufer dem Exporteur insbesondere den Namen des Frachtführers sowie die genaue Stelle und den Zeitpunkt für die Anlieferung der Ware mitzuteilen. Ohne diese Instruktionen kann der Exporteur seine Lieferpflicht nicht erfüllen, es sei denn, dass die Auswahl und Beauftragung des Frachtführers von dem Exporteur vorgenommen wird (Anm. 20 (3) und Anm. 21). Der Expor-

1. Exportvertrag (Maschine)   IV. 1

teur wiederum hat den Käufer von der erfolgten oder nicht erfolgten Lieferung der Ware an den Frachtführer zu informieren (vgl. Anm. 22).

(8) A.8/B.8: Der Exporteur hat – soweit handelsüblich – das übliche Dokument zum Nachweis der Lieferung (Anm. 20 (4)) zu beschaffen oder, wenn der Liefernachweis nicht in dem Transportdokument besteht, den Käufer bei der Beschaffung eines Transportdokuments zum Beförderungsvertrag zu unterstützen. Bei der dem Formular zugrundeliegenden FCA-Lieferung eines FCL-Containers erhält der Verkäufer bei Übergabe des Containers eine Empfangsbestätigung (terminal- oder interchange-receipt), so dass der Exporteur diese Bescheinigung an den Käufer weiterreichen müsste, damit dieser das eigentliche Transportdokument (Konnossement oder Seefrachtbrief) erhält. Die Pflicht zur Beschaffung von Dokumenten nach A.8 der Erläuterungen zu der FCA-Klausel entfällt jedoch, wenn der Exporteur den Liefernachweis selbst braucht, weil ihm der Abschluss des Frachtvertrages überlassen worden ist (Anm. 20 (3) und Anm. 21) oder aufgrund der vereinbarten Zahlungsmodalitäten der Exporteur den Liefernachweis und/oder ein Transportdokument zur Einlösung eines gestellten Bankakkreditivs oder zur Abwicklung im Wege des Dokumenteninkassos vorzulegen hat (vgl. Anm. 45 und 46) und daher selbst benötigt (näher hierzu *Bredow/Seiffert*, INCOTERMS 2000, 56 ff.). Im Eisenbahn-, Straßen- und Luftverkehr werden die an den Exporteur ausgehändigten Absenderausfertigungen des Frachtbriefs von dem Käufer nicht benötigt, um die Ware in Empfang nehmen zu können. Folglich besteht üblicherweise auch keine Pflicht zur Beschaffung von Transportdokumenten (*Bredow/Seiffert*, INCOTERMS 2000, 59). Bei Verwendung der CFR- oder CIF-Klausel muss der Käufer aufgrund des zu beschaffenden Dokumentes zudem während des Transports zu Weisungen bezüglich und zur Herausgabe der Ware berechtigt sein. Bei den D-Klauseln reduziert sich die Dokumentenbeschaffungspflicht des Exporteurs auf die zur Übernahme der Ware benötigten Unterlagen.

(9) A.9/B.9: Die Kosten des Messens, Wiegens, Zählens sowie der nach der jeweiligen Transportart geeigneten Verpackung und ihrer Kennzeichnung sind grundsätzlich Sache des Verkäufers. Ausgenommen EXW-Geschäfte gilt gleiches für Kosten, die für durch das Ausfuhrland angeordnete Kontrollen anfallen. Der Aufwand für sogenannte pre-shipment-inspections und sonstige Prüfungen, die nach den im Land des Käufers geltenden Vorschriften durchzuführen sind, fallen hingegen dem Käufer zur Last. Die in den INCOTERMS angesprochenen Kontrollen und Prüfungen sind völlig losgelöst von den handelsrechtlichen Obliegenheiten des Käufers zur Untersuchung der Ware auf Vertragswidrigkeiten (vgl. Art. 12 des Formularvertrages) zu sehen. Inwieweit zur Geltendmachung von Rechtsbehelfen wegen Lieferung vertragswidriger Ware der Käufer gehalten ist, die Ware zu überprüfen, entscheidet allein das maßgebliche Sachrecht. Die INCOTERMS treffen hierzu keine Aussage.

(10) A.10/B.10: Unter der letzten Überschrift sind für die einzelnen INCOTERMS sonstige Verpflichtungen zusammengefasst. Bei FCA und allen anderen Klauseltypen, die nicht eine Versicherungspflicht des Exporteurs vorsehen, ist der Verkäufer namentlich gehalten, dem Käufer die für den Abschluss einer Versicherung erforderlichen Auskünfte zu erteilen. Außerdem hat der Exporteur dem Käufer auf dessen Kosten jede Hilfe bei der Beschaffung sonstiger Papiere zu gewähren, die der Käufer für die Einfuhr oder die Durchfuhr durch ein Drittland benötigt (vgl. Anm. 31).

21. Transport der Ware. Nach der in dem Formular verwandten FCA-Klausel obliegt es grundsätzlich dem Käufer, für den Haupttransport der Ware von dem Lieferort (Hamburg) zu dem jeweiligen Bestimmungsort Sorge zu tragen (Anm. 19 und Anm. 20 (3)). Bei FCA-Geschäften ist jedoch nach A.3 der Erläuterungen zu der FCA-Klausel der Verkäufer berechtigt, den Beförderungsvertrag selbst abzuschließen, wenn dies der Handelspraxis entspricht und der Käufer nicht eine gegenteilige Anweisung erteilt. Da die jeweils maßgebliche Handelspraxis nicht immer einfach festzustellen sein wird, ist in dem Formular zur Vermeidung von Zweifeln vorgesehen, dass der Exporteur vorbehaltlich rechtzeitiger anderslautender Weisung des Käufers den Transportvertrag auf Kosten des Käufers eingehen kann.

Ein zusätzliches Argument für diese Regelung ist, dass die Akkreditivauszahlung in der Praxis gern von der Vorlage der Transportdokumente abhängig gemacht wird (vgl. Anm. 51 und 53). Der Exporteur muss demzufolge darauf bedacht sein, das Transportdokument ohne weitere Mitwirkungsnotwendigkeiten seitens des Käufers erlangen zu können und daher berechtigt sein, letztlich den Transportvertrag selbst abzuschließen. Andernfalls riskiert er, das Akkreditiv nicht rechtzeitig vor Verfall wahrnehmen zu können. Da bei FCA-Geschäften grundsätzlich der Käufer zum Abschluss des Transportvertrages verpflichtet ist, und dieser Grundsatz durch das Formular nicht gänzlich aufgehoben wird, werden die Kosten des Transportes zwar nicht in dem vereinbarten Kaufpreis enthalten und demzufolge auch nicht über das Akkreditiv abgesichert sein. Der Exporteur mag daher versuchen, die Ware unfrei zu versenden. Letztlich bleibt der Exporteur, der den Transportvertrag selbst abschließt, dem von ihm beauftragten Frachtführer jedoch vergütungspflichtig. Das von dem Verkäufer damit übernommene Risiko, die von ihm verauslagten Frachtkosten von dem Käufer nicht erstattet zu erhalten, zählt regelmäßig jedoch ungleich weniger als ein Verfall des Akkreditives wegen nicht rechtzeitig vorgelegter Transportdokumente.

Wenn die Parteien nicht eine INCOTERM vereinbaren und auch sonst keine anderslautenden Absprachen treffen oder Gebräuche bestehen, beurteilt sich die Beförderung der Ware nach dem UN-Kaufrecht. Nach Art. 32 Abs. 2 UN-Kaufrecht ist der Verkäufer verpflichtet, die zur Beförderung der Ware erforderlichen Verträge abzuschließen (*Schlechtriem/Huber*, Kommentar zum Einheitlichen UN-Kaufrecht, Anm. 16 ff. zu Art. 32), wenn er aufgrund des Kaufvertrages für die Beförderung zu sorgen hat (Beförderungsverkauf). Befindet sich die verkaufte Ware zum Zeitpunkt des Vertragsabschlusses bereits auf dem Transport (rollende, fliegende oder schwimmende Ware), braucht der Verkäufer eine Beförderung nicht mehr in die Wege zu leiten. Ebenso entfällt die Beförderungsveranlassung, wenn nach dem Kaufvertrag vorgesehen ist, dass der Käufer den Beförderer bestellt und den Transportvertrag abschließt.

Ansonsten wird ohne Vereinbarung einer INCOTERM bei internationalen Liefergeschäften im Zweifel davon auszugehen sein, dass die Beförderung der Ware von dem Verkäufer zu veranlassen ist, weil Niederlassung des Exporteurs und Sitz des Käufers auseinanderfallen (*Schlechtriem/Huber*, Kommentar zum Einheitlichen UN-Kaufrecht, Anm. 19 f. zu Art. 31 und BGH NJW 1979, 1782 ff. zu der Parallelbestimmung des Haager EKG). Ein Beförderungsverkauf im Sinne des UN-Kaufrechts liegt jedoch dann nicht vor, wenn sich aus dem Kaufvertrag ergibt, dass der Ort für die Übernahme der Ware durch den Käufer mit dem Ort zusammenfällt, an dem der Verkäufer seine Lieferhandlung zu erfüllen hat (*Piltz*, Internationales Kaufrecht, § 4 Rdnr. 20), z. B. wenn die Parteien Lieferung „ab Werk" oder „frei Haus" vereinbart haben und diese Absprache nicht lediglich als Kostenregelung gedacht ist (vgl. BGH IPRax 1988, 159 ff.). In letzterem Fall ist der Exporteur vielmehr gehalten, seine Leistungshandlung an der Niederlassung des Käufers zu erbringen.

22. Liefer-Mitteilung. Nach A.7 der Erläuterungen (abgedruckt bei *Bredow/Seiffert*, INCOTERMS 2000) ist bei Geschäften auf der Basis von F- und C-Klauseln der Verkäufer unter anderem stets verpflichtet, den Käufer über die erfolgte Lieferung zu informieren (Anm. 20 (7)). Die Benachrichtigung ist grundsätzlich eilbedürftig, da der Käufer in die Lage versetzt werden soll, die Ware zu versichern, ihre Empfangnahme vorzubereiten und über sie zu disponieren (*Bredow/Seiffert*, INCOTERMS 2000, 55). In der Praxis erfolgt diese Benachrichtigung nicht selten erst mit gewissem Zeitverzug, unvollkommen oder auch überhaupt nicht. Zur Vermeidung nachteiliger rechtlicher Konsequenzen sollte sich der Exporteur daher von dieser Verpflichtung freizeichnen, zumal der Käufer durch dahingehende Absprachen mit dem Beförderer geeignete Vorkehrungen treffen kann. Auch bei Verwendung von INCOTERMS ist es grundsätzlich möglich, die vorgegebenen Klauselinhalte abzuändern (vgl. Ziffer 11 der Einleitung zu den INCOTERMS, abgedruckt bei *Bredow/Seiffert*, INCOTERMS 2000, 133 f.).

Außerhalb der INCOTERMS ist unter der Geltung des UN-Kaufrechts eine Information des Verkäufers an den Käufer über die erfolgte Lieferung erforderlich, wenn die Lieferhandlung in einem bloßen Zurverfügungstellen (Anm. 17) besteht und der Käufer nicht bereits um die Bereitstellung weiß (*Schlechtriem/Huber*, Kommentar zum Einheitlichen UN-Kaufrecht, Anm. 53 f. zu Art. 31). Für den Fall des Beförderungsverkaufs (Anm. 21) hingegen ist nach dem UN-Kaufrecht eine Benachrichtigung über die erfolgte Lieferung an den Käufer jedenfalls dann nicht geboten, wenn die Ware – wie in dem Formular aufgrund der Liefermodalität FCL (Anm. 19) – dem Käufer bereits zugeordnet werden kann. Andernfalls bedarf es nach Art. 32 Abs. 1 UN-Kaufrecht einer Versendungsanzeige, um die gelieferte Ware zu konkretisieren und damit den Gefahrübergang zu ermöglichen (*Staudinger/Magnus*, Wiener UN-Kaufrecht, Anm. 14 zu Art. 32 und *Piltz*, Internationales Kaufrecht, § 4 RdNr. 103 ff.).

23. Gefahrübergang. Nach A.5/B.5 der Erläuterungen zu den INCOTERMS (abgedruckt bei *Bredow/Seiffert*, INCOTERMS 2000) geht die Gefahr des zufälligen Verlustes und der Beschädigung der Ware grundsätzlich mit erfolgter Lieferung auf den Käufer über (Anm. 20 (5)). Zusätzlich verschieben die Erläuterungen zu den INCOTERMS den Gefahrübergang bereits vor diesen Zeitpunkt, wenn der Verkäufer wegen ausbleibender Informationen oder Mitwirkungen des Käufers die Lieferung nicht zeitgerecht vornehmen kann. Da nach Art. 2.2 Satz 2 des Formulars der Verkäufer in einem solchen Fall jedoch selbst berechtigt ist, den Transportvertrag abzuschließen (Anm. 21), kommt dieser Variante für den vorliegenden Formularvertrag keine Bedeutung zu.

Außerhalb der INCOTERMS beurteilt sich der Gefahrübergang nach Maßgabe der Art. 66 ff. UN-Kaufrecht (*Staudinger/Magnus*, Wiener UN-Kaufrecht, Vorbem. 1 ff. vor Art. 66 ff.; *Piltz*, Internationales Kaufrecht, § 4 Rdnr. 186 ff.). Allgemeine Voraussetzung für alle Gefahrtragungstatbestände nach dem UN-Kaufrecht ist, dass die veräußerte Ware dem abgeschlossenen Vertrag zugeordnet werden kann. Ansonsten geht bei Beförderungsverkäufen (Anm. 21) die Gefahr grundsätzlich in dem Zeitpunkt über, zu dem der Verkäufer die Ware dem ersten selbständigen Beförderer zur Übermittlung an den Käufer übergibt, Art. 67 Abs. 1 UN-Kaufrecht.

Obwohl demnach sowohl die INCOTERMS wie auch das UN-Kaufrecht unmittelbar Bestimmungen zum Gefahrübergang vorsehen, empfiehlt sich gleichwohl die Formulierung einer Gefahrtragungsregel in dem Formularvertrag. Zum einen soll der Käufer unmissverständlich auf den Umfang der mit der Lieferung auf ihn überwechselnden Risiken hingewiesen werden. Dieser Hinweis rechtfertigt sich um so mehr, als nach dem nationalen Recht mancher ausländischer Staaten ein Gefahrübergang bereits erfolgt, wenn der Kaufvertrag abgeschlossen oder der Käufer Eigentümer der Ware wird (*Garro/Zuppi*, Compraventa internacional de mercaderias, 245, 262 ff.; *Reithmann/Martiny*, Internationales Vertragsrecht, Rdnr. 688). Zum anderen hätte die Vereinbarung des in Art. 2.4 des Formularvertrages vorgesehenen Eigentumsvorbehaltes (Anm. 24) ohne die Absprache der Gefahrtragung in Art. 2.3 nach dem nationalen Recht einiger ausländischer Staaten zur Konsequenz, dass auch die Gefahr solange bei dem Verkäufer verbleibt, bis der Eigentumsvorbehalt erloschen und der Käufer voll berechtigter Eigentümer der Ware geworden ist. Wenngleich diese Aspekte zwar von dem UN-Kaufrecht erfasst werden und daher ein Rückgriff auf nationales, unvereinheitlichtes Recht an sich verschlossen ist, sollte eine ausdrückliche Regelung in dem Formularvertrag nicht unterbleiben, bis abweichende gerichtliche Praktiken verlässlich ausgeschlossen werden können.

Des weiteren ist die Gefahrtragungsregel in Art. 2.3 des Formulars gegenüber der gesetzlichen Vorlage in zweierlei Hinsicht erweitert worden. Art. 2.3 bestimmt nach dem ausdrücklichen Wortlaut nicht nur die Preis-, sondern auch die Leistungsgefahr. Während die sogenannte Preis- oder Vergütungsgefahr entscheidet, ob der Käufer den Kaufpreis zu zahlen hat, obwohl die zu liefernde Ware infolge zufälliger Umstände untergegangen oder verschlechtert worden ist, bestimmt die Leistungsgefahr, bis zu welchem Zeitpunkt der Verkäufer verpflichtet bleibt, die Leistung zu wiederholen, wenn die Ware infolge zufälliger Umstände in Verlust gerät oder Schaden nimmt. Der Begriff der Leistungsgefahr ist vielen ausländischen Rechtsordnungen fremd. Während das UN-Kaufrecht in Art. 66 ff. UN-Kaufrecht die Preis- und damit in weitem Umfang auch die Leistungsgefahr regelt (*Staudinger/Magnus*, Wiener UN-Kaufrecht, Vorbem. 1 und 9 vor Art. 66 ff.; a. A. *Karollus*, UN-Kaufrecht, 192), beziehen sich die Gefahrtragungsregeln der INCOTERMS ausschließlich auf die Preisgefahr (*Bredow/Seiffert*, INCOTERMS 2000, 51).

Darüber hinaus sieht Art. 2.3 des Formulars vor, dass die Gefahr ungeachtet der noch vorzunehmenden Lieferung auf jeden Fall dann („as soon as") übergeht, wenn der Käufer bereits Eigentümer der Ware geworden ist. Alle dinglichen Rechtsfragen und damit auch die Eigentumsverhältnisse sowie der Eigentumserwerb an der Ware unterliegen dem Recht des jeweiligen Lageortes (lex rei sitae, vgl. Art. 43 EGBGB). Diese praktisch weltweit anerkannte Kollisionsregel ist nicht dispositiv, so dass das jeweilige Lageortrecht zwingend zur Anwendung kommt (vgl. *Kropholler*, Internationales Privatrecht, 480). Befindet sich die Ware zu irgendeinem Zeitpunkt vor Abschluss der Lieferung in dem Gebiet einer Rechtsordnung, die das Eigentum etwa bereits aufgrund des bloßen Abschlusses des Kausalgeschäftes übergehen lässt (Konsensprinzip), hat die in Art. 2.3 des Formularvertrages getroffene Regelung zur Folge, dass parallel mit dem vorbehaltlich eines durchsetzbaren Eigentumsvorbehaltes (Anm. 24) unvermeidbaren Eigentumswechsel auch der Gefahrübergang eintritt. Zwar kommt für Beförderungsgeschäfte das dingliche Recht der jeweiligen Durchfuhrländer nicht in Betracht (*Kegel/Schurig*, Internationales Privatrecht, 668 ff. und *Kropholler*, Internationales Privatrecht, 485 f.). Dieses ist jedoch der Standpunkt des deutschen Kollisionsrechtes, so dass eine Durchsetzbarkeit dieser Aussage außerhalb der Bundesrepublik Deutschland nicht stets gewährleistet ist und daher die vorgeschlagene Formulierung aufgenommen werden sollte.

Schließlich kommt der Gefahrtragungsregel besondere Bedeutung zu, weil der Gefahrübergang zugleich Ausgangspunkt für weitere Rechtsfolgen namentlich im Hinblick auf die Vertragsgemäßheit der Ware ist (vgl. Anm. 61). Die Formulierung der Gefahrtragung in dem Vertrag erhöht damit dessen Transparenz in für die weitere Vertragsdurchführung wesentlichen Aspekten.

24. Eigentumsvorbehalt. Das Formular enthält nur eine sehr einfach gehaltene Eigentumsvorbehaltsklausel. Da das Interesse des Verkäufers auf Zahlung des Kaufpreises durch ein Akkreditiv gesichert ist (Anm. 2 und Anm. 45), wird bei normaler Abwicklung praktisch kein Bedarf für eine dingliche Sicherheit bestehen. Gleichwohl sollte auf eine einfache Eigentumsvorbehaltsklausel nicht verzichtet werden, da etwa vorstellbar ist, dass der Verkäufer das Akkreditiv nicht in Anspruch nehmen kann, weil die für die Auszahlung des Akkreditivs vorgesehene Bank die von dem Verkäufer vorgelegten Dokumente zurückweist (vgl. *Zahn/Eberding/Ehrlich*, Zahlung und Zahlungssicherung im Außenhandel, 6. Auflage, 1986, Rdnr. 2/230 ff.). Ein weiteres Sicherungsbedürfnis kann sich für den Verkäufer ergeben, wenn er nach Maßgabe des Art. 2.2 Satz 2 des Formularvertrages selbst den Transportvertrag abschließt und infolge dessen einen Anspruch gegen den Käufer auf Erstattung der Frachtkosten hat (Anm. 21). Angesichts dieser Möglichkeiten kann die Aufnahme des Eigentumsvorbehaltes nicht schaden, wenn – wie in Art. 2.3 des Formulars – sichergestellt ist, dass der Eigentumsvorbehalt keine Auswirkungen auf den Gefahrübergang hat.

So wie sonstige sachenrechtliche Fragen beurteilen sich auch die dinglichen Aspekte des Eigentumsvorbehaltes ausschließlich nach dem Recht des jeweiligen Lageortes (lex

1. Exportvertrag (Maschine) IV. 1

rei sitae) (*Kropholler,* Internationales Privatrecht, 484 f.). Nach dem jeweiligen Lageortrecht entscheidet sich daher, ob die Vereinbarung eines Eigentumsvorbehaltes überhaupt zulässig ist, unter welchen Voraussetzungen ein Eigentumsvorbehalt vereinbar ist (zulässiges Sicherungsgut, Zeitpunkt der Vereinbarung, Art und Form der Sicherungsabrede, Notwendigkeit von Registereintragungen, Beachtung sonstiger Publizitätserfordernisse), welche Wirkungen (Konkurs- und Zwangsvollstreckungsfestigkeit) der Eigentumsvorbehalt vermittelt, in welchem Umfang der Eigentumsvorbehalt sichert (Verarbeitung und Verbindung, Weiterveräußerung, Möglichkeit gutgläubigen Erwerbs) und innerhalb welchen zeitlichen Rahmens der Verkäufer seine Rechte ausüben kann (Frist für die Geltendmachung von Ansprüchen und maximale Geltungsdauer eines Eigentumsvorbehalts).

Für den deutschen Exporteur folgt aus der zwingenden Maßgeblichkeit des jeweiligen Lageortrechts, dass dingliche Sicherungen nur insoweit brauchbar sind, als sie in dem jeweiligen Zielland anerkannt werden und durchsetzbar sind. Allgemein lässt sich aus Sicht des Exporteurs sagen, dass die Voraussetzungen für die Vereinbarung und die Wirkungen eines Eigentumsvorbehaltes wohl in keiner anderen Rechtsordnung so großzügig ausgestaltet sind wie in Deutschland. Kommt der dinglichen Absicherung nach Lage des Falles maßgebliche Bedeutung zu, bedarf es daher in jedem Einzelfall einer sorgfältigen Berücksichtigung der nach der jeweils beachtlichen Rechtsordnung vorgesehenen Erfordernisse. Systematische Zusammenstellungen und Übersichten zum Recht des Eigentumsvorbehaltes in verschiedenen Ländern enthalten: *Graf von Bernstorff,* Rechtsprobleme im Auslandsgeschäft, 67 ff.; *ders.,* Vertragsgestaltung im Auslandsgeschäft, 134 ff.; ICC Retention of Title, A Practical Guide to 19 National Legislations (ICC Publication No. 467); IHK Offenbach am Main Der Eigentumsvorbehalt bei Warenlieferungen in das Ausland, 7. Aufl., Offenbach am Main 1996; *Reithmann/Martiny,* Internationales Vertragsrecht, Rdnr. 700 ff.; *Stumpf,* Eigentumsvorbehalt und Sicherungsübertragung im Ausland, 5. Aufl., Heidelberg, 1996; *Graf von Westphalen* (Hrsg.), Handbuch des Kaufvertragsrechts in den EG-Staaten einschließlich Österreich, Schweiz und UN-Kaufrecht).

25. Lieferzeit. Die INCOTERMS sehen nach A.1 der Erläuterungen für sämtliche Klauseln lediglich vor, dass der Verkäufer die Ware „in Übereinstimmung mit dem Kaufvertrag" zu liefern hat und enthalten keine weitere Aussage zur Lieferzeit. Das UN-Kaufrecht regelt die Lieferzeit in Art. 33. Soweit der Vertrag oder nach Art. 9 UN-Kaufrecht beachtliche Gepflogenheiten oder Gebräuche keine nähere Bestimmung vorsehen, hat die Lieferung innerhalb angemessener Frist nach Vertragsabschluss zu erfolgen, Art. 33 Buchst. c UN-Kaufrecht. Andernfalls differenziert das UN-Kaufrecht danach, ob ein Zeitpunkt, Art. 33 Buchst. a UN-Kaufrecht, oder ein Zeitraum, Art. 33 Buchst. b UN-Kaufrecht, für die Lieferung vereinbart ist.

Eine kalendermäßige Berechenbarkeit ist für die Annahme eines Lieferzeitpunktes im Sinne des Art. 33 Buchst. a UN-Kaufrecht nicht erforderlich (*Schlechtriem/Huber,* Kommentar zum Einheitlichen UN-Kaufrecht, Anm. 5 zu Art. 33). Der Gehalt der Vorschrift erschließt sich vielmehr in Abgrenzung zu der Regelung des Art. 33 Buchst. b UN-Kaufrecht, die – wie Art. 3.1 des Formularvertrages – von einem Zeitraum für die Lieferung ausgeht. Innerhalb des vorgesehenen Liefer-Zeitraumes kann der Exporteur gewöhnlich jederzeit liefern, sofern nicht nach den Umständen der Käufer berechtigt ist, innerhalb dieser Spanne den exakten Lieferzeitpunkt zu fixieren, Art. 33 Buchst. b UN-Kaufrecht (*Piltz,* Internationales Kaufrecht, § 4 Rdnr. 56 f.). Letztere Situation kann bei der dem Formular zugrundeliegenden FCA-Klausel eintreten, da hiernach grundsätzlich der Käufer für den Transport Sorge zu tragen hat (Anm. 21) und demzufolge innerhalb der vereinbarten Lieferzeitspanne den Termin für die Übergabe an den Hauptfrachtführer festlegen können muss (vgl. *Schlechtriem/Huber,* Kommentar zum Einheitlichen UN-Kaufrecht, Anm. 9 zu Art. 33). Im Containerverkehr erfolgt die Übergabe an den Frachtführer oder den für ihn den Containerverkehr abwickelnden Kaibetrieb allerdings regelmäßig vor

Eintreffen des Containerschiffes in dem Hafen (*Bredow/Seiffert,* INCOTERMS 2000, 45).

Die Nichteinhaltung der Lieferzeit hat für den Exporteur unter dem UN-Kaufrecht weitreichendere Konsequenzen als nach dem deutschen BGB/HGB. Das bloße Überschreiten der Lieferzeit löst automatisch die für den Käufer nach Art. 45 ff. UN-Kaufrecht vorgesehenen Rechtsbehelfe aus, ohne dass es noch einer Mahnung, einer Fristsetzung oder sonstiger Förmlichkeiten bedarf (*Staudinger/Magnus,* Wiener UN-Kaufrecht, Anm. 27 zu Art. 33). Ungeachtet des dem Verkäufer zustehenden Rechts der zweiten Andienung (Anm. 26) sollte der Verkäufer daher für eine ausreichende Bemessung des Zeitraums Sorge tragen, von dessen Ablauf an der Käufer die Lieferung verlangen kann.

Nach der in dem Formular verwandten FCA-Klausel ist die rechtzeitige Zurverfügungstellung des Vertragsgegenstandes an den Hauptfrachtführer entscheidend. Der Zeitpunkt des Eintreffens der Lieferung an dem von dem Ort der Zurverfügungstellung an den Hauptfrachtführer zu unterscheidenden Bestimmungsort des Haupttransportes oder an einem sonstigen Ort zur Übernahme der Ware durch den Käufer ist hingegen unerheblich (vgl. *Schlechtriem/Huber,* Kommentar zum Einheitlichen UN-Kaufrecht, Anm. 12 zu Art. 33).

Die Lieferfrist läuft nach Art. 3.1 des Formularvertrages an, sobald der Vertrag von beiden Parteien unterzeichnet und das vereinbarte Akkreditiv dem Verkäufer vertragsgemäß bestätigt worden ist. Ist aus Sicht des Exporteurs die Erfüllung weiterer Vorbedingungen unverzichtbar (etwa die verbindlich erteilte Deckungsschutzzusage des Exportkreditversicherers (Anm. 46 (6)) oder die Vorlage sonstiger Genehmigungen, Gutachten oder Zertifikate usw.) kann das Anlaufen der Lieferfrist auch an diese Umstände geknüpft werden. Alternativ ist denkbar, den Vertrag aufschiebend bedingt mit der Maßgabe abzuschließen, dass er überhaupt erst nach Eingang dieser Erklärungen bei dem Exporteur wirksam wird.

Bei Vereinbarung eines Lieferzeitraums nach Art. 33 Buchst. b UN-Kaufrecht kann der Exporteur verpflichtet sein, den von ihm präzisierten Liefertermin mit ausreichendem Vorlauf dem Käufer mitzuteilen (*Schlechtriem/Huber,* Kommentar zum Einheitlichen UN-Kaufrecht, Anm. 12 zu Art. 33). Entsprechendes gilt, wenn der Exporteur die Ware dem Käufer lediglich zur Verfügung zu stellen hat (vgl. Anm. 17 sowie *Piltz,* Internationales Kaufrecht, § 4 Rdnr. 56). Möchte der Verkäufer diese Pflicht unter keinen Umständen übernehmen, empfiehlt sich, die in Art. 2.2 Satz 3 des Formulars vorgeschlagene Regelung zusätzlich in Art. 3.1 aufzunehmen. Für die dem Vertragsmuster zugrundeliegende Gestaltung ist eine solche Regelung nicht erforderlich, da der Exporteur die Ware nicht dem Käufer zur Abholung, sondern dem für den Seefrachtführer handelnden Betreiber eines Containerterminals dort vor Ort zur Übernahme bereit zu stellen hat (Anm. 19).

26. Zweite Andienung. Art. 48 UN-Kaufrecht eröffnet dem Exporteur das Recht, unter bestimmten Voraussetzungen unzureichende Leistungen auch noch nach Ablauf des vereinbarten Liefertermins nachzuholen (Recht der zweiten Andienung). Die ausdrücklich als Recht zugunsten des Verkäufers ausgestaltete Möglichkeit der zweiten Andienung besteht grundsätzlich bei jeder Art der Abweichung von dem vereinbarten Leistungsprogramm (*Staudinger/Magnus,* Wiener UN-Kaufrecht, Anm. 8 zu Art. 48) und stellt eine der Regelungen dar, die die Verwendung des UN-Kaufrechts gerade für den Exporteur attraktiv machen (ausführlich hierzu *Gutknecht,* Das Nacherfüllungsrecht des Verkäufers bei Kauf- und Werklieferungsverträgen, Frankfurt, 1997). Der Verkäufer kann, solange die jeweiligen Voraussetzungen erfüllt sind, auch mehrfach von dem Nacherfüllungsrecht Gebrauch machen (*Herber/Czerwenka,* Internationales Kaufrecht, Anm. 2 zu Art. 48). Die nach manchen ausländischen Rechten vorgesehene Möglichkeit, eine gerichtliche Verlängerung der Lieferfrist zu erhalten (grace period), ist unter der Geltung des UN-Kaufrechts hingegen verschlossen, vgl. Art. 45 Abs. 3 UN-Kaufrecht.

Art. 48 UN-Kaufrecht unterscheidet zwei Gestaltungen (*Schlechtriem/Huber*, Kommentar zum Einheitlichen UN-Kaufrecht, Anm. 2 ff. zu Art. 48): Art. 48 Abs. 1 UN-Kaufrecht ermöglicht dem Verkäufer eine zweite Andienung, ohne dass es hierzu einer Abstimmung mit dem Käufer bedarf (vgl. *Herber/Czerwenka*, Internationales Kaufrecht, Anm. 7 zu Art. 48). Allerdings ist diese Variante verschlossen, wenn die in Art. 48 Abs. 1 UN-Kaufrecht näher angeführten Voraussetzungen nicht erfüllt sind. Die zweite Andienung nach Art. 48 Abs. 1 UN-Kaufrecht entfällt daher insbesondere, wenn der Käufer wegen der Vertragsverletzung des Exporteurs nach Art. 49 UN-Kaufrecht die Aufhebung des Vertrages betreiben kann (*Piltz*, Internationales Kaufrecht, § 4 Rdnr. 65 ff.). Demgegenüber eröffnen die Art. 48 Abs. 2 bis 4 UN-Kaufrecht eine zweite Andienung ohne die Einschränkungen des Art. 48 Abs. 1 UN-Kaufrecht (*Schlechtriem/Huber*, Kommentar zum Einheitlichen UN-Kaufrecht, Anm. 30 zu Art. 48). Voraussetzung für die Ausübung der zweiten Variante nach Art. 48 Abs. 2 bis 4 UN-Kaufrecht ist jedoch, dass der Exporteur erklärt, innerhalb einer bestimmten Zeitspanne nachzuleisten, der Käufer diese Ankündigung erhält (vgl. Anm. 8) und nicht in angemessener Frist ablehnt (*Piltz*, Internationales Kaufrecht, § 5 Rdnr. 139 ff.).

Das Formular spricht beide Varianten der zweiten Andienung an. Der in dem Eingang zu Art. 3.2 formulierte Vorbehalt zielt insbesondere auf die Erhaltung der zweiten Andienung nach Maßgabe des Art. 48 Abs. 1 UN-Kaufrecht, wohingegen die weiteren Regelungen des Art. 3.2 des Formularvertrages die auf Art. 48 Abs. 2 bis 4 UN-Kaufrecht gestützte zweite Andienung zugunsten des Exporteurs modifizieren. Zudem sieht Art. 3.2 Satz 3 des Formulars vor, dass die ablehnende Erklärung des Käufers anders als nach Art. 27 UN-Kaufrecht (*Piltz*, Internationales Kaufrecht, § 5 Rdnr. 141) auf Risiko des Käufers reist.

Für beide Varianten der zweiten Andienung gilt, dass der Käufer Anspruch auf Ausgleich der durch die Nachholung der Lieferung nach dem an sich maßgeblichen Lieferzeitpunkt angefallenen Aufwendungen und Schäden hat (*Schlechtriem/Huber*, Kommentar zum Einheitlichen UN-Kaufrecht, Anm. 25 und 32 zu Art. 48). Diese Erstattungspflicht wird in dem Formular auf den Fall beschränkt, dass der Verkäufer nach Maßgabe der Schadensersatzregelungen in Abschnitt VI. des Vertrages einzustehen hat.

27. Anzeige von Hindernissen. Unter den in Art. 79 UN-Kaufrecht niedergelegten Voraussetzungen wird der Exporteur, der die ihm obliegende Leistung infolge nicht beherrschbarer Umstände nicht vereinbarungsgemäß erbringen kann, ausdrücklich freigestellt, wegen dieser Leistungsstörung Schadensersatz an den Käufer leisten zu müssen (vgl. Anm. 91). Allerdings kann sich der Verkäufer auf diese Entlastung nur berufen, wenn der Käufer innerhalb angemessener Frist eine Mitteilung über den Grund der Leistungsstörung und die Auswirkungen auf die Vertragsdurchführung erhält (*Staudinger/Magnus*, Wiener UN-Kaufrecht, Anm. 45 f. zu Art. 79). Nach Art. 79 Abs. 4 Satz 2 UN-Kaufrecht läuft die angemessene Frist zu dem Zeitpunkt an, zu dem der Exporteur um den Hinderungsgrund weiß oder hätte wissen müssen.

Nach der Regelung des UN-Kaufrechts kann der Exporteur bei aufkommenden Leistungshindernissen daher nicht einfach bis zu dem vorgesehenen Lieferzeitpunkt in der Hoffnung zuwarten, die Schwierigkeiten bis dahin irgendwie überwinden oder relativieren zu können. Vielmehr ist er verpflichtet, dem Käufer bereits mit tatsächlichem Erkennen oder Erkennbarwerden des potentiellen Hinderungsgrundes Nachricht zu geben, damit der Käufer sich entsprechend einrichten kann. Der Verkäufer trägt nach dem unmissverständlichen Wortlaut des Art. 79 Abs. 4 UN-Kaufrecht auch das Risiko für das rechtzeitige Eintreffen dieser Mitteilung bei dem Käufer (vgl. Anm. 8). Erhält der Käufer keine ordnungsgemäße Benachrichtigung oder trifft diese erst verspätet bei ihm ein, ist der Exporteur insoweit gegenüber dem Käufer schadensersatzpflichtig, Art. 79 Abs. 4 UN-Kaufrecht (*Staudinger/Magnus*, Wiener UN-Kaufrecht, Anm. 49 f. zu Art. 79).

Zur Vermeidung der aus dieser Rechtslage erwachsenden Risiken beschränkt Art. 4.1 des Formularvertrages die Informationspflicht des Verkäufers auf die Gestaltung, dass die Verspätung oder das Ausbleiben der Lieferung feststehen. Auch nach dieser Regelung kann der Exporteur nicht bis zu dem maßgeblichen Lieferzeitpunkt abwarten. Während nach der gesetzlichen Ausgestaltung des Art. 79 Abs. 4 UN-Kaufrecht jedoch bereits der Hinderungsgrund als solcher mitzuteilen ist, obwohl Auswirkungen im Hinblick auf die ordnungsgemäße Leistungserbringung möglicherweise noch nicht feststehen, reduziert Art. 4.1 des Formulars die Informationspflicht auf den Tatbestand, dass die Nichteinhaltung des Lieferzeitpunktes gewiss ist.

28. Exportfreimachung. Ausgenommen EXW-Geschäfte ist der Exporteur ansonsten nach allen INCOTERMS verpflichtet, die Ware exportfrei zu liefern (Anm. 20 (2)). Außerhalb der INCOTERMS beurteilt sich grundsätzlich nach dem jeweils maßgeblichen Lieferort, welche Partei des Exportvertrages für die Besorgung von Genehmigungen, Lizenzen und anderer Bewilligungen verantwortlich ist (Anm. 18). Bei Beförderungsverkäufen (Anm. 21) zählt es jedoch auch dann zu den Pflichten des Verkäufers, die für die Ausfuhr erforderlichen Formalitäten zu erledigen und mithin exportfreie Ware zu liefern, wenn der Lieferort – wie in Art. 2.2 des Formularvertrages – noch im Inland liegt (*Schlechtriem/Huber*, Kommentar zum Einheitlichen UN-Kaufrecht, Anm. 89 zu Art. 31 und *Piltz*, Internationales Kaufrecht, § 4 Rdnr. 48 und 113). Art. 4.2 Satz 1 des Formularvertrages bestätigt zunächst diese Ansicht.

Zwar ist eine Freizeichnung des Exporteurs von der Pflicht zur Exportfreimachung der Ware möglich. Eine solche Regelung kann jedoch – jedenfalls bei Individualverträgen – aus kaufmännischer Sicht kaum befürwortet werden. Der Käufer ist nur in seltenen Fällen in der Lage, selbst bei den deutschen Behörden vorzusprechen und etwa erforderliche Genehmigungen zu erwirken. Im Vergleich zu dritten Unternehmen, denen der Käufer diese Aufgabe übertragen könnte, ist der Exporteur aufgrund der Vertrautheit mit dem Produkt ungleich besser befähigt, die für die Erlangung von Genehmigungen erforderlichen Informationen zusammenzustellen und bei den Behörden auf eine sachgerechte Entscheidung hinzuwirken.

Andererseits wird der Verkäufer kaum bereit sein, eine Erfolgshaftung für die Beibringung unabdingbarer Genehmigungen zu übernehmen. Dies gilt um so mehr, wenn das in Deutschland geltende Recht die Erteilung der Ausfuhrgenehmigung von der Vorlage einer Endverbleibserklärung des Käufers oder der von der Behörde des Bestimmungslandes auszustellenden Internationalen Einfuhrbescheinigung (IC) abhängig macht oder die Ausfuhr überhaupt nur unter der Voraussetzung gestattet, dass die zuständige Behörde des Bestimmungslandes den Import genehmigt hat (vgl. etwa § 73a ArzneimittelG). Je größer der zeitliche Abstand zwischen der Vertragsunterzeichnung und dem Lieferzeitpunkt ist, um so mehr muss der Exporteur zudem damit rechnen, dass sich die rechtlichen Rahmenbedingungen bis zu dem Lieferzeitpunkt ändern. Art. 4.2 Satz 2 des Formularvertrages sieht daher ein ganz oder teilweise ausübbares, ersatzloses Rücktrittsrecht zugunsten des Exporteurs für den Fall vor, dass erforderliche Lizenzen, Genehmigungen oder sonstige Bewilligungen von den deutschen Behörden nicht erteilt werden (vgl. Anm. 86).

Namentlich bei dem Export ausfuhrgenehmigungsbedürftiger Waren genügt es nicht, lediglich die in erster Linie statistischen Zwecken dienende Ausfuhranmeldung abzugeben (zum Ausfuhrverfahren vgl. *Witte*, Zollkodex, Kommentierung zu Art. 161; ferner § 46 Abs. 4 AWG und § 1 Abs. 3 ZollVG). Soweit für das Ausfuhrvorhaben nicht eine Allgemeine Genehmigung (z.B. die für fast jedes Exportunternehmen wichtige Allgemeine Genehmigung Nr. 11 für bestimmte dual-use-Güter (AGG)) in Anspruch genommen werden kann, ist der Exporteur vielmehr gehalten, eine Genehmigung entweder für das individuelle Ausfuhrgeschäft (Einzelgenehmigung) oder für einen absehbaren Lieferumfang innerhalb einer festen Geschäftsbeziehung (Höchstbetragsgenehmigung)

1. Exportvertrag (Maschine)　　　　　　　　　　　　　　　　　　　　　　　　IV. 1

oder für eine Vielzahl unterschiedlicher Exportvorhaben (Sammelausfuhrgenehmigung für die Exporte von Gütern in verschiedene Länder an verschiedene Empfänger) zu beantragen. Ein Exportgeschäft, das ohne die erforderliche Genehmigung vorgenommen wird, ist insoweit unwirksam, § 31 AWG. Diese durch das nationale Recht angeordnete Rechtsfolge setzt sich nach Art. 4 Buchst. a UN-Kaufrecht auch in Kaufverträgen durch, die dem UN-Kaufrecht unterstehen (vgl. *Staudinger/Magnus,* Wiener UN-Kaufrecht, Anm. 23 zu Art. 4). Darüber hinaus kann die Missachtung von Genehmigungspflichten eine Ordnungswidrigkeit oder gar eine Straftat zur Folge haben, §§ 33 ff. AWG.

Die Rechtsgrundlagen für die Genehmigungsbedürftigkeit von Ausfuhren sind vielfältig. In der Praxis stehen im Vordergrund:

(1) Die Ausfuhr von Gütern, die sowohl zivil als auch militärisch genutzt werden können, ist Gegenstand der am 28. 9. 2000 in Kraft getretenen, nunmehr novellierten Dual-use-Verordnung (VO EG Nr. 1334/2000, ABl. EG Nr. L 159/1). Der Ausfuhrkontrolle nach der Verordnung unterliegen nur Güter mit doppeltem Verwendungszweck, nicht jedoch Kriegswaffen oder sonstiges Rüstungsmaterial (näher hierzu *Simonsen* AW-Prax 2000, 252 ff. und 312 ff. und *Karpenstein* EuZW 2000, 677 ff.)

(2) Zum Schutz der Sicherheit und der auswärtigen Interessen der Bundesrepublik Deutschland eröffnet § 7 AWG die Möglichkeit, Rechtsgeschäfte und Handlungen im Außenwirtschaftsverkehr zu beschränken. Die nähere Ausgestaltung dieser Beschränkungen ist in §§ 5 ff. AWV niedergelegt. Die AWV verweist ergänzend auf die Ausfuhrliste (Anlage AL zur AWV) und diverse Länderlisten.

(3) Bei der Ausfuhr von Waffen und Rüstungsmaterial ist darüber hinaus das KWKG zu beachten (vgl. dazu *Holthausen* RIW 1997, 369 ff.). Der Export von Kriegswaffen bedarf zusätzlich einer Ausfuhrgenehmigung nach AWG/AWV.

(4) Eine Ausfuhr kann aber auch aufgrund anderer Vorschriften genehmigungsbedürftig sein, vgl. etwa § 8 AWG. Auch können sich Genehmigungsbedürftigkeiten aus Vorschriften außerhalb des eigentlichen Außenwirtschaftsrechtes ergeben, vgl. etwa §§ 1 Abs. 4, 10 Abs. 1 KultgSchG.

Die fehlende Transparenz und Unübersichtlichkeit der sich ständig ändernden Gesetze zum Außenhandel bereitet der Praxis außerordentliche Schwierigkeiten. Auskunft über eine Ausfuhrgenehmigungspflicht gibt insbesondere die Ausfuhrliste, Anlage AL zur AWV (zu beziehen über Bundesanzeiger Verlagsgesellschaft mbH, Breite Straße 78, 50667 Köln). Informationen erteilen das Bundesamt für Wirtschaft und Ausfuhrkontrolle, Postfach 5160, 65726 Eschborn, Tel. 06196–9080, das zuständige Hauptzollamt sowie die Industrie- und Handelskammern. Systematische Übersichten und nützliche Erläuterungen des Außenwirtschaftsrechts enthalten: *Bundesamt für Wirtschaft und Ausfuhrkontrolle,* HADDEX Handbuch der deutschen Exportkontrolle; *Hocke/Berwald/Maurer,* Außenwirtschaftsrecht, Gesetze, Verordnungen und Erlasse zum Außenwirtschaftsrecht mit Kommentar; *IHK (Die Industrie- und Handelskammern in Nordrhein-Westfalen),* Praktische Arbeitshilfe Export/Import (Basisinformationen und Hinweise zu Formularen); *Reuter,* Außenwirtschafts- und Exportkontrollrecht Deutschland/Europäische Union.

29. Keine Verantwortung des Exporteurs. In Art. 4.3 des Formularvertrages ist zu typischen Risikobereichen des Exportgeschäftes (vgl. Anm. 18) festgestellt, dass der Exporteur hierfür nicht verantwortlich ist. Aufgrund der in dem Formular verwandten INCOTERM FCA (Anm. 19 und 20) bedarf es dieser Regelung eigentlich nicht. Art. 4.3 des Formulars hat insoweit lediglich klarstellende Funktion und fördert die Transparenz des Vertrages. Aufgrund nach Art. 9 UN-Kaufrecht beachtlicher Gebräuche oder Gepflogenheiten können sich jedoch Abweichungen gegenüber dem Regelgehalt der FCA-Klausel ergeben. Daher ist es in jedem Fall angeraten, die typischen Risikobereiche des Exportgeschäftes gezielt anzusprechen und die Verantwortung hierfür eindeutig zuzuordnen. Gleichzeitig bietet Art. 4.3 des Formularvertrages einen Katalog der Regelungsinhalte, zu denen die Parteien Überlegungen anstellen und der Kaufvertrag je nach Lage des Falles eine umfassendere Aussage enthalten sollte, wenn das Geschäft nicht auf der Basis der INCOTERMS abgeschlossen wird.

30. Versicherung. Bei Vereinbarung der INCOTERMS sehen lediglich die Klauseln CIF und CIP eine Pflicht des Exporteurs zur Versicherung der Ware vor (Anm. 20 (3)). Außerhalb der INCOTERMS kann der Verkäufer zum Abschluss einer Versicherung verpflichtet sein, wenn dies zu den „üblichen Bedingungen" der von dem Verkäufer im Falle eines Beförderungsverkaufs (Anm. 21) zu organisierenden Beförderung zählt (*Schlechtriem/Huber*, Kommentar zum Einheitlichen UN-Kaufrecht, Anm. 28 zu Art. 32). Ansonsten braucht sich der Verkäufer unter der Geltung des UN-Kaufrechts nicht um die Versicherung der Ware zu kümmern und ist lediglich gehalten, dem Käufer alle Angaben zu vermitteln, die dieser zum Abschluss eines Versicherungsvertrages braucht, Art. 32 Abs. 3 UN-Kaufrecht (*Schlechtriem/Huber*, Kommentar zum Einheitlichen UN-Kaufrecht, Anm. 33 zu Art. 32).

Dessen ungeachtet verbleiben dem Exporteur natürlich alle Risiken bis zum Übergang der Gefahr auf den Käufer (Anm. 23). Schon aus eigenem Interesse wird der Verkäufer daher bestrebt sein, insbesondere den Transport der Ware von seiner Niederlassung bis zu dem maßgeblichen Lieferort (Anm. 18) angemessen abzusichern (vgl. Anm. 55). Namentlich bei Verwendung der F- oder C-Klauseln geht die Gefahr erst mit Zurverfügungstellung bzw. Übergabe der Ware an den Beförderer des Haupttransportes über (Anm. 20 (5)), während außerhalb der INCOTERMS für Beförderungsverkäufe (Anm. 21) der Gefahrübergang vorbehaltlich sonstiger Absprachen bereits Konsequenz der Übergabe der Ware an den ersten, ggf. auch lediglich lokalen Beförderer ist, Art. 67 Abs. 1 UN-Kaufrecht (*Witz/Salger/Lorenz*, International Einheitliches Kaufrecht, Anm. 5 ff. zu Art. 67).

Grundsätzlich haftet der Beförderer für Beschädigungen und Verluste, die während seines Gewahrsams an den Gütern eintreten. Die Haftungsbestimmungen der einzelnen Beförderungsarten unterscheiden sich zwar deutlich, stimmen jedoch insoweit überein, als die Haftung des Frachtführers sowohl dem Grunde wie auch der Höhe nach stets beschränkt ist. Da andererseits die zu befördernde Ware gerade im Überseeverkehr vielfältigen Gefahren ausgesetzt ist, werden in der Praxis in weitem Umfang Transportversicherungen abgeschlossen (vgl. *Huber/Schäfer*, Dokumentengeschäft und Zahlungsverkehr im Außenhandel, 281 ff.).

Für den Bereich der Transportversicherung besteht sehr weitgehende Vertragsfreiheit. Gewöhnlich deckt der Versicherer die typischen Gefahren, denen die Güter aufgrund der Beförderung ausgesetzt sind. Allerdings gleicht die Transportversicherung in aller Regel nur den reinen Sachschaden aus und ersetzt nicht etwa Folgeschäden, die z. B. durch Produktionsausfall, Gewinnentgang usw. entstehen.

Wegen der Schwierigkeiten, im Schadensfall den Zeitpunkt des Schadenseintritts nachweisen zu können, sollten sogenannte gebrochene Versicherungen (den Transport bis zum Gefahrübergang versichert der Verkäufer und den Transport ab Gefahrübergang versichert der Käufer) nur eingegangen werden, wenn die Ware bei Gefahrübergang genau untersucht wird. Namentlich für den Containerverkehr ist daher eine durchgehende Versicherung ab Beginn des Gesamttransports bis zum Eintreffen der Ware an der Niederlassung des Käufers zweckmäßiger (vgl. *Bredow/Seiffert*, INCOTERMS 2000, 37 sowie Anm. 55).

Wenn der Zahlungsanspruch des Verkäufers nicht wie in dem Formularvertrag durch ein Akkreditiv oder gleichwertig sichergestellt ist, empfiehlt sich für den Exporteur zusätzlich eine Export-Schutz-Versicherung (vgl. *Huber/Schäfer*, Dokumentengeschäft und Zahlungsverkehr im Außenhandel, 286 f.).

31. Beschaffung von Dokumenten. Nach Art. 4.2 des Formularvertrages ist der Verkäufer verpflichtet, die Ware exportfrei, das heißt mit den für den Export erforderlichen

1. Exportvertrag (Maschine)

Genehmigungen, Lizenzen und Bewilligungen zu liefern (Anm. 28). Jenseits der Exportfreiheit schließt Art. 4.3 des Formularvertrages jede Verantwortung des Exporteurs aus. Diese Abgrenzung trägt dem Umstand Rechnung, dass alle nicht eigentlich die Ausfuhr betreffenden Formalitäten auch nicht von dem deutschen Gesetzgeber vorgeschrieben sind, sondern durch das Ausland aufgegeben werden. Typische Papiere in diesem Sinne sind etwa (näher hierzu *IHK (Die Industrie- und Handelskammern in Nordrhein-Westfalen),* Praktische Arbeitshilfe Export/Import (Basisinformationen und Hinweise zu Formularen):
- das Carnet ATA (Internationales Zollpapier zur vorübergehenden Verbringung von Ware in das Ausland);
- das Carnet TIR (Internationales Dokument für den Zollgutversand in verschlusssicheren Fahrzeugen);
- das Ursprungszeugnis (durch die Zollbehörde des Importlandes vorgeschriebenes Dokument, das die geografische Herkunft der Ware bestätigt);
- die Lieferantenerklärung (Dokument zum Nachweis des Ursprungs oder eines bestimmten Be- oder Verarbeitungsgrades der Ware innerhalb der EG oder eines ihrer Partnerstaaten);
- die Warenverkehrsbescheinigung EUR.1 (Präferenznachweise für den Warenverkehr mit den Staaten, mit denen die Europäische Union besondere Handels- bzw. Assoziationsabkommen abgeschlossen hat);
- die Konsulats- bzw. Zollfaktura (detaillierte Aufstellung ähnlich der Handelsrechnung, aber versehen mit einer Bescheinigung des Konsulats des Ziellandes oder der Gegenzeichnung durch Zeugen).

Der Käufer kann diese Unterlagen zum Teil überhaupt nicht und zum Teil nur schwer ohne die Mitwirkung des Exporteurs erlangen. Da andererseits der Exporteur keine Einstandspflicht für die richtige Ausfertigung und die Eignung der Dokumente im Land des Importeurs übernehmen wird, kann in Anlehnung an A.10 der Erläuterungen zu den INCOTERMS (vgl. Anm. 20 (10); abgedruckt bei *Bredow/Seiffert,* INCOTERMS 2000) etwa auch vereinbart werden: „The Seller – without taking any liability or responsability therefore – agrees to assist the Buyer at its request, risk and expense in arranging for certificates or documents issued in Germany and required for the importation of the goods or for their transit".

Art. 34 UN-Kaufrecht regelt lediglich die weiteren Modalitäten hinsichtlich der Übergabe von Warendokumenten, trifft jedoch keine Aussage dazu, welche konkreten Dokumente der Verkäufer zu übergeben hat (*Staudinger/Magnus,* Wiener UN-Kaufrecht, Anm. 7 zu Art. 34 sowie *Piltz,* Internationales Kaufrecht, § 4 Rdnr. 76 ff.).

32. Durchfuhr- und Importfreimachung. Nach Art. 4.2 des Formularvertrages obliegt dem Verkäufer, exportfreie Ware zu liefern (Anm. 28). Jenseits dieser Schnittstelle schließt die kommentierte Textstelle jede weitergehende Verantwortung des Exporteurs aus (vgl. Anm. 20 (2) und 31) und erstreckt diesen Ausschluss auch auf die zollrechtliche Abwicklung. Außerhalb der Europäischen Union wird es für den deutschen Exporteur in aller Regel recht schwierig sein, Importverfahren und Zollangelegenheiten sachgerecht zu erledigen. Außerdem riskiert der ausländische Käufer in manchen Fällen den Verlust von tariflichen Vorteilen, wenn die Zollabwicklung in dem Zielland von dem ausländischen Exporteur und nicht von dem inländischen Importeur wahrgenommen wird.

33. Abgabentragung. Maßgebliche Schnittstelle für die Zuordnung von etwa anfallenden Zöllen, Steuern und sonstigen öffentlichen Abgaben ist grundsätzlich der Lieferort (Anm. 18). Nach der in Art. 2.2 des Formularvertrages vereinbarten FCA-Klausel hat der Exporteur die bei der Ausfuhr anfallenden Abgaben allerdings auch dann zu tragen, wenn sich der Lieferort (Ort der Übergabe an den Hauptfrachtführer) wie in dem Formular vorgesehen im Inland befindet (Anm. 20 (6)). Aus den in Anm. 29 dargestellten Überlegungen konkretisiert die kommentierte Textstelle diese Abgrenzung.

Art. 4.3 des Formularvertrages erfasst alle Steuern und öffentlichen Abgaben, die – wie Umsatzsteuern, Antidumping-Abgaben, Stempelsteuern usw. – für die Durchfuhr und insbesondere die Einfuhr der konkret in Frage stehenden Ware erhoben werden. Art. 4.3 regelt hingegen nicht die Zuordnung solcher Steuern, die nicht gerade für das individuelle Geschäft anfallen, sondern vielmehr eine Gesamtheit von Einkünften zum Gegenstand haben (vgl. *Piltz,* Internationales Kaufrecht, § 4 Rdnr. 49 f.). Der Exporteur kann allerdings auch nicht stets darauf vertrauen, derartige Steuern letztlich mit den im Inland anfallenden Einkommen-/Körperschaftsteuern verrechnen zu können, da eine Anrechnung grundsätzlich nur möglich ist, wenn die ausländische Steuer ihrer Art nach der deutschen Einkommen-/Körperschaftsteuer entspricht (vgl. Anlage 8 zu ESt-Richtlinien: Verzeichnis ausländischer Steuern, die der deutschen Einkommensteuer entsprechen). Je nach Lage des Falles sollte der Exporteur daher prüfen, ob er als Folge des Exportgeschäftes in dem Zielland steuerlich veranlagt wird. Soweit gesetzlich zulässig, können sich dann gezielt die Situation ansprechende Klauseln empfehlen.

34. Verpackung, Kennzeichnung, Markierung. Die INCOTERMS sehen unter A.9 der Erläuterungen (abgedruckt bei *Bredow/Seiffert,* INCOTERMS 2000) für alle Klauseln vor, dass der Verkäufer auf eigene Kosten für die im Hinblick auf den Transport erforderliche Verpackung zu sorgen und diese zu kennzeichnen hat (Anm. 20 (9)). Außerhalb der INCOTERMS statuiert das UN-Kaufrecht zwar keine ausdrückliche Pflicht des Verkäufers zur Kennzeichnung oder Markierung der Ware (*Enderlein/Maskow/Strohbach,* Internationales Kaufrecht, 1991, Anm. 2 zu Art. 32), jedoch schuldet der Exporteur eine angemessene Verpackung (*Piltz,* Internationales Kaufrecht, § 4 Rdnr. 109). Auch für den Exporteur, der – wie bei dem dem Formular zugrundeliegenden FCA-Geschäft – sich um den Haupttransport nicht kümmern muss, ist es daher wichtig zu wissen, welche Beförderungsart in Betracht kommt, um die Ware angemessen verpacken zu können (Anm. 19).

Art. 4.3 des Formularvertrages hebt diese Regel nicht auf, sondern konkretisiert insoweit lediglich im Hinblick auf die Beachtung der in Deutschland üblichen Maßstäbe. Wenn etwa von dem jeweiligen Importland die Verwendung besonderer Verpackungsmaterialien oder bestimmte Kennzeichnungen der Ware zwingend vorgeschrieben sind (so darf etwa für Sendungen nach Saudi Arabien die Bezeichnung „Persian Golf" weder in den Begleitpapieren noch in der Markierung verwendet werden, statt dessen muss es heißen „Arabian Golf"), die über die in Deutschland üblichen Anforderungen hinausgehen, kann der Käufer den Exporteur deshalb nicht zur Verantwortung ziehen.

35. Zurückhalterecht. Nach Art. 71 UN-Kaufrecht ist der Exporteur grundsätzlich berechtigt, die Erfüllung seiner Pflichten zurückzustellen, wenn sich nach Vertragsschluss herausstellt, dass der Käufer einen wesentlichen Teil seiner Pflichten nicht vertragsgerecht erfüllt oder erfüllen wird (näher hierzu *Staudinger/Magnus,* Wiener UN-Kaufrecht, Anm. 1 ff. zu Art. 71). Gegenüber der gesetzlichen Vorgabe reduziert Art. 5 des Formularvertrages die Voraussetzungen, die den Verkäufer zur Zurückhaltung berechtigen. Insbesondere setzt Art. 5 des Formularvertrages anders als Art. 71 Abs. 1 UN-Kaufrecht nicht voraus, dass der Käufer einen wesentlichen Teil seiner Pflichten schuldig bleibt. Andrerseits ist die nach Art. 71 Abs. 3 UN-Kaufrecht vorgesehene Pflicht des Exporteurs, die Ausübung des Zurückhalterechtes sofort dem Käufer anzuzeigen, nicht abbedungen worden, da die Anzeige nicht rechtliche Voraussetzung für die Ausübung des Zurückhalterechtes ist (*Piltz,* Internationales Kaufrecht, § 4 Rdnr. 262; a. A. *AG Frankfurt* IPRax 1991, 345).

Angesichts der in dem Formular vorgesehenen Sicherung des Zahlungsanspruchs des Verkäufers durch ein Akkreditiv (Anm. 2 und Anm. 45) und der Tatsache, dass die Lieferfrist erst nach erfolgter Bestätigung des Akkreditivs anläuft (Anm. 25), kommt dem Zurückhalterecht im Rahmen des vorliegenden Vertrages nur geringe Bedeutung zu. Gleichwohl sollte die Bestimmung nicht gestrichen werden. In der Praxis kommt es immer wieder vor, dass das Exportgeschäft in Abstimmung der Parteien abweichend von den ursprünglich eingegangenen Abmachungen durchgeführt wird. Dies kann für den Exporteur unbemerkt den Verlust der Akkreditivsicherung zur Folge haben. Auch ist denkbar, dass die Bank die Auszahlung des Akkreditivs wegen formeller Bedenken verweigert und der Exporteur daher auf die Unterstützung des Käufers angewiesen ist, um die Auszahlung zu erhalten (vgl. Anm. 51 zum Schluss). Da der Verkäufer bei Vorliegen der Voraussetzungen des Art. 5 des Formularvertrages nicht nur berechtigt ist, seine Leistungen zurückzuhalten, Art. 71 Abs. 1 UN-Kaufrecht, sondern auch die Übergabe der bereits an den Frachtführer ausgehändigten Ware an den Käufer unterbinden kann (right of stoppage), Art. 71 Abs. 2 UN-Kaufrecht (näher hierzu *Schlechtriem/Leser*, Kommentar zum Einheitlichen UN-Kaufrecht, Anm. 28 ff. zu Art. 71), ist die Aufnahme des Zurückhalterechtes in den Exportvertrag auf jeden Fall zu empfehlen.

Wenn der Zahlungsanspruch des Verkäufers nicht durch ein Akkreditiv oder gleichwertig sichergestellt ist, besteht darüber hinaus Veranlassung, das Zurückhalterecht weiter auszubauen. Denkbar ist, typische Tatbestände anzusprechen, die zur Ausübung des Zurückhalterechts berechtigen, etwa: „In particular, the right to suspend performance or to prevent the handing over to the Buyer arises if the Buyer insufficiently performs its obligations to enable payment to the Seller or a third party or pays late". Auch sollte der Exporteur in diesem Fall eine Regelung treffen, dass er ungeachtet einer von dem Käufer nach Maßgabe des Art. 71 Abs. 3 UN-Kaufrecht geleisteten Gewähr nicht zur Fortsetzung der Erfüllung verpflichtet ist, wenn die Sicherheit etwa nach Maßgabe der jeweiligen insolvenzrechtlichen Bestimmungen angefochten werden kann (*Piltz*, Internationales Kaufrecht, § 4 Rdnr. 264).

36. Kaufpreis. Das Formular sieht zur Abgeltung aller nach dem Vertrag dem Exporteur obliegenden Leistungen einen Einheits-Festpreis vor. Wenn die zollrechtlichen Bestimmungen im Land des Käufers für die einzelnen Leistungsteile der Contract-Products (vgl. Art. 1 des Formulars) unterschiedliche Zolltarife (vgl. Art. 20 f. Zollkodex) und/oder abweichende Zollwertermittlungsmethoden (vgl. Art. 28 ff. Zollkodex) vorsehen, kann in Betracht kommen, die Preisstellung aufzuspalten und separat auszuweisen, welcher Betrag auf jede der Komponenten gemäß Art. 1.2 bis 1.4 des Formularvertrages entfällt.

Anstelle eines Festpreises können die Parteien auch Preisvorbehalts- oder Preisgleitklauseln (vgl. *Palandt/Heinrichs*, Bürgerliches Gesetzbuch, Rdnr. 28 ff. zu § 245 BGB) vorsehen. Da das UN-Kaufrecht jedoch von dem Grundsatz der Preisbestimmbarkeit ausgeht (*Piltz*, Internationales Kaufrecht, § 3 Rdnr. 23 ff.) und die Konsequenzen mangelnder Preisbestimmbarkeit höchst kontrovers diskutiert werden (näher hierzu *Schluchter*, Die Gültigkeit von Kaufverträgen unter dem UN-Kaufrecht, 1996, 142 ff.), sollten die Parteien unbedingt dafür Sorge tragen, dass in einem solchen Fall der Preis aufgrund der in dem Vertrag hierzu getroffenen Absprachen objektiv bestimmt werden kann.

Aus deutschrechtlicher Sicht bestehen gegen die Verwendung von Preisvorbehalts- und Preisgleitklauseln ansonsten keine Bedenken. Der Exporteur sollte sich jedoch gleichermaßen versichern, dass die gewählte Wertsicherungsklausel auch nach den im Land des Importeurs geltenden Gesetzen zulässig ist. Hat die Missachtung der dort geltenden Bestimmungen die Ungültigkeit der Klausel und ggf. gar des Kaufvertrages zur Folge, kann sich diese Konsequenz nach Art. 4 Buchst. a UN-Kaufrecht auch auf Kaufverträge auswirken, die dem UN-Kaufrecht unterliegen (vgl. *Piltz*, UN-Kaufrecht, RdNr. 126 sowie *Bucher/Schlechtriem*, Wiener Kaufrecht, 1991, 110).

37. Gegenleistung. Der Umfang der von dem Exporteur für den Kaufpreis geschuldeten Leistungen erschließt sich aus Art. 1 bis 4 des Formularvertrages. Gleichwohl ist es in der Praxis üblich, typische Nebenkosten des Geschäftes gezielt anzusprechen und die für den Käufer wichtigsten Positionen auszuweisen. Auch wird auf diese Weise unterbunden, dass unter Berufung auf Gepflogenheiten oder Gebräuche, vgl. Art. 9

UN-Kaufrecht, Missverständnisse aufkommen oder gar andere Auslegungen vertreten werden.

Die Kosten für eine angemessene Verpackung der Ware obliegen sowohl nach den INCOTERMS (Anm. 20 (9)) wie auch nach dem UN-Kaufrecht (*Schlechtriem/Huber*, Kommentar zum Einheitlichen UN-Kaufrecht, Anm. 37 und 87 zu Art. 31) grundsätzlich dem Exporteur. Gleiches gilt für die Kosten der Beförderung bis zu dem vereinbarten Lieferort (Anm. 20 (6) sowie *Staudinger/Magnus*, Wiener UN-Kaufrecht, Anm. 30 zu Art. 31). Der Aufwand für das terminal-handling, den Haupttransport sowie die Transportversicherung ist nach den jeweils abgesprochenen Liefermodalitäten entweder dem Exporteur oder dem Käufer zuzuordnen. Nach der in dem Formular gewählten FCA-Klausel hat diese Kosten der Käufer zu tragen (Anm. 20 (6)).

Die Preisstellung (Anm. 36) ist als Netto-Vergütung konzipiert und geht davon aus, dass der Exporteur für die Lieferung keine Umsatzsteuer zu entrichten hat. Nach § 4 Nr. 1 a und b UStG sind Ausfuhrlieferungen im Sinne des § 6 UStG und innergemeinschaftliche Lieferungen im Sinne des § 6 a UStG grundsätzlich umsatzsteuerfrei (näher hierzu *Möller* AW-Prax 2000, 35 ff. und 74 ff. sowie *ders.* AW-Prax 1999, 421 ff.). Problematisch kann die Umsatzsteuer-Freistellung jedoch sein, wenn der deutsche Exporteur im Auftrag eines anderen deutschen Unternehmens Ware an einen Abnehmer außerhalb der EU liefert. Auch in bestimmten Gestaltungen der innergemeinschaftlichen Lieferung, namentlich dann, wenn die Voraussetzungen des § 6 a UStG nicht erfüllt sind, bleibt der Verkäufer verpflichtet, Umsatzsteuer abzuführen. Einen gewissen Schutz erfährt der Verkäufer über § 6 a Abs. 4 UStG. Da der Exporteur jedoch nicht berechtigt ist, etwa anfallende Umsatzsteuer nachträglich dem vereinbarten Kaufpreis hinzuzusetzen (*Piltz*, Internationales Kaufrecht, § 4 Rdnr. 130), ist in den verbleibenden Fällen der Kaufpreis zuzüglich der Umsatzsteuer in dem Kaufvertrag auszuweisen. Auch kann sich eine Umsatzsteuer-Klausel empfehlen, um für den Fall, dass der Exporteur wider Erwarten etwa aufgrund einer späteren Umsatzsteuerprüfung doch zur Zahlung von Umsatzsteuer herangezogen wird, diesen Betrag zumindest im nachhinein von dem Käufer einziehen zu können, etwa: „The Buyer warrants that all legal requirements for delivery free of german value added tax are fulfilled. To the extent that the Seller is called upon to pay value added tax as a result of circumstances allocable to the Buyer or to the terms of delivery agreed upon, waving the defence of limitation the Buyer will indemnify the Seller without prejudice to any continuing claim by the Seller".

38. Abgaben. Die kommentierte Textstelle nimmt die zu den Pflichten des Verkäufers hierzu in Art. 4.3 des Formulars (Anm. 33) getroffene Regelung auf und enthält insofern keine neue Aussage. Die Formulierung dieser Klausel rechtfertigt sich jedoch aus den gleichen Überlegungen, die für die Aufnahme von Art. 6.2 des Formularvertrages maßgebend sind (Anm. 37). Nach den INCOTERMS treffen Zölle, Steuern und sonstige öffentliche Abgaben grundsätzlich die Partei, die für die Besorgung der Lizenzen, Genehmigungen und Zollformalitäten verantwortlich ist (Anm. 20 (6) und Anm. 20 (2)). Gleiches gilt unter der Geltung des UN-Kaufrechts (vgl. *Schlechtriem/Huber*, Kommentar zum Einheitlichen UN-Kaufrecht, Anm. 88 zu Art. 31 sowie *Staudinger/Magnus*, Wiener UN-Kaufrecht, Anm. 30 zu Art. 31).

39. Fälligkeit. Die INCOTERMS verweisen hinsichtlich der Zahlungsmodalitäten in B.1 der Erläuterungen (abgedruckt bei *Bredow/Seiffert*, INCOTERMS 2000) auf die für den Kaufvertrag geltenden Bestimmungen. Nach UN-Kaufrecht ist der Exporteur im Zweifel vorleistungspflichtig (*Piltz*, Internationales Kaufrecht, § 4 Rdnr. 153 sowie im Ergebnis *Staudinger/Magnus*, Wiener UN-Kaufrecht, Anm. 15 zu Art. 58, anders hingegen *ders.*, Anm. 7 zu Art. 58). Der Verkäufer kann jedoch die Übergabe der Ware auch von der gleichzeitigen Zahlung abhängig machen, Art. 58 Abs. 1 Satz 2, Abs. 2 UN-Kaufrecht. Für den Fall des Beförderungsverkaufs (Anm. 21) folgt aus Art. 58 Abs. 1 Satz 1 UN-Kaufrecht, dass der Kaufpreis im Zweifel erst zu entrichten ist, wenn der letzte

1. Exportvertrag (Maschine)

Beförderer die Ware dem Käufer an dem jeweiligen Übernahme- bzw. Bestimmungsort anbietet (*Staudinger/Magnus*, Wiener UN-Kaufrecht, Anm. 15 zu Art. 58).

Gleiches gilt bei Verwendung von C- oder D-Klauseln der INCOTERMS (Anm. 20), da der Exporteur in diesen Fällen eine ähnliche oder gegenüber dem Beförderungsverkauf gar weitergehende Verantwortung übernimmt (vgl. die Aufstellung in Anm. 18). In Verträgen mit F-Klauseln obliegt es hingegen ausschließlich dem Käufer, sich um den Haupttransport der Ware zu kümmern (vgl. Anm. 18 und 20 (3)). Mit Übergabe der Ware an den Beförderer des Haupttransportes ist sie dem Käufer zur Verfügung gestellt und folglich nach Art. 58 Abs. 1 UN-Kaufrecht der Kaufpreis fällig (näher zur Zahlungspflicht des Käufers bei Verwendung von INCOTERMS *Piltz* in: Transport- und Vertriebsrecht 2000, Festgabe für Prof. Dr. Rolf Herber, 1999, 25 f.).

Angesichts der Vorleistungs-Regelung des UN-Kaufrechtes und der wegen der erst ansatzweisen Aufbereitung der Fälligkeitsproblematik bei Verwendung von INCOTERMS verbleibenden Unwägbarkeiten ist dem Exporteur nahezulegen, die Zahlungsfälligkeit ausdrücklich zu regeln (ebenso *Schlechtriem/Lüderitz*, Einheitliches Kaufrecht und nationales Obligationenrecht, 1987, 190) und eine „bestimmte Zeit" im Sinne des Art. 58 Abs. 1 Satz 1 UN-Kaufrecht vorzusehen. Art. 7.1 Satz 1 des Formularvertrages knüpft die Zahlungsfälligkeit daher an die Lieferung der Vertragsprodukte gemäß Art. 2.2 Satz 1 an. Eine weitergehende Verfeinerung erübrigt sich, da der Exporteur in aller Regel Befriedigung über das Akkreditiv (vgl. Anm. 45) erlangt.

In Art. 8 des Formularvertrages haben die Parteien zur Sicherung des Zahlungsanspruchs des Exporteurs ein Akkreditiv vereinbart (vgl. Anm. 45). Zur Auszahlung des Akkreditivs sind die in Art. 8.2 des Formulars angesprochenen Dokumente bei der Zahlstellenbank einzureichen. Nach Art. 13 ERA 500 (Anm. 54) steht den Banken zudem eine angemessene Zeit zur Verfügung, um die Dokumente zu prüfen und zu entscheiden, ob das Akkreditiv aufgenommen, das heißt der Akkreditivbetrag an den Verkäufer ausgezahlt wird. Aus diesem Ablauf resultiert, dass die Auszahlung des Akkreditivbetrages auch unter günstigen Umständen letztlich erst deutliche Zeit nach Erhalt der die Lieferung ausweisenden Dokumente und damit erst nach Fälligkeit des Kaufpreises erfolgen kann. Gleichwohl stört dieser Ablauf nicht die Fälligkeitsregelung in Art. 7.1 des Formulars. Denn die Vereinbarung des Akkreditivs begründet für den Exporteur unter anderem die Pflicht, den vorgesehenen Weg der Zahlungsabwicklung über das Akkreditiv auch tatsächlich wahrzunehmen mit der Folge, dass der Kaufpreis bis zur Zahlung des Akkreditivbetrages oder der Ablehnung der Bank, das Akkreditiv zu honorieren, gestundet ist (vgl. *Zahn/Eberding/Ehrlich*, Zahlung und Zahlungssicherung im Außenhandel, 6. Auflage, 1986, Rdnr. 2.17 sowie *Häberle*, Handbuch der Außenhandelsfinanzierung, 501 f.). Andererseits bleibt ungeachtet der Akkreditivabrede die Regelung der Fälligkeit für den eigentlichen Kaufvertrag gleichwohl sinnvoll, um Vorsorge für den Fall zu treffen, dass die Zahlung aus dem Akkreditiv nicht in Betracht kommt.

40. Zahlungsaufforderung. Nach Art. 59 UN-Kaufrecht tritt die Zahlungsfälligkeit ein, ohne dass es hierzu einer Aufforderung oder der Wahrnehmung sonstiger Förmlichkeiten seitens des Verkäufers bedarf. Da der Käufer aufgrund des abgeschlossenen Kaufvertrages weiß, für welche Leistungen, in welcher Höhe, in welcher Währung und an welchem Ort er Zahlung zu leisten hat, ist für die Zahlungsfälligkeit auch nicht erforderlich, dass der Käufer zunächst eine Rechnung des Exporteurs erhält (vgl. *Herber/Czerwenka*, Internationales Kaufrecht, Anm. 3 zu Art. 59). Hinzu kommt, dass der Verkäufer nach Art. 8.2 des Formularvertrages für die Inanspruchnahme des Akkreditivs ohnehin eine Handelsrechnung vorzulegen hat (vgl. Anm. 52).

41. Währung. Nach überschlägigen Schätzungen werden rund 80% aller Exportverträge deutscher Exporteure in der in Deutschland geltenden Währung abgeschlossen. Daher sieht auch der Formularvertrag vor, dass der Käufer Zahlung in Euro zu leisten hat. Aufgrund dieser Festlegung ist der Käufer nicht weiter befugt, ohne Abstimmung mit dem Verkäufer in einer anderen Währung zu leisten, ebenso wie auch der Verkäufer Zahlung grundsätzlich nur in der vereinbarten Währung verlangen kann (näher dazu *Staudinger/Magnus*, Wiener UN-Kaufrecht, Anm. 26 ff. zu Art. 53).

Als Alternative zu der kommentierten Regelung steht es den Parteien natürlich frei, auch die Zahlung in einer fremden Währung zu vereinbaren. Allerdings kann der Verkäufer bei Absprache der Zahlung in fremder Währung dann nicht später seine Kaufpreisansprüche in deutscher Währung geltend machen (*OLG Frankfurt* NJW 1994, 1013 f. und *KG* RIW 1994, 683 f.) ebenso wie der Käufer nicht statt in der vereinbarten in der Währung des Zahlungsortes leisten kann (*Piltz*, Internationales Kaufrechts, § 4 Rdnr. 125). Treffen die Parteien keine Regelung im Hinblick auf die Währung, in der Zahlung zu leisten ist, schuldet der Käufer im Zweifel Zahlung in der an dem jeweils maßgeblichen Zahlungsort (Anm. 42) geltenden gesetzlichen Währung (*Magnus* RabelsZ 1989, 128 ff. und *KG* RIW 1994, 683 f.).

Vor Absprache der Währung, in der der Käufer Zahlung leisten soll, sollte sich der Exporteur jedoch vergewissern, dass Zahlungen in der vereinbarten Währung auch nach den im Land des Käufers geltenden Bestimmungen zulässig sind. Widersprechen die Zahlungsmodalitäten den dort geltenden Gesetzen und hat dieser Umstand die Ungültigkeit der Zahlungsklausel und ggf. gar des gesamten Kaufvertrages zur Folge, kann diese Konsequenz auf den Exportvertrag durchschlagen, vgl. Art. 4 Buchst. a UN-Kaufrecht (*Bucher/Schlechtriem*, Wiener Kaufrecht, 1991, 110; *Piltz*, UN-Kaufrecht, Rdnr. 126). Des weiteren sind nach Art. 8 Abschnitt 2 (b) der Statuten des Internationalen Währungsfonds (BGBl. 1978 II, 13 und BGBl. 1991 II, 814) devisenrechtliche Beschränkungen, die ein IWF-Staat zulässigerweise verfügt hat, auch in der Bundesrepublik zu beachten. Unter Verletzung dieser Bestimmungen begründete Ansprüche können in der Bundesrepublik namentlich nicht eingeklagt werden (vgl. *Ebenroth/Müller* RIW 1994, 269 ff. sowie *BGH* EuZW 1994, 351 f. und *BGH* NJW 1994, 390 f.).

Zuweilen kommt der Exporteur nicht umhin, Zahlung in ausländischer Währung zu akzeptieren. Wenn er gleichwohl kein Kursrisiko eingehen möchte, bieten sich verschiedene Möglichkeiten zur Absicherung der Wechselkursrisiken (vgl. etwa *Häberle*, Handbuch der Außenhandelsfinanzierung, 868 ff.). Im Vordergrund stehen der Verkauf des aus dem Exportvertrag fließenden Erlöses per Termin an einer Devisenbörse, die Aufnahme eines Kredites in ausländischer Währung in Höhe des erwarteten Erlöses und die Umwechslung der Darlehensvaluta in europäische Währung, der Abschluss eines Devisenoptionsgeschäftes sowie die Wechselkurssicherung durch die Hermes-Kreditversicherung (vgl. Anm. 46 (6)).

42. Zahlungsort. Die INCOTERMS enthalten keine Aussage zum Zahlungsort, sondern verweisen auf die für den Kaufvertrag geltenden Bestimmungen (B.1 der Erläuterungen, abgedruckt bei *Bredow/Seiffert,* INCOTERMS 2000). Nach UN-Kaufrecht ergibt sich der Zahlungsort in erster Linie aus den zwischen den Parteien getroffenen Absprachen, Art. 57 Abs. 1 UN-Kaufrecht. In diesem Sinne fixiert Art. 7.2 des Formularvertrages den Zahlungsort und schützt damit den Exporteur namentlich davor, dass der Käufer unter Berufung auf behauptete Gepflogenheiten oder Gebräuche, vgl. Art. 9 UN-Kaufrecht, einen anderen Zahlungsort für beachtlich hält.

Wenn die Parteien keine Absprachen im Hinblick auf den Ort, an dem der Käufer dem Exporteur den Kaufpreis zur Verfügung zu stellen hat, treffen und auch sonstige Anhaltspunkte nicht festgestellt werden können, gelten nach Art. 57 UN-Kaufrecht zwei alternative Gestaltungen: Wenn die Zahlung Zug um Zug gegen Übergabe der Ware bzw. der Dokumente zu leisten ist, hat der Käufer die Zahlung an dem Ort vorzunehmen, an dem die Übergabe der Ware bzw. Dokumente erfolgt, Art. 57 Abs. 1 Buchst. b UN-Kaufrecht. Typischer Anwendungsfall dieser Variante ist etwa die Vereinbarung des Dokumenteninkassos (Anm. 46 (3)). Gleichermaßen ist die Zahlung an dem Lieferort vorzunehmen, wenn der Verkäufer nach Art. 58 Abs. 1 Satz 2 oder Abs. 2 UN-Kaufrecht einseitig die Übergabe der Ware bzw. Dokumente von der Zahlung des Kaufpreises abhängig macht (*Piltz*, Internationales Kaufrecht, § 4 Rdnr. 138). Soweit ein Zug-um-Zug-Austausch nicht in Betracht kommt, das heißt also im Regelfall (vgl. Anm. 39), hat der Käufer die Zahlung hingegen an der Niederlassung des Exporteurs zu erbringen, Art. 57 Abs. 1 Buchst. a UN-Kaufrecht.

Der Käufer hat dafür Sorge zu tragen, dass die Zahlung zum Zeitpunkt der Fälligkeit (Anm. 39) an dem maßgeblichen Zahlungsort erfolgt. Im Regelfall des Art. 57 Abs. 1 Buchst. a UN-Kaufrecht hat sich der Käufer daher in deutlich weitergehenderem Umfang als nach §§ 269, 270 BGB um den Transfer der Gelder zu kümmern. Verzögerungs- und Verlustrisiken, die aus der Übermittlung an den Zahlungsort erwachsen, trägt der Käufer (vgl. *Schlechtriem/Hager*, Kommentar zum Einheitlichen UN-Kaufrecht, Anm. 4 zu Art. 57). Die in Art. 7.2 des Formularvertrages zu den Spesen und Kosten getroffene Aussage bestätigt diese Regel und stellt die Verantwortung des Käufers noch einmal heraus.

Der Zahlungsort am Sitz des Verkäufers eröffnet dem Exporteur für die Verfolgung von Zahlungsansprüchen gegen den Käufer nach Art. 5 Nr. 1 EuGVÜ bzw. Art. 5 Nr. 1 LuganoÜ (vgl. Anm. 101) und § 29 Abs. 1 ZPO den Gerichtsstand des Erfüllungsortes. Ungeachtet aller in der Literatur vorgebrachten Bedenken (vgl. etwa *Stoll*, Festschrift für M. Ferid, 1988, 500 ff.) hat die – nicht nur deutsche, sondern gleichermaßen belgische, dänische, französische, italienische und niederländische – Rechtsprechung zur Bestimmung des für Art. 5 Nr. 1 EuGVÜ maßgeblichen Erfüllungsortes im Anwendungsbereich des UN-Kaufrechts stets auf Art. 57 UN-Kaufrecht abgestellt (vgl. etwa *BGH* NJW-RR 1997, 690 ff. und *OLG* Köln VersR 1998, 1513 ff.). Anders als nach § 29 ZPO bedarf die Vereinbarung eines Erfüllungsortes auch dann, wenn der Erfüllungsort als Gerichtsstand herangezogen wird, wegen der andersartigen Konzeption des Art. 5 Nr. 1 EuGVÜ nicht der Formerfordernisse des Art. 17 EuGVÜ (*EuGH* RIW 1980, 726 f.). Mit Inkrafttreten der VO EG Nr. 44/2001 vom 22. 12. 2000 über die gerichtliche Zuständigkeit und die Anerkennung und Vollstreckung von Entscheidungen in Zivil- und Handelssachen (ABl EG L 12/1 vom 16. 1. 2001) werden diese Regeln allerdings nur noch eingeschränkt fortgelten. Für den vorliegenden Formularvertrag kommt diesen Umständen jedoch keine besondere Bedeutung zu, da in Art. 23 des Formularvertrages eine Gerichtsstandsabrede getroffen ist.

43. Verspätete Zahlung. Nach dem UN-Kaufrecht führt der bloße Umstand, dass der Käufer nicht zur rechten Zeit und am rechten Ort den Kaufpreis zahlt, zu einer Verletzung der Zahlungspflicht. Damit erwachsen dem Exporteur ohne jede weitere Voraussetzung die für den Fall von Vertragsverletzungen des Käufers nach Maßgabe der Art. 61 ff. UN-Kaufrecht vorgesehenen Rechtsbehelfe (*Piltz*, Internationales Kaufrecht, § 5 Rdnr. 325 ff. sowie *Herber/Czerwenka*, Internationales Kaufrecht, Anm. 2 ff. zu Art. 61). Anders als nach unvereinheitlichtem, deutschen Recht bedarf es namentlich nicht der nach §§ 284 f. BGB für den Verzug erforderlichen Tatbestandselemente. Nach UN-Kaufrecht kann der Exporteur daher im Falle nicht vertragsgemäßer Zahlung des Kaufpreises ohne weiteres Zinsen auf die ausstehenden Beträge geltend machen, Art. 78 UN-Kaufrecht, und anstelle oder zusätzlich zu den sonstigen Rechtsbehelfen Schadensersatz verlangen, Art. 61 Abs. 1 Bt. b, Abs. 2 UN-Kaufrecht (Anm. 44). Der Anspruch auf Schadensersatz – nicht jedoch der Anspruch auf Zinsen – entfällt lediglich, soweit der Käufer sich wegen der nicht rechtzeitigen Zahlung nach Maßgabe des Art. 79 UN-Kaufrecht entlasten kann.

44. Zinsen und Rechtsverfolgungskosten. Die kommentierte Textstelle präzisiert unter Vorbehalt weitergehender, kraft Gesetzes eröffneter Ersatzansprüche die Höhe des Zinsschadens und regelt die Erstattung gerichtlicher und außergerichtlicher Rechtsverfolgungskosten. Anders als die §§ 91 ff. ZPO enthalten ausländische Rechtsordnungen überwiegend keine gesetzliche Verpflichtung, der obsiegenden Partei die im Rahmen der gerichtlichen Rechtsverfolgung anfallenden notwendigen Kosten umfassend zu erstatten (vgl. *Schütze,* Rechtsverfolgung im Ausland, 2. Auflage, 1998, 160f.). Andererseits wird weitgehend eine vertraglich begründete Erstattungspflicht – jedenfalls unter Kaufleuten – anerkannt. Dieser Situation trägt Art. 7.3 des Formularvertrages Rechnung und vermeidet damit müßige Auseinandersetzungen, ob die Kosten der Rechtsverfolgung auch ohne vertragliche Absicherung als vorhersehbarer Schaden des nicht rechtzeitig bezahlten Exporteurs ersatzfähig sind (vgl. *Staudinger/Magnus,* Wiener UN-Kaufrecht, Anm. 51f. zu Art. 74 sowie *Piltz,* Internationales Kaufrecht, § 5 Rdnr. 453).

Neben dem Anspruch auf Schadensersatz gewährt Art. 78 UN-Kaufrecht dem nicht rechtzeitig bezahlten Gläubiger einen Anspruch auf Zinsen. Der Zinsanspruch nach Art. 78 UN-Kaufrecht ist gegenüber dem Schadensersatzanspruch ein völlig eigenständiger Rechtsbehelf (*Staudinger/Magnus,* Wiener UN-Kaufrecht, Anm. 11 zu Art. 78). Hieraus folgt, dass der Gläubiger anders als im Falle des Schadensersatzes keinen Zinsschaden nachweisen muss und der Schuldner sich von der Zinszahlungspflicht nicht unter Berufung auf Art. 79 UN-Kaufrecht befreien kann. Art. 78 UN-Kaufrecht deckt jedoch nur Zinsen bis zur Höhe des gesetzlichen Zinssatzes der Rechtsordnung, die nach den Bestimmungen des Internationalen Privatrechts für die Rechtsfragen gilt, die – wie die Modalitäten der nach Art. 78 UN-Kaufrecht vorgesehenen Zinszahlung – von dem UN-Kaufrecht nicht geregelt sind (*OLG Hamm* IPRax 1996, 197f. und *OLG München* NJW-RR 1994, 1075f.; ausführlich *Staudinger/Magnus,* Wiener UN-Kaufrecht, Anm. 12ff. zu Art. 78). Darüber hinausgehenden Zinsschaden kann der Verkäufer als Schadensersatz nach Maßgabe des Art. 61 Abs. 1 Buchst. b UN-Kaufrecht verlangen (*OLG Frankfurt* NJW 1994, 1013f. sowie *LG Hamburg* EuZW 1991, 188ff.).

45. Akkreditiv. Das Akkreditiv ist die abstrakte Verpflichtung einer Bank, gegen Vorlage bestimmter Dokumente unter eigener Haftung die vereinbarte Zahlung an den Begünstigten zu leisten (näher hierzu *Schütze,* Das Dokumentenakkreditiv im Internationalen Handelsverkehr, 44ff.; *Häberle,* Handbuch der Außenhandelsfinanzierung, 371ff. und *Hoeren/Florian,* Rechtsfragen des internationalen Dokumentenakkreditivs und -inkassos, 21ff.). Die Bank übernimmt diese Zahlungsverpflichtung im Auftrag des Käufers und wird daher zur Eröffnung des Akkreditivs nur bereit sein, wenn der Käufer seinerseits der Bank Zahlungsmittel in entsprechendem Umfang zur Verfügung stellt oder über eine ausreichende Kreditlinie verfügt.

Die Zahlungszusage der Bank ist völlig abstrakt von dem Grundgeschäft (Kaufvertrag), so dass der Käufer abgesehen von Sondersituationen nicht etwa mangelhafte Erfüllung des Verkäufers vorbringen kann, um die Auszahlung des Akkreditivs zu unterbinden (zu den Rechtsschutzmöglichkeiten des Käufers vgl. *Schütze,* Das Dokumentenakkreditiv im Internationalen Handelsverkehr, 210ff.; *Hoeren/Florian,* Rechtsfragen des internationalen Dokumentenakkreditivs und -inkassos, 54ff. sowie *Shingleton/Wilmer* RIW 1991, 793ff.). Alleinige Voraussetzung für die Auszahlung des Akkreditivbetrages an den begünstigten Exporteur ist, dass dieser der Bank die in dem Akkreditiv vereinbarten Dokumente fristgerecht vorlegt. Oberstes Anliegen des Exporteurs muss es demzufolge sein, für die Auszahlung des Akkreditivs lediglich solche Dokumente vorzusehen, die er ohne weitere Mitwirkungsnotwendigkeiten des Käufers beschaffen kann. Unter dieser Voraussetzung bietet das Akkreditiv dem Exporteur ein hohes Maß an Sicherheit, den Akkreditivbetrag und damit die Bezahlung des Kaufpreises erlangen zu können. Der Käufer hingegen wird zur Wahrung seiner Interessen bestrebt sein, dass die von dem Exporteur der Bank vorzulegenden Dokumente ein Minimum an Leistungserfüllung des Exporteurs gewährleisten.

Sinn und Zweck des Akkreditives ist in erster Linie, den Zahlungsanspruch des Exporteurs unabhängig von der Zahlungsfähigkeit und Zahlungswilligkeit des Käufers abzusichern. Kommt die Eröffnung eines Akkreditives nicht in Betracht, sollte der Exporteur über andere Möglichkeiten der Absicherung des Kaufpreisanspruches nachdenken.

1. Exportvertrag (Maschine)

Neben den typischen Mitteln des Zahlungssicherung (Anm. 46) lässt sich die rechtliche Position des Exporteurs insbesondere auch durch eine entsprechende Vertragsgestaltung verfestigen. Der Formularvertrag geht von der Gestellung eines Akkreditives zugunsten des Verkäufers aus und ist daher nicht ohne weiteres auf Gestaltungen übertragbar, die keine gleichwertige Sicherung vorsehen (Anm. 2).

Sinn und Zweck des Akkreditives ist es weiterhin, die Zahlungsabwicklung festzulegen. Die Gestellung des Akkreditivs erfolgt erfüllungshalber und nicht an Erfüllung statt (*OLG Koblenz* RIW 1989, 815 ff. sowie *Zahn/Eberding/Ehrlich*, Zahlung und Zahlungssicherung im Außenhandel, 6. Auflage, 1986, Rdnr. 2/17), so dass der kaufvertragliche Anspruch des Exporteurs auf Zahlung des Kaufpreises erhalten bleibt, wenn das Akkreditiv nicht zur Auszahlung gelangt. Andererseits erlischt der Kaufpreisanspruch des Exporteurs, wenn er die Zahlung des Akkreditivbetrages erhält. Zudem verpflichtet die kaufvertraglich vereinbarte Akkreditivklausel den Exporteur, die Kaufpreiszahlung in erster Linie durch Benutzung des Akkreditivs hereinzuholen (*OLG Koblenz* RIW 1989, 815 ff.). Solange der Käufer nicht den ernsthaften Versuch gemacht hat, die Auszahlung des Akkreditivs zu erhalten, darf er den Käufer nicht unmittelbar auf Zahlung des Kaufpreises in Anspruch nehmen.

Anders als das Akkreditiv ist der insbesondere in den USA gebräuchliche Standby Letter of Credit lediglich ein Sicherungsmittel und erfüllt keine Zahlungsfunktion (*Berger* DZWir 1994, 508 f.). Nach dem US-amerikanischen Bankenrecht ist es den dortigen Banken nicht gestattet, Bürgschaften oder Garantien zu stellen, so dass auf die Akkreditivform ausgewichen wird (*Nielsen*, Neue Richtlinien für Dokumenten-Akkreditive, Rdnr. 3). Demgegenüber besteht zwischen dem Dokumentenakkreditiv („documentary credit") und dem Letter of Credit („L/C") kein wesenshafter Unterschied (*Schütze*, Das Dokumentenakkreditiv im Internationalen Handelsverkehr, 57 ff.).

46. Zahlungssicherung. Im Außenhandel werden namentlich die nachstehenden Formen der Zahlungsabwicklung und Zahlungssicherung praktiziert:

(1) Die für den Exporteur optimalste Situation ist gegeben, wenn der Käufer Vorauszahlung leistet. Da diese Gestaltung jedoch alle Risiken der ordnungsgemäßen Vertragsdurchführung allein dem Käufer auflädt, ist die Vorauszahlung des Käufers nur in besonderen Situationen durchsetzbar. Das Risiko des Käufers kann jedoch reduziert werden, wenn der Exporteur über eine Bank eine Liefer- oder Leistungsgarantie und ggf. zusätzlich eine Gewährleistungsgarantie (vgl. *Graf von Westphalen*, Rechtsprobleme der Exportfinanzierung, 3. Auflage, 1987, 309) stellt. Da die Bankgarantie grundsätzlich abstrakt, das heißt losgelöst von dem zugrundeliegenden Kaufvertrag zu sehen ist, erwächst für den Exporteur allerdings die Gefahr, dass der Käufer die Garantie in Anspruch nimmt, obwohl der Kaufvertrag – zumindest aus Sicht des Verkäufers – ordnungsgemäß erfüllt wurde (vgl. *Schütze*, Bankgarantien, 1994, 61 ff.).

(2) Anders als die Vorauszahlung ist die Honorierung des im Auftrag des Käufers von einer Bank gestellten Akkreditives (L/C) (Anm. 45 sowie Anm. 47 bis 54) davon abhängig, dass der Exporteur die vereinbarten Dokumente fristgerecht und ordnungsgemäß bei der das Akkreditiv auszahlenden Bank vorlegt. Über Absprachen zu Art und Ausgestaltung der vorzulegenden Dokumente kann der Käufer seine Interessen in gewissem Umfang absichern. Der Verkäufer andererseits, der die vorzulegenden Dokumente beschafft hat, kann seinen Zahlungsanspruch unabhängig von der Zahlungswilligkeit und Zahlungsfähigkeit des Käufers unmittelbar gegenüber der Bank geltend machen.

(3) Anstelle eines Akkreditivs wird namentlich aus Kostengründen auch das Dokumenteninkasso (D/P bzw. D/A) vereinbart (vgl. hierzu *Hoffman*, Einheitliche Richtlinien für Inkassi – Revision 1995 –, 1995; *Häberle*, Handbuch der Außenhandelsfinanzierung, 277 ff. und *Hoeren/Florian*, Rechtsfragen des internationalen Dokumentenakkreditivs und -inkassos, 57 ff.). Der Exporteur bringt die Ware zum Versand und beschafft die vereinbarten Dokumente, die er anschließend zusammen mit der Rechnung durch seine

Bank und in der Regel unter Einschaltung einer Korrespondenzbank dem Käufer zur Zahlung bzw. Akzeptleistung vorlegen lässt. Der Käufer erhält die Dokumente zwar nur gegen Zahlung bzw. Wechselakzept. Anders als bei dem Akkreditiv hat der Exporteur jedoch keine Sicherheit, dass die Bank zahlt, da die Bank nur leistet, wenn der Käufer die Dokumente auch tatsächlich aufnimmt. Die Zahlung des Kaufpreises ist daher – anders als beim Akkreditiv – letztlich von der Zahlungsfähigkeit und Zahlungswilligkeit des Käufers abhängig. Der Exporteur kann mit der Vereinbarung des Dokumenteninkassos lediglich sicherstellen, dass er ohne Zahlung des Käufers nicht das Verfügungsrecht über die Ware verliert. Dazu bedarf es jedoch umsichtiger Regelungen im Hinblick auf die Dokumente, die dem Käufer Zug um Zug gegen Zahlung angedient werden. Wenn diese, anders als etwa das Konnossement, der Ladeschein oder die FIATA combined transport bill of lading nicht Wertpapiere im engeren Sinne darstellen, erhält der Verkäufer ggf. nur eine zweifelhafte Sicherung, da die Weisungen des Verkäufers an das Beförderungsunternehmen, die Ware nur gegen Vorlage der Dokumente auszuhändigen, die wiederum der Käufer nur gegen Zahlung von der Bank erhält, zum Teil gegen zwingendes Frachtrecht verstoßen (vgl. *Koller* IPRax 1990, 301 ff.). Als Abhilfe empfiehlt sich, die zur Durchführung des Dokumenteninkassos eingeschaltete Korrespondenzbank als Empfängerin des Warentransports einzusetzen.

(4) Beauftragt der Exporteur den Frachtführer, die Lieferung gegen Nachnahme vorzunehmen (cash on delivery), steigt das Risiko des Verkäufers im Vergleich zu den vorstehend behandelten Gestaltungen weiter an. Der Exporteur hat keinerlei Sicherheit, dass der Käufer die Ware annimmt und bezahlt. Außerdem kann dem Empfänger aufgrund zwingenden Frachtrechts ein vorbehaltloser Herausgabeanspruch gegenüber dem Frachtführer zustehen. Gleichwohl ist die Lieferung gegen Nachnahme namentlich dann in Erwägung zu ziehen, wenn wegen kurzer Transportwege die Ware schneller an dem Bestimmungsort eintrifft als die Warenpapiere.

(5) Liefert der Exporteur gegen offene Rechnung (clean payment), hat er keinerlei Sicherheit, dass der Käufer zahlungswillig und zahlungsfähig ist. Demgegenüber erhält der Käufer die Ware zunächst ohne Gegenleistung und entscheidet in der Regel erst nach Untersuchung der Ware, ob und in welchem Umfang er Zahlung zu leisten bereit ist. Diese Risikozuordnung ändert sich auch nicht grundlegend, wenn der Verkäufer von dem Käufer einen Wechsel erhält, da der Exporteur keinerlei Sicherheit hat, dass der Wechsel bei Fälligkeit eingelöst wird. Zwar verbrieft der Wechsel einen abstrakten Zahlungsanspruch und eröffnet häufig den Zugang zu einem vereinfachten Verfahren zur Erlangung eines Vollstreckungstitels. Nach den Rechten mancher Länder stellt der protestierte Wechsel als solcher auch bereits einen Vollstreckungstitel dar, so dass es nicht einmal mehr eines gerichtlichen Erkenntnisverfahrens bedarf. Dem steht jedoch gegenüber, dass der Exporteur während der Laufzeit des Wechsels grundsätzlich gehindert ist, den Kaufpreisanspruch aus dem Exportvertrag gegen den Käufer geltend zu machen (LG Hamburg EuZW 1991, 188 ff.). Die Rechtsstellung des Exporteurs verbessert sich jedoch, wenn der Wechsel mit dem Aval einer Bank versehen ist.

(6) Als Alternative oder Ergänzung zu den vorstehenden Sicherungs-Varianten kommen insbesondere die von der Bundesrepublik Deutschland gewährten „HERMES-Deckungen" in Betracht (vgl. hierzu *Greuter*, Die staatliche Export Kreditversicherung, 6. Auflage, Köln 2000 und *Schallehn/Greuter/Kuhn*, Garantien und Bürgschaften der Bundesrepublik Deutschland zur Förderung der deutschen Ausfuhr, Köln, Loseblatt). Da wohl auch der Umfang der Sicherungswirkung des Akkreditivs zweifelhaft sein kann (*Graf von Westphalen*, Rechtsprobleme der Exportfinanzierung, 3. Auflage, 1987, 183 f.), ist für den vorliegenden Sachverhalt (Anm. 1) durchaus vorstellbar, dass der Exporteur zusätzlich den Schutz der HERMES-Kreditversicherung sucht. Hierzu bedarf es jedoch keiner Absprachen in dem Exportvertrag. Neben der staatlichen sogenannten HERMES-Deckung werden auch private Kreditversicherungen angeboten, die sich jedoch stets nur auf versicherungsmäßig kalkulierbare wirtschaftliche Risiken (Insolvenz, Bonität usw.)

1. Exportvertrag (Maschine)

beziehen, nicht hingegen politische Risiken wie namentlich Zahlungsverbote, Moratorien, Konvertierungs- und Transferverbote umfassen.

47. Akkreditiv-Eröffnung. Nach Art. 8.1 des Formularvertrages ist der Käufer verpflichtet, zugunsten des Exporteurs das vereinbarte Akkreditiv zu eröffnen. Die nähere Ausgestaltung des zu stellenden Akkreditivs beurteilt sich in erster Linie nach den hierzu von den Parteien in dem Kaufvertrag getroffenen Absprachen (Akkreditiv-Klausel). Da die das Akkreditiv stellende Bank im Auftrag des Käufers tätig wird, bietet die kaufvertragliche Akkreditiv-Klausel für den Verkäufer die einzige Gelegenheit, auf den Inhalt des Akkreditivs Einfluss zu nehmen (*Zahn/Eberding/Ehrlich*, Zahlung und Zahlungssicherung im Außenhandel, 6. Auflage, 1986, Rdnr. 2/18). Die bloße Absprache etwa, dass der Käufer ein Akkreditiv zu stellen habe, belässt dem Käufer einen weiten Ermessensspielraum im Hinblick auf die inhaltliche Abfassung des Akkreditivs und genügt daher in aller Regel nicht den Interessen des Exporteurs. Art. 8 des Formularvertrages trägt dieser Situation Rechnung und sieht folglich nähere Vorgaben für die Ausgestaltung des Akkreditivs vor.

Die Akkreditivsumme entspricht dem Kaufpreis (Anm. 36). Wenn – anders als für den Formularvertrag zugrundegelegt – der Akkreditivbetrag und/oder die Warenmenge noch nicht endgültig feststehen, ergeben sich die zulässigen Abweichungen aus Art. 39 Buchst. a und b ERA 500. Art. 6 Buchst. b ERA 500 entsprechend ist zudem festgehalten, dass das Akkreditiv unwiderruflich zu sein hat. Zwar ist die Bezeichnung als „irrevocable" nach Art. 6 Buchst. c ERA 500 nicht mehr zwingend erforderlich; zur Vermeidung jeder Zweifel empfiehlt sich jedoch eine klarstellende Aussage zu diesem für den Exporteur wichtigen Aspekt.

Um dem Exporteur eine Übertragung des Akkreditivs zu ermöglichen, muss die Bank das Akkreditiv ausdrücklich als „übertragbar" („transferable") bezeichnen. Ausdrücke wie „divisable", „fractionable", „assignable" oder „transmissable" gestatten dem Begünstigten nicht, das Akkreditiv zu übertragen, Art. 48 Buchst. b ERA 500. Die Übertragbarkeit eröffnet dem Exporteur die Möglichkeit, an seiner Stelle eine andere Vertragspartei einzusetzen, die gegen Vorlage ihrer eigenen Dokumente von der aus dem Akkreditiv verpflichteten Bank Zahlung verlangen kann (näher hierzu *Nielsen*, Neue Richtlinien für Dokumenten-Akkreditive, Rdnr. 301 ff. und *Schütze*, Das Dokumentenakkreditiv im Internationalen Handelsverkehr, 136 ff.). Dieses Charakteristikum unterscheidet die Übertragung des Akkreditivs von der bloßen Abtretung des Anspruchs auf Auszahlung der Akkreditivsumme, vgl. Art. 49 ERA 500.

Art. 40 Buchst. a ERA 500 lässt Teilverladungen bzw. Teilinanspruchnahmen des Akkreditivs zu, sofern das Akkreditiv nicht etwas anderes ausweist. Das Akkreditiv kann – für den zugrundegelegten Sachverhalt (vgl. Anm. 25) allerdings nicht einschlägig – auch vorsehen, dass der Akkreditivbetrag den zu unterschiedlichen Zeitpunkten erfolgenden Lieferungen entsprechend in Raten in Anspruch genommen werden kann. Für den Exporteur ist diese Gestaltung nicht ohne Risiko, da er das Recht zur weiteren Nutzung des Akkreditivs in vollem Umfang verliert, wenn er irgendeine Rate nicht innerhalb des für sie vorgeschriebenen Zeitraums in Anspruch genommen hat, Art. 41 ERA 500. Zur Vermeidung dieses Risikos sollte der Exporteur, der das Akkreditiv ratenweise nutzen möchte, die Anwendbarkeit des Art. 41 ERA 500 ausdrücklich ausschließen. Als – allerdings kostenträchtigere – Alternative bietet sich an, gesonderte Akkreditive für die einzelnen Teillieferungen vorzusehen.

Die Annahme des von der Bank gestellten Akkreditivs durch den begünstigten Exporteur erfolgt in der Regel stillschweigend (*Schütze*, Das Dokumentenakkreditiv im Internationalen Handelsverkehr, 112 f.). Der Exporteur sollte das ihm zugehende Akkreditiv umgehend sorgfältig daraufhin überprüfen, ob es vertragsgemäß aufgemacht und er in der Lage ist, die für die Auszahlung in dem Akkreditiv aufgestellten Bedingungen zu erfüllen. In diesem Zusammenhang sind insbesondere auch die Vorgaben der Art. 39 (Toleranzen bezüglich Akkreditivbetrag, Menge und Preis pro Einheit), Art. 46 (Erläuterung der Ausdrücke für Verladetermine) und Art. 47 (Zeit-Terminologie für Verladefristen) ERA 500 zu beachten. Wenn der Verkäufer das Akkreditiv nicht für vertragsgemäß hält und nicht bereit ist, die Abweichungen hinzunehmen, muss er den Käufer unverzüglich auffordern, das Akkreditiv entsprechend zu ändern (*Zahn/Eberding/Ehrlich*, Zahlung und Zahlungssicherung im Außenhandel, 6. Auflage, 1986, Rdnr. 2/18). Andernfalls riskiert der Exporteur die mit dem Akkreditiv bezweckte Zahlungssicherung. Auch muss der Exporteur nachdrücklich prüfen, ob die ihm von der Bank zugehende Nachricht tatsächlich eine eigene Zahlungsverpflichtung der Bank zum Ausdruck bringt oder ohne Übernahme einer Verbindlichkeit lediglich zur vorläufigen Unterrichtung erfolgt, vgl. Art. 12 ERA 500 (näher hierzu mit Mustern *Häberle*, Handbuch der Außenhandelsfinanzierung, 553 ff.).

48. Zahlstelle und bestätigtes Akkreditiv. Gewöhnlich wird der Käufer seine Hausbank beauftragen, das Akkreditiv zu eröffnen (issuing bank). Dem Exporteur ist jedoch daran gelegen, die Auszahlung des Akkreditivbetrages von einer inländischen, nach Möglichkeit in der örtlichen Umgebung des Verkäufers domizilierten Bank verlangen zu können. Auf diese Weise reduziert der Exporteur die Risiken der Verzögerung und des Verlustes, die bei einer Übersendung der Dokumente über weitere Strecken aufkommen können. Außerdem vermeidet der Exporteur Störungen der Auszahlung des Akkreditivs durch Devisenkontrollmaßnahmen, die im Land des Käufers bis zum Zeitpunkt der Zahlung verfügt werden könnten (*Zahn/Eberding/Ehrlich*, Zahlung und Zahlungssicherung im Außenhandel, 6. Auflage, 1986, Rdnr. 2/81). Schließlich hat die Eröffnung oder zumindest die Bestätigung durch eine – aus Sicht des Exporteurs – inländische Bank zur Folge, dass alle die Rechtsfragen, die nicht in den ERA 500 geregelt sind, vorbehaltlich einer anderslautenden ausdrücklichen oder stillschweigenden Rechtswahl nach der Rechtsordnung am Sitz der eröffnenden bzw. bestätigenden Bank, mithin nach deutschem Recht beurteilt werden (*Schütze*, Das Dokumentenakkreditiv im Internationalen Handelsverkehr, 191 f.) und ggf. erforderlich werdende gerichtliche Auseinandersetzungen im Inland durchgeführt werden können. Aus diesen Gründen sieht die kommentierte Textstelle vor, dass das Akkreditiv durch eine deutsche Bank am Sitz des Exporteurs entweder zu eröffnen oder zumindest zu bestätigen ist. Die Bestätigung begründet gegenüber dem Exporteur eine eigene Verbindlichkeit der bestätigenden Bank (confirming bank), Art. 9 Buchst. b, Art. 10 Buchst. d ERA 500.

Anders als die bestätigende Bank übernimmt die das Akkreditiv dem Begünstigten lediglich avisierende Bank (advising bank) keine primäre Leistungspflicht gegenüber dem Begünstigten, Art. 7, 9 Buchst. c Abs. 2 ERA 500. Für den Exporteur ist daher außerordentlich wichtig, das mitgeteilte Akkreditiv sorgfältig auch daraufhin zu überprüfen, ob die nach dem Vertrag vorgesehene Akkreditivbank tatsächlich eine eigene Zahlungsverpflichtung gegenüber dem Verkäufer übernimmt und nicht lediglich das Akkreditiv einer anderen Bank avisiert. Andernfalls hat der Exporteur diesen Umstand unverzüglich zu rügen.

Neben der issuing bank, der confirming bank und der advising bank kennen die ERA 500 zudem die Funktion der nominated bank. Die nominated bank ist bloße Zahlstelle ohne Übernahme einer eigenen Verpflichtung gegenüber dem Begünstigten, Art. 10 Buchst. c ERA 500 (näher hierzu *Schütze*, Das Dokumentenakkreditiv im Internationalen Handelsverkehr, 126 ff.). Nach Art. 10 Buchst. b ERA 500 muss namentlich das bestätigte Akkreditiv auch die „nominated bank" ausweisen. In dem kommentierten Formulartext ist durch die Worte „available with" sichergestellt, dass die Zahlstelle sich bei der Bank befindet, die dem Begünstigten gegenüber sei es als issuing bank oder sei es als confirming bank die eigene Zahlungsverpflichtung übernimmt.

49. Verfallfristen. Jedes Akkreditiv muss grundsätzlich ein Verfalldatum („expiry date") ausweisen, Art. 42 Buchst. a ERA 500. Ohne ein solches Datum ist das Akkredi-

1. Exportvertrag (Maschine)

tiv nichtig (*Nielsen*, Neue Richtlinien für Dokumenten-Akkreditive, Rdnr. 283; vgl. auch *Zahn/Eberding/Ehrlich*, Zahlung und Zahlungssicherung im Außenhandel, Rdnr. 2/62). Das Verfalldatum ist der letzte Tag, an dem der Begünstigte das Akkreditiv benutzen kann. Art. 42 Buchst. a ERA 500 schreibt ferner vor, dass das Akkreditiv auch den Ort für die Dokumentenvorlage anzugeben hat. Sofern diese Angabe nicht schon in der Bezeichnung der Zahlstelle (Anm. 48) gesehen wird, dürfte das Unterlassen einer expliziten Bezeichnung des Ortes für die Dokumentenvorlage gleichwohl unschädlich sein, da eine fristwahrende Dokumenteneinreichung immer bei der Stelle erfolgen kann, bei der das Akkreditiv benutzbar gestellt ist (*Nielsen*, Neue Richtlinien für Dokumenten-Akkreditive, Rdnr. 283).

Der begünstigte Exporteur kann das Akkreditiv nur in Anspruch nehmen, wenn er die Dokumente fristgerecht, das heißt am Tage des oder vor dem Verfalldatum, vgl. Art. 44 ERA 500, bei der Bank einreicht. Aus diesem Grund muss der Exporteur auf eine ausreichende Bemessung der Gültigkeitsdauer des Akkreditivs bedacht sein. Hierbei sollte der Verkäufer zum einen den Zeitraum berücksichtigen, dessen es bedarf, um die der Bank vorzulegenden Unterlagen zu beschaffen. Zum anderen sollte der Verkäufer in gewissem Umfang einkalkulieren, dass sich die Lieferung verzögern kann und er die für die Inanspruchnahme des Akkreditivs erforderlichen Dokumente daher erst später erhält. Schließlich ist denkbar, dass die Bank die von dem Verkäufer eingereichten Dokumente für nicht akkreditivgerecht erachtet. Da die Bank nicht berechtigt ist, dem Exporteur eine das Verfalldatum des Akkreditivs überschreitende Nachfrist einzuräumen (*Zahn/Eberding/Ehrlich*, Zahlung und Zahlungssicherung im Außenhandel, Rdnr. 2/64), sollte der Exporteur in diesem Fall noch über eine angemessene Zeitspanne verfügen, um vor Ablauf der Verfallfrist die Dokumente in akkreditivgerechter Aufmachung besorgen zu können.

Von dem Verfalldatum nach Art. 42 ERA 500 ist die Präsentationsfrist des Art. 43 ERA 500 zu unterscheiden. Die Präsentationsfrist bezeichnet den Zeitraum, innerhalb dessen Dauer der Verkäufer vereinbarte Transportdokumente nach dem Zeitpunkt der Verladung (nicht: nach dem Ausstellungsdatum des Transportdokumentes) bei der Bank vorzulegen hat. Sinn und Zweck der zusätzlichen Präsentationsfrist ist es, eine zügige Einreichung und Weiterleitung der Transportdokumente zu gewährleisten, damit nicht die Ware längst an dem Bestimmungsort eingetroffen ist, der Käufer sie dort aber wegen Nichtvorhandensein der Dokumente nicht in Empfang nehmen kann. Die Präsentationsfrist gilt auch für solche Transportdokumente, die nicht die Ware repräsentieren (*Nielsen*, Neue Richtlinien für Dokumenten-Akkreditive, Rdnr. 288). In dem Formular ist keine Präsentationsfrist vorgesehen. Nach Art. 43 Buchst. a Satz 2 und 3 ERA 500 akzeptiert die Bank die Transportdokumente daher nur, wenn sie ihr bis spätestens 21 Tage nach dem Verladedatum vorgelegt werden und die Verfallfrist des Akkreditivs noch nicht überschritten ist.

Neben der Verfallfrist und der Präsentationsfrist kennt das Akkreditivrecht des weiteren noch die Verladefrist („period for shipment"). Die Verladefrist besagt, bis zu welchem Tag die Ware im Sinne des Art. 46 ERA 500 verladen sein muss. Nähere Vorgaben für die Auslegung von Zeitbestimmungen enthalten Art. 46 Buchst. b und c und Art. 47 ERA 500. Das Formular sieht keine Verladefrist vor.

50. Nutzbarkeit des Akkreditivs. Das Akkreditiv muss eindeutig angeben, auf welche Art und Weise der begünstigte Exporteur das Akkreditiv nutzen kann, Art. 10 Buchst. a ERA 500. In dem Formular ist die Nutzung durch Sichtzahlung („sight payment") vorgesehen. Die Sichtzahlung entspricht der überwiegend praktizierten Abwicklungsform und besagt, dass die Bank Zug um Zug gegen die Aufnahme der Dokumente, das heißt nach positiver Prüfung der von dem Exporteur eingereichten Dokumente zugunsten des Exporteurs einen Kontoübertrag im bargeldlosen Zahlungsverkehr vornimmt (*Zahn/Eberding/Ehrlich*, Zahlung und Zahlungssicherung im Außenhandel, Rdnr. 2/106). Als alternative Nutzungsmöglichkeiten des Akkreditivs kommen in Betracht die hinausgeschobene Zahlung (deferred payment), die Akzeptleistung (acceptance of drafts) und die Negoziierung (negotiation of drafts), vgl. Art. 9 und 10 ERA 500.

51. Vorzulegende Dokumente. Das Akkreditivgeschäft befasst sich nur mit Dokumenten, nicht jedoch mit den Leistungen, auf die sich die Dokumente beziehen, Art. 4 ERA 500. Zudem ist das Akkreditiv von dem zugrundeliegenden Kausalgeschäft (Kaufvertrag) völlig abstrakt, Art. 3 ERA 500. Demzufolge sieht Art. 5 Buchst. b ERA 500 vor, dass das Akkreditiv genau die Dokumente zu bezeichnen hat, gegen deren Vorlage die Zahlung an den Begünstigten erfolgt. Der Verkäufer muss dafür Sorge tragen, dass die Auszahlung des Akkreditivs nur von solchen Dokumenten abhängig gemacht wird, die er bei Durchführung des Kaufvertrages ohne weitere Mitwirkungsnotwendigkeiten des Käufers beschaffen kann. Andernfalls riskiert der Exporteur die mit dem Akkreditiv verbundene Zahlungssicherungsfunktion (vgl. Anm. 45 und 5). Der Käufer andererseits wird darauf bedacht sein, über die Art der von dem Verkäufer vorzulegenden Dokumente ein gewisses Maß an Sicherheit dafür zu erlangen, dass der Verkäufer den Kaufvertrag ordnungsgemäß erfüllt hat.

Im Vordergrund stehen die klassischen Dokumente des internationalen Handels, nämlich die Transportdokumente, Art. 23 bis 33 ERA 500, die Versicherungsdokumente, Art. 34 bis 36 ERA 500, und die Handelsrechnung, Art. 37 ERA 500, sowie die Gewichtsbescheinigung, Art. 38 ERA 500. Für diese Dokumente sehen die ERA 500 im einzelnen deren Aufmachung vor, so dass eigentlich nur der Typ des gewünschten Dokumentes bezeichnet werden muss und Sonderweisungen nur dann erforderlich sind, wenn von dem Anforderungskatalog der ERA 500 abgewichen werden soll. Daneben steht die Gruppe der sonstigen Dokumente, für die die ERA 500 wegen deren Vielgestaltigkeit keine weiteren Anforderungen vorsehen. Wenn die Bank diese Dokumente nicht so aufnehmen soll, wie sie präsentiert werden, bedarf es daher besonderer Weisungen, Art. 21 ERA 500 (*Nielsen*, Neue Richtlinien für Dokumenten-Akkreditive, Rdnr. 142 ff.).

Der in Art. 2.2 des Formularvertrages vereinbarten Lieferklausel „FCA seaport Hamburg FCL" (Anm. 18) Rechnung tragend sieht Art. 8.2 vor, dass der Exporteur zur Inanspruchnahme des Akkreditivs u. a. das Terminal- oder Interchange-Receipt vorzulegen hat. Dieses Dokument wird dem Verkäufer gegen die Übergabe der Container an den im Auftrag des Seefrachtführers tätigen Terminalbetrieb ausgehändigt. Zur Wahrung der Interessen des Käufers ist zudem vereinbart, dass das Terminal- oder Interchange-Receipt die Übergabe der Container an dem Abladeort Hamburg zur Beförderung an den vorgesehenen Bestimmungshafen ausweisen muss. Üblich ist zudem die Vorgabe der in dem Akkreditiv zu verlautbarenden allgemeinen Bezeichnung der Vertragsprodukte. Nähere technische Einzelheiten sind jedoch zu vermeiden, da andernfalls leicht Missverständnisse und Verzögerungen entstehen können (*Zahn/Eberding/Ehrlich*, Zahlung und Zahlungssicherung im Außenhandel, Rdnr. 2/41) und die mit der Akkreditivabwicklung befassten Banken ohnehin nur die Vollzähligkeit der Dokumente hinsichtlich ihrer Art und Anzahl und die Übereinstimmung der Dokumente mit den Akkreditivbedingungen ihrer äußeren Aufmachung nach überprüfen, Art. 13 ERA 500. Möchte der Käufer ein größeres Maß an Gewissheit im Hinblick auf die vertragsgemäße Art, Menge und Qualität der von dem Exporteur zu liefernden Ware, sollten die Parteien sich statt dessen auf die Gestellung zusätzlicher Dokumente verständigen. Als solche kommen etwa Abnahmebescheinigungen einer Warenprüfstelle, Inspektionszertifikate sachverständiger Dritter oder sonstige Dokumente in Betracht, die gezielt die von dem Käufer gewünschten Aspekte ausweisen.

Die Bank ist verpflichtet, die Vereinbarkeit der vorgelegten Dokumente mit den Bedingungen des Akkreditivs zu überprüfen. Diese Kontrolle beschränkt sich jedoch auf die Vollzähligkeit und die äußere Aufmachung der Dokumente, Art. 13 ERA 500. Auch dürfen die Dokumente sich nicht untereinander widersprechen. Für sonstige Mängel der

1. Exportvertrag (Maschine)

Dokumente wie etwa für Form, Vollständigkeit, Echtheit und Rechtswirksamkeit usw. übernimmt die Bank hingegen keine Verantwortung, Art. 15 ERA 500. Für die Prüfung gilt der Grundsatz der Dokumentenstrenge (*Nielsen*, Neue Richtlinien für Dokumenten-Akkreditive, Rdnr. 86 ff.). Da die Bank sich lediglich mit Dokumenten befasst, Art. 4 ERA 500, und nicht beurteilen kann, welche Folgen eine Abweichung von dem Akkreditivauftrag für den Käufer haben kann, orientiert sich die Bank an den Buchstaben des Akkreditivs (zur Auslegung des Akkreditivs vgl. *BGH DZWir* 1994, 506 ff.). Selbst Schreibfehler, unrichtige Groß- und Kleinschreibungen oder fehlerhafte Zeichensetzungen können von Bedeutung sein (*Nielsen*, Neue Richtlinien für Dokumenten-Akkreditive, Rdnr. 91). Für den Exporteur erwächst hieraus die Obliegenheit, mit besonderer Sorgfalt darauf zu achten, dass die zu erstellenden Dokumente exakt den Bedingungen des Akkreditivs entsprechend aufgemacht werden.

Wenn die Bank die Aufnahme der Dokumente als nicht akkreditivgerecht ablehnt, ist sie verpflichtet, dies unverzüglich an den Begünstigten unter vollständiger Aufzählung aller Unstimmigkeiten mitzuteilen, Art. 14 Buchst. d ERA 500. Ein Nachschieben von Gründen ist unzulässig (*Nielsen*, Neue Richtlinien für Dokumenten-Akkreditive, Rdnr. 101). Wenn der Exporteur keine Möglichkeit hat, vor Ablauf der Verfallfrist (Anm. 49) akkreditivgerechte Dokumente zu beschaffen, verliert er in aller Regel den Zahlungsanspruch aus dem Akkreditiv. Zur Abwendung dieses Ergebnisses kommt in Betracht, dass der begünstigte Verkäufer der Bank eine Bankgarantie für die Aufnahme nicht akkreditivgerechter Dokumente stellt (*Schütze*, Das Dokumentenakkreditiv im Internationalen Handelsverkehr, 177 f.). Unter Umständen ist die Bank auch bereit, den Akkreditivbetrag unter Vorbehalt an den Begünstigten auszuzahlen (*Nielsen*, Neue Richtlinien für Dokumenten-Akkreditive, Rdnr. 116). Schließlich besteht die Möglichkeit, dass die das Akkreditiv eröffnende Bank sich wegen eines Verzichts auf die Geltendmachung der Unstimmigkeiten an den Auftraggeber (Käufer) wendet, Art. 14 Buchst. c ERA 500. Die Rückfrage bei dem Akkreditiv-Auftraggeber (Käufer) verlängert jedoch nicht die Bearbeitungsfrist des Art. 13 Buchst. b ERA 500, so dass die Bank auf jeden Fall innerhalb von 7 Bank-Arbeitstagen entscheiden muss, ob sie die Dokumente aufnimmt oder nicht.

52. Handelsrechnung und Packliste. Nähere Vorgaben für die von dem Exporteur vorzulegende Handelsrechnung („commercial invoice") enthält Art. 37 ERA. Nach Art. 37 Buchst. a Abs. 3 ERA muss die Handelsrechnung vorbehaltlich anderslautender Vorgaben im Akkreditiv nicht unterzeichnet sein. Diese Regelung entspricht der modernen Praxis (*Nielsen*, Neue Richtlinien für Dokumenten-Akkreditive, Rdnr. 269). Andererseits muss zumindest aus dem Briefkopf hervorgehen, dass die Rechnung von dem Exporteur ausgestellt wurde, Art. 37 Buchst. a Abs. 1 ERA, und auf den Namen des Käufers lauten, Art. 37 Buchst. a Abs. 2 ERA 500.

Die für die Inanspruchnahme des Akkreditivs vorzulegende Rechnung stellt lediglich die Behauptung des Exporteurs dar, die berechnete Ware versandt zu haben (*Zahn/Eberding/Ehrlich*, Zahlung und Zahlungssicherung im Außenhandel, Rdnr. 2/40). Eine detaillierte Aufgliederung der zur Versendung gebrachten Ware ergibt sich aus der des weiteren vorgesehenen Packliste („packing list"). Für letztere gilt nach Art. 21 ERA 500, dass die Bank die Packliste vorbehaltlich besonderer Vorgaben in dem Akkreditiv so akzeptiert, wie sie von dem Exporteur vorgelegt wird. Die Bank ist lediglich verpflichtet, die Packliste auf Widersprüchlichkeiten zu den anderen Dokumenten zu überprüfen, Art. 21 Satz 2 ERA 500.

53. Transportdokument. Nach Art. 2.2 Satz 2 des Formularvertrages ist der Exporteur unter bestimmten Umständen berechtigt, selbst den Vertrag über den Haupttransport abzuschließen (Anm. 21). Für diesen Fall sieht Art. 8.2 letzter Satz des Formularvertrages vor, dass der Verkäufer zur Inanspruchnahme des Akkreditivs anstelle des Terminal oder Interchange-Receipt auch ein Seekonnossement (ocean bill of lading) einreichen kann. Nähere Vorgaben für die Aufmachung dieses Dokuments enthalten die

Art. 23, 31, 32, 33 und 20 ERA 500. Nach Art. 33 Buchst. a ERA 500 nehmen die Banken vorbehaltlich anderslautender Weisung insbesondere auch Transportdokumente an, die den Vermerk enthalten, dass die Fracht- und Transportkosten noch zu zahlen sind. Anders ist es hingegen, wenn auf den Transportdokumenten ein mangelhafter Zustand der Ware und/oder der Verpackung vermerkt ist, Art. 32 ERA 500. Soweit diese Anforderungen nicht den Vorstellungen der Parteien des Kaufvertrages entsprechen, können sie auch abweichende Regelungen vorsehen. Im Interesse des Exporteurs sollten diese dann jedoch bereits in der Akkreditiv-Klausel des Art. 8 des Formularvertrages verankert werden.

54. Einheitliche Richtlinien und Gebräuche für Dokumentenakkreditive. Das grenzüberschreitende Akkreditivgeschäft verlangt im besonderen Maße nach einheitsrechtlichen Bestimmungen, die die Rechte und Pflichten der an der Akkreditivabwicklung beteiligten Parteien unabhängig von kollisionsrechtlichen Konstruktionen und unabhängig von nationalen Eigenheiten regeln. Dieser Zielsetzung dienen die Einheitlichen Richtlinien und Gebräuche für Dokumenten-Akkreditive (ERA) (Uniform Customs and Practice of Documentary Credits (UCP)), die im April 1993 von der Internationalen Handelskammer (ICC) in der fünften Revision verabschiedet wurden. Die neue Fassung ist am 1. 1. 1994 in Kraft getreten. Nach ihrer Veröffentlichung in der ICC-Publikation Nr. 500 werden die Einheitlichen Richtlinien und Gebräuche für Dokumenten-Akkreditive in der seit dem 1. 1. 1994 geltenden Version als ERA 500 bzw. UCP 500 bezeichnet.

Je nach Standpunkt werden die ERA als Gewohnheitsrecht oder als AGB klassifiziert (*Nielsen*, Neue Richtlinien für Dokumenten-Akkreditive, 15 ff.) oder als Normengefüge eigener Art aufgefasst (*Schütze*, Das Dokumentenakkreditiv im Internationalen Handelsverkehr, 55 f.). In der Praxis wird die Maßgeblichkeit der ERA für die Abwicklung von Akkreditiven ganz überwiegend ausdrücklich vereinbart. Die kommentierte Textstelle sieht demzufolge vor, dass das Akkreditiv auf der Basis der ERA 500 zu stellen ist.

55. Transportversicherung. Nach der in dem Formularvertrag vereinbarten Liefermodalität FCA ist der Exporteur nicht verpflichtet, den Haupttransport der Ware zu versichern (Anm. 20 (3) und Anm. 30). Anders als nach Art. 67 UN-Kaufrecht (vgl. insbesondere *Staudinger/Magnus*, Wiener UN-Kaufrecht, Anm. 12 zu Art. 67) geht nach der INCOTERM FCA die Gefahr jedoch erst auf den Käufer über, wenn der Exporteur die Ware nach Maßgabe des Art. 2.2 des Formularvertrages an den Beförderer des Haupttransportes übergeben hat (Anm. 30). Während der Beförderung der Ware von der Niederlassung des Verkäufers zu dem Verschiffungshafen (vgl. Anm. 18) trägt folglich der Exporteur das Transportrisiko und wird daher schon aus eigenem Interesse eine angemessene Versicherung der Ware bis zum Vollzug der Lieferung anstreben.

Bei dieser Rechtslage liegt es an sich nahe – und wird zuweilen auch so praktiziert –, dass der Exporteur das Transportrisiko bis zu dem Lieferort und der Käufer das Transportrisiko ab dem Lieferort versichert (gebrochene Versicherung). Im Schadensfall ist es dann erforderlich genau nachzuweisen, auf welchem Teil des Transportes der Schaden verursacht wurde. Dieser Nachweis kann namentlich Schwierigkeiten bereiten, wenn wie typischerweise im Containerverkehr die Ware bei Übergabe an den Seefrachtführer oder den für ihn handelnden Betreiber eines Containerterminals nicht weiter untersucht wird. Aus diesem Grund sind insbesondere im Containerverkehr gebrochene Versicherungen zu vermeiden und ist statt dessen eine durchgehende Versicherung ab Beginn des Gesamttransportes bis zum Eintreffen der Ware an der Niederlassung des Käufers zweckmäßiger (vgl. *Bredow/Seiffert*, INCOTERMS 2000, 36).

Dieser Situation trägt Art. 9 Abs. 1 des Formularvertrages Rechnung und verpflichtet den Käufer als die Partei, die für den Haupttransport verantwortlich ist, ungeachtet des erst am Lieferort eintretenden Gefahrübergangs Versicherungsschutz für die gesamte Transportstrecke, d.h. „von Haus zu Haus" zu besorgen. Danach ist die Ware von dem

Zeitpunkt an, zu dem sie die Lagerstelle des Exporteurs verlässt, bis zu ihrem Eintreffen an der Lagerstelle des in der Versicherungspolice bezeichneten Bestimmungsortes versichert (näher hierzu *Schmitthoff,* Schmitthoff's Export Trade, 514ff.). Mit dieser vertraglichen Vereinbarung der Parteien korrespondiert die Bestimmung in Art. 11 Abs. 4 des Formularvertrages (Anm. 66).

56. Abnahme. Nach B.4 der Erläuterungen zu den INCOTERMS (abgedruckt bei *Bredow/Seiffert,* INCOTERMS 2000) ist der Käufer verpflichtet, die Ware abzunehmen. Gleiches gilt nach Art. 60 UN-Kaufrecht. Die Abnahme ist das Gegenstück zu der Lieferung des Exporteurs und verpflichtet den Käufer nicht nur, die Ware tatsächlich zu übernehmen, Art. 60 Buchst. b UN-Kaufrecht, sondern auch alle Handlungen vorzunehmen, damit der Exporteur vertragsgemäß liefern kann, Art. 60 Buchst. a UN-Kaufrecht. Welche Maßnahmen der Käufer danach zu treffen hat, ergibt sich insbesondere aus den jeweiligen Liefermodalitäten. Nach der in Art. 2.2 des Formularvertrages vereinbarten FCA-Klausel ist der Käufer – wenn nicht der Exporteur den Haupttransport besorgt (Anm. 21) – insbesondere verpflichtet, dem Exporteur den Namen des Frachtführers und – soweit erforderlich – weitere Einzelheiten zu Zeit und Ort der Übergabe an den Frachtführer bzw. den für ihn handelnden Betreiber eines Containerterminals mitzuteilen (Anm. 20 (7)).

Abnahme der Ware im Sinne des UN-Kaufrechts bedeutet nicht, dass der Käufer die gelieferte Ware als vertragsgemäß akzeptiert (*Staudinger/Magnus,* Wiener UN-Kaufrecht, Anm. 8 zu Art. 60). Daher verletzt der Käufer eine ihn treffende Vertragspflicht, wenn er die Ware nicht abnimmt, es sei denn, dass er ausnahmsweise berechtigt ist, die Abnahme zu verweigern (vgl. hierzu *Piltz,* Internationales Kaufrecht, § 4 Rdnr. 165ff.).

57. Sonstige Käuferpflichten. Art. 9.2. 2. Halbsatz des Formularvertrages verpflichtet den Käufer, alle ihm kraft Vertrages bzw. kraft Gesetzes auferlegten Pflichten zu erfüllen. Sinn und Zweck dieser Aussage ist es klarzustellen, dass die Art. 6–9 des Formularvertrages die Käuferpflichten nicht erschöpfend ausweisen, sondern Pflichten, die an anderen Stellen ausgewiesen sind, fortbestehen. So ergeben sich namentlich aufgrund der in Art. 2.2. des Formulars vereinbarten Lieferklausel „FCA" weitere Pflichten des Käufers, die in den Erläuterungen der ICC zu der FCA-Klausel (abgedruckt bei *Bredow/Seiffert,* INCOTERMS 2000, 148ff.) niedergelegt sind (vgl. Anm. 20). Auch das UN-Kaufrecht sieht weitere Pflichten des Käufers vor, die in dem Formularvertrag nicht explizit angesprochen sind. Hierzu zählen etwa die Pflicht des Käufers zur Vorbereitung und Gewährleistung der Zahlung nach Art. 54 UN-Kaufrecht (vgl. *Herber/Czerwenka,* Internationales Kaufrecht, Anm. 3 zu Art. 54) sowie die Pflicht zur Mitteilung leistungshindernder Umstände nach Art. 79 Abs. 4 UN-Kaufrecht (vgl. *Piltz,* Internationales Kaufrecht, § 4 Rdnr. 237ff.; zu der Parallelpflicht des Verkäufers vgl. Anm. 27). Ferner ist der Käufer nach Art. 65 Abs. 1 UN-Kaufrecht gehalten, die von dem Verkäufer zu liefernde Ware zu spezifizieren, wenn dem Käufer die nähere Bestimmung vertraglich vorbehalten ist (Anm. 12). Desweiteren verpflichtet Art. 86 UN-Kaufrecht den Käufer, sich um die Erhaltung der Ware auch dann zu kümmern, wenn er sie nicht annehmen, sondern zurückweisen will.

58. Aufrechnungsausschluss. Die in Art. 8 des Formularvertrages vereinbarte Pflicht des Käufers zur Gestellung eines unwiderruflichen Dokumentenakkreditivs beinhaltet einen stillschweigenden Aufrechnungsausschluss (*Zahn/Eberding/Ehrlich,* Zahlung und Zahlungssicherung im Außenhandel, Rdnr. 2/20). Dieser Aufrechnungsausschluss gilt über die Verfallfrist (Anm. 49) des Akkreditivs hinaus jedenfalls dann fort, wenn die Gründe für die Nichtinanspruchnahme des Akkreditivs überwiegend in dem Verantwortungsbereich des Käufers liegen (*BGH* NJW 1973, 899ff.). Dagegen hat die Rechtsprechung bislang nur ansatzweise entschieden, ob der Aufrechnungsausschluss auch dann fortwirkt, wenn der Exporteur aus sonstigen Gründen nicht in der Lage ist, das Akkreditiv innerhalb der vorgesehenen Verfallfrist in Anspruch zu nehmen (vgl. *OLG Düssel-*

dorf DB 1973, 2294). Für den Exporteur kann diese Fragestellung namentlich dann von Bedeutung werden, wenn er zwar die verkaufte Ware vereinbarungsgemäß geliefert hat, die von ihm vorgelegten Dokumente von der Bank jedoch gleichwohl nicht aufgenommen werden, weil die Bank formale Unstimmigkeiten rügt. Um jegliche Zweifel auszuschließen und zugleich auf Gebräuche oder Gepflogenheiten, vgl. Art. 9 UN-Kaufrecht, gestützte Argumentationen des Käufers auszuschließen, sieht Art. 10.1 des Formularvertrages ausdrücklich einen Aufrechnungsausschluss vor.

Weder die INCOTERMS noch das UN-Kaufrecht regeln die Aufrechnung (*OLG Stuttgart* IPRax 1996, 139 f. sowie *Piltz,* Internationales Kaufrecht, § 2 Rdnr. 148). Die Voraussetzungen und Folgen der Aufrechnung beurteilen sich vielmehr nach der Rechtsordnung, die nach den Bestimmungen des anzuwendenden internationalen Privatrechts für die Hauptforderung gilt, gegen die die Aufrechnung erklärt wird (*Kropholler,* Internationales Privatrecht, 426 ff. sowie *BGH* NJW 1994, 1413 ff., 1416). Aufgrund der Rechtswahlklausel in Art. 22 Abs. 2 des Formularvertrages gilt für die Voraussetzungen und die Folgen der Aufrechnung demzufolge deutsches Recht, mithin §§ 387 ff. BGB. Danach kann dem Käufer aufgrund einer vertraglichen Vereinbarung die Befugnis zur Aufrechnung genommen werden. Die kommentierte Textstelle ist zudem in Orientierung an § 11 Nr. 3 AGBG formuliert, um keine Zweifel über den Wirkungsumfang des Aufrechnungsausschlusses aufkommen zu lassen (vgl. *Ulmer/Brandner/Hensen,* AGB-Gesetz, 7. Auflage, Anm. 12 zu § 11 Nr. 3 AGBG).

Wenn die Parteien abweichend von Art. 22.2 des Formularvertrages für die nicht von dem UN-Kaufrecht erfassten Rechtsfragen die Maßgeblichkeit einer anderen als der deutschen Rechtsordnung vorsehen, bedarf es in jedem Einzelfall sorgfältiger Prüfung, ob und in welchem Umfang ein Aufrechnungsausschluss möglich ist. Die ausländischen Rechtsordnungen zur Aufrechnung getroffenen Regelungen unterscheiden sich zum Teil deutlich von den Bestimmungen der §§ 387 ff. BGB (rechtsvergleichend *Neate,* Using Set-Off as Security, London 1990). Besonders restriktiv sind etwa die Möglichkeiten der Aufrechnung nach italienischem (*Kindler,* Einführung in das italienische Recht, München 1993, § 14 RdNr. 15 ff.) und argentinischem Recht.

59. Einredenausschluss. Während in Art. 5 des Formularvertrages das gesetzliche Recht des Verkäufers zur Zurückhaltung nach Art. 71 UN-Kaufrecht tendenziell im Interesse des Exporteurs erweitert wird (Anm. 35), zielt Art. 10.2 des Formulars auf eine Einschränkung des dem Käufer kraft Gesetzes zustehenden Rechtes, die Zahlung des Kaufpreises zurückzuhalten. Da der Zahlungsanspruch des Exporteurs durch ein Akkreditiv gesichert ist (Anm. 2 und 45) und die Lieferfrist erst nach Bestätigung des Akkreditivs anläuft (Anm. 25), wird das gesetzliche Recht des Käufers, die Zahlung des Kaufpreises zurückzuhalten, nur bedeutsam, wenn der Exporteur liefert, obwohl das Akkreditiv nicht gestellt wurde, oder die Bank die Honorierung des Akkreditivs etwa wegen nicht akkreditivgerechter Dokumente ablehnt. Da diese Situationen in der Praxis jedoch immer wieder eintreten, sollte der Exporteur das gesetzliche Zurückhalterecht des Käufers vorsorglich einschränken.

Gegenüber dem gesetzlichen Leitbild des Art. 71 UN-Kaufrecht verschärft 10.2 des Formularvertrages die Voraussetzungen, unter denen der Käufer berechtigt ist, die Zahlung des Kaufpreises zurückzuhalten. So setzt Art. 10.2 des Formulars zunächst voraus, dass der Käufer vor Ausübung des Zurückhalterechtes den Exporteur schriftlich abzumahnen hat. Darüberhinaus eröffnet 10.2 des Formularvertrages dem Käufer ein Zurückhalterecht nur für den Fall, dass der Verkäufer die ihm obliegenden Pflichten zur Lieferung und Eigentumsverschaffung wesentlich verletzt. Die demgegenüber nach Art. 71 UN-Kaufrecht genügende Nichterfüllung eines wesentlichen Teils der Pflichten ist nicht identisch mit der wesentlichen Vertragsverletzung, wie sie in Art. 10.2 des Formularvertrages vorausgesetzt wird (vgl. *Schlechtriem/Leser,* Kommentar zum Einheitlichen UN-Kaufrecht, Anm. 8 zu Art. 71). Auch reicht für Art. 71 UN-Kaufrecht aus, dass bei objektiver Beurteilung die Prognose gerechtfertigt ist, der Verkäufer werde mit beträchtlicher Wahrscheinlichkeit einen wesentlichen Teil seiner Pflichten nicht vertragsgerecht nachkommen (*Piltz*, Internationales Kaufrecht, § 4 Rdnr. 249 ff.), während Art. 10.2 des Formularvertrages davon ausgeht, dass die Pflichtverletzung bereits erfolgt ist. Schließlich ist die Ausübung des Zurückhalterechts des Käufers nach Art. 10.2 des Formulars davon abhängig gemacht, dass der Verkäufer nicht eine angemessene Sicherheit angeboten hat, während nach Art. 71 Abs. 3 zweiter Halbsatz UN-Kaufrecht der Verkäufer lediglich berechtigt ist, das bereits ausgeübte Zurückhalterecht des Käufers im nachhinein durch eine ausreichende Gewähr abzuwenden.

60. Vertragsgemäßheit der Ware. Anders als das Recht des BGB/HGB ist für das UN-Kaufrecht der sogenannte einheitliche Begriff der Leistungsstörung prägend (*Karollus*, UN-Kaufrecht, 1991, 90 f.). Das UN-Kaufrecht differenziert nicht nach verschiedenen Arten der Leistungsstörungen, sondern sieht statt dessen den einheitlichen Tatbestand der Vertragsverletzung vor, wenn der Verkäufer eine ihm obliegende Primärpflicht nicht ordnungsgemäß erfüllt, vgl. Art. 45 UN-Kaufrecht. Anders als nach BGB/HGB bedarf es daher nicht der Abgrenzung unterschiedlicher Arten der Leistungsstörung und auch nicht der Beachtung der je nach Art der Leistungsstörung unterschiedlichen Anspruchsvoraussetzungen. Auch bei Lieferung vertragswidriger Ware gelten grundsätzlich die für den Fall der Vertragsverletzung durch den Verkäufer allgemein vorgesehenen Rechtsbehelfe (näher hierzu *Schlechtriem/Huber*, Kommentar zum Einheitlichen UN-Kaufrecht, Anm. 2 ff. zu Art. 45 sowie *Piltz*, Internationales Kaufrecht, § 5 Rdnr. 9 ff.).

Gleichwohl kann auch das UN-Kaufrecht nicht völlig auf tatbestandliche Differenzierungen verzichten. Neben der Unterscheidung der wesentlichen von der nicht-wesentlichen Vertragsverletzung, vgl. Art. 25 UN-Kaufrecht, sieht das UN-Kaufrecht namentlich für den Fall der Lieferung vertragswidriger Ware besondere Regelungen vor: Ein Erfüllungsanspruch wegen Lieferung vertragswidriger Ware in Form des Anspruchs auf Nachbesserung oder Ersatzlieferung steht dem Käufer nur unter den engeren Voraussetzungen und nur innerhalb der Fristen des Art. 46 Abs. 2 und 3 UN-Kaufrecht zu (Anm. 71 und 72). Zusätzlich erwächst dem Käufer allerdings das Recht auf Kaufpreisherabsetzung, Art. 50 UN-Kaufrecht (Anm. 73). Die Aufhebung des Kaufvertrages wegen vertragswidriger Lieferung setzt voraus, dass die Abweichung eine wesentliche Vertragsverletzung ausmacht, Art. 49 Abs. 1 Buchst. a UN-Kaufrecht, und der Käufer die Aufhebung innerhalb angemessener Frist erklärt, Art. 49 Abs. 2 Buchst. b UN-Kaufrecht (Anm. 80). Schließlich ist grundsätzlich Voraussetzung für jede Art von Rechtsbehelf wegen vertragswidriger Lieferung, dass der Käufer die in den Art. 38 ff. UN-Kaufrecht niedergelegten Obliegenheiten zur Untersuchung der Ware (Anm. 67) und Anzeige der Vertragswidrigkeiten (Anm. 68) befolgt. Anderenfalls riskiert der Käufer den Verlust der Rechtsbehelfe wegen vertragswidriger Lieferung. Dies gilt auch für den Anspruch auf Schadensersatz, der dem Käufer gleichermaßen bei Lieferung vertragswidriger Ware neben oder anstelle anderer Rechtsbehelfe zusteht, Art. 45 Abs. 1 und 2 UN-Kaufrecht (Anm. 88). Diese Besonderheiten legen es nahe, die Voraussetzungen und Rechtsfolgen der Lieferung vertragswidriger Ware in einem eigenen Abschnitt des Formularvertrages anzusprechen.

Der Formularvertrag enthält keine Aussage zur Verjährung der Rechtsbehelfe, die dem Käufer bei Lieferung vertragswidriger Ware zustehen. Da die Verjährung nicht in dem UN-Kaufrecht geregelt ist, gelten insoweit die Verjährungsvorschriften des nationalen Rechtes, das nach den Bestimmungen des Internationalen Privatrechts zur Anwendung kommt (*Staudinger/Magnus*, Wiener UN-Kaufrecht, Anm. 44 zu Art. 45). In Art. 22.2 des Formularvertrages ist insoweit die Maßgeblichkeit des deutschen Rechtes vereinbart. Demzufolge verjähren alle Ansprüche des Käufers wegen Vertragswidrigkeit der gelieferten Ware nach §§ 477, 478 BGB, jedoch mit der Maßgabe, dass die in § 477 Abs. 1 Satz 1 BGB vorgesehene 6-Monats-Frist erst mit dem Tage beginnt, an dem der

Käufer die Vertragswidrigkeit anzeigt, Art. 3 VertragsG zu dem UN-Kaufrecht (BGBl. 1989 II, 586). Wenn die Parteien hingegen in Art. 22.2 des Formularvertrages die Maßgeblichkeit einer anderen Rechtsordnung vorsehen, kommen damit die dort geltenden Verjährungsbestimmungen zum Zuge. Diese sind zum Teil großzügiger ausgestaltet als die 6-Monats-Frist des § 477 BGB (vgl. die Zusammenstellung bei *Piltz,* Internationales Kaufrecht, § 5 Rdnr. 89). Die Vereinbarung der Geltung eines anderen als des deutschen Rechtes kann auch zur Folge haben, dass das UN-Übereinkommen vom 14. Juni 1974 über die Verjährung beim Internationalen Warenkauf anzuwenden ist (*Piltz,* Internationales Kaufrecht, § 2 Rdnr. 153f.).

61. Vereinbarte Anforderungen. Nach Art. 35 Abs. 1 UN-Kaufrecht hat der Verkäufer Ware zu liefern, die den Anforderungen des Vertrages entspricht. Anders als das deutsche BGB/HGB differenziert das UN-Kaufrecht nicht nach den Kategorien Schlechtlieferung, Fehlen einer zugesicherten Eigenschaft, Mengenabweichung und Falschlieferung, sondern sieht vielmehr in jeder Abweichung der Lieferung von dem vereinbarten Anforderungsprofil eine Vertragswidrigkeit (*Staudinger/Magnus,* Wiener UN-Kaufrecht, Anm. 7 zu Art. 35). Art. 11.1 des Formularvertrages knüpft hieran an, sieht jedoch im Interesse des Exporteurs vor, dass lediglich „deutliche Abweichungen" („clearly different") eine Vertragswidrigkeit begründen. Eher geringfügig einzustufende Differenzen, die namentlich bei Computer-Software (vgl. Anm. 13) praktisch unausweichlich sind, sollen dem Käufer keine Rechtsbehelfe wegen vertragswidriger Lieferung eröffnen (vgl. *Staudinger/Magnus,* Wiener UN-Kaufrecht, Anm. 11 zu Art. 35).

Ggf. empfiehlt sich für den Exporteur vorzusehen, dass Abweichungen bestimmter Art und/oder in bestimmten Grenzen zulässig sind und keine vertragswidrige Lieferung begründen. Insbesondere bei längerfristigen Verträgen kann in Betracht kommen, dass sich der Verkäufer technische Verbesserungen ausdrücklich vorbehält. Ohne einen solchen Vorbehalt ist der Exporteur im Zweifel verpflichtet, die Vertragsprodukte exakt in der Aufmachung zu liefern, die nach dem Vertrag vorgegeben ist.

Art. 11.1 des Formularvertrages stellt als maßgeblichen Zeitpunkt für das Vorliegen einer Vertragswidrigkeit auf den Gefahrübergang (Anm. 23) ab. Diese Fixierung entspricht Art. 36 Abs. 1 UN-Kaufrecht und unterbindet, dass der Käufer anderslautende Gebräuche oder Gepflogenheiten einwendet, vgl. Art. 9 UN-Kaufrecht. Für den Käufer kann es im Einzelfall außerordentlich schwierig sein nachzuweisen, dass die Vertragswidrigkeit zum Zeitpunkt des Gefahrüberganges zumindest bereits angelegt war (zur Beweislast BGH NJW 1995, 2099 ff.; ferner *Schlechtriem/Schwenzer,* Kommentar zum Einheitlichen UN-Kaufrecht, Anm. 49 zu Art. 35 sowie *Piltz,* Internationales Kaufrecht, § 5 Rdnr. 21 mit Hinweisen zu abweichenden Meinungen). Dies gilt namentlich, wenn – wie in dem zugrundegelegten Sachverhalt – bei Übergabe der Container an den Betreiber des Containerterminals in aller Regel eine Untersuchung der Ware nicht erfolgt, sondern diese erst zeitlich deutlich abgesetzt vorgenommen wird und in der Zwischenzeit die Ware aufgrund des Transportes nicht unerheblichen Risiken ausgesetzt war.

Soweit die Parteien nicht besondere Absprachen im Hinblick auf die Verpackung der Vertragsprodukte treffen, hat der Verkäufer nicht nur die Kosten für die Verpackung der Ware zu übernehmen (Anm. 37), sondern auch dafür einzustehen, dass die Ware angemessen verpackt ist, Art. 35 Abs. 2 Buchst. d UN-Kaufrecht. Kann der Käufer nachweisen, dass die Ware ungenügend verpackt war und aus diesem Grund etwa während des Transportes Schaden genommen hat, ist der Exporteur für diese Vertragswidrigkeit verantwortlich, obwohl die Ware zum Zeitpunkt des Gefahrüberganges im Sinne des Art. 36 Abs. 1 UN-Kaufrecht ansonsten einwandfrei war (*Piltz,* Internationales Kaufrecht, § 5 Rdnr. 32). Ferner hat der Exporteur auch nach dem Gefahrübergang eintretende Vertragswidrigkeiten zu verantworten, wenn diese in der Verletzung einer ihm obliegenden Pflicht begründet sind, Art. 36 Abs. 2 UN-Kaufrecht. Typisches Beispiel hierfür ist die Auswahl eines ungeeigneten Transportmittels oder -weges (*Staudinger/*

1. Exportvertrag (Maschine) IV. 1

Magnus, Wiener UN-Kaufrecht, Anm. 11 zu Art. 36), soweit der Exporteur den Transportvertrag über die Hauptbeförderung abschließt (Anm. 21).

62. Inländischer Verwendungszweck. Um unterschiedliche Vorstellungen und Missverständnisse über die Ausstattung und die Eigenschaften der Vertragsprodukte möglichst weitgehend auszuschließen, ist für den vorliegenden Formularvertrag empfohlen worden, die Vertragsprodukte präzise und umsichtig zu beschreiben (Anm. 11; ebenso *Bucher/Herber,* Wiener Kaufrecht, 1991, 229). Erfüllt die gelieferte Ware diese Anforderungen nicht, greift insoweit Art. 11.1 1. Halbsatz des Formularvertrages (Anm. 61) ein. Ungeachtet dessen werden aber immer gewisse Bereiche verbleiben, die von den Parteien nicht ausdrücklich angesprochen wurden und später Anlass zu Meinungsverschiedenheiten geben können. Die Wahrscheinlichkeit für das Aufkommen derartiger Differenzen ist bei grenzüberschreitenden Geschäften deutlich gesteigert, da anders als bei reinen Inlandskäufen die Parteien eines Exportvertrages nicht selten in recht unterschiedlichen Umweltverhältnissen leben, daher häufig unbewusst mit nur partiell sich deckenden Vorverständnissen den Vertrag eingehen und Prämissen für selbstverständlich erachten, die aus der Perspektive des anderen Vertragsteils ausdrücklicher Absprache bedürften.

Angesichts dieser Besonderheit sollte der Exportvertrag Orientierungsmarken vorgeben, an denen letztlich zu messen ist, ob die gelieferte Ware vertragsgemäß oder vertragswidrig ist. Für das UN-Kaufrecht herrscht die Ansicht vor, dass insoweit im Zweifel die Verhältnisse im Land des Exporteurs Maß geben (vgl. *BGH NJW* 1995, 2099 ff.; ferner *Bianca/Bonell/Bianca,* International Sales Law, 1987, 274 f. sowie *Piltz,* Internationales Kaufrecht, § 5 Rdnr. 41). Zur Vermeidung von Unwägbarkeiten und insbesondere auch, um auf abweichende Gebräuche oder Gepflogenheiten gestützte Argumentationen des Käufers von vornherein auszuschließen, empfiehlt sich die ausdrückliche Festlegung auf die Verhältnisse am Sitz des Exporteurs. Die kommentierte Textstelle stellt zudem auf den gewöhnlichen Gebrauch der Vertragsprodukte ab (vgl. *Staudinger/Magnus,* Wiener UN-Kaufrecht, Anm. 21 zu Art. 35 und *Piltz,* Internationales Kaufrecht, § 5 Rdnr. 40) und unterstreicht damit die in Art. 11.2 1. Halbsatz des Formularvertrages (Anm. 63) zusätzlich formulierte Regelung.

63. Bestimmter Verwendungszweck. Nach Art. 35 Abs. 2 Buchst. b UN-Kaufrecht ist der Verkäufer dafür verantwortlich, dass die gelieferte Ware für einen bestimmten Zweck geeignet ist, der dem Verkäufer bei Vertragsabschluss zur Kenntnis gebracht wurde. Nach einhelliger Auffassung in der Kommentarliteratur ist nicht notwendig, dass dieser Verwendungszweck ausdrücklich in dem Vertrag angesprochen wird (*Herber/Czerwenka,* Internationales Kaufrecht, Anm. 5 zu Art. 35 und *Schlechtriem/Schwenzer,* Kommentar zum Einheitlichen UN-Kaufrecht, Anm. 20 zu Art. 35). Vielmehr genügt es, wenn der Exporteur aufgrund der im Vorfeld des Vertragsabschlusses geführten Unterredungen, über Dritte oder aufgrund von sonstigen Umständen nicht darüber im Unklaren sein konnte, dass der Käufer mit der Ware eine bestimmte Verwendung beabsichtigte (*Staudinger/Magnus,* Wiener UN-Kaufrecht, Anm. 27 ff. zu Art. 35). Auf die tatsächliche Kenntnis des Verkäufers kommt es nicht einmal an (*Staudinger/Magnus,* Wiener UN-Kaufrecht, Anm. 28 zu Art. 35). Anstelle des in erster Linie an den Verhältnissen im Land des Exporteurs orientierten üblichen Gebrauchs (Anm. 62) muss die Ware nunmehr für die spezifische Verwendung des Käufers geeignet sein, andernfalls eine Vertragswidrigkeit vorliegt, für die der Verkäufer nach Art. 35 Abs. 2 Buchst. b UN-Kaufrecht einzustehen hat. Zur Reduzierung dieses für den Exporteur erheblichen Risikos ist die Eignung der Ware für bestimmte, von dem Käufer beabsichtigte Verwendungszwecke in Art. 11.2 1. Halbsatz des Formularvertrages ausdrücklich ausgeschlossen.

64. Inländisches Produktrecht. Unabhängig von der rein tatsächlichen Eignung der Ware ist bei grenzüberschreitenden Verträgen von erheblicher Bedeutung, welche Vorschriften produktrechtlicher Art darüber bestimmen, ob die Ware vertragsgemäß ist oder nicht. Hierbei handelt es sich überwiegend um öffentlich-rechtliche Vorschriften wie etwa Vorgaben aufgrund von Unfallverhütungsbestimmungen, sicherheitstechnische Normen, gesetzliche Verbote zur Verwendung gesundheitsgefährdender Stoffe, Kennzeichnungsbestimmungen und ähnlicher Art, die häufig für bestimmte Produkte oder Produktgruppen wie etwa Maschinen, KFZ, Lebensmittel, chemische oder pharmazeutische Produkte, Baustoffe usw. aufgestellt werden. Die Verletzung derartiger Vorschriften begründet nicht einen Rechtsmangel im Sinne des Art. 41 UN-Kaufrecht, sondern vielmehr eine Vertragswidrigkeit nach Art. 35 UN-Kaufrecht (*Schlechtriem/Schwenzer*, Kommentar zum Einheitlichen UN-Kaufrecht, Anm. 6 zu Art. 41).

Da die Vertragsprodukte des deutschen Exporteurs in aller Regel den maßgeblichen produktrechtlichen Bestimmungen des deutschen Rechtes entsprechen werden, ist in Art. 11.2 2. Halbsatz des Formularvertrages vorgesehen, dass die in dieser Hinsicht außerhalb der Bundesrepublik Deutschland existierenden Bestimmungen unbeachtlich sind. Diese Aussage entspricht der vorherrschenden Meinung zum UN-Kaufrecht (*BGH* NJW 1995, 2099 ff. und *OGH* ZfRV 2000, 231; *Herber/Czerwenka*, Internationales Kaufrecht, Anm. 4 zu Art. 35; *Schlechtriem/Schwenzer*, Kommentar zum Einheitlichen UN-Kaufrecht, Anm. 17 zu Art. 35; *Staudinger/Magnus*, Wiener UN-Kaufrecht, Anm. 22 zu Art. 35). Aus Sicherheitsgründen (vgl. *Herber/Czerwenka*, Internationales Kaufrecht, Anm. 5 zu Art. 35; *Staudinger/Magnus*, Wiener UN-Kaufrecht, Anm. 34 zu Art. 35 und *Otto* MDR 1992, 534) sollte eine ausdrückliche Formulierung in dem Formularvertrag jedoch nicht fehlen.

65. Ausländisches Produktrecht. Nach der Regelung in Art. 11.2 2. Halbsatz des Formularvertrages (Anm. 64) ist vorstellbar, dass die gelieferte Ware den in der Bundesrepublik Deutschland maßgeblichen produktrechtlichen Anforderungen zwar nicht genügt, gleichwohl aber nach den im Land des Käufers geltenden, lediglich ein geringeres Schutzniveau vorsehenden Bestimmungen keine rechtlichen Bedenken gegen die Verwendung der Vertragsprodukte bestehen. Sofern es dem Käufer nicht gerade auf die höheren deutschen Standards ankam, wird der Exporteur unter diesen Umständen Rechtsbehelfe des Käufers nur schwerlich einsehen. Enthält der Exportvertrag nicht eine Regelung wie Art. 11.3 des Formularvertrages, besteht für den Exporteur jedoch das Risiko, dass der im Ausland ansässige Käufer die Nichtübereinstimmung der Vertragsprodukte mit allein in der Bundesrepublik Deutschland bestehenden produktrechtlichen Vorschriften rügt und aus diesem Umstand Rechtsbehelfe wegen vertragswidriger Lieferung ableitet (vgl. *Piltz*, Internationales Kaufrecht, § 5 Rdnr. 42).

66. Transportschäden. Art. 11.4 des Formularvertrages schließt die Verantwortung des Exporteurs für solche Transportschäden aus, die mit einer üblichen Transportversicherung abgedeckt werden können. Diese Regelung ist Folge der in Art. 9.1 des Formularvertrages dem Käufer auferlegten Verpflichtung, den gesamten Transport der Ware („von Haus zu Haus") unter Einschluss auch der Beförderung von der Lagerstelle des Verkäufers bis zu dem Erfüllungsort zu versichern, die wiederum ihre Erklärung in der Unzweckmäßigkeit gebrochener Versicherungen namentlich für den Containerverkehr findet (Anm. 55).

67. Untersuchung auf Vertragswidrigkeiten. Nach Art. 38 UN-Kaufrecht obliegt es dem Käufer, angelieferte Ware auf Vertragswidrigkeiten zu untersuchen. Hierbei handelt es sich um eine Obliegenheit des Käufers, deren Missachtung dazu führen kann, dass der Käufer Vertragswidrigkeiten der gelieferten Ware nicht rechtzeitig erkennt, demzufolge die nach Art. 39 UN-Kaufrecht vorgesehene Rüge (Anm. 68) zu spät vornimmt und damit den Verlust der Rechtsbehelfe riskiert, die für den Fall der Lieferung vertragswidriger Ware vorgesehen sind, vgl. Art. 39 UN-Kaufrecht. Die bloße Unterlassung der Untersuchung als solcher ist hingegen unerheblich, wenn der Käufer gleichwohl rechtzeitig rügt. Insbesondere begründet die unterlassene Untersuchung keine Schadensersatzpflicht zugunsten des Exporteurs (*Herber/Czerwenka*, Internationales Kaufrecht, Anm. 2 zu Art. 38).

Art. 38 Abs. 1 UN-Kaufrecht sieht vor, dass die Untersuchung innerhalb kurzer Frist zu erfolgen hat (zur Konkretisierung der Frist in der Rechtsprechung vgl. *Piltz* NJW 1994, 1104; ders. NJW 1996, 2771 und ders. NJW 2000, 558). Art. 12.1 des Formularvertrages lässt diese Aussage unberührt („as required by law"). Zwar können die Parteien für die Untersuchung auch eine feste Frist vereinbaren. Namentlich für die nach dem Formularvertrag zu liefernden Vertragsprodukte (Anm. 12 bis 15) ermöglicht die Verweisung auf die gesetzliche Bestimmung des Art. 38 Abs. 1 UN-Kaufrecht jedoch eine flexiblere Anpassung an die jeweiligen Umstände und ist daher einer einzigen starren Fristbestimmung vorzuziehen.

Art. 38 Abs. 2 und 3 UN-Kaufrecht bestimmen den Zeitpunkt, zu dem die kurze Untersuchungsfrist anläuft. Auch diese Vorgaben werden in dem Formularvertrag unverändert belassen („as required by law"). Für den dem Formularvertrag zugrundeliegenden Sachverhalt ist namentlich die Regelung in Art. 38 Abs. 2 UN-Kaufrecht einschlägig, die unabhängig davon gilt, welche Partei den Beförderungsvertrag abschließt (*Schlechtriem/Schwenzer*, Kommentar zum Einheitlichen UN-Kaufrecht, Anm. 21 zu Art. 38). Danach beginnt die Frist zur Untersuchung nicht bereits mit Übergabe der Ware an dem vorgesehenen Lieferort (Hamburg), sondern vielmehr erst mit Eintreffen an dem vorgesehenen Bestimmungsort. Die zusätzliche Verschiebung des Fristbeginns nach Maßgabe des Art. 38 Abs. 3 UN-Kaufrecht setzt hingegen voraus, dass der Exporteur bei Vertragsabschluss um die Möglichkeit der Weiterversendung der Ware oder der Umleitung zu einem anderen Ort wusste oder zumindest wissen musste (vgl. *Schlechtriem/Schwenzer*, Kommentar zum Einheitlichen UN-Kaufrecht, Anm. 24 zu Art. 38).

Art. 38 UN-Kaufrecht trifft keine Aussage zur Art und Weise und zu dem Umfang der von dem Käufer vorzunehmenden Untersuchung. Art. 12.1 2. Halbsatz des Formularvertrages sieht daher vor, dass der Käufer jede einzelne Lieferung zu untersuchen hat. Demzufolge kann der Käufer bei Anlieferung in Teilen nicht etwa die Untersuchung bis zum Eintreffen des letzten Teiles zurückstellen oder sich darauf beschränken, nur die erste Partie zu untersuchen. Des weiteren ist der Käufer nach der kommentierten Textstelle gehalten, die Vertragsprodukte in jeder Hinsicht auf jegliche Vertragswidrigkeiten zu überprüfen. Damit wird die Untersuchungsobliegenheit des Käufers tendenziell verschärft und der Käufer wird nicht darauf vertrauen können, dass nach den Rechten und Gebräuchen des Untersuchungsortes (*Herber/Czerwenka*, Internationales Kaufrecht, Anm. 3 zu Art. 38) etwa bestimmte Arten von Abweichungen üblicherweise nicht überprüft werden. Letztlich ergibt sich die nähere Ausgestaltung der Untersuchung vor allem aus der Art der gelieferten Ware, so dass auch bei der gewählten Formulierung der Exporteur nicht erwarten kann, dass der Käufer Untersuchungen vornimmt, für die er nicht die notwendigen technischen Voraussetzungen und das erforderliche Wissen hat (vgl. *Staudinger/Magnus*, Wiener UN-Kaufrecht, Anm. 28 ff. zu Art. 35).

68. Anzeige von Vertragswidrigkeiten. Auch die nach Art. 39 UN-Kaufrecht vorgesehene Obliegenheit des Käufers, Vertragswidrigkeiten innerhalb angemessener Frist unter genauer Bezeichnung ihrer Art dem Verkäufer anzuzeigen, wird im wesentlichen für den Formularvertrag übernommen („as required by law") und lediglich im Hinblick auf die Art und Weise der Übermittlung der Rüge näher ausgestaltet. Art. 12.2 des Formularvertrages erwartet von dem Käufer eine unmittelbare Benachrichtigung und verschließt damit die Möglichkeit, dass der Käufer etwa aus sprachlichen Gründen (zur sprachlichen Abfassung der Anzeige vgl. Anm. 103 sowie *Piltz*, Internationales Kaufrecht, § 5 Rdnr. 69) lediglich den im Land des Käufers tätigen Handelsvertreter des Exporteurs informiert (vgl. *Schlechtriem/Schwenzer*, Kommentar zum Einheitlichen UN-Kaufrecht, Anm. 14 zu Art. 39 und *Herber/Czerwenka*, Internationales Kaufrecht, Anm. 13 zu Art. 39). Des weiteren verlangt Art. 12.2 eine schriftliche Rüge (vgl. *Staudinger/Magnus*, Wiener UN-Kaufrecht, Anm. 51 zu Art. 39), die mit einem schnellstmöglichen und zugangssicheren Kommunikationsmedium zu übermitteln ist. Mit dieser Festlegung wird insbesondere die für die Rüge geltende Bestimmung des Art. 27 UN-Kaufrecht zu Lasten des Käufers verschärft.

Nach Art. 39 UN-Kaufrecht hat der Käufer jede vertragswidrige Abweichung der Ware unter Einschluss auch verborgener Mängel, Falschlieferungen und Mengendifferenzen zu rügen (*Schlechtriem/Schwenzer*, Kommentar zum Einheitlichen UN-Kaufrecht, Anm. 5 zu Art. 39 und Anm. 7 zu Art. 38) und die Anzeige innerhalb angemessener Frist nach dem Zeitpunkt auszubringen, in dem er die Vertragswidrigkeit festgestellt hat oder hätte feststellen müssen (näher hierzu *Piltz*, Internationales Kaufrecht, § 5 Rdnr. 60 ff.). Aus den gleichen Gründen wie bei der Untersuchungsfrist (Anm. 67) wird auch hier davon abgesehen, eine einzige starre Frist zu fixieren. Während jedoch die Untersuchung nach Art. 38 Abs. 1 UN-Kaufrecht innerhalb kurzer Frist vorzunehmen ist, sieht Art. 39 Abs. 1 UN-Kaufrecht für die Anzeige der Vertragswidrigkeit eine angemessene Frist vor (näher hierzu *Staudinger/Magnus*, Wiener UN-Kaufrecht, Anm. 35 ff. zu Art. 39; zur Konkretisierung der Frist in der Rechtsprechung vgl. *Piltz* NJW 1994, 1104; *ders.* NJW 1996, 2771 und *ders.* NJW 2000, 558 f.).

Auch verkürzt der Formularvertrag nicht die in Art. 39 Abs. 2 UN-Kaufrecht vorgesehene 2-Jahres-Frist (vgl. *Staudinger/Magnus*, Wiener UN-Kaufrecht, Anm. 62 ff. zu Art. 39). Diese Frist kommt abgesehen von der Entschuldigung nach Art. 44 UN-Kaufrecht (vgl. Anm. 70) ohnehin nur für solche Vertragswidrigkeiten in Betracht, die der Käufer bei der Anlieferung oder anlässlich der nach Art. 12.1 des Formularvertrages vorzunehmenden Untersuchung weder tatsächlich erkannt hat noch hätte erkennen können. Zudem kann der Käufer Rechtsbehelfe wegen später aufgedeckter Vertragswidrigkeiten nur geltend machen, wenn er nachweist, dass die Vertragswidrigkeit zum Zeitpunkt des Gefahrüberganges zumindest bereits angelegt war (Anm. 61). Den Parteien steht es jedoch frei, auch die 2-Jahres-Frist zu modifizieren (*Staudinger/Magnus*, Wiener UN-Kaufrecht, Anm. 67 zu Art. 39). Im Fall einer Verkürzung kann getextet werden: „... as required by law, and in any event not later than 6 months after delivery has been effected, directly and ...".

Art. 39 Abs. 1 UN-Kaufrecht schreibt des weiteren vor, dass der Käufer in der Rüge die Art der Vertragswidrigkeit genau zu bezeichnen hat. Der Käufer muss daher präzisieren, welche Abweichungen er reklamiert und in welchem Umfang die gelieferte Ware davon betroffen ist (vgl. *Staudinger/Magnus*, Wiener UN-Kaufrecht, Anm. 21 ff. zu Art. 39).

69. Rechtsbehelfe im Falle vertragswidriger Lieferung. Der Formularvertrag belässt dem Käufer grundsätzlich die für den Fall der Lieferung vertragswidriger Ware nach dem UN-Kaufrecht vorgesehenen Rechtsbehelfe (Anm. 60), modifiziert diese jedoch im Interesse des Exporteurs. Insbesondere hält Art. 13.3 des Formularvertrages dem Verkäufer die Option offen, vertragswidrige Ware zu reparieren oder zu ersetzen, um auf diese Weise weitergehende Rechtsbehelfe des Käufers abzuwenden (Anm. 74). Die Ersatzlieferung, Art. 46 Abs. 2 UN-Kaufrecht, die Nachbesserung, Art. 46 Abs. 3 UN-Kaufrecht, und die Kaufpreisherabsetzung, Art. 50 UN-Kaufrecht, sind in Art. 13.2 des Formularvertrages (Anm. 71 bis 73) angesprochen. Die für alle Arten der Vertragsverletzung unter Einschluss auch der Lieferung vertragswidriger Ware eröffneten Rechtsbehelfe, den Vertrag aufzuheben, Art. 49 UN-Kaufrecht, und/oder Schadensersatz geltend zu machen, Art. 45 Abs. 1 Buchst. b UN-Kaufrecht, sind in Art. 16 (Anm. 80 ff.) und Art. 18 ff. (Anm. 88 ff.) des Formularvertrages geregelt. Voraussetzung für jegliche Ansprüche des Käufers wegen Lieferung vertragswidriger Ware ist neben der ordnungsgemäßen Rüge nach Art. 12 des Formularvertrages natürlich stets, dass eine zu dem maßgeblichen Beurteilungszeitpunkt vertragswidrige Lieferung im Sinne des Art. 11 des Formularvertrages vorliegt.

70. Arglistiges Verschweigen. Für den Fall nicht ordnungsgemäßer Anzeige (vgl. Anm. 68) belässt Art. 13.1 Satz 2 des Formularvertrages dem Käufer gleichwohl die

1. Exportvertrag (Maschine)

Rechtsbehelfe wegen vertragswidriger Lieferung, wenn der Verkäufer die Vertragswidrigkeit arglistig verschwiegen hat. Diese Regelung ist in Anlehnung an § 377 Abs. 5 HGB konzipiert und entschärft zugunsten des Exporteurs den ansonsten geltenden Art. 40 UN-Kaufrecht. Nach dieser Bestimmung blieben dem Käufer trotz nicht ordnungsgemäßer Untersuchung und Anzeige die Rechtsbehelfe wegen einer Vertragswidrigkeit der Ware bereits erhalten, wenn diese bloß auf Umständen beruhen, die der Verkäufer kannte oder kennen musste und dem Käufer nicht offenbart hat (vgl. *Staudinger/ Magnus*, Wiener UN-Kaufrecht, Anm. 4 ff. zu Art. 40). Arglist des Verkäufers ist nach Art. 40 UN-Kaufrecht nicht erforderlich. Mit der kommentierten Textstelle wird auch Vorsorge („may only rely on the remedies") für den Fall getroffen, dass es dem Käufer durch geschickt geführte Kommunikation gelingen sollte, den arglosen Verkäufer zu Äußerungen zu veranlassen, die im nachhinein Diskussionen um den Tatbestand des Art. 40 UN-Kaufrecht auslösen.

Die des weiteren nach Art. 44 UN-Kaufrecht vorgesehene Möglichkeit, die nicht ordnungsgemäße Anzeige zu entschuldigen und auf diese Weise in begrenztem Umfang gleichwohl Rechtsbehelfe wegen vertragswidriger Lieferung zu erschließen, soll nach der Formulierung des Art. 13.1 Satz 2 des Formularvertrages („may only rely on the remedies") gleichermaßen verschlossen werden.

Der Verkäufer, der nicht bereit ist, von dem Käufer verspätet reklamierte Vertragswidrigkeiten zu akzeptieren, sollte mit Bedacht jeden Anschein vermeiden, der eine sachliche Einlassung auf die nicht ordnungsgemäße Rüge annehmen lässt (vgl. *OLG Karlsruhe* DB 1986, 2279). Zur Reduzierung dieses Risikos kann zusätzlich in Art. 13.1 des Formularvertrages bestimmt werden: „Statements by the Seller as to the lack of conformity with the contract are for the purpose of explaining the factual situation only, but do not entail any waiver by the Seller of the requirement of proper notice".

71. Ersatzlieferung. Vorbehaltlich der erweiterten Möglichkeit zur zweiten Andienung nach Art. 13.3 des Formularvertrages (Anm. 74) gilt für den Anspruch des Käufers auf Ersatzlieferung die in Art. 46 Abs. 2 UN-Kaufrecht getroffene Regelung. Danach ist der Anspruch auf Ersatzlieferung ausgeschlossen, wenn der Käufer hiermit unvereinbare, anderweitige Rechtsbehelfe geltend gemacht hat (*Staudinger/Magnus*, Wiener UN-Kaufrecht, Anm. 31 zu Art. 46), also etwa die Aufhebung des Vertrages oder die Herabsetzung des Kaufpreises erklärt hat. Im übrigen ist das Recht auf Ersatzlieferung nur für den Fall vorgesehen, dass die vertragswidrige Lieferung zugleich eine wesentliche Vertragsverletzung ausmacht, Art. 46 Abs. 2, 25 UN-Kaufrecht. Anders als nach § 480 BGB reicht daher nicht aus, dass die Ware nicht vertragsgemäß ist. Vielmehr muss der Käufer dartun, dass eine Reparatur nicht in Betracht kommt, die gelieferte Ware für ihn unbrauchbar ist und er sie auch nicht bei Ausgleich des Leistungsdefizits auf andere Weise, etwa durch Reduzierung des Kaufpreises oder Schadensersatz, anderweitig verwerten kann (vgl. *BGH* NJW 1996, 2364 ff.; zu Fallgruppen vgl. *Piltz*, Internationales Kaufrecht, § 5 Rdnr. 161 ff.). Schließlich entfällt der Anspruch auf Ersatzlieferung, wenn der Käufer vorbehaltlich der Ausnahmen nach Art. 82 Abs. 2 UN-Kaufrecht nicht in der Lage ist, die bereits gelieferte vertragswidrige Ware im wesentlichen in dem Zustand an den Exporteur zurückzugeben, in dem er sie erhalten hat, Art. 82 Abs. 1 UN-Kaufrecht (näher hierzu *Staudinger/Magnus*, Wiener UN-Kaufrecht, Anm. 4 ff. zu Art. 82).

Der Käufer kann Ersatzlieferung nur innerhalb angemessener Frist nach Anzeige der Vertragswidrigkeit verlangen, Art. 46 Abs. 2 UN-Kaufrecht, und ist verpflichtet, die erhaltene Ware bzw. erlangte Surrogate an den Exporteur zurückzugeben, Art. 84 Abs. 2 Buchst. b UN-Kaufrecht. Auch hat der Käufer gezogene Vorteile an den Exporteur zu vergüten, Art. 84 Abs. 2 Buchst. a UN-Kaufrecht. Mit Geltendmachung des Anspruchs auf Ersatzlieferung ist der Käufer zudem eine gewisse Zeit an seine Entscheidung gebunden und kann nicht unvermittelt andere Rechtsbehelfe wegen der vertragswidrigen Lieferung ausüben (*Piltz*, Internationales Kaufrecht, § 5 Rdnr. 205 ff.). Der Exporteur ist verpflichtet, auf eigene Kosten innerhalb angemessener Zeit die vertragswidrige Ware gegen vertragsgemäße Produkte auszutauschen (*Staudinger/Magnus*, Wiener UN-Kaufrecht, Anm. 50 zu Art. 46), andernfalls begeht er eine neuerliche Pflichtverletzung, die den Käufer zu den Rechtsbehelfen nach Art. 45 UN-Kaufrecht berechtigt.

Mit Vorliegen einer wesentlichen Vertragswidrigkeit ist der Käufer – die weiteren Voraussetzungen unterstellt – ohne weiteres berechtigt, Ersatzlieferung geltend zu machen. Insbesondere bedarf es nicht erst einer Abmahnung, einer Fristsetzung oder sonstiger Vorläufe. Demgegenüber ist das Recht zur Vertragsaufhebung abweichend von Art. 49 Abs. 1 Buchst. a UN-Kaufrecht nach Art. 16 des Formularvertrages (Anm. 81) an weitere Voraussetzungen geknüpft. Diese Differenzierung findet ihre Begründung darin, dass die Aufhebung des Vertrages und die damit nach Art. 81 Abs. 2 UN-Kaufrecht für den Verkäufer verbundene Pflicht zur Rückzahlung des Kaufpreises in der Praxis erfahrungsgemäß deutlich unerwünschter ist als eine Ersatzlieferung.

72. Nachbesserung. Ebenso wie für den Anspruch des Käufers auf Ersatzlieferung (Anm. 71) verweist der Formularvertrag auch für den Rechtsbehelf der Nachbesserung, der die Lieferung von Ersatzteilen ohne Austausch der Ware als solcher mit einschließt (*Schlechtriem/Huber*, Kommentar zum Einheitlichen UN-Kaufrecht, Anm. 62 zu Art. 46), weitgehend auf die gesetzliche Rechtslage. Vorbehaltlich der Möglichkeit des Exporteurs zur zweiten Andienung nach Art. 13.3 des Formularvertrages (Anm. 74) kann auch der Anspruch auf Nachbesserung nur geltend gemacht werden, soweit der Käufer nicht damit unvereinbare andere Rechtsbehelfe ausgeübt hat. Zudem ist der Nachbesserungsanspruch nicht unbegrenzt durchsetzbar, sondern findet seine Grenze, wenn die Nachbesserung unter Berücksichtigung aller Umstände für den Exporteur unzumutbar ist, Art. 46 Abs. 3 UN-Kaufrecht (näher hierzu *Staudinger/Magnus*, Wiener UN-Kaufrecht, Anm. 60ff. zu Art. 46). Wenn bei Lieferung vertragswidriger Ware weder die Voraussetzungen für ein Ersatzlieferungsbegehren nach Art. 46 Abs. 2 UN-Kaufrecht (Anm. 71) noch die Voraussetzungen für einen Anspruch auf Nachbesserung nach Art. 46 Abs. 3 UN-Kaufrecht erfüllt sind, hat der Käufer keine Möglichkeit, die Lieferung in jeder Hinsicht vertragsgemäßer Ware durchzusetzen, sondern ist wegen der Leistungsdefizite auf andere Rechtsbehelfe (Kaufpreisherabsetzung (Anm. 73) und/oder Schadensersatz (Anm. 88ff.)) angewiesen.

Auch der Anspruch auf Nachbesserung muss innerhalb angemessener Frist nach Anzeige der Vertragswidrigkeit geltend gemacht werden, Art. 46 Abs. 2 UN-Kaufrecht, und bindet den Käufer für eine gewisse Zeit (*Piltz*, Internationales Kaufrecht, § 5 Rdnr. 205ff.). Der Exporteur ist dann verpflichtet, die Ware innerhalb angemessener Zeit dort zu reparieren, wo sie sich vertragsgemäß befindet (*Schlechtriem/Huber*, Kommentar zum Einheitlichen UN-Kaufrecht, Anm. 63f. zu Art. 46). Wird die Nachbesserung nicht in zufriedenstellender Weise bewirkt, begeht der Exporteur wiederum eine Pflichtverletzung, die dem Käufer von neuem die Rechtsbehelfe nach Art. 45 UN-Kaufrecht eröffnet. Die Verzögerung oder das Misslingen der Nachbesserung hat jedoch nicht ohne weiteres eine wesentliche Vertragsverletzung zur Folge (*Piltz*, Internationales Kaufrecht, § 5 Rdnr. 187; a. A. jedenfalls bei „gewichtigen Mängeln" *Schlechtriem/Huber*, Kommentar zum Einheitlichen UN-Kaufrecht, Anm. 68 und 43 zu Art. 46; vgl. auch *Staudinger/Magnus*, Wiener UN-Kaufrecht, Anm. 67 zu Art. 46).

73. Kaufpreisherabsetzung. Auch hinsichtlich des Rechtes des Käufers auf Herabsetzung des Kaufpreises gilt vorbehaltlich der erweiterten Möglichkeit des Exporteurs zur zweiten Andienung nach Art. 13.3 (Anm. 74; vgl. ferner *Piltz*, Internationales Kaufrecht, § 5 Rdnr. 301) ansonsten die Regelung nach Art. 50 UN-Kaufrecht. Während aber dem Recht zur Herabsetzung des Kaufpreises in dem Rechtsfolgensystem des UN-Kaufrechts nur geringe Bedeutung zukommt (*Schlechtriem/Huber*, Kommentar zum Einheitlichen UN-Kaufrecht, Anm. 3 zu Art. 50), verdient dieser Rechtsbehelf in dem Formularvertrag stärkere Beachtung, da der Käufer wegen der Regelung in Art. 18.3 des Formularver-

1. Exportvertrag (Maschine)   IV. 1

trages (Anm. 92) nicht ohne weiteres auf Schadensersatz ausweichen kann. Befürchtet der Exporteur, dass es in der Phase zwischen Vertragsabschluss und Lieferung zu einem Preisverfall kommen könnte, sollte der Exporteur den Umfang der Preisherabsetzung auf den durch den Minderwert der vertragswidrigen Ware verursachten Schaden begrenzen.

Die Herabsetzung des Kaufpreises wegen Lieferung vertragswidriger Ware nach Art. 50 UN-Kaufrecht ist unabhängig davon gegeben, ob der Kaufpreis – etwa aufgrund Inanspruchnahme des Akkreditivs (Anm. 45) – bereits bezahlt ist und erfolgt aufgrund einer ausdrücklichen oder schlüssigen Erklärung des Käufers (*Schlechtriem/Huber*, Kommentar zum Einheitlichen UN-Kaufrecht, Anm. 16 zu Art. 50). Es dürfen daher keine überzogenen Anforderungen an die Erklärung gestellt werden (zu weitgehend OLG München EuZW 1995, 31 f.). Insbesondere bedarf es nicht eines ausdrücklichen Minderungs- oder Preisherabsetzungsverlangen. Ausreichend ist vielmehr jedes Verhalten des Käufers, das hinreichend erkennen lässt, dass er wegen der Vertragswidrigkeit der Ware nicht bereit ist, den ursprünglich vereinbarten Kaufpreis in voller Höhe zu zahlen (vgl. *Staudinger/Magnus*, Wiener UN-Kaufrecht, Anm. 16 zu Art. 50). Die Preisreduzierung nach Art. 50 UN-Kaufrecht erschöpft sich nicht in einem bloßen Abzug des Minderwertes. Vielmehr ist eine proportionale Anpassung des vereinbarten Kaufpreises vorzunehmen (näher hierzu *Staudinger/Magnus*, Wiener UN-Kaufrecht, Anm. 19 ff. zu Art. 50).

Das Recht zur Kaufpreisherabsetzung ist anders als der Anspruch auf Nachbesserung (Anm. 72) oder Ersatzlieferung (Anm. 71) nicht fristgebunden, sondern kann im Prinzip bis zum Eintritt der Verjährung (Anm. 60) wahrgenommen werden. Mit Ausübung sind die Rechtsbehelfe der Ersatzlieferung, der Nachbesserung und der Vertragsaufhebung (Anm. 80 f.) wegen der gleichen Vertragswidrigkeit ausgeschlossen (näher hierzu *Staudinger/Magnus*, Wiener UN-Kaufrecht, Anm. 31 zu Art. 50 sowie *Schlechtriem/Huber*, Kommentar zum Einheitlichen UN-Kaufrecht, Anm. 17 f. zu Art. 50). Lediglich der Anspruch auf Schadensersatz nach Maßgabe der Art. 18 ff. des Formularvertrages besteht zusätzlich, Art. 45 Abs. 2 UN-Kaufrecht.

74. Abhilfe des Verkäufers. Art. 13.3 des Formularvertrages verweist auf die gegenüber der gesetzlichen Vorlage nach Art. 48 UN-Kaufrecht erweiterten Möglichkeiten des Verkäufers, auch nach dem maßgeblichen Lieferzeitpunkt Unzulänglichkeiten der Lieferung nach Maßgabe des Art. 3.2 des Formularvertrages zu beheben (Anm. 26). Für den Exporteur kann eine zweite Andienung durchaus attraktiv sein. Zum einen entscheidet damit in dem durch Art. 3.2 des Formulars vorgegebenen Rahmen letztlich der Exporteur, auf welche Art und Weise Vertragswidrigkeiten abgestellt werden. Wenn der Käufer Ersatzlieferung verlangt, steht es dem Exporteur frei, statt dessen nachzubessern. Umgekehrt kann für den Exporteur je nach Lage des Falles durchaus in Betracht kommen, anstelle der von dem Käufer geltend gemachten Nachbesserung einfach Ersatz zu liefern (*Staudinger/Magnus*, Wiener UN-Kaufrecht, Anm. 11 zu Art. 48). Darüber hinaus gibt die Möglichkeit zur zweiten Andienung dem Exporteur Gelegenheit, auf diese Weise weitergehende Schadensersatzansprüche des Käufers abzufangen.

75. Schutzrechte Dritter. Das UN-Kaufrecht sieht in Art. 41 eine allgemeine Regel für Rechtsmängel und in Art. 42 eine besondere Bestimmung für den Fall vor, dass der Verwendung der Ware behauptete Schutzrechte Dritter (zum Begriff *Schlechtriem/Schwenzer*, Kommentar zum Einheitlichen UN-Kaufrecht, Anm. 4 und 5 zu Art. 42) entgegenstehen. Der Formularvertrag regelt in Art. 14.1 lediglich letzteren Bereich. Hinsichtlich der allgemeinen Rechtsmängelhaftung, die allerdings nicht nur dingliche, sondern auch obligatorische Ansprüche Dritter, die den Käufer in der Benutzung, Verwertung oder Verfügung beschränken können, umfasst (*Schlechtriem/Schwenzer*, Kommentar zum Einheitlichen UN-Kaufrecht, Anm. 4 zu Art. 41), bleibt es bei der gesetzlichen Rechtslage nach Maßgabe des Art. 41 UN-Kaufrecht. Art. 41 UN-Kaufrecht gilt allerdings nicht für produktrechtliche Bestimmungen insbesondere öffentlich-rechtlicher Art (vgl. Anm. 64 sowie *Staudinger/Magnus,* Wiener UN-Kaufrecht, Anm. 13 zu Art. 41).

Art. 14.1 des Formularvertrages verweist zunächst auf die gesetzlichen Voraussetzungen des Art. 42 UN-Kaufrecht („Without prejudice to further legal requirements"). Während sich jedoch nach Art. 42 Abs. 1 UN-Kaufrecht entweder nach dem Recht des Staates, in dem die Ware weiterverkauft oder sonstwie verwendet wird oder in dem der Käufer seine Niederlassung hat, beurteilt, ob aus Schutzrechten abgeleitete Rechte oder Ansprüche Dritter der Verwendung der Ware entgegenstehen, erklärt Art. 14.1 des Formularvertrages lediglich die in der Bundesrepublik Deutschland bestehenden Schutzrechte für maßgeblich. Diese Regelung trägt dem Umstand Rechnung, dass es für den deutschen Exporteur häufig nicht einfach sein wird in Erfahrung zu bringen, ob außerhalb der Bundesrepublik Deutschland entgegenstehende Schutzrechte existieren. Ohne die Regelung in Art. 14.1 des Formularvertrages kann der Verkäufer jedoch gehalten sein, sich über außerhalb der Bundesrepublik Deutschland etwa bestehende Schutzrechte zu informieren (*Herber/Czerwenka,* Internationales Kaufrecht, Anm. 5 zu Art. 42 sowie *Staudinger/Magnus,* Wiener UN-Kaufrecht, Anm. 22 zu Art. 42). Des weiteren setzt die kommentierte Textstelle voraus, dass die Schutzrechte nicht nur angemeldet (vgl. *Prager,* Verkäuferhaftung und ausländische gewerbliche Schutzrechte, 1987, 152), sondern in der Bundesrepublik registriert und auch bereits veröffentlicht (vgl. *Herber/Czerwenka,* Internationales Kaufrecht, Anm. 5 zu Art. 42) sind. Möchte der Exporteur darüber hinaus ausschließen, dass der Käufer die Verletzung von deutschen Schutzrechten rügt, obwohl der Verwendung der Ware außerhalb der Bundesrepublik keine Schutzrechte entgegenstehen, empfiehlt sich ergänzend eine Regelung wie in Art. 11.3 des Formularvertrages (Anm. 65).

Aufgrund des Eingangs zu Art. 14.1 des Formularvertrages muss der Käufer im übrigen die Voraussetzungen nach Art. 42 UN-Kaufrecht dartun, um Rechtsbehelfe wegen Belastung der Ware mit aus Schutzrechten abgeleiteten Ansprüchen oder Rechten Dritter (*Staudinger/Magnus,* Wiener UN-Kaufrecht, Anm. 13 zu Art. 42) geltend machen zu können. Danach müsste der Käufer im Prinzip auch vortragen, dass das Schutzrecht dem Verkäufer bei Vertragsabschluss bekannt oder zumindest erkennbar war (*Staudinger/Magnus,* Wiener UN-Kaufrecht, Anm. 22 f. zu Art. 42). Da Art. 14.1 des Formulars jedoch lediglich auf die in der Bundesrepublik Deutschland registrierten und veröffentlichten Schutzrechte abstellt, wird dieses Erfordernis regelmäßig gegeben sein. Des weiteren entfällt die Haftung des Verkäufers, wenn der Käufer – ohne allerdings zu eigenen Nachforschungen verpflichtet zu sein (*Herber/Czerwenka,* Internationales Kaufrecht, Anm. 6 zu Art. 42) – bei Vertragsabschluss das Schutzrecht kennen musste, Art. 42 Abs. 2 Buchst. a UN-Kaufrecht, oder die Schutzrechtsverletzung die Folge von Anweisungen des Käufers ist, Art. 42 Abs. 2 Buchst. b UN-Kaufrecht.

Anders als nach deutschem unvereinheitlichten Recht ist weitere Voraussetzung für die Geltendmachung von Rechtsbehelfen wegen entgegenstehender Schutzrechte Dritter, dass der Käufer diesen Mangel innerhalb angemessener Frist nach Kenntnis oder Erkennbarkeit gegenüber dem Verkäufer anzeigt und genau bezeichnet (näher hierzu *Piltz,* Internationales Kaufrecht, § 5 Rdnr. 116 ff.), Art. 43 Abs. 1 UN-Kaufrecht. Im Falle nicht ordnungsgemäßer Anzeige verliert der Käufer in aller Regel seine Rechtsbehelfe, es sei denn, dass der Verkäufer positive Kenntnis von dem Rechtsmangel hatte, Art. 43 Abs. 2 UN-Kaufrecht, oder der Käufer eine vernünftige Entschuldigung für die Versäumung der Anzeige vorbringen kann, Art. 44 UN-Kaufrecht.

76. Verjährung. Die Verjährung der Rechtsbehelfe wegen Rechtsmängeln ist in dem UN-Kaufrecht nicht geregelt, sondern beurteilt sich grundsätzlich nach der Rechtsordnung, die nach Internationalem Privatrecht im übrigen für die Rechtsbeziehungen der Parteien des Exportvertrages maßgeblich ist (*Staudinger/Magnus,* Wiener UN-Kaufrecht, Anm. 28 zu Art. 41). Aufgrund der in Art. 22.2 des Formularvertrages getroffenen

1. Exportvertrag (Maschine)

Rechtswahlklausel gilt daher deutsches Recht. Nach BGB verjähren Ansprüche wegen Rechtsmängeln auch unter Kaufleuten in aller Regel erst nach 30 Jahren, § 195 BGB. Art. 3 VertragsG zu dem UN-Kaufrecht (BGBl. 1989 II, 586) gilt ausschließlich für die Verjährung der Rechtsbehelfe wegen vertragswidriger Lieferungen und ist bei Ansprüchen des Käufers wegen rechtsmangelhafter Ware nicht anwendbar (*Herber/Czerwenka*, Internationales Kaufrecht, Anm. 6 zu Art. 3 VertragsG). Art. 14.2 des Formularvertrages verkürzt daher die Verjährungsfrist auf die gleiche Dauer, die für die Lieferung vertragswidriger Waren gilt (Anm. 60). Nach § 225 BGB ist eine Abkürzung von Verjährungsfristen grundsätzlich zulässig.

Vereinbaren die Parteien statt dessen in Art. 22.2 des Formularvertrages die Geltung eines anderen als des deutschen Rechtes, kommen vorbehaltlich des Eingreifens der UN-Konvention über die Verjährung beim internationalen Warenkauf (*Piltz*, Internationales Kaufrecht, § 2 Rdnr. 153ff.) die danach für Rechtsmängel maßgeblichen Verjährungsvorschriften zur Anwendung. Diese sind – von wenigen Ausnahmen abgesehen – in aller Regel deutlich kürzer als die 30-Jahres-Frist des § 195 BGB (vgl. Aufstellung bei *Piltz*, Internationales Kaufrecht, § 5 Rdnr. 129).

77. **Leistungsanspruch zugunsten Dritter.** Das UN-Kaufrecht regelt ausschließlich die Rechte und Pflichten des Verkäufers und des Käufers, Art. 4 UN-Kaufrecht. An dem Vertragsabschluss nicht beteiligte Dritte sind in dem UN-Kaufrecht nicht als leistungsberechtigt ausgewiesen. Aus den in dem UN-Kaufrecht getroffenen Regelungen, namentlich auch wegen der Verpflichtungen des Verkäufers nach Art. 41, 42 UN-Kaufrecht (vgl. Anm. 75) und unter Berücksichtigung der in Art. 7 Abs. 1 UN-Kaufrecht festgeschriebenen Auslegungsvorgaben ist zu folgern, dass rechtliche Konstruktionen zur Einbeziehung Dritter in den Vertrag wie etwa der deutsch-rechtliche Vertrag zugunsten Dritter im Geltungsbereich des UN-Kaufrechtes nicht zur Verfügung stehen. Auch ist insoweit ein Rückgriff auf nationales, unvereinheitlichtes Recht verschlossen, da die Pflichten des Verkäufers in dem UN-Kaufrecht insoweit abschließend niedergelegt sind und danach vertragliche Pflichten des Verkäufers nur gegenüber dem Käufer bestehen (näher dazu vgl. *Bucher/Schlechtriem*, Wiener Kaufrecht, 1991, 214; *Schlechtriem/Stoll*, Kommentar zum Einheitlichen UN-Kaufrecht, Anm. 26 zu Art. 74; *Kuhlen*, Produkthaftung im internationalen Kaufrecht, 1997, 36, 44 und 71 und *Witz/Wolter* RIW 1998, 278ff.; teilweise abweichend *Krebs* EuLF 2000, 16ff. und *Staudinger/Magnus*, Wiener UN-Kaufrecht, Anm. 14 zu Art. 4). Die kommentierte Textstelle schreibt diese Aussage fest und schafft damit eine zusätzliche Hürde, die von den Vertretern abweichender Meinungen zu überwinden ist.

Anders ist es hingegen, wenn der Käufer die ihm aus dem Kaufvertrag zustehenden Ansprüche an eine dritte Person abtritt. Voraussetzungen und Konsequenzen der Abtretung sind in dem UN-Kaufrecht nicht geregelt, sondern beurteilen sich nach dem maßgeblichen Internationalen Privatrecht (*BGH* SZIER 1999, 199 sowie *Staudinger/Magnus*, Wiener UN-Kaufrecht, Anm. 57 zu Art. 4). Da nach Art. 22.2 des Formularvertrages insoweit deutsches Recht zur Anwendung kommt (Anm. 100), könnte die Abtretbarkeit der vertraglich begründeten Ansprüche des Käufers grundsätzlich ausgeschlossen werden. Statt dessen zielt die kommentierte Textstelle darauf ab, lediglich die Empfangszuständigkeit des Käufers auch für den Fall festzuschreiben, dass der Käufer Ansprüche aus dem Vertrag an Dritte zediert. Gegenüber einem generellen Ausschluss der Abtretung ist diese Gestaltung für den Käufer deutlich weniger belastend, ohne dass der Exporteur besondere Nachteile erfährt.

Sehen die Parteien statt dessen in Art. 22.2 des Formularvertrages die Geltung eines anderen als des deutschen Rechtes vor, sind die dort maßgeblichen Voraussetzungen und Rechtsfolgen der Abtretung zu beachten (umfassend hierzu *Hadding/Schneider*, Die Forderungsabtretung, insbesondere zur Kreditsicherung, in ausländischen Rechtsordnungen, 1999). Nach diesem Recht beurteilt sich auch, ob dem Zessionar die Regelung nach

Art. 14.3 1. Halbsatz des Formularvertrages entgegengehalten werden kann, wenn der Käufer die ihm aus dem Kaufvertrag erwachsenden Ansprüche wirksam an einen Dritten abtritt.

78. Rechtsbehelfe zugunsten Dritter. Während Art. 14.3 1. Halbsatz des Formularvertrages den primären Leistungsanspruch zum Gegenstand hat, regelt der zweite Halbsatz namentlich die gegen den Exporteur gerichteten Sekundäransprüche wegen Lieferung vertragswidriger oder rechtsmangelhafter Ware. Aus den gleichen Gründen, aus denen an dem Vertragsabschluss nicht Beteiligte keine vertraglichen Leistungsansprüche gegenüber dem Verkäufer geltend machen können (Anm. 77), ist außenstehenden Dritten unter der Geltung des UN-Kaufrechts auch jede auf Vertrag gestützte Inanspruchnahme des Exporteurs wegen nicht ordnungsgemäßer Leistungserbringung verschlossen. Da das UN-Kaufrecht keine vertraglichen Ansprüche zugunsten Dritter vorsieht und insoweit ein Rückgriff auf nationales Recht nicht zulässig ist (näher dazu vgl. *Bucher/Schlechtriem*, Wiener Kaufrecht, 1991, 214; *Schlechtriem/Stoll*, Kommentar zum Einheitlichen UN-Kaufrecht, Anm. 26 zu Art. 74; *Kuhlen*, Produkthaftung im internationalen Kaufrecht, 1997, 36, 44 und 71 und *Witz/Wolter* RIW 1998, 278ff.; teilweise abweichend *Krebs* EuLF 2000, 16ff. und *Staudinger/Magnus*, Wiener UN-Kaufrecht, Anm. 14 zu Art. 4), braucht sich der Verkäufer vertragsrechtlich nur mit dem Käufer auseinanderzusetzen. Angesichts des Fehlens einer gesicherten Rechtspraxis zu diesem für den Exporteur außerordentlich wichtigen Aspekt sollte auf eine ausdrückliche Formulierung in dem Exportvertrag jedoch nicht verzichtet werden.

Nach § 2–318 des US-amerikanischen UCC erstrecken sich Gewährleistungszusagen des Verkäufers in recht weitem Umfang auch auf dritte Personen, die nicht selbst an dem Vertragsabschluss beteiligt waren. § 2–318 UCC untersagt dem Verkäufer ausdrücklich, die danach zugunsten des Dritten erwachsende Begünstigung auszuschließen oder zu beschränken. Diese Bestimmung ist nach der hier vertretenen Auffassung für den deutschen Exporteur jedoch relativ bedeutungslos, da das UN-Kaufrecht vertragliche Rechte zugunsten Dritter nicht vorsieht und das UN-Kaufrecht insoweit abschließend ist, so dass auf nationales Recht nicht zurückgegriffen werden kann. Gleichwohl sollte der Exporteur darauf achten, dass in Art. 22.2 des Formularvertrages anstelle des dort vorgeschlagenen deutschen Rechtes nicht das Recht eines Staates für maßgeblich erklärt wird, das ähnlich wie § 2–318 UCC vertragliche Ansprüche zugunsten von dritten, an dem Vertragsabschluss selbst nicht beteiligten Parteien begründet. Andernfalls bleibt der Exporteur vor einer vertraglichen Inanspruchnahme durch Dritte nämlich nur noch bewahrt, soweit das UN-Kaufrecht als vertragliche Berechtigungen Dritter ausschließend gesehen wird oder die Bestimmung des Art. 14.3 des Formularvertrages sich gegenüber dem für anwendbar erklärten Recht durchsetzen kann.

79. Produkthaftung. Der in das Ausland liefernde Exporteur kann in dem Vertrag mit dem Käufer nicht ausschließen, von ausländischen Nutzern seiner Produkte auf Produkthaftung in Anspruch genommen zu werden. Da die deutsche Rechtsprechung davon ausgeht, dass alternativ das Produkthaftungsrecht des Handlungsortes und des Erfolgsortes zu prüfen ist und das dem Verletzten günstigere Recht den Ausschlag gibt (zur kollisionsrechtlichen Anknüpfung der Produkthaftung *Graf von Westphalen/Schütze/Wilde*, Produkthaftungshandbuch, Band 2, 1999, 230ff. und von *Hein* RIW 2000, 820ff.), muss der Exporteur obendrein noch damit rechnen, mit den unterschiedlichsten nationalen Produkthaftungsrechten konfrontiert zu werden (zur Produkthaftung im Ausland *Kulmann/Pfister*, Produzentenhaftung, Band 2, Loseblatt).

Art. 15 des Formularvertrages hat demgegenüber die Gestaltung zum Gegenstand, dass der Exporteur von einem Dritten auf produkthaftungsrechtlicher Grundlage in Anspruch genommen wird, die Ursache für die Inanspruchnahme jedoch in Umständen begründet liegt, die der Käufer nach Gefahrübergang geschaffen hat. Typisches Beispiel hierfür ist etwa die haftungsträchtige Darbietung der von dem Exporteur gekauften

1. Exportvertrag (Maschine)

Produkte durch den Käufer in der Werbung, in der Produktbeschreibung und in den Gebrauchsanweisungen und Anleitungen (vgl. *Graf von Westphalen*, Produkthaftungshandbuch, Band 2, 1999, 86 ff.). Da es etwa für die Haftung nach § 3 Abs. 1 Buchst. a ProdhaftG nicht erforderlich ist, dass die Darbietung gerade durch den Hersteller erfolgt, behält Art. 15 des Formularvertrages dem Verkäufer ungeachtet weitergehender sonstiger Rechte („Without prejudice to the Seller's continuing legal rights") einen einschränkungslosen Ersatzanspruch gegenüber dem Käufer für die angesprochenen Gestaltungen vor. Insbesondere verzichtet der Käufer ausdrücklich auf die Erhebung der Einrede der Verjährung.

80. **Vertragsaufhebung.** Art. 16 des Formularvertrages regelt die Befugnis des Käufers, wegen Vertragsverletzungen des Verkäufers den Vertrag aufheben zu können und verweist insoweit vorbehaltlich der weitergehenden Anforderungen in dem kommentierten Artikel (Anm. 81) auf die hierzu in dem UN-Kaufrecht aufgestellten Voraussetzungen („without prejudice to comply with the respective applicable legal requirements"). Das UN-Kaufrecht sieht den Rechtsbehelf der Vertragsaufhebung für verschiedene Fallgruppen vor (näher hierzu *Piltz*, Internationales Kaufrecht, § 5 Rdnr. 211 ff.). Im Vordergrund stehen jedoch die Tatbestände des Art. 49 Abs. 1 UN-Kaufrecht.

Nach Art. 49 Abs. 1 Buchst. a UN-Kaufrecht kann der Käufer bei jeder Art von wesentlicher Pflichtverletzung des Verkäufers die Aufhebung des Vertrages erklären, wenn er zum Zeitpunkt der Ausübung vorbehaltlich der Ausnahmen nach Art. 82 Abs. 2 UN-Kaufrecht in der Lage ist, bereits erhaltene Ware im wesentlichen in unverändertem Zustand an den Verkäufer zurückzugeben, Art. 82 Abs. 1 UN-Kaufrecht. Unbedingte Voraussetzung für die Vertragsaufhebung ist jedoch stets, dass die Vertragsverletzung des Verkäufers wesentlich im Sinne des Art. 25 UN-Kaufrecht ist (vgl. die Zusammenstellungen bei *Staudinger/Magnus*, Wiener UN-Kaufrecht, Anm. 9 ff. zu Art. 49 und *Piltz*, Internationales Kaufrecht, § 5 Rdnr. 246 ff. sowie aus der Rechtsprechung *BGH NJW* 1996, 2364 ff. und *BG SZIER* 1999, 179 ff.). Vertragsverletzungen, die diese Schwelle nicht erreichen, rechtfertigen keine Vertragsaufhebung nach Art. 49 Abs. 1 Buchst. a UN-Kaufrecht. Insoweit ist der Käufer vielmehr auf die verbleibenden Rechtsbehelfe des UN-Kaufrechts angewiesen. Namentlich die Lieferung vertragswidriger Ware wird daher anders als nach § 462 BGB den Käufer nur in Ausnahmefällen zur Aufhebung des Vertrages berechtigen (*BGH NJW* 1996, 2364 ff.; vgl. ferner Anm. 71). Fehleinschätzungen des Käufers hinsichtlich des Vorliegens einer wesentlichen Vertragsverletzung gehen obendrein zu seinen Lasten (*Staudinger/Magnus*, Wiener UN-Kaufrecht, Anm. 20 zu Art. 49).

Nach Art. 49 Abs. 1 Buchst. b UN-Kaufrecht kann sich der Käufer das Recht zur Vertragsaufhebung auch durch eine letztlich fruchtlos verlaufende Nachfristsetzung erschließen. Diese Möglichkeit ist jedoch ausdrücklich nur für den Fall der Nichtlieferung vorgesehen. Hat der Exporteur zwar vertragswidrig, aber immerhin geliefert, kann der Käufer nicht auf das Aufhebungsrecht nach Art. 49 Abs. 1 Buchst. b UN-Kaufrecht zurückgreifen (*Staudinger/Magnus*, Wiener UN-Kaufrecht, Anm. 21 zu Art. 49).

Die Vertragsaufhebung wird aufgrund einer Erklärung des Käufers vollzogen, Art. 26, 27 UN-Kaufrecht, die in aller Regel innerhalb angemessener Frist vorzunehmen ist, Art. 49 Abs. 2 Buchst. b UN-Kaufrecht (vgl. aus der Rechtsprechung *BGH NJW* 1995, 2101 ff.; *OLG München NJW-RR* 1994, 1075 f. und *OLG Frankfurt RIW* 1994, 593 ff.). Lediglich wenn der Verkäufer überhaupt noch nicht geliefert hat, braucht der Käufer keine Frist zu wahren. Mit Wirksamwerden der Vertragsaufhebungserklärung werden beide Parteien von den vertraglichen Primärleistungspflichten befreit und sind gehalten, bereits erhaltene Leistungen zurückzugewähren, Art. 81 UN-Kaufrecht. Der Verkäufer hat zudem einen etwa zurückzuzahlenden Kaufpreis zu verzinsen, Art. 84 Abs. 1 UN-Kaufrecht, und der Käufer aus der gelieferten Ware gezogene Vorteile zu vergüten, Art. 84 Abs. 2 Buchst. a UN-Kaufrecht. Ein eventueller Anspruch des Käufers auf

Schadensersatz wird durch die Vertragsaufhebung dem Grunde nach nicht tangiert, Art. 45 Abs. 2 UN-Kaufrecht. Sonstige Rechtsbehelfe des Käufers hingegen entfallen mit Wirksamwerden der Vertragsaufhebung.

81. Abmahnung. Die kommentierte Textstelle verschärft die nach dem UN-Kaufrecht für eine Vertragsaufhebung vorgesehenen Voraussetzungen (Anm. 80) zu Lasten des Käufers, indem von ihm erwartet wird, vor Aufhebung des Vertrages den Exporteur schriftlich abzumahnen, und voraussetzt, dass eine angemessene Nachfrist ergebnislos verstrichen ist. Diese Regelung trägt dem Umstand Rechnung, dass für den Exporteur die Vertragsaufhebung erfahrungsgemäß der einschneidendste und unliebsamste Rechtsbehelf ist, der nur in äußersten Situationen eingreifen soll (vgl. Anm. 71 letzter Absatz).

82. Erweiterte Aufhebung. Während das Recht des Käufers, den Vertrag wegen Vertragsverletzungen des Exporteurs aufheben zu können, in Art. 16 des Formulars eingeschränkt wird (Anm. 81), sieht Art. 17 des Formularvertrages zugunsten des Verkäufers bestimmte Tatbestände vor, die den Exporteur ausdrücklich zur Aufhebung des Vertrages berechtigen. Auf diese Weise erweitert der Exporteur für den Fall des Eintritts von Störungen bei der Vertragsabwicklung seinen Handlungsspielraum und reduziert zugleich das Risiko einer Fehleinschätzung im Hinblick auf das Vorliegen einer wesentlichen Vertragsverletzung, die nach Art. 64 Abs. 1 Buchst. a UN-Kaufrecht ansonsten Voraussetzung für die Aufhebung des Vertrages ist (vgl. *Staudinger/Magnus*, Wiener UN-Kaufrecht, Anm. 21 zu Art. 64).

Zudem eröffnet die kommentierte Textstelle dem Exporteur ausdrücklich die Möglichkeit, den Vertrag auch nur teilweise aufzuheben. Ohne eine solche Regelung kann der Verkäufer nicht wegen einer einzigen Pflichtverletzung des Käufers teilweise Erfüllung beanspruchen und im übrigen den Kaufvertrag aufheben (*Piltz*, Internationales Kaufrecht, § 5 Rdnr. 383). Anders als im Fall der Vertragsaufhebung durch den Käufer setzt das Recht des Verkäufers zur Vertragsaufhebung nicht voraus, dass der Käufer in der Lage ist, bereits erhaltene Ware zurückzugeben (*Schlechtriem/Leser*, Kommentar zum Einheitlichen UN-Kaufrecht, Anm. 8 zu Art. 82), so dass insoweit besondere Absprachen in dem Exportvertrag nicht zu treffen sind.

83. Insolvenzverfahren des Käufers. Ausländische Insolvenzverfahren beinhalten für den Exporteur ein hohes Maß an Unwägbarkeiten. Vor diesem Hintergrund ist in Art. 17 Buchst. a des Formularvertrages ausdrücklich ein Recht des Verkäufers vorgesehen, die Aufhebung des Vertrages zu erklären. Auf diese Weise hat der Exporteur die Möglichkeit, unter Beachtung der Besonderheiten des ausländischen Insolvenzrechtes flexibel auf die jeweiligen Gegebenheiten zu reagieren.

84. Nichteröffnung des Akkreditivs. Für den kommentierten Formularvertrag stellt die Sicherung des Zahlungsanspruchs des Verkäufers durch ein Akkreditiv einen entscheidenden Eckpunkt dar (vgl. Anm. 2 und 45). Wenn das Akkreditiv nicht im Sinne des Art. 8 des Formulars ordnungsgemäß und rechtzeitig gestellt wird, sollte der Exporteur sehr sorgfältig prüfen, ob unter diesen Umständen der Vertrag überhaupt durchgeführt werden kann. Zwar ist der Exporteur nach Art. 3.1 des Formularvertrages (Anm. 25) nicht verpflichtet, vor Eröffnung des Akkreditivs zu liefern. Je nach weiterer Entwicklung wird der Exporteur jedoch ggf. interessiert sein, sich unter Umständen kurzfristig aus dem Vertrag zu lösen, um seine Handlungsfreiheit zurückzugewinnen und die Vertragsprodukte etwa anderweitig abzusetzen. Da die nicht vertragsgemäße Akkreditiveröffnung jedoch nicht ohne weiteres eine wesentliche Vertragsverletzung ausmacht (*Staudinger/Magnus*, Wiener UN-Kaufrecht, Anm. 14 zu Art. 64), bedarf es folglich der Regelung in Art. 17 Buchst. b des Formularvertrages. Andernfalls müsste der Exporteur dem Käufer zunächst eine angemessene Nachfrist setzen, um sich das Aufhebungsrecht zu erschließen, vgl. Art. 64 Abs. 1 Buchst. b UN-Kaufrecht.

85. Nichtzahlung. Die nicht rechtzeitige Zahlung des vereinbarten Kaufpreises begründet in aller Regel keine wesentliche Vertragsverletzung (*Staudinger/Magnus*, Wiener UN-Kaufrecht, Anm. 10 zu Art. 64) und berechtigt den Exporteur daher nicht bereits kraft Gesetzes, den Vertrag aufzuheben. Zwar geht der Formularvertrag davon aus, dass die Zahlung des Kaufpreises durch ein Akkreditiv erfolgt, und verzichtet vor diesem Hintergrund auf weitergehende Sicherungen des Verkäufers (vgl. Anm. 2 und 45). Wenn jedoch – in der Praxis durchaus nicht selten – der Vertrag durchgeführt wird, obwohl der Käufer das Akkreditiv nicht eröffnet hat, oder die Bank die Auszahlung des Akkreditivs unter Berufung auf formelle Mängel des eingereichten Dokumente verweigert, ist für den Exporteur die vertragsgemäße Zahlung des Kaufpreises durch den Käufer (Anm. 39) von außerordentlicher Wichtigkeit. Zahlt nun der Käufer gleichwohl nicht wie vereinbart, eröffnet die kommentierte Textstelle dem Verkäufer die Möglichkeit, anstelle des Zurückhalterechtes oder des right of stoppage (vgl. Anm. 35) ohne weitere Vorankündigung auch den Vertrag aufzuheben.

86. Ausfuhrgenehmigungen. Art. 17 Buchst. d des Formularvertrages nimmt die in Art. 4.2 des Formulars getroffene Regelung auf (vgl. Anm. 28). Da die Beschaffung der für den Export erforderlichen Genehmigungen nicht eine Vertragspflicht des Käufers ist, kann die Nichterteilung dieser Genehmigungen demzufolge nicht eine Vertragsverletzung des Käufers begründen. Ohne die hierzu in Art. 4.2 bzw. Art. 17 Buchst. d des Formularvertrages getroffenen Regelungen wäre der Exporteur daher nicht berechtigt, bei Nichterteilung der erforderlichen Genehmigungen den Vertrag zu lösen. Das weitere Schicksal des Vertrages bliebe zunächst in der Schwebe.

87. Unzumutbarkeit. Art. 17 Buchst. e des Formularvertrages enthält eine bewusst „weich" gefasste Formulierung eines zusätzlichen Aufhebungstatbestandes. Die Konkretisierung mag im Einzelfall nicht einfach sein. Gleichwohl sollte zum einen aus verhandlungstaktischen Gründen eine Klausel der vorgeschlagenen Art nicht fehlen. Zum andern ist eine allgemeine Auffangklausel nahezulegen, weil nach dem UN-Kaufrecht der Eintritt unvorhergesehener, der Leistungserbringung entgegenstehender Umstände den Exporteur günstigenfalls von Schadensersatzansprüchen des Käufers befreit, vgl. Art. 79 Abs. 5 UN-Kaufrecht, ohne eine Vertragsklausel von der Art der kommentierten Textstelle das UN-Kaufrecht dem Exporteur jedoch kein Recht gibt, den Vertrag aufzuheben (vgl. *Enderlein/Maskow/Strohbach*, Internationales Kaufrecht, 1991, Anm. 3 vor Art. 79).

Ist der Exporteur besorgt, dass spezifische Umstände die ordnungsgemäße Leistungserbringung erheblich erschweren oder ihr entgegenstehen könnten, und möchte sich der Exporteur für den Eintritt solcher Fälle die Möglichkeit zur Aufhebung des Vertrages offenhalten, sollten diese Tatbestände im einzelnen formuliert werden. Für eine inhaltliche Anreicherung der kommentierten Klausel wird namentlich Anlass bestehen, wenn der Exporteur die verkauften Maschinen beispielsweise erst noch herstellen muss und für die Produktion in wesentlichem Umfang auf Zulieferungen Dritter oder die Fortdauer von sonstigen Umständen angewiesen ist.

88. Schadensersatz. Anspruchsgrundlage für Schadensersatzansprüche des Käufers gegenüber dem Exporteur ist insbesondere Art. 45 Abs. 1 Buchst. b UN-Kaufrecht und für Schadensersatzansprüche des Exporteurs gegenüber dem Käufer vor allem Art. 61 Abs. 1 Buchst. b UN-Kaufrecht. Die Haftung des Verkäufers für den durch die Ware verursachten Tod oder die Körperverletzung einer Person ist von dem Geltungsbereich des UN-Kaufrechts ausdrücklich ausgenommen, Art. 5 UN-Kaufrecht. Ansonsten führt nach dem UN-Kaufrecht im Prinzip jede Verletzung vertraglicher Pflichten ohne weiteres dem Grunde nach zu einer Schadensersatzverpflichtung (zu den Grenzen der Schadensersatzverpflichtung dem Grunde nach vgl. *Piltz*, Internationales Kaufrecht, § 5 Rdnr. 424). Auf ein Verschulden oder sonstige zusätzliche Anspruchsvoraussetzungen kommt es nicht an (*Schlechtriem/Stoll*, Kommentar zum Einheitlichen UN-Kaufrecht,

Anm. 4 und 35 zu Art. 74). Auch die Lieferung vertragswidriger Ware löst – anders als nach deutschem BGB – ohne sonstige weitere Erfordernisse Schadensersatzansprüche des Käufers aus (vgl. Anm. 69). Für das UN-Kaufrecht ist grundsätzlich die verschuldensunabhängige Garantiehaftung kennzeichnend (*Staudinger/Magnus,* Wiener UN-Kaufrecht, Anm. 18 zu Art. 45 und Anm. 20 zu Art. 61). Als weitere Besonderheit des UN-Kaufrechts ist herauszustellen, dass Schadensersatz stets zusätzlich zu anderen Rechtsbehelfen geltend gemacht werden kann, Art. 45 Abs. 2 und Art. 61 Abs. 2 UN-Kaufrecht.

Da die von dem Exporteur zu erbringenden Leistungen ungleich risikobehafteter sind als die Pflichten des Käufers und für Pflichtverletzungen des Käufers das UN-Kaufrecht zudem angemessene Schadensersatzmöglichkeiten zugunsten des Exporteurs vorsieht (näher hierzu *Piltz,* Internationales Kaufrecht, § 5 Rdnr. 418 ff. sowie Anm. 43 und 44), regelt der Formularvertrag lediglich die Schadensersatzhaftung des Exporteurs und enthält in den Art. 18, 19 und 20 Bestimmungen zu ihrer Beschränkung. Art. 18 des Formulars begrenzt die Schadensersatzhaftung dem Grunde nach, während Art. 19 des Formularvertrages die Höhe eines etwa zu leistenden Schadensersatzes limitiert.

Grundsätzlich stehen praktisch alle Bestimmungen des UN-Kaufrechts und somit auch die Regelungen zur Schadensersatzhaftung zur Disposition der Parteien, Art. 6 UN-Kaufrecht. Die Grenze der rechtlichen Gestaltungsfreiheit wird jedoch erreicht, wenn die getroffene Regelung nach dem jeweils anzuwendenden, unvereinheitlichten nationalen Recht ungültig ist, vgl. Art. 4 Satz 2 Buchst. a UN-Kaufrecht (vgl. Anm. 2 sowie *Staudinger/Magnus,* Wiener UN-Kaufrecht, Anm. 59 zu Art. 74 und *Schluchter,* Die Gültigkeit von Kaufverträgen unter dem UN-Kaufrecht, 1996, 208 ff.). Aufgrund der in Art. 22.2 des Formulars vorgesehenen Maßgeblichkeit deutschen Rechtes für alle nicht von dem UN-Kaufrecht geregelten Rechtsfragen sind folglich die in den deutschen Gesetzen vorgeschriebenen Schranken für die Freizeichnung von Schadensersatzverpflichtungen zu beachten.

89. Verschulden. Nach dem UN-Kaufrecht genügt der objektive Tatbestand der Vertragsverletzung, um Schadensersatzansprüche auszulösen (Anm. 88). Insbesondere ist nicht erforderlich, dass der den Vertrag verletzenden Partei ein Schuldvorwurf gemacht werden kann (*Staudinger/Magnus,* Wiener UN-Kaufrecht, Anm. 11 zu Art. 74). Art. 18.1 Satz 1 des Formularvertrages sieht demgegenüber vor, dass vorbehaltlich der Regelung in Satz 2 ein Schadensersatzanspruch des Käufers überhaupt nur gegeben ist, wenn der Exporteur vorsätzlich oder grob fahrlässig handelt. Diese Art der Haftungsbeschränkung ist jedenfalls in einem Individualvertrag (vgl. Anm. 2 letzter Absatz) unbedenklich (Anm. 88 letzter Absatz sowie *Palandt/Heinrichs,* Bürgerliches Gesetzbuch, 60. Auflage 2001, Rdnr. 57 zu § 276 BGB), hält nach überwiegender Meinung jedoch auch einer Inhaltskontrolle nach Maßgabe des § 9 Abs. 2 Satz 1 AGBG stand (vgl. *Staudinger/Magnus,* Wiener UN-Kaufrecht, Anm. 59 zu Art. 74 sowie *Frense,* Grenzen formularmäßiger Freizeichnung im Einheitlichen Kaufrecht, 1992, 104 ff., 140).

Mit der in Art. 18.1 Satz 1 des Formularvertrages geregelten Beschränkung der vertraglichen Haftung wird zugleich die Frage aufgeworfen, ob der Käufer sich zur Verfolgung seiner Interessen neben den vertraglichen Anspruchsgrundlagen auch auf nationale gesetzliche, insbesondere deliktsrechtliche Tatbestände stützen kann. Für die Praxis von Gewicht und problematisch ist eine solche Zweispurigkeit namentlich für Ansprüche aus Sachverhalten, die bereits von dem UN-Kaufrecht erfasst sind. Das Verhältnis konkurrierender deliktischer Ansprüche zu dem UN-Kaufrecht ist weder in dem UN-Kaufrecht selbst noch in dem Formularvertrag gezielt angesprochen. In der Literatur wird das gesamte Spektrum denkbarer Möglichkeiten vertreten (vgl. etwa *Schlechtriem/Ferrari,* Kommentar zum Einheitlichen UN-Kaufrecht, Anm. 4 zu Art. 5; *Schlechtriem/Huber,* Kommentar zum Einheitlichen UN-Kaufrecht, Anm. 50 ff., 59 f. zu Art. 45; *Staudinger/Magnus,* Wiener UN-Kaufrecht, Anm. 14 zu Art. 5; *Kuhlen,* Produkthaftung im internationalen Kaufrecht, 1997, 115; *Piltz*, Internationales Kaufrecht, § 2 Rdnr. 128 f.; *Herber* MDR 1993, 105 ff. und *Wilhelm*, UN-Kaufrecht, 1993, 5).

90. Verschuldensunabhängiger Schadensersatz. Art. 18.1 Satz 2 des Formulars hebt die in Satz 1 vorgenommene Haftungsbeschränkung auf Vorsatz oder grobe Fahrlässigkeit (Anm. 89) für den Fall auf, dass der Verkäufer eine wesentliche Vertragsverletzung begeht, das heißt die berechtigte Vertragserwartung des Käufers bei objektiver Beurteilung erheblich beeinträchtigt wird (vgl. *Staudinger/Magnus*, Wiener UN-Kaufrecht, Anm. 9 ff. zu Art. 25 sowie zu Beispielen für wesentliche Vertragsverletzungen die Zusammenstellungen bei *Staudinger/Magnus*, Wiener UN-Kaufrecht, Anm. 9 ff. zu Art. 49 und *Piltz*, Internationales Kaufrecht, § 5 Rdnr. 246 ff. sowie aus der Rechtsprechung BGH NJW 1996, 2364 ff.).

Nach ganz herrschender Ansicht ist eine formularmäßige Freizeichnung hinsichtlich wesentlicher Vertragsverletzungen nicht möglich (*Frense*, Grenzen formularmäßiger Freizeichnung im Einheitlichen Kaufrecht, 1992, 126 sowie *Graf von Westphalen* EWS 1990, 108 f.; vgl. auch *Graf von Westphalen*, Allgemeine Verkaufsbedingungen, 3. Auflage 1999, 126). Wenngleich für das vorliegende Formular davon ausgegangen wird, dass der Vertrag nicht einer AGB-rechtlichen Inhaltskontrolle unterliegt (Anm. 2 letzter Absatz) und daher eine Haftungsbeschränkung nach Art. 18.1 Satz 1 des Formularvertrages unter Einschluss auch von wesentlichen Vertragsverletzungen nicht von vornherein ausgeschlossen ist, wird für das Formular eine verschuldensunabhängige Haftung des Exporteurs befürwortet, wenn die Vertragsverletzung des Exporteurs wesentlich ist. Das eher objektiv orientierte Konzept der wesentlichen Vertragsverletzung (vgl. *Staudinger/Magnus*, Wiener UN-Kaufrecht, Anm. 9 ff. zu Art. 25) ist keineswegs mit dem deutsch-rechtlichen, mehr subjektiv akzentuierten Schuldsystem des Vorsatzes und der groben Fahrlässigkeit deckungsgleich. Der Käufer wird unter gewöhnlichen Umständen daher nicht bereit sein, den Exporteur für den Fall der zwar nicht verschuldeten, aber immerhin doch wesentlichen Vertragsverletzung generell von jeder schadensersatzrechtlichen Verantwortung freizustellen, da dem Käufer im wesentlichen entgeht, was er nach dem Vertrag erwarten durfte, vgl. Art. 25 UN-Kaufrecht. Dem Exporteur verbleibt allerdings die Berufung auf die weiteren in dem Abschnitt VI. niedergelegten Regelungen zur Eingrenzung seiner Haftung.

91. Nicht kontrollierbare Hindernisse. Art. 79 und 80 des UN-Kaufrechts stehen unter der Überschrift „Befreiungen". Ungeachtet der dem UN-Kaufrecht zugrundeliegenden verschuldensunabhängigen Garantiehaftung (Anm. 88) soll der Schuldner nicht für Vertragsverletzungen einstehen müssen, die auf für den Schuldner nicht kontrollierbare Ursachen zurückzuführen sind (*Staudinger/Magnus*, Wiener UN-Kaufrecht, Anm. 1 zu Art. 79 sowie BGH NJW 1999, 2440 ff.). Während Art. 80 UN-Kaufrecht zu einer umfassenden Freistellung des Schuldners führt, haben die in Art. 79 UN-Kaufrecht umschriebenen Tatbestände lediglich zur Folge, dass der Schuldner keinen Schadensersatz wegen der nicht ordnungsgemäßen Erfüllung zu leisten hat (näher hierzu *Piltz*, Internationales Kaufrecht, § 4 RdNr. 208 ff.). Dem Gläubiger verbleiben hingegen alle anderen nach dem UN-Kaufrecht vorgesehen Rechtsbehelfe, Art. 79 Abs. 5 UN-Kaufrecht.

Sinn und Zweck der kommentierten Textstelle ist es, ohne Verzicht auf weitergehende Rechte des Exporteurs typische Umstände als Hinderungsgründe im Sinne des Art. 79 UN-Kaufrecht zu formulieren (vgl. *Schlechtriem/Stoll*, Kommentar zum Einheitlichen UN-Kaufrecht, Anm. 60 zu Art. 79). Je nach den Gegebenheiten mögen auch weitere Tatbestände als Befreiungsgründe in Art. 18.2 des Formularvertrages aufgeführt werden. Namentlich wenn – anders als für den Formularvertrag angenommen (Anm. 1) – der Exporteur die vertragsgegenständliche Ware erst noch herzustellen hat und hierfür auf die Mitwirkung von Zulieferanten angewiesen ist, empfiehlt sich, dieser Situation in Art. 18.2 des Formularvertrages gezielt Rechnung zu tragen. Gleichermaßen können die Risiken der Nichtverfügbarkeit von Rohstoffen oder Vorprodukten, von Störungen der Energieversorgung oder des Fehlens notwendiger Transportkapazitäten oder sonstiger Umstände, die für den Exporteur bedeutsam sind, in der kommentierten Textstelle angesprochen werden (vgl. *Böckstiegel* RIW 1984, 1 ff. mit Formulierungsvorschlägen).

Nach Art. 18.2 des Formularvertrages braucht der Exporteur bei Leistungsstörungen aufgrund der dort angeführten Umstände für die Nichterfüllung seiner Pflichten nicht einzustehen. Demgegenüber stellt Art. 79 UN-Kaufrecht deutlich weitergehende Anforderungen, bevor sich der Schuldner entlasten kann. Insbesondere entfällt jede Befreiungsmöglichkeit, wenn der Hinderungsgrund bei Vertragsabschluss vernünftigerweise in Betracht zu ziehen war oder der Hinderungsgrund oder seine Folge vermieden oder überwunden werden konnten (näher hierzu *Staudinger/Magnus*, Wiener UN-Kaufrecht, Anm. 15 zu Art. 79 und *Piltz*, Internationales Kaufrecht, § 4 Rdnr. 220 ff. sowie Schiedsgericht Handelskammer Hamburg NJW 1996, 3229 ff.).

Allgemeine wirtschaftliche Schwierigkeiten bei der Durchführung des Vertrages, namentlich das Aufkommen von bei Vertragsabschluss nicht vorhergesehenen, die Vertragsabwicklung nun jedoch erheblich erschwerenden Umständen („imprevisión") als solche entlasten gleichermaßen nur, wenn die tatbestandlichen Voraussetzungen des Art. 79 UN-Kaufrecht erfüllt sind. Der bloße Eintritt derartiger Umstände ist anders als nach manchen nationalen Rechten hingegen nicht ausreichend, um den Verkäufer aus der Verantwortung für die ordnungsgemäße Durchführung des Vertrages zu entlassen (vgl. *Schlechtriem/Stoll*, Kommentar zum Einheitlichen UN-Kaufrecht, Anm. 39 und 40 zu Art. 79; *Granillo Ocampo/Carl*, Contrato de Compraventa Internacional de Mercaderias, Buenos Aires 1994, 41; *Enderlein/Maskow/Strohbach*, Internationales Kaufrecht, 1991, Anm. 3 vor Art. 79; aus der Rechtsprechung zum UN-Kaufrecht Tribunale Civile di Monza 14. 1. 1993, Giuripr. Ital. 1994 I, 146 ff.). Nach dem Formularvertrag kann der Exporteur bei Eintritt derartiger Umstände jedoch ggf. berechtigt sein, sich aufgrund der Bestimmung des Art. 17 Buchst. e (Anm. 87) aus dem Vertrag zu lösen.

Art. 79 UN-Kaufrecht lässt den Erfüllungsanspruch des Käufers grundsätzlich unberührt (*Staudinger/Magnus*, Wiener UN-Kaufrecht, Anm. 57 ff. zu Art. 79). Fallgestaltungen, in denen der Käufer trotz Vorliegens eines Befreiungstatbestandes im Sinne des Art. 79 UN-Kaufrecht bzw. des Art. 18.2 des Formularvertrages gleichwohl Erfüllung verlangt, sind für den dem Formular zugrundeliegenden Sachverhalt (Anm. 1) kaum vorstellbar, da der Erfüllungsanspruch wegen des Leistungshindernisses nicht tatsächlich durchsetzbar ist und Schadensersatzansprüche nach den Befreiungsvorschriften ausgeschlossen sind. Möchte der Exporteur allerdings in jeder Hinsicht sichergehen (vgl. *Schlechtriem/Stoll*, Kommentar zum Einheitlichen UN-Kaufrecht, Anm. 55 f. zu Art. 79), kann zusätzlich der Ausschluss bzw. die Suspendierung des Erfüllungsanspruches für diese Gestaltungen vereinbart werden.

Die inhaltliche Zulässigkeit von Vertragsstrafen bzw. vertraglich geregelten Schadensersatzpauschalierungen wird von dem UN-Kaufrecht nicht erfasst (*Staudinger/Magnus*, Wiener UN-Kaufrecht, Anm. 61 zu Art. 4). Folglich kann auch der Befreiungstatbestand des Art. 79 UN-Kaufrecht nicht unmittelbar Anwendung finden, wenn die Parteien in dem Exportvertrag Vertragsstrafen und/oder Schadensersatzpauschalen vereinbaren sollten (differenzierend *Herber/Czerwenka*, Internationales Kaufrecht, Anm. 23 zu Art. 79). Kommen die Parteien überein, Vertragsstrafen und/oder Schadensersatzpauschalen vorzusehen, sollte daher in diesem Zusammenhang gleichermaßen geregelt werden, ob die Befreiungstatbestände des Art. 18.2 des Formularvertrages und des Art. 79 UN-Kaufrecht auch für Vertragsstrafen und Schadensersatzpauschalen gelten. Für den vorliegenden Vertrag wird dieser Aspekt nicht weiter vertieft, da nach dem vorgegebenen Sachverhalt der Verkäufer keine Veranlassung hat, zugunsten des Käufers eine Vertragsstrafe und/oder Schadensersatzpauschale zuzusagen und das Interesse des Exporteurs an der Erlangung der Kaufpreiszahlung durch das Akkreditiv (Anm. 2 und 45) hinreichend abgesichert ist.

1. Exportvertrag (Maschine)   IV. 1

92. Verhältnis zu anderen Rechtsbehelfen. Grundsätzlich kann der Käufer stets zusätzlich zu anderen Rechtsbehelfen auch Schadensersatz geltend machen, vgl. Art. 45 Abs. 2 UN-Kaufrecht. Der Schadensersatzanspruch zielt dann darauf ab, den nach Ausübung eines anderen Rechtsbehelfes noch verbleibenden Nachteil auszugleichen (*Staudinger/Magnus*, Wiener UN-Kaufrecht, Anm. 21 zu Art. 45). Ungeachtet anderer zur Verfügung stehender Rechtsbehelfe kann nach der überwiegenden Literaturmeinung der Käufer sich aber auch darauf beschränken, anstelle anderer Rechtsbehelfe ausschließlich Ausgleich durch Schadensersatz zu suchen (vgl. etwa *Ryffel*, Die Schadensersatzhaftung des Verkäufers nach dem Wiener Übereinkommen über Internationale Warenkaufverträge vom 11. April 1980, 1992, 30; *Enderlein/Maskow/Strobach*, Internationales Kaufrecht, 1991, Anm. 6 zu Art. 45 und *Piltz*, Internationales Kaufrecht, § 5 Rdnr. 322 m.w.N.). Art. 18.3 des Formularvertrages reduziert demgegenüber den Schadensersatzanspruch als Ausgleich auf Leistungsdefizite, die dem Käufer nach Berücksichtigung der anderen nach dem Exportvertrag vorgesehenen Rechtsbehelfe verbleiben.

Der Praxis liegt erfahrungsgemäß sehr daran, Leistungsstörungen beheben zu können, um auf diese Weise den Kaufpreis ungeschmälert durch gegengerechnete Schadensersatzansprüche zu erhalten. Gegen dieses Konzept – und damit für eine Streichung von Art. 18.3 des Formularvertrages – spricht hingegen, dass der Schadensersatzanspruch nach Art. 18 des Formulars (Anm. 89 bis 91) an weitere Voraussetzungen gebunden ist, und dass in dem Maße, in dem der Käufer Schadensersatzansprüche geltend macht, er nach Maßgabe des Art. 77 UN-Kaufrecht zur Schadensvermeidung und Schadensminderung verpflichtet ist (*Herber/Czerwenka*, Internationales Kaufrecht, Anm. 4 zu Art. 77). Für die anderen Rechtsbehelfe des UN-Kaufrechts gilt Art. 77 UN-Kaufrecht hingegen nicht (näher hierzu *Piltz*, Internationales Kaufrecht, § 5 Rdnr. 456 und *Herber/Czerwenka*, Internationales Kaufrecht, Anm. 3 zu Art. 77).

93. Schadensumfang. Nach Art. 74 UN-Kaufrecht ist der Schadensersatzschuldner grundsätzlich verpflichtet, den entstandenen Nachteil bis zur Höhe des bei Vertragsabschluss voraussehbaren Verlustes zu ersetzen. Nach Sinn und Zweck dieser Regelung soll der Schadensersatz auf das mit dem Vertragsabschluss übernommene Haftungsrisiko beschränkt werden (*Schlechtriem/Stoll*, Kommentar zum Einheitlichen UN-Kaufrecht, Anm. 4 zu Art. 74). Voraussehbarkeit ist nicht subjektive Voraussehbarkeit im Sinne eines Verschuldens, sondern vielmehr objektive Voraussehbarkeit der Schadensfolge als mögliche Konsequenz der Vertragsverletzung (*Staudinger/Magnus*, Wiener UN-Kaufrecht, Anm. 32 und 35 zu Art. 74; umfassend hierzu *Faust*, Die Vorhersehbarkeit des Schadens gemäß Art. 74 Satz 2 UN-Kaufrecht, 1996).

Art. 19.1 des Formularvertrages bestätigt die Voraussehbarkeitsregel und stellt als maßgebliche zeitliche Zäsur den Zeitpunkt des Vertragsabschlusses heraus. Abgesehen von einem natürlichen Kausalzusammenhang zwischen der Pflichtverletzung und dem eingetretenen Schaden spielen sonstige, juristische Kausalitätstheorien für die Schadenszurechnung nach dem UN-Kaufrecht keine Rolle (*Ryffel*, Die Schadensersatzhaftung des Verkäufers nach dem Wiener Übereinkommen über Internationale Warenkaufverträge vom 11. April 1980, 1992, 52 f.; zur Typisierung der Schadenszurechnung vgl. *Roßmeier* RIW 2000, 407 ff.).

94. Schadensobergrenze. Art. 19.2 1. Halbsatz des Formularvertrages gibt eine in der Praxis vielfach übliche Bestimmung zur Begrenzung des Schadens wegen verspäteter Lieferung wieder (vgl. etwa *Graf von Westphalen*, Allgemeine Verkaufsbedingungen, 3. Auflage 1999, 84). Auch der 2. Halbsatz von Art. 19.2 des Formulars, der für sonstige Gestaltungen den zu ersetzenden Schaden auf den Lieferwert beschränkt, entspricht verbreiteter Praxis (vgl. *Moecke*, Zur Aufstellung von Exportbedingungen nach UNCITRAL-Kaufrecht, 1991, 95 f.).

Da für den vorliegenden Exportvertrag davon ausgegangen wird, dass er nicht einer AGB-rechtlichen Kontrolle unterliegt (Anm. 2 letzter Absatz), ist auf die Vereinbarkeit einer derartigen Haftungsbegrenzung mit dem deutschen AGBG nicht weiter einzugehen. Das UN-Kaufrecht gestattet Absprachen zur Höhe des zu ersetzenden Schadens, solange die getroffene Regelung nach dem für die nicht von dem UN-Kaufrecht erfassten Rechtsfragen geltenden Recht nicht ungültig ist, vgl. Art. 4 Satz 2 Buchst. a UN-Kaufrecht (Anm. 88 letzter Absatz). Wenn der Schaden durch ein vorsätzliches Handeln des Exporteurs verursacht worden ist, wird der Exporteur sich daher nicht auf die Haftungsbegrenzung des Art. 19.2 des Formularvertrages berufen können, § 276 Abs. 2 BGB (*Palandt/Heinrichs*, Bürgerliches Gesetzbuch, 60. Auflage 2001, Rdnr. 57 zu § 276 BGB). Entsprechendes gilt bei arglistigem Verschweigen von Vertragswidrigkeiten durch den Verkäufer, § 476 BGB (*Palandt/Heinrichs*, Bürgerliches Gesetzbuch, 60. Auflage 2001, Rdnr. 9 zu § 476 BGB).

95. Verjährungsverkürzung. Im Hinblick auf die mögliche Konkurrenz gesetzlicher Ansprüche des Käufers gegen den Verkäufer wegen Lieferung vertragswidriger oder rechtsmangelhafter Ware (Anm. 89) verkürzt Art. 20.1 des Formularvertrages die Verjährungsfrist nicht-vertraglicher Ansprüche auf das Maß der §§ 477ff. BGB. § 852 BGB (vgl. Anm. 100) ist dispositiv und steht dieser Regelung nicht entgegen (*Palandt/ Heinrichs*, Bürgerliches Gesetzbuch, 60. Auflage 2000, Rdnr. 4 zu § 225 BGB). Die Abkürzung der Verjährungsfrist gilt auch für den Fall vorsätzlichen Handelns des Verkäufers (*Palandt/Heinrichs*, Bürgerliches Gesetzbuch, 60. Auflage 2000, Rdnr. 57 zu § 276 BGB).

Da die Verjährungsfrist für die Haftung wegen rechtsmangelhafter Lieferung in Art. 14.2 des Formularvertrages auf die Verjährungsdauer für die Haftung wegen Lieferung vertragswidriger Ware verkürzt ist (Anm. 76) und die Verjährungsfrist für alle Rechtsbehelfe wegen Lieferung vertragswidriger Ware nach Art. 3 VertragsG zu dem UN-Kaufrecht (BGBl. 1989 II, 586) in entsprechender Anwendung von § 477 BGB 6 Monate beträgt (Anm. 60 letzter Absatz sowie *Staudinger/Magnus*, Wiener UN-Kaufrecht, Anm. 5ff. zu Art. 3 Vertragsgesetz zum CISG), führt Art. 20.1 des Formulars bei Geltung deutschen Rechts (vgl. Anm. 100) in verjährungsrechtlicher Hinsicht zu einer weitgehenden Gleichschaltung der vertraglichen und der außervertraglichen Haftung des Verkäufers. Unter diesen Umständen verliert das Problem der Anspruchskonkurrenz vertraglicher mit außervertraglichen Ansprüchen deutlich an Gewicht (vgl. Anm. 89).

96. Haftung von Mitarbeitern. Mit Art. 20.2 des Formularvertrages soll sichergestellt werden, dass die persönliche Haftung der Mitarbeiter des Verkäufers nicht weiter reicht als die des Verkäufers selbst. Diese Regelung empfiehlt sich, weil andernfalls – namentlich im Bereich der Produkthaftung – auch die Mitarbeiter des Verkäufers gestützt auf § 823 BGB zur Verantwortung herangezogen werden könnten (vgl. hierzu *Graf von Westphalen*, Allgemeine Verkaufsbedingungen, 3. Auflage 1999, 138).

97. Erfüllungsort. Nach Art. 2.2 des Formulars ist als Erfüllungsort für die Lieferpflicht des Verkäufers Hamburg vereinbart (Anm. 18 und Anm. 19). Im übrigen sieht Art. 21 des Formularvertrages als Erfüllungsort für die Pflichten sowohl des Verkäufers wie auch des Käufers den Ort der Niederlassung des Exporteurs vor. Im Hinblick auf die den Parteien obliegenden Primärpflichten bestätigt Art. 21 des Formularvertrages im wesentlichen die hierzu in dem Exportvertrag bzw. in dem UN-Kaufrecht getroffenen Aussagen.

Die besondere Bedeutung des Art. 21 des Formulars ist in der Festlegung des Erfüllungsortes für Sekundärpflichten zu sehen. Schadensersatzleistungen sind danach am Ort der Niederlassung des Verkäufers zu erfüllen (vgl. *Staudinger/Magnus*, Wiener UN-Kaufrecht, Anm. 57 zu Art. 74 und *Piltz*, Internationales Kaufrecht, § 5 Rdnr. 467 sowie OLG Düsseldorf RIW 1993, 845f.). Gleiches gilt für die im Falle der Aufhebung des Vertrages dem Käufer erwachsenden Pflichten zur Rückgabe der Ware und zur Vergütung der aus der gelieferten Ware gezogenen Vorteile (Anm. 80; vgl. ferner *Staudinger/Magnus*, Wiener UN-Kaufrecht, Anm. 19 zu Art. 81 und *Piltz*, Internationales

1. Exportvertrag (Maschine) IV. 1

Kaufrecht, § 5 Rdnr. 292) und die Pflicht des Verkäufers, im Falle eines berechtigten Preisherabsetzungsverlangens des Käufers (Anm. 73) den überzahlten Kaufpreis an den Käufer zurückzuerstatten. Namentlich wenn eine Partei in einem devisenbewirtschafteten Land ansässig ist, für den Grenzübertritt der Ware erhebliche Zölle anfallen oder sonstige außenwirtschaftsrechtliche Beschränkungen des Warenverkehrs bestehen, kommt der Erfüllungsortklausel wegen der damit verbundenen Risikozuweisung erhebliche Bedeutung zu (vgl. Anm. 18).

98. UN-Kaufrecht. Der Formularvertrag ist auf der Basis des UN-Kaufrechts erstellt (Anm. 2). Innerhalb seines räumlich-persönlichen Anwendungsbereiches (zuletzt *Piltz* NJW 2000, 555 f.; zuletzt zum Geltungsstand IHR 2001, 90; als weitere Vertragsstaaten kommen hinzu: Island m. W. v. 1. 6. 2002 und Kolumbien m. W. v. 1. 8. 2002) gilt das UN-Kaufrecht automatisch, ohne dass es dahingehender Willensbekundungen oder gar Vereinbarungen der Parteien bedarf. Das UN-Kaufrecht kommt lediglich dann nicht zur Anwendung, wenn die Parteien mit hinreichender Deutlichkeit und wirksam seine Geltung ausgeschlossen haben, Art. 6 UN-Kaufrecht (näher hierzu *Bucher/Herber*, Wiener Kaufrecht, Bern 1991, 218 ff. sowie *Staudinger/Magnus*, Wiener UN-Kaufrecht, Anm. 16 ff. zu Art. 6).

Trotz der automatischen Geltung des UN-Kaufrechtes für praktisch alle Exportgeschäfte deutscher Unternehmen sollte Art. 22.1 Satz 1 des Formularvertrages nicht fehlen. Art. 23.2 des Formulars eröffnet dem Exporteur die Möglichkeit, den Käufer auch in einem Gerichtsstand außerhalb der Bundesrepublik Deutschland zu verklagen (Anm. 102). Richter in Nicht-Vertragsstaaten des UN-Kaufrechts sind ungeachtet der Tatsache, dass aus deutscher Sicht über Art. 1 Abs. 1 Buchst. b UN-Kaufrecht i. V. m. Art. 27 ff. EGBGB in aller Regel die Bestimmungen des UN-Kaufrechts zur Anwendung kommen, nicht an das UN-Kaufrecht gebunden. Daraus folgt, dass im Verhältnis zu Nicht-Vertragsstaaten des UN-Kaufrechts die rechtliche Bewertung des Sachverhaltes davon abhängen kann, ob der Rechtsstreit in der Bundesrepublik Deutschland oder in einem Nicht-Vertragsstaat ausgetragen wird. Namentlich für diese Situation ist die in Art. 22.1 Satz 1 des Formulars abgesprochene Maßgeblichkeit des UN-Kaufrechts bedeutsam. Allerdings bleibt in jedem Einzelfall zu prüfen, ob die Gerichte eines Nicht-Vertragsstaates des UN-Kaufrechtes die in Art. 22.1 Satz 1 des Formulars vereinbarte Geltung des UN-Kaufrechts akzeptieren (vgl. *Merkert* ZVglRWiss 1994, 374 ff. und *Hoyer* WBl 1988, 71). Namentlich einige südamerikanische Staaten sowie viele Länder der arabischen Welt gestatten den Parteien nicht, Absprachen über das anzuwendende Recht zu treffen, so dass die Durchsetzbarkeit des UN-Kaufrechtes in diesen Gestaltungen zumindest zweifelhaft ist. Praktische Erfahrungswerte liegen hierzu bislang nicht vor.

Darüber hinaus sehen die Art. 2 und 3 UN-Kaufrecht Ausnahmen hinsichtlich des gegenständlichen Anwendungsbereiches des UN-Kaufrechts vor. Für den dem Formular zugrundeliegenden Sachverhalt (Anm. 1) sind diese Bestimmungen ohne Bedeutung. In zweifelhaften Abgrenzungsfällen sollte die Anwendung des UN-Kaufrechts jedoch gezielt auch für diese Sachverhaltsgruppen vereinbart werden. Entsprechendes gilt, wenn die Maßgeblichkeit des UN-Kaufrechts im Hinblick auf seinen zeitlichen Anwendungsbereich, vgl. Art. 100 UN-Kaufrecht, Fragen aufwirft (*Enderlein/Maskow/Strobach*, Internationales Kaufrecht, 1991, Anm. 3.2 zu Art. 6).

Das UN-Kaufrecht ist in den 6 UNO-Sprachen Arabisch, Chinesisch, Englisch, Französisch, Russisch und Spanisch gleichermaßen verbindlich (*Herber/Czerwenka*, Internationales Kaufrecht, Anm. 12 vor Art. 1). Die deutsche Fassung ist lediglich eine völkerrechtlich nicht bindende und obendrein nicht stets einwandfreie Übersetzungshilfe (*Staudinger/Magnus*, Wiener UN-Kaufrecht, Anm. 18 f. zu Art. 7). Aus sprachlichen Gründen dürfte der englischen Fassung in der Praxis der Vorrang vor den Versionen in den anderen UNO-Sprachen zukommen (*Staudinger/Magnus*, Wiener UN-Kaufrecht, Anm. 17 zu

Art. 7). Art. 22.1 Satz 1 des Formulars sieht daher ausdrücklich die Maßgeblichkeit der englischen Textfassung vor.

99. INCOTERMS. Der Formularvertrag verwendet die INCOTERM FCA (Anm. 2 und Anm. 18–20). In der internationalen Handelspraxis werden neben den INCOTERMS auch andere Klauselwerke verwandt. In den USA sind etwa die American Foreign Trade Definitions gebräuchlich, die inhaltlich zum Teil entscheidend von den INCOTERMS abweichen (näher dazu *Spanogle,* The International Lawyer 1997, 111 ff.). Chinesische Importeure schließen zwar gern unter Verwendung von äußerlich den INCOTERMS gleichenden Klauseln ab, die dann jedoch deutlich zu Lasten des nicht-chinesischen Lieferanten modifiziert werden. Aus diesen Gründen hält Art. 22.1 Satz 2 des Formularvertrages ausdrücklich fest, dass bei Verwendung von Handelsklauseln die INCOTERMS der Internationalen Handelskammer in der seit 1. Januar 2000 geltenden Fassung zur Anwendung kommen (vgl. *Bredow/Seiffert,* INCOTERMS 2000, Anm. 16 der Einführung). Die Verweisung auf die INCOTERMS hat die Geltung der englischen Originalfassung zur Folge (*Bredow/Seiffert,* INCOTERMS 2000, Anm. 18 der Einführung). Die zu den einzelnen INCOTERMS ausgewiesenen Pflichten des Käufers bzw. des Verkäufers sind dispositiv, so dass die von den Parteien hierzu getroffenen Absprachen dem Regelinhalt der jeweiligen INCOTERM vorgehen (vgl. Ziffer 11 der Einleitung zu den INCOTERMS, abgedruckt bei *Bredow/Seiffert,* INCOTERMS 2000, 133 f.).

100. Deutsches BGB/HGB. Das nach Art. 22.1 Satz 1 des Formulars für maßgeblich erklärte UN-Kaufrecht erfasst nicht alle Rechtsfragen, die bei der Beurteilung eines internationalen Kaufvertrages aufkommen können. Neben den in Art. 4 (vgl. Anm. 88) und Art. 5 UN-Kaufrecht ausdrücklich ausgenommenen Regelungsbereichen findet das UN-Kaufrecht insbesondere keine Anwendung auf die Abtretung (Anm. 77), die Aufrechnung (Anm. 58) und die Verjährung (Anm. 60 und Anm. 76) von Ansprüchen aus internationalen Kaufverträgen (näher hierzu *Staudinger/Magnus,* Wiener UN-Kaufrecht, Anm. 35 ff. zu Art. 4 sowie *Piltz,* Internationales Kaufrecht, § 2 Rdnr. 145 ff.). Für alle nicht von dem UN-Kaufrecht erfassten Rechtsfragen sieht Art. 22.2 des Formulars die Geltung des nicht vereinheitlichten, deutschen Rechts vor.

Nach Art. 27 EGBGB steht es den Parteien grundsätzlich frei, das für ihre Rechtsbeziehung maßgebliche Recht zu wählen (näher hierzu *Schröder/Wenner,* Internationales Vertragsrecht, 9 ff. und *Leible* ZVglRWiss 1998, 286 ff. sowie BGH NJW-RR 2000, 1002 ff.). Die nach Art. 27 ff. EGBGB vorgesehenen Beschränkungen hinsichtlich der Rechtswahl sind für den dem Formular zugrundeliegenden Sachverhalt (Anm. 1) nicht einschlägig. Gleichwohl kann der Exporteur nicht darauf vertrauen, dass außerhalb des Regelungsbereiches des UN-Kaufrechtes damit stets das deutsche, unvereinheitlichte Recht zur Anwendung kommt. Die Art. 27 ff. EGBGB binden nämlich nur den deutschen Richter. Im Geltungsbereich des Römischen EWG-Übereinkommens über das auf vertragliche Schuldverhältnisse anzuwendende Recht vom 19. 6. 1980 (BGBl. 1986 II, 810, zum Geltungsstand zuletzt BGBl. 1999 II, 383; zu dem Übereinkommen vgl. *Martiny,* ZEuP 1999, 246 ff.) gelten zwar gleiche Grundsätze. Außerhalb des Kreises der Vertragsstaaten des Römischen Übereinkommens ist jedoch in jedem Einzelfall zu prüfen, ob das in dem jeweiligen in Betracht kommenden Staat geltende Kollisionsrecht die Wahl des unvereinheitlichten, deutschen Rechtes zulässt. Namentlich einige südamerikanische sowie viele Staaten des arabischen Rechtskreises gestatten den Parteien nicht, in grenzüberschreitenden Sachverhalten das zur Regelung ihrer Rechtsbeziehungen maßgebliche Recht zu wählen, sondern bestimmen vielmehr abschließend, welches Recht zur Anwendung kommt (vgl. etwa *Bergdolt,* Internationale Schuldverträge und ihre Durchsetzung im brasilianischen Recht, Frankfurt 1988). Derartige Vorgaben können für den deutschen Exporteur bedeutsam werden, wenn er unter Berufung auf Art. 23.2 des Formularvertrages ein Gericht in diesen Staaten anruft. Unter Umständen kann auch die Anerkennung und Vollstreckung einer von einem deutschen Gericht unter Anwendung des Art. 22.2 des Formularvertrages erlassenen Entscheidung in diesen Staaten scheitern. Vor diesem Hintergrund ist besonders wichtig, dass der Exporteur nur auf der Basis eines bestätigten, unwiderruflichen Akkreditivs (Anm. 2 und 45) oder einer gleichwertigen Absicherung des Zahlungsanspruches liefert, da damit die Notwendigkeit einer weiteren Rechtsverfolgung weitgehend entfällt.

Art. 22.2 des Formularvertrages trifft eine Rechtswahl allgemein für das rechtliche Verhältnis der Parteien. Nach neuerem deutschem Kollisionsrecht ist eine Rechtswahl für Ansprüche aus unerlaubter Handlung jedoch nicht mehr zulässig, Art. 42 EGBGB. Ohnehin könnte eine zwischen dem Käufer und dem Verkäufer getroffene Vereinbarung über das anzuwendende Recht sich nicht auf die Beziehungen zu Dritten erstrecken, die an dem Vertragsabschluss nicht beteiligt sind. Obendrein ist auch im Verhältnis des Exporteurs zu dem Käufer die Rechtswahl im Anwendungsbereich der Produkthaftungs-Richtlinie der Europäischen Gemeinschaft vom 25. Juli 1985 zudem aus anderen Gründen problematisch (*Graf von Westphalen/Wilde*, Produkthaftungshandbuch Band 2, München 1999, 238). Danach muss davon ausgegangen werden, dass die in dem kommentierten Vertrag angesprochenen Regeln zum deutschen Deliktsrecht (vgl. Anm. 95) nur unter der Voraussetzung gelten, dass das Internationale Privatrecht des zur Entscheidung aufgerufenen Gerichts, bei Anrufung eines deutschen Gerichts folglich Art. 40 ff. EGBGB, letztlich zur Geltung des deutschen Deliktsrechts führt.

101. Ausschließliche Zuständigkeit. In Art. 23.1 des Formulars wird für vertragliche und außervertragliche Streitigkeiten zwischen dem Exporteur und dem Käufer die örtlich und international ausschließliche Zuständigkeit der für den Verkäufer zuständigen Gerichte vereinbart. Die Regelung entspricht den Anforderungen, die sowohl Art. 17 des Brüsseler EWG-Übereinkommens über die gerichtliche Zuständigkeit und die Vollstreckung gerichtlicher Entscheidungen in Zivil- und Handelssachen (EuGVÜ) (seit 1. 12. 1994 für die Bundesrepublik Deutschland in der Fassung von 1989 in Kraft, BGBl. 1994 II, 3707, 518) wie auch Art. 17 des Luganer Übereinkommens über die gerichtliche Zuständigkeit und die Vollstreckung gerichtlicher Entscheidungen in Zivil- und Handelssachen (LuganoÜ) (seit 1. 3. 1995 für die Bundesrepublik Deutschland in Kraft, BGBl. 1995 II, 221, BGBl. 1994 II, 2658 ff.) an die wirksame Vereinbarung eines Gerichtsstandes stellen. Der nach diesen Bestimmungen erforderliche Bezug der Gerichtsstandsabsprache zu einem bestimmten Rechtsverhältnis (vgl. *EuGH* EuZW 1992, 252 ff. und *OLG München* RIW 1989, 901 ff.) ist durch den Hinweis in Art. 23.1 des Formulars auf Rechtsstreitigkeiten aus dem vorliegenden Kaufvertrag hergestellt. Zudem erfüllt die Gerichtsstandsvereinbarung das Erfordernis des schriftlichen Abschlusses (vgl. Art. 17 Abs. 1 Satz 2 1. Alternative EuGVÜ), da die Gerichtsstandsvereinbarung in dem von beiden Parteien zu unterzeichnenden Vertrag enthalten ist (*EuGH* RIW 1984, 909 f.). Damit entspricht die Regelung auch den Anforderungen von Art. 23 der VO EG Nr. 44/2001 vom 22. 12. 2000 über die gerichtliche Zuständigkeit und die Anerkennung und Vollstreckung von Entscheidungen in Zivil- und Handelssachen (ABl EG L 12/1 vom 16. 1. 2001). Die VO EG Nr. 44/2001 tritt am 1. 3. 2002 in Kraft und ersetzt insbesondere das EuGVÜ.

Außerhalb des Anwendungsbereichs der vorbezeichneten Übereinkommen beurteilen sich internationale Gerichtsstandsvereinbarungen aus deutscher Sicht in der Regel nach §§ 38 ff. ZPO (*BGH* MDR 1989, 335 und *Samtleben* NJW 1974, 1594 ff.). Unter Vollkaufleuten ist eine internationale Gerichtsstandsvereinbarung ohne weiteres nach § 38 Abs. 1 ZPO zulässig (a. A. *OLG Nürnberg* NJW 1985, 1296 ff.), während ansonsten nach § 38 Abs. 2 ZPO erforderlich ist, dass der Käufer keinen allgemeinen Gerichtsstand im Inland hat (*BGH* NJW 1986, 1438 f.).

102. Zuständigkeitsvorbehalt. Art. 23.2 des Formularvertrages eröffnet dem Exporteur die Möglichkeit, den Käufer auch außerhalb der Bundesrepublik Deutschland zu verklagen. Diese Option ist von Bedeutung, wenn die Anerkennung eines deutschen Urteils in dem Land des Käufers nicht gewährleistet ist. Darüber hinaus können weitere Argumente wie etwa das im Ausland maßgebliche Beweisrecht nach Abwägung aller Umstände für eine Rechtsverfolgung außerhalb der Bundesrepublik Deutschland sprechen. Für den Exporteur kann Art. 23.2 des Formularvertrages namentlich bedeutsam werden, wenn er liefert, ohne dass das nach Art. 8 des Formulars vorgesehene Akkreditiv gestellt worden ist oder die Bank die Aufnahme des Akkreditivs ablehnt und der Käufer den Kaufpreis schuldig bleibt.

Aus deutsch-rechtlicher Sicht bestehen gegen die Zulässigkeit von Art. 23.2 des Formulars keine Bedenken, zumal Art. 17 Abs. 4 EuGVÜ sowie Art. 17 Abs. 4 LuganoÜ (Anm. 101) ausdrücklich vorsehen, dass ungeachtet einer Gerichtsstandsvereinbarung in bestimmten Situationen auch andere Gerichte angerufen werden können, und Gerichtsstandsvereinbarungen nach §§ 38 ff. ZPO ohnehin nicht stets ausschließlich wirken (vgl. *OLG München* RIW 1989, 643 f. und *BGH* NJW 1997, 2885 ff.).

Als Alternative zu Art. 23 des Formulars ist zu erwägen, anstelle der Zuständigkeit der staatlichen Gerichte die Zuständigkeit eines Schiedsgerichtes vorzusehen (näher hierzu *Schütze* Rechtsverfolgung im Ausland, 2. Auflage, 1998, 199 ff.). Namentlich im Verhältnis zu den Staaten, in denen die Anerkennung eines deutschen staatlichen Urteiles nicht sichergestellt ist, bestehen häufig – wenngleich nicht immer – Möglichkeiten zur Durchsetzung internationaler Schiedssprüche. Da nach dem Formularvertrag das Interesse des Verkäufers an der ordnungsgemäßen Erlangung des Kaufpreises über das Akkreditiv sichergestellt wird (Anm. 2 und Anm. 45), werden sonstige Alternativen zu einer für den Exporteur effizienten Ausgestaltung der Rechtsverfolgung nicht weiter vertieft.

103. Vertragssprache. Trotz seines internationalen Charakters regelt das UN-Kaufrecht nicht ausdrücklich, in welcher Sprache Erklärungen der Parteien abzufassen sind. Die in der Literatur hierzu vertretenen Meinungen weisen recht unterschiedliche Ausgangspunkte auf, kommen letztlich jedoch zu sehr ähnlichen Ergebnissen (vgl. etwa *Schlechtriem/Junge*, Kommentar zum Einheitlichen UN-Kaufrecht, Anm. 4a zu Art. 8 und *Piltz*, Internationales Kaufrecht, § 3 Rdnr. 53, § 5 Rdnr. 69 und § 5 Rdnr. 274). Namentlich im Hinblick auf die Anzeige von Vertragswidrigkeiten (Anm. 68) sowie die dem Käufer nach Art. 16 des Formulars obliegende Abmahnung vor Aufhebung des Vertrages (Anm. 81) empfiehlt sich für die Praxis auf jeden Fall, die maßgebliche Kommunikationssprache verbindlich festzulegen.

104. Schriftform. Art. 13 UN-Kaufrecht konkretisiert die Schriftform und stellt damit klar, dass anders als nach § 126 BGB eine eigenhändige Unterschrift für die Einhaltung der Schriftlichkeit nicht erforderlich ist. Art. 24.1 Satz 2 des Formulars bezieht darüber hinaus auch die Verwendung von e-mail und Telefax in diese Regelung ein (vgl. Anm. 8).

Die Schriftlichkeitsregel des Art. 13 UN-Kaufrecht gilt nach überwiegender Ansicht auch für die Vertragsstaaten des UN-Kaufrechtes, die den Vorbehalt nach Art. 96 UN-Kaufrecht erklärt haben (*Staudinger/Magnus*, Wiener UN-Kaufrecht, Anm. 1 zu Art. 13; vorsichtiger *Enderlein/Maskow/Strobach*, Internationales Kaufrecht, 1991, Anm. zu Art. 13). Welche Formerfordernisse im Verhältnis zu diesen Vorbehaltsstaaten sowie außerhalb des Geltungsbereiches des UN-Kaufrechtes zu beachten sind, bestimmt sich aus deutscher Sicht nach Art. 11 EGBGB (*Staudinger/Magnus*, Wiener UN-Kaufrecht, Anm. 8 zu Art. 12; a. A. *Reinhart*, UN-Kaufrecht, Anm. 3 zu Art. 12).

Der Formularvertrag sieht keine Bestimmung vor, nach der Änderungen des Vertrages einer schriftlichen Bestätigung bedürfen. Ggf. mag getextet werden: „Changes to this Contract of Sale require written confirmation by the Seller.". Auch enthält der Vertrag keine sogenannte Merger-Klausel (vgl. *Kritzer*, Guide to Practical Applications of the United Nations Convention on Contracts for the International Sale of Goods, Loseblatt,

96 a). Da das Interesse des Exporteurs an der Durchführung des Vertrages durch das Akkreditiv sichergestellt wird (Anm. 2 und Anm. 45) und demzufolge gerichtliche Auseinandersetzungen aus der Sicht des Exporteurs kaum anstehen werden, der Käufer andererseits an die Gerichtsstandsabsprache des Art. 23.1 des Formulars (Anm. 101) gebunden ist, erübrigen sich hierzu weitere Absprachen in dem Formularvertrag. Wenn der Exporteur jedoch befürchtet, seine Rechte möglicherweise vor ausländischen Gerichten suchen oder verteidigen zu müssen, kann die Aufnahme ergänzender Klauseln empfehlenswert sein, etwa: „The terms and conditions of this Contract of Sale constitute the entire agreement between the Buyer and the Seller and shall not be modified except by a writing signed by both the Buyer and the Seller. There are no understandings, representations or warranties of any kind not expressly set forth herein. No cause of dealing between the Buyer and the Seller and no usage of trade not expressly set forth herein shall be relevant to supplement or explain any term used in this contract".

105. Unterschriften. Bei der Unterzeichnung des Vertrages durch den Käufer sollte der Exporteur darauf bedacht sein, die Identität und die Vertretungsbefugnis der für den Käufer auftretenden Person festzuhalten. Kalligraphisch eindrucksvolle, letztlich aber nicht entzifferbare Unterschriften können ansonsten bei späteren Auseinandersetzungen mit dem Käufer dem Exporteur Probleme bereiten. Zudem empfiehlt sich für den internationalen Geschäftsverkehr, dass die Parteien die einzelnen Seiten des Vertragstextes paraphieren.

Qualitätssicherung und AGB

2. Quality Assurance Contract

(Qualitätssicherungsvertrag)

Quality Assurance Contract[1-3]

between XY-GmbH
(hereunder referred to as „Purchaser")

and

Z-AG
(hereunder referred to as „Supplier")

Whereas, the Supplier is highly experienced and has demonstrated its high reputation and skill in designing, manufacturing and timely delivering certain products in the past;

whereas, the Purchaser is willing to buy products designed and manufactured by the Supplier (referred to as the „Products");

whereas, both parties agree that high and reliable quality of the Products supplied is of the essence to their business in the future in view of increasing competition in the market;

whereas, both parties are willing to enter into a long-term Contract specifying a sophisticated system of quality control, including sophisticated methods of testing (referred to as the „System") for the delivery of the Products;

whereas, both parties agree that such System shall be designed to reduce costs and avoid warranty claims and any actions due to products liability,[4-12] thereby also increasing the efficiency of their cooperation,

now, therefore in consideration of all terms and provisions set out hereunder both parties convene and agree as follows:

§ 1 Scope of the Contract

(1) The Products to be delivered and detailed and described in Annex 1.

(2) Such description of the Products shall not be considered to amount to a representation, unless so specified in writing.

(3) Before commencing the deliveries of the Products the Supplier shall deliver a sample of such Product to the Purchaser. The Purchaser shall then test such sample in all respects he thinks appropriate. The result of such test shall be communicated to the Supplier in writing. The parties then shall agree upon all technical aspects of the sample so delivered and tested as being the basis for all Products to be delivered under this Contract to the Supplier.

(4) If the Supplier during the execution of this Contract finds out that any specification of the Product described in Annex 1 is incomplete or insufficient in any respect, then he shall immediately inform the Purchaser of such finding. He shall be obligated to submit to the Purchaser any alterations or modifications of the Product, and such altered or modified Product shall be designed, manufactured and delivered by the Supplier after the Purchaser has so agreed in writing.

2. Quality Assurance Contract (Qualitätssicherungsvertrag)

§ 2 Description of the System[13-17]

(1) The System of quality assurance for the Products established at the premises of the Supplier is detailed and described in Annex 2.

(2) The Supplier hereby agrees to design, manufacture and test the Products to be delivered to the Purchaser in strict accordance with the contents of Annex 2.

(3) If there is evidence that the System so detailed and described is incomplete or ineffective in such a way that the merchantibility of the Products might be impaired, then the Supplier, upon notification by the Purchaser, shall be obligated to amend or rectify the System accordingly.

(4) Both parties agree that the Supplier shall be solely responsible for the adequacy, efficiency and correctness of the System.

(5) The Supplier shall be obligated to mark the Products delivered to the Purchaser. Such markings shall enable the Purchaser to immediately find out which Product – be it a single Product or a series of Products – is or might be defective. The Supplier shall not alter or change the marking of the Products without prior notification to the Purchaser.

§ 3 Information and quality audits[18]

(1) The Supplier is obligated to keep records of all details of the System established in line with Annex 2. He shall also keep records of all tests performed in line with such System. The records so kept shall be stored for a period of ten years. The details of such record keeping is part of Annex 2.

(2) The Supplier shall upon due request of the Purchaser allow reasonable inspections of such records kept. The Purchaser shall assist the Supplier in this respect.

(3) During normal business hours the Purchaser shall be entitled to perform quality audits. Such audits are designed to verify the efficiency and accuracy of the System established in line with Annex 2. Any audits so performed shall not vary or minimize the sole responsibility of the Supplier concerning the quality of the Products delivered.

(4) The Supplier shall institute a corresponding System with his Sub-Suppliers.

§ 4 Information

(1) The Supplier shall inform the Purchaser without delay of any and all relevant changes, amendments or modifications of the Products.

(2) The Supplier shall be under the same obligation concerning any and all relevant changes, amendments or modification of the System, including but not limited to changes of data, materials, specifications, calculations or alike. The Purchaser shall inform the Supplier without any delay if there is evidence that the Products delivered do not meet the requirements of Annex 1. If possible, the Purchaser then shall also inform the Supplier of any proposed changes in the design, workmanship or testing of the Products.

(3) In order to maintain the same standard of quality as described in Annex 1, the Purchaser shall be entitled to request the Supplier to increase the standard of quality control, by either increasing the number of the tests or by changing its methods.

§ 5 No inspection upon acceptance of the Products[19]

(1) Both parties hereby agree that there shall be no inspections of the Products after they have been delivered to the Purchaser. The Supplier hereby expressly waives any such rights in line with Artt. 377, 378 German Commercial Code. The Supplier acknowledges and accepts that its own testing shall replace any such obligation of the Purchaser.

(2) The Supplier shall cause its insuror to accept the foregoing as part of the insurance cover available to the Supplier.

§ 6 Products liability claims[20]

(1) The Supplier hereby accepts its unrestricted responsibility for any warranty actions or claims of products liability, provided that there is reasonable evidence that the cause for any such actions rests with the Products delivered by the Supplier.

(2) Consequently, the Supplier shall be liable to any third party claiming any injury or damage sustained due to an allegedly defective Product.

(3) If there is a need to recall Products already delivered by the Purchaser to third parties, then the Supplier accepts any liability and responsibility in this respect at his own cost and risk.

(4) The Supplier shall indemnify and hold the Purchaser harmless against any and all claims raised by third parties claiming that the Products delivered were defective.

(5) The Supplier shall undertake to arrange for an appropriate insurance cover at its own cost. Such insurance cover shall be deemed to be sufficient if it covers injuries and damages, including the cost of any recall action with a minimum of DM 10 (ten) million per occurence. Such insurance cover shall be no limitation of liabilities on the part of the Supplier. The parties agree that the costs for such insurance shall be reasonably shared between them, provided that the premium for such cover is an excess of the general insurance cover reasonably held by the Supplier.

§ 7 Representatives of the parties

(1) Both parties shall nominate and delegate one representative and its substitute in order to facilitate their communication.

(2) The representatives of the parties shall meet regularly, at a minimum every second month in order to discuss the present status of the Product and the System with a view to optimize them.

§ 8 Secrecy[21]

(1) Both parties are obligated to hold secret and in strict confidence any and all information, whether tangible or not, that they will have received from the other party during the duration of the Contract.

(2) Such secrecy obligation shall not apply insofar as any information received is already part of the public domain or will become part of the public domain during the life of this Contract without any prior breach of contract imputable upon either party. The same applies if there is evidence that the party having received any such information to be kept secret was already aware of its contents at the time of its disclosure.

(3) The secrecy obligation shall continue in full force for a period of five years after the expiry or the end of this Contract.

§ 9 Deliveries

(1) The delivery of the Products shall be effected on the basis of the attached General Conditions of Sale (Annex 3).

(2) The Supplier shall be obligated to confirm each order for the delivery of the Products within two working days, using the confirmation form as shown in Annex 4. If the Supplier is unable to so confirm, then he shall immediately inform the Purchaser in writing giving due reasons for such non-performance.

2. Quality Assurance Contract (Qualitätssicherungsvertrag)

§ 10 Duration

(1) This Contract shall become effective upon signature of both parties.

(2) This Contract shall run for two consecutive years.

§ 11 Arbitration

(1) All disputes arising out of or in connection with this Contract shall be finally settled by three arbitrators appointed in line with the Rules of Conciliation and Arbitration of the International Chamber of Commerce, Paris.

(2) This Contract shall be governed by German law.

§ 12 Miscellaneous

(1) All amendments or modifications and changes of this Contract shall only be binding upon the parties if they are in writing.

(2) If any term, provision or condition of this Contract is void or becomes void, then this shall not affect the validity of all other terms, provisions and conditions.

Schrifttum: Bauer/Graf von Westphalen, Das Recht der Qualität, Heidelberg, Berlin 1996; *Ensthaler,* Haftungsrechtliche Bedeutung von Qualitätssicherungsvereinbarungen, NJW 1994, 817ff.; *Hollmann,* Zur rechtlichen und technischen Bedeutung von Qualitätssicherungsvereinbarungen, PHI 1989, 146ff.; *ders.,* Qualitätssicherungsvereinbarungen, CR 1992, 13ff.; *Klaue,* Nationales Kartellrecht und Zulieferproblematik und besonderer Berücksichtigung der Automobilindustrie, ZIP 1989, 1313ff.; *Kreifels,* Qualitätssicherungsvereinbarungen – Einfluß und Auswirkungen auf die Gewährleistung und Produkthaftung von Hersteller und Zulieferer, ZIP 1992, 489ff.; *Kullmann,* Die Rechtsprechung des BGH zum Produkthaftpflichtrecht in den Jahren 1989/1990, NJW 1991, 675ff.; *ders.,* Die Rechtsprechung des BGH zum Produkthaftpflichtrecht in den Jahren 1992–1994, NJW 1994, 1698ff.; *ders.,* Die Rechtsprechung des BGH zum Produkthaftpflichtrecht 1994–95, NJW 1996, 18ff.; *ders./Pfister,* Produzentenhaftung, Berlin 1980ff.; *Lehmann,* Die Untersuchungs- und Rügepflicht des Käufers in BGB und HGB, WM 1980, 1162ff.; *ders.,* Just-in-Time: Handels- und AGB-rechtliche Probleme, BB 1990, 1849ff.; *Lemppenau,* Die Haftung des Zulieferunternehmens nach den Grundsätzen der Produzentenhaftung, DB 1980, 1679ff.; *Martinek,* Zulieferverträge und Qualitätssicherung, Köln 1991; *Merz,* Qualitätssicherungsvereinbarungen im rechtlichen Gefüge moderner industrieller Lieferbeziehungen, Köln 1992; *Migge,* Praktische Überlegungen bei der Vorbereitung von Qualitätssicherungsvereinbarungen, PHI 1991, 186ff.; *ders.,* Qualitätssicherungsverträge, Versuch einer Zwischenbilanz aus der betrieblichen Praxis, VersR 1992, 665ff.; *Nagel,* Der Lieferant On Line – Unternehmensrechtliche Probleme der Just-in-Time Produktion am Beispiel der Automobilindustrie, DB 1988, 2291ff.; *ders.,* Schuldrechtliche Probleme bei Just-in-Time Lieferbeziehungen, DB 1991, 319ff.; *Nagel/Riess/Theis,* Der faktische Just-in-Time-Konzern – unternehmensübergreifende Rationalisierungskonzepte und Konzernrecht am Beispiel der Automobilindustrie, DB 1989, 1505ff.; *Popp,* Qualitätssicherungsvereinbarungen, München 1992; *Quittnat,* Qualitätssicherungsvereinbarungen und Produzentenhaftung, BB 1989, 571ff.; *Schmidt,* Qualitätssicherungsvereinbarungen und ihr rechtlicher Rahmen, NJW 1991, 144ff.; *Schmidt-Salzer,* Die Bedeutung der Entsorgungs- und Schwimmschalter-Entscheidung des Bundesgerichtshofs für das Produkthaftungsrecht, BB 1979, 1ff.; *ders.,* Konkretisierungen der strafrechtlichen Produkt- und Umweltverantwortung, NJW 1996, 1ff.; *Steffen,* Die Bedeutung der „Stoffgleichheit" mit dem „Mangelunwert" für die Herstellerhaftung aus Weiterfresserschäden, VersR 1988, 977ff.; *Steindorff,* Repräsentanten- und Gehilfenversagen und Qualitätsregeln in der Industrie, AcP 170 (1970) S. 93ff.; *Steinmann,* Qualitätssicherungsvereinbarungen zwischen Endproduktherstellern und

Zulieferern, Heidelberg 1993; *Teichler,* Qualitätssicherung und Qualitätssicherungsvereinbarungen, BB 1991, 428 ff.; *Graf von Westphalen,* Rechtsprobleme der „Just-in-Time-Delivery", CR 1990, 567 ff.; *ders.,* Qualitätssicherungsvereinbarungen: Rechtsprobleme des „Just-in-Time-Delivery", in: Festschrift 40 Jahre „Der Betrieb", 1988, 223 ff.; *Graf von Westphalen* (Hrsg.), Produkthaftungshandbuch, Bd. 1, 2. Aufl., München 1997, §§ 44, 45, Verfasser: *Merz; Graf von Westphalen/Bauer,* Just-in-Time-Lieferungen und Qualitätssicherungsvereinbarungen, Köln 1993; *Wildemann,* Das Just-in-Time-Konzept, Produktion und Lieferung auf Abruf, Frankfurt 1988; *Zirkel,* Das Verhältnis zwischen Zulieferer und Assembler – Eine Vertragsart sui generis?, NJW 1990, 345 ff.

Übersicht

	Seite
1. Wesen und Funktion	5
2. Vertragstypische Einordnung	8
3. Qualitätssicherungsvereinbarungen als AGB-Vertrag	10
4. Grundsätze der deliktsrechtlichen Produzentenhaftung	11
5. Konstruktionsverantwortung	14
6. Die Fabrikationsverantwortung	16
7. Instruktionsverantwortung	17
8. Die Produktbeobachtungsverantwortung	19
9. Geschützte Rechtsgüter	21
10. Das Verschulden – die Beweislast	23
11. Der Entlastungsbeweis gemäß § 831 Abs. 1 Satz 2 BGB	25
12. Die Verletzung eines Schutzgesetzes gemäß § 823 Abs. 2 BGB	25
13. Die Bedeutung eines Qualitätssicherungssystems	26
14. Die Grundsätze der Arbeitsteiligkeit der Produzentenhaftung	28
15. Die Grundsätze der vertikalen Arbeitsteilung	31
16. Die Grundsätze der horizontalen Arbeitsteilung	34
17. Die „vertikale" und „horizontale" Arbeitsteilung auf der Grundlage des Produkthaftungsgesetzes	35
18. Dokumentationspflichten	35
19. Der Verzicht auf Untersuchungs- und Rügeobliegenheit gemäß §§ 377, 378 HGB	36
20. Haftungsklauseln	41
21. Der erforderliche Schutz des Know-how des Teileherstellers/Zulieferers	42

Anmerkungen

1. Wesen und Funktion. (1) Seit Ende der 70er Jahre zeichnet sich in der Industrie zunehmend die Tendenz ab, Qualitätssicherungsvereinbarungen abzuschließen (*Migge* VersR 1992, 665/666). Sie werden in nahezu allen Industriezweigen verwendet; im Vordergrund steht die Automobil- und Elektroindustrie, die Kunststoffverarbeitung sowie der Maschinenbau und die chemische Industrie (*Steinmann,* Qualitätssicherungsvereinbarung zwischen Endproduktherstellern und Zulieferern, S. 3). Je mehr die Tendenz dahin geht, die Fertigungstiefe eines Unternehmens zu verringern, um so mehr steigt der Bedarf nach Qualitätssicherungsvereinbarungen. Ursächlich ist dies darauf zurückzuführen, daß sowohl Zulieferer als auch Abnehmer – dieser: in seiner Funktion als Gesamthersteller/Assembler – auf einer **Herstellerstufe** stehen, also gleichrangige Verantwortlichkeit dafür haben, daß das herzustellende Teil- und Endprodukt den jeweiligen **Qualitätsanforderungen** entspricht. Dabei zeichnet sich inzwischen auch die Tendenz ab, daß nicht nur zwischen dem Gesamthersteller/Assembler und seinen Zulieferanten Qualitätssicherungsvereinbarungen abgeschlossen werden, sondern daß die Tendenz eines Zulieferanten mehr und mehr dahin geht, gleiche Qualitätssicherungsvereinbarungen

2. Quality Assurance Contract (Qualitätssicherungsvertrag)

wiederum mit seinen **Vorlieferanten** abzuschließen. Qualitätssicherungsvereinbarungen haben inzwischen neben Einkaufs- und Verkaufsbedingungen eine gleichrangige Funktion. Zweckmäßig ist es allerdings, Qualitätssicherungsvereinbarungen **außerhalb** der jeweiligen Einkaufs- und Verkaufsbedingungen zu formulieren, weil der Regelungstatbestand je unterschiedlich ist: Bei Einkaufsbedingungen steht das Generelle im Vordergrund, bei Qualitätssicherungsvereinbarungen die speziellen Qualitätsanforderungen.

(2) In Qualitätssicherungsvereinbarungen (in der Praxis kommt sowohl der Begriff der „Quality Control" und auch der der „Quality Assurance" vor) legen die Parteien in erster Linie technische und organisatorische, qualitätssichernde Maßnahmen fest: Eine dauerhafte, zuverlässige und möglichst fehlerfreie **Vertragserfüllung** soll gewährleistet sein (*Steinmann*, aaO, S. 5). Qualitätssicherungsvereinbarungen ergänzen mithin die kauf- und werkvertraglichen Regelungen, ohne sie freilich zu ersetzen. Folglich ist zu beachten, daß Einkaufsbedingungen und Qualitätssicherungsvereinbarungen exakt aufeinander abgestimmt sind, weil beide auch dem **Regelungszweck** dienen, daß – aus welchen Gründen immer – die Vertragserfüllung fehlschlägt. Dabei kommt den jeweiligen **Gewährleistungsregeln** ebenso entscheidende Bedeutung zu wie den Bestimmungen über die **Produkthaftung**, einschließlich der Verpflichtung, gegebenenfalls eine **Rückrufaktion** durchzuführen (Anm. 8).

a) Wesentliches Merkmal von Qualitätssicherungsvereinbarungen ist es überdies, daß die Unternehmen auf diese Weise versuchen, Qualitätsbewußtsein zu schaffen und **kostensenkende Maßnahmen** auf diese Weise durchzuführen. Dies deckt sich mit dem Bestreben der Hersteller, die eigene Fertigungstiefe zu verringern, so daß mehr und mehr – vor allem in der Automobilindustrie, aber auch in zahlreichen anderen Branchen – ganze **Systemeinheiten** „ausgegliedert" und im Rahmen von Qualitätssicherungsvereinbarungen auf den Zulieferanten überwälzt werden. Hand in Hand geht dies mit einer immer tiefergegliederten **Arbeitsteilung**, welche eine fortschreitende Verlagerung der Erzeugung von Teilprodukten auf vorgelagerte Zulieferer mit sich bringt. Dabei handelt es sich nicht um ein nationales, sondern um ein internationales **Phänomen**, was mit dem Stichwort „Global Sourcing" umschrieben wird.

b) Qualitätssicherungsvereinbarungen sind stets **langfristige** Verträge. Hersteller und Zulieferant arbeiten regelmäßig schon bei der **Konzeption** eines neuen Teils/Systems zusammen. Know-how wird transferiert; und „gemeinsames" Know-how wird entwickelt. Nach der jeweiligen **Musterfreigabe** eines neuen Teils/Systems übernimmt dann der Zulieferer regelmäßig die **alleinige Verantwortung** für die vertraglich geschuldete Qualität, also: für die ordnungsgemäße und möglichst fehlerfreie Vertragserfüllung. Auf diese Weise entsteht eine weitreichende **Verzahnung** zwischen Hersteller/Assembler und Zulieferer, was auch kartellrechtliche Fragestellungen auslöst (Anm. 2 (2) b).

(3) Die **besondere Schwierigkeit** von Qualitätssicherungsvereinbarungen besteht darin, daß technisch komplexe Sachverhalte einer Regelung bedürfen. Sie gehen ganz wesentlich über das einfache kauf- und werkvertragliche **Leistungsaustauschverhältnis** hinaus. Der Langzeitcharakter von Qualitätssicherungsvereinbarungen bringt es mit sich, daß starke **kooperationsrechtliche** Elemente in der Vertragsgestaltung berücksichtigt werden müssen. Ohne Anspruch auf Vollständigkeit sind folgende Einzelheiten regelungsbedürftig:

a) Vollständige, eindeutige und für die zu fertigenden Teile oder Funktionselemente sachgerecht auswertbare technische Unterlagen. Alle produktspezifischen und anwendungsbezogenen relevanten Regeln von Wissenschaft und Technik müssen ausgewertet werden; wie stets gilt hier ein **internationaler** Maßstab.

b) Alle technischen Zeichnungen und Spezifikationen müssen auf inhaltliche Vollständigkeit und Angemessenheit geprüft werden. Es müssen eindeutige Regelungen über die Herstell- und Fertigungsverantwortung getroffen werden, einschließlich der produktspezifischen und anwendungsbezogenen Qualifikation von Merkmalen und Eigenschaften, unterteilt nach Haupt- und Nebenmerkmalen (*Graf von Westphalen/Bauer,* Just-in-Time-Lieferungen und Qualitätssicherungsvereinbarungen, S. 58 f.).

c) Prüf- und Überwachungsverfahren müssen – bezogen auf die damit verbundenen **Dokumentationspflichten** – in allen Einzelheiten festgelegt werden. Es müssen Aussagen zu Inhalt, Form und Auswertung der hierfür erforderlich gehaltenen Unterlagen getroffen werden. Insbesondere müssen die Prüfverfahren so ausgewählt werden, daß sie **produktspezifisch** und **anwendungsbezogen** gestaltet sind. Es ist selbstverständlich, daß dabei die spezifischen Herstell- und Betriebsdaten berücksichtigt werden müssen, einschließlich der Aussagefähigkeit von Zertifikaten/Prüfbescheinigungen/TÜV-Abnahmen etc.

d) Im Zentrum all dieser Regelungssachverhalte steht die Herausforderung an beide Parteien, die **Schnittstellen** der jeweiligen Verantwortungsbereiche exakt zu umschreiben. Es handelt sich hierbei um Schnittstellen, welche die Informationsverantwortung sowie die Prüfverantwortung festlegen, einschließlich der Verantwortlichkeit für etwaige **Defizite**. Dabei ist eines nicht zu unterschätzen: Es kommt keineswegs nur darauf an, diese Schnittstellen-Verantwortlichkeit im Rahmen einer Qualitätssicherungsvereinbarung exakt zu umschreiben. Mindestens ebenso wichtig ist es, die **personell-organisatorische Mitarbeiterverantwortlichkeit** in die Pflicht zu nehmen. Es handelt sich darum, einen **ständigen Kommunikationsprozeß** zwischen Hersteller und Zulieferer aufzubauen, um auf diese Weise das spezielle Wissen des Herstellers und des Zulieferers auf Dauer zu integrieren. Daher sind auch fortlaufende Anpassungen vorzunehmen. Und stets, so empfiehlt es sich auch bei diesen Vereinbarungen, die Änderungen und Anpassungen fortlaufend zu nummerieren und stets anzugeben, welcher Teil der bisherigen Regelung außer Kraft gesetzt ist.

(4) Im Rahmen von Qualitätssicherungsvereinbarungen sind also umfassende Herstellungsverfahren und Prozeßüberwachungssysteme zu entwickeln. Bereits während der Planung, der Entwicklung und der daran anschließenden Fertigung soll die „Qualität" des herzustellenden Teilprodukts/Systems gewährleistet werden. Mithin haben Qualitätssicherungsvereinbarungen nicht nur das Ziel, die Kosten des Produktionsprozesses zu minimieren. Mindestens ebenso wichtig ist die **präventive Qualitätssicherung.** Denn es hat sich gezeigt, daß die überwältigende Mehrzahl aller **Produktfehler** auf Ursachen beruhen, die in den ganz frühen Phasen der Produktentstehung, also: in der Planungs- und Entwicklungsphase ihre Ursache haben (*Steinmann* aaO, S. 18). In der Praxis ist von Zahlen zwischen 75% bis 90% die Rede; notwendigerweise hat dies zur Konsequenz, daß dann Qualitätsdefizite den Charakter eines **Serienschadens** einnehmen. Dabei ist des weiteren klar, daß die Kosten der Fehlerbeseitigung um so größer sind, je früher in der Planungs- und Entwicklungsphase die Ursache für den aufgetretenen Fehler und je später die Maßnahme zur Fehlerbeseitigung gesetzt wird.

a) Nach der Umschreibung der DIN ISO 9000 zielt Qualitätssicherung auf die Gesamtheit aller „geplanten und systematischen Tätigkeiten, die notwendig sind, um ein angemessenes Vertrauen zu schaffen, daß ein Produkt die gegebenen Qualitätsanforderungen erfüllen wird". Das System der Qualitätssicherung ist danach „die festgelegte Ablauforganisation zur Durchführung der Qualitätssicherung sowie die dazu erforderlichen Mittel". Ziel ist es, die Kooperation zwischen Hersteller und Zulieferer so zu organisieren, daß die technischen, administrativen und menschlichen Faktoren, welche die Qualität des Produkts – sowie die der erforderlichen Dienstleistungen – beeinflussen, beherrscht werden: Unzulängliche Qualität soll verhindert werden.

b) Regelmäßig werden daher in einem **Qualitäts-Handbuch** die erforderlichen Einzelheiten festgelegt. Sie betreffen den gesamten Inhalt des Qualitätssicherungssystems, also: eine Beschreibung der einzelnen Verfahrensschritte, beginnend mit der Planungs- und Entwicklungsphase; Maschinenfähigkeits- und Prozeßfähigkeitsuntersuchungen sind zu integrieren. Von entscheidender Bedeutung ist es, die innerbetrieblichen Zuständigkeiten

2. Quality Assurance Contract (Qualitätssicherungsvertrag)

und die Verantwortungsbereiche der einzelnen Fachabteilungen zu fixieren, einschließlich der **personellen Verantwortungen** (vgl. DIN ISO 9004 Ziff. 5.3.2).

c) Dabei ist der weitere Grundsatz zu beachten, daß die erforderliche Qualität nicht in ein Produkt „hineinkontrolliert" werden kann. Qualitätssicherung ist vielmehr integrierter Teil des gesamten Herstellprozesses, beginnend mit der Planungs- und Entwicklungsphase, einschließlich der späteren **Produktbeobachtung** (Anm. 8). Dahinter steht eine neue „Qualitätsphilosophie", welche als „gemeinsame Philosophie" von Herstellern und Zulieferern entwickelt und **praktiziert** werden muß. Qualität ist folglich nicht nur ein notwendiger Bestandteil der eigenen Unternehmensphilosophie. Denn durch den Abschluß von Qualitätssicherungsvereinbarungen wird eine weitreichende **Integration** der Qualitätssicherungsmaßnahmen zwischen Hersteller und Zulieferer verwirklicht.

d) Aufgrund des allgemeinen Wunsches, die Qualitätssicherungssysteme zu vereinheitlichen, wurden die Vorschriften der DIN 9000–9004 geschaffen (DIN-Handbuch 226, Qualitätssicherung und angewandte Statistik, Verfahren 3 – Qualitätssicherungssysteme, 1982). Dabei enthält die DIN 9004 wichtige Elemente eines Qualitätssicherungssystems in Form von **Empfehlungen;** sie werden nicht als technisch notwendig und zwingend eingestuft, wie dies sonst bei den technischen Regelwerken der Fall ist (*Steinmann* aaO, S. 23; *Migge* VersR 1992, 665/670).

2. Vertragstypische Einordnung. (1) Wie bei allen modernen Vertragstypen gilt hier die gleiche Erwägung: Qualitätssicherungsvereinbarungen unterscheiden sich ganz beträchtlich von dem bekannten Muster von Kauf-, Werk-, Dienstleistungs- und Beratungsverträgen, einschließlich der damit gekoppelten Standardbedingungen. Man mag darin einen Vertrag sui generis sehen (*Zirkel* NJW 1990, 345 ff.). Man mag die Qualitätssicherung auch als einen Netzwerkvertrag begreifen, der durch eine multilaterale Verknüpfung Hersteller und Zulieferer verbindet (*Merz*, Qualitätssicherungsvereinbarungen, 1992, S. 80 ff) oder auch als eigenständigen Vertragstypus/Produkthaftungshandbuch/*Merz*, 2. Aufl. § 44 Rz. 6 ff. Doch diese Kategorisierung bringt die **Gefahr** mit sich, daß die jeweils erforderliche **richterliche Inhaltskontrolle** dieser Verträge und der in ihnen niedergelegten AGB-Klauseln maßgeblich an den **dominanten Interessen** derjenigen Partei ausgerichtet wird, welche den Vertragsinhalt vorgegeben hat. Da es sich auch bei Qualitätssicherungsvereinbarungen regelmäßig um **vorformulierte Vertragsbestimmungen** im Sinn von § 1 Abs. 1 AGBG handelt, würde damit eine richterliche Inhaltskontrolle dieser Klauseln an § 9 Abs. 2 Nr. 2 AGBG zu orientieren sein. Damit verliert jedoch die richterliche Inhaltskontrolle im Verhältnis zu § 9 Abs. 2 Nr. 1 AGBG ihre **Effizienz**, welche dem Schutz derjenigen Vertragspartei dient, welche die wirtschaftlich schwächere Position innehat, regelmäßig: der Zulieferer.

(2) Deshalb ist es angezeigt, auch bei der typologischen Einordnung von Qualitätssicherungsvereinbarungen zunächst den Versuch zu unternehmen, die geregelten Vertragsbeziehungen zwischen Hersteller-Zulieferer am **Typenkatalog** des BGB zu messen (*Martinek*, Moderne Vertragstypen, Bd. III S. 296 ff.). Dabei steht der **Langzeitcharakter**, der alle Qualitätssicherungsvereinbarungen kennzeichnet, im Vordergrund (*Merz* aaO, S. 33 ff.). Im Rahmen der Definition von Nicklisch (*Nicklisch* JZ 1984, 757 ff.) handelt es sich um einen komplexen Langzeitvertrag, dem starke kooperative und integrative Elemente innewohnen, welche Hersteller und Zulieferant auf das engste miteinander verzahnen, angefangen von der Planungs- und Entwicklungsphase bis zur Ersatzteilbelieferung und der Produktbeobachtung (*Graf von Westphalen/Bauer*, aaO, S. 4 f.). Dabei gilt es, zusätzlich im Auge zu behalten, daß Qualitätssicherungsvereinbarungen stets auf „Qualität" zielen, d. h. sie sind **erfolgsorientiert:** Die zwischen Hersteller und Zulieferant vereinbarten Organisations-, Überwachungs- und Prüfungspflichten dienen alle dem einen Zweck, die Qualität zu sichern (*Steinmann*, aaO, S. 25; *Merz*, aaO, S. 242 ff.). Im Rahmen des Typenkatalogs des BGB handelt es sich also um **werkvertragliche** Elemente. Diese verdrängen allerdings nicht die zugrundeliegenden **Kaufverträ-**

ge, welche die Lieferbeziehungen ausfüllen. Soweit keine erfolgsorientierten Liefer- oder Leistungspflichten zu erfüllen sind, ist Raum für die Berücksichtigung dienstvertraglicher Elemente gemäß §§ 611 ff. BGB (*Merz*, aaO, S. 246 ff.; *Steinmann*, aaO, S. 26). Dies gilt in erster Linie im Hinblick auf den **Informationsaustausch** sowie für die umfangreichen **Dokumentationspflichten,** einschließlich etwaiger Beratungspflichten, wie sie sich im „audit" niederschlagen. Soweit in der Literatur geltend gemacht wird, der Zulieferer würde auch zugunsten des Herstellers eine **Geschäftsbesorgung** gemäß §§ 675, 611 ff. BGB durchführen (*Merz*, aaO, S. 253 ff.), entspricht dies nicht dem tatsächlichen Befund, weil kein Zweifel besteht: Der Zulieferer ist unmittelbar und selbständig dafür verantwortlich, daß die von ihm hergestellten und gelieferten Teile/Systeme **fehlerfrei** sind (so mit Recht *Steinmann*, aaO, S. 26 f.). Im Ergebnis wird man also eine Qualitätssicherungsvereinbarung als **gemischt-typischen Vertrag** ansehen (vgl. Produkthaftungshandbuch/*Merz*, § 44 Rz. 6 ff.), der freilich nur im Zusammenhang mit konkreten Leistungsaustauschverträgen wirtschaftlichen Sinn macht.

a) Für die durchzuführende **richterliche Inhaltskontrolle** von Qualitätssicherungsvereinbarungen als AGB-Klauseln im Sinn von § 1 Abs. 1 AGBG folgt daraus: In erster Linie sind alle in Qualitätssicherungsvereinbarungen niedergelegten **vorformulierten** Klauseln im Sinn von § 9 Abs. 2 Nr. 1 AGBG auf ihre kauf- und werkvertragliche Konkordanz zu prüfen, wobei der **besondere Zweck** von Qualitätssicherungsvereinbarungen – als Integration von Hersteller und Zulieferer – und der daraus resultierenden Teil- bzw. Gesamtverantwortlichkeit im Auge behalten werden muß. Stets ist also zu fragen, welchen Rang- und **Stellenwert** die jeweilige Klausel im Gesamtgefüge der Qualitätssicherungsvereinbarung besitzt (*Kreifels* ZIP 1990, 489 ff.; *Lehmann* BB 1990, 1849 ff.; *Migge* PHI 1991, 186 ff.; 198 ff.) und daß eine **Parallelität** zwischen Risikobereitschaft und Haftung bestehen muß (mit Recht Produkthaftungshandbuch/*Merz*, § 44 Rz. 42 ff.) Mit anderen Worten: Eine Qualitätssicherungsvereinbarung ist als **Rahmenvertrag** zu qualifizieren, in welchem kauf- oder werkvertragliche Elemente aufgrund der jeweiligen **Einzelverträge** im Vordergrund stehen (*Martinek*, aaO, S. 299 ff.; *Graf von Westphalen/Bauer*, aaO, S. 5 f.).

b) In der Literatur (*Nagel/Riess/Theis* DB 1989, 1505 ff.) ist die Auffassung vertreten worden, Qualitätssicherungsvereinbarungen – unter besonderer Berücksichtigung des „Just-in-Time-"Konzepts (*Steckler*, Der Just-in-time-Zuliefervertrag, 1996) – seien jedenfalls in der Automobilindustrie als „faktischer Konzern" einzuordnen (*Nagel/Riess/Theis* DB 1989, 1505/1511). Einzuräumen ist sicherlich, daß aufgrund des hohen kooperativen Einschlags, der Qualitätssicherungsvereinbarungen charakterisiert, Strukturen einer **zwischenbetrieblichen Zusammenarbeit** zwischen Hersteller-Zulieferer entwickelt werden, die letzten Endes innerbetrieblichen Charakter erhalten (*Migge* PHI 1991, 198/200). Vertragsbeziehungen aufgrund von Qualitätssicherungsvereinbarungen können also durchaus einen Grad der Intensität erreichen, wie er gesellschaftsrechtlichen Verbindungen im Rahmen von § 705 BGB eignet (vgl. auch *Steinmann*, aaO, S. 27 f.). Doch bedeutet dies nicht, daß gleichzeitig auch eine konzernrechtliche – also: zumindest faktische – Abhängigkeit des Zulieferers vom Hersteller begründet wird (*Graf von Westphalen/Bauer*, aaO, S. 6 ff.). Dies wäre im übrigen unter Berücksichtigung der BGH-Judikatur (BGH ZIP 1993, 589 – TBB) nur dann zu bejahen, wenn aufgrund einer Qualitätssicherungsvereinbarung auch **Konzernleitungsmacht** in einer Weise ausgeübt würde, welche keine angemessene Rücksicht auf die Belange des Zulieferers erkennen läßt. Davon kann im Regelfall gar keine Rede sein (so auch *Martinek*, aaO, S. 304 ff.).

3. Qualitätssicherungsvereinbarungen als AGB-Vertrag. (1) Qualitätssicherungsvereinbarungen setzen regelmäßig voraus, daß zwischen dem Endhersteller/Assembler einerseits und dem jeweiligen Zulieferer andererseits gleichförmige Verträge abgeschlossen werden (*Martinek*, Moderne Vertragstypen, Bd. III, S. 308). Es liegt daher auf der Hand, daß es sich um AGB-Klauseln handelt (*Ensthaler* NJW 1984, 817, 818), weil und

2. Quality Assurance Contract (Qualitätssicherungsvertrag)　　IV. 2

soweit der Inhalt der jeweiligen Qualitätssicherungsvereinbarungen vom Endhersteller/Assembler vorformuliert und von diesem im Sinn von § 1 Abs. 1 AGBG auch „gestellt", d. h. von ihm in die Vertragsverhandlungen eingeführt worden ist. Hinzukommen muß freilich, daß die Qualitätssicherungsvereinbarung oder – genauer formuliert – die jeweilige Einzelklausel, auf die es im Streitfall ankommt, in einer „Vielzahl" von Anwendungsfällen Verwendung gefunden hat. Nach der Rechtsprechung des BGH ist dies immer dann zu bejahen, wenn der Endhersteller/Assembler als AGB-Verwender die jeweilige Klausel in mindestens drei Anwendungsfällen benutzt hat (BGH WM 1984, 1610). Freilich reicht es auch aus, daß der Endhersteller/Assembler als AGB-Verwender von vornherein die Absicht hatte, die von ihm entworfene Qualitätssicherungsvereinbarung auch tatsächlich in einer „Vielzahl" von Fällen zur Anwendung zu berufen, ohne daß konkret der Nachweis erbracht worden ist, er habe die jeweilige Qualitätssicherungsvereinbarungen auch tatsächlich in einer „Vielzahl" von Anwendungsfällen bereits eingesetzt (*Ulmer/Brandner/Hensen*, AGB-Gesetz, 7. Aufl., § 1 Rdnr. 24).

(2) Eine richterliche Inhaltskontrolle von AGB-Klauseln setzt jedoch voraus, daß die jeweilige Klausel **nicht** im Sinn von § 1 Abs. 2 AGBG **„ausgehandelt"** worden ist (BGH ZIP 2000, 314/316 f.). Trifft dies zu, so liegt keine AGB-Klausel vor – eine richterliche Inhaltskontrolle gemäß § 9 AGBG scheidet aus, weil dann eine **Individualvereinbarung** gegeben ist. Für deren Wirksamkeitskontrolle kommt dann lediglich die allgemeine Schranke der Vertragsgestaltungsfreiheit zum Zuge, wie etwa die Gesetzeswidrigkeit gemäß § 134 BGB oder die Sittenwidrigkeit nach § 138 BGB (Produkthaftungshandbuch/*Merz*, § 44 Rz. 32 f.). Die Wirksamkeitsgrenzen von Individualverträgen sind also wesentlich weiter als die von nicht ausgehandelten AGB-Klauseln, für die – wie angedeutet – § 9 AGBG Maß gibt.

Von einem **Aushandeln** im Sinn von § 1 Abs. 2 AGBG ist regelmäßig dann zu sprechen, wenn der Teilehersteller/Zulieferer in der Lage war, aufgrund seiner eigenen Interessen eine konkrete **Abänderung** des vorformulierten Textes zu erreichen (*Ulmer/Brandner/Hensen*, AGBG, 9. Aufl., § 1 Rdnr. 47). Der BGH hat den „Regelsatz" formuliert: Von einem „Aushandeln" gemäß § 1 Abs. 2 AGBG kann grundsätzlich nur dann die Rede sein, wenn der AGB-Verwender den in den AGB enthaltenen „gesetzesfremden" Kerngehalt „also die den wesentlichen Inhalt der gesetzlichen Regelung ändernden oder ergänzenden Bestimmungen inhaltlich ernsthaft zur Disposition" gestellt hat (BGH ZIP 1986, 1466/1467; BGH ZIP 1987, 448/449; BGH ZIP 2000, 314/316). Daraus folgt: War der Teilehersteller/Zulieferer als der regelmäßig schwächere Vertragspartner nicht in der Lage, tatsächlich eine Abänderung von Einzelklauseln der Qualitätssicherungsvereinbarung zu erreichen und entsprechenden Einfluß zu nehmen (BGH ZIP 1994, 1540/1542 f.), so liegt – zunächst einmal – der erste Anschein dafür vor, daß es sich um eine AGB-Klausel im Sinn von § 1 Abs. 1 AGBG handelt. Für den kaufmännischen Verkehr hat jedoch der BGH (BGH NJW 1992, 2283/2285) durchblicken lassen (BGH ZIP 2000, 314/316 f.), ein „Aushandeln" gemäß § 1 Abs. 2 AGBG liege auch in den Fällen vor, in denen die einzelne Klausel tatsächlich nicht abgeändert, der AGB-Verwender diese aber als „unabdingbar" bezeichnet hat, weil er an dieser Klausel ein berechtigtes, vitales Interesse habe (*Palandt/Heinrichs*, § 1 Rdnr. 18). Doch müssen dann „besondere Umstände" vorliegen, die eine Individualabrede bejahen, obwohl keine Abänderung der Klausel vorgenommen würde (BGH ZIP 2000 314/316). Soweit der Endhersteller/Assembler als AGB-Verwender eine Klausel in dieser Weise als „unabdingbar" bezeichnet hat, obwohl sie eine beträchtliche **Haftungsverlagerung** zum Nachteil des Teileherstellers/Zulieferers bewirkt, wird man eine Individualabrede gemäß § 1 Abs. 2 AGBG nur dann bejahen dürfen, wenn der Teilehersteller/Zulieferer den Inhalt dieser Klausel zutreffend verstanden, mithin ihn in seine rechtsgeschäftliche Selbstbestimmung und Selbstverantwortung aufgenommen, nicht aber bloß den Wünschen des Endherstellers/Assemblers nachgegeben hat (so auch *Ulmer/Brandner/Hensen*, AGBG, 9. Aufl., § 1 Rdnr. 51). Das wird in der Praxis nur äußerst selten zu bejahen sein, weil in diesem Verhalten beider Parteien keine „besonderen Umstände" im Sinn der BGH-Judikatur liegen (BGH ZIP 2000, 314/316).

4. Grundsätze der deliktsrechtlichen Produzentenhaftung. (1) Die ganz entscheidende Frage, die stets bei der richterlichen Inhaltskontrolle von Qualitätssicherungsvereinbarungen zu beantworten ist, bezieht sich darauf, ob der Endhersteller/Assembler Organisations-, Prüf- und Überwachungspflichten dem Zulieferer aufbürdet, welche weiterreichen als die sich aus § 823 BGB ergebenden Risiken der Produzentenhaftung oder als die Risiken, die sich aus den Bestimmungen des **ProdHaftG** ergeben. Denn es ist ein tragendes Prinzip einer jeden Qualitätssicherungsvereinbarung, daß Risikoherrschaft und Haftung kongruent zwischen den Parteien aufgeteilt werden (mit Recht Produkthaftungshandbuch/*Merz*, § 44 Rz. 44). Notwendigerweise schließt die Antwort auf diese Frage ein, daß zunächst die allgemeinen Kriterien der Produzentenhaftung – sowohl im Rahmen von § 823 Abs. 1 BGB als auch gemäß § 1 ProdHaftG – ins Auge gefaßt werden müssen. Erst wenn die damit vorgegebene – **gesetzliche** – Risikoverteilung feststeht, läßt sich beurteilen, ob eine Klausel in einer Qualitätssicherungsvereinbarung hiervon zum Nachteil des Zulieferers abweicht, so daß sie gemäß § 9 Abs. 2 Nr. 1 AGBG oder gemäß § 9 Abs. 1 AGBG **unwirksam** ist.

(2) Schon das RG hat aus § 823 Abs. 1 BGB den **allgemeinen Grundsatz** entwickelt: Derjenige, der eine Gefahrenquelle schafft, hat die nach Lage der Verhältnisse erforderlichen und ihm zumutbaren Sicherungsmaßnahmen zum Schutz der Rechtsgüter Dritter zu treffen (RGZ 53, 373; RGZ 54, 53). In konsequenter Fortentwicklung stützte deshalb das RG die deliktische Haftung des Produzenten auf die Verletzungen von sogenannten **Verkehrssicherungspflichten,** welche der Norm des § 823 Abs. 1 BGB entnommen wurden (RGZ 163, 120; RG, DR 1940, 1293). Dies besagt in der Sache: Es werden diejenigen Sorgfaltspflichten geschuldet, welche jedermann zur Vermeidung von Gefahren für fremde Rechtsgüter – nämlich: den „Verkehr" – zu beachten hat (Produkthaftungshandbuch/*Foerste,* 2. Aufl., § 23 Rdnr. 6). Anders gewendet: Alle Personen, die mit der Herstellung sowie mit dem Vertrieb von Waren befaßt sind, sind verpflichtet, diejenigen Maßnahmen zu treffen, die erforderlich und ihnen zumutbar sind, um Gefahren abzuwenden, die aus einer möglichen Schadhaftigkeit der hergestellten bzw. vertriebenen Produkte im Hinblick auf die gemäß § 823 Abs. 1 BGB geschützten Rechtsgüter Dritter resultieren können, nämlich: Schutz von Leib, Leben, Gesundheit und Eigentum Dritter. Welche Maßnahmen von dem verkehrssicherungspflichtigen Hersteller zu erwarten sind, hängt zunächst von der **Gefährlichkeit** seines Verhaltens ab (BGH NJW 1966, 40/41). Dabei ist entscheidend, ob die Gefahr und die Möglichkeit ihrer Vermeidung **objektiv erkennbar** waren. Ob dies der Fall ist, richtet sich nach dem allgemein verfügbaren Stand von Wissenschaft und Technik (BGH NJW 1995, 2162 – Mineralwasserflasche II – grundlegend), der im Zeitpunkt der letztmöglichen Einflußnahme auf die Gefahr erreicht werden konnte (Produkthaftungshandbuch/*Foerste,* § 24 Rdnrn. 8 ff.). Daraus ergibt sich des weiteren: Je größer die Gefahr ist, um so größer muß der **Sicherheitsaufwand** sein, den der verkehrssicherungspflichtige Hersteller schuldet: Art und Umfang des Sicherheitsaufwands stehen also in einem unmittelbaren proportionalen Verhältnis zu Art und Umfang der Gefahr (BGH VersR 1969, 42/43; Produkthaftungshandbuch/*Foerste,* 2. Aufl., § 23 Rdnr. 17). Der damit indizierte Grundsatz der **Verhältnismäßigkeit** konkretisiert sich in der Weise, daß der verkehrssicherungspflichtige Hersteller gehalten ist, einen tendenziell hohen Sicherheitsaufwand zu betreiben, wenn sein Produkt Leib, Leben und Gesundheit Dritter gefährdet; sind hingegen lediglich **Sachschäden** zu besorgen, so kann der Sicherheitsaufwand tendenziell geringer sein. Da **Vermögensschäden** nicht in den Schutzbereich von § 823 Abs. 1 BGB fallen, bleibt diese Kategorie insoweit außer Betracht. Etwas anderes gilt freilich dann, wenn es sich um die Verletzung eines **Schutzgesetzes** im Sinn von § 823 Abs. 2 BGB handelt, sofern dieses auch den Schutz von **reinen Vermögensinteressen** bezweckt.

2. Quality Assurance Contract (Qualitätssicherungsvertrag)

(3) Genauso wie § 3 ProdHaftG auf die **Sicherheitserwartung** des Produktbenutzers abstellt, zielen die in § 823 Abs. 1 BGB geregelten Verkehrssicherungspflichten auf die **Sicherheitserwartung** des durchschnittlichen Produktbenutzers. Nur in diesem Rahmen und nur insoweit, als der verkehrssicherungspflichtige Hersteller damit rechnen muß, daß seine Produkte in die Hände von Personen gelangen, die mit den speziellen Produktgefahren **nicht vertraut sind** (BGH VersR 1986, 653 – Überrollbügel; BGH VersR 1987, 102/103 – Verzinkungsspray; BGH ZIP 1992, 934/937 – Silokipper), ist der Hersteller sicherungspflichtig. Dabei kommt es selbstverständlich auf eine Reihe von Einzelheiten entscheidend an.

a) Auf die Erwartungen des durchschnittlichen Produktbenutzers kann sich der verkehrssicherungspflichtige Hersteller verlassen, wenn praktisch **allgemein bekannt** ist, daß die betreffende Ware **gefährliche Wirkungen** haben kann, wie etwa beim Genuß von Alkoholika, Drogen, Tabak oder Medikamenten (Produkthaftungshandbuch/*Foerste*, § 24 Rdnr. 6). Dabei gilt: Je höher der **Nutzen** des fraglichen Produkts ist, um so eher ist der Verbraucher geneigt, Nebenwirkungen und Restrisiken in Kauf zu nehmen. Allerdings kommt es maßgebend darauf an, daß es sich hierbei um solche Nebenwirkungen oder Risiken handelt, die bekannt sind.

b) Als normativer Fixpunkt – sozusagen als **Obergrenze** – der vom Hersteller zu erfüllenden Verkehrssicherungspflichten dient die Formel des „**neuesten** Standes von Wissenschaft und Technik" (*Graf von Westphalen* BB 1971, 152/156; *Kullmann/Pfister*, Produzentenhaftung, Kza. 1520 S. 27). Dies bestätigt auch die Rechtsprechung des BHG (BGH NJW 1995, 2162/2163 – Mineralwasserflasche II). Darunter werden alle diejenigen Kenntnisse und Erkenntnisse verstanden und zusammengefaßt, die nach dem letzten, gesicherten Forschungsstand in der Technik dazu dienen, Produktgefahren zu erkennen und zu vermeiden (Produkthaftungshandbuch/*Foerste*, 2. Aufl., § 24 Rdnr. 16). In diesem Zusammenhang hat auch das Bundesverfassungsgericht in seinem Kalkar-Beschluß unterstrichen (BVerfGE 49, 89/135 f.). Der „Stand von Wissenschaft und Technik" ist daher nicht identisch mit dem „allgemein anerkannten Stand der wissenschaftlichen Erkenntnisse und der Technik", weil der Nachteil einer solchen Lösung darin besteht, daß die Rechtsordnung mit einem solchen Maßstab stets hinter einer weiterstrebenden technischen Entwicklung herhinkt (BVerfGE aaO). Die „allgemein anerkannten Regeln der Technik" bedeuten nämlich lediglich, daß das Maß an Verkehrssicherungspflichten zu erfüllen ist, was in den Kreisen der betreffenden Techniker allgemein bekannt und als richtig angesehen wird (Produkthaftungshandbuch/*Foerste*, 2. Aufl., § 24 Rdnr. 16). (Sie bezeichnen die **Untergrenze der Sicherheitsanforderungen** (Produkthaftungshandbuch/ *Foerste*, 2. Aufl., § 24 Rz. 20) Die **Obergrenze** ist der allgemeine Stand der Wissenschaft und Technik (Produkthaftungshandbuch/*Foerste*, 2. Aufl. § 24 Rz. 18). Es handelt sich hierbei um eine **Organisationspflicht** des jeweiligen Herstellers: Es geht nicht nur um Informations- und Wissensvermittlung, sondern auch darum, die in dem jeweils „neuesten Stand von Wissenschaft und Technik" niedergelegten Kenntnisse und Erkenntnisse praktisch umzusetzen. Hierbei handelt es sich nicht um einen nationalen, sondern um einen **internationalen Standard** (BGH NJW 1981, 1606/1608 – Benomyl). Nicht entscheidend kommt es darauf an, ob der betreffende Hersteller in der Lage ist, dem jeweils „neuesten Stand von Wissenschaft und Technik" zu entsprechen, weil es sich um eine **objektive Größe** handelt, nämlich: den „Inbegriff der Sachkunde" als Summe an Wissen und Technik (*Taschner/Frietsch* aaO, Art. 7 Rdnr. 43). Der Hersteller ist daher im Rahmen von § 823 Abs. 1 BGB verpflichtet, sich ständig über die Fortentwicklung der Technik sowie der Wissenschaft auf dem laufenden zu halten (BGH NJW 1981, 1606/1608 – Benomyl). Dies gilt für alle vom Hersteller entwickelten, hergestellten und in den Verkehr gebrachten Produkte.

Es ist selbstverständlich, daß diese **Erkundigungspflicht** des Herstellers sich nur auf den jeweils „neuesten Stand von Wissenschaft und Technik" bezieht, der **allgemein zugänglich** ist. Soweit gewerbliche Schutzrechte bestehen, welche zugunsten eines Dritten ein Wissensmonopol darstellen, ist diese Pflicht natürlich durch das Merkmal der **Zumutbarkeit** eingeschränkt. Doch darf dieser Gesichtspunkt nicht zu einer Einschränkung des Sicherheitshandbuchs führen; notfalls ist die Herstellung eines nicht ausreichend sicheren Produkts einzustellen. Die Größe des Unternehmens spielt hierbei grundsätzlich keine Rolle, weil es auf die jeweilige **Sicherheitserwartung** des Produktbenutzers entscheidend ankommt. Diese aber ist unabhängig davon, ob ein – gefährliches – Produkt von einem kleinen Unternehmen oder von einem Weltkonzern hergestellt und in den Verkehr gebracht wird; in beiden Fällen erwartet der Produktbenutzer die gleiche Produktsicherheit.

c) Dies bedeutet indessen nicht, daß der Hersteller berechtigt ist, sich mit dem zu diesem Zeitpunkt erreichten „neuesten Stand von Wissenschaft und Technik" zufrieden zu geben. Vielmehr ist er verpflichtet, auch nach **Auslieferung des Produkts** die Fortentwicklung des Standes von Wissenschaft und Technik ständig zu beobachten (BGH ZIP 1994, 213/216 – Gewindeschneidemittel I). Erweist es sich nämlich aufgrund des **Fortschritts** von Wissenschaft und Technik, daß das bereits in den Verkehr gebrachte Produkt **fehlerhaft** ist, so ist der Hersteller verpflichtet, die insoweit erforderlichen und ihm zumutbaren Maßnahmen zu treffen, um Risiken für die Rechtsgüter Dritter auszuschalten, sei es durch Warnungen, sei es durch Änderungen des Produkts, sei es durch einen Rückruf. Es ist selbstverständlich, daß der Hersteller in diesem Zusammenhang auch verpflichtet ist, den **Wettbewerb** zu beobachten (BGH ZIP 1990, 516/518 – Pferdebox). In diesem Zusammenhang konkretisiert sich die Verkehrssicherungspflicht des Herstellers als **Produktbeobachtungspflicht** (Anm. 8).

d) Es ist allgemein im Rahmen der Verkehrssicherungspflichten des § 823 Abs. 1 BGB anerkannt, daß ein **Unterschreiten** der Sicherheitsstandards, wie er in den technischen Normen (DIN, VDE, DVGW etc.) niedergelegt ist, als **Indiz** dafür zu werten ist, daß der Hersteller eine ihm obliegende Verkehrssicherungspflicht objektiv verletzt hat (BGH VersR 1984, 270 – Flachmeißel). Dies besagt freilich auch nicht, daß der Hersteller berechtigt ist, sich darauf zu verlassen, daß die technischen Regelwerke die von ihm zu erfüllenden Verkehrssicherungspflichten **erschöpfend** regeln: Sind nämlich Gefahren für Leib, Leben, Gesundheit und Eigentum Dritter im Sinn von § 823 Abs. 1 BGB bei Beachtung der anerkannten Regeln der Technik nicht abzuwenden, so ist der Hersteller verpflichtet, einen **höheren technischen Sicherheitsstandard** zu wählen (BGH NJW 1987, 372/373 – Verzinkungsspray). So gesehen kommt es ausschließlich darauf an, was der durchschnittliche Produktbenutzer **objektiv** an Sicherheit bei der Verwendung eines Produkts erwartet bzw. erwarten kann (BGH aaO). Anders gewendet: Es kommt maßgebend darauf an, welche Maßnahmen der Hersteller – aus der Sicht des durchschnittlichen Produktbenutzers – schuldet, um die erforderliche Produktsicherheit zu erreichen (BGH ZIP 1990, 516/517 – Pferdebox). So ist z.B. der Hersteller von Boxentrennwänden für Pferdeställe verpflichtet, in den Grenzen des technisch Möglichen und ihm wirtschaftlich Zumutbaren dafür Sorge zu tragen, daß die in den Boxen gehaltenen Pferde bei ihrem typischen Tierverhalten – hier: Aufstellen auf der Hinterhand – keine Verletzungen dadurch erleiden, daß sie mit den Vorderhufen in den Stahl-Profilen der Trennwände hängen bleiben und sich dabei verletzen (BGH ZIP 1990, 516/518 – Pferdebox). Dabei spielt selbstverständlich auch der **Preis** des jeweiligen Produkts eine wichtige Rolle, weil der durchschnittliche Produktbenutzer von einem teureren Produkt derselben Produktart im allgemeinen mehr Sicherheit als von einer vergleichsweise billigeren Ausführung erwartet: Erhöhte Sicherheit hat eben ihren Preis (BGH ZIP 1990, 516/517 – Pferdebox). Doch bedeutet ein höherer Preis keineswegs zwangsläufig, daß der Hersteller – allein aus diesem Grund – nicht verpflichtet ist, für eine höhere Produktsicherheit Sorge zu tragen (BGH aaO), zumal der Preis der Produktion nichts über die fehlende Zumutbarkeit eines objektiven Fehlverhaltens im Sinn von § 276 BGB aussagt. Mit Recht ist daher die Judikatur **äußerst zurückhaltend** aufgrund angeblicher betriebswirtschaftlicher Zwänge anzuerkennen, daß eine an sich geforderte (höhere) Produktsicher-

2. Quality Assurance Contract (Qualitätssicherungsvertrag)

heit zu vernachlässigen ist (BGH NJW 1988, 2611/2612 – Limonadenflasche II). In jedem Fall aber zielt die Verbrauchererwartung auf eine **Mindestsicherheit** des jeweiligen Produkts (BGH ZIP 1994, 1560 – Atmungsüberwachungsgerät). Diese fehlt z. B., wenn ein Hocker im Fall einer horizontalen Bewegung zusammenklappt (OLG Celle VersR 1978, 258/259 – Hocker) oder einem Eiszubereitungsgerät, dessen Gerätestecker bei Überlaufen von Eismasse stromführend wird (OLG Köln in: *Schmidt-Salzer*, Entscheidungssammlung II.230, S. 322 ff. – Speiseeisbereiter).

e) An dieser grundsätzlichen Feststellung über die den Verkehrsschutz bezweckenden Organisationspflichten des Herstellers ändert sich auch nichts dadurch, daß dieser nach den ISO 9000 ff. „zertifiziert" ist. Denn der Kern einer solchen „Zertifizierung" besteht ohnedies nur darin, daß das betreffende Unternehmen als „qualitätsfähig" angesehen wird. Nichts aber ist darüber gesagt, ob im **Einzelfall** auch die nach § 823 Abs. 1 BGB bzw. nach § 1 ProdHaftG erforderliche **Produktsicherheit** tatsächlich erreicht ist. Dies gilt auch ungekürzt bei Bestehen eines Qualitätssicherungssystems.

5. Konstruktionsverantwortung. (1) Es hat sich weitgehend eingebürgert, die verschiedenen Pflichtenkreise des § 823 Abs. 1 BGB – nichts anderes gilt für § 1 ProdHaftG – danach aufzuteilen, ob es sich um Entwicklungsrisiken, Konstruktionsfehler, Fabrikationsfehler, Instruktionsfehler sowie Fehler der Produktbeobachtung handelt (Produkthaftungshandbuch/*Foerste,* § 24 Rdnr. 60 ff.; *Graf von Westphalen* Jura 1983, 57, 58 ff.; kritisch *Steindorff* AcP 170 (1979) 93, 98; *Graf von Westphalen* WiR 1972, 67, 71).

(2) Ein **Entwicklungsrisiko** oder Entwicklungsschaden ist – definitorisch bedingt – dadurch charakterisiert, daß der jeweilige Hersteller im Zeitpunkt der Herstellung des Produkts alles Erforderliche und ihm Zumutbare getan hat, um eine Schädigung Dritter an ihren gemäß § 823 Abs. 1 BGB geschützten Rechtsgütern (Leib, Leben, Gesundheit und Eigentum) zu vermeiden (BGH ZIP 1995, 1094, 1096 f. – Mineralwasserflasche II). Hat also der Hersteller die ihm obliegenden Verkehrssicherungspflichten – orientiert an dem jeweils neuesten Stand von Wissenschaft und Technik – tatsächlich erfüllt, so ist er für einen gleichwohl eintretenden Produktschaden **nicht verantwortlich**. Diese Fälle sind äußerst selten (BGH aaO – kein „Ausreißer"-Einwand; vgl. LG Aachen JZ 1971, 507 ff. – Einstellungsbeschluß in Sachen Contergan). Von entscheidender Bedeutung ist in diesem Zusammenhang ein Doppeltes: Zum einen kommt es maßgebend darauf an, den **normativen Gehalt** der von § 823 Abs. 1 BGB erfaßten Verkehrssicherungspflichten inhaltlich zu bestimmen. Diese sind – wie dargelegt – an dem jeweils „neuesten Stand von Wissenschaft und Technik" orientiert (Anm. 4 (3)). Zum anderen ist in diesem Zusammenhang nachdrücklich die vom Hersteller zu erfüllende **Produktbeobachtungspflicht** eingefordert (Anm. 8). Diese zielt nämlich darauf ab sicherzustellen, daß die Produktbenutzer von Körper- oder Sachschäden im Sinn von § 823 Abs. 1 BGB dadurch geschützt werden, daß der Hersteller die erforderlichen und ihm zumutbaren Gefahrenabwendungsmaßnahmen unverzüglich durchführt (Anm. 8).

(3) Während Entwicklungsschäden – definitorisch bedingt – aufgrund des jeweils „neuesten Standes von Wissenschaft und Technik" unvermeidbar sind (BGH ZIP 1995, 1094, 1096 – Mineralwasserflasche II), ist der **Konstruktionsfehler** – definitorisch bedingt – dadurch charakterisiert, daß die Herstellung des jeweiligen Produkts nicht dem „neuesten Stand von Wissenschaft und Technik" entsprach, also – bezogen auf eben diesen Standard – **fehlerhaft** war. Mithin liegt ein Konstruktionsfehler vor, wenn das Produkt schon von seiner Konzeption/Rezeptur her nicht die gebotene Sicherheit einhält (Produkthaftungshandbuch/*Foerste*, 2. Aufl., § 24 Rdnr. 59). Dabei spielt es keine Rolle, auf welcher Ursache der Konstruktionsfehler beruht, ob es sich um eine fehlerhafte technische Berechnung, um fehlerhafte Materialauswahl, falsche Dimensionierung, fehlerhafte Bauweise etc. handelt. Typisch für den Konstruktionsfehler ist indes der Befund: Er haftet der **gesamten Serie** an. Im Rahmen der **Produktbeobachtungspflicht** (Anm. 8)

führen also Konstruktionsfehler zu höchst aufwendigen Gefahrenabwendungsmaßnahmen, etwa Warnungen, Reparaturmaßnahmen oder Rückrufaktionen.

a) Ob ein Konstruktionsfehler vorliegt, richtet sich im allgemeinen danach, ob er beim **bestimmungsgemäßen Gebrauch** des Produkts auftritt (Produkthaftungshandbuch/ *Foerste*, 2. Aufl., § 24 Rdnr. 61 ff.). Bei sachgemäßem und typischem Gebrauch darf das jeweilige Produkt nicht zu einer Gefahrenquelle für die Rechtsgüter der Produktbenutzer (Leib, Leben, Gesundheit und Eigentum) werden. In erster Linie wird der Verwendungszweck des Produkts durch die ihm anhaftenden **Produkteigenschaften** festgelegt, welche nach der Überzeugung des Durchschnittsverbrauchers gegeben sind und gegeben sein sollten (BGH NJW 1988, 2611/2612 – Limonadenflasche; BGH NJW 1989, 707/708 – Fischfutter; *Kullmann* VersR 1988, 655/656). So gesehen kommt es also auf den „vernünftigen" Verbraucher an (*Kullmann* aaO). Soweit Produkte von **verschiedenartigen Verbraucherkreisen** verwendet werden, kann ihr bestimmungsgemäßer Gebrauch durchaus differieren – mit der Konsequenz, daß es auf die jeweilige Verbrauchererwartung des **typischen Abnehmerkreises** ankommt, etwa bei der gleichzeitigen Verwendung eines Produkts gegenüber Fachleuten und im do it yourself. Eine Konstruktion, welche für den **Fachmann** als sicher angesehen werden kann (BGH ZIP 1992, 934 – Silokipper), braucht für den Nicht-Fachmann keineswegs sicher zu sein, sondern kann – ganz im Gegenteil – als **fehlerhaft** eingeordnet werden (BGH VersR 1984, 270 – Flachmeißel). Kann in diesen Fällen der Hersteller erwarten, daß der Erwerber seines Produkts **unkundig** oder **unerfahren** ist (grundlegend BGH ZIP 1992, 38/39 – Milupa I; BGH ZIP 1994, 374 – Alete; BGH NJW 1995, 1286 – Milupa II), so kann und darf er sich nicht auf die Sach- und Fachkunde der übrigen Abnehmerkreise verlassen. Vielmehr ist er verpflichtet, die Sicherheitsanforderungen an der **gefährdetsten Benutzergruppe** zu orientieren (Produkthaftungshandbuch/*Foerste*, 2. Aufl., § 24 Rdnr. 65).

b) Entscheidend kommt es in diesem Zusammenhang darauf an, ob die Produktbenutzung im Rahmen der **allgemeinen Zweckbestimmung des Produkts** liegt (BGH ZIP 1992, 38/39 – Milupa I). Dies schließt das Risiko des **bestimmungswidrigen Gebrauchs** des Produkts ein (BGH aaO; BGH ZIP 1994, 374/376 – Alete). Soweit ein naheliegender **Fehlgebrauch** des Produkts in Rede steht, kommt es auf die Umstände des Einzelfalls an, ob das Produkt – bezogen auf eben diesen Fehlgebrauch – als „sicher" oder als „fehlerhaft" einzuordnen ist. Maßgebende Kriterien hierfür sind zum einen die Verwendungshinweise des Herstellers, weil durch sie erreicht werden kann, daß die Vorstellungen des Produktbenutzers über die Eignung des Produkts eingeschränkt werden können (BGH ZIP 1992, 38/39 f. – Milupa: Overpromotion: Ungefährlichkeit des „Dauernuckelns"). Doch bleibt der Hersteller gleichwohl verpflichtet, allen Produktschäden nachzugehen, die aufgrund eines Fehlgebrauchs des Produkt eintreten; diese Pflicht ist wesentlicher Bestandteil der **Produktbeobachtungspflicht** (BGH aaO). So gesehen kommt als weiteres Indiz hinzu, ob der Produktfehlgebrauch überhaupt nichts mit der allgemeinen Zweckbestimmung des Produkts zu tun hat (BGH NJW 1981, 2514/2515 – Sniffing), oder ob es sich um einen häufigeren und damit naheliegenden Fehlgebrauch des Produkts handelt (BGH NJW 1972, 2217/2221 – Estil). Die Konstruktionsverantwortung des Herstellers endet dort, wo der **vorsätzliche Mißbrauch** des Produkts zum Schadenseintritt führt, wo also ein Schaden in Rede steht, der mit dem die Herstellung bestimmenden Produktzweck überhaupt nichts mehr zu tun hat (BGH NJW 1981, 2514/2515 – Sniffing). Daher ist der Hersteller eines Kälteschutzmittels nicht dafür verantwortlich, daß der Sohn eines Handwerkers im Keller lagernde Behälter von Kälteschutzmitteln öffnet, um diese zum „Sniffing" einzusetzen, und zwar auch dann, wenn der Sohn daran stirbt. Einen solchen – fernliegenden – Produktfehlgebrauch hat der Hersteller im Rahmen seiner Konstruktionsverantwortung grundsätzlich nicht ins Kalkül zu ziehen. Die hier angedeuteten Pflichten hängen im wesentlichen auch mit dem **Instruktionsfehler** zusammen (Anm 7).

2. Quality Assurance Contract (Qualitätssicherungsvertrag) IV. 2

c) Es ist anerkannt, daß der Hersteller nicht dadurch von seiner Konstruktionsverantwortlichkeit entbunden wird, daß etwa der **TÜV** die Konstruktion genehmigt und keine sicherheitsrelevanten Mängel feststellt (BGH VersR 1987, 102 – Verzinkungsspray). Das gleiche gilt, wenn der TÜV eine Typenprüfung vornimmt (BGH NJW 1987, 1009 – Honda) oder ein „GS"-Zeichen vergibt (BGH ZIP 1990, 514 – Expander). Denn die Pflichten des Herstellers werden im Sinn des § 823 Abs. 1 BGB dem geschulten Dritten gegenüber geschuldet; sie liegen in individuellem Interesse, nicht im Interesse der Allgemeinheit.

6. Die Fabrikationsverantwortung. (1) Von einem **Fabrikationsfehler** ist dann zu sprechen, wenn ein Produkt entsprechend dem jeweils „neuesten Stand von Wissenschaft und Technik" hergestellt wurde, aber – infolge eines personellen oder maschinellen Versagens – gleichwohl einen Fehler aufweist. Es handelt sich hierbei um das Problem des „Ausreißers". Anders gewendet: Fabrikationsfehler beruhen darauf, daß das Produkt infolge eines Mangels im Herstellungsprozeß nicht den Sicherheitsstandard aufweist, welcher bei ordnungsgemäßer Umsetzung der – fehlerfreien – Konstruktion erreicht worden wäre (Produkthaftungshandbuch/*Foerste*, 2. Aufl., § 24 Rdnr. 131 ff).

a) Eine der maßgeblichen Unterschiede zwischen der verschuldensabhängigen Produzentenhaftung gemäß § 823 Abs. 1 BGB und der **verschuldensunabhängigen Produkthaftung gemäß § 1 ProdHaftG** besteht darin, daß auch ein „Ausreißer" haftungsbegründend ist (BGH ZIP 1995, 1094, 1086 – Mineralwasserflasche II), obwohl der Hersteller alle ihm obliegenden Verkehrssicherungspflichten im Sinn von § 823 Abs. 1 BGB erfüllt hat. Dieser Haftungsunterschied wird jedoch im Rahmen von § 1 ProdHaftG nur dann praktisch, wenn es sich um einen **Personenschaden** handelt, weil die Haftung für Sachschäden gemäß § 1 Abs. 1 Satz 2 ProdHaftG auf **privat genutzte und privat gebrauchte Sachen** beschränkt ist. Folglich ist der gesamte Bereich des gewerblichen Sachschadens aus dem Anwendungsbereich von § 1 Abs. 1 Satz 2 ProdHaftG ausgeklammert (Anm. 9 (3) f.).

b) Die **Privilegierung** eines „Ausreißers" im Rahmen von § 823 Abs. 1 BGB beruht auf dem Grundgedanken der verschuldensabhängigen Verkehrssicherungspflicht, wonach auch die Fabrikationsphase nicht darauf abzielen kann, absolute Sicherheit zu gewährleisten, sondern lediglich darauf gerichtet ist, die nach § 823 Abs. 1 BGB geschuldeten Verkehrssicherungspflichten einzuhalten (Produkthaftungshandbuch/*Foerste*, 2. Aufl., § 24 Rdnr. 1327). Darüber hinaus beruht die Privilegierung des „Ausreißers" auf der Möglichkeit gemäß § 831 Abs. 1 Satz 2 BGB den **Entlastungsbeweis** zu führen (Anm. 12).

(2) Wesentliche Aufgaben des Herstellers im Rahmen der Fabrikationsverantwortlichkeit ist es, die **beschafften Rohstoffe, Halbfabrikate und Zwischenprodukte** darauf zu überprüfen, ob sie die Qualität aufweisen, welche unter Berücksichtigung der konstruktiven Merkmale erforderlich sind. In diesem Zusammenhang kommt der **Wareneingangskontrolle** gemäß §§ 377, 378, 381 HGB erhebliche praktische Bedeutung zu (Anm. 18). Darüber hinaus muß sich die Kontrolle aber auch auf die gesamte **Lagerhaltung** erstrecken (Produkthaftungshandbuch/*Foerste*, 2. Aufl., § 24 Rdnr. 135).

a) Auch die **Sicherheit der Fabrikationsanlagen** spielt im Rahmen der Fabrikationsverantwortlichkeit gemäß § 823 Abs. 1 BGB eine überragende Rolle (Produkthaftungshandbuch/*Foerste*, 2. Aufl., § 24 Rdnrn. 142). Zum einen gilt auch hier der Grundsatz, daß der Hersteller verpflichtet ist, seine Fabrikationsanlagen nach dem jeweils „neuesten Stand von Wissenschaft und Technik" einzurichten, um in verläßlicher Weise Produktfehler zu vermeiden. Zum anderen besteht keine – deliktsrechtliche – Pflicht, das Ausmaß der **Automation** ständig zu maximieren. Es bleibt gleichwohl dem Hersteller unbenommen, in welcher Weise er – unter Berücksichtigung betriebswirtschaftlicher Kategorien – seinen Fabrikationsprozeß gestaltet. Freilich ist zu berücksichtigen: Das größte Produktrisiko ist der Mensch.

b) Auch gilt es im Auge zu behalten, daß das Risiko von Produktschäden in dem Maße anwächst, als die Fabrikationsanlagen technisch **veralten** (vgl. *Steindorff* AcP 170 (1970) 93/110). Es ist deshalb die Ansicht vertreten worden (*Steindorff*, aaO), daß unter den Bedingungen der heutigen industriellen Fertigung praktisch jeder Fabrikationsfehler **kontrollierbar** und daher auch im vorhinein **kalkulierbar** ist, weil es dem Hersteller möglich sei (Produkthaftungshandbuch/*Foerste*, § 24 Rz. 1327), aufgrund einer Ist-Analyse den erforderlichen organisatorischen und personellen Aufwand zu ermitteln, um sicherzustellen, daß „**Ausreißer**" – sowohl aufgrund maschinellen als auch aufgrund personellen Fehlverhaltens – vermieden werden. Weiß indessen der Hersteller, daß ein gewisser Prozentsatz an „Ausreißern" etwa deshalb vorkommt, weil der Kenntnisstand des Personals unzureichend oder die Fabrikationsanlagen veraltet sind, so liegt darin keineswegs ein „Ausreißer", sondern eine elementare Verletzung der dem Hersteller gemäß § 823 Abs. 1 BGB obliegenden Verkehrssicherungspflichten (*Graf von Westphalen* Jura 1983, 57/61). Zwangsläufig scheidet auch dann die Möglichkeit aus, wegen eines solchen „Ausreißers" erfolgreich den Entlastungsbeweis gemäß § 831 Abs. 1 Satz 2 BGB zu führen (Anm. 11).

7. Instruktionsverantwortung. (1) Die Instruktionspflicht des Herstellers ist – juristisch gewertet – eine **selbständige Pflicht;** sie besteht neben der Konstruktions- und der Fabrikationsverantwortung, hat aber im Rahmen von Qualitätssicherungsvereinbarungen nur eine geringe praktische Bedeutung. Die Instruktionsverantwortlichkeit des Herstellers kommt allerdings gerade dann zum Zuge, wenn und soweit die Konstruktion des Produkts nicht zu beanstanden ist, gleichwohl aber Gefahren bei der Produktbenutzung – bezogen auf den bestimmungsgemäßen sowie den vorhersehbaren bestimmungswidrigen Gebrauch – nicht völlig ausgeschlossen werden können (*Kullmann*, FS für Brandner, 1996 S. 313 ff. – Kinderteefälle).

(2) Jeder Hersteller ist grundsätzlich verpflichtet, vor den mit der Verwendung seines Produkts verbundenen Gefahren zu warnen und den Produktbenutzer darauf hinzuweisen, wie er solche Gefahren vermeiden kann (BGH ZIP 1992, 934/937 – Silokipper). Auch hier gibt – genauso wie bei der Konstruktionsverantwortung – die **Verbrauchererwartung** Maß: Nur insoweit, als der Hersteller damit rechnen muß, daß seine Produkte in die Hand von Personen gelangen, die mit den Produktgefahren nicht vertraut sind, besteht eine Instruktionsverantwortlichkeit (BGH aaO).

a) Die Überzeugung des Durchschnittsverbrauchers bestimmt auch Inhalt und Umfang des **bestimmungsgemäßen Gebrauchs** des Produkts (BGH NJW 1981, 2514/2515 – Sniffing; BGH NJW 1987, 1009/1012 – Honda). Ist z.B. ein Klebemittel als „feuergefährlich" bezeichnet, so verbindet weder ein beliebiger Käufer noch ein Schreiner damit die Vorstellung, es könnten sich bei der Auftragung auch entzündliche Dämpfe bilden. Auch eine Hausfrau wird daher bedenkenlos dieses Mittel auf ihrem Fußboden einsetzen, obwohl sie gleichzeitig einen Propangasofen benutzt (BGH VersR 1960, 342 – Fußbodenklebemittel). In ähnlicher Weise wird von einem Kleber erwartet, daß er sich – jedenfalls bei flüchtiger Handhabung – wieder von den Fingern lösen läßt; folglich rechnet der durchschnittliche Produktbenutzer nicht mit der Gefahr, daß dies – wie bei einem Spezialkleber – nicht ohne Hautverletzungen möglich ist. In gleicher Weise rechnen Friseure nicht ohne weiteres mit gravierenden Nebenwirkungen eines Haartonicums (BGH NJW 1975, 824/825 – Haartonicum/Allergie). Auch erwartet keineswegs jeder Motorradfahrer, daß eine Lenkerverkleidung geeignet ist, die Stabilität des Motorrads bei hoher Geschwindigkeit so zu beeinträchtigen, daß auch tödliche Unfälle unvermeidbar sind (BGH NJW 1987, 1009/1012 – Honda).

b) Wie bereits bei der Konstruktionsverantwortlichkeit dargelegt (Anm. 5), wird der jeweilige **Verwendungszweck** des Produkts auch durch die Gebrauchsanweisung, Verwendungshinweise und Warnungen des Herstellers bestimmt. Durch sie kann zum einen der bestimmungsgemäße Gebrauch **eingeschränkt,** zum anderen aber auch **erweitert**

2. Quality Assurance Contract (Qualitätssicherungsvertrag) IV. 2

werden, wenn z. B. ein gesüßter Kindertee als unproblematischer „Gute-Nacht-Trunk" angepriesen wird, obwohl ganz erhebliche Kariesschäden durch das „Dauernuckeln" auftreten (BGH ZIP 1992, 38 – Milupa; BGH ZIP 1994, 374 – Alete). Wie bei der Konstruktionsverantwortung (Anm. 5), gilt auch hier: Die Instruktionsverantwortlichkeit des Herstellers ist auf den **jeweiligen** Produktbenutzer auszurichten (BGH NJW 1995, 1286 – Milupa II); soweit erforderlich ist zwischen einem Fachmann und einem Laien zu differenzieren (BGH ZIP 1992, 934/937 – Silokipper). Gegenüber **Kindern** ist sie oft besonders streng (BGH NJW 1999, 2815 – Papierreißwolf; kritisch *Littbarski,* NJW 2000, 1161), da sie besonders gefährdet sind.

c) **Bestimmungswidrig** ist der Gebrauch eines Produkts, der sich nicht mehr im Rahmen der allgemeinen Zweckbestimmung bewegt (BGH ZIP 1992, 38/39 – Milupa). Im Hinblick auf die Instruktionsverantwortung des Herstellers kommt es maßgeblich darauf an, ob es sich um einen naheliegenden Fehlgebrauch oder um einen Mißbrauch des Produkts handelt (BGHZ 106, 273/283 – Asthma-Spray) oder ob der Fehlgebrauch des Produkts – dies läuft in der Sache auf das gleiche hinaus – für den Hersteller vorhersehbar war (BGH NJW 1972, 2217/2221 – Estil). Bestimmungswidrig handelt z. B. ein Produktbenutzer, der die Standsäule eines Fensterkrans trotz der erheblichen Zugkräfte ohne stabilisierende Vorrichtungen nur zwischen Fensterbank und Fenstersturz einklemmt (BGH VersR 1959, 523 – Seilhexe). In gleicher Weise wird ein Bausatz für einen Überrollbügel einer Zugmaschine bestimmungswidrig verwendet, wenn eindeutige Montagebestimmungen mißachtet werden und dies für einen Monteur mit normalem technischen Fachwissen erkennbar fehlerhaft ist (BGH NJW 1986, 1863/1864 – Überrollbügel). Bestimmungswidrig ist es auch, wenn ein Verzinkungsspray verwendet wird, welches laut Warnung nicht „auf glühende Körper" aufgetragen werden darf, welches aber – zum Zweck der Trocknung – bis zur Grauglut erhitzt wird (BGH NJW 1987, 372/374 – Verzinkungsspray). Schließlich handelt der Verbraucher bestimmungswidrig, der einen gesüßten Kindertee als „Einschlafhilfe" – also: zum „Dauernuckeln" – seinem Kind gibt, weil dadurch ganz erhebliche Kariesschäden verursacht werden (BGH ZIP 1992, 38 – Milupa I; BGH ZIP 1994, 374 – Alete; BGH NJW 1995, 1286 – Milupa II).

d) Der Hersteller muß vor **jeder Gefahr** warnen, die bei einem bestimmungsgemäßem Gebrauch droht (BGH NJW 1972, 2217/2220 – Estil; BGH NJW 1981, 2514/2515 – Sniffing), sofern diese nicht schon zu dem **allgemeinen Erfahrungswissen** der jeweiligen Abnehmer- und Benutzerkreise gehört (BGH ZIP 1992, 934/937 – Silokipper; BGH NJW 1987, 372/374 – Verzinkungsspray; BGH NJW 1975, 1827/1829 – Spannkupplung). Der Hersteller wird nicht dadurch dispensiert, daß etwaige Warnungen in einschlägigen technischen Regelwerken, wie etwa in den DIN-Bestimmungen enthalten sind, sofern – unter Berücksichtigung der jeweiligen Gefahrenlage – eine darüber hinausgehende Warnung erforderlich war (BGH NJW 1987, 372/373 – Verzinkungsspray). Keineswegs ist jedoch der Hersteller verpflichtet, vor jeder Produktgefahr zu warnen, weil dies durch das Konzept der Verkehrssicherungspflichten des § 823 Abs. 1 BGB nicht bedungen wird (Produkthaftungshandbuch/*Foerste,* § 24 Rdnr. 184). Auch hier gilt der Grundsatz der Verhältnismäßigkeit: Soweit bei der – bestimmungsgemäßen oder bestimmungswidrigen – Benutzung eines Produkts **erhebliche** Gefahren drohen, sind an Form und Inhalt eines ausreichenden Warnhinweises **strenge Anforderungen** zu stellen (BGH ZIP 1992, 38/40 – Milupa I). Dies gilt insbesondere, sofern die Verwendung des Produkts mit erheblichen Gefahren für die **Gesundheit** von Menschen verbunden ist (BGH aaO). Daraus folgt, daß die Anforderungen an einen Warnhinweis herabgesetzt sind, sofern das Risiko lediglich in einem geringeren Sachschaden besteht.

Warnhinweise müssen klar, **deutlich** und allgemein verständlich formuliert sein (BGH NJW 1987, 1009/1012 – Honda). Inhaltlich müssen die Hinweise so abgefaßt sein, daß darin die **bestehenden Gefahren** für das Verständnis des gewöhnlichen Produktbenutzers plausibel werden (BGH ZIP 1992, 38/40 – Milupa I; BGH NJW 1995, 1286 – Milupa II; *Kullmann,* FS für Brandner, 1996, S. 313 ff.). Dabei unterscheidet die Rechtsprechung des BGH zwischen einer **Anwendungswarnung** und einer **Folgenwarnung** (grundlegend BGH NJW 1972, 2217 – Estil; BGH ZIP 1992, 38 – Milupa I; BGH ZIP 1994, 374 – Alete). Während sich die Anwendungswarnung darauf bezieht, die konkreten Produktgefahren exakt zu beschreiben, bezieht sich die **Folgenwarnung** darauf, den Funktionszusammenhang klar zu machen, so daß für den durchschnittlichen Verbraucher erkennbar wird, warum das Produkt gefährlich ist (BGH ZIP 1992, 38/40 – Milupa I). Dies bedeutet also konkret, daß es – auch für einen Arzt – nicht ausreichend ist, wenn der Hersteller eines Kurznarkosemittels lediglich darauf hinweist, daß das Präparat nur intravenös injiziert werden darf, ohne gleichzeitig – im Rahmen einer **Folgewarnung** – darauf hinzuweisen, daß die Vertauschung von Vene und Arterie in der Ellenbogenbeuge zwangsläufig zum Verlust des Gliedmaßes führt (BGH NJW 1972, 2217 – Estil). Daher müssen auch Hersteller von zuckerhaltigem Kindertee auf die mit dem „Dauernuckeln" verbundenen erheblichen Kariesgefahren hinweisen (*Kullmann* aaO), weil diese – darin liegt die Folgenwarnung – in dem Umspülen der Rückseite der Oberkieferschneidezähne und dem gleichzeitigen Abspülen des Speichelschutzes besteht, was allgemein unbekannt ist (BGH ZIP 1994, 374 – Alete).

e) Da die Verkehrssicherungspflichten des Herstellers nicht in dem Zeitpunkten enden, in welchem er das Produkt in den Verkehr bringt, liegt es auf der Hand: Auch Instruktions- und Warnpflichten können aufgrund der dem Hersteller obliegenden **Produktbeobachtungspflicht** (Anm. 8) nachträglich entstehen (*Graf von Westphalen* Jura 1983, 57/72 f.). Dies ist etwa dann zu bejahen, wenn die Fortentwicklung des Standes von Wissenschaft und Technik dazu führt, daß eine dem Produkt von Anfang an eigene Gefahr erst nachträglich erstmals erkennbar wird (BGH NJW 1981, 1603/1605 – Derosal; BGH NJW 1981, 1606/1608 – Benomyl). Gleiches gilt dann, wenn bei einem bestimmungswidrigen Gebrauch Gefahren entstehen, mit denen der Hersteller ursprünglich nicht gerechnet hat (BGH ZIP 1992, 38 – Milupa). Die Einzelheiten werden nachfolgend im Rahmen der Produktbeobachtungsverantwortlichkeit des Herstellers dargestellt.

8. Die Produktbeobachtungsverantwortung. (1) Es ist allgemein anerkannt, daß die Verkehrssicherungspflichten des Herstellers gemäß § 823 Abs. 1 BGB nicht mit der Freigabe des Produkts zum Vertrieb an Dritte enden. Auch ist der Ablauf der kauf- oder werkvertraglichen Gewährleistungsfrist irrelevant. Vielmehr hat bereits das RG entschieden, daß ein Hersteller verpflichtet ist, alles Erforderliche und ihm Zumutbare zu tun, wenn er nach dem Inverkehrbringen seines Produkts in Erfahrung bringt, daß dieses Gefahren erzeugen kann, wie z.B. das Versagen von Autobremsen (RG DR 1940, 1293). Aus diesem Grund ist die aus § 823 Abs. 1 BGB abzuleitende Produktbeobachtungspflicht auch keine kauf- oder werkvertragliche Nebenpflicht (vgl. *Graf von Westphalen* Jura 1983, 57, 63), sondern eine eigenständige Verkehrssicherungspflicht.

(2) Der Hersteller ist im Rahmen der **passiven Produktbeobachtung** verpflichtet (BGH ZIP 1994, 213 – Gewindeschneidemittel I), die Produktbeobachtung auf **alle Produkte** zu erstrecken, die er in den Verkehr gebracht hat. Dabei macht es keinen Unterschied, ob es sich um neu konstruierte Produkte (BGH BB 1970, 1414 – Bremsen) oder um bereits eingeführte Produkte handelt (*Kullmann/Pfister*, Produzentenhaftung, Kza. 1520 S. 51). Demzufolge bezieht sich die Produktbeobachtungspflicht auf **sämtliche Fehlerquellen,** die sich aus der bestimmungsgemäßen oder der bestimmungswidrigen Produktbenutzung ergeben (*Kullmann/Pfister*, Produzentenhaftung, Kza 1520 S. 50). Ziel der – **passiven** – Produktbeobachtungspflicht ist es, alle Informationen zu erfassen und auszuwerten, die sich auf irgendwelche **Beanstandungen** des Produkts beziehen und dem Hersteller zugeleitet werden (BGH ZIP 1994, 213/216 – Gewindeschneidemittel I). Es geht also darum, Unfallnachrichten, Kundenbeschwerden, Testberichte etc. **systematisch** auszuwerten. Ein **Meldesystem** ist zu etablieren, welches alle Vertriebs- und Absatzkanäle des Herstellers umfaßt (*Graf von Westphalen* WiR 1972, 67/79). Es gilt hier im

Grunde genommen das gleiche, was zuvor für die **Organisationspflicht** des Herstellers gesagt wurde, sich über den Fortschritt von Wissenschaft und Technik ständig unterrichtet zu halten (Anm. 4 (3)). Also sind auch im Rahmen der passiven Produktbeobachtungspflicht Fachzeitschriften auszuwerten, Kongresse und Seminare sind zu besuchen; insbesondere aber ist auch der **Wettbewerb** zu beobachten (BGH NJW 1990, 806 – Pferdebox). Alle auf diese Weise dem Hersteller zugeleiteten Informationen sind nach einem statistisch ausgereiften System **auszuwerten.** Nichts ist so schwierig wie festzustellen, ob es sich um typische Gewährleistungsmängel handelt, die möglicherweise gehäuft auftreten, oder ob ein konstruktionsbedingter Serienschaden vorliegt, weil im ersteren Fall keine Reaktion, im zweiten Fall jedoch möglicherweise eine Rückrufaktion angezeigt sein könnte. Hier ist die Entscheidung von „Fehlerverdacht" gegenüber einer „Fehlergewißheit" von hohem praktischen Nutzen (*Foerste* NJW 1994, 909, 910).

(3) Die **aktive Produktbeobachtungspflicht** beginnt in dem Augenblick, in dem sich Meldungen über Schadensfälle häufen (BGH NJW-RR 1995, 342/343 – Gewindeschneidemittel II; *Kullmann* NJW 1996, 18/22 ff.), also „Fehlergewißheit" entsteht (*Foerste* aaO). Sobald dies zutrifft, ist der Hersteller verpflichtet, von sich aus die Produktbeobachtung zu intensivieren um möglichst rasch herauszufinden, welche konkreten Maßnahmen durchzuführen sind, um etwaige Produktgefahren von vornherein abzuwehren.

(4) Sofern gebotene Maßnahmen im Rahmen der Produktbeobachtung nicht oder nicht rechtzeitig durchgeführt werden, stellen sich drei Fragen, die voneinander unabhängig sind.

a) Unbestritten ist, daß der Hersteller – konkret: die für den Hersteller jeweils zur Handlung berufenen Vertreter – **strafrechtlich verantwortlich** sind, wenn sie die gebotenen Maßnahmen – Warnungen, Rückruf etc. – nicht oder nicht rechtzeitig vornehmen (LG Aachen JZ 1971, 507 – Einstellungsbeschluß in Sachen Contergan; BGHSt 37, 106 – Lederspray; BGH NJW 1995, 2933 – Weinverschnitt; BGH NJW 1995, 2930 – Holzschutzmittel; *Schmidt-Salzer* NJW 1996, 1 ff.; hierzu auch Produkthaftungshandbuch/*Goll*, 2. Aufl., § 46 Rdnr. 1 ff.).

b) Auf der anderen Seite ist heftig umstritten, ob der einzelne potentiell geschädigte Produktbenutzer berechtigt ist, gegenüber dem Hersteller des fehlerhaften Produkts präventive Maßnahmen zur Schadensverhütung/Schadensbeseitigung zu verlangen (OLG Karlsruhe NJW-RR 1995, 594 – Dunstabzugshaube; LG Hamburg VersR 1994, 299 – Rettungsinsel; BGH VersR 1986, 1125/1127 – Milchkühlanlage; OLG Karlsruhe VersR 1986, 1125/ 1126 – dito; *Schwenzer* JZ 1987, 1059/1062; Mayer DB 1985, 319/325; im einzelnen auch Produkthaftungshandbuch/*Foerste*, 2. Aufl., § 39 Rdnr. 1 ff. m.w.N.). Gleichgültig, wie man zu diesem Anspruch im Ergebnis steht, man kann nicht an der Tatsache vorbeisehen, daß sich die drohende strafrechtliche Sanktion genauso in der Praxis auswirkt wie ein genuiner Rückrufanspruch des potentiell geschädigten Produktbenutzers. Im Ergebnis ist ein solcher Rückrufausspruch – vor allem auch im Rahmen des ProdSiG – zu bejahen (Graf von Westphalen DB 1999, 1369 ff.).

c) Hinzu kommt auch die polizei-rechtliche Verantwortlichkeit des nicht tätig werdenden Herstellers nach dem **ProdSiG** (hierzu Produkthaftungshandbuch/*Foerste*, 2. Bd, 2. Aufl., § 90 Rdnr. 3 ff.; *Wagner* BB 1997, 2989 ff; 2541 ff.) angefordert ist, die erforderlichen Gefahrenabwendungsmaßnahmen durchzuführen, sofern ein fehlerhaftes Produkt Leib, Leben oder Gesundheit eines Verbrauchers bedroht.

(5) Die Pflicht zur Produktbeobachtung trifft nicht nur den Hersteller und den jeweiligen Teilehersteller/Zulieferanten. Auch der Vertragshändler ist insoweit verantwortlich (BGH ZIP 1994, 213 – Gewindeschneidemittel I). Gleiches gilt inzwischen auch für den Vertriebshändler, zwar nicht im Blick auf die Konstruktions-, wohl aber in Bezug auf die Instruktionspflichten (BGH NJW 1995, 1286 – Milupa II). Noch weitergehende Pflichten treffen den Vertriebshändler freilich dann, wenn er den Alleinvertrieb unterhält (BGH aaO; *Kullmann* NJW 1996, 18/23).

9. Geschützte Rechtsgüter. (1) Das menschliche Leben genießt im Rahmen von § 823 BGB – das gleiche gilt für § 1 ProdHaftG – ungekürzten Schutz. Körperverletzung ist hier jeder äußere Eingriff in die körperliche Unversehrtheit (BGH NJW 1980, 1452/1453). Gesundheit ist das ungestörte Zusammenspiel der Körperfunktionen im somatischen und im psychischen Bereich (Produkthaftungshandbuch/*Foerste*, § 25 Rdnr. 3).

(2) Der Kernbereich der Produkthaftung spielt sich in der Praxis im Bereich der von § 823 BGB geschützten Eigentumsverletzung ab. Dabei sind folgende Konstellationen zu unterscheiden, was jedoch im Einzelfall jeweils sorgfältigster Prüfung bedarf.

a) Klar sind die Fälle, in denen die Substanz der jeweiligen Sache – außerhalb des fehlerhaften Produkts selbst – verletzt oder beeinträchtigt worden ist (Produkthaftungshandbuch/*Foerste*, § 22 Rdnr. 10 m.w.N.). Es handelt sich dann regelmäßig um Folgeschäden.

b) Auch dann, wenn die Gebrauchseignung des jeweiligen Produkts – außerhalb des fehlerhaften Produkts selbst – beeinträchtigt worden ist, reicht dies aus, um einen Anspruch aus § 823 BGB zu gewähren (BGH NJW 1990, 908/909 – Weinkorken; BGH VersR 1993, 1367 – Primelerde; BGH ZIP 1994, 213/215 – Gewindeschneidemittel I). Voraussetzung ist allerdings, daß die Beeinträchtigung nicht ganz unwesentlich ist, (BGH NJW 1988, 1942/1943 – Transistor)

c) Besonders problematisch sind jedoch die in der Praxis immer wieder vorkommenden Konstellationen, in denen der Schaden am Produkt selbst entweder mit dem Mangel des Produkts identisch ist oder über diesen hinausgeht, also einen „weiterfressenden" Schaden darstellt (hierzu Produkthaftungshandbuch/*Foerste*, 2. Aufl. § 21 Rdnr. 21 ff. m.w.N.).

aa) Die Rechtsprechung begann mit der berühmten Schwimmschalter-Entscheidung (BGH BB 1967, 162; BGH NJW 1978, 2241 – Hinterradfelge; BGH NJW 1983, 810 – Gaszug). Entscheidend kommt es darauf an, ob zwischen dem anfänglichen Mangel des Produkts und dem später eingetretenen Schaden – Eigentumsverletzung – „Stoffgleichheit" besteht (BGH NJW 1985, 2420/2421 – Kompressor; *Steffen* VersR 1988, 977/978 ff.). Deckt sich also der anfängliche Mangelunwert mit dem später eingetretenen Schaden am Produkt selbst, dann können nach Ansicht des BGH nur Gewährleistungsansprüche geltend gemacht werden, nicht aber Ansprüche aus § 823 BGB, weil diese auf den Schutz des Integritätsinteresses zielen, (BGH NJW 1996, 2224 – Schmieröl; BGH NJW 1996, 2507 – Chefbüro; BGH NJW 1998, 1942 – Transitor)

bb) Als „stoffgleich" werden auch solche Fälle behandelt (Übersicht bei Produkthaftungshandbuch/*Foerste*, 2. Aufl. § 21 Rdnr. 50 ff.), bei denen eine Beseitigung des – wenn auch nur einem Teil der Sache anhaftenden – Fehlers technisch nicht möglich ist (BGH ZIP 1992, 704/705 – Nockenwelle), oder wenn der Mangel nicht in wirtschaftlich vertretbarer Weise behoben werden kann (BGH aaO). **Umgekehrt** hat die Rechtsprechung das Element der „Stoffgleichheit" deswegen verneint und eine **Eigentumsverletzung** im Sinn von § 823 Abs. 1 BGB wegen eines „weiterfressenden" Schadens bejaht, wenn Schäden an Kraftfahrzeugen, Maschinen oder sonstigen Geräten dadurch eintraten, daß ein später eingebautes Ersatzteil oder eine Zusatzanlage mit Fehlern behaftet war und infolgedessen Schäden an anderen, bereits vorhandenen fehlerfreien Teilen des Gerätes/der Gesamtsache entstanden sind (BGHZ 55, 392/394 f. – Achsaggregat; BGH NJW 1979, 2148 – Kartonmaschine; BGH ZIP 1992, 485/489 – Kondensator), das auch bei der Anfertigung einer neuen Sache gilt, falls einwandfreie Teile mit mangelhaften Teilen eines Zulieferers verbunden und daher unbrauchbar werden (BGH NJW 1988, 1842 – Transistor; kritisch *Foerste* NJW 1988, 2822). Nichts anderes gilt, wenn in einem **Bauwerk** – z.B. in einem nur teilweise, aber mangelfrei errichteten Rohbau – mangelhafte Teile eingefügt werden (BGH NJW 1981, 2250/2251 – Asbestzementplatte; BGH ZIP 1992, 485/489 – Kondensator) und auch bei der Anfertigung einer neuen Sache gilt, falls einwandfreie Teile mit mangelhaften Teilen eines Zulieferers verbunden und daher unbrauchbar werden (BGHG NJW 1998, 1942 – Transistor; kritisch *Foerste*

NJW 1998, 2877). Entscheidend ist also, ob der Mangel zunächst auf einen Teil des Produkts beschränkt ist und daher als **behebbar** angesehen werden kann, so daß erst später eine Zerstörung des Produkts oder Beschädigung anderer Teile desselben eintritt, weil dann der von dem Fehler zunächst nicht erfaßte Teil der Sache einen eigenen Wert im Sinn von § 823 Abs. 1 BGB darstellt, der sich nicht mit dem „Mangelunwert" des fehlerhaften Produkts deckt (BGH ZIP 1992, 704/705 – Nockenwelle). Für denjenigen, in dessen Eigentum bisher die einzelnen unversehrten Teile standen, liegt dann eine Eigentumsverletzung im Sinn von § 823 Abs. 1 BGB vor (BGH ZIP 1992, 485/489 – Kondensator).

cc) Eine Eigentumsverletzung gemäß § 823 Abs. 1 BGB ist auch dann zu bejahen, wenn der Käufer einer mangelhaften Sache durch deren **Verbindung mit mangelfreien Sachen** eine **neue Sache** herstellt (BGH NJW 1998, 1942 – Transistor: unbrauchbares Teil, das vorher mangelfrei war), bei welcher die mangelhaften Teile **ohne Beschädigung** der mangelfreien Teile von diesen nicht getrennt werden können – mit der Konsequenz, daß jedenfalls im Zeitpunkt der Trennung eine Eigentumsverletzung an den bisher unversehrten Teilen der neuen Sache zu bejahen ist (BGH ZIP 1992, 485 – Kondensator). Dabei ist es auch **unerheblich**, ob der Produktbenutzer in der Lage war, den Fehler vor dem Schadenseintritt bei normalem Lauf der Dinge zu entdecken, weil die subjektive Erkennbarkeit für § 823 Abs. 1 BGB **irrelevant** ist (BGH ZIP 1992, 704/705 – Nockenwelle). Die Rechtsprechung ist in diesem Punkt inzwischen nur noch schwer zu übersehen; der Einzelfall regiert (BGH NJW 1998, 1942 – Transistor; BGH NJW 1996, 2507 – Chefbüro; BGH NJW 1996, 2224 – Schmieröl) so daß stets eine genaue Analyse der Rechtsprechung unvermeidbar ist (BGH ZIP 1999, 366 – Torfsubstrat; Übersichten bei *Kullmann* NJW 1997, 1746 ff.; *ders*. NJW 1999, 96 ff.)

d) Es ist praktisch von hoher Bedeutung, daß in all den Fällen, in denen – wie vorstehend dargelegt – ein „weiterfressender" Schaden im Sinn von § 823 Abs. 1 BGB besteht, deliktsrechtliche Schadensersatzansprüche mit kauf- oder werkvertraglichen Gewährleistungsansprüchen **konkurrieren** (BGH BB 1977, 162 – Schwimmschalter). Dies bedeutet: Für die jeweils geltend gemachten Ansprüche gelten die jeweils eigenen Anspruchsvoraussetzungen; dies gilt insbesondere auch für die **unterschiedlichen Verjährungsregeln:** Kauf- und werkvertragliche Ansprüche verjähren gemäß §§ 477, 638 BGB regelmäßig in einer Frist von sechs Monaten, während die deliktsrechtlichen Schadensersatzansprüche gemäß § 852 BGB erst in **drei Jahren**, gerechnet ab Schadenseintritt und Kenntnis von der Person des Schädigers verjähren. Dies gilt jedoch **nicht** uneingeschränkt (BGH VersR 1993, 1368 – Primelerde; aber auch BGH ZIP 1999, 366 – Torfsubstrat).

e) Es ist im einzelnen im Rahmen von **§ 1 Abs. 1 Satz 2 ProdHaftG** umstritten, unter welchen Voraussetzungen ein fehlerhaftes Produkt eine **„andere Sache"** beschädigt, weil dieses Tatbestandselement voraussetzt, daß zwischen einem **Endprodukt** und einem (fehlerhaften) **Teilprodukt** differenziert werden kann, womit eindeutig das Problem des „weiterfressenden" Schadens (Anm. 9 (3) d) angesprochen ist (*Taschner/Frietsch*, Produkthaftungsgesetz und EG-Produkthaftungsrichtlinie, 2. Aufl., § 1 ProdHaftG, Rdnrn. 38 ff.; *Büchner* DB 1988, 32/36; *Sack* VersR 1988, 439). Verläßliche Rechtsprechung fehlt; die Literaturauffassungen sind kontrovers (Produkthaftungshandbuch/*Graf von Westphalen*, 2. Aufl. § 72 Rdnr. 6 ff.; 13 ff). Dabei ist auch zu berücksichtigen, daß gemäß § 4 Abs. 1 Satz 1 ProdHaftG auch der **Teilehersteller** unmittelbar verantwortlich ist, nicht also lediglich der jeweilige **Endhersteller**. Je nachdem, ob der Endhersteller oder der Teilehersteller wegen eines von ihnen zu vertretenen Produktfehlers in Anspruch genommen werden, ist die in § 1 Abs. 1 Satz 2 ProdHaftG zu gebende Antwort **unterschiedlich**. Denn aus der Perspektive des Teileherstellers ist das von ihm gelieferte Teilprodukt fehlerhaft, so daß das Endprodukt die „andere" Sache ist; aus der Perspektive des Endherstellers des Gesamtprodukts ist dies indessen nicht der Fall. Der Intention der EG-Richtlinie entspricht es offenbar, die sehr schwierige Haftungsfigur des „weiterfressenden" Schadens aus § 1 Abs. 1 Satz 2 ProdHaftG **auszuklammern** (*Taschner/ Frietsch* aaO).

Von praktisch großer Bedeutung ist dies allerdings nicht. Denn zum einen ist die BGH-Judikatur zum „weiterfressenden" Schaden im Sinn von § 823 Abs. 1 BGB festgefügt (Anm. 9c). Zum anderen ist darauf hinzuweisen, daß § 1 Abs. 1 Satz 2 ProdHaftG nur dann Ersatz eines **Sachschadens** gewährt, wenn diese „andere" Sache „ihrer Art nach gewöhnlich für den **privaten** Ge- oder Verbrauch bestimmt und hierzu von dem Geschädigten hauptsächlich verwendet worden ist" (*Palandt/Thomas*, § 1 ProdHaftG Rdnr. 7). Im Rahmen von **Qualitätssicherungsvereinbarungen** kommt es regelmäßig auf den Schutz gewerblich genutzter Sachen im Sinn von § 823 Abs. 1 BGB, nicht aber auf die tatsächlich privat genutzte Sache an, zumal gemäß § 11 ProdHaftG ein **Selbstbehalt** in Höhe von DM 1125,00 eingreift, der ohnehin nur nach § 823 Abs. 1 BGB reklamiert werden kann. So gesehen kommt die **Vorrangregel** von § 15 Abs. 2 ProdHaftG zur Anwendung, wonach die Bestimmungen des ProdHaftG eine Haftung gemäß § 823 Abs. 1 BGB **unberührt** lassen.

10. **Das Verschulden – die Beweislast.** (1) § 823 Abs. 1 BGB enthält eine an § 276 BGB orientierte **verschuldensabhängige** Haftung: Der Hersteller haftet also nur dann für einen Produktschaden, wenn er vorsätzlich oder fahrlässig gehandelt hat. Demgegenüber normiert § 1 Abs. 1 ProdHaftG eine **verschuldensunabhängige** Haftung (Produkthaftungshandbuch/*Graf von Westphalen*, 2. Aufl. § 71 Rdnr. 2 ff.; *Taschner/ Frietsch*, Produkthaftungsgesetz und EG-Produkthaftungsrichtlinie, 2. Aufl., § 1 ProdHaftG Rdnr. 17). Es handelt sich hierbei nicht um eine Gefährdungshaftung (*Taschner/ Frietsch* aaO, § 1 ProdHaftG Rdnr. 19; *Schmidt-Salzer/Hollmann*, Kommentar zur EG-Richtlinie – Produkthaftung, Art. 1 Rdnr. 8 ff.). Entscheidend ist, daß die Schadensersatzsanktion von § 1 ProdHaftG daran anknüpft, daß der Hersteller eine ihm zurechenbare (objektive) Pflicht mißachtet hat (vgl. auch *Graf von Westphalen* NJW 1990, 83). Da auch die Produkthaftung gemäß § 1 Abs. 2 Nr. 5 ProdHaftG an dem jeweils **neuesten Stand von Wissenschaft und Technik** ausgerichtet ist (BGH ZIP 1995, 1094, 1096 – Mineralwasserflasche II), ist der Unterschied zur verschuldensabhängigen Produzentenhaftung gemäß § 823 Abs. 1 BGB vernachlässigenswert. Praktisch gesehen ist daher auch die Bedeutung der verschuldensunabhängigen Haftung gemäß § 1 Abs. 1 ProdHaftG nicht nennenswert, obwohl die EG-Richtlinie bereits zehn Jahre besteht. Maßgebend ist hierbei vor allem, daß die Rechtsprechung des BGH die Produzentenhaftung gemäß § 823 Abs. 1 BGB teilweise an die Vorgaben der EG-Richtlinie bzw. an die Bestimmungen des ProdHaftG angeglichen hat und sich ständig **haftungsverschärfend** fortentwickelt (BGH ZIP 1992, 38 – Milupa I; BGH ZIP 1994, 374 – Alete; vor allem BGH NJW 1998, 1942 – Transistor).

(2) Die deliktische Haftung des Herstellers gemäß § 823 Abs. 1 BGB hat – bezogen auf die **Beweislast** – zur Voraussetzung, daß der **Geschädigte** den **Produktfehler**, dessen Ursächlichkeit für den geltend gemachten **Schaden** sowie die Zurechnung des Produktfehlers zum Verantwortungsbereich des Herstellers nachweist (BGH ZIP 1999, 366 – Torfsubstrat; BGH NJW 1996, 2507 – Chefbüro). Dieser grundsätzliche Zusammenhang ist – gerade wegen vielfältiger Mißverständnisse – immer wieder zu betonen. Es ist und bleibt Sache des Geschädigten, den Produktfehler im Rahmen und auf Grund einer objektiven Pflichtverletzung zu beweisen (Produkthaftungshandbuch/*Foerste*, 2. Aufl., § 30 Rdnr. 21; *Graf von Westphalen* Jura 1983, 281). Dies schließt grundsätzlich auch ein, daß der Geschädigte den Nachweis dafür erbringt, daß der Produktmangel im Organisations- und Gefahrenbereich des (beklagten) Herstellers entstand (BGH NJW 1969, 269/274 – Hühnerpest). Daß die Rechtsprechung im Rahmen der Produzentenhaftung eine **Beweislastumkehr** herausgearbeitet hat (Anm. 10 (5)), um zwischen Hersteller und Geschädigtem eine Art „Waffengleichheit" zu erreichen, ändert an diesem beweisrechtlichen Grundtatbestand nichts (BGH ZIP 1999, 366 – Torfsubstrat). Der

2. Quality Assurance Contract (Qualitätssicherungsvertrag)   IV. 2

Geschädigte schuldet also den Nachweis, daß gerade der beklagte Hersteller das mangelhafte Produkt hergestellt hat (Produkthaftungshandbuch/*Foerste*, § 30 Rdnr. 30 ff.). Dabei macht es grundsätzlich keinen Unterschied, ob der Hersteller eines End- oder eines Teilprodukts verklagt wird; der behauptete – und nachzuweisende – Produktfehler muß jeweils dem betreffenden End- oder Teilehersteller zuzurechnen sein. In der Sache geht es also darum, daß der Geschädigte den Nachweis einer dem Beklagten zuzurechnenden Verletzung der ihm obliegenden **Verkehrssicherungspflicht** im Sinn von § 823 Abs. 1 BGB erbringt. Mithin muß er konkret nachweisen, ob es sich um einen Herstell- oder einen Instruktionsfehler handelt, der **kausal** den eingetretenen Schaden (Personen- oder Sachschaden) herbeigeführt hat.

(3) Erfahrungsgemäß ist es von entscheidender Bedeutung, daß es dem Geschädigten zur Überzeugung des Gerichts (§ 286 ZPO) gelingt, einen **konkreten Produktfehler** nachzuweisen. Regelmäßig empfiehlt es sich hier, auf **Sachverständigengutachten** zurückzugreifen; auch ist es oft sinnvoll, ein Beweisverfahren gemäß §§ 485 ff. ZPO durchzuführen. Doch kommt es immer wieder vor, daß der Produktfehler deswegen sehr schwer oder nur mit äußerster Mühe nachweisbar ist, weil das Produkt – als Folge des Fehlers – explodiert, verbrannt oder in sonstiger Weise zerstört worden ist. Unter diesen Voraussetzungen ist der Geschädigte auf **Beweiserleichterung** angewiesen (BGH DB 1970, 1414 – Bremsen), und war teils im Rahmen eines Anscheinsbeweises (BGH VersR 1994, 100 – Trinkmilch), als auch Indizienbeweis (BGH DB 1970, 1414 – Bremsen; hierzu auch Produkthaftungshandbuch/*Foerste*, 2. Aufl. § 30 Rdnr. 24 ff.).

(4) Es folgt unmittelbar aus dem zuvor Gesagten, daß der Geschädigte auch den Nachweis dafür erbringen muß, daß eines seiner gemäß § 823 Abs. 1 BGB geschützten **Rechtsgüter gerade durch den Produktfehler** bei bestimmungsgemäßer Verwendung des betreffenden Produkts **verletzt** worden ist (BGH ZIP 1999, 366, 387 – Torfsubstrat; BGH NJW 1969, 269/274 – Hühnerpest; BGH BB 1970, 1414 – Bremsen). Dieser Zusammenhang ist insbesondere deswegen im Auge zu behalten, weil sich der (beklagte) Hersteller regelmäßig damit **verteidigt**, daß der eingetretene Produktschaden nicht auf einen Produktfehler, sondern auf einen **Fehlgebrauch** bzw. auf einen **Mißbrauch** des fraglichen Produkts zurückzuführen ist (Produkthaftungshandbuch/*Foerste*, § 30 Rdnr. 84). Rechtlich gewertet geht es hierbei um den Nachweis der **haftungsbegründenden Kausalität**.

(5) Ist dieser Beweis geführt, dann ist es stets Sache des Herstellers sich zu entlasten und dabei den Fehler einer objektiven Pflichtverletzung oder eines Verschuldens darzulegen (BGH ZIP 1999, 366, 367 – Torfsubstrat; BHG NJW 1969, 269/ 274 – Hühnerpest)

a) In der Sache geht es – bezogen auf die Konsequenzen der Beweislastumkehr – darum, daß der Hersteller gehalten ist, den Nachweis zu führen, daß er kein Verschulden daran trägt, daß ein Produktfehler innerhalb seines Herrschafts- und Organisationsbereichs entstanden ist. In der Hühnerpest-Entscheidung hat der BGH (BGH NJW 1969, 269 – Hühnerpest) diese Beweislastumkehr für den Bereich des **Fabrikationsfehlers** entwickelt. Sie gilt aber auch für **Konstruktionsfehler** (BGH BB 1970, 1414 – Bremsen; BGH BB 1977, 162 – Schwimmschalter) sowie für **Instruktionsfehler** (BGH ZIP 1992, 38 – Milupa I). Freilich setzt dieser Grundsatz bei Vorliegen eines Instruktionsfehlers voraus, daß dieser schon zu einem Zeitpunkt vorlag, als der Hersteller das Produkt in den Verkehr brachte. Es muß also insoweit eine vergleichbare Konstellation mit einem Konstruktions- und Fabrikationsfehler vorliegen (BGH ZIP 1992, 38/41 f. – Milupa I).

b) Etwas **anderes** gilt jedoch dann, wenn es sich um einen Fehler der **Produktbeobachtung** handelt (Produkthaftungshandbuch/*Foerste*, 2. Aufl., § 30 Rdnrn. 87 ff.). Auch hier kommt es entscheidend darauf an, ob – bezogen auf die Verletzung der Produktbeobachtungspflicht – eine Konstellation vorliegt, die einem Konstruktions- und Fabrikationsfehler vergleichbar ist. Dies ist nur dann zu bejahen, wenn der Hersteller die Produktbeobachtungspflicht bereits zu dem Zeitpunkt vernachlässigt hat, als er das fragliche

Produkt in den Verkehr brachte. Dann handelt es sich um einen Vorgang, der der Organisations- und Herrschaftssphäre des Herstellers zuzuordnen, also dem Geschädigten praktisch versperrt ist (Produkthaftungshandbuch/*Foerste*, § 30 Rdnr. 80). Liegen die Tatsachen jedoch so, daß der Hersteller deswegen seine Produktbeobachtungspflicht verletzt, weil sich – nach dem Inverkehrbringen des Produkts – der Stand von Wissenschaft und Technik **geändert** hat, so daß nunmehr Produktrisiken/Produktgefahren auftreten, die zuvor dem Hersteller – objektiv gewertet – nicht erkennbar waren, dann muß der **Geschädigte** dem Hersteller nachweisen, daß er insoweit die ihm obliegende Produktbeobachtungspflicht verletzt hat (BGH NJW 1981, 1603/1605 f. – Derosal; BGH NJW 1981, 1606/1608 – Benomyl; vgl. auch BGH NJW-RR 1995, 342 – Gewindeschneidemittel II).

c) In der Hühnerpest-Entscheidung hat der BGH (BGH NJW 1969, 269 – Hühnerpest) die Grundsätze der Beweislastumkehr auf einen industriellen **Großbetrieb** fixiert, aber auch auf den Inhaber eines **Kleinbetriebes,** nämlich: einer Gaststätte ausgedehnt. Gleiches gilt für **Angestellte,** soweit die Inhaber der Organisationsgewalt des ihnen unterstehenden Bereichs sind, in dem der Produktfehler seine Ursache gehabt hat (BGH ZIP 1992, 410/413 f. – Hochzeitsessen; weitergehend noch in der Begründung des BGH BB 1975, 1031 – Spannkupplung). Gleichgültig ist in diesem Zusammenhang, ob es sich um den Hersteller eines End- oder eines Teilprodukts handelt.

11. Der Entlastungsbeweis gemäß § 831 Abs. 1 Satz 2 BGB. § 831 Abs. 1 BGB bestimmt, daß der Geschäftsherr zum Ersatz des Schadens verpflichtet ist, den ein **Verrichtungsgehilfe** „in Ausführung der Verrichtung einem Dritten widerrechtlich zufügt". Indessen tritt gemäß § 831 Abs. 1 Satz 2 BGB die Ersatzpflicht dann nicht ein, „wenn der Geschäftsherr bei der Auswahl der bestellten Person und, sofern er Vorrichtungen oder Gerätschaften zu beschaffen oder die Ausführungen der Verrichtung zu leisten hat, bei der Beschaffung oder der Leitung die im Verkehr erforderliche Sorgfalt beobachtet oder wenn der Schaden auch bei Anwendung dieser Sorgfalt entstanden sein würde". Die hiermit zusammenhängenden Fragen haben praktisch im Rahmen der Prdodukthaftung ohnehin geringe Bedeutung, bei der Behandlung von Qualitätssicherungsvereinbarungen sind sie überflüssig, da der Zweck der Abreden gerade darauf nicht, die Haftung des Herstellers zu vermeiden.

12. Die Verletzung eines Schutzgesetzes gemäß § 823 Abs. 2 BGB. (1) § 823 Abs. 2 BGB bestimmt ganz generell, daß die Schadensersatzhaftung des § 823 Abs. 1 BGB auch denjenigen trifft, „welcher gegen ein den Schutz eines anderen bezweckendes Gesetz verstößt". § 823 Abs. 2 BGB gilt daher dem **Individualschutz,** weil es entscheidend darauf ankommt: Nur solche Gesetze sind Schutzgesetze im Sinn dieser Bestimmung, die den Schutz „**eines anderen**" bezwecken. Dies ist dann zu bejahen, wenn das jeweilige Gesetz neben dem Schutz der **Allgemeinheit** gerade auch dazu dient, den einzelnen oder einzelne Personenkreise gegen die Verletzung eines Rechtsguts zu schützen (*Palandt/Thomas*, § 823 Rdnr. 141). Dabei kommt es nicht auf die Wirkung, sondern auf den **Inhalt** und **Zweck** des Gesetzes sowie darauf an, ob der Gesetzgeber bei Erlaß des Gesetzes gerade einen Rechtsschutz, wie er wegen der behaupteten Verletzung in Anspruch genommen wird, zugunsten von **Einzelpersonen** oder bestimmten Personenkreisen gewollt oder doch mitgewollt hat (BGH ZIP 1991, 1597/1598 – zu § 264a StGB). Weitere Voraussetzungen im Sinn von § 823 Abs. 2 BGB ist die Feststellung, daß der eingetretene **Schaden** innerhalb des Schutzzwecks des Schutzgesetzes, also: innerhalb des Schutzzwecks der Norm liegt (BGH NJW 1977, 1223/1225; BGH NJW 1976, 1740).

(2) Im Rahmen der Produzentenhaftung bieten sich **zahlreiche Gesetze** an, die als Schutzgesetze gemäß § 823 Abs. 2 BGB in Betracht kommen (Übersicht in Produkthaftungshandbuch/*Foerste*, § 32 Rdnrn. 12 ff.). Zu nennen ist in erster Linie das Arzneimittelgesetz (AMG), das Gerätesicherheitsgesetz (GSiG), das FuttermittelG. Die Rechtsentwicklung in diesem Punkt schreitet ständig fort; zurückzuführen ist dies auch

2. Quality Assurance Contract (Qualitätssicherungsvertrag)   IV. 2

maßgeblich auf die Rechtsangleichung innerhalb der EU. Daher ist es **unerläßlich**, im Einzelfall sorgfältig zu prüfen, ob – bezogen auf den Zeitpunkt der aktuellen Handlung/ Unterlassung – ein bestimmtes Schutzgesetz in Kraft war, welchen Schutz es bezweckte und ob der geltend gemachte Schaden in den Schutzzweck der Norm fällt: Generelle Antworten verbieten sich; es entscheiden die Umstände des Einzelfalls (vgl. auch die Übersicht bei (*Palandt/Thomas*, § 823 Rdnr. 145 ff.).

(3) In der Rechtsprechung des BGH ist – bezogen auf die Verteilung der Beweislast – anerkannt, daß im Falle der objektiven Verletzung eines Schutzgesetzes der Schädiger in der Regel Umstände darlegen und beweisen muß, die geeignet sind, die Annahme eines Verschuldens **auszuräumen** (BGHZ 51, 91/103 f.; BGH VersR 1985, 452/453; BGH ZIP 1992, 410/414 – Hochzeitsessen). Dies aber gilt nur dann, wenn das Schutzgesetz das geforderte **Verhalten** bereits so konkret umschreibt, daß mit der Verwirklichung des objektiven Tatbestandes der Schluß auf einen subjektiven Schuldvorwurf naheliegt (BGH ZIP 1992, 410/414 – Hochzeitsessen; *Kullmann/Pfister*, Produzentenhaftung, Kza. 2014 S. 12 f.). Beschränkt sich hingegen das Schutzgesetz darauf, einen bestimmten **Verletzungserfolg** zu verbieten, so löst die bloße Verwirklichung einer solchen Verbotsnorm noch keine Indizwirkung in bezug auf das Verschulden aus (BGH aaO). Folglich ist exakt danach zu differenzieren, ob das Schutzgesetz eine **Verletzungshandlung** oder einen **Verletzungserfolg** sanktioniert. So ist z. B. im Rahmen von § 8 Lebensmittelgesetz (LMBG) anerkannt, daß diese Vorschrift lediglich verbietet, gesundheitsschädliche Lebensmittel herzustellen und in den Verkehr zu bringen, ohne konkrete Verhaltensanweisungen zu begründen (BGH aaO). Dies bedeutet – bezogen auf Schutzgesetze, welche an den **Verletzungserfolg** anknüpfen –, daß der Geschädigte den vollen Beweis für ein vorsätzliches oder fahrlässiges Außerachtlassen der im Verkehr erforderlichen Sorgfalt erbringen muß (BGH aaO; a. M. teilweise Produkthaftungshandbuch/*Foerste*, § 34 Rdnr. 7 f.).

13. Die Bedeutung eines Qualitätssicherungssystems. (1) Soweit in Qualitätsentscheidungsvereinbarungen die jeweils zu beobachtenden Pflichten zwischen Hersteller/Assembler und Zulieferer aufgeteilt und spezifiziert werden, sind die Festlegungen dieser vertraglichen Rechte und Pflichten nur geeignet, den durch § 823 BGB oder durch § 1 ProdukthaftG geschuldeten Verkehrssicherungsschutz dem Dritten gegenüber zu begrenzen oder zu beschränken (mit Recht Produkthaftungshandbuch/*Merz*, 2. Aufl. § 44 Rdnr. 52 ff.). Anders gewendet: Das Deliktrecht bestimmt Inhalt und Umfang der dem Dritten, dem Verkehr gegenüber geschuldeten Pflichtprogramm. Daher besteht der wesentliche Vorteil solcher Qualitätssicherungsvereinbarungen darin, den geschuldeten Sicherheitsstandard für die herzustellenden und zu vertreibenden Produkte verbindlich – entsprechend dem Stand von Wissenschaft und Technik – festzulegen. Die konkrete Aufteilung der Rechte und Pflichten zwischen Hersteller/Assembler und Zulieferer hat daher primäre Auswirkungen auf die Haftungsverteilung im **Innenverhältnis**.

(2) Darüber hinaus entfalten Qualitätssicherungsvereinbarungen ihre praktische Bedeutung im Zusammenhang mit der **Verteidigung** gegen Erstattungsansprüche: Der Hersteller trägt – wie dargestellt – dafür die Beweislast, daß er für einen seinem Herrschafts- und Organisationsbereich entstammenden **Produktfehler** nicht einzustehen hat (BGH BB 1970, 1414 – Bremsen). Die Beweislast ist in persönlicher wie in sachlicher Hinsicht **umfassend** (Produkthaftungshandbuch/*Foerste*, § 30 Rdnr. 44). In der Praxis bedeutet dies, daß der beklagte Hersteller gehalten ist, jeder einzelnen Behauptung des Klägers, das Produkt sei fehlerhaft, beweiskräftig entgegenzutreten. Gleichzeitig aber muß er alle den Herstellungsprozeß betreffenden – erforderlichen und zumutbaren – Sicherheitsvorkehrungen – bezogen auf das jeweilige – Produkt – lückenlos darlegen und regelmäßig **dokumentarisch** unter Beweis stellen.

a) Aus **praktischer Sicht** steht freilich fest: Soweit der Geschädigte den Nachweis erbracht hat, daß ein Produktfehler vorliegt, der dem Herrschafts- und Organisationsbereich des Herstellers zuzurechnen ist, hilft dem beklagten Hersteller der Nachweis nichts, daß er alle ihm obliegenden Organisations- und Verkehrssicherungspflichten im Sinn von § 823 Abs. 1 BGB ordnungsgemäß erfüllt hat. Denn unter dieser Voraussetzung reduziert sich die Umkehr der Beweislast auf das Verschulden im Sinn von § 276 BGB. Soweit jedoch eine objektive Pflichtverletzung – also: ein Produktfehler – tatsächlich vorliegt, ist gleichzeitig der Nachweis dafür erbracht worden, daß der Hersteller die „äußere" Sorgfalt, nämlich: die der Verkehrssicherungspflicht im Sinn von § 823 Abs. 1 BGB verletzt hat. Damit aber ist unmittelbar **indiziert**, daß der Hersteller auch schuldhaft im Sinn von § 276 BGB gehandelt, d.h. gegen die „innere" Sorgfalt verstoßen hat (BGH NJW 1981, 1603/1605 – Derosal). Anders gewendet: Es ist praktisch kaum vorstellbar, daß dem beklagten Hersteller der Nachweis **fehlenden Verschuldens** gelingt, sofern der Geschädigte seinerseits nachgewiesen hat, daß sein Schaden auf einem Produktfehler beruht, der dem Herrschafts- und Organisationsbereich des beklagten Herstellers zuzurechnen ist. Es gibt deshalb auch praktisch keine Entscheidung, die diesen Zusammenhang – zugunsten des beklagten Herstellers – durchbricht.

b) Ob dieser Befund im Ergebnis dadurch abgemildert wird, daß der Hersteller den Nachweis erbringt, über ein anerkanntes **Qualitätssicherungssystem** gemäß ISO 9000ff. zu verfügen, erscheint fraglich. Dies gilt jedenfalls nicht für Konstruktions- und Instruktionsfehler sowie für Fehler der Produktbeobachtung: Liegen nämlich diese Fehler vor, so ist damit allemal eine Verletzung der Verkehrssicherungspflicht im Sinn von § 823 Abs. 1 BGB indiziert. Daran ändert ein Qualitätssicherungssystem nichts, zumal es lediglich belegt, daß das betreffende Unternehmen – ganz allgemein gewertet „qualitätsfähig" ist. Liegt hingegen ein Fabrikationsfehler in Form eines „Ausreißers" vor, so hängt die Entlastungsmöglichkeit entscheidend davon ab, ob der Hersteller die ihm obliegenden **Organisationspflichten** aktuell erfüllt und den Nachweis erbringen kann, daß er diejenigen Arbeitnehmer/Angestellten, die den Produktfehler tatsächlich verursacht haben, im Sinn von § 831 Abs. 1 Satz 2 BGB ordnungsgemäß ausgewählt und ordnungsgemäß überwacht hat (Anm. 12). Macht aber der Geschädigte Schadensersatzansprüche aus der **verschuldensunabhängigen** Produkthaftung gemäß § 1 ProdHaftG geltend, so ist das Bestehen eines Qualitätssicherungssystems gemäß ISO 9000ff. ohnehin keine zureichende Verteidigung, sofern der Geschädigte nachweist, daß tatsächlich ein Produktfehler im Sinn von § 3 ProdHaftG vorliegt.

(3) Schließlich besteht die praktische Bedeutung von Qualitätssicherungsvereinbarungen auch dann zu gewährleisten, daß eine am § 9 Abs. 2 Nr. 1 AGBG zu messende Übereinstimmung zwischen Haftung und Risikobeherrschung besteht (im Ansatz auch Produkthaftungshandbuch/*Merz* § 44 Rdnr. 42ff.). Daher ist immer auf die Kontrollnorm des § 9 Abs. 2 Nr. 1 AGBG oder auch auf § 9 Abs. 1 AGBG zurückzugreifen, wenn der Hersteller/Assembler dem Zulieferer Haftungen auferlegt, die ihn deswegen unangemessen benachteiligen, weil er nicht in der Lage ist, das jeweilige Schadensrisiko zu beherrschen oder ausreichenden Verrichtungsschutz bereitzustellen. Denn daß Verkehrssicherungspflichten gemäß § 823 BGB delegiert werden können und daß damit der Hersteller/Assembler entlastet wird und nicht unbedingt für Schäden haftet, die ein Dritter erleidet, steht nun im Ausgangspunkt fest. Es ergeben sich folgende Gesichtspunkte, die den „Hintergrund" für Qualitätssicherungsvereinbarungen abgeben:

14. Die Grundsätze der Arbeitsteiligkeit der Produzentenhaftung. (1) Im Rahmen von **Qualitätssicherungsvereinbarungen** kommt es entscheidend darauf an, die Grenzlinie zu betrachten, welche dadurch charakterisiert ist, daß eine Delegation der Verkehrssicherungspflichten im Sinn von § 823 Abs. 1 BGB mit der Konsequenz in Betracht kommt, daß der Endhersteller keineswegs stets für etwaige Pflichtverletzungen des Zulieferers haftet (*Schmidt-Salzer* BB 1979, 1 ff.; Produkthaftungshandbuch/*Foerste*, 2. Aufl., § 25 Rdnr. 32ff.). Vor allem in der Entsorgungs-Entscheidung des BGH sind diese Zusammenhänge beleuchtet worden (BGH NJW 1976, 46 – Entsorgung).

2. Quality Assurance Contract (Qualitätssicherungsvertrag) IV. 2

(2) Der Hersteller bzw. die Organe der mit der Produktion befaßten juristischen Person trifft die Pflicht, **persönlich** für die Grundlagen einer Organisation zu sorgen, welche das Risiko von Produktfehlern – soweit möglich und zumutbar – minimiert (im einzelnen *Graf von Westphalen* WiR 1972, 67ff.; *Steindorff* AcP 1970, 93ff.; 113ff.; Produkthaftungshandbuch/*Foerste*, 2. Aufl. § 24 Rdnr. 300ff.). Dieser Zusammenhang wird auch von der Rechtsprechung unterstrichen (BGH NJW 1968, 247/248f. – Schubstrebe; BGH NJW 1973, 1602/1603 – Feuerwerkskörper). So ist es eben dem Hersteller als originäre Pflichtverletzung zuzurechnen, wenn er ein Sicherheitsteil von einem Arbeitnehmer magnetisch fluten läßt, der nicht ausreichend ausgebildet ist (BGH NJW 1968, 247 – Schubstrebe). In gleicher Weise ist es dem Hersteller – unter Berücksichtigung der ihm obliegenden Beweislast (Anm. 10) – zuzurechnen, wenn er nicht in der Lage ist, den Nachweis zu erbringen, welcher Mitarbeiter einen konkreten Produktfehler an einem Feuerwerkskörper verursacht hat, obwohl der Produktionsprozeß automatisiert war (BGH NJW 1973, 1602 – Feuerwerkskörper).

a) In der **Rechtsprechung** wird teilweise verlangt, daß eine juristische Person für Bereiche ihres Betriebs oder ihrer Verwaltung, welche das berufene Organ nicht vollständig überschauen kann, einen **verfassungsmäßig berufenen Vertreter** bestellt (BGHZ 24, 200, 213; BGH NJW 1963, 902f.). Folgt man dieser These, so bedeutet sie: Etwaige Pflichtverletzungen einzelner Gruppenleiter/Abteilungsleiter etc. sind dann dem Betriebsinhaber unmittelbar gemäß § 31 BGB zuzurechnen; eine Entlastungsmöglichkeit besteht nicht. Sinn und Zweck einer solchen Argumentationskette ist es, dem Geschädigten einen finanzkräftigen Schuldner zu sichern (RGZ 89, 136/138). Ob man in der Tat soweit gehen kann, erscheint zweifelhaft, weil die Verkehrssicherungspflicht des § 823 Abs. 1 BGB lediglich zum Ziel hat, den Hersteller zu verpflichten, fehlerfreie Produkte in den Verkehr zu bringen. Sie verpflichtet ihn aber nicht notwendigerweise, die Herstellung in einer betrieblichen Einheit zu verselbständigen und diese einem satzungsmäßig berufenen Leiter – mit der Haftungskonsequenz des § 31 BGB – zu unterstellen (Produkthaftungshandbuch/*Foerste*, 2. Aufl., § 24 Rdnr. 300f.

b) Indessen kann es **offenbleiben**, ob das Deliktsrecht berechtigterweise einen so weitreichenden Zweck verfolgen kann. Entscheidend ist nämlich die Erkenntnis: Da der Hersteller gemäß § 823 Abs. 1 BGB verpflichtet ist, **fehlerfreie** Produkte – soweit möglich und zumutbar – in den Verkehr zu bringen, um Schädigungen der Rechtsgüter Dritter an Leib, Leben, Gesundheit und Eigentum zu verhindern, kommt alles entscheidend darauf an, ob der Hersteller diese Verpflichtung erfüllt und insoweit alle organisatorischen Voraussetzungen schafft. Dies kann auch die Verpflichtung einschließen, bestimmte risikoanfällige oder sicherheitsrelevante Produkte in abgetrennten Einheiten/Abteilungen herzustellen und diese dann auch der Aufsicht eines verfassungsmäßig berufenen Vertreters im Sinn von § 31 BGB unterzuordnen. Ob und inwieweit eine solche Verpflichtung deliktsrechtlich geschuldet wird, entscheidet sich also letzten Endes aufgrund der **Sicherheitserwartung** des Verbrauchers.

c) Die im Rahmen von § 831 Abs. 1 Satz 2 BGB geschuldete Verpflichtung des Herstellers, die von ihm eingeschalteten Verrichtungsgehilfen ordnungsgemäß **auszuwählen** und ordnungsgemäß zu **überwachen**, zählt **nicht** zu den originären Organisationspflichten im Sinn von § 823 Abs. 1 BGB (*Graf von Westphalen* WiR 1972, 67/81ff.). Systematisch erklärt sich dies durch den simplen Befund, daß die Auswahl- und Überwachungspflicht Teil des Entlastungsbeweises des § 831 Abs. 1 Satz 2 BGB, nicht aber Teil der – vorgeschalteten – originären Organisationspflicht des Herstellers gemäß § 823 Abs. 1 BGB ist (vgl. auch Produkthaftungshandbuch/*Foerste*, 2. Aufl., § 24 Rdnr. 302). Tatsächlich ist die originäre Organisationsverantwortlichkeit des Herstellers nur bedingt von den einzelnen Verkehrssicherungspflichten im Sinn von § 823 Abs. 1 BGB abzugrenzen, welche – wie dargelegt – durch die Konstruktion, Fabrikation, Instruktion, Produktbeobachtung und die Vorsorge für den Katastrophenfall, nämlich den Rückruf eines fehlerhaften Produkts ohnehin bestehen. Diese sind in ihrer Struktur abhängig von der **Gefährlichkeit** des jeweils herzustellenden Produkts. Will man insoweit eine **Differenzierung** vornehmen, so läßt sich sagen: Die originäre Organisationspflicht des Herstellers ist das **Fundament,** auf dem alle weiteren Verkehrssicherungspflichten aufbauen.

d) So gesehen sind **Qualitätssicherungsvereinbarungen** allemal Teil der originären Organisationspflicht des Herstellers, einschließlich des „Risk Management" sowie des „Quality-Management" und des „Quality-Control" (vgl. auch *Frese/von Werder/Klinkenberg* DB 1988, 2369 ff.). Für die Erfüllung dieser originären Organisationspflichten gibt es freilich **kein Einheitskonzept.**

(3) Der Hersteller schuldet innerhalb seines Betriebes die **allgemeine Oberaufsicht** (BGH NJW 1968, 247/248 – Schubstrebe; BGH VersR 1978, 722/723 – Kfz-Reparatur). Diese Verpflichtung bezieht sich zum einen auf den Einsatz des Personals, zum anderen auf den Einsatz von Maschinen und Anlagen. Dabei steht der **Rechtsgüterschutz** Dritter im Zentrum der zu erfüllenden Pflicht. Es geht darum, soweit möglich und zumutbar fehlerfreie Produkte in den Verkehr zu bringen, um Personen- oder Sachschäden Dritter zu vermeiden. Dies wirft erneut die Frage auf, ob der Hersteller berechtigt ist, unter **Berücksichtigung betriebswirtschaftlicher Erwägungen,** insbesondere des insoweit erforderlichen Aufwands Maßnahmen zu unterlassen, die – unter Berücksichtigung der dargestellten Grundsätze der Organisationspflicht – geboten sind. Dies ist grundsätzlich zu verneinen: Unter Berücksichtigung betriebswirtschaftlicher Kategorien gibt es kein Privileg, die durch § 823 Abs. 1 BGB geschützten Rechtsgüter Dritter dadurch zu verletzen, daß fehlerhafte Produkte in den Verkehr gebracht werden. Unter Berücksichtigung der verschuldensunabhängigen Produkthaftung des § 1 ProdHaftG ist dies ohnehin eine blanke **Selbstverständlichkeit.**

Natürlich führt diese Sicht zu einer tendenziellen Bevorzugung von Großbetrieben: Sie sind leichter in der Lage, die erforderlichen personellen und finanziellen Ressourcen zur Verfügung zu stellen, um die nach § 823 Abs. 1 BGB geschuldeten Organisationspflichten ordnungsgemäß zu erfüllen. Doch wenn ein kleineres oder ein mittelständisches Unternehmen das **gleiche Produkt** in den Verkehr bringt, so differenziert die Sicherheitserwartung des Verbrauchers nicht danach, ob das Produkt von einem größeren oder einem kleineren Unternehmen hergestellt worden ist; entscheidend ist allein, daß die Sicherheitserwartung dahin geht, nicht in den Rechtsgütern Leib, Leben, Gesundheit oder Eigentum durch ein fehlerhaftes Produkt verletzt zu werden (BGH ZIP 1990, 516/517 – Pferdebox). Notfalls ist daher der Vertrieb eines fehlerhaften Produkts einzustellen (BGH ZIP 1994, 213/217 – Gewindeschneidemittel I). Im Extremfall kann dies auch bedeuten, daß die Produktion eines Produkts insgesamt einzustellen ist, wenn eine Fehlerfreiheit nicht gewährleistet werden kann, obwohl diese nach dem neuesten Stand von Wissenschaft und Technik möglich ist.

(4) Die organisatorische Verantwortlichkeit nach § 823 Abs. 1 BGB, insbesondere die Erfüllung der danach geschuldeten Verkehrssicherungspflichten obliegt nicht nur dem **Endhersteller,** sondern auch dem **Teilehersteller** (BGH NJW 1968, 247 – Schubstrebe) und des Zulieferers (OLG Karlsruhe NJW-RR 1995, 594 – Dunstabzugshaube; Produkthaftungshandbuch/*Foerste,* 2. Aufl., § 25 Rdnr. 84 ff.). Aus § 4 Abs. 1 ProdHaftG folgt die gleiche Erkenntnis: Neben dem Hersteller des Gesamtprodukts ist auch der Teilehersteller gegenüber dem Geschädigten verantwortlich, sofern das von ihm hergestellte Teil fehlerhaft im Sinn von § 3 ProdHaftG war. Doch ergibt sich insoweit eine wesentliche **Einschränkung:** Während das Endprodukt allemal für den Produktbenutzer/Endverbraucher bestimmt ist, so daß von der dort herrschenden **Sicherheitserwartung** auszugehen ist, gilt dies nicht für die Konstruktions- und Fabrikationspflichten des Zulieferanten. Diese werden durch die Sicherheitserwartungen des **spezifischen Abnehmerkreises** bestimmt (Produkthaftungshandbuch/*Foerste,* 2. Aufl., § 25 Rdnr. 88). Das gleiche gilt erst recht für den Bereich der **Instruktionshaftung,** weil es hier entscheidend darauf ankommt, ob der Zulieferant Kenntnis von dem spezifischen Verwendungszweck des Teilprodukts als integrierte Einheit des Endprodukts hatte und ob er wußte, welche

2. Quality Assurance Contract (Qualitätssicherungsvertrag)

weiteren Risiken daraus gegebenenfalls resultieren können (OLG Karlsruhe aaO – grundlegend; *Kullmann/Pfister*, Produzentenhaftung, Kza. 3250 S. 4 bei Fn. 15). Auch wird man nicht umhin können, den Zulieferer nach § 823 Abs. 1 BGB zu verpflichten, etwaige **Warn- oder Rückrufaktionen** durchzuführen, sofern ein ihm zuzurechnender Produktfehler hierfür Veranlassung gegeben hat (OLG Karlsruhe aaO – grundlegend; *Kullmann/Pfister*, Produzentenhaftung, Kza. 3250 S. 4f.; *Link*, BB 1985, 1424/1426 f.; einschränkend: Produkthaftungshandbuch/*Foerste*, 2.Aufl., § 25 Rdnr. 106 – betreffend Rückruf).

(5) Unter **„Quasi-Hersteller"** wird der Hersteller verstanden, der das jeweilige Produkt selbst nicht herstellt, sich aber nach außen – sei es durch Anbringen des Logo, des Warenzeichens oder eines sonstigen Erkennungszeichens – mit dem Produkt identifiziert, so daß der Produktbenutzer davon ausgeht, der „Quasi-Hersteller" sei in Wirklichkeit der Hersteller des Produkts. Nach der Rechtsprechung des BGH haftet der „Quasi-Hersteller" nicht wie der Hersteller gemäß § 823 Abs. 1 BGB (BGH VerR 1977, 839 – Autokran; BGH NJW 1980, 1219 – Klapprad). Allein der Umstand, daß der „Quasi-Hersteller" an einem fremdhergestellten Produkt sein Erkennungszeichen anbringt, ist nicht gleichbedeutend mit der Feststellung, daß ihn die herstellerspezifischen Verkehrssicherungspflichten im Sinn des § 823 Abs. 1 BGB treffen (Produkthaftungshandbuch/*Foerste*, 2. Aufl., § 25 Rdnr. 17). Ist nämlich dieses Produkt nicht ausreichend sicher, insbesondere ist es **fehlerhaft** (BGH ZIP 1994, 213 – Gewindeschneidemittel I – Vertragshändler), so besteht dieser Umstand unabhängig davon, ob der „Quasi-Hersteller" sein Erkennungszeichen dem Produkt beigibt oder nicht. Etwas **anderes** gilt jedoch im Rahmen von § 4 Abs. 1 ProdHaftG: Danach haftet der „Quasi-Hersteller" wie ein Hersteller, und zwar allein deswegen, weil er sich – für den Produktbenutzer nach außen erkennbar – mit dem von ihm vertriebenen Produkt **identifiziert.**

(6) Es liegt auf der Hand, daß ein **Händler,** der lediglich ein fremdes Produkt vertreibt, keine uneingeschränkten Verkehrssicherungspflichten im Sinn von § 823 Abs. 1 BGB erfüllen muß: Für irgendwelche Fehler des Produkts, die ihre Ursache in der Herrschafts- und Organisationssphäre des Herstellers haben, haftet daher der Händler nicht. Etwas anderes kann sich jedoch aus den besonderen Umständen des Einzelfalls ergeben, soweit die **Produktbeobachtungspflicht** in Rede steht (BGH ZIP 1994, 213 – Gewindeschneidemittel I). Ist z.B. der Händler – gleiches gilt auch für den „Quasi-Hersteller" – mit dem **Alleinvertrieb** eines Produkts betraut, so kann es durchaus sein, daß er dann – im Verhältnis zum Hersteller – „näher daran" ist, die Pflichten zu erfüllen (BGH NJW 1995, 1286 – Milupa II), die als „passive" Produktbeobachtungspflichten in der Rechtsprechung normiert worden sind (Anm. 8 (2)). Dies ist jedenfalls dann auch im Hinblick auf die Pflichten der aktiven Produktbeobachtung zu bejahen, wenn sich der Hersteller – gleichgültig, aus welchen Gründen – weigert, die nach § 823 Abs. 1 BGB geschuldeten Produktbeobachtungspflichten zu erfüllen (BGH ZIP 1994, 213 – Gewindeschneidemittel I; BGH NJW-RR 1995, 342/343 – Gewindeschneidemittel II).

Gemäß § 4 Abs. 2 ProdHaftG haftet der Händler als **Verkäufer** dann wie der Hersteller, sofern er nicht in der Lage ist, dem geschädigten Kunden innerhalb eines Monats bekanntzugeben, von wem er das schädigende Produkt bezogen hat (LG Lübeck VersR 1993, 1282 – Adventskranz).

(7) Nach der Rechtsprechung des BGH ist der Endhersteller, der Teilehersteller sowie der **handelnde Mitarbeiter persönlich** für die von ihm zu erfüllenden Verkehrssicherungspflichten im Sinn von § 823 Abs. 1 BGB verantwortlich. Selbstverständlich schließt dies ein, daß der jeweilige, vom Geschädigten in Anspruch genommene Mitarbeiter die **Organisationsverantwortung** dafür hat, daß ein Produktfehler entstanden ist (BGH ZIP 1992, 410 – Hochzeitsessen). Konkret bedeutet dies: Die von der Rechtsprechung des BGH entwickelten Grundsätze der **Beweiserleichterung** (Anm. 10) sind folglich auch auf die persönliche Haftung des jeweiligen Mitarbeiters anwendbar; insbesondere gilt die Umkehr der Beweislast im Rahmen des Verschuldens. Von dieser Haftungsfigur, welche

im Rahmen des ProdHaftG keine Entsprechung findet, werden insbesondere Betriebsleiter, Qualitätssicherungsleiter, Leiter der Entwicklungsabteilung, aber auch solche Mitarbeiter minderer Verantwortung erfaßt, sofern sie jedenfalls für ihren Bereich die **organisatorische Verantwortung** haben (BGH BB 1975, 1031 – Spannkupplung mit Anm. von *Schmidt-Salzer* und *Graf von Westphalen*).

15. Die Grundsätze der vertikalen Arbeitsteilung. (1) Nach der von *Steffen* (RGRK-BGB/*Steffen*, § 823 Rdnr. 271) entwickelten Terminologie liegt eine „vertikale" Arbeitsteilung immer dann vor, wenn bei der Herstellung eines Endprodukts Werkstoffe als Halbfertigwaren oder als Einzelteile bzw. komplette Bauteile von einem Lieferanten bezogen und von dem Hersteller des Endprodukts verwendet werden (*Kullmann/Pfister*, Produzentenhaftung, Kza. 3250 S. 3 ff.). Auch bei einer „vertikalen" Arbeitsteilung bleibt es bei dem Grundsatz, daß sowohl der Teilehersteller als auch der Endhersteller für das jeweilige Teil- bzw. Endprodukt im Rahmen der Verkehrssicherungspflicht gemäß § 823 Abs. 1 BGB verantwortlich sind (Produkthaftungshandbuch/*Foerste*, 2. Aufl., § 25 Rdnr. 39 ff.). Folglich ist der Teilehersteller in konstruktiver und fertigungstechnischer Hinsicht verpflichtet, das von ihm zugelieferte Produkt so zu gestalten, daß derjenige Sicherheitsgrad erreicht wird, der in dem Verwendungsbereich dieses Teilprodukts allgemein für erforderlich angesehen wird (BGH VersR 1972, 559 – Förderkorb; *Kullmann/Pfister*, aaO, S. 4 f.).

(2) Bei der „vertikalen" Arbeitsteilung steht fest, daß der Endhersteller/Assembler schon **im Rahmen der Konstruktion** dafür zu sorgen hat, daß das von ihm selbst nicht hergestellte Teilprodukt so ausgelegt und konstruiert ist, daß es alle Funktionen erfüllen kann, welche letzten Endes auch vom Endprodukt erfüllt werden müssen (*Steinmann*, Qualitätssicherungsvereinbarungen zwischen Endproduktthersteller und Zulieferant, S. 68 f.). Folglich hat der Endhersteller/Assembler für die **richtige Spezifikation** des Teilprodukts Sorge zu tragen: Er muß das vom Teilehersteller herzustellende Produkt so exakt beschreiben und die **sicherheitsrelevanten Zielvorgaben** spezifizieren, daß der Teilehersteller ohne weiteres in der Lage ist, ein sicheres Teilprodukt herzustellen (OLG Frankfurt VersR 1990, 981 – Industriefilter). Demzufolge ist der Endhersteller/Assembler verpflichtet, ein **detailliertes Pflichtenheft** zu erstellen (*Steinmann*, Qualitätssicherungsvereinbarungen, S. 69). Umgekehrt ist der Endhersteller/Assembler verpflichtet, alle **Produktinformationen** des Teileherstellers exakt zu beachten. Dies gilt insbesondere für etwaige Warn- und Verwendungshinweise (*Kullmann/Pfister*, Produzentenhaftung, Kza. 3250 S. 8).

(3) Soweit der **Teilehersteller** die **fabrikationstechnische Verantwortung** übernimmt – er handelt dann praktisch als „verlängerte Werkbank des Endherstellers" – ist der Endhersteller verpflichtet, sich durch ausreichende **Produktkontrollen** davon zu überzeugen (OLG Karlsruhe NJW-RR 1995, 594 – Dunstabzugshaube), daß die einzelnen Lieferungen der fremdproduzierten Teile auch die Eigenschaften aufweisen, die den der Auftragserteilung zugrunde gelegten Spezifikationen entsprechen. Der Umfang der danach geschuldeten Prüfungen hängt von dem Grad der Gefährlichkeit des Produkt ab (Produkthaftungshandbuch/*Foerste*, 2. Aufl., § 25 Rdnr. 63). In welcher Weise der Endhersteller/Assembler die erforderlichen Kontrollen durchführt, bleibt seiner Entscheidung überlassen. Fest steht jedenfalls, daß er diese Kontrollen mit der gleichen Gründlichkeit durchführen muß, die geboten wäre, wenn er selbst als Endhersteller das Teilprodukt herstellen und in den Verkehr bringen würde (*Steinmann* aaO, S. 69).

a) Ob in diesem Zusammenhang eine **Wareneingangskontrolle** gemäß §§ 377, 378 HGB ausreicht, läßt sich nicht generell sagen. Dies hängt mit einer doppelten Erkenntnis zusammen: Die vom Endhersteller geschuldeten Pflichten im Rahmen der Wareneingangskontrolle gemäß §§ 397, 378 HGB dienen dem Schutz des Teileherstellers/ Lieferanten, weil dieser durch die unverzügliche Mängelrüge davon in Kenntnis gesetzt werden soll, ob er mit Gewährleistungsansprüchen oder sonstigen Beanstandungen zu

2. Quality Assurance Contract (Qualitätssicherungsvertrag)

rechnen hat (*Baumbach/Hopt*, § 377 Rdnr. 26). Demgegenüber dienen die **Verkehrssicherungspflichten** des § 823 Abs. 1 BGB dem Schutz der Rechtsgüter Dritter. Soweit also der Endhersteller/Assembler im Rahmen der „vertikalen" Arbeitsteilung Verkehrssicherungspflichten an den Teilehersteller delegiert, muß im praktischen Endergebnis gewährleistet sein, daß das Endprodukt genauso sicher hergestellt wird, wie wenn es der Endhersteller/Assembler selbst herstellen würde; irgendwelche **Sicherheitsdefizite** dürfen also aufgrund der Delegation der Verkehrssicherungspflichten nicht entstehen. Doch wird in der Praxis – wie in Form auch vorgeschlagen – die Kontrolle gemäß §§ 377, 378 HGB **abbedungen.**

b) Gleichwohl gilt im Rahmen von § 823 BGB: Der Endhersteller darf keine Teile verwenden, von deren mangelfreier Beschaffenheit er selbst nicht überzeugt ist (vgl. BGH VersR 1960, 855/856 – Kondenstopf; Produkthaftungshandbuch/*Foerste*, 2. Aufl., § 25 Rdnr. 49). Wichtig ist in diesem Zusammenhang, daß das OLG Köln (OLG Köln NJW-RR 1990, 414) die Auffassung vertreten hat, ein Endhersteller/Assembler, der zugelieferte Teile verwendet, genüge grundsätzlich seinen Verkehrssicherungspflichten im Sinn von § 823 Abs. 1 BGB, wenn er entweder die Güte des Materials oder die Verläßlichkeit des Teileherstellers prüft, was insbesondere dann gelte, wenn zwischen beiden Parteien eine **langjährige** Geschäftsverbindung bestand. Ob dieser Aussage in dieser Allgemeinheit zu folgen ist, ist nach Auffassung von *Kullmann* zweifelhaft (*Kullmann* NJW 1991, 675/679). In dem entschiedenen Fall war der Endhersteller/Assembler – so die Interpretation von *Kullmann* – nur deswegen nach Ansicht des BGH, der die Revision nicht angenommen hatte, von der Überprüfung der zugelieferten Teile befreit, weil es ihm nicht möglich und nicht zumutbar war, sie einer ordnungsgemäßen Prüfung zu unterziehen, und weil der Endhersteller/Assembler die Produkte von einem als zuverlässig bekannten Teilehersteller bezogen hatte, dessen Verläßlichkeit er – während der Dauer der Geschäftsverbindung – geprüft hatte.

(4) Für eine Delegation der Verkehrssicherungspflichten des Endherstellers/Assemblers an den Teilehersteller gilt schließlich – und daran sind Qualitätssicherungsvereinbarungen stets zu messen – den Endhersteller/vertraglich einbinden überwachen, das Produkt ordnungsgemäß kontrollieren und die „Liquiditätsgarantie" sicherstellen.

a) Dies setzt zunächst voraus, daß bei der **Auswahl** des Zulieferers dieser über das erforderliche sicherheitsrelevante Know-how verfügt und ordnungsgemäß – sowohl in personeller als auch in sachlicher Hinsicht – organisiert ist (Produkthaftungshandbuch/*Foerste*, 2. Aufl., § 25 Rdnr. 49 f.). Dabei kommt es stets entscheidend darauf an, ob der Teilehersteller für das dem Endhersteller/Assembler gewünschte Teilprodukt die erforderliche fachliche/persönliche Eignung besitzt. Soweit die Entscheidung für einen bestimmten Teilehersteller lediglich deswegen gefallen ist, weil er das Teilprodukt besonders preisgünstig anbietet, können schon aus diesem Grund berechtigte Zweifel bestehen, ob der Endhersteller/Assembler die insoweit erforderliche Verkehrssicherungspflicht gemäß § 823 Abs. 1 BGB ordnungsgemäß erfüllt hat. Für die Praxis ist es also notwendig, daß der Endhersteller/Assembler detaillierte **Lieferantenbewertungen** erstellt und diese im Rahmen der Qualitätssicherungsvereinbarungen ständig auf dem laufenden hält.

b) Es wurde bereits betont, daß der Endhersteller/Assembler im Rahmen des § 823 Abs. 1 BGB verpflichtet ist, dem Teilehersteller alle erforderlichen Informationen zu geben und ihn genau und **spezifikationsgerecht vertraglich einbinden,** damit dieser das Teilprodukt in der erforderlichen Sicherheit herstellen und damit die Funktion des Endprodukts gewährleisten kann. Der Teilehersteller muß also möglichst umfassend über die Konzeption des Endprodukts unterrichtet sein, und häufig wird es sich nicht vermeiden lassen, daß **Betriebsgeheimnisse** und **geheimhaltungsbedürftiges** Know-how des Endherstellers/Assemblers dem Teilehersteller überlassen wird. Auch muß der Endhersteller/Assembler sicherstellen, daß der Teilehersteller ausreichende Kontrollen durchführt (Produkthaftungshandbuch/*Foerste*, 2. Aufl., § 25 Rdnr. 59 f.)

c) Der Endhersteller darf Teilprodukte, welcher er von einem Teilehersteller bezogen hat, nur dann im Endprodukt verwenden, wenn er sich in umfassender Weise von der Sicherheit des Teilprodukts überzeugt hat (Produkthaftungshandbuch/*Foerste*, § 25 Rdnr. 49). Deliktsrechtlich hat der Endhersteller/Assembler diese **Kontrolle** in gleicher Weise und mit der gleichen Gründlichkeit durchzuführen, die geboten wäre, wenn der Endhersteller/Assembler das Teilprodukt selbst hergestellt hätte. Anders gewendet: Die Summe der Herstell- und Kontrollpflichten ist stets gleich; sie besteht unabhängig davon, ob der Endhersteller/Assembler die fabrikationstechnische Verantwortlichkeit auf den Teilehersteller verlagert. Ob es gemäß § 9 Abs. 1 AGBG wirksam ist, daß der Endhersteller/Assembler die gemäß §§ 377, 378 HGB geschuldete Wareneingangskontrolle und die Eigenkontrolle des Teilprodukts **insgesamt** auf den Teilehersteller als umfassende **Ausgangskontrolle** verlagert, soll gesondert untersucht werden (Anm. 19).

d) Wenn deliktsrechtlich die Delegation der Verkehrssicherungspflichten auf den Teilehersteller unbedenklich ist und keine Verletzung der Auswahl-, der vertraglichen Einbindungspflicht sowie der Kontrollpflichten vorliegen, so bedingt dies, daß der Geschädigte lediglich einen Schadensersatzanspruch gegenüber dem Teilehersteller, nicht aber gegenüber dem Endhersteller/Assembler hat. Denn der Endhersteller/Assembler hat die ihm deliktrechtlich obliegenden Pflichten ordnungsgemäß auf den Teilehersteller delegiert. Daraus folgt, daß der Endhersteller/Assembler **verpflichtet** ist, durch eine vertragliche Vereinbarung mit dem Teilehersteller dafür zu sorgen, daß dieser über einen ausreichenden **Deckungsschutz** im Rahmen seiner Haftpflicht- bzw. Produkthaftpflicht-Versicherung verfügt (*Kullmann/Pfister*, Produzentenhaftung, Kza. 32550 S. 14; Münch.-Komm./*Mertens*, 2. Aufl., § 823 Rdnr. 197; Produkthaftungshandbuch/*Foerste*, 2. Aufl., § 25 Rdnr. 54). Dies wird als „**Liquiditätsgarantie**" bezeichnet (vgl. auch *Fuchs* JZ 1994, 533/536). Dadurch soll erreicht werden, daß dem Geschädigten ausreichende Geldmittel zur Verfügung stehen, sofern er Schadensersatzansprüche nicht gegenüber dem Endhersteller/Assembler, sondern lediglich gegenüber dem Teilehersteller geltend machen kann. Der Endhersteller/Assembler darf also nur solche Teilehersteller einschalten, die diese Gewähr bieten. Zwar hat die Rechtsprechung diese Figur der „Liquiditätsgarantie" noch nicht übernommen. Da jedoch *Kullmann* diese Forderung öffentlich vertreten hat (*Kullmann/Pfister* aaO), besteht kein Zweifel daran, daß die Praxis sich danach ausrichten sollte (Produkthaftungshandbuch/*Foerster*, 2. Aufl., § 25 Rdnr. 55). Konkret bedeutet dies, daß der Endhersteller/Assembler durch vertragliche Vereinbarung dafür Sorge tragen muß, daß der Teilehersteller **mindestens** eine Deckungssumme zwischen DM 5 bis DM 10 Mio./Schadensfall kontrahiert und während der Dauer Vertragsbeziehungen aufrechterhält. Soweit der Teilehersteller davon Kenntnis hat, daß das Endprodukt in die USA, Kanada oder Australien geliefert wird, erscheint es sogar sachgerecht, von einer noch wesentlich höheren Deckungssumme auszugehen. Dies setzt freilich voraus, daß der Endhersteller/Assembler den Teilehersteller – zumindest – von derartigen Exporten im voraus in Kenntnis setzt. Ob die Überwälzung dieser Versicherungspflicht mit § 9 Abs. 1 AGBG im Einklang steht, soll später dargestellt werden (Anm. 19).

16. Die Grundsätze der horizontalen Arbeitsteilung. (1) Von einer „horizontalen" Arbeitsteilung ist dann zu sprechen, wenn der Endhersteller, der ein Produkt in den Verkehr bringen will, Arbeitsgänge auf einer oder mehreren Produktionsstufen an ein anderes Unternehmen vergibt (RGRK-BGB/*Steffen*, § 823 Rdnr. 271). Dabei ist freilich zu berücksichtigen, daß es zwischen der „vertikalen" und der „horizontalen" Arbeitsteilung in der Praxis mannigfache Verschleifungen gibt. Die verwendeten Begriffe dienen also nur einer ersten Orientierung (*Steinmann,* Qualitätssicherungsvereinbarungen, S. 79). Deshalb ist stets im einzelnen – bezogen auf die jeweilige Qualitätssicherungsvereinbarung – zu ermitteln, welche spezifischen Aufgaben der Endhersteller/Assembler und

2. Quality Assurance Contract (Qualitätssicherungsvertrag)

der Teilehersteller – sowie andere in die Herstellkette eingeschaltete Unternehmen – bezogen auf das fehlerhafte Produkt übernommen haben.

(2) Der **Teileherstelle**, welcher die **Konstruktionsverantwortung** übernommen hat, ist grundsätzlich verpflichtet, als **Hersteller** dafür einzustehen, daß seine Tätigkeit spezifikationsgemäß erfolgt und keine nach dem neuesten Stand von Wissenschaft und Technik vermeidbare Produktgefahr auftritt (Produkthaftungshandbuch/*Foerste*, 2. Aufl., § 25 Rdnr. 113). Wie bereits bei der „vertikalen" Arbeitsteilung angedeutet (Anm. 15), kann der Endhersteller/Assembler seine Haftung für etwaige Produktfehler des Teileherstellers in der Weise beschränken, daß er diesen sorgfältig auswählt und sorgfältig überwacht, wobei er auch eine fachlichtechnische vertragliche Einbindung absichert und Kontrollen des Teilproduktes gewährleisten muß. Etwaige Kontrollen sind insbesondere dann gefordert, wenn der Endhersteller/Assembler hierzu Anlaß hat, wobei es auch auf die eigene Sachkunde des Endherstellers/Assemblers maßgebend ankommt.

(3) Grundsätzlich hat in diesen Fällen der Endhersteller/Assembler die Bestimmungsgewalt über die Konstruktion, einschließlich der Materialauswahl; der **Teilehersteller** übernimmt dann in erster Linie die **Fabrikationsverantwortung** (BGH ZIP 1990, 514/ 515 – Expander). Aber auch der Teilehersteller bleibt in bestimmten Grenzen für die dem Endhersteller/Assembler obliegende Konstruktionsverantwortung **mitverantwortlich**: Verkehrssicherungspflichten im Sinn von § 823 Abs. 1 BGB treffen ihn immer dann, wenn der Teilehersteller bei der Ausführung der ihm übertragenen Tätigkeit die **Gefährlichkeit** der Konstruktion erkennen kann (*Kullmann/Pfister*, Produzentenhaftung, Kza. 3250 S. 17; BGH ZIP 1990, 514/515 – Expander). Deshalb kommt es entscheidend darauf an, ob der Endhersteller/Assembler in der Lage war, bestimmte konstruktive „Schwachstellen" zu erkennen; entscheidend ist also, ob er hierzu das erforderliche Sachwissen hat. Dies dürfte jedenfalls dann zu bejahen sein, wenn der Teilehersteller die gleichen Produkte selbst konstruiert und herstellt wie er sie vom Endhersteller/Assembler in Auftrag erhalten hat. Im übrigen gelten auch in diesem Fall die gleichen Gesichtspunkte, die zuvor bei der „vertikalen" Arbeitsteilung im einzelnen dargelegt worden sind (Anm. 15): Es geht also darum, daß der Endhersteller/Assembler den Teilehersteller sorgfältig auswählt und sorgfältig überwacht, ihn technisch-fachlich vertraglich einbindet und eine ausreichende Kontrolle des zugelieferten Produkts gewährleistet und eine „Liquiditätsgarantie" durch Versicherungsschutz zugunsten des Teileherstellers sicherstellt.

17. Die „vertikale" und „horizontale" Arbeitsteilung auf der Grundlage des Produkthaftungsgesetzes. (1) Die nach § 1 ProdHaftG normierte **verschuldensunabhängige** Einstandspflicht für etwaige Produktfehler bedeutet, daß alle Mitglieder der Herstellerkette sogleich auch verantwortlich sind für Fehler, die von vorangegangenen Gliedern dieser Kette verursacht worden sind. Denn die in einem späteren Stadium der Warenherstellung eingeschalteten Unternehmen werden nach dem ProdHaftG so behandelt, als hätten sie das gesamte Produkt selbst hergestellt und den tatsächlich von einem vorgeschalteten Teilehersteller verursachten Fehler selbst zu verantworten. Dies ist die zwingende Konsequenz der Rechtsregel des § 4 Abs. 1 i.V.m. § 1 ProdHaftG. Konkret bedeutet dies also: Der **Endhersteller** ist vollverantwortlich für die Fehlerhaftigkeit eines von ihm in den Verkehr gebrachten Endprodukts, und zwar auch insoweit, als der Fehler originär einem von ihm nicht hergestellten Teilprodukt zuzuweisen ist. Dies gilt für den Konstruktions- und Fabrikationsbereich ebenso wie für die Instruktionshaftung. Für die **Produktbeobachtungspflicht** gilt indessen etwas anderes, weil diese Pflicht, soweit sie nach dem Inverkehrbringen des Produkts – auch als Folge der Weiterentwicklung des Standes von Wissenschaft und Technik – entsteht, lediglich von der Verkehrssicherungspflicht des § 823 Abs. 1 BGB erfaßt wird (Anm. 8).

(2) Der **Teilehersteller** haftet gemäß § 4 Abs. 1 in Verbindung mit § 1 ProdHaftG für alle Fehler des Teilprodukts, welche in dem Zeitpunkt bestanden, in welchem der Teile-

hersteller dieses Produkt in den Verkehr brachte. Zu beachten ist jedoch der **Ausschluß-tatbestand** von § 1 Abs. 3 ProdHaftG: Die Einstandspflicht des Teileherstellers ist dann beschränkt, wenn der Fehler nicht im Teilprodukt selbst liegt, sondern in der Art und Weise der konstruktiven Verwendung des Teilprodukts innerhalb des Folgeprodukts. In diesen Fällen muß der Fehler **„durch die Konstruktion des Produkts, in welches das Teilprodukt eingearbeitet wurde"** bedingt sein. Gleiches gilt gemäß § 1 Abs. 3 ProdHaftG auch in den Fällen, in denen die Fehlerhaftigkeit des Teilprodukts auf „Anleitung" des Herstellers des Endprodukts beruht. Beide Varianten setzen voraus, daß die Konstruktion des Teil- und des Endprodukts nicht arbeitsteilig erfolgt, so daß eine klare Abgrenzung der Aufgabenbereiche tatsächlich vorgenommen werden kann. Aber auch unter dieser Voraussetzung kann der Teilehersteller nur dann auf die Richtigkeit und Vollständigkeit der konstruktiven Vorgaben des Endherstellers vertrauen, wenn ihm die Fehlerhaftigkeit oder Unvollständigkeit im Rahmen seiner Tätigkeit – unter Berücksichtigung seines Fachwissens – nicht erkennbar war (*Schmidt-Salzer/Hollmann*, EG-Richtlinie, Art. 7 Rdnr. 194).

(3) Da also nach §§ 4, 1 ProdHaftG zwischen Endhersteller und Teilehersteller ein **Gesamtschuldverhältnis** insoweit vorliegt, als der Fehler des Teilprodukts für den Schaden ursächlich war, bestimmt § 5 ProdHaftG im Außenverhältnis, daß Endhersteller und Teilehersteller dem Geschädigten als **Gesamtschuldner** haften. Im **Innenverhältnis** richtet sich die Haftung des Teileherstellers und die des Endherstellers nach den Regeln der §§ 421 ff. BGB, wobei der jeweilige Mitverursachungsanteil gemäß § 254 BGB berücksichtigt wird. Deswegen haben die Bestimmungen einer **Qualitätssicherungsvereinbarung** insoweit hohe Bedeutung: Sie legen nicht nur die Pflichten des Teileherstellers und die des Endherstellers fest, sondern bestimmen damit gleichzeitig, in welchem Umfang der Fehler des Teilprodukts von dem Teilehersteller oder dem Endhersteller verursacht worden ist, weil der eine oder andere die ihm obliegenden Pflichten verletzt hat.

18. Dokumentationspflichten. (1) Gegen solche Regelungen bestehen unter dem Blickwinkel von § 9 Abs. 1 AGBG keine durchgreifenden Bedenken: Die Dokumentationspflicht liegt im originären Eigeninteresse des Teileherstellers/Zulieferers, weil sie ihm – wenn denn überhaupt – die Möglichkeit eröffnet, im Rahmen einer Haftung gemäß § 823 Abs. 1 BGB den Nachweis zu erbringen, daß der Produktfehler von ihm nicht verschuldet wurde. Auch gegen die **Aufbewahrungspflicht** von zehn Jahren bestehen keine Bedenken. Die Frist rechtfertigt sich unter Berücksichtigung von § 13 ProdHaftG, danach **erlöschen** Schadensersatzansprüche gemäß § 1 ProdHaftG nach Ablauf von zehn Jahren, gerechnet von dem Zeitpunkt, in welchem der Hersteller das Produkt, welches den Schaden verursacht hat, in den Verkehr gebracht hat.

(2) Der Endhersteller/Assembler hat ein vitales Interesse daran, einen Qualitäts-Audit beim Teilehersteller/Zulieferer durchzuführen, weil er nur so in der Lage ist, seine delikts- und haftungsrechtliche Verantwortlichkeit ordnungsgemäß zu erfüllen, sofern das vom Teilehersteller/Zulieferer gefertigte Teilprodukt einen Schaden verursacht. Deshalb bestehen gegen derartige Klauseln keine Bedenken gemäß § 9 Abs. 2 Nr. 1 AGBG.

a) Es liegt auf der Hand, daß gerade in diesem Bereich die Kontrollrechte des Endherstellers/Assemblers mit den **Geheimhaltungsinteressen** des Teileherstellers/Zulieferers konkurrieren (*Schmidt* NJW 1991, 144, 151). Dieser **Zielkonflikt** kann nur im Einzelfall gelöst werden: Der Endhersteller/Assembler hat ein vitales Interesse daran, daß die auf den Teilehersteller/Zulieferer delegierten Kontrollpflichten ordnungsgemäß erfüllt werden; diesem Zweck dient das jeweilige Qualitäts-Audit. Läßt sich nachweislich dieses Kontrollrecht nur in der Weise ordnungsgemäß erfüllen, daß der Endhersteller/Assembler das Qualitäts-Audit auch auf Betriebs- und Geschäftsgeheimnisse des Teileherstellers/Zulieferers erstreckt, so haben die Kontrollrechte jedenfalls den Vorrang, wenn gleichzeitig eine Geheimhaltungsvereinbarung die Interessen des Teileherstellers/Zulieferers absichert. Jedenfalls gilt dies dann uneingeschränkt, wenn die Geheimhaltungsvereinba-

2. Quality Assurance Contract (Qualitätssicherungsvertrag)

rung, was jedenfalls in diesen Fällen zu empfehlen ist, mit einer **fühlbaren Vertragsstrafe** für den Fall ihrer Verletzung sanktioniert ist (*Steinmann*, Qualitätssicherungsvereinbarungen, S. 139 f.).

b) Können jedoch die Kontrollrechte des Endherstellers/Assemblers auch in der Weise ordnungsgemäß erfüllt werden, daß das geheimhaltungsbedürftige Know-how des Teileherstellers/Zulieferers ausgespart wird, so ist dieser Alternative der Vorzug zu geben und notfalls empfiehlt sich eine entsprechende vertragliche Vereinbarung.

19. Der Verzicht auf die Untersuchungs- und Rügeobliegenheit gemäß §§ 377, 378 HGB. (1) Es gehört zum eisernen Bestandteil von Qualitätssicherungsvereinbarungen – besonders dann, wenn zusätzlich ein „Just-in-Time"-Konzept (*Steckler*, Der Just-in-Time-Liefervertrag, 1996) realisiert wird –, daß der Endhersteller/Assembler festlegt, daß der Teilehersteller/Zulieferer zu einer Endkontrolle verpflichtet ist, während der Endhersteller/Assembler von Wareneingangskontrolle gemäß §§ 377, 378 HGB dispensiert wird. Es heißt dann z. B.:

„Der Zulieferer ist verpflichtet, Qualitätssicherungsmaßnahmen und -kontrollen durchzuführen, so daß eine Wareneingangskontrolle beim Hersteller des Folgeprodukts entfallen kann."

Oder es wird formuliert:

„Der Zulieferant nimmt die Endkontrolle vor; er verzichtet gleichzeitig auf den Einwand der verspäteten Mängelrüge gemäß §§ 377, 378 HGB."

(2) Ob diese Form der **Haftungsbegrenzung** auf den Zulieferer als Teilehersteller mit § 9 AGBG im Einklang steht, ist die mit Abstand schwierigste und **umstrittenste** Frage, die bei Qualitätssicherungsvereinbarungen zu bewältigen ist (*Grunewald* NJW 1995, 1777 ff.).

a) § 377 Abs. 1 HGB bestimmt, daß bei einem **beiderseitigen** Handelskauf von Waren dem Käufer die Obliegenheit auferlegt ist, die angelieferte Ware unverzüglich – nach den Gepflogenheiten des ordnungsgemäßen Geschäftsverkehrs, soweit dies tunlich ist – zu untersuchen und gefundene Mängel unverzüglich dem Verkäufer anzuzeigen. Mängel, die sich erst später zeigen und auch bei einer ordnungsgemäßen Wareneingangskontrolle nicht hätten entdeckt werden können, sind „versteckte" oder „verdeckte" Mängel; sie sind unverzüglich nach ihrer Entdeckung gemäß § 377 Abs. 3 HGB zu rügen. Von entscheidender Bedeutung ist in diesem Zusammenhang, daß § 377 Abs. 2 HGB ein „Alles-Oder-Nichts-Prinzip" vorsieht: Mangels rechtzeitiger Rüge gilt die Ware in Ansehung des Fehlers als „genehmigt". Diese **Genehmigungsfiktion** – als Folge der rügelosen Annahme der mangelhaften Ware – bezieht sich auf alle Gewährleistungsansprüche im weiteren Sinne, d. h. auch Ansprüche wegen positiver Vertragsverletzung sind umfaßt (BGH BB 1987, 2326/2327). Gleichzeitig ist damit gesagt, daß sich § 377 Abs. 2 HGB nicht auf deliktsrechtliche Ansprüche bezieht, welche dem Käufer gegenüber dem Lieferanten zustehen (BGH aaO). Dies hängt damit zusammen, daß die Haftung aus § 823 Abs. 1 BGB darauf beruht, daß der Lieferant seine Verkehrssicherungspflicht gegenüber dem Besteller schuldhaft verletzt und demzufolge ihm einen Personen- oder Sachschaden zugefügt hat.

b) Die Untersuchung muß in solchem **Umfang** und in solcher **Art** vorgenommen werden, wie es **erforderlich** ist, um das Vorhandensein von Mängeln festzustellen (RG JW 1924, 814). Zeitpunkt, Methode und Umfang der gebotenen Untersuchung richten sich danach, was „nach ordnungsgemäßem Geschäftsgang" tunlich ist. Aufgrund seiner Vereinbarung kommt es hierbei regelmäßig darauf an, ob in der betreffenden Branche ein eindeutiger Handelsbrauch Maß gibt (LG Aachen BB 1952, 213 – Prüfung von Stoffballen; BGH NJW 1976, 625 – Prüfung der Farbechtheit von Stoffen). Es kommt also nicht auf die Üblichkeit der Untersuchung, sondern auf deren Ordnungsgemäßheit an (BGH NJW 1976, 625 – Prüfung der Farbechtheit von Stoffen; Produkthaftungshandbuch/*Graf von Westphalen*, 2. Aufl., § 17 Rdnrn. 27 ff.). Der Käufer ist daher verpflichtet, die Untersuchung mit fachmännischer Sorgfalt durchzuführen (BGH NJW 1976, 2011, 2012 – Wellstegträger). Besitzt er nicht die erforderliche Sachkenntnis, so ist er gehalten, einen Sachverständigen hinzuzuziehen. Dies gilt insbesondere dann, wenn lediglich ein Sachverständiger in der Lage ist, die Vertragsgemäßheit oder Mangelhaftigkeit der Sache festzustellen (OLG Hamburg BB 1953, 98). Notwendigerweise schuldet der Käufer **repräsentative Stichproben,** um seiner Wareneingangskontrollpflicht gemäß § 377 Abs. 1 HGB zu genügen. Dies schließt auch eine zerstörende Prüfung oder einen probeweisen Verbrauch der Sache ein (RGRK-HGB/*Brüggemann,* 4. Aufl., § 377 Rdnr. 89 ff.). Bei der Lieferung von Spanplatten ist es z. B. erforderlich, diese probeweise in einem geschlossenen Raum aufzustellen, wenn es um die Feststellung geht, ob Formaldehyd-Gase als Folge der Lackierung austreten (BGH WM 1974, 1204/1205). Der sofortige Einbau von gelieferten Bierfilterplatten in eine Filteranlage oder die Simulation der Produktion ist jedoch nicht erforderlich, sofern die sofortige, sachkundige Untersuchung durch Augenschein ausreicht, um festzustellen, ob die Platte nach ihrer äußeren Beschaffenheit mängelfrei sind (BGH NJW 1977, 1150/1151). Dabei ist stets der Kosten- und Zeitaufwand der Prüfung im Auge zu behalten. Drohen besonders hohe Mangelfolgeschäden, so kann eine sachgemäße Abwägung der Interessen auch insoweit eine Prüfung bedingen (BGH LM Nr. 13 zu § 377 HGB – Neocarminprobe von Textilfasern; BGH NJW 1959, 1081/1082 – Perlonstrümpfe – Nylongarn).

c) Die rechtzeitige Mängeluntersuchung und die daran anknüpfende Rügeobliegenheit beruhen auf dem **Zweck,** den Lieferanten davor zu bewahren, sich noch längere Zeit nach Ablieferung der Kaufsache etwaigen, dann nur noch schwer feststellbaren Gewährleistungsansprüchen ausgesetzt zu sehen (BGH WM 1991, 1634/1635; BGH BB 1987, 2326; s. aber BGH NJW 1996, 1537/1538). Folglich soll der Zulieferer aufgrund der unverzüglich durchzuführenden Rüge des Bestellers in die Lage versetzt werden, seinerzeit entsprechende Feststellungen und notwendige Dispositionen zu treffen. Insbesondere soll er die Möglichkeit erhalten, einen weiteren Schaden zu verhindern (BGH NJW 1984, 1964/1966).

(4) Es ist inzwischen in der **Judikatur des BGH geklärt,** daß es gegen § 9 Abs. 2 Nr. 1 AGBG verstößt, wenn der Besteller in seinen Einkaufs-AGB die Bestimmungen der §§ 377, 378 HGB uneingeschränkt abbedingt (BGH WM 1991, 1634). Der völlige Ausschluß der zentralen Obliegenheit des Bestellers zur Untersuchung und Rüge ist mit den Grundgedanken der gesetzlichen Regelung unvereinbar. Daher steht auch die Literatur auf dem Standpunkt, daß die Abbedingung der §§ 377, 378 HGB gemäß § 9 Abs. 2 Nr. 1 AGBG unwirksam ist (*Ulmer/Brandner/Hensen,* AGBG, 9. Aufl., Anh. zu §§ 9–11 Rdnr. 299; AGB-Klauselwerke/*Graf von Westphalen* – Einkaufsbedingungen Rdnr. 21; *Lehmann* BB 1990, 1849/1851; *Schmidt,* NJW 1991, 144/149 f.; *Thamm/Hesse* BB 1979, 1583/1586).

(5) Es ist im einzelnen **umstritten,** ob die Abbedingung der §§ 377, 378 HGB im Rahmen von Qualitätssicherungsvereinbarungen gegen § 9 Abs. 2 Nr. 1 AGBG oder gegen § 9 Abs. 1 AGBG verstößt (*Graf von Westphalen* CR 1990, 567 ff.; *Lehmann* BB 1990, 1849/1851 ff.; *Schmidt* NJW 1991, 144/148 ff.; *Steinmann* BB 1993, 873 ff.; *dies.,* Qualitätssicherungsvereinbarungen, S. 45 ff.; *Merz,* Qualitätssicherungsvereinbarungen, S. 291 ff.). Gerichtliche Entscheidungen, die hier eine Leitlinie bilden könnten, fehlen. Überwiegend wird wohl die Auffassung vertreten, daß die Abbedingung der §§ 377, 378 HGB nicht zu einer unangemessenen Benachteiligung des Teileherstellers/Zulieferers im Sinn von § 9 Abs. 2 Nr. 1 AGBG oder von § 9 Abs. 1 AGBG führt (*Hollmann* PHI 1989, 146/153; *ders.* CR 1992, 13/14 f.; *Lehmann* BB 1990, 1849/1851 ff.; *Nagel* DB 1991, 319/323; *Migge* VersR 1992, 665/673 f.; *Martinek,* Zulieferverträge und Qualitätssicherung, S. 45 ff.; vgl. auch *Kreifels* ZIP 1990, 489/492 f.). Die zutreffende **Lösung** muß folgende Gesichtspunkte im Auge behalten:

a) Es bestehen **grundsätzlich keine Bedenken,** daß der Endhersteller/Assembler seine Verkehrssicherungspflichten im Sinn von § 823 Abs. 1 BGB entweder im Rahmen der

2. Quality Assurance Contract (Qualitätssicherungsvertrag)   IV. 2

„vertikalen" oder der „horizontalen" Arbeitsteilung auf den Teilehersteller/Zulieferer delegiert. Verzichtet nunmehr der Endhersteller/Assembler auf die Wareneingangskontrolle gemäß §§ 377, 378 HGB, so führt dieser Verzicht zunächst dazu, daß der Zulieferer/Teilehersteller im Sinn von § 9 Abs. 2 Nr. 1 AGBG – allerdings nur im Rahmen des Kaufvertrages – unangemessen benachteiligt wird. Indessen steht dieser Gesichtspunkt nicht isoliert. Zu ergänzen ist allemal, daß die dem Endhersteller/Assembler obliegende Kontrollpflicht – deliktsrechtlich gewertet – dazu dient, die Rechtsgüter Dritter im Sinn von § 823 Abs. 1 BGB zu schützen. Folglich hat die Abbedingung der §§ 377, 378 HGB sowohl eine gewährleistungsrechtliche, den Teilehersteller/Zulieferer betreffende, als auch eine deliktsrechtliche, den Rechtsgüterschutz Dritter umfassende Funktion.

b) **Haftungsrechtlich** kommt es mithin entscheidend darauf an, ob der Endhersteller/Assembler schlechthin auf die Wareneingangskontrolle gemäß §§ 377, 378 HGB verzichtet, oder ob er – im Rahmen des Qualitätssicherungssystems – dafür Sorge trägt, daß die ihm deliktsrechtlich obliegenden Kontrollpflichten auf den Teilehersteller/Zulieferer abgewälzt und von diesem tatsächlich auch erfüllt werden, damit die **Effizienz** des Rechtsgüterschutzes Dritter im Sinn von § 823 Abs. 1 BGB gewährleistet bleibt. Folglich ist der Endhersteller/Assembler verpflichtet, durch geeignete Kontrollmaßnahmen – vor allem durch „audits" – sicherzustellen, daß der Teilehersteller/Zulieferer die auf ihn überwälzten Kontrollpflichten ordnungsgemäß erfüllt. Denn nur so ist gewährleistet, daß der Endhersteller/Assembler die ihm obliegenden Verkehrssicherungspflichten im Sinn von § 823 Abs. 1 BGB ordnungsgemäß erfüllt – mit der Konsequenz, daß die Delegation der Kontrollpflichten auf den Teilehersteller/Zulieferer deliktsrechtlich nicht zu beanstanden ist.

c) Gleichwohl wird der Zulieferer/Teilehersteller durch die auf ihn delegierten Kontrollpflichten **erheblich belastet**, so daß **Bedenken** verbleiben, ob die Abbedingung der Wareneingangskontrolle gemäß §§ 377, 378 HGB mit § 9 Abs. 2 Nr. 1 AGB-Gesetz tatsächlich vereinbar ist (*Grunewald* NJW 1995, 1777/1782; a.M. *Steinmann*, Qualitätssicherungsvereinbarungen, S. 44ff.; *Merz*, Qualitätssicherungsvereinbarungen, S. 291ff.). Wesentlich hierfür ist jedoch nicht eine Einzelbetrachtung der Klausel, welche die Rügeobliegenheit gemäß §§ 377, 378 HGB abbedingt. Im Vordergrund muß vielmehr eine **Gesamtbetrachtung** stehen, die nach § 9 Abs. 1 AGB-Gesetz auch deswegen geboten ist, weil insoweit die beiderseitigen Interessen zu bilanzieren und zu balancieren sind, bevor dann eine unangemessene Benachteiligung des Teileherstellers/Zulieferers festgestellt werden kann.

aa) Ist die Qualitätssicherungsvereinbarung **unzureichend** oder **mangelhaft**, so folgt daraus, daß der Endhersteller/Assembler zwar formal die ihm gemäß § 823 Abs. 1 BGB obliegenden Verkehrssicherungspflichten auf den Teilehersteller/Zulieferer delegiert hat, daß aber – materiell-rechtlich gewertet – diese Pflichtendelegation nicht dazu führt, daß der geschädigte Dritte nur einen Schadensersatzanspruch gegenüber dem Teilehersteller/Zulieferer hat, sofern es sich erweist, daß der geltend gemachte Schaden in dessen Produkt seine Ursache hatte. Vielmehr bleibt dann der Endhersteller/Assembler dem geschädigten Dritten gegenüber gemäß § 823 Abs. 1 BGB verantwortlich. Ein unzureichendes oder mangelhaftes Qualitätssicherungssystem führt also dazu, daß zwischen Endhersteller/Assembler und Teilehersteller/Zulieferer ein **Gesamtschuldverhältnis** im Sinn der §§ 830, 840 BGB entsteht: Beide verletzen nämlich die ihnen obliegenden Verkehrssicherungspflichten im Sinn des § 823 Abs. 1 BGB, ohne gemeinsam den rechtswidrigen Erfolg – nämlich: den Produktschaden – herbeizuführen. Folglich besteht eine deliktsrechtliche Nebentäterschaft: Endhersteller und Teilehersteller verletzen jeweils – unabhängig voneinander – die ihnen obliegenden Verkehrssicherungspflichten, so daß sie dem geschädigten Dritten gegenüber **gesamtschuldnerisch** gemäß § 830 BGB haften. Im Innenverhältnis richtet sich der Haftungsausgleich nach den §§ 421ff. BGB; es entscheidet also der jeweilige Mitverursachungs- und Mitverschuldensteil.

Erweist sich also das Qualitätssicherungssystem als unzureichend oder mangelhaft, so liegt darin jedenfalls auch dann eine unangemessene Benachteiligung des Teileherstellers/Zulieferers, wenn diesem die insoweit bestehenden **Verteidigungsmöglichkeiten** abgeschnitten werden. Dies ist immer dann zu bejahen, wenn formularmäßig dem Teilehersteller/Zulieferer die **Alleinverantwortung** für einen Produktschaden überbürdet wird, obwohl auch der Endhersteller/Assembler in die Konstruktions- und Kontrollverantwortlichkeit eingeschaltet war, diese Verpflichtungen aber nur unzureichend erfüllt hat. Es entsteht dann eine nach § 9 Abs. 1 BGB nicht hinnehmbare Diskrepanz zwischen Risikobeschränkung und Haftungssanktionen zulasten des Teileherstellers/Zulieferers. Hier kommt freilich alles auf die Umstände des Einzelfalls an: Besteht tatsächlich eine **Mitverantwortlichkeit** des Endherstellers/Assemblers, so liegt im Sinn von § 242 BGB eine unzulässige Rechtsausübung vor, wenn sich dieser gleichwohl darauf beruft, daß der Teilehersteller/Zulieferer aufgrund der Qualitätssicherungsvereinbarungen die alleinige, ausschließliche Verantwortlichkeit trägt.

bb) Weiter oben wurde bereits aufgeführt (Anm. 15 (4) d)), daß der Endhersteller/Assembler verpflichtet ist, im Rahmen einer „**Liquiditätsgarantie**" dafür Sorge zu tragen, daß der Teilehersteller/Zulieferer im Schadensfall über einen ausreichenden Deckungsschutz im Rahmen seiner Haftpflicht- bzw. Produkthaftpflichtversicherung verfügt. Damit soll erreicht werden, daß der geschädigte Dritte einen realisierbaren Schadensersatzanspruch gegenüber dem Teilehersteller/Zulieferer hat, sofern sich herausstellt, daß der Schadensersatzanspruch in einem Fehler des Teilprodukts seine Ursache hatte. Überwälzt allerdings der Endhersteller/Assembler seine Obliegenheit zur Wareneingangskontrolle gemäß §§ 377, 378 HGB in vollem Umfang auf den Teilehersteller/Zulieferer, so übernimmt dieser ein weitergehenderes Leistungsrisiko als nach den §§ 377, 378 HGB vorgesehen. Zur Konsequenz hat dies, daß der Teilehersteller/Zulieferer seinen **Deckungsschutz** im Rahmen seiner Haftpflicht- bzw. Produkthaftpflichtversicherung gemäß § 4 I 1 AHB verliert (*Migge* PHI 1991, 204/207; *Hollmann* PHI 1989, 146/156.

Daher ist der Endhersteller/Assembler verpflichtet, den Teilehersteller/Zulieferer auf dieses besondere Risiko **ausdrücklich** hinzuweisen. Die aus § 823 Abs. 1 BGB abgeleitete Liquiditätsgarantie verlangt also, daß der Teilehersteller/Zulieferer die Deckung im Rahmen seiner Haftpflicht- bzw. Produkthaftpflicht-Versicherung entsprechend anpaßt, so daß der Verzicht des Endherstellers/Assemblers auf die Wareneingangskontrolle gemäß §§ 377, 378 HGB **unschädlich** wird (hierzu VP 1992, 93f. – Möglichkeiten des Versicherungsschutzes). Verletzt der Endhersteller/Assembler diese Informationspflicht, so liegt darin eine zum Schadensersatz verpflichtende Handlung. Soweit der Endhersteller/Assembler sich insoweit freizeichnet, liegt darin eine unangemessene Benachteiligung des Teileherstellers/Zulieferers im Sinn von § 9 Abs. 1 AGBG – mit der Konsequenz, daß die Abbedingung der §§ 377, 378 HGB gemäß § 6 Abs. 2 AGBG keine Wirkung entfaltet. Der Endhersteller/Assembler muß sich also so behandeln lassen, wie dies nach den §§ 377, 378 HGB geboten ist.

cc) Geht man davon aus, daß der Endhersteller/Assembler berechtigt ist, die Verkehrssicherungspflichten des § 823 Abs. 1 BGB auf den Teilehersteller/Zulieferer abzuwälzen, so spricht einiges dafür, daß dann auch der Teilehersteller/Zulieferer verpflichtet ist, auf eigene Kosten und eigene Verantwortung die **Produktbeobachtungspflicht** zu erfüllen. Dies setzt jedoch praktisch voraus, daß der Endhersteller/Assembler seinerseits alle Maßnahmen – bezogen auf das von ihm in den Verkehr gebrachte Endprodukt – erfüllt, welche aufgrund der „passiven" sowie der „aktiven" Produktbeobachtung (Anm. 8) erforderlich sind. Denn nur dann, wenn der Endhersteller/Assembler die ihm obliegende Produktbeobachtungspflicht ordnungsgemäß erfüllt, ist der Teilehersteller/Zulieferer in der Lage, seinerseits der ihm obliegenden Produktbeobachtungspflicht zu genügen. Er ist also insoweit auf die Informationen des Endherstellers/Assemblers vital angewiesen, weil ja das **Distributionsrisiko** des Endprodukts Sache des Endherstellers/Assemblers ist.

2. Quality Assurance Contract (Qualitätssicherungsvertrag) IV. 2

Als integralen Teil der „Liquiditätsgarantie" (Anm. 15 (4) d)) wird man deshalb vom Endhersteller/Assembler verlangen müssen, daß dieser – soweit möglich – den Teilehersteller/Zulieferer davon in Kenntnis setzt, in welche Länder das Endprodukt vertrieben wird. Denn nur unter dieser Voraussetzung ist der Teilehersteller/Zulieferer in der Lage, den **Deckungsausschluß** von § 4 I 3 AHB zu beseitigen, weil ja die Deckung von **Auslandsschäden** nicht originärer Teil der Haftpflicht- bzw. Produkthaftpflicht-Versicherung ist.

dd) Diese Überlegung führt unmittelbar zum nächsten Schritt: Um das aus der Produktbeobachtung resultierende **Rückrufrisiko** abzudecken, kommt es entscheidend darauf an, daß der Endhersteller/Assembler den Teilehersteller/Zulieferer darauf hinweist, er solle zur Abdeckung dieses Risikos eine **Rückrufkosten-Versicherung** abschließen. Allerdings ist darauf hinzuweisen, daß eine solche Versicherung vorwiegend in der Kfz-Industrie und für die Lebensmittelbranche angeboten wird. Soweit aber der Teilehersteller/Zulieferer nicht in der Lage ist, das aufgrund der Qualitätssicherungsvereinbarung gesteigerte Produkthaftungsrisiko – insbesondere das von Rückrufaktionen – angemessen auf dem Versicherungsmarkt einzudecken, so spricht schon aus diesem Grunde einiges dafür, daß die Bilanzierung und Balancierung der beiderseitigen Interessen im Sinn von § 9 Abs. 1 AGB-Gesetz zu dem Ergebnis führt, der Teilehersteller/Zulieferer wird unangemessen benachteiligt (AGB-Klauselwerke/*Graf von Westphalen* – Qualitätssicherungsvereinbarungen Rdnr. 21).

ee) Zu berücksichtigen bleibt schließlich, ob der Endhersteller/Assembler das Endprodukt in Länder exportiert, in denen ein extrem hohes Produkthaftungsrisiko besteht, wie etwa in die **USA, Kanada oder Australien** (AGB-Klauselwerke/*Graf von Westphalen* – Qualitätssicherungsvereinbarungen Rdnr. 16). Unter dieser Voraussetzung geht es nicht nur darum, daß der Teilehersteller/Zulieferer das Risiko angemessen versichert, daß er dem Geschädigten gegenüber nach ausländischem Recht zu hohen Schadensersatzsummen verpflichtet ist. Vielmehr ist auch das Risiko von Rückrufaktionen mit oft horrenden Schadensersatzsummen zu bedenken. Dies ist freilich dann bedenklich, wenn der Teilehersteller/Zulieferer nicht ausdrücklich zustimmt, daß der Export in diese Länder gehen soll. Nur darin liegt eine Haftungs- und Risikoübernahme.

ff) Im Rahmen der **Bilanzierung und Balancierung** der beiderseitigen Interessen gemäß § 9 Abs. 1 AGBG geht es also letzten Endes darum, ob der Endhersteller/Assembler dem Teilehersteller/Zulieferer ein angemessenes Entgelt verspricht, welches auch die **Mehraufwendungen** angemessen berücksichtigt, welche dadurch verursacht werden, daß der Endhersteller/Assembler auf die Wareneingangskontrolle gemäß §§ 377, 378 HGB verzichtet, um – statt dessen – die Kontrollpflichten in vollem Umfang auf den Teilehersteller/Zulieferer zu überwälzen. Hierbei wird man also berücksichtigen müssen, in welchem Umfang der Teilehersteller/Zulieferer verpflichtet ist, im Rahmen der zu übernehmenden „Liquiditätsgarantie" (Anm. 15 (4) d)) höhere Aufwendungen zur versicherungsmäßigen Abdeckung des Produktrisikos zu übernehmen. Denn die von ihm zu erfüllenden Mehrleistungen erhöhen sein Haftungsrisiko, weil er sich nicht mehr darauf verlassen kann, daß der Endhersteller/Assembler eigenständige Kontrollen – sowohl im Rahmen der §§ 377, 378 HGB als auch im Rahmen von § 823 Abs. 1 BGB – durchführen wird, um die Sicherheit des Teilprodukts und die des Endprodukts zu gewährleisten. Dies deckt sich in der Sache mit einem Beschluß des BDI, wonach sich Qualitätssicherungsvereinbarungen jeder Regelung enthalten sollten, welche den Haftpflichtversicherungsschutz des Teileherstellers/Zulieferers nachteilig beeinflussen, z. B. auch dadurch, daß die Wareneingangskontrolle abbedungen wird (hierzu *Graf von Westphalen/Bauer*, Just-in-Time-Lieferungen und Qualitätssicherungsvereinbarungen, S. 107).

20. Haftungsklauseln. (1) Bei allen Haftungsklauseln ist darauf zu achten, daß der Teilehersteller/Zulieferer deliktsrechtlich gemäß § 823 Abs. 1 BGB für einen Produktschaden in vollem Umfang verantwortlich ist. Allerdings steht dem Teilehersteller/ Zulieferer – wie jedem anderen Hersteller auch – der Beweis **fehlenden Verschuldens** offen, soweit der Geschädigte seinen Anspruch auf § 823 Abs. 1 BGB stützt (BGH ZIP 1999, 366/367 – Torfsubstrat). Macht er allerdings Schadensersatzansprüche gemäß § 1 ProdHaftG geltend, so handelt es sich um eine **verschuldensunabhängige Einstandspflicht**. Aus diesem Grund könnte es sich empfehlen, klauselmäßig zwischen einer Schadensersatzhaftung gemäß § 823 Abs. 1 BGB und einer Produkthaftung gemäß § 1 ProdHaftG zu differenzieren. Dies würde bedeuten, daß die Klausel gegen § 9 Abs. 2 Nr. 1 AGBG verstößt, weil sie – ihrer äußeren Formulierung nach – den Eindruck erweckt, als sei dem Teilehersteller/Zulieferer der Nachweis **abgeschnitten**, daß er wegen fehlenden Verschuldens keinen Schadensersatz gemäß § 823 Abs. 1 BGB zu leisten verpflichtet ist. Deshalb müßte die Klausel, um sie korrekt zu formulieren, mit einem **Halbsatz** ergänzt werden, und zwar: *This does not apply, if there is evidence that the Supplier was not acting negligently.* Für eine Schadensersatzhaftung gemäß § 1 ProdHaftG ist freilich dieser Zusatz entbehrlich.

(2) Haftungsklauseln sind im übrigen in Qualitätssicherungsvereinbarungen nur dann mit § 9 Abs. 2 Nr. 1 AGBG vereinbar, wenn sie die **Rechtslage** deklaratorisch widerspiegeln. Dies geschieht zweckmäßigerweise mit der Formulierung:

„Der Zulieferer wird den Besteller von allen Produkthaftungsansprüchen insoweit freistellen, als er im Außenverhältnis selbst haftet. The Supplier shall indemnify the Purchaser against any and all product liability claims insofar as he is directly liable to third parties."

Damit ist gleichzeitig gesagt, daß derartige Haftungsklauseln, soweit sie mit § 9 Abs. 2 Nr. 1 AGBG im Einklang stehen, rechtstechnisch nur deklaratorisch wirken dürfen, aber zum besseren Verständnis, die Qualitätsvereinbarungen wohl nicht **überflüssig** sind. Indessen ist gerade in diesem Punkt äußerste Vorsicht geboten: Zahlreiche Haftungsklauseln in Qualitätssicherungsvereinbarungen, aber auch in **Einkaufsbedingungen** weichen von diesem Muster ab und verschieben das Schadensersatzrisiko zu Lasten des Teileherstellers/Zulieferers, so daß sie nach § 9 Abs. 2 Nr. 1 AGBG unwirksam sind.

(3) Gelangt man zu dem Resultat, daß auch der Teilehersteller/Zulieferer deliktsrechtlich verpflichtet ist, eine **Rückrufaktion** durchzuführen, so bestehen gegen die weiter oben erwähnten Klauseln keine Bedenken gemäß § 9 Abs. 2 Nr. 1 AGBG. Freilich bleibt darauf hinzuweisen, daß nach der hier vertretenen Auffassung der Endhersteller/Assembler verpflichtet ist, den Teilehersteller/Zulieferer auf besondere Haftungssituationen, etwa durch Lieferung in die USA, Kanada und Australien aufmerksam zu machen. Gleichzeitig ist der Endhersteller/Assembler verpflichtet, den Teilehersteller/Zulieferer auf die Notwendigkeit eines Versicherungsschutzes hinzuweisen, der das Rückrufkosten-Risiko erfaßt. Soweit dies geschieht, bestehen gegen die Wirksamkeit dieser Rückrufkostenklausel keine durchgreifenden Bedenken gemäß § 9 Abs. 2 Nr. 1 AGBG (abweichend noch *Graf von Westphalen* CR 1990, 567/574). Dies gilt auch insoweit, als die Klausel dem Endhersteller/Assembler das Recht vorbehält, eine Rückrufaktion auf Kosten des Teileherstellers/Zulieferers durchzuführen.

21. Der erforderliche Schutz des Know-how des Teileherstellers/Zulieferers. (1) Soweit der Endhersteller/Assembler dafür Sorge trägt, daß eine **umfassende Geheimhaltungsverpflichtung** zugunsten des Teileherstellers/Zulieferers vereinbart wird – in der Praxis handelt es sich hierbei regelmäßig um wechselseitige Verpflichtungen –, bestehen gemäß § 9 Abs. 2 Nr. 1 AGBG keine Bedenken. Denn durch eine den gewöhnlichen Bedürfnissen entsprechende Geheimhaltungsvereinbarung werden die Interessen des Teileherstellers/Zulieferers ausreichend gewahrt; ein Abfluß von Betriebsgeheimnissen oder von Know-how ist dann genausowenig zu besorgen wie in sonstigen Fällen, in denen Vereinbarungen getroffen werden. Selbstverständlich können diese – darin liegt aber keine unangemessene Benachteiligung des Teileherstellers/Zulieferers im Sinn von § 9

Abs. 2 Nr. 1 AGBG – mißachtet und verletzt werden. Mit diesem Risiko muß jedoch der Teilehersteller/Zulieferer „leben".

(2) Dabei ist zu berücksichtigen, daß die §§ 17, 18 UWG für Betriebs- und Geschäftsgeheimnisse lediglich einen begrenzten Schutz sicherstellen, soweit Betriebs- und Geschäftsgeheimnisse Arbeitnehmern, Angestellten anvertraut und von diesen rechtswidrig verwendet werden. Deshalb empfiehlt es sich allemal, die Geheimhaltungsvereinbarungen – um den Schutz des Know-how des Teileherstellers/Zulieferers zu verbessern – auch auf die persönliche Geheimhaltungspflicht derjenigen Mitarbeiter des Endherstellers/ Assemblers zu erstrecken, welche mit dem Know-how des Teileherstellers Zulieferers in Berührung gelangen.

Soweit die Betriebs- und Geschäftsgeheimnisse des Teileherstellers/Zulieferers offenkundig oder allgemein bekannt werden, besteht kein Schutzbedürfnis mehr. Folglich ist es gemäß § 9 Abs. 2 Nr. 1 AGBG auch nicht zu beanstanden, wenn eine Geheimhaltungsvereinbarung diesem Umstand Rechnung trägt.

3. Standard Terms and Conditions for the Sale of Goods (Export)[1,2,3]

(Allgemeine Lieferbedingungen)

1. Preamble

These Standard Terms and Conditions for the Sale of Export Goods shall exclusively[4,5,] apply, save as varied by express agreement accepted in writing[6] by both parties.

The offer, order acknowledgment, order acceptance of sale of any products covered herein is conditioned upon the terms contained in this instrument. Any conditional or different terms proposed by the buyer are objected to and will not be binding upon the seller unless assented in writing by the seller.[7,8]

These conditions shall govern any future individual contract of sale between the seller and the buyer to the exclusion of any other terms and conditions subject to which any such quotation is accepted or purported to be accepted, or any such order is made or purported to be made, by the buyer.

Any typographical, clerical or other error or omission in any sales literature, quoation, price list, acceptance of offer, invoice or other document of information issued by the seller shall be subject to correction without any liability on the part of the seller.[9]

The provisions of these Standard Terms and Conditions extend to standard contract conditions which are used in a contract with a merchant in the course of business only.[10]

2. Orders and Specifications

No order submitted by the buyer shall be deemed to be accepted by the seller unless and until cqonfirmed in writing by the seller or the seller's representative within 21 days after submittal.[11]

The quantity, quality and description of and any specification for the goods shall be those set out in the seller's quotation (if accepted by the buyer) or the buyer's order (if accepted by the seller). Any such specification, sales literature, quotation etc. shall be strictly confidential and must not be made available to third parties.[12]

The buyer shall be responsible for the seller for ensuring the accuracy of the terms of any order submitted by the buyer, and for giving the seller any necessary information relating to the goods within a sufficient time to enable the seller to perform the contract in accordance with its terms.[13,14]

If the goods are to be manufactured or any process is to be applied to the goods by the seller in accordance with a specification submitted by the buyer, the buyer shall indemnify the seller against all loss, damages, costs and expenses awarded against or incurred by the seller in connection with or paid or agreed to be paid by the seller in settlement of any claim for infringement of any patent, copyright, design, trade mark or other industrial or intellectual rights of any other person which results from the seller's use of the buyer's specification.

The seller reserves the right to make any changes in the specification of the goods which are required to conform with any applicable statutory requirements or, where the goods are to be supplied to the seller's specification, which do not materially affect their quality pr performance.

3. Price of the Goods[15, 16]

The price of the goods shall be the seller's quoted price or, where no price has been quoted, the price listed in the seller's published price list current at the date of acceptance of the order. Where the Goods are supplied for export from Germany, the seller's published export price list shall apply.

The seller reserves the right, by giving notice to the buyer at any time before delivery, to increase the price of the goods to reflect increase in the cost to the seller which is due to any factor beyond the control of the seller (such as foreign exchange fluctuation, currency regulation, alteration of duties, significant increase in the costs of materials or other costs of manufacture) or any change in delivery dates.[17]

Except as otherwise stated under the terms of any quotation or in any price list of the seller, and unless otherwise agreed in writing between the buyer and the seller, all prices are given by the seller on an ex works basis, and where the seller agrees to deliver the Goods otherwise than at the seller's premises, the buyer shall be liable to pay the seller's charges for transport, packaging and insurance.[18]

The price is exclusive of any applicable value added tax, which the buyer shall be additinally liable to pay to the seller.

4. Terms of Payment[19]

The buyer shall pay the price of the goods within 30 days of the date of the seller's invoice.

Payment shall be effected by interbank payment transaction only; no cheque or bill of exchange will be considered as fulfilment of the payment obligation.[20]

It may be agreed between the parties that the buyer has to deliver a letter of credit issued by his bank (or any bank acceptable to the seller). In this individual case it is assumed that any letter of credit will be issued[21] in accordance with the Uniform Customs and Practice for Documentary Credits, 1993 Revision, ICC Publication No. 500.

If the buyer fails of make any payment on the due date[22] then, without prejudice to any other right or remedy available to the seller, the seller shall at his discretion be entitled to:
- cancel the contract or suspend any further deliveries to the purchaser; or
- charge the buyer interest on the amount unpaid, at the rate of 7 per cent per annum above European Central Bank reference rate from then being valid, until payment in full is made. The buyer shall be entitled to prove that the delay of payment caused no or little damage only.

5. Delivery

Delivery of the Goods shall be made by the buyer collecting the Goods at the seller's premises at any time after the seller has notified the buyer that the goods are ready for collection or, if some other place for delivery is agreed by the seller, by the seller delivering the Goods to that place.[23]

Where delivery of the Goods is to be made by the seller in bulk, the seller reserves the right to deliver up to 3% more or 3% less than the quantity ordered without any adjustment in the price, and the quantity so delivered shall be deemed to be in the quantity ordered.[24]

If a fixed time for delivery is provided for in the Contract, and the seller fails to deliver within such time or any extension thereof granted,[25] the buyer shall be entitled, on giving to the seller within a reasonable time notice in writing, to claim a reduction of 3% per week of the price payable under the contract, unless it can be reasonably concluded form the circumstances of the particular case that the buyer has suffered no loss. This limit shall not apply if the business had to be settled on a fixed date or if the delay was caused negligently or intentionally by the seller, his agents or representatives or if there is any further breach of any essential contractual obligation.

If for any reason whatever the seller fails within such time of effect delivery, the buyer shall be entitled by notice in writing to the seller to fix a deadline after the expiry of which the buyer shall be entitled to terminate the contract.[26] He may also recover from the seller any loss suffered by the buyer by reason of the failure of the seller. Damages may only be claimed for by the buyer if the seller (or his representatives) intentionally or negligently failed to fulfil the contract. The seller shall nevertheless be held responsible for not fulfilling any further essential contractual obligation.

If the buyer fails to accept delivery on due date, he shall nevertheless make any payment conditional on delivery as if the goods had been delivered. The seller shall arrange for the storage of the goods at the risk and cost of the buyer. If required by the buyer the seller shall insure the goods at the cost of the buyer.[27]

6. Transfer of Risks

Risk of damage to or loss of the goods shall pass to the buyer as follows:[28]
- in the case of goods to be delivered otherwise than at the seller's premises, at the time of delivery or, if the buyer wrongfully fails to take delivery of the goods, the time when the seller has tendered delivery of the goods;
- in the case of goods to be delivered at the seller's premises („ex works",[29] Incoterms 2000) at that time when the seller notifies the buyer that the goods are available for collection.

7. Retention of Title[30]

Notwithstanding delivery and the passing of risk in the Goods, or any other provision of these conditions, the property in the Goods shall not pass to the buyer until the seller has received payment in full of the price of the Goods and all other Goods agreed to be sold by the seller to the buyer for which payment is then due.[31]

The seller shall have absolute authority to retake, sell or otherwise deal with or dispose of all or any part of the goods in which title remains vested in the seller;[32]
Until such time as the property in the Goods passes to the buyer, the buyer shall hold the Goods as the seller's fiduciary agent, and shall keep the Goods properly stored, protected and insured.[33]

Until that time the buyer shall be entitled to resell or use the Goods in the ordinary course of its business, but shall account to the seller for the proceeds of sale or otherwise of the Goods includings insurance proceeds, and shall keep all such proceeds separate form any moneys or properties of the buyer and third parties.[34]

If the Goods are processed or reshaped by the buyer and if processing is done with Goods that seller has no property in, seller shall become co-owner of the Goods. The same shall apply if seller's Goods are completely reshaped and mixed with other goods.[35, 36]

If third parties take up steps to pledge to otherwise dispose of the goods, the buyer shall immediately notify the seller in order to enable the seller to seek a court injunction in accordance with § 771 of the German Code of Civil Procedure. If the buyer fails to do so in due time he will be held liable for any damages caused.[37]

The seller shall on demand of the buyer release any part of the collateral if the value of the collateral held in favour of the seller exceeds the value of the claims being secured. It is to the seller's decision to release those parts of the collateral suitable for him.[38]

8. Warranties and Exclusion Clauses[39]

The buyer shall examine the Goods as required by German Law (§§ 377, 378 of the German Commercial Code) and in doing so check every delivery in any respect.

The seller warrants that all items delivered under this agreement will be free from defects in material and workmanship, conform to applicable specifications, and, to the extent that detailed designs have not been furnished by the buyer, will be free from design defects and suitable for the purposes intended by the buyer.[40]

The seller shall nt be liable for the Goods being fit for a particular purpose unless otherwise agreed upon, to which the buyer intends to put them.

The above warranty is given by the seller subject to the following conditions:[41]
- the seller shall not be liable in respect of any defect in the goods arising from any design or specification supplied by the buyer;
- the seller shall not be liable under the above warranty if the total price for the goods has not been paid by the due date for payment;
- the above warranty does not extend to parts, materials or equipment manufactured by or on behalf of the buyer unless such warranty is given by the manufacturer to the seller.

This warranty does not cover defects in or damage to the products which are due to improper installation or maintenance, misuse, neclect or any cause other than ordinary commercial application.

Any discharge from liability will be void if a defect results from a negligent or intentional breach of contract on the part of the seller. The same applies if the seller may be held responsible for the breach of any further essential contractual obligation.

Any claim by the buyer which is based on any defect in the quality or condition of the goods or their failure to correspond with specification shall be notified to the seller within six months from the date of delivery.[42]

The buyer is entitled to demand the delivery of any substitute Goods, or repair or a reduction of the purchase price as set forth with the terms of each individual contract of sale.[43]

Where any valid claim in respect of any Goods which is based on any defect in the quality or condition of the Goods or their failure to meet specification is notified to the seller in accordance with these Conditions, the seller shall be entitled at the seller's sole discretion to either replace the Goods free of charge or repair the goods. If the seller is neither ready nor able to either repair or replace the goods the buyer shall be entitled at the buyer's sole discretion to claim for a reduction of price or the cancellation of the contract.[44, 45, 46]

9. Miscellaneous Clauses

The seller reserves the right to improve or modify any of the products without prior notice, provided that such improvement or modification shall not affect the form and function of the product.[47]

This agreement supersedes[48] and invalidates all other commitment and warranties relating to the subject matter hereof which may have been made by the parties either orally or in writing prior the date hereof, and which shall become null and void from the date of the agreement is signed.

This agreement shall not be assigned or transferred by either party except with the written consent of the other.[49]

3. Standard Terms and Conditions for the Sale of Goods (Allg. Lieferbed.)

Each party shall be responsible for all its legal, accountancy or other costs and expenses incurred in the performance of its obligation hereunder.

10. Choice of Law; Place of Jurisdiction

This agreement shall be governed by and construed in accordance with German law[50, 51] and each party agrees to submit tho the jurisdiction of the courts having jurisdiction for the seller.[52]

The seller shall have the right to bring a claim before a court at the buyer's principal place of business or at his discretion before any other court being competent according to any national or international law.[53]

....
Place, Date   Place, Date

....
Signature(s)   Signature(s)

Übersetzung

Diese Standardbedingungen für den Verkauf von Exportgütern gelten ausschließlich, soweit sie nicht durch ausdrückliche schriftliche Vereinbarung zwischen den Parteien abgeändert werden.

Das Angebot, die Angebotsannahme, Auftragsbestätigung oder der Verkauf jeglicher Produkte unterliegt den vorliegenden Bedingungen. Jeglichen Bedingungen oder vertragsändernden Bestimmungen des Käufers wird widersprochen; sie werden dem Verkäufer gegenüber nur wirksam, wenn der Verkäufer diesen Änderungen schriftlich zustimmt.

Diese Bestimmungen sind Grundlage für jegliches künftige Einzelkaufgeschäft zwischen Käufer und Verkäufer und sie schließen jedwede andere Vereinbarung aus.

Etwaige irrtumsbedingte Fehler in Verkaufsprospekten, Preislisten, Angebotsunterlagen oder sonstigen Dokumentationen des Verkäufers dürfen vom Verkäufer berichtigt werden, ohne daß er für Schäden aus diesen Fehlern zur Verantwortung gezogen werden darf.

Diese Allgemeinen Verkaufsbedingungen gelten nur gegenüber Kaufleuten.

2. Bestellung und Angebotsunterlagen

Vom Käufer vorgelegte Bestellungen gelten durch den Verkäufer nur dann als angenommen, wenn sie vom Verkäufer oder seinem Repräsentanten/Vertreter innerhalb von 21 Tagen ab Vorlage schriftlich angenommen werden.

Menge, Qualität und Beschreibung sowie etwaige Spezifizierung der Ware entsprechen dem Angebot des Verkäufers (wenn es vom Käufer angenommen wird) oder der Bestellung des Käufers (wenn diese vom Verkäufer angenommen wird). Alle Verkaufsunterlagen, Spezifizierungen und Preislisten sind streng vertraulich zu behandeln und dürfen Dritten nicht zugänglich gemacht werden.

Hinsichtlich der Genauigkeit der Bestellung trägt der Besteller die Verantwortung, und der Besteller ist dafür verantwortlich, dem Verkäufer jegliche erforderliche Information bezüglich der bestellten Ware innerhalb angemessener Zeit zukommen zu lassen, damit die Bestellung vertragsgemäß ausgeführt werden kann.

Müssen die Waren durch den Verkäufer hergestellt oder sonstwie ver- bzw. bearbeitet werden und hat der Besteller hierfür eine Spezifizierung vorgelegt, hat der Besteller den Lieferanten von jeglichem Verlust, Schaden, Kosten oder sonstigen Ausgaben des Lieferanten freizuhalten, die dieser zu zahlen hat oder zu zahlen bereit ist, weil sich die vertragliche Ver- oder Bearbeitung der Ware aufgrund der Spezifizierung des Bestellers als

Bruch eines Patents, Copyright, Warenzeichen oder sonstigem Schutzrecht eines Dritten herausgestellt hat.

Der Verkäufer behält sich das Recht vor, die Warenbeschreibung im Hinblick auf die Spezifizierung insoweit abzuändern, als gesetzliche Erfordernisse zu berücksichtigen sind, soweit durch diese Änderung keine Verschlechterung der Bestellung hinsichtlich Qualität und Brauchbarkeit auftreten.

3. Kaufpreis

Der Kaufpreis soll der vom Verkäufer genannte Preis sein, oder, wo dies nicht im einzelnen geschehen ist, der in den aktuellen Preislisten des Verkäufers aufgestellte Preis, wie er zum Zeitpunkt der Bestellung gültig ist.

Der Verkäufer behält sich das Recht vor, nach rechtzeitiger Benachrichtigung des Käufers und vor Ausführung der Auslieferung der Ware, den Warenpreis in der Weise anzuheben, wie es aufgrund der allgemeinen außerhalb der Kontrolle stehenden Preisentwicklung erforderlich (wie etwa Wechselkursschwankungen, Währungsregularien, Zolländerungen, deutlicher Anstieg von Material- oder Herstellungskosten) oder aufgrund der Änderung von Lieferanten nötig ist.

Soweit nicht anders im Angebot oder der Verkaufspreislisten angegeben oder soweit nicht anders zwischen Verkäufer und Käufer schriftlich vereinbart, sind alle vom Verkäufer genannten Preise auf der Basis „ex works" genannt. Soweit der Verkäufer bereit ist, die Ware an anderen Orten auszuliefern, hat der Käufer die Kosten für Transport, Verpackung und Versicherung zu tragen.

Preise verstehen sich exclusive Mehrwertsteuer, welche der Käufer zusätzlich an den Verkäufer zahlen muß.

4. Zahlungsbedingungen

Der Käufer hat den Kaufpreis innerhalb von 30 Tagen nach Rechnungsdatum zu entrichten.

Zahlungen sollen nur durch Banküberweisung erfolgen; Wechsel- und Scheckzahlung werden nicht als Erfüllung der Zahlungspflicht anerkannt.

Es kann zwischen den Vertragspartnern vereinbart sein, daß der Käufer über seine Bank (oder eine für den Verkäufer akzeptable [andere] Bank) ein Dokumentenakkreditiv zu eröffnen hat. In diesem Einzelfall ist festgelegt, daß die Akkreditiveröffnung in Übereinstimmung mit den Allgemeinen Richtlinien und Gebräuchen für Dokumentenakkreditive, Revision 1993, ICC-Publikation Nr. 500, vorgenommen wird.

Falls der Käufer seiner Zahlungspflicht am Fälligkeitstag nicht nachkommt, darf der Verkäufer – ohne Aufgabe etwaiger weiterer ihm zustehender Rechte und Ansprüche – nach seiner Wahl:
– den Vertrag kündigen oder weitere Lieferungen an den Käufer aussetzen; oder
– den Käufer mit Zinsen auf den nichtbezahlten Betrag belasten, die sich auf 7% p.a. über dem jeweiligen Bezugszinssatz der Europäischen Zentralbank belaufen, bis endgültig und vollständig gezahlt worden ist. Der Käufer ist berechtigt, nachzuweisen, daß als Folge des Zahlungsverzugs kein oder nur ein geringer Schaden entstanden ist.

5. Warenlieferung

Die Warenlieferung soll in der Weise erfolgen, daß der Käufer die Ware an den Geschäftsräumen des Verkäufers zu jeder Zeit entgegennimmt, sobald der Verkäufer den Käufer benachrichtigt hat, daß die Ware zur Abholung bereitsteht, oder, soweit ein anderer Lieferort mit dem Verkäufer vereinbart wurde, durch Anlieferung der Ware an diesem Ort.

Soweit es um die Lieferung von Massengütern geht, darf der Verkäufer bis zu 3% mehr oder weniger der Warenmenge anliefern, ohne seinen Kaufpreis angleichen zu müssen, und es ist vereinbart, daß die derart gelieferte Warenmenge als vertragsgerecht angesehen wird.

Soweit ein konkreter Lieferzeitpunkt im Vertrag vereinbart wurde, und soweit der Verkäufer weder innerhalb der vereinbarten (oder verlängerten) Lieferzeit liefert, darf der Käufer nach vorheriger schriftlicher Ankündigung einen Preisnachlaß von 3% pro Woche vom Kaufpreis geltend machen, es sei denn, daß aus den Umständen des Falles erkennbar ist, daß der Käufer keinen Nachteil erlitten hat. Die Begrenzung gilt nicht, wenn ein kaufmännisches Fixgeschäft vereinbart wurde, wenn der Verzug auf Vorsatz oder grober Fahrlässigkeit des Lieferanten, seiner Vertreter oder Erfüllungsgehilfen beruhte oder wenn irgendeine weitere wesentliche Vertragspflicht auf Seiten des Lieferanten verletzt wurde.

Falls der Verkäufer nicht rechtzeitig liefert, muß der Käufer dem Verkäufer schriftlich eine Nachfrist setzen, nach deren Ablauf er den Vertrag kündigen darf. Schadensersatz wegen Nichterfüllung darf der Käufer nur dann geltend machen, wenn der Lieferverzug auf Vorsatz oder grober Fahrlässigkeit beruhte oder wenn seitens des Verkäufers durch (einfaches) Verschulden eine wesentliche Vertragspflicht verletzt wurde.

Wenn der Käufer sich am Fälligkeitstag im Annahmeverzug befindet, muß er dennoch den Kaufpreis zahlen. Der Verkäufer wird in diesen Fällen die Einlagerung auf Risiko und Kosten des Käufers vornehmen. Auf Wunsch des Käufers wird der Verkäufer die Waren auf Kosten des Käufers versichern.

6. Gefahrübergang

Das Risiko der Beschädigung oder des Verlusts der Ware soll auf den Käufer wie folgt übergehen:
– soweit die Ware nicht an den Geschäftsräumen des Verkäufers ausgeliefert wird, im Zeitpunkt der Übergabe oder, wenn der Käufer sich im Annahmeverzug befindet, in dem Zeitpunkt, in dem der Verkäufer die Übergabe anbietet.
– soweit die Ware an den Geschäftsräumen des Verkäufers ausgelieft werden („ex works", Incoterms 2000) in dem Zeitpunkt, in dem der Verkäufer den Käufer darüber informiert, daß die Ware zur Abholung bereitsteht.

7. Eigentumsvorbehalt

Ungeachtet der Lieferung und des Gefahrübergangs oder anderer Bestimmungen dieser Lieferbedingungen, soll das Eigentum an den Waren nicht auf den Käufer übergehen, solange nicht der gesamte Kaufpreis gezahlt worden ist.

Der Verkäufer hat das Recht, die Ware zurückzufordern, anderweitig zu veräußern oder sonstwie darüber zu verfügen, solange der Kaufpreis nicht vollständig bezahlt ist.

Solange die Ware nicht vollständig bezahlt ist, muß der Käufer die Ware treuhänderisch für den Verkäufer halten und die Ware getrannt von seinem Eigentum und dem Dritter aufbewahren sowie das Vorbehaltsgut ordnungsgemäß lagern, sichern und versichern sowie als Eigentum des Verkäufers kennzeichnen.

Bis zur vollständigen Bezahlung darf der Käufer die Ware im gewöhnlichen Geschäftsbetrieb nutzen oder weiterveräußern, doch muß er jegliches Entgelt (einschließlich etwaiger Versicherungszahlungen) für den Verkäufer halten und die Gelder getrennt von seinem Vermögen und demjenigen Dritter halten.

Sind die Waren weiterverarbeitet und ist die Weiterverarbeitung auch mit Teilen, an denen der Vorbehaltsverkäufer kein Eigentum hat, erfolgt, so erwirbt der Vorbehaltsverkäufer entsprechendes Teileigentum. Dasselbe soll gelten für den Fall der Vermischung von Gütern des Verkäufers mit denjenigen anderer.

Bei Pfändungen oder sonstigen Eingriffen Dritter hat der Käufer den Verkäufer unverzüglich zu benachrichtigen, damit der Verkäufer Klage gemäß § 771 ZPO erheben kann. Soweit der Käufer dieser Aufgabe nicht nachkommt, haftet er für den entstandenen Schaden.

Der Verkäufer verpflichtet sich, die ihm zustehenden Sicherheiten auf Verlangen des Käufers insoweit freizugeben, als der realisierbare Wert der Sicherheiten die dem Verkäufer zustehenden Forderungen übersteigt. Die Auswahl der freizugebenden Sicherheiten trifft der Verkäufer.

8. Gewährleistung und Haftungsausschluß

Der Käufer muß die Ware im Sinne der §§ 377 und 378 BGB untersuchen und etwaige Rügen erheben.

Der Verkäufer sichert zu, daß die gelieferte Ware frei von Material- und Verarbeitungsfehlern ist, Spezifikationen einhält und, bei vom Käufer vorgegebenen Design, keine Designfehler enthält und den Wünschen des Käufers entspricht.

Der Verkäufer übernimmt keine Verantwortung dafür, daß die Ware für einen bestimmten Zweck geeignet ist, es sei denn, er hat dieser Haftung ausdrücklich zugestimmt.

Die Haftung des Verkäufers wird unter folgenden Bedingungen übernommen:
- für Defekte der Ware, die auf eine Warenbeschreibung oder Spezifikation des Käufers zurückgeht, übernimmt der Verkäufer keine Verantwortung;
- der Verkäufer übernimmt keine Verantwortung für die Fehlerhaftigkeit der Ware, wenn der fällige Kaufpreis bis zum Fälligkeitstag nicht bezahlt worden ist;
- die Verantwortung des Verkäufers erstreckt sich nicht auf Teile, Material oder sonstige Ausrüstungsgegenstände, die vom Käufer oder in dessen Auftrag hergestellt wurden, es sei denn, der Hersteller dieser Teile übernimmt dem Verkäufer gegenüber die Verantwortung.

Diese Gewährleistung erfaßt keine Produktfehler, die aufgrund fehlerhafter Installation oder Nutzung, Fehlgebrauch, Fahrlässigkeit oder anderen Gründen entstehen.

Eine Haftungsfreizeichnung des Verkäufers gilt nicht, wenn eine Mängelursache auf Vorsatz oder grobe Fahrlässigkeit zurückzuführen ist oder wenn sonstige wesentliche Vertragspflichten verletzt sind.

Die Gewährleistungspflicht beträgt sechs Monate, gerechnet ab Gefahrübergang.

Der Käufer darf Ersatzgüter verlangen, oder die Reparatur oder einen Preisnachlaß, wenn dies im konkreten Einzelvertrag entsprechend festgelegt ist.

Soweit ein vom Verkäufer zu vertretender Mangel der Kaufsache vorliegt und dem Verkäufer mitgeteilt wird, ist der Verkäufer zur kostenfreien Ersatzlieferung oder Mangelbeseitigung berechtigt. Ist der Verkäufer zu Mangelbeseitigung oder Ersatzlieferung nicht bereit oder in der Lage, ist der Käufer nach seiner Wahl berechtigt, die Wandlung (Rückgängigmachung des Vertrages) oder eine Minderung (Herabsetzung des Kaufpreises) zu verlangen.

9. Weitere Bestimmungen

Der Verkäufer ist berechtigt, die Ware zu verändern und zu verbessern, ohne den Käufer hiervon vorher informieren zu müssen, soweit Veränderung oder Verbesserung weder Form noch Funktion der Ware nachhaltig belasten oder verschlechtern.

Diese Bedingungen ersetzen alle anderen Vereinbarungen, die die Vertragspartner vorher schriftlich oder mündlich getroffen haben und die mit Unterzeichnung dieser Bedingungen unwirksam werden.

Diese Bedingungen sollen ohne schriftliche Zustimmung der anderen Vertragsparteien keinem Dritten zugänglich gemacht werden.

Jede Vertragspartei kommt für die Kosten der Durchführung dieser Vereinbarung selbst auf.

3. Standard Terms and Conditions for the Sale of Goods (Allg. Lieferbed.)

10. Rechtswahl; Gerichtsstand

Diese Vereinbarung unterliegt deutschem Recht und beide Parteien erklären sich mit der ausschließlichen Zuständigkeit des Gerichtsstands am Geschäftssitz des Verkäufers einverstanden.

Der Verkäufer hat das Recht, auch am für den Käufer zuständigen Gericht zu klagen oder an jedem anderen Gericht, das nach nationalem oder internationalem Recht zuständig sein kann.

......

Ort, Datum, Unterschriften

Schrifttum: Bartsch, Der Begriff des „Stellens" Allgemeiner Geschäftsbedingungen, NJW 1986, 28; *Bartsch,* Zu Preissteigerungsklauseln in AGB, insbesondere zur Tagespreisklausel, DB 1983, 214; *Baur,* Preisänderungsklauseln, Vertragsanpassungsklauseln und Höhere-Gewalt-Klauseln in langfristigen Lieferverträgen, ZIP 1985, 905; *Graf von Bernstorff,* Vertragsgestaltung im Auslandsgeschäft, 4. Aufl. 1997; *Graf von Bernstorff,* Rechtsprobleme im Auslandsgeschäft, 4. Aufl. 2000; *Graf von Bernstorff,* Lieferverträge im Außenhandel, 1992; *Coester-Waltjen,* Die Inhaltskontrolle von Verträgen außerhalb des AGB-Gesetzes, AcP 190 (1990), 1; *Drobnig,* AGB im internationalen Handelsverkehr, FS für Mann (1977); *Eckert/Nebel,* Abwehrklauseln in Einkaufsbedingungen, verlängerter Eigentumsvorbehalt und Globalzession, WM 1988, 1545; *Eckert,* Das neue Recht der Allgemeinen Geschäftsbedingungen, ZIP 1996, 1238; *Freund,* Die Änderung Allgemeiner Geschäftsbedingungen in bestehenden Verträgen, 1998; *Grasmann,* Das Zusammentreffen unterschiedlicher Einkaufs- und Verkaufsbedingungen, DB 1971, 561; *Heinrichs,* Die Entwicklung des Rechts der Allgemeinen Geschäftsbedingungen im Jahre 1997, NJW 1997, 1407f.; ders., für 1997 in NJW 1998, 1447; ders., Das Gesetz zur Änderung des AGB-Gesetzes, NJW 1996, 2190; *Hensen,* Zur Einbeziehung von AGB in den Vertrag, ZIP 1984, 145; *Hübner,* Allgemeine Geschäftsbedingungen und Internationales Privatrecht, NJW 1980, 2601; *Jayme,* Allgemeine Geschäftsbedingungen und internationales Privatrecht, ZHR 142 (1978), 105; *Landfermann,* AGB-Gesetz und Auslandsgeschäfte, RIW 1977, 455; *Lübke-Detring,* Preisklauseln in Allgemeinen Geschäftsbedingungen, 1989; *Otto,* Allgemeine Geschäftsbedingungen und Internationales Privatrecht, 1984; *Piltz,* Internationales Kaufrecht, 1993; *Reh,* Einbeziehung und Inhaltskontrolle Allgemeiner Geschäftsbedingungen im kaufmännischen Verkehr, 1990; *Sonnenberger,* Europarecht und Internationales Privatrecht, ZvglRWiss 1996, 3; ders., Die Umsetzung kollissionsrechtlicher Regelungsgebote in EG-Richtlinien, ZEuP 1996, 382; *Tengelmann,* Widerstreit der Einkaufs- und Verkaufsbedingungen, DB 1968, 205; *Thamm/Hesse,* Einkaufsbedingungen und AGB-Gesetz, BB 1979, 1583; *Graf von Westphalen,* Allgemeine Einkaufsbedingungen, 2. Aufl. 1997; *Graf von Westphalen,* Allgemeine Verkaufsbedingungen, 3. Aufl. 1999; *Graf von Westphalen,* Vertragsrecht und AGB-Klauselwerke, 8. Aufl. 2000 (Loseblatt); *Wiedemann,* Preisänderungsvorbehalte, 1991; *Wolf,* Preisanpassungsklauseln in Allgemeinen Geschäftsbedingungen unter Kaufleuten, ZIP 1987, 341; *Wolf/Horn/Lindacher,* AGB-Gesetz, Kommentar, 4. Aufl. 1999.

Übersicht

	Seite
1. Allgemeine Verkaufsbedingungen	492
2. Wahl des Formulars	493
3. Qualifikation als AGB-Klauseln	494
4. Einbeziehung der Allgemeinen Lieferbedingungen	494
5. Kollision von Bedingungen	496
6. Schriftform	496
7. Ausschluß von Bedingungen des Käufers	497

IV. 3

	Seite
8. Vorformulierung für eine Vielzahl von Verträgen	497
9. Abänderung	498
10. Geltungsbereich	498
11. Angebot und Spezifizierung	498
12. Genauigkeit einer Bestellung	500
13. Bestellung und Spezifizierung	500
14. Abweichung von der Bestellung	500
15. Kaufpreis	501
16. Preisliste	501
17. Preisanpassungsklauseln	501
18. Weitere Preisbestandteile	502
19. Zahlungsbedingungen	503
20. Zahlung durch Scheck oder Wechselakzept	503
21. Dokumentäre Zahlungsklausel	504
22. Zahlungsverzug	504
23. Erfüllungsort	505
24. Änderungsvorbehalt	506
25. Lieferverzug	506
26. Rücktritt vom Vertrag; Schadensersatz	507
27. Annahmeverzug	507
28. Gefahrübergang	508
29. Ex Works	509
30. Eigentumsvorbehalt	510
31. Einfacher Eigentumsvorbehalt	511
32. Rücktritt bei Zahlungsverzug	512
33. Sorgfaltspflichten	512
34. Verlängerter Eigentumsvorbehalt	513
35. Verarbeitungsklausel	513
36. Verbindung und Vermischung	514
37. Vollstreckung in Vorbehaltseigentum	515
38. Freigabeverpflichtung	515
39. Mängelgewährleistung	515
40. Fehlerhaftung und Eigenschaftszusicherung	517
41. Haftungsfreizeichnung	518
42. Rügefrist	518
43. Ersatzlieferung	518
44. Nachbesserung	519
45. Kaufpreisminderung	520
46. Mängelbeseitigung	520
47. Änderungsvorbehalt	521
48. Aufhebungsklausel	521
49. Weitere Bestimmungen	521
50. Rechtswahl	522
51. Grundsatz der Parteiautonomie	523
52. Gerichtsstandsvereinbarung	524
53. Zuständigkeitsvorbehalt	526

Anmerkungen

1. Allgemeine Verkaufsbedingungen. Allgemeine Verkaufsbedingungen dienen den Exporteuren für eine Vielzahl künftiger Geschäfte als vorformulierte grundsätzliche Aussagen zu grenzüberschreitenden Waren-Verkaufsgeschäften. Sie lassen das Bestreben erkennen, die eigenen Rechtsstellung des AGB-Verwenders zu stärken und diejenige des ausländischen Vertragspartners, des Warenkäufers, einzuschränken. Wie die „Allgemeinen Lieferbedingungen" im Verhältnis zum Individualvertrag zwischen Exporteur und ausländischem Vertragspartner stehen, ist unerheblich. Vertragsbedingungen können außerhalb des Individualvertrages (z. B. durch gesondert ausgehändigte Schriftstücke) aber auch durch Aufnahme in die Urkunde des Individualvertrags vereinbart werden (BGHZ 93, 252, 254). Es reicht für den AGB-Charakter aus, daß – auch außerhalb der als solche bezeichneten „Allgemeinen Lieferbedingungen" – beispielsweise im Briefkopf Hinweise enthalten sind (z. B. Gerichtsstand ist in ......), solange diese Bestimmungen ihrer äußeren Aufmachung nach als Vertragsbestandteil in Betracht kommen (BGH ZIP 1987, 1185; *Horn/Lindacher/Wolf*, AGBG § 1 Rn. 18). Die Schriftart spielt keine Rolle (Druck, Kopie, Fax, auch Handschrift, BGH NJW 1998, 1066, 1068), solange eine gleichartige Verwendung in einer Vielzahl von Verträgen erfolgt.

2. Wahl des Formulars. Die Form der AGB ist unerheblich, solange nur sichergestellt ist, daß die Allgemeinen Bedingungen in einer Vielzahl von Verträgen gleichlautend wiederholt werden (BGH ZIP 1987, 1576). – Die hier vorliegenden Standard Terms and Conditions for the Sale of Goods (Export) sind aus der Sicht des deutschen AGB-Verwenders abgefaßt. Sie gehen grundsätzlich, wie auch aus der weiter unten noch beschriebene Rechtswahlklausel erkennbar wird, davon aus, daß für die internationalen Liefergeschäfte, insbesondere aber auch für die Verwendung der Allgemeinen Lieferbedingungen *deutsches* Recht zur Anwendung gelangt (soweit Hinweise auf Gesetze erfolgen, geschieht dies daher insbesondere mit Blick auf Bestimmungen des deutschen BGB, HGB oder AGBG). Sofern die Parteien nicht mit hinreichender Deutlichkeit etwas anderes vereinbaren, gilt für Exportgeschäfte im übrigen aus deutscher Sicht praktisch immer das Übereinkommen der Vereinten Nationen über Verträge über den Internationalen Warenkauf vom 11. 4. 1980 („UN-Kaufrecht"), das in Deutschland seit 1991, sowie zwischenzeitlich in weiteren 58 Staaten der Welt ratifiziert und zur Geltung gebracht wurde (BGBl. 1989 II, 585 und 1990 II 1699, BGBl 1995 II, 173). Im übrigen gilt, daß das UN-Kaufrecht nach Art. 1 Abs. 1 (b) darüber hinaus praktisch immer dann zur Anwendung gelagt, wenn die Regeln des Internationalen Privatrechts auf das (Sach-)Recht eines Vertragsstaates verweisen: berufenes innerstaatliches Recht ist das Einheitsrecht und nicht das autonome nationale Recht. Der Ausschluß der Geltung des UN-Kaufrechts kann im Sinne des Art. 6 des UN-Kaufgesetzes ausdrücklich oder stillschweigend und auch nur für bestimmte Teile des Vertrages erfolgen (*Schwenzer* NJW 1990, 602 f). Allerdings ist darauf zu achten, daß eine bloße Rechtswahl („es gilt deutsches Recht") noch keine Abwahl des UN-Kaufrechts darstellt, da dieses UN-Kaufrecht seit 1991 ebenfalls zum deutschen Recht gehört (*Magnus*, Das UN-Kaufrecht: Fragen und Probleme seiner praktischen Bewährung, ZEuP 1997, 823). Allerdings ist ein stillschweigender Ausschluß des UN-Kaufrechts anzunehmen, wenn die Allgemeinen Lieferbedingungen des deutschen Exporteurs dem UN-Kaufrecht entgegenstehende Klauseln enthalten. Vom Regelungsbereich des UN-Kaufrechts ist gemäß Art. 4 Satz 2 (a) die Überprüfung der „Gültigkeit des Vertrages oder einzelner Vertragsbestimmungen", also vor allem die inhaltliche Überprüfung von Allgemeinen Geschäftsbedingungen ausgenommen (hierzu *Frense*, Grenzen formularmäßiger Freizeichnung im Einheitlichen Kaufrecht, 1992, 44 ff; *Ebenroth*, Internationale Vertragsgestaltung im Spannungsverhältnis zwischen AGBG, IPR-Gesetz und UN-Kaufrecht, öJBL 108 (1986) 681 ff). Dies ist für den Fortgang der Kommentierung des Formulars der „Allgemeinen Lieferbedingungen" von Bedeutung.

Es hat sich in der Außenhandelspraxis als absolut üblich herausgestellt, daß im Hinblick auf „Lieferbedingungen" (daneben oft auch für die Vereinbarung einer Zahlungsbedingung) die Muster der „Internationalen Handelskammer" in Paris zugrundegelegt werden, also für den Bereich der Liefervereinbarungen die „Incoterms 2000", für den Bereich der *Zahlungs*bedingungen, soweit es nicht um eine reine Zahlung („clean payment", also etwa „Zahlung bei Lieferung" (Cash on Delivery) geht, die „Einheitlichen Richtlinien und Gebräuche für Dokumenteninkassi (1996)" oder die „Einheitlichen Richtlinien und Gebräuche für Dokumentenakkreditive (1993)". Diese Regelwerke der

Internationalen Handelskammer, Paris, bedürfen zur ihrer Geltung zwischen den Vertragsparteien einer entsprechenden Vereinbarung. Auf diese Vertragsinhalte wird am gegebenen Platz noch näher eingegangen.

Die Sprache des Formulars darf nicht darüber hinwegtäuschen, daß das geltende Recht und die im grundlegenden Vertrag verwandte Sprache differieren können. Allerdings gilt im internationalen Handelsverkehr für die verwendete Sprache, daß der Erklärungsgegner nur die in dem speziellen Handel – zwischen den Parteien oder allgemein – üblichen Sprachen verstehen muß; eine in einer anderen Sprache abgefaßte Erklärung ist deshalb wirkungslos, sofern nicht der Empfänger durch seine Reaktion zeigt, daß er sie verstanden hat (*Enderlein/Maskow/Stargardt*, Konvention der Vereinten Nationen über Verträge über den internationalen Warenkauf, Kommentar, 1985, Art. 8, Rdnr. 3.2.). Da die im Außenhandel übliche Vertragssprache in den weit überwiegenden Fällen die englische Sprache ist, ist es aus Sicht des deutschen AGB-Verwenders unschädlich, auf diese Gegebenheiten einzugehen und nicht nur den individuellen Liefervertrag, sondern auch die zugrundeliegenden Allgemeinen Lieferbedingungen in der weltweit gängigen Vertragssprache auszustellen.

3. Qualifikation als AGB-Klauseln. Da die Allgemeinen Lieferbedingungen aus der Sicht des deutschen Rechts interpretiert sein sollen, müssen sie als „AGB-Klauseln" im Sinne des § 1 Abs. 1 AGBG erscheinen. Sie sind Vertragsbedingungen, weil mit ihnen alle Regelungen erfaßt werden, die Inhalt des zwischen dem deutschen Lieferanten und dem ausländischen Warenabnehmer zu schließenden Rechtsgeschäfts sind. Sie entfalten rechtliche Wirkungen, haben aber nicht zwingend unmittelbare Rechte und Pflichten der Parteien zum Inhalt (*Wolf/Horn/Lindacher*, AGBG, § 1 Rdnr. 6). Sie sind „vorformuliert" im Sinne des § 1 Abs. 1 AGBG, da sie (wie aus der Präambel, Absatz 3 hervorgeht) vor Abschluß der Einzelverträge aufgestellt wurden, um für zukünftige Verträge Anwendung zu finden. Nach § 1 Abs. 1 Satz 2 AGBG ist es gleichgültig, ob sie als AGB-Klauseln nur einen gesonderten Bestandteil der Verträge bilden oder ob sie in die Vertragsurkunde selbst aufgenommen sind. Außerdem sind die Allgemeinen Lieferbedingungen grundsätzlich für die Zukunft Vertragsgrundlage, also keine „einzeln ausgehandelte" Vertragsbedingungen im Sinne des § 1 Abs. 2 AGBG.

4. Einbeziehung der Allgemeinen Lieferbedingungen. Ob die Vertragsparteien „Allgemeine Lieferbedingungen" als wirksame Vertragsgrundlage haben, beurteilt sich nach Art. 8 Abs. 1 und 2 des UN-Kaufgesetzes, soweit die Geltung des UN-Kaufrechts nicht abbedungen wurde (*Herber/Czerwenka*, Internationales Kaufrecht, Rdnr. 15 vor Art 14). Dann kann Art. 7 Abs. 1 des UN-Kaufgesetzes, insbesondere bei überraschenden Klauseln, zur Versagung der Wirksamkeit der Allgemeinen Lieferbedingungen führen.

Das geringere Schutzbedürfnis und die unterschiedlichen Bedürfnisse des Geschäftsverkehrs sind der Grund für die Ausnahme, § 2 AGBG nicht für gewerblich oder selbständig tätige Unternehmer zur Anwendung zu bringen. Kaufmann im deutschrechtlichen Sinne ist, wer ein Handelsgewerbe betreibt, während es im Auslandsrecht diesen „Kaufmanns"-Begriff nicht gibt. Aus Sicht des englischen Rechts beispielsweise, das weltweit die größte Verbreitung gefunden hat, wären die Vorschriften der § 24 Ziff 1 und § 2 AGBG nicht nachvollziehbar, da man dort weder ein „Handelsgeschäft" im Sinne des § 343 HGB, noch einen „Kaufmann" im Sinne des HGB kennt; stattdessen unterfällt dieser gesamte Bereich dem allgemeinen Vertragsrecht.

Auch wenn § 2 AGBG nicht zur Anwendung gelangt, müssen die Allgemeinen Lieferbedingungen wirksam „einbezogen" werden. Die Einbeziehung der Allgemeinen Lieferbedingungen ist Bestandteil des allgemeinen Vertragsschlusses nach den §§ 145 ff BGB und setzt deshalb eine darauf gerichtete ausdrückliche oder stillschweigende Vereinbarung voraus (*Wolf/Horn/Lindacher*, § 2, Rdnr. 61; BGH NJW 1995, 1671, 1672).

Dabei muß der Wille des Lieferanten zur Einbeziehung erkennbar sein, was aufgrund der laufenden Geschäftsbeziehung, wegen der Branchenüblichkeit (z. B. anerkannt für

3. Standard Terms and Conditions for the Sale of Goods (Allg. Lieferbed.)

die ADSp bei Transport- und Speditionsgeschäften im Inlandsgeschäft, nicht jedoch im grenzüberschreitenden Geschäft; hier bedarf es eines ausdrücklichen Hinweises, BGH NJW 1986, 1434 und NJW 1976, 2075) oder aufgrund sonstiger Umstände konkludent erkennbar sein kann. Im internationalen Geschäftsverkehr dürfte jedoch gerade der „konkludent erkennbare Wille" angesichts unterschiedlicher Mentalitäten usw. problematisch sein, so daß es sich empfiehlt, grundsätzlich einen klaren und eindeutigen Hinweis auf die Geltung der Allgemeinen Lieferbedingungen aufzunehmen.

Problematisch ist die Methodik des sogenannten „unternehmerischen Bestätigungsschreibens". Inwieweit Schweigen auf ein AGB-Geltung reklamierendes unternehmerisches Bestätigungsschreiben als Zustimmung zu werten ist, beurteilt sich nach Einheitsrecht und nicht nach kraft IPR-Regeln berufenem nationalen Recht (*Horn/Lindacher, Wolf*, AGB-Gesetz, Anh § 2, Rdnr. 50; aA *Huber* RabelsZ 43 (1979, 448, 450), allerdings nur, soweit die Geltung des UN-Kaufgesetzes nicht abbedungen wurde. Es reicht dann aus, daß ein entsprechender verhaltensinterpretierender Handelsbrauch am Sitz beider Parteien gilt (*Horn/Lindacher/Wolf* aaO; *Herber/Czerwenka*, Int. Kaufrecht, Rdnr. 18 vor Art 14). Dies ist jedoch, wie nachfolgend noch dargestellt wird, in fast allen Rechtsordnungen nicht der Fall, so daß in der Regel ein Schweigen auf ein „unternehmerisches Bestätigungsschreiben" nicht ausreichend für eine wirksame „Einbeziehung" der Allgemeinen Lieferbedingungen sein kann. – Das deutsche Recht kennt die Möglichkeit, daß im unternehmerischen Geschäftsverkehr der Verwender der AGB dem Vertragspartner ein „Bestätigungsschreiben" schickt, in welchem er auf die Geltung seiner AGB hinweist und der Vertragspartner dieses Schreiben ohne Einwand hinnimmt. Die Besonderheit besteht darin, daß hier dem „Schweigen" ein positiver Charakter einer Annahmeerklärung zukommt (anders als bei der „modifizierten Auftragsbestätigung", wo Schweigen als Ablehnung gewertet wird, BGHZ 61, 282, 285; BGH JZ 1977, 602 f.). Vorausgesetzt wird im deutschen Recht, daß der Absender des unternehmerischen Bestätigungsschreibens im guten Glauben gehandelt hat und deshalb mit dem Einverständnis des Empfängers rechnen durfte (st. Rspr. des BGH sei BGH NJW 1965, 965; zur bewußt unrichtigen Bestätigung, die keine Rechtswirkung entfaltet, BGH ZIP 1987, 584, 586). Will der Empfänger des unternehmerischen Bestätigungsschreibens verhindern, daß dieses Rechtswirkung entfalten kann, so muß er dem Inhalt unverzüglich widersprechen (BGHZ 11, 1, 3 f). Das Instrument des „unternehmerischen Bestätigungsschreibens" ist außerhalb des deutschen Rechtskreises (dem u. a. Österreich und die Schweiz zugerechnet werden, *Graf von Bernstorff*, Vertragsgestaltung aaO, S. 15, 78 und 195, obgleich auch in Österreich der Anerkennung dieses Prinzips widersprochen wird, *Bydlinski*, in Doralt, Uncitral-Kaufrecht, S. 78 ff), unbekannt. Der englische Rechtskreis folgt dem Grundsatz, daß „Schweigen" auf eine Erklärung stets als Ablehnung zu werten sei. Ferner gilt der Grundsatz, daß für bestimmte Leistungsversprechen stets eine Gegenleistung zu erbringen sei (*Graf von Bernstorff*, Einführung in das englische Recht, München 2000, § 3 III 2), so daß das bloße Schweigen des Vertragspartners nicht ausreichen kann. Weitere Staaten, die dem *französischen Rechtskreis* zugerechnet werden (z. B. sieben der EU-Staaten, alle lateinamerikanischen Staaten, französische Kolonien etc., *Graf von Bernstorff*, Vertragsgestaltung aaO S. 3 f.), kennen das Prinzip, daß die nach Abschluß eines mündlichen Vertrages übersandten Bestätigungsschreiben und etwa darin enthaltene AGB unter Kaufleuten wirksam in den Vertrag einbezogen werden können. Nur wenn der Empfänger des Bestätigungsschreibens ausdrücklich der Geltung der AGB widerspricht, entfällt eine Bindung an die AGB (so ausdrücklich für das Recht in Frankreich die dortige Rspr. in Cass. civ. 6. 7. 1966, Bull.Civ. II Nr. 737; *Barfuss*, die Einbeziehung von AGB in den Vertrag nach französischem Recht, RIW 1975, 319 ff). Dies gilt jedoch nur eingeschränkt, da das französische Recht jeweils zwischen „interpretierenden" und „vertragsändernden" Bedingungen unterscheidet (lettres interprétatives/lettres modificatives) und ein „Schweigen als Zustimmung (silence circonstancié) nur bei interpretierenden AGB akzeptiert. Im Ergebnis sollte daher aus Sicht des deutschen Lieferanten und AGB-Verwenders vermieden werden, Allgemeine Lieferbedingungen mittels „unternehmerischen Bestätigungsschreibens" zur Vertragsgrundlage zu machen; stattdessen sollte auf eine Gegenbestätigung und Anerkennung durch den ausländischen Vertragspartner gedrungen werden.

5. Kollision von Bedingungen. In dem Vertragsmuster wird davon ausgegangen, daß es zu einer gegenseitigen Verwendung von Allgemeinen Geschäftsbedingungen kommen kann, d. h., daß sowohl der Lieferant seine „Allgemeine Lieferbedingungen", als auch der Abnehmer „Allgemeine Einkaufsbedingungen" zur Anwendung bringen wollen, und daß der Exporteur dies mit dem Hinweis auf die ausschließliche Geltung seiner eigenen AGB ausschließen will. Das „Internationale Kaufrecht" hat dieses Problem der *„battle of forms"* nicht geregelt (trotz belgischen Antrags, A/CONF. 97/C.1/L. 87, O. R. S. 96 und S. 288 f, 87 ff; hierzu auch *Herber/Czerwenka*, Internationales Kaufgesetz, Rdnr. 15 vor Art. 14), da sich dies als allgemeines Problem des Vertragsschlusses darstelle. Insoweit kommt es dann auf die nationalen Regelungen an. – Bezieht sich der Lieferant auf die Geltung seiner Lieferbedingungen, während auch der Warenabnehmer auf die Geltung seiner eigenen AGB verweist, so liegt darin nach § 150 Abs. 2 BGB eine Ablehnung, die mit einem neuen Antrag verbunden ist. Der Vertrag ist allerdings nach §§ 150 Abs. 2 und 151 BGB mit den zuletzt in Bezug genommenen AGB zustandegekommen, wenn der erste AGB-Verwender den Vertrag ohne Widerspruch auf die ihm zugegangenen widersprechenden AGB abwickelt (Prinzip des letzten Wortes, BGHZ 61, 282, 287; *Wolf/Horn/Lindacher*, § 2 Rdnr. 74). Widerspricht der Lieferant dagegen ausdrücklich oder konkludent den AGB und wird der Vertrag dennoch abgewickelt, insbesondere die Ware geliefert, so ist entgegen § 154 Abs. 1 BGB der Vertrag ohne Einigung über die AGB, jedoch mit Geltung der kongruenten AGB zustandegekommen.

Verweist der Lieferant nur auf die Geltung seiner AGB („*Geltungsklausel*"), so ist diese Formulierung eindeutig schwächer als die hier im Vertragsmuster verwendete „*Ausschließlichkeits*klausel", mit der der Lieferant deutlich macht, daß weder für die Einbeziehung noch für die Geltung entgegenstehender Bedingungen des Warenabnehmers Raum sein kann. Sollen entgegenstehende AGB des Vertragspartners abgewehrt werden („*Abwehrklausel*"), dann stellt sich dies als vorweggenommener Widerspruch mit denselben Folgen wie beim Widerspruch des Lieferanten dar (BGH NJW 1991, 1604, 1606)., d. h., es gelten die beiderseits gestellten AGB nur soweit, wie sie übereinstimmen.

Auch aus auslandsrechtlicher Sicht ist es wichtig, eine klare Einbeziehung von AGB zu erreichen, ohne daß sich das Problem des Widerspruchs stellt. Das englische Recht geht (innerhalb dieses Rechtskreises) nämlich vom Prinzip des „last shot" aus, läßt also stets diejenigen AGB der Vertragspartpartei gelten, die zuletzt kundgetan wurden, unter der Voraussetzung, daß nicht weiter widersprochen wurde (*Graf von Bernstorff*, Vertragsgestaltung im Auslandsgeschäft aaO, S. 195 f. mwN auf die englische Rechtsprechung und den Präzendezfall in Transmotors Ltd. v. Robertson, Buckley & Co. Ltd. (1970) 1 Lloyd's Rep. 224). Im französischen Rechtskreis gilt das Prinzip, daß widersprechende AGB sich gegenseitig aufheben (Cass.Civ. 16. 11. 1961 AWD 1962, 112; *Barfuß* RIW 1975, 325 f). Hier ist also zwischen den Vertragspartnern aufgrund dieser Gegebenheiten von vornherein ein Unverständnis für die jeweils andersartige Regelung vorprogrammiert. Im Ergebnis bleibt daher festzuhalten, daß es bei Verwendung von Ausschließlichkeitsklauseln, wie hier im Vertragsmuster geschehen, darauf ankommt, bei Stellung von anderslautenden AGB seitens des Vertragspartners zu widersprechen bzw. sich auf einen für beide Seiten akzeptablen Wortlaut zu einigen um sicherzustellen, daß zukünftige internationale Liefergeschäfte eine gesicherte vertragliche Grundlage haben.

6. Schriftform. Schriftformklauseln sind für AGB- Formulierungen typisch und besagen häufig, daß Nebenabreden, Zusicherungen, Vertragsänderungen, Änderungen der AGB usw. grundsätzlich schriftlich niederzulegen sind. Das Vertragsmuster enthält eine

„einfache" Schriftformklausel, die allein dem Zweck der Klarstellung und Beweiserleichterung dient und deutlich macht, daß Vertragsänderungen grundsätzlich nur wirksam sein sollen, wenn sie schriftlich vereinbart wurden. Nach § 125 Satz 2 BGB ist die vereinbarte Schriftform im Zweifel als Wirksamkeitsvoraussetzung für das Rechtsgeschäft anzusehen. Da die vereinbarte Schriftform aber nachträglich und für einzelne Vereinbarungen wieder außer Kraft gesetzt werden kann, sind formlose Vereinbarungen nach allgemeinen Rechtsgrundsätzen trotz der gesetzlichen Bestimmungen wirksam, wenn nachgewiesen wird, daß sie nicht als unverbindliche Meinungsäußerung gedacht, sondern als rechtsverbindliche Erklärung zu verstehen waren (BGH BB 1981, 266; *Horn/Lindacher/Wolf,* § 9, Rdnr. S 32). Hinzukommt, daß formlose Zusatz- und Nebenabreden als „Individualabreden" qualifiziert werden und deshalb nach § 4 AGBG Vorrang vor der Schriftformklausel haben. § 4 kann durch Schriftformklauseln in AGB nicht abbedungen oder eingeschränkt werden, BGH NJW 1983, 1853; auch die Grundsätze des unternehmerischen Bestätigungsschreibens können durch eine Schriftformklausel nicht außer Kraft gesetzt werden, BGH NJW 1995, 179. Die Vertragspartner können ihre Autonomie zur formlosen Vereinbarung nicht endgültig bindend aufheben, so daß eine Schriftformklausel nach § 9 Abs. 2 AGBG als unwirksam zu qualifizieren ist, wenn sie bewirkt, daß der Vorrang der Individualabrede unterlaufen wird (*Horn/Lindacher/Wolf* aaO; der Vorrang der Schriftformklausel gilt nur, wenn auch das Gesetz die Schriftform vorschreibt, BGH NJW 1993, 64 f und BGH NJW 1991, 2135 f). Allerdings ist die Wirksamkeit der Schriftformklausel nach herrschender Ansicht dann gegeben, wenn ein beiderseits berechtigtes Interesse anzunehmen ist, wenn also vor allem das berechtigte Interesse beider Parteien darin besteht, Unklarheiten über den Inhalt der zugrundegelegten „Allgemeinen Lieferbedingungen" zu vermeiden und wenn der Beweis einer Vereinbarung erleichtert werden soll (st. Rspr. seit BGH NJW 1982, 331, 333; 1991, 1750 f).

7. **Ausschluß von Bedingungen des Käufers.** Zur Kollision von sich widersprechenden AGB ist bereits oben unter Ziff. 5 grundsätzlich Stellung genommen worden. Dabei ging es darum, daß bei erstem Vertragsschluß sowohl der Verkäufer wie auch der Käufer ihre jeweiligen Allgemeinen Geschäftsbedingungen zugrundelegen wollen. Im hier nun anzusprechenden Teil der Formulierung des Vertragsmusters ist nochmals aufzugreifen, daß der Lieferant oft versucht, mittels AGB-Klausel deutlich zu machen, daß er anderslautende AGB seines Vertragspartners nicht akzeptiert. Zu beachten ist in diesen Fällen, daß sich widersprechende AGB nur insoweit gelten können, wie sie übereinstimmende Teile enthalten. Dagegen gibt es keine rechtswirksame Vereinbarung im Hinblick auf die AGB-Bestandteile, die zueinander in Widerspruch stehen (BGH NJW 1991, 1606; *Palandt/Heinrichs,* AGBG, § 2 Rdnr. 27). Hinsichtlich der Punkte, über die regelmäßig im Einzelvertrag Einigkeit besteht (wie etwa Kaufgegenstand, Kaufpreis, Lieferzeit und -ort usw), dürfte dies unproblematisch sein. Im Hinblick auf typische AGB-Regelungen aber (wie etwa Eigentumsvorbehalt, Lieferbedingung, Rechtswahlklausel usw) ist dieses Ergebnis für den Steller „Allgemeiner Lieferbedingungen" sehr problematisch. Der Wert einer Klausel wie im hier vorgelegten Formularvertrag ist daher als gering anzusehen, solange der deutsche Exporteur nicht darauf achtet, eine klare vertragliche (Individual-) Vereinbarung mit dem ausländischen Vertragspartner darüber zu erzielen, daß die „Allgemeinen Lieferbedingungen" gelten.

8. **Vorformulierung für eine Vielzahl von Verträgen.** Vertragsbedingungen gelten nur dann als „vorformuliert" im Sinne des § 1 AGBG, wenn sie vor Vertragsabschluß fertig aufgestellt und nicht erst bei Vertragsschluß ausgehandelt werden. Für Außenhändler bedeutet dies, daß sie ihre „Allgemeinen Lieferbedingungen" bereits fertig vorbereitet haben müssen, wenn sie damit beginnen, Individualverträge mit ausländischen Abnehmern abzuschließen. Die Vorformulierung muß für eine Vielzahl von Verträgen oder Rechtsgeschäften erfolgen. Dieses Erfordernis ist erfüllt, wenn die Klauseln in verschie-

denen Verträgen mit anderen Klauseln in unterschiedlicher Kombination, aber inhaltsgleich verwendet werden, etwa in einem System von Textbausteinen (OLG Frankfurt NJW 1991, 1489 f; *Horn/Lindacher/Wolf*, AGBG § 1 Rdnr. 13). Dabei genügt die *Absicht*, sie für eine Vielzahl von Verträgen verwenden zu wollen (*Horn/Lindacher/Wolf* aaO; aA *Löwe/Trinkner/Graf v. Westphalen*, AGBG, § 1 Rdnr. 8), was regelmäßig der Fall ist, wenn der deutsche Exporteur seine Standardbedingungen grundsätzlich allen künftigen Außenhandelsgeschäften zugrundelegen will. Fehlt die Absicht der Mehrfachverwendung, handelt es sich nicht um AGB, BGH ZIP 1987, 1439. Sie werden jedoch für künftige Verträge zu AGB, sobald die Absicht der Mehrfachverwendung vorliegt, BGH NJW 1997, 135. Eine beabsichtigte, unbestimmte Vielzahl von Verwendungen genügt, BGH NJW 1998, 2600.

9. Abänderung. Bei der hier dargestellten Klausel handelt es sich nicht um einen „Änderungsvorbehalt" im Sinne des § 10 Ziff. 4 AGBG, sondern um die Möglichkeit, redaktionelle Versehen auszubessern. Schreibfehler oder offensichtliche Flüchtigkeitsfehler in Erklärungen, Katologen, Listen usw. sollen ohne Haftung der Lieferanten ausgebessert werden dürfen. Es geht also nicht um einen nach § 119 BGB beachtlichen Irrtum, der für unbeachtlich erklärt werden soll, und auch nicht darum, daß der Verwender sich bei Kalkulations- und Preisirrtümern ein nach dem BGB nicht gegebenes Anfechtungsrecht vorbehält.

10. Geltungsbereich. Diese Klausel macht deutlich, daß die „Allgemeinen Verkaufsbedingungen" eindeutig nur gegenüber einem Unternehmer in Ausübung seiner gewerblichen Tätigkeit geltend sollen. Nach § 24 AGBG finden die Bestimmungen der §§ 2, 10 und 11 AGBG keine Anwendung auf AGB, die gegenüber einem Unternehmer ... verwendet werden". Im internationalen Handel ist in der Regel diesem Umstand Rechnung getragen, da der Kaufvertragspartner eines deutschen Lieferanten üblicherweise ein Unternehmer ist. Soweit im Ausnahmefall allerdings neben kaufmännischen Vertragspartnern auch private Abnehmer in Frage kommen, müssen die Allgemeinen Lieferbedingungen des Verwenders an den strengeren Maßstäben der §§ 2 sowie 10 bis 11 AGBG ausgerichtet werden. Einfacher dürfte es für den deutschen Exporteur daher sein, für den Bereich der privaten Abnehmer eigenständige AGB zu verwenden, die dem Schutzgedanken insbesondere der §§ 10 und 11 AGBG Rechnung tragen. Die Vertragsklausel im Mustervertrag geht hier davon aus, daß die Allgemeinen Lieferbedingungen nur gegenüber Handelstreibenden verwendet wird.

11. Angebot und Spezifizierung. Nach dem Formular der „Allgemeinen Lieferbedingungen" ist vorgesehen, daß Auftragseingänge beim Lieferanten erst dann als verbindliche Vertragsgrundlage gesehen werden, wenn der Lieferant sie annimmt. Im kaufmännischen Verkehr ist eine Bestellung als Angebot im Sinne des § 145 BGB anzusehen. Ein solches Angebot entfaltet jedoch erst Bindungswirkung, wenn Vertragsgegenstand und Vertragsinhalt so bestimmt oder (nach §§ 133 und 157 BGB) bestimmbar sind, daß der Lieferant dieses Angebot ohne weiteres annehmen kann (vgl. *Palandt/Heinrichs*, BGB; § 145 Rn 1). Wegen der Bindungswirkung kann das Angebot nicht ohne weiteres widerrufen werden, es sei denn, die Bindungswirkung ist ausdrücklich ausgeschlossen (§ 145 BGB). Die Vertragsannahme durch den Lieferanten oder seinen Vertreter ist eine einseitige, empfangsbedürftige Willenserklärung. Die Allgemeinen Lieferbedingungen sehen eine eindeutige und schriftliche Zustimmung zum Angebot vor. Nach § 146 BGB erlischt allerdings das Angebot (die Bestellung), wenn entweder der Lieferant ablehnt oder aber eine Frist im Sinne der §§ 147 ff BGB erlischt.

Das Erfordernis einer eindeutigen und schriftlichen Zustimmung, so wie hier im Formular vorgesehen, ist aus einem weiteren Grund sinnvoll. Auch für diesen Bereich der Allgemeinen Verkaufsbedingungen ist nämlich auf das unterschiedliche Rechtsverständnis ausländischer Vertragspartner zu achten. So ist es im englischen Rechtskreis ohne weiteres möglich – anders als im deutschen Recht – ein Angebot solange frei zu widerru-

3. Standard Terms and Conditions for the Sale of Goods (Allg. Lieferbed.) IV. 3

fen, wie noch keine Annahme des Angebots erfolgt ist (*Graf von Bernstorff*, Einführung in das englische Recht, 2000, § 3 III, S. 50 mwN). Diese Regel gilt sogar für den Fall, daß der Anbietende sich für eine bestimmte Frist an sein Angebot gebunden erklärt. Der Grund für diese aus deutscher Sicht fremde Regelung liegt in der consideration-Lehre des anglo-amerikanischen Rechts, wonach eine vertragliche Verpflichtung erst dann bindend wird, wenn eine Gegenleistung (consideration) rechtswirksam versprochen wurde (*Graf von Bernstorff*, Vertragsgestaltung im Auslandsgeschäft, aaO, S. 20). Auch nach französischem Recht ist ein Vertragsangebot frei widerrufbar, solange noch keine Annahmeerklärung vorliegt, doch wird dem Widerrufenden in bestimmten Fällen eine Schadensersatzpflicht auferlegt. Die beiden die gesamte Welt beherrschenden Rechtsordnungen des englischen und französischen Rechts handhaben also auch diesen Bereich des Vertragsrechts auf unterschiedliche Weise, so daß der deutsche Verwender von Allgemeinen Lieferbedingungen im Ergebnis auf diese Grundproblematik einer unterschiedlichen Einschätzung der Rechtslage achten muß und sicherstellen sollte, daß die Einbeziehung seiner AGB auf der Basis deutschen Rechts erfolgt und eine schriftliche Zustimmung zu seinen AGB vorliegt.

Erforderlich ist es, daß die Allgemeinen Verkaufsbedingungen bei (und auch nach) Vertragsabschluß verfügbar sind, also nicht etwa bei einem früheren Vertragsabschluß verfügbar waren, ausgehändigt oder vorgelegt wurden, soweit nicht eine Rahmenvereinbarung nach § 2 Abs. 2 AGBG vorliegt oder die Verkaufsbedingungen schon ohne weiteres bekannt sein müssen (*Wolf/Horn/Lindacher*, AGBG § 2, Rn 26). Bei telefonisch geschlossenen Verträgen etwa kann dies zu Schwierigkeiten führen, falls dem Vertragspartner die Verkaufsbedingungen erst später zugehen, weil etwa Prospekte, Kataloge, Warenbeschreibungen etc. noch nicht (z. B. wegen des Umfangs) noch nicht mitgeteilt werden konnten. – Die Allgemeinen Verkaufsbedingungen müssen ferner verständlich sein. Dabei ist nicht auf die persönliche Fähigkeit des jeweiligen Kunden, sondern auf das durchschnittliche Verständnis eines Vertragspartners abzustellen. Eine Verständlichkeit von AGB fehlt etwa, wenn die AGB durch Verwendung technischer Fachausdrücke dem Durchschnittskunden den Regelungsgehalt verbergen oder verschleiern oder wenn das Klauselwerk durch vielerlei Verweisungen unübersichtlich wird. Insbesondere ist darauf zu achten, daß etwaige Bezugnahmen auf Kataloge etc. ausdrücklich und einwandfrei erfolgen.

Soweit zum Angebot technische Dokumentationen (Zeichnungen, Pläne, Entwürfe, Rechenbeispiele usw.) gehören, beurteilt sich deren Verbindlichkeit für den Vertrag nach § 145 BGB. Ein verbindliches Angebot erstreckt sich auf die gesamte Dokumentation, soweit sie einwandfrei als zum Vertrag zugehörig erkennbar ist. Nur vage Beschreibungen oder die Aussage, daß eine ähnliche Warenbeschreibung maßgeblich sein solle, scheitert an § 9 Abs. 2 Nr. 1 AGBG. Insoweit ist der hier vorgelegte Verkaufsbedingung, daß Menge, Qualität und Warenbeschreibung, wie sie in den Verkaufsunterlagen beschrieben sind, Vertragsgrundlage werden, die nötige Aufmerksamkeit beim Abschluß von Individualverträgen zu schenken.

Soweit die dem Angebot beigefügten Unterlagen, Zeichnungen oder ergänzenden Beschreibungen von großer betrieblicher Bedeutung sind und deshalb einer besonderen Geheimhaltung unterliegen sollten, muß dies gesondert vertraglich werden. Dabei reicht es nicht aus, sich auf den Schutz der §§ 17 und 18 UWG sowie des UrhRG zu stützen, da der Schutz dieser Normen möglicherweise für den konkreten Einzelfall nur unzureichend ist. Insoweit ist es von Bedeutung, ausdrücklich zu vereinbaren, daß eine Weitergabe der Unterlagen an Dritte entweder untersagt ist oder der ausdrücklichen Zustimmung durch den Vertragspartner bedarf.

Kommen Einzelgeschäfte durch ein Tätigwerden des Käufers (also durch seine Bestellung) zustande, soll entsprechendes für die Bestellunterlagen des Käufers gelten. Eine Bestellung des Käufers wird als Angebot zu qualifizieren. Hierzu ist im folgenden eine weitere Anmerkung zu machen.

12. Genauigkeit einer Bestellung. Der Besteller ist verantwortlich zu machen für die Genauigkeit seiner Bestellung, so daß der Verkäufer auf der Basis dieses Angebots seine Annahmeerklärung abgeben und die Geschäfte ausführen kann. Schließlich geht es nach dieser Verkaufsklausel zu Lasten des Bestellers, wenn die von ihm gegebene Information über ein Geschäft/über die konkrete Bestellung nicht ausreicht, um die Bestimmtheit sicherzustellen.

Für den Fall einer Bestellung des Warenabnehmers ist ein weiteres Problem zu berücksichtigen. Soweit nämlich der Besteller von sich aus ein schriftliches Angebot (die Bestellung) abgibt, enthält es regelmäßig keine Bezugnahme auf die Verkaufsbedingungen des Verkäufers. Das gilt auch dann, wenn sich in den vom Verwender ausgegebenen Preislisten, Katalogen und Prospekten ein entsprechender Hinweis befindet, da mit Rücksicht auf den Schutzzweck von § 2 Abs. 1 AGBG nicht angenommen werden kann, daß der Besteller sich die Verkaufsbedingungen des Verwenders zu eigen macht (*Wolf/Horn/Lindacher*, § 2 Rdnr. 7 und 12; LG Berlin BB 1980, 1770). Ist der Verkäufer nicht bereit, ohne seine Verkaufsbedingungen abzuschließen, so muß er seinerseits ein Angebot unter ausdrücklichem Hinweis auf seine Verkaufsbedingungen abgeben. Gleiches gilt im Fall einer Annahmeerklärung unter Einbeziehung der Verkaufsbedingungen; ein neues Angebot nach § 150 Abs. 2 BGB an Stelle der Vertragsannahme enthält sie daher nur, wenn der AGB-Hinweis klar erkennbar ist. Es ist dann Sache des Bestellers, über die Annahme des modifizierten Angebots zu entscheiden.

13. Bestellung und Spezifizierung. Wird der Vertrag auf der Grundlage einer Bestellung des Käufers geschlossen, so sind zunächst die Kommentierungen unter Ziff. 11 und 12 zu beachten. Daneben kann es für den Lieferanten und Steller der Verkaufsbedingungen von Wichtigkeit sein, seine Haftung für die Fälle auszuschließen, daß eine Spezifizierung des Bestellers etwaige Rechte Dritter verletzt. Gedacht ist dies für den Fall, daß herzustellende oder zu verarbeitende Produkte, die der Lieferant auf der Basis einer Bestellung und Spezifizierung, die vom Besteller vorgelegt werden, fertigen muß. Der Besteller soll in diesen Fällen den Lieferanten von Schäden freihalten, die in einer möglicher Verletzung von Urheber-, Patent- oder sonstigen Lizenzrechten begründet sind, weil der Besteller diese Urheberrechtsverletzungen in seiner Bestellung nicht beachtet und der Lieferant diese Verletzung nicht erkennen konnte.

14. Abweichung von der Bestellung. Diese Klausel dient dem Lieferanten in den Fällen, in denen – anders als in der vorhergehenden Bestimmung (Ziff. 13) – erkennbar ist, daß die Bestellung samt Spezifizierung gegen Rechtsnormen verstößt. Der Lieferant darf danach von den Vorgaben der vorliegenden Bestellung abweichen, wenn dies zu einer Gesetzeskonformität führen kann und durch dieses Verfahren nicht gleichzeitig die Qualität der Ware und die Vertragserfüllung leiden. Gleiches soll gelten, wenn der Lieferant von seiner eigenen Warenspezifizierung, wie sie im Vertragsangebot niedergelegt ist, abweichen muß, um gesetzliche Erfordernisse zu beachten.

Dieses Abweichen, wie es in der Verkaufsbedingung niedergelegt ist, versteht sich nicht als „Änderungsvorbehalt" im Sinne des § 10 Nr. 4 AGBG, da diese Vorschrift Änderungen und Abweichungen von der ursprünglichen Leistung unter gleichzeitiger Benachteiligung des Vertragspartners anspricht. Auch wenn diese Vorschrift auf Kaufleute wegen § 24 AGBG nicht direkt anwendbar ist, sichert § 10 Nr. 4 AGBG den Grundsatz der Vertragsbindung und den Vertrauensschutz. Dieser Grundgedanke ist auch im kaufmännischen Verkehr im Rahmen von § 9 AGBG zu beachten (*Wolf/Horn/Lindacher*, § 10 Nr. 4 AGBG, Rdnr. 26). Unter „Änderung" versteht § 10 Nr. 4 AGBG die Situation, daß die Leistung von anderer Beschaffenheit oder von anderem Umfang ist als ursprünglich vereinbart, jedoch nach Art und Charakter noch identisch bleibt. Und eine „Abweichung" liegt vor, wenn die Änderung ein solches Maß erreicht, daß die Leistung nach Art und Charakter etwas gänzlich anderes darstellt, als ursprünglich geschuldet war (*Wolf/Horn/Lindacher*, AGBG § 10 Nr. 4, Rdnr. 4). Beides wird durch die Klausel der Verkaufsbedingungen nicht so gewollt, und es fehlt auch die klare Benachteiligung des Vertragspartners durch eine Abweichung von der Bestellung. Vielmehr verhilft die Verkaufsbedingung in den Fällen von Normverstößen dazu, etwaige Nachteile zu vermeiden, indem die Bestellung – letztlich auch im Interesse des anderen Vertragsteils – auf vorhandene Vorschriften (statutory requirements) hin angepaßt wird.

15. Kaufpreis. In Ziffer 3 der Verkaufsbedingungen wird der Kaufpreis näher beschrieben. Die Begleichung des Kaufpreises ist, der Systematik eines Kaufvertrages entsprechend, die Hauptpflicht des Käufers, die gemäß §§ 320 Abs. 1 und § 322 BGB Zug um Zug gegen Übereignung der Kaufsache zu erfüllen ist, soweit zwischen den Parteien nicht etwas anderes vereinbart worden ist. Obwohl die Geldzahlung regelmäßig als Entgelt vorgesehen ist, muß dies nicht notwendig immer so sein. Auch die Gegenleistung in Form anderer Entgelte wie etwa Kompensation, Naturalien usw fällt hierunter.

Bei Festlegung des Kaufpreises wird, insbesondere im internationalen Warenverkehr, oft auch festgelegt, auf welche Weise die Zahlung zu erfolgen hat. Ist es im Inland zur geläufigen Praxis geworden, bargeldlos zu zahlen, indem man den geschuldeten Betrag auf ein vom Verkäufer angegebenes Konto überweist, so stellt sich dieser Vorgang im internationalen Zahlungsverkehr als nicht so einfach dar, weil beispielsweise eine Überweisung nicht die Regel ist (etwa in den USA, wo der typische Zahlungsweg mittels Scheck beschritten wird). Für die Rechtzeitigkeit der Zahlung kommt es darauf an, ob der Käufer das Erforderliche zur rechten Zeit veranlaßt hat (BGHZ 44, 179; *Palandt/Heinrich*, § 270 Rdnr. 6; aus einer Rechtzeitigkeitsklausel der Parteien kann sich ergeben, daß es auf den Eintritt des Leistungserfolgs ankommen soll, BGH NJW 1998, 2664). Dies ist regelmäßig dann der Fall, wenn der Käufer den Überweisungsauftrag bei seiner Bank eingereicht hat (und auf dem Konto Deckung vorhanden ist, OLG Nürnberg, MDR 1999, 858), wobei für den Fall des internationalen Zahlungsverkehrs die Sonderform des „Zahlungsauftrags im Außenhandel" (Z 1) mit den dazugehörigen Meldebestimmungen zu verwenden sind. Dabei ist es gleichgültig, ob beispielsweise die Bank mit einem Geldtransfer auf das Konto des ausländischen Lieferanten oder mit der Ausstellung eines (auf eine Auslandsbank gezogenen) Bankschecks beauftragt wird, damit etwa ein Fremdwährungsbetrag mittels dieses Bankschecks im Ausland unmittelbar nach Erhalt beim Gläubiger gutgeschrieben werden kann. Entscheidend ist die Auftragsabgabe bei der Bank; eine Gutschrift auf dem Empfängerkonto ist danach nicht erforderlich, weil für die Rechtzeitigkeit auf die Leistungshandlung, nicht aber auf den Leistungserfolg abzustellen ist (BGH NJW 1964, 499 und OLG Karlsruhe, NJW-RR 1998, 1483). Die Verzögerungsgefahr, also das Risiko verspäteten Eingangs trotz rechtzeitiger Leistungshandlung des Schuldners, geht zu Lasten des Gläubigers und fällt nicht unter § 270 Abs. 1 BGB. Dies führt gerade im internationalen Zahlungsverkehr zu der Konsequenz, daß die häufigen Verzögerungen im Interbankverkehr nicht dem Käufer angelastet werden können, es sei denn, er gibt wider besseres Wissen einen von vornherein problematischen Abwicklungsweg vor.

16. Preisliste. Der Preis kann sich, insbesondere angesichts einer Vielzahl einzelner Warengeschäfte, häufig nicht im vorhinein detailliert festlegen lassen. Daher wird in den Allgemeinen Verkaufsbedingungen vorgesehen, daß die einzelne Preisfestsetzung auf der Grundlage eines einzelnen festen Angebots (quoted price) oder anhand einer Preisliste in ihrer jeweils gültigen Fassung getroffen wird (s. dazu auch unten, „Preisanpassungsklauseln"; zur Klausel, die Preise nach der jeweils gültigen Preisliste festzulegen, wenn zunächst eine Einigung auf den bei Vertragsschluß gültigen Listenpreis stattgefunden hat, vgl. BGHZ 93, 252, 255, BGH NJW 1985, 853). Dort, wo es um Exportgüter geht, soll in den Fällen des Vorhandenseins einer eigenen Exportgüterliste der jeweils aktuelle Exportpreis zur Anwendung gelangen.

17. Preisanpassungsklauseln. Diese Klauselbestimmung soll dem Verwender der Allgemeinen Verkaufsbedingungen die Möglichkeit geben, rechtzeitig vor der Lieferung dem Besteller mitzuteilen, daß eine Preiskorrektur wegen des Vorliegens von Umständen, die außerhalb der Verantwortung des Lieferanten bestehen, erforderlich ist. Grundsätzlich ist bei Preisanpassungen § 11 Nr. 1 bzw. (im kaufmännischen Bereich) § 9 AGBG zu berücksichtigen.

Zum einen sind Preisanpassungsklauseln in Verträgen mit *Festpreis*bindung im kaufmännischen Verkehr nach § 9 AGBG unwirksam, wenn sie die Festpreisbindung aushöhlen wollen (*Wolf/Horn/Lindacher*, AGBG § 11 Nr. 1, Rdnr. 59). Ansonsten ist folgendes zu berücksichtigen: Preisanpassungen unterliegen dem Prinzip des § 4 AGBG, wonach individuelle Absprachen Vorrang vor Allgemeinen Geschäftsbedingungen haben. Das Prinzip des § 4 AGBG greift in diesen Fällen ein, in denen der Kaufpreis nur nominal bestimmt und *nicht* ausdrücklich als Festpreis bezeichnet ist. Preisanpassungsklauseln sind danach zulässig, wenn sie mit einer individuellen Preisabsprache vereinbar sind (BGHZ 94, 335, 339). Um dem Risiko der Unwirksamkeit einer solchen Vertragsklausel aus dem Weg zu gehen, ist es erforderlich, daß eine Preisvereinbarung im Einzelgeschäft unter dem Vorbehalt einer Preisanpassungsklausel steht. So kann dem Risiko eines Widerspruchs zwischen Preisanpassungsklausel in den Allgemeinen Verkaufsbedingungen und der Preisabsprache im Einzelgeschäft begegnet werden.

Bei Preisabreden mit einfacher Verbindlichkeit sind Preisänderungsklauseln nach Ablauf einer Bindungsfrist grundsätzlich zulässig (*Wolf/Horn/Lindacher*, AGBG § 11 Nr. 1, Rdnr. 60; a. A. *Bartsch* DB 1983, 214 f). Auch Preisvorbehalte, die auf eine individualvertragliche Preisfestlegung verzichten, sondern Preise nur unverbindlich nennen und dem Verwender Allgemeiner Verkaufsbedingungen das Recht nach § 315 BGB einräumen, einen Preis später zu bestimmen, sind solange gegenüber Kaufleuten statthaft, wie sich die Preisfestsetzung im Rahmen der jeweiligen Marktpreise hält (so BGHZ 1, 353, 354; BGH DB 1976, 669). Es ist danach zulässig, Kostensteigerungen bei Preisvorbehalten (oder nach Ablauf einer vertraglichen Bindungsfrist) in Form von Preiserhöhungen vorzunehmen, vor allem, wenn der Warenabnehmer seinerseits an Kaufleute liefert, die die Kostensteigerung in ihren eigenen Preisen weitergeben können (OLG Hamburg ZIP 1983, 700; anders aber, wenn der Warenabnehmer nur an Endverbraucher liefert und eine Preisbindung im Sinne des § 11 Nr. 1 AGBG besteht. Vorausgesetzt wird grundsätzlich, daß die eingetretenen Kostenerhöhungen nicht vom Lieferanten zu vertreten sind. Grundsätzlich dürfen Preisänderungsklauseln nicht dazu genutzt werden, nachträgliche Gewinnerhöhungen zu erreichen (*Wolf/Horn/Lindacher*, AGB § 11 Nr. 1, Rdnr. 62 mwN auf *Wolf* ZIP 1987, 341, 348; a. A. *Ulmer* BB 1982, 1125, 1129; zur Frage, ob Gewinnerhöhungen des Lieferanten gerechtfertig sind, die nicht im Vertrag selbst bereits kalkulatorisch enthalten waren, vgl. BGHZ 93, 253, 259). Aus alldem folgt im Ergebnis, daß Preisanpassungsklauseln wie etwa hier im Mustertext vorgegeben, dann mit § 9 Abs. 2 Nr. 1 AGBG vereinbar sind, wenn beim Lieferanten eingetretene, von ihm nicht zu vertretene Kostenerhöhungen berücksichtigt werden sollen, also etwa Materialkosten, Bezugskosten oder etwaige Erhöhungen bei Zöllen usw.

18. Weitere Preisbestandteile. Die Klausel enthält als weiteren Preisbestandteil den Hinweis auf die Klausel „ex works". Der Verkäufer macht damit – gleichzeitig im Sinne der „Incoterms-Klausel" gleichen Namens, auf die nachstehend noch eingegangen wird – deutlich, daß der Käufer neben der Zahlung des Kaufvertrages auch alle weiteren Kosten zu tragen hat, die mit dem Warengeschäft in Zusammenhang stehen, soweit sie ab Bereitstellen der Ware an einem vereinbarten Lieferort oder innerhalb einer vereinbarten Frist entstehen. Der Verkäufer macht mit dieser Vertragsklausel deutlich, daß er keinerlei Kosten des Versands oder der Versicherung der Ware tragen wird und auch nicht bereit ist, Kosten für etwa notwendige Aus- und Einfuhrbewilligungen oder andere behördliche Genehmigungen zu übernehmen. – Neben dieser Verdeutlichung, daß der Preis der Lieferanten ausschließlich auf den reinen Warenpreis bezogen ist, stellt die nachfolgende Klausel klar, daß die Preise sich stets zuzüglich der gesetzlichen Mehrwertsteuer verstehen.

19. Zahlungsbedingungen. Die Außenhandelspraxis eröffnet verschiedene Methoden der Abwicklung des Warengeschäfts und der Kaufpreiszahlung. Die jeweilige Marktposition der Vertragsparteien einerseits und das beiderseitige Sicherungsbedürfnis, nach dem vermieden werden soll, daß eine Partei gleichzeitig über Ware und Geld verfügen kann, andererseits sind maßgeblich für die Auswahl der Zahlungsvereinbarung, die für das betroffene Außenhandelsgeschäft geeignet ist. Dabei wird zwischen nichtdokumentären und dokumentären Zahlungsklauseln unterschieden.

Die sogenannten nicht dokumentären Zahlungsklauseln sind „reine Zahlungsklauseln" (sog. „clean payment-Klauseln"), die nicht durch weitere Dokumente unterlegt und auch nicht durch ein besonderes Verfahren über Banken abgewickelt werden (vgl. hierzu *Graf von Bernstorff*, Rechtsprobleme im Auslandsgeschäft, 4. Aufl. 2000, S. 133 ff und 184 ff; zu den typischen Zahlungsklauseln des internationalen Handelsverkehrs vgl. *Liesecke* WM 1978, Beilage 3 mwN). Hier gibt es, je nach Vereinbarung, mal für den Verkäufer, ein andermal für den Käufer, Vorteile. Wenn beispielsweise „Vorauszahlung der Ware" beziehungsweise (nur im europäischen Raum) „Lieferung gegen Nachnahme" vereinbart ist, dann kann der Verkäufer/Exporteur sicher mit der Bezahlung der Ware rechnen, da der Käufer den Kaufpreis entrichten muß, ohne zuvor die Waren überprüfen zu können. Wird dagegen ein „clean payment", also „Zahlung gegen offene Rechnung" vereinbart, dann muß der Käufer erst nach Warenempfang (beziehungsweise bei Zielgewährung sogar noch später) zahlen und hat dadurch eine Warenprüfungs- und gegebenenfalls Rügemöglichkeit.

Bei den dokumentären Zahlungsklauseln sind immer Kreditinstitute eingeschaltet, die mit der Abwicklung der Zahlung gegen Vorlage von Warendokumenten beauftragt sind. Zu den dokumentären Zahlungsbedingungen im Außenhandel gehört entweder das Verlangen auf Stellen eines Dokumentenakkrekditivs in seinen vielfältigen Ausgestaltungsmöglichkeiten (dazu auch unten, Ziff 21) oder die zum sogenannten „Dokumenteninkasso" gerechneten Formen „Kasse gegen Dokumente", Dokumente gegen Akzept" oder „Dokumente gegen unwiderruflichen Zahlungsauftrag"," (hierzu vertiefend *Graf von Bernstorff*, Dokumente gegen unwiderruflichen Zahlungsauftrag, RIW 1985, 14 ff).

Die hier vorliegende Vertragsklausel sieht vom Grundsatz her vor, daß der Exporteur/Lieferant dem Warenabnehmer ein Zahlungsziel von dreißig Tagen einräumt, innerhalb dessen der Kaufpreis zu entrichten ist. Hierbei handelt es sich also um eine *nichtdokumentäre* Zahlungsklausel (clean payment).

20. Zahlung durch Scheck oder Wechselakzept. Grundsätzlich wird verwiesen auf Ziff. 15 (oben). In den vorliegenden Allgemeinen Verkaufsbedingungen macht der Lieferant deutlich, daß er grundsätzlich eine Bezahlung des Bestellers durch Wechsel oder Scheck ablehnt. Selbst wenn die Vertragspartner sich auf Zahlung durch Hingabe eines Wechsels oder Schecks geeinigt hätten, würde im Zweifel nach § 364 Abs. 2 BGB gelten, daß das Instrument nur erfüllungshalber aufgenommen wird, während die Kaufpreisforderung an sich bis zur Begleichung bestehen bleibt. Die Aufnahme eines Schecks oder Wechsels wird als Stundung der ursprünglichen Forderung gesehen, die mit Erfüllung der Kaufpreisforderung erlischt (BGH NJW 1986, 426). Im internationalen Zahlungsverkehr kann es wegen der mit dem Instrument des Wechsels und Schecks einhergehenden Rechtsprobleme sinnvoll sein, auf diese Instrumente ganz zu verzichten (*Graf von Bernstorff*, Rechtsprobleme im Auslandsgeschäft, aaO, 184 ff). Dies gilt vor allem im Hinblick auf die mit diesem Instrumentarium zusammenhängenden Formfragen und Haftungsfragen. Wird die Zahlungsmöglichkeit auf den internationalen Banktransfer beschränkt, indem der Lieferant lediglich die Gutschrift auf sein Konto verlangt, dann werden die mit Wechseln und Schecks zusammenhängenden Sonderprobleme ausgeschlossen.

21. Dokumentäre Zahlungsklausel. Dazu grundsätzlich oben, Ziff. 19. Soweit eine dokumentäre Zahlungsbedingung vereinbart wird, wünscht der Klauselverwender mit dieser Allgemeinen Lieferklausel grundsätzlich die Stellung eines Dokumentenakkreditivs auf der Grundlage der „Einheitlichen Richtlinien und Gebräuche für Dokumentenakkreditive", Revision 1993, Publikation Nr. 500 der Internationalen Handelskammer, Paris. (Zum Akkreditiv vgl. aus der umfangreichen Literatur: *Zahn/Eberding/Ehrlich*, Zahlung und Zahlungssicherung im Außenhandel, 6. Aufl., 1986; *Schütze*, Das Dokumentenakkreditiv im internationalen Handelsverkehr, 5. Aufl., 1999). Bei dieser Zahlungsbedingung „Lieferung gegen Dokumentenakkreditiv" erteilt der Käufer/Empfänger der Warenlieferung seiner Bank einen sogenannten Akkreditivauftrag. Die Bank des Importeurs „eröffnet" (issuance) ein Dokumentenakkreditiv in der Weise, daß sie dem Exporteur gegenüber erklärt, bei fristgerechter Einreichung bestimmter vorgeschriebener Warendokumente unbedingt und unwiderruflich Zahlung des vereinbarten Kaufpreises zu leisten. Aufgrund dieses abstrakten Schuldversprechens der akkreditiveröffnenden Bank kann der Verkäufer – unabhängig sowohl von seinen Rechtsbeziehungen zum Käufer als auch von dem zwischen Käufer und Akkreditivbank bestehenden Rechtsverhältnis – die Zahlung des Akkreditivbetrages von der akkreditiveröffnenden Bank verlangen, sofern er dieser (gegebenenfalls durch Einschaltung einer weiteren Bank auf seiner Seite (auch „Avisbank" genannt, da sie dem Exporteur die Eröffnung des Akkreditivs „avisiert", also mitteilt) die vorgeschriebenen Dokumente fristgerecht andient.

Für die beiden Vertragspartner des Außenhandelsgeschäfts bedeutet das Dokumentenakkreditiv eine weitgehende Sicherung ihrer Interessen. Der Exporteur kann – und dies unabhängig von der Zahlungsfähigkeit des Importeurs – in jedem Falle mit der Zahlung rechnen, wenn er der Akkreditivbank die ordnungsgemäßen Dokumente innerhalb der vorgesehenen Frist eingereicht hat. Seine Sicherung geht sogar noch weiter, wenn die Avisbank im Auftrag der Akkreditivbank eine weitere Zahlungsverpflichtung (die sogenannte „Bestätigung" hinzufügt und sich dadurch als Gesamtschuldnerin mit der Akkreditivbank verpflichtet. Auch der Importeur hat bei Vereinbarung eines Dokumentenakkreditivs Vorteile. Für ihn ist sichergestellt, daß die Akkreditivbank erst nach sorgfältiger Prüfung der fristgerecht eingereichten Dokumente feststellt, daß die Dokumentation der Parteivereinbarung entspricht und damit „akkreditivgerecht" ist. Erst danach kann eine Bezahlung an den Exporteur geleistet werden. Somit hat der Importeur zumindest die Sicherheit, ordnungsgemäße Warenpapiere zu erhalten; vor einem etwaigen Fehler der Waren schützt ihn dieses Verfahren jedoch nicht. Zum Vorteil beider Parteien wirkt es schließlich, daß weltweit ein einheitliches Abwicklungsverfahren nach den (freiwilligen) Regelwerken der Internationalen Handelskammer in Paris durchgeführt wird.

Wegen des (für die eröffnende Bank) verpflichtenden Charakters des Dokumentenakkreditivs ist auf eine Besonderheit hinzuweisen, die sich aus Art. 6 der Einheitlichen Richtlinien und Gebräuche für Dokumentenakkreditive, Revision 1993, Publikation Nr. 500 ergeben. Danach können nämlich Akkreditive sowohl seitens der eröffnenden Bank widerruflich oder unwiderruflich ausgestellt werden. Es liegt in der Natur der Sache, daß ein „widerrufliches" Akkreditiv den Sicherungszweck verfehlt, da sich die Bank durch bloßen Widerruf von ihrer abstrakten Zahlungspflicht befreien kann. In den früheren Versionen der „Einheitlichen Richtlinien" der Internationalen Handelskammer war noch geregelt, daß mangels ausdrücklicher Vereinbarung ein Akkreditiv grundsätzlich als widerruflich (!) anzusehen war. Dies ist in der Publikation Nr. 500 mit Wirkung ab dem 1. 1. 1994 dahingehend geändert, daß ein Akkreditiv grundsätzlich als unwiderruflich (also für die Bank stets verpflichtend) anzusehen ist, solange nicht eindeutig etwas anderes angegeben ist (vgl. Art 6 c Einheitliche Richtlinien, Revision 1993).

22. Zahlungsverzug. Diese Klausel ermöglicht dem AGB-Verwender, für den Fall einer verspäteten Kaufpreiszahlung – und ohne Aufgabe weitergehender Schadensersatz-

oder sonstiger Ansprüche – entweder den Kaufvertrag einseitig zu kündigen, weitergehende Lieferungen an den Abnehmer (vorerst) auszusetzen oder aber die Kaufpreisforderung mit 7% über dem Bezugszinssatz der Europäischen Zentralbank verzinst zu verlangen. Diese Vereinbarung erfüllt die künftige gesetzliche Regelung im BGB, die aufgrund der EU-Richtlinie 2000/35/EG vom 29. 6. 2000 zur Bekämpfung von Zahlungsverzug im Geschäftsverkehr gemäß der Umsetzungsverpflichtung bis spätestens 8. 8. 2002 verbindlich wird. Eine Geltendmachung eines weiteren Schadens ist nicht ausgeschlossen, wenn nur die Voraussetzungen des § 286 BGB vorliegen (§ 288 Abs. 2 BGB; OLG Frankfurt DNotZ 89, 256 zu einem vertraglich ausbedungenen Verzugszins von 14%).

Damit ein Verzugsfall überhaupt vorliegt, müssen die Tatbestandselemente des § 284 BGB erfüllt sein. Danach muß der Zahlungsanspruch des Exporteurs wirksam begründet und fällig sein (§ 271 BGB) und es darf keine Einrede des Käufers vorliegen (etwa derjenige einer Falsch- oder Schlechtlieferung im Sinne der §§ 459 ff BGB; dazu BGHZ 48, 249, 250 oder auch beispielsweise in Form der Einrede des nicht erfüllten Vertrages gemäß § 320 BGB: bei Gattungskäufen solange, wie keine Ersatzlieferung erfolgt ist).

Das Formular geht davon aus, daß innerhalb von 30 Tagen ab Rechnungsdatum gezahlt werden muß (oben, Ziff. 19). Diese Regelung erfüllt ebenfalls die neuen Bestimmungen, wie sie durch die Umsetzung der EU-Richtlinie vom 29. 6. 2000 eingeführt werden. Durch diese Bestimmungen werden automatisch Verzugszinsen fällig, wenn ein vertraglich festgelegter Zahlungstermin überschritten wird. Ist kein Fälligkeitstermin festgelegt, sind – ohne daß es einer gesonderten Mahnung bedarf – Verzugszinsen automatisch fällig, sofern 30 Tage nach dem Rechnungseingang beim Schuldner die Zahlung noch nicht erfolgt ist.

Im letzten Abschnitt der Zahlungsbedingung wird dem Käufer das Recht eingeräumt, dem Verkäufer gegenüber geltend zu machen und nachzuweisen, daß ein Schaden durch den Verzug entweder überhaupt nicht entstanden ist oder aber wesentlich niedriger als der geltend gemachte Schaden ist. Damit wird dem Gedanken des § 11 Nr. 5 b AGBG Rechnung getragen, der den Vorbehalt des Nachweises zugunsten des Schadensersatzpflichtigen eröffnet (vgl. BGH NJW 1994, 1060) und NJW 1997, 259 (konkludent); BGH NJW 1998, 991 (Formulierung „ist zu verzinsen").

23. Erfüllungsort. Erfüllungsort ist nach § 269 BGB im Zweifel der Wohnort des Schuldners, soweit nicht abweichende Vereinbarungen bestehen. Die hier vorliegenden Allgemeinen Verkaufsbedingungen sehen vor, daß der Lieferant die Ware zur Abholung in seinem Werk oder seinem Lager zur Abholung bereit hält. Der Verkäufer/Exporteur kann eine derartige Festlegung des Erfüllungsortes in seinen Allgemeinen Verkaufsbedingungen treffen, ohne sich in Widerspruch zu dem Gedanken des § 269 BGB zu setzen.

Allerdings besteht auch die Möglichkeit, einen anderen Ort als Erfüllungsort vereinbaren, wobei einige Grundsätze zu beachten sind. Der Erfüllungsort kann durch ausdrückliche oder stillschweigende Vereinbarung der Vertragspartner festgelegt werden. Im übrigen kann sich der Erfüllungsort auch aus den Umständen, insbesondere aus der Natur des Schuldverhältnisses, ergeben. Wird in Allgemeinen Geschäftsbedingungen aber ein Erfüllungsort festgelegt, der in Widerspruch zu dem sich aus der Natur des Schuldverhältnisses ergebenden Erfüllungsort steht, so ist dies regelmäßig zu beanstanden und nach § 9 Abs. 2 AGBG unwirksam (OLG Koblenz, WM 1989, 892; *Wolf/Horn/Lindacher*, AGBG, § 9 E 212), da mit der Veränderung des Erfüllungsortes zugleich wesentliche Rechte und Pflichten für den Vertrag verändert werden. Soweit sich aus sonstigen Umständen ein bestimmter Erfüllungsort ergibt, dürfen sich die Allgemeinen Verkaufsbedingungen dazu nicht ohne sachlich berechtigten Grund in Widerspruch setzen. Eine den tatsächlichen Verhältnissen zuwiderlaufende Vereinbarung kann bereits als Individualvereinbarung unwirksam sein (RGZ 41, 358, 361; *Wolf/Horn/Lindacher*,

AGBG, § 9 E 212). Dies muß dann erst recht für eine AGB-Klausel gelten (so *Wolf/Horn/Lindacher* aaO mit Hinweis auf OLG Koblenz NJW-RR 1989, 1459, 1460). Im übrigen gilt für den Versandhandel grundsätzlich der Sitz des Versandhändlers als Erfüllungsort (*Wolf/Horn/Lindacher;* str.). Im Ergebnis ist die hier vorgegebene Musterklausel hinsichtlich des Erfüllungsortes aus der Sicht des § 9 AGBG nicht zu beanstanden.

Im internationalen kaufmännischen Geschäftsverkehr wird die Festlegung des Erfüllungsortes meist verknüpft mit einer Bestimmung der Kostentragungspflicht und des Gefahrübergangs (hierzu später bei Behandlung der Verkaufsklausel „transfer of risks").

24. Änderungsvorbehalt. Die Verkaufsbedingungen sehen vor, daß der Verkäufer von Massengütern das Recht haben soll, eine mengenmäßige Abweichung von bis zu plus oder minus drei Prozent der vereinbarten Warenmenge als vertragsgemäße Erfüllung seiner Lieferpflicht betrachten zu können. Eine solche Abweichung soll nach den Verkaufsbedingungen als vertragsgemäß gelten und zu keiner Preisanpassung führen müssen. Für die Rechtmäßigkeit einer solchen AGB-Klausel ist der Schutzgedanke des § 10 Nr. 4 AGBG heranzuziehen. Zwar gilt § 10 Nr. 4 AGBG nicht unmittelbar unter Kaufleuten (§ 24 AGBG), doch sichert diese Vorschrift den Grundsatz der Vertragsbindung und den Vertrauensschutz, also zwei Grundgedanken, die auch im kaufmännischen Verkehr im Rahmen von § 9 AGBG zu beachten sind. Nach herrschender Ansicht kann sich aus § 9 AGBG deshalb eine etwaige Unwirksamkeit eines Änderungs- oder Abweichungsvorbehalts auch unter Kaufleuten ergeben (*Baumbach/Hopt,* § 10 AGBG, Anm. 4; *Wolf/Horn/Lindacher,* AGBG, § 10 Nr. 4, Rdnr. 26), wobei der kaufmännische Verkehr eine eigenständige Interessenwertung erfordert.

Zulässig sind nach allgemeiner Ansicht alle Änderungsvorbehalte, die nur geringfügige Änderungen erfassen, welche auch nach §§ 459 Abs. 1 Satz 2, 634 Abs. 3 BGB oder allgemein nach § 242 BGB hinzunehmen wären, wie etwa kleine Maß- oder Mengenabweichungen (OLG Hamm, NJW 1986, 2581), soweit es nicht nach der konkreten Parteivereinbarung gerade auf eine exakte Liefermenge ankommt oder eine zugesicherte Eigenschaft vorliegt. Ferner darf der Vertragspartner nicht unangemessen beachteiligt werden, wenn eine handelsübliche Abweichung überschritten wird. Die hier vorliegende 3 Prozent-Regelung kann nach diesen Grundsätzen unbeanstandet bleiben (vgl. BGH NJW 1987, 1886 zu einer über eine Geringfügigkeit hinausgehenden Abweichung, die dennoch handelsüblich und damit zumutbar ist).

25. Lieferverzug. Die Verkaufsbedingungen enthalten im Zusammenhang mit der Behandlung der Lieferklauseln auch einen Abschnitt zum Lieferverzug, wonach bei Lieferverzug des Exporteurs dem Käufer das Recht zustehen soll, schriftlich einen dreiprozentigen Preisnachlaß pro Woche einfordern zu dürfen. Eine solche Verzugspauschale in einem Prozentsatz des Warenwertes findet sich in den AGB der deutschen Unternehmen recht häufig (meist in der Größenordnung von 0,5 bis ca. 5%; vgl. *Bunte,* Handbuch der Allgemeinen Geschäftsbedingungen, S. 174). Dennoch ist eine solche Pauschalierung aus Sicht des § 9 Abs. 2 Nr. 1 AGBG problematisch, da sie die Interessen des Lieferanten in unangemessener Weise einseitig berücksichtigt, in offenem Wertungswiderspruch zur Schadensersatzhaftung gemäß §§ 286 und 249 ff BGB steht und gegen das vertragliche Äquivalenzprinzip verstößt, welches durch die §§ 320 ff BGB geschützt ist (*Graf v. Westphalen,* Allgemeine Verkaufsbedingungen, S. 83). Um diese Schwierigkeiten zu vermeiden, enthält das vorliegende Formular eine weitergehende Schadenspauschale mit einer an § 11 Nr. 5 b AGBG ausgerichteten Beweislastverteilung. Sollte danach der Schadensersatzanspruch des Käufers höher liegen als der tatsächlich nach § 286 BGB zu reklamierende Verzugsschaden, bleibt es dem Lieferanten vorbehalten, den Nachweis darüber zu führen, daß dem Besteller nur ein gerigerer Schaden entstanden ist (*Graf von Westphalen* aaO, S. 83).

3. Standard Terms and Conditions for the Sale of Goods (Allg. Lieferbed.)   IV. 3

Vorausgesetzt für einen „Verzug" ist, daß die geschuldete Leistung noch erbracht werden kann, also nicht unmöglich geworden ist. Ferner muß nach § 284 Abs. 1 BGB der Anspruch des Käufers rechtswirksam und fällig sein, das heißt, es darf keine Einrede des Lieferanten bestehen (etwa dergestalt, daß der Käufer die ihm obliegende Zahlungspflicht nicht rechtzeitig oder in der vereinbarten Form erfüllt hat; diese schließt dann nämlich einen Lieferverzug von vornherein aus; hierzu BGH NJW 1987, 252). Schließlich muß die Leistungspflicht des Lieferanten fällig sein im Sinne des § 271 BGB. Die an sich erforderliche Mahnung ist im Fall der vorliegenden Lieferklausel (im Sinne des § 284 Abs. 2 BGB) dadurch entbehrlich, daß für die Leistung eine Zeit nach dem Kalender (a fixed time for delivery) bestimmt ist. Ist die Leistungszeit unmittelbar oder mittelbar durch einen bestimmten Kalendertag festgelegt, dann ist die Mahnung entbehrlich (BGH WM 1971, 615).

Im übrigen ist in dem Formular vorgesehen, daß die Verzugsregel (mit ihrer Haftungsbegrenzung) dann nicht zum Tragen kommt, wenn der Verkäufer (oder seine Erfüllungsgehilfen) den Lieferverzug grob fahrlässig oder vorsätzlich herbeigeführt haben, wenn ein kaufmännisches Fixgeschäft vorlag oder wenn ein sonstiger schuldhafter Verstoß gegen eine sonstige wesentliche Vertragspflicht vorliegt (hierzu BGH ZIP 1994, 461, 465). Dies gilt auch für die nachfolgende Formularklausel (unten, Ziffer 26).

26. Rücktritt vom Vertrag; Schadensersatz. Weitergehend, als unter Ziff. 25 bereits beschrieben, kann der Käufer Rechte nach § 326 BGB in Anspruch nehmen. Der Käufer kann danach bei gegenseitigen Verträgen und bei Verzug des Lieferanten dem Lieferanten eine angemessene Frist mit der Erklärung bestimmen, daß er die Annahme der Leistung nach dem Ablauf der Frist ablehne. Nach dem Ablauf der Frist ist er dann berechtigt, Schadensersatz wegen Nichterfüllung zu verlangen oder von dem Vertrag zurückzutreten, § 326 Abs. 1 Satz 2 BGB. Das Setzen der Nachfrist (set of a deadline) und die Ablehnungsandrohung (termination of contract) erfolgt regelmäßig in ein und derselben Erklärung. Der Käufer muß dazu den Lieferanten auffordern, die Leistung zu bewirken – die bloße Aufforderung an der Lieferanten zu erklären, daß er zur Leistung bereit sei, genügt in der Regel nicht (RG 101, 399), ist aber ausnahmsweise ausreichend, wenn der Lieferant sich zuvor zur fristgerechten Leistung außerstande erklärt hat (*Palandt/Heinrichs*, § 326, Rdnr. 5 b). Die Nachfrist muß angemessen sein, da sie dem Lieferanten eine letzte Gelegenheit zur Vertragserfüllung eröffnen soll. Ist die Nachfrist zu kurz bestimmt, wird in der Regel eine angemessenere Nachfrist in Lauf gesetzt (BGH NJW 1985, 2640). Der Schuldner soll in der Lage sein, die bereits begonnene Leistung zu vollenden, BGH NJW 1982, 1280.

Mit erfolglosem Ablauf der Nachfrist erlischt der Erfüllungsanspruch des Käufers (BGH BB 1999, 1842), und wegen der Verbindung von Leistung und Gegenleistung entfällt gleichzeitig auch der Erfüllungsanspruch des Lieferanten. Mithin verwandelt sich das vertragliche Leistungsaustauschverhältnis in ein Abwicklungsverhältnis (*Palandt/Heinrichs*, § 326, Rdnr. 24), und der Käufer hat die Wahl, ob er Schadensersatzansprüche wegen Nichterfüllung geltend macht oder vom Vertrag zurücktritt. Wenn der Käufer den Rücktritt vom Vertrag wählt, ist er grundsätzlich daran gebunden (RG 107, 348; BGH NJW 1982, 1279, 1280), da der Rücktritt rechtsgestaltende Wirkung hat. Anders ist es bei der Wahl des Schadensersatzes: macht der Käufer nämlich nur seinen Schadensersatzanspruch geltend, kann er auch zum Rücktrittswunsch wechseln (st.Rspr. seit RG 109, 184 und BGHZ 16, 393).

27. Annahmeverzug. Im letzten Abschnitt der Lieferklauseln ist der Annahmeverzug des Käufers enthalten. Annahmeverzug im Sinne der §§ 293 ff BGB liegt vor, wenn die Erfüllung des Schuldverhältnisses dadurch verzögert wird, daß der Käufer die seinerseits erforderliche Mitwirkung, also insbesondere die Annahme der Leistung, unterläßt. Die §§ 293 ff BGB gehen vom Grundsatz her davon aus, daß der Käufer zur

Annahme der Leistung nur berechtigt, aber nicht verpflichtet ist (BGH BB 88, 1418), so daß der Annahmeverzug sich im Normalfall nicht als Verletzung einer Rechtspflicht, sondern lediglich als Verstoß gegen eine Obliegenheit darstellt. Anders ist es jedoch beim Kaufvertrag, da hier die Annahme nicht bloß eine Obliegenheit, sondern eine nach § 433 Abs. 2 BGB geschuldete Rechtspflicht darstellt, deren Verletzung eine Schadensersatzpflicht gegenüber dem Verkäufer begründet (*Palandt/Heinrichs*, § 293 Rdnr. 1 und 6).

Die Allgemeinen Lieferbedingungen sehen hier vor, daß der Käufer im Falle des Annahmeverzugs Mehraufwendungen des Lieferanten (im Sinne des § 304 BGB) zu ersetzen hat. Dabei kann – wie auch im Formular bewußt unterlassen – keine Schadenspauschalierung vorgenommen werden, da es von vornherein nicht erkennbar ist, welche welche zusätzlichen Kosten durch den Annahmeverzug hervorgerufen werden. Das Formular sieht daher vor, daß der Lieferant im Falle des Annahmeverzugs die Ware auf Kosten und Risiko des Käufers einlagern darf und auf Verlangen des Käufers auch die Versicherung der Güter besorgt.

28. Gefahrübergang. Ziffer 6 der Allgemeinen Verkaufsbedingungen regelt den sogenannten Gefahrübergang, stellt also fest, ab welchem Zeitpunkt der Verkäufer der Ware das Risiko des Untergangs, der Beschädigung oder einer sonstigen Verschlechterung der Ware außer acht lassen kann, weil diese Risiken auf den Käufer verlagert werden. Immer wird vorausgesetzt, daß ein gültiger Kaufvertrag vorliegt, BGH NJW 1998, 2360. Hierzu sind einige Grundsätze zu beachten.

Grundsätzlich hängt der Begriff des Gefahrübergangs mit dem Begriff des Eigentumsübergangs zusammen, doch läßt sich hier (wie unten näher erläutert wird) auch ein wirtschaftlicher Interessenausgleich durch Vertrag schaffen.

Nach deutschem Recht geht mit der Übergabe der Kaufsache gemäß § 446 Abs. 1 BGB auch die Gefahr der Verschlechterung oder des Untergangs der Ware auf den Käufer über. Übergabe ist die Verschaffung des unmittelbaren Besitzes, der tatsächlichen Verfügungsgewalt des Bestellers über die Kaufsache. § 446 BGB bezweckt den Schutz des Verkäufers, da der Verkäufer sich nach Übergabe der Kaufsache nicht mehr gegen den Untergang oder die Verschlechterung der Ware schützen kann. Unter Untergang der Ware wird hierbei die körperliche Vernichtung und der Besitzverlust, vor allem aber die widerrechtliche Entziehung durch einen Dritten verstanden, unter Verschlechterung jegliche Qualitätsminderung, insbesondere die Beschädigung oder der Verderb der Ware. Beide Ereignisse dürfen nicht von einer der Parteien zu vertreten sein.

Im internationalen Warenkauf hat man es überwiegend mit dem sogenannten Versendungskauf im Sinne des § 447 BGB zu tun. Diese Vorschrift stellt eine Ausnahmeregelung zu § 446 BGB dar. Das Gesetz bezweckt hier, daß der Käufer, auf dessen Verlangen die gekaufte Sache nach einem anderen Ort als dem Erfüllungsort versandt wird, das dadurch verursachte erhöhte Risiko tragen soll, also insbesondere für Transportschäden und -verluste aufzukommen hat. § 447 BGB bezieht sich nur auf die Transportgefahren während des Versands (BGH NJW 1965, 1324) und schützt vor einer Ablieferung an andere Personen als den namentlich benannten Besteller sowie vor Diebstahl während des Transports (RGZ 96, 258, 259). Zu den Beförderern im Sinne der Gesetzesvorschrift zählen hier Spediteure, Frachtführer sowie sonstige Organisationen oder Institutionen, die Transporte durchführen.

§ 447 BGB setzt voraus, daß die Versendung nach einem anderen Ort als den Erfüllungsort vorgenommen wird. Erfüllungsort ist mangels abweichender Vereinbarung der Wohn- oder Geschäftssitz des Schuldners (§ 269 BGB), also des Verkäufers für seine Übereignungs- und Übergabepflicht. Daran ändert sich nichts, wenn dem Vertrag zufolge Besitzübergang und Übereignung außerhalb des Wohnsitzes (außerhalb der Niederlassung) des Verkäufers vollzogen werden soll, denn der Verkäufer hat am Erfüllungsort diejenigen Handlungen vorzunehmen, die den Eintritt des Erfolges am Ablieferungsort bewirken. Versendung nach außerhalb ist also möglich, ohne daß in der Versendungspflicht oder Übernahme der Kosten durch der Verkäufer (vgl. § 269 Abs. 3 BGB) eine Vereinbarung über den Erfüllungsort liegt. Versandt werden muß grundsätzlich vom Erfüllungsort aus. Andernfalls liegt kein Geschäft des Käufers vor, sondern eine Hauptpflicht des Verkäufers, so daß dieser die Transportgefahr trägt (hM, LG Köln, NJW RR 89, 1450). Es gilt jedoch § 447 BGB, wenn sich der Käufer mit einer solchen Versendung ab dem auswärtigen Lieferwerk einverstanden erklärt (BGHZ 113, 106). Dabei muß jedoch diese Versendung im Interesse des Käufers liegen, so daß die Gefahr nicht auf ihn übergeht, wenn nach dem Erfüllungsort versandt wird (*Palandt/Heinrichs*, § 447, Rdnr. 7).

Tritt das schädigende Ereignis ein, ohne daß es durch eine der beiden Parteien zu vertreten ist, muß der Besteller nach § 447 BGB den Kaufpreis zahlen.

29. Ex Works. Die zweite Alternative des Gefahrübergangs spricht die Klausel „ex works (Incoterms 2000)" an. Es ist in der Ziffer 28 (oben) deutlich geworden, daß § 447 BGB sich nur auf die Transportgefahr bezieht, nicht aber die weitergehende „Gefahrtragung" abdeckt, die mit den sogenannten „Lieferbedingungen" in ihrer speziellen Ausgestaltung der Incoterms 2000 angesprochen werden.

Die Internationale Handelskammer, Paris, hat mit ihrer Publikation Nr. 560 die seit dem 1. 1. 2000 geltenden Incoterms herausgegeben. Die hierin enthaltenen Musterklauseln können Außenhandelsverträgen zugrundegelegt werden, da sie den Vorteil aufweisen, weltweit gleichermaßen interpretiert zu werden. Die 13 in einem Katalog beschriebenen Incoterms-Klauseln (Incoterms= International Commercial Terms) sind in vier Gruppen aufgegliedert. Die erste Gruppe besteht aus nur einer Klausel, wonach der Verkäufer dem Käufer die Ware auf seinem eigenen Gelände zur Verfügung stellt (E-Klausel: ex works). Die zweite Gruppe (F-Klauseln, FCA, FAS, FOB) verpflichtet den Verkäufer, die Ware einem vom Käufer bestimmten Frachtführer zu übergeben. In der dritten Gruppe (C-Klauseln, CFR, CIF, CPT, CIP) wird festgelegt, daß der Verkäufer den Beförderungsvertrag abzuschließen hat, ohne das Risiko des Verlusts oder der Beschädigung der Ware oder zusätzlicher Kosten, die auf Ereignisse nach dem Abtransport zurückzuführen sind, zu tragen. Die vierte Gruppe schließlich (D-Klauseln, DAF, DES, DEQ, DDU, DDP) verpflichtet den Verkäufer, alle Kosten und Risiken zu übernehmen, bis die Ware im benannten Bestimmungshafen eintrifft.

Am Außenhandel teilnehmende Kaufleute, die die Klauseln der Incoterms für ihren Vertragsschluß zugrundelegen und die Klausel dann auch ausdrücklich einbeziehen, haben die Gewähr dafür, daß die jeweiligen Rechte und auch Pflichten, die sich aus der Lieferung und Abnahme der Ware ergeben, eindeutig festgelegt und einheitlich ausgelegt werden. Der Arbeitsausschuß der Internationalen Handelspraxis empfiehlt den Außenhandelsfirmen, bei Anwendung der Incoterms-Klauseln der jeweils neuesten Ausgabe der Incoterms die Jahreszahl (2000) mit anzugeben, um eine mögliche Verwechslung mit früheren Incoterms-Ausgaben (z. B. aus den Jahren 1976, 1980 und 1990) zu vermeiden. Die Incoterms stellen sich insgesamt nur als Hilfsmittel dar, welches nur dann für ein Auslandsgeschäft gilt, wenn es *ausdrücklich* in die Vereinbarung mit einbezogen wird. In einigen Staaten der Welt geht dieser Grundsatz so weit, daß es dort als nicht ausreichend angesehen wird, die Incoterms nur in den AGB abzudrucken; hier muß vielmehr in jedem Individualvertrag die gewünschte Incoterms-Klausel neu und ausdrücklich aufgenommen werden.

Die Incoterms regeln den Kostenübergang, den Gefahrübergang und den Übergang der Sorgfaltspflicht vom Verkäufer auf den Käufer.

Den Gefahrübergang behandeln die Incoterms als Übergang der Preisgefahr (– also anders als oben bei § 447 BGB besprochen, nicht bloß die Transportgefahr). Sobald danach die Gefahr auf den Warenabnehmer übergegangen ist, muß der Kaufpreis bezahlt werden, selbst wenn die Ware nach diesem Zeitpunkt zufällig untergeht oder eine schädigende Wertminderung eintritt.

Je nach Wahl des Klauseltyps wird eine Vereinbarung hinsichtlich der *Kostenverteilung* getroffen, Dabei geht es um jegliche Kosten, die im Zusammenhang mit einer grenzüberschreitenden Lieferung entstehen. Eingeschlossen sind auch die Transportversicherung (beispielsweise in der cif-Klausel) sowie eine Regelung darüber, daß der Abschluß eines Beförderungsvertrages, die Frachtzahlung sowie die Andienung der Transportdokumente durch eine Partei vorzunehmen sind.

Incoterms regeln nicht die im Außenhandelsvertrag interessierenden Fragen der Leistungsstörungen, etwaiger Rügepflichten, Verjährungsfristen, Zahlungsmodalitäten usw. Insofern sind die weiteren Vertragsbestandteile in den Individualverträgen oder den Allgemeinen Verkaufsbedingungen aufzunehmen.

Welche der 13 zur Verfügung stehenden Incoterms 2000-Klauseln letztlich vertraglich vereinbart wird, hängt stark von der Markt- und Verhandlungsposition der Vertragspartner ab. Gibt es einen „Verkäufer"-Markt mit starker Nachfragen, kann der Verkäufer die ihn begünstigenden Klauseln (z. B. „ex works") durchsetzen; im umgekehrten Fall wird der Käufer darauf drängen, den Zeitpunkt des Gefahrübergangs möglichst spät zu legen und ihn auf den Zeitpunkt der Warenanlieferung an seinem Geschäftssitz festzusetzen.

Konkret bedeutet *ex works* nach den Auslegungskriterien der Internationalen Handelskammer: Der Verkäufer hat die Ware in Übereinstimmung mit dem Kaufvertrag zu liefern sowie die Handelsrechnung oder die entsprechenden elektronischen Mitteilungen und alle sonstigen vertragsgemäßen Belege hierfür zu erbringen. Er hat dem Käufer auf dessen Verlangen, Gefahr und Kosten bei der Beschaffung der Ausfuhrbewilligung oder anderen behördlichen Genehmigungen, die für die Ausfuhr der Ware erforderlich sind, jede Hilfe zu gewähren. Er hat die Ware an dem benannten Lieferort in dem vereinbarten Zeitpunkt oder innerhalb der vereinbarten Frist oder, mangels einer Abmachung über Ort und Zeit, an dem für die Lieferung solcher Ware üblichen Ort sowie zu der üblichen Zeit zur Verfügung zu stellen. Der Verkäufer muß alle Gefahren des Verlusts oder der Beschädigung der Ware nur solange tragen, bis sie dem Käufer zur Verfügung gestellt worden ist. Gleiches gilt für die die Ware betreffenden Kosten. Der Verkäufer muß den Käufer in angemessener Weise benachrichtigen, an welchem Ort und zu welcher Zeit ihm die Ware zur Verfügung gestellt wird. Er hat die Kosten der Prüfung (wie Qualitätsprüfung, Messen, Wiegen und Zählen) zu tragen, die für die Zurverfügungstellung der Ware an den Käufer erforderlich ist, und er hat für eine Verpackung zu sorgen, wenn dies handelsüblich ist.

Der Käufer hat dagegen folgende Pflichten: er muß den Kaufpreis vertragsgemäß zahlen, auf eigene Gefahr und Kosten die Aus- und Einfuhrbewilligungen oder andere behördliche Genehmigungen beschaffen sowie alle erforderlichen Zollformalitäten für die Aus- und Einfuhr der Ware und gegebenenfalls für ihre Durchfuhr durch ein drittes Land erledigen. Er hat die Ware abzunehmen, sobald sie ihm zur Verfügung gestellt worden ist. Der Käufer hat alle Gefahren des Verlusts oder der Beschädigung der Ware von dem Zeitpunkt an zu tragen, in dem sie ihm zur Verfügung gestellt worden ist, und alle die Ware betreffenden Kosten von dem Zeitpunkt an zu tragen, in dem ihm die Ware zur Verfügung gestellt wurde. Außerdem muß er alle zusätzlichen Kosten tragen, die entweder dadurch entstehen, daß die Ware, nachdem sie ihm zur Verfügung gestellt wurde, nicht abgenommen worden ist, vorausgesetzt, daß die Ware in geeigneter Weise konkretisiert wurde.

30. Eigentumsvorbehalt. Der Eigentumsvorbehalt ist in Deutschland ein sehr wichtiges Sicherungsinstrument für den Verkäufer einer Ware, mit dem er sich das Eigentum an den Kaufsachen bis zur vollständigen Bezahlung des Kaufpreises vorbehält. Sobald ein internationaler Sachverhalt vorliegt, wird die Situation jedoch schwierig, da die ausländischen Rechtsordnungen durchweg ein anderes Verständnis dieses Instrumentariums haben und (vom deutschen Recht aus gesehen) sehr unterschiedliche Anforderungen an

3. Standard Terms and Conditions for the Sale of Goods (Allg. Lieferbed.) IV. 3

den Eigentumsvorbehalt stellen (hierzu ausführlich und mwN *Graf von Bernstorff*, Vertragsgestaltung im Auslandsgeschäft, 3. Aufl., 1997, S. 142 ff). Nach internationalprivatrechtlichen Grundsätzen muß bei Rechtsstreitigkeiten ein mit dem Fall befaßtes Gericht stets auf der Grundlage des nationalen Rechts urteilen, innerhalb dessen Geltungsbereich sich die unter Eigentumsvorbehalt gelieferte Ware befindet. Der Ort, an dem sich die Ware befindet, entscheidet also über das anwendbare Recht.

Für im Außenhandel tätige Kaufleute ist dies beachtlich, denn es kann im Einzelfall bei Abfassung des Liefervertrages von entscheidender Bedeutung sein zu wissen, ob die Vereinbarung eines Eigentumsvorbehalts überhaupt sinnvoll ist. Dies um so mehr, als der sachenrechtliche Eigentumsvorbehalt hinsichtlich des anwendbaren Rechts der Dispositionsfreiheit der Vertragspartner entzogen ist. Hier hilft also auch eine ausdrückliche Rechtswahl eines anderen Rechts nicht weiter, da der Grundsatz des „Rechts der Belegenheit der Sache" (lex rei sitae) gilt (*Graf von Bernstorff*, Rechtsprobleme im Auslandsgeschäft, 4. Aufl., 2000, S. 19 ff).

Es ist daher erforderlich, zwei Dinge bei der Vertragsgestaltung zu beachten. Zum einen ist die Vereinbarung eines Eigentumsvorbehalts immer dann sinnvoll, wenn die unter Eigentumsvorbehalt gelieferte Ware sich (vor oder nach der Lieferung) innerhalb des Bereichs der Geltung des deutschen Rechts, welches den Eigentumsvorbehalt sehr ausgeprägt kennt, befindet, da dann in diesem Fall (wegen der lex rei sitae) die Grundsätze des deutschen Rechts zum Eigentumsvorbehalt zur Anwendung gelangen.

Zum anderen kann die Vereinbarung der Geltung eines Eigentumsvorbehalts so ausgestaltet werden, daß auch die Voraussetzungen, die andere Rechtsordnungen aufstellen, eingehalten werden. Auf diese Weise wird für den Warenverkäufer eine weitgehende Sicherung seines Anspruchs auf vollständige Kaufpreiszahlung erreicht. Diesbezüglich soll darauf hingewiesen werden, daß es in vielen ausländischen Rechtsordnungen erforderlich ist, einen Eigentumsvorbehalt registrieren zu lassen; gelegentlich besteht darüber hinaus auch die Verpflichtung, einen solchen Vorbehalt (notariell) beurkunden zu lassen. Da dieses Erfordernis zur materiellen Wirksamkeit eines Eigentumsvorbehalts in Deutschland unbekannt ist, soll aus Sicht des deutschen Exporthandels darauf umso mehr hingewiesen werden. Hinzu kommt, daß in vielen Staaten der Welt, die französischem Recht folgen, der Eigentumsvorbehalt nicht konkursfest ist. Dies bedeutet, daß der deutsche Lieferant im Fall der Insolvenz des ausländischen Schuldners seine Vorbehaltsware nicht aussondern darf, sondern nach Zwangsversteigerung lediglich seinen Quotenanteil am Verwertungserlös erhalten kann. Aus dieser Sicht erscheint daher der Eigentumsvorbehalt im Auslandsgeschäft durchaus problematisch.

31. Einfacher Eigentumsvorbehalt. Der Eigentumsvorbehalt muß Inhalt des Kaufvertrages sein und kann nicht etwa, wie ein genereller Handelsbrauch im Sinne von § 346 HGB, als stets und automatisch (mit-) vereinbart gelten.

Beim Eigentumsvorbehalt nach deutschem Recht ist der schuldrechtliche Kauf dadurch gekennzeichnet, daß die Kaufpreisforderung ganz oder teilweise gestundet wird und der Verkäufer zum Rücktritt vom Kaufvertrag berechtigt ist, falls der Käufer mit der Zahlung des Kaufpreises in Verzug gerät. Die Rückabwicklung des Kaufvertrages richtet sich dann nach den §§ 346 ff BGB. Die sachenrechtliche Seite wird durch den Eigentumsvorbehalt bestimmt. Dieser besteht darin, daß der Verkäufer dem Käufer zwar den Besitz an der Sache übergibt und auch bereits die dingliche Einigung gemäß § 929 Satz 1 BGB mit dem Käufer abschließt. Der dingliche Einigungsvertrag enthält jedoch die aufschiebende Bedingung der vollständigen Zahlung des Kaufpreises. Nur dadurch kann erreicht werden, daß das Eigentum erst nach Eintritt der Bedingung, d. h. der vollständigen Bezahlung des Kaufpreises, auf den Käufer übergeht. Die Sicherheit des Verkäufers besteht also darin, daß er Eigentümer der Ware bleibt, bis der Kaufpreis voll bezahlt ist.

Die Vereinbarung eines einfachen Eigentumsvorbehalts wird nicht dadurch verhindert, daß der Verkäufer in seinen Allgemeinen Verkaufsbedingungen eine Eigentumsvorbehaltsklausel kundtut und der Warenkäufer in seinen AGB eine entgegenstehende Regelung kennt. Bei diesen widersprüchlichen AGB-Regelungen käme im Zweifel keine der Regelungen zum Tragen (vgl. hierzu *Graf von Westphalen*, Vertragswidriger Eigentumsvorbehalt und Kollision von AGB beim Vertragsschluß, BB 1980, 1405), so daß es für die wirksame Vereinbarung des einfachen des Eigentumsvorbehalts ausreicht (st. Rspr. seit BGH NJW 1982, 1749; BGH BB 1989, 1996; *Ulmer/Schmidt* JuS 1984, 18 ff). Dieses Ergebnis kann allerdings durch eine verspätete Mitteilung (etwa auf einer Rechnung oder einem Lieferschein) nur mit großen Schwierigkeiten erreicht werden, wenn man den Übereignungsvertrag im Sinne der §§ 929 ff BGB unter die Bedingung des einfachen Eigentumsvorbehalts auf das Lieferangebot beziehungsweise die Lieferbestätigung ankommt, auf der deutlich auf den gewollten Eigentumsvorbehalt hingewiesen wird (BGH BB 1989, 1996). Unter diesen Voraussetzungen hat der Käufer dann Kenntnis von den Eigentumsvorbehaltsbedingungen, was nach der Rechtsprechung für die schuldrechtliche Vereinbarung Eigentumsvorbehalts stellt und diesen nachträglichen Eigentumsvorbehalt durch die auf dem Lieferschein aufgrdruckte Eigentumsvorbehaltsklausel begründet (BGH NJW 1979, 2200 und NJW 1979, 213, 214).

32. Rücktritt bei Zahlungsverzug. In der folgenden Klausel der Allgemeinen Verkaufsbedingungen ist vorgesehen, daß der Verkäufer die Ware herausverlangen kann oder auch zum Rücktritt berechtigt ist, wenn der Käufer in Zahlungsverzug im Sinne der §§ 284 ff BGB geraten ist. Dies ist bei Vereinbarung eines Eigentumsvorbehalts nach § 455 BGB möglich (BGH WM 1986, 20, 22), wenn der Käufer trotz Fälligkeit und Mahnung nicht mehr rechtzeitig gezahlt hat. Dabei ist zu trennen von dem bloßen Anspruch auf Herausgabe der Ware (retake) oder dem Rücktritt vom Vertrag. Fordert der Lieferant die Rückgabe der Ware, dann kann er eine Entschädigung für die Überlassung der Vorbehaltsware verlangen.

Eine Forderung nach Herausgabe der Ware ist wegen des Sicherungs- und Verwahrungsinteresses des Vorbehaltseigentümers nicht nach § 9 AGBG zu beanstanden (OLG Schleswig MDR 1988, 582; *Thamm*, Rücknahmeklausel bei Eigentumsvorbehalt in Lieferverträgen, BB 1980, 1192), doch kann die Herausgabeklausel wegen Unangemessenheit einzelner Rücknahmegründe unangemessen sein, was etwa der Fall ist, wenn sich die Herausgabe auch auf bereits bezahlte Ware erstrecken sollte (BGH NJW 1986, 424 ff) oder wenn die Herausgabepflicht auch bei unverschuldeten Zahlungsrückständen bestehen soll (BGH NJW 1986, 424, 426).

Die Rücktrittsklausel berechtigt den Vorbehaltsverkäufer zum Rücktritt mit der Folge, daß die Kaufpreisforderung entfällt und das Eigentum endgültig beim Vorbehaltseigentümer verbleibt. Die Rücktrittsklausel entspricht der Gestaltung in § 455 BGB und ist unter Beachtung von § 10 Nr. 3 AGBG als angemessen anzusehen (BGH NJW 1985, 320, 325; *Wolf/Horn/Lindacher*, AGBG, § 9 E 29).

33. Sorgfaltspflichten. Die in den Allgemeinen Lieferbedingungen enthaltenen Verpflichtungen zur pfleglichen Behandlung entspricht der Interessenlage und ist nicht nach § 9 AGBG zu beanstanden. Dazu gehören die Konkretisierungen dieser Pflicht und auch die Aufgabe sonstiger Sorgfaltspflichten, die der Bewahrung der Sache dienen, soweit sie zumutbar sind und Treu und Glauben entsprechen. Zumutbar ist etwa, die Waren vernünftig gelagert, versichert und aufbewahrt zu halten. Dies ist in dem Vertragsmuster der Allgemeinen Exportbedingungen entsprechend enthalten. Darüber hinaus kann beispielsweise vorgesehen sein, daß der Käufer dem Vorbehaltseigentümer vom Zugriff Dritter auf die Ware, etwa im Falle der Pfändung, Mitteilung zu machen oder Beschädigungen oder die Vernichtung der Sache anzuzeigen hat. Ebenso kann grundsätzlich die Pflicht zur Anzeige eines Besitz- und Wohnungswechsels vorgesehen werden (BGH NJW 1985, 320, 325; *Wolf/Horn/Lindacher*, AGBG § 9, E 26).

3. Standard Terms and Conditions for the Sale of Goods (Allg. Lieferbed.)

34. Verlängerter Eigentumsvorbehalt. Der Käufer soll gemäß den Allgemeinen Exportbedingungen das Recht haben, die Ware im gewöhnlichen Geschäftsgang weiterzuveräußern. Angesprochen ist damit der sog. verlängerte Eigentumsvorbehalt, der ebenfalls aus rechtsvergleichender Sicht einige Probleme aufweist. Zunächst bedeutet der „verlängerte Eigentumsvorbehalt", daß der AGB-Steller die wirtschaftlichen Surrogate, die im späteren Verlauf an die Stelle der ursprünglich verkauften Sache treten, als Sicherheit erfassen will. Als wirtschaftliches Surrogat kommt beim Weiterverkauf die Kaufpreisforderung gegenüber dem Zweitkäufer in Betracht, die der erste Verkäufer sich als Sicherheit vorausabtreten läßt. Sofern die Ware weiterverarbeitet wird, ist wirtschaftliches Surrogat die neu hergestellte Ware, an der sich der Verkäufer durch eine Verarbeitungsklausel das Eigentum als Ersatz für die alte Sache sichern will. Zur Vereinbarung dieser Eigentumsvorbehaltsklausel vgl. die Erläuterungen oben (Ziff. 31).

Der verlängerte Eigentumsvorbehalt bei Weiterveräußerung enthält zwei Problemfelder. Liefert der AGB-Verwender die Ware an einen Händler, in dessen Handelsbetrieb sie bestimmungsgemäß zur Weiterveräußerung vorgesehen sind, so liegt darin nach den Umständen die stillschweigende Ermächtigung an den Händler, die Ware im Rahmen eines ordnungsgemäßen üblichen Geschäftsverkehrs durch Übereignung weiterveräußern zu dürfen. Der Ausschluß dieser Weiterveräußerungsermächtigung ohne sachlich gerechtfertigten Grund ist nach § 9 AGBG unwirksam (BGH NJW 1969, 1171, *Wolf/Horn/Lindacher*, § 9 AGBG E 40), aber ausnahmsweise gerechtfertigt, wenn die Weiterveräußerung an Abnehmer erfolgt, die die Abtretung der gegen sie gerichteten Einzelforderung ausgeschlossen oder beschränkt haben und dadurch die Vorausabtretung vereiteln (BGH NJW 1988, 1210, *Wagner*, Zur Kollision von verlängertem Eigentumsvorbehalt und eingeschränktem Abtretungsverbot, JZ 1988, 698). Die Vorausabtretung der Entgeltforderung (Kaufpreis, Werklohn usw.) ist im kaufmännischen Verkehr grundsätzlich wirksam und nach § 9 AGBG nicht zu beanstanden (BGH NJW 1985, 1836, 1837). Bedenklich wird diese Klausel aber, wenn die Vorausabtretung zu einer Übersicherung führt. Wird eine erhebliche Übersicherung herbeigeführt, ist die Vorausabtretung aus Sicht des § 9 AGBG zu beanstanden, so etwa, wenn die Vorausabtretung in voller Höhe unter Einschluß des Gewinns und Werklohns des Käufers und des Werts der Vorbehaltsware anderer Lieferanten vorgesehen ist (BGH NJW 1987, 487, 489).

35. Verarbeitungsklausel. Beim verlängerten Eigentumsvorbehalt bei *Verarbeitung* kann der Vorbehaltseigentümer sein Eigentum nach § 950 BGB verlieren. Er hat ein berechtigtes Interesse, daß ihm auch an der neu hergestellten Sache eine Sicherheit zusteht, soweit darin der Wert der gelieferten Vorbehaltssache verkörpert ist. Grundsätzlich tritt der Eigentumserwerb zugunsten des Herstellers ein. Hersteller ist, wer nach der Verkehrsauffassung die Organisationshoheit über den Produktionsprozeß inne hat (BGHZ 14, 117; 20, 163). Dabei kann der Hersteller auch andere, die von seinen Weisungen abhängig sind, für sich arbeiten lassen. Entscheidend ist, daß er den Produktionsvorgang beherrschen und beeinflussen kann. Der Erwerb des Herstellers kann vor allem auch das Eigentum der Stofflieferanten zerstören, die sich bei der Lieferung ihrer Waren an den Hersteller das Eigentum bis zur vollständigen Bezahlung des Kaufpreises vorbehalten haben. Um das vorbehaltene Eigentum durch die Verarbeitung nicht untergehen zu lassen, werden sogenannte Verarbeitungsklauseln vereinbart, in denen der Produzent verspricht, nicht für sich, sondern für den Lieferanten herzustellen.

Die Rechtsprechung läßt Verarbeitungsklauseln zu, durch die vorgesehen wird, daß der Vorbehaltskäufer die Verarbeitung nicht für sich, sondern für den Vorbehaltseigentümer durchführt. Dies soll selbst dann gelten, wenn der Verarbeiter später nicht mehr für den Lieferanten, sondern für sich selbst herstellen will. Der Vorbehaltseigentümer erwirbt das Eigentum an der neuen Sache nach § 950 BGB (BGHZ 20, 163; BGHZ 46,

117; eine Gegenmeinung erklärt § 950 BGB für abdingbar und wendet die §§ 947 und 948 BGB an, *Baur*, Sachenrecht, § 53 b Abs. 1 S. 3), so daß eine solche Verarbeitungsklausel nach § 9 AGBG unbeanstandet bleibt (str.; *Wolf/Horn/Lindacher*, AGBG, § 9 E 44 mwN). Ist die Verarbeitungsklausel mit mehreren Lieferanten getroffen, deren verschiedene Stoffe zu einer neuen Sache verarbeitet werden, so sollen diese an der neuen Sache Miteigentum erwerben können im Verhältnis des Wertes ihrer Lieferung zum Wert des Endprodukts (BGHZ 46, 117).

Unwirksam ist eine Verarbeitungsklausel dagegen dann, wenn sie die Interessen des Vorbehaltskäufers unangemessen stark beeinträchtigt, beispielsweise dann, wenn keine Vorsorge getroffen wurde, daß das Anwartschaftsrecht des Vorbehaltskäufers an der alten Sache auch an der neuen Sache weiterbesteht, weil sonst dem Vorbehaltskäufer die dingliche Sicherheit für den Eigentumserwerb trotz des bereits gezahlten Kaufpreises fehlen würde. Aus Sicht des § 9 AGBG wird eine Klausel auch dann beanstandet, wenn bei Herstellung der neuen Sache aus Gütern mehrerer Lieferanten nur ein Lieferant in seinen AGB vorsieht, daß der Vorbehaltskäufer für ihn allein herstellt und er Alleineigentum an der neuen Sache erwerben soll. Da hierbei die anderen Lieferanten von angemessenen Sicherheiten ausgeschlossen würden, muß eine solche Klausel nach § 9 AGBG beanstandet werden.

Die Musterklauseln in den Allgemeinen Verkaufsbedingungen tragen diesen Umständen Rechnung und legen fest, daß der Vorbehaltsverkäufer für den Fall der Verarbeitung seine Eigentümerposition nicht verliert, bis der vollständige Kaufpreis bezahlt worden ist.

36. Verbindung und Vermischung. Eine Verarbeitungsklausel, wie unter Ziff. 35 besprochen, erfaßt nicht die Fälle, in denen die Ware mit anderen Waren verbunden und vermischt wird und damit der Tatbestand der §§ 947 und 948 BGB erfüllt wird (BGH WM 1972, 138). Eine Verbindung führt dazu, daß die zuvor selbständigen Sachen wesentlicher Bestandteil einer neuen Sache (§ 947 Abs. 1 BGB) werden oder daß sie wesentlicher Bestandteil einer anderen Hauptsache (§ 947 Abs. 2 BGB) werden. Für die Eigenschaft als wesentlicher Bestandteil ist § 93 BGB maßgebend. Eine Vermischung liegt vor, wenn bewegliche Sachen miteinander derartig vereinigt werden, daß entweder ihre Trennung objektiv unmöglich (§ 948 Abs. 1 BGB) oder nur mit unverhältnismäßigen Kosten möglich ist (§ 948 Abs. 2 BGB). Die Vorschriften der §§ 947 und 948 BGB sehen dieselbe Rechtsfolge vor. Ist eine Sache, mit der eine andere Sache verbunden wird, als Hauptsache anzusehen, so wird der Eigentümer der Hauptsache auch Eigentümer der mit dieser verbundenen oder vermischten Nebensache. Dagegen erwerben die Eigentümer der verbundenen oder vermischten Sachen Miteigentum an der neuen Sache, wenn keine Sache als Hauptsache anzusehen ist.

Durch den Eigentumsuntergang erlischt damit auch der Eigentumsvorbehalt des Lieferanten, so daß der Exporteur nur die Möglichkeit hat, sich bei Vorliegen des Vermischungs- oder Verbindungstatbestandes Miteigentum (co-ownership) einräumen zu lassen.

Beim verlängerten Eigentumsvorbehalt ist schließlich noch eine Problematik aus internationalrechtlicher Sicht besonders zu beachten. Aufgrund des Prinzips der *lex rei sitae*, also des Belegenheitsstatuts, wonach sich Sachenrechte stets nach dem Rechts des Landes beurteilen, innerhalb dessen Grenzen sich die Sache befindet, muß der verlängerte Eigentumsvorbehalt teilweise nach deutschen, teilweise nach auslandsrechtlichen Prinzipien ausgestaltet sein. Anders gesagt: der deutsche Exporteur kann sich nicht darauf verlassen, daß der ihm bekannte „verlängerte" Eigentumsvorbehalt deutschrechtlicher Prägung im Ausland bekannt und anerkannt ist. In der Tat kennen die meisten ausländischen Rechtsordnungen keinen verlängerten Eigentumsvorbehalt oder knüpfen an eine entsprechende Vereinbarung Bedingungen, wie etwa die Registrierung und/oder Beurkundung der Vorbehaltsvereinbarung. Da dies für deutsche Exporteure ein im Inland unbekanntes Erfordernis darstellt, sollte der deutsche Exporteur sich auf das Institut des verlängerten Eigentumsvorbehalts im Ausland grundsätzlich nicht verlassen (hierzu grundsätzlich *Graf von Bernstorff*, Vertragsgestaltung im Auslandsgeschäft, 4. Aufl., 1997, S. 143 ff).

37. Vollstreckung in Vorbehaltseigentum. Die Gläubiger des Vorbehaltseigentümers können in das diesem verbliebene Vorbehaltseigentum vollstrecken. Der Vorbehalts*käufer* kann dagegen aufgrund seines Anwartschaftsrechts die Klage aus § 771 ZPO erheben (BGHZ 55, 20, 26). Es ist für den (Regel-)Fall, daß sich die Vorbehaltsware im Besitz der Käufers befindet, nicht nach § 9 AGBG zu beanstanden, den Vorbehaltskäufer zu verpflichten, dem Vorbehaltslieferanten Anzeige zu machen, sobald Dritte auf die Vorbehaltsware Zugriff nehmen, um diese zu pfänden oder um in die Ware die Zwangsvollstreckung zu betreiben. Es kann danach der Käufer verpflichtet werden, mittels seiner Anzeige dem Vorbehaltsverkäufer Gelegenheit zu verschaffen, Interventionsklage nach § 771 ZPO zu erheben. Versäumt der Käufer diese Aufgabe, dann macht er sich wegen positiver Vertragsverletzung schadensersatzpflichtig (*Serick*, Eigentumsvorbehalt und Sicherungsübertragung, Bd. I, 1962, S. 295). Diesen Gedanken enthält die hier vorgegebene Lieferklausel.

38. Freigabeverpflichtung. Im letzten Abschnitt der Eigentumsvorbehaltsbestimmungen ist schließlich noch eine Freigabeverpflichtung enthalten, die seit einer grundlegenden Entscheidung des BGH heute stets im Zusammenhang mit Eigentumsvorbehaltsklauseln aufgenommen werden muß (BGH ZIP 1993, 105). Diese Klausel dient dazu, eine Übersicherung des Vorbehaltsverkäufers zu vermeiden und den Vorbehaltskäufer in seiner wirtschaftlichen bewegungsfreiheit nicht zu sehr einzuschränken (BGH ZIP 1993, 105). Es ist allerdings aus Sicht des § 9 Abs. 1 AGBG nicht zu beanstanden, wenn die Freigabe von Sicherheiten nur „auf Verlangen des Käufers" erfolgen muß. Die Höhe des Sicherheitenüberhangs, ab dem eine Freigabe der Sicherheiten greift, ist von Literatur und Rechtsprechung nicht einheitlich gelöst – der BGH hat in der genannten Entscheidung eine Übersicherung erst ab einer Grenze von 20% des realisierbaren Wertes der Forderungen angenommen.

39. Mängelgewährleistung. Der Bereich der Mängelgewährleistung ist in den Allgemeinen Verkaufsbedingungen häufig sehr umfangreich, weil der Klauselverwender in diesem Bereich am häufigsten versucht, für ihn günstige Regelungen mit großem Variantenreichtum durchzusetzen. Die hier in den Allgemeinen Exportbedingungen vorgegebenen Vertragsklauseln nehmen auf diese Situation Rücksicht und stellen den üblichen Klauselkatalog dar. In der Kommentierung wird hier unter anderem auch auf die Besonderheiten, die sich aus dem UN-Kaufrecht ergeben können, hingewiesen. Im übrigen wird aber wegen der Besonderheiten des UN-Kaufrechts auf die Besprechung des Exportvertrags von *Piltz* (oben, Ziff. 2 und 67 ff) verwiesen.

Grundsätzlich ist festzuhalten, daß Gewährleistungsansprüche des Bestellers dem Lieferanten gegenüber nur durchsetzbar sind, wenn der Käufer die Rügepflichten der §§ 377 und 378 HGB beachtet. Hierzu ist zunächst Voraussetzung, daß das Kaufgeschäft für beide Parteien ein Handelsgeschäft im Sinne der §§ 343 und 344 HGB ist. Ferner ist der Käufer verpflichtet, den Kaufgegenstand unverzüglich nach der Ablieferung auf etwaige Mängel zu untersuchen.

Die Obliegenheit des Käufers zur Rechtswahrung ist die *Anzeige* des (durch Untersuchung) erkannten Fehlers der Ware. Eine Rüge ohne Untersuchung (aus etwa anders erlangter Kenntnis des Mangels) wahrt die Käuferrechte auch (RGZ 138, 336; OLG Frankfurt BB 1984, 177). Die für die Untersuchung erforderliche Frist bestimmt den Zeitpunkt, in dem der Käufer die durch Untersuchung feststellbaren Mängel spätestens rügen muß. Unmöglichkeit der Untersuchung entbindet von der Rügepflicht; gleiches gilt, wenn die Untersuchung die Ware vernichten oder wesentlich beschädigen würde (*Baumbach/Hopt*, § 377 HGB Rdnr. 3 A).

Unter Ablieferung wird die Handlung des Verkäufers verstanden, dem Käufer die Möglichkeit zu geben, den Gewahrsam am Kaufgegenstand zu erlangen (BGH NJW 1985, 1333, 1334), was beispielsweise durch Zugänglichmachen der Sache beim Empfänger oder des von ihm Beauftragten (Spediteur oder Frachtführer) geschieht mit der Folge, daß der Kaufgegenstand auf seine Beschaffenheit geprüft werden kann (BGHZ 60, 6; BGH NJW 86, 317). Unter diesem Aspekt kommt auch der oben beschriebenen Lieferklausel (oben, Ziff. 28 und 29) besondere Beachtung zu, wobei sich aber der Begriff der „Ablieferung" *nicht* mit dem Gefahrübergang deckt (*Baumbach/Hopt*, HGB § 377, Rdnr. 3 B; besonders problematisch ist dies im Hinblick auf eine etwaige Verwendung der Incoterms-Klausel „fob", da bei Lieferung nach Übersee mit „seemäßiger Verpackung" die Untersuchung erst am Bestimmungsort in Übersee möglich ist, RGZ 102, 91; BGH BB 53, 186; anders, wenn die Untersuchung schon im Abladehafen möglich und nach Wert und Kosten zumutbar ist, was je nach Einzelfall zu entscheiden ist, BGHZ 60, 7; BGH DB 1981, 1817. Zur Klausel „frei im Container gestaut" BGH DB 1981, 1816; bei Übergabe an den Beauftragten des Käufers am Übergabeort, OLG Köln DB 1975, 2124).

Das Rügerecht des Käufers geht verloren, wenn eine vermeidbare Nachlässigkeit und eine dadurch bedingte Verzögerung der („unverzüglich", im Prozeß zu substantiierenden, OLG Köln, MDR 1973, 679) durchzuführenden Untersuchung vorliegt (RGZ 106, 359, 360). Unter „unverzüglich" ist ein ohne schuldhaftes Verzögern im Sinne von § 121 BGB zu verstehendes Verhalten gemeint. Das Eilgebot gilt zweimal, sowohl für die Untersuchung als auch für die Rüge (RGZ 106, 361). Für die Art der Untersuchung hat die Rechtsprechung Maßstäbe aufgesetzt, wie etwa der notwendigen Berücksichtigung der Umstände des Einzelfalls (drohender Verderb der Ware, OLG München, BB 1955, 748) oder der Vorgehensweise bei Stichproben, die in angemessener Anzahl und Art und Weise durchgeführt werden müssen (OLG München aaO; BGH BB 1977, 1019). Der objektive Maßstab hindert nicht daran, die Verhältnisse des Käufers zu berücksichtigen. Von einem Großbetrieb ist eher mehr zu verlangen als von einem Kleingewerbetreibenden (OLG Hamburg, BB 1953, 98). Beim Weiterverkauf einer Ware (Streckengeschäft) kann der Käufer die Untersuchung seinem Abnehmer überlassen, so daß es für die Mängelrüge ausreichend ist, wenn der Zweitabnehmer Mitteilung an den Erstkäufer und dieser dann unverzügliche Mitteilung an den Verkäufer macht (BGH BB 1954, 954). Die Rüge ist *formfrei* möglich, was die hier vorgegebene Allgemeine Exportbedingung berücksichtigt. Dies bedeutet, daß also auch telefonisch gerügt werden kann; ein mehrfach erfolgloser Anruf genügt allerdings nicht (BGHZ 93, 349). Legitimiert zur Rüge sind der Käufer, sein Bevollmächtigter (bei Vertretung ohne Vertretungsmacht kann nachträglich genehmigt werden, §§ 180 Satz 1 und 2, § 177 Abs. 1 BGB). Der Verkäufer muß der Rügeanzeige die Art und den Umfang der Mängel entnehmen können, so daß er nachbessern kann (BGH BB 1978, 1489).

Wenn und soweit sich der Kaufvertrag nach den Regelungen des UN-Kaufrechts bestimmt, sind Art. 38 und 39 des UN-Kaufrechts zu beachten. Die Bestimmung des Art. 38 Abs. 1 des UN-Kaufrechts entspricht dem Grundgedanken des § 377 HGB, da sie dem Käufer die Pflicht auferlegt, die Ware innerhalb so kurzer Frist zu untersuchen, wie es die Umstände erlauben. Es sind die Rechte und Gebräuche des Untersuchungsortes zu beachten, und – im Gegensatz zum § 377 HGB – es besteht diese Untersuchungspflicht auch für den nichtkaufmännischen Käufer (*Schlechtriem*, Kommentar zum UN-Kaufrecht, 3. Aufl. 2000, Art. 38 Rdnr. 10). Beim Versendungskauf besteht die Untersuchungs- und Rügepflicht gemäß Art. 38 Abs. 2 des UN-Kaufrechts erst am Bestimmungsort und nicht schon bei Übergabe an den Beförderer. – Die Rüge eines Mangels hat dann nach den Bestimmungen des Art. 39 des UN-Kaufrechts zu erfolgen. Zu rügen ist jede Vertragswidrigkeit, die der Käufer bei der nach Art. 38 gebotenen Untersuchung festgestellt hat. Die Rüge muß die Art der Vertragswidrigkeit genau bezeichnen und so substantiiert sein, daß der fachkundige Verkäufer weiß, was gemeint ist (OLG Koblenz,

RIW 1989, 310, 311; BGH BB 1977, 1019). Ein globaler Hinweis auf Qualitätsmängel der Ware reicht nicht aus (OLG Köln, RIW 1985, 404, 405). Der Begriff der „angemessenen" Frist zur Rüge entspricht dem Gedanken des deutschen § 121 BGB (*Herber/ Czerwenka*, Internationales Kaufrecht, Art. 39, Rdnr. 9; aber BGH NJW 1982, 2730, 2732, Abstellen auf den Einzelfall und einer etwaigen Pflicht zum Einholen näherer Informationen, bevor gerügt werden kann). Bei nicht erkennbaren Mängeln ergibt sich aus Art. 39 Abs. 2 UN-Kaufrecht eine absolute Ausschlußfrist von zwei Jahren für die Rüge.

40. Fehlerhaftung und Eigenschaftszusicherung. Mit dieser Allgemeinen Lieferbedingung sichert der Exporteur zu, daß die Ware fehlerfrei geliefert wird und zur Zeit des Gefahrübergangs die zugesicherten Eigenschaften hat.

Nach § 459 Abs. 1 BGB haftet der Verkäufer dafür, daß der Kaufgegenstand zum Zeitpunkt des Gefahrübergangs (vgl. § 446 BGB) nicht mit Fehlern behaftet ist, die den Wert oder die Tauglichkeit zu dem nach dem Vertrag vorausgesetzten Gebrauch aufheben oder mindern. Nach dem sogenannten subjektiven Fehlerbegriff (hierzu BGHZ 90, 198, 202), der das Abweichen des Istzustands der Ware von der (subjektiv) vertraglich vereinbarten Beschaffenheit (Soll-Zustand) unterscheidet (aA: „objektiver Fehlerbegriff", *Knöpfle* NJW 1987, 801 ff, der anstelle der zwischen den Parteien vereinbarten Kriterien objektive Kriterien zum Maßstab eines vorliegenden Fehlers nimmt), wird jede ungünstige, nicht unerhebliche Abweichung der Warenbeschaffenheit als Fehler angesehen. Besteht eine Verantwortung des Verkäufers für einen Fehler der Ware, dann haftet er nach §§ 459, 462 und 480 BGB auf Wandlung, Minderung oder Nachlieferung; für etwaige Mangelfolgeschäden muß er nur eintreten, wenn ein Verschulden auf seiner Seite vorliegt und eine Haftung wegen positiver Vertragsverletzung eingreift BGH BB 1980, 1068).

Fehlt der Ware eine zugesicherte Eigenschaft im Sinne des § 459 Abs. 2 BGB, dann versteht man unter Eigenschaft die der Kaufsache auf Dauer anhaftende Merkmale, die für den Wert, den vertraglich vorausgesetzten Gebrauch oder aus sonstigen Gründen für den Käufer erheblich sind (BGHZ 87, 280, 283). Eine Eigenschaftszusicherung muß Vertragsbestandteil geworden sein, wie auch die vorliegende Allgemeine Verkaufsbedingung deutlich aussagt. Aus den §§ 463 Satz 1 und 459 Abs. 2 BGB ergibt sich, daß in diesen Fällen des Fehlens einer zugesicherten Eigenschaft der Verkäufer auf Schadensersatz wegen Nichterfüllung haftet.

Die vorliegenden Allgemeinen Verkaufsbedingungen nehmen auf diese Voraussetzungen des deutschen BGB Rücksicht. Soweit die Kaufgeschäfte den Bestimmungen des UN-Kaufrechts unterliegen, ist zusätzlich Art 35 Abs. 1 des UN-Kaufrechts zu beachten. Das UN-Kaufrecht unterscheidet, anders als das deutsche BGB, nicht nach Schlechtlieferung, Falschlieferung, Fehlen einer zugesicherten Eigenschaft oder dem Abweichen von vertragliche Vereinbartem, sondern sieht in dem Einstehenmüssen des Verkäufers für die Vertragsgemäßheit der Ware eine eigenständige Vertragspflicht des Verkäufers (*Beß*, Die Haftung des Verkäufers für Sachmängel und Falschlieferungen im Einheitlichen Kaufgesetz, 1971; *Lüderitz*, Pflichten der Parteien nach UN-Kaufrecht im Vergleich zu EKG und BGB, in *Schlechtriem*, Einheitliches Kaufrecht und nationales Obligationenrecht, S. 179 ff). Abweichend von § 459 BGB werden im UN-Kaufrecht die Anforderungen an die Vertragsgemäßheit der Ware positiv umrissen. Waren, die den in Art. 35 UN-Kaufrecht aufgeführten Erfordernissen nicht entsprechen, sind vertragswidrig im Sinne der folgenden Bestimmungen. Das gilt nicht nur hinsichtlich der Eigenschaften der gelieferten Ware (Qualität), sondern auch hinsichtlich ihrer Menge und Art. Deshalb fallen auch Zuwenig- oder Zuviellieferungen unter die Bestimmung der Art. 35 ff UN-Kaufrecht. Gleiches gilt auch für die Lieferung einer ganz anderen Sache, die zwar an sich fehlerfrei, aber eben falsch (ein aliud) ist (*Herber/Czerwenka*, Internationales Kaufrecht, Art. 35, Rdnr. 2). Wie bei § 459 BGB muß auch nach UN-Kaufrecht die Vertragsmäßigkeit im Zeitpunkt des Gefahrübergangs (Art. 36 UN-Kaufrecht) vorliegen. Bei spezifizierter Beanstandung des Käufers nach Art. 39 UN-Kaufrecht hat der Verkäufer die Vertragsmäßigkeit bei Gefahrübergang zu beweisen; nach rügeloser Abnahme trifft die Beweislast jedoch den Käufer, weil er sich in Widerspruch zu seinem früheren Verhalten setzt (*Herber/Czerwenka*, aaO, Art. 35 Rdnr. 9). Die vorliegenden Allgemeinen Exportbedingungen setzen sich auch nicht in Widerspruch zu den Regelungen des UN-Kaufrechts, soweit dieses für die Kaufgeschäfte der Parteien zur Anwendung gelangt.

41. Haftungsfreizeichnung. Dieser Abschnitt der Allgemeinen Verkaufsbedingungen reflektiert den Bereich der Haftungsfreizeichnung, indem der Exporteur nur unter bestimmten Voraussetzungen zur Mängelhaftung bereit ist. Der Exporteur übernimmt die Mängelhaftung nur unter der Voraussetzung, daß der Warendefekt nicht auf eine Warenspezifikation des Käufers zurückzuführen ist, sämtliche Teile der Warenlieferung vom Verkäufer selbst hergestellt (und nicht etwa vom Käufer geliefert) wurden und schließlich der fällige Kaufpreis vom Käufer bezahlt worden ist.

Diese Klauseln der Allgemeinen Verkaufsbedingungen stehen *nicht* in Konflikt zu der grundsätzlichen Problematik von Haftungsausschlußklauseln, die nach § 11 Nr. 7 AGBG (derselbe Grundgedanke wird im kaufmännischen Geschäftsverkehr über § 9 Abs. 1 AGBG erfaßt) und § 9 Abs. 2 Nr. 2 AGBG kritisch zu würdigen sind. Aus der erstgenannten Vorschrift des § 11 Nr. 7 AGBG folgt, daß der Ausschluß oder die Begrenzung der Haftung für einen Schaden, der auf einer vorsätzlichen oder grob fahrlässigen Vertragsverletzung des AGB-Verwenders beruht, nichtig ist. Der Schaden muß in diesen Fällen auf eine Vertragsverletzung zurückzuführen sein, was alle Arten der Leistungsstörungen erfaßt. Nicht beanstandet werden nur Haftungsbegrenzungsklauseln, die sich auf Schadensersatzrisiken beziehen, die nicht von vornherein vorhersehbar und untypisch sind (BGH ZIP 1993, 46). Eine solche Ausschlußklausel liegt mit dem unter Ziff. 40 erfaßten Haftungsausschluß nicht vor, so daß dieser etwaige Gesetzeskonflikt hier nicht zum Tragen kommt. – Ebenso bilden die Klauseln auch kein Problem, das aus der Sicht des § 9 Abs. 2 Nr. 2 AGBG kritisch zu würdigen wäre. Diese Vorschrift besagt, daß Haftungsfreizeichnungsklauseln im Bereich der leichten Fahrlässigkeit unwirksam sind, wenn sie sich auf die Verletzung einer vertragswesentlichen Pflicht beziehen (st. Rspr. seit BGH BB 1978, 827, 828; BGH ZIP 1991, 1362, 1365; BGH ZIP 1993, 46, 47). Eine wesentliche Vertragspflicht ist immer dann anzunehmen, wenn und soweit ein besonderes Vertrauensverhältnis zwischen Lieferant und Käufer besteht (BGH NJW-RR 1986, 271). Auch hier sind die Klauseln nach Ziff. 40 unproblematisch, da sie sich auf einen in der Sphäre des Käufers gelegenen Mangel beziehen und nur dann auch einen Haftungsausschluß auf Seiten des Klauselverwenders gestatten.

42. Rügefrist. In dieser Klausel wird die Frist für die vom Käufer vorgebrachten Rügen festgelegt. Wie bereits oben (Ziff. 38) festgestellt, sind für diesen Themenbereich die Vorschriften der §§ 377 und 378 HGB einschlägig. Beide Vorschriften sind nachgiebig, eröffnen also die Möglichkeit, die Rügepflicht und ihre Ausgestaltung zu verschärfen, zu umschreiben, zu mildern oder ganz aufzuheben. Oft wird eine schriftliche Rüge verlangt, doch ist dies nicht die Regel. Meist wird anstelle des Wortes „unverzüglich" im Sinne des § 377 Abs. HGB eine bestimmte Frist gesetzt (BGH DB 1973, 2390), wobei unterschiedliche Konstellationen (z. B. „8 Tage", BGH BB 1977, 14) denkbar sind. Eine Frist kann auch durch bloße Ausschlußfrist gesetzt werden, so daß sie nicht beliebig ausgenutzt werden darf, sondern innerhalb der Frist als unverzügliche Erklärung vorgeschrieben bleibt, (RG HRR 33, 837).

43. Ersatzlieferung. Mit dieser Klausel wird dem Käufer die Möglichkeit eröffnet, eine Ersatzlieferung zu beanspruchen, sofern die Ware nicht ordnungsgemäß ist. Naturgemäß ist ein Anspruch des Käufers auf Ersatzlieferung automatisch dadurch ausgeschlossen, daß er mit einer Ersatzlieferung unvereinbare, anderweitige Rechtsbehelfe geltend macht, indem er beispielsweise die Aufhebung des Vertrages oder die Minderung des Kaufpreises erklärt (hM, vgl. *Palandt/Putzo*, BGB, § 480 Rdnr. 5.).Das Wahlrecht steht grundsätzlich nur dem Käufer zu; der Verkäufer kann die Wahl der Ersatzlieferung nicht erzwingen (BGH NJW 1967, 33). – Nach § 480 BGB ist das Verlangen nach einer Ersatzlieferung dann statthaft, wenn es sich um einen Gattungskauf im Sinne des § 243 Abs. 1 BGB handelt. Die Vorschrift des § 480 BGB ist auch anwendbar auf eine Falschlieferung beim beiderseitigen Handelskauf, wenn sie im Sinne des § 378 HGB genehmigungsfähig ist (BGHZ 115, 286; BGH NJW-RR 1992, 1076; zur Anwendung im bürgerlichrechtlichen Kauf vgl. *Singer* ZIP 1992, 1058). Ist die gesamte Gattung mangelhaft, hat der Käufer die Möglichkeit, statt einer Ersatzlieferung die Rechte aus §§ 462 und 463 (nämlich Wandelung, Minderung oder Schadensersatz wegen Nichterfüllung) geltend zu machen, § 480 Abs. 2 BGB. Entscheidend ist, daß Gewährleistungsansprüche durch Freizeichnungsklauseln abgeändert werden dürfen (BGH NJW 1994, 1661).

Verlangt der Käufer die Ersatzlieferung, muß der Verkäufer, wenn er sein Einverständnis erklärt, seinen Anspruch auf Rückgabe der mangelhaften Sache Zug um Zug geltend machen (§ 480 Abs. 1 Satz 2 und §§ 467 und 348 BGB). Ist der Ersatzlieferungsanspruch berechtigt, tritt mit dem Ersatzlieferungsverlangen, in dem eine Mahnung zu sehen ist, grundsätzlich Verzug (§ 284 BGB) ein und es besteht Anspruch auf Ersatz des Verzögerungsschadens (BGH NJW 1985, 2526; *Palandt/Putzo*, BGB, § 480 Rdnr. 6). Unterbleibt die Ersatzlieferung, ist § 326 BGB anwendbar und das Verlangen von Schadensersatz wegen Nichterfüllung möglich. Ist auch die Ersatzlieferung fehlerhaft, kann der Käufer wieder auf die anderen Gewährleistungsansprüche zurückgreifen (BGH NJW 1983, 1495).

Unterliegt der Kauf den Bestimmungen des UN-Kaufrechts, so ist für diesen Bereich Art. 46 Abs. 2 des UN-Kaufrechts einschlägig. Anders als bei der oben beschriebenen Lösung nach § 480 BGB reicht es bei einer Beurteilung des Falles aus Sicht des UN-Kaufrechts nicht aus, daß die Ware lediglich „fehlerhaft" ist; stattdessen muß der Fehler der Ware zugleich eine wesentliche Vertragsverletzung darstellen (Art. 46 Abs. 2 und Art. 25 UN-Kaufrecht). Dies ist regelmäßig nur dann der Fall, wenn es sich um eine nach der Verkehrsanschauung schwerwiegende Vertragsverletzung handelt. Qualitätsmängel beispielsweise führen nur dann zu einer wesentlichen Vertragsverletzung, wenn sie die Verwertbarkeit der Ware erheblich beeinträchtigen. Dabei sind Nachbesserungsbeziehungsweise Ersatzlieferungsmöglichkeiten sowie die Bereitschaft des Verkäufer hierzu mit in Betracht zu ziehen, auch unter Berücksichtigung der dafür aufzuwendenden Zeit. Bei Handelsware kann ein Mangel häufig schneller als erheblich einzustufen sein als etwa bei Gebrauchsgütern, da fehlerhafte Handelsware oft nicht mehr verkäuflich ist (hierzu *Herber/Czerwenka*, Internationales Kaufrecht, Art 25, Rn 7). Außerdem ist zu beachten, daß nach Art. 82 Abs. 1 UN-Kaufrecht der Käufer das Recht verliert, „vom Verkäufer eine Ersatzlieferung zu verlangen, wenn es ihm unmöglich ist, die Ware im wesentlichen in dem Zustand zurückzugeben, in dem er sie erhalten hat.".

44. Nachbesserung. Neben dem Verlangen nach Ersatzlieferung soll dem Käufer das Recht zustehen, auch eine Nachbesserung der fehlerhaften Ware zu fordern. Wie schon unter Ziff. 42 (Ersatzlieferung) erläutert, steht es auch einem Nachbesserungswunsch entgegen, wenn der Käufer schon anderweitige Rechtsbehelfe geltend gemacht hat. Eine Möglichkeit zur Nachbesserung muß vereinbart werden (hM, *Köhler* JZ 1984, 393 mwN). Der Verkäufer kann das Ansinnen des Käufers auf Nachbesserung ablehnen, wenn das Verfahren der Nachbesserung auf eine bestimmte Art vereinbart ist und der Käufer sich nicht daran hält (BGH NJW-RR 1991, 870).

Bei Fehlschlagen der Nachbesserung (etwa durch Unterbleiben oder Mangelhaftigkeit) kann der Käufer die gesetzlichen Gewährleistungsrechte geltend machen. Legen die Verkaufsbedingungen allerdings deutlich fest, daß der Verkäufer eine Nachbesserung durch Naturalrestitution zu erbringen hat, ist § 250 BGB einschlägig (OLG Hamm NJW-RR 1992, 467; also nach Fristablauf Schadensersatz in Geld). Das Fehlschlagen der Nachbesserung führt bei Anwendbarkeit des § 11 Nr. 10 b AGBG ohne weiteres zum Anspruch auf Minderung oder Wandlung, wobei dieses Ergebnis im kaufmännischen Geschäftsverkehr über die §§ 24 Satz 2 und 9 AGBG ebenso erreicht werden (BGHZ 93, 62; BGH NJW 1994, 1005; BGH WM 1995, 1456). – Als fehlgeschlagen gilt eine Nachbesserung beziehungsweise Ersatzlieferung (oben, Ziff. 42), wenn sie unmöglich ist (BGH NJW 1994, 1005), ernsthaft und endgültig verweigert wird (BGHZ 93, 62), unzumutbar verzögert wird oder vergeblich versucht worden ist. Eine Verzögerung ist unzumutbar, wenn der AGB-Verwender trotz Aufforderung nicht in angemessener Frist nachgebessert hat (hierzu LG Köln NJW-RR 1993, 437). – Die Kosten der Nachbesserung treffen nach § 476 a BGB den Verkäufer (dazu auch unten, Ziff. 45).

Unterliegt der Vertrag den Bestimmungen des UN-Kaufrechts, so ist Art. 46 Abs. 3 UN-Kaufrecht einschlägig. Anders als bei der Ersatzlieferung (oben, Ziff. 42) besteht das Recht auf Nachbesserung auch bei nicht wesentlichen Vertragsverletzungen. Der Begriff der Nachbesserung ist im UN-Kaufrecht weit auszulegen und schließt auch den Austausch von Teilen ein. Allerdings kann eine Nachbesserung nur verlangt werden, wenn sie nach den Umständen zumutbar ist (*Herber/Czerwenka*, Internationales Kaufrecht, Art. 46 Rdnr. 10). Der Anspruch auf Nachbesserung muß innerhalb angemessener Frist nach Anzeige der Vertragswidrigkeit geltend gemacht werden, Art. 46 Abs. 2 UN-Kaufrecht.

45. Kaufpreisminderung. Die Herabsetzung des Kaufpreises (Legaldefinition in § 462 BGB) ist ein dem Käufer kraft Gesetzes zustehendes Gewährleistungsrecht, welches den Kaufvertrag als solchen erhält (anders als bei der Wandlung, also dem Rückgängigmachen des Vertrages). Dem Käufer stehen die Gewährleistungsansprüche alternativ zu, sofern sie nicht im Einzelfall ausgeschlossen sind. Bis das Wahlrecht durch Vollzug (vgl. § 465 BGB) oder durch Erfüllung des geltend gemachten Anspruchs erlischt, kann der Käufer von einem zum anderen übergehen, die getroffene Wahl also frei widerrufen. – Aus Sicht des UN-Kaufrechts ist Art. 50 UN-Kaufrecht einschlägig (dies allerdings nur dann, wenn der Kaufvertrag der Parteien nach UN-Kaufrecht zu beurteilen ist; vgl. dazu den Anwendungsbereich des UN-Kaufrechts, Art. 1, 2 und 6 UN-Kaufrecht).

46. Mängelbeseitigung. Dazu zunächst oben, Ziff. 43. In Ergänzung zu den Ausführungen oben (Nachbesserung) ist an dieser Stelle nochmals auf die Klauselgestaltung hinsichtlich der Kostentragung einzugehen. Nach § 476 a BGB hat der Verkäufer dann, wenn an Stelle des Rechts auf Wandlung oder Minderung auch ein Recht auf Nachbesserung vereinbart wurde, die für die Nachbesserung erforderlichen Aufwendungen zu tragen. § 476 a BGB gilt nur für die Nachbesserungspflicht des Verkäufers, nicht aber für eine Nachbesserungspflicht eines Herstellers im Rahmen einer Garantievereinbarung, wenn dieser nicht auch Verkäufer ist. Der hier in den Allgemeinen Verkaufsbedingungen eingesetzte Begriff des „free of charge" ist daher in dem Sinne zu verstehen, daß der Käufer von allen Kosten, insbesondere aber von Transport-, Wege-, Arbeits- und Materialkosten (im Sinne des § 476 a BGB) freigestellt wird. Ein Ausschluß oder die Beschränkung der Kostentragung ist nach § 11 Nr. 10 c AGBG, der zwar nicht unmittelbar (§ 24 AGBG), aber doch im Rahmen des § 9 AGBG unter Kaufleuten gilt (BGH NJW 1981, 1510), unwirksam.

Allerdings stellt § 476 a Satz 2 BGB heraus, daß erhöhte Aufwendungen vom Grundsatz her nicht vom Verkäufer zu tragen sind. Da die Allgemeinen Verkaufsbedingungen in ihrem Zusammenhang von einer Bereitstellung der Ware zur Abholung beim Lieferanten („ex works") ausgehen, steht die Regelung des § 476 a Satz 2 BGB der Klausel „free of charge" nicht entgegen. Diese Gesetzesvorschrift sieht nämlich vor, daß der Verkäufer keine erhöhten Aufwendungen zu tragen hat, die dadurch entstanden, daß die Kaufsache nach Lieferung an einen anderen Ort als die Niederlassung des Käufers verbracht worden ist und soweit dies nicht dem bestimmungsmäßigen Gebrauch der Ware entsprach. Damit wird also auf den objektiven, allgemeinen Verwendungszweck der Sache abgestellt (BGH NJW 1991, 1604, 1606). Allgemeine Geschäftsbedingungen, die eine kostenlose Nachbesserung vorsehen, sind nicht dahin auszulegen, daß der Verkäufer Wege- und Transportkosten nach einem anderen Ort als dem Erfüllungsort zu tragen hat (BGH NJW 1991, 1604, 1606). Wird also an einem anderen Ort als der Niederlassung des Käufers eine Nachbesserung vorgenommen und entstehen dadurch höhere Kosten, kann der Verkäufer solchermaßen erhöhte Aufwendungen dem Käufer in Rechnung stellen. Dem steht dann auch der Begriff des „free of charge" nicht entgegen.

47. Änderungsvorbehalt. Dazu grundsätzlich schon oben, Ziff. 24. Diese Klausel unterstreicht den bereits in einer vorhergehenden Klausel (im Rahmen der Lieferklausel, oben, Ziff. 24) eingeräumten Änderungsvorbehalt, wonach eine Änderung der Lieferung ausdrücklich möglich sein soll, wenn beispielsweise Änderungen und Abweichungen in Material, Maß, Farbe, Modell oder Struktur möglich sein sollen (BGH NJW 1987, 1886; OLG Köln NJW 1985, 501) oder etwa technische Änderungen oder Modellwechsel vorbehalten sind, ohne daß dadurch Form oder Funktionalität der Ware oder des Produkts nachhaltig verändert werden. Sind Änderung und Abweichung für den anderen Vertragspartner zumutbar und stellt der Änderungsvorbehalt nicht ein freies Abänderungs- und Abweichungsrecht nach Belieben des AGB-Verwenders dar (dazu BGH NJW 1987, 2818), sondern geht es nur um geringfügige Abweichungen, welche auch nach § 459 Abs. 1 Satz 2 BGB oder aus Sicht des § 242 BGB hinzunehmen wären (OLG Hamm NJW 1986, 2581), dann sind derartige Klauseln auch aus Sicht des § 10 Nr. 4 AGBG unproblematisch.

48. Aufhebungsklausel. Diese Allgemeine Verkaufsklausel sieht vor, daß alle vorhergehenden Absprachen, Verträge oder Nebenabreden, die von den Vertragspartnern zu einem früheren Zeitpunkt formlos oder schriftlich getroffen wurden, mit dem Inkrafttreten der Allgemeinen Verkaufsbedingungen wirkungslos sind. Diese Klausel versteht sich *nicht* als Änderungsvertrag im Sinne des § 305 BGB, nach dessen Zweck es zur rechtsgeschäftlichen Änderung eines Schuldverhältnisse grundsätzlich eines Vertrages bedarf (den hier die Allgemeinen Verkaufsbedingungen darstellen), eine Änderung von Hauptleistungen (BGH NJW 1992, 2283), Nebenverpflichtungen oder Leistungsmodalitäten betreffen kann und das ursprüngliche Schuldverhältnis unter Wahrung seiner Identität fortbestehen läßt. Vielmehr stellt diese Verkaufsbedingung im Sinne eines Aufhebungsvertrages klar, daß vorhergehende Schuldverhältnisse durch diese vertragliche Abrede (contrarius consensus) ausdrücklich aufgehoben werden sollen.

49. Weitere Bestimmungen. In den „weiteren Vertragsbestimmungen" beziehungsweise unter „Verschiedenes" (miscellaneous clauses) werden noch diejenigen Allgemeinen Verkaufsbedingungen erfaßt, die keiner der vorangegangenen Klauselgruppen inhaltlich zuordnungsfähig sind. In den hier dargestellten weiteren Bedingungen sind dies die Klausel über die ausschließliche Bindung nur der beiden Vertragsparteien an den Vertrag unter gleichzeitigem Ausschluß Dritter, sofern die Partner einer Einbeziehung Dritter nicht ausdrücklich und schriftlich zustimmen.

Außerdem sollen die Parteien ihre jeweils entstehenden Anwalts- und sonstigen Beratungskosten bis hin zu etwaigen Rechtsverfolgungskosten grundsätzlich selbst tragen, soweit diese Kosten im Zusammenhang mit der Durchführung des Vertrages stehen. Mit dieser Formulierung umgeht der Steller der Allgemeinen Verkaufsbedingungen einen Problembereich, in dem über die Vorschriften des materiellen Rechts und des Prozeßrechts hinaus dem anderen Vertragsteil die Kosten unter anderem auch der Rechtsverfolgung auferlegt werden. Problematisch wäre es nämlich, wenn der Vertragspartner außerprozessuale Kosten der Rechtsverfolgung bis hin zu Prozeßkosten auch dann übernehmen müßte, wenn diese Kosten an sich vom AGB-Verwender zu tragen wären. Die Verteilung der Kostentragungspflicht nach §§ 91 ff ZPO und die Verpflichtung zur Tragung von Rechtsverfolgungskosten, die sich aus materiellem Recht (z. B. wegen Verzugs nach § 286 BGB, sonstiger Vertragsverletzung oder aus unerlaubter Handlung ergeben kann, *Wolf/Horn/Lindacher,* AGB-Gesetz, § 9 P 22; BGHZ 45, 251, 256), orientiert sich an einer Zurechnung nach Verantwortungsbereichen. Eine Abweichung hiervon, etwa die Verpflichtung zur Tragung außerprozessualer Rechtsberatungskosten, ohne daß ein vertragswidriges Verhalten des Kunden vorliegt, widerspricht wesentlichen Grundgedanken der gesetzlichen Regelung und ist deshalb nach § 9 Abs. 2 Nr. 1 AGBG grundsätzlich unwirksam (BGH NJW 1985, 320, 324). Dies gilt auch für eine Abweichung von der prozessualen Kostenverteilung nach §§ 91 ff ZPO einschließlich der Kosten eines Beweissicherungsverfahrens (§§ 458 ff ZPO). Damit soll insgesamt verhindert werden, daß der Verwender der Allgemeinen Verkaufsbedingungen prozessuale Rechtsbehelfe (mangels Kostenverantwortung) leichtfertig nutzt (*Wolf/Horn/Lindacher,* AGB-Gesetz, § 9 P 22). Dagegen kann es ausnahmsweise gerechtfertigt sein, dem anderen Vertragsteil die Kosten einer (berechtigterweise erhobenen, BGH NJW 1993, 657) Drittwiderspruchsklage aufzuerlegen, die dem AGB-Verwender dadurch entstanden sind, daß er Zwangsvollstreckungsmaßnahmen gegen seine beim anderen Vertragsteil befindliche Sache abwehren mußte (hierzu BGH NJW 1993, 657). Im Ergebnis umgeht der Steller der Allgemeinen Verkaufsbedingungen diesen Problembereich durch eine klare Kostenzuordnung, die jeder Vertragspartei die eigenen Kosten zuordnet.

50. Rechtswahl. In dieser AGB-Klausel wird festgelegt, daß für diese Allgemeinen Verkaufsbedingungen das deutsche Recht zur Anwendung gelangen soll. Dieser Teil eines Vertrages wird auch als „Verweisungsvertrag" bezeichnet, der sich klar abgrenzt zum sogenannten Hauptvertrag und der Gerichtsstandsvereinbarung (dazu Ziff. 52, unten).

Jeder internationale Vertrag besteht aus drei rechtlich selbständigen Verträgen, nämlich dem Hauptvertrag, welcher ausführlich das gesamte Leistungsaustauschverhältnis der Vertragsparteien regelt (praktisch all das, was unter den Ziffern 1 bis 49, oben, geregelt wurde), dem Verweisungsvertrag (welches Recht gilt ?) und der Gerichtsstandsvereinbarung (wo wird im Streitfall prozessiert ?; hierzu ausführlich *Graf von Bernstorff*, Rechtsprobleme im Auslandsgeschäft, 4. Aufl., Frankfurt 2000, S. 283 ff). Die jeweilige rechtliche Selbständigkeit jedes der drei Vertragsbestandteile bedeutet, daß bei Vorliegen eines unwirksamen Hauptvertrages immer noch die Rechtswahl und die Gerichtsstandsvereinbarung gültig sein können (und umgekehrt). Insofern ist der Rechtswahlklausel (dem sogenannten „Verweisungsvertrag") besondere Beachtung zu schenken. Der Verweisungsvertrag, der auch als „Rechtswahlklausel" bezeichnet wird, legt die Geltung eines nationalen Rechts als Grundlage für die schuldrechtlichen Verpflichtungen der beteiligten Vertragspartner fest. An dieser Stelle ist kurz darauf hinzuweisen, daß das in der Kommentierung gelegentlich angeführte UN-Kaufrecht (vgl. auch diese Ziffer, letzter Absatz) oder ähnliche Konventionen eine Rechtswahl grundsätzlich nicht ersetzen können oder überflüssig machen. Derartige Konventionen stellen immer nur unvollständige Regelungen dar und wurzeln in einem bestimmten Recht. So sind viele Fragen des materiellen Rechts dem nationalen Recht überlassen, weil sie von diesen Konventionen nicht erfaßt werden (das UN-Kaufrecht regelt beispielsweise eine Fülle von Sachverhalten nicht, die etwa im Allgemeinen Teil des BGB enthalten sind, wie etwa die Regeln zur Irrtumslehre oder Anfechtung eines Vertrages).

Es gibt nur wenige Fälle, in denen von vornherein feststeht, daß ein bestimmtes nationales Recht zur Anwendung gelangt. Stets ist beispielsweise das Recht des Importeurlandes für Fragen des Währungs- und Außenwirtschaftsrechts einschlägig, wenn es etwa um Import- und Devisentransfergenehmigungen geht. Außerdem können zwingende Vorschriften eines Landes dazu führen, daß in einigen Bereichen ein bestimmtes nationales Recht anwendbar ist (dies etwa dann, wenn inländische zwingende Vorschriften, zum Beispiel über den Grundstücksverkehr, für einen Vertrag einschlägig sind, und wenn ein inländisches Grundstück betroffen ist, vgl. § 313 BGB. Weitere zwingende Inlandsvorschriften in Deutschland sind etwa § 12 AGBG (Konsumentenschutz) und § 98

Abs. 2 GWB (Wettbewerbsschutz)). Für den Bereich des Kaufrechts wurde schon 1973 zunächst ein Einheitliches Kaufrecht geschaffen, welches in Deutschland zum 31. 12. 1990 außer Kraft gesetzt wurde und in dem UN-Kaufrecht (mit Wirkung in Deutschland ab 1. 1. 1991) eine Folgegesetzgebung (UN-Übereinkommen über Verträge über den internationalen Warenkauf vom 11. 4. 1980, BGBl 1989 II, 588 und BGBl 1990 II 1699; dazu grundlegend u. a. *Neumayer* RIW 1994, 99; *Piltz* NJW 1994, 1101; *Magnus* ZEuP 1995, 202) fand, die in inzwischen 58 weiteren Staaten der Welt Gültigkeit hat. Die Anwendbarkeit dieses Abkommens ist gegeben, wenn die Regeln des Internationalen Privatrechts zur Anwendung des Rechts eines Vertragsstaates führen (Art. 1 Abs. 1 lit b UN-Kaufrecht), also die unter Ziff 51 (unten) genannten Regeln zur Anwendung gelangen. Beachtlich ist aber, daß gemäß Art. 6 UN-Kaufrecht die Anwendbarkeit dieses UN-Übereinkommens ausgeschlossen werden kann. Für diesen Fall kommen die allgemeinen Aussagen des Grundsatzes der Parteiautonomie zur Anwendung (unten, Ziff. 51).

51. Grundsatz der Parteiautonomie. Von den unter Ziffer 50 (oben) genannten Fällen der Anwendung zwingender Rechtsvorschriften einmal abgesehen wird das Außenhandelsrecht vom Grundsatz der Parteiautonomie beherrscht, wie er in Art. 27 EGBGB (ausgehend vom Gesetz zur Neuregelung des Internationalen Privatrechts) ausdrücklich gesetzlich festgelegt ist. Der Grundsatz der Parteiautonomie gilt allerdings nur für den Bereich des Schuldrechts, also für die Fälle, in denen aufgrund einer schuldrechtlichen Beziehung eine Vertragspartei berechtigt ist, vom anderen Vertragspartner eine Leistung zu fordern. Es ist den Parteien überlassen zu entscheiden, ob sie ihren Vertrag einem nationalen Schuldrecht (nicht zwingend dem eigenen) Schuldrecht unterlegen wollen (*Mankowski* RIW 1994, 422, keine Inhaltskontrolle). Es ist auch möglich, ein fremdes Schuldrecht zur Anwendung zu bringen *Lorenz* RIW 1987, 569; *Sandrock* RIW 1994, 385; *Michaels*, RabelsZ 98, 580). Hinsichtlich der „Rechtswahl" ist Art. 27 EGBGB heranzuziehen.

Am einfachsten ist es, wie hier in der Musterklausel geschehen, ein nationales Schuldrecht ausdrücklich zu vereinbaren. Nach Art. 27 EGBGB „unterliegt der Vertrag" dann „dem von den Parteien gewählten Recht". Die Rechtswahl kann ausdrücklich geschehen (Art. 27 Abs. 1 Satz 2 EGBGB), wobei sich eine Rechtswahlbestimmung auch in den Allgemeinen Geschäftsbedingungen befinden kann.

Ist die Rechtswahl nicht ausdrücklich erfolgt, so kann sie sich eventuell „mit hinreichender Sicherheit aus den Bestimmungen des Vertrages oder aus den Umständen des Falles ergeben" (Art. 27 Abs. 1 Satz 2 EGBGB). Dabei können die Parteien – wie auch bei der ausdrücklichen Rechtswahl – das anzuwendende Recht sowohl für den ganzen Vertrag als auch nur für einen Teil der Vereinbarung bestimmen. Für die Feststellung dieser stillschweigenden Rechtswahl dienen bestimmte Indizien, die auf den realen Parteiwillen schließen lassen. Solche typischen Umstände können in der Vereinbarung eines einheitlichen Gerichtsstandes (BGH WPM 1964, 1023; OLG Frankfurt, RIW 1998, 477), der Vereinbarung eines Schiedsgerichtsverfahrens (Schiedsgericht mit ständigem Sitz, BGHZ 70, 31), der Vereinbarung der Geltung von Allgemeinen Geschäftsbedingungen einer Partei (BGH RIW 1999, 537) der Verwendung von Formularen, die auf einer bestimmten nationalen Rechtsordnung aufbauen (BGH NJW 1997, 399), im Ort des Vertragsschlusses, in einer Vertragswährung oder schließlich auch in der Vertragssprache (BGH RIW 1997, 426) zu sehen sein. Ansonsten können auch die jeweiligen Umstände des Falles eine Rechtswahl ergeben.

Art. 28 EGBGB regelt den Fall, daß die Vertragspartner es versäumt haben, eine Rechtswahlvereinbarung zu treffen. „Soweit das auf den Vertrag anzuwendende Recht nicht nach Art. 27 EGBGB vereinbart worden ist, unterliegt der Vertrag dem Recht des Staates, mit dem er die engsten Verbindungen aufweist.". Das deutsche Recht hat mit dieser gesetzlichen Regelung damit einen Grundsatz kodifiziert, der in ähnlicher Form auch in den anglo-amerikanischen Rechtsordnungen unter dem Begriff des „center of gravity" bekannt ist. Die Regelung in Art. 28 EGBGB macht deutlich, daß es darauf ankommt festzustellen, woraus die charakteristische oder vertragstypische Leistung besteht und worin der Schwerpunkt des Schuldverhältnisses liegt. Dabei gibt Art. 28 EGBGB vier genannte Fälle auf, in denen der Vertragsschwerpunkt widerleglich vermutet wird. Ansonsten gilt für die Masse der Leistungsaustauschverträge, daß sie nach dem Recht des Staates beurteilt werden, in dem die Hauptverwaltung (BGHZ 109, 36) oder der gewöhnliche Aufenthalt derjenigen Partei liegt, welche die für den Vertrag charakteristische Leistung erbringt. Dieser Gedanke der mangels Rechtswahl anzuwendenden nationalen Normen spielt vor allem dann eine Rolle, wenn entweder die Rechtswahl mit der Festlegung des eigenen Rechts nicht durchsetzbar ist (etwa weil der Vertragspartner beispielsweise die Anwendung deutschen Rechts ablehnt) oder weil die gesamten Allgemeinen Verkaufsbedingungen in Frage stehen und geklärt werden muß, auf der Basis welcher Rechtsordnung sich nun eine Klärung des Streitfalles herstellen läßt. Insofern ist es für den Praktiker unerläßlich zu wissen, daß auch eine fehlende ausdrückliche oder stillschweigende Rechtswahl zu einem Ergebnis führt. Gelegentlich werden in der Praxis Rechtswahlklauseln bewußt nicht mit aufgenommen, da gegebenfalls nach den Regeln des Schwerpunktes eines Vertragsverhältnisses das eigene (gewünschte) Recht ohnehin zur Anwendung gelangt und der AGB-Verwender vermeiden will, daß sich sein Vertragspartner bei Lektüre der Rechtswahlklausel ausdrücklich dagegen entscheidet. Mit der Entscheidung für die Geltung der Allgemeinen Geschäftsbedingungen einer Vertragspartei ist damit automatisch auch das nationale Schuldrecht des AGB-Verwenders mit vereinbart (BGH AWD 1976, 447; BGH RIW 1999, 537), so daß die ausdrückliche Rechtswahlklausel entbehrlich sein kann.

Abschließend ist darauf hinzuweisen, daß sich die Frage der Rechtswahl nur und ausschließlich auf schuldrechtliche Vereinbarungen bezieht, mithin also beispielsweise sämtliche sachenrechtlichen Komponenten vom Grundsatz der Parteiautonomie ausnimmt. Sachenrechte unterliegen nämlich – und zwar völlig unabhängig davon, ob die Vertragspartner für ihre schuldrechtlichen Verpflichtungen ein anderes Recht gewählt haben – immer dem Recht des Ortes, an dem die betroffene Sache sich befindet (Grundsatz der lex rei sitae, vgl. *Graf von Bernstorff*, Rechtsprobleme im Auslandsgeschäft, 4. Auflage 2000, S. 19 ff), Art. 43 EGBGB.

52. Gerichtsstandsvereinbarung. Ein weiterer der drei rechtlich selbständigen Vertragsteile ist die den Vertrag meist abschließende Gerichtsstandsklausel. Im vorliegenden Mustervertrag bedingt sich der Verwender der Allgemeinen Verkaufsbedingungen die ausschließliche Zuständigkeit der Gerichte aus, die für seinen Geschäftssitz sachlich und örtlich zuständig sind (§§ 12 ff ZPO). Dabei kann sich die internationale Zuständigkeit entweder aus dem EuGVÜ (Art. 1 und 17), dem LugÜ (dieses trat am 1. 3. 1995 für Deutschland in Kraft; einen Überblick zu EuGVÜ 1989 und Lugano-Übereinkommen geben *Dietze/Schnichels* in NJW 1985, 2274 ff) oder dem CMR (Art. 31) ergeben, da diese beiden Sondervorschriften anderweitigen Bestimmungen über Gerichtsstandsvereinbarungen grundsätzlich vorgehen. Nur wenn diese beiden Vorschriften nicht einschlägig sind (und dies ist leicht der Fall, da sich diese Vorschriften nur auf die wenigen den Abkommen beigetretenen EU-Staaten beschränken), ist auf die allgemeinen Grundlagen der Gerichtsstandsvereinbarungen zurückzugreifen, die nachfolgend beschrieben sind. Die Zuständigkeit deutscher Gerichte für die Behandlung internationaler Streitfragen bestimmt sich dann nach den §§ 12 ff ZPO analog (wegen der Regelungslücke der ZPO für internationale Sachverhalte).

Danach haben die Parteien entweder vertraglich vereinbart, welches Gericht im Streitfall zuständig sein soll (vgl. § 38 ZPO). Ist keine vertragliche Vereinbarung vorhanden, kann ein *besonderer* Gerichtsstand begründet sein. Nur wenn auch dies nicht vorliegt, ist das Gericht am Wohnsitz des Schuldners (§§ 12 und 13 ZPO) örtlich zuständig.

3. Standard Terms and Conditions for the Sale of Goods (Allg. Lieferbed.) IV. 3

Im vorliegenden Vertragsmuster liegt eine ausdrückliche vertragliche Gerichtsstandsvereinbarung vor. Nach § 38 ZPO wird ein „Gericht des ersten Rechtszuges durch ausdrückliche oder stillschweigende Vereinbarung zuständig, wenn die Vertragsparteien Kaufleute, juristische Personen des öffentlichen Rechts oder öffentlich-rechtliche Sondervermögen sind.". Nach § 38 Abs. 2 ZPO kann ferner „die Zuständigkeit eines Gerichts . . . . . . vereinbart werden, wenn mindestens eine der Vertragsparteien keinen allgemeinen Gerichtsstand im Inland hat.". In diesen Fällen sind jedoch Formvorschriften zu beachten, die zumindest von halber Schriftlichkeit (mündliche Absprache und nachfolgende schriftliche Bestätigung) ausgehen.

Für Gerichtsstandsvereinbarungen in Auslandssachen ist zur Beurteilung von Zuständigkeitsabreden § 38 Abs. 2 ZPO einschlägig. Die Rechtsprechung (OLG Nürnberg RIW 1985, 890 f) hat herausgestellt, daß es nicht ausreichend ist, wenn die Vertragspartner eine Vertragsurkunde auf der Vorderseite unterzeichnen und die Gerichtsstandsvereinbarung sich auf der Rückseite der Urkunde (bei den dort abgedruckten AGB) befindet, solange nicht ein klarer Hinweis auf die Allgemeinen Geschäftsbedingungen auch auf der Vorderseite des Vertragstextes angebracht worden ist.

Liegt keine vertragliche Gerichtsstandsvereinbarung vor, dann ist zu prüfen, ob möglicherweise ein sogenannter besonderer Gerichtsstand vorliegt. Die Zivilprozeßordnung nennt beispielsweise den besonderen Gerichtsstand des Aufenthaltsortes (§ 20 ZPO), der Niederlassung (§ 21 ZPO), der Mitgliedschaft (§ 22 ZPO), des Vermögens und des Streitgegenstandes (§ 23 ZPO) usw. Neben den „besonderen" Gerichtsständen kennt die Zivilprozeßordnung auch „ausschließliche" Gerichtsstände (wie etwa denjenigen des Grundstücks, § 24 ZPO), der dann das örtlich zuständige Gericht benennt, sofern die Parteien nicht eine vertragliche Absprache getroffen haben.

Liegt weder eine vertragliche Gerichtsstandsvereinbarung (Prorogation) im Sinne des § 38 ZPO noch ein besonderer oder ausschließlicher Gerichtsstand vor, dann ist für Streitigkeiten der Parteien der Gerichtsstand immer an dem Ort begründet, an dem der Schuldner seinen Wohn- beziehungsweise Geschäftssitz hat, §§ 12 und 13 ZPO.

Zwar kann nach den oben genannten Gesichtspunkten ein Gerichtsstand an jedem beliebigen Ort durch die Parteien begründet werden, doch gibt es hier Einschränkungen der freien Festlegung. Zu nennen sind hier die Fälle des sogenannten forum non conveniens und des forum shopping. Die Rechtsfigur des *forum non conveniens* ist im anglo-amerikanischen Recht bekannt. Nach dieser Lehre kann ein im anglo-amerikanischen Rechtskreis tätiges Gericht seine internationale Zuständigkeit ablehnen, wenn es zwar an sich (durch entsprechende Parteivereinbarung) zuständig ist, dem Gericht die Durchführung des Verfahrens aber aus besonderen Gründen unangemessen (unreasonable) erscheint, weil beispielsweise eine Partei durch die Gerichtsstandsvereinbarung unangemessen benachteiligt wird. Das US-amerikanische Recht hat zudem den Begriff des *forum shopping* entwickelt. Forum shopping bedeutet den Versuch der klagenden Partei, durch Herbeiführung der entsprechenden zuständigkeitsbegründenden Umstände die Zuständigkeit desjenigen US-Bundesstaates herbeizuführen, dessen Zivilrecht für die Angelegenheit des Klägers besonders günstig erscheint. Im internationalen Bereich wird dieser Gedanke gelegentlich dann aufgebracht, wenn eine „arglistige" Herbeiführung einer Gerichtsstandsvereinbarung den Beklagten unangemessen benachteiligt. Ein unzulässiges „shopping" führt dann zur Nichtzuständigkeit des gewählten Gerichts, und es ist dann der „allgemeine" Gerichtsstand anzurufen, also derjenige, der für den Wohn- und Geschäftssitz des Schuldners örtlich zuständig ist.

Im Ergebnis (Ziffern 50 bis 52) bedeutet dies für einen deutschen Exporteur folgendes: entsteht aus einer Geschäftsverbindung ein Rechtsstreit, muß zunächst danach gefragt werden, welches nationale Gericht sachlich und örtlich zur Streitentscheidung angerufen werden kann. Das richtige Gericht ist entweder vertraglich gewählt (wie hier in den Allgemeinen Verkaufsbedingungen), oder es liegt ein besonderer oder ausschließlicher Gerichtsstand vor. Gibt es keinen Anhaltspunkt für diese Gerichtsstände, wird das

Gericht anzurufen sein, das für den Wohn- oder Geschäftssitz des Schuldners zuständig ist. – Das Gericht hat dann zu prüfen, welches nationale Recht für die Entscheidung des Streitfalles anzuwenden ist. Entweder liegt hierzu eine klare Parteiabrede vor (wie hier in den Allgemeinen Verkaufsbedingungen), oder es ergibt sich mit hinreichender Sicherheit aus den Bestimmungen des Vertrages oder aus den Umständen des Falles, welches Recht anzuwenden ist (vgl. Art. 27 Abs. 1 Satz 2 EGBGB). Ist keine Rechtswahl getroffen, dann unterliegt nach Art. 28 EGBGB der Vertrag dem Recht des Landes, mit dem er die engsten Verbindungen aufweist (in dem die vertragscharakteristische Leistung erbracht wird). Das anzuwendende Recht läßt sich nur für den Bereich der schuldrechtlichen Verpflichtungsgeschäfte, nicht aber für sachenrechtliche Verfügungsgeschäfte von den Parteien vereinbaren.

53. Zuständigkeitsvorbehalt. Von besonders großer Bedeutung ist die Beachtung der Tatsache, daß in Deutschland erlangte Vollstreckungstitel im Ausland oft nicht durchsetzbar sind. Die Anerkennung und Vollstreckung deutscher Titel im Ausland ist entweder über ein bilaterales Anerkennungs- und Vollstreckungsübereinkommen zwischen der Bundesrepublik Deutschland und einem anderen Staate geregelt (so mit der Schweiz, Abk. v. 2. 11. 1929, RGBl 1930 II S. 1066, Österreich, Abk. v. 6. 6. 1959, BGBl 1960 II S. 1246, Griechenland, Abk. v. 4. 11. 1961, BGBl 1963 II S. 109, Israel, Abk. v. 20. 7. 1977, BGBl 1980 II S. 926, Norwegen, Abk. v. 17. 6. 1977, BGBl 1981 II S. 342, Tunesien, Vertrag vom 19. 7. 1966, BGBl 1969 II S. 989 und Spanien, Vertrag vom 14. 11. 1983, BGBl 1987 II S. 34). Ältere bilaterale Abkommen zwischen der Bundesrepublik Deutschland und Belgien, den Niederlanden und Großbritannien sind durch Art. 55 EuGVÜ ersetzt und gelten gemäß Art. 56 EuGVÜ nur noch für die Rechtsgebiete weiter, welche vom EuGVÜ nicht erfaßt werden. Schließlich ist zu beachten, daß im Jahre 1994 durch den deutschen Gesetzgeber zwei Staatsverträge zum Internationalen Zivilprozeßrecht, das EuGVÜ 1989 (AblEG Nr.L 285 vom 3. 10. 1989, 1 ff) und das Lugano-Übereinkommen (LugÜ, AblEG Nr. 319 vom 25. 11. 1988, S. 9 ff) in innerstaatliches Recht umgesetzt wurden. Beide Staatsverträge ersetzen beziehungsweise ergänzen das Brüsseler EWG-Übereinkommen über die gerichtliche Zuständigkeit und Vollstreckung gerichtlicher Entscheidungen in Zivil-und Handelssachen vom 27. 9. 1968 (EuGVÜ), wobei das Lugano-Übereinkommen vom 16. 9. 1988 das EuGVÜ auf den Rechtsverkehr zwischen den EFTA- und den EG-Staaten erstreckt. – Darüber hinaus gibt es in einigen weiteren Staaten der Welt eine Verbürgung der Gegenseitigkeit der Vollstreckung, zur Zeit zwischen der Bundesrepublik Deutschland und Belgien, Brasilien, Costa Rica, Dänemark, Ecuador, Elfenbeinküste, Frankreich, Griechenland, Großbritannien, Indonesien, Irland, Island, Italien, Kolumbien, Rep. Korea, Libyen, Luxemburg, Malaysia, Niederlande, Norwegen, Österreich, Portugal, Spanien, Schweiz, Syrien und der Türkei, wobei sich die Gegenseitigkeit der Anerkennung und Vollstreckung von gerichtlichen Titeln entweder aus dem EuGVÜ oder aus bilateralem Vertrag ergibt, teilweise aber auch nur durch entsprechende Rechtsprechung (Syrien) oder auch nur für Kostenerstattung, nicht aber für sonstige Ansprüche (Polen, Madeira, Schweden, Finnland) gesichert ist (wegen der jährlich neuen Aufstellung vgl. *Baumbach/Lauterbach/Albers/Hartmann*, Zivilprozeßordnung, Kommentar, 59. Aufl., 2000, Anhang zu § 328 ZPO; ferner zu diesem Themenbereich *Graf von Bernstorff*, Rechtsprobleme im Auslandsgeschäft, 4. Aufl. 2000; *Linke*, Internationales Zivilprozeßrecht, 2. Aufl. 1995; *Schütze*, Anerkennung und Vollstreckbarerklärung in diversen Ländern, RIW 1986 S. 269; *ders.*, JR 1985 S. 52 f und S. 456 f. und JR 1986 S. 98 f.; zu den Besonderheiten in den USA *Brenscheidt*, Anerkennung und Vollstreckung ausländischer Geldurteile in den USA, RIW/AWD 1976, 554 ff).

Es ist erkennbar, daß Entscheidungen deutscher Gerichte nicht ohne weiteres – und auch nur an wenigen Plätzen der Welt – vollstreckbar sind. Daher ist es für jeden Einzelfall zu überdenken, ob es vernünftig ist, in den Allgemeinen Verkaufsbedingungen grundsätzlich die ausschließliche Zuständigkeit deutscher Gerichte zu vereinbaren. Was nutzt dem deutschen Exporteur eine Entscheidung eines heimischen Gerichts, wenn er mit diesem Titel nicht in im Ausland liegendes Vermögen des Gegners vollstrecken kann? Es ist daher, wenn schon in den Allgemeinen Verkaufsbedingungen die grundsätzliche Zuständigkeit eines deutschen Gerichts vereinbart wird, grundsätzlich für die Ausgestaltung der Individualverträge zu prüfen, inwieweit von der Gerichtsstandsvereinbarung in den AGB abgewichen werden sollte. Hiergegen bestehen aus deutschrechtlicher Sicht keine Bedenken, da in Art. 17 Abs. 4 EuGVÜ beispielsweise vorgesehen ist, daß ungeachtet einer Gerichtsstandsvereinbarung in bestimmten Situationen auch andere Gerichte angerufen werden können, und da auch die §§ 38 ff ZPO eine Neuorientierung trotz vertraglicher Absprache nicht entgegenstehen (vgl. OLG München, RIW 1989, 643 f).

Wegen der weltweit nur geringen Chance, deutsche Vollstreckungstitel im Ausland durchsetzen zu können, erweist es sich in der Praxis oft als vorteilhaft, anstelle eines Verfahrens vor einem ordentlichen Gericht den Weg über ein Schiedsgericht zu suchen. Dieser Gedanke soll hier nicht weiter verfolgt werden (es ist aus methodischen Gründen bei den nachfolgend kommentierten Allgemeinen Einkaufsbedingungen anstelle einer Gerichtsstandsvereinbarung eine Schiedsvereinbarung aufgenommen, so daß auf die dortige Kommentierung verwiesen werden kann).

4. Standard Terms and Conditions for the Purchase of Goods (Import)[1, 2, 3]

(Allgemeine Einkaufsbedingungen)

1. Preamble

These Standard Terms and Conditions for the Purchase of Import Goods shall exclusively apply,[4] save as varied by express agreement accepted in writing by both parties. These Conditions shall also apply if the buyer accepts delivery of Goods unter the existence of the seller's contradictory Standard terms not being subject of the contract.[5]

Any agreement being concluded between buyer and seller shall only be bindung between the parties if they are laid down in writing. Any conditional or different terms proposed by the seller are objected to and will not binding upon the buyer unless assented in writing by the buyer.[6]

These conditions shall govern any future individual contract of purchase between buyer and seller to the exclusion of any other terms and conditions. These provisions extend to standard contract conditions which are used in a contract with a merchant in the course of business only.[7]

2. Formation of Contract

The Contract shall be deemed to have been entered into when, upon receipt of an order, the seller has sent an acceptance in writing the time limit of fourteen days hereby fixed by the buyer.[8, 9]

Any weights, dimensions, capacities, prices, performance ratings or any other data contained in catalogues, circulars, advertisements or price lists constitute an approximate guide and shall not be binding save to the extend that they are by reference expressly includend in a contract. Any such data submitted to the seller prior or subsequent to the formation of the contract remain the exclusive property of the buyer. They must not be communicated to a third party.[10]

3. Price of the Goods

The price of the order[11] or the seller's quotation and offer as accepted by the buyer, shall be binding and shall be based on „delivery (duty paid)". Prices as agreed upon shall include the cost of packing or protection required under normal transport conditions to prevent damage, and shall also include VAT.

4. Terms of Payment[12]

Payment shall be made in the manner and at the time or times agreed by the parties. If not agreed upon otherwise payment of the delivery shall be made within fourteen days after delivery and receipt of invoice with a 2% discount or within thirty days net.

5. Delivery

Delivery shall be effected on due date as being fixed in the contract or the order of purchase being subject to the contract.[13]

The seller is obliged to give notice in writing to the buyer if a delay in delivery is to be expected.

If the seller fails for any reason whatsoever to effect delivery on due date[14] the buyer shall be entitled by notice in writing to the seller to recover from the seller any loss suffered by reason of such failure (i. e. for additional costs for transportation, insurance, storage etc.) but not exceeding an amount of 10% of the total contract price.

6. Transfer of Risks[15]

Save as provided in an individual contractual agreement the time at which the risk of damage to or loss of the goods shall pass shall be fixed in accordance with the Interpretation of Trade Terms (Incoterms 2000) of the International Chamber of Commerce. If no further indication is given in an individual contract of purchase (import), the goods shall be deemed to be sold „ddp" (delivery duty paid, Incoterms 2000).

7. Warranties[16]

7.1. Warranties relating to the quality of goods

The seller warrants that all items delivered under this agreement will be free form defects in material and workmanship, conform to applicable specifications, and, to the extent that detailed designs have not been furnished by the buyer, will be free form design defects and suitable for the purposes intended by the buyer.

Seller's warranties hereunder shall extend to any defect or non – conformity arising or manifesting itself within two years after delivery.[17] With respect to items not in accordance with any such warranties, the buyer, without waiving any rights or remedies provided by law and/or elsewhere under these Standard Terms and Conditions,[18] may require the seller to correct or replace such items at the seller's risk and expense or refund such portion of the price as is equitable under the circumstances.[19] Any items corrected or replaced shall be subject to the provisions of these Standard Terms and Conditions in the same manner as those originally delivered hereunder.

7.2. Warranties of compliance with laws[20]

The seller warrants and undertakes to the buyer that in the performance of any contract of sale he will comply with all laws, rules, regulations, decrees and other ordinances issued by any governmental, state or other authority relating to the subject matter of these Standard Terms and Conditions and to the performance by the parties hereto of their obligations hereunder.

7.3. Warranty of title[21]

The seller warrants that the Goods are in his absolute property and none are subject of any option, right to acquire, assignment, mortgage, charge, lien or hypothecation or any other encumbrance whatsoever or the subject of any factoring arrangement, hire – purchase, conditional sale or credit sale agreement.

8. Miscellaneous Clauses

This agreement supersedes and invalidates all other commitment and warranties[22] relating to the subject matter hereof which may have been made by the parties either orally or in writing prior to the date hereof, and which shall become null and void from the date of the agreement is signed.

This agreement shall not be assigned or transferred by either party without the written consent of the other.

Each party shall be responsible for all its legal, accountancy or other costs and expenses incurred in the performance of its obligation hereunder.[23]

9. Place of Jurisdiction; Choice of Law

This agreement shall be governed by and construed in accordance with German law.[24] Any dispute arising out of this Agreement shall be finally settled in accordance whit the Rules of Conciliation and Arbitration of the International Chamber of Commerce, by one or more arbitrators designated in conformity with those rules.[25]

The buyer shall have the right to bring a claim before a court at the seller's principal place of business or at his discretion before any other court being competent according to any national or international law.

....
Place, Date   Place, Date
....
Signature(s)   Signature(s)

Übersetzung

1. Präambel

Diese Standardbedingungen für den Einkauf von Importgütern gelten ausschließlich, soweit sie nicht durch ausdrückliche schriftliche Vereinbarung zwischen den beiden Parteien abgeändert werden. Diese Vereinbarungen sollen auch dann gelten, wenn der Käufer Warenlieferungen des Verkäufers annimmt, und entgegenstehende Verkaufsbedingungen des Verkäufers bestehen, die aber nicht Grundlage des Vertrages sind.

Jede zwischen Verkäufer und Käufer getroffene Vereinbarung ist nur dann rechtswirksam, wenn sie zwischen den Parteien schriftlich getroffen wurde. Weitere zusätzliche Bedingungen oder Vertragsklauseln, die vom Verkäufer eingebracht werden, gelten solange als abgelehnt, als der Käufer diesen zusätzlichen Bestimmungen nicht schriftlich zugestimmt hat.

Diese Bedingungen werden allen zukünftigen Einzelverträgen zwischen Käufer und Verkäufer – bei gleichzeitigem Ausschluß anderslautender Allgemeiner Vertragsbedingungen – zugrundegelegt. Im übrigen gelten diese Allgemeinen Einkaufsbedingungen nur für Verträge mit Kaufleuten.

2. Vertragsschluß

Ein Kaufvertrag gilt erst dann als abgeschlossen, wenn der Käufer nach Empfang eines Angebots innerhalb 14 Tagen eine schriftliche Annahmeerklärung abgegeben hat.

Maß- und Gewichtsangaben, Mengen, Preise, sonstige Beschreibungen und sonstige Daten, wie sie in Katalogen, Rundschreiben, Anzeigen oder Preislisten enthalten sind, stellen nur Näherungswerte dar und sind solange nicht für den Käufer verbindlich, wie sie nicht ausdrücklich in den Vertrag einbezogen worden sind. Diese Daten, die dem Verkäufer vor Vertragsschluß übermittelt wurden, bleiben ausschließliches Eigentum des Käufers und dürfen auch Dritten nicht zugänglich gemacht werden.

3. Kaufpreis

Der in der Bestellung ausgewiesene Preis ist bindend und beruht auf der Vereinbarung „Geliefert verzollt". Der vereinbarte Kaufpreis schließt die Lieferung „frei Haus" einschließlich Verpackung sowie Übernahme der Transportversicherung und gesetzlicher Mehrwertsteuer ein.

4. Zahlungsbedingungen

Zahlung und Lieferung soll in der Weise und zu der Zeit erfolgen, wie es von den Parteien im Einzelfall vereinbart wird. Soweit im Einzelfall keine Vereinbarung getroffen wird, soll die Zahlung im Regelfall innerhalb von 14 Tagen nach Lieferung und Erhalt der Rechnung mit 2% Skonto beziehungsweise innerhalb von 30 Tagen rein netto erfolgen.

5. Lieferbedingungen

Die Lieferung hat am im Kaufvertrag oder der Bestellung niedergelegten Liefertag zu erfolgen.

Der Verkäufer ist verpflichtet, den Käufer schriftlich zu benachrichtigen, wenn ein Lieferverzug eintritt.

Gerät der Verkäufer in Lieferverzug, ist der Käufer berechtigt, vom Verkäufer schriftlich zu verlangen, eine Verzugsentschädigung für zusätzlich entstandene Kosten (z. B. für Transport, Versicherung, Lagerung usw.) zu verlangen, jedoch nicht mehr als 10% des gesamten Vertragswertes.

6. Gefahrenübergang

Soweit sich aus den Einzelliefervertägen nichts anderes ergibt, wird der Zeitpunkt des Gefahrübergangs in Übereinstimmung mit den Incoterms der Internationalen Handelskammer (Incoterms 2000) festgelegt. Wurde hierüber keine Einzelfallabsprache getroffen, so soll grundsätzlich die Klausel „delivery duty paid" (geliefert verzollt, Incoterms 2000) gelten.

7. Mängelgewährleistung

7.1. Gewährleistung bei Sachmängeln

Der Verkäufer sichert zu, daß die von ihm gelieferten Waren frei von Fehlern ist, mit den zugesicherten Eigenschaften versehen ist und den Anforderungen des Käufers entspricht.

Die Mängelhaftung des Verkäufers besteht für zwei Jahre, gerechnet ab dem Zeitpunkt der Lieferung. Soweit ein vom Verkäufer zu vertretender Mangel der Kaufsache vorliegt, ist der Käufer berechtigt, nach seiner Wahl vom Verkäufer die Mangelbeseitigung oder eine Ersatzlieferung zu verlangen, wofür der Verkäufer die Kosten zu tragen hat. Alle Ersatzlieferungen oder Reparaturen sind ebenfalls Bestandteil dieser in den Allgemeinen Einkaufsbedingungen niedergelegten Mängelgewährleistung.

7.2. Keine Verletzung von Rechtsnormen

Der Verkäufer sichert zu, daß die Ausübung der Einzelkaufverträge keine Rechtsverletzung insbesondere im Hinblick auf die Einhaltung von Gesetzen, Verordnungen oder sonstigen Bestimmungen irgendeiner offiziellen Stelle bewirken wird.

7.3. Gewährleistung bei Rechtsmängeln

Der Verkäufer sichert zu, daß alle den Kaufverträgen unterliegenden Gegenstände in seinem Volleigentum stehen und daß keine anderweitigen Rechte Dritter (wie etwa Pfandrechte, sonstige Gläubigerpositionen aus Forderungsabtretung oder sonstigen Kreditsicherheiten, Forderungsverkauf, Mietkauf, Vorbehaltskauf usw.) entgegenstehen.

8. Weitere Bestimmungen

Diese Vereinbarung ersetzt alle vorhergehenden Vereinbarungen, die von den Parteien zu diesen Geschäftsfeldern vorher mündlich oder schriftlich getroffen werden; vorhergehende Vereinbarungen werden mit der Unterzeichnung dieser Allgemeinen Einkaufsbedingungen unwirksam.

Die Rechte aus dieser Verbindung dürfen ohne schriftliche Zustimmung der jeweils anderen Partei von keinem der Vertragspartner abgetreten werden.

Jede Partei trägt die ihr im Zusammenhang mit der Durchführung dieses Vertrages entstehenden Kosten selbst.

9. Gerichtsstand; Rechtswahl

Diese Vereinbarung unterliegt deutschem Recht. Jeglicher Rechtsstreit aus der Geschäftsverbindung soll endgültig durch ein Schiedsgericht, besetzt durch einen oder mehrere Schiedsrichter und tätig auf der Basis der Schiedsverfahrensrichtlinien der Internationalen Handelskammer, entschieden werden.

Anstelle des Anrufens des Schiedsgerichts ist der Käufer berechtigt, sein Anliegen auch bei einem sachlich und örtlich zuständigen ordentlichen Gericht anhängig zu machen.

. . . .

Ort, Datum, Unterschriften

Schrifttum: Graf von Bernstorff, Vertragsgestaltung im Auslandsgeschäft, 4. Aufl., 1997; *Graf von Bernstorff*, Rechtsprobleme im Auslandsgeschäft, 4. Aufl., 2000; *Graf von Bernstorff*, Lieferverträge im Außenhandel, 1992; *Bunte*, Handbuch der Allgemeinen Geschäftsbedingungen, 1982, S. 37 ff, 180 ff, 263 ff, 398 ff; *Drobnig*, Allgemeine Geschäftsbedingungen im internationalen Handelsverkehr, FS für F. A. Mann, München 1977, 591 ff; *Ebel*, die Kollision Allgemeiner Geschäftsbedingungen, NJW 1978, 1033; *Ebenroth*, Das kaufmännische Bestätigungsschreiben im internationalen Handelsverkehr, ZVglRWiss 77 (1978) 161; *Eckert/Nebel*, Abwehrklauseln in Einkaufsbedingungen, verlängerter Eigentumsvorbehalt und Globalzession, WM 1988, 1545; *Grasmann*, Das Zusammentreffen unterschiedlicher Einkaufs- und Verkaufsbedingungen, DB 1971, 561; *Habscheid*, Das Schiedsgutachten als Mittel der Streitentscheidung und Streitvorbeugung, FS Kralik, 1986, S. 189; *Heinze*, Inhaltskontrolle Allgemeiner Einkaufsbedingungen, NJW 1973, 2182; *Kronke*, Zur Verwendung von Allgemeinen Geschäftsbedingungen im Verkehr mit Auslandsberührung, NJW 1978 S. 992 f; *Liesecke*, Die typischen Klauseln des internationalen Handelsverkehrs in der neueren Praxis, WM 1978, Beil. 3; *Maier*, H. J., Handbuch der Schiedsgerichtsbarkeit, 1979; *Müller/Scholz-Schreven*, Einkaufsbedingungen auf dem Prüfstand, Bd. 1, 1979; *Rauscher*, Gerichtsstandsbeeinflussende AGB im Geltungsbereich des EuGVÜ, ZZP 104 (1991), 271; *Schiller*, Gerichtsstandsklauseln in AGB zwischen Vollkaufleuten und das AGB-Gesetz, NJW 1979, 636; *Schmid*, Gewährleistungszeiten und Verjährungsfristen in Allgemeinen Geschäftsbedingungen, DB 1990, 617; *Schütze*, Allgemeine Geschäftsbedingungen bei Auslandsgeschäften, DB 1978, 2301; *Schwab/Walter*, Schiedsgerichtsbarkeit, 4. Aufl., 1990; *Stahl*, Widerspruch zwischen Lieferungs- und Einkaufsbedingungen, DB 1956, 681; *Stoll*, International-privatrechtliche Probleme bei Verwendung Allgemeiner Geschäftsbedingungen, in FS für G. Beitzke, Berlin 1979, 759 ff; *Striewe*, Kollidierende AGB, Vertragsschluß und Vertragsinhalt, JuS 1982, 728; *Tengelmann*, Widerstreit der Einkaufs- und Verkaufsbedingungen, DB 1968, 205; *Teske*, Schriftformklauseln in Allgemeinen geschäftsbedingungen, 1990; *Thamm/Hesse,* Einkaufsbedingungen und AGB-Gesetz, BB 1979, 1583; *Vogt,* Kollidierende Geschäftsbedingungen, BB 1975, 200; *Weigel,* Schriftformklauseln in Allgemeinen Geschäftsbedingungen, 1989; *Graf von Westphalen,* Allgemeine Einkaufsbedingungen, 2. Aufl., 1997; *Graf von Westphalen,* Einkaufsbedingungen und AGB-Gesetz, ZIP 1984, 529; *Wolf/Horn/Lindacher,* AGB-Gesetz, Kommentar, 4. Aufl., 1999; *M. Wolf,* Auslegung und Inhaltskontrolle von AGB im internationalen kaufmännischen Verkehr, ZHR 153 (1989), 300.

Übersicht

	Seite
1. Allgemeine Einkaufsbedingungen	532
2. Wahl des Formulars	533
3. Qualifikation als AGB-Klauseln	533
4. Einbeziehung der Allgemeinen Einkaufsbedingungen	533
5. Kollision von Bedingungen	533
6. Abwehr- und Ausschließlichkeitsklausel	535
7. Geltung unter Kaufleuten	535
8. Schriftform	536
9. Angebotsbindung	537
10. Angebotsunterlagen	537
11. Kaufpreis	538
12. Zahlungsbedingungen	539
13. Lieferzeit	540
14. Lieferverzug	541
15. Lieferbedingungen	542
16. Gewährleistungsregeln	544
17. Gewährleistungsfrist	545
18. Anspruchskonkurrenzen	546
19. Ersatzlieferung	546
20. Keine Rechtsverletzung	547
21. Haftung für Rechtsmängel	547
22. Aufhebungsklausel	548
23. Weitere Bestimmungen	548
24. Rechtswahl	548
25. Schiedsvereinbarung	549

Anmerkungen

1. Allgemeine Einkaufsbedingungen. Allgemeine Einkaufsbedingungen dienen den Importeuren für eine Vielzahl künftiger Importgeschäfte als vorformulierte grundsätzliche Vertragsbedingungen. Einkaufsbedingungen lassen sich dann gegenüber den Lieferanten durchsetzen, wenn die Marktposition und Marktmacht dem Warenkäufer eine stärkere Position geben, weil es sich um einen „Käufermarkt" handelt, der es dem Käufer für seine Warenkäufe ermöglicht, seine Interessen durchzusetzen.

Da es sich bei den Lieferanten der „Einkäufer" in der Regel um Kaufleute handelt, finden nach § 24 Nr. 1 AGBG bei einer Inhaltskontrolle von Importbedingungen die §§ 2, 10 und 11 AGBG keine Anwendung, so daß lediglich § 9 AGBG heranzuziehen ist. – Einkaufsbedingungen enthalten meist Abwehrklauseln gegen kollidierende Lieferbedingungen, so daß auf den Aspekt der Kollision widersprüchlicher Allgemeiner Geschäftsbedingungen der Vertragsparteien besonders einzugehen sein wird (unten, Ziff 5). Entscheidungen zur Wirksamkeitskontrolle von Einkaufsbedingungen auf der Basis von § 9 AGBG sind selten (BGH ZIP 1990, 287), was offensichtlich darauf zurückzuführen ist, daß streitende Parteien sich – gerade im Hinblick auf die künftige Geschäftsverbindung – zu arrangieren versuchen und letztlich der Käufer, der ja als Kunde auftritt, in der Regel meist seine Interessen durchsetzt (vorausgesetzt, es besteht ein Käufermarkt, s. o.).

2. **Wahl des Formulars.** Wegen der thematischen Ähnlichkeiten zu den vorab behandelten „Verkaufsbedingungen" ist das hier vorgelegte Formular der Allgemeinen Importbedingungen in einigen Textpassagen leicht gekürzt. Ferner wurden aus methodischen Gründen bei einigen Themenstellungen (z. B. Liefer- und Zahlungsbedingungen; Schiedsgerichtsklausel) Vertragsinhalte genutzt, die sich stark zu den Exportbedingungen abgrenzen. Es wird aber bei der Kommentierung jeweils darauf hingewiesen, ob und wieweit eine andersartige Formulierung im Einzelfall dem Parteiinteresse ebenso gerecht werden kann. Auch die hier vorliegenden *Standard Terms and Conditions for the Purchase of Goods (Import)* sind aus der Sicht des deutschen AGB-Verwenders abgefaßt und gehen grundsätzlich davon aus, daß für die Warenkäufe des Importeurs deutsches Recht zur Anwendung gelangt. Hinweise auf Gesetze erfolgen mit Blick auf Bestimmungen des deutschen BGB, HGB oder AGBG, zitierte Gerichtsentscheidungen sind Sprüche deutscher Gerichte. Wegen der Anwendung des UN-Kaufrechts wird auf die Kommentierung der Verkaufsbedingungen (oben, Ziff. 2) verwiesen.

Neben der Anwendung der Allgemeinen Einkaufsbedingungen ist es üblich, je nach Anwendungsfall weitere Musterformulare zur Anwendung zu bringen. Dies sind vor allem die für die Liefer- und Zahlungsbedingungen bedeutsamen Publikationen der Internationalen Handelskammer, Paris (s. u.) und vor allem die im hier zu behandelnden Formular ebenfalls zugrundegelegten Richtlinien der Internationalen Handelskammer für die Durchführung internationaler Schiedsverfahren. Hierauf wird unten näher eingegangen. In allen Fällen bedarf die Einbindung dieser Richtlinien der Internationalen Handelskammer einer klaren Vereinbarung der Parteien und deutlichen Einbindung in den Vertrag.

3. **Qualifikation als AGB-Klauseln.** Die Allgemeinen Einkaufsbedingungen, die hier aus der Sicht des deutschen Rechts interpretiert werden, sind AGB-Klauseln im Sinne des § 1 Abs. 1 AGBG. Mit ihnen werden alle Regelungen erfaßt, die zwischen dem ausländischen Lieferanten und dem deutschen Warenabnehmer von Bedeutung sind. Sie sind „vorformuliert" im Sinne des § 1 Abs. 1 AGBG und bieten für die Zukunft die notwendige Geschäftsgrundlage, sind also keine „einzeln ausgehandelten Vertragsbedingungen" im Sinne des § 1 Abs. 2 AGBG.

4. **Einbeziehung der Allgemeinen Einkaufsbedingungen.** Die Allgemeinen Einkaufsbedingungen müssen wirksam in den Vertrag „einbezogen" sein. Die Einbeziehung ist Bestandteil des allgemeinen Vertragsschlusses nach den §§ 145 ff BGB und setzt deshalb eine darauf gerichtete ausdrückliche oder stillschweigende Vereinbarung voraus (BGH NJW 1985, 1838). Dabei muß der Wille der Parteien zur Einbeziehung erkennbar sein, was aufgrund einer laufenden Geschäftsbeziehung oder aufgrund sonstiger Umstände auch konkludent erkennbar sein kann. Vgl. im übrigen zur Einbeziehung der Allgemeinen Geschäftsbedingungen, zum unternehmerischen Bestätigungsschreiben und zur Sichtweise des anglo-amerikanischen und des französischen Rechtskreises die Kommentierung oben, Allgemeine Verkaufsbedingungen, Ziff. 4.

5. **Kollision von Bedingungen.** Auch zu diesem Themenbereich ist oben bei Besprechung der Allgemeinen Verkaufsbedingungen schon kurz Stellung genommen worden (vgl. Allgemeine Verkaufsbedingungen, Ziff 5.). Allerdings sind aus Sicht des Importeurs hierzu einige ergänzende Anmerkungen zu machen, da er meist diejenige Partei ist, die durch die (auf ein Angebot hin erfolgende) Annahmeerklärung und durch zusätzliches Einbringen seiner entgegenstehenden Allgemeinen Einkaufsbedingungen erst für die Problematik der Kollision unterschiedlicher Allgemeiner Geschäftsbedingungen sorgt.

Verwendet jede Vertragspartei ihre eigenen, mit der anderen Vertragspartei kollidierende Allgemeine Geschäftsbedingungen, so können je nach den Umständen die zuletzt in Bezug genommenen Geschäftsbedingungen nach den §§ 150 Abs. 2 und 151 BGB Vertragsinhalt werden (Prinzip des letzten Wortes, „last shot-Prinzip"; dazu nachstehend) oder der Vertrag gilt entgegen der Auslegungsregel des § 154 Abs. 1 BGB trotz kollidierender Allgemeiner Geschäftsbedingungen als geschlossen, wobei die Allgemeinen Geschäftsbedingungen nur insoweit gelten, wie sie sich nicht widerprechen, während im übrigen das dispositive Recht gilt (Prinzip der Kongruenzgeltung, dazu ebenfalls nachstehend, und *Wolf/Horn/Lindacher,* AGB-Gesetz, § 2 Rdnr. 73). Es kommt darauf an, ob die beiderseitigen Allgemeinen Geschäftsbedingungen eine Abwehrklausel enthalten („to the exclusion of any other terms and conditions"), mit der die anderen Vertragsbedingungen nicht anerkannt werden, oder eine Ausschließlichkeitsklausel („these conditions shall exclusively apply ......"), womit gesagt wird, daß der Vertrag durch den Importeur grundsätzlich nur auf der Basis der eigenen Allgemeinen Geschäftsbedingungen abgeschlossen werden soll (unten, Ziff. 6). Schließlich kann es auch sein, daß eine solche Klausel gänzlich fehlt, daß also keine Ausschluß- oder Abwehrklausel enthalten ist (*Wolf/Horn/Lindacher,* § 2 Rdnr. 73; *Rieger/Friedrich* JuS 1987, 118, 125). Diese Differenzierung wird nachstehend präziser dargestellt.

Bezieht sich der Verkäufer auf seine Allgemeinen Verkaufsbedingungen ohne eine solche Geltungsklausel, also ohne die Nennung eines ausdrücklichen Ausschlusses entgegenstehender AGB des Importeurs, und verweist der annehmende Importeur lediglich auf seine Allgemeinen Einkaufsbedingungen („I accept the offer. Please find enclosed my standard terms of business ......"), so liegt darin nach § 150 Abs. 2 BGB eine Ablehnung der Allgemeinen Verkaufsbedingungen des Verkäufers verbunden mit einem neuen Antrag. Das bloße Schweigen auf diese modifizierte Auftragsbestätigung ist aber nicht als dessen Anerkennung anzusehen (BGH JZ 1977, 602). Allerdings ist der Vertrag nach §§ 150 Abs. 2 und 151 BGB mit den zuletzt in Bezug genommenen Allgemeinen Geschäftsbedingungen zustande gekommen, wenn der erste Anbieter (also der Exporteur mit seinem Vertragsangebot) *ohne* Widerspruch gegen die entgegenstehenden Einkaufsbedingungen des Importeurs abwickelt (Prinzip des letzten Wortes, „last-shot-Prinzip", BGHZ 61, 282, 287; *Wolf/Horn/Lindacher,* AGB-Gesetz, § 2 Rdnr. 74). Dabei ist es dann unerheblich, ob der Importeur seinerseits eine Abwehr- oder Ausschließlichkeitsklausel in seinen Allgemeinen Einkaufsbedingungen verwendet oder nicht. Wickelt der Exporteur den Vertrag aber *mit* Widerspruch (ausdrücklich oder konkludent) gegen die entgegenstehenden Einkaufsbedingungen des Importeurs ab, kommt der Vertrag entgegen § 154 Abs. 1 BGB ohne eine Einigung über die Allgemeinen Geschäftsbedingungen einer Partei zustande. Es gilt dann nicht ausschließlich das dispositive Recht (h. M.: BGH NJW 1985, 1838, 1839; OLG Köln BB 1980, 1237), sondern es wird dem Parteiwillen nur insoweit Rechnung getragen, wie die beiderseits vorgelegten Allgemeinen Geschäftsbedingungen inhaltlich übereinstimmen (Prinzip der Kongruenzgeltung; Wolf/Horn/Lindacher, AGB-Gesetz, § 2 Rdnr. 78). Dabei ist es ohne Bedeutung, ob die Parteien die Übereinstimmung kennen, wobei die tatsächliche Kongruenz nicht formal nur nach dem Wortlaut, sondern vielmehr nach dem Sinn und Zweck der jeweiligen Regelung und dem gemeinschaftlichen Interesse beider Vertragsparteien zu bestimmen ist. Es gilt aber nicht etwa das „gemeinsame Minimum", also etwa eine gemeinsam vorhandene Mindestsumme bei Festlegung einer Vertragsstrafe, weil diese Vertragsstrafe nur für den anderen Teil, nicht aber für den AGB-Verwender vorgesehen ist. Übereinstimmung kann dagegen angenommen werden, wenn für beide Parteien Kündigungs- oder Rücktrittsrechte vorgesehen sind oder ausgeschlossen werden oder wenn in den beiderseitigen Allgemeinen Geschäftsbedingungen für Sachmängel ein Recht auf kostenlose Nachbesserung vorgesehen ist (BGH NJW 1991, 1604, 1606; *Wolf/Horn/Lindacher* aaO).

Soweit sich die Allgemeinen Geschäftsbedingungen beider Parteien widersprechen, weil beide AGB dieselbe Problematik unterschiedlich regeln (jede Partei wählt die Geltung eines anderen nationalen Rechts usw), gilt das dispositive Recht analog § 6 Abs. 2

AGBG. Ein Widerspruch ist etwa auch darin zu sehen, daß in Einkaufsbedingungen die Untersuchungs- und Rügepflicht nach §§ 377 und 378 HGB ausgeschlossen, in den Verkaufsbedingungen des Exporteurs dagegen mit kurzen Fristen festgelegt ist (BGH NJW 1991, 2633, 2634 f). – Anders ist es dagegen bei einer Ergänzungsregel, bei der nur eine Partei in ihren Allgemeinen Geschäftsbedingungen eine Regelung aufgenommen hat, während die Allgemeinen Geschäftsbedingungen der anderen Vertragspartei hierzu schweigen (BGH NJW 1991, 2633, 2635; BGH NJW 1981, 2257: einem Abtretungsverbot steht eine Konzernverrechnungsklausel gegenüber; dem Eigentumsvorbehalt des Exporteurs, steht keine Regelung zum Eigentumsvorbehalt in den Einkaufsbedingungen gegenüber, BGH NJW 1985, 1838). – Liegt eine solche Ergänzungsregel vor, muß durch Auslegung und unter Berücksichtigung der Parteiinteressen bestimmt werden, ob diese AGB-Klausel (trotz Abwehr- oder Ausschließlichkeitsklausel, dazu unten) gelten soll oder nicht (BGH NJW 1985, 1838 f; *Wolf/Horn/Lindacher*, AGB-Gesetz, § 2 Rdnr. 80). In der Regel muß davon ausgegangen werden, daß nur begünstigende Regelungen im (beiderseitigen) Parteiinteresse stehen können, während bei Vorliegen einer Abwehr- oder Ausschließlichkeitsklausel benachteiligende Ergänzungsklauseln als grundsätzlich als nicht vereinbart angesehen werden können (zum Meinungsstand *Wolf/Horn/Lindacher*, AGB-Gesetz, § 2 Rdnr. 80).

6. Abwehr- und Ausschließlichkeitsklausel. Etwas anders stellt sich die Situation dar, wenn eine klare Aussage zur Abwehr fremder Allgemeiner Geschäftsbedingungen und zur ausschließlichen Anwendbarkeit der eigenen Vertragsklauseln getroffen wird, wie es hier im Formular vorgegeben ist.

Verwendet der Exporteur Allgemeine Verkaufsbedingungen, die eine *Abwehrklausel* enthalten, so ist dies als vorweggenommener Widerspruch gegen AGB des Einkäufers anzusehen, so daß die beiderseitig verwandten AGB nur insoweit gelten können, wie sie übereinstimmen (BGH NJW 1982, 1749; BGH NJW 1991, 1604, 1606). Benutzen also beide Partei Abwehrklauseln, so gelten diese AGB-Bestandteile als nicht vereinbart. Hierauf muß der Importeur achten, wenn er seine AGB als Vetragsgrundlage einbeziehen will.

Verwendet der Exporteur Allgemeine Verkaufsbedingungen, die eine Ausschließlichkeitsklausel zur Geltung der Exportbedingungen enthalten (dies wird kenntlich durch die Verwendung des Begriffes „ausschließliche Geltung", „exclusively" beziehungsweise durch den Hinweis auf die alleinige Geltung der eigenen AGB, *Lindacher* JZ 1977, 604), und nimmt der Importeur auf seine eigenen Importbedingungen Bezug, dann liegt ein Widerspruch zwischen beiden Ausschließlichkeitsklauseln vor. Wird der Vertrag dennoch abgewickelt, ist darin ein Verzicht auf die Geltung beider Ausschließlichkeitsklauseln zu sehen und ist der Vertrag (entgegen dem Prinzip des § 154 Abs. 1 BGB) im übrigen nur soweit geschlossen, als die Allgemeinen Geschäftsbedingungen sich nicht widersprechen (Prinzip der Kongruenzgeltung; vgl. OLG Köln, BB 1980, 1237).

Im Ergebnis muß sich der Importeur bei Zugrundelegung seiner Allgemeinen Einkaufsbedingungen darüber im klaren sein, daß seinen Abwehr- oder Ausschließlichkeitsklauseln diejenigen des Exporteurs entgegenstehen können. In diesen Fällen sollte daher in der Praxis nicht einfach alles auf sich beruhen bleiben, sondern unbedingt ein klärendes Gespräch mit dem Vertragspartner dazu führen, deutlich zu vereinbaren, wessen AGB und welche AGB-Inhalte nun tatsächlich zwischen den Parteien als vereinbart gelten sollen.

7. Geltung unter Kaufleuten. Es wird festgelegt, daß die Allgemeinen Einkaufsbedingungen nur gegenüber einem Kaufmann im Rahmen des Geschäftsbetriebes zur Anwendung gebracht werden sollen. Nach § 24 AGBG finden damit die bestimmungen der §§ 2 und 10 bis 11 AGBG keine Anwendung, so daß für eine Inhaltskontrolle der Allgemeinen Einkaufsbedingungen nur die Auffangnorm des § 9 AGBG zur Anwendung gelangen kann.

Vertragsinhalte sicher niederzulegen und beweisbar zu gestalten ist ein besonderes Bedürfnis im kaufmännischen Geschäftsverkehr. Daher ist es weltweite Praxis, wichtige Kaufverträge – und natürlich vor allem die zugrundeliegenden Allgemeinen Geschäftsbedingungen – schriftlich niederzulegen. Da ebenfalls in der Regel etwa beiderseitig verwandte Allgemeinen Geschäftsbedingungen die Schriftform (nachstehend unter Ziff. 8) vorsehen, gilt nach dem Prinzip der Kongruenzgeltung die Schriftform als vereinbart. Ansonsten, soweit nur eine Partei die Schriftform verlangt, ist dies vor allem unter Kaufleuten (a merchant in the course of business) unproblematisch, da sich Kaufleute auf die Führung von geschäftlichen Unterlagen grundsätzlich einstellen müssen und daher die im Rahmen einer Geschäftsführung anfallenden Schriftform- und Bestätigungsklauseln zum betrieblichen Alltag gehören. Im Ergebnis sind daher einfache Schriftformklauseln unter Kaufleuten aus Sicht des § 9 AGBG grundsätzlich nicht zu beanstanden. Allerdings ist zu diesem Themenbereich noch einiges zusätzlich zu differenzieren, so daß auf die nachfolgende Ziff. 8 verwiesen wird.

8. Schriftform. In den Einkaufsbedingungen ist an unterschiedlichen Positionen die Bedingung aufgenommen, daß grundsätzlich alle den Vertrag betreffenden Abreden (Nebenabreden, Zusicherungen, Vertragsänderungen, Änderungen der AGB usw.) wie beispielsweise auch hier die Annahmeerklärung der Schriftform bedürfen. Nach § 125 Satz 2 BGB ist die vereinbarte Schriftform im Zweifel als Wirksamkeitserfordernis für das gesamte Rechtsgeschäft anzusehen.

Problematisch ist – und dies soll an dieser Stelle auch ergänzend zu der Kommentierung der Allgemeinen Verkaufsbedingungen (s. dort, Ziff. 6) angeführt werden –, ob Schriftformklauseln in Allgemeinen Geschäftsbedingungen grundsätzlich wirksam sind (hierzu eingehend *Teske,* Schriftformklauseln in Allgemeinen Geschäftsbedingungen, 1990; *Weigel,* Schriftformklauseln in Allgemeinen Geschäftsbedingungen, 1989). Problematisch ist dies aus der Sicht des an sich bestehenden Grundsatzes der Formfreiheit, der im Zivilrecht gilt. Danach wäre es schon aus diesem Aspekt schwierig, grundsätzlich alle den Vertrag betreffenden Abreden über die Allgemeinen Geschäftsbedingungen einer Schriftformvereinbarung zu unterwerfen. Allerdings ist festgehalten, daß Schriftformklauseln, wie sie hier in den Allgemeinen Einkaufsbedingungen enthalten sind, und die dem Interesse der Rechtsklarheit und Rechtssicherheit zu dienen geeignet sind, weder als überraschende Klausel nach § 3 AGBG noch aus der Sicht der Generalklausel des § 9 AGBG unwirksam sind (vgl. BGH NJW 1984, 1184, zur Schriftform bei der Rückübertragung von Sicherungsrechten sowie BGH NJW 1982, 331, 333 und BGH NJW 1991, 2559). Die einfache Schriftformklausel kann dem Interesse beider Parteien dienen, da Unklarheiten über Vertragsabschluß, -inhalt und etwaige -änderung vermieden und der Beweis darüber erleichtert werden kann. Eine einfache Schriftformklausel lautet etwa: „mündliche Abreden bedürfen zu ihrer Wirksamkeit der Schriftform", oder „mündliche Abreden sind nicht getroffen worden". Diese Klauseln sind in der Regel aus der Sicht der §§ 4 und 9 AGBG unproblematisch, wenn sie darauf abzielen, sicherzustellen, daß der Vertrag in seiner Gesamtheit als Urkunde schriftlich niedergelegt wird (vgl. BGH NJW 1982, 331, 333).

Eine Schriftformklausel wäre nach diesen Grundsätzen allerdings als unwirksam einzustufen, wenn sie dazu dient, getroffene Individualvereinbarungen zu unterlaufen, indem sie beim Vertragspartner den Eindruck erwecken, daß eine mündliche Abrede (entgegen dem Grundsatz der Formfreiheit) unwirksam sei. Dies ist am häufigsten der Fall, wenn die Schriftform als „Bestätigungsklausel" aufgebaut ist, mit der mündliche Zusagen, Absprachen und Vertragsänderungen davon abhängig gemacht werden, daß sie nachträglich noch einmal gesondert vom AGB-Verwender schriftlich bestätigt werden müssen. Eine solche Bestätigungspflicht verstößt gegen den Gedanken des § 9 Abs. 2 Nr. 1 AGBG und ist daher unwirksam (BGH NJW 1985, 623, 630). Dies gilt auch in den Fällen, in denen die Schriftformklausel so weit geht, daß sie auch nachträgliche Vereinbarungen erfaßt, die nach dem Vertragsschluß vom und mit dem AGB-Verwender getroffen werden. Für solche nachträglichen Vereinbarungen kann ein berechtigter Bedarf bestehen (etwa telefonische Absprache). Der Kunde darf dann durch die Schriftformklausel nicht davon abgehalten werden, seine Rechte aus der wirksamen Individualabsprache geltend zu machen (BGH NJW 1985, 320, 322; Wolf/Horn/Lindacher, AGB-Gesetz, § 9 Rdnr. S 39). Dieser Aspekt ist beispielsweise in den oft hektischen Außenhandelsgeschäften mit der häufig nur telefonischen Kontaktaufnahme der Vertragspartner gegeben. In- und ausländischer Vertragspartner telefonieren, sprechen die wichtigsten Eckdaten ihres Außenhandelsvertrages ab und verzichten auf eine nachfolgende Fixierung in Schriftform.

Soweit, wie hier in den Allgemeinen Einkaufsbedingungen, die einfache Schriftform vereinbart ist, gilt sie für das gesamte Rechtsgeschäft, also auch für Nebenabreden und Vertragsänderungen. Grundsätzlich bleiben jedoch beide Vertragspartner in der Lage, das vereinbarte Formerfordernis formlos aufzuheben, wobei es erforderlich ist, daß der entsprechende Parteiwille klar ausgedrückt wird (BGH WM 1981, 121, 122). Dies wird bei Außenhandelsgeschäften in der Regel stillschweigend geschehen, wenn die Außenhandelspartner einen telefonischen Kontrakt (ohne weitere schriftliche Fixierung) ausführen, wobei es unerheblich ist, ob sie daran gedacht haben, daß entsprechend ihrer grundlegenden Vereinbarung in den AGB Formzwang bestand (BGHZ 71, 162, 164). Allerdings empfiehlt es sich stets schon aus Gründen der Beweisbarkeit, wichtige Elemente des Individualvertrages schriftlich niederzulegen.

9. Angebotsbindung. In den Allgemeinen Einkaufsbedingungen ist vorgesehen, daß auf eine Bestellung des Käufers innerhalb von 14 Tagen eine schriftliche Annahmeerklärung des Verkäufers möglich ist. Im kaufmännischen Geschäftsverkehr wird eine solche Bestellung als Angebot nach § 145 BGB angesehen, wenn Inhalt und Gegenstand des Vertrages so weit bestimmbar sind (im Sinne der §§ 133 und 157 BGB), daß eine Annahmeerklärung des Angebotsempfängers möglich ist und den Vertrag rechtswirksam zustandekommen läßt. Wegen der Bindungswirkung kann das Angebot nicht ohne weiteres widerrufen werden, es sei denn, die Bindungswirkung wurde ausdrücklich ausgeschlossen (§ 145 BGB). Die Vertragsannahme durch den Lieferanten oder seinen Vertreter ist eine einseitige, empfangsbedürftige Willenserklärung. Die Allgemeinen Einkaufsbedingungen sehen eine eindeutige und schriftliche Zustimmung zur Bestellung des Käufers vor. Nach § 146 BGB erlischt allerdings das Angebot (die Bestellung), wenn entweder der Lieferant ablehnt oder aber die gesetzte Frist von 14 Tagen (vgl. §§ 147 ff BGB) verstreicht (zur Problematik der Sichtweise ausländischer Rechtsordnungen vgl. „Verkaufsbedingungen", Ziff. 11 mwN).

Aus den genannten Vorschriften der §§ 147 und 148 BGB ergibt sich, daß nur eine rechtzeitige Annahme zum Vertragsschluß führt. Aus § 148 BGB folgt, daß eine vom Besteller festgesetzte Annahmefrist maßgebend ist. Hier sind 14 Tage vorgesehen, wobei im Zweifel die Frist von 14 Tagen mit der Abgabe der Bestellung (und nicht erst mit deren Zugang, Soergel/Wolf, BGB, § 148 Rdnr. 8) zu laufen beginnt und die Annahmeerklärung des Verkäufers beim Käufer noch innerhalb der 14 Tage zugehen muß (Palandt/Heinrichs, BGB, § 148 Rdnr. 2 a bb).

10. Angebotsunterlagen. Alle Angebotsunterlagen, die dem Angebot (der Bestellung) beigefügt sind, wie etwa Zeichnungen, Pläne, Entwürfe, Rechenbeispiele, technische Dokumentationen, beurteilen sich hinsichtlich ihrer Verbindlichkeit für den Vertrag nach § 145 BGB. Ein verbindliches Angebot erstreckt sich auf die gesamte Dokumentation, wenn sie einwandfrei als zum Vertrag gehörig erkennbar ist. Vage Beschreibungen oder Aussagen scheitern an § 9 Abs. 2 Nr. 1 AGBG.

Die Allgemeinen Einkaufsbedingungen gehen davon aus, daß vom Käufer vorgelegte Daten, Zeichnungen oder sonstige Unterlagen, die geheimzuhalten sind, Dritten grundsätzlich nicht zur Kenntnis gegeben werden dürfen. Zwar erreichen schon die §§ 17 und 18 UWG einen gewissen Schutztatbestand für den Besteller, indem persönliche geistige

Schöpfungen insbesondere in Wissenschaft und Kunst geschützt werden. Es ist jedoch von Vorteil, wie hier geschehen, in den Allgemeinen Vertragsbedingungen alle besonderen Vorgehensweisen zum Schutz von Geschäftsdaten ausdrücklich schriftlich niederzulegen, also klar niederzulegen, daß auch bloße Geschäftsaufzeichnungen (die ja nicht unter das UWG fallen) nicht an Dritte weitergegeben werden dürfen.

Zur Genauigkeit einer Bestellung, einer besonderen Spezifizierung und zur Abweichung von einer Bestellung ist oben bei Besprechung der Verkaufsbedingungen ausführlich (Ziffern 12 bis 14, jeweils mwN) Stellung genommen worden, so daß an dieser Stelle keine weiteren Ausführungen zu diesem Themenbereich angebracht werden.

11. Kaufpreis. Auch zum Kaufpreis, zur Preisliste und zu Preisanpassungsklauseln ist bereits bei Besprechung der Allgemeinen Verkaufsbedingungen (s. dort, Ziff. 15 bis 18) Stellung genommen worden. In Ziffer 3 der Allgemeinen Einkaufsbedingungen wird die Hauptpflicht des Käufers, nämlich die Begleichung des Kaufpreises Zug um Zug gegen Übertragung der Kaufsache, niedergelegt. Ferner wird festgelegt, daß der genannte Kaufpreis alle Nebenkosten (wie Fracht, Verzollung, Versicherung, wie aus der Klausel „delivery, duty paid" zu entnehmen ist) und auch die gesetzliche Mehrwertsteuer mit umfassen soll.

Ergänzend zu diesem Themenbereich ist anzumerken, daß der Besteller seiner Pflicht zur Zahlung des Kaufpreises in der Weise nachkommen kann, daß er den Kaufpreis durch Aufrechnung im Sinne der §§ 387 ff BGB tilgt, vorausgesetzt, daß die Aufrechnung nicht gesetzlich oder vertraglich ausgeschlossen ist. Ein Aufrechnungs- oder Zurückbehaltungsrecht ist in Allgemeinen Einkaufsbedingungen oft nicht gesondert geregelt (auch nicht im hier vorliegenden Formular). Problematisch ist dieses Thema, weil es sich aus deutschrechtlicher Sicht leicht darstellen kann, daß ein „stillschweigender Ausschluß" der Aufrechnung vorliegt. Ein stillschweigender Ausschluß der Aufrechenbarkeit liegt beispielsweise darin, daß eine „dokumentäre" Zahlungsbedingung wie etwa das Dokumentenakkreditiv oder das Dokumenteninkasso, vereinbart ist (vgl. hierzu BGHZ 60, 262, 263 und BGH NJW 1976, 852). Mit einer solchen dokumentären Zahlungsbedingung wird nämlich der Zahlungsvorgang grundsätzlich auf dazwischengeschaltete Banken als Dienstleister verlegt mit der Verfahrensweise, daß die Banken nur mit der Maßgabe und aufgrund der Weisung des Importers den Kaufpreis an den Exporteur auszahlen, sobald der Exporteur der Zahlstellenbank akkreditiv- oder inkassogerechte Warendokumente einreicht. Dieses Verfahren verhindert damit schon vom Ablauf her eine Aufrechnung, da der Zahlungsvorgang ganz bewußt auf Intermediäre verlegt ist und von beiden Parteien im Grunde gewollt ist, daß es keine Aufrechnung geben soll. Die hier vorliegenden Allgemeinen Einkaufsbedingungen enthalten keine dokumentäre Zahlungsklausel, so damit die Aufrechnung nicht ausgeschlossen wird.

Allerdings kann auch in einer Netto-Kasse-Klausel ein stillschweigender Ausschluß der Aufrechnung zu sehen sein (BGH WM 1972, 1092, 1093), da der Verwender der Klausel in jedem Fall mit einer Bezahlung rechnet, sobald die Rechnung vorgelegt wird (Kasse gegen Rechnung). Danach würde sich bei dem hier in den Allgemeinen Einkaufsbedingungen vorgelegten Wortlaut (payment shall be made ...... after receipt of invoice) an sich die Möglichkeit der Aufrechnung gegen eine Forderung des Lieferanten verschließen, da diese „Kasse gegen Rechnung"-Formulierung der Sichtweise der obengenannten Rechtsprechung entspräche. Allerdings darf im internationalen Handelsverkehr nicht außer acht gelassen werden, daß hier andere Usancen bekannt sind, als dies etwa im deutschen Inlandshandel der Fall ist, für den die Rechtsprechung eine Aussage traf. Im internationalen Geschäft kennt man nämlich in der Regel nur die beiden Sichtweisen der „dokumentären" und der „nichtdokumentären Zahlungsklauseln", wobei die nichtdokumentäre Zahlungsklausel meistens den Terminus „Kasse" (cash on delivery; cash after receipt of invoice) verwendet. Dabei ist davon auszugehen, daß eine Kasse-Klausel im internationalen Zahlungsverkehr einer Aufrechnungsmöglichkeit nicht entgegensteht, da es hier an einem stillschweigenden Verbot der Aufrechnung mangels entsprechendem Parteiwillen in der Regel fehlt.

Ansonsten enthält das Gesetz weitere Ausnahmetatbestände, wonach eine Aufrechnung unzulässig ist, in den §§ 392 bis 395 BGB. – Im übrigen ist bei gegenseitig fälligen Forderungen die Geltendmachung eines Zurückbehaltungsrechts wie eine Aufrechnung zu werten, sofern durch die Ausübung des Zurückbehaltungsrechts (wie bei einer Aufrechnung der Fall) ein Erlöschen der Leistungspflicht eintritt. – Schwierig ist auch die Situation, in der der Besteller aufgrund berechtigter Mängelrügen daran denkt, die Kaufpreiszahlung zurückzuhalten und damit ein Druckmittel gegen den Verkäufer auszuüben. Im Grunde macht der Käufer dann nur von seinen Rechten gemäß §§ 320 und 273 BGB Gebrauch, und er darf (unter Einbeziehung der Sicht des § 320 Abs. 2 BGB) wegen eines bloßen Mangels nicht die gesamte Zahlung zurückhalten. Zulässig ist es allerdings, ein Mehrfaches der geschätzten Nachbesserungskosten im Rahmen des Zurückbehaltungsrechtes geltend zu machen.

12. Zahlungsbedingungen. Es wurde unter Ziffer 11 (oben) bereits darauf hingewiesen, daß diese Allgemeinen Einkaufsbedingungen keine dokumentäre Zahlungsbedingung enthalten. Dies liegt auch in der Natur der Sache, denn die sogenannten „dokumentären Zahlungsklauseln" im Außenhandel sind die typischen Zahlungssicherungsinstrumente des Exporteurs, der durch die Einschaltung der Banken (beim Akkreditiv sogar mit dem abstrakten Zahlungsversprechen der akkreditiveröffnenden Bank) eine weitgehende Sicherung seines Zahlungsanspruchs erreichen kann, immer vorausgesetzt, daß er den zwischengeschalteten Banken eine einwandfreie Warendokumentation präsentieren kann.

So finden sich in Allgemeinen Einkaufsbedingungen typischerweise nichtdokumentäre Zahlungsbedingungen (sogenanntes „clean payment", also reine, von Dokumenten gelöste Zahlungsbedingungen). Dies wird aus Ziffer 3 und 4 der Allgemeinen Einkaufsbedingungen deutlich, die eine Barzahlungsvereinbarung enthalten. Grundsätzlich muß ein Kaufpreis pünktlich und ohne Abzug gezahlt werden. Ein Skontoabzug, wie hier in Ziffer 4 der Allgemeinen Einkaufsbedingungen niedergelegt, setzt eine Barzahlungsvereinbarung voraus, wobei sich die hier genannte Frist von 14 Tagen als Stundungsvereinbarung (BGH NJW 1981, 1959) versteht, wonach das Skonto nur statthaft ist, wenn rechtzeitig innerhalb der Frist Zahlung geleistet wird.

Auch diese Fristsetzung von 14 Tagen kann problematisch werden, wenn es entgegenstehende Allgemeine Vertragsbedingungen beider Parteien gibt, in denen der Verkäufer die Skontofrist möglicherweise „ab Rechnungsdatum", der Käufer dagegen die Skontofrist „ab Rechnungserhalt" berechnet (vgl. hierzu grundlegend oben, Ziffer 5, Kollision von Bedingungen). Wegen des „Prinzips der Kongruenzgeltung" kann daher der Fall eingetreten sein, daß (vor allem bei erstmaliger Geschäftsverbindung) ein klarer Dissens über die Skontovereinbarung vorliegt, so daß ein 2% Abzug mangels übereinstimmender AGB-Vereinbarung gar nicht vorliegt. Ist die Geschäftsverbindung älter und häufiger ein Skontoabzug erfolgt, dann kann das grundsätzliche Vorliegen einer wirksamen Skontovereinbarung bejaht werden. Allerdings sollte der Importeur, der eines Skontoabzugs nicht verlustig gehen will, die 14-Tage-Frist nicht bis zum letzten Tag nutzen, um nicht über diesen „unsicheren" Punkt der vertraglichen Regelung (Laufzeit der Frist) doch noch einen Streit um die Vertragsinhalte aufkommen zu lassen.

Liegen der Geschäftsverbindung dagegen nur die Allgemeinen Einkaufsbedingungen zugrunde, dann ist noch auf den Skontoabzug an sich einzugehen. Der Besteller erwartet in seinem Formular, daß die Skontofrist ab Erhalt der Warenrechnung läuft. Dies ist aus Sicht des § 9 Abs. 2 Nr. 1 AGBG genausowenig zu beanstanden, wie die Höhe des Abzugs (handelsüblich), zumal das einzig wichtige Kriterium ,nämlich die präzise Festlegung von Höhe des Skontos und die Länge der Zahlungsfrist exakt feststehen (fehlt eine genaue Bestimmung, wie etwa in der ungenauen Klausel „Zahlung innerhalb von

14 Tagen nach Eingang der *geprüften* Rechnung", ist die Klausel nach § 9 AGBG zu beanstanden, OLG Frankfurt NJW-RR 1988, 1485).

13. Lieferzeit. Ziffer 5 der Allgemeinen Einkaufsbedingungen legt in seinen Klauseln Bedingungen zur Lieferzeit fest. Danach soll die Lieferung, soweit dies ausdrücklich im Individualvertrag festgehalten wurde, am vereinbarten Liefertag erfolgen. Fehlt eine solche Vereinbarung, dann ist mit der Bestimmung des § 271 BGB zu folgern, daß bei Fehlen einer Leistungszeit (weder fest vereinbart noch aus den Umständen des Falles zu entnehmen) der Besteller die Lieferung sofort verlangen kann und der Lieferant verpflichtet ist, seine Leistungspflicht sofort zu erbringen.

Aus dem vorliegenden Formular ist nicht ersichtlich, daß es zu den in der Praxis häufig auftauchenden Problemen der mangelnden Bestimmbarkeit der Leistungszeit kommen könnte. Der Besteller legt in seinen Allgemeinen Einkaufsbedingungen klar fest, daß ein feststehendes Lieferdatum einzuhalten ist. Fehlt im Ausnahmefall ein solches Datum, dann kommt die Regel des § 271 BGB zum Zuge. Eine ungefähre Leistungszeit („ca", „ungefähr in der ...... Kalenderwoche" usw.), die zur Notwendigkeit einer Auslegung mittels §§ 133 und 157 BGB führen könnte, ist hier vermieden worden.

In jedem Fall bestimmt sich die Rechtzeitigkeit der Leistung durch den Lieferanten mittels Feststellung des Erfüllungsortes. Für die Frage, wo der Lieferant zu leisten hat, ist die Vorschrift des § 269 BGB heranzuziehen. Der im Gesetz genannte Begriff der *„Leistung"* versteht sich in der Weise, daß der „Leistungsort" der Ort ist, an dem der Lieferant die Leistungshandlung vornehmen muß, damit dort der Leistungserfolg eintreten kann. Der Leistungsort ist – insbesondere im internationalen Handel – meistens sofort anhand der angewandten Lieferbedingung (der „Incoterms-Klausel") herauszufinden. Dies ist im Formular unter Ziffer 6 mit dem Begriff „delivery duty paid" geschehen, wonach (s. dazu unten) eine Bringschuld vereinbart wurde und der Lieferant „frei Haus verzollt" zu liefern hat. Der Lieferant muß also bis zur Anlieferung beim Besteller alle Leistungshandlungen vornehmen und sämtliche Kosten (Transport, Versicherung, Verzollung) tragen. Wichtig ist, daß diese grundlegende Regelung in den Allgemeinen Einkaufsbedingungen jederzeit dadurch überlagert werden kann, daß die Kaufvertragsparteien in ihrem konkreten Individualvertrag etwas Gegenteiliges vereinbaren (§ 4 AGBG).

Mit dem letztgenannten Gedanken ist noch ein Problem zu erörtern, nämlich dasjenige der Leistungsmodalitätenregelung. Es kann sein, daß AGB-Klauseln vorliegen, die Zeit, Ort und sonstige Umstände der Leistung regeln und die deshalb gegen § 4 AGBG verstoßen, weil der betreffende Punkt auch Gegenstand einer zwischen den Parteien getroffenen Individualabrede ist und sich die AGB-Klausel dann nicht mehr im Rahmen einer (zulässigen) bloßen Konkretisierung bewegt. AGB haben nämlich auch die Funktion der Konkretisierung von Individualverträgen. Statt den nächstliegenden Bedeutungssinn eines Individualvertrages zu erforschen, ist grundsätzlich auf etwa vorhandene Allgemeine Geschäftsbedingungen zurückzugreifen (*Staudinger/Schlosser*, BGB, zu § 4 AGBG Rdnr. 16 ff; *Coester*, DB 1982, 1551, 1553). Dies gilt also für das vorliegende Formular in zweifacher Hinsicht: für die Bestimmung der Lieferfrist und die Festlegung ders Leistungsortes. Macht also der Käufer in den Vertragsverhandlungen nachdrücklich sein Interesse an der Einhaltung einer bestimmten Lieferfrist deutlich oder ist dem Lieferanten ein solches Interesse ohne weiteres erkennbar, dann ist eine Lieferfristangabe seitens des AGB-Verwenders nach den §§ 133, 157 BGB als vertragliche Zusage anzusehen. Eine Lieferklausel in den AGB wie etwa „Liefertermin freibleibend" steht damit im Widerspruch zum Individualvertrag und ist deshalb unwirksam (BGHZ 92, 24 und 26). Andererseits geht es auch zu weit, eine in Allgemeinen Einkaufsbedingungen enthaltene Klausel mit einer Leistungszeitangabe zu einer Angabe mit Fixgeschäftscharakter hochzustufen (BGHZ 110, 88, 97; *Wolf/Horn/Lindacher*, AGBG, § 4 Rn 25).

Soweit es um die Angabe eines Leistungsortes geht, haben die genannten Grundsätze folgende Konsequenz: schon für die individuelle Leistungsortbestimmung gilt, daß eine den tatsächlichen Verhältnissen zuwiderlaufende Klausel als Leistungsortregelung wirkungslos ist (vgl. BGH WM 1995, 859; 861; häufig dient die Vereinbarung eines Erfüllungsortes nur der Bestimmung des Gerichtsstands; *Soergel/Wolf,* BGB, § 269 Rdnr. 17; *Wolf/Horn/Lindacher,* AGBG, § 4 Rn 26). Steht der in den Allgemeinen Einkaufsbedingungen genannte Leistungsort im Widerspruch zu einer individuellen Festlegung im Einzelvertrag, dann muß dasselbe Ergebnis über § 4 AGBG gelten und die Individualabsprache Vorrang genießen.

14. Lieferverzug. In den nachfolgenden Bestimmungen der Ziffer 5 der Allgemeinen Einkaufsbedingungen ist zunächst festgelegt, daß der Lieferant bei drohendem Lieferverzug den Besteller hiervon schriftlich in Kenntnis zu setzen hat. Tritt der Lieferverzug schließlich ein, soll der Besteller berechtigt sein, den Lieferanten bis zur Höhe des Vertragswertes in Regreß zu nehmen. In den Allgemeinen Einkaufsbedingungen wird also begrifflich zunächst davon ausgegangen, daß der Lieferant die Lieferung zwar verspätet (Verzug), aber immerhin doch erbringt (Klausel 5, Absatz 2). Erst im letzten Absatz der Klausel 5 wird dann eine beliebiges Leistungshindernis (Verzug und Unmöglichkeit) genannt, um die Rechtsfolge des Schadensersatzes eintreten zu lassen.

Der Lieferverzug setzt voraus, daß die Leistung noch nachgeholt werden kann. Vorausgesetzt wird nach § 284 Abs. 1 BGB, daß der Anspruch des Bestellers wirksam und fällig ist (es darf keine Einrede entgegenstehen). Eine Mahnung an den Lieferanten ist immer dann entbehrlich (nach § 284 Abs. 2 BGB), wenn für die Leistung durch Vertrag oder durch Gesetz eine Zeit nach dem Kalender bestimmt ist, wie es hier auch in den Allgemeinen Einkaufsbedingungen vorgesehen ist. Die hier in der Klausel genannten Bestimmungen erfüllen daher die gesetzlichen Voraussetzungen des Schuldnerverzugs.

Soweit nicht nur Verzug, sondern sogar Unmöglichkeit der Leistung vorliegt, was im Sinne des § 275 BGB dann der Fall ist, wenn die Leistung weder vom Lieferanten, noch von Dritten erbracht werden kann, unterscheidet das Gesetz weiter nach anfänglicher (§§ 306 ff BGB) und nachträglicher Unmöglichkeit (§§ 275 ff und §§ 323 ff BGB). Das Gesetz geht von der dauernden Unmöglichkeit (§§ 275 und 280 BGB) aus, da begrifflich eine vorübergehende Unmöglichkeit unter den Begriff des Verzugs fällt.

Der Lieferant haftet für Verzug und Unmöglichkeit aber nur dann, wenn er die Leistungsstörung durch ein vorwerfbares Verhalten (mit-)verursacht hat. Für die Interpretation ist § 276 BGB heranzuziehen, der ein Vertretenmüssen des Lieferanten in den Fällen des Vorsatzes und der Fahrlässigkeit (§ 276 Abs. 1 Satz 2 BGB) und des Einstehenmüssens für Erfüllungsgehilfen (§ 278 BGB) festlegt (zu der umfangreichen Rspr. vgl. BGH NJW 1965, 1075 [Sorgfaltsmaßstab bei Fahrlässigkeit] und die st. Rspr. seit BGHZ 50, 32, 35, BGH NJW 1991, 2557 zum Erfüllungsgehilfen).

Rechtsfolge der vom Lieferanten zu vertretenden Unmöglichkeit ist nach § 280 BGB, daß der Lieferant dem Besteller Schadensersatz zu leisten hat (für den gegenseitigen Kaufvertrag ist § 325 BGB anzuwenden, der auf dasselbe Ergebnis kommt). Der Schadensersatz geht auf das sogenannte „positive Interesse" (BGH NJW 1983, 443), das heißt, daß der Lieferant den Besteller materiell so zu stellen hat, als wäre ordnungsgemäß erfüllt worden (nach § 325 BGB darf der Besteller Schadensersatz wegen Nichterfüllung verlangen oder vom Vertrag zurücktreten). Der auf Geld gerichtete Anspruch des Bestellers, wie hier in den Allgemeinen Einkaufsbedingungen der Fall, geht daher bis zur Höhe des Betrages, den der Besteller für eine ordnungsgemäße Lieferung aufgewandt hätte.

Rechtfolge des Lieferverzugs, den der Lieferant zu vertreten hat, ist nach § 286 BGB der Ersatz des durch den Verzug entstandenen Schadens. Daneben bleibt der Erfüllungsanspruch des Bestellers bestehen (sofern nicht die Besonderheit des § 286 Abs. 2 BGB eingreift und wegen Fortfalls des Interesses nur Schadensersatz wegen Nichterfüllung beansprucht wird). Bei Vorliegen der besonderen Voraussetzungen kann auch die Regelung des § 326 BGB eingreifen. Die Vorschrift des § 286 BGB ist dispositives Recht. Für Änderungen durch Allgemeine Geschäftsbedingungen gelten daher die sich aus dem AGB-Gesetz ergebenden Schranken, insbesondere die Vorschrift des § 9 AGBG.

In den Allgemeinen Einkaufsbedingungen kann die Festlegung des zu leistenden Schadensersatzes problematisch sein. Hier im Formular legt der Besteller fest, daß der Schadensersatz für alle durch den Verzug beziehungsweise durch die Unmöglichkeit verursachten Schäden (zusätzliche Lagerkosten, Versicherung, Buchhaltung etc) eingefordert werden können. Dies ist aus Sicht des § 11 Nr. 5 AGBG (dessen Gedanke über § 9 Abs. 2 Nr 1 AGBG auch gegenüber Kaufleuten gilt, BGH NJW 1984, 2941, 2942; BGHZ 67, 312) zu überdenken. Nach dieser Vorschrift ist eine Vereinbarung eines „pauschalierten Anspruchs" auf Schadensersatz unwirksam, wenn die Pauschale den zu erwartenden Schaden oder die gewöhnliche Wertminderung übersteigt (Alt. a) oder dem Vertragspartner der Nachweis abgeschnitten wird, ein Schaden oder eine Wertminderung sei nicht entstanden oder wesentlich neidriger als die Pauschale (Alt b). Schadenspauschalen als Folge des Lieferverzugs werden an § 286 BGB gemessen. Diese Vorschrift ersetzt nur den eingetretenen Verzögerungsschaden, also etwa zusätzlich entstandene Lager- und Verwaltungskosten usw.

Dies ist hier in den Allgemeinen Einkaufsbedingungen berücksichtigt. Problematisch wäre dagegen eine „Schadenspauschale", in der der Verwender der Allgemeinen Geschäftsbedingungen sich grundsätzlich einen pauschalen Schadensersatz in Höhe des Vertragswertes oder auch etwa nur „pauschal 50% des Vertragswertes" ausbedingt. Die in unterschiedlichen Fallgestaltungen zu § 11 Nr. 5 AGBG ergangene Rechtsprechung geht bei Schadenspauschalen von erheblich niedrigeren Werten aus (15% des Kaufpreises bei Neuwagen, BGH NJW 1982, 2316; oder 20% bei Gebrauchtwagen, BGH NJW 1970, 29; eine Zinspauschale nach VOB, OLG Hamm NJW-RR 1995, 593; grundsätzlich sind dagegen Schadenspauschalen von 35% und mehr des Vertragspreises unwirksam, *Wolf/Horn/Lindacher*, AGBG, § 11 Nr. 5 Rdnr. 25).

Im Ergebnis ist daher die „Delivery-Klausel" in Ziffer 5 der Allgemeinen Einkaufsbedingungen nicht zu beanstanden. Der Praktiker sollte insbesondere im Hinblick auf die etwaige Verwendung einer Schadenspauschalierung Vorsicht bei der Bemessung der Höhe einer solchen Pauschale walten lassen. Auf der Basis der vorhandenen Rechtsprechung ist eine Festlegung einer Schadenspauschale von bis zu 10% unschädlich. Keinesfalls sollte aber eine Schadenspauschale in der Weise aufgenommen werden, daß beispielsweise „Schadensersatz bis zur Höhe des Vertragswertes" o. ä. verlangt wird.

15. Lieferbedingungen. Die Allgemeinen Einkaufsbedingungen legen fest, daß die Regelungen zu Kostentragung und Gefahrübergang auf der Basis der Incoterms 2000 festgelegt werden sollen (s. o., Verkaufsbedingungen, Ziff. 28 und 29). Zunächst bestimmt die Vertragsklausel 6 den Gefahrübergang (transfer of risks).

Mit der Festlegung des Gefahrübergangs wird niedergelegt, bis zu welchem Zeitpunkt der Verkäufer das Risiko der Untergangs oder der Beschädigung der Ware selbst trägt und ab wann diese Risiken auf den Käufer übergehen. Dabei hängt der Begriff des Gefahrübergangs mit demjenigen des Eigentumsübergangs zusammen, doch ist beim Versendungskauf hinsichtlich der Transportgefahren auch die Bestimmung in § 447 BGB zu beachten (hierzu oben, Verkaufsbedingungen, Ziff. 28), soweit der Versand der Ware an einen anderen Ort als den Erfüllungsort vorgenommen wird.

Allerdings gehen die Allgemeinen Einkaufsbedingungen klar davon aus, daß es sich stets nach einer Incoterms-Klausel richtet, ob der Verkäufer die Risikoverlagerung auf den Importeur sehr früh schon vor oder bei Versand der Ware abgeben kann oder ob er noch alle Gefahren bis zur Anlieferung der Ware beim Importeur trägt. Mangels konkreter Absprache im Individualvertrag soll daher die aus Sicht des Importeurs besonders begünstigende Regelung „delivery duty paid" zur Anwendung gelangen.

4. Standard Terms and Cond. for the Purchase of Goods (Allg. Einkaufsbed.) IV. 4

Die Internationale Handelskammer, Paris, hat mit ihrer Publikation 560 die seit dem 1. 1. 2000 geltenden Incoterms herausgegeben. Die hierin enthaltenen Musterklauseln können Außenhandelsverträgen zugrundegelegt werden. Die hier im Formular verwendete D-Klausel gehört dabei zu der einen von vier Klauselgruppen, und sie ist stark auf die Vorteile eines Importeurs ausgerichtet. Von daher ist es verständlich, daß der Importeur in seinen Allgemeinen Einkaufsbedingungen auf die Geltung einer D-Klausel Wert legt. Alle Incoterms-Klauseln regeln den Kostenübergang, den Gefahrübergang und der Übergang der Sorgfaltspflicht vom Verkäufer auf den Käufer. Den Gefahrübergang behandeln die Incoterms als Übergang der Preisgefahr (anders als § 447 BGB, der nur die Transportgefahr anspricht). Sobald danach die Gefahr auf den Warenabnehmer übergegangen ist, muß der Kaufpreis bezahlt werden, selbst wenn die Ware nach diesem Zeitpunkt zufällig untergeht oder eine schädigende Wertminderung eintritt.

Welche der 13 zur Verfügung stehenden Incoterms 2000 – Klauseln letztlich vertraglich vereinbart wird, hängt stark von der Markt- und Verhandlungsposition der Vertragspartner ab. Gibt es einen „Verkäufer"-Markt mit starker Nachfrage, dann kann der Verkäufer eine E- oder C-Klausel durchsetzen. Im Gegenteil wird der Importeur in einem Käufermarkt möglichst eine D-Klausel durchsetzen wollen, wie hier im Formular der Allgemeinen Einkaufsbedingungen auch geschehen. D-Klauseln sind sogenannte „Ankunftsklauseln", weil hier der Verkäufer bis zur Ankunft der Ware am vereinbarten Bestimmungsort verantwortlich ist. Der Verkäufer hat alle Gefahren und Kosten bis zur Ankunft der Ware an diesem Ort zu tragen.

„Geliefert verzollt" bedeutet grundsätzlich, daß der Verkäufer seine Lieferverpflichtung erfüllt, wenn die Ware am benannten Bestimmungsort im Einfuhrland zur Verfügung gestellt wird. Der Verkäufer hat alle Gefahren und Kosten der Lieferung der zur Einfuhr freigemachten Ware bis zu diesem Ort einschließlich Zöllen, Steuern und anderen Abgaben zu tragen. Während die Klausel „ab Werk" die Mindestverpflichtung des Verkäufers darstellt (vgl. oben, Verkaufsbedingungen, Ziff. 29), enthält die DDP-Klausel seine Maximalverpflichtung. Diese Klausel sollte nicht verwendet werden, wenn es dem Verkäufer nicht möglich ist, entweder direkt oder indirekt die Einfuhrbewilligung zu beschaffen. Wünschen die Parteien, daß der Käufer die Ware zur Einfuhr freimacht und die Zölle entrichtet, ist die DDU-Klausel geeigneter. Wünschen die Parteien, daß von den Verpflichtungen des Verkäufers bestimmte bei der Einfuhr anfallende Abgaben ausgeschlossen werden, sollte dies durch einen entsprechenden Zusatz deutlich gemacht werden, wie „Geliefert verzollt, Mehrwertsteuer nicht bezahlt (benannter Bestimmungsort)". Diese Klausel kann für jede Transportart verwendet werden.

Konkret bedeutet „DDP" nach den Auslegungskriterien der Internationalen Handelskammer: Der Verkäufer hat die Ware in Übereinstimmung mit dem Kaufvertrag zu liefern sowie die Handelsrechnung oder die entsprechende elektronische Mitteilung und alle sonstigen vertragsgemäßen Belege hierfür zu erbringen. Er hat auf eigene Kosten und Gefahr die Aus- und Einfuhrbewilligungen oder andere behördliche Genehmigung zu beschaffen sowie alle Zollformalitäten zu erledigen, die für die Aus- und Einfuhr der Ware und gegebenenfalls für ihre Durchfuhr durch ein drittes Land erforderlich sind. Er hat auf eigene Rechnung den Vertrag über die Beförderung der Ware auf dem üblichen Weg und in der üblichen Weise bis zur benannten Stelle am benannten Bestimmungsort abzuschließen. Er hat dem Käufer die Ware in dem vereinbarten Zeitpunkt oder innerhalb der vereinbarten Frist zur Verfügung zu stellen und bis zu diesem Zeitpunkt alle Gefahren des Verlusts und der Beschädigung der Ware zu tragen. Schließlich muß er den Käufer in angemessener Weise benachrichtigen, daß die Ware versandt worden ist, sowie jede andere Nachricht zu geben, die der Käufer benötigt, um erforderliche Maßnahmen zur Übernahme der Ware treffen zu können. Er muß dem Käufer auf seine Kosten den Auslieferungsauftrag (delivery order) und/oder das übliche Transportdokument (ein begebbares Konnossement, einen Luftfrachtbrief o. ä.) beschaffen, das der Käufer zur Übernahme der Ware benötigt. Außerdem hat der Verkäufer die Kosten der Prüfung (Qualitätsprüfung, Messen, Wiegen, Zählen) zu tragen und auf eigene Kosten für Verpackung zu sorgen.

Der Käufer dagegen muß nach dieser DDP-Klausel den Kaufpreis vertragsgemäß zahlen, dem Verkäufer auf dessen Verlangen jede Hilfe zu gewähren, die bei der Beschaffung der Einfuhrbewilligung oder anderer behördlicher Genehmigungen erforderlich sind, die Ware bei Zurverfügungstellung abnehmen und alle Gefahren des Verlusts oder der Beschädigung der Ware sowie die Kosten von dem Zeitpunkt an tragen, in dem sie ihm zur Verfügung gestellt wurde. Wenn der Käufer berechtigt ist, den Zeitpunkt der Abnahme innerhalb einer vereinbarten Frist und/oder ihren Ort zu bestimmen, muß er den Verkäufer in angemessener Weise davon benachrichtigen. Er muß ferner den Auslieferungsauftrag (delivery order) oder das Transportdokument annehmen, mangels anderweitiger Vereinbarung die Kosten der Warenkontrollen vor der Verladung (pre-shipment inspection) tragen, mit Ausnahme behördlich angeordneter Kontrollen des Ausfuhrlandes. Schließlich muß der Käufer dem Verkäufer auf dessen Verlangen und Kosten jede Hilfe gewähren, die er bei der Beschaffung der Dokumente benötigt, die im Einfuhrland ausgestellt oder abgesendet werden und die der Verkäufer benötigt, um die Ware dem Käufer zur Verfügung zu stellen.

16. Gewährleistungsregeln. Unter der Ziffer 7 behandeln die Allgemeinen Einkaufsbedingungen unter „warranties" den Bereich der Gewährleistungsbestimmungen. Dieser Abschnitt ist besonders vielfältig ausgestaltbar, wie sich bei Behandlung der Allgemeinen Vekaufsbedingungen unter Ziffer 8 gezeigt hat. Im Formular der Allgemeinen Einkaufsbedingungen ist dagegen nur auf die Schwerpunkte eingegangen worden, die in Einkaufsbedingungen typischerweise eine wichtige Funktion haben.

Nicht erneut aufgenommen wurden Klauseln, nach denen der Besteller sich selbst verpflichtet, die Ware innerhalb einer angemessenen Frist auf etwaige Qualitäts- oder Quantitätsabweichungen zu prüfen und wie rechtzeitig, also innerhalb welcher Frist, eine notwendige Rüge beim Lieferanten einzugehen hat. Dies ist der Klauselbereich, in dem die Mängeluntersuchung und Mängelrüge im Sinne der §§ 377 und 378 HGB eine Rolle spielt. Darauf ist unter der Behandlung der Allgemeinen Verkaufsbedingungen (oben, Ziffer 38) ausführlich Stellung genommen worden. Danach ist zu differenzieren, ob ein offener (§ 377 Abs. 1 HGB) oder versteckter Mangel im Sinne des § 377 Abs. 3 HGB vorliegt, eine Untersuchung „unverzüglich", also ohne schuldhaftes Zögern (§ 121 BGB) erfolgte, wobei die Durchführung von Stichproben ausreicht (BGH BB 1977, 1019), der Besteller dem Lieferanten den Mangel unverzüglich anzeigt (beziehungsweise bei sich erst später zeigenden Mängeln dies unverzüglich nach Entdecken macht, § 377 Abs. 3 HGB). In der Regel sollte eine Rügefrist nicht länger als eine Woche (d. h. bis zu fünf Werktage) lang sein.

Vorhanden ist im vorliegenden Formular der Allgemeinen Einkaufsbedingungen dagegen eine Verantwortung des Verkäufers für eine Eigenschaftszusicherung im Sinne des § 459 Abs. 2 BGB. Der Lieferant soll also in den Fällen, in denen er eine bestimmte Eigenschaft der Ware zugesichert hat, für einen Fehler dieser Eigenschaft die Verantwortung tragen. Es liegt damit keine Klausel vor, wonach alle Angaben als zugesicherte Eigenschaften gelten, denn eine solche Fomulierung wäre wegen des Verstoßes nach § 9 AGBG unwirksam, da sie den Verkäufer mit dem Risiko unübersehbarer Schadensersatzforderungen belasten würde (*Wolf/Horn/Lindacher*, AGBG § 9, E 74; *Thamm/Hesse* BB 1979, 1587). – Grundsätzlich hat der Besteller nur dann Sachmängelansprüche nach § 459 BGB, wenn ein erheblicher Fehler der Ware vorliegt. Eine unerhebliche Minderung des Wertes oder der Tauglichkeit kommt nicht in Betracht (§ 459 Abs. 1 Satz 2 BGB). Ob der Fehler erheblich ist, muß unter Berücksichtigung aller Umstände, vor allem des Verwendungszwecks und der Verkehrsanschauung ermittelt werden. Daneben gibt das Gesetz dem Besteller die Sachmängelansprüche auch bei Fehlen einer zugesicherten Eigenschaft (§ 459 Abs. 2 BGB). Insofern hätte es einer deutlichen Regelung in den Allgemeinen Einkaufsbedingungen gar nicht bedurft. Will sich nämlich der Käufer bei einem Fehler der Kaufsache nicht mit Wandlung oder Minderung begnügen, sondern sich auch einen Schadensersatzanspruch offenhalten, so legt er Wert darauf, daß der Verkäufer ihm bestimmte Eigenschaften der Warenbeschaffenheit zusichert. § 463 BGB sieht dann (abgesehen vom arglistigen Verschweigen eines Fehlers, § 463 Satz 2 BGB) einen Schadensersatzanspruch des Käufers vor.

Eine Eigenschaft der Kaufsache ist nur dann zugesichert, wenn die Erklärung des Verkäufers, daß er für das Vorhandensein der Eigenschaft einstehen will, Vertragsinhalt geworden ist. Eigenschaften sind alle rechtlichen und tatsächlichen Umstände, die auf die Wertschätzung der Sache Einfluß haben und die für den Wert der Sache, den vertragliche vorausgesetzten Gebrauch oder aus sonstigem Grund für den Käufer von Bedeutung sind (BGHZ 87, 302). Ob eine Zusicherung einer Eigenschaft vorliegt, kann ausdrücklich oder stillschweigend (BGHZ 59, 160) vereinbart sein. In den vorliegenden Allgemeinen Einkaufsbedingungen erfolgt eine grundsätzliche Zusicherung der Mängelfreiheit.

Entscheidend für die Lieferantenhaftung für das Fehlen zugesicherter Eigenschaften ist ferner, daß der Fehler im Zeitpunkt des Gefahrübergangs vorliegt, so daß es wieder auf die vorhergehende Klausel in Ziffer 6 des Formulars ankommt. Bis zum Gefahrübergang ist der Verkäufer zur Nachbesserung befugt, aber nicht verpflichtet.

Typischerweise finden sich in Allgemeinen Verkaufsbedingungen Klauseln, die die Sachmängelhaftung des Verkäufers ausschließen sollen. Insofern ist dieser Bereich einer der wichtigsten, wenn kollidierende Allgemeine Geschäftsbedingungen des Verkäufers vorliegen. Hierzu ist auf die Erläuterung unter Ziffer 5 (Kollision von Bedingungen, oben) zu verweisen. Ein Haftungsausschluß oder eine Haftungsbeschränkung für die Sachmängelverantwortung des Verkäufers ist, da die Vorschriften des § 459 BGB abdingbar sind, möglich (§ 305 BGB und arg.e § 476 BGB; vgl. BGH NJW 1984, 1452). Nicht möglich ist dagegen ein Haftungsausschluß, wenn der Verkäufer einen Mangel arglistig verschweigt (§ 476 BGB) oder bei neuwertigen Sachen (§ 11 Nr 10 und § 11 AGBG, deren Grundgedanken über § 9 AGBG auch für Kaufleute gelten).

17. Gewährleistungsfrist. Der Anspruch auf Wandlung, Minderung sowie auf Schadensersatz wegen Fehlens zugesicherter Eigenschaften verjährt bei beweglichen Sachen in sechs Monaten von der Ablieferung (§ 477 Abs. 1 BGB). Diese kurze Frist beruht auf dem Gedanken, daß die Feststellung von Sachmängeln nach längerer Zeit kaum möglich ist. Dennoch bestimmt § 477 Abs. 1 Satz 2 BGB, daß die Verjährung der Gewährleistungsansprüche durch Vertrag verlängert werden kann. Das Formular sieht hier eine Frist von bis zu zwei Jahren vor. Eine maßvolle Verlängerung der Frist ist aus der Sicht des § 9 AGBG bei Vorliegen eines berechtigten Interesses zulässig (*Schmid* DB 1990, 617), was dann der Fall ist, wenn der Verwender der Allgemeinen Geschäftsbedingungen in der Regel erst durch Reklamation seiner Kunden von Mängeln erfährt. Entscheidend für eine Fristverlängerung ist der Leistungsstand sowie die Berücksichtigung des Umstandes, ob der Besteller seinerseits seinen Abnehmern Garantiefristen eingeräumt hat, die über die gesetzliche Gewährleistungsfrist hinausgehen (zur Fristverlängerung beim Kauf komplizierter technischer Anlagen auf 9 Monate *Ulmer/Hensen*, AGBG, Anh. §§ 9–11, Rdnr. 298; *Thamm/Hesse* BB 1979, 1586; Mindestforderis ist aber auch die Festlegung einer Höchstfrist, *Thamm/Hesse,* aaO; zur Weitergabe der Gewährleistung von 12 Monaten, *Bunte,* Handbuch der Allgemeinen Geschäftsbedingungen, 1982, S. 191; verboten ist dagegen eine Kettengarantie, also ein Neubeginn der Gewährleistungsfrist bei jeder Nachbesserung, *Thamm/Hesse* BB 1979, 1586; *Wolf/Horn/Lindacher*, AGBG; § 9 Rdnr. E 72). Auf der Basis dieses Meinungsstandes ist die im Formular genannte Fristverlängerung der Gewährleistung für zugesicherte Eigenschaften auf neun Monate aus Sicht des § 9 AGBG nicht zu beanstanden.

Selbst wenn die Mängelansprüche nach § 477 BGB verjährt sind, kann der Käufer unter den Voraussetzungen des § 478 BGB gegenüber dem Kaufpreisanspruch ein Leistungsverweigerungsrecht geltend machen. Dem Besteller bleibt die Mängeleinrede erhalten, wenn er beispielsweise vor dem Verjährungseintritt den Mangel beim Lieferanten anzeigt oder jedenfalls die Mängelanzeige an den Lieferanten abgesandt hat. – Außerdem kann der Besteller gegenüber einer Forderung des Verkäufers aus demselben Vertrag mit einer verjährten Schadensersatzforderung nur dann aufrechnen, wenn er vor dem Verjährungseintritt dem Verkäufer den Mangel angezeigt oder eine der in § 478 BGB genannten Handlungen vorgenommen hat (§ 479 BGB).

18. Anspruchskonkurrenzen. Im Zusammenhang mit der Verantwortung aus den §§ 459 ff BGB stellt sich immer die Problematik, ob neben den Gewährleistungsvorschriften die Bestimmungen der Anfechtung, der Leistungsstörungen, der Grundsätze aus vorvertraglichem Verschulden (culpa in contrahendo) und aus unerlaubter Handlung anwendbar sind. – Die §§ 459 ff BGB setzen das Vorliegen eines Mangels bei Gefahrübergang auf den Käufer voraus, so daß bis zum Gefahrübergang die allgemeinen Vorschriften der Anfechtung (z. B. Irrtum über eine verkehrswesentliche Eigenschaft, § 119 Abs. 2 BGB oder vom Verkäufer zu vertretende Unmöglichkeit, § 325 BGB) anwendbar sind. *Nach Gefahrübergang* sind die §§ 459 ff BGB Spezialvorschriften, die die *Irrtums*vorschriften beeinträchtigen können (Ausschluß des § 119 Abs. 2 BGB; BGHZ 34, 32, 34; eine Anfechtung wegen arglistiger Täuschung nach § 123 BGB bleibt dagegen erhalten, BGH NJW 1958, 177). – Hinsichtlich der Unmöglichkeit einer Leistung gilt, daß die Erfüllungspflicht auch die Sachmängelhaftung umfaßt, so daß bei Lieferung einer mangelhaften Sache teilweise nicht erfüllt wird. Die allgemeineren Vorschriften der §§ 323 und 325 BGB werden durch die Spezialnormen der §§ 459 ff BGB überlagert. – Eine Haftung des Lieferanten aus positiver Forderungsverletzung ist möglich, wenn der Verkäufer schuldhaft seine Leistungspflicht durch Lieferung einer mangelhaften Sache verletzt und dadurch ein Schaden an Rechtsgütern des Käufers eintritt (BGHZ 87, 88). – In engen Grenzen kann auch ein Verschulden bei Vertragsschluß und wegen schuldhafter Verletzung einer Offenbarungspflicht des Verkäufers seine Haftung aus culpa in contrahendo in Betracht kommen (BGHZ 60, 319). – Auch Ansprüche aus unerlaubter Handlung (§§ 823 Abs. 1 und 2 BGB und § 826 BGB) können neben Sachmängelansprüchen des Käufers bestehen (BGHZ 66, 315).

19. Ersatzlieferung. Der Käufer ist nach den Allgemeinen Einkaufsbedingungen befugt, nach seiner Wahl – und auf Kosten des Lieferanten – eine Mangelbeseitigung (beziehungsweise eine Nachbesserung) oder eine Ersatzlieferung zu verlangen. Eine *Nachbesserung* liegt vor, wenn am geleisteten Gegenstand Maßnahmen der Mängelbeseitigung vorgenommen werden, was auch der Fall ist, wenn nur untergeordnete Einzelteile ausgetauscht oder ersetzt werden. Werden dagegen wichtige Einzelteile ausgetauscht, kann schon eine Ersatzlieferung vorliegen. Ansonsten bedeutet *Ersatzlieferung* die Leistung eines neuen Gegenstandes an Stelle des ursprünglichen (beziehungsweise ein Austausch von wesentlichen, den Gegenstand prägenden Teilen und Ersatz durch neue).

Die Unterscheidung ist vom Grundsatz her nur deshalb von Bedeutung, weil eine Ersatzlieferung auf gesetzlicher Grundlage nur bei Gattungsschulden möglich ist. Beim Gattungskauf, bei dem die Kaufsache nur nach allgemeinen Merkmalen bestimmt ist (§ 480 BGB), der Verkäufer zur Leistung einer Sache mittlerer Art und Güte verpflichtet ist (§ 243 Abs. 1 BGB) und die gelieferte Sache zu dem im Vertrag voausgesetzten Gebrauch geeignet und etwaige zugesicherte Eigenschaften haben muß, kann der Käufer anstelle von Wandlung oder Minderung verlangen, daß der Lieferant ihm statt der mangelhaften Sache eine mangelfreie liefert (§ 480 Abs. 1 BGB). Der Anspruch auf Lieferung einer mangelfreien Sache besteht auch, wenn der Verkäufer kein mangelfreies Stück mehr zur Verfügung hat (§ 279 BGB; Beschaffungsschuld). In diesen Fällen kann der Käufer nach § 326 BGB vorgehen.

4. Standard Terms and Cond. for the Purchase of Goods (Allg. Einkaufsbed.) IV. 4

Neben der auf Gesetz beruhenden Ersatzlieferung bei Gattungskäufen kann ein Ersatzlieferungsanspruch auch durch Vertrag geschaffen werden, wie es hier mit den Allgemeinen Einkaufsbedingungen geschehen ist. Diese eigentlich typischerweise in Verkaufsbedingungen aufzufindende Regelung ist auch in Einkaufsbedingungen sachgerecht, da es üblicherweise im Grundinteresse eines Bestellers ist, eine einwandfreie, neue Sache nutzen und nicht durch Wandlung oder Minderung lediglich Rechtsbehelfe wahrnehmen zu können. Die im Formular genannte Klausel ist dabei an den Grundgedanken des § 11 Nr. 10 b AGBG ausgerichtet, da die dem Käufer zustehenden Rechte nicht beschränkt, sondern ein Ersatzlieferungsanspruch nur zusätzlich eingeräumt wird.

20. Keine Rechtsverletzung. Der Besteller bedingt sich durch seine Allgemeinen Einkaufsbedingungen auch aus, daß der Lieferant zusichert, durch die Ausführung der Kaufverträge keine grundlegenden Rechtsnomen (und keine Schutzgesetze im Sinne des § 823 Abs. 2 BGB) zu verletzen.

Nach § 823 Abs. 2 BGB ist derjenige schadensersatzpflichtig, der rechtswidrig und schuldhaft „gegen ein den Schutz eines anderen bezweckendes Gesetz verstößt" und ihm dadurch einen Schaden zufügt. Schutzgesetz ist jede Rechtsnorm, also nicht bloß das Gesetz im formellen Sinn, was insbesondere aus auslandsrechtlicher Sicht großen Sinn macht, da vor allem im anglo-amerikanischen Recht nur wenig Gesetze, dafür aber in erheblich stärkerem Maße Entscheidungen von Gerichten zur Lösung von Rechtsfragen herangezogen werden. Mit dieser Klausel in den Allgemeinen Einkaufsbedingungen wird dieser im Gesetz verankerte Grundsatz besonders herausgestellt.

Im übrigen versteht sich die Haftung für die Verletzung von Rechtsvorschriften auch aus Sicht der etwaigen Verletzung von gewerblichen Schutzrechten. Wenn der Lieferant für die Verletzung gewerblicher Schutzrechte haften soll, ist dies unter der Wertung des § 9 AGBG unangemessen, falls der Lieferant keine Kenntnis davon hat, in welche Länder die Ware geliefert wird (*Thamm/Hesse* BB 1979, 1587); anders ist es, wenn die Haftung für Schutzrechtsverletzungen auf bestimmte Länder beschränkt wird (*Wolf/Horn/Lindacher*, AGBG, § 9 Rdnr. E 75).

21. Haftung für Rechtsmängel. Nach § 434 BGB ist „der Verkäufer . . . . . . verpflichtet, dem Käufer den verkauften Gegenstand frei von Rechten zu verschaffen, die von Dritten gegen den Käufer geltend gemacht werden können". Sinn der Vorschrift ist es, dem Käufer die Ware so zu verschaffen, daß er darüber nach Belieben verfügen kann, ohne durch Rechte Dritter beschwert zu sein Diese Vorschrift ist – bis hin zum völligen Verzicht – abdingbar (BGHZ 11, 24). Nach § 433 Abs. 1 BGB ist der Verkäufer verpflichtet, dem Käufer Besitz an der Kaufsache zu verschaffen und das Eigentum zu übertragen. Solange allerdings Rechte Dritter (im Sinne des § 434 BGB) entgegenstehen, hat der Verkäufer seine vertragliche Hauptpflicht aus dem Kaufvertrag noch nicht erfüllt. Erfüllt daher der Verkäufer seine Verpflichtung nicht, dann stehen dem Käufer die Rechte nach § 440 BGB in Verbindung mit den §§ 320 ff BGB zu. Der Käufer kann mit der Einrede des nicht erfüllten Vertrags (§§ 320 und 321 BGB) von der Kaufpreiszahlung befreit sein (§ 323 BGB) oder vom Kaufvertrag zurücktreten (§§ 325 und 326 BGB) oder, bei Vorliegen der besonderen Voraussetzungen auch Schadensersatz wegen Nichterfüllung (unter der Voraussetzung der §§ 440 Abs. 2 bis 4 und § 441 BGB) verlangen. Das setzt nicht voraus, daß der Verkäufer sich zur Beseitigung des Rechtsmangels verpflichtet hat (so BGH NJW 1992, 905 für einen Mietrechtsfall). Der Erfüllungsanspruch auf Beseitigung der entgegenstehenden Rechte besteht bis zum Rücktritt oder bis zum Ablauf der Nachfrist (§ 326 Abs. 1 Satz 2 BGB). Die Beweislast für Rechtsmängel trägt der Käufer (§ 442 BGB).

Maßgebender Zeitpunkt für die Freiheit der Kaufsache von Rechten Dritter ist nicht der Zeitpunkt des Kaufvertragsabschlusses, sondern erneut der Zeitpunkt des Gefahrübergangs auf den Käufer. Gleichgültig ist, wann Dritte etwaige Rechte geltend machen können (RGZ 111, 86). Vielmehr ist es entscheidend, daß das Rechtsverhältnis, auf dem das Recht Dritter beruht, zu diesem Zeitpunkt schon bestand.

Zu beachten ist, daß nach § 439 Abs. 1 BGB bei positiver Kenntnis (nicht bei fahrlässiger Unkenntnis) des Käufers vom Rechtsmangel der Kaufsache (BGHZ 13, 341 und BGH NJW 1994, 2768) die Haftung des Lieferanten ausgeschlossen ist. Ferner ist die Rechtsmängelhaftung ausgeschlossen, wenn die Kaufsache im Wege der Zwangsvollstreckung versteigert wird (vgl. § 806 ZPO; § 56, 3 ZVG). – Mit der Klausel in den Allgemeinen Einkaufsbedingungen stellt der AGB-Verwender im übrigen klar, daß er mit einer möglichen Einschränkung der Rechtsmangelverantwortung durch Vertrag nicht einverstanden ist, sondern ganz deutlich eine volle Verantwortung des Lieferanten für Rechtsmängel beibehalten will.

22. Aufhebungsklausel. Mit dieser Klausel in den Allgemeinen Einkaufsbedingungen werden vorhergehende Absprachen, Verträge oder Nebenabreden, die von den Vertragspartnern zu einem früheren Zeitpunkt getroffen wurden, mit dem Inkrafttreten der Allgemeinen Einkaufsbedingungen wirkungslos. Diese Klausel ist kein Änderungsvertrag im Sinne des § 305 BGB, nach dessen Zweck es zur rechtsgeschäftlichen Änderung eines Schuldverhältnisses grundsätzlich eines Vertrages bedarf, eine Änderung von Hauptleistungen (BGH NJW 1992, 2283), Nebenverpflichtungen oder Leistungsmodalitäten betreffen kann und das ursprüngliche Schuldverhältnis unter Wahrung seiner Identität fortbestehen läßt. Vielmehr stellt diese Einkaufsbedingung im Sinne eines *Aufhebungsvertrages* klar, daß vorhergehende Schuldverhältnisse durch diese Abrede ausdrücklich aufgehoben werden sollen.

23. Weitere Bestimmungen. Unter den „Miscellaneous Clauses" werden weitere allgemeine Grundlagen für die Geltung der Allgemeinen Einkaufsbedingungen festgelegt. So wird die ausschließliche Bindung nur der beiden Vertragsparteien an den Vertrag unter gleichzeitigem Ausschluß Dritter niedergeschrieben, sofern die Partner einer Einbeziehung Dritter nicht ausdrücklich zustimmen.

Außerdem sollen die Parteien ihre jeweiligen Anwalts- und sonstigen Beratungskosten bis hin zu etwaigen Rechtsverfolgungskosten grundsätzlich selbst tragen, soweit diese Kosten im Zusammenhang mit der Durchführung des Vertrages stehen. Wegen der weiteren Problembereiche in diesem Abschnitt vgl. die Anmerkungen zu dieser Thematik (oben, Verkaufsbedingungen, Ziff. 48).

24. Rechtswahl. Festgelegt wird, daß für das Formular der Allgemeinen Einkaufsbedingungen das deutsche Recht zur Anwendung gelangen soll. Hierzu im einzelnen ausführlich oben (Anm. zu den Verkaufsbedingungen, Ziff. 50). Zu beachten ist auch hier, daß sich die „Wahl des geltenden Rechts" ausschließlich nur auf schuldrechtliche Verpflichtungsgeschäfte, nicht aber auf sachenrechtliche Verfügungsgeschäfte erstreckt. Im Bereich des Sachenrechts ist auf der Basis des Prinzips der „lex rei sitae" immer das Recht des Landes anzuwenden, innerhalb dessen Geltungsbereich sich die Sache befindet beziehungsweise der sachenrechtlich relevante Tatbestand (z. B.Eigentumsübergang) stattfindet, Art. 43 EGBGB.

Auch dieser Bereich der Allgemeinen Geschäftsbedingungen ist typischerweise ein Abschnitt, der bei Vorliegen von Verkaufsbedingungen der anderen Partei zu Kollisionen führt (hierzu oben, Ziffer 5). Kommt bei widersprüchlichen Aussagen zur Rechtswahl keine der kollidierenden Regelungen zur Anwendung, ist wieder auf die Auffangregelung des Art. 28 EGBGB zurückzugreifen. Hiernach unterliegt dann der Vertrag dem Recht des Landes, mit dem er die engsten Verbindungen aufweist. Es kommt dann darauf an festzustellen, woraus die charakteristische oder vertragstypische Leistung besteht und wo der Schwerpunkt des Schuldverhältnisses liegt. Dabei gibt Art. 28 EGBGB vier Fälle auf, in denen der Vertragsschwerpunkt widerleglich vermutet wird. Ansonsten gilt für die Masse der Leistungsaustauschverträge, daß sie nach dem Recht des Landes beurteilt werden, in dem die Hauptverwaltung oder der gewöhnliche Aufenthalt der Partei liegt, welche die für den Vertrag charakteristische Leistung erbringt. Wo dann die charakteristische Leistung erbracht wird, läßt sich unter anderem unter Wertung der etwa vereinbarten Incoterms-Klausel herausfinden. Wird, wie im hier vorliegenden Formular, unter den Lieferbedingungen etwa „ddp", als eine klar den Importeur bevorteilende Gefahr- und Kostenübergangsregelung getroffen, dann ist über diesen Verweis auch auf die Geltung des Rechts des Importlandes zu folgern.

25. Schiedsvereinbarung. An dieser Stelle der Allgemeinen Einkaufsbedingungen hätte ohne weiteres wieder (wie schon oben bei den Verkaufsbedingungen, s. dort, Ziff. 52) eine Gerichtsstandsvereinbarung Platz finden können, etwa mit dem Wortlaut: „Für alle Streitigkeiten ist das Gericht am Wohn-/Geschäftssitz des Käufers ausschließlich zuständig". Gerichtsstandsvereinbarungen haben aber den klaren Nachteil, daß (daheim) erstrittene Entscheidungen einen ordentlichen Gerichts nur schwer oder gar nicht im Ausland vollstreckbar sind. Von daher bietet es sich an, von vornherein eine Schiedsvereinbarung (grundlegende Literatur zu diesem Themenkreis: *Kreindler/Mahlich*, Das neue deutsche Schiedsverfahrensrecht, NJW 1998, 563 ff; *Lionnet*, Handbuch der internationalen und nationalen Schiedsgerichtsbarkeit, 1996; *Lörcher/Lörcher*, Das Schiedsverfahren – national/international – nach neuem Recht, 1998; *Weigand*, Die neue ICC-Schiedsgerichtsordnung 1998, NJW 1998, 2081 ff) in die Allgemeinen Geschäftsbedingungen aufzunehmen. Aus methodischen Gründen wird daher im vorliegenden Formular der Allgemeinen Einkaufsbedingungen mit einer Schiedsvereinbarung gearbeitet. Diese könnte sich gleichlautend auch in den Verkaufsbedingungen finden. In Deutschland ist über § 1029 ff ZPO die Möglichkeit eröffnet, Schiedsvereinbarungen rechtswirksam abzuschließen.

Eine Schiedsvereinbarung ist eine Vereinbarung, die als privatrechtlicher Vertrag (unter Umständen nur durch einen Satz, wie hier im Formular) zwischen den Parteien getroffen wird. Sie ist vom Hauptvertrag (dem Kaufvertrag) und dem Verweisungsvertrag (der Rechtswahlvereinbarung) zu trennen, so daß im Ergebnis auf sie beispielsweise ein anderes Recht Anwendung finden kann als auf den Haupt- und Verweisungsvertrag. Inhalt der Schiedsvereinbarung ist die Begründung der Zuständigkeit eines Schiedsgerichts unter Ausschluß der ansonsten zuständigen staatlichen Gerichte. Ruft eine der Vertragsparteien trotz Schiedsvereinbarung ein staatliches Gericht an, so stellt die Schiedsvereinbarung eine prozeßhindernde Einrede im Sinne des § 1032 ZPO dar. Dennoch können die Parteien vereinbaren, daß das Recht vorbehalten sein soll, anstelle des Schiedsgerichts wahlweise ein ordentliches Gericht anzurufen. Ein Schiedsspruch hat unter den Parteien die Wirkung eines rechtskräftigen gerichtlichen Urteils (§ 1055 ZPO), kann also nicht mehr mit Rechtsmitteln angegriffen werden. Im Schiedsverfahren gibt es also nur eine Instanz, was ein durchaus großes Prozeßrisiko darstellt. Allerdings kennt § 1059 ZPO die Möglichkeit einer Aufhebungsklage, wenn beispielsweise dem Schiedsspruch keine gültige Schiedsvereinbarung zugrunde lag, ein unzulässiges Verfahren durchgeführt wurde, die Anerkennung des Spruchs mit wesentlichen Grundsätzen des deutschen Rechts unvereinbar ist, den Parteien das rechtliche Gehör nicht gewährt wurde usw. Eine Zwangsvollstreckung kann gemäß § 1060 Abs. 1 ZPO aus dem Schiedsspruch nur stattfinden, wenn dieser für vollstreckbar erklärt wurde.

Verschiedene internationale Institutionen befassen sich mit dem Schiedsgerichtswesen. Die größte Bedeutung für den internationalen Handel hat die Internationale Handelskammer, Paris mit den von ihr herausgelegten Schiedsverfahrensregeln (Rules of Arbitration of the International Chamber of Commerce, 1998). Daneben gibt es auch weltweit bekannte Regelungen von UNCITRAL und ECE, also von zwei UNO-Organisationen.

Vorteil des Schiedsverfahrens ist es, daß der Weg zum ordentlichen Gericht ersetzt wird. Dies bedingt eine Geheimhaltung des Verfahrensinhalts, was insbesondere bei Themenstellungen, die im Markt wettbewerbsanfällig sind, von Bedeutung ist. Ferner haben die Schiedsrichter in der Regel eine vergleichsweise höhere Sachkompetenz in der streitigen Materie, da die Parteien durch die Auswahl der Schiedsrichter einen gewissen Einfluß ausüben können. Außerdem können die Parteien auf eine raschere Verfahrensabwicklung drängen. Schiedsverfahren haben nicht immer klare Kostenordnungen (anders aber die ICC-Rules), so daß die Verfahrenskosten sich schwer abschätzen lassen.

Ein sehr entscheidender Vorteil der Schiedsvereinbarung ist aber, daß die Vollstreckbarkeit eines erlangten Schiedsurteils weit größer ist, als dies bei den Entscheidungen ordentlicher Gerichte der Fall ist. Schiedsurteile lassen sich weltweit erheblich leichter durchsetzen; Hemmnisse werden niedriger angesetzt als bei der Durchsetzung der „im Namen des Volkes" gesprochenen Urteile ordentlicher Gerichte. Ein Grund liegt darin, daß bei der Entscheidungsfindung des Schiedsspruches eine gewisse Einwirkungsmöglichkeit der Parteien (bis hin zu größerer Vergleichsbereitschaft) besteht, als dies in ordentlichen Prozessen der Fall sein kann. Im Ergebnis sollte daher bei der Gestaltung von Allgemeinen Geschäftsbedingungen (gleichgültig ob Import- oder Export) die Variante der Schiedsverfahrensklausel bevorzugt werden.

V. Internationaler Handelskauf

1. Sale agreement pursuant to the United Nations Convention on Contracts for the International Sale of Goods[1] by and between

X-GmbH (address in Germany)   – hereinafter referred to as „X" –

and

Y-S.A. a corporation duly organized and existing under the laws of (country) (foreign address)   hereinafter referred to as „Y" –

Article 1. Contract Products, Export Permit

(1) X agrees to sell to Y, and Y agrees to buy[2,3,4] from X, a sorting machine type SM 3 which is further detailed in Appendix 1 to this agreement (the „Contract Product").

(2) X agrees to use its best efforts to obtain an export permit if required. X does not guarantee that an export permit will be granted. X is not aware of any circumstances that would prevent the issuance of an export permit. Y assumes responsibility for obtaining an import permit if necessary.[5]

Article 2. Delivery, Transportation

(1) X undertakes to deliver the Contract Product Free Carrier (FCA – INCOTERMS 2000) Stuttgart by March 30, 20[ ]. Y shall select and inform X of the name of a common carrier for delivery by March 20, 20[ ].

(2) If the delivery time limit is exceeded, Y shall be entitled to legal remedies only after Y has given X a reasonable time to cure.[6] If the period to cure has expired without delivery being made, then Y may immediately terminate the agreement or claim damages as permitted by law and limited by paragraph (3) of this article.

(3) X is not liable for damages resulting from the failure to timely deliver in so far as such failure is a result of circumstances[7] beyond the control of X or which cannot be overcome by X using its commercially reasonable efforts, in particular because of natural disasters or other cases of force majeure, governmental interference or employment disputes.

(4) Y's right to terminate this agreement shall not be impaired by these conditions.

Article 3. Purchase Price, Payment

(1) The purchase price is € 975,000.

(2) Payment shall be due 60 days after Y's receipt of a notice that X has delivered the Contract Product to the common carrier.[8] If payment is not made when due, X shall be entitled to interest on the purchase price at a rate of 500 basic points p.a. above the main refinancing rate of the European Central Bank (ECB), or to compensation for damages resulting from the payment delay, if greater.[9]

Article 4. Retention of Title[10]

X retains title to the Contract Product until complete payment of the purchase price and additional claims, if any, is made.

Article 5. Warranty[11]

(1) X warrants that the condition of the Contract Product, at the time of delivery to the common carrier, will conform to the specifications set out in Appendix 1.

(2) Y must examine the Contract Product within 7 days of receipt from the common carrier for any lack of conformity and give notice of any such lack of conformity to X within an additional 7 days. Should any non-conformity of the Contract Product only be discoverable later, then the period for notification of the non-conformity shall commence upon discovery.

(3) If the Contract Product is non-conforming, Y shall have the right to demand repair. If X refuses to repair, or if attempts to repair have failed and it is not reasonable to subject Y to further attempts to repair, then Y shall have the right to either terminate the agreement or demand a reduction of the purchase price.

(4) These are Y's exclusive remedies for breach of the agreement due to the delivery of a non-conforming Contract Product. In particular, Y does not have any right to claim damages claims because of non-conformity of the Contract Product or to any claim for damages to persons, objects or assets of Y arising from the nonconformity of the Contract Product.

Article 6. Written Form, Partial Unenforceability

(1) Any amendments or additions to, or the bilateral termination of, this agreement must be in writing. Notices delivered via facsimile or other means of electronic transmission shall satisfy the requirement of a writing. The same shall apply to any other declarations of the parties that are necessary for the substantiation, assertion or exercise of their rights, in particular notices of non-conformity, setting of deadlines, or unilateral notices of termination.

(2) Should any one or more of the provisions of this agreement be unenforceable, the parties shall agree on a replacement provision(s) that comes as close as possible to the commercial meaning and purpose of the unenforceable provision(s).

Article 7. Jurisdiction[12]

The competent court of the domicile of X shall have jurisdiction over all disputes in relation to this contract. Each contracting party is also allowed, however, to bring an action against the other contracting Party in the jurisdiction generally applicable to such other contracting party.

Article 8. Applicable Law[13]

The legal relationships of the parties shall be governed by German law with the inclusion of the United Nations Convention of 11 April 1980 on Contracts for the International Sale of Goods.

Kaufvertrag unter UN-Kaufrecht[1]

zwischen

Die Firma X-GmbH (deutsche Adresse) — im folgenden auch: X —

und

der Firma Y-S.A. (ausländische Adresse) im folgenden auch : Y —

§ 1 Kaufgegenstand, Ausfuhrgenehmigung

(1) X verkauft[2, 3, 4] an Y eine Sortiermaschine vom Typ SM 3 nach näherer Maßgabe der Spezifikation, die als

— Anlage 1 —

diesem Vertrag beigefügt ist.

(2) X wird alle zumutbaren Anstrengungen unternehmen, um eine etwa erforderliche Ausfuhrgenehmigung zu beschaffen. Eine Garantie für die Erteilung der Ausfuhrgenehmigung übernimmt X nicht. X sind keine Umstände bekannt, die der Erteilung der Ausfuhrgenehmigung entgegenstünden. Die Beschaffung einer etwa erforderlichen Einfuhrgenehmigung obliegt Y.[5]

§ 2 Lieferung, Transport

(1) Die Lieferung erfolgt spätestens am 30. 3. 20.. frei Frachtführer Stuttgart (FCA Incoterms).[4] Y wird den Frachtführer bis spätestens 20. 3. 20.. benennen.

(2) Sollte die Lieferung nicht rechtzeitig erfolgen, so ist Y zu Rechtsbehelfen jedweder Art erst berechtigt, wenn sie X eine angemessene Nachfrist gesetzt hat.[6] Nach fruchtlosem Ablauf der Nachfrist kann Y die Aufhebung des Vertrages erklären oder unter den Voraussetzungen des Absatz 3 Schadensersatz nach Maßgabe der gesetzlichen Bestimmungen verlangen.

(3) X haftet für die Folgen verspäteter Lieferung nicht, soweit die Verspätung auf Umständen beruht,[7] die von X unter Einsatz zumutbarer Anstrengungen nicht überwunden werden können, insbesondere bei Naturkatastrophen und ähnlichen Fällen höherer Gewalt, aufgrund hoheitlicher Eingriffe oder aufgrund von Arbeitskämpfen. Das Recht von Y, die Vertragsaufhebung zu erklären, wird durch diese Regelung nicht beeinträchtigt.

§ 3 Kaufpreis, Fälligkeit

(1) Der Kaufpreis beträgt € 975.000,–.

(2) Der Kaufpreis ist 60 Tage nach dem Zugang der Mitteilung fällig, daß X den Kaufgegenstand dem Frachtführer übergeben habe.[8] Im Falle von Zahlungsverzögerungen ist X berechtigt, Zinsen in Höhe von 5 Prozentpunkten p. a. über dem Hauptrefinanzierungssatz der Europäischen Zentralbank (EZB) oder den Ersatz eines ihr durch die Zahlungsverzögerung entstehenden höheren Schadens zu verlangen.[9]

§ 4 Eigentumsvorbehalt[10]

X behält sich das Eigentum am Kaufgegenstand bis zur vollständigen Bezahlung des Kaufpreises und etwaiger Nebenforderungen vor.

§ 5 Gewährleistung[11]

(1) X leistet dafür Gewähr, daß der Kaufgegenstand bei Übergabe an den Frachtführer die vertraglich vorausgesetzte Beschaffenheit nach Maßgabe der Spezifikation gemäß Anlage 1 hat.

(2) Y hat den Kaufgegenstand innerhalb von 7 Tagen nach Aushändigung durch den Frachtführer zu untersuchen und allfällige Mängel innerhalb weiterer 7 Tage zu rügen. Sollten Mängel erst später erkennbar werden, so beginnt die Rügefrist in dem Zeitpunkt, zu dem Y von dem Mangel Kenntnis erlangt.

(3) Sollte der Kaufgegenstand mangelhaft sein, so steht Y unter Ausschluß sonstiger Ansprüche das Recht zu, Nachbesserung zu verlangen. Sollte X die Nachbesserung ablehnen oder sollte Y bei Fehlschlag von Nachbesserungsversuchen die Hinnahme weiterer Nachbesserungsversuche nicht zumutbar sein, so steht Y unter Ausschluß sonstiger Ansprüche das Recht zu, den Vertrag aufzuheben oder Minderung des Kaufpreises zu verlangen.

(4) Damit sind die Ansprüche von Y wegen vertragswidriger Leistung abschließend geregelt. Insbesondere stehen Y keine Ansprüche auf Schadensersatz wegen Mängeln des Kaufgegenstandes zu oder wegen Mangelfolgeschäden an Personen, an Sachen oder am Vermögen von Y.

§ 6 Schriftform[2] Teilunwirksamkeit

(1) Änderungen, Ergänzungen oder die einvernehmliche Aufhebung dieses Vertrages bedürfen zu ihrer Wirksamkeit der Schriftform. Mitteilungen durch Telefax oder andere Mittel elektronischer Übermittlung erfüllen das Schriftformerfordernis. Gleiches gilt für sonstige Erklärungen der Vertragspartner, die zur Begründung, Wahrung oder Ausübung ihrer Rechte erforderlich sind, insbesondere Mängelrügen, Fristsetzungen oder einseitige Aufhebungserklärungen.

(2) Im Falle der Unwirksamkeit einer oder mehrerer Bestimmungen dieses Vertrages werden die Vertragspartner eine der unwirksamen Regelung wirtschaftlich möglichst nahekommende rechtswirksame Ersatzregelung treffen.

§ 7 Gerichtsstand[12]

Gerichtsstand für alle Streitigkeiten im Zusammenhang mit diesem Vertrag ist das für den Sitz von X zuständige Gericht. Jeder Vertragspartner ist jedoch auch berechtigt, den anderen an dem für diesen allgemein geltenden Gerichtsstand zu verklagen.

§ 8 Anwendbares Recht[13]

Das Rechtsverhältnis der Vertragspartner unterliegt dem deutschen Recht unter Einschluß des UN-Kaufrechtes.

Schrifttum: Achilles, Kommentar zum UN-Kaufrechtsübereinkommen (CISG), 2000; *Schlechtriem,* Kommentar zum Einheitlichen UN-Kaufrecht, 3. Aufl. 2000; *Gans,* Die praktische Bedeutung des UN-Kaufrechts für die Vertragsgestaltung und Abwicklung von internationalen Handelskäufen, WiB 1995, 273; *Herber/Czerwenka,* Internationales Kaufrecht, 1991; *Piltz* in Beck'sches Rechtsanwaltshandbuch, 2001/2002, Abschn. B 20 „Der Kaufrechtsfall"; *ders.,* Neue Entwicklungen im UN-Kaufrecht, NJW 2000, 553; *ders.,* Gestaltung von Exportverträgen, RIW 1999, 897; *Reithmann/Martiny,* Internationales Vertragsrecht, 5. Aufl. 1996; *Graf von Westphalen* (Hrsg.), Handbuch des Kaufvertragsrechts in den EG-Staaten einschl. Österreich, Schweiz und UN-Kaufrecht, 1992, mit umfangreichen Nachweisen zum jeweiligen nationalen Recht und Vertragsmustern in der jeweiligen Landessprache, zitiert als *Graf von Westphalen,* Handbuch; *Ritz/Salger/Lorenz,* Internationales Kaufrecht, 1999. Eine Übersicht über die jeweils zum Jahresende in Kraft befindlichen völkerrechtlichen Verträge, an denen die Bundesrepublik Deutschland beteiligt ist, publiziert das BMJ als Beilage zum BGBl. II („Fundstellennachweis B"). *Die United Nations Commission on International Trade Law* (UNCITRAL) sammelt weltweit Entscheidungen zum UN-Kaufrecht von staatli-

1. Kaufvertrag unter UN-Kaufrecht

chen und von Schiedsgerichten (CLOUT). Zusammenfassungen in englisch, französisch und spanisch aller gesammelten Entscheidungen sind über http://www.uncitral.org kostenfrei erhältlich; dort auch Angaben zum aktuellen Ratifikationsstand.

Anmerkungen

1. Anwendungsbereich des UN-Kaufrechtes. a) Mit Wirkung zum 1. 1. 1991 ist das Wiener UN-Übereinkommen über Verträge über den internationalen Warenkauf vom 11. 4. 1980 (United Nations Convention on Contracts for the International Sale of Goods – CISG) für Deutschland in Kraft getreten (Text in englischer und französischer Fassung nebst nicht amtlicher deutscher Übersetzung in BGBl. 1989 II, 588 und bei *Schlechtriem*; verbindlich sind auch die Fassungen in arabischer, chinesischer und spanischer Sprache). Soweit nachfolgend Art. ohne weitere Zusätze zitiert werden, handelt es sich um solche des UN-Kaufrechts. Mit Wirkung auf den 1. 1. 1991 hat Deutschland das Haager EKG und EAG gekündigt.

b) Aufgrund der durch das CISG eingegangenen völkerrechtlichen Verpflichtung haben die Vertragsstaaten, darunter Deutschland nationales, inhaltlich harmonisiertes Recht geschaffen. Auch dieses nationale Recht wird häufig als CISG bezeichnet, wodurch zuweilen Verwirrung entsteht. Soweit im folgenden auf das harmonisierte deutsche Recht Bezug genommen wird, ist dieses als UN-Kaufrecht bezeichnet. Eine Harmonisierung ist insoweit nicht eingetreten, als Vertragsstaaten von den Vorbehalten der Art. 92 ff. Gebrauch gemacht haben (vgl. die Zusammenstellung bei *Piltz* in *Graf von Westphalen* Handbuch S. 6). Das UN-Kaufrecht gilt für internationale Kaufverträge nach näherer Maßgabe von Art. 1. Dazu gehören auch Kaufverträge, die die deutsche Niederlassung eines Vertragspartners mit einer Niederlassung des anderen Vertragspartners abschließt, welche sich in einem anderen Vertragsstaat befindet. (Art. 1 Abs. 1 lit. a)). Das UN-Kaufrecht ist ferner auch dann anzuwenden, wenn sich die Niederlassung des Vertragspartners des deutschen Verkäufers in einem Staat befindet, der nicht Vertragsstaat des UN-Kaufrechtes ist, soweit der Kaufvertrag nach den allgemeinen Regeln des IPR deutschem Recht unterliegt (Art. 1 Abs. 1 lit. b)). Das ist mangels abweichender Vereinbarung der Parteien in der Regel der Fall (vgl. *Palandt/Heldrich* Art. 28 EGBGB Rdn. 8). Somit gilt das UN-Kaufrecht für den größten Teil auslandsbezogener Kaufverträge, soweit sein sachlicher Anwendungsbereich reicht. §§ 433 ff. BGB und §§ 373 ff. HGB sind damit in weitem Umfang verdrängt. Für andere mit dem Kaufvertrag zusammenhängende Fragen gilt hingegen das jeweilige nationale Recht, ggf. also das deutsche weiter, z. B. für Bereicherungsansprüche (OLG München, RIW 1998, 559); den Verzugszins (OLG Frankfurt, NJW 1994, 1013).

c) Unter den sachlichen Anwendungsbereich des UN-Kaufrechtes fallen nur Handelsgeschäfte (Art. 2 lit. a) über Waren, also über bewegliche körperliche Sachen unter Ausschluß unkörperlicher Sachen wie z. B. Software, soweit sie nicht in einem Datenträger verkörpert ist (bestr., vgl. *v. Schlechtriem/Caemmerer* Art. 1 Rdn. 36 ff). Von seinem Anwendungsbereich ausgeschlossen sind Kaufverträge über Wertpapiere und Zahlungsmittel (Art. 2 lit. d)); über Schiffe, Luftkissen- oder Luftfahrzeuge (Art. 2 lit. e)); Geschäfte über die Lieferung von Elektrizität (Art. 2 lit. f)). Es gilt ebenfalls nicht für den Kauf eines Unternehmens als ganzes, auch nicht im Falle eines asset deal, vgl. *Herber/Czerwenka* Art. 1 Anm. 7; *Schlechtriem* Art. 1 Rdn. 36; vgl. aber *Merkt* zur amerikanischen Praxis, ZVglRW 1994, 353/361/370.

d) Das UN-Kaufrecht regelt die äußeren Bedingungen für das Zustandekommen und die Form von Kaufverträgen. Andere Fragen zur Gültigkeit des Vertrages, z. B. die Geschäftsfähigkeit, der Einfluß von Willensmängeln oder das Recht der Vertretung richten sich hingegen nach den übrigen Vorschriften der Rechtsordnung, unter die der betreffende Kaufvertrag fällt, im vorliegenden Fall nach deutschem Recht (vgl. § 8). Zu einer

Tendenz namentlich in der internationalen Handelsschiedsgerichtsbarkeit, nationales Recht durch eine übernationale sog. lex mercatoria zu ersetzen, vgl. *Kappus,* WiB 1994, 189; RIW 1990, 788; *Horn,* RIW 1997, 717. Ebensowenig befaßt sich das UN-Kaufrecht mit dem Übergang der dinglichen Rechte (Art. 4 lit. b)). Insoweit gilt nach deutschem IPR grundsätzlich die jeweilige lex rei sitae (vgl. *Palandt/Heldrich* Anhang II zu Art. 38 EGBGB).

e) Das UN-Kaufrecht ist dispositiv. Die Vertragspartner können sowohl von einzelnen Bestimmungen abweichen als auch die Anwendbarkeit des UN-Kaufrechtes ganz ausschließen (Art. 6, beachte aber Art. 12). Ein solcher Ausschluß liegt jedoch in der Regel nicht schon dann vor, wenn die Vertragspartner vereinbaren, daß auf das Vertragsverhältnis deutsches Recht anwendbar sein soll; denn das UN-Kaufrecht ist durch die Umsetzung deutsches Recht geworden (vgl. BGH NJW 1999, 1259 III.1). Soll die Anwendbarkeit des UN-Kaufrechtes insgesamt ausgeschlossen werden, könnte formuliert werden:

„Anwendbares Recht
Das Rechtsverhältnis der Vertragspartner unterliegt deutschem Recht unter Ausschluß des UN-Kaufrechtes."

Zur Frage, ob sich der Ausschluß empfiehlt, vgl. *Piltz* in Rechtsanwaltshandbuch B 20 Rdn. 36. Besonders wichtig ist der vom BGB abweichende Schadensersatzanspruch des Käufers bei Sachmängeln, Art. 45 Abs. 1 i. V. mit Art. 74–77.

2. Form. Der Kaufvertrag bedarf nach UN-Kaufrecht keiner besonderen Form, kann also insbesondere auch mündlich oder konkludent abgeschlossen (Art. 11) oder geändert (Art. 29 Abs. 1) werden; wegen des von einzelnen Vertragsstaaten insoweit erklärten Vorbehaltes gem. Art. 96 vgl. *Piltz* in *Graf von Westphalen,* Handbuch S. 6. Formfreiheit gilt auch für die sonstigen Erklärungen der Vertragspartner wie Fristsetzungen und Mängelrügen, *Piltz* in *Graf von Westphalen,* Handbuch S. 21. Die Vertragspartner können jedoch besondere Formerfordernisse vereinbaren, insbesondere die Schriftform (vgl. Art. 12; 29 Abs. 2, dazu *Herber/Czerwenka* Art. 12 Anm. 9). Dies ist im Form. geschehen (vgl. § 6 Abs. 1).

3. Individualabreden und Handelsklauseln. Der Vertragsinhalt richtet sich auch unter dem UN-Kaufrecht in erster Linie nach den individuell getroffenen Abreden (Art. 6). Im kaufmännischen Verkehr hat sich eine Vielzahl von Klauseln herausgebildet, die üblicherweise in einem bestimmten Sinn verstanden werden; mangels abweichender Regelung der Parteien besteht eine widerlegliche Vermutung dafür, daß die Klauseln als in diesem Sinne gemeint anzusehen sind, vgl. Art. 9 (BGHZ 23, 131/136; Betr. 1983, 385 II 3 c aa) bb) für die Verwendung des Wortes „fix"). Eine Zusammenstellung findet sich bei Großkomm. HGB/*Koller* § 376 Anm. 6 und *Baumbach/Hopt,* HGB Anh. IV. 6. „Spätestens 30. 3. 20[ ]" bedeutet in der Regel die Vereinbarung eines Fixgeschäftes im Sinne von § 376 HGB; durch § 2 Abs. 2 des Form. ist diese Vermutung jedoch im vorliegenden Fall ausgeräumt.

Für eine Anzahl im internationalen Rechtsverkehr häufig gebrauchter Handelsklauseln hat die Internationale Handelskammer in den zuletzt 2000 aktualisierten Incoterms eine genaue Inhaltsumschreibung erarbeitet (zu beziehen in englischer und französischer Fassung durch ICC Publishing S.A., International Chamber of Commerce, 38, Cours Albert 1er, F-75008 Paris; deutsche Fassung abgedruckt unter anderem in *Hopt,* HGB; vgl. ferner *Bredow/Seiffert,* Incoterms 2000, zugleich englische Fassung; siehe dazu *Piltz,* RIW 2000, 485). Diese Auslegung ist jedenfalls dann maßgeblich, wenn die Parteien die jeweiligen Klauseln mit dem Zusatz „Incoterms" versehen haben. Die Klausel „frei Frachtführer" (FCA) beinhaltet insbesondere die Verpflichtung des Verkäufers, die Ware dem vom Käufer benannten Frachtführer zu übergeben, auf eigene Kosten für die übliche Verpackung der Ware zu sorgen und den Käufer von der Lieferung der Ware zu benachrichtigen. Es kann sich empfehlen, den Inhalt der Incoterms-Klausel zusätzlich klarstellend in den Vertrag aufzunehmen. In solchen Fällen sollte tunlichst der Wortlaut der Incoterms-Erläuterungen verwandt werden, da jede Abweichung Anlaß zu Interpretationen geben kann.

4. AGB und Standardverträge. a) Das Form. stellt einen individuell ausgehandelten Kaufvertrag vor. Zumeist verfügen die Parteien jedoch über allgemeine Geschäftsbedingungen, die sie ganz oder zum Teil für den Kaufvertrag zu verwenden wünschen. Im Exportgeschäft werden häufig die von der Wirtschaftskommission der Vereinten Nationen für Europa erarbeiteten Standardverträge verwandt (sogenannte „ECE-Bedingungen"), insbesondere die Allgemeinen Lieferbedingungen für den Export von Maschinen und Anlagen (ECE 188 und 574), zu beziehen auch in englischer und französischer Sprache über den Verband Deutscher Maschinen- und Anlagenbau e. V. (VDMA), Lyoner Straße 18, 60528 Frankfurt/M. Der VDMA hat auch, ebenso wie andere Wirtschaftsverbände, eigene Standardverträge erarbeitet, die auf die Interessen des deutschen Exporteurs zugeschnitten sind. Alle diese Klauselwerke sind nach deutschem Recht als Allgemeine Geschäftsbedingungen zu qualifizieren.

b) Für die Einbeziehung von AGB enthält das UN-Kaufrecht keine besonderen Vorschriften. Es gelten die allgemeinen Regeln über das Zustandekommen von Verträgen (Art. 14 ff). Vorsorglich sollte man davon ausgehen, daß der Verwender der anderen Partei seine AGB zur Kenntnis bringen muß; dazu gehört auch, daß sie in der Vertragssprache oder einer Geschäfts-Weltsprache abgefaßt sind (näher dazu *Piltz*, NJW 1996, 2768/2770; *Sieg*, RIW 1997, 811/813). *Schlechtriem* Art. 14 Rdn. 16 will für die Einbeziehung Hinweis und angemessene Kenntnisnahmemöglichkeit ausreichen lassen. Aus der deutschen Rechtsprechung ist hierzu bislang lediglich ein Urteil des AG Kehl NJW-RR 1996, 565 ersichtlich. Für die Gerichtsstandsvereinbarung (vgl. § 7) ist ohnehin in Art. 17 EuGVÜ Schriftform vorgesehen (vgl. nachstehend Anm. 8).

Verwenden die Vertragspartner einander widerstreitende AGB („battle of forms"), so ist zweifelhaft, wie der dadurch entstehende Konflikt zu lösen ist. Das UN-Kaufrecht hat diese Frage bewußt nicht geregelt (vgl. *Herber/Czerwenka* Anm. 15 vor Art. 14; Art. 19 Anm. 6). Da es sich dabei um die Frage handelt, mit welchem Inhalt der Vertrag zustande gekommen ist, gelten die allgemeinen Regeln des UN-Kaufrechts über den Vertragsschluß, insbesondere Art. 19. Danach wird die modifizierte Annahme eines Angebots als Ablehnung mit neuem Angebot gewertet, wobei aber im Falle einer Annahme mit nur unwesentlichen Abweichungen der Vertrag grundsätzlich als mit der Abweichung zustande gekommen gilt, wenn nicht der andere Teil unverzüglich widerspricht (Art. 19 Abs. 2). Es ist zu befürchten, daß auf diese Weise für internationale Kaufverträge die für das deutsche Recht im übrigen überwundene unglückliche „Theorie des letzten Wortes" gilt (vgl. *Schlechtriem* Art. 19 Rdnr. 19 f. m. w. N. auch zu der Ansicht, daß wie im unvereinheitlichten deutschen Recht das dispositive Gesetzesrecht an die Stelle der kollidierenden AGB-Bestimmungen tritt). Vorsorglich wird man darauf zu achten haben, „das letzte Wort zu behalten".

c) Auch für die Auslegung von AGB-Klauseln gelten die allgemeinen Grundsätze des UN-Kaufrechtes über die Vertragsauslegung, insbesondere Art. 8. Es ist also insoweit nicht auf das unvereinheitlichte nationale Recht, insbesondere die Unklarheitenregel des § 5 AGBGB zurückzugreifen. Etwas anderes gilt aber, wenn die Vertragspartner mit der Einbeziehung der AGB nicht nur eine inhaltliche Modifikation des UN-Kaufrechtes vornehmen, sondern das UN-Kaufrecht ganz oder zum Teil zugunsten des unvereinheitlichten nationalen Rechtes ausschalten wollen (was gem. Art. 6 UN-Kaufrecht zulässig ist). In einem solchen Fall kann das UN-Kaufrecht auch nicht für die Auslegung der AGB herangezogen werden.

d) Das UN-Kaufrecht enthält sich ausdrücklich einer Regelung zur Frage der Gültigkeit von AGB (vgl. Art. 4 lit. a)). Maßgeblich ist insoweit das nach den Regeln des IPR zu bestimmende Sachrecht, dem der Kaufvertrag unterliegt; im vorliegenden Fall also § 9 AGBG. Danach sind AGB insoweit unwirksam, als der Verwender von grundlegenden Regelungen der betroffenen Rechtsinstitute zum Nachteil der anderen Partei abweicht oder sonst eine schwerwiegende Äquivalenzstörung herbeiführt (§ 9 Abs. 2 AGBG). Prüfungsmaßstab für Verträge, die dem UN-Kaufrecht unterliegen, sind dessen Regelungen. Unbeschadet des Art. 4 lit. a) sind daher AGB insoweit gem. § 9 AGBG unwirksam, als sie unter Verstoß gegen grundlegende Prinzipien des UN-Kaufrechtes die andere Partei benachteiligen. Soweit sich die Benachteiligung auf einen nicht vom UN-Kaufrecht, sondern nur vom sonstigen deutschen Recht erfaßten Sachverhalt beziehen sollte, sind dessen Bestimmungen der Beurteilungsmaßstab.

e) Soll als Auffangregelung insgesamt oder in bezug auf einzelne Bereiche (z. B. Gewährleistung, Zahlungsmodalitäten) ergänzend auf die AGB des Verkäufers Bezug genommen werden, so kommt folgende Regelung in Betracht:

„Allgemeine Geschäftsbedingungen
(1) Im übrigen gelten die diesem Vertrag als Anlage 2 in der Vertragssprache beigefügten AGB des Verkäufers.
(2) Für die Auslegung der AGB gelten die Bestimmungen des UN-Kaufrechtes. Die Gültigkeit der AGB bemißt sich nach § 9 AGBG. Beurteilungsmaßstab für die vom UN-Kaufrecht erfaßten Sachverhalte sind ausschließlich dessen Regelungen."

5. Ausfuhrgenehmigung; Einfuhrgenehmigung. Es ist Sache des Verkäufers, die etwa erforderlichen Ausfuhrgenehmigungen zu beschaffen (*Schlechtriem* Art. 31, Rdn. 89; zum deutschen und EG-Export-Kontrollrecht *Reuter* in *Martinek/Semler* (Hrsg.) §§ 37 f.). Durch § 1 Abs. 2 wird ausgeschlossen, daß die Nichterteilung der Ausfuhrgenehmigung Schadensersatzansprüche des Käufers wegen Vertragsverletzung begründet. Inwieweit der Käufer von Gesetzes wegen verpflichtet ist, für die Einfuhrgenehmigung zu sorgen, ist nicht zweifelsfrei (vgl. *Schlechtriem* a. a. O.).

6. Nachfrist. Im Falle einer wesentlichen Vertragsverletzung durch den Verkäufer kann der Käufer von Gesetzes wegen auch ohne Nachfristsetzung die Aufhebung des Vertrages erklären (Art. 49). § 2 Abs. 2 des Form. verbessert die Rechtsstellung des Verkäufers. Wenn eine Nachfrist zu setzen ist, gilt Art. 47.

7. Leistungsbefreiung. § 2 Abs. 3 konkretisiert die Fälle leistungsbefreiender Hinderungsgründe gemäß Art. 79.

8. Zahlung. Im Exportgeschäft hat die Sicherung der Kaufpreiszahlung besondere Bedeutung. Der Verkäufer kann sich durch Vereinbarung eine Akkreditivzahlung sichern. Dabei handelt es sich um ein selbständiges Schuldversprechen, das eine Bank – in der Regel im Staat des Verkäufers – auf Veranlassung des Käufers dem Verkäufer erteilt, oft unter Zwischenschaltung einer weiteren Bank im Staat des Käufers (vgl. hierzu die Übersicht bei *Hopt*, HGB, Anhang VI. (11)). Ferner kommt eine Sicherung durch Bankbürgschaft, häufig „auf erstes Anfordern" in Betracht. Zur Bedeutung der Bürgschaft „auf erstes Anfordern" vgl. *Palandt/Thomas* Rdn. 14 vor § 765; m. w. N.; *Hahn*, MDR 1999, 839. Das Institut hat zu einer reichhaltigen Rechtsprechung geführt (17 Entscheidungen des BGH zwischen 1983 und 2000 zum Stichwort „Bürgschaft auf erstes Anfordern"). Die internationale Handelskammer hat Einheitliche Richtlinien für auf erstes Anfordern zahlbare Garantien publiziert , dazu *Graf von Westphalen* Betr. 1992, 2017 und RIW 1992, 961. Unter Einbeziehung dieser Instrumente kann § 3 wie folgt formuliert werden:

„(1) Y stellt X binnen 30 Tagen ein bis zum 30. 5. 19 . . unwiderrufliches Akkreditiv einer deutschen Bank in Höhe von DM 900.000,–, zahlbar gegen Vorlage der Handelsrechnung und eines Frachtbriefdoppels mit Annahmebestätigung des Frachtführers.

1. Kaufvertrag unter UN-Kaufrecht

(2) Der Restkaufpreis in Höhe von DM 75.000,- ist fällig, wenn die Gewährleistungsfrist abgelaufen ist und keine unerledigten Mängelrügen vorliegen.

(3) In Höhe des Restkaufpreises von DM 75.000,- stellt Y ebenfalls binnen 30 Tagen eine unbefristete Bürgschaft einer deutschen Bank, zahlbar auf erste Anforderung nach dem ... 19.."

Eine Sicherung erlangt der Verkäufer auch, wenn er den Käufer Wechsel annehmen läßt und diese forfaitiert, also die Wechselforderung an einen Dritten unter Ausschluß des Rückgriffs des Dritten abtritt, vgl. *Hopt*, HGB Anh. VI. (7); BGHZ 126, 261 = NJW 1994, 2483 mit Anm. *Eyles*, WiB 1994, 788. Formulierungsvorschlag:

„(1) Y akzeptiert neun von X ausgestellte Wechsel über je DM 100.000,- und einen weiteren Wechsel über DM 75.000.-. Der erste Wechsel über DM 100.000,- ist fällig am 30. 6. 19.. Die weiteren Wechsel sind jeweils nach weiteren drei Monaten fällig.

(2) Die akzeptierten Wechsel sind X bis zum 10. 3. 19.. auszuhändigen.

(3) Zinsen und Kosten der Forfaitierung gehen zu Lasten von Y."

9. Zinsen. Der Grundsatz der Fälligkeitszinsen ist in Art. 78 geregelt. Die Höhe richtet sich nach dem auf den Vertrag anwendbaren nationalen Recht (so jedenfalls die deutsche obergerichtliche Rechtsprechung, vgl. OLG München NJW-RR 1994, 1075; ebenso OLG Frankfurt NJW 1994, 1013 und OLG Düsseldorf NJW-RR 1994, 506; *Schlechtriem* Art. 78 Rdnr. 26 mit Hinweisen auf abweichende Lösungsvorschläge). Unterliegt der Kaufvertrag deutschem Sachrecht, ist der Zinssatz also entweder 5% (Fälligkeitszinsen – § 352 Abs. 1 HGB) oder im Verzugsfall 5 Prozentpunkte über dem Hauptrefinanzierungssatz der EZB – (§ 288 Abs. 1 Satz 1 BGB).

10. Eigentumsvorbehalt. Inwieweit ein Eigentumsvorbehalt den deutschen Verkäufer sichert, ist von Land zu Land unterschiedlich. Keinesfalls darf der deutsche Verkäufer davon ausgehen, weltweit durch einen Eigentumsvorbehalt wie im deutschen Recht geschützt zu sein. Das UN-Kaufrecht trifft dazu ausdrücklich keine Bestimmung (Art. 4 lit. b)). Hat sich der deutsche Verkäufer das Eigentum bis zur Bezahlung des Kaufpreises vorbehalten, richtet sich die Wirkung des Eigentumsvorbehaltes zunächst nach deutschem Recht, ab der Ankunft im Importland nach dessen Recht (BGHZ 45, 95; *Sandrock*, Band 2 Abschnitt C; *Graf von Westphalen* (Hrsg.), Handbuch für die dort behandelten Staaten). Eine gewisse Vereinheitlichung der Rechtslage zum Eigentumsvorbehalt in der EU ist von der Umsetzung der Richtlinie 2000/35/EG vom 20. 6. 2000 (ABl. L 200/35) zu erwarten (vgl. Art. 4 der Richtlinie). Die Umsetzung muß gemäß Art. 6 Abs. 1 der Richtlinie bis zum 8. 8. 2002 erfolgen.

11. Gewährleistung. Der Verkäufer haftet für die Vertragsmäßigkeit der Ware nach näherer Maßgabe von Art. 35 Abs. 2. Im Interesse der Rechtssicherheit ist die „angemessene" Frist gemäß Art. 38 und Art. 39 zur Untersuchung des Kaufgegenstandes und zur Rüge von Mängeln präzisiert. Diese Fragen sind häufig streitig, vgl. BGH ZIP 2000, 234.

Der Verkäufer hat vielfach ein Interesse daran, die Gewährleistungsansprüche des Käufers zunächst auf das Nachbesserungsrecht zu beschränken und Wandelung – das UN-Kaufrecht spricht von Aufhebung des Vertrages (Art. 49) – und Minderung (Art. 50) erst subsidiär zuzulassen. Ferner wird der Verkäufer bemüht sein, Schadensersatzansprüche des Käufers auszuschließen. Beachte, daß der Käufer bei Lieferung vertragswidriger Ware auch dann Schadensersatz beanspruchen kann, wenn der Verkäufer keine Eigenschaftszusicherung gegeben hat (Art. 45; 74 ff.). Insoweit ist die Rechtsstellung des Käufers deutlich besser als nach BGB in der im Jahr 2001 geltenden Fassung. Der gesetzliche Schadensersatzanspruch umfaßt das „positive Interesse" i. S. des unvereinheitlichten deutschen Rechts (*Schlechtriem* Art. 45 Rdn. 32 a), also auch Mangelfolgeschäden und Schäden aufgrund der Verletzung von Nebenpflichten (vgl. *Piltz* in *Graf von Westphalen*, Handbuch S. 57 ff.). Die Schadensersatzpflicht setzt im übrigen kein Verschulden voraus. Jedoch kann sich der Verkäufer nach näherer Maßgabe des Art. 79 entlasten, wenn er für die Vertragsverletzung nicht verantwortlich ist. Der Schadensersatzanspruch ist auf den vorhersehbaren Schaden begrenzt (Art. 74).

12. Gerichtsstand. Schrifttum: *Geimer*, Internationales Zivilprozeßrecht IZPR, 3. Aufl. 1997; *ders.*, „Internationales Zivilprozeßrecht" in *Zöller*, ZPO, 21. Aufl. 1999; *Geimer*, Anerkennung ausländischer Entscheidungen in Deutschland, 1995; *Geimer/Schütze*, Europäisches Zivilverfahrensrecht, 1997; *Schütze*, Rechtsverfolgung im Ausland, 2. Aufl. 1998; *ders.* in *Wieczorek/Schütze*, ZPO, 3. Aufl. ab 1994 Bd. I/1 „EuGVÜ"; *Schütze*, Deutsches Internationales Zivilprozeßrecht, 1985; Rechtsprechungsübersicht bei *Linke* RIW 1991, Beil. 5 zu Heft 12.

a) Für den deutschen Verkäufer ist es vorteilhaft, den Käufer am Sitz des Verkäufers verklagen zu können. Ein ausschließlicher Gerichtsstand am Sitz des Verkäufers empfiehlt sich jedoch nicht, weil der Verkäufer ein Interesse daran hat, den Käufer auch an dessen Heimatgericht verklagen zu können, namentlich wenn in dessen Heimatstaat deutsche Urteile, insbesondere Versäumnisurteile nicht oder nur mit Schwierigkeiten vollstreckbar sind, vgl. die Übersicht über die Verbürgung der Gegenseitigkeit bei *Baumbach/Lauterbach/Albers/Hartmann* § 328 Anh. Der deutsche Verkäufer wird ferner nach Möglichkeit ausschließen, daß er vom Käufer an einem ausländischen Gerichtsstand verklagt werden kann, insbesondere etwa im Rahmen einer Klage auf Schadensersatz oder Minderung. Beide Zwecke werden mit der vorgeschlagenen Gerichtsstandsvereinbarung erreicht.

b) Im Verhältnis zwischen Deutschland und den Mitgliedstaaten der EWG und der EFTA sowie einigen anderen Staaten gelten das EuGVÜ oder das Luganer Abkommen mit inhaltlich weitgehend übereinstimmenden Regelungen (vgl. *Zöller/Geimer*, Anh. I; konsolidierte Fassung des EuGVÜ in ABl. EG C 27/1 v. 26. 1. 1998; *Baumbach/Lauterbach/Albers/Hartmann* Schlußanhang V.C.1; *Dietze/Schnichels*, EuZW 2000, 521 (Rechtsprechungsübersicht)). Nach Art. 57 ist Erfüllungsort für Kaufpreisansprüche abweichend von § 270 Abs. 4 BGB häufig der Sitz des Verkäufers. Der Kaufpreisanspruch kann daher gem. Art. 5 Nr. 1 EuGVÜ am Sitz des Verkäufers eingeklagt werden (vgl. EuGH C-288/92 = NJW 1995, 183 auf Vorlage des BGH NJW-RR 1992, 350; mit Anm. *Geimer* JZ 1995, 244; kritisch *Schlechtriem*, Art. 57 Rdnr. 10 f., der jedoch darauf hinweist, daß auch die a. a. O. zitierte ausländische Rechtsprechung im selben Sinne entscheidet). In entsprechender Anwendung von Art. 57 ist Erfüllungsort für Schadensersatzansprüche und Rückzahlungsansprüche des Käufers dessen Niederlassung (*Schlechtriem*, Art. 57 Rdn. 25 m. w. N.). Der Ort seiner Niederlassung ist dementsprechend auch ein Gerichtsstand für diese Ansprüche. Der Verkäufer hat Interesse, diesen Gerichtsstand vertraglich auszuschließen.

c) Nach Art. 17 EuGVÜ können Gerichtsstandsvereinbarungen schriftlich getroffen werden oder mündlich mit nachfolgender schriftlicher Bestätigung durch jedenfalls eine Partei („halbe Schriftlichkeit"). Die Bestätigung braucht nicht von derjenigen Partei erteilt zu werden, der die Gerichtsstandsvereinbarung entgegengesetzt werden soll (EuGH C-201/82 = NJW 1984, 2760; BGH NJW 1986, 2196 *Baumbach/Lauterbach/Albers/Hartmann* Schlußanhang V.C.1. Art. 17). Telefax und Telegramm erfüllen das Schriftformerfordernis (*Baumbach/Lauterbach/Albers* Schlußanhang V.C.1, Art. 17 Rdn. 7). Das Schriftformerfordernis ist auch erfüllt, wenn das Vertragsangebot einen ausdrücklichen und deutlichen Hinweis auf beigefügte AGB enthält, die eine Gerichtsstandsklausel beinhalten und wenn dieses Angebot schriftlich angenommen wird (*Zöller/Geimer* Art. 17 GVÜ Rdn. 8 a; *Sieg*, RIW 1998, 102; BGH NJW 1996, 1819). Es ist in diesen Fällen nicht erforderlich, daß die AGB oder die Gerichtsstandsvereinbarung selbst unterzeichnet werden. Nicht ausreichend ist die Annahme eines Angebots unter Beifügung von AGB, die eine Gerichtsstandsklausel enthalten (BGH NJW 1994, 2699). Vorsorglich sollte auf Unterzeichnung der Annahmeerklärung hingewirkt werden. Im internationalen Handelsverkehr reicht gem. Art. 17 Abs. 1 Satz 2 dritter Fall EUGVÜ auch eine Form aus, die den internationalen Handelsbräuchen entspricht, welche den Parteien bekannt sind oder bekannt sein müssen (vgl. EuGH C-159/97 = ZIP 1999, 1184; *Baumbach/Lauterbach/Albers/Hartmann* Schlußanhang V.C.1. Art. 17). Dazu kann auch das Schweigen auf ein kaufmännisches Bestätigungsschreiben gehören (BGH NJW-RR 1998, 755).

13. Anwendbares Recht. Im Geltungsbereich des UN-Kaufrechts hat die Frage des anwendbaren nationalen Rechts für die eigentlichen kaufvertraglichen Bestimmungen nunmehr geringe Bedeutung. Insbesondere sind §§ 433 ff. BGB und §§ 373 ff. HGB auf solche Kaufverträge nicht mehr anwendbar (vgl. vorstehend Anm. 2). Andere Fragen wie die Geschäftsfähigkeit, die Vertretung, der Einfluß von Willensmängeln, die richterliche Inhaltskontrolle richten sich jedoch nach dem jeweils anwendbaren nationalen Recht. In Ermangelung einer Rechtswahlklausel unterliegt das Rechtsverhältnis im Zweifel derjenigen Rechtsordnung, zu der es die engsten Beziehungen hat. Bei Kaufverträgen ist das in aller Regel die Rechtsordnung des Sitzes des Verkäufers (Art. 28 Abs. 2 EGBGB; *Palandt/Heldrich* Art. 28 EGBGB Rdn. 8). In jedem Fall empfiehlt sich eine vertragliche Klarstellung.

VI. Internationales Industrieanlagengeschäft

1. FIDIC: Conditions of Contract for Construction for Building and Engineering Works designed by the Employer[1-4]

(FIDIC: Vertragsbedingungen für die Errichtung von Bauwerken und Anlagen nach Entwürfen des Auftraggebers)

General Conditions

1. General Provisions

1.1 Definitions[5]
In the Conditions of Contract ("these Conditions"), which include Particular Conditions and these General Conditions. the following words and expressions shall have the meanings stated. Words indicating persons or parties include corporations and other legal entities, except where the context requires otherwise.
1.1.1 The Contract
1.1.1.1 *"Contract"* means the Contract Agreement, the Letter of Acceptance, the Letter of Tender, these Conditions, the Specification, the Drawings, the Schedules, and the further documents (if any) which are listed in the Contract Agreement or in the Letter of Acceptance.[6]
1.1.1.2 *"Contract Agreement"* means the contract agreement (if any) referred to in Sub-Clause 1.6 *[Contract Agreement]*.
1.1.1.3 *"Letter of Acceptance"* means the letter of formal acceptance, signed by the Employer, of the Letter of Tender, including any annexed memoranda comprising agreements between and signed by both Parties. If there is no such letter of acceptance, the expression "Letter of Acceptance" means the Contract Agreement and the date of issuing or receiving the Letter of Acceptance means the date of signing the Contract Agreement.
1.1.1.4 *"Letter of Tender"* means the document entitled letter of tender, which was completed by the Contractor and includes the signed offer to the Employer for the Works.
1.1.1.5 *"Specification"* means the document entitled specification, as included in the Contract, and any additions and modifications to the specification in accordance with the Contract. Such document specifies the Works.[6]
1.1.1.6 *"Drawings"* means the drawings of the Works, as included in the Contract, and any additional and modified drawings issued by (or on behalf of) the Employer in accordance with the Contract.[6]
1.1.1.7 *"Schedules"* means the document(s) entitled schedules, completed by the Contractor and submitted with the Letter of Tender, as included in the Contract. Such document may include the Bill of Quantities, data, lists, and schedules of rates and/or prices.
1.1.1.8 *"Tender"* means the Letter of Tender and all other documents which the Contractor submitted with the Letter of Tender, as included in the Contract.
1.1.1.9 *"Appendix to Tender"* means the completed pages entitled appendix to tender which are appended to and form part of the Letter of Tender.
1.1.1.10 *"Bill of Quantities"*[7] and "Daywork Schedule" mean the documents so named (if any) which are comprised in the Schedules.

1.1.2   Parties and Persons
1.1.2.1   *"Party"* means the Employer or the Contractor, as the context requires.
1.1.2.2   *"Employer"* means the person named as employer in the Appendix to Tender and the legal successors in title to this person.[8]
1.1.2.3   *"Contractor"* means the person(s) named as contractor in the Letter of Tender accepted by the Employer and the legal successors in title to this person(s).
1.1.2.4   *"Engineer"* means the person appointed by the Employer to act as the Engineer for the purposes of the Contract and named in the Appendix to Tender, or other person appointed from time to time by the Employer and notified to the Contractor under Sub-Clause 3.4 *[Replacement of the Engineer]*.
1.1.2.5   *"Contractor's Representative"* means the person named by the Contractor in the Contract or appointed from time to time by the Contractor under Sub-Clause 4.3 *[Contractor's Representative]*, who acts on behalf of the Contractor.
1.1.2.6   *"Employer's Personnel"* means the Engineer, the assistants referred to in Sub-Clause 3.2 *[Delegation by the Engineer]* and all other staff, labour and other employees of the Engineer and of the Employer; and any other personnel notified to the Contractor, by the Employer or the Engineer, as Employer's Personnel.
1.1.2.7   *"Contractor's Personnel"* means the Contractor's Representative and all personnel whom the Contractor utilises on Site, who may include the staff, labour and other employees of the Contractor and of each Subcontractor; and any other personnel assisting the Contractor in the execution of the Works.
1.1.2.8   *"Subcontractor"* means any person named in the Contract as a subcontractor, or any person appointed as a subcontractor, for a part of the Works; and the legal successors in title to each of these persons.
1.1.2.9   *"DAB"* means the person or three persons so named in the Contract, or other person(s) appointed under Sub-Clause 20.2 *[Appointment of the Dispute Adjudication Board]* or under Sub-Clause 20.3 *[Failure to Agree Dispute Adjudication Board]*.
1.1.2.10 *"FIDIC"* means the Fédération Internationale des Ingénieurs-Conseils, the international federation of consulting engineers.
1.1.3   Dates, Tests, Periods and Completion
1.1.3.1   *"Base Date"* means the date 28 days prior to the latest date for submission of the Tender.
1.1.3.2   *"Commencement Date"* means the date notified under Sub-Clause 8.1 *[Commencement of Works]*.
1.1.3.3   *"Time for Completion"* means the time for completing the Works or a Section (as the case may be) under Sub-Clause 8.2 *[Time for Completion]*, as stated in the Appendix to Tender (with any extension under Sub-Clause 8.4 *[Extension of Time for Completion]*), calculated from the Commencement Date.
1.1.3.4   *"Tests on Completion"* means the tests which are specified in the Contract or agreed by both Parties or instructed as a Variation, and which are carried out under Clause 9 *[Tests on Completion]* before the Works or a Section (as the case may be) are taken over by the Employer.
1.1.3.5   *"Taking-Over Certificate"* means a certificate issued under Clause 10 *[Employer's Taking Over]*.
1.1.3.6   *"Tests after Completion"* means the tests (if any) which are specified in the Contract and which are carried out in accordance with the provisions of the Particular Conditions after the Works or a Section (as the case may be) are taken over by the Employer.
1.1.3.7   *"Defects Notification Period"* means the period for notifying defects in the Works or a Section (as the case may be) under Sub-Clause 11.1 *[Completion*

1. FIDIC: Conditions of Contract for Construction VI. 1

of Outstanding Work and Remedying Defects], as stated in the Appendix to Tender (with any extension under Sub-Clause 11.3 *[Extension of Defects Notification Period]*), calculated from the date on which the Works or Section is completed as certified under Sub-Clause 10.1 *[Taking Over of the Works and Sections]*.

1.1.3.8 *"Performance Certificate"* means the certificate issued under Sub-Clause 11.9 *[Performance Certificate]*.

1.1.3.9 *"day"* means a calendar day and *"year"* means 365 days.

1.1.4 Money and Payments

1.1.4.1 *"Accepted Contract Amount"* means the amount accepted in the Letter of Acceptance for the execution and completion of the Works and the remedying of any defects.

1.1.4.2 *"Contract Price"* means the price defined in Sub-Clause 14.1 *[The Contract Price]*, and includes adjustments in accordance with the Contract.

1.1.4.3 *"Cost"* means all expenditure reasonably incurred (or to be incurred) by the Contractor, whether on or off the Site, including overhead and similar charges, but does not include profit.

1.1.4.4 *"Final Payment Certificate"* means the payment certificate issued under Sub-Clause 14.13 *[Issue of Final Payment Certificate]*.

1.1.4.5 *"Final Statement"* means the statement defined in Sub-Clause 14.11 *[Application for Final Payment Certificate]*.

1.1.4.6 *"Foreign Currency"* means a currency in which part (or all) of the Contract Price is payable, but not the Local Currency.

1.1.4.7 *"Interim Payment Certificate"* means a payment certificate issued under Clause 14 *[Contract Price and Payment]*, other than the Final Payment Certificate.

1.1.4.8 *"Local Currency"* means the currency of the Country.

1.1.4.9 *"Payment Certificate"* means a payment certificate issued under Clause 14 *[Contract Price and Payment]*.

1.1.4.10 *"Provisional Sum"* means a sum (if any) which is specified in the Contract as a provisional sum, for the execution of any part of the Works or for the supply of Plant, Materials or services under Sub-Clause 13.5 *[Provisional Sums]*.

1.1.4.11 *"Retention Money"* means the accumulated retention moneys which the Employer retains under Sub-Clause 14.3 *[Application for Interim Payment Certificates]* and pays under Sub-Clause 14.9 *[Payment of Retention Money]*.

1.1.4.12 *"Statement"* means a statement submitted by the Contractor as part of an application, under Clause 14 *[Contract Price and Payment]*, for a payment certificate.

1.1.5 Works and Goods

1.1.5.1 *"Contractor's Equipment"* means all apparatus, machinery, vehicles and other things required for the execution and completion of the Works and the remedying of any defects. However, Contractor's Equipment excludes Temporary Works, Employer's Equipment (if any), Plant, Materials and any other things intended to form or forming part of the Permanent Works.

1.1.5.2 *"Goods"* means Contractor's Equipment, Materials, Plant and Temporary Works, or any of them as appropriate.

1.1.5.3 *"Materials"* means things of all kinds (other than Plant) intended to form or forming part of the Permanent Works, including the supply-only materials (if any) to be supplied by the Contractor under the Contract.

1.1.5.4 *"Permanent Works"* means the permanent works to be executed by the Contractor under the Contract.

1.1.5.5 *"Plant"* means the apparatus, machinery and vehicles intended to form or forming part of the Permanent Works.[9]

1.1.5.6 *"Section"* means a part of the Works specified in the Appendix to Tender as a Section (if any).

1.1.5.7 *"Temporary Works"* means all temporary works of every kind (other than Contractor's Equipment) required on Site for the execution and completion of the Permanent Works and the remedying of any defects.

1.1.5.8 *"Works"* mean the Permanent Works and the Temporary Works, or either of them as appropriate.

1.1.6 Other Definitions

1.1.6.1 *"Contractor's Documents"* means the calculations, computer programs and other software, drawings, manuals,[10, 11] models and other documents of a technical nature (if any) supplied by the Contractor under the Contract.

1.1.6.2 *"Country"* means the country in which the Site (or most of it) is located, where the Permanent Works are to be executed.

1.1.6.3 *"Employer's Equipment"* means the apparatus, machinery and vehicles (if any) made available by the Employer for the use of the Contractor in the execution of the Works, as stated in the Specification; but does not include Plant which has not been taken over by the Employer.

1.1.6.4 *"Force Majeure"* is defined in Clause 19 *[Force Majeure]*.

1.1.6.5 *"Laws"* means all national (or state) legislation, statutes, ordinances and other laws, and regulations and by-laws of any legally constituted public authority.

1.1.6.6 *"Performance Security"* means the security (or securities, if any) under Sub-Clause 4.2 *[Performance Security]*.

1.1.6.7 *"Site"* means the places where the Permanent Works are to be executed and to which Plant and Materials are to be delivered, and any other places as may be specified in the Contract as forming part of the Site.

1.1.6.8 *"Unforeseeable"* means not reasonably foreseeable by an experienced contractor by the date for submission of the Tender.

1.1.6.9 *"Variation"* means any change to the Works, which is instructed or approved as a variation under Clause 13 *[Variations and Adjustments]*.

1.2 Interpretation

In the Contract, except where the context requires otherwise:

(a) words indicating one gender include all genders;
(b) words indicating the singular also include the plural and words indicating the plural also include the singular;
(c) provisions including the word "agree", "agreed" or "agreement" require the agreement to be recorded in writing, and
(d) "written" or „in writing" means hand-written, type-written, printed or electronically made, and resulting in a permanent record.

The marginal words and other headings shall not be taken into consideration in the interpretation of these Conditions.

1.3 Communications

Wherever these Conditions provide for the giving or issuing of approvals, certificates, consents, determinations, notices and requests, these communications shall be:

(a) in writing and delivered by hand (against receipt), sent by mail or courier, or transmitted using any of the agreed systems of electronic transmission as stated in the Appendix to Tender; and
(b) delivered, sent or transmitted to the address for the recipient's communications as stated in the Appendix to Tender. However:
  (i) if the recipient gives notice of another address, communications shall thereafter be delivered accordingly; and
  (ii) if the recipient has not stated otherwise when requesting an approval or consent, it may be sent to the address from which the request was issued.

1. FIDIC: Conditions of Contract for Construction

Approvals, certificates, consents and determinations shall not be unreasonably withheld or delayed. When a certificate is issued to a Party, the certifier shall send a copy to the other Party. When a notice is issued to a Party, by the other Party or the Engineer, a copy shall be sent to the Engineer or the other Party, as the case may be.

1.4 Law and Language

The Contract shall be governed by the law of the country (or other jurisdiction) stated in the Appendix to Tender.[12]

If there are versions of any part of the Contract which are written in more than one language, the version which is in the ruling language stated in the Appendix to Tender shall prevail.[13]

The language for communications shall be that stated in the Appendix to Tender. If no language is stated there, the language for communications shall be the language in which the Contract (or most of it) is written.[12]

1.5 Priority of Documents

The documents forming the Contract are to be taken as mutually explanatory of one another. For the purposes of interpretation, the priority of the documents shall be in accordance with the following sequence:

(a) the Contract Agreement (if any),[14]
(b) the Letter of Acceptance,
(c) the Letter of Tender,
(d) the Particular Conditions,
(e) these General Conditions,
(f) the Specification,
(g) the Drawings, and
(h) the Schedules and any other documents forming part of the Contract.

If an ambiguity or discrepancy is found in the documents, the Engineer shall issue any necessary clarification or instruction.

1.6 Contract Agreement

The Parties shall enter into a Contract Agreement within 28 days after the Contractor receives the Letter of Acceptance, unless they agree otherwise. The Contract Agreement shall be based upon the form annexed to the Particular Conditions. The costs of stamp duties and similar charges (if any) imposed by law in connection with entry into the Contract Agreement shall be borne by the Employer.

1.7 Assignment[15]

Neither Party shall assign the whole or any part of the Contract or any benefit or interest in or under the Contract. However, either Party:

(a) may assign the whole or any part with the prior agreement of the other Party, at the sole discretion of such other Party, and
(b) may, as security in favour of a bank or financial institution, assign its right to any moneys due, or to become due, under the Contract.

1.8 Care and Supply of Documents

The Specification and Drawings shall be in the custody and care of the Employer. Unless otherwise stated in the Contract, two copies of the Contract and of each subsequent Drawing shall be supplied to the Contractor, who may make or request further copies at the cost of the Contractor.

Each of the Contractor's Documents shall be in the custody and care of the Contractor, unless and until taken over by the Employer. Unless otherwise stated in the Contract, the Contractor shall supply to the Engineer six copies of each of the Contractor's Documents.

The Contractor shall keep, on the Site, a copy of the Contract, publications named in the Specification, the Contractor's Documents (if any), the Drawings and Variations and other communications given under the Contract. The Employer's Personnel shall have the right of access to all these documents at all reasonable times.

If a Party becomes aware of an error or defect of a technical nature in a document which was prepared for use in executing the Works, the Party shall promptly give notice to the other Party of such error or defect.[16]

1.9 Delayed Drawings or Instructions

The Contractor shall give notice to the Engineer whenever the Works are likely to be delayed or disrupted if any necessary drawing or instruction is not issued to the Contractor within a particular time, which shall be reasonable. The notice shall include details of the necessary drawing or instruction, details of why and by when it should be issued, and details of the nature and amount of the delay or disruption likely to be suffered if it is late.

If the Contractor suffers delay and/or incurs Cost as a result of a failure of the Engineer to issue the notified drawing or instruction within a time which is reasonable and is specified in the notice with supporting details, the Contractor shall give a further notice to the Engineer and shall be entitled subject to Sub-Clause 20.1 *[Contractor's Claims]* to:

(a) an extension of time for any such delay, if completion is or will be delayed, under Sub-Clause 8.4 *[Extension of Time for Completion]*, and

(b) payment of any such Cost plus reasonable profit, which shall be included in the Contract Price.

After receiving this further notice, the Engineer shall proceed in accordance with Sub-Clause 3.5 *[Determinations]* to agree or determine these matters.

However, if and to the extent that the Engineer's failure was caused by any error or delay by the Contractor, including an error in, or delay in the submission of, any of the Contractor's Documents, the Contractor shall not be entitled to such extension of time, Cost or profit.

1.10 Employer's Use of Contractor's Documents

As between the Parties, the Contractor shall retain the copyright and other intellectual property rights in the Contractor's Documents and other design documents made by (or on behalf of) the Contractor.

The Contractor shall be deemed (by signing the Contract) to give to the Employer a non-terminable transferable non-exclusive royalty-free licence to copy, use and communicate the Contractor's Documents, including making and using modifications of them. This licence shall:

(a) apply throughout the actual or intended working life (whichever is longer) of the relevant parts of the Works,

(b) entitle any person in proper possession of the relevant part of the Works to copy, use and communicate the Contractor's Documents for the purposes of completing, operating, maintaining, altering, adjusting, repairing and demolishing the Works, and

(c) in the case of Contractor's Documents which are in the form of computer programs and other software, permit their use on any computer on the Site and other places as envisaged by the Contract, including replacements of any computers supplied by the Contractor.

The Contractor's Documents and other design documents made by (or on behalf of) the Contractor shall not, without the Contractor's consent, be used, copied or communicated to a third party by (or on behalf of) the Employer for purposes other than those permitted under this Sub-Clause.

1.11 Contractor's Use of Employer's Documents

As between the Parties, the Employer shall retain the copyright and other intellectual property rights in the Specification, the Drawings and other documents made by (or on behalf of) the Employer. The Contractor may, at his cost, copy, use, and obtain communication of these documents for the purposes of the Contract. They shall not without the Employer's consent, be copied, used or communicated to a third party by the Contractor, except as necessary for the purposes of the Contract.

1. FIDIC: Conditions of Contract for Construction

1.12 Confidential Details
The Contractor shall disclose all such confidential and other information as the Engineer may reasonably require in order to verify the Contractor's compliance with the Contract.

1.13 Compliance with Laws
The Contractor shall, in performing the Contract, comply with applicable Laws. Unless otherwise stated in the Particular Conditions:
(a) the Employer shall have obtained (or shall obtain) the planning, zoning or similar permission for the Permanent Works, and any other permissions described in the Specification as having been (or being) obtained by the Employer; and the Employer shall indemnity and hold the Contractor harmless against and from the consequences of any failure to do so; and
(b) the Contractor shall give all notices, pay all taxes, duties and fees, and obtain all permits, licences and approvals, as required by the Laws in relation to the execution and completion of the Works and the remedying of any defects; and the Contractor shall indemnify and hold the Employer harmless against and from the consequences of any failure to do so.

1.14 Joint and Several Liability
If the Contractor constitutes (under applicable Laws) a joint venture, consortium or other unincorporated grouping of two or more persons:
(a) these persons shall be deemed to be jointly and severally liable to the Employer for the performance of the Contract;
(b) these persons shall notify the Employer of their leader who shall have authority to bind the Contractor and each of these persons; and
(c) the Contractor shall not alter its composition or legal status without the prior consent of the Employer.

2. The Employer

2.1 Right of Access to the Site
The Employer shall give[17] the Contractor right of access to, and possession of, all parts of the Site within the time (or times) stated in the Appendix to Tender. The right and possession may not be exclusive to the Contractor. If, under the Contract, the Employer is required to give (to the Contractor) possession of any foundation, structure, plant or means of access, the Employer shall do so in the time and manner stated in the Specification. However, the Employer may withhold any such right or possession until the Performance Security has been received.

If no such time is stated in the Appendix to Tender, the Employer shall give the Contractor right of access to, and possession of, the Site within such times as may be required to enable the Contractor to proceed in accordance with the programme submitted under Sub-Clause 8.3 *[Programme]*.

If the Contractor suffers delay and/or incurs Cost as a result of a failure by the Employer to give any such right or possession within such time, the Contractor shall give notice to the Engineer and shall be entitled subject to Sub-Clause 20.1 *[Contractor's Claims]* to:
(a) an extension of time for any such delay, if completion is or will be delayed, under Sub-Clause 8.4 *[Extension of Time for Completion]*, and
(b) payment of any such Cost plus reasonable profit, which shall be included in the Contract Price.

After receiving this notice, the Engineer shall proceed in accordance with Sub-Clause 3.5 *[Determinations]* to agree or determine these matters.

However, if and to the extent that the Employer's failure was caused by any error or delay by the Contractor, including an error in, or delay in the submission of, any of the Contractor's Documents, the Contractor shall not be entitled to such extension of time, Cost or profit.

2.2 Permits, Licences or Approvals
The Employer shall (where he is in a position to do so) provide reasonable assistance to the Contractor at the request of the Contractor:
(a) by obtaining copies of the Laws of the Country which are relevant to the Contract but are not readily available, and
(b) for the Contractor's applications for any permits, licences or approvals required by the Laws of the Country:
   (i) which the Contractor is required to obtain under Sub-Clause 1.13 *[Compliance with Laws]*,
   (ii) for the delivery of Goods, including clearance through customs,[17a] and
   (iii) for the export of Contractor's Equipment when it is removed from the Site.

2.3 Employer's Personnel
The Employer shall be responsible for ensuring that the Employer's Personnel and the Employer's other contractors on the Site:
(a) co-operate with the Contractor's efforts under Sub-Clause 4.6 *[Co-operation]*, and
(b) take actions similar to those which the Contractor is required to take under sub-paragraphs (a), (b) and (c) of Sub-Clause 4.8 *[Safety Procedures]* and under Sub-Clause 4.18 *[Protection of the Environment]*.

2.4 Employer's Financial Arrangements
The Employer shall submit, within 28 days after receiving any request from the Contractor, reasonable evidence that financial arrangements have been made and are being maintained which will enable the Employer to pay the Contract Price (as estimated at that time) in accordance with Clause 14 *[Contract Price and Payment]*. If the Employer intends to make any material change to his financial arrangements, the Employer shall give notice to the Contractor with detailed particulars.

2.5 Employers Claims
If the Employer considers himself to be entitled to any payment under any Clause of these Conditions or otherwise in connection with the Contract, and/or to any extension of the Defects Notification Period, the Employer or the Engineer shall give notice and particulars to the Contractor. However, notice is not required for payments due under Sub-Clause 4.19 *[Electricity, Water and Gas]*, under Sub-Clause 4.20 *[Employer's Equipment and Free-Issue Material]*, or for other services requested by the Contractor.
The notice shall be given as soon as practicable after the Employer became aware of the event or circumstances giving rise to the claim. A notice relating to any extension of the Defects Notification Period shall be given before the expiry of such period.
The particulars shall specify the Clause or other basis of the claim, and shall include substantiation of the amount and/or extension to which the Employer considers himself to be entitled in connection with the Contract. The Engineer shall then proceed in accordance with Sub-Clause 3.5 *[Determinations]* to agree or determine (i) the amount (if any) which the Employer is entitled to be paid by the Contractor, and/or (ii) the extension (if any) of the Defects Notification Period in accordance with Sub-Clause 11.3 *[Extension of Defects Notification Period]*.
This amount may be included as a deduction in the Contract Price and Payment Certificates. The Employer shall only be entitled to set off against or make any deduction from an amount certified in a Payment Certificate, or to otherwise claim against the Contractor, in accordance with this Sub-Clause.

1. FIDIC: Conditions of Contract for Construction

3. The Engineer[18]

3.1 Engineer's Duties and Authority

The Employer shall appoint the Engineer who shall carry out the duties assigned to him in the Contract. The Engineer's staff shall include suitably qualified engineers and other professionals who are competent to carry out these duties.

The Engineer shall have no authority to amend the Contract.

The Engineer may exercise the authority attributable to the Engineer as specified in or necessarily to be implied from the Contract. If the Engineer is required to obtain the approval of the Employer before exercising a specified authority, the requirements shall be as stated in the Particular Conditions. The Employer undertakes not to impose further constraints on the Engineer's authority, except as agreed with the Contractor.

However, whenever the Engineer exercises a specified authority for which the Employer's approval is required, then (for the purposes of the Contract) the Employer shall be deemed to have given approval.

Except as otherwise stated in these Conditions:

(a) whenever carrying out duties or exercising authority, specified in or implied by the Contract, the Engineer shall be deemed to act for the Employer;
(b) the Engineer has no authority to relieve either Party of any duties, obligations or responsibilities under the Contract; and
(c) any approval, check, certificate, consent, examination, inspection, instruction, notice, proposal, request, test, or similar act by the Engineer (including absence of disapproval) shall not relieve the Contractor from any responsibility he has under the Contract, including responsibility for errors, omissions, discrepancies and non-compliances.

3.2 Delegation by the Engineer

The Engineer may from time to time assign duties and delegate authority to assistants, and may also revoke such assignment or delegation. These assistants may include a resident engineer, and/or independent inspectors appointed to inspect and/or test items of Plant and/or Materials. The assignment, delegation or revocation shall be in writing and shall not take effect until copies have been received by both Parties. However, unless otherwise agreed by both Parties, the Engineer shall not delegate the authority to determine any matter in accordance with Sub-Clause 3.5 *[Determinations]*.

Assistants shall be suitably qualified persons, who are competent to carry out these duties and exercise this authority, and who are fluent in the language for communications defined in Sub-Clause 1.4 *[Law and Language]*.

Each assistant, to whom duties have been assigned or authority has been delegated, shall only be authorised to issue instructions to the Contractor to the extent defined by the delegation. Any approval, check, certificate, consent, examination, inspection, instruction, notice, proposal, request, test, or similar act by an assistant, in accordance with the delegation, shall have the same effect as though the act had been an act of the Engineer. However:

(a) any failure to disapprove any work, Plant or Materials shall not constitute approval, and shall therefore not prejudice the right of the Engineer to reject the work, Plant or Materials;
(b) if the Contractor questions any determination or instruction of an assistant, the Contractor may refer the matter to the Engineer, who shall promptly confirm, reverse or vary the determination or instruction.

3.3 Instructions of the Engineer

The Engineer may issue to the Contractor (at any time) instructions and additional or modified Drawings which may be necessary for the execution of the Works and the remedying of any defects, all in accordance with the Contract. The Contractor shall only take instructions from the Engineer, or from an assistant to whom the appropriate authority has been delegated under this Clause. If an instruction constitutes a Variation, Clause 13 *[Variations and Adjustments]* shall apply.

The Contractor shall comply with the instructions given by the Engineer or delegated assistant, on any matter related to the Contract. Whenever practicable, their instructions shall be given in writing. If the Engineer or a delegated assistant:

(a) gives an oral instruction,
(b) receives a written confirmation of the instruction, from (or on behalf of) the Contractor, within two working days after giving the instruction, and
(c) does not reply by issuing a written rejection and/or instruction within two working days after receiving the confirmation,

then the confirmation shall constitute the written instruction of the Engineer or delegated assistant (as the case may be).

3.4 Replacement of the Engineer

If the Employer intends to replace the Engineer, the Employer shall, not less than 42 days before the intended date of replacement, give notice to the Contractor of the name, address and relevant experience of the intended replacement Engineer. The Employer shall not replace the Engineer with a person against whom the Contractor raises reasonable objection by notice to the Employer, with supporting particulars.

3.5 Determinations[19]

Whenever these Conditions provide that the Engineer shall proceed in accordance with this Sub-Clause 3.5 to agree or determine any matter, the Engineer shall consult with each Party in an endeavour to reach agreement. If agreement is not achieved, the Engineer shall make a fair determination in accordance with the Contract, taking due regard of all relevant circumstances.

The Engineer shall give notice to both Parties of each agreement or determination, with supporting particulars. Each Party shall give effect to each agreement or determination unless and until revised under Clause 20 *[Claims, Disputes and Arbitration]*.

4. The Contractor

4.1 Contractor's General Obligations

The Contractor shall design (to the extent specified in the Contract), execute and complete the Works in accordance with the Contract and with the Engineer's instructions, and shall remedy any defects in the Works.

The Contractor shall provide the Plant and Contractor's Documents specified in the Contract, and all Contractor's Personnel, Goods, consumables and other things and services, whether of a temporary or permanent nature, required in and for this design, execution, completion and remedying of defects.

The Contractor shall be responsible for the adequacy, stability and safety of all Site operations and of all methods of constructing.[20] Except to the extent specified in the Contract, the Contractor (i) shall be responsible for all Contractor's Documents, Temporary Works, and such design of each item of Plant and Materials as is required for the item to be in accordance with the Contract, and (ii) shall not otherwise be responsible for the design or specification of the Permanent Works.

The Contractor shall, whenever required by the Engineer, submit details of the arrangements and methods which the Contractor proposes to adopt for the execution of the Works. No significant alteration to these arrangements and methods shall be made without this having previously been notified to the Engineer.

If the Contract specifies that the Contractor shall design any part of the Permanent Works, then unless otherwise stated in the Particular Conditions:

(a) the Contractor shall submit to the Engineer the Contractor's Documents for this part in accordance with the procedures specified in the Contract;

1. FIDIC: Conditions of Contract for Construction VI. 1

(b) these Contractor's Documents shall be in accordance with the Specification and Drawings, shall be written in the language for communications defined in Sub-Clause 1.4 *[Law and Language]*, and shall include additional information required by the Engineer to add to the Drawings for co-ordination of each Party's designs;
(c) the Contractor shall be responsible for this part and it shall, when the Works are completed, be fit for such purposes for which the part is intended as are specified in the Contract; and
(d) prior to the commencement of the Tests on Completion, the Contractor shall submit to the Engineer the "as-built" documents and operation and maintenance manuals in accordance with the Specification and in sufficient detail for the Employer to operate, maintain, dismantle, reassemble, adjust and repair this part of the Works. Such part shall not be considered to be completed for the purposes of taking-over under Sub-Clause 10.1 *[Taking Over of the Works and Sections]* until these documents and manuals have been submitted to the Engineer.

4.2 Performance Security[21]
The Contractor shall obtain (at his cost) a Performance Security for proper performance, in the amount and currencies stated in the Appendix to Tender. If an amount is not stated in the Appendix to Tender, this Sub-Clause shall not apply.
The Contractor shall deliver the Performance Security to the Employer within 28 days after receiving the Letter of Acceptance, and shall send a copy to the Engineer. The Performance Security shall be issued by an entity and from within a country (or other jurisdiction) approved by the Employer, and shall be in the form annexed to the Particular Conditions or in another form approved by the Employer.
The Contractor shall ensure that the Performance Security is valid and enforceable until the Contractor has executed and completed the Works and remedied any defects. If the terms of the Performance Security specify its expiry date, and the Contractor has not become entitled to receive the Performance Certificate by the date 28 days prior to the expiry date, the Contractor shall extend the validity of the Performance Security until the Works have been completed and any defects have been remedied.
The Employer shall not make a claim under the Performance Security, except for amounts to which the Employer is entitled under the Contract in the event of:
(a) failure by the Contractor to extend the validity of the Performance Security as described in the preceding paragraph, in which event the Employer may claim the full amount of the Performance Security,
(b) failure by the Contractor to pay the Employer an amount due, as either agreed by the Contractor or determined under Sub-Clause 2.5 *[Employer's Claims]* or Clause 20 *[Claims, Disputes and Arbitration]*, within 42 days after this agreement or determination,
(c) failure by the Contractor to remedy a default within 42 days after receiving the Employer's notice requiring the default to be remedied, or
(d) circumstances which entitle the Employer to termination under Sub-Clause 15.2 *[Termination by Employer]*, irrespective of whether notice of termination has been given.
The Employer shall indemnify and hold the Contractor harmless against and from all damages, losses and expenses (including legal fees and expenses) resulting from a claim under the Performance Security to the extent to which the Employer was not entitled to make the claim.
The Employer shall return the Performance Security to the Contractor within 21 days after receiving a copy of the Performance Certificate.

4.3 Contractor's Representative
The Contractor shall appoint the Contractor's Representative and shall give him all authority necessary to act on the Contractor's behalf under the Contract.

Unless the Contractor's Representative is named in the Contract, the Contractor shall, prior to the Commencement Date, submit to the Engineer for consent the name and particulars of the person the Contractor proposes to appoint as Contractor's Representative. If consent is withheld or subsequently revoked, or if the appointed person fails to act as Contractor's Representative, the Contractor shall similarly submit the name and particulars of another suitable Person for such appointment.

The Contractor shall not, without the prior consent of the Engineer, revoke the appointment of the Contractor's Representative or appoint a replacement.

The whole time of the Contractor's Representative shall be given to directing the Contractor's performance of the Contract. If the Contractor's Representative is to be temporarily absent from the Site during the execution of the Works, a suitable replacement person shall be appointed, subject to the Engineer's prior consent, and the Engineer shall be notified accordingly.

The Contractor's Representative shall, on behalf of the Contractor, receive instructions under Sub-Clause 3.3 *[Instructions of the Engineer]*.

The Contractor's Representative may delegate any powers, functions and authority to any competent person. and may at any time revoke the delegation. Any delegation or revocation shall not take effect until the Engineer has received prior notice signed by the Contractor's Representative, naming the person and specifying the powers, functions and authority being delegated or revoked.

The Contractor's Representative and all these persons shall be fluent in the language for communications defined in Sub-Clause 1.4 *[Law and Language]*.

4.4 Subcontractors[22]

The Contractor shall not subcontract the whole of the Works.

The Contractor shall be responsible for the acts or defaults of any Subcontractor, his agents or employees, as if they were the acts or defaults of the Contractor. Unless otherwise stated in the Particular Conditions:

(a) the Contractor shall not be required to obtain consent to suppliers of Materials, or to a subcontract for which the Subcontractor is named in the Contract;

(b) the prior consent of the Engineer shall be obtained to other proposed Subcontractors;

(c) the Contractor shall give the Engineer not less than 28 days' notice of the intended date of the commencement of each Subcontractor's work, and of the commencement of such work on the Site; and

(d) each subcontract shall include provisions which would entitle the Employer to require the subcontract to be assigned to the Employer under Sub-Clause 4.5 *[Assignment of Benefit of Subcontract]* (if or when applicable) or in the event of termination under Sub-Clause 15.2 *[Termination by Employer]*.

4.5 Assignment of Benefit of Subcontract

If a Subcontractor's obligations extend beyond the expiry date of the relevant Defects Notification Period and the Engineer, prior to this date, instructs the Contractor to assign the benefit of such obligations to the Employer, then the Contractor shall do so. Unless otherwise stated in the assignment, the Contractor shall have no liability to the Employer for the work carried out by the Subcontractor after the assignment takes effect.

4.6 Co-operation

The Contractor shall, as specified in the Contract or as instructed by the Engineer, allow appropriate opportunities for carrying out work to:

(a) the Employer's Personnel,
(b) any other contractors employed by the Employer, and
(c) the personnel of any legally constituted public authorities,

who may be employed in the execution on or near the Site of any work not included in the Contract.

1. FIDIC: Conditions of Contract for Construction

Any such instruction shall constitute a Variation if and to the extent that it causes the Contractor to incur Unforeseeable Cost. Services for these personnel and other contractors may include the use of Contractor's Equipment, Temporary Works or access arrangements which are the responsibility of the Contractor.

If, under the Contract, the Employer is required to give to the Contractor possession of any foundation, structure, plant or means if access in accordance with Contractor's Documents, the Contractor shall submit such documents to the Engineer in the time and manner stated in the Specification.

4.7 Setting Out

The Contractor shall set out the Works in relation to original points, lines and levels of reference specified in the Contract or notified by the Engineer. The Contractor shall be responsible for the correct positioning of all parts of the Works, and shall rectify any error in the positions, levels, dimensions or alignment of the Works.

The Employer shall be responsible for any errors in these specified or notified items of reference, but the Contractor shall use reasonable efforts to verify their accuracy before they are used.

If the Contractor suffers delay and/or incurs Cost from executing work which was necessitated by an error in these items of reference, and an experienced contractor could not reasonably have discovered such error and avoided this delay and/or Cost, the Contractor shall give notice to the Engineer and shall be entitled subject to Sub-Clause 20.1 *[Contractor's Claims]* to:

(a) an extension of time for any such delay, if completion is or will be delayed, under Sub-Clause 8.4 *[Extension of Time for Completion]*, and

(b) payment of any such Cost plus reasonable profit, which shall be included in the Contract Price.

After receiving this notice, the Engineer shall proceed in accordance with Sub-Clause 3.5 *[Determinations]* to agree or determine (i) whether and (if so) to what extent the error could not reasonably have been discovered, and (ii) the matters described in sub-paragraphs (a) and (b) above related to this extent.

4.8 Safety Procedures

The Contractor shall:

(a) comply with all applicable safety regulations,
(b) take care for the safety of all persons entitled to be on the Site,
(c) use reasonable efforts to keep the Site and Works clear of unnecessary obstruction so as to avoid danger to these persons,
(d) provide fencing, lighting, guarding and watching of the Works until completion and taking over under Clause 10 *[Employer's Taking Over]*, and
(e) provide any Temporary Works (including roadways, footways, guards and fences) which may be necessary, because of the execution of the Works, for the use and protection of the public and of owners and occupiers of adjacent land.

4.9 Quality Assurance

The Contractor shall institute a quality assurance system to demonstrate compliance with the requirements of the Contract. The system shall be in accordance with the details stated in the Contract. The Engineer shall be entitled to audit any aspect of the system.

Details of all procedures and compliance documents shall be submitted to the Engineer for information before each design and execution stage is commenced. When any document of a technical nature is issued to the Engineer, evidence of the prior approval by the Contractor himself shall be apparent on the document itself.

Compliance with the quality assurance system shall not relieve the Contractor of any of his duties, obligations or responsibilities under the Contract.

4.10 Site Data
The Employer shall have made available to the Contractor for his information, prior to the Base Date, all relevant data in the Employer's possession on sub-surface and hydrological conditions at the Site, including environmental aspects. The Employer shall similarly make available to the Contractor all such data which come into the Employer's possession after the Base Date. The Contractor shall be responsible for interpreting all such data.

To the extent which was practicable (taking account of cost and time), the Contractor shall be deemed to have obtained all necessary information as to risks, contingencies and other circumstances which may influence or affect the Tender or Works. To the same extent, the Contractor shall be deemed to have inspected and examined the Site, its surroundings, the above data and other available information, and to have been satisfied before submitting the Tender as to all relevant matters, including (without limitation):
(a) the form and nature of the Site, including sub-surface conditions,
(b) the hydrological and climatic conditions,
(c) the extent and nature of the work and Goods necessary for the execution and completion of the Works and the remedying of any defects,
(d) the Laws, procedures and labour practices of the Country, and
(e) the Contractor's requirements for access, accommodation, facilities, personnel, power, transport, water and other services.

4.11 Sufficiency of the Accepted Contract Amount[23]
The Contractor shall be deemed to:
(a) have satisfied himself as to the correctness and sufficiency of the Accepted Contract Amount, and
(b) have based the Accepted Contract Amount on the data, interpretations, necessary information, inspections, examinations and satisfaction as to all relevant matters referred to in Sub-Clause 4.10 *[Site Data]*.

Unless otherwise stated in the Contract, the Accepted Contract Amount covers all the Contractor's obligations under the Contract (including those under Provisional Sums, if any) and all things necessary for the proper execution and completion of the Works and the remedying of any defects.

4.12 Unforeseeable Physical Conditions[24]
In this Sub-Clause, "physical conditions" means natural Physical conditions and manmade and other physical obstructions and pollutants, which the Contractor encounters at the Site when executing the Works, including sub-surface and hydrological conditions but excluding climatic conditions.

If the Contractor encounters adverse physical conditions which he considers to have been Unforeseeable, the Contractor shall give notice to the Engineer as soon as practicable.

This notice shall describe the physical conditions, so that they can be inspected by the Engineer, and shall set out the reasons why the Contractor considers them to be Unforeseeable. The Contractor shall continue executing the Works, using such proper and reasonable measures as are appropriate for the physical conditions, and shall comply with any instructions which the Engineer may give. If an instruction constitutes a Variation, Clause 13 *[Variations and Adjustments]* shall apply.

If and to the extent that the Contractor encounters physical conditions which are Unforeseeable, gives such a notice, and suffers delay and/or incurs Cost due to these conditions, the Contractor shall be entitled subject to Sub-Clause 20.1 *[Contractor's Claims]* to:
(a) an extension of time for any such delay, if completion is or will be delayed, under Sub-Clause 8.4 *[Extension of Time for Completion]*, and
(b) payment of any such Cost, which shall be included in the Contract Price.

After receiving such notice and inspecting and/or investigating these physical conditions, the Engineer shall proceed in accordance with Sub-Clause 3.5 *[Determinations]* to agree

or determine (i) whether and (if so) to what extent these physical conditions were Unforeseeable, and (ii) the matters described in subparagraphs (a) and (b) above related to this extent.
However, before additional Cost is finally agreed or determined under sub-paragraph (ii), the Engineer may also review whether other physical conditions in similar parts of the Works (if any) were more favourable than could reasonably have been foreseen when the Contractor submitted the Tender. If and to the extent that these more favourable conditions were encountered, the Engineer may proceed in accordance with Sub-Clause 3.5 *[Determinations]* to agree or determine the reductions in Cost which were due to these conditions, which may be included (as deductions) in the Contract Price and Payment Certificates. However, the net effect of all adjustments under sub-paragraph (b) and all these reductions, for all the physical conditions encountered in similar parts of the Works, shall not result in a net reduction in the Contract Price.
The Engineer may take account of any evidence of the physical conditions foreseen by the Contractor when submitting the Tender, which may be made available by the Contractor, but shall not be bound by any such evidence.

4.13 Rights of Way and Facilities
The Contractor shall bear all costs and charges for special and/or temporary rights of-way which he may require, including those for access to the Site. The Contractor shall also obtain, at his risk and cost, any additional facilities outside the Site which he may require for the purposes of the Works.

4.14 Avoidance of Interference
The Contractor shall not interfere unnecessarily or improperly with:
(a) the convenience of the public, or
(b) the access to and use and occupation of all roads and footpaths, irrespective of whether they are public or in the possession of the Employer or of others.
The Contractor shall indemnify and hold the Employer harmless; against and from all damages, losses and expenses (including legal fees and expenses) resulting from any such unnecessary or improper interference.

4.15 Access Route
The Contractor shall be deemed to have been satisfied as to the suitability and availability of access routes to the Site. The Contractor shall use reasonable efforts to prevent any road or bridge from being damaged by the Contractor's traffic or by the Contractor's Personnel. These efforts shall include the proper use of appropriate vehicles and routes.
Except as otherwise stated in these Conditions:
(a) the Contractor shall (as between the Parties) be responsible for any maintenance which may be required for his use of access routes;
(b) the Contractor shall provide all necessary signs or directions along access routes, and shall obtain any permission which may be required from the relevant authorities for his use of routes, signs and directions;
(c) the Employer shall not be responsible for any claims which may arise from the use or otherwise of any access route,
(d) the Employer does not guarantee the suitability or availability of particular access routes, and
(e) Costs due to non-suitability or non-availability, for the use required by the Contractor, of access routes shall be borne by the Contractor.

4.16 Transport of Goods[25]
Unless otherwise stated in the Particular Conditions:
(a) the Contractor shall give the Engineer not less than 21 days' notice of the date on which any Plant or a major item of other Goods will be delivered to the Site;

(b) the Contractor shall be responsible for packing, loading, transporting, receiving, unloading, storing and protecting all Goods and other things required for the Works; and

(c) the Contractor shall indemnify and hold the Employer harmless against and from all damages, losses and expenses (including legal fees and expenses) resulting from the transport of Goods, and shall negotiate and pay all claims arising from their transport.

4.17 Contractor's equipment
The Contractor shall be responsible for all Contractor's Equipment. When brought on to the Site, Contractor's Equipment shall be deemed to be exclusively intended for the execution of the Works. The Contractor shall not remove from the Site any major items of Contractor's Equipment without the consent of the Engineer. However, consent shall not be required for vehicles transporting Goods or Contractor's Personnel off Site.

4.18 Protection on the Environment
The Contractor shall take all reasonable steps to protect the environment (both on and off the Site) and to limit damage and nuisance to people and property resulting from pollution, noise and other results of his operations.
The Contractor shall ensure that emissions, surface discharges and effluent from the Contractor's activities shall not exceed the values indicated in the Specification, and shall not exceed the values prescribed by applicable Laws.

4.19 Electricy, Water and Gas[26]
The Contractor shall, except as stated below, be responsible for the provision of all power, water and other services he may require.
The Contractor shall be entitled to use for the purposes of the Works such supplies of electricity, water, gas and other services as may be available on the Site and of which details and prices are given in the Specification. The Contractor shall, at his risk and cost, provide any apparatus necessary for his use of these services and for measuring the quantities consumed.
The quantities consumed and the amounts due (at these prices) for such services shall be agreed or determined by the Engineer in accordance with Sub-Clause 2.5 *[Employer's Claims]* and Sub-Clause 3.5 *[Determinations]*. The Contractor shall pay these amounts to the Employer.

4.20 Employer's Equipment and Free-Issue Material
The Employer shall make the Employer's Equipment (if any) available for the use of the Contractor in the execution of the Works in accordance with the details, arrangements and prices stated in the Specification. Unless otherwise stated in the Specification:
(a) the Employer shall be responsible for the Employer's Equipment, except that
(b) the Contractor shall be responsible for each item of Employer's Equipment whilst any of the Contractor's Personnel is operating it, driving it, directing it or in possession or control of it.

The appropriate quantities and the amounts due (at such stated prices) for the use of Employer's Equipment shall be agreed or determined by the Engineer in accordance with Sub-Clause 2.5 *[Employer's Claims]* and Sub-Clause 3.5 *[Determinations]*. The Contractor shall pay these amounts to the Employer.
The Employer shall supply, free of charge, the "free-issue materials" (if any) in accordance with the details stated in the Specification. The Employer shall, at his risk and cost, provide these materials at the time and place specified in the Contract. The Contractor shall then visually inspect them, and shall promptly give notice to the Engineer of any shortage, defect or default in these materials. Unless otherwise agreed by both Parties, the Employer shall immediately rectify the notified shortage, defect or default.

1. FIDIC: Conditions of Contract for Construction

After this visual inspection, the free-issue materials shall come under the care, custody and control of the Contractor. The Contractor's obligations of inspection, care, custody and control shall not relieve the Employer of liability for any shortage, defect or default not apparent from a visual inspection.

4.21 Progress Reports

Unless otherwise stated in the Particular Conditions, monthly progress reports shall be prepared by the Contractor and submitted to the Engineer in six copies. The first report shall cover the period up to the end of the first calendar month following the Commencement Date. Reports shall be submitted monthly thereafter, each within 7 days after the last day of the period to which it relates.

Reporting shall continue until the Contractor has completed all work which is known to be outstanding at the completion date stated in the Taking-Over Certificate for the Works,

Each report shall include:

(a) charts and detailed descriptions of progress, including each stage of design (if any), Contractor's Documents, procurement, manufacture, delivery to Site, construction, erection and testing; and including these stages for work by each nominated Subcontractor as defined in Clause 5 *[Nominated Subcontractors]*,
(b) photographs showing the status of manufacture and of progress on the Site;
(c) for the manufacture of each main item of Plant and Materials, the name of the manufacturer, manufacture location, percentage progress, and the actual or expected dates of:
   (i) commencement of manufacture,
   (ii) Contractor's inspections,
   (iii) tests, and
   (iv) shipment and arrival at the Site;
(d) the details described in Sub-Clause 6.10 *[Records of Contractor's Personnel and Equipment]*;
(e) copies of quality assurance documents, test results and certificates of Materials;
(f) list of notices given under Sub-Clause 2.5 *[Employer's Claims]* and notices given under Sub-Clause 20.1 *[Contractor's Claims]*;
(g) safety statistics, including details of any hazardous incidents and activities relating to environmental aspects and public relations; and
(h) comparisons of actual and planned progress, with details of any events or circumstances which may jeopardise the completion in accordance with the Contract, and the measures being (or to be) adopted to overcome delays.

4.22 Security of the Site

Unless otherwise stated in the Particular Conditions:

(a) the Contractor shall be responsible for keeping unauthorised persons off the Site, and
(b) authorised persons shall be limited to the Contractor's Personnel and the Employer's Personnel; and to any other personnel notified to the Contractor, by the Employer or the Engineer, as authorised personnel of the Employer's other contractors on the Site.

4.23 Contractor's Operation on Site

The Contractor shall confine his operations to the Site, and to any additional areas which may be obtained by the Contractor and agreed by the Engineer as working areas. The Contractor shall take all necessary precautions to keep Contractor's Equipment and Contractor's Personnel within the Site and these additional areas, and to keep them off adjacent land.

During the execution of the Works. the Contractor shall keep the Site free from all unnecessary obstruction, and shall store or dispose of any Contractor's Equipment or surplus materials. The Contractor shall clear away and remove from the Site any wreckage, rubbish and Temporary Works which are no longer required.

Upon the issue of a Taking-Over Certificate, the Contractor shall clear away and remove, from that part of the Site and Works to which the Taking-Over Certificate refers, all Contractor's Equipment. surplus material, wreckage, rubbish and Temporary Works. The Contractor shall leave that part of the Site and the Works in a clean and safe condition. However, the Contractor may retain on Site, during the Defects Notification Period, such Goods as are required for the Contractor to fulfil obligations under the Contract.

4.24 Fossils

All fossils, coins, articles of value or antiquity, and structures and other remains or items of geological or archaeological interest found on the Site shall be placed under the care and authority of the Employer. The Contractor shall take reasonable precautions to prevent Contractor's Personnel or other persons from removing or damaging any of these findings.

The Contractor shall, upon discover of any such finding, promptly give notice to the Engineer, who shall issue instructions for dealing with it. If the Contractor suffers delay and/or incurs Cost from complying with the instructions, the Contractor shall give a further notice to the Engineer and shall be entitled subject to Sub-Clause 20.1 *[Contractor's Claims]* to:

(a) an extension of time for any such delay, if completion is or will be delayed under Sub-Clause 8.4 *[Extension of Time for Completion]*, and

(b) payment of any such Cost, which shall be included in the Contract Price.

After receiving this further notice, the Engineer shall proceed in accordance with Sub-Clause 3.5 *[Determinations]* to agree or determine these matters.

5. Nominated Subcontractors[22]

5.1 Definition of "nominated Subcontractor"

In the Contract, "nominated Subcontractor" means a Subcontractor:

(a) who is stated in the Contract as being a nominated Subcontractor, or

(b) whom the Engineer, under Clause 13 *[Variations and Adjustments]*, instructs the Contractor to employ as a Subcontractor.

5.2 Objection to Nomination

The Contractor shall not be under any obligation to employ a nominated Subcontractor against whom the Contractor raises reasonable objection by notice to the Engineer as soon as practicable, with supporting particulars. An objection shall be deemed reasonable if it arises from (among other things) any of the following matters, unless the Employer agrees to indemnify the Contractor against and from the consequences of the matter:

(a) there are reasons to believe that the Subcontractor does not have sufficient competence, resources or financial strength;

(b) the subcontract does not specify that the nominated Subcontractor shall indemnify the Contractor against and from any negligence or misuse of Goods by the nominated Subcontractor, his agents and employees; or

(c) the subcontract does not specify that, for the subcontracted work (including design, if any), the nominated Subcontractor shall:

   (i) undertake to the Contractor such obligations and liabilities as will enable the Contractor to discharge his obligations and liabilities under the Contract, and

   (ii) indemnity the Contractor against and from all obligations and liabilities arising under or in connection with the Contract and from the consequences of any failure by the Subcontractor to perform these obligations or to fulfil these liabilities.

1. FIDIC: Conditions of Contract for Construction

5.3 Payments to nominated Subcontractors

The Contractor shall pay to the nominated Subcontractor the amounts which the Engineer certifies to be due in accordance with the subcontract. These amounts plus other charges shall be included in the Contract Price in accordance with sub-paragraph (b) of Sub-Clause 13.5 *[Provisional Sums]*, except as stated in Sub-Clause 5.4 *[Evidence of Payments]*.

5.4 Evidence of Payments

Before issuing a Payment Certificate which includes an amount payable to a nominated Subcontractor, the Engineer may request the Contractor to supply reasonable evidence that the nominated Subcontractor has received all amounts due in accordance with previous Payment Certificates, less applicable deductions or retention or otherwise. Unless the Contractor:

(a) submits this reasonable evidence to the Engineer, or
(b) (i) satisfies the Engineer in writing that the Contractor is reasonably entitled to withhold or refuse to pay these amounts, and
 (ii) submits to the Engineer reasonable evidence that the nominated Subcontractor has been notified of the Contractor's entitlement,

then the Employer may (at his sole discretion) pay, direct to the nominated Subcontractor, part or all of such amounts previously certified (less applicable deductions) as are due to the nominated Subcontractor and for which the Contractor has failed to submit the evidence described in sub-paragraphs (a) or (b) above. The Contractor shall then repay, to the Employer, the amount which the nominated Subcontractor was directly paid by the Employer.

6. Staff and Labour

6.1 Engagement of Staff and Labour

Except as otherwise stated in the Specification, the Contractor shall make arrangements for the engagement of all staff and labour, local or otherwise, and for their payment, housing, feeding and transport.

6.2 Rates of Wages and Conditions of Labour

The Contractor shall pay rates of wages, and observe conditions of labour, which are not lower than those established for the trade or industry where the work is carried out. If no established rates or conditions are applicable, the Contractor shall pay rates of wages and observe conditions which are not lower than the general level of wages and conditions observed locally by employers whose trade or industry is similar to that of the Contractor.

6.3 Persons in the Service of Employer

The Contractor shall not recruit, or attempt to recruit, staff and labour from amongst the Employer's Personnel.

6.4 Labour Laws

The Contractor shall comply with all the relevant labour Laws applicable to the Contractor's Personnel, including Laws relating to their employment, health, safety, welfare, immigration and emigration, and shall allow them all their legal rights.

The Contractor shall require his employees to obey all applicable Laws, including those concerning safety at work.

6.5 Working Hours

No work shall be carried out on the Site on locally recognised days of rest, or outside the normal working hours stated in the Appendix to Tender, unless:

(a) otherwise stated in the Contract,
(b) the Engineer gives consent, or

(c) the work is unavoidable, or necessary for the protection of life or property or for the safety of the Works, in which case the Contractor shall immediately advise the Engineer.

6.6 Facilities for Staff and Labour

Except as otherwise stated in the Specification, the Contractor shall provide and maintain all necessary accommodation and welfare facilities for the Contractor's Personnel. The Contractor shall also provide facilities for the Employer's Personnel as stated in the Specification.

The Contractor shall not permit any of the Contractor's Personnel to maintain any temporary or permanent living quarters within the structures forming part of the Permanent Works.

6.7 Health and Safety

The Contractor shall at all times take all reasonable precautions to maintain the health and safety of the Contractor's Personnel. In collaboration with local health authorities, the Contractor shall ensure that medical staff, first aid facilities, sick bay and ambulance service are available at all times at the Site and at any accommodation for Contractor's and Employer's Personnel, and that suitable arrangements are made for all necessary welfare and hygiene requirements and for the prevention of epidemics.

The Contractor shall appoint an accident prevention officer at the Site, responsible for maintaining safety and protection against accidents. This person shall be qualified for this responsibility, and shall have the authority to issue instructions and take protective measures to prevent accidents. Throughout the execution of the Works, the Contractor shall provide whatever is required by this person to exercise this responsibility and authority.

The Contractor shall send, to the Engineer, details of any accident as soon as practicable after its occurrence. The Contractor shall maintain records and make reports concerning health, safety and welfare of persons, and damage to property, as the Engineer may reasonably require.

6.8 Contractor's Superintendence[27]

Throughout the execution of the Works, and as long thereafter as is necessary to fulfil the Contractor's obligations, the Contractor shall provide all necessary superintendence to plan, arrange, direct, manage, inspect and test the work.

Superintendence shall be given by a sufficient number of persons having adequate knowledge of the language for communications (defined in Sub-Clause 1.4 *[Law and Language]*) and of the operations to be carried out (including the methods and techniques required, the hazards likely to be encountered and methods of preventing accidents), for the satisfactory and safe execution of the Works.

6.9 Contractor's Personnel

The Contractor's Personnel shall be appropriately qualified, skilled and experienced in their respective trades or occupations. The Engineer may require the Contractor to remove (or cause to be removed) any person employed on the Site or Works, including the Contractor's Representative if applicable, who:

(a) persists in any misconduct or lack of care,
(b) carries out duties incompetently or negligently,
(c) fails to conform with any provisions of the Contract, or
(d) persists in any conduct which is prejudicial to safety, health, or the protection of the environment.

If appropriate, the Contractor shall then appoint (or cause to be appointed) a suitable replacement person.

6.10 Records of Contractor's Personnel and Equipment

The Contractor shall submit, to the Engineer, details showing the number of each class of Contractor's Personnel and of each type of Contractor's Equipment on the Site.

1. FIDIC: Conditions of Contract for Construction

Details shall be submitted each calendar month, in a form approved by the Engineer, until the Contractor has completed all work which is known to be outstanding at the completion date stated in the Taking-Over Certificate for the Works.

6.11 Disorderly Conduct

The Contractor shall at all times take all reasonable precautions to prevent any unlawful, riotous or disorderly conduct by or amongst the Contractor's Personnel, and to preserve peace and protection of persons and property on and near the Site.

7. Plant, Materials and Workmanship

7.1 Manner of Execution

The Contractor shall carry out the manufacture of Plant, the production and manufacture of Materials, and all other execution of the Works:
(a) in the manner (if any) specified in the Contract,
(b) in a proper workmanlike and careful manner, in accordance with recognised good practice, and
(c) with properly equipped facilities and non-hazardous Materials, except as otherwise specified in the Contract.

7.2 Samples

The Contractor shall submit the following samples of Materials, and relevant information, to the Engineer for consent prior to using the Materials in or for the Works:
(a) manufacturer's standard samples of Materials and samples specified in the Contract, all at the Contractor's cost, and
(b) additional samples instructed by the Engineer as a Variation.
Each sample shall be labelled as to origin and intended use in the Works.

7.3 Inspection[28]

The Employer's Personnel shall at all reasonable times:
(a) have full access to all parts of the Site and to all places from which natural Materials are being obtained, and
(b) during production, manufacture and construction (at the Site and elsewhere[29]), be entitled to examine, inspect, measure and test the materials and workmanship, and to check the progress of manufacture of Plant and production and manufacture of Materials.

The Contractor shall give the Employer's Personnel full opportunity to carry out these activities, including providing access, facilities, permissions and safety equipment. No such activity shall relieve the Contractor from any obligation or responsibility.

The Contractor shall give notice to the Engineer whenever any work is ready and before it is covered up, put out of sight, or packaged for storage or transport. The Engineer shall then either carry out the examination, inspection, measurement or testing without unreasonable delay,[30] or promptly give notice to the Contractor that the Engineer does not require to do so. If the Contractor fails to give the notice, he shall, if and when required by the Engineer, uncover the work and thereafter reinstate and make good, all at the Contractor's cost.

7.4 Testing[28]

This Sub-Clause shall apply to all tests specified in the Contract, other than the Tests after Completion (if any).

The Contractor shall provide all apparatus, assistance, documents and other information, electricity, equipment, fuel, consumables, instruments, labour, materials, and suitably qualified and experienced staff, as are necessary to carry out the specified tests efficiently. The Contractor shall agree with the Engineer, the time and place for the specified testing of any Plant, Materials and other parts of the Works.

The Engineer may, under Clause 13 *[Variations and Adjustments]*, vary the location or details of specified tests, or instruct the Contractor to carry out additional tests. If these varied or additional tests show that the tested Plant, Materials or workmanship is not in accordance with the Contract, the cost of carrying out this Variation shall be borne by the Contractor, notwithstanding other provisions of the Contract.

The Engineer shall give the Contractor not less than 24 hours' notice of the Engineer's intention to attend the tests. If the Engineer does not attend at the time and place agreed, the Contractor may proceed with the tests, unless otherwise instructed by the Engineer, and the tests shall then be deemed to have been made in the Engineer's presence.[31]

If the Contractor suffers delay and/or incurs Cost from complying with these instructions or as a result of a delay for which the Employer is responsible, the Contractor shall give notice to the Engineer and shall be entitled subject to Sub-Clause 20.1 *[Contractor's Claims]* to:

(a) an extension of time for any such delay, if completion is or will be delayed, under Sub-Clause 8.4 *[Extension of Time for Completion]*, and

(b) payment of any such Cost plus reasonable profit, which shall be included in the Contract Price.

After receiving this notice, the Engineer shall proceed in accordance with Sub-Clause 3.5 *[Determinations]* to agree or determine these matters.

The Contractor shall promptly forward to the Engineer duly certified reports of the tests. When the specified tests have been passed, the Engineer shall endorse the Contractor's test certificate, or issue a certificate to him, to that effect. If the Engineer has not attended the tests, he shall be deemed to have accepted the readings as accurate.[31]

7.5 Rejection

If, as a result of an examination, inspection, measurement or testing, any Plant, Materials or workmanship is found to be defective or otherwise not in accordance with the Contract, the Engineer may reject the Plant, Materials or workmanship by giving notice to the Contractor, with reasons. The Contractor shall then promptly make good the defect and ensure that the rejected item complies with the Contract.

If the Engineer requires this Plant, Materials or workmanship to be retested, the tests shall be repeated under the same terms and conditions. If the rejection and retesting cause the Employer to incur additional costs, the Contractor shall subject to Sub-Clause 2.5 *[Employer's Claims]* pay these costs to the Employer.

7.6 Remedial Work[48]

Notwithstanding any previous test or certification, the Engineer may instruct the Contractor to:

(a) remove from the Site and replace any Plant or Materials which is not in accordance with the Contract,

(b) remove and re-execute any other work which is not in accordance with the Contract, and

(c) execute any work which is urgently required for the safety of the Works, whether because of an accident, unforeseeable event or otherwise.

The Contractor shall comply with the instruction within a reasonable time, which shall be the time (if any) specified in the instruction, or immediately if urgency is specified under sub-paragraph (c).

If the Contractor fails to comply with the instruction, the Employer shall be entitled to employ and pay other persons to carry out the work. Except to the extent that the Contractor would have been entitled to payment for the work, the Contractor shall subject to Sub-Clause 2.5 *[Employer's Claims]* pay to the Employer all costs arising from this failure.

7.7 Ownership of Plant and Materials

Each item of Plant and Materials shall, to the extent consistent with the Laws of the Country, become the property of the Employer at whichever is the earlier of the following times, free from liens and other encumbrances:

(a) when it is delivered to the Site;

1. FIDIC: Conditions of Contract for Construction

(b) when the Contractor is entitled to payment of the value of the Plant and Materials under Sub-Clause 8.10 *[Payment for Plant and Materials in Event of Suspension]*.

7.8 Royalties
Unless otherwise stated in the Specification, the Contractor shall pay all royalties, rents and other payments for:
(a) natural Materials obtained from outside the Site, and
(b) the disposal of material from demolitions and excavations and of other surplus material (whether natural or man-made), except to the extent that disposal areas within the Site are specified in the Contract.

8. Commencement, Delays and Suspension

8.1 Commencement of Work[32]
The Engineer shall give the Contractor not less than 7 days' notice of the Commencement Date. Unless otherwise stated in the Particular Conditions, the Commencement Date shall be within 42 days after the Contractor receives the Letter of Acceptance.

The Contractor shall commence the execution of the Works as soon as is reasonably practicable after the Commencement Date, and shall then proceed with the Works with due expedition and without delay.

8.2 Time for Completion
The Contractor shall complete the whole of the Works, and each Section (if any), within the Time for Completion for the Works or Section (as the case may be), including:
(a) achieving the passing of the Tests on Completion, and
(b) completing all work which is stated in the Contract as being required for the Works or Section to be considered to be completed for the purposes of taking-over under Sub-Clause 10. 1 *[Taking Over of the Works and Sections]*.

8.3 Programme[33]
The Contractor shall submit a detailed time programme to the Engineer within 28 days after receiving the notice under Sub-Clause 8.1 *[Commencement of Works]*. The Contractor shall also submit a revised programme whenever the previous programme is inconsistent with actual progress or with the Contractor's obligations. Each programme shall include:
(a) the order in which the Contractor intends to carry out the Works, including the anticipated timing of each stage of design (if any), Contractor's Documents, procurement, manufacture of Plant, delivery to Site, construction, erection and testing,
(b) each of these stages for work by each nominated Subcontractor (as defined in Clause 5 *[Nominated Subcontractors]*),
(c) the sequence and timing of inspections and tests specified in the Contract, and
(d) a supporting report which includes:
   (i) a general description of the methods which the Contractor intends to adopt, and of the major stages, in the execution of the Works, and
   (ii) details showing the Contractor's reasonable estimate of the number of each class of Contractor's Personnel and of each type of Contractor's Equipment, required on the Site for each major stage.

Unless the Engineer, within 21 days after receiving a programme, gives notice to the Contractor stating the extent to which it does not comply with the Contract, the Contractor shall proceed in accordance with the programme, subject to his other obligations under the Contract. The Employer's Personnel shall be entitled to rely upon the programme when planning their activities.

The Contractor shall promptly give notice to the Engineer of specific probable future events or circumstances which may adversely affect the work, increase the Contract

Price or delay the execution of the Works. The Engineer may require the Contractor to submit an estimate of the anticipated effect of the future event or circumstances, and/or a proposal under Sub-Clause 13,3 *[Variation Procedure]*.

If, at any time, the Engineer gives notice to the Contractor that a programme fails (to the extent stated) to comply with the Contract or to be consistent with actual progress and the Contractor's stated intentions, the Contractor shall submit a revised programme to the Engineer in accordance with this Sub-Clause.

8.4 Extension of Time for Completion[34]

The Contractor shall be entitled subject to Sub-Clause 20.1 *[Contractor's Claims]* to an extension of the Time for Completion if and to the extent that completion for the purposes of Sub-Clause 10.1 *[Taking Over of the Works and Sections]* is or will be delayed by any of the following causes:

(a) a Variation (unless an adjustment to the Time for Completion has been agreed under Sub-Clause 13.3 *[Variation Procedure]*) or other substantial change in the quantity of an item of work included in the Contract,
(b) a cause of delay giving an entitlement to extension of time under a Sub-Clause of these Conditions,
(c) exceptionally adverse climatic conditions,
(d) Unforeseeable shortages in the availability of personnel or Goods caused by epidemic or governmental actions, or
(e) any delay, impediment or prevention caused by or attributable to the Employer, the Employer's Personnel, or the Employer's other contractors on the Site.

If the Contractor considers himself to be entitled to an extension of the Time for Completion, the Contractor shall give notice to the Engineer in accordance with Sub-Clause 20.1 *[Contractor's Claims]*. When determining each extension of time under Sub-Clause 20.1, the Engineer shall review previous determinations and may increase, but shall not decrease, the total extension of time.

8.5 Delays Caused by Authorities

If the following conditions apply, namely:

(a) the Contractor has diligently followed the procedures laid down by the relevant legally constituted public authorities in the Country,
(b) these authorities delay or disrupt the Contractor's work, and
(c) the delay or disruption was Unforeseeable,

then this delay or disruption will be considered as a cause of delay under subparagraph (b) of Sub-Clause 8.4 *[Extension of Time for Completion]*.

8.6 Rate of Progress

If, at any time:

(a) actual progress is too slow to complete within the Time for Completion, and/or
(b) progress has fallen (or will fall) behind the current programme under Sub-Clause 8.3 *[Programme]*,

other than as a result of a cause listed in Sub-Clause 8.4 *[Extension of Time for Completion]*, then the Engineer may instruct the Contractor to submit, under Sub-Clause 8.3 *[Programme]*, a revised programme and supporting report describing the revised methods which the Contractor proposes to adopt in order to expedite progress and complete within the Time for Completion.

Unless the Engineer notifies otherwise, the Contractor shall adopt these revised methods, which may require increases in the working hours and/or in the numbers of Contractor's Personnel and/or Goods, at the risk and cost of the Contractor. If these revised methods cause the Employer to incur additional costs, the Contractor shall subject to Sub-Clause 2.5 *[Employer's Claims]* pay these costs to the Employer, in addition to delay damages (if any) under Sub-Clause 8.7 below.

1. FIDIC: Conditions of Contract for Construction

8.7 Delay Damages[35]

If the Contractor fails to comply with Sub-Clause 8.2 *[Time for Completion]*, the Contractor shall subject to Sub-Clause 2.5 *[Employer's Claims]* pay delay damages to the Employer for this default. These delay damages shall be the sum stated in the Appendix to Tender, which shall be paid for every day which shall elapse between the relevant Time for Completion and the date stated in the Taking-Over Certificate. However, the total amount due under this Sub-Clause shall not exceed the maximum amount of delay damages (if any) stated in the Appendix to Tender.

These delay damages shall be the only damages due from the Contractor for such default, other than in the event of termination under Sub-Clause 15.2 *[Termination by Employer]* prior to completion of the Works. These damages shall not relieve the Contractor from his obligation to complete the Works, or from any other duties, obligations or responsibilities which he may have under the Contract.

8.8 Suspension of Work[36]

The Engineer may at any time instruct the Contractor to suspend progress of part or all of the Works. During such suspension, the Contractor shall protect, store and secure such part or the Works against any deterioration, loss or damage.

The Engineer may also notify the cause for the suspension. If and to the extent that the cause is notified and is the responsibility of the Contractor, the following Sub-Clauses 8.9, 8.10 and 8.11 shall not apply.

8.9 Consequences of Suspension

If the Contractor suffers delay and/or incurs Cost from complying with the Engineer's instructions under Sub-Clause 8.8 *[Suspension of Work]* and/or from resuming the work, the Contractor shall give notice to the Engineer and shall be entitled subject to Sub-Clause 20.1 *[Contractor's Claims]* to:

(a) an extension of time for any such delay, if completion is or will be delayed, under Sub-Clause 8.4 *[Extension of Time for Completion]*, and

(b) payment of any such Cost, which shall be included in the Contract Price.

After receiving this notice, the Engineer shall proceed in accordance with Sub-Clause 3.5 *[Determinations]* to agree or determine these matters.

The Contractor shall not be entitled to an extension of time for, or to payment of the Cost incurred in, making good the consequences of the Contractor's faulty design, workmanship or materials, or of the Contractor's failure to protect, store or secure in accordance with Sub-Clause 8.8 *[Suspension of Work]*.

8.10 Payment for Plant and Materials in Event of Suspension

The Contractor shall be entitled to payment of the value (as at the date of suspension) of Plant and/or Materials which have not been delivered to Site, if:

(a) the work on Plant or delivery of Plant and/or Materials has been suspended for more than 28 days, and

(b) the Contractor has marked the Plant and/or Materials as the Employer's property in accordance with the Engineer's instructions.

8.11[37] Prolonged Suspension

If the suspension under Sub-Clause 8.8 *[Suspension of Work]* has continued for more than 84 days, the Contractor may request the Engineer's permission to proceed. If the Engineer does not give permission within 28 days after being requested to do so, the Contractor may, by giving notice to the Engineer, treat the suspension as an omission under Clause 13 *[Variations and Adjustments]* of the affected part of the Works. If the suspension affects the whole of the Works, the Contractor may give notice of termination under Sub-Clause 16.2 *[Termination by Contractor]*.

8.12 Resumption of Work

After the permission or instruction to proceed is given, the Contractor and the Engineer shall jointly examine the Works and the Plant and Materials affected by the suspension.

The Contractor shall make good any deterioration or defect in or loss of the Works or Plant or Materials, which has occurred during the suspension.

9. Test on Completion[43]

9.1 Contractor's Obligations
The Contractor shall carry out the Tests on Completion in accordance with this Clause and Sub-Clause 7.4 *[Testing]*, after providing the documents in accordance with sub-paragraph (d) of Sub-Clause 4.1 *[Contractor's General Obligations]*.
The Contractor shall give to the Engineer not less than 21 days' notice of the date after which the Contractor will be ready to carry out each of the Tests on Completion. Unless otherwise agreed, Tests on Completion shall be carried out within 14 days after this date, on such day or days as the Engineer shall instruct.
In considering the results of the Tests on Completion, the Engineer shall make allowances for the effect of any use of the Works by the Employer on the performance or other characteristics of the Works. As soon as the Works, or a Section, have passed any Tests on Completion, the Contractor shall submit a certified report of the results of these Tests to the Engineer.

9.2 Delayed Tests
If the Tests on Completion are being unduly delayed by the Employer. Sub-Clause 7.4 *[Testing]* (fifth paragraph) and/or Sub-Clause 10.3 *[Interference with Tests on Completion]* shall be applicable.
If the Tests on Completion are being unduly delayed by the Contractor, the Engineer may by notice require the Contractor to carry out the Tests within 21 days after receiving the notice. The Contractor shall carry out the Tests on such day or days within that period as the Contractor may fix and of which he shall give notice to the Engineer.
If the Contractor fails to carry out the Tests on Completion within the period of 21 days, the Employer's Personnel may proceed with the Tests at the risk and cost of the Contractor. The Tests on Completion shall then be deemed to have been carried out in the presence of the Contractor and the results of the Tests shall be accepted as accurate.

9.3 Retesting
If the Works, or a Section, fail to pass the Tests on Completion, Sub-Clause 7.5 *[Rejection]* shall apply, and the Engineer or the Contractor may require the failed Tests, and Tests on Completion on any related work, to be repeated under the same terms and conditions.

9.4 Failure to Pass Tests on Completion
If the Works, or a Section, fail to pass the Tests on Completion repeated under Sub-Clause 9.3 *[Retesting]*, the Engineer shall be entitled to:
(a) order further repetition of Tests on Completion under Sub-Clause 9.3;
(b) if the failure deprives the Employer of substantially the whole benefit of the Works or Section, reject the Works or Section (as the case may be), in which event the Employer shall have the same remedies as are provided in sub-paragraph (c) of Sub-Clause 11.4 *[Failure to Remedy Defects]*; or
(c) issue a Taking-Over Certificate, if the Employer so requests.

In the event of sub-paragraph (c), the Contractor shall proceed in accordance with all other obligations under the Contract, and the Contract Price shall be reduced by such amount as shall be appropriate to cover the reduced value to the Employer as a result of this failure. Unless the relevant reduction for this failure is stated (or its method of calculation is defined) in the Contract, the Employer may require the reduction to be (i) agreed by both Parties (in full satisfaction of this failure only) and paid before this Taking-Over Certificate is issued, or (ii) determined and paid under Sub-Clause 2.5 *[Employer's Claims]* and Sub-Clause 3.5 *[Determinations]*.

10. Employer's Taking Over

10.1 Taking Over of the Works and Sections[38, 39]
Except as stated in Sub-Clause 9.4 *[Failure to Pass Tests on Completion]*, the Works shall be taken over by the Employer when (i) the Works have been completed in accordance with the Contract, including the matters described in Sub-Clause 8.2 *[Time for Completion]* and except as allowed in sub-paragraph (a) below, and (ii) a Taking-Over Certificate[40] for the Works has been issued, or is deemed to have been issued in accordance with this Sub-Clause.

The Contractor may apply by notice to the Engineer for a Taking-Over Certificate not earlier than 14 days before the Works will, in the Contractor's opinion, be complete and ready for taking over. If the Works are divided into Sections, the Contractor may similarly apply for a Taking-Over Certificate for each Section.

The Engineer shall, within 28 days after receiving the Contractor's application:
(a) issue the Taking-Over Certificate to the Contractor, stating the date on which the Works or Section were completed in accordance with the Contract, except for any minor outstanding work and defects which will not substantially affect the use of the Works or Section for their intended purpose (either until or whilst this work is completed and these defects are remedied); or
(b) reject the application, giving reasons and specifying the work required to be done by the Contractor to enable the Taking-Over Certificate to be issued.[41] The Contractor shall then complete this work before issuing a further notice under this Sub-Clause.

If the Engineer fails either to issue the Taking-Over Certificate or to reject the Contractor's application within the period of 28 days, and if the Works or Section (as the case may be) are substantially in accordance with the Contract, the Taking-Over Certificate shall be deemed to have been issued on the last day of that period.

10.2 Taking Over of Parts of the Works[42]
The Engineer may, at the sole discretion of the Employer, issue a Taking-Over Certificate for any part of the Permanent Works.

The Employer shall not use any part of the Works (other than as a temporary measure which is either specified in the Contract or agreed by both Parties) unless and until the Engineer has issued a Taking-Over Certificate for this part. However, if the Employer does use any part of the Works before the Taking-Over Certificate is issued:
(a) the part which is used shall be deemed to have been taken over as from the date on which it is used,
(b) the Contractor shall cease to be liable for the care of such part as from this date, when responsibility shall pass to the Employer, and
(c) if requested by the Contractor, the Engineer shall issue a Taking-Over Certificate for this part.

After the Engineer has issued a Taking-Over Certificate for a part of the Works, the Contractor shall be given the earliest opportunity to take such steps as may be necessary to carry out any outstanding Tests on Completion. The Contractor shall carry out these Tests on Completion as soon as practicable before the expiry date of the relevant Defects Notification Period.

If the Contractor incurs Cost as a result of the Employer taking over and/or using a part of the Works, other than such use as is specified in the Contract or agreed by the Contractor, the Contractor shall (i) give notice to the Engineer and (ii) be entitled subject to Sub-Clause 20.1 *[Contractor's Claims]* to payment of any such Cost plus reasonable profit, which shall be included in the Contract Price. After receiving this notice, the Engineer shall proceed in accordance with Sub-Clause 3.5 *[Determinations]* to agree or determine this Cost and profit.

If a Taking-Over Certificate has been issued for a part of the Works (other than a Section), the delay damages thereafter for completion of the remainder of the Works shall be reduced. Similarly, the delay damages for the remainder of the Section (if any) in which this part is included shall also be reduced. For any period of delay after the date stated in this Taking-Over Certificate, the proportional reduction in these delay damages shall be calculated as the proportion which the value of the part so certified bears to the value of the Works or Section (as the case may be) as a whole. The Engineer shall proceed in accordance with Sub-Clause 3.5 *[Determinations]* to agree or determine these proportions. The provisions of this paragraph shall only apply to the daily rate of delay damages under Sub-Clause 8.7 *[Delay Damages]*, and shall not affect the maximum amount of these damages.

10.3 Interference with Tests on Completion

If the Contractor is prevented, for more than 14 days, from carrying out the Tests on Completion by a cause for which the Employer is responsible, the Employer shall be deemed to have taken over the Works or Section (as the case may be) on the date when the Tests on Completion would otherwise have been completed.

The Engineer shall then issue a Taking-Over Certificate accordingly, and the Contractor shall carry out the Tests on Completion as soon as practicable, before the expiry date of the Defects Notification Period. The Engineer shall require the Tests on Completion to be carried out by giving 14 days' notice and in accordance with the relevant provisions of the Contract.

If the Contractor suffers delay and/or incurs Cost as a result of this delay in carrying out the Tests on Completion, the Contractor shall give notice to the Engineer and shall be entitled subject to Sub-Clause 20.1 *[Contractor's Claims]* to:

(a) an extension of time for any such delay, if completion is or will be delayed, under Sub-Clause 8.4 *[Extension of Time for Completion]*, and

(b) payment of any such Cost plus reasonable profit, which shall be included in the Contract Price.

After receiving this notice, the Engineer shall proceed in accordance with Sub-Clause 3.5 *[Determinations]* to agree or determine these matters.

10.4 Surfaces Requiring Reinstatement

Except as otherwise stated in a Taking-Over Certificate, a certificate for a Section or part of the Works shall not be deemed to certify completion of any ground or other surfaces requiring reinstatement.

11. Defects Liability[43]

11.1 Completion of Outstanding Work and Remedying Defects

In order that the Works and Contractor's Documents, and each Section, shall be in the condition required by the Contract (fair wear and tear excepted) by the expiry date of the relevant Defects Notification Period[44] or soon as practicable thereafter, the Contractor shall:

(a) complete any work which is outstanding on the date stated in a Taking-Over Certificate, within such reasonable time as is instructed by the Engineer, and

(b) execute all work required to remedy defects or damage, as may be notified by (or on behalf of) the Employer on or before the expiry date of the Defects Notification Period for the Works or Section (as the case may be).[45, 46]

If a defect appears or damage occurs, the Contractor shall be notified accordingly, by (or on behalf of) the Employer.

11.2 Cost of Remedying Defects

All work referred to in sub-paragraph (b) of Sub-Clause 11.1 *[Completion of Outstanding Work and Remedying Defects]* shall be executed at the risk and cost of the Contractor, if and to the extent that the work is attributable to:

1. FIDIC: Conditions of Contract for Construction

(a) any design for which the Contractor is responsible,
(b) Plant, Materials or workmanship not being in accordance with the Contract, or
(c) failure by the Contractor to comply with any other obligation.

If and to the extent that such work is attributable to any other cause, the Contractor shall be notified promptly by (or on behalf of) the Employer, and Sub-Clause 13.3 *[Variation Procedure]* shall apply.[45]

11.3 Extension of Defects Notification Period

The Employer shall be entitled subject to Sub-Clause 2.5 *[Employer's Claims]* to an extension of the Defects Notification Period for the Works or a Section if and to the extent that the Works, Section or a major item of Plant (as the case may be, and after taking over) cannot be used for the purposes for which they are intended by reason of a defect or damage. However, a Defects Notification Period shall not be extended by more than two years.

If delivery and/or erection of Plant and/or Materials was suspended under Sub-Clause 8.8 *[Suspension of Work]* or Sub-Clause 16.1 *[Contractor's Entitlement to Suspend Work]*, the Contractor's obligations under this Clause shall not apply to any defects or damage occurring more than two years after the Defects Notification Period for the Plant and/or Materials would otherwise have expired.

11.4 Failure to Remedy Defects

If the Contractor fails to remedy any defect or damage within a reasonable time, a date may be fixed by (or on behalf of) the Employer, on or by which the defect or damage is to be remedied. The Contractor shall be given reasonable notice of this date.

If the Contractor fails to remedy the defect or damage by this notified date and this remedial work was to be executed at the cost of the Contractor under Sub-Clause 11.2 *[Cost of Remedying Defects]*, the Employer may (at his option):

(a) carry out the work himself or by others, in a reasonable manner and at the Contractor's cost, but the Contractor shall have no responsibility for this work; and the Contractor shall subject to Sub-Clause 2.5 *[Employer's Claims]* pay to the Employer the costs reasonably incurred by the Employer in remedying the defect or damage[47];
(b) require the Engineer to agree or determine a reasonable reduction in the Contract Price in accordance with Sub-Clause 3.5 *[Determinations]*; or
(c) if the defect or damage deprives the Employer of substantially the whole benefit of the Works or any major part of the Works, terminate the Contract as a whole, or in respect of such major part which cannot be put to the intended use. Without prejudice to any other rights, under the Contract or otherwise, the Employer shall then be entitled to recover all sums paid for the Works or for such part (as the case may be), plus financing costs and the cost of dismantling the same, clearing the Site and returning Plant and Materials to the Contractor.

11.5 Removal of Defective Work

If the defect or damage cannot be remedied expeditiously on the Site and the Employer gives consent, the Contractor may remove from the Site for the purposes of repair such items of Plant as are defective or damaged. This consent may require the Contractor to increase the amount of the Performance Security by the full replacement cost of these items, or to provide other appropriate security.

11.6 Further Tests

If the work of remedying of any defect or damage may affect the performance of the Works, the engineer may require the repetition of any of the tests described in the Contract. The requirement shall be made by notice within 28 days after the defect or damage is remedied.

These tests shall be carried out in accordance with the terms applicable to the previous tests, except that they shall be carried out at the risk and cost of the Party liable, under Sub-Clause 11.2 *[Cost of Remedying Defects]*, for the cost of the remedial work.

11.7 Right of Access
Until the Performance Certificate has been issued, the Contractor shall have such right of access to the Works as is reasonably required in order to comply with this Clause, except as may be inconsistent with the Employer's reasonable security restrictions.

11.8 Contractor to Search
The Contractor shall, if required by the Engineer, search for the cause of any defect, under the direction of the Engineer. Unless the defect is to be remedied at the cost of the Contractor under Sub-Clause 11.2 *[Cost of Remedying Defects]*, the Cost of the search plus reasonable profit shall be agreed or determined by the Engineer in accordance with Sub-Clause 3.5 *[Determinations]* and shall be included in the Contract Price.

11.9 Performance Certificate
Performance of the Contractor's obligations shall not be considered to have been completed until the Engineer has issued the Performance Certificate to the Contractor, stating the date on which the Contractor completed his obligations under the Contract.

The Engineer shall issue the Performance Certificate within 28 days after the latest of the expiry dates of the Defects Notification Periods, or as soon thereafter as the Contractor has supplied all the Contractor's Documents and completed and tested all the Works, including remedying any defects. A copy of the Performance Certificate shall be issued to the Employer.

Only the Performance Certificate shall be deemed to constitute acceptance of the Works.

11.10 Unfulfilled Obligations
After the Performance Certificate has been issued, each Party shall remain liable for the fulfillment of any obligation which remains unperformed at that time. For the purposes of determining the nature and extent of unperformed obligations, the Contract shall be deemed to remain in force.

11.11 Clearance of Site
Upon receiving the Performance Certificate, the Contractor shall remove any remaining Contractor's Equipment, surplus material, wreckage, rubbish and Temporary Works from the Site.

If all these items have not been removed within 28 days after the Employer receives a copy of the Performance Certificate, the Employer may sell or otherwise dispose of any remaining items. The Employer shall be entitled to be paid the costs incurred in connection with, or attributable to, such sale or disposal and restoring the Site.

Any balance of the moneys from the sale shall be paid to the Contractor. If these moneys are less than the Employer's costs, the Contractor shall pay the outstanding balance to the Employer.

12. Measurement and Evaluation[7]

12.1 Works to be Measured
The Works shall be measured, and valued for payment, in accordance with this Clause. Whenever the Engineer requires any part of the Works to be measured, reasonable notice shall be given to the Contractor's Representative, who shall:

(a) promptly either attend or send another qualified representative to assist the Engineer in making the measurement, and

(b) supply any particulars requested by the Engineer.

If the Contractor fails to attend or send a representative, the measurement made by (or on behalf of) the Engineer shall be accepted as accurate.

Except as otherwise stated in the Contract, wherever any Permanent Works are to be measured from records, these shall be prepared by the Engineer. The Contractor shall,

1. FIDIC: Conditions of Contract for Construction

as and when requested, attend to examine and agree the records with the Engineer, and shall sign the same when agreed. If the Contractor does not attend, the records shall be accepted as accurate.

If the Contractor examines and disagrees the records, and/or does not sign them as agreed, then the Contractor shall give notice to the Engineer of the respects in which the records are asserted to be inaccurate. After receiving this notice, the Engineer shall review the records and either confirm or vary them. If the Contractor does not so give notice to the Engineer within 14 days after being requested to examine the records, they shall be accepted as accurate.

12.2 Method of Measurement

Except as otherwise stated in the Contract and notwithstanding local practice:

(a) measurement shall be made of the net actual quantity of each item of the Permanent Works, and

(b) the method of measurement shall be in accordance with the Bill of Quantities or other applicable Schedules.

12.3 Evaluation

Except as otherwise stated in the Contract, the Engineer shall proceed in accordance with Sub-Clause 3.5 *[Determinations]* to agree or determine the Contract Price by evaluating each item of work, applying the measurement agreed or determined in accordance with the above Sub-Clauses 12.1 and 12.2 and the appropriate rate or price for the item.

For each item of work, the appropriate rate or price for the item shall be the rate or price specified for such item in the Contract or, if there is no such item, specified for similar work. However, a new rate or price shall be appropriate for an item of work if:

(a) (i) the measured quantity of the item is changed by more than 10% from the quantity of this item in the Bill of Quantities or other Schedule,

  (ii) this change in quantity multiplied by such specified rate for this item exceeds 0.01% of the Accepted Contract Amount,

  (iii) this change in quantity directly changes the Cost per unit quantity of this item by more than 1%, and

  (iv) this item is not specified in the Contract as a "fixed rate item"; or

(b) (i) the work is instructed under Clause 13 *[Variations and Adjustments]*,

  (ii) no rate or price is specified in the Contract for this item, and

  (iii) no specified rate or price is appropriate because the item of work is not of similar character, or is not executed under similar conditions, as any item in the Contract.

Each new rate or price shall be derived from any relevant rates or prices in the Contract, with reasonable adjustments to take account of the matters described in sub-paragraph (a) and/or (b), as applicable. If no rates or prices are relevant for the derivation of a new rate or price, it shall be derived from the reasonable Cost of executing the work, together with reasonable profit, taking account of any other relevant matters.

Until such time as an appropriate rate or price is agreed or determined, the Engineer shall determine a provisional rate or price for the purposes of Interim Payment Certificates.

12.4 Omissions

Whenever the omission of any work forms part (or all) of a Variation, the value of which has not been agreed, if:

(a) the Contractor will incur (or has incurred) cost which, if the work had not been omitted, would have been deemed to be covered by a sum forming part of the Accepted Contract Amount;

(b) the omission of the work will result (or has resulted) in this sum not forming part of the Contract Price; and

(c) this cost is not deemed to be included in the evaluation of any substituted work;

then the Contractor shall give notice to the Engineer accordingly, with supporting particulars. Upon receiving this notice, the Engineer shall proceed in accordance with Sub-Clause 3.5 *[Determinations]* to agree or determine this cost, which shall be included in the Contract Price.

13. Variations and Adjustments[49]

13.1 Right to Vary
Variations may be initiated by the Engineer at any time prior to issuing the Taking-Over Certificate for the Works, either by an instruction or by a request for the Contractor to submit a proposal.
The Contractor shall execute and be bound by each Variation, unless the Contractor promptly gives notice to the Engineer stating (with supporting particulars) that the Contractor cannot readily obtain the Goods required for the Variation. Upon receiving this notice, the Engineer shall cancel, confirm or vary the instruction.
Each Variation may include:
(a) changes to the quantities of any item of work included in the Contract (however, such changes do not necessarily constitute a Variation),
(b) changes to the quality and other characteristics of any item of work,
(c) changes to the levels, positions and/or dimensions of any part of the Works,
(d) omission of any work unless it is to be carried out by others,
(e) any additional work, Plant, Materials or services necessary for the Permanent Works, including any associated Tests on Completion, boreholes and other testing and exploratory work, or
(f) changes to the sequence or timing of the execution of the Works.
The Contractor shall not make any alteration and/or modification of the Permanent Works, unless and until the Engineer instructs or approves a Variation.

13.2 Value Engineering
The Contractor may, at any time, submit to the Engineer a written proposal which (in the Contractor's opinion) will, if adopted, (i) accelerate completion, (ii) reduce the cost to the Employer of executing, maintaining or operating the Works, (iii) improve the efficiency or value to the Employer of the completed Works, or (iv) otherwise be of benefit to the Employer.
The proposal shall be prepared at the cost of the Contractor and shall include the items listed in Sub-Clause 13.3 *[Variation Procedure]*.
If a proposal, which is approved by the Engineer, includes a change in the design of part of the Permanent Works, then unless otherwise agreed by both Parties:
(a) the Contractor shall design this part,
(b) sub-paragraphs (a) to (d) of Sub-Clause 4.1 *[Contractor's General Obligations]* shall apply, and
(c) if this change results in a reduction in the contract value of this part, the Engineer shall proceed in accordance with Sub-Clause 3.5 *[Determinations]* to agree or determine a fee, which shall be included in the Contract Price. This fee shall be half (50%) of the difference between the following amounts:
  (i) such reduction in contract value, resulting from the change, excluding adjustments under Sub-Clause 13.7 *[Adjustments for Changes in Legislation]* and Sub-Clause 13.8 *[Adjustments for Changes in Cost]*, and
  (ii) the reduction (if any) in the value to the Employer of the varied works, taking account of any reductions in quality, anticipated life or operational efficiencies.
However, if amount (i) is less than amount (ii), there shall not be a fee.

1. FIDIC: Conditions of Contract for Construction

13.3 Variation Procedure

If the Engineer requests a proposal, prior to instructing a Variation, the Contractor shall respond in writing as soon as practicable, either by giving reasons why he cannot comply (if this is the case) or by submitting:

(a) a description of the proposed work to be performed and a programme for its execution,

(b) the Contractor's proposal for any necessary modifications to the programme according to Sub-Clause 8.3 *[Programme]* and to the Time for Completion, and

(c) the Contractor's proposal for evaluation of the Variation.

The Engineer shall, as soon as practicable after receiving such proposal (under Sub-Clause 13.2 *[Value Engineering]* or otherwise), respond with approval, disapproval or comments. The Contractor shall not delay any work whilst awaiting a response.

Each instruction to execute a Variation, with any requirements for the recording of Costs, shall be issued by the Engineer to the Contractor, who shall acknowledge receipt.

Each Variation shall be evaluated in accordance with Clause 12 *[Measurement and Evaluation]*, unless the Engineer instructs or approves otherwise in accordance with this Clause.

13.4 Payment in Applicable Currencies[50]

If the Contract provides for payment of the Contract Price in more than one currency, then whenever an adjustment is agreed, approved or determined as stated above, the amount payable in each of the applicable currencies shall be specified. For this purpose, reference shall be made to the actual or expected currency proportions of the Cost of the varied work, and to the proportions of various currencies specified for payment of the Contract Price.

13.5 Provisional Sums

Each Provisional Sum shall only be used, in whole or in part, in accordance with the Engineer's instructions, and the Contract Price shall be adjusted accordingly. The total sum paid to the Contractor shall include only such amounts, for the work, supplies or services to which the Provisional Sum relates, as the Engineer shall have instructed. For each Provisional Sum, the Engineer may instruct:

(a) work to be executed (including Plant, Materials or services to be supplied) by the Contractor and valued under Sub-Clause 13.3 *[Variation Procedure]*; and/or

(b) Plant, Materials or services to be purchased by the Contractor, from a nominated Subcontractor (as defined in Clause 5 *[Nominated Subcontractors]*) or otherwise; and for which there shall be included in the Contract Price:

  (i) the actual amounts paid (or due to be paid) by the Contractor, and

  (ii) a sum for overhead charges and profit, calculated as a percentage of these actual amounts by applying the relevant percentage rate (if any) stated in the appropriate Schedule. If there is no such rate, the percentage rate stated in the Appendix to Tender shall be applied.

The Contractor shall, when required by the Engineer, produce quotations, invoices, vouchers and accounts or receipts in substantiation.

13.6 Daywork

For work of a minor or incidental nature, the Engineer may instruct that a Variation shall be executed on a daywork basis. The work shall then be valued in accordance with the Daywork Schedule included in the Contract, and the following procedure shall apply. If a Daywork Schedule is not included in the Contract, this Sub-Clause shall not apply.

Before ordering Goods for the work, the Contractor shall submit quotations to the Engineer. When applying for payment, the Contractor shall submit invoices, vouchers and accounts or receipts for any Goods.

Except for any items for which the Daywork Schedule specifies that payment is not due, the Contractor shall deliver each day to the Engineer accurate statements in duplicate

which shall include the following details of the resources used in executing the previous day's work:
(a) the names, occupations and time of Contractor's Personnel,
(b) the identification, type and time of Contractor's Equipment and Temporary Works, and
(c) the quantities and types of Plant and Materials used.

One copy of each statement will, if correct, or when agreed, be signed by the Engineer and returned to the Contractor. The Contractor shall then submit priced statements of these resources to the Engineer, prior to their inclusion in the next Statement under Sub-Clause 14.3 *[Application for Interim Payment Certificates]*.

13.7 Adjustments for Changes in Legislation

The Contract Price shall be adjusted to take account of any increase or decrease in Cost resulting from a change in the Laws of the Country (including the introduction of new Laws and the repeal or modification of existing Laws) or in the judicial or official governmental interpretation of such Laws, made after the Base Date, which affect the Contractor in the performance of obligations under the Contract.

If the Contractor suffers (or will suffer) delay and/or incurs (or will incur) additional Cost as a result of these changes in the Laws or in such interpretations, made after the Base Date, the Contractor shall give notice to the Engineer and shall be entitled subject to Sub-Clause 20.1 *[Contractor's Claims]* to:
(a) an extension of time for any such delay, if completion is or will be delayed, under Sub-Clause 8.4 *[Extension of Time for Completion]*, and
(b) payment of any such Cost, which shall be included in the Contract Price.

After receiving this notice, the Engineer shall proceed in accordance with Sub-Clause 3.5 *[Determinations]* to agree or determine these matters.

13.8 Adjustments for Changes in Cost[49]

In this Sub-Clause, "table of adjustment data" means the completed table of adjustment data included in the Appendix to Tender. If there is no such table of adjustment data, this Sub-Clause shall not apply.

If this Sub-Clause applies, the amounts payable to the Contractor shall be adjusted for rises or falls in the cost of labour, Goods and other inputs to the Works, by the addition or deduction of the amounts determined by the formulae prescribed in this Sub-Clause. To the extent that full compensation for any rise or fall in Costs is not covered by the provisions of this or other Clauses, the Accepted Contract Amount shall be deemed to have included amounts to cover the contingency of other rises and falls in costs.

The adjustment to be applied to the amount otherwise payable to the Contractor, as valued in accordance with the appropriate Schedule and certified in Payment Certificates, shall be determined from formulae for each of the currencies in which the Contract Price is payable. No adjustment is to be applied to work valued on the basis of Cost or current prices. The formulae shall be of the following general type:

$$P_n = a + b \frac{L_n}{L_o} + c \frac{E_n}{E_o} + d \frac{M_n}{M_o} + \ldots$$

where:

"P_n" is the adjustment multiplier to be applied to the estimated contract value in the relevant currency of the work carried out in period "n", this period being a month unless otherwise stated in the Appendix to Tender;

"a" is a fixed coefficient, stated in the relevant table of adjustment data, representing the non-adjustable portion in contractual payments;

"b", "c", "d", ... are coefficients representing the estimated proportion of each cost element related to the execution of the Works, as stated in the relevant table of adjustment data; such tabulated cost elements may be indicative of resources such as labour, equipment and materials;

1. FIDIC: Conditions of Contract for Construction

"Ln", "En", "Mn", ... are the current cost indices or reference prices for period "n", expressed in the relevant currency of payment, each of which is applicable to the relevant tabulated cost element on the date 49 days prior to the last day of the period (to which the particular Payment Certificate relates); and

"Lo", "Eo", "Mo", ... are the base cost indices or reference prices, expressed in the relevant currency of payment, each of which is applicable to the relevant tabulated cost element on the Base Date.

The cost indices or reference prices stated in the table of adjustment data shall be used. If their source is in doubt, it shall be determined by the Engineer. For this purpose, reference shall be made to the values of the indices at stated dates (quoted in the fourth and fifth columns respectively of the table) for the purposes of clarification of the source; although these dates (and thus these values) may not correspond to the base cost indices.

In cases where the "currency of index" (stated in the table) is not the relevant currency of payment, each index shall be converted into the relevant currency of payment at the selling rate, established by the central bank of the Country, of this relevant currency on the above date for which the index is required to be applicable.

Until such time as each current cost index is available, the Engineer shall determine a provisional index for the issue of Interim Payment Certificates. When a current cost index is available, the adjustment shall be recalculated accordingly.

If the Contractor fails to complete the Works within the Time for Completion, adjustment of prices thereafter shall be made using either (i) each index or price applicable on the date 49 days prior to the expiry of the Time for Completion of the Works, or (ii) the current index or price: whichever is more favourable to the Employer.

The weightings (coefficients) for each of the factors of cost stated in the table(s) of adjustment data shall only be adjusted if they have been rendered unreasonable, unbalanced or inapplicable, as a result of Variations.

14. Contract Price and Payment[7, 51]

14.1 The contract Price

Unless otherwise stated in the Particular Conditions:

(a) the Contract Price shall be agreed or determined under Sub-Clause 12.3 *[Evaluation]* and be subject to adjustments in accordance with the Contract;

(b) the Contractor shall pay all taxes, duties and fees required to be paid by him under the Contract, and the Contract Price shall not be adjusted for any of these costs except as stated in Sub-Clause 13.7 *[Adjustments for Changes in Legislation]*;

(c) any quantities which may be set out in the Bill of Quantities or other Schedule are estimated quantities and are not to be taken as the actual and correct quantities:
  (i) of the Works which the Contractor is required to execute, or
  (ii) for the purposes of Clause 12 *[Measurement and Evaluation]*; and

(d) the Contractor shall submit to the Engineer, within 28 days after the Commencement Date, a proposed breakdown of each lump sum price in the Schedules. The Engineer may take account of the breakdown when preparing Payment Certificates, but shall not be bound by it.

14.2 Advance Payment

The Employer shall make an advance payment, as an interest-free loan for mobilisation, when the Contractor submits a guarantee in accordance with this Sub-Clause. The total advance payment, the number and timing of instalments (if more than one), and the applicable currencies and proportions, shall be as stated in the Appendix to Tender.

Unless and until the Employer receives this guarantee, or if the total advance payment is not stated in the Appendix to Tender, this Sub-Clause shall not apply.

The Engineer shall issue an Interim Payment Certificate for the first instalment after receiving a Statement (under Sub-Clause 14.3 *[Application for Interim Payment Certificates]*) and after the Employer receives (i) the Performance Security in accordance with Sub-Clause 4.2 *[Performance Security]* and (ii) a guarantee in amounts and currencies equal to the advance payment. This guarantee shall be issued by an entity and from within a country (or other jurisdiction) approved by the Employer, and shall be in the form annexed to the Particular Conditions or in another form approved by the Employer.

The Contractor shall ensure that the guarantee is valid and enforceable until the advance payment has been repaid, but its amount may be progressively reduced by the amount repaid by the Contractor as indicated in the Payment Certificates. If the terms of the guarantee specify its expiry date, and the advance payment has not been repaid by the date 28 days prior to the expiry date, the Contractor shall extend the validity of the guarantee until the advance payment has been repaid.

The advance payment shall be repaid through percentage deductions in Payment Certificates. Unless other percentages are stated in the Appendix to Tender:

(a) deductions shall commence in the Payment Certificate in which the total of all certified interim payments (excluding the advance payment and deductions and repayments of retention) exceeds ten per cent (10%) of the Accepted Contract Amount less Provisional Sums; and

(b) deductions shall be made at the amortisation rate of one quarter (25%) of the amount of each Payment Certificate (excluding the advance payment and deductions and repayments of retention) in the currencies and proportions of the advance payment, until such time as the advance payment has been repaid.

If the advance payment has not been repaid for to the issue of the Taking-Over Certificate for the Works or prior to termination under Clause 15 *[Termination by Employer]*, Clause 16 *[Suspension and Termination by Contractor]* or Clause 19 *[Force Majeure]* (as the case may be), the whole of the balance then outstanding shall immediately become due and payable by the Contractor to the Employer.

14.3 Application for Interim Payment Certificates

The Contractor shall submit a Statement in six copies to the Engineer after the end of each month, in a form approved by the Engineer, showing in detail the amounts to which the Contractor considers himself to be entitled, together with supporting documents which shall include the report on the progress during this month in accordance with Sub-Clause 4.21 *[Progress Reports]*.

The Statement shall include the following items, as applicable, which shall be expressed in the various currencies in which the Contract Price is payable, in the sequence listed:

(a) the estimated contract value of the Works executed and the Contractor's Documents produced up to the end of the month (including Variations but excluding items described in sub-paragraphs (b) to (g) below);

(b) any amounts to be added and deducted for changes in legislation and changes in cost, in accordance with Sub-Clause 13.7 *[Adjustments for Changes in Legislation]* and Sub-Clause 13.8 *[Adjustments for Changes in Cost]*;

(c) any amount to be deducted for retention, calculated by applying the percentage of retention stated in the Appendix to Tender to the total of the above amounts, until the amount so retained by the Employer reaches the limit of Retention Money (if any) stated in the Appendix to Tender;

(d) any amounts to be added and deducted for the advance payment and repayments in accordance with Sub-Clause 14.2 *[Advance Payment]*;

(e) any amounts to be added and deducted for Plant and Materials in accordance with Sub-Clause 14.5 *[Plant and Materials intended for the Works]*;

1. FIDIC: Conditions of Contract for Construction   VI. 1

(f) any other additions or deductions which may have become due under the Contract or otherwise, including those under Clause 20 *[Claims, Disputes and Arbitration]*; and
(g) the deduction of amounts certified in all previous Payment Certificates.

14.4 Schedule of Payments

If the Contract includes a schedule of payments specifying the instalments in which the Contract Price will be paid, then unless otherwise stated in this schedule:
(a) the instalments quoted in this schedule of payments shall be the estimated contract values for the purposes of sub-paragraph (a) of Sub-Clause 14.3 *[Application for Interim Payment Certificates]*;
(b) Sub-Clause 14.5 *[Plant and Materials intended for the Works]* shall not apply; and
(c) if these instalments are not defined by reference to the actual progress achieved in executing the Works, and if actual progress is found to be less than that on which this schedule of payments was based, then the Engineer may proceed in accordance with Sub-Clause 3.5 *[Determinations]* to agree or determine revised instalments, which shall take account of the extent to which progress is less than that on which the instalments were previously based.

If the Contract does not include a schedule of payments, the Contractor shall submit non-binding estimates of the payments which he expects to become due during each quarterly period. The first estimate shall be submitted within 42 days after the Commencement Date. Revised estimates shall be submitted at quarterly intervals, until the Taking-Over Certificate has been issued for the Works.

14.5 Plant and Materials intended for the Works

If this Sub-Clause applies, Interim Payment Certificates shall include, under sub-paragraph (e) of Sub-Clause 14.3, (i) an amount for Plant and Materials which have been sent to the Site for incorporation in the Permanent Works, and (ii) a reduction when the contract value of such Plant and Materials is included as part of the Permanent Works under sub-paragraph (a) of Sub-Clause 14.3 *[Application for Interim Payment Certificates]*.

If the lists referred to in sub-paragraphs (b)(i) or (c)(i) below are not included in the Appendix to Tender, this Sub-Clause shall not apply.

The Engineer shall determine and certify each addition if the following conditions are satisfied:

(a) the Contractor has:
  (i) kept satisfactory records (including the orders, receipts, Costs and use of Plant and Materials) which are available for inspection, and
  (ii) submitted a statement of the Cost of acquiring and delivering the Plant and Materials to the Site, supported by satisfactory evidence;

and either:
(b) the relevant Plant and Materials:
  (i) are those listed in the Appendix to Tender for payment when shipped,
  (ii) have been shipped to the Country, en route to the Site, in accordance with the Contract; and
  (iii) are described in a clean shipped bill of lading or other evidence of shipment, which has been submitted to the Engineer together with evidence of payment of freight and insurance, any other documents reasonably required, and a bank guarantee in a form and issued by an entity approved by the Employer in amounts and currencies equal to the amount due under this Sub-Clause: this guarantee may be in a similar form to the form referred to in Sub-Clause 14.2 *[Advance Payment]* and shall be valid until the Plant and Materials are properly stored on Site and protected against loss, damage or deterioration;

or

VI. 1

(c) the relevant Plant and Materials:
   (i) are those listed in the Appendix to Tender for payment when delivered to the Site, and
   (ii) have been delivered to and are properly stored on the Site, are protected against loss, damage or deterioration, and appear to be in accordance with the Contract.

The additional amount to be certified shall be the equivalent of eighty percent of the Engineer's determination of the cost of the Plant and Materials (including delivery to Site), taking account of the documents mentioned in this Sub-Clause and of the contract value of the Plant and Materials.

The currencies for this additional amount shall be the same as those in which payment will become due when the contract value is included under sub-paragraph (a) of Sub-Clause 14.3 *[Application for Interim Payment Certificates]*. At that time, the Payment Certificate shall include the applicable reduction which shall be equivalent to, and in the same currencies and proportions as, this additional amount for the relevant Plant and Materials.

14.6 Issue of Interim Payment Certificates

No amount will be certified or paid until the Employer has received and approved the Performance Security. Thereafter, the Engineer shall, within 28 days after receiving a Statement and supporting documents, issue to the Employer an Interim Payment Certificate which shall state the amount which the Engineer fairly determines to be due, with supporting particulars.

However, prior to issuing the Taking-Over Certificate for the Works, the Engineer shall not be bound to issue an Interim Payment Certificate in an amount which would (after retention and other deductions) be less than the minimum amount of Interim Payment Certificates (if any) stated in the Appendix to Tender. In this event, the Engineer shall give notice to the Contractor accordingly.

An Interim Payment Certificate shall not be withheld for any other reason, although:
(a) if any thing supplied or work done by the Contractor is not in accordance with the Contract, the cost of rectification or replacement may be withheld until rectification or replacement has been completed; and/or
(b) if the Contractor was or is failing to perform any work or obligation in accordance with the Contract, and had been so notified by the Engineer, the value of this work or obligation may be withheld until the work or obligation has been performed.

The Engineer may in any Payment Certificate make any correction or modification that should properly be made to any previous Payment Certificate. A Payment Certificate shall not be deemed to indicate the Engineer's acceptance, approval, consent or satisfaction.

14.7 Payment

The Employer shall pay to the Contractor:
(a) the first instalment of the advance payment within 42 days after issuing the Letter of Acceptance or within 21 days after receiving the documents in accordance with Sub-Clause 4.2 *[Performance Security]* and Sub-Clause 14.2 *[Advance Payment]*, whichever is later;
(b) the amount certified in each Interim Payment Certificate within 56 days after the Engineer receives the Statement and supporting documents; and
(c) the amount certified in the Final Payment Certificate within 56 days after the Employer receives this Payment Certificate.

Payment of the amount due in each currency shall be made into the bank account, nominated by the Contractor, in the payment country (for this currency) specified in the Contract.

14.8 Delayed Payment

If the Contractor does not receive payment in accordance with Sub-Clause 14.7 *[Payment]*, the Contractor shall be entitled to receive financing charges compounded monthly

1. FIDIC: Conditions of Contract for Construction

on the amount unpaid during the period of delay. This period shall be deemed to commence on the date for payment specified in Sub-Clause 14.7 *[Payment]*, irrespective (in the case of its sub-paragraph (b)) of the date on which any Interim Payment Certificate is issued.

Unless otherwise stated in the Particular Conditions, these financing charges shall be calculated at the annual rate of three percentage points above the discount rate of the central bank in the country of the currency of payment, and shall be paid in such currency.

The Contractor shall be entitled to this payment without formal notice or certification, and without prejudice to any other right or remedy.

14.9 Payment of Retention Money

When the Taking-Over Certificate has been issued for the Works, the first half of the Retention Money shall be certified by the Engineer for payment to the Contractor. If a Taking-Over Certificate is issued for a Section or part of the Works, a proportion of the Retention Money shall be certified and paid. This proportion shall be two-fifths (40%) of the proportion calculated by dividing the estimated contract value of the Section or part, by the estimated final Contract Price.

Promptly after the latest of the expiry dates of the Defects Notification Periods, the outstanding balance of the Retention Money shall be certified by the Engineer for payment to the Contractor. If a Taking-Over Certificate was issued for a Section, a proportion of the second half of the Retention Money shall be certified and paid promptly after the expiry date of the Defects Notification Period for the Section. This proportion shall be two-fifths (40%) of the proportion calculated by dividing the estimated contract value of the Section by the estimated final Contract Price.

However, if any work remains to be executed under Clause 11 *[Defects Liability]*, the Engineer shall be entitled to withhold certification of the estimated cost of this work until it has been executed.

When calculating these proportions, no account shall be taken of any adjustments under Sub-Clause 13.7 *[Adjustments for Changes in Legislation]* and Sub-Clause 13.8 *[Adjustments for Changes in Cost]*.

14.10 Statement at Completion

Within 84 days after receiving the Taking-Over Certificate for the Works, the Contractor shall submit to the Engineer six copies of a Statement at completion with supporting documents, in accordance with Sub-Clause 14.3 *[Application for Interim Payment Certificates]*, showing:

(a) the value of all work done in accordance with the Contract up to the date stated in the Taking-Over Certificate for the Works,

(b) any further sums which the Contractor considers to be due, and

(c) an estimate of any other amounts which the Contractor considers will become due to him under the Contract. Estimated amounts shall be shown separately in this Statement at completion.

The Engineer shall then certify in accordance with Sub-Clause 14.6 *[Issue of Interim Payment Certificates]*.

14.11 Application for Final Payment Certificate

Within 56 days after receiving the Performance Certificate, the Contractor shall submit, to the Engineer, six copies of a draft final statement with supporting documents showing in detail in a form approved by the Engineer:

(a) the value of all work done in accordance with the Contract, and

(b) any further sums which the Contractor considers to be due to him under the Contract or otherwise.

If the Engineer disagrees with or cannot verify any part of the draft final statement, the Contractor shall submit such further information as the Engineer may reasonably require and shall make such changes in the draft as may be agreed between them. The

Contractor shall then prepare and submit to the Engineer the final statement as agreed. This agreed statement is referred to in these Conditions as the "Final Statement".

However if, following discussions between the Engineer and the Contractor and any changes to the draft final statement which are agreed, it becomes evident that a dispute exists, the Engineer shall deliver to the Employer (with a copy to the Contractor) an Interim Payment Certificate for the agreed parts of the draft final statement. Thereafter, if the dispute is finally resolved under Sub-Clause 20.4 *[Obtaining Dispute Adjudication Board's Decision]* or Sub-Clause 20.5 *[Amicable Settlement]*, the Contractor shall then prepare and submit to the Employer (with a copy to the Engineer) a Final Statement.

14.12 Discharge
When submitting the Final Statement, the Contractor shall submit a written discharge which confirms that the total of the Final Statement represents full and final settlement of all moneys due to the Contractor under or in connection with the Contract. This discharge may state that it becomes effective when the Contractor has received the Performance Security and the outstanding balance of this total, in which event the discharge shall be effective on such date.

14.13 Issue of Final Payment Certificate
Within 28 days after receiving the Final Statement and written discharge in accordance with Sub-Clause 14.11 *[Application for Final Payment Certificate]* and Sub-Clause 14.12 *[Discharge]*, the Engineer shall issue, to the Employer, the Final Payment Certificate which shall state:
(a) the amount which is finally due, and
(b) after giving credit to the Employer for all amounts previously paid by the Employer and for all sums to which the Employer is entitled, the balance (if any) due from the Employer to the Contractor or from the Contractor to the Employer, as the case may be.

If the Contractor has not applied for a Final Payment Certificate in accordance with Sub-Clause 14.11 *[Application for Final Payment Certificate]* and Sub-Clause 14.12 *[Discharge]*, the Engineer shall request the Contractor to do so. If the Contractor fails to submit an application within a period of 28 days, the Engineer shall issue the Final Payment Certificate for such amount as he fairly determines to be due.

14.14 Cessation of Employer's Liability
The Employer shall not be liable to the Contractor for any matter or thing under or in connection with the Contract or execution of the Works, except to the extent that the Contractor shall have included an amount expressly for it:
(a) in the Final Statement and also
(b) (except for matters or things arising after the issue of the Taking-Over Certificate for the Works) in the Statement at completion described in Sub-Clause 14.10 *[Statement at Completion]*.

However, this Sub-Clause shall not limit the Employer's liability under his indemnification obligations, or the Employer's liability in any case of fraud, deliberate default or reckless misconduct by the Employer.

14.15 Currencies of Payment[50, 50a]
The Contract Price shall be paid in the currency or currencies named in the Appendix to Tender. Unless otherwise stated in the Particular Conditions, if more than one currency is so named, payments shall be made as follows:
(a) if the Accepted Contract Amount was expressed in Local Currency only:
    (i) the proportions or amounts of the Local and Foreign Currencies, and the fixed rates of exchange to be used for calculating the payments, shall be as stated in the Appendix to Tender, except as otherwise agreed by both Parties;

1. FIDIC: Conditions of Contract for Construction

    (ii) payments and deductions under Sub-Clause 13.5 *[Provisional Sums]* and Sub-Clause 13.7 *[Adjustments for Changes in Legislation]* shall be made in the applicable currencies and proportions; and

    (iii) other payments and deductions under sub-paragraphs (a) to (d) of Sub-Clause 14.3 *[Application for Interim Payment Certificates]* shall be made in the currencies and proportions specified in sub-paragraph (a)(i) above;

(b) payment of the damages specified in the Appendix to Tender shall be made in the currencies and proportions specified in the Appendix to Tender;

(c) other payments to the Employer by the Contractor shall be made in the currency in which the sum was expended by the Employer, or in such currency as may be agreed by both Parties;

(d) if any amount payable by the Contractor to the Employer in a particular currency exceeds the sum payable by the Employer to the Contractor in that currency, the Employer may recover the balance of this amount from the sums otherwise payable to the Contractor in other currencies; and

(e) if no rates of exchange are stated in the Appendix to Tender, they shall be those prevailing on the Base Date and determined by the central bank of the Country.

15. Termination by Employer

15.1 Notice to Correct

If the Contractor fails to carry out any obligation under the Contract, the Engineer may by notice require the Contractor to make good the failure and to remedy it within a specified reasonable time.

15.2 Termination by Employer

The Employer shall be entitled to terminate the Contract if the Contractor:

(a) fails to comply with Sub-Clause 4.2 *[Performance Security]* or with a notice under Sub-Clause 15.1 *[Notice to Correct]*,

(b) abandons the Works or otherwise plainly demonstrates the intention not to continue performance of his obligations under the Contract,

(c) without reasonable excuse fails:
    (i) to proceed with the Works in accordance with Clause 8 *[Commencement, Delays and Suspension]*, or
    (ii) to comply with a notice issued under Sub-Clause 7.5 *[Rejection]* or Sub-Clause 7.6 *[Remedial Work]*, within 28 days after receiving it,

(d) subcontracts the whole of the Works or assigns the Contract without the required agreement,

(e) becomes bankrupt or insolvent, goes into liquidation, has a receiving or administration order made against him, compounds with his creditors, or carries on business under a receiver, trustee or manager for the benefit of his creditors, or if any act is done or event occurs which (under applicable Laws) has a similar effect to any of these acts or events, or

(f) gives or offers to give (directly or indirectly) to any person any bribe, gift, gratuity, commission or other thing of value, as an inducement or reward:
    (i) for doing or forbearing to do any action in relation to the Contract, or
    (ii) for showing or forbearing to show favour or disfavour to any person in relation to the Contract,
or if any of the Contractor's Personnel, agents or Subcontractors gives or offers to give (directly or indirectly) to any person any such inducement or reward as is described in this sub-paragraph (f). However, lawful inducements and rewards to Contractor's Personnel shall not entitle termination.

In any of these events or circumstances, the Employer may, upon giving 14 days' notice to the Contractor, terminate the Contract and expel the Contractor from the Site. How-

ever, in the case of sub-paragraph (e) or (f), the Employer may by notice terminate the Contract immediately.
The Employer's election to terminate the Contract shall not prejudice any other rights of the Employer, under the Contract or otherwise.
The Contractor shall then leave the Site and deliver any required Goods, all Contractor's Documents, and other design documents made by or for him, to the Engineer. However, the Contractor shall use his best efforts to comply immediately with any reasonable instructions included in the notice (i) for the assignment of any subcontract, and (ii) for the protection of life or property or for the safety of the Works.
After termination, the Employer may complete the Works and/or arrange for any other entities to do so. The Employer and these entities may then use any Goods, Contractor's Documents and other design documents made by or on behalf of the Contractor.
The Employer shall then give notice that the Contractor's Equipment and Temporary Works will be released to the Contractor at or near the Site. The Contractor shall promptly arrange their removal, at the risk and cost of the Contractor. However, if by this time the Contractor has failed to make a payment due to the Employer, these items may be sold by the Employer in order to recover this payment. Any balance of the proceeds shall then be paid to the Contractor.

15.3 Valuation at Date of Termination
As soon as practicable after a notice of termination under Sub-Clause 15.2 *[Termination by Employer]* has taken effect, the Engineer shall proceed in accordance with Sub-Clause 3.5 *[Determinations]* to agree or determine the value of the Works, Goods and Contractor's Documents, and any other sums due to the Contractor for work executed in accordance with the Contract.

15.4 Payment after Termination
After a notice of termination under Sub-Clause 15.2 *[Termination by Employer]* has taken effect, the Employer may:
(a) proceed in accordance with Sub-Clause 2.5 *[Employer's Claims]*.
(b) withhold further payments to the Contractor until the costs of execution, completion and remedying of any defects, damages for delay in completion (if any), and all other costs incurred by the Employer, have been established, and/or
(c) recover from the Contractor any losses and damages incurred by the Employer and any extra costs of completing the Works, after allowing for any sum due to the Contractor under Sub-Clause 15.3 *[Valuation at Date of Termination]*. After recovering any such losses, damages and extra costs, the Employer shall pay any balance to the Contractor.

15.5 Employer's Entitlement to Termination
The Employer shall be entitled to terminate the Contract, at any time for the Employer's convenience, by giving notice of such termination to the Contractor. The termination shall take effect 28 days after the later of the dates on which the Contractor receives this notice or the Employer returns the Performance Security. The Employer shall not terminate the Contract under this Sub-Clause in order to execute the Works himself or to arrange for the Works to be executed by another contractor.
After this termination, the Contractor shall proceed in accordance with Sub-Clause 16.3 *[Cessation of Work and Removal of Contractor's Equipment]* and shall be paid in accordance with Sub-Clause 19.4 *[Optional Termination, Payment and Release]*.

16. Suspension and Termination by Contractor

16.1 Contractor's Entitlement to Suspend Work
If the Engineer fails to certify in accordance with Sub-Clause 14.6 *[Issue of Interim Payment Certificates]* or the Employer fails to comply with Sub-Clause 2.4 *[Employer's*

1. FIDIC: Conditions of Contract for Construction   VI. 1

Financial Arrangements] or Sub-Clause 14.7 *[Payment]*, the Contractor may, after giving not less than 21 days' notice to the Employer, suspend work (or reduce the rate of work) unless and until the Contractor has received the Payment Certificate, reasonable evidence or payment, as the case may be and as described in the notice.

The Contractor's action shall not prejudice his entitlements to financing charges under Sub-Clause 14.8 *[Delayed Payment]* and to termination under Sub-Clause 16.2 *[Termination by Contractor]*.

If the Contractor subsequently receives such Payment Certificate, evidence or payment (as described in the relevant Sub-Clause and in the above notice) before giving a notice of termination, the Contractor shall resume normal working as soon as is reasonably practicable.

If the Contractor suffers delay and/or incurs Cost as a result of suspending work (or reducing the rate of work) in accordance with this Sub-Clause, the Contractor shall give notice to the Engineer and shall be entitled subject to Sub-Clause 20.1 *[Contractor's Claims]* to:

(a) an extension of time for any such delay, if completion is or will be delayed, under Sub-Clause 8.4 *[Extension of Time for Completion]*, and

(b) payment of any such Cost plus reasonable profit, which shall be included in the Contract Price.

After receiving this notice, the Engineer shall proceed in accordance with Sub-Clause 3.5 *[Determinations]* to agree or determine these matters.

16.2 Termination by Contractor
The Contractor shall be entitled to terminate the Contract if:

(a) the Contractor does not receive the reasonable evidence within 42 days after giving notice under Sub-Clause 16.1 *[Contractor's Entitlement to Suspend Work]* in respect of a failure to comply with Sub-Clause 2.4 *[Employer's Financial Arrangements]*,

(b) the Engineer fails, within 56 days after receiving a Statement and supporting documents, to issue the relevant Payment Certificate,

(c) the Contractor does not receive the amount due under an Interim Payment Certificate within 42 days after the expiry of the time stated in Sub-Clause 14.7 *[Payment]* within which payment is to be made (except for deductions in accordance with Sub-Clause 2.5 *[Employer's Claims]*).

(d) the Employer substantially fails to perform his obligations under the Contract,[52]

(e) the Employer fails to comply with Sub-Clause 1.6 *[Contract Agreement]* or Sub-Clause 1.7 *[Assignment]*,

(f) a prolonged suspension affects the whole of the Works as described in Sub-Clause 8.11 *[Prolonged Suspension]*, or

(g) the Employer becomes bankrupt or insolvent, goes into liquidation, has a receiving or administration order made against him, compounds with his creditors, or carries on business under a receiver, trustee or manager for the benefit of his creditors, or if any act is done or event occurs which (under applicable Laws) has a similar effect to any of these acts or events.

In any of these events or circumstances, the Contractor may, upon giving 14 days' notice to the Employer, terminate the Contract. However, in the case of sub-paragraph (f) or (g), the Contractor may by notice terminate the Contract immediately.

The Contractor's election to terminate the Contract shall not prejudice any other rights of the Contractor, under the Contract or otherwise.

16.3 Cessation of Work and Removal of Contractor's Equipment
After a notice of termination under Sub-Clause 15.5 *[Employer's Entitlement to Termination]*, Sub-Clause 16.2 *[Termination by Contractor]* or Sub-Clause 19.6 *[Optional Termination, Payment and Release]* has taken effect, the Contractor shall promptly:

(a) cease all further work, except for such work as may have been instructed by the Engineer for the protection of life or property or for the safety of the Works,
(b) hand over Contractor's Documents, Plant, Materials and other work, for which the Contractor has received payment, and
(c) remove all other Goods from the Site, except as necessary for safety, and leave the Site.

16.4 Payment on Termination
After a notice of termination under Sub-Clause 16.2 *[Termination by Contractor]* has taken effect, the Employer shall promptly:
(a) return the Performance Security to the Contractor,
(b) pay the Contractor in accordance with Sub-Clause 19.6 *[Optional Termination, Payment and Release]*, and
(c) pay to the Contractor the amount of any loss of profit or other loss or damage sustained by the Contractor as a result of this termination.

17. Risk and Responsibility

17.1 Indemnities
The Contractor shall indemnify and hold harmless the Employer, the Employer's Personnel, and their respective agents, against and from all claims, damages, losses and expenses (including legal fees and expenses) in respect of:
(a) bodily injury, sickness, disease or death, of any person whatsoever arising out of or in the course of or by reason of the Contractor's design (if any), the execution and completion of the Works and the remedying of any defects, unless attributable to any negligence, willful act or breach of the Contract by the Employer, the Employer's Personnel, or any of their respective agents, and
(b) damage to or loss of any property, real or personal (other than the Works), to the extent that such damage or loss:
   (i) arises out of or in the course of or by reason of the Contractor's design (if any), the execution and completion of the Works and the remedying of any defects, and
   (ii) is attributable to any negligence, willful act or breach of the Contract by the Contractor, the Contractor's Personnel, their respective agents, or anyone directly or indirectly employed by any of them.
The Employer shall indemnify and hold harmless the Contractor, the Contractor's Personnel, and their respective agents, against and from all claims, damages, losses and expenses (including legal fees and expenses) in respect of (1) bodily injury, sickness, disease or death, which is attributable to any negligence, willful act or breach of the Contract by the Employer, the Employer's Personnel, or any of their respective agents, and (2) the matters for which liability may be excluded from insurance cover, as described in sub-paragraphs (d)(i), (ii) and (iii) of Sub-Clause 18.3 *[Insurance Against Injury to Persons and Damage to Property]*.

17.2 Contractor's Care of the Works
The Contractor shall take full responsibility for the care of the Works and Goods from the Commencement Date until the Taking-Over Certificate is issued (or is deemed to be issued under Sub-Clause 10.1 *[Taking Over of the Works and Sections]*) for the Works, when responsibility for the care of the Works shall pass to the Employer.[53] If a Taking-Over Certificate is issued (or is so deemed to be issued) for any Section or part of the Works, responsibility for the care of the Section or part shall then pass to the Employer. After responsibility has accordingly passed to the Employer, the Contractor shall take responsibility for the care of any work which is outstanding on the date stated in a Taking-Over Certificate, until this outstanding work has been completed.

1. FIDIC: Conditions of Contract for Construction

If any loss or damage happens to the Works, Goods or Contractor's Documents during the period when the Contractor is responsible for their care, from any cause not listed in Sub-Clause 17.3 *[Employer's Risks]*, the Contractor shall rectify the loss or damage at the Contractor's risk and cost, so that the Works, Goods and Contractor's Documents conform with the Contract.

The Contractor shall be liable for any loss or damage caused by any actions performed by the Contractor after a Taking-Over Certificate has been issued. The Contractor shall also be liable for any loss or damage which occurs after a Taking-Over Certificate has been issued and which arose from a previous event for which the Contractor was liable.

17.3 Employer's Risks

The risks referred to in Sub-Clause 17.4 below are:

(a) war, hostilities (whether war be declared or not), invasion, act of foreign enemies,
(b) rebellion, terrorism, revolution, insurrection, military or usurped power, or civil war, within the Country,
(c) riot, commotion or disorder within the Country by persons other than the Contractor's Personnel and other employees of the Contractor and Subcontractors,
(d) munitions of war, explosive materials, ionising radiation or contamination by radio-activity, within the Country, except as may be attributable to the Contractor's use of such munitions, explosives, radiation or radio-activity,
(e) pressure waves caused by aircraft or other aerial devices travelling at sonic or supersonic speeds,
(f) use or occupation by the Employer of any part of the Permanent Works, except as may be specified in the Contract,
(g) design of any part of the Works by the Employer's Personnel or by others for whom the Employer is responsible, and
(h) any operation of the forces of nature which is Unforeseeable or against which an experienced contractor could not reasonably have been expected to have taken adequate preventative precautions.

17.4 Consequences of Employer's Risks

If and to the extent that any of the risks listed in Sub-Clause 17.3 above results in loss or damage to the Works, Goods or Contractor's Documents, the Contractor shall promptly give notice to the Engineer and shall rectify this loss or damage to the extent required by the Engineer.

If the Contractor suffers delay and/or incurs Cost from rectifying this loss or damage, the Contractor shall give a further notice to the Engineer and shall be entitled subject to Sub-Clause 20.1 *[Contractor's Claims]* to:

(a) an extension of time for any such delay, if completion is or will be delayed, under Sub-Clause 8.4 *[Extension of Time for Completion]*, and
(b) payment of any such Cost, which shall be included in the Contract Price. In the case of sub-paragraphs (f) and (g) of Sub-Clause 17.3 *[Employer's Risks]*, reasonable profit on the Cost shall also be included.

After receiving this further notice, the Engineer shall proceed in accordance with Sub-Clause 3.5 *[Determinations]* to agree or determine these matters.

17.5 Intellectual and Industrial Property Rights[54, 55]

In this Sub-Clause, "infringement" means an infringement (or alleged infringement) of any patent, registered design, copyright, trade mark, trade name, trade secret or other intellectual or industrial property right relating to the Works; and "claim" means a claim (or proceedings pursuing a claim) alleging an infringement.

Whenever a Party does not give notice to the other Party of any claim within 28 days of receiving the claim, the first Party shall be deemed to have waived any right to indemnity under this Sub-Clause.

The Employer shall indemnify and hold the Contractor harmless against and from any claim alleging an infringement which is or was:
(a) an unavoidable result of the Contractor's compliance with the Contract, or
(b) a result of any Works being used by the Employer:
:   (i) for a purpose other than that indicated by, or reasonably to be inferred from, the Contract, or
    (ii) in conjunction with any thing not supplied by the Contractor, unless such use was disclosed to the Contractor prior to the Base Date or is stated in the Contract.

The Contractor shall indemnify and hold the Employer harmless against and from any other claim which arises out of or in relation to (i) the manufacture, use, sale or import of any Goods, or (ii) any design for which the Contractor is responsible.

If a Party is entitled to be indemnified under this Sub-Clause, the indemnifying Party may (at its cost) conduct negotiations for the settlement of the claim, and any litigation or arbitration which may arise from it. The other Party shall, at the request and cost of the indemnifying Party, assist in contesting the claim. This other Party (and its Personnel) shall not make any admission which might be prejudicial to the indemnifying Party, unless the indemnifying Party failed to take over the conduct of any negotiations, litigation or arbitration upon being requested to do so by such other Party.

17.6 Limitation of Liability[56]

Neither Party shall be liable to the other Party for loss of use of any Works, loss of profit, loss of any contract or for any indirect or consequential loss or damage which may be suffered by the other Party in connection with the Contract, other than under Sub-Clause 16.4 *[Payment on Termination]* and Sub-Clause 17.1 *[Indemnities]*.

The total liability of the Contractor to the Employer, under or in connection with the Contract other than under Sub-Clause 4.19 *[Electricity, Water and Gas]*, Sub-Clause 4.20 *[Employer's Equipment and Free-Issue Material]*, Sub-Clause 17.1 *[Indemnities]* and Sub-Clause 17.5 *[Intellectual and Industrial Property Rights]*, shall not exceed the sum stated in the Particular Conditions or (if a sum is not so stated) the Accepted Contract Amount. This Sub-Clause shall not limit liability in any case of fraud, deliberate default or reckless misconduct by the defaulting Party.

18. Insurance

18.1 General Requirements for Insurances[57]

In this Clause, "insuring Party" means, for each type of insurance, the Party responsible for effecting and maintaining the insurance specified in the relevant Sub-Clause.

Wherever the Contractor is the insuring Party, each insurance shall be effected with insurers and in terms approved by the Employer. These terms shall be consistent with any terms agreed by both Parties before the date of the Letter of Acceptance. This agreement of terms shall take precedence over the provisions of this Clause.

Wherever the Employer is the insuring Party, each insurance shall be effected with insurers and in terms consistent with the details annexed to the Particular Conditions.

If a policy is required to indemnify joint insured, the cover shall apply separately to each insured as though a separate policy had been issued for each of the joint insured. If a policy indemnifies additional joint insured, namely in addition to the insured specified in this Clause, (i) the Contractor shall act under the policy on behalf of these additional joint insured except that the Employer shall act for Employer's Personnel, (ii) additional joint insured shall not be entitled to receive payments directly from the insurer or to have any other direct dealings with the insurer, and (iii) the insuring Party shall require all additional joint insured to comply with the conditions stipulated in the policy.

Each policy insuring against loss or damage shall provide for payments to be made in the currencies required to rectify the loss or damage. Payments received from insurers shall be used for the rectification of the loss or damage.

1. FIDIC: Conditions of Contract for Construction

The relevant insuring Party shall, within the respective periods stated in the Appendix to Tender (calculated from the Commencement Date), submit to the other Party:
(a) evidence that the insurances described in this Clause have been effected, and
(b) copies of the policies for the insurances described in Sub-Clause 18.2 *[Insurance for Works and Contractor's Equipment]* and Sub-Clause 18.3 *[Insurance against Injury to Persons and Damage to Property]*.

When each premium is paid, the insuring Party shall submit evidence of payment to the other Party. Whenever evidence or policies are submitted, the insuring Party shall also give notice to the Engineer.

Each Party shall comply with the conditions stipulated in each of the insurance policies. The insuring Party shall keep the insurers informed of any relevant changes to the execution of the Works and ensure that insurance is maintained in accordance with this Clause.

Neither Party shall make any material alteration to the terms of any insurance without the prior approval of the other Party. If an insurer makes (or attempts to make) any alteration, the Party first notified by the insurer shall promptly give notice to the other Party.

If the insuring Party fails to effect and keep in force any of the insurances it is required to effect and maintain under the Contract, or fails to provide satisfactory evidence and copies of policies in accordance with this Sub-Clause, the other Party may (at its option and without prejudice to any other right or remedy) effect insurance for the relevant coverage and pay the premiums due. The insuring Party shall pay the amount of these premiums to the other Party, and the Contract Price shall be adjusted accordingly.

Nothing in this Clause limits the obligations, liabilities or responsibilities of the Contractor or the Employer, under the other terms of the Contract or otherwise. Any amounts not insured or not recovered from the insurers shall be borne by the Contractor and/or the Employer in accordance with these obligations, liabilities or responsibilities. However, if the insuring Party fails to effect and keep in force an insurance which is available and which it is required to effect and maintain under the Contract, and the other Party neither approves the omission nor effects insurance for the coverage relevant to this default, any moneys which should have been recoverable under this insurance shall be paid by the insuring Party.

Payments by one Party to the other Party shall be subject to Sub-Clause 2.5 *[Employer's Claims]* or Sub-Clause 20.1 *[Contractor's Claims]*, as applicable.

18.2 Insurance for Works and Contractor's Equipment

The insuring Party shall insure the Works, Plant, Materials and Contractor's Documents for not less than the full reinstatement cost including the costs of demolition, removal of debris and professional fees and profit. This insurance shall be effective from the date by which the evidence is to be submitted under sub-paragraph (a) of Sub-Clause 18.1 *[General Requirements for Insurances]*, until the date of issue of the Taking-Over Certificate for the Works.

The insuring Party shall maintain this insurance to provide cover until the date of issue of the Performance Certificate, for loss or damage for which the Contractor is liable arising from a cause occurring prior to the issue of the Taking-Over Certificate, and for loss or damage caused by the Contractor in the course of any other operations (including those under Clause 11 *[Defects Liability]*).[58]

The insuring Party shall insure the Contractor's Equipment for not less than the full replacement value, including delivery to Site. For each item of Contractor's Equipment, the insurance shall be effective while it is being transported to the Site and until it is no longer required as Contractor's Equipment.

Unless otherwise stated in the Particular Conditions, insurances under this Sub-Clause:
(a) shall be effected and maintained by the Contractor as insuring Party,

(b) shall be in the joint names of the Parties, who shall be jointly entitled to receive payments from the insurers, payments being held or allocated between the Parties for the sole purpose of rectifying the loss or damage,

(c) shall cover all loss and damage from any cause not listed in Sub-Clause 17.3 *[Employer's Risks]*,

(d) shall also cover loss or damage to a part of the Works which is attributable to the use or occupation by the Employer of another part of the Works, and loss or damage from the risks listed in sub-paragraphs (c), (g) and (h) of Sub-Clause 17.3 *[Employer's Risks]*, excluding (in each case) risks which are not insurable at commercially reasonable terms, with deductibles per occurrence of not more than the amount stated in the Appendix to Tender (if an amount is not so stated, this sub-paragraph (d) shall not apply), and

(e) may however exclude loss of, damage to, and reinstatement of:
   (i) a part of the Works which is in a defective condition due to a defect in its design, materials or workmanship (but cover shall include any other parts which are lost or damaged as a direct result of this defective condition and not as described in sub-paragraph (ii) below),
   (ii) a part of the Works which is lost or damaged in order to reinstate any other part of the Works if this other part is in a defective condition due to a defect in its design, materials or workmanship,
   (iii) a part of the Works which has been taken over by the Employer, except to the extent that the Contractor is liable for the loss or damage, and
   (iv) Goods while they are not in the Country, subject to Sub-Clause 14.5 *[Plant and Materials intended for the Works]*.

If, more than one year after the Base Date, the cover described in sub-paragraph (d) above ceases to be available at commercially reasonable terms, the Contractor shall (as insuring Party) give notice to the Employer, with supporting particulars. The Employer shall then (i) be entitled subject to Sub-Clause 2.5 *[Employer's Claims]* to payment of an amount equivalent to such commercially reasonable terms as the Contractor should have expected to have paid for such cover, and (ii) be deemed, unless he obtains the cover at commercially reasonable terms, to have approved the omission under Sub-Clause 18.1 *[General Requirements for Insurances]*.

18.3 Insurance against Injury to Persons and Damage to Property[53]

The insuring Party shall insure against each Party's liable for any loss, damage, death or bodily injury which may occur to any physical property (except things insured under Sub-Clause 18.2 *[Insurance for Works and Contractor's Equipment]*) or to any person (except persons insured under Sub-Clause 18.4 *[Insurance for Contractor's Personnel]*), which may arise out of the Contractor's performance of the Contract and occurring before the issue of the Performance Certificate.

This insurance shall be for a limit per occurrence of not less than the amount stated in the Appendix to Tender, with no limit on the number of occurrences. If an amount is not stated in the Appendix to Tender, this Sub-Clause shall not apply.

Unless otherwise stated in the Particular Conditions, the insurances specified in this Sub-Clause:

(a) shall be effected and maintained by the Contractor as insuring Party,

(b) shall be in the joint names of the Parties,

(c) shall be extended to cover liability for all loss and damage to the Employer's property (except things insured under Sub-Clause 18.2) arising out of the Contractor's performance of the Contract, and

(d) may however exclude liability to the extent that it arises from:
   (i) the Employer's right to have the Permanent Works executed on, over, under, in or through any land, and to occupy this land for the Permanent Works,

1. FIDIC: Conditions of Contract for Construction VI. 1

    (ii) damage which is an unavoidable result of the Contractor's obligations to execute the Works and remedy any defects, and
    (iii) a cause listed in Sub-Clause 17.3 *[Employer's Risks]*, except to the extent that cover is available at commercially reasonable terms.

18.4 Insurance for Contractor's Personnel
The Contractor shall effect and maintain insurance against liability for claims, damages, losses and expenses (including legal fees and expenses) arising from injury, sickness, disease or death of any person employed by the Contractor or any other of the Contractor's Personnel.
The Employer and the Engineer shall also be indemnified under the policy of insurance, except that this insurance may exclude losses and claims to the extent that they arise from any act or neglect of the Employer or of the Employer's Personnel.
The insurance shall be maintained in full force and effect during the whole time that these personnel are assisting in the execution of the Works. For a Subcontractor's employees, the insurance may be effected by the Subcontractor, but the Contractor shall be responsible for compliance with this Clause.

19. Force Majeure

19.1 Definition of Force Majeure[59]
In this Clause, "Force Majeure" means an exceptional event or circumstance:
(a) which is beyond a Party's control,
(b) which such Party could not reasonably have provided against before entering into the Contract,
(c) which, having arisen, such Party could not reasonably have avoided or overcome, and
(d) which is not substantially attributable to the other Party.
Force Majeure may include, but is not limited to, exceptional events or circumstances of the kind listed below, so long as conditions (a) to (d) above are satisfied:
    (i) war, hostilities (whether war be declared or not), invasion, act of foreign enemies,
    (ii) rebellion, terrorism, revolution, insurrection, military or usurped power, or civil war,
    (iii) riot, commotion, disorder, strike or lockout by persons other than the Contractor's Personnel and other employees of the Contractor and Subcontractors,
    (iv) munitions of war, explosive materials, ionising radiation or contamination by radio-activity, except as may be attributable to the Contractor's use of such munitions, explosives, radiation or radio-activity, and
    (v) natural catastrophes such as earthquake, hurricane, typhoon or volcanic activity.

19.2 Notice of Force Majeure
If a Party is or will be prevented from performing any of its obligations under the Contract by Force Majeure, then it shall give notice to the other Party of the event or circumstances constituting the Force Majeure and shall specify the obligations, the performance of which is or will be prevented. The notice shall be given within 14 days after the Party became aware, (or should have become aware), of the relevant event or circumstance constituting Force Majeure.
The Party shall, having given notice, be excused performance of such obligations for so long as such Force Majeure prevents it from performing them.
Notwithstanding any other provision of this Clause, Force Majeure shall not apply to obligations of either Party to make payments to the other Party under the Contract.

19.3 Duty to Minimise Delay
Each Party shall at all times use all reasonable endeavours to minimise any delay in the performance of the Contract as a result of Force Majeure.

A Party shall give notice to the other Party when it ceases to be affected by the Force Majeure.

19.4 Consequences of Force Majeure

If the Contractor is prevented from performing any of his obligations under the Contract by Force Majeure of which notice has been given under Sub-Clause 19.2 *[Notice of Force Majeure]*, and suffers delay and/or incurs Cost by reason of such Force Majeure, the Contractor shall be entitled subject to Sub-Clause 20.1 *[Contractor's Claims]* to:

(a) an extension of time for any such delay, if completion is or will be delayed, under Sub-Clause 8.4 *[Extension of Time for Completion]*, and

(b) if the event or circumstance is of the kind described in sub-paragraphs (i) to (iv) of Sub-Clause 19.1 *[Definition of Force Majeure]* and, in the case of sub-paragraphs (ii) to (iv), occurs in the Country, payment of any such Cost.

After receiving this notice, the Engineer shall proceed in accordance with Sub-Clause 3.5 *[Determinations]* to agree or determine these matters.

19.5 Force Majeure Affection Subcontractor

If any Subcontractor is entitled under any contract or agreement relating to the Works to relief from force majeure on terms additional to or broader than those specified in this Clause, such additional or broader force majeure events or circumstances shall not excuse the Contractor's non-performance or entitle him to relief under this Clause.

19.6 Optional Termination, Payment and Release

If the execution of substantially all the Works in progress is prevented for a continuous period of 84 days by reason of Force Majeure of which notice has been given under Sub-Clause 19.2 *[Notice of Force Majeure]*, or for multiple periods which total more than 140 days due to the same notified Force Majeure, then either Party may give to the other Party a notice of termination of the Contract.[60] In this event, the termination shall take effect 7 days after the notice is given, and the Contractor shall proceed in accordance with Sub-Clause 16.3 *[Cessation of Work and Removal of Contractor's Equipment]*.

Upon such termination, the Engineer shall determine the value of the work done and issue a Payment Certificate which shall include:

(a) the amounts payable for any work carried out for which a price is stated in the Contract;

(b) the Cost of Plant and Materials ordered for the Works which have been delivered to the Contractor, or of which the Contractor is liable to accept delivery: this Plant and Materials shall become the property of (and be at the risk of) the Employer when paid for by the Employer, and the Contractor shall place the same at the Employer's disposal;

(c) any other Cost or liability which in the circumstances was reasonably incurred by the Contractor in the expectation of completing the Works;

(d) the Cost of removal of Temporary Works and Contractor's Equipment from the Site and the return of these items to the Contractor's works in his country (or to any other destination at no greater cost); and

(e) the Cost of repatriation of the Contractor's staff and labour employed wholly in connection with the Works at the date of termination.[61]

19.7 Release from Performance under the Law

Notwithstanding any other provision of this Clause, if any event or circumstance outside the control of the Parties (including, but not limited to, Force Majeure) arises which makes it impossible or unlawful for either or both Parties to fulfil its or their contractual obligations or which, under the law governing the Contract, entitles the Parties to be released from further performance of the Contract, then upon notice by either Party to the other Party of such event or circumstance:

1. FIDIC: Conditions of Contract for Construction

(a) the Parties shall be discharged from further performance, without prejudice to the rights of either Party in respect of any previous breach of the Contract, and
(b) the sum payable by the Employer to the Contractor shall be the same as would have been payable under Sub-Clause 19.6 *[Optional Termination, Payment and Release]* if the Contract had been terminated under Sub-Clause 19.6.

20. Claim, Disputes and Arbitration

20.1 Contractor's Claims

If the Contractor considers himself to be entitled to any extension of the Time for Completion and/or any additional payment, under any Clause of these Conditions or otherwise in connection with the Contract, the Contractor shall give notice to the Engineer,[62] describing the event or circumstance giving rise to the claim. The notice shall be given as soon as practicable, and not later than 28 days after the Contractor became aware, or should have become aware, of the event or circumstance.

If the Contractor fails to give notice of a claim within such period of 28 days, the Time for Completion shall not be extended, the Contractor shall not be entitled to additional payment, and the Employer shall be discharged from all liability in connection with the claim. Otherwise, the following provisions of this Sub-Clause shall apply.

The Contractor shall also submit any other notices which are required by the Contract, and supporting particulars for the claim, all as relevant to such event or circumstance.

The Contractor shall keep such contemporary records as may be necessary to substantiate any claim, either on the Site or at another location acceptable to the Engineer. Without admitting the Employer's liability, the Engineer may, after receiving any notice under this Sub-Clause, monitor the record-keeping and/or instruct the Contractor to keep further contemporary records. The Contractor shall permit the Engineer to inspect all these records, and shall (if instructed) submit copies to the Engineer.

Within 42 days after the Contractor became aware (or should have become aware) of the event or circumstance giving rise to the claim, or within such other period as may be proposed by the Contractor and approved by the Engineer, the Contractor shall send to the Engineer a fully detailed claim which includes full supporting particulars of the basis of the claim and of the extension of time and/or additional payment claimed. If the event or circumstance giving rise to the claim has a continuing effect:

(a) this fully detailed claim shall be considered as interim;
(b) the Contractor shall send further interim claims at monthly intervals, giving the accumulated delay and/or amount claimed, and such further particulars as the Engineer may reasonably require; and
(c) the Contractor shall send a final claim within 28 days after the end of the effects resulting from the event or circumstance, or within such other period as may be proposed by the Contractor and approved by the Engineer.

Within 42 days after receiving a claim or any further particulars supporting a previous claim, or within such other period as may be proposed by the Engineer and approved by the Contractor, the Engineer shall respond with approval, or with disapproval and detailed comments. He may also request any necessary further particulars, but shall nevertheless give his response on the principles of the claim within such time.

Each Payment Certificate shall include such amounts for any claim as have been reasonably substantiated as due under the relevant provision of the Contract. Unless and until the particulars supplied are sufficient to substantiate the whole of the claim, the Contractor shall only be entitled to payment for such part of the claim as he has been able to substantiate.

The Engineer shall proceed in accordance with Sub-Clause 3.5 *[Determinations]* to agree or determine (i) the extension (if any) of the Time for Completion (before or after its expiry) in accordance with Sub-Clause 8.4 *[Extension of Time for Completion]*, and/or (ii) the additional payment (if any) to which the Contractor is entitled under the Contract.[18]

The requirements of this Sub-Clause are in addition to those of any other Sub-Clause which may apply to a claim. If the Contractor fails to comply with this or another Sub-Clause in relation to any claim, any extension of time and/or additional payment shall take account of the extent (if any) to which the failure has prevented or prejudiced proper investigation of the claim, unless the claim is excluded under the second paragraph of this Sub-Clause.

20.2 Appointment of the Dispute Adjudication Board[62]

Disputes shall be adjudicated by a DAB in accordance with Sub-Clause 20.4 *[Obtaining Dispute Adjudication Board's Decision]*. The Parties shall jointly appoint a DAB by the date stated in the Appendix to Tender.

The DAB shall comprise, as stated in the Appendix to Tender, either one or three suitably qualified persons ("the members"). If the number is not so stated and the Parties do not agree otherwise, the DAB shall comprise three persons.

If the DAB is to comprise three persons, each Party shall nominate one member for the approval of the other Party. The Parties shall consult both these members and shall agree upon the third member, who shall be appointed to act as chairman.

However, if a list of potential members is included in the Contract, the members shall be selected from those on the list, other than anyone who is unable or unwilling to accept appointment to the DAB.

The agreement between the Parties and either the sole member ("adjudicator") or each of the three members shall incorporate by reference the General Conditions of Dispute Adjudication Agreement contained in the Appendix to these General Conditions, with such amendments as are agreed between them.

The terms of the remuneration of either the sole member or each of the three members, including the remuneration of any expert whom the DAB consults, shall be mutually agreed upon by the Parties when agreeing the terms of appointment. Each Party shall be responsible for paying one-half of this remuneration.

If at any time the Parties so agree, they may jointly refer a matter to the DAB for it to give its opinion. Neither Party shall consult the DAB on any matter without the agreement of the other Party.

If at any time the Parties so agree, they may appoint a suitably qualified person or persons to replace (or to be available to replace) any one or more members of the DAB. Unless the Parties agree otherwise, the appointment will come into effect if a member declines to act or is unable to act as a result of death, disability, resignation or termination of appointment.

If any of these circumstances occurs and no such replacement is available, a replacement shall be appointed in the same manner as the replaced person was required to have been nominated or agreed upon, as described in this Sub-Clause.

The appointment of any member may be terminated by mutual agreement of both Parties, but not by the Employer or the Contractor acting alone. Unless otherwise agreed by both Parties, the appointment of the DAB (including each member) shall expire when the discharge referred to in Sub-Clause 14.12 *[Discharge]* shall have become effective.

20.3 Failure to Agree Dispute Adjudication Board

If any of the following conditions apply, namely:

(a) the Parties fail to agree upon the appointment of the sole member of the DAB by the date stated in the first paragraph of Sub-Clause 20.2,

(b) either Party fails to nominate a member (for approval by the other Party) of a DAB of three persons by such date,

(c) the Parties fail to agree upon the appointment of the third member (to act as chairman) of the DAB by such date, or

1. FIDIC: Conditions of Contract for Construction

(d) the Parties fail to agree upon the appointment of a replacement person within 42 days after the date on which the sole member or one of the three members declines to act or is unable to act as a result of death, disability, resignation or termination of appointment,

then the appointing entity or official named in the Particular Conditions shall, upon the request of either or both of the Parties and after due consultation with both Parties, appoint this member of the DAB. This appointment shall be final and conclusive. Each Party shall be responsible for paying one-half of the remuneration of the appointing entity or official.

20.4 Obtaining Dispute Adjudication Board's Decision[62]

If a dispute (of any kind whatsoever) arises between the Parties in connection with, or arising out of, the Contract or the execution of the Works, including any dispute as to any certificate, determination, instruction, opinion or valuation of the Engineer, either Party may refer the dispute in writing to the DAB for its decision, with copies to the other Party and the Engineer. Such reference shall state that it is given under this Sub-Clause.

For a DAB of three persons, the DAB shall be deemed to have received such reference on the date when it is received by the chairman of the DAB.

Both Parties shall promptly make available to the DAB all such additional information, further access to the Site, and appropriate facilities, as the DAB may require for the purposes of making a decision on such dispute. The DAB shall be deemed to be not acting as arbitrator(s).

Within 84 days after receiving such reference, or within such other period as may be proposed by the DAB and approved by both Parties, the DAB shall give its decision, which shall be reasoned and shall state that it is given under this Sub-Clause. The decision shall be binding on both Parties, who shall promptly give effect to it unless and until it shall be revised in an amicable settlement or an arbitral award as described below. Unless the Contract has already been abandoned, repudiated or terminated, the Contractor shall continue to proceed with the Works in accordance with the Contract.

If either Party is dissatisfied with the DAB's decision, then either Party may, within 28 days after receiving the decision, give notice to the other Party of its dissatisfaction. If the DAB fails to give its decision within the period of 84 days (or as otherwise approved) after receiving such reference, then either Party may, within 28 days after this period has expired, give notice to the other Party of its dissatisfaction.

In either event, this notice of dissatisfaction shall state that it is given under this Sub-Clause, and shall set out the matter in dispute and the reason(s) for dissatisfaction. Except as stated in Sub-Clause 20.7 *[Failure to Comply with Dispute Adjudication Board's Decision]* and Sub-Clause 20.8 *[Expiry of Dispute Adjudication Board's Appointment]*, neither Party shall be entitled to commence arbitration of a dispute unless a notice of dissatisfaction has been given in accordance with this Sub-Clause.

If the DAB has given its decision as to a matter in dispute to both Parties, and no notice of dissatisfaction has been given by either Party within 28 days after it received the DAB's decision, then the decision shall become final and binding upon both Parties.

20.5 Amicable Settlement

Where notice of dissatisfaction has been given under Sub-Clause 20.4 above, both Parties shall attempt to settle the dispute amicably before the commencement of arbitration. However, unless both Parties agree otherwise, arbitration may be commenced on or after the fifty-sixth day after the day on which notice of dissatisfaction was given, even if no attempt at amicable settlement has been made.

20.6 Arbitration[63]

Unless settled amicably, any dispute in respect of which the DAB's decision (if any) has not become final and binding shall be finally settled by international arbitration. Unless otherwise agreed by both Parties:

(a) the dispute shall be finally settled under the Rules of Arbitration of the International Chamber of Commerce,
(b) the dispute shall be settled by three arbitrators appointed in accordance with these Rules, and
(c) the arbitration shall be conducted in the language for communications defined in Sub-Clause 1.4 *[Law and Language]*.

The arbitrator(s) shall have full power to open up, review and revise any certificate, determination, instruction, opinion or valuation of the Engineer, and any decision of the DAB, relevant to the dispute. Nothing shall disqualify the Engineer from being called as a witness and giving evidence before the arbitrator(s) on any matter whatsoever relevant to the dispute.

Neither Party shall be limited in the proceedings before the arbitrator(s) to the evidence or arguments previously put before the DAB to obtain its decision, or to the reasons for dissatisfaction given in its notice of dissatisfaction. Any decision of the DAB shall be admissible in evidence in the arbitration.

Arbitration may be commenced prior to or after completion of the Works. The obligations of the Parties, the Engineer and the DAB shall not be altered by reason of any arbitration being conducted during the progress of the Works.

20.7 Failure to Comply with Dispute Adjudication Board's Decision
In the event that:
(a) neither Party has given notice of dissatisfaction within the period stated in Sub-Clause 20.4 *[Obtaining Dispute Adjudication Board's Decision]*,
(b) the DAB's related decision (if any) has become final and binding, and
(c) a Party fails to comply with this decision,
then the other Party may, without prejudice to any other rights it may have, refer the failure itself to arbitration under Sub-Clause 20.6 *[Arbitration]*, Sub-Clause 20.4 *[Obtaining Dispute Adjudication Board's Decision]* and Sub-Clause 20.5 *[Amicable Settlement]* shall not apply to this reference.

20.8 Expiry of Dispute Adjudication Board's Appointment
If a dispute arises between the Parties in connection with, or arising out of, the Contract or the execution of the Works and there is no DAB in place, whether by reason of the expiry of the DAB's appointment or otherwise:
(a) Sub-Clause 20.4 *[Obtaining Dispute Adjudication Board's Decision]* and Sub-Clause 20.5 *[Amicable Settlement]* shall not apply, and
(b) the dispute may be referred directly to arbitration under Sub-Clause 20.6 *[Arbitration]*.[64]

Schrifttum zum internationalen Anlagenvertrag: Böckstiegel, Nicklisch u.a., Vertragsgestaltung und Streiterledigung in der Bauindustrie und im Anlagenbau/Contracts and Dispute Settlement in Civil Engineering and Construction of Plants, 1984; *Böckstiegel* (Hrsg.), Vertragsgestaltung und Streiterledigung in der Bauindustrie und im Anlagenbau (II), Neue Entwicklungen in Recht und Praxis, 1995; *Brand/Maskow,* Der internationale Anlagenvertrag, 1989; *Brill,* Praktische Rechtsfragen beim Bau von Atomreaktoren, Veröffentlichung des Instituts für Energierecht, 1961, Heft 3/4, S. 82; *Dostrasil,* Entwurf für einen Leitfaden über die Abfassung von Verträgen, die sowohl die Lieferung und Montage von Maschinen und Anlagen als auch die Errichtung von Bauwerken und die Ausführung damit in Zusammenhang stehender öffentlicher Arbeiten zum Gegenstand haben, ECE-Dokument TRADE/WP. 5/3 vom 11. November 1969, vom VDMA gefertigte Rohübersetzung April 1970; *Dünnweber,* Vertrag zur Erstellung einer schlüsselfertigen Industrieanlage im internationalen Wirtschaftsverkehr, 1984; Autorenkollektiv unter Leitung von *Enderlein,* Anlagenvertrag, Montagevertrag, Lohnveredelungsvertrag u.a., Handbuch der Außenhandelsverträge Band 2, 3. Aufl. 1987; *Flocke,* Risiken beim

1. FIDIC: Conditions of Contract for Construction VI. 1

Internationalen Anlagenvertrag, 1986; *Hauptkappe,* Unternehmereinsatzformen im Industrieanlagenbau, 1986; *Hopfenbeck,* Planung und Errichtung von kompletten Industrie-Anlagen in Entwicklungsländern, Diss. München 1974; *Joussen,* Der Industrieanlagen-Vertrag, 2. Aufl. 1996; *Krumm,* Anlagenverträge im Osthandel; *Nicklisch* (Hrsg.), Bau- und Anlagenverträge – Risiken, Haftung, Streitbeilegung, 1984; *Nicklisch* (Hrsg.), Leistungsstörungen, 1985; *Nicklisch* (Hrsg.), Der komplexe Langzeitvertrag/The Complex Long-Term Contract, 1987; *Nicklisch* (Hrsg.), Sonderrisiken bei Bau- und Anlagenverträgen, Beilagen 15 und 19 zu BB 1991; *von Oppen,* Der internationale Industrieanlagenvertrag – Konfliktvermeidung und -erledigung durch alternative Streitbeilegungsverfahren, 2001; *Rosener,* Internationales Großanlagengeschäft, in Lutter/Semler, Rechtsgrundlagen freiheitlicher Unternehmenswirtschaft, 1991; *Stein/Berrer,* Praxis des Exportgeschäftes, Band II: Rechtsfragen, Industrieanlagenexport, 1981; *Stokes,* International Construction Contracts, 2. Aufl. 1980; VDMA, Sonderveröffentlichung Nr. 4/73 der Abteilung Recht und Wettbewerbsordnung: Leitfaden für die Abfassung von Verträgen über die Erstellung großer Industrie-Anlagen (ECE), Oktober 1973; *Graf von Westphalen,* Rechtsprobleme des Anlagenvertrages, BB 1971, 1126.

Schrifttum zu den FIDIC-Bedingungen (dazu Anm. 2 – Wahl des Formulars): *Bunni,* The FIDIC Form of Contract, 2. Aufl., 1997; *Corbett,* FIDIC 4th, A practical Legal Guide, 1991; Guide to the Use of FIDIC Conditions of Contract for Works of Civil Engineering Construction (The Red Book Guide), 1987; Guide to the Use of FIDIC Conditions of Contract for Electrical and Mechanical Works (The Yellow Book Guide), 1988; *Seppala,* Contractor's Claims under the FIDIC Civil Engineering Contract, Fourth (1987) Edition, International Business Lawyer 1991, 395 ff., 457 ff.

Schrifttum zu den neuen FIDIC-Bedingungen (1. Auflage 1999): Booen, The Three Major New FIDIC Books, ICLR 2000, 24 ff.; *Corbett,* FIDIC's New Rainbow 1st Edition – an Advance? ICLR 2000, 253 ff.; *FIDIC,* The FIDIC Contracts Guide, First Edition 2000; *Kehlenbach,* Die neuen FIDIC-Musterbauverträge, ZfBR 1999, 291 ff.; *Mallmann,* Neue FIDIC-Standardbedingungen für Bau- und Anlagenverträge, RIW 2000, 532 ff.; *Rosener, Dorner,* Analyses of selected FIDIC New Series Clauses, compared to the Laws of the Federal Republic of Germany, IBA, 2000; *Seppala,* FIDIC's New Standard Forms of Contract – Force Majeure, Claims, Disputes and other Clauses, ICLR 2000, 235 ff.; *Seppala,* New Standard Forms of International Construction Contract, International Business Lawyer 2001, 60 ff.; *Wade,* FIDIC Standard Forms of Contract – Principles and Scope of the Four New Books, ICLR 2000, 5 ff.

Übersicht

	Seite
1. Sachverhalt	619
2. Wahl des Formulars	620
3. Sonstige Mustervertragsbedingungen	624
4. Checkliste	625
5. Definitionen	629
6. Anlagen zum Vertrag	629
7. Bill of Quantities	630
8. Auftraggeber	631
9. Plant	631
10. Betriebs- und Wartungsanleitungen	631
11. Einweisung von Kundenpersonal	631
12. Vertragssprache, Rechtswahlklausel	632
13. Vorrang einer Vertragssprache	633
14. Contract Agreement	633
15. Vertragsübertragung	633
16. Prüfungspflicht des Unternehmers	633

VI. 1 VI. Internationales Industrieanlagengeschäft

	Seite
17. Mitwirkungspflichten des Auftraggebers	633
17 a. Zölle und andere Abgaben im Ausland	633
18. Der Ingenieur	634
19. Schiedsgutachten	635
20. Organisation der Baustelle; Ablauf der Arbeiten; Personal	635
21. Sicherheiten; Garantieerklärungen; Akkreditive	635
22. Subunternehmer	637
23. Selbstunterrichtungsklausel	638
24. Baugrundrisiko	638
25. Transport	638
26. Energie- und Wasserversorgung	638
27. Superintendence	638
28. Baubegleitende Inspektionen und Tests	638
29. Verhältnis zum Subunternehmervertrag	639
30. Prüfung von Abdeckung	639
31. Zustimmungs- bzw. Abnahmefiktionen	639
32. Arbeitsaufnahme; Inkrafttreten des Vertrages	639
33. Arbeitsprogramm und Netzplan; Übersicht über Fristen und Termine	639
34. Fristverlängerung	640
35. Vertragsstrafe – pauschalierter Schadensersatz/Liquidated Damages – Penalty	640
36. Arbeitsunterbrechung; Kündigung durch den Auftraggeber	641
37. Kündigung durch den Unternehmer	641
38. Abnahme	641
39. Gefahr- und Eigentumsübergang	642
40. Abnahmeprotokoll	643
41. Abnahmeverweigerung	643
42. Vorgezogene Prüfung von Anlagenteilen, Teil-Abnahme	643
43. Leistungsgarantien	643
44. Dauer der Gewährleistung	644
45. Garantieerwartung	644
46. Verpflichtung zur unverzichtlichen Mangel- und Schadensbehebung innehalb angemessener Zeit	644
47. Ersatzvornahme	644
48. Gewährleistung und ursprünglicher Erfüllungsanspruch	645
49. Änderungsaufträge	645
50. Vertragsgewährung	645
50 a. Zahlungsabwicklung	645
51. Finanzierung, Abrechnung, Bewertung	646
52. Verletzung von Mitwirkungsobliegenheiten bzw. -pflichten des Auftraggebers; Ersatzansprüche des Unternehmers	646
53. Haftung	646
54. Rechtsmängelhaftung, insbesondere bei Patent- und sonstigen Schutzrechtsverletzungen	647
55. Lizenzverträge, Entwicklungsverträge	647
56. Haftungsbegrenzungen	647
57. Versicherung	648
58. Versicherungsdauer	648
59. Höhere Gewalt 5. Aufl.: Force Majeure 4. Aufl.: Special risks	649
60. Neuverhandlungspflicht	649
61. Anrechnung anderweitigen Erwerbs	649
62. Konfliktregelung/Dispute Adjudication Board (DAB)	649
63. Schiedsgerichtsklausel	650
64. Steuerliche Behandlung	650

1. FIDIC: Conditions of Contract for Construction VI.1

Anmerkungen

1. Sachverhalt. (a) Die A Company, Kuwait, als Auftraggeber – *Employer* – hat auf der Grundlage einer internationalen Ausschreibung der B AG, Bochum, den Zuschlag für die Lieferung, Errichtung und Inbetriebnahme einer schlüsselfertigen Zementwerksanlage in Kuwait erteilt. Der Ausschreibung waren die vorstehend wiedergegebenen Bedingungen zugrundegelegt. B AG, der Unternehmer – *Contractor* –, hat als Generalunternehmer dem Auftraggeber gegenüber die Gesamtverantwortung übernommen. B AG wird selbst die Maschinen und maschinellen Anlagen liefern, errichten und in Betrieb nehmen; im übrigen wird B AG Unteraufträge erteilen (nachstehendes Form. VI.2). Eine andere Lösung wäre die Erteilung des Auftrages durch den Auftraggeber an ein Konsortium, gebildet aus den Hauptbeteiligten. Diese müßten zu diesem Zweck einen Konsortialvertrag abschließen, wie er sich in Form. VI.3 findet.

Dieser Sachverhalt wird hier angegeben, wiewohl kein darauf speziell zugeschnittener Vertrag, sondern ein international bekanntes Bedingungswerk kommentiert wird (vgl. dazu Anm. 2). Er dient der Veranschaulichung bei einer Reihe von Anmerkungen und wird aus diesem Grunde auch den folgenden Formularen dieses Abschnittes zugrunde gelegt.

(b) Ein weiterer wesentlicher Beteiligter ist hier, wie in der Regel bei Verträgen über Großanlagen, der vom Auftraggeber eingeschaltete beratende Ingenieur (*Engineer*, auch „*Consulting Engineer*" oder „*Consultant*"), meist ein großes Planungs- und Konstruktionsbüro. Der beratende Ingenieur wird insbesondere auch von öffentlichen Auftraggebern in Entwicklungsländern herangezogen. Er übernimmt gemäß den Regelungen des Auftrags wesentliche Steuerungs- und Überwachungsaufgaben für den Auftraggeber gegenüber dem Unternehmer, nachdem er den Auftraggeber bereits bei der Ausschreibung beraten hat. Ihn verbindet ein eigener Vertrag mit dem Auftraggeber; zum Unternehmer bestehen dagegen keine direkten vertraglichen Beziehungen. Insoweit handelt er als Vertreter des Auftraggebers, wobei er gleichwohl möglichst die Rolle einer unabhängigen neutralen Instanz übernehmen soll. (Diese Aufgabe ist daher durchaus zu unterscheiden von dem ebenfalls durch Ingenieurgesellschaften leistbaren „Projekt Management" – s. u. –. Vgl. im übrigen Anm. 18 und 62.)

(c) Es sind noch andere Gestaltungen des Sachverhaltes und damit des Vertrages denkbar, z. B.
– Trennung in zwei Verträge, nämlich einen „Liefervertrag" (Kaufvertrag) und einen „Bau- und Montagevertrag" (Werkvertrag), wobei beide Verträge zwischen denselben Vertragspartnern abgeschlossen werden. Der Vorteil klarerer Zuordnung der verschiedenen Sachverhaltselemente zu gesetzlichen Vertragstypen dürfte in der Regel aber den Nachteil der weithin erforderlichen Wiederholungen, also Doppelregelungen, und der damit verbundenen Aufblähung und Unübersichtlichkeit des Vertragswerks nicht aufwiegen.
– Übernahme des Gesamtauftrages nicht durch einen Hersteller, sondern durch ein Planungs- und Konstruktionsbüro, das damit zwar auch Materialbeschaffung, Bauaufsicht und Inbetriebnahme übernimmt, aber naturgemäß in noch erheblich weiterem Maße Unteraufträge vergeben muß, als ein Hersteller als Hauptauftragnehmer – heute wird diese Gestaltung auch als Generalübernehmervertrag bezeichnet. *Graf von Westphalen* BB 1971, 1128 betrachtet – jedenfalls für die Herstellung von Chemieanlagen – die Übernahme der Generalunternehmerschaft durch Ingenieurgesellschaften als Regelfall. Insgesamt gesehen dürfte aber wohl die Beauftragung eines Herstellers oder eines Konsortiums der häufigste Fall sein.
– Übernahme des Gesamtauftrages durch ein Unternehmen, das lediglich in der Lage ist, das Gesamtprojekt zu finanzieren (vgl. hierzu *Graf von Westphalen* BB 1971, 1128) und/oder zu koordinieren, im übrigen aber alle Lieferungen und Leistungen von der

Planung über die Herstellung bis zu Inbetriebnahme untervergibt. Auch hier handelt es sich um Fälle der „Generalübernehmerschaft".
– *Turnkey Contract*, Vertrag über die Lieferung einer schlüsselfertigen Anlage. Er dürfte – jedenfalls im internationalen Großanlagengeschäft, insbesondere mit Auftraggebern in Entwicklungsländern – ein häufiger Fall der Vertragsgestaltung sein (vgl. *Enderlein*, S. 73; anders nach *Joussen*, 1. Aufl. 1981, S. 78 f. wohl im Inlandsgeschäft). Mit dieser spezifischen Vertragsform beschäftigt sich u. a. der Unterausschuß „Turnkey Contracts for Heavy Plants" (TKHP) der Section on Business Law in der International Bar Association, vgl. dazu dessen Veröffentlichung: Recommendations and Check List of Points of Major Relevance in Turnkey Contracts or Heavy Plant, International Business Lawyer, 1989, 107ff. 1999 hat FIDIC als neuestes Musterbedingungswerk die *„Conditions of Contract for EPC Turnkey Projekts"* („The Silver Book") herausgegeben. Vgl. dazu weiter unten Anm. 12 Abs. (a) und (d). Deutschsprachige Formulare finden sich in Band 2 des Münchener Vertragshandbuches, Form. VIII.1. „Vertrag über die schlüsselfertige Herstellung einer Industrieanlage" und bei *Hopt*, Hrsg., Vertrags- und Formularbuch, 2. Aufl. 2000, S. 610 ff. „Vertrag über Planung und Errichtung einer Industrieanlage".
– Vergabe einer Reihe von „parallelen" Einzelverträgen durch den Auftraggeber, z.B. für die maschinellen Anlagen, den elektrotechnischen und elektronischen Teil und den Bauteil. Dies birgt naturgemäß für den Auftraggeber hohe Risiken, insbesondere im Hinblick auf die Problematik der Schnittstellen zwischen den einzelnen Leistungsteilen und damit auf die lückenlose Haftung der Auftragnehmer.
Aus der Sicht des Auftraggebers ist daher von dieser Gestaltung abzuraten, sofern er nicht selbst über einen erstklassigen Planungs- und Koordinierungsstab verfügt oder die entsprechenden Aufgaben im Rahmen eines „Project Management"-Auftrages auf eine Ingenieurgesellschaft überträgt (vgl. hierzu VDMA Sonderveröffentlichung Nr. 4/73 S. 6).
– Es kommt schließlich auch vor, daß nicht der Auftraggeber, wohl aber ein Unternehmer seinerseits eine Ingenieurgesellschaft mit einem eigenen Auftrag betreffend Übernahme des „Project Management" einschaltet, wenn der beauftragte Unternehmer selbst nicht über die genügende Erfahrung in der Koordinierung und Abwicklung von Großprojekten, insbesondere im Ausland, verfügt.

(d) Nur hingewiesen werden kann hier auf eine wichtige neuere, in der Entwicklung begriffene Gestaltungsform des Anlagengeschäftes: sogenannte **BOT-Projekte** (Build-, Operate and Transfer-Projekte; auch BOOT: Build, Own, Operate and Transfer o. ä.); dazu insbesondere *Westphal* und *Goedel* in *Nicklisch* (Hrsg.), Beilage 20 zu BB 1991, S. 16 ff.; weiter *Nicklisch* (Hrsg.), Rechtsfragen privatfinanzierter Projekte – Nationale und internationale BOT-Projekte, 1994 m. w. Nachw.; darin *Dorner*, S. 75 ff., u. a. zum Verhältnis von BOT-Projekten und Industrieanlagenvertrag zueinander; *Nicklisch*, BOT-Projekte: Vertragsstrukturen, Risikoverteilung und Streitbelegung, BB 1998, 2ff.; das komplexe Vertragsgeflecht eines BOT-Projektes wird heute u. a. als ein Hauptmodell für den Einsatz von Projektfinanzierung angesehen; vgl. hierzu *Reuter/Wecker*, Projektfinanzierung, 1999, S. 82 ff.

2. Wahl des Formulars; AGB-Gesetz. (a) Der Anlagenvertrag oder Industrieanlagenvertrag ist aus noch darzustellenden Gründen (unten Abs. (j) und Anm. 16 Abs. (c)) regelmäßig derart umfangreich, daß die vollständig neue Ausarbeitung eines solchen Vertrages für ein bestimmtes Projekt meist nicht in Betracht kommen dürfte. Deswegen wurde das vorliegende Formular gewählt. Es handelt sich dabei um die 1999 herausgegebene erste Auflage dieses Bedingungswerkes. Während nämlich eine deutsche Musterregelung nicht existiert, die etwa der für Bauverträge gewählten VOB entspräche (vgl. schon *Graf von Westphalen* BB 1971, 1126) – auch die VOL kommt insoweit nicht unmittelbar in Betracht –, hat sich auf internationaler Ebene die FIDIC (Fédération Inter-

1. FIDIC: Conditions of Contract for Construction

nationale des Ingénieurs-Conseils – Internationale Vereinigung beratender Ingenieure) um die Schaffung standardisierter Vertragsbedingungen für das internationale Anlagengeschäft besonders verdient gemacht. Das hier gewählte Formular ist Bestandteil einer aus 4 „Books" bestehenden neuen Serie von Mustervertragswerken, die FIDIC nach längerer Vorbereitung herausgebracht hat und die grundsätzlich für alle, sowohl für Bau- als auch für Industrieanlagenprojekte verwendbar sind. Neben die vorliegend wiedergegebenen „Conditions of Contract for Construction" (gedacht für Projekte, bei denen die Entwurfsplanung vom Auftraggeber oder seinem Ingenieur im wesentlichen vorgegeben ist) treten „Conditions of Contract for Plant and Design-Build" (auch die Entwurfsplanung ist Aufgabe des Auftragnehmers) und „Conditions of Contract for EPC/Turnkey Projects" (auch „Silver Book"); schließlich gibt es eine „Short Form of Contract" für kleinere Projekte. Die 3 erstgenannten Bedingungswerke haben eine gemeinsame Vertragsstruktur (jeweils 20 Klauseln, davon 17 mit gleichen Titeln), sie weichen voreinander nur insoweit ab, als die jeweilige Vertragscharakteristik dies fordert. Lange Zeit gab es nur die – auch jetzt noch erhältlichen – Vorläufer-Musterverträge der FIDIC: einmal die 1992 als verbesserter Nachdruck der 4. Auflage, 1987 zuletzt erschienenen „Conditions of Contract for Works of Civil Engineering Construction"; seit langem und weithin bekannt als „Red Book" (wiedergegeben und mit Anmerkungen versehen in Münchener Vertragshandbuch, 4. Aufl., Band 3.2, Form. III.2.1). Daneben hat FIDIC die in 3. Auflage 1987 erschienenen „Conditions of Contract for Electrical and Mechanical Works (including Erection on Site)", „Yellow Book", und später noch einen Vertrag für „Design-Build and Turnkey", das „Orange Book", erarbeitet. (Bezugsquelle für FIDIC-Veröffentlichungen in Deutschland ist u. a. die Bundesgeschäftsstelle des Verbandes Beratender Ingenieure (VBI), Budapester Straße 31, 10787 Berlin; alle FIDIC Veröffentlichungen sind erhältlich durch den FIDIC Bookshop, POB 86, CH-1000 Lausanne 12). Da mit FIDIC davon ausgegangen werden kann, daß der hier wiedergegebene Construction Contract das Red Book ersetzen wird, ist er in der 5. Auflage des Münchener Vertragshandbuches an die Stelle des in der 4. Auflage wiedergegebenen „Red Book" getreten.

(b) Es sei darauf hingewiesen, daß die FIDIC-Bedingungswerke urheberrechtlich geschützt sind und nicht ohne schriftliche Zustimmung von FIDIC abgedruckt werden dürfen. Verlag, Herausgeber und Autor danken FIDIC für die Erlaubnis zum Abdruck.

(c) Die dem „Red Book" und immer noch dem Construction Contract zugrundeliegende Struktur ist die englischer Bedingungswerke; insbesondere die ausgeprägte Stellung des *„Engineer"* siehe auch oben Anm. 1 Abs. (b) sowie unten Anm. 18 und 62 und die Abrechnung auf der Grundlage von *„Bills of Quantities"* (also Abrechnung nach Aufmaß) zeigen dies. Die Wechselwirkungen mit den ebenfalls in immer überarbeiteten Auflagen erscheinenden Bedingungen des *Institute of Civil Engineers* – ICE-Bedingungen – sind unverkennbar. Die FIDIC-Bedingungen sind aber ursprünglich für den internationalen Gebrauch konzipiert worden. Der Zusatz *„International (Conditions...)"* ist in der vierten Auflage des „Red Book" weggelassen worden, um auszudrücken, daß FIDIC seine Bedingungswerke auch für die Anwendung bei nationalen Verträgen in vielen Ländern empfehlen möchte. Allerdings wäre – um dieses Ziel zu erreichen – für den deutschsprachigen Raum sicher die Vorlage „offizieller" deutscher Übersetzungen der neuen Auflagen der Bedingungswerke notwendig (siehe hierzu auch den folgenden Abs. (f) dieser Anm. sowie Anm. 4). Die weitreichende Regelungsdichte der FIDIC-Bedingungen macht jedenfalls einen Rückgriff auf nationale Rechtsordnungen nur in geringem Umfang nötig und nach den Vorstellungen von FIDIC soll daher der subsidiäre Verweis auf die unterschiedlichsten Rechtsordnungen möglich sein (vgl. dazu Artikel 1.4 und Anm. 12). Unverkennbar bleibt gleichwohl die Herkunft aus dem englischen Rechtsraum.

(d) Für eine schlüsselfertig zu errichtende Anlage („Turnkey Project") könnte grundsätzlich an die Verwendung der „Conditions of Contract for EPC/Turnkey Projects"

– „The Silver Book" – gedacht werden. Doch ist dieser neue Vertragstyp, der – beispielsweise für die Anwendung bei BOT-Projekten – eine äußerst weitgehende Risikoüberwälzung auf den Auftragnehmer vorsieht, derzeit recht umstritten und dürfte, wenn „formularmäßig" verwendet, jedenfalls bei Anwendbarkeit deutschen Rechts teilweise wegen Verstößen gegen das AGB-Gesetz unwirksam sein, vgl. *Kapellmann, Markus, Steding*, FIDIC's New „Silver Book" under the German Standard Form Contracts Act, ICLR 1999, 533 ff.; *Rosener, Dorner* Analyses of Selected FIDIC New Series Clauses, Compared to the Laws of the Federal Republic of Germany, IBA, 2000; weiter die oben im Schrifttumsverzeichnis angegebene und die bei Kehlenbach, dort mitaufgeführt, a. a. O. Fußnote 3 zitierte weitere Literatur zu den neuen FIDIC-Musterbedingungen. Auch aus diesem Grunde wurde hier der FIDIC Construction Contract gewählt.

(e) Der Aufbau der FIDIC-Muster ist dreiteilig: dem Hauptteil *„General Conditions"* – Allgemeine Bedingungen –, der der schnelleren Vergleichbarkeit halber unverändert verwendet werden soll, folgt ein weiterer Teil *„Guidance for the Preparation of Particular Conditions"* – Besondere Bedingungen –, welch Letztere zur Regelung der für den Vertrag spezifischen Punkte sowie zur Aufnahme von Änderungen der und Abweichungen von den Allgemeinen Bedingungen dienen. Dieser zweite Teil, der also stets der Abarbeitung bedarf, ist hier nicht mit abgedruckt. Sein Inhalt und sein enger Bezug zum ersten Teil wird aber in der nachfolgenden Checklist (Anm. 4 Abs. (b)) kenntlich gemacht. Die Klammer für das gesamte Vertragswerk bildet ein ganz kurzes, ebenfalls vorformuliertes, sehr formales *„Contract Agreement"* – also ein Vertragsdokument –, das die Conditions of Contract und die weiteren Anhänge, insbesondere das Angebot des Auftragnehmers, die Spezifikationen und Zeichnungen, als Vertragsbestandteile einbezieht und von den Vertragspartnern zu unterzeichnen ist. Da die *General Conditions* das vertragsrechtlich wesentliche Dokument sind, werden nur diese hier kommentiert. Der Vollständigkeit halber wird aber nachstehend eine Übersetzung des Vertragsdokuments wiedergegeben.

Vertrag(sdokument)

Dieser Vertrag wird geschlossen am ......
...... Tage des Monats ...... 19 ......
zwischen ...... aus ...... (nachstehend „der Auftraggeber" genannt) einerseits
und ...... aus ...... (nachstehend „der Unternehmer" genannt) andererseits
In der Erwägung, daß der Auftraggeber wünscht, ein als ...... bekanntes Werk von dem Unternehmer ausführen zu lassen, und ein Angebot des Unternehmers für die Ausführung und Fertigstellung dieses Werks und die Beseitigung von Mängeln des Werks angenommen hat,
vereinbaren der Auftraggeber und der Unternehmer was folgt:
1. In diesem Vertrag haben Worte und Ausdrücke dieselbe Bedeutung, die ihnen jeweils in den nachstehend genannten Vertragsbedingungen zugewiesen werden.
2. Die folgenden Unterlagen gelten als Teil dieses Vertrages und sind als solche zu lesen und auszulegen:
   (a) die Annahmeerklärung vom ......
   (b) das Angebot vom ......
   (c) die Nachträge Nr. ......
   (d) die Vertragsbedingungen
   (e) die Spezifikationen
   (f) die Zeichnungen und
   (g) die ausgefüllten Anlagen
3. Als Gegenleistung für die von dem Auftraggeber an den Unternehmer entsprechend nachstehender Bestimmungen zu leistenden Zahlungen verpflichtet der Unternehmer

1. FIDIC: Conditions of Contract for Construction　　　　　　　　　　　　　　VI. 1

sich hiermit gegenüber dem Auftraggeber, entsprechend den Bestimmungen des Vertrags das Werk auszuführen und fertigzustellen und Mängel daran zu beseitigen.

4. Der Auftraggeber verpflichtet sich hiermit, an den Unternehmer für die Ausführung und Fertigstellung des Werks und die Beseitigung von Mängeln daran den Vertragspreis an den Terminen und in der Weise, die in dem Vertrag vorgeschrieben sind, zu zahlen.

Zu Urkund dessen haben die Vertragsparteien veranlaßt, daß dieser Vertrag am oben erwähnten Tag und im oben erwähnten Jahr in Übereinstimmung mit ihrem jeweiligen Recht ausgefertigt wurde.

Unterzeichnet von: ......　　　　　　　　　　　Unterzeichnet von: ......
Für den Auftraggeber in Gegenwart von　　　　Für den Unternehmer in Gegenwart von:
Zeuge: ......
Name: ......
Anschrift: ......
Datum: ......

(f) Von der Wiedergabe einer Übersetzung des Construction Contract ins Deutsche wird abgesehen, da eine „offizielle" Übersetzung nicht vorliegt und im Hinblick auf eine mögliche spätere FIDIC-Übersetzung sowie wegen des großen Umfanges die gesonderte Anfertigung einer Übersetzung eigens für das vorliegende Werk und deren Wiedergabe nicht angemessen erscheint. In der nachfolgenden Anm. 4 – *Checklist* – wird aber eine deutsche Übersetzung des selbst schon umfangreichen Inhaltsverzeichnisses gegeben, das einen guten Überblick über das Bedingungswerk verschafft.

(g) Spezialliteratur zu dem hier kommentierten Form. ist am Ende des vorstehenden Schrifttumsverzeichnisses aufgeführt.

(h) Aus deutscher Sicht ist zum Industrieanlagenvertrag, der bei der Kommentierung des Construction Contract immer als Anwendungsfall für das Formular gedacht ist, folgendes zu bemerken.

Der Industrieanlagenvertrag ist grundsätzlich ein Werkvertrag (§§ 631 ff. BGB), und zwar ein Werklieferungsvertrag über nicht vertretbare Sachen (§ 651 Abs. 1 Satz 2, 2. Halbsatz BGB; so auch *Joussen*, S. 29 und BGH 283, 197 ff.; differenzierend die Besprechung von *Vetter*, Gefahrtragung beim grenzüberschreitenden Industrie-Anlagen-Vertrag, RIW-AWD 1984, 170 ff. Vgl. zum Werklieferungsvertrag allgemein etwa *Staudinger/Peters*, § 651 Rdnr. 1 ff.; *Palandt/Thomas*, Einf. v. § 631; *Erman/Seiler*, vor § 631, insbesondere Anm. 26; RGRK/*Glanzmann*, vor § 631, § 631, Anm. 6 ff.; AK BGB/*Derleder*, vor §§ 631 ff.; MünchKomm/*Soergel*, § 631 Anm. 1 ff., 69 ff.; *Soergel/Mühl*, vor § 631, Anm. 1 ff., Anm. 94 f. Der Anlagenvertrag wird bei *Erman/Seiler*, vor § 631, Anm. 26 lediglich erwähnt und etwas eingehender allein bei MünchKomm/*Soergel*, § 631 Anm. 69 ff., *Soergel/Mühl*, vor § 631 Anm. 94 f. sowie *Ingenstau/Korbion*, VOB Anh. 1 Rdnr. 135 behandelt. Der Anlagenvertrag ist u. a. auch Geschäftsbesorgungsvertrag (§ 675 BGB). Gleichwohl muß darauf hingewiesen werden, daß der Begriff „Anlagenvertrag" ungeachtet der Verbreitung und wirtschaftlichen Bedeutung dieses Vertragstyps „ohne feste Konturen ist" (so zu Recht *Joussen* S. 7). Das Formular ist demgemäß im Kern ein Werkvertrag, enthält aber auch darüber hinausgreifende Regelungen.

Das gesamte Lieferungs- und Leistungsbündel des typischen Anlagenvertrages umfaßt nämlich auch Rechtsbeziehungen, die – mindestens für sich betrachtet – als Dienstleistungen, Arbeitnehmerüberlassung, Geschäftsbesorgung, bloßer Kauf etc. eingeordnet werden könnten. Zum Teil wird versucht, für die schwierige Frage der Haftungsabgrenzung beim Generalunternehmervertrag eine faire Lösung durch zumindest teilweise Einordnung unter andere Vorschriften als die des Werkvertrages zu finden (vgl. *Graf von Westphalen* BB 1971, 1134 f. unter Bezugnahme auf *Soergel/Ballerstedt*). Solche Lösungen lassen sich aber nicht aus dem Gesetz ableiten, sondern nur im Vertrag regeln – so z. B. bezüglich der Mitwirkungspflichten des Auftraggebers (vgl. *Nicklisch* BB 1979,

533) oder der teilweisen Risikoüberwälzung auf Unterauftragnehmer (vgl. *Grüter* Betr. 1980, 867; *Nicklisch* NJW 1985, 2361 ff.).

U.a. um einer unzutreffend auf einen Vertragstypus verengten ergänzenden Vertragsauslegung vorzubeugen, wird der Industrie-Anlagenvertrag auch als „typengemischter eigener Vertrag" angesprochen (vgl. *Hopt/Graf von Westphalen,* Vertrags- und Formularbuch, 2. Aufl. 2000, S. 606).

(i) Construction Contract stellt wie dargelegt einen Vertrag mit Abrechnung zu Einheitspreisen auf der Grundlage des endgültigen Aufmaßes dar. Häufig findet sich in der Praxis auch der Typ eines Vertrages über die schlüsselfertige Darstellung einer Industrieanlage („turnkey project") zu einem Pauschalfestpreis mit einem Generalunternehmer. Insoweit wird auf Anm. 1 Abs. (c), Stichwort *Turnkey Contract,* oben Abs. (d) sowie auf Anm. 7, Abs. (b) und (c) verwiesen.

(j) Ausgegangen wird schließlich von dem typischen Fall eines grenzüberschreitenden Vertrages. Deutsches Recht wird in solchem Fall häufig nicht oder nicht ausschließlich Anwendung finden können (hierzu s.u. Anm. 12), das ausländische Recht wird vielfach schwer zugänglich sein und auch für die komplexen Sachverhalte nicht immer passende Regelungen bieten – so insbesondere in Entwicklungsländern. Daher empfiehlt es sich, dem Geschäft eine möglichst umfassende und abschließende vertragliche Regelung zugrundezulegen, wie sie der Construction Contract darstellt (vgl. auch *Böckstiegel/Dilger,* Vertragspraxis und Streiterledigung im Wirtschaftsverkehr mit arabischen Staaten 1980, S. 103, der dies insbesondere im Hinblick auf die in Anm. 12 Abs. (c) genannten Besonderheiten des islamischen Rechts empfiehlt; weiter *Graf von Westphalen,* der in BB 1971, 1126 davon spricht, daß die Aufgabe einer angemessenen Regelung des Anlagengeschäfts „ein mitunter beängstigend voluminöses Vertragswerk erfordert").

(k) Die Regelungen des Construction Contract stellen **Allgemeine Geschäftsbedingungen** im Sinne des § 1 des Gesetzes zur Regelung des Rechts allgemeiner Geschäftsbedingungen (AGB-Gesetz) dar. Sie dürften aber in aller Regel nicht den Vorschriften dieses Gesetzes unterfallen. Denn die Anwendung deutschen Rechtes wird im internationalen Anlagengeschäft selten – wenn überhaupt – in Betracht kommen. Zwar erfaßt § 12 AGB-Gesetz – „Zwischenstaatlicher Geltungsbereich" – in bestimmten Fällen auch Verträge, die ausländischem Recht unterliegen. Jedoch findet gemäß § 24 AGB-Gesetz u.a. § 12 AGB-Gesetz keine Anwendung auf Allgemeine Geschäftsbedingungen, die gegenüber einem Kaufmann verwendet werden, wenn der Vertrag zum Betriebe seines Handelsgewerbes gehört. Als deutsche Auftragnehmer kommen im internationalen Anlagengeschäft jedoch praktisch nur Vollkaufleute in Betracht. Dabei ist herrschende Meinung, daß in solchem Fall auch nicht etwa eine Inhaltskontrolle gemäß § 9 AGB-Gesetz stattfindet (vgl. *Horn* in *Wolf/Horn/Lindacher,* AGB-Gesetz, § 24 Rz. 14, 15 m.w. Hinweisen; ebenso *Müller/Otto,* Allgemeine Geschäftsbedingungen im internationalen Wirtschaftsverkehr, S. 109, 110; beachtlich allerdings die Bedenken, die *Graf von Westphalen* NJW 1994, 2113 ff. u.a. im Hinblick auf Art. 34 EGBGB äußert).

Da somit eine Anwendbarkeit des AGB-Gesetzes auf den Construction Contract praktisch kaum in Betracht kommt, wird von einer Kommentierung der Bedingungen des Construction Contract im Lichte des AGB-Gesetzes Abstand genommen.

Entsprechendes gilt – darauf sei in diesem Zusammenhang abschließend nur hingewiesen – für die Richtlinie 93/13/EWG des Rates über mißbräuchliche Klauseln in Verbraucherverträgen vom 5. April 1993, weil es sich beim Anlagengeschäft offensichtlich nicht um Verbraucherverträge im Sinne der Richtlinie handelt.

3. Sonstige Mustervertragsbedingungen. (a) Noch immer gibt es für den Industrieanlagenvertrag keine deutsche Musterregelung, die etwa der für Bauverträge bewährten VOB entspräche (vgl. schon *Graf von Westphalen* BB 1971, 1126). Im Ausland sind besonders verbreitet die englischen Conditions of Contract der I.C.E. – Institution of Civil Engineers, die derzeit in 7. Auflage vorliegen, und die US-amerikanischen General Con-

1. FIDIC: Conditions of Contract for Construction

ditions (form A210) des *AIA – American Institute of Architects*. Beides sind aber ebenfalls primär Bauvertragsbedingungen; das englische Bedingungswerk und die FIDIC Bedingungen (insbesondere die des Red Book) beeinflußten und beeinflussen sich im Zuge der abwechselnd erscheinenden Neuauflagen gegenseitig (vgl. *Corbett*, S. viii). Weiter ist hinzuweisen auf die umfangreiche Serie von Vertragsmustern, die von *The Associated General Contractors of Amerika* (AGC) erarbeitet wurden.

(b) Dagegen hat die UNIDO (United Nations Industrial Development Organization) 1983 ein umfassendes Anlagenvertrags-Muster vorgelegt: UNIDO Model Form of Turnkey Lump Sum Contract for the Construction of a Fertilizer Plant including Guidelines and Technical Annexures, prepared by Negotiation Branch, Division of Policy Coordination, 1. Juni 1983, Dokument UNIDO/PC. 25/Rev. 1. Der Mustervertrag ist abgedruckt bei *Dünnweber,* S. 171–317. *Dünnweber* hält in einer Vorbemerkung fest, daß „nach Ansicht einiger Auftragnehmer seine Regelungen die Auftraggeberseite zu sehr begünstigen". Hingewiesen sei darauf, daß in der DDR eine gesetzliche Regelung für internationale Anlagenverträge bestand: §§ 88 ff. des Gesetzes über internationale Wirtschaftsverträge vom 5. Februar 1976 (GIW), GBl. DDR I, 61, enthielten eine Reihe von – allerdings recht allgemein formulierten – Vorschriften für den Anlagenvertrag (vgl. *Enderlein,* Anlagenvertrag u. a., S. 75).

(c) Es muß betont werden, daß insbesondere die öffentlichen Auftraggeber in den Ausschreibungsunterlagen häufig Vertragsbedingungen vorgeben, die nicht oder kaum einer Änderung durch den Auftragnehmer zugänglich sind. Sie stützen sich vielfach mehr oder weniger auf die FIDIC-Bedingungen (so z.B. vielfach in Saudi-Arabien, vgl. *Böckstiegel/Klingmüller,* Vertragspraxis und Streiterledigung im Wirtschaftsverkehr mit arabischen Staaten, S. 12). Auch wenn in der Praxis über die Vertragsgestaltung gar nicht sollte verhandelt werden können, erleichtern das Formular – das wie gesagt vielfach auch abweichenden Bedingungswerken mehr oder weniger zugrundeliegt – und seine Anmerkungen die Beurteilung des Inhalts der „vorgegebenen" Regelungen.

(d) In der internationalen Vertragspraxis wird häufig, auch insoweit in Anlehnung an die FIDIC-Muster, eine Dreiteilung in ein – sehr förmliches, wenig inhaltsreiches – kurzes Vertragsdokument, sowie sogenannte „Allgemeine" und „Besondere Bedingungen" vorgenommen. Dies erleichtert den ausschreibenden Stellen, die viele Aufträge vergeben, den Überblick, da die allgemeinen Bedingungen als solche grundsätzlich unverändert bleiben, Abweichungen vielmehr aus den „Besonderen Bedingungen" leicht ersichtlich sind.

(e) Wegen der großen Bedeutung des *Consulting,* also der Tätigkeit beratender Ingenieure im Anlagengeschäft sei schließlich auf die diesbezüglichen Mustervertragsbedingungen hingewiesen, die in Abs. (d) zur nachfolgenden Anm. 18 – Der Ingenieur – aufgeführt werden.

4. Checkliste. (a) Wie in Anm. 2 Abs. (f) näher dargelegt, gibt es derzeit keine Übersetzung des FIDIC Construction Contract ins Deutsche. Aus diesem Grunde wird nachstehend eine deutsche Übersetzung des sehr detaillierten und daher umfangreichen Inhaltsverzeichnisses des oben als Formular wiedergegebenen Bedingungswerkes – *General Conditions* – abgedruckt. Diese umfassende Übersicht kann als Checklist für die Fülle der im Anlagenvertrag regelungsbedürftigen Punkte benutzt werden.

(b) Dabei werden alle Artikel durch Kursivdruck gekennzeichnet, zu denen Änderungen oder Ergänzungen im Rahmen der *Particular Conditions* erforderlich oder zweckmäßig erscheinen.

VI. 1

Vertragsbedingungen für die Errichtung von Bauwerken und Anlagen
Allgemeine Bedingungen

Inhalt

1 Allgemeine Bedingungen

1.1 *Definitionen*
1.2 *Auslegung*
1.3 *Mitteilungen*
1.4 *Anwendbares Recht und Vertragssprache*
1.5 *Vorrang der Vertragsunterlagen*
1.6 *Vertragsdokument*
1.7 *Abtretung*
1.8 *Verwahrung und Bereitstellung von Unterlagen*
1.9 *Verzögerungen der Zeichnungen oder Anweisungen*
1.10 *Nutzung der Unterlagen des Unternehmers durch den Auftraggeber*
1.11 *Nutzung der Unterlagen des Auftraggebers durch den Unternehmer*
1.12 *Vertrauliche Details*
1.13 *Beachtung der Gesetze*
1.14 *Gesamtschuldnerische Haftung*

2 Der Auftraggeber

2.1 *Recht auf Zugang zu der Baustelle*
2.2 *Genehmigungen, Lizenzen oder Zustimmungen*
2.3 *Mitarbeiter des Auftraggebers*
2.4 *Finanzielle Vorkehrungen des Auftraggebers*
2.5 *Ansprüche des Auftraggebers*

3 Der Ingenieur

3.1 *Aufgaben und Befugnisse des Ingenieurs*
3.2 *Delegationsbefugnis des Ingenieurs*
3.3 *Anweisungen des Ingenieurs*
3.4 *Austausch des Ingenieurs*
3.5 *Festlegungen*

4 Der Unternehmer

4.1 *Allgemeine Verpflichtungen des Unternehmens*
4.2 *Erfüllungsgarantie*
4.3 *Vertreter des Unternehmers*
4.4 *Subunternehmer*
4.5 *Abtretung von Forderungen aus dem Subunternehmervertrag*
4.6 *Kooperation*
4.7 *Absteckung*
4.8 *Sicherheitsmaßnahmen*
4.9 *Qualitätssicherung*
4.10 *Baustellendaten*
4.11 *Zulänglichkeit des akzeptierten Vertragsbetrages*
4.12 *Unvorhersehbare physische Bedingungen*
4.13 *Wegerechte und Einrichtungen*
4.14 *Verhinderung von Störungen*
4.15 *Zugangswege*
4.16 *Transport von Sachen*
4.17 *Baustelleneinrichtung des Unternehmers*

1. FIDIC: Conditions of Contract for Construction

4.18 Umweltschutz
4.19 *Elektrizität, Wasser und Gas*
4.20 *Ausrüstung des Auftraggebers und von ihm beigestellte Materialien*
4.21 Fortschrittsberichte
4.22 Sicherheit auf der Baustelle
4.23 Arbeit des Unternehmers auf der Baustelle
4.24 Fossilien

5 Benannte Subunternehmer
5.1 Definition des Begriffs „benannte Subunternehmer"
5.2 Widerspruch gegen Benennung
5.3 Zahlungen an benannte Subunternehmer
5.4 Zahlungsnachweise

6 Angestellte und Arbeiter
6.1 Einstellung von Angestellten und Arbeitern
6.2 Lohnsätze und Arbeitsbedingungen
6.3 Personen im Dienst des Auftraggebers
6.4 Arbeitsrechtliche Gesetze
6.5 *Arbeitszeit*
6.6 *Einrichtungen für Angestellte und Arbeiter*
6.7 Gesundheit und Sicherheit
6.8 *Bauleitung durch den Unternehmer*
6.9 Mitarbeiter des Unternehmers
6.10 Aufzeichnungen über die Mitarbeiter und die Baustelleneinrichtung des Unternehmers
6.11 Fehlverhalten

7 Betriebsanlagen, Materialien und Ausführung der Arbeit
7.1 Art der Ausführung
7.2 Proben
7.3 Inspektionen
7.4 Prüfungen
7.5 Zurückweisung
7.6 Nachbesserungsarbeiten
7.7 Eigentum an Betriebsanlagen und Material
7.8 Lizenzgebühren

8 Beginn, Verzögerungen und Unterbrechung
8.1 Beginn der Arbeit
8.2 *Fertigstellungsfrist*
8.3 Programm
8.4 Verlängerung der Fertigstellungsfrist
8.5 Verzögerungen aufgrund behördlicher Handlungen
8.6 Arbeitsfortschritt
8.7 *Verzugsschadensersatz*
8.8 Unterbrechung der Arbeit
8.9 Folgen der Unterbrechung
8.10 Zahlung für Betriebsanlagen und Material im Falle einer Unterbrechung
8.11 Längere Unterbrechung
8.12 Wiederaufnahme der Arbeit

9 Prüfungen nach Fertigstellung
9.1 *Verpflichtungen des Unternehmers*
9.2 Verzögerte Prüfungen

9.3 Wiederholte Prüfung
9.4 Nichterfüllung der Prüfungen nach Fertigstellung

10 Übernahme durch den Auftraggeber

10.1 *Übernahme des Werks und von Teilen*
10.2 Abnahme von Teilen des Werks
10.3 Störung bei Prüfungen nach Fertigstellung
10.4 Notwendigkeit der Wiederherstellung von Flächen

11 Haftung für Mängel

11.1 Erledigung ausstehender Arbeit und Mängelbeseitigung
11.2 Kosten der Mängelbeseitigung
11.3 Verlängerung der Mängelanzeigefrist
11.4 Nichtbeseitigung von Mängeln
11.5 Entfernung fehlerhafter Arbeit
11.6 Weitere Prüfungen
11.7 Recht auf Zugang
11.8 Suche durch den Unternehmer
11.9 Abnahmebescheinigung
11.10 *Nicht erfüllte Verpflichtungen*
11.11 Räumung der Baustelle

12 Vermessung und Bewertung

12.1 Vermessungen des Werks
12.2 Vermessungsverfahren
12.3 Bewertung
12.4 Unterlassungen

13 Änderung und (Preis-)Anpassungen

13.1 Änderungsrecht
13.2 Value Engineering
13.3 Änderungsverfahren
13.4 Zahlung in der zutreffenden Währung
13.5 Provisorische Beträge
13.6 Arbeit zu Tagessätzen
13.7 (Preis-)Anpassungen an Gesetzesänderungen
13.8 *(Preis-)Anpassungen an Kostenänderungen*

14 Vertragspreis und Zahlung

14.1 *Der Vertragspreis*
14.2 *Vorauszahlung*
14.3 Verlangen nach Bescheinigungen über Zwischenzahlungen
14.4 Zahlungsfristen
14.5 Für das Werk bestimmte Betriebsanlagen und Materialien
14.6 Ausstellung von Bescheinigungen über Zwischenzahlungen
14.7 *Zahlung*
14.8 *Verspätete Zahlung*
14.9 *Zahlungen einbehaltener Beträge*
14.10 Abrechnung nach Fertigstellung
14.11 Verlangen nach Bescheinigung der endgültigen Zahlung
14.12 Entlastung
14.13 Ausstellung der Bescheinigung der endgültigen Zahlung
14.14 Ende der Auftraggeberhaftung
14.15 *Währungen für Zahlungen*

1. FIDIC: Conditions of Contract for Construction

15 Kündigung durch den Auftraggeber
15.1 Anzeige der Nachbesserungspflicht
15.2 *Kündigung durch den Auftraggeber*
15.3 Bewertung auf den Zeitpunkt der Vertragsbeendigung
15.4 Zahlung nach Kündigung
15.5 *Kündigungsrecht des Auftraggebers*

16 Unterbrechung und Kündigung durch den Unternehmer
16.1 Recht des Unternehmers auf Unterbrechung der Arbeit
16.2 *Kündigung durch den Unternehmer*
16.3 Einstellung der Arbeit und Entfernung der Ausrüstung des Unternehmers
16.4 Zahlung nach Kündigung

17 Gefahr und Verantwortung
17.1 Entschädigungen
17.2 Obhut über das Werk durch den Unternehmer
17.3 Risiken des Auftraggebers
17.4 Folgen der Risiken des Auftraggebers
17.5 Gewerbliche Schutzrechte
17.6 *Haftungsbeschränkung*

18 Versicherung
18.1 Allgemeine Erfordernisse für Versicherungen
18.2 *Versicherung des Werks und der Baustelleneinrichtung des Unternehmers*
18.3 Versicherung gegen Personenschäden und Sachschaden
18.4 Versicherung der Mitarbeiter des Unternehmers

19 Höhere Gewalt
19.1 Definition des Begriffs höhere Gewalt
19.2 Mitteilung im Falle höherer Gewalt
19.3 Pflicht zur Minderung der Verzögerung
19.4 Folgen höherer Gewalt
19.5 Höhere Gewalt mit Auswirkung auf den Subunternehmer
19.6 Kündigungsoption, Zahlung und Befreiung
19.7 Befreiung von der Leistungspflicht kraft Gesetzes

20 Forderungen, Streitigkeiten und Schiedsverfahren
20.1 Forderungen des Unternehmers
20.2 *Bestellung des Dispute Adjudication Board (DAB – Streiterledigungsausschuß)*
20.3 Nichteinigung auf ein DAB
20.4 Herbeiführung einer Entscheidung des DAB
20.5 *Gütliche Einigung*
20.6 *Schiedsverfahren*
20.7 Nichtbefolgung der Entscheidung des Schiedsgerichts
20.8 Ablauf der Bestellung des DAB

5. Definitionen. Die der angelsächsischen Praxis entsprechende Aufführung von Definitionen am Anfang eines so umfangreichen Vertrages ist zweckmäßig, weil damit den Benutzern des Vertrages zu Beginn der Lektüre die genaue Bedeutung einer großen Anzahl ständig wiederkehrender Begriffe ersichtlich gemacht wird.

6. Anlagen zum Vertrag. In Artikel 1.1.1.1 werden die Vertragsbestandteile aufgeführt, die bei Unterzeichnung des Contract Agreement oder Agreement als formaler Klammer (vgl. Anm. 2 Abs. (e)) durch dieses, sonst jedenfalls durch die hier kommentierte Definition zusammengefaßt werden. Die für Leistungsabgrenzung und -umfang ausschlaggebenden Anlagen *Specification* – Leistungsbeschreibung, Spezifikationen – und *Drawings* – Zeichnungen –, die in Artikel 1.1.1.5 und 1.1.1.6 definiert werden, müssen in erster Linie von den Technikern beider Parteien ausgearbeitet werden; doch sollte auch der Vertragsjurist bei der Erarbeitung der Leistungsbeschreibung mit eingeschaltet werden. Es ist zur Vermeidung von Widersprüchen und Unklarheiten in hohem Maße empfehlenswert, die *Specification* nicht, wie es in der Praxis häufig geschieht, durch bloßes Zusammenheften von Angebots- und Auftrags-Schriftwechsel herzustellen, sondern diese Anlage nach letztem Stand in sich stimmig neu zu formulieren, wie es auch die hier kommentierten Definitionen vorsehen.

7. Bill of Quantities, Preis nach Aufmaß; Schlüsselfertige Anlage, Pauschalfestpreis; Preisgleitklauseln. (a) Die *Bill of Quantities* – etwa: Aufstellung der benötigten Mengen an Material, Personal etc. – als Grundlage der endgültigen Preisfeststellung ist ein typisch britisches Instrument. Im Red Book ist in der Definition auch die Angabe von Preisen in der *Bill of Quantities* selbst vorgesehen; aus der Multiplikation mit den Mengen etc. ergab sich ein formaler *Contract Price*. Die Preis- und Zahlungsregelung des Red Book entspricht damit insgesamt traditioneller englischer Vertragsgestaltung. *Corbett*, FIDIC 4th, beschreibt dieses Charakteristikum des Red Book wie folgt:

Es handelt sich um einen Vertrag mit Preis nach Aufmaß, bei dem die Angaben in der „*Bill of Quantities*" nur annähernd sind und der „*Contract Price*" wenig Bedeutung hat außer als Mittel zur Beurteilung der konkurrierenden Angebote. Im vorliegend kommentierten *Construction Contract* entfernen sich die Regelungen, offenbar im Hinblick auf den internationalen Einsatz, von diesem Modell: Der *Contract Price* ist nunmehr der sich aus Aufmaß und Bewertung ergebende (vgl. Artikel 14.1 und 12), die *Bill of Quantities* als solche ist nur noch optional vorgesehen (Definition 1.1.1.10: „*if any*"). Die „*Guidance for the Preparation of Particular Conditions*" sieht für Artikel 14.1 darüber hinaus eine alternative Formulierung für die Gestaltung „*lump sum contract*", also Pauschalpreis-Vertrag vor.

(b) Gerade in der Praxis des Industrieanlagengeschäftes hat sich aber folgende Gestaltung immer mehr verbreitet: Der Auftragnehmer ist dem Auftraggeber gegenüber verpflichtet, die gesamte Anlage einschließlich Bauteil innerhalb einer vertraglich bestimmten Frist mit vertraglich festgelegten Leistungen herzustellen und dem Auftraggeber ihren fehlerfreien Betrieb nachzuweisen. In der Praxis hat sich dafür der unscharfe Begriff „schlüsselfertige Erstellung" gebildet (vgl. *Graf von Westphalen* BB 1971, 1126; im internationalen Vertragssprachgebrauch entspricht dem der Begriff „turnkey project", vgl. dazu auch oben Anm. 1, Abs. (c)). Auf die insbesondere im Algerien-Geschäft entwickelten, für den Auftragnehmer gefährlichen, weiterreichenden Vertragstypen „produit en main" und „profit en poche" kann hier nur hingewiesen werden; vgl. dazu *Dünnweber*, Vertrag zur Erstellung einer schlüsselfertigen Industrieanlage im internationalen Wirtschaftsverkehr, 1984, S. 11). Dieser schlagwortartige Begriff entzieht sich allerdings einer exakten Definition und hat deshalb rechtlich für die Bestimmung des geschuldeten Leistungsumfangs nicht diejenige Bedeutung, die ihm im Streitfall von Seiten des Auftraggebers regelmäßig beigemessen wird.

Der geschuldete Leistungsumfang bestimmt sich nämlich nach den konkreten vertraglichen Vereinbarungen (vgl. dazu auch *Dostrasil*, S. 21 ff. und VDMA Sonderveröffentlichung Nr. 4/73, S. 16 ff.), vorliegend also vor allem nach *Specification* und *Drawings* gemäß Artikel 1.1.1.5 und 1.1.1.6.

(c) Insbesondere Pauschalfestpreis-Verträge für schlüsselfertige Projekte (vgl. FIDIC Conditions of Contract for Design – Build and Turnkey, das Orange Book, das in Artikel 13.1 Zahlung „on a fixed lump sum basis" vorsieht; weiter jetzt das Silver Book, FIDIC Conditions of Contract for EPC/Turnkey Projects), die im Anlagengeschäft häufig sind, setzen deshalb eine genaue Leistungsabgrenzung voraus. Was nicht erkennbar zum Leistungsumfang gehört, ist auch nicht vom Pauschalfestpreis gedeckt, wobei dar-

1. FIDIC: Conditions of Contract for Construction

auf abgestellt wird, was ein erfahrener Unternehmer aufgrund aller ihm zugänglichen Unterlagen und Informationen erkennen konnte (vgl. hierzu *Ingenstau/Korbion*, VOB/B § 2, Rdnr. 283 ff.; *Heiermann* BB 1975, 991; *Kroppen*, Pauschalpreis und Vertragsbruch, 1974; BGH *Schäfer/Finnern* Z.Z. 3001, Bl. 35 ff.). Auf die vielfachen Probleme des Pauschalpreises, des Festpreises und der Festpreisgarantie kann hier nur hingewiesen werden (vgl. dazu nur *Ingenstau/Korbion*, VOB/B, § 2, Rdnr. 140, 292 ff. und § 13 Rdnr. 848).

(d) Alternativ zu einem Festpreis sind auch Preisvereinbarungen unter Aufnahme von Preisgleitklauseln mit Preisgleitungsformeln üblich, in denen mit verschiedener Gewichtung Lohn und wesentliche Materialpreise als Faktoren eingesetzt werden. Vgl. hierzu insbesondere *Graf von Westphalen*, Rechtsprobleme der Exportfinanzierung, 3. Aufl., 1987, S. 97 ff.; *Baur*, Vertragliche Anpassungsregelungen, 1983, sowie *Horn*, Standard Clauses on Contract Adaptation, in: Horn (Hrsg.), Adaptation and Renegotiation of Contracts in International Trade and Finances, 1985. Bei Preisgleitklauseln ist stets zu prüfen, ob diese wegen § 2 Preisangaben- und Preisklauselgesetz in Verbindung mit der Preisklauselverordnung (PrKV) vom 23. September 1998 einer Genehmigung des Bundesamtes für Wirtschaft und Ausfuhrkontrolle (BAFA) bedürfen (früher: § 3 Währungsgesetz und Genehmigung durch die Deutsche Bundesbank, vgl. *Graf von Westphalen*, 113 ff., sowie umfassend *Dürkes*, Wertsicherungsklauseln, 10. Aufl. 1992). Zur praktischen Formulierung von Preisgleitklauseln, insbesondere Kostenelementeklauseln vgl. *Graf von Westphalen*, 106 ff. und VDMA, Sonderveröffentlichung 2/71. Nach § 1 Nr. 3 PrKV sind Kostenelementeklauseln, wie hier im Construction Contract, Artikel 13.8, genehmigungsfrei.

Weitere Beispiele typischer Zahlungsbedingungen finden sich bei *Graf von Westphalen*, Rechtsprobleme der Exportfinanzierung, 3. Aufl. 1987, S. 173 ff.

8. Auftraggeber. Der Begriff *Employer* – im engeren Wortsinne: Arbeitgeber – ist hier, wie in der Vertragspraxis weithin üblich, im Sinne von „Auftraggeber" benutzt. Da dem Anlagenvertrag z. T. Werkvertragscharakter zukommt, kommt im Deutschen insoweit auch der gesetzliche Begriff „Besteller" (§§ 631 ff. BGB) in Betracht. Er ist in der Praxis des Anlagengeschäftes unüblich und würde die Komplexität des Industrie-Anlagenvertrages eher verdecken. Häufig wird dagegen synonym auch der Begriff „Kunde" – „*Client*" benutzt.

9. Plant. Dieser erst in der 4. Auflage des Red Book dort in den Kontext der Definitionen in Artikel 1.1 (f) eingefügte und jetzt in Artikel 1.1.5.5 definierte Begriff, der dem deutschen Begriff der (Industrie-)Anlage entspricht, verdeutlicht das Selbstverständnis der Autoren und Herausgeber des Red Book und des Construction Contract, daß diese Regelungswerke insbesondere auch für das Anlagengeschäft Verwendung finden sollen.

10. Betriebs- und Wartungsanleitungen. Der Construction Contract, wie auch schon das Red Book, ist hier äußerst zurückhaltend: Diese Unterlagen werden lediglich in den Definitionen erwähnt, und recht knapp mit dem Begriff „*manuals*".

Der Unternehmer steht nach deutschem Recht für die Fehlerfreiheit der Betriebsanleitungen und Wartungsschriften ein, deren Lieferung eine eigene vertragliche Hauptpflicht ist (letzteres legt das FIDIC Yellow Book in Artikel 6.6 – Operation and Maintenance Manuals – zutreffend ausdrücklich fest). Er muß also nicht nur kostenlos Fehler in diesen Unterlagen beseitigen, sondern grundsätzlich auch eventuelle Folgeschäden beim Auftraggeber ersetzen (vgl. *Stein/Berrer*, S. F 14 f.). Auch im Hinblick darauf ist eine Haftungsbegrenzung für den Unternehmer wichtig, wie sie sich in Artikel 17.6 (so auch Artikel 42 des Yellow Book, nicht jedoch im Red Book) findet (vgl. auch Anm. 56).

11. Einweisung von Kundenpersonal. Zu dieser Frage schweigt der Construction Contract ebenso wie das Red Book, aber auch das Yellow Book der FIDIC. Dem Personal des Auftraggebers sollte rechtzeitig Gelegenheit zur Einarbeitung in die Bedienung und Wartung der Anlage gegeben werden. Grundlage dafür sind die Betriebsanleitungen und

Wartungsvorschriften (vgl. Anm. 10). Da jedoch auch bei deren Vorliegen die Inbetriebnahme, Bedienung und Wartung komplexer Anlagen dem Personal des Auftraggebers – insbesondere in Entwicklungsländern – Schwierigkeiten bereiten kann, kommen hierfür – gegebenenfalls in einen gesonderten Vertrag aufzunehmende – Vereinbarungen über die Personalschulung oder zeitlich begrenzte Gestellung von qualifiziertem Personal in Betracht (vgl. *Graf von Westphalen* BB 1971, 1190; weiter *Kühnel* RIW/AWD 1981, 533, der Anregungen für noch eingehendere Regelung dieser Materie bietet). Ausgehend davon hat sich ein neues Tätigkeitsfeld für die Zeit nach der Erfüllung von Anlagenverträgen entwickelt, das vertraglich in Form langfristiger Betriebs- und Wartungsverträge in Erscheinung tritt. Leistungsabgrenzung und Kostenregelung sind die wichtigsten Regelungsmaterien dieser Verträge, auf die hier nur hingewiesen werden kann (vgl. dazu *Kühnel* BB 1985, 1227 ff.). Der neuere Vertragstyp BOT oder BOOT (Build, Operate and Transfer oder Build, Own, Operate and Transfer) beinhaltet demgegenüber den Betrieb als Aufgabe des Unternehmers bis zur (u. U. fernliegenden) Übertragung auf den Auftraggeber (vgl. dazu oben Anm. 1 Abs. (d)).

12. Vertragssprache, Rechtswahlklausel. Bei einem internationalen Anlagenvertrag erscheint es in den meisten Teilen der Welt praktisch ausgeschlossen, Deutsch als **Vertragssprache** durchzusetzen; im Zweifel wird dies heute Englisch sein.

Rechtswahlklausel. (a) Ist das eigene Recht nicht durchsetzbar, so ist eine Lösungsmöglichkeit die Wahl eines „neutralen" Rechts, z. B. des Schweizer Rechts. Dabei sollte aber darauf geachtet werden, daß dieses Recht und die Gerichtsstands- bzw. Schiedsgerichtsvereinbarung miteinander harmonieren und die lex fori die Wahl eines „neutralen" Rechts – ohne international-privatrechtlichen Anknüpfungspunkt – zuläßt (nach Schweizer IPR ist eine freie Rechtswahl unproblematisch, vgl. Art. 116 schweizerisches IPR-Gesetz). Nach zutreffender Auffassung bedarf es zur Wirksamkeit der Rechtswahl keines faktischen Anknüpfungspunktes, es reicht aus, wenn die Parteien ein anerkennenswertes Interesse an der Rechtswahl haben (*Sandrock/Steinschulte*, Handbuch der Internationalen Vertragsgestaltung, 1980, Bd. 1, Abschn. A, Rdnrn. 117–119 mwN, vgl. auch BGH WM 1969, 772). Das ist bei der Wahl eines neutralen Rechts immer der Fall. Art. 27 EGBGB n. F. legt für das deutsche IPR die freie Rechtswahl jetzt ausdrücklich fest.

(b) Grundsätzlich können die Vertragspartner kraft ihrer Parteiautonomie eine Rechtsordnung insgesamt, also einschließlich ihrer zwingenden Vorschriften abbedingen (vgl. *Sandrock/Steinschulte*, Handbuch der Internationalen Vertragsgestaltung, 1980, Bd. 1, Abschn. A, Rdnr. 1, Anm. 1). Diese freie Rechtswahl bezieht sich jedoch nur auf die schuldrechtlichen Beziehungen der Parteien zueinander, während beispielsweise die für das Vertragsverhältnis wichtige Frage des Eigentumsübergangs an der Anlage sich nach der lex rei sitae, also den zwingenden sachenrechtlichen Normen am Ort der Anlagenerrichtung bestimmt; vgl. Anm. 45. Ähnliches gilt für deliktsrechtliche Ansprüche, die sich regelmäßig nach dem Ort der Verletzungshandlung bestimmen. Es bedarf deshalb insoweit einer vertraglich vereinbarten Haftungsbegrenzung, vgl. Anm. 28. Wegen weiterer „Fallstricke" in diesem Zusammenhang vgl. *Graf von Westphalen* NJW 1994, 2113 ff.

(c) Besondere Probleme ergeben sich bei der Frage der Rechtswahl insbesondere bei Verträgen mit Partnern in arabischen Ländern, da dort z. T. – auch unter Bezugnahme auf Grundsätze des islamischen Rechts – zwingend die Anwendbarkeit des Rechtes des betreffenden Staates vorgeschrieben wird (z. B. in Saudi-Arabien). Hier kann insoweit lediglich auf die folgenden instruktiven – im Hinblick auf die in Fluß befindliche Entwicklung allerdings u. U. alsbald anpassungsbedürftigen – Veröffentlichungen hingewiesen werden: *Krüger* RIW/AWD 1979, 737; *Lacher* RIW/AWD 1980, 99; *Böckstiegel* (Hrsg.), Vertragspraxis und Streiterledigung im Wirtschaftsverkehr mit arabischen Staaten, 1981. In Kuwait ist, wie in den meisten arabischen Staaten, zwar der Grundsatz der Parteiautonomie anerkannt (Art. 59 des Gesetzes 5/1961 über das internationale Privatrecht (*Krüger* in Böckstiegel, S. 96 mit Anm. 8; siehe weiter dort *Dilger*, S. 103)). Ob daraus aber die Freiheit der Rechtswahl abgeleitet werden kann (so *Cotran*, zitiert bei *Dilger*, S. 103, Anm. 4; ablehnend *Dilger*), erscheint zweifelhaft. Zu beachten ist auch, daß vielfach in arabischen Staaten – dem französischen System entsprechend – öffentliche Auftraggeber eine Wahl fremden Rechtes nicht akzeptieren bzw. aufgrund von gesetzlichen Vorschriften nicht akzeptieren dürfen. Vgl. auch *Krüger* RIW 1983, 801 ff., der auf S. 810 m.w.N. in Anm. 83 auch darauf hinweist, daß Schiedssprüche, die nach ausländischem Recht ergehen, in Kuwait anscheinend nicht ohne weiteres anerkennungs- und vollstreckungsfähig sind. Derartigen Unsicherheiten wird praktisch am besten durch eine detaillierte vertragliche Regelung aller wichtigen Fragen Rechnung getragen, vgl. auch Anm. 2 Abs. (j).

13. Vorrang einer Vertragssprache. Erstrebenswert wenn auch nicht immer durchsetzbar ist es, daß sich die Parteien eines internationalen Vertrages auf eine (und möglichst eine von beiden Vertragspartnern verstandene) Vertragssprache einigen, zumindest aber – wenn der Vertrag in mehreren Sprachen abgefaßt wird – einer Sprache für den Fall von Widersprüchen und Zweifeln den Vorrang einräumen, insbesondere auch um dem Schiedsgericht nicht insoweit noch zusätzliche Probleme aufzubürden.

14. Contract Agreement. Vgl. hierzu Anm. 2 Abs. (e).

15. Vertragsübertragung. Nach deutschem Rechtsverständnis ist diese Regelung überflüssig, weil Verpflichtungen ohne Zustimmung des Gläubigers ohnehin nicht wirksam übertragen werden können (§ 415 Abs. 1 BGB), die (Zahlungs-)Forderungen aber abtretbar sind (§ 398 BGB). Die ausdrückliche vertragliche Klarstellung erscheint aber bei einem internationalen Vertrag angebracht. Dies wohl auch deshalb, weil es nicht selten vorkommt, daß derjenige, der z.B. in Entwicklungsländern einen Vertrag zu erhalten vermag, zu seiner Durchführung nicht in der Lage ist und eine – gewinnbringende – Weiterübertragung mehr oder weniger offen bezweckt.

16. Prüfungspflicht des Unternehmers. Vgl. hierzu auch VOB/B § 3 Ziff. 3.

17. Mitwirkungspflichten des Auftraggebers. (a) Zu diesem wichtigen Bereich finden sich im Formular Regelungen nur für einzelne Aspekte (z.B. Mitbenutzung der Baustelle durch Personal des Auftraggebers – Artikel 2.3 – und Besitzverschaffung bezüglich der Baustelle – Artikel 2.1). Ausführlichere Regelungen in einem eigenen Artikel finden sich z.B. im Yellow Book der FIDIC (dort Artikel 17); vgl. weiter Abschnitt III, §§ 8–13 des Formulars VIII.1 in Band 2 des Münchener Vertragshandbuches. Dazu zählen zum Beispiel die Beschaffung erforderlicher Arbeitsgenehmigungen etc., Import- und Export-Genehmigungen für Material und Baustelleneinrichtungen, Erledigung von Zollformalitäten (teilweise geregelt in Artikel 2.2).

Hinzu treten z.B. in Staaten mit Devisenbewirtschaftung etwa erforderliche Transfergenehmigungen, denen dann von Anfang an Bedeutung zukommt im Hinblick auf Anzahlung und Baufortschrittszahlung. Deren rechtzeitige Beibringung ist für die Finanzierung der Projektabwicklung von großer Wichtigkeit.

(b) Die Rechtsfolge der Verletzung von Hauptpflichten des Auftraggebers und ähnlicher Fälle ist in Artikel 16.2 in Form einer Kündigungsmöglichkeit geregelt. Auch die Mitwirkungspflichten des Auftraggebers sollten als Hauptpflichten ausgestaltet werden.

Die Rechtsfolgen der Verletzung solcher als Hauptpflichten ausgestalteten Mitwirkungspflichten des Auftraggebers sollten aber andere – z.B. Verlängerung der Ausführungszeit, zusätzliche Zahlungen – als Einstellung der Arbeiten oder gar Kündigung sein; vgl. dazu § 44 des Formulars VIII.1 in Band 2 des Münchener Vertragshandbuches. Vgl. zum Ganzen *Nicklisch* BB 1979, 533, der den Charakter dieser Pflichten als Hauptpflichten aus dem Kooperationsgedanken beim Industrieanlagenvertrag herleitet.

17a. Zölle und andere Abgaben im Ausland. Hier ist nur eine Mitwirkungspflicht des Auftraggebers bei der Verzollung vorgesehen. Auftragnehmer streben dagegen eine Regelung an, wonach der Auftraggeber Steuern, Zölle und sonstige Abgaben trägt, die im Zusammenhang mit der Projektabwicklung im Lande des Auftraggebers entstehen, während den Auftragnehmer alle solchen Steuern, Zölle und sonstigen Abgaben treffen, die in Ländern außerhalb des Auftraggeberlandes anfallen. Zu den steuerlichen Fragen vgl. im übrigen Anm. 64.

18. Der Ingenieur. (a) Die hier vorgesehene Einschaltung eines beratenden Ingenieurs – i.d.R. eines großen Ingenieursbüros – durch den Auftraggeber im internationalen Anlagengeschäft hat ihren Ursprung insbesondere im englischen Bauvertragswesen. Dort hat der Ingenieur neben seiner Rolle als Vertreter des Auftraggebers auch die Stellung einer neutralen Instanz und z.T. auch eine schiedsrichterähnliche Funktion; vgl. dazu *Goedel* RIW 1982, 18 ff.; vgl. weiter FIDIC, The Role of the Consulting Engineer in Projects, 1975, und FIDIC, Guide to the Use of Independent Consultants for Engineering Services, 3. Auflage, 1980; insbesondere *Corbett*, FIDIC 4th, S. 3 ff.

(b) Nach deutschem Recht sollte aber der Ingenieur klar als Erfüllungsgehilfe des Auftraggebers eingeordnet werden, unbeschadet seiner Einschaltung bei der Lösung von Konflikten (vgl. hierzu auch unten Anm. 62). Nach deutschem Recht übt der Ingenieur insoweit das Leistungsbestimmungsrecht des Auftraggebers (§ 315 BGB) aus. Die – auch den FIDIC-Bedingungen ersichtlich zugrundeliegende – Konzeption des englischen Bauvertragsrechts, wonach der Ingenieur eine Doppelstellung einerseits als Vertreter des Auftraggebers, andererseits als neutraler Schiedsgutachter innehat, sollte nicht verallgemeinert werden; so auch *Nicklisch* RIW/AWD 1978, 635, der die wenig klare rechtliche Funktion des Ingenieurs nach englischem Recht mit den Worten „schiedsgerichtsähnlicher Schiedsgutachter" kennzeichnet (hierzu auch nachstehende Anm. 13). Die für solche Funktion erforderliche Neutralität wird der vom Auftraggeber eingeschaltete Ingenieur im internationalen Geschäft nur mit Mühe wahren können. Auch steht er – anders als ein gemeinsam beauftragter Schiedsgutachter – nicht in vertraglichen Beziehungen zum Unternehmer, so daß er diesem gegenüber für Fehlentscheidungen nur nach Deliktsrecht haftet. Damit wäre der Unternehmer insbesondere nicht gegen den Ersatz von Vermögensschäden abgesichert, wenn der Ingenieur nicht als Erfüllungsgehilfe des Auftraggebers zu betrachten wäre.

(c) FIDIC, als Dachorganisation der beratenden Ingenieure, hält grundsätzlich an der Doppelfunktion des (beratenden) Ingenieurs fest. Die dem Ingenieur zugedachte Bedeutung erweist die ausführliche, bereits am Anfang des Bedingungswerks stehende Regelung seiner Rolle. Um das Verfahren offener zu gestalten, ist aber schon in der 4. Auflage des Red Book an etwa 25 Stellen vorgesehen, daß Entscheidungen des Ingenieurs erst „after due consultation with the Employer and the Contractor" getroffen werden sollen, also nach angemessener Beratung mit dem Auftraggeber und dem Unternehmer. Entsprechendes gilt für den Construction Contract. Vgl. auch die Rolle des Ingenieurs bei der Konfliktlösung gemäß Artikel 20. Zum Ganzen weiter *Rosener, Dorner,* Analyses of Selected FIDIC New Series Clauses, compared to the Laws of the Federal Republic of Germany, IBA, 2000, Part III „Clause 3 – The Engineer".

Ist eine Vertragspartei gleichwohl mit einer Entscheidung des Ingenieurs nicht einverstanden, so ist – gegebenenfalls nach der jetzt vorgesehenen Entscheidung eines *Dispute Adjudication Board* (DAB, siehe Artikel 20.2 bis 20.4 sowie Anm. 62) oder dem nur noch fakultativ genannten Versuch eines *amicable settlement* (Art. 20.5) – die Anrufung des Schiedsgerichts vorgesehen (Artikel 20.6 und Anm. 63).

(d) **Consulting.** An dieser Stelle sei auf folgendes hingewiesen. Neben den Vertragswerken für die „hardware" des Anlagen- (und Bau-)Geschäftes, die in diesem Abschnitt VI. behandelt werden, gibt es ganz entsprechende für die begleitende „software", nämlich das *Consulting* – oder Beratungsgeschäft durch beratende Ingenieure. Genannt seien auch hierzu in erster Linie die Musterverträge der FIDIC:

1. FIDIC: Conditions of Contract for Construction

a) *Client/Consultant Model Services Agreement* (The White Book), 2. Aufl., 1991, deutsche Übersetzung: Vertragsmuster für Vereinbarungen zwischen Kunden und Beratern;
b) *Sub-Consultancy Agreement*, 1. Aufl., 1992;
c) *Joint Venture (Consortium) Agreement (for the association of two or more Consultants)* (The Blue Book), 1. Aufl., 1992.

Dazu hat FIDIC wiederum Einführungen herausgegeben:

Zu a) The White Book Guide (with other Notes on Documents for Consultancy Agreements), 1. Aufl., 1991

Zu b) und c) Guide to Joint Venture and Sub-Consultancy Agreement, 1. Aufl., 1991

Weiter sei auf die FIDIC-Veröffentlichung „Guidelines for ad hoc collaboration agreements between consulting firms" (1978) hingewiesen, insoweit schließlich auch auf das Schrifttumsverzeichnis und Anm. 1 zum Form. VI.3.

Der VDMA hat als Sonderveröffentlichung Nr. 2/87 in 3. Auflage ein „Muster für einen Vertrag über Planungs-, Überwachungs- und ähnliche Leistungen im Maschinenbau für das Ausland" unter dem Namen „Ingenieurvertrag – Ausland" herausgegeben.

19. Schiedsgutachten. Durch diese Regelung und den Verweis auf Artikel 20 wird ein mehrstufiges Verfahren zur Verfügung gestellt, wonach zunächst der Ingenieur selbst, insoweit gewissermaßen als Schiedsgutachter entscheidet, wenn er die Parteien nicht zu einvernehmlicher Regelung bewegen kann; sodann kann der DAB angerufen werden (Artikel 20.4) sowie ein *amicable settlement* (Artikel 20.5) angestrebt werden. Schließlich oder stattdessen kann ein Schiedsverfahren eingeleitet werden (Artikel 20.6). Zu dem gesamten wichtigen und nicht einfachen Komplex vergleiche auch *Corbett*, FIDIC 4th, A practical Guide, 1991, Kommentar zu Artikel 2.6 Red Book. Auf die weiteren heute vielfach diskutierten und angewandten Methoden der sogenannten ADR – *Alternative Dispute Resolution* – kann hier nur hingewiesen werden. Häufig dürfte es für technische Fragen zweckmäßig sein, anstelle dessen oder alternativ neben dem Schiedsverfahren eine Regelung durch Schiedsgutachten o. ä. vorzusehen. Vgl. insoweit *Glossner* BB 1977, 678; dort ist das von der Internationalen Handelskammer, Paris, angebotene Verfahren zur Einholung technischer Sachverständigen-Gutachten kommentiert und die entsprechende Regelung abgedruckt. Weitere Überlegungen hierzu finden sich bei *Nicklisch* RIW/AWD 1978, 633/635 f. und 637 ff., sowie in FS Walther J. Habscheid, 1989, S. 217 ff. Vgl. auch den Formulierungsvorschlag des § 32 (ständige Schiedsstelle) in Form. IX des Bandes 2.

20. Organisation der Baustelle; Ablauf der Arbeiten; Personal. Auch dieser Gegenstand sollte eingehend geregelt werden; dies könnte in einem umfassenden, darauf gerichteten Artikel geschehen. Im Construction Contract finden sich dazu viele Einzelregelungen, aber verstreut über den Abschnitt „*The Contractor*" (Artikel 4) und weitere Artikel. Es seien daher hier checklistartig die einzelnen in Betracht kommenden Regelungsgegenstände zusammengestellt: Einstellung der Beschäftigten des Unternehmers, deren Entlassung auf Wunsch des Ingenieurs, Absteckung des Geländes und deren Berichtigung, Fossilien, Münzen und andere Funde, Behinderung des Verkehrs und Beeinträchtigung angrenzender Grundstücke, außergewöhnliches Verkehrsaufkommen und Straßenschäden, Abstimmung mit anderen auf der Baustelle tätigen Unternehmern, Behörden etc. über den Tätigkeitsablauf, alkoholische Getränke und Drogen, Waffen und Munition, Feste und religiöse Bräuche, Epidemien, Berichterstattung über Arbeitskräfte an den Ingenieur, Nacht- und Feiertagsarbeit.

21. Sicherheiten: Garantieerklärungen, Akkreditive.

(a) Im internationalen Anlagengeschäft werden insbesondere die folgenden drei Typen von Garantien gefordert und verwandt:

– die **Anzahlungsgarantie**, die vom Auftragnehmer beizubringen ist zur Sicherung des Auftraggebers, wenn dieser eine Anzahlung leistet,

– die in Artikel 4.2 angesprochene **Erfüllungsgarantie** oder Leistungsgarantie zur Sicherung der Vertragserfüllung durch den Auftragnehmer, die durch diesen ebenso beizubringen ist wie die
– **Gewährleistungsgarantie,** welche die Erfüllung der Gewährleistungspflichten durch den Auftragnehmer sichert.

Im angloamerikanischen Rechts- und Wirtschaftsraum kommen diese Sicherheiten in der Regel praktisch als von Banken hinausgelegte Garantien oder als von Versicherungen ausgestellte *bonds* vor. Beispiele finden sich in Part II des Red Book zu Artikel 10.1 in Form einer *„Performance Guarantee"* und eines *„Surety Bond for Performance";* dem Construction Contract sind eine ganze Reihe solcher Muster beigegeben (Annex A bis G).

(b) Zu diesem Komplex kann allgemein auf die Monographie *Graf von Westphalen,* Die Bankgarantie im internationalen Handelsverkehr, 2. Aufl. 1990, sowie auf die eingehende Darstellung von *Schütze* in Band 3 des Münchener Vertragshandbuches, Abschnitt III Form. 19 ff., und die dazugehörigen Anmerkungen verwiesen werden. Die heute ganz übliche Form der auf erstes Anfordern zu erfüllenden Garantien führt zu einer Reihe von Problemen; die Praxis ist zum Teil unbefriedigend, manche Rechtsfragen sind noch ungeklärt. Das gilt insbesondere für die Fälle rechtsmißbräuchlicher Inanspruchnahme – z.B. durch Auftraggeber in Entwicklungsländern – und die Möglichkeiten der Verhinderung solchen Mißbrauchs, insbesondere mit Hilfe des einstweiligen Rechtsschutzes (Einstweilige Verfügung gegen den Begünstigten oder die Garantiebank, Arrest in den Auszahlungsanspruch des Begünstigten). Vgl. auch hierzu die systematische Darstellung von *Schütze* in Band 3 des Münchener Vertragshandbuches, Abschnitt III, mit umfassenden weiteren Nachweisen von Rechtsprechung und Schrifttum. Siehe weiter insbesondere das dort zu den anderen besonders aktuellen Problemen der Befristung der Garantie und der Rückgabe der Garantieurkunde Ausgeführte.

Es sei darauf hingewiesen, daß das Risiko aus der Garantie-Inanspruchnahme durch eine Sonderversicherung gedeckt werden kann.

(c) Für die einzelnen in Abs. (1) genannten Garantietypen kann schließlich auf die entsprechenden Formulare in Band 3 des Münchener Vertragshandbuches, Abschnitt III, verwiesen werden.

(d) Zur Sicherung des Auftragnehmers bezüglich der vom Auftraggeber zu leistenden Zahlungen wird umgekehrt im internationalen Geschäft vielfach das **Akkreditiv** (letter of credit, L/C) eingesetzt. Der Construction Contract sieht dies nicht vor. Gleichwohl seien hier einige Hinweise gegeben.

Zu den praktischen und rechtlichen Problemen des Akkreditivs vgl. vor allem *Schütze,* Das Dokumentenakkreditiv im Internationalen Handelsverkehr 5. Aufl., 1999; *Zahn/ Eberding/Ehrlich,* Zahlung und Zahlungssicherung im Außenhandel, 6. Aufl., 1986, S. 35 ff.; *Graf von Westphalen,* Rechtsprobleme der Exportfinanzierung, 3. Aufl., 1987, S. 221 ff.: *Graf von Bernstorff,* „Dokumente gegen unwiderruflichen Zahlungsauftrag" als Zahlungsform im Außenhandel, RIW/AWD 1985, 14 ff. In der Regel werden dem Akkreditiv die von der Internationalen Handelskammer in Paris und der Kommission für internationales Handelsrecht der Vereinten Nationen (UNCITRAL) ausgearbeiteten und weithin praktizierten „Einheitlichen Richtlinien und Gebräuche für Dokumenten-Akkreditive" (ERA) zugrunde liegen (ICC-Publikation Nr. ERA 500; abgedruckt bei *Schütze* S. 273 ff. und bei *Zahn/Eberding/Ehrlich,* S. 436 ff.). Wegen der Unvollständigkeit der ERA und insbesondere auch der von der ICC vorgelegten 5 Standardformulare (vgl. die vorgenannte ICC-Publikation Nr. ERA 500) sei auf die Ausführungen von *Schütze* in Band 3 des Münchener Vertragshandbuches, Abschnitt III, hingewiesen. Für den Text des Akkreditivs vgl. auch das dortige Formular III.19, Unwiderrufliches Dokumentenakkreditiv, selbst.

Nach umstrittener Auffassung sind die ERA internationaler Handelsbrauch (BGH AWD 1958, 57/58), zumindest aber werden sie regelmäßig im Rahmen von AGB vereinbart, so in Ziff. 28 der AGB der deutschen Banken (vgl. zum ganzen *Graf von Westphalen*, S. 225 ff. mwN.). Nach wohl richtiger Auffassung sind die ERA zwar insgesamt weder Gewohnheitsrecht noch Handelsbrauch, wesentliche darin aufgezeichnete Grundsätze, wie vor allem jene betreffend die Unabhängigkeit des Akkreditives vom Grundgeschäft und die Dokumentenstrenge aber doch in weiten Bereichen Handelsbrauch i. S. d. § 346 HGB (*Baumbach/Hopt*, VI. Bankgeschäfte, (11) ERA Einl. Rn. 2).

In Abstimmung mit der eröffnenden Bank ist eine genaue Anpassung der Auszahlungsvoraussetzungen an die entsprechenden vertraglichen Vereinbarungen notwendig. Diese sind daher wiederum unter Berücksichtigung der banktechnischen Erfordernisse festzulegen.

22. Subunternehmer. (a) Durch Artikel 4.4 ist klargestellt, daß der Subunternehmer Erfüllungsgehilfe des (Haupt-)Unternehmers ist, nach deutschem Recht mit der Folge der strengen Haftung für Verschulden des Erfüllungsgehilfen gemäß § 278 BGB. Diese Regelung ist erforderlich, da andernfalls der Subunternehmer entweder als schlichter Zulieferer ohne Erfüllungsgehilfeneigenschaft oder umgekehrt – in entsprechender Anwendung der § 664 Abs. 1 Satz 2, § 691 Satz 2 BGB – als Substitut des Hauptunternehmers angesehen werden könnte (*Fikentscher*, Schuldrecht, 8. Aufl. 1992, Rdnr. 919; unklar BGH LM § 664 Nr. 1; einschränkend *Staudinger/Löwisch*, § 278 Rdnr. 28; *Soergel/ Wolf*, § 278 Rdnr. 35 mwN.; vgl. zur Problematik Unternehmer-Subunternehmer beim Anlagenvertrag auch *Graf von Westphalen* BB 1971, 1128 f.; weiter unter AGB-Aspekten *Motzke*, Abschnitt Subunternehmerverträge (Stand November 1995) in *Graf von Westphalen* (Hrsg.), Vertragsrecht und AGB-Klauselwerke sowie *Ramming*, BB 1994, 518 ff.).

(b) Bei einem derart komplexen Vorgang wie der Errichtung einer Industrieanlage steht die Notwendigkeit der Einschaltung weiterer Unternehmen als Subunternehmer von vornherein fest. Dem wird häufig durch Regelungen Rechnung getragen, die diesen Umstand im Verhältnis Auftraggeber-Unternehmer ausdrücklich berücksichtigen. Der vom Unternehmer benannte Unterauftragnehmer, dessen Bestellung der Auftraggeber zugestimmt hat, erhält den Status eines „Benannten Nachunternehmers" (oder Unterauftragnehmers). Hierfür sollte nicht der englische terminus technicus „Nominated Subcontractor" verwandt werden, der nach Artikel 5 den umgekehrten Fall des vom Auftraggeber vorgegebenen Unterauftraggeber bezeichnet. Solche Vorgabe sollte nicht gegen begründeten Widerspruch des Unternehmers geschehen oder – gegebenenfalls – nicht ohne Freistellung des Unternehmers von der Haftung durch den nominated subcontractor; Artikel 5.2. Dieser Problemkreis spielt eine besondere Rolle in Entwicklungsländern, in denen der Auftraggeber einheimischen, aber u. U. unerfahrenen Subunternehmern Aufträge verschaffen will.

(c) Ist mit Artikel 4.4 die Frage der Einschaltung eines Subunternehmers im Verhältnis Auftraggeber – Unternehmer bzw. (Haupt-)Auftragnehmer angesprochen, ohne daß es dabei insoweit zu irgendeiner Risikoübernahme durch den Auftraggeber kommt (entsprechend der ganz durchgängigen Handhabung in der Praxis), so stellt sich generell und über Artikel 5.2 hinaus die Frage, ob der (Haupt-)Auftragnehmer Risiken aus dem Hauptauftrag an den Subunternehmer weiterwälzen kann. *Nicklisch*, der sich in NJW 1985, 2361 ff. eingehend mit dem Subunternehmervertrag beschäftigt, spricht zu Recht davon, daß sich der (General-)Unternehmer in einer „Zweifrontenstellung" befindet (a. a. O., S. 2367). *Nicklisch* weist zutreffend in seiner Zusammenfassung darauf hin, daß die faktische Einbindung des Subunternehmers in das Gesamtprojekt noch nicht zu einer rechtlichen Synchronisation von Hauptvertrag und Subunternehmervertrag führt; dazu sei vielmehr ein entsprechender Parteiwille notwendig, aus dem jeweils Gegenstand, Art und Reichweite der Verzahnung entnommen werden könne (a. a. O. S. 2370). Auf die Notwendigkeit konkreter Einzelregelungen im Subunternehmervertrag zwecks „Risikodurchstellung" weist zu Recht auch *Vetter* RIW 1986, 81 ff. hin. Zu den Grenzen sol-

cher Risikoverlagerung *Nicklisch,* Vernetzte Projektverträge und vernetzte Streitbeilegungsverfahren, BB 2000, 2166 ff., 2168 („Verknüpfungsklauseln", siehe auch a.a.O. S. 2166 Fn. 5 „flow-down"-Klauseln). Vgl. weiter oben Anm. 34.
Die sich hierbei stellenden Fragen sind Gegenstand des Form. VI.2.

23. Selbstunterrichtungsklausel. Auf einer solchen Regelung wird der Auftraggeber insbesondere einer schlüsselfertigen Anlage in der Regel bestehen. Die Klausel schließt die Berufung auf die Verletzung von Aufklärungspflichten durch den Auftraggeber aus und ist vor allem bei Pauschalfestpreis-Aufträgen sinnvoll. Denn insbesondere bei ihnen bedarf es der Risiko-Abgrenzung hinsichtlich des für den Pauschalfestpreis zu erbringenden Leistungsumfanges, während beim Einheitspreisvertrag der gesamte Leistungsumfang grundsätzlich nach Aufmaß etc. abgerechnet wird. Auch dabei kann es aber bei Auseinandersetzungen über die Frage, ob bestimmte zusätzliche Kostenforderungen gerechtfertigt sind, auf die Selbstunterrichtungsklausel ankommen.

24. Baugrundrisiko. Nach deutschem, schweizerischem und österreichischem Recht trägt grundsätzlich der Auftraggeber das Baugrundrisiko, soweit nicht der Unternehmer ihm obliegende Untersuchungs- und Hinweispflichten verletzt hat, vgl. zu den vielfältigen Einzelfragen der Praxis in diesem Zusammenhang *Rosener,* Unforeseeable Ground (including Water) Conditions – Principle and Practice under German and Related Law, ICLR 2000, 102 ff.; während Artikel 4.12 nach deutschem Recht wirksam sein dürfte, gilt dies nicht für die parallele Vorschrift des Artikel 4.12 im Silver Book. Dort wird das Risiko in einer Weise auf den Unternehmer überwälzt, die zumindest zur Unwirksamkeit nach AGBG, wenn anwendbar, führt, vgl. *Rosener, Dorner,* Analyses of Selected FIDIC New Series Clauses, compared to the Laws of the Federal Republic of Germany, IBA, 2000, Section IV, Clause 4.12, Unforeseeable Difficulties.

25. Transport. Hierzu vgl. auch die Formulare in Abschnitt VIII. und Form. IX.1 in Band 2 des Münchener Vertragshandbuches.

26. Energie- und Wasserversorgung etc. Es ist zweckmäßig, auch hierzu Regelungen zu treffen. Artikel 14.3 des FIDIC Yellow Book ist der Vorläufer der Regelung in Artikel 4.19; im Red Book fehlte eine entsprechende Vorschrift.

Soweit der Auftraggeber nicht die Beistellung von Strom und Wasser während der Bauzeit übernimmt, sollte nicht nur ausdrücklich im Vertrag festgelegt werden, daß dies die Aufgabe des Unternehmers ist, sondern gegebenenfalls auch, welche besonderen Installationen er für die Erzeugung von Strom und Wasser (z.B. Aufbereitungsanlage bzw. Meerwasser-Entsalzungsanlage) vorzuhalten hat.

27. Superintendence, Oberleitung. Der Begriff *Superintendence* dürfte dem deutschen Baurechtsbegriff Oberleitung nahekommen. Dieser Begriff entsprach der Terminologie des § 19 GOA (Leistungsbild). Nach der neuen Begriffbildung des § 15 HOAI umfaßt er Teile der Leistungsphasen Ausführungsplanung bis Objektüberwachung (vgl. die Gegenüberstellung bei *Locher/Koeble/Frik,* HOAI 6. Aufl., 1991, § 15 Rdnr. 6). Der Begriff der Oberleitung wird in der Praxis weiterhin benutzt.

28. Baubegleitende Inspektionen und Tests. Es besteht ein Interesse des Unternehmers an solchen Inspektionen und Tests, um gegebenenfalls Meinungsverschiedenheiten früh erkennen und rechtzeitig – z.B. durch Einschaltung von Schiedsgutachtern o.ä. – lösen zu können. Auch hier handelt es sich also um „vertragsimmanente Mechanismen zur Konfliktregelung", die im Hinblick auf die erhöhte Störanfälligkeit von Langzeitverträgen wünschenswert sind (*Nicklisch* RIW/AWD 1978, 633/634 und 635). Diesen Inspektionen kommt rechtlich allerdings keine selbständige Bedeutung zu, wie Artikel 7.3, zweiter Unterabsatz letzter Satz klarstellt. Sie stellen insbesondere keine Teilabnahmen dar (vgl. aber Artikel 10.2 und Anm. 42 dazu). Sie dienen aber dem frühzeitigen Erkennen von Fehlentwicklungen, die gemäß Artikel 7.5 den Ingenieur zur Abmahnung und Zurückweisung berechtigen. Die Nichtdurchführung solcher Inspektionen und Tests ist umgekehrt nicht geeignet, Schadenersatzansprüche des Unternehmers auszulösen, da der Auftraggeber zur Durchführung nicht verpflichtet ist.

29. Verhältnis zum Subunternehmervertrag. Hier – wie an vielen anderen Stellen auch – ergibt sich das Erfordernis, Regelungen des Anlagenvertrages auf Subunternehmer „durchzuschalten"; das ist bei der Abfassung der Verträge mit diesen zu beachten (vgl. hierzu z. B. Artikel 4.1, 4.2, 4.4 und 9.1 a. E. des nachfolgenden Form. VI.2). Vgl. zur Frage der Synchronisation beider Verträge einerseits und der Risikoüberwälzung andererseits vor allem *Nicklisch* NJW 1985, 2361 ff. Vgl. weiter auch oben Anm. 22 sowie Anm. 21 bis 24 sowie 30 zum nachfolgend kommentierten Subunternehmervertrag, Form. VI.2.

30. Prüfung vor Abdeckung. Es handelt sich hierbei nicht um eine (Teil-)Abnahme im Rechtssinne, vgl. *Joussen,* S. 373. Anders hier in Artikel 10.2, vgl. auch unten Anm. 42.

31. Zustimmungs- bzw. Abnahmefiktionen. Derartige Kombinationen von Fristen mit Zustimmungs- bzw. Abnahmefiktionen dienen der Streitvorbeugung; *Nicklisch* RIW/AWD 1978, 633/635 bezeichnet sie unter Bezugnahme auf angelsächsische Vertragspraxis als Bestandteile einer „contract administration", eines Instrumentariums, das es den Vertragsbeteiligten ermöglicht, „to operate smoothly together".

32. Arbeitsaufnahme, Inkrafttreten des Vertrages. Sofern z.B. bei der Finanzierung oder bei für die Durchführung der Arbeiten erforderlichen Genehmigungen mit Schwierigkeiten zu rechnen ist, kann das Inkrafttreten des Vertrages an die Sicherstellung der Finanzierung oder das Vorliegen der Genehmigungen oder eventueller Vorbescheide geknüpft werden. Nach deutschem Recht handelt es sich hierbei um die Vereinbarung einer aufschiebenden Bedingung gemäß § 158 Abs. 1 BGB. Da bei Nichteintritt der Bedingung eine vertragliche Bindung nicht zustandekommt, ist jeweils genau zu prüfen, ob dies der Interessenlage aller Beteiligten entspricht oder nicht vielmehr Risiken des Auftraggebers, beispielsweise bei der Sicherstellung der Finanzierung, auf den Auftragnehmer überwälzt werden. In solchen Fällen ist es zweckmäßiger, lediglich die Arbeitsaufnahme von dem Eintritt der Bedingungen abhängig zu machen. Vgl. hierzu auch *Vetter,* Gefahrtragung beim grenzüberschreitenden Industrieanlagen-Vertrag, RIW/AWD 1984, 170/174.

33. Arbeitsprogramm und Netzplan; Übersicht über Fristen und Termine. (a) Das Formular geht in der Definition des Artikels 1.1.1.3 davon aus, daß im „Appendix to Tender" nur eine „Time for completion" festgelegt wird, gegebenenfalls auch für einzelne „Sections of work". Es ist in der Praxis durchaus üblich und empfehlenswert, ein Arbeitsprogramm mit Netzplan vorzusehen, das vom Unternehmer vorzulegen und vom Auftraggeber oder Ingenieur zu genehmigen ist. Auch wenn als vertraglich relevanter Termin nur die Fertigstellung oder die Abnahme festgelegt wird, so daß Arbeitsprogramm und Netzplan nur der Kontrolle des Leistungsfortschritts dienen, ist dies hilfreich. Ein frühzeitiges Erkennen eintretender Verzögerungen ist wegen der verschiedenen für solchen Fall vorgesehenen Rechtsfolgen (vgl. Artikel 8.4–8.7) gleichwohl wesentlich.

(b) Zweckmäßig ist in jedem Fall eine Übersicht über alle geplanten Fristen und Termine, wobei die Zeitpunkte *(„milestones")* datumsmäßig mit Anpassungsklausel bei einem eventuell verzögerten Eintreten der Voraussetzungen der Arbeitsaufnahme (vgl. hier Artikel 2.1) oder mittels Angabe von Zeiträumen gerechnet ab Vorliegen dieser Voraussetzungen des Vertrages festgelegt werden können. Wichtige Termine und Fristen sind üblicherweise und auch hier:
– Vertragsunterzeichnung
– Übergabe der Baustelle
– Beginn der Arbeiten auf der Baustelle
– Meldung der Lieferbereitschaft
– Beendigung der Montage und Meldung der Bereitschaft zur Durchführung der vorläufigen Abnahme

– Zeitraum für Leerlauftests (Probeläufe)
– Vorläufige Abnahme (wenn vorgesehen, siehe Anm. 38 Abs. (c))
– Beendigung der Leistungstests
– Abnahme (gegebenenfalls Aufteilung auf vorläufige und endgültige Abnahme)
– Zeitraum der Gewährleistung (Garantiewartung)
– Endgültige Abnahme (wenn vorgesehen, siehe Anm. 38 Abs. (c)). (Vgl. hierzu auch das schematische Muster für eine Anlage I zu Form. VIII.1 in Band 2 des Münchener Vertragshandbuchs.)

Häufig werden vertraglich Verzugsfolgen, insbesondere Vertragsstrafen, schon an das – zu vertretende – Nichterreichen der „*milestones*" angeknüpft.

34. Fristverlängerung. Eine präzisere Regelung für die Fristverlängerung in diesen Fällen stößt auf Schwierigkeiten. Beispielsweise ist die Dauer der Unterbrechung aufgrund Auftraggeberwunsch oder höherer Gewalt – vgl. Artikel 19 und Anm. 59 dazu – kein sicherer Maßstab: durch die zusätzlichen Belastungen des Wiederingangsetzens unterbrochener Arbeiten kann eine darüber hinausgehende Fristverlängerung angemessen sein, aber es lassen sich auch Fälle denken, in denen eine kürzere Fristverlängerung ausreicht. Vgl. weiter *Nicklisch,* Sonderrisiken bei Bau- und Anlageverträgen (Teil I) – Sonderrisiken und Ansprüche auf Fristverlängerung und Mehrvergütung, BB 1991, Beilage 15, 3 ff.

35. Pauschalierter Schadensersatz – Vertragsstrafe/Liquidated Damages – Penalty.
(a) Der Unterscheidung von Pauschaliertem Schadensersatz und Vertragsstrafe und mehr von Liquidated Damages und Penalty kommt erhebliche Bedeutung zu. Während eine Schadenspauschale (lediglich) den Schadensbeweis oder zumindest den Beweis der Höhe des Schadens ersparen soll, kommt der Vertragsstrafe nach deutschem Recht grundsätzlich eine Doppelfunktion zu; sie ist einerseits Zwangsmittel gegen den Schuldner, um ihn zur Vertragserfüllung anzuhalten (penalty), andererseits sichert sie dem Gläubiger im Störungsfall eine (Mindest-)Schadensersatzforderung (liquidated damages) und enthebt ihn des oft schwierigen Nachweises von Schadensumfang und Kausalität (vgl. zum ganzen MünchKomm/*Gottwald* vor § 339 Rdnr. 3, RGRK/*Ballhaus,* vor §§ 339–345 Rdnr. 1, *Stein/Berrer,* Teil F, S. 47 ff.; BGH NJW 1968, 148; *Berger,* Vertragsstrafen und Schadenspauschalierungen im Internationalen Wirtschaftsvertragsrecht, RIW 1999, 401 ff.).

(b) Zu beachten ist, daß nach deutschem Recht die §§ 339 ff. BGB Anwendung finden, sofern die Vereinbarung nicht ausschließlich der letztgenannten Funktion dient, also Vertragsstrafe ist (BGH NJW 1968, 148; NJW 1970, 29, 31), insbesondere also auch die Vorschrift des § 343 BGB betreffend Herabsetzung der Strafe. Andererseits ist zu beachten, daß z.B. in Großbritannien nach hergebrachtem Verständnis eine Penalty nicht vollstreckbar, also nicht prozessual durchsetzbar ist. Deswegen wird in Artikel 47.1 des Red Book ausdrücklich die Einordnung als Penalty ausgeschlossen, obwohl schon dort der Begriff liquidated damages eindeutig benutzt wird. Der zusätzliche Ausschluß hat also rechtshistorische Gründe, vgl. *Corbett,* FIDIC 4th, Anmerkungen zu Artikel 47. Der Construction Contract spricht von „Delay Damages".

(c) Angemessen erscheint es, die nach § 340 Abs. 2 S. 2 BGB zulässige Geltendmachung weiteren Schadens auszuschließen, wie es in dem in Artikel 8.7, zweiter Absatz ausdrücklich auch für die delay damages geschieht, und durch diese Begrenzung die Entschädigung für den Unternehmer kalkulierbar zu machen.

(d) Hinsichtlich der Höhe einer Schadenspauschale – sollte eine solche wie hier vereinbart sein – sollte der Rechtsgedanke des (auf Kaufleute zwar unmittelbar nicht anwendbaren und beim Anlagengeschäft häufig nicht einschlägigen) § 11 Nr. 5 AGB-Gesetz beachtet werden, wonach die Vertragsstrafenhöhe dem gewöhnlichen Lauf der Dinge entsprechen soll. Bei starker Diskrepanz könnten sonst aus diesem Grund Bedenken gegen die Wirksamkeit der Vereinbarung bestehen. Auch das Risiko einer Vertragsstrafenzahlung im Verzugsfall ist gesondert versicherbar.

36. Arbeitsunterbrechung; Kündigung durch den Auftraggeber. Hier wird die Möglichkeit einer jederzeitigen Arbeitsunterbrechung durch den Ingenieur vorgesehen, nicht jedoch eine jederzeitige Kündigung durch den Auftraggeber, etwa wie in § 649 BGB. Diese letztgenannte Regelung entspricht regelmäßig nicht dem Charakter des Anlagengeschäfts (vgl. auch *Joussen*, S. 252). Grundsätzlich sollten Kündigungsmöglichkeiten – wie sie insbesondere § 649 BGB dem Auftraggeber ohne Vorliegen eines Grundes einräumt – beim Anlagengeschäft in den Hintergrund treten. Sie können hier nur eine ultima ratio sein; das Interesse beider Vertragspartner wird auch im Falle erheblicher Leistungsstörungen immer darauf gerichtet sein, den Vertrag möglichst gleichwohl abzuwickeln.

37. Kündigung durch den Unternehmer. Während eine Kündigung durch jeden Vertragspartner bei langandauernder Arbeitsunterbrechung aus Gründen, die keiner von beiden zu vertreten hat, nicht ungewöhnlich ist (vorliegend vgl. Artikel 19.6 bei Force Majeure), dürfte ein Kündigungsrecht des Unternehmers im Falle lang dauernder Unterbrechung aus dem Auftraggeber zu vertretenden Gründen, wie hier vorgesehen, in der Praxis nicht immer leicht durchzusetzen sein, wiewohl es angemessen erscheint. Gegebenenfalls lassen sich bei Fehlen einer solchen Regelung Lösungen über Wegfall der Geschäftsgrundlage bzw. das angelsächsische Institut der *frustration of contract* finden.

38. Abnahme. (a) Taking Over entspricht etwa dem Konzept der Abnahme des deutschen Rechtes, wiewohl gerade auch hier vor einer einfachen Gleichsetzung der Rechtsinstitute gewarnt werden muß. Taking-Over Certificate bedeutet dann soviel wie Abnahmebescheinigung oder Abnahmeprotokoll. Erforderlich bleibt hier aber zusätzlich das *„Performance Certificate"*, dazu nachstehend.

(b) Die Abnahme stellt einen besonders wichtigen Vorgang im Rahmen der Abwicklung eines Anlagenvertrages dar. Im deutschen Recht ist die Abnahmepflicht des Auftraggebers beim Werkvertrag in § 640 Abs. 1 BGB geregelt; gemäß § 651 BGB gilt dies auch für den Werklieferungsvertrag bei Herstellung unvertretbarer Sachen (vgl. weiter § 12 VOB/B). Sie umfaßt nicht nur die körperliche Übernahme der Sache, sondern auch die gleichzeitige Erklärung, daß der Auftraggeber die Leistung in der Hauptsache als vertragsgemäß anerkennt (vgl. Münch-Komm/*Soergel*, § 640; *Soergel/Mühl*, § 640, Rdnr. 3 ff., m.w.N.; für den Anlagenvertrag speziell *Joussen*, S. 386f. m.w.N. und *Fischer*, Die Abnahme beim Anlagengeschäft – Bedürfnisse und Gepflogenheiten der Praxis, Betr. 1984, 2125 ff.). Dem entspricht, daß es gemäß Artikel 10.1 für die Erteilung der Bescheinigung erforderlich ist, daß *„the works ... were completed in accordance with the Contract, except for any minor outstanding work and defects which will not substantially affect the use of the works ..."*. Eine ganze Reihe von Rechtsfolgen knüpft nach deutschem Recht an die Abnahme an:

a) Feststellung der fristgerechten Erfüllung, wenn die Abnahme innerhalb der vertraglich hierfür vorgesehenen Frist erfolgt,
b) Verlust von nicht vorbehaltenen Gewährleistungsrechten für bekannte Mängel,
c) Gefahrenübergang,
d) Eigentumsübergang,
e) Übergang der Beweislast für Mängel und nicht vertragsgemäße Leistung,
f) Beginn der Gewährleistung,
g) Fälligkeit der – ganzen oder von Teilen der – Vergütung (vgl. hierzu im einzelnen *Joussen*, S. 386 ff.).

Die vorgenannten Rechtsfolgen, zum Teil mit Modifizierungen, sind teilweise im Construction Contract geregelt:

zu a) – in Artikel 8.2; vgl. aber auch Artikel 11.9, wonach erst das *„Performance Certificate"*, gegebenenfalls erst nach Mängelbeseitigung, Abnahme *(„Acceptance of the Works")* bedeutet

zu b) – nicht vorgesehen (anderes Konzept: vgl. Artikel 11.10)
zu c) – nur mittelbar in Artikel 17.2 (vgl. aber Yellow Book, Artikel 38.2 – *Risk Transfer Date* mit Artikel 39; weiter nachfolgende Anm. 39)
zu d) – nicht geregelt (vgl. aber Yellow Book, Artikel 32.1 – *Ownership of Plant* –)
zu e) – nicht vorgesehen (anderes Konzept: vgl. Artikel 11.2)
zu f) – in Artikel 1.1.3.7
zu g) – in Artikel 14.9 bis 14.11 (gestaffelte Fälligkeit).

(c) Eine wesentliche Abweichung von der – beispielsweise: deutschen – gesetzlichen Regelung wird in der Praxis häufig angewandt: Die Abnahme wird zur „vorläufigen Abnahme" erklärt, die „endgültige Abnahme" erfolgt erst am Ende der Gewährleistungsfrist, während derer eine „Garantiewartung" („maintenance") vom Unternehmer geleistet wird. Dies stellt wiederum ein erprobtes Mittel der vertragsimmanenten Konfliktregelung *(Nicklisch)* dar: die Auseinandersetzungen über Mängel reduzieren sich, da der Unternehmer ohnehin zum Zwecke der Garantiewartung anwesend bleibt, am Ende der Gewährleistungsfrist besteht Klarheit zwischen den Vertragspartnern über Zustand und Leistungsfähigkeit der Anlage.

Die Leistungstests der Anlage werden häufig erst in der Garantiewartungsfrist vorgenommen. Die „vorläufige" Abnahme bezieht sich nur auf den allgemeinen Zustand und die grundsätzliche Funktionsfähigkeit der Anlage, während die garantierten Leistungswerte – an deren Nichterreichen in der Regel pauschalierte Minderungen geknüpft werden – anschließend geprüft werden können. Die vorläufige Abnahme ist dann aufgrund vertraglicher Gestaltung als Abnahme im Rechtssinne unter Vorbehalt der Überprüfung der zugesicherten Leistungseigenschaften anzusehen. Diesem Konzept ähnelt hier die Regelung betreffend das Taking-Over Certificate, das Performance Certificate und die dazwischen liegende Defects Notification Period (Artikel 10.1, 11.9 und 1.1.3.7).

(d) Die in der VOB/B vorgesehenen Abnahmesurrogate (Ablauf von 6 Tagen nach Ingebrauchnahme durch den Auftraggeber – § 12 Nr. 5 Abs. 2 VOB/B –, Ablauf von 12 Tagen nach schriftlicher Meldung über die Fertigstellung der Leistung – § 12 Nr. 5 Abs. 1 VOB/B) sind für das Anlagengeschäft nicht geeignet (so auch *Joussen*, S. 388). Vergleiche aber den – in der 4. Auflage des Red Book neu eingefügten – Fall des Buchstaben (c) von Artikel 48.2, wonach bei Vorab-Nutzung eines Teils der Anlage durch den Auftraggeber insoweit bereits dadurch der Anspruch auf Erteilung eines (teilweisen) Taking-Over Certificate entsteht; ebenso jetzt Artikel 10.2 Construction Contract. Artikel 10.1 a. E. enthält auch eine der VOB-Regelung entsprechende Vorschrift betreffend ein Surrogat für das Taking-Over Certificate, nicht jedoch für das Performance Certificate.

39. Gefahr- und Eigentumsübergang. (a) Das Formular enthält – jedenfalls aus der Sicht des deutschen Vertragsjuristen: erstaunlicherweise – keine ausdrücklichen Regelungen betreffend Gefahr- und Eigentumsübergang (anders das Yellow Book, vgl. dort Artikel 32.1 Ownership of Plant und 38.2 Risk Transfer Date mit Folgeregelungen in Artikel 39). Lediglich mittelbar ergibt sich der Gefahrübergang aus Artikel 17.2.

(b) Der Zeitpunkt des Eigentumsübergangs entzieht sich bei Errichtung einer Anlage auf fremdem Grund und Boden zumindest teilweise der freien Vereinbarung der Parteien, weil unabhängig von einem vereinbarten Zeitpunkt des Eigentumsübergangs das Eigentum vielfach bereits früher aufgrund sachenrechtlicher Vorschriften über die Verbindung mit dem Baugrundstück auf den Grundstückseigentümer, also in der Regel den Auftraggeber, übergeht. Die Rechtslage ist insoweit bei Auslandsbauten dadurch zusätzlich kompliziert, daß selbst bei Vereinbarung deutschen Rechts für das Vertragsverhältnis (vgl. Artikel 1.4 des Formulars) die Bestimmungen der §§ 94 ff. BGB keine Anwendung finden. Denn die sachenrechtlichen Vorschriften über den Eigentumsübergang an Grundstücken und Grundstücksteilen entziehen sich einer Parteivereinbarung und unterliegen, ebenso wie nach deutschem Internationalen Privatrecht, auch nach ausländischem IPR regelmäßig der lex rei sitae (vgl. für das deutsche Recht *Staudinger/Stoll*, IntSachenR, Rz. 123, 124).

(c) Trifft man zusätzlich gesonderte Regelungen, so erscheint es zweckmäßig, den regelmäßig mit dem Eigentumsübergang verbundenen Gefahrübergang hiervon zu lösen und – z. B. entsprechend Artikel 38.2 Yellow Book – durch Anknüpfung an das Abnahmeprotokoll/Taking-Over Certificate (Artikel 10.1 des Formulars) zu regeln. Darüber hinaus könnte dem Unternehmer ein Wegnahme- und Aneignungsrecht an auf die Baustelle gebrachten Gegenständen eingeräumt werden. Damit lassen sich Streitfragen weitgehend ohne Rückgriff auf das örtliche Sachenrecht lösen. Vgl. zum ganzen auch *Stein/ Berrer*, S. F 57 ff.

40. Abnahmeprotokoll. Im Abnahmeprotokoll sollten die erkennbaren Mängel festgehalten werden, die noch zu beheben sind. Zu Recht weist *Joussen*, (S. 399 f.) auf die praktische Bedeutung einer klaren Festlegung der erkennbaren Mängel durch ein Abnahmeprotokoll hin; vgl. dazu auch Anlagen 14 und 15 bei *Joussen* (Allgemeine Richtlinien für die Abnahme und Formular für die Abnahme des Vereins Deutscher Eisenhüttenleute).

41. Abnahmeverweigerung. Da die deutsche gesetzliche Regelung eine Abnahmeverweigerung auch bei unwesentlichen Mängeln zuläßt (Grenze lediglich Verstoß gegen Treu und Glauben, vgl. RGZ 69, 381; 171, 297; *Soergel/Mühl*, § 640 Rdnr. 9; MünchKomm/*Soergel*, § 640 Rdnr. 25), ist es dringend empfehlenswert, vertraglich festzulegen, daß diese nur bei mehr als unwesentlichen Beeinträchtigungen der Anlage statthaft ist. Eine entsprechende Regelung findet sich z. B. auch in § 12 Nr. 3 VOB/B (vgl. hierzu *Joussen*, S. 396 f.). Für Artikel 10.1 muß diese Abgrenzung durch angemessene Auslegung des Begriffes „not substantially affect the use" geleistet werden.

42. Vorgezogene Prüfung von Anlagenteilen, Teil-Abnahme. Diese Regelung bezieht sich auf *Sections*, also Anlagenteile, wie in Artikel 1.1 (b) (vi) definiert. Grundsätzlich hat eine Prüfung einzelner Anlagenteile keine Abnahmewirkung, denn die Tauglichkeit einzelner Anlagenteile ist normalerweise erst und nur dann von Bedeutung, wenn sie für alle Anlagenteile bestätigt ist (vgl. *Joussen*, S. 395 f.). Das Vorziehen der Prüfung einzelner Leistungen dient dann allein dem praktischen Bedürfnis, die Abnahme zeitlich zu „entzerren" (vgl. in diesem Zusammenhang auch Artikel 37). Vertraglich kann aber auch insoweit Abweichendes vorgesehen werden. Das ist hier der Fall: unter den in Artikel 48.2 vorgesehenen Voraussetzungen kann eine Teil-Abnahme durch den Ingenieur unter Erteilung eines diesbezüglichen Abnahmeprotokolls erfolgen. Zweckmäßigerweise sollten als (teilabnahmefähige) Sections solche Anlagenteile vorgesehen werden, die als separater Teil der Anlage funktionsfähig sind, also z. B. Teile der Anlage, die zur Herstellung eines Zwischenproduktes, einer Energie, einer Flüssigkeit oder einer sonstigen separierbaren Leistung in der Lage sind.

43. Leistungsgarantien. (a) Die hier folgenden Regelungen betreffend „Mängelhaftung" – so die wörtliche Übersetzung – oder Gewährleistung enthalten keine besonderen Vorschriften für die Nichterreichung vertraglicher garantierter Leistungen, wie z. B. Zementausstoß der Anlage pro Tag oder die Megawatt-Leistung eines Kraftwerkes. Derartige Regelungen finden sich in der Praxis jedoch häufig. Bei den im Anlagengeschäft typischerweise vereinbarten garantierten Leistungen handelt es sich nach deutschem Recht um zugesicherte Eigenschaften im Sinne von § 633 Abs. 1 BGB (*Joussen* S. 162 f.). Sie werden in der Regel in Vertragsanhängen, im Rahmen der Spezifikationen festgelegt und ebenso die zum Nachweis der Erbringung vorgesehenen „Leistungstests". Zweckmäßig sind Regelungen der Rechtsfolgen der Nichterreichung. Entsprechende Regelungen finden sich hier in Artikel 9 „Tests on Completion" und ebenso schon im Abschnitt „Test on Completion" des „Yellow Book", die Konsequenzen der „Failure to Pass Tests on Completion" insbesondere hier in Artikel 9.4, im Yellow Book in Artikel 28.7.

(b) Häufig werden in der Praxis vorab pauschalierte Preisminderungen pro nicht erreichter Leistungseinheit festgelegt. Pauschalierte Minderungen wegen Nichterreichung der Leistungswerte werden gewöhnlich als „Leistungspönalen" bezeichnet; vgl. *Joussen* S. 190 f. Da es sich dabei rechtlich um einen vorab pauschalierten Minderungsanspruch handelt, sollte dieser ungenaue Ausdruck, der auf eine Vertragsstrafe mit ihren anderen Rechtsfolgen hindeuten könnte, vermieden werden. Diese an sich praktikable Gestaltung kann allerdings, worauf *Joussen* zu Recht hinweist, u. U. auch eine demotivierende Wirkung beim Unternehmer haben: er kann – insbesondere bei erträglicher Höchstbegrenzung – unter Umständen zu schnell die pauschalierte Minderung der aufwendigeren nachträglichen Herstellung des vertragsgemäßen Zustandes vorziehen, zumal die Pauschalierung sämtliche anderen Rechtsfolgen der Schlechterfüllung insoweit ausschließt. Bei der Festsetzung der Höchstbegrenzung ist auch zu berücksichtigen, daß das Risiko des Anfalls einer „Leistungspönale" gesondert versicherbar ist.

44. Dauer der Gewährleistung. Die gesetzliche Gewährleistungsregelung kann bei der Errichtung von – insbesondere auch: schlüsselfertigen – Anlagen zu unterschiedlichen Gewährleistungszeiten für einzelne Anlagenteile führen. Für das deutsche Recht unterscheidet § 638 Abs. 1 BGB zwischen Bauwerken (einschließlich bauwerksbezogener Leistungen, BGHZ 57, 60), Arbeiten an Grundstücken und sonstigen Leistungen und bestimmt hierfür Gewährleistungszeiten zwischen 5 Jahren und 6 Monaten. Die Vereinbarung einer einheitlichen Gewährleistungszeit ist deshalb angezeigt.

45. Garantiewartung. (a) Die Regelung in Artikel 11.1 und 11.2 stellt praktisch die Vereinbarung einer „Garantiewartung" dar (vgl. hierzu auch Anm. 38 Abs. (c)); diese geht über die Bestimmungen des § 633 BGB hinaus, indem der Unternehmer – als vertragliche Hauptpflicht – die Beseitigung aller auftretenden Mängel und Schäden übernimmt. Rechtlich zerfällt solche „Garantiewartung" also in eine Verpflichtung zur (selbstverständlich kostenlosen) Mängelbeseitigung und eine Wartungsvereinbarung über die entgeltliche Beseitigung zukünftiger Schäden (Geschäftsbesorgung mit werkvertraglichem Element). Die Garantiewartung entspricht dem englischen Konzept der *„maintenance"*, vgl. dazu *Goedel* RIW 1982, 81/86.

(b) Welcher der beiden möglichen Fälle vorliegt, wird hier „by (or on behalf of) the Employer" festgestellt (im Red Book wird dies noch vom Ingenieur bestimmt). Denkbar ist auch die Festlegung eines Pauschalentgelts z. B. pro Monat über die Laufzeit der Gewährleistung, mit der die Beseitigung der vom Unternehmer nicht zu vertretenden Schäden abgegolten wird. Dies kann hilfreich sein, um Streitigkeiten über die Zuordnung im Einzelfall zur Gruppe der kostenlos zu beseitigenden Mängel einerseits oder der entgeltlich zu beseitigenden andererseits zu vermeiden.

46. Verpflichtung zur unverzüglichen Mangel- und Schadensbehebung innerhalb angemessener Zeit. Durch diese Bestimmung in Verbindung mit der gemäß Artikel 11.4 (a) drohenden **Ersatzvornahme** (vgl. für das deutsche Recht § 633 Abs. (3) BGB, § 13 Nr. 5 Abs. (2) VOB/B) wird der Unternehmer zur alsbaldigen Reparatur verpflichtet, unabhängig von der Klärung der Frage, ob es sich um einen Gewährleistungsfall handelt oder einen Fall der entgeltlichen Wartung. Hierdurch wird vermieden, daß sich erforderliche Reparaturen wegen des Streits der Parteien über die Kostentragungspflicht verzögern.

47. Ersatzvornahme. An die Stelle des auf die Gesamtleistung bezogenen Rücktrittsrechts wegen nicht rechtzeitiger Herstellung des Werkes gemäß § 633 Abs. 3 BGB tritt hier eine Regelung, die sich auf Teilleistungen beschränkt und insoweit an §§ 8 Nr. 3, 5 Nr. 4, 4 Nr. 7 VOB/B angelehnt ist. In Abweichung von den Bestimmungen der VOB/B berechtigt hier jedoch die nicht ordnungsgemäße Vertragserfüllung nicht zu einer Teilkündigung, sondern nur zur Ersatzvornahme. Dies ist beim Anlagengeschäft sachgerechter, da eine Teilkündigung den komplexen Gesamtablauf stören würde und regelmäßig auch nicht den Interessen des Auftraggebers entspricht, der sich gerade nur einem verantwortlichen Vertragspartner gegenübersehen will.

48. Gewährleistung und ursprünglicher Erfüllungsanspruch. Die Regelung trifft nicht den Gewährleistungsanspruch, sondern den ursprünglichen Anspruch auf Erfüllung, vgl. nach deutschem Recht § 633 BGB, *Staudinger/Peters*, § 640 Rdnr. 1; *Palandt/Thomas*, § 633 Rdnr. 10; *Joussen*, S. 167. Die Beweislast dafür, daß kein Mangel vorliegt und das Werk vertragsgemäß ist, liegt also noch beim Unternehmer (vgl. *Joussen*, S. 390 mwN.). Zum Begriff der vorläufigen Abnahme vgl. unten, Anm. 38 Abs. (c).

49. Änderungsaufträge, Preisanpassung. (a) Während beim Einheitspreisvertrag bloße Mengenänderungen gegenüber dem Ansatz in der Bill of Quantities ohne Verursachung durch entsprechende Anweisungen des „Ingenieurs" gegebenenfalls nicht als Änderung des vertraglichen Leistungsumfanges behandelt werden müssen (vgl. Artikel 13.1 (a) (Klammerzusatz)), sonstige Änderungen aber zu formellen Zusatzaufträgen führen, ist die Bedeutung entsprechender Regelungen beim schlüsselfertigen Projekt mit Pauschalfestpreis von größerer Tragweite: Das regelungsbedürftige Problem ist dort die Klarstellung, ob eine Änderung oder Zusatzleistung (mit Mehrpreisfolgen) vorliegt, oder ob die Maßnahme (Leistung) in den Bereich der anfänglichen Verpflichtung zur schlüsselfertigen Erstellung fällt. Diese Abgrenzungsfrage steht im Mittelpunkt eines Großteils der Auseinandersetzungen und Schiedsverfahren im Anlagengeschäft.

(b) Der Klarheit und Kontrolle halber sollte für Änderungs- und Zusatzaufträge immer die Schriftform vorgeschrieben werden – so auch Artikel 1.3 i. Vbdg. m. Artikel 13.3 –, wenn auch in Einzelfällen – z.B. bei Zusatzmaßnahmen in Eilfällen – jedenfalls nach deutschem Recht selbst dann ein zusätzlicher Vergütungsanspruch nach den Vorschriften über die Geschäftsführung ohne Auftrag (§ 683 BGB) entstehen kann, sofern dem Schriftformerfordernis nicht entsprochen wurde (vgl. hierzu z.B. *Joussen*, S. 109f. und S. 347ff., der von der „Unabweislichkeit der Nachtragsverbriefung" spricht; vgl. weiter z.B. § 2 Nr. 8 VOB/B und zum ganzen *Ingenstau/Korbion*, VOB/B § 2 Rdnr. 173ff., 226ff., 256ff., 283ff.).

(c) Wegen der Preisanpassungsklausel (Artikel 13.8) vgl. auch Anm. 7 Abs. (d).

50. Vertragswährung. Wird der Vertragspreis ganz oder teilweise anders als in der Währung des Landes des Auftragnehmers – für deutsche Auftragnehmer also in Deutscher Mark – festgesetzt, insbesondere in einer weichen Währung des Landes eines Auftraggebers, so sollte entweder im Vertrag (also in *Part II*) eine Kurssicherungsregelung mit dem Auftraggeber vereinbart oder vom Unternehmer selbst eine Kurssicherung mit seiner Bank vorgenommen werden; im letzteren Falle sind die Kosten der Kurssicherung Bestandteil der Preiskalkulation. Wegen der Langfristigkeit des Vertrages kommt dagegen der sonst auch übliche Weg des parallelen Abschlusses eines Devisentermingeschäfts nicht in Frage (vgl. zum ganzen: *Zahn/Eberding/Ehrlich*, Zahlung und Zahlungssicherung im Außenhandel, 6. Aufl. 1986, 60ff., 320f.). Stattdessen kann es sich jedoch bei entsprechendem Finanzbedarf und Zugang zu Fremdwährungskreditmärkten anbieten, einen Kredit in der Währung und mit der Laufzeit der Forderung aus dem Anlagengeschäft einzugehen. Ferner ist auf die Möglichkeit hinzuweisen, das Risiko des Wechselkurses bei der Hermes Kreditversicherungs-AG zu versichern (vgl. *Dormans*, Wechselkurssicherung durch Versicherung, Bankbetrieb 1972, 156).

50a. Zahlungsabwicklung. Neben den in Anm. 10 Abs. (d), 21 Abs. (d) und 50 erwähnten Fragen verdienen bei der Zahlungsabwicklung die Bestimmungen des Außenwirtschaftsrechts sowie des ausländischen Devisen- und Währungsrechts (vgl. *Graf von Westphalen*, S. 141ff.), weiter das Problem der Sicherung gegen typische Auslandsrisiken besondere Beachtung. Hierbei wird vielfach die Hermes Kreditversicherung eine wertvolle Hilfe sein (vgl. *Graf von Westphalen*, Rechtsprobleme der Exportfinanzierung, 3. Aufl., 1987, S. 395 ff.; *Kockelkorn* RIW/AWD 1982, 10). Vgl. hierzu auch Anm. 24 Abs. (b) zu Form. VI.2 und Anm. 23 zu Form. VI.3.

51. Finanzierung, Abrechnung, Bewertung. (a) Hinsichtlich der Finanzierung entsteht anstelle der vielfach üblichen Gestaltung einer teilweisen Finanzierung durch den Auftraggeber mittels einer hohen Anzahlung (die dann durch eine vom Auftragnehmer beizubringende Anzahlungsgarantie gesichert wird, vgl. Anm. 21) auch häufig – insbesondere bei Aufträgen aus Entwicklungsländern – die Situation, daß gerade umgekehrt beim Auftraggeber ein Finanzierungsbedürfnis besteht, das durch einen Kredit des Unternehmers oder von Finanzierungsinstituten befriedigt werden muß. Vgl. hierzu *Graf von Westphalen,* Rechtsprobleme der Exportfinanzierung, 3. Aufl., 1987, S. 456 ff., der auch die Möglichkeiten der Refinanzierung über die AKA (Ausfuhr-Kreditgesellschaft mbH), die Kreditanstalt für Wiederaufbau sowie die GEFI (Gesellschaft zur Finanzierung von Industrieanlagen mbH) ebenso behandelt wie das Problem der Finanzierung mittels Forfaitierung oder Exportfactoring (vgl. *Graf von Westphalen* S. 472 ff., 482 ff.). Einen Überblick geben *Reuter/Wecker,* Projektfinanzierung, 1999; für das internationale Geschäft vgl. weiter *Sullivan,* International Project Financing, 3. Aufl., Loseblatt; beide Werke behandeln auch die Finanzierung von BOT Projekten.

(b) Wegen des Spezialproblems der Rechnungsstellung, Teilabrechnung und Gewinnrealisierung im Anlagengeschäft nach Handels- und Steuerrecht vgl. *Feuerbaum* Betr. 1968, 1501, sowie zur bilanzrechtlichen Bewertung Hermes-gesicherter Auslandsforderungen *Graf von Westphalen* BB 1982, 711.

52. Verletzung von Mitwirkungsobliegenheiten bzw. -pflichten des Auftraggebers; Ersatzansprüche des Unternehmers. Das Formular Construction Contract regelt in Artikel 16.2 die Rechtsfolge wesentlicher Verletzungen von (Haupt-)Pflichten durch den Auftraggeber, nicht dagegen Verletzungen von Mitwirkungsobliegenheiten bzw. -pflichten (die selbst nur für einige Fälle geregelt sind, vgl. Anm. 17). Für das deutsche Recht vgl. insbesondere § 642 BGB.

Zweckmäßig sind Ansprüche des Unternehmers auf Fristverlängerungen und Schadensersatz. Eine Regelung wie in § 643 BGB sollte dagegen nicht getroffen werden; die dort vorgesehene Kündigungsmöglichkeit für den Unternehmer erscheint beim Anlagenvertrag, jedenfalls bei der Verletzung von Mitwirkungsobliegenheiten oder -pflichten, grundsätzlich unangemessen.

53. Haftung. (a) Für die Regelung von Haftungsfragen ist grundsätzlich zu unterscheiden zwischen der Haftung
– des Unternehmers für das Werk einerseits und für Personenschäden, die dem Auftraggeber, dem Ingenieur oder anderen Dritten entstehen, andererseits;
– des Auftraggebers für Personen-, Sach- und andere Vermögensschäden, die dem Unternehmer und Dritten entstehen.

(b) Hinsichtlich der Haftung des Unternehmers für das Werk entspricht Artikel 17.2 grundsätzlich der gesetzlichen Regelung des § 644 BGB, wonach der Unternehmer bis zur Abnahme (hier also: Erteilung des Taking-Over Certificate, Artikel 10.1) die Gefahr des zufälligen Untergangs des Werkes trägt.

(c) Die Regelung der Haftung des Unternehmers für Schäden des Auftraggebers etc. (Artikel 17.1, 17.2) entspricht grundsätzlich der gesetzlichen Schadensersatzpflicht nach deutschem Recht.

(d) Die Haftung des Auftraggebers ist in Artikel 17.4 geregelt.

(e) Schäden am Werk sollen gemäß Artikel 18.2 versichert werden.

(f) Personen-, Sach- und andere Vermögensschäden sind gemäß Artikel 18.3 zu versichern, wobei die Versicherung danach die Schadensersatzpflicht der Beteiligten nicht beschränkt.

(g) Die im einzelnen komplizierte Regelungsgruppe zeigt einen Lösungsweg für die verschiedenen Haftungssachverhalte; vielfältige Alternativen – bezüglich materieller Regelung und Aufbau – sind in der Praxis zu finden. Auf die besondere Bedeutung dieses Komplexes unter Berücksichtigung der Versicherungsmöglichkeiten kann hier nur hingewiesen werden.

54. Rechtsmängelhaftung, insbesondere bei Patent- und sonstigen Schutzrechtsverletzungen. (a) Hier sind nur einige besonders wichtige Fälle des Gebiets angesprochen, das im deutschen Recht die Rechtsmängelhaftung darstellt. § 434 BGB betreffend Rechtsmängel findet im deutschen Werkvertragsrecht keine Parallele und ist dort auch nicht direkt anwendbar (ausgenommen im hier nicht einschlägigen Fall des Werklieferungsvertrages über vertretbare Sachen aufgrund der Verweisung des § 651 Abs. 1 S. 2 BGB). Eine Rechtsmängelhaftung erscheint im Anlagengeschäft aber angemessen, insbesondere im Hinblick auf eine mögliche Gebrauchsbehinderung durch entgegenstehende Schutzrechte Dritter.

(b) Anders als bei Sachmängeln ist die Vereinbarung einer kurzen Gewährleistungsfrist (entsprechend §§ 477, 638 BGB) in der Praxis nicht üblich. Die Verjährungsfrist nach deutschem Recht beträgt demnach – in entsprechender Anwendung der Verjährungsregelung in § 434 BGB – gemäß § 195 BGB 30 Jahre (vgl. *Staudinger/Honsell*, § 477 Rdnr. 10).

55. Lizenzverträge, Entwicklungsverträge. (a) Sofern für die künftige Produktion der schlüsselfertig erstellten Industrieanlage Patent- und Know-how-Lizenzen für Produkte und Verfahren an den Auftraggeber erteilt werden müssen, bedarf es auch des Abschlusses von Lizenzvereinbarungen im Rahmen des Anlagenvertrages oder neben ihm; vgl. hierzu *Moecke*, Vertragsgestaltung bei anlagenbegleitenden Lizenzverträgen, RIW 1983, 488 ff. Vgl. weiter z.B. den Entwurf eines „EG-Patentlizenz-Formularvertrages" (*Lutz/Broderick* RIW 1985, 349 ff.; englisch in International Business Lawyer 1985, 161 ff.) und eines EG-Know-How-Lizenzvertrages (*Lutz/Broderick* RIW 1989, 278 ff.; englisch in International Business Lawyer 1989, 373 ff.). Im übrigen wird generell auf Abschnitt IX. in Band 4 des Münchener Vertragshandbuchs verwiesen.

(b) Es kann vorkommen, daß für einen Auftrag bestimmte Maschinen oder Verfahren auf Wunsch des Kunden besonders zu entwickeln sind. Auf die speziellen Risiken von Entwicklungsverträgen kann hier nur hingewiesen werden. Solche Entwicklungsleistungen sollten ausdrücklich geregelt und ihre Risiken in entsprechenden Preisvorschriften berücksichtigt werden. Vorformulierte Bedingungswerke für Entwicklungsaufträge haben insbesondere das Bundesministerium für Forschung und Technologie sowie das Bundesministerium für Bildung und Wissenschaft und das Bundesamt für Wehrtechnik und Beschaffung (in Form der ABEI – Allgemeine Bedingungen für Entwicklungsverträge mit Industriefirmen) erarbeitet; auf sie sei hingewiesen.

Ausländische und supranationale Auftraggeber haben entsprechende Bedingungswerke veröffentlicht.

Vgl. auch Band 2 Abschnitt X. „Forschungs- und Entwicklungsverträge".

56. Haftungsbegrenzungen. Haftungsbegrenzungen werden vom Unternehmer wegen der schweren Überschaubarkeit mittelbarer Schäden (auch Folgeschäden) und der Grenzen der Versicherbarkeit grundsätzlich angestrebt. Andererseits bringt *Joussen*, S. 182 ff. anhand einer detaillierten Betrachtung möglicher Schadensereignisse beachtenswerte Argumente aus der Sicht des Auftraggebers („Einkäufers"), zurückhaltend beim Zugeständnis solcher Haftungsbegrenzungen zu sein. Der Construction Contract sieht eine Haftungsbegrenzungsregelung vor, anders als das Red Book, wo sie fehlt; vorgesehen aber auch im Yellow Book, dort Artikel 42. In Artikel 17.6 des Construction Contract wird grundsätzlich die Haftung für indirekte oder Folgeschäden ausgeschlossen. Problematisch bleibt bei einer derartigen Regelung zur Haftungsbegrenzung die bekannte Frage der Abgrenzung von direkten und indirekten Schäden (Mangelschaden und Mangelfolgeschaden) vgl. nur MünchKomm/*Soergel*, § 635 Rdnr. 32 ff., 47; *Soergel/Mühl*, § 635 Rdnr. 13 ff. Eine abschließende Regelung sämtlicher Zweifelsfragen durch eine Definition im Vertrag erscheint ebenso unmöglich wie bei dem Begriff der „höheren Gewalt" (vgl. Anm. 59). Zweckmäßig kann es jedoch sein, auch hier durch beispielhafte Auflistungen möglicher indirekter Schäden einige Zweifelsfälle zu beseitigen; ein Beispiel gibt der erste Unterabsatz des Artikels 17.6, ebenso des erwähnten Artikels 42 Yellow Book.

57. Versicherung. (a) Eine umfassende Versicherung möglichst vieler Baustellen-Risiken (vgl. hier insbesondere: Artikel 18.2–18.4) wird vom Auftraggeber regelmäßig verlangt, und zwar nicht nur hinsichtlich der Risiken des Auftraggebers, sondern sämtlicher an der Anlagenerrichtung Beteiligter. Hiermit wird einmal der Zweck verfolgt, dem Auftraggeber eine ausreichende Sicherheit zu geben, daß der Unternehmer im Schadensfall Ersatz erhält und die Arbeiten fortführen kann (vgl. aber auch *Joussen* S. 84). Insbesondere Großschäden können nämlich die Leistungsfähigkeit des Unternehmers übersteigen und damit zum Stillstand der Projektabwicklung führen. Zweitens wird durch den Abschluß einer einheitlichen Versicherung für alle Beteiligten vermieden, daß die Schadensbehebung durch den Streit der Beteiligten und ihrer Versicherer über die Ersatzpflicht behindert wird. Bei einem einheitlichen Versicherungsvertrag steht nämlich die Eintrittspflicht des Versicherers fest und der Streit über den Verursacher ist lediglich im Rückgriffsfall zwischen Versicherer und Versicherten auszutragen.

(b) Ähnliche Überlegungen gelten für die Unfallversicherung (Artikel 18.3 und 18.4). Im Interesse des Auftraggebers liegt diese Versicherung insoweit, als sie verhindert, daß dieser durch die beim Anlagenbau beschäftigten Personen aufgrund gesetzlicher Haftungsvorschriften – beispielsweise wegen Verletzung der Verkehrssicherungspflicht – in Anspruch genommen werden kann.

(c) Anstelle der Mitversicherung des Auftraggebers durch den Unternehmer wird oft auch vom Auftraggeber gewünscht, daß er die Versicherung selbst abschließt. Er behält hierdurch die Koordination und Kontrolle in seiner Hand und mindert das Risiko, daß der Versicherungsschutz durch Obliegenheitsverletzungen des Unternehmers erlischt. Zudem kann der direkte Abschluß unter Umständen wirtschaftlich vorteilhafter sein (vgl. *Joussen* S. 90).

(d) Generell sollte bei Abfassung von Vertragsbestimmungen über Versicherungspflichten ein Versicherer schon früh in die Vertragsverhandlungen mit einbezogen werden, damit sichergestellt ist, daß die übernommene Versicherungspflicht auch tatsächlich durch Abschluß eines entsprechenden Vertrages erfüllt werden kann.

(e) Ist eine Versicherung im deutschen Rechtskreis beabsichtigt, sind insoweit neben den gesetzlichen Bestimmungen vor allem die jeweils einschlägigen Allgemeinen Versicherungsbedingungen zu beachten, durch die bestimmte Typen von Versicherungsverträgen geschaffen wurden.

(f) Die in Artikel 18.2 genannten Risiken sind im Rahmen einer Montageversicherung und Bauleistungsversicherung (früher: Bauwesenversicherung) versicherbar. Hinsichtlich der Baustelleneinrichtung besteht die Möglichkeit der Versicherung im Rahmen der Bauleitungsversicherung – unter Ausschluß innerer Betriebsschäden – oder bei Maschinen gesondert als umfassende Maschinenversicherung. Die Risiken der Artikel 18.3 und 18.4 werden durch eine Unfall- bzw. Haftpflichtversicherung abgedeckt.

(g) Zu beachten ist, daß der vertraglich vorgeschriebene Versicherungsumfang nur durch „Besondere Vereinbarungen" zu den jeweiligen Versicherungsbedingungen herbeigeführt werden kann, da die Standardverträge aufgrund der Allgemeinen Versicherungsbedingungen nicht alle Risiken umfassen. Vgl. zum ganzen *Funk*, Die Montageversicherung, 1972: *Martin*, Montageversicherung, 1972; *Wussow-Ruppert*, Montageversicherung, 2. Aufl. 1972; *Platen*, Handbuch der Versicherung von Bauleistungen, 3. Aufl. 1995.

58. Versicherungsdauer. Eine Ausdehnung z. B. bis zur endgültigen Abnahme wird vom Auftraggeber, unabhängig von dem Zeitpunkt des Gefahrenübergangs, manchmal gewünscht und wird von den Versicherern auch auf Wunsch geboten.

1. FIDIC: Conditions of Contract for Construction

59. Höhere Gewalt – Special risks. (a) Im internationalen Anlagengeschäft sind „force majeure"-Klauseln, die vom Auftragnehmer (oder von beiden Vertragsparteien) nicht zu vertretende Umstände umfangreich enumerieren, üblich und sollten benutzt werden. Die knappen und auf den ersten Blick klareren termini des deutschen Rechts, das ohne umfangreiche und doch nicht abschließende Enumerationen auskommt („von keinem der Vertragspartner zu vertretender Umstand", „zufälliger Untergang oder zufällige Verschlechterung", vgl. § 275, 644 Abs. 1 BGB), erweisen sich nämlich im Streitfall als problematisch und lassen Zweifel über die Vertretbarkeit von Umständen offen. Durch die Aufzählung möglichst vieler Beispiele können zumindest die augenfälligsten Zweifelsfragen geklärt werden.

(b) Der Begriff „*Force Majeure*" ist die im anglo-amerikanischen Sprachbereich übliche Entsprechung des deutschen Begriffs „höhere Gewalt". Das Formular Construction Contract definiert und regelt *Force Majeure* eingehend in Artikel 19 (vgl. auch Artikel 1.1.6.4; weiter Artikel 44 des Yellow Book). Erstaunlicherweise verwendet das Red Book diesen Begriff nicht, sondern benutzt in Artikel 65 den Terminus „*Special Risks*", wobei über Artikel 65.2 insbesondere auf die Definition von „*Employer's Risks*" in Artikel 20.4 zurückgegriffen wird.

(c) Zu Alternativformulierungen vgl. auch *Böckstiegel*, Vertragsklauseln über nicht zu vertretende Risiken im internationalen Wirtschaftsverkehr, RIW/AWD 1984, 1 ff.

(d) Bezüglich der Rechtsfolgen des Eintritts eines Falles von *Force Majeure* vgl. Artikel 19.4 ff. des Formulars. Es empfiehlt sich, die Rechtsfolgen möglichst flexibel im Vertrag zu regeln, da die gesetzliche Regelung der §§ 280 ff., 323 ff. BGB zu starr ist. (Das Red Book ist in dieser Frage allerdings etwas unübersichtlich und zum Teil widersprüchlich; vgl. hierzu *Corbett*, FIDIC 4th, Anmerkungen zu Artikel 20 und 65.)

60. Neuverhandlungspflicht. Da die sich aus dem Eintritt höherer Gewalt ergebenden Abwicklungsschwierigkeiten präzis nicht vorhersehbar und damit nicht vertraglich regelbar sind, erscheint es empfehlenswert, in komplexen Langzeitverträgen Neuverhandlungsklauseln aufzunehmen, und zwar an Stelle von oder ergänzend zu Kündigungsklauseln; sie dienen einer möglichen flexiblen nachträglichen Vertragsanpassung. Vgl. hierzu *Horn*, Neuverhandlungspflicht, AcP 181 (1981), 255 ff. sowie *Horn* (Hrsg.), Adaptation and Renegotiation of Contracts in International Trade and Finance, 1985; weiter *Berger*, Neuverhandlungs-, Revisions- und Sprechklauseln im internationalen Wirtschaftsvertragsrecht, RIW 2000, 1 ff.

61. Anrechnung anderweitigen Erwerbs etc. Die in § 649 BGB vorgesehenen Anrechnungen, insbesondere des böswillig unterlassenen Erwerbs, kommen im internationalen Anlagengeschäft nicht in Betracht, da anders als im Inlandsgeschäft das eingesetzte Material und Personal nur unter hohem Aufwand an Transportkosten bei anderen Vorhaben in anderen Staaten eingesetzt werden kann, wenn nicht schon Zoll- und Visavorschriften den anderweitigen Einsatz verhindern.

62. Konfliktregelung. (a) Die Komplexität der Errichtung einer Industrieanlage bringt es mit sich, daß nicht rechtzeitig geregelte Konflikte zu schweren Folgeschäden führen können. Es bedarf deshalb „vertragsimmanenter Mechanismen zur Konfliktregelung", die grundsätzlich der Einschaltung Dritter vorzuziehen sind (*Nicklisch* RIW/AWD 1978, 634; ders. in *Nicklisch* Bau- und Anlagenverträge – Risiken, Haftung, Streitbeilegung, 1984, S. 52 ff.). Eine nicht unbedeutende Rolle bei der Vermeidung oder zumindest Reduzierung derartiger Konflikte kann dem beratenden Ingenieur des Auftraggebers zukommen. Hierzu darf allerdings nicht übersehen werden, daß er zumindest vertraglich und wirtschaftlich vom Auftraggeber abhängig bleibt, also keinesfalls die Aufgabe eines neutralen Schiedsgutachters übernehmen kann (vgl. Anm. 18). Wegen dieser Abhängigkeit vom Auftraggeber sollte der Unternehmer wenn möglich auch nicht das Risiko für von dem Ingenieur ausgesprochene technische Empfehlungen übernehmen, zumal die „Richtigkeit" oder Fehlerhaftigkeit seiner Lösungsvorschläge sich wegen ihres Prognosecharakters regelmäßig erst bei der technischen Realisierung zeigt (vgl. hierzu *Nicklisch* 640 f.). Zum Ganzen vgl. weiter *Nicklisch,* Aktuelle Entwicklungen der internationalen Schiedsgerichtsbarkeit für Bau-, Anlagenbau- und Konsortialverträge, BB 2001, 789 ff.

(b) Das Formular Construction Contract sieht aber jetzt unter Übernahme des Konzepts *„Dispute Adjudication Board"* – DAB – (vgl. hierzu *Wiegand,* „Adjudication" – beschleunigte außergerichtliche Streiterledigungsverfahren im englischen Baurecht und im internationalen FIDIC-Standardvertragsrecht, RIW 2000, 197 ff.) ein dreistufiges Verfahren vor, bei dem an die Stelle der (gegebenenfalls im Schiedsverfahren angreifbaren) Entscheidung des Ingenieurs diejenige des DAB tritt, welcher projektbegleitend installiert werden soll und innerhalb von 84 Tagen ab Anrufung zu entscheiden hat; gibt hiergegen eine Partei innerhalb von 28 Tagen *„notice of dissatisfaction",* so soll innerhalb von weiteren 56 Tagen ein *„amicable settlement"* versucht werden; bei Nichterzielung einer derartigen Einigung kann das Schiedsgericht angerufen werden.

63. **Schiedsgerichtsklausel.** (a) Bei **internationalen Verträgen** empfiehlt sich die Vereinbarung eines Schiedsgerichts u. a. besonders aus zwei Gründen: Mangels verbürgter Gegenseitigkeit fehlt es im internationalen Rechtsverkehr häufig an der Anerkennung und Vollstreckbarkeit der Urteile staatlicher Gerichte eines Staates im anderen Staate, während diese bei Schiedssprüchen aufgrund des New Yorker oder UN-Abkommens über die Anerkennung und Vollstreckung ausländischer Schiedssprüche vom 10. 6. 1958 und des Europäischen Übereinkommens über die internationale Handelsschiedsgerichtsbarkeit vom 21. 4. 1961 mit ihren vielen Mitgliedsstaaten weithin gesichert sind. Weiter wird in der Regel eine Beschleunigung erreicht, u. a. weil beim Schiedsverfahren die Probleme der internationalen Zustellung entfallen.

(b) Vgl. zur **Schiedsgerichtsbarkeit generell** *Schütze/Tscherning/Wais,* Handbuch des Schiedsverfahrens, 2. Aufl. 1990; *Schwab/Walter,* Schiedsgerichtsbarkeit, 6. Aufl. 2000; weiter den Abschnitt Schiedsvertragsrecht des Bandes 4 des Münchener Vertragshandbuches (Abschnitt II), sowie *Vetter,* Gefahrtragung beim grenzüberschreitenden Industrieanlagen-Vertrag, RIW/AWD 1984, 170 ff., Anmerkung zu BGH RIW/AWD 1982, 441 ff. = BGHZ 83, 197 ff.; zum Schiedsverfahren insbesondere bei Bau- und Anlagenverträgen vgl. auch *Nicklisch,* Die Ausfüllung von Vertragslücken durch das Schiedsgericht, RIW 1989, 15 ff.; *Böckstiegel,* Vertragsgestaltung und Streiterledigung in der Bauindustrie und im Anlagenbau, 1984. Für den Schiedsvertrag zwischen einem deutschen und einem ausländischen Vertragspartner selbst wird insgesamt auf das einschlägige Formular in Bd. 4 nebst Anmerkungen verwiesen.

(c) In **Kuwait** kann nach der Zivilprozeßordnung vom Juni 1980 grundsätzlich wirksam Schiedsgerichtsbarkeit vereinbart werden (vgl. *Böckstiegel/Dilger,* Vertragspraxis und Streiterledigung im Wirtschaftsverkehr mit arabischen Staaten, S. 103 f.; *Krüger* RIW 1983, 801/808). Wirksamkeitsprobleme ergeben sich u. U. bei anderen arabischen Partnern (vgl. hierzu oben Anm. 12 Abs. (c)). Auch im Hinblick darauf ist der Vertrag mit möglichst weitgehenden „immanenten Mechanismen zur Konfliktregelung" zu versehen (vgl. oben, Anm. 60, *Nicklisch* RIW/AWD 1978, 633/635).

64. **Steuerliche Behandlung.** (a) Als Spezialschrifttum für Steuerfragen beim Anlagengeschäft seien genannt: *Feuerbaum* Betr. 1968, 1501 und 1548; *Stuhr/Stuhr* Betr. 1980, 563; *Feuerbaum* Betr. 1980, 1805; *Feuerbaum,* Internationale Besteuerung des Industrieanlagenbaues, 2. Auflage, 1983. Generell ist folgendes zu bemerken:

(b) Bei den **Gewinnsteuern** (Körperschaftsteuer, Einkommensteuer) unterliegt bei im Inland ansässigen und damit unbeschränkt steuerpflichtigen Personen das gesamte sogenannte Welteinkommen der inländischen Steuerpflicht (vgl. § 1 Abs. 1 EStG, § 1 Abs. 1 KStG). Auch der im Rahmen des Anlagenvertrages aus dem Ausland stammender Gewinn unterliegt damit der deutschen Besteuerung. Gleichzeitig ist jedoch – bei im einzelnen natürlich höchst unterschiedlicher Gesetzgebung – mit dem Entstehen einer entsprechenden Steuer in dem Land der Errichtung der Anlage zu rechnen, und zwar zumindest für Teilleistungen. Die dadurch eintretende Doppelbelastung wird wie folgt gemildert:

aa) Besteht mit dem betreffenden ausländischen Staat kein Doppelbesteuerungsabkommen, wird die ausländische Steuer, sofern sie eine der deutschen Einkommen- bzw. Körperschaftsteuer entsprechende Steuer ist, nach Maßgabe des § 34c EStG auf die deutsche Steuer angerechnet (vgl. hierzu *Herrmann/Heuer*, Kommentar zur Einkommensteuer und Körperschaftsteuer, § 34c EStG).

bb) Für den deutschen Unternehmer regelmäßig vorteilhafter ist es, wenn mit dem ausländischen Staat ein Doppelbesteuerungsabkommen besteht (hierzu vgl. *Korn/Debatin* Doppelbesteuerung).

Diese Abkommen sehen bei im einzelnen unterschiedlicher Ausgestaltung eine Freistellung von der inländischen Steuer, zumindest aber ein erweitertes Anrechnungsverfahren vor. Voraussetzung hierfür ist regelmäßig das Vorliegen einer Betriebsstätte in dem ausländischen Staat. Bei Bauausführungen und Montagen, also auch in dem hier behandelten Fall des Anlagengeschäfts, wird die Betriebsstätteneigenschaft zumeist an die Dauer der Bauausführung bzw. Montage geknüpft, wobei in der Regel eine mindestens zwölfmonatige Dauer gefordert wird (vgl. im einzelnen *Debatin/Wassermeyer*, Doppelbesteuerung, Systematik IV Rdnr. 57 ff.).

(c) Der Gewerbesteuer unterliegt nur die in Zusammenhang mit einer inländischen Betriebsstätte ausgeübte Tätigkeit (§ 2 Abs. 1 GewStG). Daran fehlt es regelmäßig, wenn die Tätigkeit in einer ausländischen Betriebsstätte ausgeübt wird. Bei Bauausführungen und Montagen ist eine gesonderte Betriebsstätte gemäß § 12 AO dann gegeben, wenn die einzelne oder eine von mehreren zeitlich nebeneinanderstehenden oder mehrere ohne Unterbrechung aufeinanderfolgende Bauausführungen oder Montagen länger als sechs Monate dauern. Die Anlagenerrichtung im Ausland führt damit also regelmäßig zu der Annahme einer ausländischen Betriebsstätte mit der Folge, daß hinsichtlich der im Rahmen dieser Betriebsstätte entfalteten Tätigkeit keine Gewerbesteuer anfällt.

(d) Der Umsatzsteuer unterliegen nur die inländischen Lieferungen und Leistungen (§ 1 Abs. 1 UStG), so daß im Auslandsgeschäft keine Umsatzsteuer anfällt.

2. FIDIC: Conditions of Subcontract for Works of Civil Engineering Construction[1-4]

(FIDIC: Unterauftragsbedingungen für Ingenieurbauarbeiten)

Part I – General Conditions

Definitions and Interpretation

1.1 Definitions[5]
In the Subcontract (as hereinafter defined) all words and expressions shall have the same meanings as are respectively assigned to them in the Main Contract (as hereinafter defined), except where the context otherwise requires and except that the following words and expressions shall have the meanings hereby assigned to them:

(a) (i) "Employer" means the person named as such in Part II of the Conditions of Subcontract and the legal successors in title to, or assignees of, such person, as the Contractor shall notify the Subcontractor from time to time.[6]

(ii) "Contractor" means the person named as such in Part II of the Conditions of Subcontract and the legal successors in title to such person, but not (except with the consent of the Subcontractor) any assignee of such person.

(iii) "Subcontractor" means the person whose offer has been accepted by the Contractor and the legal successors in title to such person, but not (except with the consent of the Contractor) any assignee of such person.
(iv) "Engineer" means the person appointed by the Employer to act as Engineer for the purposes of the Main Contract and named as such in Part II of the Conditions of Subcontract.[7]

(b) (i) "Main Contract" means the contract entered into between the Employer and the Contractor, particulars of which are given in Part II of the Conditions of Subcontract.
(ii) "Subcontract" means the Conditions of Subcontract (Parts I and II), the Subcontract Specification, the Subcontract Drawings, the Subcontract Bill of Quantities, the Subcontractor's Offer, the Contractor's Letter of Acceptance, the Subcontract Agreement (if completed) and such further documents as may be expressly incorporated in the Contractor's Letter of Acceptance or Subcontract Agreement (if completed).[8]
(iii) "Subcontract Specification" means the specification of the Subcontract Works included in the Subcontract and any modification thereof or addition thereto made pursuant to Clause 9.
(iv) "Subcontract Drawings" means all drawings, calculations and technical information of a like nature under the Subcontract.
(v) "Subcontract Bill of Quantities" means the priced and completed bill of quantities forming part of the Subcontractor's Offer.[9]
(vi) "Subcontractor's Offer" means the Subcontractor's priced offer to the Contractor for the execution and completion of the Subcontract Works and the remedying of any defects therein in accordance with the provisions of the Subcontract, as accepted by the Contractor's Letter of Acceptance.
(vii) "Contractor's Letter of Acceptance" means the formal acceptance by the Contractor of the Subcontractor's Offer.
(viii) "Subcontract Agreement" means the subcontract agreement (if any) referred to in Sub-Clause 3.3.
(ix) "Appendix to Subcontractor's Offer" means the appendix comprised in the form of Subcontractor's Offer annexed to the Conditions of Subcontract.
(x) "Conditions of Subcontract" means Parts I and II of the Fédération Internationale des Ingénieurs-Conseils' "Conditions of Subcontract for Works of Civil Engineering Construction (for use in conjunction with the Conditions of Contract for Works of Civil Engineering Construction, Fourth Edition 1987 Reprinted 1992 with further amendments)", 1994, as adapted by the Contractor and the Subcontractor and forming part of the Subcontract.
(xi) "Conditions of Main Contract" means Part I of the Fédération Internationale des Ingénieurs-Conseils' "Conditions of Contract for Works of Civil Engineering Construction, Fourth Edition 1987 Reprinted 1992 with further amendments", and Part II of such Conditions as adapted by the Employer and the Contractor, which form part of the Main Contract.

(c) (i) "Subcontractor's Commencement Date" means the date upon which the Subcontractor receives the notice to commence issued by the Contractor pursuant to Sub-Clause 7.1.
(ii) "Subcontractor's Time for Completion" means the time for completion of the Subcontract Works or any Section thereof as stated in the Appendix to Subcontractor's Offer (or as extended under Clause 7) calculated from the Subcontractor's Commencement Date.

(d) "Subcontract Price" means the sum stated in the Contractor's Letter of Acceptance as payable to the Subcontractor for the execution and completion of the Subcontract

Works and the remedying of any defects therein in accordance with the provisions of the Subcontract.⁹
(e) (i) "Main Works" means the Works as defined in the Main Contract.
(ii) "Subcontract Works" means the works described in Part II of the Conditions of Subcontract.¹⁰
(iii) "Subcontractor's Equipment" means all appliances and things of whatsoever nature (other than Temporary Works) required for the execution and completion of the Subcontract Works and the remedying of any defects therein, but does not include Plant, materials or other things intended to form or forming part of the Subcontract Works.

1.2 Headings and Marginal Notes
The headings and marginal notes in the Conditions of Subcontract shall not be deemed part thereof or be taken into consideration in the interpretation or construction thereof or of the Subcontract.

1.3 Interpretation
Works importing persons or parties shall include firms and corporations and any organisation having legal capacity.

1.4 Singular and Plural
Words importing the singular only also include the plural and vice versa where the context requires.

1.5 Notices, Consents, Approvals, Certificates, Confirmations and Determinations
Wherever in the Subcontract provision is made for the giving or issue of any notice, consent, approval, certificate, confirmation or determination by any person, unless otherwise specified such notice, consent, approval, certificate, confirmation or determination shall be in writing and the words "notify", "certify", "confirm" or "determine" shall be construed accordingly. Any such notice, consent, approval, certificate, confirmation or determination shall not unreasonably be withheld or delayed.

1.6 Instructions in Writing
Instructions given by the Contractor shall be in writing, provided that if for any reason the Contractor considers it necessary to give any such instruction orally, the Subcontractor shall comply with such instruction. Confirmation in writing of such oral instruction given by the Contractor, whether before or after the carrying out of the instruction, shall be deemed to be an instruction within the meaning of this Sub-Clause. Provided further that if the Subcontractor, within 7 days, confirms in writing to the Contractor any oral instruction of the Contractor and such confirmation is not contradicted in writing within 7 days by the Contractor, it shall be deemed to be an instruction of the Contractor.

General Obligations
2.1 Subcontractor's General Responsibilities
The Subcontractor shall, with due care and diligence, design (to the extent provided for by the Subcontract), execute and complete the Subcontract Works and remedy any defects therein in accordance with the provisions of the Subcontract. The Subcontractor shall provide all superintendence, labour, materials, Plant, Subcontractor's Equipment and all other things, whether of a temporary or permanent nature, required in and for such design, execution, completion and remedying of any defects, so far as the necessity for providing the same is specified in or is reasonably to be inferred from the Subcontract, and except as otherwise agreed in accordance with Clause 5 and set out in Part II of the Conditions of Subcontract.¹¹
The Subcontractor shall give prompt notice to the Contractor of any error, omission, fault or other defect in the design of or specification for the Subcontract Works which

he discovers when reviewing the Subcontract and/or the Main Contract or executing the Subcontract Works.[12]

2.2 Performance Security[13]

If the Subcontract requires the Subcontractor to obtain security for his proper performance of the Subcontract, he shall obtain and provide to the Contractor such security in the sum stated in the Appendix to Subcontractor's Offer. Such security shall be in the form annexed to the Conditions of Subcontract or in such form as may be agreed between the Contractor and the Subcontractor. The institution providing such security shall be subject to the approval of the Contractor. The cost of complying with the requirements of this Clause shall be borne by the Subcontractor, unless the Subcontract otherwise provides.

The performance security shall be valid until the Subcontractor has executed and completed the Subcontract Works and remedied any defects therein in accordance with the Subcontract. No claim shall be made against such security after the issue of the Defects Liability Certificate in respect of the Main Works and such security shall be returned to the Subcontractor within 28 days of the issue of the said Defects Liability Certificate.

Prior to making a claim under the performance security the Contractor shall, in every case, notify the Subcontractor stating the nature of the default in respect of which the claim is to be made.

2.3 Programme to be Submitted by Subcontractor[14]

The Subcontractor shall, within the time stated in Part II of the Conditions of Subcontract after the date of the Contractor's Letter of Acceptance, submit to the Contractor for his consent a programme, in such form and detail as the Contractor shall reasonably prescribe, for the execution of the Subcontract Works. The Subcontractor shall, whenever required by the Contractor, also provide in writing for his information a general description of the arrangements and methods which the Subcontractor proposes to adopt for the execution of the Subcontract Works.

If at any time it should appear to the Contractor that the actual progress of the Subcontract Works does not conform to the programme to which consent has been given, the Subcontractor shall produce, at the request of the Contractor, a revised programme showing the modifications to such programme necessary to ensure completion of the Subcontract Works within the Subcontractor's Time for Completion.

2.4 Assignment of Subcontract[15]

The Subcontractor shall not, without the prior consent of the Contractor (which consent, notwithstanding the provisions of Sub-Clause 1.5, shall be at the sole discretion of the Contractor), assign the Subcontract or any part thereof, or any benefit or interest therein or thereunder, otherwise than by:

(a) a charge in favour of the Subcontractor's bankers of any monies due or to become due under the Subcontract, or

(b) assignment to the Subcontractor's insurers (in cases where the insurers have discharged the Subcontractor's loss or liability) of the Subcontractor's right to obtain relief against any other party liable.

2.5 Sub-subcontracting[16]

The Subcontractor shall not subcontract the whole of the Subcontract Works, nor shall he subcontract any part of the Subcontract Works without the prior consent of the Contractor. Any such consent shall not relieve the Subcontractor from any liability or obligation under the Subcontract and the Subcontractor shall be responsible for the acts, defaults and neglects of any of his subcontractors, including such subcontractor's agents, servants or workmen as fully as if they were the acts, defaults or neglects of the Subcontractor, his agents, servants or workmen.

Provided that the Subcontractor shall not be required to obtain such consent for:
(a) the provision of labour, or
(b) the purchase of materials which are in accordance with the standards specified in the Subcontract and/or the Main Contract.

In the event of a subcontractor having undertaken towards the Subcontractor in respect of the work executed, or the goods, materials, Plant or services supplied by such subcontractor, any continuing obligation extending for a period exceeding that of the Defects Liability Period under the Main Contract in respect of the Main Works or of the Section or Sections or part or parts thereof in which the Subcontract Works are comprised, as the case may be, the Subcontractor shall at any time, after the expiration of such Period, assign to the Contractor, at the Contractor's request and cost, the benefit of such obligation for the unexpired duration thereof.

Subcontract Documents

3.1 Language/s[17]

Unless otherwise stated in Part II of the Conditions of Subcontract:
(a) the language or languages in which the Subcontract documents shall be drawn up shall be the same as the language or languages in which the Main Contract documents have been drawn up, and
(b) if the Subcontract documents are drawn up in more than one language, the Subcontract shall be construed and interpreted according to the Ruling Language of the Main Contract.

3.2 Governing Law[18]

Unless otherwise stated in Part II of the Conditions of Subcontract, the law of the country or state which applies to the Main Contract and according to which the Main Contract is construed shall also apply to the Subcontract and be the law according to which the Subcontract shall be construed.

3.3 Subcontract Agreement[19]

The Subcontractor shall, if called upon so to do, enter into and execute the Subcontract Agreement, to be prepared and completed at the cost of the Contractor, in the form annexed to the Conditions of Subcontract with such modification as may be necessary.

3.4 Priority of Subcontract Documents[20]

The several documents forming the Subcontract, listed in the Contractor's Letter of Acceptance or the Subcontract Agreement (if any), are to be taken as mutually explanatory of one another. Unless otherwise provided in the Subcontract, the priority of the documents forming the Subcontract shall be as follows:
(1) The Subcontract Agreement (if any);[19]
(2) The Contractor's Letter of Acceptance;
(3) The Subcontractor's Offer;
(4) Part II of the Conditions of Subcontract;
(5) Part I of the Conditions of Subcontract; and
(6) Any other document forming part of the Subcontract.

Main Contract[21]

4.1 Subcontractor's Knowledge of Main Contract[22]

The Contractor shall make the Main Contract (other than the details of the Contractor's prices thereunder as stated in the bills of quantities or schedules of rates and prices as the case may be) available for inspection to the Subcontractor and, if so requested by the Subcontractor, shall provide the Subcontractor with a true copy of the Main Contract (less such details of the Contractor's prices), at the cost of the Subcontractor. The Contractor shall, in any event, provide the Subcontractor with a copy of the Appendix to Tender to the Main Contract together with Part II of the Conditions of Main Contract and details of any other contract conditions which apply to the Main Contract which differ from Part I of the Conditions of Main Contract. The Subcontractor shall be deemed to have full knowledge of the provisions of the Main Contract (less such details of the Contractor's prices).

4.2 Subcontractor's Responsibilities in Relation to Subcontract Works
Save where the provisions of the Subcontract otherwise require, the Subcontractor shall so design (to the extent provided for by the Subcontract), execute and complete the Subcontract Works and remedy any defects therein that no act or omission of his in relation thereto shall constitute, cause or contribute to any breach by the Contractor of any of his obligations under the Main Contract. The Subcontractor shall, save as aforesaid, assume and perform hereunder all the obligations and liabilities of the Contractor under the Main Contract in relation to the Subcontract Works.[23]

4.3 No Privity of Contract with Employer
Nothing herein shall be construed as creating any privity of contract between the Subcontractor and the Employer.

4.4 Possible Effects of Subcontractor's Breaches of Subcontract
If the Subcontractor commits any breaches of the Subcontract, he shall indemnify the Contractor against any damages for which the Contractor becomes liable under the Main Contract as a result of such breaches.[24] In such event, the Contractor may, without prejudice to any other method of recovery, deduct such damages from monies otherwise becoming due to the Subcontractor.

Temporary Works, Contractor's Equipment and/or Other Facilities (if Any)[25]

5.1 Subcontractor's Use of Temporary Works
Unless otherwise stated in Part II of the Conditions of Subcontract, the Contractor shall not be required to provide or retain any Temporary Works for the Subcontractor. However, the Contractor shall permit the Subcontractor, in common with the Contractor and/or such other subcontractors as the Contractor may allow, for the purpose of executing and completing the Subcontract Works and remedying any defects therein, to use such Temporary Works as are from time to time provided by the Contractor in connection with the Main Works. No such permission shall impose any liability upon the Contractor in respect of the use of such Temporary Works by the Subcontractor, his agents, servants or workmen, nor relieve the Subcontractor of any statutory or other obligation to test or inspect the Temporary Works to be used by his agents, servants or workmen or to provide suitable Temporary Works for their use.

5.2 Subcontractor's Use of Contractor's Equipment and/or Other Facilities (if Any) in Common with Other Subcontractors
The Contractor shall provide at the Site the Contractor's Equipment and/or other facilities (if any) specified in Part II of the Conditions of Subcontract and shall permit the Subcontractor, in common with the Contractor and/or such other subcontractors as the Contractor may allow, to have the use thereof for the purposes of executing and completing the Subcontract Works but not of remedying any defects therein, upon such terms and conditions (if any) as are specified in Part II of the Conditions of Subcontract.

5.3 Subcontractor's Exclusive Use of Contractor's Equipment and/or Other Facilities (if Any)
The Contractor shall also provide for the exclusive use by the Subcontractor of the Contractor's Equipment and/or other facilities (if any) specified in Part II of the Conditions of Subcontract upon such terms and conditions (if any) as are specified therein.

2. FIDIC: Subcontract for Works of Civil Engineering Construction

5.4 Indemnification for Misuse of Temporary Works, Contractor's Equipment and/or Other Facilities (if Any)

The Subcontractor shall indemnify the Contractor against any damages arising from the misuse by the Subcontractor, his agents, servants or workmen, of Temporary Works, Contractor's Equipment and/or other facilities provided for his use by the Contractor.

Site Working and Access

6.1 Working Hours on Site; Subcontractor's Compliance with Rules and Regulations

The Subcontractor shall observe the working hours of the Contractor as contained in Part II of the Conditions of Subcontract, unless otherwise agreed, and shall comply with all rules and regulations governing the execution of the work, the arrival at and the departure from the Site of materials and Subcontractor's Equipment and the storage of materials and Subcontractor's Equipment on the Site.

6.2 Availability of Site to Subcontractor and Access to Site

The Contractor shall, from time to time, make available to the Subcontractor so much of the Site and such access as may be required to enable the Subcontractor to proceed with the execution of the Subcontract Works with due dispatch in accordance with the Subcontract.

The Contractor shall not be bound to make available exclusively to the Subcontractor any part of the Site, unless otherwise stated in Part II of the Conditions of Subcontract.

6.3 Subcontractor's Obligation to Permit Access to Subcontract Works

The Subcontractor shall permit the Contractor, the Engineer, and any person authorised by either of them, to have reasonable access, during working hours, to the Subcontract Works and to the places on the Site where any work or materials therefor are being executed, prepared or stored. The Subcontractor shall also permit or procure reasonable access for the Contractor, the Engineer, and any person authorised by either of them, to such places off the Site where work is being executed or prepared by or on behalf of the Subcontractor in connection with the Subcontract Works.

Commencement and Completion

7.1 Commencement of Subcontract Works; Subcontractor's Time for Completion

The Subcontractor shall commence the Subcontract Works within 14 days, or such other period as may be agreed in writing, after the receipt by him of a notice to this effect from the Contractor, which notice shall be issued within the time stated in the Appendix to Subcontractor's Offer after the date of the Contractor's Letter of Acceptance. Thereafter, the Subcontractor shall proceed with the Subcontract Works with due expedition and without delay, except such as may be expressly sanctioned or instructed by the Contractor. The Subcontract Works and, if applicable, any Section required to be completed within a particular time as stated in the Appendix to Subcontractor's Offer shall be completed within the time for completion stated in the Appendix to Subcontractor's Offer for the Subcontract Works or the Section (as the case may be), calculated from the Subcontractor's Commencement Date, or such extended time as may be allowed under Sub-Clause 7.2.

7.2 Extension of Subcontractor's Time for Completion[26]

If the Subcontractor shall be delayed in the execution of the Subcontract Works or, if applicable, any Section thereof by any:

(a) circumstances in regard to which the Contractor is entitled to receive from the Engineer an extension of his time for completion of the Main Works under the Main Contract,

(b) instruction pursuant to Sub-Clause 8.2 to which paragraph (a) of this Sub-Clause does not apply, or

(c) breach of the Subcontract by the Contractor or for which the Contractor is responsible,[27] then in any such event the Subcontractor shall be entitled to such extension of the Subcontractor's Time for Completion of the Subcontract Works or such Section thereof as may in all the circumstances be fair and reasonable.

Provided that the Subcontractor shall not be entitled to such extension of time unless he has submitted to the Contractor notice of the circumstances which are delaying him within 14 days of such delay first occurring together with detailed particulars in justification of the extension of time claimed in order that the claim may be investigated at the time and, in any case to which paragraph (a) of this Sub-Clause applies, the extension shall not in any event exceed the extension of time to which the Contractor is entitled under the Main Contract.

Provided also that, where an event has a continuing effect such that it is not practicable for the Subcontractor to submit detailed particulars within the period of 14 days referred to in this Sub-Clause, he shall nevertheless be entitled to an extension of time provided that he has submitted to the Contractor interim particulars at intervals of not more than 14 days and final particulars within 14 days of the end of the effects resulting from the event.

7.3 Contractor's Obligation to Notify
The Contractor shall promptly notify the Subcontractor of all extensions of time obtained under the provisions of the Main Contract which affect the Subcontract.

Instructions and Decisions

8.1 Instructions and Decisions under Main Contract
Subject to Clause 9, the Subcontractor shall in relation to the Subcontract Works comply with all instructions and decisions of the Engineer which are notified and confirmed to him as an instruction by the Contractor, irrespective of whether such instructions and decisions were validly given under the Main Contract. The Subcontractor shall have the like rights (if any) to payment from the Contractor in respect of such compliance as the Contractor has against the Employer under the Main Contract. Further, if any such instruction or decision notified and confirmed as aforesaid is invalidly or incorrectly given by the Engineer under the Main Contract, then the Subcontractor shall be entitled to recover such costs as may be reasonable (if any) from the Contractor of complying therewith to the extent that such costs were not caused or contributed to by any breach of the Subcontract by the Subcontractor.[28]

8.2 Instructions under Subcontract
The Subcontractor shall take instructions only from the Contractor. The Contractor shall have the like authority in relation to the Subcontract Works to give instructions as the Engineer has in relation to the Main Works under the Main Contract. The Subcontractor shall have the like obligations to abide by and comply therewith and the like rights in relation thereto as the Contractor has under the Main Contract. The said authority of the Contractor shall be exercisable in any case irrespective of whether the Engineer has exercised like authority in relation thereto under the Main Contract.

Variations[29]

9.1 Variations of Subcontract Works
The Subcontractor shall only make such variations of the Subcontract Works, whether by way of alteration, addition, or omission, as may be instructed by:
(a) the Engineer under the Main Contract and notified and confirmed as an instruction to the Subcontractor by the Contractor, or
(b) the Contractor.
Any instruction relating to the Subcontract Works which is given by the Engineer under the Main Contract and constitutes a variation thereunder shall be deemed to constitute

a variation of the Subcontract Works, if notified and confirmed by the Contractor in accordance with paragraph (a) of this Sub-Clause.[30]

9.2 Instructions for Variations
The Subcontractor shall not act upon an unconfirmed instruction for the variation of the Subcontract Works which is directly received by him from the Employer or the Engineer. If the Subcontractor shall receive any such direct instruction, he shall forthwith inform the Contractor thereof and shall supply the Contractor with a copy of such direct instruction, if given in writing. The Subcontractor shall only act upon such instruction as directed in writing by the Contractor, but the Contractor shall give his directions thereon promptly.[31]

Valuation of Variations

10.1 Manner of Valuation
All variations of the Subcontract Works shall be valued in the manner provided by this Clause and the value thereof shall be added to or deducted from the Subcontract Price, as appropriate.

10.2 Assessment of Value of Variations[32]
The value of all variations shall be ascertained by reference to the rates and prices (if any) specified in the Subcontract for the like or analogous work, but if there are no such rates and prices, or if they are inappropriate or inapplicable, then such value shall be such as is fair and reasonable.

10.3 Valuation by Reference to Measurement under Main Contract
Where a variation of the Subcontract Works, which also constitutes a variation under the Main Contract, is measured by the Engineer thereunder, then provided that the rates and prices in the Subcontract permit such variation to be valued by reference to measurement the Contractor shall permit the Subcontractor to attend any measurement made on behalf of the Engineer. Such measurement made under the Main Contract shall also constitute the measurement of the variation for the purposes of the Subcontract and such variation shall be valued accordingly.[30]

10.4 Quantity Estimated and Quantity Executed
The quantities set out in the Subcontract Bill of Quantities are the estimated quantities for the Subcontract Works, and they are not to be taken as the actual and correct quantities of the Subcontract Works to be executed by the Subcontractor in fulfilment of his obligations under the Subcontract.
No instruction shall be required for increase or decrease in the quantity of any work where such increase or decrease is not the result of an instruction given under Clause 9, but is the result of the quantities exceeding or being less than those stated in the Subcontract Bill of Quantities.

10.5 Daywork
Where the Subcontractor has been instructed by the Contractor to carry out work on a daywork basis the Subcontractor shall be paid for such work at the rates and prices specified in the daywork schedule included in the Subcontract.

Notices and Claims

11.1 Notices
Without prejudice to the generality of Clause 4, and unless otherwise stated in the Conditions of Subcontract, whenever the Contractor is required by the terms of the Main Contract to give any notice or other information to the Engineer or to the Employer, or to keep contemporary records, the Subcontractor shall in relation to the Subcontract Works give a similar notice or such other information in writing to the Contractor and keep contemporary records as will enable the Contractor to comply with such terms of

the Main Contract.³⁰ The Subcontractor shall do so in sufficient time to enable the Contractor to comply with such terms punctually.
Provided always that the Subcontractor shall be excused any non-compliance with this Sub-Clause for so long as he neither knew nor ought to have known of the Contractor's need of any such notice or information from him or such contemporary records.

11.2 Claims
Subject to the Subcontractor's complying with this Sub-Clause, the Contractor shall take all reasonable steps to secure from the Employer (including the Engineer) such contractual benefits (including additional payments, extensions of time, or both), if any, as may be claimable in accordance with the Main Contract on account of any adverse physical obstructions or physical conditions or any other circumstances that may be encountered during the execution of the Subcontract Works. The Subcontractor shall, in sufficient time, afford the Contractor all information and assistance that may be required to enable the Contractor to claim such contractual benefits. On receiving any such contractual benefits from the Employer, the Contractor shall pass on to the Subcontractor such proportion thereof as may in all the circumstances be fair and reasonable, it being understood that, in the case of any claim of the Contractor for an additional payment, the Contractor's receipt of payment therefor from the Employer shall be a condition precedent to the Contractor's liability to the Subcontractor in respect of such claim.³³ The Contractor shall notify the Subcontractor regularly of his steps to secure such contractual benefits and of the Contractor's receipt thereof. Save as provided in this Sub-Clause, or in Sub-Clause 7.2, the Contractor shall have no liability to the Subcontractor in respect of any obstruction, condition or circumstance that may be encountered during the execution of the Subcontract Works. The Subcontractor shall be deemed to have satisfied himself as to the correctness and sufficiency of the Subcontract Price to cover the provision and doing by him of all things necessary for the performance of his obligations under the Subcontract. Provided always that nothing in this Clause shall prevent the Subcontractor from claiming against the Contractor for delays in the execution of the Subcontract Works, or other circumstances, caused by the act or default of the Contractor.

11.3 Effects of Failure to Give Notice
If by reason of any failure by the Subcontractor to comply with the provisions of Sub-Clause 11.1 the Contractor is prevented from recovering any sum from the Employer under the Main Contract in respect of the Main Works, then, without prejudice to any other remedy of the Contractor for such failure, the Contractor may deduct such sum from monies otherwise due to the Subcontractor under the Subcontract.

Subcontractor's Equipment, Temporary Works and Materials

12.1 Incorporation by Reference
The provisions of Clause 54 of the Conditions of Main Contract in relation to Contractor's Equipment, Temporary Works or materials brought on to the Site by the Subcontractor are hereby incorporated by reference into the Subcontract as completely as if they were set out in full therein.³⁰

Indemnities

13.1 Subcontractor's Obligation to Indemnify
The Subcontractor shall, except if and so far as the Subcontract provides otherwise, indemnify the Contractor against all losses and claims in respect of:
(a) death of or injury to any person, or
(b) loss or damage to any property (other than the Subcontract Works),
which may arise out of or in consequence of the execution and completion of the Subcontract Works and the remedying of any defects therein, and against all claims, proceedings, damages, costs, charges and expenses whatsoever in respect thereof or in relation thereto, subject to what is provided in Sub-Clause 13.2.

13.2 Contractor's Obligation to Indemnify

The Contractor shall indemnify the Subcontractor against all claims, proceedings, damages, costs, charges and expenses in respect of the following matters to the like extent that the Contractor shall be indemnified by the Employer under the Main Contract, but no further:

(a) the permanent use or occupation of land by the Subcontract Works, or any part thereof,
(b) the right of the Employer and/or the Contractor to execute the Subcontract Works, or any part thereof, on, over, under, in or through any land,
(c) damage to property which is the unavoidable result of the execution and completion of the Subcontract Works, or the remedying of any defects therein, in accordance with the Subcontract, and
(d) death of or injury to persons or loss of or damage to property resulting from any act or neglect of the Employer, his agents, workmen or servants or other contractors, not being employed by the Contractor, or in respect of any claims, proceedings, damages, costs, charges and expenses in respect thereof or in relation thereto.

The Contractor shall indemnify the Subcontractor against all claims, proceedings, damages, costs, charges and expenses in respect of death of or injury to persons or loss of or damage to property resulting from any act or neglect of the Contractor, his agents, workmen or servants or other subcontractors, not being employed by the Subcontractor, or in respect of any claims, proceedings, damages, costs, charges and expenses in respect thereof or in relation thereto or, where the said death, injury, loss or damage was contributed to by the Subcontractor, his agents, workmen or servants, such part of the said death, injury, loss or damage as may be just and equitable having regard to the extent of the responsibility of the Contractor, his agents, workmen or servants or other subcontractors for the said death, injury, loss or damage.

Outstanding Work and Defects

14.1 Subcontractor's Obligations before Taking-Over[34]

If the Subcontractor shall complete the Subcontract Works as required by Sub-Clause 2.1 before the issue of a Taking-Over Certificate in respect of the Main Works, or, where under the Main Contract a Taking-Over Certificate is issued in respect of a Section or part of the Main Works, before a Taking-Over Certificate is issued in respect of the Section or Sections or part or parts of the Main Works in which the Subcontract Works are comprised, the Subcontractor shall continue to maintain the Subcontract Works in the condition required by the Main Contract to the satisfaction of the Contractor. The Subcontractor shall remedy every defect therein from whatever cause arising until a Taking-Over Certificate is issued in respect of the Main Works or such Section or Sections or part or parts.[35] Subject to Clause 15, the Subcontractor shall not be entitled to any additional payment for so doing unless such defect is caused by the act or default of the Employer, his agents, servants or workmen under the Main Contract or of the Contractor, his agents, servants or workmen under the Subcontract.

14.2 Subcontractor's Obligations after Taking-Over[36]

After a Taking-Over Certificate is issued in respect of the Main Works or of the Section or Sections or part or parts thereof in which the Subcontract Works are comprised, as the case may be, the Subcontractor shall remedy such defects in the Subcontract Works as the Contractor is liable to remedy under the Main Contract for the like period and otherwise upon the like terms as the Contractor is liable to do under the Main Contract.[37]

14.3 Defect Caused by Contractor's Act or Default

Provided always that if any defect remedied by the Subcontractor under Sub-Clause 14.1 or 14.2 is caused by the act or default of the Contractor, his agents, servants or workmen, then, notwithstanding that the Contractor may have no corresponding right under the Main Contract, the Subcontractor shall be entitled to be paid by the Contractor his costs of remedying such defect.

Insurances

15.1 Subcontractor's Obligation to Insure[38]
The Subcontractor shall effect insurance against such risks as are specified in Part II of the Conditions of Subcontract and in such sums and for the benefit of such persons as are specified therein. Unless otherwise stated in Part II of the Conditions of Subcontract, the Subcontractor shall keep in force such insurance from the time that so much of the Site and such access is made available to him as may be required to enable him to commence and proceed with the execution of the Subcontract Works in accordance with the Subcontract until he has finally performed his obligations under the Subcontract.
Provided that the Subcontractor shall insure against the liability in respect of any person employed by him on the Subcontract Works in such manner that the Employer and/or the Contractor is indemnified under the policy.

15.2 Contractor's Obligation to Insure; Subcontract Works at Subcontractor's Risk
The Contractor shall keep in force, until such time as a Taking-Over Certificate is issued in respect of the Main Works or the Main Works have ceased to be at his risk under the Main Contract, the policy of insurance specified in Part II of the Conditions of Subcontract.
In the event of the Subcontract Works, Temporary Works, materials or other things belonging to the Subcontractor being destroyed or damaged during such period in such circumstances that a claim is established in respect thereof under the said policy, then the Subcontractor shall be paid the amount of such claim, or the amount of his loss, whichever is the less, and shall apply such sum in replacing or repairing that which was destroyed or damaged. Save as aforesaid the Subcontract Works shall be at the risk of the Subcontractor until a Taking-Over Certificate is issued in respect of the Main Works or, if a Taking-Over Certificate is issued in respect of a Section or Sections or part or parts of the Main Works, until a Taking-Over Certificate is issued in respect of the last of the Sections or parts of the Main Works in which the Subcontract Works are comprised. The Subcontractor shall make good all loss or damage occurring to the Subcontract Works prior thereto at his own expense. The Subcontractor shall also be liable for any loss or damage to the Subcontract Works occasioned by him in the course of any operations carried out by him for the purpose of complying with his obligations under Sub-Clause 14.2.

15.3 Evidence of Insurance; Remedy on Failure to Insure
Where by virtue of this Clause either party is required to effect and keep in force insurance, he shall if so required by the other party provide evidence of insurance and the receipt for the payment of the current premium.
If either the Contractor or the Subcontractor fails to effect and keep in force any of the insurances required under the Subcontract, or fails to provide evidence of insurance, when required, then and in any such case the other party may effect and keep in force any such insurances and pay any premium as may be necessary for that purpose and may from time to time deduct the amount so paid from any monies due or to become due to the party in default, or recover the same as a debt due from the party in default, as the case may be.

Payment[39]

16.1 Subcontractor's Monthly Statements
The Subcontractor shall submit to the Contractor, 7 days after the end of each month (the "Specified Day"), 7 copies of a statement, in such form as the Contractor may from

time to time prescribe (the "Statement"), showing the amounts to which the Subcontractor considers himself to be entitled up to the end of such month in respect of:
(a) the value of the Subcontract Works executed;
(b) any other items in the Subcontract Bill of Quantities including those for Subcontractor's Equipment, Temporary Works, dayworks and the like;
(c) the percentage of the invoice value of listed materials, all as stated in the Appendix to Subcontractor's Offer, and Plant delivered by the Subcontractor on the Site for incorporation in the Subcontract Works but not incorporated in such Works;
(d) adjustments under Clause 21; and
(e) any other sums to which the Subcontractor may be entitled under the Subcontract or otherwise.

The value of work done shall be calculated in accordance with the rates and prices specified in the Subcontract, but if there are no such rates and prices, or if they are inappropriate or inapplicable, then such value shall be such as is fair and reasonable.

16.2 Contractor's Monthly Statements
Subject to the Subcontractor having submitted a Statement for any month to the Contractor, the Contractor shall include, unless inappropriate, the amounts set out therein in the Contractor's next statement for payment under the Main Contract.

In any proceedings, whether arbitral or other, instituted by the Contractor against the Employer to enforce payment of monies due under any certificate issued by the Engineer in accordance with the provisions of the Main Contract there shall be included all sums certified and unpaid in relation to the Subcontract Works, without prejudice to the Subcontractor's rights under Clause 19.

16.3 Payment Due; Payment Withheld or Deferred; Interest
Within 35 days of the Specified Day or otherwise as agreed but subject as hereinafter provided, the amounts included in a Statement shall be due and payable to the Subcontractor, subject to deduction of previous payments and of retention monies at the rate(s) specified in the Appendix to Subcontractor's Offer until such time as the limit of retention money (if any) therein specified has been reached.

The Contractor shall be entitled to withhold or defer payment of all or part of any sums otherwise due pursuant to the provisions hereof where:
(a) the amounts included in any Statement together with any sums to which the Subcontractor might otherwise be entitled in the opinion of the Contractor, but after all retentions and deductions, are less in the aggregate than the minimum amount (if any) stated in the Appendix to Subcontractor's Offer,
(b) the amounts included in any Statement together with any other sums which are the subject of an application by the Contractor under the Main Contract in accordance with Sub-Clause 16.2, but after all retentions and deductions, are insufficient in the aggregate to justify the issue of an Interim Payment Certificate by the Engineer under the Main Contract,
(c) the amounts included in any Statement are not certified in full by the Engineer, providing such failure to certify is not due to the act or default of the Contractor,
(d) the Contractor has included the amounts set out in the Statement in his own statement in accordance with the Main Contract and the Engineer has certified but the Employer has failed to make payment in full to the Contractor in respect of such amounts, providing such failure is not due to the act or default of the Contractor, or
(e) a dispute arises or has arisen between the Subcontractor and the Contractor and/or the Contractor and the Employer involving any question of measurement or quantities or any other matter included in any such Statement.

Any payment withheld under the provisions of paragraphs (c), (d) or (e) above shall be limited to the extent that the amounts in any Statement are not certified, not paid by the Employer or are the subject of a dispute, as the case may be.

In the event of the Contractor withholding or deferring any payment he shall notify the Subcontractor of his reasons therefor as soon as is reasonably practicable but not later than the date when such payment would otherwise have been payable.

The provisions of paragraphs (a) and (b) of this Sub-Clause with regard to the time for payment shall not apply to the amounts in any Statement by the Subcontractor which are included in the Contractor's Final Statement to the Engineer under the provisions of the Main Contract. In respect of any such amounts payment shall be due 14 days after receipt by the Contractor of any payment which includes a sum in respect of such amounts.

In the event of the Contractor failing to make payment of any sum properly due and payable to the Subcontractor or in the event of payment being withheld or deferred pursuant to paragraph (d) of this Sub-Clause, the Contractor shall, upon receiving a notice of claim for interest from the Subcontractor, which should be made within 7 days of the date when such sum became payable, pay to the Subcontractor interest on such overdue sum at the rate payable by the Employer to the Contractor under the provisions of the Main Contract. Provided always that, in the event of the Contractor not receiving a notice of a claim for interest within 7 days of the date when such sum became payable as aforesaid, interest shall be payable by the Contractor on such sum at such rate from the date of receipt of the said notice of claim.

Notwithstanding the immediately preceding paragraph the Subcontractor shall be paid any interest actually received by the Contractor from the Employer which is attributable to monies due to the Subcontractor.

Notwithstanding the terms of this Clause or any other Clause of the Subcontract no amount shall be due and payable to the Subcontractor until the performance security, if required under the Subcontract, has been provided by the Subcontractor and approved by the Contractor.

16.4 Payment of Retention Money

Within 35 days of the issue by the Engineer of the Taking-Over Certificate with respect to the whole of the Main Works or, where the Main Works are completed by Sections or parts, with respect to a Section or part of the Main Works in which the Subcontract Works are comprised, the Contractor shall pay to the Subcontractor one half, or such other proportion as the Contractor reasonably determines having regard to the relative value of such Section or part of the Subcontract Works, of the retention monies under the Subcontract.

Within 7 days of the Contractor's receipt of any payment under the Main Contract which is by way of release of the other half of the retention monies the Contractor shall pay the Subcontractor the other half, or the remaining proportion, of the retention monies under the Subcontract.

16.5 Payment of Subcontract Price and Other Sums Due

Within 84 days after the Subcontractor has finally performed his obligations under Clause 14, or within 14 days after the Contractor has recovered full payment under the Main Contract in respect of the Subcontract Works, whichever is the sooner, and provided that 35 days have expired since the submission by the Subcontractor of his statement of final account to the Contractor, the Contractor shall pay to the Subcontractor the Subcontract Price and any additions to or deductions from such sum as are provided for in the Subcontract, or are otherwise payable in respect thereof, less such sums as have already been received by the Subcontractor on account.

16.6 Cessation of Contractor's Liability

The Contractor shall not be liable to the Subcontractor for any matter or thing arising out of or in connection with the Subcontract or execution of the Subcontracts Works, unless the Subcontractor has given a notice of claim in respect thereof to the Contractor before the issue of the Defects Liability Certificate in respect of the Main Works.

2. FIDIC: Subcontract for Works of Civil Engineering Construction

Termination of Main Contract

17.1 Termination of Subcontractor's Employment[40]
If the Contractor's employment under the Main Contract is terminated, or if the Main Contract is otherwise terminated, for any reason whatsoever before the Subcontractor has fully performed his obligations under the Subcontract, then the Contractor may at any time thereafter by notice to the Subcontractor forthwith terminate the Subcontractor's employment under the Subcontract and thereupon the Subcontractor shall, subject to Clause 12, with due expedition remove his staff and workmen and Subcontractor's Equipment from the Site.

17.2 Payment after Termination[41]
If the Subcontractor's employment is terminated as aforesaid, and subject to Sub-Clause 17.3, the Subcontractor shall be paid by the Contractor, in so far as such amounts or items have not already been covered by payments on account made to the Subcontractor for:
(a) all work executed prior to the date of termination at the rates and prices, if any, provided in the Subcontract, or if there are no such rates and prices, then such amount as may be fair and reasonable,
(b) all materials properly brought and left on the Site by the Subcontractor, together with such proportion of the cost as may be reasonable, taking into account payments made or to be made for work executed, of removal of Subcontractor's Equipment from the Site and, if required by the Subcontractor, return thereof to the Subcontractor's main plant yard in his country of registration or to other destination, at no greater cost,
(c) the reasonable cost of repatriation of all the Subcontractor's staff and workmen employed on or in connection with the Subcontract Works at the time of such termination, and
(d) any goods properly prepared or fabricated off the Site for subsequent incorporation in the Subcontract Works, provided the Subcontractor delivers such goods to the Site or to such other place as the Contractor shall reasonably direct.

Provided always that nothing herein shall affect the rights of either party in respect of any breach of the Subcontract committed by the other prior to such termination, nor any right which accrued to the Subcontractor prior to such termination to receive any payment which is not in respect or on account of the Subcontract Price.

17.3 Termination of Main Contract in Consequence of Breach of Subcontract
If the Contractor's employment under the Main Contract is terminated, or if the Main Contract is otherwise terminated, by the Employer in consequence of any breach of the Subcontract by the Subcontractor, then the provisions of the preceding Sub-Clause as to payment shall not apply, but the rights of the Contractor and the Subcontractor hereunder shall be the same as if the Subcontractor had by such breach repudiated the Subcontract and the Contractor had by his notice of termination under Sub-Clause 18.1 elected to accept such repudiation.

Default of Subcontractor

18.1 Termination of Subcontract[40]
If:
(a) the Subcontractor is deemed by law unable to pay his debts as they fall due, or enters into voluntary or involuntary bankruptcy, liquidation or dissolution (other than a voluntary liquidation for the purposes of amalgamation or reconstruction), or becomes insolvent, or makes an arrangement with, or assignment in favour of, his creditors, or agrees to carry out the Subcontract under a committee of inspection of his creditors, or if a receiver, administrator, trustee or liquidator is appointed over

any substantial part of his assets, or if any act is done or event occurs with respect to the Subcontractor or his assets which, under any applicable law, has a substantially similar effect to any of the foregoing acts or events, or if the Subcontractor has contravened Sub-Clause 2.4, or has an execution levied on his goods,

(b) the Subcontractor has repudiated the Subcontract,
(c) the Subcontractor, without reasonable excuse, has failed to commence or proceed with the Subcontract Works in accordance with Sub-Clause 7.1,
(d) the Subcontractor refuses or neglects to remove defective materials or remedy defective work after being instructed so to do by the Contractor under this Sub-Clause,
(e) the Subcontractor, despite previous warning from the Contractor, in writing, is otherwise persistently or flagrantly neglecting to comply with any of his obligations under the Subcontract,
(f) the Subcontractor has contravened Sub-Clause 2.5, or
(g) the Contractor is required by the Engineer to remove the Subcontractor from the Main Works after due notice in writing from the Engineer to the Contractor in accordance with the Main Contract,

then in any such event, and without prejudice to any other rights or remedies, the Contractor may by a notice to the Subcontractor forthwith terminate the Subcontractor's employment under the Subcontract and thereupon the Contractor may take possession of all materials, Subcontractor's Equipment and other things whatsoever brought on to the Site by the Subcontractor and may by himself or any other contractor use them for the purpose of executing and completing the Subcontract Works and remedying any defects therein and may, if he thinks fit, sell all or any of them and apply the proceeds in or towards the satisfaction of monies otherwise due to him from the Subcontractor.[42]

18.2 Contractor's and Subcontractor's Rights and Liabilities upon Termination
Upon such a termination, the rights and liabilities of the Contractor and the Subcontractor shall, subject to the preceding Sub-Clause, be the same as if the Subcontractor had repudiated the Subcontract and the Contractor had by his notice of termination under the preceding Sub-Clause elected to accept such repudiation.

18.3 Contractor's Powers
The Contractor may in lieu of giving a notice of termination under this Clause take part only of the Subcontract Works out of the hands of the Subcontractor and may by himself or any other contractor execute and complete such part of the Subcontract Works and remedy any defects therein and in such event the Contractor may recover his costs of so doing from the Subcontractor, or deduct such costs from monies otherwise becoming due to the Subcontractor.[42]

Settlement of Disputes

19.1 Amicable Settlement and Arbitration[43]
If a dispute of any kind whatsoever arises between the Contractor and the Subcontractor in connection with, or arising out of, the Subcontract or the execution of the Subcontract Works, whether during the execution of the Subcontract Works or after their completion and whether before or after repudiation or other termination of the Subcontract, then the Contractor or the Subcontractor may give a notice of such dispute to the other party, in which case the parties shall attempt for the next fifty-six days to settle such dispute amicably before the commencement of arbitration. Such notice shall state that it is made pursuant to this Clause. Any dispute which has not been amicably settled within fifty-six days after the day on which such notice is given shall be finally settled under the Rules of Conciliation and Arbitration of the International Chamber of Commerce by one or more arbitrators appointed under such Rules. Arbitration may be commenced prior to or after completion of the Subcontract Works, provided that the obli-

gations of the Contractor and the Subcontractor shall not be altered by reason of the arbitration being conducted during the progress of the Subcontract Works.

19.2 Dispute in Connection with or Arising out of Main Contract Touching or Concerning Subcontract Works[44]
If a dispute of any kind whatsoever arises between the Employer and the Contractor in connection with, or arising out of, the Main Contract or the execution of the Main Works, whether during the execution of the Main Works or after their completion and whether before or after repudiation or other termination of the Main Contract, including any dispute as to any opinion, instruction, determination, certificate or valuation of the Engineer, and the Contractor is of the opinion that such dispute touches or concerns the Subcontract Works and arbitration of such dispute under the Main Contract commences, the Contractor may by notice require that the Subcontractor provide such information and attend such meetings in connection therewith as the Contractor may reasonably request.

Notices and Instructions

20.1 Giving of Notices and Instructions
All notices to be given to either the Contractor or the Subcontractor and all instructions to be given to the Subcontractor under the terms of the Subcontract shall be sent by post, cable, telex or facsimile transmission to or left at the principal place of business of the Contractor or Subcontractor, as the case may be, or such other address as the Contractor or Subcontractor shall nominate for that purpose.

20.2 Change of Address
Either party may change a nominated address to another address in the country where the Subcontract Works are being executed by prior notice to the other party.

Changes in Cost and Legislation

21.1 Increase or Decrease of Cost
There shall be added to or deducted from the Subcontract Price such sums in respect of rise or fall in the cost of labour and/or materials or any other matters affecting the cost of the execution of the Subcontract Works, to the like extent that such sums shall be added to or deducted from the Contract Price under the Main Contract, but no further.

21.2 Subsequent Legislation
If, on or after the date the Subcontract is executed, there occur in the country in which the Subcontract Works are being or are to be executed changes to any National or State Statute, Ordinance, Decree or other Law or any regulation or bye-law of any local or other duly constituted authority, or the introduction of any such State Statute, Ordinance, Decree, Law, regulation or bye-law which causes additional or reduced cost to the Subcontractor, other than under Sub-Clause 21.1, in the execution of the Subcontract, such additional or reduced cost shall be agreed between the Contractor and the Subcontractor, and shall be added to or deducted from the Subcontract Price, to the like extent that such additional or reduced cost shall be added to or deducted from the Contract Price under the Main Contract, but no further.

Currency and Rates of Exchange

22.1 Currency Restrictions
If, on or after the date the Subcontract is executed, the Government or authorised agency of the Government of the country in which the Subcontract Works are being or are to be executed imposes currency restrictions and/or transfer of currency restrictions in relation to the currency or currencies in which the Subcontract Price is to be paid, the Contractor shall reimburse any loss or damage to the Subcontractor arising therefrom to the like extent that such loss or damage shall be reimbursed to the Contractor under

the Main Contract, but no further. Any other rights or remedies to which the Subcontractor is entitled in such event shall not be prejudiced.

22.2 Rates of Exchange

Where the Subcontract provides for payment in whole or in part to be made to the Subcontractor in foreign currency or currencies, such payment shall not be subject to variations in the rate or rates of exchange between such specified foreign currency or currencies and the currency of the country in which the Subcontract Works are to be executed.

Reference to Part II[45]

As stated in the Foreword at the beginning of this document, the FIDIC Conditions of Subcontract comprise both Part I and Part II. Certain Clauses, namely Sub-Clauses 1.1 paragraphs a (i), (ii) and (iv), (b) (i) and (e) (ii), 2.3, 6.1, 15.1 and 15.2, must include additional wording in Part II for the Conditions of Subcontract to be complete. Other Clauses may require additional wording to supplement Part I.[46]

Schrifttum: Nicklisch, Rechtsfragen des Subunternehmervertrages bei Bau- und Anlagenprojekten im In- und Auslandsgeschäft, NJW 1985, 2361 ff.; Nicklisch (Hrsg.), Der Subunternehmer bei Bau- und Anlagenverträgen im In- und Auslandsgeschäft, Heidelberger Kolloquium Technologie und Recht 1985; Vetter, Kollisionsrechtliche Fragen bei grenzüberschreitenden Subunternehmerverträgen, ZVglR-Wiss 1987, 248 ff.; Ramming, Überlegungen zur Ausgestaltung von Nachunternehmerverträgen durch AGB, BB 1994, 518 ff.; Motzke, Abschnitt Subunternehmerverträge (Stand November 1995) in *Graf von Westphalen* (Hrsg.), Vertragsrecht und AGB-Klauselwerke; vgl. im übrigen die Schrifttumsangaben zu Form. VI.1 und VI.3.

Übersicht

	Seite
1. Sachverhalt	669
2. Wahl des Formulars; AGB-Gesetz	669
3. Sonstige Untervertragsbedingungen	671
4. Checkliste	672
5. Definitionen	674
6. Auftraggeber	674
7. Der Ingenieur	674
8. Anlage zum Vertrag	675
9. Bill of Quantities/Preis nach Aufmaß	675
10. Leistungsbegrenzung	675
11. Umfang der vertraglichen Verpflichtungen	675
12. Prüfungspflicht des Subunternehmers	675
13. Sicherheiten	675
14. Ausführungsplan	675
15. Abtretungen	675
16. Sub-Unternehmer	675
17. Vertragssprache	675
18. Anwendbares Recht	675
19. Subcontractor Agreement – Subunternehmervertragsdokument	675
20. Rangfolge der Vertragsbestimmungen	675
21. Koordinierung mit dem Hauptvertrag	676
22. Selbstunterrichtungsklausel	676
23. Verweisung auf Kundenvertrag	676
24. Risikoteilung	676
25. Baustelleneinrichtung	677
26. Fristverlängerung	677
27. Weitere Subunternehmer des Hauptauftragnehmers	677
28. Haftung für Anordnungen	677

2. FIDIC: Subcontract for Works of Civil Engineering Construction VI. 2

	Seite
29. Änderungen: Mehr-(und Minder-)Leistungen, Zusatzleistungen	677
30. „Durchschaltung" des Hauptvertrages	678
31. Nachtragsaufträge für Leistungsänderungen	678
32. Abrechnung von Mehr- und Mindermassen	678
33. Risikobeteiligung des Subunternehmers	678
34. Abnahme	678
35. Nachbesserung vor Abnahme	678
36. Abhängigkeit der Gewährleistungsfrist von Kundenabnahme	678
37. Gewährleistung	678
38. Versicherungsverpflichtung	679
39. Zahlungsbedingungen auf Basis einer *Bill of Quantities*	679
40. Kündigungsrecht des Auftraggebers	679
41. Zahlung im Falle der Auftraggeber-Kündigung	680
42. Ersatzvornahme	680
43. Schiedsgericht	680
44. Vorgreifliches Schiedsverfahren	680
45. Part II	680
46. Steuern	680

Anmerkungen

1. Sachverhalt. Der Sachverhalt ist im Ausgangspunkt derselbe wie für das Form. VI.1, so daß zunächst auf Anm. 1 zu diesem Formular verwiesen wird. Mit dem vorliegenden Vertrag überträgt der Generalunternehmer (hier auch als Hauptauftragnehmer, Auftragnehmer oder Unternehmer bezeichnet), nämlich die B AG, die Ausführung eines Teiles des Gesamtprojektes, z.B. des Bauteils für die Zementwerksanlage, auf ein anderes Unternehmen, die D PL, den Subunternehmer oder Unterauftragnehmer.

2. Wahl des Formulars; AGB-Gesetz. (a) Grundsätzlich handelt es sich bei dieser Weitergabe eines Teils der Leistungen aus dem „Kundenvertrag" (auch „Hauptvertrag" oder „Hauptauftrag" – „Main Contract") – also z.B. der Bauleistungen – um einen Unterauftrag, der wiederum einen Werkvertrag (§§ 631 ff. BGB) darstellt, und zwar einen Werklieferungsvertrag über nicht vertretbare Sachen (§ 651 Abs. 1 Satz 2, 2. Halbsatz BGB).

(b) Insbesondere dann, wenn Gegenstand des Vertrages – wie hier zugrundegelegt – die en-bloc-Weitergabe eines großen, in gewisser Weise wieder in sich geschlossenen Teils des Kundenvertrages ist, neigen Generalunternehmer im Hinblick auf die große Bedeutung dieses Teils für das Gesamtprojekt und seiner engen Verzahnung mit dem mechanischen und elektrischen Teil der Anlage in der Praxis dazu, die Untervergabe im Rahmen eines sogenannten „Stillen Konsortiums", also einer Innen-BGB-Gesellschaft (§§ 705 ff. BGB; vgl. *Staudinger/Keßler*, Vorbem. zu § 705 BGB, Rdnr. 90 ff.) vorzunehmen (vgl. dazu weiter Anm. 5a zu Form. VI.3).

Kennzeichnend für diese Vertragsgestaltung ist insbesondere auch eine erhöhte Risikoübernahme durch den stillen Konsorten im Vergleich zum bloßen Subunternehmer. Durch in der Praxis auftretende Formulierungen wie: „Die Vertragspartner schließen sich zur Erfüllung der Verpflichtungen aus dem Kundenvertrag zu einem Stillen Konsortium zusammen", wird die Risikoübernahme im Rahmen des nun „gemeinsamen Zwecks" zwar grundsätzlich vereinbart, die Frage nach ihrem Umfang aber nur aufgeworfen und nicht gelöst. Es bedarf daher eines genau ausformulierten Konsortialvertrages (vgl. Anm. 5a zu Form. VI.3, insbes. Abs. (3), in Vbdg. mit den Vorschriften des Form. VI.3).

(c) Auch ohne eine solche Gestaltung kann es aber zu Risikoüberwälzungen auch auf einen bloßen Subunternehmer kommen. Sofern im Werkvertrag mit dem Subunternehmer hierüber ausdrücklich nichts gesagt ist, wird gelegentlich versucht, eine Risikoteilung unter Heranziehung von Geschäftsgrundlage-, Durchgriffs- und ähnlichen Überlegungen herauszuarbeiten (vgl. *Vetter* RIW 1984, 170 ff. in seiner Anm. zu BGHZ 83, 197 ff. - Schlachthof im Iran; *Nicklisch* NJW 1985, 2361 ff.). Zutreffend stellt *Nicklisch* jedoch fest: „Das objektiv feststellbare Faktum, daß ein Subunternehmervertrag der Erfüllung eines Hauptvertrages dient und somit im Rahmen eines Gesamtprojekts zu sehen ist, hat als solches noch keine Bedeutung für eine Synchronisation der Verträge oder für die Abhängigkeit einzelner Regelungen des Subunternehmervertrages von den Regelungen des Hauptvertrags." (*Nicklisch* NJW 1985, 2361, 2365.)

Demgemäß ist das vorliegende Formular durch ausdrückliche Regelungen gekennzeichnet. Das von den Vertragspartnern vorgesehene Maß von Risikoübertragung wird im Rahmen dieses Vertragstyps konkret ausformuliert (vgl. z. B. Artikel 4.1, 4.2, 11.1, 11.2, 12.1, 14.1 und 17.1 des Formulars).

(d) Da eine solche Gestaltung – ob Vereinbarung eines Stillen Konsortiums oder Werkvertrag mit konkret formulierter Risikoübertragung – aber in jedem Fall eine höhere Risikoübernahme durch den stillen Konsorten/Subunternehmer mit sich bringt als ein reiner Unterauftrag, wird sich dies in dem zu vereinbarenden Preis auswirken müssen.

(e) Auch beim Subunternehmervertrag konnte auf ein Muster-Bedingungswerk der FIDIC (Fédération Internationale des Ingénieurs-Conseils – Internationale Vereinigung beratender Ingenieure) zurückgegriffen werden; hierzu wird zunächst auf Anm. 2 Abs. (a) zu Form. VI.1 verwiesen (wegen der Bezugsquellen). Nach längeren Vorarbeiten ist im Herbst 1994 das vorstehende Formular in erster Auflage erschienen. Es bezieht sich insbesondere auf das „Red Book" als Hauptauftrag. Insoweit ist auf das in der 4. Auflage des Münchener Vertragshandbuchs, Band 3.2 als Form. III.2.1 wiedergegebene und kommentierte „Red Book" zu verweisen, während für den hier vorstehend als Form. VI.1 wiedergegebenen Conditions of Contract for Construction, 1. Aufl. 1999, nach Auskunft der FIDIC in absehbarer Zeit die Herausgabe eines „passenden" Unterauftragsformulars nicht geplant ist.

(f) Auch hier ist darauf hinzuweisen, daß die FIDIC-Bedingungswerke urheberrechtlich geschützt sind und nicht ohne schriftliche Zustimmung von FIDIC abgedruckt werden dürfen. Verlag, Herausgeber und Autor danken FIDIC für die Erlaubnis zum Abdruck auch dieses Unterauftrags-Formulars.

(g) Auch das hier kommentierte FIDIC-Muster ist dreiteilig:
- „Part I General Conditions" – Allgemeine Bedingungen,
- „Part II Conditions of Particular Interest" – Besondere Bedingungen,
- „Subcontract Agreement" – formales Vertragsdokument.

Im einzelnen wird auf Anm. 2 Abs. (e) und (f) zum Hauptvertrag (Form. VI.1) verwiesen; aus den dort genannten Gründen werden auch hier nur die relevanten General Conditions kommentiert. Wiederum wird jedoch der Vollständigkeit halber nachstehend eine Übersetzung des Vertragsdokumentes – „Subcontract Agreement" – ins Deutsche wiedergegeben.

Subunternehmervertrag(sdokument)

Dieser Subunternehmervertrag wird geschlossen am
...... Tage des Monats ...... 19......
zwischen ....
aus ....
.... (nachstehend „der Unternehmer" genannt)
einerseits und ....
aus ....
(nachstehend „der Subunternehmer" genannt) andererseits
In der Erwägung, daß der Unternehmer den Wunsch hat, ein bestimmtes Subunternehmer-Werk ausführen zu lassen, nämlich
....

und ein Angebot des Subunternehmers für die Ausführung und Fertigstellung dieses Subunternehmer-Werks angenommen hat wird **nunmehr dieser Subunternehmervertrag geschlossen:**
1. Worte und Ausdrücke in diesem Subunternehmervertrag haben die gleichen Bedeutungen, die ihnen jeweils in den nachstehend genannten Subunternehmervertragsbedingungen zugewiesen werden.
2. Die folgenden Unterlagen werden als Teil dieses Subunternehmervertrages angesehen und gelesen und ausgelegt, nämlich:
    (a) die Annahmeerklärung des Unternehmers;
    (b) das Angebot des Subunternehmers;
    (c) die Subunternehmervertragsbedingungen (Teile I und II);
    (d) die Spezifikation des Subunternehmervertrags;
    (e) die Zeichnungen des Subunternehmervertrages;
    (f) das Leistungsverzeichnis des Subunternehmervertrages.
3. Als Gegenleistung für die vom Unternehmer an den Subunternehmer entsprechend nachstehendem Absatz zu leistenden Zahlungen vereinbart der Subunternehmer mit dem Unternehmer, das Subunternehmerwerk in jeder Hinsicht entsprechend den Bestimmungen des Subunternehmervertrags auszuführen, fertigzustellen und zu unterhalten.
4. Der Unternehmer verpflichtet sich hiermit, dem Subunternehmer für die Ausführung, Fertigstellung und Unterhaltung des Subunternehmerwerks zu den Zeitpunkten und in der Weise den Subunternehmer-Vertragspreis und solche anderen Beträge, die gemäß den Subunternehmervertragsbedingungen zahlbar werden, zu zahlen, wie es im Subunternehmervertrag vorgeschrieben ist.
Zu Urkund dessen haben die Vertragsparteien veranlaßt, daß dieser Subunternehmervertrag am oben erwähnten Tag und im oben erwähnten Jahr mit ihren jeweiligen Firmensiegeln (oder mit ihren jeweiligen Unterschriften und Siegeln) versehen wurde.
Das Firmensiegel von ....
....
wurde angebracht in Gegenwart von:
oder
Unterzeichnet, gesiegelt und übergeben von
....
in Gegenwart von:

(h) Zur Frage des Verhältnisses des hier kommentierten Formulars zum AGB-Gesetz wird auf Anm. 2 Abs. (k) zum Form. VI.1 verwiesen, weiter noch auf *Ramming*, BB 1994, 518 ff.

3. Sonstige Mustervertragsbedingungen. (a) Während es ebenso wie für den Industrieanlagenvertrag (vgl. Anm. 3 zu Form. VI.1) auch für einen entsprechenden Subunternehmervertrag noch kein weitverbreitetes Muster gibt, liegt u.a. zu den in Anm. 3 zu Form. VI.1 genannten Mustervertragsbedingungen jeweils korrespondierend auch je ein Subunternehmervertragsmuster vor, nämlich
– The Federation of Civil Engineering Contractors Form of Sub-Contract (FCEC – Revised October 1998, zur Benutzung im Zusammenhang mit Hauptvertragsmusterbedingungen der I.C.E. – Institution of Civil Engineers, Großbritannien),
– Standard Form of Agreement Between Contractor and Subcontractor (*AIA Document 401, 1997 Edition*, zur Benutzung im Zusammenhang mit Hauptvertragsbedingungen des AIA – American Institute of Architects, Vereinigte Staaten).
(b) Darüber hinaus haben drei große US-amerikanische Unternehmensverbände, nämlich die Associated General Contractors of America (AGC), die Associated Specialty Contractors (ASC) und die American Subcontractors Association (ASA), nach dreijähriger Vorarbeit 1994 ein gemeinsames Musterbedingungswerk für einen Subunternehmer-

vertrag vorgelegt: The AGC-ASA-ASC Standard Form Construction Subcontract; weitere Muster finden sich in der „*AGC 600 Series (Subcontract Documents)*".

(c) Hingewiesen sei auf den vom Zentralverband des Deutschen Baugewerbes e. V. erarbeiteten „Nachunternehmervertrag Bau und Ausbau – Fassung 1987 –", gemäß § 38 Abs. 2 Nr. 3 GWB veröffentlicht im BAnz vom 15. 4. 1987, 4281 f., neu aufgelegt im Jahr 2000.

4. Checkliste. Aus den gleichen Gründen wie beim Red Book (vgl. Anm. 4 zum Form. VI.1) wird auch hier als Checkliste eine deutsche Übersetzung des detaillierten Inhaltsverzeichnisses des hier kommentierten Subunternehmervertrags-Formulars abgedruckt, und zwar von Part I General Conditions. Kursivdruck zeigt, daß zu den entsprechenden Artikeln Änderungen oder Ergänzungen im Rahmen des Part II Conditions of Particular Application erforderlich oder zweckmäßig erscheinen.

Inhaltsverzeichnis

Teil I: Allgemeine Bedingungen

Definition und Auslegung

1.1 Definitionen
1.2 Überschriften und Randbemerkungen
1.3 Auslegung
1.4 Singular und Plural
1.5 Mitteilungen, Zustimmungen, Genehmigungen, Bescheinigungen, Bestätigungen und Feststellungen
1.6 Schriftliche Anweisungen

Allgemeine Pflichten

2.1 Allgemeine Verpflichtungen des Subunternehmers
2.2 Erfüllungsgarantie
2.3 Von dem Subunternehmer vorzulegendes Programm
2.4 Abtretung des Subunternehmervertrages
2.5 Untervergabe durch den Subunternehmer

Subunternehmervertragsunterlagen

3.1 Sprache(n)
3.2 Anwendbares Recht
3.3 Subunternehmervertragsdokument (vgl. hierzu dessen Wiedergabe in Deutsch in Anm. 2 Abs. (g): darin bzw. in dessen Anlagen sind die vertragsgegenständlichen Leistungen niederzulegen)
3.4 Vorrang der Subunternehmervertragsunterlagen

Hauptvertrag

4.1 Kenntnis des Subunternehmers von dem Hauptvertrag
4.2 Verpflichtungen des Subunternehmers bezüglich der untervergebenen Aufgaben
4.3 Kein Vertragsverhältnis zum Auftraggeber
4.4 Mögliche Auswirkungen von Verletzungen des Subunternehmervertrages durch den Subunternehmer

Baustelleneinrichtung, Geräte und/oder (falls vorhanden) andere Einrichtungen des Unternehmers

5.1 Benutzung der Baustelleneinrichtung des Unternehmers durch den Subunternehmer

2. FIDIC: Subcontract for Works of Civil Engineering Construction

5.2 Benutzung der Geräte und/oder (falls vorhanden) andere Einrichtungen des Unternehmers gemeinsam mit anderen Subunternehmern
5.3 Ausschließliche Benutzung der Geräte und/oder (falls vorhanden) andere Einrichtungen des Unternehmers durch den Subunternehmer
5.4 Entschädigung für Mißbrauch von Baustelleneinrichtungen, Geräten und/oder (falls vorhanden) anderer Einrichtungen des Unternehmers

Arbeit auf der Baustelle und Zugang

6.1 Arbeitszeit auf der Baustelle; Beachtung der Vorschriften und Bestimmungen durch den Subunternehmer
6.2 Zugang des Subunternehmers zu der Baustelle
6.3 Verpflichtung des Subunternehmers, Zugang zu seinem Teil des Werks zuzulassen

Beginn und Abschluß

7.1 Beginn der Arbeit des Subunternehmers; Fertigstellungstermin für den Subunternehmer
7.2 Fristverlängerung für Fertigstellung der Arbeit des Subunternehmers
7.3 Mitteilungspflicht des Subunternehmers

Anweisungen und Entscheidungen

8.1 Anweisungen und Entscheidungen nach dem Hauptvertrag
8.2 Anweisungen nach dem Subunternehmervertrag

Änderungen

9.1 Änderungen der Leistungen des Subunternehmers
9.2 Anweisungen für Änderungen

Bewertung von Änderungen

10.1 Bewertungsmethode
10.2 Wertermittlung einer Änderung
10.3 Bewertung durch Bezugnahme auf Messung nach dem Hauptvertrag
10.4 Geschätzte Menge und ausgeführte Menge
10.5 Arbeit zu Tagessätzen

Mitteilungen und Ansprüche

11.1 Mitteilungen
11.2 Ansprüche
11.3 Auswirkungen des Unterlassens einer Mitteilung

Geräte, Baustelleneinrichtung und Material des Subunternehmers

12.1 Einbeziehung durch Bezugnahme

Entschädigung

13.1 Entschädigungsverpflichtung des Subunternehmers
13.2 Entschädigungsverpflichtung des Unternehmers

Unerledigte Arbeit und Mängel

14.1 Verpflichtungen des Subunternehmers vor Übernahme
14.2 Verpflichtungen des Subunternehmers nach Übernahme
14.3 Durch Handeln oder Unterlassen des Subunternehmers verursachte Mängel

Versicherung

15.1 Versicherungspflicht des Subunternehmers
15.2 Versicherungspflicht des Unternehmers; Arbeit des Subunternehmers auf dessen Risiko
15.3 Versicherungsnachweis; Rechte bei fehlender Versicherung

Zahlung

16.1 Monatliche Abrechnungen des Subunternehmers
16.2 Monatliche Abrechnungen des Unternehmers
16.3 Fälligkeit der Zahlung; einbehaltene oder verzögerte Zahlung; Zinsen
16.4 Zahlung einbehaltener Beträge
16.5 Zahlung des Subunternehmerpreises und anderer fälliger Beträge
16.6 Ende der Haftung des Subunternehmers

Kündigung des Hauptvertrages

17.1 Kündigung des Einsatzes des Subunternehmers
17.2 Zahlung nach Vertragsbeendigung
17.3 Kündigung des Hauptvertrages wegen Verletzung des Subunternehmervertrages

Vertragsstörung durch den Subunternehmer

18.1 Kündigung des Subunternehmervertrages
18.2 Rechte und Haftung des Unternehmers und des Subunternehmers nach Kündigung
18.3 Befugnisse des Unternehmers

Beilegung von Streitigkeiten

19.1 Einvernehmliche Beilegung und Schiedsverfahren
19.2 Streitigkeit im Zusammenhang mit oder aus dem Hauptvertrag mit Auswirkungen oder Bezug auf Leistungen nach dem Subunternehmervertrag

Mitteilungen und Anweisungen

20.1 Mitteilungen machen und Anweisungen geben
20.2 Adressenänderung

Kostenänderungen und gesetzliche Veränderungen

21.1 Kostensteigerung oder -senkung
21.2 Nachträglicher Erlaß von Gesetzen

Währung und Wechselkurs

22.1 Devisenbeschränkungen
22.2 Wechselkurse

5. Definitionen. Vgl. Anm. 5 zu Form. VI.1.

6. Auftraggeber. Vgl. Anm. 8 zu Form. VI.1. Damit ist auch hier die Auftraggeber des Hauptauftragnehmers gemeint; Vertragspartner des vorliegenden Subunternehmervertrages sind nur die anschließend definierten Parteien, der Contractor (hier: Hauptauftragnehmer, Unternehmer) und der Subcontractor (Unterauftragnehmer, Subunternehmer).

7. Der Ingenieur. Zu der bedeutsamen Rolle des beratenden Ingenieurs im Rahmen der FIDIC-Bedingungswerke vgl. ausführlich Anm. 18 zu Form. VI.1.

8. Anlagen zum Vertrag. Vgl. Anm. 6 zu Form. VI.1, weiter die auch hier zu berücksichtigenden Anm. 10 und 11 zu diesem Formular.

9. *Bill of Quantities*/Preis nach Aufmaß. Hierzu und zu abweichenden Gestaltungen vgl. Anm. 10 zu Form. VI.1.

10. Leistungsabgrenzung. Da in vielen Fällen nicht unmittelbar klar ist, ob eine Leistung noch zum Bauteil – oder sonstigem Vertragsgegenstand des Subunternehmervertrages – oder schon zum übrigen Anlageteil gehört (z. B.: Stahlkonstruktionen), sollte der Anfertigung der Leistungsabgrenzung zur Vermeidung späterer Streitigkeiten besondere Aufmerksamkeit gewidmet werden: sie müßte an sich schon der Aufforderung zur Angebotsabgabe an den Bauunternehmer/Subunternehmer für dessen Kalkulation zugrunde liegen. Wegen des Risikos ungenauer Leistungsabgrenzung vgl. auch Anm. 22.

11. Umfang der vertraglichen Verpflichtungen. Diese Regelung geht den entsprechenden Vorschriften des Kundenvertrages vor, der sie aber – soweit ausführlicher – ergänzt (vgl. unten Artikel 3.4 und Anm. 20 dazu, aber auch Artikel 4.1 und 11.1). Wegen des Risikos verbleibender Lücken vgl. Anm. 10 und 22.

12. Prüfungspflicht des Subunternehmers. Vgl. hierzu Artikel 8.1, zweiter Unterabsatz des Hauptvertrages: Red Book.

13. Sicherheiten. Vgl. Artikel 4.2 des Hauptvertrages (Form. VI.1) und Anm. 21 dazu.

Sofern es sich bei dem Subunternehmer um ein Unternehmen aus einem größeren Konzernverband handelt, ist es nicht unüblich, daß neben den Garantien oder an ihrer Statt (noch) eine Konzernbürgschaft oder -garantie der Obergesellschaft für die Vertragserfüllung insgesamt gefordert wird.

14. Ausführungsplan. Vgl. hierzu die entsprechende Regelung in Artikel 8.3 des Hauptvertrages (Form. VI.1) und Anm. 33 dazu.

15. Abtretungen. Die Regelung entspricht derjenigen in Artikel 1.7 des Hauptvertrages (Form. VI.1); vgl. auch Anm. 15 dazu.

16. Sub-Subunternehmer. Vgl. die entsprechende Regelung im Hauptvertrag, Artikel 4.4 (Form. VI.1) und Anm. 22 dazu mit weiteren grundsätzlichen Hinweisen zum Subunternehmer.

17. Vertragssprache. Vgl. hierzu zunächst Artikel 1.4 des Hauptvertrages (Form. VI.1) und Anm. 12 und 13 dazu. Im vorliegenden Subunternehmervertrag wird zweckmäßigerweise grundsätzlich festgelegt, daß die Vertragssprache bzw. Vorrangsprache des Subunternehmervertrages diejenige des Hauptvertrages sein soll.

18. Anwendbares Recht. Zunächst ist auf die Rechtswahlklausel des Hauptvertrages – Artikel 1.4 (Form. VI.1) – und die Ausführungen in Anm. 12 dazu hinzuweisen. Wenn nicht unüberwindliche Gründe im Einzelfall dagegen sprechen, sollte es hier beim Subunternehmervertrag aber bei der Grundsatzregelung des Artikels 3.2 bleiben, wonach das für den Hauptvertrag geltende Recht auch für den Subunternehmervertrag gilt. Dies sowohl wegen des Ineinandergreifens der Regelungen beider Verträge, beispielsweise bei Gewährleistungs- oder Schadensersatzansprüchen des Auftraggebers, die ganz oder teilweise vom Unterauftragnehmer zu verantworten sind, insbesondere aber auch im Hinblick auf mögliche, hintereinandergeschaltete Schiedsverfahren; vgl. dazu auch nachstehende Anm. 44 zu Artikel 19.2.

19. Subcontract Agreement – Subunternehmervertragsdokument. Zu diesem lediglich eine formale Klammer bildenden, gegebenenfalls zu unterzeichnenden kurzen Dokument vgl. oben Anm. 2 Abs. (g), wo eine deutsche Übersetzung dieses Dokumentes abgedruckt ist, und die dort in Bezug genommene Anm. 2 Abs. (e) zum Hauptvertrag (Form. VI.1).

20. Rangfolge der Vertragsbestimmungen. Vgl. hierzu die etwas abweichende, korrespondierende Formulierung in Artikel 1.5 des Hauptvertrages. Bei Verträgen, in denen deutsches Recht durchgesetzt werden kann, sollte an die Stelle der vorliegenden Bedingungen in der Regel wohl die VOB/B treten, wobei darauf hingewiesen sei, daß die vom DIN e. V. als DIN 1961 herausgegebene VOB/B auch in englischer Übersetzung vorliegt (Beuth Verlag, Berlin, Köln).

21. Koordinierung mit dem Hauptvertrag. Es wird davon ausgegangen, daß der Hauptvertrag im Zeitpunkt des Abschlusses des Subunternehmervertrages schon unterzeichnet und wirksam geworden ist oder jedenfalls der Hauptvertrag und dieser Vertrag in engem zeitlichen Zusammenhang und unter sachlicher Abstimmung miteinander verhandelt und unterzeichnet werden. Wenn der Kundenvertrag dagegen bei Unterzeichnung des Subunternehmervertrages zwar schon ausgehandelt ist, aber später unterzeichnet wird oder bezüglich seines Inkrafttretens aufschiebend bedingt ist, sollte eine Schlußvorschrift etwa folgenden Inhalts aufgenommen werden: „Dieser Vertrag tritt in Kraft mit dem Wirksamwerden des Hauptvertrages. B AG wird D PL diesen Termin unverzüglich bekanntgeben." Sollte der Hauptvertrag noch nicht abschließend ausgehandelt sein, wäre in den Subunternehmervertrag ein Änderungsvorbehalt aufzunehmen.

22. Selbstunterrichtsklauseln. Derartige Selbstunterrichtsklauseln (vgl. hierzu auch *Joussen* S. 52/61 und 423) sind grundsätzlich zum Schutz des Generalunternehmers vor Inkongruenzen zwischen den dem Kunden geschuldeten und den Subunternehmern weitervergebenen Leistungen angebracht. Dabei wird häufig die Selbstunterrichtungspflicht mit der daraus folgenden Risikoüberwälzung ausdrücklich über die Kenntnis des Hauptvertrages hinaus auf die Prüfung der Baustelle, des Baugrundes u. ä. erstreckt. Besondere Bedeutung gewinnt eine genaue Leistungsermittlung und -abgrenzung im beiderseitigen Interesse bei einem Pauschal-Festpreisvertrag (vgl. dazu auch schon oben Anm. 6 und 7 Abs. (c) zum Hauptvertrag, Form. VI.1). Natürlich sollte die Selbstunterrichtungspflicht nicht zu Lasten des Subunternehmers überspannt werden: das Kriterium für die Abgrenzung des Leistungsrisikos ist die Erkennbarkeit des Erfordernisses von Lieferungen und Leistungen für einen erfahrenen und verständigen Unternehmer von der Art des Subunternehmers im Zeitpunkt des Vertragsabschlusses. Hierzu gehört auch die Obliegenheit, im Zweifelsfalle eine Klärung durch Nachfrage beim Generalunternehmer herbeizuführen, sofern irgendein Anlaß zu Zweifeln bestand. Umgekehrt ist der Generalunternehmer dann allerdings verpflichtet, die gewünschte Aufklärung zu erteilen. Unterbleibt dies, kann dem Subunternehmer die Unklarheit nicht länger angelastet werden.

23. Verweisung auf Kundenvertrag. Diese „Durchschaltung" des Kundenvertrages korrespondiert mit der Risikoüberwälzung in Artikel 4.4, vgl. insbesondere auch die nachfolgende Anm. 24 dazu und weiter z. B. Anm. 33. Vgl. darüber hinaus Anm. 22 zu Form. VI.1 mit weiteren grundsätzlichen Hinweisen zum Subunternehmer.

24. Risikoteilung. (a) Wird – abweichend von der vorliegenden Gestaltung – zwischen Generalunternehmer und Subunternehmer ein Stilles Konsortium vereinbart (vgl. Anm. 2 Abs. (b)), so wird dabei häufig die Formel benutzt, daß jeder Vertragspartner für seinen Leistungsanteil das volle technische und kommerzielle Risiko trägt. Das letztere ist eine Generalklausel, die bereits im Konsortialvertrag noch genauer konkretisiert werden sollte. Bei Risikoteilung im Subunternehmervertrag – hier insbesondere in Artikel 4.4 in Verbindung mit Artikel 4.2 festgelegt – sollte erst recht versucht werden, die Risikoabgrenzung so konkret wie möglich vorzunehmen.

(b) Soweit das Zahlungsrisiko generell – also über Sonderregelungen wie hier in Artikel 11.2 hinaus – auf einen ausländischen Unterauftragnehmer abgewälzt wird, kann der deutsche Generalunternehmer keine Hermes-Deckung (s. o. Anm. 50a zum Hauptvertrag, Form. VI.1) erlangen. Die Bundesrepublik Deutschland, Bearbeiter: Hermes-Kreditversicherungs AG, deckt das Generalunternehmerrisiko voll, solange ausländische Zulieferungen 10% des Auftragswertes nicht überschreiten (30% bis 40% bei Auslandsanteilen aus EG-Ländern; weitergehender Schutz ist gegeben, soweit bilaterale Rückversicherungsabkommen bestehen). Übersteigt der Unterauftragswert diese Grenze, empfiehlt sich eine entsprechende Risikoüberwälzung im Vertrag. Der ausländische Unterauftragnehmer muß dann Deckung bei seinem nationalen Versicherer suchen. Dies ist im Rahmen einer Absprache zwischen Hermes und diesem anderen Versicherer möglich, und zwar auch im umgekehrten Fall eines ausländischen Generalunternehmers mit einem wesentlichen deutschen Unterauftragnehmer.

(c) Eine Abwälzung allein des Gewährleistungsrisikos auf den Unterauftragnehmer, wie hier in Artikel 14.2 vorgesehen, ist ohne Einfluß auf die Hermes-Deckung.

25. Baustelleneinrichtung. Häufig wird vom Unterauftragnehmer, insbesondere wenn er Bauunternehmer ist, die Vorhaltung der Baustelleneinrichtung für sein Personal und seine Arbeiten gefordert; diese Leistung ist dann naturgemäß beim Angebot auch zu kalkulieren. Zur Baustelleneinrichtung in einem Fall wie dem vorliegend unterstellten, gehört insbesondere auch das erforderliche Camp für das Personal des unterbeauftragten Bauunternehmers D PL selbst. Sofern der Bauunternehmer, was wegen seiner Qualifikation hierzu naheliegt, auch ein Camp für den Hauptauftragnehmer und gegebenenfalls für weitere Subunternehmer errichten (und gegebenenfalls betreiben) soll, bedarf es dazu gesonderter vertraglicher Regelungen, zumindest einer entsprechenden Erweiterung des Leistungsverzeichnisses und der Kalkulation.

26. Fristverlängerung. Wegen Buchstabe a) vgl. Artikel 8.4 des Hauptvertrages, Form. VI.1; weiter generell Anm. 34 dazu.

27. Weitere Subunternehmer des Hauptauftragnehmers. Diese Regelung ist ein Ansatzpunkt für ein Einstehen des Hauptauftragnehmers gegenüber seinem Subunternehmer – hier dem Bauunternehmer D PL – für Handlungen seiner weiteren Subunternehmer; vgl. auch oben Artikel 5.2. Der nicht ganz einfach zu lösende Fragenkomplex verdient gegebenenfalls eine eingehendere Regelung. Das Handeln der weiteren Subunternehmer ist dem Hauptauftragnehmer im Verhältnis zu D PL nicht zweifelsfrei schon nach § 278 BGB zuzurechnen, da sie in erster Linie seine Erfüllungsgehilfen für die Verpflichtung sind, dem Kunden gegenüber Leistungen zu erbringen. Eine Klarstellung im Vertrag ist deshalb angebracht, wenngleich man die weiteren Subunternehmer wohl auch im Verhältnis zum Subunternehmer D PL auch ohne ausdrückliche Regelung als Erfüllungsgehilfen des Hauptauftragnehmers B AG ansehen könnte, weil sie dessen Verpflichtung (mit-)erfüllen, dem Unterauftragnehmer D PL die ungestörte Vertragserfüllung möglich zu machen (vgl. *Joussen*, S. 150, mwN.; weiter auch Anm. 22 zu Form. VI.1).

28. Haftung für Anordnungen. Empfehlenswert ist eine ergänzende Regelung, wonach der Subunternehmer seinerseits den Hauptauftragnehmer informieren muß, wenn er die Fehlerhaftigkeit oder Unzweckmäßigkeit von Weisungen erkennt; vgl. dazu auch Artikel 1.8, zweiter Unterabsatz des Hauptvertrages (Form. VI.1) und Anm. 16 dazu und weiter die ähnliche Regelung in § 4 Nr. 1 Abs. 4 VOB/B. Dadurch werden die Risikosphären klarer abgegrenzt im Interesse einer eindeutigen Zuordnung, wer spätere Schäden, Mängel etc. vertreten muß in Fällen von, ggf. unzutreffenden, Instruktionen.

29. Änderungen: Mehr-(und Minder-)Leistungen, Zusatzleistungen. Die aus der VOB/B geläufige Unterscheidung von Mehrleistungen einerseits und Zusatzleistungen andererseits mit ihren unterschiedlichen Vergütungsregelungen (vgl. § 2 VOB/B) wird hier nicht gemacht. An Schutzvorschriften für den Unterauftragnehmer bezüglich Minderleistungen, die auf eine Teilkündigung hinauslaufen, fehlt es ebenso wie an Schutzvorschriften gegen unbillige Zusatzforderungen; vgl. demgegenüber § 1 Nr. 4 VOB/B, wonach der Bauunternehmer (nur) verpflichtet ist, Zusatzleistungen mit anzuführen, wenn und soweit sein Betrieb auf derartige Leistungen eingerichtet ist (vgl. aber Artikel 10.4). Aus der Sicht eines deutschen Subunternehmers wären hier wohl entsprechende Ergänzungsvereinbarungen wünschenswert. Im übrigen vgl. auch Anm. 49 zum Hauptvertrag, Form. VI.1.

30. „Durchschaltung" des Hauptvertrages. Ungeachtet der zutreffenden Festlegung in Artikel 4.3, wonach ein Vertragsverhältnis zwischen Auftraggeber und Subunternehmer nicht besteht, werden in einer Reihe von Einzelfällen – so auch hier (siehe aber Artikel 9.2 und nachfolgende Anm. 31 dazu) – die vertraglichen Regelungen des Hauptvertrages und die Wirkungen von Handlungen gemäß den Regelungen des Hauptvertrages in das Vertragsverhältnis zwischen Auftragnehmer und Subunternehmer „durchgeschaltet", so daß auf diesem Wege mittelbar eine vielfältige Abhängigkeit des Unterauftragnehmers vom Hauptauftrag entsteht. Dies ist im Projekt- und Anlagengeschäft entsprechend den tatsächlichen Verflechtungen im Bauablauf unerläßlich. Vgl. auch vorstehende Anm. 23 m. w. Nachw.

31. Nachtragsaufträge für Leistungsänderungen. Hierzu vgl. zunächst Anm. 49 zum Hauptauftrag, Form. VI.1. Ein direkter „Durchgriff" des Ingenieurs auf den Subunternehmer wird aber zu Recht durch das Erfordernis einer Bestätigung durch den Auftragnehmer gegenüber dem Subunternehmer blockiert.

32. Abrechnung von Mehr- und Mindermassen. Es wird davon ausgegangen, daß das Angebot, welches als Anlage Bestandteil des Vertrages wird, eine Kalkulation mit Einheitspreisen und Massen enthält; dies ist die Voraussetzung der Errechnung des Wertes von Mehr- und Mindermassen, wie hier vorgesehen.

33. Risikobeteiligung des Subunternehmers. Durch die vorgeschlagene Regelung wird der Subunternehmer bei Vertragsverletzungen des Kunden voll am Risiko der Durchsetzbarkeit von Zusatzansprüchen gegenüber dem Kunden beteiligt. Dies entspricht zwar nicht der typischen Risikoverteilung bei Subunternehmerverträgen, ist jedoch im Auslandsgeschäft, insbesondere z.B. mit arabischen Ländern zur Risikobegrenzung des Anlagengeschäfts oft unerläßlich, da Ersatzansprüche häufig faktisch nicht gerichtlich, sondern nur im Verhandlungswege gegenüber dem Kunden „durchsetzbar" sind. Vgl. auch vorstehend Anm. 24.

34. Abnahme. Vgl. die Anm. 38 bis 42 zu Form. VI.1.

35. Nachbesserung vor Abnahme. Insoweit handelt es sich – wie z.B. auch bei Artikel 7.6 des Kundenvertrages (Form. VI.1, vgl. auch Anm. 48 dazu) – systematisch nicht um Gewährleistung, sondern um den ursprünglichen Leistungsanspruch, wie sich nach deutschem Recht aus dem Wortlaut von § 633 Abs. 2 in Verbindung mit Abs. 1 ergibt, vgl. MünchKomm/*Soergel*, § 633 Rdnr. 1 ff.; *Soergel/Mühl*, § 633, Rdnr. 7; vgl. auch *Joussen*, S. 167; weiter § 4 Nr. 7 Abs. 1 VOB/B.

36. Abhängigkeit der Gewährleistungsfrist von Kundenabnahme. Diese Regelung erscheint angemessen, um den Hauptauftragnehmer nicht in die Situation zu bringen, daß der Auftraggeber in der ihm gegenüber noch laufenden Gewährleistungsfrist zu einem Zeitpunkt Mängel im Werk des Subunternehmers rügt, in welchem die Gewährleistungsfrist des Subunternehmers schon abgelaufen ist. Andererseits kann es dem Subunternehmer im Einzelfall erforderlich scheinen, schrankenlosen Kulanzregelungen des Hauptauftragnehmers mit dem Auftraggeber zu seinen Lasten vorzubeugen: zwar wird abgestellt auf Mängel im Werk des Subunternehmers „as the Contractor is liable to remedy under the Main Contract for the like period", aber Auftraggeber und Hauptauftragnehmer könnten ja diese Frist einvernehmlich verlängern. Für solchen Fall könnte höchstvorsorglich etwa festgelegt werden, daß eine Verlängerung der Gewährleistungsfrist für den Subunternehmerteil über die ursprünglich bestimmte Grundlaufzeit hinaus nur durch Vereinbarung auch mit dem Subunternehmer möglich ist, deren Abschluß der Subunternehmer jedoch nicht unbillig verweigern darf.

37. Gewährleistung. (a) Vgl. wegen der „Durchschaltung" des Hauptvertrages bezüglich der Gewährleistung zunächst dort (Form. VI.1) Art. 11 und auch Anm. 43 ff. dazu.

(b) Die Sachmängelhaftung ist nach deutschem Recht an den folgenden drei gesetzlichen Kategorien orientiert:

aa) Fehler, die den Wert oder die Tauglichkeit zu dem gewöhnlichen oder dem nach dem Vertrag vorausgesetzten Gebrauch aufheben oder mindern (§ 633 Abs. 1 BGB, gleicher Begriff, wie in § 459 Abs. 1 BGB),
bb) Zugesicherte Eigenschaften (§ 633 Abs. 1 gleicher Begriff wie in § 459 Abs. 2 BGB),
cc) Kauf nach Probe (§ 494 BGB).

Für den letzteren bestimmt schon das Gesetz, daß die Eigenschaften der Probe als zugesichert gelten (§§ 651, 494 BGB). Im übrigen muß in der Baubeschreibung deutlich gekennzeichnet werden, welche Eigenschaften zugesichert sind, damit der Gewährleistungsumfang unstreitig ist. Die entsprechenden Unterscheidungen werden hier nicht gemacht, liegen aber der Gestaltung des Formulars in Band 2, VIII.2, § 11 zugrunde.

An die Stelle der Gewährleistungsregelung kann die für den Auftraggeber günstigere unselbständige Garantie treten, bei der es z.B. nicht darauf ankommt, ob der gerügte Mangel tatsächlich schon im Zeitpunkt der Abnahme vorlag und ob den Unternehmer an etwaigen Mängelfolgeschäden ein Verschulden trifft (zum letzteren Aspekt vgl. Anm. 45 zum Hauptvertrag, Form. VI.1, und dort Artikel 11.1, 11.2, der etwa eine entsprechende Regelung enthält).

In Betracht kommt schließlich noch die selbständige Garantie, bei der für einen über die Vertragsmäßigkeit des Werks hinausgehender weiteren Erfolg eingestanden wird. Wird eine selbständige oder unselbständige Garantie übernommen, ist bei der Formulierung auf eine deutliche Abgrenzung von der Zusicherung einer Eigenschaft zu achten, am besten durch genaue Festlegung des Inhalts der Garantie (so zu Recht auch *Ingenstau/Korbion* VOB/B, § 13, Rdz. 840; vgl. zum ganzen *Soergel/Mühl*, § 633 Rdnr. 18f. mwN.; *Larenz*, Lehrbuch des Schuldrechts, Band II, Halbband 1, 13. Auflage, 1986, § 53 IIc; *Ingenstau/Korbion*, Rdz. 840ff.; zur selbständigen Garantie BGHZ 65, 107/109).

(c) Eine ausdrückliche vertragliche Regelung der Rechtsmängelhaftung erscheint für den vorliegenden Subunternehmervertrag z.B. über den Bauteil nicht erforderlich; vgl. aber Form. VI.1 Art. 17.5 und Anm. 54 und 55.

38. Versicherungsverpflichtung. Die Erfüllung dieser Verpflichtung setzt unter Umständen (Artikel 15.1 Abs. 2!) voraus, mit dem – deutschen – Versicherer eine teilweise Abbedingung der Regreßvorschrift des § 67 VVG zu vereinbaren. Vgl. weiter Artikel 18 des Hauptvertrages und Anm. 57 und 58 dazu (Form. VI.1).

39. Zahlungsbedingungen auf *Basis einer Bill of Quantities*. Zu den Zahlungsregelungen auf der Basis einer Bill of Quantities, aber auch zu anderen Preistypen und Zahlungsregelungen vgl. Anm. 7 zum Hauptvertrag, Form. VI.1, weiter auch noch Anm. 51 Abs. (b) ebenda.

40. Kündigungsrecht des Auftraggebers. Vgl. zunächst Artikel 15 und insbesondere 15.2 und 15.4 des Kundenvertrages – Form. VI.1 – und Anm. 36 und 37 dazu. Eine ausdrückliche Regelung ist – auch hier – einer Regelung entsprechend der gesetzlichen (§ 649 BGB) vorzuziehen, da das dort vorgesehene jederzeitige Kündigungsrecht ohne Vorliegen spezifischer Kündigungsgründe mit seiner entsprechend starren Entgeltregelung nicht dem Charakter des Großanlagengeschäfts entspricht (vgl. hierzu auch die Erwägungen bei *Joussen*, S. 251 ff., insbes. S. 251). Da im FIDIC Construction Contract aber gleichwohl vielfacher Gestaltung in der internationalen Praxis entsprechend in Artikel 15.4 ein solches generelles Kündigungsrecht des Auftraggebers vorgesehen ist, bedarf es zum Schutz von B AG, also des Hauptauftragnehmers der entsprechenden Kündigungsmöglichkeit gegenüber dem Unterauftragnehmer. Hier sind interessengerecht unterschiedliche Regelungen für die Fälle der „Durchschaltung" einer Beendigung des Kunden- oder Hauptvertrages mittels Kündigung des Unterauftrages einerseits (Artikel 17) und die (originäre) Kündigung des Unterauftrags aufgrund Schlecht- oder Nichterfüllung durch den Unterauftragnehmer oder weiterer von ihm zu vertretender Fälle (Artikel 18) vorgesehen. Die Rechtsfolgen sind im letzteren Falle naturgemäß ungünstiger für den Unterauftragnehmer; sie werden für entsprechend anwendbar erklärt für den Fall, daß der Hauptvertrag wegen Vertragsverletzungen des Unterauftragnehmers gekündigt wird und der Hauptauftragnehmer infolgedessen den Unterauftrag kündigt (Artikel 17.3).

41. Zahlung im Falle der Auftraggeber-Kündigung. Im Einzelfall mag diese – hinter § 649 BGB zurückbleibende – Regelung beim Anlagengeschäft die Interessen des Subunternehmers – hier: von D PL – noch nicht genügend berücksichtigen, z. B. dann, wenn er seine Kapazität langfristig für das Projekt reserviert hat und keine Möglichkeit für die Erlangung von Ersatzaufträgen besteht. Weitere Kosten erscheinen in solchen Fällen bei angemessener Lösung erstattungsfähig, so z. B. anteilige Gemeinkosten für Baugeräte etc. Zu prüfen bleibt, ob der Generalunternehmer die entsprechenden Zahlungen in jedem Fall zu leisten hat oder nur soweit, als er seinerseits entsprechende Zahlungen vom Auftraggeber erhält. Ersteres erscheint die angemessene Lösung für reine Unteraufträge, letzteres – eine Risikoteilung – kommt ggf. beim (stillen) Konsortium in Betracht (vgl. hierzu einerseits auch *Grüter* Betr. 1980, 867 f., andererseits oben Anm. 2 Abs. (b) a. E.). Zur Frage einer Abhängigkeit der Subunternehmervergütung von der Kundenzahlung an den Generalunternehmer vgl. weiter noch *Vetter* RIW 1984, 170, 172 f. in seiner Anmerkung zu BGHZ 83, 197 ff. – Schlachthof im Iran; *Nicklisch* NJW 1985, 2361/2368.

42. Ersatzvornahme. Vgl. dazu Anm. 53 zu Form. VI.1 (Hauptvertrag).

43. Schiedsgericht. Zur Frage des Schiedsgerichts vgl. Artikel 20 des Kundenvertrages (vorstehendes Form. VI.1) und insbesondere die Anm. 63 dazu m. w. Nachw., weiter Abschnitt II., Schiedsklauseln, und insbesondere das Formular für einen Schiedsvertrag zwischen deutschem und ausländischem Partner (Abschnitt II, Form. 1 ff., insbes. Form. 4).

44. Vorgreifliches Schiedsverfahren. Hier sind Mitwirkungspflichten des Subunternehmers D PL vorgesehen, falls es zu einem Schiedsverfahren des Auftraggebers und des Hauptauftragnehmers B AG kommen sollte. Schwieriger wird die Situation, wenn es auch im Unterauftragsverhältnis zu einem Schiedsverfahren kommt. Die gegenseitigen Auswirkungen zweier Schiedsverfahren – A Company/B AG einerseits, B AG/D PL andererseits – können zu Problemen führen. Streitverkündung mit Interventionswirkung (§§ 68, 74 ZPO) gibt es im Schiedsverfahren nicht (*Glossner/Bredow/Bühler*, Das Schiedsgericht in der Praxis, 4. Aufl., 2001, Rdnr. 411 ff.), so daß auf diesem Wege keine (teilweise) Parallelität in der Beurteilung von in beiden Verfahren auftretenden identischen Problemen herbeigeführt werden kann. Wünschenswert, aber nicht immer zumutbar, ist die Vereinbarung derselben Rechtsordnung (vgl. hierzu auch oben Anm. 18 m. w. Nachw.) und desselben Schiedsgerichts in beiden Verträgen; Abweichungen wird es geben, wenn der Generalunternehmer beispielsweise arabisches Recht akzeptieren muß: es erscheint gleichwohl nicht sinnvoll, im Rahmen eines Unterauftrages mit einem europäischen oder gar deutschen Unternehmen eine entsprechende Rechtswahl zu treffen. Die internationale Handelskammer (ICC), Paris, hat hierzu einen Guide on Multi Party Arbitration, 1991, vorgelegt und eine Arbeitsgruppe gebildet. Vgl. hierzu näher *Nicklisch*, Rechtsfragen des Subunternehmervertrages, NJW 1985, 2361/2369; weiter *Nicklisch*, Vernetzte Projektverträge und vernetzte Streitbeilegung, BB 2000, 2166 ff., insbesondere 2169 mwN.

45. *Part II.* Vgl. hierzu Anm. 2 Abs. (e) und Anm. 4.

46. Steuern. Hinsichtlich der steuerrechtlichen Beurteilung kann auf Anm. 64 zu Form. VI.1 verwiesen werden.

3. Agreement for external Consortium with Consortium Leader

(Vertrag für ein Außenkonsortium mit Federführer)

Consortium Agreement[1, 2]

between

B AG, Bochum, Federal Republic of Germany

— hereinafter referred to as „B AG" —

C SA, Lyon, France

— hereinafter referred to as „C SA" —

and

D Public Limited Company, Liverpool, Great Britain

— hereinafter referred to as „D plc" —.

Preamble[3]

The A-Company, Kuwait (hereinafter referred to as "customer"), has invited a tender (No. A 9/420 of December 14, 1992) for the delivery, erection, and putting into operation of a turnkey cement factory in Kuwait (hereinafter referred to as the "Kuwait Project").

The consortium members each are incapable of executing the Kuwait Project on their own. Together, however, they can render all services and execute all work that may be required. They therefore intend to jointly submit an offer to the customer for the Kuwait Project (hereinafter referred to as "the Tender"), and to execute the order if the contract is awarded by the customer.

The consortium members now therefore agree as follows:[4]

I. Basic Provisions

§ 1 Subject Matter of the Agreement, Formation of the Consortium[5]

(1) The contracting parties hereby form a consortium[5a] for the purpose[6] of jointly submitting the Tender, of concluding a contract arising from this with the customer, and of jointly rendering the services and executing the work necessary for the Kuwait Project.

(2) The consortium shall have the legal form of a civil law partnership (§ 705 et. seq. BGB).

§ 2 Name, Letterhead, Domicile[7]

(1) The name of the consortium is "Consortium Cement Factory Kuwait".

(2) The consortium shall for all correspondence use a letterhead with the name of the consortium and, next to each other below that, the firm symbols of the three contracting parties.

(3) The domicile of the consortium shall be in Bochum.

§ 3 Representation, Management

(1) The consortium shall on principle be jointly represented and managed by all consortium members.[8]

(2) The consortium members shall for this purpose create a management committee, and appoint a consortium leader to handle the day-to-day transactions; details are dealt with in Part IV of this Agreement.

II. Preparation and Submission of Tender

§ 4 Contents and Preparation of Tender; Assignment of Tasks and Responsibilities

(1) The Tender should contain the complete description of, and all specifications for, the entire Kuwait Project in accordance with the requirements of the invitation for tenders[9], and should comprise all services and work necessary to manufacture, put into operations, and deliver the turnkey cement factory.

(2) The assignment of tasks and responsibilities among the consortium members is set out in Annex A[10], which shall form an integral part of this Agreement. This results in the following participation quotas, which shall be applicable between the consortium members unless otherwise provided for in the following:
a) B AG   42%
b) C SA   31%
c) D plc   27%.

(3) Notwithstanding the joint responsibility to the customer for the Tender, each consortium member shall be responsible alone internally for preparing that part of the Tender which corresponds to its tasks and responsibilities set out in Annex A. The preparation of the different parts of the Tender must be coordinated by the consortium members, especially taking into account the interfaces between the different parts of the Tender. The technical data mutually specified in this connection shall initially be non-binding except where referred to as binding in the terms of the invitation for tender; any necessary or expedient changes will be made by mutual agreement. The technical data mutually specified in the final text of the Tender shall be binding. In the event of any necessary subsequent changes, except for changes made at the tenderee's request, which have a material effect on the other consortium members' deliveries and services, the member whose deliveries and services the cause of these effects arose from shall be liable pursuant to § 13 for the costs incurred by the other consortium members in consequence thereof.

(4) The consortium members shall remain jointly responsible for consolidating the different parts of the Tender to form the overall Tender to be submitted to the customer (§ 24 para. 2). The practical implementation of this consolidation shall be the consortium leader's task.

§ 5 Subcontracting

(1) Without prejudice to any consent of the customer that may be required, every consortium member shall have the right to employ subcontractors for its part of the Tender.[11]

(2) Contractual relations shall in such a case arise only between the subcontractor and the consortium member employing the subcontractor; this member shall be liable to the other consortium members pursuant to § 13 for the subcontractor's acts and omissions.[12]

§ 6 Services

(1) Every consortium member shall to the best of its ability endeavour to render the services to the consortium that the consortium may reasonably request and that fall within the field of responsibility of the member in question.

(2) These services include among other things the assignment of qualified staff to the consortium. Unless otherwise agreed, the employment contract of any employee thus assigned to the consortium shall continue to exist with the consortium member in question, who shall continue to be responsible for wage and salary payments and other benefits for such staff.

3. External Consortium with Consortium Leader (Außenkonsortium)

§ 7 Costs

(1) Every consortium member shall bear its own costs incurred in preparing its part of the Tender or in connection therewith.

(2) Costs incurred by a consortium member in the interest of the consortium, in particular costs arising from the services referred to in § 6[13], are to be apportioned by the management committee[14] among the consortium members in the proportion of their respective participations in the consortium as expressed by the participation quotas.

§ 8 Exclusivity[15]

No consortium member may directly – alone or jointly with others – or indirectly through third parties (acting as its subcontractor or otherwise) submit any other tender with respect to the Kuwait Project or a part thereof unless the other consortium members give their prior consent in writing.

§ 9 Tender Guarantee

The tender guarantee to be furnished by the customer under the terms of tender shall be furnished for the consortium by B AG. The consortium members shall bear the costs in the proportion of their respective participations in the consortium as expressed by the participation quotas.[16]

§ 10 Submission of Tender

The Tender shall be submitted in the name of all consortium members once final agreement is reached thereon. It must be signed by all consortium members.

§ 11 Price Adjustments

Should the necessity arise, after the Tender has been submitted, of granting the customer a discount or of rendering extra services in terms of quantity or quality without any change of price, the necessary amendments of the Tender shall be agreed by all consortium members. Concessions shall be made primarily by the consortium member whose part of the Tender is the less favourable one for the customer compared to equivalent offers submitted by competitors.

§ 12 Signing of the Contract, Adjustment of this Consortium Agreement

(1) The contracting parties undertake in the event of acceptance of the Tender to sign the formal contract with the customer regarding the Kuwait Project (hereinafter also referred to as the "Customer Contract").

(2) In doing so, the consortium members shall endeavour to obtain a direct payment claim against the customer for each consortium member in respect of its deliveries and services.[17]

(3) Should the customer not accept the Tender including all of its conditions, except in the case of adjustments according to § 11, but express the desire to conclude a contract with the consortium on other terms and conditions, the contracting parties shall also sign such a contract with the customer, and if need be agree to amend the Consortium Agreement in such a manner as to comply with the customer's demands, provided that these are not demands that any of the contracting parties cannot reasonably be expected to give their consent to.

(4) In particular, Annex A and, if need be, the participation quotas shall be changed appropriately if that is necessary in view of any change of the Tender according to § 11 or para. 3 of this clause.

§ 13 Liability[18]

Each consortium member shall be liable to the consortium and to its other members, in accordance with § 19 para. 3 applied by way of analogy, for the completion of its part of the Tender, for the discharge of other obligations under this Part of this Agreement, and for concluding the Customer Contract.[19]

III. Implementation Phase

§ 14 Execution of the Order

(1) If the contract is awarded to the consortium, the consortium members shall be obliged as joint and several debtors[20] to make the deliveries and render the services in accordance with the specifications set out in Annex A (as modified, if so, according to § 12) in such a manner as to allow the turnkey cement factory to be delivered to the customer on schedule.

(2) As among themselves, the consortium members shall assume the obligations and bear the risks arising from the conclusion of the contract with the customer in such a manner as if each consortium member had concluded a separate contract with the customer for its deliveries and services.[21]

(3) Deliveries and services which in view of the Customer Contract are necessary for the turnkey delivery of the Kuwait Project, but are not mentioned in detail in the specifications and therefore not expressly assigned to a particular consortium member, shall be made or rendered by the consortium member whose deliveries and services they most closely resemble. If these are facilities that are not indispensable given the state of the art, they shall be offered to the customer additionally, and the consortium shall exert itself to obtain an additional order for this from the customer.[22]

(4) Subcontracting orders placed by consortium members of the Kuwait Project shall be placed with one of the other consortium member if any of them are prepared and able to effect delivery or render the service on reasonable terms equivalent to competitors' offers. In addition § 5 shall be applicable analogously to the Implementation Phase, and § 19 shall be directly applicable as the liability clause for subcontractors.

(5) Every consortium member shall at its own expense obtain cover from the competent institutions for the export and manufacturing risk involved in its deliveries and services.[23]

§ 15 Payments

(1) If payments are made by the customer directly to the consortium members, they shall be obliged to pay to the consortium leader the consortium leader's compensation according to § 25 para. 5, promptly after receipt of a payment.

(2) Insofar as the customer does not make payments directly to individual consortium members, the consortium leader is to agree with the customer that payments on the basis of the Customer Contract should be effected to the account opened jointly by the consortium members in the name of the consortium (§ 26).

(3) If the customer makes payments in favour of the consortium members to the consortium leader or to a joint account of the consortium members according to § 26, the consortium leader shall be obliged to pass on to the consortium members any such payment in accordance with an allocation formula still to be defined; the consortium leader shall, however, be entitled to deduct and retain its consortium leader's compensation according to § 25 para. 5 on a pro rata basis.

§ 16 Security

(1) The security, guarantee for repayment of down payments, as well as performance and warranty guarantees, mentioned in the Customer Contract shall be provided by B AG.

(2) All consortium members shall bear the costs in the proportion of their respective participations in the consortium as expressed by the participation quotas; the other con-

3. External Consortium with Consortium Leader (Außenkonsortium)

sortium members must provide counter-guarantees for B AG in an amount determined by the scope of their respective deliveries and services as expressed by the participation quotas.[16]

§ 17 Export Privileges, Agent's Commissions

(1) Every consortium member shall benefit from export privileges with respect to its deliveries and services.

(2) The consortium members shall each pay their own agents' commissions.

§ 18 Proprietary Rights

Every consortium member shall ensure that its planning and execution of work will not infringe any third-party proprietary rights. Any damage claims arising from the infringement of proprietary rights shall be satisfied by the consortium member having infringed the proprietary right; if need be, that consortium member must release or indemnify other members having been held liable for any such infringement.[24]

§ 19 Liability[25]

(1) Every consortium member shall be liable to the consortium and to its other members for the proper and timely discharge of the obligations assumed by the consortium member concerned for its deliveries and services in accordance with the Customer Contract.

(2) As between the consortium members, the following compensation rules shall apply to any claims asserted by the customer:

a) If and insofar as the consortium or one of the consortium members is held liable by the customer on the basis of the Customer Contract for alleged failure to perform on time, or for some other alleged inconformity of performance with the contractual requirements, the consortium members whose deliveries and services the alleged claim arose from must promptly be informed. They shall then promptly discharge any outstanding contractual obligations, including the remedying of defects, and promptly release the consortium members (also) being held liable, or indemnify them.

b) Lump-sum reductions,[26] loss of interest in consequence of delayed payments by the customer, and any right of the customer to demand price reductions shall, up to ......% (...... percent) of the value of deliveries and services, be to the disadvantage of the consortium member responsible for the failure to comply with the performance guarantees, or for any other reason for a reduction.
Any amount in excess thereof shall be borne by all consortium members in the proportion of their respective participation quotas (§ 4 para. 2).[27]

c) Any contractual penalty to be paid to the customer because of a delay shall be paid by the consortium member which is responsible for the delay. If several consortium members are responsible for the delay, these consortium members must pay the contractual penalty for the period of time in question on a pro rata basis in accordance with their respective participation quotas. If the amounts to be paid by a consortium member because of a delay exceed ......% (...... percent) of the value of its deliveries and services, the excess amounts shall be paid by all consortium members on a pro rata basis in accordance with their respective participation quotas.[27]

d) The consortium leader shall, up to the amount of DM ......, guarantee that any contractual claims that the customer may have because of the inadequate performance of the services mentioned in § 25 para. 2 will be discharged.[28] Any claims of the customer in excess of this amount shall be paid by all consortium members on a pro rata basis in accordance with their respective participation quotas. If any such inadequacy was caused by incorrect or incomplete information or documents or by failure on the part of one or several consortium members to provide information or documents in time, the consortium members concerned shall be liable for this.

e) Any defences against the customer's claims or measures shall be raised with the participation of the consortium members concerned. This shall not suspend the obligation to release the consortium member or members from claims asserted against it or them.

f) If the consortium members disagree as to who must bear costs incurred, make payments or suffer any loss of payment, the consortium members concerned shall initially be affected on a pro rata basis in accordance with their respective participation quotas. If an agreement is reached on the disputed question, or if the court of arbitration has decided thereon, the consortium members concerned shall promptly make the appropriate refunds.

g) Insofar as the customer asserts claims against the consortium, and no particular consortium members are responsible for these claims according to the Customer Contract or to the allocation of tasks and responsibilities among the consortium members as set out in Annex A, all consortium members shall satisfy these claims on a pro rata basis in accordance with their respective participation quotas.

(3) As for other claims of the consortium members against each other than those dealt with in para. 2, the following shall apply, also to claims under § 13:

a) Every consortium member shall be liable to the other consortium members for any damage that it culpably causes through failure to discharge its obligation, or through inadequate performance, or caused culpably by itself or by the persons employed by it in the performance of its contractual obligations, in any other way in connection with making the deliveries or rendering the services. If several consortium members are responsible in this manner for any damage, they shall be liable to the other consortium member(s) in the proportion of their respective degrees of fault or, if that cannot be determined, in the proportion of their respective participation quotas.

b) Provisions in the Customer Contract dealing with the exclusion or limitation of liability shall also apply analogously to the claims of the consortium members against each other, including especially the provisions in the Customer Contract concerning force majeure.[29]

c) Claims of the consortium members against each other according to the preceding provisions under a) and b) shall in no case comprise compensation for damage covered by insurance policies, nor compensation for indirect damage[30] such as, for instance, lost profits or bonuses.

(4) If the customer pays a bonus, the consortium members which brought about the result underlying the bonus payment shall be entitled to the bonus in the proportion of their respective participation quotas unless otherwise agreed.

§ 20 Insurance

(1) The consortium shall take out a joint transport, assembly and construction insurance policy through the consortium leader as per agreement between the consortium members. The insurance premiums shall be paid by the consortium members on a pro rata basis in accordance with their respective participation quotas.

(2) Each consortium member shall be obliged to take out a third-party liability insurance to cover personal injury and property damage claims up to DM 2.000.000 (in words: two million German Marks).

a) Each consortium member shall procure that the following clause is contained in the third-party liability insurance policy:

"If damages are claimed by any third party against the consortium and it is doubtful which consortium member is liable for damages, the insurers of the consortium

3. External Consortium with Consortium Leader (Außenkonsortium)

members involved shall agree on settling these claims in such a manner that no disadvantages arise therefrom for the insured."

b) All insurance policies must ensure that any right of recourse against the other consortium members is excluded except in the event of wilful conduct.[31]

§ 21 Use of Building Site Facilities

For the use of the facilities on the building site which are available to all consortium members, such as water and electricity, accommodation, sanitary facilities, etc., the consortium members using these facilities shall pay directly to the consortium members making the facilities available a monthly remuneration in accordance with the rates fixed in Annex A. The consortium leader shall be obliged to settle accounts monthly on the basis of consumption measured, etc., and to deliver such accounts to the consortium members.

§ 22 Costs for Tests to Establish Guaranteed Values in Accordance with the Contract[32]

For tests to establish guaranteed values in accordance with the contract, every consortium member shall bear the costs incurred itself. Should the planned tests show that the values as guaranteed in the contract are not reached, the consortium members concerned shall bear the costs of remedying the defects in their deliveries and services, as well as the costs incurred by themselves through the repetition of such tests. Costs caused because such tests are repeated, and incurred by other consortium members who are not concerned by failure to reach the guaranteed values, shall be borne by the consortium members concerned in the proportion of their respective participation quotas.

§ 23 Compensation Payments by the Customer

(1) Payments made by the customer as compensation for additional costs incurred by the consortium members (e.g. costs for waiting times, storage costs) shall be divided up among the consortium members in accordance with the additional costs incurred by each of them.

(2) Compensation payments made for other reasons, in particular because of the premature termination of the Customer Contract,[33] shall be divided up first in accordance with deliveries made and services rendered, but not yet paid for, and in accordance with the costs incurred in the workshops and on the building site, furthermore in accordance with the provable expenditures still to be made in the workshops and on the building site. Any amounts in excess thereof shall be divided up in accordance with the participation quotas.

IV. Internal Organisation

§ 24 Management Committee[34]

(1) The consortium members shall set up a management committee. Its task shall be to formulate the technical, commercial and administrative business policies and procedural guidelines to be observed by the consortium members and especially by the consortium leader in preparing and submitting the Tender and in negotiating and signing as well as implementing the Customer Contract.

(2) The management committee shall also be responsible for consolidating the different parts of the Tender prepared by the different consortium members to constitute the overall Tender in the final form to be submitted to the customer.

(3) Every consortium member shall appoint one representative to serve as a member of the management committee, and at the same time a substitute member who will be

entitled to exercise all of the management committee member's rights in any event of the member's inability. The member appointed by the consortium leader shall be the chairman.

(4) Every member of the management committee shall have one vote. All decisions must be taken unanimously by the management committee.[35]

(5) The management committee shall constitute a quorum if all members participate in voting.

(6) The management committee shall be entitled to invite representatives of subcontractors in any case where it considers this to be necessary. Such representatives shall not have any voting rights.

(7) At its first meeting the management committee shall adopt rules of procedure to be observed by the management committee in the formal execution of its tasks.

(8) The management committee shall also have the right to set up subcommittees[36] and to issue guidelines to be observed by them whenever the management committee considers this to be necessary to assist and support it.

(9) Regular meetings shall be held by the management committee in intervals of not more than 6 (six) weeks; they shall be called by the chairman of the management committee or by his duly appointed deputy, who shall have the right to call extraordinary management committee meetings. They shall be obliged to call extraordinary meetings if this is demanded by at least two management committee members. Meetings must be called by registered letter reasonably in advance, if need be via telecopy or telex, specifying the place and the time of the meeting as well as the agenda.

(10) All decisions taken by the management committee shall be binding on the consortium leader and the other consortium members.

§ 25 Consortium Leader[37]

(1) B AG is the consortium leader. The task of the consortium leader is to further the preparation and submission of the Tender and the implementation of the Customer Contract in accordance with the instructions given and the procedural guidelines issued by the management committee. The consortium leader shall appoint the project manager.

(2) The consortium leader's tasks include in particular:
a) the coordination of the consortium members' services; for this purpose, every consortium member shall appoint one project leader as its responsible representative;
b) the representation of the consortium vis-à-vis the customer and all other persons or bodies negotiating with the consortium, subject to the provision of para. 4, the right and the obligation of all consortium members to sign the Tender and the Customer Contract (§ 10 and § 12) remaining unaffected;
c) correspondence with the customer or the engineer employed by the customer. All correspondence concerning the deliveries made and services rendered by other consortium members must be promptly copied and passed on to the consortium members concerned by the consortium leader. All letters concerning other consortium members' interests must be discussed with them before sending;
d) supervising the overall technical planning and the coordination of deliveries and services;
e) the overall project management during erection, putting into operations, and test runs at the facility. The overall project management comprises the coordination of erection and assembly work by the consortium members, the coordination with the building site supervisors through the advising engineer employed by the customer, and keeping the construction journal;
f) financial planning, administration, and controlling;

3. External Consortium with Consortium Leader (Außenkonsortium)

g) responsibility for the personnel office of the consortium, if necessary;
h) all other tasks assigned to the consortium leader through this Agreement or by the management committee.

(3) The management committee member appointed by the consortium leader shall be entitled and obliged in his capacity of management committee chairman to care for the handling of the daily administrative business of the management committee and the consortium.

Moreover, he shall have the powers and responsibilities assigned to him from time to time by the management committee.

(4) The consortium leader and the chairman shall not have the right without the prior consent of the management committee to make any statements with legal effect in the name of the consortium or of one of the consortium members or to commit either of them. The same shall apply to the other consortium members.

(5) In the event of the acceptance of the Tender, the costs incurred by the consortium leader shall on presentation of appropriate vouchers be refunded, and the consortium leader shall in addition receive consortium leader's compensation amounting to ......% (...... percent) of the value of the order placed through the Customer Contract. The compensation for the consortium leader shall be due for payment on a pro rata basis whenever payment from the customer is received (cf. § 15).

(6) The consortium members shall to the best of their ability support the consortium leader in the performance of its functions as such, and make available in time any information and documents that may be required.

§ 26 Consortium Account

(1) The consortium members shall open a joint account in the name of the consortium with a bank to be suggested by the consortium leader, which must be acceptable to the other consortium members.

(2) The consortium leader shall have power of disposition over the consortium account jointly with another consortium member.

(3) The consortium leader shall open a sub-account for the account opened by the consortium, and all current payments made by the consortium shall be made through the sub-account. Any dispositions made by the consortium leader with respect to this account shall be made by the consortium leader as a trustee on behalf of the other consortium members.

V. General and Final Provisions

§ 27 Exchange of Information, Confidentiality

(1) Every consortium member shall be obliged to give the other consortium members all technical information that may be necessary to solve interface problems arising in connection with the preparation of the Tender and the execution of the Customer Contract. The consortium member concerned shall decide at its own discretion whether the preconditions for disclosure of any such information are given.

(2) However, the consortium members shall not be obliged to pass on their own know-how or information concerning the production of any particular product.[38]

(3) All information to be passed on the basis of the preceding provisions must be treated confidentially and must not be used for any purpose other than the fulfilment of this Agreement or the execution of one or several orders placed directly on the basis of the Tender.[39]

(4) The obligations under para. 3 shall survive the termination of this Agreement.

§ 28 Announcements

(1) The consortium members shall not place any advertising or make any other publications concerning the Kuwait Project without the prior consent of the other consortium members. The management committee may issue guidelines for publications and advertising.

(2) Every consortium member shall be obliged to ensure that its subcontractors will also comply with any regulations as referred to in para. 1 or issued by the management committee.

§ 29 Assignment[40]

The assignment of any claims or other rights arising from this Consortium Agreement is allowed only with the prior consent of the other consortium members. This shall not apply to the assignment of payment claims for financing purposes.

§ 30 Duration of Agreement

(1) This Agreement shall enter into force on being signed, and shall remain in force until the expiry of the commitment period specified in the Tender or expressly or tacitly extended, and until all bid guarantees are returned to the consortium, or, in the event of the acceptance of the Tender and the signing of the Customer Contract, until the expiry of the contractual warranty period, the time at which security is returned or at which the last customer payment is received and distributed, which ever is later.[40a]

(2) If, in spite of all endeavours on the part of the consortium members, the customer places the order for the deliveries and services for the Kuwait Project with B AG as a general contractor and not with the consortium, this Consortium Agreement shall remain in force, subject to the following: externally, B AG shall act as the general contractor and as the undisclosed representative on behalf of the other consortium members; internally, B AG and the other consortium members shall form a silent consortium[5a]; insofar as the provisions of this Consortium Agreement relate to an open consortium, they shall apply analogously in a form adjusted to a silent consortium. In particular, § 19 para. 2 shall remain applicable as between B AG as the customer's contracting partner and the other consortium members.

(3) Should further joint endeavours not result in having the Tender submitted by the consortium fully accepted, and the customer be prepared to place an order only for the deliveries and services offered by one of the consortium members, the consortium commitments shall end.

§ 31 Amendments, Validity

(1) Any amendment of, and addition to, as well as the rescission of this Agreement must be in writing in order to be valid. The same shall apply to any agreement setting aside the written-form requirement.[41]

(2) Should one or several provisions of this Agreement be or become inadmissible or invalid, the validity of the remaining provisions hereof shall remain unaffected thereby. In place of the inadmissible or invalid provision, there shall apply a legally admissible and valid one which serves the economic purpose intended by the consortium members to the greatest possible extent. The same shall apply analogously to filling any gaps in this Agreement.[42]

§ 32 Notices and Other Private Acts

All necessary or admissible private acts and other notices to be given according to this Agreement by a consortium member or the consortium must be transmitted by registered airmail letter or, at the option of the sender, by telegramme, telecopy or

3. External Consortium with Consortium Leader (Außenkonsortium) VI. 3

telex with subsequent confirmation by registered airmail letter, to the following addresses:

B AG
......
......
Attention ......[43]
C SA
......
......
Attention ......
D plc
......
......
Attention ......

§ 33 Applicable Law[44]

This Agreement and the relations between the consortium members shall be governed by the law of the Federal Republic of Germany.

§ 34 Arbitration[45]

Any disputes arising from this Agreement or in connection with this Agreement, especially also regarding its existence or termination, shall be decided in a final and binding manner by a court of arbitration consisting of three arbitrators, in accordance with the arbitration agreement concluded separately, with no recourse to the courts of law.

§ 35 Authentic Text

A German and an English version of this Agreement have been signed; however, only the English text is the authentic text.[46]

...... (place), this ......

B AG	C SA	D plc
....	....	....
signature	signature	signature[47, 48]

Übersetzung

Konsortialvertrag[1, 2]

zwischen
B AG, Bochum, Bundesrepublik Deutschland

– nachstehend „B AG" genannt –

C SA, Lyon, Frankreich

– nachstehend „C SA" genannt –

und
D Public Limited Company, Liverpool, Großbritannien

– nachstehend „D PL" genannt –.

Präambel[3]

Die A Company, Kuwait, (nachstehend „Kunde" genannt) hat eine Ausschreibung (Nr. A 9/420 vom 14. Dezember 1992) veröffentlicht, welche die Lieferung, Errichtung und Inbetriebnahme einer schlüsselfertigen Zementwerksanlage in Kuwait (nachstehend „Projekt Kuwait" genannt) betrifft.

Die Konsorten sind jeder für sich nicht in der Lage, das Projekt Kuwait allein durchzuführen. Gemeinsam können sie jedoch alle erforderlichen Lieferungen und Leistungen erbringen. Sie beabsichtigen daher, gemeinschaftlich ein Angebot für das Projekt Kuwait an den Kunden abzugeben (nachstehend „das Angebot" genannt) und im Falle der Annahme des Angebotes durch den Kunden die Ausführung zu übernehmen.

Die Konsorten vereinbaren zu diesem Zweck folgendes:[4]

I. Grundsatzregelungen

§ 1 Gegenstand des Vertrages, Bildung des Konsortiums[5]

(1) Die Vertragspartner bilden hiermit ein Konsortium[5a] zum Zwecke[6] der gemeinschaftlichen Abgabe des Angebotes, des Abschlusses eines sich daraus ergebenden Vertrages mit dem Kunden und der gemeinsamen Durchführung der Lieferungen und Leistungen für das Projekt Kuwait.

(2) Das Konsortium hat die Rechtsform einer Gesellschaft bürgerlichen Rechts (§§ 705 ff. BGB).

§ 2 Name, Briefbogen, Sitz[7]

(1) Das Konsortium führt den Namen „Consortium Cement Factory Kuwait".

(2) Das Konsortium verwendet für allen Schriftverkehr einen Briefbogen, der den Namen des Konsortiums und darunter nebeneinander die Firmenzeichen der drei Vertragspartner trägt.

(3) Sitz des Konsortiums ist Bochum.

§ 3 Vertretung, Geschäftsführung

(1) Vertretung und Geschäftsführung des Konsortiums obliegen grundsätzlich allen Konsorten gemeinschaftlich.[8]

(2) Die Konsorten bilden hierfür einen Geschäftsführungsausschuß und bestellen für die Führung der laufenden Geschäfte einen Federführer; die Einzelheiten sind in Abschnitt IV dieses Vertrages geregelt.

II. Angebotsphase

§ 4 Inhalt und Ausarbeitung des Angebots; Verteilung der Aufgaben und Verantwortlichkeiten

(1) Das Angebot soll die vollständige Beschreibung und alle Spezifikationen für das gesamte Projekt Kuwait in Übereinstimmung mit den Anforderungen der Ausschreibung[9] des Kunden enthalten und alle Lieferungen und Leistungen umfassen, die für die Herstellung, Inbetriebnahme und schlüsselfertige Ablieferung erforderlich sind.

(2) Die Verteilung der Aufgaben und Verantwortlichkeiten unter den Konsorten ist in Anhang A[10] niedergelegt, der einen integrierenden Bestandteil des Vertrages bildet. Daraus ergibt sich folgender Beteiligungsschlüssel, der zwischen den Konsorten Anwendung findet, soweit nicht nachstehend im Einzelfall Abweichendes festgelegt wird:
a) B AG   42%
b) C SA   31%
c) D plc   27%.

(3) Ungeachtet der gemeinschaftlichen Verantwortlichkeit gegenüber dem Kunden für das Angebot trägt jeder Konsorte im Innenverhältnis die alleinige Verantwortung für die Ausarbeitung desjenigen Teiles des Angebotes, welcher seinen in Anhang A festgelegten Aufgaben und Verantwortlichkeiten entspricht. Die Ausarbeitung hat in Abstimmung mit den anderen Konsorten unter besonderer Berücksichtigung der Schnittstellen zwischen den einzelnen Angebotsteilen zu erfolgen. Die hierbei gegenseitig genannten technischen Daten sind zunächst – soweit nicht in den Ausschreibungsbedingungen bindend vorgegeben – unverbindlich; notwendige oder zweckmäßige Änderungen werden im gegenseitigen Einvernehmen festgelegt. Die im endgültigen Angebot niedergelegten technischen Daten sind verbindlich. Bei nachträglich notwendigen Änderungen – ausgenommen solche auf Wunsch des Auftraggebers –, die wesentliche Auswirkungen auf die Liefer- und Leistungsanteile der anderen Konsorten haben, haftet der Konsorte, in dessen Liefer- und Leistungsanteil die Ursache für diese Auswirkungen liegt, den anderen Konsorten für die daraus entstehenden Kosten gemäß § 13.

(4) Für die Zusammenfassung der Angebotsteile zu dem an den Kunden abzugebenden Gesamtangebot bleiben die Konsorten gemeinschaftlich verantwortlich (§ 24 Abs. 2). Die praktische Abwicklung dieser Zusammenfassung ist Aufgabe des Federführers.

§ 5 Bestellung von Unterauftragnehmern

(1) Jeder Konsorte ist vorbehaltlich einer etwa erforderlichen Zustimmung des Kunden berechtigt, Unterauftragnehmer für seinen Teil des Angebots zu bestellen.[11]

(2) Vertragliche Beziehungen entstehen in solchem Falle ausschließlich zwischen dem Unterauftragnehmer und demjenigen Konsorten, der ihn bestellt hat; dieser steht den anderen Konsorten im Rahmen der Regelung des nachstehenden § 13 für die Handlungen und Unterlassungen des Unterauftragnehmers[12] ein.

§ 6 Dienstleistungen

(1) Jeder Konsorte wird sich nach besten Kräften bemühen, dem Konsortium Dienste zu leisten, die vom Konsortium billigerweise gefordert werden können und im besonderen Verantwortungsbereich des betreffenden Konsorten liegen.

(2) Diese Dienstleistungen umfassen unter anderem das Zurverfügungstellen von qualifiziertem Personal für das Konsortium. Soweit nichts anderes vereinbart wird, soll solches Personal jedoch im Dienstverhältnis zu dem betreffenden Konsorten bleiben und dieser soll weiterhin für die Gehaltszahlungen und andere Leistungen an das Personal verantwortlich sein.

§ 7 Kosten

(1) Jeder Konsorte trägt die eigenen Kosten, die für die Ausarbeitung seines Teils des Abgebotes oder im Zusammenhang damit entstehen.

(2) Kosten, die einem Konsorten im Interesse des Konsortiums entstehen, insbesondere solche aufgrund von Leistungen gemäß § 6,[13] sollen durch den Geschäftsführungsausschuß[14] auf die Konsorten aufgeteilt werden, und zwar im Verhältnis ihrer Beteiligung am Konsortium entsprechend dem Beteiligungsschlüssel.

§ 8 Ausschließlichkeit[15]

Keiner der Konsorten darf ein anderes Angebot für das Projekt Kuwait oder Teile davon abgeben, weder unmittelbar – allein oder gemeinschaftlich mit anderen –, noch mittelbar über Dritte (sei es als deren Unterauftragnehmer oder in anderer Weise), sofern er nicht die vorherige schriftliche Zustimmung der anderen Konsorten erhalten hat.

§ 9 Bietungsgarantie

Die in der Ausschreibung vom Kunden geforderte Bietungsgarantie wird von B AG für das Konsortium beigebracht. Die Konsorten tragen die Kosten im Verhältnis ihrer Beteiligung am Konsortium entsprechend dem Beteiligungsschlüssel.[16]

§ 10 Angebotsabgabe

Das Angebot ist nach Erzielung endgültigen Einvernehmens über dessen Bedingungen im Namen aller Konsorten abzugeben. Es ist von allen Konsorten zu unterzeichnen.

§ 11 Preisanpassungen

Sollte sich nach Abgabe des Angebotes die Notwendigkeit ergeben, dem Kunden einen Nachlaß auf die abgegebenen Preise zuzugestehen oder ohne Preisänderung quantitative oder qualitative Mehrleistungen zu übernehmen, so werden die erforderlichen Änderungen des Angebots im Einvernehmen zwischen allen Konsorten festgelegt. Dabei soll in erster Linie derjenige Konsorte Zugeständnisse machen, dessen Teilangebot für den Kunden im Vergleich das mit gleichwertigen Konkurrenzangeboten ungünstigere ist.

§ 12 Vertragsunterzeichnung, Anpassung dieses Konsortialvertrages

(1) Die Vertragspartner verpflichten sich, im Falle der Annahme des Angebots den förmlichen Vertrag mit dem Kunden über das Projekt Kuwait (nachstehend auch „Kundenvertrag" genannt) zu unterzeichnen.

(2) Hierbei ist anzustreben, daß jeder Konsorte für seinen Liefer- und Leistungsanteil einen unmittelbaren Zahlungsanspruch gegenüber dem Kunden erhält.[17]

(3) Sollte der Kunde – abgesehen von Anpassungen nach § 11 – das Angebot zwar nicht unter vollständiger Anerkennung aller Angebotsbedingungen annehmen, aber den Wunsch äußern, mit dem Konsortium einen Vertrag zu anderen Bedingungen abzuschließen, so werden die Vertragspartner auch einen solchen Vertrag mit dem Kunden unterzeichnen und erforderlichenfalls den Konsortialvertrag einvernehmlich derart ändern, daß er den Forderungen des Kunden entspricht, sofern es sich nicht um Forderungen handelt, zu denen die Zustimmung eines der Vertragspartner billigerweise nicht verlangt werden kann.

(4) Insbesondere sind auch Anlage A und gegebenenfalls der Beteiligungsschlüssel entsprechend zu ändern, falls dies aufgrund von Änderungen des Angebots gemäß § 11 oder vorstehendem Abs. 3 erforderlich wird.

§ 13 Haftung[18]

Jeder Konsorte haftet dem Konsortium und den anderen Konsorten gegenüber in entsprechender Anwendung der Regelungen des nachstehenden § 19 Abs. 3 dafür, daß er seinen Teil des Angebotes fertigstellt, andere Verpflichtungen dieses Abschnitts erfüllt und den Kundenvertrag abschließt.[19]

III. Durchführungsphase

§ 14 Auftragsabwicklung

(1) Im Auftragsfall sind die Konsorten als Gesamtschuldner[20] verpflichtet, die Lieferungen und Leistungen entsprechend den in Anlage A niedergelegten Spezifikationen (gegebenenfalls modifiziert gemäß § 12) derart zu erbringen, daß die Zementwerksanlage termingerecht schlüsselfertig an den Kunden übergeben werden kann.

(2) Sie übernehmen im Innenverhältnis untereinander die aus dem Vertragsabschluß mit dem Kunden entstehenden Verpflichtungen und Risiken so, als ob jeder Konsorte für seinen Lieferungs- und Leistungsanteil einen besonderen Vertrag mit dem Kunden geschlossen hätte.[21]

3. External Consortium with Consortium Leader (Außenkonsortium)　　　　VI. 3

(3) Lieferungen und Leistungen, die aufgrund des Kundenvertrages für die schlüsselfertige Ablieferung des Projekts Kuwait erforderlich, jedoch in den Spezifikationen im einzelnen nicht genannt und daher nicht ausdrücklich einem Konsorten zugeordnet sind, hat derjenige Konsorte auf seine Kosten zu erbringen, zu dessen Lieferungs- und Leistungsanteil sie sinngemäß gehören. Handelt es sich dabei um nach dem heutigen Stand der Technik nicht unbedingt erforderliche Einrichtungen, so sind diese dem Kunden zusätzlich anzubieten und das Konsortium hat sich dafür einzusetzen, daß der Kunde hierüber einen Zusatzauftrag erteilt.[22]

(4) Unteraufträge, die Konsorten für das Projekt Kuwait vergeben, sind einem anderen Konsorten zu erteilen, wenn einer von ihnen zur Lieferung oder Leistung zu angemessenen Bedingungen, die denen gleichwertiger Konkurrenzfirmen entsprechen, bereit und in der Lage ist. Im übrigen gilt § 5 für die Durchführungsphase entsprechend mit der Maßgabe, daß § 19 als Haftungsregelung für Unterauftragnehmer unmittelbar Anwendung findet.

(5) Jeder Konsorte deckt auf seine Kosten das auf seinen Liefer- und Leistungsanteil entfallende Ausfuhr- und Fabrikationsrisiko bei den dafür zuständigen Instituten ab.[23]

§ 15 Zahlungen

(1) Werden Zahlungen vom Kunden direkt an die Konsorten geleistet, so sind sie verpflichtet, dem Federführer die anteiligen Federführungsgebühren gemäß § 25 Abs. 5 unverzüglich nach Erhalt einer Zahlung zu übermitteln.

(2) Soweit der Kunde nicht direkt Zahlungen an einzelne Konsorten leistet, soll der Federführer mit dem Kunden vereinbaren, daß Zahlungen aufgrund des Kundenvertrages auf das gemeinsam von den Konsorten eingerichtete, auf den Namen des Konsortiums lautende Konto (§ 26) geleistet werden.

(3) Leistet der Kunde Zahlungen zugunsten der Konsorten an den Federführer oder auf ein gemeinsames Konto der Konsorten gemäß § 26, so ist der Federführer verpflichtet, diese Zahlungen unverzüglich nach einem noch festzulegenden Schlüssel an die Konsorten weiterzuleiten; er ist jedoch berechtigt, jeweils anteilig die Federführungsgebühren gemäß § 25 Abs. 5 abzuziehen und einzubehalten.

§ 16 Sicherheitsleistungen

(1) Die im Kundenvertrag festgelegten Sicherheitsleistungen, Anzahlungsgarantie sowie eine Erfüllungs- und Gewährleistungsgarantie, werden von B AG beigebracht.

(2) Alle Konsorten tragen die Kosten im Verhältnis ihrer Beteiligung am Konsortium entsprechend dem Beteiligungsschlüssel; die anderen Konsorten haben Rückgarantien gegenüber B AG beizubringen, deren Höhe sich nach ihrem Lieferungs- und Leistungsanteil gemäß Beteiligungsschlüssel bestimmt.[16]

§ 17 Ausfuhrvergünstigungen, Vertreterprovision

(1) Ausfuhrvergünstigungen stehen jedem Konsorten für seinen Lieferungs- und Leistungsanteil zu.

(2) Die Provisionen für seine Vertretung trägt jeder Konsorte selbst.

§ 18 Schutzrechte

Jeder Konsorte stellt sicher, daß durch seine Planung und Ausführung keine fremden Schutzrechte verletzt werden. Für die Befriedigung von Entschädigungsansprüchen aus verletzten Schutzrechten hat derjenige Konsorte allein einzustehen, der das Schutzrecht verletzt hat; erforderlichenfalls hat er andere, insoweit in Anspruch genommene Konsorten freizustellen oder zu entschädigen.[24]

§ 19 Haftung[25]

(1) Jeder Konsorte haftet dem Konsortium und den anderen Konsorten gegenüber für die sachgerechte und rechtzeitige Erfüllung der von ihm für seinen Liefer- und Leistungsanteil übernommenen Verpflichtungen nach Maßgabe des Kundenvertrages.

(2) Für die Behandlung von Ansprüchen des Kunden gelten im Innenverhältnis zwischen den Konsorten folgende Ausgleichsregelungen:

a) Wenn und soweit das Konsortium oder einer der Konsorten vom Kunden aufgrund des Kundenvertrages wegen einer angeblich nicht rechtzeitigen oder angeblich aus einem anderen Grunde nicht vertragsgemäßen Erfüllung in Anspruch genommen wird, so sind diejenigen Konsorten, in deren Lieferungs- und Leistungsanteil der Grund für die Inanspruchnahme liegt, unverzüglich zu benachrichtigen. Sie haben die ausstehende Vertragserfüllung einschließlich Mängelbeseitigung unverzüglich vorzunehmen bzw. die (mit) in Anspruch genommenen Konsorten unverzüglich von der Inanspruchnahme freizustellen bzw. schadlos zu halten.

b) Pauschalierte Minderungen,[26] Zinsverluste infolge verzögerter Kundenzahlungen und Minderungsansprüche des Kunden gehen zu Lasten desjenigen Konsorten, welcher die Nichteinhaltung der Leistungsgarantien oder die sonstigen Gründe für eine Minderung zu vertreten hat, und zwar jeweils bis zur Höhe von ......% (...... Prozent) des Wertes seines Lieferungs- und Leistungsanteils. Ein darüber hinausgehender Betrag wird von allen Konsorten im Verhältnis des Wertes ihres Lieferungs- und Leistungsanteile nach dem Beteiligungsschlüssel (§ 4 Abs. 2) getragen.[27]

c) Eine an den Kunden zu zahlende Vertragsstrafe wegen Verzug ist von dem Konsorten zu zahlen, der den Verzug zu vertreten hat. Soweit der Verzug von mehreren Konsorten zu vertreten ist, haben diese Konsorten die auf den entsprechenden Zeitraum entfallende Vertragsstrafe anteilig gemäß dem Beteiligungsschlüssel zu tragen. Überschreiten die von einem Konsorten wegen Verzuges zu tragenden Beträge ......% (...... Prozent) des Wertes seines Lieferungs- und Leistungsanteiles, so werden die darüber hinausgehenden Beträge von allen Konsorten anteilig gemäß dem Beteiligungsschlüssel getragen.[27]

d) Für vertragliche Ansprüche des Kunden aufgrund mangelhafter Erfüllung der in § 25 Abs. 2 aufgeführten Leistungen tritt der Federführer bis zur Höhe von ...... DM ein.[28] Darüber hinausgehende Ansprüche des Kunden tragen alle Konsorten anteilig gemäß dem Beteiligungsschlüssel. Soweit Fehler in den vorgenannten Leistungen durch unrichtige, unvollständige oder verspätet übermittelte Angaben oder Unterlagen eines oder mehrerer Konsorten verursacht sind, haben die betreffenden Konsorten dafür einzutreten.

e) Einwendungen gegenüber Ansprüchen oder Maßnahmen des Kunden werden unter Beteiligung der betroffenen Konsorten geltend gemacht. Die Verpflichtung, den oder die in Anspruch genommenen Konsorten von der Inanspruchnahme freizustellen, wird dadurch nicht aufgeschoben.

f) Ist unter Konsorten streitig, wer entstandene Kosten, Zahlungen oder Zahlungsausfälle zu tragen hat, so treten vorläufig die beteiligten Konsorten anteilig gemäß dem Beteiligungsschlüssel ein. Ist eine Verständigung über die Streitfrage erzielt oder hat das Schiedsgericht darüber entschieden, so erfolgt zwischen den Konsorten unverzüglich eine entsprechende Erstattung.

g) Soweit der Kunde gegenüber dem Konsortium Ansprüche geltend macht, für deren Entstehung nach dem Kundenvertrag und der Verteilung der Aufgaben und Verantwortlichkeiten unter den Konsorten gemäß Anlage A weder ein einzelner noch mehrere Konsorten verantwortlich sind, übernehmen alle Konsorten die Erfüllung anteilig gemäß dem Beteiligungsschlüssel.

(3) Für andere als die im Abs. 2 geregelten Ansprüche der Konsorten untereinander, und zwar auch für solche gemäß § 13, gilt folgendes:

3. External Consortium with Consortium Leader (Außenkonsortium)

a) Jeder Konsorte haftet den anderen Konsorten für Schäden, die er durch schuldhafte Nicht- oder Schlechterfüllung seiner Verpflichtungen verursacht oder die er oder seine Erfüllungsgehilfen in sonstiger Weise bei der Bewirkung seiner Lieferungen und Leistungen schuldhaft verursacht. Falls Schäden hiernach von mehreren Konsorten zu vertreten sind, haften sie gegenüber dem oder den anderen Konsorten nach Maßgabe ihres Verschuldens oder, wenn dieses nicht feststellbar ist, anteilig gemäß dem Beteiligungsschlüssel.

b) Regelungen über Haftungsausschlüsse oder Haftungsbegrenzungen im Kundenvertrag finden auch auf Ansprüche der Konsorten untereinander Anwendung, insbesondere gelten auch die Regelungen des Kundenvertrages betreffend höhere Gewalt[29] entsprechend.

c) Ansprüche der Konsorten untereinander gemäß den vorstehenden Regelungen in lit. a und b umfassen in keinem Fall den Ersatz solcher Schäden, die durch Versicherungen gedeckt sind, oder den Ersatz von mittelbaren Schäden,[30] wie z.B. entgangenen Gewinn oder den Ausfall eines Bonus.

(4) Zahlt der Kunde einen Bonus, so steht dieser denjenigen Konsorten zu, die den mit dem Bonus entgoltenen Erfolg herbeigeführt haben, anteilig gemäß dem Beteiligungsschlüssel, sofern nichts Abweichendes vereinbart wird.

§ 20 Versicherung

(1) Das Konsortium wird nach Abstimmung zwischen den Konsorten eine gemeinsame Transport-, Montage- und Bauwesenversicherung durch den Federführer abschließen. Die Versicherungsprämien tragen die Konsorten anteilig gemäß dem Beteiligungsschlüssel.

(2) Jeder Konsorte ist verpflichtet, eine Haftpflichtversicherung mit einer Deckungssumme von DM 2.000.000,- (in Worten: zwei Millionen Deutsche Mark) für Personen- und Sachschäden abzuschließen.

a) Dabei wird jeder Konsorte mit seinem Haftpflichtversicherer folgende Verständigungsklausel vereinbaren:
„Werden von Dritten Schadensersatzansprüche gegen das Konsortium erhoben und ist zweifelhaft, welcher Konsorte für die Schadensersatzansprüche haftet, werden sich die Versicherer der beteiligten Konsorten über die Regulierung dieser Ansprüche derart verständigen, daß den Versicherungsnehmern keine Nachteile entstehen."

b) In allen Versicherungsverträgen ist sicherzustellen, daß Regreßansprüche gegen die anderen Konsorten außer im Falle vorsätzlichen Handelns ausgeschlossen sind.[31]

§ 21 Benutzung von Baustelleneinrichtungen

Für die Benutzung von auf der Baustelle gemeinschaftlich für die Konsorten vorgesehenen Einrichtungen, wie Wasser- und Stromversorgung, Unterkunft, sanitäre Einrichtungen usw. haben die nutzenden Konsorten unmittelbar an die den jeweiligen Einrichtungen stellenden Konsorten monatlich ein Entgelt gemäß den in Anlage A festgelegten Sätzen zu zahlen. Der Federführer ist verpflichtet, anhand der gemessenen Verbrauchszahlen etc. monatliche Abrechnungen zu erstellen und den Konsorten zu übermitteln.

§ 22 Kosten für Versuche zum Nachweis vertragsgemäßer Garantiewerte[32]

Für Versuche zum Nachweis vertragsgemäßer Garantiewerte übernimmt jeder Konsorte die ihm entstehenden Kosten selbst. Falls die vorgesehenen Versuche ergeben, daß die vertragsgemäßen Garantiewerte nicht erreicht werden, übernehmen die betreffenden Konsorten die Kosten für die Beseitigung der Fehler an ihren Lieferungs- und Leistungsanteilen sowie die Kosten, die durch die Wiederholung der Versuche ihnen selbst entstehen. Kosten, die durch die Wiederholung der Versuche anderen, an der Nichterreichung der Garantiewerte unbeteiligten Konsorten entstehen, werden von den beteiligten Konsorten anteilig gemäß dem Beteiligungsschlüssel getragen.

§ 23 Entschädigungszahlungen des Kunden

(1) Entschädigungszahlungen des Kunden zum Ausgleich zusätzlicher, den Konsorten entstandener Kosten (z. B. Kosten für Wartezeiten, Einlagerungskosten) werden nach Maßgabe der jeweils den einzelnen Konsorten entstandenen zusätzlichen Kosten aufgeteilt.

(2) Entschädigungszahlungen aus anderen Gründen, insbesondere wegen vorzeitiger Beendigung des Kundenvertrages,[33] werden zunächst nach Maßgabe der bewirkten, aber noch nicht bezahlten Lieferungen und Leistungen sowie der in den Fertigungsstätten und auf der Baustelle angefallenen Kosten, weiterhin nach Maßgabe der nachweislich noch aufzuwendenden Kosten in den Fertigungsstätten und auf der Baustelle aufgeteilt. Darüber hinausgehende Beträge werden gemäß dem Beteiligungsschlüssel aufgeteilt.

IV. Interne Organisation

§ 24 Geschäftsführungsausschuß[34]

(1) Die Konsorten bilden einen Geschäftsführungsausschuß. Er hat die Aufgabe, die Geschäftspolitik und Verfahrensrichtlinien in technischer, kaufmännischer und verwaltungsmäßiger Hinsicht zu formulieren, welche von den Konsorten und insbesondere dem Federführer bei Ausarbeitung und Abgabe des Angebots sowie gegebenenfalls bei Verhandlung und Unterzeichnung des Kundenvertrages und bei dessen Ausführung zu beachten sind.

(2) Der Geschäftsführungsausschuß ist auch verantwortlich für die Zusammenfassung der von den einzelnen Konsorten ausgearbeiteten Teile des Angebots zum Gesamtangebot in der endgültigen Form zur Abgabe an den Kunden.

(3) Jeder Konsorte bestellt einen Vertreter als Mitglied des Geschäftsführungsausschusses und gleichzeitig ein stellvertretendes Mitglied, das berechtigt ist, bei Verhinderung des von ihm vertretenen ordentlichen Mitgliedes alle diesem zustehenden Rechte auszuüben.

Das vom Federführer bestellte Mitglied hat den Vorsitz.

(4) Jedes Mitglied des Geschäftsführungsausschusses hat eine Stimme. Alle Entscheidungen des Geschäftsführungsausschusses bedürfen der Einstimmigkeit.[35]

(5) Der Geschäftsführungsausschuß ist beschlußfähig, wenn alle Mitglieder an der Beschlußfassung teilnehmen.

(6) Der Geschäftsführungsausschuß ist berechtigt, von Fall zu Fall Vertreter von Unterauftragnehmern hinzuzuziehen, soweit er dies für erforderlich hält. Solche hinzugezogenen Vertreter haben kein Stimmrecht.

(7) Der Geschäftsführungsausschuß soll bei seinem ersten Zusammentreten Verfahrensregeln verabschieden, die für die formelle Abwicklung seiner Arbeit zu befolgen sind.

(8) Der Geschäftsführungsausschuß ist auch berechtigt, Unterausschüsse[36] zu bestellen und Richtlinien für sie zu erlassen, soweit er dies zu seiner Unterstützung und Beratung für erforderlich hält.

(9) Ordentliche Sitzungen des Geschäftsführungsausschusses sollen in Abständen von nicht mehr als 6 (sechs) Wochen stattfinden; sie sind vom Vorsitzenden des Geschäftsführungsausschusses oder gegebenenfalls seinem ordnungsgemäß bestellten Stellvertreter einzuberufen. Die Genannten sind berechtigt, außerordentliche Sitzungen des Geschäftsführungsausschusses einzuberufen. Sie sind zur Einberufung außerordentlicher Sitzungen verpflichtet, wenn dies von mindestens zwei Mitgliedern des Geschäftsführungsausschusses verlangt wird. Die Einberufung hat mit angemessener Frist per Einschreiben,

notfalls per Telefax oder Telex, unter Angabe von Ort und Zeit der Sitzung sowie der Tagesordnungspunkte zu erfolgen.

(10) Alle Entscheidungen des Geschäftsführungsausschusses sind für den Federführer und die übrigen Konsorten verbindlich.

§ 25 Federführer[37]

(1) B AG ist Federführer des Konsortiums. Aufgabe des Federführers ist es, die Ausarbeitung und Abgabe des Angebotes und gegebenenfalls die Ausführung des Kundenvertrages in Übereinstimmung mit den vom Geschäftsführungsausschuß erteilten Weisungen und den von ihm erlassenen Verfahrensrichtlinien zu fördern. Der Federführer stellt den Projektleiter.

(2) Die Federführung umfaßt insbesondere
a) die Koordinierung der Leistungen der Konsorten; die Konsorten bestellen hierfür als verantwortliche Vertreter je einen Projektführer;
b) die Vertretung des Konsortiums gegenüber dem Kunden und allen sonstigen Stellen, mit denen das Konsortium Verhandlungen zu führen hat, vorbehaltlich der Regelung des Abs. 4, wobei die Berechtigung und Verpflichtung aller Konsorten zur Unterzeichnung des Angebotes und des Kundenvertrages (§§ 10 und 12) unberührt bleiben;
c) den Schriftwechsel mit dem Kunden bzw. dem vom Kunden bestellten Ingenieur. Sämtliche Korrespondenz, die den Lieferungs- und Leistungsanteil anderer Konsorten betrifft, hat der Federführer unverzüglich in Kopie an diese weiterzugeben. Alle Schreiben, welche Interessen anderer Konsorten berühren, werden vor Absendung mit diesen abgestimmt;
d) die Überwachung der technischen Gesamtplanung und die Koordinierung der Lieferungen und Leistungen;
e) die Oberbauleitung während der Errichtung, der Inbetriebnahme und des Probebetriebes der Anlage. Die Oberbauleitung umfaßt die Koordinierung der Bau- und Montagearbeiten der Konsorten, die Abstimmung mit der Baustellenaufsicht durch den vom Kunden bestellten beratenden Ingenieur und die Führung des Bautagebuchs;
f) die Finanzplanung, -verwaltung und -kontrolle;
g) die Führung des Personalbüros des Konsortiums, soweit erforderlich;
h) alle sonstigen dem Federführer durch diesen Vertrag oder den Geschäftsführungsausschuß übertragenen Aufgaben.

(3) Das vom Federführer bestellte Mitglied des Geschäftsführungsausschusses in seiner Eigenschaft als Vorsitzender des Geschäftsführungsausschusses ist berechtigt und verpflichtet, für die Erledigung die laufenden Verwaltungsangelegenheiten des Geschäftsführungsausschusses und des Konsortiums Sorge zu tragen.
Es hat darüber hinaus diejenigen Vollmachten und Aufgaben, die der Geschäftsführungsausschuß ihm jeweils überträgt.

(4) Der Federführer und der Vorsitzende sind nicht berechtigt, ohne vorherige Zustimmung des Geschäftsführungsausschusses namens des Konsortiums oder eines der Konsorten rechtsverbindlich Erklärungen für das Konsortium abzugeben oder Verpflichtungen für dieses einzugehen. Das gilt auch für die anderen Konsorten.

(5) Der Federführer erhält im Auftragsfall Ersatz seiner nachzuweisenden Kosten zuzüglich einer Federführungsgebühr in Höhe von ......% (...... Prozent) des Auftragswertes des Kundenvertrages. Die Federführungsgebühr wird jeweils anteilig mit Eingang einer Zahlung des Kunden fällig (vgl. § 15).

(6) Die Konsorten werden den Federführer bei der Durchführung seiner Federführungsaufgaben nach besten Kräften unterstützen und die erforderlichen Angaben und Unterlagen rechtzeitig zur Verfügung stellen.

§ 26 Konsortialkonto

(1) Die Konsorten richten gemeinsam ein auf den Namen des Konsortiums lautendes Konto bei einer vom Federführer vorzuschlagenden, den anderen Konsorten genehmen Bank ein.

(2) Verfügungen über das Konsortialkonto trifft der Federführer gemeinschaftlich mit einem anderen Konsorten.

(3) Der Federführer richtet ein Unterkonto des für das Konsortium eröffneten Kontos ein, von dem sämtliche laufenden Zahlungen des Konsortiums erfolgen. Verfügungen über dieses Konto trifft der Federführer als Treuhänder der anderen Konsorten.

V. Allgemeine Regelungen und Schlußvorschriften

§ 27 Informationsaustausch, Vertraulichkeit

(1) Jeder Konsorte ist verpflichtet, den anderen Konsorten alle technischen Informationen zu geben, die notwendig sind, um Schnittstellenprobleme zu lösen, welche im Zusammenhang mit der Ausarbeitung des Angebotes und der Ausführung des Kundenvertrages auftreten. Der jeweilige Konsorte entscheidet nach eigenem Ermessen, ob die Voraussetzungen für die Bekanntgabe gegeben sind.

(2) Die Konsorten sind jedoch nicht verpflichtet, eigene Erfahrungen oder Informationen betreffend die Herstellung bestimmter Produkte weiterzugeben.[38]

(3) Alle Informationen, die aufgrund der vorstehenden Regelungen weitergegeben werden, sind vertraulich zu behandeln und dürfen nicht zu anderen Zwecken verwandt werden als zur Erfüllung dieses Vertrages oder eines Auftrages oder mehrerer Aufträge, die direkt aufgrund des Angebots erteilt werden.[39]

(4) Die Verpflichtungen nach Abs. 3 bleiben auch nach Beendigung dieses Vertrages in Kraft.

§ 28 Veröffentlichungen

(1) Die Konsorten werden ohne vorherige Zustimmung der anderen Konsorten keine Anzeigen aufgeben oder andere Veröffentlichungen vornehmen, die das Projekt Kuwait betreffen. Der Geschäftsführungsausschuß kann Richtlinien für Veröffentlichungen und Anzeigen erlassen.

(2) Jeder Konsorte ist verpflichtet sicherzustellen, daß auch seine Unterauftragnehmer die in Abs. 1 enthaltenen oder die vom Geschäftsführungsausschuß erlassenen Regelungen befolgen.

§ 29 Abtretungen[40]

Die Abtretung irgendwelcher Ansprüche oder sonstiger Rechte aus diesem Konsortialvertrag ist nur mit vorheriger Zustimmung der anderen Konsorten zulässig. Dies gilt nicht für die Zession von Zahlungsansprüchen zu Finanzierungszwecken.

§ 30 Vertragsdauer

(1) Dieser Vertrag tritt mit seiner Unterzeichnung in Kraft und gilt bis zum Ablauf der im Angebot genannten oder ausdrücklich oder stillschweigend verlängerten Bindefrist und der Rückgabe aller Bietungsgarantien an das Konsortium, im Falle der Annahme des Angebotes und Unterzeichnung des Kundenvertrages bis zum Ablauf der vertraglichen Gewährleistungszeit, Rückgabe der Sicherheiten oder Eingang und Auskehrung der letzten Kundenzahlung, je nachdem, welcher Zeitpunkt der späteste ist.[40a]

3. External Consortium with Consortium Leader (Außenkonsortium) VI. 3

(2) Falls der Kunde, trotz aller Bemühungen der Konsorten den Auftrag über die Lieferungen und Leistungen für das Projekt Kuwait nicht an das Konsortium, sondern an B AG als Generalunternehmer vergibt, so bleibt dieser Konsortialvertrag mit folgender Maßgabe in Kraft: Im Außenverhältnis tritt B AG als Generalunternehmer und verdeckter Stellvertreter der übrigen Konsorten auf; im Innenverhältnis bilden B AG und die übrigen Konsorten ein stilles Konsortium[5 a]; soweit Vorschriften dieses Konsortialvertrages auf ein Außenkonsortium abgestellt sind, gelten sie sinngemäß in der für ein stilles Konsortium angepaßten Form weiter. Insbesondere § 19 Abs. 2 bleibt im Verhältnis zwischen B AG als Vertragspartner des Kunden und den übrigen Konsorten anwendbar.

(3) Sollte es in gemeinsamen Bemühungen nicht gelingen, das Angebot des Konsortiums in vollem Umfang durchzusetzen und der Kunde lediglich bereit sein, den von einem der Konsorten angebotenen Lieferungs- und Leistungsanteil an diesen zu vergeben, endet die Konsortialbindung.

§ 31 Änderungen, Wirksamkeit

(1) Änderungen und Ergänzungen sowie die Aufhebung dieses Vertrages bedürfen zu ihrer Wirksamkeit der Schriftform. Dies gilt auch für eine das Schriftformerfordernis aufhebende Vereinbarung.[41]

(2) Sollten eine oder mehrere der Bestimmungen dieses Vertrages unzulässig oder unwirksam sein oder werden, wird dadurch die Wirksamkeit der übrigen nicht berührt. Anstelle der unzulässigen oder unwirksamen Bestimmung gilt vielmehr eine rechtlich zulässige und wirksame, welche dem mit der unwirksamen Bestimmung von den Konsorten beabsichtigten Erfolg wirtschaftlich am nächsten kommt. Entsprechendes gilt für die Ausfüllung etwaiger Vertragslücken.[42]

§ 32 Mitteilungen und sonstige Willenserklärungen

Alle erforderlichen oder zulässigen Willenserklärungen und sonstigen Mitteilungen, die nach diesem Vertrag einem Konsorten oder dem Konsortium zu machen sind, müssen mit eingeschriebenem Luftpostbrief übermittelt werden oder, nach Wahl des Mitteilenden, telegraphisch, per Telefax oder fernschriftlich mit Bestätigung durch eingeschriebenen Luftpostbrief, und zwar an die nachstehenden Adressen:

B AG
......
......
zu Händen ......[43]
C SA
......
......
zu Händen ......
D PL
......
......
zu Händen ......

§ 33 Anwendbares Recht[44]

Auf diesen Vertrag und die Beziehungen zwischen den Konsorten findet das Recht der Bundesrepublik Deutschland Anwendung.

§ 34 Schiedsklausel[45]

Etwaige Streitigkeiten aus diesem Vertrag oder in Zusammenhang mit diesem Vertrag, insbesondere auch über seinen Bestand oder seine Beendigung, entscheidet unter

Ausschluß des ordentlichen Rechtsweges endgültig und bindend ein Schiedsgericht, das aus drei Schiedsrichtern besteht, gemäß gesondert geschlossenem Schiedsvertrag.

§ 35 Verbindlicher Text

Dieser Vertrag ist in deutscher und englischer Fassung unterzeichnet worden; verbindlich ist jedoch die englische Fassung.[46]

...... (Ort), den ......

B AG	C SA	D plc
....	....	....
gez. Unterschrift	gez. Unterschrift	gez. Unterschrift[47, 48]

Schrifttum: Fahrenschon/Fingerhut, ARGE-Kommentar, Juristische und betriebswirtschaftliche Erläuterungen zum Arbeitsgemeinschaftsvertrag, 2. Aufl., 1982 (zum Mustervertrag des Hauptverbandes der Deutschen Bauindustrie) mit Ergänzungsband 1987, 1990; 3. völlig neu bearbeitete und erweiterte Auflage: Kommentar zum ARGE- und Dach-ARGE-Vertrag, 1998; FIEC (Fédération Internationale Européenne de la Construction), Europäischer Arbeitsgemeinschaftsvertrag – Mustervertrag für Europäische Arbeitsgemeinschaften von Bauunternehmen, Broschüre o. J. (bei Lektüre sind aber die Unterschiede zwischen Bau-ARGE und (Anlagen-)Konsortium im Auge zu behalten, vgl. insoweit Anm. 5 Abs. (b)); *Milz,* Die betriebswirtschaftliche Bedeutung von Konsortien und ihre Organisation bei der Errichtung von Großanlagen – insbesondere der Konsortien des elektrischen Bahnanlagenbaus, Technische Universität Berlin, 1970 (D 83) (rechtlicher Teil betreffend Konsortialverträge: S. 154 ff.); *Nicklisch* (Hrsg.), Konsortien und Joint Ventures bei Infrastrukturprojekten, 1998; vgl. auch dort *Rosener,* S. 53 ff.; *ORGALIME,* Leitfaden zur Abfassung von internationalen Konsortialverträgen, Maschinenbau-Verlag, Frankfurt/Main, 1976, überarbeitete englische Fassung: Guide for Drawing up an International Consortium Contract, 2nd Edition, 1984; *ORGALIME,* Model Form of Consortium Agreement, 1995, deutsche Fassung: Konsortial-Vertrag (ORGALIME), 1995; *Lionnet,* Liefer- und Leistungskonsortien – Rechtliche Zuordnung und Risiken, in: *Nicklisch* (Hrsg.), Bau- und Anlagenverträge – Risiken, Haftung, Streitentscheidung, 1984; *Schaub,* Der Konsortialvertrag unter besonderer Berücksichtigung des Industrieanlagenbaus, 1991.

Aus dem ausländischen Schrifttum: *Boulton,* Business Consortia, London, Sweet & Maxwell Limited, 1961; *FIDIC* (Federation Internationale des Ingénieurs-Conseils), Guidelines for ad hoc collaboration agreements between consulting firms, 1978 (mit Musterverträgen) FIDIC Joint Venture (Consortium) Agreement (for the association of two or more consultants), 1st Edition, 1992; *ECE* (Economic Commission for Europe/United Nations), Guide for drawing up international contracts between parties associated for the purpose of executing a specific project, ECE/TRADE/131, New York, 1979; *AGC (The Associated General Contractors of America* (USA)) Joint venture Guidelines (1975); *Becker, Cushman,* Construction Joint Ventures, Forms and Practice Guide, Chichester, John Wiley & Sons Ltd., 1992. Im übrigen wird auch auf die Schrifttumsangaben bei Form. VI.1 verwiesen.

Übersicht

	Seite
1. Sachverhalt	703
2. Wahl des Formulars	704
3. Präambel	704
4. Umfang des Vertrages	704
5. Rechtsform; Konsortium und ARGE	704

3. External Consortium with Consortium Leader (Außenkonsortium) VI. 3

	Seite
5a. Stilles Konsortium	705
6. Gemeinsamer Zweck	706
7. Sitz	706
8. Organisation in der Angebotsphase	706
9. Ausschreibungsbedingungen	706
10. Leistungen der Konsorten in der Angebotsphase, Beteiligungsschlüssel	706
11. Bestellung von Unterauftragnehmern	707
12. Unterauftragnehmer als Erfüllungsgehilfe	707
13. Kostenersatz	707
14. Geschäftsführungsausschuß	707
15. Ausschließlichkeitsbindungen	707
16. Sicherheitsleistungen	707
17. Zahlungsanspruch	707
18. Haftungsumfang	707
19. Haftungsausschluß	707
20. Gesamtschuldnerische Haftung	707
21. Leistungen der Konsorten in der Durchführungsphase	708
22. Zusatzaufträge	708
23. Risikobegrenzung im Außenhandel	708
24. Schutzrechte	708
25. Haftung	708
26. Pauschalierte Minderungen	708
27. Pauschalierte Minderungen und Vertragsstrafen wegen Verzug	708
28. Haftung des Federführers	709
29. Höhere Gewalt	709
30. Schäden	709
31. Versicherung	709
32. Leistungsgarantie	709
33. Vorzeitige Kundenvertragsbeendigung	709
34. Geschäftsführungsausschuß	709
35. Beschlußfassung	709
36. Unterausschüsse	709
37. Federführer	710
38. Leistungskoordination	710
39. Vertraulichkeit	710
40. Abtretungsverbot	710
40a. Fortsetzungsklausel	710
41. Schriftform	710
42. Schlußformel	710
43. Zustellungsadressaten	710
44. Rechtswahl	710
45. Schiedsklausel	711
46. Vertragssprache	711
47. Steuern	711
48. Kartellrecht	711

Anmerkungen

1. Sachverhalt. Der zugrundegelegte Sachverhalt entspricht dem bei Form. VI.1 angegebenen. Die B AG tritt jedoch nicht als Generalunternehmer, sondern als Mitglied einer Gesellschaft (Konsortium) auf, die ihrerseits im Verhältnis zum Kunden Generalunternehmer ist.

Dabei handelt es sich hier um ein extern im Verhältnis zum Kunden auftretendes Konsortium, also um eine Außengesellschaft bürgerlichen Rechts im Gegensatz zum sogenannten Stillen Konsortium, also einer Innengesellschaft bürgerlichen Rechts, dazu vgl. nachstehend Anm. 5.a.

Es sei lediglich darauf hingewiesen, daß sich ebenso wie für die gemeinsame Lieferung und Erstellung einer Anlage auch für die gemeinsame Erbringung von Beratungs-, Planungs- und Bauleitungsaufgaben durch beratende Ingenieure mehrere Unternehmen zusammenschließen können (siehe dazu insbesondere den im Schrifttumsverzeichnis genannten FIDIC-Mustervertrag „Joint Venture (Consortium) Agreement").

2. Wahl des Formulars. (a) Für die Zusammenarbeit bei der sprachlichen Gestaltung der englischen Fassung danke ich Herrn Rechtsanwalt Neil G. *McHardy*, Köln.

(b) Das Formular stellt einen Konsortialvertrag (im internationalen Sprachgebrauch bislang üblicherweise häufig „Joint Venture Agreement"; vgl. aber jetzt Anm. 5 Abs. (c)) dar, der schon vor Angebotsabgabe geschlossen wurde und daher Regelungen sowohl für die Angebotsphase als auch für die Ausführung nach Zuschlag enthält. Diese Gestaltung erscheint am zweckmäßigsten, weil dann schon bei der Angebotskalkulation die Risikoabgrenzung für den Auftragsfall bekannt ist.

(c) In der Praxis kommt es allerdings auch vor, daß zunächst nur ein Konsortialvertrag für die Angebotsphase („Joint Tender Agreement"; auch „Pre Award Contract" i. Ggs. zu „Post Award Contract") geschlossen wird, der spezifische Regelungen lediglich für dieses Projektstadium enthält, andere Bereiche, die erst bei der Durchführung besonderes Gewicht erlangen, dagegen kürzer oder noch gar nicht regelt. Es bedarf dann für solche Regelungen eines weiteren, im Zuschlagsfalle noch abzuschließenden Konsortialvertrages für die Durchführungsphase. Dabei findet sich auch die Gestaltung, daß dessen Entwurf bereits dem Vertrag über das Angebotskonsortium beigefügt wird. Bei kleineren Projekten wird häufig der Vertrag über das Angebotskonsortium auf eine Briefvereinbarung reduziert.

(d) Von Joint Tender Agreements ohne gleichzeitige Regelung der Rechtsverhältnisse nach Zuschlagserteilung muß abgeraten werden. Die Vertragspartner befinden sich dann im Zuschlagsfalle nämlich in einer Bindung, deren komplizierte Einzelheiten nunmehr unter dem Zwang der Umstände festgelegt werden müssen. Die volle Abschätzung und Regelung aller Risiken sollte aber am Beginn der Zusammenarbeit und vor der Eingehung einer vertraglichen Bindung stehen.

3. Präambel. Die im angelsächsischen Rechtskreis und dementsprechend heute bei Verträgen mit Partnern aus verschiedenen Ländern, die durch die angelsächsische Praxis beeinflußt werden, übliche Präambel ist hier nur angedeutet. In jedem Fall dient sie nur der Auslegung des Vertrages (vgl. ARGE-Kommentar, 1982, Präambel Rdn. 1; 3. Aufl. 1998: möglicherweise auch rechtlicher Gehalt).

4. Umfang des Vertrages. Ungeachtet der Anwendbarkeit deutschen Rechts (§ 33) ist auch dieser Vertrag im Hinblick darauf, daß zwei Vertragspartner ausländische Gesellschaften sind, wieder ausführlich und möglichst abschließend formuliert (vgl. auch oben, Anm. 2 Abs. (j) zu Form. VI.1).

5. Rechtsform, Konsortium und ARGE. (a) Rechtlicher Grundtypus des Konsortialvertrages ist die Gesellschaft bürgerlichen Rechts (§§ 705 ff. BGB). Am gemeinschaftlichen Betrieb eines Handelsgewerbes (§ 3 HGB) fehlt es dagegen bei einem Konsortium für ein einzelnes Geschäft wie im vorliegenden Fall, so daß die OHG oder KG als Rechtsform ausscheiden (vgl. *Staudinger/Keßler,* Vorbem. zu § 705 Rdz. 153). Man spricht in solchem Fall auch von „Gelegenheitsgesellschaften".

(b) Das (Anlagen-)Konsortium unterscheidet sich von der Bau-Arbeitsgemeinschaft – oder „Bau-ARGE" –, der ihm am nächsten verwandten Form einer Gelegenheitsgesellschaft, vor allem darin, daß es im wesentlichen kein Gesellschaftsvermögen hat. Die Bau-ARGE erbringt die Gesamtleistung mit gemeinsamen Sachmitteln – Baumaschinen, Baumaterial etc. – und gemeinsamem Personal; die Gesellschafter sind am Gewinn und Verlust insgesamt beteiligt.

3. External Consortium with Consortium Leader (Außenkonsortium) VI. 3

Das Anlagenkonsortium ist demgegenüber viel loser strukturiert. Maschinen-, Elektro- und Baupartner erbringen grundsätzlich ihre Leistung gegenüber dem Kunden so, als hätten sie insoweit einen selbständigen Vertrag mit dem Kunden geschlossen (vgl. § 14 Abs. (2) des Formulars). Im internationalen Sprachgebrauch kennzeichnet man dementsprechend das Anlagenkonsortium auch mit den Begriffen „risk splitting" bzw. „non-integrated structure", die Arbeitsgemeinschaft in vorgenanntem Sinne dagegen mit „risk sharing" bzw. „integrated structure". Gemeinsamkeiten bestehen im wesentlichen nur hinsichtlich der Planung, der gegenseitigen Abstimmung und Koordination der Lieferungen und Leistungen und hinsichtlich der gesamtschuldnerischen Haftung gegenüber dem Kunden.

An die Stelle eines vertretungsberechtigten Geschäftsführers, wie er sich bei Bau-ARGEN findet, tritt beim Anlagenkonsortium in der Regel der Federführer mit sehr viel geringeren Befugnissen (vgl. § 25 des Formulars und Anm. 37).

(c) Die vorstehend skizzierte, in der Praxis aus der Natur der Sache heraus entstandene Unterschiedlichkeit der Bau-ARGE und des (Anlagen-)Konsortiums ist erst in letzter Zeit theoretisch deutlicher erfaßt und herausgearbeitet worden (vgl. insbesondere *Nicklisch* NJW 1985, 2361 ff., insbes. 2363 f.; weiter *Lionnet* bei. Nicklisch, Bau- und Anlagenverträge – Risiken, Haftung, Streitbeilegung, 1984, 121 ff. und *Rosener* bei *Nicklisch*, Konsortien und Joint Ventures bei Infrastrukturprojekten, 1998, 53 ff.). Auch im internationalen Sprachgebrauch scheint sich insoweit eine terminologische Differenzierung zu verfestigen: Die Japan Machinery Exporters' Association hat Musterverträge erarbeitet und herausgegeben, wobei für den (Anlagen-)Konsortialvertrag der Begriff „Consortium Agreement" (Neufassung: Juli 1996), für einen dem Bau-ARGE-Vertrag entsprechenden Vertragstyp dagegen der Begriff „Joint Venture Agreement" (Neufassung: Juli 1996) verwandt wird („JMEA Model Form Consortium (bzw.: Joint Venture Agreement) for Tender and Execution of Turnkey Project"). Auch FIDIC hat 1992 einen Muster-Konsortialvertrag (für die Zusammenarbeit beratender Ingenieure) veröffentlicht, dessen Überschrift beide Begriffe verwendet: „Joint Venture (Consortium) Agreement".

5 a. Stilles Konsortium. (a) Es kommt in der Praxis häufig vor, daß die beteiligten Unternehmen nicht im Außenverhältnis gemeinschaftlich dem Kunden gegenübertreten, sich aber gleichwohl mit dem – extern einzigen – Auftragnehmer zu einem sogenannten Stillen Konsortium oder Innenkonsortium zusammenschließen, statt lediglich Subunternehmer-Verträge mit ihm abzuschließen. Rechtlich handelt es sich dabei um eine Innengesellschaft bürgerlichen Rechts (vgl. hierzu MünchKomm/*Ulmer*, § 705, Rdnr. 229 ff., insbes. 237 ff.).

(b) Wesentlicher Grund für den Abschluß eines Vertrages über ein Stilles Konsortium anstelle des Eingehens bloßer Subunternehmer-Verträge ist für den Auftragnehmer häufig die Frage der Risikoverteilung bzw. -weitergabe (vgl. Anm. 2 Abs. (b) zu Form. VI.2). Umgekehrt kann ein Stilles Konsortium aber auch anstelle eines Außenkonsortiums entstehen, weil der Kunde nicht das anbietende Konsortium insgesamt, sondern nur einen der Konsorten als Auftragnehmer — nämlich als Generalunternehmer – wünscht. In solchem Fall zeigt sich, daß Außen- und Innenkonsortium weniger unterschiedlich sind, als man annehmen könnte: Der Konsortialvertrag kann in der Regel unverändert fortbestehen (vgl. auch *Lionnet* in Nicklisch, Bau- und Anlagenverträge – Risiken, Haftung, Streitbeilegung, 1984, S. 124), allenfalls ist ausdrücklich zu ergänzen, daß nur ein Konsorte im Außenverhältnis auftritt, der dann nicht nur Federführer, sondern alleiniger Generalunternehmer und verdeckter Stellvertreter der anderen Konsorten ist. Er schließt den Vertrag im Außenverhältnis im eigenen Namen, intern jedoch für Rechnung und Konsortiums (vgl. *Nicklisch* NJW 1985, 2361, 2365). Eine Vertragsanpassung wird auch insoweit unnötig durch eine vorsorgliche Formulierung der Art, wie sie sich in § 30 Abs. (2) des Formulars findet.

(c) Beim Stillen Konsortium kommt es zur Überlagerung gesellschaftsrechtlicher und werkvertraglicher Elemente. Das ist aber nicht anders beim Außenkonsortium (vgl. Anm. 10 Abs. (c)). Die damit in Einzelfragen verbundenen rechtlichen Zuordnungsprobleme (z. B. Leistungen der Stillen Konsorten: gesellschaftsrechtliche Beiträge oder werkvertragliche Erfüllungshandlungen?) unterscheiden sich grundsätzlich nicht von denen beim Außenkonsortium. Die Praxis macht daher regen Gebrauch vom Institut des Stillen Konsortiums, große Unternehmen haben auch dafür Musterverträge (vgl. *Nicklisch* NJW 1985, 2361, 2365, Fußn. 15).

6. **Gemeinsamer Zweck.** Der in § 1 Abs. 1 angegebene „gemeinsame Zweck" i. S. des § 705 BGB ist konstitutiv für die Entstehung einer BGB-Gesellschaft.

7. **Sitz.** Sofern bei internationalen Konsortien ein Sitz festgelegt werden soll, sind zutreffendenfalls steuerliche Gesichtspunkte zu beachten; dazu siehe unten Anm. 47; es kann auch lediglich vereinbart werden, daß die Geschäfte am Sitz des Federführers geführt werden.

8. **Organisation in der Angebotsphase.** Diese Regelung entspricht der gesetzlichen in §§ 709, 714 BGB. Für die laufende Tätigkeit des Konsortiums bedarf es aber einer flexibleren Organisation, die sich im einzelnen unten in §§ 24 ff. findet.

9. **Ausschreibungsbedingungen.** Die Ausschreibungsbedingungen sind häufig sehr umfangreich und z. T. formalistisch. Abweichungen von diesen Bedingungen können daher allein schon ein Grund für die Nichtannahme des Angebots sein. Wollen die Vertragspartner das Risiko bewußt in Kauf nehmen, so sollte in § 13 ein ausdrücklicher Ausschluß der Haftung für die Nichtannahme des Angebots aufgrund solcher Abweichungen aufgenommen werden.

10. **Leistungen der Konsorten in der Angebotsphase, Beteiligungsschlüssel.**
(a) Beiträge i. S. des § 706 BGB werden in der Regel – insbesondere in der Angebotsphase – durch Arbeitsleistung, nämlich die Ausarbeitung der Angebotsteile auf eigene Kosten, erbracht. Die genaue und vollständige Leistungsbeschreibung und -aufteilung unter den Vertragspartnern ist für den Erfolg der Zusammenarbeit von einer Bedeutung, die gar nicht hoch genug eingeschätzt werden kann. Abgrenzungsfragen und Schnittstellenprobleme müssen gelöst werden (vgl. auch Anm. 10 Abs. (b) und (c) zu Form. VI.1 und Anm. 10 zu Form. VI.2). Ist dies bis zur Vertragsunterzeichnung aus irgendwelchen Gründen nicht möglich, so wird eine Alternativ-Formulierung dahin empfohlen, daß die Verteilung der Aufgaben und Verantwortlichkeiten unter die Vertragspartner in einem Anhang A niederzulegen ist, der einen integrierten Bestandteil des Vertrages bilden wird und so bald wie möglich, in jedem Fall jedoch vor Angebotsabgabe, fertigzustellen ist. Die erforderlichen Arbeiten können gegebenenfalls von einem Technischen Unterausschuß (vgl. unten Anm. 36) geleistet werden.
(b) Aus dem Verhältnis der Teilangebotswerte zum Gesamtangebot (bzw. Teilauftragswerte zum Gesamtauftragswert) sollte der „Beteiligungsschlüssel" abgeleitet werden, der bei einer Reihe von vertraglichen Regelungen Anwendung findet.
(c) Insbesondere auch für die Durchführungsphase basiert das vorliegende Muster auf einer Aufteilung in die einzelnen, jeweils eigenverantwortlich zu erfüllenden sachlichen Teilbereiche Maschinenbau, elektrotechnische Ausrüstung und Bauausführung, die sich zum Gesamt-Leistungsbild nahtlos ergänzen müssen. Demgegenüber ist im Anlagengeschäft, anders als etwa bei den Bau-Arbeitsgemeinschaften, eine Arge zur Kapazitätszusammenfassung hinsichtlich der Gesamtleistung nicht üblich und wird deshalb hier nicht behandelt. Anders als bei der Bau-Arge, bei der die Arge selbst das Projekt durchführt, erfüllen hier die einzelnen Konsorten im Rahmen einer Leistungsbündelung jeweils ihren Auftragsanteil. Dabei hat sich noch keine klare rechtliche Einordnung dieser Leistungen herausgebildet. Gegenüber ihrer Beurteilung als (die wesentlichen) gesellschaftsrechtlichen Beitragsleistungen (§ 706 BGB) stellt die Kennzeichnung als reine werkvertragliche

3. External Consortium with Consortium Leader (Außenkonsortium)

Leistung, die die Konsorten im Rahmen von (als stillschweigend vereinbart unterstellten) Subunternehmerverträgen gegenüber dem Konsortium erbringen, das andere Extrem dar (so *Lionnet* in Nicklisch, Bau- und Anlagenverträge – Risiken, Haftung, Streitbeilegung, 1984, S. 128). Beide Auffassungen können im einzelnen der komplexen Gestaltung nicht voll Rechnung tragen und vermögen daher nicht zu befriedigen. Zutreffend deshalb wohl *Nicklisch* (NJW 1985, 2361, 2364), der insoweit von einem gemischten Vertrag ausgeht, „der einerseits gesellschaftsrechtliche Elemente zwischen allen Konsortialpartnern enthält und zum anderen werkvertragliche Elemente zwischen dem Konsortium und den einzelnen Konsortialpartnern, die die gesellschaftsrechtlichen Beziehungen überlagern".

11. Bestellung von Unterauftragnehmern. Es kann Gründe dafür geben, die Bestellung von Unterauftragnehmern auch von der Zustimmung der anderen Vertragspartner abhängig zu machen.

12. Unterauftragnehmer als Erfüllungsgehilfe. Es ist zweckmäßig, diese Festlegung ausdrücklich in den Vertrag aufzunehmen, nach deutschem Recht schon deshalb, weil nicht sicher ist, wann für einen Unterauftragnehmer als Erfüllungsgehilfe einzustehen ist (vgl. z.B. BGH BB 1979, 1321; *Ingenstau/Korbion*, VOB Anh. 1 Rdnr. 123 f. weiter Rdnr. 227, 228 zu B § 4). Wird darüber hinaus von den Konsorten gewünscht, Einfluß auf den Inhalt des Vertrages mit dem Unterauftragnehmer zu erlangen, ist eine Regelung entsprechend Artikel 4.1 des Form. III.2.1 zweckmäßig.

13. Kostenersatz. Es kann auch vorgesehen werden, daß Kostenersatz nur dann in Betracht kommt, wenn die Kosten mit vorheriger Zustimmung des anderen Vertragspartners aufgewandt wurden.

14. Geschäftsführungsausschuß (management committee). Wird dieses Organ nicht vorgesehen, so müssen die Worte „by the management committee" entfallen; in diesem Fall ist die Regelung unmittelbar durch die zuständigen Vertreter der Vertragspartner anzuwenden.

15. Ausschließlichkeitsbindungen. Wegen der kartellrechtlichen Beurteilung dieser Vorschriften vgl. unten Anm. 48.

16. Sicherheitsleistungen. Es kann auch vorgesehen werden, daß das Konsortium als solches die Bietungsgarantie beibringt und die Avalkosten anteilig übernommen werden; in beiden Fällen ist zusätzlich denkbar, daß die Vertragspartner bzw. die anderen Vertragspartner im Innenverhältnis anteilige Rück-Bürgschaften bzw. -Garantien geben.

17. Zahlungsanspruch. Wegen der unterschiedlichen Abwicklung bei Zahlung an die einzelnen Vertragspartner einerseits, einheitlicher Zahlung andererseits vgl. § 15.

18. Haftungsumfang. Im Hinblick auf die gesamtschuldnerische Haftung der Vertragspartner nach außen und die gegenseitige Abhängigkeit bei der Vertragserfüllung im Innenverhältnis ist eine ausdrückliche Regelung der Haftung bei Konsortialverträgen angezeigt. Von erheblich größerem Gewicht als hier ist die Haftungsfrage naturgemäß in der Durchführungsphase (§ 19).

19. Haftungsausschluß. Gegebenenfalls ist ein Ausschluß der Haftung für mittelbare Schäden vorzusehen. (Zu der schwierigen Problematik der Abgrenzung des mittelbaren Schadens vom unmittelbaren Schaden vgl. *Staudinger/Peters*, § 635 BGB, Rdnr. 55 ff.; *Soergel/Ballerstedt*, § 635 BGB, Rdz. 9 f. m. w. N.).

20. Gesamtschuldnerische Haftung. Die gesamtschuldnerische Haftung der Konsorten entspricht der gesetzlichen Regelung und auch den Interessen des Auftraggebers, der sie unabhängig vom anwendbaren Recht in der Praxis regelmäßig fordert. Die einzelnen Mitglieder des Konsortiums übernehmen damit ein nicht unerhebliches Haftungsrisiko, das nur bei Vertrauen in die Bonität und fachliche Leistungsfähigkeit der Partner eingegangen werden kann (zum Problem vgl. auch ARGE-Kommentar, 1982, Einleitung

Rdnr. 3). Wegen einer abweichenden Entwicklung im französischen Rechtsraum vgl. FIEC, Europäischer Arbeitsgemeinschaftsvertrag, Modell B, Mustervertrag für Europäische Arbeitsgemeinschaften von Bauunternehmen ohne gesamtschuldnerische Haftung, S. 47 ff.

21. Leistungen der Konsorten in der Durchführungsphase. (a) Die Vertragspartner erbringen hier ihre Beiträge i. S. des § 706 BGB durch Leistungen in der Ausführungsphase unmittelbar (beachte aber die in Anm. 5 Abs. (3) dargestellte „Überlagerung" durch werkvertragliche Elemente). Eine andere Gestaltung wäre die, daß das Konsortium je einen Unterauftrag an den jeweils zuständigen Vertragspartner erteilt (sogenannte „Dach-Arbeitsgemeinschaft"; ARGE-Kommentar, 1982, § 17 Rdn. 16 f.; 3. Auflage: § 25 Rdnr. 21 und § 25 Dach-ARGE Rdnr. 1 ff.).

(b) Die Formulierung von § 14 (2) zeigt besonders deutlich die Struktur des Konsortiums mit internem „risk splitting", also Alleinverantwortlichkeit jedes Vertragspartners nur für seinen Leistungsteil, im Gegensatz zum „risk sharing" bei der Arbeitsgemeinschaft, dem (Contractual) Joint Venture; vgl. *Rosener* bei *Nicklisch,* Konsortien und Joint Ventures bei Infrastrukturprojekten, 1998, 55 ff., weiter oben Anm. 5 (b) und (c).

22. Zusatzaufträge. Vgl. die Überlegungen zur Erkennbarkeit von Leistungsbestandteilen beim Pauschalfestpreisvertrag in Anm. 22 zum Form. VI.2.

23. Risikobegrenzung im Außenhandel. In Deutschland geschieht dies durch Ausfuhrgarantien bzw. Bürgschaften der Bundesrepublik Deutschland, die von der Hermes Kreditversicherungs-AG, Hamburg, bearbeitet werden – sog. Hermes-Deckungen –, bei der Merkblätter, Allgemeine Bedingungen und Antragsformulare erhältlich sind (auch bei ihren Außenstellen in vielen deutschen Großstädten). Vgl. hierzu auch Anm. 50 und 50 a zu Form. VI.1.

24. Schutzrechte. Gegebenenfalls ist hier auch eine eingehendere Regelung angebracht; vgl. dazu auch Artikel 17.5 Form. VI.1 und Anm. 54 und 55 dazu.

Es kann weiter erforderlich werden, besondere Regelungen betreffend Schutzrechte für das Innenverhältnis zwischen den Vertragspartnern zu treffen, wenn entweder für die Planung und Ausführung gegenseitig Geschäftsgeheimnisse offenbart oder sogar Lizenzen eingeräumt werden müssen oder wenn umgekehrt dabei Gemeinschaftsschutzrechte entstehen könnten. Das ist insbesondere dann denkbar, wenn die Schnittstellen zwischen den verschiedenen Lieferungs- und Leistungsanteilen Lösungen erfordern, für die noch Entwicklungen nötig sind; vgl. insoweit Anm. 4 zu Form. VIII in Band 2.

25. Haftung. Hierbei handelt es sich um eine der wichtigsten Regelungen für einen Konsortialvertrag. Nach den gesetzlichen Vorschriften haften die Vertragspartner grundsätzlich im Außenverhältnis als Gesamtschuldner (vgl. *Palandt/Heinrichs,* § 718 Rdnr. 8), im Innenverhältnis zu gleichen Anteilen auf Ausgleich (§§ 421, 426 BGB). Hierbei stellt sich für eine abweichende Haftungsaufteilung zudem die Frage, inwieweit der reduzierte Haftungsmaßstab des § 708 BGB Anwendung findet. Aus diesen Gründen ist eine konkrete vertragliche Regelung geboten.

Für abweichende Regelungsmöglichkeiten wird auf § 11 des Form. VIII.2 in Band 2 verwiesen.

26. Pauschalierte Minderungen. Siehe hierzu Anm. 43 insbes. Abs. (b) zu Form. VIII.1; weiter § 32 des Kundenvertrages in Band 2 (dort Form. VIII.1).

27. Vertragsstrafen wegen Verzug. Als Prozentsatz ist der jeweilige Höchstsatz aus dem Kundenvertrag einzusetzen, vgl. hier §§ 43, 46 Abs. 4 des Kundenvertrages in Band 2, Form. VIII.1. Eine andere Lösung wäre die vollständige Überwälzung auf den verantwortlichen Vertragspartner; so § 11 Abs. 3 des Form. VIII.2 in Band 2. Das führt allerdings angesichts der im Kundenvertrag vorgesehenen, üblichen Zugrundelegung des Gesamtauftragswertes als Berechnungsbasis für den verantwortlichen Vertragspartner gegebenenfalls im Verhältnis zum Wert seines eigenen Lieferungs- und Leistungsanteil

3. External Consortium with Consortium Leader (Außenkonsortium)

zu einer – u. U. erheblichen – Überschreitung des im Kundenvertrag vorgesehenen Höchstprozentsatzes. Weiter kommt es daher in der Praxis auch vor, daß grundsätzlich nach Lieferungs- und Leistungsanteilen aufgeteilt, die Sanktion für den Verantwortlichen jedoch verstärkt wird, indem für die Anteilsberechnung der Wert seines Leistungsumfangs z. B. zu verdoppeln ist (so insbesondere bei Vertragsstrafen wegen Verzugs). Unter Berücksichtigung eines in der Regel anzunehmenden gewissen Mitverschuldens – insbesondere bei Verzug – kann z. b. auch das erste Prozent einer Vertragsstrafe nach dem Wertverhältnis der Lieferungs- und Leistungsanteile aufgeteilt werden, während danach der verantwortliche Vertragspartner (gegebenenfalls wieder nur bis zum Höchstsatz) die Vertragsstrafe allein zu tragen hat. Die richtige Lösung muß im Einzelfall unter Berücksichtigung der Zuverlässigkeit der einzelnen Vertragspartner, des Schwierigkeitsgrades ihrer Lieferungen und Leistungen etc. gefunden werden. Zum Rechtscharakter der Vertragsstrafe – und des pauschalierten Schadensersatzes – vgl. im übrigen Anm. 35 zu Form. VI.1.

28. Haftung des Federführers. Hier ist im Zweifel kein Prozentsatz, sondern ein Höchstbetrag einzusetzen, welcher der Bedeutung der vom Federführer (und gegebenenfalls von anderen Vertragspartnern) übernommenen übergreifenden Aufgaben und der dafür festgesetzten Gebühr Rechnung trägt.

29. Höhere Gewalt. Vgl. hierzu Anm. 59 zu Form. VI.1; weiter § 40 des Kundenvertrages Band 2 Form. VIII.1.

30. Schäden. Wegen der Schwierigkeiten der Abgrenzung zwischen unmittelbaren und mittelbaren Schäden vgl. Anm. 56 zu Form. VI.1. Dennoch ist der Ausschluß mittelbarer Schäden zur Risikobegrenzung praktisch unerläßlich.

31. Versicherung. Wegen der Gefahr eines Regresses des Versicherers gemäß § 67 VVG bei grob fahrlässigem Handeln bedarf es einer besonderen Vereinbarung mit dem Versicherer, vgl. § 12 Form. VIII.2 in Band 2 sowie die dortige Anm. 28; vgl. weiter § 7 des Form. VIII.1 in Band 2 sowie die Anm. 17 dazu.

32. Leistungsgarantie. Vgl. Anm. 43 zu Form. VI.1; weiter §§ 1 Abs. 1, 32 Form. VIII.1 in Band 2.

33. Vorzeitige Kundenvertragsbeendigung. Vgl. § 45 Form. VIII.1 in Band 2.

34. Geschäftsführungsausschuß. Der „Geschäftsführungsausschuß" (bei reinen Bauarbeitsgemeinschaften häufig auch „Aufsichtsstelle" genannt) entspricht der Gesellschafterversammlung der BGB-Gesellschaft (vgl. ARGE-Kommentar, 1982, § 6 Rdnr. 1, 13ff.; 3. Aufl. § 6 Rdnr. 6). Die Geschäftsführung und Vertretung nach außen – zumindest teilweise – sowie eine Reihe anderer Aufgaben werden dagegen häufig einem „Federführer" übertragen (siehe hier § 25 und Anm. 37). Dabei gibt es mannigfaltige Abstufungsmöglichkeiten für die Aufteilung der Rechte und Pflichten zwischen dem Federführer einerseits und dem Geschäftsführungsausschuß andererseits.

35. Beschlußfassung. Die dem Gesetz entsprechende Einstimmigkeit (§ 709 Abs. 1 BGB), wiewohl Ansatzpunkt für Störungen durch nichtkooperative Mitglieder, wird sich im Hinblick auf das Schutzbedürfnis der einzelnen Vertragspartner dieser für nur ein Projekt gebildeten Gesellschaft kaum vermeiden lassen. Mehrheitsentscheidung wäre nur für solche Fragen angemessen, die für den überstimmten Vertragspartner keine Verbindlichkeiten oder sonstigen Nachteile mit sich bringen. Da eine befriedigende Abgrenzung jedoch kaum denkbar erscheint, bleibt Einstimmigkeit erforderlich.

36. Unterausschüsse. Die Einsetzung eines technischen Unterausschusses kann z. B. von Nutzen sein, um die Schnittstellen zwischen den verschiedenen Liefer- und Leistungsanteilen genau zu erfassen, zu definieren und in den Spezifikationen aufeinander abzustimmen.

37. Federführer. Der Federführer stellt insbesondere die sachlichen und personellen Mittel für die Administration des Konsortiums zur Verfügung und erhält dafür in der Regel eine Federführungsgebühr. Im Außenverhältnis kann seine Stellung unterschiedlich stark sein: die Skala reicht vom Erklärungsboten über den Verhandlungsführer, der der internen Zustimmung bedarf, bis zum Vertreter. Entsprechend kann auch die Übertragung der Geschäftsführungsbefugnisse unterschiedlich weitgehend geregelt werden. Sind wirtschaftliche Bedeutung und Aufgabenkreis des federführenden Vertragspartners erheblich, so wird er auch als „Konsortialführer" bezeichnet.

In der englischen Fassung ist der Gebräuchlichkeit halber „consortium leader" verwandt worden. Will man im Einzelfall auch im Englischen differenzieren, so kann man dort neben dem „consortium leader" auch den Begriff „managing partner" benutzen, wobei dieser – bei einer „partnership", also etwa einer Kommanditgesellschaft für den geschäftsführenden Gesellschafter, den Komplementär benutzte – Begriff als der höherrangige erscheinen kann. Letztlich sollte dann aber der Inhalt beider Begriffe im Vertrag definiert werden.

Die gesetzlichen Regelungen der §§ 710 und 714 BGB sollten in jedem Fall wie hier durch genauere Festlegung im Vertrag ausgefüllt bzw. modifiziert werden.

38. Leistungskoordination. Der technische Erfolg der Projektabwicklung steht und fällt unter anderem mit dem Erkennen und Lösen von Problemen der Schnittstellen zwischen den Leistungsteilen der verschiedenen Vertragspartner. Soweit es dazu entgegen § 27 Abs. 2 notwendig werden sollte, Betriebsgeheimnisse betreffend die Herstellung von Gegenständen mitzuteilen etc., werden gegebenenfalls insoweit Lizenzregelungen erforderlich (vgl. Anm. 24).

39. Vertraulichkeit. Für eine ausführlichere Fassung vgl. in Band 2 § 51 Form. VIII.1 und § 22 Form. VIII.2.

40. Abtretungsverbot. Vgl. Artikel 1.7 Form. VI.1 und Artikel 2.4 Form. VI.2.

40a. Fortsetzungsklausel. (a) Durch die Insolvenz eines Konsorten wird nach § 728 BGB die Gesellschaft aufgelöst, sofern nicht eine Fortsetzungsklausel vereinbart wurde (§ 736 BGB). Selbst wenn eine solche Fortsetzungsklausel weder ausdrücklich vereinbart noch § 728 BGB als stillschweigend abbedungen anzusehen ist, schadet die dann eintretende Auflösung der Gesellschaft nicht, weil in solchem Fall die Auftragserfüllung gleichwohl als Abwicklungsaufgabe geschuldet wird, vgl. *Lionnet* in: Nicklisch, Bau- und Anlagenverträge – Risiken, Haftung, Streitbeilegung, 1984, S. 128 ff. m.w.N.

(b) Im Einzelfall, insbesondere bei Anwendbarkeit fremden Rechts, mag erwogen werden, umgekehrt eine ausdrückliche Fortsetzungsklausel in den Vertrag aufzunehmen, verbunden mit einer ausdrücklichen Ausschlußklausel betreffend den insolventen Vertragspartner. Im Vordergrund steht bei beiden Gestaltungen allerdings das praktische Problem, wie und von wem die noch ausstehenden Leistungen des insolventen Vertragspartners erbracht werden sollen.

41. Schriftform. Diese Formulierung trägt der Entscheidung des Bundesgerichtshofs in BGHZ 66, 378 Rechnung, wonach – gerade zwischen Kaufleuten – der Formzwang für die Aufhebung der Schriftform Wirksamkeit entfaltet; a.A. z.B. *Palandt/Heinrichs*, § 125 BGB, Rn. 14.

42. Schlußformeln. Für abweichende Fassungen vgl. § 58 Abs. 2 Form. VIII.1 und § 24 Abs. 5, Form. VIII.2, jeweils Band 2 des Münchener Vertragshandbuchs.

43. Zustellungsadressaten. Vgl. auch die Fassung in Artikel 68 des Kundenvertrages (Form. III.2.1); hier sollte möglichst der volle Name des Projektführers jedes Vertragspartners, seine Funktions- oder Abteilungsbezeichnung angegeben werden.

44. Rechtswahl. Vgl. hierzu Anm. 12 zu Form. VI.1. Wird keine Vereinbarung über das anwendbare Recht getroffen, so bildet ein – wie hier § 2 Abs. (3) – vereinbarter Sitz

3. External Consortium with Consortium Leader (Außenkonsortium)   VI. 3

angesichts der lockeren gesellschaftsrechtlichen Struktur des Konsortiums noch keinen Anknüpfungspunkt für das anzuwendende Recht, vgl. *Lionnet* in: *Nicklisch*, Bau- und Anlagenverträge – Risiken, Haftung, Streitbeilegung, 1984, S. 127 m. w. N.

45. Schiedsklausel. Vgl. hierzu Anm. 63 zu Form. VI.1 und generell den Abschnitt Schiedsklauseln in diesem Band des Münchener Vertragshandbuches, insbesondere den Schiedsvertrag zwischen deutschem und ausländischem Partner (Form. II 1 ff.).

46. Vertragssprache. Alternativ zum 2. Halbsatz könnte auch festgelegt werden, daß beide Fassungen grundsätzlich gleiche Verbindlichkeiten haben, im Falle von Mehrdeutigkeiten oder Widersprüchen jedoch die englische Fassung Vorrang hat. Weniger zweckmäßig ist Gleichrangigkeit beider Fassungen, vgl. hierzu auch Anm. 12 und 13 zu Form. VI.1.

47. Steuern. Wegen der steuerlichen Beurteilung vgl. zunächst oben Anm. 7 und Anm. 21. Im übrigen gilt grundsätzlich das zu Form. VI.1 Anm. 64 Gesagte. Abweichende steuerliche Auswirkungen können sich vor allem daraus ergeben, daß das Konsortium als gesondertes Steuersubjekt angesehen wird oder die Auslandsbaustelle bzw. der Sitz des Federführers eine – gemeinsame – Betriebsstätte darstellen. Für das deutsche Recht gilt insoweit das folgende, wobei wegen der Einzelheiten verwiesen werden kann auf ARGE-Kommentar, 1982, § 17 Rdz. 1 ff.

(a) Bei den **Ertragsteuern** stellt das Konsortium eine Mitunternehmerschaft gemäß § 15 Abs. 1 und 2 EStG dar. Dies führt – bei mehreren inländischen Konsorten – zur einheitlichen und gesonderten Gewinnfeststellung, jedoch bleiben die Konsorten selbständige Steuersubjekte.

(b) Bei der **Gewerbesteuer** ist das Konsortium gemäß §§ 2 Abs. 2 Nr. 1, 2a GewStG selbständiges Steuersubjekt, wenn sich das Konsortium auf mehr als ein Projekt bezieht oder die Vertragserfüllung, gerechnet vom Vertragsschluß, länger als drei Jahre dauert.

Der gegebenenfalls für das Konsortium gemeinsam festgestellte Steuermehrbetrag wird allerdings gemäß dem Zerlegungsverfahren der §§ 28 ff. GewStG wieder zerlegt, so daß keine Steuermehrbelastung eintritt, sondern nur eine Komplizierung des Besteuerungsverfahrens (kritisch insbesondere ARGE-Kommentar, 1982, § 17 Rz. 48 ff. unter Darstellung eines vereinfachten Verfahrens).

(c) Die **Umsatzsteuer** sieht das Konsortium ebenfalls als Steuersubjekt an, vgl. § 2 Abs. 1 UStG und *Rau/Dürrwächter/Flick/Koch*, Umsatzsteuergesetz, Loseblatt, § 2 Abs. 1 und 2, Rdnr. 48 ff.

48. Kartellrecht.
(a) **Inland:** Die kartellrechtliche Beurteilung von Konsortien hängt maßgeblich davon ab, ob es sich bei den Konsorten um Wettbewerber handelt. Schließen sich Unternehmen, die auf unterschiedlichen Gebieten tätig sind, zur Ausführung eines Vorhabens zusammen, zu dessen Erfüllung sie komplementäre Leistungen erbringen, so handelt es sich bei dem Konsortium nicht um eine Vereinbarung zwischen miteinander in Wettbewerb stehenden Unternehmen im Sinne von § 1 GWB (vgl. *Müller/Henneberg/Schwarz*, Gemeinschaftskommentar 5. Auflage 1999, § 1 Anm. 147; *Langen/Bunte*, Kommentar zum deutschen und europäischen Kartellrecht, 9. Auflage, 2001, § 1 Rz. 308; vgl. auch schon Kooperationsfibel des Bundesministers für Wirtschaft, 1976, Tz. 3, 4). Aus diesem Grunde ist es auch unbedenklich, wenn sich die Anbieter verpflichten, keine weiteren Angebote für das Projekt abzugeben (vgl. oben Anm. 15 und § 8). Anders verhält es sich, wenn die Konsorten auf dem gleichen Gebiet tätig sind und sich aus Kapazitätsgründen zur gemeinsamen Erbringung der Gesamtleistung zusammenschließen. Ein derartiges Konsortium führt grundsätzlich zu einer horizontalen Beschränkung des Wettbewerbs zwischen den Konsorten und unterliegt bei Vorliegen der weiteren Voraussetzungen des § 1 GWB dem Kartellverbot. An einer Wettbewerbsbeschränkung fehlt es jedoch dann, wenn keiner der Beteiligten den Auftrag allein ausfüh-

ren oder ein ansprechendes Angebot abgeben könnte (vgl. *Langen/Bunte,* Rz. 308 bis 309, *Zimmer,* in: *Immenga/Mestmäcker,* GWB, 3. Auflage 2001, § 1 Rdnr. 369). Der Bundesgerichtshof hat aber klargestellt, daß die bloße Beteiligung auch von Großunternehmen, die zumindest objektiv allein zur Übernahme des Auftrags in der Lage seien, an einer Bieter- und Arbeitsgemeinschaft nicht schon für sich einen Verstoß gegen § 1 GWB darstellt. Sofern für das gemeinsame Angebot die wirtschaftliche Zweckmäßigkeit und die kaufmännische Vernunft sprechen, wird in einem solchen gemeinsamen Angebot auch kein – unzulässiges – konkludentes Wettbewerbsverbot gesehen (BGH, Urteil vom 13. 12. 1983 – KRB 3/83, BB 1984, 364f. – Bieter- und Arbeitsgemeinschaft m.w. N.). Dies wird damit begründet, daß die Zusammenarbeit auch in diesem Falle nicht zu einer Beschränkung, sondern im Gegenteil zu zusätzlichem Wettbewerb mit einem weiteren ernsthaften Wettbewerber führt (OLG Stuttgart, Urteil vom 15. 7. 1983 – 2 Kart 3/83, WuW/E OLG 3108, 3110 – Parkhaus m.w. N.; *Langen/Bunte,* Rz. 309; *Stockmann,* in: *Wiedemann,* Handbuch des Kartellrechts, 1999, § 8 Rdnr. 261). Stehen die Konsorten miteinander in Wettbewerb, so darf unabhängig davon, ob sie allein zur Übernahme des Auftrages in der Lage wären oder nicht, keine vertragliche Vereinbarung gemäß obenstehenden § 8 geschlossen werden.

Zusammenschlußtatbestände im Sinne des Fusionskontrollrechts werden von Anlagen-Konsortien regelmäßig nicht erfüllt (*Lionnet,* in: *Nicklisch,* Bau- und Anlagenverträge – Risiken, Haftung, Streitbeilegung, 1984, 127 m.w. N.).

(b) **EG-Kartellrecht.** Die Verwaltungspraxis der Kommission zur Auslegung des Art. 81 EGV im Hinblick auf Kooperationen ist in der sogenannten Kooperationsbekanntmachung (KoB – ABl. 1968 Nr. C 75/3, abgedruckt bei *Gleiss-Hirsch,* Kommentar zum EG-Kartellrecht, Band 1, 4. Aufl. 1993, S. 878ff.) sowie in der Bekanntmachung „Leitlinien zur Anwendbarkeit von Artikel 81 EG-Vertrag auf Vereinbarungen über horizontale Zusammenarbeit" (ABl. 2001 Nr. C 3/2) niedergelegt. Unbedenklich ist entsprechend der deutschen Regelung danach ein Konsortium zwischen Nicht-Wettbewerbern (Ziffer 24 der Leitlinien; *Gleiss-Hirsch,* Art. 85 (1) EWGV, Rdz. 474ff.) oder zwischen Wettbewerbern, die nicht allein in der Lage sind, den Auftrag auszuführen (Ziffer 24 der Leitlinien; *Emmerich,* in: *Immenga/Mestmäcker,* EG-Wettbewerbsrecht, 1997, S. 212). Kommissionspraxis gibt es zu dem zweiten Aspekt, wobei bisher ein sehr strenger Maßstab angelegt worden ist (kritisch m.w.N. *Gleiss-Hirsch,* Art. 85 (1) EWGV Rdz. 477ff.; *Stockmann,* in: *Wiedemann,* Handbuch des Kartellrechts, § 8 Rdnr. 259). Für wettbewerbsbeschränkend hält die Kommission die Verpflichtung von Wettbewerbern, bei bestimmten Geschäften nur im Rahmen eines Konsortiums tätig zu werden (Kooperationsbekanntmachung, Ziff. II.5); die Konsorten sind im vorliegenden Fall aber nicht Wettbewerber, sondern ihre Leistungsangebote ergänzen sich. Bedenken bestehen daher auch insoweit nicht.

VII. Internationale Bankgeschäfte

1. Irrevocable Documentary Credit* [1, 2, 4, 9, 10, 12–14]

(Unwiderrufliches Dokumentenakkreditiv)

Name of Issuing Bank:	Irrevocable DocumentaryCredit[1, 2, 4, 9, 10, 12, 13, 14]	Number
Place and Date of Issue:	Expiry Date and Place for Presentation of Documents[7]	
Applicant:[3]	Expiry Date:	
	Place for Presentation:	
	Beneficiary:	
Advising Bank: Reference. No	Amount:	
Partial shipments ☐ allowed ☐ not allowed	Credit available with Nominated Bank:[5, 8]	
	☐ by payment at sight[8a]	
Transhipment ☐ allowed ☐ not allowed	☐ by deferred payment at:[8b]	
	☐ by acceptance of drafts at:[8a]	
☐ Insurance covered by buyers[6b]	☐ by negotiation[8d]	
Shipment as defined in UCP 500 Article 46		
From:	Against the documents detailed herein:[6]	
For transportation to:	☐ and Beneficiary's draft(s) drawn on:	
Not later than:		

Advice for the Beneficiary

Documents to be presented within ☐ days after the date of shipment but within the validity of the Credit.

We hereby issue the Irrevocable Documentary Credit in your favour. It is subject to the Uniform Customs and Practice for Documentary Credits (1993 Revision, International Chamber of Commerce, Paris, France, Publication No. 500) and engages us in accordance with the terms thereof[11] the number and the date of the Credit and the name of our bank must be quoted on all drafts required. If the Credit is available by negotiation, each presentation must be noted on the reverse side of this advice by the bank where the Credit is available.

This document sonsists of ☐ signed page(s)   Name and signature of the Issuing Bank

© Copyright 1993, International Chamber of Commerce/Chambre de Commerce Internationale

---

* Dieses Dokument wurde mit freundlicher Genehmigung der International Chamber of Commerce entnommen aus ICC Publication N° 516, 1993.

VII. 1

*Übersetzung**

Unwiderrufliches Dokumentenakkreditiv Nr. . . . .

Name der eröffnenden Bank:

Ort und Datum der Eröffnung:

Auftraggeber:

Begünstigter:

Datum und Ort der Einreichung von Dokumenten:
Datum des Verfalls:
Ort der Einreichung:

Betrag:

Teilverladungen zulässig/nicht zulässig

Umladung zulässig/nicht zulässig

Versicherung gedeckt durch die Käufer

Verladung gemäß Definition in UCP 500, Art. 46
von:
zum Transport nach:
nicht später als:
Kredit benutzbar bei der benannten Bank
durch Sichtzahlung
durch hinausgeschobene Zahlung
durch Akzeptleistung
durch Negoziierung

gegen nachstehend genannte Dokumente
und Tratte(n) des Begünstigten per

Die Dokumente sind innerhalb von . . . . . . Tagen nach dem Ausstellungsdatum des Transportdokuments vorzulegen, jedoch innerhalb der Gültigkeitsdauer des Akkreditivs Wir haben das Dokumentenakkreditiv mit den oben angegebenen Einzelheiten zu Ihren Gunsten eröffnet. Es unterliegt den Einheitlichen Richtlinien und Gebräuchen für Dokumentenakkreditive (Revision 1993, Internationale Handelskammer Paris, Frankreich, Publikation Nr. 500) und verpflichtet uns in Übereinstimmung mit den hierin genannten Bedingungen. Die Nummer und das Eröffnungsdatum sowie der Name unserer Bank sind auf allen geforderten Tratten zu vermerken. Wenn die Benutzung durch Negoziierung erfolgt, muß jede Vorlage auf der Rückseite dieser Ankündigung von der Bank, bei der die Zahlung erfolgen soll, vermerkt werden.

Dieses Dokument besteht aus . . . . . . Seiten.

Name und Zeichnung der eröffnenden Bank

Schrifttum: Angersbach, Beiträge zum Institut des Dokumentenakkreditivs, Diss. Würzburg 1965; *Avancini,* Eine rechtliche Beurteilung der Dokumentenaufnahme im Akkreditivgeschäft, FS Kastner, 1992, S. 57ff.; *Avancini/Iro/Koziol,* Österreichisches Bankvertragsrecht, Bd. II, 1993, S. 357 ff. (Bearbeiter: *Avancini); von Bar,* Kollisionsrechtliche Aspekte der Vereinbarung und Inanspruchnahme von Dokumentenakkreditiven, ZHR 152 (1988), 38 ff.; *Berger,* Die Auslegung von Dokumentenakkreditiven durch

---

* Freie, von der ICC nicht autorisierte Übersetzung.

1. Irrevocable Documentary Credit (Unwiderrufliches Dokumentenakkreditiv) VII. 1

die deutsche Rechtsprechung, FS Schütze, 1999, S. 103 ff.; *Canaris,* Bankvertragsrecht, (aus Großkommentar zum HGB, 4. Aufl., 1988); *Eberth,* Erscheinungen im Recht und in der Praxis des Dokumentenakkreditivs in der Bundesrepublik Deutschland und in England, Rechtsfragen zum Dokumentenakkreditiv, 1976, 26 ff.; *ders.,* Die Revision von 1983 der Einheitlichen Richtlinien und Gebräuche für Dokumenten-Akkreditive, FS Neumayer, 1985, 199 ff.; *Fontane,* Höhere Gewalt im Dokumentenakkreditivgeschäft, 2001; *Graffe/Weichbrodt/Xueref,* Dokumentenakkreditive, 1993; *Hartmann,* Die Durchsetzbarkeit des Begünstigtenanspruchs im unwiderruflichen Dokumentenakkreditiv, Diss. Tübingen 1990; *Horn/von Marschall/Rosenberg/Paviçeviv,* Dokumentenakkreditive und Bankgarantien im internationalen Zahlungsverkehr, 1977; *Kaya,* Die Grenzen der Einwendungen der Bank gegen den Zahlungsanspruch des Begünstigten aus einem unwiderruflichen Akkreditiv, 2000 (zugleich Diss. Frankfurt/Main 1999); *Liesekke,* Das Dokumentenakkreditiv in der neuen Rechtsprechung des Bundesgerichtshofs, WPM 1960, 210 ff.; *ders.,* Die neuere Rechtsprechung, insbesondere des Bundesgerichtshofs, zum Dokumentenakkreditiv, WPM 1966, 458 ff.; *ders.,* Neuere Theorie und Praxis des Dokumentenakkreditivs, WPM 1976, 258 ff.; *Lücke,* Das Dokumentenakkreditiv in Deutschland, Frankreich und der Schweiz, Diss. Kiel 1976; *Nielsen,* in: Bankrecht und Bankpraxis, 1979, 5/250 ff.; *ders.,* Die Revision 1983 der „Ein-heitlichen Richtlinien und Gebräuche für Dokumenten-Akkreditive" (ERA), ZIP 1984, 230 ff.; *ders.,* Grundlagen des Akkreditiv-Geschäfts – Revision 1983, 1985; *ders.,* Die Revision der Einheitlichen Richtlinien und Gebräuche für Dokumenten-Akkreditive (ERA 500) zum 1. Januar 1994, WPM Beil. 2/1994; *ders.,* Neue Richtlinien für Dokumenten-Akkreditive, 2. Aufl., 2001; *ders.,* Grundlagen des Akkreditivgeschäfts, in: Schimansky/Bunte/Lwoski, Bankrechtshandbuch, Bd. III, 1997, § 120, S. 3412 ff.; *ders.,* Risiko- und Kostenverteilung bei aufgezwungenen Auslandsprozessen im Rahmen grenzüberschreitender Geschäftsbesorgung, FS Schütze, 1999, S. 593 ff.; *ders.,* Internationale Bankgarantie, Akkreditiv und anglo-amerikanisches Standby nach Inkrafttreten der ISP 98, WPM 1999, 2005 ff., 2049 ff.; *Petersen,* Die Haftung der bestätigenden Bank aus einem unwiderruflichen Dokumentenakkreditiv, WPM 1961, 1182 ff.; *Raith,* Das Recht des Dokumentenakkreditivs in den USA und in Deutschland, 1985; *Rückert,* Verpflichtungen der Banken aus unwiderruflichen Dokumenten-Akkreditiven, Diss. Mainz 1960; *Schärrer,* Die Rechtsstellung des Begünstigten im Dokumenten-Akkreditiv, 1980; *Schinnerer/Avancini,* Bankverträge, III. Teil, 3. Aufl., 1976; *Schütze,* Kollisionsrechtliche Probleme des Dokumentenakkreditivs, WPM 1982, 226 ff.; *ders.* Rechtsfragen der Avisierung von Dokumentenakkreditiven, DB 1987, 2189 ff.; *ders.,* Rechtsfragen zur Zahlstelle bei Akkreditivgeschäften, RIW/AWD 1988, 343 ff.; *ders.,* Das Dokumentenakkreditiv im internationalen Handelsverkehr, 5. Aufl., 1999; *Stapel,* Die einheitlichen Richtlinien und Gebräuche für Dokumentenakkreditive der Internationalen Handelskammer in der Fassung von 1993, 1998; *Stauder,* Die Übertragung des Dokumentenakkreditivs, AWD 1968, 46 ff.; *ders.,* Das Dokumentenakkreditiv mit hinausgeschobener Zahlung, Liber amicorum Adolf F. Schnitzer, 1979, S. 433 ff.; *Steindorff,* Das Akkreditiv im internationalen Privatrecht der Schuldverträge, FS von Caemmerer, 1978, 761 ff.; *Ulrich,* Rechtsprobleme des Dokumentenakkreditivs, 1989; *Wassermann,* Die Verwertung von Ansprüchen aus Dokumentenakkreditiven, 1981; *Wessely,* Die Unabhängigkeit der Akkreditivverpflichtung von Deckungsbeziehung und Kaufvertrag, 1975; *Graf von Westphalen,* Rechtsprobleme der Exportfinanzierung, 3. Aufl., 1987, 120 ff.; *ders.,* AGB-rechtliche Erwägungen zu den neuen Einheitlichen Richtlinien und Gebräuchen für Dokumenten-Akkreditive – Revision 1993, RIW/AWD 1994, 453 ff.; *Zahn/Eberding/Ehrlich,* Zahlung und Zahlungssicherung im Außenhandel, 6. Aufl., 1986; *Zahn,* Auswirkungen eines politischen Umsturzes auf schwebende Akkreditive und Bankgarantien, die zugunsten von staatlichen Stellen oder in deren Auftrag eröffnet sind, ZIP 1984, 1303 ff.; *ders.,* Anmerkungen zu einigen Kontroversen im Bereich der Akkreditive und Bankgarantien, FS Pleyer, 1986, 153 ff.

VII. 1   VII. Internationale Bankgeschäfte

Übersicht

	Seite
1. Sachverhalt	716
2. Wahl des Formulars	716
3. Akkreditivauftrag	716
4. Unwiderruflichkeit des Akkreditivs	716
5. Zahlungsverpflichtung der Akkreditivbank	717
6. Dokumente	717–718
7. Verfalldatum	718–719
8. Arten der Zahlung des Akkreditivbetrages	719–720
9. Übertragbarkeit des Akkreditivs	720–722
10. Höhere Gewalt	722
11. Vereinbarung der ERA	722–723
12. Anwendbares Recht	723–724
13. Rechtsverfolgung	724–726
14. Kosten	726

Anmerkungen

1. Sachverhalt. Aufgrund eines Auftrages der Firma A eröffnet eine Bank zugunsten der Firma B ein unwiderrufliches Dokumentenakkreditiv. Eine Bestätigung oder Avisierung ist nicht vorgesehen.

2. Wahl des Formulars. Im Akkreditivgeschäft werden überwiegend Standardformulare der Internationalen Handelskammer Paris verwendet (ICC-Publikation Nr. 516). Diese Formulare basieren auf den Einheitlichen Richtlinien und Gebräuchen für Dokumenten-Akkreditive, Revision 1993 (ICC-Publikation Nr. 500, zitiert. ERA 500), die von den Banken zahlreicher Staaten entweder kollektiv oder einzeln weltweit übernommen worden sind (vgl. zum Geltungsbereich Schütze, Das Dokumentenakkreditiv, Anh. IV). Da die Standardformulare der ICC die für die Rechtsverhältnisse der Beteiligten untereinander wesentlichen kollisionsrechtlichen Probleme im Hinblick auf das anwendbare Recht und die Rechtsverfolgung nicht regeln, finden sich zuweilen auch individuelle Ausgestaltungen des Akkreditivs (vgl. dazu Band 3, Form xxx). Die internationale Praxis geht aber eindeutig zur Benutzung der ICC-Formulare.

3. Akkreditivauftrag. Vgl. zur Regelung für die Rechtsverhältnisse zwischen Akkreditivbank und Akkreditivauftraggeber Band 3, Form xxx.

4. Unwiderruflichkeit des Akkreditivs. Akkreditive können entweder widerruflich oder unwiderruflich sein (Art. 6 ERA 500). Fehlt eine entsprechende Bestimmung im Akkreditiv, so ist es unwiderruflich (Art. 6 lit. c ERA 500). Die Bezeichnung im Akkreditivformular als irrevocable ist deshalb an sich überflüssig.
Ein widerrufliches Akkreditiv steht nach Art. 8 lit. a ERA 500 unter dem Vorbehalt der jederzeitigen Änderung oder Annullierung durch die Akkreditivbank. Dagegen sind Verpflichtungen aus einem unwiderruflichen Akkreditiv ohne Zustimmung aller Beteiligten (Akkreditivbank, Auftraggeber, Begünstigter, ggf. Zweitbank) weder abänderbar noch annullierbar (Art. 9 lit. d ERA 500). Nur ein unwiderrufliches Akkreditiv bietet dem Begünstigten die Sicherheit, Zahlung zu erlangen, die der Funktion des Akkreditivs im internationalen Handelsverkehr entspricht (Schütze, Das Dokumentenakkreditiv Rdnr. 56). Widerrufliche Akkreditive kommen in der Praxis des Exportgeschäftes nur sehr selten vor (*Graf von Westphalen*, Rechtsprobleme, S. 266).
Die Unwiderruflichkeit des Akkreditivs schließt die Berufung der Akkreditivbank auf das Vorliegen höherer Gewalt nicht aus (vgl. *Zahn/Eberding/Ehrlich*, S. 145). Die Unwiderruflichkeit bedeutet nur, daß durch rechtsgeschäftliche Erklärung eines Beteiligten nicht ohne Zustimmung der anderen auf die Verpflichtung eingewirkt werden kann, nicht jedoch, daß die Verpflichtung nicht durch allgemeine Grundsätze des Rechts in ihrem Bestand beeinflußbar ist (vgl. dazu Anm. 11).

5. Zahlungsverpflichtung der Akkreditivbank. Nach deutschem Recht übernimmt die Akkreditivbank gegenüber dem Begünstigten eine Verpflichtung i. S. von § 780 BGB (BGHZ 60, 262; OLG München WPM 1996, 2335; *Canaris* Rdnr. 984 m. w. N.; *Nielsen* 5/291; *Schütze,* Das Dokumentenakkreditiv Rdnr. 45 a; *Zahn/Eberding/Ehrlich,* S. 102 f.). Unerheblich ist dabei, ob man die Verpflichtung der Akkreditivbank aus einem einseitigen Rechtsgeschäft erklärt (so z. B. *Rückert* S. 39 f.) oder mit der herrschenden Lehre einen Vertragsabschluß fordert (vgl. *Canaris* Rdnr. 982 ff. m. w. N.), wobei die Annahme durch den Begünstigten mit einer konkludenten, nicht zugangsbedürftigen Willenserklärung i. S. von § 151 BGB ersetzt wird (*Schütze,* Das Dokumentenakkreditiv Rdnr. 253). Art. 9 lit. a ERA 500 spricht von einer „feststehenden Verpflichtung" (definite undertaking), ohne daß sich hieraus ein Unterschied in den Rechtsfolgen ergäbe.

6. Dokumente. Die Dokumente müssen im Akkreditiv genau bezeichnet sein. Nur so ist der Akkreditivbank die ordnungsgemäße Prüfung im Rahmen der Grundsätze der Dokumentenstrenge (vgl. dazu *Koller* WPM 1990, 293 ff.) möglich. Die Akkreditivbank ist dabei grundsätzlich auf eine formelle Prüfung der vorgelegten Dokumente beschränkt, und zwar im Hinblick auf Vollständigkeit der Dokumente, deren äußerliche Ordnungsgemäßheit und ihre Übereinstimmung nach Art und Inhalt (vgl. dazu *Schütze,* Das Dokumentenakkreditiv Rdnr. 372 ff.). Die ERA 500 haben die aufnahmefähigen Akkreditivdokumente neu definiert und insbesondere den Bereich der Transportdokumente den modernen Erfordernissen des Verkehrs angepaßt (vgl. dazu grundlegend *Nielsen* WPM Beil. 3/1993; *ders.,* Die Suche nach dem idealen Transportdokument für die Abwicklung von Außenhandelsgeschäften, FS Trinkner, 1995, S. 633 ff.). Dabei mag dahinstehen, ob die Neugestaltung der Art. 23–33 ERA 500 so notwendig und immer glücklich war (vgl. *Nielsen,* Neue Richtlinien, S. 139). Im einzelnen sind folgende Akkreditivdokumente zu unterscheiden:

a) **Transportdokumente.** Aufnahmefähige Transportdokumente sind: das **Seekonnossement** als wichtigstes Verladedokument im internationalen Handel, dem bei der akkreditivmäßigen Abwicklung von Außenhandelsgeschäften eine überragende Bedeutung zukommt (vgl. *Liesecke* WPM 1961, 194 ff.; *ders.* WPM 1964, 1282 ff.; *ders.* WPM 1976, 258 ff.; *Nielsen* WPM Beil. 3/1993; *ders* WPM Beil. 2/1994, 15 ff.); der **nicht begebbare Seefrachtbrief,** der in den ERA 500 erstmals eine Regelung gefunden hat (Art. 24 ERA 500); das **Charterpartiekonnossement** (Art. 25 ERA 500); das **multimodale Transportdokument,** das durch das UNCTAD-Übereinkommen über die internationale multimodale Güterbeförderung vom 24. 5. 1980 vereinheitlicht worden ist (vgl. dazu *Birnbaum,* Vereinheitlichungsbestrebungen auf dem Gebiet des Rechts des kombinierten Verkehrs, Diss. Osnabrück 1985; *Larsen/Dielmann,* Die „Multimodalkonvention" von 1980, VersR 1982, 417 ff.); das **Lufttransportdokument** (airway bill, Luftfrachtbrief) (Art. 27 lit. a ERA 500); die **Dokumente des Straßen-, Eisenbahn- und Binnenschiffahrtstransports** (Art. 28 ERA 500), zu denen insbesondere gehören: der CMR-Frachtbrief, der CIM-Frachtbrief, das Frachtbriefdoppel, der Flußladeschein, die Kurierempfangsbestätigung und der Posteinlieferungsschein sowie von Spediteuren ausgestellte Transportdokumente. Letztere sind dann, aber auch nur dann, aufnahmefähig, wenn der Spediteur Frachtführer oder Multimodal Transport Operator ist (Art. 30 (i) ERA 500), also eine eigene Transportverpflichtung übernimmt (vgl. *Nielsen* WPM Beil. 2/1994, 18 f.).

b) **Versicherungsdokumente.** Die Akkreditivbank oder die die Dokumente aufnehmende Stelle sind gehalten, Versicherungsdokumente in der im Akkreditiv beschriebenen Form ohne eigene Nachprüfungsbefugnis hinsichtlich deren Zweckmäßigkeit aufzunehmen. Eine Nachprüfung – wie in der englischen Rechtsprechung teilweise gefordert – auf die „Handelsüblichkeit" ist nach den ERA 500 nicht zulässig (vgl. *Schütze,* Das Dokumentenakkreditiv Rdnr. 210). Erfordernisse der Aufnahmefähigkeit von Versicherungsdokumenten sind:

- Das Versicherungsdokument muß von einer Versicherungsgesellschaft oder einem Versicherer (underwriter) oder deren „Agenten" ausgestellt und unterzeichnet sein.
- Es müssen alle Originale vorgelegt werden, wenn das Versicherungsdokument ausweist, daß mehr als ein Original ausgestellt worden ist.
- Die Deckungsbestätigung darf nicht von einem Makler stammen, soweit dies nicht im Akkreditiv ausdrücklich zugelassen ist.
- Versicherungszertifikate sind aufnahmefähig, wenn nicht ausdrücklich eine Versicherungspolice gefordert wird.
- Die Deckung muß spätestens bei Beginn des Transports (Verladung an Bord, Versendung oder Übernahme des Gutes) wirksam werden.
- Das Versicherungsdokument muß in derselben Währung ausgestellt sein wie das Akkreditiv.
- Das Versicherungsdokument muß eine Mindestdeckungssumme ausweisen, wenn das Akkreditiv keine ausdrückliche Regelung enthält.
- Die Versicherungsdokumente müssen in übertragbarer Form ausgestellt sein (vgl. Nielsen, Grundlagen, S. 133).
- Wenn Angaben über gedeckte Risiken im Akkreditiv fehlen, kann ein Versicherungsdokument so aufgenommen werden, wie es vorgelegt wird.

c) **Handelsrechnung.** Handelsrechnungen müssen vom Begünstigten ausgestellt sein und den Akkreditivauftraggeber als Adressaten ausweisen. Eine Unterzeichnung ist nicht erforderlich (Art. 37 lit. a ERA 500). Das Akkreditiv kann jedoch – dies ist die Regel – eine unterzeichnete Rechnung fordern, die dann in dieser Form angedient werden muß. Bei Handelsrechnungen ist besonderer Bedacht darauf zu legen, daß die Rechnung in ihrer Texterung genau den Akkreditivbedingungen entspricht. Hier gibt es in der Praxis die meisten Abweichungen, insbesondere, wenn Warenbeschreibung und Qualitätsangaben vermengt werden (vgl. dazu *Schütze*, Das Dokumentenakkreditiv Rdnr. 213 ff.).

d) **Andere Dokumente.** Neben den vorgenannten Dokumenten können in den Akkreditivbedingungen weitere Dokumente verlangt werden, von deren Vorlage die Inanspruchnahme des Akkreditivs abhängig gemacht wird. Hier ist besonders die Spediteurübernahmebescheinigung zu erwähnen, die als Transportdokument nach den ERA 500 nicht aufnahmefähig ist, sich aber häufig in Akkreditivbedingungen findet. Besonders oft werden im übrigen folgende Zertifikate und Bescheinigungen zu „anderen Dokumenten" im Sinne der ERA gemacht: Export- und Importlizenzen, Lagerscheine, Lieferscheine, Konsulatsfakturen, Ursprungszeugnisse, Qualitäts-, Gesundheits- und Analysenzertifikate, Abnahmebescheinigungen etc. Die „sonstigen Dokumente" müssen im Akkreditiv besonders als Bedingung aufgenommen werden; das wird in Art. 38 ERA 500 für die besondere oder unabhängige Gewichtsbescheinigung statuiert, gilt aber auch für alle anderen Dokumente.

Boykotterklärungen sind als Akkreditivdokumente zwar zulässig, dürfen aber von deutschen Unternehmen nach der 24. VO v. 1. 5. 93 zur Änderung der AussenwirtschaftsVO nicht abgegeben werden (vgl. dazu *Behr*, Deutsche Unternehmen und Irak Boykott, 1994; *Hesse* DZWir 1992, 480 ff.). Dieses Verbot bezieht sich jedoch nur auf Negativerklärungen, nicht jedoch Positivverklärungen (z. B. German Origin) (*Schütze*, Das Dokumentenakkreditiv Rdnr. 234 ff.).

7. **Verfalldatum.** Alle Akkreditive – gleichgültig ob widerruflich oder unwiderruflich – müssen nach Art. 42 lit. a ERA 500 ein Verfalldatum enthalten. Ohne Verfalldatum liegt kein abstraktes Schuldversprechen vor (vgl. *Canaris*, Rdnr. 990; *Zahn/Eberding/Ehrlich*, S. 67). Ein Akkreditiv ohne Verfalldatum stellt lediglich eine unverbindliche Ankündigung dar. Jedoch muß die Akkreditivbank den Begünstigten auf die Unverbindlichkeit hinweisen und kann bei Verletzung dieser Verpflichtung schadensersatzpflichtig wegen culpa in contrahendo werden (vgl. *Canaris*, Rdnr. 990; *Liesecke* WPM 1976, 258 ff./262; *Schütze*, Das Dokumentenakkreditiv Rdnr. 129; a. A. *Zahn/Eberding/Ehr-*

1. Irrevocable Documentary Credit (Unwiderrufliches Dokumentenakkreditiv) **VII. 1**

lich, S. 67, die eine rechtliche Verpflichtung der Akkreditivbank verneinen, den Hinweis aber für zweckmäßig halten, wohingegen *Avancini/Iro/Koziol*, Österreichisches Bankvertragsrecht II, 1993, Rdnr. 4/49, eine Hinweispflicht der Akkreditivbank uneingeschränkt bejahen, „wenn nach dem Auftragsinhalt kein wirksames Akkreditiv eröffnet werden könnte".).

Einzelheiten der Fristbestimmung sind in Artt. 43 ff. ERA 500 geregelt. Es besteht kein internationaler Handelsbrauch für die maximale Laufzeit eines unwiderruflichen Akkreditivs (vgl. *Zahn/Eberding/Ehrlich* S. 67). Die Beteiligten sind deshalb in der Wahl des Verfalldatums frei. *Zahn/Eberding/Ehrlich* (S. 67) empfehlen eine Gültigkeitsdauer von nicht mehr als 6 Monaten. Dies stößt aber bei Anlagegeschäften häufig auf Schwierigkeiten, da die Abwicklung erheblich länger dauern kann. Nach Ablauf des Verfalldatums erlischt die Verpflichtung der Akkreditivbank zur Zahlung gegenüber dem Begünstigten. Die Zahlungspflicht ist (aufschiebend) bedingt durch die Vorlage der Dokumente durch den Begünstigten vor Verfall (vgl. BGH WPM 1960, 38; *Canaris*, Rdnr. 990). Die Akkreditivbank ist nach Verfall dem Begünstigten gegenüber nicht mehr verpflichtet, andererseits auch dem Auftraggeber gegenüber nicht mehr berechtigt, zu seinen Lasten Zahlung zu leisten. Leistet die Akkreditivbank dennoch – etwa, weil sie sich nach Treu und Glauben hierzu verpflichtet hält – so kann der Akkreditivauftraggeber die Zahlung an den Begünstigten nicht durch eine einstweilige Verfügung gegen die Akkreditivbank untersagen lassen (vgl. OLG Düsseldorf WPM 1978, 359), da die Akkreditivbank in diesem Fall auf eigenes Risiko zahlt.

Unabhängig von der in Art. 42 ERA 500 getroffenen Regelung über das Verfalldatum soll im Akkreditiv außerdem auch eine bestimmte Frist vom Ausstellungsdatum der Transportdokumente festgesetzt werden, innerhalb derer die Dokumente zur Zahlung, Akzeptleistung oder Negoziierung vorgelegt werden müssen (Art. 43 lit. a ERA 500). Ist eine derartige Fristsetzung im Akkreditiv nicht erfolgt, werden Dokumente, die der Bank später als 21 Tage nach Ausstellung der Transportdokumente präsentiert worden sind, zurückgewiesen (Art. 43 lit. a ERA 500).

8. Arten der Zahlung des Akkreditivbetrages. Akkreditive können auf dreierlei Weise benutzbar sein: Zahlung (in der Form der Sichtzahlung oder hinausgeschobenen Zahlung), Akzeptleistung oder Negoziierung. Die Benutzbarkeit muß im Akkreditiv geregelt sein. Das Formular sieht für alle Modalitäten eine entsprechende Bestimmung vor, was bei der Benutzung des Formulars besondere Sorgfalt erfordert.

a) **Benutzbarkeit zur Sichtzahlung.** Die Benutzbarkeit zur Sichtzahlung (Art. 10 lit. a ERA 500) ist die häufigste Form der Akkreditivausgestaltung. Bei ihr geht die Zahlungsverpflichtung der Akkreditivbank auf Leistung in der bedungenen Währung. Jedoch ist, soweit das Akkreditiv im Inland zahlbar ist, § 244 BGB anwendbar. Mangels ausdrücklicher Vereinbarung ist die Akkreditivbank bei einer Fremdwährungsverpflichtung berechtigt, in DM oder Euro zu zahlen. Eine echte Valutaschuld ist nur in Ausnahmefällen anzunehmen. Bei Zahlbarkeit der Akkreditivsumme im Ausland ist § 244 Abs. 1 BGB unanwendbar. Die Umrechnungsbefugnis der Akkreditivbank gibt regelmäßig die Möglichkeit, mit Ansprüchen gegen den Begünstigten in DM oder Euro aufzurechnen (vgl. dazu *Birk* AWD 1969, 12 ff.), wobei die Aufrechnung jedoch auf liquide Gegenansprüche beschränkt ist (vgl. *Schütze*, Das Dokumentenakkreditiv Rdnr. 426). Die Benutzbarkeit zur Zahlung kann auch in der Form erfolgen, daß gegen eine Tratte gezahlt werden soll (Art. 10 lit. b (ii) ERA 500), wofür das Formular ebenfalls Vorsorge trifft. Diese Form des Stand-by Letter of Credit (vgl. dazu *Eberth* ZVglRWiss. 80 (1981), 29 ff.) ist in der amerikanischen Praxis üblich. Diese Akkreditive haben jedoch häufig Garantiefunktion und sind aus den Beschränkungen amerikanischer Banken bei der Erstellung von Garantien geboren (vgl. *Raith*, Das Recht des Dokumentenakkreditivs in den USA und in Deutschland, 1985). Der Stand-by Letter of Credit ist für den Begünstigten nicht unproblematisch. Zwar hat die Tratte in diesen Fällen nur Quittungsfunktion (*Eberth* ZVglRWiss. 80 (1981), 29 ff.), aber immerhin trifft den Begünstigten eine wechselmäßige Haftung. Der Stand-by Letter of Credit ist in den ERA ausdrücklich als diesen unterfallend gekennzeichnet (Art. 2 ERA) und hat sich auch in der deutschen Praxis eingebürgert. So beschäftigt sich das Urteil des BGH (WPM 1994, 1063 m. Anm. *Schütze*, WuB I H 2.–2.94) mit einem Stand-by Letter of Credit.

b) **Benutzbarkeit zu hinausgeschobener Zahlung.** Die Zahlung kann hinausgeschoben sein (deferred payment credit/crédit à paiement différé) (vgl. dazu *Schütze*, Das Dokumentenakkreditiv Rdnr. 60 ff.; *Schönle*, Rechtsprobleme des Dokumentenakkreditivs mit hinausgeschobener Zahlung, Öster. Bankarch. 36 (1988), 311 ff.; *Stauder*, Das Dokumentenakkreditiv mit hinausgeschobener Zahlung, FS Schnitzer, 1979, S. 433 ff.; *Zahn/Eberding/Ehrlich*, S. 86 ff.). Diese Akkreditivform ist dadurch gekennzeichnet, daß die Zahlung erst zu einem nach Einreichung der Dokumente liegenden, in den Akkreditivbedingungen näher zu beschreibenden Zeitpunkt fällig wird, z.B. 90 Tage nach Vorlage der Dokumente.

Das Akkreditiv mit hinausgeschobener Zahlung ist in erster Linie geschaffen worden, um den Wünschen und Möglichkeiten der Importeure in den Entwicklungsländern Rechnung zu tragen. Diese Akkreditivmodalität ist problematisch. Es besteht die Gefahr, daß der Akkreditivauftraggeber – einmal in dem Besitz der Ware gelangt – versucht, die Auszahlung der Akkreditivsumme unter Berufung auf einen Rechtsmißbrauch zu verhindern (vgl. *Zahn/Eberding/Ehrlich*, S. 88 f.). Erhebliche Probleme ergeben sich auch im Hinblick auf die Pfändung des Auszahlungsanspruchs aus dem Akkreditiv, wenn der Akkreditivbegünstigte diesen zwischenzeitlich, d.h. nach Einreichung der Dokumente, aber vor Zahlung abgetreten hat (vgl. dazu *Plagemann* RIW/AWD 1987, 27 ff.) oder die Bank vorfristig geleistet hat (Bevorschussung). Die Diskussion ist jetzt zu einem gewissen Abschluß gekommen. Der BGH (WPM 1987, 977 = EWiR § 365 HGB 1/87, 1005 (*Schütze*) mit Besprechung *Plagemann* RIW/AWD 1987, 27 ff.) hat zu Recht entschieden, daß eine vor Fälligkeit erfolgte Leistung der Zahlstelle an den Begünstigten keine Erfüllung des Anspruchs aus dem Akkreditiv ist, vielmehr einen Finanzkredit (Vorschuß) der Zahlstelle an den Begünstigten darstellt (vgl. auch *Schütze*, Das Dokumentenakkreditiv Rdnr. 64 f.).

c) **Benutzbarkeit zu vorzeitiger Zahlung.** Bei Akkreditiven mit einer „red clause" werden dem Begünstigten schon vor Einreichung der Dokumente bestimmte Beträge als Vorschüsse zur Verfügung gestellt, die es ihm ermöglichen sollen, die zu liefernde Ware beim Produzenten einzukaufen und die anfallenden Transportkosten zu bezahlen.

d) **Benutzbarkeit auf andere Weise.** Art. 10 lit. b ERA 500 sieht die Benutzbarkeit durch Akzeptleistung oder Negoziierung vor. Dabei übernimmt die Akkreditivbank die Verantwortung für die Einlösung der Tratten bei Fälligkeit, nicht nur die Verpflichtung zur Einholung eines Wechselakzepts. Es ist aber unerheblich, ob die Tratte auf die Akkreditivbank, den Akkreditivauftraggeber oder andere im Akkreditiv Genannte gezogen ist.

9. Übertragbarkeit des Akkreditivs. Art. 48 ERA 500 läßt die Übertragung des Dokumentenakkreditivs zu (vgl. dazu insbesondere *Wassermann*, Die Verwertung von Ansprüchen aus Dokumentenakkreditiven, 1981; *Hahn*, Die Übertragung von Dokumentenakkreditiven, Diss. Freiburg 1968; *Wiele*, Die Übertragung eines Akkreditivs, ZKW 1953, 666 ff.).

a) **Abgrenzungsfragen.** Die Übertragung des Akkreditivs ist abzugrenzen von der Abtretung von Ansprüchen aus dem Akkreditiv, die in Art. 49 ERA 500 geregelt ist. Während bei der Übertragung des Akkreditivs der Begünstigte ausgewechselt wird, also ein Beteiligter aus dem Akkreditivverhältnis ausscheidet und ein neuer an seine Stelle tritt, handelt es sich bei der Abtretung von Ansprüchen aus dem Akkreditiv um eine gewöhnliche Zession der Forderung des Begünstigten auf Auszahlung der Akkreditivsumme. Die Übertragung des Akkreditivs bedarf der Zustimmung der Beteiligten, d.h. der Vereinbarung in den Akkreditivbedingungen. Die Abtretung des Zahlungsanspruchs bedarf dieser Zustimmung nicht. Sie ist auch zulässig, wenn das Akkreditiv selbst nicht übertragbar ist (Art. 49 ERA 500). Voraussetzung ist, daß das auf den Zahlungsanspruch anwendbare Recht eine Abtretung zuläßt. Der früher bestehende Streit über die Abtretbarkeit des Zahlungsanspruchs aus dem Akkreditiv bei nicht übertragbaren Akkreditiven (vgl. dazu BGH WPM 1959, 970) ist nunmehr durch die ausdrückliche Regelung in den ERA 500 beseitigt.

Abzugrenzen ist die Übertragung des Akkreditivs auch von der Eröffnung eines Gegenakkreditivs (back-to-back credit). Während bei der Übertragung des Akkreditivs der Erstbegünstigte grundsätzlich – wenngleich nicht vollständig – aus dem Akkreditivverhältnis ausscheidet, behält er bei der Verwendung des Gegenakkreditivs seine Position als Akkreditierter des zu seinen Gunsten eröffneten Hauptakkreditivs (vgl. *Baumbach/Hopt*, HGB, 30. Aufl., 2000, Bankgesch. (7), Rdnr. K/24; *Canaris*, Rdnr. 1043; *Nielsen*, Bankrecht und Bankpraxis, 5/391). Es liegen hier in rechtlicher Hinsicht zwei voneinander unabhängige Akkreditive vor, die jedoch in einer engen finanziellen Verbindung zueinander stehen und insoweit eine wirtschaftliche Einheit verkörpern.

b) **Erfordernisse der Übertragbarkeit.** Das Akkreditiv kann bereits in den Akkreditivbedingungen als übertragbar bezeichnet werden, was in dem vorliegenden Formular nicht vorgesehen ist. Die mangelnde Zustimmung des Akkreditivauftraggebers beseitigt die Übertragbarkeit nicht, macht die Akkreditivbank nur schadensersatzpflichtig – ebenso wie bei anderen Abweichungen von Weisungen (vgl. *Canaris*, Rdnr. 1034). Ein nicht übertragbares Akkreditiv kann auch später in ein übertragbares geändert werden. Eine solche Änderung bedarf der Zustimmung aller Beteiligten (Akkreditivbank, Zweitbank, Auftraggeber, Begünstigter), wobei die Zustimmung des Begünstigten als stillschweigend erteilt angesehen werden kann, da er nur Vorteile aus der Übertragbarkeit des Akkreditivs hat.

c) **Übertragung des Akkreditivs.** Die Übertragung erfolgt nach dem auf das Rechtsverhältnis zwischen Akkreditivbank und Begünstigtem anwendbaren Recht. Die ERA 500 schweigen hierzu.

Über die Rechtsnatur der Übertragung besteht Streit (vgl. dazu *Schütze*, Das Dokumentenakkreditiv Rdnr. 342 ff.; *Wassermann*, Die Verwertung von Ansprüchen aus Dokumentenakkreditiven, 1981, S. 46 ff.; *Hahn*, Die Übertragung von Dokumentenakkreditiven, Diss. Freiburg 1968). Lösungen werden vielfach angeboten. Ein Teil des Schrifttums sieht in der Übertragung des Akkreditivs eine Abtretung der durch Vorlage ordnungsgemäßer Dokumente bedingten Forderung des Begünstigten gegen die Akkreditivbank an einen Dritten, die wie die Abtretung von Forderungen allgemein nach §§ 398 ff. BGB zu erfolgen habe (vgl. *Hahn*, Die Übertragung von Dokumentenakkreditiven, aaO., S. 70 ff. mwN.). Die Einordnung als Forderungsabtretung ist mit ihrer Ausgestaltung in Art. 48 ERA 500 jedoch nicht vereinbar. Das gilt insbesondere für das Erfordernis der Zustimmung durch die Bank. Würde man eine Forderungsabtretung annehmen, so bedürfte es nicht einer Mitwirkungshandlung der Bank als der Schuldnerin (vgl. *Schütze*, Das Dokumentenakkreditiv Rdnr. 342). In wirtschaftlicher Hinsicht entspricht die Übertragung des Akkreditivs einer neuen Akkreditiveröffnung im Auftrag des Erstbegünstigten zugunsten des Zweitbegünstigten – regelmäßig also des Vorlieferanten. Diese bringt rechtlich ein neues Schuldverhältnis mit einem Dritten zum Entstehen (vgl. *Lombardini*, Droit et pratique du crédit documentaire, 1994, S. 186; *Schütze*, Das Dokumentenakkreditiv Rdnr. 343). Deshalb wird die Übertragungserklärung der Bank gegenüber dem Zweitbegünstigten heute überwiegend als abstraktes Schuldversprechen i.S. von § 780 BGB angesehen (vgl. BGH WPM 1996, 995; *Baumbach/Hopt*, aaO., Rdnr. K/23; *Canaris*, Rdnr. 1036; *Raith*, Das Recht des Dokumentenakkreditivs in den USA und in Deutschland, 1985, S. 185; *Zahn/Eberding/Ehrlich*, S. 132), durch das der Zweitbegünstigte einen selbständigen Zahlungsanspruch gegen die aus dem Akkreditiv verpflichtete Bank, also die eröffnende und ggf. auch die bestätigende Bank erwirbt. Einwendungen der Bank aus dem Verhältnis zwischen ihr und dem Erstbegünstigten können dem Zweitbegünstigten nicht entgegengehalten werden (vgl. *Baumbach/ Hopt*, aaO., Rdnr. K/23; *Canaris*, Rdnr. 1036; *Ulrich*, Rechtsprobleme des Dokumentenakkreditivs, 1989, S. 203). Der Erstbegünstigte scheidet aufgrund der Übertragung jedoch nicht völlig aus dem Akkreditiv aus. Er bleibt forderungsberechtigt hinsichtlich des Unterschiedsbetrages aufgrund des Rechtstauschs nach Art. 48 lit. i ERA 500. Überdies steht das Erlöschen seines Anspruchs aus dem Akkreditiv unter der auflösenden Bedingung der nicht rechtzeitigen Inanspruchnahme des Akkreditivs durch den Zweitbegünstigten.

10. Höhere Gewalt. Die ERA 500 regeln Voraussetzungen und Rechtsfolgen der höheren Gewalt in Art. 17 nur unvollkommen im Hinblick auf die Verpflichtungen der beteiligten Banken. Im Formular findet sich keine Regelung. Die Frage ist über Art. 17 ERA hinaus dem anwendbaren Recht überlassen (vgl. im einzelnen *Fontane*, Höhere Gewalt im Dokumentenakkreditivgeschäft, 2001).

a) **Unwiderruflichkeit und höhere Gewalt.** Die Unwiderruflichkeit des Akkreditivs schließt die Berufung auf höhere Gewalt nicht aus. Dies ist ein Ausfluß des Grundsatzes „ultra posse nemo obligatur" und deshalb jeder Verpflichtung immanent.

b) **Voraussetzungen höherer Gewalt.** Die höhere Gewaltklausel ist zwar allen zivilisierten Rechten bekannt, Umfang und Voraussetzungen wechseln aber. Unter den Begriff der höheren Gewalt fallen nach Art. 17 ERA 500 Unruhen, Aufruhr, Aufstand, Kriege und irgendwelche „andere Ursachen, die außerhalb ihrer (der Banken) Kontrolle liegen" sowie Streiks und Aussperrungen. Die Aufzählung ist nur beispielhaft, nicht abschließend. Im Akkreditivgeschäft ist besonders die Frage behördlicher Genehmigungen und von Embargobestimmungen bedeutsam. So hatte die nigerianische Regierung im Zusammenhang mit den Kapazitätsproblemen des Hafens in Lagos in den 70er Jahren der Central Bank of Nigeria, die zahlreiche Akkreditive für Zementlieferungen eröffnet hatte, untersagt, diese zu honorieren, solange die Verschiffung nicht von den Hafenbehörden genehmigt war. Hieraus entwickelten sich zahlreiche Rechtsstreitigkeiten (vgl. z.B. LG Frankfurt/Main AG 1976, 47 m. Anm. *Mertens; Gramlich*, Staatliche Immunität für Zentralbanken?, RabelsZ 45 (1981), S. 545 ff.).

c) **Rechtsfolgen.** Höhere Gewalt entbindet nicht von den Verpflichtungen. Deren Erfüllung wird lediglich für die Dauer der höheren Gewalt gehemmt, mit der Folge, daß keine Fälligkeit und damit kein Verzug eintritt. Keinen Einfluß hat der Eintritt höherer Gewalt auf das Verfalldatum eines Akkreditivs. Es gilt dasselbe wie für die befristete Bankgarantie. Auch hier geht die h.L. davon aus, daß höhere Gewalt keine Verlängerung der Frist für die Inanspruchnahme bringt (vgl. LG Stuttgart WPM 1978, 1056; OLG Stuttgart RIW/AWD 1980, 729). Die Fristverlängerung würde zu einer unerträglichen Unsicherheit für die Beteiligten führen. Art. 17 ERA 500 bestimmt für die am Akkreditivgeschäft beteiligten Banken, daß diese „keine Haftung und Verantwortung für die Folgen der Unterbrechung ihrer Geschäftstätigkeit" durch höhere Gewalt übernehmen – eine wahrhaft sybillinische Formulierung.

d) **Ausschluss der Berufung auf höhere Gewalt.** Muss sich ein Akkreditivbeteiligter den Fall höherer Gewalt zurechnen lassen – z.B. der Staat, der ein Embargo erlässt oder zu dem Erlass Anlass gibt – so kann er sich hierauf nicht berufen (vgl. *Schütze*, Das Dokumentenakkreditiv Rdnr. 456). Dasselbe gilt für Staatsunternehmen und Staatsbanken.

11. Vereinbarung der ERA. Das Akkreditivgeschäft wird von den deutschen Banken auf der Grundlage der ERA abgewickelt. Die Revision 1993 (ERA 500) ist in der Bundesrepublik Deutschland kollektiv angenommen worden (vgl. zum Geltungsbereich *Schütze*, Das Dokumentenakkreditiv, Anh. IV). Der offizielle englische Text findet sich in der ICC-Publikation Nr. 500. Die Rechtsnatur der ERA ist streitig. Das Spektrum der Meinungen reicht vom Gewohnheitsrecht bis zu allgemeinen Geschäftsbedingungen (vgl. dazu *Angersbach*, S. 15 f.; *Canaris*, Rdnr. 925 ff.; *Schönle* NJW 1968, 726 ff.; *Schütze*,

1. Irrevocable Documentary Credit (Unwiderrufliches Dokumentenakkreditiv)   VII. 1

Das Dokumentenakkreditiv Rdnr. 10 ff.; *Graf von Westphalen* RIW/AWD 1994, 453 ff.; *Zahn/Eberding/Ehrlich*, S. 10 ff.). Die Rechtsprechung des Bundesgerichtshofs ist nicht eindeutig (vgl. BGH WPM 1958, 456/459; BGH WPM 1960, 38/41).

Zur Vermeidung von Rechtsunsicherheit schreibt Art. 1 ERA 500 vor, daß das Regelwerk auf alle Dokumentenakkreditive anwendbar ist, in deren Text es einbezogen ist. Entsprechend sieht das Formular ausdrücklich die Einbeziehung vor.

Die Vereinbarung der ERA 500 darf nicht darüber hinwegtäuschen, daß sie keine erschöpfende Regelung enthalten. Die ERA 500 regeln im einzelnen:
– Allgemeine Regeln und Begriffsbestimmungen (Artt. 1–5) in denen sich u. a. eine Definition des Dokumentenakkreditivs in Art. 2 befindet.

> **Artikel 2. Wesen des Akkreditivs**
>
> Im Sinne dieser Richtlinien bedeuten die Ausdrücke „Dokumenten-Akkreditiv(e)" und „Standby Letter(s) of Credit" (im folgenden „Akkreditiv(e)" genannt) jede wie auch immer benannte oder bezeichnete Vereinbarung, wonach eine im Auftrag und nach den Weisungen eines Kunden („Auftraggeber") oder im eigenen Interesse handelnde Bank („eröffnende Bank") gegen vorgeschriebene Dokumente
>   i. eine Zahlung an einen Dritten („Begünstigter") oder dessen Order zu leisten oder vom Begünstigten gezogene Wechsel (Tratten) zu akzeptieren und zu bezahlen hat
>   oder
>   ii. eine andere Bank zur Ausführung einer solchen Zahlung oder zur Akzeptierung und Bezahlung derartiger Wechsel (Tratten) ermächtigt
>   oder
>   iii. eine andere Bank zur Negoziierung ermächtigt,
> sofern die Akkreditiv-Bedingungen erfüllt sind.
> Im Sinne dieser Richtlinien gelten Filialen einer Bank in unterschiedlichen Ländern als andere Bank.

– Form und Anzeige von Akkreditiven (Artt. 7–12)
– Haftung und Verantwortlichkeit (Artt. 13–19)
– Dokumente (Artt. 20–38)
– Verschiedene Regeln (Artt. 39–47)
– Übertragung des Akkreditivs (Art. 48)
– Abtretung von Akkreditiverlösen (Art. 49)

Nicht geregelt sind materiell-rechtliche Fragen wie die der Verjährung von Akkreditivansprüchen, Willensmängel bei der Bestellung des Akkreditivs, Rechtsfolgen der Nichterfüllung oder sonstige Vertragsverletzungen, die dem anwendbaren Recht überlassen bleiben (vgl. *Schütze* WPM 1982, 226).

12. Anwendbares Recht. Die ERA 500 regeln das anwendbare Recht nicht. Das Formular enthält auch keine – an sich zulässige – Rechtswahlklausel. Dies ist bedauerlich, da viele in den ERA nicht geregelte Fragen von großer praktischer Bedeutung sind (vgl. dazu *Schütze* WPM 1982, 226 ff.).

(1) Mangels ausdrücklicher Rechtswahl ist auf den hypothetischen Parteiwillen abzustellen (Art. 28 EGBGB). Hier ist hinsichtlich der einzelnen Rechtsverhältnisse zu unterscheiden (vgl. dazu *Schütze*, Das Dokumentenakkreditiv, Rdnr. 458 ff.):

a) **Akkreditivbank/Akkreditivauftraggeber.** Akkreditivbank und -auftraggeber haben ihren Sitz regelmäßig im gleichen Staat. Hier liegt es nahe, einen reinen Inlandsfall anzunehmen, der eine Rechtswahl mit kollisionsrechtlicher Wirkung nach Art. 27 Abs. 3 EGBGB ausschließt. Es kommt das gemeinsame Sitzrecht der Vertragspartner zur Anwendung (vgl. *Lücke,* Das Dokumentenakkreditiv in Deutschland, Frankreich und der Schweiz, Diss. Kiel 1976, S. 270 f.; *NF.* Kiel 1976, S. 270 f.; *Nielsen*, Grundlagen, S. 34; *Zahn/Eberding/Ehrlich*, S. 26).

b) **Akkreditivbank/Begünstigter.** Wird keine Zweitbank – sei es als avisierende oder bestätigende Bank, sei es als Zahlstelle – eingeschaltet, so wird allgemein das Sitzrecht der Akkreditivbank angewendet (vgl. BGH WPM 1955, 765; OLG Frankfurt/Main,

WPM 1992, 569 m. Anm. *Schütze,* EWiR § 780 BGB 2/92, 339; OLG Karlsruhe RIW 1997, 781; *von Bar* ZHR 152 (1988), 38 ff.; *Berger* DZWiR 1997, 426 ff.; *von Caemmerer* JZ 1959, 362 ff.; *Kaeser* RabelsZ 21 (1956), 73 ff.; *Nielsen,* Grundlagen, S. 35; *Schefold* IPRax 1990, 20 ff.; *Schütze* WPM 1982, 226 ff.; *ders.,* Das Dokumentenakkreditiv Rdnr. 448; *Graf von Westphalen,* Rechtsprobleme, S. 300; *Zahn/Eberding/Ehrlich,* S. 26). Über Einzelheiten, insbesondere die Begründung, herrscht Streit (vgl. dazu *Schütze,* Das Dokumentenakkreditiv Rdnr. 464 f.).

Bei Einschaltung einer Zweitbank wird teilweise nach der Funktion der Zweitbank differenziert. Wird die Zweitbank als Zahlstelle tätig, so wollen OLG Frankfurt (RIW/AWD 1988, 133 m. abl. Anm. *Schütze* EWiR zu § 365 HGB 1/88, 88), OLG Köln (WPM 1994, 1877), *Liesecke* (WPM 1966, 459 ff.), *Steindorff* (FS von Caemmerer, 1978, S. 761 ff.) und *Zahn/Eberding/Ehrlich* (S. 26 f.) das Recht der Zweitbank anwenden. Diese Autoren sprechen sich teilweise auch in diesem Sinne bei der Bestätigung eines Akkreditivs aus. *Von Caemmerer* (JZ 1959, 362 ff.) will das Recht am Sitz der Akkreditivbank anwenden, wenn die Zweitbank nur avisiert, dagegen das Recht der bestätigenden Bank, wenn das Akkreditiv bestätigt wird (wobei nicht ganz klar ist, ob dies auch im Verhältnis Akkreditivbank/Begünstigter gelten soll) (ebenso *von Bar,* ZHR 152 (1988), 38 ff.). Das Spektrum der Meinungen ist groß.

Die Einschaltung einer Zweitbank, in welcher Funktion auch immer, hat aber keinen Einfluß auf das Rechtsverhältnis der Akkreditivbank zum Begünstigten. Dieses unterliegt allein dem Recht der Akkreditivbank (vgl. *Kegel,* GS Schmidt, S. 240; *Schütze,* Das Dokumentenakkreditiv Rdnr. 471; *ders.* WPM 1982, 226).

c) **Zweitbank/Begünstigter.** Das Verhältnis Zweitbank/Begünstigter bestimmt sich nach dem Sitz der Zweitbank (vgl. *von Bar,* ZHR 152 (1988), 38 ff.; *Canaris* Rdnr. 985; *Schütze,* Das Dokumentenakkreditiv Rdnr. 476; *ders.* WPM 1982, 226 ff.). Regelmäßig wird die Zweitbank im Lande des Begünstigten ihren Sitz haben, so daß es sich um einen Inlandsfall handelt.

d) **Akkreditivbank/Zweitbank.** Das Verhältnis zwischen der eröffnenden und der bestätigenden, avisierenden oder als Zahlstelle fungierenden Bank ist als entgeltlicher Geschäftsbesorgungsvertrag zu qualifizieren. Es gilt das Recht der Zweitbank (vgl. *Eberth* RIW/AWD 1977, 522 ff.; *Kegel,* GS Schmidt, S. 240; *Lücke,* aaO., S. 270; *Schütze,* Das Dokumentenakkreditiv Rdnr. 478 f.; *ders.* WPM 1982).

(2) Eine ausdrückliche Rechtswahl kann sich allerdings dann ergeben, wenn zwischen den Beteiligten die AGB Banken vereinbart sind. Diese enthalten in Nr. 6 Abs. 1 eine Rechtswahlklausel, die einer Inhaltsprüfung nach dem AGBG standhält (vgl. *Grössmann/Wagner-Wieduwilt/Weber,* Allgemeine Geschäftsbedingungen der Banken, 1993, 1/175; *Schütze,* Praktizierte Lieferbedingungen im internationalen Geschäftsverkehr, DZWir 1992, 89/92).

(3) Die grundsätzliche Anwendbarkeit deutschen Rechts schließt die Anwendung ausländischen Rechts nicht aus, soweit dieses durch internationale Übereinkommen geboten ist. Im Bereich des Akkreditivrechts ist das Abkommen von Bretton Woods zu beachten. Unter den Begriff des exchange contract fallen alle Verträge, die Devisengeschäfte zum Inhalt haben. Dazu gehören auch Akkreditive.

13. Rechtsverfolgung (1) **Gerichtsstand.** Die ERA 500 regeln die Zuständigkeit nicht. Das Formular enthält auch keine Gerichtsstandsklausel. Eine Zuständigkeitsvereinbarung kommt nur insoweit in Betracht, als zwischen den Beteiligten die AGB Banken vereinbart sind, die in Nr. 6 Abs. 2 und 3 eine Gerichtsstandsregelung enthalten. Die Bestimmungen lauten:

(2) Gerichtsstand für Inlandskunden
 Ist der Kunde ein Kaufmann, der nicht zu den Minderkaufleuten gehört, und ist die streitige Geschäftsbeziehung dem Betriebe seines Handelsgewerbes zuzurechnen, so kann die Bank diesen Kunden an dem für die kontoführende Stelle zuständigen Gericht oder bei einem anderen

1. Irrevocable Documentary Credit (Unwiderrufliches Dokumentenakkreditiv)

zuständigen Gericht verklagen; dasselbe gilt für eine juristische Person des öffentlichen Rechts und für öffentlich-rechtliche Sondervermögen. Die Bank selbst kann von diesen Kunden nur an dem für die kontoführende Stelle zuständigen Gericht verklagt werden.

(3) Gerichtsstand für Auslandskunden
Die Gerichtsstandsvereinbarung gilt auch für Kunden, die im Ausland eine vergleichbare gewerbliche Tätigkeit ausüben, sowie für ausländische Institutionen, die mit inländischen juristischen Personen des öffentlichen Rechts oder mit einem inländischen öffentlich-rechtlichen Sondervermögen vergleichbar sind.

(2) **Einstweiliger Rechtsschutz. a) Rechtsmißbräuchliche Inanspruchnahme des Akkreditivs.** Die Zahlungsverpflichtung der Akkreditivbank findet ihre Grenze dort, wo die Inanspruchnahme des Akkreditivs rechtsmißbräuchlich ist. Der Rechtsmißbrauch entbindet die Akkreditivbank von ihrer Zahlungsverpflichtung gegenüber dem Begünstigten (vgl. dazu *Aden,* Der Arrest in den Auszahlungsanspruch des Akkreditivbegünstigten durch den Akkreditivauftraggeber, RIW/AWD 1976, 678 ff.; *Canaris,* Rdnr. 1015 ff.; *Nielsen,* 5/373; *ders.,* Grundlagen des Akkreditivgeschäfts, S. 150; *Pilger,* Einstweiliger Rechtsschutz des Käufers und Akkreditivstellers wegen Gewährleistung durch Arrest in den Auszahlungsanspruch des Akkreditivbegünstigten?, RIW/AWD 1979, 588 ff.; *Schütze,* Das Dokumentenakkreditiv Rdnr. 427). Über Einzelheiten herrscht Streit.

Die Anforderungen an den Rechtsmißbrauch sind sehr streng. Nicht jede vertragswidrige Anforderung bedeutet bereits einen Rechtsmißbrauch. Wesentlich sind zwei Fallgruppen:
– Die Kaufpreisforderung des zugrunde liegenden Vertrages besteht nicht, sei es, weil dieser nicht zustande gekommen oder später fortgefallen ist, sei es, weil der Anspruch aus dem Vertrag durch Erfüllung, Aufrechnung oder Erlaß erloschen ist (vgl. *Canaris,* Rdnr. 1018; *Nielsen,* 5/367).
– Der Begünstigte versucht, sich den Akkreditivbetrag durch eine Straftat, insbesondere Betrug zu verschaffen (vgl. *Canaris,* Rdnr. 1020; *Nielsen,* 5/367; *ders.,* Grundlagen des Akkreditivgeschäfts, S. 152 f.). Dabei genügt es nicht, daß der Begünstigte qualitativ minderwertige Ware liefert, es muß eine Anderslieferung vorliegen (Jeans statt Smokings), die zur Vertragserfüllung offenbar ungeeignet ist (RGZ 106, 304; BGH WPM 1955, 765; 1964, 223; *Zahn/Eberding/Ehrlich,* S. 233). Die Lieferung eines anderen als des vereinbarten Wodkas hat das LG Aachen (WPM 1987, 499 = EWiR § 935 ZPO 1/87, 625 (*Schütze*)) zu Recht nicht als eine derartige Anderslieferung angesehen.

Nicht ausreichend ist die Sittenwidrigkeit des Grundgeschäfts (Warenlieferung, Drogenhandel pp.), da die Bank die Sittenwidrigkeit des Geschäfts nicht nachprüfen kann (a.A. *Canaris,* Rdnr. 1015; *Nielsen,* 5/367; *ders.,* Grundlagen des Akkreditivgeschäfts, S. 153).

Der Rechtsmißbrauch muß liquide beweisbar sein (vgl. *Canaris,* Rdnr. 1017; *Borgrefe,* Akkreditiv und Grundverhältnis, Diss. München 1971, S. 40; *Schütze,* Das Dokumentenakkreditiv Rdnr. 553 ff.; *Nielsen,* 5/368; *ders.,* Grundlagen des Akkreditivgeschäfts, S. 154; *Graf von Westphalen,* Rechtsprobleme, S. 286). Geeignete Beweismittel sind im wesentlichen gerichtliche Entscheidungen, durch die der Anspruch aus dem Grundgeschäft verneint wird (*Canaris,* Rdnr. 1018 mwN.), einstweilige Verfügungen gegen den Begünstigten auf Nichtinanspruchnahme des Akkreditivs oder Quittungen.

b) **Formen einstweiligen Rechtsschutzes.**
– **Eine einstweilige Verfügung** des Auftraggebers **gegen den Begünstigten** mit dem Ziel, die Vorlage der Dokumente zu verbieten, ist unzulässig, da eine fristgerechte Vorlegung unmöglich wird. Die einstweilige Verfügung würde zur endgültigen Befriedigung führen. Zulässig ist die einstweilige Verfügung auf Unterlassung der Geltendmachung des Auszahlungsanspruchs aus dem Akkreditiv (str.; bejahend, jedoch restriktiv *Liesecke* WPM 1976, 258/268; *Nielsen,* 5/378; *ders.,* Grundlagen des Akkreditivgeschäfts, S. 156 f.; *Schütze,* Das Dokumentenakkreditiv Rdnr. 541 ff.; *Graf von West-*

phalen, Rechtsprobleme, S. 143; verneinend *Aden* RIW/AWD 1976, 678/680; *Canaris,* Rdnr. 1065). Probleme bereitet in diesen Fällen die Durchsetzung, da eine Zustellung der einstweiligen Verfügung im Ausland nur ohne Strafbewehrung zulässig ist (vgl. *Ost,* Die Justiz 1976, 134 ff.; *Schütze* WPM 1980, 1438 ff./1440). Die einstweilige Verfügung gegen den Begünstigten ist aber trotz ihrer praktischen Nichtdurchsetzbarkeit nicht bedeutungslos. Sie kann als liquides Beweismittel für die Rechtsmißbräuchlichkeit der Inanspruchnahme dienen.

— **Eine einstweilige Verfügung** des Auftraggebers **gegen die Akkreditivbank** auf Nichtauszahlung der Akkreditivsumme wird von der h. L. für unzulässig gehalten (OLG Düsseldof WPM 1978, 359; *Aden* RIW/AWD 1976, 678/680; *Borggrefe* S. 66 ff.; *Canaris* Rdnr. 1065; *Liesecke* WPM 1963, 458; *Nilsen* 5/371, *Schütze* Das Dokumentenakkreditiv Rdnr. 537; a. A. *Eschmann* Der einstweilige Rechtsschutz des Akkreditiv-Auftraggebers in Deutschland, England und der Schweiz, 1974, S. 161 ff.; *Graf von Westphalen* Rechtsprobleme, S. 289 f., der die einstweilige Verfügung in Ausnahmefällen für zulässig hält) oder auf Fälle beschränkt, in denen der Auftraggeber alle Rechtsbehelfe gegen den Begünstigten – vergeblich – versucht hat und auf andere Weise keinen Rechtsschutz erlangen kann (vgl. LG Aachen WPM 1987, 499 – EwiR § 935 ZPO 1/87 (*Schütze*)). Die Begründung wird teilweise in einem Fehlen eines Rechtsverhältnisses gesehen, teilweise darin, dass ein Verfügungsgrund fehlt, da die Akkreditivbank auf eigenes Risiko bei rechtsmissbräuchlicher Inanspruchnahme des Akkreditivs zahle. Honoriere die Akkreditivbank das Akkreditiv trotz Rechtsmissbrauchs des Begünstigten, dann könne sie vom Auftraggeber keinen Ersatz verlangen (OLG Düsseldorf WPM 1978, 359; mit gleicher Begründung zum gleichgelagerten Fall bei der Bankgarantie OLG Stuttgart WPM 1951, 631/631 f.). Problematisch bleibt in diesen Fällen aber die Rechtslage, wenn sich die Akkreditivbank in dem Vertrag mit dem Akkreditivauftraggeber vorbehalten hat, auch in Fällen des Rechtsmissbrauchs zu zahlen (um ihr internationales Standing nicht zu gefährden). Eine solche Klausel kann jedoch unbeachtlich sein (so OLG Stuttgart WPM 1981, 631 ff. für die Bankgarantie).

— Dagegen kann der **Akkreditivauftraggeber** einen **Arrest gegen den Begünstigten** erwirken und den Auszahlungsanspruch aus dem Akkreditiv pfänden lassen (vgl. *Aden* RIW/AWD 1976, 678/680 f.; *Canaris,* Rdnr. 1065; *Nielsen* 5/373; *ders.,* Grundlagen des Akkreditivgeschäftes S. 160 ff.; *Schütze,* Das Dokumentenakkreditiv Rdnr. 544 ff.; *Pilger* RIW/AWD 1979, 588 ff., allerdings mit harscher Kritik an zwei Arrestbeschlüssen des LG Frankfurt/Main; *Plagemann* RIW/AWD 1987, 27/28; zweifelnd *Graf von Westphalen,* Rechtsprobleme, S. 292 f.; *Zahn/Eberding/Ehrlich,* S. 226 f.). Unproblematisch ist der Arrest, wenn der Auftraggeber bereits einen Anspruch (etwa einen Schadensersatzanspruch) gegen den Begünstigten hat, der als Arrestanspruch geeignet ist. Das ist aber nicht die Regel. Denn der Akkreditivauftraggeber will ja nicht irgendwelche Ansprüche sichern, sondern seinen konkreten Anspruch gegen den Begünstigten wegen rechtsmissbräuchlicher Inanspruchnahme des Akkreditivs. Dieser Anspruch ist zunächst ein Individualanspruch, der aber in einen Geldanspruch übergehen kann (vgl. *Eschmann,* S. 192, *Heinze,* Der einstweilige Rechtsschutz im Zahlungsverkehr der Banken, 1954, S. 196; *Nielsen,* Grundlagen, S. 161; *Schütze,* Das Dokumentenakkreditiv, Rdnr. 546). Die Situation ist dieselbe wie bei rechtsmißbräuchlicher Inanspruchnahme einer Bankgarantie (vgl. dazu *Schütze* Betr. 1981, 779 ff.).

14. Kosten. Die Gebühren des Anwalts bestimmen sich nach § 118 BRAGO. Geschäftswert ist der Akkreditivbetrag.

2. Tender Guarantee* [1, 2, 5, 11, 14–16, 18, 19]

(Bietungsgarantie)

BANK'S NAME, AND ADDRESS OF ISSUING BRANCH OR OFFICE

Beneficiary: .... Date: ....
(name and address)

TENDER GUARANTEE No. ......

We have been informed that _____, (hereinafter called
„the Principal"), responding to your invitation to tender No. _____
dated _____ for the supply of _____
(description of goods and/or services), has submitted to you his offer No. _____
dated _____[3]

Furthermore, we understand that, according to your conditions, offers must be supported by a tender guarantee.[4]

At the request of the Principal, we *(name of bank)* _____ hereby irrevocably[6] undertake to pay you any sum or sums not exceeding in total an amount of[7, 13] _____ (say: _____) upon receipt by us of your first demand[8, 10, 12] in writing and your written statement stating:
 i) that the Principal is in breach of his obligation(s) under the tender conditions; and
 ii) the respect in which the Principal is in breach.
Your demand for payment must also be accompanied by the following document(s):[12 c]
(specify document(s) if any, or delete)

This guarantee shall expire on _____ at the latest.[9]
Consequently, any demand for payment under it must be received by us at this office on or before that date.

**This guarantee is subject to the Uniform Rules for Demand Guarantees,
ICC Publication No. 458.**[4 b), 17]

Signature(s):

---

* Dieses Dokument wurde mit freundlicher Genehmigung der International Chamber of Commerce entnommen aus ICC Publication N° 458.

*Übersetzung**

Bietungsgarantie Nr. . . . .

Wir haben davon Kenntnis, daß . . . . . . (Auftraggeber) auf Ihre Einladung zur Abgabe eines Gebots unter Tender Nr. . . . . . ., vom . . . . . . für die Lieferung von . . . . . . (Beschreibung der Lieferungen oder Leistungen) ein Gebot Nr. . . . . . . unter dem . . . . . . (Datum) abgegeben hat.

Wir haben weiter Kenntnis, daß nach den Tender-Bedingungen Gebote mit einer Bietungsgarantie unterlegt sein müssen.

Auf Ersuchen des Auftraggebers verpflichten wir . . . . . . (Name der Bank) uns hierdurch unwiderruflich, Ihnen jeden Betrag oder Beträge, insgesamt jedoch höchstens . . . . . . (in Worten: . . . . . .) auf Ihre erste schriftliche Anforderung zusammen mit Ihren schriftlichen Erklärungen,

– daß der Auftraggeber seine Verpflichtungen nach den Tender-Bedingungen verletzt hat, und
– welcher Art die Verletzung durch den Auftraggeber ist,

zu zahlen.

Ihrer Anforderung muß (müssen) folgendes (folgende) Dokument(e) beigefügt sein (Bezeichnung der Dokumente, soweit einschlägig, sonst streichen).

Diese Garantie verfällt spätestens am . . . . . .

Dementsprechend muß (müssen) jede (alle) Zahlungsanforderung(en) vor oder an diesem Tag dieser Geschäftsstelle zugegangen sein.

Diese Garantie unterliegt den Einheitlichen Richtlinien für auf Anforderung zahlbare Garantien, ICC Publikation Nr. 458

Unterschrift(en)
. . . . . .

Schrifttum: Aden, Der Arrest in den Auszahlungsanspruch des Garantiebegünstigten durch den Garantieauftraggeber, RIW/AWD 1981, 439 ff.; *Assmann,* Aufrechnung der Garantiebank mit Gegenforderungen bei Inanspruchnahme einer Zahlungsgarantie „auf erstes Anfordern", IPRax 1986, 142 ff.; *Auhagen,* Die Garantie einer Bank, auf „erstes Anfordern" zu zahlen, Diss. Freiburg 1966; *Avancini/Iso/Koziol,* Österreichisches Bankvertragsrecht, Bd. II, 1993; *Bär,* Zum Rechtsbegriff der Garantie, insbesondere im Bankgeschäft, 1963; *Berger,* Internationale Bankgarantien, DZWir 1993, 1 ff.; *von Caemmerer,* Bankgarantien im Außenhandel, FS Riese, 1964, 295 ff.; *Canaris,* Bankvertragsrecht (aus Großkommentar zum HGB, 4. Aufl.) 1988; *Coing,* Probleme der internationalen Bankgarantie, ZHR 147 (1983), 125 ff.; *Dohm,* Bankgarantien im internationalen Handel, 1985; *Finger,* Formen und Rechtsnatur der Bankgarantie, BB 1969, 206 ff.; *Goerke,* Kollisionsrechtliche Probleme internationaler Garantien, 1982; *Goode,* Guide to the ICC Uniform Rules for Demand Guarantees, 1992; *Hasse,* Die Einheitlichen Richtlinien für auf Anfordern zahlbare Garantien der Internationalen Handelskammer – Uniform Rules for Demand Guarantees (URDG), WPM 1993, 1985 ff.; *Lohmann,* Einwendungen gegen den Zahlungsanspruch aus einer Bankgarantie und ihre Durchsetzung in rechtsvergleichender Sicht, 1984; *Mülbert,* Mißbrauch von Bankgarantien und einstweiliger Rechtsschutz, 1985; *Nielsen,* Bankgarantien bei Außenhandelsgeschäften, 1986; *ders.,* Bankrecht und Bankpraxis, 5/131 ff.; *ders.,* Bedeutung und Aufmachung von Zusatzzertifikaten im Akkreditiv- und Garantiegeschäft, DZWir 1993, 265 ff.; *ders.,* Internationale Bankgarantie, Akkreditiv und anglo-amerikanisches Standby nach Inkrafttreten der ISP 98, WPM 1999, 2005 ff., 2049 ff.; *Pleyer,* Die Bankgaran-

---

* Freie, von der ICC nicht autorisierte Übersetzung.

2. Tender Guarantee (Bietungsgarantie)

tie im zwischenstaatlichen Handel, WPM Beilage 2/1973; *Rüssmann/Britz,* Die Auswirkungen des Grundsatzes der formellen Garantiestrenge auf die Geltendmachung einer befristeten Garantie auf erstes Anfordern, WPM 1995, 1825 ff.; *Schütze,* Bankgarantien, 1994; *ders.,* Zur Geltendmachung einer Bankgarantie „auf erstes Anfordern", RIW/AWD 1981, 83 ff.; *ders.,* Bestätigte und indossierte Bankgarantien als Sicherungsmittel im internationalen Handelsverkehr, FS Gernhuber, 1993, S. 461 ff.; *Graf von Westphalen,* Die Bankgarantie im internationalen Handelsverkehr, 2. Aufl., 1990; *ders.,* Ausgewählte Fragen zur Interpretation der Einheitlichen Richtlinien für auf Anfordern zahlbare Garantien, RIW/AWD 1992, 961 ff.; *ders.,* Die Haftung der Banken beim Betrug mit (nicht handelbaren) Bankgarantien, FS Schütze, 1999, S. 947 ff.; *Wilhelm,* Die Kondiktion der Zahlung als Bürgen oder Garanten „auf erstes Anfordern" im Vergleich zur Zession, NJW 1999, 3519 ff.; *Weth,* Bürgschaft und Garantie auf erstes Anfordern, AcP 189 (1989), 303 ff.; *ders.,* Das wirksame Anfordern bei der Bürgschaft auf erstes Anfordern, FS Schütze, 1999, S. 971 ff.; *Zahn/Eberding/Ehrlich,* Zahlung und Zahlungssicherung im Außenhandel, 6. Aufl., 1986.

Übersicht

	Seite
1. Sachverhalt	729–730
2. Wahl des Formulars	730
3. Grundgeschäft	730
4. Garantieverpflichtung	730–731
5. Form des Garantieversprechens	731–732
6. Unwiderruflichkeit	732
7. Garantiebetrag und Währung	732
8. Zahlung „auf erstes Anfordern"	732–733
9. Verfalldatum (Befristung)	733–734
10. Pay or Extend	734–736
11. Bestätigung und Indossament	736
12. Anforderung (Demand)	736–738
13. Devisenbestimmungen	738
14. Keine allgemeine Hinterlegungsbefugnis	738
15. Rechtsmißbräuchliche Inanspruchnahme der Bankgarantie	738–739
16. Einstweiliger Rechtsschutz	739–740
17. Anwendbares Recht	740–741
18. Gerichtsstandsvereinbarung	741
19. Kosten	741

Anmerkungen

1. Sachverhalt. Gegenstand des Formulars ist die Garantie einer deutschen Bank zugunsten eines ausländischen Begünstigten im Rahmen einer vom Begünstigten veranstalteten Ausschreibung. Die Garantie ist vom Auftraggeber im Rahmen seines Gebots zu stellen. Sie dient zur Sicherung des Ausschreibenden, daß der bietende Auftraggeber aufgrund eines ihm erteilten Zuschlags einen ausschreibungsgerechten Vertrag abschließt (vgl. dazu *Canaris,* Rdnr. 1105; *Pleyer,* WPM Beilage 2/1973, S. 6; *Schütze,* Bankgarantien, S. 13; *Graf von Westphalen,* Bankgarantie, S. 37 f.; *ders.,* Rechtsprobleme der Exportfinanzierung, 3. Aufl., 1987, S. 308; *Zahn/Eberding/Ehrlich,* S. 373 ff.). In der französischen Terminologie wird diese Form der Garantie auch als „garantie provisoire" oder „garantie de participation", in der englischen Terminologie als „bid bond" oder „tender guarantee" bezeichnet.

Art. 2 lit. a der Einheitlichen Richtlinien für Vertragsgarantien (ICC Publikation Nr. 325) definiert die Bietungsgarantie als „die Verpflichtung, die eine Bank, eine Versicherungsgesellschaft oder eine sonstige Stelle (Garant) auf Verlangen eines Bieters (Garantieauftraggeber) oder auf Anweisung einer vom Garantieauftraggeber dazu beauftragten Bank, Versicherungsgesellschaft oder sonstigen Partei (anweisende Stelle) gegenüber der ausschreibenden Stelle (Begünstigter) eingeht, wonach der Garant es übernimmt – bei Nichterfüllung der sich aus der Angebotsabgabe ergebenden Verpflichtungen seitens des Garantieauftraggebers – dem Begünstigten im Rahmen einer festgesetzten Geldsumme Zahlung zu leisten".

2. Wahl des Formulars. Die Internationale Handelskammer hat versucht, das Garantiegeschäft in ähnlicher Weise wie das Akkreditivgeschäft durch ein Regelwerk und Standardformulare international zu vereinheitlichen. Das erste Ergebnis waren die Einheitlichen Richtlinien für Vertragsgarantien (ICC Publikation Nr. 325) (dazu u. a. *Pietsch,* Die Einheitlichen Richtlinien für Vertragsgarantien der Internationalen Handelskammer aus der Sicht der Kreditinstitute, 1983; *Schinnerer,* Neue Regeln der Internationalen Handelskammer für Kontraktgarantien, öBA 1979, 42 ff.; *Stumpf,* Einheitliche Richtlinien für Vertragsgarantien (Bankgarantien) der Internationalen Handelskammer, RIW/AWD 1979, 1 ff.; *Trost,* Bankgarantien im Außenhandel, 1982), die darauf verzichtet haben, die in der internationalen Praxis verbreitete Form der Garantie „auf erstes Anfordern" zu regeln. Das hat die Anwendung dieses Regelwerks in der Praxis der Banken auf ein Minimum begrenzt (vgl. *Nielsen,* Bankgarantien, S. 16; *Pietsch,* S. 86). Diesem Mangel sollen die Einheitlichen Richtlinien für auf Anfordern zahlbare Garantien (ICC Publikation Nr. 458; dazu *Berger* DZWir 1993, 1 ff.; *Goode,* Guide to the ICC Uniform Rules; *Hasse* WPM 1993, 1085 ff.; *Graf von Westphalen* RIW/AWD 1992, 961 ff.; *ders.,* Die neuen Einheitlichen Richtlinien für „demand guarantees", DB 1992, 2017 ff.) abhelfen. Dieses Regelwerk wird von den Banken zwar auch mit einigem Mißtrauen betrachtet, da es neben einer ordnungsgemäßen Anforderung auch noch die Vorlage von weiteren Dokumenten (Zusatzzertifikaten) vorsehen kann, es entspricht aber in weitgehendem Maße der internationalen Praxis. Die Internationale Handelskammer hat hierzu Standardformulare (ICC Model Forms for Issuing Demand Guarantees, ICC Publikation Nr. 458) entwickelt, die Gegenstand der Erläuterung sind.

Die ISP 98 haben keine Bedeutung in Europa erlangt. Sie sind auf skurrile Weise (32 Stimmen pro, 9 dagegen, 46 Enthaltungen) auf Wunsch der Amerikaner verabschiedet worden (vgl. dazu *Nielsen* WPM 1999, 2005 ff. (2006)).

3. Grundgeschäft. Entscheidend für die Garantie auf erstes Anfordern ist ihre Abstraktheit (vgl. *Berger* DZWir 1993, 1 ff., 4 f.). Nach Art. 2 lit. b URDG sind Garantien unabhängig von dem zugrunde liegenden Rechtsgeschäft, dessen Verpflichtung sie zu sichern bestimmt sind. Dennoch ist es unumgänglich, das Grundgeschäft in die Garantie aufzunehmen, da sonst die zu sichernde Verpflichtung unklar bleibt. Auch die Garantie „auf erstes Anfordern" ist – wie jede Interzessionsform – einem Anspruch in der Weise verbunden, daß sie dessen Erfüllung sichern soll. Sie unterscheidet sich dadurch von der Banknote oder dem Scheck, was in der Praxis häufig verkannt wird.

4. Garantieverpflichtung. a) Vertrag sui generis. Das Garantieversprechen ist gesetzlich nicht geregelt. Seine Zulässigkeit ergibt sich aus der Vertragsfreiheit (vgl. *Canaris,* Rdnr. 1106; *Nielsen,* 5/137; *Schütze,* Bankgarantien, S. 31; *Graf von Westphalen,* Bankgarantie, S. 48 f.; *Zahn/Eberding/Ehrlich,* S. 350). Der Garant verpflichtet sich gegenüber dem Gläubiger (Begünstigter) eines Dritten (Garantieauftraggeber), für die Erfüllung einer Verbindlichkeit, die Gegenstand der Garantie ist, einzustehen. Die Grenzen zur Bürgschaft auf erstes Anfordern (vgl. dazu BGH NJW 1994, 380) sind jedoch fliessend. Denn auch bei der Bürgschaft auf erstes Anfordern entsteht die Leistungspflicht des Bürgen durch blosse Anforderung durch den Gläubiger (vgl. *Weth,* FS Schütze, S. 971 ff. (972)).

Im Gegensatz zur Bürgschaft ist die Garantie in der Weise abstrakt, daß Zahlung auch dann geleistet werden muß, wenn die Verbindlichkeit, die Gegenstand der Garantie ist, nicht entstanden oder später weggefallen ist (vgl. OLG Stuttgart WPM 1977, 881). Von der Bürgschaft unterscheidet sich die Garantie dadurch, daß sie nicht akzessorisch ist, vom abstrakten Schuldversprechen und Schuldbeitritt dadurch, daß der Garant nicht die ursprüngliche (originäre) Leistung schuldet, vielmehr nur für fremde Schuld eintritt (vgl. dazu *Käser* RabelsZ 35 (1971), 601 ff.). Von der Bankgarantie sind in den letzten Jahren von kriminellen Organisationen verwendete nicht handelbare „Garantien" zu unterscheiden, die keine abstrakte Verpflichtung enthalten (vgl. dazu *Graf von Westphalen*, FS Schütze, S. 947 ff.).

b) **Einheitliche Richtlinien für auf Anfordern zahlbare Garantien.** Nach dem Scheitern des Versuchs der Internationalen Handelskammer Paris, das internationale Garantiegeschäft durch ein Regelwerk zu vereinheitlichen, das die Garantie „auf erstes Anfordern" ausklammert (vgl. oben Anm. 2), ist mit den Einheitlichen Richtlinien für auf Anfordern zahlbare Garantien ein praktikables Regelwerk entstanden. Diese Einheitlichen Richtlinien, die auch auf das hier vorgeschlagene Formular Anwendung finden, verführen dazu anzunehmen, daß eine geschlossene Regelung der rechtlichen Beziehungen der Beteiligten besteht. Ebenso wie die Einheitlichen Richtlinien und Gebräuche für Dokumentenakkreditive (ERA 500) bleiben aber auch bei den Einheitlichen Richtlinien für auf Anfordern zahlbare Garantien viele Probleme ungeregelt und dem anwendbaren nationalen Recht überlassen, so die Anfechtung, die Aufrechnung, die Voraussetzungen und die Rechtsfolgen rechtsmißbräuchlicher Inanspruchnahme etc. (vgl. *Schütze*, Bankgarantien, S. 5).

c) **Zustandekommen des Garantievertrages.** Das Garantieversprechen bedarf als Vertrag der Annahmeerklärung durch den Begünstigten. Diese Annahmeerklärung muß aber nicht notwendigerweise ausdrücklich erfolgen. Sie kann auch konkludent nach § 151 BGB erklärt werden (vgl. *Canaris*, Rdnr. 1121; *Graf von Westphalen*, Bankgarantie, S. 110). Davon geht das vorliegende Formular aus, das eine Annahmeerklärung nicht vorsieht, vielmehr nur die Unterzeichnung durch die Garantiebank. Des Weges über § 151 BGB bedarf es aber regelmäßig nicht einmal, da der Begünstigte im Rahmen seines Vertrages mit dem Garantieauftraggeber (Grundgeschäft) bereits im Angebot an die Garantiebank abgibt, das dieser durch den Garantieauftraggeber als Boten überbracht wird. Die Übersendung der Garantieurkunde an den Begünstigten gilt als Annahme des Angebots.

5. Form des Garantieversprechens. Die Garantie ist formfrei (vgl. *Canaris*, Rdnr. 1122; *Käser* RabelsZ 35 (1971), 601 ff./619; *Liesecke* WPM 1968, 22 ff./23; *Rümker* WPM Beil. 2/1973, S. 15; *Schütze*, Bankgarantien, S. 32). § 766 BGB, der für die Bürgschaft das Schrifttumerfordernis aufstellt, ist nicht – auch nicht analog – anwendbar (a. A. *von Caemmerer*, FS Riese, S. 295 ff./306). Im übrigen würde ein etwaiges Schriftformerfordernis regelmäßig nach § 350 HGB entfallen.

Im Handelsverkehr ist es aber unüblich, Bankgarantien mündlich abzugeben. Nach verbreiteter Ansicht besteht ein Schriftformerfordernis bei Garantien kraft Handelsbrauchs (so *Canaris*, Rdnr. 1122; *Heymann/Horn*, HGB, 1990, Anh. § 372 Rdnr. 45; *Weth* AcP 189 (1989), 303 ff./308), das *Berger* (DZWir 1993, 1 ff./6) auch für Garantien nach den Einheitlichen Richtlinien für auf Anfordern zahlbare Garantien annimmt. Das Formproblem wird man unter Beweisgesichtspunkten sehen müssen, so wie es auch in vielen ausländischen Rechtsordnungen geschieht (vgl. dazu *Pleyer* WPM Beil. 2/1973, 15). Die nicht schriftliche Abgabe einer Garantieerklärung spricht regelmäßig für den mangelnden rechtsgeschäftlichen Bindungswillen des Garanten (vgl. *Schütze*, Bankgarantien, S. 32). Überdies ist zu beachten, dass bei Gesellschaften regelmässig nur Kollektivzeichnungsbefugnis besteht. Diese Vertretungserfordernis kann bei nicht schriftlicher Abgabe der Garantieerklärung nicht erfüllt werden, weil sonst „kollektiv geschwiegen" werden müsste.

Die URDG fordern ausdrücklich Schriftform. Nach Art. 2 lit. d umfaßt die Schriftform auch die authentisierte Teletransmission oder gleichwertige Übermittlung per geschlüsselter Datenfernübertragung („EDI").

6. Unwiderruflichkeit. Bankgarantien können widerruflich und unwiderruflich ausgestaltet sein (Art. 5 URDG). Die unwiderrufliche Garantie ist die Regel. Nur sie gibt die im internationalen Verkehr notwendige Sicherheit. Ihre Wirkungen können nicht einseitig durch Widerruf beseitigt werden. Das schließt nicht aus, daß die Garantie angefochten oder aus anderem Grunde zum Erlöschen gebracht werden kann. Nach Art. 5 URDG ist die Garantie „auf erstes Anfordern" mangels anderweitiger Regelung unwiderruflich. Die Erwähnung der Unwiderruflichkeit im Garantietext – wie hier vorgeschlagen – ist deshalb an sich überflüssig, dient aber der Klarstellung.

7. Garantiebetrag und Währung. Wesentlich sind Angaben über den Garantiehöchstbetrag und die Währung. Enthält eine Garantie keine betragsmäßige Begrenzung, so haftet der Garant im Garantiefall unbeschränkt. Derartige Garantien sind wegen des unübersehbaren Risikos in der Praxis unüblich. In Übereinstimmung mit Art. 3 lit. 3 URDG empfiehlt das Formular deshalb die Angabe von Höchstbetrag und Währung in der Garantie. Bei Bietungsgarantien schwankt die Höhe. Sie liegt zwischen 1% und 10% des Angebotswertes (vgl. *Pleyer* WPM Beil. 2/1973, 6; *Graf von Westphalen,* Bankgarantie, S. 38).

Ist der Garantiebetrag in fremder Währung ausgedrückt, so handelt es sich – auch wenn die Zahlung im Inland erfolgt – um eine echte Valutaschuld. Der Garantiebank steht eine Umrechnungsbefugnis nach § 244 Abs. 1 BGB nicht zu. § 49 Abs. 1 AWG erklärt die Eingehung von Fremdwährungsverbindlichkeiten zwischen Gebietsansässigen und Gebietsfremden für zulässig. Beschränkungen für eine deutsche Garantiebank, eine Garantie gegenüber einem gebietsfremden Begünstigten in ausländischer Währung einzugehen, bestehen deshalb nicht (vgl. *Schütze,* Bankgarantien, S. 36; *Zahn/Eberding/Ehrlich,* S. 363).

Probleme können allerdings dann auftreten, wenn ein Verstoß gegen das Abkommen von Bretton Woods vorliegt. Auch Garantien fallen unter den Begriff des „exchange contract" i.S. von Art. VIII Abschn. 2 lit. b dieses Abkommens (vgl. *Ebke,* Internationales Devisenrecht, 1990, S. 231; *Goerke,* Kollisionsrechtliche Probleme, S. 121; *Nielsen/Schütze,* Zahlungssicherung und Rechtsverfolgung im Außenhandel, 3. Aufl., 1985, S. 7). Garantien, die gegen die Bestimmungen des Abkommens von Bretton Woods verstoßen, sind nicht nichtig, können nur nicht durchgesetzt werden – sie sind „unenforceable" (vgl. dazu BGH WPM 1970, 785; *Hahn,* Währungsrecht, 1990, S. 397). Bei Garantien deutscher Banken sind derartige Verstöße gegenwärtig – erfreulicherweise – nur schwer vorstellbar.

8. Zahlung „auf erstes Anfordern". Die Garantie muß die Zahlungsverpflichtung der Garantiebank enthalten, bei Eintritt des Garantiefalls Zahlung „auf erstes Anfordern" zu leisten, ungeachtet irgendwelcher Einwendungen von Garantieauftraggeber oder Begünstigtem. Dabei genügt die im vorliegenden Formular benutzte Formulierung „first demand" vollauf. Genügend wäre auch „on demand". Eine genaue Formulierung ist nicht vorgeschrieben. Der Garantietext muß nur erkennen lassen, daß unter Ausschluß von Einwendungen gezahlt werden soll. U.U. ist auszulegen. Es mag sein, dass die Beteiligten mit der Wahl des englischen Terminus „guaranty", „guarantee" eine einwendungsfreie Garantie meinten.

Die Bedeutung der Klausel „auf erstes Anfordern" ist mehrfach:

a) **Abgrenzung Bürgschaft/Garantie.** Die Zahlungsverpflichtung „auf erstes Anfordern" ist ein wichtiges Indiz für das Vorliegen einer Garantie (vgl. BGH WPM 1979, 691/692; *Graf von Westphalen,* Bankgarantie, S. 78f. m.w.N.). Zwar kommen auch Bürgschaften „auf erstes Anfordern" vor (BGH JZ 1979, 442; BGH WPM 1996, 193), die Zahlungspflicht ohne Nachweis des Sicherungsfalles deutet aber regelmäßig auf das Vorliegen einer Garantie hin. Bei deutscher Formulierung können bei der Bezeichnung „Garantie" kaum Zweifel bestehen. Bei der hier benutzten englischen Fassung des Formulars könnten an sich Abgrenzungsprobleme auftreten, da der Terminus „guarantee" eher „Bürgschaft" als „Garantie" bedeutet.

b) **Einwendungsausschluß.** Die Formel, „auf erstes Anfordern" zu zahlen, bekräftigt den abstrakten Charakter des Garantieversprechens. Nach deutschem Recht ist die Garantie zwar ohnehin von Einwendungen aus dem Deckungs- und dem Valutaverhältnis unabhängig (vgl. LG Frankfurt NJW 1963, 450/451; *Canaris*, Rdnr. 1134; *von Caemmerer*, FS Riese, S. 301 ff.; *Nielsen*, 5/137), so daß die Klausel „auf erstes Anfordern" zunächst nur deklaratorischen Charakter im Hinblick auf den Einwendungsausschluß hat. International ist die Formulierung „auf erstes Anfordern" aber so üblich geworden, daß hierin schon der Parteiwille, eine einwendungsfreie Garantie zu erstellen, zum Ausdruck kommt (vgl. *Auhagen*, S. 29, 31; *Graf von Westphalen*, Bankgarantie, S. 79 f.).

c) **Zahlungsfrist.** Bei der Garantie „auf erstes Anfordern" muß die Garantiebank bei Vorliegen einer ordnungsgemäßen Anforderung (vgl. Anm. 12) unverzüglich Zahlung leisten. Der Garantiebank steht aber eine angemessene Prüfungsfrist nach Art. 10 lit. a URDG zu. Diese muß so bemessen sein, daß die Garantiebank vom Garantieauftraggeber eine Stellungnahme einholen kann. Zu diesem Zweck hat die Garantiebank nach Art. 17 URDG den Garantieauftraggeber von der Anforderung unverzüglich in Kenntnis zu setzen. Denn da der Auftraggeber nicht wissen kann, ob und wann Zahlung unter einer Garantie gefordert wird, kann er Einwendungen nur geltend machen, wenn er vor der Auszahlung informiert wird. Diese an sich schon allgemein bestehende Pflicht (vgl. *Canaris*, Rdnr. 11, 110; *Pleyer* WPM-Beil. 2/1973, 12 f.; *Schütze* RIW/AWD 1981, 83/85; *Graf von Westphalen*, Bankgarantie, S. 172 ff.) ergibt sich für das vorliegende Formular unmittelbar aus dem zugrunde liegenden URDG.

Für die Prüfungsfrist kann als Faustregel von folgendem ausgegangen werden. Nach Information des Garantieauftraggebers am nächsten Bankarbeitstag müssen diesem 2–3 Tage für die Prüfung, die Erhebung von Einwendungen und die Beantragung einstweiligen Rechtsschutzes bleiben (vgl. *Dohm*, Bankgarantien im internationalen Handel, S. 81 für den Fall des Rechtsmißbrauchs). Danach sind dem Garanten – soweit der Garantieauftraggeber Einwendungen erhebt – 2 Bankarbeitstage für die eigene Prüfung zuzubilligen. Die gesamte Prüfungszeit beträgt deshalb auch bei der Garantie „auf erstes Anfordern" u. U. 1 Woche (vgl. *Schütze*, Bankgarantien, S. 69). Bei indirekten Garantien erhöht sich der Prüfungszeitraum um einen weiteren Bankarbeitstag für die Weiterleitung der Anforderung an den Rückgaranten.

9. **Verfalldatum (Befristung).** a) **Bedeutung der Befristung.** Art. 22 URDG sieht eine Verfallregelung vor. Diese Regelung entspricht internationaler Üblichkeit. Die Befristung kann in mehrfacher Hinsicht erfolgen:
– Entweder muß der Garantiefall vor dem Verfalltag eingetreten sein oder
– die Inanspruchnahme muß vor dem Verfalltag erfolgen.

Bei Garantien „auf erstes Anfordern" ist regelmäßig anzunehmen, daß auch die Inanspruchnahme innerhalb der Frist erfolgen muß (vgl. OLG Hamburg RIW/AWD 1978, 615; OLG Stuttgart WPM 1979, 733; *Canaris*, Rdnr. 1126; *Nielsen*, 5/164; *Graf von Westphalen*, Bankgarantie S. 119, 155; *Zahn/Eberding/Ehrlich*, S. 365). Von dieser Regelung geht das vorgeschlagene Formular aus. Mit der vorgeschlagenen Formulierung ist allen Interpretationsmöglichkeiten der Boden entzogen.

Neben der Regelung des Verfalls kann auch das Verfallereignis geregelt werden. Unter letzterem ist nach Art. 22 URDG die Vorlage von zur Verfallbestimmung vorgesehenen Dokumenten zu verstehen. Weist die Garantie sowohl ein Verfalldatum als auch ein Verfallereignis aus, dann verfällt sie unabhängig von der Rückgabe der Garantieurkunde am Verfalldatum oder am Verfallereignis, je nachdem, welches zuerst eintritt. Im vorgeschlagenen Formular fallen Fristende für die Vorlage der Anforderung (Verfalldatum) und der Vorlage begleitender Dokumente (Verfallereignis) zusammen.

Die Befristung regelt **nicht** die Verjährung. Die Verjährungsfrist beträgt auch für den Garantieanspruch nach deutschem Recht 30 Jahre (BGH WPM 1977, 366; *Baumbach/Hopt* HGB 30. Aufl., 2000, BankGesch L/10).

b) **Wirksamkeit der Befristung.** Die Befristung führt nach deutschem Recht zu einem Erlöschen der Garantieverpflichtung nach Fristablauf, wenn eine Inanspruchnahme vor dem Verfalldatum nicht erfolgt ist. Auch wenn der Begünstigte durch höhere Gewalt, etwa Krieg, Revolution, Streik pp. an einer fristgerechten Inanspruchnahme gehindert ist, erfolgt keine Fristverlängerung (vgl. LG Stuttgart WPM 1978, 1056; OLG Stuttgart RIW/AWD 1980, 729; *Nielsen*, 5/164; *Graf von Westphalen*, Bankgarantie, S. 156; *Zahn/Eberding/Ehrlich*, S. 366). Ein besonders instruktiver Fall lag der Entscheidung des OLG Stuttgart zugrunde. Hier war der Begünstigte gehindert, die Ansprüche aus einer Garantie wegen der im Libanon herrschenden Unruhen rechtzeitig geltend zu machen. Das Gericht hat die Geltendmachung höherer Gewalt in diesem Zusammenhang als unerheblich angesehen. Der Begünstigte trägt auch das Risiko der Übermittlung, insbesondere des Postlaufs der Inanspruchnahme (vgl. *Graf von Westphalen*, Bankgarantie, S. 156), ein Ergebnis, das sich im deutschen Recht schon aus der Zugangstheorie ergibt. Dem entspricht auch die klare Regelung in dem vorgeschlagenen Formular.

Einige ausländische Rechte lassen eine Befristung nach den Feststellungen *Pleyers* (WPM Beil. 2/1973, 17) nicht oder nur bedingt zu. Dies soll der Fall für das portugiesische, ungarische, syrische, türkische, griechische und thailändische Recht sein (weitere Beispiele bei *Dohm*, S. 124). Ob diese Feststellungen *Pleyers* und *Dohms* so richtig sind, mag dahinstehen. Teilweise wird hier offenbar die Akzeptanz befristeter Bankgarantien mit ihrer Zulässigkeit verwechselt, z. B. für das syrische Recht.

Läßt das ausländische Recht eine Befristung nicht zu, so ist dies bei dem hier vorgeschlagenen Formular bei einer Klage vor deutschen Gerichten bedeutungslos, da nach Art. 7 URDG deutsches Recht Anwendung findet. Probleme können entstehen, wenn ein Rechtsstreit über die Garantieverpflichtung vor einem ausländischen Gericht geführt wird und die lex fori die Rechtswahl nach Art. 27 URDG nicht zuläßt oder das Befristungsverbot zum ordre public rechnet.

c) **Unbefristete Garantien.** In der Praxis finden sich zuweilen auch unbefristete Garantien. Vor allem Begünstigte in nordafrikanischen Ländern und dem Mittleren Osten bestehen hierauf (vgl. *Zahn/Eberding/Ehrlich*, S. 366). Auch bei fehlender Befristung steht der Garantiebank kein Kündigungsrecht der Garantieverpflichtung gegenüber dem Begünstigten zu (vgl. *Graf von Westphalen*, Bankgarantie, S. 119f.). Ein Kündigungsrecht ist mit dem Sicherungszweck der Garantie nicht zu vereinbaren. Zwar bringt die unbefristete Garantie ein zeitlich nicht zu überschauendes Obligo der Garantiebank. Dies ist aber die notwendige Folge der Begründung eines Dauerschuldverhältnisses durch die Übernahme einer unbefristeten Verpflichtung. Mangels besonderer Vereinbarung besteht für die Garantiebank bei der unbefristeten – ebenso wie bei der befristeten – Garantie kein Recht, sich durch Hinterlegung nach §§ 232ff. BGB von der Garantieverpflichtung zu befreien (vgl. *Nielsen*, 5/146; *Graf von Westphalen*, Bankgarantie, S. 121f.).

10. Pay or Extend. Zuweilen verlangt der Begünstigte einer Garantie „auf erstes Anfordern" Zahlung nur für den Fall, daß die Garantie nicht verlängert wird. Diese unter dem Schlagwort „pay or extend" bekannte Praxis (vgl. dazu *Graf von Westphalen*, Bankgarantie, S. 133, 207ff.) ist jetzt in Art. 26 URDG geregelt (vgl. dazu auch *Pierce*, Demand Guarantees in International Trade, 1993, S. 138f., 160f.). Art. 26 URDG trifft folgende Regelung:

> „Wenn der Begünstigte eine Verlängerung der Garantielaufzeit als Alternative zu einer Zahlungsanforderung, die in Übereinstimmung mit den Garantie-Bedingungen und diesen Richtlinien erfolgt ist, verlangt, muß der Garant davon unverzüglich denjenigen informieren, von dem er seinen Auftrag erhalten hat. Der Garant hat dann die Zahlung für eine angemessene Zeit aus-

2. Tender Guarantee (Bietungsgarantie)

zusetzen, die dem Auftraggeber und dem Begünstigten eine Einigung über die Gewährung einer solchen Verlängerung und dem Auftraggeber die Veranlassung der Durchführung ermöglicht.

Sofern binnen der in dem vorhergehenden Absatz vorgesehenen Zeit keine Verlängerung zustandekommt, ist der Garant verpflichtet, die ordnungsgemäße Anforderung des Begünstigten zu bezahlen, ohne irgendwelche weiteren Handlungen vom Begünstigten zu verlangen. Der Garant haftet nicht (für Zinsen oder in anderer Weise) für die Verzögerung in irgendeiner Zahlung an den Begünstigten aufgrund des vorstehenden Verfahrens.

Auch wenn der Auftraggeber einer Verlängerung zustimmt oder den Auftrag dazu erteilt, kommt die Verlängerung nur zustande, wenn Garant und Rückgarant(en) ebenfalls zustimmen.

Das „pay or extend"-Verlangen muß die in dem Garantieversprechen vorgesehenen formellen Anforderungen erfüllen (BGH RIW/AWD 1996, 326).

Es ist zwischen den Rechtsverhältnissen der Beteiligten zu unterscheiden:

a) **Verhältnis Garantiebank/Garantieauftraggeber.** Die Garantiebank ist zur eigenmächtigen Verlängerung der Garantie weder berechtigt noch verpflichtet. Es muß ein neuer Garantieauftrag erteilt werden, soweit nicht der ursprüngliche Garantieauftrag eine Verlängerung vorsieht, was bei der Bietungsgarantie gelegentlich der Fall ist, wenn nicht abzusehen ist, ob das Zuschlagsverfahren in der Laufzeit der Garantie beendet sein wird. Das ist bei internationalen Projekten häufig der Fall. Art. 26 Abs. 1 URDG gibt Regeln, in welcher Weise die Garantiebank auf eine „pay or extend"-Anforderung reagieren muß (vgl. dazu *Berger* DZWir 1993, 1 ff./7 f.; *Goode*, Guide to the ICC Uniform Rules for Demand Guarantees, S. 109 ff.; *Hasse* WPM 1993, 1985 ff./1993). Die Garantiebank muß den Garantieauftraggeber unverzüglich von der Anforderung in Kenntnis setzen. Der Begriff der Unverzüglichkeit ist derselbe wie in § 121 BGB (vgl. *Schütze*, Bankgarantien, S. 70). Die Unverzüglichkeit bezieht sich sowohl auf den Zeitpunkt der Information als auch auf den Übermittlungsweg. Eine besondere Form ist nicht vorgeschrieben. Die Garantiebank kann den Auftraggeber auch telefonisch informieren. Sodann muß die Garantiebank die Zahlung der Garantiesumme an den Begünstigten „angemessene Zeit" aussetzen, um Verhandlungen zwischen der ausschreibenden Stelle und dem Bieter über die Verlängerung zu ermöglichen. Über die Angemessenheit entscheiden die Umstände des Einzelfalles.

b) **Verhältnis Garantieauftraggeber/Begünstigter.** Die Forderung „pay or extend" kann rechtsmißbräuchlich sein, ist es aber nicht unbedingt (vgl. *Berger* DZWir 1993, 1 ff./7 f.; *Schütze* RIW/AWD 1981, 83 ff./85; *ders.*, Bankgarantien, S. 41 f.). In zwei Fällen ist das Verlangen nach Verlängerung oder Zahlung unbedenklich:
– wenn der Auftraggeber sich nach den Ausschreibungsbedingungen verpflichtet hat, die Bietungsgarantie einmal oder mehrmals zu verlängern, was sich insbesondere bei Ausschreibungen im internationalen Anlagengeschäft findet, wenn nicht abzusehen ist, ob der Zuschlag termingerecht erfolgen kann;
– wenn der Garantiefall eingetreten ist, der Garantieauftraggeber also den Zuschlag erhalten hat, aber nicht bereit ist, zu den Ausschreibungsbedingungen den Vertrag abzuschließen, um den Beteiligten die Möglichkeit zu geben, neue Konditionen auszuhandeln.

Rechtsmißbräuchlich ist das Verlangen „pay or extend" jedoch dann, wenn der Auftraggeber seine Verpflichtungen erfüllt hat. Ist in den tender-Bedingungen eine Verlängerung der Bietungsgarantie nicht vorgesehen, so handelt der Begünstigte rechtsmißbräuchlich, wenn er Zahlung oder Verlängerung fordert, obwohl zu diesem Zeitpunkt ein Zuschlag nicht erfolgt ist. Die Zahl rechtsmißbräuchlicher Verlangen ist leider ziemlich groß (vgl. *Stumpf*, RIW/AWD 1979, 1). *Graf von Westphalen* (Bankgarantie, S. 210) weist darauf hin, daß in fast allen Fällen, in denen sich deutsche Gerichte mit dem Problem der rechtsmißbräuchlichen Inanspruchnahme von Bankgarantien beschäftigen mußten (vgl. z.B. OLG Saarbrücken WPM 1981, 275; LG Braunschweig WPM 1981, 278; LG Dortmund WPM 1981, 280; LG Frankfurt WPM 1979, 284), das Verlangen

„pay or extend" im Rahmen der Zahlungsanforderung gestellt wurde. *Mülbert* (Mißbrauch von Bankgarantien und einstweiliger Rechtsschutz, 1985) weist zu Recht darauf hin (S. 77 ff.), daß die Inanspruchnahme bei noch offener Möglichkeit des späteren Eintritts des Sicherungsfalles, die bei der Anforderung „pay or extend" regelmäßig vorliegt, immer rechtsmißbräuchlich ist.

c) **Verhältnis Garantiebank/Begünstigter.** Art. 26 Abs. 1 URDG gibt dem Garanten das Recht, bei einer „pay or extend"-Anforderung keine Zahlung zu leisten, selbst wenn im übrigen eine ordnungsgemäße Inanspruchnahme vorliegt. Die Garantiebank hat ein Wahlrecht.

– Will sie einer Verlängerung der Garantiefrist nicht zustimmen, selbst wenn eine entsprechende Weisung des Garantieauftraggebers vorliegt, dann muß sie unverzüglich Zahlung leisten;
– Ist die Garantiebank prinzipiell bereit, die Garantiefrist zu verlängern, dann kann sie die Zahlung aussetzen bis zur Entscheidung von Garantieauftraggeber und Begünstigtem über die Verlängerung.

Im letzteren Fall (Aussetzung der Zahlung) kann der Begünstigte keinen Verzögerungsschaden gegenüber der Garantiebank geltend machen (Art. 26 Abs. 2 URDG). Das „pay or extend"-Verlangen ist keine bedingte Geltendmachung der Garantie, etwa in Form der „Wahlschuld" (vgl. *Graf von Westphalen*, Die Bankgarantie, S. 207 f.). Die Anforderung ist vielmehr unbedingt, überläßt es jedoch der Garantiebank, die Zahlung durch Verlängerung abzuwenden. Die Garantiebank ist deshalb verpflichtet, bei Nichtverlängerung zu zahlen, und zwar ohne vom Begünstigten weitere Handlungen oder Erklärungen verlangen zu können. Dies stellt Art. 26 Abs. 2 URDG ausdrücklich klar. Das Verlangen „pay or extend" wahrt die Frist zur Geltendmachung der Garantie (vgl. *Goode*, aaO., S. 113).

d) **Verhältnis Garantiebank/Rückgarantiebank.** Im Fall einer Rückgarantie entspricht das Verhältnis Garantiebank zur Rückgarantiebank dem der Garantiebank zum Garantieauftraggeber. Die Garantiebank treffen dieselben Informationspflichten gegenüber der Rückgarantiebank wie gegenüber dem Garantieauftraggeber. Im Fall einer Rückgarantie ist für eine Verlängerung die Zustimmung sowohl der Rückgarantiebank als auch des Garantieauftraggebers notwendig.

11. Bestätigung und Indossament. Wenn die Garantiebank ihren Sitz nicht im Staat des Begünstigten hat, so wird die Garantie zuweilen durch eine lokale Bank bestätigt oder indossiert.

a) **Bestätigte Garantie.** Die bestätigte Garantie (vgl. *Bark* ZIP 1982, 655 ff.; *Schütze*, Bestätigte und indossierte Bankgarantien als Sicherungsmittel im internationalen Handelsverkehr, FS Gernhuber, 1993, S. 461 ff.) erfüllt eine ähnliche Funktion wie die Rückgarantie, die in Art. 2 lit. c URDG geregelt ist. Die bestätigende Bank tritt neben die Garantiebank. Beide haften als Gesamtschuldner wie die Akkreditivbank und bestätigende Bank (vgl. *Schütze*, Bankgarantien, S. 12 f.). Die Zahlungsverpflichtung der bestätigenden Bank ist eine solche „auf erstes Anfordern", wenn auch die Garantie „auf erstes Anfordern" zahlbar ist.

b) **Indossierte Garantie.** In ähnlicher Weise wie bei der bestätigten Garantie erhält der Begünstigte durch die Indossierung einen Anspruch gegen den indossierenden Garanten (vgl. *Schütze*, FS Gernhuber, S. 461 ff.; *ders.*, Bankgarantien, S. 13). Jedoch tritt die indossierende Bank nicht neben die Garantiebank – wie bei der bestätigten Garantie – sondern hinter sie. Die indossierende Bank ist zur Zahlung aus der Garantie erst verpflichtet, wenn die Garantiebank zahlungsunfähig geworden ist oder die Zahlung verweigert. Indossierte Garantien finden sich insbesondere im Ägypten-Geschäft.

12. Anforderung (Demand). Eine neuere Entscheidung des BGH zur Bürgschaft „auf erstes Anfordern" (BGH NJW 1994, 380 m. Anm. *Schütze* EWiR § 765 BGB 2/94, 131) hat Verwirrung gestiftet. Der erste Teil des Leitsatzes lautet:

2. Tender Guarantee (Bietungsgarantie)   VII. 2

„Wer aufgrund einer Bürgschaft auf erstes Anfordern Zahlung verlangt, ist nicht verpflichtet, schlüssig darzulegen, daß die durch Bürgschaft gesicherte Hauptforderung besteht."

Damit leistet der BGH einer Meinung Vorschub, die Garantien und Bürgschaften „auf erstes Anfordern" wie Wechsel und Schecks behandelt. Die Garantie, auch die „auf erstes Anfordern", wurzelt aber in einem Rechtsgeschäft, dient zur Sicherung nicht irgendeiner Geldforderung, sondern eines bestimmten Anspruchs. Der Begünstigte muß deshalb seinen Anspruch hinreichend substantiieren (vgl. OLG München WPM 1994, 2108; *Schütze* RIW/AWD 1981, 83/84; *Weth*, FS Schütze, S. 971 ff. mwN.).

Auch die in einem „pay or extend"-Verlangen liegende Zahlungsaufforderung muß den in Garantieversprechen vorgesehenen Anforderungen entsprechen (BGH RIW/AWD 1996, 326).

a) **Keine Nachweispflicht.** Eine Nachweispflicht des Begünstigten für den Eintritt des Garantiefalles besteht bei der Garantie „auf erstes Anfordern" nicht (vgl. *Auhagen*, S. 20 ff.; *Schütze* RIW/AWD 1981, 83/84 mwN.; *Weth*, FS Schütze, S. 971 ff. (979)). Die Garantiebank wäre überfordert, den Eintritt des Garantiefalls nachzuprüfen. Eine Nachprüfungspflicht und damit ein Nachprüfungsrecht der Bank würde auch der Interessenlage der Parteien nicht entsprechen. Die Garantie „auf erstes Anfordern" wird in vielen Fällen anstelle des üblichen Sicherungseinbehalts gestellt und soll eine gleichwertige Möglichkeit zur sofortigen Beschaffung liquider Mittel unter Ausschluß von Einwendungen darstellen (BGH JZ 1979, 442). *Liesecke* (WPM 1968, 22) hat zu Recht darauf hingewiesen, daß die Bankgarantie die Funktion übernimmt, die früher dem Bardepot mit unbedingtem Verfügungsrecht oder dem Depotwechsel zukam (S. 26).

b) **Darlegungspflicht.** Die Befreiung von der Nachweispflicht bedeutet jedoch nicht, daß der Begünstigte nicht den Eintritt des Garantiefalles darlegen müßte. Zur ordnungsgemäßen Darlegung gehört die Geltendmachung des Eintritts des Garantiefalls. Der Begünstigte muß zunächst behaupten, daß ein Garantiefall vorliegt (vgl. OLG Celle ZIP 1982, 43; *Canaris*, Rdnr. 1130; *Liesecke* WPM 1968, 26; *Rüssmann/Britz* WPM 1995, 1825 ff.; *Schütze* RIW/AWD 1981, 83/84; *Weth*, FS Schütze, S. 971 ff.). Der Begünstigte kann sich nicht darauf beschränken, die Zahlung anzufordern, er muß vielmehr erklären, daß der spezielle Fall, für den die Garantie gegeben ist, eingetreten ist. Eine solche Erklärung ist in dem vorgesehenen Formular unter (i) vorgesehen. Diese Erklärung muß klar darlegen, daß der Auftraggeber (im vorliegenden Fall der Bieter) trotz Zuschlags sich geweigert hat, einen tenderkonformen Vertrag abzuschließen. Ein Nachweis ist nicht erforderlich. Auf die Darlegung, die – wenn sie falsch ist – eine Strafbarkeit wegen Betrugs herbeiführen kann, kann jedoch nicht verzichtet werden. Die Darlegung des Garantiefalls allein genügt aber noch nicht. Der Begünstigte muß auch behaupten, daß ein Schaden in der verlangten Höhe entstanden ist (vgl. *Schütze*, RIW/AWD 1981, 83/84). Dieses Erfordernis ist in dem ICC-Formular nicht vorgesehen, ergibt sich aber aus allgemeinen Garantiegrundsätzen (vgl. *Schütze* RIW/AWD 1981, 83/84).

c) **Dokumentenvorlage.** Neben der schriftlichen Zahlungsanforderung kann die Garantie – wie im Formular vorgesehen – die Vorlage von Dokumenten verlangen (vgl. dazu *Nielsen*, Bedeutung und Aufmachung von Zusatzzertifikaten im Akkreditiv- und Garantiegeschäft, DZWir 1993, 265 ff.). Derartige Dokumente können sich nach Art. 20 lit. a URDG darauf beziehen,

- daß der Auftraggeber seine Verpflichtungen unter den Angebotsbedingungen verletzt hat und
- welcher Art die Verletzung durch den Auftraggeber ist.

Diese Verpflichtung zur Vorlage von Zusatzzertifikaten in Art. 20 URDG ist Gegenstand heftiger Kritik im Schrifttum (vgl. *Berger* DZWir 1993, 1 ff.; *Graf von Westphalen* DB 1992, 2117/2120). Durch die Zusatzzertifikate wird die Garantie „auf erstes Anfordern" dem Akkreditiv angeglichen. Eine Aufweichung ist darin aber nicht zu sehen.

Selbst wenn man die URDG – zu Unrecht – als AGB ansehen wollte, wäre auch kein rechtliches Bedenken aus AGB-rechtlicher Sicht begründet, da die Forderung von bestimmten Zusatzzertifikaten – wie in dem Formular vorgesehen – eine Individualvereinbarung darstellt (vgl. *Schütze,* Bankgarantien, S. 39).

Grundsatz bei der Aufnahme von Zusatzzertifikaten in die Garantiebedingungen muß sein, daß diese nach Aufmachung, Aussteller und Inhalt so definiert sind, daß die Garantiebank die Ordnungsmäßigkeit der Dokumente aus diesen heraus beurteilen kann (vgl. *Nielsen* DZWir 1993, 265/271). Zusatzzertifikate i. S. von Artt. 3 lit. g, 20 lit. a URDG können u. a. sein (vgl. *Nielsen* DZWir 1993, 265 ff./271): Abnahmebescheinigung, Qualitätszertifikate, Lade- und Löschdokumente pp.). Generell sind alle Dokumente als Zusatzzertifikate geeignet, die im Akkreditivgeschäft Akkreditivdokumente sein können.

13. Devisenbestimmungen. Die Garantiebank kann ihre Verpflichtungen gegenüber dem Begünstigten im Garantiefall nur erfüllen, wenn dies devisen- und währungsrechtlich zulässig ist. Die Zulässigkeit muß sowohl nach deutschem als auch nach dem Recht des Staates gegeben sein, in dem die Zahlung erfolgen soll. Denn da die devisen- und währungsrechtlichen Regelungen der Garantie dem öffentlichen Recht zuzuordnen sind, erfaßt sie die Rechtswahlklausel in den URDG nicht. Die Bankgarantie auf Zahlung ist als „exchange contract" i. S. von Art. VIII Abschn. 2 b Satz 1 des Abkommens von Bretton Woods anzusehen (vgl. *Graf von Westphalen,* Bankgarantie, S. 331; *Nielsen/ Schütze,* Zahlungssicherung und Rechtsverfolgung im Außenhandel, 3. Aufl., 1985, S. 7; *Rüssmann* WPM 1983, 1127). Wenn Zweifel an der devisenrechtlichen Zulässigkeit der Garantiezahlung bestehen, dann erscheint es sinnvoll, das Formular darin zu ergänzen, daß der Garantiebank im Falle der Unmöglichkeit der Erfüllung der Garantie aus devisen- oder währungsrechtlichen Gründen eine Hinterlegungsbefugnis eingeräumt wird.

14. Keine allgemeine Hinterlegungsbefugnis. Die Garantiebank hat keine Hinterlegungsbefugnis. Diese würde die Rechtsstellung des Begünstigten in einem Maße verschlechtern, daß der Zweck der Garantie „auf erstes Anfordern" – einem Begünstigtem bei ordnungsgemäßer und fristgerechter Inanspruchnahme ungeachtet von Einreden oder Einwendungen des Garantieauftraggebers Zahlung i. S. eines „erst zahlen, dann prozessieren" zu verschaffen – verfehlt würde.

Im Falle der Hinterlegung des Garantiebetrages erhält der Begünstigte lediglich ein Pfandrecht nach § 233 BGB. Die Garantie mit Hinterlegungsbefugnis behält zwar noch ihren Sicherungswert, verliert aber die Möglichkeit des schnellen Zugriffs. Das würde u. a. auch die Funktion der Bankgarantie „auf erstes Anfordern" vereiteln, anstelle des Depots oder Einbehalts dem Garantieauftraggeber sofort liquide Mittel zuzuführen (vgl. dazu BGH JZ 1979, 442). Die Hinterlegungsbefugnis ist mit der Funktion der Bankgarantie „auf erstes Anfordern" nicht zu vereinbaren (vgl. *Graf von Westphalen,* Bankgarantie, S. 121 f.). Eine Hinterlegung ist nur in dem Fall vertretbar, in dem eine Zahlung aus devisen- oder währungsrechtlichen Gründen nicht möglich ist (vgl. Anm. 13).

15. Rechtsmißbräuchliche Inanspruchnahme der Bankgarantie. Die URDG regeln die rechtsmißbräuchliche Inanspruchnahme einer Garantie „auf erstes Anfordern" nicht. Die Lücke ist durch das kollisionsrechtlich zur Anwendung berufene Recht zu füllen. Nach deutschem Recht kann die Garantiebank bei rechtsmißbräuchlicher Inanspruchnahme die Zahlung verweigern (vgl. BGH RIW/AWD 1984, 918; OLG Hamburg ZIP 1982, 1429; OLG Frankfurt/Main ZIP 1983, 566; OLG Bremen WPM 1990, 1369; OLG Stuttgart RIW/AWD 1980, 729; *Blaurock* IPRax 1985, 204 ff.; *Canaris,* Rdnr. 1138 f.; *von Caemmerer,* FS Riese, 1964, S. 295 ff.; *Schütze,* Bankgarantien, S. 76 ff. mwN.; *Graf von Westphalen,* Bankgarantie, S. 185 ff.). Zahlt die Garantiebank trotz rechtsmißbräuchlicher Inanspruchnahme – wozu sie berechtigt ist und woran sie ein Interesse haben kann –, so verliert sie ihren Aufwendungsersatzanspruch.

2. Tender Guarantee (Bietungsgarantie)

a) **Voraussetzungen des Rechtsmißbrauchs.** Nicht jede vertragswidrige Anforderung stellt schon einen Rechtsmißbrauch dar. Die Grenzen sind hier eng zu ziehen, da sonst die Liquiditätsfunktion der Garantie „auf erstes Anfordern" ausgehöhlt wurde. Drei Fallgruppen sind zu unterscheiden:

– **Mißbrauch formaler Rechtsstellung.** Besteht die durch Garantie „auf erstes Anfordern" zu sichernde Forderung nicht, so liegt in der Inanspruchnahme der Garantie ein Mißbrauch einer formalen Rechtsstellung (vgl. dazu *Horn* IPRax 1981, 149/152). Wird also beispielsweise die Ausschreibung, im Zusammenhang mit der die Bietungsgarantie gestellt wird, nicht durchgeführt, dann fällt der zu sichernde Anspruch fort. Der Bietende kann nie mehr den Zuschlag erhalten.

– **Zweckentfremdung.** Häufiger Fall des Rechtsmißbrauchs ist die Inanspruchnahme der Garantie für einen anderen als den Garantiezweck (vgl. *Mülbert*, Mißbrauch von Bankgarantien und einstweiliger Rechtsschutz, 1985, S. 68 ff.). Typisch für diese Mißbrauchsform ist die Anforderung eines noch nicht abgelaufenen bid bonds für behauptete Erfüllungs- oder Gewährleistungsansprüche (vgl. *Schütze*, Bankgarantien, S. 77).

– **Sittenwidrigkeit des Grundgeschäfts.** In der Literatur zum Dokumentenakkreditiv wird teilweise die Ansicht vertreten, die Sittenwidrigkeit des Grundgeschäfts mache die Anforderung des Akkreditivs rechtsmißbräuchlich, etwa wenn das Akkreditiv im Rahmen eines Drogen- oder Waffengeschäfts eröffnet wird (vgl. *Canaris*, Rdnr. 1015; *Nielsen*, Bankrecht und Bankpraxis, 5/367; *Zahn/Eberding/Ehrlich*, S. 218). Dies trifft jedenfalls bei der Bankgarantie „auf erstes Anfordern" nicht zu, da das Grundgeschäft nicht für die Garantiebank zu überschauen ist. Wie soll die Garantiebank bei einer Bietungsgarantie wissen, ob das ausgeschriebene Projekt letztlich etwa embargowidrig Waffen und Munition produzieren oder chemische Kampfstoffe herstellen soll.

b) **Geltendmachung des Rechtsmißbrauchs.** Die Geltendmachung des Rechtsmißbrauchs setzt dessen liquide Beweisbarkeit voraus (vgl. OLG Frankfurt/Main WPM 1983, 575; OLG Bremen, WPM 1990, 1369; *Baumbach/Hopt* HGB, 30. Aufl., 2000, BankGesch L/13; *Canaris*, Rdnr. 1139; *Horn* IPRax 1981, 149/152; *Pleyer* WPM-Beil. 2/1973, S. 19; *Stockmayer* AG 1980, 327 ff.; *Graf von Westphalen* WPM 1981, 294/302).

Liquide Beweisbarkeit ergibt sich in der Regel nur aus Urkunden. Geeignete Mittel sind gerichtliche oder schiedsgerichtliche Entscheidungen, die direkt oder incidenter das Nichtbestehen des zu sichernden Anspruchs aus dem Valutaverhältnis feststellen. Hier wird man jedoch Endgültigkeit der schiedsgerichtlichen Entscheidung bzw. Rechtskraft der gerichtlichen Entscheidung fordern müssen. Auch eine einstweilige Verfügung des Garantieauftraggebers gegen den Begünstigten auf Nichtinanspruchnahme der Garantie oder auf Nichtgeltendmachung des Garantiebetrages ist als liquides Beweismittel im Eilverfahren geeignet (vgl. *Schütze* RIW/AWD 1981, 83 ff./85; a.A. *Mülbert*, Mißbrauch von Garantien und einstweiliger Rechtsschutz, aaO., S. 76). Als liquides Beweismittel kann darüber hinaus eine Quittung dienen. Schließlich kann sich die Rechtsmißbräuchlichkeit unmittelbar aus den Vertragsbedingungen des Valutaverhältnisses ergeben. Das ist bei der Bietungsgarantie der Fall, wenn zum Zeitpunkt des Ablaufs der Garantiefrist der Zuschlag in dem Bietungsverfahren noch nicht erfolgt ist (vgl. *Schütze* RIW/AWD 1981, 83/85).

16. Einstweiliger Rechtsschutz. Das Verbot rechtsmißbräuchlicher Inanspruchnahme einer Garantie nützt dem Garantieauftraggeber nur dann etwas, wenn er in kürzester Frist, d.h. nach seiner Benachrichtigung nach Art. 21 URDG und vor Honorierung der Garantie deren Auszahlung im Wege des einstweiligen Rechtsschutzes verhindern kann. Drei Wege werden hier diskutiert:

a) **Einstweilige Verfügung gegen die Garantiebank.** Die einstweilige Verfügung gegen die Garantiebank auf Nichtauszahlung des Garantiebetrages wird – zu Recht – heute überwiegend für unzulässig gehalten (vgl. OLG Stuttgart WPM 1981, 631; LG Braunschweig RIW/AWD 1981, 789; LG Stuttgart WPM 1981, 633; OLG Saarbrücken WPM 1981, 275; LG München WPM 1981, 416; OLG Frankfurt/Main WPM 1988, 1480; LG Dortmund, WPM 1988, 1695). Für eine einstweilige Verfügung fehlt es am Verfügungsgrund. Zahlt die Garantiebank auf eine rechtsmißbräuchliche Anforderung des Begünstigten, dann kann sie vom Garantieauftraggeber keinen Aufwendungsersatz verlangen (vgl. *Schütze*, Bankgarantien, S. 97f.).

b) **Einstweilige Verfügung gegen den Begünstigten.** Dagegen ist die einstweilige Verfügung des Garantieauftraggebers gegen den Begünstigten auf Nichtinanspruchnahme der Garantie zulässig (vgl. OLG Frankfurt/Main WPM 1974, 956; *Canaris*, Rdnr. 1152; *von Caemmerer*, FS Riese, 1964, S. 295 ff./308; *Finger* BB 1969, 206/208; *Pleyer* WPM-Beil. 2/1973, S. 26; *Schütze* WPM 1980, 1438 ff.; *Graf von Westphalen*, Die Bankgarantie, S. 303 ff.; *Zahn/Eberding/Ehrlich*, S. 426). Nielsen sieht als Rechtsschutzziel nur die Nichteinziehung der Garantiesumme, nicht dagegen die fristgerechte Inanspruchnahme (vgl. *Nielsen* ZIP 1982, 253/261), *Liesecke* (WPM 1968, 22 ff./27) über die einstweilige Verfügung auf Fälle betrügerischen Verhaltens des Garantiebegünstigten beschränken, womit in der Praxis die überwiegende Zahl rechtsmißbräuchlicher Inanspruchnahme abgedeckt ist. Der Wert der einstweiligen Verfügung gegen den Begünstigten liegt nicht so sehr in der Vollstreckung gegen ihn, vielmehr in der Beweisfunktion. Die einstweilige Verfügung gegen den Begünstigten kann als liquides Beweismittel für den Rechtsmißbrauch dienen.

c) **Arrest.** Der Garantieauftragnehmer kann gegen den Begünstigten einen Arrest erwirken und den Auszahlungsanspruch des Garantiebetrages pfänden lassen (vgl. dazu *Aden* RIW/AWD 1981, 439 ff.; *Canaris*, Rdnr. 1152; *Schütze* DB 1981, 779 ff.; *ders.*, Bankgarantien, S. 99). Formalistisch sind die teilweise erhobenen Bedenken (so *Pleyer* WPM-Beil. 2/1973, S. 24; *Zahn/Eberding/Ehrlich*, S. 431), der Anspruch auf Nichtinanspruchnahme der Garantie sei als Individualanspruch kein geeigneter Arrestanspruch. Der Anspruch kann aber in einen Geldanspruch übergehen. Das ist ausreichend (vgl. *Aden* RIW/AWD 1981, 439 ff.; *Mülbert*, S. 179; *Nielsen* ZIP 1982, 253 ff.). Der Weg über den Arrest ist auch für die Garantiebank der schonendste. Sie wird an dem Verfahren nicht beteiligt und kann dem Begünstigten ohne „Gesichtsverlust" die Pfändung des Anspruchs entgegenhalten und ihm anheimstellen, Widerspruch gegen den Arrest einzulegen.

17. Anwendbares Recht. Art. 27 URDG enthält eine Rechtswahlklausel zugunsten des Sitzrechtes der Garantiebank bzw. Rückgarantiebank. Diese Rechtswahlklausel steht in Übereinstimmung mit Art. 27 EGBGB und hält auch – wenn man die URDG – zu Unrecht – als AGB ansehen wollte – einer Unangemessenheitsprüfung nach § 9 AGBG stand.

Die Rechtswahlklausel in den URDG betrifft nur das Verhältnis der Garantiebank zum Begünstigten und der Rückgarantiebank zur Garantiebank. Wird die Garantie bestätigt, so übernimmt die bestätigende Bank eine eigenständige Verpflichtung gegenüber dem Begünstigten. Es ist auf ihr Sitzrecht abzustellen (vgl. *Bark* ZIP 1982, 655/658; *Goerke*, S. 95; *Schütze*, FS Gernhuber, S. 468).

Wird die Garantie indossiert, so haftet die indossierende Bank nicht neben, sondern hinter der Garantiebank. Es gelten deshalb die Grundsätze der Artt. 93 Abs. 2 WG, 63 ScheckG entsprechend. Maßgeblich ist das Recht des Staates, in dem die Indossierung vorgenommen wird (vgl. *Schütze*, FS Gernhuber, S. 468 f.; *ders.*, Bankgarantien, S. 85).

Der Anwendung des Garantiestatuts sind durch das internationale öffentliche Recht Grenzen gesetzt. Dieses kann dazu führen, daß neben der durch das Garantiestatut berufenen Rechtsordnung eine andere Rechtsordnung hinsichtlich zwingender Normen zur Anwendung kommt (vgl. *Goerke*, S. 120 ff.). Bedeutsam ist in diesem Zusammenhang insbesondere das Abkommen von Bretton Woods, dessen Devisenbeschränkungen das internationale Privatrecht der Mitgliedstaaten verdrängen. Auch Garantien fallen unter Art. VIII Abschn. 2b des Übereinkommens (vgl. oben Anm. 13).

18. Gerichtsstandsvereinbarung. Art. 28 URDG enthält eine Gerichtsstandsklausel für Ansprüche im Verhältnis von Garantiebank und Garantiebegünstigtem zugunsten der Gerichte des Staates, in dem sich der Geschäftssitz der Garantiebank befindet. Gerichtsstandsklauseln in AGB sind zulässig (vgl. *Schütze* DZWir 1992, 89ff.). Selbst wenn die URDG – was teilweise zu Unrecht angenommen wird – AGB darstellten, so bestünden im Prinzip keine Bedenken gegen die Zulässigkeit.

Probleme bereitet die Gerichtsstandsklausel jedoch im Hinblick auf Art. 17 EuGVÜ. Diese Regelung sieht ein volles oder halbes Schriftformerfordernis vor. Dieses ist zwar seit dem Beitrittsübereinkommen vom 9. 10. 1978 gelockert worden. Gerichtsstandsvereinbarungen sind auch dann wirksam, wenn sie „in einer Form geschlossen werden, die den internationalen Handelsbräuchen entspricht, die den Parteien bekannt sind oder die als ihnen bekannt angesehen werden müssen". Man wird Art. 28 URDG jedoch noch nicht als Handelsbrauch ansehen können. Die Gerichtsstandsvereinbarung in dieser Regelung ist deshalb im Geltungsbereich des Art. 17 URDG unwirksam. Dasselbe gilt im Geltungsbereich von Art. 17 LugÜ.

19. Kosten. Die Gebühren des Anwalts bestimmen sich nach § 118 BRAGO. Geschäftswert ist der Garantiebetrag.

3. Advance Payment Guarantee* [1, 2, 4, 7]

(Anzahlungsgarantie)

BANK'S NAME, AND ADDRESS OF ISSUING BRANCH OR OFFICE

Beneficiary: .... Date: ....
(name and address)

ADVANCE PAYMENT GUARANTEE No. ....

We have been informed that _____, (hereinafter called „the Principal"), has entered into contract No. _____ dated _____ with you, for the supply of *(description of goods and/or services)*

Furthermore, we understand that, according to the conditions of the contract, an advance payment in the sum of _____ is to be made against an advance payment guarantee.

At the request of the Principal, we *(name of bank)* _____ hereby irrevocably undertake to pay you any sum or sums not exceeding in total an amount of[3), 6)] _____ (say: _____) upon receipt by us of your first demand in writing and your written statement stating:[5)]
 i) that the Principal is in breach of his obligation(s) under the underlying contract; and
ii) the respect in which the Principal is in breach.

Your demand for payment must also be accompanied by the following document(s):
(specify document(s) if any, or delete)

It is a condition for any claim and payment to be made under this guarantee that the advance payment referred to above must have been received by the Principal on his account number _____ at *(name and address of bank)*

This guarantee shall expire on _____ at the latest.

Consequently, any demand for payment under it must be received by us at this office on or before that date.

> **This guarantee is subject to the Uniform Rules for Demand Guarantees, ICC Publication No. 458.**

Signature(s):

---

* Dieses Dokument wurde mit freundlicher Genehmigung der International Chamber of Commerce entnommen aus ICC Publication N° 458.

3. Advance Payment Guarantee (Anzahlungsgarantie) VII. 3

*Übersetzung**

Bezeichnung der Bank, Adresse der auslegenden Niederlassung oder Geschäftsstelle ......
....

Begünstigter ......   Datum ......
(Name und Adresse)

Anzahlungsgarantie Nr. ......

Wir haben davon Kenntnis, daß ...... (Auftraggeber) mit Ihnen den Vertrag Nr. ......, vom ...... über die Lieferung von ...... (Beschreibung der Lieferungen oder Leistungen) abgeschlossen hat.

Wir haben weiter Kenntnis, daß nach den Vertragsbedingungen eine Anzahlung in Höhe von ...... gegen eine Anzahlungsgarantie geleistet wird.

Auf Ersuchen des Auftraggebers verpflichten wir ...... (Name der Bank) uns hierdurch unwiderruflich, Ihnen jeden Betrag oder alle Beträge, insgesamt jedoch höchstens ...... (in Worten: ......) auf Ihre erste schriftliche Anforderung zusammen mit Ihren schriftlichen Erklärungen,
– daß der Auftraggeber seine Verpflichtungen aus dem zugrunde liegenden Vertrag verletzt hat, und
– welcher Art die Verletzung durch den Auftraggeber ist,
zu zahlen.

Ihrer Anforderung muß (müssen) folgendes (folgende) Dokument(e) beigefügt sein (Bezeichnung der Dokumente, soweit einschlägig, sonst streichen).

Voraussetzung für jeden Anspruch und jede Zahlung unter dieser Garantie ist es, daß die oben bezeichnete Vorauszahlung auf dem Konto Nr. ...... bei (Name und Adresse der Bank) des Auftraggebers eingegangen ist.

Diese Garantie verfällt spätestens am ......

Dementsprechend muß (müssen) jede (alle) Zahlungsanforderung(en) vor oder an diesem Tag dieser Geschäftsstelle zugegangen sein.

Diese Garantie unterliegt den Einheitlichen Richtlinien für auf Anforderung zahlbare Garantien, ICC Publikation Nr. 458

Unterschrift(en)
......

Schrifttum: Schröder, Rückzahlungsgarantien oder -bürgschaften ohne Anzahlungseingang beim Avalkreditgeber, DB 1975, 2357 ff.; vgl. im übrigen das Schrifttum zu Form 1

Übersicht

	Seite
1. Sachverhalt	744
2. Wahl des Formulars	744
3. Garantiebetrag	744
4. Rechtsmißbräuchliche Inanspruchnahme	744
5. Darlegung des Garantiefalles	744–745
6. Rückführung der Garantie	745
7. Kosten	745

---

* Freie, von der ICC nicht autorisierte Übersetzung.

Anmerkungen

1. Sachverhalt. Gegenstand des Formulars ist die Garantie einer deutschen Bank zugunsten eines ausländischen Begünstigten im Rahmen eines internationalen Geschäftes, in dessen Erfüllung der Begünstigte eine Anzahlung geleistet hat. Die Garantie ist vom Garantieauftraggeber zur Sicherung eines etwaigen Anspruchs des Begünstigten auf Rückzahlung der Anzahlung im Falle der Nichterbringung der vertragsgemäßen Leistungen durch den Auftraggeber zu stellen (vgl. dazu *Avancini/Iro/Koziol*, S. 251; *Schröder* DB 1975, 2357 ff.; *Graf von Westphalen*, Die Bankgarantie, S. 38 f.; *Zahn/Eberding/Ehrlich*, S. 373 ff.). In der französischen Terminologie wird die Form der Garantie auch als „garantie de remboursement d'acompte" oder „garantie d'acompte", in der englischen Terminologie als „down payment guarantee", „advance payment bond" oder „re-payment guarantee" bezeichnet. Das ICC-Formular verwendet den Terminus „advance payment guarantee" einheitlich.

2. Wahl des Formulars. Das Formular ist der ICC Publication Nr. 458 entnommen. Dieses Formular ist aus den Einheitlichen Richtlinien für „auf Anfordern" zahlbare Garantien abgeleitet, die diesen Garantietyp allerdings nicht definieren. Die Definition findet sich in Art. 2 lit. c URCG als

> „die Verpflichtung, die eine Bank, eine Versicherungsgesellschaft oder eine sonstige Stelle (Garant) auf Verlangen eines Lieferanten von Waren oder Leistungen oder eines sonstigen Unternehmens (Garantieauftraggeber) oder auf Anweisung einer vom Garantieauftraggeber dazu beauftragten Bank, Versicherungsgesellschaft oder sonstigen Stelle (anweisende Stelle) gegenüber einem Käufer oder Besteller/Bauherrn (Begünstigter) eingeht, wonach es der Garant übernimmt – bei Nichterstattung seitens des Garantieauftraggebers gemäß den Bedingungen eines zwischen diesem und dem Begünstigten geschlossenen Vertrages (Hauptvertrag) vom Begünstigten an den Garantieauftraggeber geleistete und nicht anderweitig erstattete Anzahlungen oder Zahlungen – dem Begünstigten im Rahmen einer festgesetzten Geldsumme Zahlung zu leisten."

Das Formular wird nur insoweit besonders kommentiert, als Abweichungen oder Ergänzungen zu dem Muster der Bietungsgarantie bestehen. Im übrigen kann auf die Anmerkungen zu Form IV.2 verwiesen werden.

3. Garantiebetrag. Der Garantiebetrag entspricht der Höhe der Anzahlung, da in dieser Höhe ein Risiko des Begünstigten vorliegt (vgl. *Pleyer* WPM-Beil. 2/1973, S. 6; *Schütze*, Bankgarantien, S. 15; *Graf von Westphalen*, Bankgarantie, S. 39).

4. Rechtsmißbräuchliche Inanspruchnahme. Ansprüche aus der Anzahlungsgarantie dürfen nur zweckbestimmt geltend gemacht werden. Die in der Praxis häufig zu findende Übung, den advance payment bond zur Erhöhung der Erfüllungsgarantie zu benutzen, ist unzulässig (vgl. *Schinnerer/Avancini*, S. 328; *Schütze* RIW/AWD 1981, 83/84). Derartige Inanspruchnahmen sind rechtsmißbräuchlich. Auch wenn die Garantieurkunde nicht zurückgegeben wird, wird die Anzahlungsgarantie mit der Erbringung der Leistungen, für die die Anzahlung geleistet wurde, hinfällig. Das wird offensichtlich, wenn beispielsweise ein provisional acceptance certificate vorliegt. Denn dieses zeigt, daß die Arbeiten erbracht sind und nur noch Gewährleistungsansprüche in Betracht kommen können, zu deren Sicherung der advance payment bond nicht dient (vgl. *Schütze* RIW/AWD 1981, 83/83). Das ICC-Formular sieht leider keine Reduzierung der Garantie nach Lieferungsfortschritt vor, bei der Fälle rechtsmißbräuchlicher Inanspruchnahme kaum denkbar sind.

5. Darlegung des Garantiefalles. Trotz der mißverständlichen Entscheidung des BGH zur Bürgschaft „auf erstes Anfordern" (BGH NJW 1994, 380 mit Anm. *Schütze* EWiR, § 765 BGB, 2/94, 131) trifft den Begünstigten eine Darlegungslast (vgl. dazu Form IV.2, Anm. 12). Er muß bei Inanspruchnahme darlegen, daß

3. Advance Payment Guarantee (Anzahlungsgarantie)   VII. 3

– er die Anzahlung geleistet hat und
– der Auftraggeber die entsprechenden vertraglichen Leistungen nicht erbracht hat (vgl. *Schütze* RIW/AWD 1981, 83 ff.; *Schröder* DB 1975, 2357 ff.)
– und ihm ein entsprechender Schaden entstanden ist.

Neben dieser Darlegung sieht das Formular die Vorlegung von Dokumenten vor (vgl. dazu *Nielsen,* Bedeutung und Aufmachung von Zusatzzertifikaten im Akkreditiv- und Garantiegeschäft, DZWir 1993, 265 ff.). Derartige Dokumente können sich nach Art. 20 lit. a URDG darauf beziehen,
– daß der Auftraggeber seine Verpflichtungen unter dem Vertrag verletzt hat und
– welcher Art die Verletzung durch den Auftraggeber ist.

Die Zusatzzertifikate in den Garantiebedingungen müssen so gestaltet sein, daß sie nach Aufmachung, Aussteller und Inhalt so definiert sind, daß die Garantiebank die Ordnungsmäßigkeit der Dokumente aus diesen heraus beurteilen kann (vgl. *Nielsen* DZWir 1993, 265/271). Zusatzzertifikate können bei der Anzahlungsgarantie sein: dokumentärer Nachweis der Anzahlung und Bescheinigungen von Kontrollgesellschaften, quantity surveyors und Sachverständigen über die Nicht- (nicht fristgemäße) Erfüllung der Verpflichtungen des zugrunde liegenden Vertrages durch den Auftraggeber.

Häufig enthalten Anzahlungsgarantien die Bedingung, daß diese erst in Kraft treten, wenn die Anzahlung über ein Konto bei der Garantiebank („Bei-uns-Klausel") erfolgt. Das läßt eine besondere Darlegung der Leistung der Anzahlung und ihren Nachweis entfallen (vgl. *Graf von Westphalen,* Bankgarantie, S. 114 f.).

6. Rückführung der Garantie. Wegen ihrer abstrakten Rechtsnatur besteht die Garantieverpflichtung auch bei Erfüllung der geschuldeten Leistung fort. Bei der Anzahlungsgarantie läßt sich – soweit es sich um Liefergeschäfte handelt – verhältnismäßig leicht nachweisen, inwieweit der Anzahlung eine Erfüllung durch den Auftraggeber gegenübersteht. Deshalb ist es üblich, eine automatische Ermäßigung der Garantiesumme entsprechend der (teilweisen) Erfüllung des Grundgeschäftes vorzusehen (vgl. *Nielsen,* 5/149; *Graf von Westphalen,* Bankgarantie, S. 117 f.; *Zahn/Eberding/Ehrlich,* S. 376). Das ICC-Formular verzichtet hierauf. Die ICC hat zu der Publikation Nr. 458 eine besondere Rückführungsregelung entwickelt

> „The maximum amount of this guarantee will be reduced by ... % of the total value of each part-shipment against presentation to us of copies of the relevant invoice(s) and transport document(s).
> This guarantee shall expire when, on the basis of copies of the documents mentioned above, we have reduced the guarantee amount to zero, or on _____ (date), whichever is the earlier. Our liability to you under this guarantee will then cease and the guarantee will be of no further effect."

7. Kosten. Die Gebühren des Anwalts bestimmen sich nach § 118 BRAGO. Geschäftswert ist der Garantiebetrag.

4. Performance Guarantee* [1, 2, 4, 6]

(Erfüllungsgarantie)

BANK'S NAME, AND ADDRESS OF ISSUING BRANCH OR OFFICE

Beneficiary: .... Date: ....
(name and address)

PERFORMANCE GUARANTEE No. ......

We have been informed that _____, (hereinafter called „the Principal"), has entered into contract No. _____ dated _____ with you, for the supply of *(description of goods and/or services)*

Furthermore, we understand that, according to the conditions of the contract, a performance guarantee is required.

At the request of the Principal, we *(name of bank)* _____ hereby irrevocably undertake to pay you any sum or sums not exceeding in total an amount of[3] _____ (say: _____) upon receipt by us of your first demand in writing and your written statement stating:[5]
  i) that the Principal is in breach of his obligation(s) under the underlying contract; and
  ii) the respect in which the Principal is in breach.

Your demand for payment must also be accompanied by the following document(s):
(specify document(s) if any, or delete)

This guarantee shall expire on _____ at the latest.

Consequently, any demand for payment under it must be received by us at this office on or before that date.

This guarantee is subject to the Uniform Rules for Demand Guarantees, ICC Publication No. 458.

Signature(s):

* Dieses Dokument wurde mit freundlicher Genehmigung der International Chamber of Commerce entnommen aus ICC Publication N° 458.

4. Performance Guarantee (Erfüllungsgarantie)   VII. 4

*Übersetzung**

Bezeichnung der Bank, Adresse der auslegenden Niederlassung oder Geschäftsstelle ......
....

Begünstigter ......   Datum ......
(Name und Adresse)

Erfüllungsgarantie Nr. ......

Wir haben davon Kenntnis, daß ...... (Auftraggeber) mit Ihnen den Vertrag Nr. ......, vom ...... über die Lieferung von ...... (Beschreibung der Lieferungen oder Leistungen) abgeschlossen hat.

Wir haben weiter Kenntnis, daß nach den Vertragsbedingungen eine Erfüllungsgarantie gestellt werden muß.

Auf Ersuchen des Auftraggebers verpflichten wir ...... (Name der Bank) uns hierdurch unwiderruflich, Ihnen jeden Betrag oder alle Beträge, insgesamt jedoch höchstens ...... (in Worten: ......) auf Ihre erste schriftliche Anforderung zusammen mit Ihren schriftlichen Erklärungen,
- daß der Auftraggeber seine Verpflichtungen aus dem zugrunde liegenden Vertrag verletzt hat, und
- welcher Art die Verletzung durch den Auftraggeber ist, zu zahlen.

Ihrer Anforderung muß (müssen) folgendes (folgende) Dokument(e) beigefügt sein (Bezeichnung der Dokumente, soweit einschlägig, sonst streichen).

Diese Garantie verfällt spätestens am ......

Dementsprechend muß (müssen) jede (alle) Zahlungsanforderung(en) vor oder an diesem Tag dieser Geschäftsstelle zugegangen sein.

Diese Garantie unterliegt den Einheitlichen Richtlinien für auf Anforderung zahlbare Garantien, ICC Publikation Nr. 458

Unterschrift(en)
......

Schrifttum: vgl. Form IV.2

Übersicht

	Seite
1. Sachverhalt	747–748
2. Wahl des Formulars	748
3. Garantiebetrag	748
4. Rechtsmißbräuchliche Inanspruchnahme	748
5. Darlegung des Garantiefalles	748–749
6. Kosten	749

Anmerkungen

1. Sachverhalt. Gegenstand des Formulars ist die Garantie einer deutschen Bank zugunsten eines ausländischen Begünstigten im Rahmen eines internationalen Geschäfts zur Sicherung des Erfüllungsanspruchs gegen den Auftraggeber der Garantie. Die Garantie ist vom Auftraggeber zu stellen, um die vertragsgemäße Lieferung und Leistung aus dem Grundgeschäft sicherzustellen und kann auch zur Sicherung eines etwaigen Vertragsstrafeversprechens dienen (vgl. dazu *Avancini/Iro/Koziol,* S. 251; *Graf von West-*

---

* Freie, von der ICC nicht autorisierte Übersetzung.

phalen, Bankgarantie, S. 39 ff.). In der französischen Terminologie wird diese Form der Garantie auch als „garantie de livraison" (Liefergarantie) oder „garantie d'exécution" (Leistungsgarantie), in der englischen Terminologie als „delivery guarantee" (Liefergarantie), „performance guarantee" oder „performance bond" (Leistungsgarantie) bezeichnet.

Die URDG definieren die Erfüllungsgarantie nicht. Anders Art. 2 lit. b URCG, der die Erfüllungsgarantie beschreibt als

> „die Verpflichtung, die eine Bank, eine Versicherungsgesellschaft oder eine sonstige Stelle (Garant) auf Verlangen eines Lieferanten von Waren oder Leistungen oder anderen Unternehmens (Garantieauftraggeber) oder auf Anweisung einer vom Garantieauftraggeber dazu beauftragten Bank, Versicherungsgesellschaft oder sonstigen Stelle (anweisende Stelle) gegenüber einem Käufer bzw. Besteller/Bauherrn (Begünstigter) eingeht, wonach es der Garant übernimmt – bei nicht ordnungsgemäßer Erfüllung durch den Garantieauftraggeber der Bedingungen eines zwischen diesem und dem Begünstigten geschlossenen Vertrages (Hauptvertrag) – den Begünstigten im Rahmen einer festgesetzten Geldsumme Zahlung zu leisten bzw., falls dies in der Garantieurkunde vorgesehen ist, nach Wahl des Garanten für die Erfüllung des Vertrages zu sorgen."

2. Wahl des Formulars. Das Formular ist das Standardformular zur ICC-Publikation Nr. 458 (URDG). Es entspricht nach Aufbau und Inhalt weitgehend der Garantie Form IV.2. Es wird nur insoweit erläutert, als Besonderheiten gegenüber Form IV.2 bestehen.

3. Garantiebetrag. Die Höhe des Garantiebetrages schwankt. Sie beträgt regelmäßig 10% des Auftragswerts (vgl. *Graf von Westphalen,* Die Bankgarantie, S. 40), kann aber auch bis zu 20% gehen (vgl. *Pleyer* WPM-Beil. 2/1973, S. 6).

4. Rechtsmißbräuchliche Inanspruchnahme. Ansprüche aus der Erfüllungsgarantie dürfen nur zweckbestimmt geltend gemacht werden. Jede Inanspruchnahme für andere als vertraglich vorgesehene Zwecke ist rechtsmißbräuchlich (vgl. *Schütze* RIW/AWD 1981, 83/84). Jedoch ist eine Inanspruchnahme für Vertragsstrafeversprechen zulässig (vgl. *Schütze* RIW/AWD 1981, 83/84). Denn die Erfüllungsgarantie sichert den Schadensersatz wegen Nichterfüllung. Vertragsstrafeversprechen sind häufig in Wahrheit Vereinbarungen pauschalierten Schadensersatzes. Die Grenzen sind fließend. Eine scheinbare Ausnahme des Grundsatzes, daß Ansprüche aus der Erfüllungsgarantie nur zur Sicherung des Schadensersatzanspruchs aus Nicht-, Schlecht- oder Zuspäterfüllung zulässig sind, stellt der Fall dar, daß eine Erfüllungsgarantie zur Rückforderung einer Anzahlung bei nicht zustande gekommenem Vertragsschluß in der Regel in Anspruch genommen werden kann (BGH WPM 1988, 212/213), da der Verlust der Anzahlung Teil des Nichterfüllungsschadens ist (vgl. *Canaris,* Rdnr. 1133 a).

Der Übergang zur Gewährleistungsgarantie ist fließend. Eine klare Unterscheidung ist möglich, wenn ein provisional acceptance certificate vorgesehen ist. Dieses zeigt, daß erfüllt ist und nur noch Gewährleistungsansprüche denkbar sind.

5. Darlegung des Garantiefalles. Der Begünstigte muß bei Inanspruchnahme darlegen,
– daß die Lieferung und Leistung nicht vertragsgemäß erfolgt ist,
– welche Vertragsverletzungen der Auftraggeber begangen hat und
– daß dem Begünstigten ein Schaden in Höhe von mindestens der Garantiesumme entstanden ist (vgl. *Schütze* RIW/AWD 1981, 83/84).

Das Formular enthält die letztere Darlegungsnotwendigkeit nicht. Sie gilt aber für jeden Darlegungsfall (vgl. *Schütze,* Bankgarantien, S. 63).

Ein Nachweis ist nicht erforderlich. Auf die Erklärung, die – wenn sie falsch ist – eine Strafbarkeit wegen Betrugs herbeiführen kann, kann aber nicht verzichtet werden.

Die Darlegung des Schadens ist nicht notwendig, wenn die Erfüllungsgarantie für ein Vertragsstrafeversprechen in Anspruch genommen wird, was zulässig ist (vgl. *Schütze* RIW/AWD 1981, 83/84). Dabei ist es unerheblich, ob ein echtes Vertragsstrafeversprechen oder die Vereinbarung pauschalierten Schadensersatzes vorliegt. In beiden Fällen

4. Performance Guarantee (Erfüllungsgarantie)

ist die Schadenshöhe durch Vereinbarung hinreichend dargelegt. Neben der schriftlichen Zahlungsanforderung kann die Garantie – wie im Formular vorgesehen – die Vorlage von Dokumenten vorsehen (vgl. dazu *Nielsen,* Bedeutung und Aufmachung von Zusatzzertifikaten im Akkreditiv- und Garantiegeschäft, DZWir 1993, 265 ff.). Die Art der Dokumente ist in Art. 20 lit. a URDG beschrieben. Zulässig ist die Anforderung aller Dokumente, die zum Nachweis geeignet sind,
- daß der Auftraggeber seine Verpflichtungen aus dem zugrunde liegenden Vertrag verletzt hat und
- welcher Art die Verletzung durch den Auftraggeber ist.

Grundsatz bei der Aufnahme von Zusatzzertifikaten in die Garantiebedingungen muß sein, daß diese nach Aufmachung, Ausstellung im Inhalt so definiert sind, daß die Garantiebank die Ordnungsmäßigkeit der Dokumente aus diesen heraus beurteilen kann (vgl. *Nielsen* DZWir 1993, 265/271). Zusatzzertifikate i.S. von Artt. 3 lit. e, 20 lit. a URDG können bei der Erfüllungsgarantie für die Nicht- und Schlechterfüllung insbesondere Sachverständigengutachten und Bescheinigungen von Kontrollgesellschaften und quantitiy surveyors sein, für die Zuspäterfüllung die Vorlage von Lade-, Lösch- und Transportdokumenten.

6. Kosten. Die Gebühren des Anwalts bestimmen sich nach § 118 BRAGO. Geschäftswert ist der Garantiebetrag.

5. Warranty Guarantee* [1, 2, 4, 6]

(Gewährleistungsgarantie)

BANK'S NAME, AND ADDRESS OF ISSUING BRANCH OR OFFICE

Beneficiary: .... Date: ....
(name and address)

WARRANTY GUARANTEE No. ......
_____

We have been informed that _____, (hereinafter called „the Principal"), has entered into contract No. _____ dated _____ with you for the supply of *(description of goods and/or services)*

Furthermore, we understand that, according to the conditions of the contract, a warranty guarantee is required.

At the request of the Principal, we *(name of bank)* _____ hereby irrevocably undertake to pay you any sum or sums not exceeding in total an amount of[3] _____ (say: _____) upon receipt by us of your first demand in writing and your written statement stating:[5]
 i) that the Principal is in breach of his obligation(s) under the underlying contract, and
 ii) the respect in which the Principal is in breach.

Your demand for payment must also be accompanied by the following document(s):
(specify document(s) if any, or delete)

This guarantee shall expire on _____ at the latest.

Consequently, any demand for payment under it must be received by us at this office on or before that date.

**This guarantee is subject to the Uniform Rules for Demand Guarantees,
ICC Publication No. 458.**

Signature(s):

_____

* Dieses Dokument wurde mit freundlicher Genehmigung der International Chamber of Commerce aus ICC Publication N° 458 entnommen.

5. Warranty Guarantee (Gewährleistungsgarantie) VII. 5

*Übersetzung**

Bezeichnung der k, Adresse der auslegenden Niederlassung oder Geschäftsstelle ....

....

Begünstigter ......   Datum ......
(Name und Adresse)

                Gewährleistungsgarantie Nr. ......

Wir haben davon Kenntnis, daß ...... (Auftraggeber) mit Ihnen den Vertrag Nr. ......, vom ...... über die Lieferung von ...... (Beschreibung der Lieferungen oder Leistungen) abgeschlossen hat.

Wir haben weiter Kenntnis, daß nach den Vertragsbedingungen eine Gewährleistungsgarantie gestellt werden muß.

Auf Ersuchen des Auftraggebers verpflichten wir ...... (Name der Bank) uns hierdurch unwiderruflich, Ihnen jeden Betrag oder alle Beträge, insgesamt jedoch höchstens ...... (in Worten: ......) auf Ihre erste schriftliche Anforderung zusammen mit Ihren schriftlichen Erklärungen,

– daß der Auftraggeber seine Verpflichtungen aus dem zugrunde liegenden Vertrag verletzt hat, und
– welcher Art die Verletzung durch den Auftraggeber ist, zu zahlen.

Ihrer Anforderung muß (müssen) folgendes (folgende) Dokument(e) beigefügt sein (Bezeichnung der Dokumente, soweit einschlägig, sonst streichen).

Diese Garantie verfällt spätestens am ......

Dementsprechend muß (müssen) jede (alle) Zahlungsanforderung(en) vor oder an diesem Tag dieser Geschäftsstelle zugegangen sein.

Diese Garantie unterliegt den Einheitlichen Richtlinien für auf Anforderung zahlbare Garantien, ICC Publikation Nr. 458

Unterschrift(en)
......

Schrifttum: vgl. Form 1

Übersicht

	Seite
1. Sachverhalt	751–752
2. Wahl des Formulars	752
3. Garantiebetrag	752
4. Rechtsmißbräuchliche Inanspruchnahme	752
5. Darlegung des Garantiefalles	752
6. Kosten	752

Anmerkungen

1. Sachverhalt. Gegenstand des Formulars ist die Garantie einer deutschen Bank zugunsten eines ausländischen Begünstigten im Rahmen eines internationalen Geschäfts zur Sicherung der Gewährleistungsansprüche gegenüber dem Auftraggeber der Garantie. Die Garantie ist vom Auftraggeber zu stellen, um die Durchsetzung von vertraglichen oder gesetzlichen Ansprüchen des Begünstigten auf Gewährleistung oder Garantie für

---

* Freie, von der ICC nicht autorisierte Übersetzung.

eine Lieferung oder Leistung zu sichern. Die Gewährleistungsgarantie hat weder in den URDG noch in den URCG eine besondere Regelung gefunden. Sie wird als Unterfall der Erfüllungsgarantie betrachtet (vgl. *Schütze*, Bankgarantien, S. 15). In der französischen Terminologie wird diese Form der Garantie auch als „garantie de bon fonctionnement", in der englischen Terminologie als „warranty bond" oder „warranty guarantee" – letztere Formulierung wird von der ICC favorisiert – bezeichnet.

2. Wahl des Formulars. Die Gewährleistungsgarantie ist eine Erscheinungsform der international üblichen Bankgarantien. Das Formular ist aus dem Grundtyp der Garantie abgeleitet und entspricht den übrigen Garantien nach der ICC-Publikation Nr. 458. Es wird nur insoweit besonders kommentiert, als Abweichungen oder Ergänzungen zum Grundmuster bestehen.

3. Garantiebetrag. Die Höhe schwankt. Sie beträgt regelmäßig 5% des Auftragswertes (vgl. *Graf von Westphalen*, Bankgarantie, S. 40).

4. Rechtsmißbräuchliche Inanspruchnahme. Ansprüche aus der Gewährleistungsgarantie dürfen nur zweckbestimmt geltend gemacht werden. Jede Inanspruchnahme für andere als die vertraglich vorgesehenen Zwecke ist rechtsmißbräuchlich (vgl. *Schütze* RIW/AWD 1981, 83/84). Insbesondere darf die Gewährleistungsgarantie nicht zur Erhöhung der Erfüllungsgarantie benutzt werden. Macht der Begünstigte deshalb Ansprüche aus der Gewährleistungsgarantie mit der Begründung geltend, der Garantieauftraggeber habe nicht oder zu spät erfüllt, so ist die Inanspruchnahme rechtsmißbräuchlich. Nur eine Inanspruchnahme für Ansprüche aus Schlechterfüllung ist garantiekonform.

5. Darlegung des Garantiefalles. Der Begünstigte muß bei Inanspruchnahme darlegen,
– daß der Auftraggeber seine Verletzungen zur mangelfreien Lieferung der Sache bzw. mangelfreien Herstellung des Werkes verletzt hat und die Leistungen mangelhaft sind und
– die Gewährleistungsfrist noch nicht abgelaufen ist (vgl. *Schütze* RIW/AWD 1981, 83/84) und
– welcher Art die Mängel sind und
– daß ein Schaden in Höhe des Garantiebetrages entstanden ist.

Die letztere Voraussetzung ist in das Formular nicht aufgenommen. Sie ergibt sich aber aus allgemeinem Garantierecht (vgl. *Schütze* RIW/AWD 1981, 83 ff./84; ders., Bankgarantien, S. 63).

Ein Nachweis des Garantiefalls ist nicht erforderlich. Auf die Erklärung, die – wenn sie falsch ist – eine Strafbarkeit wegen Betruges herbeiführen kann, kann jedoch nicht verzichtet werden.

Darüber hinaus kann die Vorlage von Dokumenten – wie im Formular vorgesehen – verlangt werden (vgl. dazu *Nielsen*, Bedeutung und Aufmachung von Zusatzzertifikaten im Akkreditiv- und Garantiegeschäft, DZWir 1993, 265 ff.). Derartige Dokumente können sich nach Art. 20 lit. a URDG darauf beziehen
– daß der Auftraggeber seine Verpflichtungen zum Grundgeschäft verletzt hat und
– welcher Art die Verletzung durch den Auftraggeber ist.

Grundsatz bei der Aufnahme von Zusatzzertifikaten muß sein, daß diese nach Aufmachung, Aussteller und Inhalt so definiert sind, daß die Garantiebank die Ordnungsmäßigkeit der Dokumente aus diesen heraus beurteilen kann (vgl. *Nielsen* DZWir 1993, 265/271). Zusatzzertifikate bei der Gewährleistungsgarantie können insbesondere Gutachten von Kontrollgesellschaften, quantity surveyors oder Sachverständigen sein.

6. Kosten. Die Gebühren der Anwälte bestimmen sich nach § 118 BRAGO. Geschäftswert ist der Garantiebetrag.

6. Retention money guarantee* [1, 2, 4, 6]

(Einbehaltsgarantie)

BANK'S NAME, AND ADDRESS OF ISSUING BRANCH OR OFFICE

Beneficiary: .... Date: ....
(name and address)

RETENTION MONEY GUARANTEE No. ......

We have been informed that _____ , (hereinafter called
„the Principal"), has entered into contract No. _____ dated
_____ with you, for the supply of *(description of goods and/or services)*

Furthermore, we understand that, according to the conditions of the contract, retention money in the sum of _____ covering the Principal's warranty obligations will be released against a retention money guarantee.

At the request of the Principal, we *(name of bank)* _____ hereby irrevocably undertake to pay you any sum or sums not exceeding in total an amount of[3] _____ (say: _____) upon receipt by us of your first demand in writing and your written statement stating:[5]
 i) that the Principal is in breach of his obligation(s) under the underlying contract; and
 ii) the respect in which the Principal is in breach.

Your demand for payment must also be accompanied by the following document(s):
(specify document(s) if any, or delete)

It is a condition for any claim and payment to be made under this guarantee that the retention money payment referred to above must have been received by the Principal on his account number _____ at *(name and address of bank)*

This guarantee shall expire on _____ at the latest.

Consequently, any demand for payment under it must be received by us at this office on or before that date.

This guarantee is subject to the Uniform Rules for Demand Guarantees,
ICC Publication No. 458.

Signature(s):

---

* Dieses Dokument wurde mit freundlicher Genehmigung der Internationalen Chamber of Commerce aus ICC Publication N° 458 entnommen.

VII. 6

*Übersetzung**

Bezeichnung der Bank, Adresse der auslegenden Niederlassung oder Geschäftsstelle ......
....

Begünstigter ......   Datum ......
(Name und Adresse)

            Einbehaltsgarantie Nr. ......

Wir haben davon Kenntnis, daß ...... (Auftraggeber) mit Ihnen den Vertrag Nr. ......, vom ...... über die Lieferung von ...... (Beschreibung der Lieferungen oder Leistungen) abgeschlossen hat.

Wir haben weiter Kenntnis, daß nach den Vertragsbedingungen ein Einbehalt im Betrag von ......, der zur Sicherung der Gewährleistungsansprüche des Auftraggebers dient, gegen eine Einbehaltungsgarantie freigegeben wird.

Auf Ersuchen des Auftraggebers verpflichten wir ...... (Name der Bank) uns hierdurch unwiderruflich, Ihnen jeden Betrag oder alle Beträge, insgesamt jedoch höchstens ...... (in Worten: ......) auf Ihre erste schriftliche Anforderung zusammen mit Ihren schriftlichen Erklärungen,
– daß der Auftraggeber seine Verpflichtungen aus dem zugrunde liegenden Vertrag verletzt hat, und
– welcher Art die Verletzung durch den Auftraggeber ist,
zu zahlen.

Ihrer Anforderung muß (müssen) folgendes (folgende) Dokument(e) beigefügt sein (Bezeichnung der Dokumente, soweit einschlägig, sonst streichen).

Voraussetzung für jeden Anspruch und jede Zahlung unter dieser Garantie ist es, daß der oben bezeichnete Einbehalt auf dem Konto Nr. ...... bei (Name und Adresse der Bank) des Auftraggebers eingegangen ist.

Diese Garantie verfällt spätestens am ......

Dementsprechend muß (müssen) jede (alle) Zahlungsanforderung(en) vor oder an diesem Tag dieser Geschäftsstelle zugegangen sein.

Diese Garantie unterliegt den Einheitlichen Richtlinien für auf Anforderung zahlbare Garantien, ICC Publikation Nr. 458

Unterschrift(en)
......

Schrifttum: vgl. Form IV.2

Übersicht

	Seite
1. Sachverhalt	754–755
2. Wahl des Formulars	755
3. Garantiebetrag	755
4. Rechtsmißbräuchliche Inanspruchnahme	755
5. Darlegung des Garantiefalles	755
6. Kosten	755

Anmerkungen

1. Sachverhalt. Gegenstand des Formulars ist die Garantie einer deutschen Bank zugunsten eines ausländischen Begünstigten im Rahmen eines internationalen Geschäftes

---

* Freie, von der ICC nicht autorisierte Übersetzung.

6. Retention money guarantee (Einbehaltsgarantie) VII. 6

zur Sicherung des Erfüllungs- und/oder Gewährleistungsanspruchs bei einem Lieferungs- oder Leistungsgeschäft. Die Garantie im vorliegenden Fall sichert den Kaufpreis- oder Werklohneinbehalt, der bei vielen Geschäften üblich ist (vgl. *Schütze*, Bankgarantien, S. 1). Durch die Ablösung des Einbehalts erhält der Garantieauftraggeber früher den vollen Kaufpreis bzw. Werklohn, stärkt dadurch seine Liquidität, ohne daß das Sicherungsbedürfnis des Begünstigten Schaden erleidet.

2. Wahl des Formulars. Das Formular ist der ICC-Publikation Nr. 458 entnommen. Es ist eine Erscheinungsform der Garantie „auf erstes Anfordern" nach den Einheitlichen Richtlinien für „auf Anfordern" zahlbare Garantien. Es wird nur insoweit besonders kommentiert, als Abweichungen oder Ergänzungen zu dem Muster der Bietungsgarantie bestehen. Im übrigen kann auf die Anmerkungen zu Form IV.2 verwiesen werden.

3. Garantiebetrag. Der Garantiebetrag entspricht der Höhe nach dem Einbehalt, der vertraglich vereinbart ist. Dieser entspricht regelmäßig der Höhe nach der Gewährleistungsgarantie (vgl. dazu Form IV.5, Anm. 3).

4. Rechtsmißbräuchliche Inanspruchnahme. Ansprüche aus der Einbehaltsgarantie dürfen nur zweckbestimmt geltend gemacht werden. Wenn der Einbehalt für Gewährleistungsansprüche besteht, dann darf die Einbehaltsgarantie nur für Gewährleistungsansprüche geltend gemacht werden. Jede andere Inanspruchnahme ist rechtsmißbräuchlich, insbesondere die Benutzung einer derartigen Garantie zur Erhöhung der Erfüllungsgarantie.

5. Darlegung des Garantiefalles. Trotz der mißverständlichen Entscheidung des BGH zur Bürgschaft „auf erstes Anfordern" (BGH NJW 1994, 380 m. Anm. *Schütze* EWiR, § 765 BGB, 2/94, 131) trifft den Begünstigten eine Darlegungslast (vgl. dazu Form IV.2, Anm. 12). Er muß bei Inanspruchnahme darlegen,
– daß der Auftraggeber die entsprechenden vertraglichen Leistungen nicht erbracht hat und
– ein entsprechender Schaden entstanden ist.
Neben dieser Darlegung sieht das Formular die Vorlegung von Dokumenten vor (vgl. dazu *Nielsen*, Bedeutung und Aufmachung von Zusatzzertifikaten im Akkreditiv- und Garantiegeschäft, DZWir 1993, 265 ff.). Derartige Dokumente können sich nach Art. 20 lit. a URDG darauf beziehen,
– daß der Auftraggeber seine Verpflichtungen unter dem Vertrag verletzt hat und
– welcher Art die Verletzung durch den Auftraggeber ist.
Die Zusatzzertifikate in den Garantiebedingungen müssen so gestaltet sein, daß sie nach Aufmachung, Aussteller und Inhalt so definiert sind, daß die Garantiebank die Ordnungsmäßigkeit der Dokumente aus diesen heraus beurteilen kann (vgl. *Nielsen* DZWir 1993, 265/271). Zusatzzertifikate können bei der Anzahlungsgarantie dieselben sein wie bei der Gewährleistungsgarantie (vgl. dazu Form IV.5, Anm. 5).

6. Kosten. Die Gebühren des Anwalts bestimmen sich nach § 118 BRAGO. Geschäftswert ist der Garantiebetrag

7. OTC Derivate nach dem
1992 ISDA Multicurrency-Cross Border Master Agreement

International Swap Dealers Association, Inc.
MASTER AGREEMENT*

dated as of ....
.... and ....
have entered and/or anticipate entering into one or more transactions (each a "Transaction") that are or will be governed by this Master Agreement, which includes the schedule (the "Schedule"), and the documents and other confirming evidence (each a "Confirmation") exchanged between the parties confirming those Transactions.[2]

Accordingly, the parties agree as follows:

1. Interpretation

(a) *Definitions*[2a]
The terms defined in Section 14 and in the Schedule will have the meaning therein specified for the purpose of this Master Agreement.

(b) *Inconsistency*[3]
In the event of any inconsistency between the provisions of the Schedule and the other provisions of this Master Agreement, the Schedule will prevail. In the event of any inconsistency between the provisions of any Confirmation and this Master Agreement (including the Schedule), such Confirmation will prevail for the purpose of the relevant Transaction.

(c) *Single Agreement*[4]
All Transactions are entered into in reliance on the fact that this Master Agreement and all Confirmations form a single agreement between the parties (collectively referred to as this "Agreement"), and the parties would not otherwise enter into any Transactions.[61]

2. Obligations

(a) *General Conditions*[5]
(i) Each party will make each payment or delivery specified in each Confirmation to be made by it, subject to the other provisions of this Agreement.[53]

(ii) Payments under this Agreement will be made on the due date for value on that date in the place of the account specified in the relevant Confirmation or otherwise pursuant to this Agreement, in freely transferable funds and in the manner customary for payments in the required currency. Where settlement is by delivery (that is, other than by payment), such delivery will be made for receipt on the due date in the manner customary for the relevant obligations unless otherwise specified in the relevant Confirmation or elsewhere in this Agreement.

(iii) Each obligation of each party under Section 2(a)(i) is subject to (1) the condition precedent that no Event of Default or Potential Event of Default with respect to the other party has occurred and is continuing, (2) the condition precedent that no Early Termination Date in respect of the relevant Transaction has occurred or been effectively designated and (3) each other applicable condition precedent specified in this Agreement.[51]

---

* Copyright ©1992 International Swap Dealers Association. Inc., New York (abgedruckt mit freundlicher Genehmigung).

7. International Swap Dealers Association Inc. Master Agreement

(b) *Change of Accoun*[6]
Either party may change its account for receiving a payment or delivery by giving notice to the other party at least five Local Business Days prior to the scheduled date for the payment or delivery to which such change applies unless such other party gives timely notice of a reasonable objection to such change.

(c) *Netting*[7]
If on any date amounts would otherwise be payable:[54]
(i) in the same currency; and
(ii) in respect of the same Transaction, by each party to the other, then, on such date, each party's obligation to make payment of any such amount will be automatically satisfied and discharged and, if the aggregate amount that would otherwise have been payable by one party exceeds the aggregate amount that would otherwise have been payable by the other party, replaced by an obligation upon the party by whom the larger aggregate amount would have been payable to pay to the other party the excess of the larger aggregate amount over the smaller aggregate amount.

The parties may elect in respect of two or more Transactions that a net amount will be determined in respect of all amounts payable on the same date in the same currency in respect of such Transactions, regardless of whether such amounts are payable in respect of the same Transaction. The election may be made in the Schedule or a Confirmation by specifying that subparagraph (ii) above will not apply to the Transactions identified as being subject to the election, together with the starting date (in which case subparagraph (ii) above will not, or will cease to, apply to such Transactions from such date). This election may be made separately for different groups of Transactions and will apply separately to each pairing of Offices through which the parties make and receive payments or deliveries.

(d) *Deduction or Withholding for Tax*[8]
(i) *Gross-Up.* All payments under this Agreement will be made without any deduction or withholding for or on account of any Tax unless such deduction or withholding is required by any applicable law, as modified by the practice of any relevant governmental revenue authority, then in effect. If a party is so required to deduct or withhold, then that party ("X") will:
(1) promptly notify the other party ("Y") of such requirement;
(2) pay to the relevant authorities the full amount required to be deducted or withheld (including the full amount required to be deducted or withheld from any additional amount paid by X to Y under this Section 2(d)) promptly upon the earlier of determining that such deduction or withholding is required or receiving notice that such amount has been assessed against Y;
(3) promptly forward to Y an official receipt (or a certified copy), or other documentation reasonably acceptable to Y, evidencing such payment to such authorities; and
(4) if such Tax is an Indemnifiable Tax, pay to Y, in addition to the payment to which Y is otherwise entitled under this Agreement, such additional amount as is necessary to ensure that the net amount actually received by Y (free and clear of Indemnifiable Taxes, whether assessed against X or Y) will equal the full amount Y would have received had no such deduction or withholding been required. However, X will not be required to pay any additional amount to Y to the extent that it would not be required to be paid but for:
(A) the failure by Y to comply with or perform any agreement contained in Section 4(a)(i), 4(a)(iii) or 4(d); or
(B) the failure of a representation made by Y pursuant to Section 3(f) to be accurate and true unless such failure would not have occurred but for (I) any action taken by a taxing authority, or brought in a court of competent jurisdiction, on or after the date on

which a Transaction is entered into (regardless of whether such action is taken or brought with respect to a party to this Agreement) or (II) a Change in Tax Law.

(ii) *Liability*. If:

(1) X is required by any applicable law, as modified by the practice of any relevant governmental revenue authority, to make any deduction or withholding in respect of which X would not be required to pay an additional amount to Y under Section 2(d)(i)(4);

(2) X does not so deduct or withhold; and

(3) a liability resulting from such Tax is assessed directly against X.

then, except to the extent Y has satisfied or then satisfies the liability resulting from such Tax. Y will promptly pay to X the amount of such liability (including any related liability for interest, but including any related liability for penalties only if Y has failed to comply with or perform any agreement contained in Section 4(a), 4(a)(iii) or 4(d).

(e) *Default Interest;Other Amounts* [9]

Prior to the occurrence or effective designation of an Early Termination Date in respect of the relevant Transaction, a party that defaults in the performance of any payment obligation will, to the extent permitted by law and subject to Section 6(c), be required to pay interest (before as well as after judgment) on the overdue amount to the other party on demand in the same currency as such overdue amount, for the period from (and including) the original due date for payment to (but excluding) the date of actual payment, at the Default Rate. Such interest will be calculated on the basis of daily compounding and the actual number of days elapsed. If, prior to the occurrence or effective designation of an Early Termination Date in respect of the relevant Transaction, a party defaults in the performance of any obligation required to be settled by delivery, it will compensate the other party on demand if and to the extent provided for in the relevant Confirmation or elsewhere in this Agreement.

3. Representations

Each party represents to the other party (which representations will be deemed to be repeated by each party on each date on which a Transaction is entered into and, in the case of the representations in Section 3(f), at all times until the termination of this Agreement) that:

(a) *Basic Representations*[53]

(i) *Status*. It is duly organised and validly existing under the laws of the jurisdiction of its organisation or incorporation and, if relevant under such laws, in good standing;

(ii) *Powers*.[10] It has the power to execute this Agreement and any other documentation relating to this Agreement to which it is a party, to deliver this Agreement and any other documentation relating to this Agreement that it is required by this Agreement to deliver and to perform its obligations under this Agreement and any obligations it has under any Credit Support Document to which it is a party and has taken all necessary action to authorise such execution, delivery and performance;

(iii) *No Violation or Conflict*.[10] Such execution, delivery and performance do not violate or conflict with any law applicable to it, any provision of its constitutional documents, any order or judgment of any court or other agency of government applicable to it or any of its assets or any contractual restriction binding on or affecting it or any of its assets;

(iv) *Consents*. All governmental and other consents that are required to have been obtained by it with respect to this Agreement or any Credit Support Document to which it is a party have been obtained and are in full force and effect and all conditions of any such consents have been complied with; and

(v) *Obligations Binding*.[10] Its obligations under this Agreement and any Credit Support Document to which it is a party constitute its legal, valid and binding obligations, enforceable in accordance with their respective terms (subject to applicable bankruptcy, reorganisation, insolvency, moratorium or similar laws affecting creditors' rights generally and subject, as to enforceability, to equitable principles of general application (regardless of whether enforcement is sought in a proceeding in equity or at law)).

(b) *Absence of Certain Events*
No Event of Default or Potential Event of Default or, to its knowledge, Termination Event with respect to it has occurred and is continuing and no such event or circumstance would occur as a result of its entering into or performing its obligations under this Agreement or any Credit Support Document to which it is a party.

(c) *Absence of Litigation*[11]
There is not pending or, to its knowledge, threatened against it or any of its Affiliates any action, suit or proceeding at law or in equity or before any court, tribunal, governmental body, agency or official or any arbitrator that is likely to affect the legality, validity or enforceability against it of this Agreement or any Credit Support Document to which it is a party or its ability to perform its obligations under this Agreement or such Credit Support Document.

(d) *Accuracy of Specified Information*[13]
All applicable information that is furnished in writing by or on behalf of it to the other party and is identified for the purpose of this Section 3(d) in the Schedule is, as of the date of the information, true, accurate and complete in every material respect.

(e) *Payer Tax Representation*[12]
Each representation specified in the Schedule as being made by it for the purpose of this Section 3(e) is accurate and true.

(f) *Payee Tax Representations*[12]
Each representation specified in the Schedule as being made by it for the purpose of this Section 3(f) is accurate and true.

4. Agreements
Each party agrees with the other that, so long as either party has or may have any obligation under this Agreement or under any Credit Support Document to which it is a party:

(a) *Furnish Specified Information*[13]
It will deliver to the other party or, in certain cases under subparagraph (iii) below, to such government or taxing authority as the other party reasonably directs:
(i) any forms, documents or certificates relating to taxation specified in the Schedule or any Confirmation;
(ii) any other documents specified in the Schedule or any Confirmation; and
(iii) upon reasonable demand by such other party, any form or document that may be required or reasonably requested in writing in order to allow such other party or its Credit Support Provider to make a payment under this Agreement or any applicable Credit Support Document without any deduction or withholding for or on account of any Tax or with such deduction or withholding at a reduced rate (so long as the completion, execution or submission of such form or document would not materially prejudice the legal or commercial position of the party in receipt of such demand), with any such form or document to be accurate and completed in a manner reasonably satisfactory to such other party and to be executed and to be delivered with any reasonably required certification, in each case by the date specified in the Schedule or such Confirmation or, if none is specified, as soon as reasonably practicable.

(b) *Maintain Authorisations*
It will use all reasonable efforts to maintain in full force and effect all consents of any governmental or other authority that are required to be obtained by it with respect to this Agreement or any Credit Support Document to which it is a party and will use all reasonable efforts to obtain any that may become necessary in the future.

(c) *Comply with Laws*
It will comply in all material respects with all applicable laws and orders to which it may be subject if failure so to comply would materially impair its ability to perform its obligations under this Agreement or any Credit Support Document to which it is a party.

(d) *Tax Agreement*
It will give notice of any failure of a representation made by it under Section 3(f) to be accurate and true promptly upon learning of such failure.

(e) *Payment of Stamp Tax*
Subject to Section 11, it will pay any Stamp Tax levied or imposed upon it or in respect of its execution or performance of this Agreement by a jurisdiction in which it is incorporated, organised, managed and controlled, or considered to have its seat, or in which a branch or office through which it is acting for the purpose of this Agreement is located ("Stamp Tax Jurisdiction") and will indemnify the other party against any Stamp Tax levied or imposed upon the other party or in respect of the other party's execution or performance of this Agreement by any such Stamp Tax Jurisdiction which is not also a Stamp Tax Jurisdiction with respect to the other party.

5. Events of Default and Termination Events

(a) *Events of Default*[14, 47]
The occurrence at any time with respect to a party or, if applicable, any Credit Support Provider of such party or any Specified Entity of such party of any of the following events constitutes an event of default (an "Event of Default") with respect to such party:

(i) *Failure to Pay or Deliver.* Failure by the party to make, when due, any payment under this Agreement or delivery under Section 2(a)(i) or 2(e) required to be made by it if such failure is not remedied on or before the third Local Business Day after notice of such failure is given to the party;

(ii) *Breach of Agreement.* Failure by the party to comply with or perform any agreement or obligation (other than an obligation to make any payment under this Agreement or delivery under Section 2(a)(i) or 2(e) or to give notice of a Termination Event or any agreement or obligation under Section 4(a)(i), 4(a)(iii) or 4(d)) to be complied with or performed by the party in accordance with this Agreement if such failure is not remedied on or before the thirtieth day after notice of such failure is given to the party;

(iii) *Credit Support Default*
(1) Failure by the party or any Credit Support Provider of such party to comply with or perform any agreement or obligation to be complied with or performed by it in accordance with any Credit Support Document if such failure is continuing after any applicable grace period has elapsed;

(2) the expiration or termination of such Credit Support Document or the failing or ceasing of such Credit Support Document to be in full force and effect for the purpose of this Agreement (in either case other than in accordance with its terms) prior to the satisfaction of all obligations of such party under each Transaction to which such Credit Support Document relates without the written consent of the other party; or

(3) the party or such Credit Support Provider disaffirms, disclaims, repudiates or rejects, in whole or in part, or challenges the validity of, such Credit Support Document;

(iv) *Misrepresentation.* A representation (other than a representation under Section 3(e) or (f)) made or repeated or deemed to have been made or repeated by the party or any Credit Support Provider of such party in this Agreement or any Credit Support Document proves to have been incorrect or misleading in any material respect when made or repeated or deemed to have been made or repeated;

(v) *Default under Specified Transaction.* The party, any Credit Support Provider of such party or any applicable Specified Entity of such party (1) defaults under a Specified Transaction and, after giving effect to any applicable notice requirement or grace period, there occurs a liquidation of, an acceleration of obligations under, or an early termination of, that Specified Transaction, (2) defaults, after giving effect to any applicable notice requirement or grace period, in making any payment or delivery due on the last payment, delivery or exchange date of, or any payment on early termination of, a Specified Transaction (or such default continues for at least three local Business Days if there is no applicable notice requirement or grace period) or (3) disaffirms, disclaims, repudiates or rejects, in whole or in part, a Specified Transaction (or such action is taken by any person or entity appointed or empowered to operate it or act on its behalf);

(vi) *Cross Default.* If "Cross Default" is specified in the Schedule as applying to the party, the occurrence or existence of (1) a default, event or default or other similar condition or event (however described) in respect of such party, any Credit Support Provider of such party or any applicable Specified Entity of such party under one or more agreements or instruments relating to Specified Indebtedness of any of them (individually or collectively) in an aggregate amount of not less than the applicable Threshold Amount (as specified in the Schedule) which has resulted in such Specified Indebtedness becoming, or becoming capable at such time of being declared, due and payable under such agreements or instruments, before it would otherwise have been due and payable or (2) a default by such party, such Credit Support Provider or such Specified Entity (individually or collectively) in making one or more payments on the due date thereof in an aggregate amount of not less than the applicable Threshold Amount under such agreements or instruments (after giving effect to any applicable notice requirement or grace period);

(vii) *Bankruptcy.* The party, any Credit Support Provider of such party or any applicable Specified Entity of such party:

(1) is dissolved (other than pursuant to a consolidation, amalgamation or merger);

(2) becomes insolvent or is unable to pay its debts or fails or admits in writing its inability generally to pay its debts as they become due;

(3) makes a general assignment, arrangement or composition with or for the benefit of its creditors;

(4) institutes or has instituted against it a proceeding seeking a judgment of insolvency or bankruptcy or any other relief under any bankruptcy or insolvency law or other similar law affecting creditors' rights, or a petition is presented for its winding-up or liquidation, and, in the case of any such proceeding or petition instituted or presented against it, such proceeding or petition (A) results in a judgment of insolvency or bankruptcy or the entry of an order for relief or the making of an order for its winding-up or liquidation or (B) is not dismissed, discharged, stayed or restrained in each case within 30 days of the institution or presentation thereof;

(5) has a resolution passed for its winding-up, official management or liquidation (other than pursuant to a consolidation, amalgamation or merger);

(6) seeks or becomes subject to the appointment of an administrator, provisional liquidator, conservator, receiver, trustee, custodian or other similar official for it or for all or substantially all its assets;

(7) has a secured party take possession of all or substantially all its assets or has a distress, execution, attachment, sequestration or other legal process levied, enforced or sued on or against all or substantially all its assets and such secured party maintains

possession, or any such process is not dismissed, discharged, stayed or restrained, in each case within 30 days thereafter;

(8) causes or is subject to any event with respect to it which, under the applicable laws of any jurisdiction, has an analogous effect to any of the events specified in clauses (1) to (7) (inclusive); or

(9) takes any action in furtherance of, or indicating its content to, approval of, or acquiescence in, any of the foregoing acts; or

(viii) *Merger Without Assumption.* The party or any Credit Support Provider of such party consolidates or amalgamates with, or merges with or into, or transfers all or substantially all its assets to, another entity and, at the time of such consolidation, amalgamation, merger or transfer:

(1) the resulting, surviving or transferee entity fails to assume all the obligations of such party or such Credit Support Provider under this Agreement or any Credit Support Document to which it or its predecessor was a party by operation of law or pursuant to an agreement reasonably satisfactory to the other party to this Agreement; or

(2) the benefits of any Credit Support Document fail to extend (without the consent of the other party) to the performance by such resulting, surviving or transferee entity of its obligations under this Agreement.

(b) *Termination Events*[15]

The occurrence at any time with respect to a party or, if applicable, any Credit Support Provider of such party or any Specified Entity of such party of any event specified below constitutes an Illegality if the event is specified in (i) below, a Tax Event if the event is specified in (ii) below or a Tax Event Upon Merger if the event is specified in (iii) below, and, if specified to be applicable, a Credit Event Upon Merger if the event is specified pursuant to (iv) below or an Additional Termination Event if the event is specified pursuant to (v) below:

(i) *Illegality.* Due to the adoption of, or any change in, any applicable law after the date on which a Transaction is entered into, or due to the promulgation of, or any change in, the interpretation by any court, tribunal or regulatory authority with competent jurisdiction of any applicable law after such date, it becomes unlawful (other than as a result of a breach by the party of Section 4(b)) for such party (which will be the Affected Party):

(1) to perform any absolute or contingent obligation to make a payment or delivery or to receive a payment or delivery in respect of such Transaction or to comply with any other material provision of this Agreement relating to such Transaction; or

(2) to perform, or for any Credit Support Provider of such party to perform, any contingent or other obligation which the party (or such Credit Support Provider) has under any Credit Support Document relating to such Transaction;

(ii) *Tax Event.* Due to (x) any action taken by a taxing authority, or brought in a court of competent jurisdiction, on or after the date on which a Transaction is entered into (regardless of whether such action is taken or brought with respect to a party to this Agreement) or (y) a Change in Tax Law, the party (which will be the Affected Party) will, or there is a substantial likelihood that it will, on the next succeeding Scheduled Payment Date (1) be required to pay to the other party an additional amount in respect of an Indemnifiable Tax under Section 2(d)(i)(4) (except in respect of interest under Section 2(e), 6(d)(ii) or 6(e)) or (2) receive a payment from which an amount is required to be deducted or withheld for or on account of a Tax (except in respect of interest under Section 2(e), 6(d)(ii) or 6(e)) and no additional amount is required to be paid in respect of such Tax under Section 2(d)(i)(4) (other than by reason of Section 2(d)(i)(4)(A) or (B));

(iii) *Tax Event Upon Merger.* The party (the "Burdened Party") on the next succeeding Scheduled Payment Date will either (1) be required to pay an additional amount in respect of an Indemnifiable Tax under Section 2(d)(i)(4) (except in respect of interest under Section 2(e), 6(d)(ii) or 6(e)) or (2) receive a payment from which an amount has been deducted or withheld for or on account of any Indemnifiable Tax in respect of which the other party is not required to pay an additional amount (other than by reason of Section 2(d)(i)(4)(A) or (B)), in either case as a result of a party consolidating or amalgamating with, or merging with or into, or transferring all or substantially all its assets to, another entity (which will be the Affected Party) where such action does not constitute an event described in Section 5(a)(viii);

(iv) *Credit Event Upon Merger.* If "Credit Event Upon Merger" is specified in the Schedule as applying to the party, such party ("X"), any Credit Support Provider of X or any applicable Specified Entity of X consolidates or amalgamates with, or merges with or into, or transfers all or substantially all its assets to, another entity and such action does not constitute an event described in Section 5(a)(viii) but the creditworthiness of the resulting, surviving or transferee entity is materially weaker than that of X, such Credit Support Provider or such Specified Entity, as the case may be, immediately prior to such action (and, in such event, X or its successor or transferee, as appropriate, will be the Affected Party); or

(v) *Additional Termination Event.* If any "Additional Termination Event" is specified in the Schedule or any Confirmation as applying, the occurrence of such event (and, in such event, the Affected Party or Affected Parties shall be as specified for such Additional Termination Event in the Schedule or such Confirmation).

(c) *Event of Default and Illegality*

If an event or circumstance which would otherwise constitute or give rise to an Event of Default also constitutes an Illegality, it will be treated as an Illegality and will not constitute an Event of Default.

6. Early Termination

(a) *Right to Terminate Following Event of Default*[16, 43]

If at any time an Event of Default with respect to a party (the "Defaulting Party") has occurred and is then continuing, the other party (the "Non-defaulting Party") may, by not more than 20 days notice to the Defaulting Party specifying the relevant Event of Default, designate a day not earlier than the day such notice is effective as an Early Termination Date in respect of all outstanding Transactions. If, however, "Automatic Early Termination" is specified in the Schedule as applying to a party, then an Early Termination Date in respect of all outstanding Transactions will occur immediately upon the occurrence with respect to such party of an Event of Default specified in Section 5(a)(vii)(1), (3), (5), (6) or, to the extent analogous thereto, (8), and as of the time immediately preceding the institution of the relevant proceeding or the presentation of the relevant petition upon the occurrence with respect to such party of an Event of Default specified in Section 5(a)(vii)(4) or, to the extent analogous thereto, (8).

(b) *Right to Terminate Following Termination Event*[17]

(i) *Notice.* If a Termination Event occurs, an Affected Party will, promptly upon becoming aware of it, notify the other party, specifying the nature of that Termination Event and each Affected Transaction and will also give such other information about that Termination Event as the other party may reasonably require.

(ii) *Transfer to Avoid Termination Event.* If either an Illegality under Section 5(b)(i)(1) or a Tax Event occurs and there is only one Affected Party, or if a Tax Event Upon Merger occurs and the Burdened Party is the Affected Party, the Affected Party will, as a condition to its right to designate an Early Termination Date under Section 6(b)(iv), use all reasonable efforts (which will not require such party to incur a loss, excluding immaterial, incidental expenses) to transfer within 20 days after it gives notice under Section 6(b)(i) all its rights and obligations under this Agreement in respect of the Affected Transactions to another of its Offices or Affiliates so that such Termination Event ceases to exist.

If the Affected Party is not able to make such a transfer it will give notice to the other party to that effect within such 20 day period, whereupon the other party may effect such a transfer within 30 days after the notice is given under Section 6(b)(i).

Any such transfer by a party under this Section 6(b)(ii) will be subject to and conditional upon the prior written consent of the other party, which consent will not be withheld if such other party's policies in effect at such time would permit it to enter into transactions with the transferee on the terms proposed.

(iii) *Two Affected Parties.* If an Illegality under Section 5(b)(i)(1) or a Tax Event occurs and there are two Affected Parties, each party will use all reasonable efforts to reach agreement within 30 days after notice thereof is given under Section 6(b)(i) on action to avoid that Termination Event.

(iv) *Right to Terminate.* If:

(1) a transfer under Section 6(b)(ii) or an agreement under Section 6(b)(iii), as the case may be, has not been effected with respect to all Affected Transactions within 30 days after an Affected Party gives notice under Section 6(b)(i); or

(2) an Illegality under Section 5(b)(i)(2), a Credit Event Upon Merger or an Additional Termination Event occurs, or a Tax Event Upon Merger occurs and the Burdened Party is not the Affected Party,

either party in the case of an Illegality, the Burdened Party in the case of a Tax Event Upon Merger, any Affected Party in the case of a Tax Event or an Additional Termination Event if there is more than one Affected Party, or the party which is not the Affected Party in the case of a Credit Event Upon Merger or an Additional Termination Event if there is only one Affected Party may, by not more than 20 days notice to the other party and provided that the relevant Termination Event is then continuing, designate a day not earlier than the day such notice is effective as an Early Termination Date in respect of all Affected Transactions.

(c) *Effect of Designation*[18]

(i) If notice designating an Early Termination Date is given under Section 6(a) or (b), the Early Termination Date will occur on the date so designated, whether or not the relevant Event of Default or Termination Event is then continuing.

(ii) Upon the occurrence or effective designation of an Early Termination Date, no further payments or deliveries under Section 2(a)(i) or 2(e) in respect of the Terminated Transactions will be required to be made, but without prejudice to the other provisions of this Agreement. The amount, if any, payable in respect of an Early Termination Date shall be determined pursuant to Section 6(e).

(d) *Calculations*[19]

(i) *Statement.* On or as soon as reasonably practicable following the occurrence of an Early Termination Date, each party will make the calculations on its part, if any, contemplated by Section 6(e) and will provide to the other party a statement (1) showing, in reasonable detail, such calculations (including all relevant quotations and specifying any amount payable under Section 6(e)) and (2) giving details of the relevant account to which any amount payable to it is to be paid. In the absence of written confirmation from the source of a quotation obtained in determining a Market Quotation, the records of the party obtaining such quotation will be conclusive evidence of the existence and accuracy of such quotation.

(ii) *Payment Date.* An amount calculated as being due in respect of any Early Termination Date under Section 6(e) will be payable on the day that notice of the amount payable is effective (in the case of an Early Termination Date which is designated or occurs as a result of an Event of Default) and on the day which is two Local Business Days after the day on which notice of the amount payable is effective (in the case of an Early Termination Date which is designated as a result of a Termination Event). Such amount will be paid together with (to the extent permitted under applicable law) interest thereon (before as well as after judgment) in the Termination Currency, from (and including) the relevant Early Termination Date to (but excluding) the date such amount is paid, at the Applicable Rate. Such interest will be calculated on the basis of daily compounding and the actual number of days elapsed.

(e) *Payments on Early Termination*[19]
If an Early Termination Date occurs, the following provisions shall apply based on the parties' election in the Schedule of a payment measure, either "Market Quotation" or "Loss", and a payment method, either the "First Method" or the "Second Method". If the parties fail to designate a payment measure or payment method in the Schedule, it will be deemed that "Market Quotation" or the "Second Method", as the case may be, shall apply. The amount, if any, payable in respect of an Early Termination Date and determined pursuant to this Section will be subject to any Set-off.[22, 55]

(i) *Events of Default.*[20] If the Early Termination Date results from an Event of Default:

(1) *First Method and Market Quotation.* If the First Method and Market Quotation apply, the Defaulting Party will pay to the Non-defaulting Party the excess, if a positive number, of (A) the sum of the Settlement Amount (determined by the Non-defaulting Party) in respect of the Terminated Transactions and the Termination Currency Equivalent of the Unpaid Amounts owing to the Non-defaulting Party over (B) the Termination Currency Equivalent of the Unpaid Amounts owing to the Defaulting Party.

(2) *First Method and Loss.* If the First Method and Loss apply, the Defaulting Party will pay to the Non-defaulting Party, if a positive number, the Non-defaulting Party's Loss in respect of this Agreement.

(3) *Second Method and Market Quotation.* If the Second Method and Market Quotation apply, an amount will be payable equal to (A) the sum of the Settlement Amount (determined by the Non-defaulting Party) in respect of the Terminated Transactions and the Termination Currency Equivalent of the Unpaid Amounts owing to the Non-defaulting Party less (B) the Termination Currency Equivalent of the Unpaid Amounts owing to the Defaulting Party. If that amount is a positive number, the Defaulting Party will pay it to the Non-defaulting Party if it is a negative number, the Non-defaulting Party will pay the absolute value of that amount the Defaulting Party.

(4) *Second Method and Loss.* If the Second Method and Loss apply, an amount will be payable equal to the Non-defaulting Party's Loss in respect of this Agreement. If that amount is a positive number, the Defaulting Party will pay it to the Non-defaulting Party; if it is a negative number, the Non-defaulting Party will pay the absolute value of that amount to the Defaulting Party.

(ii) *Termination Events.*[21] If the Early Termination Date results from a Termination Event:

(1) *One Affected Party.* If there is one Affected Party, the amount payable will be determined in accordance with Section 6(e)(i)(3), if Market Quotation applies, or Section 6(e)(i)(4), if Loss applies, except that, in either case, references to the Defaulting Party and to the Non-defaulting Party will be deemed to be references to the Affected Party and the party which is not the Affected Party, respectively, and, if Loss applies and fewer than all the Transactions are being terminated, Loss shall be calculated in respect of all Terminated Transactions.

(2) *Two Affected Parties.* If there are two Affected Parties:
(A) if Market Quotation applies, each party will determine a Settlement Amount in respect of the Terminated Transactions, and an amount will be payable equal to (I) the

sum of (a) one-half of the difference between the Settlement Amount of the party with the higher Settlement Amount ("X") and the Settlement Amount of the party with the lower Settlement Amount ("Y") and (b) the Termination Currency Equivalent of the Unpaid Amounts owing to X less (II) the Termination Currency Equivalent of the Unpaid Amounts owing to Y; and

(B) if Loss applies, each party will determine its Loss in respect of this Agreement (or, if fewer than all the Transactions are being terminated, in respect of all Terminated Transactions) and an amount will be payable equal to one-half of the difference between the Loss of the party with the higher Loss ("X") and the Loss of the party with the lower Loss ("Y").

If the amount payable is a positive number, Y will pay it to X; if it is a negative number, X will pay the absolute value of that amount to Y.

(iii) *Adjustment for Bancruptcy*. In circumstances where an Early Termination Date occurs because "Automatic Early Termination" applies in respect of a party, the amount determined under this Section 6(e) will be subject to such adjustments as are appropriate and permitted by law to reflect any payments or deliveries made by one party to the other under this Agreement (and retained by such other party) during the period from the relevant Early Termination Date to the date for payment determined under Section 6(d)(ii).

(iv) *Pre-Estimate*. [28] The parties agree that if Market Quotation applies an amount recoverable under this Section 6(e) is a reasonable pre-estimate of loss and not a penalty. Such amount is payable for the loss of bargain and the loss of protection against future risks and except as otherwise provided in this Agreement neither party will be entitled to recover any additional damages as a consequence of such losses.

7. Transfer[23]

Subject to Section 6(b)(ii), neither this Agreement nor any interest or obligation in or under this Agreement may be transferred (whether by way of security or otherwise) by either party without the prior written consent of the other party, except that:

(a) a party may make such a transfer of this Agreement pursuant to a consolidation or amalgamation with, or merger with or into, or transfer of all or substantially all its assets to, another entity (but without prejudice to any other right or remedy under this Agreement); and

(b) a party may make such a transfer of all or any part of its interest in any amount payable to it from a Defaulting Party under Section 6(e).

Any purported transfer that is not in compliance with this Section will be void.

8. Contractual Currency[24]

(a) *Payment in the Contractual Currency*

Each payment under this Agreement will be made in the relevant currency specified in this Agreement for that payment (the "Contractual Currency"). To the extent permitted by applicable law, any obligation to make payments under this Agreement in the Contractual Currency will not be discharged or satisfied by any tender in any currency other than the Contractual Currency, except to the extent such tender results in the actual receipt by the party to which payment is owed, acting in a reasonable manner and in good faith in converting the currency so tendered into the Contractual Currency, of the full amount in the Contractual Currency of all amounts payable in respect of this Agreement. If for any reason the amount in the Contractual Currency so received falls short of the amount in the Contractual Currency payable in respect of this Agreement, the party required to make the payment will, to the extent permitted by applicable law, immediately pay such additional amount in the Contractual Currency as may be necessary to compensate for the shortfall. If for any reason the amount in the Contractual Currency so received exceeds the amount in the Contractual Currency payable in respect of this

Agreement, the party receiving the payment will refund promptly the amount of such excess.

(b) *Judgments*
To the extent permitted by applicable law, if any judgment or order expressed in a currency other than the Contractual Currency is rendered (i) for the payment of any amount owing in respect of this Agreement, (ii) for the payment of any amount relating to any early termination in respect of this Agreement or (iii) in respect of a judgment or order of another court for the payment of any amount described in (i) or (ii) above, the party seeking recovery, after recovery in full of the aggregate amount to which such party is entitled pursuant to the judgment or order, will be entitled to receive immediately from the other party the amount of any shortfall of the Contractual Currency received by such party as a consequence of sums paid in such other currency and will refund promptly to the other party any excess of the Contractual Currency received by such party as a consequence of sums paid in such other currency if such shortfall or such excess arises or results from any variation between the rate of exchange at which the Contractual Currency is converted into the currency of the judgment or order for the purposes of such judgment or order and the rate of exchange at which such party is able, acting in a reasonable manner and in good faith in converting the currency received into the Contractual Currency, to purchase the Contractual Currency with the amount of the currency of the judgment or order actually received by such party. The term "rate of exchange" includes, without limitation, any premiums and costs of exchange payable in connection with the purchase of or conversion into the Contractual Currency.

(c) *Separate Indemnities*
To the extent permitted by applicable law, these indemnities constitute separate and independent obligations from the other obligations in this Agreement, will be enforceable as separate and independent causes of action, will apply notwithstanding any indulgence granted by the party to which any payment is owed and will not be affected by judgment being obtained or claim or proof being made for any other sums payable in respect of this Agreement.

(d) *Evidence of loss*
For the purpose of this Section 8, it will be sufficient for a party to demonstrate that it would have suffered a loss had an actual exchange or purchase been made.

9. Miscellaneous

(a) *Entire Agreement*
This Agreement constitutes the entire agreement and understanding of the parties with respect to its subject matter and supersedes all oral communication and prior writings with respect thereto.

(b) *Amendments*[26]
No amendment, modification or waiver in respect of this Agreement will be effective unless in writing (including a writing evidenced by a facsimile transmission) and executed by each of the parties or confirmed by an exchange of telexes or electronic messages on an electronic messaging system.

(c) *Survival of Obligations*
Without prejudice to Sections 2(a)(iii) and 6(c)(ii), the obligations of the parties under this Agreement will survive the termination of any Transaction.

(d) *Remedies Cumulative*
Except as provided in this Agreement, the rights, powers, remedies and privileges provided in this Agreement are cumulative and not exclusive of any rights, powers, remedies and privileges provided by law.

(e) *Counterparts and Confirmations*
(i) This Agreement (and each amendment, modification and waiver in respect of it may be executed and delivered in counterparts (including by facsimile transmission), each of which will be deemed an original.[25]

(ii) The parties intend that they are legally bound by the terms of each Transaction from the moment they agree to those terms (whether orally[56, 57] or otherwise). A Confirmation shall be entered into as soon as practicable[58] and may be executed and delivered in counterparts (including by facsimile transmission) or be created by an exchange of telexes or by an exchange of electronic messages on an electronic messaging system, which in each case will be sufficient for all purposes to evidence a binding supplement to this Agreement. The parties will specify therein or through another effective means that any such counterpart, telex or electronic message[59] constitutes a Confirmation.[26]

(f) *No Waiver of Rights*
A failure or delay in exercising any right, power or privilege in respect of this Agreement will not be presumed to operate as a waiver, and a single or partial exercise of any right, power or privilege will not be presumed to preclude any subsequent or further exercise, of that right, power or privilege or the exercise of any other right, power or privilege.

(g) *Headings*
The headings used in this Agreement are for convenience of reference only and are not to affect the construction of or to be taken into consideration in interpreting this Agreement.

10. Offices; Multibranch Parties[27, 50]

(a) If Section 10(a) is specified in the Schedule as applying, each party that enters into a Transaction through an Office other than its head or home office represents to the other party that, notwithstanding the place of booking office or jurisdiction of incorporation or organisation of such party, the obligations of such party are the same as if it had entered into the Transaction through its head or home office. This representation will be deemed to be repeated by such party on each date on which a Transaction is entered into.

(b) Neither party may change the Office through which it makes and receives payments or deliveries for the purpose of a Transaction without the prior written consent of the other party.

(c) If a party is specified as a Multibranch Party in the Schedule, such Multibranch Party may make and receive payments or deliveries under any Transaction through any Office listed in the Schedule, and the Office through which it makes and receives payments or deliveries with respect to a Transaction will be specified in the relevant Confirmation.

11. Expenses[28]

A Defaulting Party will, on demand, indemnify and hold harmless the other party for and against all reasonable out-of pocket expenses, including legal fees and Stamp Tax, incurred by such other party by reason of the enforcement and protection of its rights under this Agreement or any Credit Support Document to which the Defaulting Party is a party or by reason of the early termination of any Transaction, including, but not limited to, costs of collection.

12. Notices[29]

(a) *Effectiveness*
Any notice or other communication in respect of this Agreement may be given in any manner set forth below (except that a notice or other communication under Section 5 or

7. International Swap Dealers Association Inc. Master Agreement

6 may not be given by facsimile transmission or electronic messaging system) to the address or number or in accordance with the electronic messaging system details provided (see the Schedule) and will be deemed effective as indicated:

(i) if in writing and delivered in person or by courier, on the date it is delivered;

(ii) if sent by telex, on the date the recipient's answerback is received;

(iii) if sent by facsimile transmission, on the date that transmission is received by a responsible employee of the recipient in legible form (it being agreed that the burden of proving receipt will be on the sender and will not be met by a transmission report generated by the sender's facsimile machine);

(iv) if sent by certified or registered mail (airmail, if overseas) or the equivalent (return receipt requested), on the date that mail is delivered or its delivery is attempted; or

(v) if sent by electronic messaging system, on the date that electronic message is received, unless the date of that delivery (or attempted delivery) or that receipt, as applicable, is not a Local Business Day or that communication is delivered (or attempted) or received, as applicable, after the close of business on a Local Business Day, in which case that communication shall be deemed given and effective on the first following day that is a Local Business Day.

(b) *Change of Addresses*
Either party may by notice to the other change the address, telex or facsimile number or electronic messaging system details at which notices or other communications are to be given to it.

13. Governing Law and Jurisdiction

(a) *Governing Law*[30]
This Agreement will be governed by and construed in accordance with the law specified in the Schedule.

(b) *Jurisdiction*[31]
With respect to any suit, action or proceedings relating to this Agreement ("Proceedings"), each party irrevocably:

(i) submits to the jurisdiction of the English courts, if this Agreement is expressed to be governed by English law, or to the non-exclusive jurisdiction of the courts of the State of New York and the United States District Court located in the Borough of Manhattan in New York City, if this Agreement is expressed to be governed by the laws of the State of New York; and

(ii) waives any objection which it may have at any time to the laying of venue of any Proceedings brought in any such court, waives any claim that such Proceedings have been brought in an inconvenient forum and further waives the right to object, with respect to such Proceedings, that such court does not have jurisdiction over such party.

Nothing in this Agreement precludes either party from bringing Proceedings in any other jurisdiction (outside, if this Agreement is expressed to be governed by English law, the Contracting States, as defined in Section 1 (3) of the Civil Jurisdiction and Judgments Act 1982 or any modification, extension or reenactment thereof for the time being in force) nor will the bringing of Proceedings in any one or more jurisdictions preclude the bringing of Proceedings in any other jurisdiction.

(c) *Service of Process*[32]
Each party irrevocably appoints the Process Agent (if any) specified opposite its name in the Schedule to receive, for it and on its behalf, service of process in any Proceedings. If for any reason any party's Process Agent is unable to act as such, such party will promptly notify the other party and within 30 days appoint a substitute process agent acceptable to the other party. The parties irrevocably consent to service of process given in the manner provided for notices in Section 12. Nothing in this Agreement will affect the right of either party to serve process in any other manner permitted by law.

(d) *Waiver of Immunities*[33]

Each party irrevocably waives, to the fullest extent permitted by applicable law, with respect to itself and its revenues and assets (irrespective of their use or intended use), all immunity on the grounds of sovereignty or other similar grounds from (i) suit, (ii) jurisdiction of any court, (iii) relief by way of injunction, order for specific performance or for recovery of property, (iv) attachment of its assets (whether before or after judgment) and (v) execution or enforcement of any judgment to which it or its revenues or assets might otherwise be entitled in any Proceedings in the courts of any jurisdiction and irrevocably agrees, to the extent permitted by applicable law, that it will not claim any such immunity in any Proceedings.

14. Definitions [2a]

As used in this Agreement:

"*Additional Termination Event*" has the meaning specified in Section 5 (b).

"*Affected Party*" has the meaning specified in Section 5 (b).

"*Affected Transactions*" means (a) with respect to any Termination Event consisting of an Illegality, Tax Event or Tax Event Upon Merger, all Transactions affected by the occurrence of such Termination Event and (b) with respect to any other Termination Event, all Transactions.

"*Affiliate*" means, subject to the Schedule, in relation to any person, any entity controlled, directly or indirectly, by the person, any entity that controls, directly or indirectly, the person or any entity directly or indirectly under common control with the person. For this purpose, "control" of any entity or person means ownership of a majority of the voting power of the entity or person.

"*Applicable Rate*" means:

(a) in respect of obligations payable or deliverable (or which would have been but for Section 2 (a) (iii)) by a Defaulting Party, the Default Rate;

(b) in respect of an obligation to pay an amount under Section 6 (e) of either party from and after the date (determined in accordance with Seetion 6 (d) (ii)) on which that amount is payable, the Default Rate;

(c) in respect of all other obligations payable or deliverable (or which would have been but for Section 2 (a) (iii)) by a Non-defaulting Party, the Nondefault Rate; and

(d) in all other cases, the Termination Rate.

"*Burdened Party*" has the meaning specified in Section 5 (b).

"*Change in Tax Law*" means the enactment, promulgation, execution or ratification of, or any change in or amendment to, any law (or in the application or official interpretation of any law) that occurs on or after the date on which the relevant Transaction is entered into.

"*Consent*" includes a consent, approval, action, authorisation, exemption, notice, filing, registration or exchange control consent.

"*Credit Event Upon Merger*" has the meaning specified in Section 5 (b).

"*Credit Support Document*"[34] means any agreement or instrument that is specified as such in this Agreement.

"*Credit Support Provider*" has the meaning specified in the Schedule.

"*Default Rate*" means a rate per annum equal to the cost (without proof or evidence of any actual cost) to the relevant payee (as certified by it) if it were to fund or of funding the relevant amount plus 1% per annum.

"*Defaulting Party*" has the meaning specified in Section 6 (a).

"*Early Termination Date*"[16–18] means the date determined in accordance with Section 6 (a) or 6 (b) (iv).

"*Event of Default*" has the meaning specified in Section 5 (a) and, if applicable, in the Schedule.

"*Illegality*" has the meaning specified in Section 5 (b).

7. International Swap Dealers Association Inc. Master Agreement

"*Indemnifiable Tax*"[35] means any Tax other than a Tax that would not be imposed in respect of a payment under this Agreement but for a present or former connection between the jurisdiction of the government or taxation authority imposing such Tax and the recipient of such payment or a person related to such recipient (including, without limitation, a connection arising from such recipient or related person being or having been a citizen or resident of such jurisdiction, or being or having been organised, present or engaged in a trade or business in such jurisdiction, or having or having had a permanent establishment or fixed place of business in such jurisdiction, but excluding a connection arising solely from such recipient or related person having executed, delivered, performed its obligations or received a payment under, or enforced, this Agreement or a Credit Support Document).

"*Law*" includes any treaty, law, rule or regulation (as modified, in the case of tax matters, by the practice of any relevant governmental revenue authority) and "*lawful*" and "*unlawful*" will be construed accordingly.

"*Local Business Day*"[36] means, subject to the Schedule, a day on which commercial banks are open for business (including dealings in foreign exchange and foreign currency deposits) (a) in relation to any obligation under Section 2(a)(i), in the place(s) specified in the relevant Confirmation or, if not so specified, as otherwise agreed by the parties in writing or determined pursuant to provisions contained, or incorporated by reference, in this Agreement, (b) in relation to any other payment, in the place where the relevant account is located and, if different, in the principal financial centre, if any, of the currency of such payment, (c) in relation to any notice or other communication, including notice contemplated under Section 5(a)(i), in the city specified in the address for notice provided by the recipient and, in the case of a notice contemplated by Section 2(b), in the place where the relevant new account is to be located and (d) in relation to Section 5(a)(v)(2), in the relevant locations for performance with respect to such Specified Transaction.

"*Loss*"[37] means, with respect to this Agreement or one or more Terminated Transactions, as the case may be, and a party, the Termination Currency Equivalent of an amount that party reasonably determines in good faith to be its total losses and costs (or gain, in which case expressed as a negative number) in connection with this Agreement or that Terminated Transaction or group of Terminated Transactions, as the case may be, including any loss of bargain, cost of funding or, at the election of such party but without duplication, loss or cost incurred as a result of its terminating, liquidating, obtaining or reestablishing any hedge or related trading position (or any gain resulting from any of them). Loss includes losses and costs (or gains) in respect of any payment or delivery required to have been made (assuming satisfaction of each applicable condition precedent) on or before the relevant Early Termination Date and not made, except, so as to avoid duplication, if Section 6(e)(i)(1) or (3) or 6(e)(ii)(2)(A) applies. Loss does not include a party's legal fees and out-of-pocket expenses referred to under Section 11. A party will determine its Loss as of the relevant Early Termination Date, or, if that is not reasonably practicable, as of the earliest date thereafter as is reasonably practicable. A party may (but need not) determine its Loss by reference to quotations of relevant rates or prices from one or more leading dealers in the relevant markets.

"*Market Quotation*" means, with respect to one or more Terminated Transactions and a party making the determination, an amount determined on the basis of quotations from Reference Market-makers. Each quotation will be for an amount, if any, that would be paid to such party (expressed as a negative number) or by such party (expressed as a positive number) in consideration of an agreement between such party (taking into account any existing Credit Support Document with respect to the obligations of such party) and the quoting Reference Market-maker to enter into a transaction (the "Replacement Transaction") that would have the effect of preserving for such party the economic equivalent of any payment or delivery (whether the underlying obligation was absolute or contingent and assuming the satisfaction of each applicable condition precedent) by the parties under Section 2(a)(i) in respect of such Terminated Transaction or group of Terminated Transactions that would, but for the occurrence of the relevant Early Termination Date, have been required after that date. For this purpose, Unpaid Amounts in respect of the Terminated Transaction or group of Terminated Transactions are to be excluded but, without limitation, any payment or delivery that would, but for the relevant Early Termination Date, have been required (assuming satisfaction of each applicable condition precedent) after that Early Termination Date is to be included. The Replacement Transaction would be subject to such documentation as such party and the Reference Market-maker may, in good faith, agree. The party making the determination (or its agent) will request each Reference Market-maker to provide its quotation to the extent reasonably practicable as of the same day and time (without regard to different time zones) on or as soon as reasonably practicable after the relevant Early Termination Date. The day and time as of which those quotations are to be obtained will be selected in good faith by the party obliged to make a determination under Section 6(e), and, if each party is so obliged, after consultation with the other. If more than three quotations are provided, the Market Quotation will be the arithmetic mean of the quotations, without regard to the quotations having the highest and lowest values. If exactly three such quotations are provided, the Market Quotation will be the quotation remaining after disregarding the highest and lowest quotations. For this purpose, if more than one quotation has the same highest value or lowest value, then one of such quotations shall be disregarded. If fewer than three quotations are provided, it will be deemed that the Market Quotation in respect of such Terminated Transaction or group of Terminated Transactions cannot be determined.

"*Non-default Rate*" means a rate per annum equal to the cost (without proof or evidence of any actual cost) to the Non-defaulting Party (as certified by it) if it were to fund the relevant amount.

"*Non-defaulting Party*" has the meaning specified in Section 6(a).

"*Office*" means a branch or office of a party, which may be such party's head or home office.

"*Potential Event of Default*"[38] means any event which, with the giving of notice or the lapse of time or both, would constitute an Event of Default.

"*Reference Market-makers*" means four leading dealers in the relevant market selected by the party determining a Market Quotation in good faith (a) from among dealers of the highest credit standing which satisfy all the criteria that such party applies generally at the time in deciding weter to offer or to make an extension of credit and (b) to the extent practicable, from among such dealers having an office in the same city.

"*Relevant Jurisdiction*" means, with respect to a party, the jurisdictions (a) in which the party is incorporated, organised, managed and controlled or considered to have its seat, (b) where an Office through which the party is acting for purposes of this Agreement is located, (c) in which the party executes this Agreement and (d) in relation to any payment, from or through which such payment is made.

"*Scheduled Payment Date*" means a date on which a payment or delivery is to be made under Section 2(a)(i) with respect to a Transaction.

"*Set-off*"[55] means set-off, offset, combination of accounts, right of retention or withholding or similar right or requirement to which the payer of an amount under Section 6 is entitled or subject (whether arising under this Agreement, another contract, applicable law or otherwise) that is exercised by, or imposed on, such payer.

"*Settlement Amount*" means, with respect to a party and any Early Termination Date, the sum of:

(a) the Termination Currency Equivalent of the Market Quotations (whether positive or negative) for each Terminated Transaction or group of Terminated Transactions for which a Market Quotation is determined; and

(b) such party's Loss (whether positive or negative and without reference to any Unpaid Amounts) for each Terminated Transaction or group of Terminated Transactions for which a Market Quotation cannot be determined or would not (in the reasonable belief of the party making the determination) produce a commercially reasonable result.

"*Specified Entity*" has the meaning specified in the Schedule.

"*Specified Indebtedness*"[40] means, subject to the Schedule, any obligation (whether present or future, contingent or otherwise, as principal or surety or otherwise) in respect of borrowed money.

"*Specified Transaction*"[39a] means, subject to the Schedule, (a) any transaction (including an agreement with respect thereto) now existing or hereafter entered into between one party to this Agreement (or any Credit Support Provider of such party or any applicable Specified Entity of such party) and the other party to this Agreement (or any Credit Support Provider of such other party or any applicable Specified Entity of such other party) which is a rate swap transaction, basis swap, forward rate transaction, commodity swap, commodity option, equity or equity index swap, equity or equity index option, bond option, interest rate option, foreign exchange transaction, cap transaction, floor transaction, collar transaction, currency swap transaction, cross-currency rate swap transaction, currency option or any other similar transaction (including any option with respect to any of these transactions), (b) any combination of these transactions and (c) any other transaction identified as a Specified Transaction in this Agreement or the relevant confirmation.

"*Stamp Tax*" means any stamp, registration, documentation or similar tax.

"*Tax*" means any present or future tax, levy, impost, duty, charge, assessment or fee of any nature (including interest, penalties and additions thereto) that is imposed by any government or other taxing authority in respect of any payment under this Agreement other than a stamp, registration, documentation or similar tax.

"*Tax Event*" has the meaning specified in Section 5(b).

"*Tax Event Upon Merger*" has the meaning specified in Section 5(b).

"*Terminated Transactions*" means with respect to any Early Termination Date (a) if resulting from a Termination Event, all Affected Transactions and (b) if resulting from an Event of Default, all Transactions (in either case) in effect immediately before the effectiveness of the notice designating that Early Termination Date (or, if "Automatic Early Termination" applies, immediately before that Early Termination Date).

"*Termination Currency*" has the meaning specified in the Schedule.

"*Termination Currency Equivalent*" means, in respect of any amount denominated in the Termination Currency, such Termination Currency amount and, in respect of any amount denominated in a currency other than the Termination Currency (the "Other Currency"), the amount in the Termination Currency determined by the party making the relevant determination as being required to purchase such amount of such Other Currency as at the relevant Early Termination Date, or, if the relevant Market Quotation or Loss (as the case may be), is determined as of a later date, that later date, with the Termination Currency at the rate equal to the spot exchange rate of the foreign exchange agent (selected as provided below) for the purchase of such Other Currency with the Termination Currency at or about 11:00 a.m. (in the city in which such foreign exchange agent is located) on such date as would be customary for the determination of such a rate for the purchase of such Other Currency for value on the relevant Early Termination Date or that later date. The foreign exchange agent will, if only one party is obliged to make a determination under Section 6(e), be selected in good faith by that party and otherwise will be agreed by the parties.

"*Termination Event*" means an Illegality, a Tax Event or a Tax Event Upon Merger or, if specified to be applicable, a Credit Event Upon Merger or an Additional Termination Event.

"*Termination Rate*" means a rate per annum equal to the arithmetic mean of the cost (without proof or evidence of any actual cost) to each party (as certified by such party) if it were to fund or of funding such amounts.

"*Unpaid Amounts*"[39] owing to any party means, with respect to an Early Termination Date, the aggregate of (a) in respect of all Terminated Transactions, the amounts that became payable (or that would have become payable but for Section 2(a)(iii)) to such party under Section 2(a)(i) on or prior to such Early Termination Date and which remain unpaid as at such Early Termination Date and (b) in respect of each Terminated Transaction, for each obligation under Section 2(a)(i) which was (or would have been but for Section 2(a)(iii)) required to be settled by delivery to such party on or prior to such Early Termination Date and which has not been so settled as at such Early Termination Date, an amount equal to the fair market value of that which was (or would have been) required to be delivered as of the originally scheduled date for delivery, in each case together with (to the extent permitted under applicable law) interest, in the currency of such amounts, from (and including) the date such amounts or obligations were or would have been required to have been paid or performed to (but excluding) such Early Termination Date, at the Applicable Rate. Such amounts of interest will be calculated on the basis of daily compounding and the actual number of days elapsed. The fair market value of any obligation referred to in clause (b) above shall be reasonably determined by the party obliged to make the determination under Section 6(e) or, if each party is so obliged, it shall be the average of the Termination Currency Equivalents of the fair market values reasonably determined by both parties.

IN WITNESS WHEREOF the parties have executed this document on the respective dates specified below with effect from the date specified on the first page of this document.

....
(Name of Party)   (Name of Party)
By: ....   By: ....
  Name: Name:
  Title: Title:
  Date: Date:

International Swaps and Derivatives Association Inc.

SCHEDULE
to the Master Agreement

dated as of ....

between .... and..........................

("Party A")   ("Party B")

Part 1. Termination provisions

(a) "*Specified Entity*" means in relation to Party A for the purpose of:
    Section 5(a)(v), ...
    Section 5(a)(vi), ...
    Section 5(a)(vii), ...
    Section 5(b)(iv), ...
    and in relation to Party B for the purpose of:

7. International Swap Dealers Association Inc. Master Agreement

    Section 5 (a) (v), ...
    Section 5(a) (vi), ...
    Section 5 (a) (vii), ...
    Section 5(b) (iv), ...

(b) *"Specified Transaction"*[39 a] will have the meaning specified in Section 14 of this Agreement unless another meaning is specified here ......

(c) The *"Cross Default"* provisions of Section 5 (a)(vi)
    will/will not* apply to Party A
    will/will not* apply to Party B
If such provisions apply:
"Specified Indebtedness" will have the meaning specified in Section 14 of this Agreement unless another meaning is specified here[40] ......
"Threshold Amount"[41] means ......

(d) The *"Credit Event Upon Merger"*[42] provisions of Section 5 (b) (iv)
    will/will not* apply to Party A
    will/will not* apply to Party B

(e) The *"Automatic Early Termination"*[18, 43] provision of Section 6(a)
    will/will not* apply to Party A
    will/will not* apply to Party B

(f) **Payments on Early Termination.** For the purpose of Section 6(e) of this Agreement:
    (i) Market Quotation/Loss* will apply[44]
    (ii) The First Method/The Second Method* will apply.[45]

(g) *"Termination Currency"*[46] means ......, if such currency is specified and freely available, and otherwise United States Dollars.

(h) **Additional Termination Event**[47] will/will not apply*. The following shall constitute an Additional Termination Event: ......
For the purpose of the foregoing Termination Event, the Affected Party or Affected Parties shall be: ......

Part 2. Tax representations[12]

(a) **Payer Representations.** For the purpose of Section 3(e) of this Agreement, Party A will/will not* make the following representation and Party B will/will not* make the following representation:

It is not required by any applicable law, as modified by the practice of any relevant governmental revenue authority, of any Relevant Jurisdiction to make any deduction or withholding for or on account of any Tax from any payment (other than interest under Section 2(e), 6(d)(ii) or 6(e) of this Agreement) to be made by it to the other party under this Agreement. In making this representation, it may rely on

(i) the accuracy of any representations made by the other party pursuant to Section 3(f) of this Agreement, (ii) the satisfaction of the agreement contained in Section 4(a)(i) or 4(a)(iii) of this Agreement and the accuracy and effectiveness of any document provided by the other party pursuant to Section 4(a)(i) or 4(a)(iii) of this Agreement and (iii) the satisfaction of the agreement of the other party contained in Section 4(d) of this Agreement, *provided* that it shall not be a breach of this representation where reliance is placed on clause (ii) and the other party does not deliver a form or document under Section 4(a)(iii) by reason of material prejudice to its legal or commercial position.

(b) **Payee Representations.** For the purpose of Section 3(f) of this Agreement, Party A and Party B make the representations specified below, if any:

(i) The following representation will/will not* apply to Party A and will/will not* apply to Party B:

It is fully eligible for the benefits of the "Business Profits" or "Industrial and Commercial Profits" provision, as the case may be, the "Interest" provision or the "Other Income" provision (if any) of the Specified Treaty with respect to any payment described in such provisions and received or to be received by it in connection with this Agreement and no such payment is attributable to a trade or business carried on by it through a permanent establishment in the Specified Jurisdiction.

If such representation applies, then:
"*Specified Treaty*" means with respect to Party A ......
"*Specified Jurisdiction*" means with respect to Party A ......
"*Specified Treaty*" means with respect to Party B ......
"*Specified Jurisdiction*" means with respect to Party B ......

(ii) The following representation will/will not* apply to Party A and will/will not* apply to Party B:

Each payment received or to be received by it in connection with this Agreement will be effectively connected with its conduct or a trade or business in the Specified Jurisdiction.

If such representation applies, then:
"*Specified Jurisdiction*" means with respect to Party A ......
"*Specified Jurisdiction*" means with respect to Party B ......

(iii) The following representation will/will not* apply to Party A and will/will not* apply to Party B:

(A) It is entering into each Transaction in the ordinary course of its trade as, and is, either (1) a recognised UK bank or (2) a recognised UK swaps dealer (in either case (1) or (2), for purposes of the United Kingdom Inland Revenue extra statutory concession C 17 on interest and currency swaps dated 14 March 1989), and (B) it will bring into account payments made and received in respect of each Transaction in computing its income for United Kingdom tax purposes.

(iv) Other Payee Representations: ......

N.B. The above representations may need modification if either party is a Multibranch Party.

Part 3. Agreement to deliver documents

For the purpose of Sections 4(a)(i) and (ii) of this Agreement, each party agrees to deliver the following documents, as applicable:

(a) Tax forms, documents or certificates to be delivered are:[48]

Party required to deliver document	Form/Documen Certificate	Date by which to be delivered
......	......	......

Other documents to be delivered are:[49]

Party required to deliver document	Form/Document Certificate	Date by which to be delivered	Covered by Section 3(d) Representation
....	....	....	Yes/No
....	....	....	Yes/No
....	....	....	Yes/no
....	....	....	Yes/no
....	....	....	Yes/No

Part 4. Miscellaneous

(a) *Addresses for Notices.* For the purpose of Section 12 (a) of this Agreement:

Address for notices or communications to Party A:
Address: ......
Attention: ......
Telex No.: ...... Answerback: ......
Facsimile No.: ...... Telephone No.: ......
Electronic Messaging System Details: ......
Address for notices or communications to Party B:
Address: ......
Attention: ......
Telex No.: ...... Answerback: ......
Facsimile No.: ...... Telephone No.: ......
Electronic Messaging System Details: ......

(b) *Process Agent.* For the purpose of Section 13 (c) of this Agreement:
Party A appoints as its Process Agent ......
Party B appoints as its Process Agent ......

(c) *Offices.* The provisions of Section 10 (a) will/will not* apply to this Agreement.[50]

(d) *Multibranch Party.* For the purpose of Section 10(c) of this Agreement: Party A is/is not* a Multibranch Party and, if so, may act through the following Offices: ......
Party B is/is not* a Multibranch Party and, if so, may act through the following Offices: ......

(e) *Calculation Agent.* The Calculation Agent is ......, unless otherwise specified in a Confirmation in relation to the relevant Transaction.

(f) *Credit Support Document.* Details of any Credit Support Document: ......

(g) *Credit Support Provider.* Credit Support Provider means in relation to Party A, ...
Credit Support Provider means in relation to Party B, ...

(h) *Governing Law.* This Agreement will be governed by and construed in accordance with English law/the laws of the State of New York (without reference to choice of law doctrine)*.

(i) *Netting of Payments.* Subparagraph (ii) of Section 2(c) of this Agreement will not apply to the following Transactions or groups of Transactions (in each case starting from the date of this Agreement/in each case starting from ......*)......

(j) *"Affiliate"* will have the meaning specified in Section 14 of this Agreement unless another meaning is specified here.

Part 5. Other provisions[6, 9, 14, 15, 23, 26, 31, 47, 51–65]

Schrifttum: Acard/Nougayrède, Fiscalité des produits dérivés, Paris 1996; *Affentranger/Schenker,* Swiss Law Puts Master Agreement in Question, IFLR Jan. 1995, 35; *Alliance of European Lawyers,* Europe's Response to Derivatives, IFLR October 1994, 27; *Avanzato,* Netting in Japan: A New Regime, Financial Products, December 3, 1998; *Bank for International Settlements,* OTC Derivatives: Settlement Procedures and Counterparty Risk Management, Report by the Committee on Payment and Settlement Sy-

---

* Delete as applicable.

stems and the Euro-currency Standing Committee of the Central Banks of the Group of Ten Countries, Basel, September 1998 (http://www.bis.org/publ/cpss27.htm); *dies.,* Report of the Committee on Interbank Netting Schemes of the Central Banks of the Group of Ten Countries, Basel 1990 („*Lamfalussy*-Bericht"); *dies.,* Report on Netting Schemes, Basel 1989 („*Angell*-Bericht"); *dies.,* Recent Innovations in International Banking, prepared by a Study Group established by the Central Banks of the Group of Ten Countries, Basel 1986; *Basle Committee on Banking Supervision,* Interpretation of the Capital Accord for the Multilateral Netting of Forward Value Foreign Exchange Transactions, Basle, April 1996 (http://www.bis.org/publ/bcbs25.pdf); *dass.,* Amendment to the Capital Accord to Incorporate Market Risks, Basle, January 1996 (http://www.bis.org/publ/bcbs24a.pdf); *dass.,* Basle Capital Accord: Treatment of Potential Exposure for Off-balance-sheet Items, Basel, April 1995 (http://www.bis.org/publ/bcbs18.pdf); *dass.,* Amendment to the Capital Accord of July 1988, Basle, July 1994 (http://www.bis.org/publ/bcbs12b.pdf); *dass.:* International Convergence of Capital Measurement and Capital Standards („Basle Capital Accord"), Basel, July 1988 (http://www.bis.org/publ/bcbs04a.pdf); *Bell,* 1991 ISDA Definitions: Evolving with the Market, IFLR June 1991, 26; *Benzler,* Das deutsche Nettinggesetz: § 104 Abs. 2, Abs. 3 InsO, ZInsO 2000, 1; *ders.,* Nettingvereinbarungen im außerbörslichen Derivatehandel, Baden-Baden 1999; *Berger,* Lösungsklauseln für den Insolvenzfall, in: Karlhans Fuchs (Hrsg.), Kölner Schrift zur Insolvenzordnung: das neue Insolvenzrecht in der Praxis, 2. Aufl., Berlin 2000, S. 499; *ders.,* Der Aufrechnungsvertrag, Tübingen, 1996; *Bertschinger,* Zur Neuregelung des Eintrittsrechtes der Konkursverwaltung in synallagmatische Verträge des Gemeinschuldners (Art. 211 Abs. 2 bis SchKG) – Gleichzeitig ein Beitrag zum bilateralen Netting, AJP/PJA (1995) 889; *Bettelheim/Parry/Rees,* Swaps and Odd-exchange Derivatives Trading: Law and Regulation, London 1996; *Boulat/Chabert,* Les Swaps: technique contractuelle et régime juridique, Paris 1992; *Bosch,* The Proposed Euro Master Agreement: A Multi-Jurisdictional, Multi-Product Approach to Financial Trading Documentation, Revue européene de droit bancaire et financier 1999, 129 ff.; *ders.,* Finanztermingeschäfte in der Insolvenz: zum „Netting" im Insolvenzverfahren, WM 1995, 365 (Teil I), 413 (Teil II); *Bossin/Lefranc,* La compensation des opérations de marchés à terme, Banque, fév. 1994, 58; *Brill,* OTC Derivatives: The Contractual Architecture of Private Regulation, in: Practising Law Institute, Swaps & Other Derivatives in 1999, New York 1999, S. 219; *Brown,* Les échanges de devises et de taux d'intérêts entre entreprises (swaps): analyse juridique et fiscale en droit anglais et en droit français, Revue de droit des affaires internationales 1985, 293; *Bücker,* Finanzinnovationen und kommunale Schuldenwirtschaft: zum Einsatz von Swapgeschäften und Swapderivaten im Schuldenmanagement von Gemeinden, Baden-Baden 1993; *Burghof/Henke/Rudolph/Schönbucher/Sommer* (Hrsg.), Kreditderivate: Handbuch für die Bank- und Anlagepraxis, Stuttgart 2000; *Burke/Glennie/Melrose* (Hrsg.), International Derivatives Law: A Country by Country Analysis, London 1996; *Clark,* Derivatives Litigation in the United Kingdom, in: Schwartz/Smith (Hrsg.), Derivatives Handbook, New York 1997, S. 178; *Clouth,* in: Hopt (Hrsg.), Vertrags- und Formularbuch zum Handels-, Gesellschafts-, Bank- und Transportrecht, 2. Aufl., München 2000, Form VI. S. 9; *Cohn,* The Basics of Collateralization of Derivatives, in: Practising Law Institute (Hrsg.), Swaps and Other Derivatives in 2000, New York 2000, S. 121; *ders.,* ISDA Master Agreements: 1992 and 1987 Versions Described and Compared, in: Practising Law Institute (Hrsg.), Swaps and Other Derivatives in 1996, New York 1996; *ders.,* The Basics of Collateralization of Derivatives, in: Practising Law Institute (Hrsg.), Swaps and Other Derivatives in 1995, New York 1995; *Coleman,* Cross-default Confusion, IFLR, April 1997; *ders.,* Netting a Red Herring, BJIBFL 1994 (Bd. 2), 391; *ders.,* Swaps, FX and the Full Two-way payments Fallacy, BJIBFL 1993 (Bd. 5), S. 229; *Crino/Dondanville,* Pay Attention to Swap Contracts: Contracting for Derivatives, Corporate Cashflow Magazine, August 1995, S. 30; *Cunningham,* Mastering The ISDA

7. International Swap Dealers Association Inc. Master Agreement

Master, Derivatives Strategy, November 1995 (http://www.derivativesstrategy.com/magazine/archive/1995-1996/0796col3.asp); *Cunningham/Abruzzo,* Privately-Negotiated Equity Option Transactions, IFLR October 1995, 18; *dies.,* Regulating Derivative Securities and Transactions in the US, IFLR July 1995, 16; *dies.,* Multibranch Netting – A Solution to the Problems of Cross-Border Bank Insolvencies, International Bar Association, 1995; *Cunningham/Rogers/Bilicic/Casper/Abruzzo,* An Introduction to OTC Derivatves, in: Practising Law Institute (Hrsg.), Swaps and Other Derivatives in 1995, New York 1995, S. 113; *Cunningham/Werlen,* Risk Reduction through Multibranch Netting, in: Schwartz/Smith (Hrsg.), Derivatives Handbook, New York 1997, S. 213; *Dahm/Hamacher,* Neues Einkommensteuerrecht für moderne Finanzinstrumente, WM Sonderbeilage Nr. 3 zu Nr. 21 v. 28. 5. 1994, S. 1; *Das,* Swaps and Financial Derivatives: The Global Reference to Products, Pricing, Applications and Markets, 2. Aufl., Sydney, London, New York 1994 (2 Bd.); *Ebenroth,* Die internationalprivatrechtliche Anknüpfung von Finanzinnovationen aus deutscher und schweizerischer Sicht, FS Max Keller (1989), S. 391; *ders./Benzler,* Close-out Netting nach der neuen Insolvenzordnung, ZVglRWiss 95 (1996), 335; *ders./Messer,* Die vorzeitige Beendigung von Zins- und Währungsswaps bei Eintritt von Vertragsverletzungen aufgrund vertraglicher Lösungsklauseln, ZVglRWiss 87 (1988), 1; *Essombé/Gissinger,* La limitation du risque de contrepartie dans les marchés de gré à gré d'instruments financiers, Banque Stratégie 1997, 42; *Financial Law Panel,* Guidance notice: Netting of Counterparty Exposure, London, 1993; *Forster,* Recent Litigation, Statute of Frauds, Operations Issues, in: Practising Law Institute (Hrsg.), Swaps and Other Derivatives in 1993, S. 93; *Gay/Medero,* The Economics of Derivatives Documentation: Private Contracting as a Substitute for Government Regulation, The Journal of Derivatives, Summer 1996, S. 78; *General Accounting Office*: OTC Derivatives: Additional Oversight Could Reduce Costly Sales Practice Disputes, Washington, Oktober 1997; *dass.*: Financial Derivatives: Actions Needed to Protect the Financial System, Washington, Mai 1994; *Global Derivatives Study Group,* Derivatives: Practices and Principles, hrsg. von der Group of Thirty, Washington 1993 (Hauptband); *dies.,* Derivatives: Practices and Principles, Appendix I: Working Papers, Washington 1993; *dies.,* Derivatives: Practices and Principles, Appendix II: Legal Enforceability: Survey of Nine Jurisdictions), Washington 1993; *dies.,* Derivatives: Practices and Principles: Follow-up Surveys of Industrie Practice, Washington 1994; *Golden,* Setting Standards in the Evolution of Swap Documentation, IFLR, May 1994, S. 18; *Goldstein,* Energy Commodity Derivatives, in: Practising Law Institute (Hrsg.), Swaps & Other Derivatives in 2000, New York 2000, S. 483; *Gooch/Klein,* United States Case Law; in: Schwartz/Smith (Hrsg.), Derivatives Handbook, New York 1997, S. 57; *dies.,* Documentation for Derivatives: Credit Support Supplement: Annotated Sample Credit Support Provisions for Over-the-Counter Derivative Transactions, London 1995; *dies.,* Documentation for Derivatives: Annotated Sample Agreements and Confirmations for Swaps and Other Over the Counter Transactions, 3. Aufl., London 1993; *Goris,* The Legal Aspect of Swaps: An Analysis Based on Economic Substance, London u. a. 1994; *Granchalek,* Derivatives in a Paper Free Environment, 31 Idaho Law Review 849 (1995); *Grottenthaler,* Derivatives Litigation in Canada, in: Schwarz/Smith (Hrsg.), Derivatives Handbook, New York 1997, S. 135; *dies.,* Canadian Court Stays Termination of Derivatives, IFLR March 1995, 49; *Harriman,* Documenting Equity Derivative Transactions, IFLR March 1995, 40; *Henssler,* Risiko als Vertragsgegenstand, Tübingen 1994; *Hutchinson,* Derivatives Litigation in Australia, in: Schwartz/Smith (Hrsg.), Derivatives Handbook, New York 1997, S. 145; *Hva,* Credit Support Agreements: An Analysis of ISDA's Latest Standardized Documentation Governed by English Law, BJIBFL, September 1996; *Henderson,* English Cases Dealing with Settlement Provisions of the ISDA Master Agreement, BJIBFL, June 2000; *Hudson,* The Law on Financial Derivatives, London 1996; *International Fiscal Association* (Hrsg.), Cahiers de droit fiscal international, Tax Aspects of Derivative Financial Instruments,

Vol. LXXXb, Den Haag 1995; *International Swaps and Derivatives Association,* ISDA Collateral Survey 2000 (http://www.isda.org/press/pdf/collsvy2000.pdf); *dies.,* Collateral Arrangements in the European Financial Markets: The Need for National Law Reform, March 2000 (Collateral Law Reform Group, www.isda.org/press/pdf/eur_coll_law_reform.pdf); *dies.,* ISDA 1999 Collateral Review, http://www.isda.org/press/pdf/colrev99.pdf; *dies.,* Guidelines for Collateral Practitioners, October 1998, http://www.isda.org/press/pdf/colguide.pdf; *dies.,* EMU Guidebook; *dies.,* User's Guide to the 1998 FX and Currency Option Definitions; *dies.,* User's Guide to the 1995 ISDA Credit Support Annex (Security Interest – Japanese Law); *dies.,* User's Guide to the ISDA Credit Support Documents Under English Law; *dies.,* User's Guide to the 1994 ISDA Credit Support Annex; *dies.,* User's Guide to the 1992 ISDA Master Agreements, 1993; *Jahn,* Neuere ISDA-Musterbedingungen, Die Bank 1998, 246; *ders.,* Außerbörsliche Finanztermingeschäfte (OTC-Derivate), in: Schimansky/Bunte/Lwowski, Bankrechts-Handbuch, Bd. 3, § 114, S. 3065, München 1997; *ders.,* Das 1992 ISDA Master Agreement, Die Bank 1994, 99; *ders.,* Internationale Rahmenverträge für Finanztermingeschäfte, Die Bank 1992, 349 (Teil I), Die Bank 1993, 235 (Teil II); *ders.,* Klauseln internationaler Swap-Verträge, Die Bank 1989, 395; *ders.,* ISDA-Musterverträge zu Swapvereinbarungen setzen sich durch, Die Bank 1988, 100; *Johnson,* Over-the-Counter Derivatives Documentation, New York 2000; *Kewenig/Schneider,* Swap-Geschäfte der öffentlichen Hand in Deutschland, WM Sonderbeilage 2/1992 zu Nr. 15, S. 5; *Klein,* Credit Support Annex (Bilateral Form) (ISDA Agreements Subject to New York Law Only): An Outline of Legal and Related Practical Issues, in: Practising Law Institute, Managing Risk Exposure in Derivatives, New York 1994, S. 19; *König,* Finanzderivate und Terminhandel, in: Ebenroth/Boujong/Joost (Hrsg.), Kommentar zum HGB, München 2001, Bd. 2, Allgem. Bankvertrag VIII; *Koenig,* Zur Anwendbarkeit der Ultra-vires-Lehre im Falle des Überschreitens der gesetzlich begrenzten Aufgaben öffentlicher Kreditanstalten am Beispiel einer Landesbank, WM 1995, 317; *Kopp,* Der Zinsswap: ein deutsch- US-amerikanischer Rechtsvergleich, Baden-Baden, 1995; *Kruft,* Cross-Default Provisions in Financing and Derivatives Transactions, 113 The Banking Law Journal 216 (1996); *Lazarski,* The Validity of „Grossing Up" Clauses under French Law, European Taxation, 1981, 3; *Leberne,* Credit Netting, Solvency Netting and Collateralisation, JBFLP, June 1999; *Le Guen,* Le „netting" et la protection légale des systèmes de règlements interbancaires, Bulletin de la Banque de France, 3e trimestre 1994, supplément Etudes, S. 41; *ders.,* Finanzielle Risiken und rechtliche Probleme im Zusammenhang mit internationalen Netting-Systemen aus französischer Sicht, in: Hadding/Schneider (Hrsg.), Rechtsprobleme der Auslandsüberweisung, Berlin 1992, S. 425; *Leib,* What's A Default?, Derivatives Strategy, January 2001 (http://www.derivativesstrategy.com/magazine/archive/2001/0101fea2.asp); *Lehnhoff,* Die Problematik von Netting-Vereinbarungen bei Swap-Verträgen: ein Überblick, WM-Festgabe für Thorwald Hellner vom 9. 3. 1994, S. 41; *Lindholm,* Financial Innovation and Derivatives Regulation: Minimizing Swap Credit Risk under Title V of the Futures Trading Practices Act of 1992, in: Columbia Business Law Review 1994, 73; *Luz/Scharpf,* Risikomanagement, Bilanzierung und Aufsicht von Finanzderivaten, 2. Aufl., Stuttgart 2000; *Malcolm/Fidler,* Legal and Regulatory Issues for Derivatives in Hong Kong, IFLR Jan. 1995, 38; *Mallesons-Stephen-Jaques* (law firm), 1991 Australian Guide to Completion of AFMA/ISDA Standard Documentation: Covering Netting, Swaptions, Bond Options, Currency Options, Forward Rate Agreements, Forward Rate Bill Agreements, Reciprocal Purchase Agreements, Foreign Exchange Transactions, Interest Rate Caps, Collars and Floors, Interest Rate Swaps and Currency Swaps, Synthetic Agreements for Forward Exchange, in Addition, Telephone Dealing Supplement, Standard Additional Clauses, Novation Agreements, Sydney; *May,* Taxing Derivative Financial Instruments, in: Practising Law Institute (Hrsg.), Tax Strategies for Corporate Acquisitions, Dispositions, Spin-Offs, Joint Ventures, Financings, Reorganizations & Restructurings 1999, New York 1999, S. 601; *ders.,* Flying on Instruments: Synthetic Investment and the Avoidance of Withholding Tax, in: Practising Law Institute (Hrsg.), Tax Strategies for Corporate Acquisitions, Dispositions, Spin-Offs, Joint Ventures, Financings, Reorganizations & Restructurings 1997, New York 1997, S. 1215; *McLaughlin,* Over-the-Counter Derivative Products: A Guide to Business and Legal Risk Management and Documentation., New York u. a. 1998; *ders.,* A New Legal Structure for Credit Support, Derivatives Strategy, July/August 1996 (http://www.derivativesstrategy.com/magazine/archive/1995–1996/0796col2.asp); *Michielseav/David,* Tax Treatment of Financial Instruments: A Survey to France, Germany, the Netherlands and the United Kingdom, Dordrecht u. a., 1996; *Molony/Lawless,* Irish Legislation Validates Close-out Netting, IFLR September 1995, 15; *dies.,* Piecemeal Regulation of Derivatives in Ireland, IFLR April 1995, 17; *Mouy/Nalbantian,* Repurchase Transactions in the Cross-border Arena, IFLR March 1995, 15; *New York State Bar Association Tax Section,* Withholding on Substitute & Derivative Dividend Payments Received by Foreigners, Tax Notes, June 29, 1998, S. 1749; *Nijenhuis,* Taxation of Notional Principal Contracts, in: Practising Law Institute, Swaps and Other Derivatives in 1996, New York 1996, S. 163; *Nordhues/Benzler,* Zivilrechtliche Einordnung von Kreditderivaten, in: Burghof/Henke/Rudolph/Schönbucher/Sommer (Hrsg.), Kreditderivate: Handbuch für die Bank- und Anlagepraxis, Stuttgart 2000, S. 169; *dies.,* Vertragsdokumentation und Standardisierung, in: Burghof/Henke/Rudolph/Schönbucher/Sommer (s. o.), S. 197; *dies.,* Risikostreuung durch Kreditderivate, WM 1999, 461; *Oberson,* Issues in the Tax Treatment of International Interest Rate and Currency Swap Transactions: An Analysis of the Tax Treatment of Interest Rate and Currency Swap Transactions in the United States, Switzerland and under the OECD Model, Zürich 1993; *Ostoich,* Canada: Regulation of Over-the-counter Derivatives by the Ontario Securities Commission, International Banking and Financial Law 1997, Bd. 15(12), 144; *Organisation for economic co-operation and development,* Taxation of New Financial Instruments, Paris 1994; *Oestreicher/Haun,* Problembereiche der nationalen und internationalen Ertragsbesteuerung von Zinsderivaten, DStR 1995, Beihefter zu Heft 50; *Patrikis/Cook,* Finanzielle Risiken und rechtliche Probleme internationaler Netting-Verfahren aus der Perspektive der Vereinigten Staaten von Amerika, in: Hadding/Schneider, Rechtsprobleme der Auslandsüberweisung, Berlin 1992, S. 391; *Paul,* Netting: A Means of Limiting Credit Exposure, JIBL 1995 (Bd. 3), 93; *Potter,* Swaps: 1992 ISDA Master Agreements, International Banking and Financial Law 1993, Bd. 11(11), 125; *Practising Law Institute* (Hrsg.), Swaps and other derivatives in 2000, New York 2000; *President's Working Group on Financial Markets;* Report on Over-The-Counter Derivatives Markets and the Commodity Exchange Act, Washington 1999; *Pross,* Swap, Zins und Derivat: Finanzinnovationen im nationalen und internationalen Steuerrecht unter besonderer Berücksichtigung des Zinsbegriffs, München 1998; *Reiner,* Derivative Finanzinstrumente im Recht (erscheint 2001 in Baden-Baden); *Risi/Preisig,* Geänderte Besteuerung der Obligationen und derivativen Finanzinstrumente: Neue Chancen – neue Fragen aufgrund des neuen Kreisschreibens der Eidg. Steuerverwaltung, Der Schweizer Treuhänder 1999, 601; *Ruyter,* Don't Sign That Swap Contract ... until You Read this Article, Derivatives Strategy, November 1995 (http://www.derivativesstrategy.com/magazine/archive/1995–1996/1195fea4.asp); *Samtleben,* Börsentermingeschäfte, in: Hopt/Rudolph/Baum (Hrsg.), Börsenreform: eine ökonomische, rechtsvergleichende und rechtspolitische Untersuchung, Stuttgart 1997, S. 469; *Scharpf/Luz,* Risikomanagement, Bilanzierung und Aufsicht von Finanzderivaten, Stuttgart 2000; *Schetman,* Legal Aspects of „Netting" in Respect of Insolvent Derivative Product Counterparties, in: American Law Institute (Hrsg.), American Bar Association Continuing Legal Education, Broker-Dealer Regulation, 1999, S. 87; *Schlumpf,* Derivatives Structure Fails to Beat Regulator [Kanada], IFLR November 1998; *Schneider/Busch,* Swapgeschäfte der Landesbanken: zugleich eine Entgegnung zu Christian Koenig [...], WM 1995, 326; Schwartz/Smith (Hrsg.), Advanced Strategies in Financial

Risk Management, New York 1993; *Simonart,* Le clearing et le netting – Notions fondamentales, *Rev. de la Banque* 58(1994)121–133; *Smithson/Rozario,* Legislation, Regulation, and Taxation, in: Smithson (Hrsg.), Managing Financial Risk Yearbook 1999, http://www.schoolfp.cibc.com/new/yb99/yb99.htm, S. 132 f.; *Southern,* The International Taxation of Derivatives, 2 Derivatives Use, Trading & Regulation 80 (1996); *Suetens,* Collateralization and the ISDA Credit Support Annex, IFLR Aug. 1995, 15; *Taylor/Solomon/Hariton/Creamer,* Interest Rate, Equity and Commodity Swaps and Other Notional Principal Contracts, in: Practising Law Institute (Hrsg.), Tax Strategies for Corporate Acquisitions, Dispositions, Spin-Offs, Joint Ventures, Financings, Reorganizations and Restructurings 1997, New York 1997, S. 409; *Taylor-Brill,* Negotiating and Opining on ISDA Masters, in: Practising Law Institute (Hrsg.), Swaps and Other Derivatives in 1999, New York 1999; *Thompson,* Collateralization Agreements, Derivatives Week, July 10, 1995, S. 10; *Turing,* Netting: Developments in 1994 Affecting Banks, BJIBFL 1995 (Bd. 3), 71; *ders.,* Set-off and Netting Developments 1993 Affecting Banks, JIBL. 1994, Bd. 9(4), 138; *Tyson-Quah,* Cross-Border Securities Collateralization Made Easy, BJIBFL, April 1996, S. 177; *Walter,* Close-out Netting in English Law: Comfort at Last, BJIBFL 1995 (Bd. 3), 167; *Watkins,* Legal Issues and Documentation: A Framework, in: Antl (Hrsg.), Swap Finance; Bd. 2, London 1986, S. 53; *Winter,* Der wirtschaftliche und rechtliche Charakter von Zinsbegrenzungsverträgen, WM 1995, 1169; *Wood,* Title Finance, Derivatives, Securitisations, Set-off and Netting, London 1996; *Zobl/Werlen,* 1992 ISDA-Master Agreement unter besonderer Berücksichtigung der Swapgeschäfte, Zürich 1995; *dies.,* Rechtsprobleme des bilateralen Netting, Zürich 1994.

Übersicht

	Seite
1. Sachverhalt	785–794
a) Zweck derivativer Finanzinstrumente	785–787
b) Zweck von Rahmenverträgen	787
c) Unterschiedliche Musterrahmenverträge	787–789
d) 1992 ISDA Multicurrency-Cross Border Master Agreement	789–790
e) ISDA Dokumentationsstruktur zum 1992 MA	791–794
aa) „1992 ISDA US Municipal Counterparty Definitions"	791
bb) „1993 ISDA Commodity Derivatives Definitions"	791
cc) „1996 Equity Derivatives Definitions"	791
dd) „1997 ISDA Government Bond Option Definitions"	791
ee) „1997 ISDA Short Form Bullion Definitions"	792
ff) „1998 FX and Currency Options Definitions"	792
gg) „1998 Euro Definitions"	792
hh) „1999 ISDA Credit Derivatives Definitions"	792–793
ii) „2000 ISDA Definitions"	793
jj) „ISDA Credit Support"-Dokumente	793–794
2. Präambel	794
2a „Definitions"	794
3. „Inconsistency"	794
4. „Single Agreement"	794–795
5. „Obligations"	795–796
6. „Change of Account"	796
7. „Netting"	796–800
a) Erfüllungswirkung	796–797
b) Novationswirkung	797–798
c) Insolvenzrechtliche Beurteilung	798–799
d) „Cross-Product Netting"	799
e) „Multibranch"-Netting	799–800
f) „Settlement Risk"	800
8. „Deduction or Withholding for Tax"	800–801
9. „Default Interest; Other Amounts"	801–802

7. International Swap Dealers Association Inc. Master Agreement   VII. 7

	Seite
10. „Powers"	802
a) Hintergrund	802–803
b) Ausgewählte Rechtsordnungen	803–813
aa) Deutschland	803–808
(1) Zivil- und Kapitalmarktrecht	803–805
(2) Kapitalgesellschaftsrecht	805
(3) Aufsichtsrecht	805–806
(4) Öffentliche Hand	806–808
bb) Frankreich	808–809
(1) Zivil- und Kapitalmarktrecht	808
(2) Kapitalgesellschaftsrecht	808
(3) Aufsichtsrecht	808–809
(4) Öffentliche Hand	809
cc) England	809–811
(1) Zivil- und Kapitalmarktrecht	809–810
(2) Kapitalgesellschaftsrecht	810
(3) Aufsichtsrecht	810
(4) Öffentliche Hand	810–811
dd) USA	811–813
(1) Zivil- und Kapitalmarktrecht	811–812
(2) Kapitalgesellschaftsrecht	812
(3) Aufsichtsrecht	812
(4) Öffentliche Hand	812–813
11. „Absence of Litigation"	813
12. „Tax Representations"	813–815
a) „Payer Tax Representation"	813–814
b) „Payee Tax Representations"	814–815
13. „Specified Information"	815
14. „Events of Default"	815–819
a) Systematik	815–816
b) Einzeltatbestände	816–819
aa) „Failure to Pay or to Deliver"	816
bb) „Breach of Agreement"	816
cc) „Credit Support Default"	816–817
dd) „Misrepresentation"	817
ee) „Default under Specified Transaction"	817
ff) „Cross Default"	817–818
gg) „Bankruptcy"	818–819
hh) „Merger Without Assumption"	819
15. „Termination Events"	820–822
a) Systematik	820
b) Einzeltatbestände	820–822
aa) „Illegality"	820–821
bb) „Tax Event"	821
cc) „Tax Event Upon Merger"	821
dd) „Credit Event Upon Merger"	821–822
ee) „Additional Termination Event"	822
16. „Early Termination" („Event of Default")	822–823
17. „Early Termination" („Termination Event")	823–824
18. „Effect of Designation"	824–834
a) Wirkungsweise	824
b) Wirksamkeit	824–834
aa) Rechtliche Problematik	824–826
bb) „Netting-Gesetze"	826
cc) Legal Opinions	826–827
dd) Ausgewählte Rechtsordnungen	827–830
(1) Deutschland	827–830
(1.1) Wirkungsweise des § 104 InsO	827–828

	Seite
(1.2.) Begriff des Finanztermingeschäfts	828–829
(1.3.) Abdingbarkeit	829–830
(2) England	830–831
(3) Frankreich	831–832
(4) USA	832–834
19. „Calculations"	834–836
a) „Market Quotation"	834–835
b) „Loss"	835–836
c) Fälligkeit, Zinsen	836
20. „Payments on Early Termination" („Events of Default")	837–840
a) „First Method", „Second Method"	837–838
b) Wirksamkeit nach dem Vertragsstatut	838
c) Beurteilung nach Insolvenz- oder Vollstreckungsrechtsordnung	838–840
aa) Deutschland	839
bb) Frankreich	839
cc) USA	839–840
21. „Payments on Early Termination" („Termination Events")	840
22. „Set-off"	840–841
23. „Transfer"	841–842
24. „Contractual Currency"	842
25. „Counterparts"	842
26. „Confirmations"	843–846
a) Hintergrund	843–844
b) Zuständiges Formstatut	844–846
aa) New York	844–845
bb) England	846
cc) Deutschland	846
dd) Frankreich	846
27. „Offices; Multibranch Parties"	846
28. „Expenses"	846–847
29. „Notices"	847
30. „Governing Law"	847–853
a) Hintergrund	847–848
b) Wirksamkeit	848
aa) New York	848
bb) England	848
cc) Deutschland	848
c) Sachliche Reichweite	848–853
aa) Parteiwille	848–849
bb) Zwingendes Recht des Gerichtsstaates	849
cc) Zwingendes drittstaatliches Recht	850–853
(1) Deutschland	851
(2) USA	851–852
(3) Vereinigtes Königreich	852
(4) IWF-Abkommen	852–853
31. „Jurisdiction"	853–855
a) Staatliche Gerichte	853–854
b) Schiedsgerichte	854–855
32. „Service of Process"	855
33. „Waiver of Immunities"	855–856
34. „Credit Support Document"	856–861
a) Zweck der Besicherung	856
b) Allgemeine Gestaltungsmöglichkeiten	857
c) Überblick über ISDA-Mustersicherungsdokumente	857–859
d) 1994 New York Annex	859–860
e) 1995 English Annex; 1995 English Deed	860–861
f) 1995 Japanese Annex	861
35. „Indemnifiable Tax"	861–862

7. International Swap Dealers Association Inc. Master Agreement

	Seite
36. „Local Business Day"	862
37. „Loss"	862–863
38. „Potential Event of Default"	863
39. „Unpaid Amounts"	863
39 a. „Specified Transaction"	863
40. „Specified Indebtedness"	863–864
41. „Threshold Amount"	864
42. „Credit Event Upon Merger"	864
43. Automatische Beendigung	864–865
44. Auswahl der Schadensberechnungsart	865
45. Auswahl der Ausgleichsart	865–866
46. „Termination Currency"	866
47. „Additional Event of Default"	866–868
a) Rating Downgrade	867
b) „Adequate Assurance"	867
c) „Impossibility"	867–868
48. Steuerrechtliche Unterlagen	868–869
49. Sonstige Unterlagen	869
50. „Multibranch Parties"	869–870
51. „Condition precedent"	870
52. „Escrow"-Klausel	870–871
53. „Negative Interest Rates"	871–872
54. „Discharge and Termination of Options"	872–873
55. „Set-off"-/„Conditions to Certain Payments"	873–876
a) „Basic Set-off"	873–874
b) „Guarantee and Assignment"	874–875
c) „Conditions to Certain Payments"	875–876
d) „No Agency"	876
56. „Binding oral agreements"	876
57. Zustimmung zu Tonbandaufzeichnungen	876–877
58. „Exchange of Confirmations"	877
59. Elektronisch bestätigte Transaktionen	877–878
60. Einbeziehung der ISDA „Definitions"	878–879
61. „Severability"	879–880
62. „Relationship Between Parties"	880–881
63. „Hedge-Agreement"	881
64. „EMU Protocol"	881
65. „Existing Agreements"	881–882

Anmerkungen*

1. Sachverhalt. a) Zweck derivativer Finanzinstrumente. Derivative Finanzinstrumente („Finanzderivate" oder einfach „Derivate") sind „innovative" Finanzinstrumente in Gestalt gegenseitiger Verträge, deren Wert bzw. Preis vom Betrag einer zugrunde liegenden marktabhängigen Bezugsgröße („Basiswert", „Underlying") abgeleitet ist (grundlegend die Definition der *Global Derivatives Study Group* der Group of Thirty, in: Derivatives: Practices and Principles, hrsg. von der Group of Thirty, Washington 1993, S. 2, 28; ähnlich BAV, RS R 3/2000 v. 19. 10. 2000, unter A.II.2.; vgl. ferner die beiden Legaldefinitionen in § 2 II WpHG und § 1 XI 4 KWG). Die Basiswerte müssen ständig messbar sein. Hierfür in Betracht kommen die Preise von liquiden Handelsgegenständen (Aktien, Schuldverschreibungen, Devisen, Rohstoffe, Energie, Wein), Referenzzinssätze oder Indices. Die Leistungspflichten derivativer Verträge sind entweder auf beiden Seiten auf Geld gerichtet (Instrumente mit Barausgleich) oder aber nur auf einer Seite auf Geld und auf der anderen Seite auf die Lieferung des Basiswertes (Instrumente mit Erfüllung in

---

* Die verkürzt zitierten Literaturangaben beziehen sich auf die im Schrifttumsverzeichnis enthaltenen Titel. Alle zitierten Internet-URLs (http://...) betreffen das Abrufdatum 5. 3. 2001.

Natur). Die Einbeziehung der Instrumente mit Erfüllung in Natur in den Derivatebegriff ist keinesfalls selbstverständlich (für eine abweichende Begrifflichkeit aufgrund rechtssystematischer Überlegungen siehe *Reiner,* 1. Kapitel, A.III.: „derivateähnliche Geschäfte"); sie eignet sich aber für die Zwecke der vorliegenden Kommentierung, weil sie dem überwiegenden Sprachgebrauch der Vertragspraxis entspricht und weil der kommentierte Rahmenvertrag keinen Anlass zu einer begrifflichen Differenzierung gibt.

Entwicklung und Einsatz derivativer Instrumente erfuhren in den letzten 30 Jahren einen ungeheuren Aufschwung. Der Gesamtumsatz der von der Bank für Internationalen Zahlungsausgleich (BIS) erfassten derivativen Finanzkontrakte hatte 1998 einen Umfang von USD 388 Billionen. Allein der Nominalwert der von den deutschen Banken einschließlich ihrer in- und ausländischen Filialen im September 1998 gehaltenen Derivate betrug ca. DM 33 Billionen (*BIS,* Annual Report 1999, S. 148). In der ersten Hälfte des Jahres 2000 lag der Nennwert aller laufenden OTC-Zinsswaps, Devisen- und Währungsswaps sowie Währungsoptionen weltweit bei über USD 60 Billionen (http://www.isda.org/statistics/qtcderiv.html#total).

Wirtschaftlich können derivative Instrumente drei verschiedene Funktionen erfüllen. Bei unternehmerischen „Endverbrauchern" (in Abgrenzung zu den Finanzintermediären) liegt der Schwerpunkt des Einsatzes von Derivaten im Bereich der Marktrisikobeschränkung *("Hedging"):* Marktrisiken, die bei passivem Abwarten entstehen, lassen sich ganz oder teilweise dadurch ausschalten, dass die Vertragsleistungen bereits heute fest bzw. bedingt vereinbart werden (*Franke,* Derivate: Risikomangement mit innovativen Finanzinstrumenten, hrsg. von der BfG Bank AG, 1995, Teil II 1, S. 3). Mit der Übertragung des Marktrisikos einer geht indes das Entstehen eines neuen Risikos, des Kredit- oder Adressenausfallrisikos der Gegenpartei (umfassend zu den Risiken *aus* Derivaten siehe Scharpf/Luz, Risikomanagement, Bilanzierung und Aufsicht von Finanzderivaten, Stuttgart 2000, B.4., S. 121–224). Aus diesem Grunde kann der Besicherung („collateralization", siehe hierzu im Einzelnen Anm. 34) von Forderungen aus derivativen Kontrakten entscheidende Bedeutung zukommen. Statt zum Hedging lassen sich Derivate auch zur bewussten Übernahme von Risiken (Eingehen „offener Positionen") in der Hoffnung auf gewinnbringende Schwankungen des Basiswertes einsetzen (Spekulation, „Trading"). Außerdem dienen derivative Instrumente der Erzielung von Arbitragegewinnen. Die *Finanzarbitrage* beruht auf der Ausnutzung von Preisdifferenzen zwischen Kassa- und Terminmärkten oder von komparativen Kostenvorteilen auf bestimmten Finanzmarktsegmenten. Durch den wirtschaftlichen Austausch von Verbindlichkeiten („liability-swaps") lässt sich beispielsweise die Finanzierungsentscheidung eines Unternehmens von der Kapitalaufnahmeentscheidung trennen (*Lassak,* Zins- und Währungsswaps, Frankfurt 1988, S. 77). Die *Regelungsarbitrage* profitiert von der unterschiedlichen rechtlichen Behandlung wirtschaftlich gleichwertiger Geschäfte (Bsp.: Steuerarbitrage). Schließlich dienen Derivate im Rahmen des Financial Engineering allen sonstigen Zwecken, zu denen Finanzinstrumente sonst auch verwendet werden, insbesondere der *Kapitalanlage* sowie der *Finanzierung.*

Man unterteilt Derivate entsprechend ihrem jeweiligen finanztechnischen Grundtypus in „Terminkäufe" (sog. „Forwards" bzw. bei börsengehandelten Geschäften „Futures"), Swaps und Optionen. Futures/Forwards und Swaps zeichnen sich durch fest vereinbarte zukünftige Leistungspflichten und spiegelbildliche (symmetrische) Gewinn- und Verlustchancen auf beiden Seiten des Vertrags aus. Das Risikoprofil bei Optionen ist asymmetrischer Natur. Der mögliche Verlust ist dort auf einer Vertragsseite von vornherein auf einen bestimmten Betrag, nämlich die bei Vertragsschluss zu entrichtende Optionsprämie beschränkt. Nach ihren Handelsformen lassen sich verbriefte Derivate von nicht verbrieften und börsengehandelte Derivate (sog. „Kontrakte") von außerbörslichen („Over-The-Counter", kurz: „OTC") unterscheiden.

Börsenmäßige Terminkontrakte („Futures") und Optionen sind hinsichtlich Liefermenge bzw. Nominalwert, Erfüllungstermin und Abwicklung standardisiert. Sie werden

7. International Swap Dealers Association Inc. Master Agreement VII. 7

an eigenes hierfür eingerichteten Terminbörsen (z. B. deutsch-schweizerische EUREX, Wiener OETOB, Londoner LIFFE, Pariser MATIF und MONEP, die CME, CBOE, CBOT in Chicago, die SIMEX in Singapur, etc.) gehandelt. Swaps und Swap-Derivate (z. B. Zinsbegrenzungsvereinbarungen) werden in aller Regel außerbörslich kontrahiert. Der Vorteil außerbörslicher Instrumente liegt darin, dass sie maßgeschneidert für die individuellen Bedürfnisse der Vertragspartner ausgehandelt werden können und dass anfängliche und nachträgliche Einschusspflichten („initial margins" und „variation margins") entfallen, sofern nichts anderes vereinbart wird. Der Nachteil besteht darin, dass es bisher für OTC-Geschäfte nur wenige Clearing-Stellen gibt (z. B. SwapClear, ein Service des London Clearing House, oder EnergyClear, ein Joint Venture der Bank of New York zusammen mit Prebon Yamane and Amerex, das seine Dienste im Frühjahr 2001 aufnehmen soll), die vermittelnd jeden Vertrag als zentrale Gegenseite übernehmen, für die Marktteilnehmer auf diese Weise das Kreditrisiko auffangen und einen multilateralen Ausgleich offener Positionen ermöglichen. In der Praxis versuchen die Unternehmen, diesen Nachteil dadurch auszugleichen, dass sie ihre OTC-Geschäfte nach Möglichkeit immer mit denselben Vertragspartnern abschließen.

b) Zweck von Rahmenverträgen. Das Bedürfnis danach, alle zwischen zwei Vertragspartnern abgeschlossenen Einzelgeschäfte unter das Dach eines Rahmenvertrags zu stellen, erklärt sich aus zwei Gründen, einem praktischen und einem rechtlichen. Der *praktische* Grund besteht in der Vereinfachung und Standardisierung. Der Rahmenvertrag übernimmt dieselbe Funktion, die AGB bei wirtschaftlich ungleich starken Vertragspartnern erfüllen. Er zieht alle rechtlich relevanten Punkte, die keinen spezifischen Bezug zu den technischen Einzelheiten der jeweiligen Einzeltransaktion aufweisen, vor die Klammer. Dadurch lassen sich zahlreiche Unklarheiten vermeiden, die den einzelnen Derivatvertrag ansonsten unvollständig oder praktisch nicht durchsetzbar machen würden (sog. „enforceability risks"). Gleichzeitig wird der Inhalt der Einzelverträge auf ein Minimum reduziert und ihr Abschluss dadurch beschleunigt. Insbesondere können Geschäfte telefonisch ausgehandelt und durch einfaches Telex oder Email bestätigt werden. Die Vereinfachung der Einzelabschlüsse erspart dem u. U. juristisch nicht geschulten Händler die Beurteilung komplexer Rechtsfragen und das Einholen von Rechtsrat vor dem Vertragsschluss. Überdies erleichtert die durch den Rückgriff auf allgemein verbreitete Vertragsmuster bewirkte Standardisierung die Handelbarkeit der Derivativkontrakte auf dem Sekundärmarkt. Der *rechtliche* Grund für den Abschluss von Rahmenverträgen besteht darin, dass sich auf diese Weise alle Einzelgeschäfte zu einem einheitlichen Vertrag zusammenfassen lassen (vgl. § 1(a) ISDA MA, hierzu Anm. 4). Dadurch will man der Gefahr entgegenwirken, dass bei Insolvenz der Gegenseite der Insolvenzverwalter unter Berufung auf sein allgemeines Wahlrecht zur Fortführung schwebender Verträge (vgl. § 103 InsO; § 365 US-Bankruptcy Code 1978; § 178(3)(a) UK-Insolvency Act 1986 bzw. § 164 UK-Companies Act 1989; Art. 37 des französischen Insolvenzgesetzes Nr. 85–98 „relative au redressement et à la liquidation judiciaires des entreprises" vom 25. 1. 1985; Art. 211 II des Schweizer Bundesgesetzes über Schuldbeitreibung und Konkurs vom 11. 4. 1898) nur diejenigen laufenden Derivate fortsetzt, die angesichts ihres gegenwärtigen positiven Marktwertes einen zukünftigen Gewinn für die Insolvenzmasse versprechen, bei Geschäften mit negativem Marktwert die weitere Erfüllung aber ablehnt und den Vertragspartner wegen seiner Schadensersatzforderung wegen Nichterfüllung auf die Insolvenzquote verweist (sog. „Rosinenpicken" oder „cherry picking"). Vielmehr sollen im Insolvenzfall sämtliche Einzeltransaktionen einheitlich beendet werden. Ferner will man mit der Konzeption eines einheitlichen Gesamtvertrags das Verbot der Insolvenzaufrechnung vermeiden, soweit es einer Verrechnung gegenseitiger Ansprüche aus der Abwicklung der beendeten Geschäfte entgegenstehen könnte (näher hierzu Anm. 18(b)).

c) Unterschiedliche Musterrahmenverträge. Der Finanzpraxis stehen eine Reihe verschiedener, von nationalen und internationalen Banken- und internationalen Händlerverbänden ausgearbeiteter Musterrahmenverträge einschließlich Anhängen für die unterschiedlichsten Arten derivativer Geschäfte zur Verfügung. Die Spitzenverbände der deutschen Kreditwirtschaft empfehlen den „Rahmenvertrag für Finanztermingeschäfte" von 1993 mit seinen Anhängen „für Optionsgeschäfte auf Börsenindizies oder Wertpapiere", „für Devisengeschäfte und Optionen auf Devisengeschäfte", „über die Vereinbarung von Sicherheiten" sowie „über die vorzeitige Erfüllung durch Ausgleichszahlung". Dieser Mustervertrag löst den „Rahmenvertrag für Swap-Geschäfte" aus dem Jahre 1989 (vgl. hierzu die Kommentierung in Bd. 3 – *Schütze*) ab (BdB-Info III/1993 Nr. 17). Der deutsche Rahmenvertrag eignet sich vorwiegend für Geschäfte zwischen inländischen Vertragspartnern. Die deutschen Hypothekenbanken weigern sich in aller Regel, andere Musterverträge zu benutzen. Für grenzüberschreitende Geschäfte ist der Einsatz des deutschen Rahmenvertrags angesichts seiner insgesamt geringen Regelungstiefe zumindest außerhalb des deutschsprachigen Raumes grundsätzlich nicht zu empfehlen. Daran ändern auch die für den internationalen Einsatz bestimmten, besonders zu vereinbarenden Zusatzbestimmungen des § 12(5) sowie die Existenz einer inoffiziellen englischen Übersetzung nichts. In der Praxis wird der deutsche Rahmenvertrag allerdings für Geschäfte deutscher Kreditinstitute mit in Luxemburg oder den Niederlanden ansässigen Tochtergesellschaften sowie gelegentlich auch mit skandinavischen oder österreichischen Partnern vereinbart (*Jahn*, Die Bank 1992, 349, 351, zum „Rahmenvertrag für Swap-Geschäfte" von 1989). Speziell für die Zinstermingeschäfte der Bundesländer gibt es eigene Musterverträge. Zu erwähnen ist in diesem Zusammenhang auch der Musterrahmenvertrag für OTC-Derivate und weitere Geschäfte der nationalen Zentralbanken der EMU-Mitgliedstaaten mit Währungsreserven der EZB (Leitlinie der EZB v. 3. 2. 2000 „über die Verwaltung von Währungsreserven der EZB durch die nationalen Zentralbanken sowie über die Rechtsdokumentation bei Geschäften mit den Währungsreserven der EZB", EZB/2000/1, AblEG Nr. L 207 v. 17. 8. 2000, S. 24–40).

Für das Ausland sind z. B. der „Schweizer Rahmenvertrag für Over the Counter (OTC) Derivate", die von der Association Française des Banques entwickelte „Convention-Cadre AFB relative aux opérations de marché à terme" aus dem Jahre 1994 sowie die „Interbank Interest Rate Swaps Recommended Terms and Conditions (1985 edition)" und die „Interbank Forward Rate Agreements Recommended Terms and Conditions (1985 edition) der British Bankers' Association BBA („BBAIRS Terms" und „FRABBA Terms") zu nennen. Das „1996 The FOA Master Netting Agreement for Exchange-Traded (and Related) Transactions" der Futures and Options Association (FOA, London) ist in erster Linie für börsengehandelte Derivate bestimmt. Es ist eine Reaktion auf die Änderung der aufsichtsrechtlichen Eigenkapitalanforderungen durch die Securities and Futures Authority (SFA).

Auf den internationalen Einsatz ausgerichtet, aber auf bestimmte Typen von Devisenderivaten beschränkt sind drei Rahmenverträge, die das New Yorker Foreign Exchange Committee in Zusammenarbeit mit der BBA, dem Canadian Foreign Exchange Committee sowie dem Tokyo Foreign Exchange Market Practices Committee erstellt hat: das „1997 International Foreign Exchange and Options Master Agreement" („FEOMA"), das „1997 International Foreign Exchange Master Agreement" („IFEMA") und das „1997 International Currency Options Market Master Agreement" („ICOM MA"). Das „2000 Master Power Purchase & Sale Agreement" (http://www.eei.org/issues/contract/) des Edison Electric Institute („EEI") und der National Energy Marketers Association („NEM") ist für den Handel mit Energie und Energiederivaten, das „2000 Master OTC Options Agreement" (http://www.bondmarkets.com/agrees/Master_OTC_Options_Agreement.pdf) der Bond Market Association (TBMA) für OTC-Optionen auf Schuldverschreibungen bestimmt.

Produktübergreifend und grenzüberschreitend anwendbar ist das „1999 Master Agreement for Financial Transactions", kurz European Master Agreement oder EMA (http://www.fbe.be/f_e_ema.htm; http://www.savings-banks.com/esbg/Masteragreement/

7. International Swap Dealers Association Inc. Master Agreement VII. 7

Masteragreement.htm). Es wurde von der Banking Federation of the European Union (FBE) in Zusammenarbeit mit der Europäischen Sparkassenvereinigung (European Savings Banks Group, ESBG) und der Europäischen Vereinigung der Genossenschaftsbanken (European Association of Cooperative Banks) entwickelt. Ziel des EMA ist es, die Vielzahl der in der Eurozone und in den benachbarten Ländern verwendeten Rahmenverträge für Finanzgeschäfte, insbesondere Wertpapierleih- und Repogeschäfte zu vereinheitlichen. Der Rahmenvertrag ist grundsätzlich offen für jede Art von Rechtswahl und Vertragssprache. Derzeit existieren bereits Textversionen in Englisch, Französisch und Deutsch; italienische und spanische Ausgaben sind für die nahe Zukunft angekündigt. Die Dokumentation setzt sich zusammen aus einem allgemeinen, vorformulierten Teil (General Provisions), einem individuell zwischen den Parteien ausgehandelten und zu unterschreibenden Teil (Special Provisions) sowie produktspezischen, vorformulierten Anhängen. Bislang stehen solche Anhänge nur für Wertpapierleih- und Repogeschäfte zur Verfügung. Es bestehen aber Pläne zur Entwicklung spezieller Anhänge für Derivatgeschäfte. Vom Gebrauch des EMA in Verbindung mit den „Definitions" und „Confirmations" der ISDA (s. unter d.) ist wegen bestehender Kompatibilitätsprobleme abzuraten.

Das „Cross-Product Master Agreement" (http://www.bondmarkets.com/agrees/cpmna.pdf), das im Februar 2000 gemeinsam von TBMA, BBA, Emerging Markets Traders Association (EMTA), Foreign Exchange Committee, International Primary Market Association (IPMA), ISDA, Japan Securities Dealers Association (JSDA), London Investment Banking Association (LIBA) und Investment Dealers Association of Canada (IDA) herausgegeben wurde, steht nicht in Konkurrenz zu den genannten Rahmenverträgen oder zum ISDA-Rahmenvertrag, sondern fasst eine Vielzahl unterschiedlicher, zwischen denselben Vertragsparteien bestehender Rahmenverträge produktübergreifend nach Art eines „Super-Rahmenvertrags" unter ein gemeinsames Oberdach mit dem Ziel einer zusätzlichen Reduzierung des Kreditrisikos. Dazu dienen Klauseln zur gemeinsamen Beendigung sämtlicher Verträge und zur Verrechnung sämtlicher sich daraus ergebender Ausgleichsforderungen.

d) 1992 ISDA Multicurrency-Cross Border Master Agreement. Der international am weitesten verbreitete (und damit ohne Zweifel „international gebräuchliche" i. S. des § 6 I 1 Nr. 1 GroMiKV, hierzu Anm. 18 (b)(cc)) und „wichtigste" (*BAKred,* Jahresbericht 1998, Kapitel 4.3 Netting, http://www.bakred.de/texte/jahresb/jb1998/jb1998-04.htm) Rahmenvertrag für OTC-Derivate ist der hier abgedruckte „ISDA Multicurrency-Cross Border Master Agreement" vom 15. 6. 1992 (vgl. BIS, OTC Derivatives: Settlement Procedures and Counterparty Risk Management, 1998, S. 1). Neuerdings steht er – wie z. T. auch die o. g. konkurrierenden Verträge – im Internet zum kostenlosen Runterladen zur Verfügung (http://www.isda.org/publications/1992mastermc.pdf). Der Erfolg dieses Vertrags spiegelt sich nicht zuletzt in der geringen Anzahl der gerichtlichen Streitigkeiten wider, zu denen seine Auslegung bisher Anlass gegeben hat. Die ISDA (International Swaps and Derivatives Association, Inc.; vormalig: International Swap Dealers Association) ist eine 1985 gegründete, privatrechtliche Organisation mit Sitz in New York City, welche die führenden Teilnehmer des weltweiten OTC-Handels mit Derivaten vereint und mittlerweile über 400 Mitglieder aufweist (Adresse: International Swaps and Derivatives Association Inc., 600 Fifth Avenue, 27th Floor, Rockefeller Center, New York, NY 10020–2302, Tel. +1 212 332–1200; Fax +1 212 332–1212; http://www.isda.org; email: isda@isda.org; Londoner Büro: One New Change, London EC4M 9QQ, Tel. +44 171–330–3550; Fax +44 171–330–3555). Das 1992 ISDA Master Agreement eignet sich für die meisten der bisher bekannten derivativen OTC-Instrumente mit fast allen Arten von Basiswerten (Swaps und Swap-Derivate, Optionen, Forwards, vgl. die Liste der erfassten Geschäftstypen nach der Definition der „Specified Transaction" in § 14 des Rahmenvertrags). Es wird von einer Serie produktspezifischer Anhänge („Definitions") begleitet, die im Laufe der Jahre immer weiter verfeinert wurden (s. u. unter e.).

Das gleichzeitig mit dem 1992 ISDA Multicurrency-Cross Border Master Agreement vorgestellte ISDA Local Currency – Single Jurisdiction Master Agreement (http://www.isda.org/publications/1992masterlc.pdf) ist eine vereinfachte Form des Multicurreny-Cross Border Master Agreement. Es ist für Derivatgeschäfte in einer einzigen Währung innerhalb der USA konzipiert. Es enthält daher keine Bestimmungen zur Verteilung des Steuerrisikos in Bezug auf Abzugssteuern, die beschränkt Steuerpflichtige belasten können, keine Regelungen für den Fall, dass die Parteien die Vertragsbeziehungen jeweils über verschiedene Zweigstellen aus unterschiedlichen Ländern abwickeln, und schließlich auch keine Bestimmungen über die Bestellung eines Zustellungsbevollmächtigten im Gerichtsstaat sowie über die Währungsumrechnung bei der Berechnung des Ausgleichsanspruchs im Falle vorzeitiger Vertragsbeendigung.

Das 1992 ISDA Multicurrency-Cross Border Master Agreement (im Folgenden: „MA") ist für die Benutzung in englischer Sprache ausgelegt. Die von der ISDA herausgebene japanische Übersetzung dient nur dem besseren Verständnis der Vertragsbedingungen. Seinem äußeren Aufbau nach besteht das MA aus zwei Teilen, einem vorformulierten, an seinem Ende von den Parteien zu unterzeichnenden Hauptteil (§§ 1–14) und einem formularmäßig auszufüllenden Anhang („Schedule"). Der Hauptteil ist für sich keineswegs unterschriftsreif, sondern bedarf zwingend einer Individualisierung, über welche die Parteien beim Ausfüllen des „Schedule" noch verhandeln müssen. Sollen bestimmte Regelungen aus dem Hauptteil gestrichen werden, kann dies entweder in Part 5 des Schedule vereinbart werden, oder aber die betreffende Passage wird direkt im Text des MA gestrichen, wobei dann die Streichung durch die Unterschriften der Parteien bestätigt werden sollte. Auf bestimmte Einzelabschlüsse beschränkte Abweichungen vom MA und vom Schedule können jederzeit in den entsprechenden schriftlichen Bestätigungen dieser Transaktionen vereinbart werden. Zu empfehlen ist in jedem Fall die Verwendung der Original-ISDA-Vertragsmuster, weil sich auf diese Weise gegenüber einem neu geschriebenen, von einer Partei zur Verfügung gestellten Text eine kontrollierende Lektüre im Hinblick auf etwaige Abweichungen vom Mustertext erübrigt.

Inhaltlich ist das MA eine verbesserte und erweiterte Fassung des ISDA Rahmenvertrags von 1987 („Interest Rate and Currency Exchange Master Agreement", „IRCEA"), das für den internationalen Einsatz von Swapgeschäften ausgelegt war (vgl. *Caisse Nationale de Credit Agricole v. CBI Industries*, 90 F. 3d 1264, 1273f., zur Unanwendbarkeit des IRCEA auf Optionen). Dabei inkorporiert das MA die im Zusammenhang mit dem IRCEA von den Praxis entwickelten, international üblichen Zusatzklauseln. Der äußere Vertragsaufbau ist im Wesentlichen gleich geblieben. Für die Anpassung von Altverträgen, die noch nach dem IRCEA-Modell abgeschlossen wurden, an die 1992er Dokumentationsstruktur hat die ISDA ein Vertragsmuster zur Aktualisierung („1994 ISDA Amendment to the 1987 Interest Rate and Currency Exchange Agreement to provide for Full Two-Way Payments", http://www.isda.org/press/pdf/maintcx.pdf) entwickelt. Die Struktur des MA ist von dem Versuch geprägt, dem Vertrag einen möglichst großen sachlichen und personellen Anwendungsbereich sicherzustellen und eine möglichst große Anzahl denkbarer Vertragsverletzungen sowie zukünftiger Veränderungen leistungsrelevanter Umstände im Voraus zu erfassen. Daraus resultiert die große Abstraktheit und Komplexität dieses Rahmenvertrags. Die ISDA hat Erläuterungen („User's Guide") zum 1992 MA in englischer und chinesischer Sprache veröffentlicht, welche die Unterschiede zum 1987 IRCEA herausstellen, und sich im übrigen vornehmlich an US-amerikanische Marktteilnehmer richten.

Ergänzt wird das MA durch produktspezifische, je nach Bedarf per Verweisung in den Vertrag einzubeziehende Anhänge („Definitions"). Diesen „Definitions" ihrerseits jeweils als „Exhibits" beigefügt sind formularmäßige Muster für die schriftlichen Bestätigungen und Gegenbestätigungen der Einzeltransaktionen („Confirmations", hierzu Anm. 26 sowie Anm. 58 und 59).

7. International Swap Dealers Association Inc. Master Agreement VII. 7

e) ISDA Dokumentationsstruktur zum 1992 MA. Die aktuelle ISDA Dokumentationsstruktur zum 1992 MA umfasst eine Reihe von Zusatzdokumenten. Dabei handelt es sich um produktbezogene Musterdefinitionen, welche die Parteien je nach Bedarf durch Bezugnahme vorweg im Schedule oder fallbezogen in den einzelnen „Confirmations" in das MA einbeziehen sollten, sowie um Mustersicherungsvereinbarungen. Der Umfang dieser Dokumente hat im Vergleich zur Vorauflage dieser Kommentierung (siehe dort Anhänge 1–9) noch beträchtlich zugenommen. Da andererseits die Beschränkung auf einzelne Dokumente willkürlich angemutet hätte, wurde in der vorliegenden zweiten Auflage von ihrem Abdruck ganz abgesehen. Im Folgenden werden zunächst die „Definitions" (in chronologischer Reihenfolge) und im Anschluss daran die Mustersicherungsvereinbarungen kurz vorgestellt.

aa) 1992 ISDA US Municipal Counterparty Definitions". Die „1992 ISDA US Municipal Counterparty Definitions" für Swaps und Zinsbegrenzungsverträge sind für den Gebrauch im Rahmen des Local Currency Master vorgesehen (*ISDA*, User's Guide to the 1992 ISDA Master Agreements, S. 3, Fn. 2). Die darin enthaltenen Sonderregelungen können zwar bei Geschäften ausländischer Vertragspartner mit US-amerikanischen Gebietskörperschaften auch in Verbindung mit dem hier vorgestellten „Multicurrency-Cross Border Master" verwendet werden, es müssen hierzu jedoch verschiedene Modifikationen technischer Art (z.B. hinsichtlich der Verweisungen) vorgenommen werden (siehe hierzu *ISDA*, User's Guide to the 1992 ISDA Master Agreements, S. 35 ff.). Da für den Gebrauch der „US Municipal Counterparty Definitions" ein eigenes Schedule vorgesehen ist, sollten dann zusätzlich dessen Besonderheiten in den Schedule zum Multicurrency Master übertragen werden.

bb) „1993 ISDA Commodity Derivatives Definitions". Die „1993 ISDA Commodity Derivatives Definitions" sind für Rohstoffpreis(index)-Swaps und Rohstoffpreis(index)-optionen bestimmt und decken die unterschiedlichsten Erdölprodukte und Metalle ab. Im Anhang enthalten die „1993 Definitions" verschiedene Muster-„Confirmations", die sich aus einem in allen Fällen gleichen Standard-Musterbegleitschreiben („Exhibit I") und einem entsprechend dem Typus des jeweiligen Geschäfts für die Aufnahme der technischen Einzelheiten hinzuzufügenden Musterzusatz („Additional Provisions") für Rohstoff-Swaps („Exhibit II-A"), Rohstoffoptionen („Exhibit II-B"), Rohstoff-Caps, – Collars oder – Floors („Exhibit II-C") sowie für Rohstoff-Swaptions („Exhibit II-D") zusammensetzen. Seit 1999 arbeit die ISDA an einem „Energy Supplement to the 1993 Commodity Derivative Definitions", um den Elektrizitäts- und Energiemarkt, insbesondere in Europa, besser abzudecken.

cc) „1996 Equity Derivatives Definitions". Die „1996 ISDA Equity Derivatives Definitions" verstehen sich als vertragliche Ausgangsbasis für den Abschluss von OTC Aktienderivaten und ersetzen die „1994 ISDA Equity Option Definitions" (siehe Vorauflage, Anhang 4). Sie decken einen weiteren Bereich von Transaktionstypen ab, weil sie nicht mehr auf Aktienoptionen und Aktienindexoptionen beschränkt sind, und enthalten Bestimmungen, die es den Parteien ermöglichen, diese Transaktionstypen nach ihren individuellen Bedürfnissen zu modifizieren. Das von der ISDA 1999 eingesetzte „Equity Derivatives Committee" beschäftigt sich derzeit mit der weiteren Aktualisierung und Verbesserung der „1996 Definitions".

dd) „1997 ISDA Government Bond Option Definitions". Die „1997 ISDA Government Bond Option Definitions" beinhalten im Wesentlichen eine Erweiterung und Überarbeitung der „1993 Confirmation of OTC Bond Option Transaction (Long Form)" (siehe Vorauflage, Anhang 3). Sie erfassen ausdrücklich Optionen auf Regierungsanleihen bestimmter europäischer Länder mit Barausgleich oder Erfüllung in Natur. Die „Definitions" eignen sich auch als Ausgangspunkt für die vertragliche Gestaltung von „Confirmations" bei Optionen über Regierungsanleihen anderer Länder oder über Industrieanleihen.

Reiner

ee) „1997 ISDA Short Form Bullion Definitions". Die „1997 ISDA Short Form Bullion Definitions" beziehen sich auf Barren in Gold, Silber, Platin und Palladium. Sie dienen der Dokumentation von Kassageschäften, Forwards und Optionen mit Erfüllung in Natur und Barausgleich sowie von Swaps und Swap-Derivaten mit Barausgleich.

ff) „1998 FX and Currency Options Definitions". Die „1998 FX and Currency Option Definitions" wurden gemeinsam von der ISDA, der EMTA und dem von der Federal Reserve Bank of New York geförderten Foreign Exchange Committee herausgegeben. Ihr Schwerpunkt liegt auf den sog. „Emerging Markets". Die „1998 Definitions" aktualisieren und ersetzen die „1992 ISDA FX and Currency Options Definitions" (siehe Vorauflage, Anhang 1), die sich als unzureichend herausgestellt haben, um mit den Unbeständigkeiten der „Emerging Markets" fertig zu werden. Die „1998 Definitions" decken einen größeren Bereich an Währungen und Transaktionsarten ab als die „1992 Definitions". Sie eignen sich für Devisenkassageschäfte, Devisen-Forwards sowie Devisen-Optionen mit Erfüllung in Natur und Barausgleich. Sie können gleichermaßen in Verbindung mit dem ISDA MA, dem IFEMA, dem FEOMA und dem ICOM MA verwendet werden Neben der Einbeziehung von Kassamarktdefinitionen für Liefer- und Bargeschäfte ist die wichtigste Innovation der „1998 Definitions" die Einfügung einer zusätzlichen Kategorie von „Termination Events" (siehe unten Anm. 17), der sog. „Disruption Events" und „Disruption Fallbacks". Damit wird Marktunterbrechungen aufgrund politischer Risiken oder sonstiger Gründe in Bezug auf die vertraglich relevanten Währungen Rechnung getragen (vgl. auch User's Guide to the 1998 FX and Currency Option Definitions). Äußerlich bestehen die „1998 Definitions" aus zwei Teilen, einer gebundenen Broschüre für diejenigen Bestimmungen, die voraussichtlich längeren Bestand haben werden, und einem separat käuflichen Ringbuch („Annex A") für bestimmte martbezogenen Definitionen (z. B. Währungen), die im Laufe der Zeit ergänzt oder geändert werden müssen.

gg) „1998 Euro Definitions". Die „1998 Euro Definitions" (http://www.isda.org/press/pdf/eudf1198.pdf) basieren im Wesentlichen auf dem „ISDA EMU Protocol" vom 6. 5. 1998 (http://www.isda.org/press/pdf/fprot95.pdf; s. u. Anm. 64), mit dem es den Parteien von Altverträgen (IRCEA, MA) ermöglicht wurde, ihren Vertrag im Hinblick auf das Inkrafttreten der EWU in einem vereinfachten Verfahren unter Vermittlung der ISDA anzupassen. Die „Euro Definitions" dienen vor allem als Ergänzung der anderen ISDA-„Definitions" („as amended and supplemented by the 1998 ISDA Euro Definitions"), soweit diese die Einführung des Euro noch nicht berücksichtigen. Im Gegensatz zum „ISDA EMU-Protocol" enthalten sie keine speziellen Klauseln zur Vertragskontinuität („EMU Continuity Provision", EMU-Protocol, Annex 1) sowie zur Positionenaufrechnung (Payment Netting, EMU-Protocol, Annex 3) für den Fall des Eintritts einer vertragsrelevanten Währung in die Euro-Zone. In Anlehung an das „EMU Protocol" von 1998 hat die ISDA Ende 2000 ein „EMU Protocol (Greece)" vorgelegt.

hh) „1999 ISDA Credit Derivatives Definitions". Die „1999 ISDA Credit Derivatives Definitions" sind im Wesentlichen eine Überarbeitung und Ausdehnung der „1998 Confirmation of OTC Swap Transaction (Single Reference Entity, Non-Sovereign)" (sog. „Long Form Confirmation"). Formulare für passende „Short Form Confirmations" können auf der Internet-Homepage der ISDA heruntergeladen werden (http://www.isda.org/press/pdf/shortconf_trad.pdf; http://www.isda.org/press/pdf/shortconf_matrix.pdf). Die „1999 Definitions" bieten den vertraglichen Rahmen für bestimmte, individuell ausgehandelte Kreditderivate mit Barausgleich oder Erfüllung in Natur. Sie erfassen hoheitliche und nichthoheitliche Referenz-Schuldner, verbriefte Referenz-Verbindlichkeiten und einfache Darlehensforderungen. Nicht geeignet sind sie für andere Referenzinstrumente wie Swaps, Körbe von Darlehensforderungen oder Schuldverschreibungen, Total Return Swaps oder Credit-Linked Notes. Die „1999 Definitions" übernehmen das Schiedsverfahren aus der „Long Form Confirmation". Wegen der damit aufgetretenen praktischen Schwierigkeiten bei der Auswahl des dritten, neu-

7. International Swap Dealers Association Inc. Master Agreement

tralen Schiedsrichters arbeitet die ISDA derzeit aber an der Entwicklung eines eigenen Streitbeilegungsmechanismus. Der Begriff des „Credit Event" ist im Vergleich zur Long Form Confirmation objektiviert worden. Die „1999 Definitions" verlangen nunmehr einen Ausfall im Wert von USD 10.000.000 als Mindestvoraussetzung. Die ISDA entwickelt z.Z. einen User's Guide zu den „1999 Definitions". Den ISDA-Mitgliedern wurde bereits ein entsprechender Entwurf vorgestellt (Stand: 3/2001). Die in New York ansässige Internet-Plattform für OTC-Kreditderivate „Creditex" (www.creditex.com) legt ihren Geschäften, sofern nichts anderes vereinbart wird, automatisch die ISDA Definitions zugrunde.

ii) „2000 ISDA Definitions". Die am 17. 7. 2000 veröffentlichten „2000 ISDA Definitions" aktualisieren und ersetzen die beliebten „1991 Definitions" (siehe Vorauflage dieser Kommentierung, Anhang 5) in der Fassung der Änderungen durch das „1998 Supplement" sowie durch die „1998 ISDA Euro Definitions". Wie die „1991 Definitions" (siehe Vorauflage, Anm. 1(e)(ff.)) sind die „2000 Definitions" vor allem für Zinsswaps, Währungs- und Devisenswaps sowie Swap-Derivate bestimmt. Im Übrigen übernehmen die „2000 Definitions" wie bereits die „1991 Definitions" eine Auffangfunktion bezüglicher aller Transaktionen, für die keine der oben dargestellten spezielleren „Definitions" einschlägig sind. In dem Maße, wie die „1991 Definitions" nicht auf den zu dokumentierenden Derivatetyp passen, sind in die entsprechenden „Confirmations" geeignete Ausnahme- oder Ergänzungsbestimmungen aufzunehmen. Für bestimmte Arten von Transaktionen, für die noch keine eigenen „Definitions" herausgegeben wurden, kann es sich auch empfehlen, vorbehaltlich geeigneter Korrekturen in den „Confirmations" zusätzlich zu den „2000 Definitions" auf bestimmte der spezielleren Definitions zu verweisen. Für Wetterindex-Optionen kann z.B. eine gleichzeitige Bezugnahme auf die „2000 Definitions", die „1998 FX and Currency Options Definitions" sowie die „1993 Commodity Derivatives Definitions" sinnvoll sein. Die geschäftsspezifischen Begriffe (z.B. der maßgebliche Wetterindex) sind dann in den „Confirmations" zu definieren. Eine andere Frage ist allerdings, ob dem Abschluss von OTC-Wetterderivaten aufsichtsrechtliche Hindernisse entgegenstehen. In einigen Staaten, z.B. Frankreich, Italien, und Spanien werden Wetterderivate nämlich als Versicherungsverträge behandelt (*Kim*, Weather Hedging Goes Online in Europe, Euromoney, September 2000).

In Ergänzung zu den „2000 Definitions" hat die ISDA ein „NCU Supplement" entwickelt (http://www.isda.org/press/pdf/ncusupp.doc), das in der Übergangszeit bis zum endgültigen Verschwinden der nationalen Währungen der EWU-Mitgliedsstaaten (31. 12. 2001) für Transaktionen in diesen Währungen (sog. „National Currency Units, NCUs") bestimmt ist.

jj) „ISDA Credit Support"-Dokumente. Das Bonitätsrisiko aus derivativen Geschäften ist täglichen Schwankungen unterworfen und hängt davon ab, ob und in welchem Maße die zu sichernde Vertragspartei gegenüber der Gegenseite bei Saldierung aller offenen Einzelgeschäfte im Geld („in-the-money") steht oder sich aber außerhalb des Geldes („out-of-the-money") befindet, Letzterer gegenüber also selbst Nettoschuldnerin ist. In Ergänzung zum MA bietet die ISDA deshalb mittlerweile vier verschiedene Mustersicherungsverträge für drei unterschiedliche Sachenrechtsordnungen (New Yorker, englisches und japanisches Recht) an. Das Grundprinzip dieser Vereinbarungen besteht jeweils darin, dass die Höhe der Sicherungsleistungen laufend dem jeweiligen Kreditrisiko aus dem Gesamtvertrag unter Berücksichtigung aller Aufrechnungsmöglichkeiten anzupassen ist.

Im Einzelnen handelt es sich um den „1994 ISDA Credit Support Annex (Subject to New York Law Only)" nach New Yorker Recht (fortan: „1994 New York Annex", abgedruckt in Anhang 1), um die von einer Londoner Arbeitsgruppe der ISDA entwickelten, auf die Anwendung englischen Rechts ausgelegten „1995 ISDA Credit Support Deed (Security Interest – English Law)" und „1995 ISDA Credit Support Annex (Transfer – English Law)" (fortan „1995 English Deed" bzw. „1995 English Annex", abgedruckt in Anhängen 2 und 3) sowie um den ebenfalls englischsprachigen „1995 ISDA Credit Support Annex (Security Interest – Japanese Law)" (fortan „1995 Japanese Annex", auf Abdruck wurde verzichtet). Für jede der drei erfassten Rechtsordnungen hat die ISDA je einen „User's Guide" herausgegeben (allgemein zur Problematik der Besicherung sowie zu den ISDA-Vertragsmustern s.u. Anm. 34).

Im März 2000 veröffentlichte die ISDA den „Exposure Draft" der „2000 ISDA Credit Support Provisions" (http://www.isda.org/press/pdf/cexpdrft.pdf). Dabei handelt es sich neben verschiedenen inhaltlichen Änderungen um den ehrgeizigen Versuch, den 1994 New York Annex und den 1995 English Annex zu einem einheitlichen Dokument mit entsprechender Wahlmöglichkeit für die Parteien zusammenzuführen. Parallel zu diesem Projekt arbeitet die ISDA an einem „Amendment" des 1994 New York Annex mit einer Anzahl von Änderungsklauseln, deren Geltung die Parteien pauschal oder einzeln vereinbaren können (berichtet bei *Cohn,* in: Practising Law Institute (Hrsg.), 2000, S. 121).

2. Präambel. Der in der Präambel des Vertrags definierte Begriff der „Transaction" ersetzt den Begriff der „Swap-Transaction" aus dem 1987 IRCEA-Rahmenvertrag, der bislang in § 1.1. der inzwischen überholten „1991 Definitions" konkretisiert wurde. Der in § 14 definierte Begriff der „Specified Transaction" ist insofern weiter, als er auch Verträge mit den jeweiligen Sicherungsgebern sowie mit bestimmten, einer Partei nahestehenden und in Part 1(a) des „Schedule" zu definierenden Dritten („Specified Entities") umfasst. Bereits in der Präambel wird klargemacht, dass der „Schedule" sowie die einzelnen „Confirmations" Bestandteil eines einheitlichen Vertrages sind. Die formellen Anforderungen an eine „Confirmation" werden im Einzelnen in § 9(e) definiert. Aus Beweisgründen sollte der „Schedule" separat unterschrieben werden, auch wenn das ISDA-Formular dies an sich nicht vorsieht.

2 a. „Definitions". Das MA verwendet eine ganze Reihe von Begriffen mit speziell definiertem Bedeutungsgehalt. Man erkennt sie daran, dass sie mit einem Großbuchstaben beginnen. Die passende Definition findet man entweder im MA, und zwar in der Einleitung vor § 1 („Transaction", „Schedule", „Confirmation") oder in § 14, oder aber sie ist von den Parteien selbst im „Schedule" festzulegen (z.B. „Specified Treaty", „Calculaton Agent", „Governing Law").

3. „Inconsistency". Der Vorrang der im „Schedule" niedergelegten Vereinbarungen vor dem MA entspricht dem allgemeinen Grundsatz vom Vorrang der Individualabrede gegenüber AGB; der Vorrang der „Confirmations" vor dem MA (einschließlich „Schedule") folgt aus dem Prinzip der lex specialis.

4. „Single Agreement". Das MA (einschließlich „Schedule") bildet nach § 1(c) Halbsatz 1 zusammen mit den in den „Confirmations" dokumentierten Einzelgeschäften einen einheitlichen Vertrag („Single Agreement"). In § 1(c) Halbsatz 2 wird hervorgehoben, dass alle Einzelabschlüsse nur unter der Bedingung abgeschlossen werden, dass die in Halbsatz 1 hergestellte Verbindung des MA mit diesen Transaktionen zu einem einheitlichen Vertrag rechtlich wirksam ist. Der Zweck dieser Klausel zielt auf den Fall der Insolvenz einer der Vertragsparteien. Dann nämlich soll sie die insolvenzrechtliche Anerkennung der in den §§ 5 und 6 vorgesehenen einheitlichen Beendigung aller noch nicht vollständig erfüllten Einzelgeschäfte (sog. „Close-out"- oder Liquidationsklausel) unterstützen und auf diese Weise ein „cherry picking" des Insolvenzverwalters verhindern (siehe hierzu auch unten bei Anm. 18(b)). Ferner ebnet die Einheitlichkeit des Vertrags den rechtlichen Weg für die Abrechnung sämtlicher beendeter Einzelgeschäfte auf der Grundlage eines einheitlichen Ausgleichsanspruchs (§ 6(e)), welche ihrerseits den Zweck verfolgt, Probleme mit den Vorschriften zur Insolvenzaufrechnung zu vermeiden.

Im Schrifttum (*Coleman,* BJIBFL 1994, 391, 394) wird vereinzelt zu bedenken gegeben, die „Single Agreement"-Klausel äußere sich nicht dazu, auf welchem Wege neue Transaktionen in den Gesamtvertrag inkorporiert würden. Es sei nicht bestimmt, ob dies durch Änderung des bisherigen Vertrags oder durch Schaffung eines neuen Vertrags geschehe, der den alten Vertrag und die neue Transaktion zusammenfasse. Es sei deshalb zweifelhaft, ob ein (englisches) Gericht die Inkorporierung der Einzelgeschäfte anerkennen würde. Die entsprechende Klarstellung in den jeweiligen „Confirmations" (vgl. Nr. 1 des Exihibit I der „1991 Definitions": „This Confirmation supplements, forms part of, and is subject to the IRCEA...") wird dabei nicht für ausreichend gehalten. Diesem Einwand ist zu entgegnen, dass jede nachträgliche Vertragserweiterung gleichzeitig in dem Maße Novation ist, wie die Erweiterung reicht. Die Frage, ob bei dieser Gelegenheit die bisherigen Vertragspflichten unverändert fortbestehen oder aber durch neue, inhaltsgleiche ersetzt werden, ist als solche ohne Bedeutung für die Auslegung der von den Parteien intendierten Rechtsfolgen.

Interessanter ist die Frage der Wirksamkeit dieser Klausel nach der zuständigen Insolvenzrechtsordnung (lex fori concursus). Sie kann nicht isoliert betrachtet werden, sondern ist Teil der allgemeinen Problematik der insolvenzrechtlichen Anerkennung des „Close-out Netting". Insofern ist auf die Ausführungen unten zu § 6 zu verweisen (Anm. 18(b)).

5. „Obligations". In § 2 werden allgemein Art, Umfang und Erfüllungsmodalitäten der gegenseitigen vertraglichen Hauptpflichten („Obligations") festgelegt. Dabei unterscheidet die Regelung zwischen „Zahlung" („payment") und „Lieferung" („delivery", z.B. Rohstoffe, Wertpapiere). Dies entspricht dem weiten Verständnis der „Transaction" in der Präambel (s.o. Anm. 2), das OTC-Termingeschäfte mit Barausgleich ebenso erfasst wie solche mit Erfüllung in Natur. Die technischen Details jedes Einzelgeschäfts einschließlich der gegenseitigen Leistungspflichten werden in den „Confirmations" zu den jeweiligen Einzelgeschäften geregelt, auf die in § 2(a)(i) Bezug genommen wird.

Der Hinweis in § 2(a)(i) darauf, dass die gegenseitigen Leistungspflichten unter dem Vorbehalt der übrigen Vorschriften des MA stehen („subject to the other provisions of this Agreement"), spielt auf die Regelung des § 2(a)(iii) an (*ISDA*, User's Guide to the 1992 ISDA Master Agreements, S. 10). Nach § 2(a)(ii) S. 1 dürfen Zahlungen nur auf dasjenige Konto erfolgen, das hierfür ausdrücklich (in der jeweiligen Confirmation) bestimmt wird.

Die besondere Bedeutung des § 2(a)(iii) besteht darin, dass diese Bestimmung neben der „Single Agreement"-Klausel des § 1(c) (s.o. Anm. 4) und der „Close-out"-Klausel des § 6 (s.u. Anm. 18) eines der Mittel ist, mit denen der MA versucht, im Falle der Insolvenz einer der Vertragspartner ein „cherry picking" des Insolvenzverwalters zu verhindern. Nach § 2(a)(iii) stehen die gegenseitigen Leistungsverpflichtungen unter der „aufschiebenden Bedingung" („condition precedent") der gegenwärtigen und zukünftigen Leistungsfähigkeit des Vertragspartners (zum Begriff des „Event of Default" siehe § 5(a), zu demjenigen des „Potential Event of Default" siehe die entsprechende Definition in § 14). Es handelt sich hierbei um eine sog. „Flawed-assets"-Klausel, die eine vertragstechnische Verknüpfung der Anspruchsvoraussetzungen mit den Kündigungsgründen des § 5(a) bewirkt. Dadurch soll sichergestellt werden, dass die weitere Vertragserfüllung immer bereits dann verweigert werden kann, wenn in der Person des Vertragspartners ein diesem zuzurechnender Beendigungsgrund („Event of Default") vorliegt oder unmittelbar bevorsteht, selbst wenn keine „Automatic Early Termination" vereinbart wurde oder wenn deren Voraussetzungen nicht erfüllt sind (s.u. Anm. 16 und 43). Über den Begriff des „Event of Default" erzeugt diese Vorschrift einen Bedingungszusammenhang zwischen Leistung und Gegenleistung, der im Ergebnis auf ein Zurückbehaltungsrecht hinausläuft. Zu Unrecht wird dieser rechtlichen Konstruktion vorgeworfen, die gegenseitigen Zahlungsverpflichtungen seien, solange keine der beiden Parteien vorleistungspflichtig sei, nicht durchsetzbar und verkämen zu einer „wechselseitigen Option", weil die Gegenleistungspflicht, deren Nichterfüllen nach dem Grundgedanken der Klausel zu einem „Event of Default" führen soll, ihrerseits ebenfalls bedingt ist (*Watkins*, in: Antl (Hrsg.), S. 53, 55). Die gegenseitige Blockade der Vertragsparteien lässt sich nämlich durch eine Verurteilung zur Leistung Zug-um-Zug ohne Weiteres auflösen (vgl. aus dem deutschen Recht die §§ 274, 322 BGB für die parallele Problematik beim Zurückbehaltungsrecht bzw. bei der Einrede des nichterfüllten Vertrages). Wegen § 5 (a)(vi) („Cross Default") gilt auch der Drittverzug als Leistungsverweigerungsgrund, soweit dies in Part 1(c) des Schedule so bestimmt worden ist. In der Praxis versucht man teilweise, den Aspekt der synallagmatischen Gegenseitigkeit der Leistungsverpflichtungen noch mit dem Zusatz „*Each payment will be by way of exchange for the corresponding payment or payments payable by the other party*" zu verstärken.

Zu Problemen kann die in § 2 (a)(iii) erzeugte Abhängigkeit des Leistungsverweigerungsrechts von den Beendigungsvoraussetzungen dann führen, wenn in der Person der einen Vertragsseite ein „Event of Default" eintritt und die andere Vertragsseite dies nach § 2 (a)(iii) zur Leistungsverweigerung ausnutzt, obwohl Erstere ihrerseits bereits alle Verpflichtungen erfüllt hat. Bei einer am Regelungszweck orientierten Auslegung des § 2 (a)(iii)(1) wird man diesen Fall allerdings kaum als „Event of Default" i.S. dieser Vorschrift betrachten können. Für diejenigen, die hier sichergehen wollen, empfiehlt sich zur Klarstellung die Aufnahme einer entsprechenden Klausel in Part 5 des „Schedule" (s.u. Anm. 51).

6. „Change of Account". Das MA geht davon aus, dass die Parteien in den jeweiligen „Confirmations" oder in Part 5 des „Schedule" pauschal für alle Einzelgeschäfte bestimmen, auf welche Konten die gegenseitigen Zahlungen bzw. Lieferungen erfolgen sollen. Nach § 2(b) kann jede Partei die als Zahlungsort vereinbarte Kontoverbindung vor dem Fälligkeitsdatum mit Wirkung für die entsprechende Zahlung oder Lieferung einseitig, und zwar auch grenzüberschreitend, ändern (Kontowechsel, „Change of Account"), wenn sie die Gegenpartei hiervon mindestens fünf Geschäftstage vorher informiert und die Gegenpartei hiergegen nicht rechtzeitig aufgrund vernünftiger Gründe („reasonable objection") widerspricht. Die Frist ist an dem Ort zu berechnen, wo das Konto belegen ist (vgl. die Definition des „Local Business Day" in § 14 MA). Einen „vernünftigen" Widerspruchsgrund bildet etwa die Gefahr nachteiliger steuerlicher Folgen des Kontowechsels (*ISDA*, User's Guide to the 1992 ISDA Master Agreements, S. 11) sowie das Entstehen devisenrechtlicher Probleme. Die Mitteilungsfrist von fünf Tagen sollte u.U. verlängert werden. Die relative kurze Frist auch bei Kontowechseln ins Ausland ruft bei vielen Marktteilnehmern die Befürchtung hervor, aus technischen Gründen in Zahlungsverzug geraten zu können (*Jahn*, ISDA-Musterverträge zu Swapvereinbarungen setzen sich durch, Die Bank 1988, 100, 102, zur entsprechenden Klausel im IRCEA).

Sind Einzeltransaktionen über Rohstoffe oder Wertpapiere geplant, die nicht durch eine Ausgleichszahlung, sondern durch Lieferung in Natur („physical settlement") erfüllt werden sollen, kann es sinnvoll sein, die Regelung in § 2(b) vom Konto („change of account") allgemein auf den Erfüllungsort („change of place of performance") zu erweitern. Zur Vermeidung steuerrechtlicher Implikationen wird die Möglichkeit eines Kontowechsels in der Praxis teilweise davon abhängig gemacht, dass sich das neue Konto im Anwendungsbereich derselben Steuerrechtsordnung befindet. Dies kann etwa durch den an § 2(b) anzuhängenden Zusatz „... *provided that such account is in the same* [bei Bundesstaaten gegebenenfalls: *federal*] *Tax jurisdiction as the original account*" geschehen.

7. „Netting". a) Erfüllungswirkung. Die Vorschrift des § 2 (c) S. 1 bewirkt eine automatische Positionenaufrechnung („Payment Netting") von Geldforderungen gleicher Währung und Fälligkeit (i) nach Art eines Staffelkontokorrents, sofern sie demselben Einzelgeschäft entstammen (ii). Die Forderungsaufrechnung kann nach § 2 (c) S. 2-4 im „Schedule" (Part 4(i)) bzw. in einzelnen „Confirmations" auf weitere oder alle Trans-

aktionen zwischen den Parteien ausgedehnt werden. Damit verringert sich das Ausfallrisiko der Parteien bezüglich fälliger gegenseitiger Forderungen. Daneben lassen sich durch die wechselseitige Verrechnung der Forderungen etwaige Abzugssteuern auf Seiten des Zahlungspflichtigen (vgl. hierzu unten Anm. 12) durch die Reduzierung der Bemessungsgrundlage auf den jeweils fälligen Saldobetrag verringern. Gegebenfalls ist zu prüfen, inwieweit nationale Regelungen einer durch die Transaktion berührten Rechtsordnung zur Beschränkung des Devisenverkehrs dem Netting entgegenstehen. Solche Bestimmungen können selbst dann Wirkung entfalten, wenn sie nicht vom Staat des Gerichts- oder Vollstreckungsverfahrens, sondern von einem Drittstaat stammen. Sämtliche IWF-Mitgliedsstaaten haben sich in Art. VIII 2 b Satz 1 IWF-Abkommen nämlich gegenseitig dazu vepflichtet, die Devisenkontrollbestimmungen anderer Mitgliedsstaaten zu beachten (s. u. Anm. 30 (b) (cc) (4)).

Vor dem Hintergrund des englischen oder amerikanischen Vertragsstatuts (vgl. § 13 (a) i. V. m. Part 4 (h) des „Schedule") kommt der vertraglichen Aufrechnungsklausel insofern eine besondere Bedeutung zu, als im Common-Law-Bereich anders als im deutschen Recht die Möglichkeit einseitiger rechtsgeschäftlicher Aufrechnungserklärungen („Self-Help Set-Off") stark begrenzt ist und der Gläubiger in der Regel auf das Instrument der Prozessaufrechnung („Judicial Set-Off") durch richterlichen Gestaltungsakt und ohne Rückwirkung verwiesen bleibt (vgl. *Wood*, Law and Practice of International Finance, Bd. 2 a, New York 1990, § 19.02[2] [a], m. w. N. aus der britischen und amerikanischen Rechtsprechung).

In Annex 3 ihres „EMU-Protocol" (s. o. Anm. 1 (e) (gg)) schlägt die ISDA für die Übergangszeit bis zum vollständigen Verschwinden der nationalen Währungen der EWU-Mitgliedsstaaten eine Ergänzungsklausel vor, die in Abs. (c) klarstellt, dass die nach der Einführung des Euro noch bis zum 31. 12. 2001 fortbestehenden unterschiedlichen nationalen Währungen im Verhältnis zueinander trotz des Bestehens fester Wechselkurse nicht als „the same currency" i. S. des § 2 (c) (i) gelten:

„*Payment Netting*": *In respect of each Transaction entered into pursuant to an ISDA Master Agreement:*

(a) the parties recognise that the euro is expected to be introduced as the single currency of the participating member states on 1st January, 1999 and that during the transitional period payments may be made in national currency units;

(b) for the purpose of Section 2 (c) (Netting) of the ISDA Master Agreement, the parties agree that, during the transitional period, amounts stipulated to be payable in different national currency units should be treated as being payable in different currencies; and

(c) accordingly, Section 2 (c) (i) of the ISDA Master Agreement is amended to insert after the words „in the same currency" the words „but, in the case of an amount of euros (whether denominated in the euro unit or in a national currency unit) payable on any day during the transitional period, only if stipulated to be payable in the euro unit only or in the same national currency unit".

Im Gegensatz zu § 6 des speziell für das Geschäft mit Währungsoptionen geschaffenen ICOM MA sieht das vorliegende ISDA MA neben dem Payment Netting für Zahlungsverpflichtungen kein automatisches Erlöschen gegenseitiger und inhaltlich spiegelbildlicher Call- oder Put- Optionen der Vertragsparteien vor (für den Vorschlag einer entsprechenden, an § 6 ICOM MA orientierten Klausel s. u. Anm. 54).

b) Novationswirkung. Neben der automatischen Positionenaufrechnung enthält § 2 (c) eine Novationsvereinbarung („each party's obligation ... will be automatically ... *replaced* by an obligation ..."), weshalb man bei Klauseln dieser Art auch von „Netting-by-novation" spricht (zum Begriff vgl. *Angell*-Bericht der BIS über Netting-Systeme v. Februar 1989, S. 12). Durch die automatische Novationswirkung der Verrechnung erübrigt sich, anders als beim Kontokorrent mit periodenweiser Skontration nach § 355 HGB (hierzu *Claussen*, Bank- und Börsenrecht, 2. Aufl., § 5 Rz. 59 ff.; siehe auch *Piper*,

Termin- und Differenzeinwand gegenüber Saldoanerkenntnis und Verrechnung im Kontokorrent, ZIP 1985, 725, 726), eine besondere rechtsgeschäftliche Anerkennung des Saldos als Grundlage eines selbständigen Verpflichtungsgrunds für die neue Saldoforderung. Darüber hinaus soll die Novation des Saldos der Einzelkonten den rechtlichen Bestand der Aufrechnungswirkung bei Insolvenz einer der Parteien sichern, sofern die maßgebliche Insolvenzrechtsordnung die Einheitlichkeit des Gesamtvertrags nicht anerkennt (hierzu unten Anm. 18) und sich der Insolvenzverwalter in der Frage der Fortführung der im Insolvenzfall noch offenen Geschäfte bezüglich derjenigen Einzeltransaktionen, die den im Kontokorrent verrechneten fälligen Forderungen zugrunde liegen, nicht einheitlich entscheidet („cherry picking"). Relevant wird dies, wenn der Insolvenzverwalter einerseits die Fortführung eines Geschäfts ablehnt, das auf Seiten des Gemeinschuldners bereits durch die Aufrechnung mit der Forderung des Vertragspartners aus einem anderem Einzelgeschäft erfüllt wurde, andererseits aber gleichzeitig auf der Fortführung dieses zweiten Geschäfts besteht. Dann nämlich wird die Forderung des Vertragspartners aus dem ersten Geschäft und damit die Aufrechnungslage rückwirkend beseitigt. An die Stelle der weggefallenen Forderung tritt dann gegebenenfalls ein Schadensersatzanspruch wegen Nichterfüllung im Rang einer einfachen Insolvenzforderung, während der Vertragspartner seine Zahlungsverpflichtung aus dem zweiten Geschäft in voller Höhe nachleisten muss, soweit nach der lex fori concursus (am Sitz der Gesellschaft bzw. am Sitz der ausländischen Zweigniederlassung) keine Aufrechnung mit dem Schadensersatzanspruch zulässig ist (für die Zulässigkeit einer solchen Aufrechnung nach deutschem Recht BGH WM 1978, 883, unter I.1.). Durch das „Netting-by-novation" werden bei beiderseitig noch nicht vollständig erfüllten Geschäften die bereits in der Vergangenheit fällig gewordenen Leistungsverpflichtungen so weit wie möglich aus dem Wirkungsbereich des Wahlrechts des Insolvenzverwalters herausgenommen, indem sie durch Aufrechnung („Netting") erfüllt und durch Novation dem Kontext des noch nicht vollständig erfüllten Einzelgeschäfts entzogen werden. Der noch nicht fällige Teil des Einzelgeschäfts wird auf diese Weise abgeschnitten und in seinem rechtlichen Schicksal verselbständigt. Das Novations-Netting reduziert also die Anzahl und Höhe der gegenseitigen Zahlungsverpflichtungen.

In Einzelfällen kann § 2 (c) indes seine Wirkung verfehlen und sogar dazu führen, dass sich für die vertragstreue Partei die Risiken aus dem „cherry picking" des Insolvenzverwalters im Vergleich zum Fehlen jeder Netting-Vereinbarung erhöhen (vgl. das Beispiel bei *Coleman*, BJIBFL 1994, 391, 393). Zum vollständigen Ausschluss des „cherry picking" wird deshalb zusätzlich auf die Rechtstechnik des sog. „Close-out Netting" zurückgegriffen (siehe hierzu unten Anm. 18).

c) Insolvenzrechtliche Beurteilung. Die zivilrechtliche Grundlage des „Netting-by-Novation" ergibt sich aus dem allgemeinen Prinzip der Vertragsautonomie (für das amerikanische Vertragsrecht *Patrikis/Cook*, S. 391, 417). Im Einzelfall sicherzustellen ist allerdings, dass die Wirksamkeit der Aufrechnungsklausel des § 2 (c) MA nicht durch insolvenz- oder vollstreckungsrechtliche Vorschriften des Heimatrechts eines der Vertragspartner in Frage gestellt wird. Einschlägig könnten in diesem Zusammenhang Regelungen über die Insolvenz- oder Gläubigeranfechtung sein (zur Anknüpfung der Insolvenzanfechtung an die lex fori concursus vgl. aus deutscher Sicht OLG Hamm NJW 1977, 504; kritisch *Henckel*, Die internationalprivatrechtliche Anknüpfung der Konkursanfechtung, FS Nagel (1987), 93, 106f.). Probleme mit Beschränkungen der Insolvenzaufrechnung kommen weniger in Betracht, da § 2 (c) die Fälligkeit der zu verrechnenden Forderungen voraussetzt (vgl. § 95 I InsO). Auf die im Rahmen der Umsetzung der EG-Finalitätsrichtlinie (Systemrichtlinie) 98/26/EG vom 19. 5. 1998 (ABlEG Nr. L 166/45) als Abs. 2 in § 96 InsO eingefügte Privilegierung der Verrechnung in Zahlungs-, Wertpapierliefer- und Abrechnungssystemen kommt es insofern gar nicht an – einmal abgesehen davon, dass diese Vorschrift ohnehin nur ganz bestimmte, dem BAKred und der Deutschen Bundesbank zu meldende Systeme mit mindestens drei Teilnehmern erfasst (hierzu *Obermüller,* Die Insolvenz des Teilnehmers an einem Zahlungsverkehrssystem nach der Finalitätsrichtlinie, FS Uhlenbruck (2000), S. 365).

Im *deutschen* Insolvenzrecht kommt eine Anfechtung von Erfüllungsleistungen aus Derivatgeschäften, die der Gemeinschuldner noch vor Verfahrenseröffnung an den Vertragspartner geleistet hat, nur unter den engen Voraussetzungen des § 133 InsO, d. h. nur bei Vorliegen einer Benachteiligungsabsicht des Gemeinschuldners und einer entsprechenden Kenntnis des Leistungsempfängers in Betracht. Die Tatsache, dass mit der zum Terminkurs berechneten Leistung des Gemeinschuldners im Vergleich zum Kassakurs am Erfüllungskurs u. U. mehr weggegeben wurde als die Gegenleistung des Empfängers wert ist, vermag keine ein Indiz für die Benachteiligungsabsicht darstellende „inkongruente Deckung" (§ 131 InsO) zu begründen, weil der Terminkurs bei Abschluss des Termingeschäfts ein angemessener Marktkurs gewesen ist (so zu Recht *Schücking,* Internationale Devisentermingeschäfte in der Insolvenz, FS Hanisch (1994), 231, 241).

Nach *französischem* Insolvenzrecht soll bei Geschäften mit Nichtbanken eine Anfechtung von Nettingmaßnahmen, die Abrechnungsdaten während der sog. „période suspecte" vor Eröffnung des Insolvenzverfahrens betreffen, nach Art. 107 Nr. 4 des Insolvenzgesetzes vom 25. 1. 1985 zu befürchten sein, da die Aufrechnung zumindest dann keine „im Geschäftsverkehr allgemein anerkannte Zahlungsweise" sei, wenn die betreffenden Forderungen nicht konnex seien (*Le Guen,* in: Hadding/Schneider (Hrsg.), S. 425, 451 f.). Inzwischen dürfte diese Auffassung aber durch Marktpraxis überholt sein.

Bankenaufsichtsrechtlich darf das nach Währungen und Fälligkeitsterminen getrennte „Netting-by-novation" für Zwecke der Eigenkapitalberechnung nach der internationalen Eigenkapital-Empfehlung „International Convergence of Capital Measurement and Capital Standards" des Basler Ausschusses für Bankenaufsicht („Cooke Committee", gegründet 1975 von den Leitern der Zentralbanken der G-10 Staaten, zu denen gegenwärtig Belgien, Deutschland, Frankreich, Großbritannien, Italien, Japan, Kanada, Luxemburg, Niederlande, Schweden, Schweiz sowie die USA gehören) in der Fassung der Änderung vom Juli 1994 („Amendment to the 1988 Capital Accord for Bilateral Netting") als kreditrisikomindernd anerkannt werden. In Deutschland wurde die Regelung in § 8 der Großkredit- und Millionenkreditverordnung – GroMiKV – vom 8. 3. 1999 umgesetzt. Voraussetzung der Anerkennung der risikomindernden Wirkung des Novations-Netting ist, dass das Finanzinstitut sich „vor Abschluss des Vertrags von der Rechtswirksamkeit der Schuldumwandlung nach allen berührten Rechtsordnungen überzeugt hat und über die erforderlichen Beweismittel verfügt, mit denen es den Abschluss des Schuldumwandlungsvertrags im Streitfall beweisen kann" (§ 8 I GroMiKV). Sofern eine ausländische Rechtsordnung berührt ist, „hat das Institut seine Überzeugungsbildung auf ein geeignetes Rechtsgutachten zu stützen" (§ 8 III 1 GroMiKV). Für die formellen Anforderungen an diese Rechtsgutachten gelten dieselben Kriterien (§ 6 II GroMiKV) wie bei der aufsichtsrechtlichen Anerkennung des „Close-out Netting" (s. u. Anm. 18 (b) (cc).

d) „Cross-Product Netting". Nach § 2 (c) Abs. 2 S. 1 können die Parteien zusätzlich die Verrechnung von Forderungen aus zwei oder mehr Einzelgeschäften vereinbaren, die am gleichen Tag fällig werden und die auf dieselbe Währung lauten. Hierzu muss in Part 4 (i) des „Schedule" oder in den jeweiligen „Confirmations" bestimmt werden, auf welche Arten von Einzelabschlüssen (z. B. Rohstoff-Swaps oder Aktienindextermingeschäfte) die Beschränkung des § 2 (c) (ii) keine Anwendung findet. Bei der Verrechnung von derivativen Geschäften unterschiedlicher Art spricht man von „Cross product netting". Sollen alle Einzelgeschäfte in die Verrechnungsabrede einbezogen werden, ist sicherzustellen, dass zumindest eine der Vertragsparteien hierzu technisch auch in der Lage ist.

e) „Multibranch"-Netting. Für den Fall, dass die Parteien über mehrere Zweigstellen in unterschiedlichen Ländern verfügen (sog. „Multibranch Parties", vgl. § 10 MA,

Part 4(d) des „Schedule"), beschränkt sich die Netting-Wirkung des § 2(c) auf das bilaterale Verhältnis jeweils zweier auf Seiten der Vertragsparteien mit der Abwicklung bestimmter Einzeltransaktionen betrauter Zweigstellen (sog. „pairing of Offices") hinsichtlich der sich auf diese Geschäfte beziehenden Forderungen. Soll die Verrechnung auf weitere Geschäftsstellen einer Vertragspartei erweitert werden, muss dies ausdrücklich im „Schedule" vereinbart werden. Aus technischen Gründen sind hierzu nicht alle Marktteilnehmer in der Lage (vgl. *Jahn*, Die Bank 1994, 99, 100). Gegebenenfalls kann die technisch besser ausgerüstete Vertragspartei (kostenlos oder gegen eine Gebühr) oder ein Dritter in Part 4(e) des „Schedule" als Abrechnungsstelle (sog. „Calculation Agent") für die Gegenseite bestimmt werden.

Allerdings können dem Multibranch Netting besondere insolvenzrechtliche Hindernisse entgegenstehen (siehe auch *Cunningham/Werlen*, in: Schwartz/Smith (Hrsg.), S. 213, 215 ff.). Die Insolvenzrechtsordnung des Landes, in dem sich die Niederlassung eines ausländischen Finanzinstituts befindet, kann diese Niederlassung als eigenständiges Finanzinstitut behandeln mit der Folge, dass dem Netting lokaler Forderungen dieser Zweigstelle gegenüber ihrem Vertragspartner mit Verbindlichkeiten von Niederlassungen in anderen Ländern oder mit Verbindlichkeiten der Zentrale gegenüber demselben Vertragspartner im Interesse lokaler Gläubiger die Anerkennung versagt wird (sog. „ringfencing", hierzu sowie zur Abwehrstrategie der „branch severability clauses" *Taylor-Brill*, in: Practising Law Institute (Hrsg.), S. 85 ff.).

f) „Settlement Risk". Für Transaktionen (z.B. Währungs- und Devisen-Swaps), bei denen nicht lediglich der Differenzgewinn bezahlt, sondern in Natur geleistet wird, besteht ein besonderes Vorleistungsrisiko (sog. „Settlement Risk" oder „*Herstatt*-Risiko") aufgrund der Zeitverschiebung zwischen den einzelnen Zahlungsorten bei weit voneinander entfernt ansässigen Vertragspartnern (hierzu *Basle Committee on Banking Supervision*, Supervisory Guidance for Managing Settlement Risk in Foreign Exchange Transactions, October 2000, http://www.bis.org/publ/bcbs73.pdf; speziell zum Beispiel der *Herstatt*-Insolvenz, wo es um Devisenkassageschäfte ging, siehe *Nadelmann*, Rehabilitating International Bankruptcy Law: Lessons Taught by Herstatt and Company, N.Y.U. Law Review 1977 (Bd. 52.1), 1, 2 ff.). Zur Vermeidung dieses Risikos kann vereinbart werden, dass die Zahlungen an einen Treuhänder zu leisten sind, der sie erst freigibt, wenn er sie von beiden Seiten erhalten hat („escrow clause", Hinterlegungsklausel, siehe hierzu den Formulierungsvorschlag in Anm. 52).

8. **„Deduction or Withholding for Tax"**. Sämtliche Zahlungen unter dem Dach des Rahmenvertrags müssen nach § 2(d)(i) S. 1 grundsätzlich ohne Abzug von Steuern oder sonstigen öffentlich-rechtlichen Abgaben (mit Ausnahme von Stempel-, Registrierungs- oder ähnlichen Abgaben, vgl. die Definition des Begriffs der „Tax" in § 14) erfolgen, sofern ein solcher Abzug nach der anwendbaren Steuergesetzgebung nicht zwingend erforderlich ist (sog. Steuer-Netto-Klausel). Für den Fall, dass der Steuerabzug zwingend vorgeschrieben ist (vgl. §§ 43, 44 V EStG), bestimmt die „Gross-Up"-Klausel des § 2(d)(i), ob der Steuerabzug vom Schuldner auszugleichen oder aber vom Zahlungsempfänger hinzunehmen ist. Für diejenige Vertragspartei, die nach § 2(d)(i) die finanzielle Last der Steuer zu tragen hat, besteht die Möglichkeit, die betroffenen Einzelgeschäfte nach den §§ 5(b)(ii) und (iii) i.V.m. § 6 zu beenden, sofern ihr die Steuermehrzahlung nicht zurechenbar ist. Dies betrifft die Fälle des „Tax Event" sowie des „Tax Event Upon Merger" (siehe hierzu unten Anm. 15(b)(bb) und (cc)). Die vertragliche Risikoverteilung orientiert sich dabei an der Struktur der entsprechenden, in Part 2(a) des „Schedule" anzukreuzenden vertraglichen Zusicherungen („Tax Representations", s.u. Anm. 12) der Parteien. Danach garantiert jede Partei, dass auf ihre Zahlungen nach allen Rechtsordnungen, zu denen sie aufgrund ihres eigenen Willens in Verbindung steht (vgl. die Definition der „Relevant Jurisdictions" in § 14 MA), keine Abzugsteuern erhoben werden.

7. International Swap Dealers Association Inc. Master Agreement

Rechtstechnisch arbeitet § 2(d)(i) mit dem Begriff der „erstattungsfähigen Steuer" („Indemnifiable Tax", definiert in § 14 MA, siehe auch Anm. 35) und dem Grundsatz, dass der Zahlungspflichtige den Steuerabzug durch eine Zusatzzahlung an den Gläubiger auszugleichen hat, sobald es sich um eine „Indemnifiable Tax" handelt (§ 2(d)(i)(4)). Nach der Definition der „Indemnifiable Tax" in § 14 sind alle Abgaben erfasst, die an die Tatsache des Geldtransfers als solche anknüpfen und nicht etwa auf einer besonderen Verbindung zwischen dem besteuernden Staat und dem Zahlungsempfänger oder diesem zuzurechnenden Personen beruhen.

Ausnahmen vom Grundsatz der Erstattung einer „Indemnifiable Tax" sind für zwei Situationen vorgesehen. *Entweder* muss die auszugleichende Steuermehrzahlung in den Anwendungsbereich einer vom Zahlungsempfänger abgegebenen steuerrechtlichen Zusicherung fallen (§ 2(d) 8 i)(4)(B)), diese Zusicherung aus einem anderen Grunde als einer Änderung des Steuerrechts unzutreffend werden und die abzuführende Steuer oder Abgabe eine „Indemnifiable Tax" i.S. des § 14 darstellen, *oder* aber die Steuermehrzahlung muss ihren Grund darin finden, dass der Zahlungsempfänger gegen bestimmte steuerrechtliche Mitwirkungspflichten verstoßen hat (§ 2(d) 8 i)(4)(A)). Angesichts dieser Regelung sollte sich jede Vertragspartei vor Vertragsschluss unbedingt darüber informieren, inwiefern die Möglichkeit besteht, dass auf von ihr zu empfangende Geldleistungen Abzugssteuern nach einer Rechtsordnung erhoben werden, zu der sie eine besondere Verbindung unterhält. Denn in einem solchen Fall hat sie die Steuerlast selbst zu tragen. Möglich ist auch die Vereinbarung eines im Jahre 1988 von der ISDA veröffentlichten Zusatzes zur Definition der „Indemnifiable Tax", der das finanzielle Risiko trotz Bestehens der genannten Verbindung dem Zahlungsverpflichteten auferlegt, sofern die Steuer auf einer Rechtsänderung beruht und die Steuerrechtsordnung nicht die Heimatrechtsordnung des Zahlungsempfängers bzw. die Rechtsordnung der Niederlassung ist, über die dieser die Zahlung empfängt (s.u. Anm. 35).

Ob im Einzelfall Zahlungen aus derivativen Geschäften tatbestandlich einer Abzugssteuer unterliegen, hängt von der Auslegung der einschlägigen nationalen und internationalen Steuervorschriften ab. In den internationalen DBA (vgl. OECD Musterabkommen 1992) sowie in den meisten nationalen Steuerrechtsordnungen fehlen bislang spezielle Regelungen für die materiell- und verfahrensrechtliche Behandlung von Einnahmen aus Derivatgeschäften (vgl. die Länderübersichten in *International Fiscal Association* (1995), passim, und *Organisation for economic co-operation and development* (1994), S. 59, 63; vgl. auch die gegenwärtigen Arbeiten der ISDA „Withholding Taxes Group"; für weitere Einzelheiten zur Besteuerung von Derivaten s.u. Anm. 12(a)). Ferner ist gegebenenfalls zu beachten, dass die einschlägigen Vorschriften zum Quellensteuerabzug mit einem ausdrücklichen, an den Schuldner gerichteten gesetzlichen (u.U. bußgeldbewehrten) Verbot zur Zahlung eines „gross-up" verbunden sein können (vgl. für das französische Steuerrecht Art. 1672 bis CGI in Bezug auf Dividenden- und Zinszahlungen; hierzu *Lazarski*, European Taxation, 1981, 3, 5 ff.). Konflikte mit Verboten dieser Art lassen sich bei Erreichen des gleichen wirtschaftlichen Ergebnisses wie bei einem „gross-up" dadurch vermeiden, dass man die Zahlungspflichten des Schuldners von vornherein entsprechend höher bemisst (vgl. *Lazarski*, European Taxation, 1981, 3, 6).

9. **„Default Interest; Other Amounts".** Die Vorschrift des § 2(e) betrifft den Ersatz und die Berechnung des Verzögerungsschadens bei (vorübergehender oder endgültiger) Nichterfüllung bereits fälliger Leistungspflichten. Führt eine solche Leistungsstörung nach den §§ 5 und 6 zur Beendigung des gesamten Vertrags oder zumindest der entsprechenden Einzelgeschäfte, gilt § 2(e) nur für den Verzögerungsschaden im Zeitraum *vom* Fälligkeitstermin *bis* zur Beendigung des Vertrags, d.h. bis zum Zugang der Mitteilung von der Bestimmung eines „Early Termination Date" beim säumigen Vertragspartner bzw. bis zum Zeitpunkt der automatischen Beendigung (siehe hierzu Anm. 14(a)). Für

den Zeitraum *danach* sind die speziellen Schadensersatzregelungen des § 6 (d) und (e) für den Verzögerungsschaden einschlägig.

Die Bestimmung des § 2 (e) unterscheidet hinsichtlich der einzelnen Vertragspflichten, die Gegenstand einer Säumnis sein können, zwischen Zahlungspflichten (§ 6 (e) S. 1 und 2) und Pflichten zur Lieferung von Gegenständen in Natur. Für Zahlungspflichten werden pauschalierte Verzugszinsen („Default Interest") als Verzögerungsschaden festgelegt. Gemäß § 6 (e) S. 1 bestimmt sich deren Höhe, soweit dies nach der anwendbaren Rechtsordnung zulässig ist, anhand der „Default Rate", die nach § 14 MA auf der Basis der tatsächlichen Refinanzierungskosten des Gläubigers zuzüglich 1% p. a. zu berechnen ist (vgl. demgegenüber die „Applicable Rate" für die Berechnung der Zinsen nach Vertragsbeendigung, s. u. Anm. 19 (c)).

Die Verzinsungspflicht des § 6 (e) S. 1 steht ausdrücklich unter dem Vorbehalt zwingender Vorschriften der anwendbaren Rechtsordnung („...the extent permitted by law..."). Der Streit darum, ob die im Jahre 2000 eingefügte Regelung des § 284 III BGB lediglich einen zusätzlichen Verzugsgrund normiert oder ob sie eine § 284 I, II BGB verdrängende Spezialvorschrift ist (so *Weber*, Teleologische Reduktion des § 284 III 1 BGB, NJW 2000, 2406), ob also bei Geldschulden der Verzug unabhängig von einer kalendermäßigen Bestimmung des Zahlungstermins oder einer Mahnung erst 30 Tage ab Fälligkeit eintritt (so *Löwisch*, Mahnverfahren statt Mahnung, NJW 2001, 127 f., unter Hinweis auf die „ganz überwiegende" Literaturmeinung), spielt hier allerdings keine Rolle. Zum einen ist § 284 III BGB unbestritten dispositiver Natur (Beschlußempfehlung und Bericht des Rechtsausschusses zum Entwurf der Fraktionen der Regierungsparteien eines Gesetzes zur Beschleunigung fälliger Zahlungen, BT-DS 14/2752, S. 11; zust. Palandt/*Heinrichs*, 60. Aufl., 2001, § 284 Rz. 30). Zum anderen richtet sich die Bestimmung der Verzugszinsen nach dem Vertragsstatut. Gemäß § 13 (a) MA i. V. m. Part 4 (h) des „Schedule" ist das MA aber nur für New Yorker oder englisches und nicht für deutsches Vertragsstatut ausgelegt. Eine Sonderanknüpfung des § 284 III BGB als „zwingende Vorschrift" nach Art. 34 EGBGB kommt nicht in Betracht.

Nach § 6 (e) S. 2 werden die Zinsen täglich kapitalisiert („compound interest", Zinseszinsen) und nach der tatsächlichen Anzahl der Tage berechnet. Im Gegensatz zu der deutschen Regelung des § 248 I BGB ist eine im Voraus getroffene Vereinbarung zur Bezahlung von Zinseszinsen nach dem zuständigen Vertragsstatut (vgl. § 13 (a) i. V. m. Part 4 (h) des Schedule) als rechtswirksam zu betrachten (für das *New Yorker Recht* § 5-527 NYGOL; für das *englische* Recht *Wallerstein v Moir (No. 2)* [1975] QB 373, 406, Scarman LJ.; vgl. auch OLG Hamburg RIW 1992, 939, 940, wo gleichzeitig festgestellt wird, dass die Anerkennung eines englischen, auf die Zahlung von Zinseszinsen gerichteten Vollstreckungstitels nicht gegen den deutschen *ordre public* verstößt). Ein weitergehender Schadensersatz aufgrund dispositiver Regelungen der anwendbaren Rechtsordnung ist nach der Konzeption des § 2 (e) ausgeschlossen, falls nicht ausdrücklich etwas anderes bestimmt wird. § 2 (e) ist damit eine der in § 9 (d) („Remedies Cumulative") angesprochenen („except as provided in this Agreement") Ausnahmen vom Grundsatz der Anspruchskonkurrenz.

Für den Ersatz von Schäden infolge von Verzögerungen bei der *Lieferung* von Gegenständen (z. B. bei eingetretenen Verlusten aufgrund einer Änderung des Marktpreises) sieht § 2 (e) keine besondere Regelung vor. Vielmehr wird diesbezüglich auf entsprechende von den Parteien im „Schedule" (Part 5) bzw. in den jeweiligen „Confirmations" zu tätigende Sondervereinbarungen verwiesen, ohne die angesichts des bereits erwähnten abschließenden Charakters des § 2 (e) kein Ersatz des Verzögerungsschadens verlangt werden kann.

10. „Powers". a) Hintergrund. Die Vorschrift des § 3 enthält mit Ausnahme des § 10 (a) sämtliche gegenseitigen Zusicherungen („Representations") der Vertragsparteien. Ergänzend zu den in § 3 (a) enthaltenen Zusicherungen („Basic Representations") können sich die Parteien zu ihrer Absicherung gegen bestehende rechtliche Risiken in Part 3(b) des „Schedule" (i. V. m. § 4(a)(ii) MA) das Vorlegen geeigneter Rechtsgutachten versprechen lassen.

Die „Basic Representations" sind auf die rechtliche Durchsetzbarkeit der Vertragsverpflichtungen gerichtet. Die Nichteinhaltung dieser Zusicherungen wird dadurch sanktioniert, dass dieser Umstand nach § 5(a)(iv) („Misrepresentation") automatisch einen „Event of Default" provoziert (hierzu unten Anm. 14(b)(dd)). Die Gegenpartei kann dann nach § 6(a) den gesamten Vertrag beenden, und zwar auch dann, wenn sich der betreffende Verstoß in seinen Auswirkungen lediglich auf bestimmte Einzeltransaktionen beschränkt.

Mit den Zusicherungen des § 3(a)(ii) („Powers") und § 3(a)(iii) („No Violation or Conflict") wird bezweckt, möglichen rechtlichen Gründen für die Unwirksamkeit des Gesamtvertrags oder einzelner Teile hiervon vorzubeugen. Dazu gehören Mängel der rechtsgeschäftlichen Gestaltungsmacht (fehlende Rechtsfähigkeit, fehlende Vertretungsmacht), Fälle einer anfänglichen rechtlichen Unmöglichkeit der Erfüllung des Vertrags einschließlich etwaiger Sicherungsabreden aufgrund satzungsmäßiger oder zwingender gesetzlicher Beschränkungen (vgl. § 306 BGB sowie den französischen Ansatz vom „objet impossible") sowie das Vorliegen spezialgesetzlicher Unwirksamkeitstatbestände. Letztere können sich nicht nur aus der als Vertragsstatut gewählten Rechtsordnung (§ 13(a) MA i. V. m. Part 4(h) des „Schedule") ergeben, sondern auch aus dem Heimatrecht der Vertragsparteien bzw. ihrer jeweiligen Niederlassungen (als Personalstatut bzw. als Insolvenzstatut, vgl. § 3(a)(v)) oder aus dem Recht des Abschlussortes (so für die Rechtsfähigkeit das US-amerikanische Kollisionsrecht, vgl. *Leflar*, American Conflicts of Law, 3. Aufl., Indianapolis, New York 1977, § 145, S. 298).

In Bezug auf die rechtliche Gestaltungsmacht ist zwischen allgemeinen, z. B. zivil- oder börsenrechtlichen Beschränkungen und speziellen, nur für bestimmte Arten von Marktteilnehmern (z. B. Finanzinstitute; Kapitalgesellschaften; öffentliche Hand) bestehenden Beschränkungen zu unterscheiden. Letztere betreffen den Anwendungsbereich der sog. *ultra-vires*-Lehre, nach der satzungsmäßige oder gesetzliche Schranken des rechtlichen Dürfens einer juristischen Person gleichzeitig deren rechtliches Können begrenzen.

b) Ausgewählte Rechtsordnungen. Der Umfang der rechtsformspezifischen Gestaltungsmacht von Gesellschaften richtet sich nicht nach dem (englischen oder New Yorker) Vertragsstatut, sondern nach dem (aus der Sicht der lex fori zu bestimmenden) Gesellschaftsstatut der Vertragspartner. Bei deutschen Vertragspartnern kommt also deutsches Recht zur Anwendung. Im Folgenden wird die Rechtslage in Deutschland, Frankreich, England und den USA näher dargestellt (für weitere Rechtsordnungen siehe die Vorauflage dieser Kommentierung, Anm. 10).

aa) Deutschland. (1) Zivil- und Kapitalmarktrecht. Dem *Börsentermineinwand* der §§ 52 f. BörsG kommt im vorliegenden Kontext schon deshalb keine praktische Bedeutung zu, weil die Partner eines ISDA MA in aller Regel eingetragenen Kaufleute und damit börsenterminfähig i. S. des § 53 I BörsG sein werden. Sollte dieser Vertrag ausnahmsweise doch einmal mit einem Nicht-Vollkaufmann vereinbart werden, ist auf die Gewährung der gebotenen Aufklärung nach § 53 II BörsG zu achten.

Für den allgemeinen bürgerlichrechtlichen Spiel- und Differenzeinwand (§§ 762, 764 BGB) ist bereits zweifelhaft, inwieweit Optionen, Finanztermnkontrakte, Swaps und Swap-Derivate überhaupt tatbestandsmäßig sind (siehe hierzu den Überblick bei *Reiner*, 2. Kapitel, A.I.2.a., m.w.N.; *Henssler*, S. 574 ff.). Vor allem aber ist der Spiel- und Differenzeinwand der §§ 762, 764 BGB für die nach den §§ 53 und 57 BörsG wirksamen Börsentermingeschäfte entsprechend § 58 BörsG ohnehin ausgeschlossen. Dabei gilt § 58 BörsG in seiner Fassung ab 1989 für Auslandsgeschäfte in demselben Maße wie für Inlandsgeschäfte (*Hopt*, HGB, 30. Aufl. 2000, § 58 BörsG, Rz. 1). Ob die im Rahmen des MA getätigten Einzeltransaktionen nach § 58 BörsG vom Differenzeinwand der

§§ 762, 764 BGB freigestellt sind, hängt also davon ab, ob sie als „Börsentermingeschäfte" i. S. des § 53 I BörsG qualifiziert werden können.

Allgemein hält man den Begriff des Börsentermingeschäfts für undefinierbar und umschreibt ihn im Wege der sog. „typologischen Gesamtbetrachtung" anhand typischer, aber nicht zwingender Kriterien (*Canaris*, WM Sonderbeilage Nr. 10/1988, S. 15). Der BGH schließt sich der „in Rechtsprechung und Schrifttum überwiegend vertretenen Auffassung" an, nach der Börsentermingeschäfte „Verträge über Wertpapiere, vertretbare Waren oder Devisen nach gleichartigen Bedingungen" sind, „die von beiden Seiten erst zu einem späteren Zeitpunkt zu erfüllen sind" und die ferner „eine Beziehung zu einem Terminmarkt haben, der es ermöglicht, jederzeit glattstellende Gegengeschäfte abzuschließen" (BGHZ 92, 317, 320). Abweichende Geschäftsgestaltungen seien dann als Börsentermingeschäfte anzusehen, wenn sie „wirtschaftlich dem gleichen Zweck" dienten (BGH a. a. O., S. 321; vom Gesetzgeber inzwischen ausdrücklich bestätigt in § 50 I 2 n. F. BörsG: „wirtschaftlich gleichen Zwecken"). Das Merkmal der „Glattstellbarkeit" bezieht sich bei Termingeschäften mit Erfüllung in Natur sowohl auf die Liefer- und Abnahmeverpflichtung als auch auf die Glattstellung des Marktrisikos. Das häufig ebenfalls genannte Typusmerkmal der Vereinheitlichung (Standardisierung) der Vertragsbedingungen hat gegenüber der Beziehung zu einem Terminmarkt mit Glattstellungsmöglichkeit keine eigenständige Bedeutung. Demgemäß können auch Geschäfte mit marktabweichenden Terminkursen als Börsentermingeschäfte qualifiziert werden, solange die Marktabweichung nicht so groß ist, dass die Möglichkeit der jederzeitigen Glattstellung dadurch vereitelt wird (*Reiner*, a. a. O.). Der BGH hat inzwischen präzisiert, dass bei offenen Differenzgeschäften im Gegensatz zu Geschäften mit Erfüllung in Natur eine „Glattstellungsmöglichkeit durch ein Gegengeschäft" (am Primär-Terminmarkt) nicht erforderlich ist (BGHZ 139, 1, unter II.1.a.bb, zu Basket-Optionen). Für die Möglichkeit der jederzeitigen Glattstellung des (Markt-) Risikos lässt das Gericht vielmehr alternativ die Existenz eines liquiden Sekundär-Terminmarktes für das betreffende Geschäft sowie bei Optionen amerikanischen Typs deren jederzeitige Ausübbarkeit ausreichen. Das Gericht verzichtet aber nicht völlig auf das Kriterium der Möglichkeit zur jederzeitigen Glattstellung des Marktrisikos. Der Fixcharakter des Geschäfts i. S. der §§ 361 BGB, 376 HGB wird schon seit geraumer Zeit nicht mehr als notwendig mit der Eigenschaft als Börsentermingeschäft verbunden betrachtet (BGHZ 92, 317, 321).

Bislang waren alle von der höchstrichterlichen Rechtsprechung als Börsentermingeschäfte anerkannte Geschäftsarten entweder Futures/Forwards oder Optionen mit Barausgleich oder Erfüllung in Natur bzw. Sekundärgeschäfte über diese Geschäfte. Umgekehrt wurde bislang keinen Festgeschäften oder Optionen die Anerkennung als Börsentermingeschäfte verweigert. Nur der Sonderfall der abgetrennten (sog. unselbständigen) verbrieften Optionen aus Wandelschuldanleihen bildet hier eine Ausnahme. Für Swaps und Swap-Derivate fehlt es bis heute an einschlägigem Entscheidungsmaterial. Das Schrifttum betrachtet diese Art von Geschäften überwiegend nur dann als Börsentermingeschäfte, wenn ihre Vertragsbedingungen hinreichend standardisiert sind. Die Standardisierung wird zum Teil bejaht, wenn die Geschäfte auf der Grundlage von standardisierten Rahmenverträgen (wie z. B. den ISDA MA) abgeschlossen werden, weil deren Verwendung zu einer Markttiefe führen soll, die den jederzeitigen Abschluss eines Gegengeschäfts ermöglicht (*Jahn*, in: Schimansky/Bunte/Lwowski, § 114, Rz. 76). Bei Währungsswaps soll bereits die Ähnlichkeit mit Devisentermindirektgeschäften und die Möglichkeit, am „Devisenmarkt" jederzeit Gegengeschäfte abschließen zu können, für eine Qualifizierung als Börsentermingeschäft sprechen (*Jahn*, a. a. O., Rz. 76; weitere Nachweise und Einzelheiten zum Meinungsstand bei *Reiner*, 2. Kapitel, A. I. 1. b.). Vergegenwärtigt man sich allerdings, dass der Begriff des Börsentermingeschäfts aus dem Normzweck der §§ 53 ff. BörsG heraus zu entwickeln ist und einer dieser Normzwecke gerade darin besteht, dem Finanzmarkt die nötige Rechtssicherheit vor dem Eingreifen des Spiel- Differenzeinwands zu gewähren, fällt es schwer zu glauben, dass es marktübliche Transaktionen geben kann, die zwar nicht als Börsentermingeschäfte, wohl aber als Differenz- oder auch nur als Spielgeschäfte qualifiziert werden können.

Sollten dennoch einzelne Geschäfte einmal nicht vom Begriff des Börsentermingeschäfts abgedeckt sein (für ein im Vergleich zur hier vertretenen Auffassung engeres Verständnis des „Börsentermingeschäfts" wohl *Claussen*, Bank- und Börsenrecht: Handbuch für Lehre und Praxis, 2. Aufl. München 2000, § 9, Rz. 205, der diesen Begriff ohne weitere Begründung von „anderen Derivaten" abgrenzt, die nicht den §§ 50–70 BörsG unterworfen sein sollen) und zudem keine vom Differenzeinwand ausgenommene (BGHZ 58,1, unter III.) „wirtschaftlich berechtigten" Hedge-Geschäfte darstellen, stellt sich die Frage, inwieweit eine Heilung nach § 762 I 2 BGB durch Erfüllung im Wege des „Payment Netting" nach § 2(c) MA möglich ist (siehe hierzu die insoweit übertragbaren Ausführungen bei *Piper*, Termin- und Differenzeinwand gegenüber Saldoanerkenntnis und Verrechnung im Kontokorrent, ZIP 1985, 725 ff.). In diesem Zusammenhang ist dann auch die Vorschrift des § 56 BörsG zu beachten, die eine Aufrechnung von Forderungen aus wirksamen, aber auch aus unwirksamen (hierzu *Irmen*, in: Schäfer (Hrsg.), WpHG, BörsG, VerkProspG, Stuttgart 1999, § 56 BörsG, Rz. 5) Börsentermingeschäften gegen Forderungen aus unwirksamen Börsentermingeschäften gestattet.

Verbotene und damit nach § 64 BörsG unverbindliche Börsentermingeschäfte gibt es zur Zeit nicht. Der Bundesminister der Finanzen hat von seiner entsprechenden Ermächtigung nach § 63 BörsG bis dato keinen Gebrauch gemacht.

(2) Kapitalgesellschaftsrecht. Nach *deutschem* Gesellschaftsrecht können Kapitalgesellschaften derivative Verträge grundsätzlich wirksam abschließen. Gegebenenfalls bestehende satzungsmäßige Beschränkungen für den Einsatz von Derivaten können dem gutgläubigen Geschäftspartner einer Kapitalgesellschaft im Anwendungsbereich des Art. 9 der Ersten Gesellschaftsrechtlichen EG-Richtlinie (Richtlinie 68/151/EWG „zur Koordinierung der Schutzbestimmungen, die in den Mitgliedstaaten den Gesellschaften im Sinne des Art. 58 II EWGV [a. F.] im Interesse der Gesellschafter sowie Dritter vorgeschrieben sind, um diese Bestimmungen gleichwertig zu gestalten", ABlEG Nr. L 65/8 v. 14. 3. 1968) nicht entgegengehalten werden. Die *ultra-vires* Lehre ist insofern europaweit nicht anwendbar.

(3) Aufsichtsrecht. Für bestimmte Spezialgesellschaften gibt es *aufsichtsgesetzliche* Verbote des Abschlusses von Derivaten, soweit die Geschäfte nicht dem Risikomanagement dienen.

Nach § 7 II 1 VAG dürfen (privat- und öffentlichrechtliche) *Versicherungsunternehmen* neben Versicherungsgeschäften nur solche Geschäfte betreiben, die in Zusammenhang hiermit stehen. In § 7 II 2 VAG wird klargestellt, dass „Termingeschäfte" und „Geschäfte mit Optionen" sowie „ähnliche Finanzinstrumente" „in unmittelbarem Zusammenhang mit Versicherungsgeschäften stehen und daher keine verbotenen, versicherungsfremden Geschäfte sind, „wenn sie der Absicherung gegen Kurs- oder Zinsänderungsrisiken bei vorhandenen Vermögenswerten oder dem späteren Erwerb von Wertpapieren dienen sollen oder wenn aus vorhandenen Wertpapieren ein zusätzlicher Ertrag erzielt werden soll, ohne dass bei Erfüllung von Lieferverpflichtungen eine Unterdeckung des gebundenen Vermögens eintreten kann" (hierzu BAV, Rundschreiben R 7/95, „Derivative Finanzinstrumente", VerBAV Januar 1996, S. 5 ff., sowie Rundschreiben R 3/2000, http://www.bav.bund.de/de/rundschreiben/r/2000/3.pdf; vgl. ferner *Knauth/Simmert*, Bedeutung derivativer Finanzinstrument für Versicherungsunternehmen, in: Schwebler/Knauth/Simmert (Hrsg.), Einsatz von Finanzinnovationen in der Versicherungswirtschaft, Karlsruhe 1993, S. 4–6, 29–31, sowie S. 33 ff., mit der Wiedergabe der „Grundsätze für den Einsatz derivativer Finanzinstrumente" des Gesamtverbands der deutschen Versicherungswirtschaft e. V. v. 27. 5. 1992). Die Regelung beruht auf der Dritten EG-Richtlinie Nicht-Lebensversicherung 92/49/EWG vom 18. 6. 1992 (3. Schadensversicherungsrichtlinie) und der Dritten EG-Richtlinie Lebensversicherung 92/96/EWG vom 10. 11. 1992 (jeweils in Art. 21 (1) (C) (iv)), die den nationalen

Gesetzgebern die Möglichkeit gewähren, den Gebrauch von „derivativen Finanzinstrumente" in Verbindung mit Vermögenswerten, welche die versicherungstechnischen Rückstellungen decken, insoweit zuzulassen, als sie zur einer „Verminderung des Anlagerisikos" führen bzw. eine „ordnungsgemäße Verwaltung des Wertpapierbestands" erlauben. Für *Kapitalanlagegesellschaften* regeln die §§ 8 d – 8 m KAAG den möglichen Einsatz von Derivaten für Rechnung der Wertpapier-Sondervermögen. Das Dritte Finanzmarktförderungsgesetz (in Kraft seit dem 1. 4. 1998) hat dabei bedeutende Erleichterungen gebracht, um „das Kapitalangebot auf den Terminmärkten zu vergrößern, indem Investmentgesellschaften durch Deregulierungen und Liberalisierungen erstmals in bestimmte Terminmarktprodukte investieren" (Begründung des Referentenentwurfs, Teil A.I., S. 126). Im Hypothekar- und Kommunalgeschäft der *Hypothekenbanken* ist der Einsatz von derivativen Finanzinstrumenten nur als „Hilfsgeschäfte" zulässig (*Bellinger/Kerl*, § 3 HypothekenbankG, 4. Aufl., 1995, Rz. 89, § 5, Rz. 18). Richtschnur für die Zulässigkeit dieser – wie anderer – Hilfsgeschäfte ist, dass sie dem Haupt- oder Nebengeschäft dienten, nicht mit dem Risiko „erheblicher" Verluste verbunden seien und das „Spezialinstitutsprinzip" nicht aufgeweicht wird (*Bellinger/Kerl*, a.a.O., § 5, Rz. 18, 20). Die Voraussetzungen eines Hilfsgeschäfts sind nur dann gegeben, wenn die Geschäfte zur Schließung oder Verminderung offener Positionen im Hauptgeschäft der Bank dienen (BAK, Schreiben v. 1. 10. 1990 (III 410–980, abgedruckt bei *Consbruch/Möller/Bähre/Schneider*, Kreditwesengesetz, Nr. 8.27; hierzu *Bonfig*, Das Derivativgeschäft der Hypothekenbanken: mehr Chancen als Risiken?, Der langfristige Kredit 1995, 550) und wenn sie mit einem Kreditinstitut geschlossen werden, das zur Anlage verfügbarer Gelder nach § 5 III HypbkG geeignet ist). Nach § 6 VI HypothekenbankG (Grundsatz der Währungskongruenz) besteht für Hypothekenbanken ausdrücklich eine Pflicht, ihr Währungsrisiko durch „geeignete Maßnahmen" auszuschließen. Nach der Gesetzesbegründung wurde insoweit an Swap-Geschäfte gedacht (*Bellinger/Kerl*, a.a.O., § 6, Rz. 53).

Verstöße gegen die genannten aufsichtsrechtlichen Verbote beeinträchtigen allerdings in der Regel nicht nach § 134 BGB die Wirksamkeit der abgeschlossenen Verträge. Das ergibt sich aus der Schutzrichtung von Verboten dieser Art (vgl. für den verwandten Fall der Nichtbeachtung eines vom BAKred nach § 46 I KWG verhängten Kreditgewährungsverbotes BGH NJW 1990, 1356), die besonders deutlich in § 8 m II KAGG sowie in §§ 13 II 1, IV KWG zum Ausdruck kommt.

Eine Grenze für die Wirksamkeit verbotswidriger Derivatgeschäfte bildet das allgemeine Rechtsinstitut des Missbrauchs der Vertretungsmacht. In diesem Rahmen stellt die Rechtsprechung allgemein auf die Evidenz des Überschreitens des rechtlichen Dürfens für den Vertragspartner ab (siehe etwa BGH DB 1995, 570, 571). Bezogen auf die genannten aufsichtsrechtlichen Beschränkungen beim Abschluss von Derivatgeschäften durch Versicherungen, Hypothekenbanken und Kapitalanlagegesellschaften bedeutet dies, dass sich für den Vertragspartner „massive Verdachtsmomente" dafür ergeben müssen, dass die einzelnen Transaktionen nicht lediglich zu Hedge-, sondern zu Spekulationszwecken getätigt werden. Nur in besonderen Fällen ist auch an eine Nichtigkeit nach § 138 BGB zu denken (vgl. BGH a.a.O., wo zusätzlich zur Bösgläubigkeit des Vertragspartners noch die Voraussetzungen eines Konkursanfechtungstatbestands erfüllt waren). Die Erste Gesellschaftsrechtliche EG-Richtlinie enthält bezüglich der Außenwirkung *gesetzlicher* Handlungsbeschränkungen keine besonderen Vorgaben.

(4) Öffentliche Hand. Im Gegensatz zu den privatrechtlichen Kapitalgesellschaften sind die juristischen Personen des öffentlichen Rechts der mittelbaren Staatsverwaltung (regionale Gebietskörperschaften, öffentlichrechtliche Banken, öffentlichrechtliche Versicherungen etc.) im deutschen (öffentlichen) Recht nach h.M. (im Anschluss an BGHZ 20, 119, 124) Gegenstand der *ultra-vires*-Lehre. Nur die unmittelbare Staatsverwaltung, d.h. der Staat (Bund, Länder) selbst, ist in seinem Wirkungskreis nicht beschränkt (*Kewenig/Schneider*, WM Sonderbeilage 2/1992 zu Nr. 15, S. 5). Im Übrigen aber kön-

nen juristische Personen des öffentlichen Rechts wirksam nur innerhalb des ihnen von Gesetz und Satzung zugewiesenen Wirkungsbereichs Privatrechtsgeschäfte abschließen (*Kewenig/Schneider,* a. a. O., S. 6). Für Gebietskörperschaften ist der Einsatz von Finanzinnovationen von Art. 28 II GG gedeckt und auch haushaltsrechtlich zulässig, wenn zwischen der abzuschließenden Transaktion und dem gemeindlichen Kreditbestand ein „gegenständlich-finaler Bezug" („gelockerte Konnexität") besteht (*Bücker,* S. 160). Inzwischen besteht die Tendenz, den öffentlich-rechtlichen Körperschaften in den haushaltsrechtlichen Regelungen ausdrücklich den Abschluss konnexer derivativer Risikoverträge zu gestatten. Nach § 2 VI 1 des Gesetzes „über die Feststellung des Bundeshaushaltsplans für das Haushaltsjahr 2001" v. 21. 12. 2000 (BGBl I 2000, 1920) etwa wird das Bundesministerium der Finanzen ermächtigt, „im Rahmen der Kreditfinanzierung [...] ergänzende Verträge zur Optimierung der Zinsstruktur und zur Begrenzung von Zinsänderungsrisiken mit einem Vertragsvolumen von höchstens DM 20 Mrd. abzuschließen" (für entsprechende haushaltsrechtliche Regelungen der Bundesländer siehe *Samtleben,* in: Hopt/Rudolph/Baum (Hrsg.), S. 498, Fn. 155). Spekulationsgeschäfte verstoßen dagegen gegen Haushaltsrecht (vgl. etwa § 108 II hessische Gemeindeordnung; § 91 baden-württembergische Gemeindeordnung) und sind daher nichtig (*Bücker,* S. 191 ff., der diese Nichtigkeit auf § 134 BGB stützt).

Für *Landesbanken* ist vereinzelt die Meinung vertreten worden (*Koenig,* WM 1995, 317, 325), Swap-Geschäfte seien unheilbar nichtig, weil sie nicht der öffentlichen Zweckerfüllung der Landesbanken dienten. Neben der Errichtung bedürften auch die einzelnen Tätigkeiten von Landesbanken jeweils der Legitimierungswirkung öffentlicher Zweckerfüllung (*Koenig,* WM 1995, 317, 321). Derivatgeschäfte überschritten den gesetzlich und satzungsmäßig begrenzten Aufgabenbereich einer öffentlichen Kreditanstalt (*Koenig,* WM 1995, 317, 321 ff.). Diese Auffassung ist abzulehnen. Ihr wird zu Recht entgegengehalten, die einzelnen Landesbankgesetze gestatteten in der Regel neben „Bankgeschäften" bzw. „bankmäßigen Geschäften" aller Art auch „sonstige Geschäfte aller Art" und seien damit in Bezug auf den zulässigen Tätigkeitsbereich ausreichend weit gefasst. Auf der anderen Seite gehörten Swaps und andere Finanzderivate heute zur „Standardproduktpalette" im Bankgeschäft. Die öffentlichrechtlichen Landesbanken könnten ihren öffentlichen Zweck der Sicherstellung einer flächendeckenden Versorgung mit banküblichen Dienstleistungen (hinzuzufügen ist: der Intensivierung des Wettbewerbs, hierzu *Koenig,* WM 1995, 319) nicht erfüllen, wenn sie nicht in diesem Bereich tätig werden und sich dem Wettbewerb stellen könnten (*Schneider/Busch,* WM 1995, 326, 329). Hedgegeschäfte zur Schließung von offenen Positionen entsprechen der von den Landesbankgesetzen geforderten Beachtung kaufmännischer Grundsätze (*Schneider/Busch,* WM 1995, 326, 329, wobei die Autoren andeuten, möglicherweise könne die Inanspruchnahme derivativer Finanzinstrumente durch das haushaltsrechtliche Wirtschaftlichkeitsgebot sogar geboten sein).

Nicht zu überzeugen vermag dagegen die Ansicht, der spekulative Gebrauch derivativer Instrumente sei ebenfalls zulässig, da sich „spekulative Zwecke" auch in „allen anderen bankmäßigen Geschäften" befänden (*Schneider/Busch,* WM 1995, 326, 329f.). Denn echte Spekulation beruht ausschließlich auf der gezielten Ausnutzung eines Unsicherheitselements (*Henssler,* Risiko als Vertragsgegenstand, Tübingen 1994, S. 291). Sie ist mit dem bloßen Inkaufnehmen unternehmerischer Risiken, wie es jeder auf Wertschöpfung ausgerichteten geschäftlichen Tätigkeit zu Eigen ist, nicht vergleichbar. Abzulehnen ist ferner das Argument, eine unterschiedliche rechtliche Behandlung von Spekulations- und Hedgegeschäften komme deshalb nicht in Betracht, weil der Zweck einem Geschäft vielfach, bei vielen Geschäftsarten sogar regelmäßig nicht „anzusehen" sei und auf diese Weise das Risiko der Nichtigkeit für die Geschäftspartner nicht kalkulierbar sei (*Schneider/Busch,* WM 1995, 326, 329). Durch eine entsprechende Vertragsgestaltung kann das Risiko der fehlenden Erkennbarkeit der Motive, die den Vertragspartner zum Abschluss verleitet haben, nämlich durchaus aufgefangen werden. Dies kann entweder dadurch geschehen, dass der Hedge-Charakter des Geschäfts ausdrücklich in den Vertrag aufgenommen wird (so § 1 des deutschen Rahmenvertrags für Finanztermingeschäfte von 1993: „zur Gestaltung von Zinsänderungs-, Währungskurs- und sonstigen Kursrisiken"; vgl. auch Part 4(b)(iv) des US Municipal Counterparty Schedule; siehe ferner unten Anm. 63) oder dadurch, dass das Vorliegen der für den Vertragsschluss erforderlichen rechtlichen Gestaltungsmacht zugesichert wird. § 3(a)(ii) MA wählt diesen zweiten Weg.

bb) Frankreich. (1) Zivil- und Kapitalmarktrecht. Aus *französischer* Sicht stellt sich die Frage, ob Derivatgeschäfte als nicht einklagbare Spiel- oder Wettgeschäfte nach Art. 1965 Code Civil („exception de jeu") anzusehen sind (für Swap-Geschäfte verneinend *Boulat/Cabert*, S. 44 ff., 51). Die in Art. 1 I des Gesetzes vom 28. 3. 1885 „sur les marchés à terme" enthaltene kapitalmarktrechtliche Befreiung der Terminkäufe über Wertpapiere und Waren einschließlich entsprechender Optionen (so die Rechtsprechung der Cour de cassation, *Gore*, S. 393, Fn. 393) vom Spiel- und Wetteinwand wurde in den vergangenen Jahren zweimal ergänzt (Gesetz Nr. 85–695 v. 11. 7. 1985 „portant diverses dispositions d'ordre économique et financier"; Gesetz Nr. 91–716 v. 26. 7. 1991 „portant diverses dispositions d'ordre économique et financier"). Die Änderung von 1985 hat diese Befreiung auf jede Art von Zinsgeschäften („tous marchés sur taux d'intérêt") ausgedehnt. Der Begriff des „marché" ist dabei in Art. 1 im Gegensatz zu den übrigen Bestimmungen dieses Gesetzes nicht etwa im Sinne eines als Börse organisierten „Marktes", sondern im Sinne von (Börsen- oder OTC-) „Geschäft" zu verstehen (*Boulat/Chabert*, S. 53, 55, m. w. N.). Die neue Vorschrift deckt damit auch Zins-Swap-Geschäfte ab (*de Mahenge*, France: Interest Rate Swaps Authorized, IFLR December 1985, 44; zweifelnd angesichts des Wortlauts der Vorschrift *Boulat/Chabert*, S. 54, 56 die aber zugeben müssen, dass die Einbeziehung von Swap-Geschäften in der Absicht des Gesetzgebers lag). Devisen- und Währungs-Swaps dürften sich bereits unter den Begriff der Warentermingeschäfte („tous marchés à livrer sur denrées ou marchandises") subsumieren lassen, der Währungsgeschäfte einbezieht (*Giroux*, National report: France, in: *International Chamber of Commerce* (Hrsg.), Exchange Rate Risks in International Contracts, Paris 1987, 134; *Brown*, Revue de droit des affaires internationales 1985, 293, 312; zweifelnd *Boulat/Chabert*, S. 54). Die Gesetzesänderung von 1991, durch welche die Befreiungsregelung ausdrücklich auf Devisen- und Indexgeschäfte („marchés sur devises et sur indices") erstreckt wurde, brachte hier zusätzliche Klarheit. Art. 1 I des Gesetzes vom 28. 3. 1885 lautet inzwischen wie folgt: „Tous marchés sur effets publics et autres, sur valeurs mobilières, denrées ou marchandises, ainsi que tous marchés sur taux d'intérêt, *sur indices ou sur devices* sont reconnus legaux" [Hervorhebung durch den Verf.]. Eine Einschränkung dieser Bestimmung ergibt sich aus dem durch Gesetz Nr. 93–1444 („portant diverses dispositions relatives à la Banque de France, à l'assurance, au crédit et aux marchés financiers") vom 31. 12. 1993 eingefügten und durch Gesetz Nr. 94–679 („portant diverses dispositions d'ordre économique et financier") vom 8. 8. 1994 geänderten Art. 1 II des Gesetzes von 1885. Danach gilt die genannte Befreiung vom Spiel- und Wetteinwand bei Warentermingeschäften mit Barausgleich nur dann, wenn mindestens eine der Vertragsparteien ein Kreditinstitut ist.

(2) Kapitalgesellschaftsrecht. Im *französischen* Kapitalgesellschaftsrecht wird die *ultra-vires*-Lehre in Gestalt des Spezialitätsprinzips (principe de spécialité, hierzu *Reiner*, Unternehmerisches Gesellschaftsinteresse und Fremdsteuerung, München 1995, S. 94 ff.) vertreten. Den Anforderungen, welche die Erste Gesellschaftsrechtliche Richtlinie an den Schutz des Rechtsverkehrs vor satzungsmäßigen Beschränkungen der rechtlichen Gestaltungsmacht der Organe einer Kapitalgesellschaft stellt, wird mit den Art. 49 (société à responsabilité limitée), 98, 113 und 124 (société anonyme) des Gesetzes Nr. 66–537 „sur les sociétés commerciales" vom 24. 7. 1966 genüge getan.

(3) Aufsichtsrecht. Aufsichtsrechtliche Restriktionen für den Abschluss derivativer Geschäfte bestehen insbesondere für *Kapitalanlagegesellschaften* (Organismes de Place-

7. International Swap Dealers Association Inc. Master Agreement VII. 7

ment Collectif en Valeurs Mobilières, OPCVM). Im OTC Bereich ist SICAVs (Sociétés d'Investissement à Capital Variable, allgemein hierzu *Pense*, Ein Geldmarktfonds mit wechselndem Anlagekapital: die französische „SICAV monétaire", WiB 1995, 585, 586 ff.) und FCPs (Fonds Communs de Placement) lediglich der Abschluss von Zins-, Währungs-, Devisen-, Equity- und Indexswaps, nicht aber von Optionen und Forwards (Dekret Nr. 89–624 vom 6. 9. 1989, in der Fassung der Änderungen durch die Dekrete v. 27. 11. 1992 und v. 31. 8. 1994), FCCs (Fonds Communs de Créances) sogar nur der Abschluss von Zins-Swaps (Dekret Nr. 93–589 vom 27. 3. 1993) erlaubt. Dabei darf die Gesamtsumme der offenen Positionen die Gesamtsumme der Aktiva nicht übersteigen. Des Weiteren dürfen solche Verträge nur mit Kreditinstituten der OECD-Mitgliedsländer abgeschlossen werden. Schließlich müssen die Gesellschaften jederzeit in der Lage sein, diese Verträge zu beenden (hierzu den Bericht von *Linklaters & Paines*, „Enforceability Survey: France", in: *Global Derivatives Study Group*, Appendix II, S. 173, 180 ff.). Die Regelung über die Vertragsbeendigung in den §§ 5 und 6 des ISDA MA genügt dem zuletzt genannten Erfordnis nicht. Swap-Verträge mit französischen Kapitalanlagegesellschaften dürfen nur dann unter dem MA dokumentiert werden, wenn die Beendigungsregeln entsprechend modifiziert werden. Dies bedeutet einen einschneidendem Eingriff in die Vertragsstruktur und kann kaum empfohlen werden. Auf die Wirksamkeit der Verträge sollen die genannten Beschränkungen zwar nur dann durchschlagen, wenn der Vertragspartner nicht in gutem Glauben war (*Linklaters & Paines*, a.a.O., S. 173, 182). Auf die Unkenntnis der genannten gesetzlichen Beschränkungen wird sich der Vertragspartner aber selbst dann nicht berufen können, wenn er Ausländer ist.

(4) Öffentliche Hand. Die Fähigkeit lokaler Gebietskörperschaften (juristische Personen des öffenlichen Rechts), für Hedge-Zwecke derivative Geschäfte abzuschließen, wurde im Grundsatz nie bestritten. Sie wird auf das Gesetz Nr. 82–213 vom 2. 3. 1982 „relative aux droits et libertés des communes, des départements et des régions" (http://www.legifrance.gouv.fr/textes/html/fic198401260053.htm) gestützt, das diesen Wirkungseinheiten das Recht einräumt, Kredite aufzunehmen. Unsicherheiten bestehen aber hinsichtlich der Art der erlaubten Instrumente und der Umstände ihres Gebrauchs im Einzelnen. Ein gemeinsames Rundschreiben des Finanzministers und des Staatssekretärs für öffentliche Gebietskörperschaften (Innenministerium) vom September 1992 spricht staatlichen Verwaltungsstellen und öffentlich-rechtliche Betrieben grundsätzlich die Kompetenz für den Einsatz jeder Art derivater Verträge zu, soweit dies zu Absicherungszwecken und nicht in spekulativer Absicht geschieht (für Einzelheiten siehe den Bericht der Anwaltkanzlei *Linklaters & Paines*, in: *Global Derivatives Study Group*, Appendix II, S. 173, 177 ff.). Für den Begriff des derivativen Vertrags wird dabei auf Art. 1 des Gesetzes vom 28. 3. 1885 verwiesen (siehe hierzu oben (1)).

cc) England. (1) Zivil- und Kapitalmarktrecht. Im *englischen* Recht kommt die „Gaming exception" des § 18 des Gaming Act 1845 in Betracht („all contracts or agreements ... by way of gaming or wagering, shall be null and void; and ... no suit shall be brought or maintained in any court of law or equity for recovering any sum or money or valuable thing alleged to be won upon any wager"). Nach § 63 des Financial Services Act 1986 sind sog. „Investitionen" („investments") wirksam, wenn der Vertrag für beide Seiten im Rahmen des Geschäftsbetriebs abgeschlossen wird und wenn der Vertragsschluss einschließlich der Vertragserfüllung für beide Seiten ein Investmentgeschäft („investment business") darstellt. Unter „investments" versteht das Gesetz bestimmte Arten von Optionen (§ 7 des Part I des Schedule 1 zum Financial Services Act 1986) und Termingeschäften (§ 8 des Part I des Schedule 1 zum Financial Services Act 1986) sowie alle Differenzgeschäfte, deren tatsächliches oder zumindest ausgewiesenes Ziel auf das Hedging von Preis- oder Indexfluktuationen oder von Risiken anderer Art gerichtet ist (§ 9 des Part I des Schedule 1 zum Financial Services Act 1986). Klargestellt wird dabei, dass Verträge, die eine Erfüllung in Natur vorsehen, ausgeschlossen sind.

Hierunter fallen Zinsswaps, i. d. R. nicht dagegen gewöhnliche Währungsswaps oder andere Devisengeschäfte, die einen tatsächlichen Austausch der Währungen vorsehen (*Goris*, S. 394 f.). Mit „investment business" ist nach § 12 des Schedule 1 zum Financial Services Act 1986 der Kauf, der Verkauf sowie das Zeichnen von „investments" bzw. das Eingehen entsprechender Verpflichtungsgeschäfte gemeint. Das verbleibende rechtliche Risiko, dass diejenigen Verträge, die diese Voraussetzungen nicht erfüllen, von einem englischen Gericht als Spiel oder Wette qualifiziert werden, wird als sehr gering eingeschätzt (so der Bericht von *Linklaters & Paines*, „Enforceability Survey – England", in: *Global Derivatives Study Group,* Derivatives: Practices and Principles: Appendix II, S. 153, 169; bestätigt durch die Entscheidung *Morgan Grenfell & Co Ltd. v Welwyn Hatfield DC* (Islington LBC, third Party) [1995] 1 All ER).

(2) Kapitalgesellschaftsrecht. Im *englischen* Kapitalgesellschaftsrecht ist das *ultra-vires*-Prinzip zunächst durch § 9(1) des European Communities Act 1972 und später durch § 35 des Companies Act 1985 und §§ 108, 109 und 111 des Companies Act 1989 den Anforderungen der Ersten Gesellschaftsrechtlichen EG-Richtlinie angepasst worden. Satzungsmäßige Beschränkungen des Geschäftsbereichs können somit nicht mehr auf die Wirksamkeit von Rechtsgeschäften der Gesellschaft mit gutgläubigen Dritten durchschlagen (hierzu näher *Triebel/Hodgson/Kellenter/Müller*, Englisches Handels- und Wirtschaftsrecht, 2. Aufl., Heidelberg 1995, Rz. 620 ff.).

(3) Aufsichtsrecht. Eine aufsichtsrechtliche, speziell auf derivative Instrumente ausgelegte Regelung enthält § 23 des Building Societies Act 1986 i. V. m. der Building Societies Prescribed Contracts Order 1993 für *Baugenossenschaften*. Diese dürfen Derivativgeschäfte ausdrücklich nur zu Hedge-Zwecken ausführen und auch nur dann, wenn sie im vergangenen Geschäftsjahr über Aktiva in Höhe von mindestens GBP 100 Mio. verfügt haben. Die Einschränkung gilt nicht für Zins-Swaps (hierzu der Bericht von *Linklaters & Paines*, „Enforceability Survey: England", in: *Global Derivatives Study Group*, Appendix II, S. 153, 159).

Die Vorschrift des § 16 des Insurance Companies Act 1982 regelt ähnlich dem deutschen § 7 II VAG (s. o. Anm. 10 (b)(aa)(3)), dass *Versicherungsgesellschaften* neben Versicherungsgeschäften nur solche Geschäfte abschließen dürfen, die mit dem Versicherungsgeschäft in Zusammenhang stehen oder die diesem zu dienen bestimmt sind. Derivatgeschäfte müssen zudem entweder börsennotiert sein oder mit einer speziell zugelassenen Gegenpartei abgeschlossen werden. Außerdem müssen die Verträge eine klare „technische" und finanzielle Verbindung mit Vermögensgegenständen aufweisen, welche die versicherungstechnischen Rückstellungen decken. Es dürfen keine offenen Positionen entstehen.

Für *Kapitalanlagegesellschaften,* die als „trustee" einen genehmigten „unit trust" verwalten, gelten die Regulated Schemes Regulations des Securities and Investments Board. Danach sind für die meisten Arten genehmigter „unit trusts" solche derivativen Geschäfte erlaubt, die zu Zwecken eines „efficient portfolio management" abgeschlossen werden. Bei Überschreiten dieser aufsichtsrechtlichen Grenzen wird der „trustee" zwar dennoch persönlich durch den für den Trust abgeschlossenen Vertrag gebunden, die Vertragserfüllung darf aber nicht mehr aus dem Trustvermögen erfolgen. Sonderregeln bestehen für solche „unit trusts", die als Futures and Options Funds („FOFs") oder Geared Futures and Options Funds („GFOFs") genehmigt sind (für weitere Einzelheiten hierzu siehe *Linklaters & Paines*, a. a. O., S. 153, 161 ff.).

(4) Öffentliche Hand. Im Bereich der juristischen Personen des öffentlichen Rechts ist vor allem das bekannte Urteil *Hazell v Hammersmith and Fulham London Borough Council* ([1992] 2 AC 1, 24) des House of Lords vom 24. 1. 1991 zu nennen. Das Gericht misst dort die Befugnis einer Gemeinde zum Abschluss von Swapgeschäften an § 111(1) des Local Government Act 1972, der lokale Gebietskörperschaften zu allen Rechtshandlungen ermächtigt, die in einem finalen Zusammenhang mit der Erfüllung ihrer Aufgaben stehen. Es hält jeglichen Einsatz von Swap-Geschäften für *ultra vires*,

7. International Swap Dealers Association Inc. Master Agreement

unabhängig davon, ob es sich um Spekulations- oder um Hedgegeschäfte handelt (kritisch hierzu etwa *Loughlin,* Innovative Financing in Local Government: The Limits of Legal Instrumentalism, Part II, 1991, S. 568 ff.). Mittlerweile gibt es eine ganze Reihe von Folgeentscheidungen desselben Gerichts bzw. der Instanzgerichte, beginnend mit *Westdeutsche Landesbank Girozentrale v Islington London Borough Council* ([1994] WLR 938, 942, hierzu *Cohen,* Swaps, Restitution and Compound Interest: Westdeutsche Landesbank v Islington, JIBL 1995 (Bd. 3), S. 106), über *South Tyneside Metropolitan Borough Council v Svenska International plc* ([1995] 1 All ER 545) und *Kleinwort Benson Ltd. v Birmingham City Council* ([1996] 3 WLR 1189) bis zu *Kleinwort Benson v Lincoln London Borough Council* ([1999] 2 AC 349).

dd) USA. (1) Zivil- und Kapitalmarktrecht. Das US-amerikanische Kapitalmarktrecht hat rechtzeitig zum Ende der Amtszeit Bill Clintons in Gestalt des „Commodity Futures Modernization Act of 2000", kurz CFMA (H.R. 5660, http://agriculture.house.gov/txt5660.pdf), eine umfassende Reform erfahren, der jahrelange Vorarbeiten vorausgegangen waren. Die Gesetzesänderung geht auf einen Vorschlag des Kongressabgeordneten *Tom Ewing* zurück, der seinerseits auf die einstimmigen Empfehlungen der „President's Working Group on Financial Markets" aus dem Jahre 1999 zurückgeht, und beendet zu weiten Teilen die in der Vorauflage zu dieser Kommentierung dargestellten Rechtsunsicherheiten im Hinblick auf die kapitalmarktrechtliche Zulässigkeit und Wirksamkeit außerbörslicher Termingeschäfte (dort Anm. 10 (a)(ee)(1)) nach dem Commodity Exchange Act (CEA) und dem Securities Exchange Act (SEA 1934).

Der CFMA hebt diejenigen Teile der 1982 eingefügten Änderungen von CEA, SEA 1934 und SA 1933 (sog. CFTC-SEC „Jurisdictional Accord") auf, die den Handel mit Termingeschäften über einzelne, der SEC-Aufsicht unterworfene Wertpapiere und über schmal definierte Wertpapierindices verboten hatten. An deren Stelle setzt der CFMA ein komplexes Regelungsgeflecht für den Handel mit sog. „security futures products" an Warentermin- und Wertpapierbörsen. Die frühere Unterscheidung zwischen wertpapierbezogenen und anderen Arten von Swaps entsprechend Part 35 der CFTC Regulations sowie nach dem CFTC „Policy Statement Concerning Swap Transactions" (54 Fed. Reg. 30694 (July 21, 1989) wurde beseitigt.

Die bundesweiten Wertpapiergesetze (SEA, SA) wurden dahingehend geändert, dass nunmehr jede Art von Swaps einschließlich der wertpapierbezogenen Swaps, die zwischen sog. „eligible contract participants" individuell ausgehandelt werden, vom Begriff des „Wertpapiers" („security") ausgeschlossen werden. Die wertpapierrechtlichen Vorschriften zum Schutz vor Anlegerbetrug und Insider-Handel bleiben allerdings auf Wertpapier-Swaps anwendbar. Der Begriff des „eligible contract participant" (§ 1a(12) CEA) entspricht im Wesentlichen demjenigen des „eligible swap participant" nach § 35.1(b)(2) der CFTC Regulations. In diesem Rahmen wurde die neue Kategorie der „financial institutions" geschaffen, die Vermögensverwaltungsgesellschaften sowie in- und ausländische Kreditinstitute umfasst.

§ 403 CFMA befreit im Interesse der Rechtssicherheit auch für die Vergangenheit rückwirkend Verträge, die vor dem 5. 12. 2000 abgeschlossen wurden, von den Vorschriften des CEA (a.F.), sofern diese Verträge nicht nach dem CEA verboten waren oder in den Anwendungsbereich einer CFTC-Verordnung fielen.

Schließlich erklärt § 12(e)(2)(B) CEA in der Fassung seiner Änderung durch § 117 CFMA die einzelstaatliche Gesetzgebung über Spiel und Wette („gaming laws", z.B. §§ 5–404, 5–411 NYGOL [Mc Kinney 1989]) sowie die einzelstaatlichen Verbote von außerbörslichen Differenzgeschäften (sog. „bucket shop laws"; zum Differenzeinwand im US-amerikanischen Recht vgl. auch den Überblick bei *Dannhoff,* Das Recht der Warentermingeschäfte: Eine Untersuchung zum deutschen, internationalen und US-amerikanischen Recht, Baden-Baden 1993, S. 140 ff.) bezüglich sämtlicher Transaktionen für unanwendbar, die nach §§ 2(c), 2(d), 2(f) oder 2(g) CEA oder Titel IV CFMA aus dem Anwendungsbereich des CEA herausfallen oder nach §§ 2(h) oder 4(c) von seinen Vorschriften befreit sind.

(2) Kapitalgesellschaftsrecht. Das Recht der Kapitalgesellschaften unterliegt in den USA der Kompetenz der Einzelstaaten. Nach der Common-Law-Tradition wird der Umfang der Rechtsfähigkeit der Gesellschaft durch den satzungsmäßigen Gesellschaftszweck sowie die der Gesellschaft durch den Gesellschaftsvertrag oder Gesetz ausdrücklich oder stillschweigend erteilten Handlungsbefugnisse abgesteckt. Rechtsgeschäfte, die über diesen Rahmen hinausgehen, sind grundsätzlich entsprechend der ultra-vires-Konzeption nichtig bzw. vernichtbar. Die Rechtsprechung hat allerdings im Laufe der Zeit verschiedene Ausnahmen von diesem Grundsatz anerkannt, z. B. wenn der Vertrag bereits erfüllt wurde (*Bungert*, Die GmbH im US-amerikanischen Recht – Close Corporation, Köln 1993, S. 22, m.w.N.). Die praktische Bedeutung des ultra-vires-Grundsatzes ist darüber hinaus stark begrenzt, weil die neueren „Corporation"-Gesetze selbst eine große Anzahl gesetzlich eingeräumter „corporate powers" auflisten und im Übrigen die gesellschaftsvertraglichen Bestimmungen sehr weit gefasst werden (vgl. *Bungert*, a.a.O., S. 22 f.).

(3) Aufsichtsrecht. Das Versicherungsaufsichtsrecht ist in den USA auf der Ebene der Einzelstaaten geregelt, in denen die Versicherungsgesellschaften ihren Sitz haben und für die sie eine Erlaubnis besitzen. Die bundesweite Vereinigung der einzelstaatlichen Aufsichtsbehörden („National Association of Insurance Commissioners", NAIC) hat eine Modellregulierung erarbeitet („Derivative Instruments Model Regulation"), die den Mitgliedern zur Annahme empfohlen wird und den Versicherungen den Abschluss derivativer Geschäfte unter bestimmten Voraussetzungen ausdrücklich erlaubt. Der Staat Washington z. B. hat dementsprechend im Gesetz vom 12. 5. 1997 („Act Relating to Investment Practices of Insurance Companies) im Einzelnen geregelt, unter welchen Voraussetzungen ein Versicherungsunternehmen direkt oder indirekt Weise über eine Investment-Tochtergesellschaft derivative Geschäfte abschließen darf. Im übrigen arbeitet die NAIC seit Jahren an einem umfassenden „Investments of Insurers Model Act", dessen letzter Entwurf vom 30. 11. 2000 stammt. Darin enthalten sind Vorschriften, welche es den Versicherungsunternehmen gestatten, Derivate nicht nur zum Hedging, sondern unter dem Begriff der „replication transaction" im Rahmen des Financial Engeering auch zur Duplizierung herkömmlicher Anlagen einzusetzen.

(4) Öffentliche Hand. Für juristische Personen des öffentlichen Rechts bestanden ursprünglich, wie der Fall *Chemical Bank v. Washington Public Power Supply System* (666 P.2d 329 (Wash. 1983), *cert. denied*, 471 U.S. 1065 (1985)) des Washington Supreme Court zeigt, angesichts der „ultra-vires"-Lehre erhebliche Rechtsunsicherheiten. In der zitierten Entscheidung war die Emission von Schuldverscheibungen durch einen überörtlichen Zweckverband zum Nachteil der Anleger für unwirksam erklärt worden. Inzwischen haben die US-Bundesstaaten allerdings reagiert und spezielle Vorschriften erlassen, welche regionale Gebietskörperschaften einschließlich des Staates („Governmental Entities") unter bestimmten Auflagen ausdrücklich zum Eingehen derivativer Kontrakte ermächtigen (vgl. den Überblick im Bericht von *Cravath, Swaine & Moore*, „Enforceabiliy Surey: United States", in: *Global Derivatives Study Group*, Appendix II, S. 291, 308 ff.). Im Einzelen bestehen hierbei zum Teil beträchtliche Unterschiede hinsichtlich der erlaubten Vertragsarten, der zulässigen Gegenparteien sowie des Anlasses und Zwecks der Transaktion. Gesetzestechnisch lässt sich der „Legal-List"-Ansatz vom „Prudent-Person"-Ansatz abgrenzen: Nach dem Ersteren enthält das Gesetz einen Katalog mit Finanzgeschäften, welche die öffentlichrechtliche Wirkungseinheit ohne weiteres abschließen darf. Nach dem zweiten Ansatz reicht es dagegen nicht aus, dass sich eine Transaktion ihrer Art in einen bestimmten Katalog einordnen lässt, sondern ist es vielmehr notwendig, dass das Geschäft dem inhaltlichen Maßstab eines besonnenen Anlegers genügt. Spekulationsgeschäfte können dann u.U. nicht mehr wirksam abgeschlossen werden (vgl. *County of Orange et al. v. Fuji Securities, Inc.*, 1998 WL 919364

[C.D. Cal., 22. 10. 1998], *14, zur Auslegung des California Government Code im Hinblick auf den Einsatz von Pensionsgeschäften).

11. „Absence of Litigation". Die Vorschrift des 3(c) enthält die Zusicherung der Vertragsparteien, dass nach bestem Wissen keinerlei Rechtsstreitigkeiten gegen sie oder ein mit ihnen verbundenes Unternehmen („Affiliates", vgl. die entsprechende Definition in § 14 MA, die in Part 4(j) des „Schedule" modifiziert werden kann) anhängig sind oder bevorstehen, welche die Wirksamkeit oder Durchsetzbarkeit der Verpflichtungen aus dem Rahmenvertrag oder aus einer Sicherungsabrede betreffen („Absence of Litigation"). Diese Klausel wird von Marktteilnehmern bisweilen insoweit eingeschränkt, dass der Verweis auf „verbundene Unternehmen" durch die in der Regel engeren, in Part 1(a) bzw. Part 4(g) des „Schedule" zu definierenden Begriffe der „Specified Entity" bzw. des „Credit Support Provider" ersetzt werden.

12. „Tax Representations". a) „Payer Tax Representation". Soweit die „Payer Tax Representations" in Part 2(a) des „Schedule" vereinbart werden, sichern sich beide Parteien in ihrer Rolle als *Schuldner* gegenseitig zu, dass nach der derzeit geltenden Rechtslage auf ihre jeweiligen Zahlungen nach diesem Vertrag (ausgenommen Verzugszinsen oder Schadensersatzleistungen) keine Abzugssteuern oder andere, direkt an der Quelle einbehaltenen öffentlichrechtlichen Abgaben (vgl. die Definition der „Tax" in § 14) erhoben werden (allgemein zum Verfahren der Quellensteuerabsorption *Ebenroth,* Zu den Grenzen der Besteuerung von Banken im Eurokreditgeschäft, JZ 1984, 905, 907 ff.). Die derzeit geltende Rechtslage steht dabei unter dem Vorbehalt der von der Gegenpartei erklärten „Payee Representations" (hierzu gleich unten) sowie des Inhalts der von dieser zu liefernden Unterlagen. Maßgebliche Rechtsordnungen („Relevant Jurisdictions", § 14) für die Beurteilung sind die Heimatrechtsordnung des Schuldners bzw. die Rechtsordnung des Staates, wo dessen mit der Vertragsabwicklung betraute Niederlassung belegen ist, die Rechtsordnung des Staates, wo der Zahlende den Vertrag erfüllt sowie die Rechtsordnungen der Staaten, von denen aus die Zahlungen erfolgen oder durch die sie durchgeleitet werden.

Falls tatsächlich generell eine Abgabenpflicht besteht, sollte die „Payer Tax Representation" nur dann gegeben werden, wenn feststeht, dass der Zahlungsempfänger hiervon wegen besonderer Gründe, z.B. wegen Bestehen eines internationalen DBAs (hierzu unten Anm. 12(b)) von der Steuerpflicht ausgenommen ist. Bei Zahlungsempfängern mit mehreren Niederlassungen in unterschiedlichen Staaten kann es darauf ankommen, über welche Niederlassung die Zahlungen abgewickelt werden. Um in Bezug auf das Vorliegen der Voraussetzungen einer gesetzlichen Befreiung von der Steuerpflicht sicherzugehen, sollte vom Zahlungsempfänger verlangt werden, dass er entweder seinerseits eine entsprechende Zusicherung erklärt oder eine amtliche Bestätigung vorlegt. Ist es einer der Vertragsparteien angesichts der geltenden Steuerrechtslage nicht möglich, hinsichtlich der von ihr zu leistenden Zahlungen eine „Payer Tax Representation" abzugeben, sollten die Parteien versuchen, die betroffenen Einzelgeschäfte zur Vermeidung von Steuerabzügen entsprechend umzugestalten. Das vertragliche Risiko nachträglicher Änderungen der Steuerrechtslage wird in der „Gross-Up"-Bestimmung des § 2(d)(i) verteilt (s.o. Anm. 8).

Nur in wenigen nationalen Steuerrechtsordnungen gibt es Normen, die eine Abzugssteuerpflicht speziell an Zahlungsströme knüpfen, die Steuerin- oder -ausländern im Rahmen von (bestimmten) derivativen Geschäften zufließen (User's Guide to the 1992 ISDA Master Agreements, S. 41). Ein Beispiel hierfür bildet das britische Steuerrecht, wo Zahlungen im Rahmen eines Zins-, Währungs- oder Devisenswap auf Seiten des Zahlenden einer 25%-igen Quellensteuer unterworfen werden. Hat der Zahlungsempfänger seinen Sitz in Großbritannien und kommt er deshalb nicht in den Genuss eines DBAs, ist eine Befreiung von der Quellensteuer nach der „UK Inland Revenue Extra Statuory Concession C 17" vom 14. 3. 1989 möglich, wenn der Zahlungsempfänger eine im Vereinigten Königreich zugelassene Bank oder ein zugelassener Swap-Händler ist und die betreffende Transaktion zu seinem normalen Geschäftsbetrieb zählt, solange der Schuldner seinerseits kein Finanzunternehmen („financial trader") ist. Durch den Finance Act 1994 vom 3. 5. 1994 wurde die Steuerbefreiung über Swap-Geschäfte hinausgehend auf Zahlungen aus Zins- und Devisentermingeschäften sowie Zins- und Devisenoptionen ausgedehnt (sog. „qualified contracts"), soweit der Zahlungsempfänger im Vereinigten Königreich ansässig ist. Ebenso wie nach der C 17 darf der Schuldner kein „financial trader" sein und muss der Gläubiger eine zugelassene UK-Bank oder ein zugelassener UK-Swap-Dealer i. S. der C 17 sein, für den die fragliche Transaktion zu seinem gewöhnlichen Geschäftsbetrieb zählt (für weitere Einzelheiten siehe Kommentierung in der Vorauflage, Anm. 12(a.)(dd.)). Die „Payee Tax Representation" des Part 2(b)(iii) des „Schedule" ist speziell auf die Tatbestandsvoraussetzungen der „UK Inland Revenue Extra Statuory Concession C 17" abgestellt. Sie betrifft demnach nur solche Zahlungspflichtige, die britischem Steuerrecht unterworfen sind, und sollte gegebenenfalls um eine Bezugnahme auf den erst nach Erscheinen des vorliegenden Mustervertrags in Kraft getretenen Finance Act 1994 ergänzt werden.

Fehlen derivatespezifische Vorschriften, kommt es darauf an, inwieweit sich die Zahlungsströme aus Derivaten unter die herkömmlichen quellensteuerrechtlichen Kategorien, insbesondere die Zins- und Dividendenzahlungen subsumieren lassen. Die Beantwortung dieser Frage kann vor allem dann Schwierigkeiten aufwerfen, wenn Derivate im Rahmen des „Financial Engineering" zur Konstruktion „synthetischer" Aktien und Schuldverschreibungen benutzt werden (siehe *Reiner*, 6. Kapitel, grundlegend zur Problematik der steuerrechtlichen Gleichbehandlung wirtschaftlich gleichwertiger Zahlungsströme aus synthetischen und natürlichen Instrumenten nach EStG). Generell keinen Quellensteuerabzug auf Kapitalerträge für Steuerausländer gibt es in Südafrika. Nur Dividenden, nicht aber Zinserträge von Steuerausländern unterliegen der Quellensteuer in Deutschland (bei namentlich bekannten Steuerausländern, § 49 I Nr. 5(c)(cc) EStG), Dänemark, Italien (seit 1997), den Niederlanden, Norwegen, Österreich, Schweden und – mit Einschränkungen – Frankreich und Luxemburg. In Großbritannien und Griechenland sind umgekehrt Dividenden, nicht aber Wertpapierzinsen von der Quellensteuer befreit. In Irland wird die seit dem Jahre 2000 erhobene Quellensteuer von 24% an EU-Ansässige und DBA-Ansässige voll erstattet (vgl. auch aus Schweizerischer Sicht den Überblick der Eidgenössischen Steuerverwaltung unter http://www.estv.admin.ch/data/sd/e/inter/quelle.htm).

b) „Payee Tax Representations". Soweit die „Payee Tax Representations" in Part 2(b) des „Schedule" vereinbart werden, sichern sich die Vertragsparteien gegenseitig zu, dass sie in ihrer Rolle als Zahlungs*empfänger* jeweils die Voraussetzungen einer Steuerbefreiung aufgrund nationalen oder internationalen Rechts erfüllen. Wie bereits angesprochen (oben a.), wird der Zahlungspflichtige gegebenenfalls vom Gläubiger eine entsprechende „Payee Tax Representation" verlangen, bevor er seinerseits zusichert, dass auf seine Zahlungen keine Abzugssteuern erhoben werden. Nach § 4(d) MA ist jeder Zahlungsempfänger, der eine „Payee Tax Representation" abgibt, dazu verpflichtet, der anderen Seite unverzüglich Mitteilung zu machen, sobald sich diese Zusicherung als unrichtig erweisen sollte. In Part 2(b)(i) des „Schedule" sichern sich die Parteien gegenseitig zu, dass sie als Zahlungsempfänger in den Genuss eines internationalen DBAs („Specified Treaty") zwischen der „Relevant Jurisdiction" (§ 14, hierzu oben bei a.) und einem anderen Staat kommen, mit dem sie verbunden sind. Die von der ISDA in Part 2(b)(i) des „Schedule" gewählte Formulierung orientiert sich dabei an den typischen Tatbestandsvoraussetzungen solcher DBA, die nach dem Modell der OECD-Musterabkommen (OECD-MA) von 1963, 1977 und zuletzt von 1992 abgefasst sind. Dies gilt ebenso für die Art der zu besteuernden Einkünfte mit der Bezugnahme auf die Art. 7 OECD-MA („Business Profits", teilweise auch „Industrial and Commercial Profits" genannt), Art. 11 OECD-MA („Interest") und Art. 21 OECD-MA („Other Income") wie für die Lokalisierung des Einkommensempfängers mit der Bezugnahme auf das Prinzip der Betriebsstättenbesteuerung nach Art. 7 I 2, II, Art. 11 IV oder Art. 21 II OECD-MA („permanent establishment"). Die Formulierung in Part 2(b) des „Schedule" muss gegebenenfalls dem abweichenden Wortlaut des einschlägigen Abkommens angepasst werden. Wenn sich die relevanten DBA an den OECD-MA orientieren (so insbesondere die DBA-Praxis Deutschlands) dürften sich Zahlungen aus derivativen Instrumenten, sollten sie überhaupt in den Anwendungsbereich einer Abzugssteuer fallen, zumindest unter die „Other-Income"-Klausel (Art. 21 MA) subsumieren lassen (*Oberson*, S. 89f., speziell zu Swap-Geschäften) und deshalb am Wohnsitz des Zahlungsempfängers, nicht aber an der Quelle im Land des Schuldners zu versteuern sein. In einigen Staaten werden solche Zahlungen entsprechend ihrer Qualifizierung nach nationalem Steuerrecht aber auch unter die Tatbestände der Art. 7 oder 11 OECD-MA subsumiert (für Einzelheiten bei Zins-Swaps, Finanztermingeschäften und Aktienoptionen siehe *Organisation for economic co-operation and development*, S. 43f., 48, 53).

Die Zusicherung in Part 2(b)(ii) des „Schedule" betrifft den Fall, dass der beschränkt steuerpflichtige Zahlungsempfänger zwar eine Geschäftätigkeit in der fraglichen Steuerrechtsordnung (z.B. durch eine Betriebsstätte) ausübt, aber dennoch unabhängig vom Bestehen eines DBAs bereits nach nationalem Steuerrecht von der Erhebung einer besonderen Abzugssteuer befreit ist, weil die Zahlung der inländischen Geschäftätigkeit zugerechnet werden kann und in diesem Rahmen ohnehin der Besteuerung unterliegt. Der Wortlaut des Part 2(b)(ii) lehnt sich mit dem Kriterium der „effektiven Verbindung" der Zahlung zur Geschäftätigkeit in der fraglichen Steuerrechtsordnung an einen entsprechenden Begriff des US-amerikanischen Steuerrechts an (*ISDA*, User's Guide to the 1992 ISDA Master Agreements, S. 43). Vergleichbare Regelungen finden sich in vielen anderen Steuerrechtsordnungen. Die Zusicherung in Part 2(b)(iii) des „Schedule" ist speziell auf die Eigenheiten des britischen Steuerrechts (s. o. Anm. 12(a)) abgestellt.

13. **„Specified Information"**. Die Vorschrift des § 4(a)(i) und (ii) betrifft die Verpflichtung der Parteien zur gegenseitigen Aushändigung bestimmter, für die störungsfreie Abwicklung des Vertrags erforderlicher, in Part 3 des „Schedule" bzw. in der jeweiligen „Confirmation" im Einzelnen zu bestimmender Unterlagen (siehe Anm. 48 und 49). Des Weiteren kann nach § 4(a)(iii) jede Partei bei einem sachlich gerechtfertigten Interesse („reasonable demand") vom Vertragspartner schriftlich die Herausgabe weiterer Dokumente verlangen, die sie oder ihr Sicherungsgeber braucht, um bei der Erfüllung der Zahlungsverpflichtungen aus dem Vertrag bzw. aus etwaigen Sicherungsabreden („Credit Support Documents", Part 4(f) des „Schedule") Steuern sparen zu können. Das Herausgabebegehren kann abgelehnt werden, wenn dessen Erfüllung die rechtliche oder wirtschaftliche Stellung der Gegenpartei in erheblicher Weise beeinträchtigen („materially prejudice") würde. Sollte eine Partei es in Verletzung ihrer Verpflichtung nach § 4(a)(i) oder § 4(a)(iii) versäumen, der Gegenseite ein steuerrechtliches Formular zur Verfügung zu stellen, und führt dies dazu, dass Letztere entgegen ihrer Zusicherung Abzugsteuern entrichten muss, braucht sie den entsprechenden Betrag nach § 2(d)(4)(A) nicht im Wege eines „Gross-Up" auszugleichen (s. o. Anm. 8).

14. **„Events of Default"**. a) Systematik. Die Regelung der §§ 5 und 6 sieht für bestimmte Situationen, in denen die Erfüllung des Vertragszwecks auf mindestens einer Vertragsseite gefährdet ist, die Möglichkeit einer vorzeitigen Beendigung des Gesamtvertrags und einer saldierenden Verrechnung der offenen Positionen aus den bis dahin noch nicht vollständig erfüllten Einzeltransaktionen vor (sog. „Close-out Netting", zum Begriff vgl. *BIS*, Angell-Bericht, S. 13). Die Vorschrift des § 5 zählt fallgruppenartig die einzelnen Tatbestandsvoraussetzungen für eine solche vorzeitige Beendigung auf und unterscheidet dabei zwischen „Events of Default" und „Termination Events". Die Rechtsfolgen der Vertragsbeendigung ergeben sich aus § 6, der die Abwicklungsmodalitäten im Einzelnen regelt. Rechtstechnisch können „Events of Default" und „Termina-

tion Events" gleichermaßen als Kündigungsgründe verstanden werden. Eine Ausnahme gilt lediglich für bestimmte Unterfallgruppen im Rahmen des „Event of Default"-Tatbestands der Insolvenz (§ 5 (a) (vii)), für die in Part 1 (e) des „Schedule" auch eine automatische Beendigung („Automatic Early Termination") vereinbart werden kann. Das entspricht der Konzeption des deutschen Rahmenvertrags für Finanztermingeschäfte von 1993, wo in § 7 II 1 festgeschrieben ist, dass der Vertrag „ohne Kündigung im Insolvenzfall" endet.

Im Gegensatz zu den „wertungsneutralen" sog. „Terminations Events" sind die „Events of Default" des § 5 (a) Beendigungsgründe, die einer der Vertragsparteien zugerechnet werden können, die also ihre Ursache im Verantwortungsbereich einer der Vertragsparteien finden. Ein Verschulden im technischen Sinne wird dabei nicht vorausgesetzt. „Termination Events" (§ 5 (b)) sind demgegenüber Tatbestände, die keiner der Vertragsparteien zugerechnet werden können. Eine rechtliche Rolle spielt diese Unterscheidung der Beendigungsgründe entsprechend der Ursache der Vertragsstörung bei § 6 für die Frage, wer den Vertrag beendigen darf, ob die Beendigung gegebenenfalls auf bestimmte Einzeltransaktionen zu beschränken ist (§ 6 (a) und (b)) und wie die aus der vorzeitigen Beendigung für die beiden Parteien erwachsenden Verluste oder Gewinne zu verteilen sind (§ 6 (e)).

Bei allen Beendigungstatbeständen, die auf den Begriff der „Specified Entity" Bezug nehmen, reicht es aus, wenn der betreffende „Event of Default" bzw. „Termination Event" in der Person eines dem Vertrag fremden Dritten verwirklicht ist. Wer „Dritter" in diesem Sinne ist, ist für jeden Beendigungstatbestand einzeln in Part 1 (a) des „Schedule" zu definieren. Denkbar ist etwa eine Bezugnahme auf den Begriff des verbundenen Unternehmens („Affiliate", in § 14 MA definiert), aber auch engere Begriffsbestimmungen sind möglich. Der Begriff des Sicherungsgebers („Credit Support Provider"), der in § 5 an verschiedenen Stellen eine Rolle spielt, ist in Part 4 (g) des „Schedule" für den ganzen Vertrag einheitlich zu bestimmen.

b) Einzeltatbestände. aa) „Failure to Pay or to Deliver". Der „Event-of-Default"-Tatbestand des *Failure to Pay or to Deliver* bezeichnet das Ausbleiben einer nach § 2 (a) (i) oder § 2 (e) geschuldeten Zahlung bzw. Lieferung nach Ablauf einer Gnadenfrist (sog. „grace period") von drei Geschäftstagen, gerechnet am Erfüllungsort („Local Business Day", § 14 MA) seit dem Zugang einer entsprechenden Beanstandung. Ein besonderes Verschulden (vgl. § 285 BGB) ist nicht erforderlich (ebenso § 7 I des deutschen Rahmenvertrags für Finanztermingeschäfte 1993). Bisweilen wird von Marktteilnehmern gewünscht, Leistungsstörungen, die auf höhere Gewalt, d. h. äußere Umstände außerhalb des Einflussbereiches der Parteien (z. B. Krieg, Katastrophen, Streik, Terrorakte) zurückzuführen sind, die also die sog. „große" Geschäftsgrundlage berühren, durch eine besondere „impossibilty clause" aus dem Anwendungsbereich des § 5 (a) (i) herauszunehmen (siehe hierzu unten Anm. 47 (b)).

bb) „Breach of Agreement". Der Tatbestand des *Breach of Agreement* betrifft die Nichterfüllung vertraglicher Nebenleistungspflichten und gewährt für die Nachholung des Versäumten eine Frist von 30 Tagen ab Beanstandung. Ausgenommen ist der Fall, dass gegen die Pflicht zur Mitteilung eines „Termination Event" verstoßen wird, weil ein solches Versäumnis nicht strengere Rechtsfolgen (nämlich Qualifikation als „Event of Default") nach sich ziehen soll als das mitzuteilende „Termination Event" selbst (*Gooch/Klein*, 1993, S. 62). Ferner ausgenommen sind bestimmte steuerrechtlich relevante Mitwirkungspflichten, da bei deren Verletzung die angemessene Rechtsfolge bereits darin besteht, dass die mitwirkungspflichtige Partei von der Gegenseite keinen Ausgleich einbehaltener Abzugssteuern verlangen kann (s. o. Anm. 8).

cc) „Credit Support Default". Der *Credit Support Default* nach § 5 (a) (iii) betrifft rechtliche Mängel (§ 5 (a) (iii) (2), (3)) bzw. Leistungsstörungen (§ 5 (a) (iii) (1), (3)) in Zusammenhang mit Sicherungsvereinbarungen. Dabei spielt es keine Rolle, ob die Sicherheit von der Gegenseite oder von einem Dritten („Credit Support Provider") zu erbringen ist. Der Begriff des „Credit Support Provider" ist in Part 4(g) des „Schedule" zu definieren. Die anwendbare „grace period" ist der Sicherungsabrede zu entnehmen (z. B. § 4(b) des „1994 ISDA Credit Support Annex (Subject to New York Law Only)": „not later than the close of business on the next Local Business Day", anders demgegenüber die Frist in § 3(a) bzw. 4(b) des „1995 ISDA Credit Support Annex (Transfer – English Law)" bzw. des „1995 ISDA Credit Support Deed (Security Interest – English Law)"). Bei der Frage der Wirksamkeit der Sicherungsabrede braucht sich der Sicherungsgläubiger nicht auf eine gerichtliche Klärung verweisen zu lassen, sondern es genügt für einen „Event of Default" bereits das Bestreiten der Wirksamkeit durch den Sicherungsgeber (§ 5(a)(iii)(3)). Manche Marktteilnehmer halten es für sinnvoll, am Ende des § 5(a)(iii)(3) den Zusatz „...*or amends or modifies such Credit Support Document without the prior written consent of the other party*" anzufügen. Sollte der „1994 ISDA Credit Support Annex (Subject to New York Law Only)" (hierzu Anm. 34(d)) in den Vertrag einbezogen werden, konkretisiert er in § 7 („Events of Default") den in § 5(a)(iii)(1) gebrauchten Begriff der Nichterfüllung („failure").

dd) „Misrepresentation". Die „Event of Default"-Fallgruppe der *„Misrepresentation"* (§ 5(a)(iv)) ist immer dann verwirklicht, wenn sich eine vom Vertragspartner oder von einem dritten Sicherungsgeber erteilte Zusicherung (§ 3) als falsch herausstellt. Hiervon ausgenommen sind die im „Schedule" präzisierten steuerrechtlichen Zusicherungen des § 3(e) und (f). Bei Letzteren besteht wiederum (vgl. oben bb.) die einzige Sanktion darin, dass die zusichernde Partei keinen Anspruch auf entsprechende Ausgleichzahlungen („gross-up payments") für erhöhte Steuerabzüge hat (s. o. Anm. 8).

ee) „Default under Specified Transaction". Der Tatbestand des *„Default under Specified Transaction"* (§ 5(a)(v)) zielt auf den Fall, dass zwischen den Vertragsparteien bzw. mit den Sicherungsgebern oder „Specified Entities" (Part 1(a) des „Schedule") separate Verträge („Specified Transaction") bestehen, die nicht dem MA unterliegen. Der Begriff der „Specified Transaction" bezeichnet, so wie er in § 14 definiert ist, derivative Geschäfte der unterschiedlichsten Art. In Part 1(b) des „Schedule" kann er noch (z. B. auf nichtderivative Verträge) erweitert oder geändert werden. Bestimmte, bei solchen Transaktionen auftretende Leistungsstörungen werden wegen der damit begründeten Gefahr des Auftretens entsprechender Leistungsstörungen im Rahmen des vorliegenden Vertrags auch in Bezug auf den Letzteren als „Events of Default" gewertet. Nach § 5(a)(v)(1) sind zunächst solche Leistungsstörungen betroffen, die nach der Gestaltung des betreffenden Parallelvertrags zur vorzeitigen Fälligkeit der Leistungspflichten oder zur vorzeitigen Beendigung des Vertrags führen. Dazu kommen nach § 5(a)(v)(2) die Fälle eines Zahlungs- oder Lieferungsverzuges von mindestens drei Geschäftstagen unabhängig davon, welche Konsequenzen der Parallelvertrag hiermit verbindet. Schließlich nennt § 5(a)(v)(3) das ganze oder teilweise Bestreiten bzw. die Verweigerung der Erfüllung der Verpflichtungen aus einer „Specified Transaction" durch die Partei selbst oder eine an ihrer Stelle handelnde („on its behalf") Person. Damit ist die insbesondere die Erfüllungsverweigerung durch den Insolvenzverwalter in den Fällen gemeint, in denen das zuständige Insolvenzrecht ein „Close-out Netting" nicht anerkennt (vgl. User's Guide to the 1992 ISDA Master Agreements, S. 16).

ff) „Cross Default". Nach der Drittverzugsklausel des § 5(a)(vi) *(„Cross Default")* wird jede Säumnis des Vertragspartners, des Sicherungsgebers oder jedes in Part 1(a) des „Schedule" als „Specified Entity" zu definierenden Dritten hinsichtlich bestimmter Drittschulden („Specified Indebtedness", hierzu gleich unten) als „Event of Default" im Rahmen des vorliegenden Vertrags gewertet. Dasselbe gilt für alle Tatbestände, die nach dem betreffenden Drittvertrag als „Events of Default" gewertet werden, unabhängig davon, ob sie auch die Voraussetzungen des § 5(a) MA erfüllen würden. Sieht der Drittvertrag bestimmte „Events of Default" vor, die das MA nicht kennt oder lediglich als „Termination Event" wertet, kann die „Cross-Default"-Klausel deshalb eine u. U. von den Parteien gar nicht beabsichtigte Ausweitung des Katalogs der möglichen „Events of

Default" bewirken. So stellt beispielsweise der Tatbestand des „Credit Event Upon Merger" nach § 5 (b) MA einen „Termination Event", nach § 6 (G) (ii) des ERMA Master Agreement aber einen „Event of Default" dar. Hier wäre gegebenenfalls die Aufnahme einer entsprechenden Klarstellung in Part 5 des „Schedule" angebracht.

Anders als bei den übrigen „Event-of-Default"-Tatbeständen ergibt sich die Anwendbarkeit des § 5 (a) (vi) nicht automatisch, sondern muss im „Schedule" (Part 1 (c)) ausdrücklich vereinbart werden. Bei dieser Gelegenheit sollte auch der gewünschte Schwellenwert („Threshold Amount") für den Drittverzug, bei dessen Überschreitung die „Cross-Default"-Klausel wirken soll, eingetragen werden (siehe hierzu das Formulierungsbeispiel unten bei Anm. 41). Dies kann entweder in Gestalt eines festen Betrags (z.B. „USD 10 Mio.") geschehen oder über irgendeine Bezugsgröße (z.B. 2% oder 3% des Eigenkapitals des Vertragspartners, je nach Eigenkapitalbegriff). Da der Schwellenbetrag als Wertgröße in einer bestimmten Währung anzugeben ist, sollte klargestellt werden, dass gleichwertige Beträge in anderen Währungen ebenso ausreichen. Soll der Drittverzug ohne Rücksicht auf die Höhe des geschuldeten Betrags als „Event of Default" gewertet werden, ist es ratsam, zur Vermeidung von Missverständnissen als Schwellenwert „Null" einzutragen. Zahlungsrückstände der Sicherungsgeber oder als „Specified Entities" definierter Dritter werden in Bezug auf den vereinbarten Schwellenbetrag etwaigen eigenen Säumnissen des Vertragspartners hinzugerechnet (*ISDA*, User's Guide to the 1992 ISDA Master Agreements, S. 17).

Sachlich werden über den Begriff der „Specified Indebtedness" (vgl. die Definition dieses Begriffs in § 14) als Drittverzug sämtliche Leistungsstörungen erfasst, die sich auf Verpflichtungen mit Bezug zu einem Darlehen beziehen („any obligation ... in respect of borrowed money"). Bei Bedarf kann der Begriff der „Specified Indebtedness" in Part 1 (c) des „Schedule" eingeschränkt, präzisiert (vgl. das Formulierungsbeispiel unten bei Anm. 40) oder auf andere Arten von Verbindlichkeiten (z.B. Leasingraten, Wechselakzepte, Garantieerklärungen, Derivatgeschäfte, Letztere etwa durch Bezugnahme auf den Begriff der „Specified Transaction" i.S. des § 14 MA) ausgedehnt werden.

Als Säumnis („Default") werden sämtliche Leistungsstörungen verstanden, die nach der Gestaltung des Drittvertrags zu einer vorzeitigen Fälligstellung der Leistungspflichten geführt haben bzw. die den Gläubiger hierzu berechtigen (§ 5 (a) (vi) (1)). Ferner zählt dazu unabhängig von den im betreffenden Vertrag vorgesehenen Rechtsfolgen jeder Zahlungsverzug, sofern der Gläubiger alle seine gegebenenfalls bestehenden Obliegenheiten zur Beanstandung bzw. zur Nachfristsetzung erfüllt hat (§ 5 (a) (vi) (2)).

gg) „Bankruptcy". Ziel der sog. Liquidationsklausel des § 5 (a) (vii) (*„Bankruptcy"*) ist es, den wirtschaftlichen Zustand der Insolvenz des Vertragspartners, des Sicherungsgebers oder eines wiederum speziell hierfür in Part 1 (a) des „Schedule" zu definierenden Dritten („Specified Entity") tatbestandlich subsumierbar als „Event of Default" zu beschreiben. Hierzu orientiert sich die Regelung hauptsächlich am Ablauf eines staatlich organisierten Insolvenzverfahrens als äußerem Anhaltspunkt für das Bestehen einer Insolvenzlage. Bei Personengesellschaften („partnerships") schießt die Fallgruppe des § 5 (a) (vii) (1) („The party ... is dissolvend ...") über ihr Ziel hinaus, wenn ein Gesellschafterwechsel nach dem maßgeblichen Gesellschaftsstatut zu einer Auflösung mit anschließender Neugründung der Gesellschaft führt (*Gooch/Klein*, 1993, S. 68 f.). Dem Tatbestand der Zahlungsunfähigkeit in § 5 (a) (vii) (2) kommt insofern eine besondere Bedeutung zu, als er den relevanten Zeitpunkt für den „Event of Default" vom Tatbestandsmerkmal des Insolvenzverfahrens loslöst und zeitlich noch vor die Antragstellung legt. Dabei handelt es sich um einen weiteren Versuch zu vermeiden, dass die Beendigung des Vertrags (§ 6 (c) MA) mit nationalem Insolvenzrecht in Konflikt gerät (*Gooch/Klein*, 1993, S. 69). Der dem § 5 (a) (vii) (2) zugrunde liegende Begriff der Zahlungsunfähigkeit ist nicht notwendigerweise mit dem insolvenzrechtlichen Begriff der

7. International Swap Dealers Association Inc. Master Agreement VII. 7

Zahlungsunfähigkeit der für den Vertragspartner zuständigen lex fori concursus (z. B. § 303 (h)(1) US-BC) identisch. Nach Ansicht des Superior Court of Delaware in einem erstinstanzlichen Urteil vom 13. 8. 1991 betrifft er etwa auch den Fall, dass eine Gesellschaft aufgrund eines Vorstandsbeschlusses öffentlich verkündet, im Rahmen eines „Moratoriums" bis auf Weiteres keine weiteren Zins- und Kapitalrückahlungen mehr vornehmen zu wollen (*Drexel Burnham Lambert Products v. MCorp.*, No. C-NO-80, 1991 WL 165941, *4, zu einer entsprechenden Event-of-Default-Klausel [„fails or is unable to pay its debts"]; vgl. bereits in derselben Sache die Entscheidung desselben Gerichts v. 23. 2. 1989, 1989 WL 16.981, *4). Die Fallgruppen des § 5 (a)(vii)(3) bis (7) versuchen, die Vielfalt der insbesondere im anglo-amerikanischen Rechtskreis bekannten insolvenzrechtlichen Verfahrenstypen widerzugeben. Besonders wichtig ist § 5 (a)(vii)(4), wonach bereits die Eröffnung eines Insolvenzverfahrens ausreicht und selbst die bloße Antragstellung genügen kann, wenn sie nicht innerhalb von 30 Tagen negativ beschieden wird. Ob der Fall der Nichteröffnung mangels Masse als Eigenheit des deutschen Insolvenzrechts hierunter subsumiert werden darf, könnte angesichts des klaren Wortlauts fraglich sein; hier dürfte aber zumindest der Tatbestand des § 5 (a)(vii)(8) einschlägig sein (s. u.). Die Begriffe des „official management" in § 5 (a)(vii)(5) bzw. des „provisional liquidator" in § 5 (a)(vii)(6) entstammen dem australischen Insolvenzrecht (*ISDA*, User's Guide to the 1992 ISDA Master Agreements, S. 18). In § 5 (a)(vii)(7) wird der Fall der Einzelvollstreckung eines dinglich gesicherten Drittgläubigers einbezogen, wenn diese im Wesentlichen alle Vermögensgüter umfasst. § 5 (a)(vii)(8) („causes or is subject to any event ... which ... has an analogous effect ...") fungiert als Auffangtatbestand für alle diejenigen Verfahren, die sich nicht unter § 5 (a)(vii)(1) bis (7) subsumieren lassen, für das Vertragsgefüge aber eine vergleichbare Wirkung entfalten. Aufsichtsrechtliche Interventionen, durch die bei besonderen Gefahrenlagen dem Management einer Vertragspartei mehr oder weniger weitgehende Beschränkungen auferlegt werden und die ihre Ursache nicht notwendigerweise in der drohenden Zahlungsunfähigkeit des Unternehmens finden müssen (vgl. § 46 KWG), können im Einzelfall die Frage aufwerfen, ob es sich dabei noch um den § 5 (a)(vii)(1) bis (7) (insb. § 5 (a)(vii)(6)) „analoge" Verfahren handelt. Ähnliche Auslegungsschwierigkeiten können hinsichtlich außergerichtlicher, rein verwaltungsrechtlicher Verfahren zur Liquidation notleidender Unternehmen bestehen, wie sie in bestimmten Ländern für Finanzinstitute bestehen. Insofern kann es sinnvoll sein, die Vorschrift des § 5 (vii) zur Klarstellung um weitere Fallgruppen zu ergänzen, die der speziellen Terminologie des Insolvenz- und Aufsichtsrechts der Heimatstaaten der Vertragsparteien angepasst sind. Das betrifft z. B., wie weiter oben angesprochen, den Fall der Abweisung des Eröffnungsantrags mangels Masse nach § 26 InsO.

hh) „Merger Without Assumption". Nach § 5 (a)(viii) (*„Merger Without Assumption"*) schließlich muss eine Vertragspartei bzw. der für sie haftende Sicherungsgeber oder deren jeweiliger Rechtsnachfolger im Falle ihrer wirtschaftlichen Verschmelzung mit einem anderen Unternehmen der Gegenpartei auf Verlangen rechtsverbindlich erklären, dass sie die Verpflichtungen aus dem vorliegenden Vertrag anerkennt bzw. übernimmt. Andernfalls wird diese Verschmelzung nach § 5 (a)(viii)(1) als „Event of Default" gewertet. Dies gilt unabhängig davon, ob die Verschmelzung auf gesellschaftsrechtlichem (vgl. §§ 2 ff. UmwG) oder sachenrechtlichem Wege durch Vermögensübertragung (vgl. § 179 a AktG) erfolgt. Gleichgestellt ist der Fall, dass infolge der Verschmelzung bzw. Übertragung des Vermögens eines Vertragspartners ein unerwartetes Kreditrisiko entsteht, weil eine bestehende Sicherungsabrede („Credit Support Document") die von der neu entstandenen oder veränderten Einheit übernommenen Verbindlichkeiten nach dem MA nicht abdeckt (§ 5 (a)(viii)(2)). Erfüllt die Verschmelzung oder Vermögensübertragung gleichzeitig die Voraussetzungen eines „Termination Event" nach § 5 (b)(iv) („Credit Event Upon Merger"), geht der Tatbestand des § 5 (a)(viii) vor.

15. "Termination Events". a) *Systematik.* Im Gegensatz zu den „Events of Default" handelt es sich bei den „Termination Events" um Beendigungsgründe, die außerhalb des Verantwortungsbereichs einer der Vertragsparteien liegen und sowohl den gesamten Vertrag als auch nur bestimmte Einzeltransaktionen betreffen können. Ferner ist bei den „Termination Evens" anders als den „Events of Default" (Part 1(e) des „Schedule") nicht die Möglichkeit der Vereinbarung einer automatischen Vertragsbeendigung vorgesehen. Sie führen vielmehr immer nur zu einem Kündigungsrecht, das im Übrigen auf die durch den jeweiligen „Termination Event" konkret betroffenen Transaktionen („Affected Transactions") beschränkt ist, also nicht notwendigerweise den gesamten Vertrag erfasst. In bestimmten Fällen kann das Kündigungsrecht auch der Gegenpartei zustehen (§ 6(iv)). Damit das Kündigungsrecht entstehen kann, muss die vom „Termination Event" betroffene Vertragspartei die Gegenseite unverzüglich („promptly") nach Verwirklichung des Tatbestands hierüber informieren und dabei präzisieren, um welche Art von „Termination Event" es sich handelt und welche Einzelgeschäfte davon betroffen sind (§ 6(b)(i)). Unterbleibt die rechtzeitige Mitteilung („notice") an die Gegenseite oder ist sie unvollständig, verfällt die Kündigungsmöglichkeit. Der Vertrag kann dann nur noch vorzeitig beendet werden, wenn gleichzeitig die Voraussetzungen eines „Event of Default" gegeben sind. Im Vergleich zum „Termination Event" kann dies für die betroffene Partei u. U. mit Nachteilen bei der Ermittlung des Ausgleichsanspruchs verbunden sein. Die Subsidiaritätsklausel des § 5(c) greift hier nicht. So lag der Fall in der Sache *Nuova Safim SpA v The Sakura Bank, Ltd.* ([1998] Lloyd's Rep Bank 142). Das italienische Unternehmen Nuova Safim, die Tochtergesellschaft einer italienischen Staatsholding, versäumte es monatelang, seinen Vertragspartner, die Sakura Bank, darüber zu informieren, dass sie ihre Verpflichtungen aus dem vereinbarten, unter dem 1987 IRCEA dokumentierten Swapgeschäft deshalb nicht erfüllen konnte, weil ihr die italienische Regierung durch Rechtsverordnung ein zweijähriges Zahlungsmoratorium auferlegt hatte. Als Nuovas Safims Zahlungen ausblieben, kündigte Sakura schließlich den Vertrag. Während die Nuova Safim von einer „Illegality" (hierzu unten unter a.) ausging und für sich einen Ausgleichsanspruch in Höhe von USD 8 Mio. errechnete, vertrat die Sakura Bank den Standpunkt, es handele sich um einen „Event of Default". Der englische Court of Appeal schloss sich dieser Auffassung unter Hinweis auf die Verletzung der Mitteilungspflicht an. Das hatte zur Folge, dass Nuova Safim keinen Ausgleich verlangen konnte, weil die Parteien die „One Way Payments"-Methode vereinbart hatten (hierzu unten Anm. 20).

b) *Einzeltatbestände.* aa) „Illegality". Der Tatbestand der *„Illegality"* (§ 5(b)(i)) betrifft den Fall, dass die Entgegennahme von Vertragsleistungen oder die Erfüllung der Verpflichtungen aus diesem Vertrag (§ 5(b)(i)(1)) oder aus einer Sicherungsabrede (§ 5(b)(i)(2)) aufgrund einer nach Abschluss des betreffenden Einzelgeschäfts eingetretenen Änderung der Gesetzeslage (Bsp.: Kapitalverkehrsbeschränkungen, Devisenbestimmungen, Wirtschaftsembargo), der Rechtsprechung oder der Verwaltungspraxis rechtswidrig wird. Diejenige Vertragspartei, die auf diese Weise mit dem Gesetz in Konflikt geraten würde, wird als „betroffene Partei" („Affected Party") definiert, was bedeutet, dass sie dazu verpflichtet ist, dem Vertragspartner die Änderung der Rechtslage mitzuteilen (§ 6(b)(i)) und zu versuchen, die Rechtswidrigkeit durch eine Verlagerung des Geschäfts in eine andere Rechtsordnung zu vermeiden (§ 6(b)(ii)). Erfüllt ein bestimmter Sachverhalt gleichzeitig die Voraussetzungen einer „Illegality" (§ 5(b)(i)) und eines „Event of Default" (§ 5(a)), wird er grundsätzlich nur als „Illegality" und damit als „Termination Event", nicht aber als „Event of Default" behandelt (§ 5(c)). Das hat Bedeutung für die sachliche Reichweite der Vertragsbeendigung (§ 6(a), (b)) und für die Gestaltung der Ausgleichsansprüche (§ 6(e)). Entsteht eine „Illegality" allerdings dadurch, dass eine Partei entgegen § 4(b) nicht alles ihr Zumutbare getan hat, um eine erforderliche staatliche Genehmigung zu erhalten, begründet dies keinen „Termination Event" nach § 5(b)(i), sondern einen „Event of Default" nach § 5(a)(ii)

7. International Swap Dealers Association Inc. Master Agreement VII. 7

(*ISDA* User's Guide to the 1992 ISDA Master Agreements, S. 19). Für eine weitere Ausnahme s. o. unter a).

bb) „Tax Event". Ein zur Beendigung der betroffenen Einzelgeschäfte berechtigendes „*Tax Event*" (§ 5 (b) (ii)) liegt vor, wenn bestimmte nach diesem Vertrag zu erbringende Zahlungen mit einer unvorhergesehenen, auf eine Rechtsänderung zurückzuführenden Abzugsteuer belastet werden (hierzu oben Anm. 8 und 12). Diejenige Partei, welche die wirtschaftliche Last dieser Steuer zumindest mit großer Wahrscheinlichkeit („substantial likelihood") zu tragen hat, entweder weil sie als Schuldnerin gemäß § 2 (d) (i) (4) ausgleichspflichtig ist (s. o. Anm. 8) oder weil sie als Gläubigerin gerade nicht ausgleichsberechtigt ist, ist „Affected Party" und darf die betreffenden Einzelgeschäfte („Affected Transactions") nach § 6 (b) (iv) kündigen, sofern ihr eine Vermeidung der Steuer durch eine Verlagerung des Geschäfts in eine andere Rechtsordnung nicht möglich ist. Kein „Tax Event" ist demgegenüber in den Fällen gegeben, in denen eine bei Vertragsschluss noch nicht absehbare Steuererhebung nicht etwa auf einer Rechtsänderung, sondern auf dem zurechenbaren Verhalten der belasteten Partei beruht. Ebenfalls ausgenommen aus dem Anwendungsbereich des § 5 (b) (ii) ist die Besteuerung von Verzugszinsen sowie von Zinsen auf den Ausgleichsanspruch bei Beendigung des Vertrags. In der Praxis wird bisweilen versucht, den Begriff der „substantial likelihood" in Part 5 des „Schedule" etwa dadurch zu präzisieren, dass das Vorlegen eines entsprechenden Rechtsgutachtens einer Anwaltskanzlei („legal opinion") verlangt wird (*Jahn*, Die Bank 1988, 100, 102, zur entsprechenden Vorschrift im 1987 ISDA IRCEA). Bisweilen werden die Worte „..., or there is a substantial likelihood that it will, ..." in § 5 (b) (ii) auch ganz gestrichen.

cc) „Tax Event Upon Merger". Die Fallgruppe des „*Tax Event Upon Merger*" (§ 5 (b) (iii)) erfasst Situationen, in denen die steuerliche Mehrbelastung des ausgleichspflichtigen Schuldners oder des nicht ausgleichsberechtigten Zahlungsempfängers darauf beruht, dass eine der Parteien mit einem anderen Rechtssubjekt gesellschaftsrechtlich im Wege der Gesamtrechtsnachfolge oder sachenrechtlich durch Vermögensübertragung verschmilzt. Denkbar ist dies insbesondere im Falle einer internationalen Verschmelzung, wenn das aufnehmende Rechtssubjekt einem anderen Staat angehört als die in diesem aufgehende bzw. auf dieses übertragende Vertragspartei. Nur die Gegenpartei, nicht aber die von der Verschmelzung betroffene Partei selbst (definiert als „Affected Party") ist nach § 6 (b) (iv) (2) zur Kündigung des Vertrags berechtigt, wenn sie es ist, die mit dem Steuerrisiko belastet ist (sog. „Burdened Party"). Ebenso wie beim „Tax Event" des § 5 (b) (ii) (s. o. unter bb.) sind auch beim Tatbestand des § 5 (b) (iii), wie der dortige Hinweis auf § 2 (d) (i) (4) ergibt, die Fälle ausgenommen, wo die belastete Partei für die steuerliche Mehrbelastung selbst verantwortlich ist, weil sie eine falsche Zusicherung erteilt hat oder nicht die für eine Steuerbefreiung benötigten Unterlagen zur Verfügung gestellt hat. Gleichermaßen ausgeschlossen sind wiederum Steuern, die auf Verzugszinsen oder auf die Verzinsung des Ausgleichsanspruchs nach § 6 (d) (ii), 6 (e) erhoben werden. Erfüllt der Sachverhalt gleichzeitig die Voraussetzungen eines „Merger Without Assumption" nach § 5 (a) (viii) (s. o. Anm. 14), geht dieser Tatbestand als „Event of Default" dem „Tax Event Upon Merger" vor.

dd) „Credit Event Upon Merger". Der Tatbestand des „*Credit Event Upon Merger*" (§ 5 (b) (iv) betrifft den Fall, dass die Bonität einer Partei, ihres Sicherungsgebers oder gegebenenfalls zu diesem Zweck in Part 1 (a) des „Schedule" zu definierender, dieser Partei zuzurechnender Dritter in der Folge einer Verschmelzung (bzw. Vermögensübertragung) „wesentlich geringer" („materially weaker") wird, als sie es unmittelbar *vor* dieser Maßnahme war. Die Gegenpartei der von der Bonitätsverschlechterung betroffenen Vertragsseite (Letztere definiert als „Affected Party") ist unter den Voraussetzungen des § 6 (b) (iv) zur Kündigung des Vertrags berechtigt. Hervorzuheben ist, dass der „Credit Event Upon Merger" nach der Vertragsstruktur im Gegensatz zu den zuvor erörterten Fallgruppen nur dann als „Termination Event" gilt, wenn dies in Part 1 (d) des „Schedule" ausdrücklich und für jede Partei getrennt so vereinbart wird. Wie der „Tax

Event Upon Merger" tritt auch der „Credit Event Upon Merger" hinter dem Tatbestand des „Merger Without Assumption" („Event of Default", § 5 (a) (viii)) zurück. Die besondere Bedeutung des „Credit Event Upon Merger" besteht darin, dass bei einer Verschmelzung bzw. Vermögensübertragung die Gegenseite trotz der Anerkennung der ursprünglichen vertraglichen Leistungsverpflichtungen der von der Verschmelzung betroffenen Partei durch die neue, überlebende bzw. aufnehmende Einheit dann nicht vor einer unzumutbaren Schlechterstellung bewahrt wird, wenn die Bonität Letzterer deutlich unterhalb der Bonität des ursprünglichen Vertragspartners bzw. des Vertragspartners in seiner ursprünglichen Gestalt liegt. Auf Gestaltungsmöglichkeiten zur Ergänzung oder Abänderung des Tatbestands des „Credit Event Upon Merger" wird unten in Anm. 42 eingegangen.

ee) „Additional Termination Event". Der in § 5 (b) (v) („Additional Termination Event") enthaltene Verweis auf weitere, im „Schedule" (Part 1 (h)) oder in den einzelnen „Confirmations" zu vereinbarende „Termination Events" beruht auf der Erkenntnis, dass die Fallgruppen der § 5 (b) (i) bis (iv) in der Praxis nicht immer ausreichen. Bei der Vereinbarung zusätzlicher „Termination Events" sollte festgelegt werden, welche der Parteien als „Affected Party" i. S. des § 6 (b) (iv) zu betrachten ist mit der Folge, dass das Kündigungsrecht der jeweilige Gegenpartei zusteht. Soll bei Auftreten des betreffenden „Additional Termination Event" beiden Parteien eine Kündigung des Vertrags ermöglicht werden, sind beide als „Affected Parties" zu definieren. Soweit ausdrücklich nichts anderes bestimmt wird, erfasst die Kündigung sämtliche laufende Einzeltransaktionen. Das ergibt sich aus der Definition der „betroffenen Geschäfte" („Affected Transactions") in § 14 MA. Diese Regelung beruht auf der praktischen Erfahrung, dass die zusätzlich vereinbarten „Termination Events" in aller Regel nicht auf transaktionsspezifische Störungsfaktoren, sondern auf die Bonität des Vertragspartners bzw. des Sicherungsgebers abstellen, und zwar im Unterschied zum „Credit Event Upon Merger" unabhängig von einer Verschmelzung (ISDA, User's Guide to the 1992 ISDA Master Agreements, S. 20). Falls die Parteien vereinbaren wollen, dass ein „Additional Termination Event" nur eine einzelne oder nur bestimmte Transaktionen betrifft (z. B. wenn das Schicksal eines Swaps an das Schicksal des Basisgeschäfts gebunden wird), müssen sie lit. (a) der Definition der „Affected Transactions" gemäß § 14 entsprechend ergänzen. Formulierungsbeispiele für die Gestaltung eines „Additional Termination Event" finden sich unten in Anm. 47.

16. „Early Termination" („Event of Default"). Die Vorschrift des § 6 regelt die Rechtsfolgen der in § 5 genannten Tatbestände. Sie versteht sich nicht als abschließend (vgl. § 9 (d): „Remedies Cumulative"), so dass gegebenenfalls weitergehende gesetzliche Ansprüche (insbesondere wegen der Verletzung von vertraglichen Nebenpflichten, z. B. Aufklärungspflichten etc.) nach der anwendbaren Rechtsordnung gegeben sein können.

§ 6 (a) gewährt einer Partei (im Folgenden der Einfachheit halber „vertragstreue" Partei genannt) ein Recht zur Herbeiführung der Beendigung des Gesamtvertrags einschließlich aller noch nicht beiderseitig erfüllten Einzeltransaktionen, sofern in der Person des Vertragspartners (im Folgenden der Einfachheit halber „vertragsbrüchige" Partei genannt), deren Garanten („Credit Support Provider", Part 4 (g) des „Schedule") oder eines dem Vertragspartner zuzurechnenden Dritten („Specified Entity", Part 1 (a) des „Schedule") ein „Event of Default" (§ 5 (a)) verwirklicht ist. Hierzu hat die vertragstreue Partei der vertragsbrüchigen Partei innerhalb von 20 Tagen unter Angabe des beanstandeten Beendigungsgrundes in einer der in § 12 zur Auswahl gestellten Formen mit Ausnahme von Fax und elektronisch betriebenem Informationsverbreitungssystem einen Zeitpunkt für die Beendigung des Vertrags (sog. „Early Termination Date") mitzuteilen, der nicht früher als der Zugang (vgl. die Definition des Zugangs in § 12) dieser Mitteilung liegen darf. Rechtlich muss man diese Mitteilung als Kündigung, d. h. als Beendigung des Vertrags mit Wirkung für die Zukunft begreifen.

Die Kündigung erfasst sämtliche laufenden und unter dem Dach des Rahmenvertrags stehenden Einzeltransaktionen zwischen den Parteien. Die lediglich isolierte Beendigung einzelner Transaktionen ist angesichts der Natur der „Events of Default", welche das Vertrauen der Gegenseite in die Erfüllungsbereitschaft bzw. -fähigkeit der vertragsbrüchigen Partei in grundsätzlicher Weise erschüttern, nicht zulässig. Dieser Umstand rechtfertigt sich mit der Einheitlichkeit des Gesamtvertrags (§ 1(c)) und gewährleistet, dass die vertragstreue Partei ebenso wenig ein „cherry picking" betreiben kann wie der Insolvenzverwalter der vertragsbrüchigen (siehe hierzu bereits Anm. 1(b) sowie Anm. 4, 5 und 7).

Das Recht der vertragstreuen Partei zur Bestimmung eines „Early Termination Date" erlischt, wenn der betreffende Beendigungsgrund vor Zugang der Mitteilung der Vertragsstörung an die vertragsbrüchige Partei beseitigt wird. Das ergibt sich aus dem Tatbestandsmerkmal „and then is continuing" in § 6(a) S. 1. Geschieht die Beseitigung dagegen erst nach Zugang der Mitteilung, vermag sie die Beendigung des Vertrags gemäß § 6(c)(i) nicht mehr zu verhindern. Für die in § 5(vii)(1), (3), (4), (5), (6) skizzierten Insolvenztatbestände bzw. für Sachverhalte, die diesen vergleichbar sind (§ 5(vii)(8)), besteht die Möglichkeit, in Part 1(e) des „Schedule" zusätzlich für jede Partei gesondert zu vereinbaren, dass der Vertrag bei deren Eintreten automatisch beendet wird (sog. „Automatic Early Termination"). Um etwaigen Kollisionen mit dem Wahlrecht des Insolvenzverwalters nach der anwendbaren Insolvenzrechtsordnung zu entgehen, ist es wichtig, dass die automatische Beendigung bereits vor Eröffnung des Insolvenzverfahrens und gegebenenfalls sogar vor Stellen des Eröffnungsantrags eintritt. Während dies in den Fällen des § 5(vii)(1), (3), (5) und (6) schon aufgrund der Tatbestandsstruktur sichergestellt ist, war für den Fall, dass die Eröffnung des Insolvenzverfahrens bzw. das Stellen des Eröffnungsantrags selbst Auslöser einer automatischen Beendigung sind, eine ausdrückliche Klarstellung erforderlich. Deshalb endet der Vertrag nach § 6(a) Satz 2 a.E. für den Tatbestand des § 5(a)(vii)(4)) eine juristische Sekunde *vor* („immediately preceding") der Eröffnung eines Insolvenzverfahrens bzw. der Beantragung der Verfahrenseröffnung.

17. „Early Termination" („Termination Event"). Bei den nicht zurechenbaren „Termination Events" grenzen die Begriffe der „betroffenen Partei" („Affected Party") bzw. – für den Fall des „Tax Event Upon Merger" – der „Burdened Party" die vertraglichen Risikobereiche gegeneinander ab (s. o. Anm. 15). Danach bestimmt sich, wer die vom Eintreten des „Termination Event" „betroffenen Transaktionen" (sog. „Affected Transactions", § 14) vorzeitig beendigen darf und in welchem Umfang etwaige Buchgewinne bzw. -verluste aus diesen Transaktionen zwischen den Parteien finanziell auszugleichen sind. Der Fall der „Illegality" erfährt nach § 6(b)(iv) insofern eine Sonderbehandlung, als dort auch die nicht „betroffene Partei" zur Kündigung berechtigt ist.

Die in den einzelnen Tatbeständen des § 5(b) jeweils definierte „Affected Party", in deren Bereich ein bestimmtes „Termination Event" eingetreten ist, hat der anderen Seite nach § 6(a) S. 1 von dieser Tatsache unter Angabe der näheren Einzelheiten unverzüglich Mitteilung zu machen („notice"). Das Beendigungs- sowie das Gewinn- bzw. Verlustrisiko wird immer dann gleichmäßig auf beide Vertragspartner verteilt, wenn beide Parteien von einem „Termination Event" gleichermaßen betroffen sind. Abgesehen von etwaigen zusätzlich vereinbarten „Additional Termination Events" ist eine solche Situation nur im Rahmen der Tatbestände der „Illegality" sowie des „Tax Event" denkbar. Beim „Tax Event" muss dazu die Steuerrechtsänderung angesichts der in § 2(d) bereits getroffenen Risikoverteilung die Zahlungen beider Vertragsseiten gleichzeitig betreffen.

Für bestimmte „Termination Events" wird die Kündigungsmöglichkeit zusätzlich davon abhängig gemacht, dass die „Affected Party" alle vernünftigen Anstrengungen unternommen hat, um die „betroffenen" Einzelgeschäfte mit der vorherigen schriftlichen Zustimmung der Gegenpartei (§ 6(b)(ii), letzter Teilabsatz) zur Beseitigung der aufgetretenen Vertragsstörung binnen 20 Tagen auf eine andere Niederlassung oder eine andere Konzerngesellschaft umzubuchen bzw. zu übertragen. Dazu zählen der Fall einer die Erfüllung der Hauptleistungspflichten betreffenden „Illegality" nach § 5(a)(i)(1), der Fall eines „Tax Event Upon Merger", wenn die von der Verschmelzung betroffene Partei nach § 2(d)(i)(4) die Last der Steuermehrzahlung selbst zu tragen hat, sowie jedes „Tax Event". Gelingt der betroffenen Vertragspartei die Umbuchung bzw. Übertragung der betroffenen Transaktionen nicht, darf dies die Gegenpartei ihrerseits bis einschließlich zum 30. Tag nach Erhalt der Mitteilung vom Bestehen des betreffenden „Termination Event" versuchen. Sind beide Seiten von einer nachträglichen Rechtswidrigkeit („Illegality") oder einer nachträglichen Erhöhung der Steuerlast betroffen, müssen sie nach § 6(b)(iii) alle zumutbaren Anstrengungen („all reasonable efforts") unternehmen, um innerhalb von 30 Tagen nach Mitteilung zu einer einvernehmlichen Lösung der Vertragsstörung zu gelangen. Die „Wartefrist" von 20 bzw. 30 Tagen entspricht nicht mehr den heutigen Bedingungen des weltweiten Devisenhandels. Für die entsprechenden Vorschriften der 1997er-Ausgaben von IFEMA, FEOMA und ICOM MA empfiehlt deshalb das New Yorker Foreign Exchange Committee in seinem Jahresbericht von 1999 (S. 61–63, 65, vgl. http://www.ny.frb.org/fxc/fxar99.html) eine Verkürzung der Frist, nach deren Ablauf die betroffenen Transaktionen beendet werden können, auf drei Geschäftstage.

18. „Effect of Designation". Die Rechtswirkungen der Kündigung bzw. automatischen Beendigung werden in § 6(c) und (d) geregelt.

a) Wirkungsweise. Die Kündigung wird mit dem Zugang der Mitteilung über die Bestimmung des „Early Termination Date" wirksam, auch wenn später der Beendigungsgrund wieder wegfallen sollte (§ 6(c)(i)). Mit Eintreten des Beendigungsgrundes (im Falle der Vereinbarung einer automatischen Beendigung, s.o. Anm. 16) bzw. ab Zugang der Kündigung (in allen übrigen Fällen) erlöschen gemäß § 6(c)(ii) sämtliche bis dahin noch nicht erfüllten primären Leistungspflichten nach § 2(a)(i) einschließlich etwaiger Ansprüche auf Verzugszinsen nach § 2(e). Im Falle eines „Event of Default" betrifft die Kündigung immer sämtliche Einzelgeschäfte, bei Vorliegen eines „Termination Event" demgegenüber nur die von der Vertragsstörung „betroffenen Transaktionen" (vgl. die Definition der „Terminated Transactions" in § 14). Der Tatbestand des „Credit Event Upon Merger" ist, abgesehen von etwaigen zusätzlich vereinbarten „Additional Termination Events", der einzige in § 5(b) genannte „Termination Event", bei dem regelmäßig alle Einzelgeschäfte „Affected Transactions" sind und vorzeitig beendet werden können. Dies ergibt sich aus der Definition der „Affected Transaction" in § 14.

An die Stelle der erloschenen, bisher noch nicht erfüllten Leistungspflichten tritt ein einheitlicher, nach § 6(e) auf der Grundlage einer Verrechnung der einzelnen Schadenspositionen aus den beendeten Transaktionen (sog. „Close-out Netting", zu den möglichen Arten der Schadensberechung s.u. Anm. 19(a) und (b), Anm. 20(a)) zu bestimmender Ausgleichsanspruch. Für den praktisch wichtigen Fall der Insolvenz einer Vertragspartei, die nach § 5(a)(vii) einen „Event of Default" begründet, ergibt sich aus dieser Regelung die entweder automatisch oder nach Kündigung eintretende Beendigung des Gesamtvertrags. Für die Ausübung des Wahlrechts des Insolvenzverwalters bleibt dann kein Raum mehr, so dass die Gefahr eines „cherry picking" ausgeschlossen wird. Voraussetzung für das Funktionieren dieser Vertragsgestaltung ist allerdings, dass die Kündigung bzw. die automatische Beendigung des Gesamtvertrags aufgrund der §§ 5(a)(vii), 6(a) und (c) nicht nur vom zuständigen Vertragsstatut, nach § 13(a) i.V.m. Part 4(h) des „Schedule" also New Yorker Recht oder englisches Vertragsrecht, sondern auch vom zuständigen Konkursstatut als wirksam anerkannt werden.

b) Wirksamkeit. aa) Rechtliche Problematik. Die rechtliche Problematik der Wirksamkeit der „Close-out-Netting"-Vereinbarung stellt sich aus der Sicht der Heimatrechtsordnung der Vertragspartner, der Rechtsordnungen der Staaten, in dem die Vertragspartner eine Niederlassung unterhalten, über welche die Geschäfte, die in die Aufrechnungsvereinbarung einbezogen werden, abgeschlossen oder abgewickelt werden, aus der Sicht der Rechtsordnung, die für den vereinbarten Gerichtsstand maßgeblich ist, nach dem Recht gemäß dem Kollisionsrecht der lex fori anwendbaren Vertragsstatut sowie nach der gemäß dem Kollisionsrecht der lex fori anwendbaren, vom Vertragsstatut u. U. abweichenden Rechtsordnung, der die Aufrechnung unterliegt (vgl. § 6 II 3, 4 GroMiKV). Nach deutschem Kollisionsrecht etwa richtet sich die Wirksamkeit einer Aufrechnungsvereinbarung grundsätzlich nach dem „Schuldstatut der Hauptforderung" (hier: Vertragsstatut), bei der Insolvenzaufrechnung aber nach dem lex fori concursus (BGHZ 95, 256, 273; v. Bar, IPR, Bd. 2, München 1991, Rz. 547). Nationale Insolvenzgerichte behandeln insolvenzrechtliche Regelungen der eigenen Rechtsordnung (lex fori concursus) mit materiellrechtlichen Auswirkungen, wie es das Wahlrecht des Insolvenzverwalters darstellt, gegenüber widersprechenden Regelungen des Vertragsstatuts regelmäßig als vorrangig.

Sollte das nationale Insolvenzrecht eines Vertragspartners ein vertragliches „Close-out Netting" nicht anerkennen, kann es aus der Sicht des Gläubigers u. U. taktisch sinnvoll sein, in einem Drittstaat, der diese Art der Abwicklung laufender Transaktionen anerkennt und wo der Schuldner ebenfalls Vermögen besitzt, die Eröffnung eines separaten Insolvenzverfahrens zu beantragen. Die größten Erfolgsaussichten verspricht dieses Vorgehen, wenn es geschieht, noch bevor der Insolvenzverwalter des Heimatstaates des Schuldners seinerseits in diesem Drittstaat die Exequatur des Eröffnungsbeschlusses beantragt.

Besondere Probleme internationalkonkursrechtlicher Art kann das „Close-out Netting" aufwerfen, wenn die Parteien über eine Vielzahl von Niederlassungen in unterschiedlichen Staaten verfügen („Multibranch Parties"), von denen mehrere oder alle gemäß § 10(c) i. V. m. Part 4(d) des „Schedule" in die Abwicklung des Vertrags involviert sind. Dann nämlich besteht die Gefahr, dass die Insolvenz einer solchen „Multibranch Party" neben der Eröffnung eines Hauptinsolvenzverfahrens am Ort des Gesellschaftssitzes zusätzlich in Drittländern zur Eröffnung territorial begrenzter Nebeninsolvenzverfahren über das Vermögen der einzelnen Niederlassungen nach dortigem Insolvenzrecht führt. In Rahmen solcher Sekundärinsolvenzverfahren könnten dann deren Verwalter versuchen, die Ausgleichsforderungen aus einzelnen, mit der betreffenden Niederlassung verbundenen Geschäften zur örtlichen Insolvenzmasse zu ziehen und damit der globalen Verrechnung aller gegenseitigen sich aus den beendeten Einzeltransaktionen ergebenden Ausgleichsforderungen im Insolvenzverfahren des Sitzstaates die Anerkennung zu verweigern. Es wird deshalb die Ansicht vertreten, ein „multibranch"-Netting sei erst in dem Augenblick möglich, wo sichergestellt sei, dass die Insolvenz eines Vertragspartners mit mehreren Zweigstellen in unterschiedlichen Ländern zu einem einzigen Konkursverfahren führe (*Global Derivatives Study Group*, Appendix I: Working Papers, Washington 1993, S. 53).

Die Möglichkeit der Eröffnung von Sekundärinsolvenzverfahren besteht auch im sachlichen und persönlichen (natürliche und juristische Personen, ausgenommen sind Finanzinstitute) Anwendungsbereich der neuen EG-VO Nr. 1346/2000 des Rates vom 29. 5. 2000 über Insolvenzverfahren (ABlEG Nr. L 160/1 v. 30. 6. 2000, http://europa.eu.int/eur-lex/de/lif/dat/2000/de_300R1346.html), die am 31. Mai 2002 in Kraft tritt (Art. 47 VO Nr. 1346/2000). Nach Art. 27 VO Nr. 1346/2000 kann das Gericht eines Mitgliedsstaates ein in seinen Wirkungen auf dort belegenes Vermögen beschränktes Sekundärinsolvenzverfahren eröffnen, ohne die Insolvenz des Schuldners nochmals zu prüfen, sofern durch ein Gericht eines anderen Mitgliedsstaats ein Hauptinsolvenzverfahren eröffnet wurde. Dabei ist zweifelhaft, ob die nach Art. 16 f. VO Nr. 1346/2000 gebotene „Anerkennung" der Eröffnung des Hauptinsolvenzverfahrens und der „Wirkungen, die das Recht des Staates der Verfahrenseröffnung dem Verfahren beilegt" durch die übrigen Mitgliedsstaaten auch die insolvenzrechtliche Behandlung des „Close-out Netting" erfasst. Das Istanbuler Europarats-Übereinkommen vom 5. 6. 1990 (European Convention on Certain International Aspects of Bankruptcy, European Treaty Series No. 136, Straßburg 1990, http://www.jurisint.org/pub/01/en/doc/346_1.htm), das bislang allerdings nur von Zypern ratifiziert wurde, sieht in Art. 16 ff. ebenfalls die Möglichkeit der Eröffnung von Sekundärinsolvenzverfahren vor.

bb) „Netting-Gesetze". Die praktische Relevanz der hier angerissenen Probleme des Internationalen Insolvenzrechts (siehe allgemein *Trunk*, Internationales Insolvenzrecht: systematische Darstellung des deutschen Rechts mit rechtsvergleichenden Bezügen, Tübingen 1998, passim) hat in den letzten Jahren deutlich abgenommen. Inzwischen haben die meisten Industriestaaten und auch einige Schwellenländer (z. B. Indien) unter dem Druck der internationalen Kapitalmärkte spezielle Netting-Gesetze für Finanzgeschäfte erlassen, die sich in Regelungsansatz und Reichweite teilweise beträchtlich voneinander unterscheiden (vgl. auch den 1996 veröffentlichten ISDA „Model Netting Act", http://www.isda.org/docproj/netact.pdf). Laut ISDA (Stand: 1999) gibt es bereits Netting-Gesetze in Australien, Belgien, Cayman-Islands, Dänemark, Deutschland (§ 104 InsO, hierzu unten (dd)(1)), Finnland, Frankreich, Irland, Italien, Japan, Kanada, Luxemburg, Neuseeland, Norwegen, Österreich, Portugal, Schweden, Schweiz, Spanien, Südafrika und den USA. Nachtragen sind Indien und Mexiko. Entsprechende Gesetzesvorhaben meldet die ISDA (Stand: 1999) für Argentinien, Polen, die Tschechische Republik und Ungarn. Eine umfassende Darstellung der einzelnen Netting-Gesetze im Einzelnen würde den Rahmen dieser Kommentierung sprengen. Für Erläuterungen zu den älteren Gesetzen sei auf die Vorauflage dieser Kommentierung verwiesen (dort Anm. 18(b)(bb)). Kein Netting-Gesetz gibt es in England, weil hier die Wirksamkeit des Netting bereits nach allgemeinem Vertrags- und Insolvenzrecht allgemein anerkannt wird (vgl. das von der ISDA in Auftrag gegebene Rechtsgutachten der Rechtsanwaltskanzlei *Allen & Overy* v. 11. 3. 1998).

cc) Legal Opinions. Die ISDA hat sich zur Aufgabe gemacht, zu möglichst vielen Rechtsordnungen (derzeitiger Stand: 34 Staaten) *Rechtsgutachten* („Legal Opinions") führender Rechtsanwaltskanzleien zur Wirksamkeit („enforceablity") des „Close-out Netting" nach den verschiedenen ISDA Master Agreements (s. o. Anm. 1(c)) in Auftrag zu geben, die jährlich aktualisiert werden. Für das deutsche Recht existiert ein fast 50-seitiges Gutachten der Kanzlei *Hengeler Müller Weitzel Wirtz* vom 12. 11. 1999 mit einer Ergänzung vom 26. 1. 2001. Neben den o. g. Staaten mit speziellen Netting-Gesetzen sowie England ergibt sich aus den ISDA-Gutachten die grundsätzliche Wirksamkeit des Netting z. B. auch für Hongkong, Indonesien, Malaysia, Singapur und Thailand. ISDA-Mitglieder können die Gutachten unter http://www.isda.org/docproj/netting_login.html herunterladen.

Sinn der Rechtsgutachten ist es nicht nur, die Marktteilnehmer vor bösen Überraschungen beim internationalen Einsatz der ISDA-Dokumente zu bewahren, sondern sie sind speziell für Finanzinstitute aufsichtsrechtlich entsprechend den Grundsätzen der Basler Eigenkapitalvereinbarung (s. o. Anm. 7(c); vgl. auch *Basle Committee on Banking Supervision*, 1995) und der EG-„Netting"-Richtlinie (Richtlinie 10/96/EG „im Hinblick auf die aufsichtsrechtliche Anerkennung von Schuldumwandlungsverträgen und Aufrechnungsvereinbarungen ('vertragliches Netting')", AblEG Nr. L 85/17, zur Änderung des Anhangs II(3)(b)(i) der Solvabilitätsrichtlinie 89/647/EWG v. 18. 12. 1989) auch notwendig, damit die Nettingvereinbarungen bei der täglichen Ermittlung des Kreditrisikos, denen die Institute ausgesetzt sind, als risikomindernd anerkannt werden und auf diese Weise eine Verringerung der aufsichtsrechtlichen Eigenkapitalanforderungen bewirken können. Für das deutsche Finanzinstitutsaufsichtsrecht bestimmt § 5 I GroMiKV, dass Nettingvereinbarungen nur dann berücksichtigt werden, wenn sich das Institut „von der Rechtswirksamkeit der Vereinbarung auf der Grundlage eines geeigneten (deutschsprachigen bzw. mit amtlich beglaubigter deutscher Übersetzung versehenen) *Rechtsgutachtens* einer sachkundigen und unabhängigen Stelle, dessen Erstel-

7. International Swap Dealers Association Inc. Master Agreement VII. 7

lung oder letzte Ergänzung nicht länger als ein Jahr zurückliegt, überzeugt hat" und dem BAKred „Abschrift des Rechtsgutachtens einschließlich vorhandener Ergänzungen und des Musterrahmenvertrags, auf den sich das Rechtsgutachten bezieht, direkt oder über einen Spitzenverband der Institute übermittelt hat". Nach § 6 GroMiKV bedürfen die entsprechenden Rechtsgutachten einer förmlichen Anerkennung durch das BAKred. Der „Antrag auf Anerkennung muss angeben, in welchem Umfang, insbesondere zur Verwendung für welche Rechtsordnungen und Gattungen von Geschäftsgegenständen und Geschäftstypen, die Anerkennung erfolgen soll" (§ 6 II 1 GroMiKV). Die Gutachten müssen zu allen nach dem anwendbaren Kollisionsrecht berufenen Rechtsordnungen Stellung beziehen (§ 6 II 3, 4 GroMiKV). Bereits 1997 (Bescheid v. 26. 6. 1997; berichtet nach *Parche/Seitz*, Handelsgeschäfte und Kontrahentenrisiko, in: „The Commonwealth Banking Almanac 1999 Edition", unter 2.: „Theorie und Praxis") hat das BAKred die Verwendung des ISDA MA unter bestimmten Voraussetzungen vorläufig als risikomindernd anerkannt (*BAKred*, Jahresbericht 1998, Kapitel 4.3 Netting, http://www.bakred.de/texte/jahresb/jb1998/jb1998–04.htm). Diese Anerkennung gilt inzwischen für über 16 verschiedene Rechtsordnungen einschließlich der deutschen (BAKred, Jahresbericht 1998, a.a.O.; vgl. auch *BAKred*, Jahresbericht 1999, Kapitel 3.3 („Netting"), S. 21, http://www.bakred.de/texte/jahresb/jb1999/kapitel1.htm#i33). Aus den Anerkennungsbescheiden des BAKkred lässt sich entnehmen, dass sich die Marktteilnehmer jeden ISDA-Vertrag genau ansehen müssen. Nicht jeder Vertragspartner und jede Art von Geschäften wird nämlich zugelassen (*Parche/Seitz*, a.a.O.). Teilweise hängt die Anerkennung davon ab, dass die im „Schedule" bereitstehenden Gestaltungsoptionen in einem bestimmten Sinne ausgeübt werden (*Parche/Seitz*, a.a.O.). Besondere Vorsicht ist geboten, wenn in Part 5 des „Schedule" Zusatzklauseln eingefügt werden, welche die Struktur der §§ 5, 6 modifizieren. Selbst wenn dadurch die Wirksamkeit des „Close-out Netting" nach der anwendbaren Vertrags- bzw. Insolvenzrechtsordnung nicht gefährdet werden sollte, kann dies jedenfalls aufsichtsrechtlich schnell dazu führen, dass die Vereinbarung nicht mehr vom BAKred-Anerkennungsbescheid gedeckt ist. Wegen der damit verbundenen Komplexität der Rechtslage geht die Praxis immer mehr dazu über, EDV-gestützte Rahmenvertragsdatenbanken einzurichen, wo die in zahlreichen Rechtsgutachten enthaltenen Aussagen zur Zulässigkeit des Netting in Abhängigkeit von Produktarten, Sitz und Niederlassung der Vertragspartner, individuellen Vertragsergänzungen und sonstigen Kriterien verwaltet werden (*Parche/Seitz*, a.a.O., unter 3.1.). Zu nennen ist hier z.B. das „Legal Database Information System" („LeDIS", http://www.ledis.de) zur automatisierten Prüfung und Kennzeichnung der Nettingfähigkeit von Einzelgeschäften, das von sechs Landesbanken und der Deutschen Siedlungs- und Landesrentenbank (heute: Deutsche Postbank AG) in Zusammenarbeit mit der VÖB-Service GmbH, der Tochtergesellschaft des Bundesverbandes Öffentlicher Banken Deutschlands, und der PricewaterhouseCoopers Unternehmensberatung GmbH initiiert wurde.

dd) Ausgewählte Rechtsordnungen. (1) Deutschland. (1.1.) Wirkungsweise des § 104 InsO. Das *deutsche* „Netting-Gesetz" ist § 104 InsO. Nach § 104 I, II 1 werden Waren- und Finanztermingeschäfte, bei denen die marktabhängig wertschwankende Vertragsleistung noch nicht erfüllt wurde, mit Eröffnung des Insolvenzverfahrens über das Vermögen eines Vertragspartners ipso iure beendet und über eine „Forderung wegen der Nichterfüllung" (§ 104 III InsO) abgerechnet (nähere Einzelheiten zum Hintergrund und zur rechtssystematischen Einordnung der Regelung bei *Reiner*, 3. Kapitel, B.I.1.b., c.). Für das Insolvenzverwalterwahlrecht nach § 103 InsO besteht deshalb kein Raum, so dass ein „cherry picking" schon von daher nicht befürchtet zu werden braucht (kritisch gegenüber dem rechtspolitischen Argument, § 104 diene der Vermeidung der Kursspekulation und des „cherry picking" durch den Insolvenzverwalter, *Reiner*, 3. Kapitel, B.I.1.a.). § 104 I InsO entspricht dem bisherigen § 18 KO, § 104 II erweitert diese Regelung auf „Finanztermingeschäfte". Die frühere Diskussion, ob und inwieweit Derivate

„Fixgeschäfte" über die „Lieferung von Waren" nach § 18 KO sind, hat sich damit erübrigt.

Damit nicht nur das „Close-out", sondern auch das „Netting" der gegenseitigen Einzelausgleichsansprüche aus einer Vielzahl gleichzeitig beendeter Geschäfte insolvenzrechtlich als unbedenklich betrachtet werden kann, bestimmt § 104 II 3 InsO, dass Finanztermingeschäfte, die in einem Rahmenvertrag zusammengefasst sind und bei Vertragsverletzungen (vgl. „Events of Default") nur einheitlich beendet werden können, als einheitlicher Vertrag i. S. des § 104 InsO gelten. Daraus folgt nämlich, dass sämtliche Geschäfte spätestens mit Eröffnung des Insolvenzverfahrens beendet werden (§ 104 II 1 InsO) und über eine einheitliche Forderung wegen Nichterfüllung ausgeglichen werden, innerhalb der die jeweiligen Markwerte der beendeten Einzeltransaktionen nur Rechnungsposten sind. Ein Konflikt mit den Vorschriften über die Insolvenzaufrechnung (§§ 94 ff. InsO) wird von vornherein vermieden (zur rechtssystematischen Einordnung des § 104 II 3 InsO siehe *Reiner*, 3. Kapitel, B.I.2.).

§ 1(c) MA düfte i. V.m. § 6(a), (c)(ii), (d) und (e) MA den Anforderungen, die § 104 II 3, III InsO an die erforderliche Zusammenfassung der Einzelgeschäfte in einem Rahmenvertrag stellt, genügen. Der Bericht des Rechtsausschusses des Deutschen Bundestags zu der § 104 InsO entsprechenden Regelung in § 118 RegE InsO nimmt diesbezüglich ausdrücklich auf den Inhalt „üblicher Rahmenverträge" Bezug (Bericht der Abgeordneten *Bachmaier, Gres, Kleinert, Dr. Pick* und *Frhr. von Stetten*, in: Beschlussempfehlung und Bericht des Rechtsausschusses zum RegE einer InsO, BT-Drucks. 12/7302, S. 145, 167f.). Der Wortlaut des § 104 II 3, III InsO deckt auch das „multibranch"-Netting des Vertragspartners einer ausländischen Gesellschaft, die am Ort ihres Sitzes Gegenstand eines Insolvenzverfahrens ist und über deren deutsche Niederlassung nach Art. 102 III InsO ein separates deutsches Insolvenzverfahren eröffnet wird. Der Normzweck des § 104 II, III InsO, der nicht zuletzt in der Anpassung des deutschen Insolvenzrechts an das „erhebliche Interesse des *internationalen* [Hervorhebung durch den Verfasser] Geschäftsverkehrs an einer generellen Saldierungsmöglichkeit" (Bericht des Rechtsauschusses zu § 118 RegE, a.a.O.) und in der Förderung des Finanzplatzes „Deutschland" besteht, spricht ebenfalls für eine Anerkennung des „multibranch"-Netting.

Fixgeschäfte nach § 104 I InsO werden im Gegensatz zu Finanztermingeschäften vom Wortlaut des § 104 II 3 InsO nicht erfasst. Dabei ist die Einbindung von Warentermingeschäften in den ISDA MA, sei es isoliert oder kombiniert mit Finanztermingeschäften, eine Konstellation, für welche die Vertragsdokumentation ohne Weiteres ausgelegt ist (vgl. nur § 7.2.(c)(iii) der ISDA „1993 Commodity Derivatives Definitions" mit der Definition des „Delivery Date"). Da Warentermingeschäfte dieselben insolvenzrechtlich relevanten finanzwirtschaftlichen Eigenschaften aufweisen wie Finanztermingeschäfte, dürfte auf sie eine analoge Anwendung des § 104 II 3 möglich sein (hierzu *Reiner*, 3. Kapitel, B.I.2.b.).

(1.2.) Begriff des Finanztermingeschäfts. Die sachliche Reichweite des § 104 InsO wird in erster Linie durch den Begriff des „Geschäfts über Finanzleistungen" (§ 104 II 3 InsO) bzw. „Finanztermingeschäfts" (vgl. amtliche Überschrift des § 104) geprägt, der neben dem Begriff des Fixgeschäfts eine Auffangfunktion erfüllt. Der Gesetzgeber wollte § 104 II, III InsO neben den bislang bekannten ausdrücklich auch für neue Typen von Finanzgeschäften offenhalten. Im Bericht des Rechtsausschusses (a.a.O.) heißt es, die Aufzählung in § 104 II 2 InsO sei nicht abschließend, durch das Wort „insbesondere" vor Nr. 1 werde gewährleistet, dass „künftigen Entwicklungen auf dem Gebiet der Finanzgeschäfte" Rechnung getragen werden könne. Es solle sichergestellt werden, dass im Insolvenzfall alle noch nicht erfüllten Ansprüche aus zwischen zwei Parteien bestehenden Finanzgeschäften saldiert werden könnten, um das Risiko aus solchen Geschäften zu mindern. Dabei wird ausdrücklich auf das Interesse des internationalen Geschäftsverkehrs an einer „generellen Saldierungsmöglichkeit" verwiesen.

7. International Swap Dealers Association Inc. Master Agreement

Nach seinem Normzweck umfasst der Begriff des „Geschäfts über Finanzleistungen" i. S. des § 104 II 3 InsO alle Arten von derivativen Finanzterminkontrakten, soweit für die derivatetypische, zukünftige Vertragsleistung ein Marktwert („Markt- oder Börsenpreis") ermittelbar ist. Dieser Marktwert braucht nicht unbedingt empirisch ermittelbar zu sein, sondern es genügt, wenn er sich nach den Grundsätzen der Finanzarbitrage theoretisch errechnen lässt (allgemein zur zivil-, insolvenz-, aufsichts-, bilanz- und steuerrechtlichen Bedeutung dieses Merkmals von Derivaten grundlegend *Reiner*, passim) oder, wie es ebenfalls formuliert werden kann, wenn er „börsen- oder markt*abhängig* [Hervorhebung vom Verfasser] und damit weitgehend objektiviert feststellbar" ist (*Bosch*, WM 1995, 413, 417). Damit Derivate von § 104 InsO profitieren können, braucht für sie also kein liquider Sekundärmarkt zu existieren. Individuell ausgehandelte Geschäfte, wie sie dem MA zugrunde liegen, sind ebenso gut möglich. Im Ausschussbericht (a.a.O.) heisst es dazu, der Begriff des „Markt- oder Börsenpreises" sei im Hinblick auf solche Finanzgeschäfte, die „individuell ausgestaltet" seien, „*weit*" zu verstehen. Entscheidend sei, dass die Möglichkeit bestehe, „sich anderweit einzudecken"; dass nicht alle Angebote im Preis übereinstimmten, sei unschädlich. Auch das MA scheint ohne Weiteres davon auszugehen, dass für die unter ihm dokumentierten Einzeltransaktionen ein „Marktpreis" bestimmbar ist. Das ergibt sich aus der Schadensberechnungsvorschrift des § 6(e) in Verbindung mit der Definition des Begriffs der „Market Quotation" i. S. des § 14.

Allerdings stellt es bestimmte Anforderungen an die Lagerfähigkeit und Marktgängigkeit des Basiswertes (*Reiner*, 3. Kapitel, B.I.1.c.), damit sich für das Instrument jederzeit ein theoretischer Marktpreis errechnen lässt. Bei Zins-, Devisen- und Wertpapierderivaten dürfte diese Voraussetzung in der Regel erfüllt sein. Mit gewissen Einschränkungen gilt das auch für Rohstoffderivate. Bei Kreditderivaten, die sich seit Neuerem ebenfalls unter dem MA dokumentieren lassen (s. o. Anm. 1(e)(hh)), ergibt sich eine differenzierte Betrachtung je nachdem, ob das Referenzaktivum Börseninstrument ist und ob es ausschließlich dessen Preis ist, der den Wert des Kreditderivats bestimmt (*Nordhues/Benzler*, in: Burghof/Henke/Rudolph/Schönbucher/Sommer, S. 169, 192). Auf Derivate über nicht lagerfähige, nicht marktgängige oder gar nicht handelbare Basiswerte (z. B. Strom; Wetterindex), die nicht bereits per se einen theoretisch errechenbaren Marktpreis aufweisen, ist § 104 II, III nur dann anwendbar, wenn für das Instrument ein liquider Sekundärmarkt mit empirischem Marktpreis existiert.

Fraglich ist die insolvenzrechtliche Behandlung von Verträgen, die weder Finanz- noch Warentermingeschäfte sind, die aber mit bestimmten Finanztermingeschäften im Portfolio des insolventen Vertragspartners eine finanzwirtschaftliche Einheit bilden, etwa weil sie sich in einem Hedgezusammenhang befinden (z. B. einerseits Fremdwährungsverbindlichkeit aus Kaufvertrag und andererseits Devisenterminkauf) oder weil sie in ihrer Verbindung ein „synthetisches" Instrument darstellen (hierzu eingehend *Reiner*, 1. Kapitel, C.). Die Kombination aus einem nicht dem Rahmenvertrag unterworfenen Darlehensvertrag mit festen Zins und einem unter dem MA dokumentieren Zinsswap etwa lässt sich finanzwirtschaftlich als „synthetisches" Darlehen zu variablem Zins begreifen. Man könnte deshalb auf den Gedanken verfallen, den Anwendungsbereich des § 104 InsO in Fällen dieser Art im Wege einer bewussten Integration, etwa durch eine extensive, an einer „wirtschaftlichen" Betrachtungsweise orientierte Wortlautinterpretation oder über eine Analogie, auf synthetische Finanz- oder Warentermingeschäfte auszudehnen oder aber bei „synthetischen" Nichtderivaten teleologisch zu beschränken. Das ist jedoch abzulehnen. Damit läge ein sachlich nicht zu rechtfertigender Eingriff in die Systematik des Insolvenzrechts, das primär auf die zivilrechtliche Gestaltung und nicht den wirtschaftlichen Gehalt abstellt (Näheres bei *Reiner*, 3. Kapitel, B.II.).

(1.3.) Abdingbarkeit. Die Frage nach dem Verhältnis zwischen der gesetzlichen Beendigung nach § 104 I, II InsO und abweichenden vertraglichen Bestimmungen ist bislang offen (hierzu *Reiner*, A.I.1.; ausführlich *Benzler*, 1998, S. 272–314). Einschlägige Rechtsprechung gibt es nicht. § 104 II, III InsO begnügt sich trotz seiner Entstehungsgeschichte nicht etwa damit, marktübliche Gestaltungen zur Abwicklung von Finanztermingeschäften im Insolvenzfall pauschal für wirksam zu erklären, sondern enthält eigene materielle Regelungen. Vergleicht man § 104 InsO mit §§ 5(a)(vii), 6(a) MA, fällt auf, dass der Zeitpunkt der Vertragsbeendigung differieren kann. Das betrifft die Beendigungsgründe des § 5(a)(vii)(1), (3) oder (6), jeweils i.V.m. § 6(a) S. 2. Entscheiden sich die Parteien in Part 1(e) des „Schedule" gegen die „automatic early termination", kommt noch der Ermessensspielraum hinzu, den § 6(a) S. 1 dem vertragstreuen Teil bei der Bestimmung des genauen Beendigungszeitpunkts zugesteht. Nur der Fall des § 5(a)(vii)(4) i.V.m. § 6(a) S. 2 deckt sich im Detail mit der gesetzlichen Regelung.

Aus § 119 InsO ergibt sich, dass die §§ 103 bis 118 InsO nach dem Willen des Gesetzgebers durchaus zwingenden Charakter haben. Wie weit dieser allerdings geht und in welche Richtung, muss § 104 InsO selbst entnommen werden. Man kann davon ausgehen, dass diese Norm anderweitigen Gestaltungen nicht entgegensteht, sofern jene dem Gesetzzweck der Vermeidung der Kursspekulation durch den Insolvenzverwalter und der Ermöglichung einer Saldierung entgegenkommen oder ihn jedenfalls nicht gefährden. In diesem Sinne werden Abreden über die Kündigungsrechte oder über die automatische Beendigung von Finanztermingeschäften selbst dann für wirksam gehalten, wenn sie nicht auf die Verfahrenseröffnung, sondern auf den Eintritt der Insolvenz abstellen und damit den Zeitpunkt der Vertragsbeendigung im Vergleich zu § 104 II InsO *vorverlegen* (Nachweise bei *Reiner*, 3. Kapitel, A.I.1.). Diese Auffassung liegt auf der Linie der bisherigen Rechtsprechung zu §§ 17, 18 KO. Auf der anderen Seite muss man den Vertrag wegen des zwingenden Charakters der §§ 103–118 InsO (vgl. § 119 InsO) *spätestens* mit Eröffnung des Insolvenzverfahrens als beendet betrachten. Insofern geht § 104 II InsO der vertraglichen Bestimmung eines späteren Beendigungszeitpunktes (z. B. das Kündigungsrecht nach § 5(a)(vii)(4), § 6(a) MA) vor.

Die Frage der Vereinbarkeit der einzelnen, in § 6(e) MA zur Auswahl gestellten Verfahren zur Berechnung des Ausgleichsanspruchs mit der gesetzlichen Ausgleichsregelung nach § 104 III wird unten in Anm. 19(b) behandelt.

(2) England. Nach *englischem* Insolvenzrecht (zum englischen Vertragsrecht im Hinblick auf die Wirksamkeit von vertraglichen Lösungsklauseln siehe *Ebenroth/Messer*, ZVglRWiss 87 (1988), 1, 25 f.) konnten vor 1984 aufgrund der „doctrine of relief against forfeiture" (zu den allgemeinen insolvenzrechtlichen Anforderungen an „forfeiture clauses" siehe *Fletcher*, The Law of Insolvency, London 1990, S. 199 ff.) Bedenken gegen die Anerkennung vertraglicher Beendigungsklauseln entstehen. Mittlerweile hat die englische Rechtsprechung klargestellt, dass diese Lehre auf Handelsverträge keine Anwendung findet (*Sport International Bossum BV and others v Inter-Footwear Ltd* (1984) 1 All ER 376, hierzu *Watkins*, in: Antl (Hrsg.), S. 53, 66). Eine ausdrückliche gesetzliche Anerkennung hat die insolvenzrechtliche Wirksamkeit von „Close-out-Netting"-Klauseln gegenüber dem Wahlrecht des Insolvenzvewalters („power to disclaim") in § 164 I des Companies Act 1989 gefunden, der das Wahlrecht des Insolvenzverwalters („power to disclaim") nach dem Insolvency Act 1986 einschränkt. Internationalkonkursrechtlich flankiert wird diese Regelung durch § 183(2) Companies Act 1989, wonach ausländische Gerichtsentscheidungen oder Maßnahmen ausländischer Insolvenzverwalter nicht anerkannt werden, wenn sie gegen eine der in Part VII („Financial Markets and Insolvency", §§ 154–191) dieses Gesetzes enthaltenen Vorschriften verstößt. § 164 Companies Act findet zwar nur auf börsenmäßig abgeschlossene Verträge („market contracts", § 155 I Companies Act 1989), nicht aber auf OTC-Geschäfte Anwendung, wie es das vorliegende ISDA MA darstellt. Immerhin kommt darin aber die positive Grundeinstellung des UK-Gesetzgebers gegenüber dem „Close-out-Netting" zum Ausdruck.

Die gegenständliche Begrenzung des § 164 Companies Act schadet aber auch deshalb nicht, weil aus der Sicht der Rechtsprechung bereits nach allgemeinem Insolvenzrecht

7. International Swap Dealers Association Inc. Master Agreement VII. 7

eine vertragliche Klausel unbedenklich ist, nach der die vertragstreue Partei bei Ausübung eines vertraglichen Kündigungsrechts auf den Insolvenzfall Schadensersatz wegen entgangenen Gewinns erhält (*Watkins*, in: Antl (Hrsg.), S. 53, 66). Als älteres Beispiel für die Wirksamkeit eines vertraglichen „Close-Out" ist etwa die Entscheidung *Shipton, Anderson & Co (1927) Ltd v Micks Lambert & Co* (1936) 2 All ER 1032 zu nennen. Die Zulässigkeit der globalen Verrechnung der Ausgleichsansprüche bei Beendigung einer Mehrzahl von Einzeltransaktionen ergibt sich aus § 323 des Insolvency Act 1986 und aus § 4.90 der Insolvency Rules 1986. Diese Vorschriften sind zwingenden Charakters und betreffen Forderungen und Verbindlichkeiten, die bereits vor dem Eintritt des Insolvenzfalles entstanden sind. Sie führen sogar zu einer automatischen Aufrechnung, die etwaigen vertraglichen Aufrechnungsvereinbarungen vorgeht (*High Street Services v. BCCI* [1993] 3 WLR 233; bestätigt durch *Stein v Blake* [1995] 2 WLR 710). Ein Konflikt mit der „Close-out-Netting"-Bestimmung des § 6 MA entsteht deshalb nicht, weil sie keine vertragliche Aufrechnungsregelung, sondern eine Methode zur Ermittlung des geschuldeten Schadensersatzes darstellt (*Paul*, JIBL 1995 (Bd. 3), 93, 97). Angesichts dieser Rechtslage kommt der erwähnten Änderung des englischen Kapitalgesellschaftsrechts für börsenmäßige Geschäfte durch den Companies Act 1989 insofern nur deklaratorischer Charakter zu. Deutlich ist die Stellungnahme des Banking Law Sub-Committee der City of London Law Society vom 28. 9. 1994, die vom Financial Law Panel am 28. 9. 1994 in der Veröffentlichung „Netting of Counterparty Exposure on Foreign Exchange Dealing" bestätigt wurde und nach der „Close-out-Netting"-Klauseln in Rahmenverträgen („master agreements") in Zusammenhang mit Devisenderivaten wirksam sind (berichtet von *Turing*, BJIBFL 1995, 71). Der Financial Law Panel (http://www.flpanel.demon.co.uk) ist ein Gremium bedeutender Londoner Bankrechtsspezialisten unter der Aufsicht der Bank of England, das unter dem Eindruck der *Hazell v Hammersmith*-Entscheidung des House of Lords (s. o. Anm. 10(b)(cc)(4)) gegründet worden war (*Cresswell/Blair/Hill/Woods*, Encyclopedia of Banking Law, London, Teil A, S. 3). Der Panel hat ebenso wie das Banking Law Sub-Committee keine rechtliche, aber eine beachtliche moralische Autorität. An seinem Standpunkt werden die in dieser Frage in Zukunft befassten Gerichte ohne eine genaue Auseinandersetzung nicht vorbeikommen (*Turing*, BJIBFL 1995, 71, 75, Fn. 1). Eine ähnliche Stellungnahme hatte der Financial Law Panel bereits im November 1993 („Netting of Counterparty Exposure") allgemein für jede Art derivativer Geschäfte zwischen Banken und Unternehmen abgegeben (*Walter*, BJIBFL 1995, 167). In der englischen Literatur wird einschränkend darauf hingewiesen, eine „Close-out-Netting"-Vereinbarung könne ein „cherry picking" des Insolvenzverwalters nur insoweit verhindern, als der Vertrag *vor* Eröffnung des Insolvenzverfahrens beendet werde (*Coleman*, BJIBFL 1994, 391, 394). Nach dieser Meinung müsste man eine Kündigung des Vertrags *nach* Verfahrenseröffnung, wie sie § 5(a)(vii)(iv) MA vorsieht, für problematisch erachten. Vereinzelte Bedenken werden im englischen Schrifttum angeblich aber auch gegen die Wirksamkeit einer „automatic termination"-Klausel erhoben, weil das mit ihr verbundene „Close-out"-Netting nur eine juristische Sekunde vor Stellen des Konkursantrags stattfinde und darin eine unzulässige Rückwirkung zu sehen sei (so, allerdings ohne weitere Nachweise, berichtet von *Paul*, JIBL 1995 (Bd. 3), 93, 95).

Wegen der weiteren Einzelheiten zur Rechtslage in England sei auf das aktuelle Rechtsgutachten der Londoner Rechtsanwaltskanzlei *Allen & Overy* verwiesen, das allen ISDA-Mitgliedern zur Verfügung steht (s. o. (cc)).

(3) Frankreich. In *Frankreich* erlaubt Art. 2 des Gesetzes vom 28. 3. 1885 „sur les marchés à terme" (eingefügt durch Art. 8 des Gesetzes Nr. 93–1444 vom 31. 12. 1993) ausdrücklich die automatische Beendigung (Art. 2 II: „résiliation de plein droit des marchés") der in Art. 1 definierten Finanztermingeschäfte (s. o. Anm. 10(b)(bb)(1)) auf den Insolvenzfall sowie deren Verrechnung (Art. 2 I: „les dettes et créances ... sont compensables selon les modalités d'évaluation prévues par ... ladite convention-cadre"). Hierzu

müssen diese Geschäfte entweder an einer Börse abgeschlossen werden und den entsprechenden Börsenregelungen entsprechen oder aber als OTC-Geschäfte in einen Rahmenvertrag eingebettet sein. In letzterem Falle muss der Rahmenvertrag „im Grundsatz" („les principes généraux") den Bestimmungen eines regional oder international üblichen Musterrahmenvertrags („convention-cadre de place nationale ou internationale") entsprechen. Der Gesetzgeber hat hierbei ausweislich der Gesetzesmaterialien neben dem Rahmenvertrag der AFB an die ISDA Master Agreements gedacht. In welchem Ausmaß bei der Individualisierung des vorliegenden MA (insbesondere in Part 5 des „Schedule" und in den „Confirmations") Abweichungen vereinbart werden dürfen, lässt sich dem Gesetz nicht entnehmen. Angesichts der Notwendigkeit einer individuellen Anpassung der Musterbestimmungen an die Besonderheiten des Einzelfalles, derer sich auch der Gesetzgeber bewusst war, dürfte die Grenze erst dort liegen, wo der Sinngehalt des Mustervertrags denaturiert wird (*Bossin/Lefranc,* Banque, février 1994, 58, 61).

Weitere Voraussetzung einer Anerkennung des „Close-out Netting" nach Art. 2 des Gesetzes vom 28. 3. 1885 ist, dass zumindest eine der Vertragsparteien Kreditinstitut i.S. der Art. 8 und 69 des Gesetzes Nr. 84–46 „relative à l'activité et au contrôle des établissements de crédit" vom 24. 1. 1984 („loi bancaire", http://www.legifrance.gouv.fr/textes/html/fic198401240046.htm), Versicherung i.S. des Art. L 310–1 des Code des assurances oder Börsengesellschaft i.S. des Gesetzes Nr. 88–70 „sur les bourses de valeurs" vom 22. 1. 1988 bzw. ein vergleichbares ausländisches Institut ist. Die Gesetzesmaterialien nehmen übrigens ausdrücklich auf das europäische „Exchange Clearing House" („ECHO")-Projekt für das multilaterale Interbanken-Netting im Bereich von Devisenkassa- und Devisentermingeschäften Bezug. Hieraus ergibt sich, dass Art. 2 des Gesetzes vom 28. 3. 1885 nicht nur bilaterales, sondern auch multilaterales Netting abdecken soll (*Le Guen,* Le „netting" ..., S. 41, 46).

Für diejenigen Verträge, die die genannten Voraussetzungen des Art. 2 zur Anerkennung des „Close-out Netting" nicht erfüllen, gelten die allgemeinen Vorschriften (hierzu *Boulat/Chabert,* S. 176 ff.). Problematisch ist hier Art. 37 VI des Insolvenzgesetzes Nr. 85–98 „relative au redressement et à la liquidation judiciaires des entreprises" vom 25. 1. 1985. Danach sind Vertragsklauseln, die das Recht zur Kündigung bzw. die automatische Beendigung allein an die Tatsache der Eröffnung des Insolvenzverfahrens knüpfen (so § 5 (a)(vii)(4) MA) unwirksam. Gleiches gilt für Klauseln, die dies in Bezug auf die „Unteilbarkeit", d.h. die Einheitlichkeit des Vertrags tun (hierzu oben Anm. 4). Damit in Zusammenhang steht Art. 33 des Insolvenzgesetzes Nr. 85–98 vom 25. 1. 1985 (geändert durch Gesetz Nr. 94–475 „relative à la prévention et au traitement des difficultés des entreprises" vom 10. 6. 1994), der die Insolvenzaufrechnung bei sachlich „konnexen Forderungen" im Anschluss an eine entsprechende Rechtsprechung der Cour de cassation (Einzelheiten bei *Le Guen,* Le „netting"..., S. 41, 44 f.) für zulässig erklärt. Selbst wenn also die „Early Termination" sämtlicher Einzeltransaktionen nach § 6(a) oder (b) MA vor Art. 37 VI Bestand haben sollte, kommt es für das wirksame Entstehen eines einheitlichen Ausgleichsanspruchs nach § 6(e) MA nach allgemeinem französischen Insolvenzrecht darauf an, ob die beendeten Geschäften untereinander ausreichend „konnex" sind.

Weitere Einzelheiten zur Rechtslage in Frankreich ergeben sich aus dem ISDA-Rechtsgutachten der Pariser Rechtsanwaltskanzlei *Gide Loyrette Nouel.*

(4) USA. Nach *New Yorker* Vertragsrecht ist die Vereinbarung von Lösungsklauseln grundsätzlich zulässig (*Ebenroth/Messer,* ZVglRWiss 87 (1988), 1, 2). Grundsätzlich werden Vertragsklauseln von den Gerichten nur bei Vorliegen einer auffällig ungleichen Verhandlungsposition nach § 2–302 des New York Uniform Commercial Code 1990 (NYUCC 1990) als „unanständig" („unconscionable") für nichtig erklärt (allgemein zum insoweit vereinheitlichten amerikanischen Recht *Hinsch/Horn,* Das Vertragsrecht der internationalen Konsortialkredite und Projektfinanzierungen, Berlin, New York, 1985, S. 99, m.w.N.).

7. International Swap Dealers Association Inc. Master Agreement VII. 7

Das allgemeine Insolvenzrecht gehört in den *Vereinigten Staaten* zur Kompetenz des Bundes und ist im US-Bankruptcy Code 1978 (im Folgenden: „BC", eingegliedert in Titel 11 des „United States Code", USC) sowie in verschiedenen Spezialgesetzen für bestimmte aufsichtsrechtlich kontrollierte Unternehmen (bundesstaatlich oder einzelstaatlich zugelassene Banken, Sparkassen oder Versicherungsgesellschaften) geregelt (für Einzelheiten siehe *Gooch/Klein*, 1993, S. 415 ff.).

Alle Insolvenzgesetze enthalten spezielle, im Laufe des letzten Jahrzehnts eingefügte Bestimmungen, mit denen die marktüblichen „Close-out-Netting"-Klauseln bei bestimmten Arten von Finanzverträgen einschließlich sog. „swap agreements" (§ 362(b)(17) BC) bzw. „qualified financial contracts" (Federal Deposit Insurance Act, FDIA, 12 USC § 1821(e)(8)) privilegiert werden. Mit diesen gesondert (enumerativ) definierten Rechtsbegriffen werden die unterschiedlichsten Arten von Derivaten erfasst. Für die Darstellung der Einzelheiten dieser Bestimmungen sowie der einzelstaatlichen Besonderheiten für New Yorker Finanzinstitute ohne Bundeslizenz sei auf die Kommentierung der Vorauflage (dort Anm. 18 (b)(bb)(10)) verwiesen. Bis zu welchen Grenzen vertragliche Gestaltungen unter dem ISDA MA mit dem US-amerikanischen Insolvenzrecht vereinbar sind, ergibt sich aus dem ISDA-Rechtsgutachten der New Yorker Kanzlei *Cravath, Swaine Moore*. In jedem Falle dürfte schon bald eine noch größere Rechtssicherheit in Bezug auf die Wirksamkeit rahmenvertraglicher Netting-Klauseln bestehen. Im Zusammenhang mit einer seit Jahren vorbereiteten, umfassenden Insolvenzrechtsreform, die im Dezember 2000 nur am Veto des Präsidenten scheiterte, ist u.a. eine erhebliche Ausweitung des sachlichen Anwendungsbereichs der Netting-Vorschriften des BC und des FDIA geplant. In Zukunft sollen z.B. ausdrücklich auch „Wetter-Derivate" einbezogen werden. Das Reformprojekt wird inzwischen als „Bankruptcy Reform Act of 2001" wieder im Senat erörtert (S. 220) und hat realistische Chancen, noch 2001 verabschiedet zu werden. Die „Financial Contract Provisions" dieses Entwurfs wurden, soweit sie die Insolvenz von bundesweit registrierten Finanzinstituten betreffen (Anwendungsbereich des FDIA), gleichzeitig in einen eigenständigen, „Financial Contract Netting Improvement Act of 2001" genannten Gesetzentwurf ausgegliedert und im Repräsentantenhaus eingebracht (H.R. 11). Die aktuelle Entwicklung der Reform kann unter http://www.abiworld.org verfolgt werden.

Bereits oben in Zusammenhang mit dem deutschen Insolvenzrecht wurde die Frage angesprochen, wie der Fall insolvenzrechtlich zu behandeln ist, dass der insolvente Vertragspartner außerhalb des Rahmenvertrags (insbesondere mit der Gegenseite des Rahmenvertrags) eine Position in einem nichtderivativen Geschäft hält, die sich mit einem Derivat zu einem „synthetischen" Instrument (Derivat oder Nichtderivat) zusammenfassen lässt. Die US-amerikanische Rechtsprechung hat eine „wirtschaftliche" Betrachtungsweise bislang ausdrücklich abgelehnt. Dementsprechend schuldet nach der Entscheidung *In re Thrifty Oil Co.* (212 B.R. 147, Bankr. S.D. Cal., 5.8.1997) der zahlungsunfähige Vertragspartner eines dem ISDA MA unterworfenen Zinsswap der Swap-Gegenpartei selbst dann einen Ausgleich nach § 6 MA für die vorzeitige Beendigung des Swap infolge des Insolvenzantrags („Event of Default"), wenn er den Swap dazu verwendet hatte, um eine Zinsverpflichtung aus einem mit demselben Vertragspartner abgeschlossenen variabel verzinslichen Darlehen zu hegen. Der Darlehensschuldner hatte der Ausgleichsforderung entgegengehalten, es handle sich dabei der Sache nach um ein Verlangen nach Zahlung noch nicht fälliger Zinsen auf ein Langzeitdarlehen (Vorfälligkeitsentschädigung), was insolvenzrechtlich unzulässig ist. Darlehen und Swap seien Teil eines einheitlichen Gesamtgeschäfts in Gestalt eines synthetischen Festzinsdarlehens. Das Gericht hielt diesem Argument entgegen, die beiden Verträge seien nach dem Willen der Parteien selbständig. Allein die Darlehenszinsen, nicht aber die Zahlungen auf den Swap seien das Entgelt für die zeitweilige Überlassung der Darlehenssumme. Die Swapzahlungen seien keine verdeckten Zinsen und der Ausgleichsanspruch sei somit keine verdeckte Vorfälligkeitsentschädigung. Als Indizien für die Absicht der Parteien stellte das Gericht auf den klaren Wortlaut und die Struktur der Vereinbarungen, das Fehlen eines Verweises im Swap auf das Darlehen sowie die unabhängige Behandlung beider Vereinbarungen in den Geschäftsbüchern der Bank ab (siehe zu dieser Entscheidung *Johnson*, At the Intersection of Bank Finance and Derivatives: Who has the Right of Way?, 66 Tenn. L. Rev. 1, 65, 79 (1998)).

19. „Calculations". In § 6 (d) und (e) wird geregelt, in welcher Weise der einheitliche Ausgleichsanspruch für sämtliche beendeten Einzeltransaktionen zu ermitteln ist. Die Regelung des § 6 (e) sollte vor derjenigen des § 6 (d) gelesen werden, da sich der von den Verfassern des Vertrags gewählte Aufbau nicht an der Verständlichkeit, sondern an der chronologischen Reihenfolge der Vertragsabwicklung orientiert. Entscheidend ist es, die Begriffe „Unpaid Amounts", „Market Quotation" und „Loss" auseinanderzuhalten. Der globale Ausgleichanspruch setzt sich aus zwei Komponenten zusammen. Die erste Komponente ist ein Ausgleichsbetrag wegen bislang nicht erfüllter Forderungen, soweit sie bereits vor dem Beendigungszeitpunkt („Early Termination Date") fällig geworden sind oder – unter Hinwegdenken der auflösenden Bedingung des § 2 (a) (iii) – fällig geworden wären (sog. „Unpaid Amounts", definiert in § 14). Dieser Anspruch umfasst auch Zinsen und Zinseszinsen. Die zweite Komponente ist ein Ausgleichsbetrag wegen des Wegfalls der zukünftigen, noch nicht fälligen Vertragsleistungen aus den vorzeitig beendeten Einzeltransaktionen. Zur Ermittlung der Höhe dieses Betrags hält der Vertrag zwei verschiedene, im „Schedule" (Part 1 (f) (i)) zu bestimmende Berechnungsarten (sog. („payment measures", § 6 (e), vor (i)) bereit, nämlich die Bestimmung des durchschnittlichen Marktwertes („Market Quotation", definiert in § 14) und die Bestimmung des konkreten Verlustes/Gewinns („Loss", ebenfalls definiert in § 14).

a) „Market Quotation". Die „Market Quotation" ist eine abstrahierende Art der Berechnung des Ausgleichsanspruchs. Ihr liegt der Gedanke zugrunde, dass das durch die vorzeitige Vertragsbeendigung enttäuschte Erfüllungsinteresse dem Betrag entspricht, der auf dem Markt für eine entsprechende Ersatzbeschaffung gleichwertiger Terminpositionen durchschnittlich zu entrichten wäre. Wie § 6 (e) (iv) („reasonable pre-estimate of loss") klarstellt, verdrängt der im Wege der „Market Quotation" ermittelte Ausgleichsanspruch sonstige denkbare, auf das positive Erfüllungsinteresse gerichtete Ersatzansprüche. Nach der Definition der „Market Quotation" in § 14 entspricht der Marktwert einer Transaktion dem (hypothetischen) Preis, der vier führenden Marktteilnehmern mit höchster Kreditwürdigkeit (sog. „Reference Market-makers", § 14) für den Abschluss eines Ersatzgeschäfts („Replacement Transaction") zum Zeitpunkt der Beendigung des entsprechenden Einzelgeschäfts („Early Termination Date") oder unverzüglich danach zu bezahlen wäre. Dieser Preis kann einen positiven oder einen negativen Wert annehmen. Bei mehreren beendeten Einzelgeschäften sind eventuell zu erhaltende Rabatte zu berücksichtigen (vgl. *ISDA*, User's Guide to the 1992 ISDA Master Agreements, S. 24). Lassen sich hinsichtlich bestimmter Geschäfte oder Gruppen von Geschäften keine Marktwerte im genannten Sinne ermitteln (§ 14, „Settlement Amount", lit. b: „a Market Quotation cannot be determined") oder würde die Marktwertbestimmung nach der vernünftigen Einschätzung der betreffenden Partei zu „wirtschaftlich unvertretbaren Ergebnissen" (§ 14, „Settlement Amount", lit. b: „would not ... produce a commercially reasonable result") führen, wird statt des Marktwertes der tatsächliche, durch die vorzeitige Beendigung konkret verursachte und von der betroffenen Partei nach Treu und Glauben zu bestimmende Verlust bzw. Gewinn („Loss", vgl. die Definition in § 14) in Anschlag gebracht.

Von „wirtschaftlich unvertretbaren Ergebnissen" i.S. von § 14 („Settlement Amount") ist dann auszugehen, wenn die Marktwertbestimmung nicht einmal mehr annähernd den tatsächlichen Verlust/Gewinn widerspiegelt. So jedenfalls hat es aus der Sicht des anwendbaren englischen Rechts der Londoner Hight Court (QBD (Comm Ct)) in der Sache *Peregrine Fixed Income Ltd (In Liquidation) v Robinson Department Store*

7. International Swap Dealers Association Inc. Master Agreement VII. 7

Plc [2000] Lloyd's Rep. Bank. 304 (18. 5. 2000) entschieden. Dort hatte die Eröffnung eines Liquidationsverfahrens über Peregrine zur Beendigung des MA geführt. Nach den von Robinson ermittelten „Market Quotations" hatte die eigene Position aus dem beendeten Vertrag einen negativen Wert in Höhe von USD 9,7 Mio.. In diesem Betrag fand der Umstand Berücksichtigung, dass Robinson sich seinerseits ebenfalls in Zahlungsschwierigkeiten befand. Peregrine hatte demgegenüber geltend gemacht, der gegenwärtige Wert der Zahlungsströme, die Robinson aufgrund des Vertrags in Zukunft hätte bezahlen müssen, belaufe sich ohne Berücksichtigung des Kreditrisikos auf USD 87,3 Mill. Das Ergebnis der „Market Quotation" sei deshalb „wirtschaftlich unvertretbar", der Ausgleichsanspruch sei also nach dem „Loss"-Verfahren und ungeachtet des Kreditrisikos zu ermitteln. Das Gericht gab im Ergebnis der Sichtweise Peregrines Recht. Demnach dürfen die Referenzpreise der führenden Marktteilnehmer über die Bewertung des geschäftsinhärenten Marktrisikos hinaus nicht wesentlich durch das individuelle Kreditrisiko der betreffenden (vertragstreuen) Vertragspartei beeinflusst werden.

Begrifflich abzugrenzen ist die Marktwertberechnung von der bankenaufsichtsrechtlichen Marktbewertungsmethode („Current Exposure Method"), die auf dem Marktwert eines Kontrakts unter Berücksichtigung der Ausfallrisiken aufbaut (hierzu *Schulte-Mattler*, Ausfallrisiko und bilaterales Netting von OTC-Finanzderivaten, Die Bank 1994, 302, 304, 306 f.). Die Basler Eigenkapitalempfehlung vom April 1995 geht bei der aufsichtsrechtlichen Anerkennung des „Close-out Netting" (hierzu oben Anm. 18 (b) (cc)) ebenfalls ohne Weiteres davon aus, dass der Ausgleichssaldo aus den *Marktwerten* der einbezogenen Transaktionen zu berechnen ist. Übernommen wurde dieser Ansatz mittlerweile durch die EG-„Netting"-Richtlinie 10/96/EG (oben Anm. 18 (b) (cc)).

b) „Loss". Alternativ zur Marktwertbestimmung können sich die Parteien in Part 1 (f) (i) des „Schedule" grundsätzlich einheitlich für alle Einzelgeschäfte, gegebenenfalls aber im Wege einer Zusatzvereinbarung auch differenzierend je nach der Art des Geschäfts oder des Beendigungsgrundes (*ISDA*, User's Guide to the 1992 ISDA Master Agreements, S. 23 f.) für eine konkrete Schadensberechung („Loss") entscheiden. Die „Unpaid Amounts" für rückständige Forderungen, die bereits vor dem „Early Termination Date" fällig geworden sind, gehen automatisch als unselbständige Rechnungsposten in den umfassend zu verstehenden „Loss" mit ein, so dass sie in § 6 (e) (i) (2) und (4) anders als in § 6 (e) (i) (1) und (3) nicht besonders erwähnt werden. In Bezug auf die Rechtsverfolgungskosten gilt die Sonderregelung des § 11. Für die vorzeitig beendeten Transaktionen kann der „Loss" anhand der tatsächlichen Ersatzbeschaffungskosten bestimmt werden. Denkbar ist aber auch die Bezugnahme auf die Preisangaben eines einzelnen führenden Marktteilnehmers, solange diese Preisbestimmung noch als angemessen betrachtet werden kann (vgl. § 14, „Loss", S. 1: „...that party reasonably determines in good faith..."). Die „Loss"-Berechung hat für die betroffene Partei somit gegenüber der „Market Quotation" den Vorteil, dass sie schneller zu einem Ergebnis führt, weil nicht erst umständlich der Marktdurchschnitt ermittelt zu werden braucht. Verzögerungen bei der Bestimmung der „Market Quotation" führen zu ungewollten Risiken, insbesondere bei turbulenten Märkten. Nicht zuletzt die Insolvenz des Vertragspartners („Event of Default") selbst kann zu unerwarteten Preisausschlägen führen (vgl. *Goldstein*, in: Swaps & Other Derivatives in 2000, S. 483, 487, der deswegen „dringend" die Vereinbarung der „Loss"-Berechnung empfiehlt). Die konkrete Schadensbestimmung wird in der Praxis hauptsächlich dann als primäre Berechnungsart vereinbart, wenn der Vertrag überwiegend solche Finanzinstrumente betrifft, für die ein Marktwert nicht zu ermitteln ist (vor allem Produkte, deren Markt nicht über die nötige Tiefe verfügt) oder für welche die konkrete Schadensberechnung ausnahmsweise als angemessenere Berechnungsart erscheint (z.B. bei Lieferungsgeschäften, die in Natur abgewickelt werden), oder um den Parteien bei der Schadensberechnung eine größere Flexibilität zu gewähren (*ISDA*, User's Guide to the 1992 ISDA Master Agreements, S. 23).

Speziell aus der Sicht einer deutschen lex fori könnte die Frage auftauchen, ob die Vereinbarung der konkreten Schadensberechnung überhaupt zulässig ist. § 104 III InsO sieht nämlich vor, dass sich die „Forderung wegen Nichterfüllung" bei vorzeitig beendeten „Finanzleistungen" auf den „Unterschied zwischen dem vereinbarten Preis und dem Markt- oder Börsenpreis" richtet. Die deutsche Vorschrift entscheidet sich damit explizit für eine Marktwertberechnung. Diese kollidiert mit der Marktwertberechnung nach § 6(e) MA insoweit, als die Marktwerte nach der Definition der „Market Quotation" in § 14 MA auf den jeweiligen Beendigungszeitpunkt, nach § 104 III InsO aber auf den „zweiten Werktag nach der Eröffnung des Verfahrens am Erfüllungsort" zu errechnen sind. Man wird § 104 III InsO insofern als dispositiv ansehen müssen (Nachweise bei *Reiner*, 3. Kapitel, A.I.2.), weil kein besonderes öffentliches Interesse feststellbar ist, das es gebieten würde, die gesetzlich geregelte Schadensberechnungsart gegenüber einem ausdrücklich entgegenstehenden Willen der Vertragsparteien durchzusetzen. Der Parteiwille bezüglich der Schadensberechnung dürfte selbst dann vorrangig sein, wenn die vertraglichen Beendigungsvorschriften im Einzelfall deshalb nicht greifen, weil der Vertrag *zuvor* aufgrund des insofern zwingenden § 104 II InsO bereits gesetzlich beendet wurde (siehe hierzu oben Anm. 18(b)(dd)(1)). Zur Klarstellung ihres dahingehenden Vertragswillens können die Parteien des MA in Part 1(f) des „Schedule" ausdrücklich erklären, dass die gewählte Art der Schadensberechnung selbst dann Anwendung finden soll, wenn der Vertrag vor Eintreten des „Early Termination" Date" aufgrund einer gesetzlichen Vorschrift beendet werden sollte (s.u. Anm. 44). Der Anwendungsbereich des § 104 III InsO dürfte sich demnach auf die Fälle erschöpfen, in denen entsprechende vertragliche Abmachungen fehlen.

Die weitere Frage in diesem Zusammenhang betrifft die Anwendbarkeit des § 104 III InsO vor dem Hintergrund der Rechtswahlklausel des § 13(a) i.V.m. Part 4(h) des „Schedule" (New Yorker Recht oder englisches Recht). Im Gegensatz zu § 104 II InsO, der unmittelbar das Wahlrecht des Insolvenzverwalters betrifft, enthält nämlich § 104 III InsO eine materiellrechtliche Regelung, die nicht insolvenzrechtlich, sondern vertragsrechtlich zu qualifizieren sein dürfte.

Da die erwähnten Fragen zur Kompatibilität des § 6(e) MA mit § 104 InsO allerdings bislang noch nicht von der Rechtsprechung geklärt wurden, sollten die Parteien, wenn sie die konkrete Schadensberechnung vereinbaren wollen und eine von ihnen in Deutschland ansässig ist, zur weiteren Reduzierung des Restrisikos in Part 1(e) des „Schedule" die automatische Beendigung vereinbaren. Auf diese Weise wird die Wahrscheinlichkeit erhöht, dass die vertragliche Beendigung vor oder zumindest gleichzeitig mit der gesetzlichen Beendigung wirkt.

c) Fälligkeit, Zinsen. Sämtliche Teilbeträge, aus denen sich die Ausgleichsforderung zusammensetzt, sind auf eine gemeinsame Währung umzurechnen („Termination Currency"), die frei konvertierbar sein muss und in Part 1(g) des „Schedule" zu bestimmen ist (hierzu unten Anm. 46). Fällig wird der Ausgleichsbetrag im Falle eines „Event of Default" mit Zugang der vom Anspruchsberechtigten erstellten Abrechnung beim Vertragspartner und im Falle eines „Termination Event" zwei Geschäftstage („Local Business days") nach deren Zugang. Der Ausgleichsbetrag ist zu verzinsen, wobei die Zinsen wie bei den Verzugszinsen nach § 2(e) täglich kapitalisiert werden.

Die Definition des hierfür maßgeblichen Zinssatzes („Applicable Rate") in § 14 verweist auf drei unterschiedliche, ebenfalls in § 14 definierte Zinssatzbegriffe („Default Rate", „Non-default Rate", „Termination Rate"), die sich an den Refinanzierungskosten jeweils einer der beiden Parteien bzw. am arithmetischen Mittel der Refinanzierungskosten beider Parteien orientieren. Die „Default Rate" ist für beide Seiten der maßgebliche Zinssatz für die Ausgleichszahlung nach § 6(e), soweit es die Zeit nach Konkretisierung der Schadenshöhe betrifft. Für den Zeitraum davor berechnen sich die Zinsen für beide Seiten nach der „Termination Rate". Eine Ausnahme bildet der Fall eines „Event of Default". Hier gilt dann für die vertragstreue Partei die „Non-Default Rate".

7. International Swap Dealers Association Inc. Master Agreement

**20. „Payments on Early Termination" („Events of Default"). a) „First Method",
„Second Method".** Der von der vertragstreuen Partei unter Berücksichtigung ihrer offenen Positionen errechnete Ausgleichsbetrag braucht nicht unbedingt positiv zu sein, sondern er kann auch einen negativen Wert annehmen. Das gilt unabhängig davon, ob der spezifische Beendigungsschaden abstrakt oder konkret ermittelt wird („Market Quotation"- oder „Loss"- Berechnung). Diese Situation ist insbesondere dann denkbar, wenn die Beendigung der Transaktionen für die vertragstreue Partei unter dem Strich vorteilhaft war und der entsprechende Saldo nicht durch offenstehende Altforderungen („Unpaid Amounts") aufgezehrt wird. Beruht die Beendigung des Vertrages auf einem „Event of Default", stellt das ISDA MA es den Parteien frei, ob sie für diesen Fall in Part 1 (f)(ii) des „Schedule" vereinbaren wollen, dass die vertragstreue Partei ihrerseits Zahlungen an die vertragsbrüchige Partei zu leisten hat (sog. „Second Method", in der Praxis auch „Two-way-Payment"-Klausel genannt), oder aber, dass die Ausgleichsforderung der Ersteren auf Null gestellt wird und dass deshalb überhaupt keine Ausgleichszahlung zu erfolgen hat (sog. „First Method", in der Praxis auch „One-way-Payment"-, „Limited-Two-Way-Payment"- oder „Walk-away"-Klausel genannt).

Bei der Vereinbarung der „One-Way-Payment"-Methode ist Vorsicht geboten, weil die Frage ihrer rechtlichen Wirksamkeit in einigen Rechtsordnungen (hierzu näher unten c.) Probleme aufwerfen kann (zu einem speziellen Risiko der „Two-Way"-Methode und den Möglichkeiten seiner Vermeidung siehe unten Anm. 55). Die *Global Derivatives Study Group* der Group of Thirty hat im Jahre 1993 Zwischenhändlern und Endverbrauchern das „Close-out-Netting" bewusst nur in Verbindung mit der Vereinbarung von „full-way-payments" empfohlen (in: Derivatives: Practices and Principles, „Recommendation 13: Master Agreements", S. 16). Dementsprechend ist in vergleichbaren Rahmenverträgen, wie etwa in § 7(C) des ERMA Master Agreement für Energiepreisderivate sowie in § 8 des ICOM MA ausschließlich die „Two-Way"-Methode vorgesehen. Von der Praxis wird die „Second Method" wegen der bestehenden rechtlichen Bedenken schon seit längerem der „First Method" vorgezogen (*Jahn*, Die Bank 1994, 102). Die „One-way"-Klausel („First Method") könnte zumindest dann nach der anwendbaren Rechtsordnung als nicht mehr gerechtfertigte Benachteiligung der zwar insolventen, aber dennoch „in-the-money" befindlichen Vertragspartei führen, wenn diese ihrerseits bislang alle Vertragsleistungen erfüllt hat und der Vertrag nach den §§ 5(a)(vii), 6(a), (c) allein wegen des Umstands der Insolvenz beendet wird. Vermieden werden kann diese Rechtsfolge dadurch, dass man, ähnlich wie bei der entsprechenden Problematik der aufschiebenden Bedingung des § 2(a)(iii) (siehe oben Anm. 5), im Wege einer teleologischen Reduktion das Vorliegen eines „Event of Default" i.S. des § 5(a)(vii) in einem solchen Falle verneint. Sicherer und für die nicht insolvente Vertragspartei letztlich auch vorteilhafter ist die Vereinbarung einer Zusatzklausel nach dem unten in Anm. 45 vorgeschlagenen Muster.

Selbst wenn die zivil- und insolvenzrechtliche Wirksamkeit der „One-Way"-Klausel nach den maßgeblichen Rechtsordnungen feststehen sollte, ist von ihrem Gebrauch aber jedenfalls aus aufsichtsrechtlichen Gründen abzuraten (vgl. Nr. 109 des „London Code of Conduct for Principals and Broking Firms in the Wholesale markets" der Bank of England v. Juli 1995): Weltweit wird nämlich vertraglichen „Close-out-Netting"-Bestimmungen die Anerkennung als kreditrisikominimierend bei der Ermittlung der aufsichtsrechtlichen Eigenkapitalerfordernisse von Finanzinstituten verweigert, wenn sie die insolvente Vertragspartei nach dem Muster der „First Method" benachteiligen (vgl. The London Code of Conduct for Non-Investment Products, A Consultation Paper, November 2000, http://www.bankofengland.co.uk/markets/nips.htm, S. 19). Verwiesen sei hier nur auf Anhang 3 der Basler Eigenkapitalempfehlung i.d.F der Änderung vom April 1995, auf die EG-„Netting" 10/96/EG, auf den deutschen § 6 I 2 GroMiKV sowie auf Art. 4.3.3. der französischen Verordnung Nr. 91–05 vom 15.2.1991 „relatif au ratio de solvabilité" in der Fassung der Änderung durch die Verordnung Nr. 96–09 vom 24. 5. 1996.

b) Wirksamkeit nach dem Vertragsstatut.-In erster Linie stellt sich die Frage nach der rechtlichen Wirksamkeit der Vereinbarung der „One-Way-Payment"-Methode aus der Perspektive der als anwendbares Vertragsstatut in Betracht kommenden Rechtsordnungen, gemäß § 13(a) i.V.m. Part 4(h) des „Schedule", also nach englischem oder nach New Yorker Recht.

Nach *englischem* Recht ist die Frage der zivilrechtlichen Zulässigkeit von „One-Way"-Klauseln bisher nicht eindeutig geklärt, so dass Vorsicht angebracht ist (so ausdrücklich *Turing*, BJIBFL 1995, 71, 72, trotz seiner Kritik an den Argumenten, die für die Unzulässigkeit vorgebracht werden, Stichwort: „windfall profit"). Diskutiert wird in England zunächst, ob die „One-Way"-Klausel gegen § 3 des Unfair Contract Terms Act 1977 verstößt (hierzu *Turing*, BJIBFL 1995, 71, 72). Dieser Ansatz ist abzulehnen, da eine solche Vereinbarung in der Regel beide Parteien gleichermaßen treffen kann und schon deshalb nicht von einer einseitigen Benachteiligung des Verwenders der Klausel gesprochen werden kann. Eine andere Bewertung ist möglicherweise nur dann angezeigt, wenn die im Rahmen des MA dokumentierten Einzelgeschäfte so gestaltet sind, dass die Gegenpartei des Klauselverwenders durchweg vorleistungspflichtig ist und bereits bei Vertragsschluss alle ihre Zahlungsverpflichtungen, etwa in Form einer Optionsprämie, zu erfüllen hat.

Teilweise werden die „Walk-away"-Klauseln als (nach Common law unzulässige) Strafklauseln oder als Wetten betrachtet. Dem wird entgegengehalten, Grundlage der „One-way"-Klausel sei der allgemeine Grundsatz, wonach bei Leistungsstörungen, die zur Beendigung eines Vertrags führen, die vertragsbrüchige Partei zum Schadensersatz verpflichtet sei, während die Vertragspflichten der vertragstreuen Partei mit der Beendigung des Vertrags zum Erlöschen kämen (*Paul*, JIBL 1995 (Bd. 3), 93, 95; ebenso *Coleman*, BJIBFL 1993, 229, 230, der die Vereinbarung der „One-way"-Klausel nicht nur für zulässig, sondern aus gesellschaftsrechtlichen Gründen sogar für geboten hält).

Weiter wird argumentiert, es sei doch unstreitig zulässig zu vereinbaren, dass die Vertragsseite, die den Vertrag beendet, nichts zu bezahlen brauche. Ebenso zulässig sei es zu vereinbaren, dass die Gegenseite der den Vertrag beendenden Partei Schadensersatz schulde. Die Kombination beider Vereinbarungen könne dann keine verbotene Straf- oder Wettklausel sein (*Turing*, BJIBFL 1995, 71, 72). Im Gegenteil bestünden sogar rechtliche Bedenken hinsichtlich einer „Two-way"-Klausel, weil die „Two-way"- ebenso gut (bzw. ebenso wenig) wie die „One-way"- Vereinbarung als Strafklausel betrachtet werden könne und die Rechtsprechung Vereinbarungen feindlich gegenüber stehe, die es einer säumigen Vertragspartei erlaubten, aus ihrer Säumnis Gewinne zu ziehen (*Turing*, BJIBFL 1995, 71, 72). Tatsächlich stellt der Londoner High Court (Queen's Bench Division, *Cassir, Moore & Co v Eastcheap Dried Fruit Co* [1962] 1 Lloyd's Rep 400, 402) in einer Entscheidung vom 23. 3. 1962 fest, dass eine Vereinbarung, nach der an eine säumige Partei Schadensersatz gezahlt werden müsse, „natürlicher Gerechtigkeit" widerspreche („would not accord with natural justice").

Der US District Court for the Southern District of New York hat in einer Entscheidung vom 10. 11. 1992 in der Sache *Drexel Burnham Lambert Products Corp. v. Midland Bank PLC* (92 Civ. 3098 (MP), Text der Entscheidung wiedergegeben bei *Forster*, in: Practising Law Institute (Hrsg.), Swaps and Other Derivatives in 1993, S. 93, 105 ff.) die im Rahmen des ISDA Master Agreement von 1986 vereinbarte „One-Way-Payment"-Klausel nicht für eine (nach Common Law verbotene) Strafklausel und damit für wirksam gehalten.

c) Beurteilung nach Insolvenz- oder Vollstreckungsrechtsordnung. Eine andere Frage ist, ob die rechtliche Durchsetzbarkeit der „One-Way-Payment"-Methode, selbst wenn sie nach dem zuständigen Vertragsstatut wirksam sein sollte, daran scheitern könnte, dass sie nach der anwendbaren Insolvenzrechtsordnung unwirksam ist oder gegen den internationalen ordre public einer Vollstreckungsrechtsordnung verstößt. Ein anschauliches Beispiel für diese Gefahr bietet die deutsche Rechtsprechung zur Vollstreckung amerikanischer „punitive damages"- Urteile (siehe hierzu etwa BGHZ 118, 312, 334 ff.).

Die folgenden Ausführungen betrachten die deutschen, französische und amerikanische Rechtsordnung (für die Schweizer und niederländische Rechtsordnung siehe die Vorauflage der Kommentierung, Anm. 20 (c)).

aa) Deutschland. Soweit deutsches Insolvenzrecht zur Anwendung kommt, also in der Hauptinsolvenz eines deutschen Vertragspartners oder in der Sekundärinsolvenz der deutschen Niederlassung eines ausländischen Vertragspartners dürfte sich § 104 III InsO als insofern zwingende Vorgabe gegenüber einer vertraglichen „Walk-away"-Klausel durchsetzen. Die symmetrische Ausgestaltung des Ausgleichsanspruchs ist der Preis der vorzeitigen Beendigung und der Einschränkung des Insolvenzverwalterwahlrechts.

Andererseits dürfte die „Walk-away"-Klausel nicht dem deutschen internationalen ordre public i. S. des § 328 I Nr. 4 ZPO widersprechen, soweit es um die Vollstreckung einer ausländischen Entscheidung geht, die auf der Anwendung einer entsprechenden Vereinbarung in Part 1 (f) (ii) des „Schedule" eines ISDA MA beruht. Das belegt bereits die gesetzliche Wertung der §§ 326 I 3, 325 I 2 BGB. Danach erhält nämlich bei teilweiser Nichterfüllung die vertragstreue Gegenseite einen Anspruch auf Schadensersatz wegen Nichterfüllung der ganzen Verbindlichkeit, wenn die teilweise Erfüllung für sie kein Interesse hat. Misst man die Nichterfüllung einer Transaktion unter dem MA („Event of Default") an dieser Regelung, lässt sich ein solches fehlendes Interesse angesichts der Einheitlichkeit des Gesamtvertrags durchaus bejahen. Die zum Schadensersatz wegen Nichterfüllung (z. B. §§ 325, 326 BGB) vertretene Differenztheorie gebietet zwar die Anrechnung, nicht aber die Aufrechnung der ersparten Gegenleistung (Palandt/*Heinrichs*, 60. Aufl., 2001, § 325 BGB, Rz. 11; BGH NJW 1958, 1915). Die partielle Vertragsverletzung kann sich also im Ergebnis für die Gegenseite (Gläubiger) als Glücksfall herausstellen, sofern sich der nicht von der Vertragsverletzung berührte, aber gleichzeitig beendete Rest des Vertrags, z. B. wegen Veränderungen der Marktlage, als nachteilig erweist. Der einseitige (asymmetrische) Schadensersatzanspruch wegen Nichterfüllung bezüglich des gesamten Vertragsinteresses zugunsten der vertragstreuen Seite bei nur teilweiser Verletzung der vertraglichen Leistungspflichten ist dem deutschen Schuldrecht also keineswegs fremd. Es ist nicht davon auszugehen, dass der Gesetzgeber der Insolvenzrechtsreform von dieser Wertung des allgemeinen deutschen Zivilrechts abweichen wollte, als er in § 104 II 3, III InsO festsetzte, dass „der andere Teil", d. h. die vertragstreue Partei, bei Beendigung eines Rahmenvertrags eine Ausgleichsforderung „nur als Insolvenzgläubiger geltend machen" kann.

bb) Frankreich. Eine eindeutige Stellungnahme zur Rechtmäßigkeit der „Walk-away"-Klausel („clause de forfait") nach *französischem* Recht wird in der einschlägigen Literatur vermieden (vgl. *Boulat/Chabert*, S. 144; ebenso schon zuvor *Chabert*, Les swaps, thèse Clermont I 1987, S. 385). Im Schrifttum (*Gooch/Klein*, 1993, S. 404, Fn. 276, unter Berufung auf einen Artikel in Derivatives Week, Heft vom 12. 4. 1993: „French Swap Case Upholds Termination Clause") wird immerhin von der unveröffentlichten Entscheidung eines französischen Gerichts in einem Rechtsstreit zwischen der *Commerzbank AG* und der zahlungsunfähigen *Société Econecom Financière* berichtet. Dort sei eine ähnliche Klausel im Rahmen der vereinbarten französischen „Conditions générales pour les opérations d'échange de devises ou de conditions d' intérêts" der AFB (vgl. dort Art. 8.1.5., 9.2.1.) für wirksam gehalten worden.

cc) USA. Das im BC kodifizierte, bundesweit geltende allgemeine Insolvenzrecht geht zumindest bezüglich einzelner Geschäftstypen davon aus, dass der Insolvenzmasse ein Zahlungsanspruch gegen den Vertragspartner zusteht, wenn der Nettowert der beendeten Transaktionen zugunsten des Gemeinschuldners einen positiven Wert annimmt.

Diese Feststellung trifft etwa für Pensionsgeschäfte („repurchase agreements") zu (§ 559 BC).

Die Netting-Bestimmungen des ebenfalls bundesweit geltenden, speziellen Insolvenzrechts für bundesweit zugelassene Kreditinstitute (§§ 403(d) und 404(d) des FDICIA) decken nach Auffassung der amerikanischen Aufsichtsbehörden die Vereinbarung der „One-way-Payment"-Methode nicht ab (hierzu *Gooch/Klein,* 1993, S. 401, m.w.N.). Die im Jahre 1993 in das New York Banking Law (NYBL) eingefügte Bestimmung des § 618-a NYBL, durch die für sog. „qualified financial contracts" das vertragliche „Close-out Netting" anerkannt wird, gilt ausdrücklich nicht bei Vereinbarung der „One-Way Payment"-Methode. Das NYBL ist allerdings nur auf die Insolvenz von Banken anwendbar, die nur in New York, nicht aber bundesweit zugelassen sind, sowie auf die unselbständigen New Yorker Zweigstellen ausländischer Banken.

21. „Payments on Early Termination" („Termination Events"). Die Schadensberechnung im Falle eines „Termination Event" unterscheidet neben der Art der Schadensberechnung („Market Quotation" oder „Loss", s.o. Anm. 19(a) und (b)) danach, ob nur eine oder ob beide Vertragsparteien als „Affected Parties" (s.o. Anm. 15) zu qualifizieren sind. Die in Part 1(f)(ii) des „Schedule" getroffene Wahl zwischen der „First Method" und der „Second Method" bleibt für „Termination Events" dagegen ohne Bedeutung. Kommt nur einer Vertragspartei die Eigenschaft als „Affected Party" zu, wird der Ausgleichsbetrag in derselben Weise bestimmt, wie es im Falle eines „Event of Default" bei Vereinbarung der „Second Method" („Two-Way Payment") geschieht (§ 6(e)(i)(3) bzw. (4)), wobei hier die Vertragsseite, die nicht „Affected Party" ist, die notwendigen Schadensbestimmungen vornimmt. Sind beide Parteien durch einen „Termination Event" betroffen („Affected Parties"), errechnet jede für sich ihren (positiven oder negativen) Schaden. Bei Vereinbarung der Marktwertberechnung („Market Quotation") ist dann die Hälfte der Differenz zwischen beiden (positiven oder negativen) Beträgen zuzüglich des Saldos der gegenseitig noch offenen Unpaid Amounts auszugleichen (§ 6(e)(ii)(2)(A)). Auf diese Weise wird sichergestellt, dass der Gewinn bzw. der Schaden aus der vorzeitigen Beendigung der Transaktionen von den Parteien zu gleichen Teilen getragen wird. Bei Vereinbarung der konkreten Schadensberechung („Loss") besteht der Ausgleichsbetrag in der Hälfte der Differenz zwischen den von beiden Parteien jeweils für sich errechneten (wiederum positiven oder negativen) Schadensposten (§ 6(e)(ii)(2)(B)). Die bei Vertragsbeendigung bereits fälligen, noch nicht erfüllten Forderungen („Unpaid Amounts") sind hierin bereits mit eingerechnet.

22. „Set-off". Der Begriff des „Set-Off" ist in § 14 definiert und verweist allgemein auf jede Art von Aufrechnungs- oder Zurückbehaltungsbefugnissen, unabhängig davon, ob sie sich aus dem MA, aus einem anderen Vertrag oder aus Gesetz ergeben sollten. Dabei geht es um die vertraglich bestimmte Möglichkeit einer Partei, ihre Ausgleichsverpflichtung nach § 6(e) gegen eigene Forderungen aufzurechnen oder zurückzubehalten (vgl. die Definition des „Set-off" in § 14), die dieser Partei gegenüber dem Anspruchsgläubiger bzw. gegenüber einem mit Letzterem verbundenen Unternehmen aus anderen Rechtsverhältnissen zustehen. Von besonderer praktischer Bedeutung ist eine solche Aufrechnungs- oder Zurückbehaltungsbefugnis im Falle eines „Event of Default" bei Vereinbarung der „Two-Way-Payment"-Methode, wenn die vertragstreue Partei der insolventen Gegenseite vollen Ausgleich schuldet, hinsichtlich etwaiger Gegenforderungen aus anderen Rechtsverhältnissen aber auf die Insolvenzquote verwiesen bleibt. Interessant in Zusammenhang mit der Frage der Aufrechenbarkeit der Ausgleichsforderung ist eine kanadische Entscheidung vom 2. 10. 1996 in der Sache *Citibank Canada v. Confederation Life Insurance Company et al., in Liquidation* (Ontario Ct. of Justice, General Division, 42 CBR (3d) 288; aff'd, und (1998), 37 OR (3d) 226). Dort ging es um eine Bond Option sowie verschiedene Swaps unter dem ISDA MA. Citibank Canada versuchte, einen sich aus der Vertragsbeendigung ergebenden, ihr gegenüber der insolventen Confederation Life Insurance Company und der Confederation Treasury Services Ltd. zustehenden positiven Ausgleichssaldo gegen sonstige („unrelated") Bankguthaben dieser Gesellschaften aufzurechnen. Das Gericht (Justice Blair) ließ diese Aufrechnung weder nach Common Law noch nach Equity zu. Die Voraussetzungen des „legal set-off" seien nicht erfüllt. Die Ansprüche aus den Swap-Vereinbarungen seien keine zum Zeitpunkt der Eröffnung des Insolvenzverfahrens liquidierten und bereits zuvor entstandenen Vertragsansprüche, sondern Schadensersatzansprüche („claim for damages"). Ein Berufen auf die Rechtsfigur des „equitable set-off" sei ebenfalls nicht möglich. Die gegenseitigen Ansprüche seien nicht in einer Weise „konnex", die es als unbillig erscheinen lasse, der einen Seite die Durchsetzung ihres Anspruchs zu gestatten, ohne dabei den Gegenanspruch zu berücksichtigen. Formulierungsvorschläge für die Ergänzung des MA um Aufrechnungs- oder Zurückbehaltungsrechte der genannten Art finden sich unten in Anm. 55.

23. „Transfer". Die Abtretung des gesamten Vertrags oder einzelner Forderungen und Verbindlichkeiten daraus ist nach § 7 („Transfer") nur mit vorheriger schriftlicher Zustimmung des Vertragspartners möglich, selbst wenn sie nur sicherungshalber erfolgen sollte. Dieses Verbot der einseitigen Übertragung der Rechte und Pflichten aus dem Vertrag hat dingliche Wirkung (vgl. für die Unwirksamkeit der Abtretung einer unübertragbaren Put Option die Entscheidung des Supreme Court of Western Australia in der Sache *WestGold Resources NL v St George Bank Ltd & Others* [1998] 29 ACSR 396). Selbst für deutsche Vertragspartner ändert § 354a HGB (eingefügt 1994), der für beidseitige Handelsgeschäfte eine Ausnahme von § 399 Fall 2 BGB begründet, daran nichts, solange als maßgebendes Vertragsstatut englisches oder New Yorker vereinbart wird (vgl. § 13(a), Part 4(h) des „Schedule"). Denn das Forderungsstatut herrscht über die Übertragbarkeit der Forderung einschließlich der Wirkungen vertraglicher Zessionsverbote (*v. Bar*, IPR, 2. Bd., München 1991, Rz. 567).

Die Vorschrift des § 7 lässt allerdings zwei Ausnahmen vom Grundsatz der Unübertragbarkeit aus dem Vertrag zu. Das ist zunächst die Zession des gesamten Vertrags in Zusammenhang mit einer Verschmelzung oder Vermögensübertragung. Wie der Klammerzusatz „but without prejudice..." präzisiert, schließt die Anerkennung der Übertragung des Vertrags nicht aus, dass dieser Sachverhalt gleichzeitig den Tatbestand eines „Event of Default" in Gestalt eines „Merger Without Assumption" (§ 5(a)(viii)) erfüllt. Als zweite Ausnahme wird die Abtretung von Schadensersatzansprüchen nach § 6(e) zugelassen.

Gemäß § 6(b)(ii) darf die Gegenpartei die Zustimmung zur Übertragung des Vertrags auf ein verbundenes Unternehmen nur unter ganz bestimmten Voraussetzungen verweigern, wenn dies der Vermeidung eines „Termination Event" dient (oben Anm. 17). Abgesehen von diesem Sonderfall muss die Zustimmung des Vertragspartners in der Praxis mit einer Prämie bzw. mit Neuverhandlungen über den Inhalt des Vertrags bezahlt werden. Dabei wird es dann vor allem um eine Erweiterung der Beendigungsvoraussetzungen, die Bestellung von Sicherheiten sowie die Ergänzung der steuerlichen Zusicherungen gehen. Sofern der neue Vertragspartner in einem Staat ansässig ist bzw. dort Vermögen besitzt, wo die Anwendung des Spiel- oder Wetteinwands im Bereich derivativer Instrumente nicht ausgeschlossen ist (siehe hierzu den Überblick oben Anm. 10(b)), sollte von der Erteilung der Zustimmung abgesehen werden, solange nicht sichergestellt ist, dass die geplanten Einzelgeschäfte ausschließlich Hedge-Zwecken dienen. Auf der anderen Seite wird § 7 von interessierten Parteien (insbesondere Banken) in der Praxis in Part 5 des „Schedule" teilweise dahingehend ergänzt, dass die Zustimmung nicht willkürlich verweigert („unreasonably withheld"), dass die Zustimmung bei der Erfüllung bestimmter Voraussetzungen (z.B. gleiche Bonität, keine entgegenstehenden „geschäftspolitischen Gründe", Kostenersatz) zu erteilen ist oder dass die Übertragung auf ein verbundenes Unternehmen ohne Zustimmung möglich sein soll, wenn bestehende Sicherheiten erhalten bleiben (*Gooch/Klein*, 1993, S. 92 f.).

24. „Contractual Currency". Die Klausel des § 8 soll die Vertragsparteien durch die Gewährung entsprechender Ausgleichsansprüche vor Währungsverlusten schützen, die entstehen, wenn sie aufgrund eines Urteils, im Rahmen der Vollstreckung oder aus anderen Gründen Zahlungen in einer anderen Währung als der vertraglich vereinbarten Währung erhalten (zum Uniform Foreign-Money Claims Act von 1994, der erhebliche Erleichterungen bei der Durchsetzung von Fremdwährungsansprüchen in den USA vorschlägt, siehe *Hay*, Fremdwährungsansprüche und -urteile nach dem US-amerikanischen Uniform Act, RIW 1995, 113 ff.). Sie ist insbesondere dann von Bedeutung, wenn der Vertragspartner in einer anderen als der Währung seines Heimatstaates zu erfüllen hat (vgl. die entsprechende Klausel in § 11.4 des ICOM MA). So werden etwa nach New Yorker Prozessrecht Fremdwährungsansprüche in ausländischer Währung tituliert und nach dem Tageskurs der Urteilsverkündung in USD umgerechnet (§ 27(b) New York Jud. L., zitiert nach *Gooch/Klein*, 1993, S. 94). Nach § 8(c) MA („Separate Indemnities") sollen die Ausgleichsforderungen aus § 8(a) und (b) nicht nur materiellrechtlich, sondern auch prozessual gegenüber den zugrunde liegenden Zahlungsansprüchen, deren vollständige Erfüllung sie gewährleisten sollen, als eigenständige Ansprüche behandelt werden. Damit will man die Chancen erhöhen, dass die gerichtliche Durchsetzung dieser Ausgleichsansprüche nach der zuständigen lex fori nicht an dem Prozesshindernis der Rechtskraft scheitert, wenn es wegen der zugrunde liegenden Zahlungsansprüche bereits früher zu einer rechtkräftigen Verurteilung gekommen ist.

25. „Counterparts". § 9(e)(i) regelt die Herstellung von Ausfertigungen der Vertragsurkunde. Bei Geschäften mit nicht gewerblich tätigen *französischen* Personen des öffentlichen Rechts mit Ausnahme der *Banque de France* und der *Caisse des Dépôts et Consignations* sowie mit im öffentlichen Auftrag handelnden französischen Personen des Privatrechts empfiehlt es sich, ein zweites, von den Parteien ebenfalls zu unterschreibendes und dem englischen Text zumindest gleichrangiges Original in französischer Sprache ohne Verwendung von Anglizismen, die auch in Französisch ausgedrückt werden können, herzustellen. Ansonsten besteht die Gefahr, dass die gegenseitigen Vertragspflichten nach Art. 5 III des französischen Sprachenschutzgesetzes Nr. 94–665 vom 4. 8. 1994 „relative à l' emploi de la langue française" (sog. „loi Toubon") in der Fassung der Änderung durch das Gesetz Nr. 96–597 vom 2. 7. 1996 (zur Umsetzung der EG-Wertpapierdienstleistungsrichtlinie) unwirksam sind (so *Besse*, Mandatory Use of French in Financing Agreements, IFLR February 1995, 22). Für gewerblich tätige juristische Personen des öffentlichen Rechts, die *Banque de France* und die *Caisse des Dépôts et Consignations* gibt es seit 1996 eine umfassende Befreiung vom Zwang zur französischen Sprache, sofern der Vertrag auf die Erbringung von Finanzdienstleistungen i. S. des Art. 4 des Gesetzes Nr. 96–597 vom 2. 7. 1996 gerichtet ist. Darunter fallen insbesondere auch derivative Verträge.

Es ist nicht damit zu rechnen, dass Gerichte außerhalb Frankreichs die „loi Toubon" zur Anwendung bringen werden, zumal die Rechtswahlklausel des § 13(a) i. V. m. Part 4(h) des „Schedule" als Vertragsstatut nur New Yorker oder englisches Recht vorsieht. Bedeutung kann das französische Gesetz im Rahmen des ordre-public-Vorbehalts (vgl. Art. 16 des EG-Schuldvertragsübereinkommens vom 19. 6. 1980 bzw. Art. 27 Nr. 1 EuGVÜ) aber dann entfalten, wenn ein französisches Gericht über die Zulassung von Forderungen aus diesem Vertrag zur Insolvenztabelle bzw. über die Anerkennung und Vollstreckung ausländischer Urteile zu befinden hat oder wenn es als lex fori gar zu einer Entscheidung in der Hauptsache berufen ist. Letzteres ist etwa für den Fall denkbar, dass in einem Vertrag mit einem französischen Unternehmen die Anwendung New Yorker Rechts und damit nach § 13(b) MA die *nicht* ausschließliche Zuständigkeit eines New Yorker Forums vereinbart wird (s. u. Anm. 31).

7. International Swap Dealers Association Inc. Master Agreement

26. „Confirmations". Die im Rahmen des MA getätigten Einzeltransaktionen („Transactions") müssen rechtlich als Ergänzungen und damit als Änderungen des nach § 1 (c) einheitlichen Gesamtvertrags verstanden werden.

a) Hintergrund. Nach § 9 (e) (ii) S. 1 („parties are legally bound ... from the moment they agree to those terms (whether orally, or otherwise)") bedürfen die „Transactions" zu ihrer rechtlichen Verbindlichkeit keiner besonderen Form und kommen bereits mit der mündlichen Willenseinigung zustande (für eine diesen Punkt noch stärker betonende Zusatzklausel siehe unten Anm. 56). Diese Regelung stellt eine Ausnahme vom Grundsatz des § 9 (b) („Amendments") dar, der für Vertragsänderungen allgemein Schriftform vorsieht, dabei allerdings angesichts der heute üblichen Kommunikationstechniken (Fax, Telex, elektronisch betriebenes Informationssystem, siehe weiter unten) auf das Erfordernis einer eigenhändigen Unterschrift verzichtet. Damit § 9 (b) gegenüber § 9 (e) (ii) S. 1 nicht leerläuft, muss man die zuletzt genannte Vorschrift in dem Sinne eng auslegen, dass sich die dort zum Ausdruck kommende Formfreiheit auf die Vereinbarung der technischen Einzelheiten (vgl. hierzu etwa die Muster-„Confirmations" in den Anhängen der verschiedenen ISDA Definitions) der betreffenden Transaktion beschränkt. Jede darüber hinausgehende Zusatzvereinbarung über geschäftsspezifische Modifikationen des Gesamtvertrags fällt demgegenüber in den Anwendungsbereich des § 9 (b) und muss die dort genannten Formerfordernisse beachten. Dieser Zusammenhang kommt nicht zuletzt in § 9 (e) (ii) S. 2 HS 2 zum Ausdruck, wo präzisiert wird, dass eine schriftliche Bestätigung in den Formen des § 9 (b) für den Beweis (und Abschluss) einer Vertragsergänzung („binding supplement to this Agreement") ausreichend (aber auch notwendig) sind.

Bestätigungen („Confirmations") der meist nur mündlichen Einzelabschlüsse müssen dem Vertragspartner nach § 9 (e) (ii) S. 2 HS 1 in jedem Fall so schnell wie möglich nach Abschluss der Transaktion erteilt werden, also nicht nur dann, wenn für das Geschäft Bedingungen vereinbart wurden, die von den allgemeinen Bestimmungen des MA einschließlich des „Schedule" abweichen. Der Zweck der „Confirmations" besteht in der inhaltlichen Konkretisierung und beweismäßigen Absicherung der Geschäftsbedingungen. Beweismäßig ausreichend für eine „Confirmation" nach § 9 (e) (ii) ist wie bei der Vertragsänderung nach § 9 (b) die Kommunikation per Fax, Telex oder durch ein elektronisch betriebenes Informationsverbreitungssystem („electronic messaging system"). Das „electronic messaging system" ist in Part 4 (a) des „Schedule" für jede Vertragspartei getrennt zu bestimmen. Hierfür kommt das System der SWIFT (Society For Worldwide Interbank Financial Telecommunication, Genossenschaft belgischen Rechts mit Sitz in Brüssel) sowie für die Sparkassen das System der EUFISERV (European Financial Services Company SC, Genossenschaft belgischen Rechts der Europäischen Sparkassenvereinigung und ihrer Mitgliedsorganisationen mit Sitz in Brüssel) in Betracht. Die SWIFT hat in Zusammenarbeit mit der ISDA eine Reihe entsprechender Standardmeldungen für den Abschluss von Zins- und Währungs-Swaps („MT 360", „MT 361" sowie „MT 362") und Swap-Derivaten sowie für Zinssatz- und Kündigungsmitteilungen herausgebracht (vgl. das mitgliederinterne ISDA „Memorandum Regarding Use of Electronic Messaging Systems Under ISDA Master Agreements" v. 1. 3. 1999), die eine bezugnehmende Inkorporierung der gewünschten ISDA-„Definitions" erlauben (siehe auch unten Anm. 59). Alternativ wird im internationalen Geschäftsverkehr die direkte Datenübertragung zwischen den Computern der Vertragspartner über die Telefonleitung via Modem praktiziert.

„Confirmations" per elektronisch signierter Email sind ebenfalls denkbar, bleiben bislang aber noch die Ausnahme. Die EG-Richtlinie 1999/93/EG vom 13. 12. 1999 „über gemeinschaftliche Rahmenbedingungen für elektronische Signaturen" ist mittlerweile u. a. in Deutschland (Signaturgesetz v. 22. 7. 1997, BGBl. I 1870, 1872; Signaturverordnung v. 22. 10. 1997, BGBl. I 2498), Österreich (Signaturgesetz v. 14. 7. 1999, BGBl I Nr. 190/1999; Signaturverordnung v. 2. 2. 2000, BGBl II Nr. 30/2000), Frankreich (vgl. Gesetz Nr. 2000–230 v. 13. 3. 2000 „portant adaptation du droit de la preuve aux technologies de l'information et relative à la signature électronique", das in den Code civil einen neuen Art. 1316–4 eingefügt hat), Italien, Dänemark und im Vereinigten Königreich (Electronic Communications Act 2000 v. 25. 5. 2000; Electronic Communications Act 2000 [Commencement No. 1] Order 2000) umgesetzt worden. Für die USA ist auf den „Electronic Signatures in Global and National Commerce Act (2000)" zu verweisen, der seit dem 1. 10. 2000 bundesweit verbindlich ist.

Das Schweigen auf die von einer der Vertragsparteien übermittelte „Confirmation" wird nicht als Zustimmung gedeutet. Dies ergibt sich aus § 9(e)(ii) S. 2 („executed and delivered in counterparts", *exchange* of telexes", *exchange* of electronic messages"). Insofern unterscheidet sich die vorliegende Regelung von § 2 I des deutschen „Rahmenvertrags für Finanztermingeschäfte" von 1993, der auf den Grundsätzen über das kaufmännische Bestätigungsschreiben des deutschen Handelsrechts aufbaut und lediglich von einer einseitigen Bestätigung auf Seiten der Bank ausgeht.

Die Vertragsparteien können Part 5 des „Schedule" dazu benutzen, über § 9(e)(ii) hinausgehend weitere Präzisierungen und Klarstellungen der Formerfordernisse festzulegen. In der Praxis wird z.T. durch eine entsprechende Zusatzklausel noch einmal ausdrücklich klargestellt, dass die Transaktionen durch übereinstimmende telefonische Willenserklärungen zustande kommen und die Bestätigungsschreiben oder -telexe nur Beweiszwecken dienen (s.u. Anm. 56). Bisweilen kann es sich als ungeschickt herausstellen, dass § 9(e)(ii) den Parteien allgemein die Pflicht zur „Bestätigung" mündlich (insbesondere telefonisch) vereinbarter Geschäfte auferlegt, ohne dabei klarzustellen, welche Partei als erste ihre „Confirmation" versenden soll und in welchem zeitlichen Rahmen die Gegenseite hierauf zu reagieren hat. Insofern empfiehlt sich die Aufnahme einer Zusatzklausel („Exchange of Confirmations") in Part 5 des „Schedule", welche die Rollen klar verteilt (für einen Formulierungsvorschlag s.u. Anm. 58). Der Hinweis in § 9(e)(ii) S. 3 darauf, dass die Einbeziehung einer Einzeltransaktion in den Gesamtvertrag auch außerhalb der „Confirmation" („through another effective means") erfolgen kann, ist eine Anspielung auf die Möglichkeit des Einfügens einer „Electronic Confirmations"-Zusatzklausel in Part 5 des „Schedule" (s.u. Anm. 59). Das betrifft den Fall, dass die Übertragungsmöglichkeiten im Rahmen des elektronisch betriebenen Informationsverbreitungssystems beschränkt sind und nur das Versenden standardisierter Mitteilungen erlauben.

b) Zuständiges Formstatut. Die Wirksamkeit der in den Formen der § 9(b) und (e) vorgenommenen Einzelabschlüsse hängt davon ab, dass sie nicht zwingenden gesetzlichen Formvorschriften der nach der lex fori zuständigen Rechtsordnung entgegenstehen.

Nach dem Römischen EG-Schuldvertragsübereinkommen vom 19. 6. 1980 reicht es für die Formwirksamkeit eines Vertrages aus, wenn alternativ die Formvorschriften des Vertragsstatuts (hier: New Yorker oder englisches Recht) oder einer der beiden Rechtsordnungen der jeweiligen Aufenthaltsstaaten der Parteien erfüllt werden (Art. 9 II des Übereinkommens). Diese Regelung gilt dann, wenn sich die Parteien bei Vertragsschluss (hier zu beziehen auf den Abschluss der einzelnen Transaktionen) in unterschiedlichen Staaten befinden.

aa) New York. Im US-amerikanischen Kollisionsrecht richtet sich das Formstatut nach Ansicht des *American Law Institute* allein nach dem Vertragsstatut (Restatement of the Law: Conflict of Laws 2d, Bd. 1, Washington 1971, § 141 („Statute of Frauds") i.V.m. §§ 187f.). Nach anderer Ansicht (*Donath,* Die „Statutes of Frauds" der US-amerikanischen Bundesstaaten aus der Perspektive des deutschen Kollisionsrechts, IPRax 1994, 333ff., 340) sind die amerikanischen Statutes of Frauds internationalprivatrechtlich nicht als materiellrechtliche Formvorschriften, sondern als prozessrechtliche Beweiswürdigungsregel zu verstehen und deshalb lediglich von der lex fori anzuwenden (offengelassen in OLG Oldenburg IPRspr 1994, Nr. 20, 54). Dementsprechend weist die

ISDA darauf hin (User's Guide to the 1992 ISDA Master Agreements, S. 70), dass die New Yorker Formvorschriften vor einem New Yorker Gericht auch dann relevant werden könnten, wenn die Anwendung einer anderen Sachrechtsordnung vereinbart wurde.

Als zwingendes Formerfordernis nach *New Yorker* Recht kommt § 5–701(a)(1) NYGOL in Betracht, der für alle Verträge gilt, die nicht innerhalb eines Jahres zu erfüllen sind. Diese Vorschrift erfasst nicht nur Derivativgeschäfte mit Fälligkeitsterminen von länger als einem Jahr, sondern auch Geschäfte mit kürzeren Fälligkeitsfristen, sofern diese nicht sofort mit Vertragsschluss zu laufen beginnen und auf diese Weise die Jahresfrist überschreiten (*Gooch/Klein*, 1993, S. 374). Ausreichend für die Schriftform nach § 5–701(a)(1) NYGOL („agreement... or some note or memorandum thereof... in writing") ist ein unterschriebenes Telex oder eine andere unterschriebene Korrespondenz einschließlich eines Faxes (*ISDA*, User's Guide to the 1992 ISDA Master Agreements, S. 72). Die schriftlichen Unterlagen müssen dabei alle „wesentlichen" („material") Regelungen enthalten und von derjenigen Partei unterschrieben sein, gegen die Ansprüche geltend gemacht werden sollen. Im Rahmen der ISDA-Dokumentation könnte dieses Formerfordernis dann Probleme schaffen, wenn die „Confirmations" nach § 9(e) MA über ein elektronisch betriebenes Informationsverbreitungssystem erfolgen (siehe hierzu allgemein *Wilkerson*, Electronic Commerce under the UCC Section 2–201 Statute of Frauds: Are Electronic Messages Enforceable?, Kansas Law Review 1992 (Bd. 41), 403 ff.; zur Wirksamkeit von mittels Telex abgeschlossenen Rechtsgeschäften siehe *Apex Oil Co. v. Vanguard Oil & Service Co.*, 760 F. 2d 417 (2d Cir. 1985)). Zur Erleichterung des Geschäftes mit Derivaten ist § 5–701(b) NYGOL allerdings durch das Gesetz vom 4. 5. 1994 um eine Ausnahmeregelung zugunsten von „telefonisch, durch den Austausch von elektronischen Nachrichten oder in anderer Weise" abgeschlossenen, sog. „qualified financial contracts" ergänzt worden. Nach § 5–701(b)(1)(b) genügt es nun, wenn die Parteien vor oder auch erst nach Abschluss schriftlich vereinbaren, dass die Verträge auch ohne Schriftform rechtlich verbindlich sein sollen. Die in § 9(e)(ii) S. 1 MA enthaltene Regelung („whether orally or otherwise") dürfte diesen Anforderungen genügen. Der Begriff des „qualified financial contract" wird in § 5–701(b)(2) denkbar weit definiert und erfasst insbesondere Termin- und Kassageschäfte in Devisen, Gold und anderen Edelmetallen, andere OTC-Warentermingeschäfte, Devisenoptionen, Devisen-, Währungs-, Zins-, und Waren-Swaps, Zinsbegrenzungsverträge, Warenoptionen, Zins-Swaps, Zinsoptionen, FRAs, Wertpapier(index)-Swaps oder -Optionen sowie sämtliche vergleichbare Geschäfte mit Bezug zu einem Preis oder Index.

Neben § 5–701 NYGOL ist im New Yorker Recht an das Schriftformerfordernis des § 2–201 I des New York Uniform Commercial Code 1990 („NYUCC") zu denken. Danach ist der Anspruch aus einem Kaufvertrag über Waren nur dann klagbar, wenn die Menge der verkauften Leistung schriftlich niedergelegt ist. Die Anwendbarkeit dieser Formvorschrift auf die Einzeltransaktionen unter dem MA hängt davon ab, ob es sich dabei um „Kaufverträge" („contracts for the sale of goods") handelt. Nach der New Yorker Rechtsprechung trifft dies zumindest auf Währungsgeschäfte zu (*Intershoe Inc. v. Bankers Trust Co.*, 77 N.Y.2d 517, 519, 521 [N.Y. 1991]: „foreign currency (futures) transactions"; *Saboundjian v. Bank of Audi (USA)*, 556 N.Y.S.2d 258, 261 n.2 [N.Y. App. Div. 1990]: „foreign exchange transactions"; siehe auch die bundesgerichtliche Entscheidung *Koreag, Controle et Revision S. A. v. Refco F/X Associates, Inc.*, 961 F. 2d 341, 355 [2d Cir. 1992]). Die vor einigen Jahren noch bedeutsame Frage, ob sich diese Rechtsprechung auf Währungs- und Devisenswaps übertragen lässt (bejahend *ISDA*, User's Guide to the 1992 ISDA Master Agreements, S. 70) ist nunmehr obsolet geworden, weil dieselbe Ausnahmeregelung für „qualified financial contracts", die das bereits erwähnte Gesetz vom 4. 5. 1994 in Bezug auf die Formvorschrift des § 5–701 NYGOL geschaffen hat, auch für § 2–201 NYUCC gilt (§ 2–201(4) NYUCC, eingefügt durch § 3 des Gesetzes vom 4. 5. 1994).

bb) England. Nach *englischem* Recht bestehen für Swaps oder andere Finanztermingeschäfte keinerlei Formerfordernisse (*ISDA,* User's Guide to the 1992 ISDA Master Agreements, S. 76). Selbst mündliche Verträge sind demnach wirksam. Zu beachten ist allerdings, dass für Sicherungsgeschäfte anderes gelten kann (vgl. hierzu den 1995 ISDA Credit Support Deed (Security Interest – English Law), abgedruckt unten in Anhang 3), sowie die Kommentierung in Anm. 34(e)). Die in § 9 (e)(ii) MA enthaltene Verpflichtung zur Bestätigung eines mündlichen Geschäfts im Wege einer schriftlichen oder elektronischen „Confirmation" wird übrigens in Nr. 91 des rechtlich unverbindlichen London Code of Conduct der Bank of England vom Juli 1995 konkretisiert, der u. a. auch OTC-Derivate betrifft. Danach sollen die Marktteilnehmer zumindest bei den einfach strukturierten Geschäften dafür Sorge tragen, dass ihre „Confirmations" bereits „wenige Stunden" nach dem mündlichen Vertragsschluss dem Vertragspartner zugehen.

cc) Deutschland. Für das *deutsche* Recht gilt im Bereich derivativer OTC-Geschäfte ebenfalls der allgemeine Grundsatz der Formfreiheit von Verträgen; demgegenüber wird bankenaufsichtsrechtlich in Deutschland verlangt, dass grundsätzlich jedes Geschäft (einschließlich derivativer Geschäfte) „unverzüglich schriftlich oder in gleichwertiger Form zu bestätigen" (Nr. 1 i. V. m. Nr. 4.2 der „Verlautbarung über Mindestanforderungen an das Betreiben von Handelsgeschäften der Kreditinstitute" des BAKred v. 23. 10. 1995, http://www.bakred.de/texte/verlautb/minanfhg.htm). Das Gebot einer schriftlichen „Unterrichtung" nicht börsentermingeschäftsfähiger Vertragspartner nach § 53 II BörsG dürfte im Zusammenhang mit der Benutzung des vorliegenden Rahmenvertrags in der Regel nicht praktisch relevant werden.

dd) Frankreich. Aus der Sicht des *französischen* Rechts kommen Verträge seit der Liberalisierung der (beweisrechtlichen) Formvorschrift des Art. 109 Code de Commerce bereits mit der mündlichen Einigung zustande, wenn sie unter Kaufleuten abgeschlossen werden (*Chabert,* Les Swaps, thèse Université de Clermont I, 1987, S. 288f., bezogen auf Swaps).

27. „Offices; Multibranch Parties". Wird § 10(a) in Part 4(c) des „Schedule" für anwendbar erklärt, ergänzt diese Vorschrift den Katalog des § 3 um eine weitere „Representation". Jede Partei sichert danach für den Fall, dass sie eine bestimmte Transaktion nicht durch ihre Hauptniederlassung, sondern durch eine Zweigstelle (vgl. die Definition des Begriffs des „Office" in § 14) abschließt, zu, sich dennoch rechtlich so behandeln zu lassen, wie wenn die Hauptniederlassung selbst tätig geworden wäre. Diese Klausel soll gewährleisten, dass die betreffende Transaktion nicht nach §§ 5(b), 6(b) mit der Begründung beendet werden kann, die Erfüllung der Leistungsverpflichtungen sei nach der Rechtsordnung des Landes, in dem sich die Niederlassung befindet (z. B. aus devisenrechtlichen Gründen) unzulässig (§ 5(b)(i): „Illegality") oder sie führe nach dieser Rechtsordnung zu einer steuerlichen Mehrbelastung (§ 5(b)(ii): „Tax Event"). Viele Marktteilnehmer lehnen die Vereinbarung dieser Zusicherung ab (*Jahn,* Die Bank 1994, 102).

Dieselbe Schutzrichtung liegt dem in § 10(b) geregelten, im Gegensatz zu § 10(a) nicht gesondert im „Schedule" zu vereinbarenden Verbot zugrunde, im Rahmen eines Einzelgeschäftes ohne die vorherige schriftliche Zustimmung der Gegenpartei die Niederlassung zu wechseln, über welche die Zahlungen bzw. Lieferungen abgewickelt werden. Es ist deshalb einsichtig, dass die Gegenpartei ihre Zustimmung zum Wechsel der Niederlassung gemäß § 6(b)(ii) nur unter ganz bestimmten Voraussetzungen verweigern darf, vorausgesetzt, dieser Wechsel erzeugt weder eine „Illegality" noch einen „Tax Event" und ist im Gegenteil zur Vermeidung eines „Termination Event" in Bezug auf die zunächst eingeschaltete Niederlassung erforderlich (s. o. Anm. 17).

28. „Expenses". Bei § 11 („Expenses") handelt es sich um eine für den anglo-amerikanischen Rechtskreis wichtige Kostentragungsregel, durch welche die Erstattung von gerichtlichen und außergerichtlichen Kosten für die Rechtsverfolgung einschließlich der

Verwertung von Sicherheiten sichergestellt wird. Die in § 11 genannten Kosten unterscheiden sich von den nach § 6(e) im Rahmen des materiellrechtlichen Ausgleichsanspruchs zu ersetzenden Ausgaben. Letztere betreffen, wie in § 6(e)(iv) („Pre-Estimate") klargestellt wird, das positive Erfüllungsinteresse an der Erzielung von Gewinnen bzw. an der Glattstellung offener Positionen (§ 6(e) S. 2 HS 1). Wenn § 6(e)(iv) S. 2 HS 2 insoweit das Geltendmachen weitergehender Schadensersatzansprüche ausschließt, betrifft dies nicht die in § 11 angesprochenen Rechtsverfolgungskosten.

29. „Notices". Die Bestimmung des § 12(a) enthält eine Aufzählung der Arten, auf die gegenseitige Nachrichten („Notices") formwirksam übermittelt werden können, und definiert für die unterschiedlichen Mitteilungstechniken den jeweiligen Zeitpunkt des Zugangs. Mitteilungen per Fax müssen nach § 10(a)(iii) vom verantwortlichen Angestellten in leserlicher Form empfangen werden. Der Absender hat dabei die Tatsache des Empfangs zu beweisen. Der „OK"-Vermerk auf dem Sendebericht reicht hierfür nicht aus (ebenso aus der Sicht des deutschen Rechts BGH NJW 1995, 665, 667). Für Marktteilnehmer, denen bei der Zustellung per Einschreiben das Abstellen auf den tatsächlichen Zugang zu unsicher ist, empfiehlt es sich, § 12(a)(iv) wie folgt zu ändern:

„... *(iv) if sent by certified or registered mail (airmail, if overseas) or the equivalent (return receipt requested), three Local Business Days after despatch if the recipient's address for notice is in the same country as the place of dispatch and otherwise seven Local Business Days after dispatch, provided however, it is understood that, if feasible, a party shall first attempt to send notice by overnight couriers or telex before attempting to send notice by certified or registered mail; or ...*".

30. „Governing Law". a) Hintergrund. Die Wahl des Vertragsstatuts wird nach § 13(a) i.V.m. Part 4(h) des „Schedule" den Parteien überlassen. Mit dem in Part 4(h) enthaltenen Klammerzusatz („without reference to choice of law doctrine") soll klargestellt werden, dass eine Sachnorm- (sog. „substantive law") und nicht eine Gesamtverweisung gemeint ist. Das MA ist, wie es bei internationalen Finanzierungsverträgen üblich ist, auf die Anwendung *New Yorker* oder *englischen* Rechts ausgelegt und beschränkt die Rechtswahlmöglichkeit auf diese beiden Rechtsordnungen (Part 4(h) des „Schedule"). Darin kommt deren globale Vorherrschaft bei grenzüberschreitenden Finanzgeschäften zum Ausdruck. Weltweit wird ungefähr die Hälfte aller derivativen OTC-Transaktionen New Yorker Recht unterstellt (*Boughey*, The EMU Threat, in: Derivatives Strategy, No. 10, October 1996, S. 26, 28). Dazu zählen nahezu 100% aller Swaps zwischen US-amerikanischen Vertragspartnern (*Boughey*, a.a.O.), fast die Hälfte der Swaps auf dem Londoner Markt (London Investment Banking Association, The Practical Implications of Converting London's Capital Market to a Single Currency, Oct. 1995, S. 28) sowie ein bedeutender Anteil der Swaps in anderen Finanzzentren außerhalb der USA wie Frankfurt, Paris, Tokio, Hong Kong und Singapur (berichtet bei *Lenihan*, The Legal Implications of the European Monetary Union under U.S. and New York Law, in: EU-Kommission (Hrsg.), Economic Papers, No. 126, Brüssel, January 1998, S. I, 3, http://europa.eu.int/comm/economy_finance/document/europap/eup15en.pdf).

Von der Vereinbarung der Geltung einer anderen Vertragsrechtsordnung als der englischen oder New Yorker ohne entsprechende Anpassungen des Vertragsinhalts ist abzuraten. Das gilt besonders für Rechtsordnungen wie etwa der deutschen, die nicht dem angloamerikanischen Rechtskreis entstammen. Bei der Vereinbarung *australischen* Rechts sind die im 1992 AFMA/ISDA Standard Documentation Guide (zu beziehen von der Australian Financial Markets Association – AFMA –, Sydney, http://www.afma.com.au, info@afma.com.au) aufgeführten Besonderheiten zu beachten (*ISDA*, User's Guide to the 1992 ISDA Master Agreements, S. 34). Dabei kann auf eine Reihe produktspezifischer Addenda zurückgegriffen werden (z.B. September 1991 Australian Addendum No. 1 (as amended in September 1992 and March 1997) - Interest

Rate Caps, Collars and Floors; June 1997 Australian Addendum No. 13 – Electricity Transactions).

Schließlich sei noch auf die bislang nur als Entwurf existierenden „2000 Czech Definitions" (http://www.aciforex.cz/attachments/file0004.pdf) und das „2000 Czech Supplement to the 1992 ISDA Master Agreement" (http://www.aciforex.cz/attachments/file0007.pdf) hingewiesen. Diese Dokumente wurden nicht von der ISDA, sondern von der Financial Markets Association of the Czech Republic (A.C.I.) und der tschechischen Nationalbank (C.N.B.) herausgegeben. Sie sind für Geschäfte mit tschechischen Vertragspartnern bestimmt, auf Englisch und Tschechisch abgefasst und sollen die Verwendung des ISDA MA in Verbindung mit einer Rechtswahlklausel zugunsten tschechischen Rechts ermöglichen. In diesem Zusammenhang ist auch die Herausgabe einer tschechischsprachigen Version des MA geplant.

b) Wirksamkeit. Der Grundsatz der Vertragsfreiheit bei der Wahl des auf eine vertragliche Beziehung anwendbaren Rechts wird von allen wichtigen Rechtsordnungen anerkannt. Teilweise wird von der lex fori jedoch das Bestehen einer ausreichenden Verbindung des Vertrages zu der gewählten Rechtsordnung verlangt.

aa) New York. Vor einem *New Yorker* Gerichtsstand werden Rechtswahlklauseln grundsätzlich nur anerkannt, wenn sie den sog. „reasonable relation test" bestehen (vgl. § 1–105(1) NYUCC für Kaufverträge). Nach § 5–1401 NYGOL (eingefügt durch Gesetz v. 19. 7. 1984) gilt diese Einschränkung der Rechtswahlfreiheit aber dann nicht, wenn der Vertragsumfang mindestens USD 250.000 beträgt (hierzu *Ebenroth/Tzeschlock*, Rechtswahlklauseln in internationalen Finanzierungsverträgen nach New Yorker Recht, IPrax 1988, 197, 199). Diese Voraussetzung dürfte bei Verwendung des vorliegenden Rahmenvertrags, der alle Einzeltransaktionen zu einem einheitlichen Vertrag zusammenfasst (§ 1(c) MA) in aller Regel erfüllt sein.

bb) England. Im Gegensatz zum New Yorker Recht erkennen *englische* Gerichte eine ausdrückliche Rechtswahl uneingeschränkt an, selbst wenn der Vertrag keine Beziehung zur gewählten Rechtsordnung aufweist (*Ebenroth/Parche*, Schiedsgerichtsklauseln als alternative Streiterledigungsmechanismen in internationalen Konsortialkreditverträgen und Umschuldungsabkommen, RIW 1990, 341, 342).

cc) Deutschland. Im *deutschen* Internationalen Vertragsrecht verwirklicht Art. 27 EGBGB das Prinzip der uneingeschränkten Rechtswahlfreiheit für grenzüberschreitende Sachverhalte entsprechend den Vorgaben des Art. 3 I des Römischen EG-Schuldvertragsübereinkommens. Danach braucht der Sachverhalt weder eine räumliche noch eine sachliche Beziehung zum gewählten Recht aufzuweisen. Für eine wirksame Rechtswahl verlangt man allerdings das Bestehen „irgendeines anerkennenswerten Interesses" an der Anwendung des gewählten Rechts (*Kegel/Schurig*, IPR, 8. Aufl., München 2000, S. 570, zu Art. 27 EGBGB). Ein solches Interesse ist bei der Vereinbarung New Yorker oder englischen Rechts für einen englischsprachigen, auf die genannten Rechtsordnungen abgestimmten und international üblichen Rahmenvertrag ohne Weiteres zu bejahen (ähnlich *Gamillscheg*, Rechtswahl, Schwerpunkt und mutmaßliche Parteiwahl im IPR, AcP 157 (1958/59), 303, 312 f., zur Zulässigkeit der Vereinbarung des Rechts, das den „internationalen Markt" beherrscht).

c) Sachliche Reichweite. Die äußere Grenze für die sachliche Reichweite der Rechtswahl ist der Parteiwille. Überlagert werden kann dieser im Wege der Sonderanknüpfung durch zwingende, insbesondere aufsichtsrechtliche Vorschriften Rechtsvorschriften der lex fori oder der Rechtsordnung eines Drittstaates, mit dem der Sachverhalt eine Verbindung aufweist.

aa) Parteiwille. Für die Bestimmung der Reichweite des Parteiwillens hinsichtlich der Rechtswahlklausel des § 13(a) MA i.V.m. Part 4(h) des „Schedule" ist dem Art. 8 I des EG-Schuldvertragsübereinkommens für den Bereich *europäischer* leges fori eine Auslegungsregel zu entnehmen. Nach der genannten Vorschrift, die wie auch die übrigen Vorschriften des Übereinkommens nicht nur im Verhältnis der Vertragsstaaten untereinander anwendbar sind, sondern universellen Geltungsanspruch besitzt (vgl. den Bericht von *Guilano/Lagarde*, ABlEG Nr. C 282 v. 31. 10. 1980, S. 1, 13 f.), richtet sich die materielle Wirksamkeit eines Vertrags grundsätzlich nach dem vereinbarten Vertragsstatut. Diese Regel erfasst mit Ausnahme der Formgültigkeit alle Aspekte des Vertragsschlusses einschließlich der Fälle der Unwirksamkeit wegen Verstoßes gegen ein Verbotsgesetz des Vertragsstatuts (so *North/Fawcett*, Private international law, 12. Aufl., London u.a. 1992, S. 518, in Bezug auf den Fall einer „illegality"). Die Rechtswahlklausel schließt die zwingenden Vorschriften des gewählten Rechts mit ein (*Firsching/v. Hoffmann*, IPR, 6. Aufl., München 2000, § 10, Rz. 26, aus dem Blickwinkel des deutschen Kollisionsrechts; ebenso *Radtke*, Schuldstatut und Eingriffsrecht: Systematische Grundlagen der Berücksichtigung von zwingendem Recht nach deutschem IPR und dem EG-Schuldvertragsübereinkommen, ZVglRWiss 84 (1985), 325, 332, der von einer „sehr starken Tendenz" im deutschen IPR spricht, die Eingriffsnorm des ausländischen Vertragsstatuts zur Anwendung zu bringen). Zu eng ist dagegen die Auffassung (*Kegel/Schurig*, IPR, 8. Aufl., München 2000, S. 596), der alle „öffentlichrechtlichen" Regelungen aus dem Vertragsstatut herausnehmen und dem „aus dem ordre public entwickelten" internationalen öffentlichen Recht unterwerfen möchte (kritisch gegenüber der einfachen Unterscheidung zwischen privatrechtlichen und öffentlichrechtlichen Vorschriften *Radtke*, a.a.O., S. 328).

Eine ähnliche Einstellung ist der einschlägigen *amerikanischen* Rechtsprechung zu entnehmen. Danach erfasst eine Rechtswahlklausel, die sich nach ihrem Wortlaut auf alle Streitigkeiten in Zusammenhang („relating to", „in connection with", „arising out of") mit einem Vertrag bezieht, neben Fragen in Zusammenhang mit der Nichterfüllung der Vertragspflichten auch Streitigkeiten kartellrechtlicher oder kapitalmarktrechtlicher Natur (für Letztere siehe *Roby v. Corporation of Lloyd's*, 996 F. 2d 1353, 1361 f. [2 d Cir.]; ebenso *Scherk v. Alberto-Culver Co.*, 417 US 506, *reh'g denied*, 419 US 885). In einem Urteil vom 21. 8. 1995 hat der US District Court for the Southern District of New York die Rechtswahlklausel des § 13(a) i.V.m. Part 4(h) des „Schedule" im Wege einer systematischen Auslegung unter Heranziehung der Gerichtsstandsklausel des § 13(b) in dem Sinne ausgelegt, dass sie für alle „mit dem ISDA Agreement zusammenhängenden" Ansprüche („with respect to any suit, action or proceedings relating to the (ISDA) Agreement") gilt und Klagen wegen der Verletzung kapitalschutzrechtlicher Bestimmungen des CEA sowie des Racketeer Influenced and Corrupt Organiszations Act („RICO") einschließt (*P.T. Adimitra Rayapratama v. Bankers Trust Company*, 1995 WL 495634, *3, zu einem ISDA MA unter englischem Vertragsstatut; vgl. auch *Procter & Gamble Company v. Bankers Trust Company et al.*, 925 F. Supp. 1270, 1288, zu einem ISDA MA unter New Yorker Recht zur Frage der Anwendbarkeit des Ohio Deceptive Trade Practices Act: Der Zusatz „without reference to choice of law doctrine" in Part 4(h) des „Schedule" schließe die Anwendung des Rechts des Staates Ohio aus).

Die zitierte Rayapratama-Entscheidung ist im Übrigen deshalb von Interesse, weil sie den personellen Anwendungsbereich der Rechtswahlklausel über die Vertragspartner hinaus auf einen Dritten (Bankers Trust Company) erstreckt, der mit einer der Vertragsparteien (Bankers Trust International PLC) verbunden ist. Hierzu stellt das Gericht fest, Bankers Trust Company sei nach dem Willen der Parteien vom Schutzbereich der Rechtswahlklausel erfasst („intended beneficiary of the contract's choice of law provision"). Zum Beleg verweist es auf den Wortlaut des Vertrags, der zeige, dass Bankers Trust Company eine „wesentliche Rolle" („integral role") bei den Swapgeschäften spiele (§ 10(a) i.V.m. Part 4(c) des „Schedule"; § 5(a)(v) i.V.m. Part 1(a) des „Schedule"), sowie auf die äußeren Umstände. Es war nämlich die Muttergesellschaft Bankers Trust Company und nicht Bankers Trust International, welche die Vertragsverhandlungen geführt hatte und auf deren New Yorker Bankkonto die Swapzahlungen zu entrichten gewesen waren (1995 WL 495634, *5 f.).

bb) **Zwingendes Recht des Gerichtsstaates.** Nach Art. 7 II des EG-Schuldvertragsübereinkommens kann es bei einer *europäischen* lex fori zur Überlagerung des Vertragsstatuts durch die Anwendung zwingenden Rechts kommen (für das britische IPR bestätigt bei *North/Fawcett*, Private international law, 12. Aufl., London u. a. 1992, S. 520; zu den Grenzen des Vertragsstatuts in Zusammenhang mit der „collateralization" des Ausfallrisikos aus dem Gesamtvertrag s. u. Anm. 34 (c)).

Bei einem (neben dem nichtausschließlichen New Yorker Gerichtsstand denkbaren) *deutschen* Gerichtsstand kann, sofern ausnahmsweise der sachliche Anwendungsbereich des Börsentermineinwands (§ 52 f. BörsG) berührt ist (s. o. Anm. 10 (b) (aa)), eine Sonderanknüpfung des insofern zwingenden deutschen börsenrechtlichen Anlegerschutzrechts (*Hopt*, HGB, 30. Aufl. 2000, § 61 BörsG, Rz. 4) nach § 61 BörsG in Betracht kommen. Soweit die besonderen Tatbestandsvoraussetzungen des § 61 BörsG nicht erfüllt sind, etwa weil der deutsche nichtbörsentermingeschäftsfähige Vertragspartner seine Willenserklärung im Ausland abgegeben hat, bleibt die Möglichkeit einer Anwendung des Börsentermineinwands, etwa als „zwingende Vorschrift" i. S. des Art. 34 EGBGB oder über die ordre-public-Klausel des Art. 6 EGBGB, versperrt. Nach anderer Auffassung (*Hopt*, HGB, 30. Aufl., § 61 BörsG, Rz. 4) setzt die Vereinbarkeit ausländischen Rechts mit dem deutschen ordre public voraus, dass dem Anleger eine „§ 53 II BörsG funktional gleichwertige, rechtssichere Information" gewährt wird. Entsprechendes gilt für den Differenzeinwand der §§ 762, 764 BGB, der einem börsentermingeschäftsfähigen Geschäftspartner ausnahmsweise im Hinblick auf derivative Geschäfte zustehen könnte, wenn diese sich nicht unter den Begriff des Börsentermingeschäfts subsumieren lassen und deshalb nicht von § 58 BörsG abgedeckt werden. Der Regelungszweck des § 61 BörsG und i. V. m. mit dem Regelungszweck des § 58 BörsG gebietet einen internationalprivatrechtlichen Gleichlauf von Börsentermin- und Differenzeinwand bei Börsentermingeschäften (siehe *Reiner*, 2. Kapitel, A. I.2.a.).

In der *US-amerikanischen* Rechtsprechung steht die rechtliche Anerkennung von Rechtswahlklauseln unter einem „public policy"-Vorbehalt (grundlegend das Urteil des Supreme Court in *The Bremen*, 407 U.S. 1, 15; ebenso *Mitsubishi Motors v. Soler Chrysler-Plymouth*, 473 U.S. 614, 637 n. 19, zur Anwendung des wettbewerbsrechtlichen Sherman Act; *Interpool, Ltd. v. Certain Freights of M/V Venture Star*, 102 B.R. 373 [Bankr. D. N. J. 1988], aff'd, 878 F. 2d 111 [3 d Cir. 1989]; *Allied Bank International v. Banco Credito Agricola de Cartago* 733 F. 2d 23 [2 d Cir. 1984], zu den beiden letzteren Entscheidungen *Ebenroth/Tzeschlock*, IPrax 1988, 197, 204). Die Anlegerschutzvorschriften des Kapitalmarktrechts werden zumindest insoweit als „public-policy"-Regelungen gewertet, als amerikanische Investoren betroffen sind (*Roby v. Corporation of Lloyd's*, 996 F. 2d 1353, 1364 (2 d Cir.), cert. denied, 114 S.Ct. 385 (1993)). Die amerikanische „public policy" steht der Anerkennung der Wahl einer ausländischen Rechtsordnung aber erst dann entgegen, wie der klagende Anleger beweist, dass ihm das ausländische Recht keinen gleichwertigen Rechtsschutz gewährt (*Roby v. Corporation of Lloyd's*, 996 F. 2d 1353, 1365 f. (2 d Cir.), wo ausdrücklich die Gleichwertigkeit des englischen Rechtsschutzes nach Common law und nach dem Misrepresentation Act mit dem US-amerikanischen Racketeer Influenced and Corrupt Organiszations Act („RICO") festgestellt wird; speziell für den Kontext des vorliegenden ISDA MA siehe *P. T. Adimitra Rayapratama v. Bankers Trust Company*, 1995 WL 495634, at *3 (S. D. N. Y.)).

cc) **Zwingendes drittstaatliches Recht.** Die Möglichkeit der Anwendung zwingender Vorschriften des Rechts eines Drittstaates (z. B. des Heimatstaates einer der Vertragsparteien, des Zahlungsorts etc.) im sachlichen Anwendungsbereich des Vertragsstatuts richtet sich für die *europäischen* Vertragsstaaten des EG-Schuldvertragübereinkommens nach Art. 7 I. Danach dürfen Gerichte dieser Staaten zwingende Bestimmungen einer Rechtsordnung, die weder Vertragsstatut noch lex fori ist, anwenden, wenn der Sachverhalt eine enge Verbindung mit dieser Rechtsordnung aufweist. Mit dem Begriff des

„zwingenden Rechts" ist in erster Linie Eingriffsrecht im öffentlichen Interesse, nicht aber zwingendes Privatrecht im Dienste eines gerechten Interessenausgleichs der am Vertrag beteiligten Parteien gemeint (*Radtke*, Schuldstatut und Eingriffsrecht: Systematische Grundlagen der Berücksichtigung von zwingendem Recht nach deutschem IPR und dem EG-Schuldvertragsübereinkommen, ZVglRWiss 84 (1985), 325, 327f., 350). Für Deutschland, Luxemburg und das Vereinigte Königreich ist Art. 7 I des Übereinkommens allerdings nicht anwendbar, weil diese Länder gemäß Art. 22 I lit. a einen entsprechenden Vorbehalt erklärt haben (vgl. Bekanntmachung des Bundesministers des Auswärtigen über das Inkrafttreten vom 12. 7. 1991, BGBl II, S. 871).

(1) Deutschland. Im *deutschen* Recht besteht gegenüber der Anwendung statusfremder drittstaatlicher Eingriffsnormen große Zurückhaltung (*Radtke*, a.a.O., S. 332; vgl. auch MünchKomm-*Sonnenberger*, 3. Aufl. 1998, Einl. IPR, Rz. 62, 78). Der BGH beruft sich in Bezug auf ausländisches öffentliches Recht auf den Grundsatz der Territorialität (BGHZ 31, 367, 371f.). Ein ausländisches Veräußerungsverbot ist „in seinen Wirkungen" grundsätzlich auf den entsprechenden ausländischen Territorialbereich beschränkt (BGHZ 64, 183, 189). Die Anwendung des § 134 BGB bei einem ausländischen Verbotsgesetz kommt nach Auffassung des BGH nicht in Betracht, weil dieses im Inland „unmittelbar keine Verbindlichkeit besitzt" (BGHZ 59, 82, 85). Allerdings ist das Gericht zu einer mittelbaren Berücksichtigung eines ausländischen Schutzgesetzes (Ausfuhrverbot) im Rahmen des § 138 BGB mit der Begründung gelangt, dieses stehe im Dienste eines „allgemein zu achtenden Interesses aller Völker" (BGHZ 59, 82, 85, in Bezug auf die Erhaltung von Kulturwerten „an Ort und Stelle" unter Berufung auf entsprechende, für Deutschland unverbindliche Beschlüsse der UNESCO).

(2) USA. In der amerikanischen Rechtsprechung wird die Frage der Anerkennung und Reichweite ausländischer hoheitlicher Maßnahmen an der sog. „Act-of-State"-Doktrin (vgl. *American Banana v. United Fruit Company*, 213 U.S. 347 (1909); *Continental Oil v. Union Carbide & Carbon Co.*, 370 U.S. 690 (1962)) gemessen. Dabei handelt es sich um einen Common-Law-Grundsatz mit im Einzelnen unklarem Anwendungsbereich, der es Gerichten untersagt, die Rechtsmäßigkeit bestimmter Hoheitsakte zu überprüfen, die eine ausländische Hoheitsgewalt innerhalb und in bestimmten Fällen auch außerhalb ihres Hoheitsgebiets vorgenommen hat (*W.S. Kirkpatrick & Co. Inc. v. Environmental Tectonics Corporation, International* (1990) 110 S.Ct. 701; grundlegend *Underhill v. Hernandez*, 168 US 250, 252 (1897); zu den Ausnahmen siehe *Leflar*, American Conflicts Law, 3. Aufl., Indianapolis u.a. 1977, § 68, S. 135). Die rechtliche Grundlage der „Act-of-State"-Lehre wird im Prinzip der Gewaltenteilung gesehen (*Banco National de Cuba v. Sabbatino*, 307 F. 2d 845 (2d Cir. 1962; *Leflar*, a.a.O., § 68, S. 135).

Funktionell ist die „Act-of-State"-Doktrin als Kollisionsregel des internationalen öffentlichen Rechts zu betrachten (*Callejo v. Bancomer*, 764 F. 2d 1101, 1114 [5th Cir. 1985]: „super-choice-of-law rule"; siehe auch *Herring/Kübler*, Grenzüberschreitende Bankgeschäfte im Zielfeld politischer Intervention: zu den Problemen der Risikozuweisung im internationalen Einlagengeschäft, ZBB 1995, 126, 127 Fn. 99, m.w.N.) und insofern dem deutschen Territorialitätsprinzip vergleichbar. Der New Yorker United States Court of Appeals gelangte beispielsweise unter Berufung auf die „Act-of-State"-Lehre in der Entscheidung *Braka v. Bancomer*, 762 F. 2d 222 (2d Cir. 1985) zur Anwendung mexikanischer Devisenbestimmungen auf Fremdwährungsforderungen mexikanischer Gläubiger. Allgemein kann die „Act-of-State"-Doktrin im Wege der Sonderanknüpfung immer dann zur Berücksichtigung öffentlich-rechtlicher Normen außerhalb des Vertragsstatuts sowie außerhalb der lex fori berechtigen, wenn das entsprechende Vertragsverhältnis im territorialen Einflussbereich dieser Normen lokalisiert werden kann. Beurteilungskriterien können sich hier aus dem Abschluss- sowie aus dem Zahlungsort ergeben (vgl. *Braka v. Bancomer*, 762 F. 2d 222, 225 (2d Cir. 1985) zur Lokalisierung von CDs). Die Anwendung ausländischen Rechts steht allerdings unter dem Vorbehalt der Vereinbarkeit mit „the laws and the public policy of the United States" (*Interpool, Ltd. v. Certain Freights of M/V Venture Star*, 102 B.R. 373 (Bankr. D.N.J. 1988), aff'd, 878 F. 2d 111 (3d Cir. 1989); *Allied Bank International v. Banco Credito Agricola de Cartago*, 733 F 2d. 23 (2dCir 1984), hierzu *Ebenroth/Tzeschlock*, IPrax 1988, 197, 204).

(3) Vereinigtes Königreich. Als Common-Law-Grundsatz ist die „Act-of-State"-Doktrin im *Vereinigten Königreich* ebenfalls bekannt (vgl. Lord Nicholls in *Regina v. Bartle and the Commissioner of Police for the Metropolis and others – Ex Parte Pinochet*, HL v. 25.11.1998, http://www.parliament.the-stationery-office.co.uk/pa/ld199899/ldjudgmt/jd981125/pino01.htm). Während man sie im 19. Jahrhundert noch als völkerrechtliches Gebot begriff, hat sich auch dort die Erkenntnis durchgesetzt, dass es sich um ein innerstaatliches Rechtsprinzip mit dem Inhalt handelt, dass bestimmte Fragen der auswärtigen Beziehungen des Gerichtsstaates nicht justiziabel sind (*Buttes Gas and Oil Co. v Hammer* [1982] A.C. 888).

Im sachlichen Anwendungsbereich des EG-Übereinkommens über vertragliche Schuldverhältnisse greifen britische Gerichte ausnahmsweise auf den ordre-public-Vorbehalt des Art. 16 des EG-Übereinkommens zurück, um die Anwendung ausländischen zwingenden Rechts zu rechtfertigen (Nachweise bei *North/Fawcett*, Private International Law, 11. A, London u.a. 1992, S. 504). Die Anwendung ausländischer Devisenkontrollbestimmungen wird teilweise auf Art. 10 II des EG-Übereinkommens („Art und Weise der Erfüllung") gestützt (*North/Fawcett*, a.a.O., S. 520, m.w.N.). In Extremfällen, in denen der Verdacht einer vorsätzlichen Umgehung ausländischen Rechts durch die Rechtswahl besteht, wird schließlich der Gesichtspunkt der „comity of nations", der bei Art. 16 angesiedelt wird, bemüht (*North/Fawcett*, a.a.O.).

(4) IWF-Abkommen. Für den Sonderfall ausländischer Devisenkontrollbestimmungen ist zudem Art. VIII Abschn. 2(b) S. 1 des IWF-Abkommens von Bedeutung. Nach dieser Vorschrift sind die IWF-Mitgliedsstaaten gegenseitig verpflichtet, Zahlungsansprüchen aus Devisenkontrakten keine Rechtswirkung zu verschaffen, welche die Währung eines Mitglieds berühren („exchange contracts which involve the currency of any member" in der allein maßgebenden englischen Fassung des Vertragstextes) und den von diesem Mitglied in Übereinstimmung mit dem Abkommen aufrechterhaltenen oder eingeführten Devisenkontrollbestimmungen zuwiderlaufen. Nach Ansicht der *deutschen* Rechtsprechung ist Art. VIII Abschn. 2(b) IWF-Abkommen immer einschlägig, wenn eine Verpflichtung „in Form grenzüberschreitender Zahlungsvorgänge den Devisenbestand eines Mitglieds" beeinflusst und sich damit „auf dessen Zahlungsbilanz" auswirkt, sofern sie eine „laufende Zahlung" und nicht eine Kapitalübertragung betrifft (BGH RIW 1994, 151, 152f.; zu dieser Entscheidung *Ebenroth/Müller*, Der Einfluss des ausländischen Devisenrechts auf die zivilrechtliche Leistungspflichten unter besonderer Berücksichtigung des IWF-Abkommens, RIW 1994, 269ff.; ebenfalls für eine weite, nicht auf Devisengeschäfte beschränkte Auslegung des Begriffs des „exchange" *Ebke*, Internationales Devisenrecht, 1991, S. 240f.). Die erste Bedingung ist bei Derivaten regelmäßig erfüllt, sobald es sich um Zahlungen in nicht nur geringer Höhe handelt (vgl. Art. XXX(d) Nr. 3 und 4 IWF-Abkommen). Hinsichtlich des Begriffs der „laufenden Zahlungen" kann auf die insoweit gleichlaufende Vorschrift des Art. XXX(d) IWF-Übereinkommen zurückgegriffen werden (BGH RIW 1994, 151, 152, im Anschluss u.a. an *Ebenroth/Woggon*, Einlageforderungen gegen ausländische Gesellschafter und Art. VIII Abschnitt 2(b) IWF-Abkommen, IPrax 1993, 151f.), die ausdrücklich Zahlungen im Zusammenhang mit dem „Außenhandel", „normale kurzfristige Bank- und Kreditgeschäfte" sowie „Beträge, die als Kreditzinsen sowie als Nettoerträge aus anderen Anlagen geschuldet werden", nennt. Zumindest Zinszahlungen aus derivativen Geschäften, insbesondere aus Zinsderivaten, könnten von diesen Kriterien durchaus erfasst werden.

Englische und *amerikanische* Gerichte interpretierten die Vorschrift des Art. VIII Abschn. 2(b) demgegenüber eng und stellen auf den Austausch von Währungen („*foreign* exchange") ab (hierzu *Ebke*, a.a.O., S. 206–213 für England und S. 214–228

7. International Swap Dealers Association Inc. Master Agreement VII. 7

für die USA); *Ebenroth*, Banking on the Act of State, Konstanz 1985, S. 68 ff.; *Ebenroth/Tzeschlock*, IPrax 1988, 197, 203; *Hinsch/Horn*, Das Vertragsrecht der internationalen Konsortialkredite und Projekfinanzierungen, Berlin u. a. 1985, S. 116 ff.), so dass hier allenfalls Zahlungen im Rahmen von Devisen- und Währungs-Swaps tatbestandsmäßig sein dürften.

31. „Jurisdiction". a) Staatliche Gerichte. Nach § 13 (b) folgt die Wahl des internationalen Gerichtsstands der in § 13 (a) i. V. m. Part 4 (h) des „Schedule" getroffenen Rechtswahl zugunsten der Anwendung New Yorker bzw. englischen Rechts. Dies beruht auf der Überlegung, dass bei den Gerichten des Landes, dessen Recht auf den Vertrag anwendbar sein soll, die für die Entscheidungsfindung notwendigen rechtlichen Kenntnisse am ehesten vorausgesetzt werden können. Ein zusätzliches Argument für ein New Yorker oder englisches Forum bildet die Tatsache, dass an diesen Orten am ehesten verwertbares Vermögen in Form von Bankguthaben oder Gold- und Wertpapierdepots erwartet werden kann (*Bosch*, Vertragliche Regelungen in internationalen Kreditverträgen als risikopolitisches Instrument, Beihefft 8/1985 zu Bank und Kapital, S. 117, 137).

Die Einfügung eines sog. „Jury Waiver", durch den die Zuständigkeit der nicht selten unberechenbaren Geschworenengerichte ausgeschlossen wird, in Part 5 des „Schedule" bietet eine sinnvolle Ergänzung des § 13 (b). Die Zulässigkeit eines solchen Ausschlusses ist allerdings streitig (*Jahn*, Die Bank 1989, 395, 397). Bejaht wurde sie in *Telum v. E. F. Hutton Credit Corp.*, 859 F. 2 d 835 (10 th Cir. 1988).

Die Common-Law-Lehre vom *forum non conveniens* erlaubt die Abweisung einer Klage, wenn das Gericht die Durchführung des Verfahrens im Interesse der Sache nicht für zweckmäßig erachtet und dabei der Auffassung ist, dass die Ansprüche vor einem anderen Gericht sachgerechter verfolgt werden können, (*Ebenroth/Tzeschlock*, IPrax 1988, 197, 200). Das gilt insbesondere dann, wenn die Streitsache keinerlei Verbindung mit dem Gerichtsstaat aufweist. Für Sachverhalte, die keinen Bezug zu *New York* aufweisen, kann nach § 5–1402 NYGOL sowie § 327 (b) der New York Civil Practice Law and Rules ein Gerichtsstand dort nur dann begründet werden, wenn der Vertragswert mindestens USD 1 Mio. beträgt und wenn gleichzeitig nach § 5–1401 NYGOL (s. o. Anm. 30 (a) (aa)) wirksam die Anwendung New Yorker Rechts vereinbart wurde (hierzu *Ebenroth/Tzeschlock*, IPrax 1988, 197, 200).

Die Vereinbarung der Zuständigkeit der Gerichte des *Staates New York* nach § 13 (b) hat keinen ausschließlichen Charakter. Ist im Zeitpunkt der Erhebung der Klage vor einem New Yorker Gericht in derselben Sache bereits ein Verfahren vor einem ausländischen Gericht anhängig, kann die Klage als unzulässig abgewiesen werden, sofern vor dem ausländischen Forum ein angemessener Rechtsschutz („adequacy of relief") sichergestellt ist. Daran bestehen nicht bereits deshalb Zweifel, weil sich die Parteien auf Normen des US-amerikanischen Rechts berufen. Es gibt keine Vermutung dahingehend, dass die ausländischen Gerichte nicht Willens oder nicht in der Lage sind, amerikanisches Recht anzuwenden (vgl. *Dragon Capital Partners L. P. v. Merrill Lynch Capital Services Inc. et al.*, 949 F. Supp. 1123, 1129, S. D. New York, 14. 1. 1997, zu einer Schadensersatzklage wegen der Verletzung der §§ 4 (a), (b), 4 (o) CEA sowie 10 (b) SEA beim Verkauf von Nikkei Index Quanto Call Options im Rahmen eines ISDA MA). Das gilt auch für die Gerichte Hongkongs, denn in der chinesisch-britischen „Joint Declaration on the Future of Hong" und in der vom chinesischen Volkskongress beschlossenen Verfassung der Hongkonger „Special Administrative Region" ist festgelegt, dass das kapitalistische System 50 Jahre lang aufrechterhalten wird (vgl. *Dragon Capital Partners L. P. v. Merrill Lynch Capital Services Inc. et al.*, a. a. O., S. 1130).

Für *englische* Gerichte findet das Brüsseler EuGVÜ vom 27. 9. 1968 in der Fassung des Beitrittsabkommens vom 29. 11. 1996 Anwendung, soweit beide Parteien innerhalb der Europäischen Union ansässig sind. Nach Art. 17 I EuGVÜ begründet die schriftliche

Gerichtsstandsvereinbarung zugunsten der Gerichte eines Vertragsstaats einen ausschließlichen Gerichtsstand. Ein objektiver Zusammenhang zwischen dem streitigen Rechtsverhältnis und dem vereinbarten Gericht ist hierfür nicht erforderlich (EuGH 17. 1. 1980 – RS 56/79, EuGHE 1980, 89, „Zelger/Salinitri"). Im Verhältnis der EG-Staaten zu den EFTA-Staaten (Island, Norwegen, Schweiz) gilt die wortgleiche Bestimmung des Art. 17 des Lugano-Abkommens vom 16. 9. 1988, das in Deutschland seit dem 1. 3. 1995 in Kraft ist (vgl. die Bekanntmachung vom 8. 2. 1995, BGBl. II 221). Jedenfalls im Anwendungsbereich des Römischen EG-Schuldvertragsübereinkommens vom 19. 6. 1980 haben englische Gerichte mit der Anerkennung der Vereinbarung eines ausschließlichen englischen Gerichtsstands auch dann keine Schwierigkeiten, wenn der mit der Klage geltend gemachte Anspruch auf der Verletzung zwingender Normen ausländischen Rechts beruht. Denn dem Schutzbedürfnis des Klägers wird ausreichend dadurch Rechnung getragen, dass es Art. 3 III des Römischen Übereinkommens den Vertragsstaaten gestattet, in bestimmten Fällen in Abweichung vom vereinbarten Vertragsstatut zwingenden Normen anderer Rechtsordnungen Geltung zu verschaffen. Dies hat die Queen's Bench Division (Commercial Court) in der Sache *Bankers Trust International plc v RCS Editori S.p.A.* ([1996] C.L.C. 899) entschieden (zustimmend *Shell International Petroleum Co. Ltd. v. Coral Oil Co. Ltd.* [1999] 1 Lloyd's Rep. 72, 22. 5. 1998). Dort hatte Bankers Trust darauf geklagt, es Editori zu untersagen, eine in Italien gegen Bankers Trust anhängige Schadensersatzklage weiter zu verfolgen. Dem Streit lagen Swapgeschäfte zwischen den Parteien mit Gerichtsstandsklausel zugunsten englischer Gerichte zugrunde. Da sich die Ausschließlichkeit vertraglich vereinbarter Gerichtsstände nach Art. 17 EuGVÜ bzw. Lugano-Abkommen nur auf das Verhältnis der Vertragsstaaten untereinander und grundsätzlich nur auf die in diesen Staaten ansässigen Personen (vgl. Art. 2, 4 16 EuGVÜ) beschränkt, sind trotz der Vereinbarung eines englischen Forums zusätzliche, *gesetzliche* Gerichtsstände außerhalb der Europäischen Union und der EFTA durchaus denkbar.

Umgekehrt kann eine europäische Vertragspartei bei der Vereinbarung eines (nicht ausschließlichen) New Yorker Gerichtsstands immer auch an ihrem persönlichen Gerichtsstand verklagt werden kann, weil Art. 17 EuGVÜ in diesem Fall nicht anwendbar ist. Da zwischen den USA bzw. dem Staate New York und der Bundesrepublik bisher kein Anerkennungs- und Vollstreckungsabkommen abgeschlossen wurde, hängt die Vollstreckbarkeit einer New Yorker Gerichtsentscheidung in Deutschland davon ab, ob die in § 13(b) i.V.m. Part 4(h) des „Schedule" vereinbarte Zuständigkeit New Yorker Gerichte auch nach *deutschem* Recht gegeben wäre (§ 328 I Nr. 1 ZPO). Ein vereinbarter Gerichtsstand genügt hierfür nach § 38 II ZPO immer dann, wenn die Grenzen des § 40 ZPO nicht überschritten werden (Baumbach/Lauterbach-*Hartmann*, ZPO, 59. Aufl., München 2001, § 328, Rz. 18). § 13(b) MA erfüllt diese Voraussetzungen. Da zudem im Verhältnis zu New York auch das Erfordernis der Gegenseitigkeit (§ 328 I Nr. 5 ZPO) erfüllt ist, dürfte der Vollstreckbarkeit der Entscheidung eines nach § 13(b) MA zuständigen New Yorker Gerichts in Deutschland auch dann im Grundsatz nichts im Wege stehen, wenn der Sachverhalt abgesehen von der Rechtswahl- und Gerichtsstandsklausel keinerlei Beziehungen zu New York aufweist.

b) Schiedsgerichte. Zur Vereinbarung von *Schiedsklauseln* kommt es in der Praxis bei Geschäften mit Staaten oder halbstaatlichen Institutionen wie z.B. der BIS, in immer stärkerem Umfang aber auch bei Verträgen mit Vertragspartnern aus Mittel- und Osteuropa (zu den Gründen, warum Schiedsklauseln bei internationalen Finanzverträgen früher unüblich waren, vgl. *Ebenroth/Parche*, Schiedsgerichtsklauseln als alternative Streiterledigungsmechanismen in internationalen Konsortialkreditverträgen und Umschuldungsabkommen, RIW 1990, 341, 346). Denn in Bezug auf ihre Vollstreckbarkeit bieten Schiedssprüche bei mittel- und osteuropäischen Vertragspartnern gegenwärtig eine größere Sicherheit als Entscheidungen staatlicher Gerichte. Während sich der Anwendungsbereich des Brüsseler und Lugano Abkommens noch auf die EU- und EFTA-

7. International Swap Dealers Association Inc. Master Agreement

Mitgliedsstaate beschränkt, haben zahlreiche mittel- und osteuropäische Staaten (z.B. Russland, Tschechische Republik) bereits die New York Convention on the Recognition and Enforcement of Foreign Arbitral Awards von 1958 ratifiziert (zu den Vorteilen von Schiedsverfahren in Streitigkeiten aus OTC-Derivatives siehe auch Rees, in: Bettelheim/Perry/Rees, Swaps and Off-Exchange Derivatives Trading: Law and Regulation, London 1996, S. 141).

Für die Frage der Wirksamkeit einer in Part 5 des „Schedule" eines ISDA MA enthaltenen LCIA-Schiedsklausel sei auf eine Entscheidung des Londoner High Court of Justice (Commercial Court, Justice Coleman) vom 20. 1. 1999 in der Sache *Bankers Trust Company and another v. PT Mayora Indah* (unveröffentlicht) verwiesen. Materiellrechtlich ging es dort um die Wirksamkeit des Rahmenvertrags bei englischem Vertragsstatut. Die indonesische Gesellschaft Mayora, der Bankers Trust Vertragsverletzungen vorwarf, berief sich auf den ultra-vires-Grundsatz. Während Mayora Rechtsschutz vor einem indonesischen Gericht suchte, beantragte Bankers Trust in einem Eilverfahren vor dem Hight Court, den Verstoß dieses Vorgehens gegen die Schiedsvereinbarung festzustellen und Mayora zu verbieten, das Verfahren in Indonesien weiter zu verfolgen. Die fragliche Schiedsklausel, die sich am von der LCIA empfohlenen Muster (http://www.lcia-arbitration.com/rulecost/english.htm#recom) orientierte, schloss ausdrücklich Streitigkeiten über die Wirksamkeit des Vertrag mit ein („any dispute, controversy or claim howsoever arising out of or in connection with this agreement or the breach thereof, including any questions regarding its existence, validity or termination ..."). Das britische Gericht führte dazu aus, Mayoras ultra-vires-Argument lasse die Schiedsvereinbarung unberührt. Nach englischem Recht sei eine Schiedsabrede ein eigenständiger und abtrennbarer Zusatz des Vertrages, auf den sie sich beziehe. Sie könne trotz der Unwirksamkeit des zugrunde liegende Vertrags wirksam sein (vgl. § 139 BGB aus Sicht des deutschen Rechts).

Die prozessuale Möglichkeit einer englischen Gesellschaft, einem indonesischen Vertragspartner in England durch gerichtliche Verfügung untersagen zu lassen, in Indonesien im Widerspruch zu einer Schiedsvereinbarung den ordentlichen Rechtsweg zu beschreiten, wurde übrigens in der Sache *Bankers Trust Co. And Another v. P.T. Jakarta International Hotels & Development* ([1999] 1 Lloyd's Rep. 910), das ebenfalls ein ISDA MA zum Gegenstand hatte am 12. 3. 1999 von demselben Gericht (Justice Cresswell) bestätigt.

32. „Service of Process". Nach § 13(c), Part 4(b) des „Schedule" können beide Parteien, soweit erforderlich, im Gerichtsstaat ansässige Personen als Zustellungsbevollmächtigte (sog. „Process Agents") für jede Art von Prozeßzustellungen bestimmen. Damit sollen die üblichen Zustellungsschwierigkeiten im internationalen Rechtsverkehr vermieden werden. Ist der Empfangsbevollmächtigte aus irgendwelchen Gründen an der Erfüllung seiner Funktion verhindert, ist dies der Gegenseite unverzüglich in den Formen des § 12 mitzuteilen. Innerhalb von 30 Tagen ist dann eine Ersatzperson zu bestimmen. Darüber hinaus wird festgelegt, dass die Einhaltung der Formerfordernisse des § 12 auch für die Prozeßzustellungen selbst ausreichend sein soll. Diese Regelung dürfte jedoch in aller Regel von weitergehenden zwingenden Formvorschriften des Gerichtsstaates verdrängt werden.

33. „Waiver of Immunities". Das allgemeine Völkerrecht gewährt Staaten Immunität vor den Gerichten anderer Staaten (vgl. International Law Commission – ILC-, „Draft Articles of the Jurisdictional Immunities of States and their Property 1991", http://www.un.org/law/ilc/texts/jimm.htm; vgl. auch European Convention on State Immunity 1972). Die Staatenimmunität schließt die Gliedstaaten eines Bundesstaats ein (so ausdrücklich in Bezug auf die deutschen Bundesländer die britische State Immunity (Federal States) Order 1993, erlassen aufgrund der Ermächtigung in § 14(5) des UK-State Immunity Act 1978). Ausnahmen von der Immunität bestehen nach der Theorie der eingeschränkten Immunität (vgl. BVerfG 12. 4. 1983 – 2 BvR 678/81 u. a., BVerfGE 64, 1), sofern sich die Rechtsstreitigkeit auf eine nichthoheitliche, erwerbswirtschaftliche Tätigkeit des Staates bezieht (sog. *acta juris gestionis,* vgl. Art. 10 ILC „Draft Articles": „commercial transactions"). Hat sich der Staat vertraglich einer Schiedsvereinbarung unterworfen, genießt er in Bezug auf Rechtsstreitigkeiten über die Wirksamkeit und Auslegung dieser Vereinbarung, über das Schiedsverfahren oder über die Aufhebung des Schiedsspruchs ebenfalls keine Immunität vor staatlichen Gerichten, soweit nichts anderes vereinbart wird (vgl. Art. 10 ILC „Draft Articles"). Darüber hinaus können Staaten auf ihre Immunität verzichten (vgl. § 1605(a)(1) des US-Foreign Sovereign Immunities Act of 1976 in der Fassung der Gesetzesänderung vom 11. 5. 1998, P.L. 105–175; § 3 des UK-State Immunity Act 1978). Die Immunitätsverzichtsklausel des § 13(d) vermeidet Streitigkeiten darüber, ob die Derivate im Rahmen der hoheitlichen oder nichthoheitlichen Tätigkeit abgeschlossen wurden.

34. „Credit Support Document". „Credit Support Documents" sind sämtliche Sicherungsvereinbarungen, die der Sicherung von Forderungen im Rahmen des Gesamtvertrags dienen und die in Part 4(f) des „Schedule" oder an einer anderen Stelle des Vertrages als solche bezeichnet werden.
a) Zweck der Besicherung. Die Besicherung der Forderungen aus dem Gesamtvertrag erlaubt die Reduzierung des Kreditrisikos, ohne den Vertrag bereits beim erstmaligen Auftreten von Leistungsschwierigkeiten („Event of Default", § 5(a)(i) MA) oder bei der Verschlechterung der Kreditwürdigkeit des Vertragspartners (gegebenenfalls als „Additional Termination Event" i. S. des § 5(b)(v) vereinbart, vgl. Anm. 47) beendigen zu müssen. Darüber hinaus können Kreditinstitute über die Rechtstechnik der Besicherung die Reduzierung der bankenaufsichtsrechtlichen Eigenkapitalerfordernisse erreichen. Nach der Eigenkapitalvereinbarung des Basler Ausschusses für Bankenaufsicht von 1988 (siehe dort die Anlagen 2 und 3) sind nicht bilanzwirksame Positionen aus derivativen Geschäften hinsichtlich des mit ihnen verbundenen Kreditrisikos in Höhe ihres (unter Berücksichtigung des „Close-out Netting" zu ermittelnden, s. o. Anm. 18(b)(cc)) Kreditäquivalenzbetrags multipliziert mit der jeweiligen, von der Kategorie der Gegenpartei abhängigen Risikoquote mit Eigenkapital zu unterlegen. Im Grundsatz beträgt der Multiplikationsfaktor für die Risikogewichtung bei Forderungen gegenüber Nicht-Banken oder Banken mit Sitz außerhalb der OECD den Wert von 100% und bei Forderungen gegenüber Banken mit Sitz in der OECD den Wert von 20%. Speziell für Derivatkontrakte sieht eine Änderung dieser Eigenkapitalempfehlung vom April 1995 (siehe dort den Abschnitt „Risk weighting") vor, dass für Gegenparteien, die sonst mit 100% zu gewichten sind, eine Gewichtung von 50% angewendet werden kann. Ganz auf Null lassen sich die Eigenkapitalerfordernisse bezüglich des Ausfallrisikos dadurch reduzieren, dass die jeweilige, für den Fall der Beendigung des Gesamtvertrags zu errechnende Ausgleichsforderung entweder durch Barmittel oder durch Schuldverschreibungen von OECD-Zentralregierungen bzw. durch die Personalsicherheit einer solchen Regierung besichert wird (vgl. Anlage 2 der Basler Eigenkapitalvereinbarung von 1988, auf welche die genannte Änderung vom April 1995 ausdrücklich verweist). Im Januar 2001 hat der Basler Ausschuss für Bankenaufsicht den Entwurf einer Neufassung der Eigenkapitalvereinbarung von 1988 (Consultation Paper, „The New Basel Capital Accord", http://www.bis.org/publ/bcbsca03.pdf) vorgelegt, der u. a. grundlegende Neuerungen in Bezug auf die Bonitätsbemessung bei der Kreditrisikounterlegung enthält (a. a. O., Part 2, II). Die bisherigen Schuldnerkategorien werden deutlich verfeinert („Standardised Approach") und den Instituten wird vor allem die Möglichkeit gewährt, zur Bemessung des Kreditrisikos auf interne Modelle zurückzugreifen („Internal Ratings Approach"), wie es bei den Marktrisiken bereits seit 1996 zugelassen wird (*Basle Committee on Banking Supervision,* Amendment to the capital accord to incorporate market risks, January 1996).

b) **Allgemeine Gestaltungsmöglichkeiten.** Der Begriff des Sicherungsvertrags („Credit Support Document") im Rahmen des ISDA MA ist weit genug, um die unterschiedlichsten Arten von Sicherungsleistungen wie Personalsicherheiten (akzessorische Bürgschaften, selbständige Garantieversprechen Dritter, sog. „standby letters of credit") oder Realsicherheiten (Bestellung von Pfandrechten an Barguthaben, Wertpapieren oder Grundstücken, sog. „security interest", sowie Sicherungsübertragungen, jeweils durch Dritte oder durch den Vertragspartner selbst) abzudecken. Erfasst werden Geschäfte zur Sicherung der Forderungen aus einer bestimmten Einzeltransaktion ebenso wie zur Sicherung mehrerer oder aller Transaktionen im Rahmen des Gesamtvertrags. Die globale Besicherung des Gesamtvertrags ist bereits deshalb vorzuziehen, weil sie die Chancen einer rechtlichen Anerkennung der Einheit des Gesamtvertrags durch die zuständige Insolvenzrechtsordnung erhöhen kann (*Goris*, S. 132). Denkbar sind dabei zwei unterschiedliche Systeme, nämlich die Besicherung auf der Grundlage der Fortführung des Vertrags mit der Erfüllung der jeweils fälligen Einzelforderungen und auf der Grundlage des Ausgleichsanspruchs bei Vertragsbeendigung. Zum Schutz des Sicherungsgebers vor einer übereilten Verwertung der Sicherheit bei Streitigkeiten über das Vorliegen einer Säumnis sowie zum Schutz etwaiger Rückübertragungsansprüche in der Insolvenz des Sicherungsnehmers kann die Übertragung der Sicherheit auf einen unabhängigen Treuhänder („collateral agent") vereinbart werden.

c) **Überblick über ISDA-Mustersicherungsdokumente.** Mittlerweile stellt die ISDA vier verschiedene Mustersicherungsverträge für drei verschiedene Rechtsordnungen zur Verfügung, die für den Gebrauch in Zusammenhang mit dem MA bestimmt sind (s. o. Anm. 1(e)(jj)).

Sämtliche ISDA „Credit Support"-Musterabreden sind so gestaltet, dass entsprechend der jeweiligen Verteilung des vertraglichen Ausfallrisikos jede der beiden Vertragsparteien zur Erbringung von Sicherheiten verpflichtet sein kann (sog. „two-way colleralization"). Sprachlich wird das jeweils mit dem Zusatz „Bilateral Form" zum Ausdruck gebracht. Eine entsprechende Umgestaltung der Vertragsmuster als „Single-Pledgor"-Vereinbarung durch geeignete Ergänzungsvorschriften ist aber durchaus möglich (siehe hierzu für den 1994 New York Annex *Gooch/Klein*, 1995, S. 86ff.).

Der 1994 New York Annex (§ 2) und der 1995 English Deed (§ 2(b) und (c)) enthalten im Hinblick auf die Ver- bzw. Entpfändung der Sicherungsobjekte über die schuldrechtlichen Sicherungsabreden hinaus bereits die dinglichen Einigungserklärungen, die zur ihrer Wirksamkeit nur noch der Übergabe bzw. eines Übergabesubstituts bedürfen. Ausgelegt sind die ISDA „Credit-Support"-Musterverträge in erster Linie für die Besicherung von Barguthaben („cash", für das 1994 New York Annex entsprechend der Definition in § 12 in USD) sowie von leicht zu veräußernden Wertpapieren mit einem objektiv bestimmbaren Marktpreis (in § 13(b)(ii) des 1994 New York Annex und § 13(c)(ii) des 1995 English Deed jeweils „Eligible Collateral" genannt). Im Rahmen des 1994 New York Annex sowie des 1995 English Deed ist daneben auch die Einbeziehung von Personalsicherheiten („Other Eligible Support", § 13(b)(iii) bzw. § 13(c)(iii)) möglich. Der Sicherungsgeber ist dabei nicht verpflichtet, eine gewährte Personalsicherheit auszutauschen, wenn sie zwischenzeitlich nicht mehr den im Vertrag definierten Kriterien genügt. Eine solche Verpflichtung müsste gesondert vereinbart werden (*Gooch/Klein*, 1995, S. 7).

In welchem Umfang Sicherheiten zu bestellen („Delivery Amount") bzw., bei Übersicherung, zurückzuübertragen sind („Return Amount"), richtet sich im Wesentlichen nach dem jeweiligen Ausfallrisiko („Exposure") der Parteien (vgl. die Definition des Begriffs des „Credit Support Amount" in § 3(b) des 1994 New York Annex, § 3(a) des 1995 English Deed und § 2(a) des 1995 English Annex). Dieses wiederum bemisst sich nach dem jeweiligen Wert des Ausgleichsanspruchs, der sich gemäß § 6(e)(ii)(1) oder (2)(A) MA ergeben würde, wenn der Vertrag zu den vereinbarten Berechnungszeitpunkten („Valuation Date" und „Valuation Time", § 13(c) des 1994 New York Annex,

§ 13(d) des 1995 English Deed, § 11(c) des 1995 English Annex; in der Praxis mindestens monatlich, *Cohn*, in: Practising Law Institute, 1995, S. 101, 106) in der Folge eines „Termination Event" beendet würde (vgl. die Definition des Begriffs des „Exposure" in § 12 des 1994 New York Annex, § 12 des 1995 English Deed und § 10 des 1995 English Annex). Maßgebliche Berechnungsart ist die Marktwertbestimmung („Market Quotation", oben Anm. 19(a)).

Die ISDA „Credit Support"-Dokumente erlauben die Bestimmung eines Mindestumfangs für die zu liefernden bzw. rückzuübertragenden Sicherheiten („Minimum Transfer Amount", § 13(b)(iv)(C) des 1994 New York Annex, § 13(c)(iv)(C) des 1995 English Deed, § 11(b)(iii)(C) des 1995 English Annex), um unnötige Bagatelltransaktionen zu vermeiden. Des Weiteren möglich ist die Vereinbarung eines gegebenenfalls zur Untersicherung führenden Mindestausfallrisikos, unterhalb dessen keine Sicherheit zu leisten ist („Threshold", § 13(b)(iv)(B) des 1994 New York Annex, § 13(c)(iv)(B) des 1995 English Deed), § 11(b)(iii)(B) des 1995 English Annex). Umgekehrt lässt sich auch eine von der Höhe der Kreditrisikos unabhängige und gegebenenfalls zur Übersicherung führende Grundsicherung vereinbaren („Independent Amount", § 13(b)(iv)(A) des 1994 New York Annex, § 13(c)(iv)(A) des 1995 English Deed, § 11(b)(iii)(A) des 1995 English Annex). Eine zusätzliche, in den Formularen nicht ausdrücklich vorgesehene Gestaltungsoption besteht darin, die Höhe der jeweiligen „Minimum Transfer Amounts" und „Tresholds" in Abhängigkeit vom jeweiligen Rating des betreffenden Vertragspartners zu staffeln (siehe hierzu das Beispiel bei *Gooch/Klein*, 1995, S. 91).

Der 1994 New York Annex sowie der 1995 English Annex sind keine unabhängigen Verträge mit eigener Rechtswahlklausel, sondern rechtlich Teil des Gesamtvertrags, für den die Rechtswahl des § 13(a) i.V.m. Part 4(h) des „Schedule" maßgebend ist. Demgegenüber musste der 1995 English Deed (vgl. dort § 11(g): „Governing Law and Jurisdiction") angesichts der Besonderheiten des englischen Sachenrechts (s.u. Anm. 34 e.) als eigenständiger Vertrag ausgestaltet werden. Die ISDA ist bei der Konzeption des 1994 New York Annex, des 1995 English Annex sowie des 1995 English Deed jeweils davon ausgegangen, dass diese Dokumente primär in Verbindung mit solchen ISDA MAs verwendet werden, die ebenfalls dem New Yorker bzw. dem englischen Recht unterstellt sind. Es ist aber durchaus möglich, die Sicherungsvereinbarung einer anderen Rechtsordnung zu unterstellen als das MA (z.B. englischer 1995 English Annex in Verbindung mit einem New Yorker Recht unterstellten MA). Beim 1994 New York Annex sowie beim 1995 English Deed ist zu diesem Zweck die Rechtswahlklausel des § 13(a) i.V.m. Part 4(h) des „Schedule" entsprechend anzupassen. Dabei sollten beide Verträge zuvor aber genau auf etwaige Unvereinbarkeiten überprüft werden (*Gooch/Klein*, 1995, S. 3). Zudem ist zu beachten, dass Rechtswahlklauseln bei Sicherungsvereinbarungen ihre Grenze im Anwendungsbereich der zwingenden lex rei sitae (zu den Schwierigkeiten der Bestimmung des Belegenheitsortes bei Bankguthaben siehe *Herring/Kübler*, Grenzüberschreitende Bankgeschäfte im Zielfeld politischer Intervention: zu den Problemen der Risikozuweisung im internationalen Einlagengeschäft, ZBB 1995, 113 ff., 127 f.) sowie des zuständigen Insolvenzstatuts finden.

Für das *New Yorker Recht* kommt der Vorrang der sachenrechtlichen Anknüpfung gegenüber dem Vertragsstatut in der bereits oben (Anm. 30(b)(aa)) erwähnten Vorschrift des § 5-1401 NYGOL zum Ausdruck, welche die Rechtswahlfreiheit unter den Vorbehalt des § 1-105(2) NYUCC stellt. Nach der zuletzt genannten Bestimmung steht eine Rechtswahl bei der Beurteilung der Wirksamkeit von Pfandrechten nämlich unter dem Vorbehalt der sachrechtlichen und internationalprivatrechtlichen Regelungen des § 9-103 NYUCC (zur Frage, unter welchen Voraussetzungen Art. 9 NYUCC überhaupt auf die Begründung von Pfandrechten unter dem 1994 New York Annex Anwendung findet, siehe *Gooch/Klein*, 1995, S. 4 f.). Im *englischen* IPR ist durch die Rechtsprechung anerkannt, dass sich die Wirksamkeit und Reichweite eines Pfandrechts nach dem Bele-

7. International Swap Dealers Association Inc. Master Agreement

genheitsort der gepfändeten Sache bestimmt (*City Bank v Barrow* [1880] 5 AC 664, HL).

Grundsätzlich sollten deshalb die ISDA „Credit Support"-Musterdokumente bei Verwendung von Realsicherheiten nur dann ohne Modifikationen benützt werden, wenn die Rechtsordnung des Staates, wo sich das Sicherungsgut befindet, dem (zumindest) für das Sicherungsgeschäft vereinbartem Vertragsstatut entspricht (vgl. *Gooch/Klein*, 1995, S. 5). Im Zusammenhang mit dem Insolvenzstatut stellt sich die Frage, ob das Insolvenzrecht der Heimatrechtsordnung des Sicherungsgebers oder der Rechtsordnung der betroffenen Niederlassung die gegenüber den übrigen Insolvenzgläubigern vorrangige Befriedigung des Sicherungsnehmers aus der Sicherheit anerkennt.

Sämtliche ISDA „Credit-Support"-Dokumente enthalten einen mit der Überschrift „Elections and Variables" betitelten Paragraphen (§§ 13 des 1994 New York Annex sowie des 1995 English Deed bzw. § 11 des 1995 English Annex), der ähnlich dem „Schedule" beim MA der Individualisierung der Sicherungsabsprache dient. Sämtliche Modifikationen können alternativ in den einzelnen „Confirmations" vorgenommen werden (vgl. §§ 11(f) des 1994 New York Annex sowie des 1995 English Deed, § 9(d) des 1995 English Annex). Nähere Hinweise zum Gebrauch der ISDA-Sicherungsvereinbarungen sind der ISDA 1999 Collateral Review, den Guidelines for Collateral Practitioners vom Oktober 1998 sowie den speziellen „User's Guides" zu den einzelnen Sachenrechtsordnungen zu entnehmen.

Die Wirksamkeit der Sicherungsvereinbarungen hängt nicht nur von der lex rei sitae ab, sondern im Insolvenzfall auch von ihrer Anerkennung durch die zuständige lex fori concursus. Ähnlich wie beim „Close-out"-Netting (s. o. Anm. 18(b)(cc)) hat die ISDA zu dieser Frage für eine Reihe von Ländern Rechtsgutachten bei namhaften Rechtsanwaltskanzleien in Auftrag gegeben (sog. „Collateral Opinion Project"), wobei sich die Untersuchung bislang auf die „Credit-Support"-Dokumente nach amerikanischem und englischem Recht beschränkt hat. Gutachten lagen im März 2001 bereits für Belgien, die Cayman Islands, Deutschland (Gutachten der Kanzlei *Hengeler Müller Weitzel Wirtz* v. Juli 1999), England, Hongkong, Indonesien, Japan, Kanada, Luxemburg, die Schweiz, Singapur, Taiwan und die USA vor (http://www.isda.org/docproj/stat_of_coll.html; für eine erste, zusammenfassende Bewertung siehe *ISDA*, Guidelines for Collateral Practitioners, S. 31). Sie stehen ISDA-Mitgliedern unter http://www.isda.org/docproj/collateral_login.html zur Verfügung. Die Gutachten für Italien, Malaysia, die Niederlande und Südkorea stehen noch aus.

d) 1994 New York Annex. Der 1994 New York Annex orientiert sich an den Anforderungen der §§ 8 und 9 des NYUCC und sollte ohne Modifikationen nur benutzt werden, wenn das New Yorker Recht sowohl Vertragsstatut (§ 13(a) MA i. V. m. Part 4(h) des „Schedule") als auch zuständige lex rei sitae ist, wenn also die zu besichernden Vermögensgegenstände in New York oder zumindest, angesichts der insoweit bestehenden weitgehenden Vereinheitlichung des einzelstaatlichen Sachenrechts durch den Uniform Commercial Code von 1962, in den USA belegen sind.

Durch seine Präambel („this Annex supplements, forms part of, and is subject to, the above-referenced Agreement") wird der 1994 New York Annex ausdrücklich in den Gesamtvertrag inkorporiert. Zusätzlich hat die ISDA zur Sicherstellung der Konkursfestigkeit dieser Einbindung in ihrem „User's Guide to the 1994 ISDA Credit Support Annex" (abgedruckt in der Vorauflage zu dieser Kommentierung in Anhang 9, siehe dort „Appendix A") ein entsprechendes Formular („Form of Amendment to the ISDA Master Agreement") entwickelt. Die besondere Bedeutung dieser Rechtstechnik hängt mit der Vorschrift des § 546(g) BC zusammen, der in der Insolvenz eines Unternehmens, das dem BC unterworfen und Partner von Derivativgeschäften ist, solche Verfügungen vor der Gefahr einer Insolvenzanfechtung schützt, die im Zusammenhang mit diesen Transaktionen getätigt wurden („transfer *under* a swap agreement, made by or to a swaps participant, in connection with a swap agreement ..."). Der Begriff des „swap agreement" ist hier wiederum in dem in § 101(55) BC definierten weiten Sinne zu verstehen (s. o. Anm. 18(b)(dd)(4)).

Eine Kommentierung der einzelnen der Individualisierung des Sicherungsvertrags dienenden Unterabschnitte des § 13 des 1994 New York Annex findet sich auf den S. 3–20 des „User's Guide to the 1994 Credit Support Annex" (Vorauflage, Anhang 9). Hingewiesen sei an dieser Stelle lediglich auf zwei dort von der ISDA vorgeschlagene Modifikationen des 1994 New York Annex. Die erste Modifikation („Appendix C" des „User's Guide to the 1994 ISDA Credit Support Annex") ist in § 13(b)(iv)(A) oder in § 13(m) einzufügen und betrifft die Berechnung des „Credit Support Amount" (§ 3(b) des 1994 New York Annex). Angeregt wird eine Klausel zum Ausschluss des ansonsten vorgesehenen Abzugs der „Independent Amounts" (§ 13(b)(iv)(A) des 1994 New York Annex) des Sicherungsnehmers aus der Berechnung des „Credit Support Amount" (§ 3(b) des 1994 New York Annex) sowie zum Ausschluss der Aufrechnung der gegenseitigen Pflichten zur Bestellung bzw. Rückgewähr von Sicherheiten. Die zweite Modifikation („Appendix F" des „User's Guide to the 1994 ISDA Credit Support Annex") betrifft Geschäfte mit US-amerikanischen Kreditinstituten, die dem Federal Deposit Insurance Act (FDIA) unterworfen sind, und ist als „Additional Representation" in § 13(i) des 1994 New York Annex einzutragen. Damit lässt sich der Vertragspartner eines solchen Kreditinstituts als Ergänzung des § (3a)(ii) des 1994 New York Annex („Powers") zusichern, dass der amerikanische Sicherungsgeber die Voraussetzungen erfüllt, die § 13(e) FDIA für die Wirksamkeit der Besicherung von Vermögensgütern zugelassener Kreditinstitute in Zusammenhang mit sog. „qualified financial contracts" (zum Begriff s. o. Anm. 18(b)(dd)(4)) aufstellt. Die vorgeschlagene Klausel hält sich an die Kriterien, die der Board of Directors der FDIC in einem Schreiben aus dem Jahre 1989 entwickelt hat („User's Guide to the 1994 ISDA Credit Support Annex", „Appendix F").

e) 1995 English Annex; 1995 English Deed. Die „1995 ISDA Credit Support" Musterdokumente nach englischem Recht sind für den Fall bestimmt, dass das MA englischem Recht unterworfen ist und die Sicherungsgüter in England belegen sind (*Cunningham/Rogers/Bilicic/Casper/Abruzzo*, in: *Practising Law Institute* (Hrsg.), 1995, S. 113, 138).

Im Gegensatz zum 1995 English Annex und zum 1994 New York Annex ist der 1995 English Deed gesondert zu unterschreiben und wird bewusst nicht in den Gesamtvertrag eingebunden (vgl. die Präambel des 1995 English Deed, die sich mit einer einfachen Bezugnahme auf das MA begnügt). Äußerlich kommt diese Besonderheit des 1995 English Deed, der für die Verpfändung von Sicherungsgütern konzipiert ist (vgl. den vollen Titel des Dokuments: „Credit Support Deed (*Security Interest* – English Law)" [Hervorhebung durch den Verf.]), bereits darin zum Ausdruck, dass der Sicherungsvertrag nicht „Annex" genannt wird. Der Grund hierfür liegt in den Besonderheiten des englischen Sachenrechts, das für die wirksame Verpfändung von Vermögensgegenständen die Herstellung einer förmlichen, von den Vertragsparteien sowie jeweils zwei Zeugen zu unterzeichnenden Urkunde (sog. „deed") verlangt (vgl. § 1 des Law of Property (Miscellaneous Provisions) Act 1989).

Der 1995 English Annex geht demgegenüber rechtstechnisch von einer Vollübertragung der Sicherungsgüter auf den Sicherungsnehmer und der Verpflichtung zur Rückerstattung gleichwertiger Sachen aus (vgl. den vollen Titel des Dokuments: „Credit Support Annex (*Transfer* – English Law)" [Hervorhebung durch den Verf.]). Kommt der Sicherungsgeber seinen Vertragspflichten nicht nach, darf der Sicherungsnehmer seine Forderungen gegen dessen Rückübertragungsanspruch aufrechnen (§ 6 des 1995 English Annex i. V. m. § 6(e) MA). Ein Vorteil des 1995 English Annex gegenüber dem 1995 English Deed besteht aus der Sicht des Sicherungsnehmers darin, dass unter dem 1995 English Annex eine Weiterveräußerung der sicherungsübertragenen Vermögensgüter (in der Regel Geld oder Wertpapiere) unabhängig vom Eintritt des Sicherungsfalles möglich ist. Zudem kann sich die insolvenzrechtliche Position des Sicherungsnehmers nach der zuständigen Insolvenzrechtsordnung für den Inhaber von Sicherungseigentum besser darstellen als für den bloßen Pfandrechtsinhaber. Es besteht die Gefahr, dass die Wirksamkeit der Verpfändung trotz der in § 11(g) des 1995 English Deed getroffenen Rechtswahl zugunsten englischen Rechts an der Erfüllung zusätzlicher, bei der Konzipierung des 1995 English Deed nicht berücksichtigter Formvoraussetzungen scheitert, die sich aus der *Heimatrechtsordnung* des Sicherungsgebers oder der Rechtsordnung eines dritten Staates ergeben, in dem das zu besichernde Vermögensgut belegen ist. Selbst aus der Sicht des *englischen* Rechts können hier Schwierigkeiten entstehen, falls die Besicherung so gestaltet werden soll, dass sie einen nach allgemeinen Kriterien definierten, in seiner Zusammensetzung Fluktuationen unterworfenen Vermögensbestand erfassen soll. Nach § 399 Companies Act 1985 muss der Sicherungsvertrag dann nämlich als sog. „floating charge" in einem Register eingetragen werden, sofern das Sicherungsgut einer Gesellschaft englischen Rechts oder einer ausländischen Gesellschaft mit einer Niederlassung in England gehört (zum Begriff der „floating charge" siehe *Triebel/Hodgson/Kellenter/Müller*, Englisches Handels- und Wirtschaftsrecht, 2. Aufl., Heidelberg 1995, Rz. 331 ff.).

Als nachteilig erweisen kann sich die Verwendung des 1995 English Annex gegenüber dem 1995 English Deed im Hinblick auf seine steuer- und aufsichtsrechtliche Behandlung. Je nach Ausgestaltung der für den Sicherungsgeber zuständigen Steuerrechtsordnung und je nach der Art des besicherten Vermögens können bei der Übertragung des Sicherungsguts bestimmte Verkehrs-, Stempel- oder ähnliche Steuern anfallen. Sollten aus den übertragenen Sicherungsgütern Einnahmen (z.B. Zinsen, Dividenden) erwachsen, die nach § 5(c) des 1995 English Annex dem Sicherungsgeber zustehen, kann es passieren, dass auf diese Einnahmen Abzugssteuern erhoben werden, falls der Sicherungsnehmer als unmittelbarer Empfänger nicht in den Genuss eines geeigneten DBAs kommt. Aufsichtsrechtlich sollte der Sicherungsgeber darauf achten, dass die Gewährung von Sicherungseigentum von der zuständigen Aufsichtsbehörde für die Berechnung der Eigenkapitalerfordernisse als Sicherungsform anerkannt wird. Zu bedenken ist schließlich, dass die Übertragung von Sicherungsgut im Gegensatz zur Verpfändung für den Sicherungsgeber ab dem Augenblick ein Kreditrisiko begründet, wo der Gesamtsaldo der aktuellen Marktwerte aller Einzeltransaktionen aus seiner Sicht in den positiven Bereich übergeht.

f) 1995 Japanese Annex. Der 1995 Japanese Annex ist für Vertragsparteien eines ISDA MA bestimmt, die ihre Vertragspflichten mit Vermögen besichern wollen, das in Japan belegen ist. Dementsprechend unterstellt der Annex, dass sich Begründung und Rang der gewährten Sicherheiten nach japanischem Recht bestimmt. Verwendbare Sicherheiten sind Bargeld, Depots, japanische Regierungsbonds oder andere markgängige und in Japan belegene Wertpapiere. Besicherungstechnisch stellt der 1995 Japanese Annex zwei verschiedene Ansätze zur Verfügung, die Verpfändung und die als Darlehen verstandene Übertragung. Struktur und Wortwahl des 1995 Japanese Annex lehnen sich am 1994 New York Annex an. Der von der ISDA herausgegebene „User's Guide to the 1994 Credit Support Annex" lässt sich deshalb auch als Kommentierung des 1995 Japanese Annex heranziehen (*ISDA*, Guide to ISDA Publications, http://www.isda.org/c1.html). Die Unterschiede zwischen 1994 New York Annex und 1995 Japanese Annex werden im „User's Guide to the Japanese Law Annex" (*ISDA*, 1995) erörtert.

35. „Indemnifiable Tax". In einer Veröffentlichung aus dem Jahre 1988 schlägt die ISDA einen Zusatz zur Defintion der „Indemnifiable Tax" (damals noch im Rahmen des IRCEA) vor. Dieser überträgt bei Bestehen einer besonderen Verbindung zwischen dem besteuernden Staat und dem Zahlungsempfänger oder einer diesem zuzurechnenden Person das Risiko einer Steuermehrzahlung dem Zahlungsverpflichteten, sofern die Steuer oder Abgabe auf einer Rechtsänderung beruht und die Steuerrechtsordnung nicht die Heimatrechtsordnung des Zahlungsempfängers oder einer Zweigstelle ist, über die er die Zahlung in Empfang nimmt. Das Risiko von Abzügen durch eine Rechtsordnung, mit der sowohl Zahlungspflichtiger als auch Zahlungsempfänger verbunden sind, wird somit dem Ersteren auferlegt (siehe auch oben Anm. 8). Der Wortlaut ist wie folgt (zit. nach *ISDA*, User's Guide to the 1992 ISDA Master Agreements, S. 48):

"Notwithstanding the foregoing, "Imdemnifiable Tax" also means any Tax imposed in respect of a payment under this Agreement by reason of Change in Tax Law by a government or taxing authority of a Relevant Jurisdiction of the party making such a payment, unless the other party is incorporated, organized, managed and controlled or considered to have its seat in such jurisdiction, or is acting for purposes of this Agreement through a branch or office located in such jurisdiction".

36. „Local Business Day". Bei Transaktionen, die durch Lieferung in Natur abgewickelt werden, kann sich eine entsprechende Anpassung der Definition des „Local Business Day" empfehlen, z. B. durch eine Bezugnahme auf die Handelstage an der entsprechenden Warenterminbörse.

37. „Loss". Der Begriff des „Loss" umfasst das gesamte, nach Treu und Glauben zu bestimmende Erfüllungsinteresse der vertragstreuen (bei „Events of Default") bzw. betroffenen Partei(en) (bei „Termination Events") im Hinblick auf die vorzeitig beendete(n) Transaktion(en). Ausdrücklich mit eingeschlossen („including any ... loss or cost incurred as a result of ... its terminating, liquidating, obtaining or re-establishing any hedge or related trading position ...") sind die Kosten, die durch die Glattstellung gegenüber Dritten bestehender, nunmehr offener Positionen entstehen, unabhängig davon, ob der Vertragspartner Kenntnis von diesen Drittgeschäften hatte. Von Bedeutung ist diese Klarstellung, wenn der Vertrag englischem Recht unterworfen ist (§ 13 (a), Part 4 (h) des „Schedule"). Nach dem (insoweit dispositiven) allgemeinen englischen Vertragsrecht ist nämlich bei Leistungsstörungen nur derjenige Schaden zu ersetzen ist, der für die Parteien bei Vertragsschluss vorhersehbar war und mit dessen Eintreten mit ausreichender Wahrscheinlichkeit gerechnet werden musste (sog. „remoteness of damage"; hierzu *Jewell*, An Introduction to English Contract Law, Baden-Baden, 1997, Rz. 365 ff.).

Nicht mehr vom Begriff des „Loss" umfasst sind nach einer Entscheidung des Londoner Court of Appeal v. 17. 2. 2000 in der Sache *Australia and New Zealand Banking Group v Société Generale* ([2000] 1 All E. R. (Comm) 682) allerdings Verluste aus der Beendigung von Hedgegeschäften mit Dritten (hier: *Banque Societe Generale Vostok*), sofern diese Verluste aus der mangelnden Zahlungsfähigkeit des Dritten resultieren. Im konkreten Fall hatten *Australia and New Zealand Banking Group (ANZ)* und *Société Generale (SocGen)* drei Devisenterminverträge mit Barausgleich über USD und RUB auf der Grundlage eines ISDA MA abgeschlossen. Im „Schedule" hatten sie einen „Russian Market Event" genannten zusätzlichen Beendigungsgrund („Additional Termination Event", § 5 (b)(v)) vereinbart, unter den u. a. der Erlass eines Bankenmoratoriums in Russland fiel. Als die russische Zentralbank dann im August 1998 tatsächlich ein solches Bankenmoratorium anordnete, kündigte *SocGen* die Verträge. ANZ errechnete ihren Verlust auf USD 16,7 Mio. *SocGen* jedoch wandte ein, sie habe mit einer russischen Bank spiegelbildliche Hedgegeschäfte abgeschlossen. Wegen des Moratoriums konnte Letztere ihre Ausgleichsverpflichtung aus der vorzeitigen Beendigung der Hedgegeschäfte nicht erfüllen. Den damit verbundenen Ausfall hielt *SocGen* als eigenen Verlust („Loss") der Ausgleichsforderung von *ANZ* entgegen. Das Gericht folgte dieser Argumentation nicht. Die Verluste seien von der Definition des „Loss" nicht erfasst. Es könne nicht die Absicht der Vertragsparteien sein, die aus den persönlichen Eigenschaften des Partners der Drittgeschäfte resultierenden Risiken einer Vertragspartei aufzuerlegen, die vom Hedge nicht einmal Kenntnis habe.

Das Merkmal des „Loss" kann auch einen negativen Wert annehmen (§ 6 (e) (i) (4)). Dann drückt es entgegen seinem natürlichen Wortsinn („Verlust") den Vorteil aus, den die vertragstreue Partei durch die vorzeitige Beendigung des für sie „out-of-the-money" befindlichen Vertrags erzielt.

38. **„Potential Event of Default"**. Im Falle eines „Potential Event of Default" steht der anderen Vertragsseite nach § 2 (a) (iii) ein Zurückbehaltungsrecht zu. Daneben wird der Begriff des „Potential Event of Default" noch bei der Zusicherung des § 3 (b) benützt, taucht sonst aber im MA oder „Schedule" nicht weiter auf. Von größerer Bedeutung ist dieser Begriff aber im Rahmen von Sicherungsabreden bei der Bestimmung der Voraussetzungen, unter denen Sicherheiten zu gewähren sind (vgl. § 4 (a) (i) des 1994 New York Annex bzw. des 1995 English Deed (abgedruckt unten in Anhang 1 und 2).

39. **„Unpaid Amounts"**. Falls die Parteien Einzeltransaktionen über Waren oder Wertpapiere planen, die in Natur erfüllt werden, und falls sie die in § 14 vorgesehene, von einer Vertragspartei vorzunehmende „vernünftige" Bestimmung eines „fairen Marktpreises" rückständiger Lieferungspflichten für zu unsicher halten, sollten sie besondere Berechnungsmethoden vereinbaren.

39a. **„Specified Transaction"**. Die Definition der „Specified Transaction" ist für den „Event of Default" in der Fallgruppe des „Default under Specified Transaction" nach § 5 (a) (v) von Bedeutung. Für den Energiehandel kann es sich als sinnvoll erweisen, den Bereich der erfassten sonstigen Verträge zwischen den Parteien, ihren Sicherungsgebern bzw. bestimmten, in Part 1 (a) des „Schedule" definierten Dritten zu erweitern. Im Rahmen der Geschäftsbeziehungen zwischen Energiehandelsunternehmen untereinander und mit Endkunden kommt es oft gleichzeitig zu Liefergeschäften am Kassamarkt und zu Termingeschäften. Kann etwa ein Vertragspartner seine Pflicht zur Lieferung von Gas aus einem Kassageschäft nicht erfüllen, kann dies u. U. direkte Auswirkungen auf seine Fähigkeit haben, seine Zahlungspflicht aus einem laufenden Gaspreis-Swap zu erfüllen. In solchen Fällen lässt sich das Kreditrisiko für die Gegenseite dadurch abschwächen, dass man ihr für den Swap ein Kündigungsrecht einräumt. Dazu könnte die Definition der „Specified Transaction" in Part 1 (b) des „Schedule" wie folgt modifiziert werden (Formulierungsvorschlag nach *Goldstein*, in: Swaps & Other Derivatives in 2000, S. 483, 485):

„Specified Transaction" will have the meaning specified in Section 14 of this Agreement, except that such term is amended on line 8 after the words „currency option" by adding a comma and the words „agreement for the purchase, sale or transfer of any commodity or any other commodity trading transaction." For this purpose, „commodity" means any tangible or intangible commodity of any type or description (including, without limitation, electric energy and/or capacity, petroleum and natural gas, and the products or by-products thereof).

Mit dem allgemeinen Merkmal des „transfer" wird dem Umstand Rechnung getragen, dass im Energiegeschäft die Produkte nicht unbedingt nur im Rahmen von Kaufverträgen, sondern auch von Geschäften anderer Art, z.B. Darlehen, vertrieben werden. Der Begriff der „commodity" schließt immaterielle Gegenstände wie Elektrizität und Emissionsrechte mit ein (*Goldstein*, a.a.O., S. 486).

40. **„Specified Indebtedness"**. Die in § 14 definierte „Specified Indebtedness" ist für den Tatbestand des „Cross Default" nach § 5 (a) (iv) von Bedeutung. Der Begriffsinhalt wird in der Praxis in Part 1 (c) des „Schedule" bisweilen wie folgt eingeschränkt:

„Specified Indebtedness will have the meaning specified in § 14, except that such term shall not include obligations in respect of deposits received in the ordinary course of a party's banking business".

Andere Marktteilnehmer versuchen, die Definition des § 14 durch die folgende Formulierung präziser zu fassen:

„Specified Indebtedness" means any obligation (whether present or future, contingent or otherwise, as principal or surety or otherwise) in respect of money borrowed or raised or under any finance lease, redeemable preference share, letter of credit, Specified Transaction, futures contract, guarantee or indemnity".

41. **„Threshold Amount".** Der Schwellenbetrag für den „Cross Default" kann als absolute Zahl in einer bestimmten Währung oder relativ im Verhältnis zum Risiko- oder Eigenkapital des Vertragspartners bestimmt werden. Dies kann beispielsweise wie folgt geschehen:

„Threshold Amount means an amount equal to three percent of a party's shareholder's equity, determined in accordance with generally accepted accounting principles in such party's jurisdiction of incorporation or organization, consistently applied, as at the end of such party's most recently completed fiscal year. For purposes of this definition, any Specified Indebtedness denominated in a currency other than the currency in which the financial statements of such party are denominated shall be converted into the currency in which such financial statements are denominated at the exchange rate therefor reasonably chosen by the other party."

42. **„Credit Event Upon Merger".** Der Beendigungsgrund des „Credit Event Upon Merger" erfährt in der Vertragspraxis häufig Modifikationen. Vielfach wird das Merkmal der „wesentlich schlechteren" („materially weaker") Bonität durch einen Zusatz präzisiert. Denkbar ist eine Beschreibung der maßgeblichen Beurteilungskriterien, z. B. durch Bezugnahme auf das Rating langfristiger Schuldverschreibungen durch eine oder mehrere Rating-Agenturen als objektiven Anknüpfungspunkt (vorgeschlagen in *ISDA*, User's Guide to the 1992 ISDA Master Agreements, S. 20). Teilweise wird § 5 (b)(iv) auch dahingehend ergänzt, dass die Bonitätsverschlechterung zumindest eine erhebliche Gefährdung der Zahlungen nach sich ziehen muss („... to the extent that Y's ability to fulfil its payment or delivery obligations under this Agreement is materially impaired", zitiert nach *Jahn*, Die Bank 1989, 395, 396, Fn. 14). Von der Vereinbarung einer Zusatzklausel, nach der allgemein der Vertrag immer dann beendet werden kann, wenn die Partei aus „geschäftspolitischen Gründen" keine Finanztermingeschäfte mit der verschmolzenen Gegenpartei abschließen würde, ist abzuraten, sofern dabei der Begriff der „geschäftspolitischen Gründe" nicht in einer objektivierten Weise konkretisiert wird (*Jahn*, Die Bank 1989, 395, 396).

Zur Erweiterung des sachlichen Anwendungsbereichs des „Credit Event Upon Merger" wird die Regelung des § 5(b)(iv) bisweilen auf den Fall ausgedehnt, dass der Vertragspartner, der Sicherungsgeber oder ein näher zu spezifizierender Dritter Opfer einer Übernahmeaktion werden (Näheres zum möglichen Inhalt einer solchen Klausel bei *Jahn*, Die Bank 1989, 396) oder dass diese Personen Gegenstand einer Restrukturierungsmaßnahme werden (*Taylor-Brill*, in: Practising Law Institute (Hrsg.), S. 84). Ebenso kommt eine Vorverlagerung des Verschmelzungstatbestands auf den Abschluss der entsprechenden schuldrechtlichen Vereinbarungen in Betracht. Eingeschränkt wird der sachliche Anwendungsbereich des „Credit Event Upon Merger" häufig für den Fall, dass der Vertragspartner mit einem Mutter-, Tochter oder Schwesterunternehmen fusioniert, welches bereits als Sicherungsgeber fungiert (*Gooch/Klein*, 1993, S. 75).

43. **Automatische Beendigung.** Die Vereinbarung einer automatischen Beendigung hat Vor- und Nachteile. In Betracht kommt sie, wenn die für den Vertragspartner zuständige Insolvenzrechtsordnung eine Kündigung auf den Insolvenzfall nicht anerkennt, demgegenüber aber die automatische Beendigung des Vertrags nicht als Beeinträchtigung des insolvenzrechtlichen Verfügungsverbots („automatic stay") sowie des Wahlrechts des Insolvenzverwalters betrachtet, soweit sie zumindest eine logische Sekunde vor Eröffnung des Insolvenzverfahrens erfolgt. Bei Unsicherheiten über die Rechtslage ist von der Vereinbarung einer automatischen Beendigung abzuraten. Schließt die vertragstreue Par-

tei im Vertrauen auf die automatische Beendigung ein Ersatzgeschäft ab und stellt sich hinterher heraus, dass diese Klausel von der anwendbaren Rechtsordnung nicht anerkannt wird und der Vertrag deshalb nicht wirksam beendet ist, kann dies zu nicht erstattungsfähigen Verlusten führen.

Aus der Sicht des *amerikanischen* Insolvenzrechts empfiehlt sich angesichts des Bestehens spezifischer Vorschriften zum Schutze von „Close-out Netting"-Klauseln bei sog. „swap agreements" bzw. „qualified financial contracts" (s. o. Anm. 18 (b)(dd)(4)) die Vereinbarung einer automatischen Beendigung nur hinsichtlich solcher Vertragspartner, die, wie z. B. Versicherungsgesellschaften (*ISDA*, User's Guide to the 1992 ISDA Master Agreements, S. 21), nicht von diesen Regelungen erfasst werden.

Ein wesentlicher Nachteil der automatischen Beendigung besteht darin, dass diese selbst ohne Kenntnis der vertragstreuen Partei eintreten kann (*ISDA*, User's Guide to the 1992 ISDA Master Agreements, S. 21 f.), so dass diese Partei zunächst nicht in der Lage ist, offene Positionen, die sich für sie aus der Beendigung aller Einzelgeschäfte ergeben, entspechend glattzustellen. Bereits eine Verzögerung von wenigen Tagen kann zu einer Erhöhung der Kosten der Ersatzbeschaffung für die Schließung dieser Positionen führen. Der hierdurch eintretende Verzögerungsschaden ist zumindest dann nach § 6 (e) nicht ersatzfähig, wenn die Parteien in Part 1 (f)(i) des „Schedule" die Marktwertberechnung vereinbart haben, weil diese sich nach der Definition der „Market Quotation" in § 14 auf den Tag des „Early Termination Date" bezieht. Bei Vereinbarung der konkreten Schadensberechnung („Loss") dürften demgegenüber die realen Ersatzbeschaffungskosten ersatzfähig sein, da Satz 4 der Definition des „Loss" in § 14 die Bezugnahme auf einen späteren Zeitpunkt als den „Early Termination Date" zulässt, sofern dies „vernünftigerweise" nicht in anderer Weise „praktikabel" ist („... if that is not reasonably practicable..."). Denkbar ist auch eine Zusatzvereinbarung zu Part 1(e) des „Schedule" mit dem Inhalt, dass die automatische Beendigung erst dann eintreten soll, wenn der Vertragspartner vom Bestehen des Beendigungsgrundes Kenntnis erlangt hat (vorgeschlagen in *ISDA*, User's Guide to the 1992 ISDA Master Agreements, S. 22). Eine weitere Gestaltungsmöglichkeit besteht darin, der vertragstreuen Partei die Möglichkeit einzuräumen, auf die Rechtsfolgen einer automatischen Beendigung zu verzichten. Gegen die Wirksamkeit einer solchen Bestimmung dürften indessen dieselben Bedenken bestehen wie bei der „One-way-payment"-Klausel (siehe hierzu oben Anm. 20).

44. Auswahl der Schadensberechnungsart. Bei der Auswahl der Schadensberechnungsart ist zu überprüfen, ob die abstrakte Schadensberechung in bestimmten Fällen in Natur zu erfüllender Wertpapier- oder Warenderivate nicht zu unangemessenen Ergebnissen führen kann. Falls die Heimatrechtsordnung einer der Vertragsparteien eine automatische Beendigung des Vertrags mit Eröffnung des Insolvenzverfahrens vorsieht (z. B. § 104 I, II InsO), sollte an dieser Stelle klargestellt werden, dass die gewählte Schadensberechnungsart auch dann gilt, wenn die vertraglichen Beendigungsvorschriften deshalb nicht eingreifen können, weil der Vertrag vorher bereits aufgrund dieser gesetzlichen Bestimmung beendet wird (s. o. Anm. 18 (b)(dd)(1)). Denkbar ist eine solche Situation angesichts des § 6 (a) S. 2 i. V. m. § 5 (a)(vii)(5) und (6) nur, wenn in Part 1 (e) des „Schedule" keine automatische Beendigung vereinbart wird.

45. Auswahl der Ausgleichsart. Die Vereinbarung der „First Method" (sog. „One-way-payment"-Klausel) ist mit erheblichen rechtlichen Risiken behaftet (s. o. Anm. 20). Sollte diese Ausgleichsart dennoch vereinbart werden, empfiehlt sich zur Gewährleistung eines Minimums an rechtlicher Absicherung die Aufnahme einer Bestimmung, mit der sichergestellt wird, dass eine nunmehr insolvente Vertragspartei nicht etwa dann ihres im Zeitpunkt der Beendigung des Vertrags positiven Gesamtsaldos beraubt wird, wenn sie ihrerseits bereits alle Vertragsleistungen erbracht hat. Als Muster für eine entsprechende Zusatzklausel kann Art. 4 des im Übrigen überholten „May 1989 Addendum to

Schedule to IRCEA" („Caps Addendum") der ISDA dienen. Diese Vorschrift lautet wie folgt:

> „Notwithstanding the terms of Sections 5 and 6 of this Agreement, if at any time and so long as one of the parties to this Agreement („X") shall have satisfied in full all its payment obligations under Section 2 (a) (i) of this Agreement and shall at the time have no future payment obligations, whether absolute or contingent, under such Section, then unless the other party („Y") is required pursuant to appropriate proceedings to return to X or otherwise returns to X upon demand of X any portion of any such payment, (a) the occurence of an event described in Section 5(a) of this Agreement with respect to X or any Specified Entity of X shall not constitute an Event of Default or a Potential Event of Default with respect to X as the Defaulting Party and (b) Y shall be entitled to designate an Early Termination Date pursuant to Section 6 of this Agreement only as a result of the occurrence of a Termination Event set forth in (i) either Section 5(b)(i) or 5(b)(ii) of this Agreement with respect to Y as the Affected Party or (ii) Section 5(b)(iii) of this Agreement with respect to Y as the Burdened Party."

46. „Termination Currency". Als maßgebliche Währung für die Bestimmung des Ausgleichsanspruchs wird in den meisten Fällen der USD gewählt, sofern nicht von vornherein feststeht, dass die Vertragsabwicklung ausschließlich in anderen Währungen stattfinden wird (*Jahn*, Die Bank 1989, 395, 396, zur Parallelvorschrift des IRCEA). Entspricht die gewählte Währung nicht der Währung des Heimatstaates des Ausgleichsschuldners, kann ein besonderes Währungsrisiko entstehen, wenn der Schuldner insolvent ist oder jedenfalls nicht freiwillig bezahlt, so dass der Betrag im Wege der (Einzel-) Zwangsvollstreckung beigetrieben werden muss. Dann nämlich kann es sein, dass die Rechtsordnung des Vollstreckungsstaates (lex fori (concursus)) zur Geltendmachung von Zahlungsansprüchen deren Umrechnung in die Landeswährung vorschreibt und der hierfür maßgebliche Stichtag (z.B. nach deutschem Insolvenzrecht der Tag der Verfahrenseröffnung, § 45 S. 2 InsO; zur Einzelvollstreckung von Valutaschulden nach ZPO siehe *Grothe*, Fremdwährungsverbindlichkeiten, 1999, S. 724 ff.; *ders.*, S. 739 ff., zum maßgeblichen Umrechnungszeitpunkt bei der Fahrnisvollstreckung) von der vertraglichen Regelung des § 6 (e) i.V.m. der in § 14 enthaltenen Definition des „Termination Currency Equivalent" (Umrechnung zum Beendigungszeitpunkt bzw. zum Zeitpunkt, ab dem ein konkreter Schadensausgleich praktikabel wird, s.o. Anm. 43) abweicht. Unter diesem Gesichtspunkt kann sich die Vereinbarung einer in der Praxis häufig anzutreffenden Klausel empfehlen, nach der die vertragstreue (im Falle eines „Event of Default") bzw. die nicht betroffene (im Falle eines „Termination Event") Partei die für den Ausgleichsanspruch maßgebliche Währung unter denjenigen Währungen auswählen kann, die nach dem Vertrag für die primären Zahlungspflichten vereinbart worden sind. Denkbar ist die folgende Formulierung:

> „Termination Currency" means the freely available currency selected by the non-Defaulting Party or the non-Affected Party, as the case may be, or if there are two Affected Parties, by agreement between the parties, provided however that the Termination Currency shall be one of the currencies in which payments are required to be made under the relevant Transaction."

47. „Additional Event of Default". In der Praxis entscheiden sich die Parteien nicht selten für die Ergänzung des § 5 (b) um einen Kündigungsgrund, der auf die Verschlechterung der Bonität des Vertragspartners bzw. des für diesen Haftenden Sicherungsgebers abstellt. Ist der Vertragspartner eine natürliche Person, sollte man die Möglichkeit der Vereinbarung eines „Additional Event of Default" dazu nutzen, den Fall abzudecken, dass der Vertragspartner stirbt oder geschäftsunfähig wird (*Taylor-Brill*, in: Practising Law Institute (Hrsg.), S. 84 f.).

7. International Swap Dealers Association Inc. Master Agreement

a) **Rating Downgrade.** In der Praxis entscheiden sich die Parteien nicht selten für die Ergänzung des § 5 (b) um einen Kündigungsgrund, der auf die Verschlechterung der Bonität des Vertragspartners bzw. des für diesen Haftenden Sicherungsgebers abstellt. Das folgende, in Part 1 (h) des „Schedule" einzufügende Formulierungsbeispiel (in Anlehnung an *Gooch/Klein*, 1993, S. 123) knüpft an die Verschlechterung des Rating des persönlichen Garanten eines der Vertragspartner („Party A") an, wobei Letzterem eine Frist für die Beschaffung einer ersatzweisen Sicherheit zugestanden wird:

> „(h) **Additional Termination Event** *will apply. The following shall constitute an Additional Termination Event with respect to Party A: The unsecured unsubordinated long-term debt of Party A's Credit Support Provider shall cease for any reason to be rated Aa3 or better by Moody's or AA- or better by Standard & Poor's and Party A shall fail, within ... Business Days after notice from the Bank so requesting, (a) to deliver to the Bank credit support in an amount that will fully collateralize the risk of loss to Party B hereunder should Party A default, (b) to execute a credit support document in form and substance satisfactory to Party B obligating Party A to maintain credit support in such an amount from time to time and (c) execute such amendments to this Agreement as may be appropriate to make that document a Credit Support Document for purposes of this Agreement and, where appropriate, to name the provider of the credit support as a Credit Support Provider for Party A. For the purpose of the foregoing Termination Event, the Affected Party shall be Party A."*

b) „**Adequate Assurance**". Es kann Situationen geben, in den ein Marktteilnehmer aufgrund bestimmter Umstände in der Person der Gegenseite (z. B. Bekanntgabe großer Verluste; Bekanntgabe eines Restrukturierungsplans) berechtigte Zweifel daran hegt, ob Letztere ihre zukünftigen Vertragspflichten wird erfüllen können, ohne dass einer der „Events of Default" der § 5 (a) (i) bis (viii) greifen würde. Dem Risikomanagement des Marktteilnehmers sind dann die Hände gebunden, um rechtzeitig zu reagieren und den zukünftigen Ausfall zu vermeiden. Deshalb ist es sinnvoll, dem Marktteilnehmer in solchen Fällen die Möglichkeit zu gewähren, in Anlehung an § 2–609 New York UCC von der Gegenseite die Leistung von Sicherheiten (sog. „assurance") zu verlangen und die Nichterfüllung dieses Anspruchs als „Event of Default" zu qualifizieren, damit er rechtzeitig aus dem Vertrag herauskommt. Für die konkrete Umsetzung dieses Gedankens wird folgende, in Part 5 des „Schedule" einzufügende Ergänzung des § 5(a) MA vorgeschlagen (*Goldstein*, in: Practising Law Institute (Hrsg.), 2000, S. 483, 489):

> „The word „or" is deleted at the end of Section 5 (a) (vii), the period at the end of Section 5 (a) (viii) is deleted and replaced by „; or" and the following new Section 5 (a) (ix) is added:
>
> „(ix) **Adequate Assurance.** *The party fails to provide adequate assurance of its ability to perform all of its outstanding obligations to the other party, whether hereunder or otherwise, within two Local Business Days of a written request therefor from the other party when the other party has reasonable grounds for insecurity."*

Der Begriff der „adequate assurance" kann dabei gegebenenfalls noch näher definiert werden.

c) „**Impossibility**". Des Weiteren ist an eine Klausel über die Möglichkeit der Befreiung von den Vertragspflichten im Falle höherer Gewalt (sog. „impossibility", z. B. Katastrophen, Krieg, Terrorakte, UN-Embargo, Streik, vgl. die „große" Geschäftsgrundlage) zu denken. Das MA enthält im Gegensatz zum IFEMA (dort § 6) keine derartige Bestimmung, weil sich die ISDA-Mitglieder diesbezüglich nicht einigen konnten. Gegen eine einheitliche „impossibility"-Klausel wurde zum einen vorgebracht, sie werde den unterschiedlichen Arten höherer Gewalt nicht gerecht, und zum anderen, sie sei im angloamerikanischen Recht angesichts der „Frustration Doctrine" (hierzu aus englischer Sicht *Wheeler/Shaw*, Contract Law: Cases, Materials and Commentary, Oxford 1994,

S. 712 ff.) überflüssig (*ISDA*, User's Guide to the 1992 ISDA Master Agreements, S. 64). Wollen die Parteien dennoch nicht auf eine vertragliche Regelung verzichten, können sie den Fall höherer Gewalt als „Additional Termination Event" i. S. des § 5(b)(v) definieren. Die ISDA schlägt demgegenüber die Aufnahme eines zusätzlichen Absatzes (vi) in § 5(b) vor. Dieser sieht wie folgt aus (User's Guide to the 1992 ISDA Master Agreements, S. 65):

> „*(vi) Impossibility. Due to the occurrence of a natural or man-made disaster, armed conflict, act of terrorism, riot, labor disruption or any other circumstance beyond its control after the date on which a Transaction is entered into, it becomes impossible (other than as a result of its own misconduct) for such a party (which will be the Affected Party):*
>
> *(1) to perform any absolute or contingent obligation, to make a payment or delivery or to receive a payment or delivery in respect of such Transaction or to comply with any other material provision of this Agreement relating to such Transaction; or*
>
> *(2) to perform, or for any Credit Support Provider of such party to perform, any continent or other obligation which the party (or such Credit Support Provider) as under any Credit Support Document relating to such Transaction.*"

Bei Benutzen dieser Klausel sollte der Begriff des höhere Gewalt ausschließenden persönlichen „misconduct" einer Partei so weit wie möglich präzisiert werden. Außerdem sollten die §§ 5(c), 6(b)(ii), 6(b)(iii), 6(b)(iv)(2) und § 14 (Stichworte „Affected Transactions" sowie „Termination Event") insoweit angepasst werden, als die Bezugnahme dieser Vorschriften auf das Merkmal der „Illegality" auf die „Impossibility" ausgedehnt wird. Der Form halber sollte zusätzlich in § 14 eine Definition des Begriffs der „Impossibility" eingefügt werden, die auf § 5(b)(vi) verweist.

Zu einem besonderen Fall der „Unmöglichkeit" kann insbesondere bei langfristigen Derivaten der Wegfall oder die Änderung des vertragsgegenständlichen Währungsrisikos in Zusammenhang mit der Errichtung oder Erweiterung der EWU führen. Für diesen Fall hält die ISDA eine besondere EWU-Dokumentation bereit (vgl. „EMU-Protocol", hierzu Anm. 1(e)(gg) und Anm. 64).

48. Steuerrechtliche Unterlagen. Als steuerrechtliche Unterlagen, die der Gegenpartei nach Part 3(a) des „Schedule" zur Verfügung zu stellen sind, kommen insbesondere Bestätigungen (u. U. auf entsprechenden Formularen der zuständigen Finanzbehörden) über die Befreiung des Zahlungsempfängers von einer auf Seiten des Zahlungspflichtigen drohenden Abzugssteuer in Betracht. In den USA wird eine solche Abzugssteuer auf bestimmte Arten von festen oder bestimmbaren periodischen Zahlungen an ausländische, nicht in den USA wohnhafte Personen erhoben (vgl. Vorauflage, Anm. 12(a)(cc)). Das Vorliegen der Voraussetzungen für eine Befreiung von solchen Steuern wird auf Formularen der US-Steuerbehörde (Internal Revenue Service, „IRS") nachgewiesen; dementsprechend verlangen amerikanische Vertragspartner, dass in Part 3(a) des „Schedule" die IRS-Formulare Nr. 1001 (für die Bestätigung der Befreiung eines nicht in den USA wohnhaften Vertragspartners von der Steuerpflicht gemäß einem internationalen DBA, vgl. Part 2(b)(i) des „Schedule") und Nr. 4224 (für die Bestätigung eines nicht in den USA wohnhaften Vertragspartners, dass die im Rahmen des Vertrags getätigten Einzelgeschäfte eine „effektive Verbindung" mit einer Geschäftstätigkeit in den USA aufweisen, vgl. Part 2(b)(ii) des „Schedule") bzw. etwaige Nachfolgeformulare („any successor forms") eingetragen werden.

Um zu vermeiden, dass sich der Zahlungsempfänger unter Berufung auf eine „erhebliche Beeinträchtigung" seiner rechtlichen oder wirtschaftlichen Stellung nach § 4(a)(iii) weigert, bestimmte, für die Vermeidung der Besteuerung notwendige Unterlagen herauszugeben, und der Zahlungsverpflichtete in der Folge dann die bezahlten Steuern nach § 2(d)(i)(4) auszugleichen hat („Gross-Up"), ist es aus der Sicht des Letzteren wichtig, darauf zu achten, dass alle Dokumente, deren Bedeutung für die Besteuerung bereits bei Vertragsschluss absehbar ist, in Part 3(a) des „Schedule" aufgeführt werden und damit in den Anwendungsbereich des § 4(a)(i) gelangen. Teilweise wird dies dadurch versucht, dass man die Generalklausel des § 4(a)(iii) in Part 3(a) des „Schedule" ausdrücklich inkorporiert und dabei den Zusatz weglässt, dass die Herausgabe der Unterlagen verweigert werden kann, wenn die rechtliche oder wirtschaftliche Stellung der Gegenpartei in erheblicher Weise beeinträchtigt wird. Dies sieht dann wie folgt aus:

„*(a) Tax forms, documents or certificates to be delivered are:*

Any document or certificate reasonably required or reasonably requested by a party in connection with its obligations to make a payment under this Agreement which would enable that party to make the payment free from any deduction or withholding for or on account of Tax or as would reduce the rate at which deduction or withholding for or on account of Tax is applied to that payment.

Party required to deliver document: Party A or Party B.

Date by which to be delivered: As soon as reasonably practicable following a request by the other party."

49. Sonstige Unterlagen. Als sonstige, der Gegenseite auszuhändigende Unterlagen kommen etwa in Betracht:
- Geschäftsberichte (z.B. „*Annual Report of Party X and of his Credit Support Provider containing consolidated financial statements certified by independent certified public accountants and prepared with generally accepted accounting principles in the country in which Party X and his Credit Support Provider are organized*")
- Nachweise über die ordnungsgemäße Beschlussfassung des zuständigen gesellschaftsrechtlichen Organs, Ausfertigungen staatlicher Genehmigungen etc. („*Certified Copies of all corporate authorizations and any other documents with respect to the execution, delivery and performance of this Agreement*")
- Nachweise über die Identität der für den Vertragspartners handelnden Personen („*Certificate of authority and specimen signatures of individuals executing this Agreement and Confirmations*" oder „*Evidence reasonably satisfactory to the other party as to the names, true signatures and authority of the persons executing this Agreement and each of the documents to be executed under this Agreement*").
- Nachweise über die erfolgte Bestellung einer verlangten Sicherheit (Garantieerklärungen, Kreditbriefe, Pfandbriefe etc.)
- Rechtsgutachten („legal opinions"): Hier sollte präzisiert werden, ob das Rechtsgutachten von einem unabhängigen Dritten stammen muss oder ob die Arbeit der Rechtsabteilung des jeweiligen Vertragspartners genügt.

50. „Multibranch Parties". Entscheiden sich die Vertragsparteien dafür, den gegenseitigen Leistungsaustausch im Rahmen des MA jeweils über mehrere Niederlassungen in unterschiedlichen Ländern abzuwickeln („Multibranch Parties"), sollte bedacht werden, dass die automatische Positionenaufrechnung („Payment Netting") des § 2(c) auf diesen Fall nicht ausgelegt ist (s.o. Anm. 7). Soweit die Parteien im Hinblick auf ihre Software überhaupt technisch hierzu in der Lage sind, ist eine entsprechende Anpassung des § 2(c) angebracht. Zu berücksichtigen ist ferner die Gefahr, dass bei Insolvenz einer „Multibranch Party" separate Insolvenzverfahren über die lokalen Vermögensmassen der unterschiedlichen Niederlassungen eröffnet werden und dann versucht wird, die Ausgleichsforderungen aus den einzelnen, mit der jeweiligen Niederlassung verbundenen Geschäften zur lokalen Masse des Sekundärinsolvenzverfahrens zu ziehen und der globalen Verrechnung aller gegenseitigen sich aus den beendeten Einzeltransaktionen ergebenden Ausgleichsforderungen im Staat des Gesellschaftssitzes die Anerkennung zu verweigern. Bisher wird ein solches „multibranch Close-out Netting" nur von wenigen Insolvenzrechtsordnungen ausdrücklich anerkannt (z.B. § 618a(1) NYBL). Im Übrigen kann die Vertragsabwicklung über mehrere Niederlassungen in unterschiedlichen Ländern zu ungewünschten steuerrechtlichen Komplikationen führen.

Bevor die genannten Problempunkte nicht geklärt sind, sollte davon Abstand genommen werden, leichter Hand zusätzliche Zweigstellen in Part 4 (d) des „Schedule" einzutragen. Entsprechende Ergänzungen sind dann bei Bedarf nach Klärung der Rechtslage in den „Confirmations" immer noch möglich.

51. „Condition precedent". Die Vorschrift des § 2 (a)(iii) bringt zum Ausdruck, dass sämtliche vertraglichen Leistungspflichten der Parteien zueinander in einem genetischen und konditionellen Synallagma stehen (vgl. *Total Gas Marketing Ltd. v. Arco British Ltd. and Others* [1998] 2 Lloyd's Rep. 209, HL 20. 5. 1998, allgemein zur Auslegung vertraglicher „conditions"). Rechtstechnisch geschieht dies durch Anknüpfen an die Beendigungsgründe des „Event of Default" bzw. deren Vorfeld („Potential Event of Default", vgl. die Definition in § 14) und des „Termination Event". Es braucht nicht bis zum Eintritt des „Early Termination Date" (§§ 6, 14), d. h. dem Zeitpunkt abgewartet zu werden, zu dem die gegenseitigen primären Vertragspflichten erlöschen (s. o. Anm. 5).

Zur Klarstellung, dass das in § 2 (a)(iii) enthaltene Leistungsverweigerungsrecht trotz Vorliegen eines „Event of Default" oder „Potential Event of Default" in der Person des Vertragspartners dann nicht geltend gemacht werden kann, wenn dieser bereits seine gesamten Leistungspflichten erfüllt hat, empfiehlt die ISDA (User's Guide to the 1992 ISDA Master Agreements, S. 7) die Aufnahme der folgenden Klausel in Part 5 des „Schedule":

„The condition precedent in Section 2 (a) (iii) (1) does not apply to a payment and delivery owing by a party if the other party shall have satisfied in full all its payment or delivery obligations under Section 2 (a) (i) of this Agreement and shall at the relevant time have no future payment or delivery obligations, whether absolute or contingent, under Section 2 (a) (i)".

52. „Escrow"-Klausel. Die „Escrow"-Klausel dient der Verringerung des Vorleistungsrisikos aufgrund von Zeitverschiebungen bei Leistung in Natur (s. o. Anm. 7). Sie könnte beispielsweise so lauten:

„Escrow. If it is not possible for simultaneous payments to be made and confirmed on any date on which both parties are required to make payments hereunder, either party (the „Electing Party") may at its option (and in its sole discretion) notify the other party by giving at least two Local Business Days' notice that payments on that date are to be made in escrow. In this case, deposited of each payment due on that date shall be made by the latest time necessary in the relevant city for such payment to be cleared for good value on that day with an escrow agent (which must be a third-party financial institution of high credit rating) selected by the Electing Party. Each such payment shall be accompanied by irrevocable payment instructions (i) to release such payment to the other party upon the receipt by the escrow agent of the required deposit of (or by the Electing Party of) the payment or payments from the other party due on the same date accompanied, if to the escrow agent, by irrevocable payment instructions to the same effect or (ii) if the deposit of the other payment or payments is not made, or the other payment or payments are not otherwise received by the Electing Party, on that same date, to return such payment to the party making it for value on the next following Local Business Day, together with any interest thereon.

If the escrow agent (or the Electing Party) receives the other party's payment or all of the other party's payments, as the case may be, by the required time on the date due, the Electing Party shall pay the costs of the escrow agent and shall in addition (if the Electing Party's payment was not released from escrow on the date due) reimburse the other party with the other party's cost of funding the amount it was to receive for the period from and including the due date to but not including the date received out of escrow (as determined by the other party without proof or evidence of any actual cost). If the escrow agent (or the Electing Party) does not receive the other party's payment on the date due, then the other party shall pay the costs of the escrow agent (or reimburse the Electing Party therefor) and shall bear its own interest loss".

53. **„Negative Interest Rates".** Bei der Vereinbarung variabler Zinszahlungen (etwa im Rahmen von Zins-Swaps) taucht in der Praxis immer wieder das Phänomen negativer „Floating Amounts" (vgl. Art. 6 der „1991 Definitions") auf, wenn die „Floating Rate" (gegebenenfalls abzüglich eines Spread) einen negativen Wert annimmt. Läuft der Vertrag über JPY und ist als variabler Zinssatz „LIBOR – 50 Basispunkte" vereinbart, kann das z. B. passieren, wenn der LIBOR in JPY unter 50 Basispunkte fällt. Hier stellt sich die Frage, ob die Vertragspartei, die an sich zur Zahlung des variablen Zinses verpflichtet ist („Floating Rate Payer"), nunmehr ihrerseits von der Gegenpartei eine Zahlung in Höhe des negativen Betrages verlangen kann oder ob diese Situation lediglich dazu führt, dass die vom „Floating Rate Payer" zu entrichtenden Zinsen mit Null angesetzt werden. Weder im MA (vgl. § 2 (a)(ii)) noch in den „1991 Definitions" (vgl. dort Art. 4.4.; siehe nunmehr aber die ausdrückliche Regelung im „1998 Supplement to the 1991 ISDA Definitions" sowie in den „2000 Definitions") findet sich hierauf eine explizite Antwort. Nach Ansicht zahlreicher ISDA-Mitglieder gebietet eine kaufmännische Sichtweise dieser Problematik den vollen Ausgleich negativer Zinsforderungen. Andernfalls würden die variablen Zinsverpflichtungen nach unten hin fixiert, was nicht der Intention der Vertragsparteien entspreche. In einem Memorandum vom 15. 11. 1995 stellt die ISDA für beide Lösungsvarianten jeweils eine Musterformulierung für eine Zusatzklausel zur Auswahl, die in Part 5 des „Schedule" oder in den jeweiligen „Confirmations" aufzunehmen ist. Beide Vorschläge sind speziell auf die Verwendung im Rahmen von Zins-, Währungs- und Devisen-Swaps ausgelegt. Sollen negative Zinsbeträge vom Gläubiger ausgeglichen werden, wird die Aufnahme der folgenden Klarstellung in den Vertrag empfohlen:

„Negative Interest Rates. (a) Floating Amounts. „Swap Transaction" means, for the purposes of this provision concerning Negative Interest Rates, a rate exchange or swap transaction, including transactions involving a single currency or two or more currencies. Party A and Party B agree that, if with respect to a Calculation Period for a Swap Transaction either party is obligated to pay a Floating Amount that is a negative number (either due to a quoted negativ Floating Rate or by operation of a Spread that is subtracted from the Floating Rate), the Floating Amount with respect to that party for that Calculation period will be deemed to be zero, and the other Party will pay to that party the absolute value of the negative Floating Amount as calculated, in addition to any amounts otherwise owed by the other party for that Calculation Period with respect to that Swap Transaction, on the Payment Date that the Floating Amount would have been due if it had been a positive number. Any amounts paid by the other party with respect to the absolute value of a negative Floating Amount will be paid to such account as the receiving party may designate (unless such other party gives timely notice of a reasonable objection to such designation) in the currency in which that Floating Amount would have been paid if it had been a positive number (and without regard to the currency in which the other party is otherwise obligated to make payments).

(b) Compounding. Party A and Party B agree that, if with respect to one or more Compounding Periods for a Swap Transaction where „Compounding" or „Flat Compounding" is specified to be applicable the Compounding Period Amount, the Basic Compounding Period Amount or the Additional Compounding Period Amount is a negative number (either due to a quoted negative Floating Rate or by operation of a Spread that is subtracted from the Floating Rate), then the Floating Amount for the

Calculation Period in which that Compounding Period or those Compounding Periods occur will be either the sum of all Compounding Period Amounts or the sum of all the Basic Compounding Period Amounts and all the Additional Compounding Period Amounts in that Calculation Period (whether positive or negative). If such sum is positive, then the Floating Rate Payer with respect to the Floating Amount so calculated will pay that Floating Amount to the other party. If such sum is negative, the Floating Amount with respect to the party that would be obligated to pay that Floating Amount will be deemed to be zero, and the other party will pay to that party the absolute value of the negative Floating Amount as calculated, such payment to be made in accordance with (a) above."

Für Parteien, die den zweiten Lösungsansatz vorziehen und die variable Zinsforderung bei einem negativen Zinssatz schlicht und einfach auf „Null" stellen wollen, wird von der ISDA die folgende Formulierung vorgeschlagen:

„**Negative Interest Rates.** (a) Floating Amounts. „Swap Transaction" means, for the purposes of this provision concerning Negative Interest Rates, a rate exchange or swap transaction, including transactions involving a single currency or two or more currencies. Party A and Party B agree that, if with respect to a Calculation Period for a Swap Transaction either party is obligated to pay a Floating Amount that is a negative number (either due to a quoted negative Floating Rate or by operation of a Spread that is subtracted from the Floating Rate), the Floating Amount with respect to that party for that Calculation Period will be deemed to be zero, and the other party will not be obligated to pay to that party the absolute value of the negative Floating Amount as calculated and will only be obligated to pay those amounts otherwise owed by the other party for that Calculation Period with respect to that Swap Transaction.

(b) Compounding. Party A and Party B agree that, if with respect to a Compounding Period for a Swap Transaction where „Compounding" or „Flat Compounding" is specified to be applicable the Compounding Period Amount, the Basic Compounding Period Amount or Additional Compounding Period Amount is a negative number (either due to a quoted negative Floating Rate or by operation of a Spread that is subtracted from the Floating Rate), then such Compounding Period Amount, Basic Compounding Period Amount or Additional Compounding Period Amount will be deemed to be zero, and, accordingly, such Compounding Period Amount, Basic Compounding Period Amount or Additional Compounding Period Amount will neither increase nor decrease any Adjusted Calculation Amount, Flat Compounding Amount or Floating Amount."

54. **„Discharge and Termination of Options".** Eine Klausel, die in Ergänzung des § 2 (c) speziell für Währungsoptionen das automatische Erlöschen gegenseitiger und inhaltlich spiegelbildlicher „Call"- oder „Put"-Optionen der Vertragsparteien ermöglicht und die sich, wie die ISDA empfiehlt (User's Guide to the 1992 ISDA Master Agreements, S. 68) an § 6 ICOM MA orientiert, könnte wie folgt aussehen:

„*Discharge and Termination of Currency Options.* Unless otherwise agreed, any Currency Option to purchase at the Strike Price a specified quantity of the Call Currency or to sell at the Strike Price a specified quantity of the Put Currency, written by a party, will automatically be terminated and discharged, in whole or in part, as applicable, against a Currency Option, to purchase at the Strike Price a specified quantity of the Call Currency or to sell at the Strike Price a specified quantity of the Put Currency, respectively, written by the other Party, such termination and discharge to occur automatically upon the payment in full of the last Premium payable in respect of such Options; provided that such termination and discharge may only occur in respect of Currency Options:

(a) each being with respect to the same Put Currency and the same Call Currency;

(b) each having the same Expiration Date and Expiration Time;

(c) each being of the same style, i. e. either both being American Style Options or both being European Style Options;

(d) each having the same Strike Price; and

(e) neither of which shall have been exercised by delivery of a Notice of Exercise;

and, upon the occurrence of such termination and discharge, neither party shall have any further obligation to the other party in respect of the relevant Currency Options or, as the case may be, parts thereof so terminated and discharged. In the case of a partial termination and discharge (i. e. where the relevant Currency Options are for different amounts of the Currency Pair), the remaining portion of the Currency Option which is partially discharged and terminated shall continue to be a Currency Option for all purposes of this Agreement (capitalized terms refer to those so-definied terms in the 1998 ISDA FX and Currency Option Definitions)."

55. „Set-off"-/„Conditions to Certain Payments". Die Vereinbarung der „Second Method" („Two-Way-Paymets") als maßgeblicher Abwicklungsmechanismus bei Vertragsende birgt im Falle einer Beendigung wegen der Insolvenz einer der beiden Parteien („Event of Default", §§ 5 (a)(vii), 6 (a)) für die vertragstreue Seite die Gefahr, einerseits eine volle Ausgleichszahlung erbringen (insbesondere wenn sie bezüglich der offenen Transaktionen „out off the money ist") und sich andererseits gleichzeitig hinsichtlich etwaiger Gegenforderungen aus anderen Rechtsverhältnissen auf die Insolvenzquote verweisen lassen zu müssen (s. o. Anm. 22). Hier ist es deshalb wichtig, für die vertragstreue Seite die Möglichkeit einer Aufrechnung zu gewährleisten.

Die einfachste Form einer „Set-Off"-Klausel ist der Verweis auf bereits bestehende Aufrechnungsmöglichkeiten. Diese können auf dem Gesetz oder auf einem gegebenenfalls zwischen den Parteien bestehenden anderweitigen Vertrag beruhen:

„Nothing in this Agreement shall be treated as restricting or negating any right of set-off, lien, counterclaim or other right or remedy which might otherwise be available to either party".

Vor dem Hintergrund des anwendbaren Vertragsstatuts (gemäß § 13 (a) i. V. m. Part 4 (h) des „Schedule" englisches oder New Yorker Recht) kommt einer vertraglichen Aufrechnungs- oder Zurückbehaltungsklausel eine besondere Bedeutung zu, weil im angloamerikanischen Rechtsbereich die Möglichkeit einseitiger rechtsgeschäftlicher Aufrechnungserklärungen stark begrenzt ist (s. o. Anm. 7). Für den Fall, dass sich nicht bereits aus anderweitigen Rechtsverhältnissen mit dem Vertragspartner entsprechende Aufrechnungs- oder Zurückbehaltungsbefugnisse ergeben sollten, stellt die ISDA (User's Guide to the 1992 ISDA Master Agreements, S. 56–60) eine Auswahl spezieller, als „§ 6 (f)" in das MA einzufügender Aufrechnungsklauseln (unten a)–d)) zur Verfügung, deren rechtliche Wirksamkeit nach den zuständigen Sachrechts- bzw. Vollstreckungs- und Insolvenzrechtsordnungen im Einzelfall genau überprüft werden sollte. Dies gilt insbesondere für die Frage der Zulässigkeit einer Einbeziehung von verbundenen Unternehmen. Zudem weist die ISDA auf die Gefahr hin, dass ihre weit gefassten Musterklauseln von der Gegenseite unter Hinweis auf streitige Gegenansprüche eines mit ihr verbundenen Unternehmens zur Zurückhaltung von Zahlungen missbraucht werden könnten (User's Guide to the 1992 ISDA Master Agreements, S. 54).

a) „Basic Set-off". Die sog. „Basic Set-off"-Klausel beschränkt sich auf die Aufrechnung von Ansprüchen zwischen den Vertragsparteien selbst und lautet (*ISDA*, User's Guide to the 1992 ISDA Master Agreements, S. 56):

„Set-off. Any amount (the „Early Termination Amount") payable to one party (the Payee) by the other party (the Payer) under Section 6 (e), in circumstances where there

is a Defaulting Party or one Affected Party in the case where a Termination Event under Section 5 (b) (iv) has occurred, will, at the option of the party („X") other than the Defaulting Party or the Affected Party (and without prior notice to the Defaulting Party or the Affected Party), be reduced by its set-off against any amount(s) (the „Other Agreement Amount") payable (whether at such time or in the future or upon the occurrence of a contingency) by the Payee to the Payer (irrespective of the currency, place of payment or banking office of the obligation) under any other agreement(s) between the Payee and the Payer or instrument(s) or undertaking(s) issued or executed by one party to, or in favor of, the other party (and the Other Agreement Amount will be discharged promptly and in all respects to the extent it is so set-off). X will give notice to the other party of any set-off effected under this Section 6 (f).

For this purpose, either the Early Termination Amount or the Other Agreement Amount (or the relevant portion of such amount) may be converted by X into the currency in which the other is denominated at the rate of exchange at which such party would be able, acting in a reasonable manner and in good faith, to purchase the relevant amount of such currency.

If an obligation is unascertained, X may in good faith estimate that obligation and set-off in respect of the estimate, subject to the relevant party accounting to the other when the obligation is ascertained.

Nothing in this Section 6 (f) shall be effective to create a charge or other security interest. This Section 6 (f) shall be without prejudice and in addition to any right of set-off, combination of accounts, lien or other right to which any party is at any time otherwise entitled (whether by operation of law, contract or otherwise)."

b) „Guarantee and Assignment". Die sog. „Guarantee and Assignment"-Klausel erweitert die Aufrechnung der „Basic set-off"-Klausel auf die jeweils mit den Vertragsparteien verbundenen Unternehmen (sog. „Cross-Affiliate-Set-Off"). Die Gegenseitigkeit wird auf Gläubigerseite durch die Rechtstechnik der Abtretung und auf Schuldnerseite durch die Übernahme selbstschuldnerischer Garantien bezüglich der Zahlungsverpflichtungen dieser verbundenen Unternehmen gegenüber dem Vertragspartner hergestellt. Dabei sind gegebenenfalls bestehende gesellschaftsrechtliche Grenzen (z. B. §§ 30 f. GmbHG; 57 AktG) zu beachten. Im Einzelnen lautet die Klausel wie folgt (*ISDA*, User's Guide to the 1992 ISDA Master Agreements; S. 57 f.):

„*Set-off*. Any amount (the „Early Termination Amount") payable to one party (the „Payee") by the other party (the „Payer") under Section 6 (e), in circumstances where there is a Defaulting Party or one Affected Party in the case where a Termination Event under Section 5 (b) (iv) has occurred, will, at the option of the party („X") other than the Defaulting Party or the Affected Party (and without prior notice to the Defaulting Party or the Affected Party), be reduced by its set-off against any amount(s) (the „Other Agreement Amount") payable (whether at such time or in the future or upon the occurrence of a contingency) by the Payee or any Affiliate of the Payee to the Payer or any Affiliate of the Payer, including under (i) or (ii) below, irrespective of the currency, place of payment or banking office of the obligation, under any other agreement(s) between the Payee or any Affiliate of the Payee and the Payer or any Affiliate of the Payer or instrument(s) or undertaking(s) issued or executed by one party or any Affiliate thereof to, or in favor of, the other party or any Affiliate thereof (and the Other Agreement Amount will be discharged promptly and in all respects to the extent it is so set-off). X will give notice to the other party of any set-off effected under this Section 6 (f).

(i) **Guarantee**. Each party („B") hereby unconditionally and irrevocably guarantees (but only to the extent of any Early Termination Amount payable to it), each as a primary obligor and not merely as a surety, the due and punctual payment and performance of all the obligations of B's Affiliates to the other party („A") (or any of A's Affiliates), and B agrees that such guarantee is a guarantee of payment when due and not of collection and is a continuing guarantee, waives any and all rights of contribution, reimbursement or subrogation (except as provided below in this Section 6(f)) which may arise as a result of such guarantee and waives any and all defenses to payment that it or any of its Affiliates may have.

(ii) Assignment. If either party („C") has reasonable grounds for insecurity regarding a potential default under this Agreement by the other party („D"), then any right of an Affiliate of C to receive payment from D or any Affiliate of D may be assigned to C, in which case D hereby consents to any such assignment of the benefit of its obligations and agrees to use its best efforts to obtain any required consents from its relevant Affiliate to any such assignment of the benefit of an obligation of that Affiliate. C shall give prompt written notice to D of any assignments of rights to C by Affiliates of C pursuant to this provision.

If the Early Termination Amount has been reduced or eliminated through its set-off against amounts payable under (i) above or assigned pursuant to (ii) above, the obligations guaranteed pursuant to (i) above and the obligations in respect of which rights were assigned pursuant to (ii) above shall be discharged promptly in all respects to the extent utilized to so reduce or eliminate the Early Termination Amount.

Following the payment to the Payer or Payer's Affiliates of all amounts owed to them by the Payee's Affiliates and the expiration of any applicable legal period relating to bankruptcy, insolvency, administration or liquidation or other similar event, the Payee shall become subrogated to the rights of the Payer or the Payer's Affiliates, as the case may be, under the obligations guaranteed pursuant to (i) above.

For this purpose, either the Early Termination Amount or the Other Agreement Amount (or the relevant portion of such amounts) may be converted by X into the currency in which the other is denominated at the rate of exchange at which such party is able, acting in a reasonable manner and in good faith, to purchase the relevant amount of such currency.

If an obligation is unascertained, X may in good faith estimate that obligation and set-off in respect of the estimate, subject to the relevant party accounting to the other when the obligation is ascertained.

Nothing in this Section 6(f) shall be effective to create a charge or other security interest. This Section 6(f) shall be without prejudice and in addition to any right of set-off, combination of accounts, lien or other right to which any party is at any time otherwise entitled (whether by operation of law, contract or otherwise)."

c) „Conditions to Certain Payments". Die „Conditions-to-Certain-Payments"-Klausel (*ISDA*, User's Guide to the 1992 ISDA Master Agreements, S. 59 f.) ist das Beispiel eines vertraglich vereinbarten konzernweiten Zurückbehaltungsrechts. Bisweilen wird die nachstehend wiedergegebene Bedingungsklausel mit einer der beiden obigen Aufrechnungsklauseln kombiniert.

„**Conditions to Certain Payments.** Notwithstanding the provisions of Section 6(e)(i)(3) and (4), as applicable, if the amount referred to therein is a positive number, the Defaulting Party will pay such amount to the Non-defaulting Party, and if the amount referred to therein is a negative number, the Non-defaulting Party shall have no obligation to pay any amount thereunder to the Defaulting Party unless and until the conditions set forth in (i) and (ii) below have been satisfied at which time there shall arise an obligation of the Non-defaulting Party to pay to the Defaulting Party an amount equal to the absolute value of such negative number less any and all amounts which the Defaulting Party may be obligated to pay under Section 11:

(i) the Non-defaulting Party shall have received confirmation satisfactory that in its sole discretion (which may include an unqualified opinion of its counsel) that (x) no further payments or deliveries under Section 2 (a) (i) or 2 (e) in respect of Terminated Transactions will be required to be made in accordance with Section 6 (c) (ii) and (y) each Specified Transaction shall have terminated pursuant to its specified termination date or through the exercise by a party of a right to terminate and all obligations owing under each such Specified Transaction shall have been fully and finally performed; and

(ii) all obligations (contingent or absolute, matured or unmatured) of the Defaulting Party and any Affiliate of the Defaulting Party to make any payment or delivery to the Non-defaulting Party or any Affiliate of the Non-defaulting Party shall have been fully and finally performed."

d) „No Agency". Um sicherzustellen, dass die Aufrechnung bzw. die Geltendmachung des Zurückbehaltungsrechts nicht dadurch behindert wird, dass sich die Gegenpartei (bzw. deren Insolvenzverwalter) darauf beruft, sie habe die beendeten Transaktionen zwar in eigenem Namen, aber in uneigennütziger Treuhandschaft für eine dritte Person abgeschlossen, bietet die ISDA (User's Guide to the 1992 ISDA Master Agreements, S. 54, Fn. 45) den Benutzern ihres MA folgende weitere Zusicherung zur Ergänzung der „Basic Representations" des § 3 (a) an:

„No Agency. It is entering into this Agreement and each Transaction as principal (and not as agent or in any other capacity, fiduciary or otherwise)."

Die Aufnahme dieser Klausel in das MA war ursprünglich vorgesehen gewesen, wegen rechtlicher Zweifel dann aber fallen gelassen worden. Die Bestimmung gewährleistet das Vorliegen der für die Aufrechnung notwendigen Gegenseitigkeit, die andernfalls nach der zuständigen Sachrechts-, Vollstreckungs- oder Insolvenzrechtsordnung verneint werden könnte. So wird etwa für das deutsche Recht die Ansicht vertreten, die Aufrechnung einer Verbindlichkeit, die im Innenverhältnis des Gläubigers (Treuhänder) zu einer dritten Person (Treugeber) aufgrund eines Treuhandverhältnisses Letzterer zustehe, mit einer demgegenüber persönlichen Forderung gegen Treuhänder sei unzulässig (OLG Stettin OLGE 23, 19; a. A. RG Recht 1914, Nr. 1404 sowie *Kollhosser*, Drittaufrechnung und Aufrechnung in Treuhandfällen, FS Lukes (1989), 721, 739 ff.).

56. „Binding oral agreements". Der zusätzlichen Klarstellung, dass der Vertrag durch übereinstimmende telefonische Willenserklärungen zustandekommt und das Bestätigungsschreiben oder -telex nur Beweiszwecken dient (s. o. Anm. 26 (a) zu § 9 (e) (ii)) dient folgende, in der Praxis anzutreffende Bestimmung:

„Binding oral agreements. With reference to the prefatory paragraph of this Agreement, the parties anticipate that Transactions will usually be entered into through binding oral agreements concluded over the telephone by their authorised representatives. Party A shall promptly confirm the details by telex or facsimile transmission to the other party. Any correction of an error shall be made promptly upon receipt of the telex or the facsimile transmission. Each party shall be entitled to request a written Confirmation, and either the other party or the party requesting the written Confirmation shall upon request deliver such Confirmation duly executed and signed by its authorised representative(s)."

57. Zustimmung zu Tonbandaufzeichnungen. In der Praxis werden die einzelnen, den Rahmenvertrag ausfüllenden Transaktionen häufig zunächst telefonisch abgeschlossen. Das Aufzeichnen solcher Telefongespräche auf Tonträger ist international üblich und bankenaufsichtsrechtlich erwünscht. So heißt es in der „Verlautbarung über Mindestanforderungen an das Betreiben von Handelsgeschäften der Kreditinstitute" des BAKred vom 23. 10. 1995 (http://www.bakred.de/texte/verlautb/minanfhg.htm) mit ausdrücklichem Geltungsanspruch für derivative Geschäfte (a. a. O., unter Nr. 1) unter Nr. 3.3.

7. International Swap Dealers Association Inc. Master Agreement

("Rechtliche Risiken"), die Geschäftsgespräche der Händler *sollten* auf Tonträger aufgezeichnet werden und diese Aufzeichnungen seien mindestens drei Monate aufzubewahren. Auch die Bank of England empfiehlt in ihrem London Code of Conduct den Händler- und Brokerfirmen unter ihrer Aufsicht ausdrücklich das Mitschneiden aller Telefongespräche. Das Fehlen einer Aufzeichnung ist danach im Falle von Streitigkeiten gegen einen solchen Vertragspartner auszulegen. Die Tonbänder sollen mindestens zwei Monate lang aufbewahrt werden.

In einigen Rechtsordnungen ist das Aufzeichnen von Telefongesprächen ohne die vorherige Zustimmung des Gesprächspartners allerdings unzulässig. So ist die Lage z.B. in *Deutschland* gemäß § 201 StGB (zur Unzulässigkeit der beweisrechtlichen Verwertung solcher Aufzeichnungen im Zivilprozess siehe *Baumbach/Lauterbach*, ZPO, 59. Aufl., München 2001, Übers. § 371, Rz. 12–14). In anderen Ländern ist eine heimliche Tonbandaufzeichnung zwar nicht strafbar, kann dort aber ebenfalls vor Gericht nicht als Beweismittel verwendet werden (so für das *englische* Recht *ISDA*, User's Guide to the 1992 ISDA Master Agreements, S. 77). Für Fälle dieser Art bietet die ISDA (User's Guide to the 1992 ISDA Master Agreements, S. 66) eine Zusatzklausel an, in der die nötige Zustimmung im Voraus erteilt wird und sich die Vertragsparteien zusätzlich verpflichten, im Einzelfall den Gesprächspartner auf die Tatsache des Aufzeichnens hinzuweisen und die erforderliche Zustimmung einzuholen. Damit baut man dem Fall vor, dass eine der (zivilrecht- oder strafrechtlich) anwendbaren Rechtsordnungen die vertragliche Vorabzustimmung nicht anerkennt. Der Wortlaut der in Part 5 des „Schedule" einzufügenden Vereinbarung lautet wie folgt:

„*Each party (i) consents to the recording of the telephone conversations of trading and marketing personnel of the parties and their Affiliates in connection with this Agreement or any potential Transaction and (ii) agrees to obtain any necessary consent of, and give notice of such recording to, such personnel of it and its Affiliates.*"

Im *New Yorker* Recht genügen Tonträgeraufzeichnungen zwar nicht dem allgemeinen Schriftformerfordernis („Agreements required to be in writing") des § 5–701(a) NYGOL (*Sonder v. Roosevelt*, 476 N.E.2d 996, 997 (N.Y. 1985)). Speziell bei den nach § 5–701(b)(1) NYGOL formlos gültigen „qualified financial contracts" (hierzu oben Anm. 26(b)(aa)) lässt das Gesetz prozessual verwertbare (insb.: mit Zustimmung des Betroffenen angefertigte) Tonträgeraufzeichnungen ausdrücklich als Beweismittel beim Nachweis der tatsächlichen Einigung zu (§ 5–701(b)(3)(a)).

58. „Exchange of Confirmations". Mit der folgenden Zusatzbestimmung werden die Verantwortlichkeiten für das Zustandekommen einer „Confirmation" klar verteilt:

„*Exchange of Confirmations. For each Transaction entered into hereunder, Party A shall promptly send to Party B a Confirmation, via telex or facsimile transmission. Party B agrees to respond to such Confirmation within three (3) Local Business Days, either confirming agreement thereto or requesting a correction of any error(s) contained therein. Failure by Party B to respond within such period shall not affect the validity or enforceability of such Transaction and shall be deemed to be an affirmation of the terms contained in such Confirmation, absent manifest error. The parties agree that any such exchange of telexes or facsimile transmissions shall constitute a Confirmation for all purposes hereunder.*"

Die Bank of England stellt in Nr. 92 ihres London Code of Conduct vom Juli 1995 klar, dass eine solche Vereinbarung, welche die Pflicht zum Versenden einer „Confirmation" auf *eine* der beiden Vertragsparteien beschränkt und der anderen eine Pflicht zum Antworten auferlegt, aus der Sicht des englischen Aufsichtsrechts nicht zu beanstanden ist.

59. **Elektronisch bestätigte Transaktionen.** Die Parteien wünschen u. U., ihre „Confirmations" über ein elektronisch betriebenes Informationsverbreitungssystem auszutau-

schen. Das wird vor allem bei währungsbezogenen Transaktionen relevant. Dabei kann es sein, dass das Informationssystem lediglich die Übertragung bestimmter standardisierter Mitteilungen für die technischen Einzelheiten des Geschäfts (vgl. die authentifizierten Standardmeldungen im Rahmen der SWIFT), nicht aber sonstiger Zusätze erlaubt, welche die Einbeziehung der auf das jeweilige Einzelgeschäft betreffenden ISDA „Definitions" und die Einbindung des Einzelgeschäfts in das gesamte Vertragwerk sicherstellen. Für diesen Fall empfiehlt die ISDA (User's Guide to the 1992 ISDA Master Agreements, S. 67) folgende Zusatzklausel:

„Electronic Confirmations. Where a Transaction is confirmed by means of an electronic massaging system that the parties have elected to use to confirm such Transaction (i) such confirmation will constitute a „Confirmation" as referred to in this Agreement even where not so specified in the confirmation, (ii) such Confirmation will supplement, form part of, and be subject to this Agreement and all provisions in this Agreement will govern the Confirmation except as modified therein and (iii) either (A) the definitions and provisions contained in the 1992 ISDA FX and Currency Option Definitions [nunmehr: 1998 ISDA FX and Currency Option Definitions] will be incorporated into the Confirmation if the Transaction is an FX Transaction or Currency Option or (B) the... [den Titel des betreffenden ISDA Dokuments einfügen]. Definitions will be incorporated into the Confirmation if the Transaction is... [die Art des Geschäfts einfügen]. *In the event of any inconsistency between the Definitions applicable pursuant to clause (iii) of this subsection and this Agreement, the Confirmation will prevail for the purpose of the relevant Transaction."*

Eine andere Möglichkeit zur Klarstellung, dass sämtliche zwischen den Parteien abgeschlossenen Einzeltransaktionen einer bestimmten Art Bestandteil des Rahmenvertrags werden, auch wenn eine entsprechende Bezugnahme in den jeweiligen „Confirmations" versäumt oder aus technischen Gründen nicht möglich ist, bietet die folgende Klausel:

„The Parties acknowledge that all existing Transactions (as defined in section 14) between them are governed by the terms of this Agreement."

60. Einbeziehung der ISDA „Definitions". Die ISDA „Definitions" sind selbständige Dokumente (s.o. Anm. 1(e)), die über die allgemeinen Definitionen des § 14 MA hinausgehend Vertragsbedingungen festlegen, die speziell auf bestimmte Arten von derivativen Transaktionen ausgerichtet sind. Für ihre Einbeziehung in den Rahmenvertrag ist eine entsprechende Willensäußerung der Parteien erforderlich. Eine verweisende Bezugnahme auf die gewünschte „Definitions" ist ausreichend; das gilt selbst dann, wenn ein solcher Verweis auf vorformulierten Vertragsbedingungen der einen Vertragsseite beruht und der Inhalt der Definitions der Gegenseite gar nicht bekannt ist (*Republic National Bank v. Hales,* 1999 WL 1215581, S.D.N.Y., 14.12.1999, *11, zu New Yorker Recht und u.a. mit Hinweis auf den einschlägigen Geschäftsbrauch bei derivativen Transaktionen; vgl. auch *Credit Suisse Financial Products v. Societe Generale d'Entreprises* [1997] I.L.Pr. 165, 4.7.1996, Tz. 15: Wirksamer Verweis in einer Confirmation auf den Text des von Parteien erst noch abzuschließenden ISDA MA; zur letzteren Entscheidung s.a. die kurze Darstellung bei *Vorpeil,* RIW 1997, 242). Sofern der Schwerpunkt der Einzelabschlüsse auf Geschäften einer bestimmten Gattung (z.B. Zinsswaps, Kreditderivate, Devisenoptionen) liegen soll, für die passende ISDA „Definitions" erschienen sind, empfiehlt es sich, diese bereits vorab durch einen entsprechenden Verweis im „Schedule" in den Gesamtvertrag zu inkorporieren. Sollten sich die gewählten „Definitions" dann später bei bestimmten Einzeltransaktionen als unpassend erweisen, können diesbezüglich in den jeweiligen „Confirmations" spezielle Regelungen bzw. vorrangige Verweise auf geeignetere „Definitions" eingebaut werden. Bei Derivaten, deren Basiswerte selbst ebenfalls Derivate sind (z.B. Swaptions) ist darauf zu achten, dass keine Unklarheiten darüber entstehen, ob die in Bezug genommenen

7. International Swap Dealers Association Inc. Master Agreement VII. 7

„ISDA Definitions" die Transaktion selbst (z. B. Option), den Basiswert (z. B. Swap) oder beides regeln sollen (vgl. *Caisse Nationale de Credit Agricole v. CBI Industries*, 90 F. 3 d 1264, 1273, United States Court of Appeals v. 24. 7. 1996, wo es um die Auslegung eines in der „Confirmation" einer Swaption enthaltenen Verweises auf das IRCEA ging).

Die folgende Musterklausel für die vorweggenommene Einbeziehung von ISDA Definitions in den Rahmenvertrag wählt das Beispiel der „2000 Definitions" für Swap-Geschäfte sowie Swap-Derivate, ist aber ebenso gut auf die anderen „Definitions" übertragbar:

„§ 1 (a) is modified by adding the following sentence after ,Agreement':

Unless otherwise specified in a Confirmation this Agreement and each Transaction are subject to the 2000 ISDA Definitions as published by the International Swap Dealers Associate, Inc. (the ,Definitions'), and shall be governed in all respect by the provisions set out in the Definitions, without regard to any amendment to the Definitions, subsequent to the date of the execution of this Agreement. The provisions of the Definitions are incorporated by reference in and shall be deemed a part of this Agreement. Any terms used and not otherwise defined in a Confirmation shall have the meaning set forth in the Definitions. Each party confirms that it has full knowledge of the Definitions. In the event of any inconsistency between the provisions of this Agreement and the Definitions, this Agreement shall prevail. In the event of any inconsistency between the provisions of any Confirmation and this Agreement, such Confirmation shall prevail for the purpose of the relevant Transaction."

Sofern noch die alten „1991 Definitions" verwendet werden, sollten diese wie folgt an die geänderte Terminologie des 1992 MA (statt „Swap Transaction" nunmehr neutral „Transaction") angepasst werden:

„Swap Transaction" in the 1991 ISDA Definitions is deemed to be a reference to a „Transaction" for the purpose of interpreting this Agreement or any Confirmation. „Transaction" in this Agreement or any Confirmation is deemed to be a reference to a „Swap Transaction" for the purpose of interpreting the 1991 ISDA Definitions.

61. „Severability". Eine „Severability"-Klausel (Teilnichtigkeitsklausel) wurde nach eingehenden Beratungen in den vorbereitenden Arbeitsgruppen bewusst nicht in das ISDA MA aufgenommen (anders z. B. § 8.7. IFEMA), weil man z. T. befürchtete, dadurch die insolvenzrechtliche Anerkennung der vertraglichen Einheit von MA und Einzelabschlüssen nach § 1 (c) zu gefährden. Andere wollten vermeiden, dass eine Vertragsseite diese Klausel dazu benutzt, auf der Erfüllung ihrer Vertragsansprüche auch dann zu bestehen, wenn die eigenen Verbindlichkeiten unwirksam sein sollten. Wieder andere sahen die Gefahr, eine Teilnichtigkeitsklausel könne zu Widersprüchen mit den Rechtsfolgen des „Termination Event" der „Illegality" in § 5 (b) (i) führen (*ISDA*, User's Guide to the 1992 ISDA Master Agreements, S. 63 f.). Wer trotz dieser Bedenken eine „Severability"-Klausel in den Vertrag aufnehmen möchte, könnte sie etwa so gestalten:

„Severability. The unenforceability, invalidity or illegality of one or more provisions in this Agreement under the law of any jurisdiction will not affect the enforceability, validity or legality of the remaining provisions of this Agreement under the law of such jurisdiction".

Der folgende Formulierungsvorschlag (zitiert nach *Gooch/Klein*, 1993, S. 432, Fn. 356) ist speziell für den Fall ausgelegt, dass die Parteien die Absicht haben, miteinander Derivatgeschäfte sehr unterschiedlicher Art abzuschließen, und dass zusätzlich die „Close-out-Netting"-Vorschriften der §§ 5 und 6 bezüglich einzelner Transaktionen von einer der zuständigen Insolvenzrechtsordnungen nicht als wirksam anerkannt werden, etwa weil gerade diese Geschäfte sich nicht unter die einschlägigen „Netting"-Gesetze subsumieren lassen:

"If the designation of an Early Termination Date with respect to any Transaction would be impermissible under applicable bankruptcy or insolvency law, the designation of an Early Termination Date hereunder in connection with an Event of Default or a Termination Event that would otherwise result in treatment of all Transactions as Terminated Transactions shall be treated as a designation of that Early Termination Date with respect to only those Transactions which can be treated hereunder as Terminated Transactions for all purposes without violating any provision of applicable law, and the provisions of this Agreement relating to early termination, the calculation of payments due in connection therewith, and all related matters, shall for all purposes be deemed amended to give effect to the intent of the parties expressed in this paragraph".

62. „Relationship Between Parties". In den meisten Rechtsordnungen gibt es in mehr oder weniger starker Ausprägung besondere aufsichts- und/oder zivilrechtliche Hinweis-, Aufklärungs- oder Beratungspflichten (kurz: Informationspflichten) professioneller Finanzdienstleister gegenüber informationell unterlegenen Vertragsparteien, deren Verletzung aufsichtsrechtliche Sanktionen und/oder zivilrechtliche Schadensersatzansprüche nach sich zieht. In der EG bestehen entsprechende europarechtliche Vorgaben für Wertpapierdienstleistungsunternehmen gegenüber ihren Kunden aufgrund der Richtlinie 93/22/EWG des Rates vom 10. 5. 1993 „über Wertpapierdienstleistungen" (ABlEG Nr. L 141/27 v. 11. 6. 1993), die in Deutschland in Gestalt der §§ 31 f. WpHG umgesetzt wurden (hierzu *Reiner*, 2. Kapitel, A.II.3., m.w.N.). Konkretisiert werden diese Vorschriften durch die Richtlinie des BAW gemäß § 35 VI WpHG „zur Konkretisierung der §§ 31 und 32 WpHG für das Kommissionsgeschäft, den Eigenhandel für andere und das Vermittlungsgeschäft der Wertpapierdienstleistungsunternehmen" vom 9. 5. 2000 (Bundesanzeiger Nr. 131 v. 15. 7. 2000, S. 13790, http://www.bawe.de/down/rl00_01.pdf). Zu den „Wertpapierdienstleistungen" i.S. der EG-Richtlinie und des WpHG zählen u.a. Derivate (vgl. Anhang, Abschnitt B. der Richtlinie; § 2 II WpHG). „Kunden" i.S. dieser Regelungen sind nicht nur private Verbraucher (vgl. § 13 BGB), sondern auch Unternehmen. Jedenfalls soweit sie aufsichtsrechtlicher Herkunft sind und die Vertragsparteien einer entsprechenden Aufsicht unterworfen sind (vgl. § 31 III WpHG), lassen sich diese Pflichten nicht dadurch vermeiden, dass eine Rechtsordnung als Vertragsstatut gewählt wird, die solche Pflichten nicht oder nur in geringem Umfang kennt.

Ein geeigneter Ansatzpunkt für vertragliche Strategien zur Vermeidung zivil- und aufsichtsrechtlicher Sanktionen wegen Verletzung von Informationspflichten beim Abschluss derivativer Verträge ist jedoch der allgemeine Gesichtspunkt der Erforderlichkeit der zu erteilenden Information. Dieser kommt z.B. in Art. 11 I 2 der EG-Wertpapierdienstleistungsrichtlinie zum Ausdruck. Danach müssen die sog. Wohlverhaltensregeln, welche die Wertpapierfirmen fortwährend einzuhalten haben, „so angewandt werden, dass der Professionalität der Person Rechnung getragen wird, für die die Dienstleistung erbracht wird". Im Rahmen der parallelen zivilrechtlichen Informationspflichten ist die Erforderlichkeit der Information ebenfalls Haftungsvoraussetzung. Das gilt für das deutsche Recht bei der Haftung wegen c.i.c. oder wegen Verletzung eines konkludenten selbständigen Beratungsvertrags. Im englischen und US-amerikanischen Anlegerschutzrecht etwa ist dieser Zusammenhang unter dem Stichwort der „suitability" geläufig (vgl. die Entscheidung der QBD, Commercial Court, v. 1. 12. 1995 in der Sache *Bankers Trust International plc v PT Dharmala Sakti Sejahtera* [1996] CCL 518).

Dementsprechend schlägt die ISDA seit 1996 folgende, in Part 5 des „Schedule" zu vereinbarende, dem MA einen neuen § 15 hinzufügende Ergänzungsklausel vor (http://www.isda.org/press/pdf/mastera1.pdf), in der sich die Vertragsparteien gegenseitig zusichern, dass sie aufgrund ihrer Vorkenntnisse dazu in der Lage sind, die Tragweite

7. International Swap Dealers Association Inc. Master Agreement

ihrer rechtsgeschäftlichen Erklärung selbständig zu erkennen, und daher bei Vertragsschluss über volle materielle Vertragsfreiheit verfügen:

> „15. *Relationship Between Parties.* Each party will be deemed to represent to the other party on the date on which it enters into a Transaction that (absent a written agreement between the parties that expressly imposes affirmative obligations to the contrary for that Transaction):
>
> (a) **Non-Reliance.** It is acting for its own account, and it has made its own independent decisions to enter into that Transaction and as to whether that Transaction is appropriate or proper for it based upon its own judgment and upon advice from such advisers as it has deemed necessary. It is not relying on any communication (written or oral) of the other party as investment advice or as a recommendation to enter into that Transaction: it being understood that information and explanations related to the terms and conditions of a Transaction shall not be considered investment advice or a recommendation to enter into that Transaction. No communication (written or oral) received from the other party shall be deemed to be an assurance or guarantee as to the expected results of that Transaction.
>
> (b) **Assessment and Understanding.** It is capable of assessing the merits of and understanding (on its own behalf or through independent professional advice), and understands and accepts, the terms, conditions and risks of that Transaction. It is also capable of assuming, and assumes, the risks of that Transaction.
>
> (c) **Status of Parties.** The other party is not acting as a fiduciary for or an adviser to it in respect of that Transaction."

63. „Hedge-Agreement". In Ergänzung der Zusicherung des § 3 (a) (ii) („Powers", hierzu oben Anm. 10) kann man sich von Parteien, deren rechtliche Gestaltungsmacht zum Abschluss spekulativer derivativer Geschäfte zweifelhaft ist, zusichern lassen, dass sie sämtliche Transaktionen unter dem Dach des Rahmenvertrags ausschließlich zu Hedge-Zwecken abschließen. In Anlehnung an die Praxis der US-amerikanischen Warenterminhändler („Futures Commission Merchants") in Zusammenhang mit „Customer Agreements" könnte man wie folgt formulieren:

> „Party A/B represents that all Transactions are for hedging purposes only and shall be entered into solely for the purpose of protection against losses which may be incurred in a cash position in a specific commodity, currency, equity, bond or other underlying, or with respect to derivatives to protect against losses that may be incurred in an existing securities portfolio. These transactions are not for speculation. In the event that Party A/B intends to enter into any Transactions for speculative purposes, it shall notify Party B/A in writing prior to the entry of such Transactions."

64. „EMU Protocol". Das „ISDA EMU-Protocol" (s.o. Anm. 1(e)(gg)) wird mit der folgenden Klausel in Part 5 des „Schedule" in den Vertrag eingebunden:

> „*EMU Protocol.* Each of the parties to this Agreement agree that the appropriate provisions of Annexes 1–5 inclusive of the EMU Protocol published by ISDA on 6 May 1998 (the „Annexes") are incorporated in this Agreement by reference and that the terms of this Agreement and each Transaction governed by it will be deemed to be amended as if the parties had adhered to such Annexes."

65. „Existing Agreements". Bestehen zwischen den Parteien bereits Rahmenabsprachen, die mit den Regelungen des ISDA MA konkurrieren, empfiehlt sich eine Überleitungsklausel in Part 5 des „Schedule", die wie folgt lauten könnte:

> „*Existing Agreements.*
>
> (i) Effective as of the date of this Agreement, this Agreement will supersede any existing agreement or agreements between the parties relating to Transactions entered into between the parties.

VII. 7 Anhang 1

(ii) If, on the date of this Agreement, any sum remains payable under the superseded agreement as a result of any Transaction, this Agreement will apply in relation to that sum with any necessary consequential amendments."

Hinweise zur Aktualisierung eines 1987 ISDA IRCEA auf den Standard des 1992 ISDA MA finden sich oben bei Anm. 1(d).

Priv.-Doz. Dr. jur. Günter Reiner

Anhänge

Anhang 1: 1994 ISDA Credit Support Annex (Subject to New York Law Only)
Anhang 2: 1995 ISDA Credit Support Deed (Security Interest – English Law)
Anhang 3: 1995 ISDA Credit Support Annex (Transfer – English Law)

Anhang 1:
1994 ISDA Credit Support Annex (Subject to New York Law Only)

(Bilateral Form)   (ISDA Agreements Subject to New York Law Only)

ISDA
International Swaps and Derivatives Association, Inc.
CREDIT SUPPORT ANNEX

to the Schedule to the
ISDA Muster Agreement dated as of
....
between
....
("Party A") and ("Party B")

This Annex supplements, forms part of, and is subject to, the above-referenced Agreement, is part of its Schedule and is a Credit Support Document under this Agreement with respect to each party.

Accordingly, the parties agree as follows:

Paragraph 1. Interpretation

(a) ***Definitions and Inconsistency.*** Capitalized terms not otherwise defined herein or elsewhere in this Agreement have the meanings specified pursuant to Paragraph 12, and all references in this Annex to Paragraphs are to Paragraphs of this Annex. In the event of any inconsistency between this Annex and the other provisions of this Schedule, this Annex will prevail, and in the event of any inconsistency between Paragraph 13 and the other provisions of this Annex, Paragraph 13 will prevail.

(b) ***Secured Party and Pledgor.*** All references in this Annex to the "Secured Party" will be to either party when acting in that capacity and all corresponding references to the "Pledgor" will be to the other party when acting in that capacity; *provided, however*, that if Other Posted Support is held by a party to this Annex, all references herein to that party as the Secured Party with respect to that Other Posted Support will be to

7. Anhang 1: 1994 ISDA Credit Support Annex

that party as the beneficiary thereof and will not subject that support or that party as the beneficiary thereof to provisions of law generally relating to security interests and secured parties.

Paragraph 2. Security Interest

Each party, as the Pledgor, hereby pledges to the other party, as the Secured Party, as security for its Obligations, and grants to the Secured Party a first priority continuing security interest in, lien on and right of Set-off against all Posted Collateral Transferred to or received by the Secured Party hereunder. Upon the Transfer by the Secured Party to the Pledgor of Posted Collateral, the security interest and lien granted hereunder on that Posted Collateral will be released immediately and, to the extent possible, without any further action by either party.

Paragraph 3. Credit Support Obligations

(a) *Delivery Amount.* Subject to Paragraphs 4 and 5, upon a demand made by the Secured Party on or promptly following a Valuation Date, if the Delivery Amount for that Valuation Date equals or exceeds the Pledgor's Minimum Transfer Amount, then the Pledgor will Transfer to the Secured Party Eligible Credit Support having a Value as of the date of Transfer at least equal to the applicable Delivery Amount (rounded pursuant to Paragraph 13). Unless otherwise specified in Paragraph 13, the *"Delivery Amount"* applicable to the Pledgor for any Valuation Date will equal the amount by which:

(i) the Credit Support Amount

exceeds

(ii) the Value as of that Valuation Date of all Posted Credit Support held by the Secured Party.

(b) *Return Amount.* Subject to Paragraphs 4 and 5, upon a demand made by the Pledgor on or promptly following a Valuation Date, if the Return Amount for that Valuation Date equals or exceeds the Secured Party's Minimum Transfer Amount, then the Secured Party will Transfer to the Pledgor Posted Credit Support specified by the Pledgor in that demand having a Value as of the date of Transfer as close as practicable to the applicable Return Amount (rounded pursuant to Paragraph 13). Unless otherwise specified in Paragraph 13, the *"Return Amount"* applicable to the Secured Party for any Valuation Date will equal the amount by which:

(i) the Value as of that Valuation Date of all Posted Credit Support held by the Secured Party

exceeds

(ii) the Credit Support Amount.

"Credit Support Amount" means, unless otherwise specified in Paragraph 13, for any Valuation Date (i) the Secured Party's Exposure for that Valuation Date plus (ii) the aggregate of all Independent Amounts applicable to the Pledgor, if any, minus (iii) all Independent Amounts applicable to the Secured Party, if any, minus (iv) the Pledgor's Threshold; *provided, however,* that the Credit Support Amount will be deemed to be zero whenever the calculation of Credit Support Amount yields a number less than zero.

Paragraph 4. Conditions Precedent, Transfer Timing, Calculations and Substitutions

(a) *Conditions Precedent.* Each Transfer obligation of the Pledgor under Paragraphs 3 and 5 and of the Secured Party under Paragraphs 3, 4(d)(ii), 5 and 6(d) is subject to the conditions precedent that:

(i) no Event of Default, Potential Event of Default or Specified Condition has occurred and is continuing with respect to the other party; and

(ii) no Early Termination Date for which any unsatisfied payment obligations exist has occurred or been designated as the result of an Event of Default or Specified Condition with respect to the other party.

(b) *Transfer Timing*. Subject to Paragraphs 4(a) and 5 and unless otherwise specified, if a demand for the Transfer of Eligible Credit Support or Posted Credit Support is made by the Notification Time, then the relevant Transfer will be made not later than the close of business on the next Local Business Day; if a demand is made after the Notification Time, then the relevant Transfer will be made not later than the close of business on the second Local Business Day thereafter.

(c) *Calculations*. All calculations of Value and Exposure for purposes of Paragraphs 3 and 6(d) will be made by the Valuation Agent as of the Valuation Time. The Valuation Agent will notify each party (or the other party, if the Valuation Agent is a party) of its calculations not later than the Notification Time on the Local Business Day following the applicable Valuation Date (or in the case of Paragraph 6(d), following the date of calculation.

(d) *Substitutions*

(i) Unless otherwise specified in Paragraph 13, upon notice to the Secured Party specifying the items of Posted Credit Support to be exchanged, the Pledgor may, on any Local Business Day, Transfer to the Secured Party substitute Eligible Credit Support (the "Substitute Credit Support "); and

(ii) subject to Paragraph 4(a), the Secured Party will Transfer to the Pledgor the items of Posted Credit Support specified by the Pledgor in its notice not later than the Local Business Day following the date on which the Secured Party receives the Substitute Credit Support, unless otherwise specified in paragraph 13 (the "Substitution Date"); *provided* that the Secured Party will only be obligated to Transfer Posted Credit Support with a Value as of the date of Transfer of that Posted Credit Support equal to the Value as of that date of the Substitute Credit Support.

Paragraph 5. Dispute Resolution

If a party (a "Disputing Party") disputes (I) the Valuation Agent's calculation of a Delivery Amount or a Return Amount or (II) the Value of any Transfer of Eligible Credit Support or Posted Credit Support, then (1) the Disputing Party will notify the other party and the Valuation Agent (if the Valuation Agent is not the other party) not later than the close of business on the Local Business Day following (X) the date that the demand is made under Paragraph 3 in the case of (I) above or (Y) the date of Transfer in the case of (II) above, (2) subject to Paragraph 4(a), the appropriate party will Transfer the undisputed amount to the other party not later than the close of business on the Local Business Day following (X) the date that the demand is made under Paragraph 3 in the case of (I) above or (Y) the date of Transfer in the case of (II) above, (3) the parties will consult with each other in an attempt to resolve the dispute and (4) if they fail to resolve the dispute by the Resolution Time, then:

(i) In the case of a dispute involving a Delivery Amount or Return Amount, unless otherwise specified in Paragraph 13, the Valuation Agent will recalculate the Exposure and the Value as of the Recalculation Date by:

(A) utilizing and calculations of Exposure for the Transactions (or Swap Transactions) that the parties have agreed are not in dispute;

(B) calcutating the Exposure for the Transactions (or Swap Transactions) in dispute by seeking four actual quotations at mid-market from Reference Market-makers for purposes of calculating Market Quotation, and taking the arithmetic average of those obtained; *provided* that if four quotations are not available for a particular Transaction (or Swap Transaction), then fewer than four quotations may be used for that Transaction (or Swap Transaction); and if no quotations are available for a particular Transaction (or Swap Transaction), then the Valuation Agent's original calculations will be used for that Transaction (or Swap Transaction); and

(C) utilizing the procedures specified in Paragraph 13 for calculating the Value, if disputed, of Posted Credit Support.

7. Anhang 1: 1994 ISDA Credit Support Annex

(ii) In the case of a dispute involving the Value of any Transfer of Eligible Credit Support or Posted Credit Support, the Valuation Agent will recalculate the Value as of the date of Transfer pursuant to Paragraph 13.

Following a recalculation pursuant to this Paragraph, the Valuation Agent will notify each party (or the other party, if the Valuation Agent is a party) not later than the Notification Time on the Local Business Day following the Resolution Time. The appropriate party will, upon demand following that notice by the Valuation Agent or a resolution pursuant to (3) above and subject to Paragraphs 4(a) and 4(b), make the appropriate Transfer.

Paragraph 6. Holding and Using Posted Collateral

(a) *Care of Posted Collateral.* Without limiting the Secured Party's rights under Paragraph 6(c), the Secured Party will exercise reasonable care to assure the safe custody of all Posted Collateral to the extent required by applicable law, and in any event the Secured Party will be deemed to have exercised reasonable care if it exercises at least the same degree of care as it would exercise with respect to its own property. Except as specified in the preceding sentence, the Secured Party will have no duty with respect to Posted Collateral, including, without limitation, any duty to collect any Distributions, or enforce or preserve any rights pertaining thereto.

(b) *Eligibility to Hold Posted Collateral; Custodians*

(i) *General.* Subject to the satisfaction of any conditions specified in Paragraph 13 for holding Posted Collateral, the Secured Party will be entitled to hold Posted Collateral or to appoint an agent (a "Custodian") to hold Posted Collateral for the Secured Party. Upon notice by the Secured Party to the Pledgor of the appointment of a Custodian, the Pledgor's obligations to make any Transfer will be discharged by making the Transfer to that Custodian. The holding of Posted Collateral by a Custodian will be deemed to be the holding of that Posted Collateral by the Secured Party for which the Custodian is acting.

(ii) *Failure to Satisfy Conditions.* If the Secured Party or its Custodian fails to satisfy any conditions for holding Posted Collateral, then upon a demand made by the Pledgor, the Secured Party will, not later than five Local Business Days after the demand, Transfer or cause its Custodian to Transfer all Posted Collateral held by it to a Custodian that satisfies those conditions or to the Secured Party if it satisfies those conditions.

(iii) *Liability.* The Secured Party will be liable for the acts or omissions of its Custodian to the same extent that the Secured Party would be liable hereunder for its own acts or omissions.

(c) *Use of Posted Collateral.* Unless otherwise specified in Paragraph 13 and without limiting the rights and obligations of the parties under Paragraphs 3, 4(d)(ii), 5, 6(d) and 8, if the Secured Party is not a Defaulting Party or an Affected Party with respect to a Specified Condition and no Early Termination Date has occurred or been designated as the result of an Event of Default or Specified Condition with respect to the Secured Party, then the Secured Party will, notwithstanding Section 9-207 of the New York Uniform Commercial Code, have the right to:

(i) sell, pledge, rehypothecate, assign, invest, use, commingle or otherwise dispose of, or otherwise use in its business any Posted Collateral it holds, free from any claim or right of any nature whatsoever of the Pledgor, including any equity or right of redemption by the Pledgor, and

(ii) register any Posted Collateral in the name of the Secured Party, its Custodian or a nominee for either.

For purposes of the obligation to Transfer Eligible Credit Support or Posted Credit Support pursuant to Paragraphs 3 and 5 and any rights or remedies authorized under this Agreement, the Secured Party will be deemed to continue to hold all Posted Collateral and to receive Distributions made thereon, regardless of whether the Secured Party has exercised any rights with respect to any Posted Collateral pursuant to (i) or (ii) above:

(d) *Distributions and Interest Amount*

(i) *Distributions.* Subject to Paragraph 4(a), if the Secured Party receives or is deemed to receive Distributions on a Local Business Day, it will Transfer to the Pledgor not later than the following Local Business Day any Distributions it receives or is deemed to receive to the extent that a Delivery Amount would not be created or increased by that Transfer, as calculated by the Valuation Agent (and the date of calculation will be deemed to be a Valuation Date for this purpose).

(ii) *Interest Amount.* Unless otherwise specified in Paragraph 13 and subject to Paragraph 4(a), in lieu of any interest, dividends or other amounts paid or deemed to have been paid with respect to Posted Collateral in the form of Cash (all of which may be retained by the Secured Party), the Secured Party will Transfer to the Pledgor at the times specified in Paragraph 13 the Interest Amount to the extent that a Delivery Amount would not be created or increased by that Transfer, as calculated by the Valuation Agent (and the date of calculation will be deemed to be a Valuation Date for this purpose). The Interest Amount or portion thereof not Transferred pursuant to this Paragraph will constitute Posted Collateral in the form of Cash and will be subject to the security interest granted under Paragraph 2.

Paragraph 7. Events of Default

For purposes of Section 5(a)(iii)(1) of this Agreement, an Event of Default will exist with respect to a party if:

(i) that party fails (or fails to cause its Custodian) to make, when due, any Transfer of Eligible Collateral, Posted Collateral or the Interest Amount, as applicable, required to be made by it and that failure continues for two Local Business Days after notice of that failure is given to that party;

(ii) that party fails to comply with any restriction or prohibition specified in this Annex with respect to any of the rights specified in Paragraph 6(c) and that failure continues for five Local Business Days after notice of that failure is given to that party; or

(iii) that party fails to comply with or perform any agreement or obligation other than those specified in Paragraphs 7(i) and 7(ii) and that failure continues for 30 days after notice of that failure is given to that party.

Paragraph 8. Certain Rights and Remedies

(a) *Secured Party's Rights and Remedies.* If at any time (1) an Event of Default or Specified Condition with respect to the Pledgor has occurred and is continuing or (2) an Early Termination Date has occurred or been designated as the result of an Event of Default or Specified Condition with respect to the Pledgor, then, unless the Pledgor has paid in full all of its Obligations that are then due, the Secured Party may exercise one or more of the following rights and remedies:

(i) all rights and remedies available to a secured party under applicable law with respect to Posted Collateral held by the Secured Party;

(ii) any other rights and remedies available to the Secured Party under the terms of Other Posted Support, if any;

(iii) the right to Set-off any amounts payable by the Pledgor with respect to any Obligations against any Posted Collateral or the Cash equivalent of any Posted Collateral held by the Secured Party (or any obligation of the Secured Party to Transfer that Posted Collateral); and

(iv) the right to liquidate any Posted Collateral held by the Secured Party through one or more public or private sales or other dispositions with such notice, if any, as may be required under applicable law, free from any claim or right of any nature whatsoever of the Pledgor, including any equity or right of redemption by the Pledgor (with the Secured Party having the right to purchase any or all of the Posted Collateral to be sold) and to apply the proceeds (or the Cash equivalent thereof) from the liquidation of the Posted Collateral to any amounts payable by the Pledgor with respect to any Obligations in that order as the Secured Party may elect.

Each party acknowledges and agrees that Posted Collateral in the form of securities may decline speedily in value and is of a type customarily sold on a recognized market, and, accordingly, the Pledgor is not entitled to prior notice of any sale of that Posted Collateral by the Secured Party, except any notice that is required under applicable law and cannot be waived.

(b) *Pledgor's Rights and Remedies.* If at any time an Early Termination Date has occurred or been designated as the result of an Event of Default or Specified Condition with respect to the Secured Party, then (except in the case of an Early Termination Date relating to less than all Transactions (or Swap Transactions) where the Secured Party has paid in full all of its obligations that are then due under Section 6(e) of this Agreement):

(i) the Pledgor may exercise all rights and remedies available to a pledgor under applicable law with respect to Posted Collateral held by the Secured Party;

(ii) the Pledgor may exercise any other rights and remedies available to the Pledgor under the terms of Other Posted Support, if any;

(iii) the Secured Party will be obligated immediately to Transfer all Posted Collateral and the Interest Amount to the Pledgor; and

(iv) to the extent that Posted Collateral or the Interest Amount is not so Transferred pursuant to (iii) above, the Pledgor may:

(A) Set-off any amounts payable by the Pledgor with respect to any Obligations against any Posted Collateral or the Cash equivalent of any Posted Collateral held by the Secured Party (or any obligation of the Secured Party to Transfer that Posted Collateral); and

(B) to the extent that the Pledgor does not Set-off under (iv)(A) above, withhold payment of any remaining amounts payable by the Pledgor with respect to any Obligations, up to the Value of any remaining Posted Collateral held by the Secured Party, until that Posted Collateral is Transferred to the Pledgor.

(c) *Deficiencies and Excess Proceeds.* The Secured Party will Transfer to the Pledgor any proceeds and Posted Credit Support remaining after liquidation, Set-off and/or application under Paragraphs 8(a) and 8(b) after satisfaction in full of all amounts payable by the Pledgor with respect to any Obligations; the Pledgor in all events will remain liable for any amounts remaining unpaid after any liquidation, Set-off and/or application under Paragraphs 8(a) and 8(b).

(d) *Final Returns.* When no amounts are or thereafter may become payable by the Pledgor with respect to any Obligations (except for any potential liability under Section 2(d) of this Agreement), the Secured Party will Transfer to the Pledgor all Posted Credit Support and the Interest Amount, if any.

Paragraph 9. Representations

Each party represents to the other party (which representations will be deemed to be repeated as of each date on which it, as the Pledgor, Transfers Eligible Collateral) that:

(i) it has the power to grant a security interest in and lien on any Eligible Collateral it Transfers as the Pledgor and has taken all necessary actions to authorize the granting of that security interest and lien;

(ii) it is the sole owner of or otherwise has the right to Transfer all Eligible Collateral it Transfers to the Secured Party hereunder, free and clear of any security interest, lien, encumbrance or other restrictions other than the security interest and lien granted under Paragraph 2;

(iii) upon the Transfer of any Eligible Collateral to the Secured Party under the terms of this Annex, the Secured Party will have a valid and perfected first priority security interest therein (assuming that any central clearing corporation or any third-party financial intermediary or other entity not within the control of the Pledgor involved in the Transfer of that Eligible Collateral gives the notices and takes the action required of it under applicable law for perfection of that interest); and

(iv) the performance by it of its obligations under this Annex will not result in the creation of any security interest, lien or other encumbrance on any Posted Collateral other than the security interest and lien granted under Paragraph 2.

Paragraph 10. Expenses

(a) *General.* Except as otherwise provided in Paragraphs 10(b) and 10(c), each party will pay its own costs and expenses in connection with performing its obligations under this Annex and neither party will be liable for any costs and expenses incurred by the other party in connection herewith.

(b) *Posted Credit Support.* The Pledgor will promptly pay when due all taxes, assessments or charges of any nature that are imposed with respect to Posted Credit Support held by the Secured Party upon becoming aware of the same, regardless of whether any portion of that Posted Credit Support is subsequently disposed of under Paragraph 6(c), except for those taxes, assessments and charges that result from the exercise of the Secured party's rights under Paragraph 6(c).

(c) *Liquidation/Application of Posted Credit Support.* All reasonable costs and expenses incurred by or on behalf of the Secured Party or the Pledgor in connection with the liquidation and/or application of any Posted Credit Support under Paragraph 8 will be payable, on demand and pursuant to the Expenses Section of this Agreement, by the Defaulting Party or, if there is no Defaulting Party, equally by the parties.

Paragraph 11. Miscellaneous

(a) *Default Interest.* A Secured Party that fails to make, when due, any Transfer of Posted Collateral or the Interest Amount will be obligated to pay the Pledgor (to the extent permitted under applicable law) an amount equal to interest at the Default Rate multiptied by the Value of the items of property that were required to be Transferred, from (and including) the date that Posted Collateral or Interest Amount was required to be Transferred to (but excluding) the date of Transfer of that Posted Collateral or Interest Amount. This interest will be catculated on the basis of daily compounding and the actual number of days elapsed.

(b) *Further Assurances.* Promptly following a demand made by a party, the other party will execute, deliver, file and record any financing statement, specific assignment or other document and take any other action that may be necessary or desirable and reasonably requested by that party to create, preserve, perfect or validate any security interest or lien granted under Paragraph 2, to enable that party to exercise or enforce its rights under this Annex with respect to Posted Credit Support or an Interest Amount or to effect or document a release of a security interest on Posted Collateral or an Interest Amount.

(c) *Further Protection.* The Pledgor will promptly give notice to the Secured Party of, and defend against, any suit, action, proceeding or lien that involves Posted Credit Support Transferred by the Pledgor or that could adversely affect the security interest and lien granted by it under Paragraph 2, unless that suit, action, proceeding or lien results from the exercise of the Secured Party's rights under Paragraph 6(c).

(d) *Good Faith and Commercially Reasonable Manner.* Performance of all obligations under this Annex, including, but not limited to, all calculations, valuations and determinations made by either party, will be made in good faith and in a commercially reasonable manner.

7. Anhang 1: 1994 ISDA Credit Support Annex

(e) **Demands and Notices.** All demands and notices made by a party under this Annex will be made as specified in the Notices Section of this Agreement, except as otherwise provided in Paragraph 13.

(f) **Specifications of Certain Matters.** Anything referred to in this Annex as being specified in paragraph 13 also may be specified in one or more Confirmations or other documents and this Annex will be construed accordingly.

Paragraph 12. Definitions

As used in this Annex: –

"*Cash*" means the lawful currency of the United States of America.

"*Credit Support Amount*" has the meaning specified in Paragraph 3.

"*Custodian*" has the meaning specified in Paragraphs 6(b)(i) and 13.

"*Delivery Amount*" has the meaning specified in Paragraph 3(a).

"*Disputing Party*" has the meaning specified in Paragraph 5.

"*Distributions*" means with respect to Posted Collateral other than Cash, all principal, interest and other payments and distributions of cash or other property with respect thereto, regardless of whether the Secured Party has disposed of that Posted Collateral under Paragraph 6(c). Distributions will not include any item of property acquired by the Secured Party upon any disposition or liquidation of Posted Collateral or, with respect to any Posted Collateral in the form of Cash, any distributions on that collateral, unless otherwise specified herein.

"*Eligible Collateral*" means, with respect to a party, the items, if any, specified as such for that party in Paragraph 13.

"*Eligible Credit Support*" means Eligible Collateral and Other Eligible Support.

"*Exposure*" means for any Valuation Date or other date for which Exposure is calculated and subject to Paragraph 5 in the case of a dispute, the amount, if any, that would be payable to a party that is the Secured Party by the other party (expressed as a positive number) or by a party that is the Secured Party to the other party (expressed as a negative number) pursuant to Section 6(e)(ii)(2)(A) of this Agreement as if all Transactions (or Swap Transactions) were being terminated as of the relevant Valuation Time; *provided* that Market Quotation will be determined by the Valuation Agent using its estimates at mid-market of the amounts that would be paid for Replacement Transactions (as that term is defined in the definition of "Market Quotation").

"*Independent Amount*" means, with respect to a party, the amount specified as such for that party in Paragraph 13; if no amount is specified, zero.

"*Interest Amount*" means, with respect to an Interest Period, the aggregate sum of the amounts of interest calculated for each day in that Interest Period on the principal amount of Posted Collateral in the form of Cash held by the Secured Party on that day, determined by the Secured Party for each such day as follows:

(x) the amount of that Cash on that day; multiplied by

(y) the Interest Rate in effect for that day; divided by

(z) 360.

"*Interest Period*" means the period from (and including) the last Local Business Day on which an Interest Amount was Transferred (or, if no Interest Amount has yet been Transferred, the Local Business Day on which Posted Collateral in the form of Cash was Transferred to or received by the Secured Party) to (but excluding) the Local Business Day on which the current Interest Amount is to be Transferred.

"*Interest Rate*" means the rate specified in Paragraph 13.

"*Local Business Day*", unless otherwise specified in Paragraph 13, has the meaning specified in the Definitions Section of this Agreement, except that references to a payment in clause (b) thereof will be deemed to include a Transfer under this Annex.

"Minimum Transfer Amount" means, with respect to a party, the amount specified as such for that party in Paragraph 13; if no amount is specified, zero.

"Notification Time" has the meaning specified in Paragraph 13.

"Obligations" means, with respect to a party, all present and future obligations of that party under this Agreement and any additional obligations specified for that party in Paragraph 13.

"Other Eligible Support" means, with respect to a party, the items, if any, specified as such for that party in Paragraph 13.

"Other Posted Support" means all Other Eligible Support Transferred to the Secured Party that remains in effect for the benefit of that Secured Party.

"Pledgor" means either party, when that party (i) receives a demand for or is required to Transfer Eligible Credit Support under Paragraph 3(a) or (ii) has Transferred Eligible Credit Support under Paragraph 3(a).

"Posted Collateral" means all Eligible Collateral, other property, Distributions, and all proceeds thereof that have been Transferred to or received by the Secured Party under this Annex and not Transferred to the Pledgor pursuant to Paragraph 3(b), 4(d)(ii) or 6(d)(i) or released by the Secured Party under Paragraph 8. Any Interest Amount or portion thereof not Transferred pursuant to Paragraph 6(d)(ii) will constitute Posted Collateral in the form of Cash.

"Posted Credit Support" means Posted Collateral and Other Posted Support.

"Recalculation Date" means the Valuation Date that gives rise to the dispute under Paragraph 5; *provided, however,* that if a subsequent Valuation Date occurs under Paragraph 3 prior to the resolution of the dispute, then the "Recalculation Date" means the most recent Valuation Date under Paragraph 3.

"Resolution Time" has the meaning specified in Paragraph 13.

"Return Amount" has the meaning specified in Paragraph 3(b).

"Secured Party" means either party, when that party (i) makes a demand for or is entitled to receive Eligible Credit Support under Paragraph 3(a) or (ii) holds or is deemed to hold Posted Credit Support.

"Specified Condition" means, with respect to a party, any event specified as such for that party in Paragraph 13.

"Substitute Credit Support" has the meaning specified in Paragraph 4(d)(i).

"Substitution Date" has the meaning specified in Paragraph 4(d)(ii).

"Threshold" means, with respect to a party, the amount specified as such for that party in Paragraph 13; if no amount is specified, zero.

"Transfer" means, with respect to any Eligible Credit Support, Posted Credit Support or Interest Amount, and in accordance with the instructions of the Secured Party, Pledgor or Custodian, as applicable:

(i) in the case of Cash, payment or delivery by wire transfer into one or more bank accounts specified by the recipient;

(ii) in the case of certificated securities that cannot be paid or delivered by book-entry, payment or delivery in appropriate physical form to the recipient or its account accompanied by any duly executed instruments of transfer, assignments in blank, transfer tax stamps and any other documents necessary to constitute a legally valid transfer to the recipient;

(iii) in the case of securities that can be paid or delivered by book-entry. the giving of written instructions to the relevant depository institution or other entity specified by the recipient, together with a written copy thereof to the recipient. sufficient if complied with to result in a legally effective transfer of the relevant interest to the recipient; and

(iv) in the case of Other Eligible Support or Other Posted Support, as specified in Paragraph 13.

"Valuation Agent" has the meaning specified in Paragraph 13.

7. Anhang 1: 1994 ISDA Credit Support Annex

"Valuation Date" means each date specified in or otherwise determined pursuant to Paragraph 13.

"Valuation Percentage" means, for any item of Eligible Collateral, the percentage specified in Paragraph 13.

"Valuation Time" has the meaning specified in Paragaph 13.

"Value" means for any Valuation Date or other date for which Value is calculated and subject to Paragraph 5 in the case of a dispute, with respect to:

(i) Eligible Collateral or Posted Collateral that is:
(A) Cash, the amount thereof; and
(B) a security, the bid price obtained by the Valuation Agent multiplied by the applicable Valuation Percentage, if any;
(ii) Posted Collateral that consists of items that are not specified as Eligible Collateral, zero; and
(iii) Other Eligible Support and Other Posted Support, as specified in Paragraph 13.

Paragraph 13. Elections and Variables

(a) *Security Interest for "Obligations"*. The term *"Obligations"* as used in this Annex includes the following additional obligations:
With respect to Party A: ......
With respect to Party B: ......

(b) *Credit Support Obligations.*

(i) *Delivery Amount, Return Amount and Credit Support Amount*

(A) *"Delivery Amount"* has the meaning specified in Paragraph 3(a), unless otherwise specified here: ......

(B) *"Return Amount"* has the meaning specified in Paragraph 3(b). unless otherwise specified here: ......

(C) *"Credit Support Amount"* has the meaning specified in Paragraph 3, unless otherwise specified here: ......

(ii) *Eligible Collateral.* The following items will qualify as *"Eligible Collateral"* for the party specified:

	Party A	Party B	Valuation Percentage
(A) Cash	[ ]	[ ]	[ ]%
(B) negotiable debt obligations issued by the U.S.Treasury [Department having an original maturity at issuance of not more than one year ("Treasury Bills")	[ ]	[ ]	[ ]%
(C) negotiable debt obligations issued by the U.S.Treasury Department having an original maturity at issuance of more than one year but not more than 10 years ("Treasury Notes")	[ ]	[ ]	[ ]%
(D) negotiable debt obligations issued by the U.S.Treasury (Department having an original maturity at issuance of more than 10 years ("Treasury Bonds")	[ ]	[ ]	[ ]%
(E) other:	[ ]	[ ]	[ ]%

VII. 7 Anhang 1

(iii) *Other Eligible Support.* The following items will qualify as *"Other Eligible Support"* for the party specified:

	Party A	Party B
(A)	[ ]	[ ]
(B)	[ ]	[ ]

(iv) *Thresholds.*
(A) *"Independent Amount"* means with respect to Party A: $ ......
"Independent Amount" means with respect to Party B: $ ......
(B) *"Threshold"* means with respect to Party A: $ ......
"Threshold" means with respect to Party B: $ ......
(C) *"Minimum Transfer Amount"* means with respect to Party A: $ ......
"Minimum Transfer Amount" means with respect to Party B: $ ......
(D) Rounding. The Delivery Amount and the Return Amount will be rounded [down to the nearest integral multiple of $ ....../up and down to the nearest integral multiple of $ ......, respectively].

(c) *Valuation and Timing.*
(i) *"Valuation Agent"* means, for purposes of Paragraphs 3 and 5, the party making the demand under Paragraph 3, and, for purposes of Paragraph 6 (d), the Secured Party receiving or deemed to receive the Distributions or the Interest Amount, as applicable, unless otherwise specified here: ......
(ii) *"Valuation Date"* means: ......
(iii) *"Valuation Time"* means:
[ ] the close of business in the city of the Valuation Agent on the Valuation Date or date of calculation, as applicable;
[ ] the close of business on the Local Business Day before the Valuation Date or date of calculation, as applicable;
provided that the calculations of Value and Exposure will be made as of approximately the same time on the same date.
(iv) *"Notification Time"* means 1:00 p.m., New York time, on a Local Business Day, unless otherwise specified here: ......

(d) *Conditions Precedent and Secured Party's Rights and Remedies.* The following Termination Event(s) will be a *"Specified Condition"* for the party specified (that party being the Affected Party if the Termination Event occurs with respect to that party):

	Party A	Party B
Illegality	[ ]	[ ]
Tax Event	[ ]	[ ]
Tax Event Upon Merger	[ ]	[ ]
Credit Event Upon Merger	[ ]	[ ]
Additional Termination Event(s):[1]		
......	[ ]	[ ]
......	[ ]	[ ]

(e) *Substitution.*
(i) *"Substitution Date"* has the meaning specified in Paragraph 4 (d)(ii), unless otherwise specified here: ......

---

[1] If the parties elect to designate an Additional Termination Event as a "Specified Condition", then they should only designate one or more Additional Termination Events that are designated as such in their Schedule.

(ii) *Consent.* If specified here as applicable, then the Pledgor must obtain the Secured Party's consent for any substitution pursuant to Paragraph 4(d): [applicable/inapplicable*]²

(f) *Dispute Resolution.*

(i) *"Resolution Time"* means 1:00 p.m., New York time, on the Local Business Day following the date on which the notice is given that gives rise to a dispute under Paragraph 5, unless otherwise specified here: ......

(ii) *Value.* For the purpose of Paragraphs 5(i)(C) and 5(ii), the Value of Posted Credit Support will be calculated as follows: ......

(iii) *Alternative.* The provisions of Paragraph 5 will apply, unless an alternative dispute resolution procedure is specified here: ......

(g) *Holding and Using Posted Collateral.*

(i) *Eligibility to Hold Posted Collateral; Custodians.* Party A and its Custodian will be entitled to hold Posted Collateral pursuant to Paragraph 6(b); *provided* that the following conditions applicable to it are satisfied:

(1) Party A is not a Defaulting Party.

(2) Posted Collateral may be held only in the following jurisdictions:

(3) ......

Initially, the *Custodian* for Party A is ......

Party B and its Custodian will be entitled to hold Posted Collateral pursuant to Paragraph 6(b); *provided* that the following conditions applicable to it are satisfied:

(1) Party B is not a Defaulting Party.

(2) Posted Collateral may be held only in the following jurisdictions: ......

(3) ......

Initially, the *Custodian* for Party B is ......

(ii) *Use of Posted Collateral.* The provisions of Paragraph 6(c) will not apply to the [party/parties*] specified here:

[ ] Party A

[ ] Party B

and [that party/those parties*] will not be permitted to: ......

(h) *Distributions and Interest Amount.*

(i) *Interest Rate.* The *"Interest Rate"* will be: ......

(ii) *Transfer of Interest Amount.* The Transfer of the Interest Amount will be made on the last Local Business Day of each calendar month and on any Local Business Day that Posted Collateral in the form of Cash is Transferred to the Pledgor pursuant to Paragraph 3(b), unless otherwise specified here: ......

(iii) *Alternative to Interest Amount.* The provisions of Paragraph 6(d)(ii) will apply, unless otherwise specified here: ......

(i) *Additional Representation(s).*

[Party A/Party B*] represents to the other party (which representation(s) will be deemed to be repeated as of each date on which it, as the Pledgor, Transfers Eligible Collateral) that:

(i) ......

(ii) ......

(j) *Other Eligible Support and Other Posted Support.*

(i) *"Value"* with respect to Other Eligible Support and Other Posted Support means: ......

---

* Delete as applicable.

2 Parties should consider selecting "applicable" where substitution without consent could give rise to a registration requirement to perfect properly the security interest in Posted Collateral (e.g. where a party to the Annex is the New York branch of an English bank).

* Delete as applicable.

(ii) *"Transfer"* with respect to Other Eligible Support and Other Posted Support means: ......

(k) *Demands and Notices.*
All demands, specifications and notices under this Annex will be made pursuant to the Notices Section of this Agreement, unless otherwise specified here:
Party A: ......
Party B: ......
(l) *Addresses for Transfers.*
Party A: ......
Party B: ......
(m) *Other Provisions.*

Anhang 2:
1995 ISDA Credit Support Deed (Security Interest – English Law)

(Bilateral Form – Security Interest)[1]   (ISDA Agreements Subject to English Law)[2]

ISDA
International Swaps and Derivatives Association, Inc.
CREDIT SUPPORT DEED

between

.... and ....
("Party A")   ("Party B")

made on ......[3]

relating to the

ISDA Master Agreement

dated as of ...... between Party A and Party B.

This Deed is a Credit Support Document with respect to both parties in relation to the ISDA Master Agreement referred to above (as amended and supplemented from time to time, the "Agreement").

Accordingly, the parties agree as follows:

Paragraph 1. Interpretation

(a) *Definitions and Inconsistency.* Unless otherwise defined in this Deed, capitalised terms defined in the Agreement have the same meaning in this Deed. Capitalised terms not otherwise defined in this Deed or in the Agreement have the meanings specified pursuant to Paragraph 12, and all references in this Deed to Paragraphs are to Paragraphs of this Deed. In the event of any inconsistency between this Deed and the provisions of

---

1 This document is intended to create a charge or other security interest over the assets transferred under its terms. Persons intending to establish a collateral arrangement based on a full transfer should consider using the ISDA Credit Support Annex (English Law).

2 This Credit Support Deed has been prepared for use with ISDA Master Agreements subject to English Law. Users should consult their legal advisers as to the proper use and effect of this form and the arrangements it contemplates. In particular, users should consult their legal advisers if they wish to have the Credit Support Deed made subject to a governing law other than English law.

3 The parties should insert here the date this Deed is actually executed and not the effective ("as of") date of the related ISDA Master Agreement, if different.

Anhang 2: 1995 ISDA Credit Support Deed

the Agreement, this Deed will prevail, and in the event of any inconsistency between Paragraph 13 and the other provisions of this Deed, Paragraph 13 will prevail. For the avoidance of doubt, references to "transfer" in this Deed mean, in relation to cash, payment and, in relation to other assets, delivery.

(b) *Secured Party and Chargor.* All references in this Deed to the "Secured Party" will be to either party when acting in that capacity and all corresponding references to the "Chargor" will be to the other party when acting in that capacity; *provided, however,* that if Other Posted Support is held by a party to this Deed, all references in this Deed to that party as the Secured Party with respect to that Other Posted Support will be to that party as the beneficiary of that Other Posted Support and will not subject that support or that party as the beneficiary of that Other Posted Support to provisions of law generally relating to security interests and secured parties.

Paragraph 2. Security

(a) *Covenant to Perform.* Each party as the Chargor covenants with the other party that it will perform the Obligations in the manner provided in the Agreement, this Deed or any other relevant agreement.

(b) *Security.* Each party as the Chargor, as security for the performance of the Obligations: (i) mortgages, charges and pledges and agrees to mortgage, charge and pledge, with full title guarantee, in favour of the Secured Party by way of first fixed legal mortgage all Posted Collateral (other than Posted Collateral in the form of cash), (ii) to the fullest extent permitted by law, charges and agrees to charge, with full title guarantee, in favour of the Secured Party by way of first fixed charge all Posted Collateral in the form of cash; and (iii) assigns and agrees to assign, with full title guarantee, the Assigned Rights to the Secured Party absolutely.

(c) *Release of Security.* Upon the transfer by the Secured Party to the Chargor of Posted Collateral, the security interest granted under this Deed on that Posted Collateral will be released immediately, and the Assigned Rights relating to that Posted Collateral will be re-assigned to the Chargor, in each case without any further action by either party. The Chargor agrees, in relation to any securities comprised in Posted Collateral released by the Secured Party under this Deed, that it will accept securities of the same type, nominal value, description and amount as those securities.

(d) *Preservation of Security.* The security constituted by this Deed shall be a continuing security and shall not be satisfied by any intermediate payment or satisfaction of the whole or any part of the Obligations but shall secure the ultimate balance of the Obligations. If for any reason this security ceases to be a continuing security, the Secured Party may open a new account with or continue any existing account with the Chargor and the liability of the Chargor in respect of the Obligations at the date of such cessation shall remain regardless of any payments into or out of any such account. The security constituted by this Deed shall be in addition to and shall not be affected by any other security now or subsequently held by the Secured Party for all or any of the Obligations.

(e) *Waiver of Defences.* The obligations of the Chargor under this Deed shall not be affected by any act, omission or circumstance which, but for this provision, might operate to release or otherwise exonerate the Chargor from its obligations under this Deed or affect such obligations including (but without limitation) and whether or not known to the Chargor or the Secured Party:

(i) any time or indulgence granted to or composition with the Chargor or any other person;

(ii) the variation, extension, compromise, renewal or release of, or refusal or neglect to perfect or enforce, any terms of the Agreement or any rights or remedies against, or any security granted by, the Chargor or any other person;

(iii) any irregularity, invalidity or unenforceability of any obligations of the Chargor under the Agreement or any present or future law or order of any government or authority (whether of right or in fact) purporting to reduce or otherwise affect any of such obligations to the intent that the Chargor's obligations under this Deed shall remain in full force and this Deed shall be construed accordingly as if there were no such irregularity, unenforceability, invalidity, law or order;

(iv) any legal limitation, disability, incapacity or other circumstance relating to the Chargor, any guarantor or any other person or any amendment to or variation of the terms of the Agreement or any other document or security.

(f) *Immediate Recourse.* The Chargor waives any right it may have of first requiring the Secured Party to proceed against or claim payment from any other person or enforce any guarantee or before enforcing this Deed.

(g) *Reinstatement.* Where any discharge (whether in respect of the security constituted by this Deed, any other security or otherwise) is made in whole or in part or any arrangement is made on the faith of any payment, security or other disposition which is avoided or any amount paid pursuant to any such discharge or arrangement must be repaid on bankruptcy, liquidation or otherwise without limitation, the security constituted by this Deed and the liability of the Chargor under this Deed shall continue as if there had been no such discharge or arrangement.

Paragraph 3. Credit Support Obligations

(a) *Delivery Amount.* Subject to Paragraphs 4 and 5, upon a demand made by the Secured Party on or promptly following a Valuation Date, if the Delivery Amount for that Valuation Date equals or exceeds the Chargor's Minimum Transfer Amount, then the Chargor will transfer to the Secured Party Eligible Credit Support having a Value as of the date of transfer at least equal to the applicable Delivery Amount (rounded pursuant to Paragraph 13). Unless otherwise specified in Paragraph 13, the "Delivery Amount" applicable to the Chargor for any Valuation Date will equal the amount by which:

(i) the Credit Support Amount

exceeds

(ii) the Value as of that Valuation Date of all Posted Credit Support held by the Secured Party (as adjusted to include any prior Delivery Amount and to exclude any prior Return Amount, the transfer of which, in either case, has not yet been completed and for which the relevant Settlement Day falls on or after such Valuation Date).

(b) *Return Amount.* Subject to Paragraphs 4 and 5, upon a demand made by the Chargor on or promptly following a Valuation Date, if the Return Amount for that Valuation Date equals or exceeds the Secured Party's Minimum Transfer Amount, then the Secured Party will transfer to the Chargor Posted Credit Support specified by the Chargor in that demand having a Value as of the date of transfer as close as practicable to the appticable Return Amount (rounded pursuant to Paragraph 13). Unless otherwise specified in Paragraph 13, the "Return Amount" applicable to the Secured Party for any Valuation Date will equal the amount by which:

(i) the Value as of that Valuation Date of all Posted Credit Support held by the Secured Party (as adjusted to include any prior Delivery Amount and to exclude any prior Return Amount, the transfer of which, in either case, has not yet been completed and for which the relevant Settlement Day falls on or after such Valuation Date)

exceeds

(ii) the Credit Support Amount.

Paragraph 4. Conditions Precedent, Transfers, Calculations and Substitutions

(a) *Conditions Precedent.* Each transfer obligation of the Chargor under Paragraphs 3 and 5 and of the Secured Party under Paragraphs 3, 4(d)(ii), 5 and 6(g) is subject to the conditions precedent that:

(i) no Event of Default, Potential Event of Default or Specified Condition has occurred and is continuing with respect to the other party; and

(ii) no Early Termination Date for which any unsatisfied payment obligations exist has occurred or been designated as the result of an Event of Default or Specified Condition with respect to the other party.

(b) *Transfers*. All transfers under this Deed of any Eligible Credit Support, Posted Credit Support, Interest Amount or Distributions, shall be made in accordance with the instructions of the Secured Party, Chargor or Custodian, as applicable, and shall be made:

(i) in the case of cash, by transfer into one or more bank accounts specified by the recipient;

(ii) in the case of certificated securities which cannot or which the parties have agreed will not be delivered by book-entry, by delivery in appropriate physical form to the recipient or its account accompanied by any duly executed instruments of transfer, assignments in blank, transfer tax stamps and any other documents necessary to constitute a legally valid transfer to the recipient;

(iii) in the case of securities that can be delivered by book-entry, by the giving of written instructions (including, for the avoidance of doubt, instructions given by telex, facsimile transmission or electronic messaging system) to the relevant depository institution or other entity specified by the recipient, together with a written copy of the instructions to the recipient, sufficient, if complied with, to result in a legally effective transfer of the relevant interest to the recipient; and

(iv) in the case of Other Eligible Support or Other Posted Support, as specified in Paragraph 13 (j)(ii).

Subject to Paragraph 5 and unless otherwise specified, if a demand for the transfer of Eligible Credit Support or Posted Credit Support is received by the Notification Time, then the relevant transfer will be made not later than the close of business on the next Settlement Day relating to the date such demand is received; if a demand is received after the Notification Time, then the relevant transfer will be made not later than the close of business on the Settlement Day relating to the day after the date such demand is received.

(c) *Calculations*. All calculations of Value and Exposure for purposes of Paragraphs 3 and 5(a) will be made by the relevant Valuation Agent as of the relevant Valuation Time. The Valuation Agent will notify each party (or the other party, if the relevant Valuation Agent is a party) of its calculations not later than the Notification Time on the Local Business Day following the applicable Valuation Date (or, in the case of Paragraph 5(a), following the date of calculation).

(d) *Substitutions*.

(i) Unless otherwise specified in Paragraph 13, the Chargor may on any Local Business Day by notice (a "Substitution Notice") inform the Secured Party that it wishes to transfer to the Secured Party Eligible Credit Support (the "Substitute Credit Support") specified in that Substitution Notice in substitution for certain Eligible Credit Support (the "Original Credit Support") specified in the Substitution Notice comprised in the Chargor's Posted Collateral.

(ii) If the Secured Party notifies the Chargor that it has consented to the proposed substitution, (A) the Chargor will be obliged to transfer the Substitute Credit Support to the Secured Party on the first Settlement Day following the date on which it receives notice (which may be oral telephonic notice) from the Secured Party of its consent and (B) subject to paragraph 4(a), the Secured Party will be obliged to transfer to the Chargor the Original Credit Support not later than the Settlement Day following the date on which the Secured Party receives the Substitute Credit Support, unless otherwise specified in Paragraph 13 (f) (the "Substitution Date"); *provided* that the Secured Party will only be obliged to transfer Original Credit Support with a Value as of the date of transfer as close as practicable to, but in any event not more than, the Value of the Substitute Credit Support as of that date.

VII. 7 Anhang 2

Paragraph 5. Dispute Resolution

(a) *Disputed Calculations or Valuations.* If a party (a "Disputing party") reasonably disputes (I) the Valuation Agent's calculation of a Delivery Amount or a Return Amount or (II) the Value of any transfer of Eligible Credit Support or Posted Credit Support, then:

(1) the Disputing party will notify the other party and the Valuation Agent (if the Valuation Agent is not the other party) not later than the close of business on the Local Business Day following, in the case of (I) above, the Date that the demand is received under Paragraph 3 or, in the case of (II) above, the date of transfer;

(2) in the case of (I) above, the appropriate party will transfer the undisputed amount to the other party not later than the close of business on the Settlement Day following the date that the demand is received under Paragraph 3;

(3) the parties will consult with each other in an attempt to resolve the dispute; and

(4) if they fail to resolve the dispute by the Resolution Time, then:

(i) in the case of a dispute involving a Delivery Amount or Return Amount, unless Otherwise specified in Paragraph 13, the Valuation Agent will recalculate the Exposure and the Value as of the Recalculation Date by:

(A) utilising any calculations of that part of the Exposure attributable to the Transactions that the parties have agreed are not in dispute;

(B) calculating the Exposure attributable to the Transactions in dispute by seeking four actual quotations at mid-market from Reference Market-makers for purposes of calculating Market Quotation, and taking the arithmetic mean of those obtained; *provided* that if four quotations are not available for a particular Transaction, then fewer than four quotations may be used for that Transaction; and if no quotations are available for a particular Transaction, then the Valuation Agent's original calculations will be used for that Transaction; and

(C) utilising the procedures specified in Paragraph 13(g)(ii) for calculating the Value, if disputed, of Posted Credit Support.

(ii) in the case of a dispute involving the Value of any transfer of Eligible Credit Support or Posted Credit Support, the Valuation Agent will recalculate the Value as of the date of transfer pursuant to Paragraph 13(g)(ii).

Following a recalculation pursuant to this Paragraph, the Valuation Agent will notify each party (or the other party, if the Valuation Agent is a party) as soon as possible but in any event not later than the Notification Time on the Local Business Day following the Resolution Time. The appropriate party will, upon demand following that notice by the Valuation Agent or a resolution pursuant to (3) above and subject to Paragraphs 4(a) and 4(b), make the appropriate transfer.

(b) *Not a Relevant Event.* The failure by a party to make a transfer of any amount which is the subject to a dispute to which Paragraph 5(a) applies will not constitute a Relevant Event under Paragraph 7 for as long as the procedures set out in Paragraph 5 are being carried out. For the avoidance of doubt, upon completion of those procedures, Paragraph 7 will apply to any failure by a party to make a transfer required under the final sentence of Paragraph 5(a) on the relevant due date.

Paragraph 6. Holding Posted Collateral

(a) *Care of Posted Collateral.* The Secured Party will exercise reasonble care to assure the safe custody of all Posted Collateral to the extent required by applicable law. Except as specified in the preceding sentence, the Secured Party will have no duty with respect to Posted Collateral, including, without limitation, any duty to collect any Distributions, or enforce or preserve any rights pertaining to the Posted Collateral.

(b) *Eligibility to Hold Posted Collateral; Custodians.*

(i) *General.* Subject to the satisfaction of any conditions specified in Paragraph 13 for holding Posted Collateral, the Secured Party will be entitled to hold Posted Collateral or to appoint an agent (a "Custodian") to hold Posted Collateral for the Secured Party. Upon notice by the Secured Party to the Chargor of the appointment of a Custodian, the Chargor's obligations to make any transfer will be discharged by making the transfer to that Custodian. The holding of Posted Collateral by a Custodian will be deemed to be the holding of that Posted Collateral by the Secured Party for which the Custodian is acting.

(ii) *Failure to Satisfy Conditions.* If the Secured Party or its Custodian fails to satisfy any conditions for holding Posted Collateral, then upon a demand made by the Chargor, the Secured Party will, not later than five Local Business Days after the demand, transfer or cause its Custodian to transfer all Posted Collateral held by it to a Custodian that satisfies those conditions or to the Secured Party if it satisfies those conditions.

(iii) *Liability.* The Secured Party will be liable for the acts or omissions of its Custodian to the same extent that the Secured Party would be liable under this Deed for its own acts or omissions.

(c) *Segregated Accounts.* The Secured Party shall, and shall cause any Custodian to, open and/or maintain one or more segregated accounts (the "Segregated Accounts"), as appropriate, in which to hold Posted Collateral (other than Posted Collateral in the form of cash) under this Deed. The Secured Party and any Custodian shall each hold, record and/or identify in the relevant Segregated Accounts all Posted Collateral (other than Posted Collateral in the form of cash) held in relation to the Chargor, and, except as provided otherwise herein, such Collateral shall at all times be and remain the property of the Chargor and segregated from the property of the Secured Party or the relevant Custodian, as the case may be, and shall at no time constitute the property of, or be commingled with the property of, the Secured Party or such Custodian.

(d) *No Use of Collateral.* For the avoidance of doubt, and without limiting the rights of the Secured Party under the other provisions of this Deed, the Secured Party will not have the right to sell, pledge, rehypothecate, assign, invest, use, commingle or otherwise dispose of, or otherwise use in its business any Posted Collateral it holds under this Deed.

(e) *Rights Accompanying Posted Collateral.*

(i) *Distributions and Voting Rights.* Unless and until a Relevant Event or a Specified Condition occurs the Chargor shall be entitled:

(A) to all Distributions; and

(B) to exercise, or to direct the Secured Party to exercise, any voting rights attached to any of the Posted Collateral (but only in a manner consistent with the terms of this Deed) and, if any expense would be incurred by the Secured Party in doing so, only to the extent that the Chargor paid to the Secured Party in advance of any such exercise an amount sufficient to cover that expense.

(ii) *Exercise by Secured Party.* At any time after the occurrence of a Relevant Event or Specified Condition and without any further consent or authority on the part of the Chargor the Secured Party may exercise at its discretion (in the name of the Chargor or otherwise) in respect of any of the Posted Collateral any voting rights and any powers or rights which may be exercised by the person or persons in whose name or names the Posted Collateral is registered or who is the holder or bearer of them including (but without limitation) all the powers given to trustees by sections 10(3) and (4) of the Trustee Act 1925 (as amended by section 9 of the Trustee Investments Act 1961) in respect of securities or property subject to a trust. If the Secured party exercises any such rights or powers, it will give notice of the same to the Chargor as soon as practicable.

(f) *Calls and Other Obligations.*

(i) *Payment of Calls.* The Chargor will pay all calls or other payments which may become due in respect of any of the Posted Collateral and if it fails to do so the Secured

Party may elect to make such payments on behalf of the Chargor. Any sums so paid by the Secured Party shall be repayable by the Chargor to the Secured Party on demand together with interest at the Default Rate from the date of such payment by the Secured Party and pending such repayment shall form part of the Obligations.

(ii) *Requests for Information.* The Chargor shall promptly copy to the Secured Party and comply with all requests for information which is within its knowledge and which are made under section 212 of the Companies Act 1985 or any similar provision contained in any articles of association or other constitutional document relating to any of the Posted Collateral and if it fails to do so the Secured Party may elect to provide such information as it may have on behalf of the Chargor.

(iii) *Continuing Liability of Chargor.* The Chargor shall remain liable to observe and perform all of the other conditions and obligations assumed by it in respect of any of the Posted Collateral.

(iv) *No Liability of Secured Party.* The Secured Party shall not be required to perform or fulfil any obligation of the Chargor in respect of the Posted Collateral or to make any payment, or to make any enquiry as to the nature or sufficiency of any payment received by it or the Chargor, or to present or file any claim or take any other action to collect or enforce the payment of any amount to which it may have been or to which it may be entitled under this Deed at any time.

(g) *Distributions and Interest Amount.*

(i) *Distributions.* The Secured Party will transfer to the Chargor not later than the Settlement Day following each Distributions Date any Distributions it receives to the extent that a Delivery Amount would not be created or increased by the transfer, as calculated by the Valuation Agent (and the date of calculation will be deemed a Valuation Date for this purpose).

(ii) *Interest Amount.* Unless otherwise specified in Paragraph 13 (i)(iii), with respect to Posted Collateral in the form of cash, the Secured Party will transfer to the Chargor at the times specified in Paragraph 13 (i)(ii) the Interest Amount to the extent that a Delivery Amount would not be created or increased by that transfer, as calculated by the Valuation Agent (and the date of calculation will be deemed to be a Valuation Date for this purpose).

Any Distributions or Interest Amount (or portion of either) not transferred pursuant to this Paragraph will constitute Posted Collateral and will be subject to the security interest granted under Paragraph 2 (b) or otherwise will be subject to the set-off provided in Paragraph 8 (a)(ii).

Paragraph 7. Default

For purposes of this Deed, a *"Relevant Event"* will have occurred with respect to a party if:

(i) an Event of Default has occurred in respect of that party under the Agreement; or

(ii) that party fails (or fails to cause its Custodian) to make, when due, any transfer of Eligible Collateral, Posted Collateral. Distributions or Interest Amount, as applicable, required to be made by it and that failure continues for two Local Business Days after notice of that failure is given to that party; or

(iii) that party fails to perform any Obligation other than those specified in Paragraph 7 (ii) and that failure continues for 30 days after notice of that failure is given to that party.

Paragraph 8. Rights of Enforcement

(a) *Secured Party's Rights.* If at any time (1) a Relevant Event or Specified Condition with respect to the Chargor has occurred and is continuing or (2) an Early Termination Date has occurred or been designated under the Agreement as the result of an Event of

Default or Specified Condition with respect to the Chargor, then, unless the Chargor has paid in full all of its Obligations that are then due:

(i) the Secured Party shall, without prior notice to the Chargor, be entitled to put into force and to exercise immediately, or as and when it may see fit any and every power possessed by the Secured Party by virtue of this Deed or available to a secured creditor (so that section 93 and section 103 of the Law of Property Act 1925 shall not apply to this Deed) and in particular (but without limitation) the Secured Party shall have power in respect of Posted Collateral other than in the form of cash:

(A) to sell all or any of the Posted Collateral in any manner permitted by law upon such terms as the Secured Party shall in its absolute discretion determine; and

(B) to collect, recover or compromise and to give a good discharge for any moneys payable to the Chargor in respect of any of the Posted Collateral;

(ii) the Secured Party may in respect of Posted Collateral in the form of cash immediately or at any subsequent time, without prior notice to the Chargor:

(A) apply or appropriate the Posted Collateral in or towards the payment or discharge of any amounts payable by the Chargor with respect to any Obligation in such order as the Secured Party sees fit; or

(B) set off all or any part of any amounts payable by the Chargor with respect to any Obligation against any obligation of the Secured Party to repay any amount to the Chargor in respect of the Posted Collateral; or

(C) debit any account of the Chargor (whether sole or joint) with the Secured Party at any of its offices anywhere (including an account opened specially for that purpose) with all or any part of any amounts payable by the Chargor with respect to any Obligation from time to time; or

(D) combine or consolidate any account in the name of the Chargor (whether sole or joint) in any currency at any of the Secured Party's offices anywhere with the account relating to the Posted Collateral;

and for the purposes of this Paragraph 8(a)(ii) the Secured Party shall be entitled:

(X) to make any currency conversions or effect any transaction in currencies which it thinks fit, and to do so at such times and rates as it thinks proper;

(Y) to effect any transfers between, or entries on, any of the Chargor's accounts with the Secured Party as it thinks proper; and

(iii) the Secured Party may exercise any other rights and remedies available to the Secured Party under the terms of Other Posted Support, if any.

(b) *Power of Attorney*. The Chargor, by way of security and solely for the purpose of more fully securing the performance of the Obligations, irrevocably appoints the Secured Party the attorney of the Chargor on its behalf and in the name of the Chargor or the Secured Party (as the attorney may decide) to do all acts, and execute all documents which the Chargor could itself execute, in relation to any of the Posted Collateral or in connection with any of the matters provided for in this Deed, including (but without limitation):

(i) to execute any transfer, bill of sale or other assurance in respect of the Posted Collateral;

(ii) to exercise all the rights and powers of the Chargor in respect of the Posted Collateral;

(iii) to ask, require, demand, receive, compound and give a good discharge for any and all moneys and claims for moneys due and to become due under or arising out of any of the Posted Collateral;

(iv) to endorse any cheques or other instruments or orders in connection with any of the Posted Collateral; and

(v) to make any claims or to take any action or to institute any proceedings which the Secured Party considers to be necessary or advisable to protect or enforce the security interest created by this Deed.

(c) *Protection of Purchaser.*
(i) No purchaser or other person dealing with the Secured Party or with its attorney or agent shall be concerned to enquire (1) whether any power exercised or purported to be exercised by the Secured Party has become exercisable, (2) whether any Obligation remains due, (3) as to the propriety or regularity of any of the actions of the Secured Party or (4) as to the application of any money paid to the Secured Party.

(ii) In the absence of bad faith on the part of such purchaser or other person, such dealings shall be deemed, so far as regards the safety and protection of such purchaser or other person, to be within the powers conferred by this Deed and to be valid accordingly. The remedy of the Chargor in respect of any impropriety or irregularity whatever in the exercise of such powers shall be in damages only.

(d) *Deficiencies and Excess Proceeds.* The Secured Party will transfer to the Chargor any proceeds and Posted Credit Support remaining after liquidation, set-off and/or application under Paragraph 8(a) and after satisfaction in full of all amounts payable by the Chargor with respect to any Obligations; the Chargor in all events will remain liable for any amounts remaining unpaid after any liquidation, set-off and/or application under Paragraph 8(a).

(e) *Final Returns.* When no amounts are or may become payable by the Chargor with respect to any Obligations (except for any potential liability under Section 2(d) of the Agreement), the Secured Party will transfer to the Chargor all Posted Credit Support and the Interest Amount, if any.

Paragraph 9. Representations

Each party represents to the other party (which representations will be deemed to be repeated as of each date on which it, as the Chargor, transfers Eligible Collateral) that:

(i) it has the power to grant a security interest in any Eligible Collateral it transfers as the Chargor and has taken all necessary actions to authorise the granting of that security interest;

(ii) it is the beneficial owner of all Eligible Collateral it transfers to the Secured Party under this Deed, free and clear of any security interest, lien, encumbrance or other interest or restriction other than the security interest granted under Paragraph 2 and other than a lien routinely imposed on all securities in a clearing system in which any such Eligible Collateral may be held;

(iii) upon the transfer of any Eligible Collateral by it as the Chargor to the Secured Party under the terms of this Deed, the Secured Party will have a valid security interest in such Eligible Collateral; and

(iv) the performance by it as the Chargor of its obligations under this Deed will not result in the creation of any security interest, lien or other interest or encumbrance in or on any Posted Collateral other than the security interest created under this Deed (other than any lien routinely imposed on all securities in a clearing system in which any such Posted Collateral may be held).

Paragraph 10. Expenses

(a) *General.* Except as otherwise provided in Paragraphs 10(b) and 10(c), each party will pay its own costs and expenses (including any stamp, transfer or similar transaction tax or duty payable on any transfer it is required to make under this Deed) in connection with performing its obligations under this Deed and neither party will be liable for any such costs and expenses incurred by the other party.

(b) *Posted Credit Support.* The Chargor will promptly pay when due all taxes, assessments or charges of any nature that are imposed with respect to Posted Credit Support held by the Secured Party upon becoming aware of the same.

(c) *Liquidation/Application of Posted Credit Support.* All reasonable costs and expenses incurred by the Secured Party in connection with the liquidation and/or application of any Posted Credit Support under Paragraph 8 will be payable, on demand, by the Defaulting Party or, if there is no Defaulting Party, equally by the parties.

Paragraph 11. Other Provisions

(a) *Default Interest.* A Secured Party that fails to make, when due, any transfer of Posted Collateral or the Interest Amount, will be obliged to pay the Chargor (to the extent permitted under applicable law) an amount equal to interest at the Default Rate multiplied by the Value on the relevant Valuation Date of the items of property that were required to be transferred, from (and including) the date that Posted Collateral or Interest Amount was required to be transferred to (but excluding) the date of transfer of that Posted Collateral or Interest Amount. This interest will be calculated on the basis of daily compounding and the actual number of days elapsed.

(b) *Further Assurances.* Promptly following a demand made by a party, the other party will execute, deliver, file and record any financing statement, specific assignment or other document and take any other action that may be necessary or desirable and reasonably requested by that party to create, preserve, perfect or validate any security interest granted under Paragraph 2, to enable that party to exercise or enforce its rights under this Deed with respect to Posted Credit Support or an Interest Amount or to effect or document a release of a security interest on Posted Collateral or an Interest Amount.

(c) *Further Protection.* The Chargor will promptly give notice to the Secured Party of, and defend against, any suit, action, proceeding or lien that involves Posted Credit Support transferred by the Chargor or that could adversely affect the security interest granted by it under Paragraph 2.

(d) *Good Faith and Commercially, Reasonable Manner.* Performance of all obligations under this Deed, including, but not limited to, all calculations, valuations and determinations made by either party, will be made in good faith and in a commercially reasonable manner.

(e) *Demands and Notices.* All demands and notices made by a party under this Deed will be made as specified in Section 12 of the Agreement, except as otherwise provided in Paragraph 13.

(f) *Specifications of Certain Matters.* Anything referred to in this Deed as being specified in Paragraph 13 also may be specified in one or more Confirmations or other documents and this Deed will be construed accordingly.

(g) *Governing Law and Jurisdiction.* This Deed will be governed by and construed in accordance with English law. With respect to any suit, action or proceedings relating to this Deed, each party irrevocably submits to the jurisdiction of the English courts.

Paragraph 12. Definitions

As used in this Deed:

"*Assigned Rights*" means all rights relating to the Posted Collateral which the Chargor may have now or in the future against the Secured Party or any third Party, including, without limitation, any right to delivery of a security of the appropriate description which arises in connection with (a) any Posted Collateral being transferred to a clearance system or financial intermediary or (b) any interest in or to any Posted Collateral being acquired while that Posted Collateral is in a clearance system or held through a financial intermediary.

"*Base Currency*" means the currency specified as such in Paragraph 13(a)(i).

"*Base Currency Equivalent*" means, with respect to an amount on a Valuation Date, in the case of an amount denominated in the Base Currency, such Base Currency amount and, in the case of an amount in a currency other than the Base Currency (the "Other Currency"), the amount in the Base Currency required to purchase such amount of the Other Currency at the spot exchange rate determined by the Valuation Agent for value on such Valuation Date.

"Chargor" means either party, when (i) that party receives a demand for or is required to transfer Eligible Credit Support under Paragraph 3(a) or (ii) in relation to Posted Credit Support.

"Credit Support Amount" means, with respect to a Secured Party on a Valuation Date, (i) the Secured Party's Exposure plus (ii) all Independent Amounts applicable to the Chargor, if any, minus (iii) all Independent Amounts applicable to the Secured Party, if any, minus (iv) the Chargor's Threshold; *provided, however,* that the Credit Support Amount will be deemed to be zero whenever the calculation of Credit Support Amount yields a number less than zero.

"Custodian" has the meaning specified in Paragraphs 6(b)(i) and 13.

"Delivery Amount" has the meaning specified in Paragraph 3(a).

"Disputing Party" has the meaning specified in Paragraph 5.

"Distributions" means, with respect to Posted Collateral other than cash, all principal, interest and other payments and distributions of cash or other property with respect to that Posted Collateral. Distributions will not include any item of property acquired by the Secured Party upon any disposition or liquidation of Posted Collateral.

"Distributions Date" means, with respect to any Eligible Collateral comprised in the Posted Collateral other than cash, each date on which a holder of the Eligible Collateral is entitled to receive Distributions or, if that date is not a Local Business Day, the next Following Local Business Day.

"Eligible Collateral" means, with respect to a party, the items, if any, specified as such for that party in Paragraph 13(c)(ii).

"Eligible Credit Support" means Eligible Collateral and Other Eligible Support, including in relation to any securities, if applicable, the proceeds of any redemption in whole or in part of such securities by the relevant issuer.

"Eligible Currency" means each currency specified as such in Paragraph 13(a)(ii), if such currency is freely available.

"Exposure" means with respect to a party on a Valuation Date and subject to Paragraph 5 in the case of a dispute, the amount, if any, that would be payable to that party by the other party (expressed as a positive number) or by that party to the other party (expressed as a negative number) pursuant to Section 6(e)(ii)(1) of the Agreement if all Transactions were being terminated as of the relevant Valuation Time, on the basis that (i) that party is not the Affected Party and (ii) the Base Currency is the Termination Currency; *provided* that Market Quotation will be determined by the Valuation Agent on behalf of that party using its estimates at mid-market of the amounts that would be paid for Replacement Transactions (as that term is defined in the definition of "Market Quotation").

"Independent Amount" means, with respect to a party, the Base Currency Equivalent of the amount specified as such for that party in Paragraph 13(c)(iv)(A); if no amount is specified, zero.

"Interest Amount" means, with respect to an Interest Period, the aggregate sum of the Base Currency Equivalent of the amounts of interest determined for each relevant currency and calculated for each day in that Interest Period on the principal amount of Posted Collateral in the form of cash in such currency held by the Secured Party on that day, determined by the Valuation Agent for each such day as follows:

(x) the amount of that cash in such currency on that day; multiplied by

(y) the relevant Interest Rate in effect for that day; divided by

(z) 360 (or, if such currency is pounds sterling, 365).

"Interest Period" means the period from (and including) the last Local Business Day on which an Interest Amount was transferred (or, if no Interest Amount has yet been transferred, the Local Business Day on which Posted Collateral in the form of cash was transferred to or received by the Secured party) to (but excluding) the Local Business Day on which the current Interest Amount is transferred.

"Interest Rate" means, with respect to an Eligible Currency the rate specified in Paragraph 13(i)(i) for that currency.

"Local Business Day", unless otherwise specified in Paragraph 13(1), means:

(i) in relation to a transfer of cash or other property (other than securities) under this Deed, a day on which commercial banks are open for business (including dealings in foreign exchange and foreign currency deposits) in the place where the relevant account is located and, if different, in the principal financial centre, if any, of the currency of such payment;

(ii) in relation to a transfer of securities under this Deed, a day on which the clearance system agreed between the parties for delivery of the securities is open for the acceptance and execution of settlement instructions or, if delivery of the securities is contemplated by other means, a day on which commercial banks are open for business (including dealings in foreign exchange and foreign currency deposits) in the place(s) agreed between the parties for this purpose;

(iii) in relation to a valuation under this Deed, a day on which commercial banks are open for business (including dealings in foreign exchange and foreign currency deposits) in the place of location of the Valuation Agent and in the place(s) agreed between the parties for this purpose; and

(iv) in relation to any notice or other communication under this Deed, in the place specified in the address for notice most recently provided by the recipient.

"Minimum Transfer Amount" means, with respect to a party, the amount specified as such for that Party in Paragraph 13(c)(iv)(C); if no amount is specified, zero.

"Notification Time" has the meaning specified in Paragraph 13(d)(iv).

"Obligations" means, with respect to a party, all present and future obligations of that party under the Agreement and this Deed and any additional obligations specified for that party in Paragraph 13(b).

"Other Eligible Support" means, with respect to a party, the items, if any, specified as such for that party in Paragraph 13.

"Other Posted Support" means all Other Eligible Support transferred to the Secured Party that remains in effect for the benefit of that Secured Party.

"Posted Collateral" means all Eligible Collateral, other property, Distributions and all proceeds of any such Eligible Collateral, other property or Distributions that have been transferred to or received by the Secured party, under this Deed and not transferred to the Chargor pursuant to Paragraph 3(b), 4(d)(ii) or 6(g)(i) or realised by the Secured Party under Paragrraph 8. Any Distributions or Interest Amount (or portion of either) not transferred pursuant to Paragraph 6(g) will constitute Posted Collateral.

"Posted Credit Support" means Posted Collateral and Other Posted Support.

"Recalculation Date" means the Valuation Date that gives rise to the dispute under Paragraph 5; *provided, however,* that if a subsequent Valuation Date occurs under Paragraph 3 prior to the resolution of the dispute, then the "Recalculation Date" means the most recent Valuation Date under Paragraph 3.

"Relevant Event" has the meaning specified in Paragraph 7.

"Resolution Time" has the meaning specified in Paragraph 13(g)(i).

"Return Amount" has the meaning specified in Paragraph 3(b).

"Secured Party" means either party, when that party (i) makes a demand for or is entitled to receive Eligible Credit Support under Paragraph 3(a) or (ii) holds or is deemed to hold Posted Credit Support.

"Settlement Day" means, in relation to a date, (i) with respect to a transfer of cash or other property (other than securities), the next Local Business Day and (ii) with respect to a transfer of securities, the first Local Business Day after such date on which settlement of a trade in the relevant securities, if effected on such date, would have been settled in accordance with customary practice when settling through the clearance system

agreed between the parties for delivery of such securities or, otherwise, on the market in which such securities are principally traded (or, in either case, if there is no such customary practice, on the first Local Business Day after such date on which it is reasonably practicable to deliver such securities).

"Specified Condition" means, with respect to a party, any event specified as such for that party in Paragraph 13 (e).

"Substitute Credit Support" has the meaning specified in Paragraph 4 (d) (i).

"Substitution Date" has the meaning specified in Paragraph 4 (d) (ii).

"Substitution Notice" has the meaning specified in Paragraph 4 (d) (i).

"Threshold" means, with respect to a party, the Base Currency Equivalent of the amount specified as such for that party in Paragraph 13 (c) (iv)(B); if no amount is specified, zero.

"Valuation Agent" has the meaning specified in Paragraph 13 (d) (i).

"Valuation Date" means each date specified in or otherwise determined pursuant to Paragraph 13 (d) (ii).

"Valuation Percentage" means, for any item of Eligible Collateral, the percentage specified in Paragraph 13 (c) (ii).

"Valuation Time" has the meaning specified in Paragraph 13 (d) (iii).

"Value" means for any Valuation Date or other date for which Value is calculated, and subject to Paragraph 5 in the case of a dispute, with respect to:

(i) Eligible Collateral or Posted Collateral that is:

A) an amount of cash, the Base Currency Equivalent of such amount multiplied by the applicable Valuation Percentage, if any; and

(B) a security, the Base Currency Equivalent of the bid price obtained by the Valuation Agent multiplied by the applicable Valuation Percentage, if any;

(ii) Posted Collateral that consists of items that are not specified as Eligible Collateral, zero; and

(iii) Other Eligible Support and Other Posted Support, as specified in Paragraph 13 (j).

Paragraph 13. Elections and Variables

(a) *Base Currency and Eligible Currency.*

(i) "Base Currency" means United States Dollars unless otherwise specified here: ......

(ii) "Eligible Currency" means the Base Currency and each other currency specified here: ......

(b) *Security Interest for "Obligations".* The term *"Obligations"* as used in this Deed includes the following additional obligations:

With respect to Party A: ......
With respect to Party B: ......

(c) *Credit Support Obligations.*

(i) *Delivery Amount, Return Amount and Credit Support Amount.*

(A) *"Delivery Amount"* has the meaning specified in Paragraph 3 (a), unless otherwise specified here: ......

(B) *"Return Amount"* has the meaning specified in Paragraph 3 (b), unless otherwise specified here: ......

(C) *"Credit Support Amount"* has the meaning specified in Paragraph 12, unless otherwise specified here: ......

(ii) *Eligible Collateral.* The following items will qualify as *"Eligible Collateral"* for the party specified:

Anhang 2: 1995 ISDA Credit Support Deed

VII. 7 Anhang 2

	Party A	Party B	Valuation Percentage
(A) cash in an Eligible Currency	[ ]	[ ]	[ ]%
(B) negotiable debt obligations issued by the Government of [ ] having an original maturity at issuance of not more than one year	[ ]	[ ]	[ ]%
(C) negotiable debt obligations issued by the Government of [ ] having an original maturity at issuance of more than one year but not more than 10 years	[ ]	[ ]	[ ]%
(D) negotiable debt obligations issued by the Government of [ ] having an original maturity at issuance of more than 10 years	[ ]	[ ]	[ ]%
(E) other:	[ ]	[ ]	[ ]%

(iii) *Other Eligible Support.* The following items will qualify as *"Other Eligible Support"* for the party specified:

(A)	[ ]	[ ]%
(B)	[ ]	[ ]

(iv) **Thresholds.**
(A) *"Independent Amount"* means with respect to Party A: ......
"Independent Amount" means with respect to Party B: ......
(B) *"Threshold"* means with respect to Party A: ......
"Threshold" means with respect to Party B: ......
(C) *"Minimum Transfer Amount"* means with respect to Party A: ......
"Minimum Transfer Amount" means with respect to Party B: ......
(D) **Rounding.** The Delivery Amount and the Return Amount will be rounded [down to the nearest integral multiple of ....../up and down to the nearest integral multiple of ......, respectively[4]].

(d) **Valuation and Timing.**
(i) *"Valuation Agent"* means, for purposes of Paragraphs 3 and 5, the party making the demand under Paragraph 3, and for purposes of Paragraph 6(g), the Secured Party receiving or deemed to receive the Distributions or the Interest Amount, as applicable, unless otherwise specified here: ......
(ii) *"Valuation Date"* means: ......
(iii) *"Valuation Time"* means: ......
[ ] the close of business in the place of location of the Valuation Agent on the Valuation Date or date of calculation, as applicable:
[ ] the close of business on the Local Business Day immediately preceding the Valuation Date or date of calculation, as applicable;
provided that the calculations of Value and Exposure will, as far as practicable, be made as of approximately the same time on the same date.
(iv) *"Notification Time"* means [10:00 a.m.]/[1:00 p.m.], London time, on a Local Business Day, unless otherwise specified here: ......

(e) **Conditions Precedent and Secured Partys Rights and Remedies.** The following Termination Event(s) will be a *"Specified Condition"* for the party specified (that party being the Affected Party if the Termination Event occurs with respect to that party):

---

[4] Delete as applicable.

VII. 7 Anhang 2

	Party A	Party B
Illegality	[ ]	[ ]
Tax Event	[ ]	[ ]
Tax Event Upon Merger	[ ]	[ ]
Credit Event Upon Merger	[ ]	[ ]
Additional Termination Event(s):		
......	[ ]	[ ]
......	[ ]	[ ]

(f) *Substitution.*
"Substitution Date" has the meaning specified in Paragraph 4(d)(ii), unless otherwise specified here: ......

(g) *Dispute Resolution.*
(i) *"Resolution Time"* means [1:00 p.m.]/[3:00 p.m.], London time, on the Local Business Day following the date on which the notice is given that gives rise to a dispute under Paragraph 5, unless otherwise specified here: ......

(ii) *Value.* For the purpose of Paragraphs 5(a)(i)(C) and 5(a)(ii), the Value of the outstanding Posted Credit Support or of any transfer of Eligible Credit Support or Posted Credit Support, as the case may be, will be calculated as follows: ......

(iii) *Alternative.* The provisions of Paragraph 5 will apply, unless an alternative dispute resolution procedure is specified here: ......

(h) *Eligibility to Hold Posted Collateral; Custodians.* Party A and its Custodian will be entitled to hold Posted Collateral pursuant to Paragraph 6(b); *provided* that the following conditions applicable to it are satisfied:
(i) Party A is not a Defaulting Party.
(ii) Posted Collateral may be held only in the following jurisdictions: ......
(iii) ......
Initially, the **Custodian** for Party A is ......

Party B and its Custodian will be entitled to hold Posted Collateral pursuant to Paragraph 6(b); *provided* that the following conditions applicable to it are satisfied:
(i) Party B is not a Defaulting Party.
(ii) Posted Collateral may be held only in the following jurisdictions: ......
(iii) ......
Initially, the Custodian for Party B is ......

(i) *Distributions and Interest Amount.*
(i) *Interest Rate.* The *"Interest Rate"* in relation to each Eligible Currency specified below will be:

Eligible Currency	Interest Rate
......	......
......	......
......	......

(ii) *Transfer of Interest Amount.* The transfer of the Interest Amount will be made on the last Local Business Day of each calendar month and on any Local Business Day that a Return Amount consisting wholly or partly of cash is transferred to the Chargor pursuant to paragraph 3(b), unless otherwise specified here: ......

(iii) *Alternative to Interest Amount.* The provisions of Paragraph 6(g)(ii) will apply, unless otherwise specified here: ......

(j) *Other Eligible Support and Other Posted Support.*
(i) *"Value"* with respect to Other Eligible Support and Other Posted Support means: ......

(ii) *Transfer of Other Eligible Support and Other Posted Support.* All transfers under this Deed of Other Eligible Support and Other Posted Support shall be made as follows: ......

Anhang 2: 1995 ISDA Credit Support Deed

(k) *Addresses for Transfers.*
Party A: ......
Party B: ......
(l) *Other Provisions.*

IN WITNESS of which this Deed has been executed as a deed and has been delivered on the date first above written.

PARTY A

EXECUTED as a deed by (Name of Company:)
......
acting by (Name of first signatory:) [5,6] .... (Signature)
and (Name of second signatory:)[7] .... (Signature)
[acting under the authority of that company] [[8]in the presence of:
Witness' Signature: ......
Witness' Name: ......
Witness's Address: ......]

PARTY B

EXECUTED as a deed by (Name of Company:)
......
acting by (Name of first signatory:)[9,10] .... (Signature)
and (Name of second signatory)[11] .... (Signature)
[acting under the authority of that company] [[12]in the presence of:
Witness' Signature: ......
Witness' Name: ......
Witness ,s Address : ......]

---

5 Where the company is a UK company with a company seal which wishes to execute this Deed under its company seal, the precise manner of execution will depend on the company's articles. Where the company is a foreign company it will be necessary to check that this form of attestation is a valid execution under local law and under that company's constitution.

6 Where the company is a UK company, this signatory must be a Director. Where the company is a foreign company, the signatory must be a person authorised (under local law and under that company's constitution) to sign for that company.

7 Where the company is a UK company, this signatory must be either a Director or the Company Secretary. Where the company is a foreign company, it may be that under local law and under that company's constitution only one signatory is required.

8 Where there is only one signatory, a witness is preferable.

9 Where the company is a UK company with a company seal which wishes to execute this Deed under its company seal, the precise manner of execution will depend on the company's articles. Where the company is a foreign company it will be necessary to check that this form of attestation is a valid execution under local law and under that company's constitution.

10 Where the company is a UK company, this signatory must be a Director. Where the company is a foreign company, the signatory must be a person authorised (under local law and under that company's constitution) to sign for that company.

11 Where the company is a UK company, this signatory must be either a Director or the Company Secretary. Where the company is a foreign company, it may be that under local law and under that company's constitution only one signatory is required.

12 Where there is only one signatory, a witness is preferable.

VII. 7 Anhang 3

Anhang 3:
1995 ISDA Credit Support Annex (Transfer – English Law)

(Bilateral Form – Transfer)[1]   (ISDA Agreements Subject to English Law)[2]

ISDA
International Swaps and Derivatives Association, Inc.
CREDIT SUPPORT ANNEX

to the Schedule to the
ISDA Master Agreement
dated as of ......
between
.... and ....
("Party A")   ("Party B")

This Annex supplements, forms part of, and is subject to, the ISDA Master Agreement referred to above and is part of its Schedule. For the purposes of this Agreement, including, without limitation, Sections 1(c), 2(a), 5 and 6, the credit support arrangements set out in this Annex constitute a Transaction (for which this Annex constitutes the Confirmation).

Paragraph 1. Interpretation

Capitalised terms not otherwise defined in this Annex or elsewhere in this Agreement have the meanings specified pursuant to Paragraph 10, and all references in this Annex to Paragraphs are to Paragraphs of this Annex. In the event of any inconsistency between this Annex and the other provisions of this Schedule, this Annex will prevail, and in the event of any inconsistency between Paragraph 11 and the other provisions of this Annex, Paragraph 11 will prevail. For the avoidance of doubt, references to "transfer" in this Annex mean, in relation to cash, payment and, in relation to other assets, delivery.

Paragraph 2. Credit Support Obligations

(a) *Delivery Amount.* Subject to Paragraphs 3 and 4, upon a demand made by the Transferee on or promptly following a Valuation Date, if the Delivery Amount for that Valuation Date equals or exceeds the Transferor's Minimum Transfer Amount, then the Transferor will transfer to the Transferee Eligible Credit Support having a Value as of the date of transfer at least equal to the applicable Delivery Amount (rounded pursuant

---

[1] This document is not intended to create a charge or other security interest over the assets transferred under its terms. Persons intending to establish a collateral arrangement based on the creation of a charge or other security interest should consider using the ISDA Credit Support Deed (English law) or the ISDA Credit Support Annex (New York law), as appropriate.

[2] This Credit Support Annex has been prepared for use with ISDA Master Agreements subject to English law. Users should consult their legal advisers as to the proper use and effect of this form and the arrangements it contemplates. In particular, users should consult their legal advisers if they wish to have the Credit Support Annex made subject to a governing law other than English law or to have the Credit Support Annex subject to a different governing law than that governing the rest of the ISDA Master Agreement (e.g., English law for the Credit Support Annex and New York Law for the rest of the ISDA Master Agreement).

to Paragraph 11(b)(iii)(D)). Unless otherwise specified in Paragraph 11(b), the "Delivery Amount" applicable to the Transferor for any Valuation Date will equal the amount by which:

(i) the Credit Support Amount

exceeds

(ii) the Value as of that Valuation Date of the Transferor's Credit Support Balance (adjusted to include any prior Delivery Amount and to exclude any prior Return Amount, the transfer of which, in either case, has not yet been completed and for which the relevant Settlement Day falls on or after such Valuation Date).

(b) *Return Amount.* Subject to Paragraphs 3 and 4, upon a demand made by the Transferor on or promptly following a Valuation Date, if the Return Amount for that Valuation Date equals or exceeds the Transferee's Minimum Transfer Amount, then the Transferee will transfer to the Transferor Equivalent Credit Support specified by the Transferor in that demand having a Value as of the date of transfer as close as practicable to the applicable Return Amount (rounded pursuant to Paragraph 11(b)(iii)(D)) and the Credit Support Balance will, upon such transfer, be reduced accordingly. Unless otherwise specified in Paragraph 11(b), the "Return Amount" applicable to the Transferee for any Valuation Date will equal the amount by which:

(i) the Value as of that Valuation Date of the Transferor's Credit Support Balance (adjusted to include any prior Delivery Amount and to exclude any prior Return Amount, the transfer of which, in either case, has not yet been completed and for which the relevant Settlement Day falls on or after such Valuation Date)

exceeds

(ii) the Credit Support Amount.

Paragraph 3. Transfers, Calculations and Exchanges

(a) *Transfers.* All transfers under this Annex of any Eligible Credit Support, Equivalent Credit Support, Interest Amount or Equivalent Distributions shall be made in accordance with the instructions of the Transferee or Transferor, as applicable, and shall be made:

(i) in the case of cash, by transfer into one or more bank accounts specified by the recipient;

(ii) in the case of certificated securities which cannot or which the parties have agreed will not be delivered by book-entry, by delivery in appropriate physical form to the recipient or its account accompanied by any duly executed instruments of transfer, transfer tax stamps and any other documents necessary to constitute a legally valid transfer of the transferring party's legal and beneficial title to the recipient; and

(iii) in the case of securities which the parties have agreed will be delivered by book-entry, by the giving of written instructions (including, for the avoidance of doubt, instructions given by telex, facsimile transmission or electronic messaging system) to the relevant depository institution or other entity specified by the recipient, together with a written copy of the instructions to the recipient, sufficient, if complied with, to result in a legally effective transfer of the transferring party's legal and beneficial title to the recipient.

Subject to Paragraph 4 and unless otherwise specified, if a demand for the transfer of Eligible Credit Support or Equivalent Credit Support is received by the Notification Time, then the relevant transfer will be made not later than the close of business on the Settlement Day relating to the date such demand is received; if a demand is received after the Notification Time, then the relevant transfer will be made not later than the close of business on the Settlement Day relating to the day after the date such demand is received.

(b) *Calculations.* All calculations of Value and Exposure for purposes of Paragraphs 2 and 4(a) will be made by the relevant Valuation Agent as of the relevant Valuation

Time. The Valuation Agent will notify each party (or the other party, if the Valuation Agent is a party) of its calculations not later than the Notification Time on the Local Business Day following the applicable Valuation Date (or, in the case of Paragraph 4(a), following the date of calculation).

(c) *Exchanges.*

(i) Unless otherwise specified in Paragraph 11, the Transferor may on any Local Business Day by notice inform the Transferee that it wishes to transfer to the Transferee Eligible Credit Support specified in that notice (the "New Credit Support") in exchange for certain Eligible Credit Support (the "Original Credit Support") specified in that notice comprised in the Transferor's Credit Support Balance.

(ii) If the Transferee notifies the Transferor that it has consented to the proposed exchange, (A) the Transferor will be obliged to transfer the New Credit Support to the Transferee on the first Settlement Day following the date on which it receives notice (which may be oral telephonic notice) from the Transferee of its consent and (B) the Transferee will be obliged to transfer to the Transferor Equivalent Credit Support in respect of the Original Credit Support not later than the Settlement Day following the date on which the Transferee receives the New Credit Support, unless otherwise specified in Paragraph 11(d) (the "Exchange Date"); *provided* that the Transferee will only be obliged to transfer Equivalent Credit Support with a Value as of the date of transfer as close as practicable to, but in any event not more than, the Value of the New Credit Support as of that date.

Paragraph 4. Dispute Resolution

(a) *Disputed Calculations or Valuations.* If a party (a "Disputing Party") reasonably disputes (I) the Valuation Agent's calculation of a Delivery Amount or a Return Amount or (II) the Value of any transfer of Eligible Credit Support or Equivalent Credit Support, then:

(1) the Disputing Party will notify the other party and the Valuation Agent (if the Valuation Agent is not the other party) not later than the close of business on the Local Business Day following, in the case of (I) above, the date that the demand is received under Paragraph 2 or, in the case of (II) above, the date of transfer;

(2) in the case of (I) above, the appropriate party will transfer the undisputed amount to the other party not later than the close of business on the Settlement Day following the date that the demand is received under Paragraph 2;

(3) the parties will consult with each other in an attempt to resolve the dispute; and

(4) if they fail to resolve the dispute by the Resolution Time, then:

(i) in the case of a dispute involving a Delivery Amount or Return Amount, unless otherwise specified in Paragaph 11(e), the Valuation Agent will recalculate the Exposure and the Value as of the Recalculation Date by:

(A) utilising any calculations of that part of the Exposure attributable to the Transactions that the parties have are not in dispute;

(B) calculating that part of the Exposure attributable to the Transactions in dispute by seeking four actual quotations at mid-market from Reference Market-makers for purposes of calculating Market Quotation, and taking the arithmetic average of those obtained; *provided* that if four quotations are not available for a particular Transaction, then fewer than four quotations may be used for that Transaction; and if no quotations are available for a particular Transaction, then the Valuation Agent's original calculations will be used for the Transaction; and

(C) utilising the procedures specified in Paragraph 11(e)(ii) for calculating the Value, if disputed, of the outstanding Credit Support Balance;

(ii) in the case of a dispute involving the Value of any transfer of Eligible Credit Support or Equivalent Credit Support, the Valuation Agent will recalculate the Value as of the date of transfer pursuant to Paragraph 11(e)(ii).

Following a recalculation pursuant to this Paragraph, the Valuation Agent will notify each party (or the other party, if the Valuation Agent is a party) as soon as possible but in any event not later than the Notification Time on the Local Business Day following the Resolution Time. The appropriate party will, upon demand following such notice given by the Valuation Agent or a resolution pursuant to (3) above and subject to Paragraph 3(a), make the appropriate transfer.

(b) *No Event of Default.* The failure by a party to make a transfer of any amount which is the subject of a dispute to which Paragraph 4(a) applies will not constitute an Event of Default for as long as the procedures set out in this Paragraph 4 are being carried out. For the avoidance of doubt, upon completion of those procedures, Section 5(a)(i) of this Agreement will apply to any failure by a party to make a transfer required under the final sentence of Paragraph 4(a) on the relevant due date.

Paragraph 5. Transfer of Title, No Security Interest, Distributions and Interest Amount

(a) *Transfer of Title.* Each party agrees that all right, title and interest in and to any Eligible Credit Support, Equivalent Credit Support, Equivalent Distributions or Interest Amount which it transfers to the other party under the terms of this Annex shall vest in the recipient free and clear of any liens, claims, charges or encumbrances or any other interest of the transferring party or of any third person (other than a lien routinely imposed on all securities in a relevant clearance system).

(b) *No Security Interest.* Nothing in this Annex is intended to create or does create in favour of either party any mortgage, charge, lien, pledge, encumbrance or other security interest in any cash or other property transferred by one party to the other party under the terms of this Annex.

(c) *Distributions and Interest Amount.*

(i) *Distributions.* The Transferee will transfer to the Transferor not later than the Settlement Day following each Distributions Date cash, securities or other property of the same type, nominal value, description and amount as the relevant Distributions ("Equivalent Distributions") to the extent that a Delivery Amount would not be created or increased by the transfer, as calculated by the Valuation Agent (and the date of calculation will be deemed a Valuation Date for this purpose).

(ii) *Interest Amount.* Unless otherwise specified in Paragraph 11(f)(iii), the Transferee will transfer to the Transferor at the times specified in Paragrph 11(f)(ii) the relevant Interest Amount to the extent that a Delivery Amount would not be created or increased by the transfer, as calculated by the Valuation Agent (and the date of calculation will be deemed a Valuation Date for this purpose).

Paragraph 6. Default

If an Early Termination Date is designated or deemed to occur as a result of an Event of Default in relation to a party, an amount equal to the Value of the Credit Support Balance, determined as though the Early Termination Date were a Valuation Date, will be deemed to be an Unpaid Amount due to the Transferor (which may or may not be the Defaulting Party) for purposes of Section 6(e). For the avoidance of doubt, if Market Quotation is the applicable payment measure for purposes of Section 6(e), then the Market Quotation determined under Section 6(e) in relation to the Transaction constituted by this Annex will be deemed to be zero, and, of Loss is the applicable payment measure for purposes of Section 6(e), then the Loss determined under Section 6(e) in relation to the Transaction will be limited to the Unpaid Amount representing the Value of the Credit Support Balance.

Paragraph 7. Representation

Each party represents to the other party (which representation will be deemed to be repeated as of each date on which it transfers Eligible Credit Support, Equivalent Credit

Support or Equivalent Distributions) that it is the sole owner of or otherwise has the right to transfer all Eligible Credit Support, Equivalent Credit Support or Equivalent Distributions it transfers to the other party under this Annex, free and clear of any security interest, lien, encumbrance or other restriction (other than a lien routinely imposed on all securities in a relevant clearance system).

Paragraph 8. Expenses

Each party will pay its own costs and expenses (including any stamp, transfer or similar transaction tax or duty payable on any transfer it is required to make under this Annex) in connection with performing its obligations under this Annex and neither party will be liable for any such costs and expenses incurred by the other party.

Paragraph 9. Miscellaneous

(a) *Default Interest.* Other than in the case of an amount which is the subject of a dispute under paragraph 4(a), if a Transferee fails to make, when due, any transfer of Equivalent Credit Support, Equivalent Distributions or the Interest Amount, it will be obliged to pay the Transferor (to the extent permitted under applicable law) an amount equal to interest at the Default Rate multiplied by the Value on the relevant Valuation Date of the items of property that were required to be transferred, from (and including) the date that the Equivalent Credit Support, Equivalent Distributions or Interest Amount were required to be transferred to (but excluding) the date of transfer of the Equivalent Credit Support, Equivalent Distributions or Interest Amount. This interest will be calculated on the basis of daily compounding and the actual number of days elapsed.

(b) *Good Faith and Commercially Reasonable Manner.* Performance of all obligations under this Annex, including, but not limited to, all calculations, valuations and determinations made by either party, will be made in good faith and in a commercially reasonable manner.

(c) *Demands and Notices.* All demands and notices given by a party under this Annex will be given as specified in Section 12 of this Agreement.

(d) *Specifications of Certain Matters.* Anything referred to in this Annex as being specified in Paragraph 11 also may be specified in one or more Confirmations or other documents and this Annex will be construed accordingly.

Paragraph 10. Definitions

As used in this Annex:

"*Base Currency*" means the currency specified as such in Paragraph 11 (a) (i).

"*Base Currency Equivalent*" means, with respect to an amount on a Valuation Date, in the case of an amount denominated in the Base Currency, such Base Currency amount and, in the case of an amount denominated in a currency other than the Base Currency (the "Other Currency"), the amount of Base Currency required to purchase such amount of the Other Currency at the spot exchange rate determined by the Valuation Agent for value on such Valuation Date.

"*Credit Support Amount*" means, with respect to a Transferor on a Valuation Date, (i) the Transferee's Exposure plus (ii) all Independent Amounts applicable to the Transferor, if any, minus (iii) all Independent Amounts applicable to the Transferee, if any, minus (iv) the Transferor's Threshold; *provided, however,* that the Credit Support Amount will be deemed to be zero whenever the calculation of Credit Support Amount yields a number less than zero.

"*Credit Support Balance*" means, with respect to a Transferor on a Valuation Date, the aggregate of all Eligible Credit Support that has been transferred to or received by the Transferee under this Annex, together with any Distributions and all proceeds of

Anhang 3: 1995 ISDA Credit Support Annex

any such Eligible Credit Support or Distributions, as reduced pursuant to Paragraph 2(b) or 3(c)(ii) or 6. Any Equivalent Distributions or Interest Amount (or portion of either) not transferred pursuant to Paragraph 5(c)(i) or (ii) will form part of the Credit Support Balance.

"Delivery Amount" has the meaning specified in Paragraph 2(a).

"Disputing Party" has the meaning specified in Paragraph 4.

"Distributions" means, with respect to any Eligible Credit Support comprised in the Credit Support Balance consisting of securities, all principal, interest and other payments and distributions of cash or other property to which a holder of securities of the same type, nominal value, description and amount as such Eligible Credit Support would be entitled from time to time.

"Distributions Date" means, with respect to any Eligible Credit Support comprised in the Credit Support Balance other than cash, each date on which a holder of such Eligible Credit Support is entitled to receive Distributions or, if that date is not a Local Business Day, the next following Local Business Day.

"Eligible Credit Support" means, with respect to a party, the items, if any, specified as such for that party in paragraph 11(b)(ii) including, in relation to any securities, if applicable, the proceeds of any redemption in whole or in part of such securities by the relevant issuer.

"Eligible Currency" means each currency specified as such in Paragraph 11(a)(ii), if such currency is freely available.

"Equivalent Credit Support" means, in relation to any Eligible Credit Support comprised in the Credit Support Balance, Eligible Credit Support of the same type, nominal value, description and amount as that Eligible Credit Support.

"Equivalent Distributions" has the meaning specified in Paragraph 5(c)(i).

"Exchange Date" has the meaning specified in Paragraph 11(d).

"Exposure" means, with respect to a party on a Valuation Date and subject to Paragraph 4 in the case of a dispute, the amount, if any, that would be payable to that party by the other party (expressed as a positive number) or by that party to the other party (expressed as a negative number) pursuant to Section 6(e)(ii)(1) of this Agreement if all Transactions (other than the Transaction constituted by this Annex) were being terminated as of the relevant Valuation Time, on the basis that (i) that party is not the Affected Party and (ii) the Base Currency is the Termination Currency; *provided* that Market Quotations will be determined by the Valuation Agent using its estimates at mid-market of the amounts that would be paid for Replacement Transactions (as that term is defined in the definition of "Market Quotation").

"Independent Amount" means, with respect to a party, the Base Currency Equivalent of the amount specified as such for that party in Paragraph 11(b)(iii)(A); if no amount is specified, zero.

"Interest Amount" means, with respect to an Interest Period, the aggregate sum of the Base Currency Equivalents of the amounts of interest determined for each relevant currency and calculated for each day in that Interest Period on the principal amount of the portion of the Credit Support Balance comprised of cash in such currency, determined by the Valuation Agent for each such day as follows:

(x) the amount of cash in such currency on that day; multiplied by

(y) the relevant Interest Rate in effect for that day; divided by

(z) 360 (or, in the case of pounds sterling, 365).

"Interest Period" means the period from (and including) the last Local Business Day on which an Interest Amount was transferred (or, if no Interest Amount has yet been transferred, the local Business Day on which Eligible Credit Support or Equivalent Credit Support in the form of cash was transferred to or received by the Transferee) to (but excluding) the Local Business Day on which the current Interest Amount is transferred.

"Interest Rate" means, with respect to an Eligible Currency, the rate specified in Paragraph 11(f)(i) for that currency.

"Local Business Day", unless otherwise specified in Paragraph 11(h), means:

(i) in relation to a transfer of cash or other property (other than securities) under this Annex, a day on which commercial banks are open for business (including dealings in foreign exchange and foreign currency deposits) in the place where the relevant account is located and, if different, in the principal financial centre, if any, of the currency of such payment;

(ii) in relation to a transfer of securities under this Annex, a day on which the clearance system agreed between the parties for delivery of the securities is open for the acceptance and execution of settlement instructions or, if delivery of the securities is contemplated by other means, a day on which commercial banks are open for business (including dealings in foreign exchange and foreign currency deposits) in the place(s) agreed between the parties for this purpose;

(iii) in relation to a valuation under this Annex, a day on which commercial banks are open for business (including dealings in foreign exchange and foreign currency deposits) in the place of location of the Valuation Agent and in the place(s) agreed between the parties for this purpose; and

(iv) in relation to any notice or other communication under this Annex, a day on which commercial banks are open for business (including dealings in foreign exchange and foreign currency deposits) in the place specified in the address for notice most recently provided by the recipient.

"Minimum Transfer Amount" means, with respect to a party, the amount specified as such for that party in paragraph 11(b)(iii)(C); if no amount is specified, zero.

"New Credit Support" has the meaning specified in Paragraph 3(c)(i).

"Notification Time" has the meaning specified in Paragraph 11(c)(iv).

"Recalculation Date" means the Valuation Date that gives rise to the dispute under Paragraph 4; *provided, however,* that if a subsequent Valuation Date occurs under Paragraph 2 prior to the resolution of the dispute, then the *"Recalculation Date"* means the most recent Valuation Date under Paragraph 2.

"Resolution Time" has the meaning specified in paragraph 11(e)(i).

"Return Amount" has the meaning specified in Paragraph 2(b).

"Settlement Day" means, in relation to a date, (i) with respect to a transfer of cash or other property (other than securities), then next Local Business Day and (ii) with respect to a transfer of securities, the first Local Business Day after such date on which settlement of a trade in the relevant securities, if effected on such date, would have been settled in accordance with customary practice when settling through the clearance system agreed between the parties for delivery of such securities or, otherwise, on the market in which such securities are principally traded (or, in either case, if there is no such customary practice, on the first Local Business Day after such date on which it is reasonably practicable to deliver such securities).

"Threshold" means, with respect to a party, the Base Currency Equivalent of the amount specified as such for that party in Paragraph 11(b)(iii)(B); if no amount is specified, zero.

"Transferee" means, in relation to each Valuation Date, the party in respect of which Exposure is a positive number and, in relation to a Credit Support Balance, the party which, subject to this Annex, owes such Credit Support Balance or, as the case may be, the Value of such Credit Support Balance to the other party.

"Transferor" means, in relation to a Transferee, the other party.

"Valuation Agent" has the meaning specified in Paragraph 11(c)(i).

"Valuation Date" means each date specified in or otherwise determined pursuant to Paragraph 11(c)(ii).

Anhang 3: 1995 ISDA Credit Support Annex

"Valuation Percentage" means, for any item of Eligible Credit Support, the percentage specified in Paragraph 11 (b) (ii).

"Valuation Time" has the meaning specified in Paragraph 11 (c) (iii).

"Value" means, for any Valuation Date or other date for which Value is calculated, and subject to Paragraph 4 in the case of a dispute, with respect to:

(i) Eligible Credit Support comprised in a Credit Support Balance that is:

(A) an amount of cash, the Base Currency Equivalent of such amount multiplied by the applicable Valuation Percentage, if any; and

(B) a security, the Base Currency Equivalent of the bid price obtained by the Valuation Agent multiplied by the applicable Valuation Percentage, if any; and

(ii) items that are comprised in a Credit Support Balance and are not Eligible Credit Support, zero.

Paragraph 11. Elections and Variables

(a) *Base Currency and Eligible Currency.*

(i) "Base Currency" means United States Dollars unless otherwise specified here: ......

(ii) "Eligible Currency" means the Base Currency and each other currency specified here: ......

(b) *Credit Support Obligations.*

(i) *Delivery Amount, Return Amount and Credit Support Amount.*

(A) *"Delivery Amount"* has the meaning specified in Paragraph 2 (a), unless otherwise specified here: ......

(B) *"Return Amount"* has the meaning specified in Paragraph 2 (b), unless otherwise specified here: ......

(C) *"Credit Support Amount"* has the meaning specified in Paragraph 10, unless otherwise specified here: ......

(ii) *Eligible Credit Support.* The following items will qualify as *"Eligible Credit Support"* for the party specified:

	Party A	Party B	Valuation Percentage
(A) cash in an Eligible Currency	[ ]	[ ]	[ ]%
(B) negotiable debt obligations issued by the Government of [ ] having an original maturity at issuance of not more than one year	[ ]	[ ]	[ ]%
(C) negotiable debt obligations issued by the Government of [ ] having an original maturity at issuance of more than one year but not more than 10 years	[ ]	[ ]	[ ]%
(D) negotiable debt obligations issued by the Government of [ ] having an original maturity at issuance of more than 10 years	[ ]	[ ]	[ ]%
(E) other:	[ ]	[ ]	[ ]%

(iii) *Thresholds.*

(A) *"Independent Amount"* means with respect to Party A: ......

"Independent Amount" means with respect to Party B: ......

(B) *"Threshold"* means with respect to Party A: ......
"Threshold" means with respect to Party B: ......
(C) *"Minimum Transfer Amount"* means with respect to Party A: ......
"Minimum Transfer Amount" means writh respect to Party B: ......
(D) *Rounding.* The Delivery Amount and the Return Amount will be rounded [down to the nearest integral multiple of ....../up and down to the nearest integral multiple of ......, respectively[3]].

(c) *Valuation and Timing.*

(i) *"Valuation Agent"* means, for purposes of Paragraphs 2 and 4, the party making the demand under Paragraph 2, and, for purposes of Paragraph 5(c), the Transferee, as applicable, unless otherwise specified here: ......

(ii) *"Valuation Date"* means: ......

(iii) *"Valuation Time"* means: ......

[ ] the close of business in the place of location of the Valuation Agent on the Valuation Date or date of calculation, as applicable;

[ ] the close of business on the Local Business Day immediately preceding the Valuation Date or date of calculation, as applicable;

provided that the calculations of Value and Exposure will, as far as practicable, be made as of approximately the same time on the same date.

(iv) *"Notification Time"* means 1:00 p.m., London time, on a Local Business Day, unless otherwise specified here: ......

(d) *Exchange Date. "Exchange Date"* has the meaning specified in Paragraph 3(c)(ii), unless otherwise specified here: ......

(e) *Dispute Resolution.*

(i) *"Resolution Time"* means 1:00 p.m., London time, on the Local Business Day following the date on which the notice is given that gives rise to a dispute under Paragraph 4, unless otherwise specified here: ......

(ii) *Value.* For the purpose of Paragraphs 4(a)(4)(i)(C) and 4(a)(4)(ii), the Value of the outstanding Credit Support Balance or of any transfer of Eligible Credit Support or Equivalent Credit Support, as the case may be, will be calculated as follows: ......

(iii) *Alternative.* The provisions of Paragraph 4 will apply, unless an alternative dispute resolution procedure is specified here: ......

(f) *Distributions and Interest Amount.*

(i) *Interest Rate.* The "Interest Rate" in relation to each Eligible Currency specified below will be:

Eligible Currency	*Interest Rate*
......	......
......	......
......	......

(ii) *Transfer of Interest Amount.* The transfer of the Interest Amount will be made on the last Local Business Day of each calendar month and on any Local Business Day that a Return Amount consisting wholly or partly of cash is transferred to the Transferor pursuant to Paragraph 2(b), unless otherwise specified here: ......

(iii) *Alternative to Interest Amount.* The provisions of Paragraph 5(c)(ii) will apply, unless otherwise specified here: ......

(g) *Addresses for Transfers.*
Party A: ......
Party B: ......

(h) *Other Provisions.*

---

[3] Delete as applicable.

VIII. Seefrachtrecht

1. Timecharter-NYPE 1946

1.1 Standard-Zeitcharter-NYPE 1946

Time Charter

GOVERNMENT FORM

Approved by the New York Produce Exchange

November 6th, 1913–Amended October 20th, 1921; August 6th, 1931; October 3rd, 1946

1   **This Charter Party**, made and concluded in ....
    day of .... 19 ....
2   Between ....
3   Owners of the good .... Steamship ....
    Motorship
    .... of ....
4   of .... tons gross register, and .... tons net register,
    having engines of .... indicated horse power
5   and with hull, machinery and equipment in a thoroughly efficient state, and classed
    ....
6   at .... of about .... cubic feet bale capacity,
    and about .... tons of 2240 lbs.
7   deadweight capacity (cargo and bunkers, including fresh water and stores not exceeding one and one-half percent of ship's deadweight capacity,
8   allowing a minimum of fifty tons) on a draft of .... feet .... inches
    on .... Summer freeboard, inclusive of permanent bunkers,
9   which are of the capacity of about .... tons of fuel,
    and capable of steaming, fully laden, under good weather
10 conditions about ....
    knots on a consumption of about ....
    .... tons of best Welsh coal–best grade fuel oil–best grade Diesel oil,
11 now ....
12 .... and ....
    Charterers of the City of ....
13 **Witnesseth**, That the said Owners agree to let, and the said Charterers agree to hire the said vessel, from the time of delivery, for
14 about ....
15 .... within below mentioned trading limits.
16 Charterers to have liberty to sublet the vessel for all or any part of the time covered by this Charter, but Charterers remaining responsible for
17 the fulfillment of this Charter Party.

Pitroff   919

18 Vessel to be placed at the disposal of the Charterers, at ....
19 ....
20 in such dock or at such wharf or place (where she may safely lie, always afloat, at all times of tide, except as otherwise provided in clause No. 6), as
21 the Charterers may direct. If such dock, wharf or place be not available time to count as provided for in clause No. 5. Vessel on her delivery to be
22 ready to receive cargo with clean-swept holds and tight, staunch, strong and in every way fitted for the service, having water ballast, winches and
23 donkey boiler with sufficient steam power, or if not equipped with donkey boiler, then other power sufficient to run all the winches at one and the same
24 time (and with full complement of officers, seamen, engineers and firemen for a vessel of her tonnage), to be employed, in carrying lawful merchan-
25 dise, including petroleum or its products, in proper containers, excluding ....
26 (vessel is not to be employed in the carriage of Live Stock, but Charterers are to have the privilege of shipping a small number on deck at their risk,
27 all necessary fittings and other requirements to be for account of Charterers), in such lawful trades, between safe port and/or ports in British North
28 America, and/or United States of America, and/or West Indies, and/or Central America, and/or Caribbean Sea, and/or Gulf of Mexico, and/or
29 Mexico, and/or South America ....
.... and/or Europe
30 and/or Africa, and/or Asia, and/or Australia, and/or Tasmania, and/or New Zealand, but excluding Magdalena River, River St. Lawrence between
31 October 31st and May 15th, Hudson Bay and all unsafe ports; also excluding, when out of season, White Sea, Black Sea and the Baltic,
32 ....
33 ....
34 ....
35 as the Charterers or their Agents shall direct, on the following conditions:
36   1. That the Owners shall provide and pay for all provisions, wages and consular shipping and discharging fees of the Crew; shall pay for the
37 insurance of the vessel, also for all the cabin, deck, engine-room and other necessary stores, including boiler water and maintain her class and keep
38 the vessel in a thoroughly efficient state in hull, machinery and equipment for and during the service.
39   2. That the Charterers shall provide and pay for all the fuel except as otherwise agreed, Port Charges, Pilotages, Agencies, Commissions,
40 Consular Charges (except those pertaining to the Crew), and all other usual expenses except those before stated, but when the vessel puts into
41 a port for causes for which vessel is responsible, then all such charges incurred shall be paid by the Owners, Fumigations ordered because of
42 illness of the crew to be for Owners account. Fumigations ordered because of cargoes carried or ports visited while vessel is employed under this
43 charter to be for Charterers account. All other fumigations to be for Charterers account after vessel has been on charter for a continuous period
44 of six months or more.
45   Charterers are to provide necessary dunnage and shifting boards, also any extra fittings requisite for a special trade or unusual cargo, but
46 Owners to allow them the use of any dunnage and shifting boards already aboard vessel. Charterers to have the privilege of using shifting boards
47 for dunnage, they making good any damage thereto.
48   3. That the Charterers, at the port of delivery, and the Owners, at the port of redelivery, shall take over and pay for all fuel remaining on

1. Time Charter NYPE 1946 and NYPE 1993

49 board the vessel at the current prices in the respective ports, the vessel to be delivered with not less than .... tons and not more than
50 .... tons and to be re-delivered with not less than .... tons and not more than .... tons.
51 4. That the Charterers shall pay for the use and hire of the said Vessel at the rate of ....
52 .... United States Currency per ton on vessel's total deadweight carrying capacity, including bunkers and
53 stores, on .... summer freeboard, per Calendar Month, commencing on and from the day of her delivery, as aforesaid, and at
54 and after the same rate for any part of a month; hire to continue until the hour of the day of her re-delivery in like good order and condition, ordinary
55 wear and tear excepted, to the Owners (unless lost) at ....
56 .... unless otherwise mutually agreed. Charterers are to give Owners not less than .... days
57 notice of vessels expected date of re-delivery, and probable port.
58 5. Payment of said hire to be made in New York in cash in United States Currency, semi-monthly in advance, and for the last half month or
59 part of same the approximate amount of hire, and should same not cover the actual time, hire is to be paid for the balance day by day, as it becomes
60 due, if so required by Owners, unless bank guarantee or deposit is made by the Charterers, otherwise failing the punctual and regular payment of the
61 hire, or bank guarantee, or on any breach of this Charter Party, the Owners shall be at liberty to withdraw the vessel from the service of the Char-
62 terers, without prejudice to any claim they (the Owners) may otherwise have on the Charterers. Time to count from 7 a.m. on the working day
63 following that on which written notice of readiness has been given to Charterers or their Agents before 4 p.m., but if required by Charterers, they
64 to have the privilege of using vessel at once, such time used to count as hire.
65 Cash for vessel's ordinary disbursements at any port may be advanced as required by the Captain, by the Charters or their Agents, subject
66 to 2½ commission and such advances shall be deducted from the hire. The Charterers, however, shall in no way be responsible for the application
67 of such advances.
68 6. That the cargo or cargoes be laden and/or discharged in any dock or at any wharf or place that Charterers or their Agents may
69 direct, provided the vessel can safely lie always afloat at any time of tide, except at such places where it is customary for similar size vessels to safely
70 lie aground.
71 7. That the whole reach of the Vessel's Hold, Decks, and usual places of loading (not more than she can reasonably stow and carry), also
72 accommodations for Supercargo, if carried, shall be at the Charterers' disposal, reserving only proper and sufficient space for Ship's officers, crew,
73 tackle, apparel, furniture, provisions, stores and fuel. Charterers have the privilege of passengers as far as accommodations allow, Charterers
74 paying Owners .... per day per passenger for accommodations and meals. However, it is agreed that in case any fines or extra expenses are
75 incurred in the consequences of the carriage of passengers, Charterers are to bear such risk and expense.
76 8. That the Captain shall prosecute his voyages with the utmost despatch, and shall render all customary assistance with ship's crew and
77 boats. The Captain (although appointed by the Owners), shall be under the orders and directions of the Charterers as regards employment and

78 agency; and Charterers are to load, stow, and trim the cargo at their expense under the supervision of the Captain, who is to sign Bills of Lading for
79 cargo as presented, in conformity with Mate's or Tally Clerk's receipts.
80   9. That if the Charterers shall have reason to be dissatisfied with the conduct of the Captain, Officers, or Engineers, the Owners shall on
81 receiving particulars of the complaint, investigate the same, and, if necessary, make a change in the appointments.
82   10. That the Charterers shall have permission to appoint a Supercargo, who shall accompany the vessel and see that voyages are prosecuted
83 with the utmost despatch. He is to be furnished with free accommodation, and same fare as provided for Captain's table, Charterers paying at the
84 rate of $1.00 per day. Owners to victual Pilots and Customs Officers, and also, when authorized by Charterers or their Agents, to victual Tally
85 Clerks, Stevedore's Forman, etc., Charterers paying at the current rate per meal, for all such victualling.
86   11. That the Charterers shall furnish the Captain from time to time with all requisite instructions and sailing directions, in writing, and the
87 Captain shall keep a full and correct Log of the voyage or voyages, which are to be patent to the Charterers or their Agents, and furnish the Char-
88 terers, their Agents or Supercargo, when required, with a true copy of daily Logs, showing the course of the vessel and distance run and the con-
89 sumption of fuel.
90   12. That the Captain shall use diligence in caring for the ventilation of the cargo.
91   13. That the Charterers shall have the option of continuing this charter for a further period of
92 ....
93 on giving written notice thereof to the Owners or their Agents .... days previous to the expiration of the first-named term, or any declared option.
94   14. That if required by Charterers, time not to commence before .... and should vessel
95 not have given written notice of readiness on or before .... but not later than 4 p.m. Charterers or
96 their Agents to have the option of cancelling this Charter at any time not later than the day of vessel's readiness.
97   15. That in the event of the loss of time from deficiency of men or stores, fire, breakdown or damages to hull, machinery or equipment,
98 grounding, detention by average accidents to ship or cargo, drydocking for the purpose of examination or painting bottom, or by any other cause
99 preventing the full working of the vessel, the payment of hire shall cease for the time thereby lost; and if upon the voyage the speed be reduced by
100 defect in or breakdown of any part of her hull, machinery or equipment, the time so lost, and the cost of any extra fuel consumed in consequence
101 thereof, and all extra expenses shall be deducted from the hire.
102   16. That should the Vessel be lost, money paid in advance and not earned (reckoning from the date of loss or being last heard of) shall be
103 returned to the Charterers at once. The act of God, enemies, fire, restraint of Princes, Rulers and People, and all dangers and accidents of the Seas,
104 Rivers, Machinery, Boilers and Steam Navigation, and errors of Navigation throughout this Charter Party, always mutually excepted.
105   The vessel shall have the liberty to sail with or without pilots, to tow and to be towed, to assist vessels in distress, an to deviate for the

1. Time Charter NYPE 1946 and NYPE 1993

106 purpose of saving life and property.
107   17. That should any dispute arise between Owners and the Charterers, the matter in dispute shall be referred to three persons at New York,
108 one to be appointed by each of the parties hereto, and the third by the two so chosen; their decision or that of any two of them, shall be final, and for
109 the purpose of enforcing any award, this agreement may be made a rule of the Court. The Arbitrators shall be commercial men.
110   18. That the Owners shall have a lien upon all cargoes, and all sub-freights for any amounts due under this Charter, including General Aver-
111 age contributions, and the Charterers to have a lien on the Chip for all monies paid in advance and not earned, and any overpaid hire or excess
112 deposit to be returned at once. Charterers will not suffer, nor permit to be continued, any lien or encumbrance incurred by them or their agents, which
113 might have priority over the title and interest of the owners in the vessel.
114   19. That all derelicts and salvage shall be for Owners' and Charterers' equal benefit after deducting Owners' and Charterers' expenses and
115 Crew's proportion. General Average shall be adjusted, stated and settled, according to Rules 1 to 15, inclusive, 17 to 22, inclusive, and Rule F of
116 York-Antwerp Rules 1924, at such port or place in the United States as may be selected by the carrier, and as to matters not provided for by these
117 Rules, according to the laws and usages at the port of New York. In such adjustment disbursements in foreign currencies shall be exchanged into
118 United States money at the rate prevailing on the dates made and allowances for damage to cargo claimed in foreign currency shall be converted at
119 the rate prevailing on the last day of discharge at the port or place of final discharge of such damaged cargo from the ship. Average agreement or
120 bond and such additional security, as may be required by the carrier, must be furnished before delivery of the goods. Such cash deposit as the carrier
121 or his agents may deem sufficient as additional security for the contribution of the goods and for any salvage and special charges thereon, shall, if
122 required, be made by the goods, shippers, consignees or owners of the goods to the carrier before delivery. Such deposit shall, at the option of the
123 carrier, be payable in United States money and be remitted to the adjuster. When so remitted the deposit shall be held in a special account at the
124 place of adjustment in the name of the adjuster pending settlement of the General Average and refunds or credit balances, if any, shall be paid in
125 United States money.
126   In the event of accident, danger, damage, or disaster, before or after commencement of the voyage resulting from any cause whatsoever,
127 whether due to negligence or not, for which, or for the consequence of which, the carrier is not responsible, by statute, contract, or otherwise, the
128 goods, the shipper and the consignee, jointly and severally, shall contribute with the carrier in general average to the payment of any sacrifices,
129 losses, or expenses of a general average nature that may be made or incurred, and shall pay salvage and special charges incurred in respect of the
130 goods. If a salving ship is owned or operated by the carrier, salvage shall be paid for as fully and in the same manner as if such salving ship or
131 ships belonged to strangers.
132   Provisions as to General Average in accordance with the above are to be included in all bills of lading issued hereunder.
133   20. Fuel used by the vessel while off hire, also for cooking, condensing water, or for grates and stoves to be agreed to as to quantity, and the
134 cost of replacing same, to be allowed by Owners.

135 21. That as the vessel may be from time to time employed in tropical waters during the term of this Charter, Vessel is to be docked at a
136 convenient place, bottom cleaned and painted whenever Charterers and Captain think necessary, at least once in every six months, reckoning from
137 time of last painting, and payment of the hire to be suspended until she is again in proper state for the service.
138 ....
139 ....
140 22. Owners shall maintain the gear of the ship as fitted, providing gear (for all derricks) capable of handling lifts up to three tons, also
141 providing ropes, falls, slings and blocks. If vessel is fitted with derricks capable of handling heavier lifts, Owners are to provide necessary gear for
142 same, otherwise equipment and gear for heavier lifts shall be for Charterers' account. Owners also to provide on the vessel lanterns and oil for
143 night work, and vessel to give use of electric light when so fitted, but any additional lights over those on board to be at Charterers' expense. The
144 Charterers to have the use of any gear on board the vessel.
145 23. Vessel to work night and day, if required by Charterers, and all winches to be at Charterers' disposal during loading and discharging;
146 steamer to provide one winchman per hatch to work winches day and night, as required, Charterers agreeing to pay officers, engineers, winchmen,
147 deck hands and donkeymen for overtime work done in accordance with the working hours and rates stated in the ship's articles. If the rules of the
148 port, or labor unions, prevent crew from driving winches, shore Winchmen to be paid by Charterers. In the event of a disabled winch or winches, or
149 insufficient power to operate winches, Owners to pay for shore engine, or engines, in lieu thereof, if required, an pay any loss of time occasioned
150 thereby.
151 24. It is also mutually agreed that this Charter is subject to all the terms and provisions of and all the exemptions from liability contained
152 in the Act of Congress of the United States approved on the 13th day of February, 1893, and entitled "An Act relating to Navigation of Vessels;
153 etc.," in respect of all cargo shipped under this charter to or from the United States of America. It is further subject to the following clauses, both
154 of which are to be included in all bills of lading issued hereunder:
155 U.S.A. Clause Paramount
156 This bill of lading shall have effect subject to the provisons of the Carriage of Goods by Sea Act of the United States, approved April
157 16, 1936, which shall be deemed to be incorporated herein, and nothing herein contained shall be deemed a surrender by the carrier of
158 any of its rights or immunities or an increase of any of its responsbilities or liabilities under said Act. If any term of this bill of lading
159 be repugnant to said Act to any extent, such term shall be void to that extent, but no further.
160 Both-to-Blame Collision Clause
161 If the ship comes into collison with another ship as a result of the negligence of the other ship and any act, neglect or default of the
162 Master, mariner, pilot or the servants of the Carrier in the navigation or in the management of the ship, the owners of the goods carried
163 hereunder will indemnify the Carrier against all loss or liability to the other or non-carrying ship or her owners in so far as such loss
164 or liability represents loss of, or damage to, or any claim whatsoever of the owners of said goods, paid or payable by the other or non-

165 carrying ship or her owners to the owners of said goods and set off, recouped or recovered by the other or non-carrying ship or her
166 owners as part of their claim against the carrying ship or carrier.
167   25. The vessel shall not be required to enter any ice-bound port, or any port where lights or light-ships have been or are about to be with-
168 drawn by reason of ice, or where there is risk that in the ordinary course of things the vessel will not be able on account of ice to safely enter the
169 port or to get out after having completed loading or discharging.
170   26. Nothing herein stated is to be construed as a demise of the vessel to the Time Charterers. The owners to remain responsible for the
171 navigation of the vessel, insurance, crew, and all other matters, same as when trading for their own account.
172   27. A commission of 2½ per cent is payable by the Vessel and Owners to
173 ....
174 on hire earned and paid under this Charter, and also upon any continuation or extension of this Charter.
175   28. An address commission of 2½ per cent payable to .... on the hire earned and paid under this Charter.

1.2 Standard-Zeitcharter-NYPE 1993

TIME CHARTER©
New York Produce Exchange Form
Issued by the Association of Ship Brokers and Agents (U.S.A.), Inc.

November 6th, 1913 - Amended October 20th, 1921; August 6th, 1931; October 3rd, 1946;
Revised June 12th, 1981; September 14th 1993.

THIS CHARTER PARTY, made and concluded in 1
this .... day of 19 2

Between.. 3
.... 4
<u>Owners</u> of the Vessel described below, and... 5
.... 6
.... 7
<u>Charterers</u>. 8

<u>Description of Vessel</u>
9

Name .... Flag .... Built .... (year). 10
Port and number of Registry 11
Classed .... in 12
Deadweight .... long*/metric* tons (cargo and bunkers, including freshwater and 13
stores not exceeding .... long*/metric* tons) on a salt water draft of 14
on summer freeboard. 15
Capacity .... cubic feet grain .... cubic feet bale space. 16
Tonnage .... GT/GRT. 17
Speed about .... knots, fully laden, in good weather conditions up to and including maximum 18
Force .... on the Beaufort wind scale, on a consumption of about .... long*/metric* 19
tons of... 20

* Delete as appropriate. 21
For further description see Appendix "A" (if applicable) 22

1. <u>Duration</u>
23

The Owners agree to let and the Charterers agree to hire the Vessel from the time of delivery for a period 24
of... 25
.... 26
.... 27
.... within below mentioned trading limits. 28

2. <u>Delivery</u>
29

The Vessel shall be placed at the disposal of the Charterers at 30
.... 31
.... 32
.... The Vessel on her delivery 33
shall be ready to receive cargo with clean-swept holds and tight, staunch, strong and in every way fitted 34
for ordinary cargo service, having water ballast and with sufficient power to operate all cargo-handling gear 35
simultaneously. 36

1. Time Charter NYPE 1946 and NYPE 1993

The Owners shall give the Charterers not less than ....days notice of expected date of delivery.

3. On-Off Hire Survey

Prior to delivery and redelivery the parties shall, unless otherwise agreed, each appoint surveyors, for their respective accounts, who shall not later than at first loading port/last discharging port respectively, conduct joint on-hire/off-hire surveys, for the purpose of ascertaining quantity of bunkers on board and the condition of the Vessel. A single report shall be prepared on each occasion and signed by each surveyor, without prejudice to his right to file a separate report setting forth items upon which the surveyors cannot agree. If either party fails to have a representative attend the survey and sign the joint survey report, such party shall nevertheless be bound for all purposes by the findings in any report prepared by the other party. On-hire survey shall be on Charterers' time and off-hire survey on Owners' time.

4. Dangerous Cargo/Cargo Exclusions

(a) The Vessel shall be employed in carrying lawful merchandise excluding any goods of a dangerous, injurious, flammable or corrosive nature unless carried in accordance with the requirements or recommendations of the competent authorities of the country of the Vessel's registry and of ports of shipment and discharge and of any intermediate countries or ports through whose waters the Vessel must pass. Without prejudice to the generality of the foregoing, in addition the following are specifically excluded: livestock of any description, arms, ammunition, explosives, nuclear and radioactive materials,
....
....
....
....
....
....
....
....
....
....

(b) If IMO-classified cargo is agreed to be carried, the amount of such cargo shall be limited to .... tons and the Charterers shall provide the Master with any evidence he may reasonably require to show that the cargo is packaged, labelled, loaded and stowed in accordance with IMO regulations, failing which the Master is entitled to refuse such cargo or, if already loaded, to unload it at the Charterers' risk and expense.

5. Trading Limits

The Vessel shall be employed in such lawful trades between safe ports and safe places within..
....excluding
....
....
....as the Charterers shall direct.

6. Owners to Provide

The Owners shall provide and pay for the insurance of the Vessel, except as otherwise provided, and for all provisions, cabin, deck, engine-room and other necessary stores, including boiler water; shall pay for wages, consular shipping and discharging fees of the crew and charges for port services pertaining to the crew; shall maintain the Vessel's class and keep her in a thoroughly efficient state in hull, machinery and equipment for and during the service, and have a full complement of officers and crew.

7. Charterers to Provide

The Charterers, while the Vessel is on hire, shall provide and pay for all the bunkers except as otherwise agreed; shall pay for port charges (including compulsory watchmen and cargo watchmen and compulsory garbage disposal), all communication expenses pertaining to the Charterers' business at cost, pilotages, towages, agencies, commissions, consular charges (except those pertaining to individual crew members or flag of the Vessel), and all other usual expenses except those stated in Clause 6, but when the Vessel puts into a port for causes for which the Vessel is responsible (other than by stress of weather), then all such charges incurred shall be paid by the Owners. Fumigations ordered because of illness of the crew shall be for the Owners' account. Fumigations ordered because of cargoes carried or ports visited while the Vessel is employed under this Charter Party shall be for the Charterers' account. All other fumigations shall be for the Charterers' account after the Vessel has been on charter for a continuous period of six months or more.

The Charterers shall provide and pay for necessary dunnage and also any extra fittings requisite for a special trade or unusual cargo, but the Owners shall allow them the use of any dunnage already aboard the Vessel. Prior to redelivery the Charterers shall remove their dunnage and fittings at their cost and in their time.

8. Performance of Voyages

(a) The Master shall perform the voyages with due despatch, and shall render all customary assistance with the Vessel's crew. The Master shall be conversant with the English language and (although appointed by the Owners) shall be under the orders and directions of the Charterers as regards employment and agency; and the Charterers shall perform all cargo handling, including but not limited to loading, stowing, trimming, lashing, securing, dunnaging, unlashing, discharging, and tallying, at their risk and expense, under the supervision of the Master.

(b) If the Charterers shall have reasonable cause to be dissatisfied with the conduct of the Master or officers, the Owners shall, on receiving particulars of the complaint, investigate the same, and, if necessary, make a change in the appointments.

9. Bunkers

(a) The Charterers on delivery, and the Owners on redelivery, shall take over and pay for all fuel and diesel oil remaining on board the Vessel as hereunder. The Vessel shall be delivered with: .... long*/metric* tons of fuel oil at the price of .... per ton; .... tons of diesel oil at the price of .... per ton. The vessel shall be redelivered with: .... tons of fuel oil at the price of .... per ton; .... tons of diesel oil at the price of .... per ton.

Same tons apply throughout this clause.

(b) The Charterers shall supply bunkers of a quality suitable for burning in the Vessel's engines and auxiliaries and which conform to the specification(s) as set out in Appendix A.

The Owners reserve their right to make a claim against the Charterers for any damage to the main engines or the auxiliaries caused by the use of unsuitable fuels or fuels not complying with the agreed specification(s). Additionally, if bunker fuels supplied do not conform with the mutually agreed specification(s) or otherwise prove unsuitable for burning in the Vessel's engines or auxiliaries, the Owners shall not be held responsible for any reduction in the Vessel's speed performance and/or increased bunker consumption, nor for any time lost and any other consequences.

10. Rate of Hire/Redelivery Areas and Notices

The Charterers shall pay for the use and hire of the said Vessel at the rate of $........................ U.S. currency, daily, **or** $........................ U.S. currency per ton on the Vessel's total deadweight carrying capacity, including bunkers and stores, on .... summer freeboard, per 30 days,

1. Time Charter NYPE 1946 and NYPE 1993

commencing on and from the day of her delivery, as aforesaid, and at and after the same rate for any part of a month; hire shall continue until the hour of the day of her redelivery in like good order and condition, ordinary wear and tear excepted, to the Owners (unless Vessel lost) at..................................
....
....
.... unless otherwise mutually agreed.

The Charterers shall give the Owners not less than .... days notice of the Vessel's expected date and probable port of redelivery.

For the purpose of hire calculations, the times of delivery, redelivery or termination of charter shall be adjusted to GMT.

11. **Hire Payment**

(a) *Payment*

Payment of Hire shall be made so as to be received by the Owners or their designated payee in ...., viz..
....
....
....in
...................,.................................. currency, or in United States Currency, in funds available to the Owners on the due date, 15 days in advance, and for the last month or part of same the approximate amount of hire, and should same not cover the actual time, hire shall be paid for the balance day by day as it becomes due, if so required by the Owners. Failing the punctual and regular payment of the hire, or on any fundamental breach whatsoever of this Charter Party, the Owners shall be at liberty to withdraw the Vessel from the service of the Charterers without prejudice to any claims they (the Owners) may otherwise have on the Charterers.

At any time after the expiry of the grace period provided in Sub-clause 11 (b) hereunder and while the hire is outstanding, the Owners shall, without prejudice to the liberty to withdraw, be entitled to withhold the performance of any and all of their obligations hereunder and shall have no responsibility whatsoever for any consequences thereof, in respect of which the Charterers hereby indemnify the Owners, and hire shall continue to accrue and any extra expenses resulting from such withholding shall be for the Charterers' account.

(b) *Grace Period*

Where there is failure to make punctual and regular payment of hire due to oversight, negligence, errors or omissions on the part of the Charterers or their bankers, the Charterers shall be given by the Owners .... clear banking days (as recognized at the agreed place of payment) written notice to rectify the failure, and when so rectified within those .... days following the Owners' notice, the payment shall stand as regular and punctual.

Failure by the Charterers to pay the hire within .... days of their receiving the Owners' notice as provided herein, shall entitle the Owners to withdraw as set forth in Sub-clause 11 (a) above.

(c) *Last Hire Payment*

Should the Vessel be on her voyage towards port of redelivery at the time the last and/or the penultimate payment of hire is/are due, said payment(s) is/are to be made for such length of time as the Owners and the Charterers may agree upon as being the estimated time necessary to complete the voyage, and taking into account bunkers actually on board, to be taken over by the Owners and estimated disbursements for the Owners' account before redelivery. Should same not cover the actual time, hire is to be paid for the balance, day by day, as it becomes due. When the Vessel has been redelivered, any difference is to be refunded by the Owners or paid by the Charterers, as the case may be.

(d) *Cash Advances*

Cash for the Vessel's ordinary disbursements at any port may be advanced by the Charterers, as required by the Owners, subject to 2½ percent commission and such advances shall be deducted from the hire. The Charterers, however, shall in no way be responsible for the application of such advances.

12. **Berths**

The Vessel shall be loaded and discharged in any safe dock or at any safe berth or safe place that Charterers or their agents may direct, provided the Vessel can safely enter, lie and depart always afloat at any time of tide.

13. **Spaces Available**

(a) The whole reach of the Vessel's holds, decks, and other cargo spaces (not more than she can reasonably and safely stow and carry), also accommodations for supercargo, if carried, shall be at the Charterers' disposal, reserving only proper and sufficient space for the Vessel's officers, crew, tackle, apparel, furniture, provisions, stores and fuel.

(b) In the event of deck cargo being carried, the Owners are to be and are hereby indemnified by the Charterers for any loss and/or damage and/or liability of whatsoever nature caused to the Vessel as a result of the carriage of deck cargo and which would not have arisen had deck cargo not been loaded.

14. **Supercargo and Meals**

The Charterers are entitled to appoint a supercargo, who shall accompany the Vessel at the Charterers' risk and see that voyages are performed with due despatch. He is to be furnished with free accommodation and same fare as provided for the Master's table, the Charterers paying at the rate of .... per day. The Owners shall victual pilots and customs officers, and also, when authorized by the Charterers or their agents, shall victual tally clerks, stevedore's foreman, etc., Charterers paying at the rate of .... per meal for all such victualling.

15. **Sailing Orders and Logs**

The Charterers shall furnish the Master from time to time with all requisite instructions and sailing directions, in writing, in the English language, and the Master shall keep full and correct deck and engine logs of the voyage or voyages, which are to be patent to the Charterers or their agents, and furnish the Charterers, their agents or supercargo, when required, with a true copy of such deck and engine logs, showing the course of the Vessel, distance run and the consumption of bunkers. Any log extracts required by the Charterers shall be in the English language.

16. **Delivery/Cancelling**

If required by the Charterers, time shall not commence before .... and should the Vessel not be ready for delivery on or before..but not later than...........hours, the Charterers shall have the option of cancelling this Charter Party.

Extension of Cancelling

If the Owners warrant that, despite the exercise of due diligence by them, the Vessel will not be ready for delivery by the cancelling date, and provided the Owners are able to state with reasonable certainty the date on which the Vessel will be ready, they may, at the earliest seven days before the Vessel is expected to sail for the port or place of delivery, require the Charterers to declare whether or not they will cancel the Charter Party. Should the Charterers elect not to cancel, or should they fail to reply within two days or by the cancelling date, whichever shall first occur, then the seventh day after the expected date

1. Time Charter NYPE 1946 and NYPE 1993

of readiness for delivery as notified by the Owners shall replace the original cancelling date. Should the Vessel be further delayed, the Owners shall be entitled to require further declarations of the Charterers in accordance with this Clause.

17. Off Hire

In the event of loss of time from ·ficiency and/or default and/or strike of officers or crew, or deficiency of stores, fire, breakdown of, or damages to hull, machinery or equipment, grounding, detention by the arrest of the Vessel, (unless such arrest is caused by events for which the Charterers, their servants, agents or subcontractors are responsible), or detention by average accidents to the Vessel or cargo unless resulting from inherent vice, quality or defect of the cargo, drydocking for the purpose of examination or painting bottom, or by any other similar cause preventing the full working of the Vessel, the payment of hire and overtime, if any, shall cease for the time thereby lost. Should the Vessel deviate or put back during a voyage, contrary to the orders or directions of the Charterers, for any reason other than accident to the cargo or where permitted in lines 257 to 258 hereunder, the hire is to be suspended from the time of her deviating or putting back until she is again in the same or equidistant position from the destination and the voyage resumed therefrom. All bunkers used by the Vessel while off hire shall be for the Owners' account. In the event of the Vessel being driven into port or to anchorage through stress of weather, trading to shallow harbors or to rivers or ports with bars, any detention of the Vessel and/or expenses resulting from such detention shall be for the Charterers' account. If upon the voyage the speed be reduced by defect in, or breakdown of, any part of her hull, machinery or equipment, the time so lost, and the cost of any extra bunkers consumed in consequence thereof, and all extra proven expenses may be deducted from the hire.

18. Sublet

Unless otherwise agreed, the Charterers shall have the liberty to sublet the Vessel for all or any part of the time covered by this Charter Party, but the Charterers remain responsible for the fulfillment of this Charter Party.

19. Drydocking

The Vessel was last drydocked ....

*(a) The Owners shall have the option to place the Vessel in drydock during the currency of this Charter at a convenient time and place, to be mutually agreed upon between the Owners and the Charterers, for bottom cleaning and painting and/or repair as required by class or dictated by circumstances.

*(b) Except in case of emergency no drydocking shall take place during the currency of this Charter Party.

* Delete as appropriate

20. Total Loss

Should the Vessel be lost, money paid in advance and not earned (reckoning from the date of loss or being last heard of) shall be returned to the Charterers at once.

21. Exceptions

The act of God, enemies, fire, restraint of princes, rulers and people, and all dangers and accidents of the seas, rivers, machinery, boilers, and navigation, and errors of navigation throughout this Charter, always mutually excepted.

22. Liberties

The Vessel shall have the liberty to sail with or without pilots, to tow and to be towed, to assist vessels in distress, and to deviate for the purpose of saving life and property.

23. Liens

The Owners shall have a lien upon all cargoes and all sub-freights and/or sub-hire for any amounts due under this Charter Party, including general average contributions, and the Charterers shall have a lien on the Vessel for all monies paid in advance and not earned, and any overpaid hire or excess deposit to be returned at once.

The Charterers will not directly or indirectly suffer, nor permit to be continued, any lien or encumbrance, which might have priority over the title and interest of the Owners in the Vessel. The Charterers undertake that during the period of this Charter Party, they will not procure any supplies or necessaries or services, including any port expenses and bunkers, on the credit of the Owners or in the Owners' time.

24. Salvage

All derelicts and salvage shall be for the Owners' and the Charterers' equal benefit after deducting Owners' and Charterers' expenses and crew's proportion.

25. General Average

General average shall be adjusted according to York-Antwerp Rules 1974, as amended 1990, or any subsequent modification thereof, in .... and settled in .... currency.

The Charterers shall procure that all bills of lading issued during the currency of the Charter Party will contain a provision to the effect that general average shall be adjusted according to York-Antwerp Rules 1974, as amended 1990, or any subsequent modification thereof and will include the "New Jason Clause" as per Clause 31.

Time charter hire shall not contribute to general average.

26. Navigation

Nothing herein stated is to be construed as a demise of the Vessel to the Time Charterers. The Owners shall remain responsible for the navigation of the Vessel, acts of pilots and tug boats, insurance, crew, and all other matters, same as when trading for their own account.

27. Cargo Claims

Cargo claims as between the Owners and the Charterers shall be settled in accordance with the Inter-Club New York Produce Exchange Agreement of February 1970, as amended May, 1984, or any subsequent modification or replacement thereof.

28. Cargo Gear and Lights

The Owners shall maintain the cargo handling gear of the Vessel which is as follows:........................
....
....
....
providing gear (for all derricks or cranes) capable of lifting capacity as described. The Owners shall also provide on the Vessel for night work lights as on board, but all additional lights over those on board shall be at the Charterers' expense. The Charterers shall have the use of any gear on board the Vessel. If required by the Charterers, the Vessel shall work night and day and all cargo handling gear shall be at the Charterers' disposal during loading and discharging. In the event of disabled cargo handling gear, or insufficient power to operate the same, the Vessel is to be considered to be off hire to the extent that time is actually lost to the Charterers and the Owners to pay stevedore stand-by charges occasioned thereby, unless such disablement or insufficiency of power is caused by the Charterers' stevedores. If

1. Time Charter NYPE 1946 and NYPE 1993

required by the Charterers, the Owners shall bear the cost of hiring shore gear in lieu thereof, in which case the Vessel shall remain on hire.

29. **Crew Overtime**

In lieu of any overtime payments to officers and crew for work ordered by the Charterers or their agents, the Charterers shall pay the Owners, concurrently with the hire ....per month or pro rata.

30. **Bills of Lading**

(a) The Master shall sign the bills of lading or waybills for cargo as presented in conformity with mates or tally clerk's receipts. However, the Charterers may sign bills of lading or waybills on behalf of the Master, with the Owner's prior written authority, always in conformity with mates or tally clerk's receipts.

(b) All bills of lading or waybills shall be without prejudice to this Charter Party and the Charterers shall indemnify the Owners against all consequences or liabilities which may arise from any inconsistency between this Charter Party and any bills of lading or waybills signed by the Charterers or by the Master at their request.

(c) Bills of lading covering deck cargo shall be claused: "Shipped on deck at Charterers', Shippers' and Receivers' risk, expense and responsibility, without liability on the part of the Vessel, or her Owners for any loss, damage, expense or delay howsoever caused."

31. **Protective Clauses**

This Charter Party is subject to the following clauses all of which are also to be included in all bills of lading or waybills issued hereunder:

(a)   CLAUSE PARAMOUNT
"This bill of lading shall have effect subject to the provisions of the Carrlage of Goods by Sea Act of the United States, the Hague Rules, or the Hague-Visby Rules, as applicable, or such other similar national legislation as may mandatorily apply by virtue of origin or destination of the bills of lading, which shall be deemed to be incorporated herein and nothing herein contained shall be deemed a surrender by the carrier of any of its rights or immunities or an increase of any of its responsibilities or liabilities under said applicable Act. If any term of this bill of lading be repugnant to said applicable Act to any extent, such term shall be void to that extent, but no further."

and

(b)   BOTH-TO-BLAME COLLISION CLAUSE
"If the ship comes into collision with another ship as a result of the negligence of the other ship and any act, neglect or default of the master, mariner, pilot or the servants of the carrier in the navigation or in the management of the ship, the owners of the goods carried hereunder will indemnify the carrier against all loss or liability to the other or non-carrying ship or her owners insofar as such loss or liability represents loss of, or damage to, or any claim whatsoever of the owners of said goods, paid or payable by the other or non-carrying ship or her owners to the owners of said goods and set off, recouped or recovered by the other or non-carrying ship or her owners as part of their claim against the carrying ship or carrier.

The foregoing provisions shall also apply where the owners, operators or those in charge of any ships or objects other than, or in addition to, the colliding ships or objects are at fault in respect to a collision or contact."

and

(c)   NEW JASON CLAUSE
"In the event of accident, danger, damage or disaster before or after the commencement of the voyage resulting from any cause whatsoever, whether due to negligence or not, for which, or for the

consequences of which, the carrier is not responsible, by statute, contract, or otherwise, the goods, shippers, consignees, or owners of the goods shall contribute with the carrier in general average to the payment of any sacrifices, losses, or expenses of a general average nature that may be made or incurred, and shall pay salvage and special charges incurred in respect of the goods.

If a salving ship is owned or operated by the carrier, salvage shall be paid for as fully as if salving ship or ships belonged to strangers. Such deposit as the carrier or his agents may deem sufficient to cover the estimated contribution of the goods and any salvage and special charges thereon shall, if required, be made by the goods, shippers, consignees or owners of the goods to the carrier before delivery."

and

(d)   U.S. TRADE - DRUG CLAUSE

"In pursuance of the provisions of the U.S. Anti Drug Abuse Act 1986 or any re-enactment thereof, the Charterers warrant to exercise the highest degree of care and diligence in preventing unmanifested narcotic drugs and marijuana to be loaded or concealed on board the Vessel.

Non-compliance with the provisions of this clause shall amount to breach of warranty for consequences of which the Charterers shall be liable and shall hold the Owners, the Master and the crew of the Vessel harmless and shall keep them indemnified against all claims whatsoever which may arise and be made against them individually or jointly. Furthermore, all time lost and all expenses incurred, including fines, as a result of the Charterers' breach of the provisions of this clause shall be for the Charterer's account and the Vessel shall remain on hire.

Should the Vessel be arrested as a result of the Charterers' non-compliance with the provisions of this clause, the Charterers shall at their expense take all reasonable steps to secure that within a reasonable time the Vessel is released and at their expense put up the bails to secure release of the Vessel.

The Owners shall remain responsible for all time lost and all expenses incurred, including fines, in the event that unmanifested narcotic drugs and marijuana are found in the possession or effects of the Vessel's personnel."

and

(e)   WAR CLAUSES

"(i) No contraband of war shall be shipped. The Vessel shall not be required, without the consent of the Owners, which shall not be unreasonably withheld, to enter any port or zone which is involved in a state of war, warlike operations, or hostilities, civil strife, insurrection or piracy whether there be a declaration of war or not, where the Vessel, cargo or crew might reasonably be expected to be subject to capture, seizure or arrest, or to a hostile act by a belligerent power (the term "power" meaning any de jure or de facto authority or any purported governmental organization maintaining naval, military or air forces).

(ii) If such consent is given by the Owners, the Charterers will pay the provable additional cost of insuring the Vessel against hull war risks in an amount equal to the value under her ordinary hull policy but not exceeding a valuation of... In addition, the Owners may purchase and the Charterers will pay for war risk insurance on ancillary risks such as loss of hire, freight disbursements, total loss, blocking and trapping, etc. If such insurance is not obtainable commercially or through a government program, the Vessel shall not be required to enter or remain at any such port or zone.

(iii) In the event of the existence of the conditions described in (i) subsequent to the date of this Charter, or while the Vessel is on hire under this Charter, the Charterers shall, in respect of voyages to any such port or zone assume the provable additional cost of wages and insurance properly incurred in connection with master, officers and crew as a consequence of such war, warlike operations or hostilities.

(iv) Any war bonus to officers and crew due to the Vessel's trading or cargo carried shall be for the Charterers' account."

1. Time Charter NYPE 1946 and NYPE 1993

32. War Cancellation

In the event of the outbreak of war (whether there be a declaration of war or not) between any two or more of the following countries:..
....
....
....
either the Owners or the Charterers may cancel this Charter Party. Whereupon, the Charterers shall redeliver the Vessel to the Owners in accordance with Clause 10; if she has cargo on board, after discharge thereof at destination, or, if debarred under this Clause from reaching or entering it, at a near open and safe port as directed by the Owners; or, if she has no cargo on board, at the port at which she then is; or, if at sea, at a near open and safe port as directed by the Owners. In all cases hire shall continue to be paid in accordance with Clause 11 and except as aforesaid all other provisions of this Charter Party shall apply until redelivery.

33. Ice

The Vessel shall not be required to enter or remain in any icebound port or area, nor any port or area where lights or lightships have been or are about to be withdrawn by reason of ice, nor where there is risk that in the ordinary course of things the Vessel will not be able on account of ice to safely enter and remain in the port or area or to get out after having completed loading or discharging. Subject to the Owners' prior approval the Vessel is to follow ice-breakers when reasonably required with regard to her size, construction and ice class.

34. Requisition

Should the Vessel be requisitioned by the government of the Vessel's flag during the period of this Charter Party, the Vessel shall be deemed to be off hire during the period of such requisition, and any hire paid by the said government in respect of such requisition period shall be retained by the Owners. The period during which the Vessel is on requisition to the said government shall count as part of the period provided for in this Charter Party.

If the period of requisition exceeds .... months, either party shall have the option of cancelling this Charter Party and no consequential claim may be made by either party.

35. Stevedore Damage

Notwithstanding anything contained herein to the contrary, the Charterers shall pay for any and all damage to the Vessel caused by stevedores provided the Master has notified the Charterers and/or their agents in writing as soon as practical but not later than 48 hours after any damage is discovered. Such notice to specify the damage in detail and to invite Charterers to appoint a surveyor to assess the extent of such damage.

(a) In case of any and all damage(s) affecting the Vessel's seaworthiness and/or the safety of the crew and/or affecting the trading capabilities of the Vessel, the Charterers shall immediately arrange for repairs of such damage(s) at their expense and the Vessel is to remain on hire until such repairs are completed and if required passed by the Vessel's classification society.

(b) Any and all damage(s) not described under point (a) above shall be repaired at the Charterers' option, before or after redelivery concurrently with the Owners' work. In such case no hire and/or expenses will be paid to the Owners except and insofar as the time and/or the expenses required for the repairs for which the Charterers are responsible, exceed the time and/or expenses necessary to carry out the Owners' work.

36. Cleaning of Holds

The Charterers shall provide and pay extra for sweeping and/or washing and/or cleaning of holds between voyages and/or between cargoes provided such work can be undertaken by the crew and is permitted by local regulations, at the rate of............................... per hold.

In connection with any such operation, the Owners shall not be responsible if the Vessel's holds are not accepted or passed by the port or any other authority. The Charterers shall have the option to re-deliver the Vessel with unclean/unswept holds against a lumpsum payment of......................in lieu of cleaning.

37. Taxes

Charterers to pay all local, State, National taxes and/or dues assessed on the Vessel or the Owners resulting from the Charterers' orders herein, whether assessed during or after the currency of this Charter Party including any taxes and/or dues on cargo and/or freights and/or sub-freights and/or hire (excluding taxes levied by the country of the flag of the Vessel or the Owners).

38. Charterers' Colors

The Charterers shall have the privilege of flying their own house flag and painting the Vessel with their own markings. The Vessel shall be repainted in the Owners' colors before termination of the Charter Party. Cost and time of painting, maintaining and repainting those changes effected by the Charterers shall be for the Charterers' account.

39. Laid Up Returns

The Charterers shall have the benefit of any return insurance premium receivable by the Owners from their underwriters as and when received from underwriters by reason of the Vessel being in port for a minimum period of 30 days if on full hire for this period or pro rata for the time actually on hire.

40. Documentation

The Owners shall provide any documentation relating to the Vessel that may be required to permit the Vessel to trade within the agreed trade limits, including, but not limited to certificates of financial responsibility for oil pollution, provided such oil pollution certificates are obtainable from the Owners' P & I club, valid international tonnage certificate, Suez and Panama tonnage certificates, valid certificate of registry and certificates relating to the strength and/or serviceability of the Vessel's gear.

41. Stowaways

(a) (i) The Charterers warrant to exercise due care and diligence in preventing stowaways in gaining access to the Vessel by means of secreting away in the goods and/or containers shipped by the Charterers.

(ii) If, despite the exercise of due care and diligence by the Charterers, stowaways have gained access to the Vessel by means of secreting away in the goods and/or containers shipped by the Charterers, this shall amount to breach of charter for the consequences of which the Charterers shall be liable and shall hold the Owners harmless and shall keep them indemnified against all claims whatsoever which may arise and be made against them. Furthermore, all time lost and all expenses whatsoever and howsoever incurred, including fines, shall be for the Charterers' account and the Vessel shall remain on hire.

(iii) Should the Vessel be arrested as a result of the Charterers' breach of charter according to sub-clause (a)(ii) above, the Charterers shall take all reasonable steps to secure that, within a reasonable time, the Vessel is released and at their expense put up bail to secure release of the Vessel.

(b) (i) If, despite the exercise of due care and diligence by the Owners, stowaways have gained access to the Vessel by means other than secreting away in the goods and/or containers shipped by the Charterers, all time lost and all expenses whatsoever and howsoever incurred, including fines, shall be for the Owners' account and the Vessel shall be off hire.

1. Time Charter NYPE 1946 and NYPE 1993

(ii) Should the Vessel be arrested as a result of stowaways having gained access to the Vessel by means other than secreting away in the goods and/or containers shipped by the Charterers, the Owners shall take all reasonable steps to secure that, within a reasonable time, the Vessel is released and at their expense put up bail to secure release of the Vessel.

42. **Smuggling**

In the event of smuggling by the Master, Officers and/or crew, the Owners shall bear the cost of any fines, taxes, or imposts levied and the Vessel shall be off hire for any time lost as a result thereof.

43. **Commissions**

A commission of........................ percent is payable by the Vessel and the Owners to........................
....
....
....
on hire earned and paid under this Charter, and also upon any continuation or extension of this Charter.

44. **Address Commission**

An address commission of .... percent is payable to...
....
....
....on hire earned and paid under this Charter.

45. **Arbitration**

(a) NEW YORK
All disputes arising out of this contract shall be arbitrated at New York in the following manner, and subject to U.S. Law:

One Arbitrator is to be appointed by each of the parties hereto and a third by the two so chosen. Their decision or that of any two of them shall be final, and for the purpose of enforcing any award, this agreement may be made a rule of the court. The Arbitrators shall be commercial men, conversant with shipping matters. Such Arbitration is to be conducted in accordance with the rules of the Society of Maritime Arbitrators Inc.

For disputes where the total amount claimed by either party does not exceed US $ ....** the arbitration shall be conducted in accordance with the Shortened Arbitration Procedure of the Society of Maritime Arbitrators Inc.

(b) LONDON
All disputes arising out of this contract shall be arbitrated at London and, unless the parties agree forthwith on a single Arbitrator, be referred to the final arbitrament of two Arbitrators carrying on business in London who shall be members of the Baltic Mercantile & Shipping Exchange and engaged in Shipping, one to be appointed by each of the parties, with power to such Arbitrators to appoint an Umpire. No award shall be questioned or invalidated on the ground that any of the Arbitrators is not qualified as above, unless objection to his action be taken before the award is made. Any dispute arising hereunder shall be governed by English Law.

For disputes where the total amount claimed by either party does not exceed US $ ....** the arbitration shall be conducted in accordance with the Small Claims Procedure of the London Maritime Arbitrators Association.

* *Delete para (a) or (b) as appropriate*

Pitroff

VIII. 1 VIII. Seefrachtrecht

** *Where no figure is supplied in the blank space this provision only shall be void but the other provisions of this clause shall have full force and remain in effect.* 521
522

If mutually agreed, clauses .... to ...., both inclusive, as attached hereto are fully incorporated in this Charter Party. 523
524

APPENDIX "A" 525

To Charter Party dated 526
Between..Owners 527
and .... Charterers 528

Further details of the Vessel: 529
530

1. Time Charter NYPE 1946 and NYPE 1993   VIII. 1

EXPLANATORY NOTES ON CLAUSES

Preamble

To conform to modern ship technology, a reference to "GT" has been added.

It is left to the parties to fill in the actual figure agreed in respect of maximum force on the Beaufort wind scale depending on the size and type of vessel and her engine power.

In the Preamble as well as in various other places in the charter, it is necessary to specify whether "long" or "metric" tons which is also important in relation to the rate of hire (Clause 10) if fixed per ton on the vessel's total deadweight carrying capacity.

An Appendix "A" has been provided for filling-in such further details of the vessel as may be required. It is of particular importance to insert in Appendix A a full specification of the bunker fuel oil to be supplied for burning in the vessel's main engines and auxiliaries (for further comments on this subject see also comments on Clause 9 below).

Clause 1 – Duration

To avoid recurring disputes on the duration of charter, it is recommended to specify clearly the exact period of hire with any margin, if also agreed.

Clause 2 – Delivery

The NYPE 1946 provided in Line 22 for the vessel to be "in every way fitted for the service". This was amended in the ASBATIME 1981 revision to read "in every way fitted for ordinary cargo service" which was found to be clearer and has, therefore, been maintained in the NYPE 93.

Clause 3 – On-Off Hire Survey

Whereas the NYPE 1946 Charter contained no On-Off Hire Survey Clause, such clause was included as an optional clause in the ASBATIME Rider of Suggested Additional Clauses.

This clause has now been incorporated in the NYPE 93 and has been clarified to take into account, inter alia, the fact that nowadays vessels are often delivered/re-delivered during sea passage or on arrival/departure pilot station where no such surveys can be conducted.

Clause 4 – Dangerous Cargo/Cargo Exclusions

Instead of a blanket exclusion of dangerous cargoes as found in the NYPE 1946, Line 25, this clause follows the corresponding clause in the ASBATIME 1981 which permits the carriage of dangerous cargo if carried in accordance with the requirements of relevant authorities but still excludes the carriage of livestock, arms, ammunition, explosives, as well as nuclear and radioactive materials (sub-clause (a)).

Recognising that many hull insurance policies put a limit on the amount of dangerous cargo to be carried on any voyage, new provisions have been included (sub-clause (b)) which, if IMO – classified cargo is agreed to be carried, require the parties to agree and fill in the maximum amount of such cargo; the clause also gives clear rules as to the packing, labelling, loading and stowing of such cargo according to IMO regulations.

Clause 5 – Trading Limits

The pinted provisions in the NYPE 1946 (Lines 27–31) specifying trading areas and limits are obsolete and often amended in practice. This was changed in the ASBATIME 1981 leaving it to the parties to specify the agreed trading limits and excluded areas. The NYPE 93 also provides accordingly.

VIII. 1

Clause 6 – Owners to Provide

and

Clause 7 – Charterers to Provide

These clauses, which are common in all time charter party forms, remain essentially the same as in the ASBATIME 1981, with some minor revision of wording.

Clause 8 – Performance of Voyages

This clause, whilst keeping the basic owners'/charterers' division of responsibility for cargo, has been clarified in order to remove uncertainties existing in Clause 8 of the NYPE 1946 including its serious shortcoming of omitting any reference to "discharge" which, therefore, is usually being type-added in practice. In the Asbatime 1981 (Clause 8), instead of describing charterers' cargo responsibilities in terms of an obligation "to load, stow and trim" as found in the NYPE 1946, the clause provides that the charterers are "to perform all cargo handling". This provision which encompasses the previously described functions (including "discharge" as omitted in the NYPE 1946) has been kept in the NYPE 93 and does not, as said, alter the basic owners'/charterers' division of responsibility for cargo in the original NYPE 1946.

Both the NYPE 1946 and the Asbatime 1981 contain provisions regarding signing of bills of lading, etc., which, it has been found to be somewhat misplaced in a clause which basically deals with the performance ot the voyage. Provisions covering the signing of bills of lading, etc. are now found in a self-standing clause (Clause 30) for comments on which see below.

Clause 9 – Bunkers

The provisions found in Clause 3 of the NYPE 1946 according to which payment of bunker fuel oil on delivery and re-delivery, respectively, should be settled on the basis of "current price" in the respective ports often give rise to disputes. This has now been clarified in Clause 9 of the NYPE 93 which requires the parties to agree and fill in not only the quantities of bunker fuel oil on delivery/re-delivery, but also the prices.

The supply of inferior bunker fuel oil has become a growing problem over recent years and serious damage to main engines or auxiliaries caused by unsuitable bunker fuel oil has frequently occurred.

Sub-clause (b) of Clause 9 addresses this problem and the parties are stongly recommended to agree and specifiy clearly in Appendix A the specification(s) of bunker fuel oil(s) required for the particular vessel and her main auxiliary engines.

Clause 10 – Rate of Hire/Redelivery Areas and Notices

Whereas the NYPE 1946 only provided for a monthly hire based on the vessel's deadweight carrying capacity, the ASBATIME 1981 provided for the parties to agree either a daily rate of hire or a hire based on the vessel's total deadweight carrying capacity. These options have been maintained in Clause 10 of the NYPE 93 and nowadays most but not all fixtures are based upon a daily rate of hire.

To avoid recurring disputes on whether local time or GMT shall apply for the purpose of hire calculation or termination, Clause 10 now solves this problem by providing that for this purpose the times of delivery/re-delivery or termination of charter shall be adjusted to GMT.

Clause 11 – Hire Payment

The Hire Payment Clause in the NYPE 1946 (Clause 5) was significantly changed when revising the charter in 1981 and the resulting ASBATIME 1981 Charter in

1. Time Charter NYPE 1946 and NYPE 1993

Clause 5, combined with Clause 29 in the Rider of Suggested Additional Clauses, introduced some novelties including a grace period for payment of hire as well as stipulations which entitle the owners to withhold the performance of any of their obligations while hire is outstanding. Both the NYPE 1946 and the ASBATIME 1981 contain the important principle which gives the owners the right to withdraw the vessel in the event of failure of the charterers to pay hire on time.

Rather than continue to make some of these provisions optional as in the ASBATIME 1981, all these elements have now been integrated in Clause 11 of the NYPE 93 also because, in practice, they are commonly added to the basic NYPE 1946 form, albeit often in a badly drafted manner.

The right of withdrawal (cancelling) when the charterers are in default of payment of hire is a traditional and very important safeguard for owners. This principle has, therefore, been fully maintained in sub-clause (a) of Clause 11.

In recent years there have been frequent delays of remittances through banks and in order to avoid abuse of the right of withdrawal, it has become common practice, in many instances, to insert in time charter forms a so-called "Anti-Technicality" Clause or a "Grace Period" Clause. In some charter forms, the length of the period of grace has been arbitrarily determined, whereas other charter forms leave it open to the parties to agree on the length of the period of grace normally stipulated as "banking days" and, usually, combined with notification to the charterers.

This latter choice has been included in sub-clause (b) of Clause 11 and it is strongly recommended to study carefully the provisions of sub-clause (b) and to fill in the number of days of grace etc., as agreed, in a correct manner.

These provisions are also fair to charterers since they should prevent cancellations for trifling delays where the situation is no signal of lasting failure to pay.

On the other hand, any abuse of the period of grace by constant late remittance should be safeguarded against by the provisions in the last paragraph of sub-clause (b) entitling owners to withdraw in the case of continued "misuse" of the grace period.

If the hire happens to be still outstanding on the expiry of the grace period, or any time thereafter, the second paragraph of sub-clause (a) of Clause 11 entitles the owners, without prejudice to the liberty to withdraw, wo withhold the performance of any and all of their obligations under the charter. The hire may happen to be missing, for instance, just when the vessel is about to load for a new voyage and with a charterer who is about to go bankrupt, the owners then run the risk of being saddled with the performance of a new voyage without hire being paid and without cover for expenses falling upon the charterer. It is too late to withdraw the vessel if cargo has been loaded and bills of lading have been signed obliging the owners to perform the voyage according to the bill of lading contract. Such risk is guarded against by the last paragraph ob sub-clause (a).

In matters such as late hire payment, the parties must know where they stand, both when it comes to trifling delays or protracted delays, not to speak of complete failure to pay. It is believed that Clause 11 solves these problems in a fair and equitable manner.

It should also be noted that, whereas the Hire payment Clause in both the NYPE 1946 and the ASBATIME 1981 provided for payment of hire in U.S. currency only, Clause 11 provides for the option of agreeing on payment in a currency other than United States currency.

Finally, sub-clause (c) deald with last hire payment and sub-clause (d) covers the matter of cash advances.

Clause 12 – Berths

This is self-explanatory.

Clause 13 – Spaces Available

Sub-clause (a) is identical with Clause 7 of the ASBATIME 1981 whereas sub-clause (b) is new and has been included as a consequence of charterers' right to carry deck cargo (see also comments on Clause 30 below).

Clause 14 – Supercargo and Meals

This is a usual clause in time charters and follows the pattern of Clause 10 in both the NYPE 1946 and the ASBATIME 1981.

Clause 15 – Sailing Orders and Logs

This is another standard clause which follows closely the text of Clause 11 in both the NYPE 1946 and the ASBATIME 1981 with a new provision added to the effect that the English language shall apply in so far as matters dealt with in this clause are concerned.

Clause 16 – Delivery/Cancelling

The principle normally observed in charter parties for both voyage and time chartering that the charterers shall have the right to cancel if the vessel is not ready for delivery (loading) latest on the cancelling date agreed is fully maintained in the first paragraph of Clause 16.

The second paragraph titled "Extension of Cancelling" is a so-called Interpellation Clause. It is an attempt to avoid the sometimes harsh result to an owner who cannot make a cancelling date but, nevertheless, is legally obliged to tender his vessel perhaps at a remote port after having performed a long ballast voyage, only to be cancelled and find himself with a spot prompt vessel. With today's high capital investment in new vessels and high daily running costs this ist not considered fair and equitable when, for bona fide reasons, the vessel is delayed because of events beyond owners' control.

Within certain time limits, the clause requires the charterer either to cancel in advance or extend the cancelling date in circumstances when the vessel cannot make her cancelling date.

Over the last 10–15 years it has become common practice to include such interpellation provisions in modern charterparties for both voyage and time chartering.

Clause 17 – Off Hire

The Off-Hire Clause in the NYPE 1946 (Clause 15) is an example of a clause which, because of its short-comings, is commonly amended if not deleted in its entirety and substituted by a far more elaborate rider clause.

This practice was already recognised and acknowledged in connection with the ASBATIME 1981 revision which contained a very detailed off-hire clause. Subject to a few minor amendments, the text of the ASBATIME Off-Hire Clause has also been incorporated in Clause 17 of the NYPE 93 and should, hopefully, meet the requirements for a modern off-hire clause acceptable to both sides.

Clause 18 – Sublet

This is a clause found in most modern time charter forms.

Clause 19 – Drydocking

With modern paints and ship technique, the provisions in Clause 21 of the NYPE 1946 requiring shipowners to drydock the vessel "at least once in every six months" has become obsolete.

A modern solution which reflects present-day practice, is now offered in Clause 19 and leaves it to the parties to agree between themselves as to whether option (a) or (b) shall apply.

1. Time Charter NYPE 1946 and NYPE 1993

Clause 20 – Total Loss
This is self-explanatory.

Clause 21 – Exceptions
This is a mutual exceptions clause for the protection of both charterers and owners, similar to Clause 16 in both the NYPE 1946 and the ASBATIME 1981.

Clause 22 – Liberties
This is standard and self-explanatory.

Clause 23 – Liens
This is another standard clause found in most time charter forms and follows closely the pattern of Clause 18 in both the NYPE 1946 and the ASBATIME 1981.

Clause 24 – Salvage
This is self-explanatory.

Clause 25 – General Average
This clause has been considerably simplified as compared with the extremely lengthy provisions contained in Clause 19 of both the NYPE 1946 and the ASBATIME 1981, which provides for general average to be adjusted and settled in the United States in U.S. currency.

Given the global use of the NYPE Charter, it is now left to the parties to agree on the venue and currency for adjustment/settlement of general average.

Clause 26 – Navigation
This clause follows very closely the text of the corresponding clauses in the NYPE 1946 (Clause 26) and the ASBATIME 1981 (Clause 25).

Clause 27 – Cargo Claims
In daily chartering practice, a so-called "Inter-Club Agreement" Clause is often found to be attached as a rider clause to the NYPE 1946.

The backround to this clause is a more than 25 year old dispute resolution agreement between the International Group of P & I Clubs, the objective of which is to avoid costly litigation in matters of cargo claims.

According to the Inter-Club Agreement, ultimate liability for cargo loss or damage is allocated in accordance with a widely accepted formula based on the cause of damage. Basically, cargo claims caused by unseaworthiness of the vessel are borne 100% by the owners; cargo claims resulting from improper loading, stowing or discharging are allocated 100% to charterers and shortage claims are split equally between owners and charterers.

Regrettably, the Inter-Club Agreement has been considerably undermined over the years by owners and charterers agreeing on numerous deletions, alterations and additions to the printed text of the basic NYPE 1946 form resulting in a very considerable increase in litigation and arbitration over cargo claims arising under charterparties agreed on the NYPE 1946 form.

In the ASBATIME 1981 revision an attempt was made to curb the problem by including a so-called Cargo Claims Clause (Clause 30) which may, at best, be described as a simplified version of the Inter-Club Agreement, but without making any express reference to the Inter-Club Agreement itself. Moreover, and unfortunate enough, it was decided at that time to include the Cargo Claims Clause in the Rider of Suggested Additional Clauses instead of incorporating the clause in the printed body of the ASBATIME 1981, thus, limiting the use of the clause in practice.

This problem has now been solved in Clause 27 of the NYPE 93 which makes an express reference to the Inter-Club New York Produce Exchange Agreement and also includes a catch-all provision which will pick up any further modification or replacement thereof, thus, avoiding the necessity of revising the charter solely for the purpose of any future revision or replacement of the Inter-Club Agreement.

In this connection it may be mentioned that a sub-committee under the International Group of P & I Clubs is presently reviewing the Inter-Club New York Produce Exchange Agreement with a view to re-enforce the principle of the agreement, viz., to allocate the risks and costs of cargo claims between owners and charterers in a fair and equitable manner. For that purpose, the provisions in Clause 27 of the NYPE 93 expressly specifying that all cargo claims between the owners and charterers shall be subject to the Inter-Club New York Produce Exchange Agreement will be most helpful.

In this context there is reason to warn the commercial parties against any attempt to tamper with the text of Clause 27 or, for that matter, all other pertinent clauses in the printed text of the NYPE 93 including but not limited to Clause 8 (Performance of Voyages) and Clause 26 (Navigation) by way of amendments, deletions or additions as this may destroy the equitable allocation of responsibility for loss of or damage to cargo laid down in the Inter-Club Agreement and which, it is submitted, is not in the interest of either owners or charterers.

Clause 28 – Cargo Gear and Lights

Such a clause is commonly added to the NYPE 1946 and, in recognition of this practice, a similar clause was also included in the ASBATIME 1981 (Clause 21), the text of which has also been embodied in Clause 28 of the NYPE 93.

Clause 29 – Crew Overtime

The provisions in Clause 23 of the NYPE 1946, according to which charterers shall pay crew overtime in accordance with "the rates stated in the ship's articles" is frequently amended in practice and a lumpsum payment is usually agreed instead. This practice is now reflected in Clause 29 of the NYPE 93, the text of which follows closely the wording of Clause 22 in the ASBATIME 1981.

Clause 30 – Bills of Lading

As mentioned in the comments on Clause 8 above, it has been found more appropriate to make the provisions concerning signing of bills of lading etc. appearing in Clause 8 in both the NYPE 1946 and the ASBATIME 1981 appear in a self-standing clause as now suggested in Clause 30 which, in addition, now also includes a reference to waybills as weill as provisions dealing with clausing of bills of lading when deck cargo is carried.

Clause 31 Protective Clauses

In the NYPE 1946 Charter, Clause 24 makes the charter subject to the Harter Act as well as making the charter and all bills of lading issued hereunder subject to the Carriage of Goods by Sea Act of the United States. Given the use of the NYPE form worldwide as the most used time charter form for dry cargo vessels and also considering that in many instances no U.S. interests are involved, it has been found that it is no longer appropriate to make the charter subject to the Harter Act, the reference to which, therefore, has been left out.

Clause 31 of the NYPE 93 makes the charter and all bills of lading or waybills issued hereunder, subject to the provisions of the Carriage of Goods by Sea Act of the United

1. Time Charter NYPE 1946 and NYPE 1993

States, the Hague Rules or the Hague-Visby Rules, as applicable, or "such other similar national legislation as may mandatorily apply by virtue of origin or destination of the bills of lading", as stipulated in sub-clause (a) (Clause Paramount) as well as the other protective clauses specified in sub-clauses (b), (c), (d) and (e).

Whereas sub-clause (b) (the Both-to-Blame Collision Clause) and sub-clause (c) (the New Jason Clause) are standard clauses, sub-clauses (d) and (e) may call for some observations.

Sub-clause (d) (U.S. Trade – Drug Clause).

It is a regrettable fact that during recent years the incidence of drug smuggling on board vessels has increased dramatically and has caused serious problems to the shipping industry, also resulting in the introduction of strict legislation and its enforcement in an attempt to curb this evil. To ignore this serious problem in a modern charterparty form would be wrong and the fact is that such an "anti-drug abuse clause" in one or the other form is commonly included in or added to the basic form of many charterparties. Sub-clause (d) of Clause 31 is an example of a clause commonly attached to, for instance, the NYPE 1946 and has been chosen for inclusion in the NYPE 93.

Sub-clause (e) (War Clauses).

One of the serious shortcomings of the NYPE 1946 ist that it contains no war clause in its printed text which, from time to time, has caused serious problems when parties having fixed on the basis of the NYPE 1946 form were confronted with a war or warlike situation. Even worse, in order to rectify this obvious shortcoming, there are many examples of parties having agreed to include as a rider clause to the NYPE 1946, the old Chamber of Shipping War Risks Clauses 1 & 2 which since long have been withdrawn as obsolete clauses and which were drafted way back in 1935 in connection with the Spanish Civil War for use with voyage charter parties only and, therefore, totally unsuitable for time chartering. This problem was recognised in the Asbatime 1981 which in Clause 23 (Clauses Paramount) included a proper war clause. In addition, a war cancellation clause as well as a war bonus clause were included as well, but only in the form of Rider Clauses in the Rider of Suggested Additional Clauses for use with the Asbatime 1981 which limited the use of these clauses in practice.

Conscious of the necessity of including a proper war clause which would apply not only to the charterparty itself but also to all bills of lading and sea waybills issued under the charter, Clause 31 in the NYPE 93 now provides that the charterparty is subject to the war clause (sub-clause (e)) which is also to be included in all bills of lading or waybills issued hereunder. The war clause as such contains no cancellation rights and for practical reasons provisions dealing with the parties' right to cancel in case of war has been kept separate from the war clause and are to be found in the self-standing War Cancellation Clause (Clause 32).

Things are changing fast in a fast-changing world and as far as international shipping is conserned, the necessity of up-dating and modernising charterparties to match changes and new developments is more important than ever before. This also applies to war clauses – be it for voyage or time chartering – and has recently prompted the Documentary Committee of BIMCO to revise its time-honoured and well tested standard war clauses, i.e., the "Conwartime 1939" War Risk Clause for Time Charters and the "Voywar 1950" War Clause for Voyage Chartering because of recent developments and, in particular, the fact that new supranational organisations such as the United Nations and the European Community are daily acquiring more power to intervene in war situations (the Gulf War and the situation in former Yugoslavia are recent examples of such intervention by the issuance of U.N. Security Council Resolutions and Directives issued by the European Community seriously affecting trading to and from war zones).

In connection with the discussions on how best to deal with the matter of a war clause in the NYPE 93, BIMCO had suggested that the revised "Conwartime" Clause known as the "Conwartime 1993" War Risks Clause for Time Charters, be incorporated in the NYPE 93 since this clause has been thoroughly revised to meet present-day requirements for a modern war clause including the possible action or intervention by supranational bodies or organisations as referred to above; besides, given the multitude and characteristics of war or warlike operations now seen, the Definitions in the "Conwartime" have been considerably expanded and clarified.

Whilst acknowledging that the "Conwartime 93" Clause is a great improvement, since the revision of the clause is of very recent date ASBA would prefer to see the clause in use and tested for some time before including the "Conwartime" Clause in the NYPE 93. However, ASBA would be prepared to circulate the "Conwartime 93" Clause to its members as an alternative clause and to consider including the clause in an amendment to the NYPE 93 at a future date when time had shown that the clause works satisfactorily.

For convenience, and in order to assist the parties using the NYPE 93 and who may wish to use the "Conwartime 93" Clause instead of the War Clause (Clause 31 (e)) in the NYPE 93, the full text of the "Conwartime 93" War Clause is reproduced at the end of this article. In case that the parties should so decide, it is important to remember that Clause 32 (War Cancellation) in the NYPE 93 should be fully maintained.

Clause 32 – War Cancellation

This clause is intended to give either party the right to cancel the charter in case of outbreak of war.

The parties shold ensure to fill in the names of the countries as may be agreed. In the event of the charter being concluded on the basis of world-wide trading, it may be advisable to mention the five Permanent Members of the U.N. Security Council, i.e., the United States of America, Russia, the United Kingdom, France and the People's Republic of China, whose conflict, in case of a conflict between themselves, may spread throughout the world or a large part of it.

If a vessel is chartered to trade in a restricted part of the world only, parties may wish to restrict the name of countries to be inserted, accordingly.

Clause 33 – Ice

This is a traditional clause similar to Clause 25 in the NYPE 1946 and Clause 24 in the ASBATIME 1981 but has been somewhat broadened to include an obligation for the vessel to follow ice-breakers subject to the conditions stated in the last sentence of the clause.

Clause 34 – Requisition

Such clause was not found in the NYPE 1946, but included in the Rider of Suggested Additional Clauses to the ASBATIME 1981 (Clause 33), the text of which has also been incorporated in Clause 34 of the NYPE 93.

Clause 35 – Stevedore Damage

No such clause is found in the NYPE 1946, failing which it is common practice nowadays to add a rider clause dealing with stevedore damage; unfortunately, some of these clauses found in executed charter parties based on the NYPE 1946 form would appear to have serious shortcomings resulting in frequent disputes. An attempt to address this problem was made in Clause 35 in the Rider of Suggested Additional Clauses recommended for use with the ASBATIME 1981.

1. Time Charter NYPE 1946 and NYPE 1993   VIII. 1

The text now included in Clause 35 of the NYPE 93 has been carefully drafted in order to overcome the shortcomings of many home-made stevedore damage clauses presently seen in current charterparties and also with a view to ensure a balanced and equitable solution fair to both sides, thus, representing an new approach to a longstanding problem.

Clause 36 – Cleaning of Holds

This is another example of a clause commonly added as a rider clause to the NYPE 1946 basic form, which contained no such clause in its printed text, nor does the ASBATIME 1981 Charter. The text proposed in Clause 36 of the NYPE 93 reflects current practice and the parties should ensure to agree and insert the relevant figures in the fill-in spaces.

Clause 37 – Taxes

Neither the NYPE 1946 nor the ASBATIME 1981 contain any such clause even if such a clause is a common feature in other time charter forms for both dry cargo and tank vessels. Clause 37 aims at remedying this short-coming in an equitable manner.

Clause 38 – Charterers' Colors

This is self-explanatory.

Clause 39 – Laid Up Returns

Although a common feature in many other time charter forms, still, such clause is not found in the NYPE 1946 but is included in the Rider of Suggested Additional Clauses for use with the ASBATIME 1981 (Clause 37), the text of which has been followed in the NYPE 93.

Clause 40 – Documentation

This is a new clause which obliges owners to provide all necessary documentation relating to the vessel as may be required to permit the vessel to trade within the agreed trade limits.

Clause 41 – Stowaways

As will, undoubtedly, have been seen from the international shipping press, during recent years the number of incidents fo stowaways has increased considerably and has become a growing problem in many parts of the world. To ignore this problem in a modern charterparty form would be wrong; hence the provisions now laid down in Clause 41 which, in a balanced manner, attempt to allocate the risks and costs between owners and charterers in the case of stowaways gaining access to the vessel.

Clause 42 – Smuggling

This is new and it has been found useful to address this problem in a proper manner.

Clause 43 – Commission

No comments.

Clause 44 – Address Commission

It is, of course, left open to the parties to decide whether address commission should be paid and, if not, the provisions of Clause 44 may be disregarded.

Clause 45 – Arbitration

As a matter of consistency, ASBA has suggested that the arbitration clause in the various charter parties issued under the auspices of ASBA, including the "NORGRAIN 89" Charter, the NYPE 93 and the now revised Amwelsh Charter (AMWELSH 93), be identical by using the text of the Arbitration Clause in the "Norgrain 89" Charter (except for deleting the reference to "grain trade" which is peculiar to the "Norgrain" Charter). This was agreed and, as will be seen, Clause 45 provides for a choice between New York or London as venue for arbitration. It is not unusual that arbitration clauses in various charter parties provide for an optional choice of venue of arbitration but, surprisingly enough, there have been quite a few examples showing that the parties by oversight or ignorance have forgotten to decide which of the alternatives should apply. In order to avoid any surprises later on, it is therefore important to remember this during negotiations and to delete sub-clause (a) or subclause (b) as appropriate. Similarly, if the parties should wish to avail themselves of the possibility of conducting arbitration according to the Shortened Arbitration Procedure in New York of the Small Claims Procedure in London the actual figures as may be agreed during chartering negotiations should be duly filled in in (a) or (b) as the case may be.

. . . . .

Copyright and printers

The copyright belongs to the Association of Ships Agents and Brokers (U.S.A.) Inc., (ASBA), New York, and copies can be obtained from the Association's office.

War clauses

With reference to the comments on Clause 31 (e) (War Clauses) above, the full text of the BIMCO "Conwartime 1993" War Clause is reproduced below:

> BIMCO Standard War Risks Clause for Time Charters, 1993
> Code Name: "CONWARTIME 1993"

(1) For the purpose of this Clause, the words:

(a) "Owners" shall include the shipowners, bareboat charterers, disponent owners, managers or other operators who are charged with the management of the Vessel, and the Master; and

(b) "War Risks" shall include any war (whether actual or threatened), act of war, civil war, hostilities, revolution, rebellion, civil commotion, warlike operations, the laying of mines (whether actual or reported), acts of piracy, acts of terrorists, acts of hostility or malicious damage, blockades (whether imposed against all vessels or imposed selectively against vessels of certain flags or ownership, or against certain cargoes or crews or otherwise howsoever), by any person, body, terrorist or political group, or the Government of any state whatsoever, which, in the reasonable judgement of the Master and/or the Owners, may be dangerous or are likely to be or to become dangererous to the Vessel, her cargo, crew or other persons on board the Vessel.

(2) The Vessel, unless the written consent of the Owners be first obtained, shall not be ordered to or required to continue to or through, any port, place, area or zone (whether of land or sea), or any waterway or canal, where it appears that the Vessel, her cargo, crew or other persons on board the Vessel, in the reasonable judgement of the Master and/or the Owners, may be, or are likely to be, exposed to War Risks. Should the Vessel be within any such place as aforesaid, which only becomes dangerous, or is likely to be or to become dangerous, after her entry into it, she shall be at liberty to leave it.

(3) The Vessel shall not be required to load contraband cargo, or to pass through any blockade, whether such blockade be imposed on all vessels, or is imposed selectively

in any way whatsoever against vessels of certain flags or ownership, or against certain cargoes or crews or otherwise howsoever, or to proceed to an area where she shall be subject, or is likely to be subject to a belligerent right of search and/or confiscation.

(4) (a) The Owners may effect war risks insurance in respect of the Hull and Machinery of the Vessel and their other interests (including, but not limited to, loss of earnings and detention, the crew and their Protection and Indemnity Risks), and the premiums and/or calls therefore shall be for their account.

(b) If the Underwriters of such insurance should require payment of premiums and/or calls because, pursuant to the Charterers' orders, the Vessel is within, or is due to enter and remain within, any area or areas which are specified by such Underwriters as being subject to additional premiums because of War Risks, then such premiums and/or calls shall be reimbursed by the Charterers to the Owners at the same time as the next payment of hire is due.

(5) If the Owners become liable under the terms of employment to pay to the crew any bonus or additional wages in respect of sailing into an area which is dangerous in the manner defined by the said terms, then such bonus or additional wages shall be reimbursed to the Owners by the Charterers at the same time as the next payment of hire is due.

(6) The Vessel shall have liberty:

(a) to comply with all orders, directions, recommendations or advice as to departure, arrival, routes, sailing in convoy, ports of call, stoppages, destinations, discharge of cargo, delivery, or in any other way whatsoever, which are given by the Government of the Nation under whose flag the Vessel sails, or other Government to whose laws the Owners are subject, or any other Government, body or group whatsoever acting with the power to compel compliance with their orders or directions;

(b) to comply with the order, directions or recommendations of any war risks underwriters who have the authority to give the same under the terms of the war risks insurance;

(c) to comply with the terms of any resolution of the Security Council of the United Nations, any directives of the European Community, the effective orders of any other Supranational body which has the right to issue and give the same, and with national laws aimed at enforcing the same to which the Owners are subject, and to obey the orders and directions of those who are charged with their enforcement;

(d) to divert and discharge at any other port any cargo or part thereof which may render the Vessel liable to confiscation as a contraband carrier;

(e) to divert and call at any other port to change the crew or any part thereof or other persons on board the Vessel when there is reason to believe that they may be subject to internment, imprisonment or other sanctions.

(7) If in accordance with their rights under the foregoing provisions of this Clause, the Owners shall refuse to proceed to the loading or discharging ports, or any one or more of them, they shall immediately inform the Charterers. No cargo shall be discharged at any alternative port without first giving the Charterers notice of the Owners' intention to do so and requesting them to nominate a safe port for such discharge. Failing such nomination by the Charterers within 48 hours of the receipt of such notice and request, the Owners may discharge the cargo at any safe port of their own choice.

(8) If in compliance with any of the provisions of sub-clauses (2) to (7) of this Clause anything is done or not done, such shall not be deemed a deviation, but shall be considered as due fulfillment of this Charterparty.

Übersicht

	Seite
1. Allgemeiner Hintergrund und Geschichte	950–951
2. Anmerkungen nach englischem Recht	951
3. Charakteristische Merkmale einer Time Charterparty	951–952
4. Wirtschaftliche Interessen des Reeders	952–963
5. Wirtschaftliche Interessen des Charterers	963–967
6. Schlichtung von Streitigkeiten – Schiedsverfahren	967–973
7. Arbitration Act 1996	974–977

Anmerkungen

1. Allgemeiner Hintergrund und Geschichte. Ein Vertrag über die Charter eines Schiffes wird üblicherweise schriftlich in Form einer **Charterparty** abgeschlossen. Nach englischem Recht bestehen jedoch keine besonderen Formerfordernisse für einen Vertrag, der die Leistung eines Schiffs zum Inhalt hat. Ob die Parteien einen bindenden Vertrag geschlossen haben oder nicht, ergibt sich aus den allgemeinen Bestimmungen des Vertragsrechts. Danach kann eine Charterparty bindend sein, ohne daß sie von den Parteien unterzeichnet wurde. Tatsächlich ist auch eine mündliche Vereinbarung über die Charterung eines Schiffs bindend, soweit die Parteien eine völlige Einigung erzielt haben und diese bewiesen werden kann.

In der Praxis wurden allerdings im Lauf der Jahre spezielle Vertragsformulare für Charterparties entwickelt. Die **New York Produce Exchange Time Charter (NYPE)** ist dabei das am häufigsten eingesetzte Time-Charter-Formular für Trockenschiffe. Es wurde 1913 erstmals von der New York Produce Exchange herausgegeben, obgleich es bereits aus dem 19. Jahrhundert einige überlieferte amerikanische Fälle gibt, die Klauseln beinhalten, die später in die Charterparty von 1913 mit aufgenommen wurden. Das NYPE-Formular wurde jeweils in den Jahren 1921, 1931 und 1946 geändert (NYPE 46-Formular-Form. Ia). Bis 1946 wurden sämtliche Änderungen des Formulars unter der Aufsicht des Shipping Committees der New York Produce Exchange, einer Warenbörse in New York, deren Mitglieder hauptsächlich Charterer waren, vorgenommen. Dies ist ohne Zweifel der Grund dafür, daß das NYPE-Formular als chartererfreundliches Formular bezeichnet wurde, während zum Beispiel das Baltime-Formular eher als reederfreundlich galt.

Nach 1946 (vor allem in den 60er und 70er Jahren) verlor die New York Produce Exchange an Bedeutung und löste sich schließlich auf. Ihre Funktionen übernahm die sog. International Commodity Exchange, die jedoch ebenfalls aufgelöst wurde. In der Folge gab es keinen Träger mehr, der den Namen „New York Produce Exchange" für sich hätte beanspruchen können, bis schließlich 1981 die Association of Shipbrokers and Agents (USA) Inc. (ASBA) eine überarbeitete Version des 1946er Formulars, bekannt als **ASBATIME**, herausgab. In einem dem ASBATIME-Formular beigefügten Anhang (Rider) wurde eine umfassende Liste aller vorgeschlagenen Fakultativklauseln aufgeführt. Man hoffte, damit dem sog. Rider-Syndrome beizukommen, das beim NYPE-Formular von 1946 zunehmend zum Problem wurde. Da jenes Formular für ein anderes Zeitalter der Schiffahrt geschaffen worden war, bürgerte es sich bei den Schiffbrokern allmählich ein, eigene Klauseln zu entwerfen, die an das 1946er Formular angehängt wurden, um es auf einen aktuellen Stand zu bringen.

Da das ASBATIME-Formular keinen großen Erfolg hatte, entschloß sich das Chartering and Documentary Committee der ASBA, in Zusammenarbeit mit dem Baltic International Maritime Council (BIMCO) und der Federation of National Associations of Shipbrokers and Agents (FONASBA), zu einer umfassenden Überarbeitung des NYPE/ASBATIME-Formulars. Dabei sollten die Änderungen auf dem Gebiet des Marketing und der Schiffstypen, die sich in den letzten Jahrzehnten vollzogen hatten, Berücksichti-

1. Time Charter NYPE 1946 and NYPE 1993

gung finden. So wurde schließlich das **NYPE 93-Formular** mit dem Vermerk „Revised 14th September 1993" fertiggestellt und angenommen.

Mit dem NYPE 93-Formular wollte man ein modernes und praxisnahes Time-Charterparty-Formular schaffen, das problemlos verwendet werden kann. Auch hat offensichtlich gegenüber dem Standard NYPE 46-Formular eine Verlagerung des Gewichts in der Weise stattgefunden, daß heute die Interessen des Reeders besser berücksichtigt werden als früher.

Im gegenwärtigen Stadium ist es noch zu früh vorauszusagen, ob sich das NYPE 93-Formular auch tatsächlich durchsetzen wird. Derzeit sieht es noch so aus, als ob in der Praxis auch weiterhin das alte NYPE 46-Formular mit einer ständig steigenden Anzahl schlecht formulierter Rider-Klauseln Verwendung finden wird. Und doch scheint das System zu funktionieren, und nur ein geringer Prozentsatz aller abgeschlossenen Charterparties endet mit Unstimmigkeiten oder in einem Rechtsstreit. Ganz offensichtlich hat sich das System seit vielen Jahren international bewährt.

Wenn im folgenden auf das NYPE-Formular verwiesen wird, ist die 46er Version gemeint, soweit nicht ausdrücklich das NYPE 93-Formular genannt ist.

Die der Begriffsbestimmung folgenden Erläuterungen sind in drei Abschnitte unterteilt. Abschnitt 3 geht auf die **wichtigsten Belange des Reeders** ein, d. h. (i) die sofortige Zahlung des Charterentgelts und die Rechtsbehelfe bei Nichtzahlung einschließlich (ii) des Rechts, dem Charterer die Nutzung des Schiffs zu untersagen oder (iii) ein Sicherungspfandrecht *(lien)* an der Ladung geltend zu machen. Des weiteren behandelt der Abschnitt die Notwendigkeit, daß sich der Reeder dagegen absichert, daß sein Schiff in Gefahr gerät, und zwar infolge (iv) der Beförderung von gefährlicher oder nicht zugelassener Ladung oder (v) der Ausführung gefährlicher Aufträge des Charterers *(employment and indemnity)*.

In Abschnitt 4 geht es um die **wichtigsten Belange des Charterers**, d. h. ob (i) das gecharterte Schiff seetüchtig ist und (ii) daß der Auftrag innerhalb der mit dem Reeder vereinbarten Zeit ausgeführt wird, und zwar bei dem in der Charterparty angegebenen Treibstoffverbrauch. Für den Fall, daß die Erwartungen des Charterers nicht erfüllt werden, behandelt der vierte Abschnitt (iii) das Recht des Charterers, die Charterparty auszusetzen *(off-hire)* und (iv) das Charterentgelt zu kürzen.

Für den Fall, daß Streitigkeiten zwischen Reeder und Charterer nicht gütlich beigelegt werden können, befaßt sich Abschnitt 5 mit dem Inhalt einer Schiedsgerichtsvereinbarung.

2. Anmerkungen nach englischem Recht. Wie bereits dargelegt, werden in der Praxis Charterparties häufig die NYPE-Formulare zugrunde gelegt. Da diese in englischer Sprache abgefaßt sind und ihre Schiedsgerichtsvereinbarung englisches oder New Yorker Recht bestimmt, beruhen die nachfolgenden Anmerkungen auf englischem Recht.

3. Charakteristische Merkmale einer Time Charterparty. Unter einer Time Charterparty stellt der Reeder dem Time Charterer ein voll bemanntes Schiff für einen bestimmten Zeitraum gegen Bezahlung eines Charterentgelts *(hire)* zur Verfügung. *Hire* wird üblicherweise monatlich bezahlt. Die Charterparty wird für ein namentlich genanntes Schiff für einen bestimmten Zeitraum abgeschlossen und legt dabei Größe, Geschwindigkeit, Treibstoffart, Treibstoffverbrauch und Treibstoffmenge an Bord des Schiffs fest. Die *trading limits* sind zwar beliebig, aber eine Time Charter wird nur selten für eine bestimmte Reise abgeschlossen. Wenn doch, dann handelt es sich um einen sog. *time charter trip* (Reisecharter). Ein Befrachtungsvertrag wird verwendet, wenn von keinem bestimmten Schiff die Rede ist.

Der Time Charterer zahlt Bunker- und Hafengebühren und den Anteil des Schiffs an Lade- und Löschkosten. Dies sind die wichtigsten Posten. Sie variieren je nach dem vom Time Charterer gewählten Verkehr. Der Reeder ist für den Abschluß und die Bezahlung der Schiffsversicherungen und Bemannungskosten verantwortlich.

Der Charterer wird sich für eine Time Charterparty entscheiden, wenn er über die Kapazitäten seiner eigenen Schiffe hinaus (falls er Schiffe besitzt) Transportleistungen auf eigene Rechnung oder auf Rechnung Dritter, wie z. B. Subcharterer oder Ablader, in Anspruch nehmen muß. So chartern z. B. häufig Ölfirmen Schiffe auf der Basis einer *long time charter* auf eigene Rechnung, und Linienbetreiber *(liner operators)* chartern gleich mehrere Schiffe, um einen regelmäßigen Service auf einer gleichbleibenden Strecke für Ablader anzubieten, die entweder Stammkunden sind oder nur für eine einzige Reise Laderaum benötigen. Das verleiht Charterern Flexibilität, ohne daß größere Auslagen nötig werden.

Für eine umfassende Darstellung der Time Charterparty wird auf *Wilford/Coughlin/Kimball*, Time Charters, 4. Auflage und auf *Scrutton*, Charterparties and Bills of Lading, 20th edition, 1996, verwiesen.

4. Wirtschaftliche Interessen des Reeders. (1) Bezahlung des Charterentgelts (Leistungspflichten des hire). Das Reedereigeschäft lebt vom Charterentgelt. Das NYPE-Formular erkennt in clause 5 die Bedeutung des Charterentgelts für den Reeder an. Demnach kann der Reeder dem Charterer die Nutzung des Schiffs untersagen, falls dieser nicht in der Lage ist, das an oder vor einem festgelegten Termin fällige Charterentgelt zu zahlen.

Die Zahlung des Charterentgelts muß *cash* erfolgen. Dies bedeutet, daß der Charterer die Zahlung so zu leisten hat, daß dem Reeder am vereinbarten Zahlungstermin der sofortige Zugriff auf das Geld möglich ist. Unter *cash* sind zu verstehen Bank-zu-Bank-Überweisungen und Barschecks und wohl auch sog. *payment orders* (s. „The LACONIA" [1977] 1 Lloyd's Rep. 315). In dem Fall „The CHIKUMA" ([1991] 1 Lloyd's Rep. 371) entschied das House of Lords, daß die telegraphische Überweisung an die italienische Bank des Reeders am Fälligkeitstermin keine pünktliche Bezahlung darstellte (und der Reeder damit berechtigt war, die Nutzung des Schiffs zu untersagen), da der Reeder das Geld mehrere Tage lang nicht abheben konnte, ohne Zinsen zu zahlen.

Es ist ein Grundsatz des englischen Rechts, daß der Charterer, wenn der Termin für die Zahlung der *hire* auf einen Samstag, Sonntag oder Feiertag fällt, die Zahlung so zu leisten hat, daß sie dem Reeder am letzten Werktag vor dem Feiertag zugeht (s. o. „The LACONIA").

Die Klausel über die Zahlung der *hire* im NYPE 93-Formular (clause 11) ist gegenüber der des NYPE 46-Formulars umfassend geändert worden. Clause 11 des NYPE 93-Formulars enthält anerkannte Mechanismen zur Vermeidung unnötiger Streitigkeiten, einschließlich einer *grace period*, einer Nachfrist zur Zahlung des Charterentgelts, sowie einer Bestimmung, die es dem Reeder erlaubt, jegliche Leistungen einzustellen, solange das Charterentgelt noch aussteht. Das wichtige Prinzip, das den Reeder berechtigt, dem Charterer im Falle der verspäteten Zahlung die Nutzung des Schiffs zu untersagen, bleibt jedoch bestehen.

Zu beachten sind auch die Änderungen der lines 146–147 der clause 11 des NYPE 93-Formulars.

Das Wort *cash* wurde durch das Wort *funds* ersetzt. Näher definiert wurde *funds* jedoch durch den Zusatz *available to the owners on the due date*, d. h. die Gelder müssen dem Reeder am Fälligkeitstermin tatsächlich zugänglich sein. Das hat offensichtlich zur Folge, daß der Geldtransfer einen *value today*-Charakter haben muß. Demnach käme eine Zahlung per gewöhnlichem Scheck bzw. telegraphischer Überweisung am Fälligkeitstermin zu spät, und die englischen Gerichte würden zweifellos clause 11 des NYPE 93-Formulars wieder genauso streng auslegen wie seinerzeit line 58 des NYPE 46-Formulars.

Im Hinblick auf die strenge Auslegung der *hire payment clause*, wonach der Charterer gewährleisten muß, daß dem Reeder der zu zahlende Betrag am vereinbarten Termin zur Verfügung steht, wird das NYPE 46-Formular von den Vertragsparteien häufig durch das Hinzufügen einer *anti-technicality clause* bzw. *grace period clause* modifiziert. Ein Beispiel hierfür findet sich im Fall „The AFOVOS" ([1983] 1 Lloyd's Rep. 335). Hier wurde eine neue Klausel eingeführt, die den Reeder verpflichtete, vor Nutzungsuntersagung (Samstage, Sonn- und Feiertage ausgenommen) eine 48-Stunden-Frist einzuhalten, innerhalb der er die Nutzungsberechtigung nicht entziehen durfte. Eine derartige Fristbestimmung wurde ausdrücklich in subclause 11 (b) aufgenommen und besonders weit gefaßt, so daß dem Charterer eine Nachfrist zur Zahlung des Charterentgelts gewährt wird, sollte eine pünktliche bzw. regelmäßige Zahlung durch Versehen, Fahrlässigkeit, Irrtum oder Unterlassung von seiten des Charterers oder dessen Banken versäumt worden sein. Diese Klausel scheint nahezu alle Fälle abzudecken.

Der Reeder hat nicht nur das Recht, die Nutzung des Schiffs zu untersagen, wenn der Charterer mit der Bezahlung der *hire* in Verzug gerät, sondern auch, wenn eine Zahlung zwar fristgerecht, aber nur zum Teil erfolgt ist und der ausstehende Betrag nicht bis zum Fälligkeitstermin nachentrichtet worden ist. So regelt z. B. in „The MIHALIOS XILAS" ([1976] 2 Lloyd's Rep. 697) eine Riderklausel die monatliche Zahlung des Charterentgelts. Danach soll das Charterentgelt für den letzten Monat geschätzt und im voraus entrichtet werden, wobei Bunkerkosten, Auslagen des Reeders und weitere in der Verantwortung des Reeders liegende Posten, die bis zu dem Zeitpunkt der voraussichtlichen Ablieferung des Schiffes entstehen, abgezogen werden.

In dem Fall „The MIHALIOS XILAS" war das Charterentgelt für den neunten Monat am 22. März fällig. Am 21. März zahlte der Charterer einen bedeutend geringeren Betrag als das volle Charterentgelt für einen Monat, und zwar mit der Erklärung, er habe den Abzug im Hinblick auf gewisse Vorauszahlungen und geschätzte Bunkergebühren sowie Auslagen bei Wiederablieferung des Schiffs vorgenommen. Der Charterer gab damit zu verstehen, daß er diese *hire*-Zahlung als die letzte unter dieser Charterparty ansah. Das Schiedsgericht befand, daß der Charterer grundlos davon ausgegangen sei, er könne das Schiff am Ende des neunten Monats wieder zurückgeben, und der abgezogene Betrag daher in jedem Fall unangemessen und überhöht gewesen sei. In der Berufung erkannte das Gericht, daß der Reeder die Nutzung des Schiffs zu Recht untersagt habe. Es habe eine unvollständige Bezahlung des Charterentgelts für den neunten Monat vorgelegen. Deshalb habe es sich um einen Zahlungsverzug gehandelt, der nach der Rider-Klausel den Reeder zur Nutzungsuntersagung *(withdrawal of vessel)* berechtigt habe (s. [1979] 2 Lloyds's Rep. 303).

Für den Fall, daß das Schiff zum Zahlungstermin allerdings bereits *off-hire* gewesen war, entschied das Gericht, daß der Charterer von der Pflicht zur Zahlung einer Rate des Charterentgelts frei geworden sei. Clause 15 (lines 97–102) sieht nämlich vor, daß bei Zeitverlust aufgrund von Besatzungsmangel oder fehlender Schiffsausrüstung, Feuer, Maschinenschaden, Schäden an Schiff oder Ausrüstung, auf Grund laufen oder jedes anderen Umstands, der den Betrieb des Schiffs stört, die Zahlung des Charterentgelts eingestellt werden kann.

Das Gericht erkannte für Recht, daß die Verpflichtung des Charterers zur Vorauszahlung der nächsten Monatsrate im Falle eines Zeitverlusts aus den oben in clause 15 genannten Gründen bis unmittelbar vor der erneuten Indienstnahme des Schiffs durch den Charterer entfalle (s. „The LUTETIAN" ([1982] 2 Lloyd's Rep. 140). Das Gericht gab allerdings zu bedenken, daß diese Entscheidung zu Verunsicherung führen könnte und deshalb mit Vorsicht anzuwenden sei (s. *Wilford/Coughlin/Kimball*, Time Charterers, 4. Aufl., S. 247).

(2) Untersagung der Nutzung des Schiffs *(withdrawal of vessel)*. Wie bereits oben erläutert, hat der Reeder nach clause 5 des NYPE 46-Formulars (s. lines 61–62) das Recht, bei Zahlungsverzug des Charterers diesem die Nutzung des Schiffs zu untersagen. Diese sog. *withdrawal clause* gibt dem Reeder die Möglichkeit und das Recht, die Charterparty zu kündigen. Freilich ist der Reeder nicht zur Kündigung verpflichtet. Gäbe es diese *withdrawal clause* nicht, stünde dem Reeder kein derartiges Recht zu, denn im Common

Law begründet die bloße Verspätung der Zahlung noch kein Recht auf Nutzungsuntersagung, sondern lediglich einen Anspruch auf Schadenersatz. Nach Common Law kann der Reeder eine Charterparty nur aufheben, wenn das Verhalten des Charterers Zahlungsunwilligkeit oder -unfähigkeit vermuten läßt, oder wenn die Nichtzahlung eine Nichterfüllung der Charterparty bedeuten würde.

Die Nutzungsuntersagung ist letztlich das einzig wirksame Mittel des Reeders gegen Nichtbezahlung des Charterentgelts. Ferner erlaubt sie es dem Reeder, sich bei einer Erhöhung der Frachtraten aus der Charterparty zu lösen. In der Tat scheint dies häufig der wahre Grund für die Nutzungsuntersagung durch den Reeder zu sein. So stieg z. B. in „The LACONIA" ([1977] A. C. 850) die Frachtrate auf dem Markt von den vertraglich vereinbarten US $ 3,10 pro Tonne auf US $ 5,59 pro Tonne. Nun war es für den Reeder günstiger, die Nutzungsberechtigung für das Schiff zurückzuziehen und es zu der höheren Rate zu verchartern. Auf der anderen Seite könnte der Charterer – soweit es ihm gelingt, eine Nutzungsuntersagung abzuwehren – die erhöhten Frachtraten ausnutzen und das Schiff gewinnbringend unterverchartern.

In „The LACONIA" legte das House of Lords die *withdrawal clause* wörtlich aus und entschied, daß die um nur einen Tag verspätete Zahlung dem Reeder das Recht zur Nutzungsuntersagung gibt. Dieses Recht verliert der Reeder auch dann nicht, wenn der Charterer die überfällige Zahlung des Charterentgelts noch vor Erklärung der Nutzungsuntersagung durch den Reeder anbietet. Das House of Lords entschied weiter, daß ein späteres Angebot der Zahlung diese Position auch nicht ändert.

Wenn jedoch infolge der vom Charterer gewählten Zahlungsweise das Charterentgelt zu spät verfügbar wird und der Reeder dies nicht beanstandet, dann kann dieser die Nutzungsberechtigung am Schiff nicht zurückziehen, es sei denn, er hat dem Charterer vorher in angemessener Weise mitgeteilt, daß er in Zukunft strikte Erfüllung verlange (s. „The PETROFINA" [1948] 82 L1.L.Rep. 43).

Der Wortlaut der Mitteilung über die beabsichtigte Nutzungsuntersagung ist von ausschlaggebender Bedeutung. Im Fall „The AEGNOUSSIOTIS" ([1977] 1 Lloyd's Rep. 268) wurde entschieden, daß für die Mitteilung zwar keine besonderen Formerfordernisse bestehen, der Reeder den Charterer aber darüber informieren müsse, daß er die Nichtzahlung des Charterentgelts als Grund für die Beendigung der Charterparty ansehen werde.

Der Reeder muß dem Charterer innerhalb eines angemessenen Zeitraums nach dem Ausbleiben der Zahlung mitteilen, daß er beabsichtige, die Nutzungsberechtigung zurückzuziehen. Was unter einem angemessenen Zeitraum zu verstehen ist, hängt von den Umständen des Einzelfalls ab. Laut „The LACONIA" (s. o.) ist unter einem angemessenen Zeitraum in den meisten Fällen ein kurzer Zeitraum zu verstehen, nämlich die kürzeste vernünftigerweise notwendige Zeit, in der der Reeder vom Verzug erfahren und Anweisungen erteilen kann.

Keine unangemessene Verzögerung liegt vor, wenn der Reeder zunächst bei der Bank Erkundigungen einholt, um sicherzugehen, daß der Betrag tatsächlich eingegangen ist. Desgleichen ist es angemessen, wenn der Reeder rechtlichen Rat sucht, bevor er sich zur Nutzungsuntersagung entschließt. Auf keinen Fall darf der Reeder aber die Charterparty bestätigen. Wenn nämlich der Reeder zwischen dem Tag der Fälligkeit und dem Tag der Nutzungsuntersagung den Charterer ausdrücklich oder aufgrund seines Verhaltens glauben läßt, daß er die Charterparty fortführen möchte, so wäre eine nachfolgende Nutzungsuntersagung unrechtmäßig.

Auch im Falle einer zwar rechtzeitigen, aber nicht vollständigen Zahlung steht dem Reeder eine angemessene Frist zur Überprüfung der Richtigkeit des Abzugs durch den Charterer zu, bevor er sich zur Nutzungsuntersagung entschließt (s. „The MIHALIOS XILAS" ([1979] 2 Lloyd's Rep. 303 (H.L.)).

Entschließt sich der Reeder, die Nutzungsberechtigung am Schiff zurückzuziehen, darf er aber auch nur exakt dies tun. Der Reeder ist nicht berechtigt, vorübergehend seine

Leistungen einzustellen, solange die Zahlung des Charterentgelts aussteht. Wurde die Nutzungsberechtigung nicht formell zurückgezogen, bleibt der Reeder verpflichtet, Anweisungen des Charterers zu befolgen, z. B. eine Fracht zu laden, auch wenn das Charterentgelt noch nicht gezahlt wurde. Eine Nichtbefolgung könnte leicht als Erfüllungsverweigerung *(repudiation)* des Reeders ausgelegt werden. Dann hätte der Charterer einen Anspruch auf Schadensersatz für jeden Verlust, den er aufgrund der Nichtbefolgung seiner Anweisungen durch den Reeder erleidet, ungeachtet der Gegenforderung des Reeders auf das noch offene Charterentgelt.

Liegt das in der Charterparty vereinbarte Charterentgelt über dem marktüblichen Niveau, wenn der Reeder das Nutzungsrecht an seinem Schiff zurückzieht, und muß der Reeder anschließend in einer neuen Charterparty ein niedrigeres Entgelt festsetzen, so berechnet sich der Verlust des Reeders für den Rest der Laufzeit der ursprünglichen Charterparty im allgemeinen aus der Differenz zwischen dem ursprünglich vereinbarten höheren und dem tatsächlich erzielten Entgelt. Im Falle einer Nutzungsuntersagung aufgrund Nichtbezahlung des Charterentgelts nach clause 5 des NYPE-Formulars verliert der Reeder allerdings das Recht auf Erstattung seines Verlusts. In den Augen der englischen Gerichte ist nämlich das Recht auf Nutzungsuntersagung nach clause 5 ein Vorteil für den Reeder und kein Recht, das einen Anspruch auf Schadensersatz des Reeders gegen den Charterer begründet. Der Reeder, der dem Charterer die Nutzungsberechtigung für das Schiff entzogen hat, kann mit einer Schadenersatzforderung *(loss of profit)* nur durchdringen, wenn das Verhalten des Charterers eine Erfüllungsverweigerung der Charterparty darstellte und vom Reeder auch ausdrücklich als solche verstanden wurde.

Es stellt sich nun die Frage, wann es zu einer Erfüllungsverweigerung *(repudiation)* der Charterparty kommt. Im englischen Recht gilt folgender Grundsatz: Wenn das Verhalten des Charterers bei Nichtzahlung des Charterentgelts oder in der Liquidation deutlich zeigt, daß dieser nicht beabsichtigt bzw. nicht dazu in der Lage ist, die Charterparty zu erfüllen, ist der Reeder berechtigt, dieses Verhalten als Erfüllungsverweigerung auszulegen und somit die Charterparty zu kündigen, unabhängig davon, ob das Recht auf Nutzungsuntersagung nach clause 5 eingetreten ist oder die Bedingungen einer *antitechnicality-clause* erfüllt worden sind. In der Praxis ist der Reeder dazu angehalten, dieses Recht nach Ankündigung an den Charterer auszuüben, zusammen mit dem gleichzeitigen Recht auf Nutzungsuntersagung nach clause 5.

Zweifellos genügt die Insolvenz des Charterers zur Feststellung der Erfüllungsverweigerung der Charterparty. Ebenso wird ein Verhalten des Charterers ausreichen, das vernünftigerweise seine Zahlungsunwilligkeit oder -unfähigkeit unterstellen läßt.

Untersagt nun der Reeder die Nutzung seines Schiffs, ob auf der Basis von clause 5 des NYPE-Formulars oder der Feststellung der Erfüllungsverweigerung, treten folgende Probleme auf:

Ist das Schiff beladen und sind Konnossemente ausgestellt, kann es sein, daß der Reeder gegenüber den Eigentümern der Ladung verpflichtet ist, diese auf eigene Kosten zum Bestimmungshafen zu befördern und dort zu löschen. Die einzige Aussicht des Reeders auf Erstattung der Kosten läge dabei in dessen Forderung gegen den Charterer. Ist der Charterer insolvent, befindet sich der Reeder in keiner glücklichen Lage. Folglich ist es für den Reeder lebenswichtig, seine Forderung gegen den Charterer zu sichern. Dies erfolgt gewöhnlich durch die Geltendmachung eines Sicherungspfandrechts an der Ladung (s. a. Sicherungspfandrecht – *lien*).

Entschließt sich der Reeder zur Kündigung der Charterparty, ist der Zeitpunkt der Kündigung von allergrößter Bedeutung, vor allem, wenn sich eine Ladung an Bord befindet.

a) Keine Ladung an Bord. Die Antwort ist leicht, wenn sich keine Ladung an Bord befindet. In diesem Fall wird der Reeder das Verhalten des Charterers unbeschadet seiner Schadenersatzforderung als Erfüllungsverweigerung werten und die Nutzungsberechtigung an seinem Schiff aufgrund Nichtzahlung des Charterentgelts zurückziehen. Das

Schiff kann sodann – soweit möglich – weiterverchartert werden, während sich der Reeder bemüht, den ausstehenden Betrag vom Charterer beizutreiben oder wenigstens seine Forderung zu sichern.

b) Beladung des Schiffs ist im Gange. Fällt die Entscheidung zur Nutzungsuntersagung in die Zeit, in der das Schiff beladen wird, besteht die Möglichkeit – sofern die Mitteilung über den Anspruch des Reeders auf die Konnossementsfracht bzw. ein Sicherungspfandrecht *(lien)* an der Fracht gleichzeitig mit der Entziehung der Nutzungsberechtigung gemacht wird – eine neue Vereinbarung mit dem Subcharterer oder dem Eigentümer der Ladung zu schließen. Diese zahlen sodann die Fracht oder das Charterentgelt direkt an den Reeder, um die Beladung des Schiffs und die Beendigung der Reise sicherzustellen. Alternativ wird die Mitteilung *(notice)* wirksam und führt damit zur Zahlung des Charterentgelts oder der Fracht an den Reeder gegen Ausstellung der Konnossemente.

Wird jedoch die Nutzung des Schiffs untersagt und machen Subcharterer oder Ladungseigentümer keine Anstalten, für die Kosten der Beförderung der Ladung an ihren Bestimmungsort aufzukommen, ist es aus Sicht des Reeders von größter Bedeutung, daß keine Konnossemente ausgestellt werden. Wenn also keine neuerliche Vereinbarung mit Subcharterer oder Ladungseigentümer zustandekommt, muß nun die Löschung der Ladung in die Wege geleitet werden. Zwar wurden die englischen Gerichte noch nie ersucht zu entscheiden, wer die Kosten einer derartigen Löschung zu tragen hat, nach allgemeiner Ansicht ist aber der Reeder berechtigt, vom Ladungseigentümer die Erstattung aller angemessenen Kosten zu fordern, die in Verbindung mit der Ladung entstehen, insbesondere die Löschkosten.

c) Ladung an Bord. Entschließt sich der Reeder erst nach abgeschlossener Beladung des Schiffs bzw. Ausstellung der Konnossemente zur Nutzungsuntersagung, ist die Angelegenheit sowohl rechtlich als auch praktisch komplizierter. In dieser Situation ist es besonders wichtig, zwischen Reederkonnossementen *(owners' bills of lading)* und Chartererkonnossementen *(charterers' bills of lading)* zu unterscheiden (s. u.).

Liegt ein Reederkonnossement vor, hat der Reeder eine vertragliche Verpflichtung gegenüber den Ladungseigentümern *(cargo interests)*, die Ladung zu dem im Konnossement genannten Bestimmungshafen zu transportieren und dort zu löschen. Diese Verpflichtung besteht unabhängig von der Charterparty und bleibt auch im Falle der Nichtzahlung des Charterentgelts durch den Charterer bestehen.

aa) *Freight-pre-paid-Konnossement.* Wurden Konnossemente ausgestellt, bei denen die Fracht vorausbezahlt wurde, d. h. *freight-pre-paid*-Konnossemente, hat der Reeder kein Recht, den Ladungseigentümern ein zweites Mal Fracht zu berechnen. Ferner kann der Reeder kein Sicherungspfandrecht *(lien)* an der Ladung geltend machen, um die Kosten der Beendigung der Reise oder andere unter der Charterparty ausstehende Beträge beizutreiben, es sei denn, eine geeignete Bestimmung im Konnossement besagt etwas anderes (s. u. Sicherungspfandrecht – *lien*).

Allerdings sollte auch in dem Fall, daß *freight-pre-paid*-Konnossemente ausgestellt wurden, die Mitteilung über den Anspruch des Reeders auf jegliche ausstehenden Frachtkosten an alle Agenten und beteiligten Parteien gemacht werden, in der Hoffnung, daß wenigstens ein Teilbetrag gerettet werden kann. Tatsächlich wird die Fracht nämlich häufig erst mit Verspätung an den Charterer gezahlt.

bb) *Freight-collect-Konnossement.* Wurden *freight-collect*-Konnossemente (d. h. Konnossemente, bei denen die Fracht erst später bezahlt wird) ausgestellt, Rat der Reeder das Recht, die Zahlung *(freight)* am Löschhafen zu bekommen. Er sollte aber unverzüglich den Empfängern *(consignees)* und Agenten am Bestimmungshafen Mitteilung von diesem Recht machen.

cc) Chartererkonnossement. Liegt nun aber ein Chartererkonnossement vor, ist die Lage ganz anders und wesentlich günstiger für den Reeder. Hier braucht dieser nämlich lediglich die Anweisungen des Charterers gemäß der Charterparty zu befolgen. Die Verpflichtung des Reeders als *unpaid bailee* (d. h. unbezahltem Verwahrer) der Ladung gegenüber den Ladungseigentümern beschränkt sich auf die gebührende Sorgfalt *(reasonable care)* im Umgang mit der Ladung, während diese sich an Bord des Schiffs befindet.

Wird die Nutzungsberechtigung am Schiff zurückgezogen, erlischt die Verpflichtung des Reeders, die Ladung zu dem im Konnossement genannten Bestimmungshafen zu befördern. Der Reeder kann jetzt den nächsten sicheren *port of convenience* anlaufen und dort die Ladung löschen oder er kann mit den Ladungseigentümern eine neue Vereinbarung treffen, wonach das Schiff die beabsichtigte Reise unabhängig davon, ob bereits eine Zahlung an den Charterer erfolgt ist oder nicht, gegen Bezahlung an den Reeder fortsetzt.

d) **Löschung ist im Gange.** Entschließt sich der Reeder erst während des Löschens der Ladung zur Nutzungsuntersagung, ist es mit Sicherheit zu spät, erfolgreich Druck auszuüben, um die Bezahlung ausstehender Beträge gemäß der Charterparty zu erreichen oder ein Sicherungspfandrecht an der Ladung geltend zu machen. Dessen ungeachtet sollte den Empfängern bzw. den Agenten des Löschhafens Bescheid über den Anspruch auf *freight* oder ein Sicherungspfandrecht gegeben werden, und zwar für den Fall, daß von deren Seite noch Zahlungen an den Charterer ausstehen.

Wie oben gezeigt, kann der Reeder verschiedene Schritte zur Deckung der schweren Verluste unternehmen, die er mit größter Sicherheit erleiden wird, wenn der Charterer in Liquidation geht oder einfach die Zahlung des Charterentgelts verweigert.

(3) **Sicherungspfandrecht – lien.** Gemäß clause 18 des NYPE-Formulars kann der Reeder ein Sicherungspfandrecht an der Ladung geltend machen. Auf den ersten Blick scheint dies ein äußerst weitreichendes Mittel zu sein, tatsächlich ist aber der Spielraum sehr gering, wie im folgenden illustriert wird:

a) **Geltendmachung des Sicherungspfandrechts an der Ladung.** Zunächst muß der Reeder prüfen, ob das in clause 18 des NYPE-Formulars gewährte Sicherungspfandrecht die komplette an Bord befindliche Ladung betrifft oder nur die, die dem Charterer gehört. Clause 18 beschränkt das Sicherungspfandrecht nämlich nicht ausdrücklich auf im Eigentum des Charterers befindliche Ladung. Hier stellt sich nun die Frage, ob der Reeder auch an einer Ladung, die nicht dem Charterer gehört, ein Sicherungspfandrecht geltend machen darf. Diese Frage ist von Bedeutung, weil die heutigen Zeitcharterer – mit Ausnahme natürlich der großen Getreide- und Ölfirmen, bei denen ohnehin kaum eine solche Notwendigkeit entsteht – gewöhnlich nicht ihre eigene Ladung befördern. Unglücklicherweise haben die englischen Gerichte in diesem Punkt widersprüchlich entschieden:

1976 wurde im Fall „The AGIOS GIORGIS" ([1976] 2 Lloyd's Rep. 192) entschieden, daß clause 18 dem Reeder ein Sicherungspfandrecht nur an der Ladung gewährt, die tatsächlich im Eigentum des Charterers steht. 1977 entschied aber ein anderes Gericht im Fall „The AEGNOUSSIOTIS" ([1977] 1 Lloyd's Rep. 268), daß nach clause 18 der Reeder ein Sicherungspfandrecht an allen an Bord befindlichen Ladungen besitzt. Die zweite Entscheidung ist vorzuziehen und scheint auch von den London Arbitrators befolgt zu werden.

Auch wenn die weitergehende Auslegung des clause 18 bevorzugt wird und der Reeder ein Sicherungspfandrecht an der gesamten Ladung hat (ob sie nun dem Charterer gehört oder nicht), hilft ihm das jedoch nicht viel weiter. Befördert ein gechartertes Schiff auf einer Reise Ladung, die nicht dem Charterer gehört, existieren mindestens zwei getrennte Verträge: der Charterparty-Vertrag zwischen dem Reeder und dem Charterer und der Konnossementsvertrag über die Beförderung der Ladung vom Lade- zum Löschhafen zwischen dem Reeder oder Charterer (oder möglichst beiden) einerseits und dem Ladungseigentümer andererseits.

Die Pfandrechtsklausel aus der Charterparty gilt zwischen Reeder und Charterer, hat aber keine bindende Wirkung auf das Verhältnis zwischen Reeder und Ladungseigentümer, es sei denn, die Klausel ist Teil des Konnossements (d.h. *validly incorporated into the bill of lading*) bzw. eine ähnliche Bestimmung befindet sich in den Bedingungen des Konnossements. Der Reeder darf also gegenüber den Ladungseigentümern ein Sicherungspfandrecht nur geltend machen, wenn dieses Recht ausdrücklich Teil des Konnossementsvertrags ist, und nicht aufgrund einer Pfandrechtsklausel der Charterparty. So stellte ein Richter im Leitfall fest:

„Das Recht, zur Sicherung einer Forderung gegen eine Person ein Sicherungspfandrecht an den Gütern einer anderen Person geltend zu machen, muß klar und deutlich übertragen worden sein, bevor ein Gericht dieses anerkennen kann."

b) Sicherungspfandrecht an *sub-freight* und Einziehung von Frachtgebühren *(freight)*. Das ebenfalls in clause 18 formulierte Sicherungspfandrecht an *sub-freights* und das Recht des Reeders zur Einziehung bestimmter Konnossementsfrachtgebühren sind die wohl wirksamsten Mittel des Reeders gegen den Charterer bei Nichtzahlung der Frachtgebühren.

Zweifelsfrei deckt das Sicherungspfandrecht an *sub-freights* gemäß clause 18 sowohl unter einem Konnossement als auch unter einer Reisecharterparty zu zahlende Frachtgebühren ab. Folgt man der Entscheidung des Justice Lloyd von 1983 im Fall „The CEBU" ([1983] 1 Lloyd's Rep. 302), deckt der Begriff *sub-freights* auch das unter einer *Sub-Time-Charterparty* zu zahlende Charterentgelt ab. Im Fall „The CEBU" (No. 2) ([1990] 2 Lloyd's Rep. 316) entschied Justice Steyn jedoch, daß unter *sub-freights* keine *Sub-Time Charterparty hire* zu verstehen sei. In diesem Punkt wird bei den Gerichten bis zur Prüfung durch den Court of Appeal wohl weiterhin Unsicherheit herrschen, zumal beide einander widersprechenden Entscheidungen begründet sind. Leider wurde bei „The CEBU" (No. 2) kein weiteres Rechtsmittel *(appeal)* eingelegt.

Im englischen Recht ist die Ausübung des Sicherungspfandrechts durch den Reeder an Konnossements- oder *Sub-Time-Charter-freight* (und möglicherweise *hire*) relativ unkompliziert. Das gewünschte Ergebnis wird dadurch erzielt, daß der Reeder vor Erfolgen der Zahlung der bezahlenden Partei seine Absicht mitteilt, von dem Sicherungspfandrecht Gebrauch zu machen, und verlangt, daß der fällige Betrag an ihn selbst und nicht an den Charterer ausgezahlt wird. Erfolgt die Mitteilung durch den Reeder allerdings zu spät, und ist die *freight* bereits an den Charterer gezahlt worden, ist das Sicherungspfandrecht nach clause 18 verloren.

Hat die Zahlung an den Agenten des Charterers und nicht direkt an den Charterer zu erfolgen, so kann der Bescheid über das Sicherungspfandrecht gegenüber dem Agenten abgegeben werden. Auch wenn er der alleinige Agent des Charterers ist, muß ihn der Bescheid erreicht haben, bevor er das Geld erhalten und nicht bevor er es an den Charterer weitergegeben hat. Das englische Recht erachtet nämlich den Geldeingang beim Agenten als gleichbedeutend mit dem Eingang beim Charterer selbst.

Das Recht des Reeders, *bill of lading freight* im Gegensatz zu *Sub-Time-Charterparty-freight* (und möglicherweise *Sub-Time-Charterparty hire*) „abzufangen," ist eine komplexere rechtliche Frage. Der Grund dafür ist in der rechtlichen Wirkung des Konnossements zu suchen.

Die Frage ist, ob es sich um ein Reeder- oder ein Chartererkonnossement handelt.

Die Mehrheit der heute gebräuchlichen Konnossemente wird vom Kapitän des Schiffs oder in dessen Namen unterschrieben oder enthält eine sog. *identity of carrier*- oder *demise*-Klausel. Anders als im deutschen Recht ist ein solches Konnossement im englischen Recht fast immer Beweis eines Vertrags zwischen Reeder und Ladungseigentümer *(cargo interests)*. Dabei erklärt sich der Reeder bereit, die Ladung gemäß der im Konnossement formulierten Bedingungen vom Ladungs- zum Löschhafen zu befördern. Dies geschieht unabhängig davon, ob das Konnossement auf dem Chartererformular ausgestellt wurde oder ob es vom Agenten des Charterers im Namen des Kapitäns unterschrieben wurde oder einige bzw. alle Bedingungen der Charterparty enthält. Ist das Konnossement verbindlich für den Reeder, spricht man allgemein von einem Reederkonnossement.

1. Time Charter NYPE 1946 and NYPE 1993

Chartererkonnossemente werden gewöhnlich vom Agenten im Namen des Charterers unterzeichnet. Der Charterer wird meistens in der *signature clause* genannt und auf der Rückseite als *carrier* definiert. Eine *identity of carrier-* oder *demise*-clause ist im Konnossement nicht enthalten. Sehr selten kommen Konnossemente vor, die einen Vertrag zwischen Charterer und Ladungseigentümer beweisen. Unabhängig davon, ob das Konnossement auf dem Chartererformular abgefaßt ist, wird es im englischen Recht, wenn es vom Kapitän oder in dessen Namen unterschrieben wurde, immer als Reederkonnossement angesehen.

Liegt ein **Reederkonnossement** vor, ist der Reeder vertraglich berechtigt, daß die Fracht an ihn gezahlt wird. Der Reeder hat gesetzlich das Recht, die Zahlung der Konnossementsfracht *(bill of lading freight)* auf diesem Wege entweder direkt von den Ladungseigentümern oder vom Agenten des Charterers zu empfangen, indem er seinen Anspruch mitteilt. Dieses Recht steht dem Reeder gesetzlich zu und bleibt unabhängig von jeder Pfandrechtsklausel der Charterparty bestehen. Allerdings empfiehlt es sich, es gleichzeitig mit dem Sicherungspfandrecht auf *sub-freight* nach clause 18 anzuwenden, da es die gleichen praktischen Auswirkungen hat.

Ist das Konnossement, unter welchem die Fracht zu zahlen ist, ein Chartererkonnossement, hat der Reeder anders als beim Reederkonnossement keinen unmittelbaren vertraglichen Anspruch auf die Fracht. Statt dessen darf er nur sein Sicherungspfandrecht nach clause 18 ausüben, und zwar nur nach Ankündigung an den Ladungseigentümer vor dessen Zahlung der Fracht an den Charterer oder dessen Agenten oder nach der Ankündigung an den Agenten des Charterers, bevor diesem die Zahlung zugegangen ist.

Erwägt der Reeder, sein Sicherungspfandrecht auf *sub-freight* nach clause 18 des NYPE-Formulars auszuüben oder die direkte Zahlung der Konnossementsfracht zu fordern, sollte er die folgenden Punkte beachten:

(i) Das Sicherungspfandrecht kann nur geltend gemacht bzw. die Zahlung verlangt werden für Beträge, die unter der Charterparty tatsächlich zu dem Zeitpunkt fällig sind, zu dem das Sicherungspfandrecht angekündigt bzw. die Zahlung verlangt wird. Ein Sicherungspfandrecht kann für künftige, aber noch nicht fällige Raten der *hire* nicht geltend gemacht werden. Die Lage ist hier praktisch dieselbe wie bei der Forderung direkter Bezahlung des Charterentgelts. Gelingt es dem Reeder, vom Ladungseigentümer oder Subcharterer die Zahlung von mehr als dem Charterentgelt oder anderer tatsächlich ausstehender Beträge zu erhalten, und zwar durch direkte Zahlung der *freight* oder die Geltendmachung des Sicherungspfandrechts an *sub-freights*, muß der Reeder dem Charterer über die Differenz Rechenschaft ablegen. Tut er dies nicht, könnte ihm das als Erfüllungsverweigerung *(repudiation of Charterparty)* ausgelegt werden.

(ii) Bei der Geltendmachung des Sicherungspfandrechts an *sub-freights* oder der Forderung der direkten Bezahlung der Konnossementsfracht ist es aus Sicht des Reeders besonders wichtig, daß die Benachrichtigung so umgehend wie möglich an alle Parteien erfolgt, durch deren Hände die Fracht geht. Ein Verhalten des Reeders, das als Erfüllungsverweigerung ausgelegt werden könnte, gäbe dem Charterer eine Forderung gegen den Reeder oder zumindest die Möglichkeit, von der Charterparty zurückzutreten, bevor diese wirksam wird.

(iii) Entschließt sich der Reeder, ein Sicherungspfandrecht an den *sub-freights* geltend zu machen, oder die direkte Bezahlung der Konnossementsfracht zu fordern, sollte er sich bemühen, so viel Information wie möglich über die vertraglichen Vereinbarungen des Charterers einzuholen. Ein Sicherungspfandrecht kann nicht wirksam geltend gemacht bzw. Zahlung gefordert werden, ohne genaue Informationen darüber, wer die Fracht wann und an wen zu zahlen hat. Derartige Informationen erhält man häufig von Befrachtungsmaklern oder anderen mit dem Markt eng verbundenen Personen oder durch Erkundigungen an den vorgesehenen Lade- und Löschhäfen.

(4) **Gefahren durch gefährliche Ladungen** *(dangerous cargo)*, **Ausschluß von Ladungen** *(cargo exclusion)*. a) Gefährliche Ladung. So wie dem Charterer an der Seetüchtig-

keit des Schiffs gelegen ist, ist der Reeder daran interessiert, daß die zu befördernde Ladung weder gefährlich noch geeignet ist, das Schiff zu beschädigen.

Das NYPE-Formular enthält keine Bestimmung, die die Beförderung gefährlicher Güter verbieten würde. In lines 24–28 heißt es lediglich, daß nur *lawful merchandise* an Bord des Schiffs transportiert werden dürfe. Trotzdem vereinbaren Reeder und Charterer häufig den Ausschluß gefährlicher Ladung. Eingetragen wird dies in dem in line 25 dafür freigelassenen Raum.

Clause 4 des NYPE 93-Formulars dagegen gestattet die Beförderung gefährlicher Ladung, sofern die Auflagen der zuständigen Behörden erfüllt werden. Ausgeschlossen wird aber der Transport von Vieh, Waffen, Munition, Sprengstoff sowie nuklearen und radioaktiven Stoffen (s. subclause (a)). Das NYPE 93-Formular berücksichtigt auch, daß viele Schiffsversicherungen die Menge der auf einer Reise zu befördernden gefährlichen Ladung beschränken. Subclause (b) enthält deshalb neue Bestimmungen, denen zufolge die Parteien im Falle der Beförderung IMO-klassifizierter Ladung eine Höchstmenge festsetzen müssen. Die Klausel stellt klare Regeln über Verpackung, Etikettierung, Verladung und Lagerung gemäß den IMO-Regulations auf.

Es stellt sich nun die Frage, was eine „gefährliche" Ladung ist. Nach Common Law verpflichten sich Shipper bzw. Charterer implizit, keine Güter zu verladen, bei denen der Reeder nicht vernünftigerweise erkennen kann, ob sie gefährlich sind oder nicht. Kennt der Reeder den gefährlichen Charakter der Güter nicht und konnte er ihn nicht kennen, geht man davon aus, daß der Charterer die Gewähr dafür übernimmt, daß die Güter für die übliche Beförderung geeignet und nicht gefährlich sind. Hat der Reeder allerdings Gelegenheit, sich einen Eindruck über den Charakter der Güter zu verschaffen, so gilt das wie eine Mitteilung der Gefährlichkeit an diesen, und der Charterer ist nicht haftbar. Vereinbaren die Parteien die Beförderung einer bestimmten Ladung und kennen beide die Eigenschaften der Ladung, haftet der Charterer für keinerlei durch den Transport der Ladung entstandene Schäden oder Verspätungen.

Besondere Schwierigkeiten können sich ergeben, wenn die Ladung beiden Parteien zum Zeitpunkt des Vertragsschlusses zwar bekannt ist, aber besondere und nicht augenscheinliche Eigenschaften besitzt, die für das Schiff und andere Ladungen nicht vorhersehbare und nicht abwendbare Gefahren mit sich bringen. Dies geschieht manchmal in Verbindung mit gewöhnlichen Massengütern, die zwar nicht als gefährlich gelten, aufgrund ihrer inhärenten Eigenschaften aber de facto gefährlich werden können.

Diese Fragen wurden im Fall „The ATHANASIA COMNINOS" ([1990] 1 Lloyd's Rep. 277) behandelt. An Bord von drei Schiffen kam es zu Explosionen, als diese Kohle von Sydney in Neuschottland nach Birkenhead beförderten. In jedem der drei Fälle wurden die Explosionen durch die Entzündung einer Mischung aus Luft und Methangas, das sich nach Verladen aus der Kohle entwickelte, ausgelöst. Der Reeder begründete seinen Anspruch damit, daß der Gasgehalt jeder Ladung derart gewesen sei, daß dadurch eine Gefahr entstand, die zu tragen er sich bei seiner Einwilligung, die als Kohle beschriebene Ladung zu befördern, nicht einverstanden erklärt hatte. Darüber hinaus sei der übermäßige Gasgehalt der Kohle für Kapitän und Besatzung bei einer angemessenen Prüfung im Ladehafen nicht offensichtlich gewesen. Im übrigen sei die Kohle ordnungsgemäß entsprechend der damals üblichen Praxis befördert worden.

Das Gericht entschied, daß es unter diesen Umständen unmöglich sei, die Frage, ob Kohle nun eine sichere oder gefährliche Ladung sei, abstrakt zu beantworten. Man müßte die Tatsachen und die Bestimmungen der Charterparty im Zusammenhang betrachten und fragen, ob nach einer engen Auslegung des Vertrags diese spezielle Schiffsladung Risiken mit sich brachte, die die zu tragen sich der Reeder vertraglich verpflichtet hatte.

Laut Judge Mustill waren die Güter von solcher Beschaffenheit, daß sogar die strikteste Einhaltung der anerkannten Transportmethoden nicht genügt hätten, die Möglichkeit eines Unfalls auszuschließen. Zusätzlich bedeutete diese Diskrepanz zwischen an-

1. Time Charter NYPE 1946 and NYPE 1993

nehmbarer und sicherer Beförderung doch, daß es Fälle geben kann, die weder auf ungewöhnliche Ladung noch auf Versäumnisse durch den Carrier, sondern ganz einfach auf unglückliche Umstände zurückzuführen seien.

Dementsprechend entschied das Gericht, daß das Risiko vom Reeder zu tragen sei, wenn es durch einen angemessenen Transport der Güter hätte vermieden werden können. Demnach wird vom Reeder verlangt, daß er sich immer auf dem neuesten Stand der fachgerechten Transportmethoden hält. Waren auf der anderen Seite aber die durch die Ladung verursachten Risiken ganz andere als die ursprünglich vermuteten, so sollen sie vom Charterer getragen werden.

b) **Ausschluß von Ladung.** Dieses Prinzip der Gefahrtragung wurde auch auf Fälle ausgeweitet, in denen die Güter selbst in keiner Weise gefährlich waren. Im Fall „MITCHELL COTTS & CO. –v– STEEL BROS. & CO." ([1916] 2 KB 610) wußte der Shipper, daß die Ladung in Piräus nicht ohne die Genehmigung der britischen Regierung gelöscht werden konnte. Nachdem diese nicht erteilt wurde, machte man den Shipper für die entstandene Verspätung haftbar. Nach Ansicht des Gerichts ist nämlich die Verladung unrechtmäßiger Güter, die für das Schiff das Risiko einer Zurückhaltung oder Verspätung mit sich bringen, gleichbedeutend mit der Beförderung einer gefährlichen Ladung, die die Zerstörung des Schiffs verursachen könnte.

c) **Blinde Passagiere** (*stowaways*). „Gefährliche Ladung" kann auch ein blinder Passagier an Bord des Schiffs sein. Es ist in einem solchen Fall schwer zu entscheiden, wer Schadenersatz zu leisten hat. Eine Unterscheidung könnte anhand der Art und Weise, wie der blinde Passagier an Bord gelangte, gemacht werden. Der blinde Passagier könnte sich zum Beispiel bereits vor der Verladung in einem Container versteckt haben oder erst nach dem Verladen an Bord gegangen sein, um sich dort zu verstecken. Eine derartige Unterscheidung wurde in clause 41 des NYPE 93-Formulars gemacht.

(5) **Befolgung der Anweisungen des Charterers:** *employment* **und** *indemnity*. Gemäß lines 77–78 hat der Kapitän des Schiffs bestimmte Anweisungen des Charterers zu befolgen. Die sog. *employment*-Klausel überträgt für die Dauer der Charterparty vom Reeder auf den Charterer das Recht, über die Verwendung des Schiffs zu bestimmen. Im Gegenzug erteilt der Charterer dem Reeder eine Haftungsfreistellung (*indemnity*) gegenüber allen Folgen und anderen Verbindlichkeiten, die aus der Befolgung der Anweisungen des Charterers durch den Kapitän entstehen können.

Anders als etwa im Baltime-Formular wird dem Reeder im NYPE-Formular keine ausdrückliche Haftungsfreistellung erteilt. Normalerweise wird eine solche Haftungsfreistellung jedoch stillschweigend für den Fall angenommen, daß der Reeder infolge des Handelns des Charterers oder dessen Anweisungen in Verbindung mit der Verwendung (*employment*) des Schiffs haftbar wird.

Es sollte jedoch klar sein, daß sich diese Haftungsfreistellung ganz streng auf die Anweisungen beschränkt, die die Verwendung des Schiffs betreffen. Gemeint sind dabei nur Anweisungen bezüglich der Verwendung des Schiffs, zu denen der Charterer berechtigt ist, d.h. der Charterer darf unter keinen Umständen Anweisungen über Sicherheit oder Navigation des Schiffs erteilen.

Der Begriff *employment* ist gleichbedeutend mit dem Begriff *employment of the ship* (so entschied das House of Lords im Fall „LARRINAGA STEAMSHIP Co. –v– THE CROWN" ([1944] 78 Ll.L. Rep. 167)). Das Recht auf Haftungsfreistellung kann sich aber auch aus dem Gesetz ergeben, wenn der Kapitän des zeitgecharterten Schiffs die Ladung auf Verlangen des Charterers ohne Vorlage der Konnossemente abliefert. In einem derartigen Fall hat der Reeder ein Anrecht auf Haftungsfreistellung gegenüber den Inhabern der Konnossemente. Im Fall „STRATHLORNE STEAMSHIP COMPANY LIMITED –v– ANDREW WEIR & CO." ([1934] 50 Ll.L. Rep. 185) wurde die STRATHLORNE unter einer Time Charterparty gechartert, auf Grund der der Kapitän bezüglich Verwendung, *agency* und anderer Maßnahmen die Anweisungen des Charterers zu befolgen hatte. Das Schiff wurde für eine Reise von Rangoon nach Swatow mit einer Ladung Reis subgechartert, die Konnossemente wurden dem Kapitän übergeben und ordnungsgemäß unterzeichnet. In Swatow teilten die Agenten des Charterers dem Kapitän mit, sie seien für die Lieferung der Ladung zuständig, wonach die Ladung dann auch ohne Vorlage der Konnossemente abgeliefert wurde. Die Konnossemente wurden also nicht bei der aufbewahrenden Bank abgeholt und tatsächlich wurde auch für sie nie bezahlt. Folglich wurde der Reeder für den Wert des Reises, der unter diesen Umständen nicht ordnungsgemäß ausgeliefert worden war, haftbar gemacht. Der Court of Appeal entschied, daß nach Common Law der Reeder von der Haftung für den Schaden, der dadurch entstand, daß der Kapitän die Anweisungen des Charterers befolgt hatte, freigestellt ist.

Der Reeder kann daher regelmäßig in solchen Fällen, in denen gemäß den Anweisungen des Charterers vorgegangen wurde, Haftungsfreistellung verlangen. Dies gilt jedoch nicht für den Fall, in dem das Verhalten des Kapitäns nachweislich unrechtmäßig war.

Weiterhin haftet der Reeder für die Fahrlässigkeit des Kapitäns, auch wenn dieser verpflichtet war, den Anweisungen des Charterers zu folgen. Ferner sei darauf hingewiesen, daß der Kapitän diesen Anweisungen nicht sofort Folge zu leisten hat, auch dann nicht, wenn er im übrigen verpflichtet ist, den Anweisungen des Charterers bezüglich des Einsatzes des Schiffes nachzukommen. Auch ist der Kapitän an keinerlei Weisungen des Charterers gebunden, die dieser gemäß den Bedingungen der Charterparty zu erteilen gar nicht berechtigt ist. Im Fall „The SUSSEX OAK" ([1950] 83 Ll.L. Rep. 297) hielt es Lord Justice Devlin für undenkbar, daß der Kapitän nach der Charterparty-Klausel, die ihn in bezug auf die Verwendung des Schiffs den Anweisungen des Charterers unterstellt, gezwungen sein sollte, Anweisungen zu befolgen, die der Charterer gar nicht geben durfte.

Lines 78 und 79 des NYPE-Formulars enthalten die Verpflichtung des Kapitäns, Konnossemente so zu unterzeichnen, wie sie ihm vom Charterer oder dessen Agenten vorgelegt werden *(as presented)*. Verlangt allerdings der Charterer vom Kapitän, Konnossemente zu unterzeichnen, die dem Reeder eine größere Verantwortung auferlegen als in der Charterparty vereinbart, steht dem Reeder bei allen in der Folge erlittenen Schäden ein Recht auf Haftungsfreistellung gegenüber dem Charterer zu. Dies bedeutet nicht, daß der Charterer vom Kapitän die Unterzeichnung jeglicher vorgelegter Konnossemente verlangen darf. Nicht verpflichtet ist der Kapitän, Konnossemente zu unterzeichnen für Ware, die gar nicht verladen wurde. Auch muß er keine Konnossemente unterschreiben, die den Erhalt einer Ware, die nie verladen wurde bzw. beschädigt war, als in äußerlich guter Verfassung *(in apparant good order and condition)* bestätigt. Der Kapitän hat sogar die Pflicht, die Unterzeichnung eines Konnossements, mit dem das Verladung der Ware an Bord bestätigt wird, zu unterlassen, wenn er weiß, daß sie nicht verladen wurde.

Bezüglich der dem Reeder zur Verfügung stehenden Rechtsmittel im Falle der Nichtzahlung der *hire* durch den Charterer (s.o.) wurde gesagt, daß der Kapitän die Unterzeichnung von *freight-prepaid*-Konnossementen nicht verweigern dürfe, um damit die Position seines Reeders zu schützen. So wurde im Fall „The NANFRI" ([1979] 1 Ll.L. Rep. 201) das Schiff verchartert, wobei der Charterer bestimmte Abzüge vom Charterentgelt vornahm, wozu er dem Reeder zufolge gar nicht berechtigt war. Ungeachtet der Proteste des Reeders machte der Charterer weitere Abzüge. Daraufhin entzog der Reeder dem Kapitän die Vollmacht zur Unterzeichnung von Konnossementen in seinem Namen und von *freight-prepaid*-Konnossementen. Der Charterer verwendete das Schiff im Getreidehandel auf den Great Lakes, wo Konnossemente üblicherweise *freight-prepaid* waren, und zwar ungeachtet irgendwelcher Charterparty-Bedingungen. Das House of Lords entschied, daß der Charterer unter der *employment*-Klausel vom Kapitän ohne Erwähnung der Time-Charterparty-Bedingungen die Unterzeichnung von *freight-prepaid*-Konnossementen verlangen konnte.

5. Wirtschaftliche Interessen des Charterers. (1) Seetüchtigkeit des Schiffes *(seaworthiness)*. In der Schiffahrt ist die Seetüchtigkeit des Schiffs eines der wichtigsten Anliegen aller Beteiligten. Das NYPE-Formular befaßt sich damit in line 5 („...... with hull, machinery and equipment in a thoroughly efficient state") und in line 22 („...... tight, staunch, strong and in every way fitted for the service ......"). Beide Formulierungen stellen ein absolutes Versprechen der Seetüchtigkeit des Schiffs dar, und zwar zum Zeitpunkt der Unterzeichnung der Charterparty. Zusätzlich sind aufgrund clause 24 (line 151–155) die Haager Regeln Bestandteil der Charterparty. Daraus folgt vor allem, daß das absolute Versprechen der Seetüchtigkeit *(absolute undertaking as to the seaworthiness)* ersetzt wird durch ein Versprechen, das Schiff vor und bei Antritt jeder Reise unter der Charterparty unter Anwendung der im Verkehr erforderlichen Sorgfalt seetüchtig zu machen *(due diligence)*.

Lines 37 und 38 des NYPE-Formulars enthalten die Verpflichtung des Reeders, das Schiff für die Dauer der Charterparty in jeder Hinsicht fahrbereit zu halten *(thoroughly efficient state)*. Der Reeder würde demnach vertragsbrüchig, unterließe er Reparatur und Wartung des Schiffs. Trotzdem gilt es zu beachten, daß der Reeder gemäß lines 37 und 38 nicht automatisch vertragsbrüchig wird, nur weil es zu einem Maschinenschaden oder zur Seeuntüchtigkeit des Schiffs kommt.

Zum Begriff „Seetüchtigkeit" wurde entschieden, daß der Reeder sein Versprechen der Seetüchtigkeit bricht, wenn zum Zeitpunkt der Übergabe des Schiffs an den Charterer die Maschinenraumbesatzung inkompetent und inadäquat ist (s. Fall „The HONG KONG FIR" ([1961] 2 Lloyd's Rep. 478 (C.A.)). Allerdings wurde auch in „The HONG KONG FIR" entschieden, daß das Versprechen der Seetüchtigkeit keine wesentliche Vertragsbedingung *(condition)* für die Charterparty ist und folglich eine Verletzung dieses Versprechens allein den Charterer noch nicht berechtigt, die Charterparty als aufgehoben zu behandeln. Obwohl die Vertragsverletzung seitens des Reeders zu beträchtlicher Verspätung führte, entschied das Gericht weiter, daß dies den Vertrag (d.h. die Charterparty) nicht in seinem Kern *(root of the contract)* berührt habe bzw. dem Charterer der Nutzen aus der Charterparty dadurch nicht grundlegend entgangen sei. Anders verhielte es sich, wenn die Verspätungen derart gravierend wären, daß sie eine Vereitelung des Vertragszwecks bedeuteten.

Die HONG KONG FIR wurde für 24 Monate, plus minus einen Monat, gechartert. Auf der allerersten Charterreise versagte die Maschine in einer Reihe von Fällen. Die Reise von Liverpool nach Osaka schloß demnach eine Ausfallzeit *(off-hire)* von fünf Wochen für Reparaturen ein, gefolgt von weiteren 15 Wochen in Osaka. Trotz dieser Verspätungen entschied der Court of Appeal. daß in Anbetracht der Dauer der Charterparty (d.h. 24 Monate) und der Tatsache, daß gemäß den Bedingungen der Charterparty Ausfallzeiten zur Vertragsdauer addiert werden dürfen, die Verspätungen nicht so gravierend waren, daß sie eine Vereitelung des Vertragszwecks bedeuteten. Aus diesem Grunde hatte der Charterer kein Recht, das Verhalten des Reeders als Erfüllungsverweigerung zu behandeln.

Es ist zu beachten, daß jede einzelne Verletzung des Versprechens der Seetüchtigkeit durch den Reeder gesondert untersucht werden sollte, um festzustellen, ob der Charterer die Charterparty als aufgehoben betrachten darf.

Der Charterer ist nicht verpflichtet, ein anscheinend seeuntüchtiges Schiff zu akzeptieren. Im Fall „The HONG KONG FIR" wurde so entschieden: Wäre dem Charterer die Inkompetenz der Besatzung bekannt gewesen, hätte er sich über die nicht vertragsgemäße Ablieferung des Schiffs durch den Reeder beschweren und die Übernahme des Schiffs in diesem Zustand verweigern können.

Mit anderen Worten, der Charterer hätte gleich zu Beginn die Übernahme des Schiffs verweigern können. Auch sollte bedacht werden, daß der Charterer die Charterparty als aufgehoben betrachten darf, wenn die Seeuntüchtigkeit des Schiffs von dem Reeder nicht so schnell behoben werden kann, daß die wirtschaftlichen Ziele der Charterparty gewahrt bleiben. Umstände, die eine Vereitelung des Vertragsziels nach sich ziehen, treten allerdings recht selten ein, und der Charterer ist auch nur zur Verweigerung der Übernahme des Schiffes und zur Vertragsaufhebung berechtigt, soweit die Seeuntüchtigkeit den Vertrag im Kern berührt. In jedem Falle aber kann er vom Reeder verlangen, die Seeuntüchtigkeit zu beheben. Kommt der Reeder diesem Verlangen bis zum *cancelling date* nach, muß der Charterer das Schiff abnehmen.

Clause 14 (lines 94–98) gibt dem Charterer das Recht, die Charterparty aufzulösen. Gemäß clause 14 darf der Charterer von einem Vertrag zurücktreten, wenn vor dem *cancelling date* keine gültige schriftliche Mitteilung *(notice of readiness)* über die Fahrbereitschaft des Schiffs gemacht wurde. Kann also der Schaden oder ein sonstiger vertragswidriger Zustand vor dem *cancelling date* nicht behoben werden, wäre der Charterer gemäß clause 16 zur Kündigung der Charterparty berechtigt.

(2) **Geschwindigkeit des Schiffes und** *consumption of bunkers*. Lines 9–11 behandeln das Versprechen des Reeders über Geschwindigkeit und Verbrauch des Schiffs. Zwar kann eine schwerwiegende Verletzung dieses Versprechens den Charterer unter bestimmten Umständen zur Auflösung der Charterparty berechtigen, die englischen Gerichte jedoch entscheiden gewöhnlich, daß mangelnde Geschwindigkeit oder übermäßiger Verbrauch durch Schadenersatzleistung ausgeglichen werden können, und der Charterer die Charterparty nicht als aufgehoben ansehen darf.

In Übereinstimmung mit wirtschaftlichen Überlegungen fordert das Gesetz, daß Angaben zu Geschwindigkeit und Verbrauch gültig sein müssen sowohl zur Zeit des Vertragsschlusses als auch im Zeitpunkt der Übergabe des Schiffs an den Charterer (s. „The APPOLONIUS" [1978] 1 Lloyd's Rep. 53). Die anderen in lines 9–11 erwähnten Merkmale, wie z. B. die Klassifizierung, brauchen jedoch nur zur Zeit des Vertragsschlusses und nicht bei der Übergabe des Schiffs zutreffen.

Ferner ist zu beachten, daß die Garantie der Geschwindigkeit durch die Ausdrücke wie *good weather conditions* und *about* eingeschränkt ist. Unter guten Wetterbedingungen wird allgemein Windstärke 4 auf der Beaufortskala verstanden. Das Wort „ungefähr" wird von Schiedsrichtern in der Regel als ein halber Knoten bzw. 5% der vertraglich vereinbarten Geschwindigkeit interpretiert.

Die Beurteilung der Leistung eines Schiffs und die daraus folgende Kalkulation von eventuellen Schäden ist für den Charterer eine schwierige Aufgabe. Die wichtigste Informationsquelle über mangelhafte Leistung oder übermäßigen Verbrauch sind die Deck- und Maschinenlogbücher. Einige Charterparties beinhalten auch detaillierte Bestimmungen über die Folgen, wenn Geschwindigkeit und Verbrauch nicht dem versprochenen Niveau entsprechen. Häufig ist ein automatischer Abzug von dem Charterentgelt die Folge. Das NYPE-Formular sieht für diesen Fall nichts vor. Deshalb müssen mangelhafte Leistung und übermäßige *consumption of bunkers* als Schadenersatzforderung aufgrund Vertragsbruchs behandelt werden, wobei die Beweislast beim Charterer liegt.

Um eine gleichbleibende Geschwindigkeit sicherstellen zu können, müssen Schiffe in regelmäßigen Abständen ins Dock gebracht werden, damit dort Ablagerungen und Bewuchs vom Schiffsrumpf entfernt werden und der Boden gestrichen wird. Hierüber gibt es im NYPE-Formular keine Bestimmungen. Oft wird allerdings an das Formular eine Riderklausel angehängt, die besagt, wie oft das Schiff ins Trockendock zu gehen hat und daß während der Arbeiten die Charter ausgesetzt ist. Allerdings sollte, auch wenn in dieser Hinsicht keine Regelung getroffen wurde, bei Übergabe des Schiffs der Boden nicht in einem solchen Zustand sein, daß dadurch die Geschwindigkeit stark vermindert würde. Nimmt die Verunreinigung während der Dauer der Charterparty zu, hängt die Pflicht zur Entfernung der Verunreinigung davon ab, wie lange die Charterparty dauert und welche Art von Reise unternommen wird.

(3) **Ausfallzeiten** *(off-hire)*. Clause 15 des NYPE 46-Formulars beinhaltet die Ausnahmen zur grundsätzlichen Verpflichtung des Charterers, während der gesamten Dauer der Charterparty Charterentgelt *(hire)* zu entrichten. Führt also einer der in der *off-hire-*

Klausel aufgeführten Gründe zu einem Zeitverlust des Charterers, hebt clause 15 automatisch die Zahlungsverpflichtung des Charterers auf, und zwar ohne Rücksicht darauf, auf wessen Seite das Verschulden liegt. Es ist jedoch wichtig zu berücksichtigen, daß der Charterer in der Lage sein muß zu zeigen, daß der Zeitverlust aufgrund eines der in clause 15 aufgezählten Zwischenfälle eingetreten ist. Ein Schaden des Schiffs oder der Maschine, der die Nutzung des Schiffs durch den Charterer nicht beeinträchtigt, setzt die Charter nicht aus. Tritt der Schaden während des Ladens oder Löschens der Ladung auf, ohne diese Vorgänge zu behindern, bleibt der Charterer zur Zahlung des Charterentgelts an den Reeder verpflichtet.

Wurde während der Dauer der Charterparty aus einem der in der *off-hire*-Klausel aufgeführten Gründe Zeit verloren, so spielt es keine Rolle, daß der den Zeitverlust verursachende Zwischenfall bereits vor Beginn der Vertragsdauer eingetreten ist. Muß also das Schiff während der Vertragszeit zur Reparatur eines Schadens, der vor Übergabe des Schiffs an den Charterer durch Auflaufen entstanden ist, ins Trockendock, wird die Charter für diese Zeit ausgesetzt (s. „The ESSEX ENVOY" [1929] 25 Com. Cas. 61).

Der Ausdruck *deficiency of men* gemäß line 97 erlaubt es nur dann dem Charterer, die Charter auszusetzen, wenn durch irgendeinen Mangel der Besatzung ein *full working of the vessel* verhindert wird (s. line 99). Bei einem Mangel, der darin besteht, daß die Besatzung zahlenmäßig kleiner als vorgesehen ist, dieser Mangel im übrigen aber die Fahrbereitschaft des Schiffs insgesamt nicht beeinträchtigt und ein *full working* nicht verhindert, wird die Charter nicht ausgesetzt (s. „The GOOD HELMSMEN" [1981] 1 Ll. Rep. 377).

Die Zahlung des Charterentgelts wird auch dann ausgesetzt, wenn Zeit aus irgendeinem anderen Grund *(any other cause)* verloren wird (s. line 98). Wie aber auch bei allen vorher genannten Gründen gemäß lines 97 und 98 müssen diese beliebigen anderen Gründe ein *full working* des Schiffs verhindern. Nur wenn dies der Fall ist, geht die verlorene Zeit zu Lasten des Reeders. Der Präzedenzfall hierzu ist „COURT LINE –v– DENT & RUSSELL" ([1939] 44 Com. Cas. 345). In diesem Fall blieb das Schiff zwar voll fahrbereit, erreichte aber aufgrund des Krieges zwischen Japan und China nicht seinen Bestimmungshafen. Judge Branson entschied, daß der Wortlaut von clause 15 der Charterparty nicht auf einen Fall anwendbar sei, in dem sich das Schiff zwar in jeder Hinsicht in bestem Zustand befände, aber aus einem Grund wie diesem (z. B. Krieg) an der Fortsetzung der Reise gehindert würde.

Im Fall „COURT LINE –v– DENT & RUSSEL" ist die Lage relativ eindeutig, da der Hinderungsgrund für die Leistungserfüllung ein äußerer war. Die Gerichte könnten aber mit komplizierteren Fällen konfrontiert werden, in denen der Hinderungsgrund indirekt mit dem Schiff selbst zu tun hat. Englische Gerichte neigen zur Ansicht, daß der Sammelbegriff *any other cause* gemäß der *ejusdem-generis*-Regel eingeschränkt werden sollte, um die Interpretation dieser Bestimmung zu erleichtern.

Die *ejusdem-generis*-Regel ist eine Auslegungsregel, die die weite wörtliche Bedeutung allgemeiner Ausdrücke einschränken soll. Dieser Regel entsprechend wird die Bedeutung der Worte *any other cause* durch ihren Kontext in der *off-hire*-Klausel eingeschränkt. Im Fall „The AQUACHARM" ([1980] 2 Ll. Rep. 237) entschied deshalb Judge Lloyd, daß die volle Weite der Wortbedeutungen eingeschränkt werden sollte und Worte immer in ihrem Kontext, sei es der Sprache oder der Umstände, ausgelegt werden müssen.

Wird allerdings der Ausdruck *whatsoever* nach *any other cause* eingefügt, so schließt dies die *ejusdem-generis*-Regel aus (s. „The ROACHBANK" [1987] 2 Ll. Rep. 498).

Das **Maß für Schadenersatzansprüche** des Charterers aufgrund erlittener Zeitverluste aus einem der erwähnten Gründe ergibt sich gewöhnlich ausschließlich aus der *off-hire*-Klausel. Die Klausel darf jedoch nicht so verstanden werden, daß sie das Recht des Charterers auf Schadenersatz gegenüber dem Reeder einschränkt, solange der Charterer beweisen kann, daß er einen über den Verlust des Schiffs hinausgehenden Schaden infolge einer Verletzung der Charterparty durch den Reeder erlitten hat. Dies wurde im Fall „The DEMOCRITOS" ([1975] 1 Ll. Rep. 386) bestätigt. Führt nun ein Schaden am Schiff aufgrund Seeuntüchtigkeit bei Übergabe des Schiffs zu einer erheblichen Verspätung und führt dies beim Charterer zu entgangenem Gewinn für diese Reise, wäre der Charterer nicht nur berechtigt, unter der off-hire-Klausel auf Erstattung des Charterentgelts zu klagen, sondern auch den entgangenen Gewinn im Wege einer Schadenersatzklage je nach Grad des Schadens einzuklagen.

Gemäß der englischen Doktrin der Vereitelung des Vertragsziels *(frustration of contract)* findet man häufig in Charterparties eine maschinengeschriebene Klausel, die dem Charterer die Option zur Kündigung der Charterparty gibt, falls die Charter für eine bestimmte Zeit ausgesetzt wird. Derartige Klauseln wurden von den London Arbitrators aufrechterhalten. So wurde erklärt, daß es immer dann zu einer Vereitelung des Vertragsziels kommt, wenn ohne Verschulden einer der beiden Parteien eine vertragliche Verpflichtung unmöglich erfüllt werden kann, und zwar weil die Umstände, unter denen die Leistung erbracht werden sollte, zu etwas ganz anderem als dem vertraglich Vereinbarten führen würden. Um aber Sicherheit darüber zu erlangen, ob das Vertragsziel nun vereitelt wurde oder nicht, räumen sich die Vertragsparteien häufig in einer maschinengeschriebenen Riderklausel die Option zur Kündigung der Charterparty ein, wann immer die Charter für eine bestimmte Zeit *off-hire* ist.

Die *off-hire*-Klausel des NYPE 93-Formulars (clause 17) enthält einige wichtige Änderungen.

Erstens heißt es statt *deficiency of men* jetzt *deficiency and/or default and/or strike of officers or crew*. Dies kommt eindeutig dem Charterer zugute.

Zweitens wurde *off-hire* der Charter aufgrund eines *average accident* an der Ladung so modifiziert, daß versteckte Mängel *(inherent vice)* nun ausgeschlossen sind. Davon profitiert der Reeder.

Drittens wurde line 226 der Klausel vom ASBATIME 81 übernommen. Er erfüllt nun den Zweck vieler bisheriger Riderklauseln, d.h., kommt es aus einem anderen Grund als einem Unfall an der Ladung zu einer Abweichung *(deviation)* von der vertraglich vereinbarten Leistung, wird solange kein Charterentgelt fällig, bis das Schiff wieder in seinem alten Zustand und an einer gleichwertigen Stelle ist. Das wiederum ist durch einen weiteren aus dem ASBATIME 81 übernommenen Satz (ab line 231) modifiziert: Wird ein Schiff aufgrund schlechten Wetters zum Anlegen oder Ankern oder zum Einlaufen in flache Häfen oder Flüsse oder Häfen mit Beschränkungen gezwungen, so soll jedes Festhalten des Schiffs und/oder daraus entstehende Kosten zu Lasten des Charterers gehen.

(4) **Abzüge vom Charterentgelt. a) Aufrechnung nach *equity* *(equitable set-off)*.** Verwehrt der Reeder dem Charterer in unrechtmäßiger und vertragsbrüchiger Weise für eine bestimmte Zeit die Benutzung des Schiffs, kann der Charterer eine dem Charterentgelt *(hire)* für die verlorene Zeit entsprechende Summe abziehen. Dieses Recht erstreckt sich aber nicht auf andere Verletzungen und Versäumnisse des Reeders. So darf z.B. eine Schadenersatzforderung aufgrund Beschädigung der Ladung infolge Fahrlässigkeit der Besatzung nicht vom Charterentgelt abgezogen werden (so: Court of Appeal im Fall „The NANFRI" [1978] 2 Lloyd's Rep. 132).

Die Rechtsfragen, welche Forderungen aufgerechnet werden können und welche nicht, sind noch nicht abschließend geklärt. In der NANFRI-Entscheidung vertrat Lord Denning, M.R., die Ansicht, daß Forderungen aufgerechnet werden können, soweit sie aus dem selben Geschäft herrühren oder eng damit verbunden sind und sie dem Anspruch des Klägers direkt entgegengehalten werden können, d.h. so eng mit dem Anspruch verbunden sind, daß es offensichtlich unbillig wäre, ihm zu erlauben, sie ohne Einbeziehung der Gegenforderung durchzusetzen.

So ist der Charterer zur Aufrechnung einer Schadenersatzforderung berechtigt, wenn der Reeder eine Fracht nicht komplett verladen hat („The TENO" [1977] 2 Lloyd's

Rep. 289). Auf der anderen Seite scheint festzustehen, daß eine Schadenersatzforderung aufgrund Beschädigung der Ware nicht abgezogen werden darf (Lord Denning, M.R., „The NANFRI").

b) Gemäß Bedingungen der Charterparty zulässige Abzüge. Neben dem oben erläuterten sog. *equitable set-off* darf der Charterer vom Charterentgelt auch solche Beträge abziehen, die ausdrücklich in den Bedingungen der Charterparty genannt sind. So heißt es in lines 65–66, Geld für die in jedem Hafen anfallenden gewöhnlichen Kosten und Auslagen könne je nach Bedarf vom Kapitän, Charterer oder dessen Agenten vorgeschossen werden. Diese Vorschüsse könnten dann vom Charterentgelt abgezogen werden.

Auch könne ein Abzug vorgenommen werden, wenn es infolge einer Verringerung der Geschwindigkeit aufgrund eines Schadens an Schiffskörper, Maschine oder Ausrüstung zu Zeitverlusten, erhöhtem Treibstoffverbrauch oder Entstehung weiterer Kosten kommt (s. lines 99–101).

Ob allerdings in Hinblick auf eine Ausfallzeit gemäß lines 98–99 („The payment of hire shall cease for the time thereby lost.") ein Abzug vorgenommen werden darf, ist nicht hinreichend geklärt. Im Fall „The LUTETIAN" (s.o.) wurde entschieden, daß es zulässig sei, für eine vergangene Ausfallzeit bereits bezahltes Charterentgelt von der im nächsten Monat fälligen Zahlung abzuziehen. Nicht zulässig sei dagegen ein Abzug in Erwartung einer kommenden Ausfallzeit. Hat der Charterer in gutem Glauben einen angemessenen Betrag berechnet, kann er, wie es scheint, diesen dann von der nächsten Zahlung abziehen. Folglich ist es nicht notwendig, das Ergebnis eines Schiedsverfahrens bzw. einer Gerichtsverhandlung abzuwarten.

Besteht weder auf der Grundlage des *equitable set-off* noch nach den Bedingungen der Charterparty ein Recht auf Abzug, kann auch die Tatsache, daß der Charterer ehrlich und begründet glaubt, ein solches Recht zu besitzen, nicht verhindern, daß der Reeder sein Recht auf Nutzungsuntersagung wegen unvollständiger Bezahlung des Charterentgelts ausübt (s.o. „The LUTETIAN").

6. Schlichtung von Streitigkeiten – Schiedsverfahren. Clause 17 des NYPE 46-Formulars enthält eine Schiedsklausel. Sie sieht vor, daß alle Streitigkeiten in einem Schiedsverfahren in New York beigelegt werden sollen. Ziehen die Parteien jedoch eine Verhandlung ihres Falls vor einem Schiedsgericht in London vor, wird in line 107 statt „New York" „London" geschrieben.

Wählen die Parteien London als Ort des Schiedsverfahrens, so bedeutet dies, sie haben sich darauf geeinigt, das englische Recht angemessen auf die Charterparty anzuwenden, außer es liegen gegenteilige Hinweise vor, denen zufolge die Anwendung eines anderen Rechtssystems in der Charterparty beabsichtigt war. Das englische Schiedsgericht wird dann dieses Rechtssystem zur Anwendung bringen.

Wurde von den Parteien London als Ort des Schiedsverfahrens gewählt, wird die zu befolgende Verfahrensweise vom englischen Recht bestimmt, unabhängig davon, ob es das vertraglich vorausgesetzte Recht ist oder nicht („NAVIERA AMAZONICA PERUANA -v- COMPANIA INTERNACIONAL DE SEGUROS DEL PERU" [1988] 1 Lloyd's Rep. 116). Demnach unterliegt das Schiedsverfahren dem Arbitration Act i.d.F. 1950, 1975 und 1979.

Im Falle eines Rechtsstreits ist es von größter Bedeutung, die Bedingungen der Schiedsvereinbarung sorgfältig zu lesen und zu erfüllen. Wenn der Charterer Artikel III, Regel 6 der Haager Regeln in die Charterparty aufnimmt, muß ihm klar sein, daß er seine Klage innerhalb eines Jahres einreichen muß, da der Anspruch andernfalls verjährt. Gemäß Artikel III, Regel 6 sollen Carrier und Schiff von jeglicher Haftung für die Ware befreit werden, außer die Klage wird vor Ablauf eines Jahres nach Lieferung der Ware bzw. nach dem vereinbarten Liefertermin eingereicht.

Clause 24 nimmt in das NYPE-Formular die Haager Regeln auf und damit die Fristregelung nach Section 3(6) des United States Carriage of Goods by Sea Act. Darunter fallen jedoch nur Klagen des Charterers gegen den Reeder und nicht umgekehrt. Folglich kann der Reeder auch nach Ablauf der einjährigen Frist noch eine Klage gegen den Charterer einreichen.

(1) Einleitung des Schiedsverfahrens. Eine Klage gilt als erhoben, wenn eine Partei der anderen dies schriftlich mitteilt und sie auffordert, einen Schiedsrichter zu benennen bzw. der Nennung eines Einzelschiedsrichters zuzustimmen. Wurde die von der klagenden Partei dafür gesetzte Frist versäumt, so gibt es für die beklagte Partei unterschiedliche Möglichkeiten der Abhilfe, vom Überreden der anderen Partei, nicht auf der Verjährung zu bestehen, bis zur Beantragung einer Fristverlängerung beim englischen High Court nach Section 27 des Arbitration Act 1950. In jedem Fall werden unnötiger Zeitaufwand und zusätzliche Ausgaben kaum zu vermeiden sein. Es gibt keine Garantie, daß es der Partei, die die Frist versäumt hat, gelingen wird, Abhilfe zu schaffen, da der High Court nicht ohne weiteres Fristverlängerungen gewährt.

Clause 17 des NYPE-Formulars besagt, daß je ein Schiedsrichter von den Vertragsparteien und ein dritter von den beiden bereits bestellten Schiedsrichtern ernannt werden muß. Darüber hinaus müssen die Schiedsrichter *commercial men* sein. Daher ist es wichtig, einen Schiedsrichter zu ernennen, der diese Anforderung erfüllt, will man größere Schwierigkeiten, Zeitverluste und Ausgaben vermeiden, die entstehen, wenn der Schiedsspruch sich aufgrund einer ungültigen Ernennung nicht vollstrecken läßt.

Gemäß Section 34(3) des Limitation Act 1980 ist ein Schiedsverfahren als eingeleitet zu betrachten, wenn eine der Parteien des Verfahrens die andere Partei in einer Mitteilung auffordert, einen Schiedsrichter zu benennen bzw. der Benennung eines Schiedsrichters zuzustimmen.

Daraus folgt, daß der Kläger
(i) einen geeigneten, qualifizierten Schiedsrichter auswählt,
(ii) dafür sorgt, daß der Schiedsrichter die Ernennung annimmt,
(iii) der Gegenpartei die Identität des Schiedsrichters und Annahme der Benennung mitteilt und
(iv) die Gegenpartei zur Benennung eines Schiedsrichters auffordert.

(2) Änderungen von clause 17 des NYPE-Formulars. Manchmal wird Klausel 17 des NYPE-Formulars gestrichen und statt dessen wird eine zusätzliche Schiedsklausel in dem angefügten Rider eingefügt. So kann eine Schiedsvereinbarung zustande kommen, die „die Schiedsrichter" im Plural nennt, wodurch deutlich wird, daß kein Einzelschiedsrichter vorgesehen ist aber auch keine näher bestimmte Anzahl von Schiedsrichtern. Weiter könnte die Vereinbarung auch nur bestimmen, daß das Schiedsverfahren „in der üblichen Weise" *(in the customary manner)* geregelt werden sollte. In derartigen Fällen („The LAERTIS" [1982] 1 Lloyd's Rep. 613) muß der Kläger herausfinden, was die zwischen den Geschäftsparteien übliche Praxis ist. Bestimmt die Schiedsklausel, daß das Schiedsverfahren in London stattfindet, so unterliegt das Verfahren folglich dem englischen Recht, d.h. dem Arbitration Act 1950, 1975 und 1979. Dabei sind insbesondere Sections 7–10 des 1950 Act sehr hilfreich, wenn die Gegenpartei nicht kooperieren kann oder will, während Section 6 mögliche Lücken hinsichtlich der Anzahl der Schiedsrichter schließt.

a) Bezugnahme auf ein Schiedsverfahren ohne Angaben zum Tribunal. Unter den oben beschriebenen Umständen ist Section 6 des 1950 Act anzuwenden. Dort heißt es, daß die Verweisung, soweit die Schiedsvereinbarung nicht die Anzahl der Schiedsrichter nennt, an einen Einzelschiedsrichter zu erfolgen hat.

b) Verweisung an einen Einzelschiedsrichter. Sieht eine Schiedsvereinbarung die Verweisung an einen Einzelschiedsrichter vor, können sich die Parteien aber nicht auf eine Person einigen, müssen sie entweder schriftlich einer Änderung der Vereinbarung zustimmen oder beim English High Court die Ernennung eines Einzelschiedsrichters gemäß Section 10(1)(a) des Arbitration Act 1950 beantragen. Wenn schließlich eine Partei aufgefordert wird, den Schiedsrichter allein oder gemeinsam mit der anderen Partei zu benennen, dem aber nicht innerhalb von sieben Tagen nachkommt, so kann die andere Partei beim High Court die Benennung des Schiedsrichters beantragen.

c) **Verweisung an zwei Schiedsrichter.** Section 7(b) des Arbitration Act 1950 ist anzuwenden, wenn die Verweisung an zwei Schiedsrichter zu erfolgen hat, wovon jede Partei einen benennt, eine Partei dies aber versäumt. Enthält die Schiedsvereinbarung keine gegenteilige Bestimmung, so sieht Section 7(b) folgendes vor: Wenn eine der Parteien nicht innerhalb von sieben Tagen ihren Schiedsrichter benennt, nachdem sie von der Gegenpartei, die die Benennung bereits vorgenommen hat, eine Mitteilung mit der Aufforderung hierzu erhalten hat, so wird der von der Gegenpartei ernannte Schiedsrichter als Einzelrichter auftreten. Dabei ist dann dessen Schiedsspruch für beide Parteien bindend, so als wäre er im gegenseitigen Einvernehmen ernannt worden. Der High Court kann jedoch eine derartige unter Section 7 erfolgte Benennung aufheben.

Um Verwechslungen zu vermeiden, ist aber auf alle Fälle zu beachten, daß Section 7 nicht anzuwenden ist, wenn an drei Schiedsrichter verwiesen wird, wobei zwei von je einer der Parteien und der dritte von den zwei bereits ernannten Schiedsrichtern benannt wird, wie es clause 17 des NYPE-Formulars vorsieht. Vielmehr gilt Section 7 für die Verweisung an zwei Schiedsrichter und einen Oberschiedsrichter (*umpire*) (Re: „SMITH & NELSON ARBITRATION" [1890] 25 QBD 545). Zur Verdeutlichung bestimmt Section 8 außerdem, daß jede Schiedsvereinbarung, die lediglich an zwei Schiedsrichter verweist, so auszulegen ist, als enthielte sie eine Bestimmung, nach der die zwei Schiedsrichter jederzeit nach ihrer eigenen Benennung einen Oberschiedsrichter wählen können. Sieht die Schiedsvereinbarung nichts anderes vor, so müssen sie dies sogar tun, wenn sie sich diesbezüglich nicht einigen können.

d) **Verweisung an drei Schiedsrichter.** Section 101(1) des Court's and Legal Services Act 1990 gibt der benennenden Partei in einem Drei-Mann-Schiedsverfahren eine Auswahlmöglichkeit, die diese bisher in Fällen, in denen die andere Partei nicht kooperierte, nicht hatte. Die klagende Partei kann jetzt gemäß Subsection 10(3B) des 1950 Act ihren eigenen Schiedsrichter als Einzelschiedsrichter ernennen, der unter der Aufsicht des High Court bindende Schiedssprüche zu fällen befugt ist. Außerdem ist es unter Subsection 10(3A) nach wie vor möglich, beim High Court den Schiedsrichter der säumigen Partei zu benennen. Diese zweite Möglichkeit wird allerdings nur selten genutzt, da sie zeitraubend und kostspielig ist.

e) **Tod oder Unfähigkeit der Schiedsrichter.** Stirbt ein Schiedsrichter oder weigert er sich oder wird er unfähig, sein Amt auszuüben, muß die Partei, die ihn benannt hat, als ersten Schritt einen Ersatz benennen. Ist eine Partei nicht zur Kooperation bereit, so hängen die zu ergreifenden Maßnahmen von der Zusammensetzung des Schiedsgerichts ab (s. Sections 7–10 des 1950 Arbitration Act und auch „The GRAZIELA FERRAZ" [1992] 1 WLR 1094).

Ein Schiedsrichter kann von seinem Amt auch abberufen werden, wenn er ein eigenes Interesse an dem Fall hat oder über Wissen verfügt oder andere Umstände vorliegen, nach denen seine Unbefangenheit nicht mehr gewährleistet ist (s. „The AGH MARINA" [1989] 2 Lloyd's Rep. 62).

(3) **Befugnisse der Schiedsrichter. a) Allgemein.** Die Befugnisse des Schiedsrichters leiten sich aus dem Gesetz, dem Common Law und vor allem aus der Vereinbarung der Parteien ab. Nach englischem Recht liegt die Durchführung eines Schiedsverfahrens weitgehend im Ermessen des Schiedsgerichts. Bei der Ausübung seiner Pflichten muß der Schiedsrichter alle Angelegenheiten strikt unparteiisch behandeln und sich absolut fair gegen die Parteien verhalten, d.h. stets beide über das von ihm beabsichtigte Vorgehen auf dem laufenden halten.

b) **Bedingungen der Benennung.** Seerechtliche Schiedsverfahren werden in London üblicherweise gemäß den Bedingungen der London Maritime Arbitrator's Association (LMAA) durchgeführt. Dabei akzeptieren LMAA-Schiedsrichter gewöhnlich die Benennung unter diesen Bedingungen. Ziel der LMAA-Bedingungen ist es, anhand einfacher und praktischer Richtlinien eine wirksamere und zügigere Durchführung des Schiedsverfahrens zu ermöglichen.

Zusätzlich enthält das LMAA-Handbuch neben einer vollständigen Erläuterung des Ablaufs eines Schiedsverfahrens eine Mitgliederliste der von der LMAA anerkannten Schiedsrichter mit Einzelheiten zu Adresse, Alter, beruflichem Fachwissen und die Art der üblicherweise von den Schiedsrichtern angenommenen Ernennungen.

c) **Zuständigkeit des Schiedsgerichts.** Die Parteien einer Schiedsvereinbarung können dem Schiedsgericht so viel oder so wenig Zuständigkeit übertragen, wie sie wollen. Die Formulierungen sind hier meistens sehr allgemein, z. B. Ansprüche oder Meinungsverschiedenheiten oder Streitigkeiten, die aus oder in Verbindung mit oder in Beziehung zu dem Vertrag entstehen *(claims or differences of disputes arising out of or in connection with or in relation to the contract)*. Man hält derartige Klauseln für genügend weitgefaßt, um sie sogar für Klagen aus unerlaubten Handlungen *(tortious claims)* anzuwenden („ASHVILLE INVESTMENTS LIMITED –v– ELMER CONTRACTORS LIMITED" [1988] 2 Lloyd's Rep. 73).

Das Schiedsgericht hat allerdings keine Befugnis zu entscheiden, ob die Charterparty, die die Schiedsvereinbarung enthält, rechtsgültig ist. Vereinfacht gesagt bedeutet dies, daß es keine Schiedsvereinbarung und damit auch kein Schiedsgericht gibt, ohne daß eine entsprechende vertragliche Bestimmung existiert („HARBOUR ASSURANCE COMPANY LIMITED –v– KANSA INTERNATIONAL COMPANY LIMITED" [1992] 1 Lloyd's Rep. 81).

Will eine Partei die Zuständigkeit eines Schiedsgerichts bestreiten, so tut sie das am besten, indem sie die Gegenpartei und die Schiedsrichter davon schriftlich unterrichtet. Die Parteien können sich dann entweder schriftlich darauf einigen, die Zuständigkeit des Gerichts durch eine Vereinbarung zu erweitern, oder sie können sich an den High Court wenden. Ist der Kläger jedoch nicht bereit, die Umstände und Ausgaben einer Anrufung des High Courts zu tragen, kann er aber die Gegenseite auch nicht von der Unzuständigkeit des Schiedsgerichts überzeugen, liegt es nun beim Gericht, zunächst zu prüfen, ob es zuständig ist, um sofort mit der Schiedsverhandlung zu beginnen. Dieses Vorgehen ist für den Kläger jedoch äußerst riskant, vor allem wenn die Verhandlung sich auf eine *default basis* bezieht, da dann die Vollstreckung des Schiedsspruchs fraglich wird.

d) **Übliche Befugnisse des Schiedsgerichts.** Das Schiedsgericht hat die Befugnisse,
(i) den Parteien zu jedem Zeitpunkt des Verfahrens Anweisungen zu erteilen,
(ii) Änderungen der förmlichen Schriftsätze zuzulassen und die ändernde Partei zur Zahlung der hierbei entstandenen Kosten aufzufordern,
(iii) Sicherheitsleistung für alle Kosten zu verlangen, jedoch nur, wenn die Parteien dem Gericht diese Befugnis erteilt haben, z. B. wenn die LMAA-Bedingungen anzuwenden sind (s. u.) und
(iv) vorläufige Schiedssprüche *(interim awards)* zu erlassen.

Gemäß Section 14 des Arbitration Act 1950 sollte jede Schiedsvereinbarung, soweit nicht ausdrücklich etwas anderes vorgesehen ist, eine Bestimmung enthalten, wonach der Schiedsrichter, wenn er es für angemessen hält, eine Teilentscheidung erlassen darf.

Damit sind die Schiedsrichter nach relativ freiem Ermessen zum Erlaß vorläufiger Schiedssprüche befugt. Häufig ist dies bei Haftungsentscheidungen angebracht, bei denen die Höhe des Schadenersatzes erst später festgelegt wird. Auch ist es in Fällen, in denen einer Partei bestimmte Beträge unbestritten zustehen, ratsam, rasch einen Schiedsspruch zu diesem Punkt zu erlassen, während die anderen Punkte der Streitigkeit später behandelt werden können („The KOSTAS MELAS" [1981] 1 Lloyd's Rep. 18).

e) **Streichung der Klage aus dem Prozeßregister aufgrund Prozeßverschleppung** *(want of prosecution)*. In Section 102 des Court and Legal Services Act 1990 drückt sich die Absicht des englischen Parlaments aus, sich mit der Verschleppung von Schiedsverfahren zu befassen. Auf diese Weise wurde Section 13(A) in den Arbitration Act 1950 eingefügt, wodurch dem Schiedsgericht die gleiche Befugnis zur Streichung der Klage auf-

1. Time Charter NYPE 1946 and NYPE 1993 VIII. 1

grund Verschleppung übertragen wird, wie sie der High Court besitzt. Um diese Befugnis auch ausüben zu können, müssen folgende Voraussetzungen erfüllt sein:
(i) die Verzögerung auf Seiten des Klägers muß **übermäßig** und
(ii) **unentschuldbar** sein und
(ii) eine derartige Verzögerung muß eine faire Entscheidung unwahrscheinlich machen, oder die Gegenpartei muß dadurch erhebliche Nachteile erlitten haben.

Section 13(A) mit den oben genannten Bedingungen trat am 1. 1. 1992 in Kraft. Es stellte sich dabei die Frage, ob sich diese Bestimmung auch auf übermäßige und unentschuldbare Verzögerungen erstreckt, die vor Inkrafttreten dieser Bestimmung aufgetreten sind. Lord Mustill erkannte im Fall „The BOUCRAA" ([1994] 1 Lloyd's Rep. 251) die Rückwirkung von Section 13(A) an. Schließlich kann es seiner Ansicht nach kaum in der Absicht des Gesetzgebers gelegen sein, diese wichtige Gesetzesreform für diese Fälle quasi ungenutzt zu lassen.

f) **Schriftsätze** *(pleadings)*. Nachdem das Schiedsgericht durch die Benennung der nötigen Anzahl von Schiedsrichtern gebildet worden ist, können die Parteien mit der Zustellung ihrer Schriftsätze beginnen. Im allgemeinen geschieht dies nach dem selben Muster wie das Zustellen von Schriftsätzen bei Gericht, wobei aber der Zeitplan Sache der Parteien ist und den jeweils gewählten Regeln, z.B. den LMAA-Regeln, und der Kontrolle des Schiedsgerichts unterliegt.

Zusätzlich kann jeder Partei vom Schiedsgericht gestattet werden, seine Schriftsätze zu ändern. Sie muß dann aber sämtliche der anderen Partei durch derartige Änderungen entstehenden Kosten tragen. Darüber hinaus kann jede Partei zur Klärung bestimmter Fragen die Erteilung genauerer Angaben über den Inhalt der Schriftsätze beantragen.

g) **Offenlegung von Dokumenten und Einsichtnahme** *(discovery* und *inspection)*. Discovery ist für das englische Verfahren typisch. Von den Parteien wird die Vorlage aller Dokumente an die Gegenseite verlangt, die für das Schiedsverfahren wichtig sind, auch wenn diese nie für die Öffentlichkeit bestimmt waren. Geschäftsparteien geben dabei häufig nur äußerst widerstrebend die Existenz gewisser, in ihren Augen vertraulicher Dokumente zu, und zwar weder gegenüber ihren eigenen Anwälten und schon gar nicht gegenüber der Gegenseite. Gemäß „COMPAGNIE FINANCIENNE DU PACIFIQUE -v- PERUVIAN GUANO" ([1882] 1 QBD 55) muß aber eine Partei jedes Dokument offenlegen, von dem vernünftigerweise angenommen werden kann, daß es Informationen enthält, die die Offenlegung beantragende Partei zum eigenen Vorteil bzw. zum Nachteil der Gegenpartei verwenden kann.

Die Anwälte beider Parteien müssen dafür sorgen, daß sich die Parteien an die Bedingungen der *discovery* halten. Sie sind verpflichtet, dafür zu sorgen, daß alle relevanten Dokumente der Gegenseite ordnungsgemäß zur Einsichtnahme vorliegen. Ferner müssen sie auf der Verwahrung der Dokumente bestehen. Unterläßt eine der Parteien die vollständige Offenlegung der in ihrem Besitz befindlichen Dokumente, so ist das Schiedsgericht berechtigt, daraus für diese Partei nachteilige Schlüsse zu ziehen.

Nächster Schritt nach der *discovery* ist die *inspection*, die die Parteien berechtigt, die Dokumente der Gegenseite einzusehen und Kopien anzufertigen. Im günstigsten Fall treffen sich die Parteien nach der Offenlegung zu einer Besprechung des verfügbaren Materials, um als Vorbereitung des Verfahrens das vorhandene Beweismaterial zu beurteilen.

Bei LMAA-Verfahren setzt das Schiedsgericht den Termin des Verfahrens gewöhnlich erst nach Beendigung der *discovery* und der *inspection* fest, denn vorher ist nur in seltenen Fällen klar, was die wesentlichen Streitpunkte sind und wie lange es dauern wird, darüber zu verhandeln.

h) **Sicherheitsleistung für die Verfahrenskosten.** Eine Sicherheit für die Verfahrenskosten zu erhalten, ist für den Beklagten ebenso wichtig wie für den Kläger eine Sicherheit für seinen Anspruch: Der Zweck, vom Kläger, der seinen normalen Wohnsitz außerhalb der Zuständigkeit des Gerichts hat, eine Sicherheit für die Verfahrenskosten zu verlangen, ist sicherzustellen, daß der erfolgreiche Beklagte wegen seines Kostenerstattungsanspruches auf Mittel zurückgreifen kann, die sich innerhalb der Zuständigkeit des Gerichts befinden („PORZELACK K.G. –v– PORZELACK" (UK) Ltd. [1987] 1 WLR 420).

Order 23 des Supreme Court Practice Rule Book enthält die einschlägigen Bestimmungen zur Wirkung von Sicherheitsleistungen für die Verfahrenskosten und zur Art und Weise, wie sie geleistet werden müssen. Rule 1(1) der Order 23 bestimmt, daß das Gericht eine Sicherheitsleistung fordern darf, wenn es dies unter Berücksichtigung aller Umstände für erforderlich hält.

Bei Schiedsverfahren gilt allgemein, daß die Schiedsrichter selbst nicht berechtigt sind, Sicherheitsleistungen zu verlangen, da diese Befugnis gemäß Section 12(6)(a) des Arbitration Act 1950 nur dem Gericht zusteht. Diese allgemeine Regel kann jedoch durch eine ausdrückliche Vereinbarung zwischen den Parteien, die den Schiedsrichtern diese Befugnis einräumt, abgewandelt werden. So genügt z.B. die Anwendung der LMAA-Regeln, die Befugnisse des Schiedsgerichts in diesem Sinn zu erweitern.

i) **Verdeckte Angebote** *(sealed offers)*. In England trägt die im Prozeß unterlegene Partei das meiste der Kosten der obsiegenden. Diese Kosten können gewaltig sein. Der Beklagte kann sich allerdings dadurch gegen dieses Risiko schützen, daß er ein „verdecktes Angebot" *(sealed offer)* abgibt. Ein „verdecktes Angebot" in diesem Sinn ist für das Schiedsverfahren das Gegenstück zum *payment into court,* das im Verfahren vor Gerichten mit dem Ziel gemacht wird, ein Verfahren gütlich beizulegen. Anders als beim *payment into court* hat das *sealed offer* für den Beklagten den Vorteil, daß er sich gegen sein Kostenrisiko schützen kann, ohne dafür einen Pfennig zahlen zu müssen. Der Beklagte übermittelt dem Kläger ein Angebot, mit der Mitteilung darüber, wieviel er zur Befriedigung des Anspruchs, einschließlich der Zinsen und der bis zu diesem Zeitpunkt angefallenen Verfahrenskosten, die – falls eine Einigung darüber nicht erzielt wird – festgesetzt werden, zu zahlen bereit sei.

Falls keine Einigung über das „verdeckte Angebot" zustandekommt, darf das Schiedsgericht keinen Einblick in das Angebot nehmen, bis eine abschließende Entscheidung über alle Streitpunkte, ohne die Kosten, getroffen ist.

Die Wirkung eines „verdeckten Angebots" wird im Fall „TRAMOUNTANA –v– ATLANTIC" ([1978] 1 Lloyd's Rep. 391) beschrieben. Danach hat der Schiedsrichter, bevor er eine Kostenentscheidung fällt, festzustellen, ob der Kläger dadurch, daß er das „verdeckte Angebot" zurückwies, mehr erhalten hat, als er bei Annahme des Angebotes erhalten hätte. Falls der Betrag, der dem Kläger im Schiedsspruch zuerkannt wurde, gleich oder geringer als der im „verdeckten Angebot" ist, kann der Beklagte seine Verfahrenskosten ab dem Zeitpunkt geltend machen, zu dem das „verdeckte Angebot" gemacht wurde. (Zu den Folgen eines „verdeckten Angebots" siehe auch „MARIA" ([1993] 2 Lloyd's Rep. 168).

Die Auswirkungen eines „verdeckten Angebots" sind geeignet, in Verhandlungen das Verhalten der anderen Seite stark zu beeinflussen und eine gütliche Einigung deutlich zu fördern. Der Grund ist, daß der Kläger nun zweimal überlegt, ob er das Schiedsverfahren weiterbetreibt und dadurch die Kostenübernahme riskiert. Nur, falls er von der Stichhaltigkeit seines Falles überzeugt ist, wird er das „verdeckte Angebot" ablehnen.

j) **Die Verhandlung** *(hearing)*. Nach Abschluß der *discovery* und *inspection* können die Parteien zur Verhandlung übergehen. Dabei steht es den Parteien frei, je nach den Erfordernissen des Einzelfalles, die Art und Weise der Verhandlung zu vereinbaren.

Die Verhandlung kann **mündlich** erfolgen. Hier erhalten die Parteien die Gelegenheit, ihren Sache mündlich vorzutragen und Zeugen zu befragen. Diese Art von Verhandlung ist in den Fällen zu empfehlen, in denen mündliche Beweise benötigt werden oder in denen die Rechtslage kompliziert ist und die Art der Streitigkeit den größeren zeitlichen und finanziellen Aufwand einer solchen mündlichen Verhandlung rechtfertigt.

Eine Verhandlung **ausschließlich auf der Grundlage von Dokumenten** ist einer mündlichen Verhandlung in den Fällen vorzuziehen, in denen Streitgegenstand und Art des verfügbaren Beweismaterials den größeren Aufwand einer mündlichen Verhandlung nicht rechtfertigen. Dies ist ein wesentlich schnellerer, billigerer und einfacherer Ablauf.

Vor kurzem erst hat die LMAA die **Small Claims Procedure** eingeführt. Sie soll die weniger kostenaufwendigen Verfahren in Bagatellsachen vereinfachen. Diese Art von Verhandlung kann in Schiedsverfahren nach den LMAA-Terms angewendet werden, allerdings nur, wenn die Forderung nicht über einen Betrag von £ 50.000 hinausgeht. Verwiesen wird an einen Einzelschiedsrichter, und die Fristen zur Einreichung eines Anspruchs sind sehr kurz. Die Verhandlung findet allein auf der Grundlage von Dokumenten statt. Rechtsmittel können nicht eingelegt werden, und jede Partei trägt ihre eigenen Kosten. Die LMAA-Small Claims Procedure wird als unkompliziertes und damit äußerst zügiges und kostensparendes Verfahren empfohlen.

k) **Schiedsspruch und Berufung** *(right to appeal)*. Im Anschluß an die Verhandlung erlassen die Schiedsrichter unter Würdigung sämtlicher Beweismittel einen für beide Parteien bindenden Schiedsspruch. Unter bestimmten Umständen kann die ganz oder teilweise unterlegene Partei das Recht, gegen den Schiedsspruch eine Berufung einzulegen. Üblicherweise können die Parteien eines internationalen Seefrachtvertrags nicht ausschließen, daß ein Rechtsmittel beim High Court eingelegt wird.

Der Arbitration Act 1979 bestätigt das Recht, ein Rechtsmittel beim High Court einzulegen, sofern sich aus dem Schiedsspruch rechtliche Fragen ergeben, aber nur
(i) wenn alle Parteien ihre Zustimmung geben oder
(ii) wenn das Gericht der Berufung stattgibt (Section 1(3) des Arbitration Act 1979).

Die Berufung ist auf Rechtsfragen beschränkt, wobei der High Court dieser nur stattgibt, wenn die vorgebrachte Rechtsfrage von allgemeinem öffentlichen Interesse ist oder aus einem anderen besonderen Grund geprüft werden soll (Section 1(7) des 1979Act).

Die dem Gericht zustehende Befugnis, Anträge auf Berufung gegen Schiedssprüche, die nicht schnellstmöglich vorgebracht worden sind, wegen Prozeßverschleppung gemäß Section 1 des 1979 Act zurückzuweisen *(strike out for want of prosecution)* war Gegenstand eines erst kürzlich entschiedenen, bisher unveröffentlichten Falls („The SECRETARY OF STATE FOR THE ENVIRONMENT –v– EUSTON CENTRE INVESTMENTS Ltd."). Hier erachtete das Gericht die Anberaumung einer Verhandlung über ein solches Rechtsmittel nach 10 Monaten als eine grob übertriebene Verschleppung des Verfahrens *(grossly excessive delay)* und einen Verstoß gegen den Geist des 1979 Act. Das Gericht machte deutlich, daß eine derartige Verschleppung in Zukunft die Berufung der Partei, die die Verschleppung zu verantworten hat, unzulässig macht.

Das Recht, eine Berufung einzulegen, kann nur in Fällen ausgeübt werden, in denen die Schiedssprüche *(„reasoned" awards)* mit Begründung versehen worden sind. Die Schiedsrichter sind aber zu einer Begründung nicht verpflichtet, außer sie wurden von einer der Parteien im vorhinein dazu aufgefordert. Dessen ungeachtet können die Schiedsrichter aber auch unaufgefordert Gründe angeben (was sie auch meistens tun). Diese sind allerdings nicht Teil des Schiedsspruchs, und deshalb kann auf sie bei Einlegung eines Rechtsmittels nicht Bezug genommen werden.

Diese restriktive Regelung des Rechts auf Einlegung einer Berufung dient unter anderem dazu, den Ruf des Londoner Schiedsgerichts als Forum für die Beilegung geschäftlicher Streitigkeiten zu wahren, indem man Eingriffe des ordentlichen Gerichts möglichst beschränkt. Im Fall The NEMA ([1981] 2 Lloyd's Rep. 235) entschied deshalb das House of Lords, daß das Parlament mit dem 1979 Act nicht beabsichtigte, die Einlegung von Berufungen gegen Schiedssprüche zu fördern (s. aber auch „The BALEARES" [1991] 1 Lloyd's Rep. 345).

Diese kurze Zusammenfassung beansprucht nicht, sämtliche Aspekte des englischen Rechts im Bereich des Schiedswesens abzudecken. Die Autorin verweist daher im Fall von Streitigkeiten auf „Mustill & Boyd on Commercial Arbitration".

7. Arbitration Act 1996. Der Arbitration Act 1996 (AA 1996) ist am 31. Januar 1997 in Kraft getreten. Er ist auf alle schiedsgerichtlichen Verfahren, die nach dem 31. Januar 1997 eingeleitet und in England durchgeführt werden, anwendbar. Dadurch haben sich die Ausführungen in Anm. 6 in einigen Punkten geändert.

Durch dieses neue Gesetz werden die Arbitration Acts von 1950, 1975 und 1979 zusammengefaßt und ersetzt. Es führt auch zu spürbaren verfahrensrechtlichen Änderungen bei der Durchführung von Schiedsverfahren in England. Auf einige dieser Änderungen soll nachfolgend eingegangen werden:

Zu (1) Einleitung des Schiedsverfahrens. Ausschlußfrist. Section 27 des Arbitratrion Act 1950 wurde aufgehoben. Gemäß Section 12 des neuen AA 1996 werden die Regeln über die Fristverlängerung bei Verstreichen einer vertraglich vereinbarten Ausschlußfrist verschärft. Der High Court darf jetzt nur noch dann eingreifen, wenn er davon überzeugt ist, daß

(i) alle Verfahrensregelungen zur Fristverlängerung durch das Schiedsgericht erschöpft sind, und

(ii) a) die Umstände jenseits der Vorstellung der Parteien waren, als sie der Frist zustimmten, und es gerecht wäre, sie zu verlängern, oder

(ii) b) es nach dem Verhalten der einen Partei unbillig wäre, die andere Partei an den genauen Wortlaut der Bestimmung zu binden.

Bestellung der Schiedsrichter. Sections 15–22 regeln ausschließlich, wie das Schiedsgericht zu bilden ist.

Zu (2) a) Bezugnahme auf ein Schiedsverfahren ohne Angaben zum Schiedsgericht. Wie bereits im alten Recht wird dann, wenn die Schiedsvereinbarung keine Angaben zur Zahl der zu berufenden Schiedsrichter macht, auf den Einzelschiedsrichter verwiesen (Section 15).

Zu (2) b) Verweisung auf Einzelschiedsrichter. Gem. Section 16 (3) müssen sich die Parteien innerhalb einer Frist von 28 Tagen, gerechnet ab Zustellung einer schriftlichen Mitteilung durch eine der Parteien, auf einen Einzelschiedsrichter einigen. Falls sich die Parteien nicht rechtzeitig einigen (und falls für diesen Fall die Schiedsvereinbarung nichts anderes bestimmt), kann die eine oder andere Partei beim High Court die Bestellung beantragen (Section 18).

Zu (2) c), d) Verweisung an zwei oder mehrere Schiedsrichter. Sobald die Partei A die Partei B aufgefordert hat, einen Schiedsrichter zu benennen, hat die Partei B 14 Tage Zeit, tätig zu werden (Section 16 (4)). Falls die Partei B dieser Aufforderung nicht fristgerecht nachkommt, kann die Partei A, falls dies nicht schon geschehen ist, ihren eigenen Schiedsrichter benennen, und dies der Partei B mit dem Vorschlag mitteilen, ihren Schiedsrichter als Einzelschiedsrichter zu bestellen. Die Partei B hat dann 7 volle Tage Zeit, die vorgeschlagene Bestellung auszusprechen und A darüber zu informieren. Anderenfalls ist A berechtigt, ihren Schiedsrichter als Einzelschiedsrichter zu bestellen (Section 17).

Dieses Verfahren ähnelt dem der alten Sections 7 (b) und 10 (3)–3 B) in AA 1950, doch ist es nun das einzig anwendbare für alle Arten von Verweisungen an zwei oder mehrere Schiedsrichter, d. h. es schließt mit ein:

(a) eine Gruppe von drei Schiedsrichtern, bei der jede Partei ihre eigenen Schiedsrichter benennt und die so benannten einen dritten Schiedsrichter bestellen (entspricht der unveränderten Klausel 17 NYPE);

(b) eine Gruppe bestehend aus zwei Schiedsrichtern und einem Oberschiedsrichter *(umpire).*

Zu (2) e) Tod oder Unfähigkeit eines Schiedsrichters. Eine Partei kann beim High Court die Abberufung eines Schiedsrichters beantragen, wenn einer der folgenden Gründe vorliegt:

(a) Befangenheit,

(b) mangelnde Eignung,

(c) Unfähigkeit, das Richteramt auszüben, oder
(d) Unvermögen, das Verfahren zweckmäßig und schnell zu betreiben, falls dies zu einer erheblichen Beeinträchtigung führt (Section 24).

Der letztgenannte Grund entspricht der den Schiedsrichtern neu auferlegten Pflicht, das Schiedsverfahren der Schwere des Falls und dem Gegenstandswert anzupassen (Section 33). Es ist auch wichtig zu beachten, daß eine Partei so behandelt wird, als hätte sie auf ihr Widerspruchsrecht verzichtet, falls sie ihr Recht, um Abhilfe nachzusuchen, nicht sofort ausübt. Dieses „Jetzt-oder-Nie"-Prinzip in Section 73 ist auf den gesamten AA 1996 anwendbar.

Der Schiedsrichter kann auch mit Zustimmung aller Parteien abberufen werden oder er tritt zurück (im Falle eines berechtigten Rücktritts kann der Schiedsrichter vom High Court Haftungsfreistellung beantragen, z. B. wenn auf Betreiben der Parteien das Verfahren sehr schleppend geführt wurde, und zwar entgegen der Pflicht der Schiedsrichter gemäß Section 33).

In jedem der vorgenannten Fälle sowie im Falle des Todes eines Schiedsrichters können sich die Parteien darauf verständigen, wie die offene Stelle gefüllt wird oder ob das Schiedsverfahren insgesamt fortgeführt werden soll. Kommt es zu keiner Einigung, wird das ursprüngliche Bestellungsverfahren wiederholt.

Zu (3) Befugnisse der Schiedsrichter. a) Allgemein. Soweit öffentliche Interessen nicht entgegenstehen, sind die Parteien frei zu entscheiden, wie die Schiedsrichter verfahren und mit welchen Befugnissen sie ausgestattet werden sollen. Dieser Grundsatz der Parteiautonomie folgt aus Section 1 des AA 1997. Section 40 bildet dazu das Gegengewicht, indem es die Parteien verpflichtet, alles Erforderliche zu tun, um sicherzustellen, daß das Schiedsverfahren sachgemäß und schnell durchgeführt werden kann.

Fehlt es an einer Parteivereinbarung, beschließt das Schiedsgericht gem. Section 34 (1) selbst über sein Verfahren und darüber, wie Beweis erhoben wird *(evidential matters)*. Dieser Machtzuwachs des Schiedsgerichts folgt aus Sections 33–41. Die bereits erwähnte Section 33 bestimmmt die gegenseitige Kontrolle dieser Machtbefugnisse. Es zeigt auf, wie das Schiedsgericht seine Aufgabe, die Parteien gerecht zu behandeln, zu erfüllen hat. In diesem Sinne überträgt es ihm die allgemeine Pflicht, auf nachfolgend genannten Grundlagen ein rechtmäßiges Verfahren zu gewähren:
(i) rechtsstaatliches Verfahren *(natural justice)*;
(ii) das Verfahren soll den Umständen des Einzelfalles Rechnung tragen.

Diese Pflicht folgt aus
(i) Section 68, wonach einer der Gründe, gegen die Schiedsentscheidung vorzugehen, ein Verstoß des Schiedsgerichts gegen Section 33 ist;
(ii) Section 24, wonach ein Schiedsrichter auch dann abberufen werden kann, wenn das Schiedsgericht gegen das Gebot der Verfahrensbeschleunigung verstößt und dieser Verstoß zu einem schweren Unrecht führt.

Zu (3) b) Bedingungen der Bestellung. Schiedsgerichtliche Einrichtungen, wie die LMAA, sind dabei, ihre Regeln mit Rücksicht auf die neuen Befugnisse und Pflichten der Schiedsrichter gemäß Act 1996 neu zu bearbeiten. Ein Beispiel dafür sind die sogenannten FALCA-Regeln *(Fast And Low Cost Arbitration)*, die durch die LMAA in ihr Regelwerk übernommen worden sind und auf Ansprüche zwischen $ 50.000 und $ 250.000 anwendbar sind.

Sie sehen vor, daß Streitigkeiten von einem Einzelschiedsrichter mit einem genauen Zeitplan von nicht mehr als 9 Monaten und ohne mündliche Verhandlung entschieden werden können. Dies ergänzt das sogenannte *Small Claims Procedure* für Ansprüche unter $ 50.000.

Zu (3) c) Zuständigkeit *(Jurisdiction).* Falls zwischen den Parteien nichts anderes vereinbart worden ist, ist das Schiedsgericht nunmehr befugt, über seine eigene Zuständigkeit zu entscheiden, d. h. eine Entscheidung darüber zu treffen, ob überhaupt eine gültige Schiedsvereinbarung vorliegt, ob das Schiedsgericht rechtmäßig bestellt worden ist, und in welchem Umfang ihm die Sachen zur Behandlung vorgelegt werden können. Jede Einwendung gegen die Zuständigkeit muß am Anfang des Verfahrens vorgebracht werden, und zwar grundsätzlich bevor eine der Parteien einen ersten Verfahrensschritt in der Sache selbst vornimmt. Andernfalls ist das Angriffsmittel verloren. Welche Auswirkungen dies auf die Vollstreckung der schiedsgerichtlichen Entscheidungen in Ländern hat, die nicht zur New York Convention gehören, muß abgewartet werden.

Zu (3) d) Die üblichen Befugnisse des Schiedsgerichts. Der AA 1996 enthält eine nicht abschließende Liste von Angelegenheiten, die das Schiedsgericht entscheiden kann, und Befugnisse, die dem Schiedsgericht bei Fehlen einer entgegenstehenden Vereinbarung zustehen, z. B.

- Offenlegung von Beweismitteln *(discovery)* und Beweis von Hörensagen *(hearsay)* sind nicht zwingend;
- die Befugnis, die Sache nach Aktenlage zu entscheiden;
- keine Bindung an feste Beweisregeln;
- das Prinzip des formellen Schriftsatzwechsels vor Gericht braucht nicht bzw. darf in einigen Fällen nicht befolgt werden;
- Zulässigkeit sowohl streitigen Verhandelns als auch der Verhandlung nach dem Untersuchungsgrundsatz;
- die Befugnis, eigene Sachverständige und Rechtsberater zu bestellen, die dem Schiedsgericht und den Parteien berichten, es sei denn, die Parteien vereinbaren etwas anderes;
- Sicherheitsleistung für die Kosten (– eine sehr wichtige Änderung). Die Zuständigkeit des High Court dazu wurde vollständig beseitigt. Die Schiedsrichter sind nunmehr selbst berechtigt, vom Schiedskläger nach eigenem Ermessen Kostensicherheit zu verlangen, allerdings unter dem einzigen Vorbehalt, daß Grund für dieses Verlangen nicht die Ausländereigenschaft des Klägers sein darf;
- mit Zustimmung der Parteien kann das Schiedsgericht vorläufigen Rechtsschutz (z. B. durch einstweilige Verfügung) gewähren.

Es ist zu erwarten, daß den handels- und schiedsgerichtlichen Institutionen eine bedeutende Rolle bei der Formulierung von Verfahrensgrundsätzen für ihre Mitglieder zukommt. Darauf wird in Schiedsvereinbarungen verwiesen oder sie werden in die Verfahrensgrundsätze, die sich die Schiedsrichter selbst geben, aufgenommen.

Zu (3) e) Streichung der Klage aus dem Prozeßregister aufgrund von Prozeßverschleppung. Diese Befugnis ist aufrechterhalten worden.

Zu (3) k) Schiedsspruch und Berufung. Die wichtigste Änderung für alle, die mit der internationalen Schiffahrt zu tun haben, ist, daß nunmehr im voraus der Ausschluß der Berufung zum High Court in Seehandels-, Rohstoffhandels- und Versicherungssachen vereinbart werden kann.

Die Einlegung der Berufung beim High Court wegen Rechtsfragen ist nunmehr gesetzlich geregelt. Wie bisher, kann die Berufung eingelegt werden, wenn die Parteien ihre Zustimmung dazu geben, oder wenn der High Court der Berufung stattgibt (was für internationale Schiedsverfahren im voraus erfolgen kann). Im letzteren Fall wurden die Kriterien aus dem Gesetz von 1979 entsprechend der Entscheidung des House of Lords im Falle „THE NEMA" [1982] AC 724 angepaßt. Bevor der High Court der Berufung wegen Rechtsfragen stattgibt, muß sichergestellt sein,

1. daß die Entscheidung die Rechte der Parteien in ihrer Substanz verletzt,
2. daß die Frage dem Schiedsgericht zur Entscheidung vorlag (selbst wenn sie im Schiedsspruch nicht behandelt wurde – neu!) und,
3. falls die Tatsachenfeststellungen durch das Schiedsgericht erfolgten,
    (a) entweder die Entscheidung offensichtlich falsch war
    (b) oder die Klärung der streitigen Frage im allgemeinen öffentlichen Interesse ist und die Entscheidung des Schiedsgerichts ernsthaft bezweifelt werden kann, und

4. daß es unter Berücksichtigung aller Umstände für den High Court recht und angemessen *(just and proper)* ist, die Angelegenheit zu entscheiden.

Berufung zum High Court ist ausgeschlossen, falls sich die Parteien darauf geeinigt haben, auf die Begründung zu verzichten. Es sollte beachtet werden, daß es bei Fehlen entsprechender Angaben nunmehr eine Vermutung zugunsten einer begründeten Entscheidung gibt.

Section 68 bestimmt, daß ein Schiedsspruch wegen eines ernsthaften Fehlers *(serious irregularity)* im Hinblick auf das Schiedsgericht, das Schiedsverfahren oder den Schiedsspruch angefochten werden kann. Der Begriff *"misconduct"* (fehlerhaftes Verhalten), der sich erstmals im AA 1889 findet und in Verbindung mit dem Begriff *"impropriety"* (Ungeeignetheit) Anwendung gefunden hat, wurde aufgegeben. In Übereinstimmung mit der Politik der Nichteinmischung des AA 1996, sind die Gründe für die Annahme ernsthafter Fehler nunmehr enumerativ aufgeführt. Die Partei, die gegen den Schiedsspruch vorgeht, muß ebenfalls nachweisen, daß die *serious irregularity* zu einer substantiellen Ungerechtigkeit führt. Dies betrifft verschiedene Fälle, die nach dem bisherigen Recht heftig umstritten waren, z. B. wo ein Schiedsspruch nur aus dem einen Grund angefochten wurde, weil die Anwälte es unterlassen hatten, dem Schiedsgericht gegenüber auf ein Rechtsargument hinzuweisen („INDIAN OIL CORP. –v–. COASTAL BERMUDA" [1990] 2 L. R. 406).

NB: Das Recht, gegen einen Schiedsspruch vorzugehen, hängt auch von Section 73 ab: Falls ein Berufungsführer Einwendungen gegen *irregularities* nicht unverzüglich vorbringt, wird er so behandelt, als hätte er auf diesen Einwand verzichtet.

Diese Ausführungen werfen lediglich ein Schlaglicht auf einige Änderungen durch das neue Gesetz. Im übrigen werden die Leser auf Robert Merkin's annotierten Führer durch den Arbitration Act 1996 wegen weiterer Einzelheiten verwiesen.

2. Cross Charterparty[1]

dated

between

(Reeder bzw. Ausrüster des Containerschiffs) . . . . . . (Disponent) Owners
– hereinafter called „the Owners"[2] –

and

(Stellplatznutzer) . . . . . .
– hereinafter called „the Charterers"[2] –

It is agreed

1. Space Allocation and Period[3]

The Owners let and the Charterers hire for the carriage of goods and containers (x) per cent of the container carrying capacity of the Containership (or more or less as may be agreed for each voyage) from . . . . . . until . . . . . . and thereafter unless and until terminated by either Party giving 6 (six) months' notice in writing.

2. Employment

2.1. The Containership shall be employed only in lawful trades[4] within the Institute Warranty Limits[5] for the carriage of lawful goods[4], properly packed and stowed in seaworthy containers of standard sizes and specifications, as may be mutually agreed, between good and safe ports where it can safely lie always afloat[6], save that uncontainerized goods[7] may, with the consent of the Owners and subject to such conditions as the Owners may require, be carried under the terms of this Charterparty. Live animals[7] shall not be shipped unless otherwise agreed. Goods which are of a dangerous, inflammable, radio-active, obnoxious or damaging nature[8] shall not be shipped unless:

a) previous written notice of their nature has been given to the Owners by or on behalf of the Charterers (including particulars of the characters of the goods, the flash point, if any, the type of packing of the goods and any other information which the Owners may reasonably require); and

b) the Owners have consented after receipt of such notice to accept those goods for shipment; and

c) all the relevant requirements and recommendations of the International Maritime Organization and the law and regulations in force at the country of registration of the Containership, the port of shipment, the port of discharge, any area through which the Containership may pass, and any scheduled port of call have been complied with; and

d) the goods shall have been packed, labelled and stowed within the containers and the containers have been labelled in accordance with such law, regulations, requirements or recommendations, and in any event, so as to avoid such goods causing damage, injury or material discomfort to the Containership, crew and other cargo and to any other property or person.

2.2. If the requirements of sub-clause 2.1. are not complied with, the Charterers shall, to the extent provided in sub-clause 10.9., indemnify the Owners against all loss, damage or expense arising out of the goods being tendered for shipment or being handled or carried by the Owners.

2.3. Goods which in the opinion of the Owners are or may at any time become dangerous, inflammable, radio-active, obnoxious, damaging or injurious may, at any time or place, be unloaded, destroyed, or rendered harmless without compensation to the Charterers and without liability to make any General Average contribution in respect of such goods.

3. Remuneration[9]

The Owners shall be remunerated in accordance with provisions from time to time to be separately agreed or in default of agreement shall receive such remuneration as shall be fair and reasonable.

4. Owners' Expenses[10]

Save as provided in sub-clause 10.7., the Owners shall pay all wages, insurance premiums, charges, dues, taxes, agencies, commissions, fees and all other expenses whatsoever incurred in connection with this Charterparty.

5. Voyage and Destination[11]

5.1. The itinerary of each voyage shall be mutually agreed between the Owners and the Charterers.

5.2. The Owners shall be entitled to exercise the liberties to deviate provided in the Hague Rules at any time without prior notice to the Charterers. However, if during the course of a voyage the Owners should deviate in circumstances which under English law do not permit the Charterers to deviate under the Hague Rules, the Owners shall indemnify the Charterers for any liability thereby incurred, unless the Owners shall have obtained prior consent from the Charterers of such deviation in which case this indemnity shall not operate.

6. Opening Containers[12]

The Owners shall be entitled at any time (but under no obligation) to open any container or package and to inspect the contents at the Owners' expense and shall promptly notify the Charterers if they do so.

7. Access to Logs[13]

The Master and Engineer shall keep full and correct logs and adequate records concerning the care and condition of the containers and the goods and all logs and records relevant to the voyage, the containers and the goods shall be accessible to the Charterers.

8. Charterers' Obligations[14]

8.1. The Charterers shall provide such information in relation to any goods shipped under this Charterparty as the Owners may reasonably require in connection with this Charterparty, and the Charterers warrant such information shall be complete and accurate.

8.2. The Charterers shall comply with the directions of the Master or other persons responsible for the stowage on behalf of the Owners as to when and where containers are to be stowed. The Charteres shall in their capacity as such be under no liability in respect of the consequences of complying with such directions notwithstanding the provisions of sub-clause 10.7. and the Owners shall indemnify the Charterers against the same.

8.3. Any liability of the Charterers arising from their obligations under this clause 8 shall be subject to sub-clause 10.9.

9. Indemnity and Agency[15]

9.1. The Charterers undertake that no claim or allegation shall be made against the Owners or any servant, agent or sub-contractor of the Owners by any person whatsoever other than the Charterers which imposes or attempts to impose upon the Owners or any such servant, agent or sub-contractor or any Containership owned by any of them any liability whatsoever in connection with the goods and containers which are the subject of this Charterparty (even if such liability arises wholly or in part by reason of the act, neglect or default of the Owners or of such servant, agent or sub-contractor), and in the event of any such claim or allegation nevertheless being made, the Charterers shall (to the extent provided in sub-clause 10.9.) indemnify the Owners and such servant, agent and sub-contractor against all consequences whatsoever thereof.

9.2. The Charterers shall not make any claim or allegation against any servant, agent or sub-contractor of the Owners which imposes or attempts to impose upon any such servant, agent or sub-contractor any liability whatsoever in connection with the goods and containers which are the subject of this Charterparty (even if such liability arises wholly or in part by reason of the act, neglect or default of the Owners or of such servant, agent or sub-contractor), and in the event of any such claim or allegation nevertheless being made, the provisions of sub-clause 9.1. shall apply as if such claim or allegation had been made by a person other than the Charterers.

9.3. Without prejudice to sub-clause 9.1. the Owners authorize and empower the Charterers to act as the Owners' agents and/or trustees to stipulate for the Owners to have as against other persons the benefit of any immunities, exemptions or liberties regarding the goods and containers which are the subject of this Charterparty or their carriage, but the Charterers shall have no authority to make any contracts imposing any obligations upon the Owners in connection with the goods and containers or their carriage.

9.4. Sub-clauses 9.1. and 9.2. shall not apply to or preclude any claim made by the owners of any property on board the Containership for a General Average contribution in accordance with the York Antwerp Rules 1994.

9.5. Where the Owners are not the actual owners of the Containership the provisions of sub-clauses 9.1., 9.2. and 9.3. shall also apply to the actual owners of the Containership, their servants, agents and sub-contractors in the same manner as they apply to the Owners, their servants, agents and sub-contractors.

10. Responsibilities, Liabilities and Exemptions[16]

Without prejudice to the provisions of clauses 2, 8 and 9 hereof, as between the Owners and the Charterers, the responsibilities arising out of and in connection with this Charterparty shall be borne and divided as follows:

10.1. The Owners will be responsible for the seaworthiness of the Containership in accordance with Article III Rule 1 and Article IV Rule 1 of the Hague Rules as scheduled to the Carriage of Goods by Sea Act 1924, and for all purposes in connection with this Charterparty shall be entitled to the rights and immunities set out in Article IV Rules 2, 4 and 6 of said Hague Rules.

10.2. Subject to sub-clause 10.1., the Owners will be responsible for the proper and careful carriage, custody and care of the containers and goods whilst on board the Containership, and for discharging, handling and storing containers and goods discharged solely in order to be reloaded or in order to load or discharge other containers and goods, and for reloading and restowing the same.

10.3. Subject to sub-clause 10.1., the Owners shall be responsible for the provision of:

a) electrical power,
b) supply of refrigerant gas, and
c) a supply of the recommended lubricating oil

to integral or other refrigerated containers containing goods shipped on the Containership.

The Owners shall use all reasonable endeavours to monitor and record the performance of all such units whilst on board, and to repair and rectify any breakdown, fault or deficiency which may occur in respect of such units, using the resources on board the Containership. If such resources are insufficient, the Owners, at the expense of the Charterers, shall use all reasonable endeavours promptly to obtain any required spares or specialized repair facilities. The Owners shall only be liable for any loss of or damage to an integral refrigerated container, or the goods therein, arising out of any breakdown, fault or deficiency of its integral unit, to the extent that such loss or damage was caused by the failure of the Owners to comply with the terms of this sub-clause. Save as expressly provided, nothing in this sub-clause shall reduce or limit the liability of the Owners to the Charterers under this Charterparty.

10.4. The liabilities of the Owners under sub-clauses 10.1., 10.2. and 10.3. shall be subject to Article III Rule 6 of the said Hague Rules.

10.5. The liability of the Owners for any loss of or damage to or in connection with the goods, including containers not owned or hired by the Charterers, shall be subject to Article IV Rule 5 of the said Hague Rules[17], but as if no declaration as to value is made, provided always that:

a) the liability of the Owners to the Charterers as aforesaid shall in no event exceed the liability (if any) of the Charterers to the persons interested in such goods in respect of such loss or damage;

b) where the liability of the Owners to the Charterers and the liability of the Charterers to any other person(s) in respect of such goods are both subject to Article IV Rule 5 of the said Hague Rules, those goods shall be deemed as between the Owners and the Charterers and for the purposes of the said Rule 5, to consist of the number of packages or units which is applicable for the purposes of the said Rule 5 as between the Charterers and such other person(s);

c) where by operation of law the liability of the Charterers to any other person is subject to Article IV Rule 5 of the Hague Rules as amended by the Carriage of Goods by Sea Act 1971, or similar legislation (The Hague Visby Rules) the Owners' liability to the Charterers shall be subject to Article IV Rule 5 as so amended.

10.6. The liability of the Owners and the Containership for any loss of or damage to or in connection with a container owned or hired by the Charterers shall not in any event exceed the cost of repair or the market value of the container at the time of such loss or damage, whichever is the less, and the Owners and the Containership shall not in any event be liable for any damage to a container which does not exceed US $ 300 on any one voyage[18].

10.7. Subject as aforesaid and subject to sub-clause 10.9. the Charterers[19] will be responsible for the proper and careful receipt, loading, handling, stowage, discharge and delivery of the goods and containers and shall pay all sums relating to such operations and shall be liable for all loss or damage (including loss or damage to the Containership) caused to the Owners by the improper or careless performance of such operations.

10.8. The Charterers shall to the extent provided in sub-clause 10.9. indemnify the Owners against any expenses, liabilities, loss, damage, claims or demands which the Owners may incur or suffer by reason of any failure to comply with any relevant laws, regulations, directions or notices of customs, port and any other authorities, or by reason of any infestation, contamination or condemnation or damage or loss arising from any act, neglect or default of the consignors or consignees of any goods or containers which are the subject of this Charterparty, their servants or agents.

The indemnity provided in this sub-clause shall extend to any loss suffered by the Owners in procuring, by whatever means the Owners consider appropriate, the release of the Containership where the Containership has been arrested either

a) by virtue of any act done or omitted to be done by the Charterers or

b) in circumstances where, but for the fact that the Containership was chartered to Charterers, such arrest would not have occurred,

unless the arrest follows from an event for which the Owners are responsible under this Charterparty or otherwise.

10.9. The liability of the Charterers for loss or damage of whatsoever nature and howsoever arising in connection with this Charterparty (even if such liability arises wholly or in part by reason of the act, neglect or default of the Charterers or of their servants, agents or sub-contractors) shall not in any event exceed the amount (if any) recoverable by the Charterers from any third party in connection with such liability, but the Charterers shall take all reasonable steps to recover such amount and shall account therefor to the Owners. For this purpose the Charterers' insurers shall not be considered as third parties. Notwithstanding the above, the provisions of this sub-clause shall not operate in respect of the indemnity under sub-clause 10.8. relating to the arrest of the Containership.

10.10. The Owners[20] undertake that no claim or allegation shall be made against the Charterers by any person other than the Owners which imposes or attempts to impose upon the Charterers any liability whatsoever arising from loss or damage to the Containership, whether for actual loss or consequential loss and whether or not arising as a result of negligence on the part of the Charterers and, if any such claim or allegation should nevertheless be made, to indemnify the Charterers against all consequences thereof.

10.11. Nothing in this Charterparty shall prejudice or deprive the Owners of their rights of limitation or exclusion of liability under any applicable or relevant law[21].

10.12. The Owners shall maintain the Containership's class and container carrying capacity throughout the period of this Charterparty, unless otherwise mutually agreed[22].

11. Sub-Contractors

In this Charterparty the expression „sub-contractor" shall include direct and indirect sub-contractors and their respective servants and agents.

12. General Average[23]

General Average shall be settled according to the York Antwerp Rules 1994. Owners' remuneration shall not contribute to General Average. The Owners authorize and empower the Charterers to act as the agents of the Owners in settlement of General Average. The Charterers shall guarantee the contributions properly due to the Owners in respect of

a) goods for which the Charterers are Principal Carrier under a bill of lading or contract of affreightment unless delivered to the consignee prior to notice being given by the Owners to the Charterers that General Average security is required and

b) containers owned or hired by the Charterers.

13. Salvage[24]

The Charterers shall be entitled to the percentage, as agreed for the voyage under clause 1, of all salvage and assistance to other vessels after deducting the Master's and crew's proportion and all legal and other expenses including a reasonable sum for the time lost in salvage and the cost of repairing damage incurred in the salvage to the extent not recoverable from hull insurers. The Charterers shall be bound by all measures taken by the Owners in order to secure payment of salvage and to fix its amount.

14. Deck Carriage

Goods and containers may be carried on deck and shall contribute in General Average whether carried on or under deck.

15. No Assignment

The Charterers shall not assign this Charterparty. The Charterers shall not sublet any space or part thereof unless otherwise agreed.

16. Law and Arbitration[25]

16.1. This Charterparty shall be governed by and construed in accordance with the laws of England.

16.2. Any dispute or claim arising under, out of, or in connection with this Charterparty shall at the request of either party be referred to arbitration in London to a single arbitrator to be appointed by agreement or failing such agreement within 14 days of such reference to three arbitrators, one to be appointed by each party and the third by the first two arbitrators so chosen provided always that not less than 30 days' written notice of intention to refer the matter to arbitration specifying the nature of the dispute or claim shall have been delivered by the party requesting arbitration to the other party. Any such arbitration shall be in accordance with the Arbitration Acts 1950 and 1979 or any statutory modification thereof for the time being and the arbitrator's award shall be final and binding upon the parties.

16.3. To the extent permitted by the Arbitration Act 1979, the parties exclude the jurisdiction under sections 1 and 2 of the Act of the High Court of Justice in England.

Schrifttum: Bes, Chartering and Shipping Terms, Handbuch für Tramp- und Linienschiffahrt, 1956; *Herber,* Das neue Haftungsrecht der Schiffahrt, 1989; *Herber,* Seehandelsrecht – Systematische Darstellung, 1999; *Kühl,* Schiedsgerichtsbarkeit im Seehandel, 1990; *Puttfarken,* Kommentierung zu § 452 HGB in Münchener Kommentar Handelsgesetzbuch, Aktualisierungsband zum Transportrecht, 2000; *Rabe,* Seehandelsrecht, 4. Aufl. 2000; *Röhreke,* Die X-CP, Schriften des deutschen Vereins für Internationales Seerecht, Reihe A, Heft 55 (1985); *Stahl,* Die Zeitcharter nach englischem Recht, 1989.

2. Cross Charterparty

Übersicht

	Seite
1. Cross Charterparty	983–984
2. Owners and Charterers	984
3. Space Allocation and Period	984–985
4. Lawful Goods in Lawful Trades	985
5. Institute Warranty Limits	985
6. Safe Ports; always Afloat	985
7. Seaworthy Containers of Standard Sizes and Specifications; uncontainerized Goods and Live Animals	985
8. Dangerous Goods	985–986
9. Remuneration	986
10. Owners' Expenses	986
11. Voyage and Deviation	986–987
12. Opening Containers	987
13. Access to Logs	987
14. Charterers' Obligations	987
15. Indemnity and Agency	987–990
16. Owners' Responsibilities and Liabilities	990
17. Exemptions	990–992
18. Loss of or Damage to Container	992
19. Charterers' Responsibilities and Liabilities	992–993
20. Owners' Indemnity	993
21. Limitation of Liability for Maritime Claims	993
22. Maintenance of Class and Container Carrying Capacity	993
23. General Average	993–994
24. Salvage	994
25. Law and Arbitration	994–995

Anmerkungen

1. Cross Charterparty. Die *Cross Charterparty (CCP)* hat sich in der Praxis als weitgehend standardisiertes Vertragsdokument für die Überlassung von Containertransportkapazität zwischen Reedern herausgebildet, die einen gemeinsamen Liniendienst in der Form eines Konsortiums betreiben (zum im einzelnen umstrittenen Rechtsbegriff des Konsortiums vgl. die Gruppenfreistellungsverordnung Nr. 870/95 der Europäischen Kommission für Konsortien, AblEG 1995 Nr. L 89/7). Die Grundlagen der Zusammenarbeit regelt dabei ein Konsortialvertrag (sog. *Operating Agreement*). Die CCP wird regelmäßig als Anhang zum Konsortialvertrag vereinbart. Ihre Bezeichnung leitet sich aus dem Gegenseitigkeitsverhältnis ab, in dem die Konsortialpartner sich wechselseitig Schiffsraum zur Verfügung stellen.

Die im Konsortium zusammenarbeitenden Reeder bilden mit ihren Schiffen eine Konsortialflotte für einen Gemeinschaftsdienst in ein bestimmtes Fahrtgebiet. Die Schiffe bedienen die im Konsortialvertrag festgelegten Häfen des Fahrtgebiets nach einem abgestimmten regelmäßigen Fahrplan. Um eine bestmögliche Ausnutzung ihrer Schiffe zu erreichen, stellen sich die Konsortialpartner auf allen Schiffen der Flotte wechselseitig Containerstellplätze (sog. *Slots*) zur Verfügung. Die Maßeinheit, in der die Transportkapazität ausgedrückt wird, ist dabei die sog. TEU *(Twenty Foot Equivalent Unit)*, die einem Standardcontainer von 20 Fuß Länge entspricht. Jeder Partner ist berechtigt, auf jedem Schiff der Konsortialflotte in demjenigen Umfang Stellplätze zu belegen, wie er durch seine Schiffe selbst anteilig zur Containerkapazität der Gesamtflotte beiträgt. Dieses Prinzip, bei dem wirtschaftlich ein Naturaltausch von Stellplätzen, rechtlich eine frachtvertragliche Überlassung von Slots aufgrund der CCP stattfindet, wird schlagwortartig als *what you put in, you get out* bezeichnet. Die Zusammenarbeit im Konsortium führt für die Reeder wie für die Verlader zu technischen, operativen und wirtschaftlichen Vorteilen wie einer größeren Fahrplandichte, einer erhöhten Angebotsqualität, einer besseren Nutzung des Schiffsraums, Kostenentlastungen etc.

Dennoch beschränkt sich die Zusammenarbeit im Konsortium nicht mehr nur auf die Schiffssysteme. Sie erstreckt sich vielmehr zunehmend auch auf landseitige Systeme der Containerlogistik. Während die Kosten für den reinen Seetransport nur noch etwa 20–30% der Gesamtkosten betragen, liegt der Anteil der Containerlogistik heute bei mehr als einem Drittel des Gesamtaufwandes einer Containerlinienreederei. Die Containerlogistik versucht insbesondere, durch Steuerung der Containerumläufe sog. *imbalances* auszugleichen, also das kostenträchtige Be- und Entladen von leeren und deshalb unproduktiven Containern und deren Leertransporte von einer Weltregion in eine andere zu reduzieren. Im Rahmen der landseitigen Kooperation von Konsortialpartnern kommen daher zB. in Betracht die Beschaffung von Containern, der Betrieb gemeinsamer Container-Depots, der Einkauf von LKW-, Bahn- und Binnenschiffskapazitäten, der Tausch von Transportpritschen und theoretisch der in der Praxis bisher allerdings aus Marketinggründen nicht realisierte Tausch neutraler Container-Boxen.

Die Frachtakquisition und Vermarktung der ihm zur Verfügung stehenden Slots betreibt dagegen jeder Konsortialpartner auf eigene Rechnung. Das moderne Konsortium bildet daher im allgemeinen weder einen Frachten-, Kosten- oder Ergebnispool, bei dem die Partner die Frachteinnahmen, Kosten oder Erträge untereinander aufteilen, noch setzt es selbst Frachtraten fest. Die Ratenbildung fällt innerhalb der jeweils geltenden Konferenztarife ausschließlich in die Kompetenz des einzelnen Reeders (vgl. zu den unterschiedlichen Integrationsgraden von Konsortien *Röhreke*, Die X-CP, Schriften des Deutschen Vereins für Internationales Seerecht, Reihe A, Heft 55 (1985), S. 3 ff.).

2. Owners and Charterers. Parteien der CCP sind der Reeder des Schiffes, auf dem Transportraum zur Verfügung gestellt wird, und der Stellplatznutzer. Der Reeder heißt in der englischen Rechtsterminologie *Owner,* er ist der Schiffseigentümer (ebenso für das deutsche Recht § 484 HGB). Ist der Betreiber des Schiffes nicht dessen Eigentümer, setzt er das Schiff aber für eigene Rechnung ein und verfügt er über die Schiffsführung, gilt der Nichteigentümer als *Disponent Owner* im Außenverhältnis als Reeder. Er ist sog. Ausrüster, dem im Verhältnis zu Dritten, also auch gegenüber dem Stellplatznutzer, alle Rechte und Pflichten eines Reeders zustehen (vgl. für das deutsche Recht § 510 HGB).

Der Stellplatznutzer, der zugleich Konsortialpartner des Reeders ist (s. oben Anm. 1), mietet die Slots nicht lediglich zum Beschicken mit Containern, sondern kontrahiert mit dem Reeder „for the carriage of goods and containers". Den Reeder trifft somit eine Beförderungspflicht. Die CCP ist daher Raumfrachtvertrag in der Form der sog. Slot Charter (vgl. *Rabe,* Seehandelsrecht, 4. Auflage 2000, § 556 HGB Rdnr. 2). Der Stellplatznutzer ist deshalb Charterer.

3. Space Allocation and Period. Die Überlassung der Stellplätze an den Charterer erfolgt zum Zwecke der Schiffsbeförderung von containerisierter Ladung. Der Begriff des *Containership* wird im Konsortialvertrag hinsichtlich technischer Schiffsmerkmale im einzelnen definiert. Grundsätzlich fällt darunter jedes Schiff der Konsortialflotte.

Auf Verlangen ist der Reeder verpflichtet, dem Charterer für einzelne Reisen oder für einen bestimmten Zeitraum geltende Ausfertigungen der CCP zu erteilen. Im Konsortialvertrag heißt es daher zumeist: „The provision of space shall be done in accordance with the terms of the Cross Charterparty set out in Schedule ...... and each Line undertakes when called upon to sign a Charterparty in those terms". In der Praxis des Containerverkehrs ist dies allerdings unüblich.

Laufzeit und Kündigungsfrist der CCP stimmen grundsätzlich mit den entsprechenden Klauseln des Konsortialvertrages überein. Es können aber kürzere Fristen als im Konsortialvertrag selbst vereinbart werden, weil das sog. *sailing schedule,* also die Zahl der

Schiffsreisen, von den Konsortialpartnern zumeist nur für 6 Monate im Voraus festgelegt wird. Dem Charterer soll dadurch die Dispositionsfreiheit erforderlichenfalls durch Kündigung nur der CCP erhalten bleiben.

4. Lawful Goods in Lawful Trades. Die Verpflichtung des Charterers, nur „lawful goods in lawful trades" befördern zu lassen, dient dem Schutz des Reeders, dessen Schiff keinen Verfügungen von hoher Hand wie zB. Beschlagnahmen ausgesetzt werden soll. Die *lawfulness* bestimmt sich dabei nach den rechtlichen Bestimmungen sowohl des Lade- als auch des Löschhafens. Untersagt ist dem Charterer daher etwa der Transport von Schmuggelgut, Konterbande, Drogen oder – in jüngster Zeit von zunehmender Bedeutung – Embargoware.

5. Institute Warranty Limits. Das Schiff darf nur innerhalb der *Institute Warranty Limits* eingesetzt werden. Nach den Institute Warranties, die vom Technical and Clauses Committee of the Institute of London Underwriters für den englischen Seeversicherungsmarkt festgelegt wurden, sind bestimmte Regionen, insbesondere die Arktis und Antarktis, aber auch die Großen Seen in Nordamerika von der versicherten Seeschiffahrt – jedenfalls ohne Entrichtung zusätzlicher Risikoprämien – ausgeschlossen (zum Wortlaut der Institute Warranties s. *Bes*, Chartering and Shipping Terms, Handbuch für Tramp- und Linienschiffahrt, 1956, Anhang IV).

6. Safe Ports; always Afloat. Die von dem Containerschiff im Zuge des Liniendienstes anzulaufenden Häfen werden von den Vertragsparteien im Konsortialvertrag festgelegt (s. oben Anm. 1). Diese Häfen müssen geographisch, navigatorisch und politisch sicher sein (vgl. zum Begriff des *safe port Rabe* § 560 HGB Rdnr. 3–31; *Stahl*, Die Zeitcharter nach englischem Recht, 1989, S. 64 ff.). Schließlich muß das Schiff in den zu bedienenden Häfen im beladenen Zustand eine ausreichende Wassertiefe vorfinden (vgl. zur *always afloat*-Klausel *Rabe* § 560 HGB Rdnr. 35).

7. Seaworthy Containers of Standard Sizes and Specifications; uncontainerized Goods and Live Animals. Die CCP gilt grundsätzlich nur für containerisierte Ladung in seetauglichen Containern, die als 20'- bzw. 40'-Container dem Internationalen Übereinkommen über sichere Container vom 2. 12. 1972 (BGBl. 1976 II 253; neu bekanntgemacht am 2. 8. 1985, BGBl. II 1009) sowie den ISO-Standards entsprechen müssen, um die technische Kompatibilität mit dem Schiffssystem zu gewährleisten. Uncontainerisierte Ladung fällt nur aufgrund besonderer Vereinbarung zwischen Charterer und Reeder unter die Beförderungspflicht. Hierfür kommen insbesondere solche Güter in Betracht, die aufgrund ihrer Abmessungen nicht in Container passen (zB. Lokomotiven, Waggons, Boote, Schiffsschrauben, Stahlträger, Bauteile etc.) und daher an Deck verladen werden. Decksverladung ist nach Klausel 14 grundsätzlich zulässig. Der Reeder wird seine Zustimmung zur Verfrachtung uncontainerisierter Ladung aber häufig mit weitergehenden Haftungsausschlüssen verbinden. Dasselbe gilt für den stets risikoreichen Transport lebender Tiere.

8. Dangerous Goods. Gefährliche Güter sind solche, die aufgrund ihrer Beschaffenheit geeignet sind, das Schiff, seine Besatzung, die übrige Ladung oder Dritte zu gefährden (vgl. zum Gefahrgutbegriff im einzelnen *Rabe* § 564b HGB Rdnr. 2–7 mwN.). Darunter fallen insbesondere Stoffe und Gegenstände gemäß den Begriffsbestimmungen für die Klassen 1–9 des von der International Maritime Organization veröffentlichten International Maritime Dangerous Goods Code (jetzt idF. des 30. Amendment vom Mai 2000 – bisher nur in englischer Sprache – in Kraft seit 1. 1. 2001; s. dazu die Bekanntmachung des Bundesministeriums für Verkehr, Bau- und Wohnungswesen vom 13. 11. 2000, BAnz. Nr. 227 vom 2. 12. 2000, S. 22746, sowie den noch nicht auf dem Stand des 30. Amendment befindlichen IMDG-Code deutsch, BAnz. Nr. 45a vom 6. 3. 1999 und BAnz. Nr. 104a vom 10. 6. 1999). Nationale Rechtsvorschriften können den Begriff des Gefahrgutes über den IMDG-Code hinaus erweitern (zB. § 2 GefahrgutVO See vom 4. 3. 1998, BGBl. I 419; zu öffentlich-rechtlichen Gefahrgutvorschriften des englischen Rechts s. *Stahl* S. 59 f.).

Für Gefahrguttransporte sind daher gemäß Klausel Ziff 2.1 (c) die Vorschriften des Flaggenstaates, des Lade- und Löschhafens sowie der Durchfahrtszonen (zB. Suez- und Panama-Kanal) und der Zwischenhäfen zu beachten. Dies setzt eine sorgfältige Prüfung durch den Reeder vor Annahme des Frachtauftrages voraus.

Die großen Linienreedereien haben deshalb für die Buchung von Gefahrguttransporten Fachabteilungen eingerichtet, die über das notwendige naturwissenschaftliche, technische und juristische Know-how verfügen, nach einem festgelegten Verfahren über die Annahme von gefährlicher Ladung entscheiden und sich um die Dokumentation sowie die Durchführung des Transportes kümmern (s. dazu § 9 GefahrgutVO See). Entsprechendes gilt für die Beförderung spaltbaren Materials (vgl. dazu *Rabe* § 564b HGB Rdnr. 10). Sie ist für den Reeder versicherungsrechtlich besonders problematisch, wenn die Verladung in einem Staat erfolgt, der nicht Mitglied des Pariser Atomhaftungsübereinkommens vom 29. 7. 1960 (BGBl. 1976 II 310) und des Brüsseler Kernmaterial-Seetransport-Übereinkommens vom 17. 12. 1971 (BGBl. 1975 II 1026) ist, so daß die Haftung nicht auf den Betreiber der Kernanlage gelenkt werden kann, aus dem das radioaktive Material stammt.

Der Charterer hat den Reeder gemäß Klausel 2.2 von allen Folgen freizuhalten, die aus der Verletzung von Gefahrgutvorschriften durch den Charterer selbst, seine Hilfspersonen und seinen Auftraggeber, den Befrachter, entstehen. Entsprechend dem Gedanken der Risikoteilung im Konsortium haftet der Charterer dem Reeder gemäß Klausel 10.9 allerdings nur, wenn und soweit er sich bei einem Dritten, der den Verstoß im Innenverhältnis zum Charterer zu vertreten hat, im Wege des Rückgriffs erholen kann (vgl. dazu unten Anm. 15 und 19).

Ladung, die nach Auffassung des Reeders das Schiff, seine Besatzung und die übrige Ladung gefährden kann, also noch nicht notwendigerweise bereits eine konkrete Gefahr hervorgerufen hat, kann nach Klausel 2.3 jederzeit gelöscht, vernichtet oder in sonstiger Weise unschädlich gemacht werden, ohne daß dem Charterer hierfür eine Entschädigung zusteht (vgl. hierzu mit allerdings engeren Voraussetzungen Art. IV Abs. 6 Haager Regeln). Opfert der Kapitän gefährliche Ladung zur Rettung von Schiff und/oder Ladung aus einer gemeinsamen Gefahr (sog. große Haverei, vgl. für das deutsche Recht § 700 HGB), erhält der Charterer von den geretteten Werten keine Vergütung.

9. Remuneration. Obwohl wirtschaftlich ein Stellplatztausch in natura stattfindet, ist eine Regelung der Vergütung erforderlich, weil nach englischem Recht eine bindende vertragliche Verpflichtung nur dann wirksam begründet wird, wenn einer versprochenen Leistung eine Gegenleistung *(consideration)* gegenübersteht. Die Vergütung erfolgt aber nicht durch Geldzahlung, sondern durch die Zurverfügungstellung von Containerstellplätzen auf anderen Schiffen der Konsortialflotte. Häufig heißt es daher ergänzend im Konsortialvertrag selbst: „The consideration for each Line's utilization of space shall be that Line's contribution of space".

10. Owners' Expenses. Zu Lasten des Reeders gehen alle mit dem Schiffsbetrieb zusammenhängenden Kosten (zB. Heuern, Bunker, Versicherungsprämien, Hafen- und Kanalgebühren, Schlepper etc.). Ladungsbezogene Kosten (zB. Stau- und Umschlagkosten, Lagergelder, Zölle etc.) trägt dagegen der Charterer (s. Klausel 10.7).

11. Voyage and Deviation. Der Reiseweg des Containerschiffes wird grundsätzlich durch die Nennung der anzulaufenden Häfen im Konsortialvertrag festgelegt. Für den Reiseweg zwischen diesen Häfen haben sich übliche Schiffahrtsrouten ergeben. Eine Abweichung vom Reiseweg (Deviation) ist gerechtfertigt zur Rettung oder dem Versuch der Rettung von Leben oder Eigentum zur See oder wenn dies sonst gerechtfertigt *(reasonable)* ist (vgl. Art. IV Abs. 4 Haager Regeln; für das deutsche Recht § 636a HGB). Zur Frage der *reasonable deviation* besteht eine umfangreiche, insbesondere englische Rechtsprechung, wobei letztere nicht nur den seemännischen, sondern auch den kaufmännischen Aspekt bei der Ermittlung der *reasonableness* betont (s. den Überblick bei *Rabe* § 636a HGB Rdnr. 8–10 und 16–19).

Verneint das (tendenziell engere) englische Recht eine gerechtfertigte Deviation, hat der Reeder den Charterer von Ansprüchen des Befrachters zB. wegen zusätzlicher Weiter- oder Rückbeförderungskosten sowie ggfs. Verspätungsschäden freizuhalten, sofern der Charterer der Abweichung vom Reiseweg nicht zugestimmt hat. Gegen diese Folgen kann sich der Charterer durch eine Deviationsversicherung schützen.

12. Opening Containers. Der Reeder ist vertraglich nicht verpflichtet, den Inhalt der ihm vom Charterer zur Beförderung übergebenen Container zu überprüfen. Er kann insoweit vielmehr auf die Ladungsangaben des Charterers vertrauen (vgl. Klausel 8.1). Aus Gründen der Ladungsfürsorge kann sich jedoch – insbesondere bei Gefahrguttransporten (vgl. § 14 GefahrgutVO See) – die Notwendigkeit des Öffnens eines Containers oder einer sonstigen Verpackung und der Besichtigung des Inhalts ergeben. Die vertragliche Befugnis hierfür räumt Klausel 6 dem Reeder ein, der den Charterer von einer etwa vorgenommenen Öffnung und Inspektion aber unverzüglich zu unterrichten hat.

13. Access to Logs. Die Pflicht zum Führen von Seetagebüchern (Schiffs- und Maschinentagebuch) war im deutschen Recht bisher durch die SeetagebuchVO vom 8. 2. 1985 (BGBl. I 306) und ist jetzt durch § 6 Abs. 3 des Gesetzes zur Anpassung der technischen und steuerlichen Bedingungen in der Seeschiffahrt an den internationalen Standard (Seeschiffahrtsanpassungsgesetz) vom 9. 9. 1998, BGBl. I 2860, öffentlich-rechtlich geregelt. Daneben ordnet der Reeder im eigenen Interesse kraft seines Direktionsrechts regelmäßig Aufzeichnungen über die Ladungsfürsorge, insbesondere bei Gefahrgut (vgl. § 14 GefahrgutVO See), Kühlcontainern und belüfteten Containern an. In derartige Unterlagen hat der Charterer etwa zur Feststellung einer Schadensursache, zur Ermittlung der Gründe für eine Deviation etc. ein Einsichtsrecht.

14. Charterers' Obligations. Der Charterer ist verpflichtet, dem Reeder auf Anforderung vollständige und zutreffende Auskunft über die Ladung zu geben. Derartige Informationen können sich auf Abmessungen und Gewicht beziehen, die der Reeder für seine Stauplanung benötigt, auf Temperaturdaten für Kühlladung oder die Gefahrgut- oder Kriegswaffeneigenschaft von Gütern.

Für aus unvollständigen oder fehlerhaften Angaben resultierende Schäden haftet der Charterer gegenüber dem Reeder ohne Verschulden *(warranty)*, aufgrund der Risikoteilung im Konsortium aber nur, wenn und soweit er selbst bei Dritten, insbesondere beim Befrachter, Regreß nehmen kann (vgl. Klausel 10.9 und unten Anm. 15 und 19).

Das Laden, Stauen und Löschen seiner Container ist nach Klausel 10.7 Sache des Charterers. Allerdings hat der Kapitän weiterhin die Verantwortung für die Seetüchtigkeit des Schiffes. Er oder sein Ladungsoffizier können dem Charterer daher Weisungen zu Ort und Zeit der Stauung erteilen, die der Charterer zu befolgen hat. Von den Folgen fehlerhafter Weisungen des Kapitäns oder Ladungsoffiziers ist der Charterer entlastet (vgl. dazu im einzelnen *Rabe* § 606 HGB Rdnr. 13–19). Die Haftung hierfür trifft den Reeder, der den Charterer insoweit von Ansprüchen der Ladungsbeteiligten freizuhalten hat.

15. Indemnity and Agency. Der Charterer hat den Reeder und dessen Leute *(servants)*, Vertreter *(agents)*, Erfüllungsgehilfen *(subcontractors)* und das Schiff von allen Ansprüchen Dritter wegen Ladungsschäden freizuhalten. Das Schiff wird in Klausel 9.1 gesondert erwähnt, weil nach englischem Recht eine dingliche actio in rem gegen das Schiff möglich ist. Alleiniger Anspruchsgegner des Reeders für Ladungsschäden soll der Charterer sein, dem vertragliche Ersatzansprüche aufgrund der CCP zustehen, während die Geltendmachung deliktischer Schadenersatzansprüche dritter Ladungsbeteiligter, die zu dem Reeder keine vertragliche Bindung haben, ausgeschlossen werden. Da der Charterer und der Reeder untereinander die Anwendbarkeit der Haftungsbeschränkungen der

Haager Regeln auf die Ersatzansprüche des Charterers nach der CCP vereinbart haben (vgl. Klausel 10.1 bis 10.5; unten Anm. 16 und 17), haftet der Reeder nur in dem Umfang, in dem er nach den Haager Regeln auch eintreten müßte, wenn er selbst im Verhältnis zu den Ladungsbeteiligten Verfrachter wäre (vgl. für das deutsche Recht § 485 S. 2 HGB).

Die Freihalteverpflichtung des Charterers gegenüber dem Reeder gilt aufgrund der Verweisung auf Klausel 10.9 allerdings nur, wenn und soweit der Charterer wegen eines eingetretenen Schadens seinerseits bei einem Dritten (zB. seinen eigenen Hilfspersonen oder dem Befrachter) Rückgriff nehmen kann. Ist dies nicht der Fall, ist der Charterer mit Ausnahme des Arrestes (vgl. Klausel 10.9 aE. und unten Anm. 19) von jeder Haftung frei. Der Reeder haftet dann für den Schadenseintritt alleine, und zwar auch, wenn der Charterer selbst den Schaden schuldhaft verursacht hat (zB. durch falsche Angaben über die Beschaffenheit der Ladung, etwa inkompatible Gefahrgüter). Die darin scheinbar liegende Privilegierung des Charterers ist aus dem Gegenseitigkeitsverhältnis der Konsortialpartner zu verstehen: dem Reeder kommt dieselbe Haftungsbefreiung zugute, wenn er selbst in der Rolle des Charterers seine Container auf einem anderen Schiff der Konsortialflotte befördert, das der hiesige Charterer bereedert.

Der Charterer erfüllt seine Freihalteverpflichtung, indem er als Verfrachter mit den Ladungsbeteiligten zB. in seinen Konnossementsbedingungen entsprechende Haftungsfreizeichnungen zugunsten des Reeders vereinbart. Die typische Indemnity-Klausel im Konnossement lautet:

> „The Merchant undertakes that no claim or allegation shall be made against any Person whomsoever by whom the Carriage is performed or undertaken (including all Sub-Contractors of the Carrier), other than the Carrier, which imposes or attempts to impose upon any such Person, or any vessel owned by any such Person, any liability whatsoever in connection with the Goods or the Carriage of the Goods, whether or not arising out of negligence on the part of such Person and, if any such claim or allegation should nevertheless be made, to indemnify the Carrier against all consequences thereof."

Merchant im Sinne dieser Klausel sind der Befrachter/Ablader sowie aufgrund des Konnossementsverhältnisses auch der Ladungsempfänger, *Carrier* ist der vertragliche Beförderer, also der Verfrachter, der gleichzeitig wiederum der Charterer der Stellplätze unter der CCP ist. Ansprüche wegen Ladungsschäden sollen somit von den Ladungsbeteiligten ausschließlich gegen den Verfrachter erhoben werden, der dann seinerseits nach der CCP gegen den Reeder vorgehen kann (vgl. *Röhreke* S. 24 f.). Man spricht insoweit von einer *circular indemnity*, durch die die Haftung für Ladungsschäden im Ergebnis über den Charterer vertraglich auf den Reeder kanalisiert wird (vgl. dazu *Röhreke* S. 15 ff.).

Um zu vermeiden, daß der Reeder über die Geltendmachung von Ansprüchen des Charterers gegen die Leute, Vertreter und Erfüllungsgehilfen des Reeders infolge deren möglicher interner Freistellungsansprüche mittelbar zu einer Haftung ohne die nach Klausel 10 vereinbarten Beschränkungen der Haager Regeln herangezogen wird, verbietet Klausel 9.2 dem Charterer eine unmittelbare Inanspruchnahme dieses Personenkreises (sog. „Himalaya-Klausel"; vgl. dazu im einzelnen *Rabe* § 607a HGB Rdnr. 7–14; *Herber*, Das neue Haftungsrecht der Schiffahrt, 1989, S. 198 ff.). Da dem Charterer ein Regreß gegen die Hilfspersonen des Reeders untersagt ist, andererseits die Freihalteverpflichtung des Charterers gegenüber dem Reeder nach Klausel 9.1 in Verbindung mit Klausel 10.9 dann mangels Regreßmöglichkeit nicht eingreift, haftet der Reeder im Außenverhältnis gegenüber Ladungsbeteiligten alleine, wenn die Schadensursache durch eine Handlung, Unterlassung oder Versäumnis von ihm oder seinen Hilfspersonen gesetzt worden ist. Auch dann bleiben ihm jedoch die Haftungsbeschränkungen der Haager Regeln erhalten.

Dieses Ergebnis wird über die Klausel 9.3 erreicht, über die der Reeder, der weder Partei des Frachtvertrages noch des Konnossementsverhältnisses ist, in den Schutzbereich der beschränkten Verfrachterhaftung nach den Haager Regeln einbezogen wird.

2. Cross Charterparty

Während dies nach deutschem Recht über die Figur des Vertrages mit Schutzwirkung für Dritte, den Reeder, möglich wäre, bedarf es hierfür nach englischem Recht einer Bevollmächtigung des Charterers, in seinen Konnossementsbedingungen Haftungsbeschränkungen auch für den Reeder zu vereinbaren (vgl. *Röhreke* S. 17 f.). Diese Bevollmächtigung enthält Klausel 9.3.

Die auf ihrer Grundlage typischerweise vereinbarte Konnossementsbestimmung lautet (im Anschluß an die vorstehend zitierte Indemnity-Klausel):

„Without prejudice to the foregoing, every such Person shall have the benefit of every right, defence, limitation and liberty of whatsoever nature herein contained or otherwise a available to the Carrier as if such provisions were expressly for his benefit; and in entering into this contract, the Carrier, to the extent of these provisions, does so not only on his own behalf but also as agent and trustee for such Persons."

Klausel 9.3 ermächtigt den Charterer aber nicht zur Verwendung sog. *Identity of Carrier*-Klauseln, nach denen der vom Charterer als Verfrachter mit dem Befrachter abgeschlossene Frachtvertrag in toto als Vertrag mit dem Reeder gelten soll (vgl. zur Identity of Carrier-Problematik nach deutschem und englischen Recht *Rabe* § 642 HGB Rdnr. 7–13).

Ist der Frachtvertrag zwischen dem Befrachter und dem Charterer als Verfrachter ein Multimodalvertrag, der deutschem Recht unterliegt, kann der Reeder als ausführender Frachtführer *(actual carrier)* nach §§ 452, 437 HGB idF. des am 1. 7. 1998 in Kraft getretenen Transportrechtsreformgesetzes allerdings einem Direktanspruch des Befrachters ausgesetzt sein (*Rabe* § 642 HGB Rdnr. 12 aE.; im einzelnen *Ramming*, Die Haftung des ausführenden Frachtführers nach § 437 HGB, TranspR 2000, 277 ff.). Gemäß § 437 Abs. 3 HGB haftet er neben dem vertraglichen Frachtführer (i. e. der Verfrachter/Charterer) als Gesamtschuldner. Die gesetzliche Höchstbetragshaftung nach dem vereinheitlichten deutschen Transportrecht beträgt 8,33 Sonderziehungsrechte pro Kilogramm (§ 431 Abs. 1 HGB). Sie ist damit deutlich schärfer als die in Klausel 10.5 der CCP zwischen Reeder und Charterer vereinbarte Haftung nach den Haager bzw. Haager-Visby-Regeln mit 666,67 Sonderziehungsrechten je Container bzw. 2 Sonderziehungsrechten pro Kilogramm. § 437 Abs. 1 S. 2 HGB ordnet jedoch an, daß Haftungserweiterungen, die der vertragliche Frachtführer mit dem Befrachter bzw. Ablader vereinbart, also zB. die Haftung nach deutschem Einheitsfrachtrecht, zu Lasten des ausführenden Frachtführers, also des Reeders, nur gilt, wenn dieser der Haftungserweiterung schriftlich zugestimmt hat (vgl. *Rabe* § 485 HGB Rdnr. 71; *Herber*, Seehandelsrecht, 1999, S. 363).

In der Praxis wird die Situation dadurch entschärft, daß große deutsche Containerreedereien von der sog. Korridorlösung des § 449 Abs. 2 S. 2 Nr. 1 HGB Gebrauch gemacht und ihre Haftung als Frachtführer/Verfrachter gegenüber dem Absender/Befrachter in ihren Konnossementsbedingungen auf 2 Sonderziehungsrechte pro Kologramm beschränkt haben. Sowohl der vertragliche Frachtführer (i. e. der Verfrachter/Charterer) als auch der Reeder als ausführender Frachtführer stehen sich dadurch sogar besser, als wenn sie nach Seefrachtrecht haftteten (vgl. *Looks*, Der multimodale Transportvertrag nach dem TRG, VersR 1999, 31 ff. (34 f.), sowie kritisch zur Wirksamkeit einer derartigen pauschalen Haftungsreduzierung jedenfalls bei überwiegender Seeteilstrecke im Rahmen multimodaler Transporte *Ramming*, Zur Abdingbarkeit des Höchstbetrages der Haftung des Frachtführers nach neuem Frachtrecht – unter besonderer Berücksichtigung multimodaler Beförderungen, die eine Seeteilstrecke umfassen, VersR 1999, 1177 ff. (1188 ff.); s. auch *Herber*, Seehandelsrecht, S. 363, für eine Haftung des ausführenden Frachtführers stets nach Seefrachtrecht bei bekanntem Schadenseintritt auf seiner Seeteilstrecke).

Ein möglicher Direktanspruch des Befrachters gegen den Reeder als *actual carrier* nach § 437 HGB wird durch die Indemnity-Klausel aber nicht ausgeschlossen. Ein Ausschluß des Direktanspruchs kann nach § 449 Abs. 2 S. 1 HGB nur durch Individualvereinbarung zwischen Befrachter und Verfrachter/Charterer, nicht dagegen durch Konnossementsbedingungen und damit AGB-mäßig vereinbart werden. In den Fällen bestehenden Direktanspruchs wird die Haftung also ohne Umweg über den Charterer bereits von Gesetzes wegen auf den Reeder kanalisiert. Die Freihalteverpflichtung des Charterers hat dann nur im vertraglichen Innenverhältnis gegenüber dem Reeder Bedeutung.

Die Klauseln 9.4 und 9.5 enthalten Einschränkungen bzw. Erweiterungen der Freihalteverpflichtung des Charterers. Nach Klausel 9.4 braucht der Charterer den Reeder nicht von der Beitragspflicht der geretteten Werte nach den York Antwerp Rules 1994, einem privaten Bedingungswerk für die große Haverei, freizuhalten (zu den York Antwerp Rules vgl. *Rabe* Anhang § 733 HGB mit Textabdruck).

Klausel 9.5 bezieht in dem Falle, daß das eingesetzte Containerschiff nicht dem Reeder gehört, sondern von ihm eingechartert ist, auch den Schiffseigentümer in die Freihalteverpflichtung des Charterers mit ein. Auch ihm kommen wegen der entsprechenden Anwendung der Klausel 9.3 die Haftungsbeschränkungen der Haager Regeln zugute, etwa wenn Ladungsbeteiligte deliktische Ansprüche gegen den Schiffseigentümer geltend machen.

16. Owners' Responsibilities and Liabilities. Klausel 10 grenzt die Verantwortungsbereiche von Reeder und Charterer in ihrem Innenverhältnis unter der CCP nach Risikosphären ab: in die Sphäre des Reeders fallen die Stellung eines anfänglich see- und ladungstüchtigen Schiffes sowie die Ladungsfürsorge an Bord (im einzelnen Klauseln 10.1–10.6), in die Sphäre des Charterers dagegen Laden, Stauen und Löschen der Container sowie alle landseitigen Operationen (Klausel 10.7).

Der Reeder haftet dem Charterer gemäß Klausel 10.1 nicht, wenn er den vollen Beweis führen kann, daß ein Schaden durch sog. nautisches Verschulden, Feuer oder die sog. *excepted perils* wie Gefahren der See, Krieg, Verfügungen von hoher Hand etc. (Art. IV Abs. 2 Haager Regeln), gerechtfertigte Deviation (Art. IV Abs. 4 Haager Regeln) oder ohne Zustimmung des Reeders an Bord genommene gefährliche Güter (Art. IV Abs. 6 Haager Regeln) verursacht worden ist.

Die Ladungsfürsorge des Reeders, die ansich nur an Bord gilt (vgl. Art. I Abs. e Haager Regeln), erstreckt sich gemäß Klausel 10.2 auch auf Lade- und Löschvorgänge, die grundsätzlich gemäß Klausel 10.7 der Verantwortung des Charterers unterliegen, wenn Container nur zum Zwecke des Umladens oder des Umstauens und damit aus letzlich mit dem Schiffsbetrieb zusammenhängenden Gründen vorübergehend an Land gesetzt werden.

Besonders eingehend sind in Klausel 10.3 wegen der hohen Schadensanfälligkeit die Ladungsfürsorgepflichten des Reeders im Zusammenhang mit Kühlcontainern geregelt. Verlust oder Beschädigung von Gütern sind dem Reeder im Löschhafen spätestens bei Auslieferung schriftlich anzuzeigen, bei äußerlich nicht erkennbaren Mängeln spätestens binnen 3 Tagen nach Auslieferung, anderenfalls verlagert sich die Beweislast auf den Charterer. Macht der Charterer seine Ansprüche nicht binnen Jahresfrist gerichtlich geltend, führt dies zum Anspruchsverlust (vgl. Art. III Abs. 6 Haager Regeln).

17. Exemptions. Die Haftung des Reeders gegenüber dem Charterer – aber über Klausel 9.3 auch im Außenverhältnis gegenüber Dritten – ist gemäß Klausel 10.5 nach Art. IV Abs. 5 Haager Regeln summenmäßig begrenzt auf £ 100,– pro Container bzw. dann, wenn der Charterer aufgrund zwingender Geltung der Haager-Visby Regeln selbst als Verfrachter haftet, – was die Regel ist, – gemäß Klausel 10.5 (c) auf 666,67 Sonderziehungsrechte pro Container bzw. 2 Sonderziehungsrechte pro Kilogramm, je nachdem welcher Betrag höher ist.

Gilt für den Frachtvertrag zwischen dem Verfrachter/Charterer und dem Befrachter/Absender deutsches Recht, kann sich beim multimodalen Transport ein weiterer Berührungspunkt mit dem deutschen Einheitsfrachtrecht ergeben, wenn feststeht, daß ein

2. Cross Charterparty VIII. 2

Ladungsschaden auf dem innerdeutschen Vor- oder Nachlauf des Containers zum oder vom deutschen Lade- oder Löschhafen eingetreten ist, oder wenn der Schadensort unbekannt ist. Im ersteren Falle ordnet § 452a HGB die Haftung des Verfrachters/Charterers nach deutschem Frachtrecht an; im zweiten Falle bestimmt sich die Verfrachterhaftung abweichend von der bisherigen Auffassung, wonach sich die Haftung nach dem für den Geschädigten günstigsten Teilstreckenrecht richtete (vgl. BGHZ 101, 172 ff. (180 f.)), gemäß § 452 HGB ebenfalls nach deutschem Einheitsfrachtrecht (vgl. zu dieser die Besonderheiten des Seehandelsrechts nicht ausreichend berücksichtigenden Regelung einerseits *Rabe* Anhang § 656 HGB Rdnr. 18–27; *ders.,* Auswirkungen des neuen Frachtrechts auf das Seefrachtrecht, TranspR 1998, 429 ff.; *ders.,* Die Probleme bei einer multimodalen Beförderung unter Einschluß einer Seestrecke – Sind Lösungen in Sicht?, TranspR 2000, 189 ff.; andererseits *Herber,* Seehandelsrecht, S. 354 ff., insbesondere S. 359 ff.; *ders.,* Besondere Problembereiche des neuen Transportrechts: Anwendungsbereich, ADSp-Einbeziehung und Multimodalvertrag, TranspR 1999, 89 ff. (92 ff.); abweichend *Puttfarken,* MünchKomm HGB, Aktualisierungsband zum Transportrecht, 2000, § 452 HGB Rdnr. 13–16, 20–25, 32, der den Haager bzw. Haager-Visby Regeln nach § 452 S. 1 aE. HGB für den multimodalen Transport mit Seeteilstrecke stets Vorrang einräumen will).

In beiden Konstellationen kann also der Verfrachter/Charterer vom geschädigten Ladungsbeteiligten gemäß § 431 Abs. 1 HGB bis zum Höchstbetrag von 8,33 Sonderziehungsrechten pro Kilogramm in Anspruch genommen werden, sich seinerseits im Innenverhältnis zum Reeder, aus dessen Sphäre das schadenstiftende Ereignis stammt, aber nach Klausel 10.5 der CCP nur bis zum Haftungshöchstbetrag der Haager bzw. Haager-Visby Regeln von 666,67 Sonderziehungsrechten je Container bzw. 2 Sonderziehungsrechten pro Kilogramm erholen. Einen die seefrachtrechtlichen Höchstbeträge übersteigenden Schaden kann der Verfrachter also unter Umständen nicht regressieren, sondern muß ihn selbst tragen.

Auch hier wird die Situation in der Praxis wieder dadurch entschärft, daß große deutsche Containerreedereien ihre Haftung nach allgemeinem deutschen Frachtrecht unter Ausnutzung der bereits erwähnten Korridorlösung sowohl für den Fall des bekannten Schadensortes (§§ 452a, 452d Abs. 2 Nr. 1, 449 Abs. 2 S. 2 Nr. 1 HGB) als auch des unbekannten Schadensortes (§§ 452, 449 Abs. 2 S. 2 Nr. 1 HGB) pauschal auf 2 Sonderziehungsrechte pro Kilogramm beschränkt haben (vgl. *Rabe* Anhang § 656 HGB Rdrn. 23 und Rdnr. 27; kritisch *Ramming,* Zur Abdingbarkeit des Höchstbetrages der Haftung des Frachtführers nach neuem Frachtrecht – unter besonderer Berücksichtigung multimodaler Beförderungen, die eine Seeteilstrecke umfassen, VersR 1999, 1177 ff. (1187 ff.); differenzierend *Herber,* Seehandelsrecht, S. 362 f., offenbar aber für Wirksamkeit jedenfalls bei unbekanntem Schadensort, aaO., S. 364; *ders.,* Probleme des Multimodaltransports unter Seestreckeneinschluß nach neuem deutschem Recht, TranspR 2001, 101 ff. (104) und generell für eine Reduzierung der Haftungssumme bis auf 2 Sondererziehungsrechte pro Kilogramm aaO., S. 105, 107 f.). Für die Haftung des Verfrachters/Charterers im Außenverhältnis gegenüber den Ladungsbeteiligten ist damit im Falle eines aus der Sphäre des Reeders stammenden Schadensereignisses sichergestellt, daß ein Regreß des Charterers gegen den Reeder nach Klausel 10.5 der CCP innerhalb oder sogar unterhalb der im Innenverhältnis maßgeblichen seefrachtrechtlichen Höchstbeträge bleibt.

Für die Haftungsbegrenzung wird fingiert, daß seitens des Befrachters bzw. Abladers keine Wertdeklaration erfolgt ist, die die Haftungsbegrenzung sonst aufheben würde. Auch bei tatsächlich erfolgter Deklaration des Befrachters gegenüber dem Charterer/ Verfrachter haftet der Reeder also stets nur auf die Höchstbeträge der Haager-Visby Regeln summenmäßig begrenzt.

Hat der Charterer mit dem Befrachter niedrigere Haftungsgrenzen vereinbart, was er immer dann kann, wenn er kein Konnossement ausstellt, weil dann die zwingende Haftung nach den Haager bzw. den Haager-Visby Regeln nicht eingreift, gilt gemäß Klausel 10.5 (a) diese niedrigere Haftungsgrenze auch im Verhältnis zwischen Charterer und Reeder. Haftet der Charterer als Verfrachter im Außenverhältnis durch Ausstellung eines Konnossements zwingend nach den Haager Regeln, wenngleich summenmäßig begrenzt, und der Reeder wiederum – nämlich aufgrund der in Klausel 10.5 getroffenen Vereinbarung – seinerseits dem Charterer, fingiert Klausel 10.5 (b), daß für die Schadensberechnung die im Konnossement genannte Zahl der Container, die im Verhältnis Charterer/Verfrachter zum Befrachter/Ablader bzw. Ladungsempfänger bindend ist, auch gegenüber dem Reeder gilt.

18. Loss of or Damage to Container. Klausel 10.6 enthält für den Verlust bzw. Schäden an dem Transportbehälter des Containers selbst eine Beschränkung auf den Ersatz des Sachschadens, und auch dies nur mit einer Franchise von US $ 300 sowie der Begrenzung maximal auf den Marktwert des Containers bzw. die Reparaturkosten, je nachdem was niedriger ist. Kommerzielle Folgeschäden, die aus der logistischen Nichtverfügbarkeit eines beschädigten oder verloren gegangenen Containers resultieren (zB. entgangener Gewinn, Anmietungskosten, Ersatzbeschaffung, Relokationskosten), sind nicht ersatzfähig.

Diese Haftungsbegrenzung für Containerschäden ist rein vertraglich vereinbart und nicht aus den Haager Regeln übernommen, die eine derartige Bestimmung nicht kennen.

19. Charterers' Responsibilities and Liabilities. In die Risikosphäre des Charterers, für deren Beherrschung er gegenüber dem Reeder einzustehen hat, fallen gemäß Klausel 10.7 die Annahme, das Laden, Stauen und Löschen sowie die Auslieferung der Ladung. Hierfür entstehende Kosten trägt der Charterer, insbesondere also die Terminalkosten, Zölle, Importabgaben etc. Kommt es hierbei zu Ladungsschäden, ist der Charterer im Verhältnis gegenüber den Ladungsbeteiligten alleine abschließend verantwortlich (vgl. *Röhreke* S. 12). Ein Rückgriff gegen den Reeder steht ihm nicht zu. Der Charterer deckt dieses Risiko durch Abschluß einer Haftpflichtversicherung, der sog. P & I (Protection & Indemnity)-Insurance, die ihn als *Carrier* (Verfrachter) gegen Schadenersatzansprüche von Ladungsbeteiligten schützt.

Für Schäden, die dem Reeder im Zusammenhang mit Laden, Stauen und Löschen von Ladung entstehen, insbesondere für Schäden am Schiff und dessen Verlust sowie für Containerschäden, haftet der Charterer wiederum nur, – wie die Verweisung auf Klausel 10.9 klarstellt, – sofern der Charterer sich seinerseits im Wege des Rückgriffs bei einem Dritten erholen kann. Derartige Dritte sind weder die Hilfspersonen des Reeders (s. oben Anm. 15) noch Versicherungen des Charterers, deren Leistungen er sich durch Prämienzahlung „erkauft" hat. Der Charterer ist allerdings verpflichtet, bestehende Regreßmöglichkeiten zu verfolgen und dem Reeder hierüber Rechnung zu legen. Steht dem Charterer aber kein Regreß gegen Dritte offen, ist er von jeder Haftung frei und der Schaden verbleibt beim Reeder. Diese Konzeption trägt zur Kosteneffizienz im Konsortium bei. Jeder Konsortialpartner versichert als Reeder seine Schiffe und Container gegen Kaskorisiken, braucht aber für von ihm als Charterer verursachte Schäden an den Schiffen und Containern seiner Konsortialpartner wegen der Haftungsbefreiung bei fehlender Regreßmöglichkeit keine Haftpflichtversicherung gegen eine Charterer's Liability abzuschließen (vgl. *Röhreke* S. 13 f.; s. zu dieser Versicherungsform *Sieg*, Charterers' Liability Insurance – Eine unkonventionelle Haftpflichtversicherung, VersR 1998, 1 ff.).

Soweit der Charterer wegen vorhandener Regreßmöglichkeiten haftet, hat er den Reeder gemäß Klausel 10.8 auch von finanziellen Verpflichtungen und Schäden freizuhalten, die auf dem Verstoß gegen gesetzliche Vorschriften und öffentlich-rechtliche Anordnungen insbesondere der Zoll- und Hafenbehörden, Quarantänebestimmungen oder Versäumnissen der Ladungsempfänger und deren Hilfspersonen beruhen. Dies schließt das Einstehenmüssen für die zur Aufhebung eines Schiffsarrestes nach Auffassung des

Reeders erforderlichen Maßnahmen ein, insbesondere die Leistung von Sicherheiten, sofern der Arrest wegen einer Handlung oder Unterlassung des Charterers erfolgt oder die Nutzung der Stellplätze durch den Charterer für den Arrest doch jedenfalls kausal ist. Für die Folgen eines Arrests haftet der Charterer dem Reeder im übrigen gemäß Klausel 10.9 letzter Satz unbeschränkt, also nicht nur dann, wenn er bei einem Dritten Regreß nehmen kann.

20. Owners' Indemnity. Klausel 10.10 bildet das Gegenstück zur Freihalteverpflichtung des Charterers gegenüber dem Reeder nach Klausel 9.1. Der Reeder hat den Charterer danach von allen Ansprüchen – außer seinen eigenen – freizuhalten, die Dritte gegen den Charterer wegen Verlustes oder Beschädigung des Containerschiffes erheben, und zwar auch dann, wenn dem Charterer insoweit schuldhaftes Verhalten zur Last fällt. Auch dies ist wiederum Ausfluß der Risikoteilung im Konsortium: der hier selbst bei eigenem Verschulden vom Reeder freizuhaltende Charterer muß umgekehrt den hiesigen Reeder freihalten, wenn dieser für Schäden an einem anderen Konsortialschiff, welches der Charterer bereedert, von dritter Seite auf deliktischer Grundlage in Anspruch genommen wird. Die Freihalteverpflichtung erfaßt insbesondere Ansprüche des Schiffseigentümers, wenn dieser – wie beim eingecharterten Schiff – nicht mit dem Reeder identisch ist, und erstreckt sich auf unmittelbare wie mittelbare Schäden (zB. entgangener Gewinn). Um die Freihalteverpflichtung zu realisieren, muß der Reeder mit dem Vercharterer des Schiffes sowie mit seinem eigenen Kaskoversicherer einen Regreßverzicht zugunsten des Charterers vereinbaren.

21. Limitation of Liability for Maritime Claims. Klausel 10.11 erhält dem Reeder schließlich – unabhängig von den vertraglich für anwendbar erklärten Haftungssummen der Haager bzw. der Haager-Visby Regeln – die Möglichkeit, bei Großschäden seine Haftung nach dem Londoner Übereinkommen vom 19. 11. 1976 über die Beschränkung der Haftung für Seeforderungen (BGBl. 1986 II 787; zur Anpassung der Haftungssummen an die Geldentwertung s. das von Deutschland noch nicht ratifizierte Protokoll von 1996 zum Londoner Haftungsbeschränkungsübereinkommen von 1976; Textabdruck in TranspR 1997, 462 ff.) zu limitieren. Danach kann der Reeder seine Haftung für Personenschäden ebenso wie für Schäden aus dem Verlust und der Beschädigung von Sachen, die bei dem Betrieb eines Schiffes verursacht worden sind, auf Höchstbeträge beschränken, sofern ihn nicht ein persönliches (Organisations- oder Management-)Verschulden in der Form grober bewußter Fahrlässigkeit oder gar Vorsatz trifft. Die Haftungssumme, die aus einem gerichtlich verwalteten Haftungsfond an die Gläubiger verteilt wird, ist abhängig von dem Raumgehalt des Schiffes. Das Verteilungsverfahren dient der proratarischen Befriedigung der Gläubiger im Verhältnis ihrer festgestellten Ansprüche. Mit der Annahme seines Anteils an der Haftungssumme durch den Gläubiger erlischt die persönliche Haftung des Reeders (vgl. für das deutsche Recht §§ 486–487d HGB sowie die Schiffahrtsrechtliche Verteilungsordnung vom 25. 7. 1986 (BGBl. I 1130 idF. des Gesetzes zur Änderung der Haftungsbeschränkung in der Binnenschiffahrt vom 25. 8. 1998, BGBl. I 2489); s. im einzelnen *Herber*, Haftungsrecht, S. 87 ff.).

22. Maintenance of Class and Container Carrying Capacity. Wie oben ausgeführt (vgl. Anm. 16), hat der Reeder bei Beginn der jeweiligen Reise ein see- und ladungstüchtiges Schiff zu stellen. Aufgrund der sog. *Maintenance*-Klausel hat er darüber hinaus während der gesamten Laufzeit der CCP die Klasse, d.h. die „Betriebserlaubnis" des Schiffes durch die Klassifikationsgesellschaft, sowie die vorhandene Containerkapazität des Schiffes zu erhalten. Zu letzterem ist er schon nach dem Konsortialvertrag verpflichtet, der bestimmte technische Spezifikationen der zur Konsortialflotte gehörenden Schiffe und damit auch deren Containerkapazität vorschreibt.

23. General Average. (vgl. zur großen Haverei und den York Antwerp Rules 1994 schon oben Anm. 15). Da der Reeder für die Überlassung der Stellplätze keine bare Vergütung erhält, sondern seine *remuneration* darin besteht, daß er selbst als Charterer Stellplätze auf anderen Konsortialschiffen belegen darf, trägt seine „Vergütung" zur Havarie Grosse nicht bei. Dem Charterer wird durch Klausel 12 Vollmacht zur Vertretung des Reeders im Havarie-Grosse-Verfahren erteilt. Seine Freihalteverpflichtung gegenüber dem Reeder erstreckt sich nach Klausel 9.4 nicht auf diejenigen Beiträge, die der Reeder für sein gerettetes Schiffes im Rahmen der großen Haverei leisten muß. Jedoch hat der Charterer als Verfrachter gegenüber dem Reeder für die Zahlung der einen Schiffsschaden vergütenden Havariebeiträge seitens derjenigen Ladungsbeteiligten einzustehen, deren Güter unter einem Konnossement des Charterers oder aufgrund eines mit ihm geschlossenen Frachtvertrages befördert worden und noch nicht ausgeliefert sind (vgl. im deutschen Recht § 731 HGB). Der insoweit in Klausel 12 (a) genannte Begriff des *Principal Carrier* wird im Konsortialvertrag definiert: er ist der Beförderer, der den Transport aufgrund Konnossements oder Frachtvertrages im eigenen Namen durchführt, also der Verfrachter. Ebenso hat der Charterer gegenüber dem Reeder für die Beitragspflicht seiner geretteten eigenen oder der von ihm angemieteten Container einzustehen.

24. Salvage. Das Recht der Bergung beruhte bisher weitgehend auf dem Internationalen Übereinkommen zur einheitlichen Feststellung von Regeln über die Hilfeleistung und Bergung in Seenot vom 23. 9. 1910 (Textabdruck bei *Rabe* § 753 HGB Anhang I; vgl. für das deutsche Recht §§ 740 ff. HGB). Seit 1996 ist jedoch das Internationale Übereinkommen über Bergung vom 28. 4. 1989 in Kraft (Textabdruck bei *Rabe* § 753 HGB Anhang II). Es ist durch das Gesetz zur Neuregelung des Bergungsrechts in der See- und Binnenschiffahrt (Drittes Seerechtsänderungsgesetz) vom 16. 5. 2001 (BGBl. I 898) in nationales Recht umgesetzt worden, für Deutschland aber noch nicht in Kraft getreten. Dem Berger gebührt ein Bergelohn. Durch Klausel 13 erhält der Charterer im Innenverhältnis gegen den Reeder, der einen Bergelohn verdient hat, einen vertraglichen Anspruch auf Teilhabe an dessen Lohnquote in Höhe seines Konsortial-(Stellplatz-)Anteils gemäß Klausel 1. Auch diese Bestimmung ist Ausfluß der Risikogemeinschaft im Konsortium. Nach dem Internationalen Übereinkommen von 1910 wie auch nach dem Bergungsübereinkommen von 1989 bzw. deren Umsetzung in nationales Recht hätte der Charterer dagegen als Ladungsbeteiligter keinen Lohnanspruch.

25. Law and Arbitration. Die CCP unterliegt typischerweise englischem Recht mit Schiedsgerichtsbarkeit in London (s. dazu die knappe, aber informative Zusammenfassung bei *Kühl*, Schiedsgerichtsbarkeit im Seehandel, 1990, S. 18 ff.). Das Schiedsgericht besteht grundsätzlich aus einem vereinbarten Schiedsrichter; kommt eine solche Einigung nicht zustande, aus einem dreigliedrigen Schiedsgericht. Das Schiedsverfahren folgt den in den Arbitration Acts 1950 und 1979 niedergelegten Regeln (Textabdruck der Arbitration Acts bei *Kühl* S. 208 ff., 229 ff.). Allerdings sind die Arbitration Acts keine abschließenden Regelungen des Schiedsgerichtsrechts, sondern nur eine (deklaratorische) Zusammenfassung bestimmter, letztlich dem Common Law entstammender Rechtssätze. Insbesondere enthalten die Arbitration Acts nur rudimentär das Verfahrensrecht (vgl. *Kühl* S. 18 f., S. 27 ff.).

Der Schiedsspruch ist für die Parteien *final and binding*, der Rechtsweg vor die ordentlichen Gerichte soll also ausgeschlossen sein. Dies ist vor allem deshalb wichtig, weil die Parteien vor Einführung des Arbitration Act 1979 grundsätzlich jede Schiedsgerichtsentscheidung vor den ordentlichen Gerichten zur Überprüfung stellen konnten mit der Folge, daß die Vorteile des Schiedsverfahrens (zB. Entscheidung durch Fachleute, nur Parteiöffentlichkeit) damit praktisch zur Disposition der mit dem Schiedsspruch nicht einverstandenen Partei gestellt werden konnten.

Für den Ausschluß der ordentlichen Rechtsbehelfe reicht allerdings die Formulierung *final and binding* als solche nicht aus, vielmehr ist ein schriftlicher Ausschluß des ordentlichen Rechtsweges erforderlich. Ein solches *exclusion agreement* enthält Klausel

16.3, die den Parteien die Möglichkeit versagt, während des Verfahrens auftretende Rechtsfragen vorab durch den High Court entscheiden zu lassen oder die Begründung des Schiedsspruchs wegen behaupteter Rechtsmängel durch Berufung anzugreifen.

Allerdings sind die Grenzen der Zulässigkeit eines – wie in Klausel 16.3 – vor Beginn eines konkreten Schiedsverfahrens geschlossenen „exclusion agreement" im einzelnen zweifelhaft (vgl. dazu *Kühl* S. 53 ff.). Wegen dieser Unsicherheit, der Dauer und der Kosten sind in letzter Zeit in den betroffenen Wirtschaftskreisen Zweifel an der Effizienz englischer Schiedsverfahren aufgetreten. Eine interessante Alternative bieten die Regeln der German Maritime Arbitration Association für ein Schiedsgericht in Hamburg oder Bremen (vgl. Textabdruck in TranspR 2000, 491 ff.). Für Konsortialverträge und CCPs hat sich die GMAA-Schiedsgerichtsbarkeit bisher jedoch international noch nicht durchgesetzt.

3. Slot Charter Agreement[1]

dated

between

(Reeder bzw. Ausrüster des Containerschiffs) ...... (Disponent) Owners
– hereinafter called „the Owners"[2] –

and

(Stellplatznutzer) ......
– hereinafter called „the Charterers"[2] –

It is agreed

1. Service[3]

1.1. The Owners undertake to operate the container shipping service („the Service") as per Appendix 1, weather, port delays and vessel problems permitting.
1.2. Permanent adjustments of the Service require the Charterers' prior approval. In the event of temporary adjustments of the Service requiring either cancellation of voyages or port calls or time intervals of three days or less between voyages, the Owners have to promptly consult with the Charterers in good faith to endeavour to establish an equitable course of action for both Parties, including a reduction of the Charterers' slot hire commitment to the effect that the Charterers pay only for the slots actually used on the relevant voyage(s).

2. Slot Charter and Charges

2.1. The Owners let and the Charterers hire ...... TEU slots[4] in each direction each week on the Service at a slot hire[5] of US $ ...... per each one way TEU slot resp. of US $ ...... per each round-trip TEU slot regardless of whether or not used. The slot hire includes all ship costs, bunkers and port charges incurred by Owners.
2.2. Slots in excess of ...... TEU each week are to be made available to Charterers at the sole discretion of the Owners only and at a slot hire to be agreed between the Parties.
2.3 The full slot hire has to be paid irrespective of whether any container carried is loaded or empty.
2.4. Payment of the slot hire has to be made by the Charterers on the first day of each month by remittance of US $ ...... covering the Charterers' slot hire commitment as per Clause 2.1. above to a bank and account as designated by the Owners from time to time.

2.5. The Owners shall arrange terminal handling[6] and pay for all normal terminal expenses incurred on behalf of the loading or unloading of Charterers' containers. The Charterers undertake to reimburse terminal handling expenses incurred by the Owners for full and empty containers at the lumpsum marine terminal charges as specified in Appendix 2 which the Owners will invoice to the Charterers after the end of each month.

3. Marketing[7]

Each Party is responsible for its own marketing and agency activities and issues its own bills of lading to customers.

4. Booking and Documentation[8]

The Charterers undertake to comply with the booking and documentation procedures, including hazardous cargo, outlined in the „Operations Procedure Manual" as per Appendix 3.

5. Containers[9]

The Charterers undertake to provide their containers and these shall be of ISO standard.

6. Conference[10]

The Charterers undertake to remain a full member of the relevant conference or its successors as long as the Owners so remain. If at any time the Charterers choose not to be full conference members any more, while the Owners continue to be full members, the Owners shall be entitled to terminate this Agreement by giving the Charterers 30 (thirty) days notice in writing.

7. Indemnity[11]

7.1. The Charterers shall indemnify, hold harmless and defend the Owners from and against any and all losses, claims, liens, charges, damages, P&I deductible, liabilities (including without limitation interest, penalties and attorney fees) resulting from a claim by a third party in connection with the goods carried under this Agreement and caused by any act or neglect or default of the Charterers or their servants, agents or sub-contractors including, if necessary, the setting up of a bond in the event of an arrest of a vessel resulting from any such claim.

7.2. The Owners shall indemnify, hold harmless and defend the Charterers from and against any and all losses, claims, liens, charges, damages, P&I deductible, liabilities (including without limitation interest, penalties and attorney fees) resulting from a claim by a third party in relation to goods carried under this Agreement under a Charterers' bill of lading and caused by any act or neglect or default of the Owners or their servants, agents or sub-contractors.

8. Liability and Claims[12]

8.1. The Charterers shall be responsible for the proper handling and settling of any claims for loss of, damage to or expenses of whatsoever nature or howsoever caused in connection with the goods carried under their bill of lading and, if requested by the Owners, shall take over the conduct of any proceedings brought against the Owners in respect thereof.

8.2. In the event that the loss of or damage to the goods shipped by the Charterers is caused by the goods shipped by another party, any recovery from the Owners shall be limited to the amount, if any, recovered by the Owners from that other party whose goods caused such loss or damage, unless the loss of or damage to the goods has been caused by improper or defective stowage and/or handling by the Owners.

8.3. The Parties shall make available to each other all information required for the handling of claims.

8.4. Rights of recourse between the Charterers and the Owners shall be governed by the following provisions:

8.4.1. The Charterers shall not later than 3 (three) months after receipt of any claim or after any legal action was instituted against them, but in any event not later than 12 (twelve) months after the date the goods have been or should have been delivered notify the Owners of any claim received or any legal action instituted against them.

8.4.2. The Charterers shall be entitled to settle, on reasonable terms, a claim or legal action against them, but only in so far as it concerns a legal liability under their standard bill of lading and where the aggregate amount of the settlements made by them in respect of any single claim does not exceed US $ . . . . . ., in which case the amount of such settlement shall be recoverable from the Owners subject to the conditions of this Agreement.

8.4.3. In the event that a settlement made by the Charterers in respect of any single claim is likely to exceed US $ . . . . . ., the Charterers shall seek the Owners' prior written approval which shall not unreasonably be withheld.

8.4.4. The rights of recourse between the Charterers and the Owners shall be subject, as far as applicable, to all terms, conditions, limitations, defenses and exceptions of the Owners' standard bill of lading.

8.4.5. All liability or prejudice arising from the issuance of a bill of lading containing misrepresentations or mistakes shall be the sole responsibility of that party by whom or on whose behalf the bill of lading was issued.

8.5. Every three months the Charterers shall provide the Owners with a statement of accounting containing the main details of all pending claims as well as those settled during the previous three months.

8.5.1. The Charterers shall attach to these statements their invoice in US Dollars for any single claim settled in accordance with this Clause 8, also enclosing the respective receipts and claim releases.

8.5.2. Within thirty days from the date of such invoice the Owners shall remit the money due to the Charterers.

8.5.3. If the claim is settled in a currency other than US Dollars, then such amount shall be converted into US Dollars at the rate of exchange in force at the date the settlement was made between the Charterers and the claimant.

9. Duration

This Agreement shall come into effect on . . . . . . and shall terminate on . . . . . . unless extended by mutual agreement of the Parties hereto.

9. Law and Arbitration[13]

9.1. This Agreement shall be governed by and construed in accordance with the laws of England.

9.2. Any dispute or claim arising under, out of, or in connection with this Agrrement shall at the request of either party be referred to arbitration in London to a single arbitrator to be appointed by agreement or failing such agreement within 14 days of such reference to three arbitrators, one to be appointed by each party and the third by the first two arbitrators so chosen provided always that not less than 30 days' written notice of intention to refer the matter to arbitration specifying the nature of the dispute or claim shall have been delivered by the party requesting arbitration to the other party. Any such arbitration shall be in accordance with the Arbitration Acts 1950 and 1979 or

any statutory modification thereof for the time being and the arbitrator's award shall be final and binding upon the parties.
9.3. To the extent permitted by the Arbitration Act 1979 the parties exclude the jurisdiction under sections 1 and 2 of the Act of the High Court of Justice in England.
IN WITNESS WHEREOF, this Agreement has been executed by duly authorized officers of the Parties hereto on the date first above mentioned.

For and on behalf				For and on behalf
of the Owners				of the Charterers
....			....

Schrifttum: S. dazu Schrifttumsverzeichnis Form. V. 2.

Übersicht

	Seite
1. Slot Charter Agreement	998
2. Owners and Charterers	998
3. Service	998–999
4. TEU Slots	999
5. Slot Hire	999
6. Terminal Handling	999
7. Marketing	999
8. Booking and Documentation	999
9. Containers	999
10. Conference	1000
11. Indemnity	1000
12. Liability and Claims	1000–1001
13. Law and Arbitration	1001

Anmerkungen

1. Slot Charter Agreement. Anders als bei der zwischen Konsortialpartnern verwendeten CCP (vgl. Form VIII. 2) hat sich ein standardisierter Text für Slot Charter Agreements in der Praxis bisher nicht entwickelt. Das Formular enthält jedoch die typischen Regelungsgegenstände eines Slot Charter Agreement. Über die Slot Charter nutzen Reeder die Möglichkeit, Liniendienste in bestimmte Fahrtgebiete anzubieten, ohne eigene Schiffe einsetzen zu müssen. Vertraglich stünde ansich nichts entgegen, Slot Charter Agreements auch zwischen Reedern und sog. Non-Vessel-Operating Common Carriers wie zB. Spediteuren abzuschließen, die ein regelmäßiges Frachtaufkommen für eine bestimmte Destination haben. In der wirtschaftlichen Realität bestehen Slot Charter Agreements jedoch praktisch ausschließlich zwischen Reedern. Ursächlich hierfür ist, daß NVOCCs anders als Linienreeder keine Mitglieder von Schiffahrtskonferenzen und daher nicht an Konferenztarife gebunden sind.

2. Owners and Charterers. Vgl. Form VIII. 2 Anm. 2. Der Slot Charterer ist mit dem Reeder nicht durch das Gegenseitigkeitsverhältnis eines Konsortiums verbunden. Anders als bei der CCP findet kein wechselseitiger Stellplatztausch statt. Dem Charterer wird der Schiffsraum vielmehr vom Reeder einseitig gegen Zahlung eines vereinbarten Entgelts überlassen (vgl. *Röhreke* S. 2, S. 9).

3. Service. Für den Slot Charterer, der selbst Linienreeder ist, jedoch in einem bestimmten Fahrtgebiet keine eigene Tonnage einsetzen will, ist es von Bedeutung, daß sein Vertragspartner ihm nicht nur Slots zur Nutzung überläßt, sondern sich zu einem regelmäßigen Containerdienst in das vorgesehene Fahrtgebiet verpflichtet (vgl. Klausel

1.1). Während dies bei der CCP der Konsortialvertrag festlegt (s. oben Form VIII. 2 Anm. 1), wird der *Service* bei der Slot Charter individualvertraglich geregelt, wobei die Einzelheiten wie die anzulaufenden Häfen, die Häufigkeit des Dienstes etc. regelmäßig in Anlagen zum Vertrag enthalten sind (im Formular wird dafür auf Appendix 1 (ohne Abdruck) verwiesen). Dauernde oder auch nur vorübergehende Veränderungen des Liniendienstes (zB. Auslassen von Häfen oder einzelnen Reisen etc.) sind daher zwischen den Vertragspartnern abzustimmen (vgl. Klausel 1.2).

4. **TEU Slots.** TEU steht für Twenty Foot Equivalent Unit, die einem Standardcontainer von 20 Fuß Länge entspricht. Sie ist die Maßeinheit im Containerverkehr. Der Charterer kann seine Stellplätze nach seinem Belieben mit 20'- oder 40'-Containern belegen, solange es sich um genormte Standardcontainer handelt (vgl. Klausel 5 und unten Anm. 9 sowie Form VIII. 2 Anm. 7).

5. **Slot Hire.** Das Stellplatzentgelt wird pro TEU für eine wöchentliche Abfahrt (die Häufigkeit der Abfahrten ist frei vereinbar und richtet sich nach den operativen Erfordernissen des Reeders) nur in eine Richtung (*one way*) oder für einen Hin- und Rücktransport (*round trip*) in das Fahrtgebiet festgelegt. Da zwischen dem Reeder und dem Charterer kein Stellplatztausch in natura stattfindet, ist die Stellplatzvergütung in Geld zu entrichten, und zwar monatlich im Vorhinein. Sie deckt alle mit dem Schiffsbetrieb verbundenen Kosten, insbesondere also Heuern, Bunker, Versicherungsprämien und Hafengebühren (vgl. Klausel 2.1 Satz 2).

Das wirtschaftliche Nutzungsrisiko für die Slots liegt beim Charterer, d.h. er hat das Entgelt unabhängig davon zu entrichten, ob er die Stellplätze tatsächlich nutzt (vgl. Klausel 2.1 Satz 1 aE.) und ob er für seine Container Transportaufträge hat oder es sich um Leerfahrten handelt (vgl. Klausel 2.3). Die Überlassung zusätzlicher Stellplätze an den Charterer über dessen vertraglich festgelegtes *entitlement* hinaus liegt im Ermessen des Reeders und bedarf einer gesonderten Vereinbarung über die Vergütung (vgl. Klausel 2.2).

6. **Terminal Handling** Da der Reeder den Schiffsbetrieb durchführt und somit den Terminal auswählt, bezahlt er die anfallenden Lade- und Löschkosten auch für die fremden Container des Charterers an den Umschlagbetrieb. Der Reeder tritt jedoch nur in Vorlage. Er erhält die Umschlagkosten monatlich in Nachhinein vom Charterer erstattet. Der Einfachheit halber erfolgt dabei zwischen Reeder und Charterer keine Einzelabrechnung nach tatsächlichen Kosten, sondern der Charterer zahlt die Umschlagkosten in Form von Pauschalen, wobei die Einzelheiten regelmäßig in einer Anlage zum Vertrag festgelegt werden (im Formular wird dafür auf Appendix 2 (ohne Abdruck) verwiesen).

7. **Marketing.** Die Klausel soll klarstellen, daß durch die Slot Charter zwischen Reeder und Charterer kein Frachten-, Kosten- oder Ergebnispool entsteht. Jede Partei akquiriert ihre eigenen Kunden, benutzt ihre eigenen Agenten und stellt ihre eigenen Konnossemente aus. Bei der CCP ist eine entsprechende Bestimmung in der Regel bereits im Konsortialvertrag selbst enthalten (vgl. Form VIII. 2 Anm. 1).

8. **Booking and Documentation.** Der Charterer verpflichtet sich, für die Buchung von Frachtaufträgen interne Verfahren und Richtlinien des Reeders zu beachten, die dem Slot Charter Agreement als Anhang beigefügt werden (im Formular wird dafür auf Appendix 3 (ohne Textabdruck) verwiesen). Bedeutung hat dies insbesondere für die Annahme von Gefahrguttransporten (vgl. auch Form VIII. 2 Anm. 8).

9. **Containers.** Die Container, für die die Stellplätze genutzt werden, hat der Charterer selbst zu stellen. Um die Kompatibilität mit dem Schiffssystem zu gewährleisten, muß es sich um Standardcontainer handeln, die dem Internationalen Übereinkommen über sichere Container vom 2. 12. 1972 sowie ISO-Standards entsprechen (vgl. Form VIII. 2 Anm. 7).

10. Conference. Wie oben in Anm. 1 ausgeführt, ist auch der Charterer regelmäßig Reeder, der aber in dem Fahrtgebiet, für das er die Slot Charter abschließt, keine eigenen Schiffe einsetzen will. Die Parteien haben daher aus Wettbewerbsgründen ein Interesse, daß für die Vermarktung der Stellplätze die Tarife der für das Fahrtgebiet zuständigen Linienkonferenz gelten. Sie verpflichten sich deshalb untereinander im Slot Charter Agreement zumeist zur Konferenzmitgliedschaft oder sehen eine kurzfristige Kündigungsmöglichkeit vor, wenn eine Partei aus der zuständigen Konferenz ausscheidet.

11. Indemnity. Klausel 7 regelt die Haftungsverteilung zwischen Charterer und Reeder. Jede Partei hat die andere Seite von allen Ansprüchen Dritter freizuhalten, wenn der Schaden durch eine Handlung, Unterlassung oder Versäumnis von ihr selbst oder ihren Hilfspersonen verursacht worden ist. Der Charterer hat darüber hinaus erforderlichenfalls Sicherheit zu stellen, falls das Schiff von Seiten Dritter wegen eines sich gegen den Charterer richtenden Anspruchs arrestiert wird.

Anders als bei der CCP zwischen Konsortialpartnern ist der Haftungseintritt nicht davon abhängig, daß sich der in Anspruch Genommene seinerseits im Wege des Rückgriffs gegenüber hinter ihm stehenden, letztverantwortlichen Schadensverursachern (zB. seinen Erfüllungsgehilfen) erholen kann. Da Reeder und Charterer beim Slot Charter Agreement nicht durch Konsortialvertrag miteinander verbunden sind, greift hier das aus dem Gedanken der Risikoteilung im Konsortium resultierende Haftungsprivileg nicht ein.

12. Liability and Claims. Da die auf den gecharterten Slots transportierten Container unter dem Konnossement des Charterers befördert werden, der gegenüber seinen Verladern der Verfrachter ist, obliegt dem Charterer im Verhältnis zu den Ladungsbeteiligten die Schadensregulierung. Dies wird in der Praxis dadurch erleichtert, daß die großen Linienreedereien weitgehend vergleichbare Konnossemente verwenden, wonach die Ladungsbeteiligten Ansprüche wegen Ladungsschäden ausschließlich gegen den Verfrachter erheben dürfen (vgl. für die entsprechende Konnossementsklausel Form VIII. 2 Anm. 15).

Nimmt dennoch ein Ladungsbeteiligter – etwa auf deliktischer Grundlage oder aufgrund eines Direktanspruchs gegen den ausführenden Frachtführer *(actual carrier)* nach §§ 452, 437 HGB im Falle eines deutschem Recht unterliegenden Multimodalvertrages (vgl. Form VIII. 2 Anm. 15) - direkt den Reeder in Anspruch, kann dieser nach Klausel 8.1 die Übernahme der Schadensabwicklung durch den Charterer verlangen. Um das Claims Handling durch den Charterer zu ermöglichen, sind sich die Parteien nach Klausel 8.3 untereinander zur Auskunft verpflichtet.

Der Charterer haftet als Verfrachter im Außenverhältnis gegenüber den Ladungsbeteiligten nach den Haager Regeln (bzw. den Haager-Visby Regeln) oder im Falle eines deutschem Einheitsfrachtrecht unterliegenden Multimodalvertrages auf 8,33 Sonderziehungsrechte pro Kilogramm, wobei er seine Haftung dann jedoch idR. konnossementsmäßig unter Ausnutzung der Korridorlösung des § 449 Abs. 2 S. 2 Nr. 1 HGB auf 2 Sonderziehungsrechte je Kilogramm beschränkt haben wird (vgl. Form VIII. 2 Anm. 15). Liegt die Schadensursache in der Sphäre des Reeders, insbesondere im Schiffsbetrieb, so daß die Haftung nach Klausel 7.2 letztlich auf den Reeder gelenkt wird, kann der Charterer im Innenverhältnis beim Reeder gemäß Klausel 8.4 Rückgriff nehmen.

Der Reeder haftet dem Charterer aufgrund der vertraglich in Klausel 8.4.4 vereinbarten Haftungsbeschränkung seinerseits nur nach seinen eigenen Konnossementsbedingungen, d.h. wiederum nach den Haager bzw. den Haager-Visby Regeln, obwohl der Reeder selbst ein Konnossement für die auf den gecharterten Stellplätzen beförderte Ladung nicht ausgestellt hat. Dadurch soll erreicht werden, daß der Reeder letztlich nicht schlechter steht, als wenn er selbst gegenüber den Ladungsbeteiligten Verfrachter wäre (vgl. für das deutsche Recht § 485 S. 2 HGB).

4. Liner Bill of Lading

Liegt die Schadensursache nicht im Schiffsbetrieb, sondern stiftet die Ladung Dritter Schaden (zB. zerstört die gefährliche Ladung eines anderen Ladungsbeteiligten die Ladung des Charterers), so haftet der Reeder dem Charterer, wenn überhaupt, nur soweit, wie der Reeder sich seinerseits bei dem Dritten erholen kann, es sei denn, ihm fällt mangelnde Ladungsfürsorge oder fehlerhafte Ladungsbehandlung (zB. die Nichtbeachtung von Inkompatibilitätsvorschriften bei der Stauung gefährlicher Güter) zur Last (vgl. Klausel 8.2). Auch dann haftet der Reeder allerdings nach Klausel 8.4.4 wiederum nur summenmäßig auf die Höchstbeträge der Haager bzw. Haager-Visby Regeln beschränkt.

Reeder und Charterer decken ihre Haftpflichtrisiken für Ladungsschäden durch Abschluß einer P & I-Versicherung. Der Reeder versichert darüber hinaus sein Schiff und seine Container durch eine sog. Hull Insurance gegen Kaskoschäden. Der Charterer, dem anders als bei der CCP bei fehlender Regreßmöglichkeit keine Haftungsbefreiung zugute kommt, muß sich schließlich gegen seine Charterer's Liability für von ihm und seinen Hilfspersonen verursachte Schäden am Schiff und den Containern des Reeders eindecken. Die kostengünstige Versicherungskonzeption, die unter Konsortialpartnern üblich ist (vgl. Form VIII. 2 Anm. 19), läßt sich daher beim Slot Charter Agreement mangels Gegenseitigkeitsverhältnis der Vertragsparteien nicht realisieren (vgl. *Röhreke* S. 13 f.).

Für die Folgen vorsätzlicher Falschausstellung von Konnossementen (zB. Vor- oder Rückdatierung etc.) oder fahrlässige Fehler (zB. das Unterlassen von Abschreibungen) haftet die falsch ausstellende Partei nach Klausel 8.4.5 alleine, und zwar ohne die Haftungsbeschränkung nach den Haager bzw. Haager-Visby Regeln (vgl. *Rabe* § 660 HGB Rdnr. 2, § 656 HGB Rdnr. 40). In diesen Fällen findet ein Rückgriff gegen die andere nichtverantwortliche Vertragspartei naturgemäß nicht statt.

Die Klauseln 8.4 und 8.5 enthalten schließlich weitere Bestimmungen, wie der Rückgriff zwischen Charterer und Reeder technisch abzuwickeln ist. So hat der Charterer den Reeder von der Erhebung von Ansprüchen oder Klagen zu unterrichten (vgl. Klausel 8.4.1). Der Charterer hat grundsätzlich Regulierungsvollmacht, die allerdings zumeist summenmäßig begrenzt ist (vgl. Klauseln 8.4.2 und 8.4.3). Über den Fortgang des Claims Handling und geschlossene Vergleiche hat der Charterer dem Reeder regelmäßig zu berichten und mit ihm abzurechnen (vgl. im einzelnen Klausel 8.5).

13. Law and Arbitration. Vgl. Form VIII. 2 Anm. 25.

4. Liner Bill of Lading[1-3]

(Linien-Konnossement)

(Liner terms approved by The Baltic and International Maritime Conference)
Code Name: „CONLINEBILL"

Amended January 1st. 1950. August 1st. 1952, January 1st. 1973, July 1st. 1974, August 1st. 1976, January 1st. 1978.

1. Definition[4]

Wherever the term „Merchant" is used in this Bill of Lading, it shall be deemed to include the Shipper, the Receiver, the Consignee, the Holder of the Bill of Lading and the Owner of the cargo.

2. General Paramount Clause[5]

The Hague Rules contained in the International Convention for the Unification of certain rules relating to Bills of Lading, dated Brussels the 25th August 1924 as enacted in the country of shipment shall apply to this contract. When no such enactment is in force in the country of shipment, the corresponding legislation of the country of destination shall apply, but in respect of shipments to which no such enactments are compulsorily applicable, the terms of the said Convention shall apply.

Trades where Hague-Visby Rules apply.
In trades where the International Brussels Convention 1924 as amended by the Protocol signed at Brussels on February 23rd 1968 – The Hague-Visby Rules – apply compulsorily, the provisions of the respective legislation shall be considered incorporated in this Bill of Lading. The Carrier takes all reservations possible under such applicable legislation, relating to the period before loading and after discharging and while the goods are in the charge of another Carrier, and to deck cargo and live animals.

3. Jurisdiction[6]

Any dispute arising under this Bill of Lading shall be decided in the country where the carrier has his principal place of business, and the law of such country shall apply except as provided elsewhere herein.

4. Period of Responsibility[7]

The Carrier or his Agent shall not be liable for loss of or damage to the goods during the period before loading and after discharge from the vessel, howsoever such loss or damage arises.

5. The Scope of Voyage[8]

As the vessel is engaged in liner service the intended voyage shall not be limited to the direct route but shall be deemed to include any proceeding or returning to or stopping or slowing down at or off any ports or places for any reasonable purpose connected with the service including maintenance of vessel and crew.

6. Substitution of Vessel, Transhipment and Forwarding[9]

Whether expressly arranged beforehand or otherwise, the Carrier shall be at liberty to carry the goods to their port of destination by the said or other vessel or vessels either belonging to the Carrier or others, or by other means of transport, proceeding either directly or indirectly to such port and to carry the goods or part of them beyond their port of destination, and to tranship, land and store the goods either on shore or afloat and reship and forward the same at Carries's expense but at Merchant's risk. When the ultimate destination at which the Carrier may have engaged to deliver the goods is other than the vessel's port of discharge, the Carrier acts as Forwarding Agent only.
The responsibility of the Carrier shall be limited to the part of the transport performed by him on vessels under his management and no claim will be acknowledged by the Carrier for damage or loss arising during any other part of the transport even though the freight for the whole transport has been collected by him.

7. Lighterage[10]

Any lightering in or off ports of loading or ports of discharge to be for the account of the Merchant.

8. Loading, Discharging and Delivery[11]

of the cargo shall be arranged by the Carrier's Agent unless otherwise agreed.
Landing, storing and delivery shall be for the Merchant's account.
Loading and discharging may commence without previous notice.

4. Liner Bill of Lading

The Merchant or his Assign shall tender the goods when the vessel is ready to load and as fast as the vessel can receive and – but only if required by the Carrier – also outside ordinary working hours notwithstanding any custom of the port. Otherwise the Carrier shall be relieved of any obligation to load such cargo and the vessel may leave the port without further notice and deadfreight is to be paid.
The Merchant or his Assign shall take delivery of the goods and continue to receive the goods as fast as the vessel can deliver and – but only if required by the Carrier – also outside ordinary working hours notwithstanding any custom of the port. Otherwise the Carrier shall be at liberty to discharge the goods and any discharge to be deemed a true fulfilment of the contract, or alternatively to act under Clause 16.
The Merchant shall bear all overtime charges in connection with tendering and taking delivery of the goods as above.
If the goods are not applied for within a reasonable time, the Carrier may sell the same privately or by auction.
The Merchant shall accept his reasonable proportion of unidentified loose cargo.

9. Live Animals and Deck Cargo[12]

shall be carried subject to the Hague Rules as referred to in Clause 2 hereof with the exception that notwithstanding anything contained in Clause 19 the Carrier shall not be liable for any loss or damage resulting from any act, neglect or default of his servants in the management of such animals and deck cargo.

10. Options[13]

The port of discharge for optional cargo must be declared to the vessel's Agents at the first of the optional ports not later than 48 hours before the vessel's arrival there. In the absence of such declaration the Carrier may elect to discharge at the first or any other optional port and the contract of carriage shall then be considered as having been fulfilled. Any option can be exercised for the total quantity under this Bill of Lading only.

11. Freight and Charges[14]

(a) Prepayable freight, whether actually paid or not, shall be considered as fully earned upon loading and non-returnable in any event. The Carrier's claim for any charges under this contract shall be considered definitely payable in like manner as soon as the charges have been incurred.
Interest at 5 per cent., shall run from the date when freight and charges are due.
(b) The Merchant shall be liable for expenses of fumigation and of gathering and sorting loose cargo and of weighing onboard and expenses incurred in repairing damage to and replacing of packing due to excepted causes and for all expenses caused by extra handling of the cargo for any of the aforementioned reasons.
(c) Any dues, duties, taxes and charges which under any denomination may be levied on any basis such as amount of freight, weight of cargo or tonnage of the vessel shall be paid by the Merchant.
(d) The Merchant shall be liable for all fines and/or losses which the Carrier, vessel or cargo may incur through non-observance of Custom House and/or import or export regulations.
(e) The Carrier is entitled in case of incorrect declaration of contents, weights, measurements or value of the goods to claim double the amount of freight which would have been due if such declaration had been correctly given. For the purpose of ascertaining the actual facts, the Carrier reserves the right to obtain from the Merchant the original invoice and to have the contents inspected and the weight, measurement or value verified.

12. Lien[15]

The Carrier shall have a lien for any amount due under this contract and costs of recovering same and shall be entitled to sell the goods privately or by auction to cover any claims.

13. Delay[16]

The Carrier shall not be responsible for any loss sustained by the Merchant through delay of the goods unless caused by the Carriers's personal gross negligence.

14. General Average and Salvage[17]

General Average to be adjusted at any port or place at Carrier's option and to be settled according to the York-Antwerp Rules 1974. In the event of accident, danger, damage or disaster before or after commencement of the voyage resulting from any cause whatsoever, whether due to negligence or not, for which or for the consequence of which the Carrier is not responsible by statute, contract or otherwise, the Merchant shall contribute with the Carrier in General Average to the payment of any sacrifice, losses or expenses of a General Average nature that may be made or incurred, and shall pay salvage and special charges incurred in respect of the goods. If a salving vessel is owned or operated by the Carrier, salvage shall be paid for as fully as if the salving vessel or vessels belonged to strangers.

15. Both-to-Blame Collision Clause[18] (This clause to remain in effect even if unenforcible in the Courts of the United States of America).

If the vessel comes into collision with another vessel as a result of the negligence of the other vessel and any act, negligence or default of the Master, Mariner, Pilot or the servants of the Carrier in the navigation or in the management of the vessel, the Merchant will indemnify the Carrier against all loss or liability to the other or non-carrying vessel or her Owner in so far as such loss of liability represents loss of or damage to or any claim whatsoever of the owner of the said goods paid or payable by the other or non-carrying vessel or her Owner to the owner of said cargo and set-off, or recouped or recovered by the other or non-carrying vessel or her Owner as part of his claim against the carrying vessel or Carier. The foregoing provisions shall also apply where the Owner, operator or those in charge of any vessel or vessels or objects other than, or in addition to, the colliding vessels or objects are at fault in respect of a collision or contact.

16. Government directions, War, Epidemics, Ice, Strikes, etc[19]

(a) The Master and the Carrier shall have liberty to comply with any order or directions or recommendations in connection with the transport under this contract given by any Government or Authority, or anybody acting or purporting to act on behalf of such Government or Authority, or having under the terms of the insurance on the vessel the right to give such orders or directions or recommendations.
(b) Should it appear that the performance of the transport would expose the vessel or any goods onboard to risk of seizure or damage or delay, resulting from war, warlike operations, blockade, riots, civil commotions or piracy, or any person onboard to the risk of loss of life or freedom, or that any such risk has increased, the Master may discharge the cargo at port of loading or any other safe and convenient port.
(c) Should it appear that epidemics, quarantine, ice – labour troubles, labour obstructions, strikes, lockouts, any of which onboard or on shore – difficulties in loading or discharging would prevent the vessel from leaving the port of loading or reaching or entering the port of discharge or there discharging in the usual manner and leaving again, all of which safely and without delay, the Master may discharge the cargo at port of loading or any other safe and convenient port.

(d) The discharge under the provisions of this clause of any cargo for which a Bill of Lading has been issued shall be deemed due fulfilment of the contract. If in connection with the exercise of any liberty under this clause any extra expenses are incurred, they shall be paid by the Merchant in addition to the freight, together with return freight if any and a reasonable compensation for any extra services rendered to the goods.
(e) If any situation referred to in this clause may be anticipated, or if for any such reason the vessel cannot safely and without delay reach or enter the loading port or must undergo repairs, the Carrier may cancel the contract before the Bill of Lading is issued.
(f) The Merchant shall be informed if possible.

17. Identity of Carrier[20]

The Contract evidenced by this Bill of Lading is between the Merchant and the Owner of the vessel named herein (or substitute) and it is therefore agreed that said Shipowner only shall be liable for any damage or loss due to any breach or non-performance of any obligation arising out of the contract of carriage, whether or not relating to the vessel's seaworthiness. If, despite the foregoing, it is adjudged that any other is the Carrier and/or bailee of the goods shipped hereunder, all limitations of, and exonerations from, liability provided for by law or by this Bill of Lading shall be available to such other.
It ist further understood and agreed that as the Line, Company or Agents who has executed this Bill of Lading for and on behalf of the Master is not a principal in the transaction, said Line, Company or Agents shall not be under any liability arising out of the contract of carriage, nor as Carrier nor bailee of the goods.

18. Exemptions and Immunities of all servants and agents of the Carrier[21]

It is hereby expressly agreed that no servant or agent of the Carrier (including every independent contractor from time to time employed by the Carrier) shall in any circumstances whatsoever be under any liability whatsoever to the Merchant for any loss. damage or delay arising or resulting directly or indirectly from any act, neglect or default on his part while acting in the course of or in connection with his employment and, but without prejudice to the generality of the foregoing provisions in this clause, every exemption, limitation, condition and liberty herein contained and every right, exemption from liability, defence and immunity of whatsoever nature applicable to the Carrier or to which the Carrier is entitled hereunder shall also be available and shall extend to protect every such servant or agent of the Carrier acting as aforesaid and for the purpose of all the foregoing provisions of this clause the Carrier is or shall be deemed to be acting as agent or trustee on behalf of and for the benefit of all persons who are or might be his servants or agents from time to time (including independent contractors as aforesaid) and all such persons shall to this extent be or be deemed to be parties to the contract evidenced by this Bill of Lading.
The Carrier shall be entitled to be paid by the Marchant on demand any sum recovered or recoverable by the Merchant or any other from such servant or agent of the Carrier for any such loss, damage or delay or otherwise.

19. Optional Stowage. Unitization[22]

(a) Goods may be stowed by the Carrier as received or, at Carrier's option, by means of containers, of similar articles of transport used to consolidate goods.
(b) Containers, trailers and transportable tanks, whether stowed by the Carrier or received by him in a stowed condition from the Merchant, may be carried on or under deck without notice to the Merchant.
(c) The Carrier's liability for cargo stowed as aforesaid shall be governed by the Hague Rules as defined above notwithstanding the fact that the goods are being carried on

deck and the goods shall contribute to general average and shall receive compensation in general average.

ADDITIONAL CLAUSES[23]
(To be added if required in the contemplated trade).

A. Demurrage[24]
The Carrier shall be paid demurrage at the daily rate per ton of the vessel's gross register tonnage as indicated on Page 2 if the vessel is not loaded or discharged with the dispatch set out in Clause 8, any delay in waiting for berth at or off port to count. Provided that if the delay is due to causes beyond the control of the Merchant, 24 hours shall be deducted from the time on demurrage.

Each Merchant shall be liable towards the Carrier for a proportionate part of the total demurrage due, based upon the total freight on the goods to be loaded or discharged at the port in question.

No Merchant shall be liable in demurrage for any delay arisen only in connection with goods belonging to other Merchants.

The demurrage in respect of each parcel shall not exceed its freight.

(This Clause shall only apply if the Demurrage Box on Page 2 is filled in).

B. U.S. Trade. Period of Responsibility.[25]
In case the Contract evidenced by this Bill of Lading is subject to the U.S. Carriage of Goods by Sea Act, then the provisions stated in said Act shall govern before loading and after discharge and throughout the entire time the goods are in the Carrier's custody.

4. Liner Bill of Lading

LINER BILL OF LADING

Shipper	B/L No.
	Reference No.

Consignee

Notify address

Pre-carriage by*	Place of receipt by pre-carrier*
Vessel	Port of loading
Port of discharge	Place of delivery by on-carrier*

Marks and Nos.	Number and kind of packages; description of goods	Gross weight	Measurement
	Particulars furnished by the Merchant		

Freight details, charges etc.	
	SHIPPED on board in apparent good order and condition, weight, measure, marks, numbers, quality, contents and value unknown, for carriage to the Port of Discharge or so near thereunto as the Vessel may safely get and lie always afloat, to be delivered in the like good order and condition at the aforesaid Port unto Consignees or their Assigns, they paying freight as indicated to the left plus other charges incurred in accordance with the provisions contained in this Bill of Lading. In accepting this Bill of Lading the Merchant expressly accepts and agrees to all its stipulations on both pages, whether written, printed, stamped or otherwise incorporated, as fully as if they were all signed by the Merchant. One original Bill of Lading must be surrendered duly endorsed in exchange for the goods or delivery order. IN WITNESS whereof the Master of the said Vessel has signed the number of original Bills of Lading stated below, all of this tenor and date, one of which being accomplished, the others to stand void.
Daily demurrage rate (additional Clause A)	

	Freight payable at	Place and date of issue
*Applicable only when document used as a Through Bill of Lading	Number of original Bs/L	Signature

Printed and sold by Fr. G. Knudtzon A/S
5 Toldbodgade, DK-1253 Copenhagen K, Telefax +45 33 93 11 84,
by authority of The Baltic and International Maritime Conference,
BIMCO, Copenhagen.

Übersetzung

Linien-Konnossement[1-3]

(Von The Baltic and International Maritime Conference bestätigte Linienbedingungen)
Code-Bezeichnung: „CONLINEBILL"

Geändert am 1. Januar 1950, 1. August 1952, 1. Januar 1973, 1. Juli 1974, 1. August 1976, 1. Januar 1978.

1. Begriffsbestimmung[4]

Soweit in diesem Konnossement der Ausdruck „Kaufmann" verwendet wird, soll er den Verlader, den Warenempfänger und -adressaten (Ist- und Sollempfänger), den Konnossementsinhaber und den Ladungseigentümer einschließen.

2. Allgemeine Paramount Klausel[5]

Die in der Brüsseler Vereinbarung vom 25. August 1924 über die Vereinheitlichung gewisser für Konnossemente gültiger Regeln enthaltenen HAAGER REGELN finden auf diesen Vertrag in der Gestalt Anwendung, wie sie im Verschiffungslande gesetzlich niedergelegt sind. Gilt im Verschiffungsland keine solche gesetzliche Regelung, so findet die entsprechende Gesetzgebung des Bestimmungslandes Anwendung; jedoch sollen auf solche Verschiffungen für die keine derartige gesetzliche Regelung zwingend vorgeschrieben ist, die Vorschriften der genannten Vereinbarung Anwendung finden.

Verschiffungen nach Haager-Visby Regeln.

Bei Verschiffungen, auf die die internationale Brüsseler Vereinbarung von 1924 ergänzt durch das Brüsseler Protokoll vom 23. Februar 1968 – Haager-Visby Regeln – zwingend Anwendung findet, bilden die Vorschriften der jeweiligen Gesetzesregelung Bestandteil dieses Vertrages. Der Verfrachter macht alle danach möglichen Vorbehalte in Bezug auf den Zeitraum vor der Beladung und nach der Entlöschung und während sich die Güter im Gewahrsam eines anderen Verfrachters befinden sowie die Decksverladung und lebende Tiere geltend.

3. Gerichtsbarkeit[6]

Alle Streitigkeiten aus diesem Konnossement werden in dem Lande entschieden, in welchem der Verfrachter seine geschäftliche Hauptniederlassung hat, und das Recht dieses Landes findet Anwendung, es sei denn, daß in diesem Konnossement etwas anderes bestimmt ist.

4. Haftungsdauer[7]

Der Verfrachter oder sein Agent haftet nicht für Verlust oder Beschädigung der Güter während der Zeit vor der Beladung und nach dem Entlöschen des Schiffes, gleichgültig in welcher Weise der Verlust oder die Beschädigung eintritt.

5. Reiseumfang[8]

Da das Schiff im Liniendienst fährt, soll die beabsichtigte Reise nicht auf den direkten Reiseweg beschränkt sein; vielmehr gelten als mitumfaßt jegliches Weiterlaufen, Zurücklaufen, Anhalten oder Fahrt-Vermindern nach, in oder außerhalb jedes Hafens oder Platzes zu jedem sinnvollen im Zusammenhang mit dem Dienst stehenden Zweck, einschließlich der Instandhaltung von Schiff und Mannschaft.

4. Liner Bill of Lading

6. Schiffswechsel, Umladung und Weiterbeförderung[9]

Ohne Rücksicht darauf, ob dies vorher vereinbart ist oder nicht, ist der Verfrachter berechtigt, die Güter zum Bestimmungshafen mit dem bezeichneten oder einem anderen Schiff, oder mit Schiffen, welche entweder dem Verfrachter oder Dritten gehören, oder auf indirektem Wege zu diesem Hafen zu bringen und die Güter oder einen Teil derselben über den Bestimmungshafen hinaus zu befördern und sie an Land oder auf See umzuladen, an Land zu bringen und einzulagern und wieder zu verschiffen und weiter zu befördern, und zwar auf Kosten des Verfrachters, aber auf Risiko des Kaufmanns. Falls der endgültige Bestimmungsort, an dem der Verfrachter die Güter abzuliefern übernommen hat, ein anderer als der Entlöschungshafen des Schiffes ist wird der Verfrachter nur als Spediteur tätig.

Die Haftung des Verfrachters beschränkt sich auf den Abschnitt der Beförderung, der durch ihn oder mit seiner Leitung unterstehenden Schiffen erfolgt, und es werden keine Ansprüche gegen den Verfrachter wegen Beschädigung oder Verlust während irgendeines anderen Beförderungsabschnittes anerkannt, selbst wenn der Verfrachter die Fracht für die ganze Reise empfangen hat.

7. Leichterung[10]

Alle Leichterkosten innerhalb oder außerhalb vom Lade- oder Entlöschungshafen treffen den Kaufmann.

8. Laden, Entlöschen und Ablieferung[11]

der Ladung hat durch Verfrachters Agenten zu erfolgen, soweit nicht etwas anderes vereinbart ist. Anlandbringen, Lagerung und Ablieferung geschehen für Rechnung des Kaufmanns.

Beladung und Entlöschung können ohne vorherige Benachrichtigung beginnen. Der Kaufmann oder sein Bevollmächtigter hat die Güter anzuliefern, wenn das Schiff ladebereit ist, und zwar so schnell, wie das Schiff sie entgegennehmen kann, und – soweit der Verfrachter es verlangt – auch außerhalb der üblichen Arbeitszeit, ungeachtet irgendwelcher Hafenusancen. Anderenfalls wird der Verfrachter von jeder Verpflichtung zur Verschiffung dieser Ladung frei, das Schiff kann den Hafen ohne weitere Nachricht verlassen und der Verfrachter hat einen Anspruch auf Leerfracht.

Der Kaufmann oder sein Bevollmächtigter hat die Güter abzunehmen und so schnell, wie das Schiff ausliefern kann, entgegenzunehmen und – soweit der Verfrachter es verlangt – auch außerhalb der üblichen Arbeitszeit, ungeachtet irgendwelcher Hafenusancen. Anderenfalls ist der Verfrachter berechtigt, entweder die Güter zu löschen – wobei solche Löschung als gehörige Vertragserfüllung gilt – oder wahlweise nach Ziffer 16 zu verfahren.

Der Kaufmann hat alle in den vorstehend bezeichneten Fällen entstehenden Überstundenkosten zu tragen.

Wenn sich nicht innerhalb eines angemessenen Zeitraumes ein Empfänger für die Güter meldet, so kann der Verfrachter sie privat verkaufen oder versteigern lassen.

Der Kaufmann hat einen angemessenen Anteil nicht identifizierter loser Ladung entgegenzunehmen.

9. Lebende Tiere und Deckladung[12]

werden befördert nach Maßgabe der Haager Regeln, wie oben unter Klausel 2 dieses Konnossements angeführt, mit der Ausnahme, daß der Verfrachter nicht für Verluste oder Beschädigungen haftet, die aus irgendwelchem Handeln, Unterlassen oder Versehen seiner Gehilfen bei Behandlung dieser Tiere und Deckladung entstehen. Der Inhalt der Klausel 19 bleibt unberührt.

10. Wahlrecht[13]

Der Entlöschungshafen für Wahlladung ist den Schiffsagenten am ersten der Wahlhäfen nicht später als 48 Stunden vor Ankunft des Schiffes an diesem Hafen anzuzeigen. Mangels solcher Anzeige ist der Verfrachter berechtigt, nach seiner Wahl entweder am ersten oder jedem anderen Wahlhafen zu löschen, und dies wird dann als ordnungsgemäße Vertragserfüllung angesehen. Das Wahlrecht kann nur einheitlich für die gesamte Warenmenge nach dem Konnossement ausgeübt werden.

11. Fracht und Kosten[14]

(a) Im voraus zahlbare Fracht ist ohne Rücksicht darauf, ob sie tatsächlich entrichtet ist oder nicht, mit erfolgter Verladung als voll verdient anzusehen und ist in keinem Fall rückzahlbar. In gleicher Weise gilt der Anspruch des Verfrachters aus diesem Vertrage auf Erstattung irgendwelcher Kosten als endgültig zahlbar, sobald die Kosten tatsächlich erwachsen sind. Vom Zeitpunkt der Fälligkeit von Fracht und Kosten an sind 5% Zinsen zu zahlen.

(b) Der Kaufmann haftet für Kosten, welche durch Ausgasung, Sammeln, Sortieren loser Ladung und Verwiegen an Bord, ferner für Kosten, die durch Reparatur und Ersatz beschädigter Verpackung aus ausgeschlossenen Ursachen entstehen, sowie für alle Kosten, die durch besondere Handhabung der Ladung aus einem der vorgenannten Gründe verursacht sind.

(c) Alle Abgaben, Zölle, Steuern und Kosten, welche unter irgendeiner Bezeichnung auf Basis des Frachtbetrages, des Ladungsgewichts, der Schiffstonnage oder auf irgendeiner anderen Basis erhoben werden, sind vom Kaufmann zu zahlen.

(d) Der Kaufmann haftet für alle Geldstrafen und/oder Verluste, die den Verfrachter, das Schiff oder die Ladung infolge Nichtbefolgung von Zoll- und/oder Import- oder Exportvorschriften treffen.

(e) Im Falle unrichtiger Erklärung über Inhalt, Gewicht, Masse oder Wert der Güter ist der Verfrachter berechtigt, den doppelten Frachtbetrag zu fordern, welcher bei richtiger Abgabe der Erklärung zu zahlen gewesen wäre. Zur Feststellung des genauen Sachverhalts behält sich der Verfrachter das Recht vor, vom Kaufmann die Vorlage der Orginalfaktura zu fordern, ferner den Inhalt besichtigen und Gewicht, Masse oder Wert nachprüfen zu lassen.

12. Pfandrecht[15]

Dem Verfrachter steht ein Pfandrecht zu für die nach Maßgabe dieses Vertrages fälligen Beträge und für die Kosten ihrer Beitreibung, und er ist berechtigt, die Güter zur Deckung aller Ansprüche privat oder im Wege der Versteigerung zu verkaufen.

13. Reiseverzögerung[16]

Der Verfrachter ist nicht verantwortlich für irgendeinen Verlust, der dem Kaufmann durch verzögertes Eintreffen der Güter entsteht, es sei denn, daß die Verzögerung durch grobe Fahrlässigkeit des Verfrachters persönlich verursacht ist.

14. Havarie Grosse und Bergung[17]

Havarie Grosse ist nach Wahl des Verfrachters in jedem Hafen oder Platz zu berechnen und nach Maßgabe der York-Antwerp Rules von 1974 zu regulieren.
In Fällen von Unfall, Gefahr, Schaden oder Unglück vor oder nach Reisebeginn, gleichgültig aus welcher Ursache und ob durch Fahrlässigkeit entstanden oder nicht, für die oder für deren Folgen der Verfrachter kraft Gesetzes, Vertrages oder in anderer Weise nicht haftet, leistet der Kaufmann mit dem Verfrachter zur Havarie Grosse einen Beitrag zur Deckung aller Opfer, Verluste oder Kosten von der Art der Havarie Grosse, die gemacht werden oder erwachsen, und zahlt ferner Bergelohn und in Bezug auf die Güter

entstehende besondere Kosten. Gehört das bergende Schiff dem Verfrachter oder ist er dessen Bewirtschafter, so ist der volle Bergelohn zu zahlen, in gleicher Weise als wenn das oder die bergenden Schiffe einem Dritten gehörten.

15. Kollisionsklausel im Falle beiderseitigen Verschuldens[18]
(Diese Klausel bleibt auch dann wirksam, wenn sie vor den Gerichten der USA nicht geltend gemacht werden kann).
Gerät das Schiff mit einem anderen in Kollision infolge von Fahrlässigkeit dieses anderen Schiffes und infolge eines Handelns, Unterlassens oder Versehens des Kapitäns, der Besatzung, des Lotsen oder der Gehilfen des Verfrachters bei der nautischen oder technischen Handhabung des Schiffes, so hat der Kaufmann den Verfrachter für alle Verluste oder von jeglicher Haftung gegenüber dem anderen oder dem nichtbefrachteten Schiff oder dessen Eigentümer insoweit freizuhalten, als dieser Verlust oder die Haftung einen Verlust, Schaden oder irgendeinen Anspruch des Eigentümers der genannten Güter darstellt, der bezahlt wird oder zu zahlen ist von dem anderen oder dem nicht befrachteten Schiff oder dessen Eigentümer an den Eigentümer der genannten Ladung, und der abgesetzt, einbehalten oder wiedererlangt wird von dem anderen oder dem nichtbefrachteten Schiff oder dessen Eigentümer als Teil seines Anspruchs gegen das befrachtete Schiff oder den Verfrachter. Diese Vorschriften finden auch Anwendung, wenn den Eigentümer, den Bewirtschafter oder diejenigen, denen anvertraut ist die Führung eines anderen Schiffes oder anderer Schiffe oder eines anderen Gegenstandes als der kollidierenden Schiffe oder kollidierenden Gegenstände, hinsichtlich der Kollision oder Berührung ein Verschulden trifft.

16. Regierungsanweisungen, Krieg, Seuchen, Eis, Streiks, usw.[19]
(a) Der Kapitän und der Verfrachter sind berechtigt, alle Befehle, Anweisungen oder Empfehlungen in Verbindung mit der Beförderung nach diesem Vertrage zu befolgen, welche von einer Regierung, Behörde oder irgendeiner Person gegeben werden, die für diese Regierung oder Behörde tätig wird oder vorgibt, für diese tätig zu sein, oder nach den Bedingungen der Schiffsversicherung berechtigt ist, diese Befehle, Anweisungen oder Empfehlungen zu erteilen.
(b) Wenn es den Anschein hat, daß die Durchführung der Beförderung das Schiff oder an Bord befindliche Güter der Gefahr der Beschlagnahme, der Beschädigung oder Verzögerung aussetzen würde, die sich auf Krieg, kriegerische Operationen, Blockade, Aufruhr, innere Unruhen oder Seeräuberei gründen, oder eine Person an Bord der Gefahr für Leben oder Freiheit, oder wenn eine derartige Gefahr zugenommen hat, so kann der Kapitän die Ladung im Ladehafen oder jedem anderen sicheren und geeigneten Hafen löschen.
(c) Wenn es den Anschein hat, daß Seuchen, Quarantäne, Eis, Arbeitsstreitigkeiten und Widerstand, Streiks, Aussperrungen, wenn sie an Bord oder an Land auftreten, Schwierigkeiten bei der Beladung oder Entlöschung das Schiff voraussichtlich daran hindern würden, den Ladehafen zu verlassen oder den Entlöschungshafen zu erreichen oder in denselben einzulaufen oder dort in üblicher Weise zu löschen und ihn wieder zu verlassen, und zwar in allen diesen Fällen sicher und ohne Verzögerung, so kann der Kapitän die Ladung im Ladehafen oder jedem anderen sicheren und geeigneten Hafen löschen.
(d) Entlöschung irgendwelcher Ladung, für die ein Konnossement ausgestellt ist, nach Maßgabe dieser Klausel wird als ordnungsgemäße Vertragserfüllung angesehen. Falls in Verbindung mit der Ausübung von Rechten aus dieser Klausel Extrakosten erwachsen, so sind diese vom Kaufmann zuzüglich zu der Fracht, zusammen mit etwaiger Rückfracht und einer angemessenen Entschädigung für besondere Dienste im Interesse der Güter zu zahlen.
(e) Falls der Eintritt eines der in dieser Klausel bezeichneten Fälle voraussehbar ist oder wenn aus einem solchen Grunde das Schiff den Ladehafen nicht sicher und ohne Verzö-

gerung erreichen oder ihn anlaufen kann oder Reparaturen vorgenommen werden müssen, kann der Verfrachter von dem Vertrage zurücktreten, bevor ein Konnossement ausgestellt ist.
(f) Der Kaufmann ist, wenn möglich, zu unterrichten.

17. Person des Verfrachters[20]
Der in diesem Konnossement beurkundete Vertrag besteht zwischen dem Kaufmann und dem Eigentümer des nachstehend benannten Schiffes (oder Ersatzschiffs), und es wird daher vereinbart, daß der genannte Schiffseigentümer lediglich für solchen Schaden oder Verlust haftet, der infolge eines Verstoßes oder Nichterfüllung von Verpflichtungen aus dem Frachtvertrage entsteht, ohne Rücksicht darauf, ob er seine Ursache in der Seetüchtigkeit des Schiffes hat oder nicht. Wird dessen ungeachtet entschieden, daß eine andere Person Verfrachter und/oder Depositar der hiernach verschifften Güter ist, dann finden auf diesen alle Haftungsbeschränkungen und Freizeichnungen nach dem Gesetz oder aus diesem Konnossement Anwendung.
Darüber hinaus ist vereinbart, daß die Linie, Gesellschaft oder die Agenten, welche dieses Konnossement namens und in Vollmacht des Kapitäns zeichnen, da sie selbst nicht Vertragspartei sind, keinerlei Verpflichtungen aus diesem Frachtvertrage treffen und zwar weder als Verfrachter noch als Depositar der Güter.

18. Freistellung und Bevorrechtigung aller Gehilfen und Vertreter des Verfrachters[21]
Hiermit wird ausdrücklich vereinbart, daß kein Gehilfe oder Vertreter des Verfrachters (einschließlich jedes unabhängigen Vertragspartners, den der Verfrachter von Zeit zu Zeit beschäftigt) unter welchen Umständen auch immer in irgendeiner Weise dem Kaufmann verantwortlich ist für Verlust, Schaden oder Verspätung, die unmittelbar oder mittelbar entstehen oder herrühren aus irgendeinem Handeln, Unterlassen oder Versehen seinerseits, während er in Verfolg oder in Zusammenhang mit seiner Beschäftigung handelt; ohne der allgemeinen Geltung der in dieser Klausel vorangehenden Bestimmungen Abbruch zu tun, soll jede Ausnahme, Begrenzung, Voraussetzung und Bevorrechtigung, welche hierin enthalten ist, und jedes Recht, jede Haftungsfreistellung, jedes Verteidigungsmittel und jede Ausnahmeregelung gleich welcher Art, die für den Verfrachter gilt oder zu der der Verfrachter hierunter berechtigt ist, auch jedem Gehilfen oder Vertreter des Verfrachters, der wie oben erwähnt handelt, zur Verfügung stehen und darüberhinaus ihn schützen; zum Zwecke aller voraufgegangenen Bestimmungen dieser Klausel handelt der Verfrachter, oder gilt als in dieser Eigenschaft handelnd, als Vertreter oder Bevollmächtigter namens und zum Wohle aller Personen, welche von Zeit zu Zeit seine Gehilfen oder Vertreter (unabhängige Vertragspartner wie oben erwähnt eingeschlossen) sind oder sein können. Und alle diese Personen sollen in diesem Umfang Parteien des Vertrages sein oder als solche gelten, welcher durch dieses Konnossement wiedergegeben wird.
Der Verfrachter ist berechtigt, vom Kaufmann auf Anforderung hin Zahlung jedes Betrages zu erhalten, den der Kaufmann oder jeder andere eingezogen hat oder einziehen kann von einem solchen Gehilfen oder Vertreter des Verfrachters für jeden solchen Verlust, Schaden, Verspätung oder sonstwie.

19. Wahl der Stauung. Ladungsverbund[22]
(a) Güter dürfen vom Verfrachter so gestaut werden, wie er sie erhalten hat, oder, nach seiner Wahl, mittels Container oder ähnlicher Transportvorrichtungen, die benutzt werden, um Güter zusammenzufassen.
(b) Container, Trailer und bewegliche Tanks, einerlei ob der Verfrachter sie vollgestaut hat oder ob er sie vom Kaufmann in gestautem Zustand erhalten hat, dürfen ohne Benachrichtigung des Kaufmanns auf oder unter Deck befördert werden.

4. Liner Bill of Lading VIII. 4

(c) Die Haftung des Verfrachters für wie oben erwähnt gestaute Ladung wird von den Haager Regeln so wie oben erläutert beherrscht, ungeachtet des Umstandes, daß die Güter auf Deck befördert werden; und die Güter sollen zu der Havarie Grosse beitragen und in der Havarie Grosse Vergütung erhalten.

ZUSÄTZLICHE KLAUSELN[23]
(Hinzuzufügen, wenn für den in Betracht kommenden Dienst erforderlich).

A. Liegegeld[24]
Der Verfrachter hat Anspruch auf Liegegeld zu einer täglichen Rate pro Bruttoregistertonne des Schiffes wie auf Seite 2 angegeben, wenn das Schiff nicht in der unter Klausel 8 genannten Zeit beladen oder entlöscht wird, wobei jedes Warten auf einen Liegeplatz im oder außerhalb des Hafens eingerechnet wird.
Von der Überliegezeit werden 24 Stunden abgezogen, wenn die Verzögerung auf Gründen beruht, die der Kaufmann nicht zu vertreten hat.
Jeder Kaufmann haftet dem Verfrachter für den entstandenen Liegegeldanspruch anteilig auf der Grundlage der Gesamtfracht für die in dem fraglichen Hafen zu ladenden oder zu entlöschenden Güter.
Kein Kaufmann haftet für einen Liegegeldanspruch, der auf einer Verzögerung beruht, die allein mit den anderen Kaufleuten gehörigen Gütern in Zusammenhang steht.
Das Liegegeld pro Packung soll nicht deren Fracht übersteigen.
(Diese Klausel gilt nur, wenn das Liegegeld-Feld auf Seite 2 ausgefüllt ist).

B. U.S. Dienst[25]
In dem Falle, daß der in diesem Konnossement bescheinigte Frachtvertrag dem U.S. Carriage of Goods by Sea Act unterliegt, finden die Bestimmungen dieses Gesetzes vor dem Laden und nach dem Entlöschen und während der gesamten Zeit Anwendung, in der sich die Güter im Gewahrsam des Verfrachters befinden.

VIII. 4
VIII. Seefrachtrecht

LINIEN-KONNOSSEMENT 60-0 Seite 2

Verlader | Bezug Nr. | Konnossements-Nr.

Empfänger

Melde-Adresse

Vortransport durch *	Ort der Annahme durch Vorbeförderer *
Schiff	Ladehafen
Löschhafen	Ort der Ablieferung durch Anschlussbeförderer *

Merkzeichen und Nummern	Nummer und Art der Verpackung; Beschreibung der Güter	Brutto-Gewicht	Masse

Einzelheiten durch den Kaufmann mitgeteilt

Fracht-Angaben, Unkosten, u. s. w.	
	VERLADEN an Bord in äusserlich gutem Zustand und guter Beschaffenheit, Gewicht, Mass, Merkzeichen, Zahl, Qualität, Inhalt und Wert unbekannt, zur Beförderung zum Löschhafen oder so nahe an diesen Ort heran, als das Schiff sicher gelangen und dort immer flott liegen kann, zur Auslieferung in gleichem Zustand und in gleicher Beschaffenheit im vorgenannten Hafen an den Empfänger oder seine Rechtsnachfolger gegen Zahlung der Fracht wie links angegeben zuzüglich anderer Beträge, die gemäss den Bestimmungen des Konnossements aufgewandt worden sind. Durch Annahme dieses Konnossements nimmt der Kaufmann ausdrücklich alle auf beiden Seiten desselben enthaltenen Bedingungen an und stimmt ihnen zu, gleich ob sie geschrieben, gedruckt, gestempelt oder auf andere Weise eingefügt sind, im gleichen Umfang, als wenn sie alle vom Kaufmann unterzeichnet worden wären. Ein Original des Konnossements muss ordnungsgemäss gezeichnet gegen Auslieferung der Güter oder eines Ausfolgescheines übergeben werden. ZUM ZEUGNIS hiervon hat der Kapitän des genannten Schiffes die unten angegebene Zahl von Original-Konnossementen gezeichnet, alle dieses Inhalts und mit diesem Datum. Mit Erfüllung eines derselben sind die übrigen erledigt.
Liegegeld, Rate pro Tag (Zusatz-Klausel A)	

	Fracht zahlbar in	Ort und Datum der Ausstellung
* Gilt nur falls als Durchkonnossement benutzt	Zahl der Original-Konnossemente	Unterschrift

nted and sold
Fr. G. Knudtzon, Ltd., 55, Toldbodgade, Copenhagen,
authority of the Baltic and International Maritime Conference,
·penhagen.

1014 Weipert

4. Liner Bill of Lading

Schrifttum: Benedict on Admirality/*Sturley*, The Law of American Admirality, its Jurisdiction, Law and Pratice, Vol. 2 A, Carriage of Goods by Sea, Loseblattsammlung, Stand Oktober 1999; *Schütze*, Das Dokumentenakkreditiv im internationalen Handelsverkehr, 5. Aufl. 1999; *Herber*, Das neue Haftungsrecht der Schiffahrt, 1989; *Prüßmann/Rabe*, Seehandelsrecht, 4. Aufl. 2000; *Rabe/Schütte*, Die erste Verordnung des Rates zur Anwendung des EWG-Kartellrechts (Art. 85 und 86 EWGV) auf den Seeverkehr, RIW 1988, 701; *Schaps/Abraham*, Das Seerecht in der Bundesrepublik Deutschland, 4. Aufl. 1978; *Schmidt, Karsten*, Verfrachter-Konnossement, Reeder-Konnossement und Identity-of-Carrier-Klausel, 1980; *Trappe*, Probleme des Zeitfrachtvertrages, HANSA 1964, 2329; *Werner*, Anti-Dumping im Seeverkehr, RIW 1987, 715.

Übersicht

	Seite
1. Sachverhalt	1015
2. Wahl des Formulars	1015–1016
3. Liner Bill of Lading	1016–1017
4. Definition	1018
5. General Paramount Clause	1018–1019
6. Jurisdiction	1019–1020
7. Period of Responsibility	1020–1021
8. The Scope of Voyage	1021
9. Substitution of Vessel, Transshipment and Forwarding	1021–1022
10. Lighterage	1022
11. Loading, Discharging and Delivery	1022–1024
12. Live Animals and Deck Cargo	1024
13. Options	1024–1025
14. Freight and Charges	1025–1027
15. Lien	1027
16. Delay	1027
17. General Average and Salvage	1027–1028
18. Both-to-Blame-Collision-Clause	1028–1030
19. Government Directions, War, Epidemics, Ice, Strikes etc.	1030–1031
20. Identity of Carrier	1031
21. Exemptions and Immunities of all Servants and Agents of Carrier	1031–1032
22. Optional Stowage, Unitization	1032–1034
23. ADDITIONAL CLAUSES	1034
24. A. Demurrage	1034–1035
25. B. US-Trade, Period of Responsibility	1035

Anmerkungen

1. Sachverhalt. Das hier erläuterte Formular (**Liner Bill of Lading** – nachfolgend „**Liner B/L**") ist **Konnossement** im Sinne von § 642 HGB. Das Konnossement ist Beförderungsdokument im Seeverkehr für den Gütertransport von einem bestimmten Ladehafen nach einem bestimmten Löschhafen.

2. Wahl des Formulars. Die hier verwendete Liner B/L wurde von der „Baltic and International Maritime Conference" (BIMCO) unter der Kurzbezeichnung CONLINEBILL in zuletzt 1978 überarbeiteter Form herausgegeben. CONLINEBILL ist eines der am häufigsten zur Anwendung gelangenden Konnossementsformulare. Es entspricht internationalem Standard. Im Falle des Transports mit unter Zeitcharter aufgenommenen Schiffen kommt diesem Umstand besondere Bedeutung zu, denn der Eigentümer des Schiffs (Reeder) verpflichtet sich regelmäßig zur Unterzeichnung von Konnossementen durch seinen Kapitän nur unter der Voraussetzung, daß die vorgelegten Konnossemente üblichen Standards entsprechen. Linienreedereien varriieren CONLINEBILL je nach dem Zuschnitt der von ihnen angebotenen Beförderungsdienste, namentlich unter besonderer Berücksichtigung von Anforderungen des Container-Verkehrs und/oder des kombinierten Land-/Seetransports. Auf diese Besonderheiten wird in den Erläuterungen eingegangen, soweit Anlaß dafür besteht. Die Verwendung englischsprachiger Konnossemente entspricht internationalen Gepflogenheiten. Die folgenden Erläuterungen aller Klauseln der CONLINEBILL tragen deren Titel.

3. Liner Bill of Lading. Die Liner B/L ist das Beförderungsdokument im Stückgutverkehr über See (§ 556 Nr. 2 HGB). Es ist eine Urkunde, in der mit Rechtswirkung für den Verfrachter im Seeverkehr der **Empfang von Gütern** unter Angabe von Maß, Gewicht und/oder Anzahl mit derjenigen Beschaffenheit bescheinigt wird, die aus der Urkunde hervorgeht. Verfrachter im Seeverkehr (Carrier) ist nach deutschem Recht derjenige, der die Beförderungsleistung schuldet (*Prüßmann/Rabe*, vor § 556 Rn. 9). Ob und aufgrund welchen Rechtsverhältnisses der Verfrachter befugt ist, das Seeschiff für die Beförderung einzusetzen, bleibt für seine Rechtsstellung gegenüber den anderen Beteiligten am Seefrachtgeschäft ohne Belang. Er kann Reeder (§ 484 HGB), Ausrüster (§ 510 HGB) oder Unterverfrachter sein. Letzterenfalls ist der Hauptfrachtvertrag Raumfrachtvertrag im Sinne von § 556 Nr. 1 HGB, und zwar entweder in der Form der Reisecharter oder der Zeitcharter (zu den begrifflichen Unterschieden vgl. *Prüßmann/Rabe* § 556 Rn. 2–13). Wo der Hauptfrachtvertrag (Chartervertrag) die Einbeziehung seiner Bedingungen in das Konnossementsrechtsverhältnis fordert, kommt die Ausstellung einer Liner B/L nicht in Betracht.

Empfang der Güter bedeutet im Zweifel, daß sie zur Beförderung mit dem Schiff von dem Ladehafen nach einem bestimmten Löschhafen an Bord genommen worden sind. Damit wird die Verpflichtung gemäß § 642 Abs. 1 HGB ausgelöst, das Konnossement auszustellen und **dem Ablader** (zum Begriff Anmerkung 4) auszuhändigen. Wird dies vereinbart, dann kann anstelle eines solchen „Bordkonnossements" auch die Ausstellung eines „Übernahmekonnossements" begehrt werden; mit ihm wird die Übernahme der Güter zur Beförderung ohne gleichzeitige Verbringung an Bord bestätigt (§ 642 Abs. 5 HGB). Sobald die Güter nach Ausstellung eines Übernahmekonnossements an Bord genommen werden, wird das auf dem Übernahmekonnossement vermerkt (§ 642 Abs. 5 Satz 2 HGB), oder aber es wird das Übernahmekonnossement gegen das Bordkonnossement ausgetauscht (§ 642 Abs. 1 HGB). Übernahmekonnossemente erleichtern die Abfertigung dann, wenn der Verfrachter die Güter schon vor Ankunft des Schiffes in Verwahrung nimmt, was im Linienverkehr häufig anzutreffen ist.

Mit Ausstellung und Begebung des Konnossements wird seinem legitimierten Inhaber gegenüber eine von dem Inhalt des Frachtvertrages unabhängige, allein den Regeln des Konnossements unterworfene Auslieferungsverpflichtung des Verfrachters gegen Vorlage der Urkunde begründet. Das Konnossement ist deshalb Wertpapier und hat gemäß § 650 HGB Traditionsfunktion, dh. es ersetzt im Rechtsverkehr den Besitz der in ihm bezeichneten Güter. Seine Übertragung hat „für den Erwerb von Rechten an den Gütern dieselben Wirkungen, wie die Übergabe der Güter". Damit hat es vor allem Sicherungsfunktion bei der zahlungstechnischen Abwicklung des Überseekaufs. Es ist „annahmefähiges Dokument" im Sinne der **Einheitlichen Richtlinien und Gebräuche für Dokumenten-Akkreditive (ERA)**.

Das Konnossement kann als Namens-, Order- oder Inhaberpapier ausgestellt werden. In Ermangelung einer hiervon abweichenden Vereinbarung hat der Verfrachter das Konnossement an die Order des Empfängers oder nur „an Order" zu stellen (§ 647 Abs. 1 HGB). Ohne Order-Klausel ist das Konnossement Namens-(Rekta-)Papier, sofern in ihm ein namentlich bestimmter Empfänger bezeichnet ist (auch der Verfrachter oder der Kapitän können als Empfänger bezeichnet werden – § 647 Abs. 2 HGB). Wird ein Namenskonnossement ausgestellt, dann darf nur an den in der Urkunde bezeichneten Empfänger ausgeliefert werden. Fehlt es sowohl an der Order-Klausel als auch an einer Empfängerbezeichnung, dann liegt ein Inhaberkonnossement vor.

Das Konnossement hat Beweisfunktion in mehrfacher Weise:
– Es begründet die Vermutung, daß der Verfrachter die Güter so übernommen hat, wie sie nach Art, Menge, Merkzeichen sowie äußerlich erkennbarer Verfassung und Beschaffenheit im Konnossement bezeichnet sind (§ 656 Abs. 2 iVm. § 643 Nr. 8 sowie § 660 HGB).
– Seine Bedingungen bestimmen das Rechtsverhältnis zwischen dem Verfrachter und dem Empfänger der Güter (§ 656 Abs. 1 HGB).
– Im Stückgutverkehr, von dem hier die Rede ist, beweist das Konnossement darüber hinaus den Inhalt des der Beförderung zugrundeliegenden schuldrechtlichen Geschäfts, des Frachtvertrages (BGHZ 6, 127; Hans.OLG Hbg VersR 1973, 1138; Hans.OLG Hbg TranspR 1988, 24), es sei denn, daß ausnahmsweise auch für die Stückgutverfrachtung ein detaillierter Frachtvertrag abgeschlossen worden wäre (OLG Düsseldorf TranspR 1988, 329).

Aufgrund dieser rechtlichen Eigenschaften vertritt das Konnossement im weitesten Sinne die in ihm bezeichneten Güter während ihrer Beförderung. Innerhalb dieser Zeit können mit Hilfe des Konnossements Umsatzgeschäfte über die darin bezeichneten Waren abgeschlossen werden. Es ist möglich, mit Hilfe des Konnossements und in Verbindung mit der Transportversicherungspolice sowie je nach Vereinbarung üblicherweise weiteren Dokumenten (Warenrechnung, Ursprungszeugnis etc.) alle mit der Abwicklung des Überseekaufs verbundenen Zahlungsvorgänge zu erledigen, sei es durch Vorlage dieser Dokumente beim bestimmungsgemäßen Empfänger („Kasse gegen Dokumente") oder bei der für diesen Zweck beauftragten Bank im Falle der Abwicklung im Dokumentenakkreditivgeschäft. Das Konnossement, und zwar in der Form des Bord-Konnossements, ist damit das klassische Wertpapier für die Vereinfachung und Beschleunigung des Warengeschäfts im Überseeverkehr (Einzelheiten bei *Schütze*, Rn. 153 ff.).

Zur Ausstellung und Begebung des Konnossements ist der Verfrachter verpflichtet. Der Verfrachter ist zwingend Partei des Beförderungsvertrages. Üblicherweise geht der Name des Verfrachters (meist verbunden mit einem Firmenlogo) aus dem Konnossement hervor. Ist der Verfrachter nicht mit dem Reeder identisch, so gilt der Reeder als Verfrachter, wenn der Name des Verfrachters im Konnossement fehlt (§ 644 HGB). Dasselbe gilt, wenn derjenige, der in einem Konnossement als Verfrachter bezeichnet ist, diese Rechtsstellung in Wahrheit nicht innehat (BGHZ 25, 300). Voraussetzung für die auf diese Weise begründete Reederhaftung ist die Ausstellung des Konnossements durch den Kapitän oder einen anderen Vertreter des Reeders. Fehlt es daran, weil der Verfrachter selbst oder ein von ihm beauftragter Vertreter das Konnossement zeichnet oder weil der Verfrachter oder sein Vertreter ohne entsprechende Vollmacht (die in solchen Fällen regelmäßig Bestandteil des zugrundeliegenden Chartervertrages ist) gleichwohl „for the Master" zeichnet, dann bleibt allein der Verfrachter verpflichtet, auch wenn sein Name nicht aus dem Konnossement hervorgeht (*Trappe* HANSA 1964, 2329; *Prüßmann/Rabe*, § 644 Rn. 3). Sofern der Verfrachter richtig im Konnossement bezeichnet ist, gilt der Kapitän und jeder andere dazu ermächtigte Vertreter des Reeders auch ohne besondere Ermächtigung des Verfrachters als dessen Vertreter bei der Ausstellung des Konnossements (§ 642 Abs. 4 HGB). Linien-Konnossemente werden üblicherweise in den Kontoren der Linienreedereien oder ihrer Agenten (Schiffsmakler) ausgefertigt, und zwar mit Rücksicht auf die hier maßgebliche gesetzliche Schriftform gemäß § 126 Abs. 1 BGB durch eigenhändige Unterschrift der ausstellenden Person. Wird die Unterschrift durch ein Faksimile oder durch Abstempelung ersetzt, dann können sich nach Ablieferung der Güter allerdings weder der Verfrachter noch der Empfänger auf die Ungültigkeit des Konnossements wegen Formmangels berufen – § 242 BGB (*Prüßmann/Rabe*, § 642 Rn. 27).

4. **Definition.** Am Seefrachtgeschäft sind beteiligt
- der **Verfrachter** (Carrier): Er übernimmt die Beförderungs- und Auslieferungspflicht. Er muß nicht Eigentümer des dafür eingesetzten Seeschiffes sein. Seine Verpflichtung gegenüber dem Befrachter wird durch schuldrechtliche Vereinbarung, den Frachtvertrag, (§§ 556, 656 Abs. 4 HGB) begründet. Stellt der Verfrachter ein Konnossement aus, dann sind dessen Bedingungen für das Rechtsverhältnis zum Empfänger der Güter maßgebend (§ 656 Abs. 1 HGB).
- der **Befrachter** (Charterer, Freighter): Er ist Vertragspartner des Verfrachters aus dem Frachtvertrag und schuldet Zahlung des Entgelts für die Beförderung, d. h. der Fracht und der Nebenleistungen, solange der Verfrachter die Güter nicht an den Empfänger ausgeliefert hat (§ 625 HGB). Häufig ist der Befrachter Spediteur, der im eigenen Namen, jedoch für Rechnung des Versenders den Frachtvertrag abschließt. Handelt es sich um einen Raumfrachtvertrag als Zeit- oder Reisecharter, dann wird der Befrachter üblicherweise als **Charterer** bezeichnet, anderenfalls als **Verlader**.
- der **Ablader** (Shipper): Er liefert die zur Beförderung vorgesehenen Güter, die Ladung, an und erlangt damit gegenüber dem Verfrachter den gesetzlichen Anspruch auf Ausstellung und Aushändigung des Konnossements, sobald die Ladung an Bord genommen wurde (§ 642 Abs. 1 HGB). Der Ablader kann mit dem Befrachter übereinstimmen. Häufig, insbesondere dann, wenn der Abschluß des Frachtvertrages durch Spediteure erfolgt, ist das nicht der Fall (§ 577 HGB). Die begriffliche Trennung zwischen Ablader und Befrachter beruht auf der Technik des Überseekaufs im FOB- oder FAS-Geschäft; dann schließt der Käufer den Seefrachtvertrag, der Verkäufer braucht aber bis zur Bezahlung des Kaufpreises das Verfügungsrecht über die Güter, was durch seinen Anspruch auf Aushändigung des Konnossements erreicht wird.
- der **Empfänger** (Consignee, Receiver): An ihn sind die Güter im Bestimmungshafen abzuliefern (§ 592 Abs. 1 HGB). Wer das ist, bestimmt der Frachtvertrag und, sobald ein Konnossement ausgestellt und begeben wurde, dessen Empfängerangabe bzw. in Ermangelung einer Empfängerangabe dessen legitimierter Inhaber. Der namentlich vereinbarte oder im Konnossement bezeichnete Empfänger ist Sollempfänger (Consignee); der legitimierte Inhaber des Konnossement wird Istempfänger (Receiver); sobald er mit Rücksicht auf seine so nachgewiesene Berechtigung die Ladung entgegennimmt. Sofern die Fracht nicht im voraus zu entrichten war und dies im Konnossement vermerkt wurde, geht in diesem Augenblick auch die Schuld des Befrachters auf Zahlung von Fracht und Nebenkosten von Gesetzes wegen auf den Empfänger über (§ 614 HGB), und zwar unter gleichzeitiger Entlassung des Befrachters aus der Haftung dafür (§ 625 HGB). Es handelt sich um einen Fall gesetzlicher privativer Schuldübernahme.

Die sonst üblicherweise an der Abwicklung des Seeverkehrs Beteiligten, also Spediteure, Schiffsmakler, Kaianstalten etc., haben samt und sonders Hilfsfunktionen, in denen sie, wo sie nicht im eigenen Namen handeln (z. B. die Spediteure), denjenigen vertreten, der sie beauftragte.

Gerade mit Rücksicht auf die schwierige Differenzierung des Rechtsverhältnisses zwischen dem Verfrachter (Carrier) einerseits und den Ladungsbeteiligten in ihren unterschiedlichen Funktionen andererseits faßt Klausel 1 der Liner-B/L alle Ladungsbeteiligten unter dem Begriff des „Merchant" zusammen. Die rechtlich einwandfreie Zuordnung des „Merchant" im Konnossementsrechtsverhältnis setzt jeweils präzise Feststellung der Funktion voraus, in der dieser Begriff gebraucht wird.

5. **General Paramount Clause.** Konnossemente sollen Rechtsschutz für die Ladungsbeteiligten gewährleisten. Dieser Rechtsschutz wäre unvollständig, wenn das Konnossement zwar den Auslieferungsanspruch seines legitimierten Inhabers gegenüber dem Verfrachter in bezug auf die im Konnossement bezeichneten Güter begründete, aber nicht gleichzeitig sichergestellt wäre, welche Verpflichtungen der Verfrachter hat, wenn die

Güter verlorengehen oder beschädigt werden. Das deutsche Recht befriedigt dieses Bedürfnis durch das System der zwingenden Mindesthaftung des Verfrachters, wie es beschrieben ist in § 662 HGB und den darin in Bezug genommenen Bestimmungen von § 559 HGB (See- und Ladungstüchtigkeit); § 563 Abs. 2 und §§ 606–608 HGB (Schadensersatzpflicht), §§ 611 und 612 HGB (Schadensermittlung), § 656 HGB (Beweisvermutung des Konnossements), §§ 658 und 659 HGB (Wertersatz bei Verlust oder Beschädigung der Güter) sowie § 660 HGB (Haftungssumme). Im wesentlichen beruht dieses System auf der Festlegung einer zwingenden Schadensverursachungsverantwortung und eines ebenfalls zwingenden quantitativen Haftungsumfangs, ergänzt durch ein System von Schadenermittlungsregeln und Beweisvermutungen. Dieses Haftungssystem entspricht demjenigen der **International Convention for the Unification of certain Rules relating to Bills of Lading**, dem Internationalen Übereinkommen zur einheitlichen Feststellung von Regeln über Konnossemente (IÜK) – Haager Regeln vom 25. 8. 1924 (RGBl 1939 II 1049), die durch das Seefrachtgesetz vom 10. August 1937 in das HGB übernommen wurden.

1968 wurde das IÜK auf der Grundlage der 1963 in Stockholm vom **Comité Maritime International** erzielten Arbeitsergebnisse (den sogenannten **Visby-Rules**) durch das **Brüsseler Protokoll vom 23. Februar 1968** geändert und ergänzt. Dieses Zusatzabkommen zum IÜK, die sogenannten **Hague-Visby-Rules** wurden von der Bundesrepublik Deutschland zwar nicht ratifiziert, aber durch das **Seerechtsänderungsgesetz vom 25. Juli 1986** (BGBl I 1120) in das HGB eingearbeitet.

Konnossementsrechtsverhältnisse, die durch Vereinbarung oder aus sonstigen Gründen deutschem Recht oder dem Recht eines Signatarstaates des IÜK oder des Brüsseler Protokolls unterworfen sind, bedürfen deshalb der mit der Paramount-Clause bezweckten internationalprivatrechtlichen Teilverweisungsregeln nicht. Die Klausel tritt in Funktion, wo das Konnossementsrechtsverhältnis nicht durch Vereinbarung dem Recht eines Staates unterliegt, in dem das Haftungssystem des IÜK oder der Hague-Visby-Rules gilt. In diesen Fällen wird es gleichwohl Bestandteil des Konnossementsrechtsverhältnisses, und zwar mit der Maßgabe, daß vorrangig die IÜK-Regeln so gelten, wie sie in das im Lande des Ladehafens geltende Recht übernommen wurden, und nachrangig, also dann, wenn das im Lande des Ladehafens geltende Recht die IÜK-Regeln gar nicht übernommen hat, mit dem Inhalt, mit dem diese Regeln in das im Lande des Löschhafens geltende Recht übernommen wurden (zu den Besonderheiten im Verkehr von und nach den USA vgl. Additional Clauses B). Sofern die IÜK-Regeln in keinem dieser Länder gelten, finden sie ohne Abstriche Anwendung. Wo die Regeln des internationalen Privatrechts auf die Anwendbarkeit eines Rechts verweisen, in dem die Hague-Visby-Rules gelten, finden diese Anwendung.

Soweit dies im Freizeichnungsrahmen gemäß § 663 Abs. 2 HGB zulässig ist, enthält die Paramount-Clause einen entsprechenden Vorbehalt.

Weil damit nur ein Mindestschutz der Ladungsbeteiligten garantiert werden soll, kann die Haftung des Verfrachters außerhalb dieses Mindestschutzes im weitestmöglichen Maße eingeschränkt oder ausgeschlossen werden.

Wirkungslos bleibt dieses durch die Paramout-Clause zum Bestandteil des Konnossementsrechtsverhältnisses gewordene Haftungssystem, wenn die Entlöschung der Ladung in Ländern erfolgt, die es nicht anerkennen, sondern weitergehende Haftungen des Verfrachters zwingend vorgeben und die Rechtswahlklausel des Konnossements für unbeachtlich halten.

6. Jurisdiction. Rechtswahl- und Gerichtsstandsvereinbarungen in Konnossementen sind üblich, und zwar auch dann, wenn der Gerichtsort nicht expressis verbis genannt ist. Schon die bloße „Einbeziehungsklausel", also eine Klausel wie etwa „otherwise CONLINE B/L" genügt nach deutschem Recht zur Begründung der internationalen und der örtlichen Zuständigkeit (HansOLG Hbg TranspR 1987, 443). Bei der Prüfung, ob die Rechtswahl- und Gerichtsstandsklausel wirksam in das Konnossementsrechtsverhältnis einbezogen wurde, ist die Wirksamkeit der Klausel zu unterstellen und dasjenige Recht anzuwenden, auf welches sie verweist oder welches anzuwenden wäre, wenn der Rechtsstreit am Gerichtsstand, den die Klausel bestimmt, auszutragen wäre (BGH TransportR 1987, 98). Die Frage hat im Zusammenhang mit den Folgen eingeschränkter Lesbarkeit solcher Konnossementsbedingungen eine Rolle gespielt. Ob die mühelose Lesbarkeit solcher Klauseln Voraussetzung ihrer wirksamen Einbeziehung in das Konnossementsrechtsverhältnis ist, bleibt umstritten (Einzelheiten dazu bei *Prüßmann/Rabe*, vor § 556 Rn. 151 ff.). Wenn in solchen Fällen der Klauselinhalt nicht auf deutsches Recht verweist, kann das letztlich nur unter ordre public-Gesichtspunkten geklärt werden.

Scheinbare Schwierigkeiten entstehen, wenn darüber gestritten wird, wer Verfrachter ist. Anlaß dafür kann die Identity-of-Carrier-Clause oder die unrichtige Angabe des Verfrachters (§ 644 Satz 2 HGB) geben. Solange der Verfrachter nicht feststeht, kann auch nicht feststehen, vor welchem Gericht und nach welcher Rechtsordnung über die Verfrachtereigenschaft gestritten werden soll. Das ist aber, wie gesagt, eine Scheinfrage, weil der Prozeß gegen den wirklichen oder vermeintlichen Verfrachter mit der Behauptung des Klägers beginnt, er, der Beklagte, sei Verfrachter. Dann kann die Klage nur zulässig sein, wenn sie am ordentlichen Gerichtsstand des Beklagten erhoben wurde, anderenfalls ist sie schon in Ermangelung dieser Zuständigkeit abzuweisen (HansOLG Bremen TranspR 1985, 430/432). Stellt sich während des Prozesses heraus, daß der Beklagte tatsächlich nicht Verfrachter war, und hängt der Erfolg der Klage von der Verfrachtereigenschaft ab, dann ist die Klage als unbegründet abzuweisen. Dasselbe gilt umgekehrt, d. h. wenn der Verfrachter klagt und seinen allgemeinen Gerichtsstand dafür in Anspruch nimmt.

Haben beide Parteien des Streits ihren Sitz im Gebiet der Europäischen Union, dann entscheidet sich die Wirksamkeit der Jurisdiction-Clause nach Art. 17 des EuGÜbK. Seit der Revision dieser Bestimmung im Jahre 1978 deckt sie die Gerichtsstands- und Rechtswahlregelung der CONLINEBILL.

Materiell umfaßt die Jurisdiction-Clause sämtliche Ansprüche, die sich aus dem Seetransport ergeben, z. B. Ansprüche aus unerlaubter Handlung oder Ansprüche des Verfrachters gegen den Empfänger wegen Rücklieferung und Beschädigung eines Containers. Die Beteiligten haben nach deutschem Verständnis die Regelung eines einheitlichen Lebenssachverhalts im Auge gehabt. Auf die Anspruchsvoraussetzungen im einzelnen kann es in diesem Zusammenhang nicht ankommen (HansOLG Hbg VersR 1987, 559).

7. Period of Responsibility. Die zwingende Haftung des Verfrachters ist auf die Zeit zwischen Übernahme der Ladung in das Schiff und Entlöschung derselben aus dem Schiff beschränkt. Für Schäden, die davor oder danach entstehen, gilt die Haftung nach den §§ 662 Abs. 1, 606 HGB nicht. Für den einkommenden Stückgutverkehr in deutschen Häfen gilt kraft Handelsbrauchs insofern eine abweichende Regelung, als die seefrachtrechtliche Haftung des Verfrachters mit der Aushändigung der gelöschten Güter durch die Kaianstalt an den legitimierten Empfänger endet. Der Kai ist die „Allonge" des Schiffes. Abgesehen von dieser Besonderheit ist entscheidender Zeitpunkt bei der Übernahme der Ladung das Anschlagen an das Umschlagsgerät, beim Entlöschen ist es das Lösen vom Umschlagsgerät („from tackle to tackle"). Agenten des Verfrachters, insbesondere diejenigen, die im Lade- und im Löschhafen vor Übernahme der Ladung an Bord des Schiffes und nach Entlöschung aus dem Schiff mit der Ladung umgehen, kommen ebenfalls in den Genuß des Haftungsausschlusses.

Die Freizeichnung für Land- und Leichterschäden wirkt sich im übrigen nur aus bei Gütern, die zwar noch nicht an Bord genommen oder schon gelöscht wurden, die aber bereits zuvor vom Verfrachter übernommen wurden oder sich noch in seinem Gewahrsam befinden. Fallen die Zeitpunkte für Einladung und Übernahme einerseits sowie

Entlöschung und Ablieferung andererseits zusammen, und entsteht danach ein vom Verfrachter zu vertretender Schaden an diesen Gütern, dann kommt in Ermangelung jeder vertraglicher Haftung die Freizeichnungsklausel nicht zur Anwendung. Die Haftung bestimmt sich ausschließlich nach den gesetzlichen Tatbeständen, also nach § 485 HGB, §§ 823 ff BGB (HansOLG Hbg AWD 1961, 51; VersR 1966, 1153).

8. The Scope of Voyage. Die Verpflichtung zur Beförderung der Güter schließt die Verpflichtung zu möglichst schneller und gleichwohl möglichst sicherer Beförderung ein. Nicht immer ist der kürzeste Reiseweg in diesem Sinne der geeignetste. Wetter, insbesondere Eisgefahr, Sperrung von Schiffahrtswegen (aus was für Gründen auch immer), kriegerische und andere unvorhersehbare Ereignisse gelten als Zufälle, die den Kapitän auch ohne ausdrücklichen Vorbehalt ermächtigten, „die Reise in einer anderen Richtung fortzusetzen oder sie auf kürzere oder längere Zeit einzustellen oder nach dem Abgangshafen zurückzukehren, je nachdem es den Verhältnissen und den möglichst zu berücksichtigenden Anweisungen entspricht (§ 536 Abs. 1 HGB). Aufgrund der Hague-Visby-Rules gelangte eine Selbstverständlichkeit, die auch schon vor Inkrafttreten der Hague-Visby-Rules allgemeiner Grundsatz war, in das Gesetz: Geht es um die Rettung von Leben oder Eigentum zur See oder um Vergleichbares, dann wird jede Reisewegabweichung auch dadurch gerechtfertigt (§ 636 a HGB).

Außerhalb dieser Spielräume ist jede Reisewegabweichung Vertragsverletzung und Gefahrerhöhung im Sinne der Seeversicherung. Für ihre Folgen haftet der Verfrachter den Ladungsbeteiligten. Davor bewahrt nur die Deviationserlaubnis durch Konnossementsvorbehalt. Dem dient Klausel 5 CONLINEBILL.

9. Substitution of Vessel, Transshipment and Forwarding. Nach der dem deutschen HGB zugrunde liegenden Vorstellung des Seeverkehrs wird die Beförderung der Güter mit einem bestimmten Schiff Bestandteil des Seefrachtvertrages. Nach § 565 Abs. 1 HGB ist der Verfrachter deshalb nicht befugt, die Güter ohne Erlaubnis des Befrachters mit einem anderen Schiff zu befördern oder nach Übernahme in ein anderes Schiff umzuladen. In Konsequenz dieses Verbots tritt der Frachtvertrag außer Kraft, wenn das Schiff aus vom Verfrachter nicht zu vertretenden Gründen (Zufall) nicht zur Beförderung zur Verfügung steht (§ 628 HGB). Jeder Vertragsbeteiligte hat ein außerordentliches Kündigungsrecht, das ohne Verpflichtung zur Entschädigung des anderen Vertragsbeteiligten ausgeübt werden kann, wenn die Ausführung des Seefrachtvertrages unzumutbar wird, etwa wegen der Einführung von Handelsbeschränkungen, wegen Kriegsausbruchs oder aus ähnlichen Gründen (§ 629 HGB). Geht das Schiff während der Reise durch einen Zufall verloren, so endet der Frachtvertrag ebenfalls. Werden Güter ganz oder teilweise geborgen, dann schuldet der Befrachter bis zur Höhe des Wertes der geretteten Güter einen der zurückgelegten Entfernung entsprechenden Teil der Fracht, sogenannte Distanzfracht (§ 630 HGB).

Dieses nach der gesetzlichen Vorstellung auch für den Stückgutverkehr geltende System paßt nicht in die Verhältnisse der Linienfahrt – eigentlich paßt es überhaupt nicht in die Verhältnisse der modernen Verkehrswirtschaft. Wo einem Verfrachter jedenfalls in der Linienfahrt beliebige Möglichkeiten zur Substituierung des Transportmittels zu Gebote stehen, muß er darauf zurückgreifen dürfen, um den Vertragszweck, nämlich die Beförderung der Güter zum Bestimmungshafen „irgendwie" bewirken zu können. Seit langem ist anerkannt, daß die §§ 628 bis 630, 634, 641 HGB (sämtlich handelnd von den Folgen des Schiffsverlusts und ähnlicher gravierender Einschränkungen des kontrahierten Transportvorgangs) im Linienverkehr nicht gelten, wenn und soweit das Reisehindernis ein bestimmtes Schiff betrifft. Das entspricht einer international anerkannten Usance (*Prüßmann/Rabe*, § 565 Rn. 10). Wegen des oben geschilderten logischen Zusammenhangs zwischen diesen Bestimmungen einerseits und dem Substitutions- und Umladungsverbot andererseits ist es im Linienverkehr der Disposition des Verfrachters überlassen, mit welchem Schiff die geschuldete Beförderungsleistung erbracht wird. Die Substitutionsklausel (Nr. 6 CONLINE-Bill) nimmt diesen Handelsbrauch auf und erlaubt es dem Verfrachter, die Güter mit beliebigen Schiffen seiner Wahl oder auf andere Weise an den Bestimmungsort zu verbringen und, wo nötig, einzulagern.

Die Haftung des Verfrachters im Konnossementsrechtsverhältnis soll sich dabei auf den Seetransport mit eigenen oder gecharterten Schiffen „under his management" beschränken, während er im übrigen wie ein Spediteur haften will, also insbesondere nur dafür einstehen will, daß er die hierfür eingesetzten Frachtführer oder Verfrachter mit der Sorgfalt eines ordentlichen Kaufmanns" auswählt (§ 408 HGB). Diese Hoffnung kann ihm das deutsche Recht nicht erfüllen, d.h., der Verfrachter kann sich aus der zwingenden Verfrachterhaftung vor Erfüllung der übernommenen Beförderungspflicht nicht zurückziehen (unbestr. seit HansOLG Hbg MDR 1957, 487). Wählt er in Ausübung des Transshipment-Vorbehalts gemäß Klausel 6 CONLINEBILL für bestimmte Teilstrecken des insgesamt kontrahierten Transportweges andere Transportmittel zur See, zu Lande oder in der Luft, dann ist er auf den Abschluß von Unterfrachtverträgen im eigenen Namen und für eigene Rechnung angewiesen. Für seine Haftung gegenüber dem Befrachter bzw. dem legitimierten Konnossementsinhaber gilt das Mindesthaftungssystem der mit dem Frachtvertrag gewählten Transportart, also Seerecht (LG Bremen/ HansOLG BremenVersR 1986, 1120f). Es ist seine, des (Haupt-) Verfrachters Aufgabe, für Deckungsgleichheit der Unterfrachtverträge mit dem Hauptfrachtvertrag zu sorgen und Vorkehrungen zur Beweissicherung bei Schadensfällen in einer Transportkette mit unterschiedlichen Haftungsordnungen zu treffen (Einzelheiten bei *Weipert*, MünchVertrHdB Bd. 2 IV 1 Anm. 11–18).

10. Lighterage. Im Stückgutverkehr ist es Sache des Verfrachters, so zu disponieren, daß die Ladung vom Kai direkt in das Seeschiff übernommen werden kann und daß sie im Bestimmungshafen direkt auf den Kai gelöscht werden kann. Ist dies nicht möglich oder unwirtschaftlich, muß in den Lade- oder Löschvorgang also ein Zwischenumschlag in Leichter eingeschaltet werden, dann gehen die hierdurch verursachten Mehrkosten nach § 621 Abs. 2 HGB zu Lasten des Verfrachters. (Von dieser gesetzlichen Kostenzuweisung gilt in Deutschland allein für Bremen als Bestimmungshafen eine Ausnahme: Das **Bremische Gesetz wegen Löschung der Seeschiffe von 1879**, welches durch Art. 19 EGHGB aufrechterhalten worden ist, erlaubt dem Verfrachter die Leichterung der Ladung in Häfen der Unterweser zum Zwecke ihrer Verbringung in die stadtbremischen Häfen auf Kosten des Befrachters bzw. nach Annahme der Güter des Empfängers). Die Lighterage-Clause (Nr. 7 CONLINEBILL) überwälzt diese Kosten auf den Befrachter bzw. nach Empfang der Ladung im Löschhafen auf den Empfänger. Das entbindet den Verfrachter aber nicht von der Pflicht, zum Zwecke der Entgegennahme der Ladung im Ladehafen oder ihrer Entlöschung im Löschhafen einen Liegeplatz aufzusuchen, der unter Berücksichtigung von Wassertiefe, Schiffssicherheit sowie örtlichen Verordnungen, Einrichtungen und behördlichen Anweisungen so nahe wie möglich an die landseitige Übernahmestelle kommt (§ 560 Abs. 2 HGB).

11. Loading, Discharging and Delivery. Die Kosten des Einladens, also der Übernahme von Ladung an Bord des Schiffes, fallen nach deutschem Recht von Gesetzes wegen (§ 561 HGB) und im Stückgutverkehr kraft internationalen Handelsbrauchs dem Verfrachter zur Last. Dasselbe gilt für die Löschkosten (§ 593 HGB). Die Kosten der Abladung hingegen, das heißt die Kosten der Verbringung der Ladung bis zum Schiff und die Kosten der Entgegennahme der Ladung nach ihrer Entlöschung aus dem Schiff sowie ihrer weiteren Abfertigung im Löschhafen fallen ohne abweichende Vereinbarung und vorbehaltlich abweichenden Hafenbrauchs dem Befrachter bzw. nach Auslieferung an einen konnossementsmäßig legitimierten Empfänger diesem zur Last. Diesem Prinzip der Kostenzuordnung entsprechen die Sätze 1 und 2 von Klausel 8 CONLINEBILL.

4. Liner Bill of Lading

Im Stückgutverkehr wird das der Praxis nicht gerecht: Regelmäßig erfolgt hier die Anlieferung der Güter durch den Ablader nach vorangegangener Buchung zur landseitigen Übernahme durch den Verfrachter, sei es im eigenen oder in einem von ihm beauftragten Kaibetrieb. Dem Befrachter fallen alle Kosten bis zur Anlieferung an den Kaibetrieb zur Last. Ab dann trägt der Verfrachter die Kosten der Einlagerung der Güter und ihrer Verbringung längsseits Seeschiff – sogenannte lagergeldfreie Stückgutannahme. Dies gilt freilich nicht, wenn bei Güteranlieferung noch kein Seefrachtvertrag durch Buchung zustande gekommen war. In diesem – nicht seltenen – Fall wird die Güteranlieferung bei der Kaianstalt mit dem Auftrag an diese verbunden, ihrerseits alles für den Seetransport erforderliche zu veranlassen. Darin liegt zugleich die Vollmacht, den Frachtvertrag abzuschließen, was sodann zur Anwendung des gesetzlichen Kostenzuordnungssystems führt, also dazu, daß die Güter kostenfrei für den Verfrachter bis an das Schiff zu liefern sind (HansOLG Hbg VersR 1973, 1183). Entsprechende Gebräuche gelten für den Stückgutlinienverkehr im Löschhafen: Auch dort werden die Güter üblicherweise bei der Abfertigungsstelle des Verfrachters in Empfang genommen. Die Verbringungskosten bis dort hin gehen dem Verfrachter zur Last (*Prüßmann/Rabe*, § 593 Rn. 6). Die konnossementsmäßige Verpflichtung für den Befrachter/Konnossementsinhaber, sich des Verfrachteragenten im Lade- und Löschhafen zu bedienen, ist Ausfluß dieser Abwicklungspraxis.

Daraus folgt auch die Rechtfertigung für die nächstfolgende Regelung der Klausel, nämlich die Befreiung des Verfrachters von der gesetzlichen Verpflichtung, den Befrachter durch den Kapitän auffordern zu lassen, die Abladung ohne Verzug zu bewirken (§ 588 Abs. 1 HGB). Es ist Sache des Befrachters, sich über den Agenten des Verfrachters zuverlässige Informationen über die Ladebereitschaft des Schiffes, den Liegeplatz und die vorgesehene Abfahrt zu verschaffen. Außerdem stehen dafür die veröffentlichten Informationen in den regionalen Hafengazetten zur Verfügung. Im Stückgutlinienverkehr gilt die Verpflichtung zur Abgabe einer Ladebereitschaftsnotiz schon kraft allgemein anerkannten Schiffahrtsbrauchs seit langem nicht mehr.

Den Bedingungen des modernen Stückgutverkehrs entspricht auch die konnossementsmäßige Verpflichtung des Befrachters, seine Anlieferungsgeschwindigkeit der Einladegeschwindigkeit des Schiffes anzupassen, und zwar auf Wunsch des Verfrachters zu allen Tageszeiten und ohne Rücksicht auf Arbeitszeitregelungen oder entgegenstehende Hafenbräuche unter Inkaufnahme von Mehrkosten (Überstundenzuschlägen). Kommt er dieser Verpflichtung nicht nach, so gilt er als im Verzug mit der Anlieferungsverpflichtung, was sowohl nach der Regel des Konnossements, als auch nach § 588 Abs. 2 HGB den Verfrachter von der Beförderungspflicht befreit und seinen Anspruch auf Fehlfracht auslöst. Während Fehlfracht nach englischem Recht nur im Umfange des verzugsbedingten Schadens gefordert werden kann, geht das deutsche Handelsrecht – systemgerecht – von der werkvertraglichen Vorstellung eines grundsätzlich vollen Vergütungsanspruchs (Frachtanspruchs) aus, der sich nur um dasjenige mindert, was der Verfrachter durch Übernahme anderer Güter (anstelle der nicht oder verspätet angelieferten) erlöste. Der Fehlfrachtanspruch verfällt, wenn die Absicht, ihn geltend zu machen, nicht vor Abreise gegenüber dem Befrachter bekanntgemacht wurde (§ 588 Abs. 3 HGB).

Vorbehaltlich der abweichenden Usancen im Linien-Stückgutverkehr ist die Ladung längsseits Seeschiff „aus der Winde" durch den legitimierten Empfänger oder seinen Bevollmächtigten abzunehmen. Wiederum ist es nicht Sache des Verfrachters, nach dem richtigen Empfänger zu suchen. Dieser muß sich selbst nach Löschplatz und etwaiger Löschzeit erkundigen, kurz alles Gebotene organisieren, damit eine zügige Auslieferung der Ladung an ihn erfolgen kann, denn erst mit der Auslieferung und nicht schon mit der Entlöschung hat der Verfrachter den Frachtvertrag erfüllt. Freilich muß der Verfrachter sortiert und ggf. markiert ausliefern. Alle diese Arbeiten werden von hierauf spezialisierten Stauereibetrieben erledigt. Schon im Ladehafen werden bis ins einzelne gehende Staupläne entwickelt, und es wird danach so gestaut, daß eine problemlose

Entlöschung in der Reihenfolge der Löschhäfen möglich ist. Versäumt der bestimmungsgemäße Empfänger, die Güter entgegenzunehmen, so darf gleichwohl gelöscht werden. Freilich ist es Sache des Verfrachters, in diesem Falle für ordnungsmäßige Hinterlegung der Güter zu sorgen, denn die Auslieferungspflicht ist unabdingbar, ebenso wie die Pflicht zur Ladungsfürsorge bis zur Auslieferung (*Prüßmann/Rabe*, § 601 Rn. 6 ff.). Die entgegenstehende Klausel des Konnossements, wonach in diesem Falle schon die Entlöschung der Ladung zur vollständigen Erfüllung aller Verfrachterpflichten führt („... to be deemed a true fulfilment of the contract") findet nach deutschem Recht nur insofern eingeschränkt Anerkennung, als der Verfrachter mit Rücksicht auf den Annahmeverzug seines Vertragspartners von der Haftung für nach der Entlöschung eintretende Ladungsschäden frei wird, sofern ihm kein Verschulden bei der Auswahl eines geeigneten Lagerhalters zur Last fällt. Weil er sich dies unter Verweisung auf Klausel 16 CONLINEBILL vorbehalten hat, darf der Verfrachter die für einen nicht abnahmebereiten Empfänger bestimmte Ladung auch im Schiff lassen und in einem anderen sicheren und geeigneten Hafen, ja sogar dem Ladehafen löschen. Kommt es nach Ablauf eines angemessenen Zeitraums nicht zur Auslieferung, so darf der Verfrachter die Ladung durch freihändigen Verkauf oder Versteigerung verwerten, ein Recht, das ihm – und dem Lagerhalter – von Gesetzes wegen nur zur Verwertung gesetzlicher Pfandrechte, sonst aber ohne den Vorbehalt in Klausel 8 CONLINEBILL nicht zustünde.

12. Live Animals and Deck Cargo. Die zwingende Haftung nach den Haager Regeln oder den Haager-Visby-Regeln kann ausgeschlossen werden, wenn sich der Frachtvertrag auf lebende Tiere oder Ladung bezieht, die an Deck befördert werden soll und so verladen wird (§ 663 Abs. 2 Nr. 1 HGB). Klausel 9 CONLINEBILL macht von dieser Freizeichnungsmöglichkeit eingeschränkten Gebrauch, und zwar in zweifacher Weise: Die Klausel greift nur, wo Klausel 19 (Optional Stowage, Unitization) nicht zur Anwendung kommt. Soweit die Klausel danach greift, läßt sie die grundsätzliche Anwendbarkeit der Haager Regeln unberührt, schließt aber die Haftung des Verfrachters für Ladungsverlust oder Ladungsschäden infolge des Verhaltens von Erfüllungsgehilfen im Umgang mit dieser Ladung aus. Damit bleibt die Haftung für See- und Ladungstüchtigkeit (§ 559 HGB) nach Maßgabe der General Paramount Clause (Klausel 2 CONLINEBILL) bestehen.

Im Anwendungsbereich deutschen Rechts besteht (für den Verfrachter) die Gefahr der Inhaltskontrolle nach den Bestimmungen des AGBG. Dies könnte dazu führen, daß der Haftungsausschluß nur insoweit anerkannt wird, als er leichte Fahrlässigkeit von Erfüllungsgehilfen erfaßt, während im übrigen auch für den kaufmännischen Verkehr § 11 Nr. 7 AGBG zur Anwendung kommt (BGHZ 89, 387; BGH NJW 1985, 915).

13. Options. Üblicherweise wird der Bestimmungshafen bei Abschluß des Seefrachtvertrages festgelegt und in das Konnossement aufgenommen. Es kommt aber auch vor, und zwar auch in der Stückgutlinienfahrt, daß der Befrachter es sich vorbehält, unter mehreren fahrplanmäßig anzulaufenden Löschhäfen des Schiffes zu wählen. Ladung, in bezug auf welche ein solcher Wahlvorbehalt vereinbart wurde, wird als Optionsladung (optional cargo) und die Löschhäfen, zwischen denen der Befrachter wählen darf, werden als Optionshäfen (optional ports) bezeichnet. Mit der Optionsvereinbarung wird ein Wahlschuldverhältnis begründet; es ist anerkannt, daß ein solches Wahlschuldverhältnis im Sinne der §§ 262 ff. BGB auch dann vorliegt, wenn sich das Wahlrecht auf die Wahl zwischen verschiedenen Erfüllungsmodalitäten beschränkt (RGZ 57, 141; *Palandt/Heinrichs*, § 262, Rdnr. 1). Nach § 262 BGB steht das Wahlrecht im Zweifel dem Schuldner zu. Das wäre hier der Verfrachter, denn es geht um die Wahl desjenigen Optionshafens, in dem er seine Beförderungspflicht durch Ablieferung der Ladung zu erfüllen gedenkt. Klausel 10 CONLINEBILL weicht davon, dem Sinn des Wahlvorbehalts entsprechend, ab und bestimmt die Voraussetzung, unter denen der Gläubiger (Befrachter) das Wahlrecht wirksam auszuüben berechtigt ist: Er muß den Agenten des Verfrachters im ersten fahrplanmäßigen Optionshafen mindestens 48 Stunden vor Ankunft des Schiffes darüber informieren, für welchen der mehreren Optionshäfen er sich entschieden hat. Anderenfalls hat der Verfrachter – entsprechend der im deutschen Recht geltenden gesetzlichen Regelung – (wieder) das Wahlrecht. Stets kann das Wahlrecht – von welcher Seite auch immer – nur in bezug auf die ganze in dem jeweiligen Konnossement bezeichnete Ladung ausgeübt werden.

14. Freight and Charges. (a) Fracht (freight) ist das Beförderungsentgelt. Charges sind Nebenleistungen, die der Verfrachter vereinbarungsgemäß zu verlangen berechtigt ist, sofern Sondertatbestände im Zusammenhang mit der Güterbeförderung eintreten. In Ermangelung abweichender Vereinbarungen gilt die Seefracht als „collect" gestellt, d.h. sie ist vom Empfänger der Ladung bei deren Ablieferung einzuziehen (§ 614 HGB; *Prüßmann/Rabe*, § 619 Rn. 16). Soll die Fracht vor Beginn der Beförderung entrichtet werden, so bedarf dies besonderer Vereinbarung („freight to be prepaid" oder „freight prepayable"). Sie sind üblich. Hafenusancen (zB. in Bremen) lassen dem Befrachter in solchen Fällen regelmäßig einige Wochen Zeit zur Entrichtung der Fracht nach Entgegennahme eines Konnossements mit dem Vermerk „freight prepaid". In diesen Fällen ist es ebenfalls Handelsbrauch, daß der Agent des Verfrachters, der ein solches Freight-prepaid-Konnossement ohne gleichzeitige Zahlung der Fracht herausgibt, seinem Prinzipal, dem Verfrachter, für die Fracht haftet. Die Frachtforderung geht in diesem Falle in analoger Anwendung von § 774 BGB auf ihn über, so daß er sie im eigenen Namen gegen den Befrachter geltend machen kann (HansOLG Hbg, HANSA 1963, 337). Diesen Usancen trägt Klausel 11 (a) CONLINEBILL Rechnung.

Der volle Frachtanspruch ist mit der Übernahme der Güter an Bord des Seeschiffs verdient, wenn Frachtvorauszahlung vereinbart war. Eine Rückerstattung für den Fall des Güterverlustes während der Beförderung, wie sie in Ermangelung abweichender Vereinbarung § 617 Abs. 1 HGB vorsieht, kommt nicht in Betracht. In gleicher Weise sind vereinbarte Charges zu entrichten. Solche Charges sind unterschiedlicher Natur. Im Container-Verkehr fallen sie regelmäßig an als

– THC (Terminal Handling Charges) im Lade- und im Löschhafen;
– LCL Charge (Less than full Container Load-Charge);
   das ist eine frachtvertragliche Nebenvergütung, die der Verfrachter dafür beansprucht, daß er die vom Befrachter angelieferten Güter zusammen mit anderen in einen Container staut und aus dem Container wieder auszupacken hat.

Je nach Verkehr kommen darüber hinaus vielfältige andere Charges in Betracht wie z.B.

– Congestion Charge (Überfüllungszuschlag) wird im Stückgutlinienverkehr verlangt, wenn nach den bekannten Verhältnissen des Löschhafens mit ungewöhnlichen Wartezeiten bis zum Verholen an einen Löschplatz gerechnet werden muß;
– Direct Delivery Charge; sie wird für direktes Laden oder Löschen an einem anderen als dem üblichen Lade- oder Löschplatz des Schiffes erhoben;
– Additional Charge for optional Cargo; hierzu siehe zunächst die Erläuterungen zu Klausel 10; optional cargo und entsprechende Zuschläge kommen regelmäßig bei Gütern vor, die schwimmend verkauft zu werden pflegen und hinsichtlich derer der Ablader ein Interesse daran hat, in der Bestimmung des Löschhafens möglichst lange frei zu sein;
– Excess Liability Charge (auch: ad valorem freight); sie wird erhoben, wenn Wertkolli abgeladen werden, ihre Art und ihr Wert vor der Einladung in das Seeschiff vom Ablader angegeben worden sind und diese Angabe in das Konnossement aufgenommen worden ist, wodurch die summenmäßige Höchsthaftungsbegrenzung der Haager-Visby-Regeln gemäß § 660 Abs. 1, Satz 1 HGB durchbrochen wird;
– Längen- und Schwergutzuschläge; sie werden erhoben, wenn besonders lange, schwere oder sperrige Güter abgeladen werden;

– Winter Surcharge; sie wird erhoben, wenn in dem betroffenen Trade mit Eisbehinderung zu rechnen ist;
– Collection Fee, diese Gebühr wird erhoben, wenn die Fracht ausnahmsweise nicht vorausentrichtet werden soll, sondern im Bestimmungshafen vom Empfänger zu entrichten ist.

Frachtzuschläge werden im Liniendienst auf die tarifmäßige Fracht erhoben. Im Container-Verkehr wird die Fracht nach der Anzahl der zu befördernden Einheiten, ihrer Größe und der Art und Weise, wie mit ihnen umgegangen werden soll, berechnet (Einzelheiten zur Struktur von Container-Tarifen bei *Prüßmann/Rabe*, § 619 Rn. 12–15). Bei general cargo wird die Fracht nach Menge, Maß oder Gewicht oder einer Kombination aus Maß und Gewicht (sogenannte metric tons, worunter verstanden wird, daß der Frachtberechnung entweder das Maß oder das Gewicht zugrunde zu legen ist, je nachdem, welche Einheit zum höchsten Frachtanspruch führt). Frachttarife dürfen von sogenannten Linienkonferenzen nach dem „Verhaltenskodex" für Linienkonferenzen der UNCTAD (BGBl II, 1983, 84) im Kartellverbund gebildet werden. Dabei ist die EU-Verordnung Nr. 4056/1986 für den Umfang der Gruppenfreistellung vom Verbot des Artikels 85, Abs. 1 EU-Vertrag maßgeblich (Einzelheiten bei *Werner* RIW 1987, 715; *Rabe/Schütte* RIW 1988, 701).

(b) Solange der Verfrachter nach den seerechtlichen Bestimmungen für Verlust oder Beschädigung der Güter haftet, hat er „… für das Beste der Ladung nach Möglichkeit Sorge zu tragen" (§ 535 Abs. 1 HGB). Der Befrachter und der Ablader sind ihm für die Richtigkeit ihrer Angaben über Maß, Zahl und Gewicht sowie über Merkzeichen der Güter verantwortlich (§ 563 Abs. 1 HGB), und zwar als verschuldensunabhängige Gewährleistungspflicht. Wenn einem von ihnen dabei ein Verschulden zur Last fällt, haften sie sowohl dem Verfrachter als auch den übrigen Reiseinteressenten im Sinne von § 512 Abs. 1 HGB für die Folgen unrichtiger Angaben über die Art und Beschaffenheit der Güter (§ 564 Abs. 1 HGB). Dementsprechend sollen alle Kosten der Ladungsfürsorge einschließlich der Kosten für die Beseitigung von Verpackungsschäden dem Befrachter zur Last fallen. Soll die Fracht beim Empfänger erhoben werden, so wird dieser zahlungspflichtig, wenn er die Güter im Löschhafen entgegengenommen hat.

(c) Üblicherweise fallen die gewöhnlichen und ungewöhnlichen Kosten der Schiffahrt dem Verfrachter allein zur Last (§ 621 Abs. 2 HGB). Fallen solche Kosten, insbesondere aufgrund hoheitlicher Eingriffe jedoch ladungsbezogen an, werden sie also entweder in Abhängigkeit von der geschuldeten (oder bezahlten) Seefracht und/oder nach Menge, Maß oder Gewicht der Ladung erhoben, dann berühren sie nur die Sphäre der Ladungsbeteiligten und fallen diesen zur Last, auch wenn sie ungewöhnlich sind (BGHZ 8, 55). Klausel 11 (c) CONLINEBILL geht weiter: Der „Merchant" soll auch das an (zumeist öffentlichrechtlichen) Abgaben tragen, was gegenüber dem Verfrachter auf der Grundlage der „tonnage of the vessel" erhoben wird. Insoweit handelt es sich um einen Fall der sogenannten „kleinen Haverei" – die Kosten wären unter den Ladungsbeteiligten nach einem angemessenen Verhältnis (z.B. nach dem Verhältnis der Fracht entsprechend add. clause A CONLINEBILL) umzulegen.

(d) Kosten und Schäden jedweder Art, die darauf beruhen, daß Einfuhr- oder Ausfuhrbestimmungen oder Zollvorschriften nicht beachtet werden, sind ebenfalls ausschließlich der Sphäre der Ladungsbeteiligten zuzurechnen und von ihnen zu tragen. Auch diese Klausel entspricht dem Verständnis des deutschen Rechts (BGHZ 8, 55).

(e) Befrachter und Ablader tragen eine Garantiehaftung für richtige Angaben über Maß, Zahl, Gewicht und Merkzeichen der abgeladenen Güter (§ 563 Abs. 1 HGB). Sie haften für schuldhaft unrichtige Angaben über Art und Beschaffenheit der Güter (§ 564 Abs. 1 HGB), im Falle falscher Angaben über entzündliche, explosive oder sonst gefährliche Güter sogar verschuldensunabhängig (§ 564b HGB). Welche Güter gefährlich in diesem Sinne sind, bestimmt das **Gesetz über die Beförderung gefährlicher Güter vom**

4. Liner Bill of Lading

6. August 1975 – BGBl I, 2121, zuletzt geändert am 24. 6. 1994 – BGBl I, 1416 – GefahrgutG nebst dazu ergangener VO über die Beförderung gefährlicher Güter mit Seeschiffen vom 4. 3. 1998 – BGBl I, 419 – GefahrgutVSee –. Klausel 11 (e) CONLINEBILL ist eine diesen Gedanken des deutschen Rechts entsprechende Präventionsvorschrift mit Vertragsstrafenvorbehalt.

15. Lien. Nach § 623 Abs. 1 HGB steht dem Verfrachter wegen aller in § 614 Abs. 1 HGB bezeichneten Forderungen ein Pfandrecht zu (gesetzliches Pfandrecht). Dieses Pfandrecht besteht neben dem Zurückbehaltungsrecht nach § 614 Abs. 2 HGB, und es besteht als sogenanntes „Folgerecht" auch nach Ablieferung der Güter an den Empfänger fort, solange der Empfänger im Besitz der Güter bleibt und sofern es innerhalb von 30 Tagen nach Ablieferung gerichtlich geltend gemacht wird (§ 623 Abs. 2 HGB). Dieser gesetzliche Schutz reicht zur Sicherung des Verfrachters aus, sofern der Ladungsempfänger durch Annahme der Ladung Schuldner der in § 614 Abs. 1 HGB bezeichneten Verfrachterforderungen wird oder werden kann.

Letzteres ist nicht der Fall, wenn das Konnossement den Vermerk „Freight prepaid" (oder Sinngleiches) trägt, und zwar auch dann, wenn die Fracht tatsächlich nicht vorausbezahlt wurde. In diesem Fall bleibt der Befrachter einziger Schuldner des Verfrachters. Nur dann, wenn der Befrachter mit dem Empfänger identisch ist, wirkt das gesetzliche Pfandrecht auch ihm gegenüber (*Prüßmann/Rabe*, § 623 Rn. 4).

Die Lien-Klausel soll den Verfrachter auch für den Fall sichern, daß der Empfänger nicht zahlungspflichtig wird. Mit ihr wird ein rechtsgeschäftliches Pfandrecht an der Ladung begründet, welches nach den Bestimmungen der §§ 1204 ff. BGB gegenüber jedermann wirkt, solange der Verfrachter im Besitz oder mittelbaren Besitz der Güter ist. Liefert der Verfrachter die Güter im Löschhafen an eine Kaianstalt aus, die von ihm nicht selbst beauftragt wurde, dann verliert er den Besitz. Das Pfandrecht erlischt infolgedessen zwingend. Ein Folgerecht entsprechend § 623 Abs. 2 HGB besteht nicht. Allerdings wird angenommen, daß ein Empfänger, der die Güter in Kenntnis der Lien-Klausel übernimmt, die kumulative Schuldübernahme in bezug auf alle Forderungen erklärte, die durch das vertragliche Pfandrecht gesichert wurden. Es wird angenommen, daß nach der Verkehrsauffassung der Verfrachter mit der Auslieferung der Ladung an den Empfänger seine Rechte diesem gegenüber nicht schmälern will (*Prüßmann/Rabe*, § 623 Rn. 18; *Schaps/Abraham*, § 614 Anm. 22). Demgemäß ist die Anwendung von § 625 HGB (Haftentlassung des Befrachters nach gesetzlichem Forderungsübergang gemäß § 614 HGB auf den Empfänger) ausgeschlossen.

16. Delay. Das Seefrachtrecht kennt keine besonderen Bestimmungen über die Haftung des Verfrachters für Verzug bei der Einladung der Güter oder bei der Ablieferung im Löschhafen. Es gelten für solche Fälle also die allgemeinen Bestimmungen des BGB über die Verzugsfolgen (*Schaps/Abraham*, § 606, Anm. 14; *Prüßmann/Rabe*, § 606 Rn. 69 ff.). Das führt bei verspäteter Ladungsübernahme zur Notwendigkeit der Nachfristsetzung gemäß § 326 Abs. 1 BGB, bei unverhältnismäßig verspäteter Ankunft des Schiffes im Löschhafen und dadurch bedingter verspäteter Ablieferung der Güter an den Empfänger zur Haftung nach den Grundsätzen der positiven Vertragsverletzung. Den Folgen solcher Tatbestände soll Klausel 13 CONLINEBILL vorbeugen. Die Haftung des Verfrachters soll danach auf sein persönliches grobes Verschulden bei der Beförderungsverzögerung begrenzt sein. Weil Konnossementsbedingungen nach deutschen Rechtsvorstellungen allgemeine Geschäftsbedingungen sind, und der Bundesgerichtshof im Falle einer so weit gehenden Haftungsbeschränkung § 11 Nr. 7 AGBG auch im kaufmännischen Verkehr für maßgeblich hält, dürfte grobes Verschulden von Erfüllungsgehilfen (namentlich von Schiffsbesatzung und Agenten) nach deutschem Recht zur Haftung für Verzögerungsschäden führen.

17. General Average and Salvage. General average (große Haverei (auch Havariegrosse)) ist eines der ältesten Institute des Seerechts. Sie liegt vor, wenn dem Schiff und/

oder der Ladung durch den Kapitän auf dessen Weisung vorsätzlich Schaden zugefügt wird, um beide aus einer gemeinsamen Gefahr zu erretten. Diesen Schäden stehen die infolge der getroffenen Maßregeln ferner verursachten Schäden (sogenannte Havariegrosse-Folgen) und die zum selben Zweck aufgewandten Kosten gleich. Rechtliches Anliegen für die Befassung mit der Havariegrosse ist die **Verteilung** aller zum Zwecke der Errettung aus gemeinsamer Gefahr herbeigeführten Schäden und aufgewendeten Kosten. § 700 Abs. 1 HGB beschreibt den Tatbestand der großen Haverei, § 700 Abs. 2 HGB das Prinzip der Lastenverteilung: „die große Haverei wird von Schiff, Fracht und Ladung gemeinschaftlich getragen". Die Feststellung und Verteilung der Schäden und Kosten erfolgt durch Aufmachung der Dispache, für die nach deutschem Recht vom Gericht ernannte Personen, die Dispacheure, zuständig sind. Das Verfahren regeln die §§ 149 ff. FGG.

Die Bestimmungen der §§ 700 ff. HGB betreffend die verschiedenen Havereitatbestände und die Regelung ihrer Folgen sind dispositives Recht. Klausel 14 CONLINEBILL macht von der Möglichkeit ihrer Abbedingung Gebrauch und legt die York-Antwerp-Rules 1974 (YAR) als für das Rechtsverhältnis zwischen Schiff und Ladungsbeteiligten maßgebliche Schadenfeststellungs- und Verteilungsordnung fest. Die YAR sind kein bi- oder multilaterales Übereinkommen, sondern eine durch das Comité Maritime International anläßlich seiner Zusammenkunft in Hamburg 1974 zuletzt überarbeitete Empfehlung für die Regelung der Havariegrosse-Tatbestände durch privatrechtliche Vereinbarung im internationalen Rechtsverkehr. Sie sind inzwischen die im internationalen Seehandelsrecht uneingeschränkt gebräuchliche Havariegrosse-Ordnung. Nationale Havariegrosse-Rechte gelten ihnen gegenüber nur, soweit die YAR Lücken aufweisen. Welches nationale Recht in diesen Fällen zur Anwendung kommt, ist nach üblichen Grundsätzen des jeweils maßgeblichen internationalen Privatrechts zu ermitteln (Hans-OLG Bremen VersR 1984, 735). Der Text der YAR mit Erläuterung findet sich bei *Prüßmann/Rabe*, § 733 Anhang.

Klausel 14 CONLINEBILL beschreibt den Tatbestand der Havariegrosse den vorgenannten Vorstellungen entsprechend als Ereignis, das Aufopferungen erforderlich machte und Schäden und Kosten zur Folge hatte, für die sämtlich der Verfrachter weder eine gesetzliche noch vertraglich bedungene Verantwortung trägt. Einbezogen in den Havariegrosse-Begriff werden – im Gegensatz zu den YAR – auch die Fälle der uneigentlichen großen Haverei, also eines zum Schaden, auch Verzögerungsschaden, führenden Ereignisses nach Übernahme der Ladung aber vor Auslaufen des Schiffes aus dem Abladungshafen, eine Regelung, die § 635 HGB entspricht.

Hilfs- und Bergelohn (salvage) sind nach Regel VI YAR als Rettungskosten in die Havariegrosse-Verteilung einzubeziehen, und zwar auch, soweit Bemühungen des Bergers bei Vermeidung oder Verringerung von Umweltschäden abzugelten sind. Die genannte Regel der YAR macht es für die Einbeziehung von Hilfs- und Bergelohn in die Havariegrosse-Abrechnung nicht zur Voraussetzung, daß das für die Bergung eingesetzte Schiff einem Dritten gehört. Das entspricht dem Verständnis des deutschen Rechts, § 743 HGB gewährt den gesetzlichen Anspruch auf Berge- oder Hilfslohn auch dann, wenn die Bergung oder Hilfeleistung zwischen mehreren Schiffen desselben Eigentümers stattgefunden hat. Klausel 14 CONLINEBILL regelt dies unabhängig von der anzuwendenden Rechtsordnung.

18. Both-to-Blame-Collision-Clause. Die Klausel regelt Rechtsfolgen, die sich bei Kollisionsfällen aus dem Mitverschulden der Schiffsbesatzung ergeben. Wo der Carrier (Verfrachter) nicht zugleich Reeder, also Eigentümer des Schiffes ist, kommt sein eigenes Verschulden bei der Führung des Schiffes nicht in Betracht. Gemäß § 607 Abs. 1 HGB hat er jedoch das Verschulden seiner Leute und der Schiffsbesatzung im gleichen Umfang zu vertreten wie eigenes Verschulden. Soweit Kollisionen durch die Schiffsbesatzung in schuldhafter Weise verursacht oder mitverursacht wurden, hat das nach dem

4. Liner Bill of Lading

Seefrachtvertrag grundsätzlich auch der Verfrachter zu vertreten. Eine Haftung folgt daraus jedoch in der Regel nicht, denn nach § 607 Abs. 2 HGB, welcher dem Haftungssystem der Haager-Regeln entspricht und damit über die General Paramount Clause (Klausel 2 CONLINEBILL) unabhängig von der Rechtswahl im übrigen dem Konnossementsrechtsverhältnis zugrunde liegt, ist der Verfrachter nicht verantwortlich für Schäden, die durch nautisches Verschulden der Schiffsbesatzung oder Feuer entstanden sind. Nur in den seltenen Fällen, bei denen die Kollision auf mangelnde See-/Reisetüchtigkeit bei Reisebeginn beruht, also zum Beispiel auf einem Defekt der Ruder- oder Propelleranlage oder der Signal-/Beleuchtungsanlagen, kommt eine Verfrachterhaftung auf der Grundlage des Seefrachtvertrages in Betracht (§ 559 HGB).

Abgesehen von diesen seltenen Fällen ist der Ladungsbeteiligte deshalb in der Regel darauf angewiesen, den infolge der Kollision an seiner Ladung entstandenen Schaden außerhalb des Seefrachtvertrages auf ausschließlich gesetzlicher Grundlage gegenüber den dafür Verantwortlichen geltend zu machen.

Als Adressat solcher Ansprüche kommt der Reeder jedes in die Kollision verwickelten Schiffes in Betracht, sofern dessen Schiffsbesatzung dafür eine Verantwortlichkeit trifft. Rechtsgrundlage für die Inanspruchnahme des Reeders unter den genannten Voraussetzungen (schuldhafte Verursachung oder Mitverursachung des kollisionsbedingten Ladungsschadens) sind im deutschen Recht die §§ 735 ff. HGB, die gemäß § 485 HGB eine sogenannte adjektizische Haftung des Reeders für den Fall begründen, daß dem Geschädigten gegen das schädigende Besatzungsmitglied oder gegen die haftungsrechtlich gleichgestellte Person (den Lotsen) ein Anspruch aus § 823 BGB zusteht (BGHZ 26, 152). Diese Haftungsregelung entspricht derjenigen des **Internationalen Übereinkommens zur einheitlichen Feststellung von Regeln über den Zusammenstoß von Schiffen (IÜZ) vom 23. 9. 1910**, die 1913 von Deutschland in das nationale Recht übernommen wurden (RGBl 1913, 90). Die meisten am Seehandel beteiligten Staaten sind diesem Übereinkommen beigetreten. Das IÜZ beruht auf dem Prinzip der Kongruenz von Verschuldensquote und Haftungsquote. Die IÜZ-Haftung ist pro-ratarisch; gesamtschuldnerische Haftung der Reeder mehrerer kollisionsbeteiligter Schiffe kommt nur bei Personenschäden (Tod oder Körperverletzung) in Betracht (§ 736 Abs. 2 HGB).

Bei diesem Haftungssystem scheidet demzufolge ein Gesamtschuldnerausgleich unter den Reedern mehrerer kollisionsbeteiligter Schiffe für Ladungsschäden aus.

Anders in den USA. Diese sind dem IÜZ nicht beigetreten. Dort haften die Reeder mehrerer kollisionsbeteiligter Schiffe gegenüber allen Ladungsbeteiligten gesamtschuldnerisch. Jeder aus der gesamtschuldnerischen Haftung in Anspruch genommene Reeder ist deshalb von Gesetzes wegen ausgleichsberechtigt gegenüber den Reedern anderer kollisionsbeteiligter Schiffe. Soweit diese Ausgleichspflicht auf den Verfrachter durchschlägt, weil er selbst Reeder ist oder weil der Reeder berechtigt ist, sich deswegen bei ihm schadlos zu halten, entsteht sein, des Verfrachters, Interesse an einer Haftungsüberwälzung auf die Ladungsbeteiligten, damit seine den Haager-Regeln entsprechende Haftungsfreistellung für die Folgen nautischen Verschuldens der Schiffsbesatzung (§ 607 Abs. 2 HGB) nicht durch die Gesamtschuldnerausgleichspflicht des amerikanischen Rechts zunichte gemacht wird. Der Sicherung dieses Interesses – und nur dieses Interesses – soll die Both-to-Blame-Collision-Clause dienen.

Für den Fall allerdings, daß das Konnossementsrechtsverhältnis (nur von diesem, nicht von Charterverträgen ist in diesem Zusammenhang die Rede) US-amerikanischem Recht unterliegt, verfehlt die Klausel ihre Wirkung, denn in diesem Rechtsverhältnis wurde sie vom Supreme Court für nichtig erklärt (United States vs. Atlantic Mutual Insurance Co., 1952, American Maritime Cases 659). Der erste Satz von Klausel 15 CONLINEBILL („This clause to remain in effect even if unenforceable in the Courts of the United States of America") soll der Rechtswirkung dieser Entscheidung des Supreme Court entgegenwirken: Unterliegt das Konnossementsrechtsverhältnis nicht US-amerikanischem Recht, droht aber dem Verfrachter eine Inanspruchnahme wegen der vom IÜZ-System abweichenden amerikanischen Reederhaftung in Kollisionsfällen, dann soll die Klausel zu Lasten der Ladung wirken.

19. Government Directions, War, Epidemics, Ice, Strikes etc.

(a) Die Haftung des Verfrachters für die Folgen der Ausführung von „Government Directions", also von behördlichen Anordnungen im weitesten Sinne oder von Anordnungen, die dem Schiff von seinem Kaskoversicherer erteilt werden, ist zulässigerweise ausgeschlossen. Das entspricht dem Verständnis des deutschen Rechts in § 608 Abs. 1 Nr. 2 HGB (sogenannte „excepted perils").

(b) Nach § 629 HGB kann jede der Parteien des Seefrachtvertrages vom Vertrage entschädigungsfrei zurücktreten, wenn vor Antritt der Reise Umstände eintreten, die ihre vertragsrechte Ausführung hindern oder vorhersehbar hindern werden. Hat der Verfrachter die Ladung bereits an Bord genommen, so besteht seine Obhutspflicht ungeachtet des Rücktritts (eigentlich „Kündigung") bis zur Rückgabe an den Ablader oder, sofern ein Konnossement bereits ausgestellt wurde, an dessen legitimierten Inhaber fort. Für die Rückabwicklung bereits empfangener Leistungen gelten die §§ 812 ff. BGB. Für noch aufzubringende Kosten (Löschungs- und Hafenkosten) gilt § 639 HGB mit der Maßgabe, daß die Kosten der Ausladung grundsätzlich dem Verfrachter, die übrigen Kosten dem Befrachter zur Last fallen. Nur wenn das der Reiseausführung entgegenstehende Hindernis ausschließlich mit der Ladung zusammenhängt, fallen dem Befrachter alle diese Kosten zur Last. Entsprechendes gilt nach § 634 HGB, wenn ein gleichartiges Reiseausführungshindernis nach Antritt der Reise eintritt.

Klausel 16 (b) CONLINEBILL entspricht dieser gesetzlichen Regelung in zulässiger Weise. Soweit der Anspruch auf Rückzahlung vorausentrichteter Frachten und Nebenvergütungen (Charges) ausgeschlossen ist (Klausel 11 (a) CONLINEBILL) und soweit die Kostenfolgen einer hiernach gerechtfertigten vorzeitigen Vertragsauflösung abweichend von § 636 HGB geregelt wurden (Klausel 16 (d) CONLINEBILL) in der Weise, daß alle diese Kosten einschließlich etwaiger Rückfracht dem Befrachter zur Last fallen, ist auch dies zulässig.

(c) Naturereignisse wie Behinderungen durch Eis, Seuchen und damit einhergehende Präventionsmaßnahmen (Quarantäne) sind Fälle höherer Gewalt, die, sofern sie die Ausführung des Frachtvertrages hindern, zur Kündigung oder unmittelbar zur Wiederausladung der bereits übernommenen Güter berechtigen. Auch für die Folgen von Arbeitsbehinderungen aller Art (Streik, Aussperrung etc.) braucht der Verfrachter nicht einzustehen (§ 608 Abs. 1 Nr. 4 HGB). Dasselbe ist anerkannt für jede andere auch mittelbare Behinderung der Transportausführung, zum Beispiel Druck auf den Kapitän oder Verfrachter, die Ladung auszuliefern, mit der Drohung, sonst Zwangsmaßnahmen gegen Angestellte oder Vermögen des Verfrachters zu ergreifen (*Prüßmann/Rabe*, § 608 Rn. 9; RGZ 149, 374). In all diesen Fällen ist die Kündigung des Frachtvertrages und ggf. die Wiederausladung der Güter im Ladehafen oder ihre Entlöschung in einem anderen dafür in Betracht kommenden sicheren Hafen aufgrund dieses Klauselvorbehalts gerechtfertigt.

(d) Ob die rigorose Überwälzung aller durch gerechtfertigte vorzeitige Vertragsbeendigung hervorgerufenen Folgekosten auf den Befrachter, wie sie in diesem Teil der Klausel vorgesehen ist, gebilligt werden kann, hängt von den im Einzelfall zu prüfenden Umständen ab. Der Verfrachter muß sich redlich verhalten. Die Verpflichtung, auf eine Minderung des Schadens bedacht zu sein, gehört zu seinen frachtvertraglichen Nebenpflichten. Wenn es für ihn erkennbar ist, daß Ereignisse eintreten oder Situationen entstehen werden, die der Durchführung des Frachtvertrages entgegenstehen, muß er – gegebenenfalls im Benehmen mit dem Befrachter – rechtzeitig Maßnahmen treffen, die geeignet sind, die vorhersehbaren Rückabwicklungskosten zu vermeiden oder zu vermindern.

(e) Diesem Gedanken trägt Klausel 16 (e) CONLINEBILL Rechnung: Wenn der Verfrachter ein Reiseausführungshindernis vorhersieht, bevor das Konnossement ausgegeben wurde, darf er den Frachtvertrag kündigen. Dasselbe gilt als Grundgedanke dieses Teils der Konnossementsbedingungen für jede vergleichbare Situation nach Ausgabe des Konnossements mit Wirkung für dessen Inhaber.

(f) Wer immer als Merchant (Ladungsinteressent) in Betracht kommt, jedenfalls aber der Befrachter, ist, wo irgendmöglich, vom Reiseausführungshindernis zu unterrichten. Die weiterhin in jedem Falle vom Verfrachter geschuldete Ladungsfürsorge ist mit ihm abzustimmen. Zu beachten bleibt im übrigen, daß kraft internationalen Handelsbrauchs weder die gesetzlichen Bestimmungen in den §§ 628–630, 634 und 641 HGB, noch diese Klausel zur Anwendung kommen, wenn und soweit die Beförderung im Stückgutlinienverkehr erfolgen soll und nur ein bestimmtes Schiff des Verfrachters vom Reisehindernis betroffen ist (vgl. Erl. zu Klausel 6).

20. Identity of Carrier. Die Wirksamkeit von Klausel 17 CONLINEBILL, wonach nur der Eigentümer des jeweils eingesetzten Seeschiffes als Verfrachter, mithin als derjenige gilt, der die volle Verfrachterhaftung tragen soll (sogenannte Identity-of-Carrier-Clause oder IOC-Klausel), ist nach deutschem Recht umstritten (vgl. Karsten Schmidt, S. 88 ff.). Nach inzwischen gefestigter Rechtsprechung begründet die Klausel keine Reederhaftung, wenn nach der äußeren Gestaltung des Konnossements ein anderer als der Reeder (zumeist ein Zeitcharterer) wie ein Verfrachter erscheint und wenn der Vertrag durch dessen Beauftragte abgeschlossen wird (HansOLG Hbg VersR 1990, 290; BGH VersR 1990, 503; BGH EWiR 1991, 435 mit Anm. von *Koller*). Der ursprüngliche Sinn der Identity-of-Carrier-Clause zielte auch nicht auf diese Rechtsfolge. Die Klausel sollte vielmehr bewirken, daß ein nicht mit dem Reeder identischer Verfrachter auf die gleichen Möglichkeiten der Haftungsbeschränkung zurückgreifen kann, die von Gesetzes wegen dem Reeder zur Verfügung stehen (HansOLG Bremen VersR 1975, 732). In dieser Funktion wurde sie gewissermaßen im Vorgriff auf die beschränkte Haftung des Charterers, die durch das erste Seerechtsänderungsgesetz Bestandteil der gesetzlichen Regelung wurde, seit langem anerkannt. Mit der in der deutschen Praxis überwiegenden Deutungsvariante, der „Haftungsverlagerung", ist die Klausel aber nicht akzeptabel. Die Rechtsprechung verweist den Verfrachter insoweit auf die Möglichkeit, sich vom Reeder ausreichend bevollmächtigen zu lassen und den Frachtvertrag **offen** in dessen Namen abzuschließen, beispielsweise durch Zeichnung des Konnossements „on behalf of the Owners as Carrier" (HansOLG Bremen TranspR 1986, 153). Mit dieser Maßgabe entspricht Abs. 1 Satz 2 von Klausel 17 CONLINEBILL der Gesetzeslage, während die Klausel im übrigen nach deutschem Recht wirkungslos bleibt, es sei denn, die Zeichnung des Konnossements erfolgte in Vollmacht des Reeders im Individualabredeteil des Standardformulars (S. 2 desselben) erkennbar für diesen.

21. Exemptions and Immunities of all Servants and Agents of the Carrier. 1952 fiel Mrs. Adler, die Passagierin von MS „HIMALAYA" war, nach einem Landausflug bei der Rückkehr an Bord eine unsachgemäß befestigte Gangway auf den Kopf. Weil die dem Beförderungsvertrag zugrundeliegenden Passagebedingungen eine Haftung der Reederei für Mrs. Adlers Körperbeschädigung ausschlossen, nahm letztere mit Erfolg den Kapitän und den Bootsmann mit Rücksicht auf deren deliktsrechtliche Verantwortlichkeit in Anspruch. Das House of Lords (2 Lloyd'sRep 1954, 267) bemerkte, daß anders hätte entschieden werden müssen, wenn die Passagebedingungen der Reederei auch einen Haftungsausschluß zugunsten der Gehilfen des Reeders enthalten hätten. Das war die Geburt der „HIMALAYA-Klausel", der Klausel 18 CONLINEBILL entspricht. In dieser ursprünglichen Form wurde sie Bestandteil der Hague-Visby-Rules und mit diesen in das deutsche Recht übernommen (§ 607a Abs. 2 HGB): Die „Leute" des Verfrachters und die Mitglieder der Schiffsbesatzung können sich gegenüber Schadenersatzansprüchen wegen Ladungsverlusts oder Ladungsbeschädigung auf dieselben Haftungsbefreiungen und Haftungsbeschränkungen berufen, die auch dem Verfrachter zu Gebote stehen. Die Entstehungsgeschichte der Visby-Rules beschränkt die Anwendbarkeit dieser gesetzlichen Drittbegünstigung auf „Servants or Agents of the Carrier". Das sind die in strenger organisationsbedingter Weisungsabhängigkeit tätigen Leute des Verfrachters, nicht hingegen selbständige und vom Verfrachter unabhängige Unternehmen (*Prüßmann/Rabe*, § 607 Rn. 5, str. aA. *Herber*, S. 199).

Soweit es um den haftungsrechtlichen Schutz dieses Personenkreises, also der Leute des Verfrachters und der Schiffsbesatzung geht, bedarf es der HIMALAYA-Klausel nicht, wenn der Frachtvertrag deutschem Recht unterworfen ist oder nach Abs. 2 der General Paramount Clause die Hague-Visby-Rules auf ihn Anwendung finden. Klausel 18 CONLINEBILL gilt aber nicht nur für Servants or Agents of the Carrier, sondern außerdem für die außerhalb des Schutzbereichs der Hague-Visby-Rules bzw. von § 607a Abs. 2 HGB stehenden „independent Contractors from time to time employed by the Carrier". Das sind zum Beispiel Stauer, Schiffsbefestiger, Schiffsbewacher, kurzum Dienstleistungsunternehmen, die im Geschäftsbesorgungsvertrag für den Verfrachter tätig sind. Nach deutscher Rechtsvorstellung ist deren Einbeziehung in den haftungsrechtlichen Schutz des Verfrachters in analoger Anwendung von § 328 BGB möglich (*Gernhuber* JZ 1972, 445; *Blaurock* ZHR 146 (1982), 238, 251; MünchKomm/*Gottwald*, § 328, Rdnr. 95). Damit dies auch im englischen Rechtskreis, der grundsätzlich keine Verträge zugunsten Dritter kennt, gelingt, wurde die Klausel alternativ als Vertreter- oder Treuhändermaßnahme des Carriers für seine Leute ausgestaltet. Die Tendenz der deutschen Rechtsprechung zielt auf eine generelle Ausdehnung der Schutzwirkung von § 607a Abs. 2 HGB auf alle Erfüllungsgehilfen des Verfrachters (BGH NJW 1974, 2177, BGHZ 130, 223 = NJW 1995, 2991 Einzelheiten bei *Prüßmann/Rabe*, § 607a Rn. 14).

22. Optional Stowage. Unitization. (a) Wenn nichts anderes vereinbart wurde, ist das Laden des Schiffes Sache des Verfrachters (§ 561 HGB). Den dabei zu beachtenden Sorgfaltsmaßstab bestimmt § 606 S. 1 HGB („Sorgfalt eines ordentlichen Verfrachters"). Abweichende Vereinbarungen („fio/fios" = free in and out ... stowed and trimmed) sind auch im Stückgutverkehr nicht selten; die Obhutspflicht des Verfrachters beginnt dann erst, wenn die Stauung abgeschlossen ist. Gegenüber dem konnossementsmäßigen Empfänger kann sich der Verfrachter letzterenfalls aber nur dann auf die Verkürzung der Haftungsperiode berufen, wenn die fio-/fios-Klausel im Konnossement vermerkt ist. Die Verantwortlichkeit des Verfrachters dafür, daß See- und Reisetüchtigkeit des Schiffes bei fio-Abladung nicht beeinträchtigt werden, bleibt immer unberührt. Dasselbe gilt für die insoweit gleichlaufende gesetzliche Haftung des Kapitäns nach § 514 HGB.

Sind Laden und Stauen Sache des Verfrachters, dann muß er frei sein in der Entscheidung darüber, wie gestaut werden soll. Diese Freiheit sichert ihm Klausel 19 (a) CONLINEBILL. Er darf so stauen, wie angeliefert wird. Er darf die angelieferten Güter mit anderen Gütern in Containern, auf Paletten oder Trailern zusammenpacken und muß ungeachtet dieser Freiheiten darauf achten, daß richtig gestaut wird, daß also nicht etwa zuerst eingeladene Güter durch Überstauung mit schwereren Gütern beschädigt werden oder daß unverträgliche Güter mit anderen zusammengepackt werden. Nach der Rechtsprechung des HansOLG Bremen (VersR 1972, 248; VersR 1972, 780) hat der Verfrachter „alle nur erdenklichen Vorkehrungen zu treffen, um die ihm anvertrauten Güter vor Schaden zu schützen". Vernünftigerweise wird man das relativieren müssen: Was richtige Stauung ist, bestimmt zunächst die Eigenart des Gutes, sodann die technische Auslegung des Schiffes und nicht zuletzt der Reiseweg und die dabei zu erwartenden Wetter- und Klimaverhältnisse.

(b) Grundsätzlich sind alle Güter im Schiffsraum und nicht an Deck zu stauen, d. h. sie sind so zu verladen, daß sie durch die Vorrichtungen des Schiffes selbst vor überkommenden Seen und unmittelbaren Witterungseinflüssen wie Regen und Eis geschützt sind. Auch die Beförderung in Decksaufbauten ist deshalb Beförderung „im Schiffsraum". Eine Verletzung dieser Pflicht ist Staufehler, d. h. sogenanntes „kommerzielles Verschulden" im Sinne von § 606 HGB (HansOLG Hbg HANSA 1958, 2029). Wird die unzulässigerweise an Deck gestaute Ladung durch See- oder Regenwasser beschädigt, oder geht sie infolge überkommender Seen oder Wind über Bord, so kann sich der Verfrachter nicht nach § 608 Abs. 1, Nr. 1 HGB exkulpieren.

Vom Verbot der Decksverladung gibt es drei Ausnahmen:
– Gesetzliche Verbote, unter Deck zu laden. Das trifft für bestimmte gefährliche Güter nach der **VO über die Beförderung gefährlicher Güter mit Seeschiffen – GefahrgutV-See** – i. d. F. vom 4. 3. 1998 – BGBl I 419 – und entsprechenden ausländischen Vorschriften zu. Hier wären entgegenstehende Anweisungen (mitunter auch Zustimmungserklärungen) des Befrachters oder Abladers unbeachtlich.
– Verkehrsüblichkeit der Decksverladung. Sie ist insbesondere im Container-Verkehr gegeben; Container-Schiffe sind konstruktionsbedingt darauf angelegt, daß mit ihnen beförderte Container in mehreren Lagen über Deck gestaut werden. Jeder Ladungsbeteiligte muß damit rechnen, daß sein Container in dieser Weise verladen wird (*Prüßmann/Rabe*, § 566 Rn. 16, a. A. *Schaps/Abraham*, § 566 Anm. 5). Dasselbe gilt im Falle des Transports von Gütern, deren Verbringung in den Laderaum des Schiffes gar nicht möglich ist, z. B. bei bestimmten Schwerkollis wie Lokomotiven oder ganzen Schiffen.
– Zustimmung des Abladers. Letztere bindet den Befrachter und kann umgekehrt durch dessen Zustimmung ersetzt werden (§ 566, Abs. 1 HGB).

Klausel 19 (b) CONLINEBILL enthält eine solche Zustimmung als Bestandteil des Konnossementsrechtsverhältnis und des durch die Konnossementsbedingungen festgelegten Frachtvertragsinhalts. Diese Zustimmung umfaßt zweierlei, nämlich zunächst die Erlaubnis zur Decksverladung von durch den Ablader angelieferten Containern, Trailern und transportablen Tanks. Ferner umfaßt sie die Befugnis zur Decksverladung von Containern und Trailern, in die der Verfrachter vom Ablader angelieferte Güter unter Inanspruchnahme seiner in Klausel 19 (a) CONLINEBILL vorbehaltenen Option staute. Der so vereinbarte Deckverladevorbehalt gilt generell. Eine Notifizierung des Abladers ist nicht erforderlich.

(c) Haftungsrechtlich berührt die erlaubte Decksverladung die Position des Verfrachters nicht. Er bleibt wie bei jeder unter Deck gestauten Ladung obhutspflichtig und kann sich – im Gegensatz zur unerlaubten Decksverladung – auf § 608 Abs. 1, Nr. 1 HGB berufen, wenn die an Deck verladenen Güter durch Eintritt einer „Seegefahr" Schaden nehmen oder verloren gehen, sofern er nur an Deck ordnungsmäßig staute, d. h. insbesondere ausreichend laschte. Die erlaubte Decksverladung verschafft dem Verfrachter allerdings die Möglichkeit, sich von der zwingenden Mindesthaftung nach den Hague-Visby-Rules (hier: § 662 HGB) freizuzeichnen (§ 663 Abs. 2, Nr. 1 HGB). Auf diese Möglichkeit greifen die Bedingungen der CONLINEBILL gerade **nicht** zurück: Wenn nichts anderes vereinbart wurde, will der Verfrachter auch für die Güter/Behältnisse, die in Ausübung der Deckverladeoption gemäß Klausel 19 (b) CONLINEBILL an Deck verladen wurden, nach den Haager-Regeln haften.

„No jettison of cargo shall be made good as general average, unless such cargo is carried in accordance with the recognized custom of the trade" (Rule I YAR). Das HGB ist strenger: § 708 Nr. 1 verweigert jeder Decksladung – auch der erlaubten – die Beteiligung an der Havariegrosse, d. h. der Wert verlorengegangener Decksladung und der damit korrespondierenden Fracht (§§ 618 Abs. 2, 715 HGB) bleiben bei der Schadenfeststellung und der Verteilungsrechnung außer Betracht; werden die decksverladenen Güter allerdings gerettet, dann sind sie in der Havariegrosse auch beitragspflichtig (§ 723 Abs. 3 HGB). Dieses deutsche gesetzliche System für die Havariegrosse-Abrechnung ist durch Klausel 14 CONLINEBILL dahingehend modifiziert, daß an seiner

Stelle die YAR 1974 Anwendung finden. Diese lassen es – wie eingangs zitiert – zu, daß durch Seewurf abgängige Deckladung an der Havariegrosse teilnimmt, sofern die Deckladung verkehrsüblich ist, also Handelsbrauch entspricht. Für die Transportmittel, von denen hier die Rede ist (Container, Trailer und transportable Tanks) trifft das jedenfalls dann zu, wenn das Schiff über verkehrsübliche Befestigungseinrichtungen an Deck verfügt. Die Anwendung der strengen Regel in § 708 Nr. 1 HGB bleibt außer Betracht. Nach Rule I YAR und Klausel 19 (c) CONLINEBILL nehmen die genannten Behältnisse mit ihrem Inhalt an der Havariegrosse teil.

23. ADDITIONAL CLAUSES (Zusatzbedingungen, die für einen bestimmten Verkehr in Betracht kommen, sofern sie vereinbart werden).

24. A. Demurrage. Demurrage ist vereinbartes Liege- oder Wartegeld, welches dem Verfrachter unter den Voraussetzungen des vereinbarten Verfalltatbestandes gebührt. Verfalltatbestand ist die Überschreitung der vereinbarten Lade- oder Löschzeit gemäß Klausel 8 CONLINEBILL einschließlich jeder Verzögerung, die dadurch entsteht, daß das Schiff im Hafen oder auf Reede warten muß, bis ihm ein Liegeplatz für die Ladungsübernahme oder die Entlöschung angewiesen wird. Weil die Wartezeit vor dem Verholen nach einem Liegeplatz regelmäßig außerhalb der Beeinflussungsmöglichkeiten durch den Ablader oder den Empfänger liegt, wird für diesen – aber auch für andere vergleichbare Fälle – eine 24-stündige liegegeldfreie Zeit zugestanden.

Ladehafenliegegeld ist dem Recht des Stückgutverkehrs fremd. Die Sanktion von Abladesäumnis ist Fautfracht (Fehlfracht/dead freight), wie in Klausel 8 CONLINEBILL vorbehalten (§ 588 Abs. 2 HGB). Das steht einer Liegegeldvereinbarung nicht entgegen. Unterliegt der Vertrag deutschem Recht, dann gelten in diesem Falle die §§ 567 ff. HGB in entsprechender Anwendung. Liegegeld wird für die Überliegezeit geschuldet. Das ist die Zeit, während derer der Verfrachter über die vereinbarte Ladezeit hinaus auf die Abladung der Güter vereinbarungsgemäß zu warten verpflichtet ist (§ 567 Abs. 3 HGB). Ist nur, wie in Klausel A CONLINEBILL unterstellt, Liegegeld vereinbart, ohne daß gleichzeitig die Dauer der Überliegezeit festgelegt worden wäre, so beträgt die Überliegezeit nach dem Gesetz 14 Tage (§ 568 Abs. 2 HGB). Erst nach Ablauf der Überliegezeit darf der Verfrachter die Annahme der Ladung oder weiterer Ladung verweigern und von seinen in Klausel 8 CONLINEBILL vorbehaltenen Rechten Gebrauch machen. Der Beginn der Überliegezeit im Ladehafen setzt den Ablauf der Ladezeit voraus. Ist diese, wie hier, nicht fest vereinbart, sondern von der Ladungsübernahmekapazität des Schiffes bestimmt, dann setzt das Ende der Ladezeit und der Beginn der Überliegezeit eine entsprechende Notiz des Schiffes an den Befrachter voraus. Das Schiff (der Verfrachter) ist im Zweifel beweispflichtig für das Ende der Ladezeit. Gleiches gilt, wenn sich der Verfrachter auf den Ablauf der Überliegezeit berufen will (§§ 570, 571 HGB).

Löschhafenliegegeld gebührt dem Verfrachter auch im Stückgutverkehr schon von Gesetzes wegen (§ 604, Abs. 3 HGB), und zwar unbeschadet seines Rechtes, einen durch den Annahmeverzug verursachten höheren Schaden geltend zu machen. Für die Bestimmung der Löschzeit und der Überliegezeit im Löschhafen sowie die Notiz-Obliegenheiten des Verfrachters gelten gemäß § 604 Abs. 3 HGB die Bestimmungen in den §§ 594, 572 HGB; sie entsprechen denjenigen über die Feststellung von Ladezeit und Überliegezeit im Ladehafen. Notizen werden nicht gegenüber dem Befrachter, sondern gegenüber dem Empfänger geschuldet. Ist dieser dem Schiff nicht bekannt, so tritt öffentliche Bekanntmachung in ortsüblicherweise an die Stelle der Individualnotiz.

Schuldner des Liegegelds im Lade- wie im Löschhafen ist grundsätzlich der Befrachter. Im Löschhafen wird jedoch der Empfänger Liegegeldschuldner, wenn er die Güter angenommen hat (§§ 614, 625 HGB). Dies gilt in bezug auf das Liegegeld sowohl des Lade- als auch des Löschhafens auch dann, wenn das Konnossement „freight prepaid" gestellt wurde, denn ob und in welchem Umfange Ladehafen- und gar Löschhafenliegegeld anfallen wird, steht regelmäßig bei der Konnossementsbegebung noch nicht fest (Hans-OLG Hbg VersR 1982, 894).

Nach Klausel A CONLINEBILL wird das nach Bruttoregistertonnen des Schiffes berechnete Liegegeld nach dem Frachtverhältnis der Ladung auf diese umgelegt. In die Umlage nicht einbezogen wird die Fracht für Güter, die rechtzeitig, also während der Ladezeit angeliefert und hinsichtlich derer der Empfänger während der Löschzeit abnahmebereit war. Höchstbetrag des für jede Ladungspartie geschuldeten Liegegelds ist der Betrag der darauf entfallenden Fracht. Dies gilt in Ermangelung abweichender Regelung für die Summe aus Lade- und Löschhafenliegegeld.

25. **B. US-Trade. Period of Responsibility.** Die Vereinigten Staaten von Amerika sind Signatarstaat der Haager Regeln. Sie wurden in den **Carriage of Goods by Sea Act (COGSA)** übernommen und mit dieser Maßgabe 1936 Bestandteil des amerikanischen nationalen Rechts. Das ihnen innewohnende Haftungssystem wird Bestandteil des Seefrachtvertrages nach den Bedingungen von CONLINEBILL, weil Klausel 2, Satz 1 CONLINEBILL (General Paramount Clause) darauf verweist, sofern die Verschiffung von einem amerikanischen Hafen erfolgt. Wird die Ladung von einem außeramerikanischen Ladehafen nach einem amerikanischen Löschhafen befördert, dann gilt COGSA nach dem Wortlaut der General Paramount Clause nur dann, wenn im Land des Ladehafens weder die Haager Regeln noch die Haager-Visby-Regeln als zwingendes Recht maßgeblich sind. Ist dies nicht der Fall, gelten also die Haager oder die Haager-Visby-Regeln im Lande des außeramerikanischen Ladehafens, dann sollen sie nach dem Wortlaut der General Paramount Clause mit dem Inhalt maßgeblich sein, mit dem sie in das im Lande des Ladehafens geltende Recht übernommen wurden. Dies erkennt die amerikanische Rechtsprechung nicht uneingeschränkt an: COGSA wird auch für Verschiffungen nach amerikanischen Häfen als zwingende Haftungsregelung verstanden, die lediglich haftungsverschärfende Ausnahmen duldet. Sofern und soweit also das im Lande des Ladehafens geltende Haftungsrecht zu einer Verschärfung der Verfrachterhaftung führt (Hague-Visby-Rules), wird es anerkannt, im übrigen verbleibt es bei der Maßgeblichkeit von COGSA:

„Despite some problems with this analysis, several courts have implicitly or explicitly accepted it and held carriers liable at the higher Visby levels on shipments to the United States. In essence the carrier is saddled with the less favourable aspects of each regime. To the extent that COGSA imposes a greater burden, the purported selection of the Hague-Visby Rules is ineffective under section 3 (8). But to the extent that COGSA offers the carrier greater protection, the selection of the Hague-Visby Rules in permitted as a contractual assumption of heavier liability on the carrier's part."

(Benedict of Admirality/Sturley, V, § 45 [5–14])

Von Bedeutung ist diese Praxis insofern, als COGSA (§ 1311) die Bestimmungen des sogenannten **Harter Acts von 1893** unberührt läßt, soweit sie eine zwingende Verfrachterhaftung auch für die Zeit ab landseitiger Übernahme der Güter in den Verfrachtergewahrsam und bis zur landseitigen Auslieferung der Güter an den Empfänger begründen. Dieser Haftungszeitraum gilt zwingend für alle Verschiffungen von und nach amerikanischen Häfen. Im Hinblick darauf kann er zum Bestandteil des Seefrachtvertrages nach CONLINEBILL auch dann gemacht werden, wenn für die Inanspruchnahme des Verfrachters keine internationale Zuständigkeit in den Vereinigten Staaten begründet ist.

IX. Lizenz- und Know-how-Verträge

1. Patent and Know-how License Agreement

(Gemischter Patent- und Know-how-Lizenzvertrag)

LICENSE AGREEMENT[1]

by and between

A. ......
France

– in the following referred to as "Licensor" –

and

B. ......
Germany

– in the following referred to as "Licensee" –

WHEREAS[2], Licensor is active in the environmental industry for combustion of waste of different kinds and has developed extensive technical knowledge in this area, comprised in a number of patents, including both basic and applied combustion technology;

WHEREAS, Licensor has developed a patented specialized procedure for such combustion of waste of municipalities which depends on the use of a specific catalytic converter produced by Licensor;

WHEREAS, Licensor is the owner of extensive secret and substantial know-how in this technical area or is licensed by its parent, a US corporation, with related know-how and with the right to sublicense;

WHEREAS, Licensee is desirous to license from Licensor the patents and know-how to enable Licensee to make use of the technology, both in building combustion facilities and in operating such facilities for the benefit of municipalities in the territory;

NOW, THEREFORE, it is agreed as follows:

Article 1. Definitions[3]

Unless the context shall otherwise require, the following terms shall have the following meanings throughout this Agreement.
1. "Combustion Facilities" means facilities containing at least one combustion chamber for the incineration of municipal waste as set forth in the list of specifications in Annex 1.1 using the products sold by Licensor.[4]
2. "Product" means catalytic converters necessary for the operation of Combustion Facilities as more closely defined in Annex 1.2.
3. "Technical Area" means the procedure of combustion of waste for municipalities with a combustion chamber bed size of not more than 200 m² per combustion chamber, burning waste collected from households and not including any industrial waste.
4. "Patents" means the patents and patent applications owned by Licensor or licensed to Licensor with the right to sublicense, as listed in Annex 1.3 to this Agreement and such other additional patents and patent applications as Licensor and Licensee may agree from time to time to make part of this Agreement.[5]

5. "Know-how" means the secret technical information relating to the design and building of Combustion Facilities, as defined and identified in Annex 1.4 and relating to the manufacture and use of specialized products and related services in regard of the combustion of waste and the operation of Combustion Facilities as more closely defined and identified in Annex 1.5 and the documents listed in the respective annexes and drawings, which know-how is owned by Licensor or licensed to Licensor with the right to sublicense.[6]
6. "Territory" means the Federal Republic of Germany, Austria, Switzerland and Italy.

Article 2. Patents[7]

1. The Licensor herewith grants to the Licensee an exclusive license to use the Patents in the Technical Area in the Territory to design and build Combustion Facilities and to operate such Combustion Facilities for the benefit of Licensee and of municipalities.
2. This license excludes the right of Licensor to use the Patents for the design of Combustion Facilities in the Territory of the Licensee or to license such Patents to third parties for that purpose, even if the design does take place outside of the Territory.[8]

Article 3. Know-how[9]

1. The Licensor herewith grants to Licensee an exclusive license to use the Know-how in the Technical Area in the Territory in connection with the Patents to design, build and operate Combustion Facilities.
2. This license excludes the right of Licensor to use the Know-how for the design of Combustion Facilities in the Territory of the Licensee or to license the Know-how to third parties for that purpose, even if the design does take place outside of the Territory.

Article 4. Transfer of Know-how[10]

1. The documents listed in Annex 1.4 and Annex 1.5, comprising the Know-how as licensed, will be transmitted to the Licensee within a period of one month after signing of this Agreement.
2. Licensee acknowledges that under the confidentiality agreement and letter of intent of December 6, 2000, it has checked the content of the documents as listed in Annex 1.5 and has determined that those documents include information which Licensee found to be useful technical information for the design, building and operation of Combustion Facilities.
3. The obligation to provide for technical training as set forth in Article 8, shall not oblige Licensor to provide for any additional documentation on the Know-how unless such documentation is available at Licensor or becomes available to Licensor. Article 16.3 remains unaffected.

Article 5. Trademarks[11]

Licensee shall be obliged to name the Combustion Facilities designed, built and operated by Licensee "A-Combustion Plant" and shall use the trademarks of A as set forth in Annex 5.1 in connection with its operation of the Combustion Facilities. Licensee is entitled to indicate in connection with the use of the trademarks and the use of the name "A-Combustion Plant" that Licensee is the operator of the Combustion Facilities. This shall happen in the manner as shown in Annex 5.2. In addition, Licensee may use whatever indications and labeling it wants to use in its dealings with third parties as long as the use of the trademarks of Licensor is not affected by such use.

1. Patent and Know-How License Agreement

Article 6. Territory[12]

1. The license for the Patents and the license for the Know-how is granted for the Territory only.
2. Licensee is not entitled to design, build or operate Combustion Facilities outside of the Territory, may it be as operator or for third parties. This limitation is valid for France until November 2, 2014 and the United Kingdom until October 15, 2015 (expiration of the longest running patent in this part of the European Common Market) and for 10 years for the remainder of the European Common Market from the date of signature of this Agreement, as far as Licensee is restricted from pursuing an active policy of designing, building and operating Combustion Facilities in those countries outside of its Territory. The restriction is valid for all countries of the European Common Market for five years from the signature of this Agreement, as far as Licensee is restricted not to design, build and operate Combustion Facilities in response to unsolicited orders coming from outside of the Territory.
3. Licensor expressly reserves its rights to exercise the rights conferred by the Patents to oppose any attempts of Licensee contrary to the rules of this Agreement to design, build and operate Combustion Facilities outside of the Territory.[13]

Article 7. Field of Use[14]

1. The license granted hereunder covers the entire area of the application of the Patents and of Know-how including further developments as they relate to the Technical Area.
2. Licensee acknowledges that Licensee is restricted to the Technical Area in its exploitation of the Patents and Know-how and that it may not use the Patents and Know-how for any combustion facilities which do not relate to the Technical Area.
3. Licensee shall not use the Patents and the Know-how to design, build or operate Combustion Facilities for third parties within the Territory not being municipalities. Licensee may enter into any financing arrangements or set up any ownership structures for Combustion Facilities (e.g., co-ownership with municipalities) as long as Licensee and/or the municipalities are the true operators of such Combustion Facilities. Nothing in this Agreement shall restrict Licensee from increasing the capacity of Combustion Facilities within its sole discretion.

Article 8. Technical training[15]

1. Licensor shall during the term of this Agreement at such times and for such periods to be mutually agreed upon provide technical training for a reasonable numbers of Licensee's employees at the Licensor's facilities.
2. This training shall be free of cost to Licensee but Licensee shall pay all the costs of travel and living expenses incurred by the employees of Licensee for such technical training.
3. Licensor is not obliged to make available any additional documentation to employees of Licensee during this training but will use the documents as listed in Annex 1.4 and Annex 1.5 to train the employees of Licensee.

Article 9. Best efforts of Licensee and Non Competition Covenant[16]

1. Licensee shall use its best efforts to exploit the Patents and the Know-how in the Territory.
2. If and when Licensee enters within the European Common Market into competition with Licensor or with companies connected with Licensor in respect of research and development, design, building and/or operation of combustion facilities competing with the Combustion Facilities, Licensor shall be entitled to terminate the exclusivity

granted to Licensee under Article 2 and Article 3, respectively, and the license with Licensee shall continue as a non exclusive one. Furthermore, Licensor shall be entitle to stop with immediate effect to provide improvements to Licensee, as set forth in Article 11. The license fee to be paid by Licensee shall not be affected by this termination and Licensee shall not be entitled to claim that it is entitled to hold back part of such royalties or to pay a lower royalty because of such termination. In addition, Licensor shall be entitled to require from Licensee to prove and to give an undertaking under a penalty to the effect that the Know-how is not used for the research and development, design, building and operation of combustion facilities competing with the Combustion Facilities.
3. Notwithstanding the above, nothing herein shall restrict Licensee from competing with Licensor or with companies connected with Licensor within the European Common Market in respect of research and development, designing, building and operation of combustion facilities competing with the Combustion Facilities.

Article 10. Improvements and New Developments by Licensee[17]

1. All improvements and new developments in the Technical Area as to the Patents and the Know-how ("Improvements") by Licensee shall be reported by Licensee to Licensor immediately. Licensee shall claim any and all inventions made by its employees for unlimited use by the Licensee.
2. Licensee shall not be obliged to assign Improvements to Licensor, but Licensor shall be entitled to use Improvements under an exclusive license by Licensee if such Improvements are not severable from the technology licensed to Licensee as described in the Patents and the Know-how. To the extent that such Improvements are severable, such license shall be a non-exclusive license only, provided, that even in such a case Licensee shall not be entitled in its own use of the Improvements to disclose the Know-how to any third party. The burden of proof in regard of the severability of such Improvements shall be with Licensee.[18]
3. Licensee shall be the sole owner of such Improvements and shall be entitled to solely apply for patent protection in its discretion. Licensee shall be obliged to pay any and all inventor compensations as claimed by its employees or any third parties involved in the Improvement.
4. The licenses granted to Licensor under this Article shall entitle Licensor and companies connected with Licensor to make use of the Improvement for their own activities. The license shall be royalty free.

Article 11. Improvements or New Developments by Licensor[19]

1. Licensor shall inform Licensee of all Improvements in the Technical Area.
2. As long as the license grant under this Agreement is exclusive, Licensor shall exclusively license such Improvements in the Technical Area to Licensee subject to terms and conditions of this Agreement. No additional royalty shall be paid by Licensee for such license. If the license grant has become non-exclusive Licensor shall no longer be obliged to inform on such Improvements.

Article 12. Purchase of Products[20]

1. Licensee acknowledges that at this time only Licensor is in a position to produce and make available the Products to be used with the Combustion Facilities and that such Products are necessary for a technically proper functioning of the Combustion Facilities.
2. Licensee shall purchase such Products from Licensor only.
3. The purchase of the Products is subject to the standard terms and conditions of Licensor which will be in effect at the time of confirmation of an order for Products.

Licensee shall pay the prices which are in effect at the time of such confirmation of order by Licensor. It is understood that Licensor may change such terms and conditions as well as the applicable prices from time to time as long as Licensor does so with respect to all of its licensees and customers.
4. Licensor may from time to time provide Licensee with addresses of additional manufacturers for the Products, which manufacturers will be licensed by Licensor to produce such Products.
5. If Licensee demonstrates to Licensor in the future that third party manufacturers are in a position to produce products which are of the same quality as the Products and which safeguard a technically proper operation of the Combustion Facilities, Licensor will allow Licensee to procure Products from such third party manufacturers, provided, that such third party manufacturers do not violate any intellectual property rights of Licensor. If the latter was the case, Licensee shall be entitled to request from Licensor to clarify by appropriate means, including litigation, with the third party manufacturers whether Licensor's intellectual property rights forbid the production of the Products by those third party manufacturers.

Article 13. Royalties and Payment[21]
1. Licensee shall pay to Licensor a royalty of 1% for use of the Patents and the Know-how which 1% shall be calculated on the basis of the turnover of Licensee accomplished by the operation of the Combustion Facilities.
2. Licensee shall furthermore pay to Licensor an up-front royalty of € 1.000.000,– as consideration for the start-up costs Licensor had in developing the technology comprised in the Patents and the Know-how. The up-front royalty shall be paid in 10 equal yearly installments of € 100.000,– starting with year 5 after the date of signature of this Agreement. Such installments shall be due and payable on each anniversary of such signature date.[22]
3. The turnover of Licensee accomplished through the operation of the Combustion Facilities shall be calculated by taking into account the overall turnover of Licensee made with such operations less the costs of Licensee for purchasing the Products from Licensor.
4. Licensee shall be obliged to continue paying such royalty of 1% until the end of this Agreement, as long as Licensee uses the Patents and the Know-how, even if the Know-how becomes publicly known by an action other than of Licensor. The fact that one or more of the Patents are declared invalid or have expired shall have no influence on the royalties obligation of the Licensee. If all of the Patents are declared invalid or have expired and Licensee continues to use the Know-how only, the royalty shall be 0,75% only beginning with the month following the invalidation or expiration of the last existing Patent.[23]
The Parties furthermore agree that the yearly installments shall be paid by Licensee even if any and all of the Patents have been invalidated or expired before the last installment is to be rendered by Licensee.
5. The royalty of 1% shall be payable within thirty (30) days following the end of each calendar quarter. Within the same time frame Licensee shall account for the turnover of this calendar quarter in writing.
6. All turnover taxes and indirect taxes, which have to be paid based on the royalty payments, shall be borne by Licensee.[24]

Article 14. Minimum Royalty[25]
Licensee shall pay a minimum royalty of € 500.000,– per calendar year, which minimum royalty shall be payable thirty (30) days following the end of each calendar year.

Article 15. Records[26]

1. Licensee shall keep separate records relating to the operation of the Combustion Facilities in the Territory, for each Combustion Facility respectively.
2. Licensee shall report to Licensor in writing quarterly, concurrently with the payment due pursuant to Article 13, the total turnover and the price for Products purchased for each of such Combustion Facility separately.
3. Licensor or its designated certified public accountant shall have the right to inspect at Licensor's expenses the books of accounts and other records, at reasonable times and to such an extent as will not interfere with normal operations of Licensee, to determine the accuracy of the reports and payments made to Licensor under the provisions of this Agreement. The costs for such an audit shall be borne by Licensee in case of the discovery of any inaccuracies.

Article 16. Warranties of Licensor[27]

1. Licensor declares that it is not aware of any legal deficiencies of the Patents and the Know-how. Licensor assumes no liability for the lack of such unknown deficiencies.
2. Licensor warrants neither the patentability and validity of Patents or the secrecy of the Know-how nor the commercial exploitability of the Patents and Know-how.
3. Licensor is successfully operating Combustion Facilities outside the Territory. Accordingly, Licensor does warrant that the Know-how is capable and ready to be used for the operation of Combustion Facilities by technicians skilled in the art. If Licensee can prove that technicians skilled in the art are not enabled by the Know-How for such operation, Licensor shall use its best efforts to further produce documents to cover any missing information and to train the employees of Licensee, which activities of Licensor shall be without charge to Licensee. Such obligations of Licensor shall be the only remedy of Licensee under this warranty.
4. Licensor warrants to the best of its knowledge that it has full authority to grant the license provided hereunder and that all necessary corporate actions have been taken.[28] Licensor further warrants that it will maintain the Patents throughout the term of this Agreement.[29]

Article 17. Warranties of Licensee[30]

1. Licensee warrants that it will maintain the secrecy of the Know-how as more specifically set for in Article 23.
2. Licensee warrants that it shall use its best efforts to exploit the Patents and the Know-how in designing, building and operating of Combustion Facilities.
3. Licensee warrants that to the best of its knowledge it has full authority to enter into this Agreement and that all necessary corporate actions have been taken.

Article 18. Maintenance, Validity and Necessary Nature of Patents[31]

1. Licensor shall maintain the Patents for the duration of this Agreement and shall pay any maintenance fees.
2. Licensee shall not contest the ownership of Licensor of the Patents and of the Know-how.[32]
3. If Licensee challenges the validity of the Patents or the secrecy or substantial nature of the Know-how Licensor shall be entitled to terminate this Agreement without notice.[33]
4. If Licensee challenges the fact that the Patents are necessary for designing, building and operating the Combustion Facilities, insofar as the realization of such design, building and operating of the Combustion Facilities would not be possible or would be possible to a lesser extent or at more difficult or costly conditions, Licensor shall be entitled to terminate this Agreement without notice.[34]

1. Patent and Know-How License Agreement

Article 19. Infringement, Validity Challenges and Litigation[35]

1. The Parties to this Agreement shall inform each other promptly of any infringement of the Patents. Licensor shall defend the Patents against validity challenges of third parties. Licensee shall take the necessary actions against infringers of the Patents and shall be entitled by the Licensor under this Agreement by way of authority to conduct litigation ("Prozeßstandschaft").
2. All costs for an invalidity proceeding shall be borne by Licensor. All costs of an infringement proceeding shall be borne by Licensee. Licensee may join any invalidity proceeding at its own cost. Licensor may join any infringement proceeding at its own cost.
3. Any damages Licensee obtains based on an infringement proceeding shall be subject to the royalty obligation under this Agreement.

Article 20. Third Party Rights[36]

1. If Licensee is charged with the infringement of third party rights based on the exploitation of the Patents and/or the Know-how Licensee shall immediately inform Licensor about this allegation.
2. Under the supervision of Licensor, Licensee shall defend itself against such an infringement allegation. Licensee shall not be entitled, without the prior written consent of Licensor, to make any acknowledgment in such dispute or enter into any settlement negotiations. Licensor has the right to join such a proceeding.
3. If Licensee by a final judgment is ordered to stop to use the Patents and the Know-how and if Licensor finally fails to secure Licensee's right to further use such Patents and Know-how, Licensee shall be entitled to stop payment of the royalties, provided, however, that no royalties paid up to this point shall be repaid by Licensor. In addition, Licensor shall cover any damages Licensee is ordered to pay to the third party for the past. Licensee has no further rights against Licensor because of the inability to continue to use the Patents and the Know-how, especially no claims as to lost profits or frustrated investments.
4. In any and all disputes with third parties, each Party shall cover its own costs, provided, however, that Licensor shall cover the costs of Licensee if Licensee is finally enjoined from using the Patents and the Know-how and if Licensor finally fails to secure the right of Licensee to continue to use the Patents and the Know-how. This payment obligation includes court costs and reasonable attorney's fees.

Article 21. Most Favored Licensee[37]

Licensor shall be obliged to grant Licensee the same favorable terms as Licensor grants to other of its licensees after the signature date of this Agreement, provided, that the rights and obligations of such other licensees under their respective license agreements are substantially comparable to the rights and obligations of Licensee under this Agreement.

Article 22. Minimum Quality[38]

1. Licensee shall observe the technical specifications for Combustion Facilities as set forth in the Know-how documents made available to Licensee in Annex 1.4 and Annex 1.5 insofar, as these technical specifications are necessary for a technically proper exploitation of the Patents and Know-how.
2. Licensor shall be entitled to carry out checks by itself or through independent third party specialists to safeguard that Licensee obeys with this minimum quality requirement.
3. If Licensee consistently fails to obey with this minimum quality requirement, which shall be assumed if Licensee does not cure any quality problems objected to by Licen-

sor within a reasonable time period, Licensor shall be entitled to terminate this Agreement.

Article 23. Confidentiality[39]

1. Licensor and Licensee agree to keep secret and not to communicate during the term of this Agreement to third parties the Know-how, any material handed over by Licensor and any information which either Party may gain about the business of the other, including information on the terms and conditions of this Agreement ("Confidential Information").
2. The Parties shall oblige their employees to also keep the Confidential Information secret.
3. The Parties may hand over Confidential Information to third parties only after the express written approval of the other Party has been obtained.
4. The Parties shall continue to keep the Confidential Information secret after termination of this Agreement as long as it is still secret.
5. The secrecy obligation does not apply to Confidential Information which was known to the Party at the time of disclosure by the other Party and was not disclosed to it by a third party who received it, directly or indirectly from such other Party or is generally available to the public through no fault of the Party receiving the Confidential Information or was received by the Party under no obligation of secrecy from someone who did not receive it, directly or indirectly, from the other Party.
6. Upon termination of this Agreement, the Parties shall return to each other all documents, files or other evidence and copies thereof containing Confidential Information. Licensee shall maintain the secrecy of the Confidential Information after termination and shall not exploit the Know-how or Patents after termination of this Agreement insofar as long as the Know-how is still secret or the Patents are still in force. This obligation of Licensee is not limited to the Territory.

Article 24. Assignability and Sublicensing[40]

1. This Agreement may not be assigned without the prior written consent of the other Party. This Agreement remains in existence even if one or all of the Patents are assigned to a third Party.
2. The Know-how or the Patents may not be sublicensed to any third Party without the prior written consent of Licensor.
3. Licensor shall be entitled to involve third parties to fulfill its training obligation according to Article 8.

Article 25. Term and Termination[41, 42]

1. This Agreement becomes effective upon signing by both Parties and shall continue for each country of the Territory ("Country of the Territory" being such part of the Territory only which constitutes an independent state like Germany, Austria or the like), seperately, for as long as the longest running patent licensed under this Agreement is in existence in this Country of the Territory ("Initial Term"), provided, however, that the license for the part of the Territory Italy shall only have a term of ten years from the date of signature of this Agreement.
2. This Agreement shall automatically be extended in its term for each Country of the Territory, seperately, by any Improvements by Licensor, may they be patented or not, for additional three years each, provided, that Licensee has the right to refuse such Improvements so that the Initial Term applies and, provided further, that each Party has the right to terminate this Agreement with six months notice to the expiration of the Initial Term and, with three months notice, to the end of every three years the-

reafter. The Parties have the right to terminate this Agreement seperately for each Country of the Territory.
3. In the event of default by either Party under any of the terms and conditions of this Agreement, the Party not being in default may terminate this Agreement by giving sixty (60) days written notice, provided that the default of the other Party is not cured within this notice period.
4. In the case of an important reason present on the side of a Party, the other Party shall have the right to terminate this Agreement for cause, which termination right has to be exercised within sixty (60) days from taking note for the first time of the important reason. Important reasons include, but are not limited to,
    - bankruptcy proceedings instituted against a Party or such Party declaring itself insolvent,
    - a general assignment by a Party to the benefit of its creditors,
    - a change of control within a Party,
    - an acquisition of a Party by a direct or indirect competitor of the other Party.

Article 26. Effect of Termination

1. Upon the termination of this Agreement, Licensee shall immediately stop using the Patents and the Know-how, insofar and as long as the Know-how is still secret and the Patents are still in force, provided, however, that Licensee may continue to operate the Combustion Facilities in existence and operation at this time, purchasing the Products from time to time under seperate purchase agreements or without making use of the Products. Any changes to the Combustion Facilities necessary because the combustion process may no longer rely on the use of the Products have to be borne solely by Licensee. For any Combustion Facilities which are built at the time of termination, the Parties have to find a solution in good faith, which may include a sale of such Combustion Facilities to Licensor at market price, or the payment of a lump sum for the necessary continuing use of the Know-how by Licensee to finalize construction.
2. The Parties agree that the payment obligation of Licensee of the installment payments for the upfront royalties set forth in Article 13.2 shall continue beyond termination until the full upfront royalty is received by Licensor.[43]

Article 27. Notices[44]

Any notice required or permitted to be given under this Agreement by one of the Parties to the other Party shall be deemed to have been given as of the date of receipt if sent by mail, by telex or by telefax, at the following addresses:
for Licensor at
for Licensee at

Article 28. Severability[45]

Should any provision of this Agreement be or become invalid, ineffective or unenforceable, the remaining provisions of this Agreement shall be valid. The Parties agree to replace the invalid, ineffective or unenforceable provision by a valid, effective and enforceable provision which economically best meets the intention of the Parties. The same shall apply in the case of an omission.

Article 29. Entire Agreement

1. This Agreement contains the entire agreement between the Parties and any changes of this Agreement have to be made in writing.[46]
2. This Agreement has been made in the English language and has been executed in two copies. The German version of this Agreement is provided for understanding purposes only. In any and all cases the English version shall prevail.

Article 30. Applicable Law and Dispute Resolution
1. This Agreement shall be construed according to the laws of the Federal Republic of Germany. The CISG-rules shall not apply.[47]
2. Any disputes arising out or in connection with this Agreement shall be settled by arbitration.[48] Should either Party wish to enter into arbitration it shall so inform the other Party and nominate its own arbitrator. Within two weeks after having received such notification the other Party to this Agreement shall nominate its arbitrator and so inform the first Party. Within two weeks after the second arbitrator having been appointed and the first Party having been so informed, the two arbitrators shall nominate a third arbitrator in mutual agreement. If they do not succeed in doing so within this two week-deadline or the second Party fails to nominate its own arbitrator, the second or third arbitrator, respectively, shall be nominated by the president of the Chamber of Commerce in Munich upon request by either Party hereto. The arbitrator so nominated must be fluent in English as arbitration proceedings must be conducted in the English language. The arbitrators must first try to reconcile and settle any dispute amicably before taking a decision. Arbitration shall take place in Munich.

....
Date and Signature A

....
Date and Signature B

*Übersetzung**

Lizenzvertrag[1]

zwischen

A. ......
Frankreich
– nachfolgend „Lizenzgeber" –
und
B. ......
Deutschland
– nachfolgend „Lizenznehmer" –

Präambel

Der Lizenzgeber ist auf dem Gebiet der Abfallverbrennung für verschiedene Abfallarten tätig und hat in diesem Bereich umfangreiches technisches Wissen erworben, welches in einer Reihe von Patenten u.a. für Grundlagen- und angewandte Verbrennungstechnologie enthalten ist.
Der Lizenzgeber hat ein patentiertes Spezialverfahren für die Verbrennung von kommunalem Abfall entwickelt, welches auf der Benutzung eines besonderen, von dem Lizenzgeber hergestellten Katalysators beruht.
In diesem technischen Bereich ist der Lizenzgeber Inhaber von umfangreichem geheimen und wesentlichen Know-how oder ist von seinem Mutterunternehmen, einer US-ameri-

---

* Diese Übersetzung dient ausschließlich dem besseren Verständnis des englischen Originals; sie erhebt keinen Anspruch auf Verbindlichkeit.

1. Patent and Know-How License Agreement

kanischen Gesellschaft, zur Nutzung des entsprechenden Know-hows lizenziert worden, einschließlich des Rechts, Unterlizenzen zu gewähren.
Der Lizenznehmer möchte vom Lizenzgeber eine Lizenz über Patente und Know-how erwerben, um die Technologie bei Bau und Betrieb von Abfallverbrennungsanlagen für Gemeinden in dem Vertragsgebiet verwenden zu können.[2]
Dies vorausgeschickt, vereinbaren die Parteien folgendes:

Artikel 1. Definitionen[3]
Soweit vom Sinnzusammenhang nicht anders gefordert, haben die folgenden Begriffe im Rahmen dieses Vertrages die folgende Bedeutung:
1. „Verbrennungsanlagen" bedeutet Anlagen, die gemäß der Spezifikationsliste der Anlage 1.1 mindestens eine Verbrennungskammer für die Verbrennung von kommunalem Abfall unter Nutzung der von dem Lizenzgeber verkauften Produkte enthalten.[4]
2. „Produkt" bedeutet Katalysatoren gemäß der Anlage 1.2, die für den Betrieb von Verbrennungsanlagen erforderlich sind.
3. „Technischer Bereich" bedeutet das Verfahren zur Abfallverbrennung für Gemeinden mit einer Verbrennungskammer-Grundfläche von nicht mehr als 200 m^2 pro Verbrennungskammer, in denen Hausabfälle und keine Industrieabfälle verbrannt werden.
4. „Patente" bedeutet die in Anlage 1.3 aufgeführten Patente und Patentanmeldungen, welche dem Lizenzgeber entweder gehören oder an denen er eine Lizenz, einschließlich des Rechts zur Unterlizenzierung, hat, sowie sämtliche weiteren Patente und Patentanmeldungen, soweit sie zukünftig durch Vereinbarung zwischen dem Lizenznehmer und dem Lizenzgeber zum Bestandteil dieses Vertrages gemacht werden.[5]
5. „Know-how" bedeutet die durch Anlage 1.4 gekennzeichneten geheimen technischen Kenntnisse über den Entwurf und den Bau von Verbrennungsanlagen, Herstellung und Benutzung von speziellen Produkten und zugehörigen Dienstleistungen im Zusammenhang mit Abfallverbrennung sowie den Betrieb von Abfallverbrennungsanlagen, wie sie in Anlage 1.5 sowie den in den jeweiligen Anlagen und Zeichnungen aufgeführten Dokumenten genauer gekennzeichnet sind; dieses Know-how gehört dem Lizenzgeber oder ist dem Lizenzgeber mit dem Recht zur Unterlizenzierung lizenziert worden.[6]
6. „Vertragsgebiet" bedeutet die Bundesrepublik Deutschland, Österreich, Schweiz und Italien.

Artikel 2. Patente[7]
1. Der Lizenzgeber gewährt dem Lizenznehmer hiermit eine exklusive Lizenz zur Nutzung der Patente in dem technischen Bereich im Vertragsgebiet, um Abfallverbrennungsanlagen zu entwerfen und zu bauen, sowie solche Abfallverbrennungsanlagen zum Nutzen des Lizenznehmers sowie für Gemeinden zu betreiben.
2. Diese Lizenz verbietet dem Lizenzgeber, die Patente für die Entwicklung von Abfallverbrennungsanlagen in dem Vertragsgebiet des Lizenznehmers zu nutzen oder an Dritte zu diesem Zweck zu lizenzieren, selbst wenn die Entwicklung außerhalb des Vertragsgebietes stattfindet.[8]

Artikel 3. Know-how[9]
1. Der Lizenzgeber gewährt dem Lizenznehmer hiermit eine exklusive Lizenz zur Nutzung des Know-hows in Verbindung mit den Patenten in dem technischen Bereich im Vertragsgebiet, um Verbrennungsanlagen zu entwickeln, zu bauen und zu betreiben.

2. Diese Lizenz verbietet dem Lizenzgeber, das Know-how für die Entwicklung von Abfallverbrennungsanlagen in dem Vertragsgebiet des Lizenznehmers zu nutzen oder an Dritte zu diesem Zweck zu lizenzieren, selbst wenn die Entwicklung außerhalb des Vertragsgebietes stattfindet.

Artikel 4. Zurverfügungstellung von Know-how[10]

1. Die in Anlage 1.4 und Anlage 1.5 aufgeführten Dokumente, welche das lizenzierte Know-how beinhalten, werden dem Lizenznehmer innerhalb eines Monats nach Unterzeichnung dieses Vertrages übergeben.
2. Der Lizenznehmer bestätigt, daß er die Inhalte der in Anlage 1.5 aufgeführten Dokumente gemäß der Geheimhaltungsvereinbarung und der Absichtserklärung vom 6. Dezember 2000 überprüft hat und zu der Überzeugung gekommen ist, daß die in den Dokumenten enthaltenen Informationen für den Lizenznehmer nützliche technische Informationen für die Entwicklung, den Bau und den Betrieb von Verbrennungsanlagen darstellen.
3. Die in Artikel 8 festgelegte Verpflichtung zur technischen Ausbildung verpflichtet den Lizenzgeber nicht dazu, zusätzliche Dokumente über das Know-how zu liefern, falls solche Dokumente nicht beim Lizenzgeber verfügbar sind oder verfügbar werden. Artikel 16.3 bleibt unberührt.

Artikel 5. Markenrechte[11]

Der Lizenznehmer ist verpflichtet, die von ihm entwickelten, gebauten und betriebenen Verbrennungsanlagen „A-Verbrennungsanlage" zu nennen und im Zusammenhang mit dem Betrieb der Verbrennungsanlagen die in Anlage 5.1 festgelegten Marken zu nutzen. Der Lizenznehmer ist berechtigt, in Verbindung mit der Nutzung der Marken und des Namens „A-Verbrennungsanlage" durch einen Zusatz klarzustellen, daß der Lizenznehmer der Betreiber der Verbrennungsanlagen ist. Dies hat in der in Anlage 5.2 aufgeführten Art und Weise zu geschehen. Darüber hinaus ist der Lizenznehmer frei, in seinen Geschäften mit Dritten Kennzeichen und Aufschriften nach seinem freien Ermessen zu benutzen, solange dadurch die Nutzung der Marken des Lizenzgebers nicht beeinträchtigt wird.

Artikel 6. Vertragsgebiet[12]

1. Die Lizenz für die Patente und die Lizenz für das Know-how werden nur für das Vertragsgebiet gewährt.
2. Der Lizenznehmer ist nicht berechtigt, Verbrennungsanlagen außerhalb des Vertragsgebietes zu entwickeln, zu bauen oder zu betreiben, gleich ob als Eigenbetreiber oder für Dritte. Soweit diese Beschränkung dem Lizenznehmer untersagt, eine aktive Vertriebspolitik hinsichtlich Entwicklung, Bau und Betrieb von Verbrennungsanlagen in den Ländern außerhalb seines Vertragsgebietes zu betreiben, gilt die Beschränkung in Frankreich bis zum 2. November 2014, in dem Vereinigten Königreich bis zum 15. Oktober 2015 (Ablauf des längsten Patentschutzes in diesem Teil des europäischen Gemeinsamen Marktes) und in sämtlichen übrigen Ländern des Gemeinsamen Marktes für 10 Jahre ab dem Tag der Unterzeichnung dieses Vertrages. Soweit diese Beschränkung dem Lizenznehmer auch untersagt, nicht von ihm veranlaßte Lieferanfragen hinsichtlich Entwicklung, Bau oder Betrieb von Verbrennungsanlagen von außerhalb des Vertragsgebietes anzunehmen, gilt diese Beschränkung für sämtliche Länder des Gemeinsamen Marktes für 5 Jahre ab dem Tag der Unterzeichnung dieses Vertrages.
3. Der Lizenzgeber behält sich audrücklich das Recht vor, seine Rechte aus dem Patent geltend zu machen, um dem Lizenznehmer jeglichen Versuch zu untersagen, entgegen den Bestimmungen dieses Vertrages eine Verbrennungsanlage außerhalb des Vertragsgebietes zu entwickeln, zu bauen oder zu betreiben.[13]

1. Patent and Know-How License Agreement

Artikel 7. Anwendungsbereich[14]

1. Die nach diesem Vertrag gewährte Lizenz umfaßt den gesamten Umfang der Patentanmeldungen und des Know-hows, einschließlich zukünftiger Entwicklungen, soweit sie sich auf den technischen Bereich beziehen.
2. Der Lizenznehmer erkennt an, daß er bei der Nutzung der Patente und des Know-hows auf den technischen Bereich beschränkt ist und daß er die Patente und das Know-how nicht für Verbrennungsanlagen benutzen darf, die sich nicht auf den technischen Bereich beziehen.
3. Der Lizenznehmer verpflichtet sich, die Patente und das Know-how nicht für die Entwicklung, den Bau oder den Betrieb von Verbrennungsanlagen im Vertragsgebiet für Dritte zu nutzen, welche keine Gemeinden sind. Der Lizenznehmer ist berechtigt, Finanzierungsmodelle oder Eigentumsgestaltungen über Verbrennungsanlagen einzugehen (z. B. gemeinsames Eigentum mit Gemeinden), solange der Lizenznehmer und/oder die Gemeinden die tatsächlichen Betreiber der jeweiligen Verbrennungsanlagen bleiben. Nichts in diesem Vertrag beschränkt den Lizenznehmer, die Kapazität von Verbrennungsanlagen nach eigenem Ermessen zu erhöhen.

Artikel 8. Technische Ausbildung[15]

1. Der Lizenzgeber verpflichtet sich, während der Laufzeit dieses Vertrages eine angemessene Anzahl von Arbeitnehmern des Lizenznehmers am Standort des Lizenzgebers technisch auszubilden. Die Zeiten und Zeiträume dieser Ausbildung werden gemeinsam festgelegt.
2. Die Ausbildung erfolgt kostenlos. Der Lizenznehmer ist jedoch verpflichtet, sämtliche Reise- und Lebenshaltungskosten der an der technischen Ausbildung teilnehmenden Arbeitnehmer des Lizenznehmers zu übernehmen.
3. Der Lizenznehmer ist nicht verpflichtet, zusätzliche Dokumente gegenüber den Arbeitnehmern des Lizenznehmers während der Ausbildung verfügbar zu machen, sondern wird die Ausbildung der Arbeitnehmer des Lizenznehmers mit den in Anlage 1.4 und Anlage 1.5 aufgeführten Dokumenten durchführen.

Artikel 9. Bestes Bemühen des Lizenznehmers und Wettbewerbsverbot[16]

1. Der Lizenznehmer verpflichtet sich, die Patente und das Know-how in dem Vertragsgebiet nach bestem Bemühen zu verwerten.
2. Falls und sobald der Lizenznehmer innerhalb des Gemeinsamen Marktes mit dem Lizenzgeber oder mit mit dem Lizenzgeber verbundenen Unternehmen in Bezug auf Forschung und Entwicklung, Entwurf, Bau und/oder Betrieb von Verbrennungsanlagen, welche mit den vertragsgegenständlichen Verbrennungsanlagen konkurrieren, in Wettbewerb tritt, ist der Lizenzgeber berechtigt, die dem Lizenznehmer nach Artikel 2 und Artikel 3 jeweils gewährte Exklusivität zu kündigen. In diesem Fall läuft die dem Lizenznehmer gewährte Lizenz auf nicht-exklusiver Basis fort. Der Lizenzgeber ist darüber hinaus berechtigt, die Lieferung von Verbesserungen an den Lizenznehmer gemäß Artikel 11 unverzüglich einzustellen. Die von dem Lizenznehmer zu zahlende Lizenzgebühr bleibt durch die Kündigung unberührt, und der Lizenznehmer ist nicht berechtigt, die fälligen Vergütungsgebühren wegen der Kündigung herabzusetzen oder an ihnen ein Zurückbehaltungsrecht geltend zu machen. Darüber hinaus ist der Lizenzgeber berechtigt, von dem Lizenznehmer eine strafbewehrte Unterlassungserklärung zu verlangen, nach welcher sich der Lizenznehmer verpflichtet, das Know-how nicht für Forschung und Entwicklung, Entwurf, Bau und Betrieb von Verbrennungsanlagen zu nutzen, welche mit den vertragsgegenständlichen Verbrennungsanlagen konkurrieren.
3. Unbeschadet des Vorstehenden wird dem Lizenznehmer durch diesen Vertrag nicht untersagt, mit dem Lizenzgeber oder mit dem Lizenzgeber verbundenen Unternehmen

innerhalb des Gemeinsamen Marktes hinsichtlich Forschung und Entwicklung, Entwurf, Bau und Betrieb von Verbrennungsanlagen, welche mit den vertragsgegenständlichen Verbrennungsanlagen konkurrieren, in Wettbewerb zu treten.

Artikel 10. Verbesserungen und Weiterentwicklungen durch den Lizenznehmer[17]
1. Der Lizenznehmer verpflichtet sich, sämtliche Verbesserungen und Weiterentwicklungen an den Patenten und dem Know-how in dem technischen Bereich („Verbesserungen") unverzüglich dem Lizenzgeber mitzuteilen. Der Lizenznehmer hat hinsichtlich sämtlicher Erfindungen seiner Arbeitnehmer die unbeschränkten Nutzungsrechte zu erwerben.
2. Der Lizenznehmer ist nicht verpflichtet, Verbesserungen an den Lizenzgeber zu übertragen. Der Lizenzgeber ist jedoch berechtigt, Verbesserungen unter einer exklusiven Lizenz des Lizenznehmers zu benutzen, wenn die Verbesserungen nicht von der dem Lizenznehmer lizenzierten und in den Patenten und dem Know-how beschriebenen Technologie abgetrennt werden können. Soweit die Verbesserungen abgetrennt werden können, ist die Lizenz nur eine nicht-ausschließliche Lizenz. Der Lizenznehmer ist jedoch auch in diesem Fall nicht berechtigt, das vertragsgegenständliche Know-how im Rahmen seiner eigenen Benutzung der Verbesserungen gegenüber Dritten offenzulegen. Die Beweislast hinsichtlich der Abtrennbarkeit von Verbesserungen liegt auf Seiten des Lizenznehmers.[18]
3. Der Lizenznehmer ist der alleinige Eigentümer von Verbesserungen und ist nach eigenem Ermessen berechtigt, Patente anzumelden. Der Lizenznehmer ist verpflichtet, sämtliche Erfindungsvergütungen, die von seinen in die Erfindung eingebundenen Arbeitnehmern oder Dritten geltend gemacht werden, zu zahlen.
4. Die nach diesem Artikel dem Lizenzgeber gewährten Lizenzrechte berechtigen den Lizenzgeber und die mit dem Lizenzgeber verbundenen Unternehmen, die Verbesserungen für eigene Aktivitäten zu benutzen. Die Lizenz ist vergütungsfrei.

Artikel 11. Verbesserungen und Weiterentwicklungen durch den Lizenzgeber[19]
1. Der Lizenzgeber informiert den Lizenznehmer über sämtliche Verbesserungen in dem technischen Bereich.
2. Während des Zeitraums, in dem die Lizenzgewährung nach diesem Vertrag auf exklusiver Basis erfolgt, ist der Lizenzgeber verpflichtet, die Verbesserungen in dem technischen Bereich ausschließlich an den Lizenznehmer zu den Bedingungen dieses Vertrages zu lizenzieren. Für diese Lizenz wird keine zusätzliche Lizenzgebühr erhoben. Wird die Lizenzgewährung nicht-exklusiv, endet die Informationspflicht des Lizenzgebers über die Verbesserungen.

Artikel 12. Kauf von Produkten[20]
1. Der Lizenznehmer erkennt an, daß zur Zeit nur der Lizenzgeber in der Lage ist, die mit den Verbrennungsanlagen zu benutzenden Produkte herzustellen und zu liefern und daß die Produkte für ein technisch einwandfreies Funktionieren der Verbrennungsanlagen erforderlich sind.
2. Der Lizenznehmer verpflichtet sich, die Produkte nur von dem Lizenzgeber zu erwerben.
3. Der Kauf der Produkte unterliegt denjenigen Allgemeinen Geschäftsbedingungen des Lizenzgebers, welche jeweils zum Zeitpunkt der Annahme einer Produktbestellung Gültigkeit haben. Der Lizenznehmer verpflichtet sich, dem jeweils zum Zeitpunkt der Annahme der Bestellung durch den Lizenzgeber gültigen Kaufpreis zu zahlen. Die Parteien vereinbaren, daß der Lizenzgeber berechtigt ist, jederzeit seine Allgemeinen Geschäftsbedingungen sowie die anwendbaren Kaufpreise zu ändern, solange der Lizenzgeber dies gegenüber seinen sämtlichen Lizenznehmern und Kunden tut.

4. Der Lizenzgeber kann dem Lizenznehmer jederzeit die Anschriften von zusätzlichen Herstellern der Produkte, welche von dem Lizenzgeber zur Herstellung der Produkte lizenziert worden sind, zur Verfügung stellen.
5. Wenn der Lizenznehmer gegenüber dem Lizenzgeber nachweist, daß dritte Hersteller Produkte herstellen, welche die gleiche Qualität besitzen wie die vertragsgegenständlichen Produkte und einen technisch einwandfreien Betrieb der Verbrennungsanlagen sicherstellen, gestattet der Lizenzgeber dem Lizenznehmer, Produkte von diesen dritten Herstellern zu erwerben, soweit diese Hersteller nicht gewerbliche Schutzrechte des Lizenzgebers verletzen. Falls das letztere der Fall ist, kann der Lizenznehmer den Lizenzgeber dazu auffordern, die Frage, ob die Produktion der Produkte durch den dritten Hersteller die gewerblichen Schutzrechte des Lizenzgebers verletzt, mit dem dritten Hersteller durch angemessene Mittel (einschließlich eines gerichtlichen Verfahrens) zu klären.

Artikel 13. Lizenzgebühren und Zahlung[21]

1. Der Lizenznehmer verpflichtet sich, an den Lizenzgeber für die Nutzung der Patente und des Know-hows eine Lizenzgebühr von 1% des von dem Lizenznehmer durch den Betrieb von Verbrennungsanlagen erzielten Umsatzes zu zahlen.
2. Der Lizenznehmer verpflichtet sich darüber hinaus, dem Lizenzgeber für die mit der Entwicklung der in den Patenten und dem Know-how enthaltenen Technologie verbundenen Kosten eine Pauschallizenzgebühr von € 1.000.000,- zu zahlen. Die Pauschallizenzgebühr ist ab dem 5. Jahr nach der Unterzeichnung dieses Vertrages in zehn jährlich gleichbleibenden Raten von € 100.000,- zu zahlen. Die Raten sind jeweils am Jahrestag des Unterzeichnungsdatums zur Zahlung fällig.[22]
3. Der mit dem Betrieb von Verbrennungsanlagen erzielte Umsatz des Lizenznehmers wird auf Grundlage des Umsatzes berechnet, den der Lizenznehmer insgesamt mit dem Betrieb von Verbrennungsanlagen erzielt, abzüglich der Kosten für den Kauf von Produkten von dem Lizenzgeber.
4. Der Lizenznehmer ist verpflichtet, die Lizenzgebühr von 1% bis zum Ablauf dieses Vertrages weiterzuzahlen, solange er die Patente und das Know-how benutzt, auch wenn das Know-how durch eine Handlung offenkundig werden sollte, die nicht durch den Lizenzgeber erfolgt. Sollten eins oder mehrere Patente für ungültig erklärt werden oder auslaufen, so hat dies keinen Einfluß auf die Vergütungspflicht des Lizenznehmers. Wenn sämtliche Patente für ungültig erklärt werden oder abgelaufen sind und der Lizenznehmer nur noch das Know-how benutzt, so ermäßigt sich die Lizenzgebühr ab dem Monat, der auf die Ungültigkeitserklärung oder den Ablauf des letzten bestehenden Patents folgt, auf 0,75%.
Die Parteien vereinbaren darüber hinaus, daß die jährlichen Raten durch den Lizenznehmer auch dann gezahlt werden, wenn sämtliche Patente vor dem Tag der letzten durch den Lizenznehmer vorzunehmenden Ratenzahlung für ungültig erklärt worden oder ausgelaufen sind.[23]
5. Die Lizenzgebühr von 1% ist innerhalb von dreißig (30) Tagen nach Ende eines jeden Kalenderquartals zur Zahlung fällig. Innerhalb des gleichen Zeitrahmens ist von dem Lizenznehmer eine schriftliche Abrechnung für die Umsätze des jeweiligen Kalenderquartals vorzulegen.
6. Sämtliche Umsatzsteuern und indirekten Steuern, welche auf die Zahlung der Lizenzgebühr Anwendung finden, werden von dem Lizenznehmer getragen.[24]

Artikel 14. Mindestlizenzgebühr[25]

Der Lizenznehmer verpflichtet sich, eine Mindestlizenzgebühr von € 500.000,- pro Kalenderjahr zu zahlen. Diese Mindestlizenzgebühr ist jeweils dreißig (30) Tage nach Ende eines Kalenderjahres zur Zahlung fällig.

Artikel 15. Aufzeichnungen[26]

1. Der Lizenznehmer verpflichtet sich, gesonderte Aufzeichnungen über den Betrieb der Verbrennungsanlagen in dem Vertragsgebiet zu führen, und zwar für jede Verbrennungsanlage einzeln.
2. Der Lizenznehmer verpflichtet sich, dem Lizenzgeber vierteljährlich zeitgleich mit der nach Artikel 13 fälligen Zahlung für jede Verbrennungsanlage gesondert einen schriftlichen Bericht über den Gesamtumsatz und die Preise der gekauften Produkte auszuhändigen.
3. Der Lizenzgeber oder ein von ihm benannter vereidigter Buchprüfer hat das Recht, auf Kosten des Lizenzgebers in die Aufzeichnungsbücher und andere Unterlagen des Lizenznehmers zu angemessenen Zeiten und ohne Störung des normalen Geschäftsbetriebes des Lizenznehmers Einsicht zu nehmen, um die Richtigkeit der Berichte und Zahlungen gemäß den Bestimmungen dieses Vertrages nachzuprüfen. Werden bei der Prüfung Unrichtigkeiten festgestellt, trägt der Lizenznehmer die Prüfungskosten.

Artikel 16. Gewährleistungen des Lizenzgebers[27]

1. Der Lizenzgeber erklärt, daß ihm keine Rechtsmängel der Patente und des Know-how bekannt sind. Der Lizenzgeber übernimmt keine Haftung für das Fehlen von unbekannten Rechtsmängeln.
2. Der Lizenzgeber gewährleistet weder die Patentfähigkeit noch die Rechtsbeständigkeit der Patente oder den geheimen Charakter des Know-hows, noch die kommerzielle Verwertbarkeit der Patente und des Know-hows.
3. Der Lizenzgeber betreibt erfolgreich Verbrennungsanlagen außerhalb des Vertragsgebietes. Der Lizenzgeber gewährleistet daher, daß das Know-how für den Betrieb von Verbrennungsanlagen durch ausgebildete Techniker genutzt werden kann. Kann der Lizenznehmer nachweisen, daß ausgebildete Techniker mit dem Know-how den Betrieb nicht durchführen können, hat sich der Lizenzgeber darum zu bemühen, weitere Dokumente über die fehlenden Informationen bereitzustellen und die Arbeitnehmer des Lizenznehmers auszubilden. Diese Tätigkeiten des Lizenzgebers erfolgen kostenlos. Sie stellen die einzigen Gewährleistungspflichten des Lizenzgebers gegenüber dem Lizenznehmer gemäß dieser Gewährleistungsklausel dar.
4. Der Lizenzgeber gewährleistet, daß er nach seinem besten Wissen berechtigt ist, die nach diesem Vertrag gewährten Lizenzen einzuräumen und daß sämtliche notwendigen gesellschaftsrechtlichen Handlungen vorgenommen worden sind.[28] Der Lizenzgeber gewährleistet weiterhin, daß er die Patente während der Laufzeit dieses Vertrages aufrechterhalten wird.[29]

Artikel 17. Gewährleistungen des Lizenznehmers[30]

1. Der Lizenznehmer gewährleistet, daß er den geheimen Charakter des Know-how gemäß den Bestimmungen des Artikels 23 aufrecht erhalten wird.
2. Der Lizenznehmer gewährleistet, daß er sich nach besten Kräften darum bemühen wird, die Patente und das Know-how durch das Entwerfen, Bauen und Betreiben von Verbrennungsanlagen zu verwerten.
3. Der Lizenznehmer gewährleistet, daß er nach seinem besten Wissen berechtigt ist, diesen Vertrag abzuschließen und daß sämtliche erforderlichen gesellschaftsrechtlichen Handlungen vorgenommen worden sind.

Artikel 18. Aufrechterhaltung, Rechtsbeständigkeit und Erforderlichkeit der Patente[31]

1. Der Lizenzgeber verpflichtet sich, die Patente für die Laufzeit dieses Vertrages aufrechtzuerhalten und die entsprechenden Verlängerungsgebühren zu zahlen.

2. Der Lizenznehmer verpflichtet sich, die Inhaberschaft des Lizenzgebers an den Patenten und dem Know-how nicht zu bestreiten.[32]
3. Wenn der Lizenznehmer die Rechtsbeständigkeit der Patente oder den geheimen oder wesentlichen Charakter des Know-how bestreitet, ist der Lizenzgeber berechtigt, diesen Vertrag fristlos zu kündigen.[33]
4. Falls der Lizenznehmer die Tatsache bestreitet, daß die Patente für den Entwurf, Bau und Betrieb von Verbrennungsanlagen notwendig sind, insoweit, als die Ausführung von Entwurf, Bau und Betrieb von Verbrennungsanlagen nicht, nur in geringerem Maße oder nur unter schwierigeren Umständen oder höherem Kostenaufwand möglich wäre, ist der Lizenzgeber berechtigt, diesen Vertrag fristlos zu kündigen.[34]

Artikel 19. Rechtsverletzung, Angriffe gegen Rechtsbeständigkeit und Gerichtsverfahren[35]
1. Die Parteien vereinbaren, sich gegenseitig unverzüglich von jeder Verletzung der Patente zu informieren. Der Lizenzgeber verpflichtet sich, die Patente gegen jegliches Bestreiten der Rechtsbeständigkeit durch Dritte zu verteidigen. Der Lizenznehmer verpflichtet sich, die notwendigen Handlungen gegen Patentverletzer vorzunehmen, und wird durch diesen Vertrag von dem Lizenzgeber zur Durchführung von Gerichtsstreitigkeiten ermächtigt („Prozeßstandschaft").
2. Sämtliche Kosten im Rahmen eines Nichtigkeitsverfahrens werden von dem Lizenzgeber getragen. Sämtliche Kosten eines Verletzungsverfahrens werden von dem Lizenznehmer getragen. Der Lizenznehmer ist berechtigt, sich an Nichtigkeitsverfahren auf eigene Kosten zu beteiligen. Der Lizenzgeber ist berechtigt, sich an Verletzungsverfahren auf eigene Kosten zu beteiligen.
3. Sämtliche aus Verletzungsverfahren erlangten Schadensersatzansprüche des Lizenznehmers unterliegen der Lizenzgebührenzahlungspflicht gemäß diesem Vertrag.

Artikel 20. Schutzrechte Dritter[36]
1. Wenn gegen den Lizenznehmer aufgrund der Verwertung der Patente und/oder des Know-hows von Dritten Verletzungsansprüche geltend gemacht werden, hat der Lizenznehmer den Lizenzgeber hierüber unverzüglich zu informieren.
2. Der Lizenznehmer verpflichtet sich, sich unter der Überwachung des Lizenzgebers selbst gegen vorgebrachte Verletzungsansprüche zu verteidigen. Der Lizenznehmer ist nicht berechtigt, ohne die vorherige schriftliche Zustimmung des Lizenzgebers in einem Verletzungsstreit ein Anerkenntnis abzugeben oder Vergleichsverhandlungen zu beginnen. Der Lizenzgeber hat das Recht, sich an einem solchen Verfahren zu beteiligen.
3. Wenn dem Lizenznehmer durch rechtskräftiges Urteil die Benutzung der Patente und des Know-how untersagt wird und der Lizenzgeber endgültig nicht in der Lage ist, für den Lizenznehmer ein Weiterbenutzungsrecht für die Patente und das Know-how sicherzustellen, ist der Lizenznehmer berechtigt, die Vergütungszahlungen einzustellen; bis zum diesem Zeitpunkt bereits gezahlte Vergütungen sind durch den Lizenzgeber nicht zurückzuzahlen. Der Lizenzgeber verpflichtet sich darüber hinaus, sämtliche Schadensersatzleistungen, zu denen der Lizenzgeber für die Vergangenheit verurteilt worden ist, zu übernehmen. Weitere Rechte aufgrund der Unmöglichkeit, die Patente und das Know-how weiterhin zu nutzen, stehen dem Lizenznehmer gegenüber dem Lizenzgeber nicht zu, insbesondere keine Ansprüche wegen entgangenen Gewinns oder vergeblichen Investitionen.
4. In sämtlichen Rechtsstreitigkeiten mit Dritten trägt jede Partei ihre eigenen Kosten. Für den Fall, daß dem Lizenznehmer die Benutzung der Patente und des Know-how rechtskräftig untersagt wird und der Lizenzgeber ein Weiterbenutzungsrecht des Lizenznehmers nicht sicherstellen kann, trägt der Lizenzgeber sämtliche Verfahrensko-

sten des Lizenznehmers. Diese Zahlungsverpflichtung schließt Gerichtskosten und angemessene Rechtsanwaltsgebühren mit ein.

Artikel 21. Meistbegünstigungsklausel[37]

Der Lizenzgeber ist verpflichtet, dem Lizenznehmer gleich günstige Bedingungen zu gewähren, wie er sie anderen Lizenznehmern nach dem Tag der Unterzeichnung dieses Vertrages gewährt, vorausgesetzt, daß die Rechte und Pflichten der jeweiligen anderen Lizenznehmer unter den entsprechenden Lizenzverträgen im wesentlichen vergleichbar sind mit den Rechten und Pflichten des Lizenznehmers nach diesem Vertrag.

Artikel 22. Mindestqualität[38]

1. Der Lizenznehmer verpflichtet sich, die technischen Spezifikationen für Verbrennungsanlagen einzuhalten, wie sie in den durch Anlage 1.4 und Anlage 1.5 dem Lizenznehmer zur Verfügung gestellten Know-how-Dokumenten festgelegt werden, soweit diese technischen Spezifikationen für eine technisch einwandfreie Verwertung der Patente und des Know-how erforderlich sind.
2. Der Lizenzgeber ist berechtigt, entweder selbst oder durch unabhängige dritte Spezialisten Überprüfungen vorzunehmen, um sicherzustellen, daß der Lizenznehmer die Mindestqualitätsanforderungen einhält.
3. Wenn der Lizenznehmer wiederholt die Mindestqualitätsanforderungen nicht einhält (was vermutet wird, wenn der Lizenznehmer durch den Lizenzgeber beanstandete Qualitätsprobleme nicht innerhalb einer angemessenen Zeit beseitigt), ist der Lizenzgeber berechtigt, diesen Vertrag zu kündigen.

Artikel 23. Geheimhaltung[39]

1. Die Parteien vereinbaren, während der Laufzeit dieses Vertrages über das Know-how, jegliches durch den Lizenzgeber ausgehändigtes Material und sämtliche Informationen, die eine Partei über das Geschäft der jeweils anderen Partei erhält, einschließlich Informationen über die Bestimmungen dieses Vertrages („Vertrauliche Informationen"), vertraulich zu behandeln und nicht an Dritte weiterzugeben.
2. Die Parteien verpflichten sich, ihre Angestellten ebenfalls zur Geheimhaltung der Vertraulichen Informationen zu verpflichten.
3. Die Parteien sind nur nach ausdrücklicher schriftlicher Zustimmung der jeweils anderen Partei zur Aushändigung von Vertraulichen Informationen an Dritte berechtigt.
4. Die Parteien verpflichten sich, die Vertraulichen Informationen auch nach Ablauf dieses Vertrages so lange geheimzuhalten, wie sie geheim sind.
5. Die Geheimhaltungsverpflichtung erstreckt sich nicht auf Vertrauliche Informationen, welche einer Partei vor Offenlegung durch die andere Partei bereits bekannt waren und nicht durch einen Dritten, welcher die Informationen direkt oder indirekt von der anderen Partei erhalten hat, offengelegt worden sind oder welche ohne Verstoß der die Vertraulichen Informationen erhaltenden Partei allgemein öffentlich zugänglich sind oder welche von der Partei ohne Geheimhaltungsverpflichtung von Dritten, die sie weder direkt noch indirekt von der anderen Partei erhalten haben, erlangt worden sind.
6. Die Parteien verpflichten sich, sich mit Beendigung dieses Vertrages sämtliche Dokumente, Akten oder andere Unterlagen sowie Kopien davon, soweit sie Vertrauliche Informationen enthalten, zurückzugeben. Der Lizenznehmer verpflichtet sich, Vertrauliche Informationen auch nach Beendigung des Vertrages geheimzuhalten und das Know-how oder die Patente nach der Kündigung des Vertrages insoweit

nicht zu verwenden, als das Know-how noch geheim ist oder die Patente noch in Kraft sind. Diese Verpflichtung des Lizenznehmer beschränkt sich nicht auf das Vertragsgebiet.

Artikel 24. Abtretung und Unterlizenzierung[40]

1. Dieser Vertrag darf nicht ohne schriftliche Zustimmung der jeweils anderen Partei abgetreten werden. Er behält auch dann seine Gültigkeit, wenn einige oder alle Patente an Dritte übertragen worden sind.
2. Das Know-how oder die Patente dürfen nicht ohne schriftliche Zustimmung des Lizenzgebers an Dritte unterlizenziert werden.
3. Der Lizenzgeber ist berechtigt, seine nach Artikel 8 bestehenden Ausbildungsverpflichtungen auch durch Dritte erfüllen zu lassen.

Artikel 25. Vertragsdauer und Kündigung[41, 42]

1. Dieser Vertrag wird mit Unterzeichnung durch beide Parteien wirksam und läuft für jedes Land des Vertragsgebietes („Land des Vertragsgebietes" bedeutet jeder Teil des Vertragsgebietes, welcher einen unabhängigen Staat bildet, wie Deutschland, Österreich etc.) gesondert so lange, wie das längste nach diesem Vertrag lizenzierte und in dem jeweiligen Land des Vertragsgebietes bestehende Patent läuft („Anfangslaufzeit"). Die Lizenz für den Vertragsgebietsteil Italien läuft jedoch nur für 10 Jahre ab dem Tag der Unterzeichnung dieses Vertrages.
2. Der Vertrag verlängert sich aufgrund jeder Verbesserung durch den Lizenzgeber automatisch in jedem Land des Vertragsgebietes gesondert für 3 weitere Jahre, gleich ob die Verbesserung patentiert ist oder nicht. Der Lizenznehmer hat jedoch das Recht, die Verbesserungen zurückzuweisen, so daß die Anfangslaufzeit Anwendung findet. Darüber hinaus hat jede Partei das Recht, diesen Vertrag mit einer Kündigungsfrist von 6 Monaten zum Ablauf der Anfangslaufzeit sowie danach mit einer Kündigungsfrist von 3 Monaten zum Ablauf jeder dreijährigen Verlängerungszeit zu kündigen. Die Parteien können diesen Vertrag separat für jedes Land des Vertragsgebietes kündigen.
3. Im Fall einer Vertragsverletzung durch eine Partei gemäß den Bestimmungen dieses Vertrages hat die sich vertragsgemäß verhaltende Partei das Recht, diesen Vertrag mit einer Kündigungsfrist von sechzig (60) Tagen schriftlich zu kündigen, soweit die Vertragsverletzung der anderen Partei nicht innerhalb der Kündigungsfrist beseitigt wird.
4. Soweit ein wichtiger Grund auf Seiten einer Partei vorliegt, hat die jeweils andere Partei das Recht, diesen Vertrag aufgrund des wichtigen Grundes zu kündigen. Diese Kündigung hat innerhalb von sechzig (60) Tagen ab dem Zeitpunkt der Kenntniserlangung des wichtigen Grundes zu erfolgen. Wichtige Gründe schließen die folgenden Gründe mit ein, sind aber nicht auf diese beschränkt:
   – Einleitung eines Insolvenzverfahrens gegen eine Partei oder die Erklärung der Zahlungsunfähigkeit durch die Partei,
   – Allgemeine Vermögensübertragung einer Partei an ihre Gläubiger,
   – Änderung in der Kontrolle über eine Partei,
   – Erwerb der Partei durch einen direkten oder indirekten Wettbewerber der jeweils anderen Partei.

Artikel 26. Folgen der Vertragsbeendigung

1. Der Lizenznehmer verpflichtet sich, mit Vertragsbeendigung jede Benutzung der Patente und des Know-how zu beenden, soweit und solange das Know-how noch geheim ist und die Patente noch in Kraft sind. Der Lizenznehmer ist jedoch berechtigt, die zu diesem Zeitpunkt existierenden und in Betrieb befindlichen Verbrennungsanla-

gen weiterhin zu betreiben und dabei entweder die Produkte weiterhin gemäß gesonderten Kaufverträgen zu erwerben oder sie nicht weiter zu benutzen. Sämtliche Änderungen an den Verbrennungsanlagen, welche deswegen erforderlich werden, weil auf die Benutzung der Produkte für das Verbrennungsverfahren nicht länger zurückgegriffen werden kann, sind allein durch den Lizenznehmer zu tragen. Für sämtliche Verbrennungsanlagen, welche zum Zeitpunkt der Vertragsbeendigung noch im Bauzustand sind, haben die Parteien eine angemessene Lösung zu finden. Diese kann den Verkauf der Verbrennungsanlagen an den Lizenzgeber zum Marktpreis oder die Zahlung einer Pauschalgebühr für die weitere Benutzung des Know-how durch den Lizenzgeber bis zum Abschluß des Baus umfassen.

2. Die Parteien vereinbaren, daß die Zahlungsverpflichtung des Lizenznehmers hinsichtlich der Ratenzahlung für die in Artikel 13.2 festgesetzte Pauschalvergütung auch nach Vertragsbeendigung bis zum vollständigen Zahlungserhalt durch den Lizenzgeber weiterbestehen soll.[43]

Artikel 27. Mitteilungen[44]

Sämtliche nach diesem Vertrag von einer Partei gegenüber der anderen Partei vorzunehmende Mitteilungen gelten mit dem Tag des Zugangs als abgegeben, wenn sie per Post, Telex oder Telefax an folgende Anschriften geschickt werden:

Für den Lizenzgeber an:

Für den Lizenznehmer an:

Artikel 28. Salvatorische Klausel[45]

Sollte eine Bestimmung dieses Vertrages ungültig oder undurchsetzbar werden, so bleiben die übrigen Bestimmungen dieses Vertrages hiervon unberührt. Die Parteien vereinbaren, die ungültige oder undurchsetzbare Bestimmung durch eine gültige und durchsetzbare Bestimmung zu ersetzen, welche wirtschaftlich der Zielsetzung der Parteien am nächsten kommt. Das gleiche gilt im Falle einer Lücke.

Artikel 29. Gesamter Vertrag

1. Dieser Vertrag stellt die gesamte Vereinbarung zwischen den Parteien dar. Sämtliche Änderungen zu diesem Vertrag bedürfen der Schriftform.[46]
2. Dieser Vertrag ist in englischer Sprache verfaßt und in zweifacher Kopie ausgefertigt worden. Die deutsche Vertragsfassung gilt nur dem besseren Verständnis. In sämtlichen Fällen geht die englische Fassung vor.

Artikel 30. Anwendbares Recht und Streitentscheidung

1. Dieser Vertrag unterliegt dem Recht der Bundesrepublik Deutschland. Die Bestimmungen des UN-Kaufrechts finden keine Anwendung.[47]
2. Sämtliche nach diesem Vertrag entstehenden Rechtsstreitigkeiten werden durch ein Schiedsverfahren beigelegt. Will eine Partei ein Schiedsverfahren einleiten, so informiert sie hiervon die andere Partei und benennt ihren eigenen Schiedsrichter. Die andere Partei benennt innerhalb von zwei Wochen nach Erhalt der Mitteilung ihren Schiedsrichter und unterrichtet hiervon die erste Partei. Die zwei benannten Schiedsrichter benennen innerhalb von zwei Wochen, nachdem der zweite Schiedsrichter benannt und die erste Partei entsprechend informiert worden ist, durch gemeinsame Vereinbarung einen dritten Schiedsrichter. Sollte hierüber innerhalb der 2-Wochen-Frist keine Einigung erzielt werden oder sollte die zweite Partei keinen eigenen Schiedsrichter benennen, so wird der jeweils zweite oder dritte Schiedsrichter auf Anforderung einer Vertragspartei von dem Präsident der Handelskammer in München benannt. Da das Schiedsgerichtsverfahren in englischer Sprache durchgeführt wird,

muß der auf diese Weise benannte Schiedsrichter fließend englisch sprechen. Die Schiedsrichter müssen vor einer Beschlußfassung zunächst versuchen, den Rechtsstreit gütlich beizulegen. Ort des Schiedsgerichtes ist München.

....

Datum und Unterschrift A

....

Datum und Unterschrift B

Schrifttum: Beier, Die internationalprivatrechtliche Beurteilung von Verträgen über gewerbliche Schutzrechte, GRUR Int. 1981, 299; *Deringer,* Internationale Lizenzverträge und Antitrustrecht, GRUR Int. 1968, 179; *Fischer,* Zahlungsverpflichtung in Know-how-Verträgen, wenn der Vertragsgegenstand offenkundig geworden ist, GRUR, 1985, 638; *Fuentes,* Zur Beurteilung von Patentlizenzverträgen nach EG-Recht, GRUR Int. 1987, 217 ff; *Gaul/Bartenbach,* Patentlizenz- und Knowhow-Vertrag, 4. Auflage, 1997; *Gleiss/Hirsch,* Kommentar zum EWG-Kartellrecht, 4. Auflage 1993; *Groß,* Gruppenfreistellungsverordnung für Technologietransfer-Vereinbarungen (Zusammenfassung der Gruppenfreistellungsverordnungen, Patentlizenzen und Know-how-Vereinbarungen) Mitt. 1995, 85; *Grützmacher/ Laier/ May,* Der Internationale Lizenzverkehr, 8. Aufl., Heidelberg 1997; *Henn,* Patent und Know-how-Lizenzvertrag, 4. Aufl. 1999 (Heidelberg); *Immenga/Mestmäcker,* GWB, Kommentar zum Kartellgesetz, 3. Aufl., München 2001; *Jorda,* Licensing of Know-how in U. S., XXI. Les Nouvelles 87 (1986); *Kraßer/Schmid,* Der Lizenzvertrag über technische Schutzrechte aus der Sicht des deutschen Zivilrechts, GRUR Int. 1982, 324 ff; *Langen,* Internationale Lizenzverträge, 2. Auflage 1958, S. 131 ff; *Langen/Bunte,* Kommentar zum europäischen Wahlrecht, 7. Auflage, 1994; *Lichtenstein,* Der Lizenzvertrag mit dem Ausland, NJW 1964, 1345; *Loewenheim,* Gewerbliches Schutzrecht, freier Warenverkehr und Lizenzverträge, GRUR 1982, 461 ff; *Lutz,* Technologie-, Patent- und Know-how-Lizenzverträge im EG-Recht, RIW 1996, 269; *Martin/Grützmacher,* Der Lizenzverkehr mit dem Ausland, 6. Auflage, Heidelberg 1977; *Moecke,* Vertragsgestaltung bei anlagebegleitenden Lizenzverträgen, RIW 1983, 488; *Müller-Henneberg/Schwartz,* Gemeinschaftskommentar, Gesetz gegen Wettbewerbsbeschränkungen und Europäisches Kartellrecht, 5. Aufl; *Pagenberg/Geissler,* Lizenzverträge, 4. Aufl., Köln 1997; *Pfaff/ Nagel,* Internationale Rechtsgrundlagen für Lizenzverträge im gewerblichen Rechtsschutz, München 1993; *Sauter,* Die „gemischten Vereinbarungen" nach den Gruppenfreistellungsverordnungen für Patentlizenz- und Know-how-Vereinbarungen, FS Gaedertz, 1992, 481; *Schaub,* Zur Zulässigkeit von Nichtangriffsabreden in Patentlizenzverträgen, RIW/AWD 1989, 216; *Stoffmehl,* Die Gruppenfreistellungsverordnung der EU-Kommission für Technolgietransfer-Vereinbarungen, CR 1996, 305; *Stumpf/Groß,* Der Lizenzvertrag, 7. Aufl., Heidelberg 1998; *Ullrich,* Lizenzkartellrecht auf dem Weg zur Mitte, GRUR Int. 1996, 555; *Ulmer,* Die Immaterialgüterrechte im internationalen Privatrecht, Schriftenreihe zum Gewerblichen Rechtsschutz, Band 38, Köln 1975; *Wiedemann,* Kommentar zu den Gruppenfreistellungsverordnungen des EWG Kartellrechts, Allgemeiner Teil, 1989, Besonderer Teil, 1990.

Zu den Nachweisen zum Schrifttum vergleiche auch Münchener Vertragshandbuch, Band 3.1, 4. Auflage 1998, *Schultz-Süchting,* Form. VI. 1, Anmerkung 1 und die eingehende Übersicht zu internationalen Lizenzverträgen bei *Stumpf/Groß,* a. a. O., Rdnr. 434.

Übersicht

	Seite
1. Sachverhalt	1058–1060
2. Präambel	1060
3. Definitionen	1060–1061
4. Definition Verbrennungsanlagen	1061
5. Definition Patente	1061–1062
6. Definiton Know-how	1062–1063
7. Patentlizenz	1063–1064
8. Ausschluß durch den Lizenzgeber	1064
9. Know-how Lizenz	1065
10. Know-how Zurverfügungstellung	1065
11. Nutzung der Marken	1065
12. Vertragsgebiet	1065–1066
13. Rechtsvorbehalt	1066
14. Technischer Anwendungsbereich	1066–1067
15. Technische Ausbildung	1067
16. Wettbewerb durch den Lizenznehmer	1067–1068
17. Verbesserungen durch den Lizenznehmer	1068
18. Rücklizenz an Weiterentwicklungen	1068–1069
19. Verbesserungen durch den Lizenzgeber	1069
20. Bezugspflicht	1069–1070
21. Lizenzgebühren	1070–1071
22. Einstandsgebühr	1071
23. Lizenzgebührzahlung nach Offenkundigwerden oder Wegfall der Patente	1071–1072
24. Steuern	1072–1073
25. Mindestlizenzgebührzahlung	1073
26. Aufzeichnungen	1073
27. Gewährleistungen	1074
28. Gewährleistung hinsichtlich rechtlicher Ermächtigung	1074
29. Gewährleistung hinsichtlich der Aufrechterhaltung der Patente	1075
30. Gewährleistung der Lizenznehmer	1075
31. Rechtsbeständigkeit der Patente	1075
32. Nichtangriffsverpflichtung hinsichtlich Eigentümerstellung	1075–1076
33. Nichtangriffsverpflichtung hinsichtlich Rechtsbeständigkeit	1076
34. Nichtangriffsverpflichtung hinsichtlich der Notwendigkeit der Patente	1076
35. Rechtsverletzung durch Dritte	1076–1077
36. Rechte Dritter	1077–1078
37. Meistbegünstigungsklausel	1078
38. Qualitätsvorgaben	1078–1079
39. Geheimhaltung	1079
40. Abtretung und Unterlizenzen	1079
41. Vertragslaufzeit	1079–1080
42. Kündigung wegen Vertragsverletzung	1080–1081
43. Lizenzgebühren	1081
44. Mitteilungen	1081
45. Salvatorische Klausel	1081
46. Schriftform	1081
47. Rechtswahl und Kartellrecht	1081–1085
48. Gerichtsstand	1085

Anmerkungen

1. Sachverhalt. Das Formular enthält einen exklusiven Lizenzvertrag, der sowohl die Lizenzierung von Patenten als auch von geheimen Know-how enthält. Der Lizenzgeber hat eine besondere Abfallverbrennungsmethode entwickelt, die (technisch) zwingend den Einsatz von chemischen Katalysatoren vorsieht, die zu einem besonders günstigen

1. Patent and Know-How License Agreement IX. 1

Verbrennungsgrad führen. Die vom Lizenzgeber entwickelte Technologie ist dabei in Patenten niedergelegt, die dem Lizenzgeber entweder im eigenen Namen zustehen oder von seinem Mutterunternehmen, einer US-amerikanischen Gesellschaft, mit dem Recht zur Unterlizenzierung für das hier vorgesehene Territorium eingeräumt wurden. Zum Teil findet sich die Technologie aber allein in geheimem Know-how verkörpert, so daß ein Lizenznehmer, der die Technologie nutzen möchte, zwingend Patente und Know-how benutzen muß. Da auch dies noch nicht ausreichend ist, um einen Dritten tatsächlich in effektiver und erfolgversprechender Weise mit der Technologie bekanntzumachen, enthält das Muster darüber hinaus die Verpflichtung des Lizenzgebers, die Arbeitskräfte des Lizenznehmers in der Technologie auszubilden.

Durch die Lizenzgewährung nur an einen einzigen Lizenznehmer findet zwar zum einen eine starke Bindung des Lizenzgebers an den Erfolg dieses einen Vertragspartners statt, zum anderen wird in der Regel aber zu erwarten sein, daß der Lizenznehmer sich besonders einsetzt, um die lizenzierten Schutzrechte zu nutzen und er so zu einer besonders guten Marktdurchdringung beitragen wird. Um den Lizenznehmer hierzu anzuhalten, werden (wie auch im Formular) häufig Mindestlizenzgebühren neben einer generellen Ausübungspflicht vorgesehen. Darüber hinaus können entsprechende Kündigungsmöglichkeiten des Lizenzgebers Anreiz für den Lizenznehmer sein, die Lizenz in dem erforderlichen Umfang zu nutzen (vgl. allgemein auch Münchener Vertragshandbuch, Band 3.1, Form. VI. 2, Anm. 1).

Das Formular unterstellt, daß dem Lizenznehmer für ein bestimmtes Vertragsgebiet die Nutzung der Patente und des Know-hows zur Verfügung gestellt werden soll und daß der Lizenznehmer in diesem Gebiet die Verbrennungsanlagen entwirft, baut und entweder selbst oder durch Dritte betreibt. Da die Verbrennungstechnologie einen sehr weiten Anwendungsbereich haben soll und in einer Reihe von technischen Feldern (im Sinne getrennter technischer Anwendungsbereiche) genutzt werden kann, wird dem Lizenznehmer nur für den Bereich eine Nutzungserlaubnis eingeräumt, der Verbrennungsanlagen für Kommunen („municipalities") betrifft. Den darüber hinaus möglichen technischen Einsatzbereich behält sich der Lizenzgeber ausdrücklich selbst vor (und damit auch die Möglichkeit, andere insoweit zu lizenzieren).

Als Vertragsgebiet wird dem Lizenznehmer in internationalen Lizenzverträgen häufig nicht nur ein bestimmtes Land zur Verfügung gestellt, sondern eine Reihe von Ländern mit unterschiedlichsten Wirtschafts- und Rechtssystemen. Damit wird vom Lizenznehmer eine Konzeption gefordert, die sich auf die verschiedenen Besonderheiten einstellt und mit diesen erfolgreich umgeht. Aus der Tatsache, daß nicht nur ein Land mit einem Rechtssystem (aber auch nur mit einer Sprache und gleichen örtlichen Usancen) gewählt wird, ergeben sich für den internationalen Lizenzvertrag die Notwendigkeit, übergreifende Regelungen zu finden, die für beide Parteien in einer Reihe von Ländern Gültigkeit haben können. Wenn auch, wie im Formular, das Recht eines der Vertragsstaaten zur Anwendung kommt, ist es in der Regel erforderlich, zu prüfen, ob rechtliche Besonderheiten aus anderen Staaten des Vertragsgebietes Anpassungen in der Formulierung erforderlich machen. Solche rechtlichen Besonderheiten finden sich insbesondere im nationalen Kartellrecht und im nationalen Außenwirtschaftsrecht.

Die vom Lizenznehmer entworfenen, gebauten und betriebenen Verbrennungsanlagen sollen nach außen hin deutlich machen, daß sie von der Technologie des Lizenzgebers Gebrauch machen, da man sich daraus auf beiden Seiten einen positiven Marketingeffekt verspricht. Zu diesem Zweck sieht das Formular auch die Benutzung bestehender Marken vor.

Von der kartellrechtlichen Seite her ist das Formular aufgrund des übergreifenden Vertragsgebietes unter den Regeln des EG-Vertrages und der von der EG-Kommission in Ausfüllung des Vertrages ergangenen Gruppenfreistellungsverordnungen zu prüfen. Da das Lizenzgebiet mehrere Staaten der Europäischen Gemeinschaft umfaßt, ist ein Einfluß auf den Handel zwischen den Mitgliedsstaaten gegeben, Artikel 81 Absatz 1 EG-Vertrag. Bis zum 31. 3. 1996 waren auf einen entsprechenden gemischten Patent- und Know-how-Lizenzvertrag entweder die Regelungen der Patentlizenz-Gruppenfreistellungsverordnung (Verordnung Nr. 2349/84 (ABl EG 1984 L 219, 15) oder der Know-how-Lizenzgruppenfreistellungsverordnung Nr. 556/89 (ABl EG 1989 L 61/1) anwendbar, je nachdem, wo der Schwerpunkt der Vereinbarung lag. Dies führte in der Praxis häufig zu schwer zu überwindenden Auslegungsproblemen (vgl. hierzu die Entscheidung Boussois/Interpane, Kommission, WuW/EV 1233 ff). Durch die Technologietransfer-Gruppenfreistellungsverordnung (Verordnung 240/96, ABl EG L 1996, 31/1) ist dieses Problem gelöst, da eine Gruppenfreistellungsverordnung für reine Patent- und Know-how-Lizenzverträge, aber auch für gemischte Know-how und Patentlizenzverträge (wie das vorliegende Formular) gilt.

Nach deutschem Kartellrecht (das hier aufgrund des Vertragsgebietes anwendbar ist, vgl. § 130 (2) GWB) sind technische Lizenzverträge insoweit nach § 17 GWB zu beurteilen, soweit es um die Beschränkungen des Lizenznehmers geht. Verträge über geheimes Know-how werden entsprechend beurteilt, da § 18 GWB auf § 17 GWB verweist. Beschränkungen des Lizenznehmers, die nach der in § 17 GWB enthaltenen Regelung unzulässig sind, sind nichtig (BGH Z 51, 263 – Silobehälter). Inwieweit die Nichtigkeit den gesamten Vertrag erfaßt, ist im Einzelfall zu überprüfen (vgl. *Benkhard/Ullmann*, Patentgesetz, 9. Auflage 1993, § 15, Rdnr. 152), wenn auch im Einzelfall die Nichtigkeit nicht grundsätzlich den gesamten Vertrag erfassen wird.

Beschränkungen des Lizenzgebers sind dagegen nicht nach § 17 GWB, sondern allein nach den §§ 14–16 GWB zu beurteilen, soweit es um die Anwendung deutschen Kartellrechtes geht. Zum Verhältnis zwischen deutschem und EG-Kartellrecht, vgl. Anm. 37.

2. Präambel. Die Präambel („Whereas clauses") ist an sich insoweit noch nicht Vertragsinhalt, als sich in ihr noch keine verbindlichen Regelungen zu den einzelnen Absprachen zwischen den Parteien finden. Insoweit steht diese Klausel „vor" dem Vertrag. Die Präambel bietet aber die Möglichkeit, niederzuschreiben, was die Parteien zueinander führt und unter welchen Vorstellungen sie das Vertragsverhältnis eingehen. Auf diese Weise kann die Präambel dazu dienen, eine Hilfe für die Auslegung des Vertrages darzustellen, da ein kurzer Abriß der Geschichte der Vertragsverhandlungen und der Motivationslage der Vertragsparteien gegeben werden kann. Nach den Grundsätzen des deutschen Rechtes kann die Präambel damit zur Auslegung hinsichtlich der Historie, aber auch hinsichtlich Sinn und Zweck des Vertrages herangezogen werden. Es ist in internationalen Lizenzverträgen nicht unüblich, solche Whereas-Klauseln in großer Ausführlichkeit über einige Seiten zu erstrecken, um die einzelnen relevanten Gesichtspunkte vor diesem Hintergrund in zeitlicher und logischer Reihenfolge niederzuschreiben.

Im Muster wird in der Präambel zunächst die Entwicklungsleistung des Lizenzgebers und die daraus resultierenden Patente und das Know-how geschildert, um so seine Eigentümerstellung bereits an dieser Stelle festzuhalten. Für den Lizenznehmer wird dessen Wunsch zur Nutzung der Technologie festgehalten.

Bemerkenswert in der Präambel ist, daß an dieser Stelle (vgl. Art 16.4) festgehalten wird, daß der Lizenzgeber auf zweifache Weise Berechtigter zur Lizenzerteilung ist, nämlich zum einen, weil er selber Schutzrechte und geheimes Know-how innehat, zum anderen, weil er von der eigenen Muttergesellschaft dazu berechtigt wurde. Für den Lizenznehmer bedeutet der letzte Hinweis, daß der Lizenznehmer sich Klarheit verschaffen muß, inwieweit der Lizenzgeber tatsächlich hier zur Lizenzierung berechtigt ist, da es einen gutgläubigen Erwerb von Rechten, jedenfalls im deutschen Recht, nicht gibt (vgl. *Palandt/Heinrichs*, Bürgerliches Gesetzbuch, 60. Auflage 2001, § 405, Rdnr. 1).

3. Definitionen. Bei komplexen Verträgen empfiehlt es sich generell, mit definierten Begriffen zu arbeiten, um Klarheit im Vertragstext zu schaffen und den Text der einzelnen Klauseln nicht zu überfrachten. Dies gilt im internationalen Zusammenhang um so mehr, als dort zwei Parteien miteinander in vertragliche Beziehung treten, die nicht unbedingt selbst für vertraute Begriffe wie „Patent" dasselbe Begriffsverständnis haben. Für den einen mag zum Beispiel dieser Begriff auch Gebrauchsmuster enthalten („utility patents"), für den anderen aber auch Geschmacksmuster („design patents"). Im internationalen Kontext ist es daher zu empfehlen, daß die Parteien sich über ihre Begriffswelt gegenseitig Klarheit verschaffen und sich auf gemeinsam festgelegte Begriffsinhalte verständigen. Auf diese Weise wird es den Parteien ermöglicht, schon im Vorfeld einer Auseinandersetzung zu erkennen, daß beide Parteien trotz der Verwendung des gleichen Begriffes von verschiedenen Dingen sprechen. Somit können noch bevor Unstimmigkeit entsteht, Unterschiede ausgeräumt werden. Man sollte einer „Definitionswut" einer der beiden Vertragsparteien Verständnis entgegenbringen; eine Definition mehr kann den Vertragstext nicht verschlechtern, eine Definition zuwenig kann aber direkt in die streitige Auseinandersetzung führen.

Vor diesem Hintergrund enthält das Vertragsmuster sehr wenige Definitionen, die sich nur mit dem absolut Wichtigen beschäftigen, gewissermaßen den Begriffen, die vor die Klammer gezogen werden müssen. Im weiteren Text werden die so definierten Begriffe dann jeweils mit einem großen Anfangsbuchstaben wiederverwendet. Eine Verwendung des definierten Begriffes mit kleinen Anfangsbuchstaben zeigt sofort, daß dieser Begriff nicht den gleichen Bedeutungsumfang haben muß. Um vor Schreibfehlern sicher zu sein, sieht man häufig in internationalen Verträgen auch die Übung, das gesamte Wort mit Großbuchstaben zu schreiben (dies kann sich insbesondere für den deutschen Vertragstext empfehlen).

Eine Reihe von Begriffen werden im weiteren Verlauf des Vertragsmusters definiert, jedoch nicht bereits im Definitionsartikel mitaufgeführt (vgl. z. B. die Definition „Improvement" in Artikel 10, „Confidential Information" in Artikel 23 oder „Initial Term" in Artikel 25). Hier wird davon ausgegangen, daß es sich insoweit um Begriffe handelt, die nur für den jeweiligen Artikel eine Rolle spielen und dort zur Entlastung der Formulierung vorab definiert werden. Selbstverständlich ist es auch möglich, diese Begriffe mit in die allgemeine Definitionsliste aufzunehmen.

4. Definition Verbrennungsanlagen. Diese technisch bedingte Definition, die im Zusammenspiel mit der Definition des technischen Gebietes den Lizenzumfang mitbeschreibt, zeigt eine typische „Arbeitsentlastung" für die Vertragsgestaltung. Durch die Verweisung auf den Annex 1.1 wird es den Parteien ermöglicht, komplizierte technische Sachverhalte vom Vertragstext fernzuhalten und diese in der notwendigen Ausführlichkeit zu regeln. Technische Spezifikationen in derartigen Verträgen umfassen oft mehrere hundert Seiten. Die Zählweise der Anlagen selbst folgt einem bei internationalen Verträgen oftmals anzutreffenden Schema, das eine Zählweise nicht in numerischer Folge (Anlage 1, Anlage 2, Anlage 3 ...) sondern für den jeweiligen Artikel in aufsteigender Folge vorsieht (Anlage 1.1, Anlage 1.2; Anlage 2.1; Anlage 3.1, Anlage 3.2 ...). Auf diese Weise wird es den Parteien ermöglicht (was bei umfangreichen Verträgen eine große Arbeitserleichterung sein kann), neue Artikel einzuschieben und in den einzelnen Artikeln neue Anlagen vorzusehen, ohne jedesmal eine Änderung der fortlaufenden Zählweise vornehmen zu müssen.

5. Definition Patente. Die Definition des Begriffes Patente ist wesentlicher Teil der Lizenzeinräumung. Durch die in der Anlage befindliche Liste der Patente wird der Nutzungsbereich für den Lizenznehmer festgeschrieben. Es ist für beide Parteien von Wichtigkeit, sich über den Lizenzumfang Klarheit zu verschaffen. Für den Lizenzgeber, da er nicht mehr aus seinen Händen geben will, als dies für die Erreichung des Vertragzweckes erforderlich ist; für den Lizenznehmer, da dieser sicherstellen muß, daß er tatsächlich die Patente lizenziert erhält, die für die Nutzung der Technologie in dem von ihm beabsichtigten Umfang erforderlich sind. Für den Lizenznehmer kann es sich in diesem Zusammenhang empfehlen, vor Vertragsabschluß eine eingehende Überprüfung des Lizenzumfanges (im Rahmen einer „Due-Diligence") durchzuführen.

Als „Patent" können von einem Lizenzvertrag eine ganze Reihe von Gegenständen umfaßt werden. Darunter fallen nicht nur erteilte Patente, sondern auch Patentanmeldungen oder die Erfindung selbst, die noch nicht zum Patentschutz angemeldet ist. Artikel 8 (1) der Technologietransfer-Gruppenfreistellungsverordnung stellt darüber hinaus Gebrauchsmuster, deren Anmeldungen, Topographien von Halbleitererzeugnissen, ergänzende Schutzzertifikate für Arzneimittel, aber auch Sortenschutzrechte Patenten gleich. (Zu den verschiedenen Gegenständen der Patentlizenzierung vergleiche auch Münchener Vertragshandbuch, Band 3.1, Form. VI. 2, Anm. 3.)

Gerade bei Einräumung einer Lizenz für mehr als ein Land ist es unumgänglich, daß die Parteien in einer Anlage zum Vertrag umfassend und unmißverständlich die von der Lizenzgewährung umfaßten Schutzrechte aufführen. Bei noch schwebenden Anmeldungen sollte darüber hinaus der Stand des Verfahrens unter Aufführung der entsprechenden Registernummern, in einer klaren und übersichtlichen Weise aufgeführt werden. Es ist davon abzuraten, die insoweit erforderlichen Anlagen erst zum Schluß der Verhandlung eines Vertrages zu erstellen, da sich oftmals aus der Auflistung in den Anlagen eine Reihe von regelungsbedürftigen Punkten ergeben, die zwischen den Parteien zu verhandeln sind (z. B., was gelten soll, wenn einzelne Anmeldungen nicht zur Erteilung kommen, ob Patente in einzelnen Ländern angegriffen wurden, wo parallele Patente bestehen, aber nicht lizenziert werden und dergleichen.)

6. Definition Know-how. Derselbe Grundsatz gilt im stärkeren Maße noch für die Definition des Begriffes Know-how. Üblicherweise wird es dem Lizenznehmer vor Abschluß eines gemischten oder reinen Know-how Lizenzvertrages ermöglicht, sich einen eingehenden Überblick über das Know-how des Lizenzgeber zu verschaffen, um so dem Lizenznehmer eine zuverlässige Einschätzung dessen zu vermitteln, was er vom Lizenzgeber zur Verfügung gestellt erhält. Das Mittel, das beiden Parteien diese Überprüfung ermöglicht, ist eine Geheimhaltungsvereinbarung (vgl. hierzu das Form. I. 2 Non-Disclosure Agreement – Geheimhaltungsvereinbarung).

Von den rechtlichen Vorgaben her verlangt das europäische Kartellrecht eine eingehende Beschreibung des lizenzierten Know-how, wenn der Lizenzvertrag wettbewerbsbeschränkende Abreden enthält. Artikel 10 Nr. 1 der Verordnung (EG) Nr. 240/96 der Kommission vom 31. Januar 1996 zur Anwendung von Artikel 85 Absatz 3 des Vertrages auf Gruppen von Technologietransfer-Vereinbarungen (ABl EG L 31/1) definiert als Know-how im Sinne der Verordnung (und damit als Voraussetzung für die Freistellungen) die Gesamtheit technischer Kenntnisse, die geheim, wesentlich und in einer geeigneten Form identifiziert sind. Als identifiziert wird dabei nach Artikel 10 Ziffer 4 der Verordnung gefordert, daß das Know-how so beschrieben oder auf einem Träger festgehalten ist, daß überprüft werden kann, ob die geforderten Kriterien „geheim" und „wesentlich" erfüllt sind, und daß weiterhin sichergestellt werden kann, daß der Lizenznehmer bei der Nutzung der bei ihm bereits befindlichen eigenen Technologie nicht unangemessenen Beschränkungen unterworfen wird. Die EG-Kommission möchte damit erreichen, daß nicht nur der Lizenznehmer sich klar wird, für was er bereit ist, Lizenzgebühren zu zahlen und sich Verwendungsbeschränkungen zu unterwerfen, sondern auch für die Kartellbehörden überprüfbar wird, ob diese Abgrenzung zwischen den Parteien in der erforderlichen Weise richtig vorgenommen wurde. Die Identifizierung des Know-hows kann dabei in der Vereinbarung selbst erfolgen (als Anlage, wie im Muster vorgeschlagen) oder in einem gesonderten Dokument. Letzteres empfiehlt sich insbesondere, wenn die Spezifikationen des Know-hows so umfangreich sind, daß dies den Rahmen eines Lizenzvertrages sprengen würde (z. B. wenn es sich um mehrere Aktenordner allein zur Beschreibung des Know-how handelt).

Das Formular unterscheidet für die Beschreibung des Know-how zwischen dem Know-how, das sich mit dem Entwurf und Bau der Verbrennungsanlagen beschäftigt und dem davon zu trennenden Know-how, das den Betrieb der Verbrennungsanlagen betrifft.

7. Patentlizenz. Artikel 2 enthält den ersten Teil der Lizenzgewährung hinsichtlich der Patente. Die exklusive Lizenzeinräumung ermächtigt den Lizenznehmer in dem definierten technischen Bereich Verbrennungsanlagen im Territorium zu entwerfen, zu bauen und dann auch zu betreiben, vorausgesetzt, dies geschieht durch den Lizenznehmer selbst oder durch die Kommunen. Die Lizenzgewährung könnte auch nicht-exklusiv („non-exclusive") erfolgen, so daß sowohl dem Lizenzgeber als auch anderen Lizenznehmern die Berechtigung zur Nutzung im Territorium zustehen würde, oder aber auch (insoweit in Deutschland in der Formulierung weniger gebräuchlich) als alleinige Lizenz („sole license"), die dem Lizenznehmer gegenüber zwar sicherstellt, daß es keine weiteren Lizenznehmer geben wird, es aber dem Lizenzgeber vorbehält, die Technologie im Vertragsgebiet selbst zu nutzen. Vergleiche hierzu auch Münchener Vertragshandbuch, Band 3.1, Form. VI. 2, Anmerkung 6. (Insbesondere zu der möglichen Auslegung unter nationalem (deutschem) Recht, die dazu führt, daß bei nicht eindeutiger Formulierung bei der Verwendung des Begriffes „ausschließliche" Lizenz der Lizenzgeber üblicherweise von der eigenen Verwertung ausgeschlossen wird.)

Die exklusive Lizenzgewährung ist durch die Technologietransfer-Gruppenfreistellungsverordnung ausdrücklich abgesegnet. Artikel 1 (1) Nr. 1 und Nr. 2 sehen es als mit Artikel 81 Absatz 1 vereinbar an, wenn sich der Lizenzgeber verpflichtet, einem anderen Unternehmen die Nutzung der Technologie im Vertragsgebiet nicht zu gestatten und selbst die überlassene Technologie im Vertragsgebiet nicht zu nutzen. Diese Verpflichtung ist bei dem hier vorliegenden gemischten Lizenzvertrag so lange freigestellt, als die Technologie durch „notwendige" Patente in den EG-Mitgliedsstaaten patentrechtlich geschützt ist, Artikel 1 (4) der Verordnung. Damit kann ein Freistellungszeitraum erreicht werden, der über die für reine Know-how Lizenzverträge zulässigen 10 Jahre hinausgeht, die ab dem ersten Inverkehrbringen des Lizenzerzeugnisses innerhalb des Gemeinsamen Marktes durch einen Lizenznehmer zu laufen beginnen, Artikel 1 (3) der Verordnung. Sollten die notwendigen Patente den 10-Jahres-Zeitraum nicht erreichen, so gilt jedenfalls dieser von reinen Know-how-Vereinbarungen her erlaubte 10-Jahres-Zeitraum. Voraussetzung für diese Freistellungszeiten ist allerdings, daß die Patente gültig oder das identifizierte Know-how geheim und wesentlich ist, je nachdem, welcher Zeitraum dann im Einzelfall sich als länger erweist, Artikel 1 (4) 3. Absatz der Verordnung.

Das Formular geht von einer exklusiven Lizenzeinräumung aus. Nach deutschem Recht liegt in einer solchen exklusiven Lizenzgewährung nicht lediglich die Einräumung einer obligatorischen Rechtsposition, sondern einer dinglichen Rechtsposition (vgl. *Benkard/Ullmann*, § 15 PatG, Rdnr. 52 ff). Durch diese erhält der Lizenznehmer eine dem Sachenrecht angenäherte absolute Rechtsstellung, die es mit sich bringt, daß er, so nichts gegenteiliges vereinbart ist, die Lizenz übertragen oder Unterlizenzen vergeben darf (*Benkard/Ullmann*, § 15 PatG, Rdnr. 59) und auch ohne Zustimmung des Lizenzgebers die Befugnis hat, selbständig die Rechte aus dem Patent geltend zu machen. Eine Reihe der in dem Muster vorgesehenen Regelungen haben ihren Ursprung darin, daß eine exklusive Lizenzgewährung vorliegt.

Außerdem trifft einen exklusiven Lizenznehmer im Zweifel (jedenfalls nach deutscher Rechtslage) eine Pflicht zur Ausnutzung des Patentes, nämlich dann, wenn die Lizenzgebühr nach dem Umfang der Benutzung des Patentes bemessen wird (vgl. *Benkard/ Ullmann*, § 15 PatG, Rdnr. 79).

Bei einer einfachen Lizenz fehlt es an dieser dinglichen, absoluten Natur und es wird nur eine rein obligatorische Position ohne jede dingliche Verfügungsmacht eingeräumt (vgl. *Benkard/Ullmann*, § 15 PatG, Rdnr. 56). Der Lizenznehmer hat dann, sollte im Vertrag nichts anderes vorgesehen sein, weder das Recht zur Übertragung der Lizenz noch das Recht zur Erteilung von Unterlizenzen (BGH Z 62, 272 – Anlagegeschäft) oder zur selbständigen Verteidigung der Patente. Auch eine Reihe von weiteren Regelungen, die sich üblicherweise in ausschließlichen Lizenzverträgen, wie auch im Muster, finden, fehlen bei der einfachen Lizenz. So ist, sollte nichts anderes vereinbart sein, der Lizenzgeber nicht verpflichtet, daß Schutzrecht aufrechtzuerhalten oder Dritten gegenüber geltend zu machen. Auf der anderen Seite ist auch der Lizenznehmer, sollte dies nicht anderes geregelt sein, nicht verpflichtet, den patentierten Gegenstand herzustellen. Zur einfachen Patentlizenz vergleiche Münchener Vertragshandbuch, Band 3.1, 4. Auflage, Form. VI. 1, Anm. 1.

Aufgrund der Gesetzesänderung im Jahre 1986 (Gesetz zur Änderung des Gebrauchsmustergesetzes vom 15. 8. 1986 – BGBl I 1446) gibt es zwischen ausschließlicher und einfacher Lizenz nach deutschem Recht keinen Unterschied mehr, wenn es um den sogenannten Sukzessionsschutz geht, d.h. die Frage, ob die dem Lizenznehmer erteilte Lizenz bestehen bleibt, wenn das Schutzrecht auf einen Dritten übertragen wird oder kraft Gesetzes übergeht. Hierzu sieht der im Jahre 1986 eingefügte § 15 Abs. 3 PatG vor, daß die Lizenz in beiden Fällen bestehen bleibt. Artikel 24 Ziffer 1 des Musters erwähnt diese Rechtsfolge aber trotzdem ausdrücklich, um zu verhindern, daß nicht durch die Geltung nationaler Rechte für einzelne der nicht für Deutschland angemeldeten Patente eine andere Rechtslage eintritt.

Die Lizenz zur Nutzung der Patente wird örtlich auf das Territorium beschränkt, enthält aber nur insoweit Vorgaben für den Lizenznehmer hinsichtlich der Nutzung der Patente, daß dieser berechtigt ist, die Patente zu nutzen, um die Verbrennungsanlagen zu entwickeln, herzustellen und zu betreiben. Dies schließt, obwohl dies nicht ausdrücklich als Handlungsalternative aufgeführt ist, daß Anbieten und „Inverkehrbringen" der Verbrennungsanlagen mit ein, da nach dem Text des Lizenzvertrages der Lizenznehmer berechtigt ist, die Verbrennungsanlagen entweder selbst oder durch Dritte (hier die Gemeinden) betreiben zu lassen (vgl. Artikel 7 Absatz 3 des Musters). Allgemein zum Umfang einer Lizenzeinräumung für Patente und den dabei vorhandenen vielfältigen Gestaltungsmöglichkeiten vergleiche Münchener Vertragshandbuch, Band 3.1, Form. VI. 1, Anm. 2. Es sollte an dieser Stelle festgehalten werden, daß eine reine Vertriebslizenz jedoch nicht den Vorteil der Gruppenfreistellung unter der Technologietransfer-Gruppenfreistellungsverordnung genießt, da die Anwendbarkeit dieser Gruppenfreistellungsverordnung für reine Vertriebsverträge ausdrücklich ausgeschlossen ist, Artikel 5 (1) Nr. 5 und Erwägungsgrund 8 der Technologietransfer-Gruppenfreistellungsverordnung.

8. Ausschluß der Nutzung durch den Lizenzgeber. Wenn es auch schon nach deutschem Recht (insoweit in Übereinstimmung mit der internationalen Praxis) klargestellt ist, daß bei einer exklusiven Lizenz der Lizenzgeber selbst die Technologie nicht mehr im Vertragsgebiet nutzen darf, so ist es bei der hier vorliegenden Sachverhaltsgestaltung erforderlich festzuschreiben, daß der Lizenzgeber nicht berechtigt ist, außerhalb des Vertragsgebietes die Pläne für die Verbrennungsanlagen zu erstellen, um so auch diesen Bereich eindeutig dem Lizenznehmer vorzubehalten. Eine solche Klarstellung wird häufig vom Lizenznehmer verlangt, wenngleich man auch schon unter Anwendung üblicher Auslegungsgrundsätze zu dem gleichen Ergebnis kommen könnte. Hier gilt aber wieder, daß es sich im internationalen Zusammenhang empfiehlt, Regelungen in den Vertrag aufzunehmen, die solche Interpretationen überflüssig machen.

Die Freistellung nach Artikel 1 (1) Nr. 1 und 2 der Technologietransfer-Gruppenfreistellungsverordnung für exklusive Lizenzeinräumungen würde auch diesen Fall umfassen, da damit nur sichergestellt wird, daß der Lizenznehmer für die ihm eingeräumten Nutzungsmöglichkeiten im Vertragsgebiet auch tatsächlich exklusiver Lizenznehmer bleibt.

1. Patent and Know-How License Agreement

9. Know-how Lizenz. Artikel 3 sieht die exklusive Lizenzgewährung für das zur Umsetzung der Technologie erforderliche Know-how vor. Auch hier findet sich wieder die Klarstellung hinsichtlich der Nutzungsbeschränkung des Lizenzgebers auch außerhalb des Vertragsgebietes.

10. Know-how Zurverfügungstellung. Wie bereits angesprochen (vgl. Anm. 6) muß das Know-how in identifizierbarer Weise dem Vertrag beigefügt oder in einem separaten Dokument niedergelegt sein. Diese Dokumentation des Know-how wird dem Lizenznehmer übergeben. In Artikel 4 des Musters wird festgehalten, daß der Lizenznehmer sich in Vorbereitung des Lizenzvertragschlußes über das Know-how die erforderliche Kenntnis verschafft hat und zu der Überzeugung gekommen ist, daß für seine Zwecke das vorhandene Know-how geeignet, aber auch ausreichend ist. Auf diese Weise soll zugunsten des Lizenzgebers verhindert werden, daß später der Lizenznehmer den Anspruch geltend macht, daß das Know-how tatsächlich nicht wesentlich war, und er auf diese Weise versucht, eine Lizenzgebührzahlung zu unterlaufen.

Absatz 3 des Artikels 4 schreibt zugunsten des Lizenzgebers weiterhin fest, daß dieser nicht über die vom Lizenznehmer eingesehenen und als zweckmäßig angesehenen Dokumente hinaus zusätzliche Unterlagen über das Know-how erstellen muß.

11. Nutzung der Marken. Artikel 5 sieht vor, daß der Lizenznehmer die Marken des Lizenzgebers für die Verbrennungsanlagen zu nutzen hat. Damit soll erreicht werden, daß die neue Technologie des Lizenzgebers auch nach außen für Dritte sichtbar wird. Dies kann zum einen seinen Grund in reinen Marketinggesichtspunkten haben, zum anderen aber auch darin, daß auf diese Weise der Lizenznehmer deutlich machen will, daß die von ihm angebotene Verbrennungsanlage der bereits im Markt eingeführten Qualität des Lizenzgebers entspricht. Zum Lizenzhinweis und den dabei anzustellenden Überlegungen vergleiche auch Münchener Vertragshandbuch, Band 3.1, Form. VI. 1, Anm. 6.

Durch das Anbringen einer Marke gilt nicht nur der Lizenznehmer sondern auch der Lizenzgeber im Sinne der Produkthaftungsvorschriften als Hersteller (Quasi-Hersteller), § 4 Absatz 1 Satz 2 ProdukthaftungsG. Dies gilt allerdings nur dann, wenn nicht gleichzeitig erkennbar wird, daß allein der Lizenznehmer der Hersteller ist. Durch einen Lizenzhinweis sollte dies klargestellt sein, vorausgesetzt, daß der entsprechende Hinweis klar und eindeutig ist (*Graf von Westphalen*, Produkthaftungshandbuch, 2. Aufl. 1999, Band 2, § 75, Rdnr. 39 ff, insbes. Rdnr. 48; *Gaul/Bartenbach*, Patentlizenz- und Know-how-Vertrag, K 463). Im Falle des Formulars stellt sich dieses Problem jedoch nicht, da der Lizenznehmer kein „Produkt" im Sinne des Produkthaftungsgesetzes herstellt.

Eine entsprechende Verpflichtung zur Nutzung der Marke durch den Lizenznehmer ist nach der Technologietransfer-Gruppenfreistellungsverordnung freigestellt, Artikel 1 (1) Ziffer 7 der Verordnung.

12. Vertragsgebiet. Der erste Absatz dieses Artikel stellt noch einmal klar, daß die Lizenz nur für das Vertragsgebiet eingeräumt wird. Dies ist bereits in den Artikeln 2 und 3 so geregelt. Der hier vorgeschlagene Artikel ist aber wichtig, um die Begrenzungen der Freistellung der Exklusivität aufzuzeigen, die durch die Technologietransfer-Gruppenfreistellungsverordnung gezogen werden. Dazu ist zum Sachverhalt zusätzlich auszuführen, daß der Lizenzgeber außerhalb des Vertragsgebietes im europäischen Gemeinsamen Markt lediglich noch in Frankreich und im Vereinigten Königreich Patente besitzt und im übrigen Bereich des Gemeinsamen Marktes über geheimes Know-how verfügt. Weiterhin sei unterstellt, daß der Lizenzgeber weitere Lizenznehmer hat, diese aber noch keine Lizenzerzeugnisse in den Markt gebracht haben. Die Verpflichtung des Lizenznehmers, die überlassene Technologie nicht im Gebiet des Lizenzgebers innerhalb des Gemeinsamen Marktes (oder im Gebiet anderer Lizenznehmer) zu nutzen, ist grundsätzlich nach Artikel 1 (1) Nr. 3 der Technologietransfer-Gruppenfreistellungsverordnung freigestellt, allerdings nur so lange, wie die überlassene Technologie in den Mitgliedstaaten durch notwendige Patente geschützt ist, Artikel 1 (4) der Verordnung.

Soweit die Laufzeit der Patente 10 Jahre nicht überschreitet, verbleibt es bei diesen 10 Jahren der Begrenzung. Auch bei einer reinen Know-how-Vereinbarung wäre es nach Artikel 1 (3) der Verordnung nur möglich, für einen Zeitraum von höchstens 10 Jahren diese Beschränkungen aufzuerlegen. Zu beachten ist allerdings, daß das Vertragsmuster insoweit nicht für die übrigen Staaten des Gemeinsamen Marktes die volle Laufzeit ausschöpft. Die 10-Jahres-Verpflichtung beginnt nach der Technologietransfer-Gruppenfreistellungsverordnung erst ab dem ersten Inverkehrbringen des Lizenzerzeugnisses innerhalb des Gemeinsamen Marktes durch einen der Lizenznehmer zu laufen. Den Vertragsparteien kam es bei der Gestaltung ihres Vertrages darauf an, der Einfachheit der Regelung vor einer Genauigkeit der Laufzeit den Vorzug zu geben, so daß die 10 Jahre bereits von der Unterzeichnung des Vertrages an laufen und nicht darauf geachtet werden muß, wann der erste Lizenznehmer im gemeinsamen Markt das Produkt auf den Markt bringt. Bei der hier unterstellten bereits vollentwickelten Technologie, die den Lizenznehmern zur Verfügung gestellt wird, ist dies für den Lizenzgeber akzeptabel. Soweit es sich um eine Technologie handelt, die noch von den Lizenznehmern (weiter)entwickelt werden muß und bei der dies geraume Zeit in Anspruch nehmen kann, wäre die Regelung auf den Zeitpunkt des ersten Inverkehrbringens hin zu ändern.

Die Verpflichtung des Lizenznehmers, keine aktive Vertriebspolitik zu betreiben, ist nach Artikel 1 (1) Ziffer 5 der Verordnung freigestellt. Die Verpflichtung des Lizenznehmers, darüber hinaus auch die passive Vertriebspolitik zu unterlassen, ist nach Artikel 1 (1) Nr. 6 der Verordnung zulässig. Hiernach kann der Lizenznehmer verpflichtet werden, das Lizenzerzeugnis auch dann nicht im Vertragsgebiet anderer Lizenznehmer innerhalb des Gemeinsamen Marktes in den Verkehr zu bringen, wenn dies auf von ihm nicht veranlaßte Lieferanfragen geschieht. Diese einschneidende Verpflichtung ist allerdings hinsichtlich ihrer zeitlichen Gültigkeit nach Artikel 1 (4) auf maximal 5 Jahre von Unterzeichnung des Vertrages an beschränkt (nach der Gruppenfreistellungsverordnung könnte hier wieder auf den Zeitpunkt des ersten Inverkehrbringen abgestellt werden), unabhängig davon, ob in den entsprechenden Gebieten Patente bestehen oder nur geheimes Know-how des Lizenzgebers existiert. Zu beachten ist auch hier, daß diese Freistellung nur so lange gültig ist, wie die Patente gültig sind oder das Know-how geheim und wesentlich ist, je nachdem welcher Zeitraum länger ist.

13. Rechtsvorbehalt. Der Lizenzgeber weist den Lizenznehmer noch einmal ausdrücklich darauf hin, daß er sich für jeden Versuch des Lizenznehmers, das Vertragsgebiet zu verlassen, seine Rechte ausdrücklich vorbehält, eine Formulierung, die nach Artikel 2 (1) Nr. 14 der Technologietransfer-Gruppenfreistellungsverordnung ausdrücklich von Artikel 81 des EG-Vertrages ausgenommen ist.

14. Technischer Anwendungsbereich. Das Formular geht davon aus, daß die Technologie des Lizenzgebers außerhalb des lizenzierten Anwendungsbereiches für eine weitere Zahl von möglichen Anwendungen verwendbar ist. Aufgrund der Vorgaben auf Seiten des Lizenznehmers, aber auch aufgrund des eigenen Verwertungsinteresses des Lizenzgebers, stimmen die Parteien daher überein, daß dem Lizenznehmer nur ein bestimmter technischer Anwendungsbereich (hier: Verbrennungsanlagen für Kommunen) eröffnet werden soll. Artikel 7 des Formulars schreibt daher fest, daß der Lizenznehmer nur für diesen (technisch getrennten) Anwendungsbereich und nicht darüber hinaus die Technologie lizenziert erhält. Er ist somit nicht berechtigt, Verbrennungsanlagen für andere Dritte, die nicht Kommunen sind, zu betreiben. Da es allerdings bei Anlagen der hier unterstellten Größenordnung in der Regel erforderlich ist, daß der Lizenznehmer sich für den Betrieb der Anlagen refinanziert (z. B. durch Leasingverträge), wird dem Lizenznehmer diese Möglichkeit durch das Muster erhalten, und es werden ausdrücklich jedwede Finanzierungsmöglichkeiten oder Eigentumsstrukturen zum Betrieb der Verbrennungsanlagen zugelassen.

Die Verpflichtung des Lizenznehmers, die Nutzung der überlassenen Technologie auf einen (oder mehrere) technische Anwendungsbereiche oder auf einen (oder mehrere) Produktmärkte zu beschränken, wird durch Artikel 2 (1) Nr. 8 der Technologietransfer-Gruppenfreistellungsverordnung als in der Regel nicht wettbewerbsbeschränkend postuliert. Auch die Beschränkung, die Technologie nicht zur Errichtung von Anlagen für Dritte zu nutzen, ist über Artikel 2 (1) Nr. 12 der Verordnung freigestellt, solange dadurch das Recht des Lizenznehmers unberührt bleibt, die Kapazität seiner Anlagen zu erhöhen oder neue Anlagen für den eigenen Gebrauch zu errichten. Das Vertragsmuster stellt diese dem Lizenznehmer vorbehaltenen Rechte ausdrücklich in den Vertragstext ein.

Zu Field of Use-Klauseln vergleiche auch Münchener Vertragshandbuch, Band 3.1, Form. VI. 2, Anm. 11.

15. Technische Ausbildung. Ohne besondere Regelung trifft einen Lizenzgeber auch im Rahmen eines exklusiven Lizenzvertrages keine Verpflichtung, den Lizenznehmer in die Technologie einzuweisen. Dies gilt auch dann, wenn Know-how mit zur Verfügung gestellt wird (vgl. zum deutschen Recht *Benkard/Ullmann*, § 15, Rdnr. 89). Wie bereits angeführt, ist es einem Lizenznehmer bei komplexer Technologie auch dann oftmals unmöglich, die Technologie effektiv zu nutzen, wenn er nicht nur den Zugang zu dem patentierten Wissen, sondern auch zum geheimen Know-how erhält. Meist wird es erforderlich sein, daß der Lizenznehmer durch den Lizenzgeber eine spezielle Unterweisung in der Technologie erhält. Artikel 8 des Formulars sieht daher in diesem Hinblick die Verpflichtung zur Ausbildung vor und regelt die Kostentragung. In der Praxis regeln Verträge diesen Punkt ausführlich und definieren im einzelnen (z.B. über eine Anlage), wieviele Mannstunden, Mannwochen oder Mannmonate auf welcher Ebene Training zu erfolgen hat. Wichtig ist es für den Lizenzgeber festzuschreiben, daß er auch im Rahmen der technischen Unterweisung nicht verpflichtet ist, zusätzliche Dokumente für die Arbeitnehmer des Lizenznehmers zu erstellen.

Bei Formulierung der technischen Unterweisung durch den Lizenzgeber und der dadurch sich ergebenden Zusammenarbeit zwischen Lizenzgeber und Lizenznehmer muß darauf geachtet werden, daß solche Verpflichtungen unter Umständen ein Verstoß gegen § 17 GWB und Artikel 81 Absatz 1 EG-Vertrag darstellen können, z.B. wenn ein über den Vertragsgegenstand hinausgehender zukünftiger Erfahrungsaustausch festgeschrieben wird (vgl. hierzu *Axster* in Gemeinschaftskommentar, §§ 20, 21 GWB, Rdnr. 229 und Münchener Vertragshandbuch, Band 3.1, Form. VI. 2, Anm. 7, m.w.N.).

16. Wettbewerb durch den Lizenznehmer. Nicht selten ist es Wunsch des Lizenzgebers, Regelungen in den Lizenzvertrag aufzunehmen, die sicherstellen, daß der Lizenznehmer nicht oder nicht in wesentlichem Umfang dem Lizenzgeber Wettbewerb machen kann. Es gilt als unerwünscht, daß derjenige, dem durch die Zurverfügungstellung des Know-how erst die Geschäftstätigkeit in diesem Bereich eröffnet wird, dies dadurch mißbraucht, daß er nun selbst dem Lizenzgeber Wettbewerb macht.

Soweit dies durch die Exklusivitätsregeln nicht bereits aufgefangen wird, bestehen im Rahmen des kartellrechtlich Zulässigen nur eingeschränkte Möglichkeiten, insoweit Wettbewerbsbeschränkungen zu vereinbaren.

Das Formular sieht zunächst in Einklang mit Artikel 2 (1) Nr. 17 der Technologietransfer-Gruppenfreistellungsverordnung vor, daß der Lizenznehmer verpflichtet wird, die überlassene Technologie nach besten Kräften zu nutzen. Weiter nutzt das Formular die durch Artikel 2 (1) Nr. 18 der Verordnung eingeräumte Möglichkeit aus, die Ausschließlichkeit zu beenden und Verbesserungen nicht mehr zu lizenzieren, falls der Lizenznehmer innerhalb des Gemeinsamen Marktes mit dem Lizenzgeber in den Bereichen Forschung und Entwicklung, Herstellung, Gebrauch oder Vertrieb in Wettbewerb tritt. In einem solchen Fall kann die Exklusivität durch den Lizenzgeber gekündigt und die Lizenz als nicht exklusive weiter fortgesetzt werden. In der Technologietransfer-Gruppenfreistellungsverordnung ist es auch ausdrücklich als nicht wettbewerbsbeschränkend aufgeführt, daß der Lizenznehmer in einem solchen Fall mit der Beweislast beschwert werden kann. Er muß nachweisen, daß das im Lizenzvertrag überlassene Know-how nicht für die Herstellung anderer als der Lizenzerzeugnisse oder die Erbringung anderer als der vertragsgegenständlichen Dienstleistungen verwendet wird, Artikel 2 (1) Nr. 18 der Verordnung. Ob darüber hinaus auch vorgesehen werden kann, daß die Höhe der Lizenzgebühr sich durch die Umgestaltung des Lizenzvertrages von der exklusiven zur nicht exklusiven Lizenzierung nicht ändert, wird von der Gruppenfreistellungsverordnung nicht behandelt und ist daher im Einzelfall zu prüfen. Das Muster enthält im dritten Absatz von Artikel 9 die durch Artikel 3 Nr. 2 der Technologietransfer-Gruppenfreistellungsverordnung geforderte Bedingung, daß ein Vertragspartner nicht in seiner Freiheit beschränkt werden darf, mit dem anderen Vertragspartner in Wettbewerb zu treten, soweit dies nicht in der Verordnung (wie hier aufgeführt) ausdrücklich ausgenommen ist.

17. Verbesserungen durch den Lizenznehmer. Für beide Parteien ist die Behandlung von Verbesserungen der lizenzierten Technologie, die sowohl auf seiten des Lizenzgebers als auch auf seiten des Lizenznehmers entstehen können, von großer Bedeutung. Für den Lizenznehmer, da er wettbewerbsfähig bleiben muß und nicht gezwungen werden möchte, mit einer (lizenzierten) veralteten Technik arbeiten zu müssen. Für den Lizenzgeber ist dies von Bedeutung, da er von den Weiterentwicklungen profitieren möchte, die sein Lizenznehmer aufgrund der ihm überlassenen Technologie entwickelt.

Artikel 10 behandelt die Weiterentwicklungen und Verbesserungen durch den Lizenznehmer. Absatz 1 verpflichtet den Lizenznehmer, entsprechende Verbesserungen mitzuteilen und auf seiner Seite die technischen Verbesserungen entsprechend den Regeln des Arbeitnehmererfindergesetzes (vgl. §§ 6ff ArbNEfG) unbeschränkt in Anspruch zu nehmen, damit dem Lizenznehmer alle Rechte an den Weiterentwicklungen zustehen.

18. Rücklizenz an Weiterentwicklungen. Vor Aufnahme einer entsprechenden Regelung in einen Lizenzvertrag ist zu überdenken, ob in der Tat die Vertragspartner in Zukunft hinsichtlich Weiterentwicklung und Verbesserungen sich gegenseitig Nutzungsrechte einräumen wollen. Handelt es sich z.B. um eine fertig entwickelte, ausgereifte Technologie, die als solche dem Lizenznehmer durch Patente und Know-how zur Verfügung gestellt werden soll, wird der Lizenzgeber wenig Anreiz darin sehen, dem Lizenznehmer in Zukunft weitere Entwicklungen zur Verfügung zu stellen. Hier wird es ihm eher daran gelegen sein, dies nur im Rahmen eines weiteren Lizenzvertrages (mit zusätzlicher Lizenzgebührpflicht) zu tun. Wenn die Parteien im Lizenzvertrag selbst keine Regelung zur Einräumung künftiger Verbesserungen und Weiterentwicklungen vorsehen, so trifft sie auch keine derartige Verpflichtung (vgl. *Benkard/Ullmann*, § 15 PatG, Rdnr. 89).

Wenn die Parteien eine entsprechende Regelung vorsehen, empfiehlt es sich, vorab zu überlegen, ob in der Tat der Lizenznehmer für die ihm zusätzlich zugänglich gemachten Kenntnisse keine weiteren Lizenzgebühren zu zahlen hat, sondern diese bereits von der im Vertrag vorgesehenen Lizenzgebühr mitumfaßt werden. Das Formular enthält eine zugunsten des Lizenznehmers formulierte Regelung, da der Lizenznehmer keiner weiteren Lizenzgebührpflicht unterliegt. Dies kann aber auch anders geregelt werden, so daß die Parteien im Falle von Weiterentwicklungen und Verbesserungen über die Erhöhung der Lizenzgebühren oder zusätzliche Lizenzgebühren nachdenken können. Es empfiehlt sich auch, darüber zu diskutieren, was in der Tat eine Verbesserung oder Weiterentwicklung des lizenzierten Gegenstandes darstellt und wann im einzelnen der Lizenzgeber (ebenso wie der Lizenznehmer) davon ausgehen kann, daß es sich um einen neue Technologie (außerhalb des Lizenzvertrages) und nicht lediglich um eine Weiterentwicklung (vom Vertrag umfaßt) handelt. Oftmals wird versucht, dies durch eingehende Formulierungen vorab klarzustellen, die aber oft an der Komplexität der Sachverhalte scheitern.

1. Patent and Know-How License Agreement

Die EG-Kommission sieht es nach wie vor nicht als freistellungsfähig an, wenn der Lizenznehmer verpflichtet wird, dem Lizenzgeber seine Rechte an Verbesserungen oder neuen Anwendungsformen der überlassenen Technologie ganz oder teilweise zu übertragen, Artikel 2 (1) Nr. 4 der Technologietransfer-Gruppenfreistellungsverordnung. Davon abgesehen, kann aber unter der Geltung der Gruppenfreistellungsverordnung eine exklusive Rücklizenz zugunsten des Lizenzgebers vorgesehen werden, soweit die Verbesserungen „nicht abtrennbar" sind und der Lizenzgeber selbst sich verpflichtet hat, für eigene Verbesserungen eine ausschließliche oder nicht ausschließliche Lizenz zu erteilen, Artikel 2 (1) Nr. 4. Was unter der „Abtrennbarkeit" im einzelnen zu verstehen sein wird, muß die Entscheidungspraxis der EG-Kommission und des Europäischen Gerichtshofes noch zeigen. Die alleinige „Abhängigkeit" im patentrechtlichen Sinne (vgl. *Benkard/Bruchhausen,* § 9, Rdnr. 72 ff) kann hierfür nicht schon ausreichen, da in der Regel Weiterentwicklungen der Technologie nicht ohne die zugrundeliegende Technologie nutzbar sind und sich somit jedesmal eine patentrechtliche Abhängigkeit ergeben würde. Abtrennbarkeit muß im technischen Sinne verstanden werden, so daß die Verbesserung ein verbundener unselbständiger Teil der lizenzierten Technologie sein muß. Die im Formular vorgesehene Beweislastverteilung zu Lasten des Lizenznehmers findet keine ausdrückliche Freistellung in der Technologietransfer-Gruppenfreistellungsverordnung. Der Gedanke der Beweislastumkehr folgt allerdings der Regelung in Artikel 2 (1) Nr. 18 der Verordnung, die eine solche Beweislastumkehr für den Fall vorsieht, daß der Lizenzgeber ein Kündigungsrecht für eine eingeräumte Ausschließlichkeit auf eine Wettbewerbshandlung des Lizenznehmers gründen möchte. Daher sollte eine Beweislastumkehr wie hier vorgesehen generell auch nicht wettbewerbsbeschränkend (wenn nicht gar schon durch die Regelung in Artikel 2 (1) Nr. 4 mitumfaßt) sein.

Die durch die Inanspruchnahme der Verbesserung entstehenden Arbeitnehmererfindervergütungen sind allein vom Lizenznehmer zu tragen. Letztlich wird noch geregelt, daß der Lizenznehmer im Rahmen seines Konzerns zur Nutzung der rücklizenzierten Verbesserungen berechtigt ist. Diese sehr lizenzgeberfreundliche Regelung findet keine spiegelbildliche Erstreckung auf die Lizenzeinräumung zugunsten des Lizenznehmers und kann daher als unakzeptabel empfunden werden.

Da durch die Einbeziehung von Verbesserungen, insbesondere durch die Einbeziehung von Patenten auf solche Verbesserungen und die vorgesehene Laufzeit des Lizenzvertrages nach § 25 des Musters (Laufzeit bis zum Auslauf des längstlaufenden lizenzierten Patentes), sehr leicht eine Verlängerung des Lizenzvertrages durch Weiterentwicklungen eintreten kann, schlägt das Muster in Artikel 25 Absatz 2 vor, daß der Lizenznehmer alle drei Jahre ein Kündigungsrecht hat, sollte sich durch die Einbeziehung von Weiterentwicklungen eine Laufzeitverlängerung ergeben, Art 8 (3) der Verordnung.

19. Verbesserungen durch den Lizenzgeber. Aufgrund der Tatsache, daß es sich um eine exklusive Lizenz handelt, sieht das Muster vor, daß alle Verbesserungen auf seiten des Lizenzgebers dem Lizenznehmer im Rahmen der exklusiven Nutzungsabsprache ohne zusätzliche Lizenzgebühr zur Verfügung stehen, solange nicht der Lizenzgeber aufgrund der Wettbewerbshandlungen des Lizenznehmers dazu berechtigt ist, solche Verbesserungen nicht mehr mitzuteilen.

Gelegentlich wird in Lizenzverträgen auch vorgesehen, daß die neuen Erkenntnisse eines Lizenznehmers auch den anderen Lizenznehmern des Lizenzgebers (natürlich außerhalb des Vertragsgebietes) lizenziert werden dürfen. Dies setzt zum einen voraus, daß eine klare Formulierung im Vertrag enthalten ist, zum anderen aber auch, daß allen Lizenznehmern in gleicher Weise eine Verpflichtung auferlegt wird (vgl. hierzu mit entsprechender Formulierung Münchener Vertragshandbuch, Band 3.1, Form. VI. 2, Anm. 18).

20. Bezugspflicht. Bezugspflichten in Lizenzverträgen sind kartellrechtlich gesehen heikele Regelungen zu Lasten des Lizenznehmers.

Vom Grundsatz her ist zunächst festzuhalten, daß Bezugsbindungen, die allein aufgrund wirtschaftlicher Überlegungen auf seiten des Lizenzgebers in den Vertrag Eingang finden, weder unter nationalem deutschem Kartellrecht nach § 17 Absatz 1 GWB in Verbindung mit § 17 Absatz 2 Ziffer 1 GWB zulässig sein werden (vgl. z. B. BKartA TB 1972, 95) noch vom europäischen Recht toleriert werden (vgl. z. B. EG-Kommission in ICI/WASAG, WUW/EV 787).

Soweit jedoch festgestellt ist, daß die Bezugsbindung, d. h. die Verpflichtung des Lizenznehmers zum Erwerb bestimmter Erzeugnisse notwendig ist, um eine technisch einwandfreie Nutzung der überlassenen Technologie zu gewährleisten, sieht dies anders aus. Artikel 2 (1) Nr. 5 der Technologietransfer-Gruppenfreistellungsverordnung sieht eine Vertragsbedingung in der Regel nicht als wettbewerbsbeschränkend an, die den Lizenznehmer verpflichtet, Erzeugnisse (oder Dienstleistungen) von dem Lizenzgeber oder von einem von diesem benannten Unternehmen zu beziehen, soweit diese notwendig sind, um eine technisch einwandfreie Nutzung der überlassenen Technologie zu gewährleisten. Das Formular stellt zunächst fest, daß beide Parteien darin übereinstimmen, daß diese technisch einwandfreie Nutzung den Bezug der Produkte für die Verbrennungsanlagen erfordert. Eine solche gemeinsame Feststellung kann natürlich nicht dazu führen, daß eine technisch nicht vorliegende Notwendigkeit zum Bezug der Erzeugnisse in zulässiger Weise kreiert wird. Die Kartellbehörden werden trotz der Formulierung hier ihre eigenen Untersuchungen anstellen. Das Formular sieht dann vor, daß zum einen der Lizenzgeber selbst den Lizenznehmer davon informieren kann, daß Dritte nunmehr die Produkte herstellen und er von diesen benannten Dritten beziehen kann (wie dies Artikel 2 (1) Nr. 5 der Verordnung bereits für zulässig erklärt), zum anderen, daß es dem Lizenznehmer unbenommen bleibt, selbst Herstellungsquellen aufzutun, die bereit sind, die Erzeugnisse herzustellen. Der Lizenzgeber verpflichtet sich – vorausgesetzt, daß die erforderliche Qualität gewährleistet ist – gegen den Bezug von diesen Dritten nicht vorgehen. Letztlich ist dies nur ein Ausfluß der Regulierung in Artikel 2 (1) Nr. 5 der Verordnung, da in einem solchen Fall der Bezug vom Lizenzgeber oder von einem von diesem benannten Dritten nicht mehr „notwendig" ist. Das Formular umfaßt einen Regelungsmechanismus, falls der Lizenzgeber im Falle eines entsprechenden Bezugsquellennachweises auf die ihm zustehenden gewerblichen Schutzrechte verweist und auf diese Weise versucht, den Lizenznehmer weiter an die Bezugsbindung zu halten.

Allgemein zur Bezugsbindung nach deutschem Recht vergleiche Münchener Vertragshandbuch, Band 3.1, Form. VI. 2, Anm. 10.

Der Lizenzvertrag sieht für den Bezug der Produkte keine eigenen Regelungen hinsichtlich Gewährleistung vor. Sicherlich ist es nicht akzeptabel, wenn der Bezug der Produkte unter den gleichen Gewährleistungsausschlüssen erfolgt, wie diese für die Lizenzierung der Technologie vorgesehen werden. Aus diesem Grund verweist das Formular auf die Allgemeinen Geschäftsbedingungen des Lizenzgebers, die für den Bezug der Produkte gelten sollen und die (so wird unterstellt) Regelungen hinsichtlich Gewährleistung und Haftung enthalten.

Auf die Allgemeinen Geschäftsbedingungen muß auch insoweit Rückbezug genommen werden, wenn es darum geht, ob der Lizenznehmer im Falle der Produzentenhaftung einen Freistellungsanspruch gegen den Lizenzgeber hat (vgl. hierzu Münchener Vertragshandbuch, Band 3.1, Form. VI. 2, Anm. 24). Bei dem Formular stellt sich dieses Problem nicht, da der Lizenznehmer mit der eingeräumten Technologie keine Produkte herstellt. Ansonsten muß im Falle einer Bezugsverpflichtung an eine Regelung dieses Bereiches gedacht werden.

21. Lizenzgebühren. Auch bei internationalen Lizenzverträgen muß auf die Regelung der Lizenzgebühren und Zahlungsmodalitäten große Sorgfalt verwendet werden. Zur Höhe und Ausgestaltung der Lizenzgebühr vergleiche allgemein die Anmerkungen im Münchener Vertragshandbuch, Band 3.1, Form. VI. 1, Anm. 4 und Form. VI. 2,

Anm. 27. Das Formular schlägt insoweit eine sehr einfache Regelung vor, die die Lizenzgebühr lediglich prozentual mit dem Umsatz des Lizenznehmers koppelt. Von diesem Umsatz wird abgezogen, was der Lizenznehmer für den Kauf der Produkte zahlt. Dies ist an sich unlogisch, da der Lizenzgeber unabhängig vom Verkauf der Produkte an der Tätigkeit des Lizenznehmers partizipieren möchte – wie sich dies im Umsatz wiederschlägt. Andererseit erkennt der Lizenzgeber an, daß in dem Kaufpreis für diese Produkte bereits ein Lizenzanteil enthalten ist. Da diese Produkte aus dem Umsatz heraus bezahlt werden müssen, ist der Lizenzgeber bereit, die Basis für seine allgemeine Lizenzgebühr entsprechend zu vermindern. Alle anderen Kosten bleiben unberücksichtigt, da es nicht darum gehen soll, den Gewinn des Lizenznehmers zur Basis der Lizenzgebühren zu machen (eine Regelung, die häufig zu Streitigkeiten führt).

Bei der Ermessungsgrundlage für die Berechnung von (umsatz- oder gewinn-) bezogenen Lizenzgebühren ist zu beachten, daß bei einem Abstellen für die Lizenzgebührbasis auch auf nicht patentgeschützte Gegenstände die Lizenzberechnung im Einzelfall kartellrechtlichen Bedenken unterliegen kann, wenn sie nicht mehr nur der Vereinfachung der Abrechnungsmodalitäten dient, sondern den Lizenznehmer hinsichtlich der Nutzung patentfreier Gegenstände einer Zahlungspflicht unterwerfen soll (vgl. BGH GRUR 1975, 206 – Kunststoffschaumbahnen).

Oftmals findet sich bei einem gemischten Lizenzvertrag oder auch bei einem reinen Patentlizenzvertrag eine Abstaffelung der Lizenzgebühren für den die Patente betreffenden Teil der Lizenzierung bei Wegfall einzelner der lizenzierten Schutzrechte (vgl. hierzu Münchener Vertragshandbuch, Band 3.1, Form. VI. 2, Anm. 30). Eine Abstaffelung kann darüber hinaus für bestimmte Umsatzhöhen vorgesehen werden (vgl. Form. VI. 5).

Bei einem lang laufenden Lizenzvertrag ist es auch durchaus üblich, feste pauschale Lizenzgebühren mit einer Indexklausel jährlich der Inflationsentwicklung anzupassen, indem auf eine bestimmte Indexentwicklung (z.B. den 4-Personen Arbeiterhaushalt in den alten Bundesländern) abgestellt wird. Bei der hier vorgeschlagenen Lizenzgebühr, die auf den Umsatz des Lizenznehmers abstellt, wird eine solche Wertsicherungsklausel nicht für erforderlich gehalten, da davon ausgegangen wird, daß sich die Betreibergebühren des Lizenznehmers für die Abfallbeseitigungsanlagen aufgrund der eigenen Geschäftsinteressen des Lizenznehmers dieser Preisentwicklung anpassen werden.

22. Einstandsgebühr. Zusätzlich zu der variablen Lizenzgebühr verpflichtet sich der Lizenznehmer, einen Vorabbetrag von DM 1 Mio. für die Entwicklungskosten des Lizenzgebers zu zahlen. Für diese Einstandsgebühr wird dem Lizenznehmer als Zahlungserleichterung eingeräumt, daß er diesen Betrag in 10 gleichen Teilen entrichten darf. Dies hat zur Konsequenz, daß (was unter der Geltung der früheren Gruppenfreistellungsverordnungen zu Patent- und Know-How-Lizenzverträgen, Verordnung 2349/84 und Verordnung 556/89, bereits als zulässig anerkannt, wenn auch nicht unumstritten war) eine entsprechende Zahlungsvereinbarung auch dann noch zur Zahlungsverpflichtung des Lizenznehmers führt, wenn die Patente ausgelaufen sind. Dies ist heute durch Artikel 2 (1) Nr. 7b der Technologietransfer-Gruppenfreistellungsverordnung ausdrücklich für unbedenklich erklärt. Eine Verpflichtung des Lizenznehmers zur Zahlung von Lizenzgebühren kann dann über die Geltungsdauer der lizenzierten Patente hinaus reichen, wenn dies allein zur Zahlungserleichterung geschieht.

Zu den allgemeinen Überlegungen hinsichtlich Mindestlizenzgebührzahlung und Ausübungspflicht vergleiche Münchener Vertragshandbuch, Band 3.1, Form. VI. 2, Anm. 28.

23. Lizenzgebührzahlung nach Offenkundigwerden oder Wegfall der Patente. Das Muster nutzt die Möglichkeit der Technologietransfer-Gruppenfreistellungsverordnung gemäß Artikel 2 (1) Nr. 7a, den Lizenznehmer auch dann zur Zahlung der Lizenzgebühren zu verpflichten, wenn dieses Offenkundigwerden nicht dem Lizenzgeber anzulasten ist. Die Kommission geht (wie sich aus Erwägungsgrund 21 der Verordnung erkennen läßt) auch davon aus, daß das Kartellrecht nicht dazu genutzt werden kann, um die Parteien vor den finanziellen Folgen ihrer freiwillig eingegangenen Zahlungsverpflichtungen zu bewahren. Solange nicht durch Zahlungsklauseln Beschränkungen herbeigeführt werden, die in der schwarzen Liste der Technologietransfer-Gruppenfreistellungsverordnung aufgeführt sind (Artikel 3 der Verordnung) können die Parteien daher frei Zahlungsbedingungen vereinbaren. Vgl. auch Form. VI. 3, Anm. 17.

Beim Wegfall eines der lizenzierten Patente schlägt das Muster vor, daß dies noch keinen Einfluß auf die zu zahlende Lizenzgebühr haben soll. Erst wenn alle Patente für unwirksam erklärt wurden oder weggefallen sind, wird dem Lizenznehmer die Lizenzgebühr auf einen niedrigeren Betrag ermäßigt, da er dann nur noch das geheime Know-how nutzt. In diesem Zusammenhang ist zu beachten, daß durch die Einbeziehung von weiteren Verbesserungen und Fortentwicklungen, insbesondere wenn diese patentiert sind, durchaus dem Lizenznehmer zu diesem Zeitpunkt noch eine Monopolstellung zur Verfügung stehen kann, die er ausnutzen kann. Da die Parteien zum Zeitpunkt des Vertragsabschlusses diese Entwicklung aber nicht voraussehen können, wird zugunsten des Lizenznehmers geregelt, daß dieser auch dann keine Lizenzgebühren mehr zu zahlen hat, wenn er (patentierte) Weiterverbesserungen nutzt, die Hauptpatente aber (und nur auf diese rekuriert der definierte Begriff „Patente") zu diesem Zeitpunkt weggefallen sein sollten. Zu den Auswirkungen bei Wegfall eines Schutzrechtes vergleiche auch die Anm. 8 zum Form. VI. 1 des Münchener Vertragshandbuches, Band 3.1.

Zuletzt sei darauf hingewiesen, daß den Lizenznehmer die Beweislast dafür trifft, daß er das Know-how bei Überlassung bereits kannte oder dieses später offenkundig geworden ist, vgl. Bundeskartellamt WuW 1962, 555. Dies gilt um so mehr, wenn der Lizenznehmer sich nur von der Lizenzgebührzahlung befreien kann, indem er darauf hinweist, daß der Lizenzgeber selbst das Know-how hat offenkundig werden lassen.

24. Steuern. Artikel 13 Nr. 6 sieht in der üblichen Standardregelung vor, daß der Lizenznehmer alle Steuern zu tragen hat, die für die Zahlung der Lizenzgebühren anfallen.

Die entstehenden Steuern variieren von Land zu Land. In diesem Zusammenhang ist es insbesondere von Bedeutung, ob ein Doppelbesteuerungsabkommen besteht oder nicht. Zur Regelung der Doppelbesteuerung sieht das Musterabkommen (MA 2000) in seinem Artikel 12 vor, daß Lizenzgebühren grundsätzlich im Wohnsitzstaat des Lizenzgebers zu besteuern sind. Eine Ausnahme wird insoweit nur bei Betriebsstätten und fester Einrichtung nach Artikel 12 Absatz 3 des Musterabkommens vorgesehen. Soweit nach einem anzuwendenden Doppelbesteuerungsabkommen abweichend vom Musterabkommen eine Besteuerung bereits im Quellenstaat erfolgt (d.h. auf Seiten des Lizenznehmers), so ist die dort gezahlte Steuer im Wohnsitzstaat des Lizenzgebers anzurechnen (Artikel 23 A oder B des Musterabkommens). Auf diese Weise soll verhindert werden, daß auf die Lizenzeinnahmen zweifach Steuern zu zahlen sind. Nicht immer gelingt es aber auf diese Weise, daß der Lizenzgeber die bereits im Land des Lizenznehmers gezahlten Steuern mit seinen eigenen im Wohnsitzland fällig werdenden Steuern verrechnen kann.

Eine Übersicht über die existierenden Doppelbesteuerungsabkommen findet sich bei *Stumpf/Groß*, Der Lizenzvertrag, 7. Auflage, Rdnr. 443.

Bei einer Lizenzvergabe in das Ausland besteuert die Bundesrepublik Deutschland die Lizenzgebühren, die dem deutschen Lizenzgeber zufließen, im Rahmen seiner Gewinn- bzw. Einkommensbesteuerung. Etwaige im Ausland einbehaltene Quellensteuern (für die aber auch der Lizenzgeber alleiniger Steuerschuldner ist), können nach den Bestimmungen der §§ 34c und 34d des Einkommensteuergesetzes und § 26 des Körperschaftsteuergesetzes, sowie der §§ 68a und 68b der Einkommensteuerdurchführungsverordnung angerechnet werden, wenn die ausländische Steuer mit der deutschen Einkommen- oder Körperschaftsteuer vergleichbar ist. Dazu ist es erforderlich, daß der Lizenzgeber durch entsprechende Dokumente den Nachweis erbringt, daß die ausländischen Steuern gezahlt wurden. Zur Regelung und Anrechnung im einzelnen (auch mit Rechenbeispielen) vergleiche; *Grützmacher/Laier/May,* Der Internationale Lizenzverkehr, 8. Auflage, 1997 Heidelberg, 35 ff und *Stumpf/Groß,* a. a. O., Rdnr. 441.

Ausländische Umsatzsteuern, Stempelsteuern, Registergebühren oder dergleichen Abgaben, die lediglich Kostencharakter aufweisen, sind von der Steuer nicht abzugsfähig, können allerdings direkt als Betriebsausgaben bei der Ermittlung des Einkommens des Lizenzgebers abgezogen werden.

Sitzt der Lizenzgeber im Ausland, so werden nach deutschem Recht die ins Ausland fließenden Lizenzgebühren grundsätzlich besteuert und zwar mit einer Quellensteuer in Höhe von 25% der Lizenzgebühren, § 50a Absatz 4 Nr. 3 EStG. Wiederum haftet der Lizenznehmer dafür, daß die Steuer einbehalten und abgeführt wird. Die bestehenden Doppelbesteuerungsabkommen enthalten allerdings wichtige Ausnahmen, so daß im Lizenzverkehr mit einigen ausländischen Staaten überhaupt keine Quellensteuer oder aber eine Quellensteuer mit einem niedrigeren Prozentsatz einbehalten werden muß.

Letztlich sei noch darauf hingewiesen, daß einige Länder eine unterschiedliche steuerliche Behandlung für die Lizenzgebühren aus der Zurverfügungstellung von Know-how, Patenten oder Marken vorsehen, so daß durch eine Verteilung der Lizenzgebühren auf diese einzelnen Schutzrechtstypen steuerliche Vorteile erzielt werden können.

25. Mindestlizenzgebührzahlung. Zur Absicherung des Lizenzgebers in finanzieller Hinsicht, aber auch, um den Lizenznehmer zu zwingen, daß er tatsächlich von der lizenzierten Technologie Gebrauch macht, kann eine Mindestlizenzgebührzahlung vereinbart werden. Art. 2 (1) Ziffer 9 der Technologietransfer-Gruppenfreistellungsverordnung hält hierzu fest, daß es in der Regel nicht wettbewerbsbschränkend ist, den Lizenznehmer zu verpflichten, eine Mindestgebühr zu zahlen oder eine Mindestmenge der Lizenzerzeugnisse herzustellen oder eine Mindestzahl von lizenzpflichtigen Handlungen vorzunehmen. Das Formular sieht nur die Zahlung von Mindestlizenzgebühren vor und fügt auch an diese keine weiteren Folgen. So wäre es denkbar, eine Mindestlizenzgebührregelung so auszugestalten, daß der Lizenznehmer berechtigt wird, bei Nichterreichen der Mindestlizenzgebühr, die tatsächlich gezahlten Lizenzgebühren bis zur Mindestlizengebühr aufzuzahlen und sich so die vollen (exklusiven) Rechte unter dem Lizenzvertrag zu erhalten. Es kann aber auch dem Lizenzgeber daran gelegen sein, in einem solchen Fall die Exklusivität zu kündigen und den Lizenzvertrag mit dem Lizenznehmer nur noch als nicht exklusiven Lizenzvertrag fortzuführen. Das Form. VI, Ziffer 3 (Know-how-Lizenvertrag) sieht in Artikel 6 eine vergleichbare Regelung vor für eine Mindestmenge, die unter Nutzung der lizenzierten Technologie erreicht werden muß und deren Nichterreichen zu dem Recht führt, die Exklusivität zu kündigen.

26. Aufzeichnungen. Im internationalen Zusammenhang ist es aufgrund der verschiedenen Buchhaltungsregeln wichtig, im Lizenzvertrag die Mindeststandards zu regeln, die der Lizenznehmer einzuhalten hat, um dem Lizengeber einen Überblick über die Benutzungshandlungen mit der lizenzierten Technologie zu ermöglichen. Aufgrund der einfach gehaltenen Lizenzgebührbasis muß im Falle des Musters der Lizenznehmer lediglich über den Gesamtumsatz pro Verbrennungsanlage und über die von ihm erworbenen vertragsgegenständlichen Produkte berichten. (Letzteres ist an sich dann überflüssig, wenn diese Produkte allein vom Lizenzgeber erworben werden. Da das Muster aber vorsieht, daß auch dritte Hersteller vom Lizenzgeber zum Bezug der Produkte benannt werden können, sollte diese Regelung nicht übersehen werden.)

Das Überprüfungsrecht durch einen unabhängigen Dritten ist Standard. Ob bereits jede Ungenauigkeit in der Abrechnung zu einer Kostentragungspflicht für diese Prüfung führen sollte oder lediglich erst eine Abweichung zu Lasten des Lizenzgebers, die einen bestimmten Prozentsatz überschreitet (so in Form. VI. 3), ist letztlich Verhandlungssache. Zu der Abrechnung und Überprüfung von Lizenzgebühren vergleiche auch Münchener Vertragshandbuch, Band 3.1, Form. VI. 1, Anm. 5. Zur Rechnungslegung vergleiche auch *Benkhard/Ullmann,* § 15, Rdnr. 84).

27. Gewährleistungen. Auch im internationalen Zusammenhang gilt für die Gewährleistung, das heißt für die Absicherung gegen Rechts- und Sachmängel, was bereits zum nationalen Recht festgestellt wurde (vgl. hierzu Münchner Vertragshandbuch Bd. 3.1, Form. VI, Anm. 20 und 21). Es sollte kurz darauf hingewiesen werden, daß nach nationalem (deutschem) Recht zwischen der Rechtsmängel- und der Sachmängel-Gewährleistung unterschieden wird und die deutsche Rechtsprechung zum Ergebnis gefunden hat, daß die technische Durchführbarkeit und die Brauchbarkeit der zur Verfügung gestellten Technologie entsprechend den Grundsätzen der Sachmängelhaftung des Kaufrechtes zu behandeln sind, Gewährleistung für die Verwendbarkeit, Fabriksreife oder die Konkurrenzfähigkeit, aber üblicherweise ohne ausdrückliche Formulierung im Vertrag nicht anzunehmen sind. Beim Aufeinandertreffen verschiedener Rechtskreise und bei dem durchaus unterschiedlichen Verständnis von Gewährleistungen und Zusicherungen ist es unumgänglich, daß im Vertrag nicht nur eine klare Regelung zu den Gewährleistungen gefunden wird, sondern auch geregelt wird, welche Folgen sich aus der Nichterfüllung von Gewährleistungen ergeben.

Vom Grundsatz her sind Lizenzverträge stets gewagte Geschäfte, die für beide Seiten Risiken beinhalten (vgl. *Benkard/Ullmann*, § 15, Rdnr. 90). Dennoch hat die Rechtsprechung auch für solche Verträge zu gewissen Mindestgewährleistungen gefunden (vgl. *Benkard/Ullmann*, § 15, Rdnr. 91 ff). So haftet auch ohne ausdrückliche Regelung im Vertrag der Lizenzgeber für den Bestand des lizenzierten Rechtes zur Zeit des Vertragsabschlusses (vgl. z.B. BGHZ 86, 330 – Brückenlegepanzer), aber auch für die technische Ausführbarkeit und die technische Brauchbarkeit entsprechend den Regeln der Sachmängelhaftung (vgl. BGH GRUR 1979, 768 – Mineralwolle). Eine solche Haftung kann dann ausgeschlossen sein, wenn der Lizenznehmer zum Zeitpunkt des Vertragsabschlusses wußte, daß der Lizenzgegenstand noch nicht hinreichend entwickelt ist.

Das Formular versucht, einen Mittelweg zu finden zwischen dem Wunsch des Lizenzgebers, auf eigene Gewährleistungen ganz zu verzichten, und dem Wunsch des Lizenznehmers, im weitesten Umfang für die von ihm einzusetzende Technik abgesichert zu sein. Der Lizenzgeber übernimmt daher keinerlei Gewährleistungen hinsichtlich rechtlicher Fehler, insbesondere hinsichtlich Fragen der Patentierbarkeit, des geheimen Charakters des Know-hows und des wirtschaftlichen Erfolges der Nutzung von Patenten und Know-how. Da es für den Lizenznehmer jedoch von großer Wichtigkeit ist zu wissen, daß er auch tatsächlich das erforderliche Know-how zum Betreiben der Verbrennungsanlagen erhält und ihm der Lizenzgeber es insoweit bereits abgelehnt hat, eine Erklärung in den Vertrag aufzunehmen, wonach die dem Lizenznehmer zu übergebenden Dokumente auch die Gesamtheit des Know-hows umfassen, das zum Betrieb der Anlagen erforderlich ist, ist es dem Lizenznehmer wenigstens gelungen, eine Gewährleitung vom Lizenzgeber dafür zu erhalten, daß das beim Lizenzgeber vorhandene Know-how ausreichend ist, um damit die vertragsgegenständlichen Verbrennungsanlagen zu betreiben. Der Lizenzgeber übernimmt aber keine unbedingte Verpflichtung, weiteres Know-how zur Verfügung zu stellen, falls sich dies als nicht zutreffend herausstellen sollte. Insoweit muß der Lizenznehmer (wahrscheinlich durch Sachverständigen-Expertise) nachweisen, daß für den Durchschnittsfachmann das übergebene Know-how doch nicht ausreichend zum Betrieb von Verbrennungsanlagen ist, und nur in diesem Fall wird der Lizengeber das als fehlend bezeichnete Know-how erstellen und die Arbeitskräfte des Lizenznehmers trainieren. Weitere Rechtsfolgen stehen dem Lizenznehmer nicht zur Seite.

28. Gewährleistung hinsichtlich rechtlicher Ermächtigung. Gerade im internationalen Zusammenhang ist es für die Parteien oftmals schwer zu durchschauen, welche Ermächtigungshandlungen die Rechtsform der Vertragspartner erfordert. Um hier eine gewisse Sicherheit zu vermitteln, lassen sich die Vertragsparteien häufig gegenseitig erklären, daß sie die erforderlichen Handlungen vorgenommen haben, um diesen Lizenzvertrag in wirksamer Weise abschließen zu können.

29. Gewährleistung hinsichtlich der Aufrechterhaltung der Patente. Es ist dem Lizenznehmer insbesondere daran gelegen, daß der Lizenzgeber während der Laufzeit des Lizenzvertrages die Patente aufrechterhält, indem er die jährlich anfallenden Verlängerungsgebühren einzahlt. Nur so kann sich der Lizenznehmer sicher sein, daß er die Monopolsituation (aufrecht)erhält, für die er bereit ist, Lizenzgebühren zu zahlen. Eine entsprechende Gewährleistung empfiehlt sich, um diese Verpflichtung des Lizenzgebers ausdrücklich festzuhalten. Dies um so mehr, da erst der Wegfall aller Patente den Lizenznehmer im Muster berechtigt, die Lizenzgebühr zu mindern.

30. Gewährleistung des Lizenznehmers. Auf Seiten des Lizenznehmers wird üblicherweise die Gewährleistung verlangt, daß übergebenes Know-how auch weiterhin geheimgehalten wird und daß der Lizenznehmer die ihm möglichen Anstrengungen unternehmen wird, um die Technologie tatsächlich auszunutzen.

Es kann durchaus empfehlenswert sein, auch hinsichtlich der Dauer von Gewährleistungsansprüchen oder entsprechenden Rügefristen Regelungen zu treffen (vergleiche hierzu Münchener Vertragshandbuch, Band 3.1, Form. VI. 2, Anm. 21).

Bei dem hier vorgesehenen Sachverhalt spielt dies an sich keine Rolle, generell kann es jedoch dem Lizenzgeber darauf ankommen, daß bei einer Herstellung von Produkten durch den Lizenzgeber auch die Einhaltung bestimmter Qualitätsanforderungen mit einer Gewährleistung (wenn nicht gar Zusicherung) versehen wird (vgl. hierzu Münchener Vertragshandbuch, Band 3.1, Form. VI. 2, Anm. 25).

31. Rechtsbeständigkeit der Patente. Als grundlegende und selbstverständliche Verpflichtung des Lizenzgebers aus dem Lizenzvertrag wird festgeschrieben, daß dieser verpflichtet ist, die Patente während der Laufzeit des Vertrages aufrechtzuerhalten und die anfallenden Verlängerungsgebühren zu zahlen. Zwischen in etwa gleichwertigen Unternehmen stellt dies eine übliche Regelung dar und müßte wohl auch gemäß den Grundsätzen von Treu und Glauben (jedenfalls unter deutschem Recht) bei einem exklusiven Lizenzverhältnis nicht unbedingt festgeschrieben werden. Abgewichen wird von dieser üblichen Regelung dann, wenn es sich beim Lizenzgeber um ein kleineres Unternehmen oder um einen Einzelerfinder handelt, dem die Zahlung der Aufrechterhaltungsgebühren Probleme bereiten kann oder bei dem (vom Lizenznehmer aus gesehen) die Möglichkeit besteht, daß hier auch einmal Zahlungen nicht erfolgen und dann die lizenzierten Patente gefährdet werden. In einem solchen Fall wird sich der Lizenznehmer die Berechtigung (oder gar Verpflichtung) einräumen lassen, die Verlängerungsgebühren selbst zu zahlen. In einem solchen Zusammenhang findet sich die Formulierung, daß der Lizenznehmer – sollte er entsprechende Zahlungen leisten – an den Patenten berechtigt wird und diese auf ihn übergehen.

32. Nichtangriffsverpflichtungen hinsichtlich Eigentümerstellung. Unter der Geltung der Gruppenfreistellungsverordnungen für Patentlizenzen (Verordnung 2349/84) und für Know-how-Lizenzen (Verordnung 556/89) wurden Nichtangriffsverpflichtungen hinsichtlich der Rechtsbeständigkeit und des geheimen Charakters des Know-how als unzulässige wettbewerbsbeschränkende Klauseln qualifiziert, die sich in der jeweiligen schwarzen Liste wiederfanden (vgl. Artikel 3 Nr. 1 VO No. 2349/84 und Artikel 3 Nr. 4 VO No. 556/89). Dagegen schien es zulässig, daß der Lizenzgeber den Lizenznehmer dazu verpflichten konnte, daß dieser die Eigentümerstellung an den lizenzierten Rechten (Patente und Know-how) nicht angreift (vgl. EG Kommission, Moosehead/Whitbread, ABl. EG 1990 L 100).

Die Technologietransfer-Gruppenfreistellungsverordnung führt Nichtangriffsverpflichtungen nicht mehr in der schwarzen Listen auf, sondern macht diese zum Gegenstand des Widerspruchsverfahrens nach Artikel 4 (vgl. Art. 4 (2) b der Verordnung). Da dies aber wiederum nur für den Angriff auf die Rechtsbeständigkeit und den geheimen Charakter aufgeführt wird, kann davon ausgegangen werden, daß weiterhin eine Verpflichtung, die Eigentümerstellung des Lizenzgebers nicht anzugreifen, nicht unter Art. 81 EG-Vertrag fällt.

33. Nichtangriffsverpflichtung hinsichtlich Rechtsbeständigkeit. Wie soeben (Anm. 32) aufgeführt, führt eine Klausel, die dem Lizenznehmer verbietet, den geheimen oder den wesentlichen Charakter des überlassenen Know-how oder die Gültigkeit von innerhalb des Gemeinsamen Marktes lizenzierten Patenten anzugreifen, die sich im Besitz des Lizenzgebers (oder eines mit ihm verbundenen Unternehmens) befinden, dazu, daß der Rechtsvorteil der Freistellung der Technologietransfer-Gruppenfreistellungsverordnung einer solchen Vereinbarung nur dann zugute kommt, wenn diese der Kommission angemeldet wurde und die Kommission binnen vier Monaten keinen Widerspruch gegen die Freistellung erhebt (vgl. Art. 4 (2) b der Verordnung). Um zu verhindern, daß das vorgeschlagene Formular in ein Widerspruchsverfahren eingebracht werden muß, sieht es (wie auch schon unter Geltung der alten Gruppenfreistellungsverordnung für Patentlizenzverträge und Know-how-Lizenzverträge) vor, daß im Fall eines Angriffes auf die Rechtsbeständigkeit der Patente oder den geheimen oder wesentlichen Charakter des Know-how der Lizenzgeber zur Kündigung des Vertrages berechtigt ist. Der Lizenznehmer wird dadurch (jedenfalls rechtlich) nicht in seinen Angriffsmöglichkeiten beschränkt.

Zu der Zulässigkeit von Nichtangriffsklauseln nach deutschem Recht (§ 17 Absatz 2 Ziffer 3 GWB), vgl. Münchener Vertragshandbuch, Band 3.1, Form. VI. 2, Anm. 36.

34. Nichtangriffsverpflichtung hinsichtlich der Notwendigkeit der Patente. Unter der Geltung der Technologie-Gruppenfreistellungsverordnung Nr. 240/96 wird bei gemischten Patentlizenz- und Know-how-Vereinbarungen für eine Reihe von möglichen Wettbewerbsbeschränkungen Wert darauf gelegt, daß die Technologie in den Mitgliedsstaaten durch „notwendige" Patente geschützt ist. Da sich hieran weitreichende Folgen knüpfen (z. B. die Erstreckung des Zeitraumes für alle Exklusivitätsabsprachen über 10 Jahre hinaus, Art. 1 (4)) kann der Lizenznehmer auf den Gedanken kommen, die Notwendigkeit der Patente in Frage zu stellen. Dies soll ihm nach dem Grundgedanken der Gruppenfreistellungsverordnung auch nicht genommen werden (insoweit vergleichbar mit dem Angriff auf die Rechtsbeständigkeit der Patente). Da auch die Definition der Gruppenfreistellungsverordnung zum Begriff „notwendige Patente" nicht dergestalt ist, daß hierüber von vornherein zweifelsfrei eine Einigung erzielt werden könnte (Art. 10 Nr. 5: „Notwendige Patente (sind solche Patente), deren Lizenzierung für die Anwendung der überlassenen Technologie insofern notwendig ist, als eine Nutzung dieser Technologie ohne eine solche Lizenzierung gar nicht oder nur in geringerem Maße oder unter schwierigeren Umständen oder mit höherem Kostenaufwand möglich wäre. Diese Lizenzen müssen daher für den Lizenznehmer von technischem, rechtlichem oder wirtschaftlichem Interesse sein"), folgt das Formular der in Art. 2 (1) Nr. 16 der Verordnung vorgesehenen Möglichkeit, daß sich der Lizenzgeber das Recht vorbehält, die Lizenzvereinbarung dann zu beenden, wenn der Lizenznehmer geltend macht, daß die Patente nicht notwendig sind.

35. Rechtsverletzungen durch Dritte. Nicht selten betritt der Lizenzgeber durch die Lizenzeinräumung (geographisch gesehen) ihm unbekanntes Territorium und muß sich dann auch dort um die Durchsetzung seiner Rechte, die er dem Lizenznehmer einräumt, kümmern. Das Formular schlägt hierzu vor, daß neben einer sofortigen Informationspflicht die Parteien die Durchsetzungsverantwortlichkeit insoweit aufteilen, daß der Lizenzgeber für Angriffe auf die Rechtsbeständigkeit der Patente durch Dritte zuständig ist und diese zu verteidigen hat, während der Lizenznehmer sich aufgrund der örtlichen Nähe mit Verletzern der Patente beschäftigen wird. Zu diesem Zweck wird ihm bereits im Vertrag die prozessuale Möglichkeit der Rechtsdurchsetzung im Wege der Prozeßstandschaft eingeräumt. Ohne eine entsprechende Regelung ist grundsätzlich nur der Schutzrechtsinhaber zur Geltendmachung der Ansprüche aus Patenten berechtigt. Nach nationalem (deutschem) Recht steht diese Berechtigung darüber hinaus auch dem ausschließlichen Lizenznehmer kraft seiner quasi dinglichen Rechtsposition zu (*Benkard/ Ullmann*, § 15 PatG, Rdnr. 55). In einigen Ländern bedarf eine solche eigene Aktivlegitimation allerdings um wirksam zu sein, der Eintragung in das entsprechende Patentregister, so daß es dem Lizenznehmer daran gelegen sein kann, dies als Pflicht des Lizenzgebers (Zustimmung zur Eintragung) an dieser Stelle gleich mitzuregeln.

Aufgrund des Lösungsansatzes dieser Aufgabenteilung werden beide Parteien ihre Prozeßkosten, wie in Artikel 19.2 des Formulars vorgesehen, selbst tragen; dies auch dann, wenn einer dem Verfahren des anderen Partners beitritt. Aufgrund dieser Kostenverteilung steht dem Lizenznehmer ein etwaiger Schadensersatz, den er im Verfahren erringt, zur Verfügung und wird (da es sich bei einem solchen Schaden letztlich um entgangene Lizenzgebühren handelt) der Lizenzgebührenzahlungspflicht unterworfen.

36. Rechte Dritter. Gerade im internationalen Zusammenhang birgt die Behandlung der sich durch die Geltendmachung von Rechten Dritter ergebenden Situation zusätzliche Probleme. Schon im allgemeinen ist ein sachgerechter Interessenausgleich zwischen Lizenzgeber und Lizenznehmer für die sich plötzlich einstellende Situation schwer, daß durch die Schutzrechte eines Dritten die Nutzung der Technologie erschwert, wenn nicht gar auf Dauer unmöglich gemacht wird. Denn dann stehen nicht nur Schadensersatz und Gerichtskosten im Raum, sondern es werden (jedenfalls bei dauerhaftem Verbot der Nutzung der Technologie) auch die Investitionen des Lizenznehmers sinnlos. Die sich für beide Seiten ergebende Gefährdung ist aber weitaus größer, sobald man sich ins Ausland begibt und oftmals für den Lizenzgeber die sich in dem betreffenden Land ergebende Schutzrechtssituation nur schwer (oder jedenfalls nur mit großem Aufwand) abzuklären ist. Vor einer pauschalen Freistellung des Lizenznehmers durch den Lizenzgeber muß vor diesem Hintergrund nachdrücklich gewarnt werden.

Das Formular geht davon aus, daß der Lizenznehmer in der Lage sein wird, die von ihm gebauten und betriebenen Verbrennungsanlagen in einer Art und Weise umzubauen, daß diese (ohne Benutzung der zu beziehenden Produkte und ohne Nutzung der lizenzierten Technologie) noch funktionsfähig bleiben. Aus diesem Grund heraus vereinbaren die Parteien lediglich, daß der Lizenzgeber den Lizenznehmer von allen Schadensersatzansprüchen und den mit einem Gerichtsverfahren verbundenen Kosten freizustellen hat. Weitergehende Aufwendungen (hier insbesondere hinsichtlich des Umbaus der Anlagen) sind durch den Lizenznehmer zu tragen. Sollte es dem Lizenzgeber nicht möglich sein, die Technologie entsprechend zu ändern, so gibt die Rechtsprechung (jedenfalls nach deutschem Recht) dem Lizenznehmer die Möglichkeit, dann eine Anpassung der Lizenzgebühren über das Prinzip der Änderungen der Geschäftsgrundlage zu erwirken (vgl. *Benkard/Ullmann* § 15 PatG, Rdnr. 124), was im Notfall zu einem Kündigungsrecht des Lizenznehmers führen kann. Hin und wieder findet sich in Lizenzverträgen auch die Regelung, daß der Lizenznehmer berechtigt ist, während des Schwebens von Auseinandersetzungen mit Dritten, die behaupten, bessere Rechte an der lizenzierten Technologie innezuhaben, die fällig werden Lizenzgebühren nicht mehr an den Lizenzgeber sondern an ein Treuhandkonto zu zahlen, auf das der Lizenzgeber so lange nicht Zugriff nehmen kann, solange der Rechtsstreit schwebt.

Um dem Lizenzgeber die volle Kontrolle über die Verteidigung gegen Ansprüche Dritter zu ermöglichen, wird dem Lizenznehmer die Möglichkeit genommen, im Innenverhältnis bindende Erklärungen gegenüber dem Dritten abzugeben. Eine dennoch insoweit vorgenommene Handlung des Lizenznehmers würde den Lizenzgeber von seiner Freistellungsverpflichtung befreien.

Auch die Technologietransfer-Gruppenfreistellungsverordnung qualifiziert Regelungen ausdrücklich als nicht wettbewerbsbeschränkend, die den Lizenznehmer verpflichten, jede unrechtmäßige Nutzung des Know-how oder Verletzung der lizenzierten Patente dem Lizenzgeber anzuzeigen, oder gegen eine unrechtmäßige Nutzung oder Patentverletzung gerichtlich vorzugehen oder dem Lizenzgeber dabei Beistand zu leisten (Artikel 2 (1) Nr. 6 a und b der Verordnung).

37. Meistbegünstigungsklausel. Durch diese Absprache wird der Lizenzgeber verpflichtet, dem Lizenznehmer die jeweils günstigsten Bedingungen einzuräumen, die der Lizenzgeber bereit ist, mit anderen Lizenznehmern zu vereinbaren. Vorausgesetzt wird dazu allerdings, daß die anderen Lizenzverträge mit den hier vorliegenden vergleichbar sein müssen.

Eine solche Klausel wird durch die Technologietransfer-Gruppenfreistellungsverordnung ausdrücklich als in der Regel nicht wettbewerbsbeschränkend angesehen, Artikel 2 (1) Nr. 10 der Verordnung. Danach ist eine Verpflichtung des Lizenzgebers zulässig, dem Lizenznehmer die günstigeren Vertragsbedingungen zu gewähren, die er einem anderen Unternehmen nach Abschluß der Vereinbarung gewährt. Nach deutschem Kartellrecht stellt eine entsprechende Klausel in der Regel ein Verstoß gegen § 14 GWB dar, da mit sämtlichen Arten von Meistbegünstigungsklauseln stets eine wirtschaftliche Bindung des verpflichteten Teils (hier des Lizenzgebers) hinsichtlich der Gestaltung der zukünftigen Verträge verbunden ist. Seine Inhaltsfreiheit hinsichtlich der zukünftigen (Zweit-) Verträge wird damit im Sinne des § 15 GWB beschränkt (vgl. *Immenga/ Mestmäcker*, GWB, Kommentar zum Kartellgesetz, 3. Auflage, München 2001, § 14 Rdnr. 53, § 15 Rdnr. 62 m. w. N., vgl. hierzu auch Münchener Vertragshandbuch, Band 3.1, Form. VI. 2, Anm. 37). Die sich damit einstellende Konkurrenz zwischen zulässigem Klauselinhalt nach der Technologietransfer-Gruppenfreistellungsverordnung und Kartellrechtsverstoß nach deutschem Kartellrecht muß nach den allgemeinen Grundsätzen des Zusammenspiels zwischen europäischem und nationalem Wettbewerbsrecht gelöst werden (vgl. hierzu *Immenga/Mestmäcker*, a. a. O., Einleitung Rdnr. 32 ff, Einleitung Rdnr. 70 ff). Dies bedeutet, daß ein Vorrang des Gemeinschaftsrechtes und damit die Zulässigkeit des gemeinschaftsrechtlich freigestellten, nach deutschem Recht aber verbotenen wettbewerbsbeschränkenden Handelns einen gestaltenden Akt auf seiten der EG-Behörden voraussetzt. Es ist streitig, ob eine Gruppenfreistellungsverordnung als ein solcher positiver gestaltender Akt angesehen werden kann (so *Immenga/Mestmäcker*, a. a. O., Einleitung Rdnr. 92 ff), oder ob es noch eines Einzelaktes bedarf (so *Mailänder* im GK EWG-Grdtz. Rdnr. 21). Die Kommission wird in der Regel bereit sein, kurzfristig einen positiven Freistellungsakt zur Durchsetzung des liberaleren EG-Wettbewerbsrechts zu erlassen, sollte im Einzelfall eine Partei nach nationalem Kartellrecht eine Beanstandung für ein Verhalten erfahren, das nach EG-Wettbewerbsrecht als ausdrücklich zulässig anerkannt wird. Unter der (wohl zutreffenden) Meinung, daß auch eine EG-Gruppenfreistellungsverordnung (nicht nur im Freistellungsteil, sondern im gesamten Klauselkatalog) als gestaltender Akt ausreichend ist, muß man zum Ergebnis kommen, daß damit die Anwendung von § 14 GWB für den Bereich der unter die Technologietransfer-Gruppenfreistellungsverordnung fallenden Lizenzverträge eingeschränkt ist.

38. Qualitätsvorgaben. Um sicherzustellen, daß die lizenzierte Technologie auch in der erforderlichen Qualität ausgeübt wird, werden häufig Mindestqualitätsstandards vereinbart. Bei dem Formular hat dies seinen Grund darin, daß zum einen die lizenzierte Technologie für Verbrennungsanlagen sicherheitsrelevante Aspekte erfüllen muß, damit von der Ausübung der Technologie keine Gefahren für die Umwelt ausgehen. Zum anderen ist es dem Lizenzgeber aber auch deswegen wichtig, daß die Technologie in der entsprechenden Qualität ausgeübt wird, da die Verbrennungsanlagen unter der Marke des Lizenzgebers betrieben werden. Nach Artikel 2 (1) Nr. 5 der Technologietransfer-Gruppenfreistellungsverordnung gilt eine Vertragsklausel in der Regel als nicht wettbewerbsbeschränkend, die den Lizenznehmer verpflichtet, Mindestqualitätsvorschriften einschließlich technischer Spezifikationen für das Lizenzerzeugnis einzuhalten, soweit diese Qualitätsvorschriften notwendig sind, um eine technisch einwandfreie Nutzung der überlassenen Technologie zu gewährleisten oder um sicherzustellen, daß die Produktion des Lizenznehmers den Qualitätsvorschriften entspricht, die für den Lizenzgeber selbst und für dessen andere Lizenznehmer gelten. Darüber hinaus kann der Lizenzgeber es sich vorbehalten, entsprechende Kontrollen durchzuführen.

Das Formular verpflichtet den Lizenznehmer, zumindest die technischen Spezifikationen einzuhalten, die der Lizenzgeber in dem übergebenen Know-how für die Anlagen vorgeschrieben hat. Der Lizenzgeber ist berechtigt, die Einhaltung zu überprüfen. Sollte sich herausstellen, daß der Lizenznehmer diese Vorgaben auf Dauer nicht erfüllt und auch nach entsprechender Forderung durch den Lizenzgeber nicht erfüllt, dann berechtigt den Lizenzgeber die Klausel in Artikel 22.3 des Formulars zur Kündigung.

39. Geheimhaltung. Herzstück des Know-how-Schutzes ist die Geheimhaltung. Das Formular verpflichtet den Lizenznehmer ebenso wie den Lizenzgeber, das Know-how und alle anderen Informationen, die als geheimhaltungsbedürftig angesehen werden, geheim zu halten. Artikel 2 (1) Nr. 1 der Technologietransfer-Gruppenfreistellungsverordnung sieht eine solche Verpflichtung in der Regel als nicht wettbewerbsbeschränkend an und hält auch fest, daß eine solche Verpflichtung dem Lizenznehmer auch über das Ende der Vereinbarung hinaus auferlegt werden kann, was im Muster im Artikel 23.6 geschieht.

Die erforderlichen Ausnahmen von der Geheimhaltungsverpflichtung findet sich in Artikel 23.5 des Formulars. Diese verhindern, daß die Geheimhaltungsverpflichtung zu einer unzulässigen Wettbewerbsbeschränkung wird, die auch bereits Bekanntes mitumfaßt.

40. Abtretung und Unterlizenzen. Es ist für beide Parteien von Bedeutung, zu verhindern, daß der Vertrag ohne Zustimmung an Dritte übertragen wird. Für den Lizenzgeber schon deswegen, weil er verhindern will, daß das Know-how unkontrolliert im Markt zirkulieren kann. Für den Lizenznehmer ist diese Restriktion wichtig, weil er auf die technische Unterstützung durch einen in der Technologie erfahrenen Lizenzgeber angewiesen ist. Oftmals ist nach nationalem Recht (so nach deutschem Recht) ein exklusiver Lizenznehmer berechtigt, eine Lizenz auch ohne Zustimmung des Lizenzgebers an Dritte zu übertragen (vgl. BGH GRUR 1969, 560 – Frischhaltegefäß). Aus diesem Grund sollte die Abtretbarkeit vorsorglich ausdrücklich ausgeschlossen werden.

Aus denselben Gründen ist auch die Unterlizenzierung des Know-hows ebenso wie der Patente ohne die vorherige schriftliche Zustimmung durch den Lizenzgeber nicht zugelassen. Da nach deutschem Rechtsverständnis bei einer exklusiven Lizenz eine solche Unterlizenzierung ohne Zustimmung des Lizenzgebers möglich wäre (vgl. oben Anm. 7) sieht das Formular ausdrücklich vor, daß hierzu jeweils die vorhergehende Zustimmung durch den Lizenzgeber eingeholt werden muß. Eine Unterlizenzierung kann bei dem hier angenommenen Sachverhalt insbesondere erforderlich sein, wenn der Lizenznehmer zur Finanzierung der Verbrennungsanlagen Leasingkonstruktionen eingehen muß, bei denen die Verbrennungsanlage selbst durch den Leasinggeber gehalten wird oder aber wenn der Lizenznehmer mit einer Kommune ein gemeinsames Tochterunternehmen unterhält. In einem solchen Fall hätte der Lizenznehmer aus Treu und Glauben gegen den Lizenzgeber den Anspruch, die Lizenz zu übertragen oder (da hier mehrere Verbrennungsanlagen vorgesehen sind) eine Unterlizenz an die jeweilige Tochter einzuräumen, vorausgesetzt selbstverständlich, daß das Tochterunternehmen oder der Leasinggeber sich bereit erklären, die Verpflichtungen unter dem Lizenzvertrag einzuhalten.

Die Technologietransfer-Gruppenfreistellungsverordnung sieht eine entsprechende Klausel in der Regel als nicht wettbewerbsbeschränkend an. Wie in Artikel 2 (1) Nr. 2 festgehalten, darf der Lizenznehmer verpflichtet werden, keine Unterlizenzen zu erteilen und die Lizenz nicht zu übertragen.

41. Vertragslaufzeit. Das Formular geht davon aus, daß die notwendigen Patente nicht im gesamten Vertragsgebiet die 10-Jahresfrist nach Abschluß des Vertrages übersteigen. Für Italien wird davon ausgegangen, daß noch innerhalb der 10-Jahresfrist das lizenzierte Patent ausläuft. Damit können (gegründet auf das geheime Know-how) die Exklusivitätsabsprachen für diesen Bereich des Vertragsgebietes lediglich auf einen Zeitraum von höchstens 10 Jahren ab dem ersten Inverkehrbringen des Lizenzerzeugnisses innerhalb des Gemeinsamen Marktes durch einen der Lizenznehmer festgeschrieben werden, vgl. Artikel 1 (4) in Verbindung mit Artikel 1 (3) der Technologietransfer-Gruppenfreistellungsverordnung. Wiederum stellen die Parteien aus den bereits oben angegebenen Vereinfachungsgründen nicht auf den Zeitpunkt des ersten Inverkehrbringens des Lizenzerzeugnisses ab, sondern auf den Zeitpunkt des Vertragsschlußes (was seinen Grund auch darin haben könnte, daß der Lizenzgeber bereits zum Zeitpunkt des Abschlusses des Vertrages einen Lizenznehmer im Gemeinsamen Markt hat, der ein Vertragserzeugnis bereits auf den Markt gebracht hat).

Nach Ablauf dieser ursprünglichen Vertragslaufzeit muß für jeden Mitgliedsstaat jeweils getrennt festgestellt werden, wann und in welcher Weise sich die Vertragslaufzeit verlängert. Den Parteien wird in Einklang mit dem Grundgedanken der Regelung in Artikel 1 (4) der Verordnung ein Kündigungsrecht für jeden Teil des Territoriums gewährt, der einen eigenen Mitgliedsstaat des Gemeinsamen Marktes darstellt.

Allgemein zur Regellaufzeit eines Lizenzvertrages nach deutschem Recht vgl. Münchener Vertragshandbuch, Band 3.1, Form. VI. 2, Anm. 40.

42. Kündigung wegen Vertragsverletzung. Artikel 25.3 und Artikel 25.4 enthalten die üblichen Regelungen zur Kündigung von Dauerschuldverhältnissen, die zum einen auf den wichtigen Grund abstellen, zum anderen aber auch separat eigene Kündigungsgründe normieren (vgl. hierzu auch Münchener Vertragshandbuch, Band 3.1, Form. VI. 2, Anm. 42). Auch wenn das Recht zur fristlosen Kündigung (jedenfalls nach nationalem deutschen Recht) selbst ohne ausdrückliche Erwähnung im Vertrag besteht, sollte man für den nicht mit dem entsprechenden Recht vertrauten Partner und zur Vermeidung von Unklarheiten die fristlose Kündigung gesondert ansprechen. Das Formular enthält lediglich Beispiele für die Regelung und deren Inhalt. Insbesondere bei US-amerikanisch beeinflußten internationalen Lizenzverträgen findet sich oft eine weitaus eingehendere Darlegung der möglichen Kündigungsrechte.

Auch die Kündigung aus wichtigem Grund kann nach dem Formular erst dann ausgesprochen werden, wenn der Lizenznehmer die beanstandeten Vertragsverletzungen nicht binnen einer angemessen erscheinenden Frist abstellt. Diese übliche Regelung korrespondiert mit dem Rechtsverständnis nationaler Rechtsordnungen. So besteht für das deutsche Recht das Erfordernis einer Abmahnung im Rahmen der als Dauerschuldverhältnis anerkannten Lizenzverträge, die nur dann entbehrlich ist, wenn das Vertragsverhältnis durch die Vertragsverletzung so erschüttert ist, daß auch eine Abmahnung nicht mehr gefordert werden kann (vgl. *Benkard/Ullmann*, § 15, Rdnr. 128, m.w.N.).

Die beiden unter Artikel 25.4 des Formulars zuletzt genannten Kündigungsrechte sind nur für den Lizenzgeber von Interesse, da er verhindern möchte, daß seine Technologie an Wettbewerber zur Verfügung gestellt wird, mit denen er direkt keine Vertragsbeziehung eingehen würde.

Als Kündigungsfolge muß der Lizenznehmer die Nutzung der Patente und des Knowhows unterlassen, soweit und so lange das Know-how noch geheim ist und die Patente noch bestehen. Diese Beschränkung ist wiederum nach Artikel 2 (1) Nr. 3 der Technologietransfer-Gruppenfreistellungsverordnung nicht als wettbewerbsbeschränkend anzusehen und daher freigestellt. Da der Lizenznehmer zum Zeitpunkt der Kündigung Verbrennungsanlagen in Betrieb hat, die von der Technologie Gebrauch machen, wird ihm erlaubt, diese Verbrennungsanlagen weiterzubetreiben, dies jedoch mit der Besonderheit, daß er dann die Produkte vom Lizenznehmer entweder unter separaten Kaufverträgen bezieht oder er aber diese Produkte nicht weiter nutzt.

Da es gerade für geheimes Know-how sehr schwer ist, festzustellen, ob das Knowhow tatsächlich „zurückgegeben" wurde oder zu überprüfen, daß der Lizenznehmer es nach Kündigung nicht weiter nutzt, wird häufig empfohlen, daß der Lizenzgeber seine Lizenzgebühr (insbesondere durch die Einstandzahlung) so gestaltet, daß er seiner relativen Schutzbedürftigkeit Rechnung trägt (vgl. hierzu Münchener Vertragshandbuch, Band 3.1, Form. VI. 2, Anm. 44).

43. Lizenzgebühren. Auch bei Kündigung des Lizenzvertrages bleibt der Lizenznehmer verpflichtet, die Gebühren weiterzuzahlen, die lediglich zum Grunde der Zahlungserleichterung im Wege einer Ratenzahlung erstreckt wurden. Diese Verpflichtung ist nach Artikel 2 (1) Nr. 7b der Technologietransfer-Gruppenfreistellungsverordnung als unbedenklich anzusehen.

44. Mitteilungen. Auf internationaler Ebene ist es unumgänglich, daß die Parteien klarlegen, in welcher Art und Weise sie sich gegenseitig die im Vertrag geforderten oder möglichen Mitteilungen machen. Im Zeitalter von Telefax und e-mail müssen die Parteien Einigkeit darüber haben, auf welche Art und Weise sie miteinander in vertragsrelevanter Weise kommunizieren.

45. Salvatorische Klausel. Aufgrund der Tatsache, daß dieser Vertrag eine Reihe von Ländern und damit notwendigerweise auch eine Reihe von Rechtssystemen umfaßt, die (z.B. über kartellrechtliche Vorschriften) in das Vertragsverhältnis hineinspielen, auch wenn auf den Vertrag nur das deutsche Recht anwendbar ist (da die Anwendbarkeit nationalen wie europäischen Kartellrechtes nicht ausgeschlossen werden kann, vgl. Anm. 47) müssen sich die Parteien dagegen absichern, daß durch die Anwendung eines nationalen Rechtes die Gültigkeit des Vertrages beeinträchtigt wird. Artikel 81 Absatz 2 des EG-Vertrages verweist auf europäischer Ebene für die Folgen einer Kartellrechtsverletzung auf die nationalen Rechte, die (wenn man das Beispiel des deutschen Rechtes nimmt) über ihre nationalen Regelungen dazu kommen können, daß bereits ein Kartellrechtsverstoß in einer einzelnen Klausel oder in einem Teil davon zur Nichtigkeit des gesamten Vertrages führen kann, § 139 BGB.

46. Schriftform. Oftmals sieht das nationale Recht für den Abschluß eines Lizenzvertrages keine besondere Form vor. (Vergleiche insoweit das deutsche und auch das europäische Patentrecht, die für den Abschluß eines Lizenzvertrages auf keine besondere Form abstellen. Die in Artikel 72 EPÜ und auch Artikel 39 GPÜ vorgesehene Schriftform ist allein für die rechtsgeschäftliche Übertragung vorgeschrieben.) Verträge, die Wettbewerbsbeschränkungen im Sinne von § 17 GWB enthalten, mußten vor der Abschaffung des Schriftformerfordernisses durch die 6. GWB-Novelle 1998 aber entsprechend § 34 GWB schriftlich abgefaßt werden (vgl. *Benkard/Ullmann*, Patentgesetz, § 15, Rdnr. 45; Münchener Vertragshandbuch, Band 3.1, Form. VI. 1, Anm. 11, zu der Frage, wieweit das EG-Recht dies abändert, vgl. *Wiedemann*, Gruppenfreistellungsverordnungen, AT, Rdnr 348 f.). Zur Einhaltung der Schriftformerfordnisse war es nötig, daß außerhalb des Lizenzvertrages befindliche Regelungen, die Wettbewerbsbeschränkungen enthalten, im Lizenzvertrag selbst klar angesprochen und mit einem Hinweis versehen werden (vgl. OLG Karlsruhe WuW, OLG 5515). Durch die Gesetzesnovellierung im Jahre 1998 ist dieses Schriftformerfordernis für danach abgeschlossene Verträge entfallen. Es ist gerade bei internationalen Sachverhalten und komplexen Verträgen mit vielen Dokumenten (mit technischen Spezifikationen, Nebenerklärung und dergleichen) angezeigt, daß sich die Parteien gegenseitig bestätigen, daß sie alle relevanten Regelungen, die das Lizenzverhältnis betreffen, auch tatsächlich in diesem Vertrag niedergelegt haben.

47. Rechtswahl und Kartellrecht. Das Formular geht davon aus, daß sich der französische Lizenzgeber und der deutsche Lizenznehmer auf die Anwendbarkeit des deutschen Rechtes geeinigt haben, nicht zuletzt, da das Vertragsgebiet das Gebiet der Bundesrepublik Deutschland, aber auch Österreich und der Schweiz umfaßt, Länder, die dem deutschen Rechtssystem nicht zu fern stehen. Es kommt selbstverständlich immer auf die Verhandlungsposition und die auf den Seiten der Parteien vorhandenen Interessen an, welches Recht nun letztlich auf den Vertrag zur Anwendung kommt. Auf keinen Fall sollte, wie dies in der Praxis leider immer wieder zu beobachten ist, der Vertrag zunächst ausformuliert und durchverhandelt werden, die Rechtswahl jedoch offengelassen werden, damit sich die Parteien dann erst zuletzt, gewissermaßen kurz vor Unterzeichnung, auf das anwendbare Recht einigen. Da die Vertragsformulierung im Zweifel gerade dann nicht mit Blick auf das anwendbare Recht und die sich dort ergebenden Probleme gewählt wurde, kann dies nur zu unübersehbaren und teilweise sogar unlösbaren Problemen führen. Auch von einer Regelung, die die Rechtswahl davon abhängig macht, gegen wen zunächst geklagt wird (dessen Recht dann anwendbar sein soll), ist vernünftigerweise nicht akzeptabel.

Soweit die Parteien keine Aussage zur Rechtswahl treffen, ist auf folgendes hinzuweisen: Bei Lizenzverträgen, die nicht nur einen Bezug zum Recht des deutschen Staates sondern auch einen Bezug zum Recht eines oder mehrerer ausländischer Staaten haben, bestimmen die Regeln des internationalen Privatrechtes, welche Rechtsordnung auf den Vertrag anzuwenden ist. Dieser in Artikel 3 EGBGB niedergelegte Grundsatz kommt schon dann zur Anwendung, wenn eine ausländische Partei am Vertragsschluß beteiligt ist, da sich dann bereits ein Bezug zum Recht dieses ausländischen Staates ergeben wird. Aber auch zwischen zwei deutschen Parteien kann sich die Frage des anzuwendenden Rechtes zum Beispiel dann stellen, wenn die Parteien nicht nur eine Regelung über deutsche Patente sondern auch über ausländische Parallelpatente treffen (vgl. allgemein *Benkard/Ullmann*, a. a. O., § 15, Rdnr. 133).

Bei der Beurteilung nach den Regeln des internationalen Privatrechtes ist zunächst festzuhalten, daß es die Parteien generell in ihrer Hand haben, welches Recht sie auf den Vertrag zur Anwendung kommen lassen wollen. Die Parteien sind dabei völlig frei, welche Rechtsordnung und in welchem Umfang sie diese Rechtsordnung auf den zwischen den Parteien geschlossenen Vertrag anwenden wollen. Treffen die Parteien nun gerade keine Wahl hinsichtlich des anzuwendenden Rechtes, sei dies bewußt oder aufgrund eines Versehens, so kommen grundsätzlich zwei Statuten zur Anwendung: Das Schutzrechtstatut und das Schuldstatut. Das Schutzrechtstatut regelt, daß die Parteien insoweit keine Dispositionsmöglichkeit haben, als es um die Wahl der richtigen Rechtsordnung für die Schutzwirkung der gewerblichen Schutzrechte, hier der Patente, geht. Alle Regeln, die mit der Entstehung, dem Bestand, dem Erlöschen, der Lizenz und der Übertragbarkeit, sowie der sich aus den Schutzrechten ergebenden Klagebefugnis beschäftigen, sind der Disposition der Parteien entzogen (vgl. BGH GRUR 1992, 697 – ALF und *Benkard/Ullmann*, § 15 PatG, Rdnr. 134). Die Rechtswirkungen des lizenzierten Schutzrechtes richten sich zwingenderweise nach dem Recht des Landes, in dem das lizenzierte Recht besteht (Recht des Schutzlandes).

Davon abgesehen kommt aber das Schuldstatut zur Anwendung, wenn es darum geht, welche Rechtsordnung maßgeblich ist für die vertraglichen Regelungen als solche, d. h. Auslegung des Vertrages, Erfüllung, Folgen der Nichterfüllung, Haftung, Nichtigkeit, Kündigung und dergleichen. Insoweit sind die Parteien bei der Wahl des Rechtes frei. Sollten sie keine solche Wahl getroffen haben, so bestimmt Artikel 28 Absatz 1 EGBGB, daß das Recht desjenigen Staates zur Anwendung kommt, zu dem der Vertrag die engsten Verbindungen aufweist. Es scheint herrschende Meinung zu sein, daß für Lizenzverträge insoweit das Recht des Landes zur Anwendung kommen soll, in dem der Lizenzgeber seinen Sitz hat (vgl. hierzu *Benkard/Ullmann*, § 15 PatG, Rdnr. 135). Liegt dagegen ein sogenannter multinationaler Lizenzvertrag vor (Lizenz zur Nutzung in mehreren Vertragsstaaten, wie hier im Form. Vorgesehen), so soll auch in diesem Fall das Recht des Staates zur Anwendung kommen, in dem der Lizenzgeber seinen Sitz oder seine Niederlassung hat, da dies das Land sei, in dem die Partei sitzt, die die charakteristi-

1. Patent and Know-How License Agreement IX. 1

sche Leistung im Vertrag zu erbringen hat. Damit kommt insoweit der Grundsatz der einheitlichen Anknüpfung bei multinationalen Lizenzverträgen zum Tragen, der zu einer Verweisung auf die Rechtsordnung des Lizenzgebers führt (vgl. *Benkard/Ullmann,* a. a. O.). Diese Sicht ist jedoch nicht unbestritten (vgl. hierzu *Beier,* Die international privatrechtliche Beurteilung von Verträgen über gewerbliche Schutzrechte, in: *Holl/ Klinke,* Internationales Privatrecht – Internationales Wirtschaftsrecht, Köln, 1985, 287ff).

Abgesehen vom Territorialitätsprinzip, das seine Ausgestaltung hier im Schutzrechtstatut findet, und dem Prinzip der freien Rechtswahl (Schuldstatut) ist darauf hinzuweisen, daß durch die von den Parteien getroffene Rechtswahl von zwingenden nationalen, aber auch übernationalen Vorschriften nicht abgewichen werden kann (Artikel 34 EGBGB). Die wesentlichen Regelungen die hierbei anzusprechen sind, sind die Regeln des Kartellrechts. Ein Lizenzvertrag unterliegt auch dann dem nationalen deutschen Kartellrecht über § 130 Absatz 2 GWB, wenn er Wettbewerbsbeschränkungen enthält, die sich auf das Inland, d. h. auf das Gebiet der Bundesrepublik Deutschland auswirken. Dasselbe gilt für die Regeln des europäischen Kartellrechtes, die ebenso durch die Rechtswahl der Parteien nicht ausgeschlossen werden können, wenn Wettbewerbsbeschränkungen im Vertrag gegeben sind, die auf den Handel zwischen den Mitgliedsstaaten einwirken können, Artikel 81 Absatz 1 EG-Vertrag. Das ausländische Recht, soweit es sich um kartellrechtliche Regelungsbereiche handelt, enthält vergleichbare Grundsätze.

Zur Anwendbarkeit des EG-Rechtes sei der Vollständigkeit halber darauf hingewiesen, daß trotz des Vorliegens von wettbewerbsbeschränkenden Abreden dann keine Überprüfung des Vertragsinhaltes am EG-Recht stattfindet, wenn der Vertrag unter die Voraussetzung der sogenannten Bagatellbekanntmachung fällt (Bekanntmachung der Kommission vom 9. Dezember 1997 über Vereinbarungen von geringer Bedeutung, die nicht unter Artikel 85 Absatz 1 des Vertrages zur Gründung der Europäischen Wirtschaftsgemeinschaft fallen, ABl EG C 372/13), d. h. wenn der Marktanteil der betroffenen Produkte der beteiligten Unternehmen bei horizontalen Vereinbarungen bis zu 5% und bei vertikalen Vereinbarungen bis zu 10% beträgt. Soweit die Bagatellbekanntmachung dazu führt, daß aufgrund der Marktbedeutung und Größe der Unternehmen Artikel 81 Absatz 1 des EG-Vertrages nicht zur Anwendung kommt, kann grundsätzlich von einer Beurteilung gemäß den europäischen kartellrechtlichen Bestimmungen abgesehen werden, d. h., diese müssen nicht beachtet werden. Über § 130 (2) GWB verbleibt es aber bei der Anwendung des deutschen Kartellrechtes (insbesondere §§ 17, 18 GWB), soweit der Lizenzvertrag auf den Geltungsbereich des GWB, d. h. auf den Bereich der Bundesrepublik Deutschland, Auswirkungen hat.

Zur Abgrenzung der Anwendbarkeit deutschen und europäischen Kartellrechtes und zum Verhältnis beider Rechtskreise vergleiche Münchener Vertragshandbuch, Band 3.1, Form. VI. 1, Anm. 2.

Das Formular versucht, nur solche Wettbewerbsbeschränkungen aufzuführen und zu empfehlen, die aufgrund der Regelungen der Technologietransfer-Gruppenfreistellungsverordnung als unbedenklich oder freigestellt anzusehen sind. Sollten im Einzelfall von den Vertragsparteien auch Regelungen vorgesehen werden, für die nicht ohne weiteres davon ausgegangen werden kann, daß ihre kartellrechtliche Zulässigkeit gegeben ist, so können die Parteien eine Klärung der kartellrechtlichen Zulässigkeit für das nationale Recht durch eine Anmeldung des Vertrages beim Bundeskartellamt und für das europäische Recht durch eine Anmeldung des Vertrages bei der Kommission im Wege des Widerspruchverfahrens geklärt werden.

Solche Klauseln liegen z.B. vor, wenn Mengenbeschränkungen, Preisabsprachen, Marktaufteilungsabreden oder Wettbewerbsverbote vereinbart werden (vgl. Artikel 3 der Technologietransfer-Gruppenfreistellungsverordnung. Allgemein insoweit Münchener Vertragshandbuch, Band 3.1, Form. VI. 2, Anm. 12, 13).

Zum Anmeldeverfahren beim Bundeskartellamt siehe Münchener Vertragshandbuch, Band 3.1, Form. VI. 2, Anm. 49.

Das Widerspruchsverfahren nach der Technologietransfer-Gruppenfreistellungsverordnung regelt sich nach Artikel 4 der Verordnung und soll insbesondere dann Anwendung finden, wenn dem Lizenznehmer Qualitätsvorschriften oder Bezugsverpflichtungen auferlegt werden, die nicht notwendig sind, um eine technisch einwandfreie Nutzung der Technologie zu gewährleisten oder aber dem Lizenznehmer verboten wird, den geheimen oder wesentlichen Charakter des Know-hows oder die Gültigkeit der lizenzierten Patente anzugreifen. Bei diesen in Artikel 4 (2) Ziffer a und b der Gruppenfreistellungsverordnung vorgesehenen Klauseln handelt es sich aber nur um Beispiele, so daß das Widerspruchsverfahren immer dann zur Anwendung kommen kann, wenn wettbewerbsbeschränkende Absprachen vorgesehen werden, die nicht in der Technologietransfer-Gruppenfreistellungsverordnung bereits freigestellt sind. Mit der Anmeldung der Vereinbarung bei der EG-Kommission beginnt eine 4-Monatsfrist zu laufen, binnen der die Kommission Widerspruch gegen die Freistellung erheben kann, Artikel 4 (5) der Verordnung. Tut sie dies nicht, so gilt die angemeldete Vereinbarung im Sinne von einer Anmeldung nach der Verordnung Nr. 17/162 als freigestellt.

Die Kommission hat aufgrund der Verordnung die Möglichkeit, die Vorteile der Gruppenfreistellung zu entziehen, wenn sie im Einzelfall feststellt, daß eine nach dieser Verordnung freigestellte Vereinbarung gleichwohl Wirkungen hat, die mit den Voraussetzungen des Artikel 81 Absatz 3 des Vertrages unvereinbar sind, Artikel 7 der Gruppenfreistellungsverordnung. Dies kann auch dann geschehen, wenn die Vereinbarung im Wege des Widerspruchsverfahrens von der Kommission genehmigt wurde. Im Zusammenhang mit dieser Regelung wurde der umstrittene Passus aufgenommen, daß insbesondere dann eine Entziehung der freistellenden Wirkung durch die Kommission möglich ist, wenn der Lizenznehmer einen Marktanteil von mehr als 40% hat und sich daraus ergibt, daß die Lizenzerzeugnisse im Vertragsgebiet nicht mehr mit anderen als austauschbar oder substituierbar angesehenen Produkten in wirksamen Wettbewerb tehen. Diese Formulierung in Artikel 7 (1) der Verordnung ist letztlich nur eine Ausformung des von der Kommission bereits früher verfolgten Grundsatzes, daß auch im Falle einer Gruppenfreistellung immer noch darauf geachtet werden muß, daß nicht aufgrund der tatsächlichen (insbesondere Markt-)Verhältnisse doch der Mißbrauch einer marktbeherrschenden Stellung durch die Ausübung des Lizenzvertrages eintritt (vgl. hierzu die Tetrapack-Entscheidung der Kommission, GRUR Int. 1989, 131, und des Europäischen Gerichtshofes, EuGH E 1995, 34). Auch im Falle eines gruppenfreigestellten Lizenzvertrages muß daher ein Blick auf die Markstellung der Beteiligten geworfen werden, sei es um festzustellen, inwieweit eine Freistellung aufgrund der Gruppenfreistellungsverordnung entzogen werden kann, oder um abzuschätzen, inwieweit durch die Anwendung des Artikels 82 des EG-Vertrages Probleme drohen. Vergleiche hierzu auch Münchener Vertragshandbuch, Band 3.1, Form. VI. 2, Anm. 50.

Neben dem Widerspruchsverfahren nach der Technologietransfer-Gruppenfreistellungsverordnung bleibt den Parteien auch die Möglichkeit, im Wege eines Negativattestes oder einer Einzelfreistellung gemäß Verordnung Nr. 17/162 eine Klärung der wettbewerbsbeschränkenden Vereinbarungen zu erlangen (vgl. hierzu Münchener Vertragshandbuch, Band 3.1, Form. VI. 2, Anm. 49). Gerade bei internationalen Lizenzverträgen muß darauf geachtet werden, daß auch die kartellrechtlichen Genehmigungsvorschriften der sonst noch betroffenen Rechtskreise erfüllt werden. Erinnert sei hier nur an die Anmeldeverpflichtung unter dem US-amerikanischem Hart Scott Rodino-Act, die für exklusive Lizenzen gilt, die sich im Gebiet der Vereinigten Staaten von Amerika auswirken, vorausgesetzt, daß bestimmte Umsatzgrößen erreicht sind.

Zuletzt muß daran gedacht werden, daß bei Verträgen mit ausländischen Vertragspartner auch unter Umständen eine Genehmigung nach dem Außenwirtschaftsgesetz erforderlich ist (vgl. hierzu *Stumpf/Groß*, Rdnr. 435 ff).

48. Gerichtsstand. Die Parteien können sich, da sie aus verschiedenen Ländern kommen, nicht nur auf die Geltung eines nationalen Rechtes einigen, sondern auch darauf, daß auch in diesem Land die Gerichte die Zuständigkeit haben sollen. Für den Lizenzgeber mag es ein Anliegen sein, daß sein geheimes Know-how und lizenzierte Technologie nicht in öffentlichen Gerichten diskutiert wird, sollte er mit den Lizenznehmern in eine Auseinandersetzung geraten und so Wettbewerbern ermöglicht wird, Kenntnisse über das geheime Know-how zu erhalten. Zu diesem Zweck vereinbaren die Parteien ein Schiedsverfahren zur Beilegung ihrer Streitigkeiten.

Bei dem hier vorgeschlagenen Schiedsverfahren handelt es sich um ein sogenanntes ad hoc-Schiedsverfahren, daß nicht einer der gängigen Regeln (ICC oder DIS oder WIPO) folgt, sondern das selbst in der Klausel festschreibt, nach welcher Art und Weise Schiedsrichter auszuwählen und das Schiedsgericht tätig werden soll. (Zu einem ICC-Schiedsverfahren vgl. Form. VI. 5. Anm. 32. Zu einem WIPO-Schiedsverfahren vgl. Form. VI. 3 Anm. 24.)

Wenn auch den Parteien generell zu empfehlen sein wird, sich auf den ordentlichen Gerichtsweg zu einigen (vgl. zur Abwägung der Vor- und Nachteile Münchener Vertragshandbuch, Band 3.1, Form. VI. 2, Anm. 48), so wird dies oftmals daran scheitern, daß die Parteien sich nicht auf die Zuständigkeit der Gerichte der einen oder anderen Vertragsseite einigen können. Insbesondere wenn auf Seiten des Lizenzgebers ein US-amerikanisches Unternehmen beteiligt ist, kann auch aufgrund der Nachteile der US-amerikanischen Prozeßpraxis einem Lizenznehmer nicht empfohlen werden, sich auf die Zuständigkeit der US-amerikanischen Gerichte einzulassen. In einem solchen Fall scheint das Einverständnis mit einem Schiedsverfahren das kleinere Übel zu sein.

2. Patent License Agreement

(Patentlizenzvertrag)

PATENT LICENSE AGREEMENT[1]

by and among

1. ABC Corp., 1 Main Street, Hoboken, New Jersey, USA
– in the following referred to as "A" –
2. BCD Tochtergesellschaft mbH, Musterstraße 1, 8000 München, DEUTSCHLAND
– in the following referred to as "B" –
and
3. CDE GmbH & Co. KG, Industriestraße 1, 6000 Frankfurt am Main, DEUTSCHLAND
– in the following referred to as "C" –

RECITALS[2]

WHEREAS, A is the owner of various patents and utility model rights in the territory with B being its sole licensee under such rights in the territory;
WHEREAS, A and B have claimed that the manufacture and distribution of certain products by C infringes such rights;

WHEREAS, C has denied such allegations and has claimed to be entitled to such activities;

WHEREAS, A and B have initiated court proceedings against C pursuing their allegation of infringement of such rights at the Landgericht Frankfurt am Main, such procedures having led to a judgment against C finding for infringement of such rights, which judgment has been appealed by C and the appellate court has had its first oral hearing;

WHEREAS, C has filed a nullity action against certain of such patents and utility models of A upon which the Federal Patent Court has found for a (partial) invalidity of some of the patents, which decision has been appealed by A;

WHEREAS, to settle the dispute A and B are willing to grant C a license under the patents and C is willing to accept such license;

NOW, THEREFORE, the Parties agree as follows:

Article 1. Definitions[3]

1. "Patents" means all Patents and utility models, granted or applied for by A in various countries and solely licensed to B, as listed in Annex A to this Agreement.[4]
2. "Product" means the switching devices „X 305" and „X 315" and any later modifications and changes thereof, may such switching devices contain also means for digital conversion.[5]
3. "Technical Area" means the use of switching devices as switchboards of public or private telecommunication companies.[6]
4. "Territory" means all countries in the world in which A holds Patents.[7]

Article 2. License Grant[8]

1. A and B hereby grant to C the non-exclusive right to use the Patents in the Territory to manufacture, offer, put on the market, use, import or stock the Product for use in the Technical Area.
2. C has to limit its manufacture of the Product to the quantities it requires to make the Products part of its telephone switching equipment "The switch" as more closely defined in Annex B to this Agreement and to sell the Product only as an integral part of this switching equipment. C is entitled to freely determine the quantities required for such manufacture. C is also entitled to manufacture such quantities it requires to sell the Product as a replacement part for such switching equipment.

Article 3. Royalty[9]

1. As compensation for the license grant, C shall pay A and B, jointly, a yearly royalty payment of € 1,0 Million.
2. C shall pay this royalty for each year on January 31 of the following year, the latest, to the bank account designated by A upon signing of this Agreement. This payment is valid payment both with respect to A and B.
3. The royalty payment shall be subject to applicable Value Added Tax, if any, which shall be borne by C.

Article 4. Settlement for Past Use[10]

1. The payment according to Article 3 does not cover the use of the Patents for switch "X 295", in any configuration ("the Old Product") as well as the use of Patents for the Product in the past.
2. For such use of the Patents for the Old Product and for the Product in the past, C agrees to pay a lump sum royalty of € 10 Million, which payment shall be made in yearly installments of € 1.000.000,–. The Parties acknowledge that the payment of

such installments will exceed the duration of the Patents. The Parties agree on this payment scheme to facilitate payment by C.[11]
3. A and/or B shall have no further claims based on the past activities of C making use of the Patents in the Territory and A and B expressly waive any such claims. This waiver includes, but is not limited to, any claims of A and/or B for damages, unjust enrichment or reasonable royalties.

Article 5. Old Product[12]

1. C shall cease manufacture of the Old Product with the end of 2002.
2. C shall have the right to furnish to its customers spare parts for the Old Product. A and B acknowledge that this furnishing by C will run for at least another 10 years starting with the conclusion of this Agreement.

Article 6. Conclusion of Legal Proceedings[13]

1. A and B shall immediately, after this Agreement has been signed and the first installment of past royalties in the amount of € 1.000.000,– has been paid by C, withdraw their infringement claim filed with the Landgericht Frankfurt am Main, which is now on appeal before the Oberlandesgericht Frankfurt am Main. C agrees to such withdrawal. C furthermore agrees not to file a motion with the court to order A and/or B to cover the attorney's cost of C.
2. C shall immediately after withdrawal of the infringement claim by A and B withdraw its claim to have the Patents declared invalid. A and B shall not file a motion with the court to order C to cover the attorney's costs of A and B.
3. Each Party shall cover its own court and out of court costs paid or to be paid. The Parties shall not reimburse each other for any of those costs.

Article 7. Validity of Patents[14]

1. Nothing in this Agreement shall restrict C from contesting in the future the validity of the Patents.
2. If C contests the validity of the Patents, A and B shall be entitled to terminate this License Agreement without notice and to reinstate infringement proceedings with competent courts.

Article 8. No Warranties[15]

A and B do not assume any warranties with respect to the Patents, especially with respect to their patentability and validity or their commercial exploitability.

Article 9. Third Party Rights[16]

A and B do not assume any obligation to defend C against any infringement allegation raised by third parties based on the exploitation of the Patents.

Article 10. Maintenance and Defense of Patents[17]

1. A is under no obligation to maintain the Patents for the duration of this Agreement and to pay the respective maintenance fees or to defend the Patents against any validity attacks of third parties. The maintenance as well as the defense of the Patents shall be in the sole discretion of A.
2. It shall not affect the payment obligation of C if A waives its rights to some of the Patents, or if some of the Patents are declared invalid or limited as to their scope. Only if all of the Patents are waived or declared finally invalid, C shall be entitled to stop the royalty payments according to Article 3 for any further use. The settlement pay-

ment set forth in Article 4 shall nevertheless be paid by C for the remainder of the payment period.

Article 11. No Obligation to Inform on Improvements[18]

Neither A and B nor C shall be obliged to inform each other of any improvements and/or new developments in the Technical Area. The Parties expressly exclude any obligation to license each other such improvements and new developments.

Article 12. Confidentiality Obligation[19]

The Parties to this Agreement agree that the content of this License Agreement shall be kept confidential and shall not be disclosed to any third parties, with the exception of such customers of C which have been charged by A and/or B with infringement claims as those customers are set forth in Annex C to this Agreement.

Article 13. Notices[20]

Any notices to be given under this Agreement by one of the Parties shall be deemed to have been given as of the date of receipt if sent by mail, by telex or by telefax at the following addresses:

For A at: ABC Corp. Attn.: Company Manger, 1 Main Street, Hoboken, New Jersey, USA

For B at: BCD Tochtergesellschaft mbH, z.H. Manager of Legal Department, Musterstraße 1, 80000 München, DEUTSCHLAND

For C at: CDE GmbH & Co. KG, z.H. Managing Board, Industriestraße 1, 60000 Frankfurt am Main, DEUTSCHLAND

Article 14. Term[21]

1. This Agreement shall end at the date of expiration of the longest running Patent. Notwithstanding Article 7, neither Party shall be entitled to terminate this Agreement before such expiration. The Parties acknowledge that the payment obligation according to Article 4 shall continue beyond expiration of the longest running Patent and beyond termination according to Article 7.
2. The right to terminate this Agreement because of an important reason shall not be affected.

Article 15. Assignibility and Sublicense[22]

1. Neither Party shall be entitled to assign this Agreement or part of this Agreement without the prior written consent of all of the other Parties.
2. C shall not be entitled to sublicense the rights granted under this Agreement without the prior written consent of A and B, provided, however, that C shall be entitled to sublicense to the C–F joint venture.

Article 16. Severability[23]

Should any provision of this Agreement wholly or in part be or become invalid or not enforceable, the remaining parts of this Agreement shall not be affected. The invalid provision shall be replaced by a valid provision coming as close to the economic intent of the Parties as legally possible.

Article 17. Miscellaneous

1. This Agreement shall be governed by the laws of the Federal Republic of Germany.[24]
2. Place of jurisdiction shall be Munich. This venue does not apply for any infringement litigation filed by A or B after termination of this Agreement according to Article 7.[25]

2. Patent License Agreement IX. 2

3. Each Party shall bear its costs in connection with this Agreement, including attorney's fees.[26]
4. Any amendments to this Agreement (including to this subsection) must be made in writing.[27]

....
Signature A

....
Signature B

....
Signature C

*Übersetzung**

PATENTLIZENZVERTRAG[1]

zwischen

1. ABC Corp., 1 Main Street, Hoboken, New Jersey, USA
– nachfolgend „A" –
2. BCD Tochtergesellschaft mbH, Musterstraße 1, 80000 München, DEUTSCHLAND
– nachfolgend „B" –
und
3. CDE GmbH & Co. KG, Industriestraße 1, 60000 Frankfurt am Main, DEUTSCHLAND
– nachfolgend „C" –

Präambel[2]
A ist Inhaber verschiedener Patente und Gebrauchsmuster in dem Vertragsgebiet, welche er an B als alleinigem Lizenznehmer in dem Vertragsgebiet lizenziert hat.
A und B haben geltend gemacht, daß die Herstellung und der Vertrieb von bestimmten Produkten von C diese Rechte verletzt.
C ist diesen Behauptungen entgegengetreten und hat beansprucht, zu diesen Tätigkeiten berechtigt zu sein.
A und B haben gegen C zur Verfolgung ihrer vorgebrachten Verletzungsansprüche vor dem Landgericht Frankfurt am Main Klage erhoben, woraufhin C erstinstanzlich wegen Verletzung der Schutzrechte verurteilt worden ist. Gegen dieses Urteil hat C Berufung eingelegt, und das Berufungsgericht hat eine erste mündliche Verhandlung durchgeführt.
C hat gegen einige der genannten Patente und Gebrauchsmuster von A Nichtigkeitsklage erhoben. Das Bundespatentgericht hat daraufhin einige Patente für (teilweise) nichtig erklärt. A hat gegen die Entscheidung Berufung eingelegt.
Zur Beilegung des Rechtsstreites sind A und B bereit, C eine Lizenz an den Patenten zu gewähren, und C ist bereit, diese Lizenz anzunehmen.
Dies vorausgeschickt, vereinbaren die Parteien folgendes:

Artikel 1. Definitionen[3]
1. „Patente" bedeutet sämtliche in Anlage A zu diesem Vertrag aufgeführten Patente und Gebrauchsmuster, für die A in verschiedenen Ländern Patentschutz angemeldet

---

* Diese Übersetzung dient ausschließlich dem besseren Verständnis des englischen Originals; sie erhebt keinen Anspruch auf Verbindlichkeit.

und gewährt bekommen hat und die A an B als alleinigem Lizenznehmer lizenziert hat.[4]
2. „Produkt" bedeutet die Schaltgeräte „X 305" und „X 315" sowie jegliche nachfolgenden Veränderungen und Modifikationen hierzu, auch wenn die Schaltgeräte ein Geräteteil zur digitalen Umwandlung enthalten.[5]
3. „Technischer Bereich" bedeutet die Nutzung von Schaltgeräten als telefonische Schaltanlagen von öffentlichen oder privaten Telekommunikationsgesellschaften.[6]
4. „Vertragsgebiet" bedeutet sämtliche Länder auf der Welt, in denen A Inhaber der Patente ist.[7]

Artikel 2. Lizenzgewährung[8]
1. A und B gewähren hiermit C das nicht-ausschließliche Recht, die Patente in dem Vertragsgebiet dazu zu nutzen, die Produkte für die Benutzung in dem technischen Bereich herzustellen, anzubieten, in Verkehr zu bringen, zu gebrauchen, einzuführen oder zu besitzen.
2. C verpflichtet sich, die Herstellung des Produktes auf die Menge zu beschränken, die erforderlich ist, um das Produkt als Bestandteil seines Telefonschaltgerätes „The switch", wie in Anlage B zu diesem Vertrag genauer definiert, einzusetzen, und das Produkt nur als integrierten Bestandteil dieses Schaltgerätes zu veräußern. C ist berechtigt, nach eigenem Ermessen die für diese Herstellung erforderlichen Mengen zu bestimmen. C ist auch berechtigt, die Mengen herzustellen, die zum Verkauf des Produktes als Ersatzteil für das Schaltgerät erforderlich sind.

Artikel 3. Lizenzgebühr[9]
1. Für die Lizenzgewährung zahlt C an A und B gemeinsam eine jährliche Lizenzgebühr in Höhe von € 1 Millionen.
2. C zahlt diese Lizenzgebühr für jedes Jahr bis spätestens zum 31. Januar des Folgejahres auf das von A bei Unterzeichnung dieses Vertrages angegebene Bankkonto. Diese Zahlung gilt als wirksame Zahlung sowohl gegenüber A als auch gegenüber B.
3. Soweit die Lizenzgebühr der Mehrwertsteuer unterliegt, wird diese durch C getragen.

Artikel 4. Vergleich über die bisherige Nutzung[10]
1. Die Zahlung gemäß Artikel 3 umfaßt nicht die Nutzung der Patente für das Schaltgerät „X 295" in jeglicher Konfiguration („das alte Produkt") sowie die Nutzung der Patente für das Produkt in der Vergangenheit.
2. Für die Nutzung der Patente für das alte Produkt und für die Nutzung der Patente für das Produkt in der Vergangenheit zahlt C eine Gesamtlizenzgebühr von € 10 Millionen in jährlichen Raten von € 1.000.000,–. Die Parteien erkennen an, daß die Zahlung der Raten die Schutzdauer der Patente übersteigen wird. Die Parteien vereinbaren diesen Zahlungsplan, um C die Zahlung zu erleichtern.[11]
3. A und/oder B haben hinsichtlich der bisherigen Tätigkeiten von C, bei denen die Patente im Vertragsgebiet genutzt worden sind, keine weiteren Ansprüche und verzichten hiermit ausdrücklich auf sämtliche solche Ansprüche. Dieser Verzicht schließt sämtliche Ansprüche von A und/oder B für Schäden, ungerechtfertigte Bereicherung oder angemessene Lizenzgebühren mit ein, ist hierauf jedoch nicht beschränkt.

Artikel 5. Altes Produkt[12]
1. C verpflichtet sich, die Herstellung des alten Produktes mit Ablauf des Jahres 2002 einzustellen.

2. C hat das Recht, an seine Kunden Ersatzteile für das alte Produkt zu liefern. A und B erkennen an, daß diese Lieferungen durch C für mindestens weitere 10 Jahre nach dem Abschluß diese Vertrages anhalten werden.

Artikel 6. Beendigung der gerichtlichen Verfahren[13]

1. A und B verpflichten sich, unverzüglich nach der Unterzeichnung dieses Vertrages und dem Erhalt der ersten Ratenzahlung der Lizenzgebühr für die Vergangenheit in Höhe von € 1.000.000,– von C ihre Verletzungsklage vor dem Landgericht Frankfurt am Main, welche zur Zeit im Berufungsverfahren vor dem Oberlandesgericht Frankfurt am Main anhängig ist, zurückzunehmen. C erklärt sich mit der Klagerücknahme einverstanden. C verpflichtet sich darüber hinaus, keinen Kostenantrag zu Lasten von A und/oder B zu stellen.
2. C verpflichtet sich, unverzüglich nach der Rücknahme der Verletzungsklage durch A und B seine Nichtigkeitsklage gegen die Patente zurückzunehmen. A und B verpflichten sich, keinen Kostenantrag zu Lasten von C zu stellen.
3. Jede Partei trägt ihre bereits gezahlten oder noch zu zahlenden gerichtlichen und außergerichtlichen Kosten. Eine Erstattung dieser Kosten findet nicht statt.

Artikel 7. Rechtsbeständigkeit der Patente[14]

1. C wird durch keine Bestimmung dieses Vertrages darin beschränkt, in der Zukunft die Rechtsbeständigkeit der Patente zu bestreiten.
2. Falls C die Rechtsbeständigkeit der Patente bestreitet, sind A und B berechtigt, diesen Lizenzvertrag unverzüglich zu kündigen und die Verletzungsklagen bei den zuständigen Gerichten erneut zu erheben.

Artikel 8. Keine Gewährleistungen[15]

A und B übernehmen keinerlei Gewährleistungen hinsichtlich der Patente, insbesondere nicht hinsichtlich ihrer Patentfähigkeit, ihrer Rechtsbeständigkeit oder ihrer kommerziellen Verwertbarkeit.

Artikel 9. Schutzrechte Dritter[16]

A und B übernehmen keinerlei Verpflichtung, C gegen Verletzungsansprüche zu verteidigen, welche durch Dritte wegen der Verwertung der Patente geltend gemacht werden.

Artikel 10. Aufrechterhaltung und Verteidigung der Patente[17]

1. A ist nicht verpflichtet, die Patente für die Dauer dieses Vertrages aufrechtzuerhalten und die entsprechenden Verlängerungsgebühren zu zahlen oder die Patente in ihrer Rechtsbeständigkeit gegen Angriffe durch Dritte zu verteidigen. Die Verlängerung und die Verteidigung der Patente steht im alleinigen Ermessen von A.
2. Verzichtet A auf einige seiner Patentrechte oder werden einige Patente für unwirksam erklärt oder in ihrem Umfang beschränkt, so bleiben die Zahlungsverpflichtungen von C hiervon unberührt. Nur wenn A auf sämtliche Patente verzichtet hat oder sämtliche Patente rechtskräftig für unwirksam erklärt worden sind, hat C das Recht, die Zahlung der Lizenzgebühren nach Artikel 3 für jede weitere Benutzung einzustellen. Auch in diesem Fall hat C jedoch die in Artikel 4 festgesetzten Vergleichszahlungen für den Rest der Zahlungszeit zu zahlen.

Artikel 11. Keine Mitteilungsverpflichtung hinsichtlich Verbesserungen[18]

Weder A und B noch C sind verpflichtet, sich gegenseitig über Verbesserungen und/oder neue Entwicklungen in dem technischen Bereich zu informieren. Die Parteien schließen jede Verpflichtung, sich gegenseitig für solche Verbesserungen oder neue Entwicklungen zu lizenzieren, ausdrücklich aus.

Artikel 12. Geheimhaltungsverpflichtung[19]

Die Vertragsparteien vereinbaren, daß der Inhalt dieses Lizenzvertrages vertraulich behandelt und nicht gegenüber Dritten offengelegt werden soll. Das gilt nicht für die in Anlage C zu diesem Vertrag aufgeführten Kunden von C, gegen die A und/oder B Verletzungsansprüche geltend gemacht hat.

Artikel 13. Mitteilungen[20]

Sämtliche nach diesem Vertrag von einer Partei vorzunehmenden Mitteilungen gelten mit dem Tag des Erhalts als abgegeben, wenn sie per Post, Telex oder Telefax an folgende Anschriften geschickt werden:

Für A: ABC Corp., Attn.: Company Manager, 1 Main Street, Hoboken, New Jersey, USA

Für B: BCD Tochtergesellschaft mbH, z. Hd. Leiter der Rechtsabteilung, Musterstraße 1, 80000 München, DEUTSCHLAND

Für C: CDE GmbH & Co. KG., z. Hd. Geschäftsführung, Industriestraße 1, 60000 Frankfurt am Main, DEUTSCHLAND

Artikel 14. Vertragsdauer[21]

1. Dieser Vertrag endet am Tag des Ablaufes der Schutzdauer für das am längsten geschützte Patent. Unbeschadet des Artikels 7 ist keine Partei berechtigt, diesen Vertrag vor diesem Ablauf zu kündigen. Die Parteien erkennen an, daß die Zahlungsverpflichtung nach Artikel 4 auch nach Ablauf des am längsten geschützten Patentes und nach einer Kündigung entsprechend Artikel 7 fortbesteht.
2. Das Recht zur Kündigung dieses Vertrages aus wichtigem Grund bleibt unberührt.

Artikel 15. Abtretung und Unterlizenzierung[22]

1. Dieser Vertrag darf weder ganz noch teilweise ohne vorherige schriftliche Zustimmung sämtlicher Parteien abgetreten werden.
2. C ist nicht berechtigt, die nach dem Vertrag gewährten Rechte ohne vorherige schriftliche Zustimmung von A und B an Dritte unterzulizenzieren. Dies gilt nicht für eine Unterlizenzierung an das C–F Joint Venture.

Artikel 16. Salvatorische Klausel[23]

Sollte eine Bestimmung dieses Vertrages ganz oder teilweise ungültig oder undurchsetzbar sein oder werden, so bleiben die übrigen Bestimmungen dieses Vertrages hiervon unberührt. Die ungültige Bestimmung wird durch eine gültige Bestimmung ersetzt, welche der wirtschaftlichen Zielsetzung der Parteien im Rahmen des rechtlich Möglichen am nächsten kommt.

Artikel 17. Verschiedenes

1. Dieser Vertrag unterliegt dem Recht der Bundesrepublik Deutschland.[24]
2. Gerichtsstand ist München. Dieser Gerichtsstand gilt nicht für Verletzungsklagen, welche von A oder B nach Ablauf dieses Vertrages gemäß Artikel 7 eingereicht werden.[25]
3. Jede Partei trägt ihre Kosten im Zusammenhang mit diesem Vertrag, einschließlich der Rechtsanwaltskosten.[26]

2. Patent License Agreement IX. 2

4. Sämtliche Ergänzungen zu diesem Vertrag (einschließlich dieses Absatzes) bedürfen der Schriftform.[27]

....
Unterschrift A

....
Unterschrift B

....
Unterschrift C

Schrifttum: Siehe oben zu Form. VI. 1.

Übersicht

	Seite
1. Sachverhalt	1093–1094
2. Präambel	1094
3. Definition	1094
4. Definition: Patente	1094
5. Definition: Produkte	1094
6. Technischer Bereich	1094
7. Lizenzumfang	1094
8. Lizenzgewährung	1094–1095
9. Lizenzgebühren	1095
10. Pauschallizenz	1095
11. Lizenzgebührzahlungsmodalitäten	1095
12. Abänderung des patentverletzenden Gegenstandes	1095–1096
13. Erledigung der schwebenden Rechtsstreite	1096
14. Nichtangriffsverpflichtung	1096–1097
15. Gewährleistung	1097
16. Angriffe Dritter	1097
17. Aufrechterhaltung der Patente	1097
18. Keine Verbesserung	1097
19. Geheimhaltungsverpflichtungen	1097
20. Mitteilungen	1098
21. Laufzeit	1098
22. Abtretbarkeit und Unterlizenz	1098
23. Kartellrecht	1098
24. Rechtswahl	1098
25. Gerichtsstand	1098
26. Kosten	1098
27. Schriftform	1098

Anmerkungen

1. Sachverhalt. Das Vertragsmuster enthält eine reine Patentlizenz. Eine solche findet sich selten im Zusammenhang mit der Übertragung von Technologie, da mit einer reinen Patentlizenz der Lizenznehmer in der Regel nicht in die Lage versetzt wird, die lizensierten Patente auszunutzen, ohne daß ihm auch das erforderliche Know-how, sei es hinsichtlich der Herstellung oder hinsichtlich der Nutzung der Produkte mit lizensiert wird. Das Formular geht daher von einer häufig anzutreffenden Fallgestaltung aus, nämlich der Einräumung einer Lizenz an Patenten zur Beilegung einer Verletzungsstreitigkeit.

Das Formular unterstellt, daß die Parteien bereits einige Zeit miteinander vor Gericht gestritten haben. Es wird angenommen, daß der Patentinhaber A ebenso wie das Tochterunternehmen B, sein alleiniger (A soll das Recht haben, die Patente noch selbst im

Vertragsgebiet zu nutzen) Lizenznehmer in der Bundesrepublik Deutschland, in erster Instanz ein obsiegendes Urteil erstritten haben, das C der Patentverletzung für schuldig befindet. Gegen dieses Urteil hat C Berufung eingelegt. Als eines seiner Verteidigungsmittel hat C die geltend gemachten Patente und Gebrauchsmuster vor dem Bundespatentgericht mit einer Nichtigkeitsklage (§§ 20, 21 PatG) angegriffen und war dort ebenfalls in 1. Instanz erfolgreich: Ein Patent wurde für nichtig erklärt, einige wurden hinsichtlich ihres Umfanges beschränkt. Angesichts dieser Situation haben beide Seiten Anlaß gesehen, sich zur Beilegung der Streitigkeiten zu einer vergleichsweisen Lösung zusammenzufinden.

2. **Präambel.** In der Präambel wird die Vorgeschichte der Parteien erzählt, um auf diese Weise zum einen die Geschäftsgrundlage der Vereinbarung näher zu umschreiben, zum anderen aber auch, um Auslegungsgrundsätze im Falle späterer Streitigkeiten zur Verfügung zu haben, soweit es um die Historie der Vertragsbeziehung geht (vgl. hierzu Form. VI. 1, Anm. 2). Unter Umständen sehen die Parteien keinen Anlaß, an dieser Stelle zu ausführlich zu sein, um nicht Gefahr zu laufen, daß ein Dritter, sollte das Vertragsdokument ihm zur Kenntnis gelangen, aufgrund einer eingehenden Schilderung des Sachverhaltes Schlüsse für seine eigene Rechtsposition ziehen kann.

3. **Definitionen.** Diese Definitionen erweisen sich als nützlich, um nicht den Text des Vertrages zu sehr mit Details zu überfrachten. Wenn erst einmal vorweg klargestellt ist, was unter Patenten zu verstehen ist, entfällt die Notwendigkeit, bei jeder späteren Erwähnung des Wortes „Patentes" auch die Gebrauchsmuster und die entsprechenden Anmeldungen für diese Schutzrechte mit zu erwähnen. Vgl. Form. VI. 1, Anm. 3.

4. **Definition: Patente.** Vgl. Form. VI. 1, Anm. 5.

5. **Definition: Produkte.** Wichtig ist insbesondere die Definition der Produkte, da der Patentinhaber und sein alleiniger Lizenznehmer nur insoweit zur Einräumung einer Lizenz bereit sein werden, als es sich um die derzeit bekannten und in der Regel in der Verletzungsklage angegriffenen Verletzungsgegenstände handelt. Eine genaue Beschreibung des Lizenzgegenstandes ist daher aus der Sicht des Patentinhabers essentiell. Der Lizenznehmer wird oftmals den Wunsch haben, hier eine weite Definition zu finden, damit auch zukünftige Produkte oder Weiterentwicklungen der verletzenden Produkte von der Lizenzgewährung mit umfaßt werden.

6. **Technischer Bereich.** Die Aufzählung des technischen Gültigkeitsbereiches ist zur noch deutlicheren Eingrenzung der Lizenzgewährung erforderlich. Vgl. Form. VI. 1, Anm. 14.

7. **Lizenzumfang.** Da es sich um eine generelle Beilegung der Streitigkeiten handeln soll, ergibt es sich, daß die Parteien die weltweit existierenden Patente mit einbeziehen. Sollte sich zum räumlichen Geltungsbereich der Lizenz keine ausdrückliche Regelung im Vertrag finden, so wird sich der räumliche Geltungsbereich mit den Ländern decken, für die die lizenzierten Patente erteilt wurden. Zum Vertragsgebiet vergleiche auch Form. VI. 1, Anm. 12.

8. **Lizenzgewährung.** Die Lizenzgewährung enthält in kurzer Form im Ergebnis den Verzicht auf die Geltendmachung der Patentrechte hinsichtlich der vergangenen und künftigen Aktivitäten des Patentverletzers. Dies könnte auch durch die einfache Erklärung geschehen, daß auf die Geltendmachung der Patentrechte für Vergangenheit und Zukunft verzichtet wird.

Die Lizenzgewährung enthält hinsichtlich der dem Lizenznehmer eingeräumten Nutzungsarten eine Wiederholung des Gesetzestextes von § 9 PatG. Die Lizenz kann auch auf einzelne dieser Nutzungsarten des § 9 PatG beschränkt werden (vgl. insoweit *Benkard/Ullmann*, § 15, Rdnr. 37 PatG). Zu beachten bleibt, daß die Erschöpfungswirkung dazu führen kann, daß der Lizenznehmer im weiteren Umfange berechtigt ist, als dies die wörtliche Formulierung des Lizenzvertrages vermuten lassen (vgl. *Immenga/ Mestmäcker*, GWB, 3. Auflage 2001, § 17 Rdnr. 35).

9. Lizenzgebühren. Die Lizenzgebühren-Zahlungsverpflichtung wird in diesem Muster so gewählt, daß es sich um eine pauschale jährliche Lizenzgebühr handelt, die nicht vom tatsächlichen Nutzungsumfang des Lizenznehmers abhängt. Dies hat seinen Grund darin, daß die Parteien einen eingehenderen Kontakt in der Zukunft ebenso wie sich möglicherweise anbahnende zukünftige Auseinandersetzungen vermeiden wollen. Die damit unter Umständen eintretende Ungerechtigkeit gegenüber der einen oder anderen Partei (je nachdem ob mehr oder weniger Gegenstände des patentierten Produktes hergestellt werden) wird aus Gründen der Vereinfachung und der Befriedung der Parteien bewußt in Kauf genommen.

10. Pauschallizenz. Auch für die Vergangenheit versuchen die Parteien diesem Ansatz zu folgen. Sie sehen daher keine Verpflichtung zur Rechnungslegung für die stattgefundenen Verletzungshandlungen vor. Auch hier wird mit Schätzungen und pauschalen Summen gearbeitet. Zur Berechnung des Schadensersatzes bei Patentverletzung im allgemeinen und den dabei anzustellenden Überlegungen zur Regelung der Vergütung für die vorvertraglichen (patentverletzenden) Benutzungshandlungen, vergleiche Münchener Vertragshandbuch, Band 3.1, Form. VI. 1, Anm. 7, m. w. N. Aus der dort aufgezeigten Rechtsprechung ergibt sich (für den Patentinhaber durchaus nachteilig) die Situation, daß aufgrund der üblicherweise von der Rechtsprechung angewandten Lizenzanalogie (vergleiche hierzu BGH Z 44, 372 – Meßmer Tee), der Schutzrechtsverletzer bei dieser Betrachtungsweise die günstigere Position zugewiesen erhält, da er im Verletzungsfalle, sollte er denn vom Patentinhaber der Patentverletzung überführt und auch von einem Gericht der Patentverletzung für schuldig befunden werden, lediglich eine angemessene Lizenzgebühr zu zahlen hat. Diese angemessene Lizenzgebühr hätte er im Zweifelsfalle auch bei vorheriger Kontaktaufnahme mit dem Patentinhaber und bei entsprechendem Vertragsschluß zahlen müssen.

11. Lizenzgebührzahlungsmodalitäten. Da es dem Verletzer aufgrund der finanziellen Verhältnisse nicht möglich ist, für die hier (unterstellt) sehr umfänglichen Verletzungungshandlungen die erforderliche Lizenzgebühr von € 10 Millionen in einem Betrag zu zahlen, wird dem Lizenznehmer eine Ratenzahlungsmöglichkeit in jährlich gleichbleibenden Beträgen eingeräumt.

Auf diese Weise wird der Lizenznehmer jährlich zusammen mit der pauschalen Lizenzgebühr auch für die Vergangenheit Zahlungsbeträge leisten. Die in Artikel 4 Abs. 2 und in Artikel 14 Abs. 1 des Musters vorgesehene Klausel, daß eine solche Zahlungsverpflichtung auch über die Laufzeit des längstlaufenden Patentes hinaus verbindlich ist, wird durch die Technologietransfer-Gruppenfreistellungsverordnung Nr. 240/96 vom 31. Januar 1996 (ABl EG L 31/2 vom 9. 2. 1996) ausdrücklich als zulässig anerkannt, Art. 2 Abs. 1 (7) (b), und Erwägungsgrund 21.

12. Abänderung des patentverletzenden Gegenstandes. Im Rahmen des Kompromisses zur Beilegung der Rechtsstreitigkeiten hat sich der Lizenznehmer verpflichtet, einen Teilbereich der vom Patentinhaber und seinem Lizenznehmer als Patentverletzung beanstandeten Produktreihe abzuändern, da die neueren Produkte einen weiteren Abstand von den vom Patentinhaber selbst hergestellten Produkten halten. Da der Verletzer und jetziger Lizenznehmer aber noch eine Reihe von alten Produkten auf Lager vorrätig hält, wird diesem erlaubt, innerhalb einer festgesetzten Aufbrauchsfrist diese Produkte abzuverkaufen. Darüber hinaus wird es dem Lizenznehmer ermöglicht, daß er seinen bisherigen Kunden insoweit Service leistet, als er noch Ersatzteile für die alte, jetzt aufgegebene Produktlinie bereithält. Auch insoweit muß die Lizenzgewährung aus Sicht des Verletzer explizit auf die Ersatzteile erstreckt werden, da sich unter bestimmten Voraussetzungen das Patent auch auf die Lieferung dieser Ersatzteile erstreckt (sei es im Wege des patentrechtlichen Teilschutzes, vgl. *Benkard,* Patentgesetz, 9. Auflage 1993, § 14 Rdnr. 141 ff, oder im Wege der Wiederherstellung des patentierten Produkte, vgl. *Benkard,* a.a.O, § 9 Rdnr. 37, 39).

Nicht selten werden die Parteien auch dahin übereinkommen, daß sie statt einer Abänderungsverpflichtung (oder zusätzlich zu einer Abänderungsverpflichtung) Regelungen über die gemeinsame Festlegung des Schutzumfanges der geltend gemachten Patente vornehmen, um so auch dem angeblichen Verletzer gegenüber für Rechtssicherheit zu sorgen, damit er weiß, welche der Gegenstände nicht lizenzgebührenpflichtig sind und welche Gegenstände er demgegenüber ohne weiteres und auch ohne Beanstandung durch den Patentinhaber in Zukunft herstellen und vertreiben kann. Eine solche Vereinbarung über den Schutzumfang ist rechtlich mit Risiken behaftet, da es (aus kartellrechtlichen Gründen) nicht angehen kann, daß die Parteien einvernehmlich den Schutzumfang der streitgegenständlichen Patente soweit ausdehnen, daß die Lizenzzahlungspflicht und die mit der Lizenzierung verbundenen Wettbewerbsbeschränkungen auch in einen Bereich greifen, der vom Schutzumfang des Patentes nicht mehr umfaßt ist. Insoweit muß eine Schutzbereichsabgrenzung sich im Rahmen des objektiv Vertretbaren bewegen (vgl. hierzu Münchener Vertragshandbuch, Band 3.1, Form. VI. 1, Anm. 3).

13. Erledigung der schwebenden Rechtsstreite. Da es Sinn des gesamten Vertrages ist, zu einer Befriedung zwischen den Parteien beizutragen, muß im Vertragstext selbst geregelt werden, wie die derzeit anhängigen Rechtsstreite zur Erledigung geführt werden. Das Muster schlägt insoweit vor, daß (allerdings erst nach Eingang der ersten Lizenzgebührzahlung) sowohl der Verletzungsrechtsstreit, der von A und B angestrengt wurde, durch Klagerücknahme, als auch die Nichtigkeitsklage durch entsprechende Prozeßhandlung erledigt wird. Die Parteien verpflichten sich gegenseitig, keine Kostenanträge zu stellen (vgl. § 269 Absatz 3 Satz 3 ZPO). Sollten in weiteren Ländern Streitigkeiten anhängig sein, so müssen in dieser Klausel, die mit den prozessualen Einzelheiten der Beilegung der Streitigkeiten zu tun hat, sämtliche schwebenden Prozesse erwähnt und deren Erledigung geregelt werden.

14. Nichtangriffsverpflichtung. Die Aufnahme einer Nichtangriffsverpflichtung in eine Lizenz, die eine vergleichsweise Beilegung einer gerichtlichen Streitigkeit enthält, ist trotz der Entscheidung in Bayer ./. Süllhofer (EuGHE 1988, 5249) nach wie vor nicht ohne weiteres möglich. Zum einen ging es in der Entscheidung Bayer ./. Süllhofer um eine lizenzgebührfreie Lizenz zur Beilegung der entstandenen Streitigkeit, so daß die Grundsätze auf das hier vorliegende Formular schon nicht anwendbar sind, da es sich um eine lizengebührenpflichtige Lizenz handelt. Auch die weitere Überlegung des Gerichtshofes, daß auch eine kostenpflichtige Lizenz eine solche Nichtangriffsabrede zuließe, wenn es sich um ein technisch überholtes Verfahren handelt, ist auf den hier gegebenen Sachverhalt ebenso nicht anwendbar. Zum anderen unterstellt die Technologietransfer-Gruppenfreistellungsverordnung Nr. 240/96 vom 31. Januar 1996 (ABl EG L 31/2 vom 9. 2. 1996) eine solche Nichtangriffsklausel als sogenannte „graue Klausel" dem Widerspruchsverfahren nach Artikel 4 (Art. 4 Para. 2 (b)) der Verordnung. Das Formular enthält daher die einzig ohne Widerspruchsverfahren mögliche Abrede hinsichtlich des „Nichtangriffes" der Rechtsbeständigkeit, die darin besteht, daß der Lizenzgeber berechtigt ist, in einem solchen Fall den Lizenzvertrag fristlos zu kündigen. Aufgrund der besonderen Zahlungsmodalität ist vorgesehen, daß die gestreckte Lizenzgebührzahlung für die Verletzungshandlungen in der Vergangenheit trotz einer etwaigen Kündigung weiter gültig bleibt, damit in jedem Fall die Lizenzgeber einen Schadensersatz von € 10 Millionen für die Vergangenheit erhalten. Im Falle der Kündigung sollen die Lizenzgeber darüberhinaus nicht daran gehindert werden, erneut wegen Patentverletzung zu klagen.

Nach deutschem Recht ist eine Nichtangriffsklausel nach § 17 (2) Nummer 3 GWB generell zulässig und nur dann unwirksam, wenn sich die Vertragspartner darüber einig sind, daß das Schutzrecht an sich nicht schutzfähig ist, sie aber trotzdem den Vertrag abschließen, um beiderseits den Fortbestand der Monopolsituation zum eigenen Vorteil zu nutzen und Dritte aus dem Markt fernzuhalten (vgl. BGH GRUR 1969, 409 – Metallrahmen). Zu Nichtangriffsklauseln allgemein und zur Entwicklungsgeschichte des europäischen Rechtes siehe Münchener Vertragshandbuch, Band 3.1, Form. VI. 1, Anm. 9.

15. Gewährleistung. Da der Lizenzgeber lediglich auf seine Patentrechte verzichten will, gibt es auch keinen Anlaß dafür, daß er irgendwelche Gewährleistungen hinsichtlich der Rechtsbeständigkeit der lizensierten Patente abgibt. Bei einer Lizenz, bei der der Lizenzgeber sich allein darauf beschränkt, sein Verbietungsrecht in Zukunft nicht geltend zu machen (eine sogenannte reine Negativlizenz) – wie sie hier im Muster letztlich vorliegt – kommt die Rechtsprechung zu dem Ergebnis, daß auch ohne entsprechende Regelung der Lizenzgeber keine Verpflichtung zur Gewährleistung hat. So haftet er nicht dafür, daß er das Patent nicht verfallen läßt oder darauf verzichtet, ebensowenig wird er für die technische Brauchbarkeit der in dem Patent verkörperten Erfindung zur Verantwortung gezogen (vgl. *Benkard/Ullmann*, § 15, Rdnr. 94).

16. Ansprüche Dritter. Der Lizenzgeber sieht auch keinen Anlaß, den Lizenznehmer von etwaigen Verletzungsansprüchen Dritter freizustellen. Dies hat seinen Grund auch darin, daß der Lizenznehmer selbst Verletzer der Patente war und zu diesem Zeitpunkt eine Einschätzung der sonstigen Schutzrechtslage vorgenommen hat, jedenfalls vornehmen konnte. Eine Schutzverpflichtung des Patentinhabers und Lizenzgebers vor Angriffen Dritter kann in einem solchen Fall verneint werden.

17. Aufrechterhaltung der Patente. Im allgemeinen wird einem Lizenzgeber, auch bei einer einfachen Lizenz, die Verpflichtung treffen, das lizensierte Schutzrecht während der Laufzeit des Lizenzvertrages aufrecht zu erhalten und darauf nicht ohne die Zustimmung des Lizenznehmers zu verzichten (vgl. *Benkard/Ullmann*, § 15, Rdnr. 87). Aufgrund der besonderen Situation zwischen den Parteien gibt es hier aber keine Verpflichtung zur Aufrechterhaltung der Patente durch den Lizenzgeber. Darüber hinaus sieht das Formular vor, daß der Lizenznehmer noch so lange zur Zahlung der Lizenzgebühren verpflichtet ist, als noch wenigstens ein Patent des Lizenzgebers besteht. Die fehlende Abstaffelung der Lizenzgebühr für wegfallende Patente korrespondiert mit der pauschalen Zahlung der Lizenzgebühr für die Nutzung dieser Patente.

18. Keine Verbesserung. Aufgrund der rein (negativen) Lizenzgewährung sieht das Formular nicht vor, daß Lizenzgeber oder Lizenznehmer an neuen Entwicklungen der lizensierten Technologie teilhaben, mögen diese auf Seiten der Lizenzgeber oder des Lizenznehmers entstehen. Auch hier wird der Ansatz weiterverfolgt, daß die Parteien in Zukunft so wenig wie möglich miteinander zu tun haben wollen.

Bei dem gegebenen Sachverhalt sehen die Parteien auch keinen Grund dafür, sich wechselseitig über Weiterentwicklungen der Technologie zu informieren. Eine entsprechende Klausel findet sich allgemein in Form. VI. 1 Anm. 17 bis 19.

19. Geheimhaltungsverpflichtung. Den Parteien ist daran gelegen, daß beiderseits über den Abschluß des Vergleiches Stillschweigen gewahrt wird, um so gegenüber der Fachöffentlichkeit nicht für Aufsehen zu sorgen. Der Lizenzgeber hat dieses Interesse, da er unter Umständen weiterhin Verletzer unnachgiebig verfolgen möchte, ohne daß bekannt ist, daß er zum Vergleichsabschluß bereit ist, während dem Lizenznehmer daran gelegen sein kann, daß nicht bekannt wird, daß er sich mit dem Lizenzgeber arrangiert hat. Eine Ausnahme wird im Formular insoweit vorgesehen, als der Lizenznehmer als bisher Beklagter ein starkes Interesse daran hat, daß er seine Abnehmer, die vom Patentinhaber und seinem alleinigen Lizenznehmer ebenso verwarnt wurden, über die gütliche Beilegung des Prozesses unterrichten möchte, um diesen wieder die Sicherheit zu geben, daß sie in Zukunft vom Lizenznehmer ohne die Gefahr einer Patentverletzung beziehen können. Zur Geheimhaltungsklausel allgemein vergleiche Form. VI. 1, Anm. 39.

20. Mitteilungen. Vgl. hierzu Form. VI. 1, Anm. 44.

21. Laufzeit. Die Parteien regeln aufgrund der angestrebten Befriedung ihrer Auseinandersetzung zur Laufzeit des Lizenzvertrages, daß diese mit den streitgegenständlichen Patenten korrespondiert. Sollten die Parteien insoweit keine Regelung treffen, so gilt der Lizenzvertrag im Zweifel für die Dauer der lizenzierten Patente geschlossen (vgl. *Benkard/Ullmann*, § 15 Rdnr. 36, m.w.N.). Sollte es sich um pharmazeutische Patente handeln und sollte hierfür ein ergänzendes Schutzzertifikat erwirkt werden, so erstreckt sich eine Lizenz, unabhängig davon, ob es sich um eine exklusive oder nicht-exklusive Lizenz handelt, auch auf dieses ergänzendes Schutzzertifikat, sofern nichts Gegenteiliges zwischen den Parteien vereinbart ist, § 16 a Absatz 3 PatG.

22. Abtretbarkeit und Unterlizenz. Vgl. Form. VI. 1, Anm. 40.

23. Kartellrecht. Vgl. Form. VI. 1, Anm. 47.

24. Rechtswahl. Vgl. Form. VI. 1, Anm. 47.

25. Gerichtsstand. Eine Schiedsgerichtklausel erübrigt sich. Zwischen den Parteien hat bereits eine umfangreiche gerichtliche Auseinandersetzung stattgefunden und der Patentinhaber möchte jederzeit den Weg zu den ordentlichen Gerichten offenhalten, sollte der Lizenznehmer die Lizenzgebühr nicht zahlen oder aber die Rechtsbeständigkeit der Patente erneut angreifen. Da auch kein Know-how lizensiert wird, ergibt sich für die Parteien kein Bedürfnis, technische Details unter Ausschluß der Öffentlichkeit zu diskutieren. Darüber hinaus nutzen der Patentinhaber und sein Lizenznehmer die Gelegenheit, den Gerichtsstand näher zu sich zu ziehen.

26. Kosten. Das Formular sieht vor, daß jede Partei die ihr entstandenen Kosten selber trägt. Dies sind zum einen die für die Gerichtsverfahren verauslagten Gerichtskostenvorschüsse, zum anderen aber auch die anwaltlichen Gebühren. Zur Berechnung der Gebühren nach BRAGO vergleiche Münchener Vertragshandbuch, Band 3.1, Form. VI. 1, Anm. 12.

27. Schriftform. Vgl. Form. VI. 1, Anm. 46.

3. Know-How Licensing Agreement

(Know-how-Lizenzvertrag)

KNOW-HOW LICENSE[1]

entered into this day .... of ....
by and between
Mr. A. A., Bern, Switzerland
– hereinafter called the "Licensor" –
and
B S. A., Paris, France
– hereinafter called the "Licensee" –

Preamble[2]
Licensor is a private inventor who concentrates on developing improvements to chemicals, mainly chemicals used for the painting industry.
Licensor has as result of its studies developed certain chemicals which promise to be usable in rust protective coating.

3. Know-How Licensing Agreement

As a result of Licensor's activities, Licensor is the owner of secret know-how relating to such chemicals which could be used for rust protective coating. At the time of entering into this Agreement, such chemicals have not been produced on an industrial scale and rust protective coating making use of such chemicals has not been produced.

Licensee is a world-wide active company in the chemical field and has accumulated over the years specific knowledge in industrial paints.

Licensee is desirous to license from Licensor the know-how to be enabled to make use of the technology and produce rust protective coating as licensed product.

Article 1. Definitions[3]

1. "Know-how" means the secret technical information relating to the manufacture and use of chemicals to be used in rust protective coating, as more closely defined in Annex 1 and the therein listed documents and drawings, which know-how has been developed and is owned by Licensor.
2. "Licensed Products" means rust protective coatings making use of the chemicals developed by Licensor.

Article 2. License Grant[4]

1. Licensor herewith grants to Licensee a license to make use of the Know-how on an exclusive basis in the territory to produce Licensed Products.
2. The documents listed in Annex 1 will be transmitted to the Licensee upon signature of this Agreement.
3. During the term of this Agreement, Licensor shall not grant any further licenses to the Know-how within the territory nor shall Licensor use the know-how in the territory itself.
4. Licensor is entitled to terminate the exclusiveness of the license grant two years after signature of this Agreement with a notice period of three months if Licensee without objective justification does not to a satisfactory extent make use of the Know-how in producing Licensed Products. If Licensor exercises this termination right, the license shall continue as a non-exclusive license. Licensor shall have the same termination right thereafter on each second anniversary of the signature of this Agreement with a notice period of three months to the end of the contract year.

Article 3. Territory[5]

1. The license is granted for the territory of Federal Republic of Germany, the Netherlands, Denmark, the United Kingdom, France, Austria, Italy, Russia and the Czech Republic ("the Territory").
2. Licensee is not entitled to actively sell the Licensed Products to countries outside of the Territory. For countries of the European Union, this sales limitation ends ten years from the date that the Licensed Products are first put on the market within the Common Market by Licensee or any of the other licensees of Licensor.[6]
3. Licensee is not entitled to sell the Licensed Products to countries outside of the Territory, in response to unsolicited orders. For countries of the European Community, this sales limitation ends five years from the date when the Licensed Products are first put on the market within the Common Market by either the Licensee or by one of the other licensees of Licensor.[7]

Article 4. Field of Use[8]

The license covers the entire area of the application of the Know-how, including further developments, as it relates to the Licensed Products. Licensee shall be entitled to produce the chemicals making use of Know-how only for Licensed Products and shall not use any of the chemicals for the production of any other material, including, but not limited to any other painting material.

Article 5. Obligation to further Develop the Know-how and to Obtain Governmental Approvals[9]

1. Licensee solely shall be obliged to develop the Know-how to the extent necessary to manufacture and distribute the Licensed Products.
2. It shall be the sole obligation of Licensee to fulfill any marketing regulations within the Territory and to obtain governmental approvals within the Territory if such are necessary for marketing of the Licensed Products. Licensor shall provide whatever help necessary to obtain such approvals against reimbursement of costs.
3. In case of termination of this Agreement before the end of the initial term, Licensee shall enable Licensor to make use of the further developments of the Know-how and shall assign any existing governmental approvals or pending applications for the Territory to Licensor against reimbursement of the costs incurred for the further developments and for obtaining such approvals.

Article 6. Obligation to Use Know-how[10]

1. Licensee shall use its best efforts to exploit the Know-how and to manufacture and market the Licensed Products.
2. Licensee shall produce a minimum quantity of the Licensed Products, as more closely set forth in Annex 2 to this Agreement for various countries of the Territory listed in such Annex. If Licensee does not fulfill the minimum quantities set forth, Licensor shall be entitled to terminate the exclusivity under this Agreement and the license shall continue to be non-exclusive for the respective country of the Territory. If the quantities produced of the Licensed Products by Licensee falls below 50 percent of the minimum quantities set forth for a respective country of the Territory during two consecutive years, Licensor shall be entitled to terminate the license grant for such respective country with three months notice. Such termination right does not require that Licensor has terminated the exclusivity of the license grant for such country of the Territory before.

Article 7. Improvements[11]

1. All improvements to the Know-how in the field of use by Licensor or by Licensee shall be reported to the other Party immediately. Each Party shall secure the exclusive rights to such improvements if it was not the sole developer of such improvements or if such improvements were developed by employees or third party contractors.
2. If Licensor made improvements to the Know-how such improvements shall come under the license grant set forth herein and shall be subject to the terms and conditions of this Agreement. No further royalty shall become due and payable because of such improvements.
3. If Licensee made such improvements it shall grant to Licensor a license in respect of such improvements, such license being only an exclusive license if the improvements cannot be separated from the Know-how. Under the terms and conditions of this Agreement Licensee shall be entitled to make use of such improvements. If the improvements can be separated from the Know-how then the license shall be non-exclusive and Licensee shall be entitled within its sole discretion to apply for patent protection on such separable improvements, provided this does not require to lay open any part of the Know-how.

3. Know-How Licensing Agreement

Article 8. Warranties[12]

1. Licensor warrants that according to its best knowledge, the Know-how is secret and has not become public knowledge or has not been made available to any third parties, provided, however, that this may be the case if such third parties are bound by a non-disclosure agreement and are not entitled to make use of the Know-how or, provided, that such third parties are further licensees of Licensor outside of the Territory which want to make use of the Know-how outside of the Territory.
2. Licensor warrants that it is not aware of any prior use-rights of third parties and that it is also not aware of any third party rights which could be violated by the use of the Know-how by Licensee in the Territory. Licensor expressly warrants that it has instructed its patent attorney to search for such third party rights within the Territory and that such search has not revealed any relevant third party rights.
3. Licensor further warrants that it has not granted any prior license to any third party within the Territory. Licensee is aware of the fact that Licensor made the Know-how available to the XYZ corporation under a non-disclosure agreement for the evaluation of the Know-how by the XYZ corporation for use within the Territory and that because of expiration of the option granted to XYZ corporation to enter into a license agreement the XYZ corporation is not entitled to make use of the Know-how.

Article 9. Royalties[13]

1. Licensee shall pay upon signing of this Agreement an up front royalty of € 500.000,–.
2. Licensee shall furthermore pay during the first two contract years of this Agreement a royalty as consideration for the exclusive license grant of € 250.000,– per year, which royalty shall be due and payable at the end of each contract year.
3. Beginning with the third contract year, Licensee shall pay a royalty of 3% on the turnover of Licensee with the Licensed Products, which royalty shall be due and payable on the 15 th of each following month, provided, that Licensee is entitled to deduct during the third and the fourth contract year 50 percent from each royalty payment due up to a maximum amount equaling the lump sum royalties paid during the first and second contract year. If the royalty payments during year three and four do not reach an amount which enables Licensee to deduct the full amount of the lump sum royalty payments made during the first and second contract year, such amounts not recovered by Licensee shall forfeit and Licensee shall not be entitled to ask for any reimbursement of such amounts or to deduct the remainder from any further royalty payments.
4. The royalty of 3% shall be based on the turnover with the Licensed Products minus costs incurred by Licensee for insurance, freight, customs and any other distribution related items.
5. If Licensor dies during the initial term of this Agreement the heirs of Licensor shall be entitled to collect the royalties set forth in this Agreement and shall have any and all payment related rights. Aside from this, the heirs of Licensor shall not be entitled to any rights nor shall they be obliged under any obligations of this Agreement.[14]
6. If Licensor terminates the exclusivity for any or all of the countries of the Territory in accordance with the terms of this Agreement such termination shall have no influence on the payment obligation of Licensee. The termination of the license grant for some countries of the Territory shall also have no influence on the amount of royalty paid, provided that the basis of the royalty payment will decrease.
7. Licensee shall keep separate records relating to the manufacture and sale of the Licensed Products for each country of the Territory. Licensee shall report in writing to Licensor, broken down for each respective country of the Territory, quarterly within 30 days after the end of a calendar quarter, what turnover was made by Licensee in

the respective country of the Territory. Licensor shall be entitled through its certified public accountants to inspect at Licensor's expense the books of account and other records, at reasonable times and to such an extent as this will not interfere with normal operations of the Licensee, to determine the accuracy of the reporting and payments made by Licensee. If such an audit reveals inaccuracies of 4% or more, the cost for such audit shall be borne by Licensee.
8. Licensee shall continue to pay the royalties even if the Know-how becomes publicly known if this is not caused by an act of Licensor.

Article 10. Option[15]

1. Licensor has been experimenting and will continue to do so whether the Know-how can also be used to produce heat protective coating. Licensor hereby grants to Licensee a right of first refusal to acquire such Know-How should Licensor succeed in its experiments.
2. If the Parties do not agree on the terms and conditions for the use of such know-how, Licensee shall be entitled to this right of first refusal if Licensor has finalized negotiations with any third party on the assignment or license of the Know-How for the use of the chemicals for heat protective coating. The right of first refusal does not exist if Licensor starts its own manufacture of protective coatings.
3. If Licensee exercises its right of first refusal it has to do so in writing, provided that Licensor has informed Licensee in writing under full disclosure of the negotiated contract with the third party and all of its terms and conditions, that it has finalized negotiations with third parties for the assignment or license of the Know-How relating to heat protective coating. The right of first refusal can no longer be exercised if three months have expired after receipt of the written notice by Licensee. The exercise of the right of first refusal has the effect that the assignment or license finally negotiated with the third party shall become a binding contract between Licensor and Licensee.

Article 11. Third Party Rights[16]

If Licensee is charged with the infringement of third party rights based on the exploitation of the Know-how Licensee shall immediately inform Licensor about this allegation. Licensor shall defend Licensee of such infringement allegations if Licensee does not chose to defend itself, in which case Licensor shall cover the costs and expenses of Licensee. Licensor shall hold Licensee harmless of all damages and costs of Licensee incurred because of such infringement allegation.

Article 12. Confidentiality[17]

1. Licensor and Licensee agree to keep secret and not to communicate to third parties the Know-how or any other information which is either marked confidential or which has to be deemed confidential from the circumstances it is provided under or comes to the attention of the other Party. This does not restrict Licensor from entering into any agreements with further licensees outside of the Territory.
2. The secrecy obligation does not apply to any information of which Licensee can prove by written documents that it
    – was known to Licensee at the time of disclosure and was not disclosed to it by a third party breaching any secrecy obligation, or
    – is generally available to the public through no fault of Licensee, or
    – was received by Licensee under no obligation of secrecy from a third party which did not receive it directly or indirectly from Licensor.
3. Upon termination of this Agreement the Parties shall return to each other all documents, files, or other evidence or copies thereof containing secret information.

3. Know-How Licensing Agreement

4. The secrecy obligation shall survive the termination of this Agreement.
5. Licensee shall not challenge the ownership of Licensor as to the Know-how. If Licensee challenges the secret nature of the Know-how, Licensor shall be entitled to terminate this Agreement without notice.[18]

Article 13. Assignability and Sublicensing[19]

This Agreement may neither be assigned without the prior written consent of the other Party nor may the Know-how be sublicensed without the prior written consent of Licensor.

Article 14. Term and Termination[20]

1. This Agreement becomes effective upon signing by both Parties and shall continue for a period of ten (10) years from the date of signature ("initial term") and shall be renewed automatically from year to year thereafter until terminated with three months' notice to the end of any renewal period. If the Parties want to extend the exclusivity of the license grant beyond the initial term they shall take whatever steps appropriate to obtain the necessary approval, if any, for such exclusivity.
2. In the event of default by either Party under any of the terms and conditions of this Agreement, the Party not being in default may terminate this Agreement by giving thirty (30) days written notice.
3. In the case of an important reason, both Parties shall have the right to terminate this Agreement for cause, which termination right has to be exercised within thirty (30) days from the knowledge of the important reason. Important reasons include but are not limited to, bankruptcy proceedings which are instituted against the Licensee or, if the Licensee makes a general assignment to the benefit of its creditors or declares itself insolvent.

Article 15. Severability[21]

Should any provision of this Agreement be or become invalid, ineffective or unenforceable, the remaining provisions of this Agreement shall be valid. The Parties agree to replace the invalid, ineffective or unenforceable provision by a valid, effective and enforceable provision which economically best meets the intention of the Parties. The same shall apply in case of an omission.

Article 16. Entire Agreement[22]

1. This Agreement contains the entire Agreement between the Parties and any changes of this Agreement have to be made in writing.
2. This Agreement has been made in the English language and has been executed in two copies.

Article 17. Applicable Law and Arbitration

1. This Agreement shall be construed according to the laws of the Federal Republic of Germany.[23]
2. Any disputes between the Parties shall be settled by arbitration in accordance with a separate arbitration agreement attached as Annex 3.[24]

....
Mr. A. A.

....
B S. A.

ANNEX 1
Definitions

ANNEX 2
Obligation to Use Know-how

ANNEX 3
Arbitration Agreement[24]

entered into this day .... of ....
by and between
Mr. A. A., Bern, Switzerland
– the "Licensor" –
and
B S. A., Paris, France
– the "Licensee" –

WHEREAS, the Parties have entered into a Know-how License Agreement ("the Agreement"), effective as of today;
WHEREAS, Article 17.2 of the Agreement provides that any disputes between the Parties shall be settled by arbitration;
NOW, Therefore, the Parties agree as follows:
1. Any dispute, controverse or claim arising under, out of or relating to the Agreement and any subsequent amendments of the Agreement, including, without limitation, its formation, validity, binding effect, interpretation, performance, breach or termination, as well as non-contractual claims, shall be referred to and finally determined by arbitration in accordance with the WIPO arbitration rules.
2. The arbitral tribunal shall consist of three arbitrators.
3. The place of arbitration shall be in Stuttgart.
4. The language to be used in the arbitral proceedings shall be English.

....
Mr. A. A.

....
B S. A.

3. Know-How Licensing Agreement IX. 3

*Übersetzung**

KNOW-HOW LIZENZVERTRAG[1]

abgeschlossen am .... des Jahres ....
zwischen

Herrn A. A., Bern, Schweiz
– nachfolgend der „Lizenzgeber" –
und
B S. A., Paris, Frankreich
– nachfolgend der „Lizenznehmer" –

Präambel[2]

Der Lizenzgeber ist ein privater Erfinder, der sich vorwiegend mit der Entwicklung von Verbesserungen an chemischen Präparaten, insbesondere an Präparaten, welche für die Farbindustrie genutzt werden, beschäftigt.

Der Lizenzgeber hat als Ergebnis seiner Studien ein chemisches Präparat entwickelt, welches verspricht, als Rostschutzanstrich nutzbar zu sein.

Der Lizenzgeber ist als Ergebnis seiner Tätigkeiten Inhaber geheimen Know-hows über die als Rostschutzanstrich möglicherweise nutzbaren chemischen Präparate. Zum Zeitpunkt des Abschlusses dieses Vertrages sind diese chemischen Präparate noch nicht industriell produziert worden. Auch ist der Schutzanstrich, in dem diese chemischen Präparate genutzt werden sollen, noch nicht hergestellt.

Der Lizenznehmer ist eine weltweit tätige Gesellschaft auf dem chemischen Gebiet und hat über die Jahre besondere Kenntnisse über Industriefarben erworben.

Der Lizenznehmer möchte von dem Lizenzgeber das Know-how lizenzieren, um die Technik zur Herstellung von Rostschutzanstrich als lizenziertes Produkt benutzen zu können.

Artikel 1. Definitionen[3]

1. „Know-how" bedeutet die in Anlage 1 und den darin aufgeführten Dokumenten und Zeichnungen genauer beschriebene geheime technische Information über Herstellung und Benutzung von chemischen Präparaten für Rostschutzanstriche. Dieses Know-how ist von dem Lizenzgeber entwickelt worden und gehört diesem.
2. „Lizenzierte Produkte" bedeutet Rostschutzanstriche, welche die von dem Lizenzgeber entwickelten chemischen Präparate benutzen.

Artikel 2. Lizenzgewährung[4]

1. Der Lizenzgeber gewährt dem Lizenznehmer hiermit eine Lizenz, das Know-how auf exklusiver Basis in dem Vertragsgebiet zur Herstellung der lizenzierten Produkte zu nutzen.
2. Die in Anlage 1 aufgeführten Dokumente werden dem Lizenznehmer nach Unterzeichnung dieses Vertrages übergeben.
3. Der Lizenzgeber verpflichtet sich, während der Laufzeit dieses Vertrages keine weiteren Lizenzen an dem Know-how innerhalb des Vertragsgebietes zu gewähren; noch darf der Lizenzgeber selbst das Know-how in dem Vertragsgebiet nutzen.

---

* Diese Übersetzung dient ausschließlich dem besseren Verständnis des englischen Originals; sie erhebt keinen Anspruch auf Verbindlichkeit.

4. Der Lizenzgeber ist berechtigt, die Exklusivität der Lizenzgewährung zwei Jahre nach der Unterzeichnung dieses Vertrages mit einer Kündigungsfrist von drei Monaten zu kündigen, wenn der Lizenznehmer das Know-how ohne sachlichen Grund nicht in einem ausreichenden Maße zur Herstellung der lizenzierten Produkte nutzt. Übt der Lizenzgeber dieses Kündigungsrecht aus, so besteht die Lizenz als nicht-exklusive Lizenz fort. Der Lizenzgeber hat hiernach an jedem zweiten Jahrestag der Unterzeichnung dieses Vertrages dasselbe Kündigungsrecht mit einer Kündigungsfrist von drei Monaten zum Ende eines Vertragsjahres.

Artikel 3. Vertragsgebiet[5]

1. Die Lizenz wird für das Gebiet der Bundesrepublik Deutschland, der Niederlande, Dänemarks, des Vereinigten Königreichs, Frankreichs, Österreichs, Italiens, Rußlands und der Tschechischen Republik gewährt („das Vertragsgebiet").
2. Der Lizenznehmer ist nicht berechtigt, die lizenzierten Produkte aktiv außerhalb der Länder des Vertragsgebietes zu verkaufen. Für Länder innerhalb der Europäischen Union endet diese Verkaufsbeschränkung zehn Jahre nach dem Tag, an dem die lizenzierten Produkte erstmals innerhalb des Gemeinsamen Marktes entweder durch den Lizenznehmer oder durch eine andere von dem Lizenzgeber lizenzierte Personen auf den Markt gebracht worden sind.[6]
3. Der Lizenznehmer ist nicht berechtigt, die lizenzierten Produkte in Reaktion auf nicht von ihm veranlaßte Lieferanfragen in Ländern außerhalb des Vertragsgebietes zu verkaufen. Für die Länder der Europäischen Union endet diese Verkaufsbeschränkung fünf Jahre nach dem Tag, an dem die lizenzierten Produkte erstmals innerhalb des Gemeinsamen Marktes entweder durch den Lizenznehmer oder durch eine andere von dem Lizenzgeber lizenzierte Person auf den Markt gebracht worden sind.[7]

Artikel 4. Anwendungsbereich[8]

Die Lizenz umfaßt das gesamte Anwendungsgebiet des Know-how, einschließlich weiterer Entwicklungen, soweit es sich auf die lizenzierten Produkte bezieht. Der Lizenznehmer ist berechtigt, die chemischen Präparate unter Benutzung des Know-hows nur für die lizenzierten Produkte herzustellen und darf die chemischen Präparate für die Herstellung anderer Materialien, einschließlich, jedoch nicht beschränkt auf, andere Farbmaterialien, nicht benutzen.

Artikel 5. Verpflichtung, das Know-how weiterzuentwickeln und behördliche Genehmigungen einzuholen[9]

1. Nur der Lizenznehmer ist dazu verpflichtet, das Know-how in dem Umfang weiterzuentwickeln, welcher für die Herstellung und den Vertrieb der lizenzierten Produkte erforderlich ist.
2. Es ist die alleinige Verpflichtung des Lizenznehmers, Marketing-Vorschriften innerhalb des Vertragsgebietes einzuhalten und behördliche Genehmigungen innerhalb des Vertragsgebietes einzuholen, falls diese für das Marketing der lizenzierten Produkte erforderlich sind. Der Lizenzgeber ist verpflichtet, zur Erlangung dieser Genehmigungen jedwede Hilfe gegen Kostenerstattung zu leisten.
3. Im Falle einer Kündigung dieses Vertrages vor dem Ablauf der Anfangslaufzeit hat der Lizenznehmer den Lizenzgeber in die Lage zu versetzen, die Weiterentwicklungen des Know-hows nutzen zu können und sämtliche bestehenden behördlichen Genehmigungen für anhängige Anmeldungen innerhalb des Vertragsgebietes dem Lizenzgeber gegen Rückerstattung der im Zusammenhang mit den Weiterentwicklungen und den Genehmigungsverfahren entstandenen Kosten abzutreten.

3. Know-How Licensing Agreement

Artikel 6. Verpflichtung zur Nutzung des Know-hows[10]

1. Der Lizenznehmer wird sich nach besten Kräften um die Verwertung des Know-hows und die Herstellung und Vermarktung der lizenzierten Produkte bemühen.
2. Der Lizenznehmer verpflichtet sich, eine Mindestmenge der lizenzierten Produkte herzustellen, wie sie in Anlage 2 zu diesem Vertrag für die verschiedenen in der Anlage aufgeführten Länder des Vertragsgebietes genauer festgelegt ist. Erfüllt der Lizenznehmer die festgelegten Mindestmengen nicht, so ist der Lizenzgeber berechtigt, die Exklusivität nach diesem Vertrag zu kündigen, und die Lizenz läuft für das entsprechende Land des Vertragsgebietes auf nicht-exklusiver Basis fort. Wenn die von dem Lizenznehmer hergestellten Mengen des lizenzierten Produktes in zwei aufeinanderfolgenden Jahren unter fünfzig Prozent der für das jeweilige Land des Vertragsgebietes festgelegten Mindestmengen fallen, ist der Lizenzgeber berechtigt, die Lizenzgewährung für das entsprechende Land mit einer Kündigungsfrist von drei Monaten zu kündigen. Diese Kündigung setzt nicht voraus, daß der Lizenzgeber zuvor die Exklusivität der Lizenzgewährung für das entsprechende Land des Vertragsgebietes gekündigt hat.

Artikel 7. Verbesserungen[11]

1. Sämtliche Verbesserungen an dem Know-how durch den Lizenzgeber oder den Lizenznehmer in dem Anwendungsbereich sind der jeweils anderen Partei unverzüglich zu berichten. Ist eine Partei nicht der alleinige Entwickler der jeweiligen Verbesserungen oder sind solche Verbesserungen durch Arbeitnehmer oder unabhängige Subunternehmer entwickelt worden, so ist die Partei verpflichtet, das exklusive Recht an diesen Verbesserungen sicherzustellen.
2. Wenn der Lizenzgeber Verbesserungen an dem Know-how vornimmt, fallen diese Verbesserungen unter die hierin vorgenommene Lizenzgewährung und unterliegen den Bestimmungen dieses Vertrages. Für solche Verbesserungen werden keine weiteren Lizenzgebühren zur Zahlung fällig.
3. Wenn der Lizenznehmer Verbesserungen vornimmt, gewährt er dem Lizenzgeber eine Lizenz für die entsprechenden Verbesserungen; diese Lizenz ist nur dann eine exklusive Lizenz, wenn die Verbesserungen von dem Know-how nicht abgetrennt werden können. Der Lizenznehmer ist berechtigt, diese Verbesserungen gemäß den Bestimmungen dieses Vertrages zu nutzen. Können die Verbesserungen von dem Know-how abgetrennt werden, ist die Lizenz eine nicht-exklusive Lizenz, und der Lizenznehmer ist nach eigenem Ermessen berechtigt, Patentschutz für diese abtrennbaren Verbesserungen zu beantragen, solange dies nicht die Offenlegung irgendeines Teils des Know-hows erfordert.

Artikel 8. Gewährleistungen[12]

1. Der Lizenzgeber gewährleistet, daß nach seinem besten Wissen das Know-how geheim, nicht offenkundig und Dritten nicht zugänglich gemacht worden ist, soweit diese Dritten nicht selbst durch eine Geheimhaltungsvereinbarung gebunden sind und das Know-how nicht nutzen dürfen oder soweit diese Dritten nicht weitere Lizenznehmer des Lizenzgebers außerhalb des Vertragsgebietes sind, welche das Know-how außerhalb des Vertragsgebietes nutzen wollen.
2. Der Lizenzgeber gewährleistet, daß ihm vorbestehende Nutzungsrechte von Dritten nicht bekannt sind und daß er auch keinerlei Kenntnis von Schutzrechten Dritter hat, welche durch die Benutzung des Know-hows durch den Lizenznehmer in dem Vertragsgebiet verletzt werden könnten. Der Lizenzgeber gewährleistet ausdrücklich, daß er seinen Patentanwalt mit einer Recherche über solche Schutzrechte Dritter innerhalb des Vertragsgebietes beauftragt hat und daß diese Recherche keine einschlägigen Schutzrechte Dritter aufgezeigt hat.

3. Der Lizenzgeber gewährleistet weiterhin, daß er keine Lizenz an Dritte innerhalb des Vertragsgebietes gewährt hat. Dem Lizenznehmer ist die Tatsache bekannt, daß der Lizenzgeber das Know-how der XYZ-Gesellschaft unter einer Geheimhaltungsvereinbarung zur Bewertung des Know-hows durch die XYZ-Gesellschaft für die Benutzung innerhalb des Vertragsgebietes zur Verfügung gestellt hat und daß aufgrund des Ablaufs der der XYZ-Gesellschaft gewährten Option, einen Lizenzvertrag abzuschließen, die XYZ-Gesellschaft nicht berechtigt ist, das Know-how zu nutzen.

Artikel 9. Lizenzgebühren[13]

1. Der Lizenznehmer bezahlt mit Unterzeichnung dieses Vertrages eine einmalige Pauschallizenzgebühr von € 500.000,–.
2. Der Lizenznehmer zahlt darüber hinaus während der ersten zwei Vertragsjahre als Gegenleistung für die exklusive Lizenzgewährung eine Pauschallizenzgebühr in Höhe von € 250.000,– pro Jahr, welche jeweils zum Ende eines Vertragsjahres zur Zahlung fällig wird.
3. Ab dem 3. Vertragsjahr zahlt der Lizenznehmer eine Lizenzgebühr in Höhe von 3% des Umsatzes des Lizenznehmers mit den lizenzierten Produkten, welche jeweils am 15. eines Folgemonats zur Zahlung fällig wird, wobei der Lizenznehmer berechtigt ist, während des dritten und des vierten Vertragsjahres 50% des jeweils fälligen Lizenzgebührbetrages bis zu einem Höchstbetrag, welcher den in dem ersten und zweiten Vertragsjahr gezahlten Pauschallizenzgebühren gleichkommt, in Abzug zu bringen. Erreichen die Lizenzgebührzahlungen während des Jahres 3 und 4 nicht die Höhe, welche dem Lizenznehmer den Abzug der vollen während des ersten und zweiten Vertragsjahres gezahlten Pauschallizenzgebühren ermöglicht, gelten die nicht vom Lizenznehmer zurückerhaltenen Beträge als verwirkt; der Lizenznehmer ist nicht berechtigt, eine weitere Rückerstattung dieser Beträge zu verlangen oder den Restbetrag von weiteren Lizenzgebührzahlungen abzuziehen.
4. Die Lizenzgebühr von 3% wird auf Grundlage des mit den lizenzierten Produkten erzielten Umsatzes abzüglich der Kosten des Lizenznehmers für Versicherung, Fracht, Zoll und andere vertriebsbezogene Aufwendungen errechnet.
5. Stirbt der Lizenzgeber während der Anfangslaufzeit dieses Vertrages, sind die Erben des Lizenzgebers berechtigt, die in diesem Vertrag festgelegten Lizenzgebühren zu erhalten, und diese werden Inhaber sämtlicher mit der Zahlung in Zusammenhang stehender Rechte. Im übrigen werden die Erben des Lizenzgebers aus diesem Vertrag weder berechtigt noch verpflichtet.[14]
6. Kündigt der Lizenzgeber die Exklusivität für einige oder sämtliche Länder des Vertragsgebietes gemäß den Bestimmungen dieses Vertrages, so hat diese Kündigung keinen Einfluß auf die Zahlungsverpflichtungen des Lizenznehmers. Die Kündigung der Lizenzgewährung für einige Länder des Vertragsgebietes hat ebenfalls keinen Einfluß auf die zu zahlende Lizenzgebühr, mit der Ausnahme, daß die Grundlage für die Vergütung geringer wird.
7. Der Lizenznehmer ist verpflichtet, für jedes Land des Vertragsgebietes gesonderte Aufzeichnungen über die Herstellung und den Verkauf der lizenzierten Produkte zu führen. Der Lizenznehmer hat dem Lizenzgeber vierteljährlich innerhalb dreißig Tagen nach dem Ende eines Kalenderquartals eine schriftliche Aufstellung für jedes einzelne Land in dem Vertragsgebiet darüber zu übergeben, welcher Umsatz durch den Lizenznehmer in dem jeweiligen Land des Vertragsgebietes erzielt worden ist. Der Lizenzgeber ist berechtigt, auf eigene Kosten die Bücher und Aufzeichnungen durch einen vereidigten Buchprüfer zu angemessenen Zeiten und in einem Umfang, der den normalen Geschäftsbetrieb des Lizenznehmers nicht stört, überprüfen zu lassen, um die Richtigkeit der Berichte und Zahlungen des Lizenznehmers festzustellen. Ergibt eine solche Prüfung Unrichtigkeiten von 4% oder mehr, so trägt der Lizenznehmer die Prüfungskosten.

8. Der Lizenznehmer bleibt zur Zahlung der Lizenzgebühren auch dann verpflichtet, wenn das Know-how offenkundig geworden ist und wenn dieses Offenkundigwerden nicht durch den Lizenzgeber verursacht wird.

Artikel 10. Option[15]
1. Der Lizenzgeber hat Versuche darüber durchgeführt, ob das Know-how auch zur Herstellungen von Hitzeschutzanstrichen genutzt werden kann, und wird dies auch weiterhin tun. Der Lizenzgeber gewährt dem Lizenznehmer hiermit ausdrücklich eine Option („Right of First Refusal") zum Erwerb dieses Know-hows, sollten die Versuche des Lizenzgebers erfolgreich sein.
2. Falls die Parteien über die Bedingungen für die Benutzung dieses Know-hows keine Einigung erzielen, ist der Lizenznehmer zur Ausübung der Option berechtigt, wenn der Lizenzgeber Verhandlungen mit Dritten über die Übertragung oder Lizenzierung des Know-how zur Benutzung der chemischen Präparate für Hitzeschutzanstriche abgeschlossen hat. Die Option gilt nicht, wenn der Lizenzgeber selbst mit der Herstellung von Schutzanstrichen beginnt.
3. Übt der Lizenznehmer seine Option aus, so hat dies schriftlich zu erfolgen, vorausgesetzt der Lizenzgeber hat den Lizenznehmer unter Offenlegung des mit dem Dritten ausgehandelten Vertrages sowie seiner sämtlichen Bestimmungen schriftlich darüber informiert, daß die Verhandlungen mit dem Dritten über die Übertragung oder Lizenzierung des Know-how für Hitzeschutzanstriche abgeschlossen worden sind. Die Option erlischt mit Ablauf von drei Monaten nach Erhalt der schriftlichen Mitteilung durch den Lizenznehmer. Die Ausübung der Option bewirkt, daß die mit dem Dritten ausgehandelte Übertragung oder Lizenzgewährung als bindender Vertrag zwischen dem Lizenzgeber und dem Lizenznehmer zustande kommt.

Artikel 11. Schutzrechte Dritter[16]
Wird gegen den Lizenznehmer aufgrund der Verwertung des Know-hows ein Anspruch wegen der Verletzung von Schutzrechten Dritter geltend gemacht, so hat der Lizenznehmer den Lizenzgeber hierüber unverzüglich zu unterrichten. Der Lizenzgeber verteidigt den Lizenznehmer gegen die Verletzungsbehauptungen, es sei denn, der Lizenznehmer möchte sich selbst verteidigen, in welchem Fall der Lizenzgeber die Kosten und Aufwendungen des Lizenznehmers trägt. Der Lizenzgeber hält den Lizenznehmer für sämtliche Schäden und Kosten, die der Lizenznehmer aufgrund der Verletzungsbehauptung zu zahlen hat, schadlos.

Artikel 12. Geheimhaltung[17]
1. Der Lizenzgeber und der Lizenznehmer vereinbaren, das Know-how sowie sämtliche anderen Informationen, welche entweder als vertraulich gekennzeichnet sind oder gemäß den Umständen, unter denen sie zur Verfügung gestellt oder der anderen Partei bekannt geworden sind, als vertraulich angesehen werden müssen, vertraulich zu behandeln und nicht an Dritte weiterzugeben. Dies beschränkt den Lizenzgeber nicht darin, Verträge mit anderen Lizenznehmern außerhalb des Vertragsgebietes abzuschließen.
2. Die Geheimhaltungsverpflichtung findet keine Anwendung auf Informationen, von denen der Lizenznehmer durch schriftliche Unterlagen nachweisen kann, daß
   – sie zum Zeitpunkt der Offenlegung dem Lizenznehmer bereits bekannt waren und nicht durch Bruch einer Geheimhaltungsverpflichtung durch einen Dritten offengelegt worden sind, oder

- der Öffentlichkeit ohne Rechtsverletzung des Lizenznehmers allgemein zugänglich sind, oder
- sie dem Lizenznehmer ohne Geheimhaltungsverpflichtung durch einen Dritten, welcher sie selbst weder direkt noch indirekt von dem Lizenzgeber erhalten hat, zur Verfügung gestellt worden sind.

3. Die Parteien verpflichten sich, sich mit Beendigung dieses Vertrages sämtliche Dokumente, Akten oder andere Unterlagen, welche geheime Informationen enthalten, sowie Kopien hiervon, zurückzugewähren.
4. Die Geheimhaltungsverpflichtung besteht auch nach Beendigung dieses Vertrages fort.
5. Der Lizenznehmer verpflichtet sich, die Inhaberschaft des Lizenzgebers an dem Know-how nicht anzugreifen. Wenn der Lizenznehmer die geheime Natur des Know-hows angreift, ist der Lizenzgeber berechtigt, diesen Vertrag unverzüglich zu kündigen.[18]

Artikel 13. Abtretung und Unterlizenzierung[19]

Dieser Vertrag darf ohne vorherige schriftliche Zustimmung der jeweils anderen Partei nicht abgetreten werden. Ohne vorherige schriftliche Zustimmung des Lizenzgebers ist eine Unterlizenzierung des Know-hows nicht gestattet.

Artikel 14. Vertragsdauer und Kündigung[20]

1. Dieser Vertrag tritt mit Unterzeichnung durch beide Parteien in Kraft und läuft zunächst für die Zeit von zehn (10) Jahren ab dem Tag der Unterzeichnung („Anfangslaufzeit"). Der Vertrag erneuert sich hiernach jährlich automatisch, bis er mit dreimonatiger Kündigungsfrist zum Ende eines Erneuerungszeitraums gekündigt wird. Wenn die Parteien die Exklusivität der Lizenzgewährung über die Anfangslaufzeit hinaus erstrecken wollen, so haben sie, soweit erforderlich, angemessene Maßnahmen zur Einholung der erforderlichen Genehmigung für diese Exklusivität vorzunehmen.
2. Im Fall einer Verletzung der Bestimmungen dieses Vertrages durch eine Partei ist die jeweils andere Partei berechtigt, diesen Vertrag unter Einhaltung einer Kündigungsfrist von dreißig (30) Tagen zu kündigen.
3. Im Falle eines wichtigen Grundes sind beide Parteien berechtigt, diesen Vertrag aus dem jeweiligen Grund fristlos zu kündigen. Die Kündigung ist innerhalb von dreißig (30) Tagen ab Kenntnis des wichtigen Grundes auszusprechen. Als wichtige Gründe gelten u. a. die Einleitung des Konkursverfahrens gegen den Lizenznehmer oder, wenn der Lizenznehmer eine allgemeine Vermögensübertragung an Gläubiger vornimmt oder sich selbst für zahlungsunfähig erklärt.

Artikel 15. Salvatorische Klausel[21]

Sollte eine Bestimmung dieses Vertrages ungültig oder undurchsetzbar sein oder werden, so bleiben die übrigen Bestimmungen des Vertrages gültig. Die Parteien vereinbaren, die ungültige oder undurchsetzbare Bestimmung durch eine gültige und durchsetzbare Bestimmung zu ersetzen, welche wirtschaftlich der Zielsetzung der Parteien am besten entspricht. Das gleiche gilt im Falle einer Lücke.

Artikel 16. Gesamter Vertrag[22]

1. Dieser Vertrag stellt die gesamte Vereinbarung zwischen den Parteien dar. Änderungen zu diesem Vertrag bedürfen der Schriftform.
2. Dieser Vertrag wird in englischer Sprache abgeschlossen und ist in zwei Originalen ausgefertigt worden.

3. Know-How Licensing Agreement

Artikel 17. Anwendbares Recht und Schiedsgerichtsverfahren
1. Dieser Vertrag unterliegt dem Recht der Bundesrepublik Deutschland.[23]
2. Jeglicher Rechtsstreit zwischen den Parteien ist durch Schiedsverfahren gemäß der als Anlage 3[24] angefügten zusätzlichen Schiedsvereinbarung beizulegen.

....
Herr A. A.

....
B S. A.

ANLAGE 1
Definitionen

ANLAGE 2
Verpflichtung zur Nutzung des Know-hows

ANLAGE 3
Schiedsvereinbarung[24]

abgeschlossen am .... des Jahres ....
zwischen
Herrn A. A., Bern, Schweiz
– nachfolgend der „Lizenzgeber" –
und
B S. A., Paris, Frankreich
– nachfolgend der „Lizenzgeber" –

Präambel
Die Parteien haben am heutigen Tag einen Know-how-Lizenzvertrag (den „Vertrag") abgeschlossen.
Artikel 17.2 des Vertrages sieht für den Fall von Rechtsstreitigkeiten zwischen den Parteien ein Schiedsverfahren vor.
In Anbetracht des Vorstehenden vereinbaren die Parteien folgendes:
1. Sämtliche Rechtsstreite oder Ansprüche, welche unter oder im Zusammenhang mit dem Vertrag und sämtlichen nachfolgenden Ergänzungen zu dem Vertrag entstehen, einschließlich, aber nicht beschränkt auf, Rechtsstreitigkeiten über Zustandekommen, Gültigkeit, Bindungswirkung, Auslegung, Vertragserfüllung, Vertragsverletzung oder Kündigung sowie nicht-vertragliche Ansprüche, werden durch Schiedsverfahren gemäß den Verfahrensregeln der WIPO geregelt und entschieden.
2. Das Schiedsgericht besteht aus drei Richtern.
3. Ort des Schiedsverfahrens ist Stuttgart.
4. Sprache des Schiedsverfahrens ist englisch.

....
Herr A. A.

....
B S. A.

Schrifttum: Siehe oben zu Form. 1.

Übersicht

	Seite
1. Sachverhalt	1112
2. Präambel	1113
3. Definitionen	1113
4. Lizenzgewährung	1113
5. Vertragsgebiet	1114
6. Aktiver Vertrieb	1114
7. Passiver Vertrieb	1114
8. Anwendungsbereich	1114
9. Weiterentwicklungsverpflichtung und Genehmigungen	1114–1115
10. Ausnutzungspflicht und Mindestumsatz	1115
11. Verbesserungen	1115
12. Gewährleistungen	1115–1116
13. Lizenzgebühr	1116–1117
14. Erben des Lizenzgebers	1117
15. Einschluß weiterer Technologien	1117
16. Rechte Dritter	1117
17. Geheimhaltung	1117–1118
18. Nichtangriffsverpflichtung	1118
19. Abtretbarkeit und Unterlizenz	1118
20. Laufzeit	1118–1119
21. Kartellrecht	1119
22. Schriftform	1119
23. Abwendbares Recht	1119
24. Schiedsklausel	1119

Anmerkungen

1. Sachverhalt. Bei diesem Formular handelt es sich um einen reinen Know-how Lizenzvertrag, der sonst keine weitere Rechtseinräumung, z. B. hinsichtlich Patenten, Gebrauchsmuster oder Warenzeichen enthält. Es wird unterstellt, daß ein Einzelerfinder in einem bestimmten Industriebereich eine für ein Großunternehmen attraktive Erfindung gemacht hat, die allerdings noch nicht zur Produktionsreife entwickelt wurde. Vor diesem Hintergrund soll dem Erfinder die Mühe der Weiterentwicklung und der Erlangung der erforderlichen Zulassung für die Vermarktung des Produktes abgenommen werden, ihm für seine bisherige Entwicklungstätigkeit eine pauschale Abfindung gezahlt werden und er an der zukünftigen Vermarktung beteiligt werden.

Der hier vorliegende Know-how-Lizenzvertrag enthält die Zurverfügungstellung von technischem Wissen durch den Lizenzgeber. Für einen solchen Know-how-Lizenzvertrag sind sowohl die Regelungen der §§ 18, 17 GWB, als auch der Technologietransfer-Gruppenfreistellungsverordnung VO Nr. 240/96 (ABl EG L 31/1 vom 9. 2. 1996) anwendbar. Soweit nicht technisches sondern rein kaufmännisches Know-how lizenziert wird, unterliegt ein entsprechender Lizenzvertrag der Würdigung nach Artikel 81 EG-Vertrag bzw. § 17 GWB. Hierzu, und zum Know-how als Vertragsgegenstand im allgemeinen, vergleiche Münchener Vertragshandbuch, Band 3.1, Form. VI. 2, Anm. 5.

Der Know-how-Lizenzvertrag ist nach seiner Rechtsnatur (jedenfalls nach dem deutschen Recht) dem Patentlizenzvertrag verwandt, wenn auch das Know-how selbst kein Ausschlußrecht darstellt. Aus diesem Grund wird auch die kartellrechtliche Behandlung nach deutschem Recht über § 18 GWB der kartellrechtlichen Behandlung von Patentlizenzverträgen nach § 17 GWB gleichgestellt. Für das europäische Kartellrecht gilt das gleiche. Artikel 81 und die anwendbare Technologietransfer-Gruppenfreistellungsverordnung Nr. 240/96 behandeln reine Know-how-Lizenzverträge genauso wie reine Patentlizenzverträge, aber auch ebenso wie gemischte Patent- und Know-how-Lizenzverträge.

3. Know-How Licensing Agreement

2. Präambel. Zur Bedeutung und Inhalt der Präambel kann auf das Form. VI. 1, Anm. 2 verwiesen werden.

3. Definitionen. Das Muster hält den Definitionenartikel bewußt kurz, um nur das Notwendigste vorab zu regeln und den Einzelerfinder nicht durch ein zu umfangreiches Vertragswerk „abzuschrecken".

Es ist von größter Wichtigkeit, das Know-how, das Gegenstand des Vertrages ist, so eingehend wie nur möglich zu definieren und zu beschreiben. In dem Formular wird dies dadurch versucht, daß auf eine Anlage verwiesen wird, die selbst eingehende Definitionen und Verweise auf weiter hinzuziehende Dokumente enthält. Zum einen kann auf diese Weise kontrolliert wird, was tatsächlich Vertragsgegenstand ist und so verhindert werden, daß der Lizenznehmer behauptet, er habe nicht im erforderlichen Umfang das Wissen erhalten. Zum anderen wird an dieser Stelle den Parteien noch einmal Gelegenheit gegeben, zu überprüfen, ob das, was Vertragsgegenstand sein soll, von beiden Parteien übereinstimmend festgelegt ist. Know-how kann dabei nicht nur geheimes technisches (oder kaufmännisches) Wissen sein, sondern auch solches Wissen, daß sich auch Dritte selbst schaffen könnten, dies allerdings nur unter großen Mühen und Opfern (vgl. hierzu Münchener Vertragshandbuch, Band 3.1, Form. VI. 2, Anm. 5). Letztlich wird dem Lizenzgeber durch eine genaue Definition auch die Möglichkeit gegeben, zu verhindern, daß der Lizenznehmer später eine Minderung der zu zahlenden Lizenzgebühren auf angebliche vorherige Bekanntheit stützt (*Stumpf/Groß*, Der Lizenzvertrag, 7. Auflage 1998, Rdnr. 563 ff). Zur Definition des Begriffes „Know-how" und dessen rechtlicher Relevanz vergleiche Form. VI. 1, Anm. 6.

4. Lizenzgewährung. Die Lizenzeinräumung ist für die Nutzung des Know-hows zur Herstellung der lizensierten Produkte exklusiv. Eine solche Exklusivität ist durch die Technologietransfer-Gruppenfreistellungsverordnung Nr. 240/96 ausdrücklich freigestellt, Artikel 1 Absatz 1 (1), Artikel 1 Absatz 1 (2) der Verordnung. Um zu verhindern, daß der Lizenzgeber exklusiv an den Lizenznehmer gebunden bleibt, obwohl dieser nicht die Technologie verwertet (eine Gefahr, die sich für einen Einzelerfinder gegenüber einem Großunternehmen immer wieder stellt), wird zugunsten des Lizenzgebers alle zwei Jahre ein Sonderkündigungsrecht vorgesehen, sollte der Lizenznehmer ohne gerechtfertigten Grund das Know-how nicht zur Herstellung der Lizenzprodukte verwerten. Das Muster sieht in einem solchen Fall vor, daß der Lizenzgeber die Exklusivität der Lizenzeinräumung kündigen kann und die Lizenz dann als nicht exklusive Lizenz weiterbestehen bleibt. Alternativ wäre es hierzu auch möglich, daß gestaffelt zunächst die Exklusivität kündbar und dann nach einer weiteren Periode ohne Verwertung des Know-hows der Vertrag insgesamt gekündigt werden kann.

Es wäre auch denkbar, eine Regelung dahin zu finden, daß der Lizenznehmer ab fertiger Entwicklung des Know-hows („Serienreife") dazu verpflichtet wird, gewisse Mindestlizenzgebühren zu zahlen. In einem solchen Fall könnte bei nicht ordnungsgemäßer Entwicklungsarbeit des Lizenznehmers durch eine Fiktion vorgesehen werden, daß nach einem gewissen Zeitpunkt die Serienreife angenommen wird (vgl. hierzu Münchener Vertragshandbuch, Band 3.1, Form. VI. 2, Anm. 8).

Es sollte in jedem Fall genau überlegt werden, ob bei einer Umwandlung eines Lizenzvertrages von einer exklusiven in eine nicht-exklusive Lizenz allein durch eine Kündigung der Exklusivität das Vertragsverhältnis zwischen den Parteien als nicht-exklusives weiterbestehen soll und kann. Da ein exklusiver Lizenzvertrag oftmals weitergehende Beschränkungen des Lizenznehmers vorsieht, als dieser im Rahmen einer nicht-exklusiven Lizenz akzeptieren möchte (und kann), kann es sich unter Umständen auch empfehlen, eine Kündigung des gesamten Lizenzverhältnisses vorzusehen mit dem gleichzeitigen Angebot, die Lizenz als einfache fortzuführen (vgl. insoweit auch Münchener Vertragshandbuch, Band 3.1, Form. VIII. 1, Anm. 18).

5. Vertragsgebiet. Die Lizenz greift in ihrem Territorium über den Bereich der Europäischen Gemeinschaften hinaus und daher können (soweit nicht das ausländische Recht, insbesondere das ausländische Kartellrecht dies unterbindet) in einem weiteren Umfang Verpflichtungen zu Lasten des Lizenznehmers vorgesehen werden. Das Formular trägt dieser Möglichkeit dadurch Rechnung, daß die zeitliche Eingrenzung des Verbots des aktiven und passiven Wettbewerbs in dem nach EU-Recht erforderlichen Umfang nur für die Länder stattfindet, die sich innerhalb der EU befinden.

Eine klare Eingrenzung des Vertragsgebietes ist bei einem Know-how-Lizenzvertrag unverzichtbar, da das Know-how von vornherein keiner örtlichen Beschränkung unterliegt. Sollten die Parteien im Know-how-Lizenzvertrag keine Regelung über das Vertragsgebiet treffen, so wäre es dem Lizenznehmer ein leichtes, später zu behaupten, daß ihm das Know-how zur weltweiten Nutzung eingeräumt wurde. Es muß vermieden werden, daß das anwendbare nationale Recht über die Reichweite der Know-how-Lizenzierung entscheidet.

6. Aktiver Vertrieb. Nach der Technologietransfer-Gruppenfreistellungsverordnung 240/96 kann der Lizenznehmer unter einem reinen Know-how Lizenzvertrag gehindert werden, eine aktive Vertriebspolitik innerhalb des gemeinsamen Marktes in den Bereichen vorzunehmen, die vom Lizenzgeber anderen Lizenznehmern vorbehalten sind, Artikel 1 (1) Nr. 5 der Verordnung. Diese Beschränkung kann allerdings in einem Know-how Lizenzvertrag nur für einen Zeitraum von maximal 10 Jahren von dem Zeitpunkt ab vorgesehen werden, zu dem das lizenzierte Produkt zum ersten Mal innerhalb des Gemeinsamen Marktes von irgendeinem der Lizenznehmer des Lizenzgebers auf den Markt gebracht wird, Artikel 1 (3) der Verordnung 240/96.

7. Passiver Vertrieb. Die Beschränkung des passiven Wettbewerbes wird wiederum nur auf den Bereich der EU-Länder begrenzt. Die Verpflichtung des Lizenznehmers, das lizensierte Produkt auch dann nicht in den anderen Lizenznehmern vorbehaltenen Gebieten auf den Markt zu bringen, wenn dies nur auf nicht provozierte Anfragen hin geschieht, ist grundsätzlich zulässig, Artikel 1 (1) Nr. 6 der Verordnung. Eine solche Verpflichtung muß aber nach Artikel 1 (3) auf einen maximalen Zeitraum von 5 Jahren nach dem ersten Inverkehrbringen des lizenzierten Produktes innerhalb des gemeinsamen Marktes durch den Lizenznehmer unter diesem Lizenzvertrag oder irgend einen anderen Lizenznehmer beschränkt werden.

8. Anwendungsbereich. Gerade in einem Fall, in dem eine Erfindung in einer Vielzahl von technischen Bereichen genutzt werden kann, empfiehlt es sich, im Vertrag festzuhalten, für welche Bereiche der Lizenznehmer zur Nutzung berechtigt ist, um zu verhindern, daß ein potenter Lizenznehmer, z. B. ein größeres Unternehmen, auch andere Bereiche mit in seine Tätigkeit einbezieht, für die der Lizenzgeber sich entweder selbst die Herstellung vorbehalten möchte, oder die er an Dritte in Lizenz vergeben möchte. Artikel 2 (1) Nr. 8 der Verordnung 240/96 sieht vor, daß ein Lizenznehmer auf einen bestimmten technischen Bereich der Verwertung des Know-hows beschränkt werden kann.

9. Weiterentwicklungsverpflichtung und Genehmigungen. Vom Sachverhalt her wird unterstellt, daß das Know-how, das der Einzelerfinder entwickelt hat, noch nicht vollständig durchentwickelt wurde, insbesondere entsprechende Chemikalien noch nicht auf ausreichend umfangreicher Basis hergestellt wurden und diese Chemikalien auch noch nicht benutzt wurden, um das Rostschutzmittel herzustellen. Vor diesem Hintergrund ist es erforderlich, daß das Know-how bis zur Serienreife weiterentwickelt wird. Aufgrund der finanziellen Verhältnisse auf Seiten des Lizenzgebers, aber auch aufgrund der vorhandenen Entwicklungskapazitäten übernimmt der Lizenznehmer diese Verpflichtung. Weiterhin wird es als erforderlich unterstellt, daß zum Vertrieb der Lizenzprodukte in einigen Ländern des Vertragsgebietes behördliche Genehmigungen (z. B. zur Abklärung der Umweltverträglichkeit) erforderlich sind. Die Verpflichtung zur Beantragung dieser

Genehmigungen wird ebenso dem Lizenznehmer auferlegt. Dies hat seinen Grund darin, daß der Lizenznehmer als international tätiges Unternehmen die erforderliche Kenntnis davon hat, welche Vorschriften in den einzelnen Ländern für den Vertrieb der Produkte im Bereich des Lizenznehmers zu beachten sind. Folgerichtig muß geklärt werden, was im Falle einer vorzeitigen Kündigung des Vertrages mit diesen Weiterentwicklungen und den entsprechenden Genehmigungen geschehen soll. Das Formular geht davon aus, daß die Weiterentwicklungen dem Lizenzgeber gegen Kostenerstattung zur Verfügung gestellt werden, da er allein nach Beendigung des Lizenzvertrages davon noch in sinnvollerweise Gebrauch machen kann. Es erscheint auch sachgerecht, daß die Vermarktungsgenehmigungen dann dem Lizenzgeber (zur weiteren Lizenzierung oder zur eigenen Nutzung) zur Verfügung gestellt werden, vorausgesetzt, daß der Lizenzgeber dem Lizenznehmer die entstandenen Kosten erstattet.

10. Ausnutzungspflicht und Mindestumsatz. Die Verpflichtung, das lizensierte Knowhow auch auszunutzen, wird hier nicht nur abstrakt mit einem generellen Prinzip („Best Efforts") festgeschrieben, sondern es wird dem Lizenznehmer auch auferlegt, bestimmte Mindestumsatzzahlen zu erreichen. Eine solche Verpflichtung ist nach Artikel 2 (1) Nr. 9 der Verordnung 240/96 ausdrücklich von Artikel 81 des EG-Vertrages ausgenommen. Zur Gestaltung einer solchen Klausel sind eine Reihe verschiedener Möglichkeiten denkbar. Zum einen kann ein Mindestumsatz und, darauf aufbauend, eine Mindestlizenzgebührenzahlung vorgesehen werden, an deren Nichterreichung außer der grundsätzlichen Zahlungspflicht keine weiteren Rechtsfolgen geknüpft werden. In diesem Zusammenhang ist es dem Lizenznehmer möglich, das exklusive Lizenzrecht zu erhalten, wenn er einen Minderumsatz dadurch ausgleicht, daß er den zur Mindestlizenzgebühr fehlenden Betrag aufzahlt. Das Formular schlägt vor, daß der Lizenzgeber, sollten die vorgesehenen Mindestumsatzzahlen nicht erreicht werden, die Berechtigung hat, zunächst die Exklusivität für einen bestimmten Teil des Territorium zu kündigen und, sollte der Umsatz innerhalb von zwei Jahren auf 50% des vorgesehenen Umsatzes absinken, er weiterhin das Recht hat, die Lizenzgewährung für dieses Land des Territoriums ganz zu kündigen. In allen Fällen ist es damit dem Lizenzgeber möglich, zum einen den Lizenznehmer in der Vermarktung anzuspornen, zum anderen aber auch sich (notfalls) einen Lizenznehmer zu suchen, der eher zur effektiven Vermarktung befähigt ist.

11. Verbesserungen. Für die Behandlung von Verbesserung gilt das bereits für das Formular zum gemischten Patent und Know-how Lizenz Gesagte (vgl. Form. VI. 1, Anm. 17, 18 und 19). Der Lizenzgeber kann verpflichtet werden, dem Lizenznehmer exklusiv Weiterentwicklungen zur Verfügung zu stellen. Eine korrespondierende Verpflichtung des Lizenznehmers ist nur dann zulässig, wenn es sich um nicht abtrennbare Weiterentwicklungen handelt, Artikel 2 (1) Nr. 4 der Verordnung 240/96. Das Formular sieht vor, daß im Falle der Abtrennbarkeit der Lizenznehmer berechtigt sein soll, eigene Schutzrechte anzumelden. Zu beachten ist hierbei selbstverständlich, daß dies nicht eine Anmeldung oder auch nur Offenlegung des ursprünglich lizensierten Know-hows umfassen darf.

12. Gewährleistungen. Zu den Gewährleistungen vergleiche allgemein Form. VI. 1, Anm. 27, 28, 29 und 30. Die Sachmängelhaftung bei Know-how-Lizenzverträgen ist ein für den Lizenzgeber besonders risikoreicher Bereich, zumal wenn – wie im Formular vorgesehen – das Know-how noch nicht vollständig entwickelt ist. Hier muß der Lizenzgeber sehr sorgfältig abwägen, welche Gewährleistungen (oder gar Zusicherungen) er abgeben kann und will (vergleiche hierzu auch Münchener Vertragshandbuch, Band 3.1, Form. VI. 2, Anm. 21).

Allgemein ist darauf hinzuweisen, daß (soweit die Parteien nichts anderes regeln) die Gewährleistung des Lizenzgebers für die technische Brauchbarkeit (die sonst allgemein angenommen wird – *Benkard/Ullmann*, § 15, Anmerkung 102) dann nicht zum Tragen kommt, wenn der Lizenznehmer bei Vertragsabschluß wußte, daß der Lizenzgegenstand selbst noch nicht ausreichend erprobt ist und noch weiterer Entwicklung bedarf (vgl. BGH GRUR 1979, 768 – Mineralwolle), wovon gerade das Formular ausgeht.

Ohne entsprechende andere Regelung im Know-how-Lizenzvertrag haftet der Lizenzgeber nach den Grundsätzen der Rechtsmängelhaftung, wenn das geheime Know-how von Schutzrechten Dritter erfaßt wird und damit dem Lizenznehmer nicht zur Verfügung steht. Auch für die technische Ausführbarkeit und Brauchbarkeit des Know-hows hat der Lizenzgeber mangels anderer Regelung einzustehen (vgl. *Benkard/Ullmann,* § 15, Rdnr. 143).

Die Gewährleistungen, die in diesem Formular vorgeschlagen werden, haben ihren Hintergrund darin, daß das lizenznehmende Unternehmen sich nicht sicher sein kann, ob der private Erfinder sich in dem üblichen Umfang hinsichtlich seiner Berechtigung und der Rechte Dritter abgesichert hat. Es sind daher Erklärungen vorgesehen, die den Lizenzgeber dazu anhalten sollen, vor Unterzeichnung des Vertrages noch einmal eingehend die Situation zu überdenken und zu überprüfen. Zum anderen soll aber auch dem Lizenznehmer (jedenfalls eine theoretische) Schadensersatzmöglichkeit bei Verletzung dieser Gewährleistungen eingeräumt werden. Weiterhin ist es für den Lizenznehmer von ausgesprochener Wichtigkeit, vom Lizenzgeber gewährleistet zu erhalten, daß dieser das Know-how bisher nicht Dritten bekanntgegeben oder gar im Vertragsgebiet lizenziert hat. Da die Formulierung sehr allgemein gehalten ist, muß die Erklärung des Lizenzgebers aufgenommen werden, daß er anderen Lizenznehmern (außerhalb des Vertragsgebietes) das Know-how zur Verfügung gestellt hat und auch im Territorium einer Gesellschaft das Know-how (durch eine Geheimhaltungsvereinbarung abgesichert) zur Verfügung gestellt hat, die sich dann aber nicht zur Lizenzierung entschlossen hat.

Das Formular geht davon aus, daß der Lizenznehmer verpflichtet ist, die erforderlichen behördlichen Genehmigung zum Vertrieb des mit dem lizenzierten Know-how hergestellten Produktes zu erlangen (Artikel 5 Absatz 2 des Musters). Aus diesem Grund werden Gewährleistungsfolgen an das Nichterhalten behördlicher Genehmigungen nicht geknüpft. Es ist aber vorgesehen, daß der Lizenzgeber die erforderliche Hilfe zur Erlangung dieser Genehmigungen zu leisten hat. Findet sich keine Regelung im Vertrag, wird (jedenfalls nach der deutschen) Rechtsprechung analog den Regeln der Sachmängelhaftung beurteilt, welche Folgen sich daraus ergeben, falls eine erforderliche behördliche Genehmigung nicht erteilt wird. Dem Lizenznehmer steht in einem solchen Fall üblicherweise ein Rücktrittsrecht zur Verfügung (vergleiche hierzu Münchener Vertragshandbuch, Band 3.1, Form. VI. 2, Anm. 22).

Aufgrund des im Formular vorgesehenen Sachverhalts ist allein der Lizenznehmer Hersteller im Sinne der Produzentenhaftung. Dies könnte anders beurteilt werden, sollte der Lizenznehmer zum Bezug von Produkten verpflichtet sein oder sollte der Lizenznehmer genauen Vorgaben hinsichtlich der Herstellung der Produkte unterliegen (vgl. hierzu Münchener Vertragshandbuch, Band 3.1, Form. VI. 2, Anm. 24). Eine Regelung der internen Haftungsverteilung mit entsprechender Freistellung ist aufgrund der Tatsache, daß auch im Außenverhältnis nur der Lizenznehmer Hersteller ist, nicht erforderlich.

13. Lizenzgebühr. Die Lizenzgebührenregelung sieht zunächst vor, daß der Lizenzgeber für die bisherigen Entwicklungsaufwendungen eine Einmalzahlung bei Abschluß des Vertrages erhalten soll, um die so von ihm vor Abschluß des Vertrages geleisteten Entwicklungsaktivitäten abzudecken. (Zur Einstandzahlung bei Know-how-Lizenzverträgen vgl. auch Münchener Vertragshandbuch, Band 3.1, Form. VI. 2, Anm. 26). Darüber hinaus soll der Lizenzgeber während der (geschätzten) zwei Jahre, die für die Entwicklung des Know-hows bis zu Vermarktungsreife erforderlich sein werden, Pauschalzahlungen erhalten. Diese Pauschalzahlungen sind allerdings auf die späteren Lizenzgebührzahlungen durch den Lizenznehmer (jedenfalls zur Hälfte) anzurechnen. Diese Anrechnung wird aber auf weitere zwei Jahre begrenzt, um auch auf diese Weise den Lizenznehmer dazu anzuspornen, sehr schnell mit dem Produkt eine sinnvolle Vermarktung zu beginnen.

Soweit ein Umsatz des Lizenznehmers mit Konzernunternehmen erfolgt, sollte die Regelung der Lizenzgebühren auch eine Bestimmung dahingehend enthalten, daß in einem solchen Fall nicht die tatsächlichen Konzernverrechnungspreise zum Ansatz kommen, sondern Umsätze, wie sie mit Dritten üblicherweise erzielt würden (vgl. hierzu Münchener Vertragshandbuch, Band 3.1, Form. VI. 2, Anm. 27).

Da als Basis der Lizenzgebühr auf den Umsatz des Lizenznehmers abgestellt wird, sind verkaufte Produkte vom Lizenznehmer erst dann lizenzgebührpflichtig, wenn tatsächlich auch der Lizenznehmer die Zahlung von seinen Abnehmern erhalten hat. Hierbei handelt es sich um eine Regelung die zugunsten des Lizenznehmers ausgestaltet ist. Sollte der Lizenzgeber in diesem Zusammenhang stärker bevorzugt werden, so kann vorgesehen werden, daß schon bereits die Rechnungsstellung („as invoiced") zur Anrechnung auf den Umsatz ausreichend sein soll. Damit würde es allein in die Sphäre des Lizenznehmers fallen, sollte einer seiner Abnehmer nicht zahlen.

14. Erben des Lizenzgebers. Das Formular sieht aufgrund der Besonderheit, daß auf Seiten des Lizenzgebers eine Privatperson steht, vor, daß im Todesfall die Lizenzgebühr den Erben des Lizenzgebers zusteht. Zwar wird grundsätzlich im Wege der Erbfolge die Rechtsstellung aus einem Lizenzvertrag auf die Erben des Lizenzgebers übergehen (vgl. § 15 Abs. 3 PatG). Das Muster folgt aber einem anderen Ansatz und will lediglich die Lizenzgebührberechtigung zugunsten der Erben erhalten, im übrigen aber die Erben aus dem Vertrag weder berechtigen noch verpflichten.

15. Einschluß weiterer Technologien. Der Lizenznehmer läßt sich eine Option einräumen auf die Nutzung einer Technologie, die vom Lizenzgeber zum Zeitpunkt des Lizenzabschlusses gerade entwickelt wird. Dies ist dann sinnvoll, wenn der Lizenznehmer auch in diesem Bereich aktiv ist und er das Know-how (für das er schon eine ganze Reihe von Aufwendungen und Weiterentwicklungsleistungen erbringt) in gleicher Weise auch für diesen Produktbereich nutzen kann. Die Option kommt nur dann zum Tragen, wenn der Lizenzgeber sich entschließt, einem Dritten das noch zu entwickelnde Know-how im Wege der Übertragung oder im Wege einer Lizenz anzubieten. Um das Verfahren so einfach wie möglich zu gestalten, greift die Option nur dann ein, wenn der Lizenzgeber bereits mit dem Dritten die Verträge voll durchverhandelt hat, um so dem Lizenznehmer einen vollen Überblick über die Konditionen zu geben, zu denen er das weitere Know-how lizenzieren oder gar erwerben kann. Dies natürlich nur, sollten sich nicht die Parteien bereits vorher im Verhandlungswege auf eine andere sinnvolle Lösung geeinigt haben.

16. Rechte Dritter. Vgl. allgemein Form. VI. 1., Anm. 36. Obwohl es sich bei dem hier angenommenen Sachverhalt um einen Einzelerfinder handelt, der in der Regel nicht sehr vertraut sein wird mit der Führung entsprechender Prozesse, sieht dennoch das Formular vor, daß der Lizenzgeber in der Kontrolle für die Verteidigung des Knowhows verbleibt. Dies hat seinen Grund darin, daß es nicht dem Lizenznehmer überlassen werden soll, wie er sich gegen einen Angriff auf den geheimen Charakter des Know-how verteidigen will, steht er doch diesem Know-how ferner als der Lizenzgeber (zur Frage wieweit ein erfolgreicher Angriff von der Zahlung der Lizenzgebühren befreit vergleiche Anm. 17). Aus diesem Grund geht das Formular davon aus, daß es zwar zunächst das Recht des Lizenznehmers ist, sich gegen entsprechende Angriffe zu wehren, daß die endgültige Kontrolle über die Durchführung entsprechend der Prozesse, sollte der Lizenznehmer nicht tätig werden, aber beim Lizenzgeber verbleibt.

17. Geheimhaltung. Vgl. Form. VI. 1., Anm. 39. Für den Know-how-Lizenzvertrag ist die Geheimhaltungsverpflichtung auf Seiten des Lizenznehmers gewissermaßen „Herzstück" des Vertrages. Beide Parteien wissen, daß es nur dann eine lizenzierbare Rechtsposition gibt, sofern das Know-how weiterhin geheimgehalten wird. In dem Moment, in dem das Know-how offenkundig wird und der Lizenzvertrag hierzu keine Regelungen enthält, muß über das Rechtsinstut des Wegfalls der Geschäftsgrundlage eine Anpassung des Lizenzvertrages vorgenommen werden, was beim Know-how-Lizenzvertrag (ohne weitere Trainingverpflichtung und dergleichen) an sich nur heißen kann, daß der Vertrag durch eine Kündigung des Lizenznehmers beendet werden kann. Das deutsche Kartellrecht geht hier noch weiter und erklärt einen Lizenzvertrag mit wettbewerbsbeschränkenden Abreden zu Lasten des Lizenznehmers dann für unwirksam, sobald das Know-how offenkundig geworden ist.

Um zu verhindern, daß der Lizenznehmer selbst zur Offenkundigwerdung des Know-hows beiträgt (um auf diese Weise Lizenzgebühren zu sparen), enthält das Formular in Artikel 9 Absatz 8 die Regelung, daß im Fall des Offenkundigwerdens der Lizenznehmer zur Zahlung der Lizenzgebühr weiterhin verpflichtet bleibt, soweit die Offenkundigkeit nicht durch den Lizenzgeber verursacht wurde. Diese Regelung ist kartellrechtlich zulässig, Artikel 2 (1) Nr. 7 a der Technologietransfer-Gruppenfreistellungsverordnung (vgl. hierzu Form. VI. 1 Anm. 23). Zur Bedeutung von Geheimhaltungsklauseln nach deutschem Vertrags- und Kartellrecht vergleiche auch Münchener Vertragshandbuch, Band 3.1, Form. VI. 2, Anm. 38 und Anm. 41).

18. Nichtangriffsverpflichtung. Vgl. Form. VI. 2., Anm. 32, 33 und 34.

19. Abtretbarkeit und Unterlizenz. Vgl. Form. VI. 1, Anm. 40.

20. Laufzeit. Die Freistellung der Verordnung 240/96 für eine exklusive Lizenzgewährung ist nach Artikel 1 (1) auf maximal 10 Jahre von dem Zeitpunkt an zu begrenzen, zu dem das lizensierte Produkt erstmals innerhalb des Gemeinsamen Marktes von einem der Lizenznehmer auf den Markt gebracht wird. Da dies für die Berechnung der Vertragslaufzeit ein eher ungewöhnlicher Startzeitpunkt ist schlägt das Formular vor, den Vertrag auf 10 Jahre beginnend mit dem Vertragsabschluß zu begrenzen. Nach Ablauf der 10 Jahre fällt eine weitere Exklusivitätsabsprache nicht mehr in den Freistellungsbereich der Technologietransfer-Gruppenfreistellungsverordnung. In einem solchen Fall müßte nach dem derzeitigen Rechtsstand eine Individualfreistellung beantragt werden. Das Formular sieht daher vor, daß die Parteien, sollten sie eine weitere Exklusivität wünschen, dann die erforderlichen Schritte unternehmen, vorausgesetzt, daß zu diesem Zeitpunkt eine Laufzeitverlängerung möglich ist.

Offenkundiges Know-how kann nicht Gegenstand eines Lizenzvertrages sein, da sonst aus kartellrechtlichen Gesichtspunkten heraus die vorhandenen Beschränkungen des Lizenznehmers (man denke nur an die Zahlung der Lizenzgebühr für ein der Allgemeinheit zur Verfügung stehendes Wissen) unzulässig sind (vgl. z. B. BGH GRUR 1963, 207 – Kieselsäure; BGH GRUR 1976, 140 – Polyurethan). Der Lizenzvertrag endet auch ohne ausführliche Regelung dann, wenn das Know-how aufgrund Handlungen des Lizenzgebers offenkundig wird. Für die Vergangenheit bleibt es allerdings dabei, daß die Lizenzzahlungen zu Recht sind erfolgt und nicht zurückgefordert werden können, denn zu diesem Zeitpunkt hatte der Lizenznehmer aufgrund des noch geheimen Charakters des Know-hows einen Wettbewerbsvorsprung (vgl. hierzu OLG Düsseldorf WuW/OLG 201 – Steinwolle). Sollte das Know-how allerdings von vornherein offenkundig gewesen sein, so könnte der Lizenznehmer mit einer Klage auf Rückzahlung der Lizenzgebühren (insbesondere der Abschlagszahlungen) durchdringen (vgl. hierzu allgemein Münchener Vertragshandbuch, Band 3.1, Form. VI. 2, Anm. 29).

Die Technologietransfer-Gruppenfreistellungsverordnung sieht vor (Artikel 2 (1) Nr. 7 a), daß der Lizenznehmer auch dann noch zur Zahlung der Lizenzgebühren verpflichtet werden kann, wenn das Offenkundigwerden des Know-hows nicht dem Lizenzgeber anzulasten ist. Wenn dies gewünscht wird, so muß sich hierzu eine klare Formulierung im Lizenzvertrag finden (zu einem Formulierungsvorschlag vergleiche auch Form. VI. 1 Artikel 13 Absatz 4).

21. Kartellrecht. Vgl. Form. VI. 1, Anm. 47.

22. Schriftform. Vgl. Form. VI. 1, Anm. 46.

23. Anwendbares Recht. Das Formular sieht als anwendbares Recht das deutsche Recht vor. Dies soll sich bei dem vorliegenden Sachverhalt daraus ergeben, daß weder der in der Schweiz ansässige Einzelerfinder, noch das in Frankreich ansässige Chemieunternehmen der Anwendung des französischen oder schweizerischen Rechtes zustimmen konnten. Bei dieser Situation schien die Anwendung eines neutralen, hier deutschen Rechtes als möglicher Ausweg. Dies setzt allerdings voraus, daß die Parteien über die sich daraus ergebenden Rechtsfolgen beraten wurden und nicht lediglich zum Schluß der Verhandlung in die entsprechende Klausel die Rechtsordnung eingesetzt haben, auf die man sich zuletzt einigen konnte. Vgl. hierzu Form. VI. 1, Anm. 47.

24. Schiedsklausel. Aufgrund der besonderen Empfindlichkeit eines Lizenznehmers im Rahmen der Lizenzierung von geheimen Know-how, der auf alle Fälle vermeiden möchte, daß eine Auseinandersetzung mit seinem Lizenznehmer dazu führt, daß das geheime Know-how im großen Kreis in einem öffentlich zugängigen Gerichtsverfahren diskutiert wird, findet sich in der Regel in Know-how Lizenzverträgen eine Streitentscheidung durch Schiedsverfahren. Dabei kann es sich um ad hoc-Schiedsverfahren handeln, die ihre eigenen Regeln festsetzen. Solche ad hoc-Schiedsverfahren haben den Vorteil, daß sie auf die Bedürfnisse der Parteien individuell zugeschnitten werden können. Der Nachteil ist aber darin zu sehen, daß ein solches ad hoc-Schiedsverfahren eine sehr aufwendige vertragliche Regulierung erfordert, die bei einem Verweis auf existierende Schiedsgerichte (wie z. B. ICC, DIS oder WIPO Schiedsverfahren) nicht erforderlich ist. Bei dem hier vorgesehenen Vertragsmuster, das ein WIPO Schiedsverfahren vorsieht, ist zu überprüfen, ob das Formerfordernis des § 1031 ZPO erfüllt ist – eine separate Schiedsvereinbarung muß nur noch geschlossen werden, wenn ein Verbraucher beteiligt ist, § 1031 (5) ZPO. Die Schiedsklausel selbst folgt dem WIPO Formulierungsvorschlag.

4. Trademark License Agreement

(Markenlizenzvertrag)

TRADEMARK LICENSE AGREEMENT[1,2]

of ....

by and between

1. X

....

....

(in the following: "Licensor")

a n d

2. Z

....

....

(in the following: "Licensee")

PREAMBLE[3]

WHEREAS, Licensor is the owner of the name "X" and of certain trademarks and service marks comprising such name;

WHEREAS, Licensee has pursuant to the Acquisition Agreement dated ...... acquired the Automotive Division from Licensor;

WHEREAS, Licensee desires to use the trademark "X" under license from Licensor in connection with its business operations and Licensor is willing to grant such a license upon the terms and conditions set forth in this Agreement.

NOW, THEREFORE, the Parties agree as follows:

Article 1. Definitions[4]

1. "Business Operations" shall mean the business activities of Licensee in the area of the Automotive Division, as more closely defined in Annex A.[5]
2. "Automotive Division" shall mean such part of Licensor's business operations which are related to the manufacturing and distribution of automotive parts, small engines, clutch systems, connecting parts and filters and which has been acquired by Licensee pursuant to the Acquisition Agreement dated ....[6]
3. "Territory" shall mean the countries or other geographic areas or locations as set forth in Annex B.[7]
4. "Trademark" shall mean the trademark „X", German registration number 100 100 and 200 200 and the corresponding foreign registrations and international trademarks covering the respective countries as set forth in Annex B.[8]

Article 2. License Grant[9]

1. Licensor hereby grants to Licensee, under the terms and conditions of this Agreement, a revocable, non-transferable license to use the Trademark in carrying out the Business Operations in the Territory. The license granted is exclusive for use in connection with the Business Operations for four (4) years from the date of signature of this Agreement. Thereafter the license is non-exclusive for the remainder of the term of this Agreement.
It is understood that Licensor will continue to use the Trademark for its remaining business but shall not use the Trademark in the Territory for any operations identical or similar to the Business Operations of Licensee. The Parties insofar expressly refer to the covenant not to compete of Licensor as set forth in Article 37 of the Acquisition Agreement.
2. Licensee shall be entitled to use the Trademark under this license only in connection with the word "Autozubehör" in the form "X Autozubehör". Licensee shall always use its own name concurrently as a designation of origin if space permits.[10]
3. Licensee shall only be entitled to use the Trademark in the form set forth in Annex C. The relationship or printing size between the Trademark and the following word "Autozubehör", as well as the relationship or printing size between the Trademark and the firm name of Licensee, as set forth in Annex D, has to be followed. In the text of any advertisements the Trademark may only be used if it is identified by an "R in a circle" with a footnote and a clear indication in such footnote that the Trademark is a registered trademark of Licensor.[11]
4. Licensee shall not be entitled to incorporate the Trademark or any similar name or trademarks into the company name of Licensee nor to use the Trademark as business name according to § 5 Absatz 2 MarkenG.[12]
5. Licensee shall not at any time use or employ the Trademark in any manner except as permitted in this Agreement.
6. Licensee shall be entitled to grant sublicenses within the license grant to such manufacturers which belong to the Licensee's group, provided, that any sublicensee agrees

4. Trademark License Agreement

in writing to be bound by the provisions of this Agreement and to be liable directly to Licensor for its performance in addition to the Licensee's liability for such sublicensee's performance.[13]

Article 3. Royalty[14]

The consideration for the use of the Trademark by Licensee is part of the purchase price for the Automotive Division as determined by Article 12 of the Acquisition Agreement. No further royalty shall be due.

Article 4. Quality Standards[15]

1. Licensee shall meet Licensor's standards of quality in the performance of Business Operations under the Trademark as to enhance the value and good will of the business associated with and symbolized by the licensed Trademark and shall comply in all respects with all applicable standards required by any and all local laws or other regulation in the Territory. Licensee agrees to abide by all rules and standards established under Article 4.2 in respect thereto.
2. Licensor has the right and duty to formulate and enforce reasonable standards of quality and performance (as these, for example, are set forth in the "Qualitätshandbuch") to be observed by Licensee in rendering Business Operations under the Trademark. Licensor shall have the right, in its reasonable discretion, to make changes in presently established standards of quality, set new standards and make new rules relating to quality control.
3. To assure Licensee's compliance, Licensor shall have the right to review Licensee's performance of Business Operations and inspect Licensee's Business Operations and the premises where Business Operations are rendered at reasonable times to determine that the quality of Business Operations meets Licensor's standards.[16]
4. Licensee shall, upon request of Licensor, submit prior to the printing and/or dissemination brochures, advertisements and the like using the Trademark to allow Licensor to review the manner in which the Trademark is used.[16]
5. Licensee shall stop immediately any use of the Trademark which, in the sole discretion of Licensor, endangers the reputation or validity of the Trademark or the name "X". Upon request of Licensor Licensee shall remedy such danger in any way necessary.

Article 5. Ownership[17]

1. Licensee hereby agrees that, as between Licensee and Licensor, Licensor is the sole owner of the name "X" and the Trademark and all the good will relating thereto, and that the same, at all times, shall be and remain the sole and exclusive property of Licensor and that Licensee, by reason of this Agreement, has not acquired any right, title, interest or claim of ownership in such name and Trademark in the Territory and elsewhere, except for the license granted herein. Licensee shall make all declarations and shall furnish all documentation to Licensor necessary or useful for Licensor to maintain its rights in the Trademark. Licensee shall not challenge the ownership of Licensor. The use by Licensee of the Trademark in the Territory and any and all goodwill arising from such use shall inure solely to the benefit of Licensor and shall be deemed to be solely the property of Licensor in the event that this Agreement shall be terminated. Upon any termination of this Agreement, any and all rights in and to the Trademark granted to Licensee shall automatically terminate.
2. Upon termination or expiration of this Agreement, Licensee shall cease all use of, and will immediately cause its agents, contractors, consultants, and partners to disconti-

nue the use of the Trademark or any similar trademarks and/or names and Licensee will be deemed to have assigned, transferred and conveyed to Licensor any and all equities, goodwill, title, or other rights including an acquired trade dress protection (Ausstattungsschutz) in and to the Trademark or the name "X" which may have been obtained by Licensee or which may have been vested in it by reason of Licensee's activities. Upon Licensor's request Licensee will execute and deliver to Licensor any instruments to accomplish or confirm the foregoing. Any acquired trade dress protection will be transferred by Licensee to Licensor.

Article 6. Official Approvals[18]

1. Licensor is entitled to forbid the use of the Trademark in a country of the Territory if and when the official approvals or procedures for that country (like deposition of license document, registered user entry, govermental approval) have not been fulfilled.
2. Licensee authorizes Licensor to conduct any approval procedures also on behalf of Licensee if Licensee is informed about such procedures in writing. Licensee irrevocably authorizes Licensor to pursue the cancellation and invalidation of any approval and registered user entries upon termination of this Agreement.
3. Licensor shall be in charge of conducting approval procedures for its own account, provided that the costs for the production of documents by Licensee shall be borne by Licensee.

Article 7. Warranty[19]

1. Licensor does not warrant the legal validity of the Trademark and does not accept any liability that the Trademark may be used without infringing any rights of third parties.
2. Licensor warrants that it has not granted a license to a third party to use the Trademark in connection with the Business Operations.

Article 8. Indemnification[20]

Licensee shall indemnify and hold harmless Licensor from and against all claims, suits, losses, damages and expenses (including without limitation, court costs and attorney's fees) arising out of any and all activities of Licensee. This indemnification applies also to product liability claims.

Article 9. Penalty[21]

Aside from the obligation to cover Licensor's actual damages and in addition to any damages to be paid by Licensee, Licensee shall pay to Licensor for any breach of this Agreement or any use of the Trademark contrary to the terms of this Agreement a penalty of € 100.000,–. If such breach is not cured after a written notice of Licensor Licensee shall pay for each month during which the breach occurs a further penalty of € 100.000,–. Prerequisite for payment of the penalty is a prior written warning notice of Licensor. The termination rights of Licensor remain unaffected.

Article 10. Infringement of Trademark[22]

Licensee shall promptly notify Licensor in writing of any infringement or challenge of the rights of Licensor in the Trademark. Licensor shall have the exclusive right, but not the obligation, to commence actions or proceedings against infringers. Licensee shall take no action against infringers unless requested to do so by Licensor in which event Licensor will bear the expense of Licensee's action against the infringer and will have

4. Trademark License Agreement

the right to manage such action. Licensee will render all and every assistance that may be necessary in connection with such action.

Article 11. Duration and Termination[23]

1. The term of this Agreement is six years, subject to termination in any of the following events.
2. Licensor shall have the right at its option to terminate with immediate effect this Agreement at any time by giving written notice to Licensee if:
   - Licensee breaches any of its obligations under the terms of this Agreement; provided, however, the termination shall not become effective if Licensee shall discontinue the breach and remedy its consequences to Licensor's satisfaction within thirty (30) days following the date of termination; or
   - Licensee sells the Business Operations; or
   - Licensee's shareholders or the form of Licensee's incorporation changes; or
   - Licensee challenges the validity of the Trademark; or
   - Licensee becomes insolvent, makes a general assignment for the benefit of creditors, bankruptcy or receivership proceedings are instituted against the assets of Licensee or are dismissed for lack of assets.
3. Licensee may terminate this Agreement at any time by giving written notice to Licensor.
4. Upon termination of this Agreement the rights and obligations of the Parties, especially the right of Licensee to use the Trademark, shall cease with exception of the obligations of Licensee set forth in Articles 5, 8, and 9 which shall survive termination.

Article 12. No Agency Created[24]

Nothing in this Agreement shall be construed to constitute either Party the agent of the other.

Artikel 13. Assignment[25]

Without written consent of Licensor, this Agreement and all rights and duties hereunder shall not be assigned. Any attempted assignment shall entitle Licensor to terminate this Agreement with immediate effect.

Article 14. Notices[26]

All notices given under this Agreement shall be in writing and shall be personally delivered or sent by certified mail, return receipt requested, or by express courier service, postage or delivery charges prepaid, and as to Licensor shall be addressed to:

> X
> Attn: CEO

and as to Licensee shall be addressed to:

> Z
> ....
> Attn: Geschäftsleitung

Article 15. Governing Law[27]

This Agreement shall be interpreted in accordance with and be governed by the laws of the Federal Republic of Germany, and the Parties hereby irrevocably submit themselves to the exclusive jurisdiction of the Landgericht Hamburg.

Article 16. Integration Clause[28]

This Agreement embodies the entire agreement made between the Parties concerning the subject matter dealt with herein and terminates and supersedes all prior agreements between the Parties in respect to such subject matter.

Article 17. Amendment[28]

None of the terms of this Agreement, including this paragraph, can be waived or modified except by an express agreement in writing signed by both Parties.

Article 18. Validity[29]

The provisions of this Agreement shall be deemed to be independent and severable. If any provision of this Agreement is held invalid or unenforceable, the Parties agree to replace this provision by a valid and enforceable provision as close as possible to the intended commercial effect.

X:

By: ....
    Name:
    Title:

Z:

By: ....
    Name:
    Title:

*Übersetzung**

MARKENLIZENZVERTRAG[1,2]

vom ....

zwischen

1. X

....

(nachfolgend „Lizenzgeber")

u n d

2. Z

....

(nachfolgend „Lizenznehmer")

Präambel[3]

Der Lizenznehmer ist Inhaber der Rechte an der geschäftlichen Bezeichnung „X" sowie Eigentümer von bestimmten Marken und Dienstleistungsmarken, welche diese geschäftliche Bezeichnung beinhalten.

Der Lizenznehmer hat gemäß Kaufvertrag vom ...... den Automobil-Bereich von dem Lizenzgeber erworben.

---

* Diese Übersetzung dient ausschließlich dem besseren Verständnis des englischen Originals; sie erhebt keinen Anspruch auf Verbindlichkeit.

4. Trademark License Agreement   IX. 4

Der Lizenznehmer möchte die Marke „X" in Verbindung mit seiner Geschäftstätigkeit unter einer Lizenz des Lizenzgebers nutzen. Der Lizenzgeber ist bereit, eine solche Lizenz gemäß den in diesem Vertrag festgelegten Bestimmungen zu gewähren.
Dies vorausgeschickt, vereinbaren die Parteien folgendes:

Artikel 1. Definitionen[4]

1. „Geschäftsbetrieb" bedeutet die geschäftlichen Aktivitäten des Lizenznehmers auf dem Geschäftsgebiet des Automobil-Bereichs, wie sie in Anlage A genauer definiert sind.[5]
2. „Automobil-Bereich" bedeutet der Teil des Geschäftsbetriebs des Lizenzgebers, welcher sich auf Herstellung und Vertrieb von Automobilteilen, Kleinmotoren, Kupplungssystemen, Verbindungsteilen und Filtern bezieht und vom Lizenznehmer gemäß dem Kaufvertrag vom ...... erworben worden ist.[6]
3. „Vertragsgebiet" bedeutet die in Anlage B aufgeführten Länder, geographischen Gebiete oder Orte.[7]
4. „Marke" bedeutet die Marke „X", deutsche Registriernummer 100 100 und 200 200, sowie die entsprechenden ausländischen Registrierungen und internationalen Marken, welche die in Anlage B jeweils aufgeführten Länder betreffen.[8]

Artikel 2. Lizenzgewährung[9]

1. Der Lizenzgeber gewährt dem Lizenznehmer hiermit gemäß den Bestimmungen dieses Vertrages eine widerrufliche, nicht-übertragbare Lizenz zur Nutzung der Marke für den Geschäftsbetrieb in dem Vertragsgebiet. Die gewährte Lizenz ist für die Nutzung im Zusammenhang mit dem Geschäftsbetrieb für vier (4) Jahre ab dem Tag der Unterzeichnung dieses Vertrages eine exklusive Lizenz. Hiernach ist die Lizenz für die restliche Vertragslaufzeit eine nicht-exklusive Lizenz.
Die Parteien gehen davon aus, daß der Lizenzgeber die Marke für seinen verbleibenden Geschäftsbetrieb weiterhin nutzen wird, nicht jedoch für Tätigkeiten in dem Vertragsgebiet, welche mit den geschäftlichen Tätigkeiten des Lizenznehmers identisch oder ihnen ähnlich sind. Die Parteien nehmen insofern ausdrücklich auf das in Artikel 37 des Kaufvertrages festgelegte Wettbewerbsverbot für den Lizenzgeber Bezug.
2. Der Lizenznehmer ist berechtigt, die Marke unter dieser Lizenz nur im Zusammenhang mit dem Wort „Autozubehör" in der Form „X Autozubehör" zu nutzen. Soweit es der Raum zuläßt, hat der Lizenznehmer gleichzeitig stets seine eigene Firma als Herkunftskennzeichnung anzugeben.[10]
3. Der Lizenznehmer ist nur zur Nutzung der Marke in der in Anlage C festgesetzten Form berechtigt. Das Verhältnis oder die Druckgröße zwischen der Marke und dem folgenden Wort „Autozubehör" sowie das Verhältnis oder die Druckgröße zwischen der Marke und der Firma des Lizenznehmers sind entsprechend den Festlegungen der Anlage D einzuhalten. In Werbetexten darf die Marke nur genutzt werden, wenn sie durch ein „R in einem Kreis" mit einer Fußnote gekennzeichnet ist und in der Fußnote eine Klarstellung erfolgt, daß die Marke eine registrierte Marke des Lizenzgebers ist.[11]
4. Der Lizenznehmer ist nicht berechtigt, die Marke oder ähnliche Namen oder Marken in die Firmenbezeichnung des Lizenznehmers mit aufzunehmen oder die Marke als geschäftliche Bezeichnung gemäß § 5 Abs. 2 MarkenG zu nutzen.[12]
5. Der Lizenznehmer darf die Marke zu keiner Zeit auf andere Weise, als durch diesen Vertrag gestattet, nutzen oder verwenden.
6. Der Lizenznehmer ist berechtigt, Unterlizenzen innerhalb der Lizenzgewährung an Hersteller, welche zum Konzern des Lizenznehmers gehören, zu vergeben, vorausgesetzt, daß der Unterlizenznehmer sich schriftlich verpflichtet, durch die Bestimmungen dieses Vertrages gebunden zu sein und dem Lizenzgeber unmittelbar und zusätz-

lich zu der Haftung des Lizenznehmers für die Vertragserfüllung des Unterlizenznehmers zu haften.[13]

Artikel 3. Lizenzgebühr[14]

Die Lizenzgebühr für die Nutzung der Marke durch den Lizenznehmer ist in dem in Artikel 12 des Erwerbsvertrages festgesetzten Kaufpreis für den Automobil-Bereich mit enthalten. Zusätzliche Lizenzgebühren werden nicht erhoben.

Artikel 4. Qualitätsanforderungen[15]

1. Der Lizenznehmer hat die Qualitätsanforderungen des Lizenzgebers bei der Erbringung des Geschäftsbetriebs mit der Marke einzuhalten, um den Wert und den Good Will des mit der lizenzierten Marke verbundenen und durch sie symbolisierten Geschäfts zu fördern, und hat darüber hinaus in jeder Hinsicht sämtliche durch lokale Gesetze oder andere Verordnungen in dem Vertragsgebiet vorgeschriebene Anforderungen zu erfüllen. Der Lizenznehmer verpflichtet sich, sämtliche in Artikel 4.2 in dieser Hinsicht festgelegten Regeln und Anforderungen einzuhalten.

2. Der Lizenzgeber hat das Recht und die Pflicht, angemessene Qualitäts- und Leistungsanforderungen (wie sie z.B. in dem „Qualitätshandbuch" festgelegt sind) auszuformulieren und durchzusetzen, welche durch den Lizenznehmer bei seinem Geschäftsbetrieb mit der Marke eingehalten werden müssen. Der Lizenzgeber hat das Recht, nach eigenem angemessenen Ermessen Veränderungen in den jeweils geltenden Qualitätsanforderungen vorzunehmen, neue Anforderungen aufzustellen und neue Regeln hinsichtlich der Qualitätssicherung festzusetzen.

3. Zur Sicherstellung der Einhaltung der Qualitätsanforderungen durch den Lizenznehmer hat der Lizenzgeber das Recht, die Leistung des Geschäftsbetriebs durch den Lizenznehmer zu überprüfen sowie den Geschäftsbetrieb des Lizenznehmers und die Örtlichkeiten, in denen der Geschäftsbetrieb vorgenommen wird, zu angemessenen Zeiten zu besichtigen, um festzustellen, ob die Qualität des Geschäftsbetriebs den Anforderungen des Lizenzgebers entspricht.[16]

4. Der Lizenznehmer verpflichtet sich, auf Anforderung durch den Lizenzgeber Broschüren, Werbemaßnahmen und ähnliches, bei denen die Marke genutzt wird, vor dem Druck und/oder der Verteilung dem Lizenzgeber zur Verfügung zu stellen, um diesem Gelegenheit zur Überprüfung der Art und Weise, in welcher die Marke genutzt wird, zu geben.

5. Der Lizenznehmer hat unverzüglich jede Nutzung der Marke zu beenden, welche nach freiem Ermessen des Lizenzgebers den Ruf oder die Gültigkeit der Marke oder der Kennzeichnung „X" gefährdet. Auf Anforderung des Lizenzgebers hat der Lizenznehmer eine solche Gefährdung durch die erforderlichen Mittel zu beseitigen.

Artikel 5. Eigentümerstellung[17]

1. Der Lizenznehmer erkennt hiermit an, daß zwischen dem Lizenznehmer und dem Lizenzgeber der Lizenzgeber der alleinige Inhaber der Rechte an der Kennzeichnung „X" sowie an der Marke und sämtlichem hiermit verbundenen Good Will ist, daß diese stets das alleinige und ausschließliche Eigentum des Lizenzgebers sein und bleiben werden und daß der Lizenznehmer aufgrund dieses Vertrages unter Ausnahme der hierin gewährten Lizenz kein Recht an oder Anspruch auf diese Kennzeichnung und Marke in dem Vertragsgebiet oder anderswo erworben hat. Der Lizenznehmer verpflichtet sich, gegenüber dem Lizenzgeber sämtliche Erklärungen abzugeben und Dokumente bereitzustellen, welche für den Lizenzgeber zum Erhalt seiner Rechte an der Marke notwendig oder nützlich sind. Der Lizenznehmer wird die Eigentümerstellung des Lizenzgebers nicht angreifen. Die Nutzung der Marke durch den Lizenznehmer in dem Vertragsgebiet sowie sämtlicher, hieraus entstehender Good Will er-

4. Trademark License Agreement IX. 4

folgt einzig zum Nutzen des Lizenzgebers und gilt im Falle einer Kündigung dieses Vertrages als alleiniges Eigentum des Lizenzgebers. Mit der Kündigung dieses Vertrages enden automatisch sämtliche dem Lizenznehmer gewährten Rechte an der Marke.
2. Mit der Kündigung oder dem Ablauf dieses Vertrages hat der Lizenznehmer die Nutzung der Marke oder ähnlicher Marken und/oder Kennzeichen zu beenden sowie unverzüglich dafür zu sorgen, daß seine Vertreter, Subunternehmer, Berater und Partner ebenfalls die Nutzung einstellen. Sämtliche Rechte, Good Will oder andere Ansprüche einschließlich einem erworbenen Ausstattungsschutz an der Marke oder dem Kennzeichen „X", welche durch den Lizenznehmer erworben worden sind oder bei dem Lizenznehmer aufgrund seiner eigenen Tätigkeiten entstanden sind, gelten als von dem Lizenznehmer an den Lizenzgeber abgetreten und übertragen. Auf Anforderung des Lizenzgebers wird der Lizenznehmer zur Erreichung oder Bestätigung des Vorstehenden sämtliche Dokumente ausfertigen und dem Lizenzgeber übergeben. Jeder erworbene Ausstattungsschutz wird von dem Lizenznehmer an den Lizenzgeber übertragen.

Artikel 6. Behördliche Genehmigungen[18]
1. Der Lizenzgeber ist berechtigt, die Nutzung der Marke in einem Land des Vertragsgebietes zu untersagen, falls und sobald die behördlichen Genehmigungen oder Verfahren für das jeweilige Land (wie Hinterlegung eines Lizenzdokumentes, Benutzerregistrierung, behördliche Genehmigung) nicht erfüllt worden sind.
2. Der Lizenznehmer bevollmächtigt den Lizenzgeber, sämtliche Genehmigungsverfahren auch im Namen des Lizenznehmers durchzuführen, vorausgesetzt, der Lizenznehmer wird über die Verfahren schriftlich informiert. Der Lizenznehmer bevollmächtigt den Lizenzgeber unwiderruflich, nach der Kündigung dieses Vertrages die Löschung und Ungültigkeitserklärung einer jeden Genehmigung oder Benutzerregistrierung herbeizuführen.
3. Der Lizenzgeber hat die Genehmigungsverfahren auf eigene Kosten durchzuführen, wobei der Lizenznehmer seine eigenen Kosten für die von ihm bereitzustellenden Dokumente übernimmt.

Artikel 7. Gewährleistung[19]
1. Der Lizenzgeber gewährleistet nicht die Rechtsbeständigkeit der Marke und übernimmt keinerlei Haftung dafür, daß die Marke ohne Verletzung der Rechte Dritter genutzt werden kann.
2. Der Lizenzgeber gewährleistet, daß er keinem Dritten eine Lizenz zur Nutzung der Marke in Verbindung mit dem Geschäftsbetrieb gewährt hat.

Artikel 8. Freistellung[20]
Der Lizenznehmer verpflichtet sich, den Lizenzgeber gegenüber sämtlichen Ansprüchen, Klagen, Verlusten, Schäden und Aufwendungen (einschließlich, aber nicht beschränkt auf, Gerichtskosten und Rechtsanwaltsgebühren), welche auf den Tätigkeiten des Lizenznehmers beruhen, zu entschädigen und schadlos zu halten. Diese Entschädigung gilt auch für Produkthaftungsansprüche.

Artikel 9. Vertragsstrafe[21]
Neben der Verpflichtung zur Übernahme der tatsächlichen Schäden des Lizenzgebers und zusätzlich zu den durch den Lizenznehmer vorzunehmenden Schadensersatzleistungen hat der Lizenznehmer an den Lizenzgeber für jeden Verstoß gegen diesen Vertrag oder jede Nutzung der Marke entgegen den Bestimmungen dieses Vertrages eine Vertragsstrafe von € 100.000,– zu zahlen. Wird der Verstoß nicht nach einer schriftlichen

Mitteilung durch den Lizenzgeber beseitigt, hat der Lizenznehmer für jeden Monat, in dem der Verstoß anhält, eine weitere Vertragsstrafe von € 100.000,- zu zahlen. Voraussetzung für die Zahlung der Vertragsstrafe ist eine vorherige schriftliche Abmahnung durch den Lizenzgeber. Die Kündigungsrechte des Lizenzgebers bleiben unberührt.

Artikel 10. Markenverletzung[22]

Der Lizenznehmer hat den Lizenzgeber unverzüglich schriftlich von jeder Verletzung oder jedem Bestreiten der Rechte des Lizenzgebers an der Marke zu benachrichtigen. Der Lizenzgeber hat das ausschließliche Recht, jedoch nicht die Pflicht, Handlungen oder Verfahren gegen Verletzer vorzunehmen bzw. einzuleiten. Der Lizenznehmer verpflichtet sich, keine eigenen Handlungen gegen Verletzer vorzunehmen, soweit er nicht durch den Lizenzgeber hierzu aufgefordert wird; in diesem Fall trägt der Lizenzgeber die Aufwendungen für die Handlungen des Lizenznehmers gegen den Verletzer und hat das Recht, diese Handlungen zu leiten. Der Lizenznehmer verpflichtet sich, jede Unterstützung zu leisten, die im Zusammenhang mit diesen Handlungen erforderlich werden kann.

Artikel 11. Vertragsdauer und Kündigung[23]

1. Die Laufzeit dieses Vertrages beträgt 6 Jahre, soweit der Vertrag nicht in einem der folgenden Fälle vorzeitig gekündigt wird.
2. Der Lizenzgeber hat das Recht, nach seiner freien Wahl diesen Vertrag unverzüglich zu jeder Zeit durch schriftliche Benachrichtigung des Lizenznehmers zu kündigen, wenn:
   – Der Lizenznehmer gegen eine seiner Verpflichtungen gemäß den Bestimmungen dieses Vertrages verstößt; die Kündigung wird jedoch nicht wirksam, wenn der Lizenznehmer die Verletzung innerhalb von 30 Tagen nach dem Tag der Kündigungserklärung zur Zufriedenheit des Lizenzgebers beendigt und ihre Folgen beseitigt; oder
   – der Lizenznehmer den Geschäftsbetrieb verkauft, oder
   – die Gesellschafter des Lizenznehmers wechseln oder sich die Gesellschaftsform des Lizenznehmers verändert; oder
   – der Lizenznehmer die Rechtsbeständigkeit der Marke angreift; oder
   – der Lizenznehmer zahlungsunfähig wird, eine allgemeine Vermögensübertragung zugunsten von Gläubigern vornimmt, Konkurs- oder Vergleichsverfahren gegen das Vermögen des Lizenznehmers eingeleitet oder wegen geringer Vermögensmasse abgelehnt werden.
3. Der Lizenznehmer ist berechtigt, diesen Vertrag zu jeder Zeit durch schriftliche Kündigungserklärung gegenüber dem Lizenzgeber zu kündigen.
4. Mit Beendigung dieses Vertrages enden sämtliche Rechte und Pflichten der Parteien, insbesondere das Recht des Lizenznehmers, die Marke zu nutzen, mit Ausnahme der Verpflichtungen des Lizenznehmers gemäß Artikel 5, 8 und 9, welche auch nach Beendigung des Vertrages fortbestehen bleiben.

Artikel 12. Kein Vertretungsverhältnis[24]

Nichts in diesem Vertrag soll so ausgelegt werden, daß die eine Partei der Vertreter der anderen ist.

Artikel 13. Abtretung[25]

Ohne schriftliche Zustimmung des Lizenzgebers dürfen weder dieser Vertrag noch irgendwelche Rechte oder Pflichten aus diesem Vertrag abgetreten oder übertragen werden. Jeglicher Abtretungs- oder Übertragungsversuch berechtigt den Lizenzgeber, diesen Vertrag unverzüglich zu kündigen.

4. Trademark License Agreement

Artikel 14. Mitteilungen[26]

Sämtliche nach diesem Vertrag abzugebenden Mitteilungen sind schriftlich vorzunehmen und entweder persönlich zu übergeben oder durch eingeschriebenen Brief mit Rückschein oder durch Express-Kurierdienst, Porto und Zustellungsgebühr jeweils vorausbezahlt, zu senden – für den Lizenzgeber an die folgende Anschrift:

X
z. H. CEO

für den Lizenznehmer an folgende Anschrift:

Z
z. H. Geschäftsleitung

Artikel 15. Anwendbares Recht[27]

Dieser Vertrag unterliegt dem Recht der Bundesrepublik Deutschland. Die Parteien unterwerfen sich hiermit unwiderruflich dem ausschließlichen Gerichtsstand des Landgerichts Hamburg.

Artikel 16. Gesamter Vertrag[28]

Dieser Vertrag stellt die gesamte Vereinbarung zwischen den Parteien hinsichtlich des Vertragsgegenstandes dar und beendet und ersetzt sämtliche vorherigen zwischen den Parteien hinsichtlich des Vertragsgegenstandes bestehenden Vereinbarungen.

Artikel 17. Vertragsergänzungen[28]

Auf Bestimmungen dieses Vertrages, einschließlich dieses Paragraphen, kann nur durch ausdrückliche, schriftliche, durch beide Parteien unterzeichnete Vereinbarung verzichtet werden. Das gleiche gilt für eine Vertragsänderung.

Artikel 18. Gültigkeit[29]

Sämtliche Bestimmungen dieses Vertrages gelten als unabhängige und abtrennbare Bestimmungen. Sollte eine Bestimmung dieses Vertrages für unwirksam oder undurchsetzbar erklärt werden, vereinbaren die Parteien, diese Bestimmung durch eine wirksame und durchsetzbare Bestimmung zu ersetzen, welche der beabsichtigten wirtschaftlichen Regelung am nächsten kommt.

X:
Durch: ....
    Name
    Titel

Z:
Durch: ....
    Name
    Titel

Schrifttum: Baumbach/Hefermehl, Warenzeichenrecht und Internationales Wettbewerbs- und Zeichenrecht, 12. Auflage 1985; *Berlit,* Das neue Markenrecht, 3. Aufl., München 1999; *v. Gamm,* Warenzeichengesetz, 1965; *Grützmacher/Laier/May,* Der Internationale Lizenzverkehr, 8. Aufl., Heidelberg 1997; *Knoppe,* Die Besteuerung der Lizenz- und Know-how-Verträge, 2. Auflage 1972; *Schricker,* Lizenzverträge über löschbare Warenzeichen, GRUR 1980, 650 ff.

IX. 4

Vergleiche zum Schrifttum auch Form. VI. 1, die Nachweise Münchener Vertragshandbuch, Band 3.1, 4. Aufl., Form. VIII. 1 und die Zitate bei *Stumpf/Groß*, Lizenzverträge, 7. Aufl., Heidelberg 1998, Anmerkung 434.

Übersicht

	Seite
1. Sachverhalt	1130–1131
2. Aufbau als eigener Vertrag	1131
3. Präambel	1131
4. Definitionen	1131
5. Definition Geschäftstätigkeit	1131
6. Definition Automobilbereich	1131
7. Definition Vertragsgebiet	1131
8. Definition Marke	1131
9. Lizenzgewährung	1131–1132
10. Beschränkung der Nutzungsberechtigung	1132–1133
11. Beschränkung der Art der Nutzung	1133
12. Verbot der Aufnahme der Marke in die Firma	1133
13. Unterlizenzen	1133
14. Lizenzgebühr	1133
15. Qualitätssicherung	1133–1134
16. Qualitätsgebühr	1134
17. Eigentümerstellung	1134
18. Amtliche Genehmigungen	1134–1135
19. Gewährleistung	1135
20. Freistellung	1135
21. Vertragsstrafe	1135
22. Verletzung der Marke	1135
23. Vertragsdauer und Kündigung	1136
24. Ausschluß eines Vertretungsverhältnisses	1136
25. Abtretung	1136
26. Mitteilungen	1136
27. Geltendes Recht und Gerichtszuständigkeit	1136
28. Schriftform	1136
29. Kartellrecht	1136

Anmerkungen

1. Sachverhalt. Das Vertragsmuster ist Teil eines umfangreicheren Vertragswerkes, nämlich einer Unternehmensakquisition. Es wird angenommen, daß der Lizenznehmer vom Lizenzgeber einen unselbständigen Betriebsteil erwirbt und dieser Betriebsteil bisher, so wie der gesamte Betrieb des Veräußeres, die Marke „X" als Warenzeichen genutzt hat. Damit ergibt sich die Notwendigkeit, daß der Erwerber, will er von dem aufgebauten Goodwill unter der Marke profitieren, der auch dem erworbenen Betriebsteil zugute kommt, die Marke für diesen Betriebsteil weiterführen muß. Weiterhin wird unterstellt, daß der Veräußerer nur unter einem Namen (und unter einer Marke) sein gesamtes Geschäft, auch für die einzelnen Betriebsteile, betrieben hat und es ihm so nicht möglich ist, eine separate, nur zu diesem Betriebsteil gehörende Marke an Erwerber mit zu übertragen. Daraus resultiert die Schwierigkeit, daß nach dem Verkauf des Betriebsteiles beide Parteien, Veräußerer (hier für den verbleibenden Teil des Geschäftes) und Erwerber (hier für den veräußerten Betriebsteil) dieselbe Marke nutzen werden. Es wird davon ausgegangen, daß die Parteien im Akquisitionsvertrag dahin übereingekommen sind, daß der Erwerber für seinen Betriebsteil für 4 Jahre exklusiv die Marke nutzen darf und daß für weitere 2 Jahre die Nutzung nicht exklusiv wird und danach dem Erwerber nicht länger möglich ist. In dieser Zeit muß es dem Lizenznehmer gelingen, eine andere Kennzeichnung aufzubauen und im Markt durchzusetzen, unter der er künftig das erworbene Geschäft fortführen will.

Üblicherweise wird ein Vertrag, wie der hier vorliegende, in internationalen Akquisitionsverträgen als Anlage zum Hauptvertrag abgeschlossen, um im Detail die Markennutzung zu regeln, eine Regelung, die im Hauptvertrag nur zur Überfrachtung des Dokumentes führen würde.

2. Aufbau als eigener Vertrag. Obwohl es sich nur um einen Anhang zu einem Akquisitionsvertrag handelt, wird dennoch dieser Annex als komplett selbständiger Vertrag geschlossen. Dies hat seinen Vorteil darin, daß die Parteien ihre Rechte und Pflichten aus dem Warenzeichenvertrag auch gegenüber Dritten jederzeit nachweisen können, ohne hierzu den Akquisitionsvertrag jeweils heranziehen zu müssen. Weiterhin ist es für die Eintragung, z. B. von Registered User Vermerken erforderlich, Kopien des Lizenzvertrages vorzulegen, was wiederum einfach möglich ist, wenn es sich bei Anlage selbst um einen eigenständigen Vertrag handelt. Letzlich ist ein Weiterverkauf möglich, bei dem zum Nachweis der Markenrechte wiederum nur dieser Teil des Acquisitionsvertrages vorgelegt werden muß (vgl. hierzu jedoch das Kündigungsrecht, Anm. 23).

3. Präambel. Vgl. Form. VI. 1, Anm. 2.

4. Definitionen. Vgl. Form. VI. 1, Anm. 3.

5. Definition Geschäftstätigkeit. Diese Definition ist von besonderer Bedeutung, da hiermit der Bereich umschrieben wird, für den der Lizenznehmer die Marke exklusiv nutzen darf.

6. Definition Automobilbereich. Dasselbe gilt für diese Begriffsbestimmung, die von der technischen Seite her den erworbenen Teilgeschäftsbetrieb bezeichnet und diesen der Nutzung der Marke zuordnet.

7. Definition Vertragsgebiet. Die Erklärung des Vertragsgebietes wird einer separaten Anlage vorbehalten, da davon ausgegangen wird, daß es sich um ein so umfangreiches Vertragsgebiet handelt, daß dieses in seiner genauen Umgrenzung zusammen mit den in den jeweiligen Ländern bestehenden Marken aufgeführt werden muß. Die Beschränkung der Lizenzgewährung auf einzelne EG-Länder kann allerdings nicht dazu führen, daß der Lizenznehmer die gekennzeichneten Waren nicht in andere EG-Länder ausführen darf. Markenlizenzen können kein Mittel zur Gebietsaufteilung sein.

8. Definition Marke. Dasselbe gilt für die Auflistung der lizenzierten Marken. Im Formular wird davon ausgegangen, daß es zwei deutsche Stamm-Markenanmeldungen gibt, auf die sich korrespondierende ausländische Markenanmeldungen ebenso wie internationale Registrierungen mit einzelnen benannten Ländern aufbauen, in denen die Registrierung gültig sein soll.

9. Lizenzgewährung. Der Lizenzgeber gewährt dem Lizenznehmer über 4 Jahre das Recht, die Marke für den Teilgeschäftsbetrieb im Vertragsgebiet exklusiv zu nutzen. Für die dann noch verbleibenden 2 Jahre der Vertragslaufzeit wandelt sich die exklusive Lizenz in eine nicht-exklusive um. Zu den bei Einräumung einer exklusiven Markenlizenz anzustellenden Abwägung der Interessen zwischen Lizenzgeber und Lizenznehmer vergleiche Münchener Vertragshandbuch, Band 3.1, Form. VIII. 1, Anm. 5).

Zur kartellrechtlichen Seite der exklusiven Lizenzgewährung ist darauf hinzuweisen, daß die §§ 17, 18 GWB des deutschen Kartellrechtes für Markenlizenzverträge nicht gelten, da es sich insoweit nicht um Verträge mit technischem Inhalt oder gemischte Verträge im Sinne von § 18 Nr. 3 GWB handelt. Es bleibt die kartellrechtliche Beurteilung daher den §§ 14 ff GWB vorbehalten. Insbesondere § 16 GWB unterstellt damit Markenlizenzverträge der Mißbrauchsaufsicht des Bundeskartellamtes. In der Regel handelt es sich bei der Anwendung des § 16 GWB durch die Kartellbehörden allerdings um eine eher selten anzutreffende Ausnahme, die in der Praxis keine nennenswerte Bedeutung erlangt hat.

Von EG-kartellrechtlicher Seite her ist von Bedeutung, daß es bisher für Markenlizenzverträge keine eigene Gruppenfreistellungsverordnung gibt. Lediglich soweit die Markenlizenzierung eine Nebenabrede zu einer Technologietransfervereinbarung ist, kann die Technologietransfer-Gruppenfreistellungsverordnung (Verordnung EG) Nr. 240/96 der Kommission vom 31. Januar 1996 zur Anwendung von Artikel 85 Absatz 3 des Vertrages auf Gruppen von Technologietransfervereinbarungen (ABl EG L 31/1) Anwendung finden, Art 1 Abs 1 i. V. m. Art 10 Nr 15 Artikel 1 (1) Ziffer 7 der Verordnung. Da es sich üblicherweise bei Markenlizenzverträgen um vom Technologietransfer unabhängige Lizenzabsprachen handelt, ist dies jedoch nicht der Fall. Damit verbleibt es dabei, daß Ausschließlichkeitsabreden in Markenlizenzverträgen aufgrund der allgemeinen kartellrechtlichen Ausgangssituation (vgl. hierzu auch Münchener Vertragshandbuch, Band 3.1, Form. VIII. 1, Anm. 5) der Einzelfreistellung nach Artikel 81 Absatz 3 EG-Vertrag bedürfen. Dies bedeutet, daß der Lizenzvertrag bei der EG-Kommission anzumelden ist, sollte nicht im Einzelfall der Vertrag aufgrund der Marktdaten der beteiligten Unternehmen unter die Bagatellbekanntmachung fallen (vgl. Form. VIII. 1 Anm. 47).

Dies stellt allerdings für das Formular vom Grundsatz her kein Problem dar, da die Markenlizenzabrede als Nebenabsprache *("ancillary restraint")* zu einem Fusionsvorgang gedacht ist und dieser, sollte er die entsprechenden Schwellenwerte überschreiten, aufgrund der Fusionskontrollverordnung der EG-Kommission zur Überprüfung vorgelegt werden muß. Wenn die Fusion diese Schwellenwerte nicht erreicht, bleibt die Prüfung nach nationalem Kartellrecht. Wenn auch insoweit keine Überprüfung durch das Bundeskartellamt erfolgen sollte oder EG-rechtliche Zweifel bestehen sollten, empfiehlt es sich, den Vertrag der EG-Kommission vorzulegen, wobei im Einzelfall immer zu prüfen bleibt, ob überhaupt eine spürbare Wettbewerbsbeschränkung vorliegt.

10. Beschränkung der Nutzungsberechtigung. Aufgrund der besonderen Empfindlichkeit auf Seiten des Lizenzgebers für die Nutzung der Marke durch den Lizenznehmer und um zu verhindern, daß der Lizenznehmer über den erworbenen Teilgeschäftsbetrieb hinaus die Marke nutzt, wird in diesem Absatz zum einen der Lizenznehmer verpflichtet, die Marke nur zusammen mit einem beschreibenden Wort zu nutzen, das den Geschäftsbetrieb noch einmal deutlich kennzeichnet. Zum anderen wird der Lizenznehmer auch dazu verpflichtet, jeweils zur Marke seinen eigenen Namen zu verwenden, um auf die Herkunft der Produkte hinzuweisen. Dies ist besonderes wichtig, um im Markt nicht Verwirrung hinsichtlich der Herkunft der Waren aus dem nunmehr abgetrennten Teilgeschäftsbetrieb zu erzeugen. Aber auch für den Lizenznehmer ist dies von Wichtigkeit, da es ihm gerade darauf ankommt, über die Jahre, in denen er die Marke nutzen darf, seine eigene Kennzeichnung neben der Marke aufzubauen und diese dann durch seine eigene Kennzeichnung zu ersetzen.

Außerdem hat die vorgeschlagene Regelung auch Bedeutung vor dem Hintergrund der Produkthaftung. Nach § 4 Absatz 1 Satz 2 des Produkthaftungsgesetzes gilt auch als Hersteller, wer sich durch Anbringung seines Warenzeichens als Hersteller ausgibt (Quasi-Hersteller). Wenn klar und deutlich darauf hingewiesen wird, daß das Produkt lediglich „in Lizenz" hergestellt und vertrieben wird, sollte im Außenverhältnis die Produkthaftung des Lizenzgebers ausgeschlossen sein (vgl. *Gaul/Bartenbach,* Patentlizenz- und Know-how-Vertrag, Anm. K 463; *Taschner/Frietsch,* Produkthaftungsgesetz, § 4 Anm. 45 ff, insbesondere Anm. 51). Da das Formular aber nicht ausdrücklich verlangt, daß die Formulierung „in Lizenz" verwandt wird, sondern lediglich (soweit der zur Verfügung stehende Raum dies zuläßt) der Lizenznehmer seinen eigenen Namen verwendet, um auf die Herkunft der Produkte hinzuweisen, kann durchaus im Einzelfall Streit entstehen, ob tatsächlich die Produkthaftung bereits im Außenverhältnis ausgeschlossen ist. Aus diesem Grund enthält das Formular in Artikel 8 eine Freistellung im Innenverhältnis, nach der Produkthaftungsansprüche allein den Lizenznehmer betreffen.

11. Beschränkung der Art der Nutzung. Um weiterhin dem Sicherheitsbedürfnis des Lizenzgebers Rechnung zu tragen, wird der Lizenznehmer verpflichtet, die Marke nur in der vom Lizenzgeber akzeptierten Form zu benutzen. Dazu wird diese Form separat in einer Anlage vorgeschriebenen. Dies geschieht vor dem Hintergrund, daß der Lizenzgeber verhindern möchte, daß der Lizenznehmer die Marke nach seinem eigenen Gutdünken verändert und dadurch für die dem Lizenznehmer lizenzierten Warenklassen aufgrund der durch die Veränderung unter Umständen sich ergebenden Nichtbenutzung der Marke (jedenfalls für diese Waren) deren Löschungsreife herbeiführt. Die im Absatz 3 von Artikel 2 des Formulars vorgesehenen Kautelen dienen daher der Absicherung der Rechtsbeständigkeit der Marke.

Letztlich dient die Verpflichtung des Lizenznehmers, die Marke nur wie eingetragen zu nutzen, dazu, daß die Kennzeichnungskraft der Marke nicht geschwächt wird. Dies insbesondere deswegen, da bereits die Nutzung durch zwei unterschiedliche Unternehmen insoweit Gefahren in sich birgt (vgl. hierzu Münchener Vertragshandbuch, Band 3.1, Form. VIII. 1, Anm. 9).

12. Verbot der Aufnahme der Marke in die Firma. Auch dies ist eine notwendige Sicherungsmaßnahme zugunsten des Lizenzgebers, der verhindern möchte, daß der Lizenznehmer eigene Rechte an der Marke aufbaut, indem er diese in seine Firma aufnimmt. Nicht übersehen werden darf dabei auch der Gesichtspunkt, daß eine Firma weitaus schwieriger zu ändern und der Gebrauch der Firma zu verbieten ist, als dies allein mit dem Verbot der Nutzung eines für den Lizenzgeber registrierten Warenzeichens der Fall ist.

Letztlich kann eine firmenmäßige Nutzung der Marke durch den Lizenznehmer auch dazu führen, daß der Verkehr die sonst vom Lizenznehmer außerhalb des vom Lizenzgeber verkauften Geschäftsbetriebes hergestellten Produkte mit der Marke in Zusammenhang bringt. Es soll dem Lizenznehmer lediglich für den veräußerten Geschäftsteil die Nutzung der Marke ermöglicht werden und eine indirekte Nutzung (auch über die Firma) für andere Produkte unmöglich gemacht werden.

13. Unterlizenzen. Ein generelles Verbot der Erteilung von Unterlizenzen ist bei dem gegebenen Sachverhalt nicht darstellbar, da innerhalb der Gruppe des Erwerbers einzelne Unternehmen bestimmte Teile des erworbenen Geschäftes durchführen werden und dazu auch die Marke nutzen. Für diesen Fall wird vorgesehen, daß dann jedenfalls die Unterlizenznehmer an den Vertrag gebunden sind und auch der Lizenznehmer weiterhin dem Lizenzgeber verantwortlich bleibt.

14. Lizenzgebühr. Da der Lizenzvertrag nur Teil einer größeren Akquisition ist, wird in durchaus üblicher Weise auf eine separate Lizenzgebühr für die Nutzung der Marke während des Übergangszeitraumes verzichtet. Diese Nutzung ist durch das (erhöhte) Entgelt für den Teilgeschäftsbetrieb mitumfaßt und abgegolten.

Allgemein zu den Möglichkeiten der Lizenzgebührgestaltung und der Frage, wann diese Lizenzgebühr anfällt, aber auch zu Zahlungsmodalitäten vergleiche Münchener Vertragshandbuch, Band 3.1, Form. VIII. 1, Anm. 11 und 12).

Zu einer möglichen Regelung hinsichtlich Buchführung und Buchprüfung vergleiche Form. VI. 1 Anm. 26.

15. Qualitätssicherung. Bei dem angenommenen Sachverhalt ist es von größter Wichtigkeit, daß der Lizenzgeber darauf achtet, daß seine Marke, die er nach Beendigung des Lizenzvertrages allein weiter nutzen wird, nicht in einer Art und Weise benutzt wird, die den über die Jahre mühsam aufgebauten Goodwill, d. h. den Wert der Marke, nachhaltig stört. Um dies zu verhindern, muß der Lizenzgeber den Lizenznehmer auf bestimmte

Mindestqualitätsstandards festlegen, nämlich auf die, die der Lizenzgeber zuvor selbst für diesen Teilgeschäftsbetrieb angewendet hat.

Weil sowohl der Lizenzgeber für den bei ihm verbleibenden Geschäftsbetrieb als auch der Lizenznehmer nun eine identische Marke nutzen werden, muß der Lizenzgeber darauf achten, daß sein Warenzeichen nicht durch eine mangelhafte Qualität der unter diesem Zeichen hergestellten Produkte entwertet wird. Rein unter dem Blickwinkel des deutschen Rechtes kann darüber hinaus auch die Anwendung des § 3 UWG dazu führen, daß der Lizenzgeber gezwungen wird, eine mit der Marke im Verkehr vorhandene Gütevorstellung durch entsprechende Qualitätsvorgaben abzusichern (vgl. hierzu die Nachweise in Münchener Vertragshandbuch, Band 3.1, Form. VIII. 1, Anm. 8).

16. Qualitätsprüfung. Um sicherzustellen, daß der Lizenznehmer die vom Lizenzgeber vorgegebenen Qualitätsanforderungen auch einhält, wird der Lizenzgeber berechtigt, in verschiedenen Qualitätsdokumenten (z. B. dem angesprochenen Qualitätshandbuch) Qualitätsvorgaben niederzulegen und deren Einhaltung jederzeit zu überprüfen. Zu diesem Zweck wird auch der Lizenznehmer verpflichtet, sämtliche Werbebroschüren, in denen die Marke erscheint, vorab dem Lizenzgeber zur Verfügung zu stellen, damit dieser die Nutzung der Marke prüfen und die Ordnungsgemäßheit der Nutzung feststellen kann.

17. Eigentümerstellung. Da die Marke gerade nicht Teil der Unternehmensakquisition werden kann (da Veräußerer und Lizenzgeber sie selbst für bestimmte Bereiche weiter nutzen muß), muß zwischen den Parteien festgehalten werden, daß der Lizenzgeber der alleinige Eigentümer an der Marke ist und bleibt und jedwede Benutzungshandlungen durch den Lizenznehmer während des Lizenzvertrages nicht dazu führen können, daß der Lizenznehmer Rechte an der Marke erwirbt. Dazu werden verschiedene Erklärungen abgegeben, die alle das Ziel haben, daß allein der Lizenzgeber Berechtigter an der Marke bleibt. In zulässiger Weise wird weiterhin der Lizenznehmer verpflichtet, die Eigentümerstellung des Lizenzgebers nicht anzugreifen (vgl. EG Kommission Moosehead/ Whitbread, ABl. EG 1990 L 100). Es sei daran erinnert, daß eine Nichtangriffsverpflichtung hinsichtlich der Rechtsbeständigkeit (Gültigkeit der Marke) kartellrechtlich (jetzt nicht mehr unzulässig im Sinne einer Schwarzen Liste einer Freistellungsverordnung, wohl aber noch im Sinne des Widerspruchsverfahren, vgl. die Ausführungen unter Form. VI. 1. Anm. 33 und 47) relevant ist, und daher ohne Genehmigung durch die EG-Kommission nicht in wirksamer Weise vereinbart werden kann.

Um die Berechtigung des Markeninhabers in vollem Umfang festzuschreiben, wird auch vorgesehen, daß bei Kündigung etwa beim Lizenznehmer entstandene Rechte (wie z. B. durch die Art der Benutzung im Wege eines Ausstattungsschutzes) auf den Lizenzgeber zu übertragen sind und dem Lizenznehmer insoweit keine Rechte verbleiben sollen.

18. Amtliche Genehmigungen. Es ist in einigen Ländern der Welt üblich, daß die Lizenz an einer Marke der behördlichen Genehmigung bedarf oder aber (z. B. als Registered User) in der Markenrolle zu verzeichnen ist. Diese Vorschriften dienen letztlich dazu, die Öffentlichkeit vor Irreführung durch die Benutzung der Marke durch einen anderen als den Markeninhaber zu schützen. Damit wird eine wesentliche Funktion der Marke (Herkunftsfunktion) sichergestellt. Bei einer Lizenz, die mehrere Länder umfaßt, sollte daher mitgeregelt werden, daß der Lizenzgeber die Nutzung in den Ländern verbieten darf, in denen die erforderlichen behördlichen Genehmigungen noch nicht erreicht wurden, um so zu verhindern, daß seine Marke in diesen Ländern in rechtlich nicht einwandfreier Form genutzt wird. Weiterhin sollte allein der Lizenzgeber die Berechtigung und Federführung für entsprechende Genehmigungsverfahren innehaben, da es um sein Eigentum geht, das auch nach Beendigung der Lizenz weiter von ihm in diesen Ländern genutzt werden soll. Aus demselben Zweck heraus verpflichtet sich der Li-

4. Trademark License Agreement

zenznehmer auch bei Abschluß des Lizenzvertrages, daß er bei dessen Beendigung der Rückgängigmachung dieser öffentlichen Genehmigungen zustimmt.

19. Gewährleistung. Aufgrund des gegebenen Sachverhaltes besteht für die Abgabe von ausführlichen Gewährleistungserklärungen durch den Lizenzgeber kein Anlaß. Der Lizenzgeber wurde nur dazu gebracht, zu erklären, daß er nicht bereits für den hier betroffenen Geschäftsbetrieb eine Markenlizenz an Dritte eingeräumt hat.

Selbstverständlich ist es auch möglich, daß der Lizenzgeber (insoweit in einem üblichen Markenlizenzsachverhalt anzutreffen) sich dazu verpflichtet, den Lizenznehmer gegen Angriffe Dritter wegen der Nutzung der Marke zu verteidigen und, unter Umständen, auch von Ansprüchen frei zu stellen. Zur allgemeinen Interessenlage zwischen den Parteien insoweit und zu den Gestaltungsmöglichkeiten der vertraglichen Regelung vergleiche Münchener Vertragshandbuch, Band 3.1, Form. VIII. 1, Anm. 17.

20. Freistellung. Die Tatsache, daß der Lizenznehmer unter der Marke des Lizenzgebers im Rahmen des Teilgeschäftsbetriebes produzieren wird, führt dazu, daß der Lizenzgeber für die Produktionshandlungen des Lizenznehmers vollumfänglich freigestellt werden muß. Dies gilt insbesondere für die Produkthaftungsansprüche, da der Lizenzgeber nach § 4 Absatz 1 Seite 2 des Produkthaftungsgesetz als (Quasi) Hersteller haftet, wenn er zustimmt, daß seine Marke auf einem Produkt erscheint, das in den Verkehr gegeben wird (vgl. oben Anm. 10).

21. Vertragsstrafe. Aufgrund der bisherigen Ausführungen wird klar, daß es für den Lizenzgeber von größter Wichtigkeit ist, daß der Lizenznehmer sich an die Vorgaben des Vertrages hält und auf diese Weise das Eigentumsgut „Marke" des Lizenzgebers respektiert und wahrt. Um hier die Aufmerksamkeit des Lizenznehmers zu erreichen und zu verhindern, daß dieser in Erwartung, daß tatsächliche Schäden kaum nachzuweisen sein werden, in nachlässiger Weise mit der Marke umgeht, wird vereinbart, daß zusätzlich zu etwaig entstehenden Schäden durch einen Verstoß gegen die Vorschriften des Vertrages, der Lizenznehmer auch eine Vertragsstrafe in empfindlicher Höhe zu zahlen hat. Die Vertragsstrafe steigt in ihrer Höhe, sollte über längere Zeit hinweg eine Verletzung der Bestimmungen des Vertrages verliegen. Zur Vertragsstrafe allgemein und insbesondere zu der Frage, wann mehrere Verstösse vorliegen, die zur mehrfachen Verwirkung der Vertragsstrafe führen vgl. Form. I. 2, Anm. 18.

22. Verletzung der Marke. Artikel 10 enthält für den angenommenen Sachverhalt in sinnvoller Weise die Regelung, daß allein der Lizenzgeber das Recht haben soll, gegen einen Verletzer der Marke vorzugehen. Der Lizenznehmer leistet hierbei nur Hilfe und wird selber gegen Dritte nicht vorgehen, soweit der Lizenzgeber dies nicht wünscht. Dies hat seinen Grund darin, daß Herr über die Marke allein der Lizenzgeber ist.

Unter der Geltung des alten Warenzeichengesetzes ging man davon aus, daß auch eine ausschließliche Warenzeichenlizenz selbst kein dingliches Recht des Lizenznehmers an der Marke begründet und daher auch ein ausschließlicher Lizenznehmer nicht selbst gegen Verletzer vorgehen kann. Auch wenn nach der Neuregelung in § 30 des Markengesetzes unterstellt werden könnte, daß auch exklusive Markenlizenzen dingliche Rechtstellungen einräumen, empfiehlt es sich nach wie vor, in Markenlizenzverträgen eine ausdrückliche Ermächtigung des Lizenznehmers zur Verfolgung Dritter aufzunehmen, wenn diese Rechtsverfolgung von den Parteien gewünscht wird. Dies sollte vorsorglich durch eine Prozeßstandschaftserklärung erfolgen (zu einer möglichen Formulierung vergleiche Form. VI. 1 Artikel 19 Absatz 1). Zur Interessenlage zwischen Lizenzgeber und Lizenznehmer bei Verletzung der Marke durch einen Dritten ebenso wie zu den zur Verfügung stehenden Lösungsmöglichkeiten zur Regelung des Vorgehens gegen diese Dritte vergleiche im allgemeinen auch Münchener Vertragshandbuch, Band 3.1, Form. VIII. 1, Anm. 16.

23. Vertragsdauer und Kündigung. Der Sachverhalt geht davon aus, daß der Vertrag lediglich für 6 Jahre laufen soll und danach der Lizenznehmer kein Recht hat, die Marke weiter zu nutzen. Die vorgesehenen Kündigungsrechte auf Seiten des Lizenzgebers enthalten (von den üblichen Klauseln abgesehen) zwei Besonderheiten, die wiederum erforderlich sind, um die Besonderheiten des Sachverhaltes zu reflektieren. Zum einen kann der Lizenzgeber jederzeit kündigen, wenn der Teilgeschäftsbetrieb vom Erwerber weiterveräußert wird. Für den Lizenzgeber stellt sich keine Notwendigkeit, auch einen Dritten, der vom Erwerber wiederum selbst den Teilgeschäftsbetrieb erwerben will, hinsichtlich der Nutzung der Marken zu bevorzugen. Weiterhin ist eine Kündigung dann zugelassen, wenn die Beteiligungsstruktur oder Rechtsform auf Seiten des Lizenznehmers wechselt. Dies hat seinen Grund darin, daß der Lizenzgeber die derzeitigen Anteilsverhältnisse und rechtliche Gestaltung auf Seiten des Lizenznehmers kennt und akzeptiert hat, er sich aber davor schützen muß, daß sich Situationen einstellen, die die Nutzung seiner Marke (z. B. durch Beteiligung eines Wettbewerbers) gefährden können. Das Kündigungsrecht des Lizenzgebers, sollte der Lizenznehmer die Gültigkeit seiner Marke angreifen, entspricht dem kartellrechtlichen Standard (vgl. hierzu Form. VI. 1, Anm. 41 und 42.)

24. Ausschluß eines Vertretungsverhältnisses. In Markenlizenzverträgen wird üblicherweise ausgeschlossen, daß der Lizenznehmer allein durch die Nutzung der Marke des Lizenzgebers berechtigt wird, für diesen rechtsgeschäftlich aufzutreten. Dies ist erforderlich, da gegenüber Dritten bereits durch die Verwendung der Marke durch den Lizenznehmer leicht der Eindruck entstehen kann, daß zwischen Lizenzgeber und Lizenznehmer ein derartiges Vertretungsverhältnis besteht.

25. Abtretung. Vgl. hierzu Form. VI. 1, Anm. 40.

26. Mitteilungen. Vgl. hierzu Form. VI. 1, Anm. 44.

27. Geltendes Recht und Gerichtszuständigkeit. Die Parteien unterwerfen den Vertrag deutschem Recht, da sie beide in Deutschland ansässig sind, wenn auch die mitbetroffenen Marken (und wie unterstellt, einzelne Produktionsstätten des Teilgeschäftsbetriebes) im Ausland belegen sind. Trotz der Geltung des deutschen Rechtes verbleibt es bei der verbindlichen Geltung der für die Marken jeweils gültigen nationalen Gesetze. So sind die Fragen der Übertragung, wirksamen Lizenzierung und Rechtsbeständigkeit jeweils nach den nationalen Rechten zu beurteilen sein (vgl. Form. VI. 1, Anm. 47). Für die Vereinbarung eines Schiedsverfahrens sehen die Parteien keinen Anlaß, da bei einer Auseinandersetzung über die Nutzung der Marke kein geheimes Know-how oder Einzelheiten aus der Unternehmensakquisition heraus offengelegt werden. Um eine schnelle Rechtsdurchsetzung für den Lizenzgeber zu gewährleisten, verständigt man sich daher auf die Zuständigkeit eines ordentlichen Gerichtes.

28. Schriftform. Vgl. Form. VI. 1, Anm. 46.

29. Kartellrecht. Vergleiche Form. VI. 1, Anm. 47.

5. License Agreement (im Konzern)

(Gemischter Lizenzvertrag im Konzern)

LICENSE AGREEMENT[1]

between

A.

....
....

(in the following referred to as "Licensor")

a n d

B.

....
....

(in the following referred to as "Licensee")

WHEREAS[2], Licensee is a wholly-owned subsidiary of Licensor;

WHEREAS, Licensee shall offer within the territory services relative to development, establishment and maintenance of networks of computer terminals;

WHEREAS, Licensor has developed the hardware, software and know-how necessary for a system to establish networks of computer terminals;

WHEREAS, Licensor is willing to license and Licensee desires to license such system to establish networks and the related intellectual and industrial property rights as further defined herein under the terms and conditions hereunder to distribute such system within the territory;

NOW, THEREFORE, the Parties agree as follows:

Article 1. Definitions[3]

"System" means a system to establish networks of Terminals, may it be set up as a local area network (LAN) or a wide area network (WAN).

"Effective Date" means the execution date of this Agreement.

"Intellectual and Industrial Property Rights" means patent rights, utility model rights, copyrights (including, but not limited to, rights in software and the right to make derivative works), mask work rights, trade secrets and secret know-how comprising the System, may those rights have been developed by Licensor or assigned or licensed to Licensor, as well as trade marks, service marks, trade names and logos used for and in connection with the System.[4]

"Network Interface Specifications" means such specifications for interfaces which are necessary for the System to establish networks.

"Specifications" means the specifications of the System as set forth in Annex 1.[5]

"Terminal" means all kinds of computer terminals used in LAN and WAN networks, including but not limited to personal computers.

"Territory" means the Federal Republic of Germany, Austria, and Switzerland.[6]

Article 2. License Grant[7]

2.1 Licensor herewith grants to Licensee as of the Effective Date an exclusive license to use the Intellectual and Industrial Property Rights for Licensee's distribution activities subject to the terms and conditions of this Agreement. Licensor furthermore grants to Licensee an exclusive license to use and market (distribute) the System hereunder.

2.2 The license is granted for the Territory only.
2.3 The license granted can only be assigned, sublicensed or brought into a partnership with the prior written approval of Licensor.[8]

Article 3. Further License Agreements[9]

3.1 Nothing in this Agreement shall restrict Licensor from negotiating and entering into contracts with third parties in the Territory to directly distribute the System itself, as long as no further distribution license is granted by Licensor.
3.2 Licensee has the right to name certain third parties within the Territory which may not be contacted by Licensor but which are exclusively reserved to Licensee.

Article 4. Delivery of System and Specifications[10]

4.1 Licensor shall deliver to Licensee the necessary hardware and software to enable Licensee to establish one reference System at the premises of Licensee.
4.2 Licensee shall aquire the hardware and software necessary for distribution of the System to its customers under separate purchase agreements with licensor.
4.3 Licensor shall deliver to Licensee the Specifications and Network Interface Specifications to enable Licensee to start its own production of the hardware and software necessary for the distribution of the System if licensee so desires.

Article 5. Maintenance of Software[11]

Licensor shall make available to Licensee from time to time new versions of the licensed software, if and when those new versions become available. Nothing in this Agreement shall oblige Licensor to develop such new versions if Licensor within its discretion decides not to do so.

Article 6. Development of Software[11]

6.1 Licensee may request from Licensor to develop specific applications of software to be used in connection with the System.
6.2 The terms and conditions of such development work have to be negotiated in good faith between the Parties. No development shall take place before a written contract has been signed by both Parties.

Article 7. Support Services and Technical Assistance[12]

7.1 Licensor shall make available any and all support services and technical assistance necessary to install, implement, make serviceable, maintain and, in future, upgrade the System with future developments, including the necessary developments to enhance security of the System.
7.2 Licensee shall pay for such support services a lump sum fee of 8% of the yearly turnover of Licensee with the System.

Article 8. Royalties[13]

8.1 Licensee shall pay a variable royalty as consideration for use of the Intellectual and Industrial Property Rights in manufacturing and distributing the System or the hardware and software used in the System.
8.2 As variable royalty, Licensee shall pay as of the Effective Date:
10% of Licensee's turnover for a turnover up to 2.000.000,- €
9% of Licensee's turnover for a turnover of more than 2.000.000,- € up to 5.000.000,- €
8% of Licensee's turnover for a turnover of more than 5.000.000,- €
8.3 The turnover of Licensee is determined net by taking the gross turnover of Licensee with the System deducting costs for shipping and handling, sales rebates and discounts and deducting prices paid to licensor for arquiring hardware and software.

5. License Agreement (im Konzern)

Article 9. Fee for Maintenance of Software[14]

Licensee shall pay a fee for maintenance of the software per year of 100.000,– €.

Article 10. Payment Terms[15]

10.1 All prices set forth in this Agreement are exclusive of VAT and other taxes.
10.2 The payments are due as follows:
   (i) The yearly lump sum fee for support services and technical assistance shall be paid on January 31 of the following year.
   (ii) The variable royalty has to be paid within 20 days after the conclusion of a calender quarter together with submitting the report of Licensee on the turnover of the respective calender quarter.
   (iii) The fee for maintenance of software shall be paid together with the lump sum fee for support services and technical assistance.

Article 11. Secrecy[16]

11.1 Unless otherwise agreed in writing between the Parties, Licensee shall not disclose during the term of this Agreement and thereafter any information relating to the Intellectual and Industrial Property Rights and/or any confidential proprietary information, technical or non-technical, designated by Licensor as confidential information which is disclosed to Licensee under this Agreement including, but not limited to confidential information relating to the System (collectively referred to as "Confidential Information").
11.2 The Parties shall each take all appropriate steps to safeguard the Confidential Information and to protect the Confidential Information against disclosure, misuse, espionage, loss, unauthorized use or theft. The Parties shall oblige their employees and contractors to also keep the Confidential Information secret.
11.3 Documents handed over by Licensor to Licensee may only be handed over to contractors of Licensee after the express written approval of Licensor has been obtained.
11.4 Notwithstanding the foregoing, the following information shall not be deemed Confidential Information:
   (i) Information already owned or possessed by Licensee at the time of disclosure;
   (ii) Information which becomes publicly available without Licensee's breach of the confidentiality obligation hereunder;
   (iii) Information which Licensee received from a third party without any obligation to keep it confidential;
   (iv) Information which is developed by Licensee independently outside the scope of this Agreement.
11.5 The obligation to keep the Confidential Information secret survives this Agreement and continues as long as the Confidential Information has not become known to the public.

Article 12. Piracy[17]

12.1 The Parties shall inform each other immediately if and when they obtain any information on piracy acts in connection with or in relation to the System.
12.2 The Parties shall render to each other any and all help necessary to fight such piracy acts and to defend the proprietary nature of the System, including but not limited to the cooperation in any piracy enforcement litigation. Each party shall cover its costs in connection with such litigation.

Article 13. Restrictions on Use of the Intellectual and Industrial Property Rights[18]

13.1 Licensee shall use the Intellectual and Industrial Property Rights only in connection with the System.

13.2 Licensee shall not remove any copyright or patent notices, trademarks, tradenames, service marks, logos, restricted rights legends, or proprietary or confidential notices from any part of the System or the related documentation.

13.3 Licensee shall not decompile, disassemble or reverse engineer the System or any of the software related to the System.

Article 14. Limited Warranty[19]

14.1 Licensor warrants that the hardware and software made available to Licensee is suitable for the functioning of the System.

14.2 Except for the warranty described in this Article, the System is provided without any other express or implied warranties of any kind.

14.3 Licensee may provide the System to its customers with any warranty Licensee sees fit, provided, however, that Licensee may not oblige Licensor in any respect towards the customers of Licensee. Licensor does not extend any warranty to the customers of Licensee for any of the System supplied.

Article 15. Limited Liability[20]

Licensor shall under no circumstances be liable to Licensee or any of its customers for any damages because of the supplying of the System by Licensee to its customers, including any lost profits, lost savings, increased costs or other direct or indirect damages. This limitation of liability does not apply in case of intent.

Article 16. New Developments[21]

16.1 Any developments to the System shall be undertaken by Licensor only. Licensee may not try to further develop the System.

16.2 All worldwide right, title and interest in any and all new developments in connection with or related to the System shall be owned by Licensor only. Licensee is obliged to report any technical innovation, including discovery and invention, made by its employees in connection with the System and to claim unlimitedly such technical innovation under the provisions of the Arbeitnehmererfindergesetz. Licensee hereby assign to Licensor its rights in such technical invention.

16.3 Licensor shall make available to Licensee any new developments of the System under the terms of this Agreement.

Article 17. Ownership and Validity of Intellectual and Industrial Property Rights[22]

Licensee acknowledges that Licensor is the sole owner of the right, title and interest in the System and the Intellectual and Industrial Property Rights. Licensee undertakes not to challenge the ownership of Licensor or the validity of the Intellectual and Industrial Property Rights of Licensor.

Article 18. Source Code[23]

18.1 Licensee shall not acquire any rights as to the source code of the software related to the System.

18.2 Licensee acknowledges that the source code is and shall remain in the sole ownership of Licensor.

5. License Agreement (im Konzern)

Article 19. Warranties and Representations[24]

19.1 Licensor declares that it is not aware of any legal deficiencies of the Intellectual and Industrial Property Rights. Licensor assumes no liability for the lack of such unknown deficiencies.

19.2 Licensor does neither guarantee the secrecy of any trade secrets or know-how nor the commercial exploitability and/or readiness for the planned use of such trade secrets or know-how by Licensee.

19.3 Licensor does neither guarantee the protectability and validity of any of the other Intellectual and Industrial Property Rights, nor the commercial exploitability and/or readiness for use of the underlying inventions or creations.

19.4 Licensor warrants that to the best of its knowledge it has full authority to grant the license to Licensee under this Agreement.

Article 20. Third Party Rights and Force Majeure[25]

20.1 If Licensee is charged with infringement of third party rights based on the exploitation of the Intellectual and Industrial Property Rights, it shall immediately inform Licensor about this allegation. Licensee shall defend itself against such an infringement allegation. Licensor has the right, but not the obligation, to join such an infringement proceeding. Each Party shall cover its costs and any damages payable to the third party.

20.2 Neither Party shall be liable for any delay in performing or failure to perform obligations if the delay or failure results from events or circumstances outside its reasonable control (such as strikes, lock-outs, faults of suppliers or subcontractors, acts of God and the like). Such delay or failure shall not constitute a breach of this Agreement and the time for performance shall be extended by a period equivalent to the duration of any such event or circumstance.

Article 21. Taxes and Audits[26]

21.1 Neither Party shall be responsible for the payment of, nor shall it be required to reimburse the other Party for, any taxes or duties of any kind assessed against the other Party by any governmental authority in connection with the subject matter of this Agreement.

21.2 Licensor shall be permitted to examine and audit through an independent third party accounting firm Licensee's accounting books to ascertain whether the accounting of Licensee in connection with the royalty payments is correct. Licensee shall be obliged to reimburse Licensor for the costs of the audit, if the audit reveals that the accounting was not correct, otherwise Licensor shall pay such costs.

Article 22. Term and Termination[27]

22.1 The initial term of this Agreement shall be five (5) years from the Effective Date.

22.2 This Agreement shall be automatically renewed for an additional term of five (5) years from then on, unless one of the Parties terminates this Agreement in writing with a notice period of twelve months prior to the expiration date.

22.3 This Agreement terminates automatically if and when Licensee ceases to be a wholly-owned subsidiary of Licensor.

Article 23. Effect of Termination[28]

23.1 In the event of termination of this Agreement, the Intellectual and Industrial Property Rights shall remain in the ownership of Licensor.

23.2 Licensee shall immediately upon termination cease to make use of the Intellectual and Industrial Property Rights for distributing the System and/or manufacturing the hardware and software. Any and all parts of the System shall be returned to Licensor immediately. Licensor shall reimburse Licensee for any amounts paid in connection with the parts returned.

23.3 The secrecy obligation under Article 11 survives the termination of this Agreement.

Article 24. Disclaimer of Agency and Partnership[29]

Nothing in this Agreement shall be construed in a way as to make one Party the agent of the other Party. No partnership is formed by this Agreement or through the execution of this Agreement.

Article 25. Notices[30]

25.1 All communication between the Parties shall be directed to
in case of Licensor:
....
....
....
in case of Licensee:
....
....
....

25.2 This notice instruction may be changed unilaterally by either of the Parties by written notice given to the other Party reasonably in advance and in accordance with this Article.

25.3 All notices in connection with this Agreement shall be given in English and in writing and may be given by registered mail, cable, telex or telefax. Any such notice shall be effective when received.

Article 26. Partial Invalidity or Unenforceability[31]

26.1 In case one or more of the provisions contained in this Agreement should be or become fully or in part invalid, illegal or unenforceable in any respect, the validity, legality and enforceability of the remaining provisions contained in this Agreement shall not in any way be affected or impaired thereby. Provisions which are fully or in part invalid, illegal, or unenforceable shall be replaced by a provision which best meets the purpose of the replaced provision.

26.2 The same applies in case of any omission in this Agreement.

Article 27. Governing Law and Jurisdiction[32]

27.1 This Agreement shall be governed by and construed in accordance with the laws of the Federal Republic of Germany, excluding the application of the CISG rules.

27.2 All disputes arising in connection with this Agreement shall be finally settled under the Rules of Conciliation and Arbitration of the International Chamber of Commerce in Paris by three arbitrators appointed in accordance with the said Rules. Arbitration shall take place in Geneva, Switzerland, and shall be held in the English language.

Article 28. Language and Amendments[33]

28.1 This Agreement has been drawn up both in an English and German language version. The English version shall prevail in case of any contradiction between the two versions.

5. License Agreement (im Konzern) IX. 5

28.2 All amendments to this Agreement shall be made in writing and shall be signed by the Parties.

Article 29. Entire Agreement[33]

29.1 This Agreement, together with all Annexes hereto, constitutes the entire understanding and agreement of the Parties hereto with respect to the subject matter of this Agreement, and supersedes all prior and contemporaneous understandings and agreements, whether written or oral, with respect to such subject matter.

29.2 The Non-Disclosure Agreement of January 1, 2001 shall remain effective between the Parties and shall be deemed to be incorporated into this Agreement by this reference.

IN WITNESS THEREOF, the Parties hereto have executed this Agreement as of the …… day of ……

....
Licensor   Licensee

*Übersetzung**

LIZENZVERTRAG[1]

zwischen

A.

(im folgenden „Lizenzgeber" genannt)

und

B.

(im folgenden „Lizenznehmer" genannt)

Der Lizenznehmer ist eine hundertprozentige Tochtergesellschaft des Lizenzgebers;
Der Lizenznehmer soll innerhalb des Vertragsgebietes Dienstleistungen hinsichtlich der Entwicklung, der Errichtung und der Wartung von Netzwerken von Computerterminals anbieten;
Der Lizenzgeber hat die für ein System erforderliche Hardware, Software und das Know-how entwickelt, um Netzwerke von Computerterminals zu errichten;
Der Lizenzgeber ist bereit, ein solches System zur Errichtung von Netzwerken und die damit zusammenhängenden im folgenden genauer definierten Geistigen und Gewerblichen Schutzrechte unter den folgenden Bestimmungen zum Vertrieb der Systeme im Vertragsgebiet zu lizenzieren, und der Lizenznehmer wünscht, eine solche Lizenz zu erhalten.[2]
Aus diesem Grund einigen sich die Parteien wie folgt:

Artikel 1. Begriffsbestimmungen[3]

„System" bedeutet ein System, um ein Netzwerk von Terminals zu errichten, mögen sie als örtliche Netzwerke (local area network – LAN) oder als Weitbereichsnetzwerke (wide area network – WAN) errichtet sein.
„Tag des Inkrafttretens" bedeutet das Datum, an dem dieser Vertrag in Kraft tritt.

---

* Diese Übersetzung dient ausschließlich dem besseren Verständnis des englischen Originals; sie erhebt keinen Anspruch auf Verbindlichkeit.

„Geistige und Gewerbliche Schutzrechte" bedeutet die an dem System bestehenden Patentrechte, Gebrauchsmusterrechte, Urheberrechte (einschließlich, aber nicht beschränkt auf, Rechte an Software und das Recht zur Herstellung abgeleiteter Werke), Halbleiterschutz, Geschäftsgeheimnisse und geheimes Know-how, mögen solche Rechte vom Lizenzgeber entwickelt oder an den Lizenzgeber abgetreten oder lizenziert worden sein, sowie Marken, Dienstleistungsmarken, Handelsnamen und Logos, die für das System und in Zusammenhang mit dem System benutzt werden.[4]

„Netzwerk-Schnittstellenspezifikationen" bedeutet solche Spezifikationen für Schnittstellen, die für das System notwendig sind, um Netzwerke zu errichten.

„Spezifikationen" bedeutet die Spezifikationen des Systems, wie sie in Anlage 1 aufgeführt sind.[5]

„Terminal" bedeutet jede Art von Computerterminals, die in LAN- und WAN-Netzwerken benutzt werden, einschließlich, aber nicht beschränkt auf, Personalcomputer.

„Vertragsgebiet" bedeutet die Bundesrepublik Deutschland, Österreich und die Schweiz.[6]

Artikel 2. Lizenzgewährung[7]

2.1 Hiermit gewährt der Lizenzgeber dem Lizenznehmer vom Tag des Inkrafttretens an eine ausschließliche Lizenz, die Geistigen und Gewerblichen Schutzrechte für die Vertriebstätigkeiten des Lizenznehmers gemäß den Bestimmungen dieses Vertrages zu nutzen. Weiterhin gewährt der Lizenzgeber dem Lizenznehmer eine ausschließliche Lizenz, das System gemäß diesem Vertrag zu gebrauchen und zu vermarkten (zu vertreiben).

2.2 Die Lizenz ist nur für das Vertragsgebiet gewährt.

2.3 Die gewährte Lizenz kann nur mit der vorherigen schriftlichen Zustimmung des Lizenzgebers abgetreten, unterlizenziert oder in eine Partnerschaft eingebracht werden.[8]

Artikel 3. Weitere Lizenzvereinbarungen[9]

3.1 Nichts innerhalb dieses Vertrages soll den Lizenzgeber daran hindern, Verträge mit Dritten innerhalb des Vertragsgebiet zu verhandeln und abzuschließen, um das System selbst direkt zu vertreiben, solange keine weitere Vertriebslizenz vom Lizenzgeber gewährt wird.

3.2 Der Lizenznehmer hat das Recht, bestimmte Dritte innerhalb des Vertragsgebiets zu benennen, die nicht vom Lizenzgeber angesprochen werden dürfen, sondern ausschließlich für den Lizenznehmer vorbehalten sind.

Artikel 4. Lieferung des Systems und der Spezifikationen[10]

4.1 Der Lizenzgeber liefert dem Lizenznehmer die erforderliche Hardware und Software, um den Lizenznehmer zu befähigen, ein Referenzsystem in den Räumen des Lizenznehmers aufzubauen.

4.2 Der Lizenznehmer wird die für den Vertrieb des Systems an seine Kunden erforderliche Hardware und Software unter seperaten Kaufverträgen mit dem Lizenzgeber erwerben.

4.3 Der Lizenzgeber liefert dem Lizenznehmer die Spezifikationen und Netzwerk-Schnittstellenspezifikationen, um den Lizenznehmer zu befähigen, seine eigene Produktion der für den Vertrieb des Systems notwendigen Hardware und Software zu beginnen falls der Lizenznehmer dies wünscht.

Artikel 5. Wartung der Software[11]

Der Lizenzgeber stellt dem Lizenznehmer von Zeit zu Zeit neue Versionen der lizenzierten Software zur Verfügung, falls und sobald solche neuen Versionen verfügbar sind.

5. License Agreement (im Konzern)

Nichts in diesem Vertrag soll den Lizenzgeber verpflichten, solche neuen Versionen zu entwickeln, wenn der Lizenzgeber innerhalb seines Ermessens beschließt, dies nicht zu tun.

Artikel 6. Entwicklung der Software[11]

6.1 Der Lizenznehmer kann von dem Lizenzgeber verlangen, spezielle Anwendungen der Software zum Gebrauch im Zusammenhang mit dem System zu entwickeln.

6.2 Die Bedingungen für eine solche Entwicklungsarbeit werden zwischen den Parteien nach Treu und Glauben ausgehandelt. Es wird keine Entwicklung vorgenommen werden, bevor nicht ein schriftlicher Vertrag von beiden Parteien unterzeichnet worden ist.

Artikel 7. Unterstützungsleistungen und technische Hilfe[12]

7.1 Der Lizenzgeber soll sämtliche Unterstützungsleistungen und technische Hilfe verfügbar machen, die notwendig sind, um das System zu installieren, in Betrieb zu nehmen, zu unterhalten, zu warten und in Zukunft mit künftigen Entwicklungen, einschließlich der notwendigen Entwicklungen zur Verbesserung der Sicherheit des Systems, zu verbessern.

7.2 Der Lizenznehmer zahlt für diese Unterstützungsleistungen einen Pauschalbetrag in Höhe von 8% des Jahresumsatzes des Lizenznehmers mit dem System.

Artikel 8. Lizenzgebühren[13]

8.1 Der Lizenznehmer zahlt als Gegenleistung für die Nutzung der Geistigen und Gewerblichen Schutzrechte bei der Herstellung und dem Vertrieb des Systems oder der für das System genutzten Hardware und Software eine variable Lizenzgebühr.

8.2 Der Lizenznehmer zahlt ab dem Tag des Inkrafttretens folgende variable Lizenzgebühr:

10% des Umsatzes des Lizenznehmers bis zu einem Umsatz von 2.000.000,- €

9% des Umsatzes des Lizenznehmers für einen Umsatz über 2.000.000,- € bis zu 5.000.000,- €

8% des Umsatzes des Lizenznehmers für einen Umsatz über 5.000.000,- €.

8.3 Der Umsatz des Lizenznehmers wird netto durch den Gesamtumsatz des Lizenznehmers mit dem System abzüglich Frachtkosten, Umschlagkosten, Verkaufsrabatte und Preisnachlasse und abzüglich der an den Lizenzgeber gezahlten Preise für Erwerb der Hardware und Software bestimmt.

Artikel 9. Gebühr für die Wartung der Software[14]

Der Lizenznehmer zahlt für die Wartung der Software eine Gebühr von jährlich 100.000,- €.

Artikel 10. Zahlungsbestimmungen[15]

10.1 Alle in diesem Vertrag genannten Preise verstehen sich ausschließlich der Umsatzsteuer und anderer Steuern.

10.2 Die Zahlungen werden wie folgt fällig:

(i) Der jährliche Pauschalbetrag für Unterstützungsleistungen und technische Hilfe ist am 31. Januar des folgenden Jahres zu zahlen.

(ii) Die variable Lizenzgebühr muß innerhalb von 20 Tagen nach Abschluß des Kalenderquartals zusammen mit der Einreichung des Berichtes des Lizenznehmers über den Umsatz des entsprechenden Kalenderquartals bezahlt werden.

(iii) Die Gebühr für die Wartung der Software wird zusammen mit dem Pauschalbetrag für die Unterstützungsleistungen und die technische Hilfe bezahlt.

Artikel 11. Vertraulichkeit[16]

11.1 Solange es nicht anders in schriftlicher Form zwischen den Parteien vereinbart ist, soll der Lizenznehmer innerhalb der Laufzeit dieses Vertrages und danach keine Informationen bezüglich der Geistigen und Gewerblichen Schutzrechte und/oder keine vertraulichen, geschützten Informationen, seien sie technischer oder nichttechnischer Art, offenlegen, die vom Lizenzgeber als vertrauliche Informationen bezeichnet und gegenüber dem Lizenznehmer gemäß diesem Vertrag bekanntgegeben worden sind, einschließlich aber nicht beschränkt auf vertrauliche Informationen über das System (zusammen als „vertrauliche Informationen" bezeichnet).

11.2 Jede Partei unterimmt angemessene Schritte, um die vertraulichen Informationen zu sichern und die Vertraulichen Informationen gegen Offenlegung, Mißbrauch, Spionage, Verlust, unberechtigten Gebrauch oder Diebstahl zu schützen. Die Parteien werden Ihre Arbeitnehmer und Vertragspartner verpflichten, ebenfalls die Vertraulichen Informationen geheim zu behandeln.

11.3 Vom Lizenzgeber an den Lizenznehmer übergebene Dokumente dürfen nur an Vertragspartner des Lizenznehmers weitergegeben werden, nachdem die ausdrückliche schriftliche Zustimmung des Lizenzgebers erlangt worden ist.

11.4 Ungeachtet des Vorstehenden sollen die folgenden Informationen nicht als Vertraulichen Informationenen angesehen werden:
   (i) Informationen, die dem Lizenznehmer schon zum Zeitpunkt der Offenlegung bekannt waren;
   (ii) Informationen, die ohne Bruch dieser Geheimhaltungspflicht durch den Lizenznehmer öffentlich zugänglich gemacht werden;
   (iii) Informationen, die der Lizenznehmer von Dritten ohne die Verpflichtung, sie geheimzuhalten, erhalten hat;
   (iv) Informationen, die vom Lizenznehmer selbständig außerhalb des Rahmens dieses Vertrages entwickelt wurden.

11.5 Die Verpflichtung, die Vertraulichen Informationen geheimzuhalten, überdauert diesen Vertrag und bleibt solange bestehen, wie die Vertraulichen Informationen nicht der Öffentlichkeit bekannt geworden sind.

Artikel 12. Piraterie[17]

12.1 Die Parteien werden einander sofort informieren, wenn sie irgendwelche Informationen über Pirateriehandlungen im Zusammenhang oder in Verbindung mit dem System erlangen.

12.2 Die Parteien werden einander jede Hilfe leisten, die notwendig ist, um solche Pirateriehandlungen zu bekämpfen und den Schutz des Systems zu verteidigen, einschließlich aber nicht beschränkt auf die Kooperation in Gerichtsverfahren zur Bekämpfung von Pirateriakten. Jede Partei trägt ihre eigenen Kosten im Zusammenhang mit solchen Verfahren.

Artikel 13. Beschränkungen der Nutzung der Geistigen und Gewerblichen Schutzrechte[18]

13.1 Der Lizenznehmer wird die Geistigen und Gewerblichen Schutzrechte nur im Zusammenhang mit dem System benutzen.

13.2 Der Lizenznehmer verpflichtet sich, keine Urheberrechts- oder Patentvermerke, Marken, Handelsnamen, Dienstleistungsmarken, Logos, beschränkte Rechtsvermerke oder Schutz- oder Vertraulichkeitshinweise von irgendeinem Teil des Systems oder der dazugehörigen Dokumentation zu entfernen.

13.3 Der Lizenznehmer darf das System oder irgendeine mit dem System verbundenen Software nicht dekompilieren, disassemblieren oder zurückzuentwickeln (reverse engineering),

5. License Agreement (im Konzern)

Artikel 14. Beschränkte Gewährleistung[19]

14.1 Der Lizenzgeber gewährleistet, daß die Hardware und die Software, die dem Lizenznehmer zugänglich gemacht wurde, für den Betrieb des Systems geeignet ist.

14.2 Außer der in diesem Artikel beschriebenen Gewährleistung wird das System ohne jede andere ausdrückliche oder konkludente Gewährleistung irgendeiner Art zur Verfügung gestellt.

14.3 Der Lizenznehmer kann das System seinen Kunden mit jeder Gewährleistung zur Verfügung stellen, zu der sich der Lizenznehmer in der Lage sieht; der Lizenznehmer darf jedoch den Lizenzgeber in keiner Hinsicht gegenüber den Kunden des Lizenznehmers verpflichten. Der Lizenzgeber erstreckt für kein geliefertes System seine Gewährleistung auf die Kunden des Lizenznehmers.

Artikel 15. Beschränkte Haftung[20]

Der Lizenzgeber haftet dem Lizenznehmer oder irgendeinem seiner Kunden unter keinen Umständen für irgendwelche Schäden aufgrund der Lieferung des Systems durch den Lizenznehmer an dessen Kunden, einschließlich entgangener Gewinne, entgangener Einsparungen, gestiegener Kosten oder anderer direkter oder indirekter Schäden. Diese Beschränkung der Haftung findet keine Anwendung im Falle von Vorsatz.

Artikel 16. Neue Entwicklungen[21]

16.1 Jegliche Entwicklungen des Systems sollen allein vom Lizenzgeber vorgenommen werden. Der Lizenznehmer darf nicht versuchen, das System weiterzuentwickeln.

16.2 Alle weltweiten Rechte an sämtlichen neuen Entwicklungen im Zusammenhang mit oder in bezug auf das System gehören allein dem Lizenzgeber. Der Lizenznehmer ist verpflichtet, über jede technische Innovation, einschließlich der Erfindungen, die von seinen Arbeitnehmern in Zusammenhang mit dem System gemacht werden, zu berichten und solche technischen Innovationen unbegrenzt nach den Bestimmungen des Arbeitnehmer-Erfindergesetzes zu beanspruchen. Der Lizenznehmer tritt hiermit seine Rechte an solchen technischen Innovationen an den Lizengeber ab.

16.3 Der Lizenzgeber wird dem Lizenznehmer alle neuen Entwicklungen des Systems nach den Bestimmungen dieses Vertrages zugänglich machen.

Artikel 17. Eigentum und Gültigkeit der Geistigen und Gewerblichen Schutzrechte des Lizenzgebers[22]

Der Lizenznehmer erkennt an, daß der Lizenzgeber der alleinige Eigentümer der Rechte an dem System und der Geistigen und Gewerblichen Schutzrechte ist. Der Lizenznehmer verpflichtet sich, das Eigentum des Lizenzgebers oder die Gültigkeit der Geistigen und Gewerblichen Schutzrechte des Lizenzgebers nicht anzugreifen.

Artikel 18. Source Code[23]

18.1 Der Lizenznehmer erhält im Zusammenhang mit dem System keine Rechte an dem Source Code der Software.

18.2 Der Lizenznehmer erkennt an, daß der Source Code im alleinigen Eigentum des Lizenzgebers steht und bleiben wird.

Artikel 19. Gewährleistungen und Zusicherungen[24]

19.1 Der Lizenzgeber erklärt, daß er von keinen rechtlichen Mängeln an den Geistigen und Gewerblichen Schutzrechten weiß. Der Lizenzgeber übernimmt keine Haftung für das Fehlen solcher unbekannter Mängel.

19.2 Der Lizengeber garantiert weder den geheimen Charakter irgendwelcher Geschäftsgeheimnisse oder des Know-how noch die geschäftliche Verwertbarkeit und/oder die Geeignetheit der Geschäftsgeheimnisse oder des Know-how für die geplante Nutzung durch den Lizenznehmer.

19.3 Der Lizenzgeber garantiert weder die Schützbarkeit oder Gültigkeit von irgendeinem der sonstigen Geistigen und Gewerblichen Schutzrechte, noch die geschäftliche Verwertbarkeit und/oder Geeignetheit für die Nutzung der zugrunde liegenden Erfindungen oder Schöpfungen.

19.4 Der Lizenzgeber gewährleistet, daß er nach seinem besten Wissen in vollem Umfange berechtigt ist, dem Lizenznehmer die Lizenz nach diesem Vertrag zu gewähren.

Artikel 20. Rechte Dritter und Höhere Gewalt[25]

20.1 Soweit der Lizenznehmer wegen der Verletzung von Rechten Dritter angegriffen wird, die auf der Verwertung der Geistigen und Gewerblichen Schutzrechte basiert, hat er unverzüglich den Lizenzgeber von diesen Vorwürfen zu informieren. Der Lizenznehmer hat sich selbst gegen solche Verletzungsvorwürfe zu verteidigen. Der Lizenzgeber hat das Recht, aber nicht die Verpflichtung, sich an einem solchen Verletzungsverfahren zu beteiligen. Jede Partei wird ihre eigenen Kosten und jeden an Dritte zu zahlenden Schadensersatz selbst tragen.

20.2 Keine Partei ist für Verzögerungen oder Nichterfüllungen von Vertragspflichten haftbar, wenn die Verzögerung oder die Nichterfüllung aus Ereignissen oder Umständen resultiert, die außerhalb jeder zumutbaren Kontrolle liegen (wie Streiks, Aussperrungen, Fehler von Zulieferern oder Subunternehmern, höhere Gewalt oder Vergleichbares). Solch eine Verzögerung oder Nichterfüllung gilt nicht als Bruch dieses Vertrages, und die Leistungszeit wird um einen Zeitraum verlängert, der der Dauer eines solchen Ereignisses oder Umstands entspricht.

Artikel 21. Steuern und Prüfung[26]

21.1 Keine Partei ist verantwortlich für die Zahlung von Steuern oder Gebühren irgendwelcher Art, die der anderen Partei von Behörden in Zusammenhang mit dem Vertragsgegenstand auferlegt werden, noch ist sie zur Rückerstattung verpflichtet.

21.2 Dem Lizenzgeber ist es erlaubt, die Geschäftsbücher des Lizenznehmers durch eine unabhängige Prüfungsgesellschaft zu untersuchen und zu prüfen, um festzustellen, ob die Buchführung des Lizenznehmers in Zusammenhang mit der Zahlung der Lizenzgebühren korrekt ist. Der Lizenznehmer ist verpflichtet, dem Lizenzgeber die Kosten für die Prüfung zurückzuerstatten, wenn die Prüfung zeigt, daß die Buchführung nicht korrekt war, andernfalls hat der Lizengeber diese Kosten zu tragen.

Artikel 22. Dauer und Kündigung[27]

22.1 Die Anfangslaufzeit des Vertrages beträgt fünf (5) Jahre vom Tag des Inkrafttretens.

22.2 Dieser Vertrag verlängert sich automatisch um eine zusätzliche Laufzeit von fünf (5) Jahren, es sei denn, eine der Parteien kündigt diesen Vertrag schriftlich mit einer Kündigungsfrist von zwölf Monaten vor dem Ablaufdatum.

22.3 Dieser Vertrag endet automatisch, wenn und soweit der Lizenznehmer aufhört, eine hundertprozentige Tochtergesellschaft des Lizengebers zu sein.

Artikel 23. Folgen der Beendigung[28]

23.1 Im Falle der Beendigung dieses Vertrages bleiben die Geistigen und Gewerblichen Schutzrechte im Eigentum des Lizenzgebers.

5. License Agreement (im Konzern)　　　　　　　　　　　　　　　　　IX. 5

23.2 Unverzüglich nach Beendigung hat der Lizenznehmer die Nutzung der Geistigen und Gewerblichen Schutzrechte für den Vertrieb des Systems und/oder die Herstellung der Hardware und Software einzustellen. Sämtliche Teile des Systems sind sofort an den Lizenzgeber zurückzugegeben. Der Lizenzgeber hat dem Lizenznehmer sämtliche im Zusammenhang mit den zurückgegebenen Teilen gezahlten Beträge zurückzugewähren.

23.3 Die Geheimhaltungspflicht gemäß Artikel 11 überdauert die Beendigung dieses Vertrages.

Artikel 24. Keine Stellvertretung oder Partnerschaft[29]

Nichts in diesem Vertrag soll so ausgelegt werden, daß die eine Partei der Vertreter der anderen Partei ist. Durch diesen Vertrag oder durch die Ausführung dieses Vertrags wird keine Partnerschaft gebildet.

Artikel 25. Mitteilungen[30]

25.1 Alle Mitteilungen zwischen den Parteien sollen adressiert werden an

im Falle des Lizenzgebers:

....

....

....

im Falle des Lizenzgebers:

....

....

....

25.2 Diese Mitteilungsanweisung kann von jeder Partei einseitig durch schriftliche Mitteilung geändert werden, soweit diese Mitteilung der anderen Partei angemessen im voraus und in Übereinstimmung mit diesem Artikel zugeleitet wird.

25.3 Alle Mitteilungen im Zusammenhang mit diesem Vertrag sind in Englisch und schriftlich abzugeben und können per Einschreiben, Telegramm, Telex oder Telefax gesendet werden. Jede solche Mitteilung wird mit Zugang wirksam.

Artikel 26. Teilweise Ungültigkeit oder Undurchsetzbarkeit[31]

26.1 Sind oder werden eine oder mehrere Bestimmungen dieses Vertrages in irgendeiner Hinsicht ganz oder in Teilen ungültig, rechtswidrig oder undurchsetzbar, wird die Wirksamkeit, Rechtmäßigkeit und Durchsetzbarkeit der übrigen Bestimmungen dieses Vertrages hierdurch in keiner Weise betroffen oder beeinträchtigt. Bestimmungen, welche ganz oder in Teilen ungültig, unrechtmäßig oder undurchsetzbar sind, werden durch eine Bestimmung ersetzt, die am besten dem Zweck der ersetzten Bestimmung dient.

26.2 Dasselbe gilt im Falle einer Lücke.

Artikel 27. Anwendbares Recht und Gerichtsstand[32]

27.1 Dieser Vertrag unterliegt dem Recht der Bundesrepublik Deutschland. Das UN-Kaufrecht wird ausgeschlossen.

27.2 Alle sich aus dem Vertrag ergebenden Streitigkeiten werden nach der Vergleichs- und Schiedsgerichtsordnung der Internationalen Handelskammer von drei gemäß dieser Ordnung ernannten Schiedsrichtern entschieden. Das Schiedsverfahren findet in Genf, Schweiz, in englischer Sprache statt.

Artikel 28. Sprache und Änderungen[33]

28.1 Dieser Vertrag wurde in einer deutschen und einer englischen Version erstellt. Die englische Version geht im Falle eines Widerspruchs zwischen den beiden Versionen vor.

28.2 Alle Änderungen dieses Vertrages sind schriftlich abzufassen und von den Parteien zu unterzeichnen.

Artikel 29. Gesamter Vertrag[33]

29.1 Dieser Vertrag, zusammen mit allen Anlagen hierzu, stellt die gesamte Vereinbarung der Parteien hinsichtlich des Vertragsgegenstandes dar und ersetzt alle vorherigen und zeitgleichen Überkommen und Vereinbarungen über den Vertragsgegenstand, seien sie schriftlich oder mündlich.

29.2 Der Geheimhaltungsvertrag vom 1. Januar 2001 bleibt zwischen den Parteien in Kraft und gilt durch diese Bezugnahme als Teil dieses Vertrages.

Die Parteien haben diesen Vertrag an dem heutigen Tag ......, dem ...... ausgefertigt.

....
Lizenzgeber   Lizenznehmer

Übersicht

	Seite
1. Sachverhalt	1151
2. Präambel	1151
3. Definition	1151
4. Definition gewerblicher Schutzrechte	1151
5. Definition Spezifikationen	1151
6. Vertragsgebiet	1151
7. Lizenzgewährung	1151–1152
8. Abtretung und Unterlizenz	1152
9. Selbstvertrieb durch Lizenzgeber	1152
10. Spezifikationen und Referenzsystem	1152
11. Pflege und Weiterentwicklung der Software	1152
12. Technische Unterstützung	1152–1153
13. Lizenzgebühr	1153–1154
14. Pflege der Software	1154
15. Zahlungsbedingungen	1154
16. Geheimhaltung	1154
17. Vorkehrung gegen Pirateriakte	1154
18. Nutzungsbeschränkungen	1155
19. Gewährleistung	1155
20. Haftung	1155
21. Weiterentwicklungen	1155
22. Nichtangriffsklausel	1155
23. Quellcode	1155
24. Gewährleistungen	1155
25. Rechte Dritter und höhere Gewalt	1156
26. Abrechnung und Überprüfung	1156
27. Vertragslaufzeit	1156
28. Abwicklung nach Kündigung	1156
29. Vertretungsverhältnis	1156
30. Mitteilungen	1156
31. Salvatorische Klausel	1156
32. Rechtswahl und Gerichtszuständigkeit	1156
33. Schriftform	1156

Anmerkungen

1. Sachverhalt. Das Formular geht von einem im internationalen Lizenzverkehr häufig anzutreffenden Sachverhalt aus. Zwischen zwei Konzernunternehmen wird vereinbart, daß die im deutschsprachigen Raum ansässige Tochtergesellschaft B das Geschäft der Mutter A im Vertragsgebiet betreiben soll. Es wird unterstellt, daß es sich hierbei um besondere Dienstleistungen im Zusammenhang mit dem Aufbau von Computernetzwerken handelt, wobei angenommen wird, daß die Muttergesellschaft über Hardware, Software und entsprechendes Know-How verfügt, um solche Computernetzwerke aufzubauen. Der Tochtergesellschaft sollen alle bestehenden gewerblichen Schutzrechte zur Verfügung gestellt werden, um das Geschäft im Vertragsgebiet betreiben zu können. Von besonderer Wichtigkeit ist dabei, daß die Muttergesellschaft versuchen wird, den Gewinn, der bei der Tochtergesellschaft entsteht, zum großen Teil in das Ausland zu verlagern, wobei unterstellt wird, daß die Besteuerung im Ausland für die Muttergesellschaft günstiger ist. Da die Muttergesellschaft A alleiniger Gesellschafter der Tochtergesellschaft B ist, muß darauf geachtet werden, daß Regelungen getroffen werden, die als solche gelten können „wie zwischen Dritten vereinbart", um dadurch zu verhindern, daß die Finanzbehörden die Absprachen nicht anerkennen, sondern von verdeckten Gewinnausschüttungen zugunsten der Muttergesellschaft ausgehen. Letztlich ist eine Regelung „at arms length" auch deswegen zu empfehlen, um nicht der Argumentation die Tür zu öffnen, daß die Tochtergesellschaft nicht wie ein selbständiges Unternehmen betrieben wird und auf diese Weise einen Haftungsdurchgriff zu ermöglichen.

2. Präambel. Vgl. hierzu Form. VI. 1, Anm. 2.

3. Definitionen. Vgl. hierzu Form. VI. 1, Anm. 3.

4. Definition gewerblicher Schutzrechte. Aufgrund des geschilderten Sachverhaltes findet sich in dieser Definition eine umfassende Aufzählung der möglichen gewerblichen Schutzrechte, die das durch den Lizenznehmer im Vertragsgebiet zu vertreibende System betreffen. Dies hat seinen Grund nicht nur darin, daß man sicher sein will, daß tatsächlich dem Lizenznehmer die volle Bandbreite der bestehenden Schutzrechte zur Verfügung gestellt wird, sondern auch darin, für die Finanzbehörden in glaubhafter Weise darzulegen, daß die Höhe der Lizenzgebühr tatsächlich gerechtfertigt ist (dies ist z.B. im Hinblick auf die Einräumung von Namens- und Markenrechten entscheidend: eine Lizenz zur Führung des Konzernnamens in der Firma der Tochter wird nur vergütungspflichtig, wenn auch eine entsprechende Marke besteht und mit lizenziert wird, vgl. BFH Urteil vom 9. 8. 2000, GRUR 2001, 346).

5. Definition Spezifikationen. Da das System bereits von der Muttergesellschaft, dem Lizenzgeber, voll entwickelt ist und in diesem Zustand auch dem Lizenznehmer zur Verfügung gestellt wird und weiterhin darauf geachtet werden muß, daß tatsächlich das System in seiner Gesamtheit auch so verwendet wird, wie dies der Lizenzgeber vorgesehen hat, wird der Lizenznehmer in einer detaillierten Anlage auf die technischen Spezifikationen dieses Systems festgeschrieben. Auch bei Lizenzverträgen zur Herstellung von Produkten, die bereits vom Lizenzgeber selbst produziert werden, empfiehlt es sich, mit entsprechend ausführlichen Spezifikationen zu arbeiten.

6. Vertragsgebiet. Vgl. Form. VI. 1, Anm. 12.

7. Lizenzgewährung. Es handelt sich um einen exklusiven Lizenzvertrag, da der Lizenzgeber, die Konzernmutter, allein ihrer Konzerntochter das Nutzungsrecht im Gebiet einräumen will. Aus kartellrechtlicher Sicht ist dazu zunächst zu bemerken, daß die in der Lizenzgewährung liegende reine Vertriebslizenz nicht den Vorteil der Technologietransfer-Gruppenfreistellungsverordnung, Verordnung Nr. 240/96 (ABl. EG L 1996, 31/1) für sich in Anspruch nehmen kann, da diese Gruppenfreistellungsverordnung für reine Vertriebsabsprachen nicht gilt (Artikel 5 (1) Nr. 5 der Verordnung, Erwägungsgrund 8). Damit kommt auf diese Vertriebslizenz im Hinblick auf vorgesehene Wettbewerbsbeschränkungen nach EG-Kartellrecht die Gruppenfreistellungsverordnung für vertikale Vereinbarungen (VO EG Nr. 2790/1999) zur Anwendung.

Die kartellrechtliche Situation kann jedoch völlig außer Betracht gelassen werden, da es sich um eine Vertragsbeziehung im Konzern handelt und auf solche Vertragsbeziehungen weder das nationale noch das europäische Kartellrecht Anwendung findet, da von vornherein kein Wettbewerb besteht, der beschränkt werden könnte. (Zu den Voraussetzungen vgl. im einzelnen *Huber/Baums,* Frankfurter Kommentar, § 1 Rdnrn. 241 ff). Dies erfordert, daß die Konzernunternehmen eine wirtschaftliche Einheit bilden, in deren Rahmen die Tochtergesellschaft ihr Vorgehen auf dem Markt nicht mehr wirklich autonom bestimmen kann, weil sie der Leitung eines anderen Unternehmens untersteht (vgl. Béguelin Import Co. ./. SA GL Import/Export EuGHE, 1971, 949; ICI/Kommission EuGHE 1972, 619; Ahmed Saeed Flugreisen, EuGHE 1989, 803; Viho Europe BV/Kommission, EuG EuZW 1995, 583 und *Lange/Bunte,* Kommentar zum deutschen und europäischen Kartellrecht, 9. Auflage, Art. 81 Rdnr. 108).

8. Abtretung und Unterlizenz. Der Lizenzgeber will sicherstellen, daß die Tochtergesellschaft die zur Verfügung gestellte Technologie selbst ausnutzt und verbietet daher, daß eine Abtretung oder Einräumung einer Unterlizenz durch den Lizenznehmer erfolgt. Vgl. hierzu Form. VI. 1, Anm. 40.

9. Selbstvertrieb durch Lizenzgeber. Obwohl dem Lizenznehmer eine „exklusive" Lizenz eingeräumt wird, behält es sich die Konzernmutter das Recht vor, das System im Territorium zu vertreiben. Damit kann die Lizenzgewährung zu einer alleinigen Lizenz werden, sollte der Lizenzgeber tatsächlich dieses Recht ausnutzen. (Zu der Unterscheidung zwischen „exklusiver" und „alleiniger" Lizenz vgl. Form. VI. 1, Anm. 7). Dies hat seinen Grund darin, daß die Konzernmutter allein Herr über ihr Geschäft sein will. Zum Schutz der Tochter wird allerdings vorgesehen, daß diese sich bestimmte Vertragspartner exklusiv vorbehalten kann, die dann auch von der Mutter nicht mehr angesprochen werden dürfen.

10. Spezifikationen und Referenzsystem. Der Lizenzgeber stellt dem Lizenznehmer für seine Vertriebstätigkeiten ein Referenzsystem zur Verfügung, das der Lizenznehmer seinen Kunden vorführen kann. Die notwendige Hardware und Software für die Vertriebstätigkeit des Lizenznehmers wird gemäß separaten Kaufverträgen zum Aufbau des Systems und Weitervertrieb erworben. Weiterhin wird dem Lizenznehmer auch ermöglicht, selbst Hardware und Software herzustellen, sollte dies der Lizenznehmer wünschen. In einem solchen Falle wandelt sich die reine Vertriebstätigkeit des Lizenznehmers unter dem Vertrag in eine Herstellungstätigkeit um (auf die dann wieder, wäre man außerhalb des Konzernsverhältnisses, die Regeln der Technologietransfer-Gruppenfreistellungsverordnung anwendbar sind).

11. Pflege und Weiterentwicklung der Software. Da es sich bei Software um ein Produkt handelt, das relativ schnell veraltet und ständiger Weiterentwicklung bedarf, um am Markt wettbewerbsfähig zu sein, sieht der Vertrag vor, daß der Lizenzgeber sich insoweit verpflichtet, zum einen die Software zu pflegen und dem Lizenznehmer neue Versionen (Updates) der Software zur Verfügung zu stellen, zum anderen aber auch, daß der Lizenznehmer aufgrund der Rückmeldung vom Markt vom Lizenzgeber verlangen kann, daß bestimmte Zusatzsoftware zum System entwickelt werden soll. Über diese Entwicklung müssen die Parteien sich im einzelnen näher abstimmen.

12. Technische Unterstützung. Für den Lizenznehmer ist es bei der technischen Kompliziertheit von Software und Netzwerksystemen besonders wichtig, daß ihn der Lizenzgeber unterstützt und ihm die erforderliche Hilfe zukommen läßt. Artikel 7 des Formulars sieht **daher** vor, daß der Lizenzgeber diese Unterstützungstätigkeit gegen eine gesonderte Pauschalgebühr zur Verfügung stellt. Dies sollte eine Regelung sein, die auch vor dem steuerlichen Hintergrund der Konzernbeziehung akzeptabel ist. Zur technischen Unterstützung allgemein vgl. Form. VI. 1, Anm. 15.

13. Lizenzgebühr. Für den konzerninternen Lizenzvertrag handelt es sich hierbei um das Herzstück der Vertragsbeziehungen. Auf diese Weise sollen im Konzern Erträge der Tochter, die den Vertrieb vornimmt, zu der Mutter als Schutzrechtsinhaberin und Geschäftsherrin transferiert werden. Von der steuerlichen Seite her ist hierzu zu beurteilen, ob das Lizenzverhältnis zwischen den verbundenen Unternehmen in angemessener Weise („wie zwischen Dritten") ausgestaltet ist oder nicht.

Zur Angemessenheit der Lizenzgebühr fällt es schwer, generell verbindliche Richtlinien zu geben. Insbesondere sind die Richtlinien für Arbeitnehmererfindungen (Richtlinie 10 zu § 9 Arbeitnehmererfindergesetz) nicht wirklich hilfreich, da sich dort erhebliche Spannen auftun (vgl. auch Münchener Vertragshandbuch, Bd. 3.1, Form. VI. 1, Anm. 4). Es ist daher auf die Grundsätze für die Prüfung der Einkunftsabgrenzung bei international verbundenen Unternehmen vom 23. Februar 1983 (BStBl. 1983 I 218) abzustellen, um zu beurteilen, ob die Lizenzgebühren, die hier vorgesehen sind, zutreffend sind oder nicht. Diese sehen in Ziffer 1.4.1 vor, daß im Verhältnis zum beherrschenden Gesellschafter in aller Regel ein Betriebsausgabenabzug (für die abgeführten Lizenzgebühren und sonstigen Gebühren unter dem Lizenzvertrag) nur anerkannt werden kann, wenn den Aufwendungen im voraus getroffene klare und eindeutige Vereinbarungen zugrunde liegen (vgl. BFH-Urteil vom 3. 11. 1976, BStBl 1977, II, 172; zu den Ausnahmen vgl. BFH-Urteil vom 21. 7. 1982, BStBl II, 761; BFH Urteil vom 9. 8. 2000, GRUR 2001, 346) und wenn wie zwischen Fremden begründete Rechtsansprüche zugrunde liegen. Letzteres stellt einen allgemeinen Grundsatz zur Einkunftsabgrenzung dar, nämlich den Maßstab des Fremdvergleichs. Geschäftsbeziehungen zwischen nahestehenden Unternehmen sind steuerlich danach zu beurteilen, ob sich die Beteiligten wie voneinander unabhängige Dritte verhalten haben. Dies erfordert einen Blick auf die Verhältnisse des freien Wettbewerbs, und es ist zu fragen, wie sich ordentliche und gewissenhafte Geschäftsführer gegenüber Fremden bei Anwendung der üblichen Sorgfalt verhalten hätten (Ziffer 2.1.1 der Verwaltungsgrundsätze). Zur Ermittlung dieser Fremdpreise sind die Daten heranzuziehen, aufgrund deren sich die Preise zwischen Fremden im Markt bilden, d. h. die marktüblichen Preise (Ziffer 2.1.5 der Verwaltungsgrundsätze). Für die Überlassung von Patenten, Know-how oder anderen immateriellen Wirtschaftsgütern sieht Ziffer 5 der Verwaltungsgrundsätze folgendes vor:

„5.   Nutzungsüberlassung von Patenten, Know-how oder anderen immateriellen Wirtschaftsgütern; Auftragsforschung
5.1. Allgemeines
5.1.1 Wird einem nahestehenden Unternehmen ein immaterielles Wirtschaftsgut (vgl. Tz. 3.1.2.3.) zur Nutzung überlassen, so ist hierfür der Fremdpreis anzusetzen. Dies gilt auch dann, wenn das empfangende Unternehmen das immaterielle Wirtschaftsgut nicht nutzt, aber einen wirtschaftlichen Nutzen daraus erzielt oder voraussichtlich erzielen wird (z. B. Sperrwirkung bei Vorrats- und Sperrpatenten). Wegen des Rechts auf Führung des Konzernnamens vg. Tz. 6.3.2.
5.1.2 Die Verrechnung von Nutzungsentgelt ist steuerlich nicht anzuerkennen, wenn die Nutzungsüberlassung im Zusammenhang mit Lieferungen oder Leistungen steht, bei denen unter Fremden die Überlassung der immateriellen Wirtschaftsgüter im Preis der Lieferung oder Leistung mit abgegolten ist; ein Ausgleich von Vor- und Nachteilen bei gesonderter Inrechnungstellung von Lieferungen und Leistungen einerseits und für derartige Schutzrechtsüberlassungen andererseits ist anzuerkennen.

5.1.3 Überläßt der Nutzungsberechtigte seinerseits dem Überlasser eine nicht geschützte, die Technik bereichernde oder eine ähnliche Leistung (Know-how), die bei dem Nutzungsberechtigten im Zuge der Nutzung anfällt, so ist dies bei der Prüfung des Entgelts zu berücksichtigen. Überläßt er Know-how unabhängig von der Nutzung, so ist dies wie unter Fremden zwischen den Beteiligten zu verrechnen.

5.2 Ableitung der Fremdpreise

5.2.1 Bei der Verrechnung ist von den tatsächlich zur Nutzung überlassenen einzelnen immateriellen Wirtschaftsgütern auszugehen. Die von einem Lizenznehmer genutzten immateriellen Wirtschaftsgüter können grundsätzlich nur zusammengefaßt werden, wenn sie technisch und wirtschaftlich eine Einheit bilden.

5.2.2 Die Fremdpreise für die Überlassung der immateriellen Wirtschaftsgüter sind grundsätzlich durch den Ansatz von Nutzungsentgelten auf Grund einer sachgerechten Bemessungsgrundlage (z.B. Umsatz, Menge, Einmalbetrag) zu verrechnen. Für die steuerliche Prüfung kann, soweit möglich, das Bundesamt für Finanzen verkehrsübliche Vergütungsspannen für die Überlassung immaterieller Wirtschaftsgüter ermitteln. Bei ihrer Anwendung ist davon auszugehen, daß unter Fremden bei der Nutzungsüberlassung immaterieller Wirtschaftsgüter die Bedingungen differenziert ausgehandelt werden.

5.2.3 Läßt sich die Angemessenheit der vereinbarten Lizenzgebühr nach der Preisvergleichsmethode nicht hinreichend beurteilen, so ist bei der Prüfung davon auszugehen, daß eine Lizenzgebühr von dem ordentlichen Geschäftsleiter eines Lizenznehmers regelmäßig nur bis zu der Höhe gezahlt wird, bei der für ihn ein angemessener Betriebsgewinn aus dem lizenzierten Produkt verbleibt.
Der ordentliche Geschäftsleiter wird diese Entscheidung in der Regel auf Grund einer Analyse über die Aufwendungen und Erträge treffen, die durch die Übernahme der immateriellen Wirtschaftsgüter zu erwarten sind. Zum Nachweis vgl. Tz. 9.

5.2.4 Die Kostenaufschlagsmethode kann bei Einzelabrechnung in Ausnahmefällen in Betracht kommen. Die Kosten können als Schätzungsanhalt bei der Verprobung von Lizenzgebühren verwendet werden.

5.3 Auftragsforschung
......"

Bei der Einräumung eines komplexen Systems aus Hardware, Software und know-how sollten im Softwarebereich die angegebenen Lizenzgebühren, die zudem noch degressiv gestaffelt sind, durchaus angemessen sein. Zu Lizenzgebührenabsprachen allgemein vgl. Form. VI. 1, Anm. 21 bis 25.

14. Pflege der Software. In Softwareverträgen findet sich häufig ein separater Zahlungsbetrag für die Pflegeleistungen des Lizenzgebers. Davon geht auch das Formular aus, das andererseits auch die Zahlungspflichten des Lizenzgebers aus den geschilderten Gründen im Sachverhalt im vollen Umfang ausschöpfen will.

15. Zahlungsbedingungen. Um für einen kontinuierlichen Zahlungsstrom zu sorgen, wird vorgesehen, daß die Lizenzgebühren vierteljährlich zu zahlen sind.

16. Geheimhaltung. Vgl. Form. VI. 1, Anm. 39.

17. Vorkehrung gegen Pirateriakte. Das Formular unterstellt, daß die lizenzierte Software als Teil des Systems durch Dritte kopiert werden könnte, da Pirateriprodukte von Software allgemein leicht zu erstellen sind. Es wird daher die Pflicht normiert, daß sich die Parteien über entsprechende Pirateriakte informieren und diese bekämpfen.

18. Nutzungsbeschränkungen. Der Lizenznehmer wird noch einmal darauf hingewiesen, daß er die lizenzierten gewerblichen Schutzrechte nur für das ihm zum Vertrieb überlassene System nutzen darf. In diesem Zusammenhang wird ihm auch auferlegt, Schutzrechtshinweise, die den Lizenzgeber schützen sollen, im System zu belassen und diese, insbesondere die auf der Software befindlichen, nicht zu entfernen. Der letztgenannte Hinweis, daß der Lizenznehmer auch die Software nicht dekompilieren darf, kann im Verhältnis zu dem Konzernunternehmen eine übertriebene Vorsicht darstellen, ist dann aber von Vorteil, wenn das Konzernunternehmen unter Beibehaltung des Lizenzvertrages eines Tages verkauft wird. Zu beachten ist, daß die Paragraphen 69 a ff. UrhG unter den dort vorgesehenen Voraussetzungen dem Nutzer einer urheberrechtlich geschützten Software gewisse Rechte hinsichtlich der Dekompilierung einräumen.

19. Gewährleistung. Der Lizenzgeber will dem Lizenznehmer, d. h. seinem Konzernunternehmen das volle Risiko des Geschäftsbetriebes im Vertragsgebiet überantworten und übernimmt daher im wesentlichen nur die Gewährleistung, daß die Hardware und Software auch tatsächlich für das System geeignet sind. Diese Gewährleistung fällt dem Lizenzgeber nicht schwer, da er selbst das System vertreibt. Weitergehende Gewährleistungen werden nicht übernommen und es ist Sache des Lizenznehmers, hier im vollen eigenen unternehmerischen Risiko Gewährleistungen gegenüber seinen Kunden abzugeben.

Zur Gewährleistung vgl. auch Form. VI. 1, Anm. 27 bis 30.

20. Haftung. Der Lizenzgeber zeichnet sich ebenso im wesentlichen von jeder Haftung frei, soweit dies nach nationalem Recht möglich ist. § 276 Absatz 2 BGB enthält insoweit die Begrenzung, daß von vornherein auf eine Haftung aus Vorsatz nicht verzichtet werden kann.

21. Weiterentwicklungen. Dem Lizenznehmer wird ausdrücklich verboten, Weiterentwicklungen am System vorzunehmen. Dies hat seinen Grund darin, daß der Lizenzgeber die Kontrolle darüber behalten will, wie sein System im Einzelfall aussieht und er nicht in eine Situation kommen möchte, bei der die Töchter in den einzelnen Vertriebsgebieten unterschiedliche Produkte auf den Markt bringen. Darüber hinaus wird der Lizenzgeber auch noch einmal darauf hingewiesen, daß ihm keine weiteren Entwicklungsrechte zustehen. Dies schon deswegen nicht, weil er gar nicht im Besitz des dazu erforderlichen Quellcodes ist und jede Entwicklungstätigkeit, insbesondere an der Software, ein reverse engineering beinhalten müßte. Weiterentwicklungen des Lizenzgebers sollen dem Lizenznehmer unter den Bestimmungen des Vertrages ohne zusätzliche Lizenzgebühr zur Verfügung gestellt werden. Weiterentwicklungen durch den Lizenznehmer, wären sie erlaubt, müßten rücklizenziert werden, vgl. insoweit Form. VI. 1, Anm. 17 bis 19.

22. Nichtangriffsklausel. Der Lizenzgeber läßt sich von seinem Lizenznehmer bestätigen, daß die Rechte am System und den darin verkörperten gewerblichen Schutzrechten allein dem Lizenzgeber zur Verfügung stehen. Die hierin ebenso vorgesehene Nichtangriffsverpflichtung hinsichtlich der Rechtsbeständigkeit (die durch die Technologietransfer-Gruppenfreistellungsverordnung zum Gegenstand des Widerspruchsverfahrens gemacht wird, vgl. Artikel 4 (2) b der Verordnung) ist im Konzernverhältnis unproblematisch, da die Kartellrechtsregeln nicht anwendbar sind. Zu beachten ist jedoch, daß im Falle eines Verkaufs des Lizenznehmers der Vertrag dann entsprechend überarbeitet werden muß, damit unwirksame Klauseln vermieden werden.

23. Quellcode. Der Quellcode als wichtigstes Verkörperungsteil der Software wird üblicherweise vom Lizenzgeber dem Lizenznehmer nur sehr ungern, und dann auch in der Regel nur im Rahmen eines Hinterlegungsverhältnisses zur Verfügung gestellt. Das Muster folgt diesem Grundansatz und hält auch gegenüber der Konzerntochter fest, daß diese keine Rechte am source code erwirbt und diesen auch nicht erhält.

24. Gewährleistungen. Vgl. Form. VI. 1, Anm. 27 bis 30.

25. Rechte Dritter und höhere Gewalt. Vgl. Form. VI. 1, Anm. 36. Die in internationalen Lizenzverträgen relativ häufig anzutreffende Ausformulierung der höheren Gewalt ist nach deutschem Rechtsverständnis an sich nicht erforderlich, da dieses Konzept sowieso jedes Vertragsverhältnis kontrolliert (vgl. *Palandt/Heinrichs*, BGB, 60. Aufl., § 203 Rdnr. 4). Zu beachten ist aber, daß oftmals (so auch im Muster) der Begriff der höheren Gewalt durch die in der Klausel vorhandene Definition erweitert wird (so wird hier auch ein Verschulden der Unterlieferanten zum Fall der höheren Gewalt erklärt). Insoweit muß im internationalen Vertrag der Ausformulierung der höheren Gewalt besondere Aufmerksamkeit gewidmet werden, um auf diese Weise nicht wesentliche Vertragspflichten der Parteien auszuhebeln. In einem normalen Lizenzverhältnis ist eine Regelung zur höheren Gewalt nicht unbedingt erforderlich, da mit der Zurverfügungstellung der Patente oder des know-hows in der Regel die Leistungspflicht des Lizenzgebers erfüllt ist. Da es sich im Muster aber um eine reine Vertriebslizenz handelt, erscheint es angemessen, die höhere Gewalt im Vertragstext selbst näher zu beschreiben.

26. Abrechnung und Überprüfung. Vgl. Form. VI. 1, Anm. 26.

27. Vertragslaufzeit. Neben den allgemein bei einer Lizenz an die Vertragslaufzeit zu stellenden Überlegungen (vgl. insoweit Form. VI. 1, Anm. 41) ist im Konzernverhältnis darauf hinzuweisen, daß diese dort nicht unbedingt zum Tragen kommen, da es den Parteien darauf ankommt, für ein lang andauerndes Zusammenarbeitsverhältnis zu sorgen. Das Formular sieht daher vor, daß sich die Vertragslaufzeit in Abständen von je 5 Jahren automatisch verlängert. Dies könnte (wäre denn das Kartellrecht anwendbar) bei Wegfall der Schutzrechte oder Offenkundigwerden des Know-hows zum Konflikt führen. Dies gilt aber schon deswegen nicht, weil kartellrechtliche Grundsätze im Konzernverhältnis nicht anwendbar sind. Zum anderen trifft dies auch deswegen zu, da das eingeräumte Nutzungsrecht am Urheberrecht (für die vertriebene Software) wie das Markenrecht keinen zeitlichen Beschränkungen unterliegt. Insoweit ist es sinnvoll, daß sich der Lizenzgeber absichert und die Lizenzgewährung dann enden läßt, sobald der Lizenznehmer nicht mehr sein Tochterunternehmen ist. Dies ist ein sehr sinnvoller Notanker, sollten die Parteien im Zuge eines Unternehmensverkaufes übersehen, den Vertrag explizit zu kündigen. So werden die Parteien noch einmal darauf hingewiesen, daß sie einige der Regelungen neu gestalten müssen (aufgrund der kartellrechtlichen Probleme), wenn der Lizenznehmer aufhört, mit dem Lizenzgeber im Konzern verbunden zu sein.

28. Abwicklung nach Kündigung. Der Lizenznehmer wird verpflichtet, die nicht bereits abverkauften Systeme an den Lizenzgeber im Falle der Kündigung gegen entsprechende Kostenerstattung zurückzuverkaufen. Die Geheimhaltungsverpflichtung überlebt wie üblich die Kündigung des Vertrages.

29. Vertretungsverhältnis. Wiederum geht es dem Lizenzgeber darum, durch das Tochterunternehmen nicht durch entsprechende Erklärungen, die das Tochterunternehmen gegenüber seinen eigenen Kunden fälschlicherweise im Namen des Lizenzgebers abgibt, in die Haftung genommen werden zu können. Daher wird der Lizenznehmer im Vertrag noch einmal darauf hingewiesen, daß dieser Vertrag ihm keine entsprechende Vollmacht einräumt. Vgl. auch Form. VI. 4, Anm. 24.

30. Mitteilungen. Vgl. Form. VI. 1, Anm. 44.

31. Salvatorische Klausel. Vgl. Form. VI. 1, Anm. 45.

32. Rechtswahl und Gerichtszuständigkeit. Vgl. Form. VI. 1, Anm. 47 und 48. Letztlich handelt es sich hier im Konzernverhältnis mehr um eine Formsache, da die Konzernmutter aufgrund ihrer Leitungsbefugnis entsprechende Prozesse hinsichtlich Entstehung und Durchführung kontrollieren wird. Das vorgeschlagene Schiedsverfahren unterliegt den Regeln der ICC. Die Formulierung der Klausel folgt dem ICC-Vorschlag.

33. Schriftform. Vgl. Form. VI. 1, Anm. 46.

Sachregister

Römische und arabische Zahlen beziehen sich auf die Systematik des Vertragshandbuches; Zahlen mit dem Zusatz „Anm." kennzeichnen die betreffende Anmerkung.

AA s. Arbitration Act
Abänderungsverpflichtung IX.2 12
Abgaben IV.1 33, 38
Abhilfe IV.1 74
Ablader VIII.1 3; VIII.4 4
Ablöseklausel
– Französischer Franchisevertrag III.4 74
Abmahnung
– UN-Kaufrecht IV.1 81
Abrechnung
– Lizenzvertrag IX.1 26; IX.4 26
Absence of Litigation VII.7 11
Abtrennbarkeit
– Weiterentwicklung von Technologien IX.1 18; IX.3 11
Abtretung
– Akkreditiv VII.1 9
– Ausschluß der IX.1 40
– Kundenrechte III.3 3
– License Agreement IX.5 8
– Know-How Licensing Agreement IX.3 19
– Patent License Agreement IX.1 40; IX.2 22
– Patent and Know-How License Agreement IX.1 40
– Subunternehmervertrag VI.2 15
– Trademark License Agreement IX.4 25
Abtretungsverbot
– Konsortialvertrag VI.3 40
Adequate Assurance VII.7 47
Advance Payment Guarantee VII.3
– Formular VII.3 2
– Garantiebetrag VII.3 3
– Garantiefall VII.3 5
– Kosten VII.3 7
– rechtsmißbräuchliche Inanspruchnahme VII.3 4
– Rückführung der Garantie VII.3 6
– Sachverhalt VII.3 1
AGB-Klauseln
– allgemeine Einkaufsbedingungen IV.2 3
– Lieferbedingungen IV.3 3
– Qualitätssicherungsvertrag IV.2 3
– Vertragshändlervertrag III.2 4
Agency Contract s. Handelsvertretervertrag
Agreement for external Consortium with Consortium Leader s. Konsortialvertrag
Airway-bill VII.1 6
Akkreditiv IV.1 45 ff.; VII.1

– Einheitliche Richtlinien und Gebräuche IV.1 54
– Eröffnung IV.1 47
– Nichteröffnung IV.1 84
– Nutzbarkeit IV.1 50
– Präsentationsfrist IV.1 49
– rechtsmißbräuchliche Inanspruchnahme VII.1 13
– Übertragbarkeit VII.1 9
– Unwiderruflichkeit VII.1 4
– Verfallfrist IV.1 49
– Vorzulegende Dokumente IV.1 51
– Zahlstelle IV.1 48
Akkreditivauftrag VII.1 3
Akkreditivbank
– Berufung auf höhere Gewalt VII.1 4
– Zahlungsverpflichtung VII.1 5
Akkreditivbetrag
– Zahlungsarten VII.1 8
Akzeptleistung VII.1 7, 8
Alleinbeauftragter Makler III.1 2
Alleinbezugsvereinbarung III.2 3 ff.
Alleinvertriebsvertrag III.2 3 ff.
Allgemeine Einkaufsbedingungen IV.4 s. a. Einkaufsbedingungen
– Abwehrklausel IV.4 6
– AGB-Klausel IV.4 3
– Angebotsbindung IV.4 9
– Angebotsunterlagen IV.4 10
– Anspruchskonkurrenzen IV.4 18
– Aufhebungsklausel IV.4 22
– Ausschließlichkeitsklausel IV.4 6
– Einbeziehung IV.4 4
– Ersatzlieferung IV.4 19
– Formularwahl IV.4 2
– Gewährleistungsfrist IV.4 17
– Gewährleistungsregeln IV.4 16
– Kaufleute IV.4 7
– Kaufpreis IV.4 11
– Kollision von Bedingungen IV.4 5
– Lieferbedingungen IV.4 15
– Lieferverzug IV.4 14
– Lieferzeit IV.4 13
– Rechtsmängel IV.4 21
– Rechtsverletzung IV.4 20
– Rechtswahl IV.4 24
– Schiedsvereinbarung IV.4 25
– Schriftform IV.4 8
– Zahlungsbedingungen IV.4 12

Sachregister

Römische und arabische Zahlen = Formulare

Allgemeine Geschäftsbedingungen IX.1 20
– Französischer Franchisevertrag III.4 7
Allgemeine Lieferbedingungen s. Lieferbedingungen
Änderungskündigung
– Handelsvertretervertrag III.1 5, 6
Andienung
– Exportgeschäft IV.1 26
Anerkenntnisklausel
– Handelsvertretervertrag III.1 7
Anforderung
– Darlegungspflicht VII.2 12
Anlagenvertrag s. Internationaler Anlagenvertrag
Anlieferung
– Kosten VIII.4 11
– Verzug VIII.4 11
Anmeldung beim Bundeskartellamt IX.1 47
Annahmeverzug IV.3 27
Anzahlungsgarantie s. Advance Payment Guarantee
Arbeitsteilung
– horizontale IV.2 16
– vertikale IV.2 15
Arbitration III.5 74
– England VIII.1 6 f.
Arbitration Act (UK) VIII.1 6 f.
Arglistiges Verschweigen IV.1 70
Arrest VII.2 16
– Haftung des Charterers für Folgen des – VIII.2 19
ASBATIME-Formular VIII.1 1, 5
Aufhebungsklausel IV.3 48
Aufklärungspflicht
– Franchisevertrag III.4 16; III.5 3
Aufrechnung
– Ausschluß IV.1 58
– Charterentgelt VIII.1 5
Aufsichtsrecht ausgewählter Rechtsordnungen VII.7 10
Aufwendungserstattung
– Handelsvertretervertrag III.1 9
Ausfallzeiten VIII.1 5
Ausfuhrgenehmigung
– UN-Kaufrecht IV.1 86
Ausgleichsanspruch
– Altersversorgung III.1 13
– Ausschluß/Entfall des – III.1 13
– Ausschlußfrist III.1 13
– Handelsvertretervertrag III.1 13
– Vertragshändlervertrag III.2 18
Auskunftsanspruch
– Vertragshändlervertrag III.2 12
Auskunftshaftung I.3 11
Auskunftpflicht
– Charterer über Ladung VIII.2 14
– Haftung für falsche Angaben VIII.2 14
Auskunftsvertrag I.3
Ausländischer Handelsvertreter III.1 14

Auslieferung
– Kosten VIII.4 11
Ausnutzungspflicht IX.3 10
Ausschließlichkeitsbindung
– Konsortialvertrag VI.3 15
Ausschluß von Ladung VIII. 1 4

Bankgarantie VII.2
– rechtsmißbräuchliche Inanspruchnahme VII.2 15
Bankgeschäfte VII.1 ff.
– Advance Payment Guarantee VII.3
– Anzahlungsgarantie VII.3
– Bietungsgarantie VII.2
– Einbehaltsgarantie VII.6
– Erfüllungsgarantie VII.4
– Gewährleistungsgarantie VII.5
– Irrevocable Documentary Credit VII.1
– Performance Guarantee VII.4
– Retention money guarantee VII.6
– Tender Guarantee VII.2
– unwiderrufliches Dokumentenakkreditiv VII.1
– Warranty Guarantee VII.5
Barguthaben, Besicherung s. Collateralization
Bau-Arbeitsgemeinschaft VI.3 5
Bau-ARGE VI.3 5
Baustelleneinrichtung
– Subunternehmervertrag VI.2 25
Befrachter VIII.4 4, 14
– Kostentragung VIII.4 11
Befrachtungsvertrag VIII.1 3
Befristung
– Bedeutung VII.2 9
– Garantie VII.2 9
– Wirksamkeit VII.2 9
Belieferungspflicht
– Vertragshändlervertrag III.2 5 f.
Bemannungskosten
– Zahlung durch den Reeder VIII.1 3
Benutzbarkeit
– auf andere Weise VII.1 8
– hinausgeschobener Zahlung VII.1 8
– Sichtzahlung VII.1 8
– vorzeitiger Zahlung VII.1 8
Bergelohn VIII.4 17
Bergung VIII.2 24; VIII.4 17
Berichtspflicht
– Konsignationslagervertrag III.3 12
Bestätigung der Einzeltransaktionen s. Confirmations
Besteinsatzklausel
– Französischer Franchisevertrag III.4 34
– US-amerikanischer Franchisevertrag III.5 33
Besteuerung
– Lizenzgebühren IX.1 21
Beweisfunktion des Konnossements VIII.4 3
Bezirksvertreter III.1 3

Sachregister

Bezugspflicht IX.1 20
– Freistellungsanspruch in AGB IX.1 20
– US-amerikanischer Franchisevertrag III.5 35
Bietungsgarantie s. Tender Guarantee
Bilan économique III.4 12
Bill of Quantities VI.1 7; VI.2 9
Binding oral agreements VII.7 56
blinde Passagiere VIII.1 4
Bordkonnossement VIII.4 3
BOT-Projekte VI.1 1
Breach of Agreement VII.7 14
Bretton Woods Abkommen VII.2 7, 17
Bundeskartellamt IX.1 47
Bundespatentgericht IX.2 1
– Nichtigkeitsklage IX.2 1
Bürgschaft
– Abgrenzung zur Garantie VII.2 8
– auf erstes Anfordern VII.2 12

Cargo exclusion s. Ausschluß von Ladung
Carnet IV.1 31
Carrier s. Verfrachter
Charter payment clause VIII.1 4
Charterentgelt VIII.1 3, 4; VIII.3 5
– Abzüge VIII.1 5
– Aufrechnung nach equity VIII.1 5
– Sicherung VIII.1 4
– Verzug VIII.1 4
– Zahlungsweise VIII.1 4
Charterer VIII.2 2
– Ausfallzeiten, off-hire-Klausel VIII.1 5
– Haftung VIII.1 4; VIII.2 19
– Haftungsfreistellung VIII.2 20
– Pflichten VIII.2 14
– Schadensersatzansprüche VIII.1 5
– wirtschaftliche Interessen VIII.1 5
Charterer's bills of lading VIII.1 4
Charterkonnossement VIII.1 4; VIII.1 4
Charterpapierkonnossement VII.1 6
Charterparty VIII.1; VIII.2
– Kündigung VIII.1 4
Checkliste
– Internationaler Anlagenvertrag VI.1 4
– Subunternehmervertrag VI.2 4
Common Law, Beendigung des Franchisevertrags III.5 58
Competitive impact-Klausel III.5 35
Condition of closing I.3 2
Conditions of Contract for Works of Civil Engineering Construction s. Internationaler Anlagenvertrag
Condition precedent VII.7 51
Consideration
– Exportvertrag IV.1 10
Consignee III.3 1
Consignment Stock Agreement III.3 s. Konsignationslagervertrag
Consignor III.3 1
Consortium s. a. Konsortialvertrag

Consortium Leader VI.3
Consumption of bunkers s. Verbrauch des Schiffes
Container VIII.3 9
– Containertransport VIII.2; VIII.3
– Öffnen von – VIII.2 12
– Seetauglichkeit VIII.2 7
– Standardcontainer VIII.2 1, 7; VIII.3 4, 9
– TEU VIII.2 1; VIII.3 4
– Verlust und Schaden VIII.2 18
Container-Verkehr IV.1 20
Contract for Works of Civil Engineering Construction s. Internationaler Anlagenvertrag
Contract of Quality Assurance s. Qualitätssicherungsvertrag
Contractual Currency VII.7 24
Contrat de franchisage s. französischer Franchisevertrag
Contrat innommé III.4 5
Corporate Books I.3 1
Credit Event upon Merger VII.7 15, 42
Credit Support Document VII.7 34
Credit Support Fault VII.7 14
Cross Charterparty VIII.2
– Abweichung vom Reiseweg VIII.2 11
– Bergung VIII.2 24
– Decksverladung VIII.2 7
– Einsicht in Seetagebuch VIII.2 13
– gefährliche Güter VIII.2 8
– Haftung des Charterers VIII.2 19
– Haftung des Reeders VIII.2 15 ff.
– Haftungsbegrenzung VIII.2 17, 21
– Haftungsfreihaltungspflicht des Charterers gegenüber dem Reeder VIII.2 15, 23
– Haftungsfreihaltungspflicht des Reeders gegenüber dem Charterer VIII.2 20
– Institute Warranty Limits VIII.2 5
– Kostentragung und -verteilung VIII.2 10
– Kündigung VIII.2 3
– lawful goods in lawful trades VIII.2 4
– Öffnen der Container VIII.2 12
– Parteien VIII.2 2
– Pflichten des Charterers VIII.2 14
– Pflichten des Reeders VIII.2 14, 22
– Reiseweg VIII.2 11
– Schiedsgerichtsbarkeit VIII.2 25
– seetaugliche Container VIII.2 7
– sicherer Hafen VIII.2 6
– Standardcontainer VIII.2 7
– Überlassung von Stellplätzen VIII.2 3
– Vergütung für Stellplatztausch VIII.2 9
– Verlust und Schäden an Containern VIII.2 18
– Wassertiefe VIII.2 6
Cross Default VII.7 14
Cross Product Netting VII.7 7

Dangerous cargo s. gefährliche Ladung
Darlegungslast VII.2 12; VII.3 5

Sachregister

Römische und arabische Zahlen = Formulare

- Einbehaltsgarantie VII.6 5
- Erüllungsgarantie VII.4 5
- Gewährleistungsgarantie VII.5 5

Darlegungspflicht bezüglich des Garantiefalles VII.2 12

Dauer d. Geheimhaltungsvereinbarung I.2 25

Decksverladung VIII.2 7; VIII.4 12, 22
- Ausnahmen vom Verbot der – VIII.4 22
- Beteiligung an Havariegrosse VIII.4 22
- Haftung des Verfrachters VIII.4 22

Deed s. Credit Support Deed

Default Interests VII.7 9

Definitions s. ISDA Definitions

Delkredere-Provision III.1 8

Demand VII.2 12
- Darlegungspflicht VII.2 12

Demurrage s. Liegegeld

Denial of Jurisdiction Clause I.3 9

Derivative Finanzinstrumente VII.7 1
- Beendigung s. Event of Default, Termination Event

Deviation VIII.2 11

Devisenbestimmungen VII.2 13

Direct Licensing III.5 7

Direktbelieferungsrecht
- Vertragshändlervertrag III.2 5

Discharge of Options VII.7 54

DIS Standardschiedsklausel
Anwendbares materielles Recht II.3 3
Anwendbare Verfahrensregeln II.3 3
Anzahl der Schiedsrichter II.3 3
Ergänzende Empfehlungen II.3 2
Regelungsbedarf II.3 3
Schiedsgerichtbarkeit der DIS II.3 1

Dissenting Opinion II.1 9

Distanzfracht VIII.4 9

Distributor Agreement s. Vertragshändlervertrag

Dokumentäre Zahlungsklausel IV.3 21

Dokumentationspflicht
- Qualitätssicherungsvertrag IV.2 18

Dokumentenakkreditiv, unwiderrufliches s. Irrevocable Documentary Credit

Dokumenteninkasso IV.1 46

Dokumentenvorlage
- Verpflichtung zur – VII.2 12

Doppelbesteuerungsabkommen IX.1 24

Drittstaatliches Recht, zwingendes VII.7 30

Drittverzugsklausel s. Event of Default, Cross Default

Dual-Use-Waren IV.1 28

ECE s. Wirtschaftskommission der Vereinigten Nationen für Europa (ECE)

Effect of Designation VII.7 18

Eigenschaftszusicherung IV.3 40

Eigentumsvorbehalt IV.1 24
- Konsignationslagervertrag III.3 9 f.
- Lieferbedingungen IV.3 30 f., 34

Einbehaltsgarantie s. Retention money guarantee

Einfirmenvertreter III.1 1

Einheitliche Richtlinien und Gebräuche für Dokumentenakkreditive s. ERA

Einkaufsbedingungen s. Allgemeine Einkaufsbedingungen

Einredeausschluß IV.1 59

Einstandsgebühr IX.1 22; IX.3 13
- Französischer Franchisevertrag III.4 36

Einstandszahlung IX.3 13

Einstweilige Verfügung bei Tender Guarantee VII.2 16
- gegen den Begünstigten VII.2 16
- gegen die Garantiebank VII.2 16

einstweiliger Rechtsschutz VII.1 13; VII.2 16

Eintrittsgebühr
- US-amerikanischer Franchisevertrag III.5 28

Einzelfreistellung IX.1 47

Ejusdem-generis-Regel VIII.1 5

Elektronisch bestätigte Transaktionen VII.7 59

employment-Klausel VIII.1 4

EMU Protokoll VII.7 64

Endverbleibserklärung IV.1 28

Enforcement of Judgement Clause I.3 9

Entlastungsbeweis IV.2 11

Entwicklungsvertrag VI.1 55

ERA IV.1 54; VI.1 21; VII.1 2, 11; VIII.4 3

Erben des Lizenzgebers IX.3 14

Erbfolge
- Vertragshändlervertrag III.2 13

Erfolgsvergütung
- Handelsvertretervertrag III.1 6

Erfüllungsgarantie s. Performance Guarantee

Erfüllungsgehilfe
- Haftung für – VIII.2 15

Erfüllungsort
- Exportvertrag IV.1 97
- Lieferbedingungen IV.3 23
- UN-Kaufrecht IV.1 97

Erledigung
- schwebender Rechtsstreite IX.2 13

Ersatzansprüche, vertragliche VIII.2 15

Ersatzlieferung IV.1 71; VI.3 43

Ersatzteil IV.1 15

Ersatzteilbindung
- Vertragshändlervertrag III.2 11

Ersatzvornahme VI.1 47
- Subunternehmervertrag VI.2 42

Erstattung von Investitionen III.2 17

Escrow-Klausel VII.7 52

EuGVÜ IV.3 53

Europäisches Recht IX.1 1, 6, 18, 23, 37, 47; IX.4 9

Events of Default VII.7 14, 16, 38, 47

Exklusivität I.1 3, 10
- Französischer Franchisevertrag III.4 30

Explained opinion I.3 9

Zahlen nach Anm. = Anmerkungen der Formulare **Sachregister**

Export s. Allgemeine Lieferbedingungen
Exportfreimachung IV.1 28
Exportvertrag (Maschine)
- Abgaben IV.1 33, 38
- Abmahnung IV.1 81
- Abnahme IV.1 56
- Akkreditiv IV.1 45 ff., 84
- Anleitungen IV.1 14
- Aufrechnungsausschluß IV.1 58
- Ausfuhrgenehmigung IV.1 86
- Benachrichtigungspflicht IV.1 20
- Consideration IV.1 10
- Dokumentation IV.1 31
- Durchfuhr-/Importfreimachung IV.1 32
- Eigentumsvorbehalt IV.1 24
- Einredenausschluß IV.1 59
- Endverbleibserklärung IV.1 28
- Erfüllungsort IV.1 97
- Ersatzteile IV.1 15
- Exportfreimachung IV.1 28
- Fälligkeit IV.1 39
- Gefahrübergang IV.1 20, 23
- Gerichtsstand IV.1 101 f.
- Haftung von Mitarbeitern IV.1 96
- Hindernisse, Anzeige IV.1 27
- Insolvenzverfahren des Käufers IV.1 83
- Kaufpreis IV.1 36
- Kaufvertrag IV.1 5
- Kompensationsgeschäft IV.1 5
- Lieferhandlungen IV.1 17
- Liefermitteilung IV.1 22
- Lieferort IV.1 18
- Lieferzeit IV.1 25
- Nichtzahlung IV.1 85
- Preisvorbehalt IV.1 36
- Produktinformation für Stoffe IV.1 11
- Rechtsverfolgungskosten IV.1 44
- Schadensersatz IV.1 88 ff.
- Schriftform IV.1 104
- Schutzrechte Dritter IV.1 75
- Selbstspezifikation IV.1 12
- Software IV.1 13
- Transportdokumente IV.1 21, 53
- Transportschaden IV.1 66
- Transportversicherung IV.1 55
- Unterschriften IV.1 105
- Unzumutbarkeit IV.1 87
- Verjährungsverkürzung IV.1 95
- Versicherung IV.1 30
- Vertragsaufhebung IV.1 80, 82
- Vertragsgemäßheit IV.1 60 ff.
- Vertragsprodukte IV.1 11
- Vertragssprache IV.1 103
- Währung IV.1 41
- Zahlungsort IV.1 42
- Zinsen IV.1 44
- Zurückhalterecht IV.1 35
- Zweite Andienung IV.1 26
Ex Work IV.3 29

Fabrikationsverantwortung IV.2 6
Failure to pay or deliver VII.7 14
FALCA (Fast And Low Cost Arbitration) VIII.1 6A.
False Advertising Statutes III.5 3
FCA-Klausel IV.1 19
Federal Trade Commission Act III.5 3
Fédération Internationale des Ingénieurs-Conseils s. FIDIC
Federführer VI.3 37
Fehlerhaftung IV.3 40
Fehlfrachtanspruch VIII.4 11
FIDIC (Fédération Internationale des Ingénieurs-Conseils) s. Internationaler Anlagenvertrag; s. Subunternehmervertrag
Finanzleistungen s. Finanztermingeschäfte (EGInsO)
Finanztermingeschäft, Begriff VII.7 18
First Method VII.7 20
Formstatute VII.7 26
Formularwahl
- Einkaufsbedingungen IV.4 2
Formvorschrift
- Französischer Franchisevertrag III.4 11
- legal opinion I.3 3
- Lieferbedingungen IV.3 4
Fortsetzungsklausel
- Konsortialvertrag VI.3 40a
Fracht VIII.4 14
Frachtgebühren VIII.1 4
- Sicherungspfandrecht VIII.1 4
Frachtvertrag VIII.2 1 ff.
Frachtzuschläge VIII.4 14
Franchiseorganisationen
- in Frankreich III.4 2
Franchisevertrag
- Französischer III.4 s. a. dort
- US-amerikanischer III.5 s. a. dort
Französischer Franchisevertrag
- abgelaufener Vertrag, Nichtverlängerung III.4 59
Ablöseklausel III.4 74
- Allgemeine Geschäftsbedingungen III.4 7
- Arbeitsrecht III.4 19
- Aufklärungsverpflichtung III.4 16
- Ausgleichsanspruch, Geschäftsraummiete III.4 32
- ausländische Zweigniederlassungen III.4 12
- Beendigung eines unbefristeten Franchisevertrags III.4 58
- Besteinsetzungsklausel III.4 34
- Bezugsbindung des Franchisenehmers III.4 51
- Bilan économique III.4 13
- Contrat innommé III.4 5
- Dauer des Vertrags III.4 54
- Definition des Begriffs III.4 6
- Durchgriffshaftung III.4 22
- Einstandsgebühr III.4 36, 62

Sachregister
Römische und arabische Zahlen = Formulare

- Einstellung des Gebrauchs der gewerblichen Schutzrechte III.4 65
- Entwicklung des Franchiserechts in Frankreich III.4 1
- Essentialia negotii III.4 8
- Exklusivitätspflicht III.4 30
- Folgen der Vertragsbeendigung III.4 61
- Formvorschriften III.4 11
- Franchiseorganisationen III.4 2
- Gebühren III.4 36 f., 62
- Geistiges Eigentum, Schutz III.4 25
- Gerichtsstandsvereinbarung III.4 71 ff.
- Geschäftslokal, Ausstattung III.4 32, 42
- Geschäftsraummiete Besonderheiten III.4 32
- Gewerbliche Schutzrechte III.4 24, 27, 65
- Goodwillausgleich III.4 63
- Gruppenfreistellung für Vertikalvereinbarungen III.4 14
- Haftungsfragen III.4 22
- Informationspflichten des Franchisegebers III.4 28
- Investitionsersatzanspruch III.4 64
- Juristische Unabhängigkeit des Franchisenehmers III.4 19
- Kartellrecht III.4 13 ff.
- Know-how, Übertragung des III.4 26
- Kontrollrechte des Franchisegebers III.4 53
- Lizenzvertragliche Regelungen III.4 25
- Loi Doubin III.4 16
- Markenrecht III.4 25
- Marktanalyse des Franchisegebers III.4 17
- Marktverantwortungsbereich III.4 30
- Mindestumsatz III.4 44
- Mindestwarenbestand III.4 43
- Nachforschungspflicht des Franchisenehmers III.4 16
- Nichtverlängerung des abgelaufenen Vertrags III.4 59
- Nutzungsrechte an Immaterialgüterrechten III.4 24
- Parteien III.4 19
- Pflichten des Franchisegebers III.4 16, 23
- Pflichten des Franchisenehmers III.4 32
- Präambel III.4 18
- Preisbindungsverbot III.4 46
- Preisklausel bei Sukzessivlieferung III.4 52
- Publizitätspflicht III.4 12
- Rahmenvertrag III.4 5
- Rechtsgrundlagen III.4 3
- Rechtsmängelhaftung des Franchisegebers III.4 22
- Rechtsnatur III.4 5
- Rechtswahlklauseln III.4 70
- Rücknahme des Warenbestandes III.4 66
- Rückzahlung der Eintrittsgebühr III.4 62
- Savoir-faire III.4 26 f.
- Schiedsgerichtsvereinbarung III.4 73
- Sprachschutzregelungen III.4 10
- Standortfragen III.4 13, 31
- Steuerrecht III.4 20
- Strategieüberlegungen III.4 20
- Systemkennzeichen III.4 41
- Systemkonformes Verhalten III.4 39
- Territoriale Exklusivität III.4 30
- Typologisierung III.4 4
- Unbefristeter Vertrag, Beendigung III.4 58
- Veräußerung des Franchisegeschäftes III.4 69
- Versicherungspflicht III.4 50
- Vertikalvereinbarungen III.4 14
- Vertragsbeendigung III.4 56 ff.
- Vertragsdauer III.4 54
- Vertragsgebiet III.4 48
- Vertragsstrafen III.4 68
- Vertragsungleichgewicht, Wirksamkeitskonrolle III.4 9
- Vertragsverlängerung/weiterführung III.4 55
- Vertraulichkeitsklausel III.4 21
- Vorvertragliche Aufklärungspflichten III.4 16
- Vorzeitige Vertragsbeendigung III.4 57
- Werbebeschränkungen III.4 47
- Werbung des Franchisegebers III.4 29
- Wettbewerbsverbot, nachvertragliches III.4 67
- Wettbewerbsverbot, vertragliches III.4 49
- Wiederkehrende Gebühren III.4 37
- Wiederverkaufsbeschränkung III.4 45
- Wirksamkeitskontrolle bei Vertragsungleichgewicht III.4 9
- Wirtschaftlichkeitsberechnungen des Franchisegebers III.4 13
- Zahlungsverpflichtungen des Franchisenehmers III.4 35
- Zahlungsverzug III.4 38

Freigabeverpflichtung IV.3 38
Freight-collect-Konnossement VIII.1 4
Freight-pre-paid-Konnossement VIII.1 4; VIII.4 14
Freihalteverpflichtung
- Charterer gegenüber Reeder VIII.2 15
- Klausel VIII.2 15
- Reeder gegenüber Charterer VIII.2 20

Freilager III.3 8
Fremdpreis IX.5 13
Fremdwährungsklausel IV.1 41
Fristlose Kündigung des Handelsvertreters III.1 12

Garantie VII.2 4
- Abgrenzung zur Bürgschaft VII.2 8
- auf erstes Anfordern VII.2 8, 9
- Form VII.2 5
- rechtsmißbräuchliche Inanspruchnahme VII.2 15; VII.3 4; VII.4 4; VII.5 4
- Rückführung der – VII.3 6
- unbefristete – VII.2 9

Garantie d'éviction III.4 23
Garantiebetrag VII.2 7; VII.3 3
- Einbehaltsgarantie VII.6 3

Zahlen nach Anm. = Anmerkungen der Formulare

Sachregister

– Erfüllungsgarantie **VII.4** 5
– Gewährleistungsgarantie **VII.5** 3
Garantieverpflichtung VII.2 4
– einheitliche Richtlinien **VII.2** 4
Garantieversprechen
– Form **VII.2** 5
Garantievertrag VII.2
Gebietsbindung
– US-amerikanischer Franchisevertrag **III.5** 26
Gebietsschutz
– US-amerikanischer Franchisevertrag **III.5** 45
Gefahrguttransporte VIII.2 8; **VIII.3** 8
Gefährliche Güter VIII.2 8
– Ausnahme vom Verbot der Decksverladung **VIII.4** 22
Gefährliche Ladung VIII.1 4; **VIII.2** 8
– Begriff **VIII.1** 4
Gefahrtragung
– Konsignationslagervertrag **III.3** 12
Gefahrübergang IV.1 23; **VI.1** 39
Geheimhaltung
– Geheimhaltungsvereinbarung **IX.1** 6
– Know-How Licensing Agreement **IX.3** 17
– License Agreement (im Konzern) **IX.5** 16
– Patent and Know-How License Agreement **IX.1** 39
Geheimhaltungsschutz
– gesetzlicher **I.2** 1
Geheimhaltungsvereinbarung
– Anwendbares Recht **I.2** 23
– Arbeitnehmer **I.2** 15
– Begriff **I.2** 8
– Dauer **I.2** 25
– Geheimhaltungsverpflichtung **I.2** 14
– gesetzlicher Geheimhaltungsschutz **I.2** 1
– Grenzen der **I.2** 19
– Know-How-Schutz **I.2** 1, 7 ff.
– Laufzeit **I.2** 24
– Parteien **I.2** 3
– Patent License Agreement **IX.2** 19
– Präambel **I.2** 4
– Verbundene Unternehmen **I.2** 5, 20
– Vertragsstrafe **I.2** 18
– Weiterentwicklung von Know-How **I.2** 12
– 'Whereas'-Klausel **I.2** 4
Geheimhaltungsverpflichtung
– Patent License Agreement **IX.2** 19
Geistiges Eigentum III.5 44
Gemeinschaftswerbung III.2 3
Gemischter Lizenzvertrag im Konzern s. License Agreement
Gemischter Patent- und Know-how Lizenzvertrag s. Patent and Know-How License Agreement
Genehmigung
– Außenwirtschaftsgesetz **IX.1** 47
– Markenlizenz **IX.4** 18
– Nichterhalten von – **IX.3** 9
– Vertrieb **IX.3** 9

General average s. große Havarei
Gentleman Agreement I.1 1
Gerichtsstand VII.1 13; **IX.2** 25
– Exportvertrag **IV.1** 101 f.
– Französischer Franchisevertrag **III.4** 71 f.
– Handelsvertretervertrag **III.1** 16
– Konsignationslagervertrag **III.3** 24
– legal opinion **I.3** 6
– Lizenz und Know-how Vertrag **IX.1** 48
– Vertragshändlervertrag **III.2** 21
Gerichtsstandsklausel s. Gerichtsstandsvereinbarung
Gerichtsstandsvereinbarung I.3 6; **III.1** 16; **III.2** 21; **III.3** 23; **IV.1** 101 f.
– Letter of intent **I.1** 13
– Lieferbedingungen **IV.3** 52
– Liner Bill of Lading **VIII.4** 6
– Tender Guarantee **VII.2** 18
– US-amerikanischer Franchisevertrag **III.5** 73
Gerichtszuständigkeit IX.5 32
– Trademark License Agreement **IX.4** 27
Geschäftsbesorgungsvertrag III.2 1
Geschäftsgeheimnis
– US-amerikanischer Franchisevertrag **III.5** 16
Geschäftsgrundlage, Wegfall IX.3 17
Geschäftsraummiete in Frankreich, Besonderheiten III.4 32
Geschäftsunfähigkeit
– US-amerikanischer Franchisevertrag **III.5** 60
Geschäftsveräußerung
– Vertragshändlervertrag **III.2** 13
Geschwindigkeit des Schiffes VIII.1 5
Gewährleistung
– Internationaler Anlagenvertrag **VI.1** 37, 50
– Aufrechterhaltung der Patente **IX.1** 29
– Einkaufsbedingungen **IV.4** 16
– Know-How Licensing Agreement **IX.3** 12
– License Agreement (im Konzern) **IX.4** 19
– Lizenznehmer **IX.1** 30
– Nichterhalten behördlicher Genehmigungen **IX.3** 12
– Patent and Know-How License Agreement **IX.1** 27 ff.
– Patent License Agreement **IX.2** 15
– rechtliche Ermächtigung **IX.1** 28
– rechtliche Fehler **IX.1** 27
– Rechtsmängelhaftung **IX.3** 12
– Sachmängelhaftung **IX.1** 27; **IX.3** 12
– Trademark License Agreement **IX.4** 19
Gewährleistungsfrist
– Einkaufsbedingungen **IV.4** 17
– Subunternehmervertrag **VI.2** 37
Gewährleistungsgarantie s. Warranty Guarantee
Gewerbliches Eigentum
– US-amerikanischer Franchisevertrag **III.5** 19
Gewichtsbescheinigung IV.1 51
Good Cause, Kündigung des Franchisevertrags III.5 57

1163

Sachregister

Römische und arabische Zahlen = Formulare

Good Standing I.3 9
Goodwill
– Französischer Franchisevertrag III.4 63
– US-amerikanischer Franchisevertrag III.5 62
Grievance Procedure III.5 74
Große Havarei VIII.4 17
– Berge- und Hilfslohn VIII.4 17
– Beteiligung der Deckladung VIII.4 22
– internationales Privatrecht VIII.4 17
Gruppenfreistellung
– Franchisevertrag, Vertikalvereinbarungen III.4 14
– Vertragshändlervertrag III.2 3

Haager-Visby-Regeln VIII.4 5, 12, 24
Haftpflichtversicherung VIII.2 19
Haftung
– Charterer VIII.2 19, 20; VIII.3 11, 12
– Federführer VI.3 28
– gesamtschuldnerische – VI.3 20
– Internationaler Anlagenvertrag VI.1 53
– Konsortialvertrag VI.3 18 ff.
– Letter of Intent I.1 12
– License Agreement IX.5 20
– Mitarbeiter IV.1 96
– Mitglieder der Schiffsbesatzung VIII.4 20
– Nichterhaltung behördlicher Genehmigungen IX.3 12
– Qualitätssicherungsvertrag IV.2 20
– Reeder VIII.2 15 ff.; VIII.3 11, 12
– Regreßmöglichkeiten des Charterers VIII.2 19
– Schiffskollision VIII.4 17
– Slot Charter Agreement VIII.3 4
– Subunternehmervertrag VI.2 28
– Timecharter NYPE 1946 VIII.1 4
– Trademark License Agreement IX.4 20
– US-amerikanischer Franchisevertrag III.5 39, 41
– Verfrachter VIII.4 5, 7, 9, 16, 20, 21
Haftungsausschluß
– Konsortialvertrag VI.3 19
Haftungsbegrenzung VIII.2 17, 21
– Containerschäden VIII.2 18
– Cross Charterparty VIII.2 17, 21
– Internationaler Anlagenvertrag VI.1 56
Haftungsbeschränkung
– legal opinion I.3 10
– letter of Intent I.1 12
– Liner Bill of Lading VIII.4 20, 21
Haftungsfreistellung
– Charterer VIII.2 15, 23; VIII.3 11
– Charterparty VIII.2 15, 20
– Know-How Licensing Agreement IX.3 12
– Lizenzgeber IX.4 20
– Lizenznehmer IX.1 36; IX.4 20
– Patent and Know-How License Agreement IX.1 36
– Reeder VIII.2 20; VIII.3 11

– Timecharter NYPE 1946 VIII.1 4
– US-amerikanischer Franchisevertrag III.5 41
– Vertragshändlervertrag III.2 3
Haftungsfreizeichnung IV.3 41
Handelsbrauch VII.1 7
Handelsmakler III.2 2
Handelsname
– US-amerikanischer Franchisevertrag III.5 17
Handelsrechnung IV.1 51, 52; VII.1 6
Handelsvertreter III.1
– Provisionsanspruch III.1 6
– ständig betrauter – III.1 2
– Tätigkeitspflichten III.1 3
– Untervertreter III.1 3
Handelsvertretervertrag III.1
– Abgrenzung III.1 2
– Abrechnungsanspruch III.1 7
– Altersversorgung III.1 13
– Änderungskündigung III.1 13
– Anerkenntnisklausel III.1 7
– Aufwendungserstattung III.1 9
– Ausgleichsanspruch III.1 13
– Ausländischer Handelsvertreter III.1 14
– Ausschlußfrist III.1 13
– Bezirksvertreter III.1 3
– Delkredere-Provision III.1 8
– Dispositionsrecht III.1 5
– Einfirmenvertreter III.1 1
– Erfolgsvergütung III.1 6
– Fälligkeit der Provision III.1 6
– fristlose Kündigung III.1 12
– Gerichtsstand III.1 16
– Handelsmakler III.2 2
– Informationspflicht III.1 5
– Interessenwahrnehmungspflicht des Handelsvertreters III.1 2
– Kartellrecht III.1 4
– Kommissionär III.1 2
– Kostentragungsklausel III.1 7
– Kündigung III.1 11 f.
– Lagerhaltung III.1 3
– Makler III.1 2
– Mindestumsatz III.1 3
– ordentliche Kündigung III.1 11
– Preisnachlaß III.1 6
– Probezeit III.1 11
– Provisionsanspruch III.1 6
– Rechtswahl III.1 14
– Schadensersatzpflicht III.1 4
– Ständig Betrauter III.1 2
– Tätigkeitspflichten des Handelsvertreters III.1 3
– Teilkündigung III.1 11
– Überhangprovision III.1 6
– Untervertreter III.1 3
– Verjährung III.1 10
– Vertragspflichten III.1 4
– Vertragsstrafe III.1 4, 14
– Verwirkung des Kündigungsrechts III.1 12

Zahlen nach Anm. = Anmerkungen der Formulare **Sachregister**

- Wettbewerbsabrede III.1 15
- Zahlungsunfähigkeit des Kunden III.1 6
Händlersicherheit III.3 20
Harter Act VIII.4 24
Havariegrosse s. große Havarei
Havariegrosse-Folgen VIII.4 17
Heads of Agreement I.1 1
Hedge Agreement VII.7 63
Herkunftsfunktion
- Marke IX.4 18
Herstatt-Risiko s. Settlement Risk
Herstellereigenschaft IX.1 11; IX.3 12
Herstellergarantie III.2 10
Herstellerpflicht III.3 17
Hilfslohn VIII.4 17
Himalaya-Klausel VIII.4 21
Hinterlegungsbefugnis
- allgemeine – der Garantiebank VII.2 14
Hinterlegungsklausel s. Escrow clause
Hire s. Charterentgelt
Höhere Gewalt VII.1 4, 10; VIII.4 19
- Internationaler Anlagenvertrag VI.1 59
- Konsortialvertrag VI.3 29
- License Agreement IX.5 25
- Rechtsfolgen VII.1 10
- Verhältnis zur Unwiderruflichkeit VII.1 10
- Voraussetzungen VII.1 10

IC s. Internationale Einfuhrbescheinigung
ICC s. Internationale Handelskammer
ICC Standardschiedsklausel II.2
- Anwendbare Verfahrensregeln II.2 3
- Anwendbares materielles Recht II.2 3
- Anzahl der Schiedsrichter II.2 3
- Ergänzende Empfehlungen zur Klausel II.2 3
- Schiedsgerichtsbarkeit ICC II.2 1
- Schiedsort II.2 3
Import s. Allgemeine Einkaufsbedingungen
INCOTERMS IV.1 1, 20 ff., 99
- Abnahme IV.1 56
- Benachrichtigungspflicht IV.1 20
- Fälligkeit IV.1 39
- FAS-Klausel IV.1 20
- FCA-Klausel IV.1 19
- FCL-Klausel IV.1 19
- Gefahrübergang IV.1 23
- Sonstige Käuferpflichten IV.1 57
Indemnifiable Tax VII.7 35
Indossament VII.2 11
Informationspflicht
- Handelsvertretervertrag III.1 5
Ingenieur VI.2 7
Inhaberwechsel
- Vertragshändlervertrag III.2 13
Inkassoprovision III.1 6
Insolvenz
- US-amerikanischer Franchisevertrag III.5 59
Insolvenzordnung, Payment on Early Termination VII.7 20

Insolvenzrechtliche Beurteilung, Netting VII.7 7
Insolvenzverfahren
- UN-Kaufrecht IV.1 83
Institute Warranty Limits VIII.2 5
Instruktionsverantwortung IV.2 7
Interessen, wirtschaftliche
- Charter VIII.1 5
- Reeder VIII.1 4
Interessenkollision
- Legal opinion I.3 7
- Letter of Intent I.1 7
Interessenwahrnehmungspflicht
- Handelsvertreter III.1 2
Internationale Einfuhrbescheinigung (IC) IV.1 28
Internationale Handelskammer (ICC) IV.1, VII.1 11
- Schiedsverfahren IX.5 32
International Swap Dealers Assoc. Inc. Master Agreement VII.7 1
- Absence of Litigation VII.7 11
- Additional Events of Default 47
- Additional Termination Event VII.7 15
- Adequate Assurance VII.7 47
- Assignment VII.7 55
- Aufsichtsrecht ausgewählter Rechtsordnungen VII.7 10
- Ausgleichsart, Auswahl VII.7 45
- Automatische Beendigung VII.7 43
- Bankruptcy VII.7 14
- Basic Set-off VII.7 55
- Binding oral agreements VII.7 56
- Breach of Agreement VII.7 14
- Calculations VII.7 19
- Change of Account VII.7 6
- Condition precedent VII.7 51
- Confirmations VII.7 26, 58
- Contractual Currency VII.7 24
- Counterparts VII.7 25
- Credit Event upon Merger VII.7 15, 42
- Credit Event upon Merger, Termination VII.7 15
- Credit Support Document VII.7 34
- Credit Support Fault VII.7 14
- Cross Default VII.7 14
- Cross Product Netting VII.7 7
- Deduction for Tax VII.7 8
- Default Interests VII.7 9
- Default under Specified Transaction VII.7 14
- Definitionen VII.7 3, 60
- Derivative Finanzinstrumente VII.7 1
- Discharge of Options VII.7 54
- Drittstaatliches Recht, zwingendes VII.7 30
- Early Termination, Default VII.7 16, 21
- Effect of Designation VII.7 18
- Elektronisch bestätigte Transaktionen VII.7 59
- EMU Protokoll VII.7 64
- Erfüllungswirkung, Netting VII.7 7

1165

Sachregister

Römische und arabische Zahlen = Formulare

- Escrow-Klausel VII.7 52
- Events of Default VII.7 14, 16, 38, 47
- Exchange of Confirmations VII.7 58
- Existing Agreements VII.7 65
- Expenses VII.7 28
- Failure to pay or deliver VII.7 14
- Fälligkeit VII.7 19
- Finanztermingeschäft, Begriff VII.7 18
- First Method VII.7 20
- Formstatute VII.7 26
- Gerichte, staatliche VII.7 31
- Governing Law VII.7 30
- Guarantee VII.7 55
- Hedge Agreement VII.7 63
- Illegality VII.7 15
- Impossibility VII.7 47
- Inconsistency VII.7 4
- Indemnifiable Tax VII.7 35
- Insolvenzordnung, Payment on Early termination VII.7 20
- Insolvenzrechtliche Beurteilung, Netting VII.7 7
- ISDA Dokumntationsstruktur zum 1992 MA VII.7 1
- ISDA Multicurrency Cross Border Master Agreement 1992 VII.7 1
- IWF Abkommen VII.7 30
- Jurisdiction VII.7 31
- Kapitalgesellschaftsrecht ausgewählter Rechtsordnungen VII.7 10
- Kapitalmarktrecht ausgewählter Rechtsordnungen VII.7 10
- Legal Opinion VII.7 18
- Local Bussiness Day 36
- Loss VII.7 19, 37
- Market Quotation VII.7 19
- Merger without Assumptions VII.7 14
- Misinterpretation VII.7 14
- Multibranch Netting VII.7 7
- Multibranch Parties VII.7 27, 50
- Musterrahmenverträge VII.7 1
- Negative Interest Rates VII.7 53
- Netting VII.7 7, 18
- No Agency VII.7 55
- Notices VII.7 29
- Novationswirkung, Netting VII.7 7
- Obligations VII.7 5
- Öffentliche Hand in ausgewählten Rechtsordnungen VII.7 10
- Offices VII.7 27
- Parteiwille VII.7 30
- Parties VII.7 62
- Payments on Early Termination VII.7 21
- Potential Events of Default VII.7 38
- Powers VII.7 10
- Präambel VII.7 2
- Rating Downgrade VII.7 47
- Recht des Gerichtsstaats, zwingendes VII.7 30
- Relationship between Parties VII.7 62
- Sachverhalt VII.7 1
- Schadensberechnung, Auswahl der Art VII.7 44
- Schiedsgerichte VII.7 31
- Second Method VII.7 20
- Service of Process VII.7 32
- Set-off VII.7 22, 55
- Settlement Risk, Netting VII.7 7
- Severability VII.7 61
- Single Agreement VII.7 4
- Specified Indebtedness VII.7 40
- Specified Information VII.7 13
- Specified Transactions VII.7 39a
- Steuerrechtliche Unterlagen VII.7 48
- Tax Events, Termination VII.7 15
- Tax Representations VII.7 12
- Termination Currency VII.7 46
- Termination Events VII.7 15, 17, 22
- Termination of Options VII.7 54
- Threshold Amount VII.7 41
- Tonbandaufzeichnungen, Zustimmung VII.7 57
- Transaktionen, elektronische Bestätigung VII.7 59
- Transfer VII.7 23
- Unpaid Amounts VII.7 39
- Unterlagen VII.7 48 f.
- Vollstreckungsrecht, Payment on Early Termination VII.7 20
- Waiver of Immunities VII.7 33
- Wirkungsweise des § 104 InsO VII.7 18
- Withholding for Tax VII.7 8
- Zinsen VII.7 19
- Zivilrecht ausgewählter Rechtsordnungen VII.7 10
- Zustimmung zu Tonbandaufzeichnungen VII.7 57
- Zwingendes Recht VII.7 30

Internationale Zuständigkeit
- Gerichtsstandsklausel VII.2 18; VIII.4 6
- jurisdiction VIII.4 6
- Liner Bill of Lading VIII.4 6

Internationaler Anlagenvertrag
- Abnahme VI.1 41 f.
- Abnahmefiktion VI.1 31
- Abnahmeprotokoll VI.1 40
- Abnahmeverweigerung VI.1 41
- Änderungsaufträge VI.1 49
- Anlagen zum Vertrag VI.1 6
- Anrechnung anderweitigen Erwerbs VI.1 61
- Arbeitsaufnahme VI.1 32
- Arbeitsunterbrechung VI.1 36
- Auftraggeber VI.1 8
- Baustellenorganisation VI.1 20
- Betriebsanleitungen VI.1 10
- Bill of Quantities VI.1 7
- BOT-Projekte VI.1 1
- Checkliste VI.1 4

Zahlen nach Anm. = Anmerkungen der Formulare **Sachregister**

- Contract Agreement **VI.1** 14
- Definitionen **VI.1** 5
- Dispute Adjucation Board **VI.1** 62
- Eigentumsübertragung **VI.1** 39
- Einweisung von Kundenpersonal beim Anlagenbetrieb **VI.1** 11
- Energie- und Wasserversorgung **VI.1** 26
- Entwicklungsvertrag **VI.I** 55
- Ersatzvornahme **VI.1** 47
- Finanzierung **VI.1** 51
- Formularwahl **VI.1** 2
- Force Majeure **VI.1** 59
- Fristen **VI.1** 33
- Garantieerwartung **VI.1** 45
- Gefahrübergang **VI.1** 39
- Gewährleistung **VI.1** 44, 48
- Haftung **VI.1** 53
- Haftungsbegrenzungen **VI.1** 56
- Höhere Gewalt **VI.1** 59
- Ingenieur **VI.1** 18
- Konfliktregelung **VI.1** 62
- Kündigung **VI.1** 36 f.
- Leistungsgarantie **VI.1** 43
- Liquidated Damages **VI.1** 35
- Lizenzvertrag **VI.1** 55
- Mangelbehebung **VI.1** 46
- Mitwirkungspflicht des Auftraggebers **VI.1** 17
- Mustervertragsbedingung **VI.1** 3
- Neuverhandlungspflicht **VI.1** 60
- Patentverletzung **VI.1** 54
- Penalty **VI.1** 35
- Personal **VI.1** 20
- Plant **VI.1** 9
- Prüfungspflicht des Unternehmers **VI.1** 16
- Rechtsmängelhaftung **VI.1** 54
- Rechtswahlklausel **VI.1** 12
- Schadensersatz **VI.1** 35
- Schiedsgerichtsklausel **VI.1** 63
- Schiedsgutachten **VI.1** 19
- Schutzrechtsverletzungen **VI.1** 54
- Selbstunterrichtungsklausel **VI.1** 23
- Sicherheiten **VI.1** 21
- Special risks **VI.1** 59
- Steuerliche Behandlung **VI.1** 64
- Subunternehmer **VI.1** 22
- Subunternehmervertrag **VI.1** 29
- Superintendence **VI.1** 27
- Tests, baubegleitend **VI.1** 28
- Verletzung von Mitwirkungspflichten des Auftraggebers **VI.1** 52
- Versicherung **VI.1** 57
- Versicherungsdauer **VI.1** 58
- Vertragsgewährung **VI.1** 50
- Vertragssprache **VI.1** 13
- Vertragsstrafe **VI.1** 13, 35
- Vertragsübertragung **VI.1** 15
- Vorgezogene Prüfung von Anlagenteilen **VI.1** 42
- Wartungsanleitungen **VI.1** 10
- Zahlungsabwicklung **VI.1** 50 a
- Zölle **VI.1** 17a
- Zustimmungsfiktion **VI.1** 31

Internationaler Handelskauf
- AGB **V.1** 4
- Anwendbares Recht **V.1** 13
- Anwendungsbereich des UN-Kaufrechts **V.1** 1
- Ausfuhrgenehmigung **V.1** 5
- Eigentumsvorbehalt **V.1** 10
- Einfuhrgenehmigung **V.1** 5
- Form **V.1** 2
- Gerichtsstand **V.1** 12
- Gewährleistung **V.1** 11
- Handelsklauseln **V.1** 3
- Individualabreden **V.1** 3
- Leistungsbefreiung **V.1** 7
- Nachfrist **V.1** 6
- Standardverträge **V.1** 4
- Wiener Übereinkommen Verträge über den internationalen Warenkauf **V.1** 1
- Zahlung **V.1** 8
- Zinsen **V.1** 9

Internationales Privatrecht
- große Havarei **VIII.4** 17
- Irrevocable Documentary Credit **VII.1** 12
- Know-How Licensing Agreement **IX.3** 23
- Patent and Know-How License Agreement **IX.1** 47
- Patent License Agreement **IX.2** 24
- Schiffszusammenstöße **VIII.4** 17
- Tender Guarantee **VII.2** 17
- Trademark License Agreement **IX.4** 27

Investitionsersatz
- Französischer Franchisevertrag **III.4** 64
- US-amerikanischer Franchisevertrag **III.5** 63

Irrevocable Documentary Credit
- Akkreditivauftrag **VII.1** 3
- anwendbares Recht **VII.1** 12
- Arten der Zahlung des Akkreditivbetrages **VII.1** 8
- Dokumente **VII.1** 6
- einstweiliger Rechtsschutz **VII.1** 13
- ERA 500 **VII.1** 11
- Formular **VII.1** 2
- Handelsrechnung **VII.1** 6
- höhere Gewalt **VII.1** 4, 10
- Rechtsverfolgung **VII.1** 13
- Sachverhalt **VII.1** 1
- Transportdokumente **VII.1** 6
- Übertragbarkeit des Akkreditivs **VII.1** 9
- Unwiderruflichkeit des Akkreditivs **VII.1** 4
- Verfalldatum **VII.1** 7
- Versicherungsdokumente **VII.1** 6
- Zahlungsverpflichtung der Akkreditivbank **VII.1** 5

ISDA Dokumntationsstruktur zum 1992 MA VII.7 1

Sachregister

Römische und arabische Zahlen = Formulare

ISDA Multicurrency Cross Border Master Agreement 1992 VII.7 1
IWF Abkommen VII.7 30

Joint Venture I.1 5
jurisdiction s. internationale Zuständigkeit

Kapitalgesellschaftsrecht ausgewählter Rechtsordnungen VII.7 10
Kapitän
- Haftung für – VIII.1 4
- Verpflichtungen VIII.1 4

Kartellrecht IX.1 1, 32 ff., 47; IX.2 23; IX.3 1, 21; IX.4 29
- europäisches III.4 15; IX.1 1, 6, 18, 23, 32 ff., 47; IX.4 29
- Französischer Franchisevertrag III.4 13 ff.
- Handelsvertretervertrag III.1 4
- Konsortialvertrag VI.3 48
- Meistbegünstigungsklausel IX.1 37
- Nichtangriffsverpflichtung IX.1 32 ff.; IX.2 14; IX.3 18; IX.4 22
- Technologietransfer Gruppenfreistellungsverordnung IX.1 1, 5, 7, 8, 11 ff.; IX.2 14; IX.3 1, 4 ff.; IX.4 9, 22
- Trademark License Agreement IX.4 9, 29
- US-amerikanischer Franchisevertrag III.5 6
- Vertragshändlervertrag III.2 2 ff.

Kaufmännisches Bestätigungsschreiben I.1 2; IV.1 4
Kaufpreisherabsetzung
- UN-Kaufrecht IV.1 73
Kaufpreisminderung IV.3 45
Kaufvertrag
- Exportvertrag IV.1 5
Kfz-Leasing III.2 2
Know-how IX.1 6
- Begriff IX.1 6
- Französischer Franchisevertrag III.4 26
- offenkundiges – IX.3 20
- Offenkundigwerden IX.3 17, 20
- Schutz I.2 1, 7 ff.
- Zurverfügungstellung IX.1 10

Know-How Licensing Agreement IX.3
- Abtretbarkeit IX.3 19
- aktiver Vertrieb IX.3 6
- Anpassung IX.3 17
- anwendbares Recht IX.3 23
- Anwendungsbereich IX.3 8
- Ausnutzungspflicht IX.3 10
- Definitionen IX.3 3
- Einschluß weiterer Technologien IX.3 15
- Erben des Lizenzgebers IX.3 14
- Geheimhaltung IX.3 17
- Genehmigung IX.3 9
- Gewährleistungen IX.3 12
- Kartellrecht IX.3 21
- Kündigung IX.3 4
- Laufzeit IX.3 20

- Lizenzgebühr IX.3 13
- Lizenzgewährung IX.3 4
- Mindestumsatz IX.3 10
- Nichtangriffsverpflichtung IX.3 18
- passiver Vertrieb IX.3 7
- Präambel IX.3 2
- Rechte Dritter IX.3 16
- Sachverhalt IX.3 1
- Schiedsklausel IX.3 24
- Schriftform IX.3 22
- Serienreife IX.3 4, 9
- Sonderkündigungsrecht IX.3 4
- Unterlizenz IX.3 19
- Verbesserungen IX.3 11
- Vertragsgebiet IX.3 5
- Weiterentwicklungsverpflichtung IX.3 9

Know-how Lizenz s. Know-How Licensing Agreement
Know-how Lizenzvertrag s. Know-How Licensing Agreement
Know-how-Verträge IX.1 ff.
Kommissionär III.1 2
Kompensationsgeschäft IV.1 5
Konfliktregelung
- Internationaler Anlagenvertrag VI.1 62
Kompensationsgeschäft IV.1 5
Konnossementsrechtsverhältnis VIII.4 1 ff.
Konsignationslager III.3 1
Konsignationslagervertrag
- Abtretung der Kundenrechte III.3 3
- AGB-Beschränkungen III.3 4
- Formuar III.3 2
- Benachrichtigungen III.3 25
- Berichtspflicht III.3 12
- Besteinsatzklausel III.4 34
- Distributorship Agreement III.3 1
- Eigentumsverhältnisse III.3 9, 10
- Eigentumsvorbehalt III.3 9, 10
- Entnahme III.3 15
- Freilager III.3 8
- Gefahrtragung III.3 12
- Gerichtsstand III.3 23
- Geschäftsraummiete III.4 32
- Händlerpflichten III.3 13
- Händlersicherheit III.3 20
- Herstellerpflichten III.3 17
- Konsignationslager III.3 1
- Kontrollrecht III.3 12
- Ladenlokal III.4 31 f.
- Lager III.3 7
- Lagerort III.3 3, 10
- Produkthaftung III.3 26
- Rechtswahl III.3 2, 23
- Sachmängelhaftung III.3 14
- Schiedsklausel III.3 24
- Security interest III.3 11
- Sicherungsrechte III.3 3, 10 f.
- Territorialitätsprinzip III.3 3
- Übernahmepflicht III.3 16

Zahlen nach Anm. = Anmerkungen der Formulare   **Sachregister**

- Vergütung III.3 19
- Verlust III.3 12
- Versicherung III.3 12
- Vertragsbeendigung III.3 22
- Vertragscharakter III.3 5
- Vertragsdauer III.3 21
- Verwahrungslösung III.3 10
- Vollstreckungszugriff III.3 12
- Warenliste III.3 7
- Zahlungspflicht des Händlers III.3 18

Konsortialvertrag VI.3; VIII.2 1 ff.
- Abtretungsverbot VI.3 40
- Angebotsphase VI.3 8
- ARGE VI.3 5
- Ausschließlichkeitsbindungen VI.3 15
- Ausschreibungsbedingungen VI.3 9
- Beschlußfassung VI.3 35
- Beteiligungsschlüssel VI.3 10
- Durchführungsphase VI.3 21
- Federführer VI.3 37
- Formularswahl VI.3 2
- Fortsetzungsklausel VI.3 40
- Gemeinsamer Zweck VI.3 6
- Gesamtschuldnerische Haftung VI.3 20
- Geschäftsführungsausschuß VI.3 14; VI.3 34
- Haftung des Federführers VI.3 28
- Haftung VI.3 25
- Haftungsausschluß VI.3 19
- Haftungsumfang VI.3 18
- Höhere Gewalt VI.3 29
- Kartellrecht VI.3 48
- Konsortium VI.3 5
- Kostenersatz VI.3 13
- Kundenvertragsbeendigung VI.3 33
- Leistungen in der Durchführungsphase VI.3 21
- Leistungsgarantie VI.3 32
- Leistungskoordination VI.3 38
- Minderungen VI.3 26, 27
- Pauschalierte Minderungen VI.3 26, 27
- Präambel VI.3 3
- Rechtsform VI.3 5
- Rechtswahl VI.3 44
- Risikobegrenzung im Außenhandel VI.3 23
- Schäden VI.3 30
- Schiedsklausel VI.3 45
- Schlußformel VI.3 42
- Schriftform VI.3 41
- Schutzrechte VI.3 24
- Sicherheitsleistungen VI.3 16
- Sitz VI.3 7
- Steuern VI.3 47
- Stilles Konsortium VI.3 5
- Unterauftragnehmer VI.3 11, 12
- Unterausschuß VI.3 36
- Versicherung VI.3 31
- Vertragssprache VI.3 46
- Vertragsstrafe VI.3 27
- Vertragsumfang VI.3 4
- Vertraulichkeit VI.3 39

- Verzug VI.3 27
- Zahlungsanspruch VI.3 17
- Zusatzaufträge VI.3 22
- Zustellungsadresse VI.3 43

Konsortium VIII.2 1 ff.; VI.3
- stilles – VI.3 5

Konstruktionsverantwortung IV.2 5

Kontrollrecht
- Konsignationslagervertrag III.3 12
- US-amerikanischer Franchisevertrag III.5 42

Konzern
- Lizenzverträge s. License Agreement

Kosten
- Garantien VII.2 19
- Ladung, Löschung, Auslieferung VIII.4 11
- legal opinion I.3 12
- Patent License Agreement IX.2 26

Kostentragungsklausel
- Handelsvertretervertrag III.1 7

Kundenrechte
- Abtretung III.3 3

Kündigung
- Abwicklung des Lizenzvertrages nach – IX.4 23
- Charterparty VIII.1 4, 5
- Cross Charterparty VIII.2 3
- exklusiver Lizenzen IX.3 4
- Lizenzgeber IX.4 23
- Patent and Know-How License Agreement IX.1 18, 42, 43
- Subunternehmervertrag VI.2 40
- Trademark License Agreement IX.4 23
- US-amerikanischer Franchisevertrag III.5 54
- Vertragshändlervertrag III.2 14 f.

Kündigung des Handelsvertreters III.1 11 f.
- fristlose – III.1 12
- ordentliche – III.1 11
- Teilkündigung III.1 11
- Verwirkung des Kündigungsrechts III.1 12

Kündigungsrecht VII.2 9

Ladung
- Kosten für – VIII.4 6
- Verantwortung des Verfrachters VIII.4 22

Lagerhaltung
- Handelsvertretervertrag III.1 3

Lagerort III.3 3, 10

Lawful Owner Clause I.3 9

LCIA Standardschiedsklausel
- Anwendbares materielles Recht II.6 3
- Anwendbares Verfahrensrecht II.6 3
- Ergänzende Empfehlungen II.6 2
- Regelungsbedarf II.6 3
- Schiedsgerichtbarkeit des LCIA II.6 1
- Schiedsort II.6 3
- Schiedssprache II.6 3

Legal existence I.3 9

Legal opinion I.3; VII.7 18
- Adressat I.3 5

1169

Sachregister

Römische und arabische Zahlen = Formulare

- Anwendbares Recht I.3 6
- Anwendungsbereich I.3 1
- assumptions I.3 3, 10
- Aufbau I.3 3
- Auskunftshaftung I.3 11
- Aussteller I.3 4
- Ausstellerhaftung I.3 11
- Binding Agreement Clause I.3 9
- Condition of closing I.3 2
- Corporate Books I.3 1
- Denial of Jurisdiction Clause I.3 9
- Documents I.3 8
- Enforcement of Judgement Clause I.3 9
- Explained opinion I.3 9
- Fahrlässigkeit I.3 11
- Form I.3 3
- Gerichtsstandsvereinbarung I.3 6
- Haftungsbeschränkung I.3 10 f.
- Haftungsrisiko I.3 10 f.
- Interessenkollision I.3 7
- Kosten I.3 12
- Lawful Owner Clause I.3 9
- Legal Existence and Good Standing I.3 9
- No Violation Clause I.3 9
- Operativer Teil I.3 9
- Opinion Letter I.3 1
- Power Clause I.3 9
- Qualifications I.3 10
- Rechtswahl I.3 6
- Reservations I.3 10
- Standesrecht I.3 7
- Third-Party-Legal-Opinion I.3 1
- Transfer Documents I.3 1
- Zweck I.3 1

Leichter VIII.4 10
Leistungsbegrenzung VI.2 10
Leistungsgarantie
- Internationaler Anlagenvertrag VI.1 43
- Konsortialvertrag VI.3 32

Leistungskoordination
- Konsortialvertrag VI.3 38

Letter of Intent
- Anwendungsbereich I.1 1
- Bindungswirkung I.1 11
- Gentleman Agreement I.1 1
- Gerichtsstandsklausel I.1 13
- Haftung I.1 12
- Haftungsbeschränkungen I.1 12
- Heads of Agreement I.1 1
- Memorandum of Understanding I.1 1
- Option I.1 1
- Rahmenvertrag I.1 1
- Rechtsgrundlagen I.1 4
- Regelungsumfang I.1 12
- Vorvertrag I.1 1
- Zweck I.1 1

License Agreement IX.5
- Abrechnung IX.5 26
- Abtretung IX.5 8
- Abwicklung nach Kündigung IX.5 28
- Fremdpreise IX.5 13
- Geheimhaltung IX.5 16
- Gerichtszuständigkeit IX.5 32
- Gewährleistung IX.5 19, 24
- Haftung IX.5 20
- höhere Gewalt IX.5 25
- Kartellrecht IX.5 7
- Lizenzgebühr IX.5 13, 15
- Lizenzgewährung IX.5 7
- Nichtangriffsklausel IX.5 22
- Nutzungsbeschränkungen IX.5 18
- Pflege der Software IX.5 11, 14
- Präambel IX.5 2
- Quellcode IX.5 23
- Rechte Dritter IX.5 25
- Rechtswahl IX.5 32
- Referenzsystem IX.5 10
- Sachverhalt IX.5 1
- salvatorische Klausel IX.5 31
- Schriftform IX.5 33
- Selbstvertrieb durch Lizenzgeber IX.5 9
- Spezifikation IX.5 10
- technische Unterstützung IX.5 12
- Überprüfung IX.5 26
- Unterlizenz IX.5 8
- Vertragsgebiet IX.5 6
- Vertragslaufzeit IX.5 27
- Vertretungsverhältnis IX.5 29
- Verwaltungsgrundsätze für die Überlassung von Patenten IX.5 13
- Vorkehrung gegen Piraterieakte IX.5 17
- Weiterentwicklung der Software IX.5 11
- Weiterentwicklungsverbot IX.5 21
- Zahlungsbedingungen IX.5 15

Lieferbedingungen
- Abänderung IV.3 9
- AGB-Klauseln IV.3 3
- Änderungsvorbehalt IV.3 24, 47
- Angebot IV.3 11
- Annahmeverzug IV.3 27
- Aufhebungsklausel IV.3 48
- Ausschluß von Bedingungen des Käufers IV.3 7
- Bestellung IV.3 12 ff.
- Dokumentäre Zahlungsklausel IV.3 21
- Eigenschaftszusicherung IV.3 40
- Eigentumsvorbehalt IV.3 30, 31, 34
- Einbeziehung IV.3 4
- Erfüllungsort IV.3 23
- Ersatzlieferung IV.3 43
- Ex Work IV.3 29
- Fehlerhaftung IV.3 40
- Formularwahl IV.3 2
- Freigabeverpflichtung IV.3 38
- Gefahrübergang IV.3 28
- Geltungsbereich IV.3 10
- Gerichtsstandsvereinbarung IV.3 52
- Haftungsfreizeichnung IV.3 41

Zahlen nach Anm. = Anmerkungen der Formulare   **Sachregister**

- Kaufpreis IV.3 15
- Kaufpreisminderung IV.3 45
- Kollision von Bedingungen IV.3 5
- Lieferverzug IV.3 25
- Mängelbeseitigung IV.3 46
- Mängelgewährleistung IV.3 39
- Nachbesserung IV.3 44
- Parteiautonomie IV.3 51
- Preisanpassungsklausel IV.3 17
- Preisbestandteile IV.3 18
- Preisliste IV.3 16
- Rechtswahl IV.3 50
- Rücktritt vom Vertrag IV.3 26
- Rügefrist IV.3 42
- Schadensersatz IV.3 26
- Schriftform IV.3 6
- Sorgfaltspflichten IV.3 33
- Spezifizierung IV.3 11
- UN-Kaufrecht IV.3 2
- Verarbeitungsklausel IV.3 35
- Verbindung IV.3 36
- Verkaufsbedingungen IV.3 1
- Vermischung IV.3 36
- Vollstreckung in Vorbehaltseigentum IV.3 37
- Vorformulierung IV.3 8
- Zahlungsbedingungen IV.3 19
- Zahlungsverzug IV.3 22, 32
- Zuständigkeitsvorbehalt IV.3 53

Liefermitteilung IV.1 22
Lieferort
- Exportgeschäft IV.1 18

Lieferverträge IV.1 ff.
Lieferverzug IV.3 25
Lieferzeit
- Exportgeschäft IV.1 25

Liegegeld VIII.4 24, s. a. Wartegeld
- Ladehafen- VIII.4 24
- Löschhafen- VIII.4 24
- Schuldner VIII.4 24

Liner Bill of Lading VIII.4
- Ablader VIII.4 4
- Beförderung auf einem anderen Schiff VIII.4 9
- Befrachter VIII.4 4
- Berge- und Hilfslohn VIII.4 17
- Beweisfunktion des Konnossements VIII.4 3
- Bordkonnossement VIII.4 3
- Decksverladung VIII.4 12, 22
- Definitionen VIII.4 4
- Distanzfracht VIII.4 9
- Fehlfrachtanspruch VIII.4 11
- Formular VIII.4 2
- Fracht VIII.4 14
- Gerichtsstandsklausel VIII.4 6
- große Havarei VIII.4 17, 22
- Haftung des Verfrachters VIII.4 5, 7, 9, 16, 20 f.
- Handel mit den USA VIII.4 24
- Inhalt und Funktion VIII.4 3

- internationale Zuständigkeit VIII.4 6
- Kosten für Ladung, Löschung, Auslieferung VIII.4 11
- lebende Tiere VIII.4 12
- Leichter VIII.4 10
- Liegegeld VIII.4 24
- Nebenleistungen VIII.4 14
- Optionshafen VIII.4 12
- Optionsladung VIII.4 13
- Paramount-Clause VIII.4 5
- Pfandrecht des Verfrachters VIII.4 15
- Sachverhalt VIII.4 1
- Schriftformerfordernis VIII.4 3
- Übernahmekonnossement VIII.4 3
- Verfrachter VIII.4 3, 4
- Verzug des Verfrachters VIII.4 16
- Wartegeld VIII.4 24

Linien-Konnossement s. Liner Bill of Lading
Liquidated Damages VI.1 35
List of open issues I.1 8
Lizenz
- alleinige – I.1 7
- Ausnutzungspflicht IX.3 10
- exklusive – I.1 7; IX.3 4; IX.4 1, 9
- Know-how – IX.1 9
- Nutzungsbeschränkung IX.4 10, 11; IX.5 18
- Patent- IX.1 7
- Pauschal- IX.2 10
- Rechtsvorbehalt IX.1 13
- Umfang IX.2 7
- US-amerikanischer Franchisevertrag III.5 16

Lizenz- und Know-how-Verträge IX.1 ff.
- gemischter Lizenzvertrag im Konzern IX.5
- gemischter Patent- und Know-how Lizenzvertrag IX.1
- Know-How Licensing Agreement IX.3
- Know-how Lizenzvertrag IX.3
- License Agreement IX.5
- Markenlizenzvertrag IX.4
- Patent and Kow-How License Agreement IX.1
- Patent License Agreement IX.2
- Patentlizenzvertrag IX.2
- Trademark License Agreement IX.4

Lizenzgeber
- Erben des – IX.3 14
- Kündigung IX.4 23
- Selbstvertrieb IX.5 9
- Verbesserung der Technologie durch- IX.1 19
- Verpflichtungen IX.1 32; IX.2 17

Lizenzgebühr IX.2 9, 11; IX.3 13; IX.4 14
- Abrechnung und Überprüfung IX.1 26; IX.4 26
- bei Verbesserung und Weiterentwicklung IX.1 17 f.
- Besteuerung IX.1 24
- Fremdpreise IX.5 13
- Höhe und Ausgestaltung IX.1 21
- License Agreement IX.5 13, 15

1171

Sachregister

Römische und arabische Zahlen = Formulare

- Mindest- **IX.1** 1, 22, 25
- nach Kündigung **IX.1** 43
- nach Offenkundigwerden oder Wegfall der Patente **IX.1** 23
- Patent and Know-How Licensing Agreement **IX.1** 7, 25, 43
- Trademark License Agreement **IX.4** 14
- Verwaltungsgrundsätze für Überlassung von Patenten **IX.5** 13
- Wertsicherungsklausel **IX.1** 21
- Zahlungsbedingungen **IX.2** 11; **IX.4** 14

Lizenzgewährung IX.2 8; **IX.3** 4; **IX.4** 9
- exklusive – über Marken **IX.4** 9
- kartellrechtliche Fragen **IX.4** 9
- License Agreement **IX.5** 7
- negative – **IX.2** 8, 18

Lizenznehmer
- Änderung der Beteiligungsstruktur **IX.4** 23
- Änderung der Rechtsform **IX.4** 23
- Freistellung von Schadensersatzansprüchen **IX.1** 36
- Gewährleistung **IX.1** 30
- Rücklizenz **IX.1** 18
- Veräußerung eines Teilgeschäftsbetriebs **IX.4** 23
- Verbesserung der Technologie durch – **IX.1** 17
- Verfolgung Dritter **IX.4** 22

Lizenzvertrag s. a. License Agreement; Patent and Know-How License Agreement
- Internationaler Anlagenvertrag **VI.1** 55

Lizenzvertrag, gemischter s. License Agreement

Local Bussiness Day 36

Loi Doubin III.4 16

London Maritime Arbitrator's Association (LMAA) VIII.1 6 f.

Löschung
- Kosten **VIII.4** 11

Loss VII.7 19, 37

Luftfrachtbrief VII.1 6

Lufttransportdokument VII.1 6

Makler III.1 2

Mängelbeseitigung IV.3 46

Mängelgewährleistung IV.3 39
- Rechtsmängel bei Franchise **III.4** 22

Marken IX.4
- Französischer Franchisevertrag **III.4** 25
- Nutzung **IX.1** 11
- US-amerikanischer Franchisevertrag **III.5** 13
- Verbot der Aufnahme in die Firma **IX.4** 12
- Verletzung **IX.4** 22

Markenlizenzvertrag
- Französischer Franchisevertrag **III.4** 25
- s. Trademark License Agreement

Markenverletzung IX.4 22

Market Quotation VII.7 19

Marktverantwortungsgebiet III.2 5

Marktzutrittsmodalitäten III.4 20; **III.5** 7

Master Franchising III.5 7

Meistbegünstigungsklausel IX.1 37
- kartellrechtliche Fragen **IX.1** 37

Memorandum of Understanding I.1 1

Merger without Assumptions VII.7 14

Minderung
- pauschlierte – **VI.3** 26 f.

Mindestabnahme III.2 7

Mindesthaftung
- Verfrachter **VIII.4** 5

Mindestgebühr
- Lizenz- **IX.1** 1, 22
- Zahlung **IX.1** 25

Mindestqualitätsstandard
- Patent and Know-How Licensing Agreement **IX.1** 38
- Trademark License Agreement **IX.4** 15

Mindestumsatz
- Handelsvertreter **III.1** 3
- Know-How Licensing Agreement **IX.3** 10
- US-amerikanischer Franchisevertrag **III.5** 41

Mindestwarenbestand
- Französischer Franchisevertrag **III.4** 43

Modellpolitik III.2 6

Multibranch Netting VII.7 7

Multibranch Parties VII.7 27, 50

Musterrahmenverträge VII.7 1

Mustervertrag VI.1 3; **VI.2** 3

Nachbesserung IV.3 44
- UN-Kaufrecht **IV.1** 72
- vor Abnahme **VI.2** 35

Nachnahme IV.1 46

Naturereignisse s. höhere Gewalt

Nebenleistungen VIII.4 14

Negative Interest Rates VII.7 53

Negativtest IX.1 47

Negoziierung VII.1 7, 8

Netting VII.7 7, 18

Neuverhandlungspflicht
- Internationaler Anlagenvertrag **VI.1** 60

Nichtangriffsverpflichtung
- Eigentümerstellung **IX.1** 32
- Know-How Licensing Agreement **IX.3** 18
- License Agreement **IX.5** 22
- Notwendigkeit der Patente **IX.1** 34
- Patent and Know-How License Agreement **IX.1** 32 ff.
- Patent License Agreement **IX.2** 14
- Rechtsbeständigkeit **IX.1** 33
- Trademark License Agreement **IX.4** 22

Nichtigkeitsklage IX.2 1

No Violation Clause I.3 9

Non-Disclosure-Agreement I.2 s. Geheimhaltungsvereinbarung

Notification, Kündigung des Franchisevertrags III.5 56

Zahlen nach Anm. = Anmerkungen der Formulare **Sachregister**

Novationswirkung, Netting VII.7 7
Nutzung IX.4 10, 11
– Ausschluß durch Lizenzgeber IX.1 8
– Beschränkung der Art der – IX.4 11
– Know-how IX.1 1 ff.
– Marken IX.1 11
– Patente IX.1 1 ff.
– Verwaltungsgrundsätze IX.5 13
Nutzungsberechtigung
– Beschränkung IX.4 10, 11
Nutzungsbeschränkungen IX.5 18
Nutzungsüberlassung
– Verwaltungsgrundsätze IX.5 13
Nutzungsuntersagung
– Zahlungsverzug VIII.1 4
NYPE 93-Formular VIII.1 1

Off-hire s. Ausfallzeiten
Offene Rechnung IV.1 40
Öffentliche Hand in ausgewählten Rechtsordnungen VII.7 10
Open price terms III.5 31
Opinion Letter s. Legal opinion
Option
– Letter of Intent I.1 1
Optionshafen VIII.4 12
Optionsladung VIII.4 13
Ordentliche Kündigung
– Handelsvertreter III.1 11
Owner s. Reeder
Owner's bills of lading VIII.1 4

Paramount-Clause VIII.4 5
– bei mitverschuldeter Kollision VIII.4 17
Parteiautonomie IV.3 51
Parteien d. Franchisevertrags II.4 B 13
Patent and Know-How License Agreement IX.1
– Abtretung und Unterlizenzen IX.1 40
– Aufzeichnungen über Benutzung der Technologie IX.1 26
– Ausschluß durch den Lizenzgeber IX.1 8
– Bezugspflicht IX.1 20
– Definitionen IX.1 3 ff.
– Einstandsgebühr IX.1 22
– Geheimhaltung IX.1 39
– Genehmigung nach Außenwirtschaftsgesetz IX.1 47
– Gerichtsstand IX.1 48
– Gewährleistungen IX.1 27 ff.
– internationales Privatrecht IX.1 47
– Kartellrecht IX.1 47
– Know-how Lizenz IX.1 9
– Know-how Zurverfügungstellung IX.1 10
– Kündigung IX.1 18, 42
– Lizenzgebühren IX.1 21, 23, 25, 43
– Meistbegünstigungsklausel IX.1 37
– Mitteilungen IX.1 44
– Nichtangriffsverpflichtung IX.1 32 ff.
– Nutzung der Marken IX.1 11

– Patentlizenz IX.1 7
– Präambel IX.1 2
– Qualitätsvorgaben IX.1 38
– Rechte Dritter IX.1 36
– Rechtsbeständigkeit der Patente IX.1 31
– Rechtsverletzung durch Dritte IX.1 35
– Rechtsvorbehalt IX.1 13
– Rechtswahl IX.1 47
– Rücklizenz an Weiterentwicklungen IX.1 18
– Sachverhalt IX.1 1
– salvatorische Klausel IX.1 45
– Schiedsverfahren IX.1 48
– Schriftform IX.1 46
– Steuern IX.1 24
– technische Ausbildung IX.1 15
– technischer Anwendungsbereich IX.1 14
– Verbesserungen durch den Lizenznehmer IX.1 17
– Verbesserungen durch den Lizenzgeber IX.1 19
– Vertragsgebiet IX.1 12
– Vertragslaufzeit IX.1 41
– Wettbewerb durch den Lizenznehmer IX.1 16
– Widerspruchsverfahren IX.1 32, 33, 47
Patent License Agreement IX.2
– Abänderung des patentverletzenden Gegenstandes IX.2 12
– Abänderungsverpflichtung IX.2 12
– Abtretbarkeit IX.2 22
– Angriffe Dritter IX.2 16
– Aufrechterhaltung der Patente IX.2 17
– Definition IX.2 3 ff.
– Erledigung der schwebenden Rechtsstreite IX.2 13
– Geheimhaltungsverpflichtung IX.2 19
– Gerichtsstand IX.2 25
– Gewährleistung IX.2 15
– internationales Privatrecht IX.2 24
– Kartellrecht IX.2 23
– keine Verbesserungen IX.2 18
– Kosten IX.2 26
– Laufzeit IX.2 21
– Lizenzgebühren IX.2 9, 11
– Lizenzgewährung IX.2 8
– Lizenzumfang IX.2 7
– Nichtangriffsverpflichtung IX.2 14
– Pauschallizenz IX.2 10
– Präambel IX.2 2
– Rechtswahl IX.2 24
– Sachverhalt IX.2 1
– Schiedsgerichtsklausel IX.2 25
– Schriftform IX.2 27
– technischer Bereich IX.2 6
– Unterlizenz IX.2 7
– US-amerikanischer Franchisevertrag III.5 15
Patent IX.1 5
– Aufrechterhaltung IX.2 17
– Gewährleistung IX.1 27 ff.
– Offenkundigwerden IX.1 23

1173

Sachregister

Römische und arabische Zahlen = Formulare

- Rechtsbeständigkeit IX.1 31
- Wegfall IX.1 23

Patentlizenz IX.1 7
Patentlizenzvertrag s. Patent License Agreement
Patentverletzung
- Internationaler Anlagenvertrag VI.1 54

Pauschalierte Minderung VI.3 26 f.
Pauschallizenz IX.2 10
Payments on Early Termination VII.7 21
Pay or Extend VII.2 10
- Rechtsmißbräuchlichkeit VII.2 10

Penalty VI.1 43
Performance Guarantee VII.4
- Darlegung des Garantiefalles VII.4 5
- Formular VII.4 2
- Garantiebetrag VII.4 3
- Kosten VII.4 6
- rechtsmißbräuchliche Inanspruchnahme VII.4 4
- Sachverhalt VII.4 1

Pfandrecht des Verfrachters VIII.4 15
Pflege der Software IX.5 11, 14
Piraterieakte
- Vorkehrungen IX.5 17

Plant VI.1 9
Potential Events of Default VII.7 38
Power Clause I.3 9
Power to disclaim s. Wahlrecht des Konkursverwalters
Präambel IV.1 9; III.4 18
Präsentationsfrist
- Akkreditiv IV.1 49

Preisanpassungsklausel IV.3 17
Preisbindungsverbot
- Französischer Franchisevertrag III.4 46

Preisgleitklausel IV.1 36
Preisnachlaß
- Handelsvertretervertrag III.1 6

Preisvorbehalt
- Exportgeschäft IV.1 36

Preisvorbehaltsklausel IV.1 36
Probezeit
- Handelsvertretervertrag III.1 11

Produktbeobachtungsverantwortung IV.2 8
Produkthaftung
- Know-How Licensing Agreement IX.3 12
- Konsignationslagervertrag III.3 26
- Patent and Know-How License Agreement IX.1 11
- Qualitätssicherungsvertrag IV.2 4, 8, 14
- Trademark License Agreement IX.4 10, 20

Produktinformation für Stoffe IV.1 11
Produktrecht IV.1 64 f.
Proforma-Invoice IV.1 3
Provision des Handelsvertreters III.1 6
- Abrechnungsanspruch III.1 7
- Anerkenntnisklausel III.1 7
- Aufwendungserstattung III.1 9
- Delkredere-Provision III.1 8
- Erfolgsvergütung III.1 6
- Fälligkeit der Provision III.1 6
- Inkassoprovision III.1 6
- Kostentragungsklausel III.1 7
- Preisnachlaß III.1 6
- Überhangprovision III.1 6
- Verjährung III.1 10
- Zahlungsunfähigkeit des Kunden III.1 6

Prozeßstandschaft
- Trademark License Agreement IX.4 22

Prozeßverschleppung VIII.1 6
Prüfungspflicht
- Subunternehmer VI.2 12

Publizitätspflicht für ausländische Zweigniederlassungen III.4 12
Publizitätspflichtige Unternehmen III.4 12
Purchase of Goods s. Allgemeine Einkaufsbedingungen

Qualifikation, Schiedsrichter II.1 3
Qualitätsgebühr IX.4 16
Qualitätssicherung IV.2; IX.4 15
Qualitätssicherungssystem IV.2 13
Qualitätssicherungsvertrag IV.2
- AGB-Vertrag IV.2 3
- Arbeitsteiligkeit IV.2 14 ff.
- Beweislast IV.2 10
- Dokumentationspflicht IV.2 18
- Entlastungsbeweis IV.2 11
- Fabrikationsverantwortung IV.2 6
- Funktion IV.2 1
- Haftungsklausel IV.2 20
- Horizontale Arbeitsteilung IV.2 16
- Instruktionsverantwortung IV.2 7
- Know-how, Schutz des IV.2 21
- Konstruktionsverantwortung IV.2 5
- Produktbeobachtungsverantwortung IV.2 8, 14
- Produzentenhaftung IV.2 4, 14
- Qualitätssicherungssystem IV.2 13
- Rechtsgüter, geschützte IV.2 9
- Schutzgesetz IV.2 12
- Untersuchungs- und Rügeobliegenheit IV.2 19
- Verschulden IV.2 10
- Vertikale Arbeitsteilung IV.2 15
- Wesen IV.2 1

Qualitätsvorgaben
- Patent and Know-How License Agreement IX.1 38
- Trademark License Agreement IX.4 15 ff.

Quality Assurance s. Qualitätssicherungsvertrag

Rabatt
- Vertragshändlervertrag III.2 8

Rahmenvertrag I.1 1
Rating Downgrade VII.7 47
Reasonable Duration, Franchisevertrag III.5 55

Zahlen nach Anm. = Anmerkungen der Formulare　　　　　　　　　　　　　　　　Sachregister

Recht des Gerichtsstaats, zwingendes VII.7 30
Rechtliche Unmöglichkeit II.4 10
Rechtsansicht s. Legal opinion
Rechtsbehelfe IV.1 69
– UN-Kaufrecht IV.1 78
Rechtsbeständigkeit
– Patent IX.1 31
Rechtsmängelhaftung
– Patent und Know-how Lizenzvertrag IX.3 12
Internationaler Anlagenvertrag VI.1 54
– französicher Franchisevertrag III.4 22
Rechtsmißbrauch
– Advance Payment Guarantee VII.3 4
– Einbehaltsgarantie VII.6 4
– Erfüllungsgarantie VII.4 4
– formaler Rechtsstellung VII.2 15
– Geltendmachung VII.2 15
– Performance Guarantee VII.4 4
– Sittenwidrigkeit des Grundgeschäfts VII.2 15
– Tender Guarantee VII.2 15
– Voraussetzungen VII.2 15
– Warrenty Guarantee VII.5 4
– Zweckentfremdung VII.2 15
Rechtsmittel
– Schiedsverfahren VIII.1 6
Rechtsverfolgungskosten IV.1 44
Rechtsvorbehalt IX.1 13
Rechtswahl
– anzuwendendes Recht bei fehlender – IX.1 47
des Gerichtsstaats, zwingendes VII.7 30
– Exportgeschäft IV.1 76
– Franchisevertrag, französischer III.4 70 ff.
– Handelsvertretervertrag III.1 14
– Internationaler Anlagenvertrag VI.1 12
– Konsignationslagervertrag III.3 2, 24
– Konsortialvertrag VI.3 44
– Legal opinion I.3 6
– License Agreement IX.5 32
– Lieferbedingungen VI.6 50
– Liner Bill of Lading VIII.4 5, 6
– Patent and Know-How License Agreement IX.1 47
– Patent License Agreement IX.2 24
– Trademark License Agreement IX.4 27
– US-amerikanischer Franchisevertrag III.5 75
– Vertragshändlervertrag III.2 20
zwingendes Recht des Gerichtsstaats VII.7 30
Recital IV.1 9
Reeder VIII.2 2
– Abschluß der Schiffsversicherung VIII.1 3
– Haftung VIII.2 15, 16
– Haftung für Fahrlässigkeit des Kapitäns VIII.1 4
– Haftungsbegrenzung VIII.2 17, 21
– Haftungsfreistellung VIII.1 4
– Kostentragung VIII.2 10
– Nutzungsuntersagung bei Zahlungsverzug VIII.1 4
– Pflichten VIII.2 14, 22

– wirtschaftliche Interessen VIII.1 4
– Zahlung der Bemannungskosten VIII.1 3
Reederkonnossement VIII.1 4
Refus de vente II.4 10
Registrierung von Franchiseverträgen III.5 4
Regreßmöglichkeiten
– Charterer VIII.2 19
Reiseweg
– Abweichung vom – VIII.2 11
Relationship between Parties VII.7 62
Retention money guarantee VII.6
– Darlegung des Garantiefalles VII.6 5
– Formular VII.6 2
– Garantiebetrag VII.6 3
– Kosten VII.6 6
– rechtsmißbräuchliche Inanspruchnahme VII.6 4
– Sachverhalt VII.6 1
Risikobeteiligung
– Subunternehmer VI.2 33
Rückführung der Garantie VII.3 6
Rücklizenz IX.1 18
Rücknahmepflichten
– Vertragshändlervertrag III.2 16
Rücktritt vom Vertrag
– Lieferbedingungen IV.3 26
Rückvergütungspauschalen III.2 10
Rügefrist IV.3 42

Sachmängelhaftung
– Know-How Licensing Agreement IX.3 12
– Konsignationslagervertrag III.3 14
– Patent and Know-How License Agreement IX.1 27
Sale of Goods s. Allgemeine Lieferbedingungen
salvatorische Klausel IX.1 45; IX.5 13
Savoir-faire, Übertragung III.4 26
Schadensberechnung, Auswahl der Art VII.7 44
Schadensersatz
– Aufrechnung mit Charterentgelt VIII.1 5
– Charterer VIII.1 5
– Exportgeschäft IV.1 88 ff.
– Fehlfrachtanspruch VIII.4 11
– Handelsvertretervertrag III.1 4
– Lieferbedingungen IV.3 26
– mangelhafte Leistung des Schiffes VIII.1 5
– Sicherung durch Erfüllungsgarantie VII.4 5
– übermäßiger Verbrauch des Schiffes VIII.1 5
Schadensersatz (Exportverträge) IV.1 88 ff.
– Schadensersatzpauschalierung IV.1 91
– Schadensobergrenze IV.1 94
– Schadensumfang IV.1 93
– Verjährungsverkürzung IV.1 95
– Verschulden IV.1 89
– Verschuldensunabhängig IV.1 90
Schadensersatzpflicht
– unwiderrufliches Dokumentenakkreditiv IV.1 7
– Handelsvertretervertrag III.1 4

1175

Sachregister

Römische und arabische Zahlen = Formulare

Schiedsgericht VIII.1 6; VI.2 43; VIII.2 25
- Befugnisse VIII.1 6
- Besetzung VIII.1 6
- Zusammensetzung bei Cross Charterparty VIII.2 25
- Zuständigkeiten VIII.1 6

Schiedsgerichte VII.7 31
- ICC II.2 1

Institutionelles Schiedsgericht II.1
LCIA II.6 1
- Schiedsgerichtsbarkeit ICC II.2 1
- Stockholmer Handelskammer, Schiedsgerichtsinstitut II.7 1
- Wirtschaftskammer Österreich II.4 1
- Zürcher Handelskammer II.5 1

Schiedsklausel, s. a. Standardschiedsklausel
- Internationaler Anlagenvertrag VI.1 63
- Know-How Licensing Agreement IX.3 24
- Konsignationslagervertrag III.3 24
- Konsortialvertrag VI.3 45
- Qualitätssicherungsvertrag IV.2 22

Schiedsordnung, Vereinbarung II.1 2
Schiedsort II.1 4; II.2 3; II.3 3; II.5 3; II.6 3; II.7 3

Schiedsrichter VIII.1 6
- Anzahl II.2 3; II.3 3; II.6 3; II.7 3
- Bedingung der Benennung VIII.1 6
- Befugnisse VIII.1 6
- Bestellung II.5 3
- London Maritime Arbitrator's Association (LMAA) VIII.1 6
- Qualifikation II.1 3
- Tod und Unfähigkeit VIII.1 6

Schiedssprache II.1 5; II.6 3; II.7 3
Schiedsspruch VIII.1 6
- Verbindlichkeit VIII.2 25

Schiedsvereinbarung
- Anwendbares materielles Recht II.1 6
- Anwendbares Schiedsverfahrensrecht II.1 7
- Dissenting Opinion II.1 9
- Form II.1 8
- Institutionelles Schiedsgericht II.1
- Qualifikation der Schiedsrichter II.1 3
- Schiedsort II.1 4
- Schiedssprache II.1 5
- Vereinbarung der Schiedsordnung der Institution II.1 2

Schiedsverfahren
- Cross Charterparty VIII.2 25
- Einleitung VIII.1 6
- Einsichtnahme in Dokumente VIII.1 6
- Einzelrichter VIII.1 6
- England VIII.1 6 f.
- Franchisevertrag, französischer III.4 73
- ICC IX.5 32
- Know-How Licensing Agreement IX.3 24
- Offenlegung von Dokumenten VIII.1 6
- Patent and Know-How License Agreement IX.1 48

- Patent License Agreement IX.2 25
- Rechtsmittel VIII.1 6
- Schriftsätze der Parteien VIII.1 6
- Sicherheitsleistung für Verfahrenskosten VIII.1 6
- Subunternehmervertrag VI.2 44
- Timecharter VIII.1 6
- Trademark License Agreement IX.4 27
- US-amerikanischer Franchisevertrag III.5 74
- verdeckte Angebote VIII.1 6
- Verhandlung VIII.1 6
- WIPO IX.3 24

Schiedsverfahrensrecht
- DIS Standardschiedsklausel II.3 3
- ICC Standardschiedsklausel II.2 3
- Schiedsvereinbarung II.1 7
- Stockholmer Standardschiedsklausel II.7 3
- Wiener Standardschiedsklausel II.4 3
- Zürcher Standardschiedsklausel II.5 3

Schiffsversicherung
- Abschluß durch den Reeder VIII.1 3
- Beschränkung der gefährlichen Ladung VIII.1 4

Schlichtungsverfahren
- US-amerikanischer Franchisevertrag III.5 74

Schriftformerfordernis
- Charterparties VIII.1 1
- Exportvertrag IV.1 104
- Garantie VII.2 5
- Know-How Licensing Agreement IX.3 22
- Konsortialvertrag VI.3 41
- License Agreement IX.4 28; IX.5 33
- Lieferbedingungen IV.3 6
- Liner Bill of Lading VIII.4 3
- Linien-Konnossement VIII.4 3
- Patent and Know-How License Agreement IX.1 46
- Patent License Agreement IX.2 27
- Trademark License Agreement IX.4 28
- Vertragshändlervertrag III.2 2, 19

Schuldversprechen, abstraktes VII.1 7
Schutzrechte Dritter IV.1 75
Schwellenbetrag s. Threshold Amount
sealed offer s. verdeckte Angebote
seaworthiness s. Seetüchtigkeit
Second Method VII.7 20
Security Interest III.3 11
Seefrachtrecht VIII.1 ff.
- Cross Charterparty VIII.2
- Liner Bill of Lading VIII.4
- Linien-Konnossement VIII.4
- Slot Charter Agreement VIII.3
- Standard-Zeitcharter NYPE 1946 VIII.1
- Timecharter NYPE 1946 VIII.1

Seefrachtvertrag VIII.1 ff.
- Kündigung VIII.4 19
- Naturereignisse VIII.4 19
- Rücktritt VIII.4 19

Seekonnossement VII.1 6

Zahlen nach Anm. = Anmerkungen der Formulare **Sachregister**

Seetagebuch VIII.2 13
Seetüchtigkeit VIII.1 5
– Verantwortung des Reeders VIII.2 14
Selbstspezifikation IV.1 12
Selbstunterrichtungsklausel VI.1 23; VI.2 22
Selbstvertrieb durch Lizenzgeber IX.5 9
Serienreife IX.3 4, 9
Set-off VII.7 22, 55
Settlement Risk, Netting VII.7 7
Severability VII.7 61
Sicherer Hafen VIII.2 6
Sicherheitsleistung
– Konsortialvertrag VI.3 16
– Verfahrenskosten im Schiedsverfahren VIII.1 6
Sicherungspfandrecht VIII.1 4
– Subfreight VIII.1 4
Sicherungsrechte
– Konsignationslagervertrag III.3 3, 10 f.
Sicherungsvereinbarung s. Collateralization
Sittenwidrigkeit VII.2 15
Slot Charter Agreement VIII.3
– Allgemeines VIII.3 1
– Container VIII.3 9
– Entgelt VIII.3 5
– Haftung VIII.3 11, 12
– Inhalt VIII.3 3
– Parteien VIII.3 2
– Schiedsverfahren VIII.3 13
– Terminal VIII.3 6
– TEU VIII.3 4
Small claims procedure VIII.1 6
Software
– Exportgeschäft IV.1 13
– Pflege IX.5 11, 14
– Weiterentwicklung IX.5 11
Sorgfaltspflichten
– Lieferbedingungen IV.3 33
Source code s. Quellcode
Special risks VI.1 59
Specified Indebtedness VII.7 40
Specified Information VII.7 13
Specified Transactions VII.7 39 a
Sprachschutzregelung
– Franchisevertrag, französischer III.4 10
Standardschiedsklausel
– DIS Standardschiedsklausel II.3 s. dort
– ICC Standardschiedsklausel II.2 s. dort
– LCIA Standardschiedsklausel II.6 s. dort
– Stockholmer Standardschiedsklausel II.7 s. dort
– Wiener Standardschiedsklausel II.4 s. dort
– Zürcher Standardschiedsklausel II.5 s. dort
Standard Terms and Conditions for the Purchase of Goods (Import) s. Allgemeine Einkaufsbedingungen
Standard Terms and Conditions for the Sale of Goods (Export) s. Allgemeine Lieferbedingungen

Standard-Zeitcharter NYPE 1946
 s. Timecharter NYPE 1946
Standardcontainer VIII.2 7
Standby Letter of Credit IV.1 45
Standesrecht I.3 7
Ständig betrauter Handelsvertreter I.1 2
Standortklausel III.5 22
Stellplatznutzer VIII.2 2
Steuern
– Doppelbesteuerungsabkommen IX.1 24
– Konsortialvertrag VI.3 47
– Patent and Know-How License Agreement IX.1 24
– Subunternehmervertrag VI.2 46
Steuerrechtliche Unterlagen VII.7 48
Stilles Konsortium VI.3 5
Stockholmer Handelskammer, Schiedsgerichtbarkeit II.7 1
Stockholmer Standardschiedsklausel
– Anwendbares materielles Recht II.7 3
– Anwendbares Verfahrensrecht II.7 3
– Anzahl der Schiedsrichter II.7 3
– Ergänzende Empfehlung II.7 2
– Regelungsbedarf II.7 3
– Schiedsgerichtbarkeit der Stockholmer Handelskammer II.7 1
– Schiedsgerichtsinstitut II.7 1
– Schiedsort II.7 3
– Schiedssprache II.7 3
Subcharter VIII.1 3
Subcontract Agreement VI.2 19
Subcontract for Works of Civil Engineering Construction s. Subunternehmervertrag
Subunternehmer VI.2 16, 27
Subunternehmervertrag (FIDIC) VI.2
– Abnahme VI.2 34
– Abtretung VI.2 15
– Änderung VI.2 29
– Anlagen zum Vertrag VI.2 8
– Anwendbares Recht VI.2 18
– Auftraggeber VI.2 6
– Auftraggeberkündigung VI.2 41
– Ausführungsplan VI.2 14
– Baustelleneinrichtung VI.2 25
– Bill of Quantities VI.2 9
– Checkliste VI.2 4
– Definitionen VI.2 5
– Ersatzvornahme VI.2 42
– Formularwahl VI.2 2
– Fristverlängerung VI.2 26
– Gewährleistungsfrist VI.2 37
– Haftung für Anordnungen VI.2 28
– Ingenieur VI.2 7
– Koordinierung mit dem Hauptvertrag VI.2 21
– Kundenvertrag VI.2 23
– Kündigungsrecht des Auftraggebers VI.2 40
– Leistungsänderungen VI.2 31
– Leistungsbegrenzung VI.2 10

Sachregister

Römische und arabische Zahlen = Formulare

- Mehr- und Mindermassen **VI.2** 32
- Musterverträge **VI.2** 3
- Nachbesserung vor Abnahme **VI.2** 35
- Nachtragsaufträge **VI.2** 31
- Prüfungspflicht des Subunternehmers **VI.2** 12
- Rangfolge der Vertragsbestimmungen **VI.2** 20
- Risikobeteiligung des Subunternehmers **VI.2** 33
- Risikoteilung **VI.2** 24
- Schiedsgericht **VI.2** 43
- Schiedsverfahren **VI.2** 44
- Selbstunterrichtungsklausel **VI.2** 22
- Sicherheiten **VI.2** 13
- Steuern **VI.2** 46
- Subunternehmer **VI.2** 16
- Unterbtragsbedingungen **IV.1** 3
- Versicherungsverpflichtung **VI.2** 38
- Vertragspflichten **VI.2** 11
- Vertragssprache **VI.2** 17
- Weitere Subunternehmer **VI.2** 27
- Zahlungsbedingungen **VI.2** 39
- Zusatzleistungen **VI.2** 29

Sukzessivlieferung
- Preisklausel **III.4** 52

Tax Events, Termination VII.7 15
Tax Representations VII.7 12
Technologie
- Aufzeichnung über Benutzung **IX.1** 26
- Einschluß weiterer – **IX.3** 15
- Weiterentwicklung und Verbesserung durch den Lizenznehmer **IX.1** 17

Technologietransfer Gruppenfreistellungsverordnung IX.1 1, 5, 7, 8, 11 ff.; **IX.2** 14; **IX.3** 1, 4 ff.; **IX.4** 9
Technologieverbesserung IX.1 17
Teilkündigung des Handelsvertreters III.1 11
Teilnichtigkeit s. Severability Klausel
Telefonische Willenserklärungen
s. Confirmations
Tender Guarantee VII.2
- Anforderung **VII.2** 12
- anwendbares Recht **VII.2** 17
- Befristung **VII.2** 9
- Bestätigung **VII.2** 11
- demand **VII.2** 12
- Devisenbestimmungen **VII.2** 13
- einstweiliger Rechtsschutz **VII.2** 16
- Form des Garantieversprechens **VII.2** 5
- Formular **VII.2** 2
- Garantiebetrag **VII.2** 7
- Garantieverpflichtung **VII.2** 4
- Gerichtsstandsvereinbarung **VII.2** 18
- Grundgeschäft **VII.2** 3
- Hinterlegungsbefugnis **VII.2** 14
- Indossament **VII.2** 11
- Kosten **VII.2** 19
- pay or extend **VII.2** 10

- rechtsmißbräuchliche Inanspruchnahme **VII.2** 15
- Sachverhalt **VII.2** 1
- Unwiderruflichkeit **VII.2** 6
- Verfalldatum **VII.2** 9
- Währung **VII.2** 7
- Zahlung auf erstes Anfordern **VII.2** 8

Terminal-/Interchange-Receipt IV.1 51
Termination Currency VII.7 46
Termination Events VII.7 15, 17, 22
Termination of Options VII.7 54
Territorialitätsprinzip
- Konsignationslagervertrag **III.3** 3

TEU VIII.2 1; **VIII.3** 4
Third-Party Legal opinion s. Legal opinion
Threshold Amount VII.7 41
Tiere
- Transport lebender – **VIII.2** 7; **VIII.4** 12

Timecharter NYPE 1946 VIII.1
- Abzüge vom Charterentgelt **VIII.1** 5
- allgemeiner Hintergrund **VIII.1** 1
- Anmerkungen nach englischem Recht **VIII.1** 2 ff.
- Ausfallzeiten **VIII.1** 5
- Ausschluß von Ladung **VIII.1** 4
- Bemannungskosten **VIII.1** 3
- blinde Passagiere **VIII.1** 4
- charakteristische Merkmale **VIII.1** 3
- gefährliche Ladung **VIII.1** 4
- Geschichte **VIII.1** 1
- Haftungsfreistellung **VIII.1** 4
- Kündigung **VIII.1** 4
- Schiedsverfahren **VIII.1** 6
- Schiffsversicherung **VIII.1** 3
- Seetüchtigkeit **VIII.1** 5
- Sicherung der Forderung **VIII.1** 4
- Sicherungspfandrecht **VIII.1** 4
- Subcharter **VIII.1** 3
- ungenehmigte Ladung **VIII.1** 4
- wirtschaftliche Interessen des Charterers **VIII.1** 5
- wirtschaftliche Interessen des Reeders **VIII.1** 4
- Zahlungsverzug **VIII.1** 4

Tonbandaufzeichnungen, Zustimmung VII.7 57
Trademark License Agreement
- Abtretung **IX.4** 25
- amtliche Genehmigungen **IX.4** 18
- Änderung der Rechtsform oder Beteiligungsstruktur des Lizenznehmers **IX.4** 23
- anwendbares Recht **IX.4** 27
- Ausschluß eines Vertretungsverhältnisses **IX.4** 24
- Beschränkung der Nutzungsart **IX.4** 11
- Beschränkung der Nutzungsberechtigung **IX.4** 10
- Eigentümerstellung **IX.4** 17
- Freistellung **IX.4** 20
- Gerichtszuständigkeit **IX.4** 27

Zahlen nach Anm. = Anmerkungen der Formulare **Sachregister**

- Gewährleistung IX.4 19
- Kartellrecht IX.4 9, 29
- Kündigung IX.4 23
- Lizenzgebühr IX.4 14
- Lizenzgewährung IX.4 9
- Markenverletzung IX.4 22
- Mitteilungen IX.4 26
- Präambel IX.4 3
- Produkthaftung IX.4 10
- Prozeßstandschaft IX.4 22
- Qualitätsgebühr IX.4 16
- Qualitätssicherung IX.4 15
- Sachverhalt IX.4 1
- Schriftform IX.4 28
- Selbständigkeit des Vertrages IX.4 2
- Unterlizenzen IX.4 13
- Veräußerung eines Teilgeschäftsbetriebs IX.4 23
- Verbot der Aufnahme der Marke in die Firma IX.4 12
- Vertragsaufbau IX.4 2
- Vertragsdauer IX.4 23
- Vertragsstrafe IX.4 21

Transaktionen, elektronische Bestätigung VII.7 59

Transfer Documents I.3 1

Transportdokumente IV.1 21, 51, 53, VII.1 6
- Charterpapierkonnossement VII.1 6
- Lufttransportdokument VII.1 6
- multimodales – VII.1 6
- Seekonnossement VII.1 6

Transportschaden IV.1 66
Transportversicherung IV.1 55
Ty-in III.5 35

Übereinkommen der Vereinigten Nationen über Verträge über den internationalen Warenverkauf s. UN-Kaufrecht
Übereinkommen über die gerichtliche Zuständigkeit und Vollstreckung gerichtlicher Entscheidungen in Zivil-und Handelssachen IV.3 53
Überhangprovision III.1 6
Überliegegeld VIII.4 24
Übernahmekonnossement VIII.4 3
- Beweisfunktion VIII.4 3
Übertragbarkeit des Akkreditivs VII.1 9
- Abgrenzung zur Abtretung VII.1 9
UN-Kaufrecht IV.1 1, 98; IV.3 2
- Abmahnung IV.1 81
- Ausfuhrgenehmigung IV.1 86
- Erfüllungsort IV.1 97
- Insolvenzverfahren IV.1 83
- Kaufpreisherabsetzung IV.1 73
- Leistungsanspruch zugunsten Dritter IV.1 77
- Nachbesserung IV.1 72
- Nicht kontrollierbare Hindernisse IV.1 91
- Nichtzahlung IV.1 85
- Rechtsbehelfe zugunsten Dritter IV.1 78

- Schadensersatz IV.1 88 ff.
- Schutzrechte Dritter IV.1 75
- Unzumutbarkeit IV.1 87
- Verjährung IV.1 76, 95
- Verschulden IV.1 89
- Vertragsaufhebung IV.1 80, 82
- Vertragsgemäßheit IV.1 60 ff.
- Zahlungsort IV.1 42
- Zahlungsverzug IV.1 43

Ungenehmigte Ladung VIII.1 4
Uniform Franchise Offering Circular III.5 3
UN - Kaufrecht V.1 1
Unterauftragnehmer VI.3 11 f.
Unterausschuß
- Konsortialvertrag VI.3 36
Unterlizenzen IX.1 40; IX.2 22; IX.3 19; IX.4 13; IX.5 8
Unternehmensakquisition IX.4 1 ff.
Unterschriften IV.1 105
Unterstützung, technische IX.5 12
Untersuchungsobliegenheit IV.1 67
- Qualitätssicherungsvertrag IV.2 19
Untervertreter III.1 3
Unübertragbarkeit des Akkreditivs VII.1 9
unwiderrufliches Dokumentenakkreditiv
   s. Irrevocable Documentary Credit
Unwiderruflichkeit
- Akkreditivs VII.1 4
- Bankgarantien VII.2 6
- Verhältnis zu höherer Gewalt VII.1 10
Ursprungszeugnis IV.1 31
USA
- Handel mit – VIII.4 24
US-amerikanischer Franchisevertrag
- „Competitive impact"-Klausel III.5 35
- Abtretung der Franchise III.5 72
- Angemessene Vertragslaufzeit, Erfordernis III.5 55
- Arbitration III.5 74
- Assistenz während der Laufzeit des Vertrages III.5 50
- Aufklärungspflichten III.5 3
- Außergerichtliche Konfliktregelung III.5 74
- Beendigung des Franchiseverhältnisses III.5 52, 58
- Begriffsbestimmungen III.5 10
- Beistandspflichten des Franchisegebers III.5 48
- Berichterstattung III.5 32
- Besteinsatzverpflichtung III.5 33
- Bezugsverpflichtungen III.5 35
- Common Law, Vertragsbeendigung nach III.5 58
- Einräumung der Franchise III.5 12
- Eintrittsgebühr III.5 28
- Eröffnungsdatum III.5 25
- Federal Trade Commission Act III.5 3
- Form III.5 5
- Franchisemethode, Befolgung der III.5 26

1179

Sachregister

Römische und arabische Zahlen = Formulare

- Gebietsbindung III.5 21
- Gebietsschutz III.5 45
- Geistiges Eigentum III.5 44
- Gerichtsstandklausel III.5 73
- Geschäftsausstattung III.5 24
- Geschäftsgeheimnis III.5 16
- Geschäftsunfähigkeit des Franchisenehmers III.5 60

Gewerbliches Eigentum III.5 19 f.
Good Cause bei Kündigung III.5 57
- Goodwillausgleich III.5 62
- Grievance Procedure III.5 74
- Haftungsfragen III.5 39
- Haftungsfreistellung des Franchisegebers III.5 41
- Handbuch III.5 11
- Handelsname III.5 17
- Inhaberschaft am gewerblichen Eigentum III.5 19
- Insolvenz des Franchisenehmers III.5 59
- Investitionsersatz III.5 63
- Kartellrecht III.5 6
- Kontrollrechte des Franchisegebers III.5 42
- Kündigung des Franchisevertrages III.5 54 ff.
- Laufende Gebühren III.5 29
- Lieferungen des Franchisegebers, Zahlungen für III.5 31
- Lizenz zum Gebrauch von Geschäftsgeheimnissen III.5 16
- Marken III.5 13
- Marktzutrittsmodalitäten III.5 7
- Miete der Geschäftsräumlichkeiten III.5 23
- Mindeststandard des Franchisebetriebes III.5 26
- Mindestumsatz III.5 36
- Nachvertragliches Wettbewerbsverbot III.5 69
- Nichtverlängerung des Vertrags III.5 53
- Notification III.5 56
- Open price terms III.5 31
- Parteien III.5 9
- Patent-Lizenzverträge III.5 15
- Pflichten des Franchisegebers III.5 43
- Pflichten des Franchisenehmers III.5 18

Präambel III.5 8
Reasonable Duration III.5 55
- Rechtsgrundlagen III.5 2
- Rechtsgrundlagen der Haftung und Haftungszurechnung III.5 39
- Rechtsverhältnisse der Parteien III.5 67
- Rechtswahl III.5 75
- Registrierung von Franchiseverträgen III.5 4
- Rückgabe der Franchiseausstattung und der Kundenliste III.5 64
- Rückkauf von Restwarenbeständen und Ausstattungsmaterial III.5 65
- Sachliche Rechtfertigung der Kündigung III.5 57

- Schiedsverfahren III.5 74
- Schlichtungsverfahren III.5 74
- Sonstige Bestimmungen III.5 66
- Standortklausel III.5 22
- Tod des Franchisenehmers III.5 60
- Training III.5 34, 49
- Ty-in III.5 35
- Übertragung von Marken III.5 13
- Übertragung von Urheberrechten III.5 14
- Uniform Franchise Offering Circular III.5 3
- Unterstützung vor Eröffnung des Franchisegeschäftes III.5 46
- Unzulässige vorzeitige Kündigung III.5 63
- Verkaufsförderung III.5 47
- Verschwiegenheitsklauseln III.5 71
- Versicherung III.5 38
- Vertragsbeendigung III.5 61
- Vertragsdauer III.5 51
- Vertragslaufzeit, angemessene III.5 55
- Vertragsstrafe III.5 70
- Vertraulichkeitsklauseln III.5 71
- Vollständigkeitsklausel III.5 77
- Vorvertragliche Aufklärungs- und Offenbarungspflichten III.5 3
- Werbegebühr III.5 30
- Werbung III.5 37, 47
- Wettbewerbsschutz III.5 68
- Wettbewerbsverbot III.5 69
- Zahlung für Lieferungen des Franchisegebers III.5 31
- Zahlungsverpflichtung III.5 27

Verarbeitungsklausel
- Lieferbedingungen IV.3 35
Verbesserung der Technologie IX.1 17, 19; IX.3 11
- durch Lizenzgeber IX.1 19
- durch Lizenznehmer IX.1 17
Verbindung IV.3 36
Verbrauch des Schiffes VIII.1 5
Verbrennungsanlagen IX.1 1, 4
- Markennutzung IX.1 11
- Patentlizenz IX.1 7
Verbundene Unternehmen
- Geheimhaltungsvereinbarung I.2 5, 20
verdeckte Angebote
- Schiedsverfahren VIII.1 6
Vereitelung des Vertragsziels VIII.1 5
Verfalldatum
- Garantien VII.2 9
Verfallfrist
- Akkreditive IV.1 49
Verfrachter VIII.4 3, 4
- Freiheit beim Laden und Stauen VIII.4 22
- Haftung VIII.4 5, 20
- Himalaya-Klausel VIII.4 21
- Identity-of-Carrier-Clause VIII.4 20
- Kostentragung VIII.4 11
- Paramount-Clause VIII.4 5

Zahlen nach Anm. = Anmerkungen der Formulare **Sachregister**

- Pfandrecht VIII.4 15
- Pflichten VIII.4 11
- Versteigerung der Ladung VIII.4 11
- Verzug VIII.4 16

Vergütung
- Konsignationslagervertrag III.3 19

Verhandlung
- Schiedsverfahren VIII.1 6

Verjährung
- Exportgeschäft IV.1 95
- Handelsvertretervertrag III.1 10
- UN-Kaufrecht IV.1 76, 95

Verkaufsbedingungen s. Allgemeine Lieferbedingungen

Verfallfrist IV.1 49

Vermischung IV.3 36

Verpackungskosten IV.1 34

Verrechnung von Zahlung s. Payment Netting

Versicherung VIII.2 5, 8
- Internationaler Anlagenvertrag VI.1 57
- Exportvertrag IV.1 30
- Franchisevertrag III.4 50; III.5 38
- Konsignationslagervertrag III.3 12
- Konsortialvertrag VI.3 31
- Subunternehmervertrag VI.2 38
- Transportversicherung III.1 30, 55

Versicherungsdauer
- Internationaler Anlagenvertrag VI.1 58

Versicherungsdokumente IV.1 51, VII.1 6
- Erfordernisse VII.1 6
- Minusdeckungssumme VII.1 6
- Währung VII.1 6

Versteigerung VIII.4 11

Vertikalvereinbarungen im Franchisevertrag, Gruppenfreistellung III.4 14

Vertragsaufhebung
- UN-Kaufrecht IV.1 80, 82

Vertragsbeendigung III.5 52
- Konsignationslagervertrag III.3 22
- nicht zurechenbare Beendigungsgründe s. Termination Event
- zurechenbare Beendigungsgründe s. Event of Default

Vertragsdauer, Konsignationslagervertrag III.3 21

Vertragsgebiet
- Festlegung im Vertrag IX.1 12
- Franchise III.4 30, 48
- Rechtsvorbehalt bei Verlassen IX.1 13

Vertragshändlervertrag
- AGB-Klauselwerk III.2 4
- Alleinbezugsvereinbarungen III.2 3 ff.
- Alleinvertriebsverträge III.2 3 ff.
- Ausgleichsanspruch III.2 18
- Auskunftsanspruch III.2 12
- Belieferungspflicht III.2 5 f.
- Direktbelieferungsrecht III.2 5
- Erbfolge III.2 13
- Ersatzteilbindung III.2 11

- Erstattung von Investitionen III.2 17
- Freistellung III.2 3
- Fristlose Kündigung III.2 15
- Gemeinschaftswerbung III.2 3
- Gerichtsstandsvereinbarung III.2 21
- Geschäftsbesorgungsvertrag III.2 1
- Geschäftsveräußerung III.2 13
- Gewährleistungsarbeiten III.2 10
- Gruppenfreistellung III.2 3
- Herstellergarantien III.2 10
- Inhaberwechsel III.2 13
- Kartellrecht III.2 2 ff.
- Kfz-Leasing III.2 2
- Marktverantwortungsgebiet III.2 5
- Mindestabnahme III.2 7
- Modellpolitik III.2 6
- Ordentliche Kündigung III.2 14
- Organisationsrecht III.2 5
- Preisgestaltung bei Rücknahme III.2 16
- Rabat III.2 8
- Rechtswahl III.2 20
- Rücknahmepflichten III.2 16
- Rückvergütungspauschalen III.2 10
- Schriftform III.2 2, 19
- Selektives Vertriebssystem III.2 5
- Wettbewerbsbeschränkungen III.2 3
- Zweitverwertung III.2 5

Vertragsprodukte IV.1 11

Vertragssprache IV.1 103; VI.1 12

Vertragsstrafe IX.4 21
- Internationaler Anlagenvertrag VI.1 35
- Franchisevertrag III.4 68; III.5 70
- Handelsvertretervertrag III.1 4
- Konsortialvertrag VI.3 27
- Trademark License Agreement IX.4 21

Vertragsstrafeversprechen
- Performance Guarantee VII.4 5

Vertragswidrige Leistung IV.1 60 ff.
- Abhilfe des Verkäufers IV.1 74
- Anzeigenpflicht IV.1 68
- Arglistiges Verschweigen IV.1 70
- Ersatzlieferung IV.1 71
- Kaufpreisabsetzung IV.1 73
- Nachbesserung IV.1 72
- Produktrecht IV.1 64 f.
- Rechtsbehelfe IV.1 69
- Transportschaden IV.1 66
- Untersuchungspflicht IV.1 67
- Verjährung IV.1 75

Vertraulichkeitsvereinbarung I.1 3, 9
- Franchise III.4 21

Vertreter
- Haftung für – VIII.2 15

Vertretungsverhältnis
- Ausschluß IX.4 24, 29

Vertrieb
- aktiver – IX.3 7
- Genehmigungen IX.3 9
- passiver – IX.3 4

1181

Sachregister

Römische und arabische Zahlen = Formulare

Vertriebslizenz IX.3; IX.4
Vertriebssystem, selektives
- Vertragshändlervertrag III.2 5
Vertriebsverträge III.1 ff.
Verwahrungslösung
- Konsignationslagervertrag III.3 10
Verwaltungsgrundsätze
- zur Überlassung von Patenten, Know-how oder anderen immateriellen Wirtschaftsgütern IX.5 13
Verwirkung des Kündigungsrechts III.1 12
Verzug VIII.1 4
- bei Anlieferung VIII.4 11
- Konsortialvertrag VI.3 27
- UN-Kaufrecht IV.1 43
- Verfrachter VIII.4 16
Vollstreckung
- Vorbehaltseigentum IV.3 37
Vollstreckungsrecht, Payment on Early Termination VII.7 20
Vollstreckungszugriff
- Konsignationslagervertrag III.3 12
Vorbehaltseigentum
- Vollstreckung in – IV.3 37
Vorleistungsrisiko s. Settlement Risk
Vorvertrag
- Letter of Intent I.1 1

Währung
- Bankgarantien VII.2 7
- Exportgeschäft IV.1 41
- Versicherungsdokumente VII.1 6
Waiver of Immunities VII.7 33
Warenliste III.3 7
Warranty bond s. Warranty Guarantee
Warranty Guarantee VII.5
- Darlegung des Garantiefalles VII.5 5
- Formular VII.5 2
Garantiebetrag VII.5 3
Kosten VII.5 6
- rechtsmißbräuchliche Inanspruchnahme VII.5 4
- Sachverhalt VII.5 1
Wartegeld VIII.4 24 s. a. Liegegeld
Wartungsanleitung VI.1 10
Wassertiefe VIII.2 6
Wechselkursrisiko IV.1 41
Weiterentwicklung
- Software IX.5 11
- Technologie durch Lizenznehmer IX.1 17
- Rücklizenz IX.1 18
- Verbot der – IX.5 21
Weiterentwicklungsverpflichtung IX.3 9
Werbebeschränkung
- Franchise III.4 47
Werbegebühren
- US-amerikanischer Franchisevertrag III.5 30
Werbung des Franchisegebers III.4 29; III.5 37, 47

Wertsicherungsklausel IX.1 21
Wettbewerbsabrede
- Handelsvertretervertrag III.1 14
Wettbewerbsbeschränkungen
- Franchisevertrag III.4 47, 67
- Vereinbarung mit Lizenznehmer IX.1 16
- Vertragshändlervertrag III.2 3
Wettbewerbsschutz
- US-amerikanischer Franchisevertrag III.5 68
Wettbewerbsverbot
- US-amerikanischer Franchisevertrag III.5 69
„Whereas"-Klausel
- Bedeutung I.2 4
Widerspruch
- TechnologietransferGruppenfreistellungsverordnung IX.1 32 f., 47; IX.2 14
Wiederverkaufsbeschränkung
- Franchise III.4 45
Wiener Standardschiedsklausel
- Anwendbares materielles Recht II.4 3
- Anwendbares Verfahrensrecht II.4 3
- Ergänzende Empfehlung II.4 2
- Rechtsmittelausschuß II.4 3
- Regelungsbedarf II.4 3
- Schiedsgerichtbarkeit der Wirtschaftskammer Österreich II.4 1
Wiener Übereinkommen Verträge über den internationalen Warenkauf V.1 1
WIPO-Schiedsverfahren IX.3 24
Wirkungsweise des § 104 InsO VII.7 18
Wirtschaftskammer Österreich, Schiedsgerichtbarkeit II.4 1
Wirtschaftskommission der Vereinigten Nationen für Europa (ECE) IV.1 3
Withholding for Tax VII.7 8

Zahlstelle
- Akkreditiv III.1 48
Zahlung VII.1 8
- auf erstes Anfordern VII.2 8
- Bemannungskosten VIII.1 3
Zahlungsbedingung
- License Agreement IX.5 15
- Lieferbedingungen IV.3 19
- Lizenzgebühr IX.2 11; IX.4 14
- Subunternehmervertrag VI.2 39
Zahlungsklausel, dokumentäre IV.3 21
Zahlungsort
- Exportgeschäft IV.1 42
- UN-Kaufrecht IV.1 42
Zahlungsunfähigkeit
- Handelsvertretervertrag III.1 6
Zahlungsverpflichtung
- Akkreditivbank VII.1 5
- Franchisevertrag III.4 35; III.5 27
- Händler III.3 18
Zahlungsverpflichtung auf erstes Anfordern VII.2 8
- Abgrenzung Bürgschaft von Garantie VII.2 8

Zahlen nach Anm. = Anmerkungen der Formulare

– Einwendungsausschluß **VII.2** 8
– Zahlungsfrist **VII.2** 8
Zahlungsverzug
– Französischer Franchisevertrag **III.4** 38
– Lieferbedingungen **IV.3** 22, 32
– Timecharter **VIII.1** 4
– UN-Kaufrecht **IV.1** 43
Zinsen
– Exportgeschäft **IV.1** 44
Zivilrecht ausgewählter Rechtsordnungen VII.7 10
Zölle VI.1 17a
Zürcher Handelskammer, Schiedsgerichtbarkeit II.5 1
Zürcher Standardschiedsklausel
– Anwendbares materielles Recht **II.5** 3
– Anwendbares Verfahrensrecht **II.5** 3
– Bestellung der Schiedsrichter **II.5** 3
– Ergänzende Empfehlung **II.5** 2

– Regelungsbedarf **II.5** 3
– Schiedsgerichtbarkeit der Zürcher Handelskammer **II.5** 1
Zusatzzertifikate
– Anzahlungsgarantie **VII.3** 5
– Bietungsgarantie **VII.2** 12
– Einbehaltsgarantie **VII.6** 5
– Erfüllungsgarantie **VII.4** 5
– Gewährleistungsgarantie **VII.5** 5
Zusicherung IV.3 40
Zuständigkeit IX.4 27
Zuständigkeitsvorbehalt IV.3 53
Zustimmung zu Tonbandaufzeichnungen VII.7 57
Zweckentfremdung VII.2 15
Zweitverwertung
– Vertragshändlervertrag **III.2** 5
Zwingendes Recht VII.7 30

Sachregister